אַרומנעמיק
ייִדיש־ענגליש ווערטערבוך

Comprehensive
Yiddish-English Dictionary

חיים באָכנער   שלום ביינפֿעלד

שעף־רעדאַקטאָרן

בעריש גאָלדשטיין   יאַנקל סאַלאַנט

אַסאָצייִרטע רעדאַקטאָרן

Solon Beinfeld   Harry Bochner

Editors-in-chief

Barry Goldstein   Yankl Salant

Associate Editors

אַרומנעמיק
ייִדיש־ענגליש ווערטערבוך

Comprehensive
Yiddish-English Dictionary

אויפֿן יסוד פֿון

based on the

ייִדיש־פֿראַנצייזיש ווערטערבוך

DICTIONNAIRE YIDDISH-FRANÇAIS

Paris, Bibliothèque Medem   2002   פּאַריז, מעדעם־ביבליאָטעק

by   פֿון

יצחק ניבאָרסקי   בערל וויַסבראָט   שמעון נויבערג

Yitskhok Niborski   Bernard Vaisbrot   Simon Neuberg

Indiana University Press
Bloomington and Indianapolis

KH

This book is a publication of

Indiana University Press
601 North Morton Street
Bloomington, Indiana 47404-3797 USA

iupress.indiana.edu

Telephone orders 800-842-6796
Fax orders 812-855-7931

Adapted from *Dictionnaire Yiddish-Français* by Yitskhok Niborski and Bernard Vaisbrot with the assistance of Simon Neuberg, © 2002 Bibliothèque Medem, Paris, licensed from Maison de la Culture Yiddish-Bibliothèque Medem, Paris, France

♾ The paper used in this publication meets the minimum requirements of the American National Standard for Information Sciences--Permanence of Paper for Printed Library Materials, ANSI Z39.48-1992.

Manufactured in the United States of America

Cataloging information is available from the Library of Congress.

ISBN 978-0-253-00983-8 (cloth)
ISBN 978-0-253-00988-3 (ebook)

2 3 4 5 18 17 16 15 14 13

8/28/13

געווידמעט אונדזערע עלטערן,
וואָס האָבן אין אונדז אַרײַנגעפּלאַנצט
די ליבע צו ייִדיש

יויקל ז״ל און פֿריידע באָכנער
טויבע און בן־ציון ביינפֿעלד ז״ל

Dedicated to our parents,
to whom we owe our love of Yiddish

Taubie and Benjamin Beinfeld
Jacob and Frieda Bochner

This dictionary has been made possible by a seed grant from the
Forward Association, Inc., New York, New York
and a lead grant from the
Rita Poretsky Foundation Inc., Washington, D.C.

The preparation and publication of this dictionary was supported by a grant from the
Memorial Foundation for Jewish Culture

Additional grants to support the preparation of the dictionary were awarded by:
Atran Foundation, Inc.
Rothschild Foundation Europe
Hanadiv Charitable Foundation
The David and Barbara B. Hirschhorn Foundation, Inc.
Chaim Schwartz Foundation
Benyumen Shekhter Foundation

Contributions to further the work of the dictionary were received from:
Mr. Hirsh Perloff
Lillian Leavitt
Morris and Selma Feller for the International Association of Yiddish Clubs

Preface to the English Edition

We are delighted to make available to the English-speaking audience a Yiddish-English version of the *Dictionaire Yiddish-Français* by Yitskhok Niborski, Bernard Vaisbrot, and Simon Neuberg. Working with this material, we have repeatedly been amazed at how much the group working on the Yiddish-French dictionary at the Medem Library in Paris has accomplished. This dictionary surpasses its predecessors not only in the number of words, but also in the rich selection of idioms, the examples of usage, and the coverage of stylistic levels and dialect forms. While still far from encompassing the totality of Yiddish vocabulary, we feel that this breadth of coverage merits the name *Comprehensive*.

The lexical corpus of this English edition comes directly from the French edition; the occasional changes have all been discussed with Professor Niborski. The English definitions, however, are by no means simply translations of the French. To minimize the risk of misinterpretation, we have made use of all the available resources. Whenever English definitions were already available, either in Alexander Harkavy's *Yiddish-English-Hebrew Dictionary* (New York, 1928), or in Uriel Weinreich's *Modern English-Yiddish Yiddish-English Dictionary,* we have taken them into consideration. Whenever there was a conflict between the English definitions and the French, and also whenever no previous English definition was available, we have dug deeper to confirm our understanding of the word. The *Groyser verterbukh fun der yidisher shprakh* (edited by Yudl Mark, New York-Jerusalem, 1961-1980) has been invaluable for words beginning with aleph; fortunately, because of the properties of the spelling system, this is a substantial fraction of the corpus. In many cases Nokhem Stutshkov's thesaurus, *Der oytser fun der yidisher shprakh* (New York, 1950), has helped us be confident of our interpretation of a word. We have been tickled to find important information in the historic *Rusish-Yudisher Verterbukh* by Y. M. Lifshits (Zhitomir, 1869). Two dictionaries specific to the use of Hebrew and Aramaic words in Yiddish have been very valuable: C. Spivak and S. Bloomgarden's *Idish Verterbukh* (New York, 1921), and Yitskhok Niborski's *Verterbukh fun loshn-koydesh-shtamike verter in yidish* (Paris, 1997). We have also made use of dictionaries of other languages: Russian, Polish, Ukrainian, German, and, of course, French. And, when necessary, we have searched for literary examples of words used in context, in order to determine how the word is actually used.

We hope to provide English-speakers who read or write Yiddish with what our colleagues in Paris have provided for the Francophone world — a work that improves on what is currently available, and also serves as a starting point for improved and more extensive versions in the future.

Acknowledgments

The editors wish in particular to recognize the uncompensated efforts of Michael Rosenbush, who, solely out of love of the riches of the Yiddish language and culture and a desire to contribute to its growth and study, devoted his time and energy to the creation of this dictionary. Without his contribution, this dictionary would not have been possible.

Ana Berman and Michael Rosenbush were major contributors to the initial versions of definitions. Important contributions to these initial versions were also made by Alan Astro, Alec Burko, Isaac Cable, and Rubye Monet. The editorial group, Solon Beinfeld, Harry Bochner, Barry Goldstein, and Yankl Salant, did the remainder of the first drafts, and reviewed and edited these first drafts to create the definitions in this work.

Special mention must be made of our Project Manager, Elizabeth Kessin Berman, who made it all possible by tirelessly writing proposals, raising money, and keeping our finances in order. Michael Albert, our intellectual property attorney, generously provided invaluable pro bono legal advice. Daniel Berman also gave us helpful legal assistance. Max Ticktin was of great assistance with locating sources of funding. And we are particularly indebted to Samuel Norich for his belief in this project, and the encouragement, guidance, and support he provided.

Many others have helped. At the Medem Library, Gilles Rozier provided institutional support. Robert Ambaras of the American Friends of the Medem Library patiently and helpfully expedited our financial dealings. Yitskhok Niborski gave us the benefit of his incomparable knowledge of Yiddish in response to our many questions. We have also profited from discussions with Simon Neuberg, and especially from his digitized version of Stutshkov's thesaurus. Dorothée Rozenberg was a resource for understanding French definitions, and Alain Mihaly on many occasions helped us unravel the idiomatic intricacies of French. David Braun discussed idioms and numerous grammatical points with us, and Paul Glasser took part in this as well. Robert Rothstein was always ready to help with any difficulties with Slavic words. Raphael Finkel provided technical assistance. Judy Rottenberg and Brea Barthel provided useful suggestions. Information about specific words and expressions came from David Fishman, Norman Miller, Gitl Schaechter-Viswanath, and Abigail Howell. We must apologize to the many others who have helped by answering our questions, but whose names escape us at the moment.

הקדמה צום ענגלישן נוסח

עס פֿרייט אונדז זייער צו ברענגען דעם ענגליש־רעדנדיקן עולם אַן ענגלישן נוסח פֿון דעם ייִדיש־פֿראַנצייזישן ווערטערבוך פֿון יצחק ניבאָרסקי, בערל ווײַסבראָט און שמעון נויבערג. אין אונדזער אַרבעט אויפֿן ווערטערבוך האָבן מיר אָפֿט געשטוינט אויף דעם אויפֿטו פֿון דער גרופּע בײַ דער מעדעם־ביבליאָטעק. דאָס דאָזיקע ווערטערבוך שטײַגט איבער די פֿריִערדיקע ווערטערביכער נישט נאָר אין דער צאָל ווערטער, נאָר אויך: אין דעם רײַכן אָפּקלײַב פֿון אידיאָמען, אין די פּילצאָליקע בײַשפּילן, אין דעם גרייך פֿון סטיליסטישע ניוואָען און אין דעם אָפּקלײַב פֿון דיאַלעקטישע פֿאָרמען. כאָטש עס נעמט ווײַט נישט אַרום דעם גאַנצן ווערטער־אוצר פֿון ייִדיש, האָבן מיר געפּסקנט אַז אָט דער ברייטער גרייך באַרעכטיקט מע זאָל עס אָנרופֿן „אַרומנעמיק“.

דער ווערטער־אוצר פֿון דעם איצטיקן ווערטערבוך קומט דירעקט פֿונעם פֿראַנצייזישן נוסח; די זעלטענע ענדערונגען האָבן מיר אַלע אַרומגערעדט מיט פּראָפֿעסאָר ניבאָרסקי. די פֿראַנצייזישע אָפּטײַטשן זענען אָבער ווײַט נישט דער אײנציקער מקור פֿאַר די ענגלישע. כּדי צו פֿאַרקלענערן די סכּנה אַז מיר פֿאַרשטייען עפּעס פֿאַלש, האָבן מיר אויסגעניצט אַלע אַנדערע מקורים וואָס מיר האָבן צו דער האַנט. אין אַלע פֿאַלן ווו אַן ענגלישער אָפּטײַטש איז געווען בנימצא אין אַלכּסנדר האַרקאַווי'ס „ייִדיש־ענגליש־העברעיִשער ווערטערבוך“ (ניו־יאָרק, 1928) אָדער אין אוריאל ווײַנרײַכס „מאָדערן ענגליש־ייִדיש ייִדיש־ענגליש ווערטערבוך“ (ניו־יאָרק, 1968), האָבן מיר דאָס גענומען אין באַטראַכט. ווען ס'איז געווען עפּעס אַ סתּירה צווישן די ענגלישע מקורים און דעם פֿראַנצייזישן, און אויך ווען קיין פּאַרטיקער ענגלישער אָפּטײַטש איז נישט געווען צו דער האַנט, האָבן מיר געזוכט ווײַטער צו באַשטעטיקן אונדזער פֿאַרשטאַנד פֿונעם וואָרט. דער „גרויסער ווערטערבוך פֿון דער ייִדישער שפּראַך“ (רעדאַקטירט פֿון יודל מאַרק, ניו־יאָרק־ירושלים, 1980-1961) איז אונדז בײַגעשטאַנען בנוגע ווערטער וואָס הייבן זיך אָן מיט אַלף, וואָס צום גליק זענען זיי אַ גאַנץ היפּשער טייל פֿונעם ייִדישן ווערטער־אוצר. זייער אָפֿט האָט נחום סטוטשקאָווס „אוצר פֿון דער ייִדישער שפּראַך“ (ניו־יאָרק, 1950) אונדז געהאָלפֿן צו פֿאַרשטיין דעם טײַטש פֿון אַ וואָרט. ספּעציעל האָבן מיר הנאה געהאַט פֿון פֿאַלן ווו ניצלעכע זאַכן זענען אַרויפֿגעשווומען פֿון י. מ. ליפֿשיצעס „רוסיש־יודישער ווערטערבוך“ (זשיטאָמיר, 1869). אויך געקומען צו ניץ זענען צוויי ווערטערביכער פֿון לשון־קודשדיקע ווערטער: דאָס „אידיש ווערטערבוך“ פֿון חיים ספּיוואַק און יהואש (ש. בלומגאַרטן) (ניו־יאָרק, 1921) און דאָס „ווערטערבוך פֿון לשון־קודש־שטאַמיקע ווערטער אין ייִדיש“ פֿון יצחק ניבאָרסקי (פּאַריז, 1997). ווערטערביכער פֿון אַנדערע לשונות: רוסיש, פּויליש, אוקראַיִניש, דײַטש, זענען אונדז אויך אָפֿט געקומען צו הילף. און ווו ס'איז געווען נייטיק, האָבן מיר אויך געזוכט בײַשפּילן פֿון דער ליטעראַטור.

ווי אונדזערע קאָלעגעס אין פּאַריז, האָפֿן מיר אַז די איצטיקע אויסגאַבע וועט קומען צו ניץ אַלע ענגליש־רעדערס וואָס לייענען און שרײַבן ייִדיש, אָבער אויך אַז דאָס איז נאָר אַן אָנהייב, און אַז אונדזער אַרבעט וועט זײַן דער יסוד פֿאַר פֿאַרבעסערטע און פֿאַרברייטערטע אויסגאַבעס אין דער צוקונפֿט.

USER'S GUIDE

Section A of this introduction provides the basic information for the use of this work. **Section B** provides more detailed information.

A - BASIC PRINCIPLES

A 1. ARRANGEMENT OF ENTRIES

A 1.1 The Yiddish Alphabet

The order of the entries is based on the order of the letters, as indicated below, from right to left:

א, ב, בֿ, ג, ד, ה, ו, ז, ח, ט, י, כּ, כ [ך], ל, מ [ם], נ [ן], ס, ע, פּ, פֿ [ף], צ [ץ], ק, ר, ש, שׂ, תּ, ת

Forms in square brackets indicate the form that the preceding letter takes at the end of a word. Counting as different letters those that differ only by a diacritical mark (cf. section **B 1.3**), there are a total of 27 distinct letters. For additional uses of diacritical marks, see the complete set of symbols in table **1**.

Over the course of centuries, Yiddish has been written following a number of different orthographic usages and standards. This dictionary follows the normalized Yiddish orthography (known as the "YIVO standard") adopted by Yiddish cultural organizations in Poland in 1936. The user may nevertheless encounter, both in texts from before this date and in more recent ones, a number of differences from this standard. The most important are:

- the pair בֿ/ב written as ב/בּ
- כּ written as כ, שׂ written as ש, תּ written as ת, and פֿ written as פ.

There are numerous other variants. Extremely common is the imitation of German spelling, involving silent ע before syllabic consonants (cf. section **A 2.3 b**), silent ה, etc. Such spellings are not included in the dictionary. A small selection of Soviet spellings are included as cross-references, as mentioned in section **A 2.1 e**.

In determining alphabetical order, the letters א, אַ, and אָ are considered equivalent, except in cases where there is no other distinction between two words. In such cases, א precedes אַ, which precedes אָ; for example, זאַק appears before זאָק. Similarly, יי precedes ײַ; see section **B 1** for more details.

A 1.2 Content of Entries

Each entry begins with the citation form of the word on the right.

Various symbols that are not part of the orthography may be included in the form listed. These include:

- an accent mark indicating the position of stress; see section **A 2.3** for details.
- parentheses indicating that some part of the word is optional, and may be omitted without affecting the meaning.
- the symbol | separating prefixes or suffixes from the stem.
- the symbol * indicating an irregular verb; see section **A 1.5 a-4**.
- the symbols · and עֿ to indicate where vowels may be the added or removed in inflected forms; see sections **B 3.2 c** and **B 3.2 d** for details.

For instance:

ראַ'טשקע(ווע)|ן זיך וו (גע-ט)   creep, crawl

indicates that both ראַטשקע|ן and ראַטשקעווע|ן can be used as the infinitive for this verb, and that both variants are stressed on the first syllable.

The grammatical categories of words are indicated immediately after the entry, using the following terms and abbreviations:

adjective (attributive/predicate)	אַדי
adjective (only attributive or nominalized)	אַדי-עפּי
adjective (only predicate)	אַדי-אַטר
adjective (invariable)	אַדי־אינוו
possessive adjective	פּאָס-אַדי
adverb	אַדוו
article	אַרט
conjunction	קאָנ
separable prefix	קוו
interjection	אינט
phrase	פֿר
collective noun	קאָל
personal name	פּנ
number	צוו
particle	פּאַרטיקל
preposition	פּרעפּ
pronoun	פּראָנ
relative pronoun	רעל-פּראָנ
feminine noun	די
masculine noun	דער
neuter noun	דאָס
plural noun	מצ
title	טיטל
verb	וו
auxiliary verb	הוו

For expanded versions of the Yiddish abbreviations used in this table, see **table 3**.

Additional grammatical information in entries includes:

- information about other grammatical forms of the word, given between parentheses: plurals of nouns, past participles and irregular forms of verbs, declined forms of articles and pronouns, comparatives and superlatives of adjectives;
- for some nouns, feminine or diminutive forms;
- prepositions whose use is common or obligatory with this word;
- a phonetic transcription for those words that need it (see section **A 2.1**).

After the translation there are often subentries, each starting on a new line beginning with the symbol ||, serving to:

- describe additional grammatical categories in which the entry word can be used;
- suggest translations of idioms containing the word;
- give examples of usage.

An abbreviation is indicated by an entry ending in an apostrophe. It is followed by an equal sign = and the full form of the word.

p. (page)	ז׳[2] = זײַט(ל)

An abbreviation composed of the initial letters of several words is indicated by a double apostrophe:

etc., and so forth	אאַז״וו = און אַזוי ווײַטער

A fixed expression cited as a whole (most often of Hebrew or Aramaic origin) is indicated by פֿר:

iron. good riddance!	ברוך שפּטרני פֿר [BOREKh ShEPOTRANI]

A word not generally used except in a fixed expression is followed by the expression, separated by a colon:

run away, escape	ויבֿרח [VAYIVREKH] : מאַכן ויבֿרח

A 1.3 Numbered Items

a. Homographs

When two items are considered different words, despite being written the same way, they are given separate entries, and distinguished by adding a superscript after each of them:

ball (for game) באַל[1] דער (ן)
ball (festivity) באַל[2] דער (בעלער)

b. Multiple Grammatical Functions for a Single Word

If an item belongs to more than one grammatical category, it is given a single entry, but each grammatical function is given a separate subentry, and these subentries are numbered:

good גוט 1. אַדי
well || 2. אַדוו
(real) estate, property || 3. דאָס (גיטער)

c. Alternative Forms

When an alternative form of the plural or past participle is associated with a different meaning, this is also given in a numbered subentry:

man; husband מאַן 1. דער (מענער)
husband || 2. דער (ען)
אוי'ס|שטײַגן 1. וו (איז אוי'סגעשטיגן)
debark, get off/out of (boat, train, etc.)
outbid; excel; surpass/outperform s.o. || 2. וו (אוי'סגעשטיגן/–גע–ט)

d. Situations (a) and (b) described above can be combined:

middle, center מיט[1] די
with; by מיט[2] 1. פּרעפּ
with, accompanying || 2. קוו
fellow, co... מיט[3]...
copilot || מי'טפּילאָט

A 1.4 Combined Entries

a. Masculine/Feminine

Many feminine nouns indicating profession or character are derived from their masculine counterparts by means of a suffix like: ין, קע, טע, or יכע; or by a change such as: -ניצע < -ניק, -טשיצע < -טשיק, -אַנקע < -אַניק or -אַטשקע < -אַק. Such derived nouns are given separate entries only in exceptional cases; generally they are indicated in the entry for the masculine counterpart by giving the symbol פֿעמ and the suffix:

teacher, schoolmaster לערער דער (–/ס) פֿעמ ין/קע

indicates that לערערין or לערערקע means *female teacher*.

b. Adjectives/Adverbs

Adverbs that are identical to the short form of an adjective do not have separate entries. Generally these are indicated by אַדי/אַדוו.

intelligent קלוג אַדי/אַדוו

means that קלוג can also mean *intelligently, in an intelligent manner*. If the adverbial use of the Yiddish adjective has a specific translation, it is given a subentry:

good גוט 1. אַדי
well || 2. אַדוו

c. Items with a common prefix

Rather than citing all of a series of nouns or adjectives that share a common prefix, this prefix is given in an entry followed by an ellipsis; its translation may be accompanied by one or more examples in subentries.

A prefix element followed by a hyphen will follow the rules for hyphenation of compounds: a hyphen is used if either of the elements is of Hebrew/Aramaic origin, or if the resulting compound has four or more syllables:

postal פּאָ'סט[3]–...
postage stamp פּאָ'סטמאַרקע די (ס)

פּאָ'סט־אָנווײַזונג די (ען)   money order

בן־דור דער (בני־) [BENDO'R - BNEY]   contemporary

If the stress is indicated in the entry for the prefix, it is implied for the examples cited.
An element that is listed without a hyphen is treated as a prefix rather than a compounding element, and is not hyphenated:

עקס...   ex-..., former
|| עקסמיניסטער   former minister

A 1.5 References to other Entries

a. Separate entries for forms of a word

1) A plural noun whose spelling places it far from the singular form is given its own entry, with a reference back to the singular, marked with **זע**.

ברידער מצ זע ברודער

allows the user to find

ברודער דער (ברידער)   brother

The declined forms of the limited number of nouns that have them are also listed as entries, with a reference to the nominative:

רבין אַק/דאַט זע רבי

2) A diminutive form that may be difficult to associate with its base form is also given an entry with a reference marked by **זע**.

בערדל דאָס (עך) דימ זע באָרד

directs the user to

באָרד די (בערד) דימ בערדל   beard

Many diminutives have, in addition to the usual diminutive meaning, an extended sense requiring a separate translation, introduced by *also*.

ביינדל דאָס (עך) ביין דימ   *also* stone/pit (fruit)

means that one part of the meaning of this word (*little bone*) is to be deduced from the base entry:

ביין דער (ער) דימ ביינדל   bone

but that the diminutive has an additional meaning (*stone/pit*) specific to it.

3) A comparative adjective whose stem is different from the base form is listed with the symbol קאָמפּ, and cross-referenced to the base form.

קעלטער[1] אַדי קאָמפּ זע קאַלט

refers the user to:

קאַלט אַדי (קאָמפּ קעלטער)   cold

and allows the user to deduce that קעלטער means *colder*.

In a few cases irregular superlatives are treated similarly, marked with סופּ rather than קאָמפּ. In the majority of cases, however, the stem of the superlative is the same as the stem of the comparative, and so the superlative form should be looked up under the corresponding comparative form. So, for instance, קעלטסט corresponds to קעלטער, and so the entries above allow the user to deduce the meaning *coldest*.

4) An asterisk, when used with a simple verb, indicates that the verb is irregular in the present tense, and the irregular forms are listed in the main entry. When used with a verb that has a separable prefix, it indicates that this verb has the same irregularities as the base verb, and the entry for the latter should be consulted for the irregular forms.

אויי'ס|זע|ן* וו (אויי'סגעזען)   seem, appear

implicitly refers to

זע|ן* וו (מיר/זיי זעען ; געזען)   see

which allows the user to deduce the irregular forms מיר/זיי זעען אויס.

5) An irregular verb form is listed with a reference to the infinitive.

זײַנען וו (אינפֿ: זײַן)   (we/they) are

b. Alternative Forms
Yiddish is rich in dialectal and orthographic variant forms. Without attempting to reflect all the variation, this dictionary notes some of it in the following ways.
1) variants of a single word
When one variant form is preferred over other forms, the latter are referred back to the former using זע:

באַנוצ|ן וו (־ט) זע באַניצן

If two variants of the same word would appear consecutively in the dictionary, and there is no preference for either form, the two forms are given in a single entry, separated by an = sign.

כריינוווקע = כריי'ניצע די (ס) dish for horseradish

In the case of an expression that is sometimes encountered written as a single word, the user is directed to the entry for the principal word, where the expression appears as a subentry.

בײַ נאַכט אַדוו זע (בײַ) נאַכט[1]

The user will find, in the entry for [1]נאַכט, a subentry בײַ (דער) נאַכט. The translation given there also covers the spelling as a single word בײַנאַכט, which may occasionally be encountered.
2) Equivalent Prefixes
For a series of words that all begin with a prefix that is a variant of another prefix, the reference is indicated by זע ווערטער מיט:

צוזאַמענ[2]... זע ווערטער מיט צונויפֿ...
בני־... זע ווערטער מיט בן־...
וואו... זע ווערטער מיט ווו...

c. Forms with multiple meanings
1) References to multiple equivalents
A cross-reference marked with זע may refer to two terms separated by a semicolon:

שליסער דער (..סאַ'רעס) זע שלאָסער ; שליסלער

These two terms are the recommended forms for *locksmith* and *jailer*, respectively.
2) past participle used as an adjective with an idiosyncratic meaning
The translation indicates only the idiosyncratic meaning.
The regular usage as a participle may be deduced from the verb, whose infinitive is given, followed by פּאַרט:

געמאַ'כט אַדי מאַכן פּאַרט artificial, affected, contrived
מאַכ|ן וו (גע-ט) make; manufacture

This indicates that געמאַכט as an adjective means both *artificial* and *manufactured*.
d. Comparative references
References marked by פֿ״גל serve two purposes:
1) If two words could easily be confused, the user is invited to consult the other entry.

ברי'דערשאַפֿט די (feelings of) brotherhood/fraternity
|| פֿ״גל ברודערשאַפֿט
ברודערשאַפֿט די (ן) fraternal organization

2) To save space, some definitions use cultural references that the user may not be familiar with; in such cases, a reference directs the user to the entry where a definition may be found:

אסתּר־המלכּה פּנ [ESTER–HAMA'LKE]
(Queen) Esther, heroine of the *Purim* story
|| פֿ״גל פּורים

A 2. Orthography, Pronunciation and Accentuation

A 2.1 Dual Orthographic System

The majority of words in standard Yiddish are pronounced the way they are written, i.e. as indicated by the phonetic interpretation given in **table 1**. But a second part of the vocabulary, largely consisting of words of Hebrew and Aramaic origin, retains the traditional orthography of these languages. In a third, less significant, part of the vocabulary, certain characters are ambiguous in their pronunciation. For the two latter categories of cases, this dictionary offers either a full or partial transcription of the pronunciation in Latin letters between square brackets:

ישׂראל 1. (דאָס) [YISROEL]; שמיני־עצרת דער [ShMINIATSERES]; קיין[1] אַרט [KA/KEYN/KIN]

a. Non-compound words (except infinitives) containing an element of Hebrew/Aramaic origin are transcribed in full:

אָנסופֿיק אַדי [O'NSO'FIK]; בחורטע די (ס) [BO'KHERTE]

b. In the case of compound words, only the part that needs transcription is transcribed.

מושבֿ־זקנים דער (ס) [MOYSHEV-SKE'YNIM]

המן־קלאַפּער דער (ס) [HO'MEN]

c. For infinitives built on a Hebrew/Aramaic root, only this root is transcribed; prefixes and suffixes should be given their usual phonetic interpretation:

פּטר|ן וו [PATER]; אײַנ|סדר|ן וו [SADER]

d. Certain words of Hebrew origin, such as מום, מין, שום, whose pronunciation matches the usual interpretation of their letters, remain untranscribed.

e. Words of Hebrew and Aramaic origin normally retain their traditional orthography, as discussed above. In the orthographic practice of the Soviet Union, however, the spelling of these words was "naturalized," i.e. the pronunciation was spelled out using the usual phonetic values of the letters. While these spellings are not currently in use, they can be useful for pedagogical purposes, as they make it easier for someone who knows the word but does not know how to spell it to find the standard spelling. Toward this end we have included in the dictionary a small selection of such spellings, with a cross-reference to the standard spelling using the symbol פֿאָג:

כאַ'סענע פֿאָג חתונה

A 2.2 Ambiguity of Letters

a. Yiddish has two varieties of "l". One, called "hard" and transcribed as [L], is comparable to the so-called "dark l" of English *lose* or *pull*; the other, called "soft" and transcribed here as [Ly], is comparable to the so-called "clear l" of English *leaf*, or the French "l". Both these sounds are spelled with the letter ל; the phonetic realization of this letter is disambiguated as follows:

1) In the combinations לי and ליִ, ל always represents the "soft l" [Ly]. Thus, in words like ליטעראַטור or בליִעכץ, the letter י serves two functions: indicating the vowel [I], and indicating the softness of the ל. No further indication is given.

2) If a vowel follows the sequence לי, the י does not represent a vowel. In these cases, there are two possibilities. The י may serve solely to indicate the softness of the ל, as for example in דאָליע [DOLyE]; no transcription is needed in these cases. Alternatively, the י may indicate the consonant [Y], as well as the softness of the ל. In cases of this type, the sequence [LyY] is represented by the simplified transcription [LY]. For instance, in:

איטאַליע (די) [LY]

the י indicates that the ל is soft, and also represents the consonant [Y] forming a syllable with the following vowel: [I-TA'Ly-YE].

3) In some words, especially internationalisms and words of Slavic origin, ל may have the soft pronunciation even though it is not followed by י. Such cases are indicated by the transcription [Ly] (with additional context if needed):

לופּע[2] די (ס) [Ly]; לעגאַ'ל אַדי/אַדוו [LyE]; שפּילקע די [Ly]

4) In remaining cases, the "hard" pronunciation [L] should be assumed.

b. Certain words of Slavic origin contain other "soft" (palatalized) consonants, transcribed as [Dy], [Zy], [Ty], [Ny] and [Sy]. These are spelled as די, זי, טי, ני, סי followed by a vowel. The interpretation of these sequences as palatalized is indicated by the transcription:

נודיען וו (גע-ט) [Dy]; קאַזיאָנע אַדי [Zy]; פּרוטיע די (ס)[Ty]; דלאָניע די (ס)[Ny];

סיאַטקע די (ס)[Sy]

In some cases, the consonant [Ny] occurs at the end of syllable. In such cases, the letter י is not used in the spelling, and the transcription is the only indication of the softness of the consonant, as in דינקע [Ny].

c. When the letter י after one of the letters ד, ז, ט, נ, ס indicates its normal consonantal value [Y] rather than softness of the preceding consonant, this is indicated by the transcriptions [DY], [ZY], [TY], [NY], [SY], respectively. In

ראַדיאָ דער (ס) [DY] אַזיע (די) [ZY] גאַראַנטיע די (ס) [TY] שפּאַניע (די) [NY] דיווערסיע די [SY]

the י indicates not softness of the preceding consonant, but simply the consonant [Y] forming a syllable with the following vowel: [RA'D-YO], [A'Z-YE], [GA-RA'NT-YE], [ShPA'N-YE], [DI-VE'RS-YE].

A 2.3 Position of Stress

a. The most common position for word-stress in Yiddish is the next to last syllable. In this dictionary the accent mark ' is added for expositionory purposes after the stressed vowel when the stress is placed elsewhere. Thus פֿאַרוואַלטונג, ווע'ווערקע, and קאַפֿע' are pronounced [FARVA'LTUNG], [VE'VERKE], and [KAFE'] respectively. This rule applies to transcriptions as well: [YISROEL] implies [YISRO'EL], [SHMINIATSERES] implies [SHMINIATSE'RES]. For more details, see section **B 4**.

b. In order to determine the position of the stress, it is necessary to divide the word into syllables. For this division, it is important to bear in mind that the consonants ל, מ and נ, when preceded by a consonant and not followed by a vowel, are syllabic. Thus, the words שליסל, צאַ'פּלדיק, הומאַניזם, פֿאַרמאַכן and צאָ'רנדיק are syllabified as follows: [ShLI'-SL], [TSA'-PL-DIK], [HU-MA-NI'-ZM], [FAR-MA'-KhN] and [TSO'-RN-DIK].

c. All the conjugated forms of verbs are stressed in the same position as the infinitive.

Except when otherwise indicated, the plural, diminutive and feminine forms of nouns maintain the same position of stress as the masculine singular.

Declined forms of adjectives also maintain the same position of stress as the base form.

A 3. Layout of Translations

In the absence of clarification, a translation implies that all the primary senses of this translation are applicable to the Yiddish word as well. When the range of meaning of the Yiddish term is not the same as that of the English, the translation may be clarified in various ways. cf. also secton **B 5**.

A 3.1 Closely Related and Overlapping Senses (comma)

Alternative translations are separated by a comma when their senses are closely related. Notice in particular that these alternatives may serve to clarify each other. For instance, in

שטאַם דער (ען) trunk, stem; race, tribe, lineage

the translation *stem* serves to clarify that *trunk* is meant in the sense of *tree trunk* rather than *elephant's trunk* or *piece of luggage*.

A 3.2 Independent Senses (semicolon)

In the same example, the second set of definitions *race, tribe, lineage* is separated from the first by a semicolon, because they represent an independent sense of the word, and should not be taken as modifications of the first sense given by *trunk, stem*.

A 3.3 Supplements to translations (parenthesized)

Clarifying elements in translations may be provided in parentheses if the supplemental material can be used, optionally, in the English phrase.

בוסאָל [Ly] דער (ן) (magnetic) compass

Here the usual term is *compass*, but the more explicit version *magnetic compass* may be used to distinguish this from the tool used to draw circles.

For other uses of parentheses, see sections **B 3.3 e-2**, **B 5.2** and **B 5.3 b**.

A 3.4 Alternative Translations (slash)

Alternatives may be separated by a slash in order to save space.

בעל־תּאווה דער (בעלי־תּאוות)
[BALTAYVE - BALETAYVES] hedonistic/greedy person
|| געבן*/ווײַזן דאַט דעם דרך show s.o. the door

The first of these indicates that either *hedonistic person* or *greedy person* is an appropriate translation for בעל־תּאווה. The second indicates that the Yiddish idiom can be either געבן דעם דרך or ווײַזן דעם דרך.

Note that alternatives separated by a slash may be used in parallel in the Yiddish and English.

|| געזע'ן/געהע'רט אַ ביסל? have you ever seen/heard such a thing?!

indicates that ?געזען אַ ביסל can be translated as *have you ever seen such a thing?!* while ?געהערט אַ ביסל can be translated as *have you ever heard such a thing?!*.

B - Detailed Explanations

B 1. Alphabetical Order

The order of entries is determined by the so-called "YIVO" orthographic standard, adopted by Yiddish cultural organizations in Poland in 1936 (see **Table 1**).

B 1.1 Forms distinguished by Diacritical Marks

The three forms of *alef* (א, אַ and אָ) are generally equivalent for alphabetical order, but, in the case of words that don't differ in any other way, א comes before אַ, which in turn comes before אָ. Thus:

first באַס, then באָס, then באַק, then באָק.

first [PER] פּאר, then פּאָר, then פּאַרטיי.

Similarly, the two diphthongs יי and ײַ are generally equivalent, but when there is no other difference between words, יי comes before ײַ:

first שיטן, then שייטל, then שײַטל, then שיין, then שײַן, then שיכט.

B 1.2 Spaces and Hyphens

Spaces and hyphens are ignored for the purposes of alphabetical order: first שבת־גוי, then שבתדיק, then שבת־זונטיק.

B 1.3 The Pairs ב/בֿ, כּ/כ, פּ/פֿ, ש/שׂ and תּ/ת

While in Hebrew the members of these pairs are considered equivalent for purposes of alphabetical order, they are treated as separate letters under the orthographic standard used here. ב comes before בֿ (אָבצאָס, then אַבֿדה; מבול, then מבֿאר זײַן), כּ before כ (בכּתבֿ, then בכור), פּ before פֿ (קאַפּריז, then קאַפֿטן; מפּלה, then מפֿטיר), ש before שׂ (משקה, then משׂא), and תּ before ת (בתּשובֿה, then בת).

B 1.4 Groups of Letters

The groups of letters וו, וי, יי, ײַ, דזש, זש, and טש are combinations used in the orthography to represent single sounds, but they are considered separate letters for the purposes of alphabetization:

first קודלע, then קוואַל, then קוזניע;

first רוט, then רוי, then רויך, then רויִק, then רולעט;

first אַלטעראַציע, then אַליין, then אַליִירט, then אַלכסון;

first מיט, then מיין, then מײַן, then מיך;

first מוטער, then מוטשען, then מויד.

B 2. Intentional Omissions

A large number of good Yiddish words have been intentionally omitted from the dictionary because their meanings are readily predictable from the meanings of two elements of a compound, or of a word plus an affix. Other words of similar structure, however, have been included because their meanings are not completely predictable.

B 2.1 Omission of Nouns

a. Compound Nouns

The word געאָגראַפֿיע־ביכל is omitted because it can readily be deduced from:

geography	געאָגראַפֿיע די
book; booklet, notebook	ביכל דאָס (עך) בוך[1] דימ

On the other hand, the dictionary includes:

rainbow	רעגן־בויגן דער (ס)

because the meaning is not completely predictable from those of:

rain	רעגן[2] דער (ס)

בויגן דער (ס) sheet (of paper); curve, arch, arc

b. Agent Nouns Derived from Verbs

The dictionary omits דער שלאָפֿער (*the sleeper*), which is regularly derived from:

שלאָפֿן|ן וו (האָט/איז געשלאָפֿן) sleep

but it includes:

שנײַדער דער (–/ס) פֿעמ קע/ין tailor

because its meaning cannot be deduced automatically from:

שנײַד|ן וו (געשניטן) cut; reap, harvest

c. Abstract Nouns in שאַפֿט, קייט, ונג or הייט

The dictionary omits ניצלעכקייט (*usefulness, usability*), regularly derived from:

ניצלעך אַדי usable; useful

but includes:

שיינקייט די (ן) beauty (quality)

despite its regular derivation from:

שיין אַדי/אַדוו (קאָמפּ שענער) beautiful, pretty,
handsome; respectable

in order to highlight the contrast with:

שיינהייט די (ן) beauty, beautiful woman

d. Nominal Use of Infinitive

The infinitive of a verb can regularly be used as neuter noun meaning the action or effect of that verb. Thus, the dictionary omits דאָס שווימען (*swimming*), regularly derivable from:

שווימ|ען וו איז געשוווּמען swim, float

but includes:

עסן 1. דאָס (ס) food; meal

because its meaning goes beyond the sense of *action/effect of eating* predictable from:

|| 2. עס|ן וו (געגעסן) eat *imperf.*

e. Nominal Use of Verb Root

The use of a verb root as a masculine noun is not mentioned in the dictionary except when it is used other than in the construction אַ ... טאָן/געבן (punctual aspect). Expressions of this kind are only listed when their meaning goes beyond this aspectual sense.

For example, the dictionary does not list אַ בלאָז טאָן *(blow momentarily)* or געבן אַ טרינק אויס *(gulp down)*, the meanings of which are predictable from:

בלאָז|ן וו (געבלאָזן) blow
אוי'ס|טרינק|ען וו אוי'סגעטרונקען drink (up) *perf.*

But the dictionary does list (under the entry ברי):

|| אַ ברי טאָ|ן* *also fig.* rankle, cut to the quick

the meaning of which does not follow from that of בריִען.

f. Regular Neuter Diminutives in ל (plural in עך) or עלע (plural in ך)

The dictionary omits דאָס שעפּסל (עך) *(lamb)* and דאָס שעפּסעלע (ך) *(little lamb)*, readily deducible from:

שעפּס דער (ן) sheep

Also omitted is דאָס ברעקעלע *(crumb)*, deducible from:

ברעקל דאָס (עך) crumb, scrap

But the dictionary includes:

אייגל דאָס (עך) אויג דימ *also* eyelet (hole); stitch

to indicate that these meanings should be added the regular ones derived from:

אויג דאָס (ן) דימ אייגל eye; peephole

B 2.2 Omission of Adjectives

a. Affectionate Diminutives in ינק and Minimizing Forms in לעך

The dictionary omits ווײַסינק *(lovely white)* and קאַלטלעך *(chilly)*, deducible from:

white ווײַס אַדי

cold קאַלט אַדי/אַדוו קאָמפּ קעלטער

b. Inflected Forms of Adjectives

Regular inflected forms of adjectives, such as רויטן, מאָדנעם and גאָלדענעם are not listed in the dictionary, and must be looked up under their base forms:

red רויט אַדי

strange מאָדנע אַדי/אַדוו

golden גאָלד·ן אַדי

c. Comparative and Superlative

The dictionary omits העלערע *(brighter)* and דעם רײַכסטן *(richest)*, regularly derived from:

bright, clear העל אַדי/אַדוו

rich רײַך אַדי/אַדוו

d. Past Participle used as an Adjective

The adjectival use of a past participle is not mentioned in the dictionary when its meaning matches that of the verb. The meaning of the adjective in אינעם געקאָכטן וואַסער *(in the boiled water)* is readily deduced from:

boil *trans.* קאָכ|ן וו (גע–ט)

On the other hand, the dictionary includes:

labored, forced, far-fetched געמאַטערט אַדי

Because this meaning is not predictable from

torment; harry, prey upon מאַ'טער|ן וו (גע–ט)

e. Present Participle used as an Adjective

The adjectival use of a present participle is not mentioned in the dictionary when its meaning matches that of the verb. The meaning of the adjective in לעבן דעם שלאָפֿנדיקן קינד *(near the sleeping child)* is readily deduced from:

sleep שלאָפֿ|ן וו (האָט/איז געשלאָפֿן)

On the other hand, the dictionary includes:

lively; lavish, flashy; with gusto טשאַ'קענדיק אַדי

the meaning of which is distant from that of:

swagger, bluff טשאַקע|ן וו (גע–ט)

B 2.3 Omission of Verbs

a. Reflexive and Reciprocal Verbs

When the addition of זיך to a Yiddish verb yields the basic reflexive or reciprocal meaning, this is not mentioned in the dictionary. Thus זיי זעען זיך *(they see themselves/each other)* is to be deduced from:

see זע|ן* וו (מיר/זיי זעען ; געזען)

If the reflexive form has a different meaning, it is listed in a subentry:

lease, rent; hire דינג|ען וו (געדונגען)

bargain, haggle || דינגען זיך

See also section **B 3.3 f**.

b. Past Participle

Past participles are indicated, in full or in abbreviated form, in each verbal entry, but they are not listed separately in the dictionary; they must be looked up under the infinitive. For regular past participles the infinitive may be readily deduced; געכאַפּט is to be found under:

catch, grab כאַפּ|ן וו (גע–ט)

and similarly שטודירט can be found under:

study שטודיר|ן וו (–ט)

If the past participle is irregular (e.g. געשלונגען, געשניטן), the infinitive can be determined by looking in **table 7**, which will lead the user to:

swallow שלינג|ען וו (געשלונגען)

cut; reap, harvest שנײַד|ן וו (געשניטן)

For past participles of verbs with prefixes, the infinitive may be found by consulting first **table 8**, then if necessary **table 9**, and finally **table 7**.

1) looking up פֿאַרלוירן in **table 8** yields the infinitive פֿאַרלירן.

2) to find the infinitive for פֿאַרשלונגען, the user must identify the prefix פֿאַר (using **table 9** if necessary), in order to isolate the simple participle געשלונגען; looking this up in **table 7** yields the simple infinitive שלינגען; and finally restoring the prefix yields the infinitive פֿאַרשלינגען, which the user can find in the dictionary.

3) looking for איבערפֿאַרדונגען, the user identifies the prefixes אי'בער and פֿאַר (with the help of **table 9**) in order to isolate the simple participle געדונגען; **table 7** leads us to the infinitive דינג|ען and restoring the prefixes yields the infinitive איבער|פֿאַרדינג|ען.

c. Passives with ווערן

The dictionary omits באַשטראָפֿט ווערן *(be punished)*, readily deducible from:

punish, discipline — באַשטראָפֿ|ן וו (–ט)

Nevertheless, the dictionary does include a large number of compound verbs with ווערן whose meaning is not passive:

פֿאַרהאַ'רטעוועט ווערן וו
harden *intr.* — (איז פֿאַרהאַ'רטעוועט געוואָרן)
צעפּוקעט ווערן וו (איז צעפּוקעט געוואָרן)
burst *intr.*
fall ill — ‖ קראַנק ווערן

d. Present Participle in ־נדיק

A present participle like שלאָפֿנדיק *(sleeping)* can be deduced from:

sleep — שלאָפֿ|ן וו (האָט/איז געשלאָפֿן)

B 3. Morphological Details

B 3.1 Nouns

a. Gender

1) Nouns are indicated by the nominative definite article appropriate to the gender of the noun: דער for masculine, די for feminine, and דאָס for neuter.

2) Nouns that may be used in more than one gender have the gender indicators separated by slashes: געגנט דער/די.

3) Certain nouns are usually used without the definite article: geographical names, names of languages, and nouns derived from proper names. In such cases the gender indicator is enclosed in parentheses:

Brody — בראָדי[1] (דאָס)
Japanese — יאַפּאַניש אַדי/(דאָס)
משיח (דער) (ים) (אַק/דאַט: משיחן)
the Messiah — [MEShIEKh - MEShIKhIM]

b. Number

1) Nouns used only in the plural are indicated by מצ.

iron. rags, bag and baggage — בע'בעכעס מצ

2) The same symbol in a subentry indicates a special meaning for the plural form:

rag; *fig.* wimp — שמאַטע די (ס)
tatters; *pejor.* clothes — ‖ מצ

3) A plural translation for a singular noun implies that it should be interpreted as a collective noun.

tools, gear — געציי'ג דאָס

4) An English translation may be followed by *coll.* to specify that it is to be taken in a collective sense. For instance:

fruit *coll.* — אויפּס דאָס

indicates that אויפּס cannot be used for *a piece of fruit*.

c. Form of the Plural

1) The plural form is given, in full or abbreviated, in parentheses after the indication of gender.
Thus ווינקל דער/דאָס (ען) indicates that the plural of ווינקל is ווינקלען.
The symbol (–) indicates that the plural is identical to the singular: מאָל[1] דאָס (–).

In most cases, the position of stress does not change (see item 5 below).

2) If a noun ends in י and the plural is formed with the suffix ען, the י is replaced by יִ in the plural. In ברי דער (ען), it is to be understood that the plural of ברי is written בריִען.

3) If the formation of the plural involves a change in a stressed vowel, or substitution in the stem, the plural form is provided in full: טאָפּ דער (טעפּ); בוים דער (ביימער); פּורמאַן דער (פּורלײַט); דוגמה די (דוגמאות).

4) If the formation of the plural involves the deletion of an unstressed vowel, the ending of the word is given between parentheses, with the unchanged part indicated by an ellipsis:

מאַיאָנטיק דער (...טקעס)

indicates that the plural of מאַיאָנטיק is מאַיאָנטקעס.

5) If the plural form is stressed in a different place than the singular, the portion from the stressed syllable through the end of the word is given in parentheses, preceded by an ellipsis:

דיקטאַטאָר דער (...טאָ'רן)

indicates that while דיקטאַטאָר is stressed on the second syllable, דיקטאַטאָרן is stressed on the third.

6) If the formation of the plural of a compound noun involves a change in the second element, only the altered part in given between parentheses, preceded by a hyphen if the word is hyphenated, or by an ellipsis if it is not.

שטעקשוך דער (...שיך)
דירות־הויז דאָס (־הײַזער)

indicate that the plurals are שטעקשיך and דירות־הײַזער respectively.

7) A dash before the plural suffix indicates that the letter ה or א at the end of the singular is removed in the plural. Thus ברכה די (–ות), גמרא די (–ות), מעשׂה די (–יות) and שוטה דער (–ים) indicate that the plurals are ברכות, גמרות, מעשׂיות and שוטים respectively.

8) If the plural of a noun with phonetic transcription is formed by adding a suffix, without any change in the pronunciation or spelling of the stem, the plural is not transcribed separately. Thus:

גבֿיר דער (ים) [G(E)VI'R]

indicates that the plural of גבֿיר is גבֿירים [G(E)VIRIM].

9) If the plural of a noun with phonetic transcription is formed by adding one of the suffixes ות or יות with the deletion of a final ה or א from the singular, see (7) above, or by the simple addition of ות, without any change in the pronunciation of the stem, the plural is not transcribed separately; its pronunciation will consist of the pronunciation of the stem plus [S] if the stem ends in a vowel, or [ES] if it ends in a consonant. Thus, the plurals ברכות, גמרות, מעשׂיות cited in (7) above are pronounced [BROKhES] [GEMORES] [MAYSES] respectively. Similarly, the plurals of [KhOYV] חובֿ דער (ות) and [MATBEYE] מטבע די (ות) are pronounced [KhOYVES] and [MATBEYES] respectively.

10) In all other cases, involving for instance vowel changes or movement of stress, the singular and the plural are transcribed separately:

סוחר דער (ים) [SOYKhER - SOKhRIM]
מתמיד דער (ים) [MASMED - MASMIDIM]

d. Diminutives

1) The majority of neuter diminutives, formed with the suffix ל, or one of its variants דל (after stems ending in [N]) and כל (after stems ending in [L]), with plural in עך are not mentioned in the dictionary (see section **B 2.1 f**). The forms דאָס פּאַפּירל (עך) *(scrap of paper)* דאָס באַנדל (עך) *(little train)* and דאָס שולכל (עך) *(little synagogue)* can be deduced from:

paper	פּאַפּיר דאָס (ען)
train	באַן די (ען)
school; synagogue	שול די (ן)

2) Diminutives with this suffix that involve a vowel change or an idiosyncratic meaning are mentioned in the entry for the stem after the symbol דימ:

mouse — מויז די (מײַז) דימ מײַזל

In addition, each such diminutive is given its own entry. For those that are listed only because of a vowel change, the symbol דימ זע directs the user to the root(s).

בעקל דאָס (עך) דימ זע באַק; באָק

For those involving an unexpected meaning, the stem is indicated, followed by דימ, and the unpredictable meaning is translated, preceded by *also*:

also asterisk — שטערנדל דאָס (עך) שטערן[2] דימ

3) Diminutives are sometimes found with other suffixes. For instance, קע, which combines with feminine nouns to form feminine diminutives (plural in ס):

לאַפּקע די (ס) לאַפּע דימ — *also fam.* hand

Similarly, יק combines with masculine nouns (plural in עס):

פּרישטש דער (עס) דימ דער פּרישטשיק — pimple, pustule

Other patterns occur as well:

הויז דאָס (הײַזער) דימ הײַזל דימ די הײַזקע — house

4) The second-degree diminutive in עלע is marked with the symbol דימ (both in the entry for the stem and in its separate entry) in cases where there is a vowel change, and where the first-degree diminutive does not exist:

פֿויגל[1] דער (פֿייגל/ען) דימ פֿייגעלע — bird

פֿייגעלע דאָס (ך) פֿויגל דימ — *also* check(mark)

If the first-degree diminutive does exist, the second diminutive form is marked with the symbol דימ2. Such forms are given their own entries only in exceptional cases:

גע'נגעלע דאָס (ך) גאַנג דימ2 — trick

e. Feminine Forms

1) When the feminine equivalent for a masculine noun is formed by the simple addition of a suffix (ין, קע, טע, שע, יכע, ענע or ע), this is indicated by the symbol פֿעמ and the suffix (cf. section **A 1.4**).
The plural forms of these feminine derivatives are not listed; it is to be understood that the plural is formed using ס, with no change in stress.

שרײַבער דער (–/ס) פֿעמ ין — writer

indicates that the feminine is שרײַבערין and its plural is שרײַבערינס.

2) When the feminine form involves a change (of consonant, vowel or position of stress) in the stem, the end of the word is given as far back as the last unchanged letters.
Thus,

נודניק דער (עס) פֿעמ ...ניצע — bore, pest

indicates the feminine נו'דניצע and its plural נו'דניצעס, where the stress remains on the first syllable;

דירעקטאָר דער (...אָ'רן) פֿעמ ...אָ'רשע — director

indicates the feminine דירעקטאָ'רשע and its plural דירעקטאָ'רשעס, where the stress shifts from the second to third syllable;

מיניסטער דער (...אָ'רן) פֿעמ ...אָ'רשע — (government) minister

indicates the feminine מיניסטאָ'רשע and its plural מיניסטאָ'רשעס, with a shift of stress and a change in vowel.

f. Declension of Nouns

For the limited number of nouns that add the ending ן (with or without the loss of a final ע) when they are not in the nominative, the declined forms are listed in the entry.

טאַטע דער (ס) (אַק/דאַט: טאַטן; פּאָס: טאַטנס) — father

g. Nominalized Adjectives

1) The symbol דעק following the masculine definite article דער indicates that while the word is cited with the masculine nominative ending ער, it forms feminine, plural and non-nominative forms using the adjectival endings.

געפֿאַ'נגענ|ער דער-דעק — prisoner

implies that די געפֿאַנגענע means *prisoners* or *female prisoner*, דעם געפֿאַנגענעם is the masculine singular dative/accusative, etc.

2) The same symbol is used for the occasional neuter nouns that can be inflected like adjectives.

גוט|ס דאָס-דעק — good

indicates that this is the entry to look in for the use of גוטן as a noun in the dative case.

3) This symbol is also used with compound nouns whose first element is inflected as an adjective.

גוט|ער־ייִ'ד דער-דעק (גוטע־ייִ'דן) — Hasidic rabbi

indicates that גוטן־ייִ'ד is a form of this word.

B 3.2 Adjectives

a. Presentation

1) Adjectives are cited in their base forms, followed by the symbol אַדי. Inflected forms are implied.

שיין אַדי	beautiful

implies that שיינע, שיינער, שיינעם, שיינס are forms of this adjective.

2) For adjectives whose form does not vary, אַדי is followed by the symbol אינוו:

שווייצער 1. אַדי-אינוו	Swiss

3) Examples sometimes contain noun phrases containing adjectives with a vertical bar before the inflectional ending, to signal that the ending must be changed depending on context.

‖ קײַלעכדיק|ער יתום	orphan who has lost both father and mother

indicates that אַ קײַלעכדיקן יתום and קײַלעכדיקע יתומים are forms of this noun phrase.

b. Attributive/Predicative

1) Attributive Only

The symbol אַדי-עפּי indicates that this adjective can be used only in two ways: as an inflected attribute of a noun, or nominalized, with the noun understood.

פֿאָדערשט אַדי-עפּי	front, forward

indicates that this adjective is used in phrases like די פֿאָדערשטע ראָד *(the front wheel)* or די פֿאָדערשטע *(the one in front)*.

2) Predicative Only

The symbol אַדי-אַטר indicates that the adjective is never used in a position that would require inflection.

פֿאַרבײַ' 1. אַדי-אַטר	past, over; dying, at death's door

This adjective is used uninflected in the predicate after a verb of being: דער טערמין איז פֿאַרבײַ *(the term has expired)* or דער מענטש איז פֿאַרבײַ *(the man is at death's door)*.

c. Epenthetic ע

The symbol · placed before a syllabic ל or ן at the end of an adjective stem indicates that the vowel ע must be added at this spot when an inflectional ending beginning with a vowel is added.

גאָלד·ן אַדי	golden

indicates that the inflected forms are גאָ'לדענער, גאָ'לדענע, גאָ'לדענעם, etc.

N.B.: this symbol is merely an expository tool used in the dictionary, and is not used in the normal orthography.

For adjectives whose pronunciation is indicated by transcription, the symbol · is placed in the transcription.

בטל [BOT·L] אַדי	null, void

indicates that the forms בטלער, בטלע and בטלן of this adjective are pronounced [BO'TELER], [BO'TELE] and [BO'TELN] respectively.

d. Evanescent ע

The symbol ע̱ indicates the opposite case: here the ע of the stem disappears when an inflectional ending beginning with a vowel is added. The ל or נ becomes syllabic, and the position of stress remains unchanged.

באַ'וועֱלן אַדי	(of) cotton

indicates that באַ'וולנער, באַ'וולנע and באַ'וולנעם are forms of this adjective.

N.B.: this symbol is merely an expository tool used in the dictionary, and is not used in the normal orthography.

e. Comparative and Superlative

1) If the comparative and the superlative forms are regular, and their meanings predictable, they are not listed in the dictionary (see **B 2.2 c**). To translate them, the user must identify the stem of the adjective by removing any inflectional ending and the suffix of the comparative (ער) or superlative (סט) to get the base form. For example, the meanings of קויטיקערע *(dirtier pl./fem.)* דעם קויטיקסטן *(the dirtiest dat./acc.)* are to be deduced from the base adjective:

קויטיק אַדי	dirty

2) If the form of the comparative or superlative involves any irregularity, it is listed in the dictionary, with a reference to the base form (see section **A 1.5 a-3**).

3) If a comparative form has a usage (adjectival or adverbial) other than the predictable one, it is given its own entry even if its form is regular. The unexpected meaning is given preceded by *also*.

גיכער אַדוו גיך קאָמפּ *also* rather

offers the translation *rather* in addition to the predictable meanings derived from:

גיך 1. אַדי quick, speedy, prompt

f. Complementation

Some adjectives can take prepositional complements. The prepositions פֿון, מיט, אין, דורך, צו, פֿאַר and אויף are not mentioned when they can be appropriately translated in this context by the directly corresponding English prepositions *of, with, in, by, to, for, on.*

In other cases, the preposition is given, either within angle brackets when the use of a prepositional phrase is optional:

פֿול אַדי <מיט> full (of)

or without brackets to illustrate a particular usage in a subentry:

|| שטאָלץ מיט proud of

B 3.3 Verbs

a. Presentation

Verbs are cited by their infinitive followed by the symbol וו. Verbs with prefixes, separable or inseparable, are alphabetized by the beginning of the prefix. The meaning of the inflected form פֿאַרשרײַבט must sought under פֿאַרשרײַבן; the meaning of שרײַבט זיך אונטער under אונטער|שרײַבן זיך.

b. Conjugation in the Present Tense

1) The infinitive is presented with the ending (ן, ען or נען) separated from the stem by a vertical bar. Thus, in קלער|ן the stem is קלער, and the ending is ן. The present tense is formed by adding the person suffixes to the stem (קלער, קלערסט, קלערט, קלערן).

For periphrastic verbs, cited as an invariable part plus the infinitive of an auxiliary verb, it is the auxiliary verb that carries the endings. The conjugated forms of ליב קריג|ן are: קריג ליב, קריגסט ליב, etc.

2) The position of stress is marked, except if it falls on the next to last syllable of the infinitive. It does not move in the conjugated forms. Thus, the entry שטודיר|ן indicates that the other forms of the present are שטודי'ר, שטודי'רסט, שטודי'רט.

3) Verbs whose present tense forms are not regularly predictable from the infinitive are marked with an asterisk. The irregular forms are listed in the entry for the base verb, and any derivatives with inseparable prefixes; derivatives with separable prefixes are implicitly referred back the base verb (see section **A 1.5 a-4**).

4) When an infinitive is used in an idiom or example of usage in a subentry under a different word, the vertical bar and asterisk are used to remind the user that this part of the expression needs to conjugated according to the context.

פּולווער דער (ס) [Ly] gunpowder, powder (medicinal, etc.)

|| געב|ן* <דאַט> פּולווער צו שמעקן show (s.o.) what one is made of

indicates, by implicit reference to the entry for געבן, that this expression is conjugated as:

איך גיב ... פּולווער צו שמעקן / דו גיסט ... פּולווער צו שמעקן / ...

The absence of a vertical bar in שמעקן indicates that this verb remains in the infinitive when the expression is conjugated.

5) In some infinitives whose stem ends in ען, the ע is evanescent, and is omitted in all the conjugated forms except the first and third persons plural, and the present participle. This vowel is represented in the dictionary, as in section **B 3.2 d**, by the special symbol ע̢. Thus רע'כע̢נ|ען indicates that the other forms of the present tense are רעכן, רעכנסט and רעכנט and the past participle is גערעכנט.

For infinitives with a phonetic transcription (see item 7 below), the mid-dot · indicates the position of the evanescent [E] in the transcription. In

פּסקע̢נ|ען וו (גע–ט) [PASK·N]

the mid-dot confirms that the infinitive and the first and third persons plural are pronounced [PA'SKENEN].

6) If the last letter of the infinitive stem is ײַ, the ײַ must be replaced by י before endings that do not begin with a vowel. Thus, the conjugated forms of ציִ|ען are written צי, ציסט, ציט and ציִען.

7) For verbs whose pronunciation is given in phonetic transcription, only the stem (without any separable prefixes) is transcribed.

גנבֿע|(נע)ן וו (גע–ט) [GANVE]

indicates that the infinitive is pronounced [GA'NVE(NE)N], that the conjugated forms גנבֿע, גנבֿעסט and גנבֿעט are pronounced [GANVE], [GANVEST] and [GANVET], and that the past participle is pronounced [GEGANVET].

אי'בער|סדר|ן וו (–גע–ט) [SADER]

indicates that the infinitive form is pronounced [I'BERSADERN], that the conjugated forms סדר איבער, סדרסט איבער and סדרט איבער are pronounced [SA'DER I'BER], [SA'DERST I'BER] and [SA'DERT I'BER] respectively, and the past participle is pronounced [I'BERGESADERT].

c. Formation of the Past Participle

1) The form of the past participle is indicated in parentheses after the symbol וו.

2) The most common form of the past participle, consisting of the unchanged stem with the prefix גע and the suffix ט, is indicated as (גע–ט). Its variant without the prefix is indicated as (–ט). In both cases the dash represents the stem. Thus, קנאַק|ן וו (גע–ט) and עקספּאָרטיר|ן וו (–ט) indicate that the participles of these two verbs are געקנאַ'קט and עקספּאָרטי'רט respectively. See section **B 3.3 d-2** below for cases with separable prefixes. In all other cases, the past participle is given in full. More than one form may be possible for some verbs: קריג|ן[1] וו (געקראָגן/געקריגן).

3) If the past tense of a verb requires the auxiliary verb זײַן, this is indicated by placing the word איז before the past participle. The absence of this indication implies that the verb uses the more common auxiliary האָבן. Thus,

קומ|ען[1] וו (איז געקומען)   come

indicates that איך בין געקומען means *I came*, while

ברענג|ען וו (גע–ט/געבראַכט)   bring, fetch

indicates that איך האָב געברענגט/געבראַכט means *I brought*.

In cases where usage fluctuates, both possibilities are given:

שלאָפֿ|ן וו (האָט/איז געשלאָפֿן)

The reflexive pronoun is not mentioned in giving the past participle, even for verbs used only in the reflexive.

פּאָרע|ן זיך וו (גע–ט)

Implies that the past tense is: איך האָב זיך געפּאָרעט, etc.

d. Separable Prefixes

1) Infinitives beginning with a separable prefix are presented with a vertical bar separating the prefix from the stem. The notation אָ'פּ|טייל|ן indicates that the conjugation in the present tense is: איך טייל אָפּ, דו טיילסט אָפּ, etc.

The primary stress which falls on the separable prefix is always indicated. A second stress symbol on the stem indicates the position of stress if it does not fall on the next to last syllable when the prefix is separated from it. Thus, אָ'פּ|ריי'ניק|ן indicates stress on the first syllable of the stem in מיר/זיי ריי'ניקן אָ'פּ.

2) If the past participle of a verb with a separable prefix is formed by adding the prefix גע and the suffix ט to the stem, this is indicated as (–גע–ט), where the first dash represents the separable prefix and the second represents the stem. The variant without the prefix is indicated as (–ט).

Thus, אָ'פּ|שטעל|ן וו (–גע–ט) and אוי'ס|פֿאַרקויפֿ|ן וו (–ט) indicate that the past participles of these two verbs are אָ'פּגעשטעלט and אוי'ספֿאַרקויפֿט respectively.

In all other cases, the past participle is given in full.

e. Verbal Complementation

1) Information about the complements of verbs is added, when the translation does not suffice, after the indication of the past participle, using אַק for an accusative object, דאַט for a dative object, the conjunction אַז for a clause, or a preposition:

אוי'ס|מאַכ|ן וו (–גע–ט) אַק   amount/add up to

2) Verbal complements given in angle brackets are optional; those given without brackets are required, at least for the meaning in question.

צו'|שדכנ|ען וו (–גע–ט) אַק דאַט [ShADKh·N]   propose s.o. in marriage to

indicates that, in this meaning, this verb requires an accusative and a dative complement.

באַשלאָג|ן וו (–ט) <מיט>   line, cover (with)

indicates that a complementary prepositional phrase is not required for this meaning. In such cases, the English preposition is placed in parentheses.

3) No indication of complementation is given if the syntax is equivalent in Yiddish and English, for instance if a Yiddish accusative object matches an English direct object.

Dative objects in Yiddish are considered equivalent to English indirect objects, with or without *to*. In

send   שיק|ן[1] וו (גע-ט)

both <דאַט> and *(to)* are omitted.

Similarly, the conjunctions **אַז** and *that* are considered equivalent.

For equivalences between prepositions, see section **B 3.2 f**.

4) If a complement serves as a direct object in English, no indication is given, even if the corresponding complement in Yiddish is dative, or the object of a preposition:

abdicate   אַבדיקיר|ן וו (-ט) <פֿון>

5) If the object of Yiddish verb corresponds to the object of a preposition in the English translation, the translation of an optional object (in angle brackets in the entry) will be in parentheses:

blame s.o. (for stg.)   פֿאַרדענק|ען וו (-ט) דאַט <אַק>

6) Infinitival complements are not always explicitly mentioned, but they are indicated using אינפֿ where clarity calls for it.

seat, place *perf.*   אַווע'ק|זעצ|ן וו -גע-ט

  sit down || אַוועקזעצן זיך

  begin to, start ...ing || אַוועקזעצן זיך אינפֿ

7) In some cases the translation offered requires that the dative or accusative complement of a Yiddish verb correspond to the subject of the English translation. In such cases, the translation is preceded by *rev.* (reverse syntax).

owe; *rev.* deserve, be entitled to   קומ|ען[2] וו (גע-ט/איז געקומען) דאַט

The second definition tells us that **דאָס קומט איר** can be translated as *she deserves this* or *she's entitled to this*, where the dative complement of the Yiddish verb corresponds to the subject of the English translation. Furthermore, the subject of the Yiddish corresponds to an object, either of the verb or of a preposition, in the English.

8) This reversed construction is particularly common when a Yiddish verb is used impersonally.

rev. be thirsty   דאַרשט|ן וו (געדאַ'רשט) אַק

indicates that **מיך דאַרשט** means *I'm thirsty*.

9) When an impersonal use of a Yiddish verb corresponds to using the translation with an expletive *it*, the dictionary does not remark on this explicitly. In a case like:

rain   רע'גענ|ען וו (גע-ט)

the user should be prepared to translate **אין דרויסן רעגנט** as *it's raining outside*.

10) If a construction that is generally impersonal in Yiddish is followed by a nominative phrase that corresponds to the subject in English, this is also marked with *rev.*

rev. be required, be called for || פֿאָ'דערן זיך אומפּ נאָמ

f. Transitive and Intransitive Pairs

In many cases intransitive and transitive uses of a Yiddish verb are distinguished by the presence or absence of **זיך**, while the same English translation is valid for both intransitive and transitive uses. Such cases are indicated as follows:

bend, curve *trans./intr.*   בייג|ן (זיך) וו (געבויגן)

This means that **בייגן** is transitive while **בייגן זיך** is intransitive, and that both can be translated as *bend* or *curve*, verbs that in English can be either transitive or intransitive.

B 4. Transcription and Accentuation of Hyphenated Words

Hyphenated words are compounds, and generally longer than average. Because of this, they sometimes bear a secondary stress. This secondary stress is indicated only rarely in the dictionary, and in those cases the same mark is used as for the primary stress. In this section of the introduction, the secondary stress is marked in transcriptions for expository purposes with the symbol `: [BO`NIM-SKHO'RIM].

These compound words are divided into two categories:

- compound nouns where the semantically primary element comes first. These are often derived from Hebrew phrases in what is called in Hebrew grammar the "construct state" (which can often be translated using *of* in English): [MO`YKHER-SFO'RIM] מוכר־ספֿרים *(bookseller)* literally means *seller of books*;
- other compounds, i.e. those where the second element is semantically primary.

Whichever category it belongs to, a hyphenated word with only one stress is transcribed as a single unhyphenated word.

As in non-compound words, the stress is indicated only when it doesn't fall on the next to last syllable:

אבֿן־טובֿ [E'VNTOV]; בעל־הבית [BAL(E)BO'S]

B 4.1 Compounds with the Primary Element First

In general, the principal stress falls on the second element of these compounds: [ShO`YMER-MI'TSVES]. While most of these compounds originate from the Hebrew "construct state," others have been assimilated to this accentual pattern in Yiddish, such as [MA`YSE-ShEHO'YE] מעשׂה־שהיה *(true story, actual occurrence)*.

The plurals of these words present several cases calling for different transcriptions.

a. the second element is invariable; only the first changes in the plural. The second element is not repeated for the plural. The presence of a hyphen at the end of the transcription indicates that the first element can have a secondary stress:

שליח־ציבור דער (שליחי־) [ShELIEKh-TSI'BER - ShLIKhE-]

indicates that the plural of [ShELI`EKh-TSI'BER] is [ShLI`KhE-TSI'BER]. But in

בן־אָדם דער (בני־) [BENODEM - BNEY]

the absence of a hyphen at the end of the transcription indicates that there is only one stress in the plural just like in the singular: [BNEYO'DEM].

b. the first element of the compound is invariable; the plural is marked only on the second element.

עזות־פּנים דער/דאָס [AZES-PO'NEM - -PE'NEMER]

indicates that the plural of [A`ZES-PO'NEM] is [A`ZES-PE'NEMER].

c. both elements of the compound change in the plural, which is therefore transcribed in full. The increased length of the plural often leads to the appearance of a secondary stress, which is indicated by a hyphen in the transcription of the plural.

בן־זכר דער (בנים־זכרים) [BENZOKhER - BONIM-SKhO'RIM]

בעל־עבֿירה דער (בעלי־עבֿירות) [BALAVEYRE - BALE-AVE'YRES]

indicates that the plural of [BENZO'KhER] is [BO`NIM-SKhO'RIM], and the plural of [BALAVE'YRE] is [BA`LE-AVE'YRES].

B 4.2 Other Hyphenated Words

The principal stress is always indicated with the symbol '. Most commonly, it falls on the first element, which modifies the second. If the principal stress falls on an element that is transcribed, its position is indicated only in the transcription:

לי'נדער־מיטל

זיידע־באָ'בע

המן־קלאַפּער [HO'MEN]

מלוכה־אוצר [MELU'KhE-OYTSER]

זולל־וסובֿא [ZOYLEL-VESO'YVE]

The other element may have a secondary stress, which generally falls on the next to last syllable: [LI'NDER-MI`TL], [ZE`DE-BO'BE], [HO'MEN-KLA`PER], [MELU'KhE-O`YTSER], [ZO`YLEL-VESO'YVE]. This secondary stress is indicated only when it falls on a different syllable.

דרשה־געשאַ'נק [DRO'ShE]

indicates that the accentuation is [DRO'ShE-GEShA`NK].

If the transcription of the second element is preceded by a hyphen, this indicates that it can have a secondary stress:

ביי'ז־סימנדיק אַדי [-SI'MENDIK]

indicates that the accentuation is [BEY'Z-SI`MENDIK].

There are, however, compounds where both elements bear equal primary stresses. This happens often in adjectives beginning with ־ני'ט: ני'ט־געשטוי'גן is pronounced [NI'T-GEShTOY'GN].
But when such adjectives are used in attributive position, the second stress is weakened to secondary:

ס'איז אַ ניט־געשטויגענער פּלאַן [NI'T-GEShTOY`GENER]

B 5. Clarification of Translations

B 5.1 Stylistic Indications

a. Stylistic Level
While some attempt has been made to match the stylistic level of the translation to that of the Yiddish word or expression, this cannot be done precisely. In many cases an indication of the level has been placed before the definition: *slang*, *fam.*, *lit.*, *pop.*, *vulg.* (See **table 4** for abbreviations.)

קלינגערס מצ *fam.* cash, dough

כּפּרהניצע די (ס) [KAPO'RENITSE] *slang* chicken

b. Objectivity, Emotional Attitude
The attitude or degree of objectivity associated with a Yiddish word, or with a particular usage, is signaled by indicators like *fig.*, *euph.*, *hum.*, *iron.* and *pejor.* before the definition:

דראָנג דער (ען/עס/דרענגער) stick, crowbar, pole; *hum.* tall, clumsy man

c. Jewish Cultural Terms
Words and expressions whose usage is normally limited to the objects, concepts and practices of Jewish culture have *Jew.* placed before the definition. (This marker may be dispensed with when the definition contains another obvious marker like *synagogue* or *Hebrew*.) Sometimes the same word has a more general sense as well; in this case the senses are separated by a semicolon:

צנועה די (־ות) [TSNUE] chaste/modest woman; *Jew.* pious and reserved woman

The marker *bibl.* indicates a usage that evokes the Old Testament.

צלמוות דער [TSALMOVES] *bibl.* place of darkness and death

B 5.2 Semantic Fields

Where appropriate, the sense of the English translation may be clarified by specifying the semantic field, in a sans serif font and in parentheses. Certain common semantic fields are marked before the definition using abbreviations from table **5**. Others maybe placed before or after the definition:

באַלעם דער (ס) ball (sport)

B 5.3 Other Forms of Clarification

a. The following elements may be added for clarification:

- number (*sg.* or *pl.*) where this is not clear from the English, e.g. *you*;
- gender (*masc.* or *fem.*) in words like *octogenarian*;
- a figurative interpretation of the English may be specified by placing *fig.* after the translation:

בלו'טצאַפּער דער (־/ס) bloodsucker *fig.*, exploiter

b. A parenthetical expression in a sans serif font may be given to delimit the semantic range of the subject or object of a verb. Placed before the verb, it delimits the subject.

באַפֿאַל|ן וו (איז באַפֿאַלן) (illness) strike

Placed afterwards, it delimits an object of the verb.

באַאַ'רבעט|ן וו (באַאַרבעט) treat, handle (subject); work (wood, etc.)

Similarly, such an expression may be placed after an adjective to delimit the semantic range of the noun phrase it modifies.

באַבלו'מט אַדי flowered; flowery (style)

c. Since many English verbs can be used both transitively and intransitively, *trans.* and *intr.* are often added to make the English more precise. Compare:

	פֿאַרהאַ'רטעוועט ווערן וו
harden *intr.*	(איז פֿאַרהאַ'רטעוועט געוואָרן)
harden *trans.*; temper (metal)	פֿאַרהאַ'רטעווע|ן וו (–ט)

Cf. also section **B 3.3 f**.

Aspectual differences that are hard to render in English are given as *perf.* and *imperf.*

sew *imperf.*	ניי|ען וו (גע–ט)

indicates that נייען means *sew* in the sense of *be engaged in sewing*, but not in the sense of *make (something) by sewing*, a sense found under:

make (garment), sew *perf.*	אוי'פֿ|ניי|ען וו (–גע–ט)

B 5.4 Degree of Admissibility

The symbol *dial.* indicates that a word or meaning is attested only from a minority of the dialects of Eastern Europe. The symbols *Germ., Slav.* and *Amer.* indicate not merely the etymological origin of a word, but rather its relatively recent (mid 19th century or later) borrowing from modern German, a Slavic language, or American English, respectively. Usage of such words is discouraged by many stylists. The symbol *neol.* marks a neologism which appears to have been created since 1950 to fill a lexical gap, and which a Yiddish speaker who does follow such things may not recognize.

C - TABLES

Table 1: Alphabet

Character	Transcription	Name	Details
א		ShTUMER ALEF	silent; used initially before ו, וּ, vocalic י, וי, יי, ײַ; various pronunciations in w.h.o.*
אַ	A	PASEKh-ALEF	similar to *a* in *father*
אָ	O	KOMETS-ALEF	intermediate between *aw* of *dawn* and *o* of *done*
בּ	B	BEYS	
בֿ	V	VEYS	same pronunciation as וו; w.h.o.* only
ג	G	GIML	as in *go*
ד	D	DALET	
ה	H	HEY	
ו	U	VOV	as in *put*
וּ	U	MELUPM-VOV	used in the combinations וווּ [VU], וּוו [UV], וּו [UU] and וּי [UY]
וו	V	TSVEY VOVN	
וי	OY	VOV YUD	
ז	Z	ZAYEN	
זש	Zh	ZAYEN ShIN	like *s* in *leisure*
ח	Kh	KhES	same pronunciation as כ; w.h.o.* only
ט	T	TES	
י	Y	YUD	consonant before or after a vowel
	y		mark of palatalization after the consonants ד, ז, ט, ל, נ and ס
	I		vowel before or after a consonant
יִ	I	KhIREK-YUD	vowel before another vowel, or after י
יי	EY	TSVEY YUDN	as in *they*
ײַ	AY	PASEKh TSVEY YUDN	as in *aye-aye*
כּ	K	KOF	same pronunciation as ק; w.h.o.* only
כ	Kh	KhOF	pronounced like *ch* in German *ach* or Scottish *Loch*
ך	Kh	LANGE(R) KhOF	form of כ used at the end of a word
ל	L	LAMED	sometimes syllabic
	Ly		see section **A 2.2 a**
מ	M	MEM	sometimes syllabic
ם	M	ShLOS-MEM	form of מ used at the end of a word
נ	N	NUN	sometimes syllabic
ן	N	LANGE(R) NUN	form of נ used at the end of a word
ס	S	SAMEKh	as in *so*
ע	E	AYEN	as in *bed*; various pronunciations in w.h.o.*
פּ	P	PEY	
פֿ	F	FEY	
ף	F	LANGE(R) FEY	form of פֿ used at the end of a word

*w.h.o. = words of Hebrew or Aramaic origin

Details	Name	Transcription	Character
צ	TS	TSADEK	
ץ	TS	LANGE(R) TSADEK	form of צ used at the end of a word
ק	K	KUF	
ר	R	REYSh	
ש	Sh	ShIN	
שׂ	S	SIN	same pronunciation as ס; w.h.o.* only
תּ	T	TOF	same pronunciation as ט; w.h.o.* only
ת	S	SOF	same pronunciation as ס; w.h.o.* only

*w.h.o. = words of Hebrew or Aramaic origin

Table 2: Dialectal Variants

SPELLING	אָ	זאָגן	אָ	נאָז	אָ	קאָפּ
Northeastern	O	ZOGN	O	NOZ	O	KOP
Southeastern	U	ZUGN	U	NUZ	O	KOP
Central	U	ZUGN	long U	NUUZ	O	KOP
transcription	O	ZOGN	O	NOZ	O	KOP

SPELLING	ו	גוט	יי	פֿלייש	ײַ	מײַן
Northeastern	U	GUT	EY	FLEYSh	AY	MAYN
Southeastern	I	GIT	EY	FLEYSh	AY/A	MAYN/MAN
Central	I	GIT	AY	FLAYSh	long A	MAAN
transcription	U	GUT	EY	FLEYSh	AY	MAYN

SPELLING	וי	ברוין	וי	הויזן	ע	לעבן
Northeastern	OY	BROYN	EY	HEYZN	E	LEBN
Southeastern	OY	BROYN	OY	HOYZN	EY/I	LEYBN/LIBN
Central	long O	BROON	OY	HOYZN	EY	LEYBN
transcription	OY	BROYN	OY	HOYZN	E	LEBN

SPELLING	אויף	אויפֿשטיין
Northeastern	AF	UFShTEYN
Southeastern	AF	IFShTEYN
Central	OF	OOFShTAYN
transcription	OYF	OYFShTEYN

Table 3: Yiddish Abbreviations

adverb/adverbial phrase	אַדוו	אַדווערב
adjective	אַדי	אַדיעקטיוו
adjective/adverb	אַדי/אַדוו	אַדיעקטיוו/אַדווערב
adjective (predicative only)	אַדי-אַטר	אַדיעקטיוו-אַטריבוט
adjective (only attributive or nominalized)	אַדי-עפּי	אַדיעקטיוו-עפּיטעט
impersonal	אומפּ	אומפּערזענלעך
invariable	אינוו	אינוואַריאַנט
interjection	אינט	אינטעריעקציע
infinitive	אינפֿ	אינפֿיניטיוו
accusative	אַק	אַקוזאַטיוו
article	אַרט	אַרטיקל
dative	דאַט	דאַטיוו
neuter noun	דאָס	סובסטאַנטיוו, נייטראַל
feminine noun	די	סובסטאַנטיוו, פֿעמענין
diminutive	דימ	דימינוטיוו
diminutive, second-degree	דימ2	צווייטער דימינוטיוו
declined noun (one/two genders)	דעק	דעקלינירט
masculine noun	דער	סובסטאַנטיוו, מאַסקולין
auxiliary verb	הוו	העלפֿווערב
verb	וו	ווערב
see	זע	זע
see words starting with	זע ווערטער מיט	זע ווערטער וואָס הייבן זיך אָן מיט
title	טיטל	טיטל
noun, plural only	מצ	מערצאָל
nominative	נאָמ	נאָמינאַטיוו
superlative	סופּ	סופּערלאַטיוו
possessive	פּאָס	פּאָסעסיוו
possessive adjective	פּאָס-אַדי	פּאָסעסיווער אַדיעקטיוו
past participle	פּאַרט	פּאַרטיציפּ
particle	פּאַרטיקל	פּאַרטיקל
proper noun	פּנ	פּרט־נאָמען
pronoun	פּראָנ	פּראָנאָם
preposition	פּרעפּ	פּראָפּאָזיציע
contraction of preposition and definite article	פּרעפּ + אַרט	פּראָפּאָזיציע + אַרטיקל
cf., compare	פֿ״גל	פֿאַרגלייַך מיט
phonetic spelling of	פֿאָנ	פֿאָנעטישער אויסלייג
feminine suffix or feminine form of a masculine noun	פֿעמ	פֿעמינין
phrase	פֿר	פֿראַזע
numeral	צוו	צאָלוואָרט
collective	קאָל	קאָלעקטיוו
comparative	קאָמפּ	קאָמפּאַראַטיוו
conjunction	קאָנ	קאָניונקציע
separable prefix	קוו	קאָנווערב
relative pronoun	רעל-פּראָנ	רעלאַטיווער פּראָנאָם

Table 4: English Abbreviations

	Describing the Yiddish (placed before the translation)	Describing the English (placed after the translation)
adj.		adjective
affect.	affectionate	
also	nonpredicatable meaning	
Amer.	Americanism	
acc.	accusative case	
bibl.	Biblical name or expression	
coll.		collective noun
dat.	dative case	
dial.	dialectal	
e.g.	for example	
esp.	especially	
euph.	euphemism	
fam.	familiar, colloquial	
fem.		feminine
fig.	figurative	figurative
gen.	generally	
Germ.	Germanism	
hum.	humorous	
in-group	intentionally obscure to non-Jews	
imperf.		imperfective aspect
inf.		infinitive
insult.	insulting	
intr.		intransitive
iron.	ironic	
Jew.	pertaining to Jewish culture	
jur.	juridical	
lit.	literary	
masc.		masculine
neol.	neologism	
obs.	obsolete	
pejor.	pejorative	
perf.		perfective aspect
pl.		plural
pop.	popular	
rev.	reverse syntax: the Yiddish object corresponds to the English subject; cf. **B 3.3 e-7**	
sg.		singular
Slav.	Slavicism	
s.o.	someone	
stg.	something	
trans.		transitive
usu.	usually	
vulg.	vulgar	

Table 5: Abbreviations for Semantic Fields

(account.)	accounting
(admin.)	administration
(agric.)	agriculture
(anat.)	anatomy
(archit.)	architecture
(astr.)	astronomy
(biol.)	biology
(botan.)	botany
(butch.)	butchery
(chem.)	chemistry
(cin.)	cinema
(comm.)	commerce
(constr.)	construction
(culin.)	culinary
(econ.)	economy
(elec.)	electrical
(fash.)	fashion
(finan.)	finance
(geogr.)	geography
(geol.)	geology
(geom.)	geometry
(gramm.)	grammar
(jur.)	juridicial
(ling.)	linguistics
(lit.)	literature
(math.)	mathematics
(med.)	medicine
(milit.)	military
(mus.)	music
(myth.)	mythology
(navig.)	navigation
(phot.)	photography
(phys.)	physics
(physiol.)	physiology
(polit.)	politics
(psychol.)	psychology
(relig.)	religion
(surg.)	surgery
(techn.)	technology
(theat.)	theater
(T.V.)	television
(typogr.)	typography
(univ.)	university
(zool.)	zoology

Table 6: Symbols

<table>
<tr><th>symbol</th><th>meaning</th><th>example</th><th>explanation</th></tr>
<tr><td>=</td><td>equivalent variant form</td><td></td><td>A 1.5 b-1</td></tr>
<tr><td>= ′</td><td>single word abbreviation</td><td>= ד׳</td><td>A 1.2</td></tr>
<tr><td>= ″</td><td>acronym or other abbreviation of a phrase</td><td>= פּ״ס</td><td>A 1.2</td></tr>
<tr><td>||</td><td>subentry</td><td></td><td>A 1.2
A 1.4 c</td></tr>
<tr><td>.1</td><td>word with multiple grammatical categories</td><td></td><td>A 1.3 b - A 1.3 d</td></tr>
<tr><td>1</td><td>word with homograph(s) listed separately</td><td>באַ1</td><td>A 1.3 a, A 1.3 d</td></tr>
<tr><td>()</td><td>optional part of a word (with no change in meaning)
morphological information for preceding word</td><td></td><td>A 1.2
B 3.1 c, B 3.3 c</td></tr>
<tr><td>(–)</td><td>noun plural identical to singular</td><td></td><td>B 3.1 c-1</td></tr>
<tr><td>/</td><td>interchangeable alternatives</td><td></td><td>A 3.4</td></tr>
<tr><td>...</td><td>prefix listed as an entry
plural or feminine ending</td><td>עקס...
...ניצע</td><td>A 1.4 c
B 3.1 c-4 - B 3.1 c-6
B 3.1 e-2</td></tr>
<tr><td>...⁻</td><td>accentuated first element of compounds</td><td>פֿלאַני'ר...</td><td>A 1.4 c</td></tr>
<tr><td>'</td><td>primary stress (when not penultimate)</td><td>מינו'ט</td><td>A 2.3</td></tr>
<tr><td>|</td><td>boundary between adjective stem and ending

boundary between verb stem and infinitive ending
boundary between separable prefix and verb stem</td><td></td><td>B 3.1 g-1
B 3.2 a-3
B 3.3 b-1
B 3.3 d-1</td></tr>
<tr><td>*</td><td>verb with irregular present tense</td><td></td><td>A 1.5 a-4</td></tr>
<tr><td>< ></td><td>optional complement of verb or adjective</td><td></td><td>B 3.2 f
B 3.3 e-2</td></tr>
<tr><td>·</td><td>place where epenthetic ע is required in some forms</td><td>אַפּ·ן</td><td>B 3.2 c</td></tr>
<tr><td>ע̮</td><td>evanescent ע in conjugation/declension</td><td></td><td>B 3.2 d
B 3.3 b-5</td></tr>
<tr><td>[ ]</td><td>phonetic transcription</td><td>[MAN]</td><td>A 2.1, A 2.2
B 4</td></tr>
</table>

Table 7: Irregular Past Participles

<table>
<tr><th>infinitive</th><th>participle</th></tr>
<tr><td>באָד|ן</td><td>געבאָדן</td></tr>
<tr><td>see table 8/באָט|ן</td><td>געבאָטן</td></tr>
<tr><td>באַק|ן</td><td>געבאַקן</td></tr>
<tr><td>see table 8</td><td>געבאָרן</td></tr>
<tr><td>באַרשט|ן</td><td>געבאָרשטן</td></tr>
<tr><td>בייג|ן</td><td>געבויגן</td></tr>
<tr><td>see table 8</td><td>געבוירן</td></tr>
<tr><td>ביל|ן</td><td>געבולן</td></tr>
<tr><td>בינד|ן</td><td>געבונדן</td></tr>
<tr><td>בײַט|ן</td><td>געביטן</td></tr>
<tr><td>בײַס|ן</td><td>געביסן</td></tr>
<tr><td>בלאָז|ן</td><td>געבלאָזן</td></tr>
<tr><td>בלײַב|ן</td><td>געבליבן</td></tr>
<tr><td>בעט|ן</td><td>געבעטן</td></tr>
<tr><td>בראָט|ן</td><td>געבראָטן</td></tr>
<tr><td>ברענג|ען</td><td>געבראַכט</td></tr>
<tr><td>ברעכ|ן</td><td>געבראָכן</td></tr>
<tr><td>גילט|ן</td><td>געגאָלטן</td></tr>
<tr><td>גיי|ן*</td><td>געגאַן/געגאַן(ג)ען</td></tr>
<tr><td>גיס|ן</td><td>געגאָסן</td></tr>
<tr><td>גלײַכ|ן</td><td>געגליכן</td></tr>
<tr><td>געב|ן*</td><td>געגעבן</td></tr>
<tr><td>עס|ן</td><td>געגעסן</td></tr>
<tr><td>גראָב|ן</td><td>געגראָבן</td></tr>
<tr><td>see table 8</td><td>געגראָטן</td></tr>
<tr><td>דינג|ען</td><td>געדונגען</td></tr>
<tr><td>דרעש|ן</td><td>געדראָשן</td></tr>
<tr><td>דרינג|ען</td><td>געדרונגען</td></tr>
<tr><td>האָב|ן*</td><td>געהאַט</td></tr>
<tr><td>האַטל|ן</td><td>געהאַלטן</td></tr>
<tr><td>העלפֿ|ן</td><td>געהאָלפֿן</td></tr>
<tr><td>הענג|ען</td><td>געהאַנגען/געהאָנגען</td></tr>
<tr><td>העפֿט|ן</td><td>געהאָפֿטן</td></tr>
<tr><td>הייב|ן</td><td>געהויבן</td></tr>
<tr><td>הינק|ען</td><td>געהונקען</td></tr>
<tr><td>היט|ן</td><td>געהיטן</td></tr>
<tr><td>הייס|ן</td><td>געהייסן</td></tr>
<tr><td>וועל|ן*</td><td>געוואָלט</td></tr>
<tr><td>וועל|ן</td><td>געוואָלן</td></tr>
<tr><td>ווענד|ן</td><td>געוואָנדן</td></tr>
<tr><td>וואַקס|ן</td><td>געוואַקסן/געוואָקסן</td></tr>
<tr><td>וואַרג|ן/ווערג|ן</td><td>געוואָרגן</td></tr>
<tr><td>ווער|ן</td><td>געוואָרן</td></tr>
<tr><td>וואַרפֿ|ן</td><td>געוואָרפֿן</td></tr>
<tr><td>וואַש|ן</td><td>געוואַשן</td></tr>
<tr><td>וועג|ן</td><td>געווויגן</td></tr>
<tr><td>ווינטש|ן</td><td>געוווּנטשן</td></tr>
<tr><td>see table 8</td><td>געוווּנען</td></tr>
<tr><td>ווינק|ען</td><td>געוווּנקען</td></tr>
<tr><td>וויס|ן*</td><td>געוווּסט</td></tr>
<tr><td>ווײַז|ן</td><td>געוויזן</td></tr>
<tr><td>זײַן*</td><td>געווע(ז)ן</td></tr>
<tr><td>זיד|ן</td><td>געזאָדן/געזאָטן</td></tr>
<tr><td>זאַלצ|ן</td><td>געזאַלצן</td></tr>
<tr><td>זויג|ן</td><td>געזויגן</td></tr>
<tr><td>זינג|ען</td><td>געזונגען</td></tr>
<tr><td>זינק|ען</td><td>געזונקען</td></tr>
<tr><td>זײַ|ען</td><td>געזיגן</td></tr>
<tr><td>זע|ן*</td><td>געזען</td></tr>
<tr><td>זיצ|ן</td><td>געזעסן</td></tr>
<tr><td>טאָ|ן*/טו|ן</td><td>געטאָן/געטון</td></tr>
<tr><td>טונק|ען</td><td>געטונקען</td></tr>
<tr><td>טראָג|ן</td><td>געטראָגן</td></tr>
<tr><td>טרעט|ן</td><td>געטראָטן</td></tr>
<tr><td>טרענק|ען</td><td>געטראָנקען</td></tr>
<tr><td>טרעפֿ|ן</td><td>געטראָפֿן</td></tr>
<tr><td>טרינק|ען</td><td>געטרונקען</td></tr>
<tr><td>טרײַב|ן</td><td>געטריבן</td></tr>
<tr><td>טרעט|ן</td><td>געטרעטן</td></tr>
<tr><td>יויר|ן</td><td>געיוירן</td></tr>
<tr><td>לאַד|ן</td><td>געלאַדן</td></tr>
<tr><td>לאָד|ן</td><td>געלאָדן</td></tr>
<tr><td>לאָז|ן</td><td>געלאָזן</td></tr>
<tr><td>לויפֿ|ן</td><td>געלאָפֿן</td></tr>
<tr><td>לעש|ן</td><td>געלאָשן</td></tr>
<tr><td>לײַכט|ן</td><td>געלויכטן</td></tr>
<tr><td>see table 8</td><td>געלונגען</td></tr>
<tr><td>ליג|ן/לײַ|ען</td><td>געליגן</td></tr>
<tr><td>לײַד|ן</td><td>געליטן</td></tr>
<tr><td>לײַ|ען</td><td>געליִען</td></tr>
</table>

<table>
<tr><th>participle</th><th>infinitive</th></tr>
<tr><td>געלעגן</td><td>ליג|ן</td></tr>
<tr><td>געמאָלדן</td><td>מעלד|ן</td></tr>
<tr><td>געמאָלן</td><td>מאָל|ן</td></tr>
<tr><td>געמאָלקן</td><td>מעלק|ן</td></tr>
<tr><td>געמאָסטן</td><td>מעסט|ן</td></tr>
<tr><td>געמיטן</td><td>מייַד|ן</td></tr>
<tr><td>גענאָסן</td><td>ניס|ן/see table 8</td></tr>
<tr><td>גענומען</td><td>נעמ|ען</td></tr>
<tr><td>געפּאָפֿן</td><td>פּאָפֿ|ן</td></tr>
<tr><td>געפֿאָכטן</td><td>פֿעכט|ן</td></tr>
<tr><td>געפֿאַלן</td><td>פֿאַל|ן/see table 8</td></tr>
<tr><td>געפֿאַנגען</td><td>פֿאַנג|ען</td></tr>
<tr><td>געפֿאָרבן</td><td>פֿאַרב|ן</td></tr>
<tr><td>געפֿאָרן</td><td>פֿאָר|ן</td></tr>
<tr><td>געפֿונען</td><td>see table 8</td></tr>
<tr><td>געפֿיפֿן</td><td>פֿייַפֿ|ן</td></tr>
<tr><td>געפֿלאָכטן</td><td>פֿלעכט|ן</td></tr>
<tr><td>געפֿלאָסן</td><td>פֿליס|ן</td></tr>
<tr><td>געפֿלויגן</td><td>פֿליִ|ען</td></tr>
<tr><td>געפֿעלן</td><td>see table 8</td></tr>
<tr><td>געפֿראָרן/געפֿרוירן</td><td>פֿריר|ן</td></tr>
<tr><td>געפֿרעסן</td><td>פֿרעס|ן</td></tr>
<tr><td>געצוואָגן</td><td>צוואָג|ן</td></tr>
<tr><td>געצווּנגען</td><td>צווינג|ען</td></tr>
<tr><td>געצויגן</td><td>ציִ|ען</td></tr>
<tr><td>געצונדן</td><td>צינד|ן</td></tr>
<tr><td>געקוואָלן</td><td>קוועל|ן</td></tr>
<tr><td>געקומען</td><td>קומ|ען</td></tr>
<tr><td>געקלונגען</td><td>קלינג|ען</td></tr>
<tr><td>געקליבן</td><td>קלייַב|ן</td></tr>
<tr><td>געקנאָטן</td><td>קנעט|ן</td></tr>
<tr><td>געקניפּן</td><td>קנייַפּ|ן</td></tr>
<tr><td>געקראָגן</td><td>קריג|ן</td></tr>
<tr><td>געקראָכן</td><td>קריכ|ן</td></tr>
<tr><td>געקריגן</td><td>קריג|ן</td></tr>
<tr><td>געראָטן</td><td>ראָט|ן/see table 8</td></tr>
<tr><td>גערונען</td><td>רינ|ען/see table 8</td></tr>
<tr><td>גערופֿן</td><td>רופֿ|ן</td></tr>
<tr><td>געריבן</td><td>רייַב|ן</td></tr>
<tr><td>געריטן</td><td>רייַט|ן</td></tr>
<tr><td>געריסן</td><td>רייַס|ן</td></tr>
<tr><td>געשאָבן</td><td>שאָב|ן</td></tr>
</table>

<table>
<tr><th>participle</th><th>infinitive</th></tr>
<tr><td>געשאָטן</td><td>שיט|ן</td></tr>
<tr><td>געשאָכטן</td><td>שעכט|ן</td></tr>
<tr><td>געשאָלטן</td><td>שילט|ן</td></tr>
<tr><td>געשאָנקען</td><td>שענק|ען</td></tr>
<tr><td>געשאָסן</td><td>שיס|ן</td></tr>
<tr><td>געשאַפֿן</td><td>שאַפֿ|ן</td></tr>
<tr><td>געשאָרן</td><td>שער|ן</td></tr>
<tr><td>געשוואָנקען</td><td>שווענק|ען</td></tr>
<tr><td>געשוואָרן/געשווירן</td><td>שווער|ן</td></tr>
<tr><td>געשווּמען</td><td>שווימ|ען</td></tr>
<tr><td>געשווּנגען</td><td>שווינג|ען</td></tr>
<tr><td>געשוויגן</td><td>שווייַג|ן</td></tr>
<tr><td>געשוירן</td><td>שער|ן</td></tr>
<tr><td>געשונדן</td><td>שינד|ן</td></tr>
<tr><td>געשטאַנען</td><td>שטיי|ן*</td></tr>
<tr><td>געשטאָכן</td><td>שטעכ|ן</td></tr>
<tr><td>געשטאָרבן</td><td>שטאַרב|ן</td></tr>
<tr><td>געשטויסן</td><td>שטויס|ן</td></tr>
<tr><td>געשטונקען</td><td>שטינק|ען</td></tr>
<tr><td>געשטיגן</td><td>שטייַג|ן</td></tr>
<tr><td>געשטראָכן</td><td>שטרייַכ|ן</td></tr>
<tr><td>געשטריטן</td><td>שטרייַט|ן</td></tr>
<tr><td>געשטריכן</td><td>שטרייַכ|ן</td></tr>
<tr><td>געשיסן</td><td>שייַס|ן</td></tr>
<tr><td>געשלאָגן</td><td>שלאָג|ן</td></tr>
<tr><td>געשלאָסן</td><td>שליס|ן</td></tr>
<tr><td>געשלאָפֿן</td><td>שלאָפֿ|ן</td></tr>
<tr><td>געשלונגען</td><td>שלינג|ען</td></tr>
<tr><td>געשליסן</td><td>שלייַס|ן</td></tr>
<tr><td>געשליפֿן</td><td>שלייַפֿ|ן</td></tr>
<tr><td>געשמאָלצן</td><td>שמעלצ|ן</td></tr>
<tr><td>געשמיסן</td><td>שמייַס|ן</td></tr>
<tr><td>געשניטן</td><td>שנייַד|ן</td></tr>
<tr><td>געשען</td><td>see table 8</td></tr>
<tr><td>געשפּאָלטן</td><td>שפּאַלט|ן</td></tr>
<tr><td>געשפּונען</td><td>שפּינ|ען</td></tr>
<tr><td>געשפּיגן</td><td>שפּייַ|ען</td></tr>
<tr><td>געשפּרונגען</td><td>שפּרינג|ען</td></tr>
<tr><td>געשראָקן</td><td>שרעק|ן</td></tr>
<tr><td>געשריבן</td><td>שרייַב|ן</td></tr>
<tr><td>געשריגן/געשריִען</td><td>שרייַ|ען</td></tr>
</table>

Table 8: Irregular Past Participles Occuring only with a Prefix

<table>
<tr><th>infinitive</th><th>participle</th></tr>
<tr><td>אוי'ס|לינק|ען</td><td>אויסגעלונקען</td></tr>
<tr><td>אוי'ס|ראָט|ן</td><td>אויסגעראָטן</td></tr>
<tr><td>אוי'ס|ריכט|ן</td><td>אויסגעראָכטן</td></tr>
<tr><td>אײַ'נ|שרימפּ|ן</td><td>אײַנגעשרומפּן</td></tr>
<tr><td>אָ'נ|גרײַפֿ|ן</td><td>אָנגעגריפֿן</td></tr>
<tr><td>אָ'נ|ווער|ן</td><td>אָנגעוואָרן/אָנגעווירן</td></tr>
<tr><td>אָ'נ|שוועל|ן</td><td>אָנגעשוואָלן</td></tr>
<tr><td>אַנטשייד|ן</td><td>אַנטשידן</td></tr>
<tr><td>אָ'פּ|שפּרעכ|ן</td><td>אָפּגעשפּראָכן</td></tr>
<tr><td>באַגרײַפֿ|ן</td><td>באַגריפֿן</td></tr>
<tr><td>באַטריג|ן</td><td>באַטראָגן</td></tr>
<tr><td>באַפֿעל|ן</td><td>באַפֿוילן</td></tr>
<tr><td>באַראַט|ן</td><td>באַראַטן</td></tr>
<tr><td>געבאָט|ן</td><td>געבאָטן</td></tr>
<tr><td>געבאָר|ן</td><td>געבאָרן</td></tr>
<tr><td>געבוי'ר|ן/געבער|ן</td><td>געבוירן</td></tr>
<tr><td>געגראָט|ן</td><td>געגראָטן</td></tr>
<tr><td>געווינ|ען</td><td>געוווּנען</td></tr>
<tr><td>געלינג|ען</td><td>געלונגען</td></tr>
<tr><td>געניס|ן</td><td>גענאָסן</td></tr>
<tr><td>געפֿאַל|ן</td><td>געפֿאַלן</td></tr>
<tr><td>געפֿינ|ען</td><td>געפֿונען</td></tr>
<tr><td>געפֿעל|ן</td><td>געפֿעלן</td></tr>
<tr><td>געראָט|ן</td><td>געראָטן</td></tr>
<tr><td>גערינ|ען</td><td>גערונען</td></tr>
<tr><td>געשוועל|ן</td><td>געשוועלן</td></tr>
<tr><td>געשע'|ן*</td><td>געשען</td></tr>
<tr><td>דערווערב|ן</td><td>דערוואָרבן</td></tr>
<tr><td>דערעס|ן</td><td>דערעסן</td></tr>
<tr><td>דערפֿינד|ן</td><td>דערפֿונדן</td></tr>
<tr><td>דערשײַנ|ען</td><td>דערשינען</td></tr>
<tr><td>פֿאַרבאָט|ן</td><td>פֿאַרבאָטן</td></tr>
<tr><td>באַרבאָרג|ן</td><td>פֿאַרבאָרגן</td></tr>
<tr><td>פֿאַרגינ|ען</td><td>פֿאַרגונען</td></tr>
<tr><td>פֿאַרגעס|ן</td><td>פֿאַרגעסן</td></tr>
<tr><td>פֿאַרדאַרב|ן</td><td>פֿאַרדאָרבן</td></tr>
<tr><td>פֿאַרדריס|ן</td><td>פֿאַרדראָסן</td></tr>
<tr><td>פֿאַרהויל|ן</td><td>פֿאַרהוילן</td></tr>
<tr><td>פֿאַרליר|ן</td><td>פֿאַרלאָרן/פֿאַרלוירן</td></tr>
<tr><td>פֿאַרראַט|ן</td><td>פֿאַרראַטן</td></tr>
<tr><td>פֿאַרריכט|ן</td><td>פֿאַרראָכטן</td></tr>
<tr><td>פֿאַרשווינד|ן</td><td>פֿאַרשווּנדן</td></tr>
<tr><td>פֿאַרשפּרעכ|ן</td><td>פֿאַרשפּראָכן</td></tr>
<tr><td>פֿרײַ'|שפּרעכ|ן</td><td>פֿרײַגעשפּראָכן</td></tr>
</table>

Table 9: Verbal Prefixes

inseparable

inseparable
אַנט...
באַ...
גע...
דער...
פֿאַר...
צע...

separable

אַדו'רך	אָפּ	נאָך
אַהיי'ם	אַפֿי'ר	פֿאַרבײַ'
אַהי'ן	אַפֿע'ר	פֿאָר
אַהע'ר	אַראָ'פּ	פֿאָרוי'ס
אַווע'ק	אַרוי'ס	פֿאַנאַנדער
אויס	אַרוי'ף	פֿונאַנדער
אויף	אַרו'ם	פֿיר
אום	אַרונטער	צו
אונטער	אַריבער	צוזאַמען
איבער	אַרײַ'ן	צונוי'ף
אײַן	בײַ	צורי'ק
אָן	דורך	קעגן
אַנטקעגן	ווײַטער	קריק
אַנידער	מיט	

Table 10: Suffixes

translation	example	meaning	suffix
egyptologist	עגיפּטאָלאָג	...ologist	...אָלאָ'ג דער (ן) פֿעמ ין (ס)
methodology	מעטאָדאָלאָגיע	...ology	...אָלאָ'גיע די
morphological	מאָרפֿאָלאָגיש	...ological	...אָלאָ'גיש
café	קאַוויאַרניע	place where ...	...אַ'רניע די (ס)
lexicographer	לעקסיקאָגראַף	...grapher	...גראַ'ף דער (ן) פֿעמ ין (ס)
lithography	ליטאָגראַפֿיע	...graphy	...גראַ'פֿיע די (ס)
oily	בוימלדיק	...y, ...ish, ...-like	...דיק אַדי/אַדוו
freedom	פֿרײַהייט	...dom, ...ness, ...ity	...הייט די [HEYT/HAYT]
humanity	מענטשהייט		
youngsters	קליינוואַרג	group of; material for	...וואַרג דאָס
fuel	ברענוואַרג		
as a child	קינדווײַז	as a ...; ... by ...; like a ...	...ווײַז אַדי/אַדוו
little by little	ביסלעכווײַז		
madly	משוגענערווײַז		
celebration	פֿײַערונג	...(a)tion, ...ing, ...age	...ונג די (ען)
scribbler	שרײַבערוק	contemptible ...	...ו'ק דער (עס)
merchant *fem.*	סוחרטע	woman ...; female ...	...טע די (ס)
female donkey	אייזלטע		
realism	רעאַליזם	...ism	...י'זם דער (ען)
laryngitis	לאַרינגיט	...itis	...י'ט דער (ן)
she-bear	בעריכע	female ...	...יכע די (ס)
woman singer	זינגערין	woman ..., *fem.*	...ין די (ס)
smoky	רויכיק	...y, ...ish, ...-like	...יק אַדי/אַדוו
combative	קעמפֿעריש	...ish, ...ative	...יש אַדי/אַדוו
formless	פֿאָרעמלאָז	...less	...לאָז אַדי/אַדוו
darling mother	מאַמע־לעבן	dear	...־לעב(ן)
whitish	ווײַסלעך	...ish, somewhat ...; ...able	...לעך אַדי/אַדוו
breakable	צעברעכלעך		
fastidious woman	מפֿוניצע	... woman; seller *fem.* of; container for	...ניצע די (ס)
sugar bowl	צוקערניצע		
bore	נודניק	... man; seller *masc.* of; member of	...ניק דער (עס)
kibbutznik	קיבוצניק		
sensitive	שפּירעוודיק	...ative, prone to ...	...עוודיק אַדי
scribbling	שרײַבעכץ	result of ... (often *pejor.*)	...עכץ דאָס (ן/ער)
sawdust	זעגעכץ		
complication	פֿאַרדרייעניש	...ation, ...ment	...עניש דאָס (ן)
dazzlement	בלענדעניש		
pentagonal	פֿינפֿעקיק	with ... corners, ...gonal	...ע'קיק/ע'קעדיק/ע'קעכיק אַדי
writer	שרײַבער	...er, ...ist	...ער דער (–/ס)
when young, in one's youth	יונגערהייט	while being ..., in a ... state	...ערהייט אַדוו

translation	example	meaning	suffix
while walking	גייענדיקערהייט	while ...ing	
tailoring (profession)	שנײַדערײַ	activity *esp.* professional	...ערײַ' דאָס
bakery	בעקערײַ	...ery, place for ...	...ערײַ' די (ען)
of three kinds	דרײַערלײ	of ... kinds	...ערלײ' אַדי
triple four-fold	דרײַפֿאַך פֿירפֿאַכיק	...uple, ...-fold	...פֿאַך/פֿאַכיק אַדי
beekeeping	בינענצוכט	raising of ...	...צוכט די
pisciculture	פֿישציִונג	raising of ...	...ציִונג די
in winter	ווינטערצײַט	in/during ...	...צײַט אַדוו
wholeness, entirety	גאַנצקייט	...ness, ...ity	...קייט די (ן) [KEYT/KAYT]
baker *fem.*	בעקערקע	woman ..., *fem.*	...קע די (ס)
adulthood maternity	דערוואַקסנשאַפֿט מוטערשאַפֿט	...hood, ...ity	...שאַפֿט די (ן)
doctor *fem.*	דאָקטערשע	woman ..., *fem.*	...שע די (ס)

א

א דער/די [ALEF] letter of the Yiddish alphabet (silent); numerical value: 1; *called* שטומע(ר) אַלף *to distinguish it from the forms with diacritical marks:* אַ, אָ

|| פֿ״גל אַלף

אַ[1] דער/די [PA'SEKh–ALEF] variant of the letter א; pronunciation [A]

|| פֿ״גל פּתח

אַ[2] **1.** אַרט a(n)

|| איינ|ער אַ a certain (person)

|| מײַנ|ער אַ one of my

|| מײַנס אַ קינד one of my children, a child of mine

|| **2.** אַדוו some, about

|| אַ צוואַנציק קילאָ about 20 kilograms

|| אַ יאָר צען about ten years

|| **3.** פּרעפּ per, a(n)

|| זעקס קילאָמעטער אַ שעה [ShO] six kilometers an hour

|| 40 מײַל אַ גאַלאָן 40 miles per gallon

אַ[3] דער (ען) (the letter) A

אַ[4] אינט oh, ah; eh? what? hm?; damn! hang it all!

אָ[1] דער/די [KO'METS–ALEF] variant of the letter א; pronounced [O]

|| פֿ״גל קמץ

אָ[2] אינט oh ...!; oh! ow! ouch!; there!

אָ[3] פּאַרטיקל *demonstrative particle*

|| דער/די/דאָס אָ this ... (here); this one

|| די אָ these ... (here)

|| דאָ אָ right here

אָ[4] דער (ען) (the letter) O

א״אַ = און אַ'נדערע et al.; etc.

אאַז״ו = און אַזוי' ווײַטער etc., and so on/so forth

אָאַזיס דער (ן) oasis

א״אַנד = און אַ'נדערע and others, et al.; etc.

אאַ״פֿ = אויפֿן אַדרע'ס פֿון c/o, in care of

אָבאָד דער (ן) (barrel) hoop; (wheel) rim

אָבאָדראַנעץ דער (...נצעס) פֿעמ ...נקע ragamuffin, destitute/ragged person

אָבאָ'ז דער (ן) wagon-train of loaded carts; (milit.) baggage train

אַבאַזשו'ר דער (ן) lampshade

אַבאַיע די (ס) זע אַבײַע

אַבאָני'ר־געלט דאָס subscription fee

אַבאָניר|ן וו (–ט) <אַק> subscribe (to)

|| אַבאָנירן זיך <אויף> subscribe (to)

אַבאָנעמע'נט דער (ן) subscription

אַבאָנע'נט דער (ן) subscriber

אָבאָע די (ס) oboe

אָבאָראָ'ט דער (ן) (business) turnover

אָבאָראָנע די (ס) (milit.) defense; self-defense unit

אָבאָרוואַנעץ דער זע אָבאָדראַנעץ

אַבאָ'רט דער (ן) abortion

אַבאָרטניק דער (עס) פֿעמ ...ניצע abortionist

אָבאָרע די (ס) pen, farmyard

אַבדיקיר|ן וו (–ט) <פֿון> abdicate

אָ'בדיריק דער (...רקעס) poultry ready for cooking; (poultry) carcass

אָבוד דער (ן) זע אָבאָד

אבוד־ממון דער זע איבוד־ממון

אָבוך דער (עס/ן) butt-end of an ax

|| געב|ן* דאַט מיט אַן אָבוך אי'בערן קאָפּ stun s.o., leave s.o. dazed

אָ'בטשעסטווע די (ס) זע אָבשטשעסטווע

אַבי' = אַ'בי **1.** אַדי–אינווו any

|| אַבי אַ וואָרט any word at all

|| **2.** אַדוו whatever, no matter

|| אַבי וואָס no matter what; over anything at all, for no reason

|| אַבי ווּ anywhere, wherever

|| אַבי ווי anyhow, no matter how, carelessly, haphazardly

|| אַבי ווען no matter when, any time

|| אַבי ווער anybody, no matter who

|| **3.** קאָנ as long as, provided that

|| אַבי ער איז געזו'נט as long as he's healthy

|| אַבי געשלאָפֿן! provided (you/I/etc.) can get some sleep!

|| אַבי גערע'דט! it's just talk! it's only words!

אָביאַווע|ן וו (–ט) *Slav.* make known, announce, declare

אָביד(י)ע|ן וו (–ט) [Dy] offend

אַביווערניק דער (עס) no-account person, nobody

אַביזשײַע|ן וו (–ט) *Slav.* offend; wrong, injure

אַביטוריע'נט דער (ן) פֿעמ ין graduate; student in his/her senior year

אַבײַע די (ס) djellaba, Arab hooded cloak

אַביסיניע (די) [NY] Abyssinia

אָביסק דער (ן) = אָביסקע די (ס) search (of a house)

אָביעזדטשיק דער (עס) *Slav.* mounted police officer

אָביע'קט דער (ן) object

אָביעקטי'וו 1. אַדי/אַדוו objective, impartial

|| 2. דער (ן) (techn.) lens (camera, etc.)

אָביצ(י)ע די wallpaper; stained paper (for book bindings)

אַבֿירות־לבֿ די/דאָס [ABI'RESLEV] cruelty, hard-heartedness

אַביר־לבֿ דער (אַבירי־) [ABIRLEV - ABI'RELEV] hard-hearted man

אָבכאָ'ד דער (ן) *Slav.* patrol; beat, police officer's rounds; detour

אָבלאַווע די (ס) police raid, search

אָבלאַטקע די (ס) *Slav.* (medical) tablet/pill

אָבליגאַטאָריש אַדי compulsory, obligatory

אָבליגאַציע די (ס) (comm.) obligation, bond, debenture

אָבמאַ'ן דער (ען/עס) *Slav.* fraud, deception

אָבמאַנשטשיק דער (עס) swindler, rogue, con man

אַבסאָלווע'נט דער (ן) [Ly] graduate; student in his senior year

אַבסאָלו'ט אַדי/אַדוו [Ly] absolute

אַבסאָרבירונג די absorption

אַבסאָרביר|ן וו (–ט) absorb

אַבסורד 1. אַדי/אַדוו absurd, preposterous

|| 2. דער (ן) absurdity, nonsense

אַבסורדאַ'ל אַדי/אַדוו absurd, preposterous

אָבסטעטריק די obstetrics

אָבסטעטע'טריקער דער (ס) פֿעמ ין obstetrician

אַבסטראַהיר|ן וו (–ט) abstract (idea, concept)

אַבסטראַ'קט אַדי abstract

אַבסטראַקציע די (ס) abstraction

אָבסטרויִר|ן וו (–ט) (jur.) obstruct, filibuster

אָבסטרוקציע די (ס) (jur.) obstruction, filibuster

אָבסערוואַטאָר דער (...אָ'רן) פֿעמ ...אָ'רשע observer

אָבסערוואַטאָריע די (ס) observatory

אָבסערוואַציע די (ס) observation

אָבסערוויר|ן וו (–ט) observe, watch, examine

אָבעדראַנעץ דער (...נצעס) זע אָבאָדראַנעץ

אַבעדריק = אָבעדריק דער (עס) crupper, harness strap

אָבעזיאַנע די (ס) [Zy] *Slav.* monkey, ape

אַ־בע־צע' דער (ען) ABC, Latin alphabet

אָבער 1. אַדוו however, nevertheless

|| אָ'בער (אַ מאָל) over again, yet again

|| אָבער און ווידער time and again

|| 2. קאָנ but, however, nevertheless; on the other hand

|| ער אָבער but he; he, on the other hand; he in turn

|| אַ נאָז, אָבער אַ נאָז! some nose! what a nose!

אָ'בערגלויבן דער (ס) *Germ.* superstition

אָ'בערגלייביק = אָ'בערגלייביש אַדי superstitious

אָ'בערגלייבער דער (ס) *Germ.* superstitious person

אָ'בערעם דער זע ברעם[2]

אָ'בערציִער דער (ס) *dial.* lightweight man's overcoat

אָבצאַ'ס דער (ן) זע אָפּצאַס

אָבצווענגע די (ס) זע אָפּצווענגע

אָבראַדטשיק דער (עס) assistant, aide

אָבראָ'ט דער (ן) halter, headcollar

אָבראָק = אָבריק דער fodder, forage

אָברעזקעס מצ clippings, remnants, fragments

אָ'בשטשעסטווע די (ס) *Slav.* association; society, community

אָבֿ[1] דער *Av*, eleventh month in the Jewish calendar, corresponding to parts of July and August

אָבֿ[2] דער (ות) [OV] ancestor, forefather

|| מצ *also* the biblical Patriarchs Abraham, Isaac, and Jacob

אַבֿ־בית־דין דער (ס) [AVBEZDN] head of the rabbinic court

אַבֿדה די (–ות) [AVEYDE] loss (of object/loved one)

אָבֿות־אַבֿותינו מצ [OVES-AVOSE'YNU] our forefathers

אַבֿידה די (–ות) זע אַבֿדה

אבֿיון דער (ים) פֿעמ טע [EVYEN - EVYOYNIM] pauper, indigent, poor man

אבֿיונות די/דאָס [EVYOYNES] poverty, indigence, need

אַבֿי־יתומים (דער) [AVI-YESO'YMIM] "father of orphans", God

אַבֿילות דאָס זע אַבֿלות

אָבֿינו מלכּנו (דער) [OVINU MALKEYNU] "Our Father, Our King", penitential prayer intoned during Yom Kippur services

|| פֿ״גל ימים־נוראָים

אָבֿל דער (אַבֿלים) פֿעמ טע [OVL - AVEYLIM] mourner

אַבֿלה די (–ות) [AVEYLE] (female) mourner

אַבֿלות דאָס [AVEYLES] bereavement, mourning

אבֿן־בוחן דער (ס) [EVN-BO'YKhN] touchstone

אַבֿנט דער (ים) [AVNET - AVNEYTIM] *Jew.* sash tied around the burial clothing of a dead person

אבֿן־טובֿ דער (אֲבֿנים־טובֿות) [E'VNTOV - AVONIM-TO'YVES] jewel, precious stone; *fig.* gem (admirable person)

אבֿן־נגף דער (ן) [EVN-NE'GEF] stumbling block

אבֿר דער (ים) [EYVER - EYVRIM] (anat.) limb, member

|| (מע'נלעכ|ער) אבֿר penis

|| צעגיי|ן* אין אַלע אבֿרים fill with joy/pleasure

אַבֿרהם אָבֿינו פּנ [AVRO'M OVINU] *bibl.* the patriarch Abraham

אבֿר־מן־החי דער [EYVER-MINAKhA'Y] *Jew.* limb torn of a living animal (prohibited for consumption)

א"ג = אַזוי' גערופֿ·ן so-called; known as

|| די אַזוי גערופֿענע דעמאָקראַטיע [TY] the so-called democracy

|| די אַזוי גערופֿענע „נײַע עקאָנאָמיע" what's called the "new economy"

אַגאַ'ט דער agate

אַגאַ'ל דער (ן) black cord to hold the keffiyeh on one's head

אָגאָניק דער (...נקעס) queue, row, file, line; tail (of a coat/fur hat)

אָגאָראָ'ד דער (ן) kitchen garden; greenhouse

אָגאָראָדניק דער (עס) פֿעמ ...ניצע market gardener, truck farmer

אַגבֿ אַדוו [AGEV] incidentally, by the way, in passing

אַגבֿ־אורחא אַדוו [AGEV-U'RKhE] by the way, while we're on the subject

אַגבֿדיק אַדי/אַדוו [A'GEVDIK] incidental, secondary; accidental, fortuitous

אַגדה די (–ות) [AGODE] legend; *Jew. Aggadah*, compilation of narrative and allegorical passages of the Talmud, as opposed to *Halakha*

|| פֿ"גל הלכה; הגדה

אַגדתּא די (–ות) [AGA'DETE] זע אַגדה

אגודה די (–ות) [AGUDE] association, federation, union

|| פֿ"גל אַגודת־ישׂראל

אַגודהניק דער (עס) [AGU'DENIK] member of the *Agudath Yisroel* movement

|| פֿ"גל אַגודת־ישׂראל

אַגודת־ישׂראל די [AGUDES-YISRO'EL] orthodox religious movement founded in 1912

אָגו'ל... זע ווערטער מיט אַהול...

אַגיטאַציע די (ס) agitation, electioneering, propaganda

אַגיטיר|ן וו (–ט) agitate, electioneer, propagandize; incite, instigate

אָגיל־ואשמח אַדי–אַטר/אַדוו [OGL-VEE'SMAKh] happy; joyous, festive; *hum.* to everyone's satisfaction

|| אָגיל־ואשמח, קײַ'לעכדיק און שפּי'צ(עכ)יק *hum.* going smoothly, without a hitch

אַגמעסנעפֿעש פֿאָנ עגמת־נפֿש

אַגנאָסטיציזם דער agnosticism

אַגנאָ'סטיקער דער (–/ס) פֿעמ ין agnostic

אַגנאָסטיש אַדי agnostic

אַגניאָטקע די (ס) [Ny] זע נאַגניאָטקע

אַגעוו פֿאָנ אַגבֿ

אַגע'נט דער (ן) פֿעמ קע agent, operative

אַגענטו'ר די (ן) agency

אַגע'נץ : די ייִ'דיש|ע אַגענץ The Jewish Agency

אָגער דער (ס) (zool.) stallion

אָגראָ'ד דער (ן) זע אָגאָראָד

אַגראַפֿקע די (ס) safety pin

אַגראַ'ר־... agrarian, agricultural

|| די אַגראַר־פֿראַגע the agrarian question

אַגריקולטו'ר די [Ly] agriculture

אַגרעס דער (–/ן) gooseberry

אַגרעסי'וו אַדי/אַדוו aggressive

אַגרעסיע די (ס) [SY] aggression

אַדאָ' אַדוו *pop.* (right) here/there

אַ דאַנק פּרעפּ thanks to, owing to

|| פֿ"גל דאַנק

אַדאָפּטירונג די (ען) adoption

אַדאָפּטיר|ן וו (–ט) adopt (child)

אד"גל = און דאָס/דעס גלײַכן דאָס and the like; and similarly with the rest

אַדהאַיעם פֿאָנ עד־היום

אַדוואָקאַ'ט דער (ן) פֿעמ ין lawyer, attorney, solicitor

אַדוואָקאַטו'ר די legal profession

אַדוואָקאַ'טנשאַפֿט די bar association

אַדווע'רב דער (ן) adverb

אדום (דאָס) [EDEM] *bibl.* Edom; Christendom

אָדום דער (אַדומים) [ODEM - ADUMIM] ducat, gold piece (*esp.* in Poland in the 18th century)

אָדון דער (אַדונים) [ODN - ADOYNIM] lord, prince, master; (non-Jewish) high official; *in-group* (non-Jewish) functionary, police officer, government official; important person

אָדון־בפּקדך דער [ODN-BEFO'KDEKhO] *iron.* big boss; *pejor.* petty official; *in-group* spy, secret agent

אָדון־הגדול דער [ODN-HAGO'DL] powerful (non-Jewish) lord, governor, police chief

אַדוני טיטל [ADOYNI] my lord, sire

|| אַדוני מלך [MEYLEKh] Your Majesty (to a king)

|| אַדוני פּריץ [PORETS] Your Grace (to Dukes), My Lord (to Barons, etc.)

אָדוק דער (אַדוקים) [ODEK - ADUKIM] strictly religious/orthodox man; fanatic, fundamentalist

אַדו'רכ... זע ווערטער מיט דורכ...

אד״ט = אויף דער טעמע on (the subject of)

אַדיוטאַ'נט דער (ן) [DY] adjutant; auxiliary, aide

אַדיזנע די (ס) זע אָטיזדנע

אַדייַע די (ס) *dial.* estate, farm

אַדיע' אינט [DY] farewell, goodbye, adieu

אַדיעקטי'וו דער (ן) [DY] adjective

אַדי'קט דער (ן) פֿעמ קע *neol.* addict

אַדיקציע די (ס) addiction, (alcohol, drug) dependence

אַדיר דער (ים) very rich/powerful man

אָ'דירקע די (ס) זע אָבדיריק

אַדל דער nobility, aristocracy

אַ'דלדיק אַדי/אַדוו noble, of the nobility

אָ'דליגע די (ס) thaw, melting, break-up (of ice)

אַ'דלמאַן דער (אַ'דללײַט) nobleman, gentleman, squire

אָדלער דער (ס) eagle

אַ'דלפֿרוי די (ען) noblewoman

אָדם פּנ [ODEM] Adam

|| אָדם נאַקעט stark naked

אָדם־גדול דער [ODEM-GO'DL] great man, celebrity

אדמה די [ADOME] *hum.* earth

|| ליג|ן אין דער אַדמה *fam.* be in a miserable state

|| גיי|ן* אין דער אַדמה *fam.* go to hell/the devil

|| האָב|ן* (טיף טײַער) אין דער אַדמה *fam.* hold in contempt, not give a damn about

אָדם הראשון פּנ [ODEM HORIShN] *bibl.* Adam, the first man

אַדמיניסטראַטי'וו אַדי/אַדוו administrative

אַדמיניסטראַציע די (ס) administration, management

אַדמיניסטריר|ן וו (–ט) administer, manage, run

אַדמירא'ל דער (ן) admiral

אָדע די (ס) ode

אַ'דעליק אַדי noble

אַדע'ס = אָדעס (דאָס) Odessa

|| לעב|ן ווי גאָט אין אָדעס live in clover, live the good life

אָדעסי'ט דער (ן) פֿעמ קע inhabitant of Odessa

אָדעקאָלאָ'ן דער (ען) eau de Cologne

אַדעקוואַ'ט אַדי adequate

אָדער[1] די/דער (ן) vein, blood vessel; artery; veining

|| גי'לדענ|ע(ר) אָדער hemorrhoids

|| טרענ|ען דאַט די אָדערן annoy, vex

|| שלאָג|ן/לאָז|ן דאַט צו דער אָדער bleed *trans.*, practice bloodletting

אָדער[2] קאָנ or

|| אָדער ... אָדער either ... or

|| אָדער־אָדער! it's one or the other!

אַ'דעראַבע פֿאָנ אדרבא

אָ'דערדיק אַדי veined, veiny

אַ'דערויף דער (ן) זע אַדרויף

אָ'דערייד דער (ן) *hum.* one suffering from hemorrhoids (applied to a sedentary scholarly Jew)

אָ'דערל דאָס (עך) capillary, small vein, small artery

אָדר דער [ODER] *Adar*, sixth month in the Jewish calendar, corresponding to the end of February and the beginning of March

|| פֿ״גל אָדר ראשון; אָדר שני

אַדרבא אינט [A'D(E)RABE] not at all, on the contrary; certainly, by all means; you're welcome!; I dare you!; *(with imperative)* come on, why not?

אַדרבא־ואַדרבא אינט [A'D(E)RABE-VEA'D(E)RABE] by all means, with the greatest pleasure

|| זײַ|ן* אַדרבא־ואַדרבא מיט be kindly disposed toward

אדרבה אינט זע אַדרבא

אַדרוי'ף דער (ן) down payment, deposit, earnest money

|| געב|ן* אַדרויף make a down payment

אַדרייסים מצ *hum.* addresses, phone numbers, etc.

|| פֿ״גל אַדרעס

אַדרע'ס = אַדרעס דער (...ע'סן) (street) address; solemn speech, appeal
|| אויף פּאָס אַדרעס addressed to, intended for
|| אויפֿן אַדרעס פֿון in care of, c/o
אַדרעסאַ'ט דער (ן) פֿעמ ין addressee
אַדרעסאַ'נט דער (ן) פֿעמ ין sender
אַדרעסיר|ן וו (–ט) address
אַדרע'סן־בוך דאָס (־ביכער) directory, address book
אָדר־ראשון דער [ODER-RI'ShN] the first Adar (6th month in a Jewish leap year)
|| פּ״גל אָדר
אָדר־שני דער [ODER-ShE'YNI] the second *Adar* (7th month in a Jewish leap year)
|| פּ״גל ואָדר
אַהאַ' אינט aha!, so!, I see!
אָהאָ' אינט wow! oho!
אַהבֿה די [A'AVE] love; divine love
אַהבֿה־רבה די [AAVE-RA'BE] great/deep love
|| אַהבֿה־רבה־פּרישטשעס *hum.* teenage acne
אַהבֿת־ישׂראל די [AAVES-YISRO'EL] love and solidarity towards fellow Jews; philosemitism
אַהבֿת־נפֿש די [AAVES-NE'FESh] sincere and devoted love
|| ליב האָבן* אַק אַהבֿת־נפֿש love s.o. with all one's heart
אַהו'ל־... lump, aggregate
|| אַהול־סומע lump sum
אַהולאָם אַדוו זע אַהולנע 2.
אַהולניק דער (עס) [Ly] wholesaler
אַהולנע [Ly] 1. אַדי lump, aggregate; wholesale
|| 2. אַדוו in bulk, jumbled, not itemized
אַהיי'ם 1. אַדוו *(after verbs of motion)* home(ward)
|| מיר ברענגען עס אײַך אַהיים we bring it to your home
|| 2. קוו *(use as a verbal prefix is limited to certain dialects)* home(ward)
|| אַהיי'מ|נעמ|ען take home
אַהיי'מ|גיי|ן* וו (איז אַהיי'מגעגאַנגען) go (back) home; leave, withdraw
אַהיי'מ|טעלעפֿאָניר|ן וו (–ט) [Ly] call/telephone home
אַהיי'מ|טרײַב|ן וו (אַהיי'מגעטריבן) herd (animals) back to their enclosures
אַהיי'מ|פּעקל|ען זיך וו (–גע–ט) pack up and go home
אַהיי'מ|קומ|ען וו (איז אַהיי'מגעקומען) come home

אַהיי'מ|שיק|ן וו (–גע–ט) send (stg.) to one's home; send s.o. back home; send away, dismiss, let go
אַהיי'מ|שרײַב|ן וו (אַהיי'מגעשריבן) write home (to family)
אַהי'ן[1] 1. אַדוו there, thither, to that place; in that direction, that way
|| אַהין צו (צו) there, thither, to that place
|| אַהין און אַהע'ר/צורי'ק there and back, back and forth, to and fro; in one direction and then in the other; in all directions
|| ניט אַהין ניט אַהע'ר neither here nor there; it's a deadlock/stalemate
|| אַהין אָדער אַהע'ר! make up your mind!
|| אַהין אַהע'ר after prolonged discussion, so on and so forth
|| אַהין צו וועגס on the way there
|| 2. קוו there, to that place
|| אַהי'נ|טראָג|ן carry (over) there
|| אַהי'נ|פֿאָר|ן travel there/that way
אַהי'נ[2]... one-way
|| אַהינגאַס one-way street
אַהי'נ|גיי|ן* וו (איז אַהי'נגעגאַנגען) go there; go away, disappear
אַהי'ן וועגס אַדוו on the way there
אַהי'נ|טאָ|ן* וו (אַהי'נגעטאָן) put (in an unspecified place); mislay, lose
|| ווּ האָט זי אַהינגעטאָן דאָס בוך? what could she have done with the book?
|| אַהינטאָן זיך *also* seek refuge/shelter
אַהינטער 1. אַדוו backward(s), to the rear; backwards; behind, on the/one's back; in the past, left behind
|| 2. קוו to the rear; from behind; backwards
|| אַהי'נטער|גיי|ן* move back; come from behind
אַהי'ן צו וועגס אַדוו זע אַהין[1] 1.
אַהי'ן צו (צו) אַדוו זע אַהין[1] 1.
אַהי'ן־צורי'ק־... זע ווערטער מיט אַהין־קריק־...
אַהי'נ|קומ|ען וו (איז אַהי'נגעקומען) arrive at a place; get lost, be hidden; *rev.* become of
|| ווּ איז ער אַהינגעקומען? where did he disappear to?; what has become of him?
אַהי'ן־קרי'ק־... back and forth; round-trip
|| אַהין־קריק־בילעט [Ly] round-trip ticket
|| אַהין־קריק־באַוועגונג back and forth movement
אַהי'ן־קרי'ק־פֿאָר דער (ן) round trip
אהל דער (ים) זע אוהל

אַהע'ר 1. אַדוו here, to this place, this way, hither
|| ביז אַהער up to here; up to now, hitherto
|| אַהער צו (צו) this way, in this direction
|| אַהער צו וועגס on the way here
|| 2. קוו here (toward the speaker)
|| אַהע'ר|קומ|ען come here, approach

אַהע'ר|געב|ן* וו (אַהע'רגעגעבן) hand over (to the speaker); deliver, hand in; tender, proffer, present

אַהע'ר|נעמ|ען זיך וו (אַהע'רגענומען) find oneself unexpectedly here, show up for no obvious reason
|| פֿון וואַנען נעמט זיך אַהער געלט? how did this money get here?

אַהע'ר צו וועגס אַדוו זע אַהער 1.

אַהע'ר צו (צו) אַדוו זע אַהער 1.

אַהע'ר|קומ|ען וו (איז אַהע'רגעקומען) come/ arrive (here); get lost, disappear; find oneself here without any apparent reason
|| ווי קומסטו אַהער? what are you doing here?

אַהרן הכּהן פּנ [ARN HAKOYEN] *bibl.* Aaron the priest, the brother of Moses

או דער (ען) (the letter) U

אואו... זע ווערטער מיט אוווּ...

או'־איסבייג דער (ן) *neol.* U-turn

אוביאַר דער (ן) dress, attire; harness, saddlery

אוגאָד(ז)יע|ן וו (–ט) דאַט <מיט> [Dy/Zy] *Slav.* please, satisfy s.o. (with/by)

אוגאַריטיש אַדי/(דאָס) Ugaritic

אוגער דער ochre

או'געראַק = או'גערייק דער (...רקעס) זע אוגערקע

או'גערקע די (ס) cucumber
|| זויער|ע אוגערקע pickle, pickled cucumber; *fig.* wet blanket, spoil-sport

אוגרע די (ס) blackhead

אַודאי אַדוו זע אַוודאי

אוהבֿ־ישׂראל דער (אוהבֿי־) [OYEV-YISRO'EL - O'YEVE-] Jew very devoted to his fellow Jews; friend of the Jews, philosemite

אוהבֿ נאמן דער (אוהבֿים נאמנים) [OYEV NEMEN - O'YAVIM NEMONIM] *lit.* faithful friend

אוהל דער (ים) [OY(H)EL - OY(H)OLIM] *Jew.* monument built over the grave of an important person

א"ו[1] = און ווײַ'טער(דיקע) et seq., and the following

א"ו[2] = אינטעליגע'נץ־ווי'פֿלער I.Q.

אָווֹאַ' אינט gosh! wow! oh boy!; well, well! you don't say!; oh dear! alas!

אַוואַדע פֿאָנ אַוודאי

אָוואַר זע ווו

אָוואַ'ל 1. אַדי oval, elliptical
|| 2. דער (ן) oval, ellipse

אָוואַ'לנע אַדי [Ly] זע אָוואַל 1.

אַוואַנגאַ'רד דער (ן) vanguard, avant-garde

אַוואַנטורי'סט דער (ן) פֿעמ קע adventurer, fortune hunter

אַוואַנטורע די (ס) adventure; shady enterprise, swindle; scene, outburst

אַוואַ'נס דער (ן) advance (payment)

אַוואַנסיר|ן וו (–ט) advance, progress

אַוואַנפּאָ'סט דער (ן) (milit.) outpost

אָוואַציע די (ס) cheering, ovation, acclamation
|| געב|ן* דאַט אַן אָוואַציע cheer, hail

אַוואָקאַדאָ דער (ס) (botan.) avocado

אַוואַריע די (ס) accident, collision; shipwreck

אַווגוסט דער זע אויגוסט

אַוודאי' אַדוו [AVADE] of course, certainly; without a doubt, undoubtedly
|| אַוודאי און אַוודאי beyond the shadow of a doubt; all the more reason

אַווו' זע ווו

אוווּאַ' אינט זע אָוואַ

אוווּאַזש(ײַ)ע|ן וו (–ט) *Slav.* respect; please

אוווּאַזשעניע די [Ny] *Slav.* respect, esteem

או'ווולע די (ס) uvula

אוווּיר|ן וו (–ט) זע אָוויר|ן

אוווּערטו'ר די (ן) (mus.) overture

אַווטאָ... זע ווערטער מיט אויטאָ...

אַוויאַטאָר דער (...אָ'רן) פֿעמ ...אָ'רשע aviator

אַוויאָמוטער די (ס) aircraft carrier

אַוויאָ'ן דער (ען) airplane

אַוויאַציע די (ס) aviation, air force

אַווי'ז דער (ן) notification, information

אַוויזיר|ן וו (–ט) advise, notify

אַווירע פֿאָנ עבֿירה

אַוויר דער [AVER] bad odor, smell, stench; fart; *lit.* air, atmosphere; surrounding area

אָווירונג די attentions, (acts of) kindness/courtesy

אַוויר|ן וו (גע–ט) <מיט> [AVER] stink/smell (of); fart, break wind

אָוויר|ן וו (–ט) woo, court, cultivate; take care of

אָווירער דער (ס) suitor

אַוולע פֿאָנ עוולה

אָוונט דער (ן) evening
|| אין אָוונט in the evening

|| אַ גוטן אָונט good evening

אָ'ונטבלאַט דאָס (...בלעטער) evening newspaper

אָ'ונטברויט דאָס (ן) supper, evening meal, dinner

אָ'ונטיק אַדי *lit.* (of the) evening

אָ'ונטל דאָס (עך) honey cake with crushed nuts or poppy seeds

אָ'ונטקלייד דאָס (ער) evening gown

אָ'ונטשול די (ן) night school, evening classes

אָ'ונט־שטערן דער evening star, Venus

אַווסטראַליע (די) זע אויסטראַליע

אָווע־טאָ'ווע אַדוו in any case, no matter what

אַוועלכ|ער אַדי/פּראָנ זע וועלכער

אַוועק **1.** אַדי־אַטר gone

|| **2.** אַדוו away, at a distance

|| **3.** אינט go away! scram!

|| אַוועק מיט ...! out with ...!, down with ...!

|| **4.** קוו *meaning: a)* go away, leave; *b)* remove, separate, reject; *c)* action of long duration; *d)* create a durable condition; *e)* action done with spirit

|| אַווע'ק|לויפֿ|ן *a)* run away

|| אַווע'ק|שטויס|ן *b)* push away/aside, repel

|| אַווע'ק|שנײַד|ן *b)* remove, eliminate

|| אַווע'ק|רעד|ן *c)* talk (for a good while)

|| אַווע'ק|הענג|ען *d)* hang (stg. somewhere to leave it there for a while)

|| אַווע'ק|זינג|ען *e)* perform (song) magnificently

|| **פֿ"גל אַוועקגיין; נאַ**

אַווע'ק|אײַל|ן וו (-גע-ט) hurry away, hurry off

אַווע'ק|אַ'מפּער|ן זיך וו (-גע-ט) spend (some time) arguing

אַווע'ק|אַ'רבעט|ן וו (אַווע'קגעאַרבעט) work, slave away (for a long time)

אַווע'ק|באָרג|ן וו (-גע-ט) lend (for a long time)

אַווע'ק|בלאָז|ן וו (אַווע'קגעבלאָזן) blow away *trans.*

אַווע'ק|בלאָנדזשע|ן וו (-גע-ט) lose one's way; leave for parts unknown

אַווע'ק|ברענג|ען וו (-גע-ט/אַווע'קגעבראַכט) kill, put to death

|| אַוועקברענגען זיך *also* devote/sacrifice oneself

אַוועקגאַנג דער departure; *euph.* death, demise

אַווע'ק|גזל|ען וו (-גע-ט) <בײַ> [GAZL] plunder, steal, obtain by force (from)

אַווע'ק|גיי|ן* וו (איז אַווע'קגעגאַנגען) *(all forms, except those of the present tense, can be reduced to the prefix alone)* leave, go away; (time) pass, elapse; (activity) start off with intensity; (enterprise/project) proceed (well/badly)

|| אַוועק(גיין) (אויף) be spent/used (for)

|| אַוועק(גיין) אין get involved with, join

|| אַוועק(גיין) פֿון leave; move away from

|| אַוועק(גיין) צו visit, go off to see; fall into the hands of

|| אַוועק(גיין) מיטן רויך go up in smoke

|| עס איז אַוועק(געגאַנגען) אַ שמועס a lively discussion developed

|| אַז די אַרבעט וועט גוט אַוועק(גיין) when/if the work turns out well

|| אַוועק(גיין) אומפּ go (well/badly)

|| עס גייט אַוועק שלעכט it's not going well, it's going badly

אַווע'ק|גנבֿע|נען וו (-גע-ט) <בײַ> [GANVE] steal (from)

|| אַוועקגנבֿענען זיך sneak off, steal away

אַווע'ק|געב|ן* וו (אַווע'קגעגעבן) give away, donate, offer; (re)pay (debt); give away (the bride at a wedding), entrust (to a teacher); vomit

|| אַוועקגעבן אין באַגאַ'זש check (baggage)

|| אַוועקגעבן אין גאַרדעראָ'ב check (a coat, etc.) in a cloakroom

אַווע'קגעקוקט : אַוועקגעקוקט (שוין) פֿון not to mention

אַווע'ק|דינ|ען וו (-גע-ט) <דאַט> serve (s.o.) (over a long period)

אַווע'ק|דערצייל|ן וו (-ט) tell, relate (at length)

אַווע'ק|דריי|ען (זיך) וו (-גע-ט) turn away/aside *trans./intr.*

אַווע'ק|האַלט|ן וו (אַווע'קגעהאַלטן) keep away, keep at a distance

אַווע'ק|הרגע|נען וו (-גע-ט) [HARGE] kill *perf.*; spoil, ruin

אַווע'קוואַרפֿונג די (ען) *neol.* abandonment/desertion (of one's home/family)

אַווע'ק|וואַרפֿ|ן וו (אַווע'קגעוואָרפֿן) discard, throw away; abandon, desert, quit, give up

אַווע'ק|וואַש|ן וו (אַווע'קגעוואַשן) wash away

אַווע'ק|זיצ|ן וו (איז אַווע'קגעזעסן) remain seated, pass (a long time in one place)

אַווע'ק|זעגל|ען וו (-גע-ט) sail away

אַווע'ק|זעצ|ן וו (-גע-ט) seat, put, place *perf.*

|| אַוועקזעצן זיך sit down

|| אַוועקזעצן זיך אינפֿ begin to, start ...ing

אַוועק|חלש|ן וו (–גע–ט) [KhALESh] faint *perf.*, pass out

אַוועק|טאָ|ן* וו (אַוועקגעטאָן) remove, eliminate; put aside, set aside

אַוועק|טענה|ן וו (–גע–ט) [TAYNE] argue for a long time

אַוועק|טראָג|ן וו (אַוועקגעטראָגן) carry off, carry away; carry (to a destination)

|| אַוועקטראָגן זיך run away, flee

אַוועק|כאַפּ|ן וו (–גע–ט) snatch away; kidnap

אַוועק|לאָז|ן וו (–גע–ט/אַוועקגעלאָזן) let go, dismiss, discharge, liberate

|| אַוועקלאָזן מיטן וואַסער/ווינט let go at the mercy of wind/waves

|| אַוועקלאָזן מיטן פֿײַער/רויך set fire to, let go up in smoke

|| אַוועקלאָזן זיך set out (on a trip), go off (into the unknown)

אַוועק|לויפֿ|ן וו (איז אַוועקגעלאָפֿן) leave hastily; run away, flee

|| אַוועקלויפֿן צו run/hurry to

אַוועק|ליג|ן וו (איז אַוועקגעלעגן) remain lying down (for a long time), be kept in storage

אַוועק|לייג|ן וו (–גע–ט) lay down, place (in a lying position) *perf.*; arrange, put in place; put to bed (child, invalid); defeat, overcome; *fam.* overwhelm, knock out, kill; abandon; lay down (arms); spend, invest; recite, deliver (speech, address)

|| אַוועקלייגן זיך lie down, stretch out; exert oneself

אַוועק|לערנ|ען וו (–גע–ט) study (over a long period); learn (stg.) without difficulty

אַוועק|מאַכ|ן וו (–גע–ט) remove, set aside, eliminate; scorn, disdain

|| אַוועקמאַכן זיך slink away, sneak off, slip away

|| אַוועקמאַכן מיט דער האַנט turn up one's nose at, shrug off, belittle

אַוועק|נעמ|ען וו (אַוועקגענומען) seize; take (s.o.) aside

|| אַוועקנעמען <בײַ> take away, carry off (from)

|| אַוועקנעמען ווי מיט דער האַנט cure (sickness) in no time at all

אַוועק|סמ|ען וו (–גע–ט) [SAM] poison (fatally); brainwash, indoctrinate

אַוועקעט קוו זע אַוועק .4

אַוועק|פּגר|ן וו (–גע–ט) [PEYGER] (animal) die

|| אַוועקפּגרן נאָך *fam.* be madly in love with, be crazy about

אַוועק|פּטר|ן וו (–גע–ט) [PATER] thoroughly spoil/botch; get rid of; *fam.* liquidate, kill

אַוועק|פּעקל|ען וו (–גע–ט) pack off, send off

|| אַוועקפּעקלען זיך depart (with one's baggage)

אַוועק|פֿאַל|ן וו (איז אַוועקגעפֿאַלן) collapse, faint; separate from, fall away; no longer be valid

|| אַוועקפֿאַלן אויף come down with, fall ill with; die of

אַוועקפֿאָר דער (ן) departure (bus, train, etc.)

אַוועק|פֿאָר|ן וו (איז אַוועקגעפֿאָרן) depart, leave (on a trip)

|| אַוועקפֿאָרן פֿון leave *trans.*, depart from

אַוועק|פֿיר|ן וו (–גע–ט) lead/take (s.o. somewhere) *perf.*; send off/away, dispatch; carry/take (far) away

אַוועק|פֿלי|ען וו (איז אַוועקגעפֿלויגן) fly away

אַוועק|ציִ|ען וו (אַוועקגעצויגן) *lit.* leave, set out, get going; drag out; draw away, turn away; distract (attention, etc.)

|| אַוועקציִען זיך extend, go (as far as); continue, last

אַוועק|קומ|ען וו (איז אַוועקגעקומען) disappear

אַוועק|קוק|ן וו (–גע–ט) look away

|| אַוועקקוקן פֿון *also* make light of

אַוועק|קני|ען וו (–גע–ט) kneel, fall to one's knees; remain kneeling (for a long time)

אַוועק|ראַמ|ען וו (–גע–ט) clear away, remove, sweep/drive away

אַוועק|רײַס|ן וו (אַוועקגעריסן) <בײַ> tear/wrench away (from)

|| אַוועקרײַסן פֿון divert/distract from, wean away from

אַוועק|ריר|ן זיך וו (–גע–ט) budge, move, change one's place

אַוועק|שאַר|ן וו (–גע–ט) push/sweep aside/away

|| אַוועקשאַרן זיך sneak away

אַוועק|שווענק|ען וו (–גע–ט) rinse away; erode *perf.*, undermine

אַוועק|שטאַרב|ן וו (איז אַוועקגעשטאָרבן) die suddenly

אַוועק|שטויס|ן וו (אַוועקגעשטויסן) push away, reject; expel, banish

אַוועק|שטיי|ן* וו (איז אַוועקגעשטאַנען) stand (for a long time); stand off, stand apart; remain ajar

אַווע'ק|שטעל|ן וו (–גע–ט) place/stand (vertically); set aside, store; appoint/nominate (to a position); found, establish

|| אַוועקשטעלן זיך remain standing, station oneself; (cold, poverty) set in; base oneself (on); go bankrupt

|| אַוועקשטעלן זיך ווי pass oneself off as

|| אַוועקשטעלן זיך אינפֿ begin/start to

אַווע'ק|שיק|ן וו (–גע–ט) send off/away, dispatch; turn back/away, send back

אַווע'ק|שלעפּ|ן וו (–גע–ט) pull/drag away; drag along; steal, scrounge

|| אַוועקשלעפּן בײַ wrest from

|| אַוועקשלעפּן זיך <אין/ביז> trudge, plod (to/as far as)

אַווע'ק|שמײַס|ן וו (אַווע'קגעשמיסן) dash off, leave in a rush; throw/fling (stg.) away

אַווע'ק|שענק|ען וו (–גע–ט/אַווע'קגעשאָנקען) give up/away, make a present of

אַווע'ק|שרײַב|ן וו (אַווע'קגעשריבן) write (letter, missive)

|| אַוועקשרײַבן נאָך send for

אָווער פֿאָנ עבֿר

אוזאָ'ר דער (ן) pattern, design, motif

אוזורפּאַטאָר דער (...אָ'רן) פֿעמ ...אָ'רשע usurper

אוזורפּירונג די (ען) usurpation

אוזורפּיר|ן וו (–ט) usurp

אוזער דער (ס) זע אוזאָר

אוטאָפּיע די (ס) utopia

אוטאָפּיש אַדי utopian

אוטאָרע די (ס) groove (at the ends of a cask)

אוטווע'רדע(ווע)|ן = אוטווערזש(ד)ע|ן וו (–ט) *Slav.* confirm, affirm, ratify

אוטיליטאַ'ר(יש) אַדי utilitarian

אוטשאָני יעווריי' דער *Slav.* (in tsarist Russia) "Learned Jew", expert in Jewish laws and customs appointed under the Russian law of 1844 to serve in various capacities for Jewish as well as Russian authorities; *iron.* Jew posing as an expert in Jewish matters to the government; *hum.* person thought of as an expert in a group lacking Jewish culture

אוטשאַסטאָק דער (...טקעס) *Slav.* ward, district; police station/precinct

אוטשעניע די [Ny] *Slav.* apprenticeship; studies, instruction; (milit.) training, drill

אוי אינט oh! (fright, pain), ouch!

|| אוי אַ ...! what a ....!

|| אוי אַ ווינט! what a wind!

|| אוי איז זי שיין! boy, is she pretty!

אוי־אוי' אינט oh-oh! and how!

אויב קאָנ if, whether

|| אויב אַזוי' in that case

אויבוווי'ל קאָנ (al)though

אויבל דער (ען) דימ איי'בעלע locket, medallion; medal, decoration

אויבן 1. אַדוו above, upstairs; overhead; on the top/surface; supra, above

|| (פֿון) אויבן אויף on the surface

|| סאַמע (פֿון) אויבן uppermost, on top

|| אויבן אָן <פֿון> at the head of (table, organization), in the place of honor

|| אַרוי'ס|שטעל|ן אויבן אָן feature

|| פֿון אויבן אַראָ'פּ condescendingly, contemptuously

|| קוק|ן פֿון אויבן אַראָ'פּ אויף patronize, look down on

|| אויבן דערמאָ'נט above-mentioned, supra

|| 2. דער (ס) top

אויבנאוי'ף דער (ן) surface, exterior

|| פֿ״גל (פֿון) אויבן 1. (אויף)

אויבנאויפֿיק אַדי superficial, cursory, perfunctory; clear, obvious

אויבנאָ'ן דער (ען) [BN-O] place or seat of honor, head of table

|| פֿ״גל אויבן 1. (אָן)

אויבס דאָס זע אויפּס

אוי'בער... זע ווערטער מיט אייבער...

אויג דאָס (ן) דימ אייגל eye; peephole

|| אויג אויף אויג in private, face to face

|| שטעל|ן אויג אויף אויג מיט bring face to face, confront (the accused) with (the accuser)

|| אַן אויג פֿאַר אַן אויג tit for tat, an eye for an eye

|| אויפֿן אויג roughly

|| טרעפֿ|ן אויפֿן אויג make a rough guess

|| אויסן אויג just like

|| דער טאַטע אויסן אויג the spitting image of his father

|| אונטער פֿיר אויגן privately, face to face

|| אין די אויגן (straight) in the face, to one's face; in my/your/etc. presence

|| אין פּאָס אויגן in the eyes of, in the estimation of

|| פֿאַר דאַט אין די אויגן before, in the sight of

|| הינטער די אויגן behind my/your/etc. back; in absentia, by default

|| האָבן* גרויסע אויגן — be greedy

|| אוי'ס|קוקן זיך די אויגן אויף — long desperately for

|| אוי'ס|שטעלן/אוי'פֿ|שטעלן אַ פּאָר אויגן <אויף> — stare with strong interest/emotion/puzzlement (at); be flabbergasted (at)

|| האָבן* אַן אויג אויף — keep an eye on, have designs on

|| האָבן* אַן אויג פֿאַר — have an eye for, be a good judge of

|| האַלטן אַן אויג אויף — keep an eye on, watch

|| וואַרפֿן אַן אויג אויף — glance at; set one's heart on

|| וואַרפֿן זיך <דאַט> אין די אויגן — stand out, be conspicuous (to), draw the attention (of)

|| פֿאַרבינדן דאַט די אויגן — blindfold

|| פֿאַרלירן פֿון די אויגן — lose sight of

|| צו'|מאַכן אַן אויג — doze off; shut one's eyes (to) *fig.*; die

|| קומ|ען דאַט צו די אויגן — *rev.* rue, regret

|| קוקן מיט אויגן — keep a sharp lookout, be vigilant

|| קוקן דאַט אין די אויגן — idolize, be eager to help/obey

|| קריכן <דאַט> אין די אויגן — flatter; show off (excessively) (in front of); annoy everyone, make a nuisance of oneself

|| רײַסן <דאַט> די אויגן — be blatantly obvious (to)

|| שטעכן <דאַט> די אויגן <מיט> — irritate (s.o.) (by); flaunt (stg.) outrageously (before s.o.)

אויגאויפֿאויגיק אַדי — private, confidential

אויגאַנעס מצ זע אויגענעס

אוי'גאַפּל דער (ען) זע אויגן־אַפּל

אוי'גהאַלטונג די — *neol.* surveillance, oversight

אוי'גהאַלטער דער (ס) פֿעמ ין — supervisor

אויגוסט דער (ן) — August

אוי'גן־אַפּל דאָס (ען) — pupil (of the eye)

אוי'גנבליק דער (ן) — glimpse; moment, instant

אוי'גנבליקלעך אַדי/אַדוו — momentary, instantaneous

אוי'גן־גלאָצעניש דאָס/די (ן) — *pejor.* exaggerated show of piety

אוי'גנגרייך דער : אין אויגנגרייך — in sight, visible, in view

|| מחוץ דעם אויגנגרייך [MIKhU'TS] — out of sight

אוי'גן־דאָקטער דער (־דאָקטוירים) פֿעמ שע — eye doctor

אוי'גן־דעקל דאָס (עך) — eyelid

אוי'גן־לעדל = אוי'גן־לעפּל דאָס (עך) — eyelid

אוי'גן־פֿינטל דער — blink of an eye

אוי'גנצאָן דער (...ציין/...ציינער) — eyetooth, upper canine tooth

אוי'גנקויט דער — rheum, mucus of the eyelid

אוי'גן־רײַסיק אַדי — glaring, conspicuous, showy

אוי'גן־שטעכ(עד)יק אַדי — galling, irritating; conspicuous, ostentatious; flagrant

אוי'גנשײַנלעך אַדי/אַדוו — clear, evident, obvious; apparent

אוי'גענעס מצ — *pejor./affect.* big eyes; big beautiful eyes

אוידיטאָריע די (ס) — audience, public; auditorium, lecture hall

אוידיע'נץ די (ן) [DY] — audience, hearing (before an important personage)

אוידיציע די (ס) — (radio, TV) broadcast, transmission, program; audition, try-out

אוי־ווײ' אינט — dear me! my goodness! woe! alas!

אויוון[1] דער (ס/אוי'ווענעס) דימ אייוול — oven, furnace; stove; *esp.* ceramic fireplace with bench, widespread in cold regions

אויוון[2] אַדוו — above

אויטאָ דער (ס) — car, automobile

אויטאָבו'ס דער (ן) — bus

אויטאָביאָגראַפֿיע די (ס) — autobiography

אויטאָביאָגראַפֿיש אַדי — autobiographical

אויטאָגראַ'ף דער (ן) — autograph

אויטאָגראַפֿיר|ן וו (־ט) — autograph, sign

אויטאָדאַפֿע' דער (ען) — *auto da fe*, ritual of trial and public penance of the Spanish/Portuguese Inquisition following which crypto-Jews and Christian heretics were often burned at the stake

אויטאָדידאַ'קט דער (ן) — autodidact, self-taught person

אויטאָמאָבי'ל דער (ן) — car, automobile

אויטאָמאָבילי'סט דער (ן) פֿעמ קע — motorist

אויטאָמאַ'ט דער (ן) — automaton, robot; automat, vending machine

אויטאָמאַטיר|ן וו (־ט) — automate

אויטאָמאַטיש אַדי/אַדוו — automatic

אויטאָמאַציע די — automation

אויטאָמיר|ן וו (־ט) — automate

אויטאָנאָ'ם אַדי/אַדוו — autonomous

אויטאָנאָמיע די — autonomy, independence, home rule

אויטאָסטראַ'ד דער (ן) expressway, superhighway

אויטאָסטראַדע די (ס) זע אויטאָסטראַד

אויטאָקראַטיע די (ס) [TY] autocracy

אויטאָר דער (...אָ'רן) פֿעמ ...אָ'רשע author, writer

אויטאָריזירונג די (ען) authorization

אויטאָריזיר|ן וו (–ט) authorize

אויטאָריטאַטי'וו אַדי authoritative, official

אויטאָריטאַריש אַדי/אַדוו authoritarian

אויטאָריטע'ט 1. די (ן) authority (power)

|| 2. דער (ן) authority (on a subject), specialist

אוי'טאָרשאַפֿט די authorship

אויטענטיזיר|ן = אויטענטיקיר|ן וו (–ט) authenticate

אויטענטיש אַדי authentic

אויטע'נטישקייט די authenticity

אויך אַדוו also, too; furthermore, moreover, besides

|| איך האָב אויך אַ בוך I also have a book

|| איך האָב אוי'ך אַ בוך I too have a book

|| אויך האָט ער געזאָ'גט he also said, furthermore he said

|| אויך אַ another

|| מאָרגן איז אויך אַ טאָג tomorrow is another day

|| אויך ניט neither, nor

|| אויך מיר אַ ...! not much of a ..., you call that a ...?

|| אויך מיר אַן אידעע! *iron.* some idea!

|| ווי אויך as well as

|| זי לערנט זיך ייִדיש, ווי אויך העברעיִש she is studying Yiddish as well as Hebrew

אויכעט אַדוו זע אויך

אוילעם פֿאָנ עולם

אויס[1] 1. אַדי–אַטר finished, over, done, through

|| און אויס! that's it! and that's all!

|| 2. אַדוו : זײַן* אויס נאָמ no longer be ...

|| זי איז אויס קינד she is no longer a child

|| זײַן* אומפּ אויס נאָמ no longer be a question of; be out of

|| עס איז אויס יום־טובֿ [YONTEV] the holiday is over

|| עס איז אויס שידוך [ShIDEKh] the engagement/wedding is off

|| זײַן* אומפּ אויס מיט *rev.* be through/finished

|| ס'איז אויס מיט אים he's through/finished

|| ווער|ן אויס disappear, be on its way out

|| 3. קוו *meaning: a)* completed action; *b)* remove by ...ing; *c)* undo by ...ing; *d)* traverse (a distance/area); *e)* cover up (surface)

|| אוי'ס|וואַש|ן *a)* wash (out) *perf.*

|| אוי'ס|גיס|ן *b)* empty, pour out (liquid)

|| אוי'ס|שנײַד|ן *b)* cut out, excise

|| אוי'ס|פּלאָ'נטער|ן *c)* untangle

|| אוי'ס|גיי|ן* די גאַנצע גאַס *d)* walk the whole length of the street

|| אוי'ס|קאַלכ|ן די וואַנט *e)* whitewash the (whole) wall

אויס[2] פּרעפּ out of, made from (material); of, from, out of; (coming) from

|| אויס גלאָז (of) glass

|| אויסן קוימען out of/from the chimney

|| לאַכ|ן אויס make fun of

|| אויס גוטסקייט out of kindness

|| אויסן וועג out of the way, far-fetched; off the subject

אוי'ס|אָ'טעמ|ען וו (–גע–ט) exhale, breathe out

אוי'ס|איב|ן וו (–גע–ט) *Germ.* exert (influence, pressure, etc.)

אוי'ס|איידל|ען וו (–גע–ט) refine (taste/manners)

אוי'ס|אייל|ן וו (–גע–ט) oil *perf.*, lubricate

אוי'ס|איינ|ען וו (–גע–ט) reconcile, make compatible/uniform

|| אויסאיינען זיך מיט conform to, identify with

אוי'ס|אינזשעניר|ן וו (–ט) engineer/design/construct/invent (device, etc.)

אוי'סאַרבעטונג די (ען) manufacture, production; finish, finishing; workmanship, execution

אוי'ס|אַ'רבעט|ן וו (אוי'סגעאַרבעט) work out, develop; produce, manufacture; obtain with effort; *dial.* knit *perf.*

|| אויסאַרבעטן זיך gain experience/practice

אוי'ס|באָד|ן וו (אוי'סגעבאָדן) bathe (a child) *perf.*

|| אויסבאָדן זיך take a bath, bathe; free oneself from, get clear of

אוי'ס|באַהאַלט|ן וו (אוי'סבאַהאַלטן) hide, conceal

|| אויסבאַהאַלטן זיך *also* take refuge/shelter

אוי'ס|באָלבע|ן וו (–גע–ט) *fam.* blab/blurt out

אוי'ס|באַק|ן וו (אוי'סגעבאַקן) bake *perf.*

אוי'ס|באָרג|ן וו (–גע–ט) <דאַט> lend (to)

|| אויסבאָרגן <בײַ> borrow (from)

אוי'ס|בוי|ען וו (–גע–ט) build *perf.*

אוי'ס|בטל|ען וו (–גע–ט) [BATL] : אויסבטלען אַלע ווייסטע חלומות אויף/צו [KhALOYMES] revile, heap curses upon

אויסבייג דער (ן) curve, bend; turning, winding

אוי'ס|בייג|ן וו (אוי'סגעבויגן) bend, curve, twist

אויסבײַט דער (ן) exchange, swap, barter

אוי'ס|בײַטל|ען וו (–גע–ט) obtain (money) by fraud

|| **אויסבײַטלען זיך** spend one's last cent

|| פֿ"גל **אויסבטלען**

אוי'ס|בײַט|ן וו (אוי'סגעביטן) <אויף> exchange (for), replace (by); (ex)change/convert (currency) (into); barter, swap (for); switch, exchange, substitute

|| **אויסבײַטן זיך** <מיט> take turns; exchange things with each other

|| **זיי האָבן זיך אויסגעביטן מיט די היטלען** they exchanged caps

אוי'סבילדונג די education, training, cultivation, culture

אוי'ס|בילד|ן וו (–גע–ט) educate, cultivate, train

אוי'ס|בינד|ן וו (אוי'סגעבונדן) tie up, bundle *perf.*; tie (a necktie)

אוי'סבינדער דער (ס) necktie

אוי'ס|בלאָז|ן וו (אוי'סגעבלאָזן/–גע–ט) empty/clean out by blowing; blow on (to cool); blow up, inflate; divulge, let out (a secret); play stg. (on a wind instrument)

אוי'ס|בלוי|ען וו (–גע–ט) color (stg.) blue, wash with bluing

אוי'ס|בליאַקיר|ן וו (–ט) (cause to) fade, bleach

אוי'ס|בלײַב|ן וו (איז אוי'סגעבליבן) stay/remain (until the end)

אוי'ס|בלייז|ן וו (–גע–ט) uncover, strip, denude

אויסבליק דער (ן) outlook, view, panorama; perspective *fig.*

אוי'סבליקפּונקט דער (ן) point of view

אוי'ס|בלעזל|ען זיך וו (–גע–ט) go flat, lose its fizz

אויסבעט דער (ן) bed; bedding; pad, padding

אוי'ס|בעטל|ען וו (–גע–ט) obtain by begging

אוי'ס|בעט|ן[1] וו (אוי'סגעבעט) make (a bed); pad, stuff

|| **אויסבעטן זיך** make one's bed

אוי'ס|בעט|ן[2] וו (אוי'סגעבעטן) obtain by pleading/prayer; wheedle out (money, information, etc.)

אוי'ס|בענק|ען וו (–גע–ט) *lit.* obtain after eagerly awaiting

|| **אויסבענקען זיך** <נאָך> pine/yearn (for stg.) for a long time

אוי'סבעסער דער (ן) amendment, correction, rectification

אוי'סבעסער־הויז דאָס (־הײַזער) prison, house of correction

אוי'סבעסערונג די (ען) correction, revision, amendment, improvement

אוי'ס|בע'סער|ן וו (–גע–ט) correct, amend, emend, improve

אוי'ס|בראָט|ן וו (אוי'סגעבראָטן) roast *perf.*

אויסבראָך דער (ן) outbreak, outburst; eruption (volcano)

אוי'ס|בראַקיר|ן וו (–ט) reject, discard

אויסברוך דער (ן) זע **אויסבראָך**

אוי'ס|ברוקיר|ן וו (–ט) pave *perf.*

אויסברי דער (ען) breed, stock, pedigree

אויסברײַ דער (ען) *hum.* inappropriate/illogical conclusion

אוי'סברייטערונג די (ען) expansion, enlargement, extension

אוי'ס|בריי'טער|ן וו (–גע–ט) expand, widen, enlarge

אוי'ס|ברײַ|ען וו (–גע–ט) *hum.* hold forth, speechify; explain, expound; *hum.* conclude, deduce

אוי'ס|בריִ|ען וו (–גע–ט) hatch *trans.*; clean (with boiling water)

|| **אויסבריִען זיך** hatch *intr.*, emerge from an egg

אוי'ס|ברעכ|ן וו (אוי'סגעבראָכן) break out, erupt; vomit, throw up; break, fracture (a bone), shatter; (typogr.) make up (pages)

אוי'ס|ברענג|ען וו (–גע–ט/אוי'סגעבראַכט) squander, spend; express; sell (merchandise); utter

|| **אויסברענגען זיך** squander, splurge

אוי'סברענגער דער (ס) פֿעמ קע spendthrift, wastrel

אוי'סברענגעריש אַדי/אַדוו wasteful, prodigal

אוי'ס|ברענ|ען וו (–גע–ט) burn out *intr.*; burn (up), consume (by fire) *perf.*; fire (pottery); cauterize; burn (hole, aperture) in

אויסגאָב דער change (money returned)

אוי'סגאַבע די (ס) publication; edition; *Germ.* outlay, expenditure

אויסגאַנג דער (ען) outlet, exit; expiration (date); vent; point of departure, starting point

אוי'סגאַנגלאָז(יק) אַדי/אַדוו (at a) dead end, with no way out *fig.*

אוי'סגאַנגפּונקט דער (ן) point of departure, starting point

אויסגאָס דער (ן) outpouring, discharge; (geogr.) mouth (of a river), estuary

אוי'ס|גאָ'רסעווע|ן וו (–גע–ט) (fash.) cut a dress low; put a corset on

אויסגוס דער (ן) זע **אויסגאָס**

אוי'ס|גוסטיר|ן וו (–ט) enjoy to the fullest, make the most of

אוי'ס|גיי|ן* וו (איז אוי'סגעגאַנגען) die, expire; (stg.) run out, be spent; (time, document) lapse, expire

|| **אויסגיין** אַק walk the length and breadth of

|| **אויסגיין נאָך** be impatient for, yearn for; be (madly) in love with

|| **אויסגיין פֿאַר/פֿון** die of

|| **אויסגיין צו** (anger) be vented at

|| **אויסגיין** אומפּ **צו** have an outcome that could have been worse

|| **ס'וועט אויסגיין צו נאָך אַ פּאָר דאָלאַר** it will come to just a few more dollars

|| **אויסגיין** <מיט> *Amer.* go out (with)

אוי'ס|גיס|ן וו (אוי'סגעגאָסן) pour out, empty (liquids); cast, mold; vent, give free rein to

|| **אויסגיסן זיך** spill (out), (liquids) spread

אוי'ס|גלאָצ|ן וו (–גע–ט) : **אויסגלאָצן די אויגן** stare, open one's eyes wide

אויסגליטש דער (ן) slip, slide, lapse

אוי'ס|גליטש|ן זיך וו (–גע–ט) slip *intr.*, skid, tumble; slip up, err, make a faux pas

|| **אויסגליטשן זיך פֿון** evade, elude, escape from

אויסגלײַך דער agreement, settlement, (re)conciliation; adjustment, adaptation (to social, cultural conditions, etc.)

אוי'ס|גלײַכ|ן וו (–גע–ט/אוי'סגעגליכן) level, smooth; straighten, align; equalize; reconcile, bring to an agreement

|| **אויסגלײַכן זיך** straighten up, sit/stand up straight

|| **אויסגלײַכן זיך** <מיט> become the equal (of); come to an agreement (with)

אוי'ס|גלי|ען וו (–גע–ט) heat strongly, make incandescent

|| **אויסגליִען זיך** burn out

אוי'ס|גלעט|ן וו (אוי'סגעגלעט) smooth (out), level

אוי'סגעאַרבעט אַדי **אויסאַרבעטן** פּאַרט wrought (iron, etc.), elaborate (style); (body, hand) worn out from work

אוי'סגעבאָד·ן אַדי bathed, washed; soaked, drenched

|| **אויסגעבאָדן אין** steeped in, old hand at

אוי'סגעבויג·ן אַדי crooked, curved, arched

אוי'סגעבויכט אַדי corpulent, pot-bellied

אוי'סגעבונג די (ען) *neol.* pretense, dissimulation

|| **אונטער פֿאַלשע אויסגעבונגען** under false pretenses

אוי'סגעבונד·ן 1. אַדי **אויסבינדן** פּאַרט <מיט> intimate (with), linked by friendship (with)

|| **2.** אַדוו : **קענ|ען* (ווי) אויסגעבונדן** know thoroughly

אוי'סגעבלאָז·ן אַדי **אויסבלאָזן** פּאַרט emptied of content, empty, hollow

אוי'סגעבלאַסט אַדי pale, bleached, sallow

אוי'סגעבלייזט אַדי décolleté, low-cut

אוי'סגעבלייכט אַדי pale, sallow

אוי'ס|געב|ן* וו (אוי'סגעגעבן) spend (money); give in marriage, marry off; reveal (secret); denounce, betray (s.o.)

|| **אויסגעבן זיך** happen, occur

|| **ס'האָט זיך אויסגעגעבן אַ זו'ניקער טאָג** it was/turned out to be a sunny day

|| **אויסגעבן זיך פֿאַר** pose as, impersonate

אוי'סגעבענקט אַדי **אויסבענקען** פּאַרט longed-for; tinged with nostalgia

אוי'סגעגאַנגען אַדי **אויסגיין** פּאַרט finished, used up, exhausted; expired, (fallen) due

אוי'סגעגאָסן אַדי **אויסגיסן** פּאַרט : **זײַן*/ליג|ן אויסגעגאָסן אויף** (emotion) show, be visible on (s.o.'s face)

|| **זײַן*/ליגן** <דאַט/אויף> **ווי אויסגעגאָסן** fit like a glove

אוי'סגעדאַכט אַדי **אויסדאַכטן** פּאַרט fantastic, imaginary

אוי'סגעדאַמפּט אַדי evaporated

אוי'סגעדאַרט אַדי haggard, emaciated, thin

אוי'סגעדייווערט אַדי gaunt, emaciated, dried up

אוי'סגעדינט אַדי retired (from milit./admin. service); grown old in service; (object) worn out, used

אוי'סגעדראָש·ן אַדי **אויסדרעשן** פּאַרט trite, hackneyed, banal

אוי'סגעהאַלט·ן אַדי/אַדוו **אויסהאַלטן** פּאַרט consistent, logical, coherent

אוי'סגעהאַלטנקייט די consistency, coherence, logic

אוי'סגעהאָרעוועט אַדי אויסהאָרעווען פּאַרט worn out from work

אוי'סגעוואָר·ן אַדי former, ex-...; defunct

אוי'סגעווייקט אַדי soaked, drenched; (person, countenance) faded, dull, colorless

|| אויסגעווייקט אין full of, steeped in

אוי'סגעוועפּט אַדי evaporated; (wine, perfume) flat, stale; senile

אוי'סגעזוכט אַדי אויסזוכן פּאַרט choice, selected, refined

אויסגעחלומט [O'YSGEKhOLEMT] אַדי long dreamt of

אויסגעחקירהט [O'YSGEKhKIRET] אַדי speculative, far-fetched

אוי'סגעטאָן אַדי (אוי'סגעטאָנענ|ער) undressed, nude, naked; (clothing) taken off

|| אויסגעטאָן פֿון freed of, extricated from

אוי'סגעטו·ן אַדי זע אויסגעטאָן

אוי'סגעטונקען אַדי soaked, wet, drenched

|| אויסגעטונקען אין full of, steeped in; covered with

אוי'סגעטיילט אַדי אויסטיילן פּאַרט striking, showy, conspicuous; distinguished

אוי'סגעטראָג·ן אַדי אויסטראָגן פּאַרט (clothing) worn out

אוי'סגעטראָט·ן אַדי אויסטרעטן פּאַרט (shoes) well-worn; well-trodden (path)

אוי'סגעטראַכט אַדי invented, fancied, imaginary, untrue

אוי'סגעטריקנט ווער|ן וו (איז אוי'סגעטריקנט געוואָרן) become dried out; evaporate, vanish

אוי'סגעטשוכעט אַדי fully awake

אוי'סגעכאָליעט אַדי well fed; (body, limbs) trim, well turned out

אוי'סגעלאָזט = אוי'סגעלאָז·ן אַדי אויסלאָזן פּאַרט dissolute, wanton, licentious

אוי'סגעלאַס·ן אַדי/אַדוו debauched, lewd, immodest

אוי'סגעלאַסנקייט די debauchery, lasciviousness, immodesty

אוי'סגעלאָשן ווער|ן וו (איז אוי'סגעלאָשן געוואָרן) be extinguished

אוי'סגעלונקען אַדי אויסלינקען 1. פּאַרט (of joints) twisted, sprained, dislocated

אוי'סגעלינקט אַדי אויסלינקען 2. פּאַרט left-handed; gauche, awkward, clumsy

|| פֿ״גל אויסגעלונקען

אוי'סגעלענקט אַדי זע אויסגעלונקען

אוי'סגעמאָגערט אַדי emaciated

אוי'סגעמאַטערט אַדי weary, exhausted, tired, worn out

אוי'סגעמאַכט אַדי אויסמאַכן פּאַרט positive, certain, definitive; sly, cunning

אוי'סגעמאָרעט אַדי famished, starving; scrawny, emaciated

אוי'סגעמוטשעט אַדי exhausted, tired, worn-out

אוי'סגעמוסקולירט אַדי muscular, brawny

אוי'סגעמיש דער/דאָס (ן) mixture, medley

אוי'סגעמישט אַדי mixed, blended; heterogeneous, incongruous; jumbled, chaotic

אוי'סגעמישטקייט די heterogeneity; incongruity

אוי'סגענומען אַדי/אַדוו אויסנעמען פּאַרט exceptional

אוי'סגענייט אַדי embroidered

אוי'סגעניכטערט אַדי/אַדוו sobered (up), disillusioned

אוי'ס|גע'נעצ|ן זיך וו (–גע–ט) yawn (lengthily, to one's heart's content)

אוי'סגעפּאַשעט אַדי אויספּאַשען פּאַרט well-fed, plump

אוי'סגעפּוישט אַדי distended, bloated; bulging

אוי'סגעפּוצט אַדי shiny, polished; well-dressed, dressed up; ornate, flamboyant

|| אויסגעפּוצט אין decked out in

|| אויסגעפּוצט אין עסיק און אין האָניק dressed to the nines

אוי'סגעפּוקלט אַדי convex, arched

אוי'סגעפּיקט אַדי pecked out, extracted by pecking; newly hatched

אוי'סגעפּריעט אַדי sweaty, flushed/irritated from perspiration; steamed, cooked by steaming

אוי'סגעפֿאָר·ן אַדי אויספֿאָרן פּאַרט well-trodden (path)

אוי'סגעפֿאַרצט = אוי'סגעפֿאָרצט אַדי *hum.* (teeth) rotten, missing

אוי'סגעפֿוילט אַדי rotted out, spoiled

אוי'סגעפֿײַנט אַדי אויספֿײַנען זיך פּאַרט refined; affected, flamboyant, gaudy

אוי'סגעפֿינס דאָס (ן) invention, discovery

אוי'ס|געפֿינ|ען וו (אוי'סגעפֿונען) learn, discover, find out; devise, invent, think up

אוי'סגעפֿינער דער (ס) פֿעמ ין inventor

אוי'סגעפֿינעריש אַדי resourceful, inventive

אוי'סגעפֿראָר·ן = אוי'סגעפֿרויר·ן אַדי chilled, frozen

אוי'סגעצויג·ן אַדי אויסציִען פּאַרט prolonged, drawn out; stretched out, taut; prostrate, supine; elongated

|| שטיי|ן* אויסגעצויגן stand stiff/straight

אוי'סגעציי'כנט אַדי/אַדוו אויסצייכענען פּאַרט excellent, admirable

אוי'סגעצערט אַדי emaciated, scrawny

אוי'סגעקאָכט אַדי–אַטר אויסקאָכן פּאַרט *fam. (pl. subject)* very chummy

|| אויסגעקאָכט מיט close to, on intimate terms with

|| אויסגעקאָכט אין experienced, well versed in

אוי'סגעקוואַרט אַדי emaciated, dessicated

אוי'סגעקינדלט אַדי past child-bearing

אוי'סגעקליב·ן אַדי אויסקלײַבן פּאַרט chosen, elected; (polit.) elective; (newly) elected

|| די אויסגעקליבענ|ע גובערנאַטאָרשע the governor-elect *fem.*

אוי'סגעקלערט[1] אַדי invented, imagined, thought up

אוי'סגעקלערט[2] אַדי clarified, cleared up

אוי'סגעקניפּט אַדי–אַטר on excellent terms, close-knit

אוי'סגעקעכלט אַדי well-nourished, well-fed; pampered, spoiled

אוי'סגעקראָכ·ן אַדי אויסקריכן פּאַרט bald(ing); worn-out, threadbare; fallen (hair/fur), loose (thread); trite, hackneyed

אוי'סגעקרימט אַדי crooked, bent; twisted, warped; (shoe) down-at-heel

אוי'סגערוט אַדי אויסרוען פּאַרט well-rested, refreshed

אוי'סגערונען ווער|ן וו (איז אוי'סגערונען געוואָרן) (punctured eye) run out; (fetus) be miscarried; vanish, disappear

אוי'סגעריב·ן אַדי אויסרײַבן פּאַרט worn, threadbare; shiny; experienced, sharp

אוי'סגערייכערט אַדי אויסרייכערן פּאַרט *hum.* shrewd

|| אויסגערייכערטע ליולקע [LyK] man of experience

אוי'סגעריסן ווער|ן וו (איז אוי'סגעריסן געוואָרן) suffer, go through bad times

|| פֿ״גל אויסרײַסן

אוי'סגערעדט : ניט אויסגערעדט זאָל עס זײַן/ווערן may it never happen (again); sad to say

אוי'סגערעכנט אַדי/אַדוו אויסרעכענען פּאַרט judicious, sensible, prudent; intentional, deliberate

אוי'סגערעכנטקייט די prudence, foresight, forethought

אוי'סגעשטאָרב·ן אַדי extinct, died out

אוי'סגעשטודירט אַדי אויסשטודירן פּאַרט qualified, graduated

אוי'סגעשטעלט אַדי exposed (to view/risk); arranged, set up; ruined

|| אויסגעשטעלט אויף subject to, dependent on

אוי'סגעשטעלטקייט די exposure (to risk)

אוי'סגעשטערנט אַדי starry, star-studded

אוי'סגעשטשערבעט אַדי chipped, dented

אוי'סגעשלאָפֿ·ן אַדי well-rested, having had a good night's sleep; *hum.* modern, out-to-date

אוי'סגעשניט·ן אַדי אויסשנײַדן פּאַרט cut out; low-cut, low-necked (dress)

אוי'סגעשעפּט אַדי אויסשעפּן פּאַרט emptied, spent, used-up; worn out, exhausted

אוי'סגעשפּילט אַדי אויסשפּילן פּאַרט passé, old hat; used up, played out; *dial.* well-done, remarkable

אוי'סגעשפּראָכ·ן אַדי/אַדוו *Germ.* avowed, open

אוי'סגעשריב·ן אַדי אויסשרײַבן פּאַרט (hand) experienced/skilled in penmanship; (handwriting) flowing, clear

אוי'סגעשריי דער/דאָס (ען) outcry, exclamation

אויסגראָב דער (ן) dugout

אוי'סגראָבונג די (ען) excavation, disinterment, digging out

אוי'ס|גראַבל|ען וו (–גע–ט) scoop out, scratch out (with the fingers) *perf.*; uproot, root out

אוי'ס|גראָב|ן וו (אוי'סגעגראָבן) dig out, mine *perf.*; extract (ore, etc.); excavate (site); disinter, exhume

אוי'ס|גראַוויר|ן וו (–ט) engrave *perf.*

אוי'ס|גרופּיר|ן וו (–ט) group *perf.*, arrange, classify, sort

אוי'ס|גרינ|ען זיך וו (–גע–ט) become green; *Amer., hum.* become Americanized

אוי'ס|דאַכט|ן זיך וו-אומפּ (אוי'סגעדאַכט) <דאַט> seem, appear (to s.o.); *rev.* imagine, have the impression

אוי'סדאַכטעניש דאָס (ן) זע אויסדוכטעניש

אוי'ס|דאַמפּ|ן = אוי'ס|דאַמפֿ|ן וו (–גע–ט) evaporate *trans./intr.*

|| אויסדאַמפּן זיך evaporate *intr.*

אוי'ס|דאָס|ן וו (–גע–ט) *vulg.* shit *trans.*; spill the beans

|| אויסדאָסן זיך *vulg.* shit, piss, spit

|| אויסדאָסן זיך <צו> *vulg.* finally get going (in order to)

אוי'סדויער דער endurance, perseverance, stamina; stubbornness, obstinacy

אוי'סדוכטיק אַדי apparent

אוי'ס|דוכט|ן זיך וו (אוי'סגעדוכט) זע אויסדאַכטן זיך

אוי'סדוכטעניש דאָס (ן) illusion, delusion, (false) impression

אוי'ס|דול|ן זיך וו (–גע–ט) find one's way, get out of a jam

אוי'ס|דייקע|ן וו (–גע–ט) extort, obtain by force

אוי'ס|דינג|ען וו (אוי'סגעדונגען) obtain (cheaply) by haggling

|| אויסדינגען אַק בײַ outbid s.o. for (contract, concession)

|| אויסדינגען זיך conclude the negotiation

אוי'ס|דישע|ן וו (–גע–ט) choke/smother *trans.* (in great numbers)

אוי'ס|דלובע|ן וו (–גע–ט) root out *fig.*, gouge out, scratch out

אוי'ס|דעמפּ|ן וו (–גע–ט) זע אויסדאַמפּן

אוי'סדערוויילט אַדי chosen, elected

אוי'סדערוויילטקייט די (theology) election, divine grace

אוי'ס|דערוויי'ל|ן וו (–ט) choose, elect

אוי'ס|דערציי'ל|ן וו (–ט) tell/describe in detail; reveal (secret)

|| ניט אויסצודערציילן indescribable

אוי'ס|דראַפּע|ן וו (–גע–ט) scratch out (with the fingernails)

אויסדרוק דער (ן) expression

|| קומ|ען צום אויסדרוק be expressed

אוי'ס|דריבל|ען וו (–גע–ט) fray, unravel; wear out *trans.*

אויסדריי דער (ען) curve, bend, turn; misleading argument, evasion

אוי'ס|דריי|ען וו (–גע–ט) turn (head, handle); turn (s.o./stg.) around, reverse; twist, wring; form, map out, put together, carry out; *pejor.* forge, fabricate; sprain, dislocate

|| מאַכ|ן אַק אויסצודרייען scoff at, mock; speak ill of

|| אויסדרייען זיך turn around, turn back; extricate oneself (from difficulties), find a way out

אוי'ס|דריי'ל(עווע)|ן וו (–גע–ט) pierce; unclog (opening)

אוי'ס|דרינג|ען וו (אוי'סגעדרונגען) wring out, twist; deduce, draw (a conclusion)

אוי'ס|דריפּע|ן וו (–גע–ט) soil, bespatter

אויסדריק דער (ן) זע אויסדרוק

אוי'סדריקלעך אַדי/אַדוו declared, explicit; expressive

אוי'ס|דריק|ן וו (–גע–ט) express; show, demonstrate; press (fruit), squeeze out (juice)

אוי'ס|דרעסיר|ן וו (–ט) train *perf.*, teach, break in

אוי'ס|דרעש|ן וו (אוי'סגעדראָשן) thresh *perf.*

אוי'ס|האָב|ן* וו (אוי'סגעהאַט) *(not used in present or imperative)* stamp out, get rid of

אוי'ס|האָ'דעווע|ן וו (–גע–ט) raise, bring up *perf.*

אויסהאַלט דער support, maintenance, upkeep; endurance, resistance

אוי'סהאַלטונג די maintenance, upkeep, subsistence

אוי'סהאַלטיק אַדי resistant, solid, durable

אוי'סהאַלט־כּוח דער [KOYEKh] stamina, endurance

אוי'ס|האַלט|ן וו (אוי'סגעהאַלטן) endure, bear, resist, hold out; maintain, support, sustain; pass (test, exam, trial); live up to, remain faithful to; (argument, thesis) be valid

|| אויסהאַלטן זיך מיט live/subsist on

|| ס'איז ניט אויסצוהאַלטן פֿון אים he is insufferable/intolerable

אוי'סהאַלטעוודיק אַדי durable, consistent, tenable

אוי'סהאַלטער דער (ס) supporter

אוי'ס|האַ'מער|ן וו (–גע–ט) hammer out, shape by hammering; fine tune *fig.*, put the finishing touches on

אוי'ס|האַפּט|ן וו (אוי'סגעהאַפּט/אוי'סגעהאַפּטן) embroider *perf.*

אוי'ס|האַק|ן וו (–גע–ט) break, shatter; cut down (trees in great number); chisel, engrave; open (hole, breach)

אוי'ס|האָרכ|ן וו (–גע–ט) listen attentively, hearken; (mus.) audition *trans.*; examine with a stethoscope

אוי'ס|האַר|ן (זיך) וו (–גע–ט) wait/hold out until (the end)

אוי'ס|האָ'רעווע|ן וו (–גע–ט) obtain with great difficulty

|| אויסהאָרעווען זיך wear oneself out from hard work

אוי'ס|הויכ|ן וו (–גע–ט) breathe out, exhale

|| אויסהויכן די נשמה [NEShOME] give up the ghost, die

אוי'ס|הויל|ן וו (–גע–ט) hollow out, excavate; drain (emotionally)

אוי'ס|הו'נגער|ן (זיך) וו (–גע–ט) famish, starve *trans./intr.*

אוי'ס|הוסט|ן זיך וו (אוי'סגעהוסט) clear one's throat; cough until relieved

אוי'ס|היט|ן וו (אוי'סגעהיט) guard *perf.*, protect, preserve

אוי'ס|הייב|ן וו (אוי'סגעהויבן) lift out; remove the Torah scroll from the synagogue ark

אוי'ס|הייל|ן וו (–גע–ט) cure, heal *trans.*

|| אויסהיילן זיך be cured/healed, recover

אוי'סהיילעוודיק אַדי curable

אוי'ס|הייצ|ן וו (–גע–ט) heat thoroughly

אוי'ס|הסכמ|ען וו (–גע–ט) <מיט> [HESKEM] *neol.* reconcile, bring into line (with)

אויסהעלף[1] דער aid, assistance

אוי'סהעלף–[2]... auxiliary

אוי'סהעלפֿיק אַדי helpful, useful; obliging, willing (to help)

אוי'ס|העלפֿ|ן וו (אוי'סגעהאָלפֿן) <דאַט> help *perf.*, be of service (to)

|| אויסהעלפֿן זיך מיט make use of

אוי'סהענגל דאָס (עך) *neol.* shingle, professional sign

אוי'ס|הענג|ען וו (אוי'סגעהאַנגען/אוי'סגעהאָנגען) post, put up (notices); hang up (a number of items); hang out (laundry)

|| אויסהענגען מיט פֿאָנען bedeck with flags

אוי'ס|העפּט|ן וו (אוי'סגעהאָפּטן) זע אויסהאַפּטן

אוי'ס|הער|ן וו (–גע–ט) hear out; sound with a stethoscope; gather, hear (testimony, etc.); examine (student)

אוי'ס|הרגע|(נע)ן וו (–גע–ט) [HARGE] kill off, massacre

אויסוואו... זע ווערטער מיט אויסווו...

אוי'סוואַל דער (ן) choice, assortment (merchandise)

אוי'ס|וואַ'לגער|ן וו (–גע–ט) <אין> roll out *perf.* (dough); roll around *trans.* (in)

|| אויסוואַלגערן זיך אין *fig.* wander in, vagabond through

אוי'סוואַנדערונג די (ען) emigration; exodus

אוי'ס|וואַ'נדער|ן וו (–גע–ט) emigrate; travel through in the course of one's wanderings

אוי'ס|וואַקס|ן וו (איז אוי'סגעוואַקסן) ripen *perf.*; grow taller/bigger, develop; grow up, become adult; *hum.* appear, loom up

|| אויסוואַקסן אַ נאָמ grow up to be

|| ער וועט אויסוואַקסן אַ קינסטלער he'll grow up to be an artist

|| אויסוואַקסן פֿון די קליידער (children) grow out of one's clothes

אוי'ס|וואַרט|ן וו (אוי'סגעוואַרט) wait until (the end), be patient

אוי'ס|וואַרעמ|ען וו (–גע–ט) hatch, incubate (eggs, a project); heat, warm thoroughly

|| אויסוואַרעמען זיך (egg) hatch

אויסוואָרף דער (ן) outcast, scoundrel

אוי'ס|וואַרפֿ|ן וו (אוי'סגעוואָרפֿן) deal (cards); draw (cards), throw (dice)

|| אויסוואַרפֿן <דאַט> אַק reproach/criticize s.o. (for)

אוי'ס|וואָרצל|ען וו (–גע–ט) eradicate, uproot, root out

אוי'ס|וואַש|ן וו (אוי'סגעוואַשן) wash (everything); wash thoroughly; remove by washing

אויסוווּקס דער (ן) outgrowth, protuberance, excrescence; (gramm.) derivative

אויסוווּרף דער (ן) זע אויסוואָרף

אויסווייַז דער (ן) impression, premonition, hunch; *Germ.* expulsion order; *Germ.* identity card, certificate

אוי'ס|ווייַז|ן זיך וו (אוי'סגעוויזן) seem, appear like

|| אויסווייַזן זיך אומפּ *also* turn out (that)

|| ווייַזט אויס apparently, as it turns out

אוי'ס|וויי'טיק|ן וו (–גע–ט) suffer/express the pain of; obtain at the cost of suffering; pay with suffering for past pleasure

אוי'ס|ווייַכ|ן וו (–גע–ט) shun, avoid, flee

אוי'ס|ווייל|ן וו (–גע–ט) choose, select; elect

אוי'סווייניק אַדוו זע אויסנווייניק 1.

אוי'ס|וויינ|ען וו (–גע–ט) cry at length; express/obtain by crying

|| אויסוויינען (זיך) די אויגן cry one's eyes/heart out

|| אויסוויינען (זיך) דאָס דריטע אויג scoff at

|| אויסוויינען זיך have a good cry

אוי'ס|ווייַס|ן וו (–גע–ט) whiten *trans.*; whitewash; galvanize, cover with zinc

אוי'ס|ווייק|ן וו (–גע–ט) soak *perf.*; *Jew.* soak (food, dishes) for ritual purification

אוי'ס|וויקל|ען וו (–גע–ט) unwrap; unwind, unroll, unfold; swaddle

|| אויסוויקלען זיך extricate oneself; take shape, develop, turn out

אוי'ס|ווירע|ן וו (–גע–ט) line, rule *perf.* (paper)

אוי'ס|ווירק|ן וו (–גע–ט) exert (influence); obtain

|| אויסווירקן זיך have an effect

אוי'ס|וויש|ן וו (–גע–ט) dry, wipe, wipe off *perf.*

אוי'ס|וועב|ן[1] וו (–גע–ט) weave *perf.*

אוי'ס|וועב|ן[2] זיך וו (–גע–ט) זע אויסוועפּן זיך

אויסוועג דער (ן) outlet, exit; recourse, way out (of a difficulty)

אוי'ס|ווע'לגער|ן וו (-גע-ט) זע אויסוואַלגערן

אוי'סוועפּיק אַדי volatile

אוי'ס|וועפּ|ן (זיך) וו (-גע-ט) evaporate *intr.*; go stale, wear off, fade

אוי'ס|זאָג|ן וו (-גע-ט) reveal, disclose, divulge; utter, pronounce

|| אויסזאָגן דאַט confide in s.o.

|| אויסזאָגן אויף denounce, inform on s.o.

אוי'ס|זאָטל|ען וו (-גע-ט) unsaddle

אוי'ס|זאַלצ|ן וו (-גע-ט) salt *perf.*; leave (meat) covered in salt for an hour (to make it kosher)

אויסזאַץ דער (ן) rash, pustules

אוי'ס|זויג|ן וו (אוי'סגעזויגן) suck *perf.* (to the last drop), drain; bleed *fig.*, exploit

|| אויסזויגן פֿון אַרבל/פֿינגער make up out of whole cloth, completely fabricate

אוי'ס|זוכ|ן וו (-גע-ט) pick (out), select, choose; find, look up, search out; invent, think up

אוי'סזידלונג די (ען) *Germ.* (*esp.* during Nazi occupation) deportation

אוי'ס|זידל|ען וו (-גע-ט) curse, scold, heap insults on; *Germ.* deport (*esp.* to a concentration/death camp)

אוי'ס|זיד|ן וו (אוי'סגעזאָדן/אוי'סגעזאָטן) bring to a boil; clean with boiling water; evaporate, boil down

אוי'ס|זייג|ן וו (אוי'סגעזויגן/-גע-ט) suckle, breastfeed *perf.*

|| פֿ״גל אויסזויגן

אוי'ס|זײַן* וו (איז אוי'סגעווען) אין/בײַ/אַק *(not used in present tense)* have been in (many places), have traveled through (many places); stay somewhere (a certain length of time)

|| זיי זענען אויסגעווען דעם גאַנצן אינדזל they've been all over the island

|| ער איז נישט אויסגעווען דאָס יאָר he didn't stay the (whole) year

|| אויסזײַן די צײַט *also* leave suddenly, disappear

|| פֿ״גל אויס[1] 2.

אוי'ס|זײַ|ען וו (-גע-ט/אוי'סגעזיגן) filter/strain *perf.*; drain/pour out to the last drop; mutter (between one's teeth)

אויסזיכט דער (ן) prospect, view, expectation, chance; aspect, appearance

אוי'סזיכטלאָז אַדי *Germ.* hopeless, without prospects

אוי'ס|זינג|ען וו (אוי'סגעזונגען) sing through *perf.*, interpret (song); express in song

אוי'ס|זיצ|ן וו (איז אוי'סגעזעסן) incubate, hatch *perf.*; obtain by waiting/discussing

אוי'ס|זמנ|ען וו (-גע-ט) [ZMAN] *neol.* schedule

אויסזע דער (ען) appearance, looks

אוי'ס|זעג|ן וו (-גע-ט) cut out/shape by sawing

אויסזען 1. דאָס looks, appearance

|| 2. אוי'ס|זע|ן* וו (אוי'סגעזען) seem, look, appear

|| ווי עס זעט אויס apparently, as it seems

אוי'ס|זעצ|ן וו (-גע-ט) seat, place (each in his/her proper place); (typogr.) set type *perf.*; set up, establish; knock out (teeth), break (windows); object; blame, find fault

|| אויסזעצן זיך (group) be seated, take one's seats/places; (pimples) break out, spread

אוי'ס|זשליאָקע|ן וו (-גע-ט) *fam.* down (drink), swig

אוי'ס|חזיר|ן וו (-גע-ט) [KhAZER] besmirch/dirty *perf.*

אוי'ס|חילופֿ|ן וו (-גע-ט) [KhILEF] convert/change (currency); barter, exchange

אוי'ס|חנפֿע|נען וו (-גע-ט) אַק <בײַ> [KhANFE] obtain by flattery (from), wheedle out (of)

אוי'ס|חשבונ|ען וו (-גע-ט) [KhEZhB·N] calculate *perf.*

אוי'ס|טאָ|ן* וו (אוי'סגעטאָן) take off, remove (clothes); undress *trans.*

|| אויסטאָן זיך get undressed

|| אויסטאָן זיך פֿון shirk, abandon, free oneself from

אוי'ס|טאַנצ|ן וו (-גע-ט) perform (dance), finish dancing

אוי'ס|טאַפּ|ן וו (-גע-ט) feel trans. (all over), palpate *perf.*; sound/probe *fig.*

אוי'ס|טאָק|ן וו (-גע-ט) turn (on a lathe) *perf.*, shape; polish, fine tune, touch up (story, etc.)

אוי'ס|טאַראַ(ש)טשע|ן וו (-ט) : אויסטאַראַשטשען די אויגן <אויף> stare (at), open one's eyes wide (at)

אוי'ס|טאַ'רעווע|ן וו (-גע-ט) allow for the tare, obtain net weight

אוי'ס|טאַש|ן וו (-גע-ט) shuffle (cards) *perf.*

אויסטויג דער (ן) aptitude, competence

אוי'ס|טויג|ן* זיך וו (-גע-ט) <צו> be competent/adept (at), be fit (for)

אוי'סטויגער דער (ס) פֿעמ ין/קע resourceful person

אויסטויש דער (ן) barter, swap; exchange (of letters, etc.)

אוי'ס|טויש|ן וו (–גע–ט) change, convert (currency); swap, barter

|| אויסטוישן זיך <מיט> exchange/trade (stg.) with each other

אוי'ס|טו|ן* וו (אוי'סגעטון) זע אויסטאָן

אויסטײַטש דער (ן) interpretation, exegesis

אוי'סטײַטשונג די (ען) interpretation, explanation

אוי'ס|טײַטש|ן וו (–גע–ט) interpret *perf.*, explain, analyze; make explicit, clarify

אוי'סטיילונג די (ען) distribution, allocation; special mention, singling out

אוי'סטיי'ליק אַדי distinctive

אוי'ס|טייל|ן וו (–גע–ט) distribute, dispense, allocate; subcontract, farm out; confer (distinction); single out, make special mention (of)

|| אויסטיילן זיך <מיט> distinguish oneself (by), be notable (as a result of)

אוי'ס|טי'ליק|ן וו (–גע–ט) wipe out, exterminate

אוי'ס|טי'נקעווע|ן וו (–גע–ט) plaster *perf.*, roughcast

אוי'ס|טע'כער|ן וו (–גע–ט) apportion/divide up (roughly); *dial.* plan, organize

אוי'ס|טענה|ן זיך וו (–גע–ט) <מיט> [TAYNE] present one's arguments (to); discuss matters; argue/dispute (with)

אוי'ס|טעסטיר|ן וו (–ט) test *perf.*, submit to a test

אוי'ס|טעס|ן וו (–גע–ט) carve out (stone, wood) *perf.*

אויסטער דער (ס) oyster

אוי'סטערליש אַדי/אַדוו strange, bizarre; out of the ordinary, remarkable

אוי'ס|טראָג|ן וו (אוי'סגעטראָגן) carry to term, deliver (an infant); wear out (clothing); deliver (mail, etc.); (cost) amount to; bear the burden of; imply, lead to

|| דער שׂכל טראָגט אויס אַז [SEYKhL] it stands to reason that

אוי'סטראָגער דער (ס) פֿעמ קע supplier of foodstuffs via home delivery

אוי'ס|טראַכט|ן וו (אוי'סגעטראַכט) think up, devise, invent; make up, fabricate

אוי'סטראַכטער דער (–/ס) פֿעמ קע person with demanding/capricious tastes

אויסטראַליע (די) [LY] Australia

אויסטראַליער דער (–) פֿעמ ין [LY] Australian

אויסטראַליש אַדי Australian

אוי'ס|טרייסל|ען וו (–גע–ט) shake out (for cleaning), drop (while shaking)

|| אויסטרייסלען בײַ *fam.* dispossess/deprive s.o. of

אוי'ס|טרינק|ען וו (אוי'סגעטרונקען) drink (up) *perf.*; take a (small) drink

אוי'ס|טריפֿ|ן וו (–גע–ט) trickle out

אוי'ס|טרי'קענ|ען (זיך) וו (–גע–ט) dry out, drain *perf., trans./intr.*

אוי'ס|טרעט|ן וו (אוי'סגעטראָטן/אוי'סגעטרעטן) plod through, traverse; clear (path) by treading

אוי'ס|טרעניר|ן וו (–ט) train *perf.*

אוי'ס|טרענ|ען וו (–גע–ט) rip (sewing, knitting), unstitch *perf.*

אוי'ס|טשאַ'טעווע|ן וו (–גע–ט) wait in ambush, wait for the right moment

אוי'ס|טשוכע|ן זיך וו (–גע–ט) wake up fully, shake off sleep; sober up, clear one's mind

אוי'ס|יאָ'מער|ן וו (–גע–ט) utter in a moaning tone of voice; express through tears

אוי'ס|יעט|ן וו (אוי'סגעיעט) weed *perf.*

אוי'ס|כּישופֿ|ן וו (–גע–ט) [KIShEF] *lit.* create (as if) by magic

אוי'ס|כאָווע|ן וו (–גע–ט) rear *perf.*, bring up, nourish, educate

אויסכאַפּ דער (ן) stg. in great demand; *neol.* scoop

|| אויסכאַפּ אויף rush for (an article of merchandise)

אוי'ס|כאַפּ|ן וו (–גע–ט) snatch up, wrest away; seize (opportunity, etc.); be the first to seize an opportunity; catch/capture down to the last one

אוי'סכאַפּעניש דאָס <אויף> run (on) (merchandise); calamity/misfortune (for)

אויסלאָג דער (ן) investment, start-up money

אוי'ס|לאָד|ן וו (אוי'סגעלאָדן) unload

אוי'ס|לאָווע|ן וו (–גע–ט) grab/capture down to the last one

אויסלאָז דער (ן) conclusion, ending, close; omission

אוי'ס|לאָז|ן וו (–גע–ט) conclude, say/write by way of conclusion; leave out, omit; (culin.) melt, render

|| אויסלאָזן צו take out (one's feelings) on, vent one's anger on

|| אויסלאָזן זיך come to an end, finish; (supplies, etc.) run out, become exhausted; dwindle, decline

|| אויסלאָזן זיך אומפּ אַז turn out that

|| וואָס לאָזט זיך אויס? and what's the result of it all?

|| אויסלאָזן זיך מיט end (in/with); result in, come to

|| אויסלאָזן זיך צו *rev.* pay the price for, bear the brunt of

|| און צו מיר לאָזט זיך עס אויס and I'm the one who gets the blame

אוי'ס|לאַטען וו (–גע–ט) patch up (completely)

אוי'ס|לאַכן וו (–גע–ט) laugh at, ridicule

|| אויסלאַכן זיך have a good laugh

|| אויסלאַכן זיך <פֿון> scoff (at), make light (of)

אוי'ס|לאמרן וו (–גע–ט) [LEYMER] blab, let the cat out of the bag; scold, reprimand

אויסלאַנד (דאָס) abroad, foreign land(s)

אוי'סלאַנד־מיניסטער דער (...טאָרן) Minister of Foreign Affairs

אוי'ס|לאָפּטשען וו (–גע–ט) bite/scoop out (bread, etc.)

אוי'ס|לוגן וו (–גע–ט) *lit.* scrutinize *perf.*, spy on

אוי'ס|לויבן וו (–גע–ט) eulogize, praise highly

אוי'ס|לוי'ערן וו (–גע–ט) lie in wait for s.o. to appear, spy on

אוי'ס|לויפֿן וו (איז אוי'סגעלאָפֿן) lapse, (time) expire; (liquid) overflow, boil over; run all around (an area)

אויסלונק דער (ען) dislocation

אוי'ס|לופּען וו (–גע–ט) open (eyes) wide

אוי'ס|לו'פֿטערן וו (–גע–ט) air out, ventilate *perf.*

אוי'ס|ליגן וו (איז אוי'סגעלעגן) אַק cure (an illness) by bed rest; obtain without effort

|| אויסליגן זיך lie stretched out at one's ease; improve/increase in value while in storage

אוי'סליווערונג די (ען) extradition, handing over

אוי'ס|לי'ווערן וו (–גע–ט) extradite, hand over

אויסלייג דער (ן) spelling, orthography

אוי'ס|לייגן וו (–גע–ט) spread, arrange, group, lay out; spell; advance, disburse, lay out (money); interpret (dream)

אוי'ס|ליי'דיקן וו (–גע–ט) empty *perf.*, drain; pour out

אוי'ס|לײַדן וו (אוי'סגעליטן) endure *trans.* to the end

אויסלייז דער (ן) redemption, salvation; atonement

אוי'סלייזגעלט דאָס ransom; *fig.* atonement for one's sins

אוי'סלייזונג די (ען) redemption, ransom

אוי'ס|לייזן וו (–גע–ט) ransom, rescue; redeem

אוי'סלייזער דער (ס) redeemer, savior

אוי'ס|לײַ'טערן וו (–גע–ט) purify *perf.*, clear

|| אויסלײַטערן זיך (weather, sky, mood) clear up

אוי'ס|לײַ|ען וו (אוי'סגעליגן/אוי'סגעליִען) <דאַט> lend (to) *perf.*

|| אויסלײַען <בײַ> borrow (from) *perf.*

אוי'ס|ליי'ענ|ען וו (–גע–ט) read to the end, finish reading

אוי'ס|לייש|ן וו (–גע–ט) gild; cover with aluminum foil

אוי'ס|ליניר|ן וו (–ט) line/rule *perf.* (paper)

אוי'ס|לינק|ען 1. וו (אוי'סגעלונקען) sprain, dislocate

|| 2. וו (–גע–ט) bend to the left

|| אויסלינקען זיך turn to the left; move to the left politically

אוי'ס|לי'פּערן וו (–גע–ט) זע אויסליווערן

אוי'ס|לעבן וו (–גע–ט) אַק live out one's life (in a place/manner)

|| ניט אויסלעבן די יאָרן die young

|| אויסלעבן זיך אין derive pleasure from (activity, ideological movement, etc.)

אוי'סלענדיש אַדי foreign, alien

אוי'סלענדער דער (–) פֿעמ ין foreigner, alien

אוי'ס|לענק|ען וו (–גע–ט) זע אויסלינקען 1.

אוי'ס|לעק|ן וו (–גע–ט) lick out *perf.*; swallow to the last bit/drop

|| אויסלעקן די אויגן דאַט run one's tongue over s.o.'s eyelids (to exorcise the evil eye)

אוי'ס|לערנ|ען וו (–גע–ט) learn *perf.*; teach, instruct *perf.*; explore, familiarize oneself with

|| אויסלערנען אַק <אַק/אינפֿ> teach s.o. (stg./to)

|| אויסלערנען זיך <אַק/אינפֿ> learn (stg./how to)

אויסלעש דער (ן) *lit.* darkening; outage

אוי'ס|לעש|ן וו (אוי'סגעלאָשן) extinguish, put out *perf.*

אוי'ס|מאָ'גער|ן וו (–גע–ט) emaciate, make thinner

אוי'ס|מאַ'טער|ן וו (–גע–ט) exhaust, wear out

אוי'סמאַטער־קריג דער war of attrition

אוי'ס|מאַכ|ן וו (–גע–ט) אַק amount/add up to; manufacture *perf.*, fashion, work out; constitute, comprise; clean one after another

|| אויסמאַכן <דאַט> matter (to)

|| עס מאַכט מיר ניט אויס it's all the same to me

|| וואָס מאַכט עס אויס? what difference does it make?

|| עס וואָלט ניט אויסגעמאַכט it wouldn't be a bad idea

|| אויסמאַכן די ציין clean/pick one's teeth

|| אויסמאַכן דאַט דאָס/אַן אויער swindle, cheat

|| אויסמאַכן זיך answer the call of nature, go to the toilet

|| אויסמאַכן זיך אויף *vulg.* not give a damn about

אוי'סמאָלונג די (ען) representation, description

אוי'ס|מאָל|ן וו (–גע–ט) paint *perf.*; describe, portray, depict; evoke, give a rough idea of

|| אויסמאָלן זיך imagine

|| ניט אויסצומאָלן (זיך) unimaginable, inconceivable

אוי'ס|מאַנגל|ען וו (–גע–ט) put through a mangle/wringer *perf.*

אוי'ס|מאַנט(אַט)שע|ן = אוי'ס|מאָנט(ש)|ען וו (–גע–ט) obtain by begging; obtain by swindling/fraud

אוי'ס|מאַניע|ן וו (–גע–ט) [Ny] extort by deception/seduction

אוי'ס|מאָרד|ן וו (–גע–ט/אוי'סגעמאָרדעט) massacre, slaughter

אוי'ס|מאַ'רדעווע|ן וו (–גע–ט) exhaust, tire out

אוי'ס|מאָרע|ן וו (–גע–ט) famish, starve

אוי'ס|מאַרקיר|ן וו (–ט) trace, map, delineate; assign, allot, earmark; arrange, plan, calculate

אוי'ס|מוח|ן וו (–גע–ט) [MOYEKh] invent, dream up

אוי'ס|מוטשע|ן וו (–גע–ט) exhaust, run down, tire out

אוי'ס|מוי'ער|ן וו (–גע–ט) build *perf.*, erect

אוי'ס|מוסר|ן וו (–גע–ט) [MUSER] scold/reprimand *perf.*

אוי'ס|מושט(ר)יר|ן וו (–ט) train *perf.*, drill, exercise

אוי'ס|מיטל|ען זיך וו (–גע–ט) manage *intr., perf.*, cope

אוי'סמײַדונג די (ען) avoidance; evasion

אוי'סמײַדיק אַדי evasive

אוי'ס|מײַד|ן וו (אוי'סגעמיטן/–גע–ט) avoid, dodge; evade, elude; escape from

|| אויסמײַדן זיך fail to meet, miss each other

אוי'ס|מיי'סטרעווע|ן וו (–גע–ט) complete, finish, perfect; *pejor.* cobble together *perf.*

אוי'ס|מיי'קענ|ען = אוי'ס|מיי'קע|(נע)|ן וו (–גע–ט) vomit, throw up; *fig.* spill the beans

אוי'ס|מינצ|ן וו (–גע–ט) coin, mint

אוי'ס|מיש|ן וו (–גע–ט) mix *trans., perf.*, blend, mingle

|| אויסמישן זיך merge *intr.*, blend in

אוי'ס|מעבליר|ן וו (–ט) furnish (a room, etc.) *perf.*

אוי'ס|מעבל|ען וו (–גע–ט) זע אויסמעבלירן

אוי'ס|מעלק|ן וו (–גע–ט/אוי'סגעמאָלקן) milk *perf.*

אוי'ס|מענטשל|ען זיך וו (–גע–ט) settle down, achieve respectability/maturity; become a somebody

אוי'סמעסטונג די (ען) *neol.* dimension

|| אין דרײַ אויסמעסטונגען three-dimensional

אוי'ס|מעסט|ן וו (אוי'סגעמאָסטן) measure *perf.*, survey (land); take full measure of, evaluate; go over in all directions; *fam. fig.* strike, cane, hit

|| ניט אוי'סצומעסטן immeasurable

אוי'ס|מעקל|ען = אוי'ס|מע'קלער|ן וו (–גע–ט) (broker/agent) sell, carry out a deal *perf.*

אוי'ס|מעק|ן וו (–גע–ט) erase, rub/cross out, eliminate

אוי'ס|משל|ען וו (–גע–ט) [MOShL] describe, explain; express/explain through a parable

אויסן[1] = אויס[2] דעם

אויסן[2] .1 אינוו : אויסן זײַן* אַק have in mind, get at; mean (to say)

|| אויסן זײַן* צו intend to

|| דאָ'ס איז ער אויסן that's what he has in mind

|| נישט דאָ'ס בין איך אויסן that's not my point, that's not what I'm getting at

|| איך בין גאָרנישט אויסן I have no ulterior motives

|| .2 אַדוו/קוו outside, externally

|| אויסן בלײַבן <פֿון> = אוי'סנ|בלײַב|ן be left out (of)

|| אויסן לאָזן <פֿון> = אוי'סנ|לאָז|ן omit, leave out (of)

אוי'ס|נאָג|ן וו (–גע–ט) suck/gnaw out *perf.*; sap, drain (strength), *fig.* eat at (soul, heart)

אויסנאָם[1] דער (ען) exception

אוי'סנאָם–[2]... emergency; exceptional

|| אויסנאָם־צושטאַנד state of emergency

|| אויסנאַם־שטײַער special tax

אוי'ס|נאַר|ן וו (–גע–ט) <בײַ> obtain by fraud/ruse (from); cheat (s.o.) of

אוי'סנ|בלײַב|ן וו (איז אוי'סנגעבליבן) זע אויסן[2] 2.

אוי'סנווייניק 1. אַדוו externally, outside; by heart

|| פֿון אויסנווייניק from the outside

|| פֿון/אויף אויסנווייניק by heart

|| 2. דער (ן) exterior, outside

אוי'סנווייניקסט אַדי–עפּי outside, external, exterior

אוי'סנ|נוצ|ן וו (–גע–ט) זע אויסניצן

אוי'ס|ניגונ|ען וו (–גע–ט) [NIG·N] hum; *lit.* express through song

אוי'ס|ניוכע|ן וו (–גע–ט) [Ny] sniff out *perf.*; ferret out, uncover

אוי'ס|נייג|ן וו (–גע–ט) incline, bend, lean; tip back (glass to empty it)

אוי'סנייזונג די (ען) embezzlement

אוי'ס|נייז|ן וו (–גע–ט) embezzle; plunder

אוי'סנייזער דער (ס) פֿעמ קע embezzler, swindler; profiteer, exploiter

אוי'סנייעכץ דאָס (ן) embroidery

אוי'ס|ניי|ען וו (–גע–ט) embroider *perf.*, sew *perf.*

אוי'סנייערין = אוי'סנייערקע די (ס) embroiderer (female)

אוי'ס|ני'כטער|ן (זיך) וו (–גע–ט) sober up *trans./intr.*

אוי'ס|ניס|ן זיך וו (אוי'סגענאָסן/–גע–ט) get one's fill of sneezing

אוי'ס|ניצ|ן וו (–גע–ט) utilize, make use of, exploit; use up, exhaust; exercise (right, power)

אוי'סניצער דער (ס) exploiter, profiteer

אוי'ס|ני'קער|ן וו (–גע–ט) eradicate, annihilate, destroy

אוי'סנ|לאָז|ן וו (–גע–ט) זע אויסן[2] 2.

אויסנעם דער (ען) exception; stipulation

אוי'סנעמיק אַדי/אַדוו exceptional, unusual

אוי'סנעמלעך אַדי/אַדוו exceptional

אוי'ס|נעמ|ען וו (אוי'סגענומען) <בײַ> be a big hit (with); remove the Torah scroll from the ark before the reading in the synagogue; win (lottery, card game); *Amer.* take out (on a date)

|| ניט אויסנעמען flop, fall flat

|| אויסנעמען (זיך) <בײַ/מיט> <אַז> extract a concession (from s.o.) (that)

|| אויסנעמען זיך run out, be used up, draw to a close

אוי'סנעמעניש דאָס (ן) stipulation

אוי'סנעמענס דאָס the act of taking the Torah scroll out of the synagogue ark; time period during which the scroll remains out for the Torah reading

אוי'ס|נעצ|ן וו (–גע–ט) wet/soak thoroughly *perf.*

אוי'ס|סאָרטיר|ן וו (–ט) sort (out), classify, arrange

אוי'ס|סדר|ן וו (–גע–ט) [SADER] organize, put in order, arrange

אוי'ס|סוויטשע|ן וו (–גע–ט) school, educate, train; teach s.o. about life

|| אויססוויטשען זיך improve oneself, become educated; gain experience

אוי'ס|סטאַרע|ן (זיך) וו (–גע–ט) obtain (through effort)

אוי'ס|סטיליזיר|ן וו (–ט) style; design

אוי'ס|סטראָ(נ)צל|ען זיך = אוי'ס|סטראָצ|ן זיך וו (–גע–ט) *often pejor.* dress up to the nines

אוי'ס|סטרוי'ע|(נע)ן וו (–גע–ט) build, erect *perf.*; install, set up; put in order, arrange in rows; tidy up, adorn

|| אויססטרויען זיך dress up to the nines

אוי'ס|סילוק|ן וו (–גע–ט) [SILEK] settle, pay (one's debts); give a piece of one's mind, scold

אוי'ס|סמאָטשקע|ן וו (–גע–ט) draw out (noisily) by sucking; *fig.* draw all possible profit from

אוי'ס|סמ|ען וו (–גע–ט) [SAM] kill by poisoning

אויסעט קוו זע אויס[1] 3.

אוי'ס|ע'נדיק|ן וו (–גע–ט) complete, finish, bring to completion

אוי'ס|ענצל|ען וו (–גע–ט) *neol.* classify, file, categorize

אוי'ס|עס|ן וו (אוי'סגעגעסן) eat out (leaving a hole); eat away, corrode

|| אויסעסן דאַט דאָס האַרץ/די גאַל torment, pester

אוי'ס|עצ|ן וו (–גע–ט) etch

אויסער פּרעפּ besides, except; outside of

|| אויסער דעם besides, moreover

|| אויסער זיך beside oneself, furious; stupefied

|| אויסער פּאָס שאָדן wishing no harm to

אוי'סעראָ'רדנטלעך אַדי extraordinary, special

אוי'סערגעוויי'נ(ט)לעך אַדי/אַדוו extraordinary, exceptional, out of the ordinary

אוי'סערלעך אַדי/אַדוו external, outward

אוי'סערן־מיניסטער דער (...אָרן) Minister of Foreign Affairs, Secretary of State

אוי'סערן־פּאָליטיק די foreign policy

אוי'סערשטאָטיש אַדי *neol.* suburban

אוי'ס|פּאַטש|ן וו (–גע–ט) slap the face of (repeatedly, as much as needed)

אוי'ס|פּאַטשקע|ן וו (–גע–ט) dirty, soil; botch, do sloppily

אוי'ס|פּאַ'למעס|ן וו (–גע–ט) perform an autopsy; thoroughly analyze, look for faults (in a theory, etc.)

אוי'ס|פּאָלע|ן וו (–גע–ט) weed (out) *perf.*

אוי'ס|פּאָ'מפּע(ווע)|ן וו (–גע–ט) drain by pumping out; copy (another student's work), crib *pop.*

אוי'ס|פּאַ'ק(עווע)|ן וו (–גע–ט) unpack

אוי'ס|פּאַרע|ן וו (–גע–ט) evaporate *trans./intr.*; steam *trans.*, steam-clean

|| אויספּאַרען זיך evaporate *intr.*; take a steambath

אוי'ס|פּאָרע|ן זיך וו (–גע–ט) manage, get through

אוי'ס|פּאַשע|ן וו (–גע–ט) fatten, feed

|| אויספּאַשען זיך put on weight

אוי'ס|פּגר|ן וו (איז –גע–ט) [PEYGER] (animals) die, die out

אוי'ס|פּו'דער|ן וו (–גע–ט) powder *perf.*, put makeup on

אוי'ס|פּויק|ן וו (–גע–ט) play/announce on a drum; divulge (a secret), spread (news)

אוי'ס|פּויש|ן וו (–גע–ט) puff out, bulge out

אוי'ס|פּועל|ן וו (–גע–ט) [POYEL] attain, accomplish, manage to achieve

|| אויספּועלן <בײַ> persuade (s.o.), obtain by persuasion (from)

אוי'ס|פּוצ|ן וו (–גע–ט) clean *perf.*, scrub; dress up *trans.*, adorn

|| אויספּוצן זיך dress up *intr.*, deck oneself out

אוי'ס|פּו'רקע|(נע)ן וו (–גע–ט) pick/poke out (with finger, sharp point, etc.)

אוי'ס|פּײַ'ניק|ן וו (–גע–ט) wear out/exhaust by torture or deprivation

אוי'ס|פּיק|ן וו (–גע–ט) peck out, crack by striking with the beak

|| אויספּיקן זיך (bird) hatch, emerge from its shell; come into existence, take shape, develop

אוי'ס|פּיש|ן זיך וו (–גע–ט) *pop.* piss/urinate completely

|| אויספּישן זיך אויף *vulg.* show contempt for

אוי'ס|פּלאָדיע|ן וו (–גע–ט) [Dy] *often pejor.* give birth to in large numbers, multiply

|| אויספּלאָדיען זיך (fish) spawn; multiply, breed, swarm

אוי'ס|פּלאַ'טשיק|ן וו (–גע–ט) flatten/level out

אוי'ס|פּלאָ'נטע(ר)|ן וו (–גע–ט) disentangle, untangle

אוי'ס|פּלאַניר|ן וו (–ט) זע אויספּלאַנעווען

אוי'ס|פּלאַ'נעווע|ן וו (–גע–ט) plan *perf.*; conceive/design (project)

אוי'ס|פּלאַפּל|ען וו (–גע–ט) blurt out; disclose inadvertently

אוי'ס|פּלאַצ|ן וו (–גע–ט) burst, explode *intr.*; break, shatter *trans.*

|| אויספּלאַצן מיט burst out with, burst out (...ing)

אוי'ס|פּלוי'דער|ן וו (–גע–ט) talk at random, babble foolishly

|| אויספּלוידערן זיך *pejor.* betray oneself, give oneself away; babble away, blurt out everything one knows

אוי'ס|פּלעט|ן[1] וו (אוי'סגעפּלעט) raffle off; draw lots, raffle

אוי'ס|פּלעט|ן[2] וו (אוי'סגעפּלעט'ט) iron/press *perf.*, smooth out

|| אויספּלעטן דאָט דעם מוח/די ביינער [MOYEKh] beat with a heavy object, beat up

אוי'ס|פּעכ|ן וו (–גע–ט) coat with tar/pitch

אוי'ס|פּענדזל|ען וו (–גע–ט) paint/coat (*esp.* the throat, with medication)

אוי'ס|פּעקל|ען וו (–גע–ט) unpack, display

|| אויספּעקלען זיך unpack one's merchandise; undress, strip to one's underwear; boast

אוי'ס|פּערל|ען וו (–גע–ט) polish (up), touch up, execute/work beautifully

אוי'ס|פּראַווע|ן וו (–גע–ט) fix, correct; prepare, equip (s.o.) *perf.*

אוי'ס|פּראַל|ן וו (–גע–ט) <מיט> resound; suddenly resound, burst into sound; exclaim loudly

אויספּרואוו דער (ן) זע אויספּרוּוו

אוי'ס|פּרוביר|ן וו (–ט) try, attempt; put to the test

אוי'ס|פּרוד(זש)|ען וו (–גע–ט) disinfect (garment), delouse by steaming

אויספּרוּוו דער (ן) trial, test; tryout, (real-life) experience

|| אויספּרוּוו אויף טרוקן dry run

|| אוי'ספּרוּוו־פּלי̇ער test pilot

אוי'ס|פּרוּוו|ן וו (–גע–ט) test, try (out), rehearse; put to the test

אוי'ס|פּרייע|ן וו (–גע–ט) sweat, become flushed; cook slowly over a low flame

אוי'ס|פּרינדל|ען = אוי'ס|פּרינדע|ן וו (–גע–ט) dress (up), adorn

אוי'ס|פּרעגל|ען וו (–גע–ט) fry *perf.*

אוי'ס|פּרעס|ן וו (–גע–ט) iron/press *perf.*; pressure, extort

|| **אויספּרעסן זיך** straighten out, get sorted out

|| **עס וועט זיך אויספּרעסן** everything will be all right

אויספֿאַל דער (ן) (milit.) sortie, sally

אוי'ספֿאָלגונג די <פֿון> compliance (with), fulfillment (of)

אוי'ס|פֿאָלג|ן וו (–גע–ט) execute, implement, fulfill; comply with, conform to

אוי'ס|פֿאַל|ן וו (איז אוי'סגעפֿאַלן) (snow) fall; (hair, teeth) fall out; (things) turn out (well/badly), result

|| **אויספֿאַלן** אום/אין/אַק fall on (date)

|| **אויספֿאַלן (אויף)** דאַט be the fate (of), fall (to)

|| **אויספֿאַלן צו** אינפֿ take it into one's head to, have the ridiculous idea to

|| **אויספֿאַלן** אומפּ דאַט **צו** אינפֿ occur to s.o. to

|| **ווי פֿאַלט דיר/אײַך אויס צו זאָגן...?** what got into you to say ...?

אוי'ס|פֿאַרב|ן וו (–גע–ט) paint *perf.*, color

אוי'ס|פֿאַ'רטיק|ן וו (–גע–ט) complete, make ready, put the finishing touch on

|| **אויספֿאַרטיקן זיך** finish making preparations, get ready

אוי'ס|פֿאָרמיר|ן וו (–ט) form *perf.*, fashion, shape

אוי'ס|פֿאָרמעווע|ן וו (–גע–ט) **זע אויספֿאָרמירן**

אוי'ס|פֿאָר|ן וו (איז אוי'סגעפֿאָרן) אַק travel through all of

אוי'ס|פֿאַרצ|ן (זיך) וו (–גע–ט) *vulg.* fart

אויספֿאַרקויף דער (ן) (clearance) sale

אויספֿאַרקויפֿט אַדי sold out; out of print

אוי'ס|פֿאַרקויפֿ|ן וו (–ט) sell out, close out, liquidate (merchandise)

אוי'ס|פֿאַרריכט|ן וו (אוי'ספֿאַרריכט) mend, repair *perf.*; correct/rectify *perf.*

|| **אויספֿאַרריכטן זיך** return to health, get one's strength back

אויספֿאָרשונג די (ען) inquiry, investigation; exploration, research

אוי'ס|פֿאַרשטיי|ן* זיך וו (אוי'ספֿאַרשטאַנען) **אויף** be well versed in; know (s.o.) thoroughly

אוי'ס|פֿאָרש|ן וו (–גע–ט) study *perf.*, investigate, examine; interrogate; inquire into; explore

אוי'ספֿאָרשער דער (ס) פֿעמ ין independent investigator, examining magistrate

אוי'ס|פֿו'טער|ן = אוי'ס|פֿו'טרעווע|ן וו (–גע–ט) line with fur

אוי'ס|פֿו'רעמ|ען וו (–גע–ט) form, mold, fashion *perf.*

אוי'ס|פֿיאָ'קעווע|ן זיך וו (–גע–ט) *often pejor.* dress gaudily, garishly

אוי'ס|פֿי'בער|ן וו (–גע–ט) *lit.* experience/bring about (stg.) while in a feverish state

אוי'ס|פֿידל|ען וו (–גע–ט) play (to the end) on a violin; *hum.* finish a case/matter (well/badly)

אוי'ס|פֿײַל|ן וו (–גע–ט) shape with a file, polish

אוי'ס|פֿײַנ|ען זיך וו (–גע–ט) swagger, show off *intr.*; put one's best foot forward

|| **אויספֿײַנען זיך מיט** show off *trans.*, brag about

אוי'ספֿײַנער דער (ס) פֿעמ **קע** show-off, braggart

אויספֿײַנערײַ' דאָס ostentation

אוי'ספֿײַנעריש אַדי boastful, ostentatious

אוי'ס|פֿײַ'נער|ן וו (–גע–ט) improve, perfect, refine, beautify

אוי'ס|פֿײַפֿ|ן וו (–גע–ט) jeer/hiss at, deride; (mus.) perform by whistling

אוי'ס|פֿיל|ן וו (–גע–ט) fill in (gap) *perf.*; carry out (instructions, order), fulfill

אוי'ס|פֿי'לצ(עווע)|ן וו (–גע–ט) worm out of (s.o.)

אוי'ס|פֿי'נגער|ן וו (–גע–ט) play *trans.* (on an instrument with a fingerboard/holes)

אויספֿיר[1] דער (ן) conclusion, deduction, inference

|| **קומ|ען צום אויספֿיר אַז** come to the conclusion that

|| **פֿ״גל אויספֿירונג**

אוי'ספֿיר־[2]... executive-...

|| **אויספֿיר־באַאַמט|ער** executive, manager, director

|| **אויספֿירמאַכט** executive power

אוי'ספֿירונג די (ען) execution, performance, application; *(theat., mus.)* performance, interpretation

אוי'ספֿירלעך אַדי/אַדוו exhaustive, detailed; feasible, workable

אוי'ס|פֿיר|ן וו (–גע–ט) execute, carry out, see through, accomplish; *(theat., mus.)* perform, interpret; conclude, draw a conclusion; succeed, prevail, achieve one's goal; hatch (bird, chick); extricate from trouble

|| אויספֿירן מײַנס/דײַנס/... have my/your/... way

|| אויספֿירן פּאָס/אַ וועלט be successful in life

|| אויספֿירן <בײַ> convince (s.o.), obtain/get (from s.o.)

|| ניט לאָזן אויספֿירן frustrate, hamper

אוי'ספֿירער דער (ס) פֿעמ ין performer, player

אוי'ס|פֿישן וו (–גע–ט) *fig.* detect, fish out

אויספֿלאַם דער (ען) blast/burst of flame

אוי'ס|פֿלאַ'סטערן וו (–גע–ט) <מיט> (re)cover (with), upholster (with); pave (with)

אוי'ס|פֿלאַ'קערן וו (–גע–ט) (fire, fuel) flicker, burn out *intr.*

אוי'ס|פֿליאַ'דרעווען וו (–גע–ט) worm out (a secret); dupe, gull, take in

אוי'ס|פֿלי|ען וו (איז אוי'סגעפֿלויגן) אַק fly over, cover (area) by flying

אוי'ס|פֿליקן וו (–גע–ט) pluck/tear out *perf.* (with the fingers)

|| אויספֿליקן פֿע'דערן pluck the downy barbs from feathers

אוי'ס|פֿלעכטן וו (אוי'סגעפֿלאָכטן/אוי'סגעפֿלעכט) braid/plait *perf.*

אויספֿעל דער (ן) shortage, lack, scarcity

אוי'ס|פֿעלן וו (–גע–ט) <דאַט> be missing, not there when needed; *rev.* lack, not have enough of, be short of

|| אויספֿעלן אומפּ be lacking, not be enough of

|| עס פֿעלט אויס פֿאָדעם there isn't enough thread

|| אויספֿעלן אַק avoid, dodge

|| אויספֿעלן זיך fail to meet, miss each other

אוי'ס|פֿראַ'נטעווען זיך וו (–גע–ט) (man) dress to the nines, dress like a fop or dandy

אוי'ס|פֿרירן וו (אוי'סגעפֿרוירן/אוי'סגעפֿראָרן) freeze thoroughly *intr.*

אויספֿרעג דער (ן) (opinion) poll/survey; inquiry, investigation

|| פֿ״גל אויספֿרעגונג

אוי'ספֿרעגונג די (ען) (oral/written) debriefing; interrogation

אוי'ס|פֿרעגן וו (–גע–ט) interrogate, question, debrief

|| אויספֿרעגן זיך אויף/פֿון ask for news of

אוי'ס|פֿרעסן וו (אוי'סגעפֿרעסן) (moths, chemicals, etc.) eat away at, make holes in

אויסצאָל דער (ן) disbursement, payment

|| אויף אויסצאָל on credit, on the installment plan

אוי'סצאָלונג די (ען) disbursement, payout

אוי'ס|צאָלן וו (–גע–ט) pay, settle up; pay in installments; disburse, lay out (money)

|| ניט אויסצאָלן default (on a loan, etc.)

|| אויסצאָלן זיך (business) cover costs, be profitable

|| אויסצאָלן זיך <פֿאַר/פֿון> pay (s.o.) back (for), reimburse (s.o.) (for)

|| איך קען זיך ניט אויסצאָלן פֿאַר/פֿון אים no matter what I do, he still thinks I owe him a favor

אוי'סצאָלפּלאַן דער (...פּלענער) installment plan

אוי'ס|צאַנקען וו (–גע–ט) become extinguished slowly

אוי'ס|צאַפּן וו (–גע–ט) tap, draw off (liquids); deplete (money, strength, etc.) completely *perf.*

אוי'ס|צאַ'צקעווען = אוי'ס|צאַ'צקע|(נע)ן וו (–גע–ט) perfect, craft meticulously; adorn profusely

אויסצוג דער (ן) extract, excerpt; bank statement

אוי'ס|צוואָגן וו (אוי'סגעצוואָגן) אַק wash the hair of; *fig.* chew s.o. out, give s.o. a talking to

|| אויסצוואָגן דאַט די האָר wash the hair of

אוי'ס|צופּן וו (–גע–ט) pull out, pluck out (hair, thread); pluck out hairs one by one

אוי'ס|צוקן וו (–גע–ט) זע אויסציקלען

אוי'ס|ציזעלירן וו (–ט) chisel, chisel out *perf.*, engrave

אוי'ס|צײַ'טיקן וו (–גע–ט) make ripe, bring to maturity

|| אויסצײַטיקן זיך ripen, mature, develop fully

אוי'סצייכענונג די (ען) (honorary) distinction, award; prize (e.g. from judges of an exhibition)

אוי'ס|צייכ(ע)נ|ען וו (–גע–ט) draw, sketch *perf.*; confer award to, award medal to

|| אויסצייכענען זיך <אין> excel (at), distinguish oneself (at)

|| אויסצייכענען זיך מיט distinguish oneself by

אוי'ס|ציילן וו (–גע–ט) count *perf.*

|| אויסציילן דאַט אַק pay s.o. (a sum), settle (an account) with s.o.

|| ער האָט אים אויסגעציילט דעם נדן [NADN] he paid him the full amount of the dowry

אוי'ס|צי|ען וו (אוי'סגעצויגן) draw out; stretch, elongate, extend; extract; draw (in lottery)

|| אויסציִען זיך — stretch/spread out; tumble, fall to the ground

|| אויסציִען די פֿיס/לאַפּעס/קאָ'פּיטעס — die, give up the ghost

|| אויסציִען זיך פֿאַר אַ גראָשן — struggle to make ends meet

אוי'ס|ציקל|ען וו (–גע–ט) — draw/write/sing with flourishes

אוי'ס|ציר|ן וו (–גע–ט) <אין> — adorn, decorate *perf.* (with)

אוי'סצערונג די — weight loss, emaciation; consumption, tuberculosis

אוי'ס|צער|ן וו (–גע–ט) — emaciate, waste away

אוי'ס|קאָווע|ן וו (–גע–ט) — forge (shape metal) *perf.*; shoe (horse) *perf.*

אוי'ס|קאַטאַלאָגיר|ן וו (–ט) — catalog *perf.*

אוי'ס|קאַטשע|ן וו (–גע–ט) — roll out (dough) *perf.*

|| אויסקאַטשען אין — roll/drag (stg./s.o.) in

|| אויסקאַטשען זיך — roll, wallow

אוי'ס|קאָכ|ן וו (–גע–ט) — cook *trans., perf.*; (water) boil off

|| אויסקאָכן (בײַ) דאַט (דאָס) וואַסער — *fam.* provoke beyond endurance

אוי'ס|קאָמאַ'נדעווע|ן וו (–גע–ט) — order, issue (an order to)

אוי'ס|קאָמבינער|ן וו (–ט) — devise, contrive

אוי'ס|קאַמ|ען וו (–גע–ט) — comb out *perf.*

אוי'ס|קאָמפּאָניר|ן וו (–ט) — (mus.) compose *perf.*

אוי'ס|קאָנקוריר|ן וו (–ט) אַק — (rival/competitor) supplant/win out over; outbid

אוי'ס|קאָפּע|ן וו (–גע–ט) — dig out *perf.*; dig up, disinter

אוי'ס|קאַק|ן וו (–גע–ט) — *vulg.* excrete via the anus, shit out

|| אויסקאַקן זיך — relieve oneself, move one's bowels; (finally) get moving

|| אויסקאַקן זיך אויף — dump on, look down on

אוי'ס|קאָ'רטשעווע|ן וו (–גע–ט) — clear land of stumps; pull up by the roots, root out

אוי'ס|קאָרענייע|ן = **אוי'ס|קאָרעניע|ן** וו [Ny] זע אויסקאָרעניִען

אוי'ס|קאָרעניִע|ן וו (–גע–ט) — eradicate, root out, extirpate; *fig.* curse/scold vehemently

אוי'ס|קאָ'שפּער|ן וו (–גע–ט) <בײַ> — dig up, unearth; swindle, worm out (of)

אוי'ס|קוויטשע|ן וו (–גע–ט) — let out a squeak/shriek

אוי'ס|קוועטש|ן וו (–גע–ט) — squeeze out; extort

|| אויסקוועטשן זיך — speak/act after long hesitation

אוי'ס|קוי'לע|(נע)ן וו (–גע–ט) — exterminate/slaughter (to the last)

אוי'סקויפֿגעלט דאָס (ער) — ransom

אוי'ס|קויפֿ|ן וו (–גע–ט) — buy up, buy out; ransom, redeem

|| אויסקויפֿן זיך <פֿון> — atone (for); bribe/buy one's way out (of); repay

|| ניט קענ|ען* זיך אויסקויפֿן פֿון — remain indebted to s.o. (despite all efforts)

אוי'ס|קויקל|ען וו (–גע–ט) זע אויסקײַקלען

אויסקום דער — minimal livelihood, sustenance

אוי'ס|קומ|ען וו (איז אוי'סגעקומען) — amount to, result in, come to; seem, appear; be placed/located, find oneself; return to Judaism

|| אויסקומען <מיט> — cope/manage with; get along (with); make ends meet

|| אויסקומען אָן — do without, dispense with

|| אויסקומען אומפּ <דאַט> צו — *rev.* happen to, have the occasion to

|| אויב עס קומט דיר אויס זי צו זען — if you should happen to see her

אוי'סקומעניש דאָס — livelihood, subsistence, sustenance

|| האָב|ן* פּאָס אויסקומעניש — make a living

|| האָב|ן* פּאָס (ערלעך/ביטער) אויסקומעניש — *iron.* get what's coming to one

אויסקוק דער (ן) — outlook, hope, prospect

|| אָן אַן אויסקוק — hopeless

אוי'ס|קוק|ן וו (–גע–ט) <ווי> — appear, seem, look like; watch, scrutinize, spy, pry; discover, find; wait impatiently

|| אויסקוקן זיך די אויגן — keep watching, keep looking for

|| מע קוקט דיך אויס! — *iron.* you're just who we were looking for!

אוי'סקוקער דער (ס) — scout, lookout; spy

אוי'ס|קוריר|ן וו (–ט) — cure, heal *trans., perf.*

אוי'ס|קוש|ן וו (–גע–ט) — kiss all over; kiss (people) one by one; *lit.* kiss away, remove (tears, etc.) with kisses

אוי'ס|קײַל|ן וו (–גע–ט) — massacre, slaughter (a large group); beat (up), clobber

אוי'ס|קײַקל|ען וו (–גע–ט) <אין> — roll around (in); make ill, destroy

אוי'ס|קיל|ן וו (–גע–ט) — cool (thoroughly), chill *trans.*

|| אויסקילן זיך — *also* calm down, cool off

אוי'ס|קינצל|ען וו (–גע–ט) — execute artistically; arrange artfully

אוי'ס|קי'רעווע|ן וו (–גע–ט) זע אויסקערעווען

אוי'ס|קלאַפּ|ן וו (–גע–ט) beat (laundry, carpet); mint (coins); thresh (grain); beat out (rhythm); type (on a typewriter/computer) *perf.*

אוי'ס|קלאָר|ן וו (–גע–ט) clarify, elucidate

אוי'ס|קליב|ן וו (אוי'סגעקליבן) **זע** אויסקלײַבן

אויסקלײַב[1] דער (ן) choice, variety, option

אוי'סקלײַב-[2]... elective; optional

אוי'ס|קלײַב|ן וו (אוי'סגעקליבן) select, choose, pick *perf.*

|| אויסקלײַבן פֿאַר choose as (spouse/partner/friend), elect as

|| אויסקלײַבן זיך <צו> decide/get around at last (to)

אוי'ס|קלייד|ן וו (–גע–ט) clothe *perf.*, dress up (from head to toe)

אוי'ס|קלינג|ען וו (אוי'סגעקלונגען) ring out

אוי'ס|קלעפּ|ן וו (–גע–ט) cover (with wallpaper, etc.); mortar/plaster/putty over *perf.*; shape, mold

אויסקלער דער (ן) figment of the imagination

אוי'ס|קלער|ן וו (–גע–ט) think up, devise, invent; concoct, hatch/weave (plot)

|| פֿ"גל אויסקלאָרן

אוי'ס|קנאַק|ן וו (–גע–ט) fire/discharge (shot)

|| אויסקנאַקן (זיך) די פֿינגער/ביינער crack one's knuckles, stretch one's legs

אוי'ס|קנייטש|ן וו (–גע–ט) make/shape by folding, fold up, pleat; smooth (out), unwrinkle

אוי'ס|קנײַפּ|ן וו (–גע–ט) pull out *perf.* (with the fingers) , pinch repeatedly

אוי'ס|קנעט|ן וו (אוי'סגעקנאָטן) knead *perf.*; mold, shape, form

אוי'ס|קעמ|ען וו (–גע–ט) **זע** אויסקאַמען

אוי'ס|קעמפּ|ן וו (–גע–ט) obtain/win after a hard-fought struggle

אוי'ס|קענ|ען* זיך וו (–גע–ט) אין/אויף be well acquainted with

אויסקער דער turnover, volume

אוי'סקערברייט די (ן) *neol.* leeway, room to maneuver

אוי'ס|קער|ן וו (–גע–ט) sweep up/out *perf.*; turn (garment) inside out; turn *trans.* (to the right/left); overturn

|| אויסקערן זיך <צו> turn *intr.* (toward)

אוי'ס|קע'רעווע|ן וו (–גע–ט) turn/pivot *trans.* (right or left); turn (garment) inside out

|| אויסקערעווען זיך turn (around) *intr.*; become a turncoat, sell out; manage to get by, pull through in the end

אוי'ס|קראַצ|ן וו (–גע–ט) scratch/scrape out, erase; *fam.* dig up, obtain (with difficulty)

|| אויסקראַצן זיך <(צו) אינפֿ> *hum.* finally decide (to)

אוי'ס|קריי|ען וו (–גע–ט) cry cock-a-doodle-do; say in a triumphant tone of voice, crow

אוי'ס|קריכ|ן וו (איז אוי'סגעקראָכן) (hair) fall out; wear out/thin, become threadbare; crawl all around (an area)

אוי'ס|קרימ|ען (זיך) וו (–גע–ט) twist, warp *trans./intr.*

אוי'ס|קריסטאַליזיר|ן וו (–ט) crystallize *trans.*, *fig.*

אוי'ס|קריצ|ן וו (–גע–ט) engrave *perf.*

אוי'ס|קרענק|ען וו (–גע–ט) *fam.* spend (all of one's) money on medical treatment; pay a price/suffer for past pleasures

אוי'סראָטונג די (ען) extermination

אוי'ס|ראָט|ן וו (אוי'סגעראָטן) exterminate; eradicate

אוי'ס|ראַמ|ען וו (–גע–ט) clean/sweep out; clear (away), empty

אוי'ס|רובריקיר|ן וו (–ט) classify, file

אוי'ס|רוי'כער|ן וו (–גע–ט) **זע** אויסרייכערן

אוי'ס|רוימ|ען וו (–גע–ט) **זע** אויסראַמען

אוי'ס|רו|ען וו (–גע–ט) rest (one's limbs, etc.), let rest

|| אויסרוען זיך rest *intr.*, take a rest

אויסרוף דער (ן) exclamation, proclamation; roll-call

אוי'סרופֿוואָרט דאָס (...ווערטער) interjection

אוי'ס|רופֿ|ן וו (אוי'סגערופֿן) cry/call out, exclaim; proclaim, announce; call the roll (of)

אוי'סרופֿער דער (ס) (town) crier, announcer

אוי'סרוף־צייכן דער (ס) exclamation point

אוי'ס|רײַב|ן וו (אוי'סגעריבן) wear out; rub, scrub *perf.*; create by rubbing (callous, hole)

|| אויסרײַבן זיך *also* become sharper/more experienced

אויסרייד דער (ן) reproach, reprimand, reproof; pretext

|| פֿ"גל אויסריידעניש

אוי'ס|רייד|ן וו (אוי'סגערעדט) **זע** אויסרעדן

אוי'סריידעניש דאָס (ן) *Jew.* exegetical explanation

אוי'ס|רייכער|ן וו (–גע–ט) smoke *trans.*, *perf.*; smoke (a lot); fumigate (room, etc.); smoke out (vermin); *fig.* eliminate

אוי'ס|ריי'ניק|ן וו (–גע–ט) clean *perf.*; purge, purify

אוי'ס|רײַס|ן וו (אוי'סגעריסן) tear/pull out *perf.*; *fig.* scold

|| אויסרײַסן זיך *also* break/burst out

|| פֿ״גל אויסגעריסן ווערן

אוי'סרײַסעניש דאָס (ן) calamity, misfortune; remote/inhospitable spot

אוי'ס|ריי|ען וו (–גע–ט) line up, align

אויסריכט דער (ן) outfit; equipment, gear

אוי'סריכטונג די (ען) equipment

אוי'ס|ריכט|ן וו (אוי'סגעריכט/אוי'סגעראָכטן) equip; furnish/provide a trousseau for (bride, etc.); prepare, arrange

|| אויסריכטן (אין וועג אַרײַ'ן) equip/prepare for a journey; dispatch, send off

|| אויסריכטן זיך אַק bring (happiness/misfortune) on oneself

אוי'ס|רי'כטעווע|ן וו (–גע–ט) equip; arrange, dispose

אוי'ס|רינ|ען וו (איז אוי'סגערונען) run/trickle out *perf.*, leak out to the last drop; *fig.* evaporate, vanish, disappear

אויסרעד דער (ן) reproach, reprimand; pretext, excuse

אוי'ס|רעד|ן וו (–גע–ט) pronounce (word, sound); express, utter; relate, narrate, tell; rebuke, reprimand, scold; *Jew.* interrupt prayers (with secular matters)

|| אויסרעדן אַ וואָרט מיט chat a little with

|| אויסרעדן זיך פֿאַר confide in/to, open up to

|| אויסרעדן דאַט דאָס האַרץ console, comfort

|| פֿ״גל ברחל בתּך הקטנה

אוי'סרעדעניש דאָס (ן) **זע** אויסריידעניש

אוי'סרעכענונג די (ען) calculation, plan

אוי'ס|רע'כענ|ען וו (–גע–ט) calculate, assess *perf.*; enumerate, list; plan (ahead), anticipate

אוי'ס|רעפּעטיר|ן וו (–ט) (theat.) rehearse *perf.*

אוי'ס|שאָב|ן וו (אוי'סגעשאָבן) scrape/scoop out

אויסשאָס דער (ן) blast, report, firing

אוי'ס|שאָקל|ען וו (–גע–ט) shake clean; shake out, drop by shaking; eliminate, remove; *fig.* go over with a fine-tooth comb

|| אויסשאָקלען אַק פֿון אַרבל surpass, be superior to

אוי'ס|שאַרפֿ|ן וו (–גע–ט) sharpen *perf.*

אוי'ס|שגצ|ן וו (–גע–ט) [ShEYGETS] **זע** אויסשייגעצן

אוי'ס|שווײַג|ן וו (אוי'סגעשוויגן) <אַק> *lit.* endure silently; be speechless with (emotion)

אוי'ס|שווימ|ען וו (איז אוי'סגעשווומען) emerge, rise (out of the water); swim all around (an area)

אוי'ס|שווינדל|ען וו (–גע–ט) obtain stg. from s.o. by fraud/swindle

אוי'ס|שוויצ|ן וו (–גע–ט) sweat out, exude; obtain by the sweat of one's brow

אוי'ס|שווענק|ען וו (–גע–ט) rinse *perf.*

אוי'ס|שוכ|ן וו (–גע–ט) provide with shoes

אוי'סשול־... educational, instructional; training

אוי'סשולונג די training, schooling, instruction

אוי'ס|שול|ן וו (–גע–ט) train, instruct, educate *perf.*

אוי'סשטאַטונג די (ען) equipment; outfit, accessories

אוי'ס|שטאַט|ן וו (אוי'סגעשטאַט) equip; furnish, supply

אוי'ס|שטאַליר|ן זיך וו (–גע–ט) stabilize, take final form

אוי'ס|שטאַמל|ען וו (–גע–ט) stammer out *trans., perf.*

אוי'ס|שטאָפּ|ן וו (–גע–ט) <מיט> stuff (with) *perf.*

אוי'סשטאָפּער דער (ס) taxidermist

אוי'סשטאַפֿירונג די (ען) equipment, gear; bride's outfit, trousseau

אוי'ס|שטאַפֿיר|ן וו (–ט) <מיט> set up, equip (with)

אויסשטאַרב דער extinction, dying out

אוי'ס|שטאַרב|ן וו (איז אוי'סגעשטאָרבן) become extinct, die out; die off one by one

אוי'ס|שטודיר|ן וו (אוי'ס(גע)שטודירט) learn/study thoroughly; finish the study (of)

|| אויסשטודירן דאָקטער qualify as a doctor

אוי'ס|שטויב|ן וו (–גע–ט) dust

אוי'ס|שטו'קעווע|ן וו (–גע–ט) (fash.) sew together (a garment, etc.) from odds and ends; patch (stg.) together

אוי'ס|שטײַג|ן .1 וו (איז אוי'סגעשטיגן) debark, get off or out of (boat, train, etc.)

|| .2 וו (אוי'סגעשטיגן/–גע–ט) outbid; excel; surpass/outperform s.o.

אוי'ס|שטיי|ן* .1 וו (איז אוי'סגעשטאַנען) אַק bear, put up with, endure; remain standing until the end of; ripen *trans.*

|| .2 וו (אוי'סגעשטאַנען) ripen *trans.*

|| אויסשטיין זיך ripen *intr.*, (wine, cheese) age; (symptom) disappear by itself

אוי'סשטײַער דער (ן) trousseau; equipment, gear, outfit

אוי'ס|שטײַ'ער|ן וו (–גע–ט) fit out (bride), equip (s.o.)

אוי'סשטימלעך אַדי *neol.* compatible

אוי'ס|שטימ|ען וו (–גע–ט) <מיט> reconcile (with), bring into accord (with); integrate, assimilate

אוי'ס|שטיק|ן[1] וו (–גע–ט) embroider *perf.*

אוי'ס|שטיק|ן[2] וו (–גע–ט) suffocate (a large number), kill off one by one

אוי'ס|שטעכ|ן וו (אוי'סגעשטאָכן) put/gouge out (eye); put to the sword; engrave, carve out

|| אויסשטעכן <דאַט> די אויגן *also* harass (s.o.) with reproaches/complaints

|| אויסשטעכן זיך די ציין pick one's teeth

אוי'ס|שטע'כעווע|ן וו (–גע–ט) exchange, barter *perf.*

אויסשטעל דער (ן) exhibit, display; layout, arrangement; page design/layout

אוי'סשטעלונג די (ען) exhibition, show, exposition

אוי'סשטעלזאַל דער (ן) exhibition hall, showroom, gallery

אוי'ס|שטעל|ן וו (–גע–ט) arrange, lay out, group; show, exhibit, display; hold out/extend (hand, etc.); fill out (form), make out (check), draw up (bill, etc.)

|| אויסשטעלן <אויף> expose (to), subject (to)

|| אויסשטעלן די אויגן fix one's eyes, stare

|| אויסשטעלן מויל/נאָז און אוי'ערן be all ears, pay close attention

|| אויסשטעלן זיך מיט flaunt, show off

אויסשטעלערײַ' דאָס ostentation, boastfulness

אוי'סשטעלעריש אַדי ostentatious, boastful

אוי'ס|שטערנ|ען זיך וו (–גע–ט) (night, sky) become starry

אוי'סשטראַלונג די (ען) radiation

אוי'ס|שטראַל|ן וו (–גע–ט) radiate, glow

אוי'ס|שטראָצל|ען זיך = אוי'ס|שטראָצ|ן זיך וו (–גע–ט) זע אויססטראָנצלען זיך

אוי'ס|שטרײַכ|ן וו (–גע–ט/אוי'סגעשטראָכן) cross out, strike out

אוי'ס|שטריכל|ען וו (–גע–ט) cross out, strike out; cross-hatch

אוי'ס|שטריק|ן וו (–גע–ט) knit *perf.*

אוי'ס|שטרעק|ן וו (–גע–ט) extend, stretch (out), elongate

|| אויסשטרעקן זיך stretch out *intr.*, lie down

|| אויסשטרעקן זיך פֿאַר throw oneself at the feet of; bend over backwards to get

אוי'ס|שטשירע|ן וו (–גע–ט) show/bare (teeth); open (eyes) wide, glare

אוי'ס|שטשערבע|ן וו (–גע–ט) notch, indent; chap, crack (lips, etc.)

אויסשיט דער (ן) rash, skin eruption

אוי'ס|שיט|ן וו (אוי'סגעשאָטן/אוי'סגעשיט) pour out *perf.*, empty, spill/scatter *trans.* (sand, salt, etc.)

|| אויסשיטן מיט cover (ground) with

|| אויסשיטן זיך spill, spread *intr.*; disperse, scatter, crop up here and there; (rash) break out

אוי'ס|שיי'געצ|ן וו (–גע–ט) *fam.* scold, dress down, berate

אויסשייד דער (ן) secretion (substance)

אוי'סשיידונג די (ען) secretion

אוי'ס|שייד|ן וו (–גע–ט) secrete; separate, distinguish

אוי'ס|שייל|ן וו (–גע–ט) peel/shell, detach, separate

|| אויסשיילן זיך *also* emerge, evolve

אוי'ס|שײַ'ער|ן וו (–גע–ט) scour, clean thoroughly

אוי'ס|שיס|ן וו (אוי'סגעשאָסן) burst, explode, go off; shoot, fire *intr., perf.*; shoot (a large number), shoot one by one; say out of the blue, blurt out

|| אויסשיסן (מיט) אַ געלעכטער burst out laughing

|| אויסשיסן (מיט) אַ געוויין burst into tears

|| אויסשיסן פֿון fire, discharge *trans.*

אויסשלאָג דער (ן) (skin) eruption, rash

אוי'ס|שלאָג|ן וו (אוי'סגעשלאָגן) knock out; (clock) strike, sound (the hours); make sparks fly; hammer out, fashion; churn (butter); make (money), earn; (sweat, rash) break out

|| אויסשלאָגן (זיך) די הוצאָות [HETSOES] cover one's expenses

|| אויסשלאָגן אַ קני ערד בײַ crawl at the feet of s.o.

אוי'ס|שלאָפֿ|ן זיך וו (אוי'סגעשלאָפֿן) get enough sleep; *hum.* wake up *fig.* (to a realization), become realistic; stir/move finally

אוי'ס|שליי'ער|ן וו (–גע–ט) veil; dress carefully

אוי'ס|שלייפֿ|ן וו (–גע–ט) braid, pipe (buttonhole) *perf.*

אוי'ס|שלײַפֿ|ן וו (–גע–ט/אוי'סגעשליפֿן) whet, sharpen *perf.*; cut/polish *perf.* (stone, crystal)

אוי'סשליסונג די (ען) exclusion

אוי'סשליסיק אַדי *neol.* exclusive

אוי'סשליסלעך אַדי/אַדוו exclusive

אוי'ס|שליס|ן וו (אוי'סגעשלאָסן) exclude, preclude; eliminate; disconnect, switch/turn off

אוי'סשליסער דער (ס) (electric) switch

אוי'ס|שמד|ן וו (–גע–ט) force (a number [ShMAD] of Jews) to convert to Christianity

|| אויסשמדן זיך convert (in large numbers) to Christianity

אוי'ס|שמועס|ן זיך וו (–גע–ט) have a long talk/discussion

אוי'ס|שמיד|ן וו (–גע–ט) forge (in a smithy) *perf.*, fashion; temper *fig.*, strengthen

אוי'ס|שמײַס|ן וו (אוי'סגעשמיסן) whip/flog *perf.*, punish

אוי'ס|שמיר|ן וו (–גע–ט) <מיט> smear *perf.* (with); grease/lubricate (with); dirty/besmirch (with)

אוי'ס|שמעק|ן וו (–גע–ט) smell, sniff out; ferret out

אויסשניט דער (ן) (newspaper) clipping; decolletage, low neckline; excision

אוי'סשנײַדונג די (ען) excision

אוי'ס|שנײַד|ן וו (אוי'סגעשניטן) <פֿון> cut/clip out (from); excise, remove

|| אויסשנײַדן זיך take shape, (child's teeth) cut through

אוי'ס|שנײַצ|ן וו (–גע–ט) blow (nose)

|| אויסשנײַצן (זיך) די נאָז blow one's nose

אוי'ס|שניצ|ן וו (–גע–ט) whittle, carve *perf.*

אוי'ס|שעכט|ן וו (אוי'סגעשאָכטן) slaughter (to the last); massacre

אוי'סשעפּונג די exhaustion

אוי'סשעפּיק אַדי exhaustive

אוי'ס|שעפּ|ן וו (–גע–ט) exhaust, deplete, empty

|| אויסשעפּן זיך wear oneself out; dry up, run out

אויסשער דער (ן) (newspaper) clipping

אוי'ס|שער|ן וו (אוי'סגעשוירן) clip/cut out *perf.* (paper, cloth)

אוי'ס|שפּאַליר|ן וו (–ט) wallpaper

אוי'ס|שפּאַנ|ען וו (–גע–ט) unharness, unhitch

אוי'ס|שפּאַר|ן וו (–גע–ט) dilate, distend; sweep aside

אוי'ס|שפּיאָניר|ן וו (–ט) spy out, discover by spying

אוי'ס|שפּיז|ן וו (–גע–ט) : אויסשפּיזן די אויגן give a dirty look, glare

אוי'ס|שפּײַ|ען וו (אוי'סגעשפּיגן) spit (out) *perf.*; spit on the ground (out of disgust, superstition)

|| קומ|ען צום אויסשפּײַען *fam.* arrive late, near the end

אוי'ס|שפּיל|ן וו (–גע–ט) (mus., theat.) play, interpret; play (cards); win (lottery, lawsuit); (wine) finish fermenting

אוי'ס|שפּינ|ען וו (–גע–ט/אוי'סגעשפּונען) spin *perf.* (thread); weave *perf.*; weave *fig.*, hatch, concoct

אוי'ס|שפּיצ|ן וו (–גע–ט) sharpen (to a point); plan/execute shrewdly

אויסשפּיר דער (milit.) intelligence

אוי'ס|שפּיר|ן וו (–גע–ט) ferret out, spot, track down; spy, reconnoiter

אוי'סשפּירער דער (ס) פֿעמ ין scout, explorer; spy

אויסשפּראַך[1] די (ן) *Germ.* pronunciation

אויסשפּראַך[2] דער (ן) (ling.) expression

אויסשפּרייט דער extension, spread; firmament

אוי'ס|שפּרייט|ן (זיך) וו (אוי'סגעשפּרייט) spread (out), expand *trans./intr.*

אוי'ס|שפּרינג|ען וו (איז/האָט אוי'סגעשפּרונגען) (disagreement) break out; (abscess) burst

אוי'ס|שפּריצ|ן וו (–גע–ט) spurt/squirt (out); spray (liquid/powder)

|| אויסשפּריצן מיט sprinkle/dust with

אוי'ס|שרויפֿ|ן וו (–גע–ט) unscrew; *fam.* break (limb)

אוי'ס|שרײַב|ן וו (אוי'סגעשריבן) write down (in detail); draw up (a document), make out (a check); subscribe to; order by mail, write away for; strike out/erase (from a list)

אוי'ס|שרײַ|ען וו (אוי'סגעשריגן) exclaim, cry out; proclaim/assert in a loud voice

אויע'זד דער (ן) *Slav.* (in Russia) district

אויעזדנע אַדי *Slav.* (in Russia) of a district

אויער דער/דאָס (ן) ear; handle (of a jug, kettle, etc.)

|| אויפֿן/אין אויער in the ear

|| ביז איבער די אויערן up to one's ears

|| אָ'נ|שטעל|ן די אויערן <אויף> prick up one's ears (at), listen carefully (to)

|| צו'|לייג|ן אַן אויער <צו> lend an ear (to)

|| או'נטער|שטעל|ן אַן אויער listen in

|| מאַכ|ן דאַט אַ וואַסער אין אויער make s.o. dizzy by talking (too much)

|| רײַס|ן דאָס אויער grate on the ears

|| לע'כערן <דאַט> די אויערן — talk too much/too loudly (to)

אוי'ערגרייך דער : אין אויערגרייך — *neol.* within earshot

אוי'ער־דעקל דאָס (עך) — earmuff

אוי'ערהאָן דער (...הענער) — grouse; large multi-colored bird in certain Jewish legends

אוי'ער־היטל דאָס (ען/עך) — cap with earflaps

אוי'ערוואַקס דער — earwax

אוי'ערל דאָס (עך) אויער דימ — *also* eye (needle), handle (of a cup, pot, etc.)

אוי'ער־לעפּל דאָס (עך) — earlobe

אוי'ערינג דער (ען) — (large) earring

אויפּס דאָס — fruit *coll.*

אויפּסן מצ — fruits, varieties of fruit

אויף **.1** אַדי–אַטר [UF] — up, awake

|| **.2** פּרעפּ [AF] — on; in (a language); at (function, event); by (unit of time, weight, etc.); for (expected duration, purpose); from (illness, diseased organ); toward(s)

|| אויף דער וואַנט — on the wall

|| אויף פֿראַנצייזיש — in(to) French

|| אויף אַ באַל — at a ball

|| באַצאָ'לט אויף דער שעה [ShO] — paid by the hour

|| אויף דער וואָג — by weight

|| אויף מאָרגן — for tomorrow/the next day

|| אויף אַ וואָך — for a week

|| קראַנק אויף גריפּע — sick with the flu

|| טויב אויף איין אויער — deaf in one ear

|| אויף מיזרח [MIZREKh] — to the east, eastward

|| אויף דער זון — in the sun

|| אויפֿן וועג — on the way, en route; by the side of the road

|| פֿון רעכטס אויף לינקס — from right to left

|| ביבליאָטעק אויפֿן נאָמען וולאַדימיר מעדעם — library named after Vladimir Medem

|| אויף צו — to, in order to

|| **.3** קוו [UF] — *meaning: a)* on, up; *b)* open by ...ing, un-; *c)* together, join by ...ing, con-; *d)* begin to, pick up and ...; *e)* re-

|| אוי'פֿ|בלאָז|ן — *a)* kindle, blow on (fire)

|| אוי'פֿ|לויפֿ|ן — *a)* swell (up)

|| אוי'פֿ|בינד|ן — *b)* untie, undo

|| אוי'פֿ|לאָז|ן — *b)* loosen, open (by loosening); unstitch

|| אוי'פֿ|רופֿ|ן — *c)* convoke, call together

|| אוי'פֿ|קלאַפּ|ן — *c)* assemble, put together

|| אוי'פֿ|פֿלאַמ|ען — *d)* flare up, catch fire

|| אוי'פֿ|צאַפּל|ען — *d)* start, be startled

|| אוי'פֿ|לעב|ן — *e)* revive, resuscitate

|| אוי'פֿ|פֿריש|ן — *e)* refresh

אויפֿאַנאָרטיק אַדי — instantaneous, on-the-spot

אוי'פֿ|אַ'קער|ן וו (–גע–ט) — plow a furrow in; plow *perf.*; dig up by plowing

אויפֿבוי דער — building, construction

אוי'פֿ|בוי|ען וו (–גע–ט) — build, construct *perf.*, erect (building, theory)

אוי'פֿ|בו'נטעווע|ן וו (–גע–ט) — incite to rebellion

אוי'פֿ|בינד|ן וו (אוי'פֿגעבונדן) — untie, loosen; tie together, fasten

|| פֿ״גל אויפֿגעבונדן ווערן

אויפֿבלאָז דער (ן) — gust (wind)

אוי'פֿ|בלאָז|ן וו (אוי'פֿגעבלאָזן) — blow up, inflate *trans., perf.*; kindle, blow on (fire); exaggerate

אויפֿבלי דער (ען) — bloom, flowering; revival; (econ.) expansion, boom, period of prosperity

אוי'פֿ|בלי|ען וו (–גע–ט) — blossom, flower; (begin to) prosper/flourish

אויפֿבליץ דער (ן) — flash (of light); epiphany, flash of insight

אוי'פֿ|בליצ|ן וו (–גע–ט) — flash, light up suddenly

|| אויפֿבליצן אומפּ — (lightning) flash/begin

אוי'פֿ|בלע'טער|ן וו (–גע–ט) — open (book), look for/find (passage)

אוי'פֿבלעכלער דער (ס) — *neol.* can opener

אוי'פֿ|בעט|ן וו (אוי'פֿגעבעט) — make (up) a bed

אויפֿבראָך דער (ן) — burglary, break-in

אויפֿברויז דער (ן) — excitement, turmoil

אוי'פֿ|ברויז|ן וו (–גע–ט) — begin to boil/effervesce; flare up, lose one's temper; be excited, cause to become excited

אוי'פֿ|בריל|ן וו (–גע–ט) — start to roar

אוי'פֿ|ברי|ען וו (–גע–ט) — boil *intr./trans.*; steep/brew (tea, etc.)

אוי'פֿ|ברעכ|ן וו (אוי'פֿגעבראָכן) — break open, break into

אוי'פֿברעכער דער (–/ס) — burglar, housebreaker

אוי'פֿ|ברענג|ען וו (–גע–ט/אוי'פֿגעבראַכט) — evoke, elicit; bring up, educate; bring together; *lit.* sacrifice (to God)

|| אויפֿברענגען <אויף> — irritate, make angry (at)

אויפֿגאָב דער (ן) — deposit, down payment

|| פֿ״גל אויפֿגאַבע

אוי'פֿגאַבע די (ס) (school) assignment/exercise; task, job

אוי'פֿגאַנג דער (ען) rise, rising; sunrise, moonrise etc.; appearance, emergence

אוי'פֿ|גיי|ן* וו (איז אוי'פֿגעגאַנגען) rise, ascend; (sun, moon, etc.) rise, come up; (dough) rise; grow, develop

אוי'פֿגייענדיק אַדי rising, (in the) ascendant

אוי'פֿגעבונדן ווער|ן וו (איז אוי'פֿגעבונדן געוואָרן) *lit.* give birth for the first time; *Jew.* (woman) be permitted to remarry

|| פֿ״גל **אויפֿבינדן**

אוי'פֿגעבלאָז·ן אַדי **אויפֿבלאָזן** פּאַרט swollen, inflated, blown up; false, putative; bombastic, pompous

אוי'פֿ|געב|ן* וו (אוי'פֿגעגעבן) serve (food); give up, relinquish; ship off (luggage, goods); propose

|| **אויפֿגעבן** <דאַט> אַק charge (s.o.) with a task

אוי'פֿגעבער דער (ס) *neol.* (radio, TV) transmitter

אוי'פֿגעבראַכט אַדי **אויפֿברענגען** פּאַרט incensed, enraged, angry

אוי'פֿגעהאָדערט אַדי erect, upright, vertical

אוי'פֿגעהויב·ן אַדי **אויפֿהייבן** פּאַרט aloft, high, raised; (mood, state of mind) elevated, uplifted

אוי'פֿגעהײַטערט אַדי **אויפֿהײַטערן** פּאַרט excited, cheerful

אוי'פֿגעטורעמט אַדי *lit.* towering, rising high

אוי'פֿגעטראָג·ן אַדי **אויפֿטראָגן** פּאַרט excited, on edge; swollen, puffy

|| **אויפֿגעטראָגן** <אויף> indignant/angry (at)

|| **אויפֿגעטראָגן מיט** on good/friendly terms with

אוי'פֿגעטראָגנקייט די indignation

אוי'פֿגעיויר·ן אַדי fermented, resulting from fermentation; *hum.* enlightened, up-to-date

אוי'פֿגעלאַף דאָס (ן) motley crowd; mob, throng

אוי'פֿגעלאָפֿ·ן אַדי **אויפֿלויפֿן** פּאַרט swollen, inflated

אוי'פֿגעלייגט אַדי **אויפֿלייגן** פּאַרט in a good mood, cheerful

|| **אויפֿגעלייגט צו** of a mind to, disposed to

אוי'פֿגעלעבט אַדי **אויפֿלעבן** פּאַרט revived, renewed; enlivened, cheered up

אוי'פֿגעפּוישט אַדי puffy; swollen, bulging

אוי'פֿגעפֿלאַמט אַדי **אויפֿפֿלאַמען** פּאַרט (face) flushed/reddened; excited

אוי'פֿגעקאָכט אַדי **אויפֿקאָכן** פּאַרט furious, exasperated, indignant

אוי'פֿגעקומען אַדי–עפּי **אויפֿקומען** פּאַרט newly rich, newly elevated

אוי'פֿגעקומענ|ער דער-דעק parvenu, upstart

אוי'פֿגעקלערט אַדי **אויפֿקלערן** פּאַרט enlightened, advocating/supporting the Enlightenment

אוי'פֿגעראַמט = אוי'פֿגערוימט אַדי set in order, cleaned, neat; in good spirits, cheerful

אוי'פֿגעריכט ווער|ן וו (איז אוי'פֿגעריכט געוואָרן) become prosperous; be restored/reestablished

|| פֿ״גל **אויפֿריכטן**

אוי'פֿגעריס·ן אַדי **אויפֿרײַסן** פּאַרט gaping, yawning, wide open

אוי'פֿגערעגט אַדי upset, irritated, on edge

אוי'פֿגעשטעלט אַדי **אויפֿשטעלן** פּאַרט up, erect, vertical

אוי'פֿגעשרויפֿט אַדי **אויפֿשרויפֿן** פּאַרט agitated, touchy

אוי'פֿ|גראָב|ן וו (אוי'פֿגעגראָבן) reopen (grave); dig up, exhume

אויף דאָס נײַ אַדוו זע (**אויף ס'**)**נײַ** .1

אוי'פֿדעקונג די (ען) discovery; unveiling (statue, gravestone)

אוי'פֿ|דעק|ן וו (–גע–ט) uncover, expose, reveal, discover; unveil (statue, gravestone, etc.)

אויף דער וואָך אַדוו זע (**אויף דער**) **וואָך**

אויפֿדערוואַ'ך דער (ן) *neol.* (state of) alert

אויף דערוי'ף אַדוו זע **דערויף**

אויפֿדערנאַ'כט דער (ן) evening

|| פֿ״גל (**אויף דער**) **נאַכט**[1]

אוי'פֿ|דריי|ען וו (–גע–ט) roll/coil up *trans., perf.*, twist together; open up (faucet, etc.) (by turning)

|| **אויפֿדרייען זיך** roll/coil up *intr.*

אוי'פֿ|האָ'דעווע|ן וו (–גע–ט) bring up, rear, raise (child, animal)

|| **אויפֿהאָדעווען זיך** be educated/raised, grow up

|| **אויפֿהאָדעווען זיך אויף** be nourished by

אוי'פֿ|האָ'דער|ן זיך וו (–גע–ט) straighten up *intr.*

אוי'פֿהאַלט דער (ן) support, material assistance; sustenance, keep; stay, sojourn; obstacle, hindrance

אוי'פֿהאַלטונג די upkeep, maintenance

אוי'פֿ|האַלט|ן וו (אוי'פֿגעהאַלטן) maintain, keep up; support, provide for; hinder, hold back

|| **אויפֿהאַלטן זיך** stay, sojourn; linger

אוי'פֿ|האַק|ן וו (–גע–ט) hack open; lance (boil), open (vein)

אוי'פֿ|האָרכן וו (–גע–ט) begin to listen, resume paying attention

אוי'פֿ|הויבן וו (אוי'פֿגעהויבן) זע **אויפֿהייבן**

אויפֿהיט דער protection (of natural resources, etc.); conservation

אוי'פֿ|היטן וו (אוי'פֿגעהיט) preserve, keep, save

|| **אויפֿהיטן זיך** take care of oneself, (foods) keep

אויפֿהייב דער (aviation) ascent, climb

אוי'פֿ|הייבן וו (אוי'פֿגעהויבן) raise (head, hand, etc.); lift, pick up; pick/take up from the ground; elevate, hoist

|| **אויפֿהייבן צו** bring up to, lift as far as

|| **אויפֿהייבן זיך** get up, stand up; rise up, revolt; (plane) take off; rise, ascend; leave, set off, get underway

|| **אויפֿהייבן זיך איבער** be above, place oneself over

אוי'פֿ|הײַ'טערן וו (–גע–ט) exhilarate, cheer up

אוי'פֿ|הילכן וו (–גע–ט) sound, resound (suddenly)

אוי'פֿ|העלן וו (–גע–ט) light up *intr.*, be illuminated

אוי'פֿ|הענגען וו (אוי'פֿגעהאָנגען) hang (up) *trans., perf.*, suspend; hang, execute by hanging

אוי'פֿהעצונג די (ען) incitement, provocation

|| **אויפֿהעצונג (צו בגידה)** [BGIDE] sedition, incitement to rebellion

אוי'פֿ|העצן וו (–גע–ט) אַק incite, inflame, stir up

אויפֿהער דער cessation, interruption

|| **אָן (אַן) אויפֿהער** continuously, without cease

אוי'פֿ|הערן וו (–גע–ט) cease, end *intr./trans.*

|| **אויפֿהערן (צו)** stop (doing)

אוי'פֿ|וואַכן וו (–גע–ט) awaken, wake up *intr.*

אוי'פֿ|וואַקסן וו (איז אוי'פֿגעוואַקסן) grow up, develop; come of age, become adult

אוי'פֿ|וואַרטן וו (אוי'פֿגעוואַרט) wait for; wait on, serve

אוי'פֿוואַרטער דער (ס) *dial.* high dish for serving cake, fruit etc. to guests

אוי'פֿ|וואַ'רעמען וו (–גע–ט) warm up

אויפֿוואָרף דער (ן) reproach, reproof, accusation

אוי'פֿ|וואַרפֿן וו (אוי'פֿגעוואָרפֿן) דאַט אַק reproach/blame s.o. for stg.; *fam.* smack/hit s.o.

אויפֿווייז דער (ן) instance, example, (ling.) occurrence; indication, proof, (piece of) evidence

אוי'פֿ|ווײַזן וו (אוי'פֿגעוויזן) prove, demonstrate, confirm, attest; show, exhibit

אוי'פֿ|וויקלען וו (–גע–ט) roll up, wrap up, enfold; unwrap/open (package), take out of an envelope; unwrap, unroll, unfurl

אוי'פֿ|וועלן וו (–גע–ט) bring (milk) to a boil, scald

אוי'פֿ|וועקן וו (–גע–ט) awaken, wake up *trans.*

אוי'פֿ|זאַמלען (זיך) וו (–גע–ט) gather, collect *trans./intr., perf.*

אויפֿזאַץ דער (ן) ornament, trim; composition, essay, article

אוי'פֿ|זוכן וו (–גע–ט) look up, find (by searching)

|| **אויפֿזוכן זיך** (lost item) turn up

אוי'פֿ|זיגלען וו (–גע–ט) unseal, open (sealed letter, bottle etc.)

אוי'פֿ|זידן וו (אוי'פֿגעזאָטן) boil *perf.*; flare up, fly into a rage; provoke (to anger), enrage

אוי'פֿ|זײַן* וו (אוי'פֿגעווען) stay up, remain awake

|| **אויפֿזײַן** <מיט> be in turmoil (over)

אויפֿזיכט די supervision; custody (of a minor)

אוי'פֿ|זינגען וו (אוי'פֿגעזונגען) strike up (song); *hum.* gouge, ask an inflated price

אוי'פֿ|זיצן וו (איז אוי'פֿגעזעסן) <אויף> mount (horse), ascend (throne), get on (vehicle); stay up (till late)

אויפֿזע דער charge, care, supervision

אוי'פֿ|זען* וו (אוי'פֿגעזען) superintend, supervise

אוי'פֿזעער דער (ס) פֿעמ ין foreman, overseer, supervisor, inspector

אוי'פֿ|זעצן וו (–גע–ט) seat, set in place; put into (a carriage), put onto (a horse)

|| **אויפֿזעצן זיך** sit up

|| **אויפֿזעצן זיך אויף** mount (horse); embark on, climb aboard

אוי'פֿזעצרינג דער (ען) stirrup

אוי'פֿ|חבֿרן זיך וו (–גע–ט) [KhAVER] befriend, become friends

אויפֿטאָג דער (ן) *lit.* dawn

אוי'פֿ|טאָגן וו (–גע–ט) *lit.* light up, brighten

|| **אויפֿטאָגן** אומפּ (begin to) dawn

אוי'פֿ|טאָן* וו (אוי'פֿגעטאָן) accomplish, achieve, carry out; invent, innovate; open (up)

אויפֿטו דער (ען) exploit, feat, accomplishment; idea, invention; innovation in exegesis (of sacred text)

אוי'פֿ|טויכן וו (–גע–ט) rise to the surface; emerge, appear suddenly

אוי'פֿטויִק אַדי effective, productive

אוי'פֿטויִקייט די effectiveness

אוי'פֿ|טון* וו (אוי'פֿגעטאָן) זע אויפֿטאָן

אוי'פֿ|טונקן|ען וו (-גע-ט) surface, emerge

אוי'פֿטועכץ די/דאָס (ן/ער) זע אויפֿטו

אוי'פֿ|טו'רעמ|ען וו (-גע-ט) pile up, stack; erect a tower

|| אויפֿטורעמען (זיך) *also* loom

אוי'פֿ|טײַ|ען (זיך) וו (-גע-ט) defrost, melt; soften/loosen up; (feelings) be rekindled

אוי'פֿ|טערכע|ן = אוי'פֿ|טע'רכענ|ען וו (-גע-ט) sew/patch together hastily

אוי'פֿ|טראָג|ן וו (אוי'פֿגעטראָגן) agitate, upset

|| אויפֿטראָגן זיך <מיט> establish good relations (with)

אויפֿטריט דער (ן) appearance, performance (actor, speaker etc.); scene (part of a play, public squabble)

אויפֿטרייסלונג די (ען) shaking, concussion, shock

אוי'פֿ|טרייסל|ען וו (-גע-ט) shake (up) *perf.*; move, unsettle, upset

אוי'פֿ|טרעט|ן וו (איז אוי'פֿגעטראָטן) appear (on stage, etc.), perform; take the floor, participate (in a debate, etc.)

אוי'פֿ|טרענ|ען וו (-גע-ט) unstitch, rip open

|| אויפֿטרענען זיך *also* back out, recant

אויפֿטרעף דער (ן) rendezvous, meeting

אוי'פֿ|טרעפֿ|ן זיך וו (אוי'פֿגעטראָפֿן) meet

אוי'פֿ|יורן = אוי'פֿ|יער|ן וו (אוי'פֿגעיוירן) ferment *perf.*

אוי'פֿ|כאָווע|ן וו (-גע-ט) raise, rear, educate

|| אויפֿכאָווען זיך be raised

אוי'פֿ|כאַפּ|ן וו (-גע-ט) catch on, grasp, comprehend; catch, intercept; receive/welcome eagerly; pick up (radio signal, etc.); take up (refrain, slogan)

|| אויפֿכאַפּן זיך wake up *intr.*; start, be startled

אויפֿלאָג דער (ן) (fash.) trimmings, decoration, appliqué; bonus, gift

|| פּ״גל אויפֿלאַגע

אוי'פֿלאַגע די (ס) edition, printing, run

אוי'פֿ|לאָד|ן וו (אוי'פֿגעלאָדן/-גע-ט) load *perf.* (cargo/vehicle)

אוי'פֿ|לאָז|ן וו (-גע-ט/אוי'פֿגעלאָזן) loosen, undo, untie; unravel (hem, knitting), unstitch; thaw

אוי'פֿ|לויפֿ|ן וו (איז אוי'פֿגעלאָפֿן) swell, *intr.*; rise (dough); wrinkle

|| אויפֿלויפֿן זיך (crowd) assemble, flock together, come running

אוי'פֿ|לו'סטיק|ן וו (-גע-ט) cheer (s.o.) up

אוי'פֿ|לייג|ן וו (-גע-ט) fold; add, supplement; dispatch, send (goods); predispose favorably

|| אויפֿלייגן זיך contribute (as a member of a group), chip in

אוי'פֿ|לייז|ן וו (-גע-ט) dissolve; resolve (problem)

אוי'פֿ|לײַכט|ן וו (אוי'פֿגעלײַכט/ אוי'פֿגעלויכטן) light up, begin to shine

אויפֿלעב דער revival, renaissance, renewal

אוי'פֿ|לעב|ן וו (-גע-ט) revive *intr./trans.*; regain consciousness; become refreshed; bring to life; animate

אוי'פֿ|לענ|ען וו (-גע-ט) open slightly, set ajar

אוי'פֿ|מאַכ|ן וו (-גע-ט) open; (fash.) manufacture (*esp.* ready to wear clothing); collect/raise (money) *perf.*, make/earn (money)

אוי'פֿ|מאָנ|ען וו (-גע-ט) <פֿון/בײַ> collect (debt, tax), demand (payment)

אויפֿמאָנער דער (ס) פֿעמ ין taxman, collector

אויפֿמונטערונג די encouragement

אוי'פֿ|מו'נטער|ן וו (-גע-ט) encourage, cheer up, enliven

אוי'פֿ|מטמונ|ען וו (-גע-ט) [MATMEN] amass, accumulate, hoard

אוי'פֿ|מי'נטער|ן וו (-גע-ט) revive, reinvigorate, perk up

|| אויפֿמינטערן זיך perk up, regain strength

אוי'פֿ|מיש|ן וו (-גע-ט) mix; open (book), look for/find (passage); remember, dredge up (past)

אויפֿמערק דער attention, concentration

|| אָ'פּ|ווענד|ן פּאָס אויפֿמערק distract/divert s.o.'s attention

אוי'פֿמערקזאַם אַדי/אַדוו attentive, observant, discerning; thoughtful, considerate

|| אויפֿמערקזאַם מאַכ|ן <אַק> אַז point out (to s.o.) that

|| אויפֿמערקזאַם מאַכ|ן <אַק> אויף bring stg. to s.o.'s attention

אוי'פֿמערקזאַמקייט די attention

אויפֿן = אויף דעם *regular contraction*

|| אויפֿן = אויף דער *contraction possible only in certain dialects*

אויפֿנאַם דער (ען) זע אויפֿנעם

אוי'פֿנאַמע די (ס) *Germ.* reception (in s.o.'s honor); (phot.) shot, photo shoot

אוי'פֿ|נאַש|ן וו (-גע-ט) eat eagerly

אוי'פֿ|ניוכע|ן וו (-גע-ט) [Ny] find by smell/scent, sniff out

|| אויפֿניוכען זיך get together, fall in (with s.o.)

אוי'פֿ|נייג|ן וו (-גע-ט) open slightly

אוי'פֿ|ניי|ען וו (–גע–ט) make/have made (garment), sew *perf.*

אויפֿנעם דער (ען) reception

אוי'פֿנעמיק אַדי receptive, responsive, sensitive

אוי'פֿ|נעמ|ען וו (אוי'פֿגענומען) entertain/receive (guests); admit, accept; react to

|| אויפֿנעמען <פֿאַר אַ> appoint/nominate (to the post of)

אוי'פֿנעמער .1 דער (ס) receiver (radio, etc.)

|| .2 דער (ס) פֿעמ ין/קע receptionist

אויף ס'יאָר אַדוו זע (אויף ס')יאָר

אוי'פֿ|סיל(י)ע|ן וו (–גע–ט) string *perf.* (pearls)

אויף ס'כּוח אַדוו [AFSKOYEKh] זע (אויף ס')כּוח

אויף ס'ניַי אַדוו זע (אויף ס')ניַי .1

אויפֿעט קוו [UFET] זע אויף .3

אוי'פֿ|עס|ן וו (אוי'פֿגעגעסן) eat up *perf.*, devour, consume

|| אויפֿעסן זיך (דערפֿאַ'ר וואָס) regret bitterly, eat one's heart out (because)

אוי'פֿ|ע'פֿענ|ען וו (–גע–ט) open (up) *perf.*

אוי'פֿ|פּאַס|ן וו (–גע–ט) <אויף> supervise, tend, watch (over), keep an eye (on)

אוי'פֿפּאַסער דער (ס) פֿעמ ין camp counselor

אוי'פֿ|פּאַק|ן וו (–גע–ט) unpack; pack up together; load (baggage)

אוי'פֿ|פּיק|ן וו (–גע–ט) open by pecking; gather/pick up by pecking; (bird/baby) suck in, gulp, gobble up

אוי'פֿ|פּלאָ'נטער|ן וו (–גע–ט) disentangle, extricate

אוי'פֿ|פּראַל|ן וו (–גע–ט) open wide, throw open

אוי'פֿ|פֿאָ'דער|ן וו (–גע–ט) אַק enjoin, demand (of s.o.)

אוי'פֿ|פֿאָכ(ע)|ן וו (–גע–ט) kindle, stir up, fan

אוי'פֿפֿאַליק אַדי striking, curious, conspicuous, showy

אוי'פֿ|פֿאַל|ן וו (איז אוי'פֿגעפֿאַלן) <דאַט> intrigue, attract the attention (of)

אוי'פֿפֿאַסונג די (ען) *Germ.* conception, idea, judgment

אוי'פֿ|פֿאַסט|ן וו (אוי'פֿגעפֿאַסט) break the fast

אוי'פֿ|פֿי'בער|ן וו (–גע–ט) have a high fever, be feverish

אוי'פֿ|פֿינקל|ען וו (–גע–ט) begin to sparkle

אויפֿפֿיר[1] דער (ן) conduct, behavior; bearing, demeanor

אוי'פֿפֿיר-[2]... behavioral

אוי'פֿפֿירונג די (ען) conduct, deportment, behavior; (stage/television) production; performance, showing

אוי'פֿ|פֿיר|ן וו (–גע–ט) (theat.) stage, produce; interpret, portray; bring together

|| אויפֿפֿירן זיך behave, conduct oneself

אוי'פֿפֿירער דער (ס) פֿעמ ין (film, play) director; (film) producer, filmmaker

אוי'פֿפֿיר־פֿורעם דער (ס) pattern of behavior

אוי'פֿ|פֿלאַ'טער|ן וו (–גע–ט) quiver; start to flutter

אוי'פֿ|פֿלאַמ|ען וו (–גע–ט) flame up, flare up

אוי'פֿ|פֿלאַ'קער|ן וו (–גע–ט) catch fire, flare up, blaze

אוי'פֿ|פֿריי'לעכ|ן וו (–גע–ט) cheer up, gladden, enliven

אוי'פֿ|פֿריש|ן וו (–גע–ט) reheat (stale bread) in the oven; refresh, freshen (paint); (re)invigorate, revive; bring up to date

אוי'פֿ|פֿרעס|ן וו (אוי'פֿגעפֿרעסן) devour *perf.*, gobble up, wolf down

אוי'פֿ|צאַנק|ען וו (–גע–ט) (flame, hope) revive suddenly

אוי'פֿ|צאַפּל|ען וו (–גע–ט) flinch, start, be startled

אויפֿצוג דער show, pomp, pageantry

אויפֿצומאָרגנס דער (ן) next/following day; next morning

אויפֿצי דער (ען) (theat.) act, curtain-raiser

אוי'פֿציִונג די rearing

אוי'פֿ|צי'טער|ן וו (–גע–ט) start, shudder, shiver, be terrified

אוי'פֿ|ציי'כענ|ען וו (–גע–ט) rough out, draft, sketch; note, write down, mark

אוי'פֿ|צייל|ן וו (–גע–ט) count, enumerate

אוי'פֿ|ציִ|ען וו (אוי'פֿגעצויגן) educate, raise; hoist, pull up, raise; string, thread (pearls, etc.); slip on (pillow case, etc.)

אוי'פֿציִער דער (ס) פֿעמ ין foster parent

אוי'פֿציקינד דאָס (ער) foster child

אוי'פֿ|צער|ן וו (–גע–ט) consume, eat up

אוי'פֿ|קאָכ|ן וו (–גע–ט) come to a boil; bring to a boil; infuriate, exasperate

|| אויפֿקאָכן זיך get angry, fly into a rage

אוי'פֿ|קאָפּע|ן וו (–גע–ט) dig up, disinter; unearth, discover

אוי'פֿ|קויפֿ|ן וו (–גע–ט) buy up

אוי'פֿקויפֿער דער (ס) פֿעמ ין wholesaler, middleman

אויפֿקום דער — emergence, origin, genesis; rise, blossoming; rebirth, renaissance

אוי'פֿ|קומ|ען וו (איז אוי'פֿגעקומען) — awaken *intr.*; be born, appear, see the light of day; spring up, emerge, rise; recover; achieve wealth/power; mature, ripen

אויפֿקלײַב דער (ן) — compilation, collection

אוי'פֿ|קלײַב|ן וו (אוי'פֿגעקליבן) — gather/bring together *perf.*

|| אויפֿקלײַבן זיך — assemble, gather *intr.*

אוי'פֿקלערונג די (ען) — enlightenment, education; elucidation, clarification; information; The Enlightenment (age, philosophy)

אוי'פֿ|קלער|ן וו (–גע–ט) — elucidate, clear up, clarify; enlighten, instruct; spread the word about, promote/publicize (cause); persuade of the rightness of a cause

אוי'פֿ|קניפּ|ן וו (–גע–ט) — undo/untie (knot), disentangle

אוי'פֿ|קנעפּל|ען וו (–גע–ט) — unbutton

אוי'פֿ|קער|ן וו (–גע–ט) — sweep up

אוי'פֿ|קרעכצ|ן וו (–גע–ט) — utter a groan/sigh

אוי'פֿ|ראַמ|ען וו (–גע–ט) — clean/tidy up *perf.*, do the housework

אוי'פֿראַמער דער (ס) פֿעמ ין — cleaner, houseworker

|| פֿעמ — cleaning woman/lady, housemaid

אוי'פֿרודער דער (ן) — stir, commotion, agitation

אוי'פֿרודערונג די (ען) — emotion, agitation, stir, commotion

אוי'פֿ|רו'דער|ן וו (–גע–ט) — stir up, incite, agitate, arouse; roil, shock, disquiet

אוי'פֿ|רוימ|ען וו (–גע–ט) זע אויפֿראַמען

אויפֿרוף דער (ן) — call, appeal, exhortation

|| פֿ״גל אויפֿרופֿן

אוי'פֿ|רופֿ|ן וו (אוי'פֿגערופֿן) — call to arms; call upon solemnly to read from the Torah scroll in a synagogue; honor (s.o.) publicly

אוי'פֿרוף־נאָמען דער (־נעמען) — name (*usu.* of Hebrew origin) by which a worshiper is called up to read from the Torah in the synagogue

אוי'פֿרופֿנס דאָס — solemn call to the bridegroom to read from the Torah in the synagogue on the Sabbath preceding the wedding; celebration on this occasion

אוי'פֿ|ריגל|ען וו (–גע–ט) — unbolt, slide back the bolt(s)

אויפֿרײַס דער (ן) — explosion, blast, burst

אוי'פֿרײַסוואַרג דאָס — explosives

אוי'פֿרײַסיק אַדי — explosive; *ling.* plosive (consonant)

אוי'פֿ|רײַס|ן וו (אוי'פֿגעריסן) — explode, blow up, burst; explode, blow up; pry/tear/force open; open wide; awaken suddenly; disrupt, break up (political meeting)

|| אויפֿרײַסן זיך — awaken with a start; get up suddenly

אוי'פֿרײַסעריש אַדי/אַדוו — provocative, disruptive

אוי'פֿרײַסשפּיץ דער (ן) — warhead (missile)

אויפֿרייץ דער (ן) — stimulant; stimulation, excitation

אוי'פֿרייצונג די (ען) — exasperation; stimulation, excitation, arousal

אוי'פֿ|רייצ|ן וו (–גע–ט) — excite, stimulate; provoke, incite; exasperate

אוי'פֿריכטיק אַדי/אַדוו — sincere, true, honest

אוי'פֿריכטיקייט די — sincerity, honesty

אוי'פֿ|ריכט|ן וו (אוי'פֿגעריכט) — restore, reestablish; put back on one's feet; strengthen the position of

|| פֿ״גל אויפֿגעריכט ווערן

אויפֿריר דער (ן) — emotion, stir, excitement, commotion; sedition, incitement to revolt

אוי'פֿ|ריר|ן וו (–גע–ט) — dig up, turn over; excite, draw (a crowd); arouse, provoke, stir up; cause to vibrate

אוי'פֿרירער דער (ס) פֿעמ קע — agitator, subversive

אוי'פֿרירעריש אַדי — seditious

אוי'פֿרעגונג די (ען) — irritation, excitement, agitation

אוי'פֿ|רעג|ן וו (–גע–ט) — excite, irritate, vex, upset

|| אויפֿרעגן זיך — get upset, get angry, get excited

אוי'פֿ|רעד|ן זיך וו (–גע–ט) — hit it off, get along; come to an agreement

אוי'פֿ|שאָקל|ען וו (–גע–ט) — agitate (liquid); shake, stir

אויפֿשוואַ'רץ דער (ן) — rough draft, sketch

אוי'פֿ|שווימ|ען וו (איז אוי'פֿגעשווומען) — surface, swim up, emerge

אוי'פֿ|שוי'בער|ן וו (–גע–ט) — ruffle/tousle (hair), mess up

אויפֿשוידער דער (ן) — shudder, shiver, start

אוי'פֿ|שוי'דער|ן וו (–גע–ט) — shock, horrify; shudder, be horrified

אויפֿשטאַנד דער (ן) — rebellion, insurrection, uprising; arising (from bed)

|| אַ גוטן אויפֿשטאַנד! — good morning!

אוי'פֿ|שטאָפּ|ן וו (–גע–ט) — unstop, uncork

אוי'פֿ|שטויס|ן וו (אוי'פֿגעשטויסן) anger, annoy, irritate

|| אויפֿשטויסן אומפּ אַק *rev.* belch, regurgitate

|| אויפֿשטויסן זיך quarrel, fall out

אוי'פֿ|שטו'רעמ|ען וו (–גע–ט) arouse, stir, agitate, excite

אויפֿשטײַג דער rise, ascent

אוי'פֿ|שטײַג|ן וו (איז אוי'פֿגעשטיגן) rise; climb *intr.*, mount

אוי'פֿ|שטיי|ן* וו (איז אוי'פֿגעשטאַנען) rise, get up; arise, appear; revolt

אוי'פֿ|שטעכ|ן וו (אוי'פֿגעשטאָכן) puncture, pierce; skewer; stitch/sew up hastily

אוי'פֿ|שטעל|ן וו (–גע–ט) set upright, stand *trans.*; raise, erect; establish, build, construct; set up, organize; compose, stage; put on to cook, put on the fire

|| אויפֿשטעלן זיך get up, stand up

|| אויפֿשטעלן צורי'ק reestablish; put back on its feet

אוי'פֿשטענדלער דער (ס) פֿעמ ין rebel, insurgent

אוי'פֿשטערצלער דער (ס) bottle opener

אוי'פֿ|שטראַל|ן וו (–גע–ט) *lit.* light up, begin to shine

אוי'פֿ|שײַנ|ען וו (–גע–ט) light up, brighten *intr.*; (sun) rise

אוי'פֿ|שלאָג|ן וו (אוי'פֿגעשלאָגן) break open; open, start up (business); pitch (tent); mark up, raise (prices); raise (sum) with difficulty; (culin.) whip (cream, etc.) into foam *perf.*

|| אויפֿשלאָגן <אויף> nail up (on)

אוי'פֿשלאָגער דער (ס) (culin.) whisk, (egg) beater

אוי'פֿ|שליי'ער|ן וו (–גע–ט) unveil, uncover

אוי'פֿ|שליס|ן וו (אוי'פֿגעשלאָסן) open (with a key), unlock; *fig.* uncover (secret); liberate, release

|| אויפֿשליסן זיך open up *intr.*

אוי'פֿ|שלעסל|ען וו (–גע–ט) *neol.* unzip

אוי'פֿ|שמייכל|ען וו (–גע–ט) show a smile

אוי'פֿ|שנאָל|ן וו (–גע–ט) unbuckle, unfasten, unhook

אוי'פֿ|שנו'רעווע|ן וו (–גע–ט) attach, tie together; unlace, untie, undo

אויפֿשניט דער cold cuts

אוי'פֿ|שנײַד|ן וו (אוי'פֿגעשניטן) cut open, slit

אוי'פֿ|שנירל|ען וו (–גע–ט) string (pearls); unwrinkle

אוי'פֿ|שפּאַלט|ן וו (אוי'פֿגעשפּאָלטן) split open, cleave

אוי'פֿ|שפּאַנ|ען וו (–גע–ט) harness together, hitch up; tighten

אוי'פֿ|שפּאַר|ן וו (–גע–ט) unlock, unbolt; open partway; open wide

אוי'פֿ|שפּול|ן וו (–גע–ט) [Ly] coil/roll up

אוי'פֿ|שפּו'נטעווע|ן וו (–גע–ט) unplug, uncork

אויפֿשפּיל דער (ן) fanfare, welcoming music (at weddings, etc.); harmony

אוי'פֿ|שפּיליע|ן וו (–גע–ט) unbutton, unpin

אוי'פֿ|שפּיל|ן וו (–גע–ט) strike up (music)

|| אויפֿשפּילן פֿאַר/דאַט play a welcoming tune for; *iron.* give s.o. a tongue lashing

אוי'פֿ|שפּיצ|ן וו (–גע–ט) prick up; sharpen, make pointy

אוי'פֿ|שפּראָצ|ן וו (–גע–ט) grow, sprout, bud *perf.*; *fig.* crop up, arise

אוי'פֿ|שפּרינג|ען וו (איז אוי'פֿגעשפּרונגען) jump up, spring up, start up

אוי'פֿ|שרויפֿ|ן וו (–גע–ט) agitate, irritate, excite; raise, drive up (price)

אוי'פֿ|שרײַב|ן וו (אוי'פֿגעשריבן) write down; enter, register; mark (on)

אויפֿשריפֿט די (ן) inscription, title, caption

אוי'פֿ|שרעק|ן וו (אוי'פֿגעשראָקן) startle, frighten, alarm

אויצאַרניע די (ס) [Ny] *neol.* treasury

אויקע|ן וו (גע–ט) groan, whimper

אַויר דער זע אַוויר

אוי'רינגל דאָס (עך) earring

אוכאַ'זשעווע|ן וו (–ט) *Slav.* court, woo; be attentive to, fuss over

אולאַ'ן דער (ער) uhlan, cavalryman

אולאַנער דער (–) זע אולאַן

אולטימאַטום דער (ס) [Ly] ultimatum

או'לטראַ... [Ly] ultra

|| או'לטראַראַדיקאַ'ל ultra-radical

אולי אַדוו [ULAY] *lit.* maybe, perhaps, who knows?

אולי ירחם פֿר [ULAY YERAKhEM] perhaps God will have pity, one must not despair

או'ליצע די (ס) *Slav.* street, lane, alley

אולניק דער (עס) [Ly] *dial.* grated potato casserole

אום[1] .1 אַדי–אַטר odd (not even)

|| .2 דער odd number

אום[2] פּרעפּ on, during (Jewish holiday)

|| אום פּסח [PEYSEKh] during Passover

|| אום שבת [ShABES] (on) Saturday/the Sabbath

אום[3] קאָנ : אום צו *Germ.* in order to, so as to

אום[4] קוו *meaning: a)* at length and in many places; *b)* surround; *c)* downward

|| או'מ|שפּרינג|ען *a)* jump around from place to place

|| או'מ|גרע'נעצ|ן *b)* limit, circumscribe

|| או'מ|וואַ'לגער|ן *c)* bring down, strike down

|| פֿ״גל אום און אום

או'מ[5]... *(negative/privative prefix)* un-, im-, in-, a-, non-...

|| או'מבאַקאַנט unknown, unfamiliar

|| או'מפּערזענלעך impersonal

|| או'מפֿאָ'לגעוודיק disobedient

|| או'מצופֿריד·ן discontented, dissatisfied

|| או'מפּאַרטיי'יש apolitical

|| או'מבאַווייַ'בט unmarried/single (man)

או'מאוי'סגענגלעך אַדי with no exit

או'מאוי'סגערעדט (זאָל עס זייַן) פֿר if I may say so (before an immodest/disparaging/blasphemous statement)

או'מאוי'סמעסטלעך אַדי immeasurable, immense

או'מאוי'סשעפּלעך אַדי inexhaustible, limitless

או'מאוי'פֿהערלעך אַדי/אַדוו *Germ.* interminable, incessant, constant

אום און אום אַדוו all over, everywhere, throughout

אומאַחדות דאָס [U'MAKhDES] disunion, discord

אומאַחריות דאָס [U'MAKhRA'YES] irresponsibility

אומאַחריותדיק אַדי/אַדוו [U'MAKhRA'YESDIK] irresponsible

או'מאיי'בערגעלייגט אַדי/אַדוו without forethought, short-sighted

או'מאיי'בערגעריס·ן אַדי uninterrupted

או'מאיי'גננוציק אַדי/אַדוו selfless, unselfish, generous

או'מאייד·ל אַדי/אַדוו impolite, improper, indelicate

או'מאײַ'נגענעם אַדי/אַדוו unpleasant, disagreeable

או'מאײַ'נגענעמלעכקייט די (ן) unpleasantness, annoyance, nuisance

או'מאײַ'ננעמיק אַדי unconquerable, impregnable

או'מאיי'נשטימיק אַדי divided, conflicting (opinion, vote)

או'מאײַ'נשטימיק אַדי in disagreement, dissenting

או'מאינטערעס דער lack of interest, indifference

או'מאָ'נגענעם אַדי/אַדוו זע אומאײַ'נגענעם

או'מ|אָ'נדערש|ן וו (-גע-ט) change, alter, modify

או'מאַנטשלאָ'ס·ן אַדי indecisive, irresolute; uncertain, unsettled

או'מאָ'נשטענדיק אַדי/אַדוו improper, unseemly, indecent

או'מאָ'פּגעפֿרעגט אַדי/אַדוו unquestioned, undisputed

או'מאָ'פּהענגיק אַדי/אַדוו <פֿון> independent (of)

או'מאָ'פּהענגיקייט די independence

או'מאָ'פּלייקנדלעך אַדי undeniable

או'מאָ'פּמעקלעך אַדי indelible

או'מאַפּעטי'טלעך אַדי/אַדוו unappetizing, unappealing; nauseating, disgusting, sickening

או'מאָ'פּפֿרעגלעך אַדי irrefutable; unimpeachable, impeccable

או'מאָ'פּרופֿלעך אַדי irrevocable

או'מאָ'פּשרייַ'לעך אַדי unavoidable, irrevocable

או'מאָפֿיציע'ל אַדי/אַדוו unofficial

או'מאָ'פֿנטלעך אַדי/אַדוו non-public, confidential, unlisted

או'מאָרדענונג די (ען) disorder

או'מאָ'רנטלעך אַדי/אַדוו dishonest, disloyal

או'מבאַאַ'רבעט אַדי fallow; crude, unrefined, unfinished

או'מבאַגיי'לעך אַדי *neol.* indispensable

או'מבאַגרייַ'פֿלעך אַדי inconceivable

או'מבאַגרי'נד(ע)ט אַדי unfounded, baseless

או'מבאַגרע'נעצט אַדי unlimited, absolute, boundless

או'מבאַדיי'טנדיק אַדי *Germ.* insignificant

או'מבאַדי'נגט 1. אַדי absolute, unconditional

|| 2. אַדוו absolutely, positively, without fail

|| זאָלסט מיר אומבאַדינגט אָ'נקלינגען you must call me without fail

או'מבאַהאָ'לפֿ·ן אַדי clumsy, incompetent, inept; helpless, pathetic

או'מבאַהיי'בלעך אַדי *neol.* prohibitive; infeasible, impossible of execution

או'מבאַוואָ'פֿנט אַדי/אַדוו unarmed; unassisted

או'מבאַוואָ'רנט אַדי unprotected, off one's guard

או'מבאַוווי'נט אַדי uninhabited

או'מבאַוווּ'סט אַדי unknown; anonymous

או'מבאַוווּסטזייַן דאָס unconsciousness; (psychol.) unconscious

או'מבאַוווּ'סטזיניק אַדי/אַדוו unconscious; devoid of class consciousness, politically unaware

או'מבאַוויי'בט אַדי unmarried/single (man)

או'מבאַווע'גלעך אַדי/אַדוו immobile, motionless; inert; real (estate/property)

או'מבאַזאָ'רגט אַדי/אַדוו unconcerned; without worry, carefree

או'מבאַזו'נגען אַדי *lit.* unsung (hero, exploit), unrecognized

או'מבאַזי'גט אַדי unconquered, undefeated

או'מבאַזי'גלעך אַדי invincible, unbeatable

או'מבאַטאָ'נט אַדי unaccented, unstressed

או'מבאַטיי'טיק אַדי insignificant; meaningless

אומבאַטעמט אַדי/אַדוו [U'MBATA'MT] insipid; without taste/charm

או'מבאַטראַ'כט אַדי ill-considered, thoughtless, rash

או'מבאַטרי'בט אַדי/אַדוו untroubled, serene, calm

או'מבאַטרע'פיק אַדי immaterial, insignificant, negligible

או'מבאַלי'בט אַדי unloved; unpopular; disagreeable

או'מבאַלע'בט אַדי inanimate

או'מבאַמאַ'נט אַדי single/unmarried (woman)

או'מבאַמי'טלט אַדי destitute, indigent

או'מבאַמע'רקט אַדי/אַדוו unnoticed

או'מבאַנע'מלעך אַדי inconceivable

או'מבאַפלע'קט אַדי immaculate, spotless

או'מבאַפרי'דיקט אַדי unsatisfied, dissatisfied, discontented

או'מבאַפרי'דיקנדיק אַדי unsatisfactory

או'מבאַצווו'נגען אַדי untamed, uncontrolled; free, unforced

או'מבאַצי'ונג די <צו> contempt/disrespect (for), low regard (for)

או'מבאַקאַ'נט אַדי unfamiliar, unknown, obscure

או'מבאַקווע'ם אַדי/אַדוו uncomfortable, uneasy, inconvenient

|| זייַן* אומפּ אומבאַקוועם דאַט *rev.* feel uneasy, feel ill at ease

או'מבאַקווע'מ(לעכ)קייט די (ן) discomfort; unpleasantness, inconvenience

או'מבאַקי'מערט אַדי/אַדוו carefree

או'מבאַקלע'רט אַדי without forethought, shortsighted

או'מבאַרי'רט אַדי untouched; indifferent, unmoved

או'מבאַרי'רלעך אַדי untouchable; inviolable

או'מבאַרע'כטיקט אַדי/אַדוו unjustified, unwarranted

או'מבאַרע'כנדלעך אַדי incalculable

או'מבאַרע'כנט אַדי/אַדוו ill-considered, hasty, rash

או'מבאַרע'כנלעך אַדי/אַדוו זע אומבאַרעכנדלעך

או'מבאַרעמהאַ'רציק אַדי/אַדוו merciless, pitiless, heartless

או'מבאַשטאַנד דער instability, precariousness, impermanence; inconsistency

או'מבאַשטימט אַדי vague, indefinite

או'מבאַשטי'מלעך אַדי *neol.* indeterminate

או'מבאַשטראָ'פט אַדי unpunished

או'מבאַשלאָ'ס·ן אַדי irresolute, indecisive; undecided, yet to be determined

או'מבאַשלאָ'סנקייט די indecision, irresolution

או'מבאַשני'ט·ן אַדי uncircumcised

או'מבאַשע'דיקט אַדי unhurt, undamaged, safe and sound

או'מבאַשע'פטיקט אַדי idle, unemployed

או'מבאַשריי'בלעך אַדי/אַדוו indescribable

או'מביי'ג(עווד)יק אַדי rigid, inflexible

אומבייַט דער (ן) change, alteration, mutation; replacement, substitute; exchange, swap; (day/night) shift

או'מ|בייַט|ן וו (או'מגעביטן) change, modify; exchange, swap

או'מביי'טעוודיק אַדי immutable, unchangeable

אומבכּבֿודיק אַדי/אַדוו [U'MBEKO'VEDIK] ignoble, dishonorable, disgraceful; disrespectful

או'מ|בלאָנדזשע|ן וו (-גע-ט) go astray, wander (all over/for a long time)

או'מ|בלאָנקע|ן (זיך) וו (-גע-ט) go astray, wander (for a long time/all over)

אומברחמנותדיק אַדי/אַדוו [U'MBERAKhMO'NESDIK] pitiless, merciless, relentless, ruthless

אומברענג דער murder, extermination; destruction

או'מ|ברענג|ען וו (-גע-ט/או'מגעבראַכט) kill; ruin, destroy

אומבתּרבותדיק אַדי/אַדוו [U'MBETA'RBESDIK] coarse, rude, uncultured

אומגאַנג דער circuit, circulation; relations, dealings; care, supervision (of a sick person)

|| אומגאַנג מיט handling of

או'מגאַנגשפּראַך די (ן) colloquial language, everyday speech

אומגוט אַדוו : נעמ|ען <אַק> פֿאַר אומגוט take amiss, resent

או'מ|גיי|ן* וו (איז או'מגעגאַנגען) walk around, take a walk; be (in a certain state); circulate, spread *intr.*; (disease) rage; bend/circumvent (the law)

|| אומגיין מיט deal with, treat; handle, wield, utilize; go around/associate with

|| אומגיין אַרו'ם/מי'ט attend, pay attention to

או'מגילטיק אַדי invalid, void

או'מגינציק אַדי unfavorable, adverse, untoward

או'מגלויבן דער disbelief, incredulity

או'מגלייביק אַדי unbelieving; skeptical

או'מגליי'בלעך אַדי unbelievable, incredible

אומגלײַך אַדי uneven, rough

אומגליק דאָס (ן) misfortune, bad luck; accident, calamity; loss, ruin

|| צום אומגליק unfortunately

או'מגליקלעך אַדי unfortunate, unhappy, wretched, unlucky

|| מאַכ|ן אומגליקלעך ruin/destroy (s.o.)

או'מגליקפֿאַל דער (ן) accident, mishap

או'מגעבונג די (ען) *Germ.* milieu, environment

או'מגעבי'לד(ע)ט אַדי uncultured, uneducated

או'מגעבע'ט·ן אַדי/אַדוו unasked, uninvited, unwanted

או'מגעבראָ'כ·ן אַדי firm, unwavering; uninterrupted

או'מגעגנט די environs (of a city), vicinity

או'מגעגע'ס·ן אַדי/אַדוו not having eaten, on an empty stomach

או'מגעדאַ'וונט אַדוו *Jew.* without having prayed

או'מגעדולד די impatience

או'מגעדו'לדיק אַדי/אַדוו impatient

או'מגעהאַ'ריש אַדי/אַדוו זע **אומגעהײַער** .1

או'מגעהו'בלט אַדי unshaped, rough-hewn; *fig.* unpolished, coarse

או'מגעהי'ט אַדי/אַדוו *neol.* negligent

או'מגעהי'טקייט די *neol.* negligence

או'מגעהײַ'ער **1.** אַדי/אַדוו immense, enormous; frightening

|| **2.** דער (ס) monster; demon

או'מגעוואַ'ש·ן אַדי/אַדוו unwashed; with hands unwashed

|| עס|ן אומגעוואַשן *Jew.* eat without having observed the ritual of washing the hands

או'מגעוווּ'נטש·ן אַדי undesirable, unwanted

או'מגעוויי'נ(ט)לעך אַדי/אַדוו unusual, rare, extraordinary

או'מגעווי'סיק אַדי *neol.* indefinite (article)

או'מגעווענדט אַדי inverse/reciprocal (number)

או'מגעזאַ'מט = או'מגעזוי'מט אַדוו without delay, immediately, promptly

או'מגעזו'נט אַדי unwell, unhealthy

או'מגעזײַ'ערט אַדי unleavened

או'מגעזע'גנט אַדוו without taking leave

או'מגעזע'טיקט אַדי unsated, unsatisfied

או'מגעזע'·ן **1.** אַדי invisible, unseen; never seen

|| **2.** אַדוו without being seen

או'מגעזע'צלעך אַדי illegal, illegitimate, unlawful

או'מגעטיי'לט אַדי undivided, whole

או'מגעטרײַ אַדי/אַדוו disloyal, unfaithful, false; inexact (description, etc.)

או'מגעלו'מפּערט אַדי/אַדוו awkward, clumsy; shapeless, ill-formed, unsightly; crude, coarse; absurd

|| אומגעלומפּערט גרויס disproportionately big

או'מגעפֿע'ר אַדוו *Germ.* approximately, about

או'מגעפֿרע'גט אַדוו without asking permission

או'מגעצוי'מט אַדי unbridled, unrestrained, rampant

או'מגעציי'לט אַדי uncounted; innumerable, untold, countless

או'מגעציפֿער דאָס vermin

או'מגעקומענ|ער דער-דעק person killed; fatality, accident victim

או'מגעקי'נצלט אַדי/אַדוו natural, unaffected

או'מגעקערט אַדי/אַדוו contrary, opposed, inverse; reversed, upside down

או'מגעריכט אַדי/אַדוו unexpected

או'מגערן אַדוו unintentionally, accidentally; unwillingly, grudgingly

או'מגע'רנדיק אַדי involuntary, unintentional

או'מגערעכט אַדי/אַדוו unjust; wrong

או'מגערע'כטיקייט די (ן) injustice

או'מגעשטי'לט אַדי unsatisfied, unfulfilled

או'מגעשטע'רט אַדי/אַדוו peaceful, undisturbed; unimpeded, unhindered

או'מגעשי'קט אַדי/אַדוו clumsy, inept; inexperienced

או'מגעשלי'פֿ·ן אַדי rough, crude, coarse

אומגראָד אַדי odd (number)

או'מגרייכלעך אַדי inaccessible; unattainable

או'מדאָ'יִק אַדי *lit.* not of this world

אומדאַנק דער ingratitude

או'מדאַנקבאַר אַדי ungrateful

או'מדו'רכדרינגלעך אַדי impenetrable; impervious, impermeable

או'מדײַ'טלעך אַדי/אַדוו unclear, vague, imprecise

או'מדיסקרע'ט אַדי indiscreet

או'מדיסקרע'טקייט די (ן) indiscretion

או'מדירעקט אַדי/אַדוו indirect, roundabout

או'מדעצידיי'רט אַדי undecided, irresolute

או'מדערבאַ'קט = או'מדערבאַ'ק·ן אַדי underbaked (bread); unfinished, incomplete; backward, developmentally delayed

או'מדערבאַ'רעמדיק אַדי/אַדוו merciless, pitiless

או'מדערהע'רט אַדי unheard of, scandalous

או'מדערוואַ'רט אַדי/אַדוו unexpected, unforeseen

או'מדערזע'טלעך אַדי/אַדוו *lit.* insatiable

או'מדערטרע'גלעך אַדי intolerable, unbearable

או'מדערלאָ'זלעך אַדי unacceptable, inadmissible

או'מדערמי'דלעך אַדי/אַדוו tireless, indefatigable

או'מדערפֿאַ'ר·ן אַדי *Germ.* inexperienced

או'מדערפֿאָ'ר·ן אַדי backward, not fully developed

או'מדערצוי'ג·ן אַדי ill-bred, impolite

או'מדערקלע'רלעך אַדי/אַדוו inexplicable

או'מדערשראָ'ק·ן אַדי/אַדוו unafraid, unflinching, intrepid

אומדריי דער (ען) *neol.* turn, rotation, revolution

|| 1500 אומדרייען אַ מינו'ט 1,500 revolutions per minute

אומדרייסט אַדי/אַדוו timid, hesitant, shy

או'מ|דריי|ען וו (–גע–ט) turn (around); turn over, turn upside down, reverse

|| אומדרייען זיך rotate, make a full rotation; do an about-face, make a U-turn; go back and forth; turn/veer (to the left/right)

אומדרך־ארץ דער [U'MDEREKhE'RETS] disrespect

אומה די (–ות) [UME] nation, people

|| פּ״גל אומות־העולם

אומה־ולשון די [UME-VELO'ShN] people, nation (other than the Jews)

או'מהיגיע'ניש אַדי unsanitary, unhygienic

או'מהיילבאַר אַדי/אַדוו *Germ.* incurable

או'מהייליק אַדי secular; impious, ungodly

או'מהיי'לעוודיק אַדי/אַדוו incurable

או'מהיימלעך אַדי strange, sinister, disturbing

אומהסכּם דער (ס) <מיט> [U'MHESKEM] disagreement (with), disapproval (of)

או'מהע'רעוודיק אַדי inaudible

או'מ|וואַ'גל|ען וו (–גע–ט) wander about (for a long time), roam, rove

או'מ|וואַ'לגער|ן וו (–גע–ט) knock down, overthrow; roll *trans.* (at length)

|| אומוואַלגערן זיך rove, roam, wander about; lie around (on the ground); fall apart, crumble

או'מ|וואַנדל|ען וו (–גע–ט) transform, convert

או'מ|וואַרפֿ|ן וו (או'מגעוואָרפֿן) knock down, overthrow, overturn

|| אומוואַרפֿן זיך be restless, be agitated, be jumpy

או'מוויי'טיקלעך אַדי painless

או'מוויכטיק אַדי unimportant, insignificant

או'מווי'ליק אַדי/אַדוו unwilling, involuntary; reluctant

או'מווילן דער reluctance, repugnance

או'מוויסיק אַדי unconscious, oblivious

|| פּ״גל אומוויסנדיק

או'מוויסיקייט די (psychol.) unconscious

או'מוויסן דאָס ignorance

או'מווי'סנדיק אַדי ignorant

|| פּ״גל אומוויסיק

או'מווי'רדיק אַדי/אַדוו **זע** אומווערדיק

אומוועג דער (ן) detour; roundabout way, deviousness; wrong road/route

או'מוועטער דער/דאָס (ן) bad/stormy weather

או'מווערדיק אַדי/אַדוו unworthy, without merit; impure, disgusting; abominable

או'מווערדיקייט די (ן) indignity, unworthiness; petty-mindedness, meanness; atrocity, abomination

אומות־העולם מצ [UMES-HOO'YLEM] : די

אומות־העולם "the other nations", the Gentile/non-Jewish world

אומזאַץ דער volume of business, turnover

או'מ|זוכ|ן וו (–גע–ט) look/search everywhere; skim/thumb through

או'מזיי'גערדיק אַדי/אַדוו *neol.* counterclockwise

אומזיכטבאַר אַדי *Germ.* invisible

או'מזיכער אַדי/אַדוו uncertain, precarious, unsure, insecure; unsafe; unreliable

אומזין דער **זע** אומזינען

או'מזיניק אַדי senseless

או'מזיניקייט די (ן) absurdity, pointlessness

או'מזינען דער absurdity, nonsense

אומזי'סט 1. אַדי free (of charge); unfounded, unjustified; futile, fruitless, ineffective; unprofitable

|| 2. אַדוו in vain, uselessly; for no reason; gratis, at no cost

|| האַלב אומזיסט very cheaply, for a pittance

|| אומזי'סט־אומני'שט for no reason; for nothing, to no avail

אומזיסטיק אַדי vain, futile; unjustified, unmerited

או'מזעיִק אַדי *neol.* invisible, unseen

או'מזע'עוודיק אַדי unseeing; invisible

אומחן דער [UMKhEYN] disfavor, disgrace

|| וואַרפֿן אַן אומחן אויף take a dislike to

אומחסד דער [U'MKhESED] disgrace, disfavor

אומחשובֿ אַדי [U'MKhOShEV] disreputable, ignoble

אומחשק דער [U'MKhEYShEK] reluctance, reticence

או'מ|טאַנצ|ן וו (–גע–ט) <אַרו'ם> dance around; try to please (s.o.)

או'מטאַקטיש אַדי/אַדוו tactless, rude

או'מ|טויש|ן וו (–גע–ט) change, exchange, switch

או'מטיידערל דאָס (עך) (moral) blemish, stain

או'מטיי'ל(עווד)יק אַדי indivisible

אומטעותדיק אַדי [U'MTO'ESDIK] infallible, unerring

אומטעם דער [UMTAM] distaste

או'מ|טראָג|ן וו (או'מגעטראָגן) carry around, carry back and forth

|| אומטראָגן זיך <מיט> go everywhere; drag oneself about; show (stg.) off, boast everywhere (about)

או'מטראַכטערין די (ס) barren/infertile woman

או'מטראַנסיטי'וו אַדי intransitive

אומטרײַ אַדי זע אומגעטרײַ

או'מ|טרײַב|ן וו (או'מגעטריבן) pursue for a long time; drive/move back and forth; lead, drive (for a longtime/everywhere)

|| אומטרײַבן זיך go/run everywhere; lead a frivolous/shameful life

או'מטרײַבער דער (ס) פֿעמ קע vagabond, drifter

או'מ|יאָג|ן וו (–גע–ט) pursue for a long time; rush, make (s.o.) hurry; run in all directions

|| אומיאָגן זיך rush, hurry *intr.*; (children) chase each other, frolic

|| אומיאָגן זיך נאָך *fig.* chase after (stg.), pursue eagerly

אומיושר דער [U'MYOYShER] injustice, wrong

אומיושרדיק אַדי/אַדוו [U'MYOYShERDIK] unjust, unfair, inequitable

אומיסטן אַדוו intentionally, on purpose, deliberately

|| ניט אומיסטן involuntarily, unwittingly

אומיק אַדי זע נומיק

אומישנע אַדוו זע אומיסטן

אומכּבֿוד דער [U'MKOVED] disgrace, dishonor, shame; lack of respect, snub, rebuff

|| אָ'נ|טאָ|ן* דאַט אַן אומכּבֿוד snub, insult

אומכּבֿודיק אַדי [U'MKOVEDIK] disrespectful, irreverent, derogatory

אומכּשר אַדי [U'MKOShER] non-kosher, not conforming to Jewish dietary law; illegal, contraband; shady, suspicious, fishy

או'מלאָגיש אַדי illogical

אומלויף 1. דער (ן) (period of) revolution (heavenly body); circulation (blood, money)

|| 2. דער/די fidgety person; *fem.* coquette, loose woman

או'מ|לויפֿ|ן וו (איז או'מגעלאָפֿן) run in all directions, bustle about; circulate; revolve around

|| אומלויפֿן מיט frequent, run around with

אומליב אַדי disagreeable, unpleasant

או'מ|לייג|ן וו (–גע–ט) lay/put down; strike down; demolish

אומלײַט דער (–) contemptible person

או'מלײַטיש אַדי/אַדוו improper, unseemly

|| אומלײַטיש|ער אויפֿפֿיר disorderly conduct

או'מליי'קנדלעך אַדי *neol.* undeniable

או'מלעגאַ'ל אַדי/אַדוו [Ly...L] illegal

אוממאַכט די weakness, powerlessness; swoon, faint

|| פֿאַל|ן אין אוממאַכט faint, pass out

או'מ|מאַכ|ן וו (–גע–ט) change, transform, alter

או'ממאָראַ'ליש אַדי/אַדוו immoral

או'ממי'גלעך אַדי impossible

או'ממי'גלעכקייט די impossibility

או'ממי'טלבאַר אַדי/אַדוו *Germ.* direct, immediate

או'מממשותדיק אַדי [U'MMAMO'ShESDIK] insubstantial, immaterial; flimsy, frivolous

או'ממע'גלעך אַדי impossible

או'ממעכטיק אַדי helpless, powerless, weak

אוממענטש דער (ן) contemptible person; scoundrel, rogue; brute

או'ממענטשלעך אַדי/אַדוו inhuman, brutal; superhuman (effort, etc.)

או'מנאַטי'רלעך אַדי/אַדוו unusual, strange; affected; unnatural, perverted

או'מנאָרמאַ'ל אַדי/אַדוו abnormal

או'מנוציק אַדי useless, unneeded, inoperative

אומנות דאָס (ן) [UMNES] craft, trade, profession; skill, mastery

או'מנייטיק אַדי unnecessary, superfluous

או'מני'צלעך אַדי unusable; useless, superfluous

אומני'שט אַדוו in vain, to no avail, for no reason

אומנצחניש [U'MNATSKhO'NISh] .1 אַדי *neol.* sportsmanlike

|| .2 אַדוו sportingly

אומסדר דער [U'MSEYDER] disorder

או'מסטאַבי'ל אַדי unstable

או'מסימפּאַטיש אַדי disagreeable, unpleasant

או'מסעזאָן דער (ען) (comm.) slack season, slowdown

אומספֿקדיק אַדי/אַדוו [U'MSO'FEKDIK] indubitable, certain

אומעבֿרידיק אַדי [U'MI'VREDIK] illiterate, unlettered

אומעבֿרידיקייט די [U'MI'VREDIKEYT] illiteracy

אומעדו'ם אַדוו **זע אומעטום**

או'מעדיק אַדי **זע אומעטיק**

אומעט[1] דער (ן) sadness, gloom, melancholy

אומעט[2] קוו **זע אום**[4]

אומעטו'ם אַדוו everywhere

אומעטומיק אַדי ubiquitous, omnipresent

או'מעטיק אַדי sad, cheerless, lonesome

או'מע'טיש אַדי/אַדוו immoral, unethical

אומעכט אַדי sham, inauthentic

או'מע'נדיק אַדי infinite, endless

או'מע'נדיקייט די infinity, endlessness

או'מע'נדלעך אַדי/אַדוו infinite; endless, interminable

או'מע'נדלעכקייט די infinity, endlessness

או'מ|ע'נדער|ן וו (–גע–ט) change, modify, transform

או'מעפֿעקטי'וו אַדי ineffective, inefficient, inoperative

או'מעפֿעקטי'ווקייט די ineffectiveness, inefficiency

אומער דער gloom, dejection, discouragement

או'מע'רדיש אַדי *lit.* unearthly, celestial, heavenly

או'מע'רלעך אַדי/אַדוו dishonest, crooked

או'מע'רלעכקייט די dishonesty

או'מער|ן וו (גע–ט) weep, grieve, mourn; sadden

אומפּאַס אַדי–אַטר unwell, indisposed

או'מפּאַסיק אַדי improper, unsuitable; ill-timed, inappropriate

או'מפּאַרטייִיש אַדי apolitical, impartial

או'מ|פּויזע|ן וו (–גע–ט) crawl around; slosh/paddle around

או'מפּינקטלעך אַדי/אַדוו inaccurate, inexact; unpunctual

או'מפּיקאַ'נט אַדי bland, flat, tasteless

אומפּניהדיק אַדי/אַדוו [U'MPNI'EDIK] impartial; without ulterior motive, disinterested

או'מפּערזע'נלעך אַדי/אַדוו impersonal

או'מפּראַליק אַדי *neol.* recoilless (weapon)

או'מפּראָפּאָרציאָנע'ל אַדי disproportionate

או'מפּראַקטיש אַדי inexperienced; impractical; ineffective, inefficient

אומפּשרותדיק אַדי/אַדוו [U'MPShO'RESDIK] uncompromising, intransigent, inflexible

או'מ|פֿאַלן וו (איז או'מגעפֿאַלן) fall, tumble

אומפֿאָלק דאָס (...פֿעלקער) barbarians, savages, horde

אומפֿאַנג דער (ען) *Germ.* perimeter; volume; range, scope, amplitude

או'מפֿאַקטיש אַדי (gramm.) conditional, counterfactual

או'מפֿאַראַ'נטוואָרטלעך אַדי irresponsible

או'מפֿאַרבײַ'טלעך אַדי irreplaceable

או'מפֿאַרבע'סערלעך אַדי incorrigible

או'מפֿאַרגיי'יִק אַדי/אַדוו *lit.* imperishable, eternal

או'מפֿאַרגלײַ'כלעך אַדי incomparable

או'מפֿאַרגע'בלעך אַדי unpardonable, inexcusable, unforgivable

או'מפֿאַרגע'נגלעך אַדי indelible, imperishable, eternal

או'מפֿאַרגע'סלעך אַדי unforgettable

או'מפֿאַרדײַ'לעך אַדי indigestible

או'מפֿאַרדי'נט אַדי/אַדוו unmerited, unjust, unearned

או'מפֿאַרהאָ'פֿט אַדי/אַדוו unexpected, unanticipated

או'מפֿאָ'רזיכטיק אַדי/אַדוו careless, improvident

או'מפֿאַרלאָ'זלעך אַדי unreliable, untrustworthy

או'מפֿאַרלע'נדלעך אַדי imperishable, indestructible

או'מפֿאַרמאַ'טערלעך אַדי tireless, indefatigable

או'מפֿאַרמי'טלט אַדי/אַדוו direct, immediate, without an intermediary

או'מפֿאַרמײַ'דלעך אַדי inevitable, unavoidable

או'מפֿאַרמע'גלעך אַדי without resources, destitute

או'מפֿאָרמעל אַדי/אַדוו informal

או'מ|פֿאָר|ן וו (איז או'מגעפֿאָרן) travel/ride around

|| **אומפֿאָרן אין/איבער** traverse, range over

או'מפֿאַרע'נדערלעך אַדי unchangeable, immutable

או'מפֿאַרע'נטפֿערט אַדי unanswered, moot

או'מפֿאַרשטיי'עניש דאָס (ן) misunderstanding

או'מפֿאַרשטע'נדלעך אַדי incomprehensible, unintelligible

או'מפֿאַרשטע'נדעניש דאָס (ן) **זע אומפֿאַרשטייעניש**

או'מפֿאַרשע'מט אַדי shameless, brazen, impudent

או'מפֿולשטענדיק אַדי incomplete

או'מפֿי'לעוודיק אַדי insensitive, unfeeling

או'מ|פֿיר|ן וו (-גע-ט) lead/guide (over a long stretch)

|| **אומפֿירן מיט** דאָט **איבער** pass stg. (finger, etc.) several times over

|| **אומפֿירן זיך מיט** go around with, associate with; take a walk with

או'מ|פֿלאַ'טער|ן וו (-גע-ט) flutter about

אומפֿלייט דאָס vermin

או'מ|פֿליִ|ען וו (איז או'מגעפֿלויגן) fly around (for a long time); fly over; flutter about; *fig.* run in every direction

או'מפֿעיִק אַדי <צו> incapable (of), unfit (to), incompetent

או'מפֿעלבאַר אַדי *Germ.* infallible

או'מפֿעליק אַדי *neol.* infallible

אומפֿעסט אַדי inconclusive, uncertain

|| **אומפֿעסט בײַ זיך** irresolute, hesitant

או'מפֿרוכטיק אַדי sterile, infertile; fruitless

או'מפֿרו'כפּערדיק אַדי barren, sterile, unproductive

אומפֿרײַ אַדי *lit.* unfree, constrained, under supervision

או'מפֿרײַנדלעך אַדי unfriendly, unkind

או'מצאָליק אַדי **זע אומצייליק**

אומצדדימדיק אַדי [U'MTSDO'DIMDIK] impartial, neutral, disinterested

אומצדדימדיקייט די [U'MTSDO'DIMDIKEYT] impartiality

או'מצו'גענגלעך אַדי prohibitive, unaffordable; inaccessible, unapproachable

או'מצווייידײַטיק = או'מצווייטײַטשיק אַדי/אַדוו unambiguous, unequivocal

או'מצוטרוי דער mistrust, distrust, wariness

או'מצו'טריטלעך אַדי prohibitive; inaccessible

אומצוכט 1. די (ן) uncleanliness, filth; debauchery

|| **2.** די/דער (ן) dirty/slovenly person; prostitute

או'מצופֿרי'ד·ן אַדי <מיט> discontented/dissatisfied (with)

או'מצופֿרידנקייט די discontent, displeasure, dissatisfaction

או'מצײַטיק אַדי immature, unripe; premature; untimely, ill-timed

או'מצייליק אַדי innumerable, countless

או'מציכטיק אַדי dirty, filthy; obscene, immoral

או'מצעברע'כלעך אַדי unbreakable

או'מצעטיי'ל(עווד)יק אַדי indivisible

או'מצעטריי'סלעך אַדי unshakable, unswerving

או'מצעשיי'דלעך אַדי inseparable

או'מקאָמפּראָמי'סלעך אַדי/אַדוו uncompromising, intransigent

או'מקאָנסעקווע'נט אַדי inconsistent, illogical

או'מקאָנסעקווע'נץ די (ן) inconsistency

או'מקוואַליפֿיצי'רט אַדי unqualified/unskilled (worker)

אומקום דער death, end, loss; mass death, extermination; extermination of the Jews by the Nazis (1939-1945)

או'מ|קומ|ען וו (איז או'מגעקומען) perish, die

או'מ|קוק|ן זיך וו (-גע-ט) <אויף> look around (at); glance (at); pay attention/heed (to); look back (at); consider the situation

|| **איידער מע קוקט זיך אום** before you know it

או'מ|קײַקל|ען וו (-גע-ט) upset, turn upside down; roll (ball, etc.) in every direction

|| **אומקײַקלען זיך** wander around, go off in all directions

אומקלאָר אַדי/אַדוו fuzzy, vague, unclear, indistinct

או'מקענטעניש דאָס ignorance

אומקער דער return, turning back; restitution

או'מ|קער|ן וו (-גע-ט) אַק return, give/hand back, reimburse, make restitution; overturn, turn over *trans.*

|| **אומקערן זיך** come back, return; turn around

אומקרויט דאָס weeds

אומקרײַז דער (ן) perimeter; circumnavigation, circuit; detour, roundabout way

או'מ|קריכ|ן וו (איז או'מגעקראָכן) creep/crawl around; drag oneself around

או'מקרעמפּי'רט אַדי/אַדוו relaxed, at ease

אומראַס דער (ן) fidgety/restless person/child

או'מראַסיק אַדי lively, agitated

או'מראַציאָנע'ל אַדי irrational

אומרו[1] דער (ען) pendulum; *fig.* fidgety child

אומרו[2] דער/די (ען) anxiety, uneasiness, apprehension

|| מצ (political/social) unrest, rioting

או'מרויִק אַדי/אַדוו uneasy, anxious; turbulent, agitated, restless; troubled, ill at ease

או'מרויִקייט די disquiet, anxiety; restlessness, agitation

אומר־ועושה פּר [OYMER-VEO'YSE] no sooner said than done

אומריין אַדי dirty, unclean; filthy; obscene (language); (relig.) impure

אומריינס דאָס impurity; filth, dirt

או'מרעגולע'ר אַדי/אַדוו [Ly] irregular

אומרעכט דאָס wrong, injustice

או'מ|שווימ|ען וו (איז או'מגעשווומען) swim around; sail (for a long time/in all directions)

או'מ|שוועב|ן וו (–גע–ט) hover, glide, float in the air; fly around over

אומשולד די innocence

או'משולדיק 1. אַדי innocent

|| 2. אַדוו innocently; despite one's innocence

|| אומשולדיק באַשטראָ'פֿט unjustly punished, punished without cause

אומשטאַנד דער (ן) circumstance; *dial.* disorder, mess

|| אין אַ'נדערע אומשטאַנדן pregnant, expecting

|| מי'לדערע אומשטאַנדן mitigating circumstances

או'משטאַרביק אַדי immortal; imperishable, undying

או'משטאַרביקייט די immortality

או'מ|שטויס|ן וו (או'מגעשטויסן) knock over/down

אומשטיי'נס געזאָ'גט אינט זע מישטיינס געזאָגט

או'משטימונג די (ען) (gramm.) absence of agreement

או'משטימיק אַדי voiceless (consonant)

או'משטענדן מצ זע אומשטאַנד

או'משטערבלעך אַדי immortal; imperishable, undying

או'משטערבלעכקייט די immortality

או'משלאַגפּלאַץ דער (...פּלעצער) *German word* (in Warsaw and other cities occupied by the Germans between 1939-1945) place where Jews were forced to assemble before being transported, by trainloads, to Nazi concentration/ extermination camps

אומשלאָף דער insomnia

או'מ|שליי'דער|ן וו (–גע–ט) throw to the ground, fling down violently

או'מ|שלעפּ|ן וו (–גע–ט) drag around

|| אומשלעפּן זיך wander around (aimlessly)

או'משעדלעך אַדי harmless

|| אומשעדלעך מאַכ|ן neutralize

או'מ|שפּאַנ|ען וו (–גע–ט) come and go, walk around

|| אומשפּאַנען איבער stride over

או'משפּי'ר(עווד)יק אַדי/אַדוו insensitive, unfeeling

או'משריפֿטיק אַדי *neol.* illiterate

או'משריפֿטיקייט די *neol.* illiteracy

אומשׂכלדיק אַדי/אַדוו [U'MSE'YKhLDIK] unreasonable, irrational

אומתּרבות [U'MTARBES] 1. אַדי–עפּי ill-mannered, impolite, rude

|| 2. דאָס bad manners, impoliteness

אומתּרבותדיק אַדי [U'MTARBESDIK] coarse, ill-bred

און קאָנ and

|| וו און וו (do stg.) a great deal

|| ער רעדט און רעדט he just keeps on talking

|| קאָמפּ און קאָמפּ more and more

|| ער זינגט בעסער און בעסער he's singing better and better

און... זע ווערטער מיט אומ...

אונאָ די/דער UN

או'נגאַרן (דאָס) זע אונגערן

אונגער דער (ן) פֿעמ ין Hungarian

או'נגעריש אַדי/(דאָס) Hungarian

או'נגערן (דאָס) Hungary

אונדז פּראָנ–אַק/דאַט (נאָמ: מיר) (to) us

אונדזער פּאָס–אַדי our; ours

אונדזערט : פֿון אונדזערט וועגן for our sake; *iron.* for all we care

או'נדזעריק אַדי ours; *(usually nominalized)* what belongs to us; which concerns/interests us

|| אַן אונדזעריק|ער one of ours

|| גיט אונדז דאָס אונדזעריקע give us what's rightfully ours

אונדזערסט האַלבן אַדוו *iron.* for all we care

אונטן 1. אַדוו below; underneath, beneath; at the bottom; later in this document, below

|| פֿ״גל הינטן 1.

|| 2. דער (ס) bottom; lower part

אונטער[1] 1. פּרעפּ below, beneath, under; just before; in case of; between, among

|| פֿ״גל הינטער[1]

|| 2. קוו *meaning: a)* under, beneath; *b)* to slight degree; *c)* surreptitiously; *d)* intermittently

|| או'נטער|לייג|ן *a)* slide/put underneath

|| או'נטער|וואַרט|ן *b)* wait a while, wait a bit

|| או'נטער|שפּרינג|ען *b)* hop, bob

|| או'נטער|זאָג|ן *c)* whisper (in s.o.'s ear)

|| או'נטער|פֿאַרדינ|ען *d)* earn (money) from time to time

|| 3. דער (ס) underling, subordinate; knave/jack (cards)

או'נטער...[2] under..., sub...; assistant, deputy; lower

|| או'נטערסעקרעטאַר undersecretary

|| או'נטערפֿאַרוואַלטער assistant director, deputy director

|| או'נטערעלזאַס [Ly] Lower Alsace

או'נטעראויון דער (ס) space behind the stove; part of the synagogue, near the door, where the poor congregants traditionally sit

או'נטער|איַיל|ן וו (–גע–ט) hurry *trans., perf.*, press, accelerate

או'נטעראַנטווי'קלט אַדי underdeveloped

או'נטעראָפּטייל דער (ן) subdivision

או'נטעראָפֿיציר דער (ן) non-commissioned officer

או'נטער|אַ'רבעט|ן וו (או'נטערגעאַרבעט) work from time to time; repair the bottom part (of a sock, etc.); plot, conspire

או'נטער|אָ'רדענ|ען וו (–גע–ט) subordinate

או'נטערבאַוווּ'סטזיַין דאָס (psychol.) subconscious

או'נטערבאַוווּ'סטזיניק אַדי/אַדוו subconscious

או'נטער|באָמקע|ן וו (–גע–ט) <דאַט> hum; sing along (with)

או'נטערבאַן די (ען) subway, metro

או'נטער|בורטשע|ן וו (–גע–ט) mumble, mutter *perf.*

או'נטער|בינד|ן וו (או'נטערגעבונדן) tie/attach from underneath

או'נטער|בלאָז|ן וו (או'נטערגעבלאָזן) (wind) blow intermittently; fan (flames, passions)

או'נטערבעט דאָס featherbed; bed/layer (of leaves, etc.)

או'נטער|בעט|ן וו (או'נטערגעבעט) <דאַט> use as sheet/mattress; lay out to serve as a bed (for s.o.)

או'נטער|ברומ|ען וו (–גע–ט) sing/hum in an undertone, under one's breath

או'נטער|ברעכ|ן זיך וו (או'נטערגעבראָכן) (limbs) become weak, wobble

או'נטער|ברענג|ען וו (–גע–ט/או'נטערגעבראַכט) destroy, stamp out, liquidate, ruin

או'נטערגאַנג דער (ען) decline, (down)fall, ruin; setting (of the sun/moon), sunset; epidemic

או'נטער|גאַרטל|ען זיך וו (–גע–ט) buckle one's belt; *fig.* gird oneself, gather one's strength

או'נטערגאָרן דער (ס) basement

או'נטערגיביק אַדי docile, submissive

או'נטער|גיי|ן* וו (איז או'נטערגעגאַנגען) go down, go under, sink; go downhill *fig.*; (institution) decline, collapse, disappear; (sun/moon) set

|| אונטערגיין <צו> approach, come near (to)

|| די וועלט גייט (נאָך) ניט אונטער it's not the end of the world

או'נטער|גיס|ן וו (או'נטערגעגאָסן) add (liquid); add/pour in (surreptitiously); prime (pump)

או'נטער|גנבֿע|נ|ען זיך וו (–גע–ט) <צו> sneak up (on) [GANVE]

או'נטערגעבײַ דאָס (ען) infrastructure; masonry underpinning, foundation

או'נטער|געב|ן* וו (או'נטערגעגעבן) add (in small amounts)

|| אונטערגעבן דאַט קוראַ'זש/מוט/היץ/חשק encourage, urge on [KhEYShEK]

|| אונטערגעבן זיך <דאַט> surrender (to), give up, capitulate

או'נטערגעבראָכ·ן אַדי broken, damaged; failing, unsteady (voice, limbs)

או'נטערגעגאַרטלט אַדי <מיט> belted/girded (with); *fig.* ready for anything

או'נטערגעהאַקט אַדי cut, chopped (branch, tree); wobbly; (eye) with dark circles

או'נטערגעוואָרפֿ·ן אַדי אונטערוואַרפֿן פּאַרט subject (to), dependent (on) <דאַט>

|| אונטערגעוואָרפֿן קינד foundling, abandoned child

או'נטערגעניי דאָס (ען) upper (of a shoe)

או'נטערגעסל דאָס (עך) זע הינטערגעסל

או'נטערגעפּוצט אַדי groomed (hair, appearance)

או'נטערגעשאָס·ן אַדי hit/killed by a bullet

|| ווי אַן אונטערגעשאָסענ|ער in a panic

או'נטערגעשויר־ן אַדי אונטערשערן פּאַרט trimmed (hair, beard)

או'נטערגעשלאָג־ן אַדי אונטערשלאָגן פּאַרט black (eye); (soup, etc.) enriched (with); <מיט> (fash.) lined (with)

או'נטערגעשמדט אַדי [U'NTERGEShMAT] *hum.* baptized; diluted/watered down (wine, milk)

או'נטערגעשריבענ|ער דער-דעק undersigned

או'נטער|גראָב|ן וו (או'נטערגעגראָבן) undermine, sap

או'נטערגרונט דער subsoil; substratum; clandestine movement, underground

או'נטערגרונט־באַן די (ען) subway, underground, metro

או'נטערגרו'נטיק אַדי underground, subterranean; clandestine, secret, illegal

או'נטערדערנע'רט אַדי undernourished

או'נטערדריקונג די oppression, repression

או'נטער|דריק|ן וו (-גע-ט) oppress, suppress, repress

או'נטערדריקער דער (ס) oppressor

או'נטער|דרעמל|ען וו (-גע-ט) doze, nap

או'נטערדרערדיש אַדי זע **אונטערערדיש**

או'נטער|האָ'דעווע|ן וו (-גע-ט) אַק <מיט> nourish s.o. (with), improve the ordinary fare (with)

או'נטערהאַלט דער (ן) (archit.) support, brace; backing, endorsement; entertainment, diversion, amusement

או'נטער|האַלט|ן[1] וו (או'נטערגעהאַלטן) support, hold up from below; maintain, support financially; sustain; endorse, back (psychologically, politically); (mus.) accompany; amuse, divert, entertain

|| **אונטערהאַלטן זיך** feed oneself, have a snack; entertain/amuse oneself

אונטערהאַלט|ן[2] וו (אונטערהאַ'לט) *Germ.* amuse, divert, entertain

אונטערהאַנדלונג די (ען) *Germ.* negotiation

|| מצ talks, parley

או'נטער|האַנדל|ען[1] וו (-גע-ט) <מיט> (furtively/sporadically) engage in the business (of)

אונטערהאַנדל|ען[2] וו (-ט) *Germ.* negotiate

או'נטער|האַק|ן וו (-גע-ט) cut down (tree), clip (wings); smash (ribs), give a black eye; shorten, trim, lop off

|| **אונטערהאַקן זיך** (legs) wobble

או'נטער|הודיע|ן וו (-גע-ט) [Dy] incite, spur on, instigate

או'נטערהויזן מצ (men's/women's) underpants

או'נטערהויטיק אַדי subcutaneous

או'נטער|הו'נגער|ן וו (-גע-ט) go hungry at times

או'נטער|הוסט|ן וו (או'נטערגעהוסט) cough slightly; (engine) sputter

או'נטערהייב דער (techn.) lift

או'נטער|הייב|ן וו (או'נטערגעהויבן) lift, pick up

|| **אונטערהייבן** אומפּ אַק *rev.* be indignant/upset

|| **עס הייבט מיך אונטער** I am beside myself

או'נטערהייבער דער (ס) (car) jack

או'נטער|הייצ|ן וו (-גע-ט) light/make a fire in (the stove)

או'נטער|הינק|ען וו (או'נטערגעהונקען) limp slightly, hobble; be faulty/inadequate

|| **אונטערהינקען** <אין/אויף> be weak (in), not be good (at)

או'נטער|העלפֿ|ן וו (או'נטערגעהאָלפֿן) help (s.o.) from time to time; assist, <דאַט> back up (s.o.); voice one's agreement (with)

או'נטערהעלפֿער דער (-/ס) aide, assistant; acolyte, sidekick, accomplice

או'נטערהעמד דאָס (ער) undershirt

או'נטער|העצ|ן וו (-גע-ט) incite to violence; excite, arouse

או'נטערהעצער דער (ס) agitator, rabble rouser

או'נטערהער דער eavesdropping

|| **טעלעפֿאָ'ניש|ער אונטערהער** [Ly] wiretapping

או'נטער|הער|ן וו (-גע-ט) overhear (unnoticed)

|| **אונטערהערן זיך** <צו> eavesdrop

או'נטערוואַסער־שיף די (ן) submarine

או'נטער|וואַקס|ן וו (איז או'נטערגעוואַקסן) grow up *perf.*, get bigger

או'נטער|וואַרט|ן וו (או'נטערגעוואַרט) wait a while

או'נטער|וואָרטשע|ן וו (-גע-ט) grumble, mutter *perf.*

או'נטער|וואַרפֿ|ן וו (או'נטערגעוואָרפֿן) abandon (child); hurl (explosive device)

|| **אונטערוואַרפֿן** <דאַט> throw (within the reach of); place (stg. compromising) (at s.o.'s door)

|| **אונטערוואַרפֿן זיך** <דאַט> submit oneself to, subject oneself (to)

או'נטער|וואַש|ן וו (או'נטערגעוואַשן) (water) wash away, erode *perf.*

או'נטערוווקס דער (ן) rising generation

או'נטער|ווײַז|ן וו (או'נטערגעוויזן) point out from time to time

או'נטערווײַלעכס = או'נטערווײַלעכץ אַדוו זע הינטערווײַלעכץ

או'נטערוויסיק אַדי — subconscious

או'נטערוויסיקייט די — (psychol.) subconscious

או'נטער|ווישן וו (-גע-ט) — wipe (infant, etc.) off

או'נטערוועג דער (ן) זע הינטערוועג

אונטער וועג(נ)ס אַדוו זע וועג[1]

או'נטערוועלט די — underworld, gangland

או'נטערווערפֿלינג דער (ען) — *neol.* foundling

או'נטערוועש דאָס — underwear, undergarments

או'נטער|זאָגן וו (-גע-ט) — (theat, school)) whisper, prompt; suggest, advise

אונטערזוכונג די (ען) — medical examination; (jur.) inquest, investigation

או'נטער|זוכן וו (-גע-ט) — (med.) examine; inspect

או'נטער|זידן וו (או'נטערגעזאָטן) — simmer, boil gently

או'נטער|זינגען וו (או'נטערגעזונגען) — sing under one's breath; sing along (with a singer)

או'נטער|זי'נדיקן וו (-גע-ט) — sin from time to time; give in to a minor vice

|| אונטערזינדיקן מיט — *hum.* have as a secret hobby

או'נטער|זעגן וו (-גע-ט) — saw at the base; saw off

או'נטער|חנפֿע|(נע)ן וו (-גע-ט) <דאַט> [KhANFE] — flatter (from time to time)

|| אונטערחנפֿענען זיך <צו> — butter up, ingratiate oneself (to)

או'נטער|חתמע|(נע)ן וו (-גע-ט) [KhASME] — sign *perf.*

או'נטערטאַנער דער (ס) פֿעמ ין — (polit.) subject; national, citizen

או'נטער|טאַנצן וו (-גע-ט) — dance a little, hop, jump (for joy)

או'נטער|טונקען וו (-גע-ט) — submerge *trans.*, immerse

|| אונטערטונקען זיך — dive, submerge *intr.*

או'נטער|טוקן וו (-גע-ט) — submerge *trans.*, immerse; dive

|| אונטערטוקן זיך — dive, submerge *intr.*

או'נטער|טיילן וו (-גע-ט) — subdivide

או'נטערטעניק אַדי <דאַט> — subjugated (to), dominated (by), dependent (on); submissive, docile, humble

|| אונטערטעניק מאַכן — subjugate, enslave

אונטערטע'ניקן וו (-ט) — subject, subjugate

או'נטערטעצל דאָס (עך) — coaster, saucer

או'נטערטעקסט דער (ן) — subtitle, legend; underlying meaning, subtext

או'נטער|טראָגן וו (או'נטערגעטראָגן) — shock, exasperate; tell on, squeal on, rat on

|| אונטערטראָגן אַק דאַט — bring/serve stg. to s.o.; offer/present stg. formally to s.o.

|| אונטערטראָגן דעם גוט־מאָ'רגן — greet eagerly

או'נטער|טרײַבן וו (או'נטערגעטריבן) — urge on, goad, spur

או'נטער|יאָגן וו (-גע-ט) — hurry, rush, hasten, speed up

או'נטער|יאָכן וו (-גע-ט) — subjugate, enslave

אונטערימיש אַדי [U'NTERYA'MISh] — undersea

או'נטער|כאַפּן וו (-גע-ט) — seize, catch (in mid-air/passing); continue/finish (sentence started by another); sing along

|| אונטערכאַפּן זיך — appear, pop up unexpectedly

או'נטערלאַג דער (ן) — (fash.) lining; framework, base; dividing layer, interleaf

או'נטער|לויפֿן וו (איז או'נטערגעלאָפֿן) — run/rush up; overflow, run over; trip up

או'נטערלײַב דאָס (ער) — lower abdomen

או'נטער|לייגן וו (-גע-ט) — place/slip underneath; place/set (as a surprise/trap), set (bomb)

|| אונטערלייגן <אַק מיט> — line/decorate (stg. with)

|| אונטערלייגן זיך — submit, yield

או'נטער|לעבן וו (-גע-ט) — live it up

או'נטער|לענען וו (-גע-ט) — *lit.* support, keep upright; rest (one's head on a pillow, etc.); strengthen, fortify

|| אונטערלענען זיך (דאָס האַרץ) — refresh oneself, have a bite to eat

או'נטער|לעקן זיך וו (-גע-ט) <צו> — *pop.* flatter, lick (s.o.'s) boots

או'נטערלעקער דער (ס) פֿעמ קע — *pop.* flatterer, sycophant, bootlicker

או'נטערמאָגן־דריז די (ן) — pancreas

או'נטער|מאַכן וו (-גע-ט) — fake, forge, counterfeit; *pop.* do one's business, answer the call of nature

או'נטער|מורמלען וו (-גע-ט) — murmur; speak evil

או'נטערמיטלשול די (ן) — middle school, junior high school

או'נטערן = אונטער דעם — *regular contraction*

|| אונטערן = אונטער דער — *contraction possible only in certain dialects*

אונטערנעמונג די (ען) enterprise, undertaking, venture

או'נטער|נעמ|ען (זיך) וו (או'נטערגענומען) undertake (stg./to); commit oneself <צו/אַק> (to)

|| **קענ|ען* זיך אונטערנעמען** be equal to (a task)

אונטערנעמער דער (ס) פֿעמ ין entrepreneur, director; initiator

אונטערנע'מעריש אַדי enterprising

או'נטער|נעצ|ן וו (–גע–ט) wet (by urinating)

או'נטער|סקריפּע|ן וו (–גע–ט) squeak/creak a little; *fig.* leave a lot to be desired

או'נטערערד 1. די subsoil

|| **.2** די/דער clandestine movement, underground; secrecy

|| **(אַוועק)גיי|ן* אין דער אונטערערד** go underground

או'נטערע'רדיש אַדי underground, subterranean; clandestine

או'נטערערדלער דער (–/ס) underground fighter

או'נטער|פּאַטש|ן וו (–גע–ט) slap surreptitiously; tap, pat; clap faintly (as a sign of displeasure at a performance)

או'נטערפּאָלקאָווניק דער (עס) lieutenant-colonel

או'נטער|פּגר|ן וו (–גע–ט) [PEYGER] *hum.* be at death's door; be dying of hunger, be very hungry

או'נטערפּריווילעגי'רט אַדי [Ly] underprivileged, disadvantaged

או'נטער|פֿאַל|ן וו (איז או'נטערגעפֿאַלן) אונטער fall under (the influence/control of)

|| **אונטערפֿאַלן** דאַט plead with; diminish/demean oneself before

או'נטער|פֿאַ'לשעווע|ן וו (–גע–ט) falsify/cheat repeatedly

או'נטער|פֿאַסט|ן וו (או'נטערגעפֿאַסט) fast intermittently

או'נטער|פֿאַרדינג|ען וו (–ט) sublease, sublet

או'נטער|פֿאָר|ן וו (איז או'נטערגעפֿאָרן) ride (a bit) without paying, hitchhike part of the way; ride up, approach (in a vehicle); *neol.* (plane) taxi

|| **אונטערפֿאָרן אין/קיין** take a short trip to

או'נטערפֿאָרער דער (ס) פֿעמ קע hitchhiker

או'נטער|פֿױל|ן וו (–גע–ט) go bad in spots, start to decay

|| **אונטערפֿױלן זיך** be a little lazy

או'נטער|פֿײַפֿ|ן וו (–גע–ט) whistle (under one's breath); accompany (a song) by whistling

או'נטער|פֿיר|ן וו (–גע–ט) accompany; give a lift/ride to; trick, dupe, fool; take stock of

|| **אונטערפֿירן אַ סך־הכּל** [S(A)KhAKL] sum up, summarize

או'נטערפֿירער דער (ס) פֿעמ ין *Jew.* person who accompanies the couple getting married to the wedding canopy or to the bridal chamber; *(masc.)* best man, *(fem.)* bridesmaid

או'נטער|פֿלי|ען וו (איז או'נטערגעפֿלויגן) fly up, flutter; come flying in/over

או'נטערצי דער (ען) bottom line, balance, (logical) conclusion

או'נטער|צי'טער|ן וו (–גע–ט) shiver, tremble

או'נטערצינדונג די (ען) arson

או'נטער|צינד|ן וו (או'נטערגעצונדן) set fire to; ignite, set off, trigger (war/quarrel)

או'נטערצינדער דער (ס) arsonist, pyromaniac

או'נטער|צי|ען וו (או'נטערגעצויגן) draw up the balance, calculate the total; underline

או'נטער|צעטייל|ן וו (–ט) subdivide

או'נטערקאָלאָנעל דער (ן) lieutenant-colonel

או'נטער|קויפֿ|ן וו (–גע–ט) bribe, corrupt

או'נטער|קומ|ען וו (איז או'נטערגעקומען) appear, arrive unexpectedly; join up with; be imminent; (occasion) arise

|| **ווען/ווו עס קומט אונטער** when/where the occasion arises

או'נטער|קוק|ן (זיך) וו (–גע–ט) observe furtively, peek

או'נטערקלייד דאָס (ער) slip, petticoat

או'נטערקעלער דער (ן) cellar, basement; subbasement

או'נטערקעפּל דאָס (עך) subheading, subtitle

או'נטער|קרעכצ|ן וו (–גע–ט) groan from time to time

או'נטער|קרענק|ען וו (–גע–ט) be sickly; suffer from a lingering illness

או'נטער|רוק|ן וו (–גע–ט) דאַט slip stg. to s.o. furtively, discreetly make available to; lay (a trap, stg. incriminating) in s.o.'s way

|| **אונטעררוקן זיך** approach furtively; crop/turn up, show up; be imminent

או'נטער|ריי'כער|ן וו (–גע–ט) <דאַט> מיט have (s.o.) inhale the fumes of *(folk remedy to drive out/exorcise an illness)*

או'נטער|רײַס|ן וו (או'נטערגעריסן) ruin (reputation), run down; undermine (health); sap/undermine (authority)

|| **אונטעררײַסן זיך** rupture oneself, give oneself a hernia; make a strenuous effort; have a miscarriage

או'נטעררי‌כט דער (ן) *Germ.* education, pedagogy

או'נטער|רעד|ן וו (–גע–ט) murmur, whisper, start a rumor; *neol.* dub (film)

או'נטער|שאַצ|ן וו (–גע–ט) underrate, underestimate

או'נטער|שדכנ|ען וו (–גע–ט) [ShATKh·N] arrange marriages as a sideline

או'נטער|שווײַג|ן וו (או'נטערגעשוויגן) wait in silence

או'נטערשווענקונג די erosion, washing away

או'נטער|שווענק|ען וו (–גע–ט) erode, wash away; (current) carry away

אונטערשט אַדי–עפּי bottom; lower; lowest, lowliest

או'נטערשטאָט די זע הינטערשטאָט

או'נטערשטאַנד דער low-income groups

או'נטער|שטופּ|ן וו (–גע–ט) push from behind, push forward; stimulate, quicken, goad; promote, advance the career of

או'נטער|שטיי|ן[1]* וו (איז או'נטערגעשטאַנען) remain standing for a while; dare

אונטערשטיי'|ן[2]* (זיך) וו (מיר/זיי אונטערשטייען; איז/האָט אונטערשטאַנען) dare, have the audacity to <צו/אַק>

אונטערשטיצונג די (ען) support, backing, aid

או'נטער|שטיצ|ן וו (–גע–ט) support, aid, endorse, back

או'נטער|שטעל|ן וו (–גע–ט) put underneath; lend (an ear, a hand); place (in order to harm/deceive/monitor)

|| אונטערשטעלן <דאַט> אַן אַקסל/אַ פּלייצע give a helping hand (to)

|| אונטערשטעלן זיך <צו> dare to

|| וואָס שטעלט איר זיך אונטער? how dare you?

או'נטערשטראָם דער (ען) undertow, undercurrent

או'נטער|שטרײַכ|ן וו (–גע–ט/ או'נטערגעשטראָכן) underline, emphasize, stress

או'נטערשייד דער (ן) difference

אונטערשיידונג די (ען) differentiation

אונטערשיידלעך אַדי distinctive, discernible

או'נטער|שייד|ן וו (–גע–ט) distinguish, differentiate

|| אונטערשיידן זיך <מיט> differ, distinguish oneself (by)

או'נטערשיכט דער (ן) substratum, bottom layer

או'נטער|שיס|ן וו (או'נטערגעשאָסן) fire at, shoot down

או'נטערשיסעלע דאָס (ך) chicanery, intrigue, trick

או'נטער|שיק|ן וו (–גע–ט) dispatch (with a specific aim), send (in order to deceive/harm)

או'נטער|שלאָג|ן וו (או'נטערגעשלאָגן) beat (up); bruise, give a black eye; line, trim (garment); add, mix in (cream, flour, etc.); intercept, purloin

או'נטערשלאַק דער (...שלעק) (fash.) lining; substratum, underside

או'נטער|שמיד|ן וו (–גע–ט) shoe (a horse)

או'נטער|שמייכל|ען וו (–גע–ט) crack a smile

|| אונטערשמייכלען זיך צו flatter, toady up to

או'נטער|שמײַס|ן וו (או'נטערגעשמיסן) spur on by whipping; urge on

או'נטער|שמיר|ן וו (–גע–ט) grease (machinery); *hum.* bribe, grease the palm of

אונטערשמש דער (ים) [U'NTERShAMES - ...ShAMOSIM] assistant to the beadle/sexton; underling, minion

או'נטער|שנײַד|ן וו (או'נטערגעשניטן) shorten (from below); cut down, mow

או'נטער|שער|ן וו (או'נטערגעשאָרן) cut/shorten (hair, etc.)

או'נטערשפּאַר דער (ן) prop, support

או'נטער|שפּאַר|ן וו (–גע–ט) bolster, prop up, buttress

או'נטער|שפּרינג|ען וו (איז או'נטערגעשפּרונגען) hop, bounce, bob; arrive suddenly, coming bounding over

או'נטער|שרײַב|ן וו (או'נטערגעשריבן) sign, endorse (a document)

|| אונטערשרײַבן זיך <אויף/אונטער> sign one's name (on/at the bottom of)

או'נטערשריפֿט די (ן) signature

אוניאַ'ט דער (ן) [NY] Uniate, member of the Ukrainian Catholic church

אוניווערמאַ'ג דער (ן) *neol.* (in Russia and the USSR) department store

אוניווע'רס דער (ן) universe

אוניווערסאַ'ל אַדי universal

אוניווערסאַ'ל־קראָם די (ען) department store

אוניווערסיטע'ט דער/די (ן) university

אוניווערסיטעטיש אַדי (of a) university, academic

אוניסאָ'ן דער unison

אוניפֿאָר(ע)ם די (...רמען) uniform

אוניפֿיציר|ן וו (–ט) unify

אוניקום דער (ס) sole exemplar; one of a kind (thing/person)
אונס דער [OYNES] compulsion, coercion
אונץ די (ן) ounce
אוסאַ'ק דער (עס) זע אושאַק
אוסטאַ'וו דער (ן) *Slav.* statute, regulation
אוסטרויע|ן וו (–ט) *Slav.* organize; put in place, install
אוספּייע|ן וו (–ט) do (on time)
|| אוספּייען (צו) have the time to; succeed (within the allotted time)
אוספּע'ך דער (ן) *Slav.* success, good result
אור־ע'ן דער זע אונאָ
אופֿאָרע|ן זיך וו (–ט) finish one's work
|| אופֿאָרען זיך מיט manage to get through, complete
אופּראַווע די (ס) *Slav.* administration, municipality, city/town hall
אוף[1] אינט phew!
אוף[2] אַדי–אַטר/קוו זע אויף 1., 3.
אופֿאַ' אינט whew!; oh! my goodness!
אופֿן דער (ים) [OYFN - OYFANIM] way, manner
|| אויף אַזאַ'(ן)/דעם אופֿן thus, in this manner
|| אויפֿן בעסטן אופֿן in the best way
|| אויף קיין אופֿן ניט under no circumstances, on no account
אוצר דער (ות) [OYTSER - O'YTS(E)RES] treasure, hoard
|| נאַטי'רלעכע אוצרות natural resources
אוצרער דער (ס) [O'YTSERER] *neol.* treasurer
אוצר־קאַמער די (ן) [O'YTSER] treasury
אוקאַ'ז דער (ן) ukase, decree
אוקאָס[1] דער slant, slope, obliqueness
|| אויף אוקאָס on the bias, obliquely
או'קאָס־[2]... oblique
אוקי(י)נוס דער [OKYONES] *lit.* ocean
אוקראַיִניש אַדי/(דאָס) Ukrainian
אוקראַיִנע (די) Ukraine
אוקראַיִנער דער (–) פֿעמ ין Ukrainian
אוקראָפּ דער זע אָקרעפּ; קראָפּ[1]
אוקריי'ניש אַדי/(דאָס) זע אוקראַיִניש
אור[1] דער (ות) [OR/OYR - OYRES] divine/supernatural/spiritual light
או'ר־[2]... ancient, primeval, original, proto-, pre-
|| או'רהעברעיִש ancient Hebrew
אוראַדניק דער (עס) (in tsarist Russia) village policeman/constable

או'ראו'ראַיי'ניקל דאָס (עך) great-great-grandchild
או'ראייניקל 1. דאָס (עך) great-grandchild; great-granddaughter
|| 2. דאָס/דער (עך) great-grandson
אוראַלט אַדי ancient, very old
אוראַ'ן (דער) Uranus
אוראַניום דער [NY] uranium
אוראָ'ק דער (ן) *Slav.* class, private lessons; homework
אורבאַ'ן אַדי *neol.* urbane, civil, polite
אורבאַניזירונג די urbanization
או'רגעשיכטע די prehistory
אור־הגנוז דער [OYR-HAGO'NEZ] *Jew.* legendary light that illuminated all Creation until Adam's sin, and that is now reserved for the pious in paradise
אורוגווײַ' (דאָס) Uruguay
אורוואַלד דער (...וועלדער) old-growth/virgin forest
אורוואַנט דער (ן) clamp, vise
או'רוועלדער מצ זע אורוואַלד
אורזאַך די (ן) *Germ.* reason, cause
או'רזיידע דער (ס) ancestor
אורזינד די (–) original sin
אורח דער (ים) [OYREKh - ORKhIM] visitor, guest; poor person invited for the Sabbath meal
אורחי־פּורחי מצ זע אָרחי־פּרחי
אורטייל דער (ן) sentence, verdict, judgment
או'רטיילן וו (גע–ט) judge, conclude, decide
אורטל דער (ען) זע אורטייל
אורים־ותּומים מצ/דער [U'RIM-VETU'MIM] *bibl.* Urim and Thummim, twelve precious stones with the names of the tribes of Israel on the breastplate worn by the High Priest, who used them for divination
אוריי'ן דער urine
אוריגאַ'ל דער (ן) urinal
אורינירן וו (–ט) urinate
אורלויב דער (ן) leave, furlough
|| אָ'פּלאָזן/אַרוי'סלאָזן אויף אורלויב grant a furlough to
או'רמאַמע = או'רמוטער די (ס) foremother, (female) ancestor
אורמענטש דער (ן) primitive man
אורנע די (ס) urn, ballot box
או'רעלטערן מצ ancestors, forebears
או'רערשט(יק) אַדי *lit.* original, primeval, initial

או'רפֿאָטער דער (ס) ancestor, forefather

אורקוואַל דער (ן) fountainhead, primary source, origin

אורקע (דער) (ס) *fam. (often used as a proper noun)* thief, crook, pickpocket

אורשפּרונג דער (ען) *Germ.* origin, genesis, source

אושאַק דער (עס) door post, door frame

אושפּיזין מצ [UShPIZN] symbolic invitees (the patriarchs Abraham, Isaac and Jacob as well as Moses, Aaron, Joseph and King David) who are supposed to take turns presiding over meals in the *sukkah* for seven days

|| פֿ״גל סוכּה

אות דער/דאָס (–יות) [OS - OYSYES] letter, character

|| זאָג|ן די אותיות <פֿון> spell (a word)

|| אַרײַ'נ|לייג|ן אין די דרײַ אותיות excommunicate

|| די קליינע אותיות traditional Jewish texts and their study

אות־באות אַדוו [OS–BEO'S] literally, letter for letter

אות־באותיק אַדי [OS–BEO'SIK] literal

אותו אַדי–אינוו [OYSE] that/this very

|| די אותו רגע [REGE] (at) this very moment

אותו־האיש דער [O'YSE–HOI'Sh] *in-group* Jesus *("that man", expression used to avoid mentioning his name)*

אותות־ומופֿתים מצ [OYSES–UMO'FSIM] marvels, wonders, supernatural signs

|| מיט אותות־ומופֿתים arguing at length; *often iron.* supported by evidence

אַז קאָנ that; if, when

אַזאַ' אַדי–אינוו (אַזוינע/אַזעלכע) such a; what (a) ... *(exclamation)*; a kind/sort of

|| אַזאַ אומגליק! what a misfortune!

|| אַזאַ ווילע פֿרוי such a fine woman

|| אַזאַ ווערטל a witticism/saying like that

|| אַ ווערטל אַזאַ some sort of witticism/saying

אַזאָ'ט דער nitrogen

אַזאַ'ן אַדי–אינוו such a *(form of* **אַזאַ** *optionally used before words beginning with a vowel)*

אַזאַ'ס(יע) אינט [Sy] watch out! don't you dare!; never! under no circumstances!

אַזאַ'רט דער chance, hazard, risk (in a game); excitement, exasperation

אַזאַרטשפּיל די (ן) game of chance, gambling

אַזאַ'רטשפּילער דער (ס) פֿעמ קע gambler

אַזבע'סט דער asbestos

אַזבעסט·ן אַדי (of) asbestos

אַזהרה די (–ות) [AZHORE] *lit.* warning, notice, *esp.* to demand respect for a rabbinic interdiction

אַזוי' אַדוו so, thus; in such a way; like this, in this way; as follows; just like that, for no particular reason; right away

|| אויב אַזוי if so, if that's the case

|| פּונקט אַזוי exactly, just so

|| אַזוי אַז so that, in such a way that

|| אַזוי ... אַז to such an extent .... that

|| אַזוי אַרו'ם/אַרומער(ט) by this means, in this way

|| אַזוי גאָר? really?, is that so? you don't say!

|| אַזוי ווי since, given that, inasmuch as

|| אַזוי ... ווי as ... as

|| אַזוי שטאַרק ווי ער as strong as he

|| אַזוי און אַזוי in a certain way; and so forth and so on; such and such

|| אַזוי נאָך like this, this way

|| אַזוי זיך not too bad; just like that, for no particular reason

|| אַזוי צי אַזוי one way or another

|| אַזוי צי אַזוי! make up your mind!

|| אַזוי' צו זאָגן as follows, in the following words; so to speak

|| אויף אַזוי ווײַט <אַז> to such a point (that)

|| אויף אַזוי ווײַט/פֿיל ווי insofar as

|| אָט אַזוי this way, that's the way

|| אָט אַזוי! well done! good show! attaboy!

אַזוי' גערופֿ·ן אַדי–עפּי so-called; known by the name of

אַזוינאָך אַדוו thus, in this manner

אַזוינ|ער פּראָנ (נייטראַל נאָמ/אַק: אַזוינס) such; the like, stg. similar

|| אַזוינער וואָס someone who

|| אַזוינס such a thing

|| אַזוינס וואָס something that

|| עפּעס אַזוינס something of this sort

|| אַזוינס און אַזע'לכ(ע)ס something unusually good/delightful

|| פֿ״גל אַזאַ

אַזוי'ערנאָך אַדוו זע אַזוינאָך

אַזיאַ'ט דער (ן) פֿעמ קע [ZY] Asian; *pejor., insult.* barbarian, savage

אַזיאַטיש אַדי [ZY] Asiatic

אַ זייגער : איינס/צוויי/... אַ זייגער (at) one/two/... o'clock

|| אַ זייגער איינס around one o'clock

אַזי'ל דער (ן) asylum

אַזי'סט אַדוו otherwise, or else

אַזיע די [ZY] Asia

אַזיער דער (–) פֿעמ ין [ZY] Asian

אָז־ישיר דער [OZ-YO'ShER] *bibl.* song of praise sung by Moses and the Israelites after crossing the Red Sea; hymn, eulogy

אזכרה די (–ות) זע הזכרה

אַזע'טיקע אַדי–מצ such

|| אַזעטיקע אַלטע געשיכטעס such old stories

אַזעלכ|ער פֿראָנ (נייטראַל נאָמ/אַק: אַזעלכ(ע)ס) such; one like that

|| זי איז ניט אַזעלכע she is not like that

|| פֿ״גל אַזאַ

אַזעס פֿאָנ עזות

אָ'זערע די (ס) lake; pond, pool; *dial.* puddle

אַזש 1. אַדוו at least, no less than; up to, as many as, as much as *(with a suggestion of excess)*

|| אַזש אַ צענדליק אויטאָס not less than ten cars

|| אַזש ביז מאָסקווע all the way to Moscow

|| 2. קאָנ until; so much that

|| זיי האָבן מאַרשירט אַזש זיי זענען געקומען they marched until they got there

|| 3. פּאַרטיקל *(after inflected verb)* in fact, actually, to the point where

|| ער איז אַזוי צעמישט - ער קען אַזש נישט רעדן he is very confused: he can't even talk

אַזשו'ר אַדי–אַטר/אַדוו up to date

|| פֿ״גל אַזשורנע

אַזשוריק אַדי–עפּי openwork (embroidery); *neol.* updated, up to date

אַזשורנע אַדי openwork (embroidery)

אָ'זשענ(יצ)ע די (ס) blackberry

אחד דער [EKhO'D] *Jew.* principle of the Oneness of God; the last word of the Jewish credo

|| פֿ״גל שמע־ישׂראל

אחדות דאָס [AKhDES] unity; common name for Jewish workers' associations in Eastern Europe (late 19th - early 20th century); unity, oneness

אחדותניק דער (עס) פֿעמ ...ניצע [A'KhDESNIK] member of an association of Jewish workers; revolutionary

|| פֿ״גל אחדות

אַחוץ פּרעפּ [AKhU'TS] except, besides, save, but, apart from

|| אַחוץ דעם in addition, furthermore, moreover

אָחור דער (ס/אַחורים) [OKhER - AKhORAIM] *pop.* rear end, posterior, buttock

אָחי דער [OKhI] *iron., in-group* brother

אחיזה די (–ות) [AKhIZE] foothold, support, grasp

אחיזת־עינים דאָס [AKhIZES-EYNA'IM] deception, lure, decoy

אַחים־לצרה מצ [AKhIM-LETSO'RE] companions in misfortune, people in the same boat *fig.*

אַחינו־בני־ישׂראל מצ [AKhE'YNU-BNEY-YISRO'EL] (we) Jews

|| אַחינו־בני־ישׂראל! Jewish brothers!

אַחר־המעשׂה אַדוו [AKhER-HAMA'YSE] afterwards, after the fact

אַחרון דער (ים) [AKhREN - AKhROYNIM] the last of the seven men called to the reading of the Torah in the synagogue on the Sabbath; the last one

אַחרון אַחרון חבֿיבֿ פֿר [AKhREN AKhREN KhOVEV] last but not least

אַחרון־של־פּסח דער [AKhREN-ShEL-PE'YSEKh] *Jew.* eighth and last day of Passover

אחריות דאָס/די (ן) [AKhRAYES] responsibility, liability

אחריותדיק אַדי/אַדוו [AKhRA'YESDIK] responsible, reliable, conscientious

אַחרי־כּכלות־הכּל פֿר [AKhREY-KIKhLOYS-HA'KL] the end of the world, all is lost; after all, in the last analysis

אחרית־הימים דער [AKhRES-HAYO'MIM] *Jew., lit.* Messianic era; apocalypse

אחשוורוש פּנ [AKhAShVEYRESh] Ahasuerus, Persian king in the book of Esther

אחשתּרנים מצ [AKhAShTRONIM] couriers, messengers; *hum.* restless/agitated/indiscreet people

אחת־ואחת 1. אַדוו [AKhAS-VEA'KhAS] one by one

|| 2. אַדי–אַטר–מצ hand-picked

אחת־לאַחת אַדוו [AKhAS-LEA'KhAS] little by little; meanwhile

אָט אַדוו (while pointing) here, there; just; at this moment; soon; (before an adverb) precisely

|| דאָס בוך? אָט ליגט עס the book? there it is

|| אָט איז די שטאָט here is the city

|| אָט איז ער געקומען he has just arrived

|| אָט קומט ער he is on the way, he will be here soon

|| אָט (אָ) דאָ right (over) here

|| אָט דעמאָלט just then, at that moment

|| אָט דער, אָט די, אָט דאָס, אָט דעם that, those; this, these

|| אָט דע'ם קוכן נעם איך this is the cake that I am taking

|| אָט דע'ם וויל איך that's the one I want

|| אָט וואָ'סער(ע) the following

|| אַט ווי (אַזוי') — as follows
|| אַט ..., אַט — now ... now
|| אַט רעגנט, אַט שנייט — now it rains, now it snows
|| אַט אַ ...! — what a ...!
אַטאָ אַדוו זע אַט
אַטאַווע די — second crop, regrowth (of grass)
אַט־אַט אַדוו — very soon, at any moment
אַט־אַט־אַט אינט — on the dot!, exactly!
אַט־אַ'טיק אַדי — imminent
אַטאָ'ל דער (ן) — atoll
אַטאָ'ם[1] דער (ען) — atom
אַטאָ'ם[2]־... — atomic
|| אַטאָם־ענערגיע — atomic energy
אַטאַמאַ'ן דער (ען/עס) — hetman, ataman (Cossack chief); military leader; ringleader
אַטאָמאַנ(ק)ע די (ס) — ottoman, settee
אַטאָ'מיקער דער (ס) פֿעמ ין — atomic scientist/technician
אַטאָמיש אַדי — atomic
אַטאָמקויפּ דער (ן) — atomic pile
אַטאָסע די (ס) — rope/strap connecting the shaft to the axle
אַטאַ'ק דער (ן) — attack
אַטאַקיר|ן וו (–ט) — attack, assail, criticize
אַטאַקע די (ס) זע אַטאַק
אַטאַשע' דער (ען) — attaché
אַטוואַזשע|ן זיך וו (–ט) — dare, be bold
אַטחיה|ן וו (–ט) [OTKhAYE] — revive, comfort
|| אַטחיהן זיך — recover *intr.*, perk up
אַטיז(ד)נע = אַטיעז(ד)נע [Ty] די (ס) — going-away present
אַטכײַע|ן = אַטכײַע|ן וו (–ט) זע אַטחיהן
אַטלאַנטיק דער — Atlantic (Ocean)
אַטלאַנטיש אַדי — Atlantic
אַטלאַס[1] דער (ן) — atlas
אַטלאַס[2] דער זע אַטלעס
אַטליע די (ס) זע אָדליגע
אַטלע'ט דער (ן) פֿעמ קע [Ly] — athlete
אַטלעטיק די [Ly] — athletics
אַטלעטיש אַדי [Ly] — athletic
אַטלעס דער — satin
אַ'טלעס·ן אַדי — (of) satin
אַטמאָספֿע'ר די (ן) — atmosphere
אָטמ(י)עטקע די (ס) — *Slav.* (student's) grade/mark
אָטסטאַוונע אַדי — *Slav.* retired

אַטעיִזם דער — atheism
אַטעי'סט דער (ן) פֿעמ קע — atheist
אַטעליע' דער (ען) [LY] — (artist's) studio, atelier
אָטעם[1] דער (ס) — breath
|| אָן (אַן) אָטעם — breathless; out of breath
|| אָ'פּ|כאַפּ|ן דעם אָטעם — catch one's breath
|| פֿאַרכאַפּ|ן/פֿאַרשלאָג|ן <דאַט> דעם אָטעם — make one gasp for air
אָ'טעם[2]־... — respiratory
אָ'טעם־אָפּכאַפּ דער (ן) — *neol.* pause, respite, breathing spell
אָ'טעמונג די — respiration
|| קי'נסטלעכ|ע אָטעמונג — artificial respiration
אָ'טעמ|ען וו (גע–ט) — breathe
אַטע'ן (דאָס) — Athens
אַטענטאַ'ט דער (ן) <אויף> — assassination attempt (against)
אַטעסטאַ'ט דער (ן) — diploma, certificate; testimonial, (letter of) recommendation
אַטעסטיר|ן וו (–ט) — attest, certify
אָטער דער (ס) — otter
אָטפּוסק דער (ן) — *Slav.* leave, furlough, permission
אָטפּראַווע|ן וו (–ט) — *Slav.* dispatch, send
אָטקופּ דער (ן) — (in Russia) farming out the sale of alcoholic beverages, etc.
אָטקריטקע די (ס) — *Slav.* postcard
אַטראָפּי'רט ווער|ן וו (איז אַטראָפּי'רט געוואָרן) — atrophy
אַטראַקציע די (ס) — attraction
אָטריאַ'ד דער (ן) — *Slav.* (milit.) detachment
אַטריבו'ט דער (ן) — attribute
אָטרעמבעס מצ — bran; waste
אָ'טשיסקע די (ס) — corn (on foot), callus
אָ'טשערעד דער (ן) — file, line, queue
|| שטיי|ן* אין אָטשערעד — form a line, stand in line
אָטשערע'ט דער (ן) זע טשערעט
אײ[1] קאָנ — and also
|| אײ ... אײ — both .... and, as well as ...., not only ... but also
|| אײ קלוג אײ שיין — both wise and beautiful
|| אײ דאָ'ס — and what's more, moreover; even then
אײ[2] דער (ען) — (the letter) I
אײ[3] אינט — bah!
אײ[4] = איז זע זײַן[2]
אַי אינט/קאָנ זע אײַ

אַיאָ' אינט — isn't that so?

איבוד דער [IBED] — loss, waste

איבוד־ממון דער [IBED-MO'MEN] — financial loss

איבונג די (ען) — *Germ.* exercise (physical, school, etc.)

איבל דער (ען) — nausea, distaste, disgust, aversion; *Germ.* wrong, injustice

|| איבל ווער|ן דאַט — *rev.* be nauseated

איבל|ען וו-אומפּ (גע–ט) פֿון — *rev.* nauseate

|| איבלען וו–אומפּ דאַט — *rev.* feel nauseated/disgusted

איב|ן זיך וו (גע–ט) — *Germ.* exercise, train

איבער[1] **1.** פּרעפּ — *(stressed)* above, over; in excess of, more than; beyond; *(unstressed)* via; throughout, across; because of; bent/leaning over; during; on the subject of, concerning

|| אי'בער די וואָלקנס — above the clouds

|| אי'בער צען יאָר — more than ten years

|| אי'בער די גרע'נעצן — beyond the borders

|| אי'בער מאָרגן — day after tomorrow

|| איבער פּאַרי'ז — via Paris

|| איבער דער וועלט — around/throughout the world

|| איבער אַ נאַ'רישקייט — over a trifle

|| איבער אַ בוך — bent over a book

|| איבער זומער — over/during the summer

|| אַ ... איבער אַ — every other, alternate

|| אַ טאָג איבער אַ טאָג — every other day

|| מצ איבער מצ — plenty of, more and more

|| צרות איבער צרות [TSORES] — unending troubles, one problem after another

|| איבער אַ יאָ'ר — next year

|| **2.** קוו — *meaning: a)* re-, again; *b)* over-, too much, excessively; *c)* trans-, transfer, cross

|| אי'בער|טראַכט|ן — *a)* reconsider

|| אי'בער|פֿאַרב|ן — *a)* repaint

|| אי'בער|זאַלצ|ן — *b)* oversalt

|| אי'בער|קליג|ן — *b)* outsmart, surpass in intelligence

|| אי'בער|גיס|ן — *c)* pour over, transfer by pouring

|| אי'בער|שווימ|ען — *c)* swim across

אי'בער[2]... — over-, super-, supra-, hyper-

|| אי'בערמי'ד — overtired

|| אי'בערקלאַ'נגיק — supersonic

|| איבערמלוכיש [I'BERMELU'KhISh] — supranational

|| אי'בערזוי'ערקייט — hyperacidity

|| פֿ״גל אייבער...

איבער אַ יאָר אַדוו זע איבער[1] 1. (אַ יאָר)

איבעראַיאָריק אַדי — next year's

אי'בער|אײַל|ן זיך וו (–גע–ט) — bolt, dash, go too quickly

אי'בעראיך דער — *neol.* superego

איבער אַכט טאָג אַדוו זע (איבער אַכט) טאָג

איבעראַכטטאָגיק אַדי — next week's

איבעראַ'ל אַדוו — *Germ.* everywhere

איבעראַ'לץ דאָס (ן) — *neol.* overalls

איבער אַ מאָל אַדוו זע (איבער אַ) מאָל[1]

אי'בער|אַ'נדערש|ן וו (–גע–ט) — change, alter, modify *perf.*

איבער אַ נײַס אַדוו זע (איבער אַ) נײַס

אי'בעראַרבעט די — overwork

אי'בעראַרבעטונג די (ען) — revision, amendment

אי'בער|אַ'רבעט|ן וו (אי'בערגעאַרבעט) — amend, revise, do over, alter, retouch

|| איבעראַרבעטן זיך — overwork oneself

אי'בער|באַוואָ'פֿנ|ען וו (–ט) — (milit.) rearm, reload; arm excessively

אי'בער|באַזעצ|ן וו (–ט) — resettle, transfer

אי'בער|באַטאָנ|ען וו (–ט) — overemphasize, overstress

אי'בער|באַטראַכט|ן וו (אי'בערבאַטראַכט) — reconsider

אי'בער|באַנדאַזשיר|ן וו (–ט) — rebandage

אי'בערבאַפּע'לקערט אַדי — overpopulated

אי'בערבאַשי'צעריש אַדי — overprotective

אי'בער|בוי|ען וו (–גע–ט) — reconstruct, rebuild

אי'בער|בייג|ן וו (אי'בערגעבויגן) — bend *perf.*, incline

|| איבערבייגן דעם שטעקן — go too far

אי'בערבײַט דער (ן) — change, switch; exchange, swap, substitution; change (of clothes)

אי'בער|בײַט|ן וו (אי'בערגעביטן) <אויף> — exchange (for); replace (with); change (clothes, etc.); interchange; change *trans.*, alter, modify

|| איבערבײַטן זיך <מיט> — change *intr.*; exchange (stg.) with each other

אי'בערביין דער (ער) — bony excrescence; useless person/thing

אי'בער|בײַס|ן **1.** וו (אי'בערגעביסן) — eat breakfast; have a quick bite, have a snack; bite off (thread, etc.)

|| **2.** דאָס (ס) — breakfast; light meal, snack

אי'בער|בינד|ן וו (אי'בערגעבונדן) — change the bandage on; rebind

אי'בערבלײַב דער (ן) — survivors; remnant, vestige, trace

אי'בער|בלײַב|ן וו (איז אי'בערגעבליבן) remain, be left over, persist

אי'בערבלײַבס דאָס (ן) vestige, relic, remnant

אי'בערבלײַבעניש דאָס/די (ן) זע איבערבלײַבס

אי'בערבליק דער (ן) survey, review, scan; report, account

אי'בערבליקלעך אַדי *neol.* clear, intelligible, lucid; summary, synoptic

אי'בער|בליק|ן וו (-גע-ט) make a survey of, review; take in at a glance

|| איבערבליקן זיך exchange glances

אי'בער|בלע'טער|ן וו (-גע-ט) turn (page); leaf through

|| איבערבלעטערן זיך (pages, ideas) flash by

אי'בערבעט דאָס (ן) featherbed

אי'בער|בעט|ן[1] וו (אי'בערגעבעטן) <אַק> beg pardon of, ask forgiveness from; appease

|| איך בעט איבער אײַער כּבֿוד [KOVED] I beg your pardon; with due respect to you

|| איבערבעטן זיך make up, be reconciled

אי'בער|בעט|ן[2] וו (אי'בערגעבעט) remake (the bed), change (the sheets)

אי'בערבראָך דער (ן) break, crisis; interruption

אי'בער|ברעכ|ן וו (אי'בערגעבראָכן) break in two

אי'בער|ברענג|ען וו (-גע-ט/ אי'בערגעבראַכט) bring (from afar); send for, arrange to bring

אי'בער|ברענ|ען וו (-גע-ט) (fuel) burn completely, burn up; (light bulb etc.) burn out; roast, (techn.) anneal, calcify

אי'בערגאַנג דער (ען) transition, passage

אי'בערגאָס דער (ן) overflow; decanting

איבער גוואַלד אַדוו זע (איבער) גוואַלד[1] .1

אי'בערגײ־... transitional

אי'בער|גיי|ן* וו (איז אי'בערגעגאַנגען) <איבער> go over, pass; cease, calm down; overflow *intr.*

|| ס'איז איר איבערגעגאַנגען אַ ציטער a shiver ran through her

|| ס'גייט איבער אַ גרויל/סקרוך/פּראָסט/ קעלט (אי'בערן לײַב) this makes a chill run down my/your/etc. spine

|| איבערגיין אין change into

|| איבערגיין מיט דאַט אויף/איבער pass (hand, implement) over

|| איבערגיין <דאַט> (suffering, desire, etc.) pass, *rev.* get over

|| דער ווייטיק וועט אים איבערגיין he'll get over the pain

|| זאָל מײַנס איבערגיין I defer/give in to you; let it pass, I don't take offense

|| איבערגיין אַק go over, review

|| איבערגיין זיך take a walk, stroll around

אי'בערגייענדיק אַדי passing, transitory

אי'בערגיסונג די (ען) decanting

אי'בער|גיס|ן וו (אי'בערגעגאָסן) decant, pour from one vessel into another; recast

|| איבערגיסן זיך overflow

אי'בער|גלוסט|ן זיך וו-אומפּ (אי'בערגעגלוסט) דאַט *rev.* lose one's desire for, want no longer

|| זאָל זיך דיר איבערגלוסטן forget about/get over your desire

אי'בערגלי'קלעך אַדי jubilant, exultant; happy, fulfilled

אי'בערגעאײַלט אַדי/אַדוו hasty, precipitous, rash

אי'בערגעבויג·ן אַדי <איבער> bent over, stooped; bent/leaning (over)

אי'בערגעביטן ווער|ן וו (איז אי'בערגעביטן געוואָרן) be transformed

אי'בערגעבײַ דאָס superstructure

אי'בערגעבליב·ן אַדי איבערבלײַבן פּאַרט remaining

אי'בער|געב|ן* וו (אי'בערגעגעבן) hand over, deliver; entrust; transmit, communicate, impart; announce, declare; describe, explain, express

|| איבערגעבן <דאַט> אַז notify (s.o.) that, let (s.o.) know that; pass the word (to s.o.) that

|| בעטן איבערגעבן <דאַט> אַז leave a message (for s.o.) stating that

|| איבערגעבן זיך דאַט surrender to; devote oneself to

אי'בערגעגעב·ן אַדי איבערגעבן פּאַרט devoted, loyal, faithful

אי'בערגעגעבנקייט די devotion, loyalty

אי'בערגעדרייט אַדי reversed, upended, turned over; turned (towards); upside-down; out of order, broken down (lock, mechanism)

איבער געוואַ'לד אַדוו זע (איבער) גוואַלד[1] .1

אי'בערגעוואַקס·ן אַדי איבערוואַקסן פּאַרט overgrown, grown too fast; gone to seed

אי'בער|געווע'לטיק|ן וו (-ט) master, control, overpower

אי'בערגעזעטיקט אַדי sated, stuffed, overfed; saturated

אי'בערגעטריב·ן אַדי איבערטרײַבן פּאַרט excessive, exaggerated

אי'בערגעטריקנט אַדי dried up

אי'בערגעיויר·ן אַדי overfermented, overleavened; puffed up, puffy

אי'בערגעלאָד·ן אַדי overloaded, overburdened

אי'בערגעלאָזט אַדי איבערלאָזן פּאַרט left behind; posthumous

אי'בערגעלייגט אַדי איבערלייגן פּאַרט reflective, thoughtful; superimposed, overlaid; stretched over; turned down, folded over (collar, pocket)

אי'בערגענו'ג אַדוו in excess, more than enough, more than one's share

אי'בערגענו'גיק אַדי excessive, overabundant, superfluous

אי'בערגענומען אַדי איבערנעמען פּאַרט moved, excited, overwhelmed

אי'בערגעפּאַקט אַדי <מיט> overcrowded, packed, crammed

אי'בערגעפֿאַל·ן אַדי איבערפֿאַלן פּאַרט sickly; timid

אי'בערגעפֿוילט אַדי rotten, decayed, corrupt

אי'בערגעפֿולט אַדי <מיט> full, brimming (with)

אי'בערגעצויג·ן אַדי איבערציִען פּאַרט covered over, overstretched

אי'בערגעצײַגטקייט די conviction, assurance

אי'בערגעצײַטיקט אַדי overripe

אי'בערגעקליג(ל)ט אַדי shrewd, cagey, cunning

אי'בערגעקערט אַדי turned over, turned inside out; inverse, opposed

אי'בערגעראַשט = איבערגערעשט

אי'בערגערעשט [I'BERGERAShT] אַדי taken aback, stunned, dumbfounded

אי'בער|געשטאַ'לטיק|ן וו (–ט) transfigure; transform, overhaul

אי'בער|געשטאַלט|ן וו (אי'בערגעשטאַלט) זע איבערגעשטאַלטיקן

אי'בערגעשטאַנען אַדי איבערשטיין פּאַרט (food) spoiled by sitting too long, gone bad

אי'בערגעשפּיצט אַדי איבערשפּיצן פּאַרט (very/too) clever, cunning, crafty

אי'בערגעשראָק·ן אַדי alarmed, frightened

אי'בערגרויס אַדי oversize, disproportional, huge, excessive

אי'בער|דאַ'וו(ע)נ|ען וו (–גע–ט) *Jew.* restart the prayer (to correct an omission)

איבער דאַנק אַדוו זע (איבער) דאַנק

אי'בער|דבר|ן וו (–גע–ט) [DABER] *pejor.* persuade, talk into; speak louder than

אי'בער|דיי'בער|ן וו (–גע–ט) זע איבערדברן

אי'בער|דיי'ווער|ן וו (–גע–ט) overcome, defeat, master

אי'בער|דיכט|ן וו (אי'בערגעדיכט) *lit.* give a poetic form to; translate (poetry)

אי'בער|דינ|ען וו (–גע–ט) serve successively (a number of masters/gods)

אי'בערדעק דער (ן) bedspread, coverlet

אי'בער|דעק|ן וו (–גע–ט) <מיט> cover over (with)

אי'בער|דערציילֿ|ן וו (–ט) report, pass on what one has heard/seen

אי'בערדרוק דער (ן) reprinting, reprint

אי'בער|דרוק|ן וו (–גע–ט) reprint; reproduce (text)

אי'בער|דריי|ען וו (–גע–ט) turn over, overturn; reverse; turn (key, etc.); turn in the opposite direction; put into disorder, muddle

אי'בערדריסיק אַדי tedious, bothersome, tiresome, trying

אי'בער|דרעש|ן וו (אי'בערגעדראָשן) keep repeating, dwell on

אי'בער|האָב|ן* וו (אי'בערגעהאַט) *(not used in present or imperative)* have/experience a number of times in succession

אי'בער|האַלט|ן וו (אי'בערגעהאַלטן) surmount, bear, endure; hold too long, hold longer than necessary

|| **איבערהאַלטן זיך** take shelter

אי'בער|האַנדל|ען וו (–גע–ט) מיט do business successively in (various goods); deal successively with (a number of people)

אי'בער|האַק|ן וו (–גע–ט) cut (in two); interrupt

אי'בער|האָ'רעווע|ן זיך וו (–גע–ט) overwork oneself

איבער הויפּט אַדוו mainly, chiefly, above all; generally, in general

|| **איבער הויפּט ניט** absolutely not

אי'בער|הייב|ן זיך וו (אי'בערגעהויבן) overstrain oneself, tire oneself out; hurt oneself by lifting stg.; show one's pride

אי'בער|הי'פּ(ער)|ן וו (–גע–ט) skip, omit, pass over; alternate

אי'בערוואָג די excess weight, overweight; preponderance, supremacy

אי'בער|וואַ'נדער|ן וו (–גע–ט) emigrate; migrate

אי'בער|וואַקס|ן וו (איז אי'בערגעוואַקסן/ אי'בערגעוואָקסן) grow greater than, surpass; outgrow; get over, get through (childhood diseases, etc.)

אי'בער|וואַרט|ן וו (אי'בערגעוואַרט) <אַק> let pass (difficult moment), wait until (an opportune time)

אי'בער|וואַרפֿ|ן וו (אי'בערגעוואָרפֿן) throw over/across; disorder by rummaging through; throw (bridge); transfer hurriedly; tear down and then rebuild

|| **איבערוואַרפֿן זיך** turn over abruptly (in bed)

|| **איבערוואַרפֿן זיך** <מיט> throw (things/ remarks) at each other

|| **איבערוואַרפֿן זיך** <פֿון> ... אויף/צו cross over from (side, trade, etc.) to; (fire) spread (from) ... to

אי'בער|וואַש|ן וו (אי'בערגעוואַשן) rinse, wash quickly; wash one by one (until finished); rewash

|| **איבערוואַשן** דאַט **די ביינער** badmouth s.o.

אי'בער|וויי'טיק|ן וו (-גע-ט) *lit.* live through/ overcome (stg. painful)

אי'בער|ווייע|ן וו (-גע-ט) winnow *perf.*

איבערווינד|ן וו (איבער(גע)וווּנדן) *Germ.* overcome, surmount, defeat

אי'בער|ווי'נטער|ן וו (-גע-ט) winter, spend the winter; hibernate

אי'בער|ווינק|ען זיך וו (אי'בערגעוווּנקען) wink at one another, exchange signals

אי'בער|וויקל|ען וו (-גע-ט) rewrap, reroll; swaddle, diaper *perf.*

אי'בער|וויש|ן וו (-גע-ט) dry, wipe, swab

אי'בער|וועג|ן וו (אי'בערגעווויגן) <אַק> weigh *trans., perf.*; outweigh; prevail, predominate; compensate, make up for

אי'בערוועגנדיק אַדי preponderant, decisive

איבערווע'לטיק|ן וו (-ט) זע **איבערגעוועלטיקן**

אי'בער|וועל|ן* זיך וו-אומפּ (אי'בערגעוואָלט) דאַט *rev.* lose one's desire for, no longer want

|| **עס וועט זיך אים איבערוועלן** he'll get over (his desire for) it

אי'בער|וועק|ן וו (-גע-ט) awaken/wake up *perf.*, disrupt the sleep of

אי'בער|ווערטל|ען זיך וו (-גע-ט) exchange words in anger

אי'בער|זאָג|ן וו (-גע-ט) say again, repeat

אי'בערזאַט אַדי oversatiated

אי'בער|זאַלצ|ן וו (אי'בערגעזאַלצן/-גע-ט) oversalt; exaggerate, make too much of

אי'בער|זוכ|ן וו (-גע-ט) look everywhere, rummage

אי'בער|זיד|ן וו (אי'בערגעזאָטן) boil *trans.* too long

אי'בער|זײַ|ן* וו (איז אי'בערגעווען) *(not used in the present tense)* stay over, remain; pass through (a number of places)

אי'בער|זײַ|ען וו (-גע-ט) filter *perf.*, strain

אי'בערזיכט דער (ן) survey, review; summary, report

אי'בער|זיפּ|ן וו (-גע-ט) sieve *perf.*; pick over *perf.*, sift through

אי'בער|זיצ|ן וו (איז אי'בערגעזעסן) remain (a certain time); reside temporarily (while waiting for stg.); stay in succession (in a number of places)

אי'בער|זעג|ן וו (-גע-ט) saw in two

אי'בער|זע|ן* וו (אי'בערגעזען) check, review, examine

אי'בערזעץ דער (ן) translation; change (of vehicles), transfer

אי'בערזעצונג = איבערזעצונג די (ען) translation

אי'בער|זעצ|ן וו (-גע-ט) put in another seat; replant, transplant; translate

|| **איבערזעצן זיך** change places/seats; (transportation) make a connection, change vehicles, transfer

אי'בערזעצעוודיק אַדי translatable

אי'בערזעצער דער (ס) פֿעמ ין translator, interpreter

איבערחזרונג די (ען) [I'BERKhAZERUNG] repetition, reiteration

אי'בער|חזר|ן וו (-גע-ט) [KhAZER] repeat; learn, go over

אי'בער|טאָ|ן* וו (אי'בערגעטאָן) אַק change the clothes of; change (article of clothing); perform successively (a number of actions), overdo

|| **איבערטאָן זיך** change one's clothes; (ups and downs of life) occur, take place

אי'בער|טאַש|ן וו (-גע-ט) shuffle (cards) *perf.*; rearrange

|| **איבערטאַשן זיך** (activity) start over on a new basis

אי'בער|טויש|ן וו (-גע-ט) change, replace

אי'בער|טו|ן* וו (אי'בערגעטון) זע **איבערטאָן**

אי'בער|טײַטש|ן וו (-גע-ט) explain; reinterpret

אי'בער|טראָג|ן וו (אי'בערגעטראָגן) bear, endure; transport/carry (on one's self); move (furniture, etc.); put/place (elsewhere); transfer; transpose; translate

|| ניט איבערצוטראָגן unbearable, intolerable

|| איבערטראָגן זיך move *intr.*, change one's residence

אי'בערטראַכט דער (ן) qualm, scruple, hesitation

אי'בערטראַכטונג די (ען) reflection, meditation

אי'בער|טראַכט|ן וו (אי'בערגעטראַכט) be worried/apprehensive; hesitate, have doubts; think over (with fear/suspicion); reflect (on), consider; reconsider

אי'בער|טרײַב|ן וו (אי'בערגעטריבן) exaggerate, overdo; drive away

אי'בער|טרעט|ן וו (אי'בערגעטראָטן) step over/cross (threshold, etc.); transgress

אי'בער|יאָג|ן וו (-גע-ט) pass, overtake, outrun, outdistance; triumph/prevail over

אי'בעריאָר דאָס (ן) זע עיבור־יאָר

אי'בעריק אַדי/אַדוו superfluous, excessive, undue; supplementary, spare; remaining

|| דאָס/די איבעריקע the rest

|| ניט איבעריק not overly

|| ער איז ניט איבעריק קלוג he's not too bright

אי'בעריקייט די redundancy, uselessness

אי'בעריקנס אַדוו besides, moreover, incidentally

אי'בעריקס אַדוו overly, much, too much, excessively

איבעריש אַדי Iberian

אי'בער|כאַפּ|ן וו (-גע-ט) have/eat (a bite of); capture, intercept; take too much, overdo, exaggerate; rush through in a short time (meal, prayer, etc.)

|| איבערכאַפּן עפּעס *also* have a snack, have a bite to eat

|| איבערכאַפּן דאָס האַרץ/דעם הונגער stave off one's hunger, have a bite to eat

|| איבערכאַפּן דעם אָטעם catch one's breath

|| איבערכאַפּן זיך <אין/צו> drop in (on)

אי'בער|כי'טרעווע|ן וו (-גע-ט) outwit

אי'בער|לאָד|ן וו (אי'בערגעלאָדן) overload, overburden; weigh down; transship, transfer

אי'בער|לאָז|ן וו (-גע-ט) leave behind; abandon, forsake; forget about, overlook; donate, leave (in a will); hand over, entrust

|| איבערלאָזן אויף גאָטס באַראָ'ט leave to one's fate, forsake

|| איבערלאָזן זיך אַק reserve, retain for oneself

אי'בער|לאַסט|ן וו (אי'בערגעלאַסט) overload

אי'בער|לויפֿ|ן וו (איז אי'בערגעלאָפֿן) run across; (time) fly, pass; (liquid) overflow; skim through; change sides *(to an opposing faction)*

אי'בערלויפֿער דער (ס) פֿעמ ין/קע renegade

אי'בער|ליג|ן וו (איז אי'בערגעלעגן) <אַק/ביז> lie/be stored (during/until); *pejor.* grow stale *fig.*, stagnate

אי'בער|לי'ווער|ן וו (-גע-ט) deliver *perf.*

אי'בערלייג דער reflexion, deliberation

אי'בער|לייג|ן וו (-גע-ט) put in another place; arrange/place in a different way; translate

|| איבערלייגן (זיך) think, reflect, ponder, meditate

אי'בער|לײַד|ן וו (אי'בערגעליטן) suffer, endure (a great deal, over and over)

אי'בער|ליי'ענ|ען וו (-גע-ט) read *perf.*

|| ניט אי'בערצולייענען illegible

אי'בערלעבונג די (ען) event lived through, (emotional) experience

אי'בער|לעב|ן וו (-גע-ט) אַק experience, go through, undergo; outlive, outlast; survive a difficult experience

|| איבערלעבן זיך outlive one's time/fame; be obsolete, be a relic

אי'בערלעבעניש די/דאָס (ן) זע איבערלעבונג

אי'בער|מאַ'טער|ן וו (אי'בערגעמאַטערט) strain, overtire, exhaust

אי'בער|מאַכ|ן וו (-גע-ט) modify, change, alter; do over, remake

אי'בער|מאַנעווריר|ן וו (-ט) outmaneuver

אי'בערמאָס די (ן) excess

אי'בערמאָסיק אַדי excessive

איבער מאָרגן אַדוו זע (איבער) מאָרגן[1] 1.

אי'בער|מיד|ן וו (-גע-ט) tire out, exhaust

אי'בער|מיש|ן וו (-גע-ט) leaf through *perf.*

אי'בערמענטש דער (ן) superman

אי'בערמענטשלעך אַדי superhuman

אי'בער|מעסט|ן וו (אי'בערגעמאָסטן) measure *perf.*, take the measurements of

אי'בערן = איבער דעם *regular contraction*

|| איבערן = איבער דער *contraction possible only in certain dialects*

אי'בערנאַטי'רלעך אַדי supernatural

איבער נאַכט אַדוו זע (איבער) נאַכט[1]

איבערנאַכטיק אַדי sudden, (as if) overnight

אי'בער|ני'צעווע|ן וו (-גע-ט) turn (clothing) inside out, revamp

אי'בער|נע'כטיק|ן וו (–גע–ט) spend the night *perf.*, sleep over

אי'בער|נעמ|ען וו (אי'בערגענומען) <ביי/פֿון> receive (from); assume, take on, take over; appropriate, make one's own; learn, absorb; take upon oneself; overcharge; intercept, confiscate; move deeply, upset

|| איבערנעמען זיך calm down, subside

|| איבערנעמען זיך <מיט/פֿון> be moved (by), be worried (about); pride oneself (on), boast (about)

אי'בער|סדר|ן וו (–גע–ט) [SADER] rearrange, reorder

אי'בער|ע'נדער|ן וו (–גע–ט) modify *perf.*, transform

אי'בער|ע'נטפֿער|ן וו (–גע–ט) deliver, turn over; transmit, entrust; hand over, abandon (to the enemy)

|| איבערענטפֿערן זיך צו give oneself up to, yield to

אי'בער|עס|ן זיך וו (אי'בערגעגעסן) <מיט> overeat, stuff oneself (with); *fig.* have more than enough of, get sick of

אי'בערערדיש אַדי ethereal, celestial

אי'בער|פּאַק|ן וו (–גע–ט) overfill, stuff

אי'בער|פּעקל|ען וו (–גע–ט) transport (baggage); *hum.* send away, transfer, ship off

|| איבערפּעקלען זיך *hum.* go off (elsewhere)

אי'בער|פּרוּוו|ן וו (–גע–ט) put to the test; reexamine

אי'בערפֿאַל דער (ן) ambush; attack, assault; hold-up

אי'בער|פֿאַל|ן וו (איז אי'בערגעפֿאַלן) attack, assault; ambush

אי'בערפֿאָר דער (ן) ford; (elevated/at grade) crossing

אי'בער|פֿאַרב|ן וו (–גע–ט/אי'בערגעפֿאַרבן) repaint, recolor

אי'בער|פֿאַרדינג|ען וו (אי'בערפֿאַרדונגען) sublet

אי'בער|פֿאָר|ן וו (איז אי'בערגעפֿאָרן) (vehicle/driver) run over, knock over, crush; cross, pass through (by car, etc.)

|| איבערפֿאָרן קיין/אין move to, take up residence in

|| איבערפֿאָרן זיך take a ride (by car, etc.), take a trip/cruise

אי'בערפֿול אַדי full, overflowing

אי'בער|פֿו'צ(י)עווע|ן וו (–גע–ט) surpass; give in excess, weigh/pour out too much

אי'בער|פֿו'רעמ|ען וו (–גע–ט) rework, recast

אי'בער|פֿיר|ן וו (–גע–ט) transport *perf.*, transfer; lead (across); take across; corrupt; damage, put out of order; ruin; annihilate

אי'בער|פֿלאַנצ|ן וו (–גע–ט) transplant

אי'בערפֿלוס דער (ן) overflow; overabundance, excess

אי'בערפֿלייץ דער (ן) flood; overabundance, plethora

אי'בער|פֿלי|ען וו (איז אי'בערגעפֿלויגן) fly (from one place to another); traverse in flight; fly over

אי'בער|פֿלעכט|ן וו (אי'בערגעפֿלאָכטן) reweave, braid again

|| איבערפֿלעכטן זיך become entwined

אי'בערפֿעט אַדי obese

אי'בערפֿע'ליק אַדי delinquent (note), overdue

אי'בערפֿע'ליקייט די default, failure to pay

אי'בער|פֿרעג|ן וו (–גע–ט) repeat the question, ask again; consult; question at length

אי'בער|פֿרעס|ן זיך וו (אי'בערגעפֿרעסן) <מיט> gorge oneself, stuff oneself (with); eat oneself sick

אי'בער|צאָל|ן וו (–גע–ט) overpay

|| ער צאָלט זיך ניט איבער he's not a big spender, he's stingy

אי'בערצוג דער (ן) case, covering

אי'בער|צוואָג|ן וו (אי'בערגעצוואָגן) wash the hair of, shampoo

|| איבערצוואָגן דאָט דעם מוח [MOYEKh] brainwash

אי'בערצי דער (ען) pillowcase, cover; change of residence

איבערציי'גונג די (ען) conviction, belief; attempt to persuade

איבערציי'גיק אַדי convincing, persuasive, conclusive

אי'בער|ציי'ג|ן וו (–גע–ט) persuade, convince

אי'בערציי'טיק אַדי overripe

אי'בערציי'טיש = אי'בערציי'טלעך אַדי timeless, eternal

אי'בער|ציי'כענ|ען וו (–גע–ט) trace, copy

אי'בער|צייל|ן וו (–גע–ט) count *perf.*, enumerate

אי'בער|צי|ען וו (אי'בערגעצויגן) <מיט> (re)cover, cover (with); put a slipcover over; change the sheets/pillowcases of

|| איבערציִען דאָס שטריקל take things too far

|| איבערציִען זיך <אין> change residence; move (into)

|| איבערציִען זיך מיט (sky, face etc.) be covered with

אי'בערציִער דער (ס) seat cover; overcoat, topcoat

אי'בער|צלמ|ען זיך וו (–גע–ט) [TSEYLEM] cross oneself *perf.*, make the sign of the cross

איבערצניעות דאָס [I'BERTSNIES] prudery, prudishness

איבערצניעותדיק אַדי [I'BERTSNIESDIK] prudish

אי'בער|קאָכ|ן וו (–גע–ט) overcook; digest

|| איבערקאָכן זיך cook *intr., perf.*, boil (too long); be digested; *fig.* calm down, (emotions) subside

אי'בער|קוואַליפֿיציר|ן וו (–ט) retrain (s.o.)

אי'בער|קויפֿ|ן וו (–גע–ט) bribe; (comm.) buy back, buy (for resale)

אי'בער|קוליע|ן זיך וו (–גע–ט) turn a somersault

אי'בער|קומ|ען וו (איז אי'בערגעקומען) arrive, immigrate; survive, make it <אַק> through; overcome (obstacle); get through, tide oneself over (a certain period of time)

|| איבערקומען אויף be reduced to (poverty); fall under the authority of

|| זאָל ער איבערקומען אויף אַ'נדערע הענט may he be punished by others (not by me/us)!

אי'בערקוק דער (ן) review, inspection, check; stocktaking, inventory

אי'בער|קוק|ן וו (–גע–ט) examine, look over; glance/take a look at; review, revise

|| איבערקוקן זיך exchange glances

אי'בער|קײַ|ען וו (–גע–ט) chew again; keep repeating, reiterate; repeat slavishly, echo

אי'בערקלאַנג דער (ען) (ling.) vowel alteration, umlaut

אי'בערקלאַ'נגיק אַדי *neol.* supersonic

אי'בער|קלאַפּ|ן וו (–גע–ט) beat (eggs, laundry), thresh (wheat); tap on; type *perf.*

אי'בער|קליג|ן וו (–גע–ט) surpass (in intelligence), outstrip; outsmart, outwit

אי'בערקלײַב דער choice, discernment

|| אָן אַן איבערקלײַב indiscriminately

אי'בער|קלײַב|ן וו (אי'בערגעקליבן) pick over, sort through; be demanding/picky, be hard to please

|| איבערקלײַבן זיך <אין> move (to another residence), relocate (to)

אי'בערקלײַבער דער (ס) פֿעמ קע picky/capricious person

אי'בערקלײַבעריש אַדי/אַדוו choosy, picky, fastidious; hard to please

אי'בער|קלייד|ן וו (–גע–ט) אַק dress up, disguise; provide with new clothing

|| איבערקליידן זיך *also* change one's clothes

אי'בער|קלינג|ען וו (אי'בערגעקלונגען) resound, resonate; set (clock to make it strike)

|| איבערקלינגען זיך (sounds, styles, etc.) alternate; be compatible

אי'בערקלער דער (ן) hesitation, misgiving, scruple

אי'בערקלעריק אַדי hesitant, indecisive

אי'בער|קלער|ן וו (–גע–ט) reconsider, deliberate, think over; hesitate, be undecided; worry, be uneasy

|| ניט איבערקלע'רנדיק rashly, without thinking

אי'בער|קנעט|ן וו (אי'בערגעקנאָטן/אי'בערגעקנעט) re-knead, reshape

אי'בערקער דער (ן) reversal, upheaval, overthrow

אי'בערקערלעך אַדי reversible

אי'בער|קער|ן וו (–גע–ט) upset, overturn; transform, convert; invert; revolutionize, turn upside down; devastate

|| איבערקערן זיך *also* tip/turn over *intr.*, capsize; (stomach) turn, (head) spin

אי'בערקערעניש דאָס (ן) upset, upheaval, disturbance; coup d'état

אי'בערקערעריש אַדי seditious, subversive

אי'בער|קרימ|ען וו (–גע–ט) imitate, mimic, ape

אי'בער|קרענק|ען וו (–גע–ט) overcome/ride out (illness); be sorely tried by

איבערראַשונג די (ען) surprise

אי'בער|ראַש|ן וו (–גע–ט) take aback, astound, surprise

אי'בער|רופֿ|ן זיך וו (אי'בערגערופֿן) exchange calls, call to one another; *fig.* <מיט> match, go in the same direction as

אי'בעררוק דער (ן) shift, displacement

אי'בער|רוק|ן וו (–גע–ט) move, shift, push *perf.*

אי'בעררייד דער (ן) זע איבעררעד

אי'בעררײַס דער (ן) interruption; break, pause, intermission

אי'בעררײַסיק אַדי intermittent, discontinuous

אי'בער|רײַס|ן וו (אי'בערגעריסן) tear (in two); interrupt; disconnect, cut (electricity, etc.); break (with s.o.); call it a day, call it quits

אי'בעררעד דער (ן) argument, dispute, discussion; conversation

אי'בער|רעדאַקטיר|ן וו (–ט) rewrite

אי'בער|רעד|ן וו (–גע–ט) <אַק> make comments, make a remark; persuade (s.o.), change the mind of; speak louder/longer than

|| איבעררעדן <אַק> מיט discuss (stg.) with s.o., consult s.o. (on the subject of)

אי'בער|רע'כענ|ען וו (–גע–ט) enumerate; itemize; recalculate; overcharge

|| איבעררעכענען זיך reconsider, think better of it; review the figures; make a mistake (in one's calculations)

אי'בער|שאַפֿ|ן וו (אי'בערגעשאַפֿן) redo, transform, modify

אי'בער|שאַצ|ן וו (–גע–ט) re-evaluate, reappraise; overrate, overestimate

אי'בער|שווימ|ען וו (איז אי'בערגעשווומען) cross (by swimming/floating/sailing)

אי'בער|שווענק|ען וו (–גע–ט) rinse *perf.*

אי'בער|שוימ|ען וו (–גע–ט) foam profusely; overflow

אי'בער|שטאַרק|ן וו (–גע–ט) overpower, overcome, subdue; surpass, beat

אי'בער|שטופּ|ן וו (–גע–ט) אַק displace, move, transfer; defer, postpone, put off; make it through (period of time) somehow or other

|| איבערשטופּן דעם טאָג מיט אַ שטיקל ברויט appease one's hunger till evening with a piece of bread

|| איבערשטופּן די צײַט kill time

אי'בער|שטײַג|ן וו (–גע–ט/אי'בערגעשטיגן) surpass, overtake; (transportation) change, make a connection

אי'בער|שטיי|ן* וו (איז אי'בערגעשטאַנען) endure, bear, put up with; remain standing <אַק> (during); stay in storage (too long/during)

אי'בער|שטימ|ען וו (–גע–ט) vote again; outvote, put in the minority; (mus.) tune

אי'בער|שטעל|ן וו (–גע–ט) move/place elsewhere; interchange, change the order of; transform; switch station/channel (radio, TV); (mus.) transpose

|| איבערשטעלן זיך פֿון איין פֿוס אויפֿן אַ'נדערן shift from one foot to the other

אי'בער|שטערצל|ען וו (–גע–ט) *neol.* cap, put a cap on

אי'בער|שיט|ן וו (אי'בערגעשאָטן/ אי'בערגעשיט) pour (dry ingredients) from one vessel to another; sprinkle, dust; reinforce (wall); re-do, refill (comforter, pillow, etc.)

אי'בער|שיס|ן זיך וו (אי'בערגעשאָסן) exchange fire

אי'בער|שיפֿ|ן וו (–גע–ט) transport/ship (by boat)

אי'בער|שיק|ן וו (–גע–ט) dispatch, send, forward; transmit, send (money)

אי'בער|שלאָג|ן וו (אי'בערגעשלאָגן) <מיט> cover (with); mix/blend (with); disrupt, distract

|| איבערשלאָגן דאַט די רייד interrupt (s.o.)

אי'בער|שלאָפֿ|ן וו (אי'בערגעשלאָפֿן) pass the night, sleep over; oversleep

|| איבערשלאָפֿן זיך take a nap, snooze; get enough sleep

|| איבערשלאָפֿן זיך מיט *euph.* sleep with, have sex with

אי'בערשליסל דער (ען) master key

אי'בער|שליס|ן וו (אי'בערגעשלאָסן) (techn.) switch over, change speed; renew (contract); convert, adapt

אי'בערשמועס דער (ן) discussion, dialog; negotiations, parley

אי'בער|שמו'עס|ן וו (–גע–ט) discuss (at length)

|| איבערשמועסן <אַק> מיט *also* consult with s.o. (concerning)

|| איבערשמועסן (זיך) מיט consult

אי'בערשנײַד דער (ן) intersection

אי'בער|שנײַד|ן וו (אי'בערגעשניטן) cut *perf.*, slice (in two)

|| איבערשנײַדן זיך cross, intersect

אי'בערשעה די (ען) [I'BERShO] (hour of) overtime

אי'בער|שפּאַנ|ען וו (–גע–ט) stride over; cross over; overstep, transgress; reharness; unharness a tired horse and replace with a fresh one

אי'בער|שפּאַר|ן וו (–גע–ט) contradict (s.o.); persuade, talk into, prevail on

אי'בער|שפּיל|ן וו (–גע–ט) replay; (theat.) overact

אי'בער|שפּיצ|ן וו (–גע–ט) outsmart, outwit

אי'בערשפּי'רעוודיק אַדי hypersensitive, touchy, high-strung

אי'בערשפּרײַז דער (ן) offense, transgression

אי'בערשפּרײַזל דאָס (עך) *neol.* (minor) transgression, misdemeanor

אי'בער|שפּרײַז|ן וו (–גע–ט) transgress, infringe, violate; traverse, go across

אי'בערשפּרײַזער דער (ס) פֿעמ ין offender, transgressor

אי'בער|שפּרינג|ען וו (איז אי'בערגעשפּרונגען) jump over (obstacle); switch abruptly (to another topic, etc.); omit, leave out

אי'בער|שרײַב|ן וו (אי'בערגעשריבן) — copy, rewrite; transcribe; confiscate, seize (assets) for non-payment of debts

|| איבערשרײַבן זיך — correspond, write to one another

|| איבערשרײַבן אַק אויף פּאָס נאָמען — register (property) in the name of

אי'בער|שרײַ|ען וו (אי'בערגעשריגן) — scream louder than, outshout

|| איבערשרײַען זיך — shout at one another; tire oneself out from shouting

אי'בערשרעק דער — scare, sudden fright

אי'בער|שרעק|ן וו (אי'בערגעשראָקן) — frighten, alarm, scare

|| איבערשרעקן זיך — take fright

איבריק אַדי/אַדוו זע איבעריק

איגנאָראַ'נט דער (ן) פֿעמ קע — ignoramus

איגנאָריר|ן וו (–ט) — ignore, disregard

איגרעק דער (ן) — (the letter) Y

איד דער (ן) זע ייִד

אידיאָ'ט דער (ן) פֿעמ קע [DY] — idiot

אידיאָטיזם דער (ען) [DY] — idiocy, stupidity; idiom

אידיאָטיש אַדי/אַדוו [DY] — idiotic, stupid

אידיאָ'טישקייט די (ן) [DY] — idiocy, stupidity

אידיאָ'ם דער (ען) [DY] — dialect; idiomatic expression, idiom

אידיאָמאַטיש אַדי [DY] — idiomatic

אידיאָסינקראַזיע די [DY...ZY] — idiosyncrasy

אידיאָסינקראַטיש אַדי [DY] — idiosyncratic

אידיי' די (ען) זע אידעע

אידיליע די (ס) [LY] — idyll; idyllic life

אידיש אַדי/(דאָס) זע ייִדיש[1]

אידעאַ'ל 1. אַדי — ideal

|| 2. דער (ן) — ideal

אידעאָלאָ'ג דער (ן) פֿעמ ין — ideologue, ideologist

אידעאָלאָגיע די (ס) — ideology

אידעאָלאָגיש אַדי/אַדוו — ideological

אידעאַליזם דער — idealism

אידעאַלי'סט דער (ן) פֿעמ קע — idealist

אידעאַליסטיש אַדי/אַדוו — idealistic

אידעיִש אַדי — ideological, concerned with ideas

אידענטיטע'ט די (ן) — identity

אידענטיפֿיציר|ן וו (–ט) — identify

|| אידענטיפֿיצירן זיך מיט — identify oneself with

אידענטיש אַדי <מיט> — identical (to)

אידעע די (ס) — idea

אי״ה זע אם־ירצה־השם

איובֿ פּנ [IEV] — Job; (bibl.) The Book of Job

|| איובֿס יסורים [YESURIM] — extreme torment, suffering

|| איובֿס בשׂורות [PSURES] — bad news

איוואַ'ן 1. פּנ — Ivan

|| 2. דער (עס) — (in Russia, Belarus, Ukraine) non-Jew; peasant; *pejor.* boor, ignorant/non-observant Jew

איוודע וואָך אַדוו — after this Sabbath; next week

איוורע פֿאָן עבֿרי

איז 1. וו (אינפֿ: זײַן) — (he/she/it) is

|| 2. קאָנ — so, then, as a result; so, well then (after a pause in a sentence)

|| איז וואָס ווילסטו טאָן? — so, what do you want to do?

|| איז ני'ט! — too bad! that's that!

איזאָלאַטאָר דער (ס) [Ly] — insulator; isolation room, cell for solitary confinement

איזאָלאַציאָניזם דער [Ly] — isolationism

איזאָלאַציאָני'סט דער (ן) פֿעמ קע [Ly] — isolationist

איזאָלאַציאָניסטיש אַדי [Ly] — isolationist

איזאָלאַציע די (ס) [Ly] — isolation; insulation

איזאָלי'ר דער (ן) — *neol.* isolation ward; solitary confinement

איזאָלירונג די (ען) — isolation

איזאָליר|ן וו (–ט) — isolate, insulate

איזבאַווע|ן וו (–ט) — *Slav.* ruin, spoil, waste

איזבאָרשטשיק דער (עס) — taxman, tax-collector; (in Russia, 1825-1855) snatcher paid to abduct Jewish boys as recruits for the tsar's army

איזדיע'קעווע|ן זיך וו (–ט) איבער [Dy] — ridicule, bait, jeer at, insult; bully, ill-treat

איזוואָשטשיק דער (עס) — *Slav.* coachman

איזם דער (ען) — *pejor.* ism, ideology

איזן : איזן איז ער — *hum.* actually he is ...

איזניוכע|ן זיך וו (–ט) [Ny] — take up/fall in (with s.o.)

איטאַליע (די) [LY] — Italy

איטאַליעניש אַדי/(דאָס) [LY] — Italian

איטאַליענער דער (–) פֿעמ ין [LY] — Italian

איטלעך אַדי–עפּי (נייטראַל נאָמ/אַק: איטלעכ(ס)) — each, every

אי'טלעכ|ער פּראָנ — everyone, each one

איטשע־מאיר/־מייער דער (ס) [MA'YER] — *hum./pejor.* (Hasidic) Polish Jew; religious zealot

איי[1] דאָס (ער) — egg

|| עס איז ניט ווערט קיין אוי׳סגעבלאָזן איי — it is totally worthless

|| עס איז אַן איי אויף מאָרגן/מיטוואָך/נעכטן — it's a risky undertaking, nothing will come of it

איי² אינט — eh! watch it!, take care!; hey! over here!

איַ 1. אינט — ah!; oh!; alas!; come on!

|| איַ זינגט ער! — oh, how he sings!

|| איַ, נאָך אַ מאָל פֿאַרשפּי׳לט! — damn, lost again!

|| איַ גענו׳ג שוין! — come on, that's enough!

|| 2. קאָן — you may ask *(introducing a rhetorical question)*

|| ער איז רײַך. איַ פֿאַר פֿאָס איז ער אַזוי קאַרג? — He's rich. So why is he so stingy?

איַ־איַ׳ אינט — oh boy! *(stronger than* איַ *alone)*; my goodness! *(consternation)*

איַ־איַ־איַ׳ אינט — wonderful! outstanding!

|| ניט אַזוי׳ איַ־איַ־איַ — not so great, nothing special

אייביק אַדי/אַדוו — eternal, everlasting, perpetual

|| אייביק געפֿע׳נקעניש — life imprisonment

|| דער וואָס לעבט אייביק — the Eternal One, the Lord

|| אויף אייביק — forever

|| פֿון אייביק אָן, פֿון אייביקע צײַטן — from time immemorial

איי׳ביקייט די (ן) — eternity

|| אויף אַלע אייביקייטן — forever, to the end of time

איי׳ביק|ן וו (גע–ט) — *neol. lit.*. exist forever

איי׳בעלע דאָס (ך) דימ זע אויבל

איי׳בער... — chief, supreme, head; upper-, superior

|| איי׳בערקאָמאַנדיר — commander-in-chief

|| איי׳בערפֿאַרוואַלטער — general manager

|| איי׳בערנילוס [Ly] — Upper Nile

|| פֿ״גל איבער²...

איי׳בערבאַן די (ען) — elevated railway, el

אייבערבגד דער (ים) [E'YBERBEGED - ...BGODIM] — outerwear, (top)coat

איי׳בערדעק דער (ן) — upper deck (ship)

איי׳בערהאַנט די — upper hand, superiority, preeminence

|| קריג|ן די אייבערהאַנט <איבער> — prevail, get the upper hand (over)

איי׳בערהאַר דער (ן) — sovereign

איי׳בערהאַרשאַפֿט די — sovereignty

אייבערהסברה די (–ות) [E'YBERHAZBORE] — far-fetched notion; stratagem, ploy

איי׳בערהעמד דאָס (ער) — men's shirt

איי׳בערהערשאַפֿט די זע אייבערהאַרשאַפֿט

איי׳בערוואָג די — preponderance

איי׳בערטאָן דער (...טענער) — (mus.) overtone; overly high-pitched sound

|| נעמ|ען אַן אייבערטאָן — raise one's voice, speak in anger

איי׳בערל דאָס (עך) — cap, headband

איי׳בערלופֿט די/דער (ן) — transom

איי׳בערמאַכט די — supreme power, absolute dominion

איי׳בערמענטש דער (ן) זע איבערמענטש

איי׳בערפֿלאַך די (ן) — surface, area

איי׳בערפֿלעכלעך אַדי/אַדוו — *Germ.* superficial

אייבערקול דאָס (ות) [E'YBERKOL - E'YBERKOYLES] — high-pitched tone, shrill voice

איי׳בערשאַפֿט די — sovereignty, authority, primacy; authorities, establishment

איי׳בערשול די (ן) — graduate school

איי׳בערשט אַדי–עפּי — supreme, superior, uppermost

|| דאָס אייבערשטע פֿון שטייסל — pestle of a mortar; *fig.* indispensable (thing/person); elite, cream of the crop

|| פֿ״גל אייבערשטער

איי׳בערשטאָט די — uptown, residential neighborhoods

איי׳בערשטאָטיש אַדי — uptown; of upscale neighborhoods

איי׳בערשטאַנד דער — upper class, upper-income group

איי׳בערשטיבל דאָס (עך) — garret; *fig.* head, brain

|| עס פֿעלט אים עפּעס אין אייבערשטיבל — he's not all there, he's got a screw loose

איי׳בערשט|ער דער-דעק — the Lord

איי׳בערשפּיצל דאָס (עך) — gimmick, stratagem

איי׳בערשפּראַך די (ן) — literary language

אייגל דאָס (עך) אויג דימ — *also* eyelet (hole); mesh; stitch (in knitting)

|| מאַכ|ן אייגעלעך דאַט — make eyes at

אייג׳ן אַדי — one's own; same, identical

|| די אייגענע — kin, family, folks

|| מײַנע אייגענע — my folks

|| אַן אייגענ|ער מענטש — one of us/you/them; reliable person

|| האָב|ן* אַן/פּאָס אייגנס — possess, have one's own

|| זי האָט איר אייגנס צוויי ווױ'נונגען she owns two homes
|| דאָס אייגענע likewise, the same; the same thing
|| דאָס אייגענע בײַ דיר/אײַך! the same to you!
איי'גנאַרטיק אַדי <פּאָר> [GN-A] original, peculiar (to), characteristic (of)
איי'גנהענטיק אַדי/אַדוו autographic; (made) by one's own hand
איי'גנוויליק אַדי/אַדוו voluntary, not forced
איי'גנטום דאָס (ען) property, possessions
איי'גנטימער דער (ס) פֿעמ ין owner, proprietor
איי'גנטלעך 1. אַדי actual, authentic
|| 2. אַדוו actually, as a matter of fact
איי'גנליבע די egoism, pride, self-esteem
איי'גננאָמען דער (...נעמען) proper noun
איי'גננוץ דער self-interest
איי'גננוציק אַדי/אַדוו self-interested, selfish
איי'גננוציקייט די self-interest
איי'גננעמען מצ זע אייגננאָמען
איי'גנס 1. דאָס property, possessions, wealth
|| 2. אַדוו expressly, especially
|| פֿ״גל אייגן
איי'גנקייט די (ן) זע אייגנשאַפֿט
איי'גנשאַפֿט די (ן) quality, characteristic, trait, peculiarity
אייגעניק די eugenics
איי'גענ|ען זיך וו (גע-ט) *neol.* rely on oneself, rely on one's own memory
|| אייגענען זיך מיט *dial.* handle, use
איי'גענ|ער דער-דעק זע אייגן
איידל אַדי/אַדוו noble; polite, courteous; refined, genteel; precious (stone, metal); delicate, fragile
|| איידל געררע'דט to put it mildly
|| איידל געפּאַטשקעט *hum.* spoiled, finicky
איי'דלמוט דער nobility (of character)
איידל|ען וו (גע-ט) make more noble, refine *imperf.*
|| איידלען זיך adopt a refined manner
איי'דלקייט די (ן) politeness, courtesy, refinement
|| מצ pleasantries, polite greetings
איי'דלשטיין דער (ער) precious stone, gem, diamond
איידעם דער (ס/עס) son-in-law
איידעס פֿאָנ עדות

איידער קאָנ before; than *(comparison)*, rather than
|| איידער איך קום before I come
|| גיכער איידער איך faster than I
|| איידער וואָס וועו in the meantime, for the moment; before you know it
איידער־וואָס־ווע'ן דער (ען) *neol.* stopgap, temporary measure; preliminaries
אײַ וואָס קאָנ זע אײַ 2.
אייוול דאָס (עך) דימ זע אריוון[1]
אייוועד פֿאָנ אבֿר
אײַז דאָס ice
|| אײַז קאַלט ice-cold, icy
אײַזבאַרג דער (...בערג) iceberg
אײַזבער דער (ן) polar bear
אײַ'ז־ים דער [YAM] Arctic Ocean
אײַזיק אַדי icy, of ice, frozen
אייזל דער (ען) פֿעמ טע donkey, ass
אײַ'זליכטל דאָס (עך) icicle
אײַזן 1. דאָס (ס) iron
|| 2. דער/דאָס (ס/אײַ'זענעס) iron bar/rod; (flat)iron
|| אײַזן שטאַרק solid, robust
|| געזו'נט אײַזן healthy as an ox
אײַ'זנבאַן די (ען) railroad, railway
אײַ'זן־בעטאָן דער reinforced concrete
אײַ'זנברעך דאָס scrap iron
אײַ'זנוואַרג דאָס hardware (metal goods)
אײַ'זנקראָם די (ען) hardware store
אײַ'זערן אַדי (of) iron
|| אײַזערנ|ער מוח/קאָפּ [MOYEKh] mind like a steel trap
אײַ'זצאַפּן דער (ס) icicle
אײַ'זקאַסטן דער (ס) icebox, refrigerator
אײַ'זקרעם דער ice cream
אײַ'זרעגן דער (ס) sleet
אייטאַנאַזיע די [ZY] euthanasia
אייטל 1. אַדי vain, inane, useless
|| 2. אַדוו only, nothing but; in a pure state
איי'טלקייט די vanity, frivolity
אייטער דער pus
אײַטער דער (ס) udder
איי'טערדיק אַדי purulent, infected
איי'טער|ן וו (גע-ט) suppurate
אײַך פּראָנ–אַק/דאַט (נאָמ: איר) (to) you *(formal/ plural)*
אייכל דאָס club(s) (in cards)

אײ'כנבױם דער (...בײמער) — oak tree
אײל^{1} די (ן) — cubit, ell
אײל^{2} דער (ן) — oil
אײל^{3} דער — ale, lager beer
אײַל^{1} די (ן) — owl
אײַ'ל-^{2}... — rush, urgent
|| אײַלשיקונג — express delivery
אײלבילד דאָס (ער) — oil painting
אײלבערט דער (ן) — olive
אײליק אַדי — oily
אײַליק^{1} .1 אַדי — urgent, pressing; hasty, hurried
|| .2 אַדוו — in haste, hastily; rashly
אײַליק^{2} אַדי זע הײַליק
אײלן וו (גע–ט) — oil, lubricate *imperf.*
אײַלן וו (גע–ט) — hurry, rush *trans., imperf.*; *lit.* hasten *intr.*
|| אײַלן זיך — be in a hurry, go quickly; rush *intr.*
|| ניט געאײַלט — without hurrying
אײַ'לעניש דאָס — haste, hurry
אײַ'ל־שעה די (ען) [ShO] — *neol.* rush hour
אײן^{1} .1 צוו — one
|| אין אײנעם — together, jointly; in total; (written) as one word
|| פֿ״גל אײנס; אײנער
|| .2 אַדי — one, the same; extreme, utter; *(also with adverbial value)* only
|| ס'איז אײן געוואַ'נט — it's the same cloth
|| אין אײנ(ע) שרעק — in extreme terror
|| מיט דעם אײנעם באַדינג — on this one condition
|| אײן גאָט װײס — only God knows
|| אײן און ד|ער זעלב|ער — one and the same
אײ'נ-^{2}... — uni..., mono...
|| אײנזײַטיק — unilateral, one-sided
|| אײנטראַפּיק — monosyllabic
אײַן .1 אַדוו : יאָר־אײַ'ן יאָר־אױ'ס — year in and year out
|| גאַס־אײַ'ן גאַס־אױ'ס — from street to street
|| װאַלד־אײַ'ן װאַלד־אױ'ס — through woods and forests
|| װיס|ן* װוּ אײַן און װוּ אױס — know the ins and outs, know one's way around
|| ניט װיס|ן* װוּ אײַן און װוּ אױס — be at a loss, not know where to start
|| .2 קװ — *meaning: a)* in-, im-, en-, em-; *b)* beginning of an action

|| אײַ'נ|װאַנדער|ן — *a)* immigrate
|| אײַ'נ|שלאָפֿ|ן — *b)* fall asleep
אײ'נאױגיק אַדי — one-eyed
אײ'ן־אױערדיק אַדי — one-eared; monaural
אײ'ן־און־אײ'נציק אַדי — one and only, sole, unique
אײַ'נ|אָ'טעמ|ען וו (–גע–ט) — breathe in, inhale; absorb (influences, knowledge, ideas)
אײַ'נ|איב|ן וו (–גע–ט) — *Germ.* train, exercise, practice
אײַ'נ|אײגל|ען וו (–גע–ט) — graft (bud)
אײַ'נ|אײ'גענ|ען זיך וו (–גע–ט) — come to feel at home; acquire (language, etc.), learn
אײ'נאײִיק אַדי — identical (twins)
אײַ'נ|אײל|ן וו (–גע–ט) — oil, lubricate *perf.*
אײן־אײ'נציק אַדי — one and only
אײ'נאַקטער דער (ס) — one-act play
אײַ'נ|אַ'רבעט|ן זיך וו (אײַ'נגעאַרבעט) <אין> — become proficient (in a trade)
אײַ'נאָרדענונג די (ען) — arrangement; facility, plant
אײַ'נ|אָ'רדענ|ען וו (–גע–ט) — install, outfit, organize, arrange
|| אײַנאָרדענען זיך — get settled, arrange one's affairs
אײַ'נ|אָרט|ן וו (אײַ'נגעאָרט) — place, position
אײַ'נ|באַדינג|ען וו (–ט) — *neol.* stipulate (an additional condition/clause)
אײַ'נ|באַלזאַמיר|ן וו (–ט) — embalm
אײַנבאַנד דער (ן) זע אײַנבונד
אײַ'נ|באַק|ן זיך וו (אײַ'נגעבאַקן) : אײַנבאַקן זיך <דאַט> אין האַרצן — become dear to s.o.'s heart
אײ'נבאַרטיק אַדי — single-breasted (jacket)
אײַ'נ|בױ|ען וו (–גע–ט) — build in, embed (in a wall)
אײַ'נ|בוכ|ן וו (–גע–ט) — book, inscribe, register
אײַנבונד דער (ן) — (book) binding, cover
אײַ'נ|בײג|ן וו (אײַ'נגעבױגן) — bend *trans.*, incline; bend/lower (head)
|| אײַנבײגן זיך — bend *intr.*, bend over
אײַנבײַט דער (ן) — (comm.) trade-in (of a used article)
|| אױף אײַנבײַט — as a trade-in
|| אײַ'נבײַט־הנחה [HANOKhE] — trade-in allowance
אײַ'נ|בײַט|ן וו (אײַ'נגעביטן) — trade in
אײַ'נ|בײַס|ן וו (אײַ'נגעביסן) אַק — bite into *perf.*; cut into; *fig.* grasp, understand; make an impression on, have an effect on
|| ניט אײַנצובײַסן — tough

|| אײַנבײַסן זיך אין sink one's teeth into; get a grip on, hold onto

אײַ'נ|בילדונג די (ען) illusion, fantasy

אײַ'נ|בילד|ן זיך וו (אײַ'נגעבילד(ע)ט) imagine, fancy

אײַ'נ|בינד|ן וו (אײַ'נגעבונדן) bind (book); pack, wrap; tie up in a/bundle

אײַ'נבינדער דער (־/ס) bookbinder

אײַנבינדערײַ' 1. דאָס (art of) bookbinding

|| 2. די (ען) bindery

אײַ'נבירגערונג די naturalization

אײַ'נ|בי'רגער|ן וו (־גע־ט) naturalize, grant citizenship to; *fig.* settle, habituate, acclimate

|| אײַנבירגערן זיך become naturalized

אײַ'נ|בלאָ'טיק|ן וו (־גע־ט) smear with mud; sully

אײַ'נבליק דער (ן) glimpse, in-depth view

אײַ'נ|בעט|ן וו (אײַ'נגעבעטן) persuade (by imploring), cajole, sway

|| ניט אײַנצובעטן inflexible, unbending, unyielding

|| אײַנבעטן זיך בײַ persuade (by imploring), prevail upon

אײַ'נבראָך דער (ן) breach, break-in; breakdown, collapse

אײַ'נ|בראָק|ן וו (־גע־ט) אַק <אין> (culin.) cut into small pieces; crumble stg. (into)

אײַ'נ|ברעכ|ן וו (אײַ'נגעבראָכן) break, shatter, batter down *perf.*; burglarize, break into; break in, subdue, tame

|| אײַנברעכן זיך collapse, fall apart, break down

אײַ'נברעכער דער (־/ס) burglar; destroyer, demolisher

אײַנברען דער (ען) brown sauce, roux

אײַנברענג דער (ען) economy, saving

אײַ'נברענגיק אַדי *neol.* economical, inexpensive

אײַ'נ|ברענג|ען וו (־גע־ט/אײַ'נגעבראַכט) save, economize; bring in (profit)

|| אײַנברענגען זיך economize on, spare onself (expense)

אײַ'נ|ברענ|ען וו (־גע־ט) brand, burn in (mark); (culin.) brown, sear

אײַנגאַנג דער (ען) entrance, entry(way)

אײַנגאָס דער (ן) gulf, bay

אײַ'נ|גאַסטיר|ן וו (־ט) billet, lodge, put up

אײַ'נ|גאָפּל|ען וו (־גע־ט) : (מיט די פּיס) *neol.* straddle

אײַנגוס דער (ן) זע אײַנגאָס

אײַ'נ|גיי|ן* וו (איז אײַ'נגעגאַנגען) shrink *intr.*; decline, perish, disappear; (money) come in

|| אײַנגיין <אויף> consent (to), accept, agree (on)

|| אײַנגיין דאַט turn out well for, *rev.* succeed

|| ניט אײַנגיין דאַט *rev.* find no pleasure in

|| דאָס לעבן גייט אים ניט אײַן he no longer finds pleasure in life

אײַ'נגייער דער (ס) <אין/בײַ> frequent visitor, regular guest

|| זײַן* אַן (אָפּטער) אײַנגייער אין/בײַ visit often, come frequently to; be an intimate of, have connections to

אײַ'נ|גיס|ן וו (אײַ'נגעגאָסן) pour into

אײַ'נ|גלי'דער|ן וו (־גע־ט) incorporate, integrate

אײַ'נגלייבעניש דאָס (ן) superstition; false certainty; self-assurance, vanity

אײַ'נגעבאַבלט אַדי bundled up, wrapped warmly

אײַ'נגעבאַקן אַדי־אַטר דאַט (אין האַרצן) dear to the heart of

אײַ'נגעבויג·ן אַדי אײַנבייגן פּאַרט bent, stooped, curved

אײַ'נגעבויר·ן אַדי innate, inborn; indigenous, native

אײַ'נגעבירגערט אַדי naturalized; deep-rooted, well established

אײַ'נ|געב|ן* וו (אײַ'נגעגעבן) administer (medicine); submit, file (official document); inspire (idea, sentiment)

|| אײַנגעבן אין געריכט <אויף> sue, take to court

|| אײַנגעבן זיך <דאַט> succeed, come off well; *rev.* succeed in stg., carry stg. out successfully

|| דער פּלאַן האָט זיך איר אײַנגעגעבן Her plan succeeded

|| אײַנגעבן זיך אומפּ דאַט צו *rev.* succeed in (doing)

אײַ'נגעבעט אַדי cushioned, enveloped, wrapped; channeled (river)

אײַ'נגעבעט·ן אַדי אײַנבעטן פּאַרט (neighbor, guest) admitted reluctantly

אײַ'נגעבראָכ·ן אַדי אײַנברעכן פּאַרט broken (down), smashed; (psychologically) shattered, discouraged

אײַ'נגעגלייבט אַדי superstitious

|| אײַנגעגלייבט אין זיך vain, conceited

|| זײַן* אײַנגעגלייבט אין trust implicitly, have faith in

אײַ'נגעגעב־ן אַדי אײַנגעבן פּאַרט successful (effort, project)

אײַ'נגעגעס־ן אַדי אײַנעסן זיך פּאַרט inflexible, unyielding, stubborn; oppressive

אײַ'נגעדאַרט אַדי dried up, shriveled (up)

|| אײַנגעדאַרט ווער|ן shrivel, dry up *intr.*

אײַ'נגעדרייט אַדי אײַנדרייען פּאַרט curled (up), twisted

אײַ'נגעהאַלט־ן אַדי/אַדוו אײַנהאַלטן פּאַרט restrained, moderate; reticent, aloof; pent-up, repressed, restrained

אײַ'נגעהאַלטנקייט די restraint, moderation; reticence, reserve

אײַ'נגעהאַקט אַדי chopped (food); (clothing) with slits

אײַ'נגעהאָרבט אַדי bent, hunchbacked, stooped

אײַ'נגעהויקערט אַדי bent, hunchbacked, stooped

אײַ'נגעוווייד דאָס (ן) זע אינגעווייד

אײַ'נ|געוויינ|ען וו (–ט) accustom, habituate

|| אײַנגעוווינען זיך <אין אינפֿ> get used (to), get into the habit (of)

אײַ'נגעזונקען אַדי אײַנזינקען פּאַרט sunken, hollow (cheeks, etc.); buried, sunken, stuck

|| אײַנגעזונקען ווער|ן sink, be swallowed up

אײַ'נגעזייפֿט אַדי אײַנזייפֿן פּאַרט soapy, soaped up; *fig.* in a fix, in trouble

אײַ'נגעזעס־ן אַדי אײַנזיצן פּאַרט resident, local (population); (long) settled, (firmly) established; long inhabited (place)

אײַנגעחושכט אַדי [A'YNGEKhOYShEKhT] gloomy, dejected, sad, depressed

אײַ'נגעטונקט = אײַ'נגעטונקען אַדי <אין> dipped, dunked; soaked (with/in), saturated (with); immersed (in), covered (with)

אײַ'נגעטיפֿט אַדי immersed, sunken

אײַ'נגעטרייעט אַדי *Amer.* accustomed, in the habit

אײַ'נגעטריקנט אַדי dried up, shriveled

|| אײַנגעטריקנט ווער|ן dry up, shrivel (up) *intr.*

אײַ'נגעליבט אַדי <אין> in love (with), enamored (of)

אײַ'נגעלייגט אַדי אײַנלייגן פּאַרט pickled, marinated, preserved (in brine, vinegar, alcohol, etc.); folded (up); deposited, left in trust (with a third party)

|| ליג|ן אײַנגעלייגט lie low, hide; lie still, keep a low profile

אײַ'נגעמאַכטס דאָס (ן) jam, jelly, preserves

אײַ'נגענומען אַדי אײַננעמען פּאַרט זע אײַנגענעמען

אײַ'נגענורעט אַדי אײַננורען זיך פּאַרט bundled up (warmly)

אײַ'נגעניט אַדי אײַנ(גע)ניטן זיך פּאַרט competent, proficient; trained, in practice

אײַ'נ|געניט|ן זיך וו (אײַ'נגעניט) get into practice, train, exercise

אײַ'נגענעמ(ען) אַדי/אַדוו enjoyable, pleasant, agreeable

|| זייער אײַנגענעם! pleased to meet you!

אײַנגעעקשנט אַדי/אַדוו [A'YNGEAKShNT] obstinate, stubborn

אײַ'נגעפּוקלט אַדי concave

אײַ'נגעפֿאַל־ן אַדי אײַנפֿאַלן פּאַרט fallen in, collapsed; sunken, hollow, sagging

אײַ'נגעפֿאָר־ן אַדי אײַנפֿאָרן פּאַרט beaten (path), well-trodden; experienced, broken in; routine

אײַ'נגעפֿונדעוועט אַדי (well-)established, entrenched

אײַ'נגעפֿינס דאָס (ן) impression, realization

אײַ'נ|געפֿינ|ען וו (אײַ'נגעפֿונען) realize, notice

|| אײַנגעפֿינען זיך be (somewhere), find oneself; turn up, be found (after being misplaced)

אײַ'נגעפֿלאָכט־ן אַדי twisted (together), intertwined

אײַ'נגעפֿלאָכטנקייט די involvement

אײַ'נגעפֿלייצט אַדי deeply ingrained

אײַ'נגעפֿראָר־ן = אײַ'נגעפֿרויר־ן אַדי frozen, congealed

אײַ'נגעצויג־ן אַדי אײַנציִען פּאַרט narrowed, taken in, restricted

אײַ'נגעקאָרטשעט אַדי אײַנקאָרטשען פּאַרט bent, hunched (up)

אײַ'נגעקלאָגט|ער דער־דעק defendant, accused

אײַ'נגעקנאָט־ן אַדי <אין> well mixed (with); *(in pl.)* squeezed together

אײַ'נגערעדט אַדי אײַנרעדן פּאַרט mistakenly accepted (idea, etc.); imagined (sickness, etc.); conceited

אײַ'נגעשווירענ|ער **.1** דער־דעק juror

|| **.2** מצ jury

אײַ'נגעשוויג־ן אַדי taciturn, uncommunicative

אײַ'נגעשטעלט אַדי אײַנשטעלן פּאַרט set, established; prevalent; routine; wagered, risked

אײַ'נגעשלאָס־ן אַדי אײַנשליסן פּאַרט included; enclosed

אײַ'נגעשפּאַרט אַדי אײַנשפּאַרן פּאַרט obstinate, stubborn

אײַ'נגעשרומפּ־ן אַדי shrunken

|| אײַנגעשרומפּן ווער|ן shrink *intr.*, shrivel

אײַ'נגעשריפֿטס דאָס (ן) inscription

אײַ'נ|גראָב|ן וו (אײַ'נגעגראָבן) bury; plant; *fig.* nestle, bury (one's head, etc.) in

|| אײַנגראָבן זיך *also* be engraved, be imprinted

אײַ'נ|גראַדיר|ן וו (–ט) mark off (scale) *perf.*; classify, rank

אײַ'נ|גראַוויר|ן וו (–ט) engrave *perf.*

אײַנגרונט דער (ן) *neol.* foothold

|| געפֿינ|ען/קריגן אַן אײַנגרונט gain a foothold; become established

אײַ'נ|גרו'נטעווע|ן וו (–גע–ט) settle; plant firmly (in earth, etc.)

|| אײַנגרונטעווען זיך establish a foothold, become settled

אײַ'נ|גריזנע|ן וו (–גע–ט) soil, dirty, muddy; sink (in/into), be mired (in)

אײַ'נ|דושע|ן וו (–גע–ט) wrap up warmly, bundle up; muffle, stifle

איי'נדײַטיק אַדי/אַדוו unambiguous

אײַ'נ|דעק|ן וו (–גע–ט) cover, blanket, wrap up; tuck in

אײַ'נ|דראָ'טעווע|ן וו (–גע–ט) reinforce (pottery, etc.) with wire

אײַנדרוק דער (ן) impression; track, footprint

|| מאַכ|ן אַן אײַנדרוק make an impression

אײַ'נדרוקספֿול אַדי/אַדוו impressive

אײַ'נ|דריי|ען וו (–גע–ט) twist together *perf.*; roll/wind up; screw in; turn (lever, etc.); turn a corner

אײַ'נ|דרימל|ען וו (–גע–ט) **זע** אײַנדרעמלען

אײַ'נדרינגונג די *neol.* persuasion

אײַ'נ|דרינג|ען וו (אײַ'נגעדרונגען) penetrate

|| אײַנדרינגען <דאַט> persuade

אײַנדריק דער (ן) depression, dip, indentation

אײַ'נדריקלעך אַדי/אַדוו impressive, moving, memorable

אײַ'נ|דריק|ן וו (–גע–ט) squeeze, crush, press; leave an imprint

אײַ'נ|דרעמל|ען וו (–גע–ט) doze off, fall asleep

אײַנהאַלט דער (ן) restraint, inhibition

אײַ'נ|האַלט|ן וו (אײַ'נגעהאַלטן) hold onto; check, restrain, stop

|| אײַנהאַלטן זיך restrain oneself; hold one's own

|| אײַנהאַלטן זיך און ניט refrain from

אײַ'נ|האַ'מעווע|ן וו (–גע–ט) restrain, curb *perf.*

אײַ'נ|האַנדל|ען וו (–גע–ט) purchase, buy

אײַ'נ|האָרכ|ן זיך וו (–גע–ט) <צו> listen carefully/attentively

איי'נהאָרן דער (ס) unicorn; rhinoceros

אײנהאָ'רע/אײַנהאָ'רע **פֿאָנ** עין־הרע

אײַ'נ|היט|ן וו (אײַ'נגעהיט) preserve, safeguard; prevent, hinder

|| אײַנהיטן זיך protect oneself

אײנהייט די unity; (milit., etc.) unit

איי'נהייטלעך אַדי uniform, homogeneous; unitary, unified

אײַ'נ|היי'ליק|ן וו (–גע–ט) consecrate, sanctify

אײַ'נ|היי'מיש|ן וו (–גע–ט) make (s.o.) feel at home; integrate, acclimate

אײַ'נ|הייצ|ן וו (–גע–ט) light a fire (in stove), warm up

אײַנהיל דער (ן) shawl, cape, veil; wrapper, covering, envelope; camouflage

אײַ'נ|היל|ן וו (–גע–ט) <אין> wrap, envelop, cover, drape, veil

אײַנהער דער attention, attentive listening

אײַ'נהעריק אַדי *neol.* attentive

אײַ'נ|הער|ן זיך וו (–גע–ט) <אין/צו> listen attentively (to), pay attention (to)

|| אײַנהערן זיך צו heed, obey

אײַ'נוואוינער דער (–/ס) **זע** אײַנוווינער

אײַ'נ|וואַ'לגער|ן וו (–גע–ט) tear down, demolish

|| אײַנוואַלגערן זיך collapse, fall apart

אײַ'נוואַנדערונג די immigration

אײַ'נ|וואַ'נדער|ן וו (–גע–ט) immigrate

אײַ'נ|וואַרפֿ|ן וו (אײַ'נגעוואָרפֿן) tear down, demolish; overthrow

אײַ'נ|וואָרצל|ען וו (–גע–ט) implant, cause to set roots

אײַ'נ|וואַש|ן וו (אײַ'נגעוואַשן) wash (quickly/not thoroughly), rinse

|| אײַנוואַשן זיך wash (one's hands)

אײַ'נוווינער דער (–/ס) פֿעמ ין inhabitant, resident, occupant

אײַ'נוווינערשאַפֿט די residents, occupants *coll.*; population

אײַ'נ|וויג|ן וו (–גע–ט) rock/sing to sleep; lull

אײַ'נ|ווײַ|ען וו (–גע–ט) inaugurate; initiate (s.o.)

אײַ'נ|ווייק|ן וו (–גע–ט) soak *perf.*; *pop.* implicate (in a crime)

אײַ'נ|ווי'ליק|ן וו (–גע–ט) <צו> consent (to), accept

אײַ'נ|וויקל|ען וו (–גע–ט) wrap *perf.*; bundle (up); swaddle

אײַ'נ|וועב|ן וו (–גע–ט) weave/mix in

אײַנוועגס **זע** וועג[1]

אײַנווענד דער (ן) objection

אײַ'נווענדונג די (ען) **זע** אײַנווענד

אײַ'נ|ווענד|ן וו (–גע–ט) <קעגן> object (to)

אײַנו'ך דער (ן) eunuch

אײַ'נזאָגונג די (ען) *neol.* briefing

אײַ'נ|זאָג|ן וו (–גע–ט) brief, prep, instruct

אײַ'נ|זאַלב|ן וו (–גע–ט) rub with ointment, anoint *perf.*

אײַ'נ|זאַלצ|ן וו (–גע–ט) salt *perf.*; preserve (with salt)

אײַנזאַם אַדי/אַדוו lonely, solitary, forlorn

אײַ'נ|זאַמל|ען וו (–גע–ט) gather in/together, collect; set aside, store

אײַ'נזאַמקייט די solitude, loneliness

אײַ'נ|זאָניר|ן וו (–ט) *neol.* zone

אײַ'נזאַפּונג די absorption (liquid)

אײַ'נ|זאַפּ|ן וו (–גע–ט) soak up, absorb

|| אײַנזאַפּן זיך soak in *intr.*, be absorbed

אײַ'נ|זויג|ן וו (אײַ'נגעזויגן) soak up, absorb

|| אײַנזויגן זיך be absorbed, seep in

|| אײַנזויגן זיך מיט די אויגן אין stare at

|| אײַנזויגן זיך מיט די ציין אין sink one's teeth into

אײַ'נזוימענונג די insemination

אײַ'נ|זוי'מענ|ען וו (–גע–ט) inseminate

אײַ'נזײַטיק אַדי/אַדוו one-sided, unilateral; partial, biased

אײַנזײַן דאָס *neol.* loneliness, solitude

אײַנזײַן : ניט קענ|ען* אײַנזײַן be unable to sit still, be unable to stay in one place for any length of time

אײַ'נזײַנקייט די זע אײַנזײַן

אײַ'נ|זײַ'ער|ן וו (–גע–ט) pickle (in vinegar)

אײַ'נ|זייפֿ|ן וו (–גע–ט) soap (up) *perf.*, lather; *fig.* put into a predicament; hoodwink, bamboozle

|| אײַנזייפֿן זיך get oneself tied down

אײַ'נ|זינג|ען וו (אײַ'נגעזונגען) rehearse/learn a song; lull to sleep

אײַ'נ|זינק|ען וו (איז אײַ'נגעזונקען) sink *intr.*, *perf.*

אײַ'נ|זיצ|ן וו (איז אײַ'נגעזעסן) remain sitting; sit still

|| ניט קענ|ען* אײַנזיצן *also* fidget, be restless

אײַנזע דער (ען) allowance, acknowledgment, concession; realization, recognition

אײַ'נזעונג די (ען) *neol.* realization, recognition

אײַ'נזעלנערונג די (milit.) induction

אײַ'נ|זע'לנער|ן וו (–גע–ט) (milit.) induct

אײַנזען **1.** דאָס <מיט/פֿאַר> consideration, respect (for); judgment, discernment, discretion

|| טאָ|ן* לויט/נאָך מײַן/דײַן אײַנזען act according to my/your own understanding

|| **2.** אײַ'נ|זע|ן* וו (אײַ'נגעזען) realize, recognize, understand, perceive

אײַ'נזעעניש דאָס consideration, indulgence

|| האָב|ן* אײַנזעעניש מיט/פֿאַר bear with (s.o.), treat considerately

|| בעט|ן אײַנזעעניש בײַ beg the indulgence of

|| אָן אײַנזעעניש <פֿאַר> inconsiderate (of); unreasonable, excessive

|| מיט אײַנזעעניש considerately

אײַ'נזעעריש אַדי considerate, indulgent, reasonable

אײַ'נ|זעצ|ן וו (–גע–ט) jail, imprison; insert, set in, put in

|| אײַנזעצן זיך אין get into (vehicle); sit (down) comfortably in, ensconce oneself in

אײַ'נ|חזיר|ן וו (–גע–ט) [KhAZER] soil, dirty, make filthy

אײַ'נ|חזר|ן וו (–גע–ט) [KhAZER] repeat, memorize

|| אײַנחזרן מיט help s.o. review/rehearse (lesson, role, etc.)

אײַ'נ|חנפֿע|(נע)ן זיך וו (–גע–ט) בײַ [KhANFE] sweet-talk (s.o.), win the favor of (s.o.) through flattery

אײַ'נ|טאַ'מעווע|ן וו (–גע–ט) dam up, stanch; bridle, restrain

אײַ'נטאָניק אַדי/אַדוו drab, monotonous

אײַ'נ|טוליע|ן וו (–גע–ט) wrap up, bundle up, pamper (child)

|| אײַנטוליען זיך *also* snuggle up, cuddle up

אײַנטונק דער (ען) immersion

אײַ'נ|טונק|ען וו (–גע–ט/אײַ'נגעטונקען) dunk *perf.*, submerge, plunge

אײַ'נטײַטשיק אַדי/אַדוו unambiguous

אײַ'נ|טײַטש|ן וו (–גע–ט) interpret *perf.*, translate, explain

אײַנטייל דער (ן) partition, division

|| פֿ״גל אָנטייל

אײַ'נטיילונג די (ען) division, partition, classification

אײַ'נ|טייל|ן וו (–גע–ט) divide, partition; allot, allocate; classify, subdivide

|| אײַנטיילן זיך מיט share stg.

אײַ'נ|טענה|ן וו (–גע–ט) מיט [TAYNE] argue with; reason with

אײַ'נ|טראָג|ן וו (אײַ'נגעטראָגן) bring in (earnings, profit); (account.)) enter (in the books)

אײַנטריט דער entrance, admission

אײַ'נ|טרײַע|ן זיך וו (–גע–ט) <צו אינפֿ; אין> *Amer.* get into the habit (of), get used (to)

אײַ'נ|ייִ'דיש|ן וו (–גע–ט) Judaize, make appear more Jewish

איי'נינקע(ר) אַליי'ן אַדי–אַטר/אַדוו all alone

אייניק אַדי–אַטר/אַדוו united, in accord, in harmony

|| פֿ״גל אייניקע

איי'ניקייט די unity, accord

איי'ניקל 1. דער/דאָס (עך) grandchild, grandson; descendant; *Jew.* person descended from an illustrious Hasidic family

|| 2. דאָס (עך) granddaughter

איי'ניק|ן זיך וו (גע–ט) agree, come to terms; unite, join together, come together

איי'ניקע 1. אַדי some, several, a few

|| 2. פּראָנ some/certain (people/things)

אײַ'נ|ישבֿע|ן וו (–גע–ט) [YAShVE] imprison, jail

אײַ'נ|ישבֿענ|ען וו (–גע–ט) [YAShV·N] זע אײַנישבֿען

אײַנלאָג דער (ן) down payment, deposit

אײַ'נלאַדונג די (ען) invitation

אײַ'נ|לאַד|ן וו (אײַ'נגעלאַדן) invite

אײַ'נ|לאָז|ן וו (אײַ'נגעלאָזן) (fash.) alter; let go of, abandon

אײַ'נ|לויפֿ|ן וו (איז אײַ'נגעלאָפֿן) shrink *intr.*

אײַ'נ|ליאַפּע|ן וו (–גע–ט) dirty, soil, stain

|| אײַנליאַפּען זיך <אין> become infatuated/smitten (with)

אײַ'נ|ליב|ן זיך וו (–גע–ט) <אין> fall in love (with)

אײַ'נ|ליג|ן וו (איז אײַ'נגעלעגן) lie still

|| ניט קענ|ען* אײַנליגן be restless

אײַ'נ|ליוליע|ן וו (–גע–ט) lull, rock to sleep

אײַ'נ|לייג|ן וו (–גע–ט) fold, tidy up, put away; pledge, deposit, invest (money); pawn, hock; tear down, demolish

|| אײַנלייגן זיך (storm, pain, etc.) abate

אײַ'נ|לעב|ן זיך וו (–גע–ט) מיט get used to living with

|| אײַנלעבן זיך אין grow to feel at home in

אײַ'נ|לערנ|ען וו (–גע–ט) <אַק מיט> drill, coach (s.o. in)

|| אײַנלערנען אַ ליד מיט די קינדער teach the children a song

אײַ'נלערנער דער (ס) פֿעמ ין coach, instructor

אײַ'נ|מאַכ|ן וו (–גע–ט) preserve (food); soil, dirty; pass (thread, shoelace, etc.) through a hole

|| מאַך זיך/דיך/דיר אײַן אין זיסן און אין זויערן much good may it do you!; (do what you want but) leave me out of it!

|| אײַנמאַכן ציצית [TSITSES] *Jew.* tie fringes to a prayer shawl

|| פֿ״גל טלית; טלית־קטן

איין מאָל אַדוו זע (איין) מאָל[1]

איי'נמאָליק אַדי unique, singular; unrepeatable, one-time

אײַ'נמאָנטירונג די installation

אײַ'נ|מאָנטיר|ן וו (–ט) install *perf.*, build in

אײַ'נ|מאָנ|ען וו (–גע–ט) collect (debt)

|| חשבונות צום אײַנמאָנען [KhEZhBOYNES] accounts receivable

אײַ'נמאָנער דער (ס) (tax) collector, bill/debt collector

אײַ'נ|מאָסט(י)ע|ן וו (–גע–ט) [Ty] seat, place, fit in (passengers, etc.)

אײַ'נ|מאָ'צעווע|ן וו (–גע–ט) fasten; strengthen, reinforce

אײַ'נ|מאַריניר|ן וו (–גע–ט/–ט) marinate *trans., perf.*

אײַ'נ|מוי'ער|ן וו (–גע–ט) wall in, shut in, brick up; immure; seal up, build in, hide (in a wall/foundation)

אײַ'נ|מושט(ר)יר|ן וו (–ט) (milit.) train, drill *perf.*

אײַ'נ|מיד|ן וו (–גע–ט) tire, wear out *perf.*

אײַ'נ|מעלד|ן וו (אײַ'נגעמאָלדן/–גע–ט) announce (visit, etc.); register *trans.*

|| אײַנמעלדן זיך (admin.) check in, register *intr.*

אײַ'נ|נורע|ן זיך וו (–גע–ט) snuggle in, cuddle up

אײַ'נ|ניט|ן זיך וו (אײַ'נגעניט) <אין> get into the habit (of), train *intr.* (to); gain experience (in)

אײַ'נ|נייע|ן וו (–גע–ט) sew (up), stitch (up) *perf.*; sew (stg.) into (lining, etc.)

אײַננעם דער (ען) conquest

אײַ'ננעמען 1. דאָס conquest

|| 2. אײַ'נ|נעמ|ען וו (אײַ'נגענומען) capture, conquer; win (battle, war); appease, pacify, calm; take (medicine); feel, experience (emotion); *(in curses)* suffer, endure

|| אײַננעמען אַ שווײַ'געניש/שטו'מעניש not utter a word

|| אײַננעמען אַ טויט/מיתה/פּגירה [MISE/PGIRE] die a violent death, drop dead

אײַ'נ|נע'סטיקן זיך וו (–גע–ט) nest, nestle

אײַ'נ|נעסטן זיך וו (אײַ'נגענעסט) זע אײַננעסטיקן זיך

אײַ'נ|נעצן וו (–גע–ט) moisten, wet *perf.*

איינס **1.** דער/די (ן) (the number) one

|| **.2** דער (ן) unit, element; item, entry (dictionary, etc.)

|| **.3** צוו one *(in counting)*; (just) one thing

|| אַלץ איינס (it's) all the same

|| אַלץ איינס ווער/וואָס/... regardless of who/what/...

|| איי'נס אָװע'ק! done! that's one down!

|| פֿאַר איינס at the same time

|| איינס און צוויי in no time, one-two-three

|| ווער|ן איינס reach an agreement; become one, merge

|| איך ווייס נאָר איינס I know just one thing

|| פֿ״גל איין[1] .1; איינער

|| **.4** אַדוו (at) one o'clock; first, in the first place

אײַ'נ|סדר|ן וו (–גע–ט) [SADER] file, put in order

אײַ'נ|סיל(י)ע|ן וו (–גע–ט) [Ly] thread (needle), string (beads) *perf.*

איינסע אַדוו one o'clock

איינס־צוויי' אַדוו in no time, one-two-three

איינסקייט די oneness, unity, cohesion

איינע אַדי–מצ the same; only, just, nothing but

|| איינע געדאַנקען the same ideas

|| דאָרט וווינען איינע ייִדן only Jews live there

|| אין איינע צען מינו'ט in just ten minutes

|| פֿ״גל איין[1] .2; איינער

איי'נעכטן אַדוו זע אייערנעכטן

איינעם פּראָנ זע איינער

אײַ'נ|ענג|ען וו (–גע–ט) narrow *trans.*, take in (garment), make tighter; limit; qualify, restrict (statement, endorsement)

אײַ'נ|עס|ן זיך וו (אײַ'נגעגעסן) <אין> stick (to), cling (to); become unbearable; leave a mark (on/in)

|| אײַנעסן זיך אין דער לעבער/די ביינער badger, become irritating

|| אײַנעסן זיך מיט די אויגן אין stare intently at, look penetratingly at

אײַ'נ|עקשנ|ען זיך וו (–גע–ט) [AKSh·N] be(come) stubborn

איינ|ער פּראָנ one, someone; one person; *(after a disparaging epithet)* what a ...

|| קיין איינער ניט no one, nobody, not one

|| איינער דעם אַ'נדערן each other

|| איינער אין דער וועלט unique

|| ביז איינעם every one, to a man

|| אין איינעם together, jointly; (written) as one word

|| ווי בײַ איינעם it depends

|| איינער אַ a certain ...; one of the ...s

|| אונדזער איינער one of us, one of ours

|| נאַר איינער! what a fool (you are)!

|| פֿ״גל איין[1] .2

איי'נערליי אַדי–אינוו one and the same, of the same kind

אײַ'נ|פּאַטש|ן וו (–גע–ט) pat/slap down, flatten; shake on it

|| אײַנפּאַטשן דעם מקח [MEKEKh] seal the deal

אײַ'נ|פּאַנעליר|ן וו (–ט) *neol.* impanel

אײַ'נ|פּאַס|ן זיך וו (–גע–ט) אין fit in, adapt to *intr.*

אײַ'נ|פּאַק|ן וו (–גע–ט) pack (up), wrap (up), package *perf.*

|| אײַנפּאַקן זיך pack one's things

אײַ'נ|פּלאַטש|ן וו (–גע–ט) flatten, crush

אײַ'נ|פּלאָ'נטע(ר)|ן וו (–גע–ט) entangle, mix; embroil, drag into, compromise

אײַ'נ|פּלאַציר|ן וו (–ט) place, position

אײַ'נ|פּענטע|ן וו (–גע–ט) fetter, hobble *perf.*

אײַ'נ|פּעקל|ען וו (–גע–ט) pickle, preserve *perf.*

אײַ'נ|פּראַווע|ן וו (–גע–ט) put into place, install, arrange

אײַ'נ|פּרעס|ן וו (–גע–ט) press/pack down; leave an imprint

אײנפֿאַך אַדי/אַדוו plain, simple, ordinary; elementary, fundamental; *pejor.* plain, nothing but a ...

|| אַן איינפֿאַכ|ער נאַר nothing but a fool

אײַנפֿאַל דער (ן) idea, notion; collapse, ruin; reserve, provision

|| געניאַל|ער אײַנפֿאַל [NY] brainstorm, bright idea

|| אויף אײַנפֿאַל in reserve, for (budgetary) contingencies

אײַ'נ|פֿאַל|ן וו (איז אײַ'נגעפֿאַלן) collapse, cave in; (cheeks) sink in, become hollow

|| אײַנפֿאַלן דאַט (idea) occur to

אײַ'נפֿאַלעריש אַדי witty; ingenious, inventive

אײַ'נ|פֿאַס|ן וו (–גע–ט) set, mount (jewels)

אײַנפֿאָר דער (ן) inn; drive-in

אײַ'נפֿאָרהויז דאָס (...הײַזער) inn, tavern

אײַ'נ|פֿאָר|ן וו (איז אײַ'נגעפֿאָרן) cover (a distance); arrive at (destination)

אײַ'נפֿאָר־קינאָ דער (ס) drive-in movie
אײַ'נפֿאַרשטאַנען אַדי–אַטר agreed, in agreement; in cahoots
אײַ'נ|פֿאַרשטיי|ן* זיך וו (אײַ'נפֿאַרשטאַנען) agree, be in agreement, reach an agreement
אײַ'נפֿאַרשטענדעניש דאָס/די (ן) agreement, understanding
אײַ'נ|פֿו'נדעווע|ן וו (–גע–ט) establish firmly
אײַ'נ|פֿײַכט|ן וו (אײַ'נגעפֿײַכט) dampen, moisten
אײַ'נ|פֿיסל|ען וו (–גע–ט) *neol.* put in quotes
אײַנפֿיר דער (ן) custom, usage
אײַ'נפֿירונג די (ען) initiation; appointment (to a post)
אײַ'נ|פֿיר|ן וו (–גע–ט) introduce, institute (custom, system), initiate; establish/adopt (as a rule); install, appoint
אײַ'נ|פֿלאַנצ|ן וו (–גע–ט) plant *perf.*; instill, inculcate; establish, found
אײַנפֿלוס דער (ן) influence
אײַ'נפֿלוסרײַך אַדי influential
אײַ'נ|פֿלעק|ן וו (–גע–ט) stain, dirty, soil *perf.*
אײַ'נ|פֿלעשל|ען וו (–גע–ט) bottle
אײַ'נ|פֿע'דעמ|ען וו (–גע–ט) thread (needle); *fig.* begin, get under way; engage in/enter into (conversation, etc.)
אײַ'נ|פֿע'סטיק|ן וו (–גע–ט) steady, reinforce, strengthen
אײַ'נ|פֿריר|ן וו (אײַ'נגעפֿרוירן) freeze *trans.*, *perf.*
אײַ'נ|פֿרעס|ן זיך וו (אײַ'נגעפֿרעסן) אין (cold, odor, etc.) penetrate, permeate; gnaw/eat away at
אײנצאָל די (ן) (gramm.) singular
אײַנצאָל דער (ן) payment, remittance, deposit
אײַ'נ|צאָל|ן וו (–גע–ט) make a payment, pay
אײַ'נצאָלער דער (ס) depositor
אײַנצאַם דער (ען) hedge, fence; (policy of) containment (of a hostile power)
אײַ'נצאַמונג די (ען) stockade, fence; restraint, moderation
אײַ'נ|צאַמ|ען = אײַ'נ|צוימ|ען וו (–גע–ט) fence in, enclose; curb, restrain
אײ'נצײַטיק אַדי/אַדוו simultaneous
אײַ'נ|צײ'כענ|ען וו (–גע–ט) inscribe, engrave
אײַ'נצײַנדלונג די (ען) indentation; notch, nick
אײַ'נ|צײַנדל|ען וו (–גע–ט) indent; notch, nick, chip
אײַ'נ|ציִ|ען וו (אײַ'נגעצויגן) contract, tighten *trans.*; absorb, inhale
|| אײַנציִען זיך shrink, contract *intr.*, shrivel up
אײנציק אַדי sole, only; particular, exceptional; individual, separate; *(pl.)* numbered, rare
אײ'נציקווײַז אַדוו one by one, singly; separately; gradually
אײ'נציקייט די (ן) uniqueness; detail
אײ'נצל־... particular; individual, separate
|| אײנצל־קאַמער (solitary) prison cell
|| פֿ״גל ענצל
אײ'נצלהייט די (ן) detail, particular
אײ'נצלנ|ער אַדי–עפּי individual, solitary, single; *(in pl.)* few in number, (only) a few
אײַ'נ|קאָכ|ן וו (–גע–ט) stew, simmer
אײַ'נ|קאַסיר|ן וו (–ט) collect/receive (money)
אײַ'נ|קאַרביר|ן וו (–ט) curl/crimp (hair); pleat, crease (fabric)
|| פֿ״גל אײַנקאַרבן
אײַ'נ|קאַרב|ן וו (–גע–ט) notch, carve
אײַ'נ|קאָרטשע|ן וו (–גע–ט) fold, cross (limbs); wrinkle up, pucker up, twist *perf.*
|| אײַנקאָרטשען זיך shrivel up, curl up; double over *intr.*
אײַ'נ|קוואַרטיר|ן וו (–ט) put up, quarter, house, lodge
אײַנקוועטש דער (ן) imprint, indentation; dip, depression
אײַ'נ|קוועטש|ן וו (–גע–ט) depress, squeeze; compress
אײַנקויף דער (ן) purchase
אײַ'נקויפֿגעלט דאָס (ער) membership fee
אײַ'נ|קויפֿ|ן וו (–גע–ט) buy, purchase, acquire; shop (for), go shopping; win (over), attract
|| אײַנקויפֿן זיך אין join, pay dues for; earn/buy one's place in
|| אײַנקויפֿן זיך אין ייִחוס <בײַ> [YIKhES] marry into an illustrious family; win the favor (of)
אײַ'נקויפֿער דער (ס) פֿעמ ין shopper, buyer
אײַ'נקויפֿפּרײַז דער (ן) cost, purchase price
|| צום אײַנקויפֿפּרײַז at cost
אײַנקונפֿט דער/די (ן) *Germ.* income, revenue
אײַנקוק דער <אין> attention (to); scrutiny, examination (of)
אײַ'נקוקבוך דאָס (...ביכער) reference book
אײַ'נ|קוק|ן זיך וו (–גע–ט) <אין/צו> have a good look (at), scrutinize, examine; pay attention (to)
אײנקייט די uniqueness; oneness
אײַ'נ|קייטל|ען וו (–גע–ט) chain up

|| אײַנקייטלען דאַט די הענט handcuff, put in handcuffs

אײַ'נקלאָגונג די (ען) indictment

אײַ'נ|קלאָג|ן וו (–גע–ט) <פֿאַר> indict (for)

אײַ'נ|קלאַ'מער|ן וו (–גע–ט) clasp, clamp; bracket, put in parentheses

|| אײַנקלאַמערן זיך אין cling to, hold onto with all one's strength

אײַנקלאַנג דער agreement, accord, harmony

|| אין אײַנקלאַנג מיט in accordance with

אײַ'נ|קלאַפּ|ן וו (–גע–ט) pound in; tamp (down), cram, pack tight

|| אײַנקלאַפּן דאַט אין קאָפּ (אַרײַ'ן) drum into s.o.'s head

אײַ'נ|קלעמ|ען וו (–גע–ט) clamp down (as in a vise)

|| אײַנקלעמען זיך *also* (hernia) become strangulated

אײַ'נ|קנײטש|ן וו (–גע–ט) fold (up) *perf.*; pleat, crease

אײַ'נ|קנעל|ן וו (–גע–ט) learn thoroughly

|| אײַנקנעלן אַק <מיט> coach/tutor (s.o.) in

אײַ'נ|קעסטל|ען וו (–גע–ט) box, put in a box

אײַ'נ|קריצ|ן וו (–גע–ט) engrave *perf.*

אײַ'נ|קרע'מפּ(עווע)|ן וו (–גע–ט) hitch, attach; bind, tighten

אײַ'נ|ראַמ|ען וו (–גע–ט) זע אײַנרעמלען

אײַ'נ|רוימ|ען וו (–גע–ט) <אַק דאַט> murmur, whisper (a word in s.o.'s ear)

אײַ'נ|רו'יִק|ן וו (–גע–ט) calm, pacify

אײַ'נ|רוס|ן וו (–גע–ט) זע אײַנריסן

אײַ'נ|רו|ען וו (–גע–ט) remain at rest

|| ניט אײַנרוען ביז not rest until

|| ניט קענ|ען* אײַנרוען be restless, fidget

אײַנרוף דער (ן) (jur.) summons, subpoena; (milit.) mobilization

אײַ'נ|רופֿ|ן וו (אײַ'נגערופֿן) summon, subpoena

אײַ'נ|רוק|ן וו (–גע–ט) shove in; (milit.) be inducted into the military; report for periodic military training

אײַ'נ|רײַב|ן וו (אײַ'נגעריבן) rub in (lotion, etc.); rub (down), massage; *fam.* wolf down, devour

|| אײַנרײַבן די זײַטן beat up

|| רײַב אײַן! done! agreed!

אײַ'נרײַבעכץ דאָס (ן) lotion, ointment, salve

אײַ'נ|רייד|ן וו (אײַ'נגערעדט) זע אײַנרעדן

אײַ'נרייִק אַדי single-breasted

אײַנרײַס דער (ן) gap, rift

אײַ'נ|ריי'סטער|ן וו (–גע–ט) book, register

אײַ'נ|רײַס|ן וו (אײַ'נגעריסן) make a small tear in; tear down, destroy

|| אײַנרײַסן זיך <מיט> pick a quarrel with

|| אײַנרײַסן אַ וועלט move heaven and earth, do everything possible; act ruthlessly/aggressively in business

|| אײַנרײַסן הימלען pray with fervent lamentations

|| אײַנרײַסן קבֿרים/די שול [KVORIM] pray fervently while grasping a tombstone or the Torah ark, in order to ward off an imminent danger

אײַ'נרײַסער דער (ס) פֿעמ ין/קע aggressively ambitious person, arriviste

אײַ'נ|ריי|ען וו (–גע–ט) align

אײַ'נריכטונג די (ען) *Germ.* establishment, facility, installation

אײַ'נ|ריכט|ן[1] וו (אײַ'נגעריכט) soil, dirty

אײַ'נ|ריכט|ן[2] וו (אײַ'נגעריכט) *Germ.* install, arrange, set up

אײַ'נ|רינגל|ען וו (–גע–ט) encircle, surround; put in parentheses

אײַנריס דער (ן) conflict, hostility

אײַ'נ|ריסט|ן וו (אײַ'נגעריסט) זע אײַנריסן

אײַ'נ|ריס|ן וו (–גע–ט) blacken with soot

אײַ'נ|רעד|ן וו (–גע–ט) דאַט <אַק> coax into, persuade s.o. (of)

|| אײַנרעדן זיך delude oneself; be proud, be full of oneself

|| אײַנרעדן דאַט אַ קאַץ/קינד אין בויך hoodwink, dupe

אײַ'נרעדעניש דאָס (ן) misconception; fantasy, delusion; conceit, self-importance; idée fixe

אײַנרעלס דער (ן) [Ly] monorail

אײַ'נ|רעמ(ל)|ען וו (–גע–ט) frame, outline

אײַ'נ|שאַנצ|ן וו (–גע–ט) fast-talk, pressure into buying/accepting

אײַנשאַף דער (ן) acquisition

אײַ'נשאַפֿונג די (ען) acquisition, procurement

אײַ'נ|שאַפֿ|ן וו (–גע–ט) procure

|| אײַנשאַפֿן זיך acquire, obtain

אײַ'נ|שאַרפֿ|ן וו (–גע–ט) teach, inculcate; stress, emphasize

אײַ'נשווערונג די (ען) swearing in, inauguration

אײַ'נ|שווער|ן וו (אײַ'נגעשווירן) swear in, inaugurate

אײַ'נשולדיקונג די (ען) indictment

אײַ'נ|שולדיק|ן וו (–גע–ט) accuse, indict

אײַנשטאָך דער (ן) sting; puncture, perforation

אײַ'נ|שטו'ביק|ן וו (–גע–ט) *neol.* domesticate, tame

אײַ'נ|שטודיר|ן וו (–ט) learn thoroughly, study *perf.*

אײַ'נ|שטויב|ן וו (–גע–ט) cover with dust, get dusty

אײַ'נ|שטומ|ען וו (–גע–ט) hold one's tongue; silence, muzzle

אײַ'נ|שטײַגל|ען וו (–גע–ט) cage

אײַ'נ|שטײַג|ן וו (איז אײַ'נגעשטיגן) climb aboard, get into (car, train, etc.)

אײַ'נ|שטיי|ן* וו (איז אײַ'נגעשטאַנען) stand still; hold one's own

|| אײַנשטיין אין/בײַ stay/lodge with; be in the hands of

|| ניט קענ|ען* אײַנשטיין be restless/fidgety

אײַ'נ|שטײַפֿ|ן וו (–גע–ט) stiffen *trans.*; tighten

אײַנשטיל דער (ן) lull, respite

אײַ'נשטיל־מיטל דאָס (ען) sedative, tranquilizer

אײַ'נ|שטיל|ן וו (–גע–ט) hush, silence; appease, calm; curb, quench

|| אײַנשטילן זיך die down, abate, subside

אײַ'נשטילעכץ דאָס (ן) *neol.* sedative, tranquilizer

אײַנשטים דער (ען) agreement, accord

אײַ'נשטימיק אַדי/אַדוו unanimous

אײַ'נשטימיק אַדי/אַדוו agreeable, in agreement; unanimous

אײַ'נשטימיקייט די unanimity

אײַ'נ|שטימ|ען וו (–גע–ט) <מיט> agree (with), be in agreement (with)

|| אײַנשטימען <אויף> consent (to)

אײַ'נ|שטעכ|ן וו (אײַ'נגעשטאָכן) sting *perf.*, prick, puncture

אײַנשטעל דער (ן) risk, venture, gamble; attitude, position, opinion; order, arrangement

אײַ'נשטעלונג די (ען) installation; founding, establishment; position, attitude

אײַ'נ|שטעל|ן וו (–גע–ט) institute, establish, enact; dare, take chances; risk, gamble, jeopardize; install, set up; set to ferment; pickle, preserve, put up

|| אײַנשטעלן זיך (weather, situation) set in; risk one's life

|| אײַנשטעלן זיך פֿאַר intercede for, stick up for

אײַ'נשטעלעניש דאָס (ן) gamble, venture, risk; courage, daring

אײַ'נשטעלער דער (ס) פֿעמ קע daredevil, risk-taker

אײַ'נשטעלעריש אַדי/אַדוו daring

אײַ'נ|שטעק|ן וו (–גע–ט) poke in, stick in; nail down

אײַ'נ|שטשעמ|ען וו (–גע–ט) pinch, squeeze, compress

|| אײַנשטשעמען זיך אין hold on tightly to, cling to

אײַ'נ|שטשערב|ען וו (–גע–ט) notch; chip

אײַנשיט דער (ן) ticking for the manufacture of a mattress/pillow

אײַ'נ|שיפֿ|ן זיך וו (–גע–ט) embark

אײַ'נ|שלאָפֿ|ן וו (איז אײַ'נגעשלאָפֿן) fall asleep; (limb) go numb, go to asleep

אײַ'נ|שליי'ער|ן וו (–גע–ט) veil/cover *perf.*; *pejor.* make s.o. marry; unload, palm off

אײַ'נ|שלינג|ען וו (אײַ'נגעשלונגען) swallow (up), devour, gobble (up)

אײַ'נשליסיק אַדי *neol.* inclusive, comprehensive

אײַ'נשליסלעך אַדוו inclusive(ly), including

אײַ'נ|שליס|ן וו (אײַ'נגעשלאָסן) lock up, shut in; include; (elec.) turn on, plug in

אײַ'נשליסער דער (ס) switch

אײַ'נ|שלע'פֿ(ער)|ן וו (–גע–ט) put to sleep

אײַ'נ|שמו'עס|ן וו (–גע–ט) persuade, convince, talk into

|| אײַנשמועסן זיך delude oneself, believe incorrectly

אײַ'נ|שמוצ|ן וו (–גע–ט) soil, dirty, sully

אײַ'נ|שמיר|ן וו (–גע–ט) coat *perf.*; grease, lubricate; soil, dirty

אײַ'נ|שנו'רעווע|ן וו (–גע–ט) lace up, tie up (with ribbon, etc.)

אײַנשניט דער (ן) cut, incision; notch, dent; track, furrow

אײַ'נשנײַדיק אַדי incisive

אײַ'נ|שנײַד|ן וו (אײַ'נגעשניטן) cut (into), make an incision; wrinkle, furrow; engrave, carve into; cut into pieces, segment

|| אײַנשנײַדן זיך <אין> intersect, cut into; leave a deep mark (on); penetrate, cut through

אײַ'נ|שענק|ען וו (–גע–ט) pour (for drinking)

אײַ'נ|שפּאַנ|ען וו (–גע–ט) <אין> harness (to), hitch up (to) *perf.*

אײַנשפּאָר דער (ן) saving(s)

thrift, economizing, saving — אײַ'נשפּאָרונג די (ען)
shut in — אײַ'נ|שפּאַר|ן וו (–גע–ט)
be(come) stubborn, maintain stubbornly — || אײַנשפּאַרן זיך
save (up) *perf.*, economize — אײַ'נ|שפּאָר|ן וו (–גע–ט)
spare s.o. stg. — || אײַנשפּאָרן אַק דאַט
spare oneself (stg.) — || אײַנשפּאָרן זיך
neol. hospitalization — אײַ'נשפּיטאָלונג די (ען)
neol. hospitalize — אײַ'נ|שפּיטאָל|ן וו (–גע–ט)
store (away/up), stockpile — אײַ'נ|שפּײַ'כלער|ן וו (–גע–ט)
rehearse, practice (music, role) — אײַ'נ|שפּיל|ן וו (–גע–ט)
learn (music, role) *perf.*; be polished *fig.*, be experienced — || אײַנשפּילן זיך <אין>
tap, draw liquid from — אײַ'נ|שפּענטע|ן וו (–גע–ט)
injection, shot — אײַ'נשפּריצונג די (ען)
inject — אײַ'נ|שפּריצ|ן וו (–גע–ט)
shrink *intr./trans.* — אײַ'נ|שרומפּ|ן וו (אײַ'נגעשרומפּן)
registration fee — אײַ'נשרײַבגעלט דאָס (ער)
register, enroll — אײַ'נ|שרײַב|ן וו (אײַ'נגעשריבן)
inscription — אײַנשריפֿט די (ן)
intimidate, instill fear in — אײַ'נ|שרעק|ן וו (אײַ'נגעשראָקן)
Germ. express oneself — אײַ'סער|ן זיך וו (גע–ט)
your *(formal/plural)*; yours — אײַער[1] פּאָס–אַדי
אײַער[2] דער **זע** אײַ'ר
eggcup — אײ'ער־בעכער דער (ס)
אײ'ערגראָז דאָס **זע** אײַ'ר
for your sake; *iron.* for all you care — אײַערט : פֿון אײַערט וועגן
(usually nominalized) what belongs to you, which concerns/interests you — אײַ'עריק אַדי
one of yours — || אַן אײַעריק|ער
take what's coming to you — || נעמט אײַך דאָס אײַעריקע
egg merchant — אײ'ערניק דער (עס) פֿעמ ...ניצע
of/from the day before yesterday — אײ'ערנעכטיק אַדי
the day before yesterday — אײ'ערנעכטן אַדוו
iron. for all you care — אײַערסט האַלבן אַדוו
egg shortbread/cookie — אײ'ער־קיכל דאָס (עך)
ovary — אײ'ערשטאָק דער (ן)
אײ'פּעלע **פֿאָנ** עופּעלע
euphemism — אײפֿעמיזם דער (ען)
euphemistic — אײפֿעמיסטיש אַדי

zeal, ardor, passion; jealousy — אײפֿער דער
keen, passionate, jealous — אײ'פֿערדיק אַדי/אַדוו
jealousy (*esp.* romantic) — אײ'פֿערזוכט די (ן)
jealous (of) — אײ'פֿערזיכטיק אַדי <אויף>
אײ'פֿעריק אַדי/אַדוו **זע** אײפֿערדיק
אײצע **פֿאָנ** עצה
eucalyptus — אײקאַלי'פּט(וס) דער (ן)
groan, moan, cry "ay" repeatedly — אײַ'קע|ן וו (גע–ט)
Iyar, the eighth month in the Jewish calendar, coinciding with parts of April and May — אייר דער [IER]
Eurasia — אײראַזיע (די) [ZY]
Europe — אײראָפּע (די)
European — אײראָפּעיִש אַדי
European — אײראָפּעער דער (–) פֿעמ ין
אײַריש אַדי **זע** איריש
אײשע־בעשײ'שע/מעשײ'שע : פֿאַרדינ|ען
fam. earn diddly-squat — אײשע־בעשײשע
I — איך **1.** פּראָנ (אַק: מיך; דאַט: מיר)
(my)self — || **2.** דער (ן)
(psychol.) ego; oneself, personality, character — || (אײ'גענ|ער) איך
conscious, conscious mind — || באַוווּ'סטזיניק|ער איך
neol. (psychol.) self — איך־גופֿא דער (ס) [GU'FE]
Book of Lamentations, read on the ninth of *Av* (the anniversary of the destruction of Jerusalem) — איכה [EYKhE]
quality (as opposed to quantity) — איכות דאָס (ן) [EYKhES]
qualitative — איכותדיק אַדי/אַדוו [E'YKhESDIK]
illusory — אילוזאָריש אַדי [Ly]
cinema, movie house (in the early days) — אילוזיאָ'ן די [Ly...ZY]
illusion — אילוזיע די [Ly...ZY]
illumination — אילומינאַציע די [Ly]
illuminate; adorn, illuminate (manuscript) — אילומיניר|ן וו (–ט) [Ly]
Jew. sterile woman, woman whose sexual traits have not developed normally — אַילונית די (ן) [A'YLENIS]
illustration — אילוסטראַציע די (ס) [Ly]
illustrate — אילוסטריר|ן וו (–ט) [Ly]
אילע אַדי/פּראָנ **זע** אַלע
אי'לערליי' אַדי–אינוו **זע** אַלערליי
dial. still; likewise, also — אילץ **1.** אַדוו
dial. everything — || **2.** פּראָנ

אים פּראָנ (נאָמ: ער/עס) him, to him; it, to it
אימאַגינע'ר אַדי imaginary (number)
אימבאָסיר|ן וו (–ט) emboss
אימבער דער זע אינגבער
אימה די [EYME] horror, dread, terror
אימהדיק אַדי/אַדוו [E'YMEDIK] dreadful, frightening, horrible
אימו'ן אַדי <קעגן> immune (to)
אימוניטע'ט די immunity
אימיגראַ'נט דער (ן) פֿעמ קע immigrant
אימיגראַנטיש אַדי immigrant, of immigrant(s)
אימיגראַציע די (ס) immigration
אימיגריר|ן וו (–ט) immigrate
אימיטיר|ן וו (–ט) imitate
אימענינִיק דער (עס) פֿעמ ...ניצע *Slav.* person whose birthday is being celebrated
אימענינעס מצ *Slav.* birthday celebration
אימעניע די (ס) [Ny] *Slav.* estate
אי'מעצ(ער) פּראָנ (ער) זע עמעצ(ער)
אי'מערווײַב דאָס/די (ער) ex-wife
אי'מערמאַן דער (ען) ex-husband
אימפּאָזאַ'נט אַדי impressive, imposing
אימפּאָטע'נט אַדי impotent
אימפּאָטע'נץ די impotence
אימפּאָניר|ן וו (–ט) <דאַט> impress, make an impression (on)
אימפּאָ'רט דער (ן) import, importation
אימפּו'לס דער (ן) [Ly] impulse
אימפּליקאַציע די (ס) implication
אימפּעט דער (ן) momentum, impetus; zest, enthusiasm; hurry, haste
|| פֿאָר|ן/פֿלי|ען מיטן אימפּעט אַלײ'ן coast
אי'מפּעטוועג דער (ן) runway; racetrack
אי'מפּעטיק אַדי vehement, enthusiastic
אי'מפּעטראָד די (...רעדער) flywheel
אימפּעראַטאָר דער (...אָ'רן) פֿעמ ...אָ'רין emperor
אימפּעראַטי'וו דער (ן) imperative
אימפּעריאַ'ל דער (ן) (in tsarist Russia) gold coin worth ten rubles; upper deck (of bus/trolley)
אימפּעריאַליזם דער imperialism
אימפּעריאַלי'סט דער (ן) imperialist
אימפּעריאַליסטיש אַדי imperialist(ic)
אימפּעריע די (ס) empire
אימפּראָוויזאַציע די (ס) improvisation
אימפּראָוויזיר|ן וו (–ט) improvise
אימפּרעגניר|ן וו (–ט) impregnate, saturate

אימפּרעזע די (ס) (social, sporting, cultural) event; enterprise, venture
אימפּרעסאַריאָ דער (ס) impresario
אימפּפֿ|ן וו (גע–ט) *Germ.* vaccinate
אימשטאַנד אַדי–אַטר זע (אין) שטאַנד
אימתא־דציבורא די [E'YMESE-DETSIBU'RE] *lit.* stage fright
אימת־מוות די/דאָס [EYMES-MO'VES] deathly fright
|| צי'טער|ן אימת־מוות פֿאַר be scared stiff of
אין 1. פּרעפּ in, into, inside, at
|| אין ... אַרו'ם ... later, ... from now
|| אין דרײַ יאָר אַרו'ם three years from now; three years later
|| 2. פּרעפּ + אַרט = אין דעם; אין דער
|| אין גאָרטן = אין דעם גאָרטן
|| אין שול = אין דער שול
אַין דער [AIN] *lit.* nothingness
אין איינעם אַדוו זע איין[1] 1.; איינער
אינאיי'נעמדיק אַדי joint, collective, common
אינאַ'כטנעמונג די (taking into) consideration
אין אמתן אַדוו זע אמת 3.
אינאָקוליר|ן וו (–ט) inoculate
אין ברירה פֿר [EYN BREYRE] there is no choice/alternative
אין גאַנצן אַדוו זע גאַנץ 1.
אינגבער דער ginger
אי'נגבער־וואַסער דאָס ginger ale
אי'נגבערל דאָס (עך) ginger cake/cookie
אין גיכן אַדוו זע גיך 1.
אינגל דאָס (עך) זע ייִנגל
אי'נגעווייד דאָס/דער (–/ן) viscera, intestines, entrails
אינגער אַדי זע ייִנגער
אינגרעדיע'נט דער (ן) [DY] ingredient
אינד[1] די (ן) *lit.* wave, billow
אינד[2] די (ן) זע הינד
אינדאָקטריניר|ן וו (–ט) indoctrinate
אינדאָרסיר|ן וו (–ט) endorse (document); support, back (project)
אינדוסטריאַ'ל דער (ן) industrialist
אינדוסטריאַלי'סט דער (ן) industrialist
אינדוסטריע[1] די (ס) industry
אינדו'סטריע[2]–... industrial, industry
אינדוסטריע'ל אַדי industrial
אינדוסטריעל|ער דער-דעק industrialist
אינדוקציע די induction (logical, electrical)

אינדזל דער (ען) — island, isle
אינדיאַניש אַדי [DY] — (American) Indian, Native American
אינדיאַנער דער (–) פֿעמ ין [DY] — (American) Indian, Native American
אי'נדיגאָ דער/די (ס) זע אינדעך
אינדי'וו דער (ן) — endive
אינדיווי'ד דער (ן) — individual; character, eccentric
אינדיווי'דוום דער (ס) — individual
אינדיווידוע'ל אַדי/אַדוו — individual
אי'נדיטשקע די (ס) — turkey hen
אינדיסקרע'ט אַדי/אַדוו — indiscreet, tactless
אינדיסקרעציע די (ס) — indiscretion
אינדיע (די) [DY] — India; the (East) Indies
אינדיער דער (–) פֿעמ ין [DY] — Indian, South Asian
אינדיק דער (עס) — (zool.) turkey; turkey (meat)
|| גראָב|ער אינדיק — pot-bellied person
אינדיקאַטי'וו דער (ן) — (gramm.) indicative
אי'נדיק־זוימען דער — *hum.* snake oil, quack remedy
אינדיש 1. אַדי — Indian, South Asian
|| 2. (דאָס) — Hindi
אינדל|ען זיך וו (גע–ט) — *neol.* surf, go surfing
אינדלער דער (ס) פֿעמ ין — *neol.* surfer
אי'נדנבראָך דער — surf, breaking waves
אינדעך דער — indigo (plant, dye)
אינדעך בלאָ אַדי — indigo
אין דע'ם אַדוו — at that (very) moment; meanwhile, in the meantime
אינדעסן אַדוו — meanwhile; nevertheless, all the same
אינדעקס דער (ן) — index; (math.) exponent, index; Index (of ecclesiastically banned books)
אינדעקסיר|ן וו (–ט) — index
אין דער אמתן אַדוו זע אמת 3.
אין דער היים אַדוו זע היים
אין דער וואָכן אַדוו זע וואָך
אין דער ווײַטן אַדוו זע ווײַט[1] 3.
אין דערײַ'ן אַדוו זע דערײַן
אין דער לופֿטן אַדוו זע לופֿט[1]
אינדערלענגיק אַדי — longitudinal, lengthwise
אין דער מיט אַדוו זע מיט[1]
אין דער פֿרי אַדוו זע פֿרי 3.
אינדערפֿרי דער (ען) — morning
אינדערפֿריִיק אַדי — early-morning
אין דרויסן אַדוו זע דרויסן 2.

אינדרויסן דער — outdoors, outside; weather
אין דר'ערד אַדוו זע ערד
אינהאַלט דער (ן) — content(s); subject matter; table of contents
|| מיטן אינהאַלט אַז — to the effect that
אי'נהאַלטסרײַך אַדי זע אינהאַלטרײַך
אי'נהאַלט־צעטל דער (ען) — table of contents
אי'נהאַלטרײַך אַדי — substantial (speech/text), rich in content
אינוואַדיר|ן וו (–ט) — invade
אינוואַזיע די (ס) [ZY] — invasion
אינוואַלי'ד דער (ן) — invalid, disabled person
אי'נווייניק אַדוו זע אינעווייניק 1.
אי'נווייניקסט אַדי–עפּי זע אינעווייניקסט
אינווענטאַ'ר דער (ן) — inventory (list); stock, goods (on hand)
אינווענטאַריזירונג די (ען) — stocktaking
אינוועסטיציע די (ס) — investment
אינוועסטירונג די (ען) — investing
אינוועסטיר|ן וו (–ט) — (finan.) invest
אינויגוראַציע די (ס) — inauguration
אינו־ניראה דער (ס) [EYNE-NI'RE] — invisible person
אינו־ניראהדיק אַדי/אַדוו [EYNE-NI'REDIK] — invisible
אי'נזיכדיק אַדי — introspective, inward
אינזיכיזם דער — Introspectivism, Yiddish literary movement in the USA originating in the 1920's
אינזיכי'סט דער (ן) — Introspectivist writer
|| פֿ״גל אינזיכיזם
אינזשעני(ע)'ר דער (ן) [NY] — engineer
אינזשעניריע די — technology; engineering
אינזשעניריש אַדי — (of) engineering
אינזשעניר|ן וו (–ט) — design, construct, engineer
אינטאָנאַציע די (ס) — intonation, inflection
אינטואיציע די (ס) זע אינטויִציע
אינטויִטי'וו אַדי/אַדוו — intuitive
אינטויִציע די (ס) — intuition
אינטי'ם אַדי/אַדוו — intimate, familiar
אינטימקייט די — intimacy
אינטעגראַ'ל אַדי — integral
אינטעגראַציע די — integration
אינטעגרירונג די — integration
אינטעגריר|ן וו (–ט) — integrate
אינטעליגע'נט 1. אַדי — intelligent; educated, cultivated
|| 2. דער (ן) פֿעמ קע — intellectual
אינטעליגענטיש אַדי — *pejor.* highbrow

אינטעליגע'נץ די — intelligence, mind; intellectuals, intelligentsia

אינטעליגע'נץ־ווי‌פֿלער דער (ס) — I.Q., intelligence quotient

אינטעלע'קט דער (ן) [Ly] — intellect

אינטעלעקטוא'ל דער (ן) [ELyE] — intellectual

אינטעלעקטוע'ל אַדי [ELyE] — intellectual

אינטענדאַ'נט דער (ן) — steward, major-domo; commissary officer, quartermaster

אינטענדאַנטו'ר די (ן) — (offices of the) military administration

אינטענסי'וו אַדי/אַדוו — intensive; intense

אינטענסיווקייט די — intensity

אינטער... — inter...

אינטערוואַ'ל דער (ן) — interval; (typogr.) line spacing, leading

‖ צווייִ'יִקער אינטערוואַל — (typogr.) double spacing

אינטערוויו' דער (ען) — interview

אינטערוויוּי'ר|ן וו (–ט) — interview

אינטערוועני'ר|ן וו (–ט) — intervene

אינטערווע'נץ די (ן) — intervention

אינטעריע'קציע די (ס) — interjection

אינטערלו'ד דער (ן) [Ly] — interlude

אינטערנאַ'ט דער (ן) — (student) dormitory

אינטערנאַציאָנאַ'ל 1. אַדי — international ‖ 2. דער (ן) — (political) International; the Internationale (revolutionary socialist anthem)

אינטערני'ר|ן וו (–ט) — intern, imprison

אינטערע'ס דער (ן) <אין/צו> — interest (in), concern (for); (business) interest, (financial) participation

‖ אָ'פּ|ציִ|ען פֿאַס אינטערעס <פֿון> — distract s.o. (from)

אינטערעסאַ'נט[1] אַדי — interesting

‖ אינטערעסאַנט צי ... — one wonders if ...

אינטערעסאַ'נט[2] דער (ן) — client (esp. of lawyer, doctor, etc.)

אינטערעסי'ר|ן וו (–ט) — interest

‖ אינטערעסירן זיך <מיט> — take an interest (in)

אינטערפּונקטי'ר|ן וו (–ט) — punctuate (a text)

אינטערפּונקטי'ר־צייכן דער (ס) — punctuation mark

אינטערפּונקציע די — punctuation

אינטערפּרעטאַציע די (ס) — interpretation

אינטערפֿערי'ר|ן וו (–ט) — interfere

אינטערפֿערע'נץ די (ן) — interference

אינטערקאָנטינענטאַ'ל־ראַקעט דער (ן) — I.C.B.M.

אינטראָווע'רט דער (ן) — introvert

אינטראָני(זי)רונג די (ען) — enthronement

אינטראָני(זי)'ר|ן וו (–ט) — enthrone

אינטראָספּעקטי'וו אַדי/אַדוו — introspective

אינטראָספּעקציע די — introspection

אינטריגאַ'נט דער (ן) פֿעמ קע — schemer, plotter

אינטריגי'ר|ן וו (–ט) — intrigue, puzzle; scheme, plot, conspire

אינטריגע די (ס) — intrigue, plot

איניען פֿאַנ עניין

איניציאַטאָר דער (...אָ'רן) פֿעמ ...אָ'רשע — originator, initiator

איניציאַטי'וו די (ן) — initiative

איניציאַ'ל דער (ן) — initial (letter)

איניציִי'ר|ן וו (–ט) — set in motion, originate trans., initiate

אין כּעס זע כּעס

אינכּעס אַדי–עפּי [INKAAS] — angry

‖ פֿ"גל (אין) כּעס

אינלאַנד דאָס — interior (of a region, country)

‖ אי'נלאַנד־מיניסטער — Secretary of the Interior

אין לי פּר [EYN LI] — I have nothing (to pay with)

‖ טענה|ן אין לי [TAYNE] — plead insolvency

אי'נלענדיש אַדי — domestic, native (to a country)

אין־לשער אַדי–אַטר [EYN-LEShA'ER] — immense, enormous, incalculable

אין מיטן אַדוו/פּרעפּ זע מיטן[1]

אינמיסטן אַדוו זע אומיסטן

אינס פּאָס–אַדי — dial. your (formal/plural)

אין־סוף דער [EYNSO'F] — infinity

אין־סופֿיק אַדי [EYN-SO'FIK] — infinite

אינסטאַלאַטאָר דער (...אָ'רן) [Ly] — plumber; appliance installer

אינסטאַלאַציע די (ס) [Ly] — installation, facility

אינסטאַלירונג די (ען) — (act of) installation

אינסטאַלי'ר|ן וו (–ט) — install

אינסטאַ'נץ די (ן) — jurisdiction, district; organization, institution; authority, authorities

אינסטיטו'ט דער (ן) — institute

אינסטיטויִ'ר|ן וו (–ט) — institute

אינסטיטוציאָני'ר|ן וו (–ט) — institutionalize

אינסטיטוציע די (ס) — institution

אינסטי'נקט דער (ן) — instinct

אינסטינקטי'וו אַדי/אַדוו — instinctive

אינסטרוויִר|ן וו (–ט) give instructions; instruct, train

אינסטרומע'נט[1] דער (ן) instrument

אינסטרומע'נט־[2]... instrumental (music, etc.)

אינסטרוקטאָר דער (...אָ'רן) פֿעמ ...אָ'רשע instructor

אינסטרוקטי'וו אַדי instructive

אינסטרוקציע די (ס) instruction, education; directive

אינסינויִר|ן וו (–ט) insinuate

אינסע'קט דער (ן) insect

אינספּיראַציע די (ס) inspiration

אינספּיריר|ן וו (–ט) inspire

אינספּעקטאָר דער (...אָ'רן) פֿעמ ...אָ'רשע inspector

אינספּעקטיר|ן וו (–ט) inspect

אינספּעקציע די (ס) inspection

אינסצעני(זי)ר|ן וו (–ט) stage, adapt for the stage

אי'נעווייניק 1. אַדוו inside, indoors
|| 2. דער interior, inside

אי'נעווייניקסט אַדי–עפּי interior, internal; private, personal

אינעם = אין דעם

אין ערגעץ (ניט) אַדוו זע ערגעץ

אי'נערלעך אַדי interior, internal; private, personal

אי'נערן־מיניסטער דער (...טאָרן) Secretary of the Interior

אי'נערן־פּאָליטיק די domestic policy

אינערציע די inertia

אינפֿאַמיע די infamy

אינפֿאַנטערי'סט דער (ן) infantryman, foot soldier

אינפֿאַנטעריע די infantry

אינפֿאָרמאַ'נט דער (ן) פֿעמ קע informant

אינפֿאָרמאַציע די (ס) (piece of) information

אינפֿאָרמי'רט אַדי informed, abreast (of)

אינפֿאָרמיר|ן וו (–ט) inform

אינפֿוזאָריע די (ס) infusoria, microscopic aquatic creature

אינפֿלאַציע די [Ly] inflation

אינפֿלוענציע די [Ly] influenza

אינפֿעקטי'וו אַדי infectious

אינפֿעקציע די (ס) infection; contagion, contamination

אי'נפֿראַ... infra...
|| אי'נפֿראַרויט infrared

אין צווישן אַדוו זע צווישן[1] 2.

אינצידע'נט דער (ן) incident

אינצינעראַטאָר דער (...אָ'רן) incinerator

אינצע'סט דער incest

אינצעסטיק אַדי incestuous

אינקאָ'גניטאָ אַדוו incognito

אינקאַסע'נט דער (ן) collector (of debts, bills, etc.)

אינקאָרפּאָריר|ן וו (–ט) incorporate

אינקובאַטאָר דער (...אָ'רן) incubator

אינקובאַציע די incubation

אינקוויזיציע די the Inquisition

אינקונאַבל דער (ען) incunabulum

אין קורצן אַדוו זע קורץ

אינקרימיניר|ן וו (–ט) incriminate

איסור דער (ים) [ISER - ISURIM] prohibition, ban *esp. Jew.*; *Jew.* prohibited deed

איסטאָטשניק דער (עס) *Slav.* source

איסטמאָס דער (ן) isthmus

איסיי דער (ם) [ISII] Essene, member of an ascetic Jewish sect from the second century BCE to the second century CE

איסלאַ'ם דער Islam

איסלאַמיש אַדי Islamic

איסלאַנד (דאָס) Iceland

אי'סלענדיש אַדי/(דאָס) Icelandic

אי'סלענדער דער (–) פֿעמ ין Icelander

איספּאָלנ(י)ע|ן וו (–ט) [Ny] *Slav.* carry out, perform, execute

איספּודזשע|ן = איספּודיע|ן [Dy] וו (–ט) *Slav.* frighten away, scare off

איספּעלנ(י)ע|ן וו (–ט) [Ny] זע איספּאָלניען

איספּראַווניק דער (עס) (in tsarist Russia) district chief of police

איסק דער (ן) *Slav.* (legal) complaint, claim

איסרו־חג דער [I'SREKhAG] *Jew.* semi-holiday following the last day of each of the holidays: Passover, *Shavuot* and *Sukkot*
|| פֿ״גל פּסח; שבֿועות; סוכּות

אַיעדער 1. אַדי–אינוו each, every
|| 2. אַיעד|ער אַדי–עפּי (נייטראַל נאָמ/אַק: אַיעדעס) each, every
|| 3. אַיעד|ער פּראָנ everyone, anyone

אַיענ|ער אַדי/פּראָנ זע יענער

איפּכא מסתּברא פּר [IPKhE MISTABRE] on the contrary, the opposite is true

איפּכא־מסתּבראניק דער (עס) פֿעמ ...ניצע [IPKhE-MISTA'BRENIK] contrarian, naysayer

איפּעש פֿאָנ עיפּוש

איפּדע וואָך אַדוו זע איוודע וואָך

איצט 1. אַדוו — now, at present; immediately

|| ביז איצט — hitherto, up to now

|| פֿון איצט אָן — hereafter, from now on

|| 2. דער — present

אי'צטהאַלטער דער (ס) פֿעמ ין — *neol.* incumbent

איצטיק אַדי — present, current

|| איצטיק|ע צײַט — (gramm.) present tense

|| איצטיקס מאָל — this time

אי'צטיקייט די — (the) present

איצטער(ט) אַדוו זע איצט

איקאָנע די (ס) — icon, Eastern Orthodox sacred image

איקס דער (ן) — (the letter) X

איקס־מיקס־דרי'קס דער — tic-tac-toe; gibberish

אי'קסשטראַלן מצ — X-rays

איק|ן (זיך) וו (גע–ט) זע היקען

איקער פֿאָנ עיקר

איקרע[1] די (ס) — *Slav.* calf (of the leg)

איקרע[2] מצ — roe, fish eggs

איר[1] פּראָנ (אַק/דאַט: אײַך) — you *(formal/plural)*

איר[2] פּראָנ (נאָמ: זי) — (to) her

איר[3] פּאָס–אַדי — her; hers

איר[4] דער זע אייר

אַי'ר דער — reed; reeds *coll.*

איראָניע די [NY] — irony

איראַניש אַדי — Iranian

איראָניש אַדי/אַדוו — ironic, ironical

איראַנער דער (–) פֿעמ ין — Iranian

איראַקיש אַדי — Iraqi

איראַקער דער (–) פֿעמ ין — Iraqi

אירט : פֿון אירט וועגן — for her sake; *iron.* for all she cares

איריק אַדי — her, of hers; *(usually nominalized)* what belongs to her, which concerns/interests her

|| זי טוט דאָס איריקע — she takes care of her own affairs, she does her part

איריש אַדי/(דאָס) — Irish

אירכע די זע יערכע

אירלאַנד (דאָס) — Ireland

אי'רלענדער דער (–) פֿעמ ין — Irishman

איר|ן וו (גע–ט) זע יוירן

אירסט האַלבן אַדוו — *iron.* for all she cares

אירע מצ — *(preceded by a number)* persons

|| מיר זײַנען פֿינף אירע — there are five of us

־אי'רעדיק — consisting of ... people

|| דרײַ־אי'רעדיקע קאָמיסיע [SY] — three-person committee

אירעט זע אירט

אירצ|ן וו (גע–ט) — address by the polite form (איר)

איש־אמת דער (אַנשי־) [ISh-E'MES - ANShEY-] — honest man, truthful man

אישה די (נשים) [IShE - NOShIM] — woman, female

איש־חיל דער (אַנשי־) [ISh-KhA'IL - ANShE] — warrior; energetic/combative man

איש־חשובֿ דער (אַנשים־חשובֿים) [ISh-KhO'ShEV - ANOShIM-Kh(A)ShU'VIM] — notable; eminent man

איש־ישר דער [ISh-YO'ShER] — honest man

איש־מהימן דער [ISh-MEHE'YMEN] — man of integrity

איש־מלחמה דער (אַנשי־) [ISh-MILKhO'ME - ANShE-] — soldier, warrior; belligerent man

איש־מעשה דער (אַנשי־) [ISH-MA'YSE - ANSHE-] — man of action; *Jew.* mystic, cabalist

איש־מפּי־איש אַדוו [ISh-MEPI'-I'Sh] — by oral tradition; by word of mouth

איש־פּשוט דער [ISh-PO'ShET] — simple man

אַ כּלל זע (אַ) כּלל[1] 2.

אַך אינט — ah! *(admiration, regret)*; oh! *(regret/disapproval)*

אָך[1] אינט — alas! woe!

|| אָך און וויי! — alas and alack!

|| אַז אָך און וויי צו דאַט! — poor ...!

אָך[2] אינט — certainly, with pleasure

|| אָך פֿאַר וואָס ניט? — certainly, why not?

אַכאָטניק דער (עס) — volunteer, person prepared to help; (in tsarist Russia) volunteer replacing s.o. for military service

אַכאָטע די — desire, will, enthusiasm

אַ'כב(ע)ראָש דער זע עכבראָש

אַכזר דער (ים) פֿעמ טע [AKhZER - AKhZORIM] — cruel person, monster

אַכזריות דאָס (ן) [AKhZORYES] — cruelty, atrocity, savagery

אַכזריות־אַקט דער (ן) [AKhZO'RYES] — atrocity, act of barbarism

אַכזריותדיק אַדי/אַדוו [AKhZO'RYESDIK] — brutal, savage, ruthless

אַכט[1] די — attention, consideration

|| האַלט|ן/נעמ|ען אין אַכט — consider, take into consideration

|| נעמ|ען זיך אין אַכט — be careful, take care of oneself

|| לייג|ן אַכט <אויף> — take notice (of), attach importance (to)

|| ניט לייג|ן גענוג אַכט אויף — neglect

אַכט² .1 צוו — eight

|| איבער אַכט טאָג — a week from now; a week later

|| פֿאַר אַכט טאָגן — a week ago

|| .2 אַדי–עפּי — eighth

|| אַכט האַלבן — seven and a half

אַ'כטגעבונג די (ען) — observation

אַ'כט|געב|ן* וו (אַ'כטגעגעבן) <אויף> — observe, consider, pay attention to

אַ'כטגעבער דער (ס) פֿעמ ין — observer

אַ'כטווערדיק אַדי — noteworthy, remarkable

אַכטונג די — respect, regard, esteem

|| מיט אַכטונג — respectfully

|| אַכטונג געב|ן*/טאָ|ן* <אויף> — take care (of), look out (for), watch (over)

|| אַכטונג געב|ן*/טאָ|ן* נאָמ זאָל ... — see to it that ..., make sure that ...

|| אַכטונג! — attention! beware! watch out!

אַ'כטונג־געבער דער (ס) פֿעמ ין — caretaker, guardian

אַכטל דאָס (עך) — eighth (fraction); eight (in cards)

אַכט|ן וו (געאַ'כט) — respect, esteem

אַכטנס אַדוו — eighthly, in the eighth place

אַכטע אַדוו — (at) eight o'clock

אַכיבע קאָנ זע כיבע

אַכילה די (–ות) [AKhILE] — *hum.* eating; abundant food, feast

אַכילה־ושתיה די [AKhILE-UShTI'E] — eating and drinking

אַכלן דער (ים) פֿעמ טע [AKhLEN - AKhLONIM] — big eater, glutton, gourmand

אַכל|ען וו (גע–ט) — *hum.* stuff oneself, pig out

אָכ|ן וו (גע–ט) זע אָכצן

אַכסניא די (–ות) [AKhSANYE] — inn, hostel; shelter, refuge

אָכע|ן וו (גע–ט) זע אָכצן

אַ'כפּערדיק אַדי — reverent(ial)

אַ'כפּערונג די — veneration, homage

אַ'כפּערלעך אַדי — venerable

אַ'כפּער|ן וו (גע–ט) — revere, venerate, pay homage to

אַ'כפּערקייט די — reverence, veneration

אַכציק צוו — eighty

אַכציקסט אַדי–עפּי — eightieth

אַ'כציקער .1 דער (ס) — octogenarian; 80% alcohol (160-proof)

|| .2 אַדי–אינוו : די אַכציקער יאָרן — the eighties

|| אין די אַכציקער — octogenarian, in one's eighties

אַכצן צוו — eighteen

|| אַכצן און דרײַצן — *fam.* money matters, business; *pop.* thingamajig, whatsit

אָכצ|ן וו (גע–ט) — moan, groan, sigh

אַכצנט = אַכצעט אַדי–עפּי — eighteenth

אָכצע|ן = אָכקע|ן וו (גע–ט) זע אָכצן

אָכראַנ(ק)ע די — *Slav.* watch, surveillance; day-care center, foster home; (in tsarist Russia) secret police

אַכרײַעס פֿאָנ אַחריות

אָכרע די — ochre

אַל¹ זע בײַזס; גוטס; יאָר; רוח

...אַל² — all-..., universal(ly); pan-...; absolute(ly), to the highest degree

|| אַלגילטיק — universally applicable, valid everywhere

|| אַלפֿאַרבאַנדיש — Pan-Soviet

|| אַלהייליק — absolutely holy

אָל די (ן) זע נאָל

אלא קאָנ [ELE] — but, but if; unless

|| אלא ניט — but if not, or else

|| אלא וואָס דען? — but then, but on the other hand

אַלאַ קאָנ [Ly] — à la

|| אַלאַ קאַרט — à la carte

אַלאַבאַסטער דער [Ly] — alabaster

אלא מאַי פֿר [ELE MAY] — but, what then?; how's that?; why not?

אַלאָקירונג די (ען) — allocation

אַלאָקיר|ן וו (–ט) — allocate

אל־ארך־אַפּים (דער) [EYL-EREKh-APA'IM] — *Jew.* merciful God

אַלאַרם זע אַלאַרעם

אַלאַרמיר|ן וו (–ט) [Ly] — alarm, alert

אַלאַרעם דער (ס) [Ly] — alarm, alert

|| אוי'פֿ|הייב|ן אַן אַלאַרעם — raise the alarm, sound the alert

אַלבאָ'ם דער (ען) [Ly] — album, scrapbook

אַלבאַניע (די) [Ly...NY] — Albania

אַלבאַניש אַדי/(דאָס) [Ly] — Albanian

אַלבאַנער דער (–) פֿעמ ין [Ly] — Albanian

אַלגע די (ס/אַלגן) — alga, seaweed

אַלגעבראַיִש אַדי — algebraic

אַ'לגעברע די (ס) — algebra

אַ'לגעמיין אַדי — general

|| אין אַלגעמיין — in general, generally

אַ'לגעמיינקייט די (ן) — generality

אַל דאָס זע (אַל דאָס) בייזס; (אַל דאָס) גוטס

אַל די זע יאָר; רוח

אַלדיי'נג פּראָנ (ס) זע אַלצדינג

אַלדע זע יאָר; רוח

אַלוועלט די (ן) — universe

אַלוועלטלעך אַדי — universal, global

אַלוזיע די (ס) [Ly...ZY] — allusion

אַלוי'ן דער זע אַלון

אלול דער [ELEL] — Elul, the 12th month in the Jewish calendar, coinciding with parts of August and September

אלולדיק אַדי [E'LELDIK] — early-autumn, autumnal; *Jew.* gloomy and filled with contrition in anticipation of the Days of Awe

|| פֿ״גל ימים־נוראים

אַלומיניום דער [Ly...NY] — aluminum

אַלומיניען אַדי [Ly...NY] — (of) aluminum

אַלו'ן דער [Ly] — alum

אַלזאָ 1. קאָנ — *Germ.* therefore, consequently

|| 2. אינט — so! good! well!

אַלזײַטיק אַדי/אַדוו — (knowledge, etc.) complete; (point of view, etc.) broad, comprehensive

אל־חנון (דער) [EYL-KhA'NUN] — *Jew.* merciful God

אַלט[1] אַדי (קאָמפּ עלטער) — old; ancient, antique; aged

|| אַלט זײַן* צוו — be ... years old

|| אַלט ווער|ן צוו — reach the age of

|| ווי אַלט ביסטו? — how old are you?

אַלט[2] דער (ן) [Ly] — alto

אַלטאַנע די (ס) דימ די אַלטאַנקע [Ly] — arbor, bower

אַלטאַ'ר דער (ן) [Ly] — (Christian) altar

אַלט־געבאַ'ק·ן אַדי — stale (baked goods); *fig.* hackneyed, trite

אַלט־געזעס·ן אַדי — long-standing, deeply rooted

אַלטוואַרג דאָס — old clothes, old things; *fam.* old folks, old fogeys

אַלטוווקע די (ס) [Ly] — alto (stringed instrument)

אַלטיטשק אַדי—עפּי — *affect.* old

אַ'לטיטשק|ער דער-דעק — *affect.* little old man/woman

אַלטיי' דער (ען) [Ly] — althea, marsh mallow, hollyhock

אַ'לטייִדיש דאָס/אַדי — Old Yiddish (1250-1500)

אַלטינק אַדי—עפּי — *affect.* old

אַ'לטינק|ער דער-דעק — *affect.* little old man/woman

אַלטלעך 1. אַדי — oldish, aging, obsolescent; old-fashioned, antiquated

|| 2. אַדוו — in the manner of the elderly

אַ'לטמאָדיש אַדי — old-fashioned

אַ'לטמײַסטער דער (ס) — old master (art, literature, etc.), classic artist

אַלטעגלעך אַדי — everyday, ordinary, common

אַ'לטערטום דאָס — Antiquity (era)

אַ'לטערטימלעך אַדי — ancient, of Antiquity

אַלטערנאַטי'וו די (ן) [Ly] — alternative

אַ'לט־פֿע'טעריש אַדי — old-fashioned, quaint; antiquated

אַלטפֿרענקיש אַדי — old-fashioned, quaint; antiquated

אַלטצײַט די — Antiquity (era)

אַ'לטצײַטיש אַדי — ancient, of Antiquity

אַלטקלוג אַדי — precocious (child)

אַלטרויִזם דער [Ly] — altruism

אַ'לטשטאָט די (...שטעט) — old part of the city

אַליאי'רט אַדי זע אַלייִרט

אַליאַ'נס = אַליאַ'נץ די (ן) [LY] — alliance, coalition

אַליאַס [LY] 1. דער (ן) — assumed name, alias

|| 2. קאָנ — alias, also known as

אליהו־הנבֿיא פּנ [ELYO'HU-HANO'VI/ELYE-NO'VE] — *Jew.* the prophet Elijah, herald of the coming messianic age (according to tradition) and providential savior of Jews in peril (according to legend)

|| אליהו־הנבֿיאס כּוס [KOS] — the cup of wine poured for Elijah at the Passover feast

|| אליהו־הנבֿיאס שטול — high chair put in the place of honor at a circumcision ceremony, a symbolic invitation to the prophet Elijah

אָליי'וו דער (ן) — olive

אָליווניע די (ס) [Ny] זע אָליווניצע

אָלי'וניצע די (ס) — olive press

אַליטעראַציע די (ס) — alliteration

אַליי' די (ען) [Ly] זע אַלעע

אַלייִדיש אַדי — relating to all Jews; common to all Yiddish dialects

אַליי'ן[1] אַדוו — alone; in person, (one)self; for/by oneself

|| איינ|ער אַליין — all alone, (all) by oneself

|| דער קיניג אַליין — the king himself

|| ער פֿאַלט אַליין — he falls on his own

|| די רי'כטיקייט אַליין — the absolute truth, truth itself

|| די נאַ'רישקייט אַליין — the epitome of foolishness, sheer stupidity

אַליי'ן־[2]... — self-, auto-

|| אַליין־באַדינונג — self-service

|| אַליין־פֿאַרוואַלטונג — self-management

אַליי'ן־איסקום דער — self-sufficiency

אַליי'ן־באַכוחט אַדי [BAKO'YEKhT] — self-propelled

אַליי'ן־באַשטימונג די — self-determination

אַליי'נט אַדוו זע אַליין[1]

אַלייניק אַדי — lone, sole; lonely, forlorn

אַליינמאָרד דער (ן) — (act of) suicide

אַליי'נמערדער דער (ס) פֿעמ קע — suicide (person)

אַליינקייט די — solitude, aloneness

אַלייע די (ס) זע אַלעע

אַליִי'רט אַדי <מיט> — (polit.) allied (with)

אַליִי'רט|ער דער-דעק — (polit.) ally

אַליִי'ר|ן זיך וו (־ט) <מיט> — (polit.) ally oneself (with)

אַלימענטן מצ — alimony

אַ'לינקע אַדי — *often affect.* (absolutely) all

אַלכסון דער (ס) [ALAKhSN] — diagonal

אָלכע די (ס) [Ly] — alder

אַלכעמיע די — alchemy

אַלמאַי אַדוו [ALEMA'Y] זע למאַי 1.

אַלמאַכט די — omnipotence; supreme power

אַלמאַכטיק אַדי — almighty, omnipotent

אַלמאַ'כטיקייט די — omnipotence

אַלמאַנאַ'ך דער (ן) — almanac; literary collection, anthology

אל־מלא־רחמים [EYL-MO'LE-RAKhMIM] **.1** (דער) — *Jew.* God of mercy

|| **.2** דער — *Jew.* prayer said for a deceased person at burial and at ceremonies in his/her memory

אַלמן דער (ס) [ALMEN] — widower

|| שטרוי'ענ|ער אַלמן — *hum.* grass widower, man whose spouse is temporarily away

אַלמנה די (־ות) [ALMONE] — widow

|| שטרוי'ענ|ע אַלמנה — *hum.* grass widow, woman whose spouse is temporarily away

|| לע'בעדיק|ע אַלמנה — woman whose husband has gone away for a long time or disappeared

אַלמנהשאַפֿט די [ALMO'NEShAFT] — widowhood

אַלמעכטיק אַדי — almighty, omnipotent

אַלמענטשלעך אַדי — universal, common to all humanity

אַלמער דער (ס) — closet, cupboard, cabinet

אַ'לנפֿאַלס = אַלן פֿאַלס אַדוו/פּר — in any case, be that as it may, in any event

אַלס קאָנ — *Germ.* as, as a

|| אַלס קינד — as a child

אַלע **.1** אַדי–אינוו — all; *(before a noun in the singular)* every

|| אַלע יאָר — every year

|| **.2** פּראָנ (אַק/דאַט: אַלע/אַ'לעמען) — all, everyone

|| זײַן* ניט מיט אַלעמען — feel ill

אָלעאַנדער דער (ס) — oleander, rosebay

אַלעגאָריע די (ס) [Ly] — allegory

אַלעגאָריש אַדי [Ly] — allegorical

אָלעוואַשאָלעם פֿאָנ עליו־השלום

אַלעווײַליק אַדי — *neol.* intermittent

אַלע ווײַלע אַדוו זע (אַלע) ווײַלע

אַלע טאָג אַדוו זע (אַלע) טאָג

אַלעם פּראָנ זע אַלץ 1.

אַלע מאָל אַדוו זע (אַלע) מאָל[1]

אַלעמאָליק אַדי — *lit.* constant, perpetual

אַ'לעמען פּראָנ זע אַלע 2.; אַלץ 1.

אַלעס פּראָנ זע אַלץ 1.

אַלעע די (ס) [Ly] — tree-lined path, avenue

אַלערגיע די (ס) [Ly] — allergy

אַלע'רגיקער דער (ס) פֿעמ ין [Ly] — allergy sufferer

אַלערגיש אַדי [Ly] — allergic

אַלערהאַ'נט אַדי–אינוו all kinds of, various, sundry

אַ'לערליי' אַדי–אינוו all kinds of, sundry, a great variety of

אַלערלייִק אַדי diverse, multifarious

אַלערלע'צט אַדי/אַדוו definitive, conclusive, final

אַלפּאַגאַ·ן אַדי (of) alpaca

אַלפּאַגע די alpaca

אַלפּיניזם דער [Ly] mountaineering

אַלפּן מצ [Ly] : די אַלפּן the Alps

אלף דער (אַלפֿים) [ELEF - ALOFIM] thousand

|| הויכע/שווערע אַלפֿים fortune, considerable sum

אַלף דער/די (ן) [ALEF] *aleph*, name of the letter **א**, first letter of the Hebrew alphabet

|| פֿון אַלף ביז תּיו [TOV] from A to Z

|| אָ'נ|הייב|ן פֿון אַלף start from scratch

|| ניט קענ|ען* קיין אַלף be illiterate

|| פֿ״גל א; פּתח־אַלף; קמץ־אַלף

אַלפֿאַבע'ט דער (ן) [Ly] (non-Hebrew) alphabet

אַלפֿאַבעטיזיר|ן וו (–ט) [Ly] put in (non-Hebrew) alphabetical order

אַלפֿאַבעטיש אַדי in (non-Hebrew) alphabetical order

אַלפֿאָ'נס דער (ן) pimp, procurer

אַלף־בית דער (ן) [A'LEFBEYS] alphabet (*esp.* the Hebrew alphabet)

|| נאָכן אַלף־בית alphabetical(ly)

אלף־הששי דער [ELEF-HAShI'ShI] *Jew.* (according to Kabbalah) sixth and final millennium before the coming of the Messiah; *hum.* far off time or place

|| פֿאַרקריכ|ן אין אלף־הששי go off on a tangent, get completely off the subject

אַלפֿי־אַלפֿים מצ [ALFEY-ALO'FIM] myriads of, countless

אַלץ 1. פּראָנ (דאַט: אַלץ/אַלעם/אַ'לעמען) all, everything

|| נאָך אַלעמען after all, when all is said and done

|| ס'איז נאָך אַלעמען it's too late, it's all over

|| ניט מיט אַלעמען unwell, out of sorts

|| אַלץ איינס all the same, no matter

|| זײַן* <דאַט> אַלץ איינס it's all the same (to)

|| 2. אַדוו (*unstressed*) constantly, continually; still; nevertheless; so much (*intensifier in certain exclamatory phrases*)

|| נאָך אַ'לץ still

|| נאָך אַ'לץ ניט not yet, still not

|| וואָס ער ווייס אַלץ! he knows so much! the things he knows!

|| וואָס אַ מענטש קען אַלץ אויסשטיין! it's amazing how much a man can stand!

|| אַלץ קאָמפּ more and more ..., increasingly ...

|| אַלץ בעסער better and better

|| וואָס קאָמפּ אַלץ קאָמפּ **זע** וואָס 3.

אַלצאיי'ן אַדי identical

אַלץ איינס **זע** אַלץ 1.

אַלצאיינסיק אַדי identical; indifferent, uninterested

אַלצדי'נג פּראָנ everything

אַלצווייסער דער (ס) פֿעמ קע/ין know-it-all

אַלצוויי'סעריש אַדי *iron.* omniscient, know-it-all

אַ'לצוויסיק אַדי *neol.* omniscient

אַ'לצוויסיקייט די *neol.* omniscience

אַלצײַטיק = אַלצײַטלעך אַדי *lit.* eternal

אַלקאָהאָ'ל דער (ן) [Ly...Ly] alcohol; liquor, alcoholic drink

אַלקאָהאָ'ליקער דער (ס) פֿעמ ין alcoholic

אַלקאָהאָליש אַדי alcoholic

אַלקאָ'וו דער (ן) alcove

אַלקאָווע די (ס) [Ly] **זע** אַלקאָוו

אַלקער דער (ס) [Ly] alcove, nook

|| אַ שטוב מיט אַן אַלקער (places) very close, next door

אַ'לקערל דאָס (עך) אַלקער דימ [Ly...L] *also* cubbyhole, cubicle

אל־רחום(־וחנון) (דער) [EYL-RA'KhUM(-VEKhA'NUN)] *Jew.* forgiving and merciful God

אָלרײַ'ט 1. אַדי–אַטר *Amer.* all right, in a good situation; prosperous, nouveau riche

|| 2. אינט good! OK! all right!

אָלרײַטניק דער (עס) פֿעמ ...ניצע *Amer., pejor.* parvenu, upstart, nouveau riche

אָלשינע די (ס) *dial.* alder (wood); alder grove

אַם[1] די (ען) **זע** נאַם

אַמ²... — *Germ. (followed by a superlative adj. in the dative)* as ... as possible

|| אַמשנעלסטן — as fast as possible

אַמאַטאָר דער (...אָ'רן) פֿעמ ...אָ'רין — amateur; enthusiast, connoisseur

אַמאַטאָ'רן־באַווײַז דער (ן) — talent show

אַמאַטאָ'רעווע|ן וו (–ט) — dabble

אַמאַי אַדוו זע למאַי

אַמאָ'ל¹ = אַ מאָל אַדוו זע (אַ) מאָל¹

אַמאָ'ל² דער (ן) — past, times gone by

אַמאַליע די [LY] זע עמאַל

אַמאָליק אַדי–עפּי — past, former; ancient, ex-..., old-time

אַמאָרטיזיר|ן וו (–ט) — (finan.) amortize

אַמאָרעץ פֿאָנ עם־האָרץ

אַמבאָנע די (ס) — ambo, pulpit

אַמבאַסאַדאָר דער (...אָ'רן) פֿעמ ...אָ'רשע — ambassador

אַמבאַסאַדע די (ס) — embassy

אַמבאַ'ר דער (ן) — warehouse, storehouse, granary

אַמבולאַטאָריע די (ס) — (outpatient) infirmary; clinic

אַמבולאַ'נס דער (ן) — ambulance

אַמבוסקאַדע די (ס) — ambush

אַמביציע די (ס) — ambition; self-will, stubbornness (based on pride)

|| אַרײַ'נ|גיין*/אַרײַ'נ|פֿאַל|ן אין אַמביציע — want to be right at all costs

|| עס גייט אים אין אַמביציע — with him it's a matter of pride

אַמביציע'ז אַדי — ambitious

אַמבעסטן = אַם בעסטן אַדוו — *Germ.* in the best way possible

אַמבער דער — ambergris

אמהות מצ [IMOES] — *bibl.* the biblical matriarchs Sarah, Rebecca, Rachel, and Leah

אַמווײ'ניקסטן אַדוו — *Germ.* at least; the least (possible)

אַמוזיר|ן וו (–ט) — entertain, amuse

אמונה די (–ות) [EMUNE] — faith, creed; confidence

|| האָב|ן* אמונה אין — *also* trust

אַמוניציע די — ammunition; munitions

אמורא דער (–אָים) [AMOYRE - AMOYROIM] — one of the *Amoraim* (rabbis of the 3rd-5th centuries CE) whose discussions of the *Mishnah* are included in the Talmud

|| פֿ״גל מישנה

אַמט דער/די (ן) — office, position, post; office, bureau, department

א'מטזשורנאַל דער (ן) — logbook

אַמטיק .1 אַדי — official

|| .2 אַדוו — on official business, in one's official capacity

אַמטיר|ן וו (–ט) — serve (in office), act, officiate

אַמטי'רנדיק אַדי — acting, interim (president, etc.)

אַמטלעך אַדי/אַדוו זע אַמטיק

אַמיזיר|ן וו (–ט) זע אַמוזיר|ן

אַמיי'ן קאָנ זע אַמער

אם־ירצה־השם פֿר [IM-YIRTS(E)-HAShE'M/MI'RT(SE)ShEM] — *Jew.* God willing

אַמישנע אַדוו זע אומיסטן

אם־כּן קאָנ [IMKEYN] — *lit.* in that case; if so; then

אַמכאָ פֿאָנ עמך

אָמלע'ט דער (ן) [Ly] — omelet

אַממיי(נ)סטן אַדוו זע אַממערסטן

אַממערסטן אַדוו — *Germ.* most often/most of the time; mostly, for the most part; to the highest degree; more than anyone

אָמן אינט [OME'YN] — amen

אָמן־זאָגער דער (–/ס) פֿעמ קע [O'MEN] — yes-man

אָ'מניבוס דער (ן) — bus

אָמן־סלה אינט [OME'YN-SE'LO] — amen *(emphatic)*

אַמנעסטיע די (ס) [TY] — amnesty

אַמנעסטיר|ן וו (–ט) — grant amnesty

אַמסטל דער (ען) — blackbird

אַמעבע די (ס) — amoeba

אַמענדירונג די (ען) — amendment

אַמענדיר|ן וו (–ט) — amend

אַמע'ר קאָנ — rather, better, sooner; then, thus; *(introducing an argument)* though, in addition

|| אַמער וואָלטסטו אונדז געהאָלפֿן! — couldn't you at least give us a hand!?

|| אַמער זאָג עס אים — tell him then, you had better tell him

|| אַמער מיר אַלײ'ן טוען אויך אַזוי' — why, we ourselves do it that way too

אַמערגסטן אַדוו — *Germ.* worst of all; at worst

אַמעריקאַניזירונג די — Americanization

אַמעריקאַניזיר|ן וו (–ט) — Americanize

אַמעריקאַניש אַדי — American (relating to America)

אַמעריקאַנער .1 אַדי–אינוו — American (of/from America)

|| .2 דער (–) פֿעמ ין — American

אַמע'ריקע (די) — America

אַמפּוטירונג די (ען) — amputation

אַמפּוטירט|ער דער-דעק — amputee

אַמפּוטיר|ן וו (–ט) — amputate

אַמפּלואַ' דער/די (ען) [Ly] — (theat.) type of role an actor specializes in

אַמפּליטו'ד די (ן) — amplitude

אַמפּער דער (ס) — *dial.* bucket, pail

אַ'מפּער|ן זיך וו (גע–ט) <איבער> — discuss, bicker, wrangle (about/over ...); struggle

אַ'מפּערניש דאָס (ן) — squabble, argument, debate

אַ'מפּערפּונקט דער (ן) — issue (in a dispute)

אַמפֿיביש אַדי — amphibian

אמת [EMES] **1.** אַדי — true, real

|| **2.** פּר — admittedly

|| **3.** דער (ן) — truth

|| אין (דער) אמתן, אין אמתן אַרײַ'ן — in truth, in reality

|| דעם אמת געזאָ'גט/זאָ'גנדיק — to tell the truth

|| אויף אַן אמת — really, seriously

|| מיינ|ען אויף אַן אמת <אָק> — be in earnest (about), mean business (about)

|| וואָס אַן אמת — in fact, to be frank

אמתדיק [E'MESDIK] **1.** אַדי — truthful, true, real; heartfelt, genuine; veritable

|| **2.** אַדוו — truly, really

אמת־ויציב [EMES-VEYA'TSEV] אַדי–אַטר — completely true, proven, confirmed

א״נ[1] = אויפֿן נאָמען פֿון — named after/for

|| די זומער־פּראָגראַם א״נ אוריאל ווײַנרײַך — the Uriel Weinreich Summer Program

א״נ[2] = או'נטער|ן נאָמען — under the (assumed) name (of)

אַן אַרט — a/an *(used before words beginning with* אָ, אַ, א *and* ע*)*

|| פֿ״גל אַ[2]

אָן[1] פּרעפּ — without

|| אָן אַ סובסטאַנטיוו — ...less

|| אָן אַ סוף — endless

|| אָן אַ קאָפּ — distraught, at loose ends, agitated

|| אָן (קיין) שום — without any, devoid of

|| אָן שום ספֿק [SOFEK] — doubtless, without the slightest doubt

אָן[2] פּרעפּ — against, on

|| אָ'נ|שפּאַר|ן זיך אָן דער טיר — lean against the door

|| פֿ״גל אין

אָן[3] **1.** אַדוו : פֿון ... אָן — from ... on

|| פֿון איצט אָן — from now on, henceforth

|| **2.** קוו — *meaning: a)* accumulate; *b)* fasten; *c)* perfective aspect

|| אָ'נ|קאָכ|ן — *a)* cook a heap of

|| אָ'נ|בינד|ן — *b)* fasten by tying

|| אָ'נ|זייג|ן — *c)* breastfeed, suckle, nurse *perf.*

|| אָ'נ|... זיך — ... one's fill; ... as much as possible, ... as much as one can

|| אָ'נ|עס|ן זיך — stuff oneself

|| אָ'נ|אַ'רבעט|ן זיך — work to exhaustion

אָן[4] אַדוו זע אָט

אָ'נ...(ד)יק אַדי — ...less

|| אָ'נקנע'פּלדיק — buttonless

|| אָנספֿקדיק [O'NSO'FEKDIK] — indubitable, doubtless

אָ'נאויפֿהער(ד)יק אַדי/אַדוו — incessant

אַנאַזײַ'ט דער (ן) — aside; digression

אַנאַטאָמיע די (ס) — anatomy

אָ'נ|אייל|ן וו (–גע–ט) — oil, lubricate *perf.*

אָ'נ|אַכל|ען זיך וו (–גע–ט) — gorge/stuff oneself

אַנאַכראָניזם דער (ען) — anachronism

אַנאַלאָגיע די (ס) — analogy

אַנאַלאָגיש אַדי/אַדוו — analogous, similar; analogical

אַנאַלי'ז דער (ן) — analysis

אַנאַליזיר|ן וו (–ט) — analyze

אַנאַלי'טיקער דער (ס) פֿעמ ין — analyst

אַנאַליטיש אַדי/אַדוו — analytic(al)

אַנאַלפֿאַבע'ט דער (ן) פֿעמ קע [Ly] — illiterate (person)

אַנאַלפֿאַבעטיזם דער [Ly] — illiteracy

אַנאַלפֿאַבעטיש אַדי [Ly] — illiterate

אַנאַנאַ'ס דער (ן) — pineapple

אַנאַ'נד[1] פּראָנ זע אַנאַנדער

אַנאַ'נד־[2]... — *neol.* cross...

|| אַנאַנד־באַפֿרוכפּערונג — cross-fertilization, hybridization

אַנאַנדיק אַדי — *neol.* mutual, reciprocal

אַנאַ'נד(ער) פּראָנ — each other, one another

|| הינטער אַנאַנד — consecutively, successively

|| לעבן אַנאַנד — near each other, side by side

|| מיט אַנאַנד — together

|| נאָך אַנאַנד — successively, alternately; in a row, at a stretch

|| גיך נאָך אַנאַנד — in quick succession

|| צווישן אַנאַנד — among each other

|| קעגן אַנאַנד — opposite (each other)

|| אַלץ מיט אַנאַנד — altogether, all in all; the whole thing, the whole nine yards

אָנאַניזם דער — masturbation, onanism

אַנאָני'ם 1. אַדי anonymous

|| 2. דער (ען) anonymous author; unknown

אַנאַני'ר|ן וו (–ט) masturbate

אַנאָ'נס דער (ן) announcement, (classified) ad; advertisement, commercial

|| געב|ן* אַן אַנאָנס place an ad, advertise

אַנאָנסיר|ן וו (–ט) advertise

אַנאָנסירער דער (ס) advertiser

אָ'נ|אַ'רבעט|ן וו (אָ'נגעאַרבעט) produce in quantity; *pejor.* bring about, provoke, unleash

|| אָנאַרבעטן זיך work to exhaustion

אַנאַרכי'סט דער (ן) פֿעמ קע anarchist

אַנאַרכיע די anarchy

אָ'נ|באַגע'גענ|ען וו (–ט) meet (unexpectedly), run into, chance upon

אָנבאָט דער (ן) offer; bid; tender, offering (for sale)

אָ'נ|באָט|ן וו (אָ'נגעבאָטן) bid, offer, tender, volunteer *trans.*

|| אָנבאָטן זיך offer one's services; volunteer *intr.*

אָ'נבאָטער דער (ס) פֿעמ ין bidder; one making a tender/offer

אָ'נבאַטרעפֿ|ן וו (אָ'נבאַטראָפֿן) אַק *(in past/ future)* come to, amount to

|| וואָס אָנבאַטרעפֿט as to, as for, concerning

אָ'נבאַלאַנגט : זײַן* אָנבאַלאַנגט אין/אָן depend on

אָ'נבאַלאַנג|ען וו (–ט) צו belong to, be a member of

|| וואָס אָ'נבאַלאַנגט אַק/דאַט as to, with regard to, concerning

אָ'נ|באָרג|ן (זיך) וו (–גע–ט) borrow (heavily)

אָ'נ|בויטע|ן וו (–גע–ט) fill (with liquid)

אָ'נ|בי'דעווע|ן זיך וו (–גע–ט) suffer (for a long time), go through hard times

אָ'נ|ביט|ן וו (אָ'נגעביט) זע אָנבאָטן

אָנבייג דער (ן) slant

אָ'נ|בייג|ן וו (אָ'נגעבויגן) bend *perf.*; tilt, slant, incline

|| אָנבייגן זיך bend *intr.*, stoop

אָ'נ|ביי'זער|ן זיך וו (–גע–ט) אויף scold *perf.*, bawl out

אָ'נבײַסן 1. דאָס (ס) breakfast, snack; meal, *esp.* lunch

|| 2. אָ'נ|בײַס|ן וו (אָ'נגעביסן) eat a meal, have a bite to eat

אָ'נ|בינד|ן וו (אָ'נגעבונדן) bind, tie, fasten by tying; start (conversation), establish (relations); impose (stg. on s.o.)

אָ'נבלאָז־... inflatable

|| אָנבלאָז־פּילקע inflatable ball

אָ'נ|בלאָז|ן וו (אָ'נגעבלאָזן) blow up, inflate; (wind) begin to blow; (wind) blow into a pile/heap

|| אָנבלאָזן זיך swell *intr.*, become inflated; puff oneself up, put on airs; take offense

אָנבליק דער (ן) appearance, resemblance, look; view, panorama

|| האָב|ן*/כאַפּ|ן דעם אָנבליק פֿון resemble

|| אויפֿן אָנבליק at first glance

|| אין אָנבליק פֿון considering, in view of

אָ'נ|בעט|ן זיך וו (אָ'נגעבעטן) importune, impose

אָנבראָך דער (אויף טאָג) daybreak

אָ'נ|בראָק|ן וו (–גע–ט) crumble (up), cut (up) (into many small pieces); pile/heap up (scraps, crumbs); *fig.* reel off (lies, etc.)

אָ'נ|ברוגז|ן זיך וו (–גע–ט) [BROYGEZ] get angry

אָנברוך דער זע אָנבראָך

אָ'נ|ברייט|ן וו (אָ'נגעברייט) *lit.* prepare, make ready

אָ'נ|ברענג|ען וו (–גע–ט/אָ'נגעבראַכט) bring in quantity/from everywhere; bring on, lead to (consequences)

אָ'נ|ברענ|ען וו (–גע–ט) brown, scorch; burn, stick (to the pan)

אַנגאַזשיר|ן וו (–ט) engage, hire, sign up, recruit

|| אַנגאַזשירן זיך commit oneself, undertake

אַנגאַ'ר דער (ן) זע האַנגאַר

אָ'נ|גאָ'רענ|ען וו (–גע–ט) heap, pile up

אָנגבֿוליק אַדי [O'NGVU'LIK] *neol.* boundless, limitless

אָ'נ|גורט|ן וו (אָ'נגעגורט) *lit.* gird; *fig.* instill (courage/joy)

|| אָנגורטן די/פּאָס לענדן gird one's loins *fig.*

|| אָנגורטן זיך מיט arm oneself with

אָ'נ|גיי|ן* וו (איז אָ'נגעגאַנגען) arrive unexpectedly; pass, be allowed; be current/in circulation; go on, take its course; (nausea, etc.) seize/grip

|| אָנגיין אַק/דאַט concern, interest, matter to

|| דאָס גייט מיך אָן this matters to me

|| אָנגיין דאַט *also* (wish/threat) come to pass for/against s.o.

|| זאָל די קללה מיך אָנגיין אויב ... [KLOLE] may this curse strike me if ...

|| אָנגיין מיט continue with, proceed with

|| (קענ|ען*) אָנגיין פֿאַר — be acceptable, qualify (as)

|| אָנגיין זיך — walk a lot/too much

|| עס גייט (זיך) אָן אַ חלשות [KhALOShES] — it makes you gag/retch, it's nauseating

אַנגינע די (ס) — throat inflammation, tonsillitis

אָ'נ|גיס|ן וו (אָ'נגעגאָסן) — pour (liquid) *perf.*, serve (drinks), fill (glass, etc.); pour out, spill (liquids)

|| אָנגיסן מיט — fill with (liquid), soak with

אַנגל די/דער (ען) — fish-hook; hinge; jaw, jawbone

אַנגלאָסאַ'קס דער (ן) — Anglo-Saxon

אַנגלאָסאַקסיש אַדי/(דאָס) — Anglo-Saxon

אָ'נ|גלאָצ|ן וו (-גע-ט) — stare at, gawk at

אָ'נ|גלי|ען וו (-גע-ט) — heat to a glow

אַנגליציזם דער (ען) — anglicism

אָ'נ|גנבֿע|נען (זיך) וו (-גע-ט) [GANVE] — steal a lot of

אַנגסט דער/די (ן) — fear, anxiety

|| פֿ"גל אַנגסטן

אַנגסטיק אַדי/אַדוו — terrified, anxious

אַנגסטן מצ — cold sweat; dread, agony; awe

|| אַנגסטן האָבן אים באַשלאָגן — he broke out in a cold sweat

אָנגעב דער (ן) — *neol.* statement

אָ'נגעבויג·ן אַדי — leaning, slanting; bent, stooped

אָ'נגעבופּט אַדי — bouffant, puffed up

אָ'נגעבל דאָס (עך) — hint, lead, indication

אָ'נגעבלאָז·ן אַדי אָנבלאָזן פּאַרט — inflated; conceited, pompous, smug; sulky, pouting

אָ'נ|געב|ן* וו (אָ'נגעגעבן) — state, indicate, specify, declare; submit, present (complaint, petition); denounce, inform on; get into mischief

|| אָנגעבן (זיך) פֿאַר — pass (oneself) off as

|| אָנגעבן <אויף> — apply (for)

אָ'נגעבראַקניעט אַדי [Ny] — swollen, puffed up

אָנגעברוגזט אַדי <אויף> [O'NGEBRO'YGEST] — offended (by/at), angry (at)

אָ'נגעגאָס·ן אַדי — stuffed, gorged; plump, chubby, fat; spilled (liquid); (container) filled, replete

אָ'נ|גע'געגנ|ען וו (-גע-ט) — meet unexpectedly, come across

אָ'נגעגעס·ן אַדי אָנעסן פּאַרט — satiated, full

אָ'נ|געדענק|ען זיך וו (-ט) — recall/remember (many things/details)

אָ'נגעדראָל·ן אַדי — swollen

|| אָנגעדראָלן ווער|ן — swell, become swollen

|| פֿ"גל אָנגעדרודלט

אָ'נגעדרודלט אַדי אָנדרודלען פּאַרט — in a huff, offended, piqued

|| זײַן* אָנגעדרודלט אויף — be mad/angry at, be irritated with

אָ'נגעדרינ(ד)זשעט אַדי — cracked

אָ'נגעהויב·ן אַדי אָנהייבן פּאַרט — begun, started

אָ'נגעהויכט אַדי <מיט> — inspired/animated (by), charged/imbued (with)

אָ'נגעהעריק אַדי — appropriate, pertinent, relevant

אָ'נגעהעריקייט די — belonging, membership

אָ'נ|געהער|ן* זיך וו (-ט) זע אָנקערן זיך

אָ'נגעוואָר·ן אַדי זע אָנגעווירן

אָ'נגעוואָרף דאָס/דער (ן) — hodgepodge, jumble, mess

אָ'נגעוויר·ן אַדי אָנווערן פּאַרט — lost

אָ'נגעוויז·ן אַדי אָנווײַזן פּאַרט <אויף> — dependent (on)

אָ'נגעוויזנקייט די <אויף> — dependence (on)

אָ'נגעווייטיקט אַדי — sore, painful; grievous, vexed (problem)

אָ'נגעווענדט אַדי אָנווענדן פּאַרט — applied, implemented

אָ'נגעזאָליעט אַדי : זײַן* <דאַט> אָנגעזאָליעט אויפֿן האַרצן — *rev.* feel dejected, be in low spirits

אָ'נגעזאַלצ·ן אַדי — (too) salty

|| זײַן* דאַט אָנגעזאַלצן אויפֿן האַרצן — *rev.* be sad, be in a bad mood

אָ'נגעזיכט דאָס — *lit.* face/countenance (*esp.* of God)

|| אין פּאָס אָנגעזיכט — in the presence of, before

|| אין אָנגעזיכט פֿון — facing, in the face of

אָ'נגעזע·ן אַדי — distinguished, eminent, outstanding

אָ'נגעזעצט אַדי אָנזעצן פּאַרט <מיט> — crammed/packed (with); sprinkled/dotted (with)

אָ'נגעטאָן אַדי אָנטאָן פּאַרט (אָ'נגעטאָ'נענ|ער) — dressed, clothed; (garment) put on, worn

אָ'נגעטו·ן אַדי זע אָנגעטאָן

אָ'נגעטראָג·ן אַדי אָנטראָגן פּאַרט — accumulated, amassed

|| זײַן* אָנגעטראָגן אויף — have/hold a grudge against

אָ'נ|געטרוי|ען וו (-ט) <דאַט> — entrust (to)

אָ'נגעטרונקען אַדי — quenched, watered; drunk(en), intoxicated

אָ'נגעכמאַרעט אַדי אָנכמאַרען זיך פּאַרט — cloudy, overcast; sullen, morose, glum

אָ'נגעכמורעט אַדי אָנכמורען זיך פּאַרט — cloudy, overcast; sullen, morose, glum

אָ'נגעלאָד·ן אַדי/אַדוו — loaded, laden; tense, angry

אָ'נגעלאַף = אָ'נגעלויף דאָס/דער (ן) crowd, mob

אָ'נגעליט·ן אַדי afflicted, long-suffering

אָ'נגעלייגט אַדי אָנלייגן פּאַרט welcome, appreciated

אָ'נגעלייגטער אַדי אָנגעלייגט קאָמפּ preferable

אָ'נגעלייענט אַדי well-read, cultured

אָ'נגעלערנט אַדי well-informed, savvy, having learned by experience

אָ'נגעמאָסט·ן אַדי אָנמעסטן פּאַרט made to measure, suitable

|| ווי אָנגעמאָסטן very appropriate

אָנגעמושבֿט אַדי [O'NGEMOYShEVT] *fam.* littered (with filth/garbage); chaotic

אָ'נגענומען אַדי אָננעמען פּאַרט customary, accepted, conventional

אָ'נגענומענקייט די (ן) (social) convention

אָ'נגענעמ(ען) אַדי **זע** איינגענעמען

אָ'נגעפּיקעוועט אַדי <מיט> full to bursting (of), packed (with); covered with cramped writing

אָ'נגעפּעלצט אַדי well-covered, wrapped warmly

אָ'נגעפּראָפּט אַדי overcrowded, stuffed, crammed

אָ'נגעפֿאָר·ן אַדי (traveler/vehicle) newly arrived

אָ'נגעפֿרעס·ן אַדי full, stuffed

אָ'נגעצויג·ן אַדי אָנציִען פּאַרט taut, tense

אָ'נגעצויגנקייט די tension, tautness

אָ'נגעצונד·ן אַדי lit, alight; burning; furious, irate

אָ'נגעצילט אַדי purposeful, well-defined; aimed, pointed

|| אָנגעצילט אויף *also* aspiring to

אָ'נגעקוואָל·ן אַדי אָנקוועלן פּאַרט <מיט> chock-full (of), brimming (with); swollen, bloated

|| אָנגעקוואָלן ווער|ן puff up, swell *intr.*

אָ'נגעקומען אַדי newly arrived, come from elsewhere

אָ'נגעקלאָגט|ער דער-דעק accused, defendant

אָ'נגעקליב·ן אַדי accumulated

אָ'נגערוקט אַדי אָנרוקן פּאַרט (hat) pulled down low; grim/irate (face)

אָ'נגעריס·ן אַדי אָנרײַסן פּאַרט sore, infected, inflamed

אָ'נגערירט אַדי אָנרירן פּאַרט damaged, deteriorated, contaminated, spoiled

אָ'נגעשוואָל·ן אַדי swollen

אָ'נגעשטאָלט אַדי armored; steeled, hardened, firm

אָ'נגעשטאָפּט אַדי <מיט> filled, packed, stuffed (with); rich, loaded, rolling in dough

אָ'נגעשטויבט אַדי covered with or full of dust

אָ'נגעשטויס·ן אַדי אָנשטויסן פּאַרט <אויף> offended (by), angry (at)

אָ'נגעשטופּ דאָס (ן) congestion, clutter, crush

אָ'נגעשטעלט|ער דער-דעק employee

אָ'נגעשטרענגט אַדי אָנשטרענגען פּאַרט intense (activity); strained, tense, forced (smile)

אָ'נגעשלאָג·ן אַדי אָנשלאָגן פּאַרט <מיט> (over)filled, crowded; growing rancid, starting to spoil

אָ'נגעשמעקט אַדי אָנשמעקן פּאַרט <מיט> smelling (of); contaminated (with new/different ideas)

אָ'נגעשניי דאָס (ען) snowdrift

אָ'נגעשפּאָלט·ן אַדי אָנשפּאַלטן פּאַרט cracked (voice/sound); broken (spirit)

אָ'נגעשפּאַנט אַדי taut, tense; intense

אָ'נגעשפּיגעוועט אַדי **זע** אָנגעשפּיקעוועט

אָ'נגעשפּיצט אַדי אָנשפּיצן פּאַרט alert

אָ'נגעשפּיקעוועט אַדי אָנשפּיקעווען פּאַרט <מיט> chock-full (of), filled/loaded/laden (with)

אָ'נגעשריי דער (ען) scolding, rebuke, reproof

אָ'נ|גראָב|ן וו (אָ'נגעגראָבן) dig a number of (holes, etc.); amass by digging

|| אָנגראָבן אַ בערגל ערד dig and make a pile of earth

אָ'נ|גרו'זע(ווע)|ן וו (–גע–ט) *Slav.* load *perf.* (cargo, vehicle, etc.)

אָ'נ|גרייט|ן וו (אָ'נגעגרייט) prepare *perf.*, get ready; store up, put aside (for later)

אָנגרײַף דער (ן) assault, attack

אָ'נ|גרײַפֿ|ן וו (–גע–ט/אָ'נגעגריפֿן) assault, attack

אָ'נגרײַפֿעריש אַדי/אַדוו aggressive

אָנגריף דער (ן) **זע** אָנגרײַף

אָ'ן דאָס אַדוו anyway

אָ'נ|דאָס|ן וו (–גע–ט) *vulg.* shit; *fam.* trash, soil, make a mess of; botch, ruin, screw up

|| אָנדאָסן דאַט scam, swindle

אָנדולירונג די (ען) permanent wave (hairdo)

אָ'נ|דול|ן וו (–גע–ט) : אָנדולן <דאַט> אַ/דעם קאָפּ talk (s.o.'s) ear off

אָנדײַט דער (ן) hint, allusion; sign, clue

אָ'נ|דײַט|ן וו (אָ'נגעדײַט) <אויף> indicate, point out; suggest, insinuate, hint (at)

אָ'נ|דינג|ען וו (אָ'נגעדונגען) hire, engage, pay (s.o. for a service)

|| אָנדינגען <ביי/אין> place as an apprentice (with), send to board (with); send off to study (with/at)

|| אָנדינגען זיך <פֿאַר> hire oneself out (as), take a job (as)

אַנדן מצ : די אַנדן the Andes

אָנדענק[1] דער (ען) memory, recollection; memento, keepsake, souvenir

|| צום אָנדענק פֿון in memory of, as a souvenir of

|| באַציי'כענ|ען דעם אָנדענק פֿון commemorate

אָ'נדענק-[2]... memorial

אָ'נדענקוואַרג דאָס *neol.* memorabilia

אָ'נדענקל דאָס (עך) *neol.* souvenir, keepsake, memento

אָ'נדענקפּונקט דער (ן) *neol.* landmark

אַנדער אַדי–עפּי *(undeclined in the sg. after the indefinite article)* other; second; next

|| אַן אַנדער another

|| ניט קיין אַנדער no other

|| ד|ער אַנדער|ער the other, the alternate

|| (אַל) דאָס אַנדערע (all) the rest

|| די אַנדערע טיר the second door; next door

|| ניט ע'נטפֿער|ן דאָס אַנדערע וואָרט not say a word in reply

|| די אַנדערע טעג פּסח [PEYSEKh] the last (two) days of Passover

|| (אָט האָסטו דיר) די אַנדערע טעג יום־טובֿ! [YONTEV] here we go again!

|| זײַן* ווי אַנדערע צוויי be thick as thieves, be very close

|| פֿ״גל אַנדערע; אַנדערער; אַנדערש 1.

אַנדערהאַלבן צוו זע אַנדערטהאַלבן

אַנדערט אַדי–עפּי : אַן אַנדערט מאָל another time

אַנדערטהאַלבן צוו one and a half

אַ'נדערמעל די/דאָס coarse, low quality flour

אַ'נדערע אַדי–מצ others; some

אַ'נדער|ער 1. פּראָנ other

|| אַן אַנדער|ער someone else

|| 2. מצ some

אָ'נ|דערציייל|ן (זיך) וו (–ט) narrate at length, tell (a large number of stories, etc.)

אַנדערש 1. אַדי–אַטר different

|| זײַן* אַנדערש <מיט> vary, differ (in)

|| 2. אַדוו differently; if not, otherwise; *(with an indefinite pronoun)* else

|| ע'מעצער/עפּעס אַנדערש someone/something else

|| ערגעץ אַנדערש, אַנדערש ווו somewhere else, elsewhere

|| אַנדערש ווען (at) some other time

|| ניט אַנדערש <ווי> nothing less than; definitely, certainly, without fail; obviously, clearly

|| ניט אַנדערש דו לאַכסט פֿון מיר you're obviously laughing at me

אַנדערש ווו אַדוו somewhere else, elsewhere

אַנדערשט אַדי/אַדוו זע אַנדערש

אַ'נדערש־טראַ'כטנדיק אַדי dissident

אַ'נדערש|ן וו (גע–ט) alter, change, modify

אַ'נדערשקייט די (ן) difference, differentness, distinctiveness

אָ'נדראָ'טיק אַדי wireless

אָנדראַנג דער crowd, throng; assault, onslaught

אָ'נ|דראַפּע|ן וו (–גע–ט) claw, scratch *perf.*; scrawl, write illegibly

אָ'נ|דראַקע|ן וו (–גע–ט) scrawl, scribble

אַנדרוגינוס דער (ן) [ANDRO'YG(E)NES] androgyne, hermaphrodite

אָ'נ|דרודל|ען וו (–גע–ט) incite, instigate, manipulate; scowl

אָ'נ|דריי|ען וו (–גע–ט) wind (clock); dial (dial-type telephone); *pejor.* cause, wreak; plot, scheme; incite, instigate, manipulate

|| אָנדרייען דאַט די אויערן tweak s.o.'s ears

|| עס האָט אים אָנגעדרייט he got a yen for, he suddenly felt like

אַנדרימלט ווער|ן וו (איז אַנדרימלט געוואָרן) זע אַנטדרעמלט ווערן

אָ'נ|דריפּע|ן וו (–גע–ט) splash, spatter, muddy; *fam.* make/do in a slapdash way

אָנדריק דער (ן) pressure (finger, etc.); stress; *neol.* influence, (peer) pressure

אָ'נ|דריק|ן וו (–גע–ט) press (on/against), push (on/against); compress; exert pressure (on s.o.); leave a mark

אָ'נ|דרעפּטשע|ן וו (–גע–ט) scrawl, scribble

אָ'נ|האָב|ן* וו (אָ'נגעהאַט) have many (children)

אָ'נ|האָ'דעווע|ן וו (–גע–ט) nourish *perf.*, feed; *hum.* bring up, raise, take care of

אָ'נ|האַט(י)ע|ן וו (–גע–ט) [Ty] accumulate, heap/pile up

אָנהאַלט דער (ן) (foot)hold, foundation, grip; support; continuity

אָ'נהאַלטונג די persistence; point of support

אָ'נהאַלטיק אַדי persistent

אָ'נ|האַלט|ן וו (אָ'נגעהאַלטן) maintain, conserve, make last; last, persist, continue

|| אָנהאַלטן זיך <אין> hold on (to), stick (to)

אָנהאַנג דער (ען) connection, attachment; pretext; *neol.* rider, amendment (to a law, contract, etc.)

אָ'נ|האַק|ן וו (-גע-ט) chop in large quantity; *fam.* beat up, clobber, thrash

|| אָנהאַקן דאַט אַ קאָפּ fast talk s.o.

אָ'נ|האַריקע|ן זיך וו (-גע-ט) *dial.* shout oneself hoarse

אָ'נ|האָ'רעווע|ן זיך וו (-גע-ט) slave away a long time

אָ'נ|הויב|ן וו (אָ'נגעהויבן) זע אָנהייבן

אָ'נ|הויכ|ן וו (-גע-ט) <אויף/אַק> blow (on), breathe (on); inspire

|| אָנהויכן אַק מיט instill (feeling) in s.o.

אָ'נ|הויפּ|ן = אָ'נ|הוי'פֿענ|ען וו (-גע-ט) pile up, heap up, amass

אָ'נ|הו'נגער|ן זיך וו (-גע-ט) go hungry, suffer want

אָנהייב[1] דער (ן) start, beginning; origin

אָ'נהייב-[2]... initial; introductory, beginner's

אָ'נ|הייב|ן וו (אָ'נגעהויבן) begin, start, originate *trans.*; take the first (bite/sip/slice) of; initiate, launch

|| אָנהייבן <צו> begin (to), start (...ing)

|| אָנהייבן זיך <מיט> start *intr.* (with)

|| אָנהייבן (זיך) מיט pick a quarrel with; establish ties with

|| ניט אָנהייבן צו וויסן have no idea, not have a clue

|| עס הייבט זיך (גאָר) ניט אָן! not at all! nothing of the kind!

|| איך זאָל דאָס אָנהייבן פֿאַרשטיי'ן! it's beyond me! I haven't the foggiest!

|| עס זאָל דאָס אים אָנהייבן צו אַרן! he doesn't give a hoot about it! what does he care about it?

אָ'נהייבנס דאָס (ן) *Jew.* start of prayers, first part of religious service; beginning, start

אָנהייבס אַדוו initially, at first

אָ'נהייבער דער (ס) פֿעמ ין beginner, novice; pioneer, leader

אָ'נהייבשול די (ן) primary school, elementary school

אָ'נהיי'מיק אַדי homeless

אָ'נ|הייצ|ן וו (-גע-ט) heat up *trans., perf.*

אָ'נ|הענג|ען וו (אָ'נגעהאָנגען) hang on, attach by hanging; foist stg. off on s.o.; impute, attribute (flaw)

|| אָנהענגען אָן/אויף/אין impute to, blame on

|| אָנהענגען זיך <אין/אויף> hang on to, grab (s.o.)

אָ'נהענגער דער (ס) פֿעמ ין adherent, proponent; admirer, supporter, fan

אָ'נהענגערשאַפֿט די following, supporters; endorsement, support

אָ'נ|העפֿט|ן וו (אָ'נגעהאָפֿטן) <אין> attach, fasten, tie (to)

אָ'נ|העקל|ען וו (-גע-ט) hook onto, fasten; crochet; sew hooks and eyes on, attach fasteners

אָ'נ|הער|ן זיך וו (-גע-ט) מיט/אַק hear a lot of; hear one's fill of; hear one another, be audible

|| פֿ״גל אָנצוהערן

אָ'נ|הרגע|נע|ן וו (-גע-ט) [HARGE] beat up, give a thrashing

אַנו' .1 אינט go on! go ahead!; well then!; let's see!; go on, say it!; want to bet? I dare you!

|| אַנו פּרוּוו נאָר just try it, I dare you

|| .2 דער (ען) *neol.* challenge

אָ'נוואָ'גיק אַדי weightless; light(weight)

אָנוואָר... זע ווערטער מיט אָנוו...

אָ'נ|וואַ'לגער|ן וו (-גע-ט) pile up, heap up

אָ'נ|וואָ'לקענ|ען זיך וו (-גע-ט) cloud over, become cloudy

אָ'נ|וואָ'פֿענ|ען וו (-גע-ט) arm

אָנוואַקס דער (ן) increase

אָ'נ|וואַקס|ן וו (איז/האָט אָ'נגעוואַקסן) (vegetation, hair, etc.) grow over a surface *perf.*; crop up, appear; accrue, accumulate; increase

|| אָנוואַקסן מיט become covered with

אָ'נ|וואַ'רעמ|ען (זיך) וו (-גע-ט) warm up *trans./intr.*, heat up *perf.*

אָנוואַרף = אָנוואָרף דער (ן) draft, outline, sketch

אָ'נ|וואַרפֿ|ן וו (אָ'נגעוואָרפֿן) toss around; litter, leave lying around; fill (by throwing into); impose (stg. on s.o.), burden (s.o. with stg.); outline, draft, sketch

|| אָנוואַרפֿן אויף inspire (fear, etc.) in; impose (obligation, etc.) on s.o.

|| אָנוואַרפֿן זיך <אויף> force one's presence (on); become a burden (on), freeload (off)

אָנווונק דער (ען) hint, intimation; clue, sign

אָנוווּקס דער (ן) growth, increase, accumulation; growth, tumor

אָנוווּרף דער (ן) זע אָנוואַרף

אָנווייַז דער (ן) indication; clue, hint

אָ'נווײַזונג די (ען) indication; instructions

אָ'נווײַזיק אַדי indicative, revealing; (gramm.) demonstrative

אָ'נ|ווײַז|ן וו (אָ'נגעוויזן) indicate, specify

|| אָנווײַזן אַק/אויף point out; reveal, demonstrate; signal, emphasize

אָ'נוויי'טיקדיק אַדי painless

אָ'נ|וויינ|ען וו (–גע–ט) wet with one's tears

|| אָנוויינען דאַט אַ קאָפּ implore tearfully

|| אָנוויינען זיך cry a long time

אָ'נ|ווייע|ן = אָ'נ|וויי|ען וו (–גע–ט) (wind) rise, start to blow; (wind) blow into piles; (snow) fall in large quantity; inspire, evoke (a feeling)

אָ'נ|ווינטש|ן וו (אָ'נגעווּונטשן) <דאַט> express one's good wishes (to), wish (s.o.) well; shower (s.o.) with blessings

|| אָנווינטשן אַק דאַט heartily wish stg. for s.o.

אָ'נ|ווי'נטשעווע|ן וו (–גע–ט) זע אָנווינטשן

אָ'נ|ווינק|ען וו (אָ'נגעווּונקען) intimate, hint, suggest

|| אָנווינקען אויף presage, foreshadow

אָ'נוועזנדיק אַדי *Germ.* present, in attendance

אָ'נוועזנהייט די *Germ.* presence

אָ'נווענדונג די (ען) application (use)

אָ'נווענדלעך אַדי applicable

אָ'נ|ווענד|ן וו (–גע–ט) <אויף> apply (to), use (for), bring to bear (on)

אָ'נ|וועקס|ן וו (–גע–ט) polish, wax *perf.*

אָנווער דער (ן) loss

אָ'נווע'רטערדיק אַדי/אַדוו *lit.* wordless, mute

אָ'נ|ווער|ן וו (אָ'נגעוואָרן/אָ'נגעווירן) lose *trans.*; forfeit

אָ'נוטשע די (ס) זע אָניטשע

אָנוכי (דער) [ONOYKhI] *Jew.* the divine "I"; first word of the Ten Commandments

אַנולירונג די (ען) cancellation, annulment

אַנוליר|ן וו (–ט) annul, repeal, abrogate

אַנומלט אַדוו recently, the other day

אַנו'מלטיק אַדי recent

אַנו'מלטן אַדוו זע אַנומלט

אַנונג = אָנונג די (ען) notion, (general) idea; inkling, premonition

|| ניט האָב|ן* קיין אַנונג פֿון have no idea of

אָנוס דער (ים) [ONES - ANUSIM] Marrano, descendant of the Jews of Spain or Portugal forcefully converted to Catholicism at the end of the 15th century, who continued certain Jewish practices in secret; Jew forcibly converted to another faith

אַנוסטן אַדוו recently, not long ago

אָנזאָג דער (ן) message, announcement, notice; portent, omen; injunction, summons

|| זײַן* אַן אָנזאָג אויף portend

|| מיט אַן אָנזאָג פֿון דרײַ וואָכן with 3 weeks' notice

אָ'נ|זאָג|ן וו (–גע–ט) announce, give a message (to); notify, inform

|| אָנזאָגן דאַט <אַק> warn s.o. (about)

|| אָנזאָגן <צו> tell/order (to)

|| אָנזאָגן אַק/אויף portend, herald

|| אָנזאָגן זיך pray at length, wear oneself out praying

אָ'נזאָגער דער (ס) פֿעמ ין announcer, messenger, precursor

אָנזאָט דער scale, crust left on pot after boiling

אָ'נ|זאָטל|ען וו (–גע–ט) saddle *perf.*; *hum.* put on (eyeglasses)

אָ'נ|זאַלצ|ן וו (–גע–ט) salt *perf.*

|| אָנזאַלצן דאַט give s.o. a hard time

|| זאָלסט אים אָן אויפֿן עק! *fam., hum.* good luck trying to stop him/catch up with him!

אָ'נ|זאַמל|ען וו (–גע–ט) gather/collect *perf.*, accumulate *trans.*

|| אָנזאַמלען זיך accumulate, pile up *intr.*

אָ'נ|זאַפּ|ן וו (–גע–ט) soak, saturate; absorb, inhale

|| אָנזאַפּן זיך מיט absorb, become saturated with

אָ'נ|זויג|ן וו (–גע–ט/אָ'נגעזויגן) זע אָנזייגן

אָ'נ|זויפֿ|ן וו (–גע–ט) water (animals), give to drink; intoxicate, make drunk

אָ'נ|זידל|ען וו (–גע–ט) curse out, tell off

אָ'נ|זייג|ן וו (–גע–ט) breastfeed, nurse *perf.*

אָ'נ|זייפֿ|ן וו (–גע–ט) soap up *perf.*; dupe, take for a ride

|| אָנזייפֿן דאַט <אַ מאָרדע/אַן אויער> tell s.o. off

אָנזיכט די/דער (ן) *Germ.* aspect, appearance; view, panorama; opinion, point of view

|| אין אָנזיכט פֿון in view of, in light of

אָ'נזיכטיק אַדי visible, conspicuous; prominent, eminent

אָ'נזי'נ(ענד)יק אַדי meaningless, senseless, absurd

אָ'נ|זעט'יק|ן וו (–גע–ט) satisfy, satiate *perf.*; saturate

אָנזען 1. דער/דאָס importance, prestige

|| האָב|ן* גרויס אָנזען be in high esteem

|| 2. אָ'נ|זע|ן* וו (אָ'נגעזען) — see, glimpse, notice; consider (as), take (for)
|| איך קען אים נישט אָנזען! — I can't stand the sight of him!
|| אָנזען זיך — be visible/conspicuous; be in sight; be noticeable, be perceptible
|| אָנזען זיך אַק/מיט — see (many remarkable things/sights); grow tired of seeing
אָ'נזעעוודיק אַדי — visible, apparent, perceptible, remarkable
אָנזעץ דער (ן) — bankruptcy, (financial) failure
אָ'נ|זעצ|ן וו (–גע–ט) — go bankrupt
|| אָנזעצן אַק — seat/place (many people, in a tight squeeze)
|| אָנזעצן אַק <מיט> — fill (with seated people); plant with
|| אָנזעצן דאַט — not pay one's debts to; fail to keep one's promises toward, stand s.o. up
|| אָנזעצן זיך אויף — press, beset, importune; gang up on
אָ'נזעצעניש דאָס (ן) — imposition, chore, bother
אָ'נזעצער דער (–/ס) פֿעמ קע — bankrupt; defaulter, deadbeat
אָ'נ|זשע'ברעווע|ן וו (–גע–ט) — amass (fortune) little by little/by various means
אָ'נ|חזיר|ן וו (–גע–ט) [KhAZER] — soil, dirty, mess up
אָנחשקדיק אַדי/אַדוו [O'NKhE'YShEKDIK] — unwilling, disinclined
אָ'נ|חתמע|(נע)|ן וו (–גע–ט) [KhASME] — sign/seal a number of
|| אָנחתמענען (אויף) דאַט <צו> — (God) destine/condemn s.o. (to)
|| זאָלסט אונדז אָנחתמענען צו(ם) לעבן — may you grant us life (prayer)
אַנט... — de-, dis-, un- *(inseparable verbal prefix expressing separation, removal, distance)*
|| אַנטפּלאָ'נטער|ן — disentangle
אַנטאַבע די (ס) — shaft, haft, handle (of a tool)
אַנטאַגאָניזם דער (ען) — antagonism
אַנטאַגאָני'סט דער (ן) פֿעמ קע — adversary, antagonist
אַנטאָלאָגיע די (ס) — anthology
אָנטאָן 1. דאָס — clothing, attire
|| אין אָנטאָן — fully clothed, with one's clothes on
|| 2. אָ'נ|טאָ|ן* וו (אָ'נגעטאָן) אַק — put on (clothes, shoes, etc.); dress, clothe *trans.*
|| אָנטאָן <דאַט> אַק — put stg. (article of clothing) (on s.o.); cause/occasion (for)
|| אָנטאָן דאַט כּבֿוד [KOVED] — honor
|| אָנטאָן <דאַט> שאָדנס — harm, injure
אָ'נטאַפּיק אַדי — tangible
אָ'נ|טאַפּ|ן וו (–גע–ט) — touch, feel (by touch) *perf.*; find by touch; sense, discern
אַנטאַרקטיק דער — Antarctica
אַנטאַרקטיש אַדי — Antarctic
אַנטבלויז|ן וו (–ט) — bare, strip, uncover
אַנטגיי'|ן* וו (מיר/זיי אַנטגייען; איז אַנטגאַנגען) — disappear, vanish; (courage, anger) fade, flag
|| אַנטגיין (פֿון) דאַט — avoid, elude, escape from
אַנטדעקונג די (ען) — discovery
אַנטדעק|ן וו (–ט) — discover; reveal
|| ער האָט אַנטדעקט אַמע'ריקע — he's stating the obvious
אַנטדרעמלט ווער|ן וו (איז אַנטדרעמלט געוואָרן) — doze off, fall asleep
אַנטהאַלט|ן וו (אַנטהאַלטן) — contain, hold
אַנטהיל|ן וו (–ט) — uncover, unveil
אַנטוואַכ|ן וו (–ט) — *lit.* wake up *intr.*
אַנטוואָ'פֿענונג די — disarmament
אַנטוואָ'פֿענ|ען וו (–ט) — disarm
אַנטווינ|ען = אַנטוויינ|ען וו (–ט) — wean
אַנטוויקלונג די (ען) — development, evolution
אַנטוויקל|ען (זיך) וו (–ט) — develop, unfold, evolve *trans./intr.*
אַנטוויקלער דער (ס) — (phot.) developer
אַנטוועקונג די (ען) — excitation, arousal, inspiration
אַנטוועק|ן וו (–ט) — excite, arouse, inspire
אַנטווע'רטיק|ן וו (–ט) **זע** אַנטווערטן
אַנטווערט|ן וו (אַנטווע'רט) — devalue; depreciate
אַנטווערפּן (דאָס) — Antwerp
אַנטווע'רפּענער אַדי–אינוו — resident of Antwerp
אַנטוישונג די (ען) — disappointment
אַנטויש|ן וו (–ט) — disappoint
אָ'נ|טומל|ען וו (–גע–ט) — make a racket, create an uproar
אָ'נטועכץ דאָס (ן) — attire, costume
אָ'נ|טופּע|ן זיך וו (–גע–ט) — stamp one's feet a long time; tire oneself out walking
אַנטזאַג|ן = אַנטזאָג|ן וו (–ט) — *Germ.* refuse (stg. to somebody); reject (request); dismiss, discharge
|| אַנטזאַגן זיך פֿון — renounce, abandon
אַנטזאַלצ|ן וו (–ט) — desalinate
אַנטטוישונג די (ען) **זע** אַנטוישונג
אַנטטויש|ן וו (–ט) **זע** אַנטוישן
אַנטי... — anti-...

|| אַנטיהומאַניסטיש — antihumanist(ic)

|| אַנטי־ייִ'דיש — anti-Jewish

|| אַנטיחסידיש [KhSIDISh] — anti-Hasidic

אַנטיביאָטיק דער (ן) — antibiotic

אַנטידאָ'ט דער (ן) — antidote

אַנטיהע'לד דער (ן) — antihero

אַנטיטע'ז דער (ן) — antithesis

אַנטיטשנע אַדי — rare, precious, outstanding

אַנטיייִ'דישן וו (–ט) — dejudaize

אָ'נ|טײַטל|ען וו (–גע–ט) <אויף> — point out *perf.*, indicate

אָ'נ|טײַט|ן וו (אָ'נגעטײַט) זע אָנטײַטלען

אָנטייל דער (ן) — part, participation, role

|| אָנטייל נעמ|ען, נעמ|ען אַן אָנטייל <אין> — take part (in), participate (in), play a role (in)

אָ'נטייל־נעמער דער (–/ס) פֿעמ ין — participant

אָ'נ|טייע|ן = אָ'נ|טײַע|ן וו (–גע–ט) <פֿון> — derive enjoyment (from), delight (in)

|| אָנטייען פֿאַר פֿרייד — be overjoyed

אַנטיכרי'סט דער (ן) — Antichrist; (Christian) non-believer

אַנטילן מצ [Ly] : די אַנטילן — the Antilles

אָ'נ|טינטל|ען וו (–גע–ט) — *pejor.* write *perf.*, scrawl

אַנטיסעמי'ט דער (ן) פֿעמ קע — anti-Semite

אַנטיסעמיטיזם דער — anti-Semitism

אַנטיסעמיטיש אַדי — anti-Semitic

אַנטיפּאַטיע די (ס) [TY] — dislike, antipathy

אַנטי'ק 1. אַדי — ancient, antique

|| 2. דער (ן) — antique, rarity

|| אַן אַנטיק — an exquisite/delightful person/thing

|| אַ(ן)... אַן אַנטיק — a honey of a ..., a first-class ...

אַנטיקוואַ'ר דער (ן) פֿעמ ין — antiquarian, second-hand bookseller

אַנטיקוואַריאַ'ט דער (ן) — antique shop; second-hand bookstore

אַנטיקוואַריש אַדי — antique, vintage (item/book)

אַנטיקערפּער דער (ס) — antibody

אָ'נ|טישע|ן זיך וו (–גע–ט) <אין/מיט> — enjoy at length, take great pleasure (in stg./s.o.)

אַנטל = אָנטל דער (ען) — wine barrel

אַנטלאָפֿ·ן אַדי אַנטלויפֿן פּאַרט — escaped, fugitive; runaway

אַנטלאָ'פֿענ|ער דער־דעק — escapee, fugitive; refugee

אַנטלוי'ף דער (ן) — escape, flight

אַנטלויפֿן 1. דאָס — escape, flight

|| 2. אַנטלויפֿ|ן וו (איז אַנטלאָפֿן) <פֿון/פֿאַר> — run as fast as one can (from); get away (from), run away (from), escape (from); flee; desert

|| אַנטלויפֿן <קיין/אין> — take refuge (in), escape (to)

|| עס וועט ניט אַנטלויפֿן — it's not going anywhere, there's no hurry

אַנטלײַ' דער (ען) — loan; (ling.) borrowing, loan-word

אַנטלײַונג די (ען) — (act of) loaning/borrowing

אַנטלײַ|ען וו (אַנטליגן/אַנטליִען) <דאַט> — lend *perf.* (to)

|| אַנטלײַען <בײַ> — borrow (from) *perf.*

אַנטמו'טיק|ן וו (–ט) — discourage

אַנטמע'נטש(לעכ)|ן וו (–ט) — dehumanize

אָ'נ|טעלעפֿאָניר|ן וו (–ט) <דאַט> — call up (on [Ly] the phone), give (s.o.) a call

אַנטענע די (ס) — (radio, TV, etc.) antenna

אַנטפּלעקונג די (ען) — disclosure, revelation

אַנטפּלעק|ן וו (–ט) — unveil, uncover, reveal, display

אַנטפּלע'קנדיק אַדי — revealing, telltale

אַנטפּלע'קעריש אַדי/אַדוו — revelatory, enlightening

אַנטפֿאַל|ן וו (איז אַנטפֿאַלן) דאַט — (heart, nerve, etc.) fail

|| דאָס בלוט אַנטפֿאַלט אים — his strength fails him

|| דער מאַמעס מילך איז מיר אַנטפֿאַלן — the blood froze in my veins

אַנטפֿאַנג|ען וו (אַנטפֿאַנגען) — *obs./lit.* receive, greet

אַנטצונד·ן אַדי — *Germ.* inflamed, irritated

אַנטצינדונג די (ען) — (med.) inflammation

אַנטציקונג די — rapture, ecstasy

אַנטציק|ן וו (–ט) — delight, charm, enrapture

אַנטקומ|ען וו (איז אַנטקומען) — disappear, vanish, go away; escape, flee

אַנטקעגן 1. אַדוו — opposite, on the other side, across the street; against, in opposition; in return

|| אַנטקעגן זשע — on the other hand, moreover

|| אַרוי'ס|גיי|ן* דאַט אַנטקעגן — go to meet

|| רעד|ן <דאַט> אַנטקעגן — contradict

|| ‎.2 פּרעפּ facing, opposite, across from; against, opposed to; compared to, in comparison with; toward(s); about, concerning, with regard to; about/nearly (time)

|| אַנטקעגן וואָס זאָגסטו דאָס? what are you referring to? what are you getting at?

|| אַנטקעגן נאַכט at nightfall

|| ‎.3 קוו *meaning: a)* place facing/opposite; *b)* toward, to meet; *c)* counter, in opposition

|| אַנטקע'גנ|לייג|ן *a)* lay opposite

|| אַנטקע'גנ|לויפֿ|ן <דאַט> *b)* run to meet (s.o.)

|| אַנטקע'גנ|אַ'רבעט|ן *c)* stymie, thwart

אַנטקעגן איבער אַדוו on the other side

|| פּרעפּ facing, vis-à-vis

אַנטקע'גנ|גיי|ן* וו (איז אַנטקע'גנגעגאַנגען) <דאַט> go to meet (s.o.), welcome/greet (s.o.); reconcile (with), meet (s.o.) halfway

אַנטקע'גנדיק אַדי facing, opposite; contrary, opposing; reciprocal

אַנטקע'גנ|ווירק|ן וו (-גע-ט) דאַט counteract, thwart

אַנטקע'גנ|וועג|ן וו (אַנטקע'גנגעווויגן) <דאַט> counterbalance, offset

אַנטקע'גנ|טראָג|ן וו (אַנטקע'גנגעטראָגן) אַק <דאַט> welcome (s.o.) with

|| אַנטקעגנטראָגן דאַט דעם גוט־מאָ'רגן eagerly greet s.o.

אַנטקע'גנ|קומ|ען וו (איז אַנטקע'גנגעקומען) <דאַט> go to meet/greet; happen (to)

|| אַנטקעגנקומען דאַט <מיט> accommodate s.o. (by)

|| מיט וואָס קענען מיר אײַך אַנטקעגנקומען? what can we do for you?

אַנטקע'גנ|רעד|ן וו (-גע-ט) <דאַט> contradict

אַנטקע'גנשטעל דער (ן) opposition, resistance

אַנטקע'גנ|שטעל|ן וו (-גע-ט) <דאַט> place before; pit (force) (against), put up (argument) (against)

|| אַנטקעגנשטעלן זיך <דאַט> oppose, resist, take a stand (against)

|| ניט אַנטקעגנצושטעלן זיך irresistible

אַנטקע'גענ|ען וו (-ט) <דאַט> *lit.* go/come to meet (s.o.)

אַנטקע'גענער דער (ס) counterpart, corresponding item

אָ'נ|טראָג|ן וו (אָ'נגעטראָגן) bring (unexpectedly); carry (in quantity/with great effort/from all over); bring (in) by accident (mud on one's shoes, etc.); (wind, current) deposit, amass

|| אָנטראָגן אַק מיט fill (place) by bringing

אַנטראָפּאָלאָ'ג דער (ן) פֿעמ ין anthropologist

אַנטראָפּאָלאָגיע די anthropology

אַנטראָפּאָלאָגיש אַדי anthropological

אַנטראַצי'ט דער anthracite

אָ'נ|טרוי|ען וו (-גע-ט) trust, entrust

אַנטרונען ווער|ן וו (איז אַנטרונען געוואָרן) disappear, flee, escape; (object) get lost, disappear

אָ'נ|טרײַב|ן וו (אָ'נגעטריבן) round up forcibly; drive (horses); power, run *trans.*; urge, spur on, hasten; inspire/instill/spread (fear, etc.); endure, last, hold on

|| ער וועט (שוין) לאַנג ניט אָנטרײַבן he will not live much longer

אָ'נטרײַבער דער (ס) driver, coachman

אַנטרינונג די escape, flight; refuge

אַנטרינ|ען וו (איז אַנטרונען) flee, disappear; escape, evade

אָ'נ|טרינק|ען וו (אָ'נגעטרונקען) water (animals); make drunk

אָ'נ|טריפֿ|ן וו (-גע-ט) drip on; instill (medicine, etc.), infuse; affix (candle) by melting

אָ'נ|טרעט|ן וו (אָ'נגעטראָטן) אויף step on *perf.*, tread on

|| אָנטרעטן דאַט irritate, annoy (s.o.)

|| אָנטרעטן <אַק> track mud on, spread (dirt) by walking

אָ'נ|טרעפֿ|ן וו (אָ'נגעטראָפֿן) encounter, run into; find, come upon; amount to, cost

|| אָנטרעפֿן (זיך) אויף happen upon, hit upon; bump into

אָ'נ|טשאַד|ען וו (-גע-ט) fill with smoke/fumes; stink up; shoot one's mouth off *perf.*

אַנטשאָ'וס דער (ן) anchovy

אַנטשוויג·ן אַדי *lit.* silent, mute; muted, muffled

אַנטשוויגן ווער|ן וו (איז אַנטשוויגן געוואָרן) fall silent

אַנטשו'לדיקונג די (ען) excuse, apology

|| בעט|ן אַנטשולדיקונג beg pardon, apologize

אַנטשו'לדיק|ן וו (-ט) <דאַט> pardon, forgive, excuse

|| אַנטשולדיקן <דאַט> פֿון excuse (s.o.) from, exempt (s.o.) from

|| אַנטשולדיקן זיך <פֿאַר> apologize (to), offer one's apologies (to)

|| אַנטשולדיק(ט) pardon me, excuse me

אַנטשטאַנען ווער|ן וו (איז אַנטשטאַנען געוואָרן) (blood, milk) curdle; become frightened/astounded

אַנטשטו'מט ווער|ן וו (איז אַנטשטו'מט געוואָרן) keep quiet, hold one's tongue; be at a loss for words, become speechless

אַנטשטיי'ונג די origin, rise, emergence

אַנטשטיי'|ן* וו (מיר/זיי אַנטשטייען; איז אַנטשטאַנען) arise, emerge, develop; curdle, coagulate

אַנטשיי'ד·ן 1. אַדי/אַדוו resolute, decided, determined

|| 2. אַנטשיי'ד|ן וו (–ט/אַנטשידן) decide, determine, resolve; arbitrate, adjudicate

אַנטשיי'דנדיק אַדי decisive, crucial

אַנטשלאָ'ס·ן אַדי <צו> resolved (to), determined

אַנטשלאָ'סנקייט די determination, resolve

אַנטשלאָ'פֿ·ן אַדי asleep

אַנטשלאָ'פֿן ווער|ן וו (איז אַנטשלאָ'פֿן געוואָרן) fall asleep; (limb) become numb, fall asleep

|| די פֿיס זענען מיר אַנטשלאָ'פֿן געוואָרן my legs have fallen asleep

אַנטשליי'ער|ן וו (–ט) unveil

אַנטשלי'ס|ן זיך וו (אַנטשלאָסן) make up one's mind, decide, resolve

|| אַנטשליסן זיך אויף settle on, opt for

אַנטשלע'פֿער|ן וו (–ט) put to sleep

אַנטשע'דיקונג די (ען) compensation, indemnity

אַנטשע'דיק|ן וו (–ט) compensate, indemnify

אָ'נ|טשעפּע|ן וו (–גע–ט) attach, hook onto

|| אָנטשעפּען זיך <אין> pick (on), pester

אַנטשפּאַ'נ|ען וו (–ט) loosen, relax

אַנטשפּוי'ז|ן וו (–ט) *lit./obs.* espouse; marry; betroth

אַנטשפּרע'כ|ן וו (–ט) דאַט *Germ.* match, agree with, correspond to; be appropriate/suitable for

אָ'נ|יאָג|ן וו (–גע–ט) catch up with, overtake; make up (time); arrive (unexpectedly), show up; instill/inspire (fear, etc.)

אַנידער קוו *meaning:* down, downwards

|| אַני'דער|פֿאַל|ן fall down

|| אַני'דער|בייג|ן bend down/over

אַני'דער|וואַרפֿ|ן וו (אַני'דערגעוואָרפֿן) knock/throw down

אַני'דער|זעצ|ן וו (–גע–ט) seat, place

|| אַנידערזעצן זיך sit down

אַני'דער|לייג|ן וו (–גע–ט) put, place *perf.*; set down; lay down, place horizontally; knock down, raze; make ill; lay down (arms); show, lay out (reasoning, cards); deliver, recite (speech, prayer, etc.); fork out (cash)

|| אַנידערלייגן זיך lie down; *fam.* die

אַני'דער|פּסקענ|ען וו (–גע–ט) [PASK·N] *neol.* overrule (objection, etc.)

אַני'דער|פֿאַל|ן וו (איז אַני'דערגעפֿאַלן) fall (down), collapse; prostrate oneself

אַני'דער|קני|ען וו (–גע–ט) kneel down, fall to one's knees

אַני'דער|שטעל|ן וו (–גע–ט) put, place *perf.*; put up, erect, build; set upright, stand *trans.*; stop (vehicle, etc.); post, station (worker, sentry, etc.)

|| אַנידערשטעלן זיך come to a stop; stand up, get up; (good/bad weather) set in

|| אַנידערשטעלן זיך אינפֿ begin to, start ...ing

אַני־הקטן פּראָנ [ANI'-HAKO'TN] *lit.* my humble self

אַני'ט אַדוו otherwise, or else

אָ'ניטשע די (ס) legging

אַני־מאַמין דער (ס) [ANI-MA'YMEN] credo

אָ'ניצע די (ס) זע אָניטשע

אַני'שט אַדוו זע אַניט

אַני שלמה [ANI' ShLOYME] : שרײַ|ען אַני שלמה protest in vain, claim one's rights in vain

אָנכאַפּ דער (ן) act of grabbing/grasping; attack/fit (pain, anger, etc.); absurd comparison, off-the-cuff example

אָ'נ|כאַפּ|ן וו (–גע–ט) <פֿאַר> seize (by), catch (by); grasp, grab; (sensation, feeling) take by surprise; *fam.* take as an example

|| אָנכאַפּן זיך catch fire, ignite; fly into a rage

|| אָנכאַפּן זיך אין/אָן cling to, grasp at; get enthusiastic over, be eager for

|| עס כאַפּט אָן ... one is overcome by, you are provoked to (emotion, reaction)

|| אָנכאַפּן בײַם האַרצן/בײַ דער לעבער cut to the quick, deeply affect

אָ'נכאַפּער דער (ס) פֿעמ ין/קע bully, aggressive person; debtor, deadbeat

אָ'נ|כמאַרע|ן זיך וו (–גע–ט) (sky) cloud over; (face) scowl, darken

אָ'נ|כמורע|ן זיך וו (–גע–ט) (sky) cloud over; (person) become morose; knit one's eyebrows

|| אָנכמורען דאָס פּנים [PONEM] scowl

אָ'נ|כראַקע|ן וו (–גע–ט) spit all over, cover with spit

אָ'נ|לאָג|ן וו (–גע–ט) *neol.* log/record (distance)

אָ'נ|לאַ'גער|ן וו (–גע–ט) store, warehouse

אָ'נ|לאָד|ן וו (אָ'נגעלאָדן) load *perf.* (goods, guns, etc.); charge (with electricity)

אָ'נ|לאָז|ן וו (-גע-ט/אָ'נגעלאָזן) fill with liquid; emit (stench), *euph.* flatulate

אָ'נ|לאַכ|ן זיך וו (-גע-ט) laugh one's head off

אָ'נ|לויב|ן וו (-גע-ט) heap praise on

|| ניט קענ|ען* זיך אָנלויבן פֿון/מיט be full of praise for, never tire of praising

אָ'נ|לויפֿ|ן וו (איז אָ'נגעלאָפֿן) come running up; (liquid) pour in, fill; swell *intr.*

|| אָנלויפֿן אויף attack, throw oneself on

|| אָנלויפֿן זיך run a lot, exert oneself

אָ'נ|לופֿט|ן וו (אָ'נגעלופֿט) fill with air, inflate

אָ'נ|ליאַפּע|ן וו (-גע-ט) smear; botch, do shoddy work; *pop.* slap around

אָ'נלייגוועג דער (ן) detour, roundabout way

אָ'נ|לייג|ן וו (-גע-ט) pile, stack, heap up

|| אָנלייגן אַק <מיט> fill/clutter stg. (with)

|| אָנלייגן געלט pay out of pocket, lay out money

|| אָנלייגן מיטן קאָפּ come to grief, give up the ghost

|| אָנלייגן וועג take a detour, go out of one's way

|| אָנלייגן זיך אויף lean on; importune, harass

אָ'נ|לײַד|ן זיך וו (אָ'נגעליטן) suffer much/for a long time, endure

אָ'נ|לײַ|ען (זיך) וו (אָ'נגעליִען) borrow (a lot or from many lenders)

אָ'נ|ליי'ענ|ען זיך וו (-גע-ט) read a lot, read one's fill

|| אָנלייענען זיך מיט devour *fig.* the works of

אָ'נ|לעב|ן (זיך) וו (-גע-ט) have/acquire in the course of one's life; get rich

|| אָנלעבן זיך שׂונאים [SONIM] make enemies

אָנלען דער (ען) back/arm (of a chair, etc.); support

אָ'נ|לענ|ען וו (-גע-ט) lean, support (head, arm, etc.)

|| אָנלענען זיך recline; lean on one's elbow

|| אָנלענען זיך <אין/אויף> lean *intr.* (against/on); lean back (against/on)

אָ'נלערנונג די (ען) lesson, example, punishment

אָ'נ|לערנ|ען וו (-גע-ט) אַק teach s.o. a lesson

אָ'נלערעניש דאָס (ן) lesson, reprimand

אָ'נ|מאַ'טער|ן וו (-גע-ט) tire out completely; torment

אָנמאַכט די זע אוממאַכט

אָ'נ|מאַכ|ן וו (-גע-ט) cause (damage), provoke (disagreement); make a lot of

|| אָנמאַכן <אין/אויף> soil, relieve oneself on

אָ'נ|מאַ'פּעווע|ן וו (-גע-ט) *neol.* map, chart

אָ'נ|מאָ'רדעווע|ן זיך וו (-גע-ט) exhaust/overwork oneself

אָנמוט דער (ן) suggestion, proposal

אָ'נ|מו'טיק|ן וו (-גע-ט) encourage

אָ'נ|מוט|ן וו (אָ'נגעמוט) propose, suggest; solicit; make (sexual) advances

אָ'נ|מוטשע|ן וו (-גע-ט) torment, exhaust

אָ'נ|מוליע|ן וו (-גע-ט) *dial.* irritate by rubbing; cause (a callus)

אָ'נ|מיי'קע|(נע)ן = אָ'נ|מיי'קענ|ען וו (-גע-ט) vomit

אָ'נ|מי'סטיק|ן וו (-גע-ט) <אין> fill with rubbish

אָ'נמעכטיק אַדי impotent, powerless

אָ'נ|מעלד|ן וו (אָ'נגעמאָלדן/-גע-ט) announce, inform, notify; denounce, inform on

|| אָנמעלדן זיך have oneself be announced/presented; present oneself

אָ'נמעסטן 1. דאָס fitting

|| 2. אָ'נ|מעסט|ן וו (אָ'נגעמאָסטן) (fash.) try on for size; measure *perf.*

|| זיך (גרויס) אָנמעסטן have (great) ambitions

|| זיך הייס|ן אָנמעסטן (dare to) ask (price)

אָ'נמערקונג די (ען) *Germ.* remark, observation; note, annotation; rough draft/sketch

אָ'נ|מערק|ן וו (-גע-ט) *Germ.* mark, indicate; sketch out, jot down

אָ'נ|נאַש|ן זיך וו (-גע-ט) <מיט> stuff oneself greedily (with)

אָ'נ|ניי|ען וו (-גע-ט) sew *perf.*, make (garments) in quantity; sew on, attach (button, patch etc.)

אָננעם דער acceptance, settlement

אָ'ננעמלעך אַדי acceptable, admissible

אָ'נ|נעמ|ען וו (אָ'נגענומען) seize, grasp, take hold of; presume, assume, suppose; accept; adopt, embrace, be converted to; employ, hire; undertake (work, project, etc.); pass, enact (a law), carry (motion); take (measures), strike (pose)

|| אָננעמען אַק מיט fill with

|| אָננעמען זיך take root; (idea, innovation) spread, become popular; catch (disease), become infected with; catch fire; (wound) get infected

|| אָננעמען זיך מיט take (courage, etc.); learn (via contact or association)

|| אָננעמען זיך מיט געדולד summon up patience, stick it out

|| אָננעמען זיך פֿאַר stick up for, defend

|| אָננעמען אַק פֿאַר take s.o./stg. for

|| (על־פּי טעות) אָננעמען אַק פֿאַר [ALPI TOES] mistake s.o./stg. for, confuse s.o./stg. with

אָ'נ|נעצן וו (–גע–ט) <אין> wet, moisten; pee (in), wet (diaper, pants, etc.)

אַנסאַמבל דער (ען) (vocal/instrumental) ensemble, group; (theater) company, troupe

אָנסופֿיק אַדי [O'NSO'FIK] infinite, endless

אָ'נ|סטרויען וו (–גע–ט) tune (instrument) *perf.*

אָ'נ|סיליען וו (–גע–ט) string (onto a thread) *perf.*

אָ'נ|סמאַרקען וו (–גע–ט) get snot on

אָנספֿקדיק אַדי [O'NSO'FEKDIK] indisputable, unmistakable

אָנעט קוו זע אָן[3] .2

אָ'נעטשע די (ס) זע אָניטשע

אָנעם = אָן דעם

אַנעמיע די anemia

אַנעמיש אַדי anemic

אַנ|ען = אָנ|ען וו (גע–ט) אַז *lit.* have a premonition that, suspect that

אַנעסטעזיע די [ZY] anesthesia

אַנעסטעטיק דער (ן) anesthetic

אָ'נ|עסן וו (אָ'נגעגעסן) feed s.o. until satisfied

|| אָנעסן זיך <מיט> eat one's fill (of), stuff oneself (on); *fig.* have (more than) one's share (of) (troubles, etc.)

אַנעקדאָ'ט דער (ן) anecdote

אַנעקדאָטיש אַדי anecdotal

אַנע'קס דער (ן) annex

אַנעקסיר|ן וו (–ט) annex

אַנערכדיק אַדי [ANE'REKhDIK] approximate

|| פֿ״גל (אַן) ערך

אָנערקענונג די recognition, acknowledgment; (legal) approval, recognition

אָנערקענ|ען וו (–ט) recognize, admit, acknowledge; (legally) recognize, approve

אָ'נ|פּאַטשן וו (–גע–ט) slap *perf.*

|| אָנפּאַטשן אין tap on, strike with the palm of one's hand

אָ'נ|פּאַטשקען וו (–גע–ט) mess up, dirty, soil; scribble *perf.*

אָ'נ|פּאָמפּען וו (–גע–ט) get/fill by pumping; *fig.* introduce (ideas)

|| אָנפּאָמפּען מיט stuff, cram with

אָ'נ|פּאַסן וו (–גע–ט) (fash.) try on; fit, alter, adjust

אָ'נ|פּאַסקודיען וו (–ט) [Dy] soil all over, fill with trash; *fig.* spread slander, spout obscenities; soil oneself

אָ'נ|פּאַקן וו (–גע–ט) <מיט> cram, fill, pack (with)

אָ'נפּאַרטיי'יש אַדי independent, unaffiliated (candidate/representative)

אָ'נ|פּאַשען וו (–גע–ט) graze, pasture *perf.*

אָ'נ|פּו'דערן וו (–גע–ט) powder *perf.*

אָ'נ|פּויען וו (–גע–ט) water (animal) *perf.*

אָ'נ|פּוישן וו (–גע–ט) puff up, swell, stuff

אָ'נ|פּיקן וו (–גע–ט) <אין> peck at, peck open; tap/strike with the beak

אָ'נ|פּי'קעווען וו (–גע–ט) מיט fill, stuff, cram with

אָ'נ|פּישן וו (–גע–ט) *fam.* fill with urine; wet oneself

אָ'נ|פּלאָד(י)ען וו (–גע–ט) [Dy] *fam.* bring forth/give birth to (many offspring), churn out; be (excessively) prolific

|| אָנפּלאָדיען זיך reproduce, multiply *intr.*

אָ'נ|פּלאַפּל|ען וו (–גע–ט) <אויף> chatter, talk nonsense; be indiscreet (about s.o.), tell s.o.'s secrets

אָ'נ|פּלוי'דערן וו (–גע–ט) chatter, talk nonsense; have a big mouth, talk too much

אָנפּניותדיק אַדי/אַדוו [O'NPNI'ESDIK] impartial; without ulterior motives

אָ'נ|פּנימ|ען וו (–גע–ט) [PONEM] stare at, glare at

אָ'נ|פּעטשל|ען וו (–גע–ט) tap, dab

אָנפּראַל דער (ן) attack, assault, onslaught

אָ'נ|פּראַלן וו (–גע–ט) attack suddenly, hit forcefully

אָ'נ|פּראַ'צעווען וו (–גע–ט) earn through great effort

|| אָנפּראַצעווען זיך labor long and hard, slave away

אָ'נ|פּראָשען וו (–גע–ט) sprinkle with (powder, etc); let (dust) in

אָ'נ|פּרינדען וו (–גע–ט) <אין> bedeck, adorn (with); dress up; put on (facial expression)

אָנפֿאַל דער (ן) (med.) fit, spell, paroxysm; attack, assault; aggression

אָ'נ|פֿאַלן וו (איז אָ'נגעפֿאַלן) <אויף> fall upon, attack, assail; (snow) fall (in large amounts)

|| אָנפֿאַלן אויף severely criticize, lay blame on; throw oneself at; (feeling/sensation) take hold of, seize

אָ'נפֿאַלער דער (ס) פֿעמ ין assailant; aggressor

אָ'נפֿאַלעריש אַדי/אַדוו aggressive, belligerent

אָנפֿאַנג דער (ען) start, beginning

אָ'נ|פֿאַנג|ען וו (אָ'נגעפֿאַנגען) begin, start *trans.*; set about, initiate

|| אָנפֿאַנגען זיך begin, start *intr.*

אָ'נפֿאַנגער דער (ס) beginner; primer, elementary textbook

אָ'נ|פֿאָנפּע|ן וו (–גע–ט) mumble *perf.*; hoodwink, deceive

אַנפֿאַ'ס אַדוו full face

|| אַ'נפֿאַס־פּאָרטרעט full-face portrait

אָ'נ|פֿאַרב|ן וו (–גע–ט/אָ'נגעפֿאָרבן) color *perf.*, paint

אָ'נ|פֿאַרדינ|ען וו (אָ'נגעפֿאַרדינט) *(not used in the present or imperative)* earn (a lot/enough); amass in the course of time

אָ'נ|פֿאַרטרוי|ען וו (–ט) entrust (stg. to s.o.)

אָ'נ|פֿאָר|ן וו (איז אָ'נגעפֿאָרן) arrive (unexpectedly)

|| אָנפֿאָרן דאַט treat brusquely

|| אָנפֿאָרן זיך come/gather (from afar); travel widely, roam the world

אָ'נפֿאָ'רעמדיק אַדי formless

אָ'נ|פֿאַרצייל|ן (זיך) וו (–ט/–גע–ט) narrate at length, recount/tell (many stories, much gossip, etc.)

אָ'נ|פֿי'טער|ן וו (–גע–ט) feed (animals) *perf.*

אָ'נ|פֿײַפֿ|ן וו (–גע–ט/אָ'נגעפֿיפֿן) <דאַט> dupe (one's creditors), defraud, thumb one's nose (at)

אָ'נ|פֿיל|ן וו (–גע–ט) <מיט> fill, stock (with) *perf.*; stuff, cram (with); infest (with)

|| צורי'ק אָנפֿילן <מיט> replenish (with)

אָ'נ|פֿיצקע|ן וו (–גע–ט) whip, flog *perf.*

אָ'נפֿירונג די (ען) direction, management, administration

|| אָנפֿירונג <מיט> conduct/handling (of)

אָ'נ|פֿיר|ן וו (–גע–ט) direct, lead; prosecute (war)

|| אָנפֿירן מיט administer, lead, head

אָ'נפֿירנדיק אַדי directing, leading; influential

אָ'נפֿירער דער (–/ס) פֿעמ ין director; leader; manager

אָ'נפֿירערשאַפֿט די (ן) leadership, management

אָנפֿלי' דער (ען) air raid

אָנפֿלייץ דער (ן) influx, onslaught, surge

אָ'נ|פֿליִ|ען וו (איז אָ'נגעפֿלויגן) arrive/show up in a big hurry; show up unexpectedly

|| אָנפֿליִען <אויף> pounce (on), attack

אָ'נ|פֿעפֿער|ן וו (–גע–ט) (sprinkle with) pepper; spice (up)

אָ'נפֿראַגע די (ס) **זע אָנפֿרעג**

אָ'נ|פֿריי|ען זיך וו (–גע–ט) <מיט> rejoice (with), get much pleasure (from)

אָנפֿרעג דער (ן) inquiry; interpellation (in parliament)

|| אויף פּאָס אָנפֿרעג in response to s.o.'s query/request

אָ'נ|פֿרעג|ן (זיך) וו (–גע–ט) <בײַ> inquire (of); consult (with), ask advice (of)

אָ'נ|פֿרעס|ן זיך וו (אָ'נגעפֿרעסן) <מיט> gorge oneself (on), stuff oneself (with)

אָ'נ|צאַפּ|ן וו (–גע–ט) tap, draw (off) (wine, etc.) *perf.*, fill by tapping

אָ'נ|צאַצקע|ן זיך וו (–גע–ט) מיט play around with, have a lot of fun with

אַנצוג = אָנצוג דער (ן/...ציגער) suit of clothes

אָ'נצוגעהערעניש דאָס (ן) **זע אָנצוהערעניש**

אָ'נצוהערן : געב|ן* <דאַט> אָנצוהערן hint, imply, suggest, insinuate (to)

אָ'נצוהערעניש דאָס (ן) hint, insinuation

|| אַ קאַפּוליער אָנצוהערעניש *iron.* a broad hint

אָנצונד דער (ן) (techn.) ignition

אָ'נציגער מצ **זע אָנצוג**

אָ'נצײַ'טיק אַדי timeless

אָ'נ|ציי'כענ|ען וו (–גע–ט) draw *perf.*, trace, outline; draft, sketch; mark, indicate; determine/intend (stg. for s.o.)

אָ'נ|צייל|ן וו (–גע–ט) count up, count all of; rack up, enumerate/estimate (as a minimum)

אָ'נציי'נ(ערד)יק אַדי gap-toothed; toothless

אָ'נצי'ליק אַדי *neol.* aimless

אָ'נ|ציל|ן וו (–גע–ט) <אויף> aim (at)

אָ'נ|צימבל|ען וו (–גע–ט) דאַט *hum.* spank, give a hiding to

אָ'נצינדונג די (ען) inflammation

אָ'נצינדלעך אַדי (in)flammable

אָ'נ|צינד|ן וו (אָ'נגעצונדן) kindle, ignite *trans.*, turn on; arouse, fire (up)

|| אָנצינדן זיך catch fire, ignite *intr.*; light up; get excited; lose one's temper

אָ'נצינדער דער (ס) lighter

אָ'נ|ציִ|ען וו (אָ'נגעצויגן) stretch, tighten *trans.*; wind (clock, etc.); interest, attract, draw in; kid, pull (s.o.'s) leg; (tea, etc.) steep; thread/string (beads, etc.), slip on (garment); come, appear, show up; arrive (in time/at one's final destination); last, live

אָ'נ|צער|ן וו (–גע–ט) stuff (with food)
|| אָנצערן זיך gain weight
אָ'נ|קאָווע|ן וו (–גע–ט) shoe (horse) *perf.*; attach by forging
אָ'נ|קאָנטוריר|ן וו (–ט) *neol.* outline, present in broad strokes
אָ'נ|קאַפּע|ן וו (–גע–ט) drip, pour drops of
|| אָנקאַפּען אויף *also* tell/snitch on
אָ'נ|קאַק|ן וו (–גע–ט) *vulg.* shit on, shit all over; be scared shitless; screw up, botch
|| אָנקאַקן דאַט cheat, dupe, swindle; not give a damn about, not pay heed to
אָ'נ|קאַרב|ן וו (–גע–ט) notch
אָ'נ|קאָרמע|(נע)ן וו (–גע–ט) nourish, feed *perf.*
אָ'נ|קוואַטשע|ן וו (–גע–ט) smear, daub; write/speak inanities
אָ'נ|קוועטש|ן וו (–גע–ט) press, push; compress, squeeze; fill (with juice) by pressing
|| אָנקוועטשן אויף put pressure on (s.o.)
אָ'נ|קוועל|ן וו (אָ'נגעקוואָלן) <פֿון> beam with joy (at), be delighted (by); well up/spring (from)
|| אָנקוועלן <מיט> fill up/swell *intr.* (with)
אָ'נ|קויפּ(ע)|ן וו (–גע–ט) heap, stack; amass
אָ'נ|קויפֿ|ן וו (–גע–ט) buy in quantity, buy many different things
|| אָנקויפֿן אויף buy all that is needed for
אָנקום דער arrival, coming
אָ'נ|קומ|ען וו (איז אָ'נגעקומען) <אין> arrive (at/in); enroll (in), be admitted (to)
|| אָנקומען דאַט fall to the lot of, befall
|| אָנקומען דאַט גרינג/שווער be easy/hard for
|| אָנקומען צו resort/turn to, be reduced to; enter into the service of, be placed under the tutelage of; have access to, be received by; reach the ears of
|| אָנקומען צו ... נאָך turn to s.o. for
|| דאַרפֿ|ן* אָנקומען צו מענטשן be reduced to charity, depend on the assistance of others
|| ניט דאַרפֿ|ן* אָנקומען צו קיינעם be self-sufficient/independent
אָ'נקומענדיק אַדי forthcoming, (up)coming, next; imminent
אָנקוק דער (ן) inspection, (visual) survey/examination
אָ'נ|קוק|ן וו (–גע–ט) look at, eye, contemplate, consider; visit (a sight, etc.)
|| ניט קענ|ען* אָנקוקן be unable to stand the sight of
|| ווי דו קוקסט מיך אָן as I stand before you

אָ'נקוקער דער (ס) פֿעמ ין visitor (museum, etc.), sight-seer
אָנקידושינדיק אַדי [O'NKDU'ShNDIK] unwed/single (mother); illegitimate (child)
אָ'נ|קינדל|ען וו (–גע–ט) give birth to many children, spawn/breed
אָנקל דער (ס) *Germ., Amer.* uncle
אָנקלאָג דער (ן) accusation, charge
אָ'נ|קלאָג|ן וו (–גע–ט) accuse; press charges against
אָ'נקלאָגע די (ס) זע אָנקלאָג
אָ'נקלאָגער דער (ס) פֿעמ ין plaintiff, accuser
אָ'נ|קלאַ'מער|ן זיך וו (–גע–ט) <אָן/אין/בײַ/צו> seize (onto), hold fast (to)
אָ'נ|קלאַפּ|ן וו (–גע–ט) <אין> knock (at), rap (on) (door/windowpane); nail down, attach
|| אָנקלאַפּן זיך <אין> bump (into), butt (against)
אָ'נ|קליב|ן וו (אָ'נגעקליבן) זע אָנקלײַבן
אַנקלויפֿן וו (איז אַנקלאָפֿן) *dial.* run away
|| פֿ״גל אַנטלויפֿן
אָ'נ|קלײַב|ן וו (אָ'נגעקליבן) accumulate, gather, collect
אָ'נ|קלייד|ן וו (–גע–ט) <אין/מיט> dress/clothe (in)
אָ'נ|קלינג|ען וו (אָ'נגעקלונגען) <אין> ring (bell) *perf.*
|| אָנקלינגען בײַ ring the doorbell of
|| אָנקלינגען דאַט/צו call up, telephone; call/ring for
אָ'נ|קלעפּ|ן וו (–גע–ט) paste/glue on *trans.*
|| אָנקלעפּן זיך <צו/אין> stick/cling (to) *intr.*; importune, nag, hound
אָנקניפּ דער establishment of a connection; *neol.* (telecommunications) hook-up, relay
אָ'נ|קניפּ|ן וו (–גע–ט) tie on, link, attach; initiate, enter into (conversation, relations)
|| אָנקניפּן זיך link up, become linked
|| אָנקניפּן זיך אין cling to, adhere fervently to
אַנקעטע די (ס) questionnaire, poll
אַנקער דער (ס) anchor
אָנקער דער (ן) relation, connection, relationship
אַ'נקער|ן וו (גע–ט) anchor, drop anchor
אָ'נ|קער|ן* וו (–גע–ט) דאַט concern (s.o.)
|| אָנקערן דאַט נאָמ be related to s.o. as
|| זי קער מיר אָן אַ מומע she's my aunt

|| איך קער אים אָן אַ ווײַטער קוזין — I'm his distant cousin

|| ער קער מיר אָן אַ פֿרעמדער — he's a stranger to me

|| וואָס קערסטו מיר אָן? — how are you related to me?

|| זיי קערן איר עפּעס אָן? — are they related to her somehow?

|| אָנקערן זיך <נאָמ> — be related (to); be (brothers/cousins/etc.)

|| מיר קערן זיך ניט אָן — we're not related

|| זיי קערן זיך אָן ברידער — they're brothers

|| אָנקערן זיך מיט ... <נאָמ> ... — be related to ... (as a ...); have a connection to

|| איר קערט זיך אָן מיטן קראַנקן? — are you related to the patient?

|| ער קער זיך אָן מיטן קראַנקן אַ שוואָגער — he's the brother-in-law of the patient

|| וואָס קער זיך אָן לאָקש מיט בוידעם? — what does that have to do with anything?

אָ'נקערעניש דאָס (ן) — relation, tie

אָ'נ|קראָכמאַליע|ן וו (-גע-ט) — starch *perf.*

אָ'נ|קריג|ן וו (אָ'נגעקריגן/אָ'נגעקראָגן) — receive/obtain (in large quantity); get hold of

אָ'נקרייטיק אַדי <צו> — susceptible (to) (illness); sensitive, tender, painful; touchy, oversensitive

אָ'נ|קרישל|ען וו (-גע-ט) — crumble, make crumbs (while eating)

אָ'נ|ראַ'בעווע|ן וו (-גע-ט) — amass by plunder

אָ'נ|רוזש|ן וו (-גע-ט) — apply rouge to

אָ'נ|רויב|ן (זיך) וו (-גע-ט) — amass through pillage, enrich oneself through robbery

אָ'נ|רוי'גענ|ען וו (-גע-ט) — (zool.) spawn *perf.*

אָ'נ|רויטל|ען וו (-גע-ט) זע אָנרייטלען

אָ'נ|רוי'כער|ן וו (-גע-ט) זע אָנרייכערן

אָנרוף דער (ן) — designation, naming; call

אָ'נ|רופֿ|ן וו (אָ'נגערופֿן) — call, name, dub; mention, quote; call by phone, telephone

|| אָנרופֿן דאָס קינד בײַם/מיטן נאָמען — call a spade a spade

|| אָנרופֿן זיך — *also* say, speak, reply *(esp. before/after a direct quotation)*

אָ'נ|רוק|ן וו (-גע-ט) — cram, stuff, fill; pull down (hat), pull over the forehead (prayer shawl); (date, danger) approach, become imminent

|| אָנרוקן זיך — creep up, approach furtively; draw near, be imminent

אָ'נ|רײַב|ן וו (אָ'נגעריבן) — grate *perf.*; chafe, rub; strike (match); irritate, hurt; cause a blister/callus

|| אָנרײַבן דאַט די זײַטן/מאָרדע/נאָז — give a thrashing to; give a dressing-down to, bawl out

אָ'נ|רייטל|ען וו (-גע-ט) — put rouge on, apply make-up

אָ'נ|רײַט|ן וו (איז אָ'נגעריטן) — arrive (unexpectedly) on horseback

|| אָנרײַטן זיך — ride on horseback for a long time/too long

אָ'נ|ריי'כער|ן וו (-גע-ט) — fill with smoke; smoke a lot (of)

אָנרײַס דער (ן) — infection, abscess

|| ס'איז אַן אָנרײַס אויף — there's a run on

אָ'נ|רײַס|ן וו (אָ'נגעריסן) — pick/gather (in quantity), fill by picking; become sore/infected

|| אָנרײַסן <בײַ> — (performance) be a hit (with)

|| אָנרײַסן דאַט די אויערן — tweak the ear of

אָנרייץ דער (ן) — inducement, incentive

אָ'נ|רייצ|ן וו (-גע-ט) <אַק אויף> — incite, turn/instigate (against), set (dogs) on,

אָ'נ|ריכט|ן וו (אָ'נגעריכט) — *obs./lit.* prepare

אָ'נ|רינ|ען וו (האָט/איז אָ'נגערונען) — (liquid) collect, fill up little by little

אָנריר דער (ן) — contact, touch

אָ'נ|ריר|ן וו (-גע-ט) אַק — touch (lightly); touch upon (topic); lay hands on, injure; offend, hurt, upset; affect, involve, implicate

|| אָנרירן זיך אין/אָן — come in contact with

אָנרעג דער (ן) — stimulus, impulse

אָ'נרעגונג די (ען) — stimulation, stimulus

אָ'נ|רעג|ן וו (-גע-ט) <צו> — stimulate/incite (to); excite, arouse

אָ'נ|רע'גענ|ען וו (-גע-ט) — rain a lot, rain (a certain amount)

אָ'נרעד דער (ן) — incitement; defamation

|| אויף פּאָס אָנרעד — at the insistence/pleading of

אָ'נ|רעד|ן וו (-גע-ט) <צו> — incite/persuade (to)

|| אָנרעדן <אויף> — slander

|| אָנרעדן דאַט אַ פֿויגל — fast-talk

|| אָנרעדן זיך — talk a lot/too much

אָ'נ|רע'כענ|ען וו (-גע-ט) — count/enumerate (a lot of); pad the bill of, inflate the amount due from

אָ'נ|שאָ'טענ|ען וו (-גע-ט) — overshadow; shade; darken, cast a shadow over

אָ'נ|שאַר|ן וו (-גע-ט) — rake/pile up, gather; *fig.* amass (fortune)

אָ'נ|שאַרפֿן וו (–גע–ט) sharpen, whet *perf.*

אָנשדרהדיק אַדי [O'NShE'DREDIK] invertebrate

אָ'נ|שווימ|ען וו (איז אָ'נגעשווומען) swim/float up, arrive by swimming/floating; (cloud, shadow, vision) appear, arise

אָ'נ|שוויצ|ן זיך וו (–גע–ט) sweat, perspire, become overheated; toil, work up a sweat

אָ'נ|שוועב|ן וו (–גע–ט) arrive by flying/gliding

אָ'נ|שוועל|ן וו (אָ'נגעשוואָלן) swell *intr.*

אַנשטאָ'ט פּרעפּ instead of, in lieu of

|| אַנשטאָט דע'ם instead

|| אַנשטאָט צו rather than

|| אַנשטאָט דע'ם שטעל|ן/לייג|ן/געב|ן* replace with, substitute

אַנשטאַ'לט דער (ן) institution, establishment (*esp.* of learning/assistance/relief)

|| אַרײַ'נ|נעמ|ען/אַרײַ'נ|געב|ן* אין אַן אַנשטאַלט institutionalize, place in a specialized institution

אָ'נ|שטאָפּ|ן וו (–גע–ט) <מיט> cram/stuff (with) *perf.*

|| אָנשטאָפּן זיך מיט stuff/gorge oneself with

אָנשטויס דער (ן) impulse; conjecture, surmise; stumbling-block, vexation

אָ'נ|שטויס|ן וו (אָ'נגעשטויסן) push/knock against; bang together *trans.*

|| אָנשטויסן זיך guess, surmise, suspect

|| אָנשטויסן זיך אויף/אין/אָן come across, stumble on; run/crash into; come up against

אָ'נ|שטופּ|ן וו (–גע–ט) <מיט> fill/cram (with); pack; fill by stuffing

אָ'נ|שטיי|ן* וו (איז אָ'נגעשטאַנען) דאַט befit, be suitable for

|| ניט אָנשטיין דאַט *often iron.* be beneath the dignity of

|| דער שידוך שטייט איר נישט אָן [ShIDEKh] (she feels that) the match is beneath her

|| עס שטייט דיר ניט אָן מיר צו ע'נטפֿערן? you can't be bothered to answer me?

אָ'נ|שטײַפֿ|ן וו (–גע–ט) tighten, stiffen, stretch

אָ'נ|שטימ|ען וו (–גע–ט) (mus.) tune (an instrument)

אָ'נ|שטיפֿ|ן זיך וו (–גע–ט) (child) play/frolic to one's heart's content

אָ'נ|שטעכ|ן וו (אָ'נגעשטאָכן) pin (onto); stick on (using a pointed object); fork, spear

אָנשטעל דער (ן) pretense, make-believe; trick, stratagem

|| מאַכ|ן דעם/אַן אָנשטעל make believe, pretend, fake; keep up appearances

|| מאַכ|ן דעם/אַן אָנשטעל אַז try to lead others to believe that, act as if

|| מאַכ|ן דעם/אַן אָנשטעל פֿון feign, pose as, affect

אָ'נשטעל־מאַכער דער (–/ס) פֿעמ קע poseur, ham (actor), faker

אָ'נ|שטעל|ן וו (–גע–ט) turn on (machine), set (watch), tune (instrument), fix (gaze), point (gun), prick up (ears), put on (facial expression); engage, hire, employ, appoint; amass; prepare, set aside (food) (in a jar/barrel)

|| אָנשטעלן מיט fill/load up with

|| אָנשטעלן זיך פֿאַר pose as, pass oneself off as

אָ'נשטעלער דער (–/ס) פֿעמ קע *also* poseur, ham (actor), faker

אָ'נשטעלעריש אַדי/אַדוו pretentious, affected; hypocritical

אָ'נשטענדיק אַדי/אַדוו decent, respectable, honest

אָ'נשטענדיקייט די decency, respectability, honor

אָ'נ|שטענצל|ען וו (–גע–ט) *neol.* stencil; draw/paint with a stencil

אָ'נשטעקונג די (ען) infection, contagion

אָ'נשטעקיק אַדי infectious, contagious, catching

אָ'נ|שטעק|ן וו (–גע–ט) stick in, embed (a quantity of); slip on (slippers); contaminate

|| אָנשטעקן אַק מיט infect s.o. with (disease/emotion/idea)

|| אָנשטעקן זיך מיט catch (disease), become infected with; let oneself be carried away by (emotions, ideas)

אָנשטרענג דער (ען) effort, strain, exertion

אָ'נשטרענגונג די (ען) **זע** אָנשטרענג

אָ'נשטרענגיק אַדי strenuous, difficult, arduous

אָ'נ|שטרענג|ען וו (–גע–ט) strain/exert (strength, faculties), make an effort (of memory, etc.), put to the test

|| אָנשטרענגען זיך make an effort, exert oneself, strain *intr.*

אָ'נשטרענגענדיק אַדי **זע** אָנשטרענגיק

אָ'נ|שטשערב|ען וו (–גע–ט) notch

אַנשי־... **זע** איש־אמת; איש־חיל; איש־מלחמה; איש־מעשה

אַנשי־השם מצ [ANShE-HAShE'M] **זע** אַנשי־שם

אָנשיט דער (ן) embankment, rampart, levee

אָ'נ|שיט|ן וו (אָ'נגעשאָטן) heap up, fill with, scatter (dry material) around

|| אָנשיטן מיט fill with (salt, sand, etc.)

אָ'נ|שיכּור|ן וו (–גע–ט) [ShIKER] make drunk

אַנשים-חשובֿים מצ זע איש־חשובֿ

אַנשים נשים וטף פֿר [ANOShIM NOShIM VETA'F] "men, women and children", everyone, big and small

אַנשיק דער (ן) calamity, misfortune, trial

אָ'נ|שיק|ן וו (–גע–ט) send (in quantity)

|| אָנשיקן <אויף> inflict (misfortune/demanding person) (upon)

אָ'נשיקעניש דאָס (ן) plague, nuisance, misfortune; annoying/troublesome (person/thing)

אַנשי־שלומנו מצ [ANShE-ShLOME'YNU] our crowd, people who share our way of thinking; (among Hasidim) followers of the our rebbe

אַנשי־שם מצ [ANShE-ShE'M] eminent people, celebrities

אָנשלאָג דער (ן) offer, proposal, proposition

אָ'נ|שלאָג|ן וו (אָ'נגעשלאָגן) give a thrashing to; nail (on), repair (with hammer and nails); mix/churn (plaster/butter) *perf.*; (mus.) set (tone); offer, propose; be effective, attain one's goal

|| אָנשלאָגן אין hit/strike against

|| אָנשלאָגן אין/קיין reach/get to (a distant place)

|| אָנשלאָגן צו reach, get in touch with (highly placed person)

|| אָנשלאָגן זיך אין strike/knock against *intr.*

אָ'נ|שלײַפֿ|ן וו (אָ'נגעשליפֿן) whet, sharpen *perf.*

אָ'נ|שליס|ן זיך וו (אָ'נגעשלאָסן) <אין> join, become involved (in); participate (in), contribute (to)

אָ'נ|שלעפּ|ן וו (–גע–ט) gather from all over, bring together (in quantity)

אָ'נ|שמײַס|ן וו (אָ'נגעשמיסן) whip *perf.*, spank

אָ'נ|שמיר|ן וו (–גע–ט) <מיט> grease; smear/spread (with) *perf.*, coat/daub (with); *pejor.* make up (face); scribble *perf.*

אָ'נ|שמעק|ן וו (–גע–ט) smell, perceive/recognize by smell; scent, sniff out

|| אָנשמעקן דאַט whet the appetite of, be tempting to

|| אָנשמעקן זיך מיט become impregnated with the odor of; take an interest in (new ideas)

אָ'נ|שניאַשקע|ן זיך וו (–גע–ט) [Ny] *fam.* get drunk

אָ'נ|שנײַד|ן וו (אָ'נגעשניטן) slice/cut (many) slices/pieces of

אָ'נ|שנײַע|ן וו (–גע–ט) snow a lot; cover/fill with snow

אָ'נ|שעלט|ן וו (אָ'נגעשאָלטן) heap curses upon *perf.*

אָ'נ|שעפּ|ן וו (–גע–ט) draw (liquid) *perf.*

אָ'נ|שפּאַלט|ן וו (אָ'נגעשפּאָלטן) make a (small) crack/fissure; chop/split a lot of (wood)

אָ'נ|שפּאַנ|ען וו (–גע–ט) stretch, strain; tax, exert; tighten, tense (muscle), draw (bow); come striding over

אָנשפּאַר דער (ן) support, prop; fulcrum; authority, backing

אָ'נ|שפּאַר|ן וו (–גע–ט) <אין> lean/rest (against); base (on); reach (someplace far/unexpected); crowd together, fill up; fill by pressing/pushing; pour/burst (into)

|| אָנשפּאַרן צו reach, get in touch with (highly placed person)

|| אָנשפּאַרן דאַט tempt, be tempting to

|| אָנשפּאַרן אומפּ דאַט <צו> *rev.* be impatient (to)

|| עס שפּאַרט דיר אָן צו לאַכן you can barely resist laughing

|| אָנשפּאַרן זיך <אין> lean (against/on)

אָ'נ|שפּאָר|ן וו (–גע–ט) save up, hoard

אָ'נ|שפּאָ'רענ|ען וו (–גע–ט) prod, spur

אָ'נשפּאַרפּונקט דער (ן) fulcrum

אָ'נ|שפּיגל|ען זיך וו (–גע–ט) look/gaze in a mirror

|| אָנשפּיגלען זיך מיט/אין rejoice at the sight of, take delight in

אָ'נ|שפּײַ|ען וו (אָ'נגעשפּיגן) cover with spit(tle); spit *perf.*

|| אָנשפּײַען דאַט אין פּנים [PONEM] spit in the face of

אָנשפּיל דער (ן) <אויף> allusion (to)

אָ'נשפּילונג די (ען) זע אָנשפּיל

אָ'נ|שפּיל|ן וו (–גע–ט) record (music); cheer up

|| אָנשפּילן זיך amuse oneself fully

אָ'נ|שפּיצ|ן וו (–גע–ט) sharpen, bring to a point; prick up (ears)

|| אָנשפּיצן זיך prick up one's ears, pay close attention

אָ'נ|שפּי'קעווע|ן וו (–גע–ט) מיט stuff, fill with; dot, cover with spots

אָ'נ|שפּריצ|ן וו (–גע–ט) <אויף> splash *perf.*, sprinkle (liquids) (on)

אָ'נ|שרײַב|ן וו (אָ'נגעשריבן) write *perf.*; set down in writing

|| געבן* אַ שרײַב אָן scribble, scrawl

אָ'נ|שרײַ|ען וו (אָ'נגעשריגן) אויף bawl out, scold

אָ'נ|שרעק|ן וו (אָ'נגעשראָקן) frighten, intimidate

אָס פֿאָנ אות

אָסאָבע די (ס) personage (in the public eye); stout/portly person; handsome man, beautiful woman

אַסאַמבלעע די (ס) [Ly] (parliamentary) assembly

אַסאָנאַ'נס דער (ן) assonance

אַסאָציאיר|ן וו (–ט) זע אַסאָציִיִרן

אַסאָציאַציע די (ס) association (of ideas)

אַסאָציִיִרט|ער דער-דעק associate

אַסאָציִיִר|ן וו (–ט) associate

|| אַסאָציִיִרן זיך מיט evoke, bring to mind, be associated with

אַסוי'ר דער (ן) winch/hoist (of a well)

אָסור [OSER] 1. אַדי–אַטר forbidden, prohibited

|| 2. אינט God forbid!

|| אָסור מיר! God forbid! I wouldn't think of it!

|| אָסור ניט certainly not

|| אָסור אויב איך ווייס damned if I know

אָסור־חזיר [OSER-KhA'ZER] 1. אַדי–אַטר absolutely forbidden

|| 2. אינט not at all! absolutely not!

אָסור־לדבר [OSER-LEDA'BER] : אוי'ס|רעד|ן

אָסור־לדבר אויף say terrible things about

|| ס'איז אָסור־לדבר it is forbidden to say such things

אָסור־לרחם [OSER-LERA'KhEM] אַדי–אַטר unworthy of sympathy, not to be pitied

|| עס איז אָסור־לרחם אויף אים don't waste any pity on him

אַסותא [AS(US)E] אינט God bless you! Gesundheit!

אָסטאָראָזשנע אַדי *Slav.* careful, cautious

אַסטמע די asthma

אָסטראַ'ג = אָסטראָ'ג דער (ן) prison, jail

אָסטראָגניק דער (עס) prisoner, convict

אָסטראָגע די (ס) stirrup

אָסטראָזשניק דער (עס) זע אָסטראָגניק

אַסטראָלאָגיע די astrology

אַסטראָנאָ'ם דער (ען) astronomer

אַסטראָנאָמיע די astronomy

אַסטראָנאָמיש אַדי astronomical

אַסטראָנױ'ט דער (ן) פֿעמ ין astronaut

אַסטראָנױטיק די astronautics

אָסטראַקיר|ן וו (–ט) ostracize, banish

אַסטרע די (ס) *botan.* aster

אַסיגנאַציע די (ס) banknote

אַסיגנירונג די (ען) allocation (of funds), appropriation

אַסיגניר|ן וו (–ט) assign, allot, allocate, appropriate

אַסיי דער (ם) זע איסיי

אַסימילאַטאָר דער (...אָ'רן) פֿעמ ...אָ'רשע [Ly] Jew who advocates/practices total assimilation to the surrounding culture

אַסימילאַ'נט דער (ן) זע אַסימילאַטאָר

אַסימילאַציע די (ס) [Ly] assimilation, *esp.* Jewish assimilation into the surrounding culture

אַסימיליר|ן וו (–ט) assimilate

אָ'סינאָווע אַדי (of) aspen

אָ'סינע = אָסינע די (ס) aspen

אַסיסטע'נט דער (ן) פֿעמ ין/קע assistant

אָסיען דער (ס) [Sy] autumn, fall

אַסיפֿה די (–ות) [ASIFE] assembly, meeting, gathering

אַסיר דער (ים) prisoner, captive

אַסכּרה די [A'SKERE] diphtheria, croup

אַ סך [ASA'Kh] 1. אַדי–אינוו many, a lot of

|| 2. אַדוו much, a lot, a great deal

|| פֿ״גל סך[1]

אַסכערליי [ASA'KhERLE'Y] אַדי–אינוו many kinds of

אַסמכתּא די (–ות) [ASMAKhTE] support, justification, foundation

|| האָב|ן* אַן אַסמכתּא אין דער תּורה [TOYRE] be based on a passage in the Torah

אָסנאָווע די (ס) *dial.* warp (weaving); *fig.* base, foundation

|| זײַן* די אָסנאָווע פֿון אַ מענטשן be but a shadow of oneself

אַסעמבלעע די (ס) זע אַסאַמבלעע

אַסעסאָר = אַסעסער דער (ס) (in Russia and Poland) assessor, tax court judge

אַסעקוראַציע די insurance; insurance company

אַסעקוריר|ן וו (–ט) <פֿון/קעגן> insure (against)

אַספּיראַ'נט דער (ן) פֿעמ קע <אויף> candidate (for), aspirant (to); graduate student, research fellow

אַספּיראַנטו'ר די (ן) graduate studies

אַספּיראַציע די (ס) aspiration

אַספּירי'ן דער aspirin

אָספּע די (ס) aspen

אַספּע'קט דער (ן) aspect

אַספֿאַ'לט דער (ן) [Ly] asphalt

אַספֿאַלטיר|ן וו (–ט) [Ly] asphalt, pave

אַספֿאַלט·ן אַדי [Ly] (of) asphalt

אָסציליר|ן וו (–ט) oscillate

אַסקע'ט דער (ן) ascetic

אַסקעטיש אַדי/אַדוו ascetic

אסרו־חג דער זע איסרו־חג

אַסר|ן וו (גע–ט) <צו> [ASER] *esp. Jew.* forbid, ban, outlaw

אסתּר [ESTER] Esther, book of the Bible read on *Purim*

אסתּר־המלכּה פּנ [ESTER-HAMA'LKE] (Queen) Esther, heroine of the *Purim* story

|| פֿ״גל פּורים

אסתּר־תּענית דער [ESTER-TO'NES] *Jew.* fast on the day before *Purim*

|| אָ'נ|האַלט|ן פֿון אסתּר־תּענית ביז פּורים come to an abrupt end; not last a long time

אַעראָפּלאַ'ן דער (ען) airplane

אַעראָפּלאַ'נען־שיף די (ן) aircraft carrier

אָפּ 1. אַדי–אַטר (stage direction) exit, off; gone (off), absent

|| 2. קוו *meaning: a)* away, off; *b)* finish ...ing; *c)* un-, dis-; *d)* back, return; *e)* separate, remove

|| אָ'פּ|שיק|ן *a)* send off/away

|| אָ'פּ|עס|ן *b)* finish one's meal

|| אָ'פּ|בינד|ן *c)* untie, detach

|| אָ'פּ|וואַקס|ן *d)* grow back

|| אָ'פּ|קראַצ|ן *e)* remove by scraping, scratch off

|| פֿ״גל נאַ (דיר אָפּ)

אַפּאָגיי' דער (ען) apogee

אָפּאָזיציע די (ס) (polit.) opposition

אַפּאַטיע די (ס) [TY] apathy

אַפּאַטיש אַדי apathetic

אָ'פּאָטעם דער respite

אָ'פּ|אָ'טעמ|ען וו (–גע–ט) breathe a sigh of relief; catch one's breath

אָפּאַטשינע די (ס) *dial.* oar

אָ'פּ|אַכט|ן וו (אָ'פּגעאַכט) send for, summon, invite

אָפּאַ'ל דער (ן) [Ly] opal

אַפּאָלאָגעטיש אַדי apologetic

אָפּאָלטשעניע די [Ny] (volunteer) militia

|| אַוועק'|גיי|ן* אין אָפּאָלטשעניע join the militia

אָפּאַל·ן אַדי [Ly] (of/in) opal

אַפּאַנטשע די (ס) cape, cloak

אָפּאָניר|ן וו (–ט) oppose, rebut (in a debate)

אָפּאָנע די (ס) (automobile) tire

אָפּאָנע'נט דער (ן) פֿעמ ין/קע opponent

אָ'פּ|אַ'נקער|ן וו (–גע–ט) weigh/raise anchor

אַפּאָסטאָל דער (...אָ'לן) apostle

אַפּאָסטראָ'ף דער (ן) apostrophe

אָפּאַסנע אַדי/אַדוו *Slav.* dangerous

אַפּאָפּלעקסיע די (ס) [L...SY] apoplexy

אָ'פּ|אַ'קער|ן וו (–גע–ט) finish plowing

אַפּאָקריפֿן מצ apocrypha

אַפּאַראַ'ט דער (ן) (techn., anat., polit.) apparatus

|| מצ appliances

אַפּאַראַטו'ר די (ן) equipment, accessories; appliances

אָ'פּ|אַ'רבעט|ן וו (אָ'פּגעאַרבעט) finish (task) promptly; finish doing; work (period of time); do/finish work professionally; *hum./fam.* fool, swindle, fabricate (lies)

|| אָפּאַרבעטן <דאַט> <פֿאַר> work off a debt (to s.o.) (for stg.)

אַפּאַ'רט אַדוו apart, separately; as an aside

אָפּאָרטוניזם דער opportunism

אָפּאָרטוני'סט דער (ן) פֿעמ קע opportunist

אָפּאָרע|ן זיך וו (–ט) <מיט> deal (with), take care (of)

אַפּאַ'ש דער (ן) ruffian, hooligan, pimp

אָ'פּ|באָד|ן וו (אָ'פּגעבאָדן) bathe *trans.*, give a bath to *perf.*; *fig.* chew out, scold

|| אָפּבאָדן זיך take a bath

אָ'פּ|באַ'לעמ|ען (זיך) וו (–גע–ט) *neol.* bounce off *trans./intr.*

אָ'פּ|באַק|ן וו (אָ'פּגעבאַקן) bake *perf.*, finish baking

|| אָפּבאַקן אַ ליגן come up with a lie

אָ'פּ|באַרע|ן וו (–גע–ט) wear out (clothes) *perf.*; *vulg.* screw, have sex with; cheat, swindle

אָ'פּ|באַרשט|ן וו (אָ'פּגעבאָרשטן) brush off *perf.*, clean

אָ'פּ|בוי|ען וו (–גע–ט) rebuild

אָפּבייג דער (ן) offset, deviation

אָ'פּ|בייג|ן וו (אָ'פּגעבויגן) bend back/aside, deviate

אָפּבײַט דער alternation, replacement

אָ'פּ|בײַט|ן וו (אָ'פּגעביטן) replace; relieve, take over from; switch, swap, exchange

|| אָפּבײַטן זיך take turns; (colors) change, fade

אָ'פּ|בײַס|ן וו (אָ'פּגעביסן) bite off

|| בײַס דיר/זיך אָפּ די צונג! perish the thought! bite your tongue!; hold your tongue! shut up!

|| מע וועט דיר/דיך ניט אָפּבײַסן don't be afraid, no one will hurt you

אָפּבילד דאָס image, representation, reflection

אָ'פּ|בינד|ן וו (אָ'פּגעבונדן) untie, unbind; disconnect, unhook

אָ'פּ|בלאָז|ן וו (אָ'פּגעבלאָזן) blow off/away (dust, etc.); (folk medicine) heal/exorcise by blowing; wave away with the hand

|| אָפּבלאָזן זיך fan oneself (with one's hands)

|| אָפּבלאָזן דאַט דאָס אָרט wait on hand and foot

אָ'פּ|בל(י)אַקיר|ן וו (–גע–ט) bleach; fade, lose its color

אָ'פּ|בלי:|ען וו (–גע–ט) (plant) cease blooming; fade, wither

אָ'פּ|בעט|ן וו (אָ'פּגעבעטן) אַק succeed in obtaining a pardon for s.o.; offer one's apologies to

|| אָפּבעטן זיך <ביי> succeed in being forgiven (by); take leave (of), make one's excuses (to) (upon departure)

אָ'פּ|בענטש|ן וו (–גע–ט) *Jew.* finish reciting a blessing (*esp.* after a meal); bless *perf.*; *hum.* die

אָ'פּ|בערשט|ן וו (אָ'פּגעבערשט) brush off *perf.*, clean

אָ'פּ|בראָט|ן וו (אָ'פּגעבראָטן) roast *trans., perf.*

אָ'פּ|בראָנ(י)ע|ן וו (–גע–ט) [Ny] defend, protect, ward off

אָ'פּ|ברוינ|ען (זיך) וו (–גע–ט) tan *trans./intr.*

אָ'פּ|ברי:|ען וו (–גע–ט) scald; burn, cause a burning sensation

|| אָפּברי:ען זיך *also* burn one's fingers *fig.*, lose badly

אָ'פּ|ברעכ|ן וו (אָ'פּגעבראָכן) break off, interrupt; vomit *perf.*

אָ'פּ|ברענג|ען וו (–גע–ט/אָ'פּגעבראַכט) bring back, return; deliver (merchandise)

אָ'פּ|ברענ|ען וו (–גע–ט) (building) burn down *intr.*, be reduced to ashes; lose one's property by fire; brown, sear, grill, scorch

|| אָפּברענען זיך get a (sun)tan

אָפּגאָט דער (...געטער) idol, deity, pagan god

אָ'פּ|גאָל|ן וו (–גע–ט) shave *perf.*

אָפּגאַנג דער (ען) departure; sale, selling, demand; circulation, flow (ideas/money); sewage, waste; sewer, drain

|| האָב|ן* אַ גרויסן אָפּגאַנג sell well

אָ'פּגאַנגגרוב דער (...גריבער) cesspool, latrine

אָ'פּגאַנגראָוו דער (ן) drainage ditch

אָ'פּגאַנגרער די (ן) drainpipe

אָפּגאָס = אָפּגוס דער (ן) (kitchen) sink; sewer

אָ'פּ|גט|ן וו (אָ'פּגעגט) אַק [GET] divorce *trans.*, get a divorce from; pronounce the divorce of

|| אָפּגטן זיך get divorced

אָ'פּ|גיי|ן* וו (איז אָ'פּגעגאַנגען) walk, cover (distance); step aside; (train, boat, etc.) depart, leave; recede, abate; melt, thaw *intr.*; (liquid, residue) be discharged; (time) pass, go by; sell, be in demand; (engagement) be broken off; happen, come off (well/badly)

|| אָפּגיין דאַט *rev.* lack, want

|| וואָס גייט דיר אָפּ? what is it that you lack?

|| אָפּגיין גלאַט(יק) come off without a hitch

|| עס וועט (מיט) אים ניט אָפּגיין גלאַטיק it won't go so smoothly for him

|| לאָז|ן אָפּגיין thaw, defrost *trans.*

|| אָפּגיין זיך די פֿיס walk one's feet off

אָ'פּ|גילד|ן וו (–גע–ט) זע אָפּגילטן[2]

אָ'פּ|גילט|ן[1] **1.** וו (אָ'פּגעגאָלטן) <דאַט> bring luck (to), prove successful (to/for)

|| **2.** וו-אומפּ (האָט/איז אָ'פּגעגאָלטן) דאַט *rev.* be lucky/successful, succeed

אָ'פּ|גילט|ן[2] וו (אָ'פּגעגילט) gild *perf.*; shower favors upon, enrich

|| מע זאָל מיך אָפּגילטן not for all the money in the world!

אָ'פּ|גיס|ן וו (אָ'פּגעגאָסן) pour off (some of the contents); cast, mold *perf.*

|| אָפּגיסן אַק <מיט> bathe *trans.* (in), pour (stg.) on

|| אָפּגיסן פֿלייש *Jew.* rinse meat during its ritual preparation

אָפּגלאַנץ דער (ן) reflection, shine, brilliance

אָ'פּ|גלאַנצ|ן וו (–גע–ט) be reflected; shine, gleam; polish, make shiny

אָ'פּ|גלייז|ן וו (–גע–ט) glaze *perf.*

אָ'פּ|גליק|ן וו-אומפּ (–גע–ט) דאַט <צו> *rev.* be lucky, succeed (in doing)

אָ'פּ|גלעט|ן וו (אָ'פּגעגלעט) polish, smooth (out)

אָ'פּגעבאַרעט אַדי אָפּבאַרען פּאַרט worn out, threadbare, faded

אָ'פּגעבליאַקעוועט אַדי faded, discolored, tarnished

אָ'פּ|געב|ן* וו (אָ'פּגעגעבן) give back, return; deliver, hand (over); turn in, surrender; entrust/commit (to the care of); devote, dedicate (time, strength, resources); vomit, expel; say/reply (hello, etc.); swear, take an oath

|| אָפּגעבן די בכורה דאַט [PKhOYRE] give preference to

|| אָפּגעבן דאָס לעבן sacrifice one's life

|| אָפּגעבן אין send to (school, etc.)

|| אָפּגעבן צו apprentice to

|| אָפּגעבן פֿאַר אַ דינסט/סאָלדאַ'ט place into service as a maid/soldier

|| אָפּגעבן דאָס אַ (ברייטן) גוט־שבת [ShA'BES] greet s.o. (heartily) with "good Sabbath"

|| אָפּגעבן זיך (echo) resound; smell, stink

|| אָפּגעבן זיך דאָס put oneself in the hands of; devote oneself to; (woman) give herself to

|| אָפּגעבן זיך מיט be occupied/busy with

|| אָפּגעבן זיך <מיט> stink/smell (of)

אָ'פּגעברוינט אַדי browned, tanned, sunburned

אָ'פּגעבריט אַדי אָפּבריִען פּאַרט touched to the quick, upset

|| ווי אַן אָפּגעבריט|ער startled, with a start

אָ'פּגעברענט אַדי consumed/devastated by fire; left homeless by fire, burnt-out

|| אָפּגעברענט (פֿון דער זון) tanned, sunburned

אָ'פּגעגעס·ן : זײַן* (שוין) אַן אָפּגעגעסענ|ער have already eaten

|| פּ״גל אָפּעסן

אָ'פּגעדאַוונט אַדי אָפּדאַווענען פּאַרט *fam.* old, retired, out of service, finished

|| זײַן* (שוין) אַן אָפּגעדאַוונט|ער have (already) said one's prayers

אָ'פּגעדאַכט = אָ'פּגעדוכט אַדי phantom, imaginary, fantasy

|| פּ״גל אָפּדוכטן זיך

אָ'פּגעהיט(·ן) אַדי אָפּהיטן פּאַרט cautious, careful

|| ניט אָפּגעהיטן careless, negligent; sloppy, untidy

|| אָפּגעהיטענ|ער ייִד strictly observant Jew

אָ'פּגעהיט(נ)קייט די prudence, caution; care, attention; circumspection

אָ'פּ|געוווינ|ען וו (–ט) זע אָפּגעוויינען

אָ'פּ|געוויינ|ען וו (–ט) break (s.o.) of (habit)

|| אָפּגעוויינען זיך פֿון break the habit of, get used to not ...ing

אָ'פּ|געווינ|ען וו (אָ'פּגעוווּנען) regain, recover, win back; win all (in gambling); corner (market)

אָ'פּגעזונדערט אַדי separate; discrete, distinct; solitary, reclusive

אָ'פּ|געזע'גענ|ען וו (–ט) say goodbye to (s.o. leaving)

|| אָפּגעזעגענען זיך <מיט/פֿון> part (from), say goodbye (to)

אָפּגעחומרט אַדי [O'PGEKhOYMERT] worn, threadbare; emaciated, stunted

אָ'פּגעטאָן 1. אַדי–אַטר אָפּטאָן פּאַרט done, finished

|| 2. אַדי *(used only between an indefinite article and a neuter noun)* done, finished; intentional

|| אַן אָפּגעטאָן שטיקל אַרבעט a completed task/piece of work; a put-up job

|| פּ״גל אָפּגעטאָנען; אָפּטאָן

אָ'פּגעטאָנען = אָ'פּגעטו·ן אַדי אָפּטאָן פּאַרט done, finished

|| אַן אָפּגעטאָנענ|ע זאַך a deliberate act; an evil spell

אָ'פּגעטייט אַדי אָפּטייטן פּאַרט numb, desensitized

אָ'פּגעטער מצ זע אָפּגאָט

אָ'פּגעטראָג·ן אַדי אָפּטראָגן פּאַרט worn (out), threadbare

אָ'פּגעטראָט·ן = אָ'פּגעטרעט·ן אַדי אָפּטרעטן פּאַרט remote, distant

אָ'פּגעכוימלט אַדי shabby, worn (out), decrepit

אָ'פּגעלאָז·ן אַדי/אַדוו אָפּלאָזן פּאַרט neglected, bedraggled; shabby, dingy; negligent, careless

אָ'פּגעלאָזנקייט די neglect, negligence, sloppiness

אָ'פּגעלאָפֿ·ן אַדי אָפּלויפֿן פּאַרט elapsed (time)

אָ'פּגעלייגט אַדי אָפּלייגן פּאַרט turned-down (collar, etc.)

אָ'פּגעלעבט אַדי אָפּלעבן פּאַרט decrepit, outdated, finished

אָ'פּגעלעג·ן אַדי/אַדוו אָפּליגן פּאַרט faraway, remote

אָ'פּגעלעקט אַדי אָפּלעקן פּאַרט licked clean, highly polished

אָ'פּגעמאַכט אַדי אָפּמאַכן פּאַרט conventional; agreed upon

|| אָפּגעמאַכט! it's a deal!

|| זײַן* אָפּגעמאַכט בײַ דאָט (צו) אינפֿ *rev.* having decided to

|| בײַ מיר איז געווע'ן אָפּגעמאַכט (צו) שווײַגן I had decided to say nothing

אָ'פּ|גענאַר|ן וו (–ט) cheat, fool *perf.*

אָ'פּגענומען אַדי אָפּנעמען פּאַרט paralyzed, inert

אָ'פּגעניגלט אַדי trim, neat, well-maintained; precise, defined (terminology etc.)

אָ'פּגעניט אַדי *neol.* out of practice, rusty

אָ'פּגענייגט אַדי tortuous, devious

אָ'פּגעניצט אַדי worn (out), shabby

אָ'פּ|גע'נעצ|ן וו (–גע–ט) give a big yawn

אָ'פּגעפֿאַל·ן אַדי אָפּפֿאַלן פּאַרט dead, fallen (trees, leaves); estranged from one's roots, apostate

אָ'פּגעפּאָר־ן אַדי אָפּפּאָרן פּאַרט faded, worn out, shabby

אָ'פּגעפּײַנט אַדי refined, delicate

אָ'פּ|געפֿינ|ען וו (אָ'פּגעפֿונען) find stg. that was lost

אָ'פּגעפֿרויר־ן אַדי frostbitten (limb)

אָ'פּגעפֿרעגט אַדי אָפּפֿרעגן פּאַרט held in low esteem

אָ'פּגעפֿרעמדט אַדי alienated (from one's roots), estranged

אָ'פּגעציטערט אַדי pampered, overprotected

אָ'פּגעצערט אַדי gaunt, emaciated

אָ'פּגעקומענ|ער דער-דעק impoverished/financially ruined person

אָ'פּגעקליב־ן אַדי אָפּקלײַבן פּאַרט select, choice

אָ'פּגעקראָכ־ן אַדי אָפּקריכן פּאַרט threadbare, worn

אָ'פּגערופֿ־ן אַדי אָפּרופֿן פּאַרט discredited; (coin) withdrawn from circulation

אָ'פּגעריב־ן אַדי אָפּרײַבן פּאַרט worn, shabby; irritated, chafed

אָ'פּגעריס־ן אַדי אָפּרײַסן פּאַרט ragged, shabby; in rags/tatters; interrupted, broken (voice, speech); furious, enraged

|| אָפּגעריסן־אָ'פּגעשליס־ן in rags and tatters

אָ'פּגערעדט אַדי אָפּרעדן פּאַרט arranged, decided, agreed upon; self-evident

|| אָפּגערעדט דערפֿו'ן וואָס ... let alone ..., not to mention the fact that

|| זײַן* אָפּגערעדט פֿון *rev.* be out of the question

|| ניטאָ דאָרט קיין וואַרשטאַטן, פֿון פֿאַבריקן איז אָפּגערעדט there are no workshops there, much less factories

אָ'פּגעשאָס־ן אַדי אָפּשיסן פּאַרט discolored, faded

אָ'פּגעשוואַכט אַדי weakened, feeble

אָ'פּגעשטאַלט דאָס/די (ן) reflection, image, effigy

אָ'פּגעשטאַנען אַדי אָפּשטיין פּאַרט backward, behind the times; stagnant; retarded, mentally deficient

אָ'פּגעשיידט אַדי אָפּשיידן פּאַרט distant, secluded; *euph.* deceased

|| אָפּגעשיידט זאָל ער/זי זײַן may he/she rest in peace

אָ'פּגעשלאַפּט אַדי limp, weak; apathetic, listless

אָ'פּגעשליס־ן אַדי tattered, ragged

אָ'פּגעשמיס־ן אַדי אָפּשמײַסן פּאַרט : ווי אַן אָפּגעשמיסענ|ער humiliated, mortified, ashamed

אָ'פּגעשניט־ן אַדי אָפּשנײַדן פּאַרט isolated, cut off (from the world); (years) shortened by grief/misfortune

|| האָב|ן* אָפּגעשניטענע יאָרן פֿון suffer a thousand deaths from

אָ'פּגעשעפּט אַדי skimmed; scummed; degreased

אָ'פּגעשפּראָכ־ן אַדי אָפּשפּרעכן פּאַרט (object) endowed with supernatural powers through an incantation

אָ'פּ|גראַ'גער|ן וו (-גע-ט) *hum.* rattle off

אָפּגרונט דער (ן) chasm; abyss

אָ'פּ|גריס|ן וו (-גע-ט) return a greeting

אָ'פּ|גרע'נעצ|ן וו (-גע-ט) mark off, delimit, demarcate; separate

|| אָפּגרענעצן זיך <פֿון> isolate oneself (from); distance oneself (from), express reservations (about)

אָ'פּ|גרעפּצ|ן וו (-גע-ט) belch

אָ'פּ|דאַ'וו(ע)נ|ען וו (-גע-ט) finish reciting (prayer), finish praying; *fam.* have seen better days; *hum.* kick the bucket

אָפּדאַך דער (ן) shed; shelter, refuge

אָ'פּ|דאַכט|ן זיך וו (אָ'פּגעדאַכט) זע אָפּדוכטן זיך

אָ'פּ|דאַנק|ען וו (-גע-ט) thank *perf.*; get even with; *pop.* die, give up the ghost

|| אָפּדאַנקען פֿון renounce, resign/abdicate (from)

אָ'פּ|דאַצ|ן וו (-גע-ט) fleece *fig.*, cheat (in a game); clean out, win everything from; deceive, dupe

אָ'פּ|דאַר|ן וו (-גע-ט) dry up *intr.*, wither

אָפּדוכט דער (ן) phantom, mirage; illusion, misconception

אָ'פּדוכטיק אַדי *neol.* illusory; phantom, imaginary

אָ'פּ|דוכט|ן זיך וו-אומפּ (אָ'פּגעדוכט) <דאַט> seem (to), *rev.* be under the impression, imagine

אָ'פּדוכטעניש דאָס (ן) illusion, misconception

אָ'פּ|דיכע|ן וו (-גע-ט) זע אָפּדעכען

אָ'פּ|דינג|ען וו (אָ'פּגעדונגען) rent/lease *perf.*; beat down in price

אָ'פּ|דינ|ען וו (-גע-ט) דאַט compensate; reciprocate; perform (military, domestic, etc.) service (for a period of time)

אָ'פּ|דעכע|ן וו (-גע-ט) catch one's breathe; breathe a sigh of relief

אָ'פּ|דעק|ן וו (-גע-ט) uncover, unveil

אָ'פּ|דראַפּע|ן וו (-גע-ט) scratch/scrape off; write *perf.* laboriously; manage to read (text) with difficulty

אָפּדרוק דער (ן) imprint, stamp, impression; copy (of a printed work)

אָ'פּ|דרוק|ן וו (–גע–ט) print *perf.*, run off (copy); publish (in a periodical/collection)

|| אָפּדרוקן <דאַט> די פֿינגער fingerprint

אָ'פּדרוקער דער (ס) *neol.* printer

אָ'פּ|דריי|ען וו (–גע–ט) unscrew; twist off; turn aside *trans.*

|| אָפּדרייען דעם קאָפּ turn one's head, look away

|| אָפּדרייען דאַט דעם קאָפּ wring the neck of; confuse, mislead

אָ'פּ|דריק|ן וו (–גע–ט) crush, (com)press *perf.*

|| אָפּדריקן דאַט די גאַל/דאָס האַרץ provoke/irritate s.o.

אָ'פּ|האָב|ן* וו (אָ'פּגעהאַט) (finally) give birth to, finish birthing

אָפּהאַלט דער (ן) drawback, disadvantage; delay, slowdown; stay, halt; obstacle, deterrent

אָ'פּהאַלטונג די (ען) abstention

אָ'פּ|האַלט|ן וו (אָ'פּגעהאַלטן) stop, halt *trans.*; hold back, delay; dissuade, deter, prevent; suspend (activity); hold (meeting); win (victory); celebrate, perform (ceremony)

|| אָפּהאַלטן זיך refrain, restrain oneself; abstain (from)

אָפּהאַנג דער (ען) cliff, slope

אָ'פּהאַנדלונג די (ען) treatise, study, dissertation, discourse

אָ'פּ|האַק|ן וו (–גע–ט) cut off, chop off; snap, break off; interrupt

אָ'פּ|האָ'רעווע|ן וו (–גע–ט) toil, work hard (for a specific length of time)

אָ'פּ|הובל|ען וו (–גע–ט) plane down *perf.*

אָ'פּ|הוסט|ן וו (אָ'פּגעהוסט) clear one's throat

אָ'פּהיטונג די observance, keeping

אָ'פּ|היט|ן וו (אָ'פּגעהיט(ן)) guard, protect; preserve, conserve; look after, take care of; observe (holiday, ritual), abide by (rule)

|| אָפּהיטן אַז see to it that

|| גאָט זאָל אָפּהיטן! God forbid!

אָ'פּ|הייב|ן וו (אָ'פּגעהויבן) lift; skim (milk); cut (cards); *Jew.* move (corpse) from the death-bed to the floor

אָ'פּ|הילכ|ן וו (–גע–ט) echo, resound, resonate

אָ'פּהענגיק אַדי dependent

|| זײַן* אָפּהענגיק פֿון/אין depend on, be contingent on

אָ'פּהענגיקייט די dependence

אָ'פּהענגיק|ער דער-דעק dependent

אָ'פּ|הענג|ען וו (איז אָ'פּגעהאָנגען) פֿון/אין depend on, turn on

אָ'פּהענטיק אַדי helpless, impotent; discouraged, despairing

אָ'פּ|העקל|ען וו (–גע–ט) unhook

אָ'פּ|וואַ'לגער|ן זיך וו (–גע–ט) be homeless/wander for a long time

אָ'פּ|וואַל(י)ע|ן וו (–גע–ט) knock down (fruit from a tree, etc.)

|| אָפּוואַליען זיך crumble

אָ'פּוואָפֿענונג די disarmament

אָ'פּ|וואָ'פֿענ|ען וו (–גע–ט) disarm

אָ'פּ|וואַקס|ן וו (איז אָ'פּגעוואַקסן/אָ'פּגעוואָקסן) grow back *intr.*

אָ'פּ|וואַרט|ן וו (אָ'פּגעוואַרט) await, wait for *perf.*; let (period of time) go by, wait until (date) arrives

אָ'פּ|וואַרפֿ|ן וו (אָ'פּגעוואָרפֿן) reject, refuse, turn down, disapprove of; throw down, drop

אָ'פּ|וואַש|ן וו (אָ'פּגעוואַשן) wash off (surface) *perf.*; remove (stain) by washing

אָ'פּ|וווינ|ען וו (–גע–ט) live/stay/abide (a period of time)

|| פֿ״גל אָפּגעוווינען

אָ'פּ|וווּ'נדער|ן זיך וו (–גע–ט) stop marveling

|| ניט קענ|ען* זיך אָפּוווּנדערן פֿון be constantly amazed by, be full of praise for

אָפּווײַך דער (ן) departure (from a norm), deviation, digression

|| דערלאָזט|ער אָפּווײַך tolerance, leeway, margin

אָ'פּווײַכיק אַדי *neol.* aberrant, atypical

אָ'פּ|ווײַכ|ן וו (–גע–ט) deviate, diverge, stray

אָ'פּ|ווײַס|ן וו (–גע–ט) whiten, bleach; whitewash

אָ'פּ|וויסט|ן וו (אָ'פּגעוויסט) live (period of time) in misery

אָ'פּ|וויקל|ען וו (–גע–ט) unwind, unroll; liquidate, sell off, settle

אָ'פּ|וויש|ן וו (–גע–ט) wipe *perf.*; clean, wipe off; obliterate, efface

|| אָפּווישן דאָס מויל/די ליפּן/די וואָנצעס *also* seal one's lips, hold one's tongue

אָפּוועג דער (ן) side street; fork (in road)

אָ'פּ|וועג|ן וו (אָ'פּגעווויגן) weigh *perf.*

|| אָפּוועגן אַק מיט pay stg.'s weight in

|| ער איז מיט גאָלד אָפּצוּוועגן he's worth his weight in gold

אָ'פּ|וועל|ן* זיך וו-אומפּ (אָ'פּגעוואָלט) דאַט *rev.* no longer desire

אָפּווענד דער (ן) feint, diversion

אָ'פּ|ווענד|ן וו (–גע–ט/אָ'פּגעוואָנדן) turn aside, head off, divert, stave off; refute

|| ניט אָפּצוּווענדן irrefutable, incontestable

אָ'פּווערטונג די depreciation

אָ'פּ|ווער|ן וו (–גע–ט) ward off, push back, dispel (accusation, menace)

|| אָפּווערן <פֿון> dissuade (from), prevent (from); defend (against)

|| אָפּווערן זיך defend oneself

אַפּוטרופּס דער (ים) פֿעמ טע guardian, trustee [APETROPES - APETROPSIM]

אַפּוטרופּסות דאָס [APETROPSES] guardianship, trusteeship

אַפּותיקי די (–ות) [APO'YTEKE] זע פּותיקי

אָפּזאָג דער (ן) refusal; dismissal, discharge

אָ'פּ|זאָג|ן וו (–גע–ט) dismiss, fire, discharge; reject (demand, etc.); bequeath; finish saying (*esp.* prayer), recite in one breath

|| אָפּזאָגן <דאַט> turn (s.o.) down

|| אָפּזאָגן זיך <פֿון> renounce; decline (honor, etc.)

|| אָפּזאָגן זיך צו refuse to

אָ'פּ|זאַמד|ן וו (–גע–ט) *neol.* sand off

אָ'פּ|זאַמ|ען זיך וו (–גע–ט) linger somewhere for (period of time)

אָפּזאַץ דער (ן) paragraph; pause (in speech)

|| פֿ״גל אָפּזעץ; אָפּצאַס

אָ'פּזאַצמאַרק דער (...מערק) זע אָפּזעצמאַרק

אָפּזוך דער (ן) *neol.* recovery (of objects/money); lost-and-found office

אָ'פּ|זוכ|ן וו (–גע–ט) find, recover

|| אָפּזוכן דאַט choose (bride, companion, etc.) for

|| אָפּזוכן זיך be found/recovered; finally turn up

אָ'פּזונדערונג די separation, isolation, seclusion

אָ'פּ|זו'נדער|ן וו (–גע–ט) separate, cut off, isolate, seclude

אָ'פּ|זופּ|ן וו (–גע–ט) take a sip (from a full container); say/recite quickly

אָ'פּ|זידל|ען וו (–גע–ט) scold *perf.*, shower with insults

אָ'פּ|זיי'גער|ן וו (–גע–ט) *neol.* time

אָ'פּ|זײַ|ן* וו (איז אָ'פּגעווען) *(not used in present)* be/stay (in a place/state) for (period of time)

|| ער וועט דאָרט אָפּזײַן אַ וואָך he'll stay there (for) a week

|| צען יאָר איז זי אָפּגעווען דירעקטאָרשע she was director for ten years

אָ'פּ|זײַ|ען וו (–גע–ט/אָ'פּגעזיגן) strain, filter *perf.*; eliminate by filtering

אָ'פּ|זיפּ|ן וו (–גע–ט) sift *perf.*; separate/eliminate by sifting

אָ'פּ|זיפֿצ|ן וו (–גע–ט) heave a sigh

אָ'פּ|זיצ|ן וו (איז אָ'פּגעזעסן) sit/stay/live for (period of time); serve out (prison term)

|| אָפּזיצן <פֿון> dismount (from) *intr.*

אָ'פּ|זעגל|ען וו (–גע–ט) <קיין> set sail (for)

אָ'פּ|זעג|ן וו (–גע–ט) saw off

אָ'פּ|זע'גענ|ען זיך וו (–גע–ט) זע אָפּגעזעגענען (זיך)

אָ'פּ|זענג|ען = אָ'פּ|זענק|ען וו (–גע–ט) singe, pass through a flame

אָפּזעץ דער (ן) sediment; precipitate; residue; sale, selling (of merchandise)

|| פֿ״גל אָפּזאַץ

אָ'פּזעצמאַרק דער (...מערק) market, demand (for goods)

אָ'פּ|זעצ|ן וו (–גע–ט) sell, find a market for (goods)

|| אָפּזעצן זיך precipitate *intr.*; (sediment, soot) settle, be deposited

אָפּזעצערײַ' דאָס *neol.* marketing, sales promotion

אָ'פּ|חוזק|ן וו (–גע–ט) פֿון [KhOYZEK] mock, ridicule, make fun of

אָ'פּ|חורש|ן וו (–גע–ט) [KhOYRESh] bribe

אָ'פּ|חושכ|ן וו (–גע–ט) [KhOYShEKh] live (years, a lifetime) in misery

אָ'פּ|חיו|ן וו (–גע–ט) [KhAYE] revive; strengthen, revitalize

אָ'פּ|חתמ|ענ|ען וו (–גע–ט) [KhASME] sign/seal *perf.*; unseal

|| אָפּחתמענען זיך sign, affix one's signature

אָ'פּ|טאָ|ן* וו (אָ'פּגעטאָן) accomplish, finish doing; play (trick); cast (spell); commit, perpetrate; turn away, remove

|| אָפּטאָן דאַט play a dirty trick on; pay back in his own coin, get even with; give tit for tat to

|| אָפּטאָן זיך depart, withdraw, turn away; (scene, disturbance, etc.) take place, go on

אָ'פּ|טאָק|ן וו (–גע–ט) turn *perf.* (on a lathe); *fig.* execute neatly

|| אָפּטאָקן אַ ליגן lie with a straight face, come up with a plausible lie

אָפּטו דער (ען) prank, trick

אָ'פּ|טובֿל|ען וו (–גע–ט) [TOYVL] *Jew.* purify *perf.* by immersion in water; baptize *perf.*

|| אָפּטובֿלען זיך *Jew.* take a ritual bath of purification

אָ'פּ|טויב|ן וו (–גע–ט) anesthetize, desensitize

אָ'פּ|טונקל|ען וו (–גע–ט) dim/subdue (light); darken (color)

אָ'פּ|טונק|ען וו (–גע–ט/אָ'פּגעטונקען) immerse *perf.*, plunge, dunk

אָ'פּטועניש דאָס (ן) prank, trick, deliberate act

אָ'פּ|טײט|ן וו (אָ'פּגעטײט) deaden (nerve); dull; muffle (sound)

אָפּטײַטש דער (ן) gloss, translation

אָפּטײל דער (ן) separation; part, section; department, division; branch, sector; (milit.) squad, detachment

אָ'פּטײלונג די (ען) זע אָפּטײל

אָ'פּ|טײל|ן וו (–גע–ט) separate, divide *trans.*

|| אָפּטײלן זיך become detached

|| ניט אָפּצוטײלן <פֿון> inseparable (from), integral part (of)

אַפּטײ'ק די (ן) pharmacy, drug store

אַפּטײקוואַרג דאָס *neol.* pharmaceuticals

אַפּטײקל דאָס (עך) אַפּטײק דימ medicine chest

אַפּטײקער דער (ס) פֿעמ ין pharmacist, druggist, apothecary

אַפּטײקערײַ' דאָס (science/profession of) pharmacy

אָפּטימיזם דער optimism

אָפּטימי'סט דער (ן) פֿעמ קע optimist

אָפּטימיסטיש אַדי/אַדוו optimistic

אָ'פּ|טי'נקעווע|ן וו (–גע–ט) plaster *perf.*, roughcast

אָ'פּ|טיפּיר|ן וו (–ט) *neol.* type(write) *perf.*

אָפּטיק די optics

אָ'פּטיקער דער (ס) פֿעמ ין optician, optometrist

אָפּטירעכט דאָס (–) (comm., finan.) option

אָפּטיש אַדי optical

אָ'פּ|טעמפּ|ן וו (–גע–ט) dull, blunt, attenuate

אָ'פּ|טראָג|ן וו (אָ'פּגעטראָגן) <דאַט> carry/bring back (to), return; deliver (to); pass on (gossip); wear out *trans.* (clothes)

|| אָפּטראָגן זיך take off, run away, clear out; (clothes) wear out *intr.*

|| טראָג זיך אָפּ! beat it! scram!

אָפּטראָט דער (ן) (milit.) withdrawal, retreat

אָ'פּ|טראַסקע|ן וו (–גע–ט) go through (space/time) making a racket

אָ'פּ|טרױ'ער|ן וו (–גע–ט) mourn for (period of time)

אָפּטריט דער (ן) זע אָפּטראָט; אָפּטרעט

אָ'פּטרײַביק אַדי *neol.* repellent (to insects)

אָ'פּטרײַב־מיטל דאָס (ען) purgative/abortive remedy

אָ'פּ|טרײַב|ן וו (אָ'פּגעטריבן) chase/drive off, repel; (med.) induce evacuation/expulsion of

אָ'פּטרײַבעכץ דאָס (ן) *neol.* insect repellent

אָ'פּ|טרייסל|ען וו (–גע–ט) shake off (dust, snow, etc.); *fig.* reject

|| אָפּטרייסלען זיך פֿון get rid of, distance oneself from, decline all responsibility for

אָ'פּטריניק אַדי dissident, heretical, heterodox

אָ'פּטריניק|ער דער־דעק renegade

אָ'פּ|טרינק|ען וו (אָ'פּגעטרונקען) finish drinking, quench one's thirst; drink up (part of content))

אָ'פּ|טריפּ|ן וו (–גע–ט) let drain; drip, trickle

אָ'פּ|טרי'קענ|ען וו (–גע–ט) dry off (surface), wipe up

אָפּטרעט דער (ן) toilet, outhouse

אָ'פּטרעטגעלט דאָס penalty paid to get out of an obligation

אָ'פּטרעטונג די (ען) *neol.* digression

אָ'פּ|טרעט|ן וו (איז/האָט אָ'פּגעטראָטן/אָ'פּגעטרעטן) move aside; defer, yield (right of way); withdraw, cede one's place; beat a retreat, give up

|| אָפּטרעטן <פֿאַר> give way (to)

|| ניט אָפּטרעטן פֿון cling to, follow around

|| אָפּטרעטן אַק <דאַט> cede (to)

|| אָפּטרעטן <בײַ/צו/אין> drop in (on)

אָ'פּ|טרענ|ען וו (–גע–ט) unstitch; *vulg.* screw, have sex with *perf.*

אָ'פּ|טרעס|ען וו (–גע–ט) זע אָפּטרייסלען

אָ'פּ|טשאַ'טעווע|ן וו (–גע–ט) lie in wait for, waylay, ambush

אַפּטשו' אינט achoo! kerchoo!

אָ'פּ|טשוכע|ן וו (–גע–ט) revive, bring to one's senses

אַפּטשי' אינט זע אַפּטשו

אָ'פּ|טשעפּע|ן וו (–גע–ט) detach, unhook

|| אָפּטשעפּען זיך פֿון shake off, get rid of; leave alone

אָ'פּ|יאָג|ן וו (–גע–ט) chase away, put to flight

|| אָפּיאָגן זיך פֿון escape the clutches of

אָפּיום דער opium; *fig.* narcotic

אָ'פּ|יום־טובֿ|ן וו (–גע–ט) [YONTEV] celebrate a holiday for (period of time); end the celebration of a holiday

אַפּיטראָפּוס דער (ים) זע אַפּוטרופּס

אַפּי'ל דער (ן) *Amer.* appeal for funds

|| פֿאַראיי'ניקט|ער יי'דיש|ער אַפּיל United Jewish Appeal

אַפּיקורס דער (ים) פֿעמ טע [APIKOYRES - APIKORSIM] *Jew.* heretic, freethinker, unbeliever

|| זײַן* אַן אַפּיקורס <אין> be a skeptic (about)

אַפּיקורסות דאָס [APIKORSES] *Jew.* heresy

|| דאָס שטיק אַפּיקורסות heresy, impious thought

אַפּיקורסיש אַדי [APIKORSISh] *Jew.* heretical

אפכא מסתברא פֿר זע איפּכא מסתברא

אָ'פּ|כאַפּ|ן וו (–גע–ט) rattle off, eat/do in a hurry; seize

|| אָפּכאַפּן זיך recover, pull oneself together

|| אָפּכאַפּן דעם אָטעם catch one's breath

|| אָפּכאַפּן דאָס האַרץ take sustenance, have a snack

אָ'פּ|כויכע|ן וו (–גע–ט) *fam.* cheat, dupe

אָ'פּ|כוי'רעש|ן וו (–גע–ט) זע אָפּחורשן

אַפּל דער (ען) pupil (eye)

אָפּל דער (ען) (anat.) nipple; navel

אָפּלאָג דער (ן) cache, hiding place, refuge; meeting place

אַפּלאָדיסמענטן מצ applause

אַפּלאָדיר|ן וו (–ט) דאַט/אַק applaud

אָ'פּ|לאָד|ן וו (אָ'פּגעלאָדן) unload (cargo, etc.)

אָ'פּ|לאָז|ן וו (–גע–ט) let go of, let loose, drop; release, free; abandon, relinquish, give up; leave alone; (fever, wind, anger) abate, diminish; (ice, etc.) thaw, melt; release (water), discharge (blood, semen, etc.)

|| אָפּלאָזן אַק <דאַט> cede stg. (to)

|| ניט אָפּלאָזן אַק stalk s.o.

|| אָפּלאָזן זיך become discouraged/negligent, let oneself go

|| אָפּלאָזן זיך פֿון renounce, give up; give up on

אָ'פּ|לאַכ|ן וו (–גע–ט) laugh for (period of time)

|| אָפּלאַכן פֿון laugh at, deride

אָ'פּלאַכעריש אַדי ironic, mocking, taunting

אָ'פּ|לויב|ן וו (–גע–ט) praise highly

|| ניט קענ|ען* אָפּלויבן זיך פֿון shower with praise

אָ'פּ|לויפֿ|ן וו (איז אָ'פּגעלאָפֿן) run (distance), cover by running; elapse, go by; go, come off (well/badly)

אָ'פּ|לופּע|ן וו (–גע–ט) peel, strip off

אָ'פּ|ליג|ן וו (איז אָ'פּגעלעגן) lie/rest/be stored for (period of time); *pejor.* stay/hang out (somewhere for a long time)

אָפּלייג דער (ן) delay, postponement, deferment

אָ'פּ|לייג|ן וו (–גע–ט) <אויף> put off until later, postpone (until); put aside, save; store, put away

|| אָפּלייגן זיך (dust, etc.) settle

אָ'פּ|ליי'דיק|ן וו (–גע–ט) empty, vacate *perf.*

אָ'פּ|לייז|ן וו (–גע–ט) collect/recover (debt); receive (blows); ransom, save, redeem

אָ'פּלייזער דער (ס) פֿעמ ין replacement/substitute (for another person); atonement; scapegoat

אָ'פּ|לײַכט|ן וו (אָ'פּגעלויכטן/אָ'פּגעלײַכט) shine, glisten

אָ'פּ|ליי'ענ|ען וו (–גע–ט) finish reading

אָ'פּ|ליי'קענ|ען וו (–גע–ט) deny, contradict

אָ'פּ|לייש|ן וו (–גע–ט) gild *perf.*, regild

אָפּליכט דאָס (ן/ער) *neol., lit.* reflection

אָ'פּ|ליציטיר|ן וו (–ט) auction off *perf.*

אַפּליקאַ'נט דער (ן) פֿעמ ין applicant, petitioner; job candidate/seeker; intern, trainee

אַפּליקאַציע די (ס) application; petition, written request; (fash.) applied ornament

אָ'פּ|לעב|ן וו (–גע–ט) live/spend (period of time); come to life, feel reborn; wither, become decrepit

|| אָפּלעבן אַ/פּאָס וועלט/לעבן spend one's life

אָ'פּ|לענק|ען וו (–גע–ט) divert, deflect, turn aside

אָ'פּ|לעק|ן וו (–גע–ט) lick off

|| אָפּלעקן אַ ביינ(דל) *hum.* profit from luck/opportunity

אָ'פּ|לערנ|ען וו (–גע–ט) study for (period of time); finish studying, study from cover to cover; imitate (conduct), learn by imitation; deduce, infer; learn a lesson

|| אָפּלערנען זיך פֿון follow the example of

אָ'פּ|לעשן וו (אָ'פּגעלאָשן) extinguish, quench, slake (lime etc.); blot (ink)

אָ'פּ|לצן וו (–גע–ט) [LETS] זע אָפּלצעווען

אָ'פּ|לצעווע|ן וו (–גע–ט) <פֿון> [LE'TSEVE] ridicule, make fun (of)

אָ'פּ|מאָ'גער|ן וו (–גע–ט) make lean, emaciate; grow thin, waste away

אָ'פּ|מאַ'טער|ן וו (–גע–ט) weary, tire out, weaken

אָפּמאַך דער (ן) agreement, understanding, stipulation, deal; treaty, covenant

אָ'פּ|מאַכ|ן וו (–גע–ט) come to an agreement, decide in common; conclude/settle (affair); carry out, see through

|| אָפּמאַכן מיט arrange/stipulate with

|| אָפּמאַכן בײַ זיך resolve, make up one's mind

|| אָפּגעמאַכט! agreed! done!

אָ'פּמאָלונג די (ען) representation (image)

אָ'פּ|מאָל|ן וו (–גע–ט) paint *perf.*; depict

|| אָפּמאָלן זיך imagine, picture

|| נאָ'ר אָפּצומאָלן as pretty as a picture

|| ניט אָפּצומאָלן indescribable

אָ'פּ|מאָנ|ען וו (–גע–ט) collect, claim; recover, recoup

אָ'פּ|מאַרקיר|ן וו (–ט) demarcate, mark, delimit

אָ'פּ|מאָרקע|ן וו (–גע–ט) say/recite while mumbling

אָ'פּ|מו'טיק|ן וו (–גע–ט) discourage

אָ'פּ|מוטשע|ן וו (–גע–ט) torment, harass

|| אָפּמוטשען זיך live through/spend (period of time) in suffering

אָ'פּ|מי'טאָג|ן = אָ'פּ|מי'טיק|ן וו (–גע–ט) have lunch *perf.*

אָ'פּ|מי'נטער|ן וו (–גע–ט) (med.) revive, resuscitate; cheer up

אָ'פּמיניר־שיף די (ן) minesweeper

אָ'פּ|מעל|ן וו (–גע–ט) זע אָפּמאָלן

אָ'פּ|מעלק|ן וו (אָ'פּגעמאָלקן/–גע–ט) milk *perf.*

אָ'פּ|מעסט|ן וו (אָ'פּגעמאָסטן) measure *trans., perf.*; size (s.o.) up; *fam.* beat, hit

|| אָפּמעסטן אַק דאָט allot s.o. his/her share of (honors, misfortunes, etc.)

אָ'פּ|מעק|ן וו (–גע–ט) erase, efface, blot out *perf.*

אָ'פּ|מערק|ן וו (–גע–ט) <מיט> mark (with); mark/celebrate/commemorate (event)

אָ'פּ|משל|ען וו (–גע–ט) [MOShL] describe, depict; illustrate (by examples/allegories)

אָפּנאַר דער (ן) deceit, deception, hoax, fake

אָ'פּ|נאַר|ן וו (–ט) deceive, delude, dupe; trick, cheat; disappoint

|| אָפּנאַרן זיך <אין> be disappointed (in)

|| איך האָב זיך אין אים אָפּגענאַרט I'm disappointed in him

אָ'פּנאַרעריש אַדי deceptive, tricky

אָ'פּ|נוצ|ן וו (–גע–ט) זע אָפּניצן

אָפּנייג דער (ן) deviation

אָ'פּנייגלער דער (ס) פֿעמ ין deviationist

אָ'פּ|נייג|ן וו (–גע–ט) deflect *trans./intr.*

|| אָפּנייגן זיך deviate, turn away

אַ פּנים אַדוו [APONEM] apparently, seemingly

אָפּניץ דער wear and tear

|| געב|ן*/נעמ|ען אויף אָפּניץ rent (outfit, etc.) for a short time

אָ'פּ|ניצ|ן וו (–גע–ט) wear out *perf.*; use up, exhaust (remedies, credit)

אָפּנעם דער diminution; deprivation (of rights, etc.)

אָ'פּ|נעמ|ען וו (אָ'פּגענומען) recover, reclaim, receive; go look for, fetch; seize, conquer; (midwife) deliver (baby); lose (weight)

|| אָפּנעמען <דאַט/בײַ> take away (from)

|| אָפּנעמען אומפּ דאַט *rev.* lose the use of, be paralyzed in

|| עס האָט מיר אָפּגענומען דער לינקער אָרעם my left arm was paralyzed

|| אָפּנעמען זיך take revenge

אָ'פּנעמער דער (–/ס) פֿעמ קע buyer, purchaser

אָ'פּ|נעצ|ן וו (–גע–ט) (make) wet, dampen, soak

אָ'פּ|סאָפּע|ן (זיך) וו (–גע–ט) catch one's breath

אָ'פּ|סטראַשע|ן וו (–גע–ט) scare, intimidate, dissuade

אָ'פּ|סילוק|ן וו (–גע–ט) [SILEK] pay off (debt); deal summarily with (s.o.), get rid of (s.o.)

אָ'פּ|סמאַליע|ן וו (–גע–ט) singe

אָ'פּ|סמ|ען וו (–גע–ט) [SAM] poison *perf.*

אָ'פּ|ספּראַווע|ן זיך וו (–גע–ט) <מיט> get rid (of), send packing

אָ'פּ|סקאָנטיר|ן וו (–ט) (comm.) discount, accept pre-payment

אָ'פּ|סקראָבע|ן וו (–גע–ט) זע אָפּשקראָבען

אָפּעט קוו זע אָפּ 2.

אַפּעטי'ט דער (ן) <צו> appetite (for)

|| מיט אַ גוטן אַפּעטיט! bon appetit! enjoy your meal!

אַפּעטי'טלעך אַדי appetizing, tempting

אַפּע'ל דער (ן) [Ly] appeal; roll-call

אַפּעלאַציע די (ס) [Ly] (jur.) appeal

אַפּעלי'ר־געריכט דאָס (ן) Court of Appeals

אַפּעליר|ן וו (–ט) <אַק> (jur.) appeal

|| אַפּעלירן צו appeal to, have recourse to; arouse (interest, etc.)

אַפּעלסי'ן דער (ען) orange

אַפּענדיצי'ט דער (ן) appendicitis

אָפּ|ע'נדיק|ן וו (–גע–ט) <מיט> conclude (affair), come to an agreement (with)

אָ'פּענטפֿער דער (ס) retort, reaction

אָפּ|ע'נטפֿער|ן וו (–גע–ט) answer back, respond; counter, retort; refute, rebut

אָפּ|עס|ן וו (אָ'פּגעגעסן) eat (meal), finish one's meal; devour by tearing off

|| אָפּעסן דאַט דעם קאָפּ/די ביינער live at s.o.'s expense, ruin s.o.

|| פֿ״גל האַרץ

אַפּעקו'ן דער (עס) פֿעמ שע guardian, trustee

אָפּ|עק|ן וו (–גע–ט) <מיט> break (off) (with); finish (with), put an end (to); settle (dealings) with

אַפּעקע די (ס) guardianship, trusteeship

אָפּער דער (ס) *lit.* offering, sacrifice

אָפּעראַטאָר דער (...אָ'רן) operator (surgeon; technician)

אָפּעראַציע די (ס) operation

אָ'פּערוויליקייט די willingness to make sacrifices, self-sacrificing devotion

אָפּעריר|ן וו (–ט) <אַק> (surgery) operate (on)

|| אָפּערירן מיט operate *trans.*, use, apply

אָ'פּער|ן וו (גע–ט) sacrifice

אָ'פּערע די (ס) opera

אָפּערעטע די (ס) operetta

אָפּ|פּאָליר|ן וו (–ט) burnish, shine, polish *perf.*

אָפּ|פּאַס|ן וו (–גע–ט) watch, lie in wait for

|| פֿ״גל אָפּפֿאַסן

אָפּ|פּאָרטרעטל|ען וו (–גע–ט) depict, portray; *hum.* photograph

אָפּ|פּאַרע|ן וו (–גע–ט) steam; scald

אָפּ|פּאַרע|ן זיך וו (–גע–ט) be through with one's work (finally); *euph.* finish answering the "call of nature"

|| ניט קענ|ען* זיך אָפּפּאָרען be unable to carry out one's task/job

אָפּ|פּוצ|ן וו (–גע–ט) polish, shine (shoes) *perf.*

אָפּ|פּטר|ן וו (–גע–ט) [PATER] make short shrift of, take care of quickly; dismiss summarily, send packing; pay off (debt) at less than the full amount; waste, squander

אָ'פּ|פּלאָ'נטע(ר)|ן וו (–גע–ט) disentangle

אָ'פּ|פּליוכע|ן וו (–גע–ט) splash *perf.*, sprinkle

אָ'פּ|פּסקענ|ען וו (–גע–ט) [PASK·N] render a judgment *perf.*, make a ruling/finding; decide/conclude (hastily); condemn, blame

|| אָפּפּסקענען ביי זיך resolve, decide

אָ'פּ|פּראַווע|ן וו (–גע–ט) finish, carry out (deal/business) *perf.*; perform (ceremony) *perf.*

אָפּפּראַל דער (ן) *neol.* (firearm) recoil

אָ'פּ|פּראַל|ן (זיך) וו (–גע–ט) recoil, step back

אָ'פּ|פּראַשע|ן וו (–גע–ט) dust (off)

אָ'פּ|פּרעגל|ען וו (–גע–ט) fry *perf.*

אָ'פּ|פֿאָטאָגראַפֿיר|ן וו (–ט) photograph *perf.*, take a photo/picture of

אָפּפֿאַל דער garbage, refuse, junk; excrement; dregs, scum

אָ'פּ|פֿאַל|ן וו (איז אָ'פּגעפֿאַלן) fall off; lose one's way, disappear; abate, lessen; withdraw, drop out; lose validity; lose weight

אָ'פּ|פֿאַסט|ן וו (אָ'פּגעפֿאַסט) fast (for a period of time)

|| אָפּפֿאַסטן (זיך) <מיט> break a fast (with)

אָ'פּ|פֿאַס|ן וו (–גע–ט) decide, determine

|| אָפּפֿאַסן (ביי) זיך decide for oneself, resolve

אָפּפֿאָר דער (ן) departure

אָ'פּ|פֿאַרב|ן וו (אָ'פּגעפֿאַרבן) color, paint, dye *perf.*

אָ'פּ|פֿאַ'רטיק|ן וו (–גע–ט) finish, complete; dismiss, let go

|| אָפּפֿאַרטיקן זיך finish one's task

|| אָפּפֿאַרטיקן זיך מיט be through with, finish with

אָ'פּ|פֿאָר|ן וו (איז אָ'פּגעפֿאָרן) (vehicle, traveler) depart; cover (distance) by traveling; travel for (period of time); *hum.* leave this world

אָ'פּ|פֿידל|ען וו (–גע–ט) play the violin for (period of time); *hum., fam.* do (a job) quickly and sloppily

אָ'פּ|פֿײַ'ער|ן[1] וו (–גע–ט) fire (bullet), open fire; launch (missile, rocket)

אָ'פּ|פֿײַ'ער|ן[2] וו (–גע–ט) finish celebrating

אָ'פּ|פֿיל|ן וו (–גע–ט) be aware of, experience, feel

אָ'פּ|פֿי'נצטער|ן וו (–גע–ט) live (period of time) in misery

אָ'פּ|פֿיצקע|ן וו (–גע–ט) spank, give a spanking; swindle, cheat

אָ'פּ|פֿיר|ן וו (–ט) accompany/escort (to one's destination); bring/take back, walk/give a lift home; lead aside/astray; purge (bowels)

אָ'פּפֿירעכץ דאָס (ן) laxative

אָפּפֿלאָס = אָפּפֿלוס דער (ן) ebb tide

אָפּפֿלי דער (ען) take-off

אָפּפֿלייץ דער (ן) ebb tide

אָ'פּ|פֿליס|ן וו (איז אָ'פּגעפֿלאָסן) flow back, ebb

אָ'פּ|פֿלי|ען וו (איז אָ'פּגעפֿלויגן) (bird) fly off/away; (plane) take off; cover (distance) by flying

אָ'פּ|פֿליק|ן וו (–גע–ט) pluck (off) *perf.*; tear off

אָ'פּ|פֿעל|ן וו (–גע–ט) דאַט *rev.* feel the lack of, miss

אָפּפֿער דער (ס) זע אָפּער

אָ'פּ|פֿריי'ער|ן וו (–גע–ט) cheat *perf.*, dupe

אָ'פּ|פֿרי'צעווע|ן וו (–גע–ט) cheat *perf.*, dupe

אָ'פּ|פֿריש|ן וו (–גע–ט) refresh, renew; invigorate; brush up on

אָפּפֿרעג דער (ן) refutation

אָ'פּ|פֿרעג|ן וו (–גע–ט) discuss, dispute, refute

|| ניט אָפּצופֿרעגן undisputed(ly), without question

אָ'פּפֿרעגעניש דאָס (ן) contradiction

אָ'פּ|פֿרעמד|ן וו (–גע–ט) estrange, alienate

|| אָפּפֿרעמדן זיך become estranged

אָ'פּ|פֿרעס|ן וו (אָ'פּגעפֿרעסן) devour by tearing apart, gulp/wolf down

|| אָפּפֿרעסן דאַט דעם קאָפּ live at the expense of, ruin s.o.

אָ'פּפֿרעסער דער (ס) *neol.* caterpillar

אָפּצאָל דער (ן) charge, fee; fare, price of ticket; dues; tax, toll

אָ'פּצאָלבריק די (ן) toll bridge

אָ'פּצאָלונג די (ען) installment, monthly/annual payment; tax, deduction, contribution

אָ'פּ|צאָל|ן וו (–גע–ט) reimburse, repay; pay (sum); give tit for tat, reciprocate

|| אָפּצאָלן מיט גוטס פֿאַר שלעכטס return good for evil

|| אָפּצאָלן מיט דער איי'גענער מטבע [MATBEYE] pay back in the same coin, reciprocate

אָ'פּצאָלעוודיק אַדי *neol.* dutiable, subject to tariff/custom duties

אָ'פּצאָל־פּאָרטקע די (ס) tollgate

אָ'פּצאָלפֿרײַ אַדי duty-free

אָ'פּצאָלשטראָז דער (ן) turnpike, toll road

אָ'פּצאַמונג די (ען) enclosure; fence

אָ'פּ|צאַמ|ען וו (–גע–ט) mark off, fence off, enclose; *fig.* separate, isolate

אָפּצאַ'ס דער (ן) (shoe) heel

אָ'פּ|צאַפּ|ן וו (–גע–ט) tap/drain (liquid) *perf.*

|| אָפּצאַפּן בלוט <בײַ> bleed *trans.*; *fig.* torment (s.o.); suck the blood (of)

אָפּצוג דער (ן) (typogr.) proof

אָ'פּ|צוויטע|ן וו (–גע–ט) fade, wither, cease blooming

אָפּצווײַג דער (ן) branch; branch line (railroad, etc.); subsidiary, branch (bank, etc.); ramification

אָ'פּ|צווײַג|ן זיך וו (–גע–ט) branch off, separate

אָ'פּצווענג(ע) די (...געס) tongs

אָ'פּ|צווימ|ען וו (–גע–ט) זע אָפּצאַמען

אָ'פּ|צופּ|ן וו (–גע–ט) pluck/tear off (bit by bit, one by one)

אָפּצי דער (ען) (milit.) diversion

אָ'פּ|צי'טער|ן וו (–גע–ט) shake *perf.*, vibrate

אָ'פּצייכן דער (ס) badge, insignia

אָ'פּ|ציי'כענ|ען וו (–גע–ט) mark off, delineate, draw, represent

אָפּצייל דער (ן) *neol.* countdown

אָ'פּ|צייל|ן וו (–גע–ט) count off *perf.*

|| אָפּציילן דאַט pay (sum) to

אָ'פּ|צימבל|ען וו (–גע–ט) play/perform (on a percussion instrument); *fam.* administer punishment to

אָ'פּ|צי|ען וו (אָ'פּגעצויגן) draw away, divert; draw off, drain, extract (fluids); make/print (copy); flay, skin; drag out, delay, protract; grind, sharpen; leave, run away, withdraw

|| אָפּציִען דעם אָטעם catch one's breath

|| אָפּציִען פֿון שול play hooky

אָ'פּציִער דער (ס) פֿעמ קע breast pump; *neol.* truant

אָפּציִערײַ' דאָס *neol.* truancy, absenteeism

אָ'פּ|צירקל|ען וו (–גע–ט) trace out with compass; ration, distribute stingily; do careful/meticulous work

אָ'פּ|צלמ|ען זיך וו (–גע–ט) [TSEYLEM] cross oneself *perf.*

אָ'פּ|צער|ן וו (–גע–ט) emaciate, waste

|| אָפּצערן זיך lose weight, slim down

אָפּקאָך דער (ן) decoction

אָ'פּ|קאָכ|ן וו (–גע–ט) boil, cook *perf.*, finish cooking; scald; *fig.* concoct, contrive

|| אָפּקאָכן אַ געקעכ'כץ/גערייץ stir things up, create confusion/conflict

אָ'פּ|קאַלכ|ן וו (–גע–ט) whitewash *perf.*

אָ'פּ|קאָמפּרימיר|ן וו (–ט) decompress

אָ'פּ|קאָנטשע|ן וו (–גע–ט) <מיט> *dial.* finish, end; come to an agreement (with)

אָ'פּ|קאָסט|ן וו (אָ'פּגעקאָסט) cost *perf.*

אָ'פּ|קאָפּיר|ן וו (–ט) copy *perf.*

אָ'פּ|קאָרדאָניר|ן וו (–ט) *neol.* cordon off

אָ'פּ|קוועטש|ן וו (–גע–ט) squeeze *perf.*; *fig.* haggle for a lower price

אָ'פּ|קוילע|(נע)ן וו (–גע–ט) slaughter *perf.*; *fig.* ruin, bring misfortune upon

|| אָפּקוילען אַק אָן אַ מעסער ruin s.o.'s life

|| אָפּקוילען אַק פֿון פּרנסה [PARNOSE] deprive s.o. of his/her livelihood

אָ'פּ|קויפֿ|ן וו (–גע–ט) <בײַ> buy (from); buy back; bribe; seduce, win over

אָפּקום דער (ען) decrease

אָ'פּ|קומ|ען וו (איז אָ'פּגעקומען) suffer, languish; diminish, decrease *intr.*; grow poor

|| אָפּקומען (פֿאַר) atone (for), make amends (for)

|| אָפּקומען מיט get away with, get off with; be content with, make do with

אָ'פּקומעניש דאָס (ן) hardship, suffering, torment; atonement, punishment

אָ'פּ|קייטל|ען וו (–גע–ט) unchain (door, gate, etc.); unchain, let loose

אָ'פּ|קיל|ן וו (–גע–ט) refresh, cool (off) *perf.*; calm down

|| אָפּקילן זיך צו lose one's enthusiasm for

אָ'פּ|קי'רעווע|ן וו (–גע–ט) זע אָפּקערעווען

אָ'פּקירצונג די (ען) abbreviation, abridgement

אָ'פּ|קירצ|ן וו (–גע–ט) abbreviate, abridge; (fash.) shorten

אָפּקלאַנג דער (ען) echo, reverberation, repercussion

אָ'פּ|קלאַפּ|ן וו (–גע–ט) knock down (pieces/nuts) by beating; damage by striking; type(write), enter (data) *perf.*; recite/reel off (prayer, speech, etc.); send (telegram); *hum.* belt out (music); make short work of

|| אָפּקלאַפּן די טירן/שוועלן פֿון bombard s.o. with solicitations/proposals, etc.

|| אָפּקלאַפּן זיך <אין> bump (against/into); bounce (against)

אָ'פּ|קלויב|ן וו (אָ'פּגעקלויבן) זע אָפּקלײַבן

אָפּקלונג דער (ען) resonance, reverberation, echo

אָפּקלײַב דער (ן) assortment, selection

אָ'פּ|קלײַב|ן וו (אָ'פּגעקליבן) select, choose

אָ'פּקלײַבעריש אַדי/אַדוו choosy, selective, picky

אָ'פּ|קלינג|ען וו (אָ'פּגעקלונגען) resound, resonate, reverberate, echo

אָ'פּקלינג־קאַסע די (ס) *neol.* cash register

אָ'פּ|קלעמ|ען וו (–גע–ט) squeeze *perf.*, crush

|| זיך אָפּקלעמען אַ פֿינגער jam a finger

אָ'פּ|קלעפּ|ן וו (–גע–ט) unglue *trans.*, detach

אָ'פּ|קלעק|ן וו (–גע–ט) blot *perf.*

אָ'פּ|קלער|ן וו (–גע–ט) deduce, infer, conclude; invent, conceive

אָ'פּ|קנאַל|ן וו (–גע–ט) bang *intr.*, resound; play (music) noisily, sing at the top of one's lungs *perf.*

אָ'פּ|קנאַק|ן וו (–גע–ט) recite/perform with gusto; fire off (words), declaim

אָ'פּ|קניפּ|ן וו (–גע–ט) untie, unlace, detach

אָ'פּ|קנעפּל|ען וו (–גע–ט) unbutton

אָ'פּ|קעלבל|ען זיך = אָ'פּ|קעלב|ן וו (–גע–ט) calve

אָ'פּ|קערל|ען וו (–גע–ט) pit, remove pits from

אָ'פּ|קער|ן וו (–גע–ט) turn aside, deflect; sweep (off) *perf.*

|| אָפּקערן זיך turn away, distance oneself

אָ'פּ|קע'רעווע|ן וו (–גע–ט) turn aside/away, deflect

|| אָפּקערעווען זיך turn aside/away

אָ'פּ|קראַצ|ן וו (–גע–ט) scratch/scrape off *perf.*; *hum., pejor.* shave

אָ'פּ|קריג|ן[1] וו (אָ'פּגעקראָגן/אָ'פּגעקריגן) get back, recover

אָ'פּ|קריג|ן[2] זיך וו (–גע–ט) quarrel (for a period of time); stop quarreling, end the dispute

אָ'פּ|קריכ|ן וו (איז אָ'פּגעקראָכן) flake off *intr.*; (skin) peel off *intr.*; fade, lose color

אָ'פּ|קרישל|ען וו (–גע–ט) break/tear off (small piece, crumb)

אָ'פּ|קרעכצ|ן וו (–גע–ט) give a groan; groan for (period of time)

אָ'פּ|קרעל|ן וו (–גע–ט) scald *perf.*

אָ'פּ|קרענק|ען וו (–גע–ט) be ill (for a period of time)

אַפּראָבירונג די (ען) approval

אַפּראָביר|ן וו (–ט) approve

אָ'פּ|ראַזיר|ן וו (–ט) shave *perf.*

אָ'פּ|ראָט|ן וו (אָ'פּגעראָטן) <אַק> פֿון dissuade from

אָ'פּ|ראַ'טעווע|ן וו (–גע–ט) save, rescue *perf.*; cure, revive *perf.*; preserve

אָ'פּראַמונג די clearance, removal (obstacles)

אָ'פּ|ראַמ|ען וו (–גע–ט) clear off, clear out; remove (obstacle, trash); eliminate, make disappear

|| אָפּראַמען פֿון טיש clear the table

|| אָפּראַמען פֿון וועג shunt aside, get (obstacle) out of one's way

אַפּראָפּאָ' 1. אַדוו apropos

|| 2. פּרעפּ with respect to

אָפּרו דער (ען) rest, relaxation, repose; respite, break

אָ'פּ|רוימ|ען וו (–גע–ט) זע אָפּראַמען

אָ'פּ|רו|ען וו (–גע–ט) rest, relax *trans.*; take a rest/break

|| אָפּרוען זיך rest *intr.*

אָפּרוף דער (ן) response, reaction

אָ'פּרופֿיק אַדי *neol.* responsive, receptive

אָ'פּ|רופֿ|ן וו (אָ'פּגערופֿן) revoke, call off, cancel; revive, restore to life

|| אָפּרופֿן אַק אין/אויף אַ זײַט take s.o. aside (for a talk)

|| אָפּרופֿן זיך speak up, interject; respond, reply; (illness, symptom) recur

|| אָפּרופֿן זיך אויף react to, respond to; affect, have an effect on

אָפּרוק דער (ן) *neol.* interval, distance

אָ'פּ|רוק|ן וו (–גע–ט) move over, shift; put off, delay; indent

|| אָפּרוקן זיך <פֿאַר> *also* make way (for)

אָ'פּ|ריגל|ען וו (–גע–ט) unbolt

אָ'פּ|רײַב|ן וו (אָ'פּגעריבן) rub off; scratch; damage (surface); wear out, wear thin; *fig.* erase, attenuate

אַפּערייטער דער (ס) פֿעמ קע *Amer.* (sewing machine) operator, (garment) worker

אָ'פּ|ריי'ניק|ן וו (–גע–ט) clean *perf.*; evacuate (bowels); absolve, clear (of an accusation)

אָ'פּ|רײַס|ן וו (אָ'פּגעריסן) tear off, detach, sever; snatch, grab

|| אָפּרײַסן <פֿון> divert (from); economize (on)

|| אָפּרײַסן פֿון מויל deprive oneself of food

|| אָפּרײַסן זיך <אויף> let loose (against), attack

אָ'פּ|ריכט|ן וו (אָ'פּגעריכט) celebrate, perform (ceremony)

|| אָפּריכטן פֿון backbite, speak ill of

אַפּרי'ל דער (ן) [Ly] April

אָפּרין דער (ען) drain, drainage canal

אָ'פּ|רינ|ען וו (איז אָ'פּגערונען) (fluid) drain *intr.*, run off, trickle

אָפּריס דער (ן) cliff, steep slope

אַפּריקאָ'ס דער (ן) apricot

אָ'פּ|רע'גענ|ען וו (–גע–ט) rain for (a period of time); stop raining

אָפּרעד דער (ן) agreement, understanding, commitment

אָ'פּ|רעד|ן וו (–גע–ט) come to an agreement (on), agree to; make an appointment; lead astray, seduce; talk (for a period of time); cease talking

|| אָפּרעדן אַק <פֿון> dissuade s.o. (from), advise against (stg.)

|| אָפּרעדן זיך <מיט> make an appointment (with)

אָ'פּרעכענונג די (ען) deduction, discount; rendering of accounts; vengeance, reckoning

אָ'פּ|רע'כענ|ען וו (–גע–ט) deduct, discount; weigh the merits and demerits of

|| אָפּרעכענען זיך <מיט> settle (accounts) (with); present the accounts (to); get even (with), take revenge (on)

אָ'פּ|שאָב|ן וו (אָ'פּגעשאָבן) scrape *perf.*, scale, peel

אָ'פּ|שאָ'טענ|ען וו (–גע–ט) cast the shadow of

|| אָפּשאָטענען זיך cast a shadow

אָפּשאַף דער (ן) suppression; abrogation, abolition, repeal; dismissal

אָ'פּשאַפֿונג די (ען) זע אָפּשאַף

אָ'פּ|שאַפֿ|ן וו (–גע–ט/אָ'פּגעשאַפֿן) suppress; abrogate, abolish, repeal; dismiss, fire, terminate

אָפּשאַץ דער (ן) estimate, evaluation, appraisal; opinion, critique, judgment

אָ'פּשאַצונג די (ען) estimation, evaluation; esteem, respect, appreciation; opinion, appraisal; review/critique (of a book, etc.), assessment

אָ'פּ|שאַצ|ן וו (–גע–ט) estimate, appraise, rate, evaluate; set a price; appreciate, have a feeling for; respect

|| ניט אָפּצושאַצן invaluable, inestimable

אָ'פּ|שאָקל|ען וו (–גע–ט) shake off (dust, snow, etc.)

|| אָפּשאָקלען זיך tremble, shudder

|| אָפּשאָקלען זיך פֿון wash one's hands of, distance oneself from

אָ'פּ|שאַר|ן וו (–גע–ט) push/rake away
|| אָפּשאַרן זיך slink off without being noticed
אָ'פּ|שוואַכ|ן וו (–גע–ט) weaken
אָ'פּ|שווײַג|ן וו (אָ'פּגעשוויגן) <דאַט> not respond (to), make no comment/reply; keep silent for (period of time)
אָ'פּ|שווימ|ען וו (איז אָ'פּגעשווומען) swim/sail away; cover (distance) by swimming/boating; *fig.* slip away, depart, leave
אָ'פּ|שוויצ|ן וו (–גע–ט) sweat profusely (*esp.* at end of a fever)
אָ'פּשווענקונג די erosion (by water)
אָ'פּ|שווענק|ען וו (–גע–ט) rinse *perf.*; (water) erode
אָ'פּ|שווער|ן וו (אָ'פּגעשוואָרן/אָ'פּגעשווירן) take an oath *perf.*
אָ'פּשוים דער (ען) scum; *fig.* dregs
אָ'פּ|שוימ|ען וו (–גע–ט) skim off *perf.*
אָ'פּ|שו'לדיק|ן וו (–גע–ט) *neol.* clear, acquit
|| אָפּשולדיקן זיך clear/exonerate oneself
אָ'פּ|שטאַט|ן וו (אָ'פּגעשטאַט) : אָפּשטאַטן אַ וויזי'ט pay a visit; make an official call
|| אָפּשטאַטן אַ קניקס curtsey, bow
אָפּשטאַם דער (ען) origin(s), descent, parentage, extraction
אָ'פּשטאַמיק|ער דער-דעק descendant
|| זײַן* אַן אָפּשטאַמיקער פֿון be a descendant of, originate from
אָ'פּשטאַמלינג דער (ען) descendant, offshoot
אָ'פּ|שטאַמ|ען וו (–גע–ט) פֿון be descended from, come from, be derived from
אָפּשטאַנד דער (ן) interval, distance; (typogr.) space, line spacing
אָ'פּ|שטאַרב|ן וו (איז אָ'פּגעשטאָרבן) breathe one's last, expire; die; wither, shrivel (up); (limb) be paralyzed; (sound/light/hope) die away, fade
אָפּשטויב דער (ן) *neol.* radioactive fallout
אָ'פּ|שטויב|ן וו (–גע–ט) dust off; vacuum *perf.*
אָפּשטויס דער (ן) repulsion; rebuff, snub
אָ'פּ|שטויס|ן וו (אָ'פּגעשטויסן) ward/stave off, push away, reject; nauseate, revolt, repel
|| גראָב/אומגעריי'כט אָפּשטויסן rebuff, tell s.o. where to get off
אָ'פּשטויסנדיק אַדי/אַדוו repulsive, disgusting
אָפּשטופּ דער (ן) *neol.* setback, defeat
אָ'פּ|שטופּ|ן וו (–גע–ט) push back (in space/time); push away, stave off, set back; push aside, oust; carry out in a perfunctory fashion; reject, refute (argument); respond evasively to

אָפּשטיי דער (ען) *neol.* delay, lag; gap, interval
אָ'פּ|שטײַג|ן וו (איז אָ'פּגעשטיגן) disembark/descend (from a vehicle); stop/stay (at a hotel/inn)
אָ'פּ|שטיי|ן* וו (איז אָ'פּגעשטאַנען) stand/remain standing (for a period of time); (clothing) fit loosely; project, jut out, protrude
|| אָפּשטיין <פֿון> lag behind, trail, let oneself be outdistanced (by); stand off (from), keep one's distance (from); remain aloof (from)
|| אָפּשטיין פֿון avoid, reject; renounce, give up
|| ניט אָפּשטיין פֿון not move away from; not let go of (s.o.)
|| אָפּשטיין זיך (liquid, sediment) settle *intr.*
אָפּשטים דער (ען) זע אָפּשטימונג
אָ'פּשטימונג די (ען) vote (process, result)
אָ'פּ|שטימ|ען וו (–גע–ט) take a vote; vote *perf.*, cast one's vote/ballot
אָפּשטעל דער (ן) (bus, train, etc.) stop, station; stoppage, break
אָ'פּ|שטעל|ן וו (–גע–ט) stop, interrupt, prevent; decide/fix (date); restore, recreate
|| אָפּשטעלן זיך halt *intr.*, stop moving; *also* (liquid) settle *intr.*
|| אָפּשטעלן זיך אויף dwell upon, linger over
אָ'פּשטעל-צייכן דער (ס) punctuation mark
אָ'פּ|שטעמפּל|ען וו (–גע–ט) stamp *perf.*, leave a mark (on)
|| אָפּשטעמפּלען זיך remain engraved (in memory), leave an impression
אָ'פּ|שטעפּ|ן וו (–גע–ט) (fash.) stitch, quilt *perf.* (*esp.* by machine); recite rapidly, reel off
אָ'פּ|שטעק|ן וו (–גע–ט) unplug, unstop; deal (blow); unload, palm off
|| אָפּשטעקן דאַט slip into the hands of
|| אָפּשטעקן דאַט שלום־עליכם shake hands warmly with [ShOLEM-ALE'YKhEM]
אָ'פּ|שטראַל|ן וו (–גע–ט) shine, radiate; reflect
אַפּשיטאַ (שרין) קאָנ [APShITE] all the more reason
|| אַפּשיטאַ אַז let alone
אָ'פּ|שיט|ן וו (אָ'פּגעשאָטן/אָ'פּגעשיט) pour off (part of contents)
|| אָפּשיטן אַק מיט cover with, bombard *fig.* s.o. with
אָפּשײַ דער reverence, respect, awe, fear
אָפּשייד דער departure, leave-taking, separation
|| נעמ|ען אָפּשייד take leave
אָ'פּשיידיק אַדי distinctive
אָ'פּ|שייד|ן וו (–גע–ט) separate, detach, dissociate

אָ'פּשיידנדיק אַדי distinctive

אָ'פּשייד־סימן דער (ים) [SIMEN - SIMONIM] distinctive feature

אָ'פּ|שייל|ן וו (–גע–ט) peel, pare *perf.*

|| אָפּשיילן זיך peel *intr.*; (skin, outer layer) come off

אָפּשײַן דער (ען) glare, brightness; reflection

אָ'פּ|שײַנ|ען וו (–גע–ט) shine, glare, be reflected

אָ'פּ|שײַ'ער|ן וו (–גע–ט) scour, cleanse *perf.*

אָ'פּ|שי'לדער|ן וו (–גע–ט) describe, depict *perf.*

אָ'פּ|שינד|ן וו (אָ'פּגעשונדן) skin, flay *perf.*

אָ'פּ|שיס|ן וו (אָ'פּגעשאָסן) tear off with a shot

אָ'פּ|שיפֿ|ן וו (–גע–ט) weigh anchor, sail off

אַפּשי'ק אינט scat! shoo!

אָפּשיק דער (ן) (cross-)reference

אָ'פּ|שיק|ן וו (–גע–ט) send off (letter, etc.); send back, return, forward

|| אָפּשיקן אַק צו refer s.o. to

אָ'פּשיקער דער (ס) פֿעמ ין sender

אָפּשלאָג דער (ן) reflection; repercussion, echo

אָ'פּ|שלאָג|ן וו (אָ'פּגעשלאָגן) repel (attack), rebuff (criticism); reflect; resound *trans.*; dissuade; knock down, shatter; defeat thoroughly; thrash, drub; recover/liberate by force; (games) take (a piece); curb (appetite, desire)

|| אָפּשלאָגן דאָס די טירן/שוועלן beat a path to the door of

|| אָפּשלאָגן זיך *also* bang into, knock against; (color, image) stand out

|| אָפּשלאָגן זיך <פֿון> bounce (off); tear oneself away (from)

אָ'פּ|שלאַמ|ען וו (–גע–ט) *neol.* dredge

אָ'פּ|שלאַפֿ|ן וו (–גע–ט) weaken, enfeeble

אָ'פּ|שלאָפֿ|ן וו (האָט/איז אָ'פּגעשלאָפֿן) sleep (a period of time)

אָפּשלוס דער conclusion, end, finish

אָ'פּ|שלו'קערצ|ן וו (–גע–ט) have the hiccups; hiccup (for a period of time)

אָ'פּ|שלײַ'דער|ן וו (–גע–ט) hurl aside, reject emphatically

אָ'פּ|שליי'ער|ן וו (–גע–ט) unveil

אָ'פּ|שלײַפֿ|ן וו (אָ'פּגעשליפֿן) polish *perf.*, hone, refine

אָ'פּ|שליס|ן וו (אָ'פּגעשלאָסן) close, end (debate, session); conclude (affair), close (account); seal off (district/neighborhood)

|| אָפּשליסן זיך shut oneself away, isolate oneself

אָ'פּ|שלעפּ|ן וו (–גע–ט) delay, drag out

אָ'פּ|שמד|ן וו (–גע–ט) [ShMAD] convert (a Jew) to Christianity; *hum.* dilute (wine, etc.)

אָ'פּשמוכטער דער (ס) *neol.* deodorant

אָ'פּשמועס דער (ן) appointment (to meet); arrangement, informal agreement

אָ'פּ|שמועס|ן וו (–גע–ט) <אַק> come to an agreement (on), agree to; discuss for (period of time)

אָ'פּ|שמײַס|ן וו (אָ'פּגעשמיסן) whip *perf.*, spank

אָ'פּ|שמיר|ן וו (–גע–ט) lime/whitewash *perf.*; (re)paint; smear, soil

אָ'פּ|שנאָל|ן וו (–גע–ט) unbuckle (belt, etc.)

אָ'פּ|שנויצ|ן וו (–גע–ט) זע אָפּשנײַצן

אָ'פּ|שנו'רעווע|ן וו (–גע–ט) unlace, untie

אָפּשניט דער (ן) section; sector; period (of time); passage (in a text); scrap, trimming (paper); defeat, rebuff; reprimand, dressing down

|| כאַפּן אַן אָפּשניט <פֿון> be scolded/told off (by); be defeated, be rebuffed

אָ'פּ|שנײַד|ן וו (אָ'פּגעשניטן) cut off (tip), remove, amputate; separate, isolate; pull through (well/badly); break (with s.o.); interrupt

|| אָפּשנײַדן פֿון withdraw from

|| אָפּשנײַדן טרוקן pull through unharmed

אָ'פּ|שנײַצ|ן וו (–גע–ט) blow one's nose *perf.*; trim wick of (candle)

|| אָפּשנײַצן דאָס די נאָז *also* put s.o. in his/her place, reprimand

אָ'פּשניצל דאָס (עך) (wood) shaving, paring, remnant; (characteristic) detail; ruse, stratagem; witticism

אָ'פּ|שניצ|ן וו (–גע–ט) cut/shave off; sharpen (pencil)

אָ'פּ|שניר|ן וו (–גע–ט) זע אָפּשנורעווען

אָ'פּ|שעכט|ן וו (אָ'פּגעשאָכטן) slaughter *perf.*; *fig.* ruin, reduce to poverty

אָ'פּ|שעמ|ען זיך וו (–גע–ט) cease being ashamed, dare

אָ'פּ|שעפּ|ן וו (–גע–ט) ladle out (liquid from a container); skim (off)

אָ'פּ|שער|ן וו (אָ'פּגעשוירן) cut (hair) *perf.*, shear; remove with scissors

|| אָפּשערן זיך get a haircut

אָ'פּ|שפּאַלט|ן וו (אָ'פּגעשפּאַלטן) split off *trans.*, remove by splitting

|| אָפּשפּאַלטן זיך split off *intr.*, become detached; break away, secede

אָפּשפּאַן דער (ען) *neol.* relaxation

אָ'פּשפּאַנונג די זע **אָפּשפּאַן**

אָ'פּ|שפּאַנ|ען וו (–גע–ט) travel (distance) on foot; loosen; unclench, relax *trans.*; unhitch, unharness, unhook

|| **אָפּשפּאַנען זיך** knock off (from work), ease up

אָפּשפּאָר דער (ן) savings

אָ'פּשפּאָרונג די (ען) savings

אָ'פּ|שפּאַר|ן וו (–גע–ט) push back, repel; open (a bit) (door, etc.); parry (blow); refute, gainsay

אָ'פּ|שפּאָר|ן וו (–גע–ט) set aside, save (up)

אָ'פּ|שפּו'נטעווע|ן וו (–גע–ט) unbung, tap (cask/barrel)

אָ'פּשפּיגלונג די (ען) (phys.) reflection; *fig.* description, depiction

אָ'פּ|שפּיגל|ען וו (–גע–ט) reflect, mirror

|| **אָפּשפּיגלען זיך אויף** *also* have an effect on

אָ'פּ|שפּײַ|ען וו (אָ'פּגעשפּיגן) spit *perf.*, spit out

|| **אָפּשפּײַען** אַק (folklore) exorcise s.o./stg. by spitting

אָ'פּ|שפּיליע|ן וו (–גע–ט) unbutton; unpin, unhook

אָ'פּ|שפּיל|ן וו (–גע–ט) (mus., theat.) play *perf.*, stage, perform; play (a trick); play for (period of time)

|| **אָפּשפּילן זיך** (scene, event) take place

אָפּשפּיר דער *neol.* detection

אָ'פּ|שפּיר|ן וו (–גע–ט) feel, experience; detect

אָ'פּ|שפּלי'טער|ן וו (–גע–ט) splinter, chip

אָ'פּ|שפּעט|ן וו (אָ'פּגעשפּעט) **פֿון** make fun of, scoff at, ridicule, deride

אָפּשפּראָץ דער (ן) offshoot, scion; progeny

אָ'פּ|שפּרינג|ען וו (איז אָ'פּגעשפּרונגען) bounce back, rebound; jump back, recoil; (enamel) chip off, (piece) break away

אָ'פּ|שפּריצ|ן וו (–גע–ט) spray/sprinkle *perf.*

|| **אָפּשפּריצן זיך** take a shower

אָ'פּ|שפּרעכ|ן וו (אָ'פּגעשפּראָכן) exorcise, ward off (evil eye)

אָ'פּ|שקראָבע|ן וו (–גע–ט) scrape (off) *perf.*

אָ'פּ|שרויפֿ|ן וו (–גע–ט) unscrew, unbolt

אָפּשרײַב דער (ן) bequest

אָ'פּ|שרײַב|ן וו (אָ'פּגעשריבן) transfer ownership of, bequeath; confiscate, seize (assets); recopy

|| **אָפּשרײַבן** <אַק> **פֿון** write an amulet supposed to cure (s.o.) from

אָ'פּ|שרײַ|ען וו (אָ'פּגעשריגן/אָ'פּגעשריִען) shout/cry for (period of time); succeed in having repealed (by prayer/entreaty)

|| **אָפּשרײַען פֿון טויט** restore to life; save at the point of death

אָפּשריפֿט די (ן) copy (of a document)

אָפּשרעק דער (ן) deterrent

אָ'פּ|שרעק|ן וו (אָ'פּגעשראָקן) frighten away, deter, dissuade, discourage

אָ'פּשרעקנדיק אַדי forbidding, intimidating; dissuasive

אַף פּרעפּ **זע אויף** 2.

אָף פֿאָנ עוף

אַפֿאַ'ר דער (ן) **זע אַפֿיר** 1.

אַפֿאָריזם דער (ען) aphorism

אַפֿוי'ר קוו **זע אַפֿער**

אַ פֿולע 1. אַדי–אינוו many

|| **2.** אַדוו much, a great deal of

אָפֿט 1. אַדי frequent, widespread

|| **2.** אַדוו : **אָפֿט (מאָל)** often, frequently

אָפֿטער(ס) אַדוו **זע עפֿטערס**

אָפֿטקייט די (ן) frequency

אַפֿידייוויט דער (ן) *Amer.* affidavit (of support for a prospective immigrant)

אַפֿילו [AFILE] **1.** אַדוו even, (but) also; yet, all the same, admittedly

|| **ער איז אַפֿילו רײַך, אָבער ער גיט ניט** he's rich, to be sure, but he does not give (to charity)

|| **אַפֿילו ניט** not even, not so much as

|| **אַפֿילו יאָ** in spite of everything, no matter what people may say

|| **ער איז אַפֿילו יאָ רײַך** not matter what he/people may say, he is rich

|| **2.** קאָנ even if, even though, although

אַפֿיליִאַציע די (ס) [LY] affiliation

אַפֿיליִיר|ן וו (–ט) affiliate

אַפֿיצינע די (ס) *dial.* wing, pavilion, annex

אַפֿיציע'ל אַדי official

אַפֿיצי'ר דער (ן) officer

אַפֿיקומן דער (ס) [AFIKOYMEN] piece of matzo which the head of the household must distribute at the end of the Passover seder, but which the children "steal" and hold for ransom

|| פֿ״גל **מצה**

אַפֿי'ר 1. דער (ן) handwriting model (for copying); pattern (for embroidery/needlepoint)

|| **2.** קוו **זע אַפֿער**

אַפֿי'ש דער (ן) poster, playbill

אַפֿן = אַף דעם זע אויפֿן

אָפֿ·ן אַדי/אַדוו open; explicit, blunt, outspoken

|| האַלב אָפֿן ajar, half-open

|| אויפֿן אָפֿענעם ים [YAM] on the high seas

אָ'פֿן־האַרציק אַדי/אַדוו frank, sincere, candid

אָ'פֿן־האַרציקייט די sincerity, candor, frankness

אָ'פֿנוואָר אַדי/אַדוו manifest, patent

אָ'פֿנטלעך אַדי/אַדוו frank, sincere, open

אָ'פֿנקייט די candor, frankness; open-mindedness

אָפֿסעט דער offset (printing process)

אָפֿסעטיר|ן וו (–ט) print by offset

אָפֿענסי'וו אַדי *milit.* offensive

אָפֿענסיווע די (ס) offense, offensive

אַפֿע'ר קוו *meaning: a)* out (from below/behind); *b)* forward

|| אַפֿע'ר|שלעפּ|ן *a)* pull out (from under stg.)

|| אַפֿע'ר|קריכ|ן *b)* creep out from under/behind

אַפֿע'ר|ברענג|ען וו (–גע–ט/אַפֿע'רגעבראַכט) advance, put forth (argument, example)

אַפֿערי'סט דער (ן) פֿעמ קע racketeer, swindler

אַפֿע'ר|כּישופֿ|ן וו (–גע–ט) [KIShEF] *lit.* conjure up

אַפֿע'ר|נעמ|ען וו (אַפֿע'רגענומען) take out (from under); bring out, show; bring/dredge up (an old story)

|| אַפֿערנעמען זיך <אַק/צו> undertake (to), make up one's mind (to)

אַפֿערע די (ס) affair, scandal, swindle

אַפֿע'ר|קומ|ען וו (איז אַפֿע'רגעקומען) come forth, show oneself, reveal oneself

אַפֿע'ר|קוק|ן וו (–גע–ט) stick out, be visible (from behind/under stg.)

אַפֿע'ר|שטאַרצ|ן וו (–גע–ט) protrude, jut out

אַפֿע'ר|שטעל|ן וו (–גע–ט) *neol.* present (film, event, etc.)

אַפֿע'ר|שטעק|ן וו (–גע–ט) jut out, protrude; bring out, show

אַפֿע'ר|שיס|ן וו (אַפֿע'רגעשאָסן) *neol.* (sniper) fire at

אפֿרוח דער (ים) [EFROYEKh - EFROYKhIM] fledgling, nestling

אַפֿריִער אַדוו in advance; before, beforehand

אַפֿריקאַניש אַדי African

אַפֿריקאַנער דער (–) פֿעמ ין African

אַ'פֿריקע (די) Africa

אפֿשר אַדוו [EFShER] perhaps, maybe

|| אפֿשר וואָלטסטו געשוויגן? would you mind shutting up?

|| האָסט אפֿשר געלט? you wouldn't have any money by any chance?

אצבע־אלקים דער [ETSBE-ELOKI'M] the finger of God, the work of God

אַצו'נד = אַצונדער(ט) אַדוו זע אַצינד

אצילות די/דאָס (ן) [ATSILES] spirituality, nobility, refinement

אַצי'נד = אַצינדער(ט) אַדוו now, at present

אָץ־קוצץ [OTSKOYTSETS] : אָץ־קוצץ־לשון [LOShN] gibberish, gobbledygook

אַקאַדעמיע די (ס) academy; upper school, conservatory; commemorative gathering, solemn assembly

אַקאַדע'מיקער דער (ס) פֿעמ ין academic

אַקאַדעמיש אַדי/אַדוו academic

אָקאַזיע די (ס) [ZY] opportunity, occasion, chance; calamity

אַקאָטאַ אינט shoo! scat!

אָקאָ'ליצע די (ס) *dial.* environs, vicinity, region

אַקאָ'לישעק דער (...שקעס) hatband

אַקאָ'לישקע די (ס) זע אַקאָלישעק

אַקאָמפּאַניאַטאָר דער (...אָ'רן) פֿעמ ...אָ'רשע [NY] (mus.) accompanist

אַקאָמפּאַנימע'נט דער (ן) (mus.) accompaniment

אַקאָמפּאַניר|ן וו (–ט) <דאָס> (mus.) accompany

אָקאָ'פּ דער (עס) זע אָקאָפּע

אָקאָפּע = אָקאָפּע די (ס) trench

אַקאָ'רד דער (ן) (mus.) chord; (contract for) piecework

אַקאָ'רשט פּאַרטיקל *urging particle, used generally with an imperative*

|| קום אַקאָרשט אַהע'ר! get over here!

|| זאָל ער אַקאָרשט עס מיר זאָגן! so let him tell me that!

|| איך וויל וויסן ווו איך האַלט אַקאָרשט I'd just like to know where I stand

|| פֿ״גל אָקערשט

אַקאָרשט אַדוו זע אָקערשט

אקדמות [AKDOMES] hymn recited by Ashkenazi Jews on the first day of *Shavuot*

|| פֿ״גל שבֿועות

אַקוואַריום דער (ס) aquarium

אַקוואַרע'ל דער (ן) [Ly] water color

אַקוזאַטי'וו דער (ן) (gramm.) accusative (case)

אַקו'ט אַדי acute (illness, symptom)

אָקו'לט אַדי [Ly] occult

אַקומולאַטאָר דער (...אָ'רן) [Ly] storage battery

אָקון דער (יעס) [Ny] — perch (fish)
אַקוסטיק די — acoustics
אַקוסטיש אַדי — acoustic
אָקופּאַציע די (ס) — (military) occupation
אָקופּיר|ן וו (–ט) — occupy (militarily)
אַקוראַ'ט 1. אַדי — meticulous
|| 2. אַדוו — exactly
אַקוראַטנע אַדי/אַדוו — accurate, punctual, regular, exact
אַקושאָ'ר = אַקושע'ר דער (ן) — obstetrician
אַקושעריע די — midwifery
אַקושערקע די (ס) — midwife
אַקט דער (ן) — act; (painting/sculpture) nude; *iron.* remarkable deed; scandal, ridiculous behavior
|| אַן אַקט מיט אים! — he's an odd fellow!
|| אַן אַקט אין/פֿון דער וועלט! — it's unheard-of!
אָקטאָבער דער (ס) — October
אָקטאַ'וו דער (ן) — octavo; stanza of 8 lines
אָקטאַווע די (ס) — (mus.) octave; stanza of 8 lines
אַקטואַליטעטן מצ — current events
אַקטועֶ'ל אַדי — timely, topical
אָקטיאַבער דער [Ty] — (days of the) October Revolution (1917, in Russia)
אַקטיאָ'ר דער (ן) [Ty] — actor, performer
אַקטי'וו 1. אַדי/אַדוו — active; in active service
|| זײַן* אַקטיוו אין — be activist in
|| 2. דער (ן) — group of activists (in a movement, political party, etc.); (gramm.) active voice
|| מצ — assets
אַקטיוויטע'ט די (ן) — activity, action
אַקטיווקייט די — activity, dynamism
אַקטריסע די (ס) — actress
אַקייגן אַדוו/פּרעפּ/קוו זע אַנטקעגן
אַ קיצור [AKITSER] אַדוו זע (אַ) קיצור
אַקי'ש אינט — shoo! scat!
אַקלימאַטיזאַציע די — acclimatization
אַקלימאַטיזיר|ן וו (–ט) — acclimatize
אַקן דער (ס) זע נאַקן
אַקס די (ן) — axis, axle
|| מיט (דער) אַקס, פּער אַקס — by carriage/coach
אָקס דער (ן) — ox, bull; *fig.* imbecile, fool
אַקסיאָ'ם די (ען) [SY] — axiom
אַקסל דער (ען) — shoulder
|| הייב|ן/ציִ|ען מיט די אַקסלען — shrug one's shoulders
|| או'נטער|שטעל|ן אַן אַקסל — help, lend a hand
אָקס·ן אַדי — of an ox; ox-like, obtuse, blockish
אָ'קסנפּאָסט די : מיט אָקסנפּאָסט — *hum.* by slow post, moving at a snail's pace
אָ'קסנקאַמף דער (ן) — bullfight
אָקע[1] די — card game very popular among Jews in eastern Europe in the 19th century
אָקע[2] די (ס) — (in Ukraine, 19th century) measure of weight of just under three pounds; measure of volume of about one liter; (copper) vessel for ladling water from a bucket
אָקעאַ'ן[1] דער (ען) — ocean
אָקעאַ'ן–[2]... — oceanic; seagoing
אַקעגן אַדוו/פּרעפּ/קוו זע אַנטקעגן
אָקעווי'ט דער — spirits, brandy
אַקער[1] דער (ס) — plow
אַקער[2] דער (ס) — acre
אַ'קער־אײַזן דער (ס) — plowshare
אַ'קער|ן וו (גע–ט) — plow/till *imperf.*
אַ'קערערד די — arable land
אָקערשט אַדוו — a moment ago, just now
אָ'קערשטיק אַדי–עפּי — very recent
אַקציאָנע'ר דער (ן) — shareholder, stockholder
אַקצידע'נט דער (ן) — (traffic) accident
אַקצי'ז דער (ן) — excise tax
אַקציע די (ס) — (group) action, (political) campaign; share (of stock); (financial) campaign, (charitable) appeal; (milit.) operation, *esp.* (during WW II) operation/raid by the Nazis against Jewish populations with a view toward deportation/extermination; remarkable/blameworthy act
|| אַן אַקציע מיט ... — what a character, this ...!
אַקצעלעראַטאָר דער (...אָ'רן) [Ly] — accelerator
אַקצע'נט דער (ן) — accent
אַקצענטיר|ן וו (–ט) — accentuate
אַקצעפּטיר|ן וו (–ט) — accept
אַקראָבאַ'ט דער (ן) פֿעמ קע — acrobat, tumbler
אַקראָבאַטיק די — acrobatics, tumbling
אַקראָבאַטיש אַדי/אַדוו — acrobatic
אַקראָסטי'ך דער (ן) — acrostic
אָקרוג דער (ן) — *Slav.* (in Russia) district, borough
אָקרוזשנע = אָקרוזשנוי' אַדי — *Slav.* (in Russia) of a district/borough
אַקרײַטשיק דער (עס) — end/heel of a loaf of bread; chunk/crust of bread

אַקרײַעץ דער (...ײַצעס) זע אַקרײַטשיק

אָקרײַקע די (ס) זע קרײַקע

אָקרישקע די (ס) זע פּאָקרישקע

אָקרענט דער (ן) boat, vessel, ship

אָקרעפּ דער boiling water

אַקשן פֿאַנ עקשן

אַראַביע (די) Arabia

אַראַביש 1. אַדי Arab, Arabian

|| 2. (דאָס) Arabic (language)

אַראַבעסק דער (ן) arabesque

אַראַבער דער (–) פֿעמ ין Arab

אָראַטאָר דער (...אָ'רן) פֿעמ ...אָ'רשע orator

אָראַטאָריע די (ס) oratory; oratorio

אַראָמאַ'ט דער (ן) aroma

אַראַמיש = אַראַמעיִש אַדי/(דאָס) זע אַרמיש

אָראַ'נזש 1. אַדי–אַטר orange (color)

|| 2. דער (ן) orange (fruit)

אַראַנזשירונג די (ען) (mus.) arrangement

אַראַנזשיר|ן וו (–ט) arrange

אָראַנזש·ן אַדי–עפּי orange-colored

אָראַנזשעריע די (ס) greenhouse, hothouse, orangery

אַראָ'פּ 1. אַדוו downward

|| אַראָפּ! down with!

|| אַראָפּ מיט descending, following

|| אַראָפּ מיטן טײַך downstream

|| אַראָפּ צו (צו) downward(s)

|| 2. קוו *meaning: a)* downward; *b)* take off, remove; *c) used by itself, it can take the place of an imperative, infinitive or participle of a verb of motion*

|| אַראָ'פּ|טראָג|ן *a)* carry down

|| אַראָ'פּ|וואַש|ן *b)* wash off

|| אַראָפּ = אַראָפּגיין/אַראָ'פּגעגאַנגען/אַראָ'פּקומען/אַראָ'פּגעקומען *c)*

|| ער איז אַראָפּ he came down

|| זי וועט אַראָפּ she'll come down

|| זאָלן זיי אַראָפּ! let them come down!

אַראָ'פּ־באַרג אַדוו downhill

אַראָ'פּ|בייג|ן וו (אַראָ'פּגעבויגן) bend/lean down

אַראָ'פּ|ברענג|ען וו (–גע–ט/אַראָ'פּגעבראַכט) bring down; bring from afar; bring to earth

אַראָפּגאַנג דער (ען/...גענג) descent

אַראָ'פּ־גאַס = אַראָ'פּ־גאַ'ס אַדוו down the street

אַראָ'פּ|גיי|ן* וו (איז אַראָ'פּגעגאַנגען) go down, descend; stray (from the path); (stain, etc.) come out, fade; be deducted (from a total)

אַראָ'פּ|גליטש|ן וו (–גע–ט) let slide/drop down

|| אַראָפּגליטשן זיך slip/slide down *intr.*

|| אַראָפּגליטשן זיך דאַט פֿון דער צונג (word) slip out (of s.o.'s mouth)

אַראָ'פּ|גנבֿע|נען וו (–גע–ט) [GANVE] steal, pilfer

אַראָ'פּגעהאַנגען = אַראָ'פּגעהאָנגען אַדי

אַראָפּהענגען פּאַרט hanging down

אַראָ'פּ|דריי|ען וו (–גע–ט) lower, turn down (volume, heat, lights); twist off, unscrew

|| אַראָפּדרייען דאַט דעם קאָפּ wring s.o.'s neck; confuse, mislead

אַראָ'פּ|דריק|ן וו (–גע–ט) press down, depress; beat down, lower (price, etc.)

אַראָפּהאַנג דער (ען) steep cliff; height, vertical distance

אַראָ'פּ|האַק|ן וו (–גע–ט) chop/knock down, fell

|| אַראָפּהאַקן <דאַט> דעם קאָפּ decapitate

אַראָ'פּ|הייב|ן וו (אַראָ'פּגעהויבן) tip (hat)

אַראָ'פּ|הענג|ען וו (איז אַראָ'פּגעהאַנגען) droop, sag, flag; dangle; (hair) hang down

אַראָ'פּ|וואַרפֿ|ן וו (אַראָ'פּגעוואָרפֿן) throw/cast down; overthrow (government); lay down on the ground; denigrate, disparage; reduce, lower (prices, salaries)

|| אַראָפּוואַרפֿן (פֿון זיך) shed, take off (jacket, etc.), discard

|| אַראָפּוואַרפֿן זיך throw oneself down, plunge

אַראָ'פּ־ווינט אַדוו *neol.* downwind

אַראָ'פּ|וועג|ן וו (אַראָ'פּגעוווגן) outweigh, be predominant

אַראָ'פּ|זינק|ען וו (איז אַראָ'פּגעזונקען) sink down, go to the bottom

אַראָ'פּ|זעצ|ן וו (–גע–ט) set (lower) down; knock/beat down; depose, unseat; reduce, lower (costs, prices)

|| אַראָפּזעצן זיך sit (lower) down; (sun) set; (liquids) settle

אַראָ'פּ|טראָג|ן וו (אַראָ'פּגעטראָגן) carry down; (storm, flood) uproot, carry off, destroy

אַראָ'פּ|טרײַב|ן וו (אַראָ'פּגעטריבן) chase off, make come down

אַראָפּכאַפּ דער (ן) *neol.* snapshot

אַראָ'פּ|כאַפּ|ן וו (–גע–ט) snatch down/off, take off quickly; snap (photograph), sketch, draw from life

|| אַראָפּכאַפּן זיך <פֿון> get down (quickly) (from), jump to the ground

|| אַראָפּכאַפּן זיך <אין/צו/קיין> drop in (on); take refuge (in)

אַראָ'פּלאָז־מולטער דער (ס) *neol.* escape chute

אַראָ'פּ|לאָז|ן וו (–גע–ט) lower, take/bring down; let down; drop, throw down; drop off (passenger); deal (blow); launch (boat)

|| ניט אַראָפּלאָזן keep up

|| אַראָפּלאָזן (פֿון די רעלסן) [Ly] derail

|| אַראָפּלאָזן פֿון cut down, reduce

|| ניט אַראָפּלאָזן קיין אויג פֿון not take one's eyes off

|| אַראָפּלאָזן אין קע'שענע slip into one's pocket, steal; embezzle, pocket

|| אַראָפּלאָזן די פֿליגל lose one's nerve

|| אַראָפּלאָזן זיך descend; lower oneself, stoop, deign, condescend; jump (by parachute); (bird, airplane) land

|| אַראָפּלאָזן זיך אויף swoop down on; fall on(to)

|| געבן* זיך אַ לאָז אַראָ'פּ plunge, nosedive

אַראָ'פּ|לייג|ן וו (–גע–ט) deposit, lay down

אַראָ'פּ|ליי'ענ|ען וו (–גע–ט) פֿון read on (face, lips)

אַראָ'פּ|לקחענ|ען וו (–גע–ט) [LAKKh·N] pinch, steal, embezzle

אַראָ'פּ|מאַכ|ן וו (–גע–ט) belittle, denigrate

אַראָ'פּ|ני'דער|ן וו (–גע–ט) descend, go down; bring down, lower

אַראַפּניק דער (עס) זע נאַראַפּניק

אַראָ'פּ|נעמ|ען וו (אַראָ'פּגענומען) take down, remove; lay off (workers); subtract, take away; take (photo); harvest

אַראָפּעט קוו זע אַראָפּ 2.

אַראָ'פּ|פּאַראַשוטיר|ן וו (–ט) parachute *trans.*, airdrop

|| אַראָפּפּאַראַשוטירן זיך bail out *intr.*, make a parachute jump

אַראָפּפֿאַל דער deference, humility; decline, fall

אַראָ'פּ|פֿאַל|ן וו (איז אַראָ'פּגעפֿאַלן) fall (down), tumble; (airplane) crash

|| אַראָפּפֿאַלן בײַ זיך lose heart, give up

אַראָ'פּ|פֿאָר|ן וו (איז אַראָ'פּגעפֿאָרן) (vehicle, passenger) ride down; go/travel (to a town, the provinces etc.); leave (the road), detour

אַראָ'פּ|פֿיר|ן וו (–גע–ט) lead down; lead astray

אַראָ'פּ|פֿלי|ען וו (אַראָ'פּגעפֿלויגן) (bird, airplane) descend, land; (thing) be blown down by the wind

|| אַראָפּפֿליִען פֿון *also* hurry down from

אַראָ'פּ צו (צו) אַדוו זע אַראָפּ 1.

אַראָ'פּ|ציִ|ען וו (אַראָ'פּגעצויגן) pull down, lower; remove, take off (clothing, etc.); strike (tent); lower (curtain)

אַראָ'פּ|קוועטש|ן וו (–גע–ט) press down on, push in; lower, force down (price, etc.)

אַראָ'פּ|קומ|ען וו (איז אַראָ'פּגעקומען) come down; arrive/show up unexpectedly; decline, weaken

אַראָ'פּ|קוק|ן וו (–גע–ט) look down; lower one's eyes

|| אַראָפּקוקן <אויף> overlook, look down (on); look (s.o.) over from top to bottom

|| אַראָפּקוקן אויף/אין look out over, dominate; face, give out (onto)

אַראָ'פּ|קײַקל|ען וו (–גע–ט) roll down *trans.*; remove by rolling

|| אַראָפּקײַקלען זיך tumble down; (drop) flow, roll down

אַראָ'פּ|קראַכ|ן וו (–גע–ט) crash

אַראָ'פּ|קריכ|ן וו (איז אַראָ'פּגעקראָכן) get down, climb down

אַראָ'פּ|רופֿ|ן וו (אַראָ'פּגערופֿן) call down; call from above

אַראָ'פּ|רײַס|ן וו (אַראָ'פּגעריסן) tear down/off, remove brusquely; raze, demolish; pan, criticize sharply, demolish *fig.*

אַראָ'פּ|רע'גענ|ען וו (–גע–ט) rain down; rain/shower (stg.) down

אַראָ'פּ|רעד|ן וו (–גע–ט) reveal, expose, spill out *fig.*

|| אַראָפּרעדן זיך (פֿון האַרצן) <פֿאַר> get off one's chest, unburden oneself (to)

אַראָ'פּ|רע'כענ|ען וו (–גע–ט) subtract, deduct; debit

אַראָ'פּרעלסונג די (ען) [Ly] derailment

אַראָ'פּ|שאַר|ן וו (–גע–ט) scrape off

אַראָ'פּ|שווענק|ען וו (–גע–ט) wash off, erode

אַראָ'פּ־שטאָט אַדוו toward the lower part of town; *Amer.* (toward/in) downtown

אַראָ'פּ|שטויס|ן וו (אַראָ'פּגעשטויסן) push/shove down

אַראָ'פּ|שטופּ|ן וו (–גע–ט) push down

אַראָ'פּ|שטײַג|ן וו (אַראָ'פּגעשטיגן) get out of (car), get off (bus, train, etc.)

אַראָ'פּ־שטראָם אַדוו downstream

אַראָ'פּ|שיס|ן 1. וו (אַראָ'פּגעשאָסן) shoot (arrow, bullet) downward; shoot down (bird, plane)

|| 2. וו (איז אַראָ'פּגעשאָסן) plummet

אַראָ'פּ|שיק|ן וו (–גע–ט) אַק send down; send s.o. (to the provinces, etc.); tell s.o. to go down

אַראָ'פּ|שלאָג|ן וו (אַראָ'פּגעשלאָגן) lead astray, cause to change course; knock/chop down

|| אַראָפּשלאָגן אַק פֿון וועג disorient

אַראָ'פּ|שלינג|ען וו (אַראָ'פּגעשלונגען) swallow *perf.*

אַראָ'פּ|שלעפּ|ן וו (–גע–ט) take/bring down (heavy object); drag down; take off (clothes, etc.)

אַראָ'פּ|שמײַס|ן וו (אַראָ'פּגעשמיסן) hurl down; drive off/away

אַראָ'פּ|שרײַ|ען וו (אַראָ'פּגעשריִען/ אַראָ'פּגעשריגן) shout from above

אָראַקל דער (ען) oracle

אַרב די *lit.* inheritance, ancestral wealth

אַרבו'ז דער (ן) watermelon

אָרבי'ט דער (ן) orbit

|| אַרוי'ס|לאָז|ן אין אָרביט put into orbit

אָרביטי'ר־... orbital

אָרביטיר|ן וו (–ט) orbit

אַרביטער דער (ס) arbiter, referee

אַרביטראַ'זש דער (ן) arbitration

אַרבל דער (–) (fash.) sleeve

|| האָ'דעווע|ן פֿון אַרבל nourish generously

|| זאָג|ן/רעד|ן פֿון אַרבל talk off the top of one's head

|| אױ'ס|טרייסל|ען אַק פֿון אַרבל, פֿאַרשטעק|ן אַק אין אַרבל run rings around s.o.

|| לאַכ|ן אין אַרבל laugh up one's sleeve

|| עס|ן פֿון אַרבל live from hand to mouth

|| שיט|ן (ווי) פֿון אַרבל make up (arguments, etc.) on the spot, improvise

אַ'רבל־פּראָזע די (verbal) filler

|| רעד|ן אַרבל־פּראָזע ad-lib

אַרב|ן וו (גע–ט) אַק *lit.* inherit from

אַרבע זע אַרבע־כּוסות; אַרבע־כּנפֿות

אַרבעט די (ן) work, labor; employment, activity; task, function; workmanship, handiwork

|| (שטיקל) אַרבעט (fash., etc.) piece of work

|| אַ גוט שטיקל אַרבעט a good piece of work, a good job

|| שרײַ'פֿטלעכ|ע אַרבעט written assignment, composition

|| אַ טאָג אַרבעט a day's work

|| ע'פֿנטלעכע אַרבעטן public works

אַ'רבעטאָרין די (ס) female worker

אַ'רבעטאָרער דער (–/ס) worker, laborer

אַ'רבעט־געבער דער (–/ס) פֿעמ ין employer

אַ'רבעטהויז דאָס (...הײַזער) workshop, factory; workhouse, penal institution

אַ'רבעטהענט מצ workers, workforce

אַ'רבעטזאַם אַדי *Germ.* industrious, diligent

אַ'רבעטן 1. דאָס operation, functioning

|| אַרבעטן <מיט> utilization/use (of)

|| 2. אַ'רבעט|ן וו (געאַרבעט) work *intr.*; *dial.* knit *imperf.*

|| אַרבעטן בײַ/מיט operate, work *trans.*; agitate, stir up

אַ'רבעט־נעמער דער (–/ס) פֿעמ ין employee

אַ'רבעטסטאָג דער (...טעג) workday

אַ'רבעטסלאָז אַדי unemployed

אַ'רבעטסלאָזיקייט די unemployment

אַ'רבעטסמאַן דער (אַ'רבעטסלײַט) workingman

אַ'רבעטסמענטש דער (ן) working person

אַ'רבעטסקראַפֿט די זע אַרבעטקראַפֿט

אַ'רבעטער[1] דער (–/ס) פֿעמ ין worker

|| מצ labor, working class

אַ'רבעטער־[2]... labor-..., workers' ...; (of) labor (party)

|| אַרבעטער־פֿאַראיין labor/trade union

|| אַרבעטער־באַוועגונג labor movement

|| אַרבעטער־פּאַרטיי labor party

אַ'רבעטער־טאָג דער Labor Day

אַ'רבעטערשאַפֿט די labor, working class

אַ'רבעטקראַפֿט די labor force

אַרבע־כּוסות [ARBE KOYSES] מצ the four cups of wine drunk by each of the guests on the night of Passover

אַרבע־כּנפֿות [ARBE KANFES] דער fabric rectangle with a hole for the head and with ritual tassels at the four corners, worn by observant Jews under their shirts

|| פֿ"גל ציצה

אַרבע־כּנפֿות־האָרץ [ARBE-KANFES-HOO'RETS] מצ the four winds, the four corners of the earth

אַרבעס דער (–) (green) pea; *fig.* wart

|| קלעפּ|ן זיך ווי (אַן) אַרבעס אין וואַנט *hum.* be irrelevant/illogical, have no connection with the subject

אָרגאַזם דער (ען) orgasm

אָרגאַ'ן דער (ען) organ

אָרגאַניזאַטאָר דער (...אָ'רן) פֿעמ ...אָ'רשע organizer

אָרגאַניזאַציע די (ס) organization

אָרגאַניזירונג די (act of) organizing

אָרגאַניזיר|ן וו (–ט) organize; *slang* steal, swipe

אָרגאַניזם דער (ען) organism

אָרגאַניש אַדי/אַדוו organic; integral

אַרגומע'נט דער (ן) argument, proof, reason

אַרגומענטאַציע די (ס) argumentation

אַרגומענטיר|ן וו (–ט) debate, discuss, argue

אָרגיע די (ס) orgy

אָרגל דער (ען) *mus.* organ

אָרגלער דער (ס) *neol.* organist

אַרגסט אַדי–עפּי זע ערגסט

אַרגענטינע (די) Argentina

אַרגענטינער 1. אַדי–אינוו Argentine
|| 2. דער (–) פֿעמ ין Argentinian

אַרגער אַדי זע ערגער

אָרדינאַ'נס דער (ן) orderly, adjutant

אָרדיניר|ן וו (–ט) order, prescribe, ordain

אָרדן דער (ס) medal, decoration, insignia; order (organization)

אָ'רדנטלעך אַדי/אַדוו ordinary, regular

אָ'רדענונג די (ען) order, arrangement

אָ'רדענער דער (ס) פֿעמ ין organizer (of event), usher

אַרו'דעווע|ן וו (–ט) act/work quickly, take charge

אַרוי'ס 1. אַדוו out, forth
|| אין דרויסן אַרויס outwards, towards the outside
|| אין גאַס/הויף אַרויס out to the street/courtyard
|| פֿון ... אַרויס out of (place), having just come out of
|| 2. אינט get out!
|| 3. קוו *meaning: a)* out, outward; *b) used alone, takes the place of the infinitive or participle of a verb of motion*
|| אַרוי'ס|שטופּ|ן *a)* push out
|| אַרויס = אַרויסגיין/אַרוי'סגעגאַנגען/ אַרוי'סקומען/אַרוי'סגעקומען *b)*
|| זי איז אַרויס she went out
|| מיר וועלן אַרויס we will be leaving/going (out)
|| ער טאָר ניט אַרויס he mustn't go out
|| דאָס בוך איז אַרויס the book has come out

אַרוי'ס|אָ'טעמ|ען וו (–גע–ט) breathe out, exhale

אַרוי'ס|באַגלייט|ן וו (אַרוי'סבאַגלייט) see to the door, show out; say goodbye to, see off

אַרוי'ס|באַווײַז|ן וו (אַרוי'סבאַוויזן) reveal, let stg. show, display
|| אַרויסבאַווײַזן זיך אַז become apparent that

אַרוי'ס|באַלאָטיר|ן וו (–ט) *neol.* vote out, blackball

אַרוי'ס|באַלייט|ן וו (אַרוי'סבאַלייט) see to the door, show out; say goodbye to, see off

אַרוי'ס|באַקומ|ען וו (אַרוי'סבאַקומען) <בײַ> elicit/extract (from), worm out of

אַרוי'ס|בײַס|ן וו (אַרוי'סגעביסן) oust, supplant; erase, eradicate
|| אַרויסבײַסן זיך sprout, emerge, stand out

אַרוי'ס|בלי|ען וו (–גע–ט) *fig.* blossom, sprout

אַרוי'ס|בליק|ן וו (–גע–ט) look out at; be apparent/visible, show

אַרוי'ס|ברענג|ען וו (–גע–ט/אַרוי'סגעבראַכט) bring out; extract, pull/bring out; express; produce, create
|| אַרויסברענגען צו/אין lead to (condition, situation)

אַרויסגאַנג דער (ען) exit

אַרוי'ס|גיי|ן* וו (איז אַרוי'סגעגאַנגען) go out; depart/leave (on foot); appear, be published
|| אַרויסגיין פֿאַר/קעגן speak out for/against

אַרוי'ס|גיס|ן וו (אַרוי'סגעגאָסן) pour out, discharge (liquid)

אַרוי'ס|גליטש|ן זיך וו (–גע–ט) <פֿון> slip out (of); steal away/escape (from), elude

אַרוי'ס|גנבֿע|נען וו (–גע–ט) [GANVE] steal, make off with
|| אַרויסגנבֿענען זיך slip out, steal away *intr.*

אַרוי'סגעבאַלט אַדי prominent, protruding

אַרוי'ס|געב|ן* וו (אַרוי'סגעגעבן) give out, distribute; publish, release; emit, give off, generate; betray, surrender (into enemy hands); promulgate, pronounce, decree; issue (document)
|| אַרויסגעבן זיך פֿאַר pretend to be, pass oneself off as

אַרוי'סגעבער דער (ס) פֿעמ ין publisher

אַרויסגעבערײַ' דאָס publishing (business)

אַרוי'סגעוואָרפֿ·ן אַדי אַרויסוואַרפֿן פּאַרט vain, useless, fruitless, to no purpose
|| (האַלב) אַרויסגעוואָרפֿן of little use, thankless

אַרוי'סגערוקט אַדי אַרויסרוקן פּאַרט prominent, projecting

אַרוי'ס|גראָב|ן וו (אַרוי'סגעגראָבן) dig up/out
|| אַרויסגראָבן (פֿון קבֿר) [KEYVER] exhume, disinter

אַרויסדריי דער (ען) evasion, subterfuge

אַרוי'ס|דריי|ען וו (–גע–ט) unscrew

|| אַרויסדרייען זיך <פֿון> come unscrewed; free/extricate oneself (from), escape; get out of (predicament)

אַרוי'סדרייעריש אַדי/אַדוו evasive

אַרוי'ס|דרינג|ען 1. וו (אַרוי'סגעדרונגען) infer, derive, deduce, conclude

|| 2. וו (איז אַרוי'סגעדרונגען) flow out, emanate; ensue, be a consequence

אַרוי'ס|הייב|ן וו (אַרוי'סגעהויבן) single out, pay homage to; stress, emphasize, highlight, play up

|| אַרויסהייבן זיך distinguish oneself, become famous

אַרוי'ס|העלפֿ|ן וו (אַרוי'סגעהאָלפֿן) <דאַט> help (s.o.); save (s.o.); be useful (to s.o.)

|| אַרויסהעלפֿן זיך מיט avail oneself of, make the most of

אַרוי'ס|הענג|ען וו (אַרוי'סגעהאַנגען) hang out (wash, flag, announcement)

אַרוי'ס|הער|ן וו (-גע-ט) <פֿון> hear (from among other sounds), perceive, discern (in)

אַרויסוואוקס דער (ן) outgrowth

אַרוי'ס|וואַקס|ן וו (איז אַרוי'סגעוואַקסן/ אַרוי'סגעוואָקסן) sprout *intr.*, come up, grow out; spring up, appear

|| אַרויסוואַקסן פֿון stem/result from; outgrow (clothing, ideas, limitations)

אַרויסוואַרג דאָס *neol.* output

אַרוי'ס|וואַרפֿ|ן וו (אַרוי'סגעוואָרפֿן) throw out; discard, throw away; eject, send away, show the door; spit out; exclude/suppress (stg.); squander, waste

אַרויסווייַז דער (ן) expression, manifestation, display

אַרוי'ס|ווייַז|ן וו (אַרוי'סגעוויזן) show (proof of), manifest; exhibit, display

|| אַרויסווייַזן זיך appear, show oneself

|| אַרויסווייַזן זיך <פֿאַר> turn out to be, prove to be

אַרוי'ס|ווייע|ן וו (-גע-ט) (wind) blow away, carry off; *lit.* emanate, waft

אַרוי'ס|וויקל|ען וו (-גע-ט) unwrap; extricate (from a bad situation)

|| אַרויסוויקלען זיך *also* unroll *intr.*

אַרויסזאָג דער (ן) statement, declaration, opinion

אַרוי'סזאָגונג די (ען) זע אַרויסזאָג

אַרוי'ס|זאָג|ן וו (-גע-ט) say, express; utter, pronounce

|| אַרויסזאָגן זיך state one's opinion, have one's say

|| אַרויסזאָגן זיך <פֿאַר/קעגן> take a stand (for/against)

אַרוי'ס|זוכ|ן וו (-גע-ט) trace, unearth, uncover

אַרוי'ס|זינג|ען וו (אַרוי'סגעזונגען) sing out; express through song; *lit.* gush forth like a song

אַרוי'ס|זע|ן* וו (אַרוי'סגעזען) catch sight of, see (the part that is not hidden); figure out, realize

|| אַרויסזען זיך show *intr.*, appear, be visible

אַרוי'ס|זעצ|ן וו (-גע-ט) disembark *trans.*; evict, expel; knock out, smash (tooth, window, etc.); gush out

אַרוי'ס|חנפֿע|נען וו (-גע-ט) [KhANFE] obtain by flattery, wheedle

אַרוי'ס|טאָ|ן* זיך וו (אַרוי'סגעטאָן) פֿון extricate oneself from

אַרוי'ס|טויכ|ן וו (-גע-ט) emerge, surface; bring to the surface (e.g. memory)

אַרוי'ס|טונק|ען זיך וו (-גע-ט) emerge, surface

אַרוי'ס|טייל|ן וו (-גע-ט) distribute; single out, pay special attention to

|| אַרויסטיילן זיך <מיט> distinguish oneself (by)

אַרוי'ס|טראָג|ן וו (אַרוי'סגעטראָגן) carry out/outside; steal, pilfer; render (verdict), pronounce (ruling); draw (impression, conclusion)

אַרויסטריט דער (ן) זע אַרויסטרעט

אַרוי'ס|טרייַב|ן וו (אַרוי'סגעטריבן) drive out, expel, banish

אַרויסטרעט דער (ן) (public/stage) appearance; contribution to a debate, taking of a stand; secession, departure

אַרוי'סטרעטונג די (ען) זע אַרויסטרעט

אַרוי'ס|טרעט|ן וו (איז אַרוי'סגעטראָטן) appear on stage/in public; appear, show oneself; speak out (for/against)

|| אַרויסטרעטן פֿון leave (an organization), secede from

אַרוי'ס|יאָג|ן וו (-גע-ט) chase out, expel

אַרויסכאַפּ דער (ן) indiscretion, blunder

אַרוי'ס|כאַפּ|ן וו (-גע-ט) snatch/wrest (stg. from s.o.); pull/take out (suddenly)

|| אַרויסכאַפּן זיך slip out *intr.*, get out quickly

|| אַרויסכאַפּן זיך מיט blurt out

אַרויסלאָז דער (ן) (phys., physiol.) emission, (finan.) issue; discharge, release, liberation; graduating class; handing out of diplomas

אַרוי'ס|לאָז|ן וו (-גע-ט) (phys., physiol.) emit; (finan.) issue; let out, set free; let go, release; publish, propagate, spread; promulgate; (earth, plant) produce, grow *trans.*; leave out, omit; give off, emit; let out (hem)

|| ניט אַרויסלאָזן keep in, confine

|| אַרויסלאָזן זיך set out, take off, strike out

|| אַרויסלאָזן זיך <אויף> undertake, embark (on)

אַרוי'ס|לויפֿ|ן וו (איז אַרוי'סגעלאָפֿן) run/dash out; flow/spill out

|| אַרויסלויפֿן אין/צו drop in on

אַרוי'ס|לייג|ן וו (-גע-ט) expose, display; expound (arguments etc.)

|| אַרויסלייגן די קאָרטן (אויפֿן טיש) show one's cards

אַרוי'ס|ליי'ענ|ען וו (-גע-ט) <פֿון> read *fig.*, gather, infer (from); read aloud

אַרוי'ס|מאַכ|ן וו (-גע-ט) eject, throw out

|| אַרויסמאַכן זיך shirk, extricate oneself, make oneself scarce

אַרוי'ס|נאַר|ן וו (-גע-ט) obtain by cunning/deception; lure out

|| אַרויסנאַרן זיך פֿון elude; slip away discreetly from

אַרוי'ס|נעמ|ען וו (אַרוי'סגענומען) take out, extract, remove; obtain, gain; have (document) issued; wrest (stg. from s.o.), tear away, snatch; send for (s.o.)

אַרויסעט קוו זע אַרויס 3.

אַרוי'ס|פּאָ'מפּע(ווע)|ן וו (-גע-ט) pump out; *fig.* extort

אַרויספּאָסט די *neol.* outgoing mail

אַרוי'ס|פּאַק|ן וו (-גע-ט) put out(side), send off; extract/recover deftly

|| אַרויספּאַקן זיך extricate oneself, escape

אַרויספּונקט דער (ן) *neol.* starting point, point of departure

אַרוי'ס|פּטר|ן וו (-גע-ט) [PATER] send off, get rid off

אַרוי'ס|פּלאָ'נטע(ר)|ן וו (-גע-ט) extricate, free

אַרוי'ס|פּלאַצ|ן וו (-גע-ט) <מיט> burst out ...ing; blurt stg. out

אַרוי'ס|פּעקל|ען וו (-גע-ט) bundle off

|| אַרויספּעקלען זיך leave, decamp

אַרוי'ס|פּראַווע|ן וו (-גע-ט) אין/קיין send off (equipped to travel) to; escort (one who is leaving); send off, get rid of

אַרוי'ס|פּרעס|ן וו (-גע-ט) squeeze/press out (liquid); extort, exact

אַרויספֿאָדער דער (ן) challenge

אַרוי'ס|פֿאָ'דער|ן וו (-גע-ט) <אויף> challenge (to); convoke, convene

אַרוי'ס|פֿאָכ(ע)|ן וו (-גע-ט) wave off/away

|| אַרויספֿאָכען (פֿון זיך) די לונג/נשמה [NEShOME] work oneself to exhaustion

אַרוי'ס|פֿאַל|ן וו (איז אַרוי'סגעפֿאַלן) fall/drop out; be omitted (by accident); withdraw, abandon; be excluded/eliminated; leave abruptly; (milit.) atempt a sortie

|| עס פֿאַלן איר אַרויס די האָר/ציין she's losing her hair/teeth

אַרוי'ספֿאַלער דער (ס) פֿעמ קע *neol.* dropout; outcast, person on the fringes of society

אַרויספֿאָר דער (ן) departure; outing; *iron.* performance, routine, act

|| ערשט|ער אַרויספֿאָר start, beginning; maiden voyage (of a ship, etc.)

אַרוי'ס|פֿאָר|ן וו (איז אַרוי'סגעפֿאָרן) leave (on a trip), sail; drive off (by vehicle); go on vacation, leave on a tour

|| אַרויספֿאָרן מיט *fam.* come out with (stg. unexpected, sarcastic, etc.)

אַרויספֿיר דער (ן) export

אַרוי'ס|פֿיר|ן וו (-גע-ט) lead/show out; extricate (from a bad situation); take (s.o.) out, take for a walk; take (stg.) out, carry outside, export; trace (genealogy)

|| אַרויספֿירן אויף/אין/צו lead to, result in

|| אַרויספֿירן אויפֿן גלײַכן וועג put back on the right path

אַרוי'ס|פֿיש|ן וו (-גע-ט) *fig.* fish out, unearth, pick out

אַרויספֿלי דער (ען) *neol.* (aerial) sortie, mission

אַרויספֿלייץ דער (ן) outflow

אַרוי'ס|פֿלייצ|ן וו (-גע-ט) gush out, overflow

אַרוי'ס|פֿליס|ן וו (איז אַרוי'סגעפֿלאָסן) flow/gush out; originate, emanate

אַרוי'ס|פֿלי|ען וו (איז אַרוי'סגעפֿלויגן) fly out; be thrown outside; fly away, take off; leave hurriedly; be expelled

אַרויסצי דער (ען) *neol.* withdrawal (money)

אַרוי'ס|צי|ען וו (אַרוי'סגעצויגן) extract, draw out; withdraw (money, etc.); extort

|| אַרויסציִען זיך withdraw *intr.*; move out *intr.*

אַרוי'ס-קאָנטאַקט דער (ן) (elec.) output jack

אַרוי'ס|קאַראַ'בקע(ווע)|ן זיך וו (-ט) crawl out; extricate oneself

אַרוי'ס|קוואַל|ן וו (-גע-ט) spring, gush (out), spurt

אַרוי'ס|קוועטש|ן וו (-גע-ט) squeeze out (liquid); extort; barely manage to say, speak with difficulty

אַרוי'ס|קוועל|ן וו (–גע–ט/אַרוי'סגעקוואָלן) זע אַרויסקוואַלן

אַרויסקום דער (ען) outcome, upshot, result; edition

אַרוי'ס|קומ|ען וו (איז אַרוי'סגעקומען) come out, issue; appear, emerge, surface; come to light

|| אַרויסקומען <פֿון> result (from), be gained (from)

|| אַרויסקומען פֿון descend/issue from; arise from

|| אַרויסקומען אויף end up speaking about

|| אַרויסקומען מיט come out with (demand, opinion, etc.)

|| אַרויסקומען דאַט <פֿון> (money, etc.) be owed to (by)

|| וואָס קומט אַרויס דערפֿו'ן? what's the point of it?

|| וואָס קומט זיי אַרויס פֿון דער דאָזיקער אַרבעט? what do they get out of this job?

אַרויסקוק דער (ן) outlook, view, prospect, expectation

אַרוי'ס|קוק|ן וו (–גע–ט) look out; stick out, jut out, project

|| אַרויסקוקן פֿון (thing) show through, be visible; show on/in (face, eyes, etc.)

|| אַרויסקוקן אויף look forward to eagerly

|| אַרויסקוקן אויף/צו (window) look out on, face

אַרוי'ס|קלאַפּ|ן וו (–גע–ט) knock out, beat out; eliminate

|| אַרויסקלאַפּן אַק דאַט (פֿון קאָפּ) knock stg. out of s.o.'s head

אַרוי'ס|קלײַב|ן זיך וו (אַרוי'סגעקליבן) move out (of a house) *intr.*

אַרוי'ס|קריג|ן וו (אַרוי'סגעקראָגן) obtain, elicit; extract, pull out; extort; get rid of

|| אַרויסקריגן זיך extricate/free oneself

אַרוי'ס|קריכ|ן וו (איז אַרוי'סגעקראָכן) crawl out; get out with difficulty, leave furtively; extricate oneself; appear, come out of hiding

אַרוי'ס|ראַ'טעווע|ן וו (–גע–ט) save, rescue, evacuate

אַרויסרוף דער (ן) challenge

אַרוי'ס|רופֿ|ן וו (אַרוי'סגערופֿן) summon, call forth; send for (doctor, etc.); convoke; page; provoke, arouse, raise (question), lead to; evoke

|| אַרויסרופֿן <אויף> challenge (to)

|| אַרויסרופֿן אויף אַ דועל challenge to a duel

אַרוי'סרופֿעריש אַדי/אַדוו provocative

אַרוי'ס|רוק|ן וו (–גע–ט) pull/push out; take out, show, display; bring forward

|| אַרויסרוקן זיך sneak out; move forward, advance; distinguish oneself, put oneself forward

אַרויסרייד דער (ן) זע אַרויסרעד

אַרוי'ס|רײ'כער|ן וו (–גע–ט) fumigate (animals); *fig.* smoke out

אַרוי'ס|רײַס|ן וו (אַרוי'סגעריסן) tear out *perf.*, wrest; extract/pull (tooth)

|| אַרויסרײַסן זיך *also* (flame, shout, etc.) escape; (feelings/passion) run wild

אַרוי'ס|רינ|ען וו (איז אַרוי'סגערונען) (liquid) trickle/seep out, leak

אַרוי'ס|ריִ|ען וו (–גע–ט) unearth, exhume

אַרוי'ס|ריר|ן זיך וו (–גע–ט) stir, set out

אַרויסרעד דער (ן) pronunciation

אַרוי'ס|רעד|ן וו (–גע–ט) pronounce, articulate; express, show

|| אַרויסרעדן פֿון speak from within; speak through the mouth of

|| די נאַ'רישקייט רעדט פֿון אים אַרויס he makes a fool of himself when he opens his mouth

אַרוי'ס|שאַר|ן וו (–גע–ט) rake/sweep out

|| אַרויסשאַרן זיך leave discreetly

אַרוי'ס|שווײַג|ן וו (אַרוי'סגעשוויגן) *lit.* (silence) become perceptible; express by silence

אַרוי'ס|שווימ|ען וו (איז אַרוי'סגעשווומען) surface, emerge

אַרוי'ס|שטאַמל|ען וו (–גע–ט) stammer (out) *perf.*

אַרוי'סשטאַרציק אַדי jutting, prominent

אַרוי'ס|שטאַרצ|ן וו (–גע–ט) jut out, project, protrude

אַרויסשטויס דער (ן) ejection; (motor) exhaust

אַרוי'ס|שטויס|ן וו (אַרוי'סגעשטויסן) eject, expel; push out; oust

אַרוי'ס|שטופּ|ן וו (–גע–ט) push out; displace/expel (person, population); supplant

אַרוי'ס|שטעל|ן וו (–גע–ט) take out (stg.), place outside; hold out (hand), thrust out (chest), stick out (tongue); exhibit, display, demonstrate; pose (question), declare (candidacy); put forward, advance *trans.*; expel (s.o.)

|| אַרויסשטעלן זיך push oneself to the fore; (things) turn out (well/badly), look (good/bad, etc.)

|| אַרויסשטעלן זיך אַנדערש take a different turn

|| אַרויסשטעלן זיך פֿאַר turn out to be; present oneself as, pass oneself off as; defend, take the part of

|| אַרויסשטעלן זיך אַז happen that, turn out that

|| אַרויסשטעלן זיך מיט pride oneself on, show off *trans.*

אַרוי'ס|שטעק|ן וו (–גע–ט) jut out, protrude; stick out (one's head, tongue, etc.)

אַרוי'ס|שטראָמ|ען וו (–גע–ט) stream out; *fig.* arise

אַרוי'ס|שטרעק|ן וו (–גע–ט) extend, stick out (limb, tongue)

אַרוי'ס|שיט|ן וו (אַרוי'סגעשיט/אַרוי'סגעשאָטן) pour/shake out (powder, etc.)

אַרוי'ס|שייל|ן וו (–גע–ט) bring out, highlight

|| אַרויסשיילן זיך emerge, stand out

אַרוי'ס|שייַנ|ען וו (–גע–ט) פֿון (light) emanate/gleam from; shine from within; be visible/apparent in/on

|| אַרויסשייַנען פֿון הינטער/צווישן shine out from behind/among

אַרוי'ס|שיס|ן וו (אַרוי'סגעשאָסן) shoot out(wards); spurt out, gush forth

|| אַרויסשיסן מיט burst out with

אַרוי'ס|שיק|ן וו (–גע–ט) אַק send, dispatch; send out, expel, order s.o. to leave

אַרוי'ס|שלאָג|ן וו (אַרוי'סגעשלאָגן) knock/beat out; gush out; vanquish, eliminate; obtain with great effort

|| אַרויסשלאָגן פֿון expel from; distract from

|| אַרויסשלאָגן אַק דאַט (פֿון קאָפּ) knock stg. out of s.o.'s head

אַרוי'ס|שליס|ן וו (אַרוי'סגעשלאָסן) *neol.* lock out

אַרוי'ס|שלעפּ|ן וו (–גע–ט) pull/drag out, extract

אַרוי'ס|שמייכל|ען וו (–גע–ט) smile (through an opening, window, etc.); *lit.* (stg. pleasant) be visible, shine out

|| פֿון אירע אויגן שמייכלט אַרויס אַ גוטסקייט goodness shines out of her eyes

אַרוי'סשפּאַציר דער (ן) *neol.* walk, stroll, hike

אַרוי'ס|שפּאַר|ן וו (–גע–ט) spurt, gush out; erupt, burst forth; protrude, jut out, project; expel, displace

|| אַרויסשפּאַרן זיך extricate oneself, get out (with effort)

אַרוי'ס|שפּראָצ|ן וו (–גע–ט) shoot, sprout; *fig.* arise, appear

|| אַרויסשפּראָצן פֿון stem from, have roots in

אַרוי'ס|שפּרינג|ען וו (איז אַרוי'סגעשפּרונגען) spring forth, jump out (of); arise (from), <פֿון> appear

אַרוי'ס|שפּריצ|ן וו (–גע–ט) spurt, gush; squirt, spit (out)

אַרוי'ס|שרויפֿ|ן וו (–גע–ט) unscrew

אַרוי'ס|שרײַב|ן וו (אַרוי'סגעשריבן) set down in writing

אַרוי'ס|שרײַ|ען וו (אַרוי'סגעשריִען/אַרוי'סגעשריגן) cry out, exclaim

|| אַרויסשרײַען פֿון cry out from within

|| אַרויסשרײַען פֿון זיך דאָס האַרץ/די לונגען shout oneself hoarse

אַרוי'ף 1. אַדוו up, upwards

|| אַרויף מיט up (along)

|| אַרויף מיטן טײַך up the river

|| אַרויף די טרעפּ upstairs, up the stairs

|| ... אַרויף ... אַראָ'פּ ... more or less

|| אַ רובל אַרויף אַ רובל אַראָ'פּ a ruble more or less; money is no object

|| אַרויף צו (צו) upward(s)

|| 2. קוו *meaning: a)* up, upwards; *b)* on, onto; *c) used alone, takes the place of an imperative, infinitive, or participle of a verb of motion*

|| אַרוי'פֿ|לויפֿ|ן *a)* run up (stairs, path, etc.)

|| אַרוי'פֿ|שרײַב|ן *b)* write on (blackboard, etc.)

|| אַרויף = אַרויפֿגיין/אַרוי'פֿגעגאַנגען/אַרוי'פֿקומען/אַרוי'פֿגעקומען *c)*

|| זי איז אַרויף she went up

|| ער וועט אַרויף he will go up

|| אַרויף! up! climb up!

אַרוי'פֿ|אַ'רבעט|ן זיך וו (אַרוי'פֿגעאַרבעט) get ahead, climb the social/economic ladder; improve oneself

אַרוי'ף־באַרג אַדוו uphill

אַרוי'פֿ|ברענג|ען וו (–גע–ט/אַרוי'פֿגעבראַכט) bring/take up; mention, bring up; provoke

|| אַרויפֿברענגען אויף raise up to; put on (path); suggest (idea)

אַרויפֿגאַנג דער (ען) ascent, climb

אַרוי'פֿ|גיי|ן* וו (איז אַרוי'פֿגעגאַנגען) go up, ascend *trans./intr.*; scale, climb up; rise

אַרוי'פֿ|געב|ן* וו (אַרוי'פֿגעגעבן) bring up (from below); add

אַרוי'פֿ|דראַפּע|ן זיך וו (–גע–ט) <אויף> climb up *perf.* (to), haul oneself up (to)

אַרוי'פֿ|דריי|ען וו (–גע–ט) twirl (mustache ends); turn up (wick)

אַרוי'פֿ|וואַרפֿ|ן וו (אַרוי'פֿגעוואָרפֿן) cast up, throw upwards

|| אַרויפֿוואַרפֿן אויף — throw onto; impose (tribute, obligation) upon; blame, accuse

|| אַרויפֿוואַרפֿן (אויף זיך) — throw on (clothes)

|| אַרויפֿוואַרפֿן זיך אויף — hurl oneself at, assail

אַרוי'ף־ווינט אַדוו — *neol.* upwind

אַרוי'פֿ|זעצ|ן וו (–גע–ט) — seat (up high); enthrone, put in power

|| אַרויפֿזעצן <אויף> — perch *trans.* (on); put into (vehicle); put/place (upon); place on the head (of)

|| אַרויפֿזעצן זיך <אויף> — mount, get into the saddle; get up (on), perch *intr.* (on)

אַרוי'פֿ|טאָ|ן* וו (אַרוי'פֿגעטאָן) — put on (clothes); put/place (on)

אַרוי'פֿ|טרעט|ן וו (איז אַרוי'פֿגעטראָטן) אויף — tread upon *perf.*, step on(to)

אַרוי'פֿ|כאַפּ|ן וו (–גע–ט) <אויף זיך> — throw on (clothes)

|| אַרויפֿכאַפּן אויף פּאַפּיר — take notes, sketch (quickly)

|| אַרויפֿכאַפּן זיך <אויף> — climb/haul oneself up (on); attack, hurl oneself (at)

אַרוי'פֿ|לאָז|ן וו (–גע–ט) — let ascend, send up

|| אַרויפֿלאָזן (אויף דער שוועל) — admit, let in

|| אַרויפֿלאָזן אויפֿן געדאַ'נק אַז — entertain the idea/possibility that

|| אַרויפֿלאָזן אַק אויף — incite s.o. against

|| ניט אַרויפֿלאָזן — keep down *trans.*

|| אַרויפֿלאָזן זיך אויף — hurl oneself at

אַרוי'פֿ|לייג|ן וו (–גע–ט) <אויף> — lay (on); place (on/over); impose, inflict

אַרוי'פֿלייטערונג די — *neol.* escalation, intensification

אַרוי'פֿ|ליי'טער|ן (זיך) וו (–גע–ט) — *neol.* escalate, intensify *trans./intr.*

אַרוי'פֿ|נייט|ן וו (אַרוי'פֿגענייט) <אויף> — impose (on)

אַרוי'פֿ|נעמ|ען וו (אַרוי'פֿגענומען) — take (s.o.) up, have s.o. come up; bring/carry up; (vehicle, etc.) hold, seat; put on (clothing); gain (weight)

אַרויפֿעט קוו זע אַרויף 2.

אַרוי'פֿ|פֿאַל|ן וו (איז אַרוי'פֿגעפֿאַלן) אויף — fall *perf.* on; be incumbent upon, fall to; hurl oneself at

|| אַרויפֿפֿאַלן דאַט (אויפֿן געדאַ'נק) — occur to

אַרוי'פֿ|פֿאָר|ן וו (איז אַרוי'פֿגעפֿאָרן) — (passenger, vehicle) go/drive up

|| אַרויפֿפֿאָרן אויף — (vehicle, driver) crash into, run over; ram into

אַרוי'פֿ|פֿיר|ן וו (–גע–ט) — lead/accompany up

|| אַרויפֿפֿירן אויף — lead to (place); set on (path); suggest (idea)

אַרוי'פֿ|פֿלי|ען וו (איז אַרוי'פֿגעפֿלויגן) <אויף> — fly up; land *intr.* (on)

אַרוי'ף צו אַדוו זע אַרויף 1.

אַרוי'פֿ|צווינג|ען וו (אַרוי'פֿגעצוווּנגען) <אויף> — impose/force (upon)

אַרוי'ף צו צו אַדוו זע אַרויף 1.

אַרוי'פֿ|ציִ|ען וו (אַרוי'פֿגעצויגן) — pull up, hoist; string (beads); slip on (clothing); mount (stg. on a form, etc.)

אַרוי'פֿ|קומ|ען וו (איז אַרוי'פֿגעקומען) — come up; rise to the surface

|| אַרויפֿקומען אויף — find at last (route, idea); turn to (subject)

|| אַרויפֿקומען דאַט אויפֿן זינען — occur to, be recalled by

אַרוי'פֿ|קוק|ן וו (–גע–ט) <צו> — look upwards, lift one's eyes (towards)

|| אַרויפֿקוקן צו — look up to *fig.*

אַרוי'פֿ|קריכ|ן וו (איז אַרוי'פֿגעקראָכן) <אויף> — climb (up) *trans./intr.*, scale

אַרוי'פֿ|רײַס|ן וו (אַרוי'פֿגעריסן) — lift (body part) brusquely

|| אַרויפֿרײַסן זיך — hoist oneself (up) (with effort/force)

אַרויפֿשאָס דער (ן) — blast-off, launching (rocket)

אַרוי'פֿ|שווימ|ען וו (איז אַרוי'פֿגעשוווּמען) — surface, emerge

אַרוי'פֿשווימענדיק אַדי — rapidly developing (nation, industry)

אַרוי'פֿ|שוועב|ן וו (–גע–ט) — soar/float upwards, glide

אַרוי'פֿ|שטײַג|ן וו (איז אַרוי'פֿגעשטיגן) <אויף> — climb up; ascend/climb (mountain, etc.)

אַרוי'פֿ|שטעל|ן וו (–גע–ט) אויף — put/place on; register/enroll on (list, etc.)

|| אַרויפֿשטעלן זיך אויף — climb onto (stool, etc.)

אַרוי'פֿ|שיס|ן 1. וו (אַרוי'פֿגעשאָסן) — launch (rocket)

|| אַרויפֿשיסן זיך — take off

|| 2. וו (האָט/איז אַרוי'פֿגעשאָסן) — soar, shoot upwards

אַרוי'פֿ|שיק|ן וו (–גע–ט) אַק — send up, send aloft; tell (s.o.) to come up, send (s.o.) up

אַרוי'פֿ|שלאָג|ן וו (אַרוי'פֿגעשלאָגן) — nail on, affix (by hammering); propel upwards

|| אַרויפֿשלאָגן <אין> — (blood, saliva) mount/rise up (to)

|| אַרויפֿשלאָגן זיך <צו> get ahead (socially), arrive/make it (to)

אַרוי'פֿ|שלעפּ|ן וו (–גע–ט) pull/drag up; lift/hoist with effort

|| אַרויפֿשלעפּן אויף זיך *pejor.* deck oneself out with, put on; expose oneself to, incur; take upon oneself

אַרוי'פֿ|שפּרינג|ען וו (איז אַרוי'פֿגעשפּרונגען) jump up

|| אַרויפֿשפּרינגען אויף assail, attack; mount (horse, etc.)

אַרו'ם 1. אַדוו about, approximately; around, in the vicinity, nearby

|| אַרום און אַרום all in all, altogether; completely; all around, everywhere; (going) in circles, round and round

|| אַזוי' אַרום in this way, thus

|| דאָ אַרום around here, hereabouts

|| דאָרטן אַרום over there, thereabouts

|| וווּ אַרום whereabouts

|| ווי אַרום how, in what way

|| אין ... אַרום זע אין 1.

|| 2. פּרעפּ around, about; at roughly (time); concerning, about; dealing with

|| גיי|ן* אַרום *also* take care of, minister to

|| 3. קוו *meaning:* around, about; all over, to and fro

|| אַרו'מ|אָ'רעמ|ען embrace, hug

|| אַרו'מ|פֿיר|ן take/lead around

|| 4. דער (ען) environment, surroundings, vicinity

אַרו'מ|אָרביטיר|ן וו (–ט) orbit *trans./intr.*

אַרו'מ|אַ'רבעט|ן וו (אַרו'מגעאַרבעט) bustle about, be busy working; carry out thoroughly, work out in depth; kick up a fuss

אַרו'מ|באָמבל|ען (זיך) וו (–גע–ט) shake back and forth

אַרו'מ|בוי|ען וו (–גע–ט) surround with buildings/walls

אַרו'מ|בינד|ן וו (אַרו'מגעבונדן) tie/bind around, gird; tie up, truss

אַרו'מ|בלאָנדזשע|ן (זיך) = אַרו'מ|בלאָנקע|ן וו (–גע–ט) go astray, wander about, roam (aimlessly)

אַרו'מ|גאַרטל|ען וו (–גע–ט) gird, fasten a belt around

|| אַרומגאַרטלען זיך gird one's loins, get up the nerve

אַרו'מ|גיי|ן* וו (איז אַרו'מגעגאַנגען) go back and forth, walk around, stroll; go around, circle, skirt; (sickness, rumor) circulate, spread *intr.*; be for a time in (state, mood)

|| אַרומגיין דול be confused/muddled

|| אַרומגיין אַ הו'נגעריקער go hungry

|| אַרומגיין אָן אַ קאָפּ be at wit's end

|| אַרומגיין אין ווײַסן be dressed in white

|| ער גייט אַרום אַ מידער he seems tired all the time

|| אַרומגיין און וו be always/constantly ...ing

|| זי גייט אַרום און וויינט she's always crying

|| אַרומגיין אַרו'ם go around; take care of, minister to

|| אַרומגיין מיט go out with, keep company with

אַרו'מגעוואַקס·ן אַדי <מיט> shaggy; covered with greenery; covered (with)

אַרו'מ|גרע'נעצ|ן וו (–גע–ט) fence in, delimit, demarcate

אַרומדריי דער (ען) *neol.* revolution, rotation

אַרו'מדרייונג די (ען) זע אַרומדריי

אַרו'מ|דריי|ען וו (–גע–ט) <אַרו'ם> turn *trans.* (around), rotate (around); wind (around)

|| אַרומדרייען זיך rotate *intr.*, spin; loaf, hang around; be for a time in (state, mood)

|| אַרומדרייען זיך אַ ברוגזער [BRO'YGEZER] be angry

|| אַרומדרייען זיך אַרו'ם orbit/revolve around; make one's living from occasional deals involving

|| ער דרייט זיך אַרום אַרו'ם דעם פּריץ he hangs around/cultivates the local [PORETS] squire/lord

|| ער דרייט זיך אַרום אַרו'ם צוקער he sometimes makes some money in sugar

|| אַרומדרייען זיך מיט/צווישן spend time with, hang around (with), live among

אַרו'מ|וואַרפֿ|ן וו (אַרו'מגעוואָרפֿן) throw around oneself; throw in all directions, toss around

|| אַרומוואַרפֿן זיך move around *intr.*, constantly change position

|| אַרומוואַרפֿן זיך מיט treat (s.o.) indifferently

אַרו'מ|וויקל|ען וו (–גע–ט) <אַרו'ם> wrap *perf.*; wind (around)

|| אַרומוויקלען אַק אַרו'ם פֿינגער wrap (s.o.) around one's little finger

אַרו'מוועגיק אַדי *neol.* devious, tortuous

אַרו'מ|זוימ|ען וו (–גע–ט) זע אַרומזיימען

אַרו'מ|זוכ|ן וו (–גע–ט) search for, look all over for

אַרו'מ|זיימ|ען וו (–גע–ט) edge, hem; border

אַרו'מ|זע|ן* זיך וו (אַרו'מגעזען) look around; realize, come to understand; change one's mind

אַרו'מ|טאַנצ|ן וו (–גע–ט) dance about, prance; bustle, fuss

|| אַרומטאַנצן אַרו'ם fuss over, be obsequious towards

אַרו'מ|טאַפּ|ן וו (–גע–ט) finger, feel around; fumble around, grope around

אַרו'מ|טראָג|ן וו (אַרו'מגעטראָגן) carry around/about; peddle, hawk (merchandise)

|| אַרומטראָגן אויף די הענט carry in one's arms; carry triumphantly/proudly

|| אַרומטראָגן זיך (rumors, etc.) spread, circulate *intr.*

|| אַרומטראָגן זיך מיט go around with; nurse (project, feeling)

אַרו'מ|טראַכט|ן וו (אַרו'מגעטראַכט) consider carefully, analyze completely

אַרומיק אַדי–עפּי surrounding, neighboring

אַרו'מ|כאַפּ|ן וו (–גע–ט) embrace *trans.*, (grab in a) hug; (way of thinking, point of view) include, encompass; (flames, pain) engulf, (idea, feeling) take hold of, seize; (catastrophe) affect, befall

|| אַרומכאַפּן זיך embrace, hug *intr.*

אַרו'מ|לויפֿ|ן וו (איז אַרו'מגעלאָפֿן) run around/about/all over; gad about

אַרו'מלויפֿערקע די (ס) loose woman, man-chaser

אַרו'מ|נײ|ען וו (–גע–ט) make clothes for, have clothes made for; *fash.* edge, trim, border

אַרומנעם דער (ען) extent, range, scale, scope; circumference, perimeter; framework *fig.*

אַרו'מנעמיק אַדי comprehensive, inclusive, extensive

אַרו'מ|נעמ|ען וו (אַרו'מגענומען) embrace, hug *trans.*, clasp; include, comprise; enclose, surround; comprehend, grasp; (emotion, sensation) take hold of, seize, take over

|| אַרומנעמען זיך embrace, hug *intr.*

אַרו'מנעמענדיק אַדי זע אַרומנעמיק

אַרו'מ|סאַפּע|ן וו (–גע–ט) hoe

אַרו'מעדיק אַדי זע אַרומיק

אַרומעט אַדוו/קוו זע אַרום 1., 3.; אַרומער(ט)

אַרומער(ט) אַדוו through, around

|| דאָ אַרומערט through here

|| דאָרט אַרומערט through there

|| הינטן אַרומערט through the back, the back way around

|| ווו אַרומערט by what route, through where

|| ווי אַרומערט how

אַרו'מ|פּאַ'דע(ווע)|ן וו (–גע–ט) <אַרו'ם> bustle about, fuss (over)

אַרו'מ|פֿאָר|ן וו (איז אַרו'מגעפֿאָרן) ride/drive around/about, travel; tour, cruise

|| אַרומפֿאָרן איבער travel all over, visit

|| אַרומפֿאָרן אַרו'ם go around, bypass, skirt (in a vehicle)

אַרו'מפֿאָרער דער (ס) פֿעמ ין traveler

אַרו'מ|פֿיר|ן וו (–גע–ט) guide (blind person, tourist, etc.); lead around, drive *trans.* around *imperf.*; bring along, peddle

|| אַרומפֿירן מיט ... איבער run (finger, implement) over

|| אַרומפֿירן זיך מיט spend all one's time with (s.o.); carry/take (stg.) all over

אַרו'מ|פֿלי|ען וו (איז אַרו'מגעפֿלויגן) flitter, fly around; *fig.* run, rush

|| אַרומפֿליִען <אַרו'ם> circle (in flight)

אַרו'מ|פֿלעכט|ן וו (אַרו'מגעפֿלאָכטן) wrap (one's arms, ribbon, etc.) around, <מיט> wreathe

אַרומפֿרעג דער (ן) *neol.* survey

אַרו'מ|פֿרעג|ן זיך וו (–גע–ט) ask around

אַרו'מ|צאָל|ן זיך וו (–גע–ט) <מיט> settle one's debts, pay (each creditor)

אַרו'מ|צאַמ|ען = אַרו'מ|צוימ|ען וו (–גע–ט) enclose, fence in

אַרו'מ|צײנדל|ען וו (–גע–ט) (fash.) scallop

אַרומקוק דער (ן) survey, inspection

אַרו'מ|קוק|ן וו (–גע–ט) look over, inspect

|| אַרומקוקן זיך look around/about; realize; get one's bearings

|| איידער מע קוקט זיך אַרום before you know it

אַרו'מ|קלאַ'מער|ן וו (–גע–ט) grip, clasp, hold tightly; enclose, encircle

אַרו'מ|קלעפּ|ן וו (–גע–ט) <מיט> paste all around; plaster (with) (posters, etc.)

אַרו'מ|קראַנצ|ן וו (–גע–ט) wreathe, garland

אַרו'מ|קריכ|ן וו (איז אַרו'מגעקראָכן) crawl all over; trudge, move laboriously; *pejor.* bum around, loiter

אַרו'מ|רײַס|ן זיך וו (אַרו'מגעריסן) squabble, quarrel, bicker

|| אַרומרײַסן זיך פֿאַר/בײַ די נעז/קעפּ be at each others' throats

אַרו'מרינגלונג די encirclement; surroundings, environment

אַרו'מ|רינגל|ען וו (–גע–ט) encircle, surround; beset, besiege

אַרומרעד דער (ן) discussion, debate

אַרו'מ|רעד|ן וו (–גע–ט) talk over, discuss/debate

אַרו'מ|שאַר|ן זיך וו (–גע–ט) sneak/prowl about

אַרו'מ|שוועב|ן וו (–גע–ט) float about, hover

אַרו'מ|שטעל|ן וו (–גע–ט) <מיט> place all around; surround (with)

|| אַרומשטעלן זיך אַרו'ם stand *intr.* all around

אַרו'מ|שטעק|ן וו (–גע–ט) מיט cover/encrust with

|| אַרומשטעקן אַק מיט פֿע'דערן make fun of, make a laughing-stock of

אַרומשיט דער (ן) embankment

אַרו'מ|שיפֿ|ן (זיך) וו (–גע–ט) <אַרו'ם> circumnavigate, sail around

אַרו'מ|שיק|ן וו (–גע–ט) send (s.o.) all over; have delivered to everyone

אַרו'מ|שלעפּ|ן וו (–גע–ט) drag/haul all over

|| אַרומשלעפּן זיך drag oneself along, wander (about), roam

אַרו'מ|שמעק|ן וו (–גע–ט) sniff all around *perf.*

אַרו'מ|שנײַד|ן וו (אַרו'מגעשניטן) trim, crop, pare; prune

אַרו'מ|שער|ן וו (אַרו'מגעשוירן) trim/clip (with scissors)

אַרו'מ|שפּאַנ|ען וו (–גע–ט) <איבער> pace (out), stride (back and forth) over

אַרו'מ|שפּינ|ען וו (–גע–ט/אַרו'מגעשפּונען) מיט surround with (fabric); *fig.* disguise, shroud with; enmesh in

אַרו'מ|שרײַב|ן וו (אַרו'מגעשריבן) cover/surround with writing; depict; paraphrase; trace/inscribe (circle)

אָרון דער (אַרונות) [ORN - AROYNES] *Jew.* coffin, casket

|| פֿ״גל אָרון־קודש

אַרונטער 1. אַדוו down, downward

|| 2. קוו *meaning: a)* under, beneath, underneath; *b)* descending, bringing down; *c)* bringing/going to the back; *d) used alone, takes the place of the infinitive or participle of a verb of motion*

|| אַרו'נטער|קריכ|ן אונטער *a)* crawl/get under (bed, etc.)

|| אַרו'נטער|קריכ|ן פֿון *b)* climb/get down from (with effort)

|| אַרו'נטער|דריי|ען דאַט די הענט *c)* pin s.o.'s hands behind his/her back

|| אַרונטער = אַרו'נטערגיין/אַרו'נטערגעגאַנגען/אַרו'נטערקומען/אַרו'נטערגעקומען *d)*

|| מע מוז אַרונטער you have to go down/under(neath)

אַרו'נטער|בייג|ן וו (אַרו'נטערגעבויגן) bend down, bow; curve

אַרו'נטער|גיי|ן* וו (איז אַרו'נטערגעגאַנגען) go down, descend

|| אַרונטערגיין אונטער go under(neath); be included in, fall under (category)

אַרו'נטער|הענג|ען וו (איז אַרו'נטערגעהאַנגען) hang down, dangle

אַרו'נטער|וואַרפֿ|ן וו (אַרו'נטערגעוואָרפֿן) throw down/beneath/behind; overthrow (government)

|| אַרונטערוואַרפֿן <דאַט> subject (to the power of)

אַרו'נטער|כאַפּ|ן וו (–גע–ט) pinch, pilfer, swipe

|| אַרונטערכאַפּן זיך <אונטער> drop in; sneak/slip under/behind

אַרו'נטער|לאָז|ן וו (–גע–ט) drop off *trans.*, let down, let descend; lower (head, eyes); deal (blow), throw (punch)

|| אַרונטערלאָזן זיך go down, descend; fall, tumble, drop *intr.*

אַרו'נטער|לייג|ן וו (–גע–ט) put under(neath)

|| אַרונטערלייגן זיך <דאַט> subject/submit oneself (to)

אַרו'נטער|מאַכ|ן וו (–גע–ט) הינטער/אונטער tuck (hair) behind/under

|| אַרונטערמאַכן (אונטער דער האַנט) disdain, despise, disrespect

אַרו'נטער|נעמ|ען וו (אַרו'נטערגענומען) take/bring/carry down; remove, take off/away

|| אַרונטערנעמען אונטער place/hide under; include in/under

|| אַרונטערנעמען פֿון help down from (horse, train, etc.), welcome upon arrival

אַרו'נטער|פֿאַל|ן וו (איז אַרו'נטערגעפֿאַלן) fall down, fall under(neath)

|| אַרונטערפֿאַלן אונטער *also* fall under the control/influence of

אַרו'נטער|פֿלי|ען וו (איז אַרו'נטערגעפֿלויגן) fly down, come falling/flying down

אַרו'נטער|קוק|ן וו (–גע–ט) look down, look under(neath)

|| אַרונטערקוקן אויף — look down upon, observe from above; look down on *fig.*, treat with contempt

אַרו'נטער|רוקן וו (–גע–ט) — shove/slide down/under/behind

אַרו'נטער|רײַסן וו (אַרו'נטערגעריסן) — pull down, tear off *perf.*; ravage, devastate; demolish *fig.*, criticize viciously; thwart, sabotage

אָרון־קודש דער (ן) [ORNKOYDESh] — the Holy Ark, repository of the Torah scrolls in a synagogue

אַרורה די (–ות) [ARURE] — shrew, termagant, scold

אָרחי־פּרחי מצ [ORKhEPORKhE] — bums, tramps, beggars

אַרט דער/די (ן) — manner, way, means; sort, kind, type

|| אַרט לעבן — lifestyle

אָרט 1. דאָס — room, space

|| פֿ"גל גוטע־אָרט

|| 2. דער/דאָס (ערטער) — place, spot, location; locale, office; seat; position, rank

|| אויפֿן אָרט — on the premises, on the spot; right away, at once; in its (proper) place

|| ניט אויפֿן אָרט — out of place, inappropriate, unbecoming

|| הייליק(|ער) אָרט — cemetery

|| ניט געפֿינ|ען זיך קיין אָרט — fidget, move around restlessly; feel uncomfortable, not know what to do with oneself

|| וויס|ן* פּאָס אָרט — know one's place

|| (ניט) געטראָפֿן דאָס אָרט! — come off it! give me a break!; you're barking up the wrong tree!

אָרטאָגראַפֿיע די — orthography, spelling system

אָרטאָגראַפֿיש אַדי — orthographic

אָרטאָדאָ'קס דער (ן) פֿעמ ין — orthodox person

אָרטאָדאָקסיע די [SY] — orthodoxy (doctrine); orthodox movement/community

אָרטאָדאָקסיש אַדי — orthodox

אָרטאָדאָ'קסישקייט די — orthodoxy, piousness

אַרטילעריע די [Ly] — artillery

אַרטי'סט דער (ן) פֿעמ קע — (cin., theat.) actor, performer

אַרטיסטיש אַדי — artistic; actor's, performer's

אַרטיסטקע די (ס) — actress

אַרטיק אַדי/אַדוו — *Germ.* orderly, suitable, respectful

אָרטיק אַדי–עפּי — local

|| אָרטיק גערי'כט — magistrate's court

אַרטיקולאַציע די (ס) [Ly] — articulation

אַרטיקוליר|ן וו (–ט) — articulate

אַרטיקל דער (ען) — article

אַרטישאָ'ק דער (ן) — artichoke

אַרטע'ל דער (ן) — (in Russia and the USSR) artel, workers' cooperative

אַרטעריע די (ס) — artery

אָרטשאַפֿט די (ן) — (geographical) locality, area

אָרטשיק דער (עס) — swingletree (of a horse-drawn carriage)

אַריבער 1. אַדוו — more; over, across

|| אַריבער און אַריבער — more than enough

|| 2. פּרעפּ — beyond, more than; over, above

|| 3. קוו — *meaning: a)* over, across; *b)* over-, exceed; *c) used alone, takes the place of the infinitive or participle of a verb of motion*

|| אַרי'בער|וואַרפֿ|ן — *a)* throw across/over

|| אַרי'בער|פֿליס|ן — *b)* overflow

|| אַריבער = אַרי'בערגיין/ אַרי'בערגעגאַנגען/אַרי'בערקומען/ אַרי'בערגעקומען — *c)*

|| מע קען ניט אַריבער — you can't get across

אַרי'בער|בייג|ן זיך וו (אַרי'בערגעבויגן) <איבער> — bend over, lean over

אַרי'בערגאַנג דער (ען) — crossing, passage

אַרי'בער|גיי|ן* וו (איז אַרי'בערגעגאַנגען) <איבער> — go over, cross, pass over; exceed, go beyond, surpass; overflow; go past, pass by (*esp.* on foot); (time) go by, elapse; (pain, mood, etc.) cease, pass

|| אַריבערגיין צו — go over to, switch to (another subject, party, etc.); visit/go see s.o.; come under the control/authority of

|| אַריבערגיין אין — *also* become, change *intr.* into

|| אַריבערגיין אויף — switch *intr.* to (another language, medium, method, etc.)

|| זאָל מײַנס אַריבערגיין — too bad for me, let it pass

אַרי'בער|גיס|ן וו (אַרי'בערגעגאָסן) — pour (liquid) from one container to another

|| אַריבערגיסן זיך <איבער> — overflow, spill (over)

אַרי'בער|גליטש|ן זיך וו (–גע–ט) איבער — *fig.* slide across, glide/slur over

אַרי'בערגעוואַקס·ן אַדי אַריבערוואַקסן פּאַרט — gone to seed, overripe

אַרי'בערגעוואָרפֿ·ן אַדי אַריבערוואַרפֿן פּאַרט: אַריבערגעוואָרפֿענע הויזן — knee pants, knickers

אַרי'בערגעלייגט אַדי אַריבערלייגן פּאַרט — turned-down (collar)

אַרי'בער|הי'פּ(ער)|ן וו (-גע-ט) omit, skip, jump over

אַרי'בער|וואַקס|ן וו (איז אַרי'בערגעוואַקסן) grow bigger/larger than; overtake, outstrip, surpass

אַרי'בער|וואַרפֿ|ן וו (אַרי'בערגעוואָרפֿן) אַק <איבער> throw (over/across); turn (room, drawer, etc.) upside down, rummage through; (quickly) transport/transfer *trans.*; build (bridge); (fash.) hem

|| אַריבערוואַרפֿן זיך suddenly switch (career, place, etc.)

אַרי'בער|וועג|ן וו (אַרי'בערגעווויגן) outweigh; prevail over, get the better of

אַרי'בער|טראָג|ן וו (אַרי'בערגעטראָגן) carry over, transport; relay, transfer, spread; bear, stand, endure

|| אַריבערטראָגן זיך move *intr.*, change location

אַרי'בער|טרעט|ן וו (אַרי'בערגעטראָטן) step over, cross (threshold, etc.); transgress, violate (law, etc.)

אַרי'בער|כאַפּ|ן וו (-גע-ט) : אַריבערכאַפּן די מאָס <מיט> lose sense of proportion, exaggerate, overdo

|| אַריבערכאַפּן זיך <צו/קיין> drop in (on), make a short visit (to)

אַרי'בער|לאָז|ן וו (-גע-ט) let pass

אַרי'בער|לויפֿ|ן וו (איז אַרי'בערגעלאָפֿן) run across; outrun, overtake; overflow

|| אַריבערלויפֿן צו go over to (the enemy); make a quick visit to, run over to

אַרי'בער|לייג|ן וו (-גע-ט) move, put elsewhere; make s.o. bend over (to be whipped)

|| אַריבערלייגן אויף/איבער די אַקסלען load onto one's shoulders

|| אַריבערלייגן זיך bend over *intr.* (to be whipped)

אַרי'בער|נעמ|ען וו (אַרי'בערגענומען) send for, bring over

|| אַריבערנעמען איבער take across/over

אַרי'בער|פּעקל|ען וו (-גע-ט) bring across, transport

אַרי'בער|פֿאַל|ן וו (איז אַרי'בערגעפֿאַלן) <איבער/אויף> trip (over), bump (into); hang down (on/over)

אַרי'בערפֿאָר דער (ן) crossing, passage (for vehicles); level/grade crossing

אַרי'בער|פֿאָר|ן וו (איז אַרי'בערגעפֿאָרן) (vehicle/passenger) cross; pass by, overtake (in a vehicle); move *intr.* (to a new home)

|| אַריבערפֿאָרן צו/קיין travel to/visit for a certain period of time

אַרי'בערפֿיר דער (ן) transport, relocation

אַרי'בער|פֿיר|ן וו (-גע-ט) transport, transfer, move; take across

|| אַריבערפֿירן אויף switch *trans.* to

אַרי'בערפֿלי דער (ען) crossing (by air), flying over

אַרי'בער|פֿלי|ען וו (איז אַרי'בערגעפֿלויגן) cross (in flight), fly over; pass rapidly, rush by

אַרי'בער|ציִ|ען וו (אַרי'בערגעצויגן) <איבער> slip/pull (garment) (over)

|| אַריבערציִען <אויף/אין> win over, convert (to another side, party, etc.)

אַרי'בער|קומ|ען וו (איז אַרי'בערגעקומען) arrive (despite distance/obstacles)

אַרי'בער|קלײַב|ן זיך וו (אַרי'בערגעקליבן) move *intr.* (to a new home)

אַרי'בער|קריג|ן זיך וו (אַרי'בערגעקראָגן) <איבער> get *intr.* to the other side (of)

אַרי'בער|שטײַג|ן וו (איז/האָט אַרי'בערגעשטיגן) surpass, exceed (in number); outdo, outstrip, overcome

אַרי'בער|שיפֿ|ן וו (-גע-ט) ferry across

אַרי'בער|שיק|ן וו (-גע-ט) transfer (people); send over

אַרי'בער|שפּאַנ|ען וו (-גע-ט) step over; pass (walking fast); overtake, outwalk

אַרי'בער|שפּרינג|ען וו (איז אַרי'בערגעשפּרונגען) <אַק/איבער> jump over

|| אַריבערשפּרינגען אין/אויף reach (place) in a single bound

אַרי'בער|שרײַ|ען וו (אַרי'בערגעשריגן) outshout, drown out (by shouting)

|| אַריבערשרײַען איבער make oneself heard on the other side of

|| אַריבערשרײַען צו shout from afar to

אָריגינאַ'ל דער (ן) original; oddball, quirky person

אָריגינע'ל אַדי/אַדוו original

אָריגינעלקייט די originality

אַריטמעטיק די arithmetic

אַריטמעטיש אַדי/אַדוו arithmetic

אַרײַ'ן 1. אינט enter! come in!

|| 2. קוו *meaning: a)* inward(s), to the inside; *b)* in great quantity; *c) used alone, takes the place of the infinitive or participle of a verb of motion*

|| אַרײַ'נ|לויפֿ|ן *a)* run in, enter running

|| אַרײַ'נ|טרינק|ען *b)* drink in great quantity

|| אַרײַן = אַרײַנגיין/אַרײַ'נגעגאַנגען/ אַרײַ'נקומען/אַרײַ'נגעקומען *c)*

|| ווען ביסטו אַרײַן? when did you come in?

|| אַלע וועלן אַרײַן everyone will get in

|| מיר ווילן אַרײַן we want to come in

אַרײַ'נ|אָ'טעמ|ען וו (–גע–ט) breathe in, inhale; inspire, instill

אַרײַ'נ|אַ'רבעט|ן וו (אַרײַ'נגעאַרבעט) work intensely

|| אַרײַנאַרבעטן אין put one's efforts into

אַרײַ'נ|באַ(ג)לייט|ן וו (אַרײַ'נבאַ(ג)לייט) escort/usher in

אַרײַ'נ|באַקומ|ען וו (אַרײַ'נבאַקומען) obtain, acquire, procure, land

|| אַרײַנבאַקומען זיך אין manage to penetrate/get in(to)

אַרײַ'נ|בוצקע|ן זיך וו (–גע–ט) אין bump into

אַרײַ'נ|בײַס|ן (זיך) וו (אַרײַ'נגעביסן) אין bite into; fix (one's gaze) on; (feeling) penetrate

אַרײַנבליק דער (ן) glance; insight

אַרײַ'נ|בליק|ן וו (–גע–ט) אין cast a glance at; look deeply into, scrutinize

אַרײַ'נ|בעט|ן וו (אַרײַ'נגעבעטן) call in, show in

אַרײַ'נ|בראָק|ן וו (–גע–ט) <אין> crumble into, chop up and add (to soup, etc.); *fam.* gobble up, wolf down; invest/speculate (in); *fig.* embellish/pepper (one's speech) with

אַרײַנברעך דער (ן) burglary, break-in

אַרײַ'נ|ברעכ|ן זיך וו (אַרײַ'נגעבראָכן) <אין> break in(to); burglarize

אַרײַ'נברעכער דער (ס) פֿעמ קע burglar

אַרײַ'נ|ברענג|ען וו (–גע–ט/אַרײַ'נגעבראַכט) bring in; yield (profit)

אַרײַנגאַנג דער (ען) entrance

|| אַרײַנגאַנג פֿאַרווע'רט no admittance, do not enter

אַרײַ'נ|גיי|ן* וו (איז אַרײַ'נגעגאַנגען) go in, enter

|| אַרײַנגיין צו go see (s.o.), visit; frequent

|| ניט אַרײַנגיין no admittance

אַרײַ'נגייער דער (ס) פֿעמ ין/קע (regular) visitor

|| אָפֿט|ער אַרײַנגייער habitué, one of the family

אַרײַ'נ|גיס|ן וו (אַרײַ'נגעגאָסן) <אין> pour (liquid) (into); (rain) get in; *fam.* quaff, guzzle, knock back; *fig., lit.* introduce (new content, meaning, etc.) (to)

|| אַרײַנגיסן זיך flow, (river) empty *intr.*

אַרײַ'נ|גנבֿע|נען (זיך) וו (–גע–ט) [GANVE] sneak into *trans./intr.*

אַרײַ'נ|געב|ן* וו (אַרײַ'נגעגעבן) place (ad, etc.); submit (candidacy, petition, etc.)

|| אַרײַנגעבן <אין> (culin.) add (to); classify (as/among); enter *trans.*, place (in) (school, etc.); instill (idea, feeling) (in), imbue with

|| אַרײַנגעבן אַק דאַט pass/give stg. to s.o. (from outside to inside)

|| אַרײַנגעבן אַק <אין/פֿאַר> donate stg. (to)

אַרײַ'נגעוואַקס·ן אַדי established; ingrown (nail)

אַרײַ'נגעטאָן אַדי–אַטר אַרײַנטאָן פּאַרט <אין> engrossed (in), captivated (by)

אַרײַ'נגעטאָנען אַדי זע אַרײַנגעטאָן

אַרײַ'נגעקומענ|ער דער-דעק new arrival, person who just entered

אַרײַ'נגעראָט·ן .1 אַדי <אין> resembling, similar (to)

|| .2 אַרײַ'נ|געראָט|ן וו (אַרײַ'נגעראָטן) אין resemble, look like, take after

אַרײַ'נגערוקט אַדי אַרײַנרוקן פּאַרט set in, recessed

אַרײַ'נגערעכנט אַדי <אַק> inclusive, included

|| דעם שטײַער אַרײַנגערעכנט tax included

אַרײַ'נגעשטעלט אַדי אַרײַנשטעלן פּאַרט false/artificial (eye, tooth)

אַרײַ'נ|גראָב|ן וו (אַרײַ'נגעגראָבן) *fig.* nestle, snuggle, bury *fig.*

|| אַרײַנגראָבן זיך *also* become engrossed (in reading, etc.)

אַרײַנדרונג דער (ען) penetration, incursion

אַרײַ'נ|דריי|ען וו (–גע–ט) twist/screw in; introduce by a ruse; confuse (s.o.)

|| אַרײַנדרייען זיך slip/sneak in *intr.*

אַרײַ'נדרינגלער דער (–/ס) פֿעמ קע infiltrator, intruder

אַרײַ'נ|דרינג|ען וו (איז אַרײַ'נגעדרונגען) penetrate, infiltrate

אַרײַ'נדרינגער דער (–/ס) פֿעמ קע invader, intruder

אַרײַ'נ|האַק|ן וו (–גע–ט) drive in (nail); (culin.) chop up and mix in; cram/stick in

|| אַרײַנהאַקן אַ צי'בעלע add a chopped onion

אַרײַ'נ|הויכ|ן וו (–גע–ט) blow in

אַרײַ'נ|הענג|ען וו (אַרײַ'נגעהאָנגען) hang up (in a closet, etc.)

אַרײַ'נ|וואַרפֿ|ן וו (אַרײַ'נגעוואָרפֿן) <אין> throw (into); interject, throw in (comment, etc.)

|| אַרײַנוואַרפֿן זיך אין plunge into; throw oneself into (activity, career, etc.)

אַרײַ'נ|וועב|ן וו (–גע–ט) weave in; integrate, incorporate

אַרײַ'נ|װוע'רעמ|ען זיך װ (–גע–ט) *pejor.* worm one's way in, insinuate oneself

אַרײַ'נ|זאָג|ן װ (–גע–ט) <דאַט> tell off, scold, reprimand

|| אַרײַנזאָגן דאַט אין דער זי'בעטער ריפּ cut to the quick

אַרײַ'נ|זויג|ן װ (אַרײַ'נגעזויגן) <אין זיך> absorb, imbibe

אַרײַ'נ|זעצ|ן װ (–גע–ט) seat, install (s.o.); lock up, throw in jail; put in (oven); thrust in, plunge; install (windowpane, etc.); insert, implant, graft

אַרײַ'נ|טאָ|ן* װ (אַרײַ'נגעטאָן) <אין> put in(to); add (ingredient) (to); work hard (at); dedicate/devote (money, energy, etc.) (to)

|| אַרײַנטאָן זיך <אין> become absorbed (in); apply oneself (to)

אַרײַ'נ|טײַטש|ן װ (–גע–ט) <אין> interpret, read into (a text)

אַרײַ'נ|טיפֿ|ן זיך װ (–גע–ט) <אין> steep oneself in, delve into (research, question)

אַרײַ'נ|טראָג|ן װ (אַרײַ'נגעטראָגן) bring/carry in, take inside; put forward (project, petition); yield, bring in (income); pay (ransom, tribute); register, enter *trans.* (data)

אַרײַ'נ|טראַכט|ן װ (אַרײַ'נגעטראַכט) <אין/װעגן> ponder, reflect (on)

|| אַרײַנטראַכטן זיך אין think through

אַרײַנטריט דער admission, entry, access

|| האָב|ן* אַן אַרײַנטריט צו have an in with, have privileged access to

אַרײַ'נ|טרײַב|ן װ (אַרײַ'נגעטריבן) <אין> drive/force (into); lead (to)

|| אַרײַנטרײַבן אין געלט end up costing money

אַרײַנטרעט דער **זע** אַרײַנטריט

אַרײַ'נ|טרעט|ן װ (איז אַרײַ'נגעטראָטן) <אין> step in(to), enter; enter, join (group), begin to participate (in); (era, period) start

אַרײַנטרעף דער (ן) *neol.* impact; strike, hit (on target)

אַרײַ'נ|טרעפֿ|ן װ (אַרײַ'נגעטראָפֿן) hit the mark; come/occur (at the right/wrong time)

|| אַרײַנטרעפֿן אין (projectile) hit

|| אַרײַנטרעפֿן אין/צו find one's way to, arrive (by chance) at

|| אַרײַנטרעפֿן אין פּינטל/קאָרב hit the nail on the head

אַרײַ'נ|יאָג|ן װ (–גע–ט) chase in; (wind) blow in with great force; inspire (fear, doubt, etc.); shoot (bullet), stab (knife)

אַרײַ'נ|כאַפּ|ן װ (–גע–ט) ensnare, entrap, net; pocket, snatch up; carry out (task) quickly, consume hastily; *fam.* catch (beating, scolding, etc.)

|| אַרײַנכאַפּן (און װ) seize the opportunity (to)

|| אַרײַנכאַפּן זיך <צו/אין> drop in (on); slip/sneak (into)

אַרײַ'נ|לאָז|ן װ (–גע–ט) let in, admit; insert, place into; instill

|| אַרײַנלאָזן זיך אין embark on (venture), get involved in (dispute); go into (details); barge into

אַרײַ'נ|לאַכ|ן װ (–גע–ט) <דאַט> laugh up one's sleeve, snicker; interrupt (s.o.) with laughter

|| אַרײַנלאַכן דאַט אין פּנים/די אויגן [PONEM] laugh in s.o.'s face

אַרײַ'נ|לייג|ן װ (–גע–ט) put in, insert; invest, dedicate (money, effort); add (ingredient)

|| אַרײַנלייגן אין/דאַט lay into, attack

|| אַרײַנלייגן דעם טאַטן מיט דער מאַמען invest everything one has, give one's all; use the best ingredients

|| אַרײַנלייגן זיך אין put all one's efforts into

|| אַרײַנלייגן זיך אין שלום [ShOLEM] intervene (as a peacemaker)

אַרײַ'נ|לעב|ן װ (–גע–ט) <ביז> live long, live to the age of

|| אַרײַנלעבן זיך <אין> get used (to) (environment)

|| אַרײַנלעבן זיך אין get into (role), identify oneself with

אַרײַ'נ|מאַכ|ן װ (–גע–ט) tuck in (shirt, etc.); put in, install

|| אַרײַנמאַכן ציצית [TSITSES] *Jew.* correctly knot fringes onto a ritual garment

אַרײַנמאַרש דער (ן) triumphant entry

אַרײַנמיש דער (ן) intrusion, interference, intervention

אַרײַ'נמישונג די (ען) **זע** אַרײַנמיש

אַרײַ'נ|מיש|ן װ (–גע–ט) <אין> mix *trans.* (into)

|| אַרײַנמישן זיך <אין> meddle, interfere; break in (to a conversation), speak up

אַרײַ'נ|נאַדיע|ן זיך װ (–גע–ט) [Dy] *pejor.* sneak in, insinuate oneself

אַרײַ'נ|נאַר|ן װ (–גע–ט) <אין> fool, lure, entice (into)

|| אַרײַננאַרן אין זאַק/קאָשיק hoodwink, put one over on

|| אַרײַננאַרן זיך צו win over through deception

אַרײַננעם דער (ען) capacity, volume

אַרײַ'ננעמיק אַדי *neol.* capacious, spacious; compendious, succinct

אַרײַ'נ|נעמ|ען וו (אַרײַ'נגענומען) hold (capacity); include, comprise; take in (orphan, refugee, etc.); bring/take in; let in, admit; hire

|| **אַרײַננעמען אין האַנט** take into one's hand; take in hand, take charge/control of

|| **אַרײַננעמען זיך אין קאָפּ/זינען** get into one's head

אַרײַנעסט קוו זע **אַרײַן** 2.

אַרײַ'נ|עס|ן וו (אַרײַ'נגעגעסן) eat like a horse

אַרײַנפּאָסט די *neol.* incoming mail

אַרײַ'נ|פּאַס|ן וו (-גע-ט) <אין> fit *trans.* (into)

|| **אַרײַנפּאַסן זיך** <אין/צו> suit, go well (with); adapt, adjust *intr.* (to)

אַרײַ'נ|פּאַק|ן וו (-גע-ט) <אַק> pack, stuff, cram; get hold of, seize; stuff oneself (with), eat voraciously

|| **אַרײַנפּאַקן זיך** <אין> land oneself in, get into (trouble, difficulty)

אַרײַ'נ|פּעקל|ען זיך וו (-גע-ט) *hum.* move in, settle in

אַרײַ'נ|פֿאַל|ן וו (איז אַרײַ'נגעפֿאַלן) <אין> fall (into); arrive unexpectedly, enter in a rush/panic; be deceived; interrupt (speech); (stream of water) flow into; (profits, gifts) pour in

|| **אַרײַנפֿאַלן אין** fall into (mood); (color) show a tinge/hint of

|| **אַרײַנפֿאַלן צו** fall into the hands of

אַרײַנפֿאָר דער (ן) entry, entrance (in/for a vehicle)

אַרײַ'נפֿאָר־הויז דאָס (־הײַזער) inn

אַרײַ'נ|פֿאָר|ן וו (איז אַרײַ'נגעפֿאָרן) <אין> (vehicle, passenger) enter, drive (into); interrupt tactlessly/off topic; bump/crash (into); make headway (in) (project, studies, etc.)

|| **אַרײַנפֿאָרן אין די לאָקשן/אין שבת** [ShABES] come home too close to the start of the Sabbath

|| **אַרײַנפֿאָרן** דאַט **אין די אויגן/האָר** attack viciously, go at s.o. with tooth and claw

אַרײַנפֿיר[1] דער (ן) introduction; import(ation)

אַרײַ'נפֿיר-[2]... introductory, preliminary

אַרײַ'נפֿירונג די (ען) importation; initiation

אַרײַ'נ|פֿיר|ן וו (-גע-ט) lead in, show in, bring in; introduce; initiate; import; register, enter (data)

|| **אַרײַנפֿירן אין אַ טעות** [TOES] lead into error

אַרײַ'נ|פֿלײצ|ן וו (-גע-ט) stream/flow into

אַרײַ'נ|פֿליס|ן 1. וו (איז אַרײַ'נגעפֿלאָסן) (liquid) rush in; (stream) flow into

|| **2.** וו (האָט אַרײַ'נגעפֿלאָסן) *fig.* inculcate, instill (ideas, etc.)

אַרײַ'נ|פֿלי|ִען וו (איז אַרײַ'נגעפֿלויגן) fly in; enter in a rush

אַרײַ'נ|פֿלעכט|ן וו (אַרײַ'נגעפֿלאָכטן) weave in (ribbon in braid/thread in fabric); intersperse (in a text)

אַרײַנצי דער *neol.* (political, etc.) involvement, participation

אַרײַ'נ|צײל|ן וו (-גע-ט) <אין> count in, include (in account/count); count (objects) as they are placed (in); give a whipping (counting the blows)

אַרײַ'נ|צימבל|ען וו (-גע-ט) *hum.* spank, give a whipping; *fam.* stuff, cram, pack

אַרײַ'נ|צי|ִען וו (אַרײַ'נגעצויגן) draw in, absorb; pull in (antenna, belly); enlist *trans.*, recruit; involve, implicate; draw through (e.g. thread through a hole)

|| **אַרײַנציִען ביז** last until, be drawn out until

|| **אַרײַנציִען זיך** move in *intr.*

אַרײַ'ן־קאָנטאַקט דער (ן) (elec.) input (jack), plug

אַרײַ'נ|קוועטש|ן וו (-גע-ט) press (button, key), push in (plug); squeeze/pack in

אַרײַנקום דער (ען) entrance, entry; scene (part of an act)

אַרײַ'נ|קומ|ען וו (איז אַרײַ'נגעקומען) enter *intr.*, come in; visit briefly, drop in; penetrate *intr.*

|| **אַרײַנקומען אין** enter into a state of (despair, exaltation, etc.); be admitted to, become a member of, join; become part of

|| **אַרײַנקומען פֿאַר/צו** appear before, be seen by

אַרײַ'נ|קוק|ן וו (-גע-ט) <אין> look/peep (into); gaze into (s.o.'s eyes); (light) shine in

|| **אַרײַנקוקן אין** consult (book), browse through

אַרײַ'נ|קלאַפּ|ן וו (-גע-ט) pound in (nails, etc.); knock insistently; type in *perf.*, enter (on a computer, etc.)

אַרײַ'נ|קלײַב|ן זיך וו (אַרײַ'נגעקליבן) move in *intr.*; penetrate *intr.*, slip in

אַרײַ'נ|קלער|ן וו (-גע-ט) <אין> contemplate *trans./intr.*

אַרײַ'נ|קנאַק|ן וו (-גע-ט) *hum., fam.* pound/drive in; knock one back; make short work of

אַרײַ'נ|קער|ן וו (-גע-ט) *pop.* bend one's elbow, drink a lot; gulp down

אַרײַ'נ|קריג|ן וו (אַרײַ'נגעקראָגן) <אַק> get, procure, seize; get/take (punishment); get/be sentenced to (years in prison)

|| אַרײַנקריגן זיך <אין> manage to get into

אַרײַ'נ|קריכ|ן וו (איז אַרײַ'נגעקראָכן) creep/crawl in; get in, slip in; get stuck/tangled up; *pejor.* intrude, come to bother/pester

|| אַרײַנקריכן אין slip on (garment)

|| אַרײַנקריכן צו דאַט אין דער נשמה stick one's nose into s.o.'s business [NEShOME]

אַרײַ'נ|רופֿ|ן וו (אַרײַ'נגערופֿן) call in, ask in

אַרײַ'נ|רוק|ן וו (–גע–ט) slip *trans.* in, insert

אַרײַ'נ|רײַב|ן וו (אַרײַ'נגעריבן) rub (lotion, etc.) in; *fam.* gobble down, put away (food); (culin.) grate and mix in; deal (blows), throw (punches)

אַרײַ'נ|רײַס|ן זיך וו (אַרײַ'נגעריסן) <אין> break in(to), enter by force; intrude (upon); invade

אַרײַ'נ|רעד|ן וו (–גע–ט) אין chew s.o.'s ear off

אַרײַ'נ|רע'כענ|ען וו (–גע–ט) count (in), include

אַרײַ'נרעכענענדיק אַדוו <אַק> including

|| אַרײַנרעכענענדיק דאָס טרינקגעלט tip included

אַרײַ'נ|שאַנצ|ן וו (–גע–ט) count as a virtue/plus

אַרײַ'נ|שאַר|ן וו (–גע–ט) אין rake/scrape into

|| אַרײַנשאַרן זיך sneak/slip *intr.* in, enter unobtrusively

אַרײַ'נ|שטאָפּ|ן וו (–גע–ט) stuff in, jam in

אַרײַ'נשטופּונג די (ען) <אין> *neol.* encroachment (on), intrusion (on)

אַרײַ'נ|שטופּ|ן וו (–גע–ט) push in, pile in *trans.*

|| אַרײַנשטופּן זיך <אין> pile in, crowd in *intr.*; force one's way (into); encroach (upon)

אַרײַ'נ|שטעל|ן וו (–גע–ט) put in, stick in, insert, include; install

אַרײַ'נ|שטעק|ן וו (–גע–ט) stick in, insert, implant, shove in; sheathe, holster

|| אַרײַנשטעקן אַק אין בוזעם/גאַרטל/קע'שענע run rings around, make short work of

אַרײַ'נ|שיט|ן וו (אַרײַ'נגעשאָטן) אַק <אין> pour/sprinkle (dry substance) in(to)

אַרײַ'נ|שײַנ|ען וו (–גע–ט) shine in

אַרײַ'נ|שיק|ן וו (–גע–ט) send in, submit

אַרײַ'נ|שלאָג|ן וו (אַרײַ'נגעשלאָגן) drive/pound in (nail, stake, etc.); force in; (culin.) beat/whip in; stream in, inundate

|| אַרײַנשלאָגן אַק אין קאָפּ דאַט beat stg. into s.o.'s head *fig.*

אַרײַ'נ|שליי'ער|ן וו (–גע–ט) foist/palm off; dupe, hoodwink

אַרײַ'נ|שמעק|ן וו (–גע–ט) (smell) come/waft in

|| אַרײַנשמעקן <צו/אין> drop in (on), visit briefly

|| ניט אַרײַנשמעקן <צו/אין> not set foot in

|| אַרײַנשמעקן אין pry into, stick one's nose into

אַרײַ'נ|שנײַד|ן וו (אַרײַ'נגעשניטן) (culin.) dice and mix into; engrave, etch

|| אַרײַנשנײַדן זיך make one's way, cut a path

אַרײַ'נ|שפּאַר|ן וו (–גע–ט) wedge in; force in, push in

|| אַרײַנשפּאַרן זיך <אין> force/push one's way in

אַרײַ'נ|שפּיל|ן וו (–גע–ט) <ביז> play (a long time) (until)

|| אַרײַנשפּילן דאַט (אין די הענט) play into s.o.'s hands

|| אַרײַנשפּילן זיך אין put oneself in the shoes of, identify with

אַרײַ'נ|שפּרינג|ען וו (איז אַרײַ'נגעשפּרונגען) <אין> enter unexpectedly/suddenly; jump in(to)

אַרײַ'נ|שרײַב|ן וו (אַרײַ'נגעשריבן) note, write down, register

|| אַרײַנשרײַבן דאַט send (letter) to

אַריכות־ימים דאָס [ARIKhES-YO'MIM] long life, longevity

|| באַרעכנט אַריכות־ימים life expectancy

אַריכות־ימימדיק אַדי [ARIKhES-YO'MIMDIK] long-lived; long-established (tradition, etc.)

אַריכות־ימים־שאַץ דער [ARIKhES-YO'MIM] *neol.* life-expectancy

אַריסטאָקראַ'ט דער (ן) פֿעמ קע aristocrat

אַריסטאָקראַטיע די (ס) [TY] aristocracy

אַריסטאָקראַטיש אַדי/אַדוו aristocratic

אַריע די (ס) aria

אָריע'נט דער Asia, Orient

אָריענטאַ'ל דער (ן) פֿעמ ין Asian, Oriental

אָריענטאַליסטיק די Asian Studies

אָריענטאַליש אַדי Asian, Oriental

אָריענטאַציע די orientation (*esp.* political/intellectual), persuasion

אָריענטי'ר דער (ן) *neol.* landmark

אָריענטירונג די (ען) bearings; presence of mind; (political, intellectual) orientation, allegiance

אָריענטי'ר|ן וו (–ט) orient

|| אָריענטירן זיך get one's bearings, get oriented; know one's way around, have one's wits about one

|| אָריענטירן זיך אין be well-versed in

אַריער דער (–) Aryan

אַריש אַדי Aryan

|| אַריש|ע זײַט non-Jewish (*esp.* Polish) territory outside the Nazi-established ghettos for Jews during WWII

|| אַרישע פּאַפּירן false documents enabling a Jew to pass for Aryan during the same period

אַרי־שבחבֿורה דער [ARI'-ShEBAKhAVU'RE] *lit.* leader of the pack

אַרכאַיִזם דער (ען) archaism

אַרכאַיִש אַדי archaic

אַרכאַנגל דער (ען) (Christianity) archangel

אַרכי... זע אַרצע...

אָרכידעע די (ס) orchid

אַרכי'וו דער (ן) archive

אַרכיוואַ'ר דער (ן) פֿעמ ין archivist

אַרכיטע'קט דער (ן) פֿעמ ין architect

אַרכיטעקטו'ר די (ן) architecture

אַרכיטעקטיש אַדי *neol.* architectural

אַרכיפּעלאַ'ג דער (ן) archipelago

אַרכעאָלאָ'ג דער (ן) פֿעמ ין archaeologist

אַרכעאָלאָגיע די archeology

אַרכעאָלאָגיש אַדי archaeological

אַרמאַטו'ר די (ן) armature; armor; (constr., techn.) fitting, fixture

אַרמיי' די (ען) army

אַרמיש אַדי/(דאָס) [ARAMISh] Aramaic

אַרמעניע (די) [NY] Armenia

אַרמעניש אַדי/(דאָס) Armenian

אַרמענער 1. אַדי–אינוו Armenian

|| 2. דער (–) פֿעמ ין Armenian (person)

אַר|ן וו (גע–ט) אַק bother; concern, matter to; *rev.* care, be concerned about

|| עס אַרט מיך ניט I don't care, it doesn't bother me

|| וואָס אַרט עס אונדז? what do we care?

אָרנאַמע'נט דער (ן) ornament

אָרנאַמענטאַ'ל אַדי ornamental

אָ'רנטלעך אַדי/אַדוו honest, decent, fair

אָ'רנטלעכקייט די honesty, integrity, fairness

אָרן־קאָ'רן אַדוו זע האָרן־קאָרן

אַרסענאַ'ל דער (ן) arsenal, armory

אָרעאָ'ל דער (ן) [Ly] halo

אָרעליע'ף דער (ן) [LY] high relief

אָרעם[1] אַדי poor, destitute

אָרעם[2] דער (ס) arm

|| נעמ|ען אַק או'נטערן אָרעם take the arm of

|| פֿיר|ן אַק או'נטערן אָרעם offer one's arm to

|| גיי|ן* אָרעם אין אָרעם מיט walk arm in arm with

אָרעמאַ'ן דער (אָרעמע־לײַ'ט) poor man

אָרעמאַנסקע אַדי *fam.* squalid, miserable

אָ'רעמבאַנד דער (...בענדער) bracelet; armband

אָ'רעם־בחור דער (ים) [BOKhER] Yeshiva student living off community support

|| פֿ״גל ישיבֿה

אָ'רעם־מאָלצײַט דער (ן) banquet for the poor given as part of a celebration (*esp.* a marriage) by a rich family

אָרעם־מע'נטש דאָס (ן) poor woman

אָרעמע־לײַ'ט מצ זע אָרעמאַן

אָ'רעמקייט די poverty, indigence

אָ'רעמשאַפֿט די poverty; the poor, the indigent

אַרענדאַ'ר דער (ן) זע רענדאַר

אַרענדע די (ס) lease (of a farm, estate); tenant farm

|| נעמ|ען אין אַרענדע lease (as lessee)

|| אָ'פּ|געב|ן* אין אַרענדע lease (as lessor)

אַרענע די (ס) arena

אָרען־קאָ'רען אַדוו זע האָרן־קאָרן

אַרע'סט דער (ן) arrest, seizure; detention, custody

|| שטעל|ן אונטער אַרעסט place under arrest, take into custody

אַרעסטאַ'נט דער (ן) פֿעמ קע prisoner, convict, detainee

אַרע'סט־באַפֿעל דער (ן) warrant

אַרעסטיר|ן וו (–ט) arrest

אַרץ דאָס (ן) ore

אָרצה אַדוו [ORTSE] at rock bottom, down and out

|| גיי|ן* אָרצה go downhill, go to rack and ruin

|| גיי אָרצה! go to hell! drop dead!

|| ליג|ן אָרצה be miserable, be hard up

|| לייג|ן אַק אָרצה humiliate, ruin (s.o.)

אַ'רצזוכער דער (ס) prospector

אַרצי... זע אַרצע...

אַרציביסקופּ דער (ן) archbishop

ארץ־ישׂראל (דאָס) [ERETS-YISRO'EL/ERTSISRO'(E)L] *Jew.* (the) land of Israel, the Holy Land

ארץ־ישׂראלדיק אַדי [ERTSISRO'ELDIK] of the Holy Land

ארץ־ישׂראל־ע'פּעלע דאָס (ך) [ERTSISRO'EL] crabapple

ארץ־ישׂראל־פֿעדעם מצ [ERTSISRO'EL] gossamer

אַרצע... arch-

|| אַרצערשע [ARTSEROShe] arch-villain

אַרקאַ'ן דער (ען) lasso

אַרקטיק דער the Arctic

אַרקטיש אַדי Arctic

אַרקע די (ס) (archit.) arch

אָרקעסטער[1] דער (ס) orchestra

אָרקע'סטער-[2]... orchestral

אַרשי'ן דער (ען) arshin, measure of length formerly used in Russia, equal to 28 inches

אַרשעניק דער arsenic

אַש דאָס (ן) ash(es)

|| מאַכ|ן אַש און בלאָטע פֿון drag s.o.'s name through the mud

אַש־און־פּאַ'רעך (דאָס) dust and ashes

אָשאַק דער (עס) **זע** אושאַק

אַשבוים דער (...ביימער) ash (tree)

אַ'שבעכער דער (ס) ashtray

אשה די **זע** אישה

אָשוסט דער (ן) *Slav.* rogue, crook, swindler

אַשור (דאָס) Assyria

אַשוריש אַדי Assyrian

אַ שטייגער אַדוו **זע** (אַ) שטייגער

אַ'שטעצל דאָס (עך) ashtray

אָשייניק דער (עס) (dog/horse) collar

אַשכּנז דאָס [A'ShKENAZ] *Jew.* Medieval Germany; Ashkenazi Jewry

אַשכּנזי דער (ם) [AShKENAZI] Ashkenazi, member of the Jewish community of central and eastern Europe, as opposed to Sephardi; descendant of Ashkenazi Jews

אַשכּנזיש אַדי [AShKENAZISh] Ashkenazi

אַשכּנזער אַדי–אינוו [AShKENEZER] **זע** אַשכּנזיש

אש־להבֿה [EYSh-LEHO'VE] **.1** (דער) blazing fire

|| **.2** אַדי–אַטר ardent, fervent, wildly enthusiastic

|| זײַ|ן*/ווער|ן אש־להבֿה <אויף> be/become furious (at)

אַשלעך דאָס scallions *coll.*

אַשמדאַי [A'ShMEDAY] : דער אַשמדאַי Asmodeus, the king of demons according to Jewish legend

אַשמורה די (–ות) [AShMOYRE] (each of the three shifts of the) night watch

|| אױפֿ|שטיי|ן* צו אַשמורות *Jew.* arise during the night to pray or study

|| לערנ|ען אַשמורות *Jew.* study at night

אָשמנו [OShAMNU] : שלאָג|ן זיך/קלאַפּ|ן זיך/זאָג|ן אָשמנו confess one's sins, admit one's errors

אַש·ן אַדי (of) ash (wood)

אַ'שן־בעכער דער (ס) ashtray

אַשפּה די [AShPE] garbage, trash, rubbish

|| מאַכ|ן אַשפּה פֿון mock, malign, denigrate; waste, squander

אַשרי [AShRE] : קלאָר <אין> ווי אַ ייִד אין אַשרי fully conversant (with)

אַשר־יצר דער [AShER-YO'TSER] *Jew.* "who hath formed", blessing said in the morning and after relieving oneself

אַשר־יצרל דאָס (עך) [AShERYO'TSERL] sheet of toilet paper; *pop.* worthless document

אַשר־יצר־פּאַפּיר דאָס [AShERYO'TSER] toilet paper; *pop.* worthless document

אשת־אי'ש די [EYShES] woman married to s.o. else; *Jew.* sin of adultery

אשת־אי'שניצע די (ס) [EYShES] *fam.* adulterous woman, adulteress

אשת־אי'שניק דער (עס) [EYShES] *fam.* adulterous man, adulterer

אשת־חיל [EYShES-KhA'YEL] **.1** די (ס) industrious and capable wife

|| **.2** (דער) *Jew.* song of praise chanted Friday evening before the first Sabbath meal by the husband in honor of his wife

אַתּה בחרתּנו פֿר [ATO BEKhARTONU] "Thou hast chosen us", a phrase in a holiday prayer referring to the view of the Jews as a Chosen People

אַתּה־בחרתּנוניק דער (עס) [ATO-BEKhARTO'NUNIK] *iron.* aristocrat, s.o. who feels favored by the gods; Jewish chauvinist

אַתּה־הראית דער [ATO-HORE'YSO] *Jew.* beginning of a series of verses recited before opening the Holy Ark on *Simchat Torah*, the public reading of which has become a coveted honor; that reading

|| פֿ״גל שׂימחת־תּורה

אַתחלתּא־דגאולה די [ASKhALTE-DEGEU'LE] *lit.* beginning of the redemption, first sign of the coming of the Messiah

אתרוג דער (ים) [ESREG - ESROYGIM] citron, a fruit which is blessed, along with the *lulav*, during the *Sukkot* holiday; *fig.* person of noble character

|| פֿ״גל לולבֿ

אתרוגל דאָס (עך) אתרוג דימ [E'SREGL] *fig., fam.* person/thing of great beauty/quality

|| זי איז אַן אתרוגל she's really lovely/adorable, she's a real treasure

ב

ב[1] דער/די [BEYS] letter of the Yiddish alphabet; pronounced [B]; numeric value: 2

ב׳[2] = באַנד[2] vol. (volume)

ב[3]... [BE/BI] adverb-forming prefix

|| באיסור [BEISER] illegitimately, violating a ban

|| בהכנעה [BEHAKhNOE] humbly, with humility

|| בגזלה [BIGZEYLE] dishonestly, like a bandit

|| בגוואַלד [BIGVALD] by force

באַ[1] פּרעפּ זע ביי[1]

באַ[2] אינט bah!

באַ[3]... *inseparable verbal prefix serving to make certain verbs transitive or to intensify the transitivity of others*

באַאָ'באַכטונג די (ען) *Germ.* observation

באַאָ'באַכט|ן וו (באַאָ'באַכטעט) *Germ.* observe

באַאָ'באַכטער דער (ס) *Germ.* observer

באַאו'מרויִק|ן וו (–ט) worry, trouble, disturb

|| באַאומרויִקן זיך be concerned/alarmed

באַאײַ'נפֿלוס|ן וו (–ט) influence

באַאַמט|ער דער-דעק clerk, official

באַאַ'רבעטונג די (ען) cultivation, tilling; revision, adaptation (theatrical, musical, etc.)

באַאַ'רבעט|ן וו (באַאַרבעט) till, cultivate; treat, handle (subject); work (wood, etc.); browbeat; adapt, revise (play, musical composition, etc.)

באָ'אַשלאַנג די/דער (ען) boa constrictor

באָב דער (עס/ן) דימ בעבל (broad) bean; beans *coll.*

|| ווי באָב abundantly; bean-sized

באַ'באָטשקע די (ס) זע באַבעטשקע, באַבעלע

באַבאַ־יאַ'גאַ (די) Baba Yaga, old witch, hag of Russian folklore

באַבולע די זע ביבולע

באַבו'ן דער (ען) baboon

באַבײַ דער (עס) demon, imp

באַביימערט אַדי wooded

באָביק דער (עס) זע באַבײַ

באַבלו'מט אַדי flowered; flowery (style)

באַבלעטערט אַדי leafy

באַבניק דער (עס) skirt chaser, womanizer

באַבסקע אַדי old-wives'; old-womanish

|| באַבסקע רפֿואות [REFUES] household remedy, folk medicine

באַבע[1] די (ס) דימ באַבקע hag, old witch; old peasant woman

באַבע[2] די (ס) sledgehammer, pile driver

באָבע[1] די (ס) grandmother; midwife

|| מײַן באָבעס דאגה! [DAYGE] what do I care?

באָבע[2] די (ס) (kidney-)bean

באָבע־זיי'דע מצ grandparents

באַ'בעטשקע די (ס) butterfly

באַ'בעלע דאָס (ך) insect; butterfly

באָ'בעלע דאָס (ך) fritter

|| פֿײגל באָבע[2]

באָ'בע־מעשׂה די (–יות) [MAYSE] tall tale, fairy tale *(pejor.)*

באָ'בעניו די [Ny] זע באָבעשי

באָ'בע(ס)ניצע די (ס) woman selling boiled beans

באַ'בעצע די (ס) sledgehammer, pile driver

באָ'בעצע די (ס) hag, old woman

באָבער דער (ס) זע ביבער

באַבערדיקט = באַבערדלט אַדי bearded

באָ'בערן אַדי זע ביבערן

באָ'בעשי די (ס) granny

באַבקע די (ס) babka (sweet cake); buckwheat cake

באָבקע די (ס) (goat/sheep) droppings

|| באָבקעס! nonsense! humbug!

באַ'בקעלעך מצ *slang* money, dough

באָבראָווע אַדי זע ביבערן

באַברי'לט אַדי wearing glasses

באַבריִ|ען וו (–ט) steep (tea, tisane)

באָבריק דער beaver fur; cloth made of beaver fur and wool

באַברעמ|ען וו (–ט) border, edge, trim

באָברע|ן זיך וו (גע–ט) rummage, fumble about, work slowly

באַגאַ'בט אַדי gifted, talented

באַגאָב|ן וו (–ט) אַק מיט confer upon, grant to

באַגאַ'זש דער (ן) baggage, luggage

באַגאָטיש אַדי/אַדוו fanatical, sanctimonious

באַגאָלד|ן וו (–ט) זע באַגילדן

באַגול|ן וו (–ט) זע באַגילדן

באַגזל|(ענ)ען וו (–ט) [BAGAZL] rob

באַגי'טיקונג די fertilization (soil)

באַגי'טיק|ן וו (–ט) — accept, approve; fertilize (soil)
באַגיי'|ן* וו (מיר/זיי באַגייען; איז באַגאַנגען) — commit
|| באַגיין זיך אָן — do without
|| באַגיין זיך מיט — be satisfied with; handle, utilize, wield; treat (s.o.)
באַגײַ'סטערונג די (ען) — inspiration, enthusiasm
באַגײַסטערט אַדי/אַדוו — enthusiastic, inspired
באַגײַ'סטער|ן וו (–ט) — inspire, rouse
באַגי'לדט אַדי — gilded, gold-plated
באַגילד|ן וו (–ט) — gild
באַגי'לטיק|ן וו (–ט) — *neol.* validate
באַגילט|ן וו (באַגי'לט) זע באַגילדן
באַגי'ן דער — *lit.* dawn
באַגי'נסטיק|ן וו (–ט) זע באַגינציקן
באַגינען **1.** אַדוו — at dawn
|| **2.** דער (ס) — dawn
באַגי'נציק|ן וו (–ט) — favor, be conducive to
באַגיס|ן וו (באַגאָסן) — water, irrigate, douse; (sweat) bead, cover
|| באַגיסן זיך מיט טרערן — dissolve into tears
באַגלאָז|ן וו (–ט) — glaze
באַגלוי'בט = באַגליי'בט אַדי — trustworthy, reliable
באַגליי'ביק|ן וו (–ט) — accredit, authenticate
באַגלייז|ן וו (–ט) — glaze (pottery, etc.)
באַגליי'ט־... — associated, accompanying
|| באַגלייט־סימפּטאָם — accompanying symptom
באַגלייט|ן וו (באַגליי'ט) — escort; accompany
באַגלייטער דער (–/ס) פֿעמ ין — companion; chaperon; accompanist (music)
באַגלײַ'ך אַדוו זע (בײַ) גלײַך 2.
באַגלי'ק דער (ן) — *neol.* success
באַגליק|ן וו (–ט) — succeed, have good luck; make happy
באַגנאָ'דיק|ן וו (–ט) — pardon, forgive; grant favor to
באַגנבֿע|(נע)ן וו (–ט) [BAGANVE] — rob, steal from
באַגנו'געַנ|ען זיך וו (–ט) זע באַנוגענען זיך
באַגנע די (ס) — marsh, swamp
באַגנע'דיקונג די (ען) — clemency, pardon
באַגנע'דיק|ן וו (–ט) — show clemency to, pardon
באַגנע'ט דער (ן) — bayonet
באַגע'געניש דאָס (ן) — meeting, encounter; rendezvous
|| מצ — adventures
|| בייזע באַגעגענישן — tribulations, misadventures
באַגע'געַנ|ען וו (–ט) — meet, encounter; welcome
|| באַגעגענען זיך <מיט> — meet (s.o.)
באַגעוועלטיק|ן וו (–ט) — dominate, master
באַגעניג|ן זיך וו (–ט) זע באַנוגענען זיך
באַגע'ר דער (ן) — desire, passion, lust
באַגער|ן וו (–ט) — desire, crave, covet
באַגראָ'ב דער (ן) — scolding; rebuff
|| כאַפּ|ן אַ באַגראָב — get scolded
באַגראָב|ן וו (באַגראָבן) — bury; *fig.* ruin, spoil; *pop.* tell off, abuse, scold
באַגראָז|ן וו (–ט) — sod, cover with grass
באַגרײַפֿ|ן וו (באַגריפֿן/–ט) — comprehend, conceive
באַגרינדונג די (ען) — justification, explanatory statement
באַגרינד|ן וו (–ט/באַגרינדעט) — justify, substantiate
באַגרינ|ען וו (–ט) — manage the green space in (city, etc)
באַגריסונג די (ען) — greeting, welcome; message of sympathy
באַגריס|ן וו (–ט) — greet, welcome; congratulate
|| באַגריסן זיך <מיט> — exchange greetings (with)
באַגרי'ף דער (ן) — notion, concept, idea
באַגריפֿיק אַדי — conceptual
באַגרע'בעניש דאָס (ן) — *hum.* ruin, undoing; *pejor.* burial
באַגרעבער דער (–/ס) — gravedigger
באַגרע'נעצונג די (ען) — limitation, restriction
באַגרענעצט אַדי/אַדוו — limited; narrow-minded, obtuse
באַגרע'נעצ|ן וו (–ט) — limit, confine; restrict, limit
באָד **1.** די (בעדער) — bath, bathhouse
|| (אַוועק)פֿיר|ן אין באָד (אַרײַ'ן) — *fam.* dupe, deceive
|| אוי'ס|גיס|ן די באָד אויף — take it out on, curse out, make accusations against
|| אַרוי'פֿ|לייג|ן די באָד אויף — pin the blame/responsibility on
|| מאַכ|ן אַ באָד — make a scene
|| **2.** דאָס (בעדער) — watering-place, spa
באָדאַ'י אַדוו זע באָדײַ
באַדאַ'כט אַדי/אַדוו — prudent, judicious
באַדאַכט|ן וו (באַדאַ'כט) — consider, weigh prudently

|| באַדאַכטן זיך — reflect *intr.*, meditate; think better of, change one's mind
באַדאַנק|ען וו (–ט) <דאַט> — thank, says thanks (to)
|| באַדאַנקען זיך <פֿאַר> — give thanks (to); renounce, withdraw from
באַדאַ'רף דער (ן) — need
באַדאַרפֿ|ן* וו (ער באַדאַ'רף; –ט) <אַק; (צו) אינפֿ> — need, require; have to
|| ווי ס'באַדאַרף צו זײַן — properly, as it ought to be
באַדויער דער — regret(s); condolences
באַדוי'ערלעך אַדי — regrettable, deplorable
באַדוי'ער|ן וו (–ט) <אַק/וואָס> — regret (stg./that); pity, be sorry for (s.o.)
|| צום באַדויערן — unfortunately; much to my/our regret
באָדז(ש)עו|ן וו (גע–ט) זע באָדיען
באָדיונג דער (ען) [D-YU] — idler, good-for-nothing
באָדײַ' אַדוו — if need be, even if
|| איך וועל עס ניט טאָן, איך זאָל באָדײַ שטאַרבן — I won't do it even if I were to die
|| באָדײַ... אַבי'... — rather/better to ... than ...; ...rather than...
|| באָדײַ אַליי'ן ניט עסן, אַבי' יענעם ניט געבן — better to go hungry oneself than to feed s.o. else
|| ער וועט באָדײַ הו'נגערן, אַבי' ניט אַ'רבעטן — he would rather starve than work
|| באָדײַ...! — if only ...!
|| באָדײַ קומט ער! — if he would only come!
באַדײַ'ט דער — meaning; import, importance
|| ניט צו'|געבן* דאַט קיין באַדײַט — give little weight to, think little of
באַדײַטונג די (ען) — significance, meaning
באַדײַט|ן וו (באַדײַ'ט) — signify, mean; be of (great/little) importance
באַדײַ'טנדיק אַדי/אַדוו — significant, important
באַדי'ן־... — service
|| באַדין־אָפּצאָל — service charge
באַדי'נג דער (ען) — condition, provision, stipulation
באַדינגונג די (ען) — condition, stipulation
|| מצ — *also* circumstances, situation
באַדי'נגט אַדי — conditional, dependent (on some condition)
באַדינגיק אַדי — conditional
באַדינגלעך אַדי/אַדוו — contingent, dependent

באַדינג|ען זיך וו (באַדונגען) <וועגן/אַז> — settle (on), stipulate (that)
באַדינונג די (ען) — service (restaurant, hotel)
באַדי'ן־סטאַנציע די (ס) — service station
באַדינ|ען וו (–ט) — serve/wait on (s.o.)
|| באַדינען זיך מיט — make use of
באַדינער דער (ס) פֿעמ ין — servant, server
באַדי'נערשאַפֿט די (ן) — domestics, service staff
באָדיע|ן וו (גע–ט) [Dy] — butt, strike
|| באָדיען זיך — squabble, bicker
באָדיק דער (עס) — thorn bush
באָ'דכאַלאַט דער (ן) — bathrobe
באַדמ|ען וו (–ט) [BADA'M] — cover with blood; *fam.* beat up, mistreat
באָדן[1] דער (ס) — soil, terrain
באָד|ן[2] וו (געבאָדן) — bathe *trans., imperf.*
|| באָדן זיך — take a bath
|| גיי|ן* זיך באָדן — *also* go swimming
|| באָדן זיך אין — revel in; have plenty of; enjoy without restraint
באָדניע די (ס) [Ny] — tub, vat; nonsense, twaddle
באָדנער דער (ס) — cooper, barrel maker
באָ'דנער|ן וו (גע–ט) — putter, do odds and ends; do hastily, bungle, botch
באָ'דעווע|ן וו (גע–ט) — loiter, wander idly
באַדעכטיק אַדי/אַדוו זע באַדאַכט
באָדעם דער (ס) — bottom (of a container)
באָדע|ן וו (גע–ט) זע באָדיען
באַדענק|ען וו (–ט) — examine, study, consider
|| באַדענקען זיך — reflect, meditate; think better of, change one's mind
באַדעק|ן וו (–ט) — cover *perf.*; put a cover over, line, upholster
באַדעקנס דאָס — *Jew.* ceremony of veiling the bride before the wedding
באָדער דער (–/ס) פֿעמ ין — bather, swimmer
באָ'דער|ן וו (גע–ט) — *Amer.* bore, bother, annoy
באַדערפֿטיק אַדי — needy
באַדע'רפֿעניש דאָס (ן) — need, want; desire, craving
|| טאָ|ן* דאָס באַדערפֿעניש — relieve oneself
באָ'דקאָסטיום דער (ען) [TY] — swimsuit, bathing suit
באַדראָט|ן וו (באַדראָ'ט) — wire (install electrical wiring), run cables
באַדראָ|ען וו (–ט) — threaten, endanger
באַדרוק|ן וו (–ט) — print (on fabric)
באַדריפּע|ן וו (–ט) — soil, spot
באַדריקונג די — oppression

באַדריק|ן וו (–ט) oppress

באַדריקער דער (ס) פֿעמ קע oppressor

באַדרע'נגעניש דאָס (ן) anxiety, worry

באַהאָגל|ען וו (–ט) <מיט> cover with hail; bombard *fig.* (with)

|| באַהאָגלען מיט קוילן rake with machine-gun fire

באַהאַוונט אַדי <אין> versed, proficient, skilled (at)

באַהאַ'וונטקייט די proficiency

באַהאַלט·ן 1. אַדי/אַדוו hidden, covert

|| 2. באַהאַלט|ן וו (באַהאַלטן) <פֿאַר> hide *trans.*, conceal (from); bury; set aside

|| באַהאַלטן זיך hide *intr.*

באַהאַלטער דער (ס) *neol.* shelter, refuge

באַהאַנדל דער (ען) זע באַהאַנדלונג

באַהאַנדלונג די (ען) treatment, act/manner of treating s.o.

באַהאַנדל|ען וו (–ט) treat, handle, deal with

|| שלעכט באַהאַנדלען mistreat

|| פֿאַלש באַהאַנדלען deceive, swindle

באַהאָפֿט·ן אַדי/אַדוו joined, united; hyphenated

באַהאָ'ר דער (ן) *dial.* hook

באַהאָ'רט אַדי hairy, shaggy

באַהאַ'רצט אַדי/אַדוו bold, brave, courageous

|| באַהאַרצט באַגע'גענ|ען face, confront bravely

באַהאַרצטקייט די courage

באַהבֿה אַדוו [BEA'(HA)VE] stoically, willingly

באַהויזונג די housing

באַהויז|ן וו (–ט) house

באַהויכ|ן וו (–ט) mist/steam up; (feeling, idea) provide inspiration

באַהויפּט|ן וו (באַהוי'פּט) *Germ.* assert, maintain

|| קענ|ען* באַהויפּטן <צו> be able to afford (to)

באַהיט|ן וו (באַהי'ט) protect, preserve

|| גאָ'ט באַהיט! God preserve us!

|| באַהי'ט זאָל מען ווערן! God forbid!

באַהייבלעך אַדי feasible, workable

באַהייב|ן וו (באַהויבן) grasp, understand; manage, cope with; be able to, have in one's power

|| קענ|ען* באַהייבן be equal to, be up to; be able to indulge oneself

באַהייצונג די heating

באַהייצ|ן וו (–ט) heat (room, apartment)

באַהילפֿיק אַדי זע בײַהילפֿיק

באַהעביק אַדי affluent

באַהע'ביקייט די wealth, affluence

באַהע'לטעניש דאָס (ן) hiding place, concealment

באַהעלטער דער (ס) זע באַהאַלטער

באַהע'לטערלעך מצ hide-and-seek

באַהעל|ן וו (–ט) light up, illuminate

באַהעלפֿ|ן וו (באַהאָלפֿן) help, assist

|| באַהעלפֿן זיך מיט make use of

באַהעלפֿער דער (ס) זע בעלפֿער

באָהע'ם דער (ען) bohemianism; bohemian

באָהעמיש אַדי bohemian, whimsical, eccentric

באַהענג|ען וו (באַהאַנגען/באַהאָנגען) <מיט> cover with hangings

|| באַהענגען די ווענט מיט בילדער cover the walls with paintings/pictures

באַהע'פֿט דער (ן) union, combination; (ling.) utterance

באַהעפֿטונג די (ען) act of uniting; collection, combination

באַהעפֿט|ן וו (באַהאָפֿטן) join, unite *trans.*; hyphenate

|| באַהעפֿטן זיך unite *intr.*, join; copulate

באַהערנערט אַדי horned

באַהערשונג די restraint, control; mastery (of a skill)

באַהערש|ן וו (–ט) dominate, control; master, subdue; govern, command

|| באַהערשן זיך control oneself, keep one's temper

באַוואו... זע ווערטער מיט באַווו...

באַוואוי... זע ווערטער מיט באַוווי...

באַוואַכ|ן וו (–ט) watch, guard

באַוואַלדונג די (re)forestation

באַוואַ'סערונג די irrigation, watering

באַוואַ'סער|ן וו (–ט) irrigate, water

באַוואָפֿנט אַדי armed

באַוואָ'פֿענונג די armament

באַוואָ'פֿענ|ען וו (–ט) arm

באַוואַקס·ן אַדי overrun with vegetation, overgrown; hairy, shaggy; bearded

|| באַוואַקסן מיט covered with

באַוואָ'ר : אויף גאָטס באַוואָר *iron.* left to God's graces, left to sink or swim

באַוואָ'רט אַדי tried, tested, sure

באַוואָרנט[1] אַדי <קעגן> secure, secured, proof (against)

...־באַוואָרנט[2] אַדי	...proof
‖ וואַ'סער־באַוואָרנט	waterproof
‖ קוי'לן־באַוואָרנט	bulletproof
באַוואָ'רעניש דאָס (ן)	precaution, safeguard
‖ אָן באַוואָרענישן	without reservations
באַוואָ'רענ|ען וו (־ט)	protect, secure
‖ באַוואָרענען זיך	stipulate; take precautions, make provisions
באַוואַרפֿ|ן וו (באַוואָרפֿן) <מיט>	pelt (with); overload/overwhelm (with)
‖ באַוואַרפֿן מיט שטיינער	stone (to death)
באַוואַרפֿנס דאָס	*Jew.* ceremony of throwing rice or sweets at newly-weds
באַוואַרקע די	sweetened hot milk diluted with water
באַוואַש|ן וו (באַוואַשן)	(waves, etc.) wash
‖ באַוואַשן זיך מיט טרערן	dissolve into tears
באַוויינ|ען וו (־ט)	occupy, inhabit (country, dwelling)
באַווו'נדערונג די	admiration, wonderment
באַווו'נדער|ן וו (־ט)	admire, marvel at
באַווו'נדערער דער (ס) פֿעמ ין	admirer
באַווו'סט אַדי	well-known, famous, eminent
באַוווסטזיין דאָס	consciousness
‖ אָן באַוווסטזיין	unconscious, senseless
‖ בייַם באַוווסטזיין	conscious
‖ נישט בייַם באַוווסטזיין	unconscious
באַווו'סטזיניק אַדי/אַדוו	conscious, aware
באַוווסטלאָז אַדי/אַדוו	unconscious
באַוויי'בט אַדי	married (man)
באַווייַ'ז דער (ן)	proof, piece of evidence; demonstration; sign, testimony
באַווייַזונג די (ען)	apparition
באַווייַז|ן וו (באַוויזן)	exhibit; prove, demonstrate; show, make see
‖ באַווייַזן <צו>	succeed (in), manage (to); have time (for)
‖ באַווייַזן זיך	appear, show up
באַווייַ'ל קאָנ	because
באַוויינ|ען וו (־ט)	mourn, lament, bewail
באַווי'ליקונג די (ען)	grant, monetary aid; approval, consent
באַווי'ליק|ן וו (־ט)	allow, permit; grant, allocate
‖ באַוויליקן צו	deign to
באַווירק|ן וו (־ט)	affect, influence
באַוול דער	cotton; thread, yarn
באָוול דאָס	schlock, inferior goods
באַ'וול־דרעשער דער (ס)	cotton gin
באַ'וולנע אַדי זע באַוועלן	
באַווע'ג דער (ן)	movement, gesture
באַוועגונג די (ען)	movement
באַוועגלעך אַדי	mobile, movable
באַווע'גלעכקייט די	mobility
באַוועג|ן וו (־ט/באַוויגן) <צו>	move *trans.*; incite (to), impel (to)
‖ באַוועגן זיך	move *intr.*; stir *intr.*, budge, start moving
באַווע'לדער|ן וו (־ט)	plant with trees, reforest
באַ'וועלן אַדי	(of) cotton
באָ'וועלע דאָס (ך) באָוול דימ	bauble, trifle
‖ אַ באָוועלע!	*iron.* it's no small matter!
באַווע|ן וו (גע־ט)	amuse, entertain
באַווע'סער|ן וו (־ט) זע באַוואַסערן	
באַווער|ן וו (־ט)	materialize, come true
באָו מים עד נפֿש פֿר [BOU MAIM AD NEFESh]	we/they... are at the end of our/their... rope, the situation is desperate
באונס אַדוו [BEOYNES]	by force, under compulsion
באופֿן אַז קאָנ [BEOYFN]	in such a way that
באותו־(ה)רגע אַדוו [BEOYSE-(HO)RE'GE]	at that very moment, immediately
באָז דער (ן)	elder (tree)
באַזאָטל|ען וו (־ט)	saddle
באַזאָ'כט אַדי/אַדוו	slow(ly), prudent(ly), thoughtful(ly)
באַזאַלצ|ן וו (־ט/באַזאַלצן)	salt
באַזאַמד|ן וו (־ט)	cover with sand
באַזאַמען אַדוו זע בייַזאַמען	
באַזאַ'ץ דער (ן)	trimming, border (of a dress, etc.)
באַזאַ'ר דער (ן)	bazaar, market
באַזאָ'רגט אַדי/אַדוו	anxious, worried
באַזאָרג|ן וו (־ט)	furnish, provide; attend to, see to
באַזבֿל|ען וו (־ט) [BAZEVL]	besmirch, stain
באַזוים|ען וו (־ט)	hem, border, trim
באַזוי'מענ|ען וו (־ט)	seed, sow
באַזו'ך דער (ן)	visit; stay; (regular) attendance
באַזוכ|ן וו (־ט)	search/frisk (s.o.); visit, call on; frequent (an establishment)
באַזוכער דער (ס/־) פֿעמ ין	visitor
באַזונדער 1. אַדי	separate; distinct; singular, particular, special; *(in pl. only)* diverse, various
‖ 2. אַדוו	separately, apart
באַזונדערס אַדוו זע באַזונדערש	

באַזו'נדערקייט די (ן) — peculiarity, special feature

באַזונדערש אַדוו — particularly, especially, unusually

באַזו'נט אַדי — sunny, illuminated

באַזיג|ן וו (–ט) — vanquish, defeat; subdue, conquer

באַזיי'טיקונג די — removal, elimination, suppression; dismissal

באַזײַטיקט אַדי — eliminated, removed; thrust/pushed aside

באַזײַ'טיק|ן וו (–ט) — remove, eliminate, dispose of; remove, oust

באַזיימ|ען וו (–ט) זע באַזוימען

באַזיי|ען וו (–ט) <מיט> — sow (an area) (with); strew, sprinkle (with)

באַזילבערט אַדי — silvered, silver-plated

באַזינג|ען וו (באַזונגען) — celebrate (in song, etc.)

באַזיניקט אַדי/אַדוו — conscious, lucid

באַזינ|ען זיך וו (–ט) — reflect *intr.*, meditate, contemplate; reconsider, change one's mind

באַזיס דער (ן) — basis, point of departure; foundation, ground(s)

באַ'זיסדיק אַדי — basic, fundamental

באַזיסעכץ דאָס (ן) — *neol.* icing (on a cake)

באַזי'ץ דער — possession; ownership

באַזיצ|ן וו (–ט/באַזעסן) — possess, own

באַזיצער דער (–/ס) פֿעמ ין — possessor, owner

באַזיר|ן וו (–ט) — base

באַזיש אַדי — alkaline, basic

באַזל (דאָס) — Basel

באַזע די (ס) — (military) base; foot, base, pedestal; base, alkali

באַזעליקט אַדי — happy, fortunate, blessed

באַזע'|ן* וו (מיר/זיי באַזעען; באַזע'ן) — look at, examine

באַזעס·ן אַדי — possessed, obsessed

באַזע'צט אַדי — occupied (place); manned

באַזעצ|ן וו (–ט) — place, seat; appoint, establish (s.o.); occupy, settle, colonize; garrison; hem, edge

|| באַזעצן די כּלה [KALE] — *Jew.* place the bride on a symbolic throne before escorting her under the wedding canopy

באַזעצנס דאָס — *Jew.* ceremony consisting of singing to the bride as she sits on a symbolic throne before the marriage ceremony

באַזע'צעניש דאָס זע באַזעצנס

באַזעצער דער (ס) פֿעמ ין — settler, colonist, occupier

באַחיפּוש|ן וו (–ט) [BAKhIPESh] — *slang* search/frisk (s.o.)

באַחנט אַדי/אַדוו [BAKhE'YNT] — charming, graceful

באַחשבונ|ען וו (–ט) [BAKhEZhB·N] — calculate *perf.*

באָט[1] דער (ן) — tender, bid

באָט[2] דער (ן) — boot (footwear for rain or snow)

באַטאָ'ג אַדוו זע (בײַ) טאָג

באַטאָ'גט אַדי — elderly, of a certain age

באַטאָגיק אַדי–עפּי זע בײַטאָגיק

באַטאָוולט אַדי — hard-covered (book)

באַטאָוול|ען וו (–ט) — bind (book); cover with panels

באַטאַטע די (ס) — sweet potato

באַטאַליאָ'ן דער (ען) [LY] — battalion

באָטאַניק די — botany

באָטאַ'ניקער דער (–/ס) פֿעמ ין — botanist

באָטאַניש אַדי — botanical

באַטאָנ|ען וו (–ט) — underline *fig.*, emphasize, stress

באַטאַפּ|ן וו (–ט) — feel, touch

באָ'טווינע די — beet leaves; cold soup of beet leaves

באַטויב|ן וו (–ט) — deafen; (noise) drown out; put to sleep, anesthetize, numb; (aroma) intoxicate

באַטוי|ען וו (–ט) — cover with dew

באַטיטל|ען וו (–ט) — give a title to (book, etc.); call/address s.o. with the title of

באַטײַ'ט דער (ן) — significance, meaning, sense

באַטײַטיק אַדי — significant, relevant

באַטײַ'טיקייט די — significance

באַטײַט|ן וו (באַטײַ'ט) — mean, signify

באַטיי'ליקונג די — participation

באַטיי'ליקט|ער דער-דעק — participant

באַטיי'ליק|ן זיך וו (–ט) <אין> — take part (in), participate (in), be a party (to)

באַטייל|ן וו (–ט) אַק מיט — give s.o. his/her share of; lavish stg. on s.o., shower s.o. with stg.

|| מע האָט זי באַטיילט מיט אַרבעט — she was assigned her share of the work

באָטינקע די (ס) — half-boot, lady's boot

באַטי'סט דער — cambric

באַטיסט·ן אַדי — (of) cambric

באָטיק דער (עס) דימ באָטשיק — half-boot, snow-boot

באַטכן פֿאָנ ברחן

באַט·ל פֿאָנ בטל

באָט|ן וו (געבאָטן) — bid, offer

|| פֿ״גל געבאָטן

באַטעמט אַדי/אַדוו [BATA'MT] tasty, delicious; charming, cute

באָטעס מצ boots

באַטע'פּעכונג די carpeting

באַטע'פּעכ|ן וו (–ט) carpet

באַטערייקע די (ס) small battery; flashlight

באַטעריע די (ס) battery

באַטערכע|ן וו (–ט) *slang* con, fool, screw

|| באַטערכען זיך *slang* be mistaken, get it all wrong

באָטפּאָרטן מצ sturdy boots (of stiff leather)

באַטראַ'כט דער consideration, attention

|| נישט קומ|ען אין באַטראַכט be out of the question

באַטראַכטונג די (ען) deliberation, examination; contemplation, meditation

|| מעדיצי'ניש|ע באַטראַכטונג checkup, medical examination

באַטראַכט|ן וו (באַטראַ'כט) observe, contemplate, consider; examine (a patient); take into consideration

|| באַטראַכטן זיך reflect *intr.*, consider, think it over

באַטראַפֿל|ען וו (–ט) happen to s.o. by sheer good luck

|| אַ גליק האָט מיך באַטראָפֿלט a lot of good that does me! big deal!

באַטראַ'ק דער (עס) farm boy, agricultural worker

באַטרו'ג דער (ן) *obs., lit.* deception, deceit

באַטרונקען אַדי drunk

באַטריי'בט אַדי sad, troubled

באַטריב|ן וו (–ט) trouble, torment

באַטריג|ן וו (באַטראָגן) *obs., lit.* fool, deceive

באַטריי'געריש אַדי/אַדוו *obs., lit.* deceptive, deceitful

באַטריפֿ|ן וו (–ט) <מיט> sprinkle (with), spatter (with)

באַטרעט|ן וו (באַטראָטן) set foot on, tread upon

באַטרע'ף דער (ן) amount, sum; value, significance

|| האָב|ן* אַ באַטרעף be of importance, count

באַטרעפֿיק אַדי significant, weighty

באַטרעפֿ|ן וו (באַטראָפֿן) amount to; cost

באַטרע'פֿנדיק אַדי *Germ.* corresponding; in question, relevant

באָטשאַן דער (...אַ'נעס) זע בוטשאַן

באָטשאַפֿט די (ן) *Germ.* embassy; mission

באָ'טשוועגע די זע באָטווינע

באָטשייַקע די (ס) embroidering frame

באָטשיק דער (עס) דימ זע באָטיק

באָטשן דער זע בוטשאַן

באָ'טשעלע דאָס (ך) barrel, cask

באָ'טשענע די זע באָטווינע

באַטשקע|ן וו (גע–ט) babble, prattle

באַיאָ|ען וו (–ט) affirm, confirm

באַיאָ'ר(נ)ט אַדי aged, elderly

באין־אופֿן אַדוו [BEE'YN-O'YFN] by no means, in no case

באין־ברירה אַדוו [BEE'YN-BRE'YRE] perforce, there being no choice

באַיסטרו'ק דער (עס) זע בייַסטרוק

באָיקאָ'ט דער (ן) זע בויקאָט

באָיקע אַדי זע בויקע[2]

באַכּוח|ן וו (–ט) [BAKOYEKh] *neol.* power; propel

באַכּישופֿ|ן וו (–ט) [BAKIShEF] bewitch, enthrall

באַך[1] אינט thump! bang!

באַך[2] דער (בעך) זע באָך[1]

באָך[1] דער (ן) river, stream, brook

באָך[2] דער (עס) punch, blow

באַכט(י)ו'ר דער (עס) [Ty] strapping fellow, bruiser

באַכמאַ'ט דער (עס) oaf, lout

באַכמאַטנע אַדי/אַדוו awkward, clumsy

באָכנ(י)ע די (ס) [Ny] stolen goods

באָכע דער (ס) זע באָך[2]

באָכע|ן וו (גע–ט) punch

באָ'כענצע די (ס) punch, blow

באָכער פֿאָנ בחור

באַכראָ'מט אַדי chrome-plated

באַל[1] דער (ן) ball (for game, sport)

באַל[2] דער (בעלער) ball (festivity)

באַלאַבעטשע|ן וו (–ט) זע באַלעבעטשען

באַלאַבעשקע די (ס) dumpling boiled in water

באַלאָ'ג דער (ן) trimming, edge (of a dress, etc.)

באַלאַגאַ'ן דער (ען) mess; bedlam, uproar

באַלאַגורע|ן וו (–ט) זע באַלאַהורען

באַלאַגע די (ס) payroll

באַלאַ'גערונג די (ען) זע באַלעגערונג

באַלאַ'גער|ן וו (–ט) זע באַלעגערן

באַלאָד·ן 1. אַדי <מיט> laden, weighed down; burdened (with)

|| 2. באַלאָד|ן וו (באַלאָדן) <מיט> load (with); burden (with)

באַלאַדע די (ס) ballad

באַלאַהורע|ן וו (–ט) gossip

באַלאָטיראָווקע די (ס) election by drawing lots

באַלאַכאָ'ן דער (עס) cloak, greatcoat

באַלאַלײַקע די (ס) balalaika

באַלאָ'ן דער (ען) balloon

באַלאַנג|ען וו (–ט) דאַט/צו belong, pertain

באָלאָניע די (ס) [Ny] meadow

באַלאַ'נס דער (ן) equilibrium, balance; balance-sheet, ledger

באַלאַנסיר|ן וו (–ט) weigh, consider; balance, equilibrate, counterbalance

באַלאַ'סטיקונג די (ען) encumbrance, burden

באַלאַ'סטיק|ן וו (–ט) <מיט> encumber, burden (with)

באַלאַסט|ן וו (באַלאַ'סט) charge (an account)

באַלאַקע|ן וו (–ט) babble, chatter

באַלבאָ'ס דער (באַלבאַטים) זע בעל־הבית

באַלבאָסטע די (ס) זע בעל־הביתטע

באָלבעטו'ן דער (עס) זע באָלטון

באַלבעטשע|ן וו (–ט) זע באַלעבעטשען

באָלבע|ן וו (גע–ט) babble, chatter

באַלד אַדוו soon, shortly, right away; almost, nearly; from the start

|| באַלד ווי as soon as

|| ווי באַלד since, whereas

באַלדיק אַדי immediate, prompt, speedy

באַלוואַ'ן = באָלוואַ'ן דער (עס) פֿעמ קע *fam.* moron, blockhead; tailor's dummy, mannequin

באַלוואַנסקע = באָלוואַנסקע אַדי moronic, feeble-minded

באַלוי'ן דער (ען) reward

באַלוינונג די (ען) reward, decoration

באַלוינ|ען וו (–ט) reward

|| באַלוינען מיט award, decorate with

באַלויפֿונג די mount, cover (animal husbandry)

באַלויפֿ|ן וו (באַלאָפֿן) mount, cover (animal husbandry)

באַלזאַם דער (ען) balsam, balm

באַלזאַמיר|ן וו (–ט) embalm

באַלזאַמיש אַדי balsamic

באָלטו'ן דער (עס) chatterbox, babbler

באַלטיש אַדי Baltic

|| דער באַלטיש|ער ים [YAM] the Baltic Sea

באָליאַטשקע די (ס) ring-worm, rash, scab, boil

באַלי'בט אַדי beloved, favorite; popular

באַליביק אַדי–עפּי/אַדוו *Germ.* any, arbitrary

באַלײַ'בט אַדי corpulent, portly, stout

באַלייג|ן וו (–ט) put to bed; put up (guests); post, mail (a letter); advance (money); pass (exam)

|| באַלייגן <מיט> cover (with), overlay; (fash.) line, trim (with)

באַלייגנס דאָס *Jew.* ceremony consisting of accompanying the newly-weds to the nuptial bed

באַליי'דיקונג די (ען) insult, offense

באַליידיקט אַדי insulted, offended

באַליי'דיק|ן וו (–ט) offend, insult

|| באַליידיקן זיך <אויף> be insulted by, be offended at; get angry (at)

באַליי'דיקנדיק אַדי offensive, hurtful

באַליי'ט־... attendant, associated

|| באַלייט־סימפּטאָם attendant symptom

באַלייטונג די (ען) escort; accompaniment

באַלייט|ן וו (באַליי'ט) escort; accompany

|| באַלייטן אַהיי'ם see home

באַלייטער דער (ס) פֿעמ ין escort, companion; chaperon; accompanist

באַלײַ'כט דער (ן) (phot.) exposure

באַלײַכטונג די (ען) lighting, illumination

באַלײַכט|ן וו (באַלויכטן/באַלײַ'כט) light up, illuminate; (phot.) expose; elucidate

באַליע די (ס) זע באָליע

באַלייש|ן וו (–ט) gild, apply gold leaf

באָליע די (ס) washtub

באַלי'ק דער (עס) sturgeon

באַלכסון אַדוו [BALAKhSN] diagonally, obliquely

באַלכסונדיק אַדי/אַדוו [BALA'KhSNDIK] diagonal, oblique

באַלמוטשע|ן וו (–ט) זע באַלעמוטשען

באַלמעלאָכע פֿאָנ בעל־מלאָכה

באַלן דער (ס) bale, pack of wares

באַלעבאַטיש אַדי/אַדוו זע בעל־הבתּיש

באַלעבאַ'טעווע|ן וו (–ט) זע בעל־הבתּעווען

באַלעבאָנדע די (ס) *hum.* lousy housekeeper

באַלעבאָ'ס דער (באַלעבאַטים) זע בעל־הבית

באַלע'בט אַדי — animated, full of life; lively, sprightly

באַלעב|ן וו (–ט) — animate

|| ווידער באַלעבן — revive, resurrect

באַלעבעטשע|ן וו (–ט) — babble, chatter

באַלעבעסל דאָס (עך) זע בעל־הביתל

באַלעגאָלע פֿאָנ בעל־עגלה

באַלע'גערונג די (ען) — siege

באַלע'גער|ן וו (–ט) — besiege, lay siege to

באַ'לעווע|ן[1] וו (גע–ט) — pamper, spoil

באַ'לעווע|ן[2] וו (גע–ט) [Ly] — frequent balls (dances)

באַלעז·ן אַדי — cultivated, educated

באַלע'ט דער (ן) [Ly] — ballet

באַלעכאָטע אַדי [Ly] — goggle-eyed, with protruding eyes

באַ'לעכעס = באָ'לעכעס מצ [Ly] — *slang* eyes, peepers

באַלעם דער (ס) — ball (for game, sport)

באַלעמו'ט דער (עס) פֿעמ קע — chatterbox, babbler, braggart

באַלעמוטשע|ן וו (–ט) — mumble, babble; procrastinate, dilly-dally

באַ'לעמ|ען (זיך) וו (גע–ט) — bounce *trans./intr.*

באַלעמער דער (ס) — reading desk from which the Torah is read in a synagogue

באַלע'סטיק|ן וו (–ט) — disturb, bother

באַלעק|ן זיך וו (–ט) <מיט> — lick one's lips/fingers (at), be passionately fond (of)

באַלערינע די (ס) [Ly] — ballerina

באַלע'רנדיק אַדי — instructive, edifying

באַ'לץ דער — giant, big burly fellow

באַלקאָ'ן דער (ען) — balcony

באַלקן דער (ס) — beam, girder, rafter; ceiling

באַ'לקן־פֿענצטער דער (–) — transom

באַלקע די (ס) זע באַלקן

באם קאָנ [BEI'M] — *lit.* if, in case

באַמאָ'ז דער (ן) — dolt, blockhead

באַמאַכ|ן זיך וו (–ט) — *pop.* soil oneself; *pop.* blunder, screw up

באַמאַ'ליעווע|ן וו (–ט) זע באַמאָלן

באַמאָל|ן וו (–ט) — cover with paintings or drawings

באַמאַ'נט אַדי — married (woman)

באָמבאָניערקע די (ס) [NY] — box of candy

באָמבאַסטיק די — bombast, pomposity

באָמבאַסטיש אַדי/אַדוו — bombastic, pompous, highfalutin

באָמבאַרדירונג די (ען) — bombardment

באָמבאַרדיר|ן וו (–ט) — bomb, shell, bombard

באָמבאַרדע די (ס) — (noise of) detonation; bombardment

באַמבוס דער (ן) — bamboo

באָמבל|ען (זיך) וו (גע–ט) — dangle *trans./intr.*

|| עס באָמבלט זיך מיר אין קאָפּ — I have a vague sense that

באָמבע די (ס) — bomb

באָ'מבעלע דאָס (ך) — pendant, charm

באָ'מבערל דאָס (עך) זע באָמבעלע

באמונה אַדוו [BEEMUNE] — honestly, faithfully

באמונה־שלמה אַדוו [BEEMU'NE-ShLE'YME] — with complete/perfect faith

באַמיִונג די (ען) — effort, endeavor; attempt; approach, appeal

באַמיטלט אַדי — having resources, well-to-do

באַמייקע|ן = באַמיי'קענ|ען וו (–ט) — *fam.* cover with vomit

באַמי'סטיק|ן וו (–ט) — fertilize, spread with fertilizer

באַמיִ|ען וו (–ט) — put to trouble, inconvenience

|| באַמיִען זיך — make an effort, strive, take pains

באם־לאָו אַדוו [BEI'M-LA'V] — if it were not the case, otherwise

באָמע די (ס) — bar, stick

באַמע'רק דער (ן) — notice, remark

באַמע'רק־ווערדיק אַדי/אַדוו — remarkable, noteworthy

באַמערקונג די (ען) — remark, observation; annotation, comment

באַמערקלעך אַדי — noticeable, observable

באַמערק|ן וו (–ט) — notice, discern; realize, note; remark, comment

|| ניט צו באַמערקן — imperceptible

באַמע'רקעריש אַדי — observant, perceptive

באַמקע|ן = באָמקע|ן וו (גע–ט) — sing repeatedly nonsense syllables such as "bim", "bam", or "bom"

באמת אַדוו [BEEMES] — truly, indeed; sincerely

באַן די (ען) — railroad; train

באַנאַ'כט אַדוו זע (ביי) נאַכט[1]

באַנאַכטיק אַדי–עפּי זע בײַנאַכטיק

באַנאַ'ל אַדי/אַדוו banal, trite

באַנאַליטעט די (ן) banality

באַנאָ'מענ|ען וו (–ט) name, designate

באַנאַ'ן דער (ען) banana

באַנאַ'נד אַדוו זע בײַנאַנד

באַנאַנע די (ס) זע באַנאַן

באַנאַ'ריש|ן זיך וו (–ט) commit a blunder, act stupidly, make a fool of oneself

באַ'נבעטל דאָס (עך) sleeping-car berth

באַנבֿל|ען וו (–ט) [BANAVL] denigrate, disparage

באַנג טאָ|ן* וו-אומפּ (באַנג געטאָ'ן) <דאַט> *rev.* be sorry, regret

|| עס טוט מיר באַנג וואָס כ'האָב דאָס געטאָ'ן I'm sorry I did that

|| באַנג טאָן אויף *rev.* miss (stg.); pity, be sorry for (s.o.)

|| איצט טוט מיר באַנג אויף אים now I feel sorry him

באַנד[1] די (בענדער) דימ בענדל ribbon, band

באַנד[2] דער (בענד/בענדער) volume (of a book)

באַנד[3] דער (ן) bond, fetter

באַנדאַ'זש דער (ן) bandage

באַנדאַזשיר|ן וו (–ט) bandage

באַ'נדוואָרעם דער (...ווערעם) tapeworm

באַנדורע די (ס) bandura (musical instrument); *fam.* clumsy/cumbersome object

באַנדזעג די (ן) band-saw

באַנדזשאָ דער (ס) banjo

באַנדי'ט דער (ן) bandit, gangster; *fig.* rascal

באַנדיטיש אַדי bandit-like, of a bandit; of banditry

באָנדלעך מצ beans

באַנדע די (ס) band, gang, pack

באָנדע די (ס) round loaf, brioche; dolt, sluggard; winter coat; hernia bandage, truss

באָנדער דער (ס) פֿעמ קע barrel-maker, cooper

באַנדעראָ'ל דער (ן) wrapper; banner; label, tag

באָנדערײַ' דאָס cooperage, barrel works

באַנו'גענ|ען זיך וו (–ט) מיט be satisfied with

באַנוול דער זע באַוול

באַנוי' אַדוו almost

באַנומען אַדי possessed (by a demon); frightful, blood-curdling (shriek)

|| שרײַ|ען ווי אַ באַנומענער scream like one possessed

באָנוס דער (ן) bonus

באַנוצ|ן וו (–ט) זע באַניצן

באַנט דער (ן) ribbon, band; (ornamental) bow

באַ'נטע(נע) די (ס) lintel, crossbar; shelf

באַנײַ' דער renewal, revival

באַנײַונג די renewal; renovation; opening, dedication

באַניי|ען וו (–ט) sew around, hem, baste; clothe, serve as a tailor for s.o.

באַנײַ|ען וו (–ט) renew; renovate; try on for the first time (clothing); open, dedicate

|| באַנײַען זיך don a new garment

באַניע די (ס) [Ny] pumpkin, gourd; coffer, trunk

באַני'ץ דער (ן) use, usage

|| אַרוי'ס|גיי|ן* פֿון באַניץ fall into disuse, go out of use

באַניצ|ן וו (–ט) use, employ

|| באַניצן זיך מיט make use of, utilize

באַניצער דער (ס) פֿעמ ין user

באַניקלט אַדי nickel-plated

באַ'נסטאַנציע די (ס) railway station

באָנע[1] די (ס) governess

באָנע[2] די (ס) ration card

באַנעזאַמען : ליג|ן באַנעזאַמען *dial.* be paralyzed

באַנע'ם דער (ען) conception, comprehension

באַנעמיק אַדי cognitive

באַנעמ|ען וו (באַנומען) understand, grasp, conceive of; rob

|| באַנעמען זיך <מיט> act/behave (toward)

באַנע'מעניש דאָס (ן) obsession, idée fixe

באַנעצל|ען וו (–ט) *neol.* moisten

באַנעצ|ן וו (–ט) moisten, dampen, wet; toast, celebrate with a drink

|| דאָס דאַרף מען באַנעצן! this calls for a toast!

באַנער דער (ס) railroad worker

באָנץ דער (ן) *fam.* union official, party hack

באַנק[1] די (בענק) דימ בענקל bench

|| אָ'פּ|לייג|ן אין דער לאַנגער באַנק אַרײַ'ן defer, put off till doomsday

|| קוועטש|ן די באַנק devote long years to study

באַנק[2] די/דער (בענק/ען) bank (financial institution)

באַנק[3] : דורך ס'באַנק on average

באָנק דער (עס) bastard

באַ'נקבעטל דאָס (עך) bench used as a bed; bunk, cot

באַנקי'ר דער (ן) banker

באַנקנאָ'ט דער (ן) banknote, bill (paper currency)

באַנקע[1] די (ס) (med.) cupping glass (old-fashioned medical implement); tin can

|| נאַסע/געהאַקטע באַנקעס cupping glass used with scarification

|| העלפֿן ווי אַ טויטן באַנקעס be useless, ineffective, of no avail

באַנקע[2] די (ס) ball

באַנקע[3] די (ס) banknote, paper currency

באָנקע די (ס) fib, tall tale, claptrap

באַנקע'ט דער (ן) banquet, testimonial dinner

באַנקערײַ' דאָס *neol.* banking

באַ'נקקאָנטע די (ס) bank account

באַ'נקקוועטשער דער (ס) פֿעמ קע bookworm, one who devotes all his time to study

באַנקראָ'ט **1.** אַדי–אַטר bankrupt

|| **2.** דער (ן) bankruptcy

באַנקראָטיר|ן וו (–ט) go bankrupt, fail (in business)

באַנקראָטשיק דער (עס) פֿעמ ...טשיצע bankrupt/insolvent person

באַנקרוטקע די (ס) hand-rolled cigarette

באַנשטראָז דער (ן) railway, railroad

באַס דער (ן/בעסער) bass (voice, instrument), basso; contrabass; bassoon

באַסאָווע אַדי bass

באַסאָ'ק דער (עס) yes-man

באַסטאַ אינט enough!

באַסטיאָ'ן דער (ען) [TY] bastion

באָסיאַ'ק דער (עס) [Sy] barefoot person; vagrant, tramp

באַסיי'ן דער (ען) pool; (geogr., geol.) basin; deep, wide pan

באַסמאַרקע|ן וו (–ט) cover with snot

באַסמיצווע **פֿאָנ** בת־מיצווה

באָסניאַ'ק דער (עס) פֿעמ ...אַטשקע [Ny] Bosnian

באַ'סעווע|ן וו (גע–ט) speak with a deep voice, grumble

באָסע־קאָמאַנדע די band of ne'er-do-wells, rabble, riffraff

באַעוולט אַדי [BAAVLT] wronged; underprivileged

באַעוול|ען וו (–ט) [BAAVL] abuse, wrong, maltreat

באַע'כטיקונג די (ען) authentication, attestation

באַע'כטיק|ן וו (–ט) authenticate, certify

באַע'רדיק|ן וו (–ט) bury, inter

באַער|ן וו (–ט) honor

באַפּאַטשקע|ן וו (–ט) <מיט> stain, smear (with)

באַפּאַ'נצער|ן וו (–ט) armor, provide with armor; armor-plate

באַפּו'ץ דער (ן) trimming(s), ornamentation

באַפּוצונג די (ען) decoration, trimming, ornament

באַפּוצ|ן וו (–ט) <מיט> decorate, embellish, trim, adorn

באַפּינטל|ען וו (–ט) punctuate (a text); add vowel points (to Hebrew letters); spot, speckle

באַפּיש|ן וו (–ט) *pop.* piss on

באַפּלונטש|ן וו (–ט) <מיט> spatter, sprinkle (with)

באַפּליוכע|ן וו (–ט) <מיט> spatter, sprinkle (with)

באַפּרישטשעט אַדי pimply

באַפֿאַ'ל דער (ן) attack, assault

באַפֿאַלונג די (ען) **זע** באַפֿאַל

באַפֿאַל|ן וו (איז באַפֿאַלן) attack, invade, assail; (illness) strike; assault, mug

באַפֿאַלער דער (ס) פֿעמ קע attacker, assailant

באַפֿאַ'לעריש אַדי/אַדוו aggressive, predatory

באַפֿאַ'רב דער (ן) hue, shade

באַפֿאַרבונג די (ען) coloring; hue, tonality

באַפֿאַרב|ן וו (באַפֿאָרבן/–ט) color, tint, tinge

באַפֿויל|ן וו (באַפֿוילן) **זע** באַפֿעלן

באַפֿו'למאַכטיקט|ער דער-דעק plenipotentiary

באַפֿו'למאַכטיק|ן וו (–ט) authorize, empower

באַפֿו'למעכטיקט|ער דער-דעק **זע** באַפֿולמאַכטיקטער

באַפֿו'למעכטיק|ן וו (–ט) **זע** באַפֿולמאַכטיקן

באַפֿײַכט|ן וו (באַפֿײַ'כט) moisten, dampen

באַפֿײַכטער דער (ס) humidifier

באַפֿלאַנצ|ן וו (–ט) <מיט> plant (an area) (with)

באַפֿליגלט אַדי winged

באַפֿליטערט אַדי sequined; flashy, gaudy

באַפֿלי'טער|ן וו (–ט) spangle

באַפֿלעק|ן וו (–ט) <מיט> spot, soil; tarnish, sully

באַפֿעדערט אַדי feathered; covered with feathers

באַפֿע'ל דער (ן) order, command

באַפֿעל|ן וו (באַפֿוילן) <דאַט> **צו** order/command (s.o.) to

|| באַפֿעלן אַק <דאַט> send/convey (greeting, message) (to)
|| באַפֿעלן דאַט אַז send s.o. word that
באַפֿע'לעריש אַדי/אַדוו imperious, authoritarian
באַפֿע'לקערונג די (ען) population
באַפֿע'לקער|ן וו (–ט) populate, people
באַפֿע'סטיקונג די (ען) fortification
באַפֿע'סטיק|ן וו (–ט) fortify, strengthen, consolidate
באַפֿרו'כפּער|ן וו (–ט) fertilize
באַפֿרי'דיקונג די (ען) satisfaction; contentment
באַפֿרידיקט אַדי satisfied, content
באַפֿרי'דיק|ן וו (–ט) satisfy, gratify
באַפֿרי'דיקנדיק אַדי satisfactory
באַפֿרײַונג די (ען) liberation, deliverance; release, discharge; exemption
באַפֿרײַ'נדט אַדי familiar, friendly
|| זײַן* (זייער) באַפֿרײַנדט be (good) friends
באַפֿרײַ'נד|ן וו (–ט) acquaint, start a friendship between
|| באַפֿרײַנדן זיך make friends; become friends
באַפֿרײַנדעט אַדי זע באַפֿרײַנדט
באַפֿרײַ|ען וו (–ט) liberate, free; discharge, exempt
באַפֿרײַער דער (ס) פֿעמ ין liberator, deliverer
באַץ אינט whap! wham!
באָץ דער dolt, stupid fellow
באַצאָל|ן וו (–ט) <דאַט פֿאַר> pay (s.o.) (for); settle, discharge (a debt); answer/atone for
|| באַצאָלן זיך be worthwhile
|| צו באַצאָלן payable
|| נישט צו באַצאָלן priceless; exorbitant
באַצו'ג דער *Germ.* bed linen; (furniture) cover, case; relation, reference
|| אין באַצוג צו/מיט with regard to, as to
באַצווינג|ען וו (באַצוווּנגען) subjugate, overwhelm
באַצוועק|ן וו (–ט) <צו> have in mind (to), intend (to)
באַצױ'בער|ן וו (–ט) enchant, charm; delight, enrapture
באַצו'קערונג די (ען) frosting, icing
באַציאַן דער (...אַ'נעס) זע בוטשאַן
באַציִונג די (ען) <צו> attitude (toward); relation, relationship; respect
באַצײַטנ(ס) אַדוו זע בײַ צײַטן
באַציי'כענונג די (ען) classification, characterization; designation

באַציי'כענ|ען וו (–ט) label, mark; designate, qualify
|| באַצייכענען ווי/פֿאַר treat as; classify as
באַציינדלט אַדי toothed
באַצי'ל דער (ן) [Ly] bacillus
באַציִעכץ דאָס bedding, bed linens
באַציִ|ען וו (באַצויגן) cover (with cloth), make (bed); import (goods)
|| באַציִען זיך צו relate to, have to do with; act toward; position oneself with respect to (issue, etc.)
באַצי'ר|ן וו (–ט) adorn
באַצי'רק דער (ן) district, sector
באַצעטל|ען וו (–ט) label, tag
באַצערט אַדי [BATSA'RT] saddened, pained
באַק די (ן) דימ בעקל cheek
באָק דער (בעק) דימ בעקל billy goat; coachman's seat; saw-horse
באַ'קאויוון דער (ס) baking oven
באָקאַ'ל דער (ן) cup, goblet
באַקאַלאַווער דער (ס) פֿעמ ין holder of a bachelor's degree
באַקאַלאַוורא'ט דער (ן) baccalaureate
באַקאַליי' די dried fruit, groceries
באַקאַלייניק דער (עס) grocer
באַקאַליינע אַדי grocery
באַקאַליי'־קראָם די (ען) grocery
באַקאָם אַדוו זע באָקעם
באַקאַ'נט אַדי known, familiar; eminent
|| זײַן* באַקאַנט מיט be acquainted with
|| ווי באַקאַנט as is known
|| באַקאַנט מאַכ|ן announce, make known, publish
באַקאַ'נט־מאַכונג די (ען) announcement, advertisement
באַקאַנט|ער דער־דעק acquaintance (person)
באַקאַנטשאַפֿט די (ן) acquaintanceship
|| באַקאַנטשאַפֿט מיט acquaintance/familiarity with; keeping company with
|| שליס|ן באַקאַנטשאַפֿט מיט make the acquaintance of
באַקאַנ|ען וו (–ט) זע באַקענען
באַקאַפּטערט אַדי hooded
באַקאַפּלט אַדי covered by a skullcap
באַקאַפּ|ען וו (–ט) <מיט> spot with drops (of)
באַקאַק|ן וו (–ט) *pop.* soil with excrement

באַקאָשע פֿאַנ בקשה

באַקווע'ם אַדי/אַדוו comfortable; convenient, handy

באַקווע'מ(לעכ)קייט די (ן) comfort, convenience

|| מצ facilities

באַקומ|ען וו (באַקומען) obtain, receive, get; catch, come down with (illness)

|| באַקומען זיך turn out

|| באַקומען זיך גוט/שלעכט be successful/unsuccessful

|| צו באַקומען available, purchasable

|| נישט צו באַקומען unobtainable

|| באַקומען דאַט please, be appreciated by; agree with, do s.o. good

|| זאָל עס דיר/אײַך ווויל באַקומען you're welcome! enjoy it!

באַקומער דער (ס) פֿעמ ין recipient; beneficiary

באַקוק|ן וו (–ט) examine, look over

באַקטעריאָלאָגיע די bacteriology

באַקטעריע די (ס) bacterium, germ

באַקי'מער|ן וו (–ט) trouble, concern, disquiet

באַקיער דער vagabond, scoundrel

באַקלאָגלעך אַדי deplorable, lamentable

באַקלאָג|ן וו (–ט) deplore; pity (s.o.); lament, mourn (s.o.)

|| באַקלאָגן זיך <אויף> complain (about)

באַקלאַפּונג די (medical) percussion

באַקליי'ד־אינדוסטריע די garment industry

באַקלייד|ן וו (–ט) dress, clothe

באַקלעפּ|ן וו (–ט) <מיט> paste on/over

באַקלע'רט אַדי sensible; well thought-out

באַקלעריק אַדי/אַדוו judicious, prudent

באַקלע'ריקייט די foresight, forethought

באַקלער|ן וו (–ט) consider, ponder

|| באַקלערן זיך think it over, reconsider

באַק|ן וו (געבאַקן/גע–ט) bake, roast; (sun) beat down, warm

|| באַקן זיך bake *intr.*

באַ'קנבערד מצ whiskers, sideburns

באַ'קן־רייטל דאָס rouge

באָקס דער boxing

באָקס|ן זיך וו (גע–ט) box, engage in boxing; trade punches

באָקסער[1] דער (ס) boxer, prizefighter

באָקסער[2] דער (ן) carob pod

באָ'קסערבוים דער (...ביימער) carob tree

באָקע די (ס) flank (of an animal)

|| מצ haunches, hips

באָקעם : אוי'ס|גיי|ן*/אוי'ס|פֿאַל|ן באָקעם *fam.* go wrong, miscarry

|| עס איז מיר אוי'סגעפֿאַלן באָקעם that backfired on me

באַקעמפֿ|ן וו (–ט) fight, combat, struggle against

באַקענט|ער דער-דעק זע באַקאַנטער

באַקענ|ען וו (–ט) <מיט> introduce (to); familiarize with, bring up to date on

|| באַקענען זיך <מיט> meet, get acquainted (with); become aware of, discover

|| באַקענען זיך <צו> reveal one's identity (to)

באַקעפּל|ען וו (–ט) give a headline to (article, etc.)

באַקער|ן וו (–ט) צו (relig.) convert to

באַקפֿעטס דאָס (culin.) shortening

באַקצאָן דער (...ציין/...ציינער) molar

|| רעד|ן מיט באַקציינער not mince words

באַקראָכ·ן אַדי louse-ridden, verminous

באַקרוינ|ען וו (–ט) זע באַקריינען

באַקרײַז|ן וו (–ט) encircle, surround

באַקריינ|ען וו (–ט) <מיט> crown (with)

באַ'קרייער דער (ן) baking oven

באַקרע'פֿטיק|ן וו (–ט) corroborate, validate, confirm

באַקרער דער (ן) זע באַקרייער

באַר[1] אַדי/אַדוו *Germ.* (for) cash

באַר[2] די (ן) pear

באַר[3] דער (ן) bar, cafe

באַראַבאָליכע די (ס) chatter-box *(fem.)*

באַראַבאָליע די (ס) potato

באַראַבאַ'ן דער (ען) drum

באַראַבאַנטשיק דער (עס) drummer

באַראַבאַ'נעווען וו (–ט) drum

באַראַבוליע די (ס) זע באַראַבאָליע

באַראַ'בעווען וו (–ט) rob, plunder, loot (s.o.)

באַראָדאַ'טש דער (עס) bearded person

באַראָוויק דער (עס) cep, species of mushroom

באָ'ראָווקע די (ס) bilberry, lingonberry

באַראָזנע די (ס) trench, channel, furrow

באַראָ'ט דער care, custody

|| אויף איי'גענעם באַראָט on one's own

|| **אי'בער\|לאָז\|ן אויף גאָטס באַראָט** forsake
|| **אויפֿן באַראָט פֿון** at the mercy of
באַראַטונג = באַראָטונג די (ען) consultation, deliberation
באַראַט\|ן זיך וו (**באַראַטן**) **זע באַראָטן זיך**
באַראָט\|ן זיך וו (**באַראָטן**) <מיט> consult (with), ask advice (from)
באַראַמאָטשע\|ן וו (–ט) **זע באָרמאָטשען**
באַראָמעטער דער (ס) barometer
באַראַ'ן דער (עס) (zool.) ram
באַראָ'ן דער (ען) baron
באַראַנטשיק אַדוו astride the back, piggyback
|| **טראָג\|ן אַ קינד באַראַנטשיק** carry a child piggyback
באַראָנע די (ס) **זע בראָנע**
באַראָ'נעווע\|ן וו (–ט) **זע בראָנעווען**
באַראָנעסע די (ס) baroness
באַראַנקאָווע אַדי of sheepskin
באַראַנקע די (ס) sheepskin
באַראַ'ק דער (ן) barrack
באַראָ'ק .1 דער baroque/rococo style
|| **.2** אַדי baroque
באַראַשיק דאָס astrakhan
באַראַשק·ן אַדי astrakhan
באַרבאַ'ר דער (ן) פֿעמ ין barbarian
באַרבאַריש אַדי/אַדוו barbarian, barbaric
באַ'רביצע די fruit spread
באַרבל\|ען זיך וו (גע–ט) wriggle, squirm
באַרג דער (**בערג/בערגער**) דימ **בערגל** mountain; hill, mound
באָרג די credit; loan
|| **אויף באָרג** on credit; on loan
באַרג־אַוי'ף אַדוו **זע באַרג־אַרויף**
באַרג־און־טאָ'ל־באַן די (ען) *neol.* roller-coaster
באַרג־אָ'פּ אַדוו **זע באַרג־אַראָפּ**
באַרג־אַראָ'פּ אַדוו downhill
|| **גיי\|ן* באַרג־אַראָפּ** go downhill, decline
באַרגאַראָ'פּ דער (ן) descending slope; decline, declivity
באַרג־אַרוי'ף אַדוו uphill
|| **גיי\|ן* באַרג־אַרויף** go uphill, progress
באַרגאַרוי'ף דער (ן) ascending slope, uphill; ascent, climb; rapid rise, boom
באַרגיק אַדי mountainous, hilly
באָרג\|ן וו (גע–ט) <דאַט> lend (to)
|| **באָרג\|ן** <בײַ> borrow (from)
באַרגפֿלאַך די (ן) (geogr.) plateau

באַ'רג־קלעטערײַ דאָס mountain climbing, mountaineering
באַ'רגרוקן דער (ס) (mountain) ridge
באַרגשפּאַלט דער (ן) ravine
באָרד די (**בערד**) דימ **בערדל** beard; goatee
|| **אַ מעשׂה מיט אַ באָרד** [MAYSE] a very old story
|| **אַ ייִד מיט אַ באָרד** (among Jews) a grown man
באַרדאַ'ק דער (עס) brothel, house of ill repute
באָרדביין דער (ער) jaw
באָרדע'ל דער (ן) [Ly] brothel, house of ill repute
באָ'רהייפּטיק אַדי/אַדוו *neol.* bareheaded
באַרו'איק\|ן וו (–ט) **זע באַרויִקן**
באַרווע די (ס) nap (of cloth); fuzz, down; silky shawl
באַ'רוועדיק אַדי downy, fuzzy
באָרוועס אַדי/אַדוו barefoot, barefooted
באַרו'ט אַדי calm, tranquil, serene
באַרויב\|ן וו (–ט) rob; despoil, plunder
באַרו'יִק\|ן וו (–ט) calm, soothe, reassure; appease, pacify
באַרויש\|ן וו (–ט) intoxicate
באַרועכץ דאָס (ן) *neol.* tranquilizer, sedative
באַרו'ף דער (ן) renown, fame; vocation, profession; function, mission
באַרופֿ·ן אַדי competent, authorized; spellbound, possessed
באַרושמ\|ען וו (–ט) [BAROYShEM] impress
באָ'רזײַערס דאָס boric acid
באַרזשע די (ס) **זע באַרקע**[1]
באָרט דער (ן) shipboard
|| **לינק\|ער באָרט** port (left side of a ship)
|| **רעכט\|ער באָרט** starboard (right side of a ship)
|| **פֿון באָרט אַראָ'פּ** overboard
|| **אויפֿן באָרט** <פֿון> aboard
באָרט־אַראָ'פּ אַדוו aft, rearward (on a ship)
באָרטיק (דער) hick, lout, dunce
באָרטן דער (ס) shore, coast
באַרייד\|ן וו (**באַרע'דט**) **זע באַרעדן**
באַריי'דעוודיק אַדי **זע באַרעדעוודיק**
באַרײַז\|ן וו (–ט) traverse, travel throughout (land, territory, etc.)
באַריי'ט אַדי *Germ.* ready, prepared
באַרײַטער דער (–/ס) פֿעמ ין horseman, equestrian
באַרײַ'כער\|ן וו (–ט) enrich

באַרײַס|ן וו (באַריסן) — overcharge, fleece, scalp

באַריכות אַדוו [BARIKhES] — minutely, in detail; extensively, at length

באַרי'כט דער (ן) — report, account

|| אָ'פּ|געב|ן* אַ באַריכט — report, give a report

באַריכט|ן וו (באַרי'כט) <וועגן> — report (on), give an account (about)

באַרי'לעכל דאָס (עך) — barrel, keg

באַרילקע די (ס) — barrel, keg

באַרי'ם דער (ען) — boast

באַרי'מט אַדי — famous, renowned

באַרימטקייט די (ן) — renown, fame, celebrity

באַרימ|ען זיך וו (-ט) <מיט> — boast, brag (about)

באַרימער דער (ס) פֿעמ קע — braggart, boaster

באַרימערײַ' דאָס (ען) — boast

|| מצ — boasting, bragging

באַרי'מעריש אַדי — boastful

באַרינגל|ען וו (-ט) <מיט> — circle, encircle

באָ'רינע די (ס) — wild pine

באַריע'ר דער (ן) — barrier; banister, hand-rail

באַריקאַדע די (ס) — barricade, roadblock

באַרי'ר דער (ן) — touch, contact; contiguity

באַרירונג די (ען) זע באַריר

באַריר|ן וו (-ט) — touch, brush against; affect, move, touch; touch upon, bring up (a question)

באַרי'ש דער (ן) — gain, profit

|| טרינק|ען באַריש — toast the conclusion of a deal

באַ'רישניע די (ס) [Ny] — young lady

באַרכאַן דער — fustian (fabric)

באַרכאַנקע די (ס) — petticoat of fustian

באַרכ·ן אַדי — (of) fustian

באַרכעט דער — velvet

באַ'רכעט·ן אַדי — (of) velvet

באַרכעס מצ — (two or more) braided white loaves for the Sabbath

באַרל דאָס (עך) — barrel, keg

באַרלאַטש דער (...אַ'טשן) — slipper

באָרלאָק דער זע בורלאָקל

באַרליאַ'נט דער (ן) — diamond, jewel; gem *fig.*, admirable person

באַרמאָטשע|ן וו (-ט/גע-ט) — mutter, grumble

באַרמיצווע פֿאָנ בר־מיצווה

באַ'רנבוים דער (...ביימער) — pear tree

באַ'רנדינער דער (-) — Bernardine monk

באַרנע די (ס) זע באַר[2]

באַרסוק דער (עס) — badger

באַרעגנט ווער|ן וו (איז באַרעגנט געוואָרן) — get rained on, become wet with rain

באַרעד|ן וו (-ט) — speak ill of, slander

באַרע'דעוודיק אַדי — voluble, talkative, loquacious

באַרעדערט אַדי — wheeled

|| באַרעדערט|ער אינווענטאַ'ר — rolling stock

באַרעדערײַ' דאָס — gossip, slander

באַ'רעווע|ן זיך וו (גע-ט) זע באָרען זיך

באָר(ע)כאַבע פֿאָנ ברוך־הבא

באַרע'כטיקונג די (ען) — justification

באַרעכטיקט אַדי — justified, authorized

|| באַרעכטיקט צו — entitled to

באַרע'כטיק|ן וו (-ט) — justify, defend; decide in favor of s.o., side with s.o.; vindicate, prove innocent

|| באַרעכטיקן אַק צו — authorize s.o. to, entitle s.o. to

באַרעכנט אַדי — prudent, sensible

באַרע'כנטקייט די — prudence, caution, circumspection

באַרע'כענ|ען וו (-ט) — calculate *perf.*; consider

|| באַרעכנ(ט) נאָר! — just imagine!

|| באַרעכענען זיך — think, reflect *intr.*; realize, recognize

באַרעליע'ף דער (ן) [LY] — bas relief

באַרע'ל(ק)ע די (ס) — barrel, keg

באַרעם דער (עס) זע ברעם[2]

באַ'רעמהאַרציק אַדי/אַדוו — merciful, charitable

באַ'רעמהאַרציקייט די — mercy, mercifulness

באַרעמל|ען וו (-ט) — frame (a picture)

באָרע|ן וו (גע-ט) — *vulg.* screw, have sex with *imperf.*; fast-talk, cheat

באָרע|ן זיך וו (גע-ט) <מיט> — wrestle (with), struggle (against)

באַ'רעסגעלט דאָס — *Germ.* cash, ready money

באַרעש|ן וו (-ט) [BARA'Sh] — stun, daze

באַרקע[1] די (ס) — barge

באַרקע[2] די (ס) — (anat.) shoulder

באַרש דער (ן) — (zool.) ruffe (fish)

באַרשט די (בערשט) דימ בערשטל — brush; broom

באָרשט דער (ן) — borscht, beet or sorrel soup

באַרשטאַ'ן דער (עס) זע באַשטאַן

באַרשט|ן וו (געבאַ'רשט/געבאָרשטן) — brush, clean

באָרשטש דער (ן) זע באָרשט

באַ'רשענקער דער (ס) — bartender

באַשאָ'טענ|ען וו (–ט) shade, cast a shadow on

באַשאַ'ם-לעפֿל דער (–) skimmer, slotted spoon

באַשאָנקען אַדי <מיט> endowed (with), gifted (with),

באַשאַ'ף דער creation, totality of created things

באַשאַפֿונג די (relig.) creation

באַשאַפֿ|ן וו (באַשאַפֿן) (relig.) create

באַשווינדל|ען וו (–ט) cheat (s.o.), defraud, swindle

באַשווע'גער|ן וו (–ט) enter a levirate marriage, marry one's widowed sister-in-law

באַשווענצל|ען וו (–ט) *vulg., pejor.* baptize

באַשווענק|ען וו (–ט) (sea) wash against (shore), (river) water, irrigate

באַשוועריק אַדי cumbersome

באַשווער|ן[1] וו (באַשווירן) implore, beseech; invoke, conjure (a spirit, etc.); make swear, bind by an oath

באַשווער|ן[2] וו (–ט) encumber, make difficult

באַשוי|ען וו (–ט) *Jew.* have the first meeting with (a prospective bride)

באַשוכ|ן וו (–ט) shoe, provide with shoes

באַשו'לדיקונג די (ען) accusation, charge

באַשו'לדיקט|ער דער-דעק accused

באַשו'לדיק|ן וו (–ט) <אַק אין> accuse (s.o. of), charge (s.o. with)

באַשטאַט|ן וו (באַשטאַ'ט) place, put away; hide, shelter; squander, spoil

באַשטאַ'ן דער (עס) field of cucumbers or melons

באַשטאַ'נד דער composition (of a group/mixture); situation; mess, jumble

באַשטאַנדטייל דער (ן) component, ingredient, constituent

באַשטויבונג די pollination

באַשטויב|ן וו (–ט) pollinate

באַשטייטייל דער (ן) component, ingredient, constituent

באַשטייִק אַדי permanent, stable

באַשטיי|ן* וו (מיר/זיי באַשטייען; איז באַשטאַנען) exist; last, persist; consent, allow; insist

|| באַשטיין אַז consent/agree that

|| באַשטיין אויף admit, judge acceptable; insist upon

|| באַשטיין אין depend on; consist in

|| באַשטיין פֿון be composed of

|| באַשטיין פֿאַר/קעגן be equal to

|| באַשטיין פּאָס שטעטל hold one's own; manage by oneself

באַשטײַ'ערונג די (ען) taxation; assessment, share

|| פֿ״גל בײַשטײַער

באַשטײַ'ער|ן וו (–ט) tax

|| באַשטײַערן זיך <מיט> contribute

באַשטימונג די (ען) appointment, designation; decision; (regulatory) determination; assignment, (intended) purpose

באַשטי'מט אַדי definite, set, given

באַשטי'מיק אַדי conclusive, decisive; (gramm.) definite (article)

באַשטימ|ען וו (–ט) determine, set, fix, define

|| באַשטימען אַק פֿאַר appoint, name s.o. as (title, rank)

באַשטי'מענדיק אַדי conclusive, decisive

באַשטע'טיקונג די (ען) confirmation; acknowledgement (of receipt); certificate

באַשטע'טיק|ן וו (–ט) confirm, certify, corroborate; acknowledge receipt of; approve (decision, etc.)

באַשטעלונג די (ען) order (merchandise, etc.); appointment (to meet)

באַשטעל|ן וו (–ט) אַק <מיט> cover (with standing objects)

|| באַשטעלן אַק <בײַ> order (from); apprentice (to)

|| באַשטעלן אַק <אויף/אין> arrange to meet (s.o.), make an appointment (with s.o.)

|| באַשטעלן זיך agree to meet, make a date (with each other)

באַשטענדיק אַדי constant, permanent, regular

|| פֿ״גל שטענדיק

באַשטע'ק דאָס tableware, eating utensils

באַשטעק|ן וו (–ט) <מיט> stick (with pins); stuff (with)

באַשטערנט אַדי star-studded

באַשטראַלונג די (ען) irradiation (radiotherapy)

באַשטראַ'ל-טעראַפּיע די (ס) radiation therapy

באַשטראַל|ן וו (–ט) irradiate

באַשטראָפֿלעך אַדי punishable

באַשטראָפֿ|ן וו (–ט) punish, discipline

באַשטרײַט|ן וו (באַשטריטן) contest/dispute (opinion, etc.)

באַשיט|ן וו (באַשאָטן/באַשי'ט) <מיט> sprinkle (with), strew (with)

באַשײַ'ד דער (ן) solution, interpretation; outcome, resolution

באַשיידלעך אַדי/אַדוו — solvable; clear, explicit

באַשײד·ן[1] אַדי/אַדוו — modest, unassuming

באַשײד|ן[2] וו (–ט) — resolve (problem), settle (question); explain, interpret

באַשײ'דנקייט די — modesty

באַשײַ'מפּערלעך אַדי/אַדוו — evident, obvious

באַשײַנ|ען וו (–ט) — beautify, embellish

באַשײַנ|ען וו (–ט) — illuminate, shed light on

באַשײַ'נפּערלעך אַדי/אַדוו זע באַשײַמפּערלעך

באַשיס|ן וו (באַשאָסן) — fire upon, shell, bombard

באַשי'ץ־... — protective

|| באַשיץ־הענטשקעס — protective gloves

באַשיצונג די (ען) — protection, defense

באַשי'צט אַדי — secure, protected

באַשיצ|ן וו (–ט) — protect, shelter, defend

באַשיצער דער (ס) פֿעמ ין — protector, defender

באַשי'צעריש אַדי — protective (attitude, tone)

באַשי'רעמ|ען וו (–ט) — protect, shield, preserve

באַשלאָ'ג דער — edging, trim (of a dress, etc.); tapestry, wall-hanging; metal trimming

באַשלאָג|ן וו (באַשלאָגן) <מיט> — upholster, cover, line (with); break out in (a sweat, rash)

|| אַנגסטן האָבן מיך באַשלאָגן — I broke out in a cold sweat

באַשלאָפֿ|ן וו (באַשלאָפֿן) — sleep with, bed *trans.*

באַשלו'ס דער (ן) — decision, resolution

באַשליס|ן וו (באַשלאָסן) <צו> — decide

|| באַשליסן וועגן — decide on/about

|| באַשליסן בײַ זיך — make up one's mind

באַשליק דער (עס) — hood

באַשלע'ג דער **זע** באַשלאָג

באַשמוצונג די — defamation, vilification

באַשמוצ|ן וו (–ט) — dirty, soil, defile; defame, besmirch

באַשמט אַדי [BAShE'MT] — celebrated, renowned

באַשמיר|ן וו (–ט) <מיט> — smear, coat (with), anoint

באַשמירעכץ דאָס (ן) — spread (butter, paste, etc.)

באַשמעלצ|ן וו (באַשמאָלצן) <מיט> — season (with) (oily/fatty substances)

באַשמע'קט אַדי — perfumed; graceful, pleasing

באַשמעק|ן וו (–ט) — inhale, sniff

באַשנײַד|ן וו (באַשניטן) — pare, trim; circumcise

באַשנײי'ט אַדי — sprinkled with snow; gray, grizzled

באַשניע די (ס) [Ny] — tower

באַשע'דיק|ן וו (–ט) — hurt, damage

באַשענק|ען וו (באַשאָנקען/–ט) מיט — shower with (gifts), bestow upon; endow with

באַשע'פֿטיקונג די (ען) — employment, occupation

באַשע'פֿטיק|ן וו (–ט) — employ, keep busy

|| באַשעפֿטיקן זיך <מיט> — occupy oneself (with)

באַשע'פֿטיקער דער (ס) פֿעמ ין — employer

באַשע'פֿעניש דאָס (ן) — creature

באַשעפֿער דער — Creator, God

באַשע'רט אַדי — (pre)destined, inevitable, fated

באַשערט|ע די-דעק — future wife, predestined mate

באַשערט|ער דער-דעק — future husband, predestined mate

באַשערטקייט די — predestination

באַשער|ן וו (–ט) <דאַט> — inscribe into s.o.'s destiny; lavish on s.o.

באַשע'רעמ|ען וו (–ט) **זע** באַשירעמען

באַשפּײַזונג די — provisions, food supply; provisioning

באַשפּײַז|ן וו (–ט) — feed, nourish; provision, supply with food

באַשפּײַ|ען וו (באַשפּיגן/–ט) — spit on, spatter with saliva

באַשפּעט|ן וו (באַשפּע'ט) — mock, ridicule

באַשפּרינקלט אַדי **זע** באַשפּרענקלט

באַשפּריצ|ן וו (–ט) <מיט> — spray/sprinkle with

באַשפּריצער דער (ס) — sprinkler

באַשפּרענקלט אַדי — speckled

באַשפּרענקל|ען וו (–ט) <מיט> — spatter/sprinkle (with); speckle, fleck

באשר קאָנ [BA(N)ShER] — under the pretext that

|| ער מיינט אַז באשר ער האָט געלט מעג ער אַלץ — he thinks that just because he has money, he can do anything

|| ער קומט נישט באשר ער איז קראַנק — he's not coming because he's sick, supposedly

באשר־בכן קאָנ [BA(N)ShER-BEKhE'YN] — as, since, whereas; so on and so forth

|| איז באשר־בכן? — and so? and then?

באַשרײַבונג די (ען) — description

באַשרײַביק אַדי — descriptive

באַשרײַב|ן וו (באַשריבן) — describe, portray

|| נישט צו באַשרײַבן — indescribable

באַשרע'נקט אַדי — limited, restricted; narrow-minded

באַשרענק|ען וו (–ט) — limit, restrict, restrain

בבֿ' = בענד — volumes

בבֿא־מעשה די (–יות) [BO'VEMAYSE] **זע** באָבע־מעשה

בבֿחינת פּרעפּ [BIFKhINES] as a, considered as

בבֿל (דאָס) [BOVL] Babylon

|| פֿ״גל באָוול

בבֿלי דער (ם) [BAVLI] Babylonian

בבֿליש אַדי [BAVLISh] Babylonian

בגד דער/דאָס (ים) [BEGED - BGODIM] garment, item of clothing; dress, costume

בגדי־... זע ווערטער מיט ביגדי־...

בגוואַלד אַדוו [BIGVA'LD] by force

בגידה די [BGIDE] treachery, treason

בגידהדיק אַדי [BGI'DEDIK] treasonable, treacherous; disloyal

בגילה־ברינה אַדוו [BEGILE-BERI'NE] with exultation and rejoicing

בגילוי אַדוו [BEGILE] openly, frankly

בגילוי־ראָש אַדוו [BEGILE-RO'Sh] *Jew.* bareheaded

בגילופֿין אַדי–אַטר [BEGILUFN] merry, cheerful; slightly drunk, tipsy

בגימטריא אַדוו [BEGIMA'TRIE] *Jew.* (equivalent to) by summation of the numerical values of its letters

|| פֿ״גל גימטריא

בגנבֿה אַדוו [BIGNEYVE] furtively, stealthily, secretly

בגראַנדע אַדוו [BIGRANDE] *hum.* forcibly; with pomp

בדוחק אַדוו [BEDOYKhEK] (live) wretchedly; with great difficulty

בדוק־ומנוסה אַדי–אַטר [BODEK-UMENU'SE] thoroughly tested (medicine, etc.)

בדחן דער (ים) [BATKhN - BATKhONIM] *Jew. badchen,* entertainer at weddings, improviser of humorous and sentimental rhymes

בדחנות דאָס [BATKhONES] *Jew.* profession of the *badchen*; type of improvisation associated with *badchonim*

|| פֿ״גל בדחן

בדחנ|ען וו (גע־ט) [BATKh·N] *Jew.* play the jester, perform as a *badchen* at a wedding; rhyme and recite in the manner of a *badchen*

|| פֿ״גל בדחן

בדיוק אַדוו [BEDIEK] precisely, exactly

בדיל־הדל אַדי–אַטר [BEDILADA'L] utterly destitute; ruined

|| בדיל־הדל שטעל|ן ruin

בדיעבֿד אַדוו [BEDIEVED] afterwards, subsequently; in retrospect, with hindsight

בדיקה די (–ות) [BDIKE] examination, inspection; *Jew.* inspection of a slaughtered animal to ascertain the absence of lesions

בדיקת־חמץ דער [BDIKES-KhO'METS] *Jew.* inspection performed 24 hours before Passover to insure that all leavened dough in the house has been removed

בדלות אַדי–אַטר [BEDALES] impoverished, broke, poor

|| ווער|ן בדלות be left with nothing

|| שטעל|ן בדלות impoverish

|| בין איך בדלות! I won't lose sleep over it!

בדעה [BEDEYE] : האָבּ|ן* בדעה (צו) intend, have in mind to

בדעה־אַחת [BEDEYE-A'KhES] : זײַן* בדעה־אַחת <מיט> see eye to eye (with)

בדקע|נען = בדקענ|ען וו (גע־ט) [BATKE/BATK·N] *Jew.* inspect to confirm conformity with religious rules (*esp.* slaughtered animals)

בדרך־... [BEDEREKh-] in the manner of, as

|| בדרך־גוזמא [GU'ZME] exaggeratedly, by way of exaggeration

בדרך־אַגבֿ אַדוו [BEDEREKh-A'GEV] זע דרך־אַגבֿ

בדרך־כּלל אַדוו [BEDEREKh-KLA'L] in general, generally, as a rule

בדרך־משל אַדוו [BEDEREKh-MO'ShL] figuratively, allegorically

בדרך־נס אַדוו [BEDEREKh-NE'S] miraculously

ב״ה זע ברוך־השם

בהדרגה אַדוו [BEHADROGE] little by little, gradually

בהדרגהדיק אַדי/אַדוו [BEHADRO'GEDIK] gradual, progressive

בהיסח־הדעת אַדוו [BEHESEKh-HADA'AS] unexpectedly; inadvertently

בהיתּר אַדוו [BEHETER] *Jew.* with permission, legally

בהכרח אַדוו [BEHEKhREKh] necessarily, inevitably; under coercion

בהלה די (–ות) [BEHOLE] confusion, chaos; distress, turmoil; stampede, panic

בהלוואה אַדוו [BEHALVOE] on loan

בהמה די (–ות) [BEHEYME] head of cattle; cow; stupid person, imbecile

|| מצ cattle

בהמיש אַדי/אַדוו [BEHEYMISh] bovine; moronic, obtuse

בהן־שלי אַדוו [BEHE'N-ShELI'] on my word of honor

בהסכּם אַדוו מיט [BEHESKEM] in keeping/agreement with

|| בהסכּם דערמי'ט accordingly

בהסכּם־כּולם אַדוו [BEHESKEM-KU'LEM] with/by general consensus

בהקפֿה אַדוו [BEHAKOFE] on credit
בהרחבֿה אַדוו [BEHARKhOVE] comfortably, at ease
בו אינט boo!
בו'בעלע דאָס (ך) a kind of fritter
בובען דער (ס) tambourine
בוגד דער (ים) [BOYGED - BOGDIM] traitor
בוגד זײַן* וו (בוגד געווע'ן) <אין> [BOYGED] be a traitor (to), betray
בוגרת די (ן) [BOGRES] pubescent young woman, marriageable girl
בוד די (ן) shop, stall
בודאָטשניק דער (עס) guard (in a sentry-box)
בודזשע'ט דער (ן) budget
בודזשעטיר|ן וו (–ט) budget
בודי'סט דער (ן) Buddhist
בודיסטיש אַדי Buddhist
בודיק דער (עס) זע באָדיק
בודניק דער (עס) police constable; shopkeeper
בודע די (ס) דימ בודקע hut, shed; cabin; booth, stall; doghouse
בודק זײַן* וו (בודק געווע'ן) [BOYDEK] examine, inspect, search
בודק־חמץ זײַן* וו (בודק־חמץ געווע'ן) [BOYDEK-KhO'METS] *Jew.* search a home 24 hours before Passover to find and get rid of all traces of leavened dough; clean house, shake up (organization etc.); nitpick, be over critical
בודקע די (ס) בודע דימ cabin, sentry-box
בוהיי' דער (עס) bull
בוודאי אַדוו [BEVADE] זע אַוודאי
בוזינע די (ס) elder(berry) tree
בוזיק דער (עס) pine cone
בוזעם דער (ס) bosom, chest; bust, breasts; inside coat pocket
|| אויפֿן בוזעם פֿון ים [YAM] on the high seas
בו'זעמפֿרײַנד דער (–) bosom buddy, close friend
בו'זעם־קעשענע די (ס) breast pocket, inside coat pocket
בוטאָ'ן דער (ען) (flower) bud, shoot
בוטאַפֿאָריע די (theat.) props
בוטאַפֿאָריש אַדי fake, artificial, imitation
בוטל דער (ען) bottle, flask
בוטשאַ'ן דער (עס) stork
בוי דער construction, structure
בויאַ'ן דער (עס) gangster, hoodlum, hooligan
בויאַנסקע אַדי loutish, brutal, gross
בויאַ'נע(ווע)|ן וו (–ט) run riot, raise hell; make a scene

בוי'בעריק : פֿאַרפֿאָר|ן קיין בויבעריק *hum.* digress, go off on a tangent
בויברעך דאָס rubble, debris
בויגזאַם אַדי/אַדוו זע בייגזאַם
בויגן דער (ס) דימ בייגל sheet (of paper); (archery) bow; curve, arch, arc
בוי'גן־שיסער דער (ס) פֿעמ ין archer, bowman
בויד די (ן) דימ בײַדל carriage awning; covered wagon; coach, stage-coach
בוידעם דער (ס/ביי'דעמער) attic, garret
|| אוי'ס|לאָז|ן זיך אומפּ אַ בוידעם <פֿון> *rev.* come to nothing, fizzle out
|| לאָקש בוידעם פּאָ'ליצע/צי'בעלע this, that and the other thing
בוי'דעמשטוב די (...שטיבער) loft
בוי'דעמשטיבל דאָס (עך) בוידעמשטוב דימ garret
בוי'וואַפּנע די (constr.) mortar
בויטו'ן דער (עס) זע באָלטון
בויט(ש)|ען וו (גע–ט) shake up (*esp.* liquids)
|| בויט(ש)ען זיך be shaken, pitch up and down
בויך[1] דער (בײַכער) דימ בײַכל stomach, abdomen; belly
בוי'ך־[2]... abdominal
בוי'ך־גרימעניש דאָס colic, belly-ache
בוי'כווייטיק דער (ן) stomach ache, indigestion
בוי'כטיפֿוס דער typhoid fever
בוי'ך־סבֿרא די (–ות) [SVORE] *hum.* unfounded opinion, absurdity
בוי'כרעדער דער (ס) פֿעמ קע ventriloquist
בויכרעדערײַ' דאָס ventriloquism
בוים דער (ביימער) דימ ביימל tree
בוי'מײַסטער דער (ס) architect
בוימל דער (ען) olive oil, (cooking) oil
בוי'מלדיק אַדי oily; unctuous, smooth-tongued
בוינע[1] די (ס) slaughterhouse, abattoir
בוינע[2] די (ס) bean
בויסטרו'ק דער (עס) זע בײַסטרוק
בויע די (ס) buoy
בוי|ען וו (גע–ט) construct *imperf.*, build
|| בויען אויף count on
|| בויען צורי'ק *pop.* take off, clear out
בויער דער (ס) drill
בוי'ער|ן וו (גע–ט) bore, drill *imperf.*
בויפּלאַץ דער (...פּלעצער) building lot, construction site; lumber yard, source for construction materials

בויקאָ'ט דער (ן) boycott

בויקאָטיר|ן וו (–ט) boycott, place an embargo on

בויקע[1] די (ס) butter-churn

בויקע[2] אַדי lively, vivacious; sharp, alert; bold, daring

בוי'קער|ן וו (גע–ט) give a thrashing to

בוך[1] דאָס/דער (ביכער) דימ ביכל book
|| פֿירן ביכער keep books, do bookkeeping

בוך[2] .1 אינט bang!
|| .2 דער (עס) smack, blow

בו'כהאַלטער דער (ס) פֿעמ שע bookkeeper

בוכהאַלטעריע די bookkeeping

בו'כהאַנדלונג די (ען) book store

בו'כהענדלער דער (ס) פֿעמ ין bookseller

בוכטע די (ס) (geogr.) bay

בוכטש דער (עס) זע בוכטשע

בוכטשע דער (ס) punch

בוכ|ן וו (גע–ט) book (register, reserve), enter into a list

בו'כנבוים דער (...ביימער) beech (tree)

בוכע|ן וו (גע–ט) punch, strike with the fists

בו'כענצ(י)ע די (ס) blow, punch

בוכצ(י)ע די (ס) זע בוכטשע; בוכענציע

בוכצע|ן וו (גע–ט) זע בוכען

בוכשטאַב דער (ן) *Germ.* letter, character

בו'כשטעבלעך אַדי/אַדוו *Germ.* literal

בולאַווע די (ס) club, stick, cudgel; scepter

בולאַווקע די (ס) pin, brooch

בולאַ'ן דער (עס) dun/cream-colored horse

בולאַנע אַדי dun, light bay

בול-בול אינט glug-glug

בולבל|ען וו (גע–ט) gurgle

בולבע די (ס) [Ly] potato; bubble; swim bladder (fish organ); (theat.) slip, blooper

בולבעוואַטע אַדי [Ly] : בולבעוואַטע נאָז swollen, misshapen nose

בו'לבע(ווע)|ן וו (גע–ט) [Ly] bubble; mumble, stutter

בולגאַריע (די) Bulgaria

בולדאָג דער (ן) bulldog

בולדאַוועשקע די (ס) club, cudgel

בולוואַ'ן דער (עס) זע באַלוואַן

בולוואַ'ר דער (ן) [Ly] boulevard

בולוואַרבלאַט דאָס (...בלעטער) [ULy] tabloid newspaper

בולווע די (ס) [Ly] potato; *coll.* potatoes

בולט אַדי/אַדוו [BOYLET] clear, striking, obvious

בוליאָ'ן דער (ען) [LY] (culin.) bouillon, broth

בולע די (ס) (papal) bull

בו'לעווע די (ס) זע בולאַווע

בולעטי'ן דער (ען) [Ly] bulletin

בולעך דער (ס) idiot, lout

בולצ(אַק) דער (עס) fat slob

בולקע די (ס) roll, bun

בולקע|ן וו (גע–ט) gurgle, bubble

בו'לקע-פֿרעסער דער (ס) sponger, free-loader

בומאַזיי' דער bombazine, dimity, fustian

בומאַזשניק דער (עס) billfold, wallet

בומאַזשקע די (ס) banknote

בומעראַ'נג דער (ען) boomerang

בונד[1] דער (ן) bond, tie; alliance, league, union; (book) binding

בונד[2] דער Jewish Labor Bund, Jewish socialist party founded in 1897, very influential in Russia and particularly in Poland until World War II

בונדי'סט דער (ן) פֿעמ קע Bundist, member of the Bund

בונדיש אַדי Bundist, of the Bund

בונדלעך מצ זע באָנדלעך

בונדע די (ס) long hooded cloak

בונט[1] אַדי colored; multicolored, gaudy

בונט[2] דער (ן) rebellion, revolt, mutiny

בונט[3] דער (ן) דימ בינטל bundle

בונטאָווושטשיק דער (עס) rebel, insurgent

בונטאַ'ר דער (ן) פֿעמ קע rebel, mutineer

בונטאַריש אַדי/אַדוו rebellious

בו'נטעווע|ן וו (גע–ט) agitate, incite to rebellion
|| בונטעווען זיך rise up, revolt, rebel *imperf.*

בונקע די (ס) [Ny] flask, narrow-necked jug; kettle

בונקער דער (ס/ן) bunker; refuge, hiding place; coal bunker; prison

בוס דער (ן) bus

בוסאָ'ל דער (ן) [Ly] (magnetic) compass

בוסאַ'ר(ד) דער (ן) buzzard

בועה די (–ות) [BUE] *Jew.* bubble or abscess in the lung of a slaughtered animal, placing in question whether the meat is kosher

בועל זײַן* וו (בועל געווע'ן) [BOYEL] have sex with
בוף דער (ן) puff (sleeve); buffoon, actor
בופּאָנאַדע די (ס) buffoonery, farce
בו'פֿלאַקס = בו'פֿלאָקס דער (ן) buffalo; bison; *fig., fam.* oaf
בופֿע'ט דער (ן) sideboard, buffet
בופֿעטשיק דער (עס) server (at a buffet), bartender
בופֿער דער (ן) buffer
בוצ(אַק) דער (עס) זע בולצאַק
בוצים קאָן as if
בוצקען זיך וו (גע–ט) jostle one another; *fig.* argue
בוק דער (עס) beech (tree)
בוקיני'סט דער (ן) dealer in second-hand books
בוקליעס מצ curls, ringlets
בוקן זיך וו (גע–ט) bow
|| בוקן זיך צו prostrate oneself before, worship
בוקסי'ר דער (ן) tugboat
בוקסירן וו (–ט/גע–ט) tow
בו'קסנבוים דער (...ביימער) box-tree
בוקע'ט דער (ן) bouquet
בוקען (זיך) וו (גע–ט) jostle *trans./reciprocal*; butt, gore
בוקשע די (ס) hub
בוקשפּאָן דער זע בוקסנבוים
בור דער (ים) ignoramus, boor
בורא דער [BOYRE] the Creator, God
בורא מאורי האש פֿר [BOYRE MEOYRE HOE'YSh] "He who creates the light", *Jew.* blessing on the Havdalah candle
|| פֿ״גל הבֿדלה
|| מאַכן בורא מאורי האש *hum.* deliberately start a fire
בורא מיני מזונות פֿר [BOYRE MINE MEZOYNES] "He who creates different varieties of food", *Jew.* blessing of cakes and pastries
בוראַ'ן דער (ען) snowstorm
בורא נפֿשות פֿר [BOYRE NEFOShES] "He who creates souls", *Jew.* grace after light meals with no bread
בורא־נפֿשות־קלײַזל דאָס (עך) [BOYRE–NEFO'ShES] *slang* brothel
בורא־עולם דער [BOYRE–O'YLEM] Creator of the world
בורא פּרי האַדמה פֿר [BOYRE PRI HOADOME] "He who creates the fruit of the earth", *Jew.* blessing on vegetables and berries
בורא פּרי הגפֿן פֿר [BOYRE PRI HAGOFEN] "He who creates the fruit of the vine", *Jew.* blessing over wine
בורא פּרי העץ פֿר [BOYRE PRI HOE'YTS] "He who creates the fruit of the tree", *Jew.* benediction on tree fruit
בורבלען זיך וו (גע–ט) burble; bubble
בורג דער (ן) castle
בו'רגמײַסטער = בו'רגמיסטער דער (ס) mayor
בור־דאורײַתא דער [BUR–DE(O)RA'YSE] *Jew.* ignoramus, boor
בורדזשו'ק = בורדיו'ק [Dy] דער (עס) boor, lout
בורדיי' דער (ען) *dial.* hut, hovel
בורדע די bad drink, dregs, slop
בורזשואַ' דער (ען) bourgeois
בורזשואַ'ז אַדי bourgeois
בורזשואַזיע די (ס) [ZY] bourgeoisie
בורזשוי' דער (עס/ען) *pejor.* bourgeois
בורח דער (ים) [BOREYEKh - BORKhIM] fugitive; bankrupt person; deserter
בורט דער (ן) heap, pile
בורטשען וו (גע–ט) grumble, mutter, rumble
בוריאַ'ן דער weed(s)
בורילע דער (ס) lout, crude person
בוריק דער (עס) beet
בורלאַצקע אַדי coarse, crude
בורלאַ'ק דער (עס) barge hauler; brute, burly fellow
בורלאָקל דאָס (עך) [Lo] charm, pendant
בורליאַ'טש דער (עס) fur overshoe
בורלע דער (ס) זע בורילע
בורלע'סק דער [Ly] burlesque
בורנעס דער (ן) burnoose
בורסי'ט דער bursitis
בורע[1] אַדי bay, chestnut (horse color)
בורע[2] די (ס) gale, tempest
בורע[3] די borax
בורען וו (גע–ט) seethe, bubble; rumble; incite, stir up *imperf.*
בורעק דער (עס) זע בוריק
בורקע די (ס) hooded fur cape
בורר דער (ים) [BOYRER - BO'RERIM] arbitrator
בוררות דאָס [BO'RERES] arbitration
בוררן וו (גע–ט) [BORER] arbitrate
בורשטי'ן דער amber
בורשטינען אַדי (of) amber
בורשטן דער זע בורשטין

בושה די [BUShE] shame

|| זײַן* אומפּ דאָט אַ **בושה צו** *rev.* be ashamed to

בושהדיק אַדי [BU'ShEDIK] shameful, disgraceful

בושיק דער (עס) **זע בושל**

בושל דער (ען) stork

בו'שעווע|ן וו (גע–ט) rage, be rampant; frolic, romp

בו'שעליכע די (ס) (female) stork

בושת־פּנים דער (ער) [BOYShES-PO'NEM - -PE'NEMER] shy person

בזה־הלשון אַדוו [BEZE'-HALO'ShN] *often hum.* as follows, in the following words

בזול אַדי–אַטר/אַדוו [BEZO'L] cheap, cheaply

בזי־בזיון דער (ות) [BIZE-BIZO'YEN - -BIZYO'YNES] great shame

בזיון דער (ות) [BIZOYEN - BIZYOYNES] same, disgrace, indignity

בזיונדיק אַדי/אַדוו [BIZO'YENDIK] shameful, humiliating

בזיל־הזול אַדי–אַטר/אַדוו [BEZI'L-HAZO'L] very cheap

בזכות פּרעפּ [BISKhU'S] out of regard for, because of the merits of

בזכות־זה אַדוו [BISKhU'S-ZE'] as a reward for this

בחבֿרותא אַדוו <מיט> [BEKhAVRUSE] together (with), in league (with)

בחדרי־חדרים אַדוו [BEKhEDRE-KhADO'RIM] in the greatest secrecy

בחור דער (ים) [BOKhER - BO'KhERIM/BOKhURIM] young man, youngster; unmarried (young) man

|| **אַלט|ער בחור** confirmed/old bachelor

בחור־הזעצער דער [BOKhER-HAZE'TSER] *obs., hum.* typesetter, printer

בחורטע די (ס) [BO'KhERTE] *pop.* girl, young woman; sturdy girl; determined woman; trollop

בחור|ן וו (גע–ט) [BOKhER] lead the life of a bachelor

|| **בחורן זיך** try to look younger

בחורעץ דער (ן) [BOKhERE'TS] brat, wag, joker

בחוש אַדוו [BEKhU'Sh] (see, feel) clearly, distinctly

בחזקה אַדוו [BEKhAZOKE] by (adverse/long-term) possession; by inheritance

בחזקת פּרעפּ [BEKhESKES] : זײַן* **בחזקת** be considered as, be held to be

בחזרה אַדוו [BEKhAZORE] back, in return (repayment, restitution)

בחינה די (–ות) [PKhINE] category

בחינם אַדי–אַטר/אַדוו [BEKhINEM] free, gratis; in vain

בחינמדיק אַדי [BEKhI'NEMDIK] gratis

בחיר דער (ים) [PKhIR] paragon, model, superior being

בחירה די [PKhIRE] choice; free will

בחפּזון אַדוו [BEKhIPOZN] in haste, hurriedly

בחצי־חינם אַדוו [BEKhOTSE-KhI'NEM] dirt-cheap, for next to nothing

בחרם אַדוו [BEKhEYREM] under oath

|| **פֿרעג(ט)** <אַק> **בחרם** there's no point in asking (s.o.) the question

|| **פֿרעגט מיך בחרם!** I have no idea!

בחרפּתו אַדוו [BEKhARPOSE] to his/her great shame; shamelessly

בחשיבֿות אַדוו [BIKhShIVES] in high esteem

בטבֿע אַדוו [BETEVE] by nature; usually, habitually

בטוח [BETUEKh] **.1** אַדי–אַטר confident, sure; trustworthy

|| **.2** דער (ים) [- BETUKhIM] trustworthy person

בטוחות דאָס [BETUKhES] self-assurance, aplomb; certainty; guarantee

בטול דער **זע ביטול**

בטחון דער <אין> [BITOKhN] confidence, trust; faith (in)

בטל אַדי [BOT·L] null, void

|| **בטל ווער|ן** come to nought; give way (to s.o.)

|| **בטל מאַכ|ן** annul, abrogate; cancel, terminate

בטל־בשישים אַדי–אַטר [BOTL-BEShI'ShIM] diluted beyond recognition, negligible

בטל־ומבֿוטל אַדי–אַטר [BO'TL-UMVU'TL] null and void

בטלן דער (ים) [BATLEN - BATLONIM] *Jew.* idle man who spends his time in synagogue or in a house of study; idler, lazybones; impractical/unworldly person

בטלנות דאָס [BATLONES] ineffectiveness, ineptitude

בטלניש אַדי/אַדוו [BATLONISh] impractical, idle; inept, unworldly

בטל|ען וו (גע–ט) [BATL] squander

ביאָגראַפֿיע די (ס) biography

ביאה די [BIE] coitus

ביאור דער (ים) [BIER - BIURIM] commentary, gloss

|| **דער ביאור** commentary on the bible by Moses Mendelssohn and his disciples

ביאָכעמיע די biochemistry

ביאָלאָ'ג דער (ן) פֿעמ ין biologist

ביאָלאָגיע די biology
ביאָלאָגיש אַדי/אַדוו biological
ביבולע די blotting paper, blotter
ביבולקע די rolling/cigarette paper
ביבל די (ען) (Christian) Bible
ביבליאָגראַפֿיע די (ס) [LY] bibliography
ביבליאָטעק די (ן) [LY] library
ביבליאָטעקאַר דער (ן) פֿעמ שע [LY] זע ביבליאָטעקער
ביבליאָטעקער דער (ס) פֿעמ ין [LY] librarian
ביבליאָטעקערײַ דאָס [LY] *neol.* library science, librarianship
ביבליש אַדי biblical
ביבער דער (ס) beaver
|| וויינ|ען ווי אַ ביבער blubber, cry one's eyes out
|| שוויצ|ן ווי אַ ביבער *fam.* sweat like a pig
בי'בערגאַל די castoreum
בי'בערן אַדי beaver, (of) beaver-fur
ביבקע די (ס) *fam.* carousal, party with drinking
ביגאָטיש אַדי/אַדוו זע באַגאָטיש
ביגאַמיע די bigamy
ביגדי־מלכות מצ [BIGDE-MA'LKhES] royal dress, sumptuous clothing
ביגדי־שבת מצ [BIGDE-ShA'BES] Sabbath dress, festive clothes
ביגוס דער זע ביגעס
ביגל|ען וו (גע–ט) iron (clothing)
ביגעס דער *dial.* disorder, mess, jumble
בידים אַדוו [BEYODAIM] with (s.o.'s own) hands, manually
בידליאַק דער (עס) זע בידלע
בידלע די (ס) animal, beast; moron
בידנע אַדי–עפּי poor, wretched, miserable
בידע די (ס) misfortune, misery
בי'דעווע|ן וו (גע–ט) drudge, slave away; suffer, be miserable
בידקע די (ס) two-wheeled cart
ביד־רחבֿה אַדוו [BEYA'D-REKhO'VE] generously
ביד־רמה אַדוו [BEYA'D-RO'ME] high-handedly
ביודעים אַדוו [BEYOYDIM] knowingly, with full knowledge; openly, overtly
ביוואַ'ק דער (ן) bivouac
ביווע|ן וו (גע–ט) *fam.* crash, lodge temporarily; intrude, find one's way in
ביולעטין דער זע בולעטין

ביוסט דער (ן) bust
ביוראָ' דאָס/דער (ען) office; study; agency, department, bureau
ביוראָוואַרג דאָס office supplies
ביוראַלי'סט דער (ן) פֿעמ ין office worker, clerk
ביוראָקראַ'ט דער (ן) bureaucrat
ביוראָקראַטיע די [TY] bureaucracy
ביוראָקראַטיש אַדי/אַדוו bureaucratic
ביוראָקראַ'טישקייט די bureaucratic spirit; red tape
ביורקע די (ס) desk, writing table; counter (in a bank, store, etc.)
ביוש דער [BIESh] shame, degradation; humiliation
|| שטעל|ן אין ביוש humiliate, put to shame
ביז[1] .1 פּרעפּ till, until; by (time)
|| ביז אַהע'ר this far, up to here, up to now
|| ביז דאָרטן until then, from here to there
|| ביז מאָנטיק until/by Monday
|| ביז גאָ'ר extremely, exceedingly
|| ביז איינ|עם, ביז אַ ... to the last ...
|| .2 קאָנ until
|| ביז... ניט... until ..., don't ...
|| ביז איך זאָג דיר ניט, ריר זיך ניט until I say so, don't move
בי'ז[2]... pre...
|| בי'זסאָוועטיש pre-Soviet
ביזאַהעריק אַדי–עפּי previous, up to now; outgoing (office holder, etc.)
ביזאיצטיק אַדי–עפּי up to now; current, present
ביזאַנט(ינ)יש אַדי Byzantine
ביזאַ'נץ (דאָס) Byzantium
ביזאַ'ר אַדי bizarre
בי'זגראַדויִ'ר־... undergraduate
ביז וואַנעט/וואַנען קאָנ until
|| פֿ״גל וואַנעט
ביזן = ביז דעם *regular contraction*
|| ביזן = ביז דער *contraction possible only in certain dialects*
ביזקל פּרעפּ/קאָנ זע ביז[1]
ביחידות אַדוו [BIKhIDES] alone, privately, in solitude
ביט דער (ן) basin, tub, vat
ביטאָכן פֿאָנ בטחון
ביטול דער <צו> [BITL] disdain, contempt (for)
ביטולדיק אַדי/אַדוו [BI'TLDIK] contemptuous, disdainful
ביטול־היש דער [BITL-HAYE'Sh] absolute spiritualism, disdain for material reality

ביטל דאָס (עך) ביט דימ — bathtub

בי'טל־מאַכערין די (ס) — female bath attendant

ביטלע די (ס) [Ly] — bottle

ביט|ן וו (געביטן) דאַט — congratulate s.o. (on the occasion of stg.); offer, proffer

|| **גוט יום־טובֿ ביטן** <דאַט> [YONTEV] — bid s.o. a happy holiday

ביטניק דער (עס) פֿעמ **...ניצע** — beatnik

ביטע 1. די (ס) — request

|| **2.** אינט — please

|| **ביטע זייער** — you are welcome, my pleasure

ביטער[1] אַדי/אַדוו — bitter; miserable; dire, painful, disastrous; cantankerous; implacable

|| **זײַן*** אומפּ **ביטער** — go badly

|| **ס'איז ביטער** — it's not going well at all

|| **זײַן*** אומפּ **ביטער** דאַט — *rev.* be miserable

ביטער[2] דער (ס) פֿעמ ין — guest come to express his/her wishes

בי'טערגראָז דאָס — wormwood

בי'טערזאַלץ די — Epsom salts

בי'טערלעך 1. אַדי — (somewhat) bitter

|| **2.** אַדוו — bitterly, plaintively

בי'טער|ן (זיך) וו (גע–ט) — struggle; suffer *intr.*

בי'טערניש דאָס/די (ן) — bitterness; unpleasantness, trouble

בי'טערקייט די — bitterness (taste)

ביטש : **אַרוי'פֿ|פֿיר|ן אויף אַ ביטש** — take for a ride, dupe

בי'טשעווע|ן (זיך) וו (גע–ט) — work hard for a living

בי'טשענע אַדי — (of) beech

ביטשריפֿט די (ן) — request, petition

בײַ[1] **1.** פּרעפּ — beside, near; at; at the house of; on (the person of); about; in the opinion of, in the eyes of; while, at the moment of

|| **בײַ דער וואַנט** — near the wall; against the wall

|| **בײַם פֿענצטער** — at the window

|| **בײַ** געוויסע **באַדי'נגונגען** — under certain conditions

|| **בײַ מיר** — at my house; on/with me

|| **בײַ 15 מינו'ט** — about 15 minutes

|| **בײַ מיר ביסטו שיין** — in my eyes you are beautiful

|| **בײַם עסן** — while eating

|| **בײַם בעסטן** געזו'נט — in the best of health

|| **בײַ אַלע שווע'ריקייטן** — in spite of all difficulties

|| **האַלט|ן זיך בײַ די הענט** — hold hands

|| **בײַ** דאַט **פּרעפּ** — *expression of possessive*

|| **בײַ מיר אין קע'שענע** — in my pocket

|| **בײַ איר אויפֿן פּנים** [PONEM] — on her face

|| **בײַם קינד או'נטערן בעט** — under the child's bed

|| **2.** קוו — *unproductive prefix with various meanings*

בײַ־[2]**...** — secondary, by-...

|| **בײַ'פֿאַרדינסט** — supplementary earnings

בײַ'אַפּאַראַט דער (ן) — extension telephone

בײַבאַ'ק דער (עס) — marmot; laggard, slowpoke

בײַ'באַ'רטנדיק אַדי — *neol.* coastal; offshore

בײַ'בענעפֿיט דער (ן) — *neol.* fringe benefits

בײַ'בערעק זע **בויבעריק**

בייג דער (ן) — bend, twist; curve, turn

בײַ'גאַרטל דער (ען) — money belt

בייגונג די (ען) — (gramm.) inflection, declension

בייגזאַם אַדי/אַדוו — flexible, supple

בײַ'|גיי|ן* וו (**איז בײַ'געגאַנגען**) — avoid, go around

בייגיק אַדי/אַדוו — flexible, supple

בייגל[1] דאָס (עך) **בויגן** דימ — small sheet of paper; small arc

בייגל[2] דער (–) — bagel

|| **לייג|ן די בייגל אויף** — lay the blame on

בייג|ן (זיך) וו (געבויגן) — curve, bend *trans./intr.*; incline, lean; (gramm.) inflect, conjugate, decline

בײַ'געבײַ דאָס (ען) — (building) annex

ביי'געוודיק אַדי/אַדוו — flexible, supple

ביי'געוודיקייט די — flexibility, suppleness

בײַ'געלייגט אַדי — enclosed, attached

ביי'געלע[1] דאָס (ך) **בייגל** דימ — very small sheet of paper; very small arc

ביי'געלע[2] דאָס (ך) **בייגל** דימ — *also* pretzel

בײַ'גערעלס דאָס (ן) [Ly] — *neol.* (railroad) siding

בײַ'געשמאַק דער (ן) — aftertaste

בייגפֿאַל דער (ן) — (gramm.) case (declension)

בײַדל דאָס (עך) **בויד** דימ — *also* booth, hut, tent

ביידן פּראָנ זע **ביידע**

ביידע 1. פּראָנ (אַק/דאַט: **ביידע/ביי'ד(עמע)ן**) — both

|| **מיר ביידע** — both of us

|| **איינס פֿון די ביידע** — either, one of the two

|| **2.** אַדי/אַדוו — both

ביי'דעמען פּראָנ זע **ביידע**

ביי'דעמער מצ זע **בוידעם**

בײַ'דעקעס : שלאָג|ן בײַדעקעס twiddle one's thumbs

בײַ דערבײַ' אַדוו זע דערבײַ

בײַ'דערליי' אַדי–עפּי–אינוו both kinds (of)

בײַ דער נאַכט אַדוו זע (בײַ דער) נאַכט[1]

בײַדערערדיק אַדי–עפּי close to the ground

|| בײַדערערדיק|ער נעפּל low-lying fog

בײַהאָר מצ hair at the back of the neck

בײַ'הילפֿיק אַדי <דאַט> helpful, of assistance (to s.o.)

בײַוואָרט דאָס (...ווערטער) adjective

בײַ'|ווינ|ען וו (–גע–ט) be present, witness

בײַוול דער זע באַוול

בייז **1.** אַדי/אַדוו evil, wicked; hostile, severe; angry, quick-tempered; menacing, ominous; (med.) malignant

|| זײַן* בייז be angry

|| ווער|ן בייז get angry

|| **2.** דאָס זע בייזס

בייז־אויג דאָס evil eye

|| קיין בייז־אויג זאָל איר נישט שאַטן may no harm befall her

בײַזאַך די (ן) secondary matter/question; marvel, curiosity

בײַזאַמען אַדוו together

|| ליג|ן בײַזאַמען זע באַנעזאַמען

בײַזאַץ דער (ן) subordinate clause

בייז־ווו'נדער דאָס (בייזע־ווו'נדער) amazing sight; magical/impressive feat

בייזוווקס דער (ן) *neol.* malignant tumor, malignancy

ביי'זוויליק אַדי/אַדוו malevolent

בײַ'זײַיק אַדי–עפּי present, in attendance

בײַזײַן **1.** דאָס presence, attendance

|| **2.** בײַ'|זײַן* וו (איז בײַ'געווען) <בײַ> (*not used in the present tense*) be present, attend

בײַזי'ך דער (ן) home

בייזלעך אַדי/אַדוו gruff, a bit angry

ביי'ז־מיניק אַדי (med.) malignant

בייזן זע בייזס

בייז|ס דאָס-דעק evil; misfortune; harm, wrong

|| אַל דאָס בייזס all the misfortunes of the world

|| אויס|היט|ן פֿון אַל דאָס בייזס guard against misfortune

|| אויס|רעד|ן אַל דאָס בייזס אויף badmouth, vilify

|| מיט בייזן by threats, by force

|| רעד|ן מיט בייזן threaten

|| טאָ|ן* בייזס דאַט harm (s.o.)

ביי'ז־סימנדיק אַדי [-SI'MENDIK] ominous

בייזער דער anger, indignation, outburst

ביי'זער|ן זיך וו (גע–ט) <אויף> scold/reprove (s.o.) *imperf.*, blow up (at)

בייזקייט די malice; malevolence; anger

בייט די (ן) (garden) bed, plot

בײַט דער (ן) modification, change; transformation; exchange

|| מאַכ|ן אַ בײַט exchange, trade, swap

בײַ טאָג אַדוו זע (בײַ) טאָג

בײַטאָ'ג(עד)יק אַדי–עפּי daytime

בײַ'טהאַנדל דער barter

בײַטײַך דער (ן) tributary

בײַטל דער/דאָס (ען) (עך) purse, wallet; handbag; pouch

|| ניי|ען זיך אַ בײַטל delude oneself

בײַ'טלברויט דאָס brown bread; bread of mixed rye and wheat

בײַ'טלדיק אַדי baggy; marsupial

בײַ'טל־מאַכער דער זע וואַטן־מאַכער

בײַ'טלמעל די/דאָס fine rye flour

בײַטל|ען וו (גע–ט) sift (flour)

|| פֿ״גל אויסבטלען; אויסבײַטלען

בײַטלער דער sifter, miller

בײַ'טל־שנײַדער דער (–/ס) pickpocket

בײַט|ן וו (געביטן) change *trans.*, modify, alter; replace, exchange; convert (money) *imperf.*

|| בײַטן זיך change, vary *intr.*; alternate, succeed one another

|| בײַטן זיך <מיט> trade places (with); switch, swap

|| איך וואָלט זיך מיט אים נישט געביטן I wouldn't want to be in his shoes

|| לאָמיר זיך בײַטן מיט די קליידער let's swap clothes

בײַ'טעוודיק אַדי changeable, variable, fickle

בײַטעם דער (ען) [BAYTAM] after-taste

בײַ'טענישן מצ ups and downs, vicissitudes

בײַטראָג דער (ן) contribution

בײַ'|טראָג|ן וו (בײַ'געטראָגן) contribute, provide

בײַטש די (ן) whip, lash; *hum.* coachman's trade

|| האָב|ן* אַ בײַטש אויף have at one's mercy

|| אַרויס|געב|ן* אַ בײַטש אויף זיך reveal stg. that could be used against one

בײַטשטראָם דער (ען) alternating current

בײַטשל דאָס (עך) בײַטש דימ — whip, lash; necklace, chain/strand (of beads, pearls, etc.)
|| אַהײ'מ|קומ|ען/בלײַב|ן מיטן בײַטשל — come back empty-handed
בײַטשל|ען = בײַטש|ן וו (גע-ט) — whip *imperf.*
בײַכיק אַדי — pot-bellied; rounded, bulging
בײַכל דאָס בויך דימ — belly, tummy
|| מאַכ|ן/צו'|שטעל|ן דאַט אַ בײַכל — impregnate, make pregnant
|| פּאַטש|ן זיך אין בײַכל — *iron.* congratulate oneself, be satisfied with oneself
בײַ'כלדיק אַדי — bulging
בײַכל|ען וו (גע-ט) — drink, guzzle, carouse
|| בײַכלען זיך — bulge, swell
בײַכער מצ זע בויך[1]
בײַל דער/די (ן) — contusion, lump
בײַ'לאַגע די (ס) — (newspaper, etc.) supplement; attachment, enclosure
בײַלאַד דער/דאָס (ן/בײַ'לעדער) דימ בײַ'לעדל — small drawer within a larger one
בײַ'ליגנדיק אַדי — adjacent
בײַלייג דער (ן) — attachment, enclosure
בײַ'|לייג|ן וו (-גע-ט) — enclose, attach (to a letter)
בײַלימוד דער (ים) [BA'YLIMED - BA'YLIMUDIM] — minor subject
בײַליק דער — white meat (poultry)
בײַל|ן וו (גע-ט) — clench (the fists)
בײַם = בײַ דעם — *regular contraction*
|| בײַם = בײַ דער — *contraction possible only in certain dialects*
|| בײַם אינפֿ — while ...ing, upon ...ing
|| בײַם אַוועקגיין — while/upon leaving
ביימל דאָס (עך) דימ זע בוים
ביימער מצ זע בוים
ביי'מערשול די (ן) — (tree) nursery
ביין דער (ער) דימ ביינדל — bone
|| ביזן ביין — to the quick
|| ווי אַ ביין אין האַלדז — like a thorn in one's side
|| טאָ|ן* דאַט אין ביין (אַרײַ'ן) — torment, harass
|| אָ'נ|ברעכ|ן דאַט די ביינער — beat up
|| מיט ביינער — energetic, strong; brave, resolute
|| מיט די ביינער — just like, the image of
|| ער איז דער טאַטע מיט די ביינער — he's the spitting image of his father

בײַנאַזאַמען אַדוו זע באַנעזאַמען
בײַ נאַכט אַדוו זע (בײַ) נאַכט[1]
בײַנאַכטיק אַדי–עפּי — nighttime, nocturnal
בײַ'נאָמען דער (...נעמען) — nickname; surname, family name
בײַנאַ'נד אַדוו — side by side, together
ביינדל דאָס (עך) ביין דימ — *also* stone/pit (fruit)
|| אָ'פּ|לעק|ן אַ ביינדל <בײַ> — *iron.* benefit (from)
ביי'נהײַטל דאָס (עך) — periosteum
ביינִיק אַדי — bony, skinny; hard, dry
בײַנעזאַמען אַדוו זע באַנעזאַמען
ביינען אַדי זע ביינערן
ביי'נערדיק אַדי — bony, large-boned
ביי'נערן אַדי — (of) bone
בייס פֿאַנ בעת
בייסבאָל דער — baseball (game)
בײַסטרו'ק דער (עס) — *vulg.* bastard; scoundrel, rascal
בײַסיק אַדי/אַדוו — pungent, biting, scathing
בײַס|ן וו (געביסן) — bite; (insect) sting
|| בײַסן אומפּ <אַק> — *rev.* have an itch
|| עס בײַסט מיך — I have an itch
|| בײַסן <דאַט> — *rev.* have an itch in
|| די האַנט בײַסט מיר — my hand itches
בײַסעכץ = בײַ'סעניש דאָס (ן) — itch
בײַסצאָן דער (...ציין/...ציינער) — incisor
בײַסצוואַנג די (ען) דימ ...צווענגל — pincers, wire cutter
בײַע די (ס) זע בײַקע[1]; בײַקע[2]
בײַען אַדי זע בײַקן
ביי'עריש אַדי — Bavarian
ביי'ערן[1] (דאָס) — Bavaria
ביי'ער|ן[2] וו (גע-ט) — tell tall tales
בייץ[1] דער (ן) — (wood) stain
בייץ[2] דער (ים) זע ביצה
בײַצײַ'ט(נד)יק אַדי–עפּי — timely, prompt, opportune
בײַ צײַטנ(ס) אַדוו — in time, on time, in good time; while there's still time; beforehand, in advance
בייצ|ן = בײַצ|ן וו (גע-ט) — stain (wood) *imperf.*
בײַק דער (ן) זע ביק
בײַקול דאָס (ות) דימ [BAYKOL - BA'YKOYLES]
בײַקולכל [BA'YKELKhL] — falsetto (voice)
בײַ'|קומ|ען וו (איז בײַ'געקומען) <אַק> — overcome, defeat

בײַ'קן אַדי — (of) flannel

בײַקע[1] די (ס) — fairy tale, children's story; tall tale, fib

בײַקע[2] די — flannel

בײַקע|ן וו (גע–ט) — tell tall tales/fibs

בײַ'קער|ן וו (גע–ט) זע בױקערן

בײַריש : בײַריש ביר — ale

בײַשטאָט די — suburb, suburbia

בײַ'שטידל דאָס (עך) — doorpost

בײַ'|שטײ|ן* וו (איז בײַ'געשטאַנען) <דאַט> — resist, withstand

|| בײַשטײן דעם נסיון [NISOYEN] — resist the temptation

|| בײַשטײן דאַט — stand by (s.o.), help

|| זײַן זכות זאָל אונדז בײַשטײן [SKhUS] — may his merits protect us

בײַ'שטײער דער (–/ס) — bystander, witness; helper, support

בײַ'שטײַער דער (ן) — contribution, donation, portion

בײַ'שטײַערונג די (ען) זע בײַשטײַער

בײַ'|שטײַ'ער|ן וו (–גע–ט) — donate, contribute

בײַ'שטײַערער דער (–/ס) פֿעמ ין — contributor

בײַשטים די (ען) — head voice, falsetto

בײַ'|שטימ|ען וו (–גע–ט) — agree

בײַשטראָך = בײַשטריך דער (ן) — comma

בײַ'שלעפֿער דער (ס) פֿעמ ין — sexual partner; bedmate

בײַשן דער (ים) פֿעמ טע [- BAYShONIM] — bashful/shy person

בײַשפּיל דער (ן) — example, model

|| צום בײַשפּיל — for example

ביכּורים מצ [BIKURIM] — first fruits

ביכולת [BIKhOYLES] : זײַן* ביכולת <צו> — be able to

ביכל דאָס (עך) בוך דימ — book; booklet, notebook

ביכלאַ'ל פֿאָנ בכלל

ביכער מצ זע בוך[1]

בי'כערדיק אַדי — bookish

בי'כער־וואָרעם דער (־ווערעם) — bookworm

בי'כער־ווינקל דער (ען) — bookend

בי'כערניק דער (עס) פֿעמ ...ניצע — book fancier, bibliophile

בי'כערקראָם די (ען) — bookstore

בי'כער־רעוויזאָר דער (ן) פֿעמ שע — auditor

בי'כער־רעוויזיע די (ס) [ZY] — audit

בי'כערשאַנק די (...שענק) — bookcase

בילאַ'נץ דער (ן) — (account) balance, balance-sheet

בילאַנצי'ר|ן וו (–ט) — balance (an account)

בילבול דער (ים) [BILBL - BILBULIM] — defamation, false accusation, frame-up

|| מאַכ|ן אַ בילבול אויף — slander, defame, frame

|| פֿ"גל בלוט־בילבול

בילד דאָס (ער) — picture, portrait, image; scene; (theat.) tableau

|| בילד שײן — gorgeous

בי'לדגעשטעל דאָס (ן) — easel

בילדונג[1] די — education

בי'לדונג[2]־... — educational; pedagogical

|| בילדונג־פּאָליטיק — politics of education

בילדלעך אַדי/אַדוו — colorful, expressive, full of imagery

בילד|ן וו (גע–ט/געבילדעט) — teach, educate

בי'לדער־... — pictorial

|| בילדער־ראָמאַן — story told through photographs

בי'לדערדיק אַדי — pictorial, graphic

בי'לדעריש אַדי/אַדוו — vivid, graphic, picturesque

בי'לדערשטרײַף דער (ן) — *neol.* comic strip

בי'לדערשריפֿט די — picture-writing, hieroglyphics

בי'לדקאַרטל דאָס (עך) — picture postcard

בילדשײן אַדי זע בילד

בילו = ביל"ו — movement for agricultural settlement in Palestine, started by Jewish students in Russia after the pogroms of 1881

בילטע די — fruit jelly

ביליאָ'ן דער (ען) [LY] — billion

ביליאָנע'ר דער (ן) [LY] — billionaire

ביליאַ'רד דער [LY] — billiards, pool

ביליע אַדי–עפּי–אינוו זע בילע

ביליק אַדי — cheap

|| ביליק ווי באָרשט — *hum.* dirt-cheap

בי'לכער אַדי–קאָמפּ <ווי/פֿון> — preferable (to), preferred

בי'לכערקײט די (ן) — preference, priority

בילמע די (ס) זע בעלמע

ביל|ן וו (גע–ט/געבולן) <אויף> — bark (at)

בילע אַדי–עפּי–אינוו [Ly] — any, no matter

|| (אַ) בילע װער whoever, no matter who
|| (אַ) בילע װאָס no matter what, anything
בילע'ט דער (ן) [Ly] ticket
|| בלוי|ער בילעט (in Russia) exemption card for peacetime military service
|| װײַס|ער בילעט (in Russia) card giving complete exemption from military service
|| אויף בילעטן צו גײן a sight to behold, not to be missed
בילעם פּנ [BILEM] Balaam; arrogant man
בילער דער (ס) scandalmonger, slanderer; hostile person
בילערי'ביצע די (ס) a fish of the salmon family
בילערײַ' דאָס (ען) barking, howling; slander
בילתּי פּרעפּ [BILTI] besides, except
בים־באָם אינט ding-dong; tra-la-la
בימבל|ען װ (גע–ט) shake, swing; chime, ring
בימה די (–ות) [BIME] platform from which services are conducted in a synagogue
בימי פּרעפּ [BIME'Y] in the days of, at the time of
בימקום[1] .1 פּרעפּ [BIMKEM] in place of, instead of
|| .2 דער (ס) substitute, (temporary) replacement
בימקום־[2]... [BI'MKEM] adjunct, substitute; replacement
|| בימקום־לערער substitute teacher
בין[1] די (ען) bee
בין[2] װ (אינפֿ: זײַן) (I) am
בינאָקל דער (ען) opera glasses, binoculars
בינד דער (ן) binding (book)
בי'נדברעטל דאָס (עך) (med.) splint
בינדװאָרט דאָס (...װערטער) (gramm.) conjunction
בינדונג די (ען) affiliation, association; engagement, commitment
בינדיוגע די (ס) [Dy] cart, wagon
בינדיוזשניק דער (עס) [Dy] carter, wagoner
בינדיק אַדי/אַדװ coherent
בי'נדיקייט די coherence
בי'נדמאַשין די (ען) binder, baler
בינד|ן װ (געבונדן) bind, tie; connect, tie up
|| בינדן זיך *also* commit oneself
|| בינדן זיך צו pick a fight with
בינדע די (ס) strip of fabric; bandage; necktie
בינדער דער (ס) necktie; rope-maker
בינדרונג דער (ען) דימ בי'נדרינגל link (chain)
בינדשטיין דער (ער) keystone

בינדשטראָך = בינדשטריך דער (ן) hyphen
בין־הזמנים דער (ס) [BEYNAZMANIM] intersession, period between school terms
בין־השמשות דער/דאָס (ן) [BEYNAShMOShES] twilight, dusk
בינו־לבינו אַדװ [BEYNE-LEBE'YNE] meanwhile, at that moment
בינט דער (ן) strip of fabric; bandage
בינטל דאָס (עך) בונט דימ bundle, pack, bunch, bale (hay, etc.); bunch (of keys)
בין מינחה למעריבֿ אַדװ [BEYN MINKhE LEMAYREV] *(Jew.)* between afternoon and evening prayers; at the end of the day
בינסט װ זע ביסט
בינע די (ס) (theat.) stage; theater (profession)
בינען : בינען בין איך... *hum.* what I am is ...
בינער דער (ס) beekeeper
בינערײַ' דאָס beekeeping
בינשטאָק דער (ן) beehive
ביס[1] דער (ן) bite, sting; bite, mouthful
|| אַ ביס טאָ|ן* אַק bite (s.o.)
|| אַ ביס טאָ|ן* <דאַט אין> bite (s.o. on)
|| אַ ביס טאָ|ן* פֿון take a bite of
|| כאַפּ|ן אַ ביס eat a bit, nibble
|| פֿ״גל ביסן
ביס[2] .1 דער (ן) (theat.) encore
|| אויף ביס as an encore
|| .2 אינט encore!
ביסט װ (אינפֿ: זײַן) (you) are
ביסטרע אַדי swift, rapid, agile; sharp, keen, crafty; fierce (look)
בי'סינקע דאָס ביסל דימ a tiny bit
|| אַ ביסינקע a dash, a tiny bit; a bit (+ *adj.*)
ביסיר|ן װ (–ט) request/perform an encore
ביסל דאָס (עך) little bit (of), small amount/quantity (of)
|| דאָס ביסל ביכער those few books
|| צו ביסלעך little by little; somewhat
|| נעמ|ען צו ביסלעך בראָנפֿן each have a shot of whiskey
|| אַ חוצפּה אַ ביסל! [KhUTSPE] what nerve!
|| געזע'ן/געהע'רט אַ ביסל? have you ever seen/heard such a thing?!
בי'סלעכװײַז .1 אַדי gradual, slow
|| .2 אַדװ bit by bit, little by little
ביסן דער (ס) morsel, bite, mouthful
|| דער ביסן פֿון מויל the bread from (one's) mouth

|| אַ פֿעט|ער ביסן — a choice morsel
|| קאַרג|ן דאַט דעם ביסן — stint on s.o.'s food
|| אַ האַרט|ער ביסן — a tough individual/cookie; a tough morsel
|| פֿ״גל ביס[1]
ביסער דער — glass beads/pearls
ביסקווי'ט דער (ן) — biscuit, cracker
ביסקופּ דער (ן) — bishop
בי'סקופּיש אַדי — episcopal
בי'סקופּשאַפֿט די (ן) — diocese
ביסקל פּרעפּ/קאָנ **זע ביז**[1]
ביִע די (ס) — bruise, dump
ביעור־חמץ דער [BIER-KhO'METS] — *Jew.* removal by burning of any traces of leavened bread remaining in the house on the day before Passover
|| פֿ״גל פּסח
ביעלערי'בעצע די (ס) **זע בילעריביצע**
ביפֿאָקאַ'ל אַדי — bifocal
ביפֿסטייק דער (ן) — steak, beefsteak
ביפּראַ'ט פֿאָנ **בפּרט**
ביצה די (**בצים**) [BEYTSE - BEYTSIM] — testicle
ביצימער דער (–) [BE'YTSIMER] — *Amer., obs.* Irishman
ביציקל דער (ען) — bicycle
ביק דער (עס) — bull, ox
ביקור־חולים דער [BIKER-KhO'YLIM] — *Jew.* commandment to visit the sick; visit to a sick person; primitive hospital
ביקל דאָס (עך) — (playing) marble
|| פֿ״גל ביק
ביקלע די (ס) [Ly] — bottle
ביקס די (ן) — gun, rifle
בי'קסוואַטע די — guncotton
בי'קסנשווייַג דער (ן) — cease-fire
ביקסשלאָס דער (...שלעסער) — bolt action
ביר דאָס — beer
בירָאָבידזשאַ'ן (דאָס) — Birobidzhan, a territory in eastern Asia designated in 1928 as a Jewish autonomous region of the USSR with Yiddish as an official language
בירגאָלן מצ — *slang* breasts, tits
בירגעלט דאָס — tip
בירגער[1] דער (–/ס) פֿעמ ין — citizen; bourgeois
בי'רגער־[2]... — civil; civic
|| **בירגעריאָר** — civil year (as opposed to Jewish calendar)

בי'רגערוואַך די (ן) — civil defense force, vigilante committee
בי'רגערוואַכניק דער (עס) — member of a civil defense force or vigilante committee
בי'רגערטום דאָס — bourgeoisie
בי'רגערלעך אַדי — civil; bourgeois; civic
בי'רגער־מייַסטער דער (ס) — mayor
בי'רגער־מלחמה די (–ות) [MILKhOME] — civil war
בי'רגערקריג דער/די (ן) — civil war
בי'רגעררעכט דאָס (–) — civil right(s)
בי'רגערשאַפֿט די (ן) — citizenship, nationality
בירושה אַדוו [BEYERUShE] — by inheritance; by heredity
בירזשאַ'ר דער (עס) — coachman
בירזשע די (ס) **זע בערזע**
בירקהאָן דער (...הענער) — heath-cock, grouse
בירקהון די (...הינער) — female grouse, heath-hen
בישאָף דער (ן) **זע בישעף**
בישן דער (ים) [BAYShN - BAYShONIM] **זע בייַשן**
בי'שעכע די **זע בעשעכע**
בישעף דער (ן) — bishop
בית דער/די (ן) [BEYS/BEYZ] — *bet*, name of the letter ב
בית־דין דאָס (ס) [BEZ(D)N] — rabbinical court
בית־דין־צדק דאָס [BEZ(D)N-TSE'DEK] **זע בית־דין**
בית־דין־שטוב די (ן/־שטיבער) דימ ־שטיבל [BE'Z(D)N] — rabbi's office; chamber of the rabbinical court
בית־דין־של־מעלה דאָס [BEZ(D)N-ShEL-MA'YLE] — celestial council of justice
בית־החיים דער/דאָס (ס) [BEYS(A)KhAIM] — "house of the living", *euph.* cemetery
בית־הכּבֿוד דאָס (ן) [BEYSAKOVED] — *euph.* facilities, restroom
בית־הכּיסא דער/דאָס (ס) [BEYSAKISE] — privy, toilet
בית־הכּנסת דאָס (**בתּי־כּנסיות**) [BEYSAKNESES - BOTE-KNE'SYES] — synagogue
בית־הכּסא דער/דאָס (ס) **זע בית־הכּיסא**
בית־המדרש דער/דאָס **זע בית־מדרש**
בית־המיקדש דער/דאָס (ן) [BEYSAMIGDESh] — the Temple in Jerusalem
בית־הקבֿרות דער/דאָס [BEYSAKVORES] — *Jew.* cemetery, graveyard
בית־מדרש דער/דאָס (**בתּי־מדרשים**) [BESMEDRESh - BOTE-MIDRO'ShIM] — *Jew.* prayer and study house; small Orthodox synagogue
בית־עולם דער/דאָס (ס) [BESOYLEM] — cemetery
בית־עלמין דער/דאָס (ס) [BESALMEN] — cemetery

בכאַן אַדוו [BEKA'N] here, in this place

בכּבֿוד אַדי/אַדוו [BEKOVED] honorable, respectable, dignified

|| בכּבֿוד האַלט|ן treat with respect, honor, venerate

בכּבֿוד־גדול אַדוו [BEKO'VED-GO'DL] with all the honors, with pomp; with pleasure, gladly

בכּבֿודיק אַדי/אַדוו [BEKO'VEDIK] respectable, honorable, venerable

בכּוונה אַדוו [BEKAVONE] with fervor and devotion; intentionally

|| האָב|ן* בכּוונה אַק/צו/אַז have in mind to, have an eye to, wish that

בכּוח [BEKOYEKh] **1.** אַדי–אַטר : זײַ|ן* בכּוח צו be able to, be capable of

|| נישט בכּוח צו incapable of

|| **2.** אַדוו potentially

בכּיוון אַדוו [BEKIVN] purposely, deliberately, intentionally

בכּיוונדיק אַדי/אַדוו [BEKI'VNDIK] intentional

בכּלל אַדוו [BIKLA'L] in general, generally

בכּל־מכּל־כּל פֿר [BAKL-MIKL-KO'L] *hum.* of all sorts

בכּתבֿ[1] אַדוו [BIKSA'V] in writing

בכּתבֿ־[2]... [BIKSA'V] written (language, evidence, etc.)

בכבֿודו־ובֿעצמו אַדוו [BIKhVOYDE-UVEA'TSME] in person, personally

בכדי קאָנ [BIKhDE'Y] so that

|| בכדי צו in order to, so as to, with a view to

בכור דער (ים) פֿעמ טע [PKhOR - PKhOYRIM] first-born son

בכורה די [PKhOYRE] birthright, primogeniture, precedence; right of primogeniture

בכי־טובֿ אַדוו [BEKhI'-TO'YV] auspiciously

בכל־אופֿן אַדוו [BEKhO'L-OYFN] in any case

בכלל אַדוו [BIKhLA'L] זע בכּלל

בכל־תּפֿוצות־ישׂראל אַדוו [BEKhO'L-TFUTSES-YISRO'EL] "throughout the Jewish diaspora", all over the world

בכן [BEKhE'(Y)N] **1.** אַדוו then, consequently

|| **2.** דער (ען) implication, inference

בלא [BELO'Y] **1.** פּרעפּ without

|| **2.** אינט not at all!

|| פֿ״גל יהודי בלא

בלאָ אַדי blue

בלאָוו אַדי זע בלאָ

בלאָוואָל די purple fabric

בלאָז[1] דער (ן) blow, puff; gust

בלאָז[2] די (ן) דימ בלעזל bladder; vesicle; blister

בלאָ'ז־אינסטרומענט דער (ן) wind instrument

בלאָזזאַק דער (...זעק) bellows

בלאָזן דער (ס) clown, buffoon

בלאָז|ן וו (געבלאָזן) blow

|| בלאָזן זיך give oneself airs; sulk, pout

|| בלאָזן פֿון זיך be haughty, put on airs, have a swelled head

|| שופֿר בלאָזן [ShOYFER] blow/sound the *shofar*

בלאָ'ז־פּלאַסטער דער (ס) vesicatory plaster

בלאָ'זעניש דאָס (ן) *iron.* disdainful/sullen manner

בלאַט[1] **1.** דער/דאָס (בלעטער) דימ בלעטל leaf, sheet (of paper); flap/leaf (of a table)

|| **2.** דאָס (בלעטער) newspaper

בלאַט[2] אַדי illegal, of the underworld

|| אויף בלאַט under the table, illegally

|| זײַ|ן*/שלאָג|ן בלאַט <מיט> make common cause (with)

בלאָטיק אַדי muddy, filthy

בלאָטלויז די (...לײַז) aphid

בלאָטע **1.** די (ס) mud, filth; marsh, mire

|| מאַכ|ן בלאָטע פֿון vilify, pooh-pooh

|| מאַכ|ן מיט דער בלאָטע (צו) גלײַך defame, drag s.o.'s name in the mud

|| זײַ|ן*/פֿאַרקריכ|ן אין אַ בלאָטע be in a fix, get into a mess

|| **2.** אינט rubbish! nonsense!

בלאָ'טע־פֿליגל דער (ען) fender

בלאָטער דער (ס/ן) blister; abscess

בלאַטצײַטונג די (ען) newspaper, periodical

בלאַטשלאָס דער (...שלעסער) built-in lock

בלאָטשקע די זע וולאָטשקע

בלא־יודעים אַדוו [BELO'Y-YO'YDIM] unknowingly, unwittingly; secretly

בלאָלעך אַדי bluish

בלאָלעכץ דאָס זע בלאָעכץ

בלאַם דער (עס/ען) fur; skin (on milk)

בלאַמביר|ן וו (–ט) זע פּלאָמבירן

בלאַמיר|ן זיך וו (–ט) disgrace/dishonor oneself

בלאָן־און־בלאָ' אַדי covered with bruises; blue with cold

בלאָנד אַדי blond, fair

בלאָנדזשע|ן וו (גע–ט) — stray, wander around (lost)

בלאָנדזשערײַ' די (ען) — labyrinth, maze

בלאָנדי'ן דער (ען) פֿעמ (ק)ע — blond (person)

בלאָנדע|ן וו (גע–ט) [Dy] זע בלאָנדזשען

בלאָנע(נ)בלאָ' אַדי זע בלאָן־און־בלאָ

בלאַנק[1] אַדי — brilliant, glossy, sparkling

בלאַנק[2] דער (ען) — blank (form); blank (space in text)

בלאַ'נקאָ־... — blank (check, etc.)

בלאַנקיטנע אַדי זע בלאַנקעט

בלאַנקיר|ן וו (–ט) — bleach

בלאַנקעט אַדי — azure, sky-blue

בלאַנק|ען וו (גע–ט) — gleam, shine, sparkle

בלאָנקע|ן (זיך) וו (גע–ט) — wander, not know the way

בלאַס אַדי — pale, colorless, pallid

בלאַסקייט די — pallor

בלאָעכץ דאָס — (laundry) obluing

בלאָ|ען וו (גע–ט) — turn blue; give a blueish tinge to, wash with bluing

|| בלאָען זיך — turn blue

בלאָף דער (ן) — bluff, fraud

בלאָ'פֿויגל דער (ען/...פֿייגל) זע בלויערל

בלאָפֿ|ן וו (גע–ט) — bluff, lie

בלאָפּעוואַטע אַדי/אַדוו — clumsy

בלאָק דער (ן) — block; pulley

בלאָקאַדיר|ן וו (–ט) — blockade

בלאָקאַדע די (ס) — blockade

בלאָקי'ר דער (ן) — curfew

בלאָקיר|ן וו (–ט) — block, blockade, obstruct

בלאָקנאָ'ט דער (ן) — (writing) pad

בלאָשטיין דער (ער) — lapis lazuli

בלבול דער (ים) זע בילבול

בלבֿ־ונפֿש אַדוו [BELE'V-VONE'FESh] — with heart and soul, sincerely

בלודנע אַדי — stray, lost

בלוז(ק)ע די (ס) — blouse

בלוט דאָס — blood

|| בלוט און מילך — youthful (person); buxom (woman)

|| בלוט יונג — very young

|| בייז בלוט — animosity, hostility

|| אייגן בלוט און פֿלייש — (one's) own flesh and blood

|| ביז בלוט — until it bleeds

|| האָבן* הייס בלוט — be impetuous

|| לאָז|ן דאַס בלוט — bleed *trans.*

|| אָ'פּ|גיי|ן* מיט בלוט — bleed *intr.* heavily

|| גיי|ן* אומפּ דאַט בלוט פֿון — *rev.* is bleeding from

|| שפּײַ|ען מיט בלוט — spit (up) blood

|| עס ליגט אים אין בלוט — it runs in his blood

|| דאָס בלוט ווערט פֿאַרקי'לט אין די אָ'דערן — (one's) blood runs cold

בלו'טאויסגאָס דער (ן) — hemorrhage

בלו'טאייגענ|ער דער-דעק — blood relative

בלו'טאָרעם אַדי — anemic, bloodless

בלוטבאָד די (...בעדער) — bloodbath, carnage

בלו'ט־בילבול דער (ים) [BILBL - BILBULIM] — blood libel, false accusation of ritual murder

בלו'טגעפֿעס דאָס (–/ן) — blood vessel

בלו'טדאָרשטיק אַדי — bloodthirsty, ferocious

בלוטדרוק דער — blood pressure

|| הויכ|ער בלוטדרוק — hypertension, high blood pressure

בלוטווורשט דער (ן) — (culin.) black pudding, blood sausage

בלו'טזויגער דער (ס) — bloodsucker *fig.*, exploiter

בלוטיק אַדי/אַדוו — bloodthirsty; bloody, gory; hard-won (money); extreme, terrible

|| בלוטיק|ער אָרעמאַ'ן — starveling, down-and-out person

|| בלוטיק|ער שׂונא [SOYNE] — implacable enemy

|| בלוטיק פֿאַראינטערעסי'רט — extremely interested

|| בלוטיק באַליי'דיק|ן — cut to the quick

בלו'טיק|ן וו (גע–ט) — bleed *intr.*, lose blood

בלוטלאָז אַדי — bloodless, anemic

בלו'טלאָזונג די (ען) — bleeding, phlebotomy

בלו'ט־מחלוקת דאָס (ן) [MAKhLOYKES] — blood feud

בלוט|ן וו (געבלו'ט) זע בלוטיקן

בלו'טסטראָפּן דער (ס) — *Jew.* drop of blood in a fertilized egg making it non-kosher

בלו'ט־סיכסוך דער (ים) [SIKhSEKh - SIKhSUKhIM] (blood) feud
בלו'ט־פֿאַרגיסונג די bloodshed
בלוטפֿול אַדי vigorous, full of life
בלוטפֿרעמד אַדי foreign, non-native
בלו'טצאַפּער דער (־/ס) bloodsucker *fig.*, exploiter
בלו'טרערן מצ [T-R] blood vessels
בלוטשטורץ דער (ן) hemorrhage
בלוטשק·ן אַדי זע װלאָטשקן
בלוטשקע די זע װלאָטשקע
בלו'ט־שונא דער (ים) [SOYNE - SONIM] implacable enemy
בלוי אַדי זע בלאָ
בלויז 1. אַדי bare, uncovered; plain, mere
|| בלויזע צו'זאָגן empty promises
|| 2. אַדוו only, merely
|| 3. דער (ן) blank (in a text); gap, lack, want
בלוי'זקעפּיק אַדי/אַדוו bareheaded
בלוילעך אַדי זע בלאָלעך
בלוים די (ען) *dial.* flower
בלוינע־בלאָ' אַדי זע בלאָן־און־בלאָ
בלוי|ען וו (גע־ט) זע בלאָען
בלוי'ערל דאָס (עך) blue tit (bird)
בלוישטיין דער (ער) זע בלאָשטיין
בלום די (ען) דימ בלימל flower
בלומיק אַדי flowery, florid
בלו'מען־בעכערל דאָס (עך) (botan.) calyx
בלו'מענטאָפּ דער (...טעפּ) flowerpot
בלו'מען־ציבעלע די (ס) (botan.) (flower) bulb
בלו'מענקרויט דאָס cauliflower
|| אַ הייפּטל/קעפּל בלומענקרויט a head of cauliflower
בלו'מענשטויב דער pollen
בלוצקע די זע װלאָטשקע
בלחש אַדוו [BELAKhESh] in a whisper, under one's breath
בלי[1] דער bloom, act of blooming; prime, height *fig.*
|| אין (פֿולן/רעכטן) בלי in full bloom; in one's prime
בלי־[2]... flourishing, glorious
|| בלי־תּקופֿה [TKUFE] golden age

בלי־[3]... [B(E)LI'-] without
|| בלי־דריי' without trickery
בליאַגע די (ס) trickery, fraud, imposture
בליאַגער דער (ס) פֿעמ קע impostor, swindler
בליאונג די (ען) זע בליִונג
בליאַ'טעװע|ן וו (גע־ט) confirm, certify, attest
בליאַם דער (עס/ען) זע בלאַם
בליאַנד דער lace
בליאַסק דער brightness, luster, glare
בליאַסקע|ן וו (גע־ט) shine, sparkle
בליאַקיר|ן וו (־ט) bleach, discolor; fade, lose color
בליאַ'קעװע|ן וו (גע־ט) זע בליאַקירן
בליאַשקע די (ס) spangle, gold or silver thread
בלי־גוזמא אַדוו [B(E)LI'-GU'ZME] literally, without exaggeration
בליִונג די (ען) bloom; blooming, flowering; prosperity
בליושטש דער זע פּליושטש
בליזנע די (ס) scar
בלי־חרטה אַדוו [B(E)LI'-KhARO'TE] without regret; irrevocably
בלי־חרטהדיק אַדי [B(E)LI'-KhARO'TEDIK] irrevocable
בליט דער (ן) flower; bud
בליטשק·ן אַדי זע װלאָטשקן
בליטשקע די זע װלאָטשקע
בלײַ דאָס (ען) lead; pencil, pencil lead, graphite
|| בלײַ גראָ pale, leaden
בלי'־יאָרן מצ heyday, prime (of life)
בלײַב דער (ן) residue
בלײַביק אַדי permanent, durable
בלײַבל דאָס (עך) stub, tab, butt
בלײַב|ן וו (איז געבליבן) remain, stay, be left; stand (remain as is)
|| אַ נאַר בלײַבט אַ נאַר a fool remains a fool
|| בלײַבן נאָמ end up (as)
|| כ'וויל בעסער בלײַבן דער נאַר I'd rather wind up the fool
|| בלײַבן בײַ stick with; remain in the hands of
|| דאָס געלט בלײַבט בײַ אונדז We're keeping the money

|| בלײַבן בײַ מײַנס/דײַנס/זײַנס... stick with one's opinion

|| בלײַבן אומפּ אַז be decided/resolved that

|| בלײַבן אינפֿ continue to ...

|| בלײַבן לעבן survive

|| בלײַבן שטיין stop, stand still

בלײַװײַס דאָס white lead

בלײַ'װײַס־זאַלב די white lead ointment

בלייז[1] אַדי drab, dull, lackluster

|| בלייזע אויגן weak/sick eyes

בלייז[2] דער (ן) blank (in a text); gap, lack, want

בלייז[3] = בלײַז דער sheepskin, hide

בלייזטאַנץ דער (...טענץ) *neol.* strip-tease

בליי'זטענצער דער (–/ס) פֿעמ קע *neol.* stripper

בלייזיק אַדי *neol.* full of gaps, incomplete

בלייך אַדי/אַדוו pale

בלייכזוכט די chlorosis

בלייכ|ן וו (גע–ט) bleach *trans.*

בלייכעכץ דאָס (ן) bleach

בלייכקייט די pallor, paleness

בליימל דאָס (עך) בלום דימ *also* flower (portrayed on fabric, etc.)

בלײַען אַדי leaden, of lead

|| בלײַענ|ער פֿויגל clumsy person, slowpoke

בלײַער דער (ס) pencil

בלײַ'ערל דאָס (עך) seal (closure of a container)

|| פֿ״גל בלײַער

בלײַ'ער|ן וו (גע–ט) doodle, scribble

בלײַ'פֿענדל דאָס (עך) pencil

בלײַ'פֿעדער די (ס) pencil

בלײִק אַדי in bloom

בלײַקע די (ס) carpenter's pencil

בלײַשטיין דער graphite

בלײַשטיפֿט דער (ן) pencil, pencil-lead

בלײַשנור דער (ן) plumb line

בלימל דאָס (עך) דימ זע בלום

בלי־מסקנא [B(E)LI'-MASKO'NE] אַדוו without committing oneself

בלימפּ דער (ן) blimp

בלינד אַדי/אַדוו blind; hidden, concealed, illegal

|| בלינד מאַכ|ן blind

|| אויף בלינד blindly

|| בלינד געסל dead-end street, cul-de-sac

|| בלינד|ע סחורה [SKhOYRE] stolen goods, hot merchandise

|| דער בלינד|ער עליע *fam.* sandman

בלי'נדזעקייט די blind man's buff

בלי'נדערהיי'ט אַדוו blindly; gropingly, feeling one's way

בלינדקייט די blindness

בלי־נדר [B(E)LI'-NE'YDER] אַדוו *Jew.* "without making a vow", phrase used when announcing one's intention to do stg., to avoid breaking one's word unintentionally

בלינ(טש)ע די (ס) זע בלינצע

בלינצל|ען וו (גע–ט) twinkle, flash, blink

בלינצע די (ס) blintz, *esp.* filled with cheese

בלי־ספֿק [B(E)LI'-SO'FEK] אַדוו without a doubt, certainly

בליִעכץ דאָס bloom, blossoms *coll.*; pollen, spores

בליִ|ען וו (גע–ט) bloom *imperf.*, flower, flourish

בלי'ענדיק אַדי blooming, thriving, prosperous

בליץ דער (ן) flash, burst, lightning

|| בליץ שנעל instantly, in a flash

בלי'ץ־אָפּלייטער דער (ס) lightning rod

בלי'ץ־אָפּפֿירער דער (ס) lightning rod

בליצײַט די flowering season; *fig.* heyday, prime

בליציק אַדי/אַדוו shining, dazzling; bright, clever

בליצלאָמפּ דער (ן) mantle lamp, extra-bright oil lamp

בלי'צלעמפּל דאָס (עך) flash bulb

בלי'צל|ען וו (גע–ט) זע בלינצלען

בליצ|ן וו (גע–ט) flash (lightning, etc.)

|| עס בליצט there are flashes of lightning

בליצער דער (ס) flash (photo), flashgun

בליצפּאָסט די *neol.* email

בלי'צשלעסל דאָס (עך) zipper

בליק דער (ן) look, glance

|| אויפֿן ערשטן בליק at first glance

|| אַ בליק טאָ|ן* glance

|| כאַפּ|ן אַ בליק אויף catch a glimpse of

בליק|ן וו (גע–ט) <אויף> look (at) *imperf.*, eye (s.o.)

בלי־שום־ספֿק [B(E)LI'-ShUM-SO'FEK] אַדוו without any doubt at all, most decidedly

בלי־שום־ספֿקדיק [B(E)LI'-ShUM-SO'FEKDIK] אַדי undisputed

בלישטש דער sparkle, glitter; glamor, allure

בלי'שטשמיידל דאָס (עך) *neol.* glamor girl; pin-up

בלישטשע|ן וו (גע–ט) sparkle, shine, glitter

בלית־ברירה [B(E)LE'S-BRE'YRE] אַדוו perforce, for lack of choice

בלע״ז [B(E)LA'Z] .1 אַדוו *(originally)* in a Romance language or Old Yiddish; *(more generally)* in a foreign language; *hum.* otherwise known as
|| .2 דער (ן) term in the vernacular (given as gloss for a Biblical or Talmudic word)

בלעזל דאָס (עך) bubble

בלע'זל־גומע די bubble-gum

בלעזל|ען (זיך) וו (גע–ט) bubble, fizz

בלע'זערל דאָס (עך) dandelion

בלעטל דאָס (עך) בלאַט דימ *also* leaflet, tract; washer

בלעטער מצ זע בלאַט[1]

בלע'טער(ד)יק אַדי leafy; leaf-shaped; flaky

בלע'טער|ן וו (גע–ט) leaf through, browse
|| בלעטערן זיך break down into layers

בלע'טערניצע די (ס) larch, tamarack

בלע'טערפֿראָש די (ן) tree frog

בלעך .1 דאָס sheet metal
|| .2 די (ן) tin can

בלעכל דאָס (עך) tin badge; tin can

בלעכ.ן אַדי (of) tin, tin-plated

בלעכער דער (–/ס) tinsmith

בלע'כערן אַדי זע בלעכן

בלעם פּנ זע בילעם

בלענד דער dazzle

בלענדזע|ן וו (גע–ט) delude

בלענדיק אַדי/אַדוו dazzling, blinding

בלע'נדיקייט די sparkle, brightness; glamor, fascination

בלענד|ן וו (גע–ט) dazzle, blind

בלענדעכץ דאָס glamor, dazzle

בלע'נדעניש דאָס (ן) dazzlement, delusion; blind man's buff; (botan.) buttercup

בלע'קע(כצ)|ן וו (גע–ט) bleat, moo; chant unintelligibly

בלע'קעצ|ן = בלע'קער|ן וו (גע–ט) זע בלעקעכצן

בלק [BOLEK] : לערנ|ען בלק מיט teach (s.o.) a harsh/impressive lesson

בלשון־נקיה [BELOShN-NEKI'E] אַדוו euphemistically

בלשון־סגי־נהור [BELOShN-SEGINO'ER] אַדוו by antiphrasis

במדבר [BAMIDBER] Book of Numbers (Old Testament)

במהרה־בימינו [BIMHEYRE-BEYEME'YNU] אַדוו "speedily in our days", soon

במזומן [BIMZUMEN] אַדי/אַדוו in cash, in ready money

במזומנים [BIMZUMONIM] אַדוו זע במזומן

במזיד [BEMEYZED] אַדוו deliberately, intentionally, willfully

במחילה [BIMKhILE] אַדוו begging your pardon
|| בעט|ן <דאַט>, ער זאָל במחילה אינפֿ ask (s.o.) to be so good as to ...

במחילה־גמורה [BIMKhILE-GMU'RE] אַדוו with full forgiveness

במחשבֿה [BEMAKhShOVE] אַדוו in thought, inwardly

במילא [BEMEYLE] אַדוו consequently, therefore; necessarily, in any case

במציאות [BIMTSIES] אַדי–אַטר available
|| זײַ|ן* במציאות exist

במקום פּרעפּ/דער זע בימקום[1]

במשך [BEMEShEKh] פּרעפּ <פֿון> during, in the course of

במתּנה [BEMATONE] אַדוו as a gift, gratis

בן [BEN] .1 טיטל son of
|| יעקבֿ בן יצחק [YANKEV BEN YITSKhOK] Jacob, son of Isaac
|| .2 דער (ים) [- BONIM] *hum., pejor.* offspring, son, fellow

בן־אָדם דער (בני־) [BENODEM - BNEY] man, human being, mortal

בנאמנות [BENEMONES] אַדוו honestly, in good faith; on s.o.'s word

בנאָק דער (עס) [BENO'K] *fam., pejor.* son

בן־בית דער (בני־) [BENBAYES - BNEY] member of the household; familiar, frequent visitor
|| מצ *also* family

בן־בקועה דער [BEMBEKU'] זע בן־פּקועה

בן־דור דער (בני־) [BENDO'R - BNEY] contemporary

בנוגע פּרעפּ [BENEGEYE] as for, with regard to; concerning, in reference to

בן־זוג דער (בני־) [BENZU'G - BNEY] mate, spouse

בן־זכר [BENZOKhER - BONIM-SKhO'RIM] ‎.1 דער (בנים־זכרים) male child
|| ‎.2 דער (ס) *Jew.* celebration of the birth of a boy, occurring on the Sabbath before the circumcision

בן־זקונים דער (בני־) [BENZKUNIM - BNEY] son born in the father's old age; youngest son

בן־טובֿים דער (בני־) [BENTOYVIM - BNEY] person born of a good family

בני־... מצ זע ווערטער מיט בן־...

בני־אָדם מצ [BNEY-O'DEM] "Children of Adam", start of the prayer recited during the expiatory sacrifice ceremony on the eve of Yom Kippur
|| פֿ״גל כּפּרות
|| קוקן| ווי אַ האָן אין בני־אָדם look without any understanding

בני־בית דאָס/מצ [BNEYBAYES] household, members of the household *coll.*

בניחותא אַדוו [BENI'KhESE] calmly, carefully

בן־יחיד דער (בני־יחידים) [BENYOKhED - BNEY-YEKhI'DIM] only son

בנימוס אַדוו [BENIMES] politely

בנימוסדיק אַדי/אַדוו [BENI'MESDIK] polite, courteous

בנים־זכרים מצ זע בן־זכר

בנימצא אַדי–אַטר [BENIMTSE] available, in existence

בני־משה מצ [BNEYMOYShE] "children of Moses", Jews, according to legend, who inhabit the region beyond the *Sambation* river
|| פֿ״גל סמבטיון

בנין דער/דאָס (ים) [BINYEN - BINYONIM] building, structure

בן־יקיר דער (ס) [BENYAKER] darling, favorite *(masc.)*

בני־רחמנים מצ [BNEY-RAKhMO'NIM] "children of the merciful", Jews (as supposed inheritors of the qualities and merits of the Patriarchs)

בן־ישׂראל דער (בני־) [BENYISROEL - BNEY] Israelite, Jew
|| מצ children of Israel

בן־מלך דער (בני־מלכים) [BENMEYLEKh - BNEY-MELO'KhIM] prince

בנמצא אַדי–אַטר זע בנימצא

בן־נח דער (בני־) [BENNOYEKh - BNEY] non-Jew; *pejor.* miser, skinflint; rogue, adventurer

בן־סורר־ומורה דער [BEN-SO'YRER-UMO'YRE] rebellious son

בנעימות אַדוו [BENEIMES] agreeably, pleasantly, gracefully

בנעימותדיק אַדי/אַדוו [BENEI'MESDIK] agreeable, pleasant, gentle

בן־עיר דער (בני־) [BENI'R - BNEY] fellow townsman

בן־פּקועה דער (ס) [BENPEKUE] baby calf/lamb found in the womb of its slaughtered mother; flesh of such an animal; runt

בן־שיבֿעים דער (בני־) [BENShIVIM - BNEY] septuagenarian *masc.*

בנשימה־אַחת אַדוו [BINShIME-A'KhES] in one breath, in one stroke

בנשיקה אַדוו [BINShIKE] : שטאַרבן| בנשיקה have an easy death

בן־שישים דער (בני־) [BENShIShIM - BNEY] sexagenarian *masc.*

בן־שמונים דער (בני־) [BENShMOYNIM - BNEY] octogenarian *masc.*

בן־תּורה דער (בני־) [BENTOYRE - BNEY] *Jew.* scholar, learned man

בסבֿר־פּנים־יפֿות אַדוו [BESEYVER-PONEM-YO'FES] (greet) warmly

בס״ה זע בסך־הכּל

בסוד אַדוו [BESO'D] secretly, confidentially
|| האַלטן| בסוד keep secret

בסודיק אַדי [BESODIK] secret, clandestine

בסודיקייט די [BESO'DIKEYT] secrecy, confidentiality

בסוד־סודות אַדוו [BESO'D-SO'YDES] very secretly

בסך־הכּל אַדוו [BES(E)KhAKL] all told, in all

בסתר אַדוו [BESEYSER] in secret, discretely

בע[1] דער (ען) (the letter) B

בע[2] אינט bah!

בע[3]... זע באַ[3]...

בעבל דאָס (עך) באָב דימ (small) bean

בע'בעכעס מצ *iron.* rags, bag and baggage; paraphernalia, gear; *pop.* entrails, bowels, guts

בעבען| וו (גע–ט) babble, mumble, jabber

בעבקע די (ס) זע בעטקע

בעדוינער דער (–) פֿעמ ין Bedouin

בעדייע פֿאָנ בדעה

בעדנער דער (–/ס) זע באָנדער

בעדער[1] מצ זע באָד

בעדער[2] דער (ס) פֿעמ קע bathhouse attendant

בעדערעך־קלאַ'ל פֿאָנ בדרך־כּלל

בע״ה זע בעזרת־השם

בעהיימע פֿאָנ בהמה

בעוונותינו־הרבים אַדוו
"because of our many [BAVOYNESEYNU-HORA'BIM] sins" *(to explain a unfavorable situation)*
בעור־חמץ דער זע ביעור־חמץ
בעז דער lilac
בעזבאָראָדקע דער (ס) beardless man
בעזבושהניק דער (עס) פֿעמ ...ניצע
[BEZBUShNIK] shameless person
בעזגראַ'מאָטנע אַדי illiterate
בעזדיעטניק דער (עס) פֿעמ ...ניצע [Dy]
childless person
בעזדיעלניק דער (עס) [Dy] *Slav.* lazybones, idler, rascal
בעזלאַ'ד דער (ן) *Slav.* disorder, disarray
בעזלאַדניק דער (עס) [Ly] hermit, misanthrope
בעזמען = בעזמער דער (ס) steelyard, roman balance
בעזנאָסע אַדי noseless
בע'זעוו(ע) אַדי (of) lilac
בעזעם דער (ער/ס/עס) broom
בע'זעמ|ען וו (גע–ט) rub the body with a bundle of twigs in a steam bath
בעזפּעטשנע אַדי/אַדוו *Slav.* carefree, confident
בעזרת־השם פֿר [BEEZRES-HAShE'M] *Jew.* "with God's help" *(generally abbreviated* בע"ה*, at the head of a document)*
בעזש אַדי–אַטר beige
בעזש־ן אַדי beige; of unbleached fabric
בעזשע די unbleached (cotton) cloth
בעט דאָס/די (ן) bed
|| ליג|ן אויפֿן טויטן בעט be on one's deathbed
בעטאָ'ן דער concrete
בעטאָנען אַדי (of) concrete
בעטבריוו דער (–) petition, letter of solicitation
בע'טגעוואַנט דאָס bedding
בעטל דאָס (עך) בעט דימ berth, bunk
בע'טלברויט דאָס *pejor.* handouts
|| אָ'נ|קומ|ען צו בעטלברויט beg for handouts, be reduced to begging
בעטל|ען וו (גע–ט) beg
בעטלער דער (–/ס) פֿעמ קע beggar
בעטלעריַי' דאָס begging, beggary
בע'טלערל דאָס (עך) בעטלער דימ *also* beggar's lament
בעט|ן[1] וו (געבעטן) request, ask for; entreat, beg; invite
|| בעטן אינפֿ ask (s.o.) to
|| איך בעט דיך/אײַך please
|| בעטן <אויף> pray (for)
|| בעטן זיך <ביַי> implore, entreat
|| בעטן זיך אומפּ be needed, seem necessary
|| עס בעט זיך אַ טרונק it's time for a drink
|| לאָז|ן זיך בעטן wait to be asked, be coy
בעט|ן[2] וו (געבעט'ט) make up a bed *imperf.*; upholster *imperf.*
בעטעווע פֿאָנ בטבֿע
בעטער דער (–/ס) פֿעמ קע requester, solicitor; intercessor
|| אַ גוטער בעטער זאָל ער זיַין פֿאַר אונדז *(said of a deceased person)* may he intercede for us (in heaven)
בעטציַיג דאָס mattress ticking; bedding
בעטקע די (ס) mushroom
|| פֿ"גל בידקע
בעטשען וו (גע–ט) bawl, bleat, jabber
בעיקר אַדוו [BEIKER] mainly, substantially
בעירום־ובֿחוסר־כּל אַדוו
"naked and in want of [BEE'YREM-UFKhOYSER-KO'L] everything", in a destitute condition
בעך מצ זע באַך[2]
בעכטע די (ס) זע בוכטע
בעכינעם פֿאָנ בחינם
בעכער דער (ס) cup; goblet
בע'כער־בלעטל דאָס (עך) sepal
בע'כערל דאָס (עך) בעכער דימ (botan.) calyx
בעל־... (בעלי־...) [BAL- - BALE-] person characterized by, man/person of; responsible for; owner of; author of
בעל־אַחריות דער (בעלי־)
[BALAKhRAYES - BALE-] responsible person
בעל־אַכסניא דער (בעלי־אַכסניות)
[BALAKhSANYE - BALE-AKhSA'NYES] innkeeper
בעל־בטוח דער (בעלי־בטוחים)
[BALBETUEKh - BALEPTUKhIM] reliable/trustworthy person
בעל־בטחון דער (בעלי־) [BALBITOKhN - BALE-]
man of faith, optimist
בעל־בית דער זע בעל־הבית
בעל־בכי דער (בעלי־) [BALBEKhI - BALE-] whiner, one prone to tears; *Jew.* cantor with a plaintive style of singing
בעל־ברית דער (בעלי־) [BALBRI'S - BALE-] father celebrating his son's circumcision
בעל־בשׂר דער (בעלי־בשׂרס)
[BALBOSER - BALEBOSERS] fat/corpulent man

בעל־גאווה דער (ס/בעלי־) פּעמ טע
haughty/arrogant person [BALGAYVE - BALE-]

בעל־גאווהניק דער (עס) פּעמ ...ניצע [BALGA'YVENIK] **זע בעל־גאווה**

בעל־גוזמא דער (בעלי־) [BALGUZME - BALE-]
exaggerator, fabulist

בעל־גוף דער (בעלי־גופֿים) [BAL(E)GU'F - BALE-GU'FIM]
corpulent man; kulak, rich peasant

בעלגיע (די) Belgium

בעלגיש אַדי Belgian

בעל־דברן דער (בעלי־דברנים) [BALDABREN - BALE-DABRO'NIM]
eloquent/loquacious person, talker

בעל־דבֿר דער (בעלי־דבֿר) [BALDOVER - BALE-]
person in question; opponent, plaintiff; Satan

בעל־דבֿר|ן וו (גע־ט) [BALDOVER]
slang beat up; knock off, kill

בעל־דין דער (בעלי־דינים) [BALDI'N - BALEDINIM]
litigant, plaintiff

בעל־דיקדוק דער (בעלי־) [BALDIKDEK - BALE-]
grammarian (*esp.* of Hebrew grammar)

בעל־דעה דער (בעלי־דעות) <איבער> [BALDEYE - BALEDE'YES]
person in authority (over), influential person

בעל־דרשן דער (ס/ים) [BALDARShN - BALE-DARShO'NIM]
Jew. preacher

בעל־דרשער דער (בעלי־דרשערס) [BALDARShER - BALEDARShERS] **זע בעל־דרשן**

בעל־הבית דער (בעלי־בתּים) [BAL(E)BO'S - BAL(E)BATIM] דימ **בעל־הביתל**
owner, proprietor, landlord; boss, manager; head of the family; master of the house [BAL(E)BESL]
|| **זײַן* אַ/דער בעל־הבית איבער** control, be in charge of

בעל־הביתטע די (ס) [BAL(E)BOSTE]
mistress of the house, hostess; housekeeper, housewife; proprietress, landlady; boss *fem.*

בעל־הביתל [BAL(E)BESL] **1.** דאָס (עך)
iron. newly married man **בעל־הבית** דימ
|| **2.** דאָס (בעלי־בתּימלעך) [- BALEBA'TIMLEKh]
pejor. petty bourgeois

בעל־הביתלדיק אַדי [BALEBE'SLDIK]
pejor. petit-bourgeois

בעל־הבתּיש אַדי/אַדוו [BAL(E)BATISh]
of a respectable family; well-to-do; bourgeois, middle class; mature, stolid

בעל־הבתּישקייט דאָס/די (ן) [BAL(E)BA'TIShKEYT]
household, household goods; housekeeping, home maintenance

בעל־הבתּעווע|ן וו (־ט) <איבער/מיט> [BAL(E)BA'TEVE]
administer; bully; have the upper hand (over)

בעל־הוצאה דער (בעלי־הוצאָות) [BALHETSO'E - BAL(E)-HETSO'ES]
spendthrift; person with heavy family expenses

בעל־הלוואה דער (בעלי־הלוואָות) [BALHALVOE - BALE-HALVO'ES]
moneylender

בעל־המצאה דער (בעלי־המצאָות) [BALHAMTSOE - BALE-HAMTSO'ES]
inventive person

בעל־העזה דער (בעלי־) [BALHOZE - BALE-]
impudent/insolent person

בעל־העזהניק דער (עס) פּעמ ...ניצע [BALHO'ZENIK] **זע בעל־העזה**

בעל־השגחה דער (בעלי־) <איבער> [BALHAZhGOKhE - BALE-]
supervisor (of)

בעל־השפּעה דער (בעלי־) [BALHAShPOE - BALE-]
influential person

בעל־זכּרון דער (בעלי־) [BALZIKORN - BALE-]
person with a good memory

בעל־חובֿ דער (בעלי־חובֿות) [BALKhO'YV - BAL(E)-KhO'YVES]
debtor

בעל־חי דער (בעלי־חיים) [BALKhA'Y - BALE-KhA'IM]
animal, living thing

בעל־חיונה דער (בעלי־) [BALKhEYUNE - BALE-]
bread-winner, wage earner

בעל־חייבֿ דער (ס) [BALKhAYEV]
guilty person

בעל־חייִש אַדי [BALKhAISh]
animal

בעל־חלומות דער (בעלי־) [BALKhALOYMES - BALE-]
dreamer; utopian, idealist

בעל־חשבון דער (בעלי־) [BALKhEZhBM - BALE-]
person good with numbers, arithmetician

בעל־חשדים דער (בעלי־) [BALKhShODIM - BALE-]
suspicious person

בעל־טאַקסע דער (ס/בעלי־) [BALTAKSE - BALE-]
(in tsarist Russia) tax-farmer, responsible for the government tax on kosher meat

בעל־טובֿה דער (בעלי־טובֿות) [BALTOYVE - BAL(E)-TO'YVES]
benefactor; helpful person

בעלי־... מצ **זע ווערטער מיט בעל־...**

בעל־יובֿל דער (בעלי־) פּעמ טע [BALYOYVL - BALE-]
person whose anniversary is being celebrated

בעל־יועץ דער (בעלי־יועצים) פּעמ טע [BALYOYETS - BALE-YO'YETSIM]
adviser

בעל־יושר דער (בעלי־) [BALYOYShER - BALE-] person passionate about justice

בעל־ייִחוס דער (בעלי־) [BALYIKhES - BALE-] person with a prestigious (rabbinic) pedigree

בעלי־מים מצ [BALE-MA'IM] urinary organs (of animals)

בעליק דער (עס) beam, girder; ceiling

בעל־כּיס דער (בעלי־) [BALKI'S - BALE-] plutocrat, wealthy man

בעל־כּישרון דער (בעלי־כּישרונות) [BALKIShREN - BALE-KIShRO'YNES] talented person

בעל־כּעסן דער (ס) [BALKAYSN] irascible person

בעל־כּרחו אַדוו [BALKORKhE] against one's will

בעל־כּרחודיק [BALKO'RKhEDIK] **1.** אַדי forced, imposed

|| **2.** אַדוו reluctantly, under duress

בעל־כּרחך אַדוו [BALKO'RKhEKhO/BALKORKhOKh] whether you wish it or not

בעל־לשון דער (בעלי־לשונות) [BALLOShN - BALE-LEShO'YNES] stylist, master of language; polyglot

בעל־מגזם דער (ס) פֿעמ **טע** [BALMEGA'ZEM] exaggerator

בעל־מגיה דער (ס) [BALMAGIE] corrector, proofreader (of a Torah scroll or printed matter)

בעל־מדקדק דער (בעלי־מדקדקים) [BALMEDAKDEK - BAL(E)-MEDA'KDEKIM] expert in Hebrew grammar

בעל־מוח דער (בעלי־מוחות) [BALMOYEKh - BALEMOYKhES] gifted/brainy person; egghead

בעל־מום דער (בעלי־מומים) [BALMU'M - BALE-MU'MIM] cripple, handicapped person

בעל־מופֿת דער (בעלי־מופֿתים) [BALMOYFES - BAL(E)-MO'FSIM] miracle worker, wonder worker

בעל־מחשבֿות דער (בעלי־) [BALMAKhShOVES - BALE-] thinker, thoughtful person

בעל־מיצווה דער [BALMITSVE] **זע בר־מיצווה**

בעל־מלאָכה דער (־ות) [BALMELOKhE] artisan, craftsman

בעל־מלאָכיש אַדי [BALMELOKhISh] handcrafted; pertaining to craftsmen/trade; workmanlike

בעל־מנגן דער (בעלי־מנגנים) [BALMENAGN - BALE-MENA'GNIM] person talented in song and music

בעלמע די (ס) [Ly] (med.) cataract

בעל־מפּולת דער (בעלי־) [BALMAPOYLES - BALE-] slumlord

בעל־מפֿונק דער פֿעמ ...**ניצע** [BAL-MEFU'NEK] **זע מפֿוניצע; מפֿונק**

בעל־משכּון דער (בעלי־משכּונות) [BALMAShKN - BALE-MAShKO'YNES] pawnbroker

בעלן דער (ים) פֿעמ **טע** [BALN - BALONIM] interested person, enthusiast; volunteer

|| **זײַן* אַ בעלן אויף** be interested in, have an urge for

|| **זײַן* אַ בעלן (צו)** אינפֿ be eager/impatient to; take the trouble to

|| **זײַן* אַ קנאַפּער בעלן אויף/צו** not particularly feel like, not particularly want to

|| **כ'בין אַ בעלן (צו) הערן** I'd like to hear

בעלנות דאָס (ן) [BALONES] interest, desire; eagerness; whim

|| **אַ בעלנות!** what strange idea!

בעל־נס דער (בעלי־נסים) [BALNE'S - BALENISIM] miracle worker; person who has been healed miraculously

בעל־נצחון דער (בעלי־נצחונות) [BALNITSOKhN - BALE-NITSKhO'YNES] victor, conqueror; one who fights to the finish

בעל־סוד דער (בעלי־סודות) [BALSO'D - BALE-SO'YDES] person who can keep a secret, confidant

בעל־עבֿירה דער (בעלי־עבֿירות) [BALAVEYRE - BALE-AVE'YRES] sinner

בעל־עבֿירהניק דער (עס) פֿעמ ...**ניצע** [BALAVE'YRENIK] **זע בעל־עבֿירה**

בעל־עגלה דער (־ות) [BALEGOLE] coachman, driver

בעל־עגליש אַדי [BALEGOLISh] of a coachman/driver

בעל־עוולה דער (־ות) [BALAVLE] wrongdoer

בעלעטאַ'זש דער (ן) [Ly] mezzanine

בעלעטרי'סט דער (ן) פֿעמ **ין** [Ly] belletrist, writer

בעלעטריסטיק די [Ly] belles-lettres, literature

בעלעטריסטיש אַדי/אַדוו [Ly] literary, in a literary manner

בעל־עצה דער (בעלי־עצות) [BALEYTSE - BALE-E'YTSES] giver of good advice

בעלער מצ **זע באַל**[2]

בעל־פּה[1] אַדוו [BALPE'] orally, by word of mouth

בעל־פּה[2]־... [BALPE'] oral

בעל־פּועל דער (בעלי־פּועלים) [BALPOYEL - BALE-PO'YALIM] effective teacher

בעל־פּחדן דער (ס) פֿעמ טע [BALPAKhDN] coward, timid person

בעל־פּקדון דער (בעלי־פּקדונות) [BALPIKODN - BALE-PIKDO'YNES] person who acts as a depositary, trustee

בעל־פּרנסה דער (בעלי־) [BALPARNOSE - BALE] person who makes a good living

בעלפֿער דער (ס) assistant teacher in a traditional *cheder*

|| פֿ״גל חדר

בעל־צדקה דער (בעלי־) [BALTSDOKE - BALE-] philanthropist, charitable person

בעל־קורא דער (ס) [BALKOYRE] reader of the Torah in synagogue

בעלקע די (ס) [Ly] זע בעליק

בעל־קריאה דער (בעלי־) [BALKRIE - BALE-] זע בעל־קורא

בעל־שם דער (בעלי־שם/בעלי־שמות) [BALShE'M - BALEShE'M/BALE-ShE'YMES] *Jew.* maker of amulets inscribed with the name of God; miracle worker

|| פֿ״גל בעל־שם־טובֿ

בעל־שם־טובֿ דער [BALShEMTOV] Rabbi Israel Baal Shem Tov (1700-1760), founder of Hasidism

בעל־שמסקע אַדי [BALShEMSKE] of a miracle worker

בעל־שימחה דער (בעלי־שימחות) [BALSI'MKhE - BALE-SI'MKhES] person celebrating a joyous occasion

בעל־שׂכל דער (בעלי־) [BALSEYKhL - BALE-] sensible person

בעל־תּאווה דער (בעלי־תּאוות) [BALTAYVE - BALETAYVES] hedonistic/greedy person

בעל־תּאווהניק דער (עס) פֿעמ ...ניצע [BALTA'YVENIK] זע בעל־תּאווה

בעל־תּוקע דער (ס) [BALTEKEYE] person who blows the ram's horn in temple

בעל־תּכלית דער (בעלי־) [BALTAKhLES - BALE-] practical person

בעל־תּפֿילה דער (בעלי־תּפֿילות) [BALTFILE - BALE-TFI'LES] *Jew.* leader of prayers

בעל־תּקיעה דער (בעלי־) [BALTKIE - BALE-] זע בעל־תּוקע

בעל־תּשובֿה דער (בעלי־) [BALTShUVE - BALE-] penitent, repentant sinner; non-practicing Jew who has returned to religious observance

בעל־תּשובֿהניק דער (עס) פֿעמ ...ניצע [BALTShU'VENIK] זע בעל־תּשובֿה

בעמבעקו' דער זע בן־פּקועה

בעמיילע פֿאָנ במילא

בע־מע' אינט um, uh, hmm; so-so; blah-blah-blah, so on and so forth

בעמעשעך פֿאָנ במשך

בענד מצ זע באַנד[2]

בענדוהע די (ס) זע בינדיוגע

בענדל דאָס (עך) באַנד דימ ribbon, lace

בענדער מצ זע באַנד[1]; באַנד[2]

בענזי'ן דער gasoline; benzine

בענטש דער (ן) blow, slap; thud, dull sound

בענטשונג די (ען) blessing; prosperity, gift from heaven

בענטשליכט מצ candles lit to bless the Sabbath or a Jewish holiday

בענטשן 1. וו (גע־ט) bless; *Jew. also* say a blessing, *esp.* after a meal

|| 2. דאָס *Jew.* grace after a meal

בענטשער דער (ס) student responsible for blessing a newcomer to the *cheder*

|| פֿ״גל חדר

בע'נטשערל דאָס (עך) *Jew.* booklet with the text of grace after a meal

בענכל דאָס (עך) באַן דימ local train

בענעגייע פֿאָנ בנוגע

בענעפֿי'ט דער (ן) benefit (payment, performance)

בענץ דער (ן) זע בענטש

בענק מצ זע באַנק[1]; באַנק[2]

בענקאַץ = בענקאַרט דער (עס) bastard

בענקונג די yearning, desire, thirst *fig.*

בענקל דאָס (עך) באַנק דימ chair, stool; seat (parliament etc.), bench (judiciary)

בע'נקעלע דאָס (ך) בענקל דימ : צו'|שטעלן

דאַט אַ בענקעלע פֿאַר *fam.* report s.o. to, tell on s.o. to

בענק|ען וו (גע־ט) <נאָך> long/yearn (for), be homesick (for)

|| ער בענקט אַהיי'ם he is homesick

בע'נקעניש דאָס (ן) longing, homesickness

בענקשאַפֿט די (ן) longing, nostalgia, lovesickness

בעסוילעם פֿאָנ בית־עולם

בעסט אַדי־עפּי גוט סופּ (the) best

בעסטיאַליש אַדי/אַדוו [TY] bestial, beastly

בעסטיע די (ס) [TY] beast; brute

בע'סטסעלער דער (ס) — best seller

בעס(י)עדקע די (ס) [Sy] — *Slav.* arbor, bower

בעסער[1] מצ זע באַס

בעסער[2] 1. אַדי גוט קאָמפּ — better

|| בעסערע מענטשן — respectable people

|| בעסער ווער|ן — *iron.* relent, yield, come around

|| בעסער ווער|ן אומפּ דאָט — *rev.* take a turn for the better

|| 2. אַדוו — better, rather; sooner, rather

|| בעסער שווײַגן — better to say nothing

|| בעסער שטאַרבן — rather die

בע'סער־ווייסער דער (ס) פֿעמ קע — smart aleck, know-it-all

בע'סערונג די (ען) — improvement

בע'סער|ן זיך וו (גע־ט) — improve *intr.*, feel better

בעעמעס פֿאָנ באמת

בעפּיירעש פֿאָנ בפּירוש

בעפֿשטיק דער (ן) — beef steak

בעצם אַדוו [BEETSEM] — basically, in reality, essentially

בעצמדיק אַדי [BEE'TSEMDIK] — fundamental, veritable, strictly speaking

בעק מצ זע באַק

בעקאָ'ן דער — bacon

בעקויעך פֿאָנ בכּוח

בעקיוון פֿאָנ בכּיוון

בעקל דאָס (עך) דימ זע באַק; באָק

בעקן דער (ס) דימ בע'קעלע — basin, pool; pelvis; sauce/frying pan

בעק|ן וו (גע־ט) — bleat, baa

בעקער דער (ס) פֿעמ קע — baker

בעקערײַ' די (ען) — bakery

בע'קעשע די (ס) — long coat lined with fur

בער דער (ן) פֿעמ יכע — bear

|| דער גרויס|ער בער — the Big Dipper

|| ווי די בערן — *fam.* big, beautiful, well-built

בערג מצ זע באַרג

בערגיק אַדי זע באַרגיק

בערגל דאָס (עך) באַרג דימ — hill, hillock, knoll; heap, pile

בע'רגלדיק אַדי — rugged, hilly

בערגער[1] דער (ס) — miner

בערגער[2] מצ זע באַרג

בערגערײַ' דאָס — mining (industry)

בערד מצ זע באָרד

בערדיק אַדי — bearded

בערדל דאָס (עך) דימ זע באָרד

בערדע די (ס) — a losing card

|| האָב|ן*/באַקומ|ען אַ בערדע — lose (at cards)

בע'רדעלע דאָס (ך) באָרד דימ2 — *also* tooth (on a key)

בע'רווענע די (ס) — beam, log

בערז די זע בערזע

בערזע די (ס) — (stock) exchange

בע'רזעהאָלץ דאָס — birch wood

בע'רזע־מעקלער דער (ס) — stock-broker

בערטע די (ס) — knoll, hillock

בעריאָזע די (ס) זע בערעזע

בע'ריכע די (ס) זע בער

בעריע פֿאָנ בריה

בעריע|ן וו (גע־ט) — *slang* eat, gobble down

בעריש אַדי — bear's, of bear; loutish, clumsy; savage

|| בעריש|ע טובֿה [TOYVE] — well-intentioned act which has bad consequences

בערך אַדוו [BEEREKh] — about, approximately

בערכדיק אַדי [BEE'REKhDIK] — approximate, rough

בערלאָגע די (ס) — den, lair (of animals)

בערליים דאָס — paste, pitch

בערלינטשיק דער (עס) — *pejor.* "little Berliner", proponent of the *Haskalah* (born in Berlin in the 18th Century)

|| פֿ״גל השׂכּלה

בערלינע די (ס) — barge, lighter (boat)

בערלינער דער (–) פֿעמ ין — Berliner

|| פֿ״גל בערלינטשיק

בערלינקע די (ס) — seven and a half kopeck coin (in the Baltic provinces of the Russian Empire)

בער־ן אַדי — (of) bearskin

בע'רן־טרײַבער דער (–/ס) — bear trainer; coarse and brutal man

בערנע די (ס) זע באַר[2]

בערע די (ס) — pathway that is often flooded

בע'רעווע|ן זיך וו (גע־ט) זע באָרען זיך

בערעזע די (ס) — birch

בערע'זעווע אַדי — of birch

בערעט דער (ן) — beret

בע'רעלע[1] דאָס (ך) בער דימ2 — bear cub, little bear; teddy bear

בע'רעלע[2] דאָס (ך) — burdock head, bur; comb for carding

|| שפּילן זיך אין בערעלעך — throw burdock into each other's hair or clothes

בערעם דער (עס) זע ברעם²

בע'רעמיע די (ס) זע ברעם²

בערען זיך וו (גע–ט) זע באָרען זיך

בערעסט·ן אַדי — (of) birch bark

בערעסטע די — birch bark

בערקע די (ס) זע בערעלע²

בערשט מצ זע באַרשט

בערשטי'ן דער זע בורשטין

בערשטל דאָס (עך) באַרשט דימ — brush

בע'רשטלהאָר מצ — (brush) bristles

בערשטל|ען וו (גע–ט) זע באַרשטן

בערשט|ן וו (געבע'רשט) זע באַרשטן

בערשטער דער (–/ס) פֿעמ קע — brush maker, brush salesman

בעשאָלעם פֿאָנ בשלום

בעשאַ'ס פֿאָנ בשעת

בעש״ט [BEShT] דער זע בעל־שם־טובֿ

בע'שעכע די — erysipelas

בעת [BEYS] .1 קאָנ — while, when

|| .2 פּרעפּ — during

בעת־מעשה אַדוו [BEYSMAYSE] — at the same time; meanwhile

בעתן [BEYSN] = בעת דעם

בפּה־מלא אַדוו [BEPE'-MO'LE] — frankly, bluntly

בפּועל אַדוו [BEPOYEL] — actually

בפּועל־ממש אַדוו [BEPOYEL-MA'MESh] — actually, in fact

בפּשטות אַדוו [BEPAShTES] — simply, plainly

בפֿירוש [BEFEYRESh] .1 אַדי — clear, explicit, distinct

|| .2 אַדוו — literally, categorically, frankly, expressly

בפֿרהסיא אַדוו [BEF(E)RESYE] — openly, in public

בפֿרוטרוט אַדוו [BIFROYTRET] — in detail

בפֿרט אַדוו [BIFRA'T] — in particular, especially

|| בפֿרט אַז/וואָס — the more so as ...

בפֿרטיות אַדוו [BIFRO'TIES] — in detail

בצוואה אַדוו [BETSAVOE] — in one's will

בצורת פּרעפּ [BETSURES] — in the form of

בציבור אַדוו [BETSIBER] — collectively, as a group

בצים מצ זע ביצה

בצימצום אַדוו [BETSIMTSEM] — stingily, parsimoniously; frugally, austerely

בקאַקתּך אַדוו [BEKA'KTEKhO] : ס'איז בקאַקתּך — *vulg.* we're in deep shit

בקבלה אַדוו [BEKABOLE] — by oral tradition

בקבלהדיק אַדי [BEKABO'LEDIK] — traditionally

בקוו־הבריאות אַדוו [BEKA'V-HABRI'ES] — in perfect health

בקול(י)־קולות אַדוו [BEKO'L(E)-KO'YLES] — yelling, at the top of one's voice

בקול־רם אַדוו [BEKO'L-RO'M] — loudly

בקור־חולים דער זע ביקור־חולים

בקי [BOKE] .1 אַדי–אַטר <אין> — skilled, versed (in), expert (at)

|| ווער|ן (שטאַרק) בקי אין — master (subject)

|| .2 דער (בקיאים) [- BEKIIM] — expert, master

בקיאות דאָס (ן) <אין> [BEKIES] — expertise (in), mastery (of)

בקיצור אַדוו [BEKITSER] — briefly, in short

בקיצורדיק אַדי [BEKI'TSERDIK] — succinct

בקיצור־הדבֿר אַדוו [BEKITSER-HADO'VER] — in short, to make a long story short

בקיצורל דאָס (עך) [BEKI'TSERL] — news brief, sound bite

בקרובֿ אַדוו [BEKOREV] — soon, shortly

בקרובֿדיק אַדי–עפּי [BEKO'REVDIK] — forthcoming, immanent

בקשה די (–ות) [BAKOShE] — petition, request, plea

בר־... [BAR-] — son of; man of, person of

בראַגע די זע ברײַע

בראָד¹ (דאָס) — Brody, former frontier town between the Russian Empire and the Austro-Hungarian Empire

|| ווײַט ווי ביז בראָד — at the end of the earth, very far off

|| אַ סוד פֿאַר גאַנץ בראָד [SOD] — an open secret

בראָד² דער (ן) — ford, (river) crossing

בראָדז(ש)ען וו (גע–ט) זע בראָדיען

בראָדיאַגע דער (ס) [Dy] — vagabond, vagrant

בראָדיע|ן וו (גע–ט) [Dy] — wade; plod, trudge

בראָ'דעווקע די (ס) — mole, wart

בראָדער אַדי–אינוו — of/from Brody (Ukraine)

|| בראָדער זינגער — type of itinerant singer/performer in Galicia and Romania (circa 1850-1875), precursors of the Yiddish theater

|| בראָדער לאָקשן — large noodles cut into squares

|| בראָדער סוחר [SOYKhER] — important merchant/businessman

|| איך וועל שיקן נאָך דיר דעם בראָדער שמש [ShAMES] — don't call me, I'll call you

בראַהע די זע ברײַע

בראַוו אַדי — brave, courageous

בראַוואָ אינט — bravo! well done!

|| פּאַטשן בראַוואָ   applaud
בראָוואַרניע די (ס) [Ny]   brewery
בראָוואַרניק דער (עס)   brewer
בראָווער דער (ס)   brewery
בר־אוריין דער [BARURYEN]   *Jew.* scholar, learned person
בראַזג דער (ן)   clatter, noise
בראַזגען וו (גע–ט)   clatter, bang noisily
בראָזדע די (ס)   furrow
בראָזן וו (גע–ט) **זע ברויזן**[2]
בראַט דער (עס)   brother *fig.*, buddy
בראַטאָ'ק דער (עס)   *pejor.* brother, bud
בראָטיויך די [T-Y]   gravy
בראָטן **1.** דער (ס)   roast
|| מאַכן אַ בראָטן פֿון   make a big deal out of
|| **2.** בראָטן וו (געבראָטן)   roast, broil
בראָטנס דאָס   roast, roasted meat
בראָטער דער (ס)   broiler
בראָטפּאַן די (ען)   roasting pan; stew-pan, casserole
בראָ'ט־רעשאָטקע די (ס)   barbecue, grill
בראַטשיק דער (עס)   brother *fig.*, pal/buddy
בראַטשנע אַדי   *dial.* defective, rejected
בראָטשפּיז די (ן)   spit (for roasting)
בראָ'טשפּיזל דאָס (עך) **בראָטשפּיז** דימ   skewer
בראָך דער (ן)   break, fracture, crack; (sound of a) crash; disaster, catastrophe; hernia
|| אַ בראָך איז (צו) מיר!   woe is me!
|| ס'איז בראָך מאָרדע   *pop.* I'm/we're (etc.) totally broke
בראָ'כאײַזן דאָס   scrap iron
בראָ'כגאַרטל דער (ען)   hernial truss
בראָכוואַרג דאָס   scrap
בראָכטייל דער (ן)   fraction, fractional part
בראָכע **פֿאָנ** ברכה
בראָכצאָל די (ן)   (math.) fraction
בראָכשטול די/דער (ן)   birthing chair
|| אויף דער בראָכשטול   in labor
בראָכשלאַנג די/דער (ען)   slow-worm (type of lizard)
בראָם די (ען)   gate, barrier; city gate
בראַמאַ'ן דער (ען)   Brahman
בראַמײַזער דער (ס)   Jew's harp; improvised instrument of comb and paper
בראַנד[1] דער (ן)   blaze, conflagration; petrel (sea bird)
|| בראַנד טײַער   very expensive

בראַנד[2] די (ן)   gangrene; (wheat) blight
בראַ'נדאָפּפֿער דער (ס)   burnt-offering
בראָנדז דאָס   bronze
בראָנדז·ן אַדי   (of) bronze
בראַנדזולע'ט דער (ן) [Ly]   bracelet
בראַנדן וו (גע–ט)   brand (with hot iron)
בראַ'נדעווען וו (גע–ט)   revile, insult; struggle
בראַ'נדצייכן דער (ס)   brand (mark from branding)
בראָנז דאָס **זע בראָנדז**
בראַנזשע די (ס)   line (of business, activity)
בראָניען זיך וו (גע–ט) [Ny]   *Slav.* defend oneself
בראָניר|ן וו (–ט)   reinforce *imperf.*
בראָנכי'ט דער (ן)   bronchitis
בראָנע די (ס)   (agric.) harrow
בראָ'נעווען וו (גע–ט)   harrow *imperf.*
בראָנפֿן דער (ס)   liquor, brandy
|| טרײַבן בראָנפֿן   distill liquor
בראַסלע'ט דער (ן) [Ly]   bracelet
בראָסקע די (ס)   (zool.) toad
בראַק דער   damaged/defective goods; rubbish
בראָק דער (ן) דימ **ברעקל**   crumb, bit
|| אָסור אַ בראָק! [OSER]   nothing doing!
בראַקאָוונע אַדי   *dial.* defective, rejected
בראָקאַ'ט דער (ן)   brocade, brocaded fabric
בראָקאַט·ן אַדי   (of) brocade, brocaded
בראַקיק אַדי   defective, rejected
בראַקיר|ן וו (–ט)   reject, condemn
בראַקי'רער דער (–/ס) פֿעמ קע   picky person; bungler; sorter, picker; receiving clerk
בראָקן[1] דער (ס) **זע בראָק**
בראָקן[2] וו (גע–ט)   cut up (dough), crumble *trans.*; reel off (talk), spout (nonsense)
|| בראָקן עבֿרי [IVRE]   *Jew., hum.* read fluently
|| בראָקן תהילים [TILIM]   *hum.* recite psalms one after another
|| בראָקן תורה [TOYRE]   *iron.* dispense wisdom
בראַ'קעווען וו (גע–ט) **זע בראַקירן**
בראַקער דער (–/ס)   woodsman, forestry expert
בראָש[1] די (ן) דימ די **בראָשקע**   brooch
בראָש[2] אַדוו <פֿון> [B(E)RO'Sh]   at the head (of)
בראָש[3] אַדוו   above all, especially; besides, to top it all
בראָש־גלוי אַדוו [BERO'Sh–GO'LE] **זע בריש־גלי**
בראָשו'ר די (ן)   booklet, pamphlet
בראָשי'רט אַדי   soft-covered, paperback

בראשית דער [BREYShES] origin; Genesis (Old Testament)

בראשיתדיק אַדי [BRE'YShESDIK] initial, original, primeval

בראשית־וואַלד דער (־וועלדער) [BRE'YShES] old-growth forest, primeval forest

בראָשקע די דימ זע בראָש[1]

ברבים אַדוו [BERABIM] publicly

בר־דעת דער (ן) [BARDA'(A)S] sensible person

בר־דעתדיק אַדי [BARDA'ASDIK] intelligent, rational

ברואים מצ [BRUIM] creatures; *pejor.* personages, characters

ברוגז .1 אַדי/אַדוו [BROYGEZ] angry, offended; sullen, annoyed

|| זײַן* ברוגז <אויף> be on bad terms (with), to have fallen out (with); sulk (at)

|| .2 דער (ן) dissatisfaction; friction, quarrel

ברוגז־טאַנץ דער [BRO'YGEZ] *Jew.* a traditional wedding dance

ברוגזלעך אַדי/אַדוו [BRO'YGEZLEKh] out of sorts, sulky

ברוגז|ן זיך וו (גע־ט) <אויף> [BROYGEZ] be angry (at)

ברוד דער dirt, filth

ברודיק אַדי dirty, filthy

ברודנע אַדי **זע** ברודיק

ברודער דער (ברידער) brother

ברו'דעריש אַדי/אַדוו brotherly, fraternal

ברו'דערן־זון דער (־זין) nephew

ברו'דערן־טאָכטער די (־טעכטער) niece

ברו'דער־קבֿר דער (ים) **זע** ברידער־קבֿר

ברו'דערקע (דער) buddy, pal

ברו'דערשאַפֿט די (ן) fraternal organization

|| פֿ"גל ברידערשאַפֿט

ברוחניות אַדוו [BERU'KhNIES] spiritually

ברו'טאָ־... gross (as opposed to net)

|| ברוטאָ־הכנסה [HAKhNOSE] gross income

ברוטאַ'ל אַדי/אַדוו brutal

ברוטשקע די (ס) **זע** ברוקווע

ברויגעז **פֿאָנ** ברוגז

ברויז[1] די (ן/ברײַזער) דימ ברײַזל brewery

ברויז[2] דער (ן) דימ ברייזל crumb, grain, speck (of sugar, salt, etc.)

ברויזונג די ferment, effervescence

ברויזיק אַדי frothy, foamy; vehement, turbulent

ברויזן[1] דער (ס) **זע** ברויז[2]

ברויז|ן[2] וו (גע־ט) effervesce, seethe, bubble

ברויזעכץ דאָס froth, foam

ברויט דאָס (ן) דימ ברייטל bread, loaf; sustenance, nourishment; harvest, crops, grains; *fig.* livelihood, occupation

|| ברויט מיט נישט/צונג *hum.* plain bread, dry bread

|| אָ'פּגעגעבן ברויט repayment in kind

|| ברעכן אַק פֿון ברויט deprive s.o. of his/her livelihood

|| האָבן* ברויט מיט אַ מעסער make a good living

ברוי'טגעבער דער (־/ס) breadwinner; *hum.* husband

ברוי'טניצע די (ס) breadbox, breadbasket

ברויכ|ן* וו (ער ברויך; גע־ט) need, have to

ברוין אַדי brown

|| ברוין און בלאָ black and blue

ברוינינג דער (ס) Browning, automatic pistol

ברוי|ען וו (גע־ט) brew (beer); incite, instigate; plot, scheme

ברויערײַ' די (ען) brewery

ברויפֿאַס דער (...פֿעסער) still (for distilling)

ברוך דער (ן) rupture, hernia

|| פֿ"גל בראָך

ברו'כ... **זע ווערטער מיט** בראָ'כ...; ברע'כ...

ברוך דיין אמת פֿר [BOREKh DAYEN EMES] *Jew.* "Blessed be the True Judge", words said upon hearing of s.o.'s death

ברוך־הבא .1 דער (ס) [BOR(E)KhABE] welcome, reception

|| .2 אינט [BOREKhABO'] welcome!

ברוך־הוא פֿר [BOREKh-HU'/BORKhU'] "Blessed be He" *(phrase added after the word* גאָט*)*

|| פֿ"גל הקב"ה

ברוך־הנימצא אינט [BOREKh-HANI'MTSE] *response to the greeting* ברוך־הבא

ברוך־השם אַדוו [BOR(E)KhAShE'M] *Jew.* thank God *(often abbreviated as* ב"ה*)*

|| ברוך־השם! praise the Lord!

ברוכטייל דער (ן) **זע** בראָכטייל

ברוכים־הבאים אינט [BRUKhIM-HABO'IM] welcome! *(addressed to more than one person)*

ברוכים־היושבֿים אינט [BRUKhIM-HAYO'YShVIM] *response to* ברוכים־הבאים *or* ברוך־הבא

ברוכצאָל די (ן) **זע** בראָכצאָל

ברוך שפּטרני פֿר [BOREKh ShEPOTRANI] *Jew.* "blessed be He who hath freed me", said by a father at his son's Bar Mitzvah; *iron.* good riddance

ברוליאָ'ן דער (ען) [LY] rough draft notebook

ברום דער (ען) roar, rumble
ברו'מאײַזן דער (ס) **זע בראָמײַזער**
ברומבל|ען וו (גע–ט) murmer, hum
ברומו־של־עולם אַדוו [BERUME–ShELO'YLEM] :
שטיי|ן* ברומו־של־עולם "be on top of the world", be of greatest importance
ברומו־של־עולמדיק אַדי [BERUMEShELO'YLEMDIK] momentous
ברומ|ען וו (גע–ט) hum; roar; buzz; grumble
ברונע די (ס) **זע ברונעם**
ברונע'ט דער (ן) פֿעמ קע brunet
ברונעם דער (ס/ברי'נעמער) well
ברונען דער **זע ברונעם**
ברוס דער (ן) דימ בריסל rafter, beam; bar
ברוסט די (בריסט) chest; breast
ברוסטביין דער (ער) sternum, breast-bone
ברוסטיק אַדי pectoral, of the chest; bosomy
ברו'סטקאַסטן דער (ס) thorax, chest
ברו'סלינע = ברו'סניצע די (ס) bilberry, cowberry
ברוצקע די (ס) **זע ברוקווע**
ברוק דער cobblestone pavement, paved surface
ברוקאָווניק דער (עס) paver
ברוקווע די (ס) turnip, rutabaga
ברוקיר|ן וו (–ט) pave (*esp.* with cobblestones)
ברוקנע די (ס) **זע ברוסלינע**
ברוקשטיין דער (ער) cobblestone, paving stone
ברושטי'ן דער **זע בורשטין**
ברחבֿותדיק אַדי/אַדוו [BERA'KhVESDIK] at ease, comfortable/comfortably
ברחל בתּך הנאַ'קעטע פֿר [BEROKhL BITKhO HA...] parody of ברחל בתּך הקטנה
ברחל בתּך הקטנה פֿר
אויס|רעד|ן ברחל בתּך הקטנה : [BEROKhL BITKhO HAKTANO] *hum.* stipulate in the most explicit fashion
ברי דער (ען) scald, burn; burning sensation
|| אַ ברי טאָ|ן* *also fig.*, rankle, cut to the quick
בריאה די (–ות) [BRIE] creature, being
בריאות דאָס [BRIES] health
|| **פֿ״גל בריאה**
בריאת־העולם (די) [BRIES–HOO'YLEM] creation of the world
בריגאַדע די (ס) brigade
ברידזע|ן זיך וו (גע–ט) <פֿאַר> loathe, be disgusted (by)

ברידזש דער bridge (card game)
ברידער מצ **זע ברודער**
ברי'דערלעך אַדי/אַדוו brotherly, fraternal
ברי'דער־קבֿר דער (ים) [KEYVER - KVORIM] communal grave; communal vault (of an association)
ברי'דערקריג דער/די (ן) civil war
ברי'דערשאַפֿט די (feelings of) brotherhood/fraternity
|| **פֿ״גל ברודערשאַפֿט**
ברידקע אַדי loathsome, ugly, nasty
בריה [BERYE] **.1** דער/די (–ות) efficient/skillful person
|| זײַ|ן* אַ בריה אויף be skillful/expert at
|| **.2** די (–ות) efficient housewife
|| **פֿ״גל פֿײַנע־בריה**
בריהטע = בריהכע די (ס) [BE'RYETE, BE'RYEKhE] efficient housewife, extremely capable woman
בריה|ן זיך וו (גע–ט) [BERYE] manage (under difficult conditions), pull through
|| בריהן זיך קעגן brave, face up to
בריה־נפֿלאה דער/די (בריות־נפֿלאָות) [BERYE–NIFLO'E] very clever/skillful person
בריהש אַדי [BERYESh] effective, skillful, deft
בריהשאַפֿט די (ן) [BE'RYEShAFT] effectiveness, cleverness; achievement
בריהשקייט די [BE'RYEShKEYT] dexterity, efficiency
בריוו דער (–) letter, missive; epistle
ברי'ווטרעגער דער (ס) **זע בריוון־טרעגער**
בריוול דאָס (עך) בריוו דימ note, message
ברי'וון־טרעגער דער (ס) פֿעמ ין mail carrier
ברי'וון־שטעלער דער (ס) handbook of sample letters
ברי'ווּפּאַפּיר דאָס stationery
ברי'ווקאַסטן דער (ס) mailbox
בריזאַלב די lead-based ointment
בריטאַ'ן דער (עס) bull-dog; bully, tyrant; giant; big-mouth, insolent talker
בריטאַ'נעווע|ן וו (גע–ט) be a bully
|| בריטאַנעווען איבער tyrannize, bully
בריטווע די (ס) razor
בריטיש אַדי British
בריטשקע די (ס) horse-drawn carriage
ברײַ די gruel, pap, broth
ברייזל **.1** דאָס (עך) ברויז דימ crumb, shred
|| **.2** דאָס breadcrumbs *coll.*
ברײַזל דאָס (עך) ברויז דימ still, illegal distillery

ברייזער[1] מצ זע **ברויז**[1]

ברייט 1. אַדי/אַדוו — wide, ample; extensive, wide-ranging; generous; warm, cordial (greeting)

|| **לעבן ברייט** — live in high style

|| **שטעלן זיך ברייט** — dispense freely

|| **2.** די (ן) — width, breadth; (geogr.) latitude

|| **אין דער ברייט** — across, crosswise; in width

ברײ'ט־ביינערדיק אַדי — broad-shouldered, big-boned

ברײ'טגיביק אַדי/אַדוו — generous, extravagant

ברײ'טגיביקייט די — largess, generosity

ברײ'טגײַסטיק אַדי — broadminded

ברײ'טהאַרציק אַדי/אַדוו — magnanimous, generous

ברײ'טהאַרציקייט די — magnanimity, generosity

ברייטל דאָס (עך) **ברויט** דימ — roll

ברייטלעך אַדי/אַדוו — rather wide; at ease, comfortable; self-assured

ברייטער אַדי/אַדוו **ברייט** קאָמפּ — *also (attributive only)* relatively wide; comprehensive, exhaustive

|| **ווערן ברייטער ווי לענגער** — swell with pride

ברײ'טערן זיך וו (גע-ט) — grow wider *imperf.*

ברייטקייט די — width, breadth, extent; assurance, aplomb

ברייל דער — Braille

ברײַע די — wort (for brewing beer); home-brewed beer; dregs, rotgut

ברײַ|ען[1] וו (גע-ט) — brew

ברײַ|ען[2] וו (גע-ט) — expatiate, talk at length

|| **וואָס זאָל איך אײַך לאַנג ברײַען** — to make a long story short

ברײַער דער (ס) — brewer (of beer)

ברײַערײַ' די (ען) — brewery

ברײִק אַדי — scalding; caustic

ברײַתא די (-ות) [BRAYSE] — *baraitha*, discussion contemporaneous with the *Mishnah*, not included in it but quoted in the Talmud

בריל[1] די (ן) — eyeglass lens

|| **פּ״גל ברילן**[1]

בריל[2] דער (ן) — roar, rumble

ברילויע|ן וו (-ט) [Ly] — shine, gleam

ברי'־לי [BO'RELI] **1.** קאָנ — even if

|| **2.** פּר — I'm sure, it seems clear to me

ברילי‌אַ'נט [LY] **1.** אַדי — brilliant

|| **2.** דער (ן) — diamond; jewel, gem *fig.* (person)

ברילי‌אַנטי'ן דער [LY] — percale, brilliantine

ברילי‌אַנטי'רט אַדי [LY] — cut into facets

ברילי‌אַנט·ן אַדי [LY] — (of) diamond; (person) adorable, darling

ברילי‌אַנטשיק דער (עס) — diamond cutter, jeweler

ברי'ליק דער (עס) — visor

ברילן[1] מצ — eyeglasses

ברילן[2] וו (גע-ט) — roar

ברי'לנשלאַנג די/דער (ען) — cobra

ברינדזע די — cottage cheese made from sheep's milk

ברי'נעמער מצ זע **ברונעם**

בריסט מצ זע **ברוסט**

בריסל[1] דימ זע **ברוס**

בריסל[2] (דאָס) — Brussels

ברי'סלענע די (ס) זע **ברוסלינע**

ברי'ס(ע)לער אַדי-אינוו — (of/from) Brussels

ברי'סעלער קרויט דאָס — Brussels sprouts

בריסק (דליטע) (דאָס) [DELITE] — Brest-Litovsk

בריִעכץ דאָס — stinging nettle *coll.*

ברי'עכצשיט דער — urticaria, hives

ברי|ען וו (גע-ט) — cause a burning sensation *imperf.*; scald (milk); blanch, parboil; *fig.* irritate, upset; brood, incubate (eggs)

בריק[1] די (ן) — bridge; *dial.* floor

בריק[2] דער (ן) **זע בריקע**[2]

בריקגעלט דאָס — bridge toll

בריקל דאָס (עך) **בריק** דימ — *also* footbridge, gangplank; stoop

בריקע[1] די (ס) — farm wagon

בריקע[2] דער (ס) — kick

|| **אַ בריקע טאָ|ן*** — kick *perf.*

ברי'קע(ווע)|ן וו (גע-ט) — (animal) kick out; balk; kick *imperf.*

|| **בריקע(ווע)ן זיך** — be obstinate, resist

ברירה די (-ות) [BREYRE] — choice, alternative

ברירהדיק אַדי [BRE'YREDIK] — optional

בריש־גלי' אַדוו [BERE'YSh-GE'LE] — publicly, provocatively (of things not generally public)

ברישליק דער (עס) — jacket

ברית דער (ן) [BRIS] — covenant between God and the Patriarch Abraham; *Jew.* circumcision ceremony

ברית־חדשה דער [BRIS-KhADO'ShE] — New Testament

ברית־מילה די [BRISMILE] *Jew.* circumcision ceremony

ברכה די (–ות) [BROKhE] blessing, benediction; boon; abundance; *Jew.* sacred formula for blessing God in a specific situation

|| **מאַכן אַ ברכה <איבער>** recite the customary blessing (over)

|| **מאַכן ברכה** to have stg. (to eat)

ברכה־לבֿטלה די [BROKhE-LEVATO'LE] "fruitless blessing", blessing recited without performing the related action; wasted effort; good-for-nothing

ברמז אַדוו [BEREMEZ] by allusion, in a veiled way

בר־מזל דער (ס) [BARMAZL] lucky person

ברמיזה אַדוו [BIRMIZE] **זע ברמז**

בר־מינן דער (ס) [BA'RMENEN] cadaver, corpse; remains

בר־מיצווה [BARMITSVE] **1.** די (–ת) *Jew.* religious coming of age, attained by boys at age thirteen; ceremony celebrating this coming of age

|| **2.** דער (–ת) boy 13 years of age or older

|| **ווערן בר־מיצווה** (boy) have one's Bar Mitzvah

|| **פֿ״גל בת־מיצווה**

בר־מיצווה־בחור דער (ים) [BARMI'TSVE-BOKhER] *Jew.* Bar Mitzvah boy

בר־מיצר דער (ס) [BARMEYTSER] neighbor or associate having the right of first purchase before others

בר־מיצרא דער (ס) [BARMETSRE] **זע בר־מיצר**

בר־מצווה די/דער (–ת) **זע בר־מיצווה**

בר־נש דער (ן) [BARNA'Sh] *lit.*. human being

בר־סמכא דער (ס) [BARSAMKhE] authority, expert

ברעג דער (ן/עס) brim, border; side, edge; bank, shore; border, boundary

|| **דער ברעג ים** [YAM] coast, beach

ברעגוואַך די Coast Guard

ברעד דער delirium, nonsense

ברעדיע|ן וו (גע–ט) [Dy] rave, talk nonsense

ברעזל דאָס (עך) **זע ברייזל 1.**

ברעזע'נט דער (ן) tarp, waterproof fabric

ברעזענט.ן אַדי of waterproof fabric

ברעט די/דאָס (ער) board, plank

ברעטל דאָס (עך) **ברעט** דימ *also* cantor's pulpit in a synagogue

ברע'טערן אַדי of boards, planken

ברעך דאָס debris, rubble; scrap metal

ברע'כאײַזן דער/דאָס (ס) crowbar, jimmy

ברעכונג די (ען) breach, violation, infraction; refraction

ברעכיק אַדי fragile, breakable, frail

ברע'כמיטל דאָס (ען) emetic, vomit inducing agent

ברעכ|ן וו (געבראָכן) break *trans., imperf.*; infringe upon, violate; vomit *imperf.*

|| **ברעכן** דאַט *rev.* feel an ache in (bones, limbs)

|| **ברעכן זיך** *also* twist, contort oneself

|| **ברעכן די הענט** wring one's hands

|| **ברעכן זײַטן** make up pages (typesetting)

|| **ברעכן** אומפּ **אויף טאָג** (day) dawn, break

|| **עס ברעכט אויף טאָג** it's dawn, day is breaking

ברע'כעוודיק אַדי fragile, breakable

ברעכעכץ דאָס vomit

ברע'כעניש דאָס (ן) vomiting; rheumatic pain, joint pain or stiffness

ברעכער דער (–/ס) efficient and energetic person; team leader, head manager; typesetter

ברעכשטאַנג דער (ען) crowbar

ברעלאָ'ק דער (עס) [Ly] trinket, charm

ברעם[1] די (ען) eyebrow; eyelid

|| מצ *also* eyelashes

|| **קוקן פֿון אונטער די ברעמען אויף** give s.o. a dirty look

ברעם[2] דער (ען) armful, armload

ברעמז|ן וו (גע–ט) brake

ברעמעניע די (ס) [Ny] **זע ברעם**[2]

ברען דער fervor, ardor, energy; dynamic person

|| **זײַן* אין פֿולן ברען** be in full swing, go full blast

ברע'נאוויון דער (ס) kiln

ברענבריל די (ן) burning-glass, magnifying glass

ברענגאָלד דאָס gold reclaimed by burning fabric with gold embroidery

ברענגלאָז דאָס (...גלעזער) burning-glass, magnifying glass

ברענג|ען וו (גע–ט/געבראַ'כט) bring, fetch; yield

|| **ברענגען צו** cause, provoke, bring about

|| **ברענגען אויף זיך** incur (stg. negative)

|| **ברענגען צו רייד** bring up (topic)

|| **דער מדרש ברענגט** [MEDRESh] it says in the *Midrash*

|| **פֿ״גל מדרש**

ברענגער דער (ס) פֿעמ ין bearer (news, letter)

ברענהאָלץ דאָס firewood

ברענוואַרג דאָס fuel

ברענוונד די (ן) burn (wound)

ברע'נזילבער דאָס silver reclaimed by burning fabric with silver embroidery

ברעניק אַדי ardent, fervent

ברע'נעדיק אַדי torrid

ברע'נעווודיק אַדי combustible, flammable

ברענ|ען וו (גע–ט) burn *intr.*, be on fire; be urgent; burn *trans.*, *imperf.*; char; distill

|| עס ברענט! fire!

|| וואָס ברענט? what's the hurry?

|| דער יקרות ברענט [YAKRES] prices are soaring

|| דער פֿראָסט ברענט it's bitterly cold

|| מע זאָל אים (אַפֿילו) ברענען און בראָטן he'll never change his mind, come hell or high water [AFILE]

|| אַ ברענ|ען טאָ|ן* אַק *also* irk, dismay

|| ברענען פֿאַר כּעס [KAS] be in a fiery rage

ברע'נענדיק אַדי in flames; ardent, fervent; burning, shooting (pain)

ברע'נעניש דאָס burning (sensation)

|| ברענעניש אין/אויפֿן האַרצן heartburn

ברענער דער (ס) burner; distiller

ברענערײַ' די (ען) brickworks, tilery; distillery

ברענפּונקט דער (ן) hearth, firebox; focus (of a lens); focal point, heart (of an event)

ברענשטאָף דער (ן) fuel

ברעקל דאָס (עך) crumb, scrap, bit; tot, small child

ברע'קלדיק אַדי crumbly

ברעקל|ען וו (גע–ט) crumble *trans.*

|| ברעקלען זיך crumble *intr.*; be reluctant, hesitate

ברעשע|ן וו (גע–ט) *dial.* lie, tell a lie; speak ill of

בר־פּלוגתּא דער (ס) [BARPLUKTE] opponent, adversary (in a discussion)

ברצון אַדוו [BEROTSN] voluntarily

ברשות פּרעפּ [BIRShU'S] with the permission of

בר־שׂכל דער (ס) [BARSEYKhL] sensible person

בשוגג אַדוו [BEShOYGEG] unwittingly, unawares

בשום־אופֿן ... ניט אַדוו [BEShU'M-O'YFN] on no account, by no means, absolutely not

בשותּפֿות אַדוו <מיט> [BEShUTFES] jointly, in conjunction (with)

בשותּפֿותדיק אַדי [BEShU'TFESDIK] joint, common

בשכנות אַדוו <מיט> [BIShKhEYNES] next door (to), near

בשלווה אַדוו [BEShALVE] at peace, at rest

בשלום אַדוו [BEShOLEM] safely, safe and sound; at peace

בשלום־ושלווה אַדוו [BEShOLEM-VEShA'LVE] in peace and quiet

בשלמות אַדוו [BIShLEYMES] completely, perfectly

בשלמותדיק אַדי/אַדוו [BIShLE'YMESDIK] perfect; intact, entire

בשם־אומרו אַדוו [BEShEMOMRE] citing the source

בשן־ועין אַדוו [BEShE'YN-VEA'YEN] : אַרויס|גיי|ן* בשן־ועין exit (a transaction) at a loss

בשעתו אַדוו [BESh(A)(Y)TE] in his time; at that time

בשעתם אַדוו [BEShATEM] in their time

בשעת [BEShA'S] .1 פּרעפּ during

|| .2 קאָנ while, as

|| בשעת וועז whereas

בשעת־הדחק אַדוו [BEShASATKhA'K] in a time of need/necessity

בשעת־מעשׂה אַדוו [BEShASMAYSE] at the same time, while doing that; meanwhile

בשעתן [BEShASN] = בשעת דעם

בשפֿע אַדי–אַטר/אַדוו [BEShEFE] abundant, plentiful

בשתּיקה אַדוו [BIShTIKE] silently, without a word; furtively; in secret

בשתּיקהדיק אַדי [BIShTI'KEDIK] furtive, secretive

בשׂורה די (–ות) [PSURE] message, announcement; important news, tidings

בשׂורה־טובֿה די (בשׂורות־טובֿות) [PSURETOYVE - PSURES-TO'YVES] good news, glad tidings

בשׂורה־רעה די (בשׂורות־רעות) [PSUREROE - PSURES-RO'ES] bad news, sad tidings

בשׂמים מצ [PSOMIM] spices; *Jew.* spices smelled at the *Havdalah* ceremony closing the Sabbath

|| פֿ״גל הבֿדלה

בשׂמים־ביקסל דאָס (עך) [PSO'MIM] perforated container for spices used in the Havdalah ceremony

|| פֿ״גל הבֿדלה

בשׂמימדיק אַדי [PSO'MIMDIK] spicy, fragrant, aromatic

בשׂמים־קראָם די (ען) [PSO'MIM] grocery

בשׂר־ודגים [BOSER-VEDO'GIM] : עס|ן בשׂר־ודגים eat meat and fish during one meal, *esp.* on the Sabbath or holidays

|| אַ פּראָסט|ער בשׂר־ודגים *hum.* a mere mortal

|| פֿ״גל בשׂר־ודם

בשׂר־ודם דער (ס) [BOSERVEDO'M] "flesh and blood", man, mortal

בשׂר כּשר [BOSER KOShER] "kosher meat", inscription on kosher butcher shops

בשׂר־קווי'טש דאָס [BOSER] *hum.* pork

בתּופּים־ובֿמחולות אַדוו [BETUPIM-UVIMKhO'YLES] "with drums and dances", (greet) exultantly

בתּורת פּרעפּ [BETOYRES] as, in the sense of

|| איר קריגט דאָס בתּורת באַלוינונג you are getting this as a reward

|| ער רעדט בתּורת דירעקטאָר he speaks in his role as director

בתּי־כּנסיות מצ זע בית־הכּנסת

בתּים מצ [BATIM] *Jew.* cubical phylactery cases containing the inscribed slips of parchment

בתּי־מדרשים מצ זע בית־מדרש

בתּכלית־ה... [BETAKhLES-HA...] with extreme ...

|| פֿײַנט האָבן* בתּכלית־השׂינאה [SI'NE] loathe

בתּמידות אַדוו [BITMIDES] permanently

בתּמידותדיק אַדי [BITMI'DESDIK] constant, unfailing

בתּמיה אַדוו [BITMIE] with astonishment

בתּמימות אַדוו [BITMIMES] naively, innocently

בתּמימותדיק אַדי/אַדוו [BITMI'MESDIK] innocent, naive

בתּנאַי (אַז) קאָנ [BITNA'Y] on the condition that, provided that

בתּרבות אַדוו [BETARBES] politely, with good manners

בתּשובֿה אַדוו <אויף> [BITShUVE] in response (to)

בת טיטל [BAS] daughter of

|| דינה בת יעקבֿ [DINE BAS YANKEV] Dinah, daughter of Jacob

בת־היענה די (ס) [BAS(A)YAYNE] ostrich; owl

בתוכם אַדוו [BESOYKhEM] including

|| אַלע קינדער און דו בתוכם all the children including you

בתולה די (–ות) [PSULE] virgin, maiden

בתולהשאַפֿט די [PSU'LEShAFT] virginity

בת־יחידה די (–ות) [BASYEKhIDE] דימ

בת־יחידקע [BASYEKhITKE] only daughter

בת־יענה די (ס) [BASYAYNE] **זע** בת־היענה

בת־ישׂראל די [BAS-YISRO'EL] Jewish woman/girl, Jewess

בת־מיצווה די (–ת) [BASMITSVE] *Jew.* girl assuming the religious responsibilities of an adult on her twelfth birthday; ceremony celebrating this occasion

|| ווער|ן בת־מיצווה (girl) reach age twelve

בת־מלכּה די (–ות) [BASMALKE] princess

בת־קול דאָס (ן) [BASKOL] voice from heaven; echo

בת־שבֿעים די [BAS-ShI'VIM] seventy-year-old woman

בת־ששים די [BAS-ShI'ShIM] sixty-year-old woman

בת־שמונים די [BAS-ShMO'YNIM] eighty-year-old woman

בֿ

בֿ דער/די [VEYS] letter of the Yiddish alphabet; pronounced [V]; numerical value: 2 (same as ב); *(normally not used at the beginning of a word)*

בֿית דער/די [VEYS] *vet*, name of the letter בֿ

ג

ג¹ דער/די [GIML] letter of the Yiddish alphabet; pronounced [G]; numerical value: 3

ג² = גראַם gram

גאָב די/דער (ן) gift, bounty

|| גאָטס גאָב godsend, a gift from God

|| געבן* דאַט אַ גאָב give a dressing-down to, chew s.o. out

גאַבאַרדי'ן דער (ען) gabardine

גאָבעלע'ן דער (ען) [Ly] tapestry

גאַגאַ'ט דער jet (mineral)

גאָגאָטשען וו (–ט) cackle

גאָגל־מאָ'גל דער (ען) egg flip, eggnog

גאָ'געלעך מצ barley meal/gruel

גאָ'גערן וו (גע–ט) cackle, cluck, gossip

גאָדלע די (ס) *dial.* race, species, origin

גאָ'דערן וו (גע–ט) chatter; babble, prattle

גאווה די [GAYVE] (unwarranted) pride, arrogance

גאווהדיק אַדי/אַדוו [GA'YVEDIK] conceited, arrogant, haughty

גאַווניאַ'ק דער (עס) [Ny] *vulg.* worthless person, low-life, good-for-nothing

גאַווענדזען וו (–ט) *dial.* chat, prattle

גאַווענדע די (ס) *dial.* chit-chat, idle talk, gossip

|| מאַכן גאַווענדעס <מיט> dally, gossip (with s.o.); go on and on (about)

גאַווער דער saliva, drool, slobber

גאַ'ווערל דאָס (עך) bib

גאַ'ווערן וו (גע–ט) drool, slobber

גאַוראָן דער (עס) fool, simpleton, dolt

גאַוראָניען וו (–ט) [Ny] *dial.* gape or stare vacantly

גאולה די [GEULE] salvation, deliverance, redemption; coming of the Messiah

גאָון דער (גאונים) [GOEN - GEOYNIM] genius, brilliant man; Gaon, head of one of the Jewish academies of Babylonia, between the 6th and 11th centuries; eminent Talmudic scholar

|| דער (ווילנער) גאָון Eliyahu ben Shlomo Zalman, widely celebrated Talmudic scholar in Vilna/Vilnius (1720-1797)

|| ניט זײַן* קיין גאָון not be so very smart

גאונות דאָס [GEOYNES] brilliance, genius; great scholarship; ingenuity; office of a Gaon

גאוניש אַדי/אַדוו [GEOYNISh] brilliant, ingenious

גאָון־עולם דער [GOEN-O'YLEM] *Jew.* man of great learning

גאַז דער (ן) gas; fume; fumes, smell

גאַזאָווניע די (ס) [Ny] gas-works

גאַזאָלי'ן דער gasoline

גאַזלען פֿאָנ גזלן

גאַ'זמאַסקע די (ס) gas mask

גאַז·ן אַדי (of) gas

גאַזע¹ די (ס) gauze

גאַזע² די kerosene

גאַזע'ט דער (ן) newspaper, gazette

גאַ'זקאַמער די (ן) gas chamber

גאַזשע די salary

גאָט 1. (דער) God

|| גאָט צו דאַנקען. דאַנקען גאָט thank God!

|| גאָ'ט מײַנער! my God! my goodness!

|| גאָט העל'ף! (in the early afternoon) hello!; God bless you!

|| זײַן* גאָט די נשמה שולדיק [NEShOME] be completely innocent, innocent as a lamb, pure as the driven snow

|| האָבן* גאָט אין האַרצן be sympathetic, merciful, compassionate

|| אָן גאָט אין האַרצן unscrupulous; heartless

|| ווי גאָט איז דיר ליב! for God's sake!

|| צו גאָט און צו לײַט acting properly toward all

|| גאָ'ט איז מיט דיר/אײַך! what's the matter with you?

|| ווי גאָט האָט געבאָטן properly, as God commanded

|| רעדן מיט גאָט *hum.* invoking God at every turn

|| מע קען קומען צו גאָט it may last/take forever

|| וואָס (זשע) טוט גאָט? guess what happened then

|| «גאָט פֿון אַבֿרהם» [AVRO'M] "God of Abraham", Yiddish prayer said mainly by women at the close of the Sabbath

|| 2. דער (געטער/ן) (pagan) god, divinity, deity

|| פּ״גל גאָטס געזעגנס; גאָטס נאָמען

גאָטהייט די (ן) deity, divinity, godhead

גאַטונג די (ען) זע גאַטוניק

גאַטוניק דער (...נקעס) sort, kind, variety

גאָטזאַך די (ן) unforeseeable circumstance/result, stg. imponderable; toss-up, matter of chance; predestined event

גאָ'טיכע די (ס) *fam., hum.* goddess, wife of a god

גאַטיעס מצ [Ty] **זע גאַטקעס**

גאָטיש אַדי Gothic

גאָטלאָז אַדי impious, godless

גאָטס געזעגנס דאָס monster, repulsive being

גאָטסדינסט דאָס (ן) divine service

גאָטס נאָמען דער day after Yom Kippur

גאָ'טספֿאָרכטיק אַדי/אַדוו pious, religious, God-fearing

גאָ'טעניו אינט [Ny] *affect.* oh, my God! dear God!

גאַטקעס מצ underpants, drawers

גאַל די bile, gall; gall bladder; bitterness, malice, spite; stg. very bitter

|| **אַ מענטש אָן אַ גאַל** good-natured/tender-hearted person

|| **אי'בער|קער|ן** דאַט **די גאַל** spite s.o.

|| **שלאָג|ן** <דאַט> **צו דער גאַל** nauseate (s.o.)

|| **מע דאַרף צו אים האָבן אַ גאַל** one must be strong to deal with him

גאָל אַדי/אַדוו bare, stripped, bald; pure, unmixed

|| **אַ גאָל|ער גאָרנישט** a real nobody

|| **פֿ"גל גאָלע**

גאַלאַ אַדי–אַטר [Ly] in evening dress; all dressed up

גאַלאַגאַ'ן דער kind of rooster, turkey cock

גאַלאַגאַנ(סק)|ער האָן דער (הענער) **זע גאַלאַגאַן**

גאָלאָוואַ' דער (ען/עס) *Slav.* (in Russia) mayor

גאַלאָ'ן דער (ען) gallon

גאַלאַ'נט אַדי/אַדוו gallant, courteous

גאַלאַנטאָ'ן דער (ען) elegant man, man of fashion; gentleman, sport

גאַלאַנטעריי' די **זע גאַלאַנטעריע**

גאַלאַנטעריישטשיק דער (עס) haberdasher

גאַלאַנטעריע די haberdashery

גאַלאָ'פּ 1. אַדוו at a gallop

|| **2.** דער gallop

גאָ'ל־אַפּאַראַט דער (ן) safety razor

גאַלאָפּיר|ן וו (–ט) gallop

גאַלאַרע'ט דער (ן) [Ly] jelly

גאַלאָ'ש דער (ן) **זע קאַלאָש**

גאַלגאַן דער (עס) rogue, scoundrel

גאַלגאַנסק|ער האָן דער **זע גאַלאַגאַן**

גאַ'לגן־הומאָר דער *Germ.* gallows humor

גאָלד דאָס gold; darling, someone dear

|| **מײַן גאָלד** my darling

|| **מיט גאָלד גלײַך** very rare/expensive; dear, inaccessible, unapproachable

|| **אמת/זיכער/ריכטיק ווי גאָלד** [EMES] absolutely true

|| **שיין ווי גאָלד** very beautiful

גאָ'לדדראָסל דער (ען) oriole

גאָלדוואַרג דאָס gold objects/utensils

גאָלד·ן אַדי gold(en), (of) gold; gilded, gilt; excellent, adorable; dear, darling

גאָלדשמיד דער (ן) goldsmith

גאָלדשניט דער (ן) gilt edge (of a book)

גאָ'לדשפּינער דער (–/ס) פֿעמ ין *hum.* big winner, money maker

גאַלוואַניזיר|ן וו (–ט) galvanize

גאַליאָרקע די (ס) (theat.) gallery, balcony; spectators, public

|| **שפּיל|ן פֿאַר דער גאַליאָרקע** play to the gallery

גאַליע (די) [LY] Gaul

גאַליער דער *dial.* calf's foot in jelly

גאַליפּע'־הויזן מצ jodhpurs, riding breeches

גאַליציאַנער 1. אַדי–אינוו Galician/from Galicia

|| **2.** דער (–) פֿעמ ין Jew from Galicia

גאַליציע (די) Galicia, former province of the Austro-Hungarian Empire, located north of the Eastern Carpathians and now divided between Poland and Ukraine

גאַליק אַדי/אַדוו bitter, rancorous, virulent, malicious, splenetic

גאָליש דער (עס) gall, oak gall, oak apple

גאָ'למעסער דער/דאָס (ס) razor

גאָ'למעסערל דאָס (עך) razor blade

גאָל|ן (זיך) וו (גע–ט) shave *trans./intr.*

גאָלע 1. אַדי–אינוו pure, sheer, unmixed

|| **גאָלע לעכער** full of holes

|| **גאָלע נאַראָנים** nothing but fools

|| **גאָלע גאָרנישט** absolutely nothing, nothing at all

|| **2.** אַדי–אַטר broke, penniless

|| פֿ״גל גאָל
גאָלעבראָדניק דער (עס) *pejor.* Jew with a shaven face, unobservant Jew
גאָלעבראָדע דער (ס) זע גאָלעבראָדניק
גאָלעך פֿאָנ גלח
גאָלעס פֿאָנ גלות
גאָלער דער (–/ס) barber, one who shaves
גאַלעריע די (ס) [Ly] gallery
גאָלעש דער (עס) זע גאָליש
גאָ'לפּענדזל דער (ען) shaving brush
גאַ'לפּענכער דער (ס) gall bladder
גאָלף דער golf
גאָלפֿפּלאַץ דער (...פּלעצער) golf course
גאַלקע די (ס) ballot, small ball (for voting); knob (of cane, etc.); small glass
גאָלקרעם דער (ען) shaving cream
גאַ'לשטיינער מצ gallstones
גאָמבע די (ס) chin
גאַ'מלקע די (ס) triangular piece of fresh or dried white cheese
|| מצ (animal) dung
|| מאַכן פֿון שניי גאָמלקעס to do stg. impossible/unnecessary
גאַמע די (ס) (musical) scale; gamut, range
גאָמקע די (ס) *dial.* sponge
גאַנאַמניק דער (עס) זע גענאַמניק
גאַנג דער (גענג) walk, gait, pace; errand, task; move (in a game); manner, fashion, method, way; habit; course, process, flow (of time, events), drift, trend; ensemble, series, complete set, assortment, suite; dress, garb; gear (first, second, etc. in a vehicle)
|| פֿאַר איי'ן גאַנג at the same time
|| גיי|ן* אַ גאַנג run an errand; (business) go well/ smoothly, prosper, thrive, hum (along); give up the ghost, die
|| שיק|ן אַ גאַנג send on an errand
|| לאָז|ן אין גאַנג set off, set in motion, launch, start, actuate
|| אין גאַנג in progress, underway; in operation; valid, in force, operative
|| גיי|ן* מיטן גאַנג אַז proceed on the assumption that
|| (ס'איז) פֿאָלג מיך אַ גאַנג! *hum.* quite a distance! quite a job! no mean task; that makes a difference! it's a far cry!

|| אַ גאַנץ גמרות [GEMORES] a complete set of the Talmud
|| זיי|ן* אין פֿולן גאַנג be in full swing
גאַנגבאַר אַדי current, (readily) saleable
גאַ'נג־וועגעלע דאָס (ך) baby carriage, stroller; walker (for toddler), child's pushcart
גאַנגרע'ן די (ען) gangrene
גאַנדז די (גענדז) דימ גענדזל goose
גאָנטע די (ס) shingle, clapboard
גאַנייווע פֿאָנ גנבֿה
גאַניק דער (עס) porch, stoop; balcony
גאַנע (די) Ghana
גאַנעוו פֿאָנ גנבֿ
גאַנעפֿע'ן דער (ן) pickpocket, thief
גאַנעק דער (עס) זע גאַניק
גאָנער דער (ס) gander
גאָ'נער|ן וו (גע–ט) gabble, (goose) honk
גאַנץ 1. אַדי whole; entire, complete; intact, safe and sound; true, real, thorough; full (moon)
|| אַ גאַנץ יאָר a whole year, all year; all year long
|| גאַנץ פּאַרי'ז *also* fashionable Paris, everybody who is anybody in Paris
|| גאַנץ פֿראַנקרייַך all of France
|| אַ גאַנצ|ער פֿידלער a real/accomplished violinist
|| אין גאַנצן entirely, totally, completely, quite, altogether, all, fully, in full
|| אין גאַנצן גענומען all-in-all, in its entirety, taken as a whole, all together
|| 2. אַדוו quite, rather, fairly, pretty; very
|| גאַנץ גוט not bad (at all), pretty good
|| גאַנץ פֿרי very early
גאַ'נצאָפּפֿער דער (ס) *Jew.* burnt-offering
גאַנצבילד דאָס *neol.* overall picture, gestalt
גאַנצהייט די (ן) whole, totality, entirety
גאַ'נצטאָגיק אַדי all-day; full-time
גאַנצ-ין אַדי–עפּי *iron., emphatic* whole, entire
|| גאַנצענע טעג days on end
גאַ'נצצייַטיק אַדי full-time
גאַנצקייט די (ן) wholeness, completeness, entirety; whole, unity
גאָנשער דער (ס) gander; demijohn, large carafe
גאַס די (ן) דימ געסל street
|| ייִ'דיש|ע גאַס Jewish quarter
|| אויף דער ייִ'דישער גאַס in Jewish society
גאָס דער (ן) flow, pouring, torrent; downpour, torrential rain

|| (זיך) אַ גאָס טאָ|ן* gush forth
גאָ'סאײַזן דאָס cast iron
גאָסודאַ'רסטווענע אַדי *Slav.* (in Russia) national, of state, imperial
גאַסט דער (געסט) guest, visitor; client (of a hotel/ restaurant; of a prostitute); *euph.* menstruation
|| האָב|ן* געסט have visitors/guests
|| (אָט) אַ גאַסט!, אַ גאַסט אין שטעטל! welcome!
|| קומ|ען/זײַ|ן* צו גאַסט <בײַ> visit *trans./ intr.*
|| גיי|ן*/זײַ|ן* אין געסט be on a visit
גאַ'סטגעבער דער (–/ס) פֿעמ ין host
גאַסטהויז דאָס (...הײַזער) inn
גאָסטינעץ דער (...נצעס) highway; present, gift; souvenir
גאַסטיר|ן וו (–ט) בײַ be visiting
גאַ'סטפֿרײַנדלעך אַדי/אַדוו hospitable, welcoming
גאַ'סטפֿרײַנדלעכקייט די hospitality
גאַ'סטצימער דער/דאָס (ן) living/sitting-room, parlor
גאַסטראָליר|ן וו (–ט) star, be a guest star, be on tour
גאַסטראָלן מצ : אויף גאַסטראָלן on tour, on the road
גאַסטראָנאָמיש אַדי gastronomic
גאַ'סניונג דער (ען) [SN-Y] street urchin, gamin
גאַ'סן־מיידל דאָס (עך) young prostitute, strumpet
גאַ'סנפֿרוי די (ען) harlot, streetwalker
גאָספּאָדי'ן טיטל *Slav.* (in Russia) sir, mister
גאָספּאָדיניע די (ס) [Ny] lady of the house
גאָספּאָדע די (ס) inn, hotel; home
גאַפּיע|ן וו (גע–ט) gape
גאָפּל דער (ען) דימ גאָ'פּעלע/גע'פּעלע fork
גאָפּל־לע'פֿל מצ place setting, knife and fork; silverware, knives and forks
גאַפּע[1] דער (ס) gaper, fool
|| אויף גאַפּע (bring in) as contraband
גאַפּע[2] די (ס) crow
גאַפּע|ן וו (גע–ט) זע גאַפּיען
גאַפֿ|ן וו (גע–ט) gape, gaze open-mouthed at
גאַר[1] .1 אַדי entire, whole
|| אויף דער גאַרער וועלט in all the world
|| גאַר דאָס געלט all the money
|| אין גאַר דער שטוב all over the house
|| .2 אַדוו all, altogether, quite, very, totally, completely, entirely, extremely, utmost; *(unstressed)* unexpectedly, surprisingly
|| גאַר אַ גוטע זאַך a very good thing
|| גאַר! not at all!
|| גאַר אַזוי'? really?, is that so?
|| גאַר־גאַר, ביז גאַר extremely, exceedingly
|| דאָס איז גאַר that's all
|| אָדער גאַר אָדער גאָרנישט all or nothing
|| גאַר ווײַס completely white
|| גאַר הינטן all the way in (the) back
|| עסן וויל ער גאַר! and he even wants to eat!
|| אַזוי' גאַר? you don't say! is that so?
גאַר[2] דער (ן) Hanukkah top, dreidel
|| פֿ"גל חנוכּה
גאָראָדאָווע'ר דער (עס) *(in tsarist Russia)* town constable, policeman
גאָראָדניטשע דער (ס) *(in tsarist Russia)* governor of a town
גאַראַ'זש דער (ן) garage
גאָראַטשקע די (ס) זע גראַטשקע
גאַראַלניע די (ס) [LyNy] זע גראַלניע
גאַראַנטיע די (ס) [TY] guarantee, pledge, security
גאַראַנטיר|ן וו (–ט) guarantee
גאַרב[1] דער (ן) sheaf
גאַרב[2] = גאָרב דער (ן/עס) זע האָרב
גאַרבאַרניע די (ס) [Ny] *dial.* tannery
גאַרבאַרניק דער (עס) *dial.* tanner
גאַרב|ן וו (גע–ט) tan (leather) *imperf.*
גאַרבער דער (–/ס) פֿעמ קע tanner
גאַרבערײַ' די (ען) tannery
גאַרגאָל(י)ע די (ס) [Ly] *slang* pocket
גאָרגל דער (ען) דימ גע'רגעלע throat, larynx, gullet; Adam's apple
גאָרגל|ען וו (גע–ט) gargle
|| גאָרגלען זיך brawl, make noise; trill, quaver
גאָ'רגלקאָפּ דער (...קעפּ) larynx
גאָ'רגלקנאָפּ דער (...קנעפּ) Adam's apple
גאָ'רגל־שנײַדער דער (ס) cutthroat
גאַרדי'ן דער (ען) curtain, drape
גאַרדעראָ'ב דער (ן) wardrobe; cloak room, checkroom
גאַרטל דער (ען) belt, girdle; *Jew.* cloth band tied over one's clothes before prayer to separate symbolically the upper and lower parts of the body

|| פֿאַרשטעקן אַק אין גאַרטל surpass, outdo, outshine

גאַרטל|ען וו (גע–ט) gird, surround

|| גאַרטלען זיך form a loop/band

גאָרטן דער (גערטנער/ס) דימ גע׳רט(נד)ל garden; kitchen-garden

|| פֿירן אַ גאָרטן garden, do gardening

גאָ׳רטנוואַרג דאָס vegetables, greens, garden produce

גאָ׳רטשיצע די (ס) mustard

גאָריאַטשקע די (ס) זע גראַטשקע

גאָרילע די (ס) gorilla

גאָרלע די (ס) זע האָרלע

גאַרן[1] דער yarn (for knitting)

גאַר|ן[2] וו (גע–ט) נאָך long/yearn for, crave

גאָרן דער (ס) floor, story

גאָרנאָסטײַ׳ דער (ען) *Slav.* ermine

גאָ׳רנדיק אַדי–עפּי having several stories, storied

|| דרײַ׳־גאָרנדיק three-storied

גאַרניזאָ׳ן דער (ען) garrison

גאַרניט זע גאָרנישט

גאַרניטו׳ר די (ן) set (of tools, dishes, etc.); (fash.) trimming, ornament

גאַרניטער דער (ס) suit (of clothes), outfit

גאַרניט־שבניט [ShEBENI'T] זע גאָרנישט־שבנישט

גאַרניר|ן וו (–ט) <מיט> garnish (with) *imperf.*

גאַרנירעכץ דאָס (ן) (fash.) trimming, ornament

גאָרנישט 1. אַדוו not ... at all

|| ס׳איז גאָרנישט שלעכט it's not bad at all

|| ווי קיין מאָל גאָרנישט as if nothing happened

|| גאָרנישט! never mind! it's nothing! no matter!

|| 2. פּראָנ nothing

|| מאַכ|ן צו גאָרנישט belittle, shrug off, depreciate; destroy, reduce to nothingness, obliterate

|| מאַכ|ן זיך גאָרנישט פֿון make little of, not set great store by

|| 3. דער (ן) nobody, nonentity; good-for-nothing; trifle, mere nothing

גאָ׳רנישטיק אַדי insignificant, trivial

גאָרנישט־שבנישט [ShEBENI'ShT] 1. פּראָנ absolutely nothing at all

|| 2. דער insignificant person, complete nonentity

גאָרס דער (ן) decollete; bodice

גאָרסעדל דאָס (עך) girdle

גאָ׳רסעווע|ן וו (גע–ט) cut a dress with a low neckline *imperf.*

גאָרסעט = גאָרסע׳ט דער (ן) זע קאָרסעט

גאַרע די (ס) furrow; groove

גאַרעס דער זע גאַרן[1]

|| פֿ״גל גאַרע

גאָרעש פּאָנ גרוש

גאָ׳רפֿינקל דער (ען) carbuncle

גאָרקיך די (ן) restaurant, eatery; soup-kitchen

גאָרשט = גאַרשטש די (ן) *dial.* hollow of the hand; handful

גאָשטשינעץ דער (...נצעס) זע גאָסטינעץ

גאַשעטקע די (ס) tumbler (of a lock)

גבֿאָות דאָס [GABOES] office of trustee or warden of a synagogue or other public institution

גבאי דער (גבֿאָים) [GABE - GABOIM] manager of a public institution, *esp.* synagogue

גבאיטע די (ס) [GA'BETE] wife of the manager of a synagogue; female trustee or community functionary

|| (פּו׳שקע־)גבאיטע patroness of a charitable fund

גבור דער (ים) זע גיבור

גבֿול דער (ן) [GVUL] limit, border, boundary; domain, field *fig.*

גבֿורה די (–ות) [GVURE] strength, might, fortitude; courage, pluck; heroism, valor; exploit, prowess, feat

|| ער האָט אַ שוואַרצע גבֿורה he has superhuman strength

|| מצ *also lit.* eighty (age)

|| צו די/זײַנע גבֿורות for his eightieth birthday

גבֿורהדיק אַדי [GVU'REDIK] valiant, heroic, stalwart

גבֿורהשאַפֿט די [GVU'REShAFT] זע גבֿורה

גבֿיר דער (ים) פֿעמ (ינ)טע [G(E)VI'R] rich/wealthy man; notable, eminent person

גבֿירהטע די (ס) [GVI'RETE] wife of a rich man, rich woman

|| פֿ״גל גבֿיר

גבֿירימשאַפֿט די [G(E)VI'RIMShAFT] the rich

גבֿיריש אַדי–עפּי/אַדוו [G(E)VIRISh] sumptuous, affluent; of/relating to the wealthy

גבֿירישאַפֿט די [G(E)VI'RESHAFT] riches, affluence, opulence

גבֿית־עדות דער (ן) [GVIES-E'YDES] testimony, act of giving testimony

|| אָ׳פּ|געבן* אַ גבֿית־עדות testify, bear witness

גבֿר דער (ן) [GVAR] strong/manly man

גבֿר־אַלים דער [GVAR-A'LIM] colossus, giant; violent man

גבֿרות דאָס [GAVRES] virility

גבֿרותדיק אַדי [GA'VRESDIK] virile

גבֿריש אַדי [GVARISh] manly, virile

גדויל דער (ן) variety of (winter) pear

גדול דער (ים) [GODL - GDOYLIM] prominent man, celebrity; (formerly) Polish groschen

גדול־בישׂראל דער [GODL-BEISRO'EL] great Jewish personality

גדולדיק אַדי [GO'DLDIK] proud, vain, haughty

גדולה די [G(E)DULE] glory, grandeur, honor; jubilation, joy; source of pride

|| וואס איז די גדולה? what's so wonderful?; what's there to boast about/be (so) happy about?

|| אַ גדולה אויף דער באָבען! a fat lot of good that'll do!

גדול־הדור דער (גדולי־) [GODL-HADO'R - GDOYLE-] one of the greatest men of his age

גדלות דאָס [GADLES] pride, arrogance, vanity

גדלותדיק אַדי/אַדוו [GA'DLESDIK] proud, arrogant, vain

גדלן דער (ים) פֿעמ טע [GADLEN - GADLONIM] vain/conceited man

גדלנות דאָס [GADLONES] arrogance, vanity

גדלע די [GODLE] height, stature

גדר דער (ים) [GEDER - GDORIM] restriction, limitation, restraint

גאוווערנאַנטקע די (ס) זע גוווערנאַנטקע

גואל דער (ים) [GOYEL - GO'YELIM/GOYALIM] savior, redeemer, deliverer; kinsman, relative

גואל־צדק דער [GOYEL-TSE'DEK] *Jew.* Messiah

גובערנאַטאָר דער (...אָ'רן) פֿעמ ...אָ'רשע governor

גובערנאַטאָריש אַדי gubernatorial

גובערניע די (ס) [Ny] (in tsarist Russia) province, provincial government

גובֿר זײַן* וו (גובֿר געווע'ן) [GOYVER] overcome, conquer, surmount, vanquish

|| ניט גובֿר צו זײַן insurmountable, invincible

גוג־ומגוג פּנ [GOG-UMO'GEG] *Jew.* Gog and Magog, rival powers whose struggle will precede the messianic era

גוג־מגוג דער [GO'GMEGOG] giant, colossus

גו'דערן וו (גע־ט) זע גאָדערן

גוואַדזשען וו (גע־ט) flounder, splash

גוואַלד[1] די 1. force, violence

|| מיט/איבער גוואַלד by force, violently

|| 2. דער (ן/עס) cry, scream, shriek; clamor, hue and cry; emergency

|| מאַכן אַ גוואַלד raise a cry

|| שרײַ|ען גוואַלד call for help, scream

|| 3. אינט help!

|| גוואַלד געשריגן! for God's sake! good heavens!

גוואַ'לד־[2]... violent; emergency

|| גוואַלד־מעשׂים [MAYSIM] violence, violent acts

|| גוואַלדרוף emergency call

גוואַלדאָווע אַדי *iron.* great, mighty, terrific

גוואַלדגלאָק דער (...גלעקער) tocsin, alarm-bell; (burglar) alarm

גוואַלדזאַך די (ן) (act of) violence

גוואַ'לדינקעס אינט gracious! good heavens!

גוואַלדיק אַדי/אַדוו great, immense, mighty, terrific, terrible

גוואַ'לדעווע|ן וו (גע־ט) shriek, scream, cry; rant, rave

גוואַלדריס דער (ן) rip, rent, tear

גוואַלט די/דער (ן) זע גוואַלד[1]

גוואַרדייעץ דער (...דייצעס) *dial.* soldier of the guard

גוואַרדיע די (ס) [DY] guard(s)

גוווערנאַנטקע די (ס) governess

גוורע פֿאַנ גבֿורה

גווינט דער (ן) thread (of screw)

גווינטאָוניק דער (עס) thread-making machine, tap-and-die set

גווינטאָווקע די (ס) rifle

גווינעע (די) Guinea

גוויר פֿאַנ גבֿיר

גוז דער (ן) knob, swelling, bump, lump

גוזמא די (־ות/גוזמאָות) [GUZME - GUZMES/GUZMOES] exaggeration

|| אַ גוזמא a lot of, heap of

|| זיי האָבן אַ גוזמא געלט they have a ton of money

גוזמאדיק אַדי/אַדוו [GU'ZMEDIK] exaggerated, enormous, extravagant

גוזמאדיקייט די [GU'ZMEDIKEYT] extravagance, excess

גוזעוואַטע אַדי pimply; knotty, gnarled, knobby; dented, uneven

גוזר זײַן* וו (גוזר געווע'ן) <אויף> [GOYZER] issue a decree/order (to, about s.o.)

גוזר־תּענית זײַן* וו (גוזר־תּענית געווע'ן) (rabbinical authority) issue a decree [GOYZER-TO'NES] ordering an extraordinary fast for the community

גוט 1. אַדי (קאָמפּ בעסער; סופּ בעסט) good; kind

|| אַזוי' גוט ווי — as good as, practically

|| דאָס הויז איז אַזוי' גוט ווי פֿאַרקוי'פֿט — the house is as good as sold

|| גוט און ווויל — fine, well and good; well-behaved (child)

|| אַזוי' גוט זײַן* — be so good as to

|| זײַ/זײַט אַזוי' גוט — please, kindly

|| גוט אויף דאַט! — good for ...!; serves ... right!

|| אַ גוט(ן) מאָרגן – אַ גוט יאָר — good morning *and reply*

|| (אַ) גוטן אָוונט – אַ גוט יאָר — good evening *and reply*

|| אַ גוטן (טאָג) – אַ גוט יאָר — good bye *and reply*

|| אַ גוטע נאַכט – אַ גוט יאָר — good night *and reply*

|| פֿ״גל וואָך; שבת

|| גוט מאַכן — do well, succeed; make up for

|| זײַן* אומפּ גוט <דאַט> — *rev.* be well-off, be happy/fortunate

|| מיר איז גוט — I am happy/fortunate

|| (אוי) ס'איז מיר גוט! — *(by antiphrasis)* damn! that's all I needed!

|| עס איז גוט — it's good/OK

|| פֿ״גל גוטס

|| 2. אַדוו — well, all right, OK; very, quite, good and

|| ס'איז גוט קאַלט — it's good and cold

|| 3. דאָס (גיטער) — (real) estate, property

גוט־אױ'ג דאָס — evil eye, harm

גוט־אָ'פּ אַדי–אַטר — *Amer.* well-off, well to do

גוט־אָ'רט דאָס זע גוטע־אָרט

גו'טבאַזיצער דער (–/ס) — landowner, property owner

גוט־ברו'דעריש אַדי/אַדוו — amicable, comradely

גוט־ברו'דערשאַפֿט די — camaraderie

גו'טגינציק אַדי/אַדוו — favorable, benevolent

גו'טהאַרציק אַדי/אַדוו — kindhearted, benevolent

גו'טהאַרציקייט די — kindness, benevolence, generosity

גו'טהייס|ן וו (גו'טגעהייסן) — *Germ. (not used in the present tense or imperative)* approve, authorize

גוטהע'לף אינט — (in the early afternoon) hello!

גוט־וואָ'ך אינט — (at the end of the Sabbath) good evening!

גו'טוויליק אַדי/אַדוו — benevolent

גו'טזאָגער דער (–/ס) — guarantor, surety

גו'טטויִק אַדי — benevolent, beneficial

גוט־יאָ'ר אינט — "good year", a response to any greeting beginning with גוט־

|| פֿ״גל גוט 1.; גוטער־יאָר

גוט־יום־טובֿ אינט [YO'NTEV] — "good holiday", greeting exchanged on Jewish holidays

גוט־ייִ'דיש אַדי — of a Hasidic rebbe

גו'טיקייטן מצ (פֿון לעבן) — life's pleasures, good things of life

גוטמאַן דער (עס) — *dial.* buckwheat pudding

גוט־מאָ'רגן 1. אינט — *(morning and early afternoon)* hello!

|| 2. דער — good-morning

גו'טמוטיק אַדי/אַדוו — good natured, affable

גו'ט־מיניק אַדי — (med.) benign

גוטן זע גוט 1.; גוטס

גוטן־אָ'וונט אינט — good evening

גוט|ס דאָס-דעק — good; property, goods

|| אַל דאָס גוטס — all sorts of good things; good luck! all the best!

|| מיט גוטן — amicably, by persuasion

|| מיט גוטן צי מיט בייזן — by fair means or foul

|| צו(ם) גוטן, צו גוטנס — favorably

|| דערמאָנ|ען אַק צום גוטן — mention s.o. favorably

גו'טסגינער דער (ס) פֿעמ ין — patron, benefactor

גוט־ספּאָ'רטיש 1. אַדי — *neol.* sportsmanlike

|| 2. אַדוו — sportingly

גוט־ספּאָ'רטישקייט די — *neol.* sportsmanship

גוטסקייט די — goodness, kindness

גוט|ע־אָ'רט דאָס-דעק (אַ גוט־אָ'רט) — *Jew.* cemetery

גוטע־זאַ'כן מצ — candy, sweets, goodies

גוטע'לף אינט זע גוטהעלף

גוט|ער־ברו'דער דער-דעק (גוטע־ברי'דער) — comrade, pal, buddy; *fam.* great guy, regular fellow

גוט|ער־יאָ'ר דער-דעק — *euph.* devil

גוט|ער־ייִ'ד דער-דעק (גוטע־ייִ'דן) — Hasidic rabbi

גוט|ער־פֿרײַ'נד דער-דעק (גוטע־פֿרײַ'נד) — dear/close friend

גוט־פֿרײַ'נד אַדוו — on good terms, at peace

גוט־פֿרײַ'נדשאַפֿט די — friendship

גוט־שבת אינט [ShA'BES] (on the Sabbath) good evening/morning
|| אַ גוט־שבת! (on the Sabbath) good bye!
|| גוט־שבת! *also* look here! well, well!; well really!
גו'טשטייענדיק אַדי *Amer.* (of a member) in good standing
גוט־שכניש אַדי/אַדוו [ShKhE'YNISh] neighborly
גוי דער (ים) non-Jew, gentile; *pejor.* Jew ignorant of Jewish traditions
גוי־גמור דער (גויים־גמורים)
[GOY-GO'MER - GOIM-GMU'RIM] Jew without any Jewish faith/knowledge
גוידער דער (ס) double chin
גויה די (–ות) [GOYE] **זע** גויעטע
גויִיש אַדי [GOISh] non-Jewish, gentile
|| אויף גויִיש in a non-Jewish language
גויִשק אַדי–עפּי [GOIShK] **זע** גויִיש
גוילעם פֿאָנ גולם
גוי'ע(טע) די (ס) non-Jewish woman
גויע'ץ דער (עס) *pejor.* non-Jew; *insult.* ignoramus, stubborn fool; unbelieving or ignorant Jew
גוירל פֿאָנ גורל
גולאַש דער (ן) [Ly] goulash
גולדן דער (ס) guilder, florin
גולייַע|ן (זיך) וו (גע–ט) *dial.* stroll, go for a walk; go on a spree, live it up
גוליע די (ס) growth, protuberance, wen; *dial.* idiot
גולם דער (ים/ס) [GOYLEM - GOYLOMIM] *golem*, clay giant endowed with the breath of life, according to Jewish legend; dummy
|| ליי'מענ|ער גולם *also* clumsy fellow
גולמאַ'ט דער (ן) [GOYLEMA'T] *neol.* robot
גולמדיק אַדי [GO'YLEMDIK] crude, rough
גולמל דאָס (עך) גולם דימ [GO'YLEML] pupa, chrysalis
גומי דער **זע** גומע
גומל [GOYML] *Jew.* blessing recited in the synagogue after escaping a great danger
|| בענטשן|ן גומל recite that blessing
גומע די (ס) (soft) rubber, elastic, gum
גומעלאַסטיק די rubber, elastic, gum
גומען[1] אַדי (of) rubber, rubbery, elastic
גומען[2] דער (ס) (anat.) palate
גו'מעשוך דער (...שיך) sneaker, tennis shoe
גומקע די (ס) rubber band, elastic; eraser

גומר זייַן* וו (גומר געווע'ן) [GOYMER] *lit.* decide, conclude
גונז זייַן* וו (גונז געווע'ן) [GOYNEZ] *lit.* conceal, hide (from the eyes of the ungodly)
גונסטן : צו גונסטן דאַט *Germ.* in favor of
גוס דער (ן) cast, pouring
גו'סאַייַזן דאָס זע גאָסאַייַזן
גוסט דער (ן) taste, liking
|| נאָך פּאָס גוסט נאָך to the liking of
גוסטיר|ן וו (–ט) אין be very fond of; find to one's taste
גוסס דער (ים) [GOYSES] dying person
גוססדיק אַדי [GO'YSESDIK] moribund, dying
גוסס|ן וו (גע–ט) [GOYSES] be dying, be on one's deathbed
גוסע|(נע)ן וו (גע–ט) [GOYSE] זע גוססן
גוף דער (ים) body; flesh; fuselage
|| אין גוף bodily, in the flesh
|| זייַן* איין גוף איין נשמה [NEShOME] be very close (friends)
גופֿא אַדוו [GUFE] proper, properly speaking; in person, (my/your/etc.)self
גו'ף־באַטראַכטונג די (ען) physical examination
גו'ף־געבוי דער (ען) constitution, build, physique
גופֿיק אַדי/אַדוו bodily, physical, corporeal
גופֿניות דאָס [GU'FNIES] corporeality, materiality
גוראַלניע די (ס) [LyNy] זע גראַלניע
גוראַלניק דער (עס) [Ly] זע גראַלניק
גורט|ן וו (געגו'רט) זע אָנגורטן
גורל דער/דאָס (ות) [GOYRL - GOYROLES] fate, lot, destiny
|| וואַרפֿ|ן גורל throw/cast lots
גורלדיק אַדי/אַדוו [GO'YRLDIK] decisive, fateful
גורם דער (ים) [GOYREM - GORMIM] cause, factor
גורם זייַן* וו (גורם געווע'ן) [GOYREM] cause, give rise to, bring about
גורס זייַן* וו (גורס געווע'ן) [GOYRES] accept/propose (an interpretation/theory)
גושן (דאָס) [GOYShN] *bibl.* Goshen, region in the Egypt of the pharaohs where the Hebrews dwelt; *lit.* land of exile of the Jews; *hum.* distant land, end of the world
|| פֿאַרקריכ|ן אין גושן *hum.* stray from the subject
|| קוק|ן אין גושן squint, be cross-eyed
גזילה די (–ות) זע גזלה
גזימס דער (ן) cornice, ledge

גזירה די (–ות) [GZEYRE] edict, decree, order; evil law/decree; *Jew.* punishment inflicted by God; persecution

גזירה־שווה די [GZEYRE-ShO'VE] form of Talmudic reasoning by analogy based on the repetition of a biblical phrase in more than one passage

גזירת־ת״ח(־ות״ט) [GZEYRES-TA'Kh(-VETA'T)] series of massacres perpetrated by the Cossacks against the Jews of Ukraine in 1648-49

גזלה די (–ות) [GZEYLE] robbery; booty

גזלן דער (ים) פֿעמ טע [GAZLEN - GAZLONIM] robber, bandit, brigand; violent person, murderer

|| גזלן! *fam.* (you) stubborn mule!; wretch!

|| בעטן זיך ווי בײַ אַ גזלן בײַ beg for mercy from

גזלנות דאָס [GAZLONES] robbery, banditry, extortion

גזלניש אַדי/אַדוו [GAZLONISh] ferocious, murderous; predatory, rapacious

גזלעוויסטווע די [GAZLEVOYSTVE] robbery, extortion

גזלעוויע אַדי [GAZLEVOYE] violent, murderous

גזל|ען וו (גע–ט) [GAZL] rob, plunder, pillage *imperf.*

גזע די (ס) [GEZE] stock, line, race, breed

גזר דער (ן) [GZAR] fateful sentence; decree, order; edict

גזר־דין דער [GZARDI'N] decree, sentence, severe punishment inflicted by God; misfortune

גזרה די (–ות) זע גזירה

גזשיב(ק)ע = גזשיוו(ק)ע די (ס) זע גריוועּ; גריווקע

גזשענדע די זע גרענדע

גט דער (ן) [GET] divorce; bill of divorcement

|| געב|ן* דאַט אַ גט divorce; break off with, separate from

|| וואַרפֿ|ן דעם גט פֿאַר די פֿיס *hum.* threaten to leave

גט|ן וו (געגט) [GET] divorce

|| גט|ן זיך <מיט> get divorced (from)

גיבור דער (ים) פֿעמ טע [GIBER - GIBOYRIM] strong man; hero

גיבוריש אַדי/אַדוו [GIBOYRISh/GI'BERISh] heroic, valiant

גיבורנע די (formerly, in Poland) tax imposed on Jewish communities for the maintenance of soldiers

גיביק אַדי *neol.* elastic, resilient, yielding; productive, fertile

גי'ביקייט די *neol.* elasticity; fertility, fecundity

גיב|ן* וו (געגיבן) זע געבן

גיבערנע די זע גיבורנע

גיגאַ'נט דער (ן) giant

גיגאַנטיש אַדי gigantic

גיד דער (ין) tendon, sinew; penis

גידול דער [GIDL] size, stature

גידול־בנים דער [GIDL-BO'NIM] (task of) educating/raising children

גידולניק דער (עס) [GI'DLNIK] very tall person

גידוף דער (ים) [GIDEF - GIDUFIM] blasphemy; insult, diatribe

גיהנום דאָס (ס) [G(EH)ENEM] hell, inferno

גיהנומדיק אַדי/אַדוו [G(EH)E'NEMDIK] hellish, infernal

גיור דער (ים) [GIER - GIURIM] conversion to Judaism

גיות דאָס [GAYES] זע גײַעס

גיט וו (אינפֿ: געבן) (he/she) gives; (you, formal/plural) give

גיטאַ'ר די (ן) זע גיטאַרע

גיטאַרע די (ס) guitar

גיטער מצ זע גוט 3.

גייזער דער (ס) geyser

גייִק אַדי common, in circulation; flowing, (water) running

גיי|ן* וו (מיר/זיי גייען; איז געגאַנגען/געגאַ'ן) go (on foot), walk; come, approach; work, function; make a move (in chess, etc.); wear

|| עס גייט אַ רעגן/שניי it is raining/snowing

|| עס איז געגאַנגען דאָס 1917טע יאָר it was in the year 1917

|| עס גייט אים דאָס צענטע יאָר he is in his tenth year

|| גיי|ן <מיט> play (a piece/card)

|| גיי|ן מיט דער טויז play the ace

|| גיי|ן אומפּ <דאַט> *rev.* (things) go/fare (for s.o.)

|| עס גייט אים גוט things are going well for him, he is doing well

|| גיי|ן אומפּ אין be a question/matter of

|| עס גייט אין אונדזער צוקונפֿט it is a question of our future

|| גיי|ן אומפּ דאַט אין *rev.* interest/be of importance to s.o.

|| עס גייט אים נישט אין געלט money isn't the issue for him

|| גיי(ט) גיי(ט)! come, come! come, now!

|| גיי(ט) שוין גיי(ט)! go on! come off it!

|| גיי(ט) + אימפּעראַטיוו how is one to ...?

|| גיי ווייס <אַז> how was I to know (that ...)? go figure (that ...)

|| גייט העלפֿט אים, אַז ער וויל ניט! how can you help him if he doesn't want help?

|| גיין פֿאָרויס advance, progress

|| ס'גייט! OK! it's working!

גײַסט דער (ער) spirit

גײַסטיק אַדי/אַדוו spiritual; mental; intellectual

|| גײַסטיק קראַנק mentally ill, insane

גײַסטלעך אַדי clerical, of the clergy

גײַ'סטלעכ|ער דער-דעק minister, clergyman

גײַסטרײַך אַדי/אַדוו spirited, witty, clever

גײַ'סעַנ|ען וו (גע–ט) *dial.* waste one's time

גיי'ענדיק אַדי flowing, (water) running

|| אַ גאַנץ גייענדיק יאָר the whole year long

גײַעס דאָס *pejor.* non-Jews, non-Jewish population

גייער דער (ס) פֿעמ ין peddler; tramp; hiker, walker

גײַער דער (ס) (zool.) kite, vulture

גײַץ דער (ן) tapeworm

גײַציק אַדי greedy, grasping; spirited, enthusiastic, eager

גײַ'ציקייט די avarice; eagerness

גיך **1.** אַדי quick, rapid, speedy, prompt

|| אויף גיך rapidly, in haste

|| אין גיכן soon, before long

|| **2.** אַדוו quickly

|| **3.** די speed

|| אויף/אין דער גיך in haste, hastily

גיכבאַן די (ען) express train

גי'כמעסטער דער (ס) speedometer

גיכער אַדוו גיך קאָמפּ *also* rather

גיכקייט די (ן) speed, velocity; rhythm (of output, etc.)

גיכשטראָז דער (ן) *neol.* superhighway, expressway

גיכשריפֿט די stenography, shorthand

גילגול דער (ים) [GILGL - GILGULIM] transformation, metamorphosis; reincarnation, metempsychosis

גילגול־הנפֿש דער [GILGL–HANE'FESh] transmigration of the soul

גילגול־מחילות דער [GILGL–MEKhI'LES] *Jew.* "rolling through caves": the underground migration of the dead to the Land of Israel when they are resurrected with the coming of the Messiah

גילגול־שלג דער [GILGL–ShE'LEG] ascetic self-mortification of the flesh by rolling naked in the snow

גילדוי'ן דער (ים) *Jew.* (in Russia/Poland) coin (distorted pronunciation traditionally used when announcing the donations of those called to the reading of the Torah)

|| פֿײַגל גילדן[1]

גילדיי'ן דער (–) זע גילדוין

גילדיע די (ס) [DY] guild, merchants' association

גילדן[1] דער (ס) (in Poland) zloty; (in Russia) 15-kopeck coin

גילד·ן[2] אַדי gold(en), (of) gold

גילדע די (ס) זע גילדיע

גי'לדערן אַדי זע גילדן[2]

גילוי דער (ים) [GILE - GILUIM] revelation, enlightenment, vision

גילוי־אליהו דער [GILE–ELIO'HU] *Jew.* mystical vision of the prophet Elijah

גילוי־עריות דאָס [GILE–ARO'YES] *Jew.* incest

גילז דער (ן) זע גילזע

גילזע די (ס) rolling paper, cigarette casing; cartridge-case

גילטונג די validity (of document, argument, etc.)

גילטיק אַדי valid, good (ticket, etc.)

גי'לטיקייט די validity (of document, argument, etc.)

גילט|ן[1] וו (געגאָלטן) apply, be valid, be in effect; be highly prized

|| גילטן פֿאַר pass for, be considered as

|| ער גילט פֿאַר אַ חכם [KhOKhEM] he is reputed to be very wise

|| גילטן אומפּ דאַט *rev.* succeed, be successful

גילט|ן[2] וו (געגי'לט) זע אָפּגילטן[2]

גיליאָטי'ן די (ען) [LY] guillotine

גיליאָטינירן וו (–ט) [LY] guillotine

גיליון דער (ות) זע גליון

גילן דער (ס) זע גילדן[1]

גימז(ש)|ען וו (גע–ט) swarm

גימטריא די (–ות) [GIMA'TRIE] *Jew.* sum of the numerical values of the letters of a Hebrew word, serving to associate it with other words

גימל דער/די (ען) [GIML] *gimel*, name of the letter ג

גימנאַזי'סט דער (ן) פֿעמ קע student at a gymnasium (school)

גימנאַזיע די (ס) [ZY] secondary school (extending to the level of junior college), European gymnasium

גימנאַסטיאָרקע די (ס) [Ty] close-fitting jacket buttoned to the neck, worn by students

גימנאַסטיק די gymnastics

גימנאַסטיש אַדי gymnastic, calisthenic

|| גימנאַסטיש|ער זאַל gymnasium

|| גימנאַסטיש|ער שוך sneaker, gym shoe

גינגאָלד דאָס fine gold

גי'נגאָלד·ן אַדי of fine gold

גינסטיק אַדי/אַדוו זע גינציק

גינ|ען וו : ווער מיר גוטס גינט! the same to whoever wishes me well!

|| פֿ״גל פֿאַרגינען

גינציק אַדי/אַדוו favorable, auspicious

גי'סאָפּער דער (ס) libation (offering)

גיסאַרניע די (ס) [Ny] foundry

גיסט וו (אינפֿ: געבן) (you, sg./fam.) give

|| פֿ״גל גיסן

גיסיק אַדי liquid, fluid

גיס|ן וו (געגאָסן) pour, funnel (liquid) *imperf.*; cast, mold (metal); rain, pour

|| גיסן (אין זיך) *hum.* drink, guzzle

|| גיסן זיך flow, stream

גיסערײַ' די (ען) foundry

גי'סערל דאָס (עך) watering can

גיפּס דער (ן) gypsum, plaster of Paris; (medical) cast

גיפּס·ן אַדי (of) plaster; plastery, chalky

גיפֿט דער (ן) poison, venom

גיפֿטיק אַדי/אַדוו poisonous, venomous; toxic

גי'פֿטמישער דער (–/ס) פֿעמ ין poisoner

גיראָסקאָ'פּ דער (ן) gyroscope

גירוש דער (ים) [GEYRESh - GERUShIM] expulsion, banishment, *esp.* collective expulsion of Jews from a country or a city

|| גירוש שפּאַניע expulsion of the Jews from Spain in 1492

|| גירוש מאָסקווע expulsion of the Jews from Moscow in 1891

גיריק אַדי/אַדוו greedy, avid

גי'ריקייט די greed, avidity

גירלאַנדע די (ס) [Ly] garland

גירסא די (גירסאָות) [GIRSE - GIRSOES] variant, version, interpretation, reading

גירסא־דינקותא די [GIRSE–DEYA'NKESE] knowledge acquired during childhood

גלאָבאַ'ל אַדי/אַדוו global

גלאָבוס דער (ן) (terrestrial) globe

גלאָווניע די (ס) [Ny] ember, half-burned log

גלאַוונע אַדי–עפּי *iron.* chief, principal, main

גלאָז 1. דאָס glass (material)

|| 2. די/דאָס (גלעזער) דימ גלעזל (drinking) glass

גלאָזוואַרג דאָס glassware

גלאַזו'ר די (ן) glaze

גלאַזיר|ן וו (–ט) glaze

גלאַט 1. אַדי even, smooth; (style/language) fluid, casual, fluent; ordinary, plain

|| 2. אַדוו (just that and) nothing more, simply; without a hitch, uneventfully

|| גלאַ'ט אַזוי' (זיך), גלאַט אין דער וועלט אַרײַ'ן for no particular reason

|| אָ'פּ|גיי|ן*/אָ'פּ|לויפֿ|ן גלאַט go well, go off all right

|| עס וועט דיר ניט אָפּגיין גלאַט you won't get off easily!

|| ער איז גלאַט אַ שוטה [ShOYTE] he is quite simply a fool

גלאַטיק אַדי זע גלאַט 1.

|| ניט גלאַטיק fishy, suspicious; not (quite) right

גלאַטשטיין דער (ער) זע גלעטשטיין

גלאָמב דער (ן/עס) זע גלאָמפּ

גלאָמפּ דער (ן/עס) stump, stalk, stem (of cabbage, etc.); *fig.* fool, ninny, yokel

גלאַנץ דער (ן) sheen, luster, gloss; splendor, glory

גלאַנציק אַדי bright, shiny, lustrous; glossy

גלאַנצ|ן וו (גע–ט) shine, gleam

גלאָנצ|ן וו (גע–ט) זע גלאָצן

גלאַנצפּונקט דער (ן) high point, apogee *fig.*

גלאָסאַ'ר דער (ן) glossary

גלאַסנע דער (ס) *Slav.* alderman, city councilman

גלאָסע די (ס) gloss, explanatory note

גלאָצ|ן וו (גע–ט) <אויף> stare (at), gaze (upon) (with astonishment)

|| גלאָצן מיט די אויגן open one's eyes wide; *fig.* display exaggerated devotion

גלאָצערס מצ *pop.* eyes, peepers

גלאָק דער (ן/גלעקער) דימ גלעקל bell

גלאָ'קן־ציִער דער (–/ס) bell-ringer

גלאָ'קנשפּיל די (ן) carillon, chime; glockenspiel

גלאָריע די glory

גלאָ'ריעדיק אַדי glorious

גלאָריפֿיצי'ר|ן וו (–ט) glorify

גלאָררײַך אַדי/אַדוו glorious

גלגול דער (ים) זע גילגול

גלגל (ה)חוזר דער [GALGL (HA)KhOYZER] *lit.* turning wheel; *fig.* fate, wheel of fortune

גלגלים מצ [GALGALIM] *lit.* heavenly bodies, celestial spheres

גלוח דער (ים) [GELUEKh - GLUKhIM] Jew who has shaved his beard in violation of religious prohibition

גלוט די *Germ.* ardor, passion

גלויבן 1. דער (ס) faith, belief, conviction

|| 2. גלויב|ן וו (גע–ט) זע גלייבן

גלוי'בנבײַט דער (ן) (relig.) conversion

גלוי־ראָש [GILE-RO'Sh] זע בגילוי־ראָש

גלוסט דער <צו/נאָך> desire/lust (for)

גלוסטונג די (ען) desire, lust

גלוסטיק אַדי desirable, desired, longed-for

גלוסט|ן וו (געגלו'סט) <אַק/נאָך/צו> desire, covet, long (for)

|| וואָ'ס דאָס האַרץ גלוסט everything you could wish for

|| ווי'פֿל דאָס האַרץ גלוסט as much as you want, to one's heart's content

|| גלוסטן זיך אומפּ <דאַט> *rev.* feel like, wish for

|| עס גלוסט זיך (צו) וויינען it makes one want to cry, one is moved to tears

|| עס גלוסט זיך מיר (צו) וויינען I feel like crying

גלו'סטשאַפּיק אַדי *neol.* lascivious, erotic

גלות דאָס/דער (ן) [GOLES] exile, diaspora

|| אָ'פּ|ריכטן גלות lead a life of wandering and deprivation (voluntarily/as a penance), suffer exile

|| זײַן* אין גלות בײַ be oppressed by

|| לאַנג ווי דער (יי'דישער) גלות interminable

גלות־השכינה דאָס/דער [GOLES-HAShKhI'NE] *Jew.* exile of the divine presence, the exile of the Jews seen as a universal misfortune

גלח דער (ים) [GALEKh - GALOKhIM] Christian clergyman, *esp.* Catholic priest

גלחות דאָס [GALKhES] priesthood; Latin; Latin script

גלחיש אַדי [GALOKhISh] priestly, clerical

גלי דער glow, reddening; ardor, fervor

גליד דאָס (ער) member, limb

גליד־גלי'ד־שוועסטערקינד דאָס (ער) third cousin, (first) cousin twice removed

גלי'דרעטל דאָס (עך) (elec.) filament

גלי'ד־שוועסטערקינד דאָס (ער) second cousin, (first) cousin once removed

גלי'וואָרעם דער (...ווערעם) firefly, glowworm

גליווער דער (ס) (culin.) jelly; rigidity, stiffness

|| גליווער פֿון טויט rigor mortis

גלי'ווער|ן וו (גע–ט) stiffen, freeze, remain fixed

גלי'ווערעם מצ זע גליוואָרעם

גליון דער (ות) [GILYEN/GILOYEN - GILYOYNES] margin (of a book)

גליטש דער (ן) slippery ground, slippery conditions; ice skating rink

|| גיי|ן* אויפֿן גליטש go ice skating

|| אַרוי'פֿ|פֿיר|ן אויפֿן גליטש dupe

גליטשיק אַדי/אַדוו slippery, slick

גליטשלער דער (ס) פֿעמ קע *neol.* ice skater

גליטש|ן זיך וו (גע–ט) slide, slip, glide *intr.*, *imperf.*; skate

גליטשער דער (ס) ice skate

גליי'בווערדיק אַדי plausible; trustworthy, veracious

גליי'ביק|ער דער-דעק believer

גלייבלעך אַדי credible, plausible

גלייב|ן וו (גע–ט) believe

|| גלייבן דאַט believe s.o.

|| גלייבן אין believe in, profess

|| ניט צו גלייבן incredible, unbelievable

|| אויף אים וואָלט איך עס געגלייבט I can believe that of him, I wouldn't put it past him

|| גלייבן זיך be believable/credible

|| עפּעס גלייבט זיך ניט אַז it's hard to believe that

גלייבעכץ דאָס (ן) superstition

גלייז|ן וו (גע–ט) glaze (windows); varnish, enamel, tin(-plate)

גלײַך 1. אַדי straight, erect; direct; even, level, flush; equal; similar, alike; (idea) reasonable, right, sensible

|| אין גלײַכן געלט at a reasonable price

|| זײַן* גלײַך צו equal, be comparable to

|| אַ בוך צו אַ בוך איז ניט גלײַך — there are books and then there are books

|| ניט האָב|ן* קיין גלײַכן צו זיך — be without equal

|| 2. אַדוו — straight; at once, right away

|| גלײַך מיט — on a par with, equal to

|| גלײַך ווי — as soon as; like, just like; as if

|| גלײַך צו — equivalent to, tantamount to

|| גלײַך אויף גלײַך — in equal parts; evenly, equally

|| בײַ גלײַך — together, alongside

|| בײַ גלײַך מיט — as good as; at the same time as, simultaneously

|| מיט ... (צו) גלײַך — at the same time as ...; in the same way as ...

|| 3. קאָנ — as if

|| ער מאַכט זיך גלײַך ער הערט ניט — he's acting as if he doesn't hear

גלײַ'ך־באַרעכטיקונג די — equal rights

גלײַ'ך־באַרעכטיקט אַדי — equal in rights, with equal rights

גלײַכגילט דער — indifference, lack of concern

גלײַ'כגילטיק אַדי/אַדוו — indifferent, nonchalant, casual

גלײַ'כגילטיקייט די — indifference

גלײַ'כגעוויכט דאָס — *Germ.* equilibrium, balance

גלײַכהייט די — equality

גלײַכוואָג די — equilibrium, balance

גלײַכוואָרט דאָס (...ווערטער) דימ ...ווערטל — witticism, aphorism

גלײַך וועגס אַדוו — straight (ahead), directly

גלײַכווערט די/דער (ן) — equivalence

גלײַ'כווערטיק אַדי — equivalent

גלײַ'כווערטל דאָס (עך) דימ **זע** גלײַכוואָרט

גלײַ'כווערטער מצ **זע** גלײַכוואָרט

גלײַכונג די (ען) — equation

גלײַ'כמאָסיק אַדי/אַדוו — regular, uniform, even, equal

גלײַ'ך־מיניק אַדי — homogeneous

גלײַכן **1.** דאָס : מײַנס/דײַנס/... גלײַכן — my/your/...equal, my/your/... kind

|| אָן אַ גלײַכן — unequaled, unmatched

|| דאָס/דעס(ט) גלײַכן — likewise, the same holds true for

|| און דאָס/דעס(ט) גלײַכן — and the like; et cetera

|| ער האָט ניט זײַנס גלײַכן — he has no equal

|| 2. גלײַכ|ן וו (געגליכן) צו — compare to

|| קענ|ען* זיך גלײַכן צו — be comparable to, be the equal of

|| גלײַכן זיך מיט — compare oneself to/with

|| גלײַכן אַק — *Amer.* like

|| פּ״גל געגליכנט

גלײַכנאַכט די (...נעכט) — equinox

גלײַ'כעניש דאָס (ן) — comparison

|| אַ גלײַכעניש! — how can you compare the two?

|| אָן אַ גלײַכעניש — unparalleled, incomparable

גלײַכ|ער **1.** דער־דעק — equal, peer

|| 2. אַדוו גלײַך קאָמפּ — *also* rather, better

|| שוין גלײַכער אַזוי' — it's better this way

גלײַ'כפֿאָרמיק אַדי — uniform

גלײַ'כצײַטיק אַדי/אַדוו — simultaneous

גלײַ'כצייכן דער (ס) — equal sign

גלײַכקייט די — straightness, evenness; equality

גלײַ'כרעכטיק אַדי — equal in rights, having equal rights

גלײַ'כרעכטיקייט די — equal rights, equality of rights

גלײַכשטראָם דער — direct current

גליִיק אַדי — *lit.* burning, incandescent

גליל (דער) [GOLEL] — Galilee (region)

גלילה די [GLILE] — act of rolling up and covering the Torah scroll after the reading from it in the synagogue

גלימל דאָס (עך) — rumor, hearsay

גלימ|ען וו (גע–ט) — smolder, glow

גלי'מער|ן וו (גע–ט) — sparkle

גלי'מערשטיין דער — mica

גלי'מצער|ן וו (גע–ט) **זע** גלימערן

גלי|ען וו (גע–ט) — glow, be incandescent/red-hot; radiate; burn (with fever)

גליק דאָס (ן) — happiness; (good) luck

|| צום גליק — luckily, fortunately

|| נאָך אַ גליק וואָס — it was lucky that

|| אַ גליק האָט מיך געטראָפֿן! — a (fat) lot of good that does me! big deal!

|| מצ — *esp. iron.* unbeatable bargain, pie in the sky

גלי'קזעליק אַדי/אַדוו — (relig.) blissful

גלי'קזעליקייט די — bliss, happiness

גליקלעך אַדי/אַדוו — happy

גליק|ן וו-אומפּ (גע–ט) דאַט <אין> — *rev.* be lucky/successful (at/in)

|| דאָס מזל גליקט אים [MAZL] — fortune smiles on him

גלעזל דאָס (עך) גלאָז דימ — small glass; lens; glass (of a lamp, etc.), small pane of glass

|| אָו'נטערן גלעזל — lit up, slightly drunk, tipsy

|| גלעזל טיי — glass/cup of tea; tea (get-together/reception)

|| גלעזל משקה [MAShKE] — *also* cocktail party

גלעזער[1] דער (–/ס) — glazier

גלעזער[2] מצ זע גלאָז 2.

גלע'זערן אַדי — (of) glass; vitreous, glazed

גלעט דער (ן) — caress, stroke

גלעטלינג דער (עך) — *neol.* pet

גלעט|ן וו (געגלע'ט) — caress, fondle, pet; stroke (beard, etc.); flatter

גלע'טעניש דאָס (ן) — flattery, blandishment

גלעטשטיין דער (ער) — whetstone, polishing stone

גלעטשער דער (ס) [Ly] — (geogr.) glacier

גלע'נצנדיק אַדי/אַדוו — splendid, brilliant, magnificent

גלעקל דאָס (עך) גלאָק דימ — small bell; doorbell

גלעקל|ען וו (גע–ט) — jingle, tinkle; clink

גלעקער מצ זע גלאָק

גל־של־עצמות דער [GAL-ShEL-ATSO'MES] : מאַכ|ן

פֿון דאַט אַ גל־של־עצמות — *fig.* reduce s.o. to a pile of bones, destroy s.o.

גם־אַתּם אינט [GAMATEM] — the same to you! I wish you the same!

גם זו לטובֿה פֿר [GAMZU-LETO'YVE] — this too is for the best

גם־זו־לטובֿהניק דער (ס) [GAMZU-LETO'YVENIK] — *hum.* optimist

גמילות־חסד דאָס/דער (ים) [GMILES-KhE'SED - -KhSO'DIM] — interest-free loan; *Jew.* disinterested act of charity

גמינע די (ס) — (in Poland) community; small town, township

גמר דער (ן) [GMAR] — conclusion, decision

גמרא די (–ות) [G(E)MORE] — Talmud; *esp.* the *Gemara*, the commentary on the *Mishnah*

גמרא־ניגון דער [G(E)MO'RE-NIGN] — cantillation with which the Talmud is studied

גמרא־קעפּל דאָס (עך) [G(E)MO'RE] — subtle mind, casuist

גמר־וואַלן מצ [GMA'R] — *neol.* run-off election

גמר חתימה טובֿה אינט [GMAR KhSIME TOYVE] — *Jew.* "conclusion of a favorable sealing": New Year's wish exchanged between Yom Kippur and the seventh day of *Sukkot*

|| פֿ״גל יום־כּיפּור; סוכּות

גנאָד די (ן) — grace, favor; clemency, mercy, quarter (in battle)

גנאָ'טעווע|ן וו (גע–ט) — whip; oppress, overwhelm

גנאַי[1] דער — shame, disgrace, discredit

|| זאָל אים צו קיין גנאַי ניט זײַן — with all due respect to him

גנאַ'י־[2]... — pejorative, derogatory

גנאָי דער — *dial.* dung, manure

גנאַ'י־אָפּשאַץ דער — blame, censure, condemnation

גנאַ'י־וואָרט דאָס (־ווערטער) — derogation, reproval; pejorative word

גנאַ'י־רייד מצ — criticism, disapproval

גנאָם דער (ען) — gnome

גנאָמניק דער (עס) זע גענאַמניק

גנאָ'סטיקער דער (–/ס) — gnostic

גנבֿ דער (ים) פֿעמ טע [GANEF - GANOVIM] — thief; rascal, sly fellow

גנבֿה די (–ות) [GANEYVE/G(E)NEYVE] — theft, larceny; stolen object

גנבֿיש אַדי/אַדוו [GANEYVISh] — thievish, dishonest; of a thief, of theft; stolen, contraband; furtive, sneaky; mischievous

|| גנבֿיש געלט — stolen money; money spent lavishly

גנבֿע|(נע)ן וו (גע–ט) [GANVE] — steal

גניאַדע אַדי [Ny] — chestnut/roan/bay (horse)

גנידע די (ס) — nit; mean/pesky person, pest *fig.*

גניזה די (–ות) [GNIZE] — *genizah*, place in a synagogue where leaves of damaged sacred books are kept till they can be buried

גניטל דאָס (עך/ען) — club, cudgel

גנעדיק אַדי/אַדוו — gracious, merciful

גן־עדן דער/דאָס (ס) [GANEYDN] — Garden of Eden; paradise

|| אַ לי'כטיקן גן־עדן זאָל זי/ער האָבן — may he/she rest in peace!

גן־עדן־(ה)תחתון דער/דאָס [GANEYDN-(HA)TA'KhTN] — earthly paradise

גסיסה די [KSISE] death throes

גע דער (ען) (the letter) G

געאָגראַ'ף דער (ן) פֿעמ ין geographer

געאָגראַפֿיע די geography

געאָגראַפֿיש אַדי geographic

געאָדעזיע די [ZY] geodesy

געאָדעזיש אַדי geodesic

געאײַ'ל דאָס hurry, haste; rush

געאײַ'לט אַדי hurried, precipitous

געאַכפּערט אַדי אַכפּערן פּאַרט venerable

געאָלאָ'ג דער (ן) פֿעמ ין geologist

געאָלאָגיע די geology

געאָלאָגיש אַדי geologic(al)

געאָמעטריע די geometry

געאָמעטריש אַדי geometric

געאַמפּער דאָס (ס) squabble, quarrel, dispute

געאָרגי'ן דער (ען) dahlia

געאָרעמט אַדי arm in arm

געבאָ'ט דאָס (־/ן) commandment

געבאָט|ן וו (געבאָטן) order

|| ווי גאָט האָט געבאָטן properly, as it ought to be

געבאָר|ן וו (געבאָרן) זע געבוירן

געבאַרעט אַדי באַרען פּאַרט *vulg.* done for, screwed

געבוי' דער (ען) construction, structure

געבוי'ט אַדי בויען פּאַרט built, constructed; based, founded

|| זײַן* געבויט אויף rest on, be based on

געבויר|ן 1. וו (געבוירן) *lit.* give birth to; beget, sire

|| 2. געבויר·ן אַדי born, innate

|| אַ געבוירענ|ע née (maiden name)

|| געבוירן ווער|ן be born

|| 3. דאָס birth

|| פֿון געבוירן אָן since birth, from (my/your/...) birth on

געבוי'רן־טאָג דער (־טעג) date of birth; birthday

געבוירער דער (ס) father, sire, progenitor

געבולבעט אַדי *iron.* learned, cultivated

געבו'רט די/דאָס (ן) birth

|| פּ״גל געבירט

געבו'רט־ווייען מצ birth pangs

געבו'רטיקייט די (ן) birth rate

געבורטסטאָג דער (...טעג) birthday

געבי'ט דאָס (ן) domain, area of knowledge; territory, region

געביט|ן[1] וו (געבאָטן) זע געבאָטן

געביט·ן[2] אַדי בײַטן פּאַרט modified, changed

געביטער דער (ס) פֿעמ ין lord, master

געבײַ' דאָס (ען) edifice, structure

געבײַדע די (ס) building, structure

געבייזער דאָס reprimand; bad temper, surliness

געבײַטלט אַדי בײַטלען פּאַרט (of) rye (bread)

|| געבײַטלט מעל bolted/sifted (rye) flour

געביי'ן דאָס bones, skeleton; remains

|| פֿאַרשעלט|ן פּאָס געביין curse s.o. vehemently

|| ניט וויס|ן* ווו פּאָס געביין איז אַהי'נגעקומען not know what has become of s.o.

געבילד(ע)ט אַדי בילדן פּאַרט educated, cultivated

געבילערײַ' דאָס constant barking

געבי'נד דאָס (ן) *neol.* ligament

געבי'ס דער (set of) teeth; false teeth, dentures; bit (part of a harness)

געבי'פּט אַדי shrewd, wily, sharp

געבי'רט דער (ן) progeny; lineage

געבירטיק אַדי native

געבליב·ן אַדי בלײַבן פּאַרט remaining

געבליטן מצ blood; passion, temperament, temper

געבלימלט אַדי flowered; flowery (language)

געבלעטער דאָס foliage

געבלעטערט אַדי בלעטערן פּאַרט perused, leafed through (pages); stratified, in layers

געבלעקעכץ דאָס *pejor.* litany

געב|ן* 1. וו (גיב, גיסט, גיט, גיבן, גיט, גיבן; געגעבן) give

|| געבן דאַט chastise s.o., give it to s.o.

|| געבן <דאַט> מיט strike (s.o.) with

|| געבן <דאַט> איבער strike (s.o.) on

|| 2. הוו *auxiliary indicating the punctual aspect*

|| ער גיט אַ קוק he takes a look

געבע'ט[1] דאָס (ן) prayer; entreaty, plea

געבע'ט[2] אַדי בעטן פּאַרט upholstered, stuffed, padded

געבעט·ן אַדי בעטן פּאַרט invited

געבעטעכץ דאָס padding

געבעקל דאָס (עך) batch (of loaves, cookies, etc.)

געבע'קס דאָס (ן) baked goods, pastries

געבער דער (־/ס) פֿעמ ין giver, donor

געבע'רג דאָס mountain range, mountains *coll.*

געבערגלט אַדי undulating, hilly

געבע'ר־מוטער די (ס) womb, uterus

געבער|ן וו (געבוירן) זע געבוירן

געבראָט·ן אַדי בראָטן פּאַרט sly, crafty, cunning; intense, extreme

|| געבראָטענע לייד extreme suffering, torture

|| געבראָטענ|ער עקשן [AKShN] person stubborn as a mule

געבראָטנס דאָס roasted meat

געברויז דאָס turbulence, effervescence

געברוי'ך דער use; nature's call (euphemism for a bodily function)

געברויכ|ן וו (–ט) use, utilize

געברויכער דער (–/ס) user, consumer

געברייַ' דאָס (ען) brew

געבריי'ך דאָס (ן) *dial.* hernia

געבריי'כט = געברע'כט אַדי ruptured

געברע'כעניש דאָס deformity; misfortune

געברע'נט אַדי ברענען פּאַרט terrible (suffering)

געגאָרגלט אַדי גאָרגלען פּאַרט guttural

געגבֿול דאָס (ן) [GEGVU'L] *neol.* domain, realm

געגועימל דאָס (עך) [GAGU'IML] *hum.* flirtation, passing fancy, affair

געגי'לט אַדי gold-plated, gilded

געגלידערט אַדי articulated, jointed

געגליווערט אַדי גליווערן פּאַרט jellied

געגליכנ(ט) אַדי–אַטר גלייַכן 2. פּאַרט similar, comparable

|| זייַן* געגליכן צו resemble

|| צו וואָס איז דאָס געגליכן? to what can this be compared? *(rhetorically, introducing a striking example)*

געגלי'כנ(ט)קייט די resemblance, analogy

געגן, געגנ... זע קעגן[1], קעגנ[2]...

געגנט דער/די (ן) area, region; neighborhood; landscape

גע'גנטיק = גע'גנטלעך אַדי regional

געגעב·ן אַדי געבן פּאַרט given

געגע'בענע מצ data

געגעס·ן אַדי–עפּי עסן פּאַרט having (already) eaten

|| ניט קיין געגעסענ|ער fasting (person)

געגראַ'ט דאָס (ן) lattice, trellis

געגראָט|ן וו (געגראָטן) זע געראָטן 2.

געגרייַזלט אַדי גרייַזלען פּאַרט curly (hair)

געדאַ'כט : ניט דאָ' געדאַכט may it never happen here, heaven forbid

|| ניט פֿאַר מי'ר/די'ר/... געדאַכט may I/you/... be spared that, may it never happen to me/you/...

|| ניט פֿאַר קיין יי'דן געדאַכט I wouldn't wish it on anyone

|| געדאַכט ווער|ן be mentioned/remembered

|| ניט געדאַכט זאָל ער ווערן! may his memory be blotted out!

|| דייַן פֿוס זאָל בייַ מיר ניט געדאַכט ווערן! don't ever set foot in my house!

|| פֿ״גל דאַכטן זיך

געדאַ'נק דער (ען) thought, idea

|| בייַ אַלע געדאַנקען of sound mind; fully conscious

|| זייַן* בייַ די קלאָרע געדאַנקען be of sound mind, *fam.* have all one's marbles

געדאַ'נקען־גאַנג דער reasoning

געדאַ'נקען־וועלט די thought *coll.*

|| שפּינאָזאַס געדאַנקען־וועלט Spinoza's thought/philosophy

געדאַ'נקען־קייט די (ן) train of thought

געדאַ'נקען־שטריך דער (ן) hyphen, dash

געדויער דער (ס) duration

געדוי'ערדיק אַדי durable, long-lasting

געדוי'ער|ן וו (–ט) last, continue

|| געדויערן אומפּ take (time), take a (long/short) time

|| עס וועט נאָך לאַנג געדויערן ביז ער וועט קומען he won't be coming for a long time

געדו'כט אַדי דוכטן פּאַרט imaginary, illusory

געדו'לד די/דאָס patience

|| האָב|ן* געדולד be patient; exercise patience

|| האָב/האָט געדולד! please be patient!

|| ניט האָב|ן* קיין געדולד be impatient, lose patience

|| דאָס געדולד האָט אים געפּלאַ'צט he lost/has lost patience

|| אַרויס|ברענג|ען פֿון געדולד provoke, drive to extremes

|| אַן אייַ'זערן געדולד steadfast patience

געדולדיק אַדי/אַדוו patient

געדו'לדשפּיל די (ן) solitaire; puzzle

געדונגען אַדי דינגען פּאַרט hired; mercenary; rental, rented, leased

געדו'נגענ|ער דער-דעק mercenary

געדונער דאָס (ס) thunderstorm

געדושעכץ דאָס (ן) זע געדישעכץ

געדייַ'יִק אַדי flourishing, stable, durable

געדייַ|ען וו (–ט) endure, thrive, prosper

געדי'כט[1] אַדי/אַדוו thick, dense, compact, close-set

|| דאָס/די רעכטע געדיכטע *hum.* the main part, the substance

געדי'כט[2] דאָס (ן) *Germ.* poem

געדי'כטעניש די (ן) thicket

געדיכטקייט די density; consistency

געדישעכץ דאָס (ן) stew

געדע'כעניש דאָס (ן) recollection, memory

געדע'מפּעכץ דאָס (ן) stew

געדע'נק־... memorial

געדע'נק־ווערדיק אַדי memorable

געדע'נקעוודיק אַדי memorable, easy to remember

געדענק|ען וו (–ט) remember, recall

|| צו(ם) געדענקען memorable, unforgettable

|| האָבן* צו געדענקען retain a vivid memory of, recall vividly; retain, remember well (an object lesson)

|| געדענקען זיך <דאַט> remain in the memory (of)

|| דאָס גוטע געדענקט זיך good times are what we remember best

|| עס געדענקט זיך מיר אַז I seem to recall that

געדענקער דער *hum.* (good/bad) memory

געדערעם מצ intestines, entrails, bowels

געדראָ'ט דאָס *neol.* wiring

געדראָ'ל·ן אַדי swollen; varicose

געדראַ'נג דאָס (ען) rush, jostling, congestion; crowd, throng; inference, deduction

געדרונגען אַדי דרינגען פּאַרט arrived at by deduction

|| זײַן* געדרונגען follow, be implied

|| פֿאַלש געדרונגען fallacious

|| פֿון וואַנען איז עס געדרונגען? what proof is there?

געדריי' דאָס (ען) swirl, vortex; *fig.* commotion, whirl; whorl, spiral

געדריי'ט אַדי דרייען פּאַרט twisted, tortuous, sinuous

געדרע'נג דאָס (ען) crowd, crush, jostling

געהאַ'לט דאָס (ן) salary, pay

געהאַליש אַדי זע געהײַליש

געהאָלפֿן ווער|ן וו (איז געהאָלפֿן געוואָרן) be saved *(esp. by a miracle)* from a desperate situation; be cured of a serious illness

געהאָ'לפֿענ|ער דער-דעק person cured of a serious illness

געהאַ'מעוועט אַדי האַמעווען פּאַרט handicapped, disadvantaged

געהאַ'פֿט דאָס (ן) embroidery

געהאַ'קט אַדי האַקן פּאַרט chopped, cut; (coat, etc.) slit in the back

געהאָ'רכזאַם אַדי/אַדוו obedient, compliant

געהאָ'רכיק אַדי/אַדוו obedient, disciplined, compliant

געהאָ'רכיקייט די obedience, discipline, compliance

געהויב·ן אַדי הייבן פּאַרט elevated, noble; distinguished, eminent; good (mood/spirits)

געהוי'בנקייט די loftiness, grandeur, nobility

געהי'ט אַדי היטן פּאַרט prudent, careful, cautious

געהיי' דאָס (ען) home, dwelling, abode

געהײַ' דאָס impudence, audacity, nerve

געהיי'ב דאָס (ן) level (of the sea, snow, etc.)

געהײַליש אַדי shrill, piercing (cry)

געהיי'ם[1] אַדי/אַדוו secret, mysterious; clandestine, covert, undercover

געהיי'ם[2]־... secret (*esp.* milit., polit.)

|| געהיים־אַגענט secret agent

|| געהיימשטאָט secret/hidden city

געהיי'מעניש דאָס (ן) mystery, secret

געהיי'ם־פּאָליציי די (ען) secret police

געהיי'ס דאָס (ן) order, injunction

געהײַריש אַדי uncanny, strange

געהי'לך דאָס (loud) sound, reverberation

געהי'לף[1] דער (ן) פֿעמ ין assistant, deputy

געהי'לף[2]־... assistant, deputy, auxiliary

|| געהי'לף־בי'רגער־מײַסטער deputy mayor

געהי'לץ דאָס timber, lumber

געהינטעכץ דאָס rabble, riffraff

געהירן מצ brains, wit, intelligence

געהעכער דאָס (ס) *neol.* (mus.) pitch

געהעכערט אַדי העכערן פּאַרט *neol.* (mus.) raised, high (in pitch)

געהענעם פֿאָנ גיהנום

געהע'פֿט דאָס (ן) enclosure, farmyard

געהע'ר דאָס (ן) (sense of) hearing; (musical) ear

געהעריק אַדי–עפּי/אַדוו proper, fitting, appropriate, due

|| ווי געהעריק properly

געהער|ן* וו (ער געהע'ר(ט); –ט) דאַט/צו belong to, be part of

|| ווי ס'געהער צו זײַן properly, suitably

|| פֿ״גל קערן[4]

געהערנערט אַדי horned

געהרגעט אַדי הרגענען פּאַרט [GEHARGET] *fig.* dead-tired, exhausted; distorted, mispronounced (language)

|| געהרגעט אויף terrible/no good at

געוואַ'גט אַדי/אַדוו daring, bold, risky

געוואו... **זע ווערטער מיט** געוווּ...

געוואוי... **זע ווערטער מיט** געוווי...

געוואַ'לד די/דער **זע** גוואַלד[1]

געוואַ'נט דאָס (ן/געווענדער) cloth, fabric; clothing

געוואַנט·ן אַדי (of) cloth/fabric

געוואַ'נטשניט דער (ן) fabric store

געוואַ'נט־שניטער דער fabric/cloth merchant

געוואָ'ר ווער|ן וו (איז געוואָ'ר געוואָרן) **זע** געוווירווערן

געוואָרנט אַדי/אַדוו וואָרענען פּאַרט experienced, prudent, cautious

|| זײַן* געוואָרנט ניט צו be careful not to

געוואָרע ווער|ן וו (איז געוואָרע געוואָרן) **זע** געוווירווערן

געוווי'ן־אײַזן דער/דאָס (ס) goad; *fig.* incentive, stimulus

געווינהייט די (ן) habit, custom

געווי'נט אַדי צו/מיט used to, accustomed to

|| געווינט ווער|ן צו/מיט get used to

געווינטשאַפֿט די (ן) habit

געוויינ|ען וו (–ט) **זע** געוויינען

געווינשאַפֿט די (ן) **זע** געוויינטשאַפֿט

געווייער ווער|ן וו (איז געווייער געוואָרן) **זע** געוווירווערן

געווי'ר ווער|ן וו (איז געווי'ר געוואָרן) learn (news), be informed (of), find out (about) <אַק>

|| געוויר ווערן אַק visit/call on (a sick person), inquire after (s.o.'s health)

געווּנטש·ן אַדי ווינטשן פּאַרט desirable, wished for

געוויאָנדזלט אַדי smoked (foods)

געוויטער דאָס (ס/ן) tempest, (thunder)storm, bad weather

געוויי'ן דאָס (ען) tears, lament

געוויי'נט אַדי accustomed, used (to)

|| **פֿ״גל** וויינען

געוויינטלעך **1.** אַדי usual, habitual, normal

|| **2.** אַדוו *also* of course

געוויינטשאַפֿט די (ן) habit

געוויינלעך אַדי/אַדוו **זע** געוויינטלעך

געוויינ|ען וו (–ט) **צו** accustom s.o. to; train s.o. to

|| געוויינען זיך get used to

געוויינשאַפֿט די (ן) **זע** געוויינטשאַפֿט

געווי'כט דאָס (ן/ער) weight

געווי'לד דאָס game

געווימל דאָס disorder; swarm; whirl(pool), whirlwind, hurlyburly

געווינונג די (ען) victory

געווי'נס דאָס (ן) winnings, prize; gain, profit

|| דאָס גרויס|ע געווינס the jackpot

געווינ|ען וו (געוווּנען) win, gain, procure; give birth to

|| געווינען בײַ beat (in a game)

געווינער דער (ס) פֿעמ ין winner, victor

|| **פֿ״גל** געווינערין

געווי'נערין די (ס) new mother, woman in labor

|| **פֿ״גל** געווינער

געווי'ס **1.** אַדי–עפּי certain, given; well-known, notorious

|| **2.** אַדי–אַטר well-established

|| **3.** אַדוו certainly, of course

|| אויף געוויס assuredly, for sure

געוויסיק אַדי (gramm.) definite (article)

געוויסן דאָס (ס) conscience

|| ליג|ן דאַט אויפֿן געוויסן have on one's conscience

געווי'סנדיק אַדי/אַדוו conscientious, scrupulous

געווי'סנהאַפֿט(יק) אַדי *Germ.* conscientious, scrupulous

געווי'סנלאָז(יק) אַדי *Germ.* unscrupulous

געוויסער דאָס (ס) flood

געווי'קס דאָס (ן) plant, vegetable

געוויקסיק אַדי tall, full-grown

געווירבל דאָס (ען) whirl, whirlpool

געווי'רץ דאָס (ן) spice, condiment

געווירציק אַדי spicy, highly seasoned

געווע'ב דאָס (ן) fabric; web, weave; texture

געווע'בס דאָס (ן) cloth; weave

געוועדליק דאָס *neol.* frame of reference

געוועדליקט אַדי *neol.* relative

געווע'זט אַדוו formerly, previously

|| דער געוועזט באַרימטער זינגער the once-famous singer

|| *auxiliary particle used to form the pluperfect*

|| ער האָט געוועזט גענומען he had taken

|| ער איז געוועזט געקומען he had come

געוועז·ן אַדי זײַן פּאַרט former, past, previous, ex-

געוועט דאָס (ן) bet, wager

|| גיי|ן* אין (אַ) געוועט make a bet, wager

געוועטלויף דער (ן) race (athletic competition)

געוועט|ן זיך וו (געוועט) זע וועטן זיך

געווע'לב 1. דאָס (ן) vault

|| 2. דאָס (ן/ער) store, shop

געוועלבונג די (ען) firmament, vault (of heaven)

געווע'לבט אַדי vaulted, covered by a vault

געווע'לטיקונג די domination

געווע'לטיק|ן וו (–ט) <איבער> dominate, reign, rule (over)

געווע'נדט אַדי–אַטר ווענדן פּאַרט relative, conditional

|| געווענדט אין dependent on, subject to

געווענד|ן זיך וו (–ט) זע ווענדן זיך[2]

געווענדער מצ זע געוואַנט

געווענט·ן אַדי (of) cloth

געווע'נטשניט דער (ן) זע געוואַנטשניט

געוועסער דאָס (ס) זע געוויסער

געווע'קס דאָס vegetation, foliage

געווע'ר[1] דאָס arms, armament, weapon(s)

|| קאַלט געווער cold steel (knives, bayonets, etc.)

געווע'ר[2] דאָס duration; durability

געווערטלעריי' דאָס altercation, verbal squabble

געוועריק אַדי durable

געווער|ן וו (–ט) last, endure

געווע'רק דאָס (ן) mechanism, works

געווערקשאַפֿט די (ן) (trade) union

געווע'ש דאָס wash, (load of) laundry

געולע פֿאַנ גאולה

געזאָ'גט : אויף דאַט געזאָגט געוואָרן! would that one could say the same about

|| איז דאָ'ס אַ קאָפּ – אויף מי'ר געזאָגט געוואָרן! what a head! I wish mine were like that!

געזאַ'לצ·ן אַדי זאַלצן פּאַרט salty, salted; racy, ribald

געזאַ'נג דאָס (ען) song, singing, chant; hymn

געזאַ'נג־פֿאַראיין דער (ען) glee club, chorus

געזאַנגקלוב דער (ן) glee club, chorus

געזאַנדט|ער דער-דעק *Germ.* envoy, delegate

געזאַנדשאַפֿט די (ן) *Germ.* legation

געזו'כט אַדי זוכן פּאַרט in demand, sought-after

געזו'נט 1. אַדי (קאָמפּ געזינטער) healthy, well; strong, robust; buxom

|| געזונט און שטאַרק in perfect health

|| זײַ(ט) געזונט goodbye, farewell

|| זײַ(ט) (מיר/אונדז) דערוויי'ל געזונט see you later, so long

|| געזונט זאָלסטו/זאָלט איר זײַן! God bless you!; *iron.* just a minute! what are you thinking?

|| אַבי' געזו'נט! as long as you have your health!

|| 2. אַדוו זע געזונטערהייט

|| 3. דאָס health, well-being

|| צו(ם) געזונט! God bless you, Gesundheit (after a sneeze); you're welcome (after thanks); may it do you good (after administering medicine)

|| אַ געזונט צו דיר/אײַך! bravo! well done!

|| אַ געזונט אין דײַנע/אײַ'ערע ביינער! bravo! well done!

געזו'נטערהיי'ט אַדוו in good health; *(after an imperative)* have a good time ...ing, enjoy (your) ...ing!; *iron.* at your own risk, if you like

|| געזונטערהייט! may it do you good

|| פֿאָר(ט) געזונטערהייט! bon voyage! have a good trip!

|| רייכער געזונטערהייט! smoke if you like (but it's your funeral!)

|| טראָג/צערײַ'ס געזונטערהייט wear it well, enjoy wearing it (said when s.o. puts on a new piece of clothing)

געזיי'ן : קענ|ען* געזײַן *dial.* can be, be possible

געזי'כט דאָס (ער) face, countenance

געזיכערט אַדי זיכערן פּאַרט assured; secure

געזי'מס דער (ן) זע גזימס

געזי'נד דאָס (ער) family; household

געזינדל דאָס (עך) געזינד דימ *pejor.* band, gang, clique

געזי'נט דאָס זע געזינד

געזינטער אַדי געזונט קאָמפּ *also* better (for s.o.), preferable

|| דאָס וואָלט געזינטער געווע'ן פֿאַר אַלע that would have been better for all concerned

געזעגנס דאָס music/song of farewell

|| פּ״גל גאָטס געזעגנס

געזע'גענונג די (ען) parting, leave-taking, farewell

געזע'גענ|ען זיך וו (–ט) <מיט> bid farewell (to), take leave (of), say goodbye (to), part (with)

געזע'ל דער (ן) journeyman; pal, chum

געזע'ליקייט די — sociability; company, group of people

געזעלן[1] דער (–) זע געזעל

געזעלן[2] זיך וו (–ט) <מיט> — become friends (with), associate (with)

געזע'לנשאַפֿט די (ן) — meeting

|| פֿ״גל געזעלשאַפֿט

געזעלשאַפֿט די (ן) — society; association, organization; company, companionship

|| האַלט|ן געזעלשאַפֿט דאַט — keep company with

געזע'לשאַפֿטיק אַדי — *neol.* societal

געזע'לשאַפֿטלעך אַדי — social; public, communal; associative, relating to associations; sociable

געזע'לשאַפֿטלעכקייט די — society as a whole, social fabric; sociability

געזעמדן מצ — sands, sandy areas

געזעמל דאָס (עך) — group, cluster, crowd

געזע'ס דאָס (ן) — seat, buttocks, posterior

געזע'ץ דאָס (ן) — law, statute

געזע'ץ־ברעכונג די (ען) — crime, infraction

געזע'ץ־ברעכער דער (ס) פֿעמ ין — law breaker, delinquent

געזע'ץ־ברעכערײַ דאָס — delinquency

געזע'ץ־ברעכעריש אַדי — delinquent, unlawful

געזע'ץ־געבונג די (ען) — law-making, legislation

געזע'ץ־געבער דער (–/ס) פֿעמ ין — law-giver, legislator

געזע'ץ־געבעריש אַדי — legislative

געזע'צט אַדי/אַדוו זעצן פּאַרט — stable, sedate, settled; fixed, determined

געזעציק אַדי — *neol.* juridical, pertaining to law; regulated, organized; compliant, authentic

געזעצלעך אַדי/אַדוו — legal, legitimate, lawful

געזע'ץ־מעסיק אַדי/אַדוו — conforming to the law; regulated, standardized

געעט פֿאָנ גט

געטאָ די/דאָס (ס) — ghetto

געטאָ'ול דאָס — *neol.* paneling, woodwork

געטאָ'קט אַדי טאָקן פּאַרט — turned on the lathe, well-wrought, elaborate

געטומל דאָס (ען) — tumult

געטין די (ס) — goddess

געטלעך אַדי/אַדוו — divine

געטער מצ זע גאָט 2.

געטראָ'ג דאָס — *neol.* yield, return

געטראַ'נק דאָס (ען) — drink, beverage

געטראָפֿ·ן אַדי טרעפֿן פּאַרט — struck, hit, affected

|| פֿיל|ן זיך געטראָפֿן — feel hurt

געטרוילעך אַדי — trustworthy

געטרוי|ען וו (–ט) דאַט — trust, have confidence in; entrust (s.o.) with, confide (stg.) to

געטרײַ' אַדי <דאַט> — faithful, loyal (to); devoted

געטרײַשאַפֿט די (ן) — faithfulness, loyalty, allegiance; devotion

געטרע די (ס) — gaiter

געטש דער (עס) דימ די געטשקע זע געץ

געיאָ'ג דאָס — sudden rush, dash

געיאָמער דאָס — wailing, lamentation

געיע'ג דאָס (ן) — race; hunt, chase, pursuit

געכתיבֿהט אַדי [GEKSIVET] — calligraphy in square Hebrew characters

געכאַ'פּט אַדי/אַדוו כאַפּן פּאַרט — hasty

|| ניט געכאַפּט — leisurely

|| געכאַפּט אין — implicated in, contaminated by (ideology)

|| געכאַפּט אין דער מעשה [MAYSE] — *pejor.* caught up in the progressive/revolutionary movement, leftist

געכוואַליעט אַדי — wavy, corrugated

געל אַדי — yellow; red-headed, ginger-colored

געלאַטעכץ דאָס — patchwork

געלאַס·ן אַדי/אַדוו — calm, sedate, leisurely

געלאַ'ף דאָס (ן) — race, run; stampede, rush

געלבלעך אַדי — yellowish; sallow

געלוי'ף דאָס (ן) זע געלאַף

געלויפֿיק 1. אַדי — rapid; current (account); flowing (language)

|| 2. אַדוו — (speak) fluently

געלונגען אַדי — successful

געלזוכט די — jaundice

געלט[1] דאָס (ער/ן) — money; cash, specie, legal tender

|| מצ — funds, capital

|| זײַן* בײַ געלט — have money

|| מאַכ|ן צו געלט — realize, cash in, sell

|| שפּיל|ן אויף געלט — gamble, play for money

|| אין גלײַכן געלט — at/for a reasonable price

|| גוט געלט — a good price

|| אָ'נ|נעמ|ען פֿאַר גוט געלט — accept at face value

|| פֿאַר קיין שום געלט ניט — not for all the money in the world

|| אָן געלט — *also* free, without paying

גע'לט-[2]... — monetary

|| געלטאײנס — unit of currency

געלטזאַק דער (...זעק) — *pejor.* moneybags, plutocrat

גע'לטשאַפֿער דער (ס) — fundraiser (person)

געלטשאַפֿערײַ' דאָס — fund-raising

געלטשטראָף די (ן) — fine

גע'לט־שידוך דער (ים) [ShIDEKh - ShIDUKhIM] — marriage for money

געליבט|ע די-דעק — sweetheart, beloved *fem.*; mistress, lover

געליבט|ער דער-דעק — sweetheart, beloved *masc.*; lover

געלי'טענ|ער דער-דעק — victim (of a catastrophe)

געליי'מט אַדי — paralyzed, stunned; numb

געלינג|ען וו (איז געלונגען) <דאַט> — be/prove successful

|| געלינגען אומפּ <דאַט> צו — *rev.* succeed in (doing)

|| עס איז איר געלונגען צו קריגן די שטעלע — she succeeded in getting the job

געלי'נקט אַדי — left-handed

געלכל דאָס (עך) — yolk

געלע'גנהייט די (ן) — occasion; opportunity; ad hoc messenger/means of transport

געלעגן ווער|ן וו (איז געלעגן געוואָרן) <מיט> — have a baby, be delivered (of)

געלעגער דאָס (ס) — bed, couch, resting-place; river-bed; (mineral) deposit

געלעגערט אַדי זע צוגעלעגערט

געלעכטער דאָס (ס) — laugh, laughter; stg. ridiculous/laughable

|| אױ'ס|שיס|ן מיט אַ געלעכטער — burst out laughing

|| זײַן* אַ געלעכטער — be ridiculous

|| מאַכ|ן דאָס געלעכטער פֿון — make fun of

|| אַ געלעכטער אין אַ זײַט — all joking aside

|| זײַן*/ווער|ן צו לײַטיש געלעכטער <בײַ> — be/become the laughing-stock (of)

|| אויף/אין אַ געלעכטער — for laughs, as a joke

געלע'כטערל דאָס (עך) געלעכטער דימ *also* spoof

גע'לעכל דאָס (עך) זע געלכל

געלענדער דאָס (ס) — railing, banister, balustrade; *fam.* disorder, madhouse; *pejor.* laughter, hilarity

געלע'נק דאָס (ען) — wrist; joint; dexterity, aptitude, knack; (mus.) trill, coloratura, grace-note

געל|ער דער-דעק — red-head (person)

געלערנט אַדי — learnèd; erudite, scholarly

געלע'רנט|ער דער-דעק — scholar, scientist

געלע'רנטקייט די — erudition, learning

געמאַטערט אַדי — labored, forced, far-fetched

געמאַ'ך[1] דאָס (ן) — building, edifice; room, chamber

געמאַ'ך[2] אַדוו : לאָז|ן געמאַך — leave alone, leave in peace

געמאַ'כט אַדי מאַכן פּאַרט — artificial, unreal, affected, contrived

געמאָלט אַדי — painted; imagined

|| קענ|ען* געמאָלט זײַן — be possible/realistic

|| קענ|ען* גרינג געמאָלט זײַן — be very plausible

געמאַ'רק דאָס (ן) — domain, region; boundary, limit

געמבע די (ס) — *pejor.* mouth, mug; loud/powerful voice

|| פֿ״גל גאָמבע

געמוטיקט אַדי — encouraged

געמויזעכץ דאָס (ן/ער) — muck, mire, marsh

געמוסטערט אַדי — patterned (cloth, etc.)

געמז·ן אַדי — (of) chamois leather

געמזע די (ס) — chamois leather

געמי'ט דאָס (ער) — mood, spirit

|| שווער/גרינג געמיט — heavy/light heart

|| האָב|ן* אַן אַלט געמיט — be precocious

געמיטלעך אַדי/אַדוו — peaceful, cozy, comfortable

|| זײַן* געמיטלעך <דאַט> — *rev.* be at ease

געמייזעכץ דאָס (ן/ער) זע געמויזעכץ

געמײַ'ל דאָס — *neol.* mileage

געמיי'ן אַדי/אַדוו — common, ordinary; ignoble, vile, abject; vulgar, obscene (language)

געמיינדע די (ס) — *Germ.* community

געמיינהייט די (ן) — meanness, baseness

געמיינזאַם אַדי/אַדוו — *Germ.* common, shared, joint

געמיי'נט אַדי מיינען פּאַרט — aimed (at), targeted (at); alleged

געמיינשאַפֿט די (ן) — *Germ.* community

געמימט אַדי [GEMAYIMT] — *fam.* watered down, diluted

געמינע די (ס) זע גמינע

געמי'ש דאָס (ן) — mixture, blend, medley

געמי'שט אַדי — mixed, blended; brown (bread)
געמישעכץ דאָס (ן/ער) — mixture, melange
געמלאָכהט אַדי [GEMLOKhET] — artificial, sham, counterfeit
געממזרט אַדי [GEMAMZERT] — *fam.* clever, ingenious, skillfully made
געמע'ל דאָס (ן) — drawing, painting; illustration (of a text); diagram; *dial.* (illustrative) example
געמע'לק דאָס (ן) — amount of milk a cow gives at one time
געמע'סט דאָס (ן) — dimension
געמעסיקט אַדי — measured, moderate
געמפּע די (ס) **זע** קעמפּע
גען דער (ען) **זע** גענע
גענאָ'ד די (ן) **זע** גנאָד
גענאַמניק דער (עס) — scoundrel, swindler; debauchee, rake
גענאַ'נט אַדי — *obs./hum.* named, called
גענאָסע דער (...סן) פֿעמ ...סי'נע — *obs./hum.* comrade (title within political party, trade union)
גענאָצי'ד דער (ן) — genocide
גענאַ'ר דאָס : האָב|ן* דאָס גענאַר פֿון — make a fool of, deceive
גענאַרונג די — disillusionment, disappointment
גענאַ'רט אַדי — disappointed; fooled, made a fool of; false, deceptive, simulated; thoughtless, irresponsible
גענאַ'ר־מינע די (ס) — (milit.) booby trap
גענאַר|ן וו (–ט) — deceive, fool
|| גענאַרן זיך <אין> — be disappointed (by), be mistaken (about)
גענאַרניק דער (עס) פֿעמ ...ניצע — cheat, trickster
גענאַרערײַ' דאָס — deceit, deception, trickery
גענג מצ **זע** גאַנג
גענגסטער דער (ס) — gangster
גע'נגעלע דאָס (ך) גאַנג דימ2 — trick
גענדז מצ **זע** גאַנדז
גענדזל דאָס (עך) דימ **זע** גאַנדז
גענדזל|ען וו-אומפּ (גע–ט) : גענדזלען אַק אין בויך — *rev.* be squeamish
|| גענדזלען זיך דאַט — *rev.* start to feel (sexual) desire
|| עס גענדזלט זיך אים — *rev.* he is itching to (do stg.)
גע'נדזלערקע די (ס) — poultry seller *fem.*
גענדז·ן אַדי — (of) goose
|| גענדזענע הויט — goose bumps
גענדזנס דאָס — goose meat

גע'נדזן־פֿיסלעך מצ — quotation marks
גענהרגט ווער|ן וו (איז גענהרגט געוואָרן) [GENEYREKT] — *fam.* be killed/beaten up
גענו'ג אַדוו — enough, sufficient
|| איבער גענוג — more than enough
|| זײַן* גענוג — suffice, be enough
|| גענוג צו — it suffices to, all one has to do is to
|| ניט גענוג (וואָס) — not only
גענוגיק = גענו'גנדיק אַדי — sufficient, satisfactory, adequate
גענוי' אַדי/אַדוו — precise, exact, accurate
גענו'ס דער (ן) — enjoyment
גענו'צט אַדי נוצן פּאַרט **זע** געניצט; ניצן
געניאַ'ל אַדי [NY] — inspired, brilliant
געניג|ן וו (–ט) — suffice
|| צו געניגן — sufficiently
|| געניגן טאָ|ן* דאַט — satisfy s.o.
געניזוקט ווער|ן וו (איז געניזוקט געוואָרן) [GENIZEKT] — be injured/beaten
געני'ט אַדי — experienced, proficient
געניטאַלן מצ — genitals
געניטונג די (ען) — (scholarly, physical etc.) exercise
געניטי'וו דער (ן) — genitive
געניט|ן זיך וו (געני'ט) — exercise, train, practice
געניטשאַפֿט די — experience, skill
געניי' דאָס (ען) — sewing, things being sewn
געניי'גט אַדי — inclined, disposed
געניי'ט אַדי/אַדוו — forced, compelled
|| פֿ״גל נייען
גענייטיק אַדי/אַדוו — urgent; indispensable
געניי'טיקייט די — urgency; necessity
געניי'טיק|ן זיך וו (–ט) **זע** נייטיקן זיך
געניס|ן וו (גענאָסן) — enjoy, profit (by), benefit (from); partake of (food, drink)
געניסער דער (–/ס) פֿעמ ין — beneficiary
געני'צט אַדי — used, worn; second-hand
געני'ק דאָס — nape (of the neck), neck
|| ברעכ|ן דאָס געניק — break one's neck
געניקלט אַדי — nickel-plated
גענע די (ס) — gene
גענעאַלאָגיע די (ס) — genealogy
גענעזהיים די (ען) — convalescent/nursing home
גענעזונג די (ען) — cure, recovery
גענעזן ווער|ן וו (איז גענעזן געוואָרן) — recover, get over (an illness)
גענעטיק די — genetics
גענענ|ען וו (–ט) <צו> — *lit.* approach, (come) near

|| גענענען אַק — bring stg. close; offer (animal etc.) as a sacrifice

גענעץ דער (ן) — yawn

|| געבן/*טאָן* אַ גענעץ — yawn (once)

|| גרויס ווי אַ גענעץ — tiny

גע'נעצן וו (גע–ט) — yawn *imperf.*

גענעראַטאָר דער (...אָ'רן) — generator

גענעראַ'ל[1] 1. דער (ן) — general

|| 2. אַדי — general; overhead (expenses)

גענעראַ'ל-[2]... — general (manager, strike, etc.)

גענעראַ'ל-בריגאַדיר דער (ן) — brigadier general

גענעראַליזירונג די (ען) — generalization

גענעראַליזיר|ן וו (–ט) — generalize

גענעראַ'ל-לייטענאַנט דער (ן) — lieutenant general

גענעראַ'ל-מאַיאָר דער (ן) — major general

גענעראַלסקע אַדי — (of a) general

גענעראַ'ל-פּראָבע די (ס) — dress rehearsal

גענעראַ'ל-פֿאַרזאַמלונג די (ען) — general assembly

גענעראַ'ל-שטאַב דער (ן) — general staff; general headquarters

גענעראַלשע די (ס) — female general, wife of general

גענעריר|ן וו (–ט) — generate, produce

גענער|ן וו (–ט) — feed, nourish

געסט מצ זע גאַסט

גע'סטצעטל דער/דאָס (ען) — guest list

געסטקע די (ס) זע געסקע[2]

געסל דאָס (עך) גאַס דימ — alley, lane, small/narrow street

געסמאַהע זע געשמייע

געסקע[1] די (ס) — alley, lane, small/narrow street

געסקע[2] די (ס) — yoke (of dress, etc.)

געסרחה די/דאָס (–ות) [GESROKhE] — stink, stench

געעלטערט ווער|ן וו (איז געעלטערט געוואָרן) — grow old, age

געע'נג דאָס (ען) — congestion, (traffic) jam

געע'נגט אַדי–אַטר (אין געלט) — short of money, broke, pinched

געע'נדיקט|ער דער-דעק — graduate, diplomate

געע'רט אַדי — respected, esteemed

געפֿאַטשערײַ' דאָס (ען) — (stormy) applause

געפּאַנצערט אַדי — armored

געפּאַ'סט אַדי פּאַסן פּאַרט — fitted (clothing)

געפּאַסיקט אַדי — striped

געפּאַ'סקע(ווע)ט אַדי זע געפּאַסיקט

געפּאַ'קט אַדי — crowded, packed; stout, pudgy

|| פֿול געפּאַקט — full to bursting

געפּגרט אַדי [GEPEYGERT] — dead (animal)

|| מאַכ|ן זיך געפּגרט — play the innocent; play dead

געפּועלט אינט [GEPO'Y(E)LT] — agreed!

געפּילדער דאָס — clamor, noise, racket, din

געפּינטלט אַדי — speckled, dotted

געפּלאַפּל דאָס — chatter, prattle

געפּלאַ'צט אַדי פּלאַצן פּאַרט — burst; broken, cracked; flat (tire)

געפּלויש דאָס — chitchat, small talk

געפּלע'ף דאָס (ן) — perplexity, confusion, bafflement

געפּלע'פֿט אַדי — perplexed, dumbfounded, bewildered

געפּניאַקלט אַדי [Ny] — unshaven, having a stubbly beard

גע'פּעלע דאָס (ך) גאָפּל דימ — *also* forked twig left in the hands of a dead body, according to Jewish custom

|| דער מאַמעס געפּעלעך — *hum.* the fingers

|| צענעמ|ען אויף געפּעלעך — criticize mercilessly, mop the floor with *fig.*

געפּע'ק דאָס — baggage, luggage

געפּערלט אַדי — ornamented with pearls; stylish, elegant (handwriting/language/clothing)

געפּרו'וו דאָס — *neol.* experience

געפּרו'ווט אַדי פּרוּוון פּאַרט — experienced; (sorely) tried

געפּרוּוויק אַדי — *neol.* based on experience

געפּרעגלעכץ דאָס (ער) — fried food

געפּרע'סט אַדי פּרעסן פּאַרט — compressed; concise

געפּרעפּל דאָס — *pejor.* prayers; gibberish, mumbo-jumbo; murmur

געפֿאַ'לדעוועט אַדי — pleated, folded

געפֿאַ'ליק|ער דער-דעק זע פֿאַליקער

געפֿאַ'ל|ן 1. אַדי — fallen; decayed, decadent

|| געפֿאַלן בײַ זיך — discouraged, crestfallen

|| 2. געפֿאַל|ן וו (איז געפֿאַלן) <אום> — fall, occur on (such and such a day), coincide with

געפֿאַ'לנקייט די — decadence; discouragement, dejection

געפֿאַנגען אַדי — captive, captured

|| נעמ|ען געפֿאַנגען — take prisoner; captivate

געפֿאַ'נגענ|ער דער-דעק	captive, prisoner
געפֿאַ'נגענשאַפֿט די	captivity
געפֿאַ'ר די (ן)	danger, peril
געפֿאָ'ר דאָס	*neol.* (vehicular) traffic
געפֿיטער דאָס	feed, fodder
געפֿי'ל דאָס (ן)	feeling, sense; sensitivity; sensation
‖ קריג|ן אַ געפֿיל פֿאַר	get a feeling for, get the feel of
געפֿי'לט אַדי	stuffed, filled
‖ געפֿילטע פֿיש	stuffed carp, gefilte fish
‖ פֿ״גל פֿילן[2]	
געפֿילעכץ דאָס (ן)	(culin.) stuffing, filling
געפֿי'נס דאָס (ן)	find, discovery
געפֿינ|ען וו (געפֿונען)	find, locate; discover
‖ געפֿינען זיך אין	be located in, find oneself in
געפֿלאָכט.ן אַדי	twisted, braided, plaited; (of) wicker
געפֿליגל דאָס	poultry *coll.*
געפֿליגלט אַדי	winged
געפֿליי'ץ דאָס (ן)	tide(s), ebb and flow (of the tide, etc.)
געפֿלע'כט דאָס (ן)	interlacing, intertwining; lattice, trellis, grid
געפֿלע'קט אַדי	spotted, speckled
געפֿעדערט אַדי	feathered; feathery, pinnate
‖ פֿ״גל פֿעדערן[1]; פֿעדערן[2] זיך	
געפֿע'כט דאָס (ן)	sword-fight; duel, combat
געפֿעליק אַדי	obliging
‖ זײַט געפֿעליק	if you please
געפֿע'ליקייט די (ן)	favor, kindness
געפֿעל|ן וו (איז געפֿעלן) דאַט	please, be pleasing to
‖ דאָס בוך איז מיר געפֿעלן	I liked this book
‖ ווי געפֿעלט דיר די מעשה? [MAYSE]	how about that? what do you think of that?
‖ דו געפֿעלסט מיר עפּעס ניט	you don't look (so) good
געפֿעלן ווער|ן וו (איז געפֿעלן געוואָרן) זע געפֿעלן	
געפֿע'נקעניש דאָס (ן)	prison, jail; captivity, imprisonment
געפֿע'ס דאָס (ן)	dishes, utensils; container; (anat.) vessel
געפֿערלעך אַדי/אַדוו	dangerous, perilous; formidable, terrible
געפֿרווירנס דאָס	(culin.) ices
געפֿרי'ר דאָס	(hoar-)frost, rime
געפֿרי'שט אַדי : געפֿרישט ברויט, געפֿרישט|ע חלה [KhALE]	French toast
געפֿרע'גטערהייט אַדוו : ניט געפֿרעגטערהייט	without asking (for permission)
געץ דער (ן) דימ די געצקע	idol; (religious) statuette; *pejor.* spoiled child, pet, darling; fool
געצאָ'לט(ס) דאָס	salary, wage(s), remuneration, pay, reward
געצאַ'מט אַדי	tame(d), restrained
געצאַצקעט אַדי	ornamented, fancy, precious
געצאַ'ק(נ)ט אַדי	jagged, saw-toothed
געצוווּנגען אַדי/אַדוו צווינגען פּאַרט	forced, artificial, strained
געצו'קט אַדי	calligraphic, ornate (writing)
געצוקערט ווער|ן וו (איז געצוקערט געוואָרן)	(preserves) crystallize
געצײַ'ג דאָס	tools, tool-kit, gear
געציי'לט אַדי ציילן פּאַרט	numbered, few
‖ מצ	rare
געציי'ן דאָס (ען)	denture(s)
געצײנדלט אַדי	dentate, toothed, serrated
געצימער דאָס (ן)	*neol.* suite of rooms
געצלמט אַדי צלמען זיך פּאַרט [GETSEYLEMT]	crisscross
גע'צן-דינער דער (–/ס) פֿעמ קע	idolater, pagan, heathen
געצן-דינערײַ' דאָס	idolatry, paganism
געצע'לט דאָס (ן)	tent; *lit.* dwelling-place
געצענטלט אַדי	decimal (fraction)
געקאָ'ך דאָס	agitation, tumult, turmoil
געקאַ'רבט אַדי	curly (hair); notched, wavy (border, edge)
געקווייטלט אַדי	floral, variegated, ornate
געקווע'טשט אַדי קוועטשן פּאַרט	(ling.) accented, stressed
געקו'סט דאָס	bushes, shrubbery; underbrush
געקו'קט : ניט געקוקט אויף	despite, in spite of, regardless of
געקי'לט אַדי קילן פּאַרט	cooled, air-conditioned
געקינצלט אַדי	artificial, stilted, contrived
געקלאָגט|ער דער-דעק	accused, defendant
געקלאַפּער דאָס	(loud) noise, racket
געקליגלט אַדי	artificial, overly subtle
געקלע'פּ דאָס (ן)	*neol.* collage
געקנאַ'ק(ל) דאָס	crackle

געקני'פּט און געבונד·ן אַדי closely tied/linked
געקע'כטס דאָס (ן) cooked food; soup
|| קאָכ|ן זיך דערבײַ' אַן אייגן געקעכטס have one's own axe to grind
געקעסטלט אַדי checkered
געקראַ'טע(ווע)ט אַדי barred/grated (window); checkered, with lattice work
געקרי'ג דאָס (ן) dispute, quarrel
געקרײַ'זלט אַדי קרײַזלען פּאַרט frizzy, curly
געקרי'מט אַדי קרימען פּאַרט askew, oblique
געקרע'נקט אַדי קרענקען פּאַרט offended, hurt, mortified
געקשאַ'ק דאָס shrubbery, bushes
גער פֿאָנ גר
געראָ'ט דער (ן) crop(s), harvest
געראָט·ן 1. אַדי good, successful
|| געראָטענע קינדער good-looking/bright/clever/gifted children
|| געראָטן אין resembling, similar to
|| ער איז געראָטן אין דער מאַמען he resembles/takes after his mother
|| 2. געראָט|ן וו (איז געראָטן) (enterprise) succeed, turn out well
|| געראָטן דאַט rev. succeed
|| עס איז מיר געראָטן I succeeded, I was successful
|| דער קוכן איז איר געראָטן her cake was a success
|| עס איז געראָטן זי צו געפֿינען they/we were able to find her
געראָ'טנקייט די (ן) <אין> resemblance (to), having features in common (with); success, good results
געראָלדיע די [DY] זע העראַלדיק
געראַ'ם אַדי/אַדוו spacious, roomy, comfortable
געראַנגל דאָס (ען) struggle, combat, conflict
געראַניום דער (ס) [NY] geranium
גערגל דאָס (עך) גאָרגל דימ neck; throat
גערגל|ען (זיך) וו (גע–ט) זע גאָרגלען (זיך)
גערודער דאָס agitation, commotion, tumult
גערוי'ם אַדי זע געראַם
גערוי'ש דאָס (ן) (distant/faint) noise, murmur, hum
גערו'ך דאָס/דער (ן) odor/smell, fragrance
גערונען ווער|ן וו (איז גערונען געוואָרן) (milk) curdle, turn
גערונצלט אַדי wrinkled
גערו'ס דער (ן) זע גרוס
גערו'קט אַדי–אַטר apart (in years)
|| גערוקט מיט separated (by ... years)
גע'רט(נד)ל דאָס (עך) דימ זע גאָרטן
גערטנער[1] דער (–/ס) פֿעמ ין gardener
גערטנער[2] מצ זע גאָרטן
גערטנערײַ' דאָס gardening, horticulture
גע'רטנער|ן וו (גע–ט) garden
גערטענירער דער (ס) פֿעמ ין gardener
געריאַטריק די geriatrics
געריב·ן אַדי crafty, sly, smart
גערײ'ד דאָס (ן) talk, conversation, discussion
גערײדערײַ' די (ען) זע גערייד
גערײַ'ט דאָס (ן) neol. rodeo
גערי'כט[1] דאָס (ן) course (of a meal), dish
גערי'כט[2] דאָס (ן) court, tribunal
|| דאָס העכסט|ע געריכט the Supreme Court
|| שטעל|ן צום געריכט arraign, prosecute, sue
גערי'כט־געהייס דאָס (ן) court order, injunction
געריכטיק = געריכטלעך אַדי/אַדוו judicial
גערי'כטס דאָס (ן) זע געריכט[1]
גערי'כט־פּראָטאָקאָליסט דער (ן) court reporter
גערי'כט־שרײַבער דער (–/ס) court clerk
גערי'מט אַדי illustrious, glorious
גערימפּל דאָס racket, din
גערי'נס דאָס trickle, dripping
גערינ|ען וו (איז גערונען) זע גערונען ווערן
געריס|ן וו (געגרי'סט) זע גריסן
גערי'פּסט אַדי tubular, hollow; concave
געריק אַדוו זע גערן
גערי'רט אַדי touched, moved, overcome
|| גערירט (פֿון זינען) deranged
גערמאַניש אַדי Germanic
גערמע די (ס) (botan.) germ
גערן אַדוו gladly, with pleasure; willingly
|| זײַ|ן* גערן צו be glad to
|| איך בין גערן צו וויסן I would like to know
|| האָב|ן* גערן like, be fond of
גע'רן־ווילליק אַדי ready, willing
גע'רנקייט די willingness, goodwill
גערע'דט אַדי spoken, oral; arranged (marriage)
|| גערעדט געוואָרן אויף apply to
|| נאָר ווען איז דאָס גערעדט געוואָרן but with the following condition
גערע'ט דאָס <אויף> abundance (of)

גערע'טעניש דאָס (ן) (good) harvest/crop; abundance, plenty; *fam.* clever child; ace, crack player

|| בייז גערעטעניש girl who is too tall

גערע'כט אַדי/אַדוו just, fair, right

|| געב|ן* דאַט גערעכט admit that s.o. is right, decide that s.o. is right

|| זײַ|ן* גערעכט be right, have a point

גערעכטיק אַדי fair, just

גערע'כטיקייט די justice, fairness

גערע'כטיק|ן וו (–ט) vindicate, justify

גערע'לס דאָס (ן) [Ly] *neol.* (railroad) track

גערע'ם[1] דאָס (ען) framework, structure

גערעם[2] דער (ער) זע גערמע

גערע'ר דאָס (ן) *neol.* plumbing, tubing

גערשט דער (ן) (grain of) barley; stye

גערשט·ן 1. אַדי (of) barley

|| 2. דער/מצ barley

געשאַ'נק דאָס (ען) gift, present

געשאָנקען אַדי שענקען פּאַרט זע געשענקט

געשאָס·ן אַדי שיסן פּאַרט shot, killed (by a bullet)

געשוואָל·ן אַדי swollen, inflated, enlarged

|| געשוואָלן ווער|ן swell *intr.*, become swollen/inflated

געשוואָר·ן = געשוווויר·ן אַדי–עפּי sworn

|| געשוווירענ|ער שונא [SOYNE] sworn enemy

געשוווי'רענ|ער דער-דעק juror

געשווי'בל דאָס (ען) eddy

געשווײַ'ג דאָס hush, silence

געשווי'לעכץ דאָס (ן/ער) swelling, edema

געשווי'נד 1. אַדוו quickly, rapidly, with dispatch

|| 2. די : אין דער געשווינד quickly done

געשווינדקייט די speed, rapidity

געשווי'ר דאָס (ן) abscess, tumor, ulcer

געשוועל|ן וו (איז געשוועלן) דאַט *iron.* is pleasing to, is liked by

געשוועסטערקי'נד דאָס (ער) זע שוועסטערקינד

געשטאַ'לט דאָס/די (ן) form, shape; image, likeness; figure, persona

|| פֿ״גל שטאַלט

געשטאַלטיק אַדי well-built, shapely

געשטאַ'לטיק|ן וו (–ט) shape, form, fashion

געשטאַ'נק דאָס (ען) stench, stink

געשטאַפּל דאָס (ען) *neol.* gradation

געשטודי'רט אַדי *fam.* educated, having studied

געשטויג·ן אַדי : ניט געשטויגן (ניט געפֿלויג·ן) totally fictitious/crazy, preposterous

געשטופּלט אַדי pockmarked, pitted; perforated

געשטיי'|ן[1]* וו (מיר/זיי געשטייען; איז געשטאַנען) : געשטיין אַנטקעגן דאַט defy, resist

|| געשטיין פֿאַר be worth, be the equivalent of

געשטיי'[2] דאָס (ען) pile of stones/rocks

געשטי'מט אַדי in a mood/state

|| גוט/שלעכט געשטימט be in a good/bad mood

|| געשטימט צו inclined/disposed to

|| פֿ״גל שטימען

געשטי'קט אַדי שטיקן פּאַרט embroidered

געשטע'ל דאָס (ן) scaffold; stand, rack

געשטע'לט אַדי established, settled

|| פֿ״גל הויך געשטעלט

געשטערן דאָס (ס) constellation

געשטראָ'פֿט אַדי–אַטר שטראָפֿן פּאַרט מיט burdened with, forced to support

געשטרויכלט אַדי שטרויכלען פּאַרט : געשטרויכלט|ע טוונג slip(-up), unsuccessful act

געשטרויכלט ווער|ן וו (איז געשטרויכלט געוואָרן) stumble; yield to temptation

געשטרײַ'פֿט אַדי striped

געשײַ'ט אַדי clever, smart, crafty

געשיכטלעך אַדי historic(al)

געשיכטע די (ס) history; story

געשי'קט אַדי/אַדוו capable, skillful, dexterous

געשיקט|ער דער-דעק envoy, messenger

געשיקטקייט די skill, dexterity

געשיק|ן זיך וו (–ט) be fitting/appropriate, suit; be probable

|| ווי געשיקט זיך עס? how is that possible? how can that be?

געשי'ר דאָס dishes; container

געשלי'דער דאָס complex, system; chain, links, concatenation; harness; accessories, appurtenances, fixtures; offal, organ meat (heart, liver and lung)

געשלי'דערעכץ דאָס (ן) necklace of amber rings (child's amulet)

געשלי'סל דאָס (ען) keyboard

געשליפֿ·ן אַדי/אַדוו polished, smooth; sharpened, honed; subtle (mind)

|| האָב|ן* אַ געשליפֿן צינגל have a glib tongue

געשלע'ג דאָס (ן) fight, scuffle

געשלע'כט[1] דאָס (ער) — sex, gender

געשלע'כט-[2]... — sexual

|| געשלעכטגלידער — sexual organs

געשלעכטיק = געשלעכטלעך אַדי/אַדוו — sexual

געשלענגלט אַדי — sinuous, winding

געשמאַ'ק 1. אַדי — tasty, delicious

|| 2. אַדוו — with gusto, heartily

|| 3. דער (ן) — taste

|| מיט געשמאַק — in (good) taste, tastefully

געשמדט אַדי שמדן פּאַרט [GEShMA'T] — converted to Christianity

|| געשמדט|ער האַלדז, געשמדט|ע קישקע — glutton, guzzler

|| ערגער ווי געשמדט — very wicked

געשמײַדיק אַדי/אַדוו — nimble, flexible

געשמײַע : געשמײַע דיר פֿאַר פּול! — I don't give a damn about you!

געשמי'לץ[1] דאָס (ן) — shortening, fatty food

געשמי'לץ[2] דאָס — glass beads

געשמי'רט אַדי — lubricated, greased

|| ווי געשמירט — smoothly, without problems

געשמע'לץ דאָס (ן) — alloy

געשני'ט דאָס — stubble, field after mowing/reaping

געשניט·ן אַדי שנײַדן פּאַרט — diluted, cut (with water); truncated (cone, pyramid)

געשני'ץ דאָס (ן) — carving

געשעדיקט אַדי — damaged; sly, crafty

געשע'|ן* 1. וו (זײַ געשען; איז געשע'ן) — happen (to), befall, occur <דאַט/מיט>

|| 2. געשע'·ן אַדי — having occurred, which has taken place

געשע'נקט אַדי שענקען פּאַרט — offered as a supplement, granted for free

|| געשענקטע טעג — warm days of early autumn, Indian summer

|| געשענקטע יאָרן — years of life beyond the age of seventy

געשע'עניש דאָס (ן) — event, happening, occurrence

געשע'פֿט[1] דאָס (ן) — business; deal; shop, store

|| פֿיר|ן/טרײַב|ן געשעפֿט — be in business

געשע'פֿט-[2]... — commercial; managing

געשעפֿטלײַט מצ זע געשעפֿטסמאַן

געשעפֿטלעך 1. אַדי — business, commercial

|| 2. אַדוו — on business

געשעפֿט(ס)מאַן דער (געשעפֿט(ס)לײַט) — businessman

געשע'פֿט(ס)-פֿירער דער (–/ס) פֿעמ ין — manager, director

געשפּאַ'ן דאָס (ען) — harness; team (harnessed animals)

געשפּאַ'נט אַדי/אַדוו שפּאַנען פּאַרט — tense, strained

געשפּאַ'ס דאָס — joking

געשפּי'ן דאָס — spin

געשפּי'נס דאָס (ן) — web, tissue

געשפּי'קעוועט אַדי שפּיקעווען פּאַרט — husky, robust, burly

געשפּע'ט דאָס — mockery, irony, derision; object of ridicule

געשפּעטנע אַדי זע שפּעטנע

געשפּע'נסט דאָס (ן/ער) — specter, phantom

געשפּרײ'ט דאָס (ן) — space, extent, expanse

געשפּרייטיק אַדי — spatial

געשפּרינקלט אַדי זע געשפּרענקלט

געשפּרע'ך דאָס (ן) — conversation

געשפּרענקלט אַדי — speckled

געשריי' דאָס (ען) — cry, scream, shout, yell; clamor, uproar

געשרײַבעכץ דאָס (ן/ער) זע שרײַבעכץ

געשרי'פֿט(ס) דאָס (ן) — document, writ, written proof; inscription, legend

געתּנאַי דאָס [GETNA'Y] — *neol.* set of conditions

גר דער (ים) פֿעמ טע [GER - GEYRIM] — proselyte, convert to Judaism

גראָ אַדי — gray

גראָב אַדי/אַדוו (קאָמפּ גרעבער) — fat, corpulent; thick; coarse, crude, rude; obscene; ignorant

|| גראָב|ע זאַך — rude person

|| גראָב|ער פֿינגער — thumb; big toe

|| גראָב|ער קאָפּ — idiot, imbecile, blockhead

גראָ'באײַזן דאָס/דער (ס) — pickaxe, mattock

גראָ'בבײַכיק אַדי — pot-bellied

גראָ'בהויטיק אַדי — thick-skinned, insensitive

גראַביאָ'זש דער — *Slav.* brigandage, banditry

גראָביאַ'ן דער (ען/עס) פֿעמ קע — rude/vulgar person

גראָביאַנסקע אַדי — *dial.* vulgar, rude, rough

גראָב-יו'נגיש אַדי/אַדוו — rude, vulgar, uncouth

גראַבליע די (ס) — rake

גראַ'בליעווע|ן וו (גע-ט) — rake

גראַבל|ען וו (גע-ט) — scratch

|| גראַבלען זיך <אויף> — (try to) climb/scramble (up a vertical surface), clamber

גראָבן 1. דער (ס) — ditch; trench

|| 2. גראָבן וו (געגראָבן) dig *imperf.*; mine, extract
|| גראָבן אויף scheme against, undermine
|| גראָבן זיך אין rummage in, immerse oneself in
גראָב|ער־יו'נג דער-דעק (גראָבע־יו'נגען) boor, oaf, ruffian, ignoramus
גראָבקייט די (ן) rudeness, roughness; obscenity, vulgarity
גראָ'בקעפּיק אַדי obtuse, dull-witted
גראַגער דער (ס) rattle
|| הער|ן אַק ווי המן דעם גראַגער [HOMEN] pay no attention to (the words of)
גראַגעריי' דאָס rattling, crackling; chattering
גראַ'גער|ן וו (גע-ט) rattle; crackle; chatter
גראַד דער (ן) degree, grade; (social) class
|| געמיינ|ער גראַד lower classes
גראָד 1. אַדי straight (line/angle); right (angle); even (number)
|| 2. אַדוו just, exactly; by chance, unexpectedly
|| גראָד דעמאָלט just then
|| גראָד דאָ right here
|| גראָד פֿאַרקע'רט quite the contrary
|| פֿאַר וואָס גראָד איך? why me of all people?
גראַדאָנאַטשאַלניק דער (עס) [Ly] *Slav.* (in Russia) governor of a town/city
גראַדאַציע די (ס) gradation
גראַדואַ'נט דער (ן) פֿעמ ין graduate
גראַדוי'ר־... (of) graduate (education); (of) graduation
גראַדוירונג די (ען) graduation
גראַדויר|ן וו (-ט) graduate
גראַדיר|ן וו (-ט) grade
גראָ'דליניק אַדי rectilinear
גראָדע אַדי/אַדוו זע גראָד
גראָדע די (ס) (math.) straight line
גראָדעק דער (ן) rectangle
גראָדקע די (ס) זע גראַטקע
גראָוו אַדי זע גראָ
גראַווי'ר די (ן) engraving
גראַוויטיר|ן וו (-ט) gravitate
גראַוויר|ן וו (-ט) engrave
גראַווירער דער (ס) engraver
גראָז דאָס (ן/גרעזער) דימ גרעזל grass; sod, turf
גראָ'זגאָרטן דער (...גערטנער) *neol.* lawn
גראָזיק אַדי grassy, grass-covered
גראָזנ(י)ע|ן וו (גע-ט) [Ny] זע גרוזנען

גראָ'ז־שניידער דער (ס) lawnmower
גראָזשע|ן וו (גע-ט) : (מיט אַ פֿינגער) *dial.* threaten, wag one's finger at
גראַטוליר|ן וו (-ט) congratulate
גראַטע די (ס/גראַטן) זע קראַטע
גראָטע די (ס) grotto, cave, cavern
גראָטע'סק אַדי grotesque
גראַטקע די (ס) set of shelves (for kitchen utensils)
גראַטש דער (ן/עס) hot-head; gambler
גראַטש(ע)|ן וו (גע-ט) scratch, claw *imperf.*
גראַטשקע די (ס) rat race, free-for-all
גראַ'כ(אָ)ווינע די (ס) pea straw
גראַלניע די (ס) [LyNy] distillery
גראַלניק דער (עס) [Ly] distiller
גראַם[1] דער (ען) rhyme
גראַם[2] דער (ען) gram
גראַם[3] = גראָם אַדי/אַדוו זע געראַם
גראָמאַדע די (ס) זע הראָמאַדע
גראַמאַטיק די (עס) grammar
גראַמאַ'טיקער דער (ס) grammarian
גראַמאַטיש אַדי grammatical
גראַ'מאָטנע אַדי *Slav.* literate
גראַמאָפֿאָ'ן דער (ען) gramophone, phonograph
גראָמידע די (ס) זע הראָמאַדע
גראַמ|ען (זיך) וו (גע-ט) rhyme *trans./intr.*
גראַם־שטראָ'ם (דער) doggerel
|| גראַם־שטראַם מאַך מיר אַ לעטניק! [Ly] it's just a lot of bad rhymes
גראַנאַ'ט[1] דער (ן) grenade, shell; garnet
גראַנאַט[2] = גראַ'נאַט·ן אַדי זע גראַנעט(ן)
גראַנדיע'ז אַדי [DY] grand(iose), magnificent
גראַנדיעזקייט די [DY] majesty, grandeur
גראַנדע : אויף גראַנדע *slang* by force
|| נעמ|ען אויף גראַנדע *also* fool, hoax
גראַני'ט דער granite
גראַניט·ן אַדי (of) granite
גראַ'נעט(·ן) אַדי dark/navy blue
גראָס דער (-) gross, twelve dozen
גראַסע די (ס) זע ראַסע[2]
גראַף דער (ן) count (nobleman)
גראַפֿאָמאַ'ן דער (ען) compulsive writer, scribbler
גראַפֿאָמאַניע די [NY] compulsion to write; worthless writing
גראַפֿי'ט דער graphite
גראַפֿיניע די (ס) [Ny] countess
גראַפֿינקע די (ס) carafe

גראַפּיק 1. די — graphics, graphic arts
|| 2. דער (ן) — (math.) graph
|| 3. דער (עס) — schedule
גראַפּיש אַדי/אַדוו — graphic
גראַ'פֿנשאַפֿט די (ן) — earldom, county
גראַציע די (ס) — grace(fulness), charm
גראַציע'ז אַדי/אַדוו — gracious, charming
גראַציעזקייט די — grace(fulness), elegance
גראָצעם גאָלד = גראָ'צעמער געלטער קאָל — fabulous sums
גראַ'שיצע די (ס) — (veal) sweetbread
גראָשן 1. דער (ס) — (Polish) grosz, groschen; penny, small coin
|| אָן אַ גראָשן (ביי דער נשמה) [NEShOME] — without a penny to his name, penniless
|| ניט האָב|ן* פֿאַר אַ/קיין גראָשן אַק — not have even a tiny amount of
|| אַ שיינ|ער גראָשן — a tidy sum, a pretty penny
|| 2. גראָש·ן אַדי זע גראָשנדיק
גראָ'שנדיק אַדי — a penny's worth; petty, paltry
גרגרת די [GARGERES] — throat
|| קריכ|ן דאַט אין דער גרגרת — touch s.o. to the quick, get on the nerves of
גרוב 1. די (ן) — mine
|| 2. דער/די (גריבער) דימ גריבל — pit, hole; dungeon; grave
|| גראָב|ן אַ גרוב אויף — plot to ruin s.o.
גרוביאַ'ן דער (עס) זע גראָביאַן
גרוגרת־דרבי־צדוק [GROYGRES-DERABI-TSODEK]
: ווי אַ גרוגרת־דרבי־צדוק — dry, withered, stunted
גרודע די (ס) דימ די גרודקע — clod of earth; lump
גרו'דעדיק אַדי — lumpy, clotted
גרודעוואַטע אַדי — dented, bruised; bumpy (road)
גרוז דער — debris; cargo, load
גרוזאָווטשיק דער (עס) — *Slav.* shipper (of merchandise)
גרוזיניש אַדי/(דאָס) — Georgian
גרוזינער דער (–) פֿעמ ין/...נקע — Georgian
גרוזיע (די) [ZY] — Georgia (in the Caucasus)
גרוזנע די (ס) — bog, marsh
גרוזנע|ן וו (גע–ט) — flounder/sink in the mud
גרו'זע(ווע)|ן וו (גע–ט) — load, embark
גרוי אַדי זע גראָ
גרויזאַם אַדי/אַדוו — *Germ.* cruel, pitiless
גרויזיק אַדי/אַדוו — *neol., lit.* cruel, pitiless
גרויל דער (ן) — horror, terror; shudder
גרויליק אַדי/אַדוו — horrible, terrifying, gruesome

גרויל|ן וו-אומפּ (גע–ט) <דאַט> — *rev.* shudder
|| עס גרוילט מיר — I shudder
גרוים אַדי זע געראַם
גרויס[1] 1. אַדי/אַדוו (קאָמפּ גרעסער; סופּ גרעסט) — great, large, big
|| גרויס ביי זיך — conceited, haughty
|| האַלט|ן זיך גרויס, שטיי|ן* אין גרויסן — put on airs
|| וואָס טויג אײַך גרויס — do I need to draw you a picture?
|| אַזוי' גרויס ווי — as much as, tantamount to
|| עס קאָסט אײַך אַזוי' גרויס ווי — all in all, it will cost you as much as
|| 2. די (ן) זע גרייס
גרויס־[2]... — grand-; greater, district (of)
|| גרויספֿירשט — Grand Duke
|| גרויס־באָסטאָן — greater Boston, Boston metropolitan area
גרוי'סאַרטיק אַדי/אַדוו — magnificent
גרוי'ס־בריטאַניע (די) [NY] — Great Britain
גרוי'סהאַלטער דער (–/ס) פֿעמ קע — boaster, stuck-up person
גרוי'סהאַלטעריש אַדי/אַדוו — boastful, vain
גרוי'סהאַנטיק אַדי — capital (letter)
גרוי'סהאַרציק אַדי/אַדוו — generous, magnanimous
גרוי'סהאַרציקייט די — generosity, magnanimity
גרויסינק אַדי–עפּי — *affect.* big (e.g. a child)
גרוי'ס־כּרך דער (ן) [KRAKh] — megalopolis
גרויסמאַכט די (ן) — great power (country)
גרוי'סמוטיק אַדי/אַדוו — generous, magnanimous
גרוי'ס־מיסחר דער [MISKhER] — big business
גרויס|ן וו (גע–ט) זע גרייסן
גרויסקייט די — greatness
גרוי'סקייט־מאַניע די [NY] — megalomania, delusions of grandeur
גרויסשטאָט די (...שטעט) — metropolis
גרוי'סשטאָטיש אַדי — metropolitan, urbane
גרוי|ען וו (גע–ט) — turn/become gray
גרויפּ די (ן) דימ גרייפּל — grain of cereal; granule, pellet
|| מצ — cereal (*esp.* barley), grits, groats
גרונד דער (ן) — grounds, reason, basis
|| אָן אַ גרונד — baseless
|| פֿ״גל גרונט[1]
גרו'נדוואָגע די (ס) — *Germ.* plumb line
גרונט[1] דער (ן) — soil, ground; foundation, base; residue, sediment

|| אין גרונט at bottom, basically, fundamentally
|| אָן אַ גרונט bottomless, inexhaustible
|| גיי|ן* צו(ם) גרונט sink, be in jeopardy
|| פֿ"גל גרונד
גרו'נט-2... basic, fundamental, underlying, primary
גרונטאָוו(נ)ע אַדי **זע** גרונטיק
גרו'נטאייגנס דאָס real property/estate
גרונטיק אַדי/אַדוו fundamental, basic; exhaustive, thorough
גרו'נטלייגער דער (-/ס) founder, builder
גרו'נט-מיסחר דער [MISKhER] real estate business
גרו'נט-סוחר דער (ים) [SOYKhER - SOKhRIM] real estate agent
גרו'נטעווע|ן וו (גע-ט) prime (before painting); dig, excavate; immerse oneself; go deeply into, inquire into
גרו'נטפּראָדוקט דער (ן) staple (product); principal product
גרו'נטפֿעסטיק|ן וו (גע-ט) *lit.* lay the foundations of, consolidate, establish firmly
גרונטצאָל די (ן) cardinal number
גרונטשטיין דער (ער) cornerstone; *fig.* foundations
גרוס דער (ן) דימ די גריסקע greeting(s), regards, compliments, respects; news
|| אַ גרוס <דאַט>! regards (to)
|| מיט גרוס – אײַער/דײַן sincerely yours (at the end of a letter)
גרופּירונג די (ען) grouping
גרופּיר|ן וו (-ט) group *imperf.*
|| גרופּירן זיך gather, cluster
גרופּע די (ס) דימ די גרופּקע group
גרוש[1] דער (ים) [GORESh - GRUShIM] divorced man
גרוש[2] דער (ים) [GEYRESh - GERUShIM] **זע** גירוש
גרושה די (-ות) [GRUShE] divorced woman
גרטע די (ס) [GERTE] **זע** גר
גריבל דאָס (עך) דימ **זע** גרוב 2.
גריבל|ען זיך וו (גע-ט) <אין> immerse oneself (in), look into, investigate
גרי'בעלע[2] דאָס (ך) גרוב 2. דימ *also* dimple; mud hut
גרי'בענעס מצ **זע** גריוון
גריבער מצ **זע** גרוב 2.
גרי'בערדיק אַדי bumpy, rough, rugged (terrain)
גריוון מצ cracklings, browned bits of goose/chicken skin
גריוונע די (ס) ten-kopeck coin

גריווע די (ס) דימ די גריווקע mane
גרי'ווניק דער (עס) **זע** גריוונע
גריווקע די (ס) גריווע דימ bangs (hair)
גריזאָטע די chagrin, vexation, worry
גריזינ(י)ע די [Ny] turnip, rutabaga
גריזע|ן וו (גע-ט) **זע** גריזשען
גריזשע|ן וו (גע-ט) gnaw, nibble; nag, harass, worry, torment
|| גריזשען זיך fret, be tormented with worry
גרײַז[1] דער (ן) error, mistake, misprint
גרײַז[2] .1 דער (ן) old man
|| .2 אַדי–עפּי *lit.* very old, ancient
|| גרײַז גראָ gray-haired, hoary
גרײַזיק אַדי erroneous, full of errors
גרײַזל דאָס (עך) curl (hair)
גרײַזל|ען וו (גע-ט) curl (hair) *trans.*
|| גרײַזלען זיך (hair) curl *intr.*, frizzle; coil, wind; (smoke) curl upward
גרײַזלער דער (ס) curler
גרײַז|ן וו (גע-ט) make a mistake, err
גרײַזשיק דער (עס) tripe
גרייט אַדי ready, set, willing
|| מאַכ|ן זיך גרייט get ready/set, prepare oneself
|| לעב|ן/עס|ן פֿון גרייטן live off one's reserves
|| זײַן* אויף אַלעם גרייטן be housed and fed, get room and board
גרייט|ן וו (געגריי'ט) prepare *trans.*, organize, stage
|| גרייטן זיך get prepared
|| גרייטן צום טיש set the table
גרייטקייט די <צו> readiness (to), preparedness; willingness
גרייך דער (ן) reach, extent, range
|| אין גרייך within reach
גרייכ|ן וו (גע-ט) reach, attain, range
|| גרייכן ביז/צו reach/extend as far as
|| גרינג צו גרייכן easy to reach, within easy reach
|| ווײַט גרייכנדיק far-reaching
גרײַלעך אַדוו in great measure, very much so, highly
גרייס די (ן) size, dimension, extent
גרייס|ן וו (גע-ט) glorify, extol
|| גרייסן זיך <מיט> boast (of), pride oneself (on)
גרײַפּל[1] דאָס (עך) גרויפּ דימ grain, granule, pellet

|| מצ gruel, porridge

גרײַ'פּל[2]-... granular, granulated

גרײַ'פּלדיק אַדי grainy, rough (in texture)

גרײַ'פּל-רעגן דער sleet

גרייפּפֿרו(כ)ט דער (ן) grapefruit

גרײַצער[1] דער (ס) corkscrew

גרײַצער[2] דער (–/ס) kreutzer (former Austrian coin)

גרײַשל דאָס (עך) (culin.) rumen and tripe (of sheep/goat)

גרײַ'שלפֿוס דער jellied sheep's foot and tripe

גריך דער (ן) פֿעמ ין Greek

גריכיש אַדי/(דאָס) Greek

גרי'כנלאַנד (דאָס) Greece

גריל די (ן) cricket

גרילציק אַדי/אַדוו grating, harsh

גרילצ|ן וו (גע–ט) make a harsh sound, grate; chirp

|| גרילצן <דאַט> אין די אױ'ערן hurt the ears (of), grate on the ears (of)

גרי'לצנדיק אַדי **זע** גרילציק

גרים[1] דער (ען) (theat.) makeup

גרים[2] מצ [GEYRIM] **זע** גר

גרימאַסע די (ס) grimace

גרימיר|ן (זיך) וו (–ט) (actor) make up *trans./intr.*

גרימ|ען וו (גע–ט) *lit.* (wrath) be kindled/aroused

|| גרימען אומפּ דאַט *rev.* have stomach cramps

|| עס גרימט מיר אין בויך I have stomach cramps

גרי'מעניש דאָס colic, stomach cramps

גרימפּל|ען וו (גע–ט) <אויף> scrape, strum tunelessly (on stringed instrument)

גרי'מצאָרן דער rage, wrath, anger

גרין אַדי green

גרינבלעך אַדי greenish

גרינג **1.** אַדי/אַדוו light (weight); easy

|| מאַכ|ן זיך גרינג דאָס לעבן make things easy for oneself, take it easy

|| **2.** די : פֿון דער גרינג nonchalantly, without thinking about it

גרי'נגגלײביק אַדי credulous, gullible

גרי'נג-דעהדיק [DE'YEDIK] אַדי/אַדוו frivolous, rash

גרינגקייט די ease, facility; lightness

גרי'נג|שעצ|ן וו (–גע–ט) *(not used in present)* disparage, disdain

גרינד דער (ן) skin ulcer/lesion

גרינדונג די founding, creation, establishment

גרי'נדונגס-פֿאַרזאַמלונג די (ען) constituent assembly

גרי'נדזשעלע דאָס (ך) runner (of a sleigh); peasant sleigh

גרינדלעך אַדי/אַדוו **זע** גרינטלעך

גרינד|ן וו (גע–ט/געגרינדעט) found, establish, create

גרינדער דער (–/ס) פֿעמ ין founder

גרי'נהאָרן דער (ס) *Amer.* greenhorn, newcomer

גרינוואַרג דאָס greens, vegetables

גרינזשעלע דאָס (ך) **זע** גרינדזשעלע

גרי'ן-חגא די [KhOGE] Pentecost, Whitsuntide

גרינטלעך **1.** אַדי thorough; fundamental

|| **2.** אַדוו deeply, in depth

גרינס דאָס (ן) vegetable(s), greens; greenery, foliage

גרינ|ען וו (גע–ט) grow green, put forth leaves

גרינ|ער דער-דעק recent immigrant, green person, novice

גרינשטיין דער jade

גרינשפּאָן דער verdigris

גריס|ן וו (גע–ט) greet; send regards to; convey s.o.'s regards

|| לאָז|ן גריסן send one's love/regards to

|| גריסן זיך <מיט> exchange greetings (with); say hello (to)

גריסקע[1] די black peasant bread

גריסקע[2] די (ס) דימ **זע** גרוס

גריפּע די (ס) grippe, flu

גריף[1] דער (ן) vulture

גריף[2] דער (ן) neck (of a stringed instrument)

גריפֿל דער (ען) slate-pencil, chalk

גריץ די grits, groats

גריק·ן אַדי (of) buckwheat

גריקע די buckwheat

גרם דער [G(E)RA'M] *lit.* cause

גרסא די (גרסאָות) **זע** גירסא

גרעב די (ן) thickness, fatness

גרעבליע די (ס) dam, dike

גרעבלעך אַדי/אַדוו (a bit) thick; rough, unpolished; (somewhat) impolite, rude; vulgar

גרעבער[1] דער (–/ס) miner, digger

גרעבער[2] אַדי **זע** גראָב

גרעבץ דער (ן) **זע** גרעפּץ

גרעגער דער (ס) **זע** גראַגער

גרעזל דאָס (עך) גראָז דימ blade of grass

גרעזער מצ זע גראָז

גרעט[1] דאָס — wash, laundry, clothes to be washed

גרעט[2] דער — *dial.* fishbones

גרע'טקלאַמער דער (ן) — clothespin

גרעטשטריק דער (–) — clothesline

גרעטשקע די זע רעטשקע

גרעל אַדי — *Germ.* harsh (light); loud, gaudy (color); piercing (sound, voice); strident

גרעמפּליע די (ס) — card (comb for untangling fibers)

גרע'מפּליעווע|ן וו (גע–ט) — card (wool)

גרענדע די (ס) — perch, roost

|| פֿיר|ן די גרענדע — rule the roost, be in charge

גרענלאַנד (דאָס) — Greenland

גרענעץ[1] דער/די (ן) — frontier, boundary, border

|| אָן אַ גרענעץ — boundless, unlimited

|| אויף דער גרענעץ פֿון — on the threshold of

|| גנבֿע|נען די גרענעץ [GANVE] — steal across a border

גרע'נעץ-...[2] — borderline; boundary

|| גרענעצפֿאַל — borderline case

|| גרענעצוואַך — frontier guard, border police

גרע'נעצלאַנד דאָס — frontier zone

גרע'נעצ|ן זיך וו (גע–ט) — have a common border

|| גרענעצן זיך מיט — border (on); verge on *fig.*

גרע'נעצשטיין דער (ער) — boundary stone

גרעסער אַדי גרויס קאָמפּ — bigger, greater; *(attributive only)* major, considerable

|| זײַן* גרעסער פֿון — exceed, outstrip

גרעפּץ דער (ן) — belch, burp

גרעפּצ|ן וו (גע–ט) — belch *imperf.*

גרעק[1] דער (ן) — bun (hair), chignon

גרעק[2] דער (ן) — Greek

גרעקיש אַדי/(דאָס) — Greek, Grecian

גשם דער [GEShEM] — *Jew.* prayer for rain, recited on the eighth day of *Sukkot*

|| פֿ״גל סוכות

גשמיות דאָס [GA'ShMIES] — materialism, materiality

גשמיותדיק אַדי/אַדוו [GA'ShMIESDIK] — material, carnal; earthy; materialistic

גשמ|ען וו (גע–ט) [GEShEM] — *fam.* rain

גשן (דאָס) זע גושן

ד

ד דער/די [DALET] — letter of the Yiddish alphabet; pronunciation [D]; numeric value: 4

|| פֿ״גל דלת אַמות; דלת על דלת

דאָ[1] אַדוו — here

|| עס איז/זײַנען דאָ — there is/are

|| דאָ ערגעץ — near here, (somewhere) in the vicinity

|| דאָ ניט לאַנג — not long ago, recently

|| דאָ וווּ — here where

|| דאָ ... דאָ — now ... now

|| דאָ און דאָ — at such and such a place

|| איך בין דאָ — here I am

|| אָט זײַנען זיי ווידער דאָ — here/there they are again

דאָ[2] דער — (mus.) C, do

דאָ אַרו'מ(ערט) אַדוו — this way, through here

דאָבאַווען וו (–ט) — *Slav.* add

דאָבאַווקע די (ס) — *Slav.* supplement

דאָביוועןן זיך וו (–ט) זע דערביוועון זיך

דאָבניע די (ס) [Ny] — mallet, pestle

דאָבראַ'נאָץ דער — reception the night before a Jewish wedding; melody played for this occasion,

דאָברידזיע'ן דער [Zy] — *Jew.* gathering in honor of the bride on the morning of her marriage (or in honor of the couple the morning after); music played on this occasion

דאָברע־מזל דאָס [MA'ZL] — *iron.* good fortune, luck; wealth

|| צו מײַ'ן דאָברע־מזל — to top it off, to make matters worse

|| מיטן גאַנצן דאָברע־מזל — with bag and baggage

דאָגאָדזשען וו (–ט) זע דערגאָדזשען

דאגה די (–ות) [DAYGE] — worry, concern, problem

|| אַ דאגה האָב איך! — that's the least of my worries!

|| ס'איז ניט דײַן באָבעס דאגה — mind your own business

דאגהן וו (גע–ט) <וועגן> [DAYGE] — worry, be concerned (about)

|| ניט געדאגהט! — not to worry! be of good cheer!

דאָגמאַטיש אַדי/אַדוו — dogmatic

דאָגמע די (ס) — dogma

דאגת־פּרנסה די [DAYGES-PARNO'SE] — worry about making a living

דאָדאַטיק דער (...טקעס) — *Slav.* supplement, addition

דאָדערט אַדוו — *dial.* (right) here

דאָ־הי' אַדוו — here, in this place

דאָוואַזשען זיך וו (–ט) זע וואַזשען

דאַווײַ' אינט — *Slav.* hand it over! give it here!

|| דאַווײַ דאָס געלט! — hand over the money!

דאַוויי'ס : דאַווייס וואָס/ווער/וווּ/ווען — *dial.* who knows what/who/where/when?

דאָוויע'רענאָסט דאָס (ן) — *Slav.* power of attorney

דאַווענען וו (גע–ט) — *Jew.* pray, say one's prayers

|| דאַווענען מעריבֿ [MAYREV] — say the evening prayer(s)

דאַ'וונשול די (ן) — synagogue

דאַ'וועַנען וו (גע–ט) זע דאַווענען

דאורײַתא זע מדאורײַתא

דאָזאָ'ר דער (ן/עס) — member of the community/synagogue council

דאָזאָרצע דער (ס) — *Slav.* caretaker; overseer, inspector

דאָ'זיקער אַדי–עפּי — *(always preceded by the definite article)* this/these, the aforementioned

|| דער דאָזיקער מאַן — this man

|| די דאָזיקע פֿראַגע — this question

|| איך וויל דאָס דאָזיקע בוך — I want this book

|| פֿון דעם דאָזיקן בעכער — from this very goblet

דאָזע די (ס) — dose

דאַט דער (ן) — datum, fact

דאַטי'וו דער (ן) — (gramm.) dative

דאַטירן וו (–ט) — mark the day, date

דאַטע די (ס) — (calendar) date

דאַטש דער (ן) — *hum./pejor.* German; Jew dressed in European clothes; assimilated Jew

דאַטשניק דער (עס) פֿעמ ...ניצע — vacationer, summer visitor

דאַטשע די (ס) — country house, secondary residence

|| אויף דאַטשע — (on vacation) in the country

דאַיאַנקע = דאָיאָנקע די (ס) זע דיניצע

דאָיִק אַדי — local, of this place

דאַך דער (דעכער) דימ דעכל — roof

|| שטרוי'ענ|ער דאַך — thatched roof

|| אַ דאַך איבערן קאָפּ — shelter, a roof over one's head

דאָך אַדוו *(stressed, often at the beginning of a phrase)* yet, however; *(unstressed)* obviously, after all

|| ווייסט און דאָ'ך שווײַגסטו you know it and yet you are silent

|| ווייסט עס דאָך you know (it) very well

|| אַ מענטש איז דאָך ניט קיין הונט a man, after all, is not a dog

דאַ'ך־דירה די (–ות) [DIRE] attic apartment

דאַכטונג די (ען) fantasy, imagination

דאַכט|ן זיך וו (געדאַ'כט) <דאַט> seem (to s.o.)

|| עס דאַכט זיך מיר אַז ער שלאָפֿט it seems to me that he's asleep

|| עס האָט זיך איר געדאַכט she imagined it

|| זאָל זיך דאַכטן אַז suppose, let's assume that

|| דאַכט זיך it seems (to me) *(parenthetically)*

|| פֿ״גל געדאַכט

דאַ'כלאָז(יק) אַדי homeless, without shelter

דאַ'כלקע = דאַ'כעווקע די (ס) shingle, roof tile

דאַ'כפֿאַרטקע די (ס) skylight

דאַכשטוב די (...שטיבער) attic, garret

דאַכשטרוי די thatch

דאַכשפּיץ דער (ן) (archit.) gable

דאַלאָזשעו|ן וו (–ט) *Slav.* make a report on

דאָלאָטע די (ס) זע דלאָט

דאַלאָ'י אינט זע דאַלוי

דאָלאָניע די (ס) [Ny] זע דלאָניע

דאָלאַר דער (...אַ'רן) dollar

דאָלבעו|ן וו (גע–ט) *Slav.* dig *imperf.*, hollow (out)

דאַלוי' אינט *Slav.* down with!

|| דאַלוי פּאָליציי'! down with the police!

דאָ'לינע די (ס) זע דאָלענע

דאָליע די (ס) fate, lot, destiny

דאָ'למעטשער דער (–/ס) translator, interpreter

דאָ'לעטע די (ס) זע דלאָט

דאָ'לענע די (ס) small valley, hollow, depression

דאַלעס פֿאָנ דלות

דאַם דער (ען) game of checkers

דאָמאָוויק דער (עס) זע דאָמאָניק

דאַמאָל(ס)ט אַדוו זע דעמאָלט

דאָמאָניק דער (עס) (folklore) house-demon; hobgoblin, imp; soul in torment

דאַמאַ'סק דער damask

דאַמאַסק·ן אַדי (of) damask

דאָמב דער (דעמבעס) זע דעמב

דאַמבע די (ס) dam, dike

ד׳ אַמות מצ זע דלת אַמות

דאָ'מינאָ דער (ס) dominoes (game)

דאָמינאַ'נט 1. אַדי (biol.) dominant

|| 2. דער (mus.) dominant

דאָמיניע די (ס) [NY] dominion, lands

דאָמיניקאַנער 1. אַדי–אינוו Dominican

|| 2. דער (–) Dominican (friar, person from the Dominican Republic)

דאָמיניר|ן וו (–ט) dominate

דאָמיני'רנדיק אַדי dominant, predominant

דאַמיש אַדי/אַדוו ladylike, distinguished

דאַמל(ס)ט אַדוו זע דעמאָלט

דאַמסקע אַדי ladies', for women

דאַמע די (ס/ן) lady

דאַ'מען־... women's, ladies'

דאַ'מען־באַנדאַזש דער (ן) sanitary napkin

דאַמף דער (ן) steam

דאַמפֿוואַלץ דער (ן) [Ly] steamroller

דאַ'מפֿמאָטאָר דער (ן) steam engine/locomotive

דאַמפֿער דער (ס) steamer

דאַמפֿשיף די (ן) steamship

דאַמקע די (ס) (game of) checkers

דאַן אַדוו then, at that moment; afterwards, thereafter

דאָנאָ'ס דער (ן) *Slav.* denunciation, informing (against s.o.)

דאָנאָ'סעווע|ן וו (–ט) *Slav.* denounce, inform (on)

דאָנאָשטשיק דער (עס) *Slav.* denouncer, informer

דאָנדיק דער (עס) *dial.* fool, ninny

דאָן־זשואַ'ן דער (ען) womanizer, Don Juan

דאָ'ניצע די (ס) זע דיניצע

דאַנעט : פֿון דאַנעט from here, hence

|| דורך דאַנעט this way

|| ביז דאַנעט thus far, up to here

|| ניט וו פֿון דאַנעט אַהי'ן not ... at all, not ... in the slightest

|| איך גלייב אים ניט פֿון דאַנעט אַהי'ן I don't believe a word he says

|| ער טוט ניט פֿון דאַנעט אַהי'ן he doesn't lift a finger

דאַנען זע דאַנעט

דאָ'נערשטאָג = דאָ'נערשטיק 1. דער (ן) Thursday
|| 2. אַדוו Thursdays, on Thursday
דאָ'נערשטיקדיק אַדי of Thursday, Thursday's
דאַנק דער (ען) gratitude; thanks
|| אַ דאַנק (דיר/אײַך)! thank you! thanks!
|| אַ גרויסן/שיינעם דאַנק! thank you very much! thanks a lot!
|| פֿול מיט דאַנק very grateful
|| קומ|ען דאַט אַ דאַנק owe thanks to s.o.
|| איבער דאַנק against one's will
|| פֿײַגל אַ דאַנק
דאַנקבאַר אַדי grateful, thankful
דאַ'נקבאַרקייט די gratitude
דאַנקטאָג דער (...טעג) *Amer.* Thanksgiving
דאָן־קיכאָ'ט דער (ן) Don Quixote
דאַנק|ען וו (גע-ט) <דאַט> thank (s.o.), to give thanks (to)
דאַנקשאַפֿט די gratitude
דאָס 1. אַרט *(neuter article)* the; *(stressed, used as a demonstrative)* this
|| ער וויל דאָ'ס בוך he wants this book
|| 2. פּראָנ (דאַט: דעם) this; this one; these
|| דאָס איז עס! that's it! here it is!
|| דאָס זײַנען מײַנע טעכטער these are my daughters
|| דאָס און דאָס this and that
|| דאָס ... דאָס now ... now
|| 3. פּאַרטיקל *particle placing the emphasis on a particular word of the sentence*
|| אי'ך רעד דאָס, דאָס רעד אי'ך I'm the one who's talking
|| צו די'ר רעד איך דאָס, דאָס רעד איך צו די'ר it's you I'm talking to
|| הערסט קלעפּ? דאָס האַקט מען האָלץ you hear banging? that's because they're chopping wood
|| 4. דער *euph.* penis; rear end, buttocks; fool; excrement
|| 5. קאָנ that
דאָסאַדנע אַדי *dial.* vexing, annoying, frustrating
דאָסאַדע די (ס) *dial.* vexation, annoyance
דאָס דאָ'זיק|ע זע דאָזיקער
דאָסיע' דער (ען) [SY] dossier, file
דאָסיק אַדי *hum.* dubious, fishy; ill disposed
דאָס|ן וו (גע-ט) *euph.* move one's bowels, defecate
דאָפּטשע|ן וו (גע-ט) זע טאָפּטשען
דאָפּלט אַדי/אַדוו זע טאָפּל

דאָפּראָ'ס דער (ן) *Slav.* examination, hearing
דאָפֿקע פֿאָנ דווקא
דאַצו|ן וו (גע-ט) זע אָפּדאַצן
דאָצע'נט דער (ן) instructor, lecturer
דאָק דער (ן) dock, pier
דאָקאָז(ש)ע|ן וו (-ט) זע דערקאָזשען
דאָקוטשע|ן וו (-ט) זע דערקוטשען
דאָקומע'נט דער (ן) document
דאָקומענטיר|ן וו (-ט) document
דאָקוקע די *dial.* annoyance
דאָקטאָר דער (...אָ'רן) פֿעמ ...אָ'רין doctor (holder of a doctorate)
|| פֿײַגל דאָקטער
דאָקטאָריע די *fam.* medicine (science, profession)
דאָקטער דער (...טוי'רים) פֿעמ שע medical doctor, physician
דאָקטערײַ' דאָס (practice of) medicine
דאָ'קטער|ן זיך וו (גע-ט) make frequent visits to doctors
דאָקטערש אַדי of a doctor, doctor's
דאָקטרי'ן די (ען) doctrine, belief
דאָקלאַ'ד דער (ן) *Slav.* report, account
דאָקלאַ'דעווע|ן וו (-ט) *Slav.* report on stg.
דאַקעגן אַדוו זע דערקעגן
דאַר אַדי thin, lean, withered; dried (food)
|| דאַר און קוואַר haggard, emaciated
דאָר[1] פֿאָנ דור
דאָר[2] די זע דער[3]
דאַרב|ן וו (גע-ט) undergo privation; waste away, starve
דאָרט אַדוו זע דאָרטן
דאָרט־געבוי'ר·ן אַדי native, indigenous
דאָרטיק אַדי local, of that place
דאָרטן אַדוו there, over there
דאָרך זע דורך
דאַרמאָיעדניק דער (עס) פֿעמ ...ניצע idler, parasite, freeloader
דאַר|ן וו (גע-ט) wither, dry up *intr. imperf.*
|| דאַרן דאַט דער קאָפּ/מוח [MOYEKh] *rev.* worry, be bothered/troubled
דאָרן דער (דערנער) thorn; hawthorn; thorn bush
דאָרעם[1] אַדוו זע דערום
דאָרעם[2] פֿאָנ דרום
דאַ'רעמערט אַדוו זע דאָ אַרומערט
דאַ'רעניש דאָס (ן) leanness, emaciation

דאָרף דאָס (דערפֿער) דימ דערפֿל — village, hamlet

|| אין דאָרף — *also* in the country

דאָ'רפֿגייער דער (–/ס) **זע** דאָרפֿסגייער

דאָרפֿיש אַדי — rural, pastoral; (of a) village, rustic; rustic; (of the) country

דאַרפֿ|ן* וו (ער דאַרף; גע–ט) — need, require; have to

|| דאַרפֿן האָבן — have need of

|| דאַרפֿן צו — need to see (s.o.)

|| ער דאַרף קומען — he must come; he is supposed to come

|| ווי עס דאַרף צו זייַן — as it should be, properly

|| וואָס דאַרפֿט איר מער? — what's more, moreover; if that's not enough, not only that but

|| צו וואָס דאַרף מען דאָס? — what use is that? who needs it?

דאָ'רפֿסגייער דער (–/ס) פֿעמ ין — small-scale gatherer and seller of farm produce

דאָרפֿסייִד דער (ן) — village Jew

דאָרפֿסמאַן דער (דאָרפֿסלײַט) — villager, country dweller

דאָרש דער (ן) — cod(fish)

דאָרשט דער — thirst

דאָרשטיק **1.** אַדי — thirsty

|| **2.** אַדוו — avidly, greedily

דאַרשט|ן וו-אומפּ (געדאַ'רשט) אַק — *rev.* be thirsty

|| מיך דאַרשט — I'm thirsty

דאָרשט|ן וו (געדאַ'רשט) נאָך — thirst for, have an ardent desire for

|| דאָרשטן אומפּ **זע** דאַרשטן

דאַשיק דער (עס/דאַשקעס) — visor (of a cap)

|| רעד צום דאַשיק! — you're wasting your breath!

דבוק דער (ים) **זע** דיבוק

דבור דער (ים) **זע** דיבור

דבר|ן וו (גע–ט) [DABER] — *pejor.* speak, talk

דבֿקות דאָס [DVEYKES] — *Jew.* mystical religious ecstasy, communion with God

דבֿקע|(נע)ן זיך וו (גע–ט) [DVEYKE] — *Jew.* attain mystical ecstasy; *hum.* display exaggerated devotion during prayers

דבֿר־אַחר דער (ס) פֿעמ טע [DOVERAKhER] — *hum.* pig, hog; skinflint; scoundrel

דבֿר־חול דער [DVARKhO'L] — secular thing/expression

דבֿרי־... מצ **זע ווערטער מיט** דבֿר־

דבֿרי־הימים [DIVRE-HAYO'MIM] — Chronicles (Book of the Bible)

דבֿרים [DVORIM] — Deuteronomy (Book of the Bible)

דבֿרים־בטלים מצ [DVORIM-B(E)TE'YLIM] — idle words, gossip

דבֿר־של־קימא דער [DOVER-ShEL-KAYO'ME] — something lasting

דבֿר־שקר דער (דבֿרי־) [DVARShEKER - DIVRE] — lie, falsehood

דבֿר־תּורה דער (דבֿרי־) [DVARTOYRE - DIVRE] — remarks citing and commenting on traditional Jewish texts

דגים מצ [DOGIM] — (culin.) fish; Pisces

ד״ה = דאָס הייסט — i.e., that is to say

דהייַנו קאָנ [DEHAYNE] — namely, that is to say

דו פּראָנ (אַק: דיך; דאַט: דיר) — you *(sg. fam.)*

דוב דער (עס) **זע** דעמב

דובינע די (ס) דימ די דובינקע — club, cudgel

דובלטאָווע אַדי — *dial.* double

דובליר|ן וו (–ט) אַק — (theat.) be an understudy for

דובלירער דער (ס) פֿעמ ין — (theat.) understudy, stand-in

דובלע'ט דער (ן) [Ly] — (ling.) doublet; duplicate, double

דובעלירער דער (–/ס) — jeweler

דובֿר־שקרים דער (דובֿרי־) [DOYVER-ShKO'RIM - DOVRE-] — liar

|| דעם דובֿר־שקרימס איי'ניקל — *hum.* incorrigible liar

דוגמא די (–ות/דוגמאָות) [DUGME - DUGM(O)ES] — example; model, sample

דו'דלזאַק דער (...זעק) — *Germ.* bagpipe

דו'דל־פֿויגל דער (־פֿייגל) — hoopoe

דודע די (ס) דימ די דודקע — fife, (musical) pipe; bagpipe; *fig.* burden

|| האַלטן זיך מיט דער דודע — be left holding the bag

דוהע די (ס) — shaft bow (part of a harness)

דוואָריאַנין דער (עס) — *Slav.* nobleman, member of the gentry

דוואָריאַנסקע אַדי — *Slav.* noble, aristocratic

דוואָרניק דער (עס) — *Slav.* concierge, janitor

דוומווירא'ט דער (ן) — duumvirate

דווקא אַדוו [DAFKE] — none other than, nothing less than; precisely, deliberately

|| ניט דווקא — not necessarily

דוחה זייַן* וו (איז/האָט דוחה געווע'ן) [DOYKhE] — *lit.* rebuff, repel; relegate to a lower level, put on the back burner; postpone, defer

|| דוחה זייַן דעם קץ [KETS] — *Jew.* delay the end of the Exile by one's sinful behavior

דוחק דער <אין> [DOYKhEK] scarcity, shortage, dearth

|| איבער דוחק אין for the lack of

דוחק זײַן* וו (איז/האָט דוחק געווע'ן) [DOYKhEK] incite, urge, exhort

|| דוחק זײַן דעם קץ [KETS] *Jew.* attempt by cabalistic means to hasten the end of the Exile

דויכעק פּאָנ דוחק

דויל דער (ן) פֿעמ עווקע *slang* sucker, patsy

דוילע די (ס) jackdaw

דוימען דער *Germ.* thumb

דוי'ניצע די (ס) זע דיניצע

דוינע די (ס) *doina*, Wallachian folk melody

דויע|ן זיך וו (גע–ט) pout

דויער דער duration

דוי'ער|ן וו (גע–ט) זע געדויערן

דוכּס דער (ים) [DUKES - DUKSIM] duke, prince

דוכּסה די (–ות) [DUKSE] duchess, princess

דוך דער (ן) breath

דוכאָוונ|ער דער-דעק *Slav.* clergyman, minister

דוכט|ן זיך וו (געדו'כט) זע דאַכטן זיך

דוכנ|ען וו (גע–ט) [DUKh·N] *Jew.* utter the priestly benediction, with arms raised in ritual fashion; *iron.* stand gaping

דול אַדי/אַדוו mad, confused

|| מאַכ|ן אַק דול און משוגע [MEShUGE] drive s.o. crazy

דולד|ן וו (גע–ט/געדולדעט) *Germ.* tolerate, endure

דולהויז דאָס (...הײַזער) insane asylum; madhouse, bedlam

דול|ן וו (גע–ט) annoy, disturb

|| דולן אַ קאָפּ/מוח [MOYEKh] pester, get on the nerves (of)

דו'לעניש דאָס (ן) annoyance, bother

דום־דום־קויל די (ן) dumdum/expanding bullet

דומם דער [DOYMEM] mineral kingdom; inanimate object

דומע די (ס) (in Russia) Duma, legislative assembly

דומ|ען וו (גע–ט) brood

דומפּ אַדי muffled, deadened (sound)

דומפּיק אַדי musty, stale (air)

דונאַם דער (–) dunam, land measure in Palestine/Israel, between .22 and .25 acre, 900-1000 m^2, depending on the historical period

דונײַ' דער Danube

דו'ניצע די (ס) זע דיניצע

דונסט דער *Germ.* vapor, haze

דונער דער (ן) thunder; thunderclap; *fig.* thunderbolt

|| אַ דונער האָט מיך געטראָפֿן/דערשלאָגן! it's a disaster! the worst has happened!

דו'נערדיק אַדי thunderous, stormy; thundering

דו'נער|ן וו (גע–ט) thunder

|| עס מעג דונערן און בליצן come hell or high water

דו'סט = דו האָסט; דו ווערסט

דוע די (ס) זע דוהע

דוע'ט דער (ן) duet

דוע'ל דער (ן) [Ly] duel

דועליר|ן זיך וו (–ט) duel

דופּליקאַ'ט דער (ן) duplicate, copy

דופּליקיר|ן וו (–ט) duplicate, make a copy of

דופֿט דער (ן) aroma, perfume, scent

דופֿטיק אַדי scented, fragrant

דופֿט|ן וו (געדו'פֿט) smell good, be fragrant

דופֿע|ן וו (גע–ט) אויף count on (s.o.)

דופֿק דער [DOYFEK] זע דפֿק

דוצ|ן וו (גע–ט) address by the familiar form of "you"

דוקאַ'ט דער (ן) ducat

דור דער (ות) [DOR - DOYRES] generation, age

דוראַ'ק דער (עס) *Slav.* fool, imbecile

דור־דורות : אויף דור־דורות forever, for ever and ever

|| זינט/פֿון דור־דורות since time immemorial

דור־המבול דער [DOR-HAMA'BL] *bibl.* generation that perished in the flood

דור־המידבר דער [DOR-HAMI'DBER] *bibl.* generation that was freed from Egypt and wandered in the desert

דור־הפּלגה דער [DOR-HAFLO'GE] *bibl.* generation that was scattered after the construction of the Tower of Babel; *fig.* period of confusion and discord

דורותדיק אַדי [DO'YRESDIK] age-old; perpetual, long-lasting

דורך **.1** פּרעפּ through; via; by means of, by way of

|| דורך דע'ם thereby, thus

|| **.2** אַדוו : דורך און דורך through and through, thoroughly

|| **.3** קוו meaning: *a)* through, trans-; *b)* (a)cross; *c)* exhaustively, thoroughly

|| דו'רכ|בוי'ער|ן *a)* bore through, pierce

|| דו'רכ|רײַט|ן *b)* traverse/cross on horseback

|| דו'רכ|פֿאָרש|ן c) study thoroughly

דורכאוי'ס אַדוו זע דורכויס

דורכאונדורכיק אַדי/אַדוו thoroughgoing

דו'רכ|אײַל|ן וו (–גע–ט) pass through quickly

דו'רכ|איקס|ן וו (–גע–ט) X-ray

דו'רכ|אַ'קער|ן וו (–גע–ט) plow end to end; go over with a fine-tooth comb

דו'רכ|אַ'רבעט|ן וו (דו'רכגעאַרבעט) knead (dough) well

דו'רכבליקלעך אַדי clear, lucid, transparent

דו'רכ|בלע'טער|ן וו (–גע–ט) leaf through, peruse *perf.*

דו'רכ|בראָדיע|ן וו (–גע–ט) [Dy] ford

דורכבראָך דער (ן) breakthrough, breach

דו'רכ|ברעכ|ן וו (דו'רכגעבראָכן) break through, breach

|| דורכברעכן זיך <דורך> make one's way (through), achieve a breakthrough

דורכגאַנג דער (ען) passage(way), aisle

דורכגאָס דער (ן) (geogr.) strait(s), narrows

דו'רכ|גיי|ן* וו (איז דו'רכגעגאַנגען) go through; traverse; undergo, experience; rehearse

|| ניט דורכצוגיין impassable

|| דורכגיין זיך take a walk, go for a stroll

דו'רכגייעוודיק אַדי passable (path), surmountable (obstacle)

דו'רכגייער דער (–/ס) passer-by

דו'רכגעגעס·ן אַדי eroded, corroded, moth-eaten

דו'רכגעדרונגען אַדי דורכדרינגען פּאַרט מיט permeated by

דו'רכגעווייקט אַדי soaked, drenched, soggy

דו'רכגעטריב·ן אַדי/אַדוו דורכטרײַבן פּאַרט sly, cunning, crafty

דו'רכגעפֿוילט אַדי rotten to the core

דו'רכגעפֿרויר·ן אַדי chilled to the bone

דורכגעצלמט אַדי [DU'RKhGETSEYLEMT] crisscrossed

דורכדרונג דער penetration

דו'רכ|דריי|ען זיך וו (–גע–ט) slip in/out *intr.*; worm one's way out (of a bad situation)

דו'רכדרינגלעך אַדי/אַדוו penetrating, piercing; permeable

דו'רכ|דרינג|ען וו (האָט/איז דו'רכגעדרונגען) penetrate, permeate

|| ניט דורכצודרינגען impenetrable

דו'רכ|האָב|ן* וו (דו'רכגעהאַט) *(not used in the present or imperative)* read through *perf.*, skim; undergo, endure, live through

דו'רכ|האַלט|ן וו (דו'רכגעהאַלטן) *neol.* persevere, cope

דו'רכ|האַק|ן וו (–גע–ט) chop through

דורכהויף דער (ן) alley, passageway

דו'רכ|וואַרפֿ|ן וו (דו'רכגעוואָרפֿן) rummage through; intersperse, mix, interweave; fail (s.o. on a test)

|| דורכוואַרפֿן זיך appear here and there, flash by

דו'רכ|ווײַ'טיק|ן וו (–גע–ט) suffer, endure, live through (a painful experience)

דו'רכ|ווייע|ן וו (–גע–ט) winnow *perf.*

דו'רכ|ווייק|ן וו (–גע–ט) soak *perf.*

דו'רכ|וועב|ן וו (–גע–ט) interweave, mix, combine

דורכוועג דער (ן) shortcut; passage

דו'רכ|וועפּ|ן זיך וו (–גע–ט) permeate

דו'רכ|ווערטל|ען זיך וו (–גע–ט) squabble, exchange angry words

דורכוי'ס אַדוו thoroughly; absolutely, completely

דורכויסיק אַדי total, complete, uninterrupted

דורכזוך דער (ן) search

דו'רכ|זוכ|ן וו (–גע–ט) search, rummage through

דו'רכ|זײַ|ן* וו (איז דו'רכגעווען) *(not used in the present tense)* pass by/stay at (numerous places)

דו'רכ|זײַ|ען וו (–גע–ט/דו'רכגעזיגן) filter *trans.*, sift, strain (through a colander)

דו'רכזיכטיק אַדי transparent

דו'רכ|זיפּ|ן וו (–גע–ט) sift, strain, screen

דו'רכזעיִק אַדי transparent

דו'רכ|זע|ן* וו (דו'רכגעזען) look through, examine, review

|| דורכזען זיך show through

דו'רכזעעוודיק אַדי transparent

דו'רכ|זעצ|ן וו (–גע–ט) push through (proposal, etc.), carry out (task) despite obstacles; ooze/flow through

דו'רכ|טונעליר|ן וו (–ט) tunnel through

דו'רכ|טראַכט|ן וו (דו'רכגעטראַכט) think over, weigh

דו'רכ|טרײַב|ן וו (דו'רכגעטריבן) chase away

דו'רכ|יאָג|ן וו (–גע–ט) chase away

|| דורכיאָגן זיך run through, cross at a run

דורכלאָז דער (ן) omission, oversight

דו'רכ|לאָז|ן וו (–גע–ט/דו'רכגעלאָזן) let through, allow to pass; omit; miss <דורך> (chance, etc.); run, lead (wire, etc.) (through)

דו'רכ|לויפֿ|ן וו (איז דו'רכגעלאָפֿן) pass/cross at a run; skim, peruse quickly; (idea) come to mind

דו'רכ|לו'פֿטער|ן וו (–גע–ט) air out, ventilate; *fig.* debate, air

דו'רכלײַכטיק אַדי translucent, transparent

דו'רכ|לײַכט|ן וו (דו'רכגעלײַכט) shine through; backlight; X-ray

דו'רכ|ליי'ענ|ען וו (–גע–ט) read through (completely)

דו'רכ|לעב|ן וו (–גע–ט) live through (period of time); experience, endure

|| דורכלעבן זיך earn one's living

דו'רכ|לעכל|ען וו (–גע–ט) perforate, puncture; riddle with holes

דו'רכ|לע'כער|ן וו (–גע–ט) perforate, pierce

דו'רכ|לערנ|ען וו (–גע–ט) study *perf.*, learn thoroughly

דו'רכ|מאַכ|ן וו (–גע–ט) experience, undergo, go through; finish (studies, etc.)

דו'רכ|מיש|ן וו (–גע–ט) mix thoroughly, stir *perf.*; leaf through (pages)

|| דורכמישן זיך appear here and there

דו'רכ|מעק|ן וו (–גע–ט) cross out, erase

דורכן = דורך דעם *regular contraction*

|| דורכן = דורך דער *contraction possible only in certain dialects*

דו'רכנעמיק אַדי pervasive; penetrating

דו'רכ|נעמ|ען וו (דו'רכגענומען) (odor, liquid) penetrate, permeate; (feeling, sensation) pervade

דו'רכנעמענדיק אַדי/אַדוו penetrating, piercing

דו'רכ|נעצ|ן וו (–גע–ט) wet thoroughly, soak; ooze/seep through

דורך ס'באַנק אַדוו **זע** באַנק[3]

דו'רכ|סיליע|ן וו (–גע–ט) thread, pass (wire/thread) through

דו'רכ|פּאַק|ן זיך וו (–גע–ט) <דורך> make one's way (through)

דורכפֿאַל דער (ן) failure; diarrhea

דו'רכ|פֿאַל|ן וו (איז דו'רכגעפֿאַלן) <בײַ> fail (at), suffer a setback, (project, etc) fall through

דורכפֿאָר דער (ן) passage, crossing, transit; passageway

דו'רכפֿאַרהער דער (ן) *neol.* cross-examination

דו'רכפֿאָרן **.1** דאָס transit, passing

|| **.2** דו'רכ|פֿאָר|ן וו (איז דו'רכגעפֿאָרן) <דורך> (traveler, vehicle) pass through, traverse

|| דורכפֿאָרן זיך take a ride/drive (for pleasure)

דו'רכפֿאָרעוודיק אַדי passable (for a vehicle)

דו'רכפֿאָרער דער (–/ס) פֿעמ ין passing traveler, transient

דו'רכ|פֿיל|ן וו (–גע–ט) feel deeply

דורכפֿיר דער (ן) enforcement; execution (project, duty)

דו'רכפֿירונג די (ען) **זע** דורכפֿיר

דו'רכפֿירלעך אַדי feasible, workable

דו'רכ|פֿיר|ן וו (–גע–ט) pass/lead through; carry out, administer (task, project); enforce, apply (decision, law); conduct (electricity)

|| דורכפֿירן אין לעבן implement, put into practice

דו'רכפֿירער דער (–/ס) (elec.) conductor

דו'רכ|פֿלי|ען וו (איז דו'רכגעפֿלויגן) fly past/through; (time) fly

דו'רכ|פֿלעכט|ן וו (דו'רכגעפֿלאָכטן) intertwine, interweave

דו'רכ|פֿרעס|ן וו (דו'רכגעפֿרעסן) corrode, eat away (at); corrupt

דו'רכ|צי|ען וו (דו'רכגעצויגן) draw/pull through (thread, etc.); pass, cross

דורכקום דער (ען) agreement, understanding

דו'רכ|קומ|ען וו (איז דו'רכגעקומען) come to an agreement, reach a compromise; cope, get by

דורכקוק דער (ן) inspection, perusal, review

דו'רכ|קוק|ן וו (–גע–ט) אַק peruse, skim through; inspect, review

|| דורכקוקן דורך look/see through

|| דורכקוקן זיך exchange looks, trade glances

דו'רכ|קנייטש|ן וו (–גע–ט) read through carefully

דו'רכ|קריג|ן זיך וו (דו'רכגעקראָגן/דו'רכגעקריגן) <דורך> make one's way (through)

דו'רכ|קריכ|ן וו (איז דו'רכגעקראָכן) <דורך> crawl/creep through; get through with great effort; extricate oneself with difficulty

דו'רכ|רײַב|ן וו (דו'רכגעריבן) rub through, wear a hole in

|| דורכרײַבן זיך *fig.* learn by experience

דורכרײַס דער (ן) breakthrough, breach

דו'רכ|רײַס|ן זיך וו (דו'רכגעריסן) <דורך> make/force one's way (through)

דו'רכ|רינ|ען וו (איז דו'רכגערונען) <דורך> trickle/seep through, percolate through

דו'רכ|רעד|ן זיך וו (–גע–ט) <מיט> discuss, talk over (with)

דו'רכ|שוויצ|ן וו (–גע–ט) soak (clothing) with sweat

דו'רכ|שווענק|ען וו (–גע–ט) rinse out *perf.*

דורכשטאָך דער (ן) puncture

דו'רכ|שטודיר|ן וו (–ט) study/examine thoroughly

דו'רכ|שטופּ|ן וו (–גע–ט) push through; get by somehow

|| דורכשטופּן די צײַט kill time

דו'רכ|שטעכ|ן וו (דו'רכגעשטאָכן) pierce, perforate, puncture

דורכשטראָז דער (ן) *neol.* thruway, superhighway

דו'רכ|שטראַל|ן וו (–גע–ט) irradiate; (light) shine through, penetrate

דו'רכ|שטרײַכ|ן וו (דו'רכגעשטראָכן) cross out

דורכשלאָג דער (ן) זע דורכשלאַק

דו'רכ|שלאָג|ן וו (דו'רכגעשלאָגן) bring to a successful conclusion, carry off

|| דורכשלאָגן זיך <דורך> clear a path (through), force one's way (through); get by, manage (in life)

דו'רכ|שלאָפֿ|ן וו (איז דו'רכגעשלאָפֿן) sleep through the night

|| דורכשלאָפֿן זיך take a nap, get some sleep

דורכשלאַק דער (ן) colander, strainer

דו'רכ|שמוגל|ען וו (–גע–ט) smuggle through

|| דורכשמוגלען זיך <דורך> cross illegally/furtively (through)

דו'רכ|שמועס|ן זיך וו (–גע–ט) <מיט> converse, have a chat (with)

דורכשניט דער (ן) cut (style); average

דו'רכשניטלעך **1.** אַדי average, middling

|| **2.** אַדוו on average

דו'רכ|שנײַד|ן וו (דו'רכגעשניטן) cut/slice through; push one's way (through crowd, etc.)

דו'רכ|שנירל|ען זיך וו (–גע–ט) <דורך> (fluid, idea) penetrate, seep (through)

דו'רכ|שפּאַנ|ען וו (–גע–ט) cover/traverse on foot; *fig.* span (life, era)

דו'רכ|שפּאַציר|ן זיך וו (–ט) go for a walk/stroll

דו'רכ|שפּאַר|ן זיך וו (–גע–ט) <דורך> push one's way (through)

דו'רכ|שרײַב|ן זיך וו (דו'רכגעשריבן) <מיט> correspond (with)

דורס זײַן* וו (איז דורס געווע'ן) [DOYRES] trample (s.o.), tear (s.o.) apart limb from limb, bump off

דורע|ן וו (גע–ט) bother, annoy; chatter

|| דורען דאַט אַ קאָפּ irritate s.o.

דורשט דער זע דאָרשט

דושנע אַדי stuffy, stifling

דושע|ן וו (גע–ט) stew *trans.*; suffocate

דו'שעניו אינט [Ny] my darling

דושקע די (ס) *dial.* hoop, bucket handle

דזשאָבע|ן וו (גע–ט) peck; (bird) pick for food

דזשאַד דער (עס) old beggar

דזשאָינט דער abbreviation of American Jewish Joint Distribution Committee, philanthropic organization founded in 1914

דזשאָך דער blow, thrust

דזשאָכע|ן וו (גע–ט) strike a blow, hit

דזשאָנגל דער (ען) jungle

דזשובע|ן וו (גע–ט) זע דזשאָבען

דזשודעזמיש אַדי Dzhudezmo, Judeo-Spanish, Ladino

דזשודעזמע (דאָס) Dzhudezmo, Judeo-Spanish, Ladino

דזשוויגע|ן וו (גע–ט) drag, lug

דזשיאָנסלע די (ס) *dial.* gum (of mouth)

דזשײַסנע די (ס) *Slav.* gum (of mouth)

דזשים : כאַפּן אַ דזשים *dial.* have a snooze

דזשימדזשיק דער (עס) gadget, gimmick

דזשימדזשע די (ס) cymbal

דזשים(י)ע|ן וו (גע–ט) *dial.* doze

דזשין דער gin

דזשיק אַדי *dial.* wild

דזשיקאַ'ן דער (עס) פֿעמ קע *dial.* eccentric, bizarre person

דזשעבליע די (ס) scrap, crumb, tiny bit

דזשעגעכץ די/דאָס זע דיעגעכץ

דזשעז דער jazz

דזשעט דער (ן) jet (plane)

דזשעלניצע די (ס) *Slav.* neighborhood, quarter (of city)

דזשע'נטלמען דער (ער) gentleman

דזשערקאַ'טש דער (עס) stiff/worn-out broom

דחק דער [TKhAK] difficulty, extremity

דחקות דאָס [DAKhKES] poverty, want

די[1] **1.** אַרט (דאַט: **דער**) *(fem. article)* the; *(stressed, used as a demonstrative)* this

|| זי קומט די' וואָך she is coming this week

|| **2.** פּראָנ this, this one *fem.*

|| די און די such and such (a woman)

די[2] **1.** אַרט *(pl. article)* the; *(stressed, used as a demonstrative)* these

|| די' טעג פֿאַסט מען — on these days one fasts

|| 2. פֿראָנ — these

דיאַבע'ט דער [DI] — diabetes

דיאַבע'טיקער דער (–/ס) פֿעמ ין [DI] — diabetic

דיאַגאָנאַ'ל [DI] 1. אַדי/אַדוו — diagonal

|| 2. דער (ן) — diagonal

דיאַגנאָ'ז דער (ן) [DI] — diagnosis

|| שטעל|ן דעם דיאַגנאָז — diagnose

דיאַגנאָזיר|ן וו (–ט) [DI] — diagnose

דיאַגראַ'ם די (ען) [DI] — diagram, graph, chart

דיאַגראַמיר|ן וו (–ט) [DI] — diagram

דיאַדקע דער (ס) [Dy] — *Slav.* (in tsarist Russia) drill instructor

דיאַטע'ז דער (ן) [DI] — (gramm.) (active/passive) voice

דיאַלאָ'ג דער (ן) [DI] — dialog

דיאַלע'קט דער (ן) [DIALy] — dialect

דיאַלעקטאַ'ל אַדי [DIALy] — dialectal

דיאַלעקטיק די [DIALy] — dialectic

דיאַלע'קטיקער דער (–/ס) פֿעמ ין [DIALy] — dialectician

דיאַלעקטיש אַדי/אַדוו [DIALy] — dialectical; dialectal

דיאַמעטער דער (ס) [DI] — diameter

דיאַפּאַזאָ'ן דער (ען) [DI] — (mus.) range, register

דיאַפּאָזיטי'וו דער (ן) [DI] — slide, transparency

דיאַפֿראַגמע די (ס) [DI] — diaphragm

דיאָצע'ז דער (ן) [DI] — diocese

דיאַק דער (ן) [Dy] — (in the Russian Orthodox Church) deacon, cleric

דיאַקריטיש אַדי [DI] — diacritical

דיבאָם אַדוו **זע דיבעם**

דיבוק דער (ים) [DIBEK - DIBUKIM] — *dybbuk*, in Jewish folk belief, an evil spirit or the soul of a dead person, which has entered into the body of a living person, and can be expelled only by exorcism

דיבור [DIBER] 1. דער — gift of speech; manner of speaking, pronunciation

|| 2. דער (ים) [- DIBURIM] — word, speech

|| רעד|ן קלאָרע דיבורים — not mince one's words, speak plainly

דיבעם : שטעל|ן זיך דיבעם — (horse) rear; (hair) stand on end

דיבעס מצ — *dial.* stocks; shackles

|| אָ'נ|טאָ|ן* דאָס דיבעס — put in chains/irons

די דאָ'זיק|ע זע דאָזיקער

די־והותר אַדוו [DA'Y-VEHO'YSER] — more than enough

דיוואַ'ן דער (ען) — rug, carpet; divan, sofa

דיווידע'נד דער (ן) — dividend

דיוויזיע די (ס) [ZY] — (milit.) division

דיווערגע'נץ די (ן) — divergence, gap

דיווערסאַ'נט דער (ן) — (milit.) diversionary agent; saboteur

דיווערסיע די (ס) [SY] — (milit.) diversion

דיווערסיפֿיציר|ן וו (–ט) — diversify

דיונע די (ס) [Dy] — dune

דיזל דער (ען) — diesel fuel; diesel vehicle

|| די'זל־מאָטאָר — diesel engine

דיזן־דאַ'זן (דער) — thingamabob; this and that; *hum.* Germanized Yiddish

דיז|ער אַדי–עפּי — *Germ.* this, these

דיזשו'ר דער (ן) — tour of duty

דיזשוריר|ן וו (–ט) — be on duty

דיזשע די (ס) **זע דייזשע**

דיטאָ אַדוו — ditto

דיטקע די (ס) — three-kopeck coin; penny, insignificant coin

דייגע פֿאָנ דאגה

דייזשע די (ס) דימ די דייזשקע — kneading-trough; water basin

דײַטלעך אַדי/אַדוו — clear, distinct, plain

דײַטש 1. אַדי/(דאָס) — German

|| 2. דער (ן) פֿעמ קע — German; (before World War I, in the speech of Orthodox Jews) Jew who has abandoned tradition and adopted modern ways

|| 3. אַדוו : גיי|ן* דײַטש/זיך אָ'נ|טאָ|ן* דײַטש — dress European-style

דײַטשו'ן = דײַטשו'ק דער (עס) — *pejor.* German Jew, Jew with modern tastes

|| פֿ״גל דײַטש 2.

דײַטשיש אַדי/(דאָס) **זע דײַטש** 1.

דײַטשלאַנד (דאָס) — Germany

דײַ'טשלענדיש אַדי — pertaining to Germany, German

דײַטשמעריזם דער (ען) — Germanism, Yiddish loanword from modern German (the use of which is often criticized)

דײַ'טשמעריש אַדי — (Yiddish word/expression) borrowed from modern German, (language) peppered with Germanisms

|| פֿ״גל דײַטשמעריזם

דײַם דער (ען) — *Amer.* dime

דיין דער (ים) [DAYEN - DAYONIM] — rabbinic judge, assistant to a rabbi

דײַן פּאָס–אַדי — your *(sg. fam.)*; yours

דיינו אינט [DAYEYNU] — that's enough for us!

דיינות דאָס [DAYONES] office of the rabbinical judge

דײַנט : פֿון דײַנט וועגן for your sake; *iron.* for all you care

דײַניק אַדי *(usu. nominalized)* (what's) yours; that which concerns/interests you

|| דו טו דיר דאָס דײַניקע! keep your eyes open! be on the alert!

|| קום מיט אַלע דײַניקע come with all your family

דײַנסט האַלבן אַדוו *iron.* for all you care

דײַנעט זע דײַנט

דייע פֿאָנ דעה

דייקא אַדוו [DEYKE] זע דווקא

דײַקסל דער (ען) wagon shaft

דײַקע אַדוו זע דווקא

דיך[1] דער/די (ן) thigh

דיך[2] פּראָנ–אַק (נאָמ: דו) you *(sg. fam. acc.)*

דיכאָטאָמיע די (ס) dichotomy

דיכט דער plywood

דיכטונג די poetry (genre)

דיכט·ן[1] אַדי (of) plywood

דיכט|ן[2] וו (געדי'כט(עט)) write poetry

דיכטער דער (–/ס) פֿעמ ין poet

די'כטעריש אַדי/אַדוו poetic

דיכע|ן וו (גע–ט) זע דעכען

דיל דער/די (ן) floor

דיליזשאַ'נס דער (ן) stagecoach

דילעטאַ'נט דער (ן) פֿעמ קע [Ly] dilettante

דילעמע די (ס) [Ly] dilemma

דימיון דער (ות) זע דמיון

דימינוטי'וו דער (ן) diminutive

דימיסיע די (ס) [SY] זע דעמיסיע

דימע(נ)ט דער (ן) diamond

|| אַ מענטש אַ דימענט a kind-hearted person

די'מענטיק אַדי kind-hearted, generous, helpful

די'מענט·ן אַדי (of) diamond

|| אַ דימענטן האַרץ a kind heart

|| אַ דימענטענער מענטש a kind-hearted person

דין[1] אַדי/אַדוו thin, slender; fine; shrill (voice)

דין[2] דער (ים) law, *esp.* Jewish religious law

|| על־פּי דין [ALPI] according to the law

|| ווי איז דער דין אַז...? what do we do in the case that ...?; and if ...?

דינאָזאַווער דער (ס) dinosaur

דינאַמאָ דער (ס) dynamo

דינאַמי'ט דער dynamite

דינאַמיק די dynamics

דינאַמיש אַדי/אַדוו dynamic

דינאַסטיע די (ס) [TY] dynasty

די'נגאָפּמאַך דער (ן) lease, rental agreement

דינגונג די (ען) *neol.* lease, charter

דינג|ען וו (געדונגען) lease, rent, charter; hire

|| דינגען זיך bargain, haggle

די'נגעניש דאָס (ן) bargaining, haggling

דינגער דער (ס) lessee, renter

דין־וחשבון דער [DIN-VEKhE'ZhBM] accounting, report, reckoning; moral/spiritual assessment

|| אָ'פּ|געב|ן* (אַ) דין־וחשבון <דאַט/פֿאַר> render an account (to)

|| אָ'פּ|געב|ן* זיך (אַ) דין־וחשבון realize, come to understand

|| אָ'פּ|נעמ|ען (אַ) דין־וחשבון פֿון demand an accounting from; receive a report from

דיני־כשרות מצ [DINE-KA'ShRES] Jewish dietary laws

דיני־ממונות מצ [DINE-MO'MENES] financial matters; rabbinic laws governing financial disputes

דיני־נפֿשות מצ [DINE-NEFO'ShES] criminal matters; rabbinic laws governing cases where capital punishment is theoretically applicable

דיניע די (ס) [Ny] pumpkin, squash; *dial.* melon

די'ניצע די (ס) milk pail

דינסט 1. די (ן) maid(servant)

|| 2. דער/דאָס service

|| צו פּאָס דינסט in/at the service of

|| מיליטע'ר־דינסט military service

דינסטאָג = דינסטיק 1. דער (ן) Tuesday

|| 2. אַדוו (on) Tuesday(s)

די'נסטיקדיק אַדי Tuesday's

דינסטמויד די (ן) דימ ...מיידל maid(servant)

דינ|ען וו (גע–ט) <דאַט> serve (s.o.); worship; perform one's military service

|| דינען ווי/פֿאַר אַ serve as a

|| שטעל|ן זיך דינען enter service, hire oneself out as a maid

|| לאָז(ט) זיך דינען! let me finish! hear me out!

דינער דער (–/ס) פֿעמ ין servant

די'נערשאַפֿט די servants, domestics

דינקע די (ס) [Ny] melon, cantaloupe

דין־תּורה דער/די (–ות) [DINTOYRE] lawsuit before a rabbinic tribunal

דיסאַוווּ֫ירן וו (–ט) זע דעזאַוווּ֫ירן

דיסאילוזיאָנירונג די (ען) [Ly...ZY] *neol.* disillusionment

דיסאילוזיאָניר|ן וו (–ט) [Ly...ZY] *neol.* disillusion

דיסאינפֿיציר|ן וו (–ט) disinfect

דיסאינפֿיצירעכץ דאָס (ן) disinfectant

דיסאינפֿעקציע די disinfection

דיסאָנאַ'נץ די (ן) dissonance

דיסאַפּראָבאַציע די (ס) *neol.* disapproval

דיסאַפּראָביר|ן וו (–ט) *neol.* disapprove (of)

דיסאָצייִר|ן וו (–ט) dissociate

דיסאָרגאַניזיר|ן וו (–ט) disorganize

דיסהאַרמאָניע די [NY] disharmony, discord

דיסטאַ'נץ די (ן) distance

|| האַלט|ן דיסטאַנץ keep one's distance

דיסטיליר|ן וו (–ט) distill

דיסטילעריע די (ס) [Ly] distillery

דיסטרי'קט דער (ן) district

דיסלאָקירונג די (ען) *neol.* dislocation

דיסענטעריע די dysentery

דיסערטאַציע די (ס) dissertation

דיספּאָזיציע די (ס) disposition

|| צו פּאָס דיספּאָזיציע at s.o.'s disposal

דיספּאָניר|ן וו (–ט) מיט have at one's disposal

דיספּו'ט דער (ן) debate, dispute, controversy

דיסציפּלי'ן די (ען) discipline

דיסציפּליניר|ן וו (–ט) discipline

דיסק דער (ן) disk, record

דיסקאָטע'ק די (ן) discotheque; record library

דיסקאַ'נט דער (ן) treble, soprano

דיסקאָנטיר|ן וו (–ט) (comm.) discount, buy or sell commercial paper at prorated value

דיסקוטאַ'נט דער (ן) פֿעמ ין participant (in a debate)

דיסקוטי'ר־טיש דער (ן) discussion panel; round table

דיסקוטיר|ן וו (–ט) discuss, debate

דיסקוסיע די (ס) [SY] discussion, debate

דיסקרימינאַציע די discrimination

דיסקרימינירונג די (ען) (act of) discrimination

דיסקרימיניר|ן וו (–ט) discriminate

דיסקרעדיטיר|ן וו (–ט) discredit

דיסקרע'ט אַדי/אַדוו discreet

דיעגעכץ די/דאָס [Dy] tar, pitch; axle grease

דיעז דער (ן) [DY] (mus.) sharp

דיע'ט־... [DI] dietetic, diet-

דיעטע די (ס) [DI] (med.) diet

|| אויף (אַ) דיעטע on a diet

|| האַלט|ן דיעטע be on a diet

דיעטעטיש אַדי [DI] dietetic

דיעלע די (ס) [Dy] lawsuit

די־פּי' דער (ען) D.P., displaced person, Jewish survivor of World War II kept in a refugee camp in Europe after the war

דיפּלאָ'ם דער (ען) diploma, academic degree

דיפּלאָמאַ'ט דער (ן) [Ly] diplomat

דיפּלאָמאַטיע די [Ly...TY] diplomacy

דיפּלאָמאַטיש אַדי/אַדוו [Ly] diplomatic

דיפֿטאָ'נג דער (ען) diphthong

דיפֿטערי'ט דער diphtheria

דיפֿערע'נץ די (ן) difference

דיפֿערענציר|ן וו (–ט) differentiate

דיק **1.** אַדי/אַדוו thick, stout; fat, corpulent

|| **2.** די thickness

דיקדוק דער [DIKDEK] grammar, *esp.* Hebrew grammar

דיקדוקי־עניות מצ [DIKDUKE-ANI'ES] pedantry; fine points

דיקדוקי־עניותדיק אַדי/אַדוו [DIKDUKE-ANI'ESDIK] punctilious

דיקט דער **זע** דיכט

דיקטאַ'ט דער (ן) dictation

דיקטאַטאָר דער (...אָ'רן) פֿעמ ...אָ'רשע dictator

דיקטאַטו'ר די (ן) dictatorship

דיקטאָר דער (...אָ'רן) פֿעמ ...אָ'רשע announcer

דיקטיר|ן וו (–ט) dictate

דיקט·ן[1] אַדי **זע** דיכטן

דיקציע די (ס) diction

דיר פּראָנ–דאַט (נאָמ: דו) (to) you *(sg. fam. dat.)*

דירה די (–ות) [DIRE] housing, apartment

דירה־געלט דאָס [DI'RE] rent

דירות־הויז דאָס (־הײַזער) [DI'RES] apartment house

דיריגירונג די control, management

דיריגיר|ן וו (–ט) <מיט> conduct (orchestra); manage, govern

דיריגע'נט דער (ן) פֿעמ ין (orchestra) conductor

דיריזשאַבל דער (ען) dirigible, blimp

דיריזשאָ'ר דער (ן) **זע** דיריגענט

דירע'קט אַדי/אַדוו direct

דירעקטאָר דער (...אָ'רן) פֿעמ ...אָ'רשע director, principal (of a school)

דירעקטאָריום דער (ס) board of directors

דירעקטאָ'רנשאַפֿט די (ן) directorship; board of directors

דירעקציע די (ס) directorship; manager's office; administration, management; executives, managerial staff

דיש(ע)ל דער (דישלען/דישל(ע)(ס) [Ly] wagon shaft

דישע|ן וו (גע–ט) choke *trans. imperf.*, asphyxiate

|| דישען זיך choke *intr.*, gasp

דלאָט דער (ן) chisel

דלאָטע די (ס) זע דלאָט

דלאָניע די (ס) [Ny] palm (hand)

דלד דער/די (ן) [DALET] זע דלת

דלובע|ן וו (גע–ט) gouge, scoop; pick (nose, teeth)

דלובענינע די *dial.* tedious work

דלוטע די (ס) זע דלאָט

דלות 1. דער [DALES] poverty, destitution

|| 2. דער (דליתים) [- DALEYSIM] pauper, poor man

דלות־געגנט דער/די (ן) [DA'LES] slum, poor neighborhood

דלותדיק אַדי [DA'LESDIK] sordid, miserable

דלות־הויז דאָס (־הײַזער) [DA'LES] hovel

דליתים מצ זע דלות 2.

דלפֿון דער (דלפֿנים) פֿעמ טע [DALFN - DALFONIM] pauper, poor man

דלפֿער דער (ס) [DALFER] *slang* beggar

דלת דער/די (ן) [DALET] *dalet*, name of the letter ד

דלת אַמות מצ [DALETAMES] four cubits (square), minimal distance/surface for a number of questions of rabbinic law; personal space, one's home

|| פֿאָס דלת אַמות *also* s.o.'s company

|| ניט גיי|ן*/קוק|ן/שטיי|ן* אין פֿאָס דלת אַמות avoid s.o.'s company

|| אָ'פּשליס|ן זיך אין די/פֿאָס דלת אַמות become withdrawn

דלת על דלת אַדי–אַטר [DALET AL DALET] very small (space)

דמיון דער (ות) [DIMYEN - DIMYOYNES] imagination, fantasy; imaginary thing; resemblance

|| ס'איז גאָר קיין דמיון ניט it's something else entirely, there's no comparison

דמיונדיק אַדי [DI'MYENDIK] imaginative, inventive

דמים מצ [DOMIM] blood; *fig.* money

|| צאַפּ|ן דאָט די דמים torment s.o.

|| די דמים זײַנען אים אַנטפּאַלן he was terrified, the blood froze in his veins

|| די דמים האָבן זיך אין אים צעשפּילט his blood boiled with anger; his body burned with desire

דם־שונא דער (ים) [DA'MSOYNE - DA'MSONIM] mortal enemy

דמשק (דאָס) [DAMESEK] Damascus

דנאָ דער (ען) bottom (of container, etc.)

|| ביזן דנאָ all the way, to the bitter end

דן זײַן* וו (איז דן געווע'ן) [DAN] *lit.*. judge, pass judgment

|| דן זײַן <דאַט> לכּף־זכות [LEKA'F-SKhU'S] judge leniently, give the benefit of the doubt

|| דן זײַן <דאַט> לכּף־חובֿ [LEKA'F-KhO'YV] judge strictly, give no benefit of the doubt

דניאָווקע די (ס) [Ny] *Slav.* day of rest

דע דער (ען) (the letter) D

דעאָדאָראַ'נט דער (ן) deodorant

דעבאַטיר|ן וו (–ט) debate

דעבאַטע די (ס) debate

דעביו'ט דער (ן) debut

דעביוטיר|ן וו (–ט) debut, make one's debut

דעבעט דער (ן) (account.) debit

דעבעטיר|ן וו (–ט) debit

דעגענעראַ'ט דער (ן) degenerate

דעגענעריר|ן וו (–ט) degenerate

דעגראַדאַציע די (ס) demotion, degrading; decline

דעגראַדיר|ן וו (–ט) degrade, humiliate

דעדוקטי'וו אַדי deductive

דעדוקציע די (ס) deduction (reasoning)

דעדיקאַציע די (ס) dedication

דעה די (–ות) [DEYE] opinion; advice; influence, authority

|| האָב|ן* אַ דעה אין have a say in

|| האָב|ן* אַ דעה בײַ have the ear of, have influence with

|| האָב|ן* די (גאַנצע) דעה be in (total) control

|| זאָג|ן אַ דעה offer one's advice, have one's say

|| זאָג|ן דאַט אַ דעה dictate to s.o.

|| זאָג מיר ניט קיין דעות! I don't have to take orders from you!

|| זײַן* גרינג אויף דער דעה, האָב|ן* אַ גרינג|ע דעה be frivolous, not be serious

|| מיט דער דעה צו with the intention of

|| שלאָג|ן זיך מיט דער דעה hesitate, waver

דעה־זאָגער דער (ס) פֿעמ קע [DE'YE] person in charge, leader

|| גאַנצ|ער דעה־זאָגער — big shot *fig.*

דעהידריר|ן וו (–ט) — dehydrate

דעוואַטקע די (ס) — *dial.* nun

דעווי'ז דער (ן) — motto

|| מצ — *also* (finan.) foreign currency

דעז... זע ווערטער מיט דיס...

דעזאַוויִר|ן וו (–ט) — disavow

דעזערטי'ר דער (ן) — deserter, defector

דעזערטירונג די (ען) — desertion, defection

דעזערטיר|ן וו (–ט) — desert, defect

דעזשו'ר דער (ן) זע דיזשור

דעטאַ'ל דער (ן) [Ly] — detail

דעטאַליר|ן וו (–ט) — detail, enumerate

דעטוריר|ן וו (–ט) — *neol.* detour *trans.*

|| דעטורירן זיך — take a detour

דעטעקטי'וו דער (ן) — detective

דעך דער — breath

|| אין איין דעך — in one breath, in no time at all

|| עס בלײַבט ניט קיין דעך פֿון — not a trace remains of

דעכל דאָס (עך) דאַך דימ — *also* eaves, porch roof

דעכע|ן וו (גע–ט) — breathe with difficulty, gasp; *dial.* breathe

דעכער מצ זע דאַך

ד׳ על ד׳ אַדי–אַטר זע דלת על דלת

דעלטע די (ס) [Ly] — (river) delta

דעליע די (ס) — greatcoat

דעליקאַ'ט אַדי/אַדוו — delicate

דעליקאַטע'ס דער (ן) — delicacy (food), dainty

דעליקאַטקייט די — delicacy, subtlety

דעלעגאַ'ט דער (ן) פֿעמ ין [Ly] — delegate

דעלעגאַציע די (ס) [Ly] — delegation

דעלעגיר|ן וו (–ט) [Ly] — delegate

דעלפֿי'ן דער (ען) [Ly] — (zool.) dolphin

דעם[1] זע דער[1]

דעם[2] זע דאָס 1., 2.

דעמאַגאָ'ג דער (ן) — demagogue

דעמאַגאָגיע די (ס) — demagogy

דעמאָלט אַדוו — then, at that moment, at that time

|| פֿון דעמאָלט אָן — from then on, since then

דע'מאָלטיק אַדי — of that day/era

דעמאָליר|ן וו (–ט) — demolish, raze

דעמאָנסטראַטי'וו אַדי/אַדוו — obvious, conspicuous

דעמאָנסטראַ'נט דער (ן) פֿעמ ין — demonstrator

דעמאָנסטראַציע די (ס) — demonstration

דעמאָנסטריר|ן וו (–ט) — demonstrate, take to the streets

דעמאַסקיר|ן וו (–ט) — unmask

דעמאָקראַ'ט דער (ן) — democrat

דעמאָקראַטיע די (ס) [TY] — democracy

דעמאָקראַטיש אַדי/אַדוו — democratic

דעמאָראַליזיר|ן וו (–ט) — demoralize

דעמאַ'רק דער (ן) — demarcation

דעמב דער (ן/עס) — oak (tree)

דעמב·ן אַדי — oak(en), of oak

דעם דאָ'זיקן זע דאָזיקער

דעמידזשאַ'ן דער (ס) — demijohn

דעמיסיאָניר|ן וו (–ט) [SY] — resign

דעמיסיע די (ס) [SY] — resignation (from a job, etc.)

|| אָ'נ|געב|ן* זיך אין דעמיסיע — tender one's resignation

דעמלט אַדוו זע דעמאָלט

דעמער[1] דער זע דעמערונג

דע'מער–[2]... — *lit.*. twilight-...

|| דעמערצײַט — dusk

דע'מערונג די — *lit.*. dusk, twilight

דע'מער|ן וו–אומפּ (גע–ט) — *lit.* start to get dark/light

|| עס דעמערט — night is falling; dawn is breaking

דעמפּיק אַדי — humid

דעמפּ|ן וו (גע–ט) — stew *trans.*; muffle, deaden (sound)

דען 1. אַדוו — *(after an interrogative pronoun or adverb)* else, then; *(in a question anticipating a negative response)* even, then

|| ווער דען? — who else?

|| וואָס דען? — what else?

|| ווען דען? — when then?

|| ער איז דען דאָ? — is he even here? he's not here, is he?

|| איך בין דען קראַנק? — you think I'm sick, do you?

|| 2. קאָנ — *obs./Germ.* for, because

דענאָמינאַציע די (ס) — denomination; *Amer.* religion, persuasion

דענטי'סט דער (ן) פֿעמ קע — dentist

דעניק דער (דענקעס) — bottom (of a vessel); crown (of hat); cover

דעניש אַדי/(דאָס) — Danish

דענמאַרק (דאָס) — Denmark

דענסטמאָל אַדוו זע דעמאָלט

דענער דער (–) פֿעמ ין — Dane

דענערווי'רט אַדי — nervous, edgy

דענערוויר|ן וו (–ט) — get on the nerves of, irritate

דענצמאָל אַדוו זע דעמאָלט

דענקמאָל דער (ן/...מעלער) — monument, memorial

דענקע די (ס) [Ny] זע דעניק

דענק|ען וו (גע–ט) — think, reflect, reason

דענקער דער (–/ס) פֿעמ ין — thinker

דענשטשיק דער (עס) [Ny] — *Slav.* orderly (soldier), domestic servant

דעס זע דעסט

דעסאַליניר|ן וו (–ט) — desalinate

דעסאַ'נט דער (ן) — (milit.) (troop) landing

דעסבראַ'ט דער (ן) — daredevil, desperado

דעסויער : דער דעסויער — the man from Dessau (Moses Mendelssohn)

דעסט : דעסט גלײַכן — (in) the same way

|| פֿון דעסט האַלבן — on this account, for this reason

|| פֿון דעסט וועגן — nevertheless, however

דעסטיליר|ן וו (–ט) זע דיסטילירן

דעסטרויער דער (ס) — destroyer

דעסיאַטי'ן דער (–) [Sy] — land measure in Russia equal to 1.095 hectares/2.7 acres

דעסיאַטניק דער (עס) [Sy] — (in Russia) constable, policeman

דעסן דער (ס) — design, pattern; sketch, model

דעסע'רט דער (ן) — dessert

דעספּאָ'ט דער (ן) — despot

דעספּאָטיש אַדי/אַדוו — despotic

דעספּאַראַ'ד = דעספּעראַ'ט דער (ן) זע דעסבראַט

דעפּאָ' דער (ען) — warehouse, storehouse

דעפּאָזי'ט דער (ן) — (bank) deposit

דעפּאָניר|ן וו (–ט) — deposit (in a bank)

דעפּאָרטירונג די (ען) — deportation

דעפּאָרטיר|ן וו (–ט) — deport, intern

דעפּאַרטעמע'נט דער (ן) — department

דעפּוטאַ'ט דער (ן) פֿעמ ין — deputy, representative

דעפּוטאַציע די (ס) — deputation, delegation

דעפּטשע|ן וו (גע–ט) זע טאָפּטשען

דעפּע'ש די (ן) — dispatch, telegram, wire

דעפּעשיר|ן וו (–ט) — wire, telegraph

דעפּרימיר|ן וו (–ט) — depress, dishearten

דעפּרעסיע די (ס) [SY] — (psychol., econ.) depression

דעפֿאַמאַציע די — defamation

דעפֿאָרמיר|ן וו (–ט) — deform

דעפֿילאַדע די (ס) [Ly] — parade, procession

דעפֿיליר|ן וו (–ט) — march past, parade *intr.*

דעפֿיניטי'וו אַדי/אַדוו — definitive

דעפֿיניציע די (ס) — definition

דעפֿיניר|ן וו (–ט) — define

דעפֿיצי'ט דער (ן) — deficit

דעפֿלאַציע די (ס) [Ly] — deflation

דעפֿענסי'וו אַדי — defensive

דעפֿענסיווע די (ס) — defensive; (in Poland, 1919-1939) political police

דעפֿע'קט דער (ן) — defect, flaw

דעפֿעקטי'וו אַדי — defective; handicapped (mentally)

דעצידיר|ן וו (–ט) — decide, resolve

|| דעצידירן זיך <אויף> — make up one's mind (to), settle (on)

דעצימאַ'ל 1. אַדי — decimal

|| 2. דער (ן) — decimal

דעצעמבער דער (ס) — December

דעצענטראַליזירונג די — decentralization

דעק[1] 1. דער — bottom (of container, etc.); lid, cover

|| 2. די/דער — quilt, blanket

דעק[2] דער (ן) — deck (ship)

דעקאַדע'נט דער (ן) — decadent (member/admirer of the Decadent literary movement)

דעקאַדע'נץ די — decadence

דעקאָלטי'רט אַדי [Ly] — low-cut, décolleté

דעקאָלטע' דער (ען) [Ly] — décolletage

דעקאַ'ן דער (ען) — dean

דעקאַנאַ'ט דער (ן) — deanship

דעקאָראַטאָר דער (...אָ'רן) פֿעמ ...אָ'רשע — decorator

דעקאָראַטי'וו אַדי — decorative

דעקאָראַציע די (ס) — decoration; decor, (theat.) set

דעקאָריר|ן וו (–ט) — decorate, embellish

דעקונג די (ען) — (milit., journalism) coverage; support, (financial) backing

דעקטוך דאָס (...טיכער) דימ דע'קטיכל — bridal veil

דעקידע אַדוו — *dial.* at times, from time to time

דעקל דאָס (עך) דעק דימ — cover, lid

דעקלאַמאַטאָר דער (ס) — reciter of poetry; anthology of texts to recite

דעקלאַמאַציע די — reading (aloud), recitation of a text; declamation, oratory

דעקלאַמיר|ן וו (–ט) — recite, declaim

דעקלאַראַציע די (ס) — declaration

דעקלאַריר|ן וו (–ט) declare
דעקלינאַציע די (ס) (gramm.) declension
דעקליניר|ן וו (–ט) (gramm.) decline
דעק|ן וו (גע–ט) cover *imperf.*; provide cover(age) for *perf.*; compensate for, reimburse
|| דעקן מיט cover over with
|| דעקן אַ הויז roof a house
|| דעקן צום/דעם טיש set the table
|| דעקן זיך <מיט> correspond (to), match up (with)
דע'קנאָמען דער (...נעמען) alias, assumed name
דעקע די (ס) cover, blanket
דע'קעלע דאָס (ך) דימ דעקל (bottle) cap
דעקרע'ט דער (ן) decree
דעקרעטיר|ן וו (–ט) decree
דער[1] .1 אַרט (אַק/דאַט: דעם) *(masc. article)* the; *(stressed, used as a demonstrative)* this
|| דע'ר ייִד איז איר מאַן this man is her husband
|| .2 פּראָנ this (one)
|| דער און דער such and such, so-and-so
דער[2] זע די[1]
דער[3] די consumption, tuberculosis
...דער[4] *inseparable verbal prefix*; *with verbs expressing progress, indicates achieving the goal*
|| דערפֿאָר|ן arrive at the end of the voyage
|| דערליי'ענ|ען read to the end/some specific point
דעראָ'בער|ן וו (–ט) *Germ.* conquer
דעראָ'ן אַדוו thereon
|| גיי|ן* דאַט דעראָן concern/affect s.o.
|| עס איז עפּעס דעראָן there's something to that
|| ניט זײַן* גוט דעראָן מיט not be on good terms with
דעראַ'רבעט|ן זיך וו (דעראַרבעט) צו acquire/become ... thanks to one's labors
דערבאַ'ק.ן אַדי well done, fully baked
|| ניט דערבאַקן *fig.* immature, half-baked
דערבאַ'רעמדיק אַדי/אַדוו merciful
דערבאַ'רעמ|ען זיך וו (–ט) <אויף> take/have pity (on)
דערבאַ'רעמקייט די mercy, pity
דערביווע|ן זיך וו (–ט) צו/ביז penetrate as far as, reach with difficulty
דערבײַ' אַדוו there, present, nearby; at the same time; in addition, besides
|| זײַ|ן* דערבײַ be present, be on hand
|| האַלט|ן אומפּ דערבײַ אַז (risk) be imminent
|| אַז מיר האַלטן שוין דערבײַ since we have come to this point
דערבײַאיק אַדי–עפּי זע דערבײַיִק
דערביי'זער|ן וו (–ט) make angry, irritate
דערבײַיִק אַדי–עפּי nearby, adjacent, neighboring
דערבליק|ן וו (–ט) notice, catch sight of
דערבעט|ן זיך וו (דערבעטן) obtain by imploring
דערגאָדזשע|ן וו (–ט) דאַט humor, gratify, cater to the whims of
דערגאַ'נץ דער (ן) complement
דערגאַנצונג די (ען) completion; complement
דערגאַנציק אַדי complementary
דערגאַנצ|ן וו (–ט) complete, complement, supplement
דערגיי' דער (ען) finding, conclusion
דערגייונג די (ען) finding, conclusion
דערגיי'|ן* וו (מיר/זיי דערגייען; איז דערגאַנגען) arrive (on foot) at one's destination; come to maturity, ripen
|| ניט דערגיין not suffice, be lacking
|| דערגיין ביז reach (point, level)
|| דערגיין אַק/אַז learn, find out
|| דערגיין <אַק> אויף געווי'ס ascertain/prove (stg.)
|| דערגיין צו דאַט come to the attention of
|| עס דערגייט שוין אַזוי' ווײַט אַז it has reached the point where
|| דערגיין דאַט די יאָרן bother/torment s.o.
דערגיס|ן וו (דערגאָסן) add (liquid); refill (with liquid)
דערגעב|ן* וו (דערגי'ב, דערגי'סט, דערגי'ט, דערגיבן, דערגי'ט, דערגיבן; דערגעבן) add, top off with
|| ניט דערגעבן דאַט keep part of what belongs to, hold out on
דערגענצ|ן וו (–ט) זע דערגאַנצן
דערגרו'נטעווע|ן וו (–ט) אַק clarify
|| דערגרונטעווען זיך צו fathom, get to the bottom of
דערגריי'ך דער (ן) scope, extent; achievement
דערגרייכונג די (ען) success, achievement, result
דערגרייכלעך אַדי accessible, within range
דערגרייכ|ן וו (–ט) reach, attain, achieve
|| ניט צו דערגרייכן out of reach, inaccessible
דער דאָ'זיק|ער זע דאָזיקער

דערדינ|ען זיך וו (–ט) צו — acquire/become ... as a result of one's services

|| דערדינען זיך צו אַ מעדאַ'ל [Ly] — earn a medal

דערדישע|ן וו (–ט) — choke *perf.*, suffocate

דערדע די דימ דערדל — kind of card game

דערדריק|ן וו (–ט) — crush *fig.*, repress

דערהאַלט|ן וו (דערהאַלטן) — maintain; *Germ.* receive (mail)

|| דערהאַלטן אַק ביים לעבן, דערהאַלטן דאַט דאָס חיות [KhAYES] — keep s.o. alive

|| דערהאַלטן זיך ביי — keep, not lose

דערהאַר|ן (זיך) וו (–ט) <אַק/אויף> — wait/live long enough to see

|| ניט דערהאַרן זאָל ער עס! — may he never live to see it!

|| דערהאַרט זיך! — what times we live in!

דערהויב·ן אַדי — sublime, distinguished, lofty

דערהוי'בנקייט די — nobility, high-mindedness

דער הויפּט אַדוו — principally, particularly, especially

דערהיט|ן וו (דערהי'ט) — preserve, guard

|| דערהיטן זיך — remain, be preserved, (document, etc.) survive

דערהייבונג די (ען) — exaltation; elevation, promotion

דערהייב|ן וו (דערהויבן) — elevate, ennoble; exalt, glorify

|| דערהייבן זיך <צו> — rise/raise oneself (to)

דערהייכונג די — elevation (to a high position); exaltation, glorification

דערהיי'כט אַדי — noble, august

דערהײַ'נטיק|ן וו (–ט) — update, bring up to date

דערהי'צט אַדי — overheated; excited, heated

דערהיצ|ן וו (–ט) — heat, warm (up); irritate, enrage

דערהערל דאָס (עך) — *neol.* hearing aid

דערהער|ן וו (–ט) — hear, catch/detect (sound); get wind of, learn

דערהרגע|נען וו (–ט) [DERHARGE] — kill *perf.*, assassinate, slay

דערוואַכ|ן וו (–ט) — *Germ.* wake up *intr.*

דערוואַקסונג די — *neol.* adolescence (process)

דערוואַקסלינג דער (ען) — adolescent

דערוואַ'קסלינגווייז אַדוו — during one's adolescence

דערוואַ'קסלינגשאַפֿט די — *neol.* adolescence (age)

דערוואַקס·ן אַדי — adult, grown-up

דערוואַ'קסנשאַפֿט די — adulthood

דערוואַ'קסענ|ער דער-דעק — adult

דערוואַרג|ן וו (דערוואָרגן) — choke *trans.*, strangle *perf.*

דערוואַרטונג די (ען) — expectation

דערוואַרט|ן וו (דערוואַ'רט) — await, expect

|| דערוואַרטן זיך <אויף> — live to see stg. happen, finally get to see s.o.

|| דערוואַרטן זיך צו אינפֿ — finally be able to

|| ניט קענ|ען* זיך דערוואַרטן — be impatient; be hardly able to wait

|| איך האָב זיך קוים דערוואַרט — I could barely wait any longer

דערוואַ'רעמ|ען (זיך) וו (–ט) — warm up *trans./intr.*

דערווידער 1. אַדי–אַטר <דאַט> — repugnant, odious (to)

|| 2. דער (ס) <צו> — aversion (for), repulsion (towards)

דערווי'דערדיק אַדי — repugnant, odious

דערווי'דער|ן וו (–ט) <דאַט/אויף> — retort, reply sharply (to)

דערווײַ'ז דער (ן) — proof

דערווײַזונג די (ען) — demonstration, proof

דערווײַזיק אַדי — convincing, conclusive

דערווײַזלעך אַדי — provable, demonstrable

דערווײַז|ן וו (דערוויזן) — prove, demonstrate

דערווײַטערט אַדי — estranged

דערווײַ'טער|ן וו (–ט) — remove, move away

|| דערווײַטערן זיך — *also* withdraw *intr.*, retire; part company

דערווײַ'ל אַדוו — meanwhile, in the meantime; for the time being

דערוויילונג די — election

דערווײַליק אַדי — temporary, provisional, interim

דערוויילן|ן וו (–ט) — elect

דערווײַלע אַדוו זע דערווײַל

דערוויי'סט זע דאַוויס

דערוויס|ן זיך וו (דערוווּ'סט) — learn, discover, find out

דערוויש|ן וו (–ט) — catch, nab; track down, trace

דערוועגן[1] אַדוו — about that, about it

|| ער האָט דערוועגן גערע'דט — he spoke about that

דערוועג|ן[2] זיך וו (–ט) <צו אינפֿ> — dare, venture (to)

דערוועק|ן וו (–ט) — rouse, wake up *trans.*

דערווערב|ן וו (דערוואָרבן) — *Germ.* acquire, obtain

דערווערג|ן וו (דערוואָרגן) זע דערוואַרגן

דערוי'ס אַדוו — of it, from it

|| איך מאַך זיך גאָרניט דערויס — I don't care/ worry about it

דערוי'ף אַדוו — on it, for it

|| (אויף) דערויף — concerning that; to this end

|| דערויף האָט מען הענט, אַז מע זאָל אַ'רבעטן — that's why we have hands, so we can work

דערו'ם אַדוו — therefore, for that reason,; to that end

דערומעך אַדוו זע דערימעך

דערונטער 1. אַדוו — under it; at a low point, at bottom; among which, including

|| האַלט|ן זיך דערונטער — not push oneself forward

|| 2. אַדי–אַטר — broke, insolvent

דערו'נטערדיק אַדי — inferior

דערזאָג|ן וו (–ט) — express completely, say to the end

|| ניט דערזאָגן — hold back, leave stg. unsaid; speak in veiled terms

דער זע'לב(יק)|ער זע זעלביקער

דערזע'|ן* וו (מיר/זיי דערזעען; דערזען) — catch sight of, notice

|| דערזען פֿאַר די אויגן — finally set eyes on

|| דערזען זיך — *also* appear, come into view

דערזע'עניש דאָס (ן) — apparition, specter

דערטאַפּ|ן וו (–ט) — find by groping, detect by touch; discover, unearth; find unexpectedly, catch, nab

דערטראָג|ן וו (דערטראָגן) — carry (to the destination); suffer, bear

|| ניט צו דערטראָגן — intolerable, unbearable

|| דערטראָגן זיך — (noise, odor) carry

דערטראַכט|ן זיך וו (דערטראַ'כט) צו — invent, imagine, come up with

דערטרונקען ווער|ן וו (איז דערטרונקען געוואָרן) — drown *intr.*, be drowned

דערטרײַב|ן וו (דערטריבן) — push, drive, goad

|| די נויט האָט אים דערטריבן צו גנבֿה [GNEYVE] — poverty drove him to theft

דערטרינק|ען וו (דערטרונקען) זע דערטרונקען ווערן; דערטרענקען

דערטרי'נקעניש דאָס (ן) — deluge, flood

דערטרעגלעך אַדי — bearable, tolerable

דערטרענקונג די (ען) — drowning

דערטרענק|ען (זיך) וו (–ט/דערטראָנקען) — drown *trans./intr.*

דערשמעליעט אַדי — stupefied, thunderstruck

דערשמעליע|ן וו (–ט) — stupefy, stun

דעריאָג|ן וו (–ט) — overtake, catch up with

דעריבער אַדוו — therefore, consequently; for this reason; concerning this

דעריוואַ'ט דער (ן) — (ling.) derivative

דעריווירונג די (ען) — (ling.) derivation

דעריוויר|ן וו (–ט) — (ling.) derive

דערײַ'ן אַדוו — *dial.* therein, in it

|| מיט דערײַן — with that

דערימעך אַדוו — *hum.* therefore, consequently

דערי'(נע)ן אַדוו — therein, herein, in it; below, later in this book

|| אין דערינען — in that

|| פֿ"גל דרינען; (אין) מיטן[1]

דערי'נער|ן זיך וו (–ט) — *Germ.* remember, recall

דע'ריקקראַן דער (ען) — derrick, crane

דעריש דער (עס) — roan horse

דערכעס|ן וו (–ט) [DERKA'AS] — anger, enrage

דערכאַפּ|ן וו (–ט) — catch in mid-air

|| דערכאַפּן דאָס האַרץ — refresh oneself, have a bite to eat

דערלאָזלעך אַדי — admissible, permissible, tolerable

דערלאָז|ן וו (–ט) — allow, permit; tolerate, stand for

דערלאַנג|ען וו (–ט) — hand/pass/serve (stg. to s.o.); reach; present, submit (document); give; strike, inflict

|| דערלאַנגען צורי'ק — fight back

|| דערלאַנגען קלעפּ — shower with blows, hit hard

|| דערלאַנגען צום טיש — bring (food) to the table, serve a meal

דערלאַ'נגעריש אַדי/אַדוו — quick-witted, good at repartee; quick to retaliate

דערלוי'ב דער (ן) — permission, permit

דערלויב|ן וו (–ט) <דאַט צו> — permit/allow (s.o. to)

דערלוי'בעניש דאָס/די (ן) — permission, permit

דערלויפֿ|ן וו (איז דערלאָפֿן) <ביז/צו> — run up (to)

דערלייג|ן וו (–ט) — lose money; give/pay as a supplement

|| וועסט צו דעם ניט דערלייגן — you won't regret it

דערליי'דיק|ן וו (–ט) — arrange, take care of, finish off

|| דערליידיקן זיך — *euph.* relieve oneself

דערלײַדן : צו דערלײַדן bearable

דערלייזונג די redemption, salvation

דערלייז|ן וו (–ט) redeem, deliver, save

דערלייזער דער (–/ס) redeemer, savior

דערלײַ'כטער|ן וו (–ט) *Germ.* make easier, relieve, lighten

דערלעב|ן וו (–ט) live to see

|| (דו) זאָלסט/איר זאָלט דערלעבן איבער אַ יאָר! many happy returns, see you next year!

|| מע זאָל דערלעבן משיחן [MEShI'EKhN] may the Messiah come in our lifetime

דערלע'נגער|ן וו (–ט) prolong

|| דערלענגערן זיך last, endure

דערלערנ|ען וו (–ט) learn *perf.*, acquire (language, knowledge)

דערמאַכ|ן וו (–ט) complete, make (missing part)

דערמאָ'ן דער (ען) reminder

דערמאָנונג די (ען) mention, reminder; remembrance, memory

דערמאַנ|ען = דערמאָנ|ען וו (–ט) אַק mention

|| דערמאָנען <דאַט> אין remind (s.o.) of, evoke, suggest

|| דערמאָנען <דאַט> אַק/אַז remind (s.o.) of stg., remind (s.o.) that

|| דערמאָנען דאַט צו remind s.o. to

|| דערמאָנען זיך <אין> remember, recall

דערמאָרדונג די (ען) murder, assassination

דערמאָרד|ן וו (–ט/דערמאָרדעט) murder, kill, assassinate

דערמו'טיקונג די (ען) encouragement

דערמו'טיק|ן וו (–ט) encourage

דערמו'נטער|ן וו (–ט) cheer up

דערמי'גלעכ|ן וו (–ט) זע דערמעגלעכן

דערמי'ט אַדוו with that, with it; by that, hereby; by the present letter, by this document

|| וואָס טוט מען דערמיט? what does one do with this?

|| וואָס מיינט זי דערמיט? what does she mean by that?

|| מיט דערמיט = דערמיט

דערמי'נטער|ן וו (–ט) cheer up; revive

דערמע'גלעכ|ן וו (–ט) make possible, enable

דערנאָ'ך אַדוו then, afterwards, subsequently

דערנאָכדעם 1. אַדוו afterwards, later on

|| 2. דער aftermath, consequences

דערני'דעריקונג די (ען) humiliation

דערני'דעריק|ן וו (–ט) humiliate, degrade, abase

דערנעבן אַדוו next to, nearby

דערנע'(ע)נטערונג די (ען) approach, arrival; rapprochement

דערנע'(ע)נטער|ן וו (–ט) bring closer

|| דערנענטערן זיך <צו> approach, draw near (to)

דערנער מצ זע דאָרן

דע'רנערדיק אַדי thorny

דערנערונג די nourishment, nutrition

דערנער|ן וו (–ט) nourish, feed, maintain

דערע די (ס) shawl, scarf; cover, lap robe

דער עיקר אַדוו זע עיקר[1]

דערעיקרשט אַדוו [DERIKERShT] principally, chiefly, primarily

דערע'נדיק|ן וו (–ט) complete, finish

דערעס|ן וו (דערעסן) <דאַט> disgust (s.o.)

|| ניט דערעסן not have enough to eat

|| זײַן* דערעסן <דאַט>, דערעסן ווערן <דאַט> *rev.* tire of, be bored by, be sick of

|| די אַרבעט איז מיר דערעסן I'm sick of my job

דערע'פֿענונג די (ען) inauguration, opening

דערע'פֿנ|ען וו (–ט) open, inaugurate

דערעש דער (עס) זע דעריש

דערפֿינטל|ען זיך וו (–ט) <צו> *neol.* zero in (on)

דערפֿאָ'לג דער (ן) success

דערפֿאָלגרײַך אַדי/אַדוו successful

דערפֿאַ'ר אַדוו therefore, for that reason; as a result; in return

|| דערפֿאַר וואָס/ווײַל because

|| פֿאַר דערפֿאַר = דערפֿאַר

דערפֿאַרונג די (ען) experience

דערפֿאַר·ן אַדי experienced, seasoned

דערפֿו'ן אַדוו of it

|| דערפֿון איז געדרונגען אַז we conclude from that

|| ניט מאַכן זיך דערפֿון not worry about

|| ווײַט דערפֿון! far from it! on the contrary!

|| פֿון דערפֿון = דערפֿון

דערפֿילונג די fulfillment, accomplishment

דערפֿיל|ן[1] וו (–ט) sense, feel, perceive

דערפֿיל|ן[2] וו (–ט) fulfill, accomplish

דערפֿינדונג די (ען) invention

דערפֿינד|ן וו (דערפֿונדן) invent

דערפֿי'נדעריש אַדי/אַדוו inventive

דערפֿיר|ן וו (–ט) <ביז/צו> lead up to, bring as far as

|| **דערפֿירן צו** precipitate, bring about; reduce to, drive to

דערפֿל דאָס (עך) **דאָרף** דימ hamlet

דערפֿער מצ זע **דאָרף**

דערפֿרויר·ן אַדי frozen

דערפֿריי|ען וו (–ט) gladden, cheer up *trans.*, delight

|| **דערפֿרייען זיך** rejoice

דערפֿריש|ן וו (–ט) refresh

דערפֿרעג|ן זיך וו (–ט) <בײַ> get information (from), learn by asking questions (of)

|| **דערפֿרעגן זיך צו** arrive someplace/reach s.o. by asking all over

דערצאָל|ן וו (–ט) pay in addition; settle the account of

דערצו' אַדוו to it/that; in addition, besides, moreover; for that, to that end

|| **וואָס זאָגסטו דערצו?** what do you say to that?

|| **דערצו נאָך** beyond that, in the bargain

|| **צו דערצו** = **דערצו**

דערצווישן אַדוו between them, in between

דערצויג·ן אַדי (well/badly) brought up/educated

דערציִונג די education, upbringing

דערציטערט ווער|ן וו (איז **דערציטערט געוואָרן**) be shocked/terrified

דערציילונג די (ען) short story; narrative, tale

דערצייל|ן וו (–ט) relate, tell, narrate

|| **ניט צו דערציילן** incredible, indescribable

דערציילער דער (–/ס) פֿעמ ין storyteller; short-story writer; narrator

דערציִ|ען וו (**דערצויגן**) educate, raise, bring up

|| **דערציִען ביז** hold on all the way to

דערציִער דער (–/ס) פֿעמ ין educator, pedagogue

דערציִ'עריש אַדי educational, pedagogical; pertaining to teachers

דערצע'רעֲנ|ען וו (–ט) anger, infuriate, incense

דערקאַזשע|ן וו (–ט) obtain with difficulty; procure, provide, furnish

דערקוויק|ן וו (–ט) refresh, delight

דערקוטשע|ן וו (–ט) pester, annoy

דערקוילעט אַדי : **ניט דערקוילעט** not quite killed

דערקו'נדיק|ן זיך וו (–ט) <וועגן> *Germ.* inquire (about)

דערקלײַב|ן זיך וו (**דערקליבן**) **צו/קיין** arrive at, reach

דערקלינג|ען זיך וו (**דערקלונגען**) **צו** succeed in reaching by telephone

דערקלערונג די (ען) explanation; declaration, statement

דערקלער|ן וו (–ט) explain; declare, state

|| **דערקלערן פֿאַר** declare/pronounce (guilty, dead, etc.)

|| **דערקלערן זיך** <דאַט> **אין ליבע** declare one's love (for)

דערקעגן אַדוו against it; on the contrary

|| **איך האָב גאָרניט דערקעגן** I have no objection to it

דערקעמפֿ|ן וו (–ט) obtain by force

דערקע'נטעניש דאָס knowledge; understanding; conclusion, realization

דערקענ|ען וו (–ט) recognize, identify; grasp the true nature of

דערקריכ|ן וו (איז **דערקראָכן**) crawl/climb up to; *fig.* attain one's ends by cringing

דערראָט|ן וו (**דערראָטן**) *dial.* guess, estimate, deduce

|| **דערראָטן** דאַט guess the wishes of, act according to the liking of

דעררגזנ|ען וו (–ט) [DERRAGZ·N] enrage, anger, provoke

דעררעד|ן זיך וו (–ט) come to an understanding

|| **דעררעדן זיך צו** reach (decision, etc.) after deliberation

|| **רעד|ן און זיך צו גאָרנישט דעררעדן** discuss without coming to a conclusion

דערשאַצ|ן וו (–ט) appreciate the value of

|| **ניט דערשאַצן** underestimate

דערשוויצט אַדי perspiring, sweaty

דערשטוינונג די astonishment, amazement

דערשטוי'נט אַדי/אַדוו astounded, amazed

דערשטוינ|ען וו (–ט) amaze, astound, surprise

דערשטו'קעווע|ן וו (–ט) add (a missing piece to a suit, etc.)

דערשטיקונג די suffocation; suppression

דערשטי'קט ווער|ן וו (איז **דערשטי'קט געוואָרן**) suffocate *intr.*

דערשטיק|ן וו (–ט) choke *trans. perf.*, suffocate; strangle; repress, suppress

דערשטי'קעניש דאָס (ן) suffocating atmosphere; crowd, congestion

דערשטעכ|ן וו (**דערשטאָכן**) stab to death

דערשי'טערונג די (ען) (state of) shock, (violent) emotion

דערשי'טער|ן וו (–ט) shock, upset

דערשײַנונג די (ען) phenomenon, manifestation, appearance

דערשײַנ|ען וו (–ט/איז דערשינען) be published; appear

דערשיסונג די (ען) execution (by shooting)

דערשיס|ן וו (דערשאָסן) shoot to death; execute by shooting

דערשלאָג·ן .1 אַדי depressed, dejected

|| .2 דערשלאָג|ן וו (דערשלאָגן) kill; depress

|| דערשלאָגן זיך <צו> make one's way (to), reach (with great effort)

דערשלאָפֿ|ן וו (האָט/איז דערשלאָפֿן) sleep through the night

|| ניט דערשלאָפֿן not sleep enough

דערשלעפּ|ן זיך וו (–ט) <צו/ביז/קיין> manage painfully/slowly to get (to/as far as)

דערשמעק|ן וו (–ט) notice/recognize by smell; sniff out, detect

דערשנאַפּ|ן וו (–ט) notice/recognize by smell; sniff out, detect

דערשפּיר|ן וו (–ט) feel *trans. perf.*, sense, detect

דערשפּריצונג די (ען) booster shot

דערשראָק·ן אַדי <פֿאַר> frightened (by); timid, fearful

דערשרע'ק דער (ן) fright, fear

דערשרעק|ן וו (דערשראָקן) frighten, scare

|| דערשרעקן זיך <פֿאַר> be frightened/startled (by)

דערשרע'קעניש דאָס (ן) fright

דעשיפֿריר|ן וו (–ט) decipher, decode

דעתן דער (ים) [DAYTN - DAYTONIM] man of firm/judicious opinions

דעתנות דאָס [DAYTONES] obstinacy

דעת דאָס/דער [DAAS] reason, understanding, lucidity

|| בײַם פֿולן דעת in full possession of one's faculties

דעת־הקהל דער [DAAS-HAKO'OL] public opinion

דף דער (ן/ים/דפֿים) [DAF - DAPIM] leaf, page (of a book, *esp.* the Talmud)

דפֿק דער (ן) [DEYFEK] pulse

|| (אָ'נ)טאַפּ|ן דעם דפֿק take the pulse

דפֿק|ן וו (גע–ט) [DEYFEK] pulsate

דץ אַ סוחר = דיץ הסוחר (דער) [DOTS (H)ASOYKhER] *iron.* hot-shot businessman, unsuccessful merchant

דצ״וו = דאָס ציטירט|ע װערק *op. cit.* (the cited work)

דקדוק דער זע דיקדוק

דקה די (–ות) [DAKE] *Jew.* goat, sheep, head of small livestock

ד״ר = דאָקטאָר; דאָקטער Dr.

דראַב דער (עס) rogue, scoundrel

דראָב דער (ן) *Slav.* fraction

דראַביאַק דער (עס) זע דראַב

דראַבינע = דראָבינע די (ס) cart rail; open-sided wagon

דראָ'ביסקעס מצ (culin.) giblets

דראָבנע .1 אַדי minute, fine, petite

|| .2 (דאָס) *dial.* small change

דראָבנעס מצ זע דראָבנע .2

דראַבע די (ס) cart rail

דראַבקע די (ס) slattern, loose woman

דראַגונער דער (–) dragoon

דראַדרעך דער *dial.* dirty person

דראָונג די (ען) threat, menace

דראָזד דער (ן) זע דראָסל

דראָזשע|ן וו-אומפּ (גע–ט) דאַט <אין> *rev.* tingle/quiver (in)

דראָזשקע די (ס) זע דראָשקע

דראָט דער/דאָס (ן) wire; (elec.) cable

|| דו'רכ|פֿיר|ן דראָטן דורך/אין install electricity in, wire

דראָ'טאַרבעט די wirework, filigree; fine work

דראַטווע די (ס) shoemaker's thread

|| ציִ|ען די דראַטווע *hum.* work as a shoemaker

דראָט·ן אַדי (of) wire

דראָ'טעווע|ן וו (גע–ט) fasten/repair with wire

דראָטצװאַנג די (ען) wire cutters, pliers

דראַכמע די (ס) drachma

דראַ'לע(ווע)|ן וו (גע–ט) run/trot quickly

דראַמאַטו'רג דער (ן) פֿעמ ין playwright, dramatist

דראַמאַטורגיע די (ס) dramaturgy, theater arts

דראַמאַטיזיר|ן וו (–ט) dramatize

דראַמאַטיש אַדי/אַדוו dramatic

דראַמע די (ס) drama

דראַמקרײַז דער (ן) drama club, amateur theater group

דראָן דער (ען) drone; *fig.* idler, parasite

דראַנג דער (ען) drive, impulse

דראָנג דער (ען/עס/דרענגער) דימ דרענגל stick, crowbar, pole; *hum.* tall, clumsy man

דראָנגאַטש דער (עס) *fam.* gangling and awkward person

דראַנזשיק דער (עס) — whiffletree of a cart; trace horse, extra horse
|| גיי|ן* אויפֿן דראַנזשיק — get to work; lose (at cards)
|| נעמ|ען אויפֿן דראַנזשיק — put to work; deceive, trick
דראַ'ניצע די (ס) — shingle, lath
דראַסטיש אַדי/אַדוו — drastic
דראָסל דער (ען) — blackbird; thrush
דראָ|ען וו (גע-ט) <דאַט מיט> — threaten, menace (s.o. with)
|| עס דראָט נאָמ/מיט דאַט — there is a threat/danger of
דראַפּ[1] דער (ן) — scratch; swipe of a claw
דראַפּ[2] דער — cloth, woolens
דראַפּאַטש דער (עס) — stiff/worn-out broom; *fig.* skinny little fellow
דראַפּי'ר דער — curtain
דראַפּיר|ן וו (-ט) <מיט> — drape, hang (with)
דראַפּ·ן אַדי — (of) cloth
דראַפּע|ן וו (גע-ט) — scratch
|| דראַפּען זיך <אויף> — climb, scramble up (vertical surface)
דראַפּעריע די (ס) — drapery
דראַקאָ'ן דער (ען) — (myth.) dragon
דראַקע די (ס) — *Slav.* fight, brawl; scuffle
דראַקע|ן וו (גע-ט) — scribble, scrawl
דראָשע פֿאָנ דרשה
דראָשקאָזש דער (עס) — coachman (of a horse carriage)
דראָשקע די (ס) — droshky, horse-drawn coach
דרגא די (-ות) [DARGE] — degree, rank
דרדקי-מלמד דער (ים) [DA'RDEKE-MELAMED - -MELAMDIM] — *Jew.* teacher of youngest children
דרובעז דער — *dial.* tub, vat
דרוז דער (ן) פֿעמ ין — Druze
דרויב דאָס — giblets; horde of kids; small fry
דרויבל דאָס (עך) — scrap, shred
דרויסיק אַדי זע דרויסנדיק
דרויסן 1. אַדוו — outside, outdoors
|| 2. דער (ס) — exterior; nature, the outdoors; *dial.* weather
|| אין דרויסן — outside, outdoors
דרוי'סנדיק אַדי — exterior, external, outside
דרוי'סנדיק|ער דער-דעק — outsider
דרום[1] דער [DOREM] — south
|| דרום צו — southwards
דרום-[2]... [DO'REM] — southern, southerly

דרום[3] אַדוו זע דערום
דרומדיק אַדי [DO'REMDIK] — southerly, southern
דרומל|ען וו (גע-ט) — drum, rumble
דרום-מיזרח דער [DOREM-MI'ZREKh] — southeast
דרום-מיזרחדיק אַדי [DOREM-MI'ZREKhDIK] — southeastern
דרום-מערבֿ דער [DOREM-MA'YREV] — southwest
דרום-מערבֿדיק אַדי [DOREM-MA'YREVDIK] — southwestern
דרוק[1] 1. דער (ן) — pressure, stress; print
|| 2. די (ן) — printing shop; printing press
|| גיי|ן* אין דרוק — go to press
|| אַרוי'ס פֿון דרוק — just published
דרוק[2] דער (עס) דימ דריקל — staff, pole
דרו'קבויגן דער (ס) — printed page
דרוקגרײַז דער (ן) — misprint, typo
דרוקזאַך די (ן) — printed matter
דרוקטאָפּ דער (...טעפּ) — pressure cooker
דרוק|ן וו (גע-ט) — print; publish
|| דרוקן זיך <אין/בײַ> — be in press; be published regularly (by); (author) contribute (to), be a writer (for)
דרוקער דער (-/ס) — printer
דרוקערײַ' די (ען) — printing shop
דרוקפֿאַרב די — printer's ink
דרו'קפֿעלער דער (ן) — misprint, typo
דרוקרעכט דאָס — copyright
דרוקשריפֿט דער (ן) — font, type
דרוש דער (ים) — *Jew.* interpretation of a sacred text that departs from its literal sense to give it a particular meaning
דריבל|ען וו (גע-ט) — fray, make threadbare
דריבן אַדוו — *dial.* across, on the other side
דריבנע אַדי זע דראָבנע 1.
דריגע דער (ס) — kick; jolt
דרי'געדיק אַדי — jerky
דריגע|ן וו (גע-ט) <מיט> — kick; thrash (legs)
דריז די (ן) — gland; tumor
דריזשבל|ען וו (גע-ט) — *slang* sleep, snooze
דריט אַדי-עפּי — third
|| דריט האַלבן — two and a half
|| דריט|ער מין — *gramm.* neuter gender
דריטל דאָס (עך) — third (fraction)
דריטנס אַדוו — thirdly, in the third place
דריי[1] דער (ען) — turn, rotation, twist; subterfuge, trick
דריי-[2]... — revolving, rotary

|| דרייטיש — turntable
|| דריי־באַוועגונג — rotary movement
דרייַ צוו — three
דרייאיי'ניקייט די — Trinity
דרייַאיק אַדי **זע** דרייִיק
דרייבאַנק די/דער (...בענק) — lathe
דריידל דאָס (עך) — top, dreidel; *hum.* scheme, trick
דריי'דלדיק אַדי — twisted; crafty, underhanded
דריידל|ען (זיך) וו (גע–ט) — twirl, spin *trans./intr.*
דרייטיר די (ן) — turnstile, revolving door
דרייטל דאָס (עך) — trey (playing card)
דרייִיק אַדי — triple
דרייַלינג דער (ען) — (set of) triplets
דריי'לינג־ברודער דער (־ברידער) — male triplet
דריי'לינג־שוועסטער די (–) — female triplet
דריי'מזיצער דער (–/ס) פֿעמ ין — homebody
דרייסט אַדי/אַדוו — bold, audacious
דרייסטקייט די — boldness, audacity
דרייַסיק צוו — thirty
דרייַסיקסט אַדי–עפּי — thirtieth
דריי'סיקער **1.** דער (ס) — thirty year-old man
|| **2.** אַדי–אינוו : די דרייַסיקער יאָרן — the thirties
|| אין די דרייַסיקער — in one's thirties
דרייַע אַדוו — (at) three o'clock
דריי|ען וו (גע–ט) — turn *trans.*; twist *imperf.*, spin, roll; trick, cheat
|| דרייען מיט דער צונג — stammer, stutter; contradict oneself
|| דרייען אומפּ דאַט אין קאָפּ — *rev.* feel dizzy
|| דרייען אומפּ דאַט אין בויך — *rev.* have stomach cramps
|| דרייען זיך — turn *intr.*, revolve, rotate; spin, twist *intr.*; come and go, be restless; roam, prowl; maneuver
דרייַען : אין דרייַען — threefold, as a threesome; in(to) three parts
|| געבויג·ן אין דרייַען — bent (over), stooped
|| עס|ן פֿאַר דרייַען — eat enough for three
דריי'ענדיק אַדי — triple
דרייַעק דער (ן) — triangle
דריי'עק(עכ)יק אַדי — triangular
דרייער דער (ס) פֿעמ קע — swindler, cheat, schemer

דרייַער דער (ס) — three-kopeck coin; three-ruble note
דריי'ערליי אַדי–אינוו — of three kinds
דרייפּונקט דער (ן) — pivot
דרייַפֿוס דער (ן) — tripod
דריי'פֿליגל דער (ען) — rotor
דרייפֿ|ן וו (גע–ט) — (boat) drift
דרייַצן צוו — thirteen
דרייַצנט = דרייַצעט אַדי–עפּי — thirteenth
דרייקאָפּ דער (...קעפּ) — schemer, swindler; bothersome person
דרייַראָד די (...רעדער) — tricycle
דריישטול די/דער (ן) — swivel chair
דריכנע|ן וו (גע–ט) — *pejor.* sleep, snooze
דריל[1] דער (ן) — drill
דריל[2] דער **זע** דרעליע
דריליך דער **זע** דרילעך
דרילינג דער (ען) **זע** דרייַלינג
דריליע די (ס) **זע** דרעליע
דרילך דער **זע** דרילעך
דריל|ן וו (גע–ט) — drill, pierce
דרילעוואַטע אַדי [Ly] — gelatinous
דרי'לעווע|ן וו (גע–ט) [Ly] **זע** דרילן
דרילעך דער — ticking, mattress cover
דרים דער (ען) — shred, wisp; bit of thread
דרימל דער **זע** דרעמל
דרימל|ען וו (גע–ט) **זע** דרעמלען
דרינגלעך אַדי/אַדוו — urgent, imperative
דרינג|ען וו (געדרונגען) — affirm, maintain, claim; infer, deduce, gather
|| זײַן* צו דרינגען <פֿון> — follow (from), be implied (by)
דרי'נגענדיק אַדי/אַדוו — urgent
דרינזשע|ן וו (גע–ט) — buzz, hum
דרינען אַדוו — indoors, inside; *dial.* in the next room
|| פֿ״גל דערינען; (אין) מיטן[1]
דרי'נענדיק אַדי — indoor, interior
דריסקע|ן וו (גע–ט) — *vulg.* shit
דריסת־הרגל דאָס <אין> [DRISES-HORE'GL] — access (to), authorization to enter
דריפּע|ן וו (גע–ט) — drip, ooze
דריפּקע די (ס) — slattern, loose woman
דריק[1] דער — pressure, act of pressing; accentuation, stress
דריק[2] דער (עס) **זע** דרוק[2]

דריקונג די (ען) — pressure

דריקל דאָס (עך) דימ זע דרוק[2]

דריק|ן וו (גע–ט) — press, squeeze; lean on; oppress

דרי'קנדיק אַדי — oppressive

דריקע די (ס) זע דרוק[2]

דרכי־שלום [DARKE-ShO'LEM] : פֿון דרכי־שלום וועגן — for the sake of keeping the peace, *esp.* to maintain good relations between Jews and non-Jews

דרך דער (ים) [DEREKh - DROKhIM] — *hum.* way, path, road; *fig.* way, manner, method

|| געב|ן*/ווײַז|ן דאָט דעם דרך — show s.o. the door

|| נעמ|ען דעם דרך — take off, leave

|| (אַרויס|)גיי|ן* אויף אַ דרך — take a turn for the better, progress well

|| דאָס איז ניט קיין דרך — that isn't done

|| גיי|ן* אין פּאָס דרכים — follow in s.o.'s footsteps

דרך־אַגבֿ אַדוו [DEREKh-A'GEV] — by the way, incidentally

דרך־ארץ דער [DEREKhERETS] — respect, esteem; politeness, good manners, decorum

|| וואַרט|ן אויף דרך־ארץ — *hum.* delay, hesitate

|| מיט דרך־ארץ — respectfully (yours)

דרך־ארצדיק אַדי/אַדוו [DEREKhE'RETSDIK] — respectful

דרך־הטבֿע דער [DEREKh-HATE'VE] — law/way of nature, natural phenomenon

דרך־הישר דער [DEREKh-HAYO'ShER] — path of righteousness, the straight and narrow

דרך־המלך דער [DEREKh-HAME'YLEKh] — main road, *fig.* royal road

דרך־העולם דער [DEREKh-HOO'YLEM] — way of the world, order of things

דרעטל דאָס (עך) דראָט דימ — *also* staple (paper fastener)

דרעטל|ען וו (גע–ט) — staple (papers) *imperf.*

דרעטלער דער (ס) — stapler

דרעל דער זע דריל[1]; דרעליע

דרעליע די (ס) — jellied calf's foot; fish jelly

דרע'ליעווע|ן וו (גע–ט) זע דרילן

דרעמל דער — nap

|| כאַפּ|ן אַ דרעמל — take a nap

דרעמל|ען וו (גע–ט) — nap, doze

דרען דער — cornelian cherry (shrub); *coll.* cornelian cherries (fruit)

דרענגל דאָס (עך) דראַנג דימ — rod, stick

דרענג|ען וו (גע–ט) — push, press

|| דרענגען זיך — shove/elbow one's way

דרענגער מצ זע דראַנג

דרעסיר|ן וו (–ט) — train (person, animal)

דרעפּטשע|ן וו (גע–ט) — drag one's feet, shuffle; hobble, limp; stammer, stutter

דרעק דאָס (ן) — filth, shit

דרעקיש אַדי — filthy, shitty

דרעקסל|ען וו (גע–ט) — *dial.* turn (on a lathe) *imperf.*

דרעקסלער דער (–/ס) — *dial.* turner (carpenter)

דר'ערד זע ערד

דר'ע'רדליגער דער (–/ס) פֿעמ ין — *pop.* incompetent person, failure

דרע'שמאַשין די (ען) — (agric.) threshing machine

דרעש|ן וו (געדראָשן) — thresh; *fig.* bruise, beat (black and blue)

|| דרעשן מיט דער צונג — sweet-talk, wheedle

דרעשע|ן וו (גע–ט) זע דרעשן

דרעששטאַנג דער (ען) — flail (threshing tool)

דרש דער (ן) [DRASh] — *Jew.* non-literal interpretation of the Bible

דרשה די (–ות) [DROShE] — *Jew.* sermon; *hum.* lecture, speech, oration

|| האַלט|ן אַ דרשה — make a speech, orate

דרשה־געשאַ'נק דאָס [DRO'ShE] — wedding present(s)

דרשן דער (ים) [DARShN - DARShONIM] — *Jew.* preacher; *iron.* long-winded orator

דרשע|ן = דרשענ|ען וו (גע–ט) [DARShE/DARSh·N] — *esp. Jew.* preach; interpret; *pejor.* perorate, hold forth

דת דער [DAS] — religion

ה

ה[1] דער/די [HEY] letter of the Yiddish alphabet; pronunciation [H]; numerical value: 5

ה׳[2] = השם [HAShE'M] *Jew.* "the ineffable Name (of God)", the Eternal One

ה׳[3] = הער Mr.

ה׳[4] = העפֿט fascicle, issue (periodical)

הא דער/די (ען) [HEY] *he*, name of the letter ה

האַ[1] אינט eh? what?

האַ[2] דער (ען) (the letter) H

האָב דאָס property, belongings

האָב־און־גו'טס דאָס property, possession(s), belongings, effects

האַבונסטווע די greed, covetousness

האַבו'נעווען וו (–ט) זע האַבעווען

האָבן* 1. וו (האָב, האָסט, האָט, האָבן, האָט, האָבן; געהאַ'ט) have; give birth to

|| האָבן צו דאַט concern, have stg. to do with

|| האָבן עפּעס צו blame, have/hold stg. against

|| וואָס האָסטו צו מיר? what do you have against me?

|| האָבן צו טאָן מיט contend with, (have to) deal with; be involved with

|| האָבן קעגן object to, be against

|| האָבן עפּעס פֿון profit from/by

|| וואָס האָב איך דערפֿו'ן what do I get out of it? what good is it to me?

|| וועל|ן* האָבן אַק want, desire

|| וועל|ן* האָבן אַז assert/maintain that

|| אָט האָסטו! serves you right!

|| אָט האָסטו דיר! there you go! there you are!

|| 2. הוו *auxiliary verb used to form the past tense for most verbs; auxiliary verb used to form the perfect tenses*

|| 3. דאָס labor/childbirth

האַ'בעאַס־קאָ'רפּוס דער habeas corpus

האַ'בעווען וו (גע–ט) lust after money

האַ'בעליאַק דער (ס) woman's long cape

האָבער דער/דאָס oats

|| עס שטעכט אים דער האָבער he's feeling his oats, he's never satisfied

האָ'בערגרויפּן מצ oat groats

האָ'בערגריץ דער oatmeal

האָ'בערין די (ס) woman in labor

|| שווער|ע האָבערין woman who has difficult childbirths

האָ'בערן אַדי oat(en), of oats

האָ'בער־צוקער דער/דאָס maltose, malt sugar

האַגאָדע פֿאָנ הגדה

האַגאַ'ם פֿאָנ הגם

האָגל דער (ען) hail

האָגל|ען וו-אומפּ (גע–ט) <מיט> hail

האָד דער (עס) monster, horrible creature

האָדאָווניק דער (עס) פֿעמ ...וואַ'נקע זע האָדעוואַניק

האַדזיע|ן = האַדזשע|ן וו (גע–ט) [Zy] זע האַדיע|ן

האָדיוולע די nourishment, fodder; breeding, rearing

האַדיוקע די (ס) [Dy] *Slav.* viper; horror

האַדיע אינט [Dy] enough! that's plenty!

האַדיע|ן וו (גע–ט) [Dy] disgust, nauseate

|| האַדיען זיך <פֿאַר> loathe, be nauseated (by)

האַדליווע אַדי sullen, dour, sulky; disgusting

האַדן מצ (cooked) kasha, boiled buckwheat cereal

האָדעוואַניע די [Ny] breeding, rearing, husbandry; upbringing

האָדעוואַניק דער (עס) פֿעמ ...ניצע ward, charge

האָ'דעווע|ן וו (גע–ט) bring up (children), rear, breed (animals); feed; grow, cultivate, raise (plants, etc.)

האָ'דעווער דער (ס) raiser, grower, breeder

האָ'דער דער (ס) rag, shred; *slang* paper money

האָ'דער|ן וו (גע–ט) tatter, tear to pieces

האַדקע אַדי disgusting, nauseating

האַווידיע די (ס) [Dy] multitude, crowd, mob

האַוויע די (ס) gang, rabble

האַוויר|ן וו (–ט) court/cultivate, woo; try to please

האַוון דער (ס) port, harbor

האַווע|ן וו (גע–ט) be busy, hustle

האַ'וועניש דאָס hustle, bustle

האַווקע|ן וו (גע–ט) <אויף> bark (at)

האָז דער (ן) דימ העזל hare; deserter; (game) tag

|| שיס|ן צוויי האָזן מיט איין שאָס kill two birds with one stone

|| ווער|ן אַ האָז take off, beat it

|| מזלדיק|ער האָז [MA'ZLDIKER] unlucky person

האָז·ן אַדי hare's

|| האָזענע אױ'ערן — *fig.* rabbit ears

|| פֿ״גל ניסל¹

האָ'זנליפּ די — harelip, cleft lip

האָזע פֿאָנ העזה

האָט וו (אינפֿ: האָבן) — (he/she/it) has; (you formal/plural) have

האָטע'ל דער (ן) [Ly] — hotel

האָטעליע'ר דער (ן) פֿעמ שע — hotel keeper

האַטע|ן וו (גע–ט) — dam (up), bar, block; make a road on swampy ground

האַטקע די (ס) — road with a bed of bundled sticks

האַטשיק דער (עס) — little hook, fastener

האַיע|ן וו (גע–ט) זע הײַען

האַכנאָסע פֿאָנ הכנסה

האַל דער (ן) זע האַלע

האַלאָ' אינט [Ly] — hello *(on telephone)*

האַלאָבליע = האָלאָבליע די (ס) — thill, carriage shaft; arm (of eyeglasses)

||אַרױ'ס|גײ|ן* פֿון די האַלאָבליעס — get worked up, fly off the handle

האָלאָדר... זע װערטער מיט האָלעדר...

האַלאָװי'ן דער — Halloween

האָלאָװניע די (ס) [Ny] זע האָלעװעשקע

האָלאָװעשקע די (ס) זע האָלעװעשקע

האָלאָטע די (ס) — rabble, mob, crowd

האָלאַנד (דאָס) — Holland

האַלאַס דער — noise, uproar, racket

האַלאַסנע אַדי/אַדװ — loud, noisy; out loud

האַלאַ'סע(װע)|ן וו (–ט) — lament/complain loudly, cry out; make a racket

האָלאָפּ... זע װערטער מיט האָלעפּ...

האַלב¹ .1 אַדי — half; part-time

|| האַלב אױף האַלב — fifty-fifty

|| האַלב|ע שטעלע — part-time job

|| האַלב|ער טאָג — noon

|| האַלב|ע נאַכט — midnight

|| האַלב קליידל — skirt

|| .2 אַדװ — half-

|| האַלב װאַך — half-awake

|| האַלב פֿאַרמאַ'כט — half-closed

|| האַלב אײנס — half past twelve

|| האַלב צװײ — half past one

האַ'לב²... — semi...

|| האַ'לבדורכפֿירער — semiconductor

האַ'לבאינדזל דער (ען) — peninsula

האַלבאָשע פֿאָנ הלבשה

האַ'לבזײַד·ן אַדי — pongee; (bread) of coarse rye mixed with bolted flour

האַ'לבטאָגיק אַדי — part-time

האַלב טראַף זע טראַף¹

האַ'לביאָריק = האַ'לביעריק אַדי — lasting 6 months; semiannual

האַ'לביערלעך אַדי זע האַלביאָריק

האַלביר|ן וו (–ט) — divide in half

האַ'לבמוייליק אַדי/אַדװ — half-hearted, grudging (compliment, etc.)

האַ'לבמיטל דאָס (ען) — halfway measure

האַלבן .1 צװ — *(after ordinal numerals)* minus one half

|| דריט האַלבן — two and a half

|| פֿערט האַלבן — three and a half

|| פֿ״גל אַנדערטהאַלבן; מײַנסט/דײַנסט/...האַלבן

|| .2 האַלב|ן וו (גע–ט) זע האַלבירן

האַלבקויל די (ן) — hemisphere

האַ'לבקײַלעך דער (ן) — hemisphere

האַ'לבקײַ'לעכ(ד)יק אַדי — semicircular

האַלבקרײַז דער (ן) — semicircle

האַלבראָד די (...רעדער) — semicircle

האָלד האָבן* וו (האָלד געהאַ'ט) זע האָלט האָבן

האַלדז דער (העלדזער) דימ העלדזל — neck; throat

|| געשמדט|ער/טרײ'פֿענ|ער האַלדז [GEShMA'T] — glutton

|| פֿאַל|ן דאַט אױפֿן האַלדז — embrace

|| אי'בערן האַלדז — more than enough

|| קריכ|ן דאַט פֿון האַלדז — be too much, be coming out of one's ears

|| רײַס|ן זיך דעם/אױפֿן האַלדז — yell at the top of one's voice

|| שעמ|ען זיך אין װײַטן האַלדז (אַרײַ'ן) — be thoroughly ashamed

האַלדז־און־(נ)אַ'קן דער (ס) — neck

|| טרײַב|ן/יאָג|ן האַלדז־און־נאַקן — make s.o. work twice as hard

האַלדזבאַנד די (...בענדער) — necklace

האַ'לדזווייטיק דער (ן) sore throat

האַלדזונג די (ען) hug, embrace

האַלדזן וו (גע-ט) hug, embrace

האַ'לדזצינגל דאָס (עך) uvula

האַלדזקנאָפּ דער (...קנעפּ) Adam's apple

האַ'לדז־שנור דער (ן) דימ האַ'לדז־שנירל necklace

האָ'לדערן וו (גע-ט) gobble (turkey)

האָלובען וו (-ט) fondle, caress

האָ'לובצעס מצ זע האָלעפּצעס

האָלו'נדער־בוים דער (־ביימער) elderberry tree, elder

האַלוציניאַציע די (ס) [Ly] hallucination

האַלז דער (העלזער) זע האַלדז

האַלט אינט halt! stop!

האָלט האָבן* וו (האָלט געהאַ'ט) like, care for, be fond of, love

|| פֿ״גל האָלט קריגן; העלטער האָבן

האַלטונג די (ען) posture, carriage, poise; bearing, attitude, conduct

האַלטיק אַדי pleasant, nice, adorable

האַלטן וו (געהאַלטן) hold, contain; keep, hang onto; store, maintain; think, be of the opinion; affirm, maintain, contend; keep, observe (holiday); be (at a certain point/stage), stand

|| ווּ האַלטן מיר? where do we stand? where are we (in reading/discussing)?

|| האַלטן אין אינפֿ be in the middle of (doing stg.)

|| האַלטן אין איי'ן אינפֿ not cease to, do stg. continually

|| האַלטן אומפּ ביי *rev.* be imminent, loom

|| עס האַלט ביי אַ קריזיס a crisis is looming

|| האַלטן דערביי' אַז be at the point where/that

|| האַלטן ביים אינפֿ be on the verge of, be about to

|| האַלטן אַק פֿאַר deem, consider, take for

|| האַלטן מיט be on the side of, side with

|| האַלטן פֿון think highly of; be a supporter of; subscribe to (opinion, doctrine), advocate; like

|| האַלטן אומפּ מיט *rev.* be (doing) (well, badly, etc.)

|| ווי האַלט עס מיט אים? how is he doing? how is he?

|| האַלטן זיך *also* hold (up), last; behave

|| האַלטן זיך גרויס/ני'דעריק behave in a haughty/humble way

|| האַלטן זיך ביי stick to, keep to

האַלטן זיך דאָס bearing, poise

האַלטער דער (ס) container, holder; base, stand; handle, grip; penholder

האָלט קריגן וו (האָלט געקראָגן/געקריגן) come to like, take a fancy to

האַליוועניצע די (ס) sweet cake of cornmeal

האָלי'ק = האָלי'ש דער (ן) ragamuffin, tramp

האַ'לישקע די (ס) זע האַלעשקע

האַלמע די (ס) brake shoe

האַ'למעווען וו (גע-ט) brake, hold back

האַלע די (ס) (covered) market

האַלעבאַרדניק דער (עס) halberdier

האַלעבאַרדע די (ס) halberd

האַלעבורדע די (ס) tumult, mess, shambles

האָלעדראַניעץ דער (...נצעס) [Ny] זע האָלעדריגע

האָלעדריגע דער (ס) פֿעמ כע ragamuffin, pauper

האָלעדריזניק דער (עס) פֿעמ ...ניצע זע האָלעדריגע

האָלעדרילע דער (ס) פֿעמ כע זע האָלעדריגע

האָלעהוזניק דער (עס) זע האָלעפּוזניק

האַלעווּשקע די (ס) ember, cinder

האַל(ע)מיי' פֿאָנ הלמאַי

האָ'לענדיש אַדי/(דאָס) Dutch

האָ'לענדער דער (-) פֿעמ ין/קע Dutchman

|| מצ wooden shoes

האָלעפּוזניק דער (עס) פֿעמ ...ניצע ragamuffin, wretch

האָלעפּופּניק דער (עס) פֿעמ ...ניצע זע האָלעפּוזניק

האָ'לעפּצעס מצ stuffed cabbage

האַ'לעשקע = האָ'לעשקע די (ס) dumpling

האָלץ דאָס (העלצער) wood

|| מצ blocks of wood

|| ווי האָלץ in abundance, galore

האָ'לצאַרבעט די woodwork, cabinetmaking

האָ'לצגראַוויור די (ן) woodcut

האָ'לצהעקער דער (–/ס) lumberjack, woodcutter
האָלציק אַדי woody
האָ'לצמאַסע די wood pulp
האָלצמאַרך דער heartwood
האָ'לץ־עפּעלע דאָס (ך) crabapple
האָ'לצערן אַדי זע הילצערן
האָ'לצקוילן מצ charcoal
האָלצשניט דער (ן) woodcut
האַלקע[1] די (ס) jackdaw
האַלקע[2] די (ס) זע האַלעשקע
האַלקע[3] די (ס) [Ly] petticoat, slip
האַם (דער) *(baby talk)* food
|| האַם־האַם yum-yum
האָמאָגע'ן אַדי homogeneous
האָמאָגעני'רט אַדי homogenized
האַמאַן דער giant, Goliath
האָמאָני'ם דער (ען) homonym
האָמאָסעקסואַלי'סט דער (ן) פֿעמ קע homosexual
האָמאָסעקסוע'ל אַדי homosexual
האַמאַ'ק דער (ן/עס) hammock
האָמאַ'ר דער (ן) lobster
האַמאַרניע די (ס) [Ny] ironworks, smithy
האַמוי'ן פֿאָנ המון
האַמזו'ן דער (עס) person who speaks with a nasal twang
האַמזע|ן וו (גע–ט) speak with a nasal twang
האַמסטער דער (ס) hamster
האַ'מעווע|ן וו (גע–ט) restrain, hold in check; slow down *trans.*
האַ'מעטנע אַדי stiff, stilted; labored (language); corny (joke)
האַ'מענטע די (ס) זע המן־טאַש
האַ'מעניו (דער) האַם דימ [Ny] *fam.* food, eats
האַמער דער (ס) דימ הע'מערל hammer
האַ'מער|ן וו (גע–ט) hammer *imperf.*, pound with a hammer
האַ'מערפֿיש דער (–) hammerhead (shark)
האַ'מפּער|ן זיך וו (גע–ט) זע אַמפּערן זיך
האָן דער (הענער) דימ הענדל cock, rooster
האַנאָע פֿאָנ הנאה
האָנאָר דער זע האָנער
האָנאָראַ'ר דער (ן) honorarium; royalties; actor's fee
האָנאָ'ריסטע אַדי *iron.* sensitive, touchy

האַנגאַ'ר דער (ן) hangar
האַנדזיע די (ס) [Zy] doll
|| געשליי'ערט|ע האַנדזיע vain woman of fashion
האַנדיקאַ'פּ דער (ן) handicap (in a race, etc.)
האַנדל[1] דער commerce, trade
...־האַנדל[2] דער (ען) shop
|| ספֿרים־האַנדל [SFO'RIM] traditional Jewish bookshop
האַ'נדל[3]־... commercial, business
האַנדלונג די (ען) deed, action; plot (lit., cin., etc.)
האַ'נדל־מאַרקע די (ס) trademark
האַ'נדלס־... זע האַנדל[3]־...
האַ'נדלסמאַן דער (האַ'נדלסלײַט) merchant
האַ'נדלס־קאַמער די (ן) chamber of commerce
האַנדל|ען וו (גע–ט) trade, do business; act, proceed; *dial.* purchase
|| האַנדלען מיט trade, deal in; do business with (s.o.)
|| האַנדלען זיך *dial.* haggle, bargain
|| האַנדלען זיך אומפּ וועגן/אין be a question/matter of
האַ'נדלפֿלאָט דער merchant marine
האַ'נדלשאַפֿט די business
האַנט[1] די (הענט) דימ הענטל hand; arm
|| בײַ דער האַנט by the hand; at hand
|| מיט דער האַנט by hand
|| צו דער האַנט convenient, available; handy, at hand
|| האַנט בײַ האַנט hand in hand
|| הענט אין דער הייך! hands up!
|| אַראָ'פּ די הענט! hands off!
|| מיט אַ ברייטער האַנט liberally, generously
|| אָ'פֿען|ע האַנט generosity
|| צו האַנט קומ|ען דאַט *rev.* happen upon
|| האָב|ן* גרינגע/גי'לדענע הענט be deft, be handy
|| האָב|ן* לײַ'מענע הענט be clumsy
|| האָב|ן* אַ פֿאַרמאַכטע האַנט be stingy
|| האָב|ן* לאַנגע הענט be light-fingered, be given to stealing
|| צו'לייג|ן אַ האַנט <צו> assist in; lend a hand (to s.o.), help s.o. out
|| האָב|ן* אין האַנט צו be in a position to
|| אַווע'ק|מאַכ|ן מיט דער האַנט wave aside, disparage, pooh-pooh

|| ליג|ן בײַ דאַט אין די הענט — be in the hands of
|| (אַרו'מ)טראָג|ן אויף די הענט — honor profusely
|| האַלט|ן אין די הענט — have in one's hands/power
|| האַלט|ן זיך אין די הענט — exercise self-control
|| כאַפּ|ן בײַ דער האַנט — catch in the act, catch red-handed
|| נעמ|ען אין די הענט — take hold of, seize
|| נעמ|ען זיך אין די הענט (אַרײַ'ן) — pull oneself together
|| געב|ן*/דריק|ן דאַט די האַנט — shake hands with
|| אַראָ'פּ|נעמ|ען די האַנט פֿון האַרצן — resign/reconcile oneself to (an expense)
האַ'נט-[2]... — manual, hand
האַנטאַבע די (ס) — handle, grip, haft
האַ'נטאַרבעט די (ן) — handicraft, manual work; handicraft item
האַנטבוך דאָס (...ביכער) — manual, handbook
האַ'נטבײַטל דאָס (ען) — (ladies') purse
האַנטגעלט דאָס — deposit, down payment
האַ'נטגעלענק דאָס (ען) — wrist
האַנטדרוק דער (ן) — handshake
האַ'נטווערקער דער (-/ס) פֿעמ ין — artisan
האַ'נט-זייגערל דאָס (עך) — wrist watch
האַנטיק אַדי — accessible, handy, available
האַנטעך דער/דאָס (ער) — towel
האַ'נטעסקאַפּ דער — *fam.* handshake sealing an agreement
האַנטפֿאַס דאָס (...פֿעסער) — *Jew.* ritual washstand at the synagogue entrance
האַנטפּלאַך די (ן) — palm (of the hand)
האַ'נטקייטל דאָס (עך) — manacle, handcuff
האַ'נטשטיבל דאָס (עך) — storeroom, pantry
האַ'נטשטשערקע די (ס) **זע** האַנטשערקע
האַנטשלאַק דער — handshake sealing an agreement
האַנטשן מצ — gloves
האַ'נטשערקע די (ס) — dish rag
האַנטשריפֿט די (ן) — handwriting
האַ'נטשריפֿטלעך **1.** אַדי — handwritten
|| **2.** אַדוו — in handwriting
האָניק דער — honey
|| ניט לעק|ן קיין האָניק — go through hard times, have a rough time of it

האָ'ניקדיק אַדי — honeyed; *pejor.* sickly sweet
האָ'ניק־חודש דער (־חדשים) [KhOYDESh - KhADOShIM] — honeymoon
האָ'ניק־לעקעך דער (ער) — honey cake
האָ'ניקשויבן מצ — honeycomb
האָ'נענפֿוס דער — buttercup
האָ'נענפֿוסיקע מצ — (botan.) Ranunculaceae, the buttercup family
האַנעף דער **זע** האַנף
האָנער דער — *hum.* sense of honor, dignity
|| אָ'נ|ריר|ן דאַט דעם האָנער — offend, pique
האָנעראָוו(אַט)ע אַדי — *iron.* touchy, sensitive
האַנף דער — hemp
האַנפֿן אַדי — hemp(en), of hemp
האַס דער — hate, hatred
האַסט די/דער — haste
האָסט וו (אינפֿ: האָבן) — (you sg.) have
האָסטיע די (ס) [Ty] — (relig.) host, wafer
האָסטיע|ן (זיך) וו (גע-ט) <בײַ> [Ty] — visit, stay (with)
האַסטיק אַדי/אַדוו — hasty, rash, impetuous
האָסטציע די (ס) — thorny shrub, thorn
האַסלע די (ס) — watchword; conspiracy
האַס|ן וו (גע-ט) — hate, detest
האָספּאָדאַ'ר דער (עס) — hospodar; *dial.* master of the house
האַסקאָלע **פֿאָנ** השׂכּלה
האַסקאָמע **פֿאָנ** הסכּמה
האעלע דאָס (ך) הא דימ [HE'YELE] — amulet, small tablet inscribed with the letter ה
האָפּ אינט — there/off you go! here I go! *(exclamation at the beginning of a movement)*
האָפּן מצ — (botan.) hops; confetti
האָפּסל|ען = האָפּ(ס)ע|ן וו (גע-ט) **זע** האָפּקען
האָפּקע די (ס) — type of dance
האָפּקע|ן וו (גע-ט) — hop, skip, frolic
האָפֿונג די (ען) — hope
האַפּט[1] די — weight, substance (of an allegation); duration, permanence
|| האָב|ן* אַ האַפּט — hold water *fig.*, hold up
האַפֿט[2] דער (ן) — embroidery; scar
האַפֿטיק אַדי — consistent, coherent; durable, lasting; enduring, unchanging; tenable, defensible
|| פֿ״גל העפֿטיק
האַ'פֿטיקייט די — durability; cohesion
האַפֿט|ן וו (געהאַ'פֿט) **זע** העפֿטן

האָפּיכט דער (ן) white-tailed eagle

האָפּן דער (ס) זע האַוון

האָפֿן וו (גע-ט) <אויף/צו> hope (for/to)

|| האָפֿן צו אינפֿ hope + *inf.*

האָ'פֿנטלעך אַדוו it is to be hoped that, hopefully

|| האָפֿנטלעך וועט ער קומען I/we hope that he will come

האָ'פֿענונג די (ען) hope

האָ'פֿענונגסלאָז אַדי/אַדוו hopeless

האָ'פֿערדיק אַדי/אַדוו confident; proud, self-confident

האָצמאַך (דער) clown, joker; so-and-so, what's-his/her-name

האָ'צמעכאַ זע האָצעפּלאָץ

האָ'צעפּלאָץ (דאָס) town proverbial for its remoteness (*originally* a town in Silesia)

|| פֿון האָצעפּלאָץ from who knows where

|| פֿאַרקריכן קיין האָצעפּלאָץ go to the ends of the earth; digress, wander far afield

האָצע־פּלאָ'צע אינט זע האָצע־קלאָצע

האָ'צעקלאָץ זע האָצעפּלאָץ

האָצע־קלאָ'צע אינט nothing doing!

האָצקע די shake, jerk, jolt, jump; joke; nuisance; diarrhea

|| נעמ|ען אַק אויף דער האָצקע make fun of, fool, dupe; worm information out of s.o.; give s.o. a working over, let s.o. have it

האָ'צקעדיק אַדי bumpy

האָ'צקע|(נע)ן זיך וו (גע-ט) bump, jolt, shake; hop, skip

האַק[1] די (העק) דימ העקל axe, hatchet

|| מיט האַק און פּאַק with all one's belongings, bag and baggage

האַק[2] דער knock, blow

האָק דער (ן/עס) דימ העקל hook; fishhook

האַקברעט די (ער) chopping board

האָקוס־פּאָ'קוס/־פּאָ'קוס .1 דער hocus-pocus, sleight of hand

|| .2 אינט abracadabra!

האָקי דער hockey

האָקל דער (ען) fastener, hook

האַקלאַ'ל פֿאָנ הכּלל

האַקל|ען וו (גע-ט) זע העקלען

האַ'קמעסער דער/דאָס (ס) chopping knife, cleaver

האַק|ן[1] וו (גע-ט) chop, cut (wood); chop, mince (food); cut/carve (stone); bang, knock, hit; knock back, down (drink); break *imperf.*

|| האַקן אין beat violently at

|| כאָטש האַק (אים) און בראָק (אים) nothing doing, it's to no avail

|| האַקן אַ כּוסע [KOYSE] knock one back (alcoholic drink)

האַקן[2] = האָקן דער (ס) דימ העקל hook; fish-hook

האַ'קנדיק און טשאַ'קנדיק אַדוו with pomp, splendidly

האַ'קנקרייץ דער (ן) swastika

האָקע די (ס) snag, hitch, obstacle

האַקפֿלייש דאָס hash, minced/ground meat

האַ'קצאָן דער (...ציין/...ציינער) incisor

האַ'קשליסל דער/דאָס (ען/עך) master key, lock pick

האַר דער (ן) פֿעמ ינטע lord, master

האָר די (–) דימ הערל hair; mainspring (watch); bit, iota

|| גיי|ן* אין די איי'גענע/בלויזע האָר *Jew.* (married woman) have uncovered hair (violating religious law)

|| אויף אַ האָר to a T, in the least

|| הענג|ען אויף אַ האָר hang by a thread, be uncertain

|| ביז אַ האָר, צו דער האָר exactly, with pinpoint accuracy

|| ס'זאָל פֿעלן אַ האָר exactly

|| די האָר שטעלן זיך קאַפּויער (one's) hair stands on end

האַראַפּניק דער (עס) זע נאַראַפּניק

האַרב אַדי/אַדוו hard, difficult, severe; bitter, harsh, sharp (words); rough, rugged, arduous; baffling (problem)

האָרב דער (ן) hump

האָרבאַטע אַדי humpbacked, hunchbacked

האָרבאַ'טש דער (עס) hunchback

האַרבאַרניע די (ס) זע גאַרבאַרניע

האַרבו'ז דער (ן) זע אַרבוז

האָרבו'ל דער (יעס) זע האָרבון

האָרבו'ן דער (עס) hunchback

האָרביטש דער (עס) זע האָרבאַטש

האָרבייע|ן (זיך) וו (גע-ט) bend, stoop, bow

האַרבסט דער (ן) fall, autumn

האַרבסטיק אַדי autumnal

האַרבסט|ן וו (געהאַ'רבסט) harvest

האָ'רבע(ווע)|ן זיך וו (גע–ט) — bend *intr.*, (develop a) stoop

האָ'רבעריק דער (ן) — haven, shelter; inn

האַרבשטאַרק דער — ammonia, (smelling) salts

האָ'רגעפּעס דאָס (–) — capillary

האָרדע די (ס) — horde

האָר־האָ'ריק אַדי/אַדוו — extremely precise

האַרט 1. אַדי/אַדוו — hard, solid, stiff; callous, hard-hearted, merciless

|| 2. אַדוו <בײַ> — very close (to), right next (to)

|| 3. די — hardening, temper (metal); stiffness, rigidity

האַ'רטהאַרציק אַדי — insensitive, hard-hearted, heartless

האַ'רטלײַביק אַדי — constipated; *pop.* stingy

האַ'רטנעקיק אַדי/אַדוו — stiff-necked, stubborn

האַרטע מצ — *slang* gold coins

האַ'רטעווע|ן וו (גע–ט) — temper (metal), harden *trans. imperf.*

האַרטקייט די — hardness, toughness

האַ'רטקעפּיק אַדי — obtuse, dull-witted; stubborn

האַ'רטשיצע די (ס) זע גאָרטשיצע

האַריגע פֿאַנ הריגה

האָריזאָ'נט דער (ן) — horizon; (future, etc.) prospects

האָריזאָנטאַ'ל אַדי/אַדוו — level, horizontal

האַ'רינטע די (ס) — mistress, lady of the manor, owner *fem.*

האָריעם־קאָ'רנעם אַדוו זע האָרן־קאָרן

האָריק אַדי — hairy, fuzzy; long-haired

האָרכזאַם אַדי — *Germ.* obedient, docile

האָרכיק אַדי/אַדוו — obedient, docile

האָרכ|ן וו (גע–ט) — hear, listen; obey

האָרלאַטשיק דער (עס) — (narrow-necked) milk jug; white water lily

האָרלע די (ס) — throat, gullet; (geogr.) gorge, narrow pass

האַרמאַ'ט דער (ן) — cannon, artillery piece

האָרמאָ'ן דער (ען) — hormone

האַרמאָניום דער (ס) [NY] — accordion

האַרמאָניע די (ס) [NY] — harmony; accordion

האַרמאָניק דער (עס) זע האַרמאָשקע

האַרמאָניר|ן וו (–ט) — harmonize (sound, color)

האַרמאָניש אַדי/אַדוו — harmonious

האַרמאַ'נעווע|ן וו (גע–ט) — *dial.* thresh (wheat)

האַרמאָשקע די (ס) — harmonica

האַרמידער דער (ס) — din, racket

האַרמל דער (ען) — ermine

האָרמע די (ס) זע הורמע

האַר|ן וו (גע–ט) <אויף> — wait for, expect

|| פֿ״גל אַרן

האָרן[1] דער/דאָס (הערנער) — horn; (mus.) horn, bugle

|| זײַן* מיט הערנער — be out of the ordinary

האָ'רן...–[2] — horned, with horns; (of) horn/tortoise-shell

האָ'ר·ן[3] אַדי — horned, (of) horn/tortoiseshell; horn-rimmed

האָ'רנאָדל די (ען) — hairpin

האָ'רנבוים דער (...ביימער) — *botan.* hornbeam (tree)

האָ'רנבין די (ען) — hornet

האָ'רנהײַטל דאָס (עך) — cornea

האָרני'סט דער (ן) פֿעמ קע — bugler, horn player

האָרנע די (ס) — forge, (blacksmith's) furnace; smelter; bellows

האָרן־קאָ'רן אַדוו — topsy-turvy

האָ'רנשטאָף דער — keratin

האָרע די (ס) — hora, Israeli dance of Romanian origin

האָרעוואַניע די [Ny] — toil, labor, drudgery

האָ'רעווע|ן וו (גע–ט) — toil, labor, drudge

האָ'רעלע דאָס האָר דימ — (little) bit, small quantity

|| אַ האָרעלע מיד — slightly tired

האָרעלקע די — brandy, vodka

האַרעם דער (ס) — harem

האָרעם־קאָ'רנעם אַדוו זע האָרן־קאָרן

האָרעפּאַשניק דער (עס) פֿעמ ...ניצע — toiler, laborer

האָרעפּאַשנע אַדי — toiling, hardworking

האָרע־קאָ'רע אַדוו זע האָרן־קאָרן

האַרפּו'ן דער (ען) — harpoon

האַרף די/דער (ן) — harp

האָרפּלאַקס דאָס — gristle, stringy meat; *pop.* clumsy person, bungler

האַרפּע די (ס) זע האַרף

האַרץ[1] דאָס (הערצער) (דאַט: האַרץ/האַרצן) דימ הערצל — heart; passion, ardor, feeling; *euph.* chest, bust; stomach

|| מיט האַרץ — with feeling

|| מיטן/פֿון גאַנצן האַרצן — wholeheartedly, with all one's heart

|| נאָך פֿאַס האַרצן — to the liking of

|| פֿון טיפֿן האַרצן — from the bottom of one's heart

|| ברייט האַרץ generosity

|| אויפֿן ני'כטערן האַרצן on an empty stomach

|| זײַן* <דאַט> צום האַרצן *rev.* be fond of

|| זײַן* אומפּ דאַט גוט/שלעכט/... אויפֿן האַרצן *rev.* feel good/bad/..., be in good/bad/ ... mood

|| אוי'ס|רעד|ן דאַט דאָס האַרץ reassure/console s.o.

|| אוי'ס|רעד|ן זיך דאָס האַרץ, אַראָ'פּ|רעד|ן זיך פֿון האַרצן get stg. off one's chest

|| או'נטער|לענ|ען זיך דאָס האַרץ have a snack, take refreshments

|| אָ'נ|נעמ|ען בײַם האַרצן move, touch to the quick

|| אָ'נ|נעמ|ען זיך מיט האַרץ pluck up one's courage

|| אָ'פּ|עס|ן זיך דאָס האַרץ grieve, worry, eat one's heart out

|| אַרײַ'נ|קריכ|ן דאַט אין האַרצן become dear to the heart of

|| ברענ|ען אומפּ דאַט אויפֿן האַרצן *rev.* have heartburn

|| האָב|ן*/טראָג|ן אַ האַרץ אויף bear a grudge against, resent, be angry with

|| ניט האָב|ן* קיין האַרץ צו not have the heart to, lack the courage to

|| ליג|ן דאַט אין האַרצן be loved/liked by, have a place in s.o.'s heart

|| מאַכ|ן דאַט האַרץ encourage, give a boost to

|| מאַכ|ן זיך (אַ) האַרץ take heart, steel oneself

|| נעמ|ען זיך צום האַרצן <אַק> worry about, be moved by, take to heart

|| פֿאַרקלעמ|ען אומפּ אַק בײַם האַרצן *rev.* be seized by regret/pity, have a heavy heart

|| צי|ען אומפּ דאַט בײַם/או'נטערן האַרץ *rev.* feel sick

|| קיל|ן זיך דאָס האַרץ <אין> have one's sweet revenge (on)

|| רײַס|ן דאָס האַרץ break one's heart

|| שווער מאַכ|ן דאַט דאָס האַרץ distress s.o., discourage s.o.

|| שלאָג|ן דאַט צום האַרצן nauseate s.o.

|| דאָס האַרץ זאָגט מיר I have a hunch/presentiment

|| דאָס האַרץ קלעמט דאַט *rev.* be sorry, have a heavy heart

|| דאָס האַרץ איז דאַט אַרוי'סגעפֿאַלן my/your/etc. heart failed me/you etc., I/you/ etc. lost my/your/etc. nerve

|| עס איז מיר אַראָ'פּ אַ שטיין פֿון האַרצן I was relieved, I breathed a sigh of relief

|| ווי'פֿל ס'האַרץ גלוסט as much as one wants

האַ'רץ-[2]... cardiac; (of the) heart

האַ'רצבײַטל דאָס (ען) pericardium

האַ'רצברעטל דאָס (עך) chest

האַ'רצברענונג די heartburn

האַ'רצגריבל דאָס (עך) epigastrium, pit of the stomach

האַ'רצווייטיק דער (ן) heartache

האַרציק אַדי/אַדוו cordial, sincere, hearty, kind; touching

האַ'רציקייט די sincerity, cordiality

האַ'רצלאָז(יק) אַדי/אַדוו heartless, pitiless

האַרצלעך אַדי/אַדוו **זע** האַרציק

האַ'רצעדיק אַדי dear; kind

האַ'רצעלע אינט sweetheart!

האַ'רצעלעך אינט goodness gracious!

האַ'רצעניו אינט [Ny] dear, darling, sweetheart

האַ'רצפֿעלער דער (ן) heart condition

האַרצפֿרײַנד דער (–) sincere friend, bosom buddy

האַרצקלאַפּ דער (...קלעפּ) pulse; (single) heartbeat

האַ'רץ־קלאַפּעניש דאָס heart palpitations; anxiety

האַ'רץ־קלעמעניש דאָס annoyance, vexation

האַ'רצרײַסיק אַדי/אַדוו **זע** האַרץ־רײַסנדיק

האַ'רץ־רײַסנדיק **1.** אַדי heartrending

|| **2.** אַדוו poignantly

האַרצשלאָג דער **זע** האַרצקלאַפּ

האַרצשלאַק דער (ן) heart attack

האָ'רשייטל דאָס (ען/עך) wig

האָרשפּאַלטערײַ' דאָס quibbling, hairsplitting

האָ'רשפּאַלטעריש אַדי hairsplitting

האָ'רשפּילקע די (ס) [Ly] hairpin, bobby pin, barrette

האַשי'ש דער hashish, marijuana

האַשפּאָע פֿאָנ השפּעה

הבחור־הזעצער דער [HABOKhER–HAZE'TSER] **זע** בחור־הזעצער

הבֿדל דער (ים) [HEVDL - HEVDEYLIM] distinction

הבֿדלה די (–ות) [HAVDOLE] *Havdalah*, the ceremony performed at the close of the Sabbath and festivals to mark the return to workdays; braided candle for this ceremony

הבֿטחה די (–ות) [HAFTOKhE] assurance, promise
הבֿל[1] דער (ים) [HEVL - HAVOLIM] vanity, nothingness, nonsense, trifles
הבֿל[2] פּנ [HEVL] Abel, son of Adam and brother of Cain
הבֿל־הבֿלים פּר [HEVL/HAVE'YL-HAVO'LIM] vanity of vanities, nothing of significance
הבֿלניק דער (עס) פֿעמ ...ניצע [HE'VLNIK] useless person
הבֿל|ען וו (גע–ט) [HEVL] occupy oneself with trifling matters
הבֿנה די [HAVONE] comprehension, understanding
הבֿרה די (–ות) [HAVORE] pronunciation of Hebrew (Ashkenazic, Sephardic, etc.)
הגבה(ה) די [HAGBE] the raising of the Torah scroll and displaying the text to the congregation after reading from it in the synagogue
הגדה די (–ות) [HAGODE] *Haggadah*, the collection of adages, tales, hymns, psalms, and songs recited at the festive meals on the first two nights of Passover
|| פֿ״גל פּסח; אַגדה
הגהה די (–ות) [HAGOE] correction, revision, proofreading; annotation
הגם קאָנ [HAGA'M] although, though
הדגשה די (–ות) [HADGOShE] emphasis, accent
הדור דער זע הידור
הדיוט דער (ים) [HEDYET - HEDYOYTIM] layman, common person
הדס דער (ן/ים) [HODES - HADASIM] myrtle branch; one of the four species fastened to the *lulav* for benediction on *Sukkot*
|| פֿ״גל סוכּות
הדסל דאָס (עך) הדס דימ [HO'DESL] spice box
הדר דער (ס) [HODER] (beautiful) citron; beautiful or perfect thing/person
הדרכה די [HADROKhE] guidance, training, education
|| פֿאַך־הדרכה vocational guidance
הדרן דער (ס) [HADREN] celebration of the completion of the study of a tractate of the Talmud; a clever discourse for this occasion, connecting the end of that tractate with the beginning of the next
הדרת־פּנים דער (ער) [HADRES-PO'NEM - -PE'NEMER] (person of) stately appearance
הה׳ = הערן Messrs.
הובל דער (ען) plane (tool)
הו'בלינקעס מצ wood shavings
הו'בלעווע|ן = הובל|ען וו (גע–ט) plane *imperf.*
הו'בלשפּאָן דער (...שפּענער) wood shaving
|| לאַכ|ן מיט הובלשפּענער give a forced laugh
הודאה די (הודאָות) [HOYDOE] confession
הודאָ'ק דער (הודקעס) (factory, train) whistle, siren
הודזשע|ן = הודיע|ן וו [Dy] (גע–ט) hum, drone, buzz
הודעה די (–ות) [HOYDOE] announcement, declaration
הודקעס מצ זע הודאָק
הו־הא' 1. דער hullabaloo, to-do, bustle
|| 2. אינט wow!
הווה דער [HOYVE] (gramm.) present (tense)
הוויה די [HAVAYE] reality, being, existence
הוזאַ'ר דער (ן) hussar
הוט דער/די (ן/היט) דימ היטל hat
הוטע די (ס) glassworks
הויב די (ן) דימ הײַבל bonnet, cap, cowl
הויב|ן וו (געהויבן) זע הייבן[2]
הוי'דלקע די (ס) swing, see-saw
הוידע די (ס) swing, see-saw
הוי'דעוודיק אַדי shaky, wobbly
הוי'דעווקע די (ס) זע הוידלקע
הוידע|ן וו (גע–ט) swing, sway
הויז[1] דאָס (הײַזער) דימ הײַזל/די הײַזקע house; *dial.* vestibule, corridor
|| גיי|ן* איבער די הײַזער go begging (from door to door)
הויז[2] דער (ן) pant leg
|| אַ פּאָר הויזן a pair of pants
הוי'ז־באַדינער דער (ס) house-steward, butler
הוי'זגעזינד דאָס (ער) (members of) household, family
הויזירער דער (ס) peddler
הוי'זמיײַנסטער דער (ס) caretaker, handyman
הויזן[1] מצ דימ הייזלעך pants, trousers
הויזן[2] וו (גע–ט) live peacefully (together)
הוי'זנבלאָזן מצ croutons served in broth; fish glue
הויזראַט דאָס household furniture
הויט די דימ הײַטל skin
|| (זײַן*) הויט און ביינער (be) skin and bones
|| פֿון דער העלער הויט out of thin air, for no apparent reason
|| שינד|ן <דאַט> די הויט skin, flay, fleece

|| שפּרינג|ען פֿון דער הויט be impatient/agitated, fidget

|| קריכ|ן פֿון דער הויט go to great trouble

|| די הויט ברענט אויף איר she's in a big hurry

|| די הויט ציטערט אויף אים he is afraid/scared stiff

הויך[1] **1.** אַדי/אַדוו (קאָמפּ העכער) high, tall; sharp, high-pitched; loud; high-ranking, exalted

|| **2.** די (ן) **זע** הייך

הוי'ך-[2]... high (up), peak

|| הויכוואָלטאַזש [Ly] high voltage

|| הויכסעזאָן high/peak season

|| הויכפֿלי high altitude flight

|| הויכשפּרונג high jump

הויך[3] דער (ן) breath (of air/exhalation); (phonetics) aspiration

הוי'כגעטרײַ' אַדי high-fidelity, hi-fi

הויך געשטע'לט אַדי high-ranking, highly placed

הויך געשע'צט אַדי highly esteemed

הוי'כהאַרציק אַדי magnanimous

הוי'כהאַרציקייט די magnanimity

הויכלאַנד דאָס highlands, upland

הויכ|ן[1] וו (גע-ט) breathe, exhale *imperf.*

הויכ|ן[2] וו (גע-ט) **זע** הייכן

הוי'כעניש די (ן) high place, hilltop, height

הויכפּונקט דער (ן) peak, pinnacle, summit; high point, highlight

הויכקייט **1.** די (ן) loftiness, nobility; loudness, volume

|| **2.** טיטל Highness

הוי'כרעדער דער (ס) loudspeaker

הויכשול די (ן) college, institute of higher education

הויל אַדי hollow, cavernous; bare, naked; pure, unmixed

|| אויף דער הוילער ערד on the bare ground

הויל|ן וו (גע-ט) **זע** הײַלן[1]

הויסן אַדוו *dial.* outside

הוי'ער|ן וו (גע-ט) crouch; hover

הויפּט[1] אַדוו *(with adj.)* thoroughly

|| הויפּט ערלעך completely honest

|| פֿײַגל איבער הויפּט; דער הויפּט

הויפּט-[2]... main, head, major

|| הויפּט־דירעקטאָר general director, chief executive officer, CEO

|| הויפּט־קאָמענדאַנט commander in chief

|| הויפּטסאַרווער head waiter, maître d'

הויפּט[3] דער (–) head, boss, person in charge

הויפּטבוך דאָס (...ביכער) (account.) ledger

הויפּטהעלד דער (ן) פֿעמ ין protagonist, hero

הויפּטזאַך די (ן) main thing, principal thing

הוי'פּטזאַכלעך אַדוו principally; particularly; especially, above all

הויפּטזאַץ דער (ן) (gramm.) main clause; main sentence, thesis statement

הוי'פּטזעכלעך אַדוו **זע** הויפּטזאַכלעך

הויפּטל דאָס (עך) **זע** הייפּטל

הוי'פּטקוואַרטיר די (ן) headquarters

הויפּטשטאָט די (...שטעט) capital (city)

הויפּטשטיץ די (ן) mainstay, main support

הויף דער (ן/הייף) דימ הייפֿל yard, courtyard; court/residence (of a dynasty, Hasidic rebbe, etc.); estate, manor

הויפֿיר|ן וו (–ט) **זע** האָווירן

הויפֿמאַן דער (הויפֿלײַט) courtier *masc.*

הויפֿן דער (ס) דימ הײַפֿל handful; pile, heap

|| לאַכ|ן אין די הויפֿנס laugh up one's sleeve

הוי'פֿפֿרײַלין די (ס) lady-in-waiting

הויקע|ן וו (גע-ט) **זע** האָווקען

הויקער דער (ס) פֿעמ טע hump; hunchback

הוי'קערדיק אַדי hunchbacked, humpbacked, bent, hunched

הוי'קער|ן זיך וו (גע-ט) stoop, become round-shouldered

הוירא די (ס) **זע** האָרע

הוירעג פֿאַנ הורג

הולטײַ' דער (עס) פֿעמ קע [Ly] libertine, skirt-chaser, rogue, scoundrel

הולטײַיש אַדי/אַדוו [Ly] dissolute, debauched, impudent, shameless

הולטײַסטווע די [Ly] debauchery, dissoluteness

הולטײַסקע אַדי [Ly] debauched; impudent, shameless, cynical

הולטײַ'עווע|ן וו (–ט) [Ly] lead a dissolute life

הוליאַנקע די (ס) revelry, spree, binge

הוליאַ'ק דער (עס) **זע** הוליאַקע

הוליאַקע דער (ס) reveler, party animal

הוליאַ'שטשינע די traditional party at the close of wedding festivities

הוליע|ן וו (גע-ט) frolic, be merry, carouse

|| אַ הוליע טאָ|ן* have a rollicking time

הולך דער (ן) [HOYLEKh] *iron.* attire, get-up

הולך־בטל דער (ס) [HOYLEKh-BO'TL] idler

הולכ|ן וו (גע־ט) [HOYLEKh] *hum.* go (away), walk

הולך־רכיל דער [HOYLEKh-RO'KhL] gossip, rumor-monger, slanderer

הולפּאַק דער (עס) tramp, ragged person

הולקע די (ס) [Ly] drinking bout, party

הומאַ'ן אַדי humane, compassionate

הומאַניטאַ'ר אַדי humanitarian

הומאַניסטיק די the humanities

הומאָ'ר דער (ן) humor, wit; sense of humor; mood, disposition

הומאָריי'סט דער (ן) פֿעמ ין humorist

הומאָריסטיש אַדי/אַדוו humorous

הומאָרעסקע די (ס) humorous story/play

הומבוג דער humbug, bluff

הומוס דער humus

הומפּיק דער (עס) fat little man, stocky man

הון[1] די (הינער) דימ הינדל (zool.) hen, chicken

הון[2] דער (ען) [HOYN] wealth, fortune

הונגער דער (ס) hunger; famine

הו'נגערטויט דער starvation

הו'נגעריק אַדי/אַדוו hungry; greedy

הו'נגער|ן וו (גע־ט) go hungry, starve, fast

|| הונגערן אומפּ אַק *rev.* be hungry

הונדערט **1.** צוו one hundred

|| הונדערט און צוואַנציק a hundred and twenty years

|| ביז הונדערט און צוואַנציק! happy birthday! many happy returns!

|| איבער (פּאָס) הונדערט און צוואַנציק יאָר after my/your/... death (at a ripe old age)

|| **2.** דער (ער) hundred

הו'נדערט־יאָריק אַדי centennial, hundred-year

הו'נדערט(סט)ל דאָס (עך) one hundredth

הו'נדערטער דער (ס) hundred (dollar, ruble, etc.) bill/note

הונט דער (הינט) דימ הינטל dog

|| אַ געשלאָ'גענ|ער הונט a sly fox

|| דאָ ליגט דער הונט באַגראָבן there's the rub

|| זײַן* אַ הונט אַנטקעגן דאָס be nothing compared to

הונטגראָז דאָס couch grass

הונטצוואָט דער crook, villain

הונק : אַ הונק טאָ|ן* hobble (a few steps)

הונקע די (ס) horsecloth

הוסט דער cough

|| אַ הוסט טאָ|ן*/געב|ן* cough (once), clear one's throat

הוסטל|ען וו (גע־ט) cough lightly

הוסט|ן וו (געהו'סט) cough, have a cough

הו'סטפּלעצל דאָס (עך) cough drop

הו'סט־צוקערל דאָס (עך) cough drop

הוס|ן וו (גע־ט) זע הוסטן

הו'סעניצע די (ס) caterpillar, larva

הוספֿה די (־ות) [HESOFE/HOYSOFE] supplement, addition; appendix (to a book), addendum; raise (in pay)

הופּקע די touchwood, tinder

הוצאה די (הוצאָות) [HETSOE/HOYTSOE] expense, expenditure; costs

|| אוי'ס|שלאָג|ן (זיך) די הוצאָות cover one's expenses

|| אוי'ס|שטיי|ן* די הוצאָות foot the bill

|| אָ'פּ|קער|ן דאַט די הוצאָות reimburse s.o.

הוצאָות־הדרך מצ [HETSOES-HADE'REKh] travel expenses, travel costs

הוק דער (עס) din; whoop

הוקע|ן וו (גע־ט) whoop, shout; bang, knock

הור די (ן) whore, prostitute

הוראַ' **1.** דער (ען) cheer

|| **2.** אינט hurrah!

|| שרײַ|ען הוראַ cheer

הוראַגאַ'ן דער (ען) hurricane

הורבע די (ס) heap

הורג דער (הרוגים) [HOYREG - HARUGIM] murder victim, corpse

הורה די [HORE] זע האָרע

הורט[1] דער wholesale

|| אויף/אין הורט (purchase, sale) in bulk, wholesale

הו'רט־[2]... wholesale; in bulk

הורטאָווניק דער (עס) פֿעמ ...ניצע wholesaler

הורטאָוו(נ)ע אַדי/אַדוו wholesale

הורטאָם אַדוו wholesale, in bulk

הורטלער דער (ס) פֿעמ קע wholesaler

הוריות מצ [HO'YRIES] daydreams, reveries

|| טראַכט|ן הוריות muse, meditate, daydream

הורמע די (ס) crowd; pile, heap

הור|ן וו (גע־ט) sleep around, fornicate

הושטשע די sediment, dregs; rabble, hoi polloi

הושענא די (–ות) [HEShAYNE/HOYShAYNE] hymn recited during *Sukkot*; willow twig, one of the four species used in *Sukkot* ritual; willow twig that is beaten during the hymns of the seventh day of *Sukkot*

|| שלאָג|ן הושענות striking the reading desk with willow twigs during the *Sukkot* ritual

|| אַן אָ'פּגעשלאָגענ|ע הושענא frayed willow twig; *fig.* threadbare or shabby person/thing, person or thing that has seen his/its day

הושענא־רבה די [(HOY)ShANE-RA'BE] seventh day of the *Sukkot* holiday

הזהרה די (–ות) זע אַזהרה

הזכּרה די (–ות) [HASKORE] *Jew.* memorial service for the dead

הזכּרת־נשמות די [HASKORES-NEShO'MES] *Jew.* prayer for the souls of deceased relatives recited on certain holidays

הזמנה די (–ות) [HAZMONE] invitation; summons to appear before a rabbinical court

החלטה די (–ות) [HAKhLOTE] resolution, decision

|| אָ'נ|נעמ|ען די/אַ החלטה <צו> resolve (to)

החתום־מטה דער (החתומים־) [HEKhOSEM-MA'TO - HAKhSUMIM-] the undersigned

הי אַדוו here, in these parts

היאַצי'נט דער (ן) jacinth (mineral); hyacinth

היג אַדי–עפּי local, from here, of this place

|| זײַן* ווי נישט קיין היג|ער be disoriented/distraught

היגיעניש אַדי sanitary, hygienic

היגיענע די hygiene

היגל דער (ען) *lit.* hill, hillock, mound

הי'גלענדיש אַדי local, domestic, of this country

הי'־געבוי'ר·ן אַדי native (to this place), born here

הי'־געוואַ'קס·ן אַדי indigenous, raised/grown here

הי״ד = השם ינקום דמו פֿר [HAShE'M YINKOYM DOMOY] "may the Lord avenge his blood" *(phrase added after the name of Jew who died as a martyr)*

הידור דער (ים) [HIDER - HIDURIM] ornament, decoration

הידורדיק אַדי [HI'DERDIK] superb, gorgeous

הידראָגע'ן דער hydrogen

הידראַוליש אַדי זע הידרויליש

הידראַ'נט דער (ן) hydrant; fireplug

הידראָפּלאַ'ן דער (ען) seaplane

הידרויליש אַדי hydraulic

הידרע די (ס) hydra

הידרעך־פּי'דרעך אַדוו upside down, topsy-turvy

הי־הי' אינט tee-hee!

היהיקע|ן וו (גע–ט) giggle, titter

היווניאַק = היווניק דער (עס) [Ny] excrement, dropping; *pejor.* shithead

היום דער (ס) [HAYEM] "on this day", opening word of each verse of a prayer recited at the end of the Rosh Hashanah and Yom Kippur services

|| נאָך אַלע היומס too late, after the fact

|| פֿאַר אַלע היומס first of all

היוצא מדבֿרינו פֿר [HAYOYTSE MIDVOREYNU] it follows from what we have said

היות (ווי) קאָנ [HEYO'YS] whereas, given that

היזק דער (ות) [HEZEK - HEZEYKES] loss; loss of earnings; damage

|| היזק האָב|ן* lose (in business), miss (opportunity)

|| לײַד|ן היזקות sustain damages

היזק־געלט דאָס [HE'ZEK] indemnity

היט[1] די (ן) glassworks

היט[2] מצ זע הוט

היטל דאָס (ען/עך) הוט דימ hat; cap

|| היטל צוקער sugar-loaf

הי'טל־מאַכער דער (ס) hatter

היט|ן וו (געהי'ט/געהיטן) guard, keep a watch over; observe (precept)

|| היט|ן זיך <פֿאַר> watch out (for), beware (of), be careful (of)

היטער דער (ס) פֿעמ ין guard, custodian; s.o. who observes a precept

היי[1] דאָס hay

היי[2] אינט hey (there)!; hey, hold on! see here!

הייבאַם די (ען) midwife

הײַבל דאָס (עך) הויב דימ bonnet, hood (woman's garment)

|| געבוירן ווער|ן אין אַ הײַבל be born with a silver spoon in one's mouth

היי'בלקע די (ס) lever

היי'במאַשין די (ען) freight elevator; (techn.) crane

הייב|ן[1] די (ס) זע הייבאַם

הייב|ן[2] וו (געהויבן) raise, lift *imperf.*; increase

|| הייב|ן (אין הימל אַרײַ'ן) praise to the skies

|| הייב|ן אומפּ אַק *rev.* be indignant

|| הייב|ן זיך rise, go up, climb

הייבעכץ דאָס pep, dynamism, briskness

הייבער דער (ס) — lever; (operating) handle; (fork)lift, freight elevator

הייבקראַפֿט די — lift, lifting power

היי'בראַקעט דער (ן) — booster rocket

הייבשרויף דער/די (ן) — jack (tool)

הייד דער (ן) — *Germ.* heathen, pagan

הײַדאַ אינט — off we go! here goes!, onward!

הײַדאַמאַ'ק דער (עס) — highwayman, *esp.*, member of bands that massacred Jews in Ukraine in the 17th and 18th centuries

הײַדן מצ **זע** **האַדן**

היידניש אַדי — *Germ.* heathen, pagan

הייוון[1] מצ — yeast

|| וואַקסן ווי אויף הייוון — grow by leaps and bounds

הייוון[2] די (ס) **זע** **הייבאַם**

הײַזל דאָס (עך) הויז דימ — *also* brothel

הייזלעך מצ הויזן דימ — pants, children's pants, underpants

|| קורצע הייזלעך — shorts

הײַזער מצ **זע** **הויז**[1]

הײַ'זער־גייער דער (–/ס) — beggar (from house to house)

היי'זעריק אַדי — hoarse

|| ער איז עפּעס הייזעריק — *hum.* he doesn't pay his debts

הײַזקע די (ס) הויז דימ — hut, cottage

הייזקעס מצ — shorts; underpants, panties

הייט די (ן) — state, situation; bad patch/situation

הײַטאַ אינט — to the right! (to a horse or ox)

הײַטל דאָס (עך) הויט דימ — membrane, film

הײַטע : גיי|ן* הײַטע — *baby talk* go for a walk

הײַטער אַדי/אַדוו — cheerful

הײַיאָר אַדוו — this year

הײַ'יאָריק = הײַ'יעריק אַדי–עפּי — of this year, this year's

הייך די (ן) — height; stature; altitude; pinnacle, upper reaches; level; (mus.) pitch (high/low)

|| אין דער הייך — up; above, upstairs; aloud

|| אויף איין הייך <מיט> — at the same height (as), on a level (with)

|| דרײַ מעטער די הייך — three meters high

היי'כמעסטער דער (ס) — altimeter

הייכן וו (גע–ט) — promote (s.o.), elevate

|| הייכן און קריינ|ען — glorify, exalt

הייל[1] די (ן) — cave, cavern, grotto

הייל-[2]... — curative

היילאַלץ דאָס (ן) — panacea

היילבאַר אַדי — *Germ.* curable

היילונג די (ען) — treatment, cure; healing

הייליק אַדי/אַדוו — holy, sacred

|| הייליק צו'|זאָג|ן — solemnly promise

הײַליק אַדי — (teeth) on edge

היי'ליק־אָ'רט דאָס **זע** **היי'ליקע־אָרט**

היי'ליקטום דאָס (...טימער) — shrine, pilgrimage site; sacred object

היי'ליקייט די (ן) — holiness, sanctity; sacredness; sense of the sacred; sacred/holy object, *esp.* Torah scroll; sanctuary, holy place

היי'ליק|ן וו (גע–ט) — consecrate, dedicate; sanctify

היי'ליק|ע־אָ'רט דאָס — *Jew.* cemetery

היי'ליק|ער דער־דעק — saint

הייל|ן וו (גע–ט) — cure, heal *trans., imperf.*; care for, treat

|| הייל|ן זיך — heal up *intr., imperf.*, be cured; undergo treatments, care for oneself

הײַל|ן[1] וו (גע–ט) — howl, yell

הײַל|ן[2] וו (גע–ט) **זע** **אײַל|ן**

היי'לנדיק אַדי — curative, therapeutic; soothing

היי'לעוודיק אַדי — curable

היילער דער (ס) — medicine man, healer

היים די (ען) — home, residence; refuge

|| די אַלט|ע היים — birthplace (of an immigrant), *esp.* Eastern Europe

|| אין דער היים — at home

|| זײַ|ן* אין דער היים <אין> — know a lot (about), be very familiar (with)

היי'מאַרבעט די — homework

היי'מבלײַבער דער (ס) פֿעמ ין — homebody, stay-at-home

היימבראַנד דער (ן) — fireside, hearth

היימווי דער — homesickness

היי'מזיצער דער (ס) פֿעמ ין — homebody, stay-at-home

היימיש אַדי/אַדוו — familiar; domestic, local; welcoming, cozy; homemade; intimate, informal

היי'מלאָז(יק) אַדי — homeless

היי'מלאָזיקייט די — homelessness

|| די היימלאָזיקייט וואַקסט — homelessness is on the rise

היימלאַנד דאָס (...לענדער) — homeland, (native) country

היימלעך אַדי homelike, cozy; cheerful, carefree

|| זײַן* אומפּ דאַט היימלעך *rev.* be at ease

היי'מעניק דער (עס) *dial.* rascal, devil

היי'מפֿײַער דאָס/דער (ן) hearth

היימשטאָט די (...שטעט) hometown

הײַנו קאָנ [HAYNE] זע דהײַנו

הײַנו־הך פֿר [HAYNE-HA'Kh] the same thing, six of one, half a dozen of the other

הײַנט 1. אַדוו today, now; moreover, in addition, furthermore

|| הײַנט צו טאָג nowadays

|| הײַנט אויף דער נאַכט, הײַנט בײַ נאַכט this evening, tonight

|| שרײַ הײַנט שרײַ מאָרגן yell as much as you want (it won't do you any good)

|| הײַנט דאַרפֿסט איר וויסן אַז moreover you ought to know

|| 2. דער the present

|| 3. קאָנ so, then, well; and/but what about

|| הײַנט וואָס זאָגסטו דערצו? so what do you say to that?

הײַ'נטוועלטיק אַדי modern, present-day

הײַנטיק אַדי today's, present-day; contemporary; current (week, month, etc.)

|| הײַנטיקע המנס [HOMENS] modern-day Hamans

|| הײַנטיקע צײַטן nowadays

|| הײַנטיקס יאָר this year

הײַ'נטמאָדיש אַדי (currently) fashionable, in style

הײַנט־מאָ'רגן אַדוו any day now

הײַ'נטצײַטיק אַדי contemporary, modern, current

הײַ'נטצײַטיש אַדי זע הײַנטצײַטיק

הייס אַדי/אַדוו hot; ardent, fiery; fervent, devoted

|| הייסע זאָנע torrid zone

היי'סבלוטיק אַדי hot-blooded, impetuous

הייס־געבאָ'ד·ן אַדי irritable, quick-tempered

הייסן וו (געהייסן) <דאַט> order/command (s.o.) to

|| הייסן <אַז> order that

|| הייסן דאַט גיין order to leave, send away, oust

|| הייסן ברענגען order (at a restaurant, etc.)

|| ניט הייסן *also* forbid, prohibit

|| הייסן <נאָמ> be called, be named; mean, denote, signify

|| דאָס הייסט that is

|| הייסט עס in that case, if I've understood correctly

|| וואָס הייסט? how could that be?, what does this mean?

|| עס הייסט אַז the stated/official version is that

|| עס היי'סט (נאָר) אַזוי' that's what they'd like you to believe

|| אָט דאָ'ס הייסט... now that's what I call ...

|| אַלץ הייסט שיין! there's beautiful and then there's beautiful

הייסקייט די fervor, ardor, zeal

הײַען (זיך) וו (גע–ט) be delayed; tarry, linger, dilly-dally; procrastinate

הײַער אַדוו זע הײַיאָר

הייפּטל דאָס (עך) head/bulb (of garlic, etc.)

|| הייפּטל קרויט head of cabbage

הייף מצ זע הויף

היי'פֿיבער דער hay fever

הייפֿיש אַדי/אַדוו courtly; courteous

הײַפֿיש דער (ן) shark

הייפֿל דאָס (עך) הויף דימ small courtyard, patio

הײַפֿל דאָס (עך) הויפֿן דימ bunch, cluster, handful; tuft

הײַפֿל|ען זיך וו (גע–ט) cluster *intr.*

היי'ץ־... heating; fuel

הייצוואַרג דאָס fuel

הייצונג די heating

הייצ|ן וו (גע–ט) <אין> heat *imperf.*, make a fire (in)

הייצנאַפֿט דער fuel oil, heating oil

הייצער דער (ס) stoker/fireman (locomotive, etc.); radiator

היי'צקעסל דער (ען) boiler, hot water heater

הײַקע די (ס) delay, procrastination

הייראַט די (ן) *Germ.* marriage

הייריסטיש אַדי heuristic

היי'שעריק דער (ן) locust; swarm of locusts

היכל דער (ען) [HEYKhL] *Jew.* Temple

היכלע דאָס (ך) היכל דימ [HE'YKhELE] shrine

היכצ|ן וו (גע–ט) snicker, giggle

הילוך דער (ן) [HILEKh] gait, walk; conduct; attire

הילולא די (–ות) [HILULE] hilarity, mirth; joyful celebration

הילולאדיק אַדי [HILU'LEDIK] hilarious, hysterically funny

הילזע די (ס) זע גילזע

הילכות [HILKhES]: אין הילכות in matters of, in the field of

הילכיק אַדי/אַדוו loud, resounding

הילכ|ן וו (גע–ט) resound, echo

הילכער דער (ס) loudspeaker

היל|ן וו (גע–ט) wrap, cover *imperf.*

הילניק דער (עס) **זע** הילקע

הילע די (ס) slipcover, wrapper; (book) cover, jacket

הילעם אַדוו [Ly] **זע** אַהולנע 2.

הילף[1] די help, assistance

|| גיכ|ע הילף first aid

|| קומ|ען <דאַט> צו הילף come to the aid (of), render aid (to)

|| זײַן* דאַט צו הילף be of assistance to s.o.

הי'לף־[2]... auxiliary, assistant; backup/standby

הילפֿבוך דאָס (...ביכער) manual, handbook

הילפֿיק אַדי **זע** העלפֿיק

הילפֿלאָז אַדי/אַדוו helpless, powerless

הי'לפֿס־... auxiliary, assistant; backup/standby

הי'לצערן אַדי wooden

הילקע די (ס) bat (sport)

הימל[1] דער (ען) sky, heaven

|| אין זי'בעטן הימל in seventh heaven, extremely happy

|| אױ'נטערן פֿרײַען הימל outdoors, in the open air

|| עס איז הימל עפֿן זיך! it leaves you speechless!

|| אױפֿן הימל אַ יריד [YARI'D] much ado about nothing

הי'מל־[2]... celestial

הי'מלבלױ אַדי sky blue

הי'מלבעט דאָס/די (ן) four-poster/canopy bed

הי'מל־געשרײ דאָס glaring injustice, crime

הי'מלדיק אַדי **זע** הימליש

הימליש אַדי celestial; divine, heavenly

הי'מל־ליניע די (ס) [NY] skyline

הימל|ען וו (גע–ט) hang by a thread

|| עס הימלט it doesn't hold up, it's preposterous

הי'מלפֿאַרב די sky blue, azure

הימלש אַדי **זע** הימליש

הי'מל־שטױסער דער (ס) shoe anvil

הי'מל־שרײַ'ענדיק אַדי flagrant, appalling, scandalous

הימען דער (ס) anthem

׳הין אַדוו **זע** אַהין[1] 1.

הינד די (ן) doe

הינדין די (ס) **זע** הינד

הינדיק דער (עס) **זע** אינדיק

הינדל דאָס (עך) הון דימ *also* chicken

הינהעריק אַדי zigzaggy

הי'נהערל דאָס (עך) zigzag, bend, curve; to and fro motion

הינו קאָנ [HAYNE] **זע** דהײַנו

הינו־הך פֿר **זע** הײַנו־הך

הינזיכט די/דער (ן) regard, respect, sense

|| אין דע'ר הינזיכט in this sense

|| אין אַ געוויסער הינזיכט from a certain point of view

|| אין אַלע הינזיכטן in all respects

הינט מצ **זע** הונט

הינטאַרניע די (ס) [Ny] kennel

הי'נטיכע די (ס) bitch, female dog

הינטיש אַדי dog's, canine; nasty, evil; loathsome, detestable; mean, vile, base

הינטל דאָס (עך) הונט דימ *also* puppy

הינטן **1.** אַדוו behind, in back, at the back

|| אױף הינטן to the rear, toward the back; backwards

|| פֿון הינטן from behind; in the back

|| הינטן אַרו'מ(ערט) around the back way

|| **2.** דער (ס) rear end, posterior

|| פֿ״גל אונטן

הינטער[1] פּרעפּ behind, in back of; from/on the other side of; outside of (town, etc.), on the outskirts of

|| פֿ״גל אונטער[1] 1.

הי'נטער־[2]... *(in compounds)* back

|| הי'נטערגעדאַנק ulterior motive

|| הי'נטערטיר back door

הינטעראױגיק אַדוו in absentia; by correspondence (studies)

הינטעראַנאַנדיק אַדי/אַדוו consecutive (in time)

הי'נטערבאָרט דער (ן) stern

הי'נטערגענגל דאָס (עך) ruse, trick

הי'נטערגעסל דאָס (עך) side street, back alley

הי'נטערגרונט דער (ן) background

הי'נטערווײַלעכץ אַדוו backward(s); in reverse; stealthily, furtively

הי'נטערוועג דער (ן) secondary road; circuitous route, detour; ruse, devious means

הינטערחלק דער (ים)
[HI'NTERKhEYLEK - HI'NTERKhALOKIM] rear end, posterior

הינטערחלקל דאָס (עך) [HI'NTERKhEYLEKL]
buttock, cheek

הי'נטערטייל דער (ן) rear, rear end

הי'נטערלאַנד דאָס hinterland, backcountry

הי'נטערליסטיק אַדי *lit.* crafty, sly, wily

הי'נטערנאַװי'ונדיק אַדי simple-minded, naive

|| הינטערנאַוויונדיקע סבֿרות [SVORES] cracker barrel philosophy, idle chat

הי'נטערפּיסל דאָס (עך) trick, set-up

הי'נטערקוליסן מצ inside story, hidden agenda

הינטערשט אַדי–עפּי back, rear, hindmost

הי'נטערשטאָט די suburb, suburbia

הי'נטערשטאָטיש אַדי suburban

הי'נטערשטעליק אַדי/אַדוו backward, behind the times; late, behind, in arrears

|| זײַן*/בלײַב|ן הינטערשטעליק (אַקעגן) lag (behind)

הי'נטערשטער דער backside, rear end

הי'נטערשיסעלע דאָס (ך) scheme, underhanded trick

|| מצ *also* evasive language

|| מאַכ|ן הינטערשיסעלעך scheme, plot

הי'נטערשרײַבער דער (ס) פֿעמ ין ghost writer

הי'נטשלעגער דער (-/ס) dogcatcher; rascal, good-for-nothing

היניע|ן וו (גע-ט) [Ny] זע הינען[1]

הינע|ן[1] וו (גע-ט) tarry, stay (too) long; wait a long time

|| ווו האָסטו געהינעט? where were you hiding? where have you been?

הינען[2] אַדוו *dial.* in this room

|| פֿ״גל דרינען

הי'נענדיק אַדי *dial.* local, belonging to this place

הינער מצ זע הון[1]

הי'נעראויג דאָס (ן) corn (on toe)

הי'נערפּלעט דער lethargy; (state of) hypnosis/somnambulism; daze, stupor

הי'נערפּיסלעך מצ : אויף הינערפּיסלעך unsteady, shaky

הי'נער-פּרעסער דער : אַלט|ער הינער-פּרעסער *iron.* old hand, veteran; old goat *fig.*

הינערש אַדי chicken('s)

|| הינערש|ער שׂכל [SEYKhL] birdbrain

הי'נערשטאַל די (ן) chicken coop, hen house

הי'נקעדיק אַדי lame, limping, halting

הינק|ען וו (געהונקען/גע-ט) limp, hobble

הי'נ|ריכט|ן וו (הי'נגעריכט) *(not used in the present or imperative tenses)* execute, put to death

היסח-הדעת דער [HESEKh-HADA'AS] distraction, inattention

היסטאָריע די (ס) history, story

היסטאָ'ריקער דער (-/ס) פֿעמ ין historian

היסטאָריש אַדי historic; historical

היסטעריע די (ס) hysteria, hysterics

היסטעריק די (עס) hysterics, attack of nerves

|| אַרײַ'נ|פֿאַל|ן אין אַ היסטעריק go into hysterics

היסטע'ריקער דער (ס) פֿעמ ין hysteric

היסטעריש אַדי/אַדוו hysterical

היסלײַוועס פּאַנ התלהבֿות

היס|ן וו (גע-ט) זע הוסטן

היענע די (ס) hyena

היעראָגלי'ף דער (ן) hieroglyph

היעראַרכיע די (ס) hierarchy

היעראַרכיש אַדי hierarchical

היפּאָדראָ'ם דער (ען) (horse) racetrack, hippodrome

היפּאָטע'ז דער (ן) hypothesis

היפּאָטעזע די (ס) זע היפּאָטעז

היפּאָטעטיש אַדי hypothetical

היפּאָטענו'ז די (ן) hypotenuse

היפּאָטע'ק די (ן) mortgage

היפּאָכאָנדריע די hypochondria

היפּאָכאָ'נדריקער דער (-/ס) פֿעמ ין hypochondriac

היפּאָפּאָטאַ'ם דער (ען) hippopotamus

היפּאָקרי'ט דער (ן) hypocrite

היפּאָקריטיש אַדי/אַדוו hypocritical

היפּאָקריטסטווע די hypocrisy

היפּוך דער (ים/הפּכים)
[HEYPEKh - HIPUKhIM/HAFOKhIM] contrary, opposite; contrast; antithesis

היפּוכדיק אַדי [HE'YPEKhDIK] opposite, contrary

היפּטל דאָס (עך) זע הייפּטל

היפּ|ן וו (גע-ט) skip *intr.*

|| היפּן איבער skip *trans., imperf.*, omit

היפּנאָ'ז דער hypnosis

היפּנאָטיזיר|ן וו (-ט) hypnotize

היפּנאָטיש אַדי hypnotic

היפּע|ן וו (גע–ט) זע היפּן

היפּער... hyper...

|| הי'פּערשפּי'רעוודיק hypersensitive

הי'פּער|ן וו (גע–ט) זע היפּן

היפּקע די זע הופּקע

היפּש **1.** אַדי–עפּי considerable, substantial, appreciable

|| אַ היפּש ביסל a good deal (of), quite a bit (of)

|| **2.** אַדוו fairly, considerably

היפֿט די (ן) hip

היץ די (ן) heat; hot weather, hot spell; fever; delirium; violence, fervor, vehemence

|| מצ heatwave

|| רעד|ן פֿון היץ rave, talk nonsense

|| רעד|ן מיט היץ speak fervently

היצט(ערט) אַדוו *dial.* now

היציק אַדי/אַדוו feverish, rash, excitable, hotheaded, passionate

היצל דער (עס) [Ly] זע היצעל

הי'צלעכע די (ס) [Ly] *pejor.* bitch

היצ|ן וו (גע–ט) heat, make hot *imperf.*

|| היצן זיך get hot; get/be excited, lose one's temper

היצעל דער (עס/היצלעס) [Ly] dogcatcher; rascal, scoundrel

היצקאָפּ דער (...קעפּ) hothead, excessively excitable/impetuous person

היקעוואַטע אַדי stuttering, stammering

היקע|ן (זיך) וו (גע–ט) stammer, stutter *imperf.*

היקף דער (ים) [HEKEF - HEKEYFIM] scope, extent, reach

הירהור דער (ים) [HIRER - HIRHURIM] reflection, (sudden/fleeting) thought; doubt; vague desire, (sinful/virtuous) whim

|| מצ *also* meditation

הירזש דער millet

הירזש·ן אַדי (of) millet

הירזשע|ן וו (גע–ט) neigh, whinny

הירט דער (ן) פֿעמ ין *lit.* shepherd

הירצ|ן וו (גע–ט) זע אירצן

הירש דער (ן) פֿעמ ין deer, stag

הירשנס דאָס venison

היתּכן אינט [HAYITOKhN] is it possible?, how can it be?

היתּר דער (ים) [HETER - HETEYRIM] permission; rabbinical authorization

|| מאַכ|ן זיך אַ היתּר indulge oneself

היתּר־הוראה דער [HETER-HOYRO'E] rabbinical diploma, authorization to serve as a rabbi

הכחשה די (–ות) [HAKKhOShE] denial, retraction, recantation

הכּל־בכּל(־מכּל) פֿר [HAKL-BA'KL(-MI'KL)] everything all together; the whole kit and caboodle

הכּלל קאָנ [HAKLA'L] זע (אַ) כּלל[1]

הכבדה די (–ות) [HAKhBODE] *lit.* burden, inconvenience, encumbrance

הכנה די (–ות) [HAKhONE] preparation, organization

|| מצ preparations

הכנסה די (–ות) [HAKhNOSE] income, receipts, revenue; act of placing the Torah scroll back in the Ark after it is read in a synagogue

הכנסה־שטײַער דער (ן) [HAKhNO'SE] income tax

הכנסת־אורחים דאָס [HAKhNOSES-O'RKhIM] hospitality; *Jew.* the commandment of hospitality to guests, *esp.* on the Sabbath and holidays; Sabbath shelter for poor travelers

הכנסת־כּלה דאָס [HAKhNOSES-KA'LE] *Jew.* communal help for young girls without resources to marry

הכנעה די [HAKhNOE] submissiveness, humility

הכנעהדיק אַדי/אַדוו [HAKhNO'EDIK] servile, humble, abject

הכרזה די (–ות) [HAKhROZE] *lit.* proclamation

הכרח דער [HEKhRE(YE)Kh] necessity, imperative

הכרחדיק אַדי [HE'KhRE(YE)KhDIK] compulsory

הכרעה די (–ות) [HAKhROE] *lit.* inclination, choice; preponderance

הכשר דער (ים) <איף> [HEKhShER - HEKhShEYRIM] legitimation (of), permit (for); rabbinical approval (for)

הכשרה די (–ות) [HAKhShORE] preparatory training, *esp.* the agricultural training of prospective emigrants to Palestine/Israel

הלאַדיש דער (עס) זע לאַדיש

הלבשה די (–ות) [HALBOShE] attire, clothing, garb

הלוואה די (הלוואָות) [HALVOE] loan, borrowing

|| געב|ן* אַ הלוואה grant a loan, lend

|| קריג|ן/נעמ|ען אַ הלוואה receive a loan, borrow

הלוואַי [(H)ALEVA'Y] **1.** אַדוו let us hope that, if only, oh that

|| הלוואַי קריגט זי אַ שטיקל אַרבעט if only she could find some work!

|| הלוואַי ווײַטער (ניט ערגער)! so far so good! let's hope that it lasts!

|| **2.** אינט may it come true!, from your mouth to God's ears!

הלום דער damage, deterioration

הלומען (זיך) וו (גע–ט) זע **לומען**

הליאַק = הליאָק דער (עס) kettle

הליובען וו (גע–ט) זע **ליובען**

הלישען וו (גע–ט) זע **לישען**

הלכה די (–ות) [HALOKhE] *Halakha*, legislative part of the Talmud and rabbinic literature, as distinct from *Aggadah*; *Jew.* law, regulation

|| **הלכה למשה מסיני** [LEMOYShE MISINAY] "Law given to Moses on Mount Sinai"; *iron.* incontestable truth, gospel truth

|| פֿ״גל **אַגדה**

הלכות דאָס זע **הילכות**

הלכענ|ען = הלכע|נען וו (גע–ט) [HALKh·N/HALKhE] *hum.* go away, take off

הלכענער דער (–/ס) [HA'LKhENER] *slang* thief, prowler

הלל דער [HALEL] *Jew. hallel*, series of five psalms of joy and thanks sung during many holidays; hymn, paean

הללויה אינט [HALELUYO] *lit.* hallelujah

הלמאַי אַדוו [HALMA'Y] זע **למאַי**

הלעיטני דער (ס) [HALITEYNI] זע **הלעיטניק**

הלעיטניק דער (עס) [HALITEYNIK] *hum.* glutton, guzzler

הלצה די (–ות) [HALOTSE] joke, witticism, jest

המבֿדיל דער [HAMAVD(I)L] blessing said at the close of the Sabbath; hymn chanted at the close of the Sabbath

המון דער (ען/ים) [HAMO'YN] mob, rabble, multitude

המון־עם דער [HAMOYNA'M] the common people, populace, the masses

המוציא (די) [HAMOYTSE] *Jew.* blessing said over bread prior to eating; slice of bread

המכונה אַדי–אינוו [HAMEKhUNE] so-called, also known as

המן .1 פּנ [HOMEN] Haman, anti-Jewish Persian minister prominent in the Esther story

|| **המנס מפּלה** [MAPOLE] ignominious defeat

|| .2 דער (ס) anti-Semite, Jew-baiter

המן הרשע פּנ [HOMEN HAROShE] "Haman the wicked", character in the story of *Purim*

|| פֿ״גל **המן; פּורים**

המן־טאַש דער (ן) [HO'MEN] triangular *Purim* pastry traditionally filled with poppy seeds and honey

המן־קלאַפּער דער (ס) [HO'MEN] children's *Purim* rattle

המצאה די (המצאָות) [HAMTSOE] invention, ingenious idea

המצאהדיק אַדי [HAMTSO'EDIK] ingenious, resourceful

המצאהדיקייט די [HAMTSO'EDIKEYT] ingenuity

המשך דער (ים) [HEMShEKh - HEMShEYKhIM] sequel, continuation

|| **אין המשכים** (serial publication/broadcast) in installments

|| **המשך קומט** to be continued

המשכדיק אַדי [HEMShEKhDIK] continuous, uninterrupted

המשכדיקייט די [HE'MShEKhDIKEYT] continuity

הן קאָנ [HEN] : **הן ... הן** both ... and ..., ... as well as ...

|| **הן מענער הן ווײַבער** both men and women

הנאה די (הנאָות) [HANOE] pleasure, enjoyment

|| **האָב|ן* הנאה** have fun, enjoy oneself

|| **האָב|ן* הנאה פֿון** enjoy, appreciate

|| **הנאה טאָ|ן*** דאַט delight, please

הנאָי דער זע **גנאָי**

הנהגה די [HANHOGE] conduct, behavior; management, leadership

הנחה די (–ות) [HANOKhE] premise, prerequisite; concession, waiver; discount

הניט דער זע **ניט**[2]

הנ״ל פּר [HANA'L] (the) above-mentioned/named

הן־צדק דער [HENTSEDEK] word of honor

הסב־בעט דאָס/די (ן) [HE'SEBET] seat equipped with pillows for the head of the household at a seder

|| פֿ״גל **פּסח**

הסברה די (–ות) [HAZBORE] explanation, elucidation; find, invention; pretext, subterfuge

הסגת־גבֿול דאָס <פֿון> [HASOGES-GVU'L] encroachment on s.o.'s livelihood, dishonest competition

הסכם דער (ס) [HESKEM] agreement, settlement

|| **אין הסכם מיט** in accord with, in agreement with

הסכמה די (–ות) [HASKOME] agreement, assent; (letter of) recommendation, *esp. Jew.* recommendation printed in the front of a religious work

הסכם־כּולם דער [HESKEM-KU'LEM] consensus

הסכּמ|ען זיך וו (גע–ט) <מיט> [HESKEM] fit, accord (with)

הספּד דער (ים) [HESPED - HESPEYDIM] eulogy, funeral oration

הסתדרות די [HISTADRU'T] — *Histadrut*, general labor organization in Palestine, and then in Israel

הסתלקות דאָס [HISTALKES] — disappearance, death of a saintly man

הע אינט — eh?

העבל דער (ען) זע הובל

הע'בלינעס מצ זע הובלינקעס

הע'בלעווע|ן וו (גע–ט) זע הובלעווען

העבראַ'יסט דער (ן) פֿעמ ין — Hebrew scholar (gen. non-Jewish)

העברעיִזם דער (ען) — Hebraism; word of Hebrew or Aramaic origin

העברעי'סט דער (ן) — proponent of the dissemination of Hebrew as a spoken language of all Jews

|| פֿ״גל העבראַ'יסט

העברעיִש 1. אַדי — Hebrew

|| 2. דאָס — Hebrew (language)

העברעער דער (ס) פֿעמ ין — Hebrew (person); devotee of the Hebrew language

העגדעש פֿאָנ הקדש

העגעמאָניע די [NY] — hegemony

העדאָניזם דער — hedonism

הע־הע' אינט — *iron.* ha-ha! (contempt, spite)

העוויה די (–ות) [HAVAYE] — expression, grimace, gesture

העזה די [HOZE] — audacity, insolence

העזהדיק אַדי/אַדוו [HO'ZEDIK] — audacious, insolent, presumptuous

העזניק דער (עס) פֿעמ ...ניצע [HO'ZENIK] — impudent/brazen person

העזל דאָס (עך) דימ זע האָז

הע'זעלעך מצ — tag (game)

העט[1] אַדוו — way (emphasis word for distance/time)

|| העט ווײַט — way far away

|| העט אין דער ווילדעניש אַרײַן — deep into the wilderness

|| העט־העט — far far away

|| העט ווען — long long ago

|| העט שפּעטער — much later

העט[2] הוו זע וואָלט[1]

העט־הע'טיק אַדי–עפּי — remote

העטמאַן דער (עס) — hetman, Cossack chief

העטעך־פּעטעך פּר — (that's just) wishful thinking!

העכט דער (–) — pike (fish); *fig.* big shot, bigwig

העכטל דאָס (עך) — *slang* knife, blade

העכסט 1. אַדי–עפּי הויך סופּ — highest, supreme

|| 2. אַדוו — extremely

העכסטנס אַדוו — at most, at best

הע'כסטראַנגיק אַדי — highest-ranking

העכער 1. אַדי/אַדוו הויך קאָמפּ — higher, taller; louder; superior

|| פֿ״גל העכערער

|| 2. פּרעפּ — more than, upwards of

|| העכער טויזנט מענטשן — more than a thousand people

הע'כערונג די (ען) — raise (in salary), increase (in prices, etc.); advancement, promotion

הע'כער|ן וו (גע–ט) — raise (prices, wages), increase *trans.*

|| העכערן זיך — increase *intr.*, rise, grow

הע'כער|ער דער־דעק — superior

הע'כערקייט די — superiority, supremacy

העל אַדי/אַדוו — clear, bright, fair; light (in color)

|| העל ברוין — light brown

|| אין העלע פֿאַרבן — *fig.* rosy, (overly) optimistic

העלבלעך אַדי — (color) somewhat light, pale, pastel

העלד דער (ן) פֿעמ ין — hero, protagonist

העלדזל דאָס (עך) האַלדז דימ — neck (bottle, etc.); (culin.) (stuffed) neck of a fowl

העלדזער מצ זע האַלדז

העלדזקע די (ס) — shirt front/dickey

העלדיש אַדי/אַדוו — heroic, daring

הע'לדישקייט די (ן) — daring, bravery, heroism, valor; heroic act

הע'לדנמוט דער — valor, bravery

הע'ליזעער דער (ס) פֿעמ ין — clairvoyant

העליזעערײַ' דאָס — clairvoyance

העלטער האָב|ן* וו (העלטער געהאַ'ט) — prefer, like better

|| פֿ״גל האַלט האָבן

העליקאָפּטער דער (ס) — helicopter

העליש אַדי — hellish, infernal

|| העליש פֿײַער — fires of hell, inferno

העלם דער (ען) — helmet; (navig.) tiller, helm

העל|ן (זיך) וו (גע–ט) — *lit.* shine, glow

|| העלן אומפּ — dawn

העלעני'סט דער (ן) [Ly] — Hellenist (Jew)

העלעניסטיש אַדי [Ly] — Hellenistic

העלער דער (–/ס) — heller (small German coin), penny

הע'לף-... — auxiliary

העלפֿאַנד דער (ן) פֿעמ יכע — elephant

הע'לפֿאַנדביין דער — ivory

הע'לפֿאַנדביין־באָרטן דער — Ivory Coast

הע'לפֿאַנדביינערן אַדי — (of) ivory

העלפֿאַנט דער (ן) זע העלפֿאַנד

העלפֿט די (ן) — half

|| אויף (דער) העלפֿט — in two; half and half, fifty-fifty

|| בע'סער|ע העלפֿט — better half *fig.*, spouse

העלפֿיק אַדי — useful; helpful, obliging

העלפֿ|ן וו (געהאָלפֿן) <דאַט> — help/aid (s.o.); come to the aid of/rescue

|| העלפֿן <דאַט> אינפֿ — help (s.o.) to

|| העלפֿן <צו> — serve (a purpose); further/advance (deal, etc.); relieve/remedy

|| ניט העלפֿן — be of no avail, do no good

העלפֿער דער (ס) פֿעמ ין — helper, aid, assistant

העלצער מצ זע האָלץ

העמד דאָס (ער) — (fash.) shirt; blouse

|| דאָס לעצטע העמד — the shirt off one's back

|| בלײַב|ן/אַרוי'ס|גיי|ן* אין איין העמד — become destitute, be reduced to utter poverty

|| ניט האָב|ן* קיין העמד אויפֿן לײַב — be down and out

העמדל דאָס (עך) דימ העמד — *also* book jacket; (botan.) membrane, cuticle

הע'מערל דאָס (עך) דימ זע האַמער

העמשעך פֿאָנ המשך

הען אינט — well, really!

|| הען אַ ביסל! — can you believe it?

הענגאַקט דער (ן) — hanging (execution)

הענגבריק די (ן) — suspension bridge

הענגונג די (ען) — hanging (execution)

הענגל דאָס (עך) — bunch (grapes, flowers, bananas)

הענגלאָמפּ דער (ן) — hanging (oil) lamp

הע'נגלײַכטער דער (ס) — chandelier

הע'נגל־לײַכטער דער (ס) זע הענגלײַכטער

הענג|ען 1. וו (געהאַנגען/געהאָנגען) — hang *trans.*, suspend

|| 2. וו (איז געהאָנגען) — hang *intr.*, be suspended

|| הענגען אין דער לופֿטן — be up in the air, be in suspense

הע'נגענדיק אַדי — hanging, suspended; dangling, baggy; loose-fitting (garment)

הענגער דער (ס) — coat rack; (clothes) hanger; bridle, halter

הע'נגערל דאָס (עך) — stalk or stem (of a fruit)

הענגשלאָס דער (...שלעסער) — padlock

הענדום־פּע'נדום אַדוו זע הענדעם־פּענדעם

הענדל דאָס (עך) דימ זע האָן

הענדלער דער (ס) פֿעמ קע — merchant, dealer

הע'נדלעריש אַדי — commercial, mercenary

הענדעם־פּע'נדעם אַדוו — at full speed, at breakneck speed

הענט מצ זע האַנט[1]

הענטל דאָס (עך) דימ האַנט — handle, hilt; (operating) lever; penholder

הע'נטשיקע די (ס) זע הענטשקע

הענטשקע די (ס) — glove

|| אײַ'זערנ|ע הענטשקע — brass knuckle

הע'נטשקע־לשון דאָס [LOShN] — thieves' cant, jargon

הענער מצ זע האָן

הענקער דער (ס) — hangman, executioner

העסלעך אַדי — ugly, horrid

העסע די (ס) — candelabra branch, sconce

העפּ[1] 1. אינט — *slang* fifty-fifty, we'll split it!

|| 2. דער — bribe, hush-money

העפּ[2] אינט — there you/I go! *(exclamation at the beginning of a movement)*

העפּ|ן וו (גע-ט) — jump, hop, dance

העפֿט[1] די/דער (ן) — notebook, copybook; pamphlet, booklet; single issue of a journal

העפֿט[2] דער (ן) — scar; juncture

העפֿטיק אַדי/אַדוו — violent, impetuous, vigorous

|| פֿ״גל האַפֿטיק

העפֿט|ן וו (געהאָפֿטן/געהע'פֿט) — embroider *imperf.*

העפֿטפּונקט דער (ן) — juncture

העפֿלעך אַדי/אַדוו — polite, civil, courteous

הע'פֿלעכקייט די — courtesy, politeness

העפֿקער פֿאָנ הפֿקר

העצ|ן וו (גע-ט) — incite *imperf.*, provoke, inflame, agitate

|| העצן קעגן — plot/incite against, vilify

העצע די (ס) — provocation, agitation, baiting; plot (against s.o./stg.); carnival/circus attraction

העצער דער (-/ס) פֿעמ קע — baiter, agitator, provocateur

הע'צעריש אַדי — incendiary (speech, etc.)

העצקע די (ס) זע האָצקע

העצקע|ן וו (גע–ט) — make fun of, mock, pull s.o.'s leg
|| העצקען זיך — bounce, hop, jump
העק[1] די/דער (ן) — the sticks, God-forsaken place; farmyard
|| ערגעץ אין אַ העק — out in the sticks
העק[2] מצ זע האַק[1]
העקוואָרט דאָס (...ווערטער) — local expression
העקטאָגראַפֿיר|ן וו (–ט) — reproduce by hectography
העקל[1] דאָס (עך) האַק דימ — hatchet
העקל[2] דאָס (עך) האָק דימ — crochet hook
העקל|ען וו (גע–ט) — crochet
הע'ק־לשון דאָס (ות) [LOShN - LEShOYNES] — local dialect, patois
העקמענטש דער (ן) — hick
העקסאַמעטער דער (ס) — hexameter
הע'קעלע דאָס (ך) העקל דימ — catch, clasp; snag, catch *fig.*, hitch *fig.*; riddle, conundrum
|| מצ — *also* quotation marks
העקער[1] דער (–/ס) — (wood)cutter; butcher's boy
העקער[2] דער (–/ס) — retail
|| פֿאַרקויפֿ|ן אויף העקער — (sell) retail
הע'קער|ן וו (גע–ט) — (sell) retail; wheel and deal, engage in shady dealings
העקפּיר דער (ן) — local custom
הער 1. דער (ן) — gentleman
|| 2. טיטל — Mr., Mister
הער־און־טרע'ף דער (ן) — quiz show
העראָי'ן דער — heroin
העראָיש אַדי/אַדוו — heroic
העראַ'לד דער (ן) — herald
העראַלדיק די — heraldic
הערב דער (ן) — coat-of-arms, crest
הערד דער — hearth
הערה די (–ות) [HEORE] — remark; footnote, annotation
הערט דער (ן) — herd, flock
הערטל דאָס (עך) הערט דימ — *esp.* flock of geese
הערינג דער (–/ען) — herring
העריק אַדי זע האָריק
הערל דאָס (עך) דימ זע האָר
הערלעך אַדי — magnificent, splendid
הער|ן וו (גע–ט) — hear; listen (to); obey
|| הערן אַק ווי דעם קאָטער — pay no attention to
|| לאָז|ן הערן — teach
|| וואָס לאָזט עס מיך הערן? — what does it teach me? what am I to learn from this?
|| לאָז|ן זיך הערן — be vocal, make oneself heard; (idea) be acceptable/reasonable
|| הער|ן זיך — resonate, resound, echo; be audible; *dial.* smell, stink
|| וואָס הערט זיך (גוטס/נײַעס)? — what's new?, what's up?
הערנער מצ זע האָרן[1]
הע'רעוודיק אַדי — audible
הערעזיע די (ס) [ZY] — heresy
הערע'טיקער דער (–/ס) פֿעמ ין — heretic
הע'רעלע דאָס (ך) האָר דימ2 — strand of hair; filament
הערער דער (ס) — earphone
הערצאָג דער (ן) פֿעמ ין — duke
הע'רצאָגשאַפֿט די (ן) — duchy
הערצל דאָס (עך) האַרץ דימ — *also* bib
הערצלעך אַדי/אַדוו זע האַרציק
הע'רצעלע דאָס (ך) האַרץ דימ2 — medallion
הערצער מצ זע האַרץ[1]
הערש דער (ן) זע הירש
הערשאַפֿט די — reign, rule, dominion
הע'רשוויליק אַדי/אַדוו — imperious, tyrannical
הערש|ן וו (גע–ט) <איבער> — rule/reign (over), govern
הע'רשנדיק אַדי — ruling, (pre)dominant
הע'רשעווע|ן וו (גע–ט) — rule despotically
הערשער דער (–/ס) פֿעמ ין — ruler, sovereign
הע'רשעריש אַדי/אַדוו — domineering, despotic, authoritarian
העשע|ן וו (גע–ט) — snivel, sob
העתּקה די (–ות) [HATOKE] — *lit.* translation
הפֿנים אַדוו זע אַ פּנים
הפֿטורה די (–ות) [HAFTOYRE] — *Haftarah*, a lesson from the Prophets or Hagiographa read in the synagogue after the weekly or holiday Torah reading
הפֿכים מצ זע היפּוך
הפֿלא־ופֿלא אַדי–אַטר [HAFLE-VOFELE] — amazing, remarkable, wonderful
הפּסקה די (–ות) [HAFSOKE] — pause, break, intermission, interval
|| פֿאַסט|ן הפּסקות — fast regularly on certain days of the week

הפֿקר[1] [HEFKER] .1 אַדי abandoned, ownerless, stray; chaotic, disorderly; lawless; debauched, wanton

|| .2 דער anarchy, arbitrariness, dereliction

|| לאָז|ן אויף הפֿקר abandon, neglect

|| הפֿקר פֿע'טרישקע *hum.* anything goes

הפֿקר־...[2] [HE'FKER] arbitrary, wanton; abandoned, neglected

|| הפֿקר־יונג lout, delinquent

|| הפֿקר־הונט stray dog

הפֿקרדיק אַדי/אַדוו [HE'FKERDIK] without scruples, reckless; licentious

הפֿקרות דאָס [HEFKEYRES] neglect; debauchery, wantonness; arbitrariness

הפֿקר־לאָזונג די [HE'FKER] abandonment, desertion

הפֿקר־מענטש דער (ן) [HE'FKER] (human) derelict, wanton/immoral person

הפֿקרניק דער (עס) [HE'FKERNIK] rascal, scofflaw

הפֿקר־קינד דאָס (ער) [HE'FKER] street urchin, waif

הפֿקר־שיף די (ן) [HE'FKER] derelict vessel, wreck

הצטרכות דאָס (ן) [HITSTARKhES] need, necessity

הצלה די (–ות) [HATSOLE] salvation, escape, rescue

הצלחה די (–ות) [HATSLOKhE] success, prosperity, (good) fortune

הקב״ה זע הקדוש־ברוך־הוא

הקדוש־ברוך־הוא [HAKODESh-BO'RKhU] *Jew.* "the Holy One, blessed be he", the Lord, God

הקדמה די (–ות) [HAGDOME] preface, foreword, introduction

הקדש דער/דאָס (ים) [HEGDESh - HEGDEYShIM] *Jew.* poorhouse, hospice; filthy place, shambles

הקדשדיק אַדי [HE'GDEShDIK] dingy, impoverished, miserable

הקדשניק דער (עס) פֿעמ ...ניצע [HE'GDEShNIK] inmate of the poorhouse; pauper

הקיצור אַדוו [HAKITSER] זע (אַ) קיצור

הקפּדה די (–ות) [HAKPODE] *lit.* strictness, severity; severe reprimand

הקפֿה [HAKOFE] .1 די (–ות) circuit, circular movement; (comm.) credit

|| .2 מצ traditional procession seven times around the podium of the synagogue with the Torah scrolls on Simchat Torah and with the four species on *Hoshanah Rabbah*

|| פֿ״גל הושענא־רבה; שׂימחת־תּורה

הראַב דער (ן) *botan.* hornbeam

הראַבליע די (ס) זע גראַבליע

הראָמאַדע די peasant community

הרבֿ טיטל [HORA'V] Rabbi (title preceding the name)

הרגל דער (ים) [HERGL - HERGEYLIM] habit, routine

הרגע|(נע)ן וו (גע–ט) [HARGE] kill, murder; beat up *imperf.*

הר־הבית דער [HAR-HABA'IS] the Temple Mount (in Jerusalem)

הרהור דער (ים) זע הירהור

הר־הזיתים דער [HAR-HAZE'YSIM] Mount of Olives (in Jerusalem)

הרובע די (ס) furnace; heating stove

הרוג דער (ים) [HOREG - HARUGIM] זע הורג

הרודע די (ס) זע גרודע

הרוק דער blow, punch

הרוקע|ן וו (גע–ט) hit, strike, smack

הרחבֿה די [HARKhOVE] comfort, ease

הרחבֿהדיק אַדי/אַדוו [HARKhO'VEDIK] comfortable; abundant; solemn

הרי־אַתּ (דער) [HAREY-A'T] *Jew.* "behold you are (consecrated to me)", first words of the formula said by the bridegroom to consecrate a marriage; *also* the complete formula

|| זאָג|ן דאַט הרי־אַתּ marry s.o.

הריגה די (–ות) [HARIGE] massacre, killing, slaughter

הריזאָטע די זע גריזאָטע

הריזע|ן וו (גע–ט) זע גריזשען

הרי־חושך מצ [HORE-KhO'YShEKh] (folklore) "mountains of darkness"

|| הינטער די הרי־חושך at the end of the world

הרים־וגבֿעות מצ [HORIM-UGVO'ES] "mountains and hills"; many, lots, loads; the moon and the stars *fig.,* great promises

הרעבליע די (ס) זע גרעבליע

הרעטש·ן אַדי זע רעטשן

הרעטשקע די זע רעטשקע

הרף־עין דער (ס) [HEREF-A'YEN] instant, split second

|| אין איין הרף־עין in the blink of an eye

הרשאה די (הרשאָות) [HARShOE] *lit.* permission

השאָרת־הנפֿש דער [HAShORES-HANE'FESh] immortality of the soul

השבעה די (–ות) [HAShBOE] adjuration, exorcism

השבֿת־אֲבֿדה די [HAShOVES-AVE'YDE] returning of a lost object

השגחה די <איבער/אויף> [HAZhGOKhE] charge, control (over); supervision, care; auspices; Providence

|| האָבן*/האַלטן (די) השגחה <איבער/איף> have under one's care, have in one's charge/custody

|| זײַן* פֿון דער השגחה be providential, be God's will

|| אונטער מײַן השגחה under my care; in my custody

השגחה־פּרטית די [HAZhGOKhE-PRO'TES] special providence, Divine supervision of individual lives

הש״י(ת) זע השם־יתברך

השכּמה די [HAShKOME] early morning prayers (recited at daybreak)

|| אױפֿ|שטײן* השכּמה rise very early to pray

|| דאַװנ|ען השכּמה attend the first morning service in the synagogue

השלמה די (–ות) [HAShLOME] personal accomplishment

השמטה די (–ות) [HAShMOTE] omission, omitted passage (of a text)

השם־יתברך [HAShE'M-YISBOREKh] "the Name, blessed be He", the Lord, God

השערה די (–ות) [HAShORE] conjecture, supposition, hypothesis

השפּעה די (–ות) [HAShPOE] influence

השפּעהדיק אַדי [HAShPO'EDIK] influential

השקפֿה די (–ות) [HAShKOFE] point of view, opinion; outlook, weltanschauung

השתּדלות דאָס (ן) [HIShTADLES] intervention, mediation, intercession

השתּנה די [(HA)ShTONE] urine

|| לאָז|ן די השתּנה urinate

השתּפּכות־הנפֿש דאָס [HIShTAPKhES-HANE'FESh] outpouring of the heart, effusion of feelings

השׂגה די (–ות) [HASOGE] idea, concept; comprehension, understanding; aspiration, ambition

השׂכּלה די [HASKOLE] *Haskalah*, the Jewish Enlightenment of the 18th and 19th centuries

התּקווה די [HATIKVO] *Hatikvah* ("The Hope"), Zionist hymn, now the national anthem of Israel

התּר דער (ים) זע היתּר

התּרת־נדרים דאָס [HATORES-NEDO'RIM] "annulment of vows", part of the synagogue service on the eves of Rosh Hashanah and Yom Kippur

התבודדות דאָס [HISBO'YDEDES] spiritual retreat, seclusion

התבוננות דאָס [HISBO'YNENES] meditation, contemplation

התגלות דאָס [HISGALES] *lit.* revelation (*esp.* mystical); act of revealing oneself

התחייבֿות דאָס (ן) [HISKhAYVES] duty, obligation, commitment

התחלה די (–ות) [HASKhOLE] beginning, initiation

התלהבֿות דאָס [HISLAYVES] rapture, exaltation, ardor, enthusiasm

התלהבֿותדיק אַדי/אַדװ [HISLA'YVESDIK] fervent, passionate

התמדה די [HASMODE] zeal, perseverance, diligence

התמדהדיק אַדי/אַדװ [HASMO'DEDIK] industrious, diligent

התמנות דאָס (ן) [HISMANES] *lit.* appointment, nomination; office, position, post

התנגדות דאָס (ן) [HISNAGDES] opposition, resistance

התנהגות דאָס (ן) [HISNAYGES] conduct, behavior

התנצלות דאָס (ן) [HISNATSLES] apology, justification

התעוררות דאָס [HISO'YRERES] *lit.* spiritual awakening, moral resurgence

התפּעלות דאָס [HISPAYLES] enthusiasm, rapture

|| קע'לבערן התפּעלות <פֿאַר> infatuation (with)

התראה די (התראָות) [HASROE] *lit.* warning, admonition

התרוממות דאָס [HISRO'YMEMES] elevation of the soul, exaltation

ו

ו דער/די [VOV] letter of the Yiddish alphabet; pronounced [U]; numerical value: 6; cf. וי, וו, ױ

וּ דער/די [MELU'PM-VOV] variant of the letter ו, written: *1)* before or after וו to represent the vowel in the sequences [VU] or [UV]; *2)* before י to represent the vowel in the sequence [UY]; *3)* before ו to represent the first vowel in the sequence [UU]

ואָדר דער [VE'YODER] *Veadar*, the added month of the Jewish leap year, inserted after *Adar*

ואיננו פּר [V(E)EYNENU] and he is not there, he's gone

ובכן = וּבְכן [UBEKhE'YN/UVKhE'YN] **1.** אַדוו thus, as a result

|| **2.** אינט so? so what?

ודוי די (ים) **זע** ווידוי

והאָ־ראַיה קאָנ [VEHO'-RA'YE] the proof is

והשנית אַדוו [VEHAShEYNES] and secondly

וו מצ [TSVEY VOVN] doubled letter ו; pronounced [V]

וואַבעריע די (ס) *hum.* dame, broad

וואָג די (ן) scale, balance; weight, heaviness; importance, gravity

|| האָב|ן* גרויס וואָג carry great weight *fig.*, weigh heavily

|| לייג|ן גרויס וואָג אויף attach great importance to

|| צו'|נעמ|ען וואָג gain weight

וואַגאַבו'נד דער (ן) vagabond

וואַגאָ'ן דער (ען) railroad car

וואַגאָנעטקע די (ס) cart

וואַגאָ'ן־רעסטאָראַ'ן דער (ען) dining car

וואַגינע די (ס) vagina

וואָגיק אַדי weighty, important, significant

וואָ'גיקייט די weight *fig.*, importance

וואָגל דער wandering

וואָגל|ען וו (גע–ט) wander, roam

וואָ'גלעניש דאָס (ן) wandering

וואָגלער דער (ס) פֿעמ ין wanderer, vagabond

וואָ'גלקינד דאָס (ער) waif, foundling

וואַג|ן וו (גע–ט) <צו אינפֿ> dare

וואָגן דער (ס/וועגן/ווע'גענער) דימ וועגל/ווע'גנדל wagon, cart; horse-drawn carriage

וואַגע די (ס) pendulum, (clock) weight

וואַגראַנקע די furnace for refining metals

וואָגשאָל די (ן) balance (pan)

|| אויף דער וואָגשאָל in the balance

וואָדע'ן **1.** אַדוו what else? sure!

|| **2.** קאָנ so, as a result

וואָדקע די (ס) vodka

וואָו... זע ווערטער מיט ווו...

וואָוו דער/די (ן) [VOV] *vav*, name of the letter ו

וואָווער דער (ס) six (playing card)

וואָוקעלאַ'ק דער (ן) **זע** וואָלקעלאַק

וואָזאָווניע די (ס) [Ny] shed, carriage-house

וואַזאָ'ן דער (ען) flower pot, indoor plant

וואַזאָניק דער (עס) vase, amphora

וואַזאָנע די (ס) **זע** וואַזאָן

וואָזנע דער (ס) bailiff

וואָזנע|ן זיך וו (גע–ט) *fam.* bustle about

וואַזע די (ס) vase, amphora

וואַזעלי'ן דער (ען) vaseline

וואַ'זעלע דאָס (ך) bowl

וואַזשנע אַדי *iron.* remarkable, impressive

וואַזשע|ן וו (גע–ט) <צו אינפֿ> dare

וואַט דער (ן) watt

וואַטאָוו(ע) אַדי quilted, wadded

וואַטאָווקע די (ס) quilted jacket

וואַטיקאַ'ן דער Vatican

וואַטירונג די padding

וואַטיר|ן וו (–ט) pad, quilt

וואַ'טלמאַכער דער **זע** וואַטן־מאַכער

וואַטן מצ padding, quilting

וואַ'טן־מאַכער : כאַפּט אים/זי דער וואַטן־מאַכער the devil take him/her!

וואַטע די cotton wool, padding

וואַ'טעווע|ן וו (גע–ט) pad *imperf.*, stuff with wadding

וואַ'טעלמאַכער דער **זע** וואַטן־מאַכער

וואַטקע די (ס) cotton wad

וואָיאַזשאָ'ר דער (ן) traveling salesman

וואָיווע|ן וו (גע–ט) **זע** וויעוועןן

וואָיט דער (עס) **זע** ווויט

וואָיעוואָדע דער (ס) voivode, provincial governor

וואָ'יעווע|ן וו (גע–ט) **זע** וויעוועןן

וואָיע|ן וו (גע–ט) **זע** וווייען

וואַך **1.** אַדי awake; alert

|| **2.** די (ן) guard, watch; patrol; sentinel; vigil

|| אויף דער וואַך — on duty; on guard, alert

|| האַלט|ן וואַך — keep watch

וואָך די (ן) — week

|| אַ גוטע וואָך — good evening (said at the end of the Sabbath), (have a) good week

|| אין דער וואָכן — on weekdays, on a workday

|| די דרײַ וואָכן — solemn period of three weeks between the 17th of *Tammuz* and the 9th of *Av*

|| פֿ״גל שִבעה־עָשׂר־בתמוז; תִּשעה־באָב

וואָ'ך־ווע'כנטלעך אַדי/אַדוו — weekly

וואַכטל דער (ען) — quail

וואַכיק אַדי — vigilant, alert

|| וואַכיק מאַכ|ן — alert, put on the alert

וואָכיק אַדי — weekly

וואַ'כיקייט די — vigilance, attention; liveliness

וואַ'כמײַסטער דער (ס) — quartermaster

וואַכ|ן וו (גע–ט) — be/stay awake; be on guard

וואָ'כן־... — weekly

וואַכנאַכט די — night vigil; *Jew.* vigil kept over a male child the night before his circumcision

וואָ'כנבלאַט דאָס (...בלעטער) — weekly (periodical)

וואָ'כנגעלט דאָס — weekly allowance/payment

וואָ'כנדיק אַדי — weekly

וואָ'כנטאָג דער (...טעג) — weekday, workday

וואַ'כעדיק אַדי/אַדוו — attentive, vigilant

וואָ'כעדיק אַדי/אַדוו — everyday, ordinary, commonplace

|| וואָכעדיק|ע שפּראַך — vernacular

וואַ'כעוודיק אַדי/אַדוו זע וואָכעדיק

וואָכער דער — usury

וואָ'כער|ן וו (גע–ט) — lend at usurious rates

וואָ'כערניק דער (עס) פֿעמ ...ניצע — usurer

וואָ'כערער דער (ס) פֿעמ קע — usurer

וואָכקע אַדי — damp, moist

וואַל[1] דער (ן) — roller; wave, swell

וואַל[2] דער (ן) — wall, bulwark, rampart

וואַ'ל־[3]... — elective, electoral

וואָל די — wool

וואַ'ל־אַגיטאַציע די — campaigning, electioneering

וואָלאָסט דער (ן) — (in Russia) rural district

וואַ'לגערהאָלץ דאָס (...העלצער) — rolling pin

וואַ'לגער|ן וו (גע–ט) — roll *trans.*; roll out (dough)

|| וואַלגער|ן זיך — lie around; wander about, be homeless; wallow

|| ניט וואַלגער|ן זיך — be scarce

|| וואַלגער|ן זיך אין די גאַסן — abound, be commonplace

וואַלד[1] 1. דער (וועלדער) דימ וועלדל — forest, wood

|| 2. דאָס — timber, lumber

|| האַנדל|ען מיט וואַלד — be a lumber merchant

וואַ'לד־[2]... — (of the) forest, sylvan

וואַלדאָווע אַדי — (of the) forest, sylvan

וואַ'לד־גזלן דער (ים) [GAZLEN - GAZLONIM] — highwayman

וואַ'לדהענדלער דער (ס) — lumber merchant

וואַ'לדהעקער דער (ס) — lumberjack, woodcutter

וואַ'לד־חזיר דער (ים) [KhAZER - KhAZEYRIM] — wild boar

וואַלדיק אַדי — wooded, forested; (of the) forest

וואַלדמענטש דער (ן) — savage, wild man

וואַ'לדניסל דאָס (עך) — filbert, hazelnut

וואַלדקאַץ די (...קעץ) — wildcat

וואַלדשנעפּ דער (ן) — woodcock

וואַ'לדשרײַבער דער (ס) — man in charge of lumbering accounts

וואַלואַציע די (ס) [Ly] — evaluation, assessment

וואָלוו·ל אַדי/אַדוו (קאָמפּ וואָ'לוועלער/ ווע'לוועלער) — cheap

וואַלוטע די (ס) [Ly] — (foreign) currency

|| וואַלו'טע־סיסטעם — monetary system

וואָלונטי'ר דער (ן) פֿעמ קע — volunteer

וואָלונטיר|ן וו (–ט) — volunteer

וואָלט[1] הוו — *auxiliary of the conditional mood, followed by the past participle or the infinitive*

|| אויב ער וואָלט געקע'נט — if he could (have)

|| ווען דו וואָלטסט וויסן — if you knew

|| ער וואָלט עס געטאָ'ן — he would do it, he would have done it

|| ווען איך בין רײַך, וואָלט איך ניט אַ'רבעטן — if I were rich, I wouldn't work

וואָלט[2] דער (ן) [Ly] — volt

וואַלטאָג דער (...טעג) — election day

וואָלטאַ'זש דער (ן) [Ly] — voltage

וואַלט|ן וו (געוואַ'לט) — govern (arbitrarily)

|| פֿ״גל שאַלטן־און־וואַלטן

וואַליוטע די (ס) זע וואַלוטע

וואַליזע(ס) די (ס) דימ וואַליזקע — valise, suitcase

וואַלײַ' אינט [Ly] — *fam.* go ahead! hurry up!
וואָלי'ן (דאָס) — Volhynia
וואָלינער אַדי–אינוו — Volhynian, of Volhynia
וואָליע די (ס) — (bird's) crop, craw; goiter
וואַליע|ן וו (גע–ט) — press (felt); roll *trans.*; (smoke) billow, swirl
|| וואַליען זיך — wallow, lie around
וואַליע'ר דער — importance, prestige, power
וואַליק¹ דער (עס) — (techn.) roller; bolster
וואַליק² דער (עס) — net (fishing, hunting)
וואָליק דער (עס) — felt boot
וואַלן מצ — election
וואָל·ן אַדי — wool(en)
וואָלנע אַדי/אַדוו — gentle, slow
וואַלס דער (ן) [Ly] — waltz
|| גיי|ן* אַ וואַלס — dance a waltz
וואַלע'ט דער (ן) [Ly] — (cards) jack
וואָלעך דער — Wallachian, Romanian; Jewish folk-dance
וואָ'לעכל דאָס (עך) — lively Jewish folk tune/dance
וואַלעץ¹ דער (וואַלצן/וואַלצעס) [Ly] זע וואַלץ¹
וואַלעץ² דער (ן) [Ly] זע וואַלס
וואַלעריאַנע די [Ly] — valerian
וואָלף דער (וועלף) דימ וועלפֿל — wolf
וואָ'לפֿיכע די (ס) — she-wolf
וואַלפֿיש דער (ן) — whale
וואַ'לפֿישטראָן דער — whale blubber
וואַלפֿישערײַ' דאָס — whaling
וואָלפֿצאָן דער (...ציינער) — canine tooth
וואָ'לפֿציינדל דאָס (עך) — teething toy made of amber (in the shape of a wolf's tooth)
וואָלפֿקעלאַ'ק דער (ן/עס) זע וואָלקעלאַק
וואָלפֿראַ'ם דער — tungsten
וואַלץ¹ דער (ן) [Ly] — (techn.) roller
וואַלץ² דער (ן) [Ly] זע וואַלס
וואַלצאַרניע די (ס) [Ly...NY] — rolling mill
וואַ'לצ(עווע)|ן וו (גע–ט) [Ly] — turn *intr.*; roll (metal, etc.)
וואָ'לקולאַק דער (ן) זע וואָלקעלאַק

וואַלק|ן וו (גע–ט) — wander around; dress, finish (cloth, leather)
וואָלקן דער (ס) — cloud
וואָ'לקנבראָך דער (ן) — cloudburst
וואָ'לקנדיק אַדי — cloudy, overcast
וואָ'לקן־קראַצער דער (ס) — skyscraper
וואַ'לקעווע|ן וו (גע–ט) זע וואַלקן
וואָלקעלאַ'ק דער (ן) — werewolf
וואָ'לקענ|ען וו (גע–ט) — cloud over
וואַלקער דער (ס) — finisher, fuller (of fabric)
וואַמפּ דער (ן) דימ וועמפּל — (culin.) tripe
וואַמפּי'ר דער (ן) — vampire
וואָן אינט — shoo! scram! get lost!
וואַנדאַ'ל דער (ן) — vandal
וואַנדאַליזם דער — vandalism
וואַנדל|ען וו (גע–ט) — wander, roam
וואַ'נדער־... — itinerant, migratory
וואַ'נדערונג די (ען) — migration; wandering; hike, ramble
וואַ'נדער|ן וו (גע–ט) — wander; migrate, travel
וואַ'נדערער דער (ס) — walker, hiker, traveler; migrant; vagabond
וואַ'נדערשטאָק דער (ן) — walking stick
וואַנדראָווטשיק דער (עס) זע וואַנדראָוושטשיק
וואַנדראָוניק דער (עס) זע וואַנדראָוושטשיק
וואַנדראָוושטשיק דער (עס) — hiker, traveler; vagabond
וואַ'נדרעווע|ן וו (גע–ט) זע וואַנדערן
וואַנזין דער — *Germ.* madness, insanity
וואַ'נזיניק אַדי/אַדוו — *Germ.* crazy, insane, foolish
וואַנט¹ די (ווענט) דימ ווענטל — wall; partition
|| צו'|דריק|ן צו דער וואַנט — push to the wall; pester, badger
|| טאַפּ|ן אַ וואַנט — be in a fix
|| רעד|ן צו דער וואַנט — talk to a brick wall, waste one's time talking
|| זײַן* ווי אונטער דער וואַנט — be down in the mouth
|| דראַפּע|ן זיך/קריכ|ן אויף (די) גלאַטע/גלײַכע ווענט — do one's utmost, move heaven and earth; exert oneself to no avail; be raving mad
|| צונויפֿ|ברענג|ען אַ וואַנט מיט אַ וואַנט — reconcile opposites; achieve the impossible
וואַ'נט־²... — wall-

וואַ'נטגעוועב דאָס (ן) tapestry
וואַ'נטגעמעל דאָס (ן) mural
וואַנטורע די (ס) זע אַוואַנטורע
וואַ'נטזייגער דער (ס) wall clock
וואַנטזײַל דער (ן) stud, post, pillar
וואַני'ל דער vanilla
וואַניענקע די (ס) [Ny] *Slav.* washtub
וואָנכע|ן וו (גע–ט) smell, sniff
וואָנס(ע) די (וואָנסעס) זע וואָנצע
וואַנע די (ס) bathtub
|| מאַכ|ן אַ וואַנע take a bath
וואַנעט : פֿון וואַנעט? whence? from where?
|| דורך וואַנעט? which way?
|| ביז וואַנעט? how far? how long?
|| ביז וואַנעט until
|| פֿ״גל ווו ; ווען
וואַנען זע וואַנעט
וואַ'נע־צימער דער (ס) bathroom
וואַנץ די (ן) bedbug
וואָנץ די (ן) זע וואָנצע
וואָנציק אַדי mustached
וואָנצע די (ס/וואָנצן) one side of a mustache
|| מצ mustache
וואָ'נצעלעך מצ וואָנצעס דימ (animal's) whiskers
וואָס 1. פּראָנ what; something
|| וואָס גרילצט? what's making that grating noise?
|| (פֿאַר) וואָס why
|| צו וואָס for what purpose
|| וואָס נאָר whatever
|| וואָס פֿאַר אַ what kind of
|| וואָס עס איז, וואָס ניט איז anything (at all)
|| וואָס איז מיט ...? what about ...?; what's become of ...? what's wrong with ...?
|| וואָס איז? what's the matter?
|| וואָס דען? naturally! what else?
|| וואָס עפּעס? why in the world?
|| וואָס עסטו נישט? why aren't you eating?
|| כ'וועל דיר וואָס זאָגן I'll tell you something
|| וואָס מע זאָל נישט זאָגן whatever they say
|| וואָס עס זאָל נישט זײַן whatever may be; anything at all
|| 2. פּראָנ–רעל who; which, that
|| וואָס מיר האָבן און וואָס אונדז פֿעלט what we have and what we lack
|| מיט דעם וואָס in that
|| 3. קאָנ that
|| איך בין צופֿרידן וואָס דו קומסט I am glad that you're coming
|| גוט וואָס ער איז דאָ it's good that he's here
|| וואָס וואָס אָבער ... they can say what they want, but ...
|| וואָס קאָמפּ as ... as possible
|| וואָס גיכער as fast as possible
|| וואָס קאָמפּ אַלץ קאָמפּ the ... the ...
|| וואָס גיכער אַלץ בעסער the sooner the better
|| וואָס אַ מאָל קאָמפּ more and more ...
|| וואָס אַ מאָל שענער more and more beautiful
|| וואָס אַ טאָג from day to day, from one day to the next
|| נאָר וואָס just now, a moment ago
|| ניט וואָס ... it's not that ...
|| ניט וואָס ער שעמט זיך it's not that he's ashamed
וואַסאַ'ל דער (ן) vassal
וואַסער 1. דאָס (ן) water
|| בלײַב|ן (ווי) אויפֿן וואַסער find oneself without resources or support
|| ווי אַ וואַסער (speak) fluently; (know) by heart
|| ווי אין וואַסער אַרײַ'ן gone without a trace
|| אַראָ'פּ|לאָז|ן דאָס וואַסער flush the toilet
|| פֿון ריינסטן וואַסער of the first water
|| ניט טאָ|ן* קיין האַנט אין קאַלטן וואַסער not lift a finger
|| 2. דער/דאָס (ן) body of water
|| פֿ״גל וואַסערל
וואָסער אַדי which, what, what kind of
|| וואָסער (אַ) קאָליר which color, (of) what color
|| מצ *also* approximately, around
|| (אַ) וואָסערע 50 ביכער some 50 books, about 50 books
|| וואָסער ... ס'זאָל ניט זײַן whichever ...
|| וואָסער בוך ס'זאָל ניט זײַן any book at all
וואַ'סער־באַוואָרנט אַדי waterproof
וואַ'סערבין די (ען) (zool.) drone
וואַ'סער־ברילן מצ swimming goggles
וואַ'סערדיק אַדי watery; diluted, toned-down; insipid, wishy-washy
וואַ'סערוואָג די (ן) (carpenter's) level
וואַ'סערטריט : גיי|ן* וואַסערטריט זע טריט־וואַסער
וואַ'סערל דאָס (עך) וואַסער דימ *also* liquid, lotion, potion

וואַ'סער-לייטונג די	plumbing, pipes; running water
וואַ'סער-ליליע די (ס)	water lily
וואַ'סערפֿאַל דער (ן)	waterfall
וואַ'סערפֿאַרב די (ן)	water color
וואַ'סער-פֿירער דער (ס)	water carrier
וואַ'סער-צייכן דער (ס)	watermark
וואַ'סערקרענק די	dropsy
וואַ'סערשטאָף דער	hydrogen
וואַ'סערשטראַל דער (ן)	jet (of water)
וואַ'סערשייד דער (ן)	watershed, divide
וואַ'סערשרעק די	hydrophobia; rabies
וואַפּנע די	mortar; slaked lime
וואַפּער דער (ס) **זע** ווײַפּער	
וואַפֿליע די (ס)	waffle
וואָפֿן דער/דאָס (–/ס)	weapon
‖ מצ	arms
וואָ'פֿן-געיעג דאָס	arms race
וואָ'פֿן-טרעגער דער (ס)	squire (of a knight)
וואָ'פֿנרו די	armistice
וואָ'פֿן-שטילשטאַנד דער (ן)	armistice
‖ דערוויי'ליק|ער וואָפֿן-שטילשטאַנד	cease-fire
וואָקאַבולאַ'ר דער (ן) [Ly]	vocabulary
וואָקאַ'ל דער (ן)	vowel
וואַקאַ'נט אַדי	vacant, available; free, unoccupied
וואַקאַ'נץ די (ן)	vacancy
וואַקאַציע די (ס)	vacation, leave
‖ אויף וואַקאַציעס	on vacation
וואַ'קוום דער (ס)	vacuum
וואָקזאַ'ל דער (ן)	railway station, terminal
וואַקכאַנאַליע די (ס) [LY]	orgy, rampage
וואַ'קלדיק אַדי	shaky, precarious, wavering
וואַקל|ען וו (גע–ט)	shake *trans., imperf.*
‖ וואַקלען זיך	wobble, totter; be shaky/unstable; hesitate; fluctuate
וואַ'קלעניש דאָס (ן)	hesitation, wavering
וואַ'קלשטאַנג דער (ען)	connecting rod
וואַקס דער (ן)	wax
וואַקסונג די	growth; vegetation
וואַקסטוך דער	oilcloth
וואַקס|ן[1] וו (איז געוואַקסן/געוואָקסן)	grow, increase *imperf.*
‖ וואַקסן אַ נאָמ	be a budding/future ...
‖ וואַקסן פֿון	arise from, be due to

וואַקס·ן[2] אַדי	(of) wax, waxen
וואַקס|ן[3] וו (גע–ט) **זע** וועקסן[2]	
וואַ'קעווע|ן זיך וו (גע–ט)	sway, wobble
וואַקצי'ן דער (ען)	vaccine
וואַקצינירונג די (ען)	vaccination
וואַקציניר|ן וו (–ט)	vaccinate
וואַר דער	boiling water
וואָר **1.** אַדי	true, real, authentic
‖ **2.** די	reality, truth
‖ אויף דער וואָר	in reality
‖ פֿאַר וואָר	indeed, truly
וואָראָביי'(טשיק) דער (עס)	sparrow
וואָראָן דער (עס)	raven
וואָראָנע די (ס)	crow, rook
וואַרבל דער (ען)	vertebra
וואַ'רבלביין דער (ער)	spinal column
וואַרג|ן וו (געוואָרגן)	choke *trans., imperf.*
‖ וואַרגן זיך (מיט)	choke *intr.* (on)
וואַרגעס מצ	*Slav.* lips
וואָ'רהאַפֿטיק אַדי/אַדוו	sincere, honest; true, authentic
וואָרהייט די (ן)	truth
וואָרו'ם אַדוו	*Germ.* why
וואָ'רזאָגער דער (ס) פֿעמ ין	soothsayer, fortuneteller
וואָרזאָגערײַ' דאָס	divination
וואַרזאַ'ק דער	*slang* behind, butt
וואָ'ר-חלום דער (ות) [KhOLEM - KhALOYMES]	daydream
וואָרט דאָס (ווערטער) דימ ווערטל	word; promise, pledge; speech, address
‖ וואָרט אין/פֿאַר וואָרט	verbatim
‖ מיט איין וואָרט	in a word, in short
‖ אויף מײַן וואָרט!	(upon) my word!
‖ אַ וואָרט פֿאַר אַ וואָרט	one word led to another, the conversation grew more tense
‖ געבן* <דאַט> אַ וואָרט	promise, give one's word
‖ געבן* זיך דאָס וואָרט אַז	resolve that
‖ זאָג|ן אַ גוט וואָרט <פֿאַר>	put in a good word (for)
‖ בעט|ן אַ וואָרט	ask for the floor
‖ האָבן*/נעמ|ען אַ/דאָס וואָרט	take the floor
‖ דאָס/אַ וואָרט באַקו'מט נאָמ	... has the floor
‖ נעמ|ען אַ וואָרט	join the discussion
‖ לאָז|ן פֿאַלן אַ וואָרט <אַז>	suggest/insinuate (that)
‖ רעד|ן ווערטער	not mince words

|| האַלטן/כאַפּן אַק בײַם וואָרט — take s.o. at his word
|| מיטן האַרבן וואָרט — decisively, strictly
|| בײַ די (דאָ'זיקע) ווערטער — with these words, so saying
|| מאַכן פֿון אַ וואָרט אַ קוואָרט — make a mountain out of a molehill
|| ניט האָבן* קיין ווערטער — be flabbergasted; be speechless
|| פֿ״גל וואָרט פֿריִער; ווערטל
וואַרטאָוניק דער (עס) — guard, sentinel; nurse
וואָרט־אױ'ס אַדוו/דער — (gramm.) word-finally, (at the) end of a word
וואָרט־אײַ'ן אַדוו/דער — (gramm.) initially, (at the) beginning of a word
וואָרט־אי'ן אַדוו/דער — (gramm.) medially, (in the) middle of a word
וואַרטאָרײַ' דאָס — nursing (profession)
וואַ'רטאָרין די (ס) — nurse
וואָרט־ווע'רטלעך אַדי/אַדוו — word for word, verbatim
וואַרטו'ט דער (ן) **זע ווערטוט**
וואַרטונג די (ען) — expectation; nursing care
וואָ'רטזאָגער דער (ס) פֿעמ ין — spokesperson
וואַרטזאַל דער (ן) — waiting-room
וואַרט|ן וו (געוואַ'רט) <אויף> — wait (for); await, be in store (for)
וואָ'רטנעמער דער (ס) פֿעמ ין — participant in a debate
וואָרטסמאַן דער (וואָרטסלײַט) — man of his word
וואַרטספּרוי די (ען) — nurse *fem.*
וואַרטע די (ס) — watch, guard duty; guard post
וואַ'רטעוו|ען וו (גע-ט) — stand guard; care for (a patient)
וואַרטער דער (ס) — night watchman; nurse
וואַ'רטערין די (ס) **זע וואַרטאָרין**
וואַ'רטערקע די (ס) **זע וואַרטאָרין**
וואָרט פֿריִער דאָס (ווערטער פֿריִער) — foreword
וואָ'רטצייכן דער (ס) — password; sign/proof (of veracity)
|| פֿ״גל וואָרצייכן
וואָ'רטקאָנצערט דער (ן) — poetry reading
וואָרטקלאַס דער (ן) — (gramm.) part of speech
וואָרטש דער (ן) — growl
וואָרטשו'ן דער (ען) — grumbler
וואָרטש|ען וו (גע-ט) — grumble, gripe, (dog) growl
וואָרטשפּיל די/דאָס (ן) — pun, play on words

וואַריאַבל דער (ען) — (math.) variable
וואַריאַט דער (ן) פֿעמ קע — fool, madman
וואַריאיר|ן וו (–ט) **זע וואַריִירן**
וואַריאַ'נט דער (ן) — variant
וואַריאַציע די (ס) — variation
וואַריִיר|ן וו (–ט) — vary *trans./intr.*
וואַריעטע' דער (ען) — variety show
וואַרמעס דאָס (ן) — warm meal; main meal, dinner
וואָרן[1] דער (ס) — warning
וואָרן[2] קאָנ — because
|| וואָרן וואָס? — why so? for what reason?
וואָ'רנדל דאָס (עך) וואָרן דימ — warning signal
וואָ'רנוואָרט דאָס (...ווערטער) — warning (message)
וואַ'רניטשקע די (ס) — filled dumpling
וואַרע[1] : מאַכן אַ וואַרע — make way
|| מאַכט אַ וואַרע! — clear the way!, gangway!
וואַרע[2] די (ס) — cloth, material; merchandise, goods
וואָרעט די — *dial.* truth
וואַרע'טענע די (ס) — spindle
וואָ'רעטשיק דער (...טשקעס) — sack
וואַרעם 1. אַדי/אַדוו — warm; affectionate
|| 2. די — warmth
|| אין דער וואַרעם — nice and warm
וואָרעם[1] דער (ווערעם) דימ ווע'רעמל — worm
|| מיט גרינע ווערעם — *fam.* making a herculean effort
וואָרעם[2] קאָנ [VORN] **זע וואָרן**[2]
וואַ'רעמבאָד דאָס (...בעדער) — hot springs, resort
וואַ'רעמהויז דאָס (...הײַזער) — hothouse, greenhouse
וואַ'רעמ|ען וו (גע-ט) — heat, warm *imperf.*
|| וואַרעמען זיך — warm up, bask; (food) be kept warm
וואַ'רעמעס דאָס (ן) **זע וואַרמעס**
וואַ'רעמפֿלאַש די (...פֿלעשער) — hot-water bottle
וואַ'רעמקייט די — warmth; cordiality, affection; fever
וואַ'רענונג די (ען) — warning, admonition; (advance) notice
וואַרעניע די (ס) [Ny] — jam, preserves
וואַרעניק דער (עס) — dumpling filled with cheese or preserves
וואַ'רענ|ען וו (גע-ט) — warn, caution
וואָרף דער (ן) — (sport) pitch, throw; jerk, jolt
וואַ'רפֿלקע די (ס) — sling(shot)

וואַרפֿן וו (געוואָרפֿן) throw, toss; cast (light)
|| וואַרפֿן אומפּ מיט/אַק *rev.* shake, tremble
|| עס וואַרפֿט מיט מיר I am shaking/trembling
|| וואַרפֿן זיך be agitated, tremble; rage, foam at the mouth
|| וואַרפֿן זיך מיט throw money around; be lavish with; use (words, people) unscrupulously
וואַ'רפֿעניש דאָס agitation, restlessness; pushing and shoving, jostling
וואַרפֿער דער (ס) (sport) pitcher
וואַרפֿשפּיז די (ן) javelin
וואַ'רפֿשפּיזל דאָס (עך) dart
וואַרצאַבע די (ס) (door/window) frame
וואַרצאַדלע די (ס) mirror
וואָ'רצייכן דער (ס) sign/proof (of veracity); omen, augury
וואָרצל[1] דער (ען) דימ ווערצל root
|| שלאָגן/לאָזן וואָרצלען take root
וואָרצל[2] דער (ען) דימ ווערצל wart; nipple; stem (fruit)
וואָ'רצלדיק אַדי authentic, genuine
וואָ'רצל|ען וו (גע-ט) אין take rooted in, be anchored in
וואָרקע|ן וו (גע-ט) coo
וואַרשט די (ן) layer, stratum; row
וואַרשטאַ'ט דער (ן) workshop; workbench
וואַרשטאָ'ט דער (...שטעט) זע וואַרשטאַט
וואָ'רשיינלעך אַדי/אַדוו plausible, probable
וואַרשע (די) Warsaw
וואַ'רשעווער אַדי–אינוו (of/from) Warsaw
וואַשאָווניק דער (עס) worker who pulls out the logs that have been rafted down a river; smuggler
וואַ'שבעזעם דער (ער) wet mop
וואַ'שבעקן דער (ס) washbasin
וואַשונג די (ען) washing; lotion
וואַשטיש דער (ן) washstand, washbasin
וואַ'שטשעשנעס מצ beeswax, honeycomb with honey removed
וואַ'שמאַשין די (ען) washing machine
וואַשן וו (געוואַשן) wash *trans., imperf.*
|| וואַשן זיך *also* get ready to eat, wash (one's hands)
|| גייט וואַשט זיך let's eat, have dinner with us
|| זיך וואַשן צו דאַט *fam.* be ready to hit s.o.
|| די הענט ניט געוואַשן *(circumlocution)* God
וואַ'שעוודיק אַדי washable

וואַ'שעווע|ן וו (גע-ט) pull logs out of the water *imperf.*; smuggle
וואַשעכץ דאָס wash (tint); lotion
וואַ'שצימער דער/דאָס (ן) lavatory, bathroom
וואַשקע = וואָשקע די (ס) זע ווישקע
וווּ 1. אַדוו where
|| וווּ' נאָר, וווּ עס זאָל ניט זײַן wherever, anywhere
|| וווּ ניט איז, וווּ עס איז (ניט) somewhere
|| וווּ ניט וווּ here and there
|| וווּ אַהי'ן זע וווּהין
|| וווּ וווּ נאָר ניט ... anywhere but ...
|| וווּ אַרו'מ(ערט)? which way?
|| 2. אינט not at all!
וווּאַ'ל דער (ן) [Ly] veil
וווּהי'ן 1. אַדוו whither, where to, in what direction
|| 2. דער (ען) destination
וווּט דער *Germ.* rage, fury
ווויט דער (עס) village mayor; justice of the peace
ווויל 1. אַדי (קאָמפּ ווווילער/וויילער) good, nice
|| זײַן* אומפּ ווויל דאַט *rev.* be happy
|| זאָל (עס) דיר/אײַך ווויל באַקומען bon appétit!; good for you! may you enjoy it!
|| אים איז דאָ גוט און ווויל he is very happy here
|| ווויל איז דעם וואָס happy is he who ...
|| 2. אַדוו well
|| ווויל געבויר·ן well-born
|| 3. דאָס well-being, welfare
|| איך מיין דײַן ווויל I wish you well
|| פֿאַר זײַן איי'גענעם ווויל for his own good
וווילגיין : לאָזן זיך וווילגיין have a good time, live it up
|| עסט און טרינקט און לאָזט זיך וווילגיין eat and drink all you want
וווי'ל-געלערנט אַדי *(usu. said of a woman)* learned, cultivated
וווי'ל|געפֿעלן וו (איז וווי'לגעפֿעלן) דאַט find favor in the eyes of
ווויל-דערצי'עריש אַדי educational, formative
וווי'לזײַן דאָס well-being, welfare
וווי'לטאָג דער comfort, luxury, pleasure
וווי'לטאָגשיף די (ן) pleasure boat
וווי'ל|טאָ|ן* זיך וו (וווי'לגעטאָן) indulge oneself, have a good time

ווי'לטויִק אַדי charitable, benevolent
ווי'לטוער דער (ס) פֿעמ ין benefactor, philanthropist
ווילטיק דער זע ווילטאָג
ווי'לטעגער דער (ס/–) bon vivant, hedonist
ווי'לטעטיק אַדי charitable, benevolent
ווי'ל־טעמיק אַדי [TAMIK] tasteful
וויל־יו'נג(ער)יש אַדי/אַדוו impudent; boastful, pretentious
ווי'ללערנער דער (ס/–) *Jew.* good student
וויל|ער־יו'נג דער (ווילע־יו'נגען) lout, rascal; brawler
ווי'לעריש אַדי/אַדוו mischievous
ווילקלאַנג דער euphony
וויל־קע'נעוודיק אַדי *(usu. said of a woman)* educated, learned
ווי'לקענער דער (ס/–) פֿעמ ין learned/educated person
ווילשטאַנד דער well-being, prosperity, comfort
ווין[1] דער (ען) habitat; residence
ווי'ן־[2]... residential; of housing
|| ווינגעגנט residential neighborhood
|| ווין־באַדינגונגען living conditions
ווינאָרט דער/דאָס (ווי'נערטער) (place of) residence, domicile
ווינונג די (ען) dwelling, residence, apartment
ווינ|ען וו (גע–ט) dwell, reside
ווינער דער (ס) פֿעמ ין occupant (of a dwelling)
ווי'נצימער דאָס/דער (ן) living room
ווינרעכט דאָס right of residence
ווי'עווע|ן וו (גע–ט) romp, frolic; rage, rant
וויע|ן וו (גע–ט) *(animal, wind)* howl, roar
ווּכער דער זע וואָכער
ווּלגאַ'ר אַדי/אַדוו [Ly] vulgar
ווּלגאַ'רקייט די (ן) [Ly] vulgarity
ווּלקאַ'ן דער (ען) [Ly] volcano
ווּלקאַ'ניש אַדי [Ly] volcanic
ווּנד די (ן) wound, injury
|| אין געהאַקטע ווּנדן immobilized, unable/unwilling to move
ווּנדיירים מצ *hum.* wonders, marvels
ווּנדיק אַדי covered with wounds
ווּנדער[1] דער (ס/–) marvel, miracle; wonder, astonishment
|| ווּנדער איבער ווּנדער wonder of wonders; unbelievable!
|| זײַ|ן* דאַט אַ ווּנדער astonish s.o.
|| ס'איז ניט קיין ווּנדער no wonder, it's no surprise
|| פֿ"גל בייז־ווּנדער
ווּ'נדער־[2]... amazing; incredible
ווּ'נדערבאַר אַדי/אַדוו wonderful, marvelous
ווּ'נדערלעך אַדי/אַדוו marvelous, miraculous; wonderful, extraordinary, surprising
ווּ'נדער|ן וו (גע–ט) astonish, surprise *imperf.*
|| ווּנדערן זיך wonder
|| ווּנדערן זיך <אויף> marvel (at), be surprised (by)
|| איך ווּנדער זיך אויף דיר you surprise me
|| ווּנדערן זיך <וואָס> be surprised (that)
ווּ'נדערקינד דאָס (ער) child prodigy
ווּנטש דער (ן) wish, desire
ווּנק דער (ען) wink, sign; hint
|| געב|ן* <דאַט> אַ ווּנק signal (to)
|| אויפֿן ווּנק without things being spelled out
ווּקס דער (ן) growth; stature, height (of stg. living)
ווּקסיק אַדי tall
ווּקסשיכט די (ן) cambium
ווּרשט דער (ן) sausage, salami
ווּ'רשטל דאָס (עך) ווּרשט דימ sausage, hot dog
ווּרשטערײַ' די (ען) delicatessen (store)
ווי **1.** אַדוו how; to what extent/degree
|| ווי פֿיל how much/many
|| פֿ"גל וויפֿל
|| ווי עס איז, ווי עס זאָל ניט זײַן, ווי ניט איז somehow, no matter how
|| ווי דען? of course! certainly!
|| ווי' נאָך by what means
|| נאָך ווי'! and how!
|| ווי וואָס/ווּ/ווען/ווער that depends on what/where/when/who
|| ווי לאַנג/הויך ער איז his full height
|| ווי מעגלעך as much as possible
|| ווי (גרויס) ... ער איז for all that he is a ...
|| ווי רײַך ער איז as rich as he is
|| ווי גרויס דאָקטער ער איז doctor though he is
|| ווי אַזוי' in what way, how
|| ווי אַרו'מ(ערט) how, in what way
|| **2.** פּראָנ–רעל the way (in which)
|| דער שטייגער ווי מיר רעדן the way we speak
|| **3.** קאָנ as, like; than; as soon as; while; as, in the role of; as sure as

|| ווי אויך — as well as
|| ווי נאָר — as soon as, once
|| אַזוי' ווי — (just) like; as, since
|| ניט ווי — unlike, in contrast to
|| ווי צום סוף — as ... as possible
|| ווי צום גיכסטן — as soon/quickly as possible
|| טאָג ווי נאַכט — day and night
|| ווי איך בין אַ ייִד — as sure as I'm a Jew, on my word
וויִאַ פּרעפּ — via
וויאָ אינט — giddy-up!
וויאַדו'קט דער (ן) — viaduct
וויאַז דער (ן) — bond, tie
ווי אַזוי' זע ווי 1.
וויאַזשו'ן דער (עס) — quibbler
וויאַזשע|ן זיך וו (גע–ט) <צו> — pick a quarrel (with)
וויאַטריק דער (עס) — windmill
וויאַכעטש דער (ן/עס) זע וויכעטש
וויאָלאָנטשע'ל דער/די (ן) — cello
וויאָלע די (ס) — viola
וויאָלע'ט אַדי [Ly] — violet
וויאַל|ן וו (גע–ט) — fade, wither *intr.*
וויאָנדזל|ען וו (גע–ט) — smoke (food)
וויאַנע|ן וו (גע–ט) — fade, wither *intr.*
וויאַסלע די (ס) זע וועסלע
וויאַקע|ן וו (גע–ט) — jabber; stutter
וויאָרסט דער (ן) — verst, measure of distance in (tsarist) Russia, equivalent to 0.66 mile or 1.06 km
וויאַשקע די (ס) זע ווישקע
וויבאָיע די (ס) — pothole
ווי באַ'לד קאָנ — as, since, seeing that
וויבאָר דער (עס) — *Slav.* election, vote
וויביעג דער (עס) — *Slav.* subterfuge, trick
וויברי'ר דער (ן) — (a single) vibration
וויברירונג די (ען) — vibration
וויבריר|ן וו (–ט) — vibrate
וויג די (ן) — cradle
וויגאָדע די (ס) — comfort, benefit
וויגברעט די (ער) — seesaw
וויגליד דאָס (ער) — lullaby
וויג|ן וו (גע–ט) — rock, swing
|| וויגן זיך — *also* sway *intr.*, totter
ווי'גרישנער : וויגרישנער בילע'ט [Ly] — *Slav.* lottery ticket
וויגשטול די/דער (ן) — rocking chair

וויד דער (ן) — *Slav.* appearance; official document
ווידאַטיק דער (...טקעס) — *Slav.* (agric.) yield, product
ווידוי די (ים) [VIDE - VIDUIM] — *Jew.* confession of sin (collectively on Yom Kippur or individually before dying)
ווידלע די (ס) — pitchfork
ווידמונג[1] די (ען) — dedication
ווידמונג[2] די (ען) זע ווידמענונג
ווידמע|ן וו (גע–ט) — dedicate; inscribe, autograph
|| פֿ״גל ווידמענען זיך
ווי'דמענונג די — proliferation
ווי'דמעניש דאָס/די (ן) — swarming; vermin
ווי'דמע|נען זיך וו (גע–ט) — swarm, teem
ווידער[1] אַדוו — again, anew; on the other hand; in turn
|| ווידער באַטראַכט|ן — reconsider
|| ווידער און אָבער — again and again
|| ווידער נעמ|ען אינפֿ — go back to ...ing
|| ווידער זשע — on the other hand, what's more
ווי'דער[2]... — re- (repetition, opposition)
|| ווידעראויפֿבוי — reconstruction
|| ווידערגעפֿיל — repulsion
ווידער[3] דער (ס) — ram
ווי'דעראויפֿקום דער — revival, renewal
ווידעראַנאַ'נד דער (ן) — contrast, contradiction
ווי'דערדערוויילונג די — reelection
ווידערהאָל|ן וו (–ט) — *Germ.* repeat
ווי'דערוווקס דער — regrowth, recovery; rebirth, renewal
ווי'דערווילן דער (ס) — aversion, revulsion
ווידערטעם דער [VI'DERTAM] — (unpleasant) aftertaste
ווי'דערטרעף דער (ן) — reunion
ווי'דערצ|ן וו-אומפּ (גע–ט) <דאַט פֿון> — *rev.* disgust, revolt
|| עס ווידערצט מיר פֿון דעם — that disgusts me
ווי'דערקול דאָס (ות) [VI'DERKOL - ...KOYLES] — echo
ווי'דערקלאַנג דער (ען) — echo, resonance
ווי'דער|קער|ן (זיך) וו (–גע–ט) — return, go back; repent
ווי'דערשטאַנד דער (ן) — opposition, resistance
ווי'דערשפּעניק אַדי/אַדוו — recalcitrant, rebellious
ווי'דערשפּעניקייט די — insubordination, disobedience
ווידערשפּע'ניק|ן וו (ווידערגעשפּעניקט) — rebel, be rebellious

ווי'דערשפּרוך דער (ן) contradiction
ווידרע די (ס) otter
וויהאָן דער (עס) pasturage
ווי־היי'סט־מען־עס דער whatchamacallit, doohickey; bad egg, scoundrel; buttocks, rear end
וויוואַ'ט 1. אינט hurrah! long live!
|| **2.** דער (ן) ovation, cheer; wedding dance tune
ווי ווי'ל קאָנ although
ווי'ווּעסקע די (ס) (shop) sign
ווּיון דער (עס) (zool.) loach; eel
וויזאַווי' פּרעפּ vis-à-vis
וויזוע'ל אַדי visual
וויזיאָנע'ר דער (ן) פֿעמ ין [ZY] visionary
וויזיאָנעריש אַדי/אַדוו [ZY] visionary; prophetic
וויזי'ט דער (ן) visit
וויזיטאַציע די (ס) inspection, visitation
וויזי'ט־קאַרטל דאָס (עך) calling card
וויזיטקע די (ס) morning coat
וויזיע די (ס) [ZY] (prophetic) vision, ideal; hallucination
וויזי'ר דער (ן) vizier
וויזיר|ן וו (–ט) authenticate, stamp with a visa
ווי'זלטיר דאָס (ן) bison, aurochs
וויזע[1] די (ס) visa
וויזע[2] די (ס) lawn, pasture
ווי'זעלע דאָס (ך) weasel
וויטאַליטע'ט די vitality
וויטאַמי'ן דער (ען) vitamin
וויטיש אַדי gone astray (*esp.* woman); *slang* correct, honest
ווי'טיש|ע די-דעק disreputable woman; *slang* outsider *fem.*
ווי'ט(עוו)ע|ן זיך וו (גע–ט) greet each other
|| **וויט(עוו)ען זיך מיט** greet
וויטריך דער (ן) master key
וויטרינע די (ס) shop window, showcase
וויטש(ק)ע די (ס) willow shoot/twig
וויי[1] **1.** דער (ען) mental anguish
|| מצ labor pains
|| **2.** אינט alas! oh, woe!
|| **וויי' איז מיר!** woe is me! oh, dear!
|| **וויי איז דעם וואָס** pity the one who
|| **וויי איז דעם קינד!** pity the poor child!
|| **וויי' געשריגן!** good God!
|| **פֿײגל וויי טאָן**
וויי[2] די (zool.) kite

ווײַב דאָס/די (ער) wife; woman
|| מצ women
ווײַבל דאָס (עך) ווײַב דימ young married woman; button loop, eyelet
|| **יונג ווײַבל** bride, newlywed *fem.*
ווײַבלעך אַדי feminine, female
ווײַ'בספּאַרשוין דער (ען) woman, female
ווײַ'בערזאָ דאָס (ס) *pejor., vulg.* wife, old biddy
ווײַ'בערטײַטש דער type face used for books published in old Yiddish
ווײַ'בעריש אַדי זע **ווײַבערש**
ווײַ'בערניק דער (עס) skirt chaser, ladies' man
ווײַבערש אַדי women's, feminine; (old) womanish
ווײַ'בערשול די (ן) part of the synagogue designated for women
ווײַ'גער|ן זיך וו (גע–ט) *Germ.* hesitate
ווײַ'געשריי דאָס (ען) lament; clamor, outcry
ווײדל דער (ען) tail; *vulg.* penis
ווײַ'ז־... visual
|| **ווײַזמיטלען** visual material
ווײַ'זגעבונג די (ען) phenomenon; apparition, specter
ווײַזונג די (ען) exhibition; (cin.) screening, showing; (TV) broadcast
|| **פּראָווי'סיק|ע ווײַזונג** (cin.) preview
ווײַזזאַל דער (ן) showroom, exhibition hall
ווײַזט אויס זע **אויסווײַזן זיך**
ווײַזיק אַדי indicative, revealing
ווײַז|ן וו (געוויזן) show; (cin.) screen, (TV) broadcast; (clock, dial) read *intr.*
|| **ווײַזן אויף** point to
|| **ווײַזן אויף יאָ/ניין** signal yes/no
|| **ווײַזן זיך** appear
ווײַזער דער (ס) hand (watch), needle (dial)
ווײַ'זפֿינגער דער (–) index finger
ווײַ'זפֿענצטער דער/דאָס (–) show window
ווײַט[1] **1.** אַדי faraway, distant; aloof, cool
|| **2.** אַדוו far; by far
|| **ווײַט און ברייט** far and wide, everywhere
|| **דער ווײַט בעסטער** by far the best
|| **האַלט|ן ווײַט** be far along (on one's studies, etc.)
|| **גיי|ן* גאָר ווײַט** go to great lengths
|| **3.** די (ן) faraway place
|| **אין דער ווײַט(ן)** in the distance
|| **פֿון ווײַטן, פֿון (דער) ווײַטנס** from afar
|| **האַלט|ן פֿון דער ווײַטן** keep at arm's length

ווײַ'ט־²... long-distance
|| ווײַטקלונג long-distance phone call
ווײַטאָג דער (ן) זע ווייטיק
ווײַ'טאָגדיק אַדי זע ווייטיקדיק
ווײי טאָ|ן* וו (ווײי געטאָ'ן) <דאַט> (body part) hurt/ache; distress, upset; *rev.* have a pain/ache in
|| דער פֿוס טוט מיר ווײי my foot hurts
ווײַ'ט־גייענדיק אַדי far-reaching, sweeping
ווײַ'טגרייכיק אַדי far-reaching; long-range; broad, sweeping (concept)
ווײַ'טהאַלטער דער (ס) פֿעמ ין advanced student
ווײַ'טזיכטיק אַדי farsighted; prudent, provident
ווײַ'טזעיִק אַדי farsighted; provident, prudent
ווייטיק דער (ן) pain, suffering
ווײַטיק אַדי remote, distant
ווײ'טיקדיק אַדי painful
ווײַ'טיקל דאָס (עך) *hum., pejor.* short jacket
ווײַ'ט־מהלכדיק אַדי [MEHA'LEKhDIK] long-range
ווײַ'טעניש די/דאָס (ן) distance, far-off place
ווײַטער **1.** אַדוו further, beyond; then, afterward; still, yet; again; sub-
|| ווײַטער פֿאַרדינג|ען sublet
|| ווײַטער קו'מענדיק subsequent
|| ווײַטער + וו continue to
|| ווײַטער זאָג|ן keep (on) saying
|| גיי|ן* ווײַטער continue, go on; continue on one's way
|| ווײַטער פֿיר|ן אַק continue stg.
|| האַלט|ן ווײַטער <פֿון> be ahead (of)
|| וואָס ווײַטער אַלץ קאָמפּ more and more ...
|| וואָס ווײַטער אַלץ בעסער better and better
|| **2.** אינט keep going!
ווײַ'טערדיק אַדי–עפּי subsequent, future; supplementary, additional; following
ווײַ'טער|פֿיר|ן וו (–גע–ט) continue *trans.*
ווײַ'ט־פֿלי'ענדיק אַדי long-range (airplane)
ווײַטקייט די (ן) distance; far-away place; coolness, reserve
ווײַ'טקייט־מעסטער דער (ס) range-finder
ווייך אַדי/אַדוו soft, tender; gentle, mild
ווייכביין דער (ער) cartilage
ווײ'כהאַרציק אַדי sensitive, tender-hearted
ווײ'כלײַביק אַדי suffering from diarrhea
ווײַכ|ן וו (גע–ט) avoid, shun
|| ווײַכן פֿון stay away from; depart from (topic), digress

ווייכע מצ *slang* dollar bills
ווײ'כעניש די pulp
ווייכקייט די softness; tenderness; indulgence
ווײַל¹ די (ן) brief period
|| אויף אַ ווײַל for a while
ווײַל² קאָנ because, since; *(accented)* as long as
|| ווײַ'ל דו וועסט לעבן as long as you live
ווײַלונג די (ען) recreation
ווײלז (דאָס) Wales
ווײַ'ליטשקע = ווײַ'לינקע די (ס) דימ זע ווײַלע
ווײל|ן וו (גע–ט) elect *imperf.*
ווײַל|ן וו (גע–ט) stay, sojourn; dally, be delayed; last
|| ווײַלן זיך enjoy oneself
ווײַלע די (ס) דימ ווײַ'ליטשקע/ווײַ'לינקע moment, brief period
|| אַלע ווײַלע frequently, all the time; now and then
ווײלער¹ אַדי/אַדוו ווײל קאָמפּ better
ווײלער² דער (ס/–) פֿעמ ין voter
ווײ'לערשאַפֿט די (ן) electorate, constituency
ווײמוט דער despondency, melancholy
ווײַ'מפּערל דאָס (עך) currant; wart
ווײַן דער (ען) wine
|| ווילד|ער ווײַן ivy; vine
ווײַ'נגאָרטן דער (...גערטנער) vineyard
ווײַ'נגערטנער דער (ס/–) פֿעמ ין winegrower
ווײַנדל דער (ען) זע ווײדל
ווײַ'נהאַנדל דער (ען) wine shop; wine storehouse
ווײַנזויף דער mulled wine (*esp.* with eggs)
ווײַנטרויב די (ן) grape
|| מצ bunch of grapes
ווייניק **1.** אַדי few, not much of
|| **2.** אַדוו little, not often, not enough
|| ווייניק וואָ'ס nothing much
|| ווייניק וואָס ... not enough that ...
|| זײַ|ן* ווייניק דאַט not be enough for s.o., *rev.* not be content with
|| אַלץ איז אים ווייניק he's never satisfied
ווײַניק אַדי winy (flavor, aroma); juicy (fruit)
ווײ'ניקייט : מײַן ווייניקייט *hum.* my humble self
ווײ'ניקסטנס אַדוו at (the very) least
ווײ'ניקער אַדוו ווייניק קאָמפּ less, fewer
|| מער־ווײ'ניקער more or less

ווי'ניקער|ן וו (גע–ט) diminish, reduce

וויינ|ען וו (גע–ט) cry, weep

וויינער דער (ס) פֿעמ קע whiner, crybaby

|| פֿ״גל וויינערין

ווײַנער דער (ס/–) פֿעמ ין wine merchant

ווײַ'נערין די (ס) professional mourner *fem.*

ווײַ'נעריש אַדי/אַדוו plaintive, tearful

ווײַ'נפּערל דאָס (עך) זע ווײַמפּערל

ווײַ'נקעלער דער (ן) wine-cellar, tavern

ווײַנריב דער vine

ווײַנשטאָק דער (ן) (grape)vine

ווײַנשטיין דער tartar of wine

ווײַנשל דער (–) sour cherry

|| מאַכ|ן אַ ווײַנשל pucker one's lips

ווײַ'נשענק דער (ען) tavern, bar

ווײַ'נשענקער דער (ס/–) פֿעמ ין tavern/inn keeper

ווייס וו (אינפֿ: וויסן) (I) know; (he/she) knows

ווײַס אַדי white

ווײַסבוך דאָס (...ביכער) White Paper

ווײַסברויט דאָס white bread

ווײַ'סגוואַרדייער דער (ס/–) White Guard (during the Russian civil war 1917-1920)

ווײַסגלי דער incandescence

ווייסט וו (אינפֿ: וויסן) (you sg./pl.) know; (he/she) knows

ווײַסל[1] דאָס (עך) white (egg, eye)

ווײַסל[2] די Vistula

ווײַ'סלשטאָף דער albumen

ווייסן וו (אינפֿ: וויסן) (we/they) know

ווײַס|ן וו (גע–ט) whitewash *imperf.*; tin-plate

ווייסעכץ דאָס (ער) lore; superstitions

ווייסער דער (ס/–) פֿעמ קע learned person, connoisseur

ווײַס|ער־חבֿרהניק דער־דעק

(ווײַסע־חבֿרהניקעס) [KhE'VRENIK] rascal, scamp

ווײַסצײַג דאָס linens

ווײַ'סקאָ'לנערדיק אַדי white-collar

ווײַס־קאָ'לנערניק דער (עס) פֿעמ ...ניצע white-collar worker

ווײַ'סרוסיש אַדי/(דאָס) Belarusian

ווײַ'סרוסלאַנד (דאָס) Belarus

ווײַסשטאָף דער זע ווײַסלשטאָף

ווייע דער (ן) gust

ווײ'עלקע די (ס) winnowing machine

ווייע|ן[1] וו (גע–ט) (wind) blow; winnow (grain)

|| ווייען מיט shake, wave

ווייען[2] מצ זע ווײ[1]

ווייער דער (ס) fan

ווייץ דער wheat

ווייצ·ן אַדי wheat(en), of wheat

ווייק|ן (זיך) וו (גע–ט) soak *trans./intr.*

ווייקע|ן וו (גע–ט) moan, groan

ווייקשאָל די (ן) זע ווייקשאָפּט

ווייקשאָפּ(ט) דער (ן) *Jew.* dish in which meat is soaked before salting it to make it kosher

ווײַרעך דער incense

וויכּוח דער (ים) [VIKUEKh - VIKUKhIM] debate, discussion

וויכאָוואַניק דער (עס) פֿעמ ...אַנקע ward, adopted child

וויכטיק אַדי important, major

|| ניט וויכטיק unimportant, irrelevant

|| האַלט|ן פֿאַר וויכטיק אַק/צו attach importance to, consider it important to

ווי'כטיקייט די importance

וויכטיקסט אַדי–עפּי וויכטיק סופּ principal, primary, most important

וויכעטש דער (ן/עס) straw scouring pad, dish/wash cloth

וויכער דער (ס) whirlwind, strong gust

ווי'כער|ן וו (גע–ט) whirl *intr.*, rush by

וויל וו (אינפֿ: וועלן) (I) want; (he/she) wants

ווילגאָטנע אַדי [Ly] moist, damp

ווילד אַדי/אַדוו wild, savage; unusual; bizarre, inappropriate; frenetic

|| ווילד ווער|ן go mad

|| ווילד פֿרעמד completely unfamiliar

ווילדגראָז דאָס weeds *coll.*

ווי'לדוויליק אַדי/אַדוו arbitrary, willful

ווי'לדווילן דער arbitrariness, willfulness, despotism; passion, ardor

ווי'לדעווע|ן וו (גע–ט) rage, rampage; wreak havoc

ווי'לדעניש די (ן) wilderness

ווילד|ער דער־דעק savage, primitive man

ווי'לדערניש די (ן) זע ווילדעניש

ווילדפֿלייש דאָס proud flesh

ווילדקייט די (ן) wildness; savagery; absurdity, extravagance

ווילט וו (אינפֿ: וועלן) (you formal/plural) want

|| פֿ״גל וועלן[1] זיך

ווילִיע די — Vilija, river in Lithuania which flows through Vilna/Vilnius
|| די ווילִיע ברענט ניט — there's no hurry
ווילִיק 1. אַדי — favorably inclined; willing
|| 2. אַדוו — gladly; deliberately
ווי'ליקייט די — willingness
ווי'ליקלעך אַדוו — willingly, gladly
ווילן[1] דער (ס) — will
|| ווען אײַער ווילן איז — if you would like
|| מיטן אײ'גענעם ווילן — of one's own accord
ווילן[2] וו (אינפֿ: וועלן) — (we, they) want
ווי'לנדיק אַדוו — intentionally
|| ניט־ווי'לנדיק — unintentionally
|| ווילנדיק ניט־ווילנדיק — willy-nilly
ווילנע[1] (די) — Vilna, Vilnius
ווילנע[2] אַדי [Ly] — downy; fluffy
ווילנער אַדי–אינוו — (of) Vilna/Vilnius
ווילסט וו (אינפֿ: וועלן) — (you sg. fam.) want
ווילע[1] די (ס) [Ly] — villa
ווילע[2] די (ס) זע ווידלע
ווי'לעווקע די (ס) [Ly] — egg laid without a shell
ווילענטשיק דער (עס) — Jew from Vilna/Vilnius; *pejor.* free-thinker
ווילקיר דער — *Germ.* arbitrariness, willfulness
ווילקע די (ס) [Ly] — fork (for putting stg. in the oven)
ווילש·ן אַדי — alder, of alder
ווימאַראָזיק דער — syrupy wine clarified and concentrated by freezing
ווימל|ען וו (גע–ט) — swarm, teem
ווי'מער|ן וו (גע–ט) — howl, bellow
ווי'מפּער|ן וו (גע–ט) — whimper, whine, moan
ווי'מפּערניש דאָס — whimper(ing)
ווין (דאָס) — Vienna
ווינד אינט — woe!
|| ווינד איז מיר! — woe is me!
|| ווינד און ווי — alas!
|| ווינד און ווי (איז) צו/דאַט — poor ...!
ווינדל דאָס (עך) דימ ווי'נדעלע — diaper
|| מצ — swaddling clothes
ווי'נדלטרעפּ די (ן/–) — spiral staircase
ווינדל|ען וו (גע–ט) — swaddle; swirl *intr.* around
ווינדע די (ס) — elevator
ווינט דער (ן) — wind
|| מאַכ|ן אַ ווינט — blow one's own horn

ווינטבלום די (ען) — wood anemone
ווי'נטברילן מצ — goggles
ווינטהאָן דער (...הענער) — weathercock
ווינטיק אַדי — windy
ווינטל דאָס (עך) ווינט דימ — breeze
ווי'נטלדיק אַדי — breezy
ווינטמיל די (ן) — windmill
ווינטער 1. דער (ן/ס) — winter
|| 2. אַדוו — in winter
ווי'נטערבײַל דער/די (ן) — chilblain
ווי'נטערברויט דאָס — winter wheat
ווי'נטערדיק אַדי — wintry
ווי'נטערונג די — wintering (of cattle)
ווי'נטערלעב אַדוו — in the wintertime
ווי'נטער|ן וו (גע–ט) — hibernate; spend the winter
ווי'נטערער דער (ס) — winter vacationer/tourist
ווי'נטערצײַט אַדוו — in winter
ווי'נטפּאָקן מצ — chicken pox
ווי'נטפֿענדל דאָס (עך) — weather vane
ווינטרויז די (ן) דימ ...רייזעלע זע ווינטבלום
ווינטשביין דער (ער) — wishbone
ווי'נטשברונעם דער (ס) — wishing well
ווי'נט־שוועבעלע דאָס (ך) — safety match
ווינטשויב די (ן) — windshield
ווי'נטשויפֿל|ען וו (גע–ט) — winnow
ווינטשונג די (ען) — desire, wish; congratulation
ווינטשן וו (געווונטשן) אַק דאַט — wish s.o. stg.
|| ווינטשן זיך — desire, aspire to
ווינטשעוואַניע די (ס) [Ny] — good wishes, congratulations
ווי'נטשעווע|ן וו (גע–ט) <דאַט> — congratulate, give (s.o.) one's best wishes
ווי'נטש־פֿינגערל דאָס (עך) — magic ring, wishing ring
וויניע'ט דער (ן) [Ny] — vignette
ווינניק דער (עס) — (brandy) distiller
ווינציק אַדי/אַדוו זע ווייניק
ווינקל דער/דאָס (ען) — (geom.) angle; corner, nook; groin
ווי'נקל־אַדוואָקאַט דער (ן) — shyster, pettifogger; unlicensed lawyer
ווי'נקלבראָך דער (ן) — inguinal hernia
ווי'נקלדיק אַדי — jagged, sharp-cornered; angular
ווי'נקלמאָס די (ן) — square (tool for carpentry/drafting); angle gauge (for surveying, etc.)

ווי'נקל־מורה־הוראה דער (ס) [MOYRE-(HOY)RO'E] man who in a private capacity carries out certain rabbinic functions

ווי'נקל־מעסטער דער (ס) (geom.) protractor

ווי'נקלשטיין דער (ער) cornerstone

ווי'נקעלע דאָס (ך) ווינקל דימ nook, niche

ווינק|ען וו (געווונקען) <דאַט> beckon, wink (at)

וויסט[1] אַדי deserted, desolate; unhappy, miserable; gloomy, dismal

|| וויסט און לער waste and void

|| אַ וויסט|ער סוף [SOF] an unhappy end

וויסט[2] דער whist

וויסטאַווע די (ס) *Slav.* shop window; exposition

ווי'סטאַווקע די (ס) *Slav.* exposition

וויסטע[1] די (ס) desert

וויסטע[2]: אויף וויסטע (comm., mus.) at sight

ווי'סטעווע|ן וו (גע–ט) have few visitors/inhabitants

ווי'סטעניש די (ן) wasteland, arid area

וויסטקייט די desolation

וויסיפּקע די (ס) *Slav.* rash, skin eruption

וויסיק אַדי endowed with consciousness

ווי'סיקייט די consciousness, awareness

וויסן 1. דאָס knowledge, lore; learning, erudition

|| אָן מײַן וויסן without my knowledge

|| 2. וויס|ן* וו (ווייס, ווייסט, ווייס(ט), וויסן, ווייסט, וויסן; געוווּ'סט) know

|| וויסן פֿון be aware of; have experience with

|| לאָז|ן וויסן <אַק>, געב|ן* צו וויסן <דאַט>, צו וויסן טאָ|ן* <דאַט> inform, notify, let know

|| אויף וויפֿל איך ווייס as far as I know

|| וויסן ווו אײַן און ווו אויס know one's way around

|| נישט וויסן ווי דער קאָץ דעם עק צו פֿאַרבינדן to be totally incompetent

|| גיי ווייס! who knows? how should I know?

|| ווײ'ס איך וואָס! bah! nonsense!

|| כ'ווייס? well ..., how shall I put it?

|| ווער ווייסט וואָס God only knows what

|| פּ״גל וויסן זײַן

ווי'סנדיק אַדוו knowingly, deliberately

|| מאַכ|ן זיך ניט וויסנדיק <וועגן> ignore, pretend not to notice

וויסן זײַ|ן* וו *(only in the inf. and imperative)* take note/cognizance of

|| דו זאָלסט וויסן זײַן, איר זאָלט וויסן זײַן אַז I'll have you know that

|| זײַ(ט) וויסן be advised, you should know

ווי'סנשאַפֿט 1. די (ן) science; erudition, scholarship

|| 2. דאָס knowledge

ווי'סנשאַפֿטלעך אַדי/אַדוו scientific, scholarly

ווי'סנשאַפֿטלער דער (ס) פֿעמ ין scientist, scholar

ווי'סעוודיק אַדי/אַדוו aware, informed; deliberate

וויספּע די (ס) islet, island

וויסקי דער (ס) whiskey

וויסקראָב דער (עס) scrapings; remnants of dough

וויסקראָביק דער (עס) youngest child

וויִע די (ס) eyelash

וויעדמע די (ס) זע וועדמע

וויעכע די (ס) *Slav.* signpost

וויעכעטש דער (ן/עס) זע וויכעטש

וויעפּער דער (ס) זע וויפּער

וויעפּריק דער (עס) glutton

ווי'ערנאָך אַדוו how, by what means

וויפּוסקע די (ס) let-out hem (to lengthen a garment)

וויפּער דער (ס) wild boar

ווי פֿיל זע וויפֿל

וויפֿל 1. אַדי–אינוו how many

|| 2. אַדוו how much

|| אויף וויפֿל to the extent that, insofar as

|| אויף וויפֿל איך ווייס as far as I know

|| אויף וויפֿל איך קען to the best of my ability

|| 3. קאָנ as much/many as

|| עס וויפֿל דו ווילסט! eat as much as you want!

וויפֿל־ווע'ר דער (ן) *neol.* score (in a game)

וויפֿלט אַדי–עפּי which (in a sequence); umpteenth, nth

|| דער וויפֿלטער איז הײַנט? what is today's date?

|| צום וויפֿלטן מאָל for the umpteenth time

ווי'פֿלטל: אַ וויפֿלטל? what (fractional) part?

וויפֿלער דער (ס) quotient

וויץ דער (ן) joke, jest, witticism

וויצבילד דאָס (ער) cartoon

וויציק אַדי witty, funny, amusing

ווי'ציקייט די wit, sense of humor

וויצלינג דער (ען) jokester, wit

וויצל|ען זיך וו (גע–ט) wisecrack, crack jokes

ווי'צלער דער (ס/–) זע וויצלינג

וויצע[1] די (ס) דימ וויצקע זע וויטשקע

ווי'צע[2]... vice-...

|| ווי'צעפּרעזידענט vice-president

וויקאָ'נט דער (ן) viscount

וויקאַ'ר דער (ן) vicar

וויקופֿ דער colored eggs given to children during Passover

וויקל דער (ען) spin; whorl, turn

ווי'קלטרעפּ די (ן/–) escalator

וויקל|ען וו (גע–ט) wrap, envelop *imperf.*; swaddle; roll up, coil; roll (cigarette)

|| וויקלען זיך snake, wind *intr.*

ווי'קלקינד דאָס (ער) baby, infant

ווי'קלשנור די (ן) puttee, legging; swaddling cloth

וויקס|ן וו (גע–ט) זע וועקסן[2]

וויקע די cultivated vetch

ווי'קעלע דאָס (ך) וויקל דימ diaper

|| מצ swaddling clothes

וויראָדעק דער (...דקעס) *Slav.* freak, monster

וויראַזשנע אַדי/אַדוו *Slav.* express, explicit

ווירבל דער (ען) whirlwind, eddy

ווי'רבלווינט דער (ן) whirlwind, tornado

ווירבל|ען (זיך) וו (גע–ט) whirl, swirl *intr.*; seethe *fig., intr.*

ווירדיק אַדי/אַדוו זע ווערדיק

ווירדע די (ס) זע ווערדע

ווירוואַר דער (ן) confusion, chaos

ווירוס דער (ן) virus

ווי־רו'פֿט־מען־עס דער זע ווי־הייסט־מען־עס

ווירזשוטקע די (ס) loose woman

ווירט דער (ן) פֿעמ ין host, innkeeper; head of the household

ווירטואָ'ז דער (ן) פֿעמ ין virtuoso

ווירטואָזקייט די virtuosity

ווירטשאַפֿט די (ן) economy, economic life; administration, management; farming; household goods

ווי'רטשאַפֿטלעך אַדי economic

ווי'רטשאַפֿטער דער (ס) steward, manager

ווירע די (ס) ruler, straightedge; ruled line (as on a pad of paper)

ווי'רעווע|ן וו (גע–ט) זע ווירען

וויר|ען וו (גע–ט) line/rule (paper)

ווירצונג די seasoning

ווירצ|ן וו (גע–ט) spice, season

ווירק דער (ן) effect, impact

ווירקונג די (ען) effect, action, influence

ווירקזאַם אַדי/אַדוו *Germ.* effective

ווירקלעך אַדי/אַדוו real, actual, existing

ווירקלעכקייט די (ן) reality

ווירק|ן וו (גע–ט) <אויף> act (upon), have an effect (on); make an impression (on), prevail (upon)

|| לאָז|ן ווירקן exert, bring to bear (influence, etc.)

|| נעמ|ען ווירקן take effect

ווי'רקעוודיק אַדי/אַדוו effective

וויש דער (ן) act of wiping; slap, smack, thump; *slang* share of loot

ווי'שבעזעם דער (ס) (dry) mop

וויש|ן וו (גע–ט) wipe, mop up *imperf.*

ווישני(אַ)ק דער [Ny] cherry brandy

ווישער דער (ס) swab; mop; windshield wiper

ווי'שפּאַפּירל דאָס (עך) paper tissue

ווי'שפֿעדער די (ן) feather-duster

ווישקע די (ס) rein

ווישקראַב דער (עס) זע וויסקראַב

ווישקראַביק דער (עס) זע וויסקראַביק

וויתּור דער (ים) <אויף> [VITER - VITURIM] waiver

וולאָטשק·ן אַדי woolen (knit)

וולאָטשקע די wool yarn

וולד דער (ן) [VLAD] fetus

וולוטשקע די זע וולאָטשקע

ווליטשקע די זע וולאָטשקע

וסת די [VEST] menstruation, menses

|| האָב|ן* די וסת menstruate

ווע דער (ען) (the letter) V

וועבל דאָס linen (fabric)

וועבלען אַדי זע וועבעלן

וועב|ן וו (גע–ט) weave *imperf.*

|| וועבן זיך take shape, form *intr.*

ווע'בעלן אַדי (of) linen

וועבער דער (ס) פֿעמ ין/קע weaver

וועבעריי[1] .1 די (ען) weaving mill

|| .2 דאָס weaving (craft)

וועבשטול די (ן) loom

ווע'בשיפֿל דאָס (עך) shuttle (of a loom)

וועג[1] דער (ן) way, road; voyage, journey; route

|| אויסן וועג — out of the way
|| אונטער וועג(נ)ס — along the way; during the journey
|| אין/פֿאַר איי'ן וועגס — at the same time
|| אַהי'ן (צו) וועגס — on the way there
|| צוריק (צו) וועגס — on the way back
|| אַ שטיק וועג(ס) — part of the way
|| אויפֿן האַלבן וועג — halfway
|| אָ'נ|לייג|ן וועג — go out of the way, make a detour
|| ווייַז|ן דאַט דעם וועג — throw s.o. out
|| לאָז|ן זיך אין וועג — get under way
|| נעמ|ען דעם וועג — leave, set out
|| שטיי|ן* <דאַט> אין וועג — stand in the way (of)
|| גיי|ן* אין איין וועג <מיט> — go the same way (as)
|| רעד|ן פֿון וועג — rave, be delirious
|| אַראָ'פּ|גיי|ן* פֿון (גלייַכן) וועג — get lost; stray from the strait and narrow
|| אַראָ'פּ|פֿיר|ן פֿון (גלייַכן) וועג — mislead; lead astray
...-וועג²-... — travel(ing)...
|| וועגזאַק — traveling bag
וועגגעלט דאָס — road toll
וועגוווייַזיק אַדי — trailblazing, innovative
וועגווייַזער דער (ס) פֿעמ ין — guide (person/book)
וועגל¹ דאָס (עך) וועג דימ — trail, path
וועגל² דאָס (עך) וואָגן דימ — handcart
וועגלאַנטעך דער (ן) — duffel bag
וועגן¹ וו (געוווגן) — weigh
וועגן² פּרעפּ — about, on (topic)
|| פֿון וועגן — because of; for the sake of
|| פֿאַר/פֿון מייַנט/דייַנט/... וועגן — for my/your/etc. sake
|| פֿון ... וועגן — for the sake of ...
|| פֿון העפֿלעכקייט וועגן — out of politeness
|| צו וועגן ברענג|ען — bring about
וועגן³ מצ זע וואָגן; וועג¹
וועגנדל דאָס (עך) וואָגן דימ — handcart
וועגס¹ זע וועג¹
...-וועגס²-... — travel(ing)...
|| וועגסקליידער — traveling clothes
וועגסטשעק דער (ן) — traveler's check
וועגסמאַן דער (וועגסלייַט) — voyager, traveler
וועגעטאַטי'וו אַדי — vegetative

וועגעטאַציע די — vegetation
וועגעטאַריאַנער דער (–) פֿעמ ין זע וועגעטאַריער
וועגעטאַריער דער (–) פֿעמ ין — vegetarian
וועגעטאַריש אַדי — vegetarian
וועגעטיר|ן וו (–ט) — vegetate
וועגעלע דאָס (ך) וואָגן דימ² — *also* wheelbarrow; cart; stroller
וועגענער מצ זע וואָגן
וועגפֿאָרער דער (ס/–) — voyager, passenger
וועג(צע)שייד דער (ן) — crossroads
וועד דער (ים) [VAAD - VADIM] — community council
וועד אַרבע אַרצות דער [VAAD ARBA AROTSES]
Council of the Four Lands, autonomous body regulating Jewish communal life in Poland-Lithuania from the 16th to the 18th centuries
וועדזשמע די (ס) זע וועדמע
וועדליק 1. פּרעפּ — according to, relative to
|| וועדליק דעם — accordingly, consequently
|| 2. קאָנ — according to what
וועדליקייט די — relativity
וועדמע די (ס) — witch
וועווערקע די (ס) — squirrel
וועוויריק דער (עס) — squirrel; rascal, brat
וועזן דער (ס) — being, creature; (quint)essence; organization, system
|| מאַכ|ן אַ (גאַנצן) וועזן פֿון — make a fuss over
וועזנטלעך אַדי — essential; substantial, considerable
וועזשע די (ס) — tower; prison
וועט¹ דער (ן) — bet, wager
וועט² הוו זע וועל²
וועטאָ דער (ס) — veto
וועטאָיר|ן וו (–ט) — veto
וועטאָרעכט דאָס — veto power
וועטגעלאַף דער (ן) — race, contest
וועט־זייַ'ן דער — future
וועטלויף דער (ן) זע וועטגעלאַף
וועט|ן זיך וו (געוועט) <מיט> — bet, wager
|| וועטן זיך אויף — bet the sum of
|| איך וועט זיך מיט דיר אויף 100 דאָלאַר — I bet you 100 dollars
וועטער דער/דאָס (ן) — weather
וועטעראַ'ן דער (ען) — veteran
וועטער־ביוראָ דאָס (ען) — weather bureau
וועטערהאָן דער (...הענער) — weather vane, weathercock

וועטערינאַ'ר דער (ן) — veterinarian

וועטערינאַריע די — veterinary medicine

וועטערינאַריש אַדי — veterinarian

וועטער־נבֿיא דער (ים) [NOVI - NEVIIM] — meteorologist, weatherman

וועטערפֿאָן די (ען) — weather vane

וועטשטיין דער (ער) — whetstone

וועטשערינקע די (ס) — soiree, reception

וועטשערע די (ס) — supper

וועכטעווע|ן וו (גע–ט) — act as watchman

וועכטער דער (ס) פֿעמ ־ין — guard, watchman

וועכנטלעך אַדי/אַדוו — weekly

וועכנע די (ס) — dislocation, sprain

וועכעכאָליע די (ס) — *Slav.* muskrat

וועל[1] די (ן) דימ וועלכל — wave, roller

וועל[2] הוו (וועל, וועסט, וועט, וועלן, וועט, וועלן) — *(auxiliary of the future tense, followed by the infinitive)* will

וועלאָדראָ'ם דער (ען) — velodrome

וועלאָסיפּע'ד דער (ן) — bicycle

וועלאַ'ר אַדי [Ly] — (ling.) velar

וועלבונג די — vault, arch; curve, bulge

וועלביק אַדי — rounded, bulging

וועלב|ן וו (גע–ט) — arch, round

וועלגערהאָלץ דאָס (...העלצער) זע וואַלגערהאָלץ

וועלגער|ן וו (גע–ט) — roll out *trans.*; press, smooth

|| וועלגערן זיך — (ball, roller, etc.) roll *intr.*

וועלגערקע די (ס) — rolling pin

וועלדל דאָס (עך) וואַלד דימ — grove, woods

וועלדער מצ זע וואַלד[1] 1.

וועלדערײַ' דאָס — forestry

וועלדערער דער (ס) — forester; forest ranger

וועלוועלער אַדי/אַדוו וואָלוול קאָמפּ — cheaper

וועלונג די (ען) — desire

וועלט[1] די (ן) — world; people, everyone; life (of an individual)

|| אַ וועלט <מיט> — many, a lot (of)

|| די' וועלט — this world (as opposed to the hereafter); mortal life (as opposed to the afterlife)

|| יע'נ|ע וועלט, די אמת|ע וועלט [E'MESE] — the hereafter, the next world

|| אויף דער וועלט — in the world

|| איינ|ער אין דער וועלט — unique

|| ברענג|ען אויף דער וועלט — bring into the world

|| ס'איז אויס/עק וועלט — it's the end of the world, it's all over; that takes the cake

|| אויף וואָס די וועלט שטייט — with all one's strength, with might and main

|| ווו' די וועלט האָט אַן עק — to/at the end(s) of the earth

|| אַוועקגיי|ן* פֿון דער וועלט — pass away

|| קער|ן/אײַ'נ|לייג|ן וועלטן — move heaven and earth

|| אי'בער|קער|ן די וועלט — make a big splash

|| אין דער וועלט אַרײַ'ן — aimlessly, for no reason

|| גוט/ווויל ווי די וועלט — as good as it can be

|| זײַן* אומפּ ווויל ווי די וועלט דאַט — *rev.* be happy as anything

|| ווו מען איז/האַלט אין דער וועלט — how things stand

|| די וועלט שמועסט — people say

וועלט[2]־... — world-wide, global, universal

וועלטאַל דער — universe, cosmos

וועלטבאַנעם דער (ען) — world view, weltanschauung

וועלט באַרי'מט אַדי — world-famous

וועלטבליק דער (ן) — world view

וועלטטייל דער (ן) — continent

וועלטיש אַדי — global; worldly; progressive

וועלטלעך אַדי — worldly; secular, lay; enlightened, discriminating

וועלטלעכקייט די — worldliness, secularism; free-thinking, progressive ideas

וועלט־מלחמה די (–ות) [MILKhOME] — world war

וועלטסווערטל דאָס (עך) — proverb

וועלטסמענטש דער (ן) — man/woman of the world

וועלטש·ן אַדי זע נוס

וועלי'ן(־פּאַפּיר) דאָס — vellum

וועליש 1. אַדי — Italian

|| פֿײַגל וועלטשן

|| 2. דער — Hebrew font of Italian origin

וועלכ|ער 1. אַדי/פּראָנ (נייטראַל נאָמ/אַק: וועלכ(ע)ס) — which

|| וועלכן עפּל ווילסטו? — which apple do you want?

|| ווילסט ביכער, זאָג וועלכע! — if you want books, say which ones!

|| וועלכ|ער ... ס'זאָל ניט זײַן — no matter which ...
|| וועלכ|ער ס'זאָל ניט זײַן — whichever
|| 2. פּראָנ–רעל (נייטראַל נאָמ/אַק: וועלכ(ע)ס) — which, who, that
וועל'מיר = וועלן[3] מיר
וועל|ן[1]* 1. וו (וויל, ווילסט, וויל, ווילן, ווילט, ווילן; געוואָ'לט) — want
|| בעסער וועלן — prefer
|| 2. וועל|ן* זיך וו-אומפּ (עס ווילט זיך) <דאַט> — *rev.* feel like, have a yen for
|| עס ווילט זיך מיר ווײנען — I feel like crying
|| פֿ״גל ווילנדיק
וועל|ן[2] וו (גע–ט/געוואָלן) — boil (milk)
וועל|ן[3] הוו זע וועל[2]
וועלעכץ דאָס (ער) — desire, whim
ווע'לעניש דאָס (ן) — desire
וועלער דער (ס/–) — urge, desire; greed; lust; greedy/persistent person
|| האָבן* אַ גרויסן וועלער — be passionate/ambitious
וועלף מצ זע וואָלף
וועלפֿיש אַדי/אַדוו — voracious, ferocious; wolfish
וועלפּל דאָס (עך) וואָלף דימ — wolf cub
ווע'לצ(עווע)|ן וו (גע–ט) זע וואַלצעווען
וועלק|ן וו (גע–ט) — fade, wither
ווע'לקעלע דאָס (ך) דימ זע וואָלקן
וועלשיש אַדי/(דאָס) — Welsh
וועם פּראָנ זע וועמען
וועמען 1. פּראָנ (נאָמ: ווער) — who(m) *(object)*
|| וועמען קענסטו דאָ? — whom do you know here?
|| פֿאַר וועמען אַרבעט ער? — who does he work for?
|| 2. פּראָנ–רעל — whom, that
|| אַ מאַן וועמען איך קען — a man that I know
וועמע(נ)ס 1. פּאָס–אַדי — whose
|| וועמענס זון נעמט זי? — whose son is she marrying?
|| 2. פּראָנ–רעל — whose
|| דער פּאָעט וועמענס בוך דו לייענסט — the poet whose book you are reading
וועמפּלעך מצ וואַמפּ דימ — (culin.) tripe
ווען 1. אַדוו — when
|| ווען ניט ווען — from time to time
|| ווען עס איז — some day, sometime
|| 2. קאָנ — if; when
|| ווען נאָר — as soon as; whenever
|| ווען ווען נאָר ניט ... — any time but ...
|| 3. פּראָנ–רעל — when, that
|| דער טאָג ווען דו ביסט געקומען — the day that you came
ווענגער[1] דער (ס) — eel
ווענגער[2] דער (–) — Hungarian
ווענגערע די (ס) — pimple, boil
ווענד דער (ן) — turn
|| פֿ״גל קער[1]
ווענדונג די (ען) — turn(around), reversal; bend, curve; turn of phrase; address, direct communication; message, appeal; request, application
ווענדזל|ען וו (גע–ט) זע וויאָנדזלען
ווענד|ן[1] וו (גע–ט/געוואָנדן) — turn *trans.*, direct
|| ווענדן אויף — aim at, direct towards
|| ווענדן זיך צו ... <נאָך> — *also* call upon s.o. (for)
|| ווענדן זיך מיטן פּנים צום פֿענצטער — turn one's face to the window [PONEM]
ווענד|ן[2] זיך וו (גע–ט) <אין/אָן> — depend (on), fall under (jurisdiction)
ווענדפּונקט דער (ן) — turning point; critical moment
ווענדקע די (ס) זע ווענטקע
ווענוס (די) — Venus
ווענז די — vegetable wax
ווענט מצ זע וואַנט[1]
ווענטורע די (ס) — adventure
ווענטי'ל דער (ן) [Ly] — valve; vent
ווענטילאַטאָר דער (...אָ'רן) [Ly] — (electric) fan
ווענטילאַציע די [Ly] — ventilation
ווענטילי'ר|ן וו (–ט) — ventilate
ווענטל דאָס (עך) וואַנט דימ — partition, wall; (geom.) face, side
|| שפּאַניש ווענטל — folding screen
|| צו'|דריק|ן צום ווענטל — get s.o. with his/her back to the wall, leave s.o. with no alternative
|| שטעל|ן צום ווענטל — shoot, execute by firing squad
ווענטלער דער (ס) — polyhedron
ווענטקע די (ס) — fishing rod
|| כאַפּ|ן אויף דער ווענטקע — take in *fig.*, deceive
ווענטריקל דער (ען) — ventricle

ווענס אַדוו — once, one day, ever
ווענע די (ס) — (anat.) vein
ווענעציאַניש אַדי — Venetian
ווענעציאַנער אַדי–אינוו/דער (–) פֿעמ ין — Venetian
ווענעציע (די) — Venice
ווענעראָלאָ'ג דער (ן) פֿעמ ין — medical specialist in venereal disease
ווענע'ריקער דער (ס) — person with a venereal infection, syphilitic
ווענעריש אַדי — venereal
וועסט[1] דער (ן) — vest
וועסט[2] הוו **זע** וועל[2]
וועסטל דאָס (עך) — vest
וועסלע די (ס) — oar
וועסנע די (ס) — spring (season)
ווע'סעלקע די (ס) **זע** וועשלקע
ווע'סערל דאָס (עך) — liquid, lotion, potion
ווע'סער|ן וו (גע–ט) — dilute, water down
|| וועסערן אומפּ דאַט ס'מויל — *rev.* salivate
וועספּ די (ן) — wasp
ווע ספּע די (ס) **זע** ווע ספּ
וועפּ דער (ן) **זע** וועפּעכץ
וועפּ|ן וו (גע–ט) — evaporate *intr., imperf.*
וועפּעכץ דאָס (ן) — vapor
וועצע די — cobbler's wax
ווע'קזייגער דער (ס) — alarm clock
וועקטאָר דער (...טאָ'רן) — vector
וועק|ן וו (גע–ט) — waken *trans., imperf.*, rouse
ווע'קנדיק אַדי — rousing, evocative
וועקסל דער (ען) — promissory note, bill of exchange
וועקסל|ען[1] וו (גע–ט) — exchange (money, etc.)
וועקסל|ען[2] וו (גע–ט) **זע** וועקסן[2]
וועקס·ן[1] אַדי — wax(en), (of) wax
וועקס|ן[2] וו (גע–ט) — wax, polish
וועקער דער (ס) — alarm clock; awakener
ווער פּראָנ (אַק/דאַט: וועמען) — who; someone
|| ווער נאָר — whoever
|| ווער עס — he who
|| ווער עס וויל באָרגן דער זאָל קומען מאָרגן — whoever wants to borrow, let him come tomorrow
|| ווער ווער, נאָר ... — never mind the others, but ...
|| ווער ווער, נאָר ניט... — anyone but
|| ווער עס זאָל ניט זײַן, ווער עס איז (ניט) — anyone, it doesn't matter who
|| ווער ... , וואָס ...? — who said anything about ...?
|| ווער לערנען, וואָס לערנען? — who said anything about studying?
|| ווער (עס) ... און ווער (עס) ... — some ..., others ...
|| פֿ״גל וואָס .2; וועמען
ווערא'נדע די (ס) — veranda
ווערב דער (ן) — (gramm.) verb
ווערבאַ'ל אַדי — (gramm.) verbal, pertaining to verbs
ווערביר|ן וו (–ט) <בײַ> — recruit *imperf.*; canvass (among)
ווערבליו'ד דער (ן/עס) — *Slav.* camel, dromedary
ווערב·ן אַדי — (of) willow
ווערבנע די — Palm Sunday
ווערבע די (ס) — willow
|| ווײ'נע(נ)דיק|ע ווערבע — weeping willow
ווע'רבעווע|ן וו (גע–ט) **זע** ווערבירן
ווערג|ן וו (געוואָרגן) **זע** וואַרגן
ווערגעלע'ץ דער (עס) — strapping fellow, big lug
ווערגשלייף דער (ן) — hangman's noose
ווערדיק אַדי/אַדוו — worthy, admirable; dignified
ווערדי'קט דער (ן) — verdict
ווערדע די (ס) — worth, importance; dignity, honor
|| ניט האָב|ן* קיין ווערדע — be of no importance
ווערוואָלף דער — werewolf
ווערזאַק דער **זע** וואַרזאַק
ווערזע|ן וו (גע–ט) — *slang* shit; fart; vomit
ווערט **1.** אַדי–אַטר : זײַן* ווערט — be worth the effort
|| זײַן* ווערט אַק — be worth (price)
|| זײַן* ווערט אַק/אַז — merit/deserve stg./that
|| **2.** די/דער (ן) — worth, value
|| זײַן*/האָב|ן* די ווערט אַק — be worth (price)
ווערטאַנעס די (ן) — good housekeeper
ווע'רטאָפּשאַץ דער (ן) — value judgment
ווערטו'ט דער (ן) — small pastry sometimes filled with cheese
ווערטיק אַדי — valuable, precious
ווערטיקאַ'ל אַדי — vertical
ווערטל דאָס (עך) וואָרט דימ — *also* saying, proverb; witticism
ווערטלאָז אַדי — worthless, trifling

וועʼרטלאָזיקייט די (ן) worthlessness, insignificance

וועʼרטלדיק אַדי playful, humorous; mocking

ווערטליק דער (עס) ball of boiled dough

ווערטלעך אַדי/אַדוו literal, verbatim

ווערטל|ען זיך וו (גע-ט) joke, be witty; make cutting remarks

וועʼרטעלע : אַ ווערטעלע! would you believe?

|| אַ ווערטעלע אויʼסצורייִדן/צו זאָגן! that's saying a lot!

ווערטער[1] מצ זע וואָרט

ווערטער[2] דער (ס/-) פֿעמ ין/קע זע וועכטער

וועʼרטער־אוצר דער [OYTSER] vocabulary

וועʼרטערבוך דאָס/דער (...ביכער) דימ וועʼרטערביכל dictionary

וועʼרטערדיק אַדי verbose

וועʼרטערלעך אַדי/אַדוו verbatim, word for word

וועʼרטערשפּיל די/דאָס (ן) pun, play on words

וועʼרטפּאַפּירן מצ securities, shares

ווערטפֿול אַדי valuable, precious

ווערטשאַפֿט די (ן) זע ווירטשאַפֿט

ווערך דער (עס) זע ווערעך

ווערכאָוואַטסקע אַדי/אַדוו *dial.* superficial

ווערכניאַʼק דער (עס) [Ny] horseman; upper millstone

ווערמוט דער (botan.) wormwood; bitterness; vermouth

ווערמיʼל דער vermilion

ווער|ן[1] וו 1. (איז געוואָרן) become; turn (age)

|| מיד ווערן grow tired

|| רויט ווערן turn red

|| איך בין געוואָרן 39 יאָר I turned 39

|| ווערן צו *lit.* turn/change into

|| 2. וו-אומפּ *used in expressions indicating changes of a general nature*

|| קאַלט ווערן (weather) turn cold

|| שפּעט ווערן get late

|| עס ווערט הײַנט 50 יאָר it is now 50 years (since)

|| ס'וועט דערפֿוʼן גאָרנישט ווערן nothing (good) will come of it

|| ווערן אומפּ ... דאַט *rev.* start to feel ...

|| עס איז אים קאַלט געוואָרן he began to feel cold

|| ס'וועט דיר בעסער ווערן you'll feel better

|| 3. הוו be *(auxiliary of the passive voice)*

|| דאָס הויז איז פֿאַרקויʼפֿט געוואָרן the house was sold

ווער|ן[2] וו (גע-ט) זע פֿאַרווערן

ווער|ן[3] זיך וו (גע-ט) defend oneself, struggle

ווערסט דער (ן) זע וויאָרסט

ווערסיע די (ס) [Sy] version

ווערסיפֿיקאַציע די versification

וועʼרעוויניק דער (ווערעʼוויניקעס) porter

ווערעטע די canvas, coarse fabric

ווערעך דער upper part, top; crown (of hat/tree); upper (of shoe); heaping measure, surplus

|| געב|ן* אַ מאָס מיט אַ ווערעך give good measure, add a little extra

ווערעם מצ זע וואָרעם[1]

וועʼרעמדיק אַדי wormy, worm-eaten

וועʼרעמ|ען וו (גע-ט) be infested with worms

וועʼרעמקרויט דאָס anthelmintic seeds/leaves

ווערף די (ן) wharf; breakwater; shipyard

ווערפֿל דער (-/עך) die, one of a pair of dice

ווערצל[1] דאָס (עך) וואָרצל דימ root

|| אַ ווערצל כריין a horseradish root

ווערצל[2] דאָס (עך) וואָרצל דימ wart

ווערק דאָס (-) work (of art, etc.); works, movement (of a clock)

ווערקשטאַט דער (ן) זע וואַרשטאַט

ווערקשטעל דער (ן) machine-tool; workbench

ווערשאָק דער (...שקעס) זע ווערשקע

ווערשקע די (ס) vershok, former measure of length in Russia, about 4.4 cm/1.7 inches

וועש דאָס/די wash, laundry; underwear

וועשין די (ס) laundress, washerwoman

וועʼשלקע די (ס) (coat)hanger

וועשנע די (ס) זע וועשין

וועשער דער (ס) פֿעמ ין/קע laundryman

וועשערײַ' די (ען) laundry (place)

וועשצײַג דאָס (household) linen

וועʼשקויבער דער (ס) laundry hamper/basket

וועʼשקלאַמער דער (ן) clothespin

ווראָנע די (ס) זע וואָראָנע

ווראַק דער (ן) wreck, wreckage

וורעד דער/די scoundrel, rascal

וושט דער (ן) [VEYShET] gullet, esophagus

וותּרן דער (ים) פֿעמ טע [VATREN - VATRONIM] generous/accommodating person

וותּרנות דאָס [VATRONES] generosity; accommodating nature

וותיק דער (ין/ים) [VOSEK - VOSIKN/VOSIKIM] zealously pious person

|| מצ Jews who rise very early to pray

|| אוי׳פֿ|שטיי|ן* וותיקין rise at daybreak for prayer

וחלקלקער דער (ס) [VAKhLAKLAKER] schemer, wheeler-dealer

וי [VOV YUD] written form of the diphthong [OY]

ויבֿרח [VAYIVREKh] : מאַכ|ן ויבֿרח run away, take to one's heels

וידוי די (ים) זע ווידוי

ויהי דער (ען) [VAYHI'] calamity, trouble

|| אין איין ויהי in a split second

ויהי היום פֿר [VAYHI' HAYO'YM] and it came to pass ...

ויזתא [VAYZOSE] .1 פּנ Haman's youngest son

|| .2 דער (ס) *pop.* fool; *vulg.* penis

|| פּ״גל המן

ויכּוח דער (ים) זע וויכּוח

ויצעקו דער [VAY(I)TSAKU] howl, outcry

|| מאַכ|ן אַ ויצעקו raise a ruckus/hue and cry

ויקרא [VAYIKRO] Leviticus

ויתרוצצו דער [VAY(I)SRO'YTSETSU] dispute, conflict

וכּדומה פֿר [VEKEDOYME] et cetera

וכ׳ = וכדומה etc.

וכדומה פֿר [UKhDOYME] et cetera

ולד דער (ן) זע וולד

ונתנה־תּוקף דער [UNSANE-TO'YKEF] hymn recited on Rosh Hashanah and Yom Kippur describing the Day of Judgment

|| גיי לאָד מיך צום ונתנה־תּוקף! so sue me! you can't do anything to me!

וסת זע ווסת

ועד דער (ים) זע וועד

ועל־כּולם אַדוו [VEALKULEM] (and) above all

וצדקתך דער (ס) [VE'YTSITKOSKhO] hypocrite, holier-than-thou person

ושתּי פּנ [VAShTE] Vashti, the wife of Ahasuerus in the Book of Esther

ותּרן דער (ים) זע וותּרן

ותּרנות דאָס זע וותּרנות

ותיק דער (ין/ים) זע וותיק

ז

ז'¹ דער/די [ZAYEN] letter of the Yiddish alphabet; pronounced [Z]; numerical value: 7

ז'² = זײַט(ל) p. (page)

זאָ'אָ־גאָרטן דער (־גערטנער) zoo, zoological garden

זאָ'אָ־גערטנער דער (–/ס) zookeeper

זאָאָלאָ'ג דער (ן) פֿעמ ין zoologist

זאָאָלאָגיע די zoology

זאָאָלאָגיש אַדי zoological

זאַבאַבאָנע = זאַבאָ'באָנע = זאַבאָ'בענע די (ס) superstition; nonsense, humbug

זאַבאַווע די (ס) *dial.* amusement, diversion, pastime

זאַבאַווע|ן זיך וו (–ט) *dial.* amuse/enjoy oneself

זאַבאַווקע די (ס) *dial.* amusement, plaything

זאַבאַסטאָווקע די (ס) *Slav.* strike, work stoppage

זאָגטער דער (ס) informer, telltale, denouncer

זאַגל דער (ען) mast

זאָג|ן וו (גע–ט) say, tell, assert; recite, read (prayers, psalms)

|| האָבן* צו זאָגן have a say; have much to say

|| לאָמיר זאָגן let's say, suppose

|| וואָס דו זאָגסט! וואָס איר זאָגט! you don't say! no kidding!

|| אַזוי' צו זאָגן so to speak, as it were; in so many words

|| פֿ״גל געזאָגט

זאָגעכץ דאָס (ן/ער) remark, commentary; chant, monotonous speech

זאָ'געניש דאָס (ן) saying; remark; sermon

זאָגער דער (ס) פֿעמ ין announcer; preacher

|| פֿ״גל זאָגערקע

זאָ'גערין די (ס) זע זאָגערקע

|| פֿ״גל זאָגער

זאָ'גערקע די (ס) woman who reads prayers in the women's section of the synagogue, for the other women to repeat

זאַגראַניטשנע אַדי *Slav.* foreign

זאָד¹ דער (זעדער) זע זאָדיק

זאָד² די זע זאָט

זאַדאַטיק דער (...טקעס) *Slav.* earnest money, deposit

זאַדאַטשע די (ס) *dial.* problem, task, homework

זאַדושע|ן וו (–ט) זע זאַדישען

זאָדיאַ'ק דער [DY] zodiac

זאָדיק דער (עס/זאָדקעס) (butch.) hindquarter(s); *fam.* backside, rump, butt

זאַדישע|ן וו (–ט) *dial.* strangle, stifle, suffocate, choke

זאָדע די זע סאָדע

זאָדקעס מצ זע זאָדיק

זאַהיקע|ן זיך וו (–ט) *dial.* stutter, stammer

זאַוואָ'ד דער (ן) factory, works, plant, mill; stud farm

זאַוואַ'לינקע די (ס) *Slav.* earthwork, rampart (around a building)

זאַוואַלקעס מצ זע זאַוולקעס

זאַווליק דער (עס) back street, lane, alley

זאַווײ' דער (ען) squall, gust, flurry

זאַווינע|ן זיך וו (–ט) [Ny] *dial.* take eagerly to

זאַוויסע = זאַ'וויסע די (ס) hinge

זאַוויעסע די (ס) זע זאַוויסע

זאַ'וולקעס מצ tonsils; tonsillitis

זאַוועסקע די (ס) (linch)pin, peg

זאַווערוכע די (ס) snowstorm; blizzard

זאַזוליע די (ס) cuckoo

זאַזיענטשע אַדי [Zy] *dial.* stubborn

זאַט 1. אַדי full, satisfied

|| צו זאַט to one's fill, to satiety

|| עס|ן צו זאַט eat one's fill

|| זײַן* זאַט <פֿון> be fed up (with), be sick and tired (of)

|| זײַן* זאַט מיט have one's fill of, have enough of

|| 2. אַדוו enough

|| ער קען זיך זאַט נישט אָ'נקוקן he can't get enough of looking at

זאָט די boiling water

|| אָ'פּגיס|ן מיט זאָט scald; *fig.* heap abuse on

|| אָקערשט פֿון דער זאָט boiling hot, right off the stove

זאַטישנע אַדי *Slav.* calm, peaceful

זאָטל דער/דאָס (ען) saddle

זאָטל|ען וו (גע–ט) saddle *imperf.*

זאַטערע|ן וו (–ט) steep (grain)

זאַטקייט די/דאָס satiety, fullness

זאַטשמעליע|ן וו (–ט) זע דערטשמעליען

זאַטשעפּע|ן וו (–ט) זע פֿאַרטשעפּען

זאַטשער דער (ס) — brewing vat; must/dregs (before distillation)

זאַ'טשערקעס מצ — small noodles formed by grating, *farfel*

זאַיאַדלע אַדי — *dial.* fierce, relentless

זאַיאַזד דער (ן) — *dial.* inn, (country) hotel

זאַיִקען זיך וו (–ט) זע זאַהיקען זיך

זאַך די (ן) — thing; business, matter; cause; (piece of) work; *pejor.* person, guy

|| גוטע זאַכן — candy, sweets

|| דאָ'ס איז די זאַך — that's the point

|| קיין זאַך ניט — nothing (at all); it's nothing

|| צו דער זאַך — relevant, to the point

|| ניט צו דער זאַך — irrelevant, off-topic

|| מיט אַלע זיבן זאַכן — and the whole ball of wax

|| (ס'איז) ניט דײַן זאַך — (it's) none of your business

|| דאָס איז מײַ'ן זאַך — that's my business

|| יענע זיבן זאַכן — *hum.* sex, sexual life

|| זײַן* פֿון די גרינגע זאַכן — be an easy matter, be no problem

|| קורץ פֿון דער זאַך — in brief, to make a long story short

|| אַ פּראָסט|ע זאַך — boor, oaf, uncultured person

|| די שלעכט|ע/קי'נדערש|ע זאַך — epilepsy, convulsions

זאָך די — illness, sickness; *pejor.* daughter

|| די געל|ע זאָך — jaundice

זאַכאַטע די (ס) — *dial.* covering of straw around a hut

זאַכוואָרט דאָס (...ווערטער) — noun

זאַכט אַדי/אַדוו — tranquil, calm, quiet

זאָכטער = זאָכטערלע = זאָכטרע די — *pejor., insult.* daughter

זאַכיד דער — *Slav.* preparation

זאַכלישנע|ן זיך וו (–ט) זע פֿאַרכליניע|ן זיך

זאַכלעך אַדי/אַדוו — matter-of-fact, objective; pertinent, to the point; (gramm.) neuter

זאָכ|ן וו (גע–ט) — *pejor.* ail, be sick

זאַ'כעניש דאָס (ן) — *iron.* thing, matter

זאַ'כקענער דער (ס) פֿעמ ין — craftsman; connoisseur

זאַל 1. דער (ן) — hall, auditorium

|| 2. די (ן) — parlor, drawing room

זאַלאַ'בער|ן וו (–ט) — *slang* swipe, steal

זאַלאָ'ג דער (ן) — *dial.* deposit, security, pledge

זאָלאָטוכע די — scrofula

זאָלאָטניק דער (עס) — zolotnik (96th part of a Russian pound, equal to 4.26 grams, 0.15 oz.)

זאַלב די (ן) — ointment, salve

זאַלב|ן וו (גע–ט) — anoint; consecrate

|| זאַלבן פֿאַר אַ מלך [MEYLEKh] — crown as king

זאַלבע אַדוו — *(followed by an ordinal number)* together, in a group of

|| זאַלבע דריט — in a group of three

זאַלבענאַ'נד אַדוו — as a pair, the two of us/you/them

זאַלדע די (ס) — balance, remainder

זאַליאַזניק דער (עס) — *dial.* ironmonger

זאָליע|ן וו (גע–ט) — steep (in lye/detergent); *fam.* piss

זאָל|ן* הוו (ער זאָל; גע–ט) — *auxiliary verb for the subjunctive and certain forms of imperative or conditional:* ought, should

|| דו ווילסט אַז איך זאָל קומען — you want me to come

|| זאָל ער קומען! — let him come!

|| זאָלסט קומען צענע — (you should) come at ten o'clock

|| וואָס זאָל איך טאָן? — what should I do?

|| זאָל האָבן פּאַרט — supposedly, allegedly

|| ער זאָל האָבן געקוי'פֿט — he supposedly bought, it seems that he bought

|| ווען איך זאָל (געוווּ'ן) וויסן — if I knew, if I had known

|| דו האָסט געזאָלט ע'נטפֿערן — you should have answered

|| זי האָט געזאָלט קומען — she was supposed to come

|| וואָס עס זאָל ניט זײַן — anything, whatever it is

|| ווער עס זאָל ניט זײַן — anybody, whoever it may be

|| ווי עס זאָל ניט זײַן — anyway, never mind how; be that as it may

זאָלנע די — tannery pit

זאָלע די — *Slav.* ashes, cinders

זאָלע|ן וו (גע–ט) זע זאָליען

זאַלפּ דער (ן) — salvo, volley

זאַלץ די/דאָס (ן) — salt

|| שיט|ן <דאַט> זאַלץ אויף די וווּנדן — rub it in, rub salt in s.o.'s wounds

|| שיטן דאַט זאַלץ אויפֿן וויידל/עק *fam., iron.* try to hold s.o. back

זאַ'לצבערעטל דאָס (עך) draining board where meat is placed to soak, rinse, and salt to make it kosher

זאַ'לצוואַסער דאָס brine; sea water; salt(ed) water

זאַלציק אַדי (naturally) salty, brackish; saline

זאַ'לצמעסטל דאָס (עך) salt cellar, salt shaker

זאַלצ|ן וו (גע–ט/געזאַלצן) salt *imperf.*

זאַמאַך דער (ן) *Slav.* swing, thrust

זאַמאָרע|ן וו (–ט) *dial.* exhaust, wear out

זאַמד דאָס/דער (ן/זעמד) sand

|| שיטן <דאַט> **זאַמד אין די אויגן** throw dust in the eyes (of)

זאַמדבאַנק די (...בענק) shoal, sandbar, sandbank

זאַ'מדזייגער דער (ס) hourglass

זאַמדיק אַדי sandy

זאַ'מדפּאַפּיר דאָס sandpaper

זאַ'מדקאַסטן דער (ס) sandbox

זאַמדשטיין דער sandstone

זאַמוט (דאָס) זע **זאַמעט**

זאַמוטשע|ן וו (–ט) זע **פֿאַרמוטשען**

זאַמיט דער (constr.) beam, girder, joist

זאַ'מלבוך דאָס (...ביכער) anthology, collection

זאַמלונג די (ען) collection, compilation

זאַמל|ען וו (גע–ט) make a collection of; collect, gather *imperf.*

|| **זאַמלען זיך** *also* assemble *imperf.*, gather together *intr.*

זאַמלער דער (–/ס) פֿעמ ין collector; compiler

זאַ'מלפּונקט דער (ן) gathering place

זאַמעט (דאָס) Samogitia, western region of Lithuania

זאַמ|ען זיך וו (גע–ט) linger, dally, tarry, be late

זאַמען דער זע **זוימען**[1]

זאַמש דער chamois, suede

זאַמש·ן אַדי (of) chamois, suede

זאַנאַדיע|ן זיך וו (–ט) [Dy] זע **אַרײַננאַדיען זיך**

זאַנג די (ען) ear (of corn, etc.)

זאָנד דער (ן) probe, sound

זאָנדיר|ן וו (–ט) probe, sound

זאָנטיק דער (עס) parasol; umbrella

זאַני'טעצע די (ס) paronychia, nail infection

זאָניר|ן וו (–ט) zone

זאָנע[1] די (ס) zone

זאָנע[2] די calico

זאָנען אַדי (of) calico

זאַנפֿט אַדי/אַדוו soft, tender, mild; calm

זאַנפֿטיק אַדי/אַדוו זע **זענפֿטיק**

זאַסאַדקע די (ס) *Slav.* ambush, trap

זאַסטאַווע|ן וו (–ט) *dial.* force, compel, oblige

זאַסטופּ דער (עס) spade

זאַ'סטעווקע די (ס) sluice

|| **אַ'רבעטן אויף אַלע זאַסטעווקעס** work with all one's strength

זאַסטעפּ דער (עס) זע **זאַסטופּ**

זאַסיע אינט [Sy] out! shoo! scat! beat it!

זאַסיק דער (עס) bin, rack (in a granary)

זאַ'סלינקע די (ס) oven door/lid

זאַפּאַ'ליצע די (ס) [Ly] tinder-box, lighter

זאַפּאַלקע די (ס) זע **זאַפּלקע**

זאַ'פּאָנקע די (ס) זע **זאַפּינקע**

זאַפּאַ'ס[1] דער (ן) reserve, stock, supply, store; (milit.) reserve

זאַפּאַ'ס-[2]**...** spare, emergency, standby

|| **זאַפּאַסטיר** emergency exit

|| **זאַפּאַסרייף** spare tire

זאַפּאַסיק אַדי spare, reserve, emergency

זאַפּאַסנע אַדי זע **זאַפּאַסיק**

זאַ'פּינקע די (ס) buckle, collar/cuff button

זאַפּיק אַדי absorbent

זאַ'פּלקע די (ס) match (combustible)

זאַפּ|ן וו (גע–ט) זע **אײַנזאַפּן**

זאַפּראַוו(ק)ע די (ס) heel-piece (of a shoe)

זאַפּרע די (ס) bilberry, blueberry

זאַפֿט דער (ן) juice, sap

זאַפֿטיק אַדי juicy, succulent

זאַפֿרען דער saffron

זאַץ דער/דאָס (ן) (gramm.) sentence; (typogr.) composition; set, collection

זאַ'ציערקעס מצ זע **זאַטשערקעס**

זאַק דער (זעק) דימ **זעקל** bag, sack

זאָק דער/די (ן) דימ **זעקל** sock, stocking

זאַקאַ'ז דער (ן) *Slav.* command, order

זאַקאַלעץ דער incompletely baked part of a loaf of bread

זאַקאָ'ן דער (עס) *Slav.* law

זאַקאָניק דער (עס) *Slav.* jurist

זאַקאָנע אַדי/אַדוו *Slav.* lawful, legal

זאַקוציע די (ס) act of violence/barbarity

זאַקלאַדניק דער (עס) *dial.* hostage; one who pawns stg.

זאַקלאַדנע אַדוו *Slav.* in hock, pawned

זאַקלאַשטשינע די *Slav.* dedication (of a building)

זאַ'קלײַוונט דאָס sackcloth

זאָקן פּאָנ זקן

זאַ'קנאָדל די (ען) packing needle

זאָ'קן־בענדל דאָס (עך) garter

זאָ'קנוואַרג דאָס hosiery

זאַקרויב דאָס/דער booty, loot, spoils

זאַראַזע די (ס) contagious disease

זאַראַזע|ן וו (–ט) infect, contaminate

|| זאַראַזען זיך be infected, catch (a disease)

זאָרג די (ן) worry, concern

זאָרגבאַנק די (...בענק) employment agency

זאָרגלאָז אַדי/אַדוו carefree

זאָרג|ן וו (גע–ט) <פֿאַר/וועגן> care (for), worry (about)

|| זאָרגן פֿאַר זיך shift for oneself

|| זאָרגן זיך <וועגן> worry (about), be anxious (about)

זאָ'רגעוודיק אַדי/אַדוו careful, painstaking

זאַרגע|ן וו (גע–ט) זע זרקען

זאָ'רגעריש אַדי solicitous

זאַרייזנעט ווער|ן וו (איז זאַרייזנעט געוואָרן) זע פֿאַרגרוזנעט ווערן

זאַרעז = זאַרעס אַדוו right away, immediately, at once

זאָרעס מצ (milit.) reveille, taps; (milit.) retreat (bugle call)

זאַשטשיטניק דער (עס) *Slav.* defense attorney

זאַשיק דער (עס) זע זאַסיק

זאַ'שפּערעס מצ chilblains, frostbite on the hands

|| עס איז מיר פֿאַרגאַנגען זאַשפּערעס my hands are freezing

זאת־חנוכּה דער [ZO'YS-KhA'NIKE] last day of Hanukkah

|| פֿ״גל חנוכּה

זביטקע די (ס) *dial.* trick, prank

|| אָ'פּ|טאָ|ן* אַ זביטקע play a trick

זבענק דער (עס) blow, strike, bang; slap, slam

זבענקע|ן = זבענק|ען וו (גע–ט) hit, knock, strike, bang

זבראָד דער *dial.* rabble, riffraff

זגאַל דער (ן) kind, sort

|| מײַן/דײַן זגאַל (one of) my/your kind of people

זגובע די (ס) *dial.* harm

זגראַבנע אַדי/אַדוו dexterous, handy; nice, neat

זגראַדנע אַדי *dial.* comfortable

זדאָלנע אַדי [Ly] *dial.* able, capable, gifted

זדאָנזשע|ן וו (גע–ט) <צו> *dial.* have the time (for/to)

זדראַסטוועןן זיך וו (גע–ט) *dial.* greet one another

זהבֿ דער (ים) [ZOHEV - ZEHUVIM] gold coin, gulden, zloty

זהיר־וזהיר אַדוו [ZOHER-VEZO'HER] very strictly, with a stern warning

זהירות דאָס [ZHIRES] care, circumspection

זהירותדיק אַדי/אַדוו [ZHI'RESDIK] careful, circumspect

זובער דער (זוברעס) bison

זובראָווקע די buffalo grass (aromatic herb); vodka/brandy flavored with this herb

זו'ברעווע|ן וו (גע–ט) cram (for an exam)

זוברעס מצ זע זובער

זוגתי טיטל [ZUGOSI] my wife, my better half

זודיק אַדי boiling, very hot

זוהר דער [ZOYER] *Zohar*, the principal mystical book of the Kabbalah

זוואַניע די [Ny] *dial.* mention, recollection, trace

|| זײַן זוואַניע זאָל דאָ מער ניט זײַן! may his name be erased!

|| קיין זוואַניע ניט געבליבן! not a trace remained!

זוואָ'ניצע די (ס) *dial.* steeple, belfry

זווערינעץ דער (...נצעס) *Slav.* zoo, menagerie

זוזע די (ס) sauce, broth; *slang* semen

זויבער אַדי/אַדוו tidy, clean, neat

זוי'בער־ריי'ן אַדי tidy, spotless

זויגונג די suction

זוי'ג־חיה די (–ות) [KhAYE] mammal

זויג|ן וו (גע–ט/געזויגן) suck, suckle

|| פֿ״גל זייגן

זויגער דער (ס) mammal

זויגקינד דאָס (ער) זע זייגקינד

זויך די זע זאָך

זויל די (ן) sole (of shoe, boot, etc.)

זוים דער/די (ען) hem, seam; edge, border

זוימען[1] דער/מצ seed *coll.*; offspring

זוימ|ען[2] וו (גע–ט) זע זיימען

זוימ|ען[3] זיך וו (גע–ט) זע זאַמען זיך

זויער אַדי — sour, acid; pickled; wry, sullen
זוי'ערזאַלץ דאָס — tartaric acid
זוי'ערטייג דאָס — leaven
זוי'ערמילך די — soured (curdled) milk
זויערס דאָס (ן) — relish (condiment)
זוי'ערפֿלייש דאָס — marinated meat
זוי'ערקרויט דאָס — sauerkraut, pickled cabbage
זוי'ערשטאָף דער — oxygen
זויפֿ|ן וו (גע-ט) — *pejor.* guzzle, swill *imperf.*
זו'כבאַפֿעל דער (ן) — *neol.* search warrant
זוכה זײַן* וו (זוכה געווע'ן) צו [ZOYKhE] — be worthy of, have the honor of, live to see; obtain, attain
|| מיט וואָס האָט ער זוכה געווען צו אַזאַ' גליק? — what did he do to deserve such good fortune?
זוכוואָרט דאָס (...ווערטער) — headword (dictionary)
זוכונג די (ען) — search
זוכ|ן וו (גע-ט) — look for, seek, search
|| זוכן זיך <צו/מיט> — look for a fight (with), pick a quarrel (with)
|| אַ פֿײַער זוכט אים! — may he burn in hell!
|| משה זוך מיך [MOYShE] — you can look all you want
זו'כעניש דאָס (ן) — (act of) searching, quest
זו'כצעטל דער (ען) — index
זול דער [ZOL] — period of low prices; abundance
|| זײַן* אומפּ אַ זול אויף — *rev.* be cheap
|| עס איז אַ זול אויף פֿרוכטן — fruit is cheap
זולל-וסובֿא דער (ס) [ZOYLEL-VESO'YVE] — glutton and drunkard
זולל-וסובֿאניק דער (עס) פֿעמ ...ניצע [ZOYLEL-VESO'YVENIK] זע זולל-וסובֿא
זומזע|ן וו (גע-ט) — buzz, hum
זומזער דער (ס) — buzzer
זומזערײַ' דאָס — buzzing, buzz
זומער 1. דער (ן/ס) — summer
|| ווײַ'בערש|ער זומער — Indian summer
|| 2. אַדוו — in the summer
זו'מערדיק אַדי — summery, (of the) summer
זו'מער-וווינונג די (ען) — summer house, country house
|| אויף זומער-וווינונג — on vacation
זו'מערלעב אַדוו — in the summer
זו'מער|ן וו (גע-ט) — summer, pass/spend the summer

זו'מערפּלאַץ דער (...פּלעצער) — country place, vacation spot
זו'מער-פֿײ'געלע דאָס (ך) — butterfly
זו'מער-פֿעדעם מצ — gossamer threads
זו'מערצײַט אַדוו — in the summer
זו'מער-שפּרענקל דאָס (עך) — freckle
זומפּ דער (ן) — swamp, marsh
|| אַרײַ'נ|פֿיר|ן אין אַ זומפּ — lead astray, lead into trouble
זו'מפּיק אַדי — swampy, marshy
זון[1] די (ען) — sun
|| אויף דער זון — in the sun
זון[2] דער (זין) דימ זונדל/זינדל — son
זו'נאויפֿגאַנג דער (ען) — sunrise
זו'ן-אונטערגאַנג דער (ען) — sunset
זונדל דאָס (עך) זון דימ — sonny
זו'נדערלאָ דער — *pejor., fam.* son, sonny
זונה די (–ות) [ZOYNE] — harlot, whore, prostitute
זו'נזייגער דער (ס) — sundial
זונטאָג = זונטיק 1. דער (ן) — Sunday
|| 2. אַדוו — (on) Sunday, Sundays
זו'נטיקדיק אַדי/אַדוו — Sunday's, of Sunday
זוניק אַדי — sunny; clear, bright, radiant
זו'נסיסטעם די (ען) — solar system
זו'נענברען דער — suntan
זו'נענדיק אַדי זע זוניק
זו'נעניו דער [Ny] — *affect.* sonny, my little boy
זו'נענשטראַל דער (ן) — sunbeam
זו'נענשײַן די — sunshine
זו'נענשלאַק דער (...שלעק) — sunstroke
זו'נפֿאַרגאַנג דער (ען) — sunset
זונק דער (ען) — drop, fall
זונרויז די (ן) — sunflower
זונשטאַנד דער (ן) זע זונשטיל
זונשטיל די (ן) — solstice
זונשײַן די (ען) — sunshine; *dial.* sunflower
זו'נשמירעכץ דאָס (ן) — suntan lotion, sunscreen
זונשפּראָץ דער — daybreak, sunrise
זופּ[1] די (ן) — soup
זופּ[2] דער (ן) — sip, swallow
זופּ|ן וו (גע-ט) — sip, slurp, suck up; stammer; sniff (loudly)
זו'פּנפֿלייש דאָס — boiled beef, soup meat
זז' = זײַטן, זײַטלעך — pp. (pages)
זי 1. פּראָנ (אַק: זי; דאַט: איר) — she
|| 2. די (ען) — female

|| אַ זי'־אָדלער a female eagle

זיבן צוו seven

זיבעט אַדי–עפּי seventh

זי'בעטל דאָס (עך) seventh (fraction); seven (playing card); premature baby (born in the seventh month)

זי'בעלע דאָס (ך) seven (playing card); premature baby (born in the seventh month)

זי'בענע אַדוו (at) seven o'clock

זי'בעציק צוו seventy

זי'בעציקסט אַדי–עפּי seventieth

זי'בעציקער 1. דער (–/ס) septuagenarian, seventy year-old

|| 2. אַדי–אינוו : די זיבעציקער יאָרן the seventies

|| אין די זיבעציקער septuagenarian *adj.*, in one's seventies

זי'בעצן צוו seventeen

זי'בעצנט = זי'בעצעט אַדי–עפּי seventeenth

זיג דער (ן) victory

זיגזאַ'ג דער (ן) zigzag

זיגזאַגיר|ן וו (–ט) zigzag

זיגזאַגיש אַדי/אַדוו zigzag(gy)

זיגל דער/דאָס (ען) seal, stamp

זי'גלרינג דער (ען) signet ring

זיג|ן וו (גע–ט) win *intr.*, be victorious

זיגער דער (ס) פֿעמ ין victor

זיגרײַך אַדי *Germ.* victorious

זי'דלוואָרט דאָס (...ווערטער) abusive word, insult, invective

זידל|ען וו (גע–ט) curse *imperf.*, revile, berate

|| זידלען זיך swear, be abusive

|| זידלען און שנידל|ען revile, vituperate

זידלערײַ' דאָס (ען) stream of invective, abuse

זיד|ן וו (געזאָדן/געזאָטן/גע–ט) boil *intr.*; seethe, become agitated/excited; swarm; sizzle; (snake) hiss

|| זידן לײַכט simmer

זידפּונקט דער boiling point

זיווג דער (ים) [ZIVEG - ZIVUGIM] match, marriage; betrothed, future spouse

|| זײַן* אַ זיווג צו *also* make a pair/match for

זיווגשאַפֿט די (ן) [ZI'VEGShAFT] marriage, matrimony, wedlock

זיוף דער (ים) [ZIEF - ZIUFIM] falsification, forgery; fake

זיטן מצ customs, mores; escapades

זיי פּראָנ they; (to) them; (plural of respect) he, she

|| זיי ווילן אַ צימער Sir/Madam wishes to have a room

זײַ וו (אינפֿ: זײַן) *(sg. fam. imperative)* be

זייג|ן וו (גע–ט) nurse, breastfeed

|| פֿ״גל זויגן

זיי'געדיק אַדי nursing (baby), suckling (animal)

זײַ'־געזונט דער (ן) goodbye, farewell

|| זאָג|ן אַ זײַ־געזונט say goodbye, take one's leave

|| פֿאַרגעס|ן דעם זײַ־געזונט leave without saying goodbye

זייגער דער (ס) watch, clock

|| וויפֿל איז/האַלט דער זייגער? what time is it?

|| אַכט אַ זייגער eight o'clock

|| וויפֿל אַ זייגער? at what time?

זיי'גער־באָמבע די (ס) time bomb

זיי'גערווײַלעכץ אַדוו clockwise

זיי'גערין די (ס) wet nurse

זיי'גערל דאָס (עך) (wrist-)watch

זיי'גער־מאַכער דער (ס) watchmaker

זיי'גערן 1. אַדי (hour/minute) exact, by the clock

|| אַכט זייגערנע מינוט eight minutes by the clock

|| 2. זיי'גער|ן וו (גע–ט) time *imperf.*, measure duration of

זייגקינד דאָס (ער) nursing child, infant

זײַד די/דאָס silk; *fig.* kind-hearted person

זײַ'דוואָרעם דער (...ווערעם) silkworm

זײַדיק אַדי silky

זיידן אַק/דאַט זע זיידע

זײַד·ן אַדי silk(en), of silk; delicate, gentle, kind

|| מיט זײַדענע הענטשקעס *fig.* with kid gloves

|| זײַדענע מענטשן kind-hearted/charming people

זײַדנבוים דער (...ביימער) mulberry (tree)

זײַדנס דאָס silk (cloth)

זיידע דער (ס) (אַק/דאַט: זיידן; פּאָס: זיידנס) grandfather

זײַדע די (ס) angular cheilitis, cracks at the corner of the mouth

זיידע־באָ'בע מצ grandparents

זײַ'דפּאַפּיר דאָס tissue paper

זײַ־ווי'סן דער (ס) message

זײַט[1] די (ן) side; direction; page

|| אין אַ זײַט aside, apart; setting aside

|| דאָס געלעכטער אין אַ זײַט all joking aside, seriously

|| זײַט בײַ זײַט side by side, alongside; hand in hand

|| פֿון פֿאַס זײַט on the part of

|| פֿון/מיט דער זײַט sideways, laterally

|| פֿון איין זײַט on the one hand

|| פֿון דער אַ'נדערער זײַט on the other hand

|| אויף דער רעכטער זײַט right side up/out

|| אויף דער לינקער זײַט wrong side up, inside out

|| אויף יענער זײַט on the other side; opposite

|| אוי'פֿ|שטיי|ן* אויף דער לינקער זײַט get up on the wrong side of the bed

|| האַלטן זיך בײַ די זײַטן (פֿאַר געלעכטער) roll on the floor laughing

זײַט[2] וו (אינפֿ: זײַן) (you formal/plural) are; *(formal/plural imperative)* be

זײַט[3] פּרעפּ/קאָנ **זע זינט**

זײַט־זשע־מוחל דער (ס) [MO'YKhL] *euph., hum.* posterior, behind, bum

זײַטיק אַדי/אַדוו lateral; irrelevant, beside the point; secondary

זײַ'טיק|ער דער-דעק outsider, third party (to a project/conflict)

זײַטל דאָס (עך) זײַט דימ page; (butch.) side of beef/mutton/etc.

זײַטשיק דער (עס) דימ **זע זײַעץ**

זײַכ|ן וו (גע-ט) *vulg.* urinate, piss

זייל די (ן) **זע זעל**

זײַל דער (ן) pillar, column

זײַלשטיין דער (ער) stele; soapstone, steatite

זיים דער (ען) **זע זוים**

זיימ|ען וו (גע-ט) hem, seam, edge

זיין דער/די (ס) [ZAYEN] *zayin*, name of the letter ז

זײַן[1] פּאָס–אַדי his, its, one's

זײַן[2]* **.1** וו (בין, ביסט, איז, זײַנען/זענען, זײַט/זענט, זײַנען/זענען; איז געווע'ן/געוועזן; זײַ, זײַט; זײַ'ענדיק) be, exist; be (located), find oneself; take place; be ... (years old)

|| זײַ/זײַט אַזוי' גוט please, be so kind as to

|| אין דרויסן איז אַ גערודער there's a commotion outside

|| אין שאַכטל זײַנען געווען צוויי רינגען in the box there were two rings

|| זײַן צו become

|| זײַן אומפּ (weather) be/feel (hot/cold/etc.)

|| זײַן אומפּ ... דאַט *rev.* (person) be/feel (hot/cold/etc.); go (well/badly) for

|| **.2** הוו *auxiliary verb used to form the past tense for some verbs, esp. those of motion/state*

זײַנט : פֿון זײַנט וועגן for his sake, as far as he's concerned; *iron.* for all he cares

זײַניק אַדי *(usually nominalized)* his (own); which belongs to him, which is his by right; which concerns him

|| דאָס זײַניקע האָט ער שוין אָ'פּגעזאָגט he has said all that he wanted to say

זײַנסט האַלבן אַדוו *iron.* for his part, for all he cares

זײַנעט **זע זײַנט**

זײַנען וו (אינפֿ: זײַן) (we/they) are

זיי|ען = זייע|ן וו (גע-ט) sow *imperf.*

זײַ|ען וו (גע-ט/געזיגן) strain, sift, filter *imperf.*

זײַ'ענדיק וו (אינפֿ: זײַן) (while) being

זײַעץ דער (זײַצעס) דימ זײַטשיק *Slav.* hare

|| שפּילן אין זײַעץ play tag

זייער[1] פּאָס–אַדי their; theirs

זייער[2] אַדוו very, greatly, highly, very much

|| זייער און זייער extremely; earnestly, urgently

|| זייער אַ סך [SAKh] a great many, quite a lot of; enormously, tremendously

זײַער דער (ס) strainer, filter

זייערט : פֿון זייערט וועגן for their sake, as far as they are concerned; *iron.* for all they care

זיי'עריק אַדי *(usually nominalized)* theirs, their own

|| זייעריקס האָבן זיי שוין געקראָגן they've gotten what was coming to them

|| זייעריקע זײַנען קעגן their people are opposed

|| זיי טוען זיך דאָס זייעריקע they don't let anything distract them from their task

זײַ'ער|ן וו (גע-ט) leaven; pickle, marinate, sour

זייערס דאָס (ן) acid

זייערסט האַלבן אַדוו *iron.* for their part, for all they care

זייף די/דאָס (ן) soap

זייפֿבלום די (ען) safflower

זיי'פֿבלעזל דאָס (עך) soap bubble

זיי'פֿזידער דער (-/ס) soapmaker

זייפֿיק אַדי soapy

זייפֿ|ן וו (גע-ט) soap, lather *imperf.*

זיי'פֿנבלאָז די (ן) soap bubble; something trivial and fleeting

זײַצעס מצ **זע זײַעץ**

זיך[1] פּראָנ (reflexive or reciprocal pronoun used with all persons) (my/your/etc.)self
|| אויסער זיך beside oneself
|| פֿאַ'ר זיך on one's own, independently
|| אַ מעשׂה פֿאַר זיך [MAYSE] a story in itself, another story
|| אין זיך inward
|| פֿון זיך אַלײ'ן of its own accord, spontaneously
|| בײַ זיך in one's possession, on oneself; at home, in one's own place
|| פֿאַרקויפֿ|ן זיך be sold, sell *intr.*
זי'ך-[2]... self-
|| זיך-באַשולדיקונג self-accusation
|| זיכצוטרוי self-confidence
|| זיך-צופֿרידן self-satisfied
זיכער 1. אַדי sure, certain
|| זיכער אין sure of, convinced of, confident of
|| זיכער בײַ זיך self-confident
|| זײַן* זיכער מיט be at ease about, not need to worry about
|| מען איז ניט זיכער מיטן לעבן you're taking your life in your hands, one risks one's life
|| 2. אַדוו *also* of course, certainly, surely
|| אויף זיכער for sure, certainly
|| נעמ|ען אויף זיכער presuppose, take for granted; deceive, hoax
זי'כערונג די (ען) (elec.) fuse, circuit-breaker
זי'כער|ן וו (גע-ט) secure, insure
זי'כער-נאָדל די (ען) safety pin
זי'כערקייט די safety, certainty, assurance; security
זי'כערקייט-ראָט דער (UN) Security Council
זי'כער-שפּילקע די (ס) [Ly] safety pin
זילב די (ן) syllable
זילבער דאָס silver
זי'לבערדיק אַדי silver-plated; clear, ringing (sound)
זי'לבערוואַרג דאָס silverware
זי'לבערן 1. אַדי (of) silver; clear, ringing (sound)
|| 2. זי'לבער|ן זיך וו (גע-ט) *lit.* shine, glitter
זי'לבער-פּאַפּיר דאָס tin foil, aluminum foil
זי'לבער-פֿרעסטל דאָס (עך) hoarfrost, rime
זילזול דער (ים) [ZILZL - ZILZULIM] contempt, scorn, abuse; humiliation
|| מצ insults, vilification; calumny, defamation
זילזולדיק אַדי [ZI'LZLDIK] abusive, derogatory, scornful
זילן מצ traces (of a horse's harness)
|| גיי|ן* אין די זילן slave away in harness
זימיווליע די winter fodder
זי'מעווע|ן וו (גע-ט) winter, spend the winter
זי'מענע די winter wheat
זין[1] דער זע זינען
זין[2] דער/די (ס) זע זײַן
זין[3] מצ זע זון[2]
זינגל דאָס (עך) *neol.* jingle
זינגליד דאָס (ער) song
זי'נגעוודיק אַדי tuneful, melodious
זינג|ען וו (געזונגען) sing; chant
|| האָב|ן* צו זינגען און צו זאָגן have a difficult time
|| זינגען אַ פּרײַז *hum.* state the price
זינגער דער (ס) פֿעמ ין singer, chanter
זינגערײַ' דאָס (ען) *neol.* (community) sing, sing-along
זי'נגער-מאַשין די (ען) (Singer) sewing machine
זי'נגפֿויגל דער (...פֿייגל/ען) songbird
זינד די (-) sin, transgression
זי'נדאָפּפֿער דער (ס) expiatory offering
זינדבאָק דער scapegoat
זינדיק אַדי sinful; (morally) fallible
זי'נדיק|ן וו (גע-ט) sin, transgress
זי'נדיק|ער דער-דעק sinner
זינדל דאָס (עך) זון דימ *often hum./pejor.* sonny
זינד|ן וו (גע-ט) זע זינדיקן
זינדער דער (-/ס) זע זינדיקער
זינט = פֿון זינט פּרעפּ/קאָנ (ever) since
זינלאָז אַדי/אַדוו *Germ.* senseless
זינען דער sense; point, purpose; mind
|| אָן אַ זינען senseless; pointless
|| בײַם (פֿולן) זינען sane, in one's right mind
|| אין זינען האָב|ן* אַק/צו plan (to); have/keep in mind; make sure (to), not forget (to)
|| עס האָט אַ זינען it's a good idea, it makes sense
|| זיך אַרײַ'נ|נעמ|ען אין זינען make up one's mind to
|| אַראָ'פּ|גיי|ן* פֿון זינען lose one's mind, go crazy
|| אַרוי'ס|גיי|ן* דאַט פֿון זינען slip s.o.'s mind

|| קומ|ען דאָט אויפֿן זינען occur to

|| וואָס פֿאַר אַ זינען האָט עס (צו שרײַען)? what's the point (of shouting)?

זינקזאַמד דאָס/דער (ן) quicksand

זינק|ען **1.** וו (געזונקען) sink *trans.* (a ship)

|| **2.** וו (איז געזונקען) sink *intr.*, go to the bottom

זיס אַדי/אַדוו sweet; fresh (water); cute, pretty

|| טאַ'טע זיסער! Dear God!

זיסוואַרג דאָס candy, sweets

זיסט אַדוו otherwise

זיסקייט די sweetness; pleasantness, charm; kindness, graciousness

זיפּ די (ן) sieve, sifter; screen

זיפּ|ן וו (גע–ט) sift *imperf.*; screen, filter *imperf.*

זיפֿץ דער (ן) sigh

זיפֿצ|ן וו (גע–ט) sigh *imperf.*

זיץ דער (ן) seat (location), residence; seat (of a chair)

זיצאָרט דאָס/דער (זי'צערטער) seat (of government, etc.); place to sit, seat

זי'צוואַגאָן דער (ען) railroad coach

זיצונג די (ען) session, meeting, conference

זיציק אַדי sedentary

זיצל דאָס (עך) seat, bench (in a vehicle)

זיצ|ן וו (איז געזעסן) sit; be/stay seated; live, reside, be established; be in prison, serve time

|| זיץ!/זיצט! sit down! have a seat!

|| די הון זיצט אויף די אייער the hen broods/sits on the eggs

זיצער דער (ס) פֿעמ ין inhabitant, resident

|| פֿ״גל זיצערין

זי'צערין די (ס) woman with a fruit or vegetable stand at the market

|| פֿ״גל זיצער

זי'צערקע די (ס) זע זיצערין

זיצפֿלייש דאָס posterior; *hum.* perseverance, steadiness

זיצשטרײַק דער (ן) sit-down strike, sit-in

זיקאָרן פֿאָנ זכרון

זיקנה די [ZIKNE] old age

|| די זיקנה האָט זיך אויף אים אָ'נגערוקט old age caught up with him

זיקרעס מצ *slang* peepers, eyes

זכרון דער (ס) [ZIKORN] memory (mental faculty)

|| האָב|ן* אַ קורצן זכרון have a short memory

|| פֿ״גל זכרונות

זכה־בגורל דער [ZOKhE-BEGO'YRL] winning number, winning ticket

זכות דער (ן/ים) [SKhUS] merit; rare privilege; accumulation of merit in heaven; justification

|| אין זכות פֿון by reason of, by virtue of

|| אין פּאָס זכות on account of (s.o.'s) good deeds/accumulated merits

|| פּאָס זכות זאָל דאָט בײַשטיין may (s.o.'s) merits be credited to the account of

|| זײַן זכות זאָל אונדז בײַשטיין may we be protected by his merits

|| געפֿינ|ען אַ זכות <אויף> find stg. in favor (of)

|| געניס|ן דעם זכות פֿון benefit from the merits (of)

זכות־אָבֿות דער [SKhUS-O'VES] ancestral merits invoked in favor of the descendants; advantage stemming from a prestigious ancestry

זכות־הקיום דער [SKhUS-HAKI'EM] right to exist; raison d'être, reason for being

זכותו יגן (עלינו) פּר [SKhUSE YOGN (OLE'YNU)] may his merit protect us

זכות־עצמו דער [SKhUS-A'TSME] one's own accumulated merits, personal merit

זכיה די (–ות) [SKhIE] privilege, good fortune

|| האָב|ן* די זכיה <צו> have the honor (to)

|| פֿ״גל זכיות

זכיות מצ [ZO'KhIES] sacred rights

|| פֿ״גל זכיה

זכר[1] דער (ים) [ZOKhER - SKhORIM] male

|| איי'ן זכר אין מאָסקווע *iron.* the one who's in charge; with no competitor

|| פֿ״גל שלום־זכר

זכר[2] דער (ס) [ZEYKhER] trace, vestige, remembrance

זכרונה לבֿרכה פּר [ZIKhROYNE LIVROKhE] may her memory be a blessing *(used after referring to a deceased Jewish woman)*

זכרונו לבֿרכה פּר [ZIKhROYNE LIVROKhE] may his memory be a blessing *(used after referring to a deceased Jewish man)*

זכרונות מצ [ZIKhROYNES] memories; memoirs

זכרונם לבֿרכה פּר [ZIKhROYNOM LIVROKhE] may their memory be a blessing *(used after referring to deceased Jews)*

זכרונעווע|ן וו (–ט) [ZIKhRO'YNEVE] reminisce

זכרות דאָס [ZAKhRES] manhood, masculinity

זכר־לחורבן דער [ZEYKhER-LEKhU'RBM] reminder of ruin, *esp.* a portion of an interior wall in a Jewish house left unpainted in memory of the destruction of Jerusalem

זכר צדיק לבֿרכה פֿר [ZEYKhER TSADIK LIVROKhE] may the memory of the righteous be a blessing *(used after the name of a deceased righteous Jew)*

ז״ל [ZAL] = זכרונה לבֿרכה; זכרונו לבֿרכה; זכרונם לבֿרכה

זלו'קט(ינ)ע די (ס) washtub; bundle of laundry

זליזול דער (ים) **זע** זילזול

זלידניע די (ס) [Ny] **זע** זלידנע 2.

זלידנע **1.** אַדי annoying, vexatious, irksome, troublesome

|| **2.** די/דער (ס) pest, nuisance; harmful animal or insect

זליפּעץ דער (עס) end/heel of a loaf

זמאָרע די (folklore) she-devil who disturbs one's sleep

זמיי דער (ען/עס) *Slav.* viper, adder; kite

זמירות מצ [ZMIRES] Sabbath hymns sung at the table

זמן דער (ים/ען) [ZMAN] term, (alloted) time; school term, semester

זמר דער (ס) [ZEMER] tune, melody, air; song

זנאַטשען וו (גע–ט) *dial.* signify, mean; be of consequence/importance

זנאַכער דער (ס) פֿעמ קע quack (doctor), healer; sorcerer, magician

זנאַכערײַ' דאָס quackery, charlatanism

זנאַק דער (עס) דימ זנעקל *dial.* sign, mark; sign(board)

זנבֿ דער (ים) [ZONEV - ZNOVIM] tail; penis; fool, idiot

זנות דער/דאָס [ZNUS] debauchery, prostitution

זנעקל דאָס (עך) דימ **זע** זנאַק

זעברע די (ס) zebra

זעג די (ן) saw

זעגל דער (ען) sail

זע'גלבוים דער (...ביימער) mast

זעגל|ען (זיך) וו (גע–ט) sail

זע'גלשיף די (ן) sailboat, sailing ship

זעגמיל די (ן) sawmill

זעג|ן וו (גע–ט) saw *imperf.*

זעגעכץ דאָס sawdust

זע'גענ|ען זיך וו (גע–ט) **זע** געזעגענען זיך

זעדל דאָס (עך) seat of the trousers

זעדער מצ **זע** זאָד[1]

זעונג די (ען) (prophetic/supernatural) vision; appointment, meeting

זעט[1] די fullness, satiety, abundance, plenty

|| ער קען ניט כאַפּן די זעט he is insatiable, can't get his fill

|| צו (דער) זעט **זע** (צו) זאַט 1.

זעט[2] דער (ן) (the letter) Z

זעטיק אַדי nourishing, satisfying

זע'טיקונג די satiation, satisfaction; saturation

זע'טיק|ן וו (גע–ט) satiate, satisfy; saturate *imperf.*

זעט|ן וו (געזע'ט) **זע** זעטיקן

זעכציק צוו sixty

זעכציקסט אַדי–עפּי sixtieth

זע'כציקער **1.** דער (–/ס) sexagenarian

|| **2.** אַדי–אינוו : די זעכציקער יאָרן the 60's (decade)

|| אין די זעכציקער sexagenarian *adj.*, in one's sixties

זעכצן צוו sixteen

זעכצנט = זעכצעט אַדי–עפּי sixteenth

זעל די (ן) soul

זע'לביקייט די (ן) identity, sameness

זע'לביק|ער אַדי–עפּי *(always preceded by the definite article)* same

זע'לבסט־... auto..., self-...

זע'לבסטהערשאַפֿט די autocracy

זע'לבסטהערשער דער (ס) פֿעמ ין autocrat, despot

זעלבסטמאָרד דער (ן) suicide

זע'לבסטמערדער דער (ס) פֿעמ ין (person who commits) suicide

זע'לבסט־פֿאַרוואַלטונג די autonomy, local rule

זע'לבסט־פֿאַרשטע'נדלעך אַדי self-evident, obvious

זע'לבסט־פֿאַרשטע'נדלעכקייט די (ן) truism, obvious fact

זעלב|ער אַדי–עפּי **זע** זעלביקער

זעלבשוץ די/דער self-defense organization (*esp.* against pogroms)

זע'לבשטענדיק אַדי independent

זע'לבשטענדיקייט די independence

זעלט·ן **1.** אַדי rare, scarce; extraordinary

|| **2.** אַדוו rarely, seldom

|| זעלטן ווען (very) seldom

זע'לטנהייט די (ן) **זע** זעלטנקייט

זע'לטנקייט די (ן) rarity; rare or remarkable thing/event, rare specimen

זעלנער דער (ס/–) soldier

זעלנערײַ' דאָס military service; military profession, soldiery

זע'לנער(י)ש אַדי/אַדוו soldierly, military

זע'לנערשיף די (ן) troopship

זע'לצער-וואַסער דאָס seltzer (water)

זע'לצערל דאָס (עך) salt shaker

זע'לצער-קלייטל דאָס (עך) candy store (with soda fountain)

זע'לצערקע די seltzer (water)

זעמד מצ **זע זאַמד**

זעמדל דאָס (עך) זאַמד דימ grain of sand

זע'מדלדיק אַדי gritty, sandy

זעמדער דער (ס) pounce pot, sandbox (for drying ink)

זע'מיר = זענען מיר

זעמל דער/די (–) roll, bun

זעמליאַנקע די (ס) earthen/mud hut

זעמליאַ'ק דער (עס) פֿעמ ...אַטשקע *dial.* compatriot, countryman

זע'מלמעל דאָס/די best flour, fine flour; cream of the crop, elite

זעמסטווע די (ס) (in tsarist Russia) provincial government

זעמש דער **זע זאַמש**

זעמשער דער (ס) chamois-leather dresser

זע|ן* וו (מיר/זיי זעען; געזע'ן) see, behold

|| **זען (אַז)** נאָמ **זאָל** see to it that

|| **ניט צו זען** out of sight, nowhere to be found; invisible

|| **זע(ט) נאָר זע(ט)** well, well! have a look at that!

|| **זעסטו, זעט איר** on the other hand

|| **אַ'רבעטן – נישט; עסן זעסטו – יאָ** work, no; eat, on the other hand, yes

זענגג|ען וו (גע–ט) singe, brown, scorch *imperf.*

זענט וו (אינפֿ: זײַן) (you plural/formal) are

זעני'ט דער (ן) zenith

זעני'ט-האַרמאַט דער (ן) anti-aircraft gun

זענען וו (אינפֿ: זײַן) (we/they) are

זענעפֿט דער mustard

זענפֿטיק אַדי/אַדוו mellow, mild; serene, calm

זע'נפֿטיקייט די beatitude

זענק|ען וו (גע–ט) **זע זענגען**

זעסל דאָס (עך) seat, chair

זע'עוודיק אַדי seeing, sighted (not blind)

זע'עניש דאָס (ן) hallucination; interview, meeting

זעער דער (–/ס) פֿעמ ין seer, visionary, prophet

זעפּונקט דער (ן) point of view, viewpoint

זעץ דער (ן) hit, stroke, blow, slam, punch, knock; thump, thud

|| **געב|ן* אַ זעץ, אַ זעץ טאָ|ן*** strike, hit, punch

זע'צהאַמער דער (ס) sledgehammer

זעצל דאָס (עך) brood; set

זעצ|ן וו (גע–ט) seat *imperf.*, place, put, set; plant; (typogr.) compose; put in the oven; flow out, gush, spurt

|| **זעצן** <אין> knock (on/into)

|| **זעצן זיך** sit down, seat oneself; alight, land; (sun) set

זעצער דער (–/ס) compositor, typesetter; (baking) oven-man

זעצערײַ' דאָס typesetting, composition

זע'צקאַסטן דער (ס) (typogr.) type case

זעק מצ **זע זאַק**

זעקל[1] דאָס (עך) **זאַק** דימ *also* pouch (tobacco, gunpowder, money, etc.)

זעקל[2] דאָס (עך) דימ **זע זאָק**

זעקס צוו six

זעקסאונזעכציק = זעקס-און-זע'כציק דער "sixty-six", a card game

|| **אַן אָ'פֿענער זעקסאונזעכציק** a way of playing this game; free/open discussion; person who lays his/her cards on the table, person who speaks frankly

זעקסט אַדי–עפּי sixth (ordinal number)

זעקסטל דאָס (עך) sixth (fraction)

זעקסע אַדוו six o'clock

זעקסער דער (ס) six-groschen coin; small coin

זעראָ דער zero

זערנע די (ס) grain, seed

זצ"ל [ZATSA'L] = **זכר צדיק לבֿרכה**

זקיוועקע די (ס) **זע סקיפּקע**

זקן דער (ים) [ZOKN - SKEYNIM] old man; bishop (in chess)

זקנה[1] די [ZIKNE] **זע זיקנה**

זקנה[2] די (–ות) [SKEYNE] old woman

זראַזע די (ס) zrazy, meatball

זרוב דער (עס) ruins, debris

זרוע די (ס) [ZROYE] (butch.) shank-bone; grilled bone used on the Passover plate

|| **פּ״גל פּסח**

זריז דער (ים) [ZOREZ - ZRIZIM] diligent man

זריעה די (–ות) [ZRIE] seed

זרע די [ZERE] semen, seed; issue, progeny, descendants

זרענטשנע אַדי *dial.* handy, adept

זרקע|ן וו (גע–ט) [ZARKE/ZARGE] hurl, throw

|| זרקען זיך take offense, rant

זרת דער [ZERES] little finger; span, handsbreadth

זשאַבע די (ס) דימ די זשאַבקע frog

זשאַ'בעניק דער (עס) frogman

זשאַבקע די (ס) זשאַבע דימ tree frog

|| שפּרינג|ען זשאַבקע play leapfrog

זשאַברע די (ס) gill

|| זײַן* בלייך אונטער די זשאַברעס be in a bad way

זשאַווע|ן וו (גע–ט) זע זשאַווערן[2]

זשאַווער דער (chem., agric.) rust

זשאַ'ווערן[1] וו (גע–ט) rust, become rusty

זשאַ'ווערן[2] וו (גע–ט) breathe with difficulty

זשאַ'ווערפרײַ אַדי stainless, rust-proof

זשאַכאַלניק דער (עס) *slang* cantor

זשאַלאָב[1] דער (עס) זע זשאָלעב

זשאַלאָ'ב[2] דער (עס) *Slav.* mourning

|| גיי|ן* אין זשאַלאָב wear mourning

זשאַ'לאָבע די (ס) *Slav.* (jur.) complaint

זשאָ'לאָדע די (ס) *Slav.* acorn

זשאַ'לאָוואַניע די (ס) [Ny] *dial.* salary

זשאַלוזיע די (ס) [Ly...ZY] venetian blind, shutter

זשאָלעב דער (עס) feeding trough

זשאַ'לעווע|ן וו (גע–ט) <אַק> economize on, be stingy (with); save, be sparing with; pity

|| זשאַלעווען דאַט begrudge s.o.

|| זשאַלעווען דאַט <אַק> be stingy measuring (stg.) out to s.o.

זשאָנגליאָ'ר דער (ן) פֿעמ קע juggler

זשאָנגליר|ן וו (–ט) juggle

זשאַנדאַ'ר דער (ן) gendarme, policeman

זשאַנדאַרסקע אַדי–עפּי of a gendarme/policeman

זשאָנדצע דער (ס) זע זשאָנצע

זשאַנער דער (ס/ן) genre

זשאָנצע דער (ס) *dial.* manager, steward

זשאַפּע|ן וו (גע–ט) זע זשיפּען

זשאָקיי' דער (ען) jockey

זשאַקע'ט דער (ן) jacket; cardigan

זשאַר דער embers *coll.*, hot coals

זשאַרגאָ'ן דער (ען) jargon; *(often pejor., sometimes neutral)* Yiddish

זשאַרגאָניש אַדי *(often pejor., sometimes neutral)* Yiddish

זשאָרנע די (ס) millstone; hand mill

זשאַרע|ן וו (גע–ט) burn, scorch *trans.*; broil, grill *trans.*

|| זשאַרען זיך smolder, glow; broil *intr.*

זשאַרקע|ן וו (גע–ט) זע זשאַרען

זשגײַע|ן וו (גע–ט) chew, nibble (at)

זשוואַווע אַדי/אַדוו brisk, vivacious, pert, agile

זשוויר דער gravel

זשוזשע|ן וו (גע–ט) hum, drone, buzz

זשויב די source of riches, "gold mine"

זשויב|ן וו (גע–ט) amass great wealth *imperf.*

זשוליק דער (עס) crook, rascal, swindler, thief

זשום דער (ען) buzz, hum

זשומזשע די (ס) bumblebee

זשומ(זש)ע|ן וו (גע–ט) hum, buzz, purr

זשו'פּיצע די (ס) long coarse man's coat

זשוק דער (עס) beetle; bug, insect

זשור די coffee grounds

זשוראַ'וו דער (ן) (zool.) crane

זשוראַ'ווינע די (ס) זע זשורעכלינע

זשוראַווליע די (ס) זע זשוראַוו

זשוראַוועל דער (ס) shadoof, counterpoise-lift

זשורי' דער/די (ען) jury

זשורי'סט דער (ן) juror

זשורנאַ'ל דער (ן) magazine, journal

זשורנאַלי'סט דער (ן) פֿעמ קע journalist

זשורנאַליסטיק די journalism

זשורעכלינע די (ס) cranberry

זשיד דער (עס) (in Slavic languages) *usually pejor.* Jew

זשידאָווסקע אַדי (in Slavic languages) *usually pejor.* Jewish

זשידאָווקע די (ס) (used by a Polish speaker) Jewish woman, Jewess

זשי'וויצע די galipot, pine resin

זשילע די (ס) tendon, sinew

זשילע'ט דער (ן) [Ly] vest, waistcoat, cardigan

זשילקע די coarse tobacco

זשיפּע|ן וו (גע–ט) breathe with difficulty

|| קוים זשיפּען be barely alive, be barely breathing

זשיראַ'נט דער (ן) endorser (of a check, etc.)

זשיראַ'ף דער (ן) giraffe

זשיריר|ן וו (–ט) endorse (check)

זשירע די (ס) endorsement (of check); approval

זשי'רע(ווע)|ן וו (גע–ט) fatten *trans. imperf.*, stuff

זשלאָב דער (עס) boor, peasant, lout; cad; hulk, brute

זשלויב דער (עס) **זע זשאָלעב**

זשליאָק דער (ן) gulp

זשליאָקע|ן וו (גע–ט) gulp, quaff

זשליפּעק דער (עס) **זע זליפּעץ**

זשליקטע די (ס) **זע זלוקטינע**

זשמוט דער (ן) bundle, clump, tuft (of hair)

זשמורע|ן וו (גע–ט) : **זשמורען (מיט) די אויגן** blink; squint

זשמורקעס מצ blind-man's-buff

זשמינדיאַק דער (עס) [Dy] miser, tightwad

זשמיִע די (ס) shrew, harridan

זשמיקע|ן וו (גע–ט) lather, soap *imperf.*

זשמעניע די (ס) [Ny] handful

זשניקלע די (ס) shrewish wife

זשע פּאַרטיקל so, then (emphasis)

|| **קומט זשע אַריַי'ן!** come on in then!

זשעבראַק דער (עס) mendicant, beggar

זשעברע די (ס) *Slav.* rib

זשע'ברע(ווע)|ן וו (גע–ט) scrounge, beg

זשעדנע אַדי/אַדוו avid, greedy, yearning

|| **זייַן* זשעדנע** <אַק> yearn/be dying (for stg.)

|| **זשעדנע אויף געלט** greedy, avaricious

זשע'דנעקייט די greed, avarice, covetousness

זשעט פּאַרטיקל **זע זשע**

זשעטאָ'ן דער (ען) token, counter

זשעלאַטי'ן דער [Ly] gelatin

זשעלע' דער (ען) [Ly] (culin.) jelly

זשעמיק דער (עס) *dial.* potato

זשעמלאַנקע די (ס) [Ly] **זע זעמליאַנקע**

זשעני' דער (ען) genius (person)

זשעניר|ן זיך וו (–ט) feel embarrassed/inconvenienced

זשעסט דער (ן) gesture

זשעסטיקוליר|ן וו (–ט) gesture, gesticulate

זשעראַוול דער (עס) **זע זשוראַוועל**

זשערעבטשיק דער (עס) colt, foal

זשערעבע'ץ דער (עס) stallion

זשערעכלינע די (ס) **זע זשורעכלינע**

ח

ח[1] דער/די [KhES] letter of the Yiddish alphabet; pronunciation [Kh]; numerical value: 8

ח׳[2] = חבֿר [KhAVER] friend, comrade; Mr.

חב״ד [KhABA'D] *Chabad*, Hasidic movement founded in the last quarter of the 19th century (also called *Lubavitch*)

חבדניצע די (ס) [KhABA'DNITSE] room in a synagogue where followers of the Chabad ways of study/meditation gather; sort of round fur hat

|| פֿ״גל חב״ד; חבדניק

חבדניק דער (עס) פֿעמ ...ניצע [KhABADNIK] adherent of the *Chabad* movement

|| פֿ״גל חב״ד

חבדער אַדי–אינוו [KhABADER] of the *Chabad* Hasidic movement

|| פֿ״גל חב״ד

חבוט־הקבֿר דער זע חיבוט־הקבֿר

חבור דער (ים) זע חיבור

חבֿלי־לידה מצ [KhEVLE-LE'YDE] labor pains

חבֿלי־משיח מצ [KhEVLE-MEShI'EKh] *Jew.* sufferings that humanity will have to endure just before the advent of the Messiah (according to the Kabbalah)

חבֿר[1] [KhAVER - KhAVEYRIM] .1 דער (ים) פֿעמ טע friend, comrade, pal

|| זײַן* חבֿר <מיט> be on good terms (with)

|| ווער|ן חבֿר <מיט>, ווער|ן חבֿרים become friends (with)

|| .2 טיטל (*in certain political/social circles*) Mr.; Comrade *masc.*

חבֿר[2] [KhOVER] .1 טיטל title traditionally awarded to a man learned in Jewish studies

|| .2 דער (ס) member of the administration or faculty of a university

חבֿרה די (–ות) [KhEVRE] association, society, fraternity; gang, group of friends

|| ווײַס|ע חבֿרה street urchins, kids

|| שוואַרצ|ע חבֿרה demons, devils

|| חבֿרה לצים [LEYTSIM] bunch of pranksters

|| חבֿרה (פֿלעצל)! hi guys!

חבֿרה־מאַן דער (־לײַט) [KhE'VRE] member of an association; guy, fellow; great guy, good friend; lout, tough guy

חבֿרה־מאַנטע די (ס) [KhE'VRE] *dial.* fine girl, good friend *fem.*; courageous woman

חבֿרהניק דער (עס) זע ווײַסער־חבֿרהניק

חבֿרה־קדישא די [KhEVRE-KEDI'ShE] burial society arranging funerals according to Jewish law and custom

חבֿרותא די (–ות) [KhAVRUSE] cameraderie, solidarity; group, gang

חבֿרותאדיק אַדי/אַדוו [KhAVRU'SEDIK] sociable; shared, in common

חבֿרותאדיקייט די [KhAVRU'SEDIKAYT] sociability, conviviality

חבֿרטאָרין די (ס) [KhA'VERTORN] זע חבֿרטע .1

חבֿרטע [KhA'VERTE] .1 די (ס) friend *fem.*, (girl)friend

|| .2 טיטל (*in certain social/political circles*) Miss, Mrs.; Comrade *fem.*

חבֿרייא די (–ות) [KhEVRAYE] gang, group

חבֿריש אַדי/אַדוו [KhA'VERISh] friendly; comradely, fraternal

חבֿר־לאַ'וּוער/לאַ'פּ/פּאַ'וּוער [KhAVER] : זײַן*

חבֿר־לאַוּוער <מיט> *fam.* be thick as thieves, be close friends (with)

חבֿר|ן זיך וו (גע–ט) <מיט> [KhAVER] be friends (with), associate/hang out (with)

חבֿר־פּאַ'וּוער זע חבֿר־לאַוּוער

חבֿרשאַפֿט[1] די [KhA'VERShAFT] friendship, comradeship

חבֿרשאַפֿט[2] די (ן) [KhO'VERShAFT] *neol.* (university) fellowship

חגא די (–ות/חגאָות) [KhOGE - KhOGES/KhAGOES] non-Jewish holiday

חד־בדרא דער (ס) [KhAD-BEDO'RE] person who stands out among his contemporaries

חד־גדיא דער [KhAD-GA'DYE] “one kid”, allegorical song at the end of the Passover *Haggadah*; *fam.* jail, prison

|| פֿ״גל הגדה; פּסח

חדווה די [KhEDVE] bliss, joy

חדוודיק אַדי/אַדוו [KhE'DVEDIK] blissful

חדוש דער (ים) זע חידוש

חדר דער (ים) [KhEYDER - KhADORIM] chamber, room; *Jew.* traditional religious school/class; school, circle, way of thinking; *fam.* prison

|| גיי|ן* אין חדר בײַ learn a lot from, be the disciple of

|| אויס|זאָג|ן פֿון חדר tell tales out of school, divulge secrets

חדר־ייִנגל דאָס/דער (עך) [KhE'YDER] boy who attends a traditional Jewish school; novice, beginner

חדר־מיוחד דער [KhEYDER-MEYU'KhED] secluded room (for meditation or intellectual work)

חדר־מתוקן דער (חדרים־מתוקנים) [KhEYDER-MESU'KN - KhADORIM-MESUKO'NIM] *Jew.* modernized religious school (beginning in the late 19th century)

חדשים מצ זע **חודש**[1]

ח״ו זע **חס־וחלילה; חס־ושלום**

חובֿ דער (ות) [KhOYV] debt; duty, obligation

חובֿבֿ־ציון דער (חובֿבֿי־) [KhOYVEV-TSI'EN - KhO'VEVE-] supporter of the earliest Jewish movements for the return to Palestine (Russia, 1880's)

חודש[1] דער (חדשים) [KhOYDESh - KhADOShIM] month

|| זײַן* אין די הויכע חדשים be near the end of one's pregnancy

חודש־[2]... [KhO'YDESh] monthly

|| חודש־געלט monthly allowance

חודשלעך אַדי [KhO'YDEShLEKh] monthly

חודשניק דער (עס) [KhO'YDEShNIK] monthly (periodical)

חודש־רעטעכל דאָס (עך) [KhO'YDESh] red radish

חוות־דעת דער (ן) [KhAVES-DA'AS] expert opinion

חוזק דער [KhOYZEK] mockery, ridicule; travesty, farce

|| חוזק מאַכן/טרײַבן <פֿון> mock, make fun (of)

|| האָבן* אַ פּנים פֿון חוזק [PONEM] look ridiculous

|| חוזק(־נאַר) simpleton

חוזקדיק אַדי [KhO'YZEKDIK] mocking; ridiculous

חוזר־בתּשובֿה דער (חוזרים־) [KhOYZER-BITShU'VE - KhOZRIM-] repentant sinner; non-practicing Jew who returns to religious observance

חוטא דער (ים) [KhOYTE - KhOYTIM/KhOTIM] sinner

חוטא־בעגל זײַן* וו (חוטא־בעגל געווע'ן) [KhOYTE-B(E)E'YGL] *iron.* commit a crime of lese-majesty

|| מיט וואָס האָב איך דיר חוטא־בעגל געווע'ן? what did I do to you that was so bad?

חוטא|(נע)ן וו (גע־ט) [KhOYTE] sin, go wrong

חוט־השדרה דער (־ות) [KhUT-HAShE'DRE] backbone; spinal chord

חוטם דער (ס) [KhOYTEM] *hum.* big nose, schnozzle

חוכא־וטלולא די [KhUKhE-(U)TLU'LE] hilarity

|| מאַכן חוכא־וטלולא <פֿון> have a good laugh at the expense (of)

חולה 1. אַדי–אַטר [KhOYLE] *pejor.* sick, ill

|| זי איז ניט חולה עס צו טאָן *sarcastic* it wouldn't kill her to do it

|| 2. דער (־ים/חולאָים/חוליאים) [- KhOYLIM/KhALOIM/KhELIIM] sick person, patient

חולהוואַטע אַדי [KhOYLEVATE] sickly, weak

חול־המועד דער [KhALEMO'Y(E)D/KhOLEMO'Y(E)D] intermediary working days between the first and last two days of Passover and *Sukkot*

|| פֿ״גל פּסח; סוכּות

חולה־מסוכּן דער [KhOYLE-MESUKN] gravely ill person

חולה־נופֿל דער [KhOYLE-NO'YFL] epileptic

חולי־נופֿל(ים) דער [KhOYLI-NOYFL(IM)] epilepsy; epileptic

חולם דער (ס) [KhOYLEM] Hebrew vowel sign ◌ֹ, representing (for most Ashkenazim) the diphthong [OY] after the consonant above which it is placed

חולם־וואָ'ו דער/די (ן) [KhOYLEM] (in Hebrew) the letter וֹ, representing (for most Ashkenazim) the diphthong [OY]

חולם־נאָז די (־נעזער) [KhO'YLEM] *baby talk* scratched/bloody nose

חולנית די (ן) [KhOYLANES] sickly woman

חולק דער (ים) [KhOYLEK - KhOLKIM] opponent, adversary, dissident

חולק זײַן* וו (חולק געווע'ן) אויף [KhOYLEK] contest, contradict

חולשה די (־ות) [KhULShE] weakness, faintness; epidemic, plague

חולשה־חלשות אַדי–אַטר [KhULShE-KhALO'ShES] repulsive, nauseating

חולשת־הדעת די [KhULShES-HADA'AS] dejection, discouragement

חומר דער [KhOYMER] matter (as opposed to spirit), flesh

|| אָ'נ|שטאָפּן דעם חומר fill one's belly

חומרא די (־ות) [KhUMRE] justification for making laws stricter; strict interpretation (of the law)

חומש דער (ים) [KhUMESh - KhUMOShIM] Pentateuch, Five Books of Moses; each of the five Books of the Pentateuch

חונף דער (ים/חניפֿים) פֿעמ טע [KhOYNEF - KhONFIM/KhANEYFIM] flatterer, sycophant

חופּה די (־ות) [KhUPE] *Jew.* wedding canopy; marriage ceremony, wedding

|| שטעלן אַ חופּה get married, celebrate a marriage

|| שטעלן חופּה מיט — marry, get married to

|| פֿירן צו דער חופּה — marry off (one's child)

חופּה־וקידושין מצ [KhUPE-VEK(I)DU'ShN] *Jew.* marriage ceremony; religious wedding

|| געבן* דאָס חופּה־וקידושין — officiate at a marriage according to Jewish law

חופּה־קלייד דאָס (ער) [KhU'PE] wedding dress

חופּה־שטאַנג דער/די (ען) [KhU'PE] *Jew.* each of the four poles holding up the wedding canopy

חוץ[1] פּרעפּ [KhUTS] except, besides

|| חוץ דעם — furthermore, in addition

חוצ...[2] [KhU'TS] extra...

|| חוצחושיק [KhUTSKhUShIK] extrasensory

חוץ־לאָרץ (דאָס) [KhU'TS-LOORETS] : אין חוץ־לאָרץ — abroad, outside Palestine/Israel

|| פֿון חוץ־לאָרץ — from outside Palestine/Israel

חוץ־לדרך־הטבֿע אַדי–אַטר [KhUTS-LEDEREKh-HATE'VE] extraordinary, supernatural

חוץ־לזה אַדוו [KhU'TSLEZE] besides this, in addition

חוצפּה די [KhUTSPE] insolence, nerve, gall

חוצפּהדיק אַדי/אַדוו [KhU'TSPEDIK] insolent, arrogant, cheeky

חוצפּהניק דער (עס) פֿעמ ...ניצע [KhU'TSPENIK] insolent person

חוק דער (ים) [KhOK - KhUKIM] law, rule

חוק־ולא־יעבֿר דער [KhO'K-VELOYA'AVER] inviolable law, invariable rule

חוקר דער (ים) [KhOYKER - KhOKRIM] *obs./pejor.* scholar, philosopher *esp.* one versed in secular scientific thought

|| פּ״גל חוקר זײַן

חוקר־ודורש זײַן* וו (חוקר־ודורש געווע'ן) [KhOYKER-VEDO'YRESh] examine thoroughly, investigate, scrutinize

חוקר זײַן* וו (חוקר געווע'ן) [KhOYKER] *lit.* examine, study, look into

חור דער [KhUR] *fam.* jail, prison, clink

חורבן דער (ות) [KhURBM - KhURBOYNES] destruction, devastation, disaster; *esp.* any of the three major catastrophes of Jewish history (destruction of the First and Second Temples of Jerusalem, and the genocide of 1939-1945)

חורבן־בית־ראשון דער [KhURBM-BAISRI'ShN] destruction of the First Temple in Jerusalem in 586 BCE

חורבן־בית־שני דער [KhURBM-BAIS-ShE'YNI] destruction of the Second Temple in Jerusalem in 70 CE

חורבן־ליטעראַטור די [KhU'RBM] body of writings (testimony, memoirs, historical and literary works) in Yiddish dealing with the life, struggles and genocide of the Jewish victims of the Holocaust

חורבֿה די (–ות) [KhURVE] dilapidated house, hovel; broken-down person

|| מצ — ruins, debris

חורש דער [KhOYRESh/KhEYRESh] bribe, hush-money

חוש דער (ים) [KhUSh] sense (smell/hearing/etc.); feeling, talent; *fam.* deaf person

|| האָבן* אַ חוש פֿאַר — *also* have an flair for

|| פּ״גל חושים

חושד זײַן* וו (חושד געווע'ן) [KhOYShED] suspect

|| מ'איז אים חושד אינעם מאָרד — he is suspected of the murder

|| מ'איז חושד אַז ער האָט געגנבֿעט [GEGANVET] — he is suspected of having stolen

חוש־הטעם דער [KhUSh-HATA'(A)M] (sense of) taste

חוש־המישוש דער [KhUSh-HAMI'ShESh] (sense of) touch

חוש־הראיה דער [KhUSh-HARI'E] (sense of) sight

חוש־הריח דער [KhUSh-HARE'YEKh] (sense of) smell

חוש־השמיעה דער [KhUSh-HAShMI'E] (sense of) hearing

חושים [KhUShIM] 1. אַדי–אַטר bewildered, dazed

|| 2. דער — dazed/bewildered person; idiot

|| פּ״גל חוש

חושימדיק אַדי [KhU'ShIMDIK] sensual, sensuous; stupid

חושיק אַדי [KhUShIK] sensual, sensory

חושך דער/דאָס [KhOYShEKh] darkness, gloom

|| עס טוט/קערט זיך חושך — all hell has broken loose; sparks are flying, tempers are fraying

|| עס וועט זיך טאָן/קערן חושך — there will be hell to pay

חושך־מצרים דער/דאָס [KhOYShEKh-MITSRA'IM] impenetrable darkness; total chaos

חושכן וו (גע–ט) [KhOYShEKh] have a miserable life, suffer

חושכניש דאָס [KhO'YShEKhNISh] darkness

חותם דער (ס) [KhOYSEM] seal, stamp

|| לייגן אַ חותם אויף — leave one's mark on

חזוק דער (ים) זע חיזוק

חזיון דער (ות) [KhIZOYEN - KhIZYOYNES] (prophetic) vision

חזיר דער (ים) [KhAZER - KhAZEYRIM] pig, hog; pork; *fig.* skinflint, miser; boor

|| פּאַסן ווי אַ חזיר אַ זאָטל — be utterly inappropriate

|| מע קען קיין חזיר ניט זײַן — *hum.* one can't refuse

חזיר־האָר מצ [KhA'ZER] pig bristles

חזירטע די (ס) [KhA'ZERTE] sow; avaricious/dishonest woman

חזירײַ דאָס/די (ען) [KhAZERA'Y] filth, mess; dirty trick, nasty business; obscenity

חזירינע די (ס) [KhAZERINE] filthy woman

חזיריש אַדי/אַדוו [KhA'ZERISh] piggish, swinish; dirty, nasty; ignoble, abject

חזירל [KhA'ZERL] ‎1. דאָס mumps

|| ‎2. דאָס (עך) Russian gold ruble; 5 or 10 ruble gold coin

|| ‎3. דאָס (חזירימלעך) חזיר דימ [- KhAZE'YRIMLEKh] *also* suckling pig

חזיר־מילך די [KhA'ZER] milk found in the breasts of some newborns

חזיר־ניסל דאָס (עך) [KhA'ZER] acorn

חזירניק דער (עס) פֿעמ ...ניצע [KhAZIRNIK] swineherd, pig farmer; pork butcher; Jew who eats pork, unbeliever; boor, oaf

חזירעוואַטע אַדי [KhAZEREVATE] *pejor.* piggish (appearance)

חזיר־פּיסל [KhA'ZER] : (מאַכ|ן) חזיר־פּיסל כשר [KOShER] put forth the respectable side of stg. fundamentally dishonest

חזיר־פֿלייש דאָס [KhA'ZER] pork

חזירש אַדי/אַדוו [KhAZERSh] זע חזיריש

חזיר־שטאַל די/דער (ן) [KhA'ZER] pigsty *fig.*

חזיר־שלעגער דער [KhA'ZER] hog butcher; brute, brutal and coarse man

חז״ל מצ [KhAZA'L] the sages of the *Mishnah* and *Gemara*

|| פֿ״גל מישנה; גמרא

חזן דער (ים) פֿעמ טע [KhAZN - KhAZONIM] (synagogue) cantor

חזנות דאָס [KhAZONES] position/function of cantor in a synagogue; cantorial art, Jewish liturgical music

חזניש אַדי [KhAZONISh] of a cantor, cantorial

|| חזניש|ע מוזי'ק music of the synagogue

חזקה די (־ות) <אויף> [KhAZOKE] right of possession/preemption (of), claim (to)

|| האָב|ן* חזקה have tenure (employment)

|| קריג|ן חזקה receive tenure

חזרה די [KhAZORE] return (of goods to seller), returned goods

חזר|ן וו (גע־ט) [KhAZER] repeat (in order to learn)

חח׳ = חבֿרים [KhAVEYRIM] Comrades; Messrs.

חטא דער (חטאָים) [KhET - KhATOIM] sin, offense, crime

חטאל דאָס (חטאָימלעך) חטא דימ [KhETL - KhATO'IMLEKh] peccadillo

חטאָתי פּר [KhOTOSI] I have sinned

|| זאָג|ן חטאָתי confess one's sins

חטאת־נעורים מצ [KhATES-NEU'RIM] sins of youth

חי[1] דער [KhAY] realm of the living; living being

|| פֿ״גל חי־געלעבט

חי[2] = ח״י צוו [KhAY] *Jew.* eighteen, number thought to bring good luck, and which serves as a basis for calculating charitable donations

חיבוט־הקבֿר דער [KhIBET-HAKE'YVER] (folklore) the suffering of a dead sinner in the grave; great suffering

חיבור דער (ים) [KhIBER - KhIBURIM] (math.) addition; work, treatise, text; (in the traditional religious school) running translation in Yiddish after the reading of each verse of the Bible

חיבור־מאַשין די (ען) [KhI'BER] adding machine, calculator

חיבת־ציון די [KhIBES-TSI'EN] name of the first Jewish movement in favor of return to Palestine (Russia, 1880's)

חיבֿ אַדי–אַטר זע חייבֿ

חי־געלע'בט פּר [KhA'Y] let the good times roll! it's a wonderful life!

|| עס איז געווע'ן חי־געלעבט we had a great time

חידוש דער/דאָס (ים) [KhIDESh - KhIDUShIM] remarkable thing; astonishment, surprise; novelty, innovation; *Jew.* novel interpretation of a venerated text

|| זײַ|ן* אַ חידוש בײַ/דאַט *rev.* be surprised at

|| פֿאַרדראָ'סיק|ער חידוש consternation

|| מצ tourist attractions

|| לויפֿ|ן אויף חידושים come running out of curiosity

חידושדיק אַדי/אַדוו [KhI'DEShDIK] remarkable, surprising, astounding

חידושימדיק אַדי/אַדוו [KhIDU'ShIMDIK] זע חידושדיק

חידושים־ונפֿלאָות מצ [KhIDUShIM-VENIFLO'ES] marvels, wonders

חידושי־תורה מצ [KhIDUShE-TO'YRE] novel interpretations in the field of traditional Jewish learning

חידוש|ן זיך וו (גע־ט) <אויף> [KhIDESh] be astonished (by), wonder (at)

חיה די (־ות) [KhAYE] animal, beast

חיהלע דאָס (ך) חיה דימ [KhA'YELE] *also* insect

חיה־רעה די (חיות־רעות) [KhAYE-RO'E] wild beast, ferocious animal

חיהש אַדי/אַדוו זע חייִש

חיובֿ דער (ים) [KhIEV - KhIUVIM] obligation, duty

חיונה די [KhEYUNE/KhAYUNE] livelihood, means of support

|| ציִ|ען חיונה פֿון earn a living from

חי־וקים [KhAY-VEKA'YEM] : אַ פּראָסט|ער חי־וקים ordinary person, man on the street

|| כאַטש שרײַ חי־וקים *hum.* you can protest, but it won't do you any good

חיות[1] דאָס [KhAYES] life

|| חיות נישט זיכער one's life is at risk

|| ליב האָבן|ן* אַק דאָס חיות adore, be crazy about

חיות[2] דאָס [KhIES] vitality; delight, pleasure

חיותדיק אַדי [KhI'ESDIK] vital

חיות|ן זיך וו (גע–ט) מיט [KhIES] be delighted with

חיזוק דער (ים) [KhIZEK - KhIZUKIM] strengthening

חיט דער (ים) זע חייט

חייבֿ אַדי–אַטר [KhAYEV] guilty, responsible, in debt

|| חייבֿ צו subject to, obligated to; liable for

חייבֿ־מיתה אַדי–אַטר [KhAYEV-MI'SE] subject to the death penalty

חייט דער (ים) [KhAYET - KhAYOTIM] tailor

חייל דאָס (ות) [KhAIL - KhAYOLES] army, troops

חייִש אַדי/אַדוו [KhAISh] animal, bestial

חיי־שעה די (ען) [KhAYEShO'] transitory pleasure; moment of respite

חיל דאָס (ות) זע חייל

חילול דער (ים) [KhILEL - KhILULIM] profanation, desecration, violation

חילול־הזיווג דער [KhILEL-HAZI'VEG] *neol.* adultery, infidelity

חילול־הכּבֿוד דער [KhILEL-HAKO'VED] disrespect, insult

חילול־הקודש דער [KhILEL-HAKO'YDESh] desecration, sacrilege

חילול־השם דער [KhILEL-HAShE'M] blasphemy; behavior by one or more Jews liable to discredit the whole community

חילול־שבת דער [KhILEL-ShA'BES] desecration of the Sabbath

חילוף דער (ים) [KhILEF - KhILUFIM] conversion, change of currency; barter, exchange in kind

חילופֿ|ן וו (גע–ט) [KhILEF] (comm.) exchange *imperf.*, barter, trade

חילוק דער (ים) [KhILEK - KhILUKIM] distinction, difference; (math.) division

|| ניט קיין חילוק ווער/וווּ/... it doesn't matter who/where/...

חילוקי־דעות דאָס/דער (ן/–) [KhILUKE-DE'YES] controversy, difference(s) of opinion

חינוך דער [KhINEKh] dedication, consecration (of a synagogue); Jewish education

חיסור דער [KhISER] (math.) subtraction

חיפֿה (די) [KhEYFE] Haifa

חיצון דער (ים) [KhITSN - KhITSOYNIM] demon

חיצוניות דאָס זע חצוניות

חיריק דער (ן) [KhIREK] Hebrew vowel sign, written ִ, representing the vowel [I] after the consonant under which it is placed

חיריק־יו'ד דער/די (ן) [KhIREK] the letter יִ

חיתּוך־הדיבור דער [KhITEKh-HADI'BER] articulation, diction

חיתּוך־הדיבורדיק אַדי [KhITEKh-HADI'BERDIK] articulate (speech)

חית דער/די (ן) [KhES] *heth*, name of the letter ח

חכם דער (ים) [KhOKhEM - KhAKhOMIM] intelligent/sensible person; sage, scholar; *iron.* fool

|| חכם איינער! you fool!

|| כע'לעמער חכם proverbial idiot

|| האָסט געטאָ'ן ווי אַ חכם you did the right thing

|| גיי זײַ אַ חכם (און ווייס)! who could have guessed?

חכם־בלילה דער [KhOKhEM-BALA'YLE] *hum.* idiot

חכמה[1] די (–ות) [KhAKhOME] intelligent woman; *iron.* foolish woman

חכמה[2] די (–ות) [KhOKhME] wisdom; knowledge, learning; wit, intelligence; joke, witticism, wisecrack

|| אַ חכמה! some joke!

|| אָן חכמות simple, unfussy

|| אָן חכמות! let's be serious

|| ניט וויס|ן* פֿון קיין חכמות take things seriously; be direct/unsubtle

חכמה|(נע)ן זיך וו (גע–ט) [KhOKhME] joke, kid around, crack jokes

חכמה־צאָן דער (־ציינער) [KhOKhME] wisdom tooth

חכמות־חיצוניות מצ [KhOKhMES-KhITSO'YNIES] secular knowledge

חכמי־(ה)לעזשאַ'נקע מצ [KhAKhME-(HA)] *hum.* idlers (sitting behind the stove in the synagogue) discussing politics, armchair politicians

חכם־מופֿלג דער (חכמים־מופֿלגים) [KhOKhEM-MU'FLEG - KhAKhOMIM-MUFLO'GIM] great sage, very wise man

חכם־מחוכּם דער [KhOKhEM-MEKhU'KEM] very intelligent/clever man

חכמנית די (ן) [KhOKhMANIS] very wise/intelligent woman

חכם־עתּיק דער (חכמים־עתּיקים) [KhOKhEM-A'TEK - KhAKhOMIM-ATI'KIM] *often iron.* great sage, brilliant mind

חכמת די (ן) [KhAKhEYMES] very wise/intelligent woman

חכמת־הדאָקטאָ'ריע די [KhOKhMES-HA] *hum.* medical science

חכמת־החשבון די [KhOKhMES-HAKhE'ShBM] arithmetic, calculation

חכמת־היד די [KhOKhMES-HAYA'D] palmistry

חכמת־הפּרצוף די [KhOKhMES-HAPA'RTSEF] physiognomy

חכמת־ישׂראל די [KhOKhMES-YISRO'EL] "Science of Judaism", school of thought among Jewish intellectuals in Germany beginning in the first half of the 19th century

חל זע חל זײַן

חלאַת די/דאָס (ן) [KhALA'S] *slightly pejor.* disease

חלבֿ דאָס [KhEYLEV] tallow

חלבֿדיק אַדי [KhE'YLEVDIK] greasy; salacious (talk)

חלבֿן אַדי [KhE'YLEVN] (of) tallow

חלה די (–ות) [KhALE] *challah*, braided white bread for the Sabbath and holidays

|| חלה נעמען *Jew.* ritual assigned to women baking bread, consisting of saying a blessing before removing and burning a symbolic piece of dough

|| נעמ|ען חלה perform this ritual

חלום דער (ות) [KhOLEM - KhALOYMES] dream

|| בייז|ער חלום nightmare

|| פּוסטע חלומות idle fantasies

|| קומ|ען דאַט צו חלום appear to s.o. in a dream

|| אויס|לאָז|ן אַלע בייזע חלומות צו launch a stream of invectives against, shower with curses

|| אַלע בייזע חלומות צו/אויף ...! a thousand curses on ...!

חלומ|ען וו (גע–ט) [KhOLEM] dream

|| חלומען אויף דער וואָר daydream

|| חלומען זיך אומפּ דאַט <נאָמ> *rev.* dream (of stg.)

|| עס האָט זיך מיר געחלומט די מלחמה I dreamed about the war

|| וואָס ס'האָט זיך מיר געחלומט די נאַכט און יענע נאַכט ...! (curse) all the misfortunes I dreamt of (may they happen to ...)!

חלוף דער (ים) זע חילוף

חלוץ דער (ים) [KhOLETS/KhALU'TS - KhALUTSIM] pioneer *masc.* of Jewish agricultural colonization in Palestine

חלוצה די (–ות) [KhALUTSE] pioneer *fem.* of Jewish colonization in Palestine

חלוקה די (–ות) [KhALUKE] division, distribution; *esp.* distribution among the Jews of the old Ashkenazi community in Palestine (18th - early 20th century) of the funds collected in their home countries in Eastern Europe

חלוקי־דעות דאָס/דער (ן/–) זע חילוקי־דעות

חלוש דער (ים) [KhOLESh - KhALUShIM] sickly man

חל זײַן* וו (איז חל געווע'ן) <אויף> [KhAL] (law, rule) apply (to), be valid (for); behoove, be incumbent (on), affect

|| חל זײַן אום (holiday) fall/occur on

חלילה אַדוו/אינט [KhOLILE] God forbid; by no means!

חלילה־וחס אַדוו/אינט [KhOLILE-VEKhA'S] God forbid; under no circumstances!

חליע|ן וו (גע–ט) זע כאַליען[1]

חליצה די [KhALITSE] *Jew.* procedure releasing a man from the obligation of levirate marriage

|| געב|ן* <דאַט> חליצה release (s.o.) from the obligation of levirate marriage

|| נעמ|ען חליצה be released from that obligation

חלל דער (ס) [KhOLEL] void, vacuum; hollow, cavity, socket; space

חללדיק אַדי [KhO'LELDIK] hollow

חללע דאָס (ך) חלל דימ [KhO'LELE] *neol.* small cavity

חלף דער (ים) [KhALEF - KhALOFIM] *Jew.* slaughtering knife

חלפֿן דער (ים) [KhALFN - KhALFONIM] money changer, foreign exchange dealer

חלק דער (ים) [KhEYLEK - KhALOKIM] part, section; share, portion

|| האָב|ן* אַ חלק אין take part in; have a hand in, have stg. to do with; have rights to

|| געב|ן* דאַט אַ חלק give a piece of one's mind to

|| דריט/פֿערט/... חלק one third/fourth/... (fraction)

חלשות דאָס [KhALOShES] faint; nausea

|| פֿאַלן (אין) חלשות faint, lose consciousness

|| זײַן* חלשות be repugnant

|| (אַ) חלשות! that's awful!

חלשותדיק אַדי [KhALO'ShESDIK] nauseating, disgusting

חלשות־טראָפּנ(ס) מצ [KhALO'ShES] smelling salts, spirits of ammonia

חלש־טראָפּנס מצ [KhA'LESh] זע חלשות־טראָפּנס

חלשן וו (גע–ט) [KhALESh] faint, lose consciousness

|| חלשן נאָך דאַט/אַ אַק long for, be dying for

|| ער חלשט נאָך איר he's crazy about her

|| זי חלשט אָן עפּל she's dying for an apple

|| חלשן (צו) אינפֿ be dying to + *inf.*

|| דאָס האַרץ חלשט מיר I'm dying of hunger

|| מע קען פֿון אים/איר חלשן he/she can bore you to death

חמור דער (ים) [KhAMER/KhAMO'Y(E)R – KhAMOYRIM] ass *fig.*, idiot, ignoramus

|| עס ווענדט זיך ווו דער חמור שטייט that depends, it's all relative

חמור־אייזל דער (ען) [KhA'MER] skirt chaser, womanizer

חמור(י)ש אַדי [KhA'MER(I)Sh/KhAMOYRISh] asinine, narrow-minded

חמימה די [KhMIME] heat wave, extreme heat

חמישה־עשר(־בשבֿט) דער [KhAMIShO'SER(-BIShVA'T)] *Jew.* the 15th of *Shevat*, minor holiday connected to laws governing fruit trees

חמישי דער [KhAMIShI] congregant in the synagogue called to read the fifth passage of the Torah text corresponding to a Sabbath or holiday; that passage

|| געבן* דאַט חמישי designate s.o. for that reading

חמץ דער/דאָס [KhOMETS] *Jew.* leaven, leavened bread, or any other fermented food, which must be eliminated from the house before Passover; *hum.* bread; undesirable thing/person; stolen goods; something it is forbidden to possess

|| פּ״גל פּסח

חמצדיק אַדי [KhO'METSDIK] containing leaven or leavened bread, fermented or contaminated by fermented foods, and consequently prohibited during Passover

|| פּ״גל פּסח

חמרים מצ [Kh(E)MORIM] loads, lots, vast quantities

חמשה־עשר־בשבֿט דער זע חמישה־עשר־בשבֿט

חן דער (ען) [KhEYN] grace, charm, attraction

|| האָבן* דעם זי'בעטן חן have great charm

|| געפֿינ|ען חן בײַ please, find favor in the eyes of

|| מאַכ|ן חן <דאַט> flirt (with), give (s.o.) the eye

חן־בראָדעווקע די (ס) [KhE'YN] beauty mark

חן־גריבעלע דאָס (ך) [KhE'YN] dimple

חנדל דאָס (עך) [KhEYNDL] affectation, coquetry

|| מאַכ|ן חנדלעך <צו> flirt (with), make eyes (at)

חנדל|ען זיך וו (גע–ט) <צו> [KhEYNDL] make eyes (at), flirt (with)

חנדלער דער (ס) פֿעמ קע [KhEYNDLER] flirt, ladies' man

חנהלעס איי'געלע דאָס (ך) [KhA'NELES] (botan.) pansy

חנוכּה דער [KhA'NUKE/KhA'NIKE] *Jew. Hanukkah*, eight-day festival commemorating the purification of the Temple in Jerusalem by the Maccabees

חנוכּה־געלט דאָס [KhA'NUKE/KhA'NIKE] money given to children as a present during Hanukkah

חנוכּה־לאָמפּ דער (ן) [KhA'NUKE/KhA'NIKE] menorah, lamp with eight positions for oil or candles, plus one for lighting, used at Hanukkah

חנוכּה־ליכטל דאָס (עך) [KhA'NUKE/KhA'NIKE] Hanukkah candle

חנוכּה־לעמפּל דאָס (עך) [KhA'NUKE/KhA'NIKE] זע חנוכּה־לאָמפּ

חנוכּת־הבית דער [KhANUKES-HABA'IS] dedication of a new building; house warming

חנוך דער זע חינוך

חנופֿה די (–ות) [Kh(A)NUFE] flatterer *fem.*

חניפֿה די (–ות) [KhNIFE] flattery, toadying

חניפֿהניק דער (עס) פֿעמ ...ניצע [KhNI'FENIK] flatterer, toady

חניפֿים מצ זע חונף

חנעוודיק אַדי/אַדוו [KhE'YNEVDIK] charming; cute

חנ|ען זיך וו (גע–ט) [KhEYN] זע חנדלען זיך

חנפּע|(נע)ן וו (גע–ט) <דאַט> [KhANFE] flatter (s.o.)

|| חנפּענען זיך <צו> engage in flattery; flatter (s.o.)

חס זע חס זײַן

חסד דער (ים) [KhESED - KhSODIM] favor, mercy, grace, benevolence

|| מיט חסד considerately, without causing damage

|| ס'איז נאָך מיט חסד it could have been worse

חסדימדיק אַדי [KhSO'DIMDIK] gracious, lenient

חס־וחלילה אַדוו/אינט [KhA'S-VEKhOLI'LE] under no circumstances; Heaven help us!

חס־ושלום אַדוו/אינט [KhA'S-VEShO'LEM] not at all! by no means!; God forbid!

חס זײַן* וו (איז חס געווע'ן) אויף [KhAS] *lit.* have pity on, spare

חסיד דער (ים) [KhOSID - KhSIDIM] very pious Jew; follower of Hasidism, a Jewish devotional movement founded in the 18th century in Eastern Europe, and divided into several groups following particular rabbis/masters; adherent, follower, admirer

|| פֿ"גל חסידות; חסידיזם

חסידאַרניע די (ס) [Kh(A)SIDARNYE] prayer house of a group of Hasidic Jews

חסידות דאָס [KhSIDES] Hasidism, Jewish devotional movement; Hasidic doctrine

חסידי־אומות־העולם מצ [KhSIDE-UMES-HOO'YLEM] "the Just of the Nations", non-Jews who have come to the aid of Jews

חסידיזם דער [Kh(A)SIDIZM] Hasidism

חסידיש אַדי [KhSIDISh] Hasidic, relating to Hasidism or its followers

חסידל[1] דאָס (עך) [KhO'SEDL] (sort of) Hasidic dance/tune

חסידל[2] דאָס (חסידימלעך) דימ [KhO'SIDL - KhSI'DIMLEKh] זע חסיד

חסידקע די (ס) [KhO'SIDKE] Hasidic woman

חסיד־שוטה דער [KhOSID-ShO'YTE] blind follower, narrow fanatic

חסר אַדי–אַטר/אַדוו [KhOSER] incomplete, defective; (lunar month) containing only 29 days

|| דער חודש איז חסר [KhOYDESh] this month (of the Jewish calendar) has only 29 days

|| דאָס וואָרט איז געשריבן חסר this (Hebrew) word is written without vowel signs and without the supplementary letters that suggest them

|| גיי|ן* חסר go to waste, fall into disrepair

חסרדיק אַדי [KhO'SERDIK] defective, incomplete

חסר־דעה אַדי–אַטר [KhOSER-DE'YE/KhSARDEYE] insane, demented, deranged

חסר־דעהניק דער (עס) פֿעמ ...ניצע [KhOSER-DE'YENIK/KhSARDE'YENIK] crazy person, scatter-brain

חסר־דעהש אַדי [KhSARDEYESh] crazy, demented, irrational

חסרון דער (ות/ים) [KhESORN - KhESROYNES/KhESROYNIM] fault, defect; drawback, disadvantage

|| מאָראַ'ליש|ער חסרון vice

|| אַ חסרון וואָס it's too bad that, the problem is that

חפֿץ דער (ים) [KhEYFETS - KhFEYTSIM] thing, article, object; valuable object

חפֿצ(י)ות מצ [KhEFTSES] whims

חצוניות דאָס [KhITSO'YNIES] externality, outward appearance(s)

חצוניותדיק אַדי [KhITSO'YNIESDIK] outward, apparent

חצוף דער (ים) [KhOTSEF - KhTSUFIM] impudent/debauched man

חצופֿה די (–ות) [Kh(A)TSUFE] impudent/debauched woman

חצות דער (ן) [KhTSOS] midnight; *Jew.* pious custom of arising at midnight for study and prayer in memory of the destruction of Jerusalem

|| אָ'פּ|ריכטן/פּראַווע|ן חצות observe this custom

חצי־... [KhOTSE-] half-, mid-

|| חצי־ייִ'דיש פּאַלאָווינע גוייִש in a mixed Yiddish-Slavic pidgin

חצי־חודש דער [KhOTSE-KhO'YDESh] mid-month, time of the full moon

חצי־פֿויגל דער [KhOTSE] *fam., hum.* half-ruble

חציפֿות דאָס [Kh(A)TSIFES] insolence, shamelessness

חקירה די (–ות) [Kh(A)KIRE] (philosophical) speculation

חקירה־ודרישה די (חקירות־ודרישות) [Kh(A)KIRE-(VE)DRI'ShE] close scrutiny, investigation

חקירה|ן זיך וו (גע–ט) [Kh(A)KIRE] theorize, speculate, philosophize

חקרן דער (ים) פֿעמ טע [KhAKREN - KhAKRONIM] speculative thinker, quibbler

חקרניש אַדי/אַדוו [KhAKRONISh] speculative, theoretical

חקרנ|ען זיך וו (גע–ט) [KhAKR·N] speculate, philosophize, quibble

חרד דער (ים) [KhORED - KhAREYDIM] strictly observant Jew, ultra-Orthodox

חרדיש אַדי [KhAREYDISh] *Jew.* strictly observant

חרובֿ אַדי [KhOREV] destroyed, devastated; very sick

|| חרובֿ מאַכ|ן destroy, ruin, lay waste

|| חרובֿ פֿאַרבײַ' dying

חרובֿ־ונחרבֿ אַדי–אַטר [KhOREV–VENE'KhREV] utterly ruined, reduced to nothing

חרוסת דאָס [Kh(A)RO'YS(I)ES] sweet brown paste containing grated apples, ground nuts, cinnamon and wine, into which the bitter herbs are dipped on Passover night in memory of the clay the Hebrew slaves used to make bricks in Egypt

|| פֿ״גל פּסח

חרוץ דער (ים) [KhORETS - KhARUTSIM] diligent and ingenious man

חרוצה די (–ות) [KhARUTSE] diligent and ingenious woman

חרטה די [KhAROTE] regret, remorse, repentance

|| חרטה האָב|ן* <אויף> regret, rue, be sorry (for); go back (on), back out (of)

חריף דער (ים) [KhAREF - Kh(A)RIFIM] person with a keen mind

חריפֿות דאָס [Kh(A)RIFES] sagacity, insight, shrewdness; brilliant idea

|| אַ חריפֿות! excellent! brilliant!

חריפֿותדיק אַדי/אַדוו [Kh(A)RI'FESDIK] shrewd, astute, brilliant

חרם דער (ס/ים) [KhEYREM - Kh(A)ROMIM] *Jew.* excommunication

|| (אַרײַ'נ|)לייג|ן אין חרם *Jew.* excommunicate, banish from the community

|| אַרויפֿ'|לייג|ן אַ חרם אויף prohibit, ban

|| פֿ״גל חרמות

חרמות מצ [Kh(A)ROMES] : קללות און חרמות [KLOLES] vehement curses

חרפּה די (–ות) [KhARPE] shame, dishonor, disgrace; private parts

חרפּהנע [KhA'RPENE] : אַ חרפּהנע בושה! [BUShE] *dial.* it's a disgrace!

חרש דער [KhEYRESh] **זע** חורש

חשבון דער (ות) [KhEZhBM - KhEZhBOYNES] reckoning, calculation; account; bill, check

|| איבֿן חשבון פֿון billed to the account of; at the expense of

|| אָ'פּ|געב|ן* אַ חשבון <פֿון> account (for)

|| אָ'פּ|געב|ן* זיך אַ חשבון <פֿון> be aware (of)

|| נעמ|ען אין חשבון take into account, consider

|| דאָס קומט ניט אין חשבון that is out of the question

חשבון־הנפֿש דער [KhEZhBM–HANE'FESh] examination of one's conscience, spiritual appraisal

חשבונ|ען וו (גע–ט) [KhEZhB·N] calculate, reckon

חשבון־פֿירער דער (ס) פֿעמ ין [KhE'ZhBM] accountant

חשבון־פֿירערײַ' דאָס [KhE'ZhBM] accounting

חשבון־צדק דער [KhEZhBM–TSE'DEK] honest account, just reckoning

חשד דער (ים) [KhShAD - KhShODIM] suspicion, surmise

|| האָב|ן* אַ חשד <אויף> suspect (s.o.)

חשדימדיק אַדי [KhShO'DIMDIK] suspicious, wary

חשובֿ [KhOShEV] **1.** אַדי (קאָמפּ חשובֿער) [KhE'ShEVER] distinguished, respected, eminent; important

|| **2.** דער (ים) [- KhShUVIM] highly placed individual, dignitary

|| זײַן* אַ חשובֿ בײַ have the ear of, be held in great esteem by

חשוד [KhOShED] **1.** אַדי suspect, suspicious, fishy

|| **2.** דער (ים) [- KhShUDIM] suspect

חשוון דער [KhEZhVN] *Cheshvan*, second month of the Jewish calendar, corresponding to parts of October and November

חשוון־זומער דער [KhE'ZhVN] Indian summer

חשיבֿות דאָס [KhShIVES] importance, dignity, respectability

חשכות דאָס (ן) [KhAShKhES] (total) darkness

חשמונאָים מצ [KhAShMENOIM] Hasmoneans, Maccabees, Jewish dynasty founded by the family who led the rebellion against the Greco-Syrians in Judea, which reigned in the 1st and 2nd centuries BCE

חשק דער [KhEYShEK] desire, craving

|| האָב|ן* חשק <צו> wish (to), feel like

|| ניט האָב|ן* קיין חשק צו balk at, not feel like

|| או'נטער|געב|ן* חשק דאַט encourage s.o.

|| מיט חשק enthusiastically, eagerly

חשש דער (ים/ות) [KhShASh - KhShOShIM/KhShOShES] suspicion, apprehension, misgiving, qualm

|| וואַרפֿ|ן אַ חשש אויף implicate, throw into question

חתוך־הדיבור דער **זע** חיתוך־הדיבור

חתום דער (ים) [KhOSEM - KhSUMIM] signatory, undersigned

חתונה[1] די (–ות) [KhA'SENE] marriage, wedding; *pejor.* scene, scandal

|| געמישט|ע חתונות intermarriage, mixed marriages

|| חתונה האָב|ן* get married

|| חתונה האָב|ן* מיט/פֿאַר marry, get married to

|| חתונה מאַכ|ן marry off, give in marriage; *pop.* spoil, ruin, waste

|| אָ'פּ|שפּיל|ן אַ חתונה <דאַט> make a scene (in front of)

|| אָ'נ|אַ'רבעט|ן/פֿאַרקאָכ|ן אַ חתונה cause trouble, sow discord

חתונה־[2]... [KhA'SENE] marital

חתונה־געהאַ'ט אַדי–עפּי [KhA'SENE] married

|| ער איז אַ חתונה־געהאַטער he's a married man

חתונה־דערלוי'ב דער (ן) [KhA'SENE] *neol.* marriage license

חתונה־פּליטה די (–ות) [KhA'SENE-PLEYTE] *neol.* elopement

חתונהקע די (ס) [KhA'S(E)NKE] *hum., pejor.* marriage; scene, scandal

חתימה די (–ות) [KhSIME] signature; seal (imprint)

חתימה־געלט דאָס [KhSI'ME] *Jew.* gift offered to the fiancée by the fiancé or his family on the occasion of the engagement

חתימה־טובֿה די [KhSIME-TO'YVE] *Jew.* "favorable sealing", wish for a good year exchanged on the days preceding Yom Kippur

חתימת־זקן די [KhSIMES-ZO'KN] signs of a beard, sprouting of facial hair

חתלורע = חתליערע די זע כאַסליערע

חתמע|(נע)ן וו (גע–ט) [KhASME] sign; stamp, seal *imperf.*

|| חתמענען זיך <אויף> sign one's name (to)

חתן דער (ים) [KhOSN - KhASANIM] fiancé, bridegroom

|| ווער|ן אַ חתן (man) become engaged

חתן־בחור דער (ים) [KhO'SN-BOKhER] young man of marriageable age

חתן־בראשית דער [KhOSN-BRE'YShES] congregant designated to recommence the annual cycle of the reading the Torah on the morning of *Simchat Torah*

|| פֿ"גל שׂימחת־תּורה

חתן־כּלה מצ [KhOSN-KA'LE] engaged couple, bride and groom

|| ווער|ן חתן־כּלה become engaged

|| ווער|ן אוי'ס חתן־כּלה break off the engagement

חתן־מאָל דאָס (ן) [KhO'SN] *Jew.* meal when the groom is joined by his friends before the wedding ceremony

חתנ|ען זיך וו (גע–ט) <צו> [KhOS·N] court, be a suitor (for the hand of)

חתן־תּורה דער [KhOSN-TO'YRE] congregant designated to close the annual cycle of the reading of the Torah on the morning of *Simchat Torah*

|| פֿ"גל שׂימחת־תּורה

ט

ט¹ דער/די [TES] letter of the Yiddish alphabet; pronounced [T]; numerical value: 9

ט'² = אַט

|| ט' קומט ער = אַט קומט ער

'ט³ = האָט; וועט

|| ער'ט = ער האָט/וועט

טאַ אינט (oh) well

טאָ קאָנ then, so *(before an imperative or an interrogative word)*

|| טאָ שווייַג! so be quiet!

|| טאָ ווען קומט ער? when is he coming then?

|| טאָ וואָס? so what? what then?

טאָבאָגאַ'ן־שליטן דער (ס) toboggan, bobsled

טאַבאַטשניק דער (עס) tobacconist

טאַבאַק = טאַבאַ'ק דער (ן) tobacco

|| פֿ״גל טאַביקע

טאַבאַקערקע די (ס) snuffbox

טאַבאָר דער (...אָ'רן) encampment, *esp.* of Gypsies

טאַבו' דער (ען) taboo

טאַבו'ן דער (ען/עס) herd of horses

טאַבורע'ט דער (ן) דימ די טאַבורעטקע stool

טאַביק דער זע טאַביקע

טאַ'ביקע די snuff

|| שמעק|ן טאַביקע take snuff

|| אַ שמעק טאַביקע a pinch of snuff

|| ס'איז נישט ווערט קיין שמעק טאַביקע it's not worth a damn

טאַ'ביק־פּושקע די (ס) snuffbox

טאַבלאָי'ד דער (ן) [Ly] tabloid

טאַבליצע די (ס) blackboard, slate

טאַבלע'ט דער (ן) דימ די טאַבלעטקע [Ly] pill, (medicinal) tablet

טאַ'בעכעס מצ guts, entrails

טאַ'בעל(טאָג) דער (in Russia) official holiday

טאַבעליר|ן וו (–ט) present in the form of a table/chart; tabulate

טאַבעלירער דער (ס) tabulator

טאַבעלע די (ס) [Ly] table, chart

טאַבעק דער זע טאַבאַק; טאַביקע

טאַ'בעקבלום די (ען) sunflower

טאַבעקירקע די (ס) זע טאַבאַקערקע

טאַ'בעקקער די (ן) sunflower seed

טאָג דער (טעג) day

|| בייַ טאָג by day, in the daytime; *dial.* in the afternoon

|| פֿאַר טאָג(ס) at dawn

|| מיטן טאָ'ג גלייַך at daybreak

|| אַלע טאָג every day

|| טאָג אויף/נאָך/פֿאַר טאָג daily, day by day

|| טאָג־איי'ן טאָג־אוי'ס daily, day in day out

|| איבער אַכט טאָג next week

|| איבער אַכט טאָג דינסטיק a week from Tuesday

|| אַ גאַנצן (ליבן) טאָג all day (long); the whole day long

|| האַלב|ער טאָג noon

|| אַ גוטן טאָג! good bye, good day to you!

|| גרויס|ער/העל|ער טאָג broad daylight

|| אַ נע'כטיקער טאָג nothing doing! nothing of the kind; it's hopeless!

|| זוכ|ן דעם נע'כטיקן טאָג go on a wild goose chase

|| ביז אין ווייַסן טאָג אַריי'ן until dawn

|| אין מיטן העלן טאָג in broad daylight; suddenly, all of a sudden

|| גאַ'נצע(נע) טעג days on end; entire days at a time

|| עס ווערט טאָג day is breaking

|| הייב|ן/לויב|ן אין טאָג אַריי'ן praise to the skies

|| צאָל|ן אין טאָג אַריי'ן pay a heavy price

|| לעב|ן אַ (גוטן/לי'כטיקן) טאָג enjoy life, live it up; take it easy

|| עס וועט קומען אויף אים אַ טאָג his day of reckoning will come

|| עס פֿעלט אים אַ טאָג צו דער וואָך he's always short of something

|| דער טאָג שטייט ניט time's a wasting

|| נע'כטיקע טעג illusions, mirages

|| די ניין טעג period of mourning between the 1st and 9th days of the month of *Av*

|| פֿ״גל תּישעה־באָבֿ

|| עס|ן טעג (yeshiva student) be fed regularly in family homes

טאָ'ג־אַרבעטער דער (–/ס) day-laborer

טאָ'ג־אָרדענונג די (ען) agenda

טאָגבוך דאָס (...ביכער) diary, journal

טאָגבלאַט דאָס (...בלעטער) daily newspaper
טאָגהיים די (ען) day care center; (daytime) shelter
טאָ'ג־טע'גלעך אַדי/אַדוו daily; everyday
...טאָגיק אַדי–עפּי (lasting) ... days
|| אַ דריי'טאָגיקער סעמינאַ'ר a three-day seminar
טאָגליכט דאָס daylight
טאָג|ן וו (גע–ט) spend the day
|| ווי גענעכטיקט ניט געטאָ'גט be perpetually on the move
|| טאָגן אומפּ dawn; *hum.* be almost empty, run low
|| אין קריגל טאָגט שוין the pitcher is almost empty
טאָגע די (ס) toga
טאָ'גצײַטונג די (ען) daily newspaper
טאַדל|ען וו (גע–ט) criticize, find fault; rebuke
טאַווטאָלאָגיע די (ס) tautology
טאָוול דער (ען) דימ טע'ווועלע
tablet, panel, board; blackboard; (chocolate) bar; (book) cover
טאַז דער (ן) דימ דער טאַזשיק pan, basin
טאַט די (ן) *Germ.* deed, act
טאָטאַ'ל אַדי total
טאָטאַליטאַריש אַדי totalitarian
טאַטאַרניק דער reeds, rushes *coll.*
טאַטויִרונג די (ען) tattoo
טאַטויִר|ן וו (–ט) tattoo
טאַ'טינקע 1. דער (ס) daddy (dear)
|| 2. טאַטינקעס אינט good gracious!
טאַטיש אַדי fatherly, paternal
טאַטן אַק/דאַט זע טאַטע
טאַטע דער (ס) (אַק/דאַט: טאַטן; פּאָס: טאַטנס)
father, daddy
|| אַ טאַטנס אַ קינד a child from a good family
|| אַריי'נ|זאָג|ן דאַט אין (טאַטנס) טאַטן אַרײַ'ן
curse s.o. (by insulting his ancestors)
|| אַ רוח אין דײַן (טאַטנס) טאַטן אַרײַ'ן!
the devil take your (grand)father! [RUEKh]
טאַ'טעלעך אינט good gracious!
טאַטע־מאַ'מע מצ (both) parents, father and mother
טאָ'טעמסלופּ דער (עס) totem pole
טאַ'טעניו דער [Ny] beloved father, daddy dearest
טאַ'טע־פֿאָטער אינט God in heaven!
טאָטער דער (ן/ס) פֿעמ קע Tatar; bone-setter, quack; fortune-teller, conjurer

|| ס'וועט דיר נישט העלפֿן קיין טאָטער
you're in big trouble
טאָ'טעריש 1. אַדי Tatar(ic)
|| 2. (דאָס) Tatar (language); *hum.* gibberish, nonsense
טאַ'טעשי דער (ס) *affect.* daddy
טאַטראַק = טאַטריק דער זע טאַטאַרניק
טאַ'טריקע די buckwheat
טאָטשי(ד)לע די (ס) whetstone, grindstone
טאָטשע|ן וו (גע–ט) (doubt, worry) nag, gnaw; (disease) eat away (at); sharpen
טאַטשקע די (ס) wheelbarrow
|| טאַ'טשקע־אַרבעט *fam.* heavy labor
טאַילקע די (ס) skein, hank
טאַיע|ן וו (גע–ט) זע טײַען1 ; טײַען[2]
טאָך פֿאָנ תּוך
טאָכטער די (טעכטער) דימ טע'כטערל
daughter
|| ייִ'דיש|ע טאָכטער Jewish woman/girl
טאָ'כטערלאָ דאָס *vulg., pejor.* daughter
טאַכלעס פֿאָנ תּכלית
טאָל דער (ן/טעלער) valley
טאַלאַבענדע|ן וו (גע–ט) זע טעלעבענדען
טאַלאָ'ן דער (ען) coupon; (check, ticket, etc.) stub
טאַלאַ'נט דער (ן) talent
טאַלאַנטי'רט אַדי talented, gifted
טאַלאַפּ(ק)ען וו (גע–ט) drag one's feet
טאַליע די (ס) [LY] waist; deck (of cards)
טאָליק אַדי hilly, undulating (countryside); (of the) valley
טאַליר|ן וו (–ט) shuffle (cards)
טאָלכל דאָס (עך) טאָל דימ small valley
טאַלמאַטש דער (עס) זע דאָלמעטשער
טאַלמע די (ס) [Ly] women's long cloak
טאַלמעד פֿאָנ תּלמיד
טאָלמעטש דער (עס) זע דאָלמעטשער
טאָ'למעטשער דער (ס) זע דאָלמעטשער
טאָלסטאָווקע די (ס) peasant blouse (as popularized by Tolstoy)
טאַלעבענדע|ן וו (גע–ט) זע טעלעבענדען
טאַלע'נט דער (ן) זע טאַלאַנט
טאַלעפּוס דער (עס) pot-bellied person
טאַלעפּטשע|ן וו (גע–ט) jabber

טאַלע'ץ דער throw
טאַ'לעקע די (ס) meadow, pasture
טאָלער דער (ס) thaler; dollar (or any other unit of currency)
|| אַ פּאָר טאָלער *fam.* a little money
טאָלעראַ'נט אַדי [Ly] tolerant
טאָלעראַ'נץ די [Ly] tolerance
טאָלעריר|ן וו (–ט) [Ly] tolerate
טאָלפּאַס דער זע טאַלעפּוס
טאָלפּן דער piece, block
|| טאָלפּן זאַלץ cake of salt
טאָלק דער (ן/עס) order, system; sense
|| אָן אַ טאָלק unsystematic, aimless; incoherently
|| מיט אַ טאָלק systematic, methodical
|| רעד|ן מיט אַ טאָלק make sense
|| מאַכ|ן אַ טאָלק <אין/פֿון> organize, put into good order
|| דערגיי'|ן* אַ טאָלק <אין> make sense of
|| וויס|ן* אַ טאָלק <אין> be well versed (in)
|| קומ|ען/דעררעד|ן זיך צו אַ טאָלק <מיט> come to an understanding (with)
טאָלקאָווע אַדי זע טאָלקיק
טאָלקאַ'טש דער (עס) זע טוקאַטש
טאָלקיק אַדי coherent, sensible
טאַלקע די (ס) [Ly] talc
טאָ'לקעווע|ן וו (גע–ט) explain, comment upon
טאַם[1] פֿאַנ טעם
טאַם[2] פֿאַנ תּם
טאַמאָזשנע די (ס) *dial.* custom house
טאָמאַ'ט דער (ן) tomato
טאָמבאַנק דער (...בענק) (shop) counter
טאָמבאַק 1. דאָס tombac, brass
|| 2. דער (עס) brass button
טאָ'מבאַק(אָו)·ן אַדי (of) brass
טאַמבורי'ן דער (ען) tambourine
טאַמביק = טאָמבעק דער זע טאָמבאַק
טאַ'מלדיק אַדי staggering, dizzying
טאַמל|ען וו (גע–ט) stagger *intr.*; get/feel dizzy
טאַמע די (ס) dam, dike
טאָמעד פֿאַנ תּמיד
טאַ'מעווע|ן וו (גע–ט) confine, contain

טאָמער 1. קאָנ in case, if
|| טאָמער פֿאַרקע'רט? and what if the opposite is true?
|| איך האָב מורא טאָמער וועט זי פֿאַלן [MOYRE] I'm afraid she might fall
|| 2. דער (ן) eventuality, unforeseen event
טאָן[1] די (ען) ton
טאָן[2] דער (טענער) tone; sound, note
|| פֿאַלש|ער טאָן false note
טאָן[3]* 1. וו (טו, טוסט, טוט, טוען, טוט, טוען; געטאָ'ן) do
|| וואָס טוט מען? what is to be done?
|| האָב|ן* צו טאָן מיט have to do with; be involved in; have problems with; concern
|| דאָס האָט נישט צו טאָן that's irrelevant
|| וואָס האָט דאָס צו טאָן מיט מי'ר? what does that have to do with me?
|| טאָן אַנטקעגן דאַט defy s.o.
|| טאָן מיט *also* marry one's child to the child of
|| טאָן זיך *(indefinite subject)* be happening, take place
|| וואָס טוט זיך דאָ? what's happening here?
|| עפּעס טוט זיך something is going on
|| וואָס טוט זיך מיט דיר? what's the matter with you?
|| 2. הוו *auxiliary verb indicating punctual aspect*
|| אַ קוק טאָן take a look
|| אַ זאָג טאָן throw in (a remark)
|| אַ שפּרונג טאָן take a leap
|| 3. הוו + אינפֿ do *(emphatic auxiliary)*
טאָנאַ'זש דער (ן) tonnage
טאָנאַציע די (ס) (mus.) key
טאָנבאַנק די (...בענק) זע טאָמבאַנק
טאַנגאָ דער (ס) tango
טאָ'נגעבער דער (–/ס) פֿעמ ין leader, tone-setter
טאַנגע'נט דער (ן) tangent
טאַנגענטע די (ס) זע טאַנגענט
טאַנדיי'ט = טאַנדע'ט 1. אַדי of inferior quality; badly made, jerrybuilt
|| 2. דער old clothes; botched work
טאַנדעטניק דער (עס) פֿעמ ...ניצע old-clothes dealer; botcher, bungler
טאַנדעטנע אַדי זע טאַנדייט 1.
טאַנדעטער דער (ס) maker of ready-to-wear clothes
טאַנטיע'ם דער (ען) [TY] royalties, payment for rights
טאַנטע די (ס) *Germ.* aunt

טאַני'ן דער — tannin

טאָניק דער (ן) — (mus.) tonic (note)

טאַ'נענבוים דער (...ביימער) זע טענענבוים

טאַנץ דער (טענץ) דימ טענצל — dance

טאַנצזאַל דער (ן) — dance hall, ballroom

טאַ'נצמײַסטער דער (ס) — dance instructor

טאַנצ|ן וו (גע–ט) — dance

טאַנק דער (ען) — cistern, reservoir, (water) tank; (milit.) tank

טאָ'נשטאַפּל דער (ען) — (mus.) pitch

טאַס די (ן) — saucer

טאָסט דער (ן) — (celebratory) toast

טאַ'ס(עווע)|ן וו (גע–ט) זע טאַשן[1]

טאַסקע|ן וו (גע–ט) — drag, lug

טאָעס פּאַנ טעות

טאָפּ דער (טעפּ) דימ טעפּל — pot; measure of capacity in (tsarist) Russia roughly equivalent to a gallon or a peck

טאָפּאַ'ז דער (ן) — topaz

טאָפּאָל דער (ן) זע טאָפּאָליע

טאָ'פּאָלבוים דער (...ביימער) זע טאָפּאָליע

טאָפּאָליע די (ס) — poplar

טאָפּאָריסקע די (ס) — axe handle

טאָ'פּ־געבראָטנס דאָס — pot roast

טאָפּטאַק דער — treadmill, horse-powered mill

טאַפּטשאַ'ן = טאָפּטשאַ'ן דער (עס) — wooden bench; plank bed; china cabinet

טאָפּטשע|ן (זיך) וו (גע–ט) — plod, trudge, tread

טאָפּיע|ן וו (גע–ט) — submerge, drown

|| טאָפּיען זיך — *also* (candle) drip

טאָפּ·ל **1.** אַדי — double

|| אין טאָ'פּעלן — (folded) in half

|| **2.** אַדוו — double, twice (as much); doubly

|| **3.** דער (ען) — double, look-alike

טאָ'פּלווע דער (ען) — (the letter) W

טאָפּלט אַדי/אַדוו זע טאָפּל

טאָפּל|ען וו (גע–ט) — double, multiply by two

טאָ'פּלעניק דער (עס) — *dial.* drowned man

טאָ'פּלפּונקט דער (ן) — colon (punctuation)

טאָ'פּל־פֿענצטער דער/דאָס (–) — double-paned/double-hung window

טאָ'פּלשטיין דער (ער) — die, one of a pair of dice

טאַפּ|ן וו (גע–ט) — grope, feel one's way; touch, finger, feel *imperf.*; *fam.* paw

טאַפּעטן מצ — wallpaper

טאַפּעציר|ן וו (–ט) — upholster; wallpaper

טאַפּעצירער דער (ס) פֿעמ ין — upholsterer; paperhanger

טאַפּעצירערײַ' דאָס — upholstering; paperhanging

טאַ'פּערל דאָס (עך) — (zool.) antenna, tentacle

טאַפּרישצע די (ס) זע טאָפּאָריסקע

טאַפֿט דער — taffeta

טאַפֿט·ן אַדי — (of) taffeta

טאַפֿליע די (ס) — slab; panel; *dial.* pane

טאַץ די/דער (ן) דימ טעצל — tray, platter; cymbal

טאַק דער זע טאַקט

טאָק[1] די (ן) — lathe

טאָק[2] די/דער (ן) דימ טעקל — doll, dummy, mannequin

טאָקאַרניע די (ס) [Ny] — turner's shop

טאַקט דער (ן) — tact; (mus.) bar, measure; beat, time

|| צום טאַקט — (mus.) on the beat, in rhythm

טאַקטו'ר די זע טעקטור

טאַקטיק די — tactic(s)

טאַקטיש אַדי/אַדוו — tactical; tactful

טאַ'קטשטעקל דאָס (עך) — (conductor's) baton

טאַקי' אַדוו זע טאַקע

טאָקײַער **1.** אַדי — of/from Tokay (Hungary)

|| **2.** דער — Tokay (wine)

טאַקיש אַדוו זע טאַקע

טאָק|ן וו (גע–ט) — turn (on a lathe), shape *imperf.*; polish *fig.*, arrange (words)

טאַקס דער (ן) — badger

טאַקסי דער/די (ס) — taxi

טאַקסיר|ן וו (–ט) — tax; assess, evaluate

טאַקסע די (ס) — tax on kosher meat

טאַקע אַדוו — really, indeed; exactly

|| טאַקע? — really? no kidding?

|| דאָס איז ער טאַקע — that's him for sure

טאָקער דער (ס) — turner, lathe operator

טאַקעש אַדוו זע טאַקע

טאַראַבאַניע|ן וו (–ט) [Ny] — drum

טאַראַמאַ'טש = טאַראַמאַ'סק דער — *fam.* punch, blow with the fist

טאַראַ'ן[1] דער (עס) — roach (fish), *esp.* dried

טאַראַ'ן[2] דער (ען) — post, beam; battering-ram

טאַראַנטאַ'ס דער (ן) — tarantass, stagecoach

טאַראַפּעטשע|ן זיך = טאַראָפּעטשע|ן זיך וו (–ט) — struggle, thrash about

טאַראַקאַ'ן דער (עס) — cockroach

טאַראַראַ'ך אינט — bang! crash!

טאַראַראַ'ם דער (ען) זע טאַרעראַם
טאָרבע די (ס) sack, bag
טאָ'רבעלע דאָס (ך) דימ טאָרבע small bag, packet
|| טאָרבעלעך אונטער די אויגן bags under the eyes
טאָרג דער (עס) market, fair; auction
טאָ'רגעווע|ן וו (גע–ט) do business, trade
|| טאָרגעווען זיך bargain
טאָרט דער (ן) דימ טערטל (filled) cake, tart
טאַרטאַק דער (...אַ'קעס) sawmill
טאָרטורעס מצ : צי|ען אויף טאָרטורעס torture on the rack
טאַרטקע די (ס) זע טאַרקע
טאַרטשעו|ן וו (גע–ט) זע סטאַרטשען
טאַרי'ף דער (ן) price list
טאַ'רכענ|ען וו (גע–ט) drag, lug; importune, bother
טאַ'רכענער דער (ס) pest, bothersome person; *slang* thief
טאָרמאַז דער (ן) brake
טאָרמאַזיר|ן וו (–ט) brake *imperf.*
טאָרמאָשע|ן וו (גע–ט) shake, stir
טאָר|ן* וו (ער טאָר; גע–ט) : ניט טאָרן not be allowed to
|| ער טאָר ניט שרײַבן אַזאַ בריוו he mustn't write a letter like that
|| מע טאָר ניט אינפֿ it is forbidden to
|| טאָר מען דאָס? *(exceptionally in questions)* is that allowed?
טאָרנאַדאָ דער (ס) tornado
טאַרע די (ס) tare (weight)
טאַ'רעווע|ן וו (גע–ט) tare, deduct the weight of packaging
טאָרע|ן וו (גע–ט) jab, shove; vex, harass; pull, tear out
|| אַ טאָרע טאָ|ן* nudge, urge on
טאַרעס דער person who wears out his clothes quickly
טאַרעראַ'ם דער (ען) commotion, uproar
|| מאַכ|ן אַ טאַרעראַם <איבער> make a big fuss (about)
טאַרעראַמטשיק דער (עס) פֿעמ ...טשיצע troublemaker
טאַרעראַ'מע(ווע)|ן וו (–ט) fuss, cause an uproar
טאָרפּעדיר|ן וו (–ט) torpedo
טאָרפּעדע די (ס) torpedo
טאַרפּענטי'ן דער זע טערפּענטין

טאָרף דער turf, peat
טאָרץ דער (עס) wood paving-block
טאָרקל|ען וו (גע–ט) coo
טאַרקע די (ס) grater
טאָרקע|ן וו (גע–ט) זע טאָרען
טאַש די/דער (ן) דימ טעשל purse, handbag; pouch, bag; wallet
טאַשיר|ן וו (–ט) זע טאַשן[1]
טאַשמע די (ס) דימ די טאַ'שעמקע ribbon; (recording) tape
טאַש|ן[1] וו (גע–ט) shuffle (cards)
טאַ'שן-[2]... pocket-
|| טאַשנגעלט pocket money
טאַ'שנטיכל דאָס (עך) handkerchief
טאַשעוואַניע די (ס) [Ny] (shop) counter
טבֿילה די (–ות) [TVILE] *Jew.* ritual immersion for the purification of one's body; (among Christians) baptism
|| טבֿילה גיי|ן* (married woman) purify oneself after one's period
טבֿיעות־עין דאָס [TVIES-A'YEN] perspicacity, acuity; clairvoyance
טבֿע די (ס) [TEVE] nature, property; character, temperament; habit, way of behaving
|| האָב|ן* אַ טבֿע צו be in the habit of
|| זײַ|ן*/ווער|ן אומפּ דאָס אי'בער דער טבֿע *rev.* have had enough of
טבֿת דער [TEYVES] *Tevet*, fourth month of the Jewish year, corresponding to parts of December and January
טהרה די [TA'ARE] *Jew.* ritual purification of the body of the deceased before burial; purity
טהרה־ברעט די (ער) [TA'ARE] *Jew.* board on which the body of the deceased is placed for purification before burial
טהרה־שטיבל דאָס (עך) [TA'ARE] *Jew.* room at the cemetery for ritual purification of the dead before burial
טהרת־המשפּחה די [TAARES-HAMIShPO'KhE] *Jew.* observance of the laws regulating marital life; marital faithfulness
טו **1.** וו (אינפֿ: טאָן) (I) do
|| **2.** דער (ען) זע טווּנג
טואונג זע טווּנג
טואַלע'ט דער (ן) [Ly] attire, grooming; toilet, bathroom
טובאַנק דער (...בענק) זע טאָמבאַנק
טובע די (ס) tube (toothpaste, etc.); tuba
טובערקולאָ'ז דער [Ly] tuberculosis

טובֿה די (–ות) [TOYVE] favor, kindness; benefit, advantage
|| בע'ריש|ע טובֿה misguided favor
|| האָבן* אַ טובֿה פֿון benefit from
|| טאָ|ן* אַ טובֿה <דאַט> do a favor (for)
|| פֿון מײַן/דײַן/... טובֿה וועגן for my/your/etc. sake

טובֿי־העיר מצ [TUVE-HOI'R] town elders, local notables

טובֿל זײַן* וו (טובֿל געווע'ן) [TOYVL] *lit.* immerse in water, *esp. Jew.* for ritual purification
|| טובֿל זײַן זיך *Jew.* take a bath for ritual purification

טובֿל|ען וו (גע–ט) [TOYVL] **זע** טובֿל זײַן

טובֿת־הכּלל דער [TOYVES-HAKLA'L] (the) public good, (the) general interest

טואַן דער (יעס) [Ny] mud, slush

טואָרע די **זע** צוואָרעך

טואָרעך דער **זע** צוואָרעך

טוואָרע|ן וו (גע–ט) toil

טוווּע פֿאָנ **תּבֿואה**

טוויד דער tweed

טוּונג די (ען) action, deed

טוז אינט charge! sic 'em!; wham!

טוזליק דער (עס) **זע** טיזליק

טוזשורקע די (ס) jacket

טוט[1] דער (ן) דימ טיטל paper bag

טוט[2] וו (אינפֿ: טאָן) (he/she/it) does; (you formal/plural) do

טוטי'ן דער **זע** טיטון

טוטשע די (ס) swarm, cloud

טוי דער (ען) dew

טויב[1] אַדי deaf
|| טויב ווי די וואַנט stone deaf
|| טויב|ער חוש(ים)/יאַש [KhUSh(IM)] *pejor.* deaf person

טויב[2] די (ן) דימ טײַבל pigeon, dove
|| שטיל|ע טויב gentle, peaceful person

טויבלעך אַדי hard of hearing

טוי'בנשלאַק דער (...שלעק) dovecote, pigeon coop

טויבקייט די deafness

טוי'ב־שטו'ם אַדי deaf and dumb

טויגיק אַדי fit, competent; suitable, appropriate

טוי'גיקייט די fitness, suitability; usefulness

טויגלעך אַדי **זע** טויגיק

טויג|ן* וו (ער טויג; גע–ט) be useful/valuable; fill the bill, do the trick; *pop.* be virile
|| טויגן צו/אויף be suitable for; be good for stg.
|| עס טויג צו גאָרנישט it's worthless
|| טויגן <דאַט> suit (s.o.). be agreeable (to s.o.)
|| וואָס טויג נאָמ <דאַט> what good does stg. do for s.o.
|| וואָס טויג די חכמה? [KhOKhME] what's the use of wisdom?
|| וואָס טויג דיר דינגען? what's the point of your renting?

טוי'געוודיק אַדי fit, apt; usable, suitable; practical, convenient

טוי'געניכטס דער (ן) good-for-nothing

טויווע פֿאָנ **טובֿה**

טויז די (טײַז) ace (cards)

טויזנט .1 צוו one thousand
|| .2 דער (ער) thousand

טויזנטסט אַדי–עפּי thousandth

טוי'זנטער דער (–/ס) thousand (ruble, franc, etc.) note; a thousand (sum of money)

טויט[1] .1 אַדי/אַדוו dead; deathly pale
|| טויט הו'נגעריק starving to death
|| טויט קראַנק deathly ill
|| טויט מיד/שיכּור [ShIKER] dead tired/drunk
|| ניט טויט ניט לע'בעדיק more dead than alive
|| ווער|ן/מאַכ|ן פֿון טויט לע'בעדיק revive *intr./trans.*
|| .2 דער (ן) death
|| אַ גרינג|ער טויט an easy/painless death
|| אויף/צום טויט mortally, to death
|| טאָ|ן* דאַט צום טויט, טאָ|ן* דאַט אין טויט אַרײַ'ן make s.o.'s life miserable
|| מאַכ|ן דאַט דעם טויט not leave alone, pester
|| מאַכ|ן זיך דעם טויט kill oneself (working, etc.)

טוי'ט[2]**...** deathly, mortal
|| טויטשטילקייט deathly silence

טוי'טאורטייל דער (ן) death sentence

טויט|ן וו (געטוי'ט) **זע** טייטן

טוי'טנבעט דאָס deathbed

טויט|ער דער-דעק dead person, the deceased

טויטפֿאַל דער (ן) (case of) death, fatality

טויטקייט די deathly pallor

טויטקלאַפּ דער (...קלעפּ) deathblow

טויטשטראָף די (ן) death penalty; capital punishment

טויטש|ען וו (גע–ט) push, shove; bubble, boil (vigorously); roar, bellow

|| טויטשען זיך jostle (one another); fight, brawl

טויטשרעק דער/די terror, deathly fear

טוייִק אַדי dewy

טויכ|ן וו (גע–ט) dive, immerse oneself

טויכער דער (–/ס) פֿעמ ין diver

טויער דער (ן) gate; gateway, vehicle entrance; arch(way); goal (soccer)

טוי'ערמאַן דער (טוי'ערלײַט) gatekeeper; goal-keeper

טויפֿונג די (ען) baptism

טוי'פֿמוטער די (ס) godmother (at baptism)

טויפֿ|ן וו (גע–ט) baptize

טוי'פֿפֿאָטער דער (ס) godfather (at baptism)

טויק דער (ן) threshing floor

טויִק אַדי active

טוירע פֿאָנ תורה

טויש דער (ן) exchange, barter

טוי'שווירטשאַפֿט די (ן) barter economy

טויש|ן וו (גע–ט) <אויף> change *trans.*; exchange (for)

|| טוישן אַק change (clothes, etc.)

|| טוישן זיך change *intr.*

|| טוישן זיך <מיט> trade places (with s.o.); swap, exchange

טוך **1.** דאָס (טיכער) cloth; piece of fabric, rag

|| **2.** די (טיכער) דימ טיכל kerchief, shawl

טוכלע אַדי rancid (odor, taste); stale/musty (air)

טוכ·ן אַדי (of) cloth

טול דער (ן) trunk, torso; fuselage

טולופּ דער (עס) **זע** טולעפּ

טולי|ען וו (גע–ט) clasp (to one's breast)

|| טוליען זיך <צו> snuggle (up to), cling (to); embrace

טולעפּ דער (ן) sheepskin coat

טולפּאַ'ן דער (ען) [Ly] tulip

טום דער (ען) cathedral

טומאה די [TUME] *Jew.* state of ritual impurity; Evil; immorality, sinfulness; *pejor., pop.* church

טומאהדיק אַדי [TU'MEDIK] abominable

טומאַ'ן דער (ען) fog, haze

טומאָר דער (ס) tumor

טומבע די (ס) bollard (along road); pole, post

טומטום דער (ס) [TUMTEM] hermaphrodite, asexual animal/person

טומל דער (ען) noise, racket, commotion

|| מאַכן אַ טומל kick up a row; make a scene

טו'מלדיק אַדי noisy, boisterous

טומל|ען וו (גע–ט) make a racket; make a fuss

|| טומלען אומפּ זיך : עס טומלט זיך אַרו'ם די אַטאָמסטאַנציעס there's an uproar around the nuclear plants

|| וואָס טומלט זיך אַזוי'? what's all the fuss about

טומפּ(יק) אַדי/אַדוו **זע** טעמפּ[1]

טון[1] די (ען) barrel

טו|ן[2]* וו (מיר/זיי טוען; געטו'ן) **זע** טאָן[3]

טונדל דאָס (עך) טון דימ keg

טונדרע די (ס) tundra

טוניס (דאָס) Tunisia

טוניק דער (עס) tunic, blouse

טונעיאַדעץ דער (...דצעס) parasite

טונע'ל דער (ן) [Ly] tunnel

טונפֿיש דער (ן) tuna

טונק[1] דער (ען) dip, dunk

טו'נק-[2]... diving, submersible

|| טונקקאַסקע diving helmet

טונק·ל אַדי (קאָמפּ טי'נקעלער; סופּ טונקלסט) dim, obscure; dark (color); sinister

|| טונקעלע געשעפֿטן shady business

טונקל|ען וו (גע–ט) darken *intr.*; stand out (against a lighter background)

|| טונקלען אומפּ start to get dark

טו'נקל-קאַמער די (ן) (phot.) darkroom

טונק|ען וו (גע–ט/געטונקען) dip, immerse

טונקער דער (ס) פֿעמ ין diver

טונקערײַ' דאָס diving (profession)

טונקשיף די (ן) submarine

טוסט וו (אינפֿ: טאָן) (you sg. fam.) do

טועה זײַ|ן* זיך וו (טועה געווע'ן) [TOYE] be wrong, make a mistake

טועכץ דאָס (ן/ער) job, task; occupation, profession

טועם זײַ|ן* וו (טועם געווע'ן) [TOYEM] *lit.* taste, eat

טועם-טעם זײַ|ן* וו (טועם-טעם געווע'ן) [TOYEM-TA'M] taste, try

טוען[1] דער (ים) [TOYEN] plaintiff

טוען[2] וו (אינפֿ: טאָן) (we/they) do

טוער דער (ס) פֿעמ ין/קע active/dynamic person; leader, activist (in an organization, politics, etc.)

|| זײַן* אַ טוער <אין> be active (in)

טופּ דער (ן) stamp/tap (of the foot); blow

טופּיצע די (ס) blunt axe; blockhead

טופּיצער דער (ס) פֿעמ קע upholsterer; (wall)paper hanger

טופּיצערײַ' דאָס upholstery (trade); (wall)paper-hanging

טופּען וו (גע-ט) <מיט> stamp/tap (one's foot)

טופּצען וו (גע-ט) זע טופּען

טופֿליע די (ס) shoe; slipper

טוץ[1] דער/דאָס (ן) dozen

טוץ[2] **1.** דער fillip, flick; press of the finger

|| **2.** אינט come on! let's go!

טוצען וו (גע-ט) זע טיטשען

טוק **1.** די public bath

|| **2.** דער plunge, dive

טוקאַטש דער (ן) pestle

טוקאַץ דער (ן) זע טוקאַטש

טוקונג די (ען) plunge, dive

טוקן וו (גע-ט) dive, immerse

|| טוקן זיך *also* sparkle

טו'קעווע אַדי זע טוקענע

טוקען וו (גע-ט) זע טוקן; טיקען[2]

טו'קענע אַדי : טוקענע שמאַלץ beef fat

טו'קערין = טו'קערקע די (ס) *Jew.* attendant *fem.* in ritual bath house

טור דער (ן) tour

טורבאַ'ן דער (ען) turban

טורבי'ן די (ען) turbine

טו'רטלטויב די (ן) זע טערקלטויב

טורי'סט דער (ן) פֿעמ ין tourist

טוריסטיק די tourism

טורי'סטן... tourist, sightseeing

טו'רליקעס : מאַכן טורליקעס פֿון mock, make fun of; humiliate

טורמע די (ס) prison

טורניקע'ט דער (ן) tourniquet; turnstile

טורני'ר דער (ן) tournament

טורנע' דער (ען) tour

טורעם דער (ס) tower, spire

טו'רעמל דאָס (עך) טורעם דימ turret (*esp.* military)

טו'רעמ|ען (זיך) וו (גע-ט) tower

טו'רעמשפּיץ דער (ן) (archit.) spire

טורען וו (גע-ט) זע טאָרען

טורעס : מאַכן/פֿירן טורעס פֿון mock, make fun of; humiliate

טורקי'ז דער (ן) turquoise

טו'רקלטויב די (ן) זע טערקלטויב

טורקען וו (גע-ט) זע טאָרען

טוש[1] דער (ן) India ink

טוש[2] דער fanfare

טוש[3] דער (ן) shower

טו'שטייגער דער (ס) (gramm.) aspect

טושע די (ס) זע טוש[3]

טושען וו (גע-ט) stew *trans.*; smother; extinguish

טושפֿלייש דאָס stew

טושקען וו (גע-ט) זע טושען

טיאָך דער (ן) [Ty] throb

טיאָכען וו (גע-ט) [Ty] זע טיאָכקען

טיאָכקע דער (ס) [Ty] זע טיאָך

טיאָכקען וו-אומפּ (גע-ט) [Ty] (heart, pulse) beat, throb

|| עס טיאָכקעט מיר אין האַרצן my heart is pounding

טיאָפּקען וו (גע-ט) [Ty] gambol, move lightly

טיאָקען וו (גע-ט) [Ty] זע טיאָכקען

טיגל דער (ען) crucible

טיגער דער (ס) פֿעמ יכע tiger

טיול דער [Ty...Ly] tulle

טיול·ן אַדי [Ty...Ly] (of) tulle

טיזליק דער (עס) short coat/cloak

טיטאַ'ן דער (ען) titan

טיטול = טיטו'ל דער (ן) *often iron.* honorific title

טיטולירן וו (-ט) address (s.o. by title)

טיטו'ן דער tobacco

טיטל[1] דער (ען) title

טיטל[2] דאָס (עך) טוט דימ paper bag; roll of coins

טיטשען וו (גע-ט) <מיט> point (finger); poke (finger, etc.); spur, urge on (by advice/arguments)

טיטשקע[1] די (ס) support, stake (for plants)

טיטשקע[2] די (ס) טוטשע דימ swarm, cloud; pack, swarm

טיי די/דער (ען) tea

|| פֿאַרבעטן אויף אַ גלאָז טיי invite (s.o.) for tea

טײַבל דאָס (עך) דימ זע טויב[2]

טייג דאָס — (culin.) dough
|| פֿון איין טייג געקנאָטן — of the same kind, birds of a feather
טייגל דאָס (עך) — (culin.) dough ball
|| מצ — *also* confection made of dough balls cooked in honey
טײַגע די (ס) — taiga
טייגעכץ דאָס (ן) — pudding of potatoes or noodles baked in goose fat
טײַוואָלים מצ **זע טײַוול**
טײַוואָליש אַדי **זע טײַוולאָניש**
טײַוול דער (טײַוואָלים/טײַוולאָנים) — devil, demon
|| צו אַלדע טײַוול! — to hell with it/you/him/etc.
טײַוולאָניש אַדי — devilish, diabolical
טײַ'וולסקויט דאָס — assafoetida, devil's dung
טײַוולש אַדי — diabolic, devilish
טײַז מצ **זע טויז**
טײַטהאָלץ דאָס/דער (...העלצער) דימ **...העלצל זע טײַטל**
טייטונג די — manslaughter
טייטל דער/די (ען) — date (fruit)
טײַטל דער (ען) — pointer (lecture aid)
טיי'טלבוים דער (...ביימער) — date palm
טײַטל|ען וו (גע–ט) <מיט ... אויף> — point (finger, etc.) (at)
|| טײַטלען מיטן פֿינגער אויפֿן טאָוול — point at the board
טייט|ן וו (געטיי'ט) — kill, execute
טײַט|ן וו (געטײַ'ט) **זע טײַטלען**
טײַטער דער (ס) — (math.) denominator
טײַ'טפֿינגער דער (–) — index finger
טײַטש דער/די (ן) — meaning, sense; Yiddish, *esp.* the archaic language of traditional translations of the Pentateuch
|| זײַן* (דער/די) טײַטש — mean, translate as
|| וואָס טײַטש? — what does that mean?
|| פֿ"גל סטײַטש
טײַ'טש־חומש דער [KhUMESh] — traditional Yiddish translation of the Pentateuch, intended primarily for women
טײַטש|ן וו (גע–ט) — translate; explicate, interpret *imperf.*
טײַך דער (ן) — river, stream
|| אויס|לאָז|ן זיך אומפּ אַ טײַך <פֿון> — *rev.* fizzle (out), come to nothing
טײַכל דאָס (עך) טײַך דימ — brook, rivulet

טייל דער/די (ן) — part, portion
|| (אַ) טייל — some, part (of)
|| טייל מענטשן — some people
|| צום טייל — in part, partially
|| צום גרעסטן טייל — mostly, for the most part
טיילווײַז **1.** אַדי — partial
|| **2.** אַדוו — partly
טיי'לווײַזער דער (ס) **זע טיילער**
טיילונג די (ען) — division, partition
טיילזאַץ דער (ן) — (gramm.) clause
טייליק אַדי <אויף> — divisible (into)
טיילכל דאָס (עך) טייל דימ — particle
טייל מאָל אַדוו **זע (טייל) מאָל**[1]
טיי'למאָליק אַדי — occasional, intermittent
טייל|ן וו (גע–ט) <אויף> — divide (into/by); share; distribute
|| טיילן זיך <אויף> — be divided (into); be divisible (by)
|| טיילן זיך <מיט ... מיט> — share (stg. with)
|| איך האָב זיך מיט זיי געטיילט מיטן געלט — I shared the money with them
טיי'לעוודיק אַדי <אויף> — divisible (into/by)
טיי'לעכל דאָס (עך) **זע טיילכל**
טיי'־לעפֿעלע דאָס (ך) — teaspoon; teaspoonful
טיילער דער (ס) — (math.) divisor
|| גרעסט|ער שותּפֿיש|ער טיילער [ShU'TFIShER] — greatest common divisor
טיי'לצײַטיק אַדי/אַדוו — part-time
טײַנע פֿאָנ **טענה**
טײַסטער דער (ס) — purse, wallet
טיי'עלע דאָס (ך) — tea leaf
טײַע|ן[1] וו (גע–ט) — hide *imperf.*
טײַע|ן[2] וו (גע–ט) — melt
טײַער **1.** אַדי — dear; expensive, costly; adorable; excellent; precious, valuable
|| טײַערע פֿרײַנדין — dear madam
|| טײַער|ער! — darling! dearest!
|| **2.** אַדוו — dearly
|| האַלט|ן טײַער — treasure, cherish; hold dear
|| קאָסט|ן טײַער — be expensive
טײַ'ערינק אַדי–עפּי — adorable
|| טײַערינק|ער! — darling! dear!
טײַפֿו'ן דער (ען) — typhoon
טייקעף פֿאָנ **תּיכּף**

טיכטיק אַדי/אַדוו — active, energetic, hard-working

טיכל דאָס (עך) טוך דימ — kerchief; (piece of) cloth, rag; handkerchief

טיכער מצ זע טוך

טילטול־הדרך דער [TILTL-HADE'REKh] — *lit.* travel fatigue

טיליגע די (ס) זע טעליגע

טיליק דער (טילקעס) — hindquarters, rump; heel, back (of a shoe)

טילקאָ אַדוו — *dial.* only

טימיאַ'ן דער — thyme

טי'מעניצע די (ס) — scurf, ringworm

טינוף דער [TINEF] — filth, dirt; excrement; shoddy goods, junk; *vulg.* good-for-nothing, lowlife

טינופֿת דאָס (ן) [TINOYFES] — *pop.* excrement, dung; good-for-nothing, lowlife

טינט דער/די (ן) — ink

טי'נט(ה)אָרן דער (ס) — *obs.* inkwell

טינטל|ען וו (גע–ט) — scribble, scrawl *imperf.*

טינטלער דער (ס) פֿעמ קע — scribbler, hack

טי'נטניסל דאָס (עך) — gall(nut)

טינטער דער (ס) — inkwell

טי'נטערל דאָס (עך) טינטער דימ — pothole, mud-hole

טינטפֿיש דער (–) — squid

טינק דער/די — plaster, roughcast

טינקטו'ר די (ן) — tincture

טי'נקעווע|ן וו (גע–ט) — plaster, roughcast *imperf.*

טי'נקעלער אַדי קאָמפּ זע טונקל

טיעשע|ן וו (גע–ט) [Ty] — divert, amuse

טיפּ דער (ן) — type; character, oddball

טיפּאָסקרי'פּט דער (ן) — typescript

טיפּיזיר|ן וו (–ט) — typify

טיפּי'סט דער (ן) פֿעמ קע — typist, keyboarder

טיפּיר|ן וו (–ט) — type *imperf.*

טיפּיש אַדי <פֿאַר> — typical (of)

טיפּש דער (ים) [TIPESh - TIPShIM] — fool, idiot

טיפּשה די (–ות) [TIPShE] — foolish/stupid woman

טיפּשות דאָס [TIPShES] — foolishness, stupidity

טיף[1] .1 אַדי/אַדוו — deep; profound
|| .2 די (ן) — depth
|| אין דער טיף — in depth

טיף[2] דער זע טיפֿוס

טיפֿאָ'ן דער (ען) זע טײַפֿון

טי'פֿבאָמבע די (ס) — depth charge

טיפֿוס דער — typhus

טי'פֿזיניק אַדי/אַדוו — profound, meaningful

טי'פֿעניש דאָס (ן) — depth; abyss

טיפֿקייט די (ן) — depth; profundity

טיצ(י)ע|ן וו (גע–ט) זע טיטשען

טיצער דער (ס) — *slang* petty thief

טיק[1] קאָנ זע טאָ

טיק[2] דער (ן) — jab, thrust

טיק[3] דער — ticking (mattress)

טיקווע די (ס) — pumpkin, squash

טיקטאַק דער — tick-tock

טיק|ן וו (גע–ט) זע טוקן

טיקע|ן[1] וו (גע–ט) — tick, go tick-tock

טיקע|ן[2] וו (גע–ט) — jab, thrust (finger, etc.); throb, pulse
|| פֿ״גל טוקן זיך

טיר[1] די (ן) — door
|| וווינ|ען טיר צו טיר <מיט> — live next door (to)
|| וויס|ן* וווּ אַ טיר עפֿנט זיך — know one's way about, be well connected
|| אָ'פּ|שלאָג|ן דאַט די טירן — bombard s.o. with demands/proposals
|| ברעכ|ן/רײַס|ן זיך אין אַן אָ'פֿענער טיר — state the obvious
|| ווײַז|ן דאַט די טיר — show s.o. the door, throw s.o. out
|| גיי|ן* אומפּ דאַט דורך טיר און דורך טויער — *rev.* do well in business

טיר[2] דער (ן) — *Germ.* animal

טיראַדע די (ס) — tirade

טיראַ'זש דער (ן) — (periodical) circulation, press run

טיראַ'ן[1] דער (ען) פֿעמ קע — tyrant

טיראַ'ן[2] דער (עס) — person who wears out his clothes quickly

טיראַניזיר|ן וו (–ט) — tyrannize

טיראַנײַ' די (ען) — tyranny

טיראַניע די (ס) [Ny] זע טיראַנײַ

טיראַניש אַדי/אַדוו — tyrannical

טי'רגלעקל דאָס (עך) — doorbell

טירוף דער [TIREF] — madness; frenzy, delirium

טירופֿדיק אַדי/אַדוו [TI'REFDIK] — mad, crazy; frantic, frenzied

טירוף־הדעת דער [TIREF-HADA'AS] — madness, foolishness

טירחה די (–ות) [TIRKhE] — effort, pains
|| ס'איז אַ צו גרויסע טירחה? — is that asking too much?

טירע' דאָס/דער (ען) dash, hyphen

טירקאָ'ז דער (ן) turquoise; opal

טי'רקלטויב די (ן) זע טערקלטויב

טירקל|ען וו (גע–ט) זע טאָרקלען

טיש דער (ן) table; commission, committee; panel, group of speakers

|| גרייט|ן צום טיש, דעק|ן דעם/צום טיש set the table

|| אַ'רבעט|ן אויף טיש און אויף בענק make a supreme effort

|| עס טוט זיך אויף טיש און אויף בענק there's a lot going on

|| פּראַווע|ן/פֿיר|ן טיש (Hasidic master) receive his followers at his table to listen to his teachings; behave/speak like a master surrounded by disciples

|| ס'איז דאָ מיט וועמען צו גיין צום טיש there is s.o. you can rely on; there's s.o. you can have a serious conversation with

טישאָנצע : דאַרפֿ|ן* אַק אויף טישאָנצע כּפּרות [KAPORES] *hum.* have no need of s.o./stg.

|| טויג|ן* אויף טישאָנצע כּפּרות be totally useless

טישטעך דער/דאָס (ער) tablecloth

טי'שטעכל דאָס (עך) טישטעך דימ place mat, doily; napkin

טי'שקעווע|ן וו (גע–ט) *slang* stash, hide

טי'שקעסטל דאָס (עך) drawer

טית דער/די (ן) [TES] *tet*, name of the letter ט

טכויר דער (ן) polecat, skunk; skunk fur; coward

טכויר·ן אַדי (of) skunk (fur)

טכילעס פֿאָנ תּחילת

טלאָ די (ען) hoof

טלומאַ'טש דער (עס) זע דאָלמעטשער

טל־ומטר [TAL-UMO'TER] *Jew.* "dew and rain", words inserted in the daily prayer during the winter months and printed in very small type; *hum.* very small thing

|| ווי אַ טל־ומטר אין אַ קליין סידורל [SI'DERL] minuscule

טלומיק דער (עס) bundle

טלוק דער (עס) זע טליק

טלוקע|ן וו (גע–ט) זע טליקען

טליס דער (ן) trot

טליסע|ן וו (גע–ט) trot

טליִע|ן (זיך) וו (גע–ט) smolder, glow

טליק דער (עס) blow; *fam.* tart, trollop

טליקע|ן וו (גע–ט) hit, strike

|| טליקע|ן זיך wander, loiter

טלית דער (ים) [TALES - TALEYSIM] *tallit*, prayer-shawl

טליתניק דער (עס) [TALEYSNIK/TA'LESNIK] prayer-shawl manufacturer

טלית־קטן דער (ס) [TALESKOTN] four-cornered fringed garment worn under the shirt by observant Jews

טמא [TOME] .1 אַדי–אינוו *Jew.* ritually unclean, like corpses, lepers etc., or rendered unclean by contact with them

|| .2 דער (ים) [- TMEIM] despicable man; procurer, pimp

טמאניק דער (עס) פֿעמ ...ניצע [TO'MENIK] abominable person

טע דער (ען) (the letter) T

טעאַטער דער (ס/ן) theater; *fam.* something highly amusing

טעאַ'טער־גייער דער (ס) פֿעמ ין theater-goer

טעאַטעריַי' דאָס the theater, show business

טעאַטראַ'ל דער (ן) פֿעמ קע showman, impresario; theater-lover

טעאַטראַליש אַדי/אַדוו theatrical

טעאָלאָ'ג דער (ן) theologian

טעאָלאָגיע די theology

טעאָריזיר|ן וו (–ט) theorize

טעאָריע די (ס) theory

טעאָרע'טיקער דער (ס) פֿעמ ין theorist

טעאָרעטיש אַדי/אַדוו theoretical

טעאָרע'ם די (ען) theorem

טעג מצ זע טאָג

טעגלעך אַדי daily

טע'געסער דער (–/ס) yeshiva student fed regularly at the homes of local families

טעהע די sorrow, sadness

טעווטאָניש אַדי Teutonic

טע'־ווינקל דער (ען) T-square

טעווע פֿאָנ טבֿע

טע'װעלע דאָס (ך) טאָוול דימ slab, tablet

טעות דער/דאָס (ן/ים) [TOES - TEUSIM] error, mistake

|| על־פּי טעות [ALPI] by mistake

|| האָב|ן* אַ טעות be mistaken/wrong, make a mistake

|| אַ טעות אין חשבון [KhEzhBM] miscalculation

טעותדיק אַדי [TO'ESDIK] erroneous, mistaken

טעות־הדפּוס דער (ן) [TOES-HATFU'S] typographical error, misprint
טעזיס דער (ן) thesis; contention, theme (of an essay)
טעזע די (ס/טעזן) **זע טעזיס**
טעטיק אַדי active
טע'טיקייט די (ן) activity
טע־טע־טע' אינט well really! well I never!
טעיִן דער caffeine
טעכטער מצ **זע טאָכטער**
טע'כטערל דאָס (עך) **טאָכטער** דימ young daughter
|| **טעכטערל!** my little girl!
טעכנאָלאָגיע די (ס) technology
טעכנאָלאָגיש אַדי technological
טעכניק די (עס) technique
טע'כניקום דער (ס) technical school, polytechnic
טע'כניקער דער (ס) פֿעמ ין technician
טעכניש אַדי technical
טע'כער\|ן וו (גע–ט) **זע טערכענען**
טעל פֿאָנ **תּל**
טעליגע די (ס) telega, (Russian) wagon
טע'ליצע די (ס) heifer
טעלעבענדע\|ן וו (–ט) dangle *trans.*
|| **טעלעבענדע\|ן זיך** dangle *intr.*; wobble; totter, stagger; knock about, get around
טעלעבע'נץ דער (עס) smack, wallop
טעלעגידיר\|ן וו (–ט) [Ly] control remotely
טעלעגראַ'ם די (ען) [Ly] telegram
טעלעגראַמע די (ס) [Ly] **זע טעלעגראַם**
טעלעגראַ'ף דער (ן) [Ly] telegraph
טעלעגראַפֿיר\|ן וו (–ט) [Ly] telegraph, send a cable
טעלעגראַ'פֿן־אַגענטור די (ן) [Ly] news/wire service
טעלעוויזאָר דער (...אָ'רן) [Ly] television set
טעלעוויזיע די [Ly...ZY] television
טעלעוויזיר\|ן וו (–ט) [Ly] televise
טעלעטי'פּ דער (ן) teletype
טעלעמעטשע\|ן וו (–ט) wallop, beat up
טעלעסקאָ'פּ דער (ן) [Ly] telescope
טעלעפּאַטיע די [Ly...TY] telepathy
טעלעפּאַטיש אַדי [Ly] telepathic
טעלעפּע\|ן וו (–ט) knock, bang
|| **טעלעפּע\|ן זיך** loiter, hang around; dangle *intr.*
טעלעפֿאָ'ן דער (ען) [Ly] telephone
טעלעפֿאָני'סט דער (ן) פֿעמ ין/קע [Ly] switchboard operator
טעלעפֿאָניר\|ן וו (–ט) <דאַט> [Ly] telephone, call
טעלעפֿאָניש אַדי/אַדוו [Ly] by (tele)phone
טע'לעצע די (ס) **זע טעליצע**
טעלעקאָנטראָ'ל דער [Ly...Ly] remote control
טעלער[1] דער (–/ס) plate, dish
|| **ווי אויף אַ טעלער** distinctly, down to the last detail
|| **אַרוי'ס\|לייג\|ן אויפֿן טעלער** explain in detail
|| **ריין ווי אַ טעלער** clean as a whistle
|| **אויס\|דריי\|ען זיך (גלאַט) ווי אויף אַ טעלער** cleverly extricate oneself from a difficult situation
|| **ברעכ\|ן טעלער** *Jew.* traditional breaking of plates to mark the signing of a marriage contract
טעלער[2] מצ **זע טאָל**
טע'לערל דאָס (עך) **טעלער** דימ saucer
|| **פֿאַרלאַנג\|ען דאָס טעלערל פֿון הימל** ask for the moon
|| **צעלייג\|ן אויף טעלערלעך** explain in detail, make perfectly clear
|| **צעטראָג\|ן אויף טעלערלעך** let everyone know about, shout from the rooftops
טע'לער־לעקער דער (–/ס) פֿעמ קע bootlicker, flatterer
טעם [TAM] **.1** דער (ען) taste; charm, appeal
|| **אויפֿן טעם** in taste
|| **אָן אַ טעם** tasteless
|| **אָן אַ טעם און אָן אַ ראַם** without rhyme or reason
|| **האָב\|ן* דעם זי'בעטן טעם** be delicious
|| **ניט האָב\|ן* קיין (יי'דישן) טעם** lack charm, have little appeal
|| **ליג\|ן** דאַט **אין טעם** stick in s.o.'s mind
|| **.2** דער (ים) [- TAYMIM] motive, reason; point, purpose
|| **אָן אַ טעם** pointless
|| **פֿ"גל טעמים**
טעמאַטיק די (עס) subject matter
טעמאַטיש אַדי/אַדוו thematic
טע'מבעקאָווע אַדי **זע טאָמבאַקאָוון**
טעמבער דער (ס) timbre

טעם־גן־עדן דער [TA'M-GANE'YDN] delicious taste
טעם־וואָרצעלע דאָס (ך) [TA'M] taste bud
טעמים מצ [TAYMIM] musical accents added to the text of the Hebrew bible in the 7th century to indicate cantillation
טעמניצע די (ס) jail, dungeon
טעמנע אַדי dark, somber
טעמע די (ס) subject, topic
|| אויף דער טעמע (lecture, etc.) on, concerning
טעמע(ו)דיק אַדי/אַדוו [TA'ME(V)DIK] tasty; pleasant
טעמפּ[1] אַדי/אַדוו blunt, dull; obtuse, dense; muted
|| טעמפּ|ער ווינקל obtuse angle; *fig.* impasse
טעמפּ[2] דער (ן) tempo, pace
טעמפּאָ דער (ס) זע טעמפּ[2]
טע'מפּ־אײַנשטעלער דער (ס) פֿעמ ין pacesetter
טעמפּל דער (ען) temple (religious)
טעמפּלעך אַדי slow-witted
טעמפּעראַטו'ר די (ן) temperature
טעמפּעראַמע'נט דער (ן) temperament, character
טעמפּעראַמענטפֿול אַדי/אַדוו high-spirited, passionate
טע'מפּקעפּיק אַדי dull-witted, stupid
טענאָ'ר דער (ן) tenor (voice, singer)
טענדל|ען וו (גע-ט) deal in secondhand goods
|| טענדלען זיך dawdle, amble along
טענדלער דער (-/ס) פֿעמ קע dealer in secondhand goods; peddler
טענדע־ווערע'נדע די (ס) cape, mantle
טענדע'נץ די (ן) tendency
טענדענציע'ז אַדי tendentious
טענה די (-ות) [TAYNE] claim, allegation; argument, reason; complaint, grievance
|| האָבן* טענות be discontent, complain
|| האָבן* טענות צו blame, have a grievance against
|| מײַן טענה! my point exactly!
טענה־ומענה די (טענות־ומענות) [TAYNE-UMA'YNE] argument, controversy
|| אָן טענות־ומענות unquestioningly, without discussion
טענה|ן וו (גע-ט) <אַז> [TAYNE] argue; claim, maintain
טענטאַטי'וו אַדי tentative
טענטל|ען וו (גע-ט) זע טינטלען; טענדלען
טעניס דער tennis

טע'ניספּלאַץ דער (...פּלעצער) tennis court
טע'נעמענט־הויז דאָס (־הײַזער) *Amer.* tenement
טע'נענבוים דער (...ביימער) (botan.) spruce
טע'נענהאָלץ דאָס spruce (wood)
טענער[1] דער (-) (anat.) palm
טענער[2] מצ זע טאָן[2]
טענץ מצ זע טאַנץ
טענצל דאָס (עך) טאַנץ דימ merry dance
|| גיי|ן* אַ טענצל dance a little
טענצל|ען וו (גע-ט) hop, skip, fidget
טענצער דער (-/ס) פֿעמ ין/קע dancer
טעסט[1] דער (ן) crucible
טעסט[2] דער (ן) test
טעסטאַמע'נט דער (ן) (Old/New) Testament
טעסטיקל דער (ען) testicle
טעסטיר|ן וו (-ט) (psychol.) test
טעסלער דער (ס) carpenter
טעסע|ן וו (גע-ט) hew, carve *imperf.*
טעפּ מצ זע טאָפּ
טעפּוואַרג דאָס pottery, earthenware
טעפּיך דער (ער) זע טעפּעך
טעפּל דאָס (עך) טאָפּ דימ *also* cup
טעפּעך דער (ער) rug, carpet
טע'פּעכל דאָס (עך) טעפּעך דימ *also* doormat
טעפּער דער (ס) פֿעמ קע potter
טעפּערײַ' דאָס potter's craft, pottery
טעצל דאָס (עך) טאַץ דימ saucer
טעקטו'ר די cardboard (material, sheet)
טעקטור·ן אַדי (of) cardboard
טעקל דאָס (עך) טאָק דימ puppet, doll
טעקסט דער (ן) text
טעקסטוע'ל אַדי textual, literal
טעקסטי'ל דער (ן) textile
טעקע די (ס) folder, file; briefcase
טעראַסע די (ס/טעראַסן) terrace
טעראַפּיע די (ס) therapy
טעראַפּע'ווט דער (ן) פֿעמ ין therapist
טעראַפּעווטיש אַדי therapeutic
טעראָ'ר דער (political) terror; terrorism
טעראָריזיר|ן וו (-ט) terrorize
טעראָריזם דער (ען) terrorism
טעראָרי'סט דער (ן) פֿעמ קע terrorist
טערטל דאָס (עך) טאָרט דימ tart, pie
טע'רטלטויב די (ן) זע טערקלטויב

טערטל-מע'רטל דאָס — card game popular among Russian Jews at the end of the 19th century

טעריטאָריאַליזם דער — 20th century Jewish political movement in favor of the establishment of an autonomous Jewish territory somewhere other than Palestine

טעריטאָריע די (ס) — territory

טעריטאָריע'ל אַדי — territorial

טע'רכע|(נע)ן = טע'רכען|ען וו (גע-ט) — botch, bungle; scrawl, scribble; *vulg.* screw *imperf.*, have sex

טערמאָיאָ'דער־... — thermonuclear

טערמאָמעטער דער (ס) — thermometer

טערמאָס דער (ן) — thermos

טערמי'ט דער (ן) — termite

טערמי'ן דער (ען) — deadline, expiration date; (technical) term

טערמינאָלאָגיע די (ס) — terminology

טערמיניק אַדי — due

טע'רמיצע די (ס) — floorboard

טערמיש אַדי — thermal

טערנע די (ס) — sloe, blackthorn

טערעבע'ניץ דער (עס) — blow, wallop

טערעליי'קע|ן וו (-ט) — chirp, trill; croak

טערע'ן דער (ען) — terrain

טערעס זע טורעס

טערעפּע|ן וו (-ט) — pull, tug

טערעפּעשטשע|ן וו (-ט) — shake *intr.*, tremble

טערפּ(ע)ליווע אַדי/אַדוו — *dial.* patient, tolerant

טערפּען[1] וו (גע-ט) — *dial.* endure, suffer; wait; tolerate

טערפּען[2] וו (גע-ט) <דאַט> — (limb) go numb

|| דער פֿוס טערפּעט מיר — my leg is asleep

טערפּענטי'ן דער — turpentine

טערפּקייט די — sourness, sharpness

טערפּקע אַדי — sour, sharp

טערציע די (ס) — (mus.) third

טערק דער (ן) פֿעמ ין/י'ניע [Ny] — Turk

טערקײַ' (די/דאָס) — Turkey

טערקיש אַדי/(דאָס) — Turkish

|| אָ'פּ|טאָ|ן* דאַט אויף טערקיש — play a dirty trick on

|| זיצ|ן אויף טערקיש — sit cross-legged

טע'רקלטויב די (ן) — turtledove

טערקל|ען וו (גע-ט) זע טאָרקלען

טעשל[1] דאָס (עך) טאַש דימ — (small) handbag

טעשל[2] דאָס (עך) זע פֿעשל

טעשע|ן וו (גע-ט) זע טעסען

טפּרו אינט — whoa!

טפּש דער (ים) זע טיפּש

טפֿו אינט — phooey

|| טפֿו זאָלסטו ווערן! — go to hell!

טפֿח דער (ים) [TEFEKh - TFOKhIM] — hand (old-fashioned measure of length, about 3.5 in. or 9 cm.)

טפֿילע פֿאָנ תּפֿילה

טפֿל דער (ים/ען) [TOFL - TFEYLIM] — secondary matter

טפֿלדיק אַדי [TO'FLDIK] — negligible, secondary, insignificant

טפֿל־מקום דער/דאָס [TOFL-MO'KEM] — old quarter of a town

טקופֿע פֿאָנ תּקופֿה

טראָג די (ן) — sedan chair

טראָ'גבעטל דאָס (עך) — stretcher, litter

טראַגיזם דער — tragedy (genre)

טראָגיק אַדי — profitable, productive

טראַגיקאָמיש אַדי — tragicomic

טראַ'גיקער דער (-) — tragedian

טראַגיש אַדי/אַדוו — tragic

טראָג|ן וו (געטראָגן) — carry; wear; produce, yield (fruit, profits); bear (expenses), suffer (consequences)

|| טראָגן אויף — (money) suffice for

|| טראָגן <מיט> — be pregnant (with)

|| טראָגן מיט — smell/stink of

|| טראָגן אומפּ פֿון דאַט מיט — *rev.* smell/stink of

|| עס טראָגט פֿון אים מיט שווייס — he stinks of sweat

|| פֿאַרגיי'|ן* אין טראָגן — become pregnant

|| טראָג(ט) (עס) געזונ'טערהייט! — wear it in good health!

|| טראָגן זיך — move along; spread, carry *intr.*; *fam.* decamp, clear out *intr.*; (clothes) wear well, last a long time

טראַגע די (ס) זע טראָג; טראָגבעטל

טראַגעדיע די (ס) [DY] — tragedy

טראָ'גע(וו)דיק אַדי — pregnant

|| מאַכ|ן טראָגע(וו)דיק — make pregnant; *vulg.* be a pain in the neck

טראָגער דער (ס) פֿעמ ין — bearer, holder (of a document)

|| פֿ״גל טרעגער

טראָ'ג־פֿאַרהיטונג די — contraception

טראָ'ג־פֿאַרהיט(נד)יק אַדי — contraceptive

טראָ'ג־פֿאַרהיטער דער (ס) — contraceptive

טראַדיציאָנע'ל אַדי — traditional
טראַדיציע די (ס) — tradition
טראַוומאַטיש אַדי — traumatic
טראַוומע די (ס) — trauma
טראַוועסטיע די (ס) [TY] — travesty, farce
טראַזבענקע|ן וו (–ט) — roll noisily
טראָט דער (טריט) — step, tread; pace
|| טראָט בײַ טראָט — step by step
|| שטעלן אַ טראָט — take a step
|| אין טראָט <מיט> — in step (with), in tune (with)
|| ניט אין טראָט מיט — out of step with
טראָטואַ'ר דער (ן) — sidewalk
טראַטווע די (ס) — raft
טראַטע די (ס) — bank draft, bill of exchange
טראַ'טעווע|ן וו (גע–ט) — walk at a good clip, stride along
טראָ'טשינעס מצ — sawdust
טראָיקע די (ס) זע טרויקע
טראַך אינט — boom! bang!
טראַכאָמע די — trachoma
טראַכט[1] די (ן) — womb, uterus
טראַכט[2] דער (ן) — costume, dress
טראַכט|ן וו (געטראַ'כט) — think, reflect
|| טראַכטן צו אינפֿ — intend to, think of ...ing
|| טראַכטן וועגן/פֿון — think about
טראַכ(ק)ע|ן וו (גע–ט) — make a racket
טראַלאַלײַ' דער [Ly...Ly] — singsong
טראַלאַלײַקע|ן וו (–ט) [Ly...Ly] — sing monotonously
טראָלב דער (ן) זע טראָלד
טראָלד דער (ן) — tassel
טראָ'ליבוס דער (ן) [Ly] — trolleybus
טראָמאַסיק אַדי — bumpy, rough, jolting
טראָמאַסע|ן וו (–ט) — jolt, shake; knock, bang
טראָמבאָ'ן דער (ען) — trombone
טראָמבע די (ס) — (mus.) horn; (elephant's) trunk; *hum.* nose
טראָ'מבעניק דער (עס) — *pop.* freeloader, parasite
טראַמוויי' דער (ען) — streetcar, trolley
טראַמיי'ט דער (ן) זע טרומייט
טראַמפּאָלי'ן דער (ען) — trampoline
טראָמפּיי'ט דער (ן) זע טרומייט
טראַמפּל|ען וו (גע–ט) — trample (on)
טראָמף דער (ן) זע טרומף
טראָן[1] דער (ען) — throne

טראָן[2] דער — whale/seal blubber, fish oil
טראַנז... זע ווערטער מיט טראַנס...
טראַנטע די (ס) — rag; *fig., pejor.* junk, wreck
טראַנטעוואַטע אַדי — dowdy, inelegant
טראָניק דער (עס) — handle, shaft
טראַנס[1] דער (ן) — trance
טראַנס...[2] — trans-
טראַנסאַטלאַנטיש אַדי — transatlantic
טראַנסאַקציע די (ס) — transaction
טראַנסיטי'וו אַדי — transitive
טראַנסיסטאָר דער (...אָ'רן) — transistor
טראַנסמיטאָר דער (...אָ'רן) — transmitter
טראַנסמיטיר|ן וו (–ט) — broadcast, transmit; air (radio/TV program)
טראַנסמיסיע די (ס) [SY] — (mechanical) transmission; (radio, TV) broadcast, airing
טראַנסמי'סיע־פֿאַרשטערונג די [SY] — jamming (radio, etc.)
טראַנספּאָניר|ן וו (–ט) — (mus.) transpose
טראַנספּאָ'רט דער (ן) — transport, transportation; shipment, cargo, convoy
טראַנספּאָרטוואַרג דאָס — means of transport
טראַנספּאָרטיר|ן וו (–ט) — transport, ship *imperf.*
טראַנספּאָ'רט־פֿירמע די (ס) — carrier, shipper
טראַנספּאַרע'נט דער (ן) — banner (with inscription)
טראַנספֿאָרמאַטאָר דער (...אָ'רן) — (elec.) transformer
טראַנספֿאָרמיר|ן וו (–ט) — transform
טראַנספֿוזיע די (ס) [ZY] — transfusion
טראַנספֿע'ר דער (ן) — transfer; (psychol.) transference
טראַנספֿערירונג די (ען) — transfer
טראַנספֿעריר|ן וו (–ט) — transfer
טראַנסצענדענטאַ'ל אַדי — transcendental
טראַנסקריביר|ן וו (–ט) — transcribe
טראַנסקריפּציע די (ס) — transcription
טראַנק דער זע געטראַנק
טראַ'נקמײַסטער דער (ס) — cupbearer
טראַנשיי' דער (ען) = טראַנשעע די (ס) — trench
טראָס דער (ן) — cable; rope
טראָסטינע די (ס) זע טראָשטשינע
טראַסע די — line, route, course
טראַסק דער (ן/טרעסק) — resounding blow; noise, crash
|| פֿירן זיך מיט טראַסק — live in high style
|| מיטן גאַנצן טראַסק — with great fanfare, pompously
טראַסקע|ן וו (גע–ט) — slam, bang, clatter

טראַפּ דער (ן) ladder, stairs (on a boat)

טראָפּ[1] דער (–) accent, stress, emphasis; system of musical accents used in chanting the Torah

|| שטעל|ן דעם טראָפּ אויף stress, emphasize

|| אַראָפּ|זעצ|ן/אַראָפּ|שלאָג|ן פֿון טראָפּ disconcert, confuse, faze

|| פֿאַל|ן פֿון טראָפּ become discouraged, lose heart

טראָפּ[2] דער : נאַ'ריש|ער טראָפּ fool, simpleton

טראָפּ[3] דער (ן) זע טראָפּן

טראָפּיק דער (ן) tropic

טראָפּיש אַדי tropical

טראָפּל|ען וו (גע–ט) drip

טראָפּן דער (ס) דימ טראָפּל drop

|| דער בי'טער|ער טראָפּן *hum.* alcohol, hard liquor

טראָ'פּנווייַז אַדוו drop by drop

טראַפּע'ז דער (ן) trapeze; trapezoid

טראַפּקע די (ס) rag

טראַף[1] דער (ן) syllable; second stage of learning to read in the traditional Jewish school

|| האַלב טראַף reading letter by letter

|| (גאַנץ) טראַף reading by syllables

טראַף[2] דער (ן) chance, luck; event, occurrence

|| גלי'קלעכ|ער טראַף stroke of luck

|| אויף טראַף at random, hit or miss

|| על־פּי טראַף [ALPI] by chance

טראַ'ף-[3]... by chance, random

טראַפֿאַרע'ט דער (ן) cliché

טראַ'פֿגעזעץ דאָס law of chance

טראָפּיי' דער (ען) trophy

טראַפֿיק[1] אַדי syllabic

טראַפֿי'ק[2] .1 דער (automobile) traffic

|| .2 דער (ן) (in Poland) tobacconist's shop

טראַ'פֿמוסטער דער (ן) random sample

טראָץ פּרעפּ *Germ.* despite, in spite of

טראָץ דעם אַדוו *Germ.* nevertheless, however

|| טראָץ דעם וואָס although

טראָ'צינעס מצ זע טראָשטשינעס

טראָ'צ(עד)יק אַדי/אַדוו *Germ.* fractious; obstinate; provocative

טראָק (דאָס) Troki/Trakai (town in Lithuania)

|| הער|ן אַק אין טראָק belittle s.o.'s opinion

טראַקט דער (ן) highway

טראַקטאַ'ט דער (ן) treaty; treatise

טראַקטאַמענטן מצ refreshments, snack

טראַקטאָר דער (...אָ'רן) tractor

טראַקטאָרי'סט דער (ן) פֿעמ ין/קע tractor driver

טראַקטי'ר דער (ן) tavern, inn

טראַקטיר|ן וו (–ט) אַק <מיט> treat s.o. (to); negotiate (with)

טראַקטירשטשיק דער (עס) innkeeper

טראָשטש דער (עס) זע טראָשטשינע

טראָשטשינע די (ס) reed; bamboo cane

טראָשטש·ן אַדי (of) bamboo

טראָשטשע|ן וו (גע–ט) זע טרעשטשען

טרובאַדו'ר דער (ן) troubadour; poet

טרובאַ'טש דער (עס) trumpeter, bugler

טרובע די (ס) bugle, trumpet; (car) horn; pipe

טרובע|ן וו (גע–ט) trumpet, sound the bugle; honk *trans.*

טרובקע די (ס) *Slav.* (telephone) receiver

טרוד אַדי–אַטר [TORED] busy, overwhelmed

טרודנע אַדי *dial.* difficult, wearisome

טרויאַניש אַדי Trojan

|| טרויאַניש פֿערד Trojan horse

טרויב[1] די (ן) דימ טרייַבל pipe, tube

טרויב[2] די (ן) grape

|| מצ bunch of grapes

טרויִזם דער (ען) truism

טרוים דער (ען) dream, ideal

טרוימ|ען וו (גע–ט) dream of (as an ideal)

טרוימער דער (ס) פֿעמ ין dreamer; idealist, visionary

טרויע (די) Troy

טרוי|ען וו (גע–ט) דאַט trust

טרויער דער sadness, mourning

טרוי'ערדיק אַדי זע טרויעריק

טרוי'עריק אַדי/אַדוו sad, melancholy

טרוי'ערמאַרש דער (ן) funeral march

טרוי'ער|ן וו (גע–ט) <נאָך> be saddened; grieve (for), mourn

טרויקע די (ס) troika

טרוכליאַווע = טרוכניאַווע [Ny] אַדי dried out, withered (fruit); worm-eaten (wood)

טרומבע די (ס) זע טרונע

טרומיי'ט דער (ן) trumpet, bugle

טרומייטן וו (טרומיי'ט) זע טרומייטערן

טרומייטער דער (ס) פֿעמ ין trumpeter, bugler

|| פֿ״גל טרומייט

טרומיי'טער|ן וו (–ט) (sound the) trumpet

טרומנע די (ס) זע טרונע

טרומף דער (ן) trump

טרונע די (ס) (non-Jewish) coffin

טרונף דער (ן) זע טרומף

טרונק דער (ען) swig, gulp; drink, beverage

|| אַ טרונק וואַסער a drink of water

|| בעט|ן אַ טרונק ask for a drink

טרוס דער (ן/עס) coward

טרו'סיקעס מצ swimming trunks; (pair of) shorts

טרו'סקאַפּקע די (ס) strawberry

טרופּ דער (ן/עס) *Slav.* corpse

טרופּן מצ troops

טרופּע די (ס) (theat.) troupe, company; cast

טרופֿליע די (ס) truffle

טרוק־ן אַדי (קאָמפּ טרי'קענער) dry; arid, barren

|| אָ'פּ|שנייד|ן טרוקן come out unscathed

טרו'קעניש די (ן) זע טריקעניש

טרושטשאָבע די (ס) *dial.* slum, hovel

טרחה די (–ות) זע טירחה

טרחענ|ען וו (גע–ט) [TARKh·N] זע טאַרכענען

טרחענער דער (ס) [TA'RKhENER] זע טאַרכענער

טריאָ דער (ס) trio

טריאו'מף דער (ן) זע טריומף

טריאַטער דער (ס) זע טרעאַטער

טריב[1] אַדי gloomy, dreary, bleak; muddy (water)

טריב[2] דער (ן) drive, urge, impulse; mainspring

טריבו'ט דער (ן) tribute (payment)

טריבוך דער (עס) guts, innards

טריבו'ן דער (ען) tribune (official)

טריבונאַ'ל דער (ן) tribunal

טריבונע די (ס) dais, grandstand

טריבעך דער (עס) זע טריבוך

טריגאָנאָמעטריע די trigonometry

טריוואַלנע אַדי *dial.* serious; firm, stable

טריוואַקס דער sealing wax

טריוויאַ'ל אַדי trivial

טריום דער (ען) (ship's) hold

טריומווירא'ט דער (ן) triumvirate

טריו'מף דער (ן) triumph

טריומפֿאַ'ל אַדי triumphant

טריו'מף־טויער דער (ן) arch of triumph

טריומפֿיר|ן וו (–ט) <איבער> triumph (over), be triumphant

טריט דער (–) זע טראָט

|| אויף טריט און שריט at every step, everywhere you turn

טריט־וואַסער : גיי|ן* טריט־וואַסער tread water

טרײַ אַדי/אַדוו זע געטרײַ

טרייבאַ'טש דער (עס) זע טרייבעטשער

טרײַבאײַז דאָס drift ice, (ice) floes

טרײַבהאָלץ דאָס driftwood

טריי'ביטשער דער זע טרייבעטשער

טרײַבל דאָס (עך) דימ טרויב tube; (telephone) receiver

|| מצ *also* headphones

טרײַב|ן וו (געטריבן) drive (horse, car, etc.); chase, push forward; urge, spur *imperf.*; push, incite, lead; engage in (vices, commerce); propel; distill

|| טרײַבן זנות [ZNUS] engage in prostitution

|| טרײַבן צו זנות drive/lead into prostitution

טריי'בעטשער דער *Jew.* person who removes the prohibited veins and fat from meat to render it kosher

טרײַבער דער (ס) driver (of animals)

טריי'בער|ן וו (גע–ט) *Jew.* remove the prohibited veins and fat from meat in order to make it kosher; *slang* beat, clobber; torture

טרײַ'בפֿעדער די (ן) mainspring

טרײַבקראַפֿט די driving force

טרײַבראָד די (...רעדער) drive wheel

טרײַגע אַדי crusty (bread)

טרײַהייט די זע געטרײַשאַפֿט

טרייסט די (ן) consolation

טרייסט|ן וו (געטריי'סט) console, comfort

טרייסל|ען וו (גע–ט) אַק/מיט shake *trans.*

|| טרייסלען זיך tremble, shiver; become restless/agitated

טריי'סלעניש דאָס jolt, shaking; trembling, shivering

טרייף אַדי non-kosher, prohibited by Jewish dietary laws because of *a)* ritual impurity of the species, *b)* improper slaughter or lack of purification *c)* contamination of meat by dairy products; shady, crooked, illicit

|| טרייף מאַכ|ן contaminate, make non-kosher; (rabbi) determine (a slaughtered animal) to be non-kosher

|| פֿ״גל טרפֿה

טרייפֿ־ן אַדי–עפּי impure, unclean; illegitimate, criminal; abominable, repugnant; dirty (money)

|| אַ טרייפֿן מזל, אַ טרייפֿענ|ע הצלחה [MAZL, HATsLOKhE] luck of the devil

|| טרייפֿענ|ער ביין *Jew.* immoral person

|| טרייפֿענ|ער האַלדז glutton

|| טרייפֿענ|ער עקשן [AKShN] stubborn mule, obstinate person

טרייפֿניאַ'ק דער (עס) [Ny] *Jew.* eater of non-kosher food, unbeliever, impious person

טריף־פּסול דער (ען) [PO'SL] *Jew.* secular or heretical book rejected by the Orthodox

טרייַשאַפֿט די (ן) **זע** געטרייַשאַפֿט

טריל דער (ן) trill

טרילאָגיע די (ס) trilogy

טריליאָ'ן דער (ען) [LY] trillion

טריל|ן וו (גע–ט) **זע** טרילערן

טרי'לערל דאָס (עך) (zool.) lark

טרי'לער|ן וו (גע–ט) twitter, trill; yodel, modulate (voice)

טרימעסטער דער (ס) trimester

טרימקע|ן וו (גע–ט) hum, sing nonsense syllables

טרינאָזשקע די (ס) *dial.* tripod

טרינקגעלט דאָס tip

טרי'נקוואַסער דאָס potable water

טרינק|ען וו (געטרונקען) drink, have (a drink)

|| טרינקען זיך drown *intr., imperf.*

טרינקרער די (ן) water fountain

טרינקשטוב די (...שטיבער) tavern

טריסנע|ן וו (גע–ט) **זע** טרעשטשען

טריפּל דער tripoli, rottenstone

טריפּל|ען = טריפּע|ן וו (גע–ט) **זע** דריבלען

טריפּער דער (ס) gonorrhea, the clap

טריף אַדי [TREYF] **זע** טרייף

טריפֿה **זע** טרייף; טרפֿה

טריפֿוואַקס דער **זע** טריוואַקס

טריפֿלעך מצ drops of egg or dough cooked in broth

טריפֿ|ן וו (גע–ט) <מיט> drip *trans./intr.*

טרי'פֿקנידלעך מצ **זע** טריפֿלעך

טריץ דער (ן) pulley

טריק דער (ן) trick, ruse

טריקאָ' דער (ען) tricot (fabric); vest; pair of tights; knitwear industry

טריקאָטאַ'זש דער knitwear

טריקאָטאַזשניק דער (עס) *fam.* knitwear manufacturer

טרי'קעניש די (ן) drought; dry land

טרי'קענ|ען (זיך) וו (גע–ט) dry *trans./intr., imperf.*

טרי'קענער אַדי קאָמפּ **זע** טרוקן

טרישטשע|ן וו (גע–ט) **זע** טרעשטשען

טרעאַטער דער (ס) *fam.* comedy; comic scene

טרעבוך דער (עס) **זע** טריבוך

טרע'בעווע|ן וו (גע–ט) *dial.* demand, require

טרעגל דאָס (עך) glazier's (carrying) frame

טרעגער דער (ס) porter, carrier

טרעוואָגע די (ס) alarm; disturbance

|| קלאַפּ|ן/שלאָג|ן טרעוואָגע sound the alarm

טרעט דער **זע** טרעטל

טרעטאָ'ר דער (ן) sidewalk

טרעטאַרשוועל די (ן) curb

טרעטברעט די (ער) running board (of an automobile)

טרעטיר|ן וו (–ט) look down on; treat harshly

טרעטל דער/דאָס (ען/עך) pedal

טרעטל|ען וו (גע–ט) pedal

טרעטמיל די (ן) treadmill, horse-powered mill

טרעט|ן וו (געטראָטן/געטרעטן) step; tread

|| טרעטן מיט די פֿיס trample

טרעטער **1.** דער (ס) doormat; runner (carpet); pedal

|| **2.** דער (–/ס) פֿעמ קע grape stomper

טרעטערס מצ *pop.* shoes, booties

טרעל דער (ן) **זע** טריל

טרעלבויך דער (...בייַכער) [Ly] **זע** טרעלבוך

טרעלבוך דער (עס) [Ly] paunch, potbelly; big-bellied person, fatso

טרעלייַקע|ן וו (–ט) **זע** טערעלייַקען

טרעל|ן[1] וו (גע–ט) [Ly] fawn (on), beguile

טרעל|ן[2] וו (גע–ט) **זע** טרילערן

טרעלפֿאַס דער [Ly] **זע** טרעלבוך

טרעמאָסע|ן וו (–ט) **זע** טראָמאַסען

טרעמבוך דער (עס) **זע** טרעלבוך

טרעמע די *pop.* jitters, nerves

טרען דער *pop.* blow, punch; *vulg.* screwing, sexual intercourse

טרענזל דער bit (on a bridle)

טרענירונג די (ען) training, drill

טרעניר|ן וו (–ט) instruct, train (people, animals)

טרענירער דער (ס) פֿעמ קע trainer, coach

טרענ|ען וו (גע–ט) rip (out) (stitches, etc.) *imperf.*; *vulg.* screw, have sex (with)

טרענצל דער waste

טרענצל|ען וו (גע–ט) waste *imperf.*

טרענק|ען (זיך) וו (גע–ט/געטראָנקען) drown *trans./intr., imperf.*

טרעס(ט)[1] דער (ן) **זע** טרעסטל

טרעסט² דער (ן) (business) trust

טרעסטל דאָס (עך) trimming, braid, (milit.) stripe

טרעסנע|ן וו (גע–ט) זע טרעשטשען

טרע'סעוויצע די *dial.* intermittent fever

טרעסע|ן וו (גע–ט) shake, jolt

טרעסק מצ זע טראַסק

טרעפּ די (–) stairway, flight of stairs

|| מצ steps

|| אויף די טרעפּ on the stairs

|| מיט די טרעפּ by the stairs

|| האַלב|ע טרעפּ landing

טרעפּל דאָס (עך) טרעפּ דימ step, stair

טרעף¹ דער (ן) impact

טרעף² דער clubs (cards)

טרעף³ דער guess, conjecture

|| טרעף און טעות [TOES] trial and error

טרעפֿונג די (ען) date, rendezvous

טרעפֿיק אַדי to the point, hitting the nail on the head

טרע'ף־כּוח דער (ות) [KOYEKh - KOYKhES] force of impact

טרעפֿלעך אַדי/אַדוו fitting, pertinent (comment)

טרעפֿ|ן וו (געטראָפֿן) meet *trans.*; (projectile) hit; (misfortune) befall, happen (to); (remark, etc.) hurt, offend; guess

|| טרעפֿן אין reach, get to, hit *trans.*

|| טרעפֿן צו/קיין end up at, find one's way to

|| טרעפֿן זיך run into one another; meet up, get together; (event) take place, occur

|| טרעפֿן זיך מיט meet (with) s.o.; happen to s.o., befall

|| טרעפֿן זיך אומפּ אַז happen that, come to pass that

|| עס טרעפֿט זיך אַז איך פֿאַרגעס I sometimes happen to forget

טרע'פֿעניש דאָס (ן) encounter, meeting; incident, occurrence

טרעפֿער 1. דער (ס) winning number, jackpot

|| 2. דער (ס) פֿעמ קע fortune-teller

טרעפֿעריי' דאָס fortune-telling; guesswork

טרעפֿשפּיל די (ן) riddle, puzzle

טרער די (ן) tear

|| טרערן האָבן זיך מיר געשטע'לט אין די אויגן my eyes welled up with tears

|| באַוואַש|ן זיך מיט טרערן dissolve into tears

|| וויינ|ען מיט טרערן shed tears

טרער|ן וו (גע–ט) (eyes) water, brim with tears

|| עס טרערט אים אַן אויג one of his eyes is watering

טרע'רנגאַז דער tear gas

טרעשטש דער (ן) crack, break

טרעשטשע|ן וו (גע–ט) crack; burst

טרפֿה די [TREYFE] non-kosher food

|| פֿ"גל טרייף

טרפֿות דאָס [TARFES] *Jew.* non-kosher food; non-kosherness of food

טשאַבאָטע די (ס) זע טשאָבעטע

טשאַבאַ'ן דער (ען) shepherd

טשאָ'בעטע די (ס) heavy boot

טשאַד דער charcoal fumes, carbon monoxide; *hum.* glib talk, snow job

|| אַ מבֿין אויף אַ טשאַד [MEYVN] streetwise person, nobody's fool

טשאַ'דנעפּל דער (ען) smog

טשאַדע|ן וו (גע–ט) emit carbon monoxide; *hum.* sweet-talk, chat up

טשאַווו'ן דער זע טשוגו'ן

טשאַטע די (ס) flock (of birds); pack (of wolves, etc.)

טשאַ'טעווע|ן וו (גע–ט) <אויף> lie in wait (for), watch out (for)

טשאַטשקע די (ס) bauble, trinket

טשאַטשקע|ן זיך וו (גע–ט) *hum.* play, fool around

טשאַכאָ'ט(אָש)ניק דער (עס) זע סוכאָטניק

טשאַכאָטקע די זע סוכאָטע

טשאַכטשע|ן וו (גע–ט) whip, lash *imperf.*

טשאַכנע|ן וו (גע–ט) shrivel up, wither away

טשאָלנט דער/דאָס (ן/ער) *Jew. cholent*, Sabbath dish *usu.* of meat, potatoes and beans, prepared on Friday and kept warm out of respect for the prohibition of cooking on the Sabbath

טשאָ'לנט־ברעטל דאָס (עך) board for closing the oven where the Sabbath dishes are kept warm

טשאַמקע|ן וו (גע–ט) <מיט> smack (one's lips)

טשאַן דער (ען) vat, tub

טשאָנג דער (עס) *dial.* draft (of air)

טשאַסט דער (ן) police station

טשאַסטושקע די (ס) Russian ditty, *usu.* topical or humorous

טשאַסטע די (ס) cake, pastry

טשאָפּ¹ דער (עס) tuft of hair

טשאָפּ² דער (ן/עס) vat, basin

טשאָפּאָווע די tax on a barrel (of alcohol)

טשאָפּיק : מאַכן טשאָפּיק keep stg. one has no right to, *iron.* help oneself to

טשאַ'פּקעווען וו (גע–ט) humble oneself

טשאַק דער *iron.* luxury, splendor, lavishness

|| מיטן גאַנצן טשאַק *iron.* with great fanfare, splendidly

טשאַקע די (ס) shako, plumed military dress hat

טשאַ'קעדיק אַדי זע טשאַקענדיק

טשאַקען וו (גע–ט) swagger, bluff

טשאָקען וו (גע–ט) clink *intr.*

|| טשאָקען מיט clink *trans.*, touch (glasses)

טשאַ'קענדיק אַדי lively; lavish, flashy; with gusto

טשאָרט דער (עס) *dial.* devil

טשאַרטער דער (ס) charter, bylaws

טשאָרלע די (ס) דימ די טשאָ'רלעטשקע earthen vessel

טשאָרנע די (ס) *dial.* rough draft

טשאָרנעהו'ז דער (ן) זע טשערנאָהוז

טשאַ'רנעכע די זע טשערניטשקע

טשאַשקע די (ס) *dial.* cup, wooden tankard

טשוב דער (ן/עס) זע טשאָפּ[1]

טשובאַטע אַדי tufted, hairy

טשוביק דער (עס) טשוב דימ (small) tuft of hair

טשוגו'ן דער (עס) cast iron; cast-iron pot

טשוגונטשיק דער (עס) טשוגון דימ small cast-iron pot

טשוגונען אַדי (of) cast iron

טשודאַ'ק דער (עס) פֿעמ ...אַטשקע oddball, eccentric

טשודנע אַדי strange, bizarre

טשוהו'ן דער זע טשוגון

טשואַליאָם = טשואַליעם אַדוו זע שואַלאָם

טשוואָק דער (טשוועקעס) דימ טשוועקל nail

טשוואַקען וו (גע–ט) eat noisily

טשוווע פֿאָנ תּשובֿה

טשוויק דער (עס) זע צוויק[1]

טשוועק דער (עס) זע טשוואָק

טשווע'קעווען וו (גע–ט) nail (shoes) *imperf.*

טשוטקע אַדי *dial.* sensitive (hearing); light (sleep)

טשוטשיק דער (עס) זע צוציק

טשו'טשעלע די (ס) scarecrow, bogeyman

טשוטשקע די (ס) puppy

טשויקע די (ס) *dial.* overcoat

טשוכטע די (ן) slattern

טשוכען זיך וו (גע–ט) *fam.* awaken, stir; scratch oneself

טשומאַ'ק דער (עס) cart driver

טשומערקע די (ס) peasant coat

טשופּרינע די (ס) forelock, head of hair

טשוקאַלניק דער (עס) [Ly] *slang* bass drum; drummer

טשוקינע די lotto, keno

טשיביק דער (עס) זע ציביק

טשיזמעס מצ bootees

טשיזש(ל)יק דער (עס) siskin, finch; *slang* boy, kid

טשייכן מצ jacks (game)

טשײַניע די (ס) [Ny] tea house, tearoom; (in Russia) tavern

טשײַניק דער (עס) teapot; teakettle

|| האַקן <דאַט> אַ טשײַניק talk nonsense; drive (s.o.) crazy by talking

טשײַנע די (ס) זע טשײַניע

טשײַעס מצ jacks (game)

טשין דער (ען/עס) *dial.* grade, rank; position, office

טשינאָווניק דער (עס) (in Russia) functionary

טשיסטע אַדי *dial.* pure; clean, elegant

|| אַ טשיסטע|ר משוגענ|ער [MEShU'GENER] raving lunatic

טשיפּ־טשיפּ אינט here chickee, chickee! (call to chickens)

טשיפּיק דער (עס) זע טשעפּיק

טשיפּמאָנק דער (ן) chipmunk

טשיפּעליאָווע אַדי זע שעפּעליאָווע

טשיפּען וו (גע–ט) זע שטשיפּען

טשיפּעק דער (עס) זע טשעפּיק

טשיפּקעס מצ זע ציפּקעס

טשיקאַווע אַדי curious, interesting

|| זײַן* טשיקאַווע צו וויסן be interested in knowing

טשיקאַוועס דאָס (ן) curiosity, remarkable thing

|| אויף טשיקאַוועס out of curiosity

טשיקי'ן דער זע טשוקינע

טשיריבאָ'ם, טשיריבי'ם אינט tra-la-la

טשיריק דער (עס) pustule, pimple, boil

טשיריקען וו (–ט) chirp, chirr

טשירקו'ן דער (עס) (zool.) cricket

טשישטשען וו (גע–ט) *dial.* clean, dust

טשכי אינט achoo!

טשמאָ(טש)קען וו (גע–ט) זע סמאָטשקען

טשמעל דער (עס) powerful blow; bolt out of the blue *fig.*

טשמע'ליע(נ)דיק אַדי staggering, stunning

טשעהײַ|ען זיך וו (–ט) — roam, wander about

טשעטווערטאַ'ק דער (עס) — quarter of a ruble

טשעטשקע|ן זיך וו (גע–ט) זע טשאַטשקען זיך

טשעך דער (ן) פֿעמ ין — Czech

טשעכאָטקע די זע סוכאָטע

טשעכאָ'ל דער (ן) — slipcover, case

טשעכאָסלאָוואַקײַ' (די) — Czechoslovakia

טשעכײַ' (די) — Czech Republic

טשעכיש אַדי/(דאָס) — Czech

טשע'כעווע|ן וו (גע–ט) — scratch; scrape

טשעלאָ דער (ס) [Ly] — cello

טשעליאַדניק דער (עס) — *dial.* journeyman

טשעמאָדאַ'ן דער (עס/ען) — valise, suitcase

|| מצ — *also* luggage

|| פּאַק|ן די טשעמאָדאַנעס — pack one's bags

טשעמעריצע די זע שעמעריצע

טשעמפּיאָ'ן דער (ען) פֿעמ קע — champion

טשעסונטשאַ' די — tussore (silk)

טשעסט : אָ'פּ|געב|ן* טשעסט — salute

טשעסלער דער (ס) זע טעסלער

טשעפּ דער — snag, rip

טשעפּוכאַ' די — *dial.* nonsense, gibberish

טשע'פּטשיכע די (ס) — second stomach of ruminants

טשעפּיק דער (עס) — bonnet; cap

טשעפּע|ן וו (גע–ט) — touch, handle, finger; bother, badger, buttonhole

|| טשעפּען זיך <צו> — pick on, pick a quarrel (with)

|| פּ״גל שטשעפּען

טשעפּקע[1] אַדי — clean, neat

טשעפּקע[2] די (ס) זע שטשעפּקע

טשעק דער (ן) — (bank) check

טשע'קקאָנטע די (ס) — checking account

טשערוואָנ(י)עץ דער (...אָנצעס) דימ

טשערווע'נקעלע [Ny] — (in Russia) ducat, former gold coin

טשערטאַ' (אַסיע'דלאָסטי) די [Sy] — (in tsarist Russia) Jewish Pale of Settlement

טשעריק דער (עס) זע טשיריק

טשערנאָהו'ז דער (ן) — *dial.* stork

טשע'רניטשקע די — "black cumin", nigella (seeds)

טשע'רניצע די (ס) — bilberry, huckleberry

טשע'רנישקע די זע טשערניטשקע

טשערע די (ס) — turn

|| עס איז געקומען מײַן טשערע — it's my turn

טשע'רעדע די (ס) — flock, herd

טשע'רעווײַז אַדוו — by turns

טשערעט דער (ן) — reed, rush; reeds, rushes *coll.*

טשע'רעט·ן אַדי — (of) rattan

טשערעפּ דער (עס) — skull; shard; (roof) tile

טשערעפּאַכע די (ס) — tortoise, turtle

טשערעפּיצע די (ס) — (terra-cotta) (roof) tile

טשערעשניע די (ס) [Ny] — *dial.* black cherry

טשערפּע|ן וו (גע–ט) זע טערפּען[1]

טשעשע|ן[1] וו (גע–ט) זע טעסען

טשעשע|ן[2] זיך וו (גע–ט) זע צאַצקענען זיך

י

י דער/די [YUD] letter of the Yiddish alphabet; pronounced [Y] before or after a vowel and [I] otherwise; silent: diacritical sign for palatal consonants [Dy], [Zy], [Ty], [Ly], [Ny] and [Sy]; numerical value: 10; cf. ײַ, יי, יִ

יִ דער/די [KhIREK-YU'D] variant of the letter י, representing the vowel [I] after another vowel or after a י representing [Y], or, if stressed, before another vowel

יאָ 1. דער (ען) assent, yes; nod, affirmative shake of the head
|| אויף יאָ in the affirmative
|| צווישן יאָ און ניין in the twinkling of an eye
|| 2. אינט yes!
|| 3. אַדוו *affirmative intensifier*
|| זי איז יאָ' אָפּגעפֿאָרן she did (indeed) leave
|| איך ווייס יאָ' I, on the other hand, do know

יאַ'בעדניק דער (עס) פֿעמ ...ניצע quibbler, caviler; quarrelsome person; informer

יאַ'בעדע די (ס) cavil, quibble; tattling, denunciation

יאַ'בעדע(ווע)|ן וו (גע–ט) quibble, cavil; denounce, inform on

יאַברעך = יאָברעך דער lout, boor

יאָג[1] די (ן) <נאָך> chase, pursuit (of)

יאָג[2] דער (ן) hook (punch), blow

יאַגד דער *Germ.* hunt, hunting
|| גיי|ן* אויף יאַגד go hunting

יאַגדע די (ס) berry
|| שוואַרצ|ע יאַגדע huckleberry, blueberry

יאָגהונט דער (...הינט) hunting dog

יאַגואַ'ר דער (ן) jaguar

יאָגוועג דער (ן) racetrack

יאָגורט דער (ן) yogurt

יאָג|ן וו (גע–ט) run *intr.*; hurry *trans.*, hasten; chase away, drive out *imperf.*; be laxative
|| יאָגן זיך hurry; (animals) mate
|| יאָגן זיך נאָך chase, pursue; search for, be eager for

יאַ'געדע די (ס) זע יאַגדע

יאַ'געלעך מצ זע יאָגערלעך

יאָ'געניש דאָס hurry, rush
|| וואָס איז דאָס יאָגעניש? what's the rush?

יאָגערײַ' די (ען) racetrack

יאָ'גערלעך מצ tag (game)

יאָד דער iodine, tincture of iodine

יאַדי'שלעווע אַדי זע יאַדעשליווע

יאַדלאָ'ווע = יאָדלאָווע אַדי זע יאָדלעווע

יאָדלע די (ס) fir (tree)

יאָ'דלעווע אַדי (of) fir

יאָ'דל|ען וו (גע–ט) yodel

יאַדע די (ס) shrew, vexatious woman

יאַ'דעדיק אַדי annoying, irritating

יאַדע|ן וו (גע–ט) irritate, annoy, harass

יאַ'דענינע די *dial.* annoyance, vexation; insult, affront

יאָדער[1] דער/די (ן) kernel; nucleus

יאָ'דער־[2]... nuclear
|| יאָ'דער־באָמבע atomic bomb

יאָ'דערדיק אַדי robust, hearty, vigorous; pithy, concise (style)

יאָ'דערלאַנד דאָס mainland

יאָ'דערלעך מצ דימ יאָדער (sunflower, pumpkin, etc.) seeds; small cream bun with honey

יאָ'דערע די (ס) זע יאָדער[1]; יאָדערלעך

יאַ'דעשליווע אַדי *dial.* asthmatic, short of breath

יאָדרע די (ס) זע יאָדער[1]; יאָדערלעך

יאַהודי דער (ם) *pejor.* Western European or westernized Jew

יאַ'וונע־וויאַ'סנע אַדי/אַדוו [YAVNE-VYA'SNE] clear as day

יאַ'ווע|ן זיך וו (גע–ט) show up unexpectedly, turn up

יאַ'ווקע די (ס) appearance (in court); producing/showing (of a document)

יאַוש דער זע ייִאוש

יאָ'זאָגונג די (ען) *neol.* assent

יאַ'זדע די (ס) ride, jaunt; journey, trip; (stage)coach

יאָזש דער (ן) דימ דער יאָזשיק *dial.* hedgehog

יאַט דער (ן) guy, lad, fellow

יאָט דער (ן) (the letter) J

יאַ'טיכע די (ס) *fam.* lass, gal

יאַטיש אַדי *slang* bourgeois

יאַ־טעבע־דאַ'ם דער (ען) *iron.* big shot

יאַ'טער|ן (זיך) וו (גע–ט) fester, suppurate

יאַטקע די (ס) butcher shop

יאַ'טקעקלאָץ דער (...קלעצער) butcher's block; *slang* kick in the butt (with the knee)

יאַטרע|ן (זיך) וו (גע–ט) זע יאַטערן

יאַ'טשניצע די (ס) omelet
יאַך פּראָנ *dial.* I
יאָך דער/די (ן) yoke; *fig.* burden
יאַכט דער (ן) yacht
יאָכט דער זע יוכט
יאַ'כטבאַסיין דער (ען) marina, yacht basin
יאָכט·ן אַדי זע יוכטן
יאכלוהו אַדי–אַטר [YO(Y)KhLUHU'] *fam.* (money, deal) lost, gone up in smoke
יאַ'כמערן וו (גע–ט) howl, yell
יאַכנע די (ס) *pejor.* gossip, vulgar and indiscreet woman
|| (די) באָבע יאַכנע old hag
|| אין באָבע יאַכנעס צײַטן in the time of Methuselah, ages ago
יאַ'כן־פּלאַסטער דער (ס) blistering plaster
יאָכצום = יאָכצונג דער beryl
יאָכצן וו (גע–ט) cry out, *esp.* with delight
יאַ'לאָווע אַדי זע יאַלעווע
יאַלאָווע'ץ דער juniper
יאַ'לאָווקע די (ס) זע יאַלעווקע
יאָלאָפּ דער (עס) clumsy oaf
יאָלד דער (ן) fool, sucker
יאָלדאָווקע די (ס) זע יאָלדעווקע
יאָלדיש אַדי/אַדוו simple-minded, naive
יאָ'לדעווען וו (גע–ט) make a fool of; clown around
יאָ'לדעווקע די (ס) *slang* chick, broad
יאַ'לעווע אַדי barren, dry
יאַלעווע'ץ דער זע יאַלאָווע'ץ
יאַ'לעווקע די (ס) barren cow
יאָלעם דער (ס) wool knit cap
יאָלקע[1] די (ס) fir (tree); Christmas tree
יאָלקע[2] = יאָ'לקעדיק אַדי זע יעלקע
יאַם דער (ען) yam; sweet potato
יאַם פּאָנ ים
יאַמב דער (ן) iamb
יאָמער דער (ן) lamentation, tears
יאָ'מערטאָל דער vale of tears
יאָ'מערלעך אַדי heart-rending (cry, lament)
יאָ'מערן וו (גע–ט) <אויף> lament *intr./trans.*, weep (over)
יאַ'מפּערקע די (ס) woman's small beret; *hum.* yarmulke, skullcap

יאַמקע די (ס) round hollow for pot in the front corner of an oven/fireplace
יאַמש דער bamboo
יאַמשאָווע אַדי זע יאַמשן
יאַמש·ן אַדי (of) bamboo
יאָן דער (ען) ion
יאָנאָספּע'ר די ionosphere
יאַנדעס דאָס nerve, gall; conscience
|| האָב|ן* דאָס יאַנדעס צו have the nerve to
יאָנדרע די (ס) זע יאָדער[1]; יאָדערלעך
יאַ'נואַר דער (ן) January
יאָנטעוו פּאָנ יום־טובֿ
יאָניזיר|ן וו (–ט) ionize
יאָנץ דער (עס) fool, numskull
יאַנקאָטע אַדי זע היקעוואַטע
יאַס (דאָס) Iași (Romania)
יאַסטרעב דער (ן/ס) *dial.* sparrowhawk
יאַסינאָווע אַדי (of) ash (wood)
יאַ'סינע די (ס) ash (tree)
יאַסלע די (ס) gum (mouth), gingiva
יאָסל פּאַנדרע פּנ זע יאָשקע פּאַנדרע
יאַסמי'ן דער (ען) jasmine
יאָ'סעלע פּאַנדריק פּנ זע יאָשקע פּאַנדרע
יאָסעם פּאָנ יתום
יאַסען דער (ס) זע יאַסינע
יאַסענאָווע אַדי זע יאַסינאָווע
יאַספּיס דער זע יאָשפּיז
יאַע'טשניצע די (ס) זע יאַ'טשניצע
יאַפּאַ'ן (דאָס) Japan
יאַפּאַניש אַדי/(דאָס) Japanese
יאַפּאַנער דער (–) פֿעמ ין Japanese
יאַפּע די (ס) *fam.* gullet, maw, mug
יאָפּען וו (גע–ט) *dial.* moan, groan
יאַק[1] די/דער (ן/עס) (woman's) jacket; blouse
יאַק[2] : ... יאַק ... *(before and after the same word)* it is less about ... than about
|| געלט יאַק געלט, נאָר מענטשן! money is money, but this is about people!
|| איך יאַק איך, אָבער ער... never mind me, but he ...
|| רעדן יאַק רעדן, נאָר טאָן... talk is one thing, but action ...
יאָק דער *dial.* ninny, fool
יאַקאָס אַדוו זע יאַקאָש
יאַקאָר דער (ן) *Slav.* anchor
יאַקאָש אַדוו somehow

יאַקבי = יאַקבע אַדוו supposedly; so to speak; seemingly

יאָקטער דער quack, charlatan (parody of "doctor")

יאָקיש דער **זע** יאָק

יאָקל **1.** דער simpleton, fool; *slang* louse

|| **2.** פּנ : יאָקל (בן־פּלע'קל) [BEN] *hum.* what's-his-name, guy, fellow

יאַקע די (ס) **זע** יאַק[1]

יאַר דער (ן) gulch, ravine

יאָר דאָס (ן) year

|| מצ *also* age

|| הייַנטיקס יאָר this year

|| איבער אַ יאָר next year

|| פֿאַר אַ יאָרן last year

|| וואָס אַ יאָר year by year

|| אויף ס'יאָר, איוודעס יאָר next year

|| אַ גאַנץ/קייַ'לעכדיק/גיי'ענדיק יאָר a whole year; all year (round)

|| פֿון אַ גאַנץ יאָר common, ordinary

|| אַלע יאָר every year

|| אַלע יאָרן all one's life

|| אין די יאָרן grown up; elderly; nubile

|| אין מייַנע/דייַנע יאָרן (at) my/your age

|| אין איינע יאָרן <מיט> the same age (as)

|| יאָר־איַי'ן יאָר־אוי'ס year after year, year-in year-out

|| אָ'פּגעשניטענע/פֿאַרשני'טענע יאָרן short life, premature death

|| האָב|ן* פֿון דאַט אָ'פּגעשניטענע יאָרן worry oneself sick over

|| דאַט צו לע'נגערע יאָר(ן) *Jew. (said before or after the name of a living person mentioned together with a dead person)* may he/she etc. live many more years

|| אַזאַ' יאָר אויף... if only this were true of ...

|| זייַן* אַרוי'ס פֿון די יאָרן have outgrown (stg.)

|| אַ יאָר מיט אַ מיטוואָך a year and a day; a very long time

|| צו אַל די שוואַרצע יאָר to hell, to the devil

|| אַ גוט יאָר **זע** גוט־יאָר

|| פּ״גל גוטער־יאָר; שוואַרץ־יאָר

יאָרבוך דאָס (...ביכער) annual; yearbook

יאָרגאַנג דער (...גענג) volume (periodical), set of issues for the year

|| איַי'נ|בינד|ן אַ יאָרגאַנג פֿון זשורנאַ'ל bind a year of a periodical

|| דער זשורנאַ'ל גייט אַרייַ'ן אין צווייטן יאָרגאַנג the journal is entering its second year

יאָרגעלט דאָס (ער) annual salary; annuity

יאַרד דער (ן) yard (length)

יאָרהונדערט דער (ער) century

יאַרזשינע די *dial.* vegetables

יאָרטאָג דער (...טעג) anniversary

יאָרטויזנט דער (ער) millennium

יאַרי'ד דער (ן) **זע** יריד

יאָ'ר־יע'רלעך אַדי/אַדוו annual, yearly; perennial

יאָריק[1] אַדי year-long; annual, yearly

...־יאָריק[2] אַדי–עפּי *(preceded by a number)* ... year(s) old

יאַרלי'ק דער (ן/עס) label, ticket

יאַרמאָ' דער **זע** יאַרמע

יאַ'רמלקע די (ס) cap, *esp. Jew.* skull cap, kippah

|| די בלוי|ע יאַרמלקע *hum.* the sky

יאַרמע די (ס) *dial.* yoke

יאָ'רמענטש דער (ן) person hired by the year

יאָר|ן זיך וו (גע–ט) **זע** יערן[2] זיך

יאַרסקע אַדי of vegetables

יאָ'ר־עדות דער (–) [EYDES] bribed witness, false witness

יאַ'רעוואַקס דער virgin/fresh wax

יאַ'רענע די spring wheat/grain

יאָ'ר־עסק דער [EYSEK] tedious bother

יאַ'רעצוואַקס דער **זע** יאַרעוואַקס

יאָרצייַט דער/די (ן) anniversary of death

|| האָב|ן* יאָרצייַט <נאָך> *Jew.* observe the anniversary of the death (of)

|| שטעל|ן יאָרצייַט נאָך *Jew.* light a candle on the anniversary of the death of

יאָ'רצייַט־ליכט דאָס (–) *Jew.* candle lit on anniversary of a death

יאָרצענדלינג = יאָרצענדליק דער (ער) decade

יאַרקע די **זע** יאַרענע

יאַש דער **זע** טויב[1]

יאַשטשיק דער (עס) case, box

יאַ'שטשעריצע די (ס) **זע** יאַשטשערקע

יאַ'שטשערקע די (ס) lizard

|| לאַכ|ן מיט יאַשטשערקעס force a laugh, laugh through tears

יאַ'שינע די (ס) **זע** יאַסינע

יאַשיק דער (עס) small cushion/pillow

יאַשמע די (ס) **זע** יאָשפּיז

יאַשפּיז דער — jasper (mineral)

יאַשקע פּאַנדרע/פּאַנדריק פּנ — *pejor.* Jesus Christ

יבשה די [YABOShE] — dry land, terra firma; continent, mainland

יבשה־צונג די (ען) [YABO'ShE] — spit of land

יבֿרכך דער [YEVOREKhEKhO] — *hum.* tongue lashing

יבֿש אַדי–אַטר [YOVESh] — *fam.* (money, deal) lost, gone up in smoke

יגיע־כּפּו די [YEGIE-KA'PE] — manual/physical labor

יגיע־כּפּימניק דער (עס) פֿעמ ...ניצע [YEGIE-KAPA'IMNIK] — manual laborer

יגיעת־כּפּ(י)ו די [YEGIES-KA'PE(V)] זע יגיע־כּפּו

יד[1] די (ים) [YAD - YODAIM] — *pejor.* hand, mitt, paw

יד[2] דער (ן) [YAD] — pointer, shaped like a hand with the index finger extended, used in reading the Torah in the synagogue

יד־אַחת דער (ן) [YADAKhES] — agreement, plan (for concerted action)

|| מאַכן יד־אַחת — make common cause, agree on concerted action

|| זײַן* יד־אַחת <מיט> — be in league/cahoots (with)

יד־אַחתניק דער (עס) פֿעמ ...ניצע [YADA'KhESNIK] — conspirator, collaborator

ידוע אַדי–אַטר [YEDUE] — (well-)known

ידוע־לכּל אַדי–אַטר [YEDUE-LA'KL] — common knowledge

ידיד דער (ים) [YEDI'D] — close friend

ידידי טיטל [YEDIDI] — dear friend *(used esp. at the beginning of a letter)*

ידידי־בריוול דאָס (עך) [YEDI'DI] — friendly letter

ידיעה די (–ות) [YEDIE] — message, (bit of) news, information; knowledge (in a given field)

יד־נקבֿ דער [YA'DNEKEV] — *slang* opening large enough to pass a hand through (for theft)

ידען דער (ים) פֿעמ טע [YADN - YADONIM] — scholar, expert

ידענות דאָס [YADONES] — expertise, knowledge

י״ה = יאָרהונדערט — century

יהדות דאָס [YA'ADES] — (Orthodox) Judaism

|| פֿ״גל יאַנדעס; יודאַיִזם; ייִדישקייט

יהודי דער (ם) [YEHUDI] — *in-group* Jew

|| פֿ״גל יאַהודי

יהודי בלאָ אינט [YEHUDI BELO'Y] — *in-group* Jew(s), not so fast! Don't!

יהי דער [YEHI'] — *lit.* "let there be"

יואוול דער (ען) זע יוּוול

יואוועליר דער (ן) זע יוּוועליר

יובילאַר דער (ן) [Ly] — person whose birthday/anniversary is being celebrated

יובילײ דער (ען) [Ly] — jubilee; round-numbered anniversary

|| דרײַסיק־יאָריק|ער יובילײ — 30-year anniversary celebration

יובילעום דער (ס) [Ly] זע יובילײ

יובל דער — jubilation, exultation

|| פֿ״גל יובֿל

יובל|ען וו (גע–ט) — celebrate, rejoice

יובקע די (ס) זע יופּקע

יובֿל דער (ען) [YOYVL] — jubilee; round-numbered anniversary

|| איין מאָל אין אַ יובֿל — once in a blue moon, very rarely

יובֿל|ען וו (גע–ט) [YOYVL] — celebrate an anniversary *imperf.*

יוגאָסלאַװ דער (ן) פֿעמ ין — Yugoslav

יוגאָסלאַוויע (די) — Yugoslavia

יוגאָסלאַוויש אַדי — Yugoslav

יוגנט[1] די (ן) — youth

יו'גנט־[2]... — for the young; (sport) junior; youth(ful), juvenile

יו'גנטלעך אַדי — youthful, juvenile

יוד דער/די (ן) [YUD] — *yud*, name of the letter י

יודאַיִזם דער — (Reform) Judaism

|| פֿ״גל יהדות; ייִדישקייט

יודאַק דער (עס) זע ייִדלאַק

יודע [YEDEYE] : איז יודע — *lit.* (he) knows

יודע־הכּל דער [YEDEYE-HA'KL] — the Omniscient One, God

יודע־הכּלדיק אַדי [YEDEYE-HA'KLDIK] — omniscient

יודע־חן דער (יודעי־) [YEDEYE-KhE'YN - YODE] — Kabbalist; initiate, bearer of esoteric knowledge

יודע־נגן דער (יודעי־) [YEDEYE-NA'GN - YODE] — talented musician; *hum.* expert card player

יודע־ספֿר דער (יודעי־) [YEDEYE-SE'YFER - YODE] — *Jew.* learned man

יודער דער (ס) — ten-groschen coin

יוּוול דער (ען) — gem, jewel

יוּוועלי'ר דער (ן) — jeweler

יוּוועלירער דער (–/ס) זע יוּוועליר

יוון [YOVN] .1 (דאָס) — Greece (as the site of the Greco-Byzantine branch of Jewish culture)

|| .2 דער (ים) [- YEVONIM] — *iron.* Russian or Ukrainian soldier/policeman, ruffian

|| ווי אַ יוון אין סוכּה [SUKE] — ill-timed, out of the blue, inappropriate

יוניש [YEVONISh] .1 אַדי — Judeo-Greek; *iron.* soldierly

|| יוניש|ע תּורה [TOYRE] — obscene language

|| .2 (דאָס) — *iron.* Russian, Ukrainian (language)

יוטשען וו (גע–ט) — grunt, oink

.3 יוי אַדוו זע יאָ

יוויול פֿאָנ יובֿל

יויז דער (ן) — puny/disfigured man; oaf

יויזל דאָס (עך) — *pejor.* Jesus; *pejor.* crucifix, icon

יויך די (ן) דימ ייַיכל — broth, soup, sauce

|| גי'לדענ|ע יויך — *Jew.* soup served at a wedding

יויכצן וו (גע–ט) זע יאָכצן

יוירן וו (געיוירן/גע–ט) — ferment

יוירעכץ דאָס — leaven

יוירעש פֿאָנ יורש

יוישער פֿאָנ יושר

יוכט דער — cowhide, Russian leather

יוכט·ן אַדי — (of) Russian leather

יוכע די — blood, *esp.* of an animal; *slang* blood; rage, anger

יולדת די (ן) [YOLDES] — woman in childbirth

יולי דער (ס) — July

יומא־דפּגרא דער (ס) [YOYME-DEPA'GRE] — day of leisure, (public) holiday

יום־הדין דער [YOM-HADI'N] — (relig.) day of reckoning

יום־ולילה אַדוו [YOM-VOLA'YLE] — day and night

יום־טובֿ דער (ים) [YONTEV/YONTEF - YONTOYVIM] — holiday, *esp.* a Jewish religious one; festival

|| עס איז יום־טובֿ אין דער וואָכן — it's a celebration at an inappropriate time

יום־טובֿדיק אַדי/אַדוו [YO'NTEVDIK] — solemn; festive, celebratory

יום־טובֿן וו (גע–ט) [YONTEV] — celebrate (a holiday); spend the holiday(s); rest

יום־כּיפּור דער [YOMKIPER/YONKIPER] — Yom Kippur, Jewish Day of Atonement, day of fasting and prayer

יומם־ולילה אַדוו [YOYMEM-VOLA'YLE] **זע** יום־ולילה

יונג .1 אַדי (קאָמפּ ייִנגער) — young

|| יונגע יאָרן — youth (age)

|| .2 דער (עץ) דימ ייִנגל — guy, boy; servant, worker

|| **פֿ״גל** גראָבער־יונג; ווילער־יונג

יונגאַטש דער (עס) — brat, rascal; boor, lout, rascal

יו'נג־געזעלין די (ס) — bridesmaid

יונגוואַרג דאָס — young people

יונגיטשק אַדי–עפּי — very young, brand new

יונגלינג דער (ען) **זע** ייִנגלינג

יו'נגערהיי'ט אַדוו — when young, in one's youth

יונג|ער־מאַ'ן דער-דעק (יונגע־לײַ'ט) דימ דער יונגער־מאַ'נטשיק — young man

יונגפֿרוי די (ען) — virgin; young lady

יוני דער (ס) — June

יוניאָן די (ס) [NY] — *Amer.* labor union

יוניאָר טיטל [NY] — junior

יונק זײַן* וו (יונק געווע'ן) [YOYNEK] — suckle *intr.*, draw nourishment

יונקער דער (ס) — junker, young nobleman; (milit.) cadet; jack (cards)

יוסט אַדי — prosperous, rich; dignified, well regarded

יוסטי'ץ[1] די — justice, legal system

יוסטי'ץ־[2]... — judicial

יוסף הצדיק פּנ [YOYSEF HATSADIK] — Joseph, son of the patriarch Jacob

יועץ דער (ים) [YOYETS] — adviser, counselor

יו'פּיטער (דער) — Jupiter

יופּע די (ס) — men's short overcoat; woman's jacket

יו'פּעצע די (ס) **זע** זשופּיצע

יופּקע די (ס) יופּע דימ — *also* petticoat

יוצא [YOYTSE] : פֿון יוצא וועגן — for the sake of appearances, perfunctorily

|| און יוצא! — and that's enough!

|| **פֿ״גל** יוצא זײַן

יוצא־דופֿן דער (ס) [YOYTSE-DO'YFN] — rare case, extraordinary person or thing

יוצא־דופֿנדיק אַדי [YOYTSE-DO'YFNDIK] — strange, bizarre

יוצא זײַן* וו (יוצא געווע'ן) [YOYTSE] — do one's duty

|| יוצא זײַן אַק — *Jew.* fulfill (a religious obligation)

|| יוצא זײַן פֿאַר — please, satisfy

|| יוצא זײַן מיט — get away with; get by with

|| יוצא זײַן לגבי [LEGABE] — do justice to, be even with

|| אויף יוצא צו זײַן — perfunctorily, for the sake of appearances

יוצא־מן־הכּלל דער (ן/יוצאים־מן־הכּלל) [YOYTSE-MINAKLA'L - YOYTSIM-] — exception (to the rule); remarkable person/thing

יוצר דער [YOYTSER] — *Jew.* third portion of the morning service where special hymns are interpolated on certain Sabbaths and holidays

יוצרות מצ [YO(Y)TSRES] : פֿאַרבײַט|ן די יוצרות
hum. confound one thing with another

itch, sting יוק|ן וו (גע–ט)

trash, worthless goods יוקס דער

[YOYRED - YORDIM] יורד דער (ים)
impoverished/ruined man; Israeli expatriate

jurisprudence; legal profession יורי' די

law school || יורישול

juridical, pertaining to law יורידיש אַדי/אַדוו

jurisdiction יוריסדיקציע די (ס)

legal scholar, jurist; lawyer יורי'סט דער (ן) פֿעמ ין

legal studies; jurisprudence יוריספּרודע'נץ די

pejor., insult. oaf, corpulent and uncouth man יורקע (דער)

ignore s.o.'s opinion || הער|ן אַק ווי דעם יורקע

not utter a sound || שווײַג|ן ווי יורקעס הונט

heir [YOYRESh - YORShIM] יורש דער (ים) פֿעמ טע

Hasid who lives near his rebbe's court [YOYShEV - YOShVIM] יושבֿ דער (ים)

יושבֿ־אוהל דער (יושבֿי־)
person who devotes all his time to study; homebody, stay-at-home [YOYShEV-O'YEL - YOShVE-]

(blood) spurt; (water, crowd) be/become agitated יושע|ן וו (גע–ט)

(chimney) flue, damper יושקע[1] די (ס)

broth, soup, sauce יושקע[2] די (ס)

justice, fairness, righteousness [YOYShER] יושר דער

in all fairness [ALPI] || על־פּי יושר

what about fairness? || ווו איז יושר?

fair, just [YO'YShERDIK] יושרדיק אַדי/אַדוו

Jew. prayer commemorating the dead [YISKER] יזכּור דער

memorial book compiled in memory of a Jewish community that was destroyed (20th century) [YI'SKER] יזכּור־בוך דאָס (־ביכער)

together, jointly [YAKhDEV] יחדיו .1 אַדוו

fifty-fifty! share and share alike! || .2 אינט

יחוד דער (ים) זע ייִחוד; ייִחודים

יחוס דער זע ייִחוס

individual, member of a group; (gramm.) singular [YOKhED - YEKhIDIM] יחיד דער (ים)

one of a kind, unique thing/person [YOKhED-BEMI'NE] יחיד־במינו דער

unique, one of a kind [YOKhED-BEMI'NEDIK] יחיד־במינודיק אַדי

[YOKhED-BEMI'NEDIKEYT] יחיד־במינודיקייט די
uniqueness

privacy, intimacy [YEKhIDES] יחידות דאָס

select individuals, the best [YEKhIDE-ZGU'LE] יחידי־סגולה מצ

individual, private, personal [YEKhIDISh] יחידיש אַדי/אַדוו

(used in a letter after a person's name) may he be well [YIKhYE] יחיה פֿר

[YAKhSN - YAKhSONIM] יחסן דער (ים) פֿעמ טע
member of a prestigious family; privileged person

as good as || אַ גלײַכ|ער יחסן מיט

noble descent; pride, haughtiness [YAKhSONES] יחסנות דאָס

aristocratic; proud, haughty [YAKhSONISh] יחסניש אַדי

be proud of (one's lineage) [YAKhS·N] יחסנ|ען זיך וו (גע–ט) מיט

orthographic representation of the diphthong [EY] [TSVEY YUDN] יי

orthographic representation of the diphthong [AY] [PASEKh TSVEY YUDN] ײַ

despair, disappointment; resignation [YIESh/YEYESh] ייִאוש דער

Jew; (in contexts where Jewishness is irrelevant) man, person ייִד דער (ן) (אַק/דאַט: ייִד(ן); פֿאָס: ייִדנס)

Jewry, Jews || (די) ייִדן

what does the man want? || וואָס וויל דער ייִד?

you *(polite)* || אַ ייִד

where are you from? || פֿון וואַנעט קומט אַ ייִד?

fam. Mister! [REB] || ר' ייִד!

the Wandering Jew || דער איי'ביק|ער ייִד

I swear it, as I live and breathe; no kidding! honest! || ווי איך בין אַ ייִ'ד

come on, guys! || נו, ייִדן!

Jewish, pertaining to Jews; (in) Yiddish ייִדיש[1] .1 אַדי

Hebrew alphabet [A'LEFBEYS] || ייִ'דיש|ער אַלף־בית

Jew. say one's prayers || נעמ|ען אַ ייִדיש וואָרט אין מויל

Yiddish (language) || .2 דאָס

Judeo- ...ייִ'דיש־[2]

Judeo-German || ייִדישדײַטש

Judeo-Christian || ייִדיש־קריסטלעך

advocacy of the Yiddish language and of its status in Jewish life ייִדישיזם דער

advocate of the Yiddish language and of its status in Jewish life ייִדישי'סט דער (ן) פֿעמ קע

ייִ'דישלעך אַדי/אַדוו traditionally Jewish; in the Jewish manner; according to Jewish patterns

ייִ'דישןן וו (גע–ט) *Jew.* circumcise

ייִ'דישקייט דאָס/די Jewishness; Judaism (*esp.* in its concrete manifestations)

|| אויס|האַלטןן ייִדישקייט maintain Jewish ways; persevere

ייִדיש־קי'נד דאָס-דעק (ייִ'דישע־ קי'נדער) : **אַ ייִדיש־קינד** Jewish woman/girl

ייִ'דישקע די (ס) Jewish woman/girl

ייִדל דאָס (עך) *pejor.* (Jewish) guy, fellow

ייִדלאַק = ייִדליק דער (עס) [Ly] *pejor.* wretched Jew; strange guy (Jewish)

ייִדלען זיך וו (גע–ט) **זע** קריסטלען זיך

ייִדן אַק/דאַט/מצ **זע** ייִד

ייִ'דנטום דאָס Jewry; Jewish community of a country or region

|| דאָס פֿראַנצײ'זישע ייִדנטום French Jewry

ייִ'דעלע דאָס (ך) ייִד דימ2 *affect.* Jew

|| די רויטע ייִדעלעך *hum.* the ten lost tribes of Israel

ייִ'דענע די (ס) older Jewish woman; old-fashioned Jewish woman; wife

ייִוואָ דער (initials of (ייִ'דישער װי'סנשאַפֿטלעכער אינסטיטו'ט) Institute for Jewish Research, founded in Vilna/Vilnius in 1925 (based in New York since 1940) to research the history and culture of Ashkenazi Jewry

ייִחוד דער [YIKhED] privacy, isolation; *Jew.* prohibited private meeting of two non-married people of opposite sex; *Jew.* seclusion of the bride and groom after the wedding ceremony; *Jew.* oneness (of God)

ייִחודים מצ [YIKhUDIM] formulas or means by which Kabbalists attempt to commune with God

ייִחוס דער [YIKhES] ancestry, lineage, parentage; *hum.* importance; *Jew.* aristocracy

ייִחוס־בריוו דער (–) [YI'KhES] family tree, genealogical document

ייִחוסןן זיך וו (גע–ט) <מיט> [YIKhES] boast of one's ancestry, be proud (of)

ייַ'כל דאָס (עך) יויך דימ *also* bowl of broth served as a tonic to a child or a sick person

ייַ'שניצע די (ס) **זע** יאַ'טשניצע

ייִכעס פֿאָנ ייִחוס

ייִנגל דאָס/דער (עך) יונג .2 דימ boy

ייִ'נגלווײַז אַדוו as a boy, in one's boyhood

ייִנגלינג דער (ען) adolescent, young boy

ייִנגליש אַדי/אַדוו boyish, adolescent; childish, puerile

ייִנגלןען זיך וו (גע–ט) *iron.* (man) attempt to look young

ייִנגלש אַדי/אַדוו **זע** ייִנגליש

ייִ'נגלשאַפֿט די boyhood

ייִנגער אַדי יונג קאָמפּ younger; beginner (worker, colleague)

יין־המשומר דער [YAIN-HAMEShU'MER] *Jew.* legendary wine reserved in Paradise for the righteous

יין־נסך דער [YAIN-NE'SEKh] *Jew.* wine forbidden to Jews because it may have been consecrated for another religion

יין־שׂרף דער [YAIN-SO'REF] (hard) liquor

ייִסורים מצ **זע** יסורים

ייִראת־הכּבֿוד דאָס [YIRES-HAKO'VED] awe, reverence, veneration

ייִראת־הכּבֿודיק אַדי/אַדוו [YIRES-HAKO'VEDIK] reverent(ial)

ייִראת־שמים דער [YIRES-ShOMA'IM] *Jew.* fear of God, piety

ייִרןן וו (גע–ט) **זע** יוירן

יי״ש דער [YASh] דער **זע** יש[1]

ייִשובֿ דער (ים) [YIShEV - YIShUVIM] inhabited place; village, rural settlement; Jewish community of a country, *esp.* of Palestine prior to 1948

ייִשובֿ־הדעת דער [YIShEV-HADA'AS] deliberation; consultation

ייִשובֿןן זיך וו (גע–ט) [YIShEV] hesitate; deliberate

ייִשובֿניק דער (עס) פֿעמ ...ניצע [YIShUVNIK] Jew who lives in a rural Christian setting

יישר־כּוח דער <דאַט> [(YA)Sh(ER)-KO'YEKh] gratitude/appreciation (for)

|| אַ יישר־כּוח! well done! bravo!; congratulations! *(traditional expression to congratulate s.o. who has publicly carried out a Biblical commandment or done a good deed)*

ייִתור דער [YITER] remnants, material leftover from from making a garment to order and retained by the tailor

ייִתוש דער (ים) [YITESh - YITUShIM] legendary insect; obsession, nagging regret, melancholy

יככה [YAKEKO] : **בײַ אים איז יככה און יבבה אַלץ איינס** [YABEBO] he can hardly read, he gets the letters confused

יכולןען וו (גע–ט) **זע** יכלען

יכולת דאָס (ן) <צו אינפֿ> [YEKhOYLES] ability, capacity (to)

יכל|ען וו (גע–ט) [YOKhL] *hum.* be able/gifted; know one's stuff

|| ניט יכלען *pop.* be powerless/impotent

ילד דער/דאָס (ים) [YELED - YELODIM] child; *hum.* fellow; *slang* coin

|| ילד־פּיע'טריק *iron.* poor innocent child

יללה די (–ות) [YELOLE] lament, wailing

|| מאַכ|ן יללות wail, howl

ים[1] דער (ען/ים) [YAM] sea, ocean

|| אַ ים <מיט> a great deal (of)

ים[2]־... [YA'M] maritime, nautical

ים־אוקינוס דער [YAM-OKYO'NES] *lit.* ocean

ים־בוזעם דער (ס) [YA'M] bay, cove

ים־גראָז דאָס (ן) [YA'M] seaweed

ים־הגדול דער [YAM-HAGO'DL] *lit.* Mediterranean (sea)

ים־הונט דער (־הינט) [YA'M] seal

ים־המלח דער [YAM-HAME'LEKh] Dead Sea

ים־חזירל דאָס (־חזירימלעך) [YA'M-KhAZERL - YA'M-KhAZEYRIMLEKh] guinea pig

ימח־שמו פֿר (ימח־שמם) [YIMA'Kh-ShMO'Y - -ShMO'M] may his/their name(s) be erased (curse)

|| ימח־שמו זאָלסטו ווערן! go to hell!

ימח־שמו־וזכרו פֿר (ימח־שמם־וזכרם) [YIMA'Kh-ShMO'Y-VEZIKhRO'Y - -ShMO'M-VEZIKhRO'M] may his/their name(s) and his/their remembrance(s) be erased *(curse)*

ימח־שמוניק דער (עס) פֿעמ ...ניצע [YIMAKhShMO'YNIK] scoundrel, wicked person

ימח־שמם פֿר זע ימח־שמו

ימים־נוראָים מצ [YOMIMNERO'IM] *Jew.* the Days of Awe, the ten days between Rosh Hashana and Yom Kippur

ים־כּנרת דער [YAM-KINE'RES] Sea of Galilee, Lake Tiberias

ים־מאַן דער (ים־לײַט) [YA'M] seaman, sailor

ים־מולטערל דאָס (עך) [YA'M] seashell

ים־מיידל דאָס (עך) [YA'M] (myth.) mermaid

ים־סוף דער [YAMSUF] Red Sea

ים־פּאָץ דער (־פּעץ) [YA'M] *vulg., hum.* stupid jerk, dirty bastard

ים־פּאָרט דער (ן) [YA'M] seaport

ים־פּראָמענאַ'ד דער (ן) [YA'M] boardwalk, seaside walk

ים־פֿאָ'רנדיק אַדי [YA'M] seagoing

ים־פֿלאָט דער (ן) [YA'M] navy, fleet

ים־פֿלייץ דער (ן) [YA'M] tide

|| פּ״גל אָפּפֿלייץ, צופֿלייץ

ים־פֿערד דאָס (–) [YA'M] walrus

ים־פֿערדל דאָס (עך) [YA'M] sea horse

ים־צונג די (ען) [YA'M] sole (fish)

ים־קאָטער דער (ס) [YA'M] insignificant person, nobody; sea lion

ים־קאַץ די (־קעץ) [YA'M] catfish; marmoset

ים־קאַרטע די (ס) [YA'M] sea chart

ים־קראַנק אַדי [YA'M] : זײַן* ים־קראַנק be seasick

ים־קרענק די [YA'M] seasickness

ים־שטאָרעם דער (ס) [YA'M] gale, storm

ים־שפּיגל דער [YA'M] sea level

ים־שפּײַז די [YA'M] seafood

יניקה די [YENIKE] livelihood; spiritual nourishment; inspiration

|| ציִ|ען (אַ/די) יניקה פֿון make a living from/by; take inspiration from

יסוד דער (ות) [YESO'D - YESOYDES] foundation, basis

|| זײַן* דער יסוד פֿאַר serve the basis for

יסודותדיק אַדי/אַדוו [YESO'YDESDIK] fundamental, elementary

יסורים מצ [YISURIM/YESURIM] suffering, pain; preoccupation, worries

|| האָב|ן* יסורים suffer; worry

|| האָט קיין יסורים ניט don't worry

|| אָ'נ|טאָ|ן* דאַט יסורים worry *trans.*, cause s.o. to suffer

יע אַדוו זע יאָ .3

יעגלע די (ס) fir (tree)

יעגער דער (ס) פֿעמ ין hunter

יעגערײַ' דאָס hunting

יעדינאַק דער (עס) פֿעמ ...נאַטשקע זע יעדנאַק

יעדיִע פֿאָנ ידיעה

יעדן פּראָנ זע יעדער .3

יעדנאַק דער (עס) פֿעמ ...נאַטשקע *dial.* only son

יעדנעראַ'ל דער (ן) *dial., hum.* general

יעדן פֿאַלס אַדוו זע (אויף יעדן) פֿאַל

יעדעס אַדי/פּראָנ זע יעדער

יעדער .1 אַדי–אינוו each, every

|| .2 יעד|ער אַדי (נייטראַל נאָמ/אַק: יעדעס) each, every

|| יעדער צווייט|ער ... every other ...

|| .3 יעד|ער (איינ|ער) פּראָנ (פּאָס: יעדנס/יעדן איינעמס) everyone, everybody

|| פּ״גל איעדער .1.; אַיעדער .2

יע'דער|ער פּראָנ everybody, everyone; anybody, anyone

יעוונו'ך דער (ן) זע איינוך

יעווסע'ק דער (ן/עס) member of the Jewish Section of the Communist Party in the USSR; *pejor.* Jewish Communist

יעווסעקציע די Jewish Section of the Communist Party in the USSR (1918-1930); *pejor.* Jewish Communist movement

יעזוי'ט דער (ן) Jesuit

יעזוס פּנ Jesus

יעזש דער זע יאָזש

יע'טווידער = יע'טוועדער 1. אַדי–אינוו each, every

|| 2. יע'טוויד|ער פּראָנ everyone

יעט|ן וו (געיע'ט) weed

יעל די (ן) [Ly] זע יעגלע

יעלאָווער בוים דער [Ly] זע יעגלע

יעלה די (–ות) [YAYLE] wail, howl; (noisy) scene, turmoil

|| מאַכ|ן אַ יעלה, מאַכ|ן יעלות *fam.* raise the roof, shout one's head off

יעלה|ן וו (גע–ט) [YAYLE] lament; wail, howl

יעלניק דער [Ly] fir branches

יעלקע אַדי rancid, putrid

יעמאָלט אַדוו then

יע'נוועלטיק אַדי other-worldly, from the beyond

יענטע די (ס) vulgar/sentimental woman, gossip

יענטש|ען וו (גע–ט) whine, wail, groan

יע'ניק|ער אַדי that

|| די יעניקע וואָס those who

יענע אַדי/פּראָנ זע יענער

יע'נעוועלטיק אַדי זע יענוועלטיק

יענעם אַדי/פּראָנ זע יענער

יענ|ער 1. אַדי (נייטראַל נאָמ/אַק: יענץ) that; the other; (an) odd sort of

|| אין יע'נעם בוך, נישט אין דע'ם in that book, not in this one

|| אויף יענער זײַט טײַך on the other side of the river

|| ער איז יע'נער אַ'רבעטער he's one strange worker

|| פֿ״גל (יענע) וועלט[1]

|| 2. פּראָנ that (one), those; the other, other people

|| יענץ *also* that one

|| נישט אין דע'ם בוך, נאָר אין יע'נעם not in this book, but in that one

|| קריטיקיר|ן ווען יענער איז נישטאָ' criticize s.o. behind his/her back

|| פֿאַר זיך און פֿאַר יענעם for oneself and for others

|| גאָרנישט נעמ|ען בײַ יענעם accept nothing from anyone else

יענעראַ'ל דער (ן) זע יעדנעראַל

יענץ אַדי/פּראָנ זע יענער

יענצ|ן וו (גע–ט) *vulg.* screw, have sex with

יענצער דער (–/ס) פֿעמ קע *vulg.* fornicator

יענק דער (ען) moan

יענקי דער (ס) Yankee, American (of Anglo-Saxon stock)

יענקעוואַטע אַדי זע היקעוואַטע

יענקע|ן וו (גע–ט) moan, lament; stutter, stammer

יעסוימע פּאָנ יתומה

יעסיען דער (ס) [Sy] זע אָסיען

יעפֿרייטער דער (ס) corporal

יעצט אַדוו זע איצט 1.

יעקבֿ אָבֿינו פּנ [YANKEV OVINU] the Patriarch Jacob

יעקל דאָס (עך) יאָק דימ fool

יעק|ן וו (גע–ט) scoff at, taunt

יעקע דער (ס) *hum.* German Jew; *insult.* German, Kraut

יע'קעלע דאָס (ך) יאָק דימ2 little fool, ridiculous hero of the Chelm stories

|| פֿ״גל כעלעם

יערושע פּאָנ ירושה

יערטאָג דער (...טעג) anniversary

...־יעריק אַדי–עפּי זע ...־יאָריק[2]

יערכע די chamois leather

יערכען אַדי (of) chamois

יערלעך אַדי/אַדוו yearly, annual

יערן[1] וו (געיוירן) זע יורן

יער|ן[2] זיך וו (גע–ט) have a birthday

|| הײַנט יערט ער זיך today is his birthday

|| מיט מזל געיע'רט זיך! [MAZL] happy birthday!

יעשיווע פּאָנ ישיבֿה

יעשען דער (ס) זע אָסיען

יפֿהפֿיה די (–ות) זע יפֿיפֿיה

יפֿו (דאָס) [YAFE] Jaffa

יפֿיפֿיה די (–ות) [YEFE'YFIE] *often iron.* belle, great beauty

יפֿת־תּואר די (ן/ס) [YEFASTOYER] beauty, beautiful woman

יצחק אָבֿינו פּנ [YITSKhOK OVINU] the Patriarch Isaac

יציאה די [YETSIE] exodus

יציאת־מצרים (דער) [YETSIES-MITSRA'IM] the Exodus of the Jews from Egypt

יציאת־נשמה די [YETSIES-NEShO'ME] last breath

יצירה די [YETSIRE] Creation, Universe; work of art; creative process, artistic work

יצר דער (ים) [YEYTSER - YETSORIM] urge, instinct; (psychol.) drive

יצר־הרע דער (ס) <צו> [YEYTSER-HO'RE] passion, desire (for); sexual desire, lust; temptation; (personification of the) inclination to evil

|| דער יצר־הרע האָט אים אָ'נגענומען he was seized by an overwhelming desire

|| דע'מבעבנ|ער/קו'פּערנ|ער יצר־הרע abnormal/unstoppable passion

יצר־הרעדיק אַדי [YEYTSER-HO'REDIK] sensual, voluptuous

יצר־טובֿ דער [YEYTSER-TO'(Y)V] moral sense, (personification of the) inclination to good

יקנה״ז (דער) [YAKNEHO'Z] mnemonic device used to remember the order of blessings recited when the night of Passover coincides with the close of Sabbath; *hum.* fantastical thing, bunk; *hum.* fool

יקר־המציאות דאָס (ן) [YEKA'R-HAMTSI'ES] rarity, rare book

יקרות דאָס/דער (ן) <אויף> [YAKRES] price hike, high cost of living; dearth, scarcity

|| זײַן* אומפּ אַ יקרות אויף *rev.* be expensive

|| עס איז אַ יקרות אויף פֿלוימען plums are expensive

|| דער יקרות ברענט prices are skyrocketing

יקרן דער (ים) פֿעמ טע [YAKREN - YAKRONIM] profiteer, gouger

ירא־חטא דער (יראי־) [YORE-KhE'T - YIRE-] *Jew.* one who fears sin, is strictly observant

ירא־שמים דער (יראי־) [YORE-ShOMA'IM - YIRE-] *Jew.* God-fearing/devout person

ירא־שמימדיק אַדי [YORE-ShOMA'IMDIK] God-fearing, pious, devout

יראת־... זע ווערטער מיט ייִראת־...

ירגזון דער [YIRGOZN] anger, rage, fury

ירדן [YARDN] .1 דער Jordan River

|| .2 (דאָס) Jordan (country)

ירום־הודו פֿר [YOREM-HO'YDE] "may his glory be exalted", words added after the name of a ruler

ירושה די (־ות) [YERUShE] heritage, inheritance

ירושהדיק אַדי [YERU'ShEDIK] hereditary, inherited

ירושהדיקייט די [YERU'ShEDIKEYT] heredity

ירושלים (דאָס) [YERUShOLAIM] Jerusalem

ירושלים־דליטע (די) [YERUShOLA'IM-DELI'TE] "Jerusalem of Lithuania," common nickname for Vilna/Vilnius as a Jewish cultural center

ירושלמי [YERUShALMI] .1 דער (ם) resident of Jerusalem

|| .2 דער Jerusalem Talmud

יריד דער (ן) [YARI'D/YERI'D] fair; uproar, tumult

|| אויפֿן הימל אַ יריד much ado about nothing; cock-and-bull story

|| ווען אין הימל וועט זײַן אַ יריד when hell freezes over

ירידה די [YERIDE] decline, decay, impoverishment; *Jew.* emigration from Israel

ירידניק דער (עס) [YARIDNIK] itinerant merchant who visits fairs

יריחו (דאָס) [YERIKhE] Jericho

יריעה די (־ות) [YERIE] one of the parchment sheets which are sewn together to make a Torah scroll

ירשונג די (ען) [YARShUNG] succession, passing on of inheritance

ירשעוודיק אַדי [YA'RShEVDIK] hereditary, transferable

ירשע|ן וו (גע־ט) [YARShE] זע ירשענען

ירשענ|ען וו (גע־ט) <אַק> [YARSh·N] inherit (from); be heir (to)

|| דאָס בוך האָב איך געירשנט פֿון טאַטן I inherited this book from my father

ייש[1] דער [YASh] *fam.* booze, liquor

יש[2] דער (ן) [YESh] entity, being; something substantial, important person/thing

|| דאָס איז אַ יש! now that's something!

יש אומרים [YESh OMRIM] .1 פֿר <אַז> some think that; people are saying that

|| .2 יש־אומרים דער : עס איז דאָ/פֿאַראַן אַ יש־אומרים rumor has it that, some maintain that

ישו פּנ [YIShU/YEYShU] Jesus

ישובֿ דער (ים) זע ייִשובֿ

ישו־הנוצרי פּנ [YIShU/YEYShU-HANO'YTSRI] Jesus of Nazareth

ישועה די (־ות) [YEShUE] salvation

ישועות־ונחמות מצ [YEShU'ES-VENEKhO'MES] *lit.* salvations and consolations; good news

ישיבֿה די (־ות) [YEShIVE] *Jew.* yeshiva, school of advanced Talmudic studies, rabbinic academy

ישיבֿה־בחור דער (ים) [YEShI'VE-BOKhER] yeshiva student

ישיבֿה־מאַן דער (־לײַט) [YEShI'VE] yeshiva student

ישיבֿהניק דער (עס) [YEShI'VENIK] yeshiva student

יש־מאַין דער (ס) [YE'Sh-MEA'IN] creation ex nihilo; something (created) out of nothing

ישקני פֿר [YIShOKEYNI] *vulg.* get lost!

|| זאָגן דאַט ישקני send s.o. packing

ישרן דער (ים) [YAShREN - YAShRONIM] man of integrity

ישרנות דאָס [YAShRONES] honesty, integrity, rectitude

ישׂראל [YISROEL] 1. (דאָס) Israel

|| פֿ״גל ארץ־ישׂראל

|| 2. דער Jew who is not a Cohen or a Levi

|| פֿ״גל כּהן; לוי

ישׂראלדיק אַדי [YISRO'ELDIK] Israeli, from Israel

ישׂראלי דער (ם) [YISREEYLI] Israeli *masc.*

ישׂראליש אַדי [YISREEYLISh] Israeli, from Israel

ישׂראלית די (ישׂראליות) [YISREEYLIS - YISREE'YLIES] Israeli *fem.*

יתור דער **זע** ייִתור

יתוש דער (ים) **זע** ייִתוש

יתום דער (ים) [YOSEM - YESOYMIM] orphan *masc.*

|| קײַ'לעכדיק|ער יתום orphan who has lost both father and mother

יתומה די (–ות) [YESOYME] orphan *fem.*

יתומים־הויז דאָס (־הײַזער) [YESO'YMIM] orphanage

יתומיש אַדי [YESOYMISh] abandoned, forsaken

כּ

כּ דער/די [KOF] letter of the Yiddish alphabet; pronounced [K]; numerical value: 20

כּאילו קאָנ [KEILE] as if

כּאילו־לאָ־ידע אַדוו זע כּלאָ־ידע

כּבֿד־פּה דער (ען) [KVATPE'] stammerer, stutterer

כּבֿוד[1] דער [KOVED] dignity, honor; honors; glory, majesty; respect

|| אײַער כּבֿוד Your Honor

|| אָפּ|געבן* דאָס כּבֿוד show respect (to), pay homage (to), pay tribute (to)

|| לייג|ן כּבֿוד אויף respect, esteem

|| מיטן שענסטן כּבֿוד with the greatest pleasure

|| איך בעט איבער אײַער כּבֿוד I beg your pardon, pardon the expression; with all due respect

כּבֿוד־[2]... טיטל [KVOYD-] *(in a letter)* The Honorable

כּבֿוד־אויסדרוק דער (ן) [KO'VED] testimonial

כּבֿוד־זוכער דער (ס) [KO'VED] vain person

כּבֿוד־זוכערײַ דאָס [KO'VED] vanity, conceit

כּבֿיכול .1 אַדוו [KAVYOKhL] as if it were possible *(used when speaking of God to avoid anthropomorphism)*

|| .2 God

|| האָט כּבֿיכול געזאָגט then God said

כּדאַי אַדי–אַטר [KEDA'Y] worthwhile, worth the effort, advisable

|| זײַן* אומפּ כּדאַי צו be worthwhile to

כּדאַיִקייט די [KEDA'IKEYT] timeliness, wisdom, advisability (of a decision, etc.)

כּדאַיניק דער (עס) פֿעמ ...ניצע [KEDAYNIK] opportunist

כּדבעי אַדוו [KEDEBOE] properly

כּדומה אַדוו [KEDOYME] of the same kind, the same as

כּדומה־למשל אַדוו [KEDO'YME-LEMO'ShL] *hum.* for example

כּדור־האָרץ דער [KADER-HOO'RETS] the terrestrial globe

כּדי קאָנ [KEDE'Y] in order that, so that

|| כּדי צו in order to, so as to

כּדין אַדוו [KEDI'N] in keeping with Jewish law

כּדין־וכּדת אַדוו [KEDI'N-VEKEDA'S] according to the Jewish law and faith

כּדרך־הטבֿע אַדוו [KEDEREKh-HATE'VE] naturally, inevitably

כּדת אַדוו [KEDA'S] in conformity with the law

כּדת־משה־וישׂראל אַדוו [KEDASMO'YShE-VEYISRO'EL] (marriage) in conformity with the law of Moses and Israel

כּהוויה אַדוו [KEHAVAYE] as it is, as it happened, plainly, candidly

כּהונה די [KEHUNE] *Jew.* priesthood; office of the priest

|| פֿ״גל כּהן

כּהן דער (ים) [KOYEN - KOYANIM/KEHANIM] *Jew.* priest of the biblical period; Cohen, descendant of the ancient priests, with certain privileges and obligations according to Jewish Law

כּהן־גדול דער [KOYEN-GO'DL] *Jew.* High Priest of the Temple in Jerusalem

כּהנה־וכהנה אַדוו [KOHE'YNE-VEKhOHE'YNE] this much/this many and this much/this many again

כּהנימשאַפֿט די [KOYA'NIMShAFT/KEHA'NIMShAFT] *Jew.* priestly caste, the Priesthood

כּהרף־עין אַדוו [KEREF-A'YEN] in the twinkling of an eye, instantly

כּובֿע די (ס) [KOYVE] head-dress, headgear

כּוהן דער (ים) זע כּהן

כּוונה די (–ות) [KAVONE] intention; fervor

כּוח דער (ות) [KOYEKh - KOYKhES] force; strength, power; effort

|| מצ powers, force(s)

|| מיט כּוח by force

|| מיטן כּוח פֿון by virtue of

|| מיטן גאַנצן כּוח with all one's strength

|| אויף ס'כּוח by force

|| אָנ|טאָ|ן* זיך אַ כּוח <און> make an effort; force oneself (to)

|| איבער די כּוחות too difficult

|| בײַ די כּוחות in full possession of one's powers, in good health

|| מיט אַלע כּוחות with all one's might

|| אײַנ|לייג|ן אַלע כּוחות spare no effort

|| אַרויס|שלאָג|ן זיך פֿון די כּוחות knock oneself out

כּוח־גבֿרא דער [KOYEKh-GA'VRE] virility

כּוחדיק אַדי [KO'YEKhDIK] powerful, strong

כּוח־הדיבור דער [KOYEKh-HADI'BER] eloquence; talkativeness

כּוח־הדם דער [KOYEKh-HADA'M] passion; anger; sex drive

כוח־הדמיון דער [KOYEKh-HADI'MYEN] imagination

כוח־המדמה דער [KOYEKh-HAMEDA'ME] imagination

כוח־המושך דער [KOYEKh-HAMO'YShEKh] (power of) attraction, pull

כוח־הרשאה דער (ס) [KOYEKh-HARShO'E] power of attorney, proxy

כולו אַדוו [KULE] entirely, completely, totally

|| כולו שוואַרץ completely black

כולו זכאי אַדי–אַטר [KULE ZAKE] completely virtuous

כולו חייבֿ אַדי–אַטר [KULE KhAYEV] completely sinful, thoroughly wicked

כולו רווח אַדי–אַטר [KULE REVEKh] pure profit, all to the good

כוללדיק אַדי [KO'YLELDIK] overall, all-inclusive, sweeping

כולל זײַן* וו (כולל געווע'ן) [KOYLEL] contain, comprise; include, incorporate, embody

כומר דער (ים) [KOYMER - KOMRIM] (Christian) clergyman, priest

כוס דער (ות) [KOS - KOYSES] goblet, cup

כוסה די זע כּוס; כוסע

כוסיע די (ס) זע כוסע

כוסע די (ס) [KOYSE] (alcoholic) drink; *fam.* small glass, shot

|| מאַכן אַ כוסע have a drink

|| האָבן* אַ כוסע אין קאָפּ have had one too many

כוסע|(נע)ן וו (גע–ט) [KOYSE] *fam.* hit the bottle

כופֿר דער (ים) [KOYFER - KOFRIM] unbeliever, heretic

כופֿר־בעיקר דער (כופֿרים־) [KOYFER-BEI'KER - KOFRIM-] *Jew.* atheist

כורעים [KOYRIM] : פֿאַלן כורעים bow, kneel (in reverence); prostrate oneself *fig.*

כותל־מערבֿי דער [KOYSL-MA(A)RO'VI] the Wailing Wall, i.e., the remaining western wall of the Temple in Jerusalem

כזבֿ דער (ים) [KEZEV/KOZEV - KZOVIM] falsehood

כזבֿ־ושקר דער [KOZEV-VEShE'KER] utter falsehood, barefaced lie, deceit

כזבֿ־ושקרדיק אַדי [KOZEV-VEShE'KERDIK] lying, mendacious, deceitful

כזבֿן דער (ים) פֿעמ טע [KAZVN - KAZVONIM] liar

כזית דאָס (ן/ים) [KEZAIS - KEZEYSIM] Talmudic measure of food, roughly the size of an olive, 10 to 30 grams; mouthful, small portion of food

כּח דער (ות) זע כוח

כּחול־הים אַדי–אַטר/אַדוו [KEKhO'YL-HAYA'M] "like the sands of the sea", in great number

כּחומר ביד היוצר

[KEKhOYMER BEYA'D HAYOYTSER] : זײַן* כּחומר ביד היוצר בײַ be "like clay in the hands of the potter", be controlled/molded by

כּ״י = כּתבֿ־יד [KSAVYA'D] ms. = manuscript

כּיבוד [KIBED] .1 דער refreshments (served to a guest)

|| .2 דער (ים) [- KIBUDIM] honor, tribute

|| צו'|טיילן די כּיבודים do the honors

כּיבוד־אַבֿ/־אָבֿ דער [KIBED-A'V/-O'V] honoring one's father

כּיבוד־אָבֿ־ואם דער [KIBED-O'V-VOE'YM] honoring one's parents

כּיבוד־אם דער [KIBED-E'YM] honoring one's mother

כּיד־המלך אַדוו [KEYA'D-HAME'YLEKh] royally, lavishly, sumptuously

כּידוע אַדוו [KEYEDUE] as is well known, as everyone knows

כּי־הוא־זה פֿראַג [KI-HU'-ZE] the least little bit

כּיוון דער (ס) [KIVN] intention, purpose

|| מיט אַ כּיוון intentionally

כּיוונדיק אַדי [KI'VNDIK] deliberate, intentional, purposeful, willful

כּיור דער (ס) [KIER] washstand for ritual ablution in a synagogue or Jewish cemetery

כּיזובֿ דער (ים) [KIZEV - KIZUVIM] lie, deception

כּינה די (–ים) [KINE - KINIM] louse

כּיס דער (ים) [KIS] scrotum

כּיסא־הכּבֿוד דער [KISE-HAKO'VED] divine throne

כּיסלו דער [KISLEV] *Kislev*, third month of the Jewish year, coinciding with parts of November and December

כּיסלער דער (ס) [KISLER] pickpocket

כּישוף דער (ים) [KIShEF - KIShUFIM] spell, charm; magic, witchcraft

|| טאָ|ן*/מאַכ|ן כּישוף conjure, work magic

|| אָ'פּ|טאָ|ן* דאַט (אַ) כּישוף cast a spell on

כּישוף־לאַמטערן דער (ס) [KI'ShEF] magic lantern

כּישוף־מאַכער דער (ס) פֿעמ ין [KI'ShEF] sorcerer, magician

כּישופֿ|ן וו (גע–ט) [KIShEF] conjure, practice magic; attract, enchant

כּישרון דער (ות) [KIShREN - KIShROYNES] talent, gift

כּישרונדיק אַדי [KIShRENDIK] talented, gifted

כּיתּה די (–ות) [KITE] sect, faction; group; school of thought; (school) class

כיתבֿי־(ה)קודש מצ [KISVE-(HA)KO'YDESh] *Jew.* Holy Scriptures

כך־הווה פּר [KAKhHAVE] so it was, sure enough; (and) thus it was done

כך־וכך [KAKh-VEKA'Kh] .1 אַדי–אינוו so many

|| .2 אַדוו such and such an amount

כלאַחר־יד אַדוו [KILAKhERYA'D] carelessly, in an offhand manner, nonchalantly; incidentally, in passing

כלא־ידע [KILEYODE] : מאַכ|ן זיך כלא־ידע feign ignorance/incomprehension

כל־בו דער (ען) [KOLBO'Y] factotum, handy-man; catchall; *Jew.* book of prayers containing the liturgy for the whole year

|| אין אים איז כל־בו he has every defect, he is full of faults

כל־בוניק דער (עס) פֿעמ ...ניצע [KOLBOYNIK] lout, hoodlum, rascal; *hum.* jack of all trades, meddler, busybody

כלבֿ דער (ים) [KELEV - KLOVIM] cur, vicious dog; wicked man

כלבֿטע די (ס) [KLAFTE] *pejor.* bitch, slut

כלבֿ־שבכּלבֿים דער [KELEV-ShEBAKLO'VIM] vicious dog; despicable scoundrel

כל־דבֿר־אָסור קאָל [KOL-DOVER-O'SER] everything that is forbidden

|| איי'ס|רעד|ן כל־דבֿר־אָסור אויף vilify

כלה די (–ות) [KALE] fiancée, bride

|| ווער|ן אַ כלה (young woman) become engaged

כל־ה... [KOL(H)A-/KOLE-] all the ...

|| כל־הגוט'ס all the best

|| כל־הסאָ'רטן all sorts of

כל־הון־דעלמא קאָל [KOL-HO'N/HO'YN-DEA'LME] all the riches of the world

|| פֿאַר כל־הון־דעלמא ניט not for all the money in the world

כלה־מויד די (ן) דימ ־מיידל [KA'LE] marriageable young woman

כל־המינים אַדי–אינוו [KOL(H)AMINIM] all sorts of

|| פֿון כל־המינים of all kinds

כלה|(נע)ן זיך וו (גע–ט) [KALE] smarten, spruce oneself up

כל הקודם זכה פּר [KOL HAKOYDEM ZOKhE] first come first served

כל־ולך דער פֿעמ טע [KO'LVELOKh] big shot

|| זיי|ן* כל־ולך מיט to be on intimate terms with

כלומרשט אַדי/אַדוו [KLOYMERShT] so-called, alleged, ostensible

|| אויף צו כלומרשט apparently

כלומרשטיק אַדי [KLO'YMERShTIK] ostensible, on the surface; self-styled, so-called; feigned, sham

כל־זמן קאָנ [KOLZMA'N] as long as

כל־טובֿ [KOLTU'V] .1 (דאָס) all kinds of good things

|| .2 אינט all the best!

כלי די (ם) [KEYLE - KEYLIM] dish, vessel, receptacle; instrument, tool; organ, voice; *admiring/pejor.* person, personage

|| מצ gear, material

|| וואַש|ן די כלים wash/do the dishes

|| אויף אַלע כלים with might and main

|| אַרוי'ס|גיי|ן* פֿון די כלים lose patience, lose one's temper

|| אַרוי'ס|ברענג|ען פֿון די כלים enrage, infuriate

|| פּוסט|ע כלי ignoramus, good-for-nothing

כלי־בית דאָס/מצ [KLEBAIS/KLEBAYES] housewares, household furniture

כלי־זיין דאָס [KLEZAIN/KLEZAYEN] weapon, arm; arms *coll.*, armament

כלי־זמר דער (–/ס/ים) [KLEZMER - KLEZMORIM] musician, performer *esp.* of popular (Jewish) music

כל־יכול דער [KOL-YO'KhL] The All-Powerful (God)

כלים מצ זע כלי

כלים־וואַשער דער (ס) [KE'YLIM] dishwasher (appliance)

כל־ימי אַדוו [KOL-YO'MAY] all my life

כל־ימיו אַדוו [KOL-YO'MEV] all his life

כלי־ניפלאה = כלי־נפֿלאה די [KEYLE-NIFLO'E/NI'FLE] very gifted person; wonderful musician/singer

כלי־קודש דער (–) [KLEKOYDESh] *Jew.* functionary of religious/communal life

כלי־שלמה די [KEYLE-ShLE'YME] something complete or perfect; versatile, multi-talented person

כל־ישראל (קאָל) [KOL-YISRO'EL] the Jewish people as a whole

כלל[1] [KLAL] .1 אַדוו : כלל ניט not at all

|| .2 דער (ים) [- KLOLIM] rule, norm, precept; the public, community at large

|| אַ כלל in short, in sum

כּלל–...² [KLA'L] communal, collective; usual, standard (language); general

כּלל־טוער דער (ס) פֿעמ ין [KLA'L] person active in community affairs, communal activist; community leader

כּלל־ייִדיש דאָס [KLA'L] standard Yiddish

כּלל־ישׂראל דער [KLAL-YISRO'EL] the Jewish people as a whole, Jewry

כּלל־ענינים מצ [KLA'L-INYONIM] public affairs

כּלל־שפּראַך די (ן) [KLA'L] standard language

כּל־מיני אַדי–אינוו [KOL-MI'NE] all sorts of

כּל־נדרי (דער) [KOLNIDRE] *Kol Nidre*, prayer annulling vows recited at the opening of the Yom Kippur service

כּלערליי אַדי–אינוו [KO'LERLE'Y] various, sundry, all kinds of

כּלערלייִק אַדי [KOLERLEIK] diverse, varied

כּלפּי פּרעפּ [KLAPE] relative to, with regard to

כּלפּי־חוץ אַדוו [KLAPE-KhU'TS] regarding others; for the sake of appearances, outwardly

כּלפּי־פּנים אַדוו [KLAPE-PNI'M] internally, regarding the group

כּל־שכּן קאָנ **זע** מכּל־שכּן

כּמה אַדי–אינוו [KAME] quite a lot of

|| כּמה ערטער passim

כּמה־וכּמה אַדי–אינוו [KA'ME-VEKA'ME] a great many

כּמו־... [KMOY-] pseudo-, quasi-, would-be, so-called

|| כּמו־לע'דער imitation leather

|| כּמו־ווי'סנשאַפֿטלעך pseudo-scientific

כּמובֿן אַדוו [KEMUVN] of course

כּמות דאָס (ן) [KAMES] quantity, volume

כּמותדיק אַדי [KA'MESDIK] quantitative

כּמעט אַדוו [KIMA'T] almost, nearly

כּנגד **.1** פּרעפּ [KENEGED] versus, as opposed to; in regard to

|| **.2** דער (ים) [- KENEGDIM] opponent; counterpart, equivalent

כּנהוג אַדוו [KENOHEG] as is the custom

כּנופֿיא די (–ות) [KNUFIE] *pejor.* band, gang, clique

כּן־יאבֿדו פֿר [KEYN-YO'VDU] (said upon learning of the misfortune of an enemy) may they all come to the same end

כּן־ירבו פֿר [KEYN-YI'RBU] (said when speaking in quantitative terms about people one approves of) may their number increase

כּנ״ל פֿר [KENA'L] as mentioned above, *cf. supra*

כּנסת די [KNESET] Knesset, the Israeli parliament

כּנסת־ישׂראל די [KNESES-YISRO'EL] "the Congregation of Israel", the Jewish people

כּנען (דאָס) [KNAAN] Canaan

כּנפֿע די (כּנפֿות) [KANFE - KANFES] one of the four corners of the fringed ritual garment of observant Jewish males

|| פֿ״גל אַרבע־כּנפֿות; טלית־קטן

כּנרת דער [KINERES] **זע** ים־כּנרת

כּסא־הכּבֿוד דער **זע** כּיסא־הכּבֿוד

כּסדר אַדוו [KESEYDER] constantly; continually; one after the other, in regular order

|| פֿינף מאָל כּסדר five times in a row

כּסדרדיק אַדי [KESE'YDERDIK] constant, steady, unfailing, continuous; consecutive

כּסלו דער **זע** כּיסלו

כּסף דער [KESEF] money

כּ״ע = כּמה ערטער [KAME] passim

כּעלות(־הבוקר) אַדוו [KAALO'YS(-HABO'YKER)] at daybreak, at dawn

כּעלות־השחר אַדוו [KAALO'YS-HAShA'KhER] at daybreak, at dawn

כּעס דער [KAAS] anger

|| אין כּעס <אויף> angry (at/with)

|| אַרײַנ|ברענג|ען אין כּעס anger

כּעסן דער (ים) פֿעמ טע [KAYSN - KAYSONIM] irascible person

כּעס|ן זיך וו (גע–ט) <אויף> [KAAS] be angry (at)

כּעפֿרא־דאַרעא [KEAFRE-DEA'RE] : מאַכ|ן

כּעפֿרא־דאַרעא פֿון despise, turn up one's nose at; insult, drag in the mud; destroy

כּפּרה די (–ות) [KAPORE] expiation, redemption; *Jew.* fowl serving as an expiatory sacrifice in a ceremony performed the day before Yom Kippur; scapegoat

|| אַ כּפּרה ... <פֿאַר> ... is worthless (compared to)

|| זאָל דאָ'ס זײַן די כּפּרה פֿאַר may that suffice to redeem s.o. (from his deserved punishment)

|| זײַן* אַ כּפּרה פֿאַר be punished instead of

|| די כּפּרה ווער|ן נאָך/פֿאַר develop a crush on, fall for

|| זײַן* די כּפּרה נאָך/פֿאַר be madly in love with, crazy about

|| אַ שיינע ריינע כּפּרה! serves him/her right! that'll teach him/her!

|| פֿ״גל כּפּרות

כּפּרה־הינדל דאָס (עך) [KAPO'RE] scapegoat

כּפּרהניצע די (ס) [KAPO'RENITSE] *slang* chicken

כּפּרות מצ [KAPORES] *Jew.* atonement ceremony performed the day before Yom Kippur

|| שלאָג|ן כּפּרות perform this ceremony with the help of a fowl

|| שלאָג|ן כּפּרות מיט *hum.* revile, scoff at, abuse; *fam.* abandon

|| טויג|ן* אויף כּפּרות be good for nothing, be useless

|| דאַרפֿ|ן* אויף כּפּרות have no use for

כּפשוטו אַדוו [KEPShUTE] literally

כּף דער/די (ן) [KOF] *kaph*, name of the letter כּ

כּף־האָער דער (ס) [KOF-HE'YER] twenty-five (ruble, etc.) note

כּף־הקלע דער [KAFAKA'L(E)/KAFAKELE] limbo, purgatory, punishment in the hereafter

כּפוי־טובֿה דער (כּפֿויי־) [KOFE-TO'YVE - KFUYE-] ingrate, ungrateful person

כּפֿול־שמונה אַדי–אינוו [KOFL-ShMO'YNE] *Jew.* (ritual fringes) with 4 threads folded to present 8 ends; *hum.* stooped, bent

כּפֿול־שמונהדיק אַדי [KOFL-ShMO'YNEDIK] authentic, incontrovertible; great, imposing; powerful

כּפֿי [KEFI'] **1.** פּרעפּ pursuant to, according to, in line with

|| **2.** קאָן as, such as

כּפֿירה די [KFIRE] heresy, heterodoxy; *Jew.* atheism

כּפֿל [KEYFL] **1.** דער multiplication (arithmetic operation)

|| **2.** דער (ען) multiple; product (of multiplication)

כּפֿל־טאַבעלע די (ס) [KE'YFL] multiplication table

כּפֿל־כּפֿלים אַדוו [KEYFL-KEFLA'IM] many times over, a hundredfold

כּפֿל|ען וו (גע–ט) <אויף> [KEYFL] multiply (by)

כּפֿלער דער (ס) [KEYFLER] (math.) factor, multiplier

כּצפּיחת־בדבֿש [KETSAPIKhES-BIDVO'Sh] : אַ טעם

ווי כּצפּיחת־בדבֿש [TAM] a delectable, luscious taste

כּקליפּת־השום אַדי–אַטר [KEKLIPES-HAShU'M] worthless, of a negligible quantity

כּקריעת־ים־סוף אַדי–אַטר/אַדוו [KEKRIES-YA'MSUF] extremely difficult (like the parting of the Red Sea)

כּרובֿ דער (ים) [KRUV] cherub

כּרוז דער (ים) [KRUZ] *Jew.* decree, proclamation by a rabbinical authority

כּרחוק־מיזרח־ממערבֿ אַדוו [KIRKhO'YK-MI'ZREKh-MIMA'YREV] as different as can be

כּרך[1] דער (ן) [KRAKh] metropolis, big city

כּרך[2] דער (ים) [KEREKh - KROKhIM] volume (book)

כּרפּס דער [KARPES] celery or parsley eaten as a symbol during the Passover feast

כּרת דער [KORES] *Jew.* premature death (divine retribution)

|| האָב|ן* כּרת־יאָרן have a life of suffering; die young

כּשורה אַדוו [KEShURE] properly, in good order, according to plan

כּשר אַדי/אַדוו [KOShER] kosher, in keeping with Jewish law; pure, virtuous; legal, legitimate

|| כּשר פֿאַרדי'נט justly, fairly earned; well-deserved

|| כּשר|ע מציאה [METSIE] real bargain

|| כּשר מאַכ|ן to make (meat) kosher; (rabbi) judge (a slaughtered animal) kosher

כּשר־וישר אַדי–אַטר [KOShER-VEYO'ShER] fair and square, completely legal

כּשרות דאָס [KAShRES] *kashrut*, Jewish dietary laws; kosherness; kosher food

כּשר־טאַנץ דער [KO'ShER] *Jew.* any one of the traditional marriage dances

כּשר־לפּסח אַדי–אַטר [KOShER-LEPE'YSEKh] kosher for Passover

כּשר|ן וו (גע–ט) [KAShER] *Jew.* purify (utensils, facilities) *esp.* for Passover; justify, vindicate, whitewash

|| כּשרן פֿלייש to make meat kosher by soaking and salting

|| דער ציל כּשרט ניט די מיטלען the ends do not justify the means

כּת די (כּיתּות) [KAT - KITES] sect

כּתּה די (–ות) זע כּיתּה

כּתבֿ [KSAV - KSOVIM] **1.** דער/דאָס (ים) writing, writ, document

|| מצ *also* writings, literary works

|| **2.** דער/דאָס (ן) writing (system, type, layout); calligraphy

כּתבֿא־רבא דער (ס) [KASVE-RA'BE] calligrapher

כּתבֿ־יד דער/דאָס (ן) [KSAVYA'D] manuscript; handwriting

כּתבֿי־הקודש מצ זע כּיתבֿי־הקודש

כּתבֿע|(נע)ן וו (גע–ט) [KASVE] *iron.* scribble, do hackwork

כּתובה די (–ות) [KSUBE] *Jew.* marriage contract

כּתובֿים מצ [KSUVIM] Hagiographa, third part of the Hebrew Bible

כתיבֿה די [KSIVE] ornate writing; block letters of the Hebrew alphabet; writ, document

כתיבֿה וחתימה טובֿה די [KSIVE VEKhSI'ME TO'YVE] "a good writing and sealing" (of your name in the Book of Life) *(formula used for good wishes during the Jewish High Holidays)*

כתיבֿה|ן וו (גע–ט) [KSIVE] write ornately; print in Hebrew block letters

כתיבֿהרײַ דאָס [KSIVERA'Y] calligraphy, penmanship

כתר דער (ים) [KESER - KSORIM] ornamental crown set upon the Torah scrolls in the synagogue

כתריאל דער (ס) [KASRI'L] **זע כתריאַליק**

כתריאַליק דער (עס) [KASRILIK] *fam.* penniless, stone-broke person

כ

כ' [1] דער/די [KhOF] letter of the Yiddish alphabet; pronounced [Kh]; written ך (LANGE[R] KHOF) at the end of a word; numerical value (same as כּ): 20

כ' [2] = איך

כאַאָטיש אַדי chaotic

כאַאָס דער (ן) chaos, confusion

כאַבאַ'דניצע די (ס) זע חבדניצע

כאַבאַניק דער (עס) womanizer, skirt-chaser

כאַבאַ'ר דער bribe; bribery, corruption

כאַבאַרניק דער (עס) פֿעמ ...ניצע bribe taker

כאַביי' קאָנ זע כיבע

כאַבער דער cornflower, bachelor's button

כאָדאַטײַ' דער (עס) *Slav.* mediator, intercessor

כאָדאַטײַסטווע די *Slav.* mediation, intercession

כאָדאַק דער (עס) old shoe; clog

כאַ'דאַראַם = כאָדאָראַ'ם אַדוו topsy-turvy

|| גיי|ן* כאָדאָראָם go amiss/wrong, be in confusion

כאָדוליעס מצ stilts; *hum.* legs

כאָדניק דער (עס) *dial.* doormat, rug

כאָווע|ן וו (גע-ט) raise *imperf.*, rear; foster, promote

כאַווער פֿאָנ חבֿר

כאַזײַסטווע = כאָזײַסטווע די *dial.* household, household articles

כאַזן פֿאָנ חזן

כאַזער פֿאָנ חזיר

כאַטע די (ס) hut, cabin, cottage

כאַטע פּאָ'קרישקע פֿר mum's the word

כאָטש 1. אַדוו at least

|| 2. קאָנ although; *(before an imperative)* one might as well

|| כאָטש מע וואָרנט אים even though he has been warned

|| כאָטש נעם און וויין you could just cry

|| כאָטש הרגע אים [HARGE] not even if you kill him

כאָטש(ב)יק = כאָטשבע אַדוו *dial.* at least

כאָטשע אַדוו זע כאָטש 1.

כאַיאַלניק דער (עס) *slang* boot

כאַ־כאַ' אינט ha-ha

כאָכאָטשע|ן וו (-ט) laugh coarsely, guffaw

כאָכאָ'ל דער (עס) tuft of hair; Ukrainian

כאַכאַקע|ן וו (-ט) roar with laughter

כאָכמע פֿאָנ חכמה

כאָכעם פֿאָנ חכם

כאַ'כעניש דאָס throaty laugh

כאָלאָדע'ץ דער jellied meat

כאַלאַ'ט דער (ן) loose robe, housecoat; smock

כאַלאַטניק דער (עס) פֿעמ ...ניצע patcher, mender

כאַלאַ'|ען וו (גע-ט) זע כאָליען[1]

כאַלאַמי'ד = כאַלאַמיי' : ייִד כאַלאַמיד! *vulg., insult.* dirty Jew

כאַלאָשעס פֿאָנ חלשות

כאַלוואַ = כאַלווע די halva

כאַלופּניק דער (עס) פֿעמ ...ניצע artisan who works at home

כאַלופּע די (ס) peasant's cottage, hut

כאַ'לט = נעכיי' וואָלט

כאַלטורע די shoddy work; (theat.) trashy piece

כאַלטו'רעווע|ן וו (גע-ט) botch, mess up

כאַליאַווע די (ס) זע כאָליעווע

כאַליאַסטרע די (ס) gang, bunch

כאַלײַען = כאָלײַען וו (גע-ט) זע כאָליען[1]

כאַלילע פֿאָנ חלילה

כאָ'ליעווע די (ס) bootleg

כאָליע|ן[1] וו (גע-ט) *pejor.* be ill, be sick in bed; laze in bed

כאָליע|ן[2] וו (גע-ט) pamper, coddle

כאָליערע די זע כאָלערע

כאַלי'ף דער (ן) caliph

כאַליפֿאַ'ט דער (ן) caliphate

כאַ'לסטו = נעכיי' וואָלטסטו

כאַלע פֿאָנ חלה

כאָ'לעווע די (ס) [Ly] זע כאָליעווע

כאָלעם פֿאָנ חלום

כאַלעמייזניק דער (עס) beggar, tramp; incompetent person

כאָלערע די [Ly] cholera

כאַ'לעשן פֿאָנ חלשן

כאָלקע די (ס) (horse's) mane

כאַם דער (עס) boor, lout

כאַמאַנט דער (ן) זע כאַמעט

כאָמוט דער (ן/עס) זע כאָמעט

כאַמול(י)ע די (ס) [Ly] — rude, stupid person

כאָמכע|ן וו (גע-ט) — mutter, grumble

כאַמסקע אַדי — boorish, rude

כאָמעט דער (ן/עס) — horse collar

כאַמעלעאָ'ן דער (ען) [Ly] — chameleon

כאָמענט דער זע כאָמעט

כאַמערו'ק דער (עס) — boor, oaf

כאַ'מער|ן וו (גע-ט) — *pop.* snooze, doze

כאַנדראַ' די — *dial.* melancholy, blues

כאַנדראָניע די (ס) [Ny] — idle talk, tall tale

כאַנדרי'קעווע (די) — remote village, godforsaken place

כאַ'נוקע פֿאָנ חנוכה

כאָנטע די (ס) — *vulg.* prostitute

כאַ'סל(י)ערע די (ס) [Ly] — *pejor.* wedding

כאָסן פֿאָנ חתן

כאָסעד פֿאָנ חסיד

כאַ'סענע פֿאָנ חתונה

כאַפּ דער (ן) — snatch, grasp; flash of inspiration; startled movement

|| גאוניש|ער כאַפּ [GEOYNISh] — stroke of genius

|| געבן* זיך אַ כאַפּ — suddenly realize, get it; jump, be startled

|| ס'איז אַ ווײַטער כאַפּ — it's apples and oranges, it's not the same thing at all

כאַפּגרוב דער (...גריבער) — pitfall, booby trap

כאַפּו'ן דער (עס) זע כאַפּער

כאַפּונג די (ען) — take, catch (fish, prey)

כאַ'פּטירל דאָס (עך) — trap

כאָפּטע די (ס) — gang, bunch, clique

כאַפּיק אַדי — hasty, hurried

כאַפּ־לאַ'פּ אַדוו — hastily, haphazardly

כאַפּ|ן וו (גע-ט) — catch, grab; grasp (meaning); snap (stg.) up; intercept; hurry, rush; (quantity) suffice

|| כאַפּ(ט) ניט! — not so fast! take it easy!

|| כאַפּן בײַ דער האַנט — catch red-handed

|| כאַפּן פֿיש — go fishing

|| כאַפּן זיך — (fish) be biting

|| כאַפּן זיך <אַז> — realize (that)

|| כאַפּן זיך <צו> — jump (at)

כאַ'פּעניש דאָס — haste, hurry

כאַפּער דער (ס) — kidnapper; (in Russia, 1825-1855) man paid to kidnap young Jewish boys as recruits for the tsar's army

כאַפּערײַ' די — haste, hurry

כאַ'פּעריש אַדי/אַדוו — greedy, grasping

כאַ'פּערלעך מצ — (game) tag; blind-man's buff

כאַ'פּשטײַגל דאָס (עך) — trap, snare

כאַקי דער — khaki (cloth)

|| כאַקי ברוין — khaki (color)

כאָר[1] דער (ן) — choir, chorus

כאָ'ר-[2]... — choral

כאַראָבע = כאָראָבע די (ס) — *dial., pop.* illness

כאַראָבע|ן וו (-ט) — *dial., pop.* be ill

כאַראָטע פֿאָנ חרטה

כאָראַ'ל דער (ן) — chorale, hymn

כאַראַקטער דער (ס/...ע'רן) — character, nature

כאַראַקטעריזיר|ן וו (-ט) — characterize

כאַראַקטעריסטיק די (עס) — characteristic; characterization

כאַראַקטעריסטיש אַדי <פֿאַר> — characteristic (of)

כאַראַ'שטשעווע|ן וו (-ט) — geld, castrate (animal)

כאָרדע די (ס) — (geom.) chord

כאַרט = כאָרט דער (ן) — greyhound

כאַרטיע די (ס) [TY] — charter (founding document)

כאַרטש דער — victuals, provisions

כאַרטשעווניע די (ס) [Ny] — greasy spoon, cheap restaurant

כאָרי'סט דער (ן) פֿעמ ין — choir member

כאָרכל דער (ען) — wheeze, rasp

כאָרכל|ען וו (גע-ט) — wheeze, rasp; speak gutturally; creak

כאָרעאָגראַפֿיע די (ס) — choreography

כאָרעוו פֿאָנ חרובֿ

כאַרפּע פֿאָנ חרפּה

כאָרשול די (ן) — reform synagogue

כאָשעוו פֿאָנ חשובֿ

כודאָבע די (ס) — meager belongings, rags; livestock, cattle

כודער־מו'דער דער (ס) — *pop.* prison, cooler

כוואַט דער (ן) פֿעמ קע — cheerful person; bold/jaunty fellow; skillful/clever person

כוואַטיש אַדי/אַדוו — dashing, gallant; skillful, efficient; jaunty, dapper

כוואַטסקע אַדי/אַדוו זע כוואַטיש

כוואַ'טעווע|ן זיך וו (גע-ט) — show off

כוואַליע די (ס) — wave

|| די כוואַליעס — *also* the sea, the deep

כוואַ'ליע־ברעכער דער (ס) — breakwater

כוואַ'ליעדיק אַדי — surging, turbulent; undulating; wavy, rippled

כוואַ'ליעלענג די (ען) — wavelength

כוואַליע|ן (זיך) וו (גע-ט) — undulate, swirl; (wave) break, surge

כוואַליק אַדי זע **כוואַליעדיק**

כוואַלקע די (ס) **כוואַליע** דימ [Ly] — curve; ripple; wave (hair)

כוואַראַבע די (ס) — *vulg.* disease, plague

כוואָראָסט דער — brushwood

כוואָרע|ן וו (גע-ט) — be sickly

כוואָשטש¹ דער (עס) — (botan.) horsetail

כוואָשטש² דער (ן) — lash, stroke of a whip; crack of a whip

כוואָשטשע|ן וו (גע-ט) — whip, flay; (whip) swish, crack

כוטאָר דער (ס) זע **כוטער**

כוטער דער (ס) — hamlet; farm(house)

כוידעש פֿאָנ **חודש**

כוויו פֿאָנ **חובֿ**

כויזעק פֿאָנ **חוזק**

כויך דער (ן) — lure, decoy; trick, deception

|| **אָ'נטער|געבן*** <דאַט> **כויך** — tempt, entice; spur (s.o.) on

כויכע דער (ס) — old clothes dealer; smooth talker, trickster

כויכערײַ' דאָס — hard sell, high-pressure salesmanship

כוילע פֿאָנ **חולה**

כוישעד פֿאָנ **חושד**

כוישעך פֿאָנ **חושך**

כוך דער — breath

|| פֿ״גל **כויך**

כוכע|ן וו (גע-ט) — breathe, blow

כוליגאַ'ן דער (עס) פֿעמ **קע** — ruffian, hooligan

כו'מיקל דאָס (עך) — pious hypocrite; *iron.* babe in the woods

כומעש פֿאָנ **חומש**

כופּע פֿאָנ **חופּה**

כוץ פֿאָנ **חוץ**

כוצפּע פֿאָנ **חוצפּה**

כורבן פֿאָנ **חורבן**

כוש פֿאָנ **חוש**

כיבײַ' קאָנ זע **כיבע**

כיביע|ן וו (גע-ט) — miss (target)

כיבע קאָנ — *dial.* unless

כידעש פֿאָנ **חידוש**

כי'טכע|(נע)ן וו (גע-ט) — *slang* cut up clumsily

כיטראַ'ק דער (עס) פֿעמ **...אַטשקע** — cunning/crafty person

כיטרע אַדי — cunning, crafty, sly

כי'טרעקייט די — cunning, shrewdness

כײַ אינט זע **נעכײַ**

כיידער פֿאָנ **חדר**

כיילעק פֿאָנ **חלק**

כיין פֿאָנ **חן**

כײַע פֿאָנ **חיה**

כי־כי' אינט — tee-hee

כיכיקע|ן וו ((גע)-ט) זע **כיכען**

כיכע|ן וו (גע-ט) — giggle, titter; laugh up one's sleeve

כי'כעניש דאָס (ן) — snickering, giggling; chuckle

כיליע|ן וו (גע-ט) — grow weak, waste away

כילעל־האַשעם פֿאָנ **חילול־השם**

כילעק פֿאָנ **חילוק**

כימיע די זע **כעמיע**

כימענע'קאָרע די (ס) — chimera, mirage

כימערע די (ס) — chimera

כיני'ן דער — quinine

כינסקע : **כינסק|ע הון** — guinea hen

כינע (די) — China

כינעזיש אַדי/(דאָס) — Chinese

כינעזער דער (-) פֿעמ **ין** — Chinese

כינעך פֿאָנ **חינוך**

כיק אינט — sound of cutting

|| **מאַכ|ן כיק** <דאַט> — *hum.* cut the throat (of)

כיקע|ן וו (גע-ט) — cut the throat of

כיראָמאַנטיע די [TY] — chiromancy

כירו'רג דער (ן) — surgeon

כירורגיע די — surgery

כירורגיש אַדי — surgical

כירליאַק דער (עס) זע **כערליאַק**

כ'ל = **איך וועל**

כלאַם דער — bric-a-brac, used goods, rags

כלאַמידניק דער (עס) — beggar; scoundrel, crook

כלאַמידע די (ס) — chlamys, cloak; cape; smock; ragged garment, rag

כלאָפּ דער (עס) — peasant; rustic, bumpkin

כלאָפּאָ'ט דער (ן) = **כלאָפּאָטע** די (ס) זע **קלאַפּאָט**

כלאָפּאָטשע|ן (זיך) וו ((גע)-ט) — bustle about, go to some trouble

|| **כלאָפּאָטשען פֿאַר** — intervene on s.o.'s behalf

כלאָפּסקע אַדי — rustic, countrified; crude, boorish; dull, simple

כלאָר דער — chlorine
כלאָרירן וו (-ט) — chlorinate
כליאָבען וו (גע-ט) — guzzle, knock back
כליאַניען וו (גע-ט) [Ny] — *dial.* languish, pine away
כליאַסקען וו (גע-ט) — lash, slap; splash
כליאָפּטשען וו (גע-ט) זע **כליאָבען**
כליאַפּען וו (גע-ט) — (rain) pour; (wet cloth) slap, smack; pour *imperf.*
כליאַק דער (עס) זע **הליאַק**
כליוסקען וו (גע-ט) זע **כליאַסקען; כליושטשען**
כליופּען וו (גע-ט) זע **כליאָבען; כליאַפּען**
כליושטשען וו (גע-ט) — pour out noisily; vomit
כליושקען וו (גע-ט) זע **כליאַסקען; כליושטשען**
כלייַען וו (גע-ט) — *fam.* drink like a fish
כליעוו דער (עס) — pigsty
כליעפּטשען וו (גע-ט) זע **כליאָבען**
כליעשטשען וו (גע-ט) — whip, lash *imperf.*; (whip) swish, crack
כליפּ דער (ן) — sob, sobbing
כליפּען וו (גע-ט) — sob, whimper
כלעבן אינט — upon my word! indeed!
כמאַל דער (ן) [Ly] — smack, slap (*esp.* in face); splinter, fragment
כמאַליען וו (גע-ט) <מיט ... אין> — hit violently, bludgeon (with ... on)
כמאַריק = כמאַרנע אַדי — cloudy, gloomy
כמאַרע די (ס) — (dark) cloud
כמאַרען זיך וו (גע-ט) — grow cloudy/dark
כמורנע אַדי — overcast, dreary; gloomy, mournful
כמורען זיך וו (גע-ט) — darken, grow gloomy
כמעלניצקי [Ly] : **פֿון כמעלניצקיס צייַטן** — as old as the hills
כניאָק דער (עס) [Ny] — (religious) zealot; clumsy oaf, incompetent; timid person, wimp
כניאָקיש אַדי [Ny] — zealous, closed-minded; fearful, timid; clumsy
כניפֿע פֿאָנ חניפֿה
כניקען וו (גע-ט) — whimper, whine
כסידעס פֿאָנ חסידות
כעוורע פֿאָנ חבֿרה
כעזשבן פֿאָנ חשבון

כעיונע פֿאָנ חיונה
כעך דער (ן) זע **כויך**
כעכליאַק דער (עס) זע **כערליאַק**
כעכליען וו (גע-ט) — clear one's throat; wash (laundry) badly; spoil, botch
כע־כע' אינט — (snicker) heh-heh
כעל(ע)ם (דאָס) — Chelm, city in Poland; (folklore) town of fools
כע'לעמער 1. אַדי — from the Polish city of Chelm
|| **כעלעמער מעשה** [MAYSE] — tale of fools
|| **2.** דער (-) — native of Chelm; (folklore) fool, simpleton
כעמיע די — chemistry
כעמיקאַליע די (ס) [LY] — chemical
כע'מיקער דער (ס) פֿעמ ין — chemist
כעמיש אַדי — chemical
כע'מישוואַרג דאָס — chemicals
כעסאָרן פֿאָנ חסרון
כערליאַק דער (עס) — sickly person
כף דער/די (ן) [KhOF] — *chaph*, name of the letter כ
|| **לאַנג|ע(ר) כף** — the letter ך
כף־האער דער (ס) [KhOF-HE'YER] — banknote with value of twenty-five
כראַבינ(י)ע די (ס) [Ny] — (in Poland) countess
כראַביע דער (ס) — (in Poland) count
כראַברע אַדי — *dial.* brave, bold
כראַברען זיך וו (גע-ט) — show one's valor/boldness
כראָם דער — chromium
כראָמאָווע אַדי — chrome-plated; made of (chrome-tanned) calfskin
כראָמאַטיש אַדי — chromatic
כראָמאָסאָ'ם דער (ען) — chromosome
כראָמטשען וו (גע-ט) — gnaw, crunch; chew noisily
כראָמסקע די — cartilage
כראָמען אַדי — (of) chrome steel
כראָמ(ש)קען וו (גע-ט) זע **כראָמטשען**
כראָנאָלאָגיע די (ס) — chronology
כראָנאָלאָגיש אַדי — chronological
כראָנדיע די (ס) [Dy] — skinny/puny person
כראָניק די (עס) — chronicle
כראָ'ניקער דער (ס) פֿעמ ין — chronicler
כראָניש אַדי — chronic
כראָפּ דער — snore
|| **כאַפּן אַ כראָפּ** — get some shut-eye
כראַפּען = כראָפּען וו (גע-ט) — snore

כראַקע|ן וו (גע-ט) hawk, clear throat, expectorate

כראָקע|ן וו (גע-ט) זע כרוקען

כרוז דער (ים) זע כּרוז

כרוק דער (עס) grunt, oink; *insult.* swine, dirty bastard

כרוקע|ן וו (גע-ט) (pig) grunt, oink

כרושטש דער (עס) bug, beetle

כריוקע|ן וו (גע-ט) זע כרוקען

כריין דער horseradish

כריינוווקע = כריי'ניצע די (ס) horseradish dish

כרייניק דער (עס) horseradish dish

כריפּע|ן וו (גע-ט) croak, speak in a hoarse voice; rasp, screech

כרעמזל דאָס (עך) matzo meal pancake

כרעסטאָמאַטיע די (ס) [TY] anthology, reader (book)

ל

ל דער/די [LAMED] letter of the Yiddish alphabet; pronunciation [L/Ly]; numerical value: 30

לא אינט [LOY] no

|| לא מיט אַן אַלף [ALEF] absolutely not

לאַ דער (ען) [Ly] (mus.) la, the note A

לאַבאָנדזש דער (עס) *dial.* swan

לאַבאָראַטאָריע די (ס) laboratory

לאַבאָראַ'נט דער (ן) פֿעמ ין laboratory worker

לאָבוז דער (עס) זע לאָבוס

לאָבוזעוואַטע אַדי/אַדוו זע לאָבוסעוואַטע

לאָבונג די (ען) refreshment

לאָבוס דער (עס/ן) urchin, young rascal

לאָבוסעוואַטע אַדי/אַדוו mischievous, naughty; insolent

לאַבושניק דער (עס) *slang* itinerant musician

לאָבזעג די (ן) fret saw; jigsaw

לאָ'בידע די זע לאַבעדע

לאַבירי'נט דער (ן) labyrinth

לאַבן דער (ס) דימ לעבל loaf

לאָב|ן זיך וו (גע-ט) <מיט> relish, revel (in)

לאָבסטער דער (ס) *Amer.* lobster

לאַ'בעדע = לאָ'בעדע די orach (spinach-like plant)

לאַבעדראַנעץ דער (...נצעס) beggar, tramp, tatterdemalion

לאַבעדריק דער (עס) זע אַבעדריק

לאַבענדז דער (עס) זע לאַבאָנדזש

לאָבעס דער (עס) זע לאָבוס

לאַ'בער|ן וו (גע-ט) *slang* boast, swagger; play (music, cards)

לאַבעשניק דער זע לאַבושניק

לאָג דער (ן) fold (of a dress), crease; layer, film, stratum, skin (on boiled milk, etc.)

לאַגאָדנע אַדי/אַדוו mild, moderate, easy-going, lenient

לאָגאַריטם דער (ען) logarithm

לאָגבוך דאָס (...ביכער) (ship's) log, logbook

לאָגהעפֿט די/דער (ן) (ship's) log, logbook

לאַגו'ן דער (ען) lagoon

לאַגונע די (ס) זע לאַגון

לאָגיסטיק די logistics

לאָגיסטיש אַדי logistic

לאָגיק די logic

לאָ'גיקער דער (ס) פֿעמ ין logician

לאָגיש אַדי logical

לאָגל דער (ען) animal-skin container for liquids

לאַגע די (ס) situation, position

לאַגער דער (ן) camp; stock; storage, depot

|| אין לאַגער in storage

|| אויפֿן לאַגער on hand, in stock

|| געטאָס און לאַגערן ghettos and concentration camps (under the Nazis)

לאַ'גערגעלט דאָס (ער) זע לעגערגעלט

לאַ'גערונג די (ען) (mineral) deposit; lodging, shelter

לאַ'גער|ן (זיך) וו (גע-ט) camp

לאַגראַ'ן דער (עס) *fam.* giant, colossus

לאַד דער (ן) *dial.* good order, harmony

|| גיי|ן*/האַלט|ן/זײַ|ן* אויף אַ לאַד begin to see light at the end of the tunnel; (situation) get straightened/sorted out

לאָד די (ן) זע לאָדן[1]

לאָדאָווניע די (ס) [Ny] *dial.* ice-house

לאָ'דאָטשניק דער (עס) boatman

לאָדונג די (ען) cargo; (electric, explosive) charge

לאָדזש (דאָס) Lodz

לא־די קאָנ <אַז/וואָס> [LOY-DA'Y] (in case it's) not enough that

לאַדינאָ (דאָס) [Ly] Ladino, form of Judeo-Spanish used by Sephardic Jews in translating sacred texts

לאַדיש דער (עס) דימ די לאַ'דישקע jug

לאַ'דיש(טש)יק דער (עס) לאַדיש דימ small jug, pitcher

לאָ'דלייסטער דער (ס) manifest, bill of lading

לאַד|ן וו (געלאַדן) invite *imperf.*

לאָדן[1] דער (ס/לעדן) דימ לעדל shutter (of a window)

לאָד|ן[2] וו (געלאָדן) load (weapons, trucks), (elec.) charge

לאָד|ן[3] וו (געלאָדן) <צו> file suit against (before)

|| לאָדן זיך <מיט> be at law (with), in a lawsuit (with)

לאָ'דנטיש דער (ן) counter (of shop)

לאָ'דנעווע|ן וו (גע–ט) זע לאָדן[2]

לאָ'דעווע|ן וו (גע–ט) זע לאָדן[2]

לאָ'דעניש דאָס (ן) lawsuit, litigation; (legal) summons, subpoena

לאָ'דעַנ|ען וו (גע–ט) זע לאָדן[2]; לאָדן[3]

לאָדעס מצ [Ly] זע ליאָדעס

לאָדער דער (ס) loader, docker, stevedore

לאָ'דצעטל דער/דאָס (ען/עך) bill of lading

לאָדקע די (ס) זע לאָטקע

לאה פּנ [LEYE] Leah (wife of the patriarch Jacob)

לאַהובֿי־בריוו דער (–) [LAHU'VI] friendly letter

לאַוו 1. אַדוו no

|| 2. דער (ן) (religious) prohibition

לאַוו־דווקא[1] אַדוו [DA'FKE] not necessarily

לאַוו־דווקא־[2]... [DA'FKE] not indispensable

לאַוו דיבורים אינט *in-group* mum's the word!

לאַווינע די (ס) avalanche

לאַווי'ר דער (ן) maneuver

לאַוויר|ן וו (–ט) maneuver, tack, jockey

לאַווניק דער (עס) city councilman, alderman

לאַווע 1. די (ס) sidewalk; row, file, queue

|| 2. די lava

לאַווקאַסט דאָס (ן) *dial.* skill, agility

לאַווקע די (ס) *dial.* wooden bench, plank bed

לאָווקע אַדי/אַדוו *dial.* adroit, agile

לאַווריר|ן וו (–ט) זע לאַווירן

לא־ולא אינט [LO'Y-VELO'Y] out of the question; a thousand times no

לאַורעאַ'ט דער (ן) פֿעמ ין laureate

לאָז[1] דער (ן) lot, fate

לאָז[2]* הוו (לאָזן) <אינפֿ> let *(auxiliary of the 3rd person sg. and pl. with imperative or conditional force)*

|| לאָזן זיי קומען! let them come!

|| לאָז נאָר זײַן געלט, וועט מען באַצאָלן provided there is money, it will be paid for

|| לאָז זײַן אַז suppose

|| פֿ״גל זאָלן; לאָזן

לאַזאַרע'ט דער (ן) quarantine (station)

לאָזונג דער (ען) slogan

לאַזו'ר די azure

|| לאַזור בלוי sky-blue

לאַזוריק דער = לאַזורקע די (laundry) bluing

לאָז|ן וו (גע–ט/געלאָזן) let; release, let flow (fluid); (river ice) break up; (cold) let up

|| לאָזן גריסן זע גריסן

|| לאָזן וויסן זע וויסן

|| לאָזן וואָרצלען set down roots

|| לאָזן בײַ זיך retain

|| לאָזן אין גאַנג activate, trigger

|| לאָזן אויפֿן וואַסער set afloat

|| לאָזן <זיך> אינפֿ have done

|| לאָזן זיך בויען אַ הויז have a house built

|| לאָזן זיך אינפֿ set about; submit oneself to; be ...able

|| אַלץ וואָס עס לאָזט זיך everything possible

|| ווי ווײַט עס לאָזט זיך as far as possible

|| לאָזן זיך באַצאָלן charge, demand payment

|| לאָזן זיך הערן be audible; make oneself heard

|| ניט לאָזן זיך באַשרײַבן defy description

|| לאָזן זיך צו/אין/קיין make for

|| לאָזן זיך צו/אויף dash or jump at

|| פֿ״גל לאָז[2]

לאָזע די (ס) twig, stem; willow twig, withe

לאַזער דער (ס) laser

לאָזשי' דער (ען) dwelling

לאָזשיר|ן וו (–ט) lodge, be a tenant

לאַזשע די (currency) exchange commission

לאָזשע די (ס) (theater) box, loge; (Masonic) lodge

לאַחדים[1] אַדוו [LAKhODIM] (by) retail

|| פֿאַרקויפֿ|ן אויף לאַחדים retail, sell at retail

לאַחדים־[2]... [LAKhO'DIM] retail

|| לאַחדים־הענדלער retailer

לאַחדימניק דער (עס) פֿעמ ...ניצע [LAKhO'DIMNIK] retailer

לאַחר־המעשה אַדוו [LEAKhER-HAMA'YSE] זע אַחר־המעשה

לאַט דער (עס) זע לאַטע[2]

לאָט דער (ן) — plumb line

לאָטאָ' דער (ען) — lotto

לאָטאָס דער (ן) — lotus

לאַטוויע (די) — Latvia

לאַטוויש אַדי — Latvian

לאַטוויש[1] אַדי/(דאָס) — Latvian

לאַטווי'ש[2] דער (ן) — Latvian (person)

לאַטוטניק דער (עס) — mender, patcher; cobbler

לאָטוס דער (ן) זע לאָטאָס

לאַטיי'ן דאָס — Latin (language)

לאַטיי'ן־אַמעריקע (די) — Latin America

לאַטייניש אַדי — Latin

לאַטיינער דער (ס) — Latin scholar

לאַטיק דער (עס) — tramp, beggar; petty thief

לאַטי'ש דער (ן) זע לאַטוויש[2]

לאַטכע|ן = לאַ'טכענ|ען וו (גע–ט) זע לקחענען

לאַטע[1] די (ס) דימ די לאַטקע — patch

|| לייג|ן לאַטעס <אויף> — sew patches (on)

לאַטע[2] די (ס) — lath, slat

לאַטעכץ דאָס זע געלאַטעכץ

לאַטע|ן וו (גע–ט) — mend, patch *imperf.*

לאַטע'נט אַדי — latent

לאַטעק דער (עס) זע לאַטיק

לאָטער דער (ס) — drunkard, cad

לאָטערײ' די (ען) זע לאָטעריע

לאָטערייקע די (ס) זע לאָטעריע

לאָטעריע די (ס) — lottery

לאַטקע[1] די (ס) — (culin.) pancake; latke, potato pancake

לאַטקע[2] די (ס) דימ זע לאַטע[1]

לאָטקע די (ס) — boat, canoe

לאָטרע דער (ס) זע לאָטער

לאַטש דער (ן) דימ לעטשל — slipper, houseshoe; *dial.* low shoe

לאָיאַ'ל אַדי/אַדוו — loyal

לאָיאַליטע'ט די (ן) — loyalty

לאיבוד אַדוו [LEIBED] — to waste, to naught

|| גיי|ן* לאיבוד — go to waste

לא־יוצלח דער (ס) פּעמ טע [LOY-YU'TSLEKh] — ne'er-do-well, failure

לא־יוצלחדיק אַדי [LOY-YU'TSLEKhDIK] — abortive, unsuccessful

לא־יחרץ(־געלט) דאָס [LOY-YE'KhRETS] — hush-money

לאַ'יִקער דער (ס) — layman

לאַיִש אַדי — lay (non-clerical)

לאָך די/דער (לעכער) דימ לעכל — hole, cavity; person in rags

|| אַ לאָך אין הימל/ספּאָדיק/באָרשט — nothing to cry over

|| דאַרפֿ|ן* ווי אַ לאָך אין קאָפּ — need like a hole in the head, have no use for

|| מאַכ|ן <דאַט> אַ לאָך אין קאָפּ — overwhelm (s.o.) with words

לאַכודרע דער (ס) — ragamuffin

לאַכלוטן פֿאַנ לחלוטין

לאַכמאַן דער (...אַ'נעס) — baggy/worn garment; tramp, person in rags

|| מצ — *also* rags, tatters

לאַכ|ן וו (גע–ט) — laugh

|| לאַכ|ן אין זיך — chuckle

|| לאַכ|ן מיטן פֿולן מויל — laugh loudly/uproariously

|| צום לאַכן — comic, ridiculous, funny

לאַ'כנדיק אַדי — *also* comic

|| מאַכ|ן לאַכנדיק — make (s.o.) laugh

לאַכע די (ס) — rag

לאַכערײַקע די (ס) — humorous story/skit

לאַם[1] די (לעמער) דימ לעמל — lamb

לאַם[2] דער — wood glue

לאָם[1] אַדי — lame; twisted, malformed

לאָם[2] דער (ען) — jimmy, crow-bar

לאָמבאַרד דער (ן) — pawnshop

לאָמבאַרדי'ר דער (ן) — pawnbroker

לאָמבער דער — game of ombre

לאַמדן פֿאַנ למדן

לאַמטע'ר די (ן) זע לאַמטערן

לאַמטערל דאָס (עך) לאַמטערן דימ — *also* flashlight

לאַמטערן דער (ס) — lantern; street-light

לאַמטע'רן־סלופּ דער (עס) — lamppost

לאַמטערנע די (ס) זע לאַמטערן

לאָמיך[1] אינפֿ — If only I could + *inf.*; let me + *inf.*

|| לאָמיך זען — let me see

לאָמיך[2] = לאָז + מיך

|| לאָמיך אַליי'ן! — leave me alone!

לאָמיר אינפֿ — let us, let's *(imperative of the 1st person pl.)*

|| לאָמיר זינגען — let's sing

|| לאָמיר! — come on! let's do it!

לאַמע די (ס) — (zool.) llama

לאַמעדודע די/דער (ס) — dunce, fool

לאָמ|ען וו (גע–ט) <אויף> — *dial.* make lame (in); cripple

לאָמפּ דער (ן/לעמפּ) דימ לעמפּל — lamp

|| רעד|ן צום לאָמפּ — talk to the wall

|| רעד צום לאָמפּ! — you're wasting your breath!

|| אַרײַ'נ|גיס|ן אין לאָמפּ — fill the lamp

לאַמפּאַדע די (ס) — illumination for a religious icon

לאַמפּאַ'ס דער (ן) — stripe on side of dress pants

לאַמפּיאָ'ן דער (ען) — Chinese lantern

לאָ'מפּן־פֿיבער דער — stage fright

לאַמפּערט דער (עס) — urchin, scamp

לאמר|ן וו (גע–ט) [LEYMER] — blab, let the cat out of the bag; scold *imperf.*

לאַן דער (ען) — *lit.* glade, meadow

לאַנג 1. אַדי (קאָמפּ לענגער) — long

|| לאַנג ווי דער (ייִ'דישער) גלות [GOLES] — long as a month of Sundays

|| 2. אַדוו — a long time; (dressed) in long garments; *(after a noun)* ... long, during ...

|| ווי לאַנג? — how long?; since when?

|| לאַנג צורי'ק — long ago

|| (דאָ) ניט לאַנג — recently

|| אַ לעבן לאַנג — a whole life long

|| וואָכן לאַנג — for weeks at a time

|| (ס'איז) שוין לאַנג צײַט געווע'ן — it was high time

לאַנגאָ'נ(עד)יק אַדי — old, old-time, of long standing

לאַנגאַ'ץ דער (עס) — beanpole *fig.*, a very tall, thin person

לאַנגווײַל די — boredom, tedium; monotony

לאַ'נגווײַליק אַדי/אַדוו — boring, tedious, tiresome

לאַ'נגווײַל(יק)ן זיך וו (גע–ט) — be/get bored

לאַנגזאַם אַדי/אַדוו — slow

לאַ'נגטערמיניק = לאַנגטערמיניק אַדי — long-range, long-term; long-lasting

לאַ'נגיאָריק = לאַנגיאָריק אַדי — of long standing, long-standing

|| לאַנגיאָריק|ער דירעקטאָר — long-time director

לאַ'נג־משכדיק [ME'ShEKhDIK] אַדי — long-range, long-term

לאַ'נגנעזל דאָס (עך) — weevil

לאַנגסטיק אַדי — ancient, old-time

לאַ'נגקלעקיק אַדי — long-lasting

לאַנגשאַל די/דער (ן) — shawl, mantilla

לאַ'נגשפּיליק אַדי — long-playing (record)

לאַנד[1] דאָס (לענדער) דימ לענדל — land, territory; country, nation

|| אין לאַנד (אַרײַ'ן) — inland

|| אַ ... פֿון ...לאַנד — genuine, excellent, outstanding

|| אַ זייגער פֿון זיי'גערלאַנד — an excellent watch

|| אַ ייִד פֿון ייִ'דנלאַנד — a real, authentic, Jew

לאַ'נד-[2]... — national; excellent

|| לאַנד־פֿעדעראַציע — national federation

|| לאַנד־חכם [KhOKhEM] — man of exceptional wisdom

לאַנדאָרט דאָס/דער (לאַ'נדערטער) — place for landing, landing-strip

לאַנדהויז דאָס (...הײַזער) — manor, country-seat

לאַ'נדווירטשאַפֿט די (ן) — agriculture, farming

לאַ'נדווירטשאַפֿטלעך אַדי — agricultural

לאַנדונג די (ען) — disembarkation; (boat/plane) landing

לאַנדיש אַדי — national, of the whole country

לאַנד|ן וו (גע–ט) — disembark; land

לאַנדסמאַן דער (לאַנדסלײַט) פֿעמ קע — fellow-countryman, compatriot

לאַ'נדסמאַנשאַפֿט די (ן) — association of immigrants originally from the same region

לאַנדספֿרוי די (ען) — *fem.* compatriot, countrywoman

לאַ'נדערטער מצ זע לאַנדאָרט

לאַנדפּאַס דער (ן) — strip of land; isthmus

לאַנדצונג די (ען) — spit, tongue (of land)

לאַנדקאַרט די (ן) זע לאַנדקאַרטע

לאַ'נדקאַרטע די (ס) map

לאַנדשאַפֿט דער/די (ן) landscape, scenery

לאַנדשפּראַך די (ן) vernacular, language of the country *(esp. in contrast to the Jewish language)*

לאַנטוך דער (ער/עס) זע לאַנטעך[1]; לאַנטעך[2]

לאַנטעך[1] דער (ער/עס) large sack; canvas, tarpaulin

לאַנטעך[2] דער (ער/עס) gnome, goblin

לאַנטערנע די (ס) זע לאַמטערן

לאָנטש דער (ן) *Amer.* lunch

לאָנטשניק דער (עס) *dial.* linkage, connecting-piece; hyphen

לאָנטשעון וו (גע–ט) זע לאַשטשען

לאַנצי'ר דער (ן) launching (of a rocket or a ship)

לאַנצירון וו (–ט) launch (missile; artist, product)

לאַנצי'ר־פּלאַטפֿאָרמע די (ס) launching pad

לאַנצע'ט דער (ן) lancet

לאַנקאָט דער calico (fabric)

לאַ'נקאָט·ן אַדי (of) calico

לאָנקע די (ס) lawn, meadow

לאַ'נקעטניק דער (עס) זע לוינקעטניק

לאָס[1] דער (ן) פֿעמ יכע (zool.) elk

לאָס[2] דער (ן) זע ליאָס

לאַסו'ן דער (עס) gourmet, epicure

לאַסט די (ן) burden, weight

|| פֿאַלון דאַט צו לאַסט importune, badger s.o.; be a burden on

לאַ'סטאויטאָ דער (ס) truck

לאַ'סטאָטשקע די (ס) זע לאַסטעווקע

לאַ'סטאַרבעט די toil, hard work, labor

לאַסטיק דער (textile) lasting, a kind of satin-weave wool cloth

לאַ'סטיק·ן אַדי (of) lasting (textile)

לאַ'סטעווקע די (ס) *dial.* (zool.) swallow

לאַסטפֿערד דאָס (–) pack-horse

לאַסטשיף די (ן) cargo ship

לאָ'סיכע די (ס) זע לאָס[1]

לאָס·ן אַדי (of) elkskin

לאַסקאַווע אַדי charitable, affectionate, tender

|| לאַסקאַווע ברויט charitable assistance, dole

לאַסקע[1] די (ס) favor, graces; caress

|| אָ'נ|קומ|ען צו פּאָס לאַסקע ask a favor of, seek the good graces of

לאַסקע[2] די (ס) (fash.) gusset

לא־עליכם אינט [LOY-ALE'YKhEM] God preserve you! (from a misfortune that has just been mentioned)

לא־עליכמדיק אַדי [LOY-ALE'YKhEMDIK] *hum.* unwell

לא־עלינו אינט [LOYELE'YNU] God preserve us!, sad to say

לאָער אַדי–אַטר זע להוט

לאַפּ[1] זע כאַפּ־לאַפּ

לאַפּ[2] דער (ן) דימ לעפּל (fash.) lapel, facing; earlobe; (horse's) blinker/blinder

לאַפּאָווקע די (ס) bribe

לאַפּאַצאַ'ן דער (עס) scoundrel, hooligan

לאַפּווקע די (ס) זע לאַפּאָווקע

לאַפּטיע די (ס) [Ty] זע לאַפּטשע

לאַפּטשע די (ס) bast shoe (woven of coarse hemp fibers)

לאָפּטשעון וו (גע–ט) itch, burn; (taste) be spicy, pungent

|| לאָפּטשען אומפּ דאַט ביי *rev.* feel a pinching in

לאַפּיטו'ט דער (ן) פֿעמ קע junior demon, imp

לאַפּיס דער (med.) lunar caustic, silver nitrate

לאַפּון[1] וו (גע–ט) grab, snatch

לאַפּן[2] דער (ס) זע לאַפּענע

לאָפּניעון וו (גע–ט) [Ny] burst

לאַ'פּן־מיצל דאָס (עך) milksop, weakling

לאָפּנעון וו (גע–ט) זע לאָפּניען

לאַפּסערדאַ'ק דער (עס) dressing-gown; tattered garment; ragamuffin, tatterdemalion; (when said by a Pole) Yid, Kike

|| פֿ״גל טלית־קטן

לאַפּע די (ס) paw

לאָ'פּעטע די (ס) דימ די לאָ'פּעטקע shovel, spade, paddle; shovelful, spadeful

|| לאָפּעטעס און קאָ'טשערעס scrawl, illegible handwriting

לאָ'פּעטקע די (ס) לאָפּעטע דימ trowel; shoulder-blade, scapula

|| אַוועק|לייג|ן אויף די לאָפּעטקעס knock down, lay low, beat

לאַ'פּעטקעלע דאָס (ך) string bean, green bean

לאָפּע|ן וו (גע–ט) זע לאָפּניען

לאַ'פּענע די (ס) rag

לאַפּ־צאַ'פּ אַדוו in a hurry

לאַפּצ(י)ע די (ס) זע לאַפּטשע

לאַפּקע די (ס) לאַפּע דימ *also fam.* hand, mitt; bribe

לאַ'פּקע־בחור דער [BOKhER] *fam.* mercenary, corrupt individual

לאָף דער (ן) running, haste; sprint

|| אַ לאָף טאָ|ן* dash, sprint

לא פּידלתּי פֿר [LOY FIDALTI] *hum.* so I didn't succeed--who cares?

לאַפֿער דער (ס) (chess) bishop

לאַץ דער/די (ן) (fash.) lapel

לאַציע די shellac

לאַק דער lacquer, varnish; sealing wax

לאָק די (ן) lock (of hair), curl, tress

לאָ'קאַוט דער (ן) lockout

לאָקאַטאָר דער (...אָ'רן) פֿעמ ...אָ'רשע [Ly] tenant, renter

לאַקאָטקע די (ס) זע לאַקעטקע

לאָקאַ'ל[1] 1. אַדי local

|| 2. דער (ן) premises, (meeting) hall, locale

לאָקאַ'ל־[2]... local

|| לאָקאַל־פּאַטריאָטיזם local patriotism, parochialism

לאָקאַליזם דער (ען) (ling.) localism, regional expression

לאָקאָמאָטי'וו דער (ן) locomotive

לאָקאָמאָציע די locomotion

לאַ'קאָמע|ן זיך וו (גע–ט) <מיט> be delighted with

|| לאַקאָמען זיך אויף be eager for, fond of

לאַקאָניש אַדי/אַדוו laconic

לאַקטע די (ס) *dial.* perch, roost

לאַקיי' דער (ען) lackey

לאַקייִש אַדי/אַדוו servile

לאַקי'ר דער (ן) lacquer

לאַקירדע אַדוו askew, upside-down

לאָקירונג די (ען) site; (act of) locating

לאַקי'ר·ן 1. אַדי lacquered, varnished

|| 2. לאַקיר|ן וו (–ט) lacquer *imperf.*

לאָקיר|ן וו (–ט) locate

לאַקירקעס מצ patent leather shoes

לאַקמוס דער (chem.) litmus

לאָק|ן וו (גע–ט) tempt, entice *imperf.*

לאַקס דער (ן) salmon, lox

לאַקסיר|ן וו (–ט) purge, act as a laxative; have diarrhea

לאַקסירעכץ דאָס diarrhea

לאַ'קעטקע די (ס) small pleasure; treat, tidbit

לאָקער דער (ן) ambush

לאָ'קער|ן וו (גע–ט) <אויף> lurk; lie in wait (for)

לאַקערקעס מצ זע לאַקירקעס

לאַקריץ דער זע לאַקרעץ

לאַ'קריצדיק = לאַ'קרעצדיק אַדי sugary; saccharine, oversweet; (of) marshmallow

לאַ'קריץ־/לאַ'קרעץ־פּלעצל דאָס (עך) marshmallow (confection)

לאַקרעץ דער licorice

לאָקש דער (ן) noodle; *slang* dollar

|| כאַפּ|ן די לאָקשן פֿאַר די פֿיש put the cart before the horse

לאָקש־בוידעם(־צי'בעלע/פּאָ'ליצע) פֿר any old way, without rhyme or reason

לאָקש·ן אַדי (pudding, etc.) of noodles

לאָ'קשנברעט די (ער) noodle/pasta board

לאָ'קשנזויך די noodle soup

לאָ'רבערבוים דער (...ביימער) laurel (tree)

לאָ'רבערבלאַט דער (...בלעטער) bay leaf

לאָ'רבערקראַנץ דער (...קרענץ) laurel wreath

לאָרד דער (ן) lord

לאָ'רדנהויז דאָס House of Lords

לאַרווע די (ס) larva

לאַרך דער (ן) lark *(bird)*

לאַ'רכנבוים דער (...ביימער) larch

לאָרנע'ט דער (ן) lorgnette, opera glass

לאַרע די (ס) market-stall

לאַ'שטשינע די זע לאַשטשענע

לאַשטשע|ן וו (גע–ט) fondle, caress

|| לאַשטשען זיך צו snuggle up to; seek the favors of, fawn on

לאַ'שטשעניש דאָס (ן) flattery; fondling, caressing

לאַ'שטשענע די *Jew.* merrymaking marking the end of the wedding week

לאָשיק דער (עס) colt, foal

לאָ'שיק־עקל דאָס (עך) pony-tail (hair-style)

לאָשן פֿאָנ לשון

לאָשן־האָרע פֿאָנ לשון־הרע

לאָשעק דער (עס) זע לאָשיק

לבריאת־העולם אַדוו [LEBRI'ES-HOO'YLEM] "since the creation of the world", the year according to the Jewish calendar

לבֿ דאָס (לבֿבֿות) [LEV - LEVOVES] heart; courage

לבֿד פּרעפּ [LEVA'D] except

לבֿוש דער/דאָס (ים) [LEVU'Sh] garb *fig.*, form, exterior

לבֿ־טובֿ דער [LEFTOV] kind-hearted person; *Jew.* "A Good Heart", 17th century Yiddish moral treatise

לבֿטלה זע ברכה־לבֿטלה

לבֿנה[1] די (־ות) [LEVONE] moon

|| האַלב|ע לבֿנה crescent moon; half-moon

|| האַלבע לבֿנות parentheses

לבֿנה־[2]... [LEVO'NE] lunar; moon-

|| לבֿנה־יאָר lunar year

|| לבֿנה־נאַכט night of the full moon

לבֿנהדיק אַדי [LEVO'NEDIK] moonlit; of the moon, lunar

לבֿנה־ליכט דאָס [LEVO'NE] moonlight

לבֿנהלע דאָס (ך) לבֿנה דימ [LEVO'NELE] satellite

לבֿנה־שײַן די [LEVO'NE] moonlight

לבֿנון (דאָס) [LEVONEN] Lebanon

לבֿנונש אַדי [LEVONENSh] Lebanese

לבֿניק אַדי [LEVONIK] זע לבֿנהדיק

לגאָטניק דער (עס) [Ly] man disqualified for military service; recipient of an unfair promotion

לגאָטע די (ס) [Ly] privilege, exemption

לגבי פּרעפּ [LEGABE] in relation to, compared to; with regard to

ל״ג־בעומר דער [LEGBOYMER/LAGBOYMER] *Jew.* *Lag BaOmer*, spring holiday on the 33rd day after Passover, celebrated with excursions to the countryside

לגמרי אַדוו [LEGAMRE] completely, absolutely

לגנאַי אַדוו [LIGNA'Y] adversely, finding fault

|| זאָל עס <דאַט> ניט זײַן לגנאַי with all due respect (to)

לדוגמא אַדוו [LEDUGME] for example

לדור־דורות אַדוו [LEDOR-DO'YRES] זע לדורות

לדורות אַדוו [LEDOYRES] for the ages, for posterity; for good, permanently

להאָטע די (ס) [Ly] זע לגאָטע

להבא אַדוו [LEHABE] in the future, hereafter

|| אויף להבא henceforth, from now on

להבֿדיל אינט [LEHAVDL] not forgetting the difference (between sacred and profane things mentioned successively), excuse the comparison

|| אַ מענטש און להבֿדיל אַ מאַלפּע a man and a monkey, excuse the comparison

להוט אַדי–אַטר <אויף> [LOET/LOER] greedy, eager, anxious (for)

|| להוט צו אינפֿ eager to

|| זײַן* להוט נאָך covet

להי = להיי קאָנ [LEHE'Y] זע עלעהיי

להיפּוך אַדוו [LEHEYPEKh] on the contrary; conversely

|| להיפּוך צו contrary to, counter to

להכעיס [LEHAKhES] .1 אַדוו <דאַט> with intent to mock

|| .2 דער (ן) malice, rancor, spite

|| אויף צו להכעיס [TSULEHAKhES/TSELOKhES] out of spite/defiance

|| אויף צו להכעיס דאַט in order to defy s.o./stg.; in spite of

|| ווי אויף צו להכעיס as if on purpose

להכעיסדיק אַדי [LEHA'KhESDIK] provocative, inflammatory; spiteful, recalcitrant, stubborn

להכעיסניק דער (עס) פֿעמ ...ניצע [LEHA'KhESNIK] spiteful/difficult person; annoying person

להפֿך אַדוו זע להיפּוך

להרג־ולאַבד אַדי–אַטר <אויף> [LEHAREG-ULEA'BED] incensed, enraged (at)

ל״ו [LAMEDVO'V] מצ זע ל״ו צדיקים

לוב דער outer bark, bast

לובין דער (ען) lupine

לוג|ן וו (גע–ט) <אויף> lurk, be on the lookout (for); observe, pay attention (to)

לודער דער (ס) idler, loafer

לוהאַשקע די (ס) (zool.) toad

לווה דער (–ים) [LOYVE - LOYVIM] debtor, borrower

לוי דער (ים) [LEYVI - LEVIIM] Levite, descendant of the tribe of Levi, who had special functions in the Temple in Jerusalem, and continue to have certain special functions in the Jewish liturgy

לוויה די (–ות) [LEVAYE] funeral, burial procession, last rites

לוויה־אונטערנעמער דער (ס) [LEVA'YE] (funeral) undertaker

לוויהדיק אַדי [LEVA'YEDIK] funereal, lugubrious

לוויהר דער (ס) [LEVAYER] funeral director, undertaker

לוויתן דער [LEVYOSN] *Jew.* Leviathan, a legendary giant fish which, according to Jewish lore, will be eaten by the virtuous when the Messiah comes

ל״וניק דער (עס) זע למד־וואָווניק

לוזשע די (ס) זע קאַלוזשע

לוח דער (ות) [LUEKh - LUKhES] traditional Jewish calendar; almanac

|| די לוחות *also* the tablets on which the Mosaic law was first engraved

לוטניע די (ס) [Ly...Ny] lute

לוטעראַנער דער (–) פֿעמ ין [Ly] Lutheran

לוטשינע די (ס) דימ די לוטשינקע fire-stick (used for light in rural homes)

לוטשניק דער (עס) pan for fire-sticks used for illumination

לוי[1] אַדי lukewarm

לוי[2] דער (ים) זע לווי

|| פֿ״גל לאַ

לויב די (ן) praise

|| אַ לויב צו praise to, praised be

|| אַ לויב דעם איי'בערשטן! praise the Lord!

לוי'בגעזאַנג דער (ען) hymn of praise, paean

|| זינג|ען לויבגעזאַנגען דאַט sing the praises of

לוי'בווערדיק אַדי commendable, praiseworthy

לויבזעג די (ן) זע לאָבזעג

לויב|ן וו (גע–ט) praise, extol

|| לויבן אין טאָג/הימל אַריי'ן praise to the skies

|| געלויבט איז גאָט! God be praised! Thank God!

לויג דער lye, detergent solution

לויגוואַרג דאָס detergent

לויג|ן וו (גע–ט) steep in lye, bleach *imperf.*

לויה די (–ות) זע לוויה

לויז[1] אַדי loose, slack; (clothing) baggy; soft-boiled (egg)

|| לויז מאַכ|ן loosen; release (s.o.)

|| לויז ווער|ן get rid of

|| לויז לאָז|ן set free, liberate

לויז[2] די (לײַז) דימ לײַזל louse

לויז|ן וו (גע–ט) delouse *imperf.*; *pop.* search, scrutinize

לויט[1] דער (ן) half ounce, about 14 grams

לויט[2] פּרעפּ according to, in accordance with

|| לויט ווי איך זע as I see it

לויטן = לויט דעם

לויטער אַדי pure; clear, transparent

|| אַ לויטער|ער טאָג a beautiful day

|| (פֿון) לויטער nothing but, made entirely (of)

|| פֿאַר לויטער by dint of, by sheer ...

לויכט|ן וו (געלויכטן) זע לײַכטן

לוי'כנדיק אַדי august, majestic; illustrious

לוין[1] דער salary, wage(s); reward

לוי'ן[2]-... salaried, paid

|| לוין־אַרבעטער wage-laborer, salaried worker

|| לוינזעלנער mercenary

לוינבאַר אַדי *Germ.* worthwhile, advantageous

לוינונג די expediency, advisability

לויניק אַדי expedient, advisable

לוי'ניקייט די expediency, advisability

לוי'ננעמער דער (ס) פֿעמ ין wage earner

לוינע די *Germ.* mood

לוי'נעוודיק אַדי worthwhile, advantageous

לוי'נעוודיקייט די worthwhileness

|| פּונקט פֿון געמי'נערטער לוינעוודיקייט point of diminishing returns

לוינ|ען (זיך) וו (גע–ט) be worthwhile, be profitable/expedient

|| לוינען (זיך) אומפּ <צו> worth the trouble (to)

|| לוינען (זיך) אומפּ דאַט <צו> *rev.* have an interest (in)

|| עס לוינט זיך דיר צו שווײַגן you would do better to keep silent

לוי'נקעטניק דער (עס) spinner working with customers' materials

לוי'ער|ן וו (גע-ט) <אויף> crouch; lie in wait for (s.o./stg.), spy (on)

לויף דער run, rush; course, path, movement

|| אין לויף פֿון די יאָרן over the years

לוי'פֿגעוועט דאָס (ן) (sport) race

לויפֿוועג דער (ן) (sport) track

לויפֿיק אַדי rapid; current, up to date

|| לויפֿיק|ע קאָנטע current account

לויפֿ|ן וו (איז געלאָפֿן) run; (water, fluids) flow; (time) fly; flee, fly; (timepiece) be fast

|| זאָל ער/זי לויפֿן און בעטן (in speaking of a deceased relative) may he/she make haste and intercede on our behalf in Heaven

לוי'פֿעניש דאָס (ן) run, running, hustling; *fam.* diarrhea

לויפֿער דער (ס) פֿעמ ין runner (in race); vagabond; middleman for agricultural products; (chess) bishop

|| פֿעמ *also* street-walker, shameless woman

|| פֿ״גל לאָפֿער; לייפֿער

לויש|ן וו (גע-ט) eavesdrop, listen in

לויתן דער זע לוויתן

לוכטע די (ס) זע ליוכטע

לולבֿ דער (ים) [LULEV - LULOVIM] *lulav*, palm branch with the leaves still closed, one of the four species blessed during *Sukkot*

|| אַ לולבֿ מיט אַן אתרוג [ESREG] *hum.* ill-matched couple

|| פֿ״גל סוכּות

לומדות דאָס [LOMDES] *Jew.* learning, erudition, scholarship

לומדים מצ זע למדן

לומדיש אַדי [LOMDISh] studious; bookish; *Jew*. erudite, learned, scholarly

לומע|ן וו (גע-ט) spoil, break

|| לומען זיך <איבער> mock, make fun (of)

לומפּ דער (ן) rogue, scoundrel; beggar

|| מצ rags

לו'מפּן-פּראָלעטאַריאַט דער lumpenproletariat, urban poor

לונאַטיזם דער [Ly] sleepwalking

לונאַ'טיקער דער (ס) פֿעמ ין [Ly] sleepwalker

לונאַטיש אַדי [Ly] sleepwalking; moonstruck

לו'נאַפּאַרק דער (ן) [Ly] amusement park

לונג די (ען) lung

|| אויף דער לונג in one's heart of hearts, in one's innermost self

|| אוי'ס|עס|ן זיך די לונג to eat one's heart out

לונג-און-לע'בער דער : אַ קאַלט|ער לונג-און-לעבער *hum.* a cold/indifferent person

|| אַ לונג-און-לעבער אויף/אונטער דער נאָז *hum.* chimera, fantasy

|| אָ'נ|הענג|ען דאַט אַ לונג-און-לעבער אויף דער נאָז *hum.* dupe, hoax

לו'נגען-אָנצינדונג די (ען) pneumonia

לו'נג(ען)-פֿעלער דער tuberculosis, consumption

ל״וניק דער (עס) זע למד-וואָווניק

לונק דער (ען) sprain, dislocation

|| אַ לונק טאָ|ן* sprain, dislocate, wrench

לוסט די cheer, gusto

לו'סטגאָרטן דער (...גערטנער) pleasure garden

לוסטיק אַדי cheerful, merry

|| מאַכ|ן זיך לוסטיק <איבער> have fun (at the expense of)

לוסטע די (ס) big slice, hunk (bread)

לוסטער דער (ס) [Ly] זע לוסטרע

לוסטראַציע די (ס) [Ly] audit

לו'סטרייַזע די (ס) pleasure trip

לוסטרע די (ס) [Ly] chandelier

לוסקע די (ס) זע לושקע

לופּינע די (ס) husk, skin, (egg)shell

לופּע[1] די (ס) protruding/thick lip; pout

|| שטעל|ן/מאַכ|ן לופּעס pout, sulk

|| פֿ״גל לופּע

לופּע[2] די (ס) [Ly] loupe, magnifying glass

לו'פּעטע די (ס) *dial.* rag

לופּע|ן וו (גע-ט) peel *imperf.*, scale (fish)

לופֿט[1] די air; draft

|| אין (דער) לופֿטן in mid-air, aloft

|| אויף דער פֿרייַער לופֿט in the fresh/open air

לו'פֿט-[2]... aerial; imaginary

|| לופֿטבריק airlift

|| לופֿטגעשעפֿט business without a foundation, harebrained scheme/venture

לו'פֿטבאַלאָן דער (ען) balloon, airship

לופֿטבילד דאָס (ער) mirage

לו'פֿטוואָקזאַל דער (ן) airline terminal

לו'פֿטטירל דאָס (עך) air-valve

לופֿטיק אַדי airy, cool; light, summery (clothing)

לופֿטל דאָס (עך) dandelion

לו'פֿטליניע די (ס) [NY] airline

|| מיט דער לופֿטליניע as the crow flies

לופֿטמענטש דער (ן) person without a definite occupation

לו'פֿטערונג די ventilation, airing

לו'פֿטער|ן וו (גע-ט) air, ventilate *imperf.*

|| לופֿטערן די שפּראַך have a friendly chat

לופֿטפּאָסט די airmail

|| שיק|ן מיט לופֿטפּאָסט send via airmail

לופֿטפּאָרט דער (ן) airport

לופֿטפֿלאָט דער (ן) air force

לו'פֿטקילונג די air conditioning

לו'פֿטקילער דער (ס) air conditioner

לופֿטרער די (ן) trachea, windpipe; air-shaft/pipe

לופֿטשיף די (ן) aircraft

לופֿטשיק דער (עס) transom; vent, air-hole; air-shaft/pipe

לופֿע די (ס) (gun) barrel

ל״ו צדיקים מצ [LAMEDVO'V TSADIKIM] the thirty-six hidden Righteous Men of Jewish legend, whose saintliness justifies the existence of the world

לוקס דער (ן) lynx

לוקסוס דער (ן) [Ly] luxury

לו'קסוסדיק אַדי [Ly] luxurious, sumptuous

לוקע די (ס) [Ly] porthole

לושטשע|ן וו (גע-ט) shell, scale, hull *imperf.*

לושע|ן וו (גע-ט) זע לישען

לושפּייקע די (ס) *dial.* peel, skin

לושקע די (ס) (fish) scale; husk, shell

לזכּרון .1 אַדוו [LEZIKORN] in memory

|| .2 פּרעפּ in memory of

לזכר(־עולם) אַדוו [LEZEYKhER(-O'YLEM)] in (eternal) remembrance

לחוד אַדוו [LEKhU'D] *lit.* separately, in a category of its own

לחות דאָס [LEYKhES] זע לייכעץ

לחיים .1 אינט [LEKhAIM] to life! to your health! cheers!

|| טרינק|ען לחיים פֿאַר drink to the health of

|| .2 דער (ס) toast, drink in honor of s.o.

|| מאַכ|ן אַ לחיים have a drink

לחלוטין אַדוו [LAKhLUTN] completely, absolutely

|| לחלוטין נישט not at all

לחם דאָס [LEKhEM] bread

לחמא די (ס) [LAKhME] (hunk of) bread

לחש דער (ים) [LAKhESh - LEKhOShIM] incantation, whispered prayer

לטובֿה אַדי–אַטר/אַדוו [LETOYVE] favorable, positive

|| אים לטובֿה in his favor

לטובֿת פּרעפּ [LETOYVES] on behalf of, for the benefit of, in favor of

לטובֿת־הכּלל אַדוו [LETOYVES-HAKLA'L] for the public good, in the public interest

ליאַג דער brine

ליאָד דער *dial.* ice

ליאַדע אַדי–אינוו any, no matter what/who/etc.

|| אַ ליאַדע טאָג any day

|| אַ ליאַדע מינו'ט any minute now

|| (אַ) ליאַדע ווער anybody at all

ליאָדעס מצ *dial.* ices, sherbets

ליאַטשיק דער (עס) carboy covered in wicker

ליאָכע די (ס) sow

ליאָכענע די (ס) tureen, large dish

ליאַליע די (ס) doll, puppet

|| שטומ|ע ליאַליע dummy, puppet *fig.*

ליאַלקע די (ס) [LyK] doll, puppet

ליאַמע[1] די (ס) party, reception, soiree

ליאַמע[2] די (ס) דימ די ליאַמקע זע ליאַמעווקע

ליאַ'מעווע|ן וו (גע-ט) (fash.) edge, border, trim *imperf.*

ליאַ'מעווקע די (ס) (fash.) edge, border

ליאַמפּקע די (ס) wine-glass

ליאַמקע[1] די (ס) tow-rope/cable

|| צי|ען/שלעפּ|ן די ליאַמקע drudge, toil, have a heavy burden to bear

ליאַמקע[2] די (ס) דימ זע ליאַמע[2]

ליאָן[1] דער זע לײַן

ליאָן[2] דער pin, nail

ליאָס דער (ן) — (lottery) drawing
|| שטיי|ן* צום ליאָס — be called up for military service, face the draft
ליאַסקע|ן וו (גע-ט) — *fam.* thrash, beat
ליאַפּ דער — downpour, flood; slap
ליאַפּע|ן וו (גע-ט) — rain heavily, pour; smear, daub; slap *imperf.*
ליאַפּעס דער זע לאַפּיס
ליאַק[1] דער זע לאַק
ליאַק[2] דער (עס) — (small) jug/pitcher
|| פֿ״גל הליאַק; ליאַג
ליאָק דער זע לויג; ליאַג
ליאַקי'ר דער (ן) זע לאַקיר
ליאַרעם דער (ס) — din, noise, uproar, clamor
ליאַ'רעמדיק אַדי — noisy, clamorous
ליאַ'רעמ|ען וו (גע-ט) — make noise, rant
ליב אַדי — dear, beloved; nice, kind, agreeable
|| ליב זײַ|ן* דאַט — please, be agreeable to, *rev.* like
|| ער איז מיר זייער ליב — I like him very much
|| טאָ|ן* <דאַט> צו ליב — oblige, do a favor (to), accommodate
|| אָ'נ|נעמ|ען פֿאַר ליב — accept, put up with, acquiesce in
|| ליב אײַך מיט אײַער גאַסט!, מיט ליב אײַך אײַער גאַסט! — welcome to your guest!
|| פֿ״גל ליב באַקומען; ליב האָבן; ליב קריגן

ליב באַקומ|ען וו (ליב באַקומען) — develop a taste/liking for, become attached to, fall in love with
ליב האָב|ן* וו (ליב געהאַ'ט) — love, like, care for
|| ליב האָבן צו — like to + *inf.*
|| ליב האָבן אַק דאָס לעבן/חיות [KhAYES] — adore
|| פֿ״גל געפֿעלן; ליב קריגן
לי'בהאָבער דער (–/ס) — amateur; lover
||ערשט|ער ליבהאָבער — romantic lead, leading man
|| צווייט|ער ליבהאָבער — supporting role
ליבהאָבערײַ' דאָס — amateurism
לי'בהאָבערין די (ס) — amateur *fem.*
לי'בהאַרציק אַדי/אַדוו — kindly, amiable
לי'בהאַרציקייט די — kindness, amiability

לי'בישקע די (ס) — plum
ליבלינג דער (ען) — darling, pet
ליבלעך אַדי/אַדוו — benign, affable; agreeable
ליב|ן וו (גע-ט) — love
|| ליבן זיך — love one another; make love
ליבסט|ער דער-דעק — beloved
ליבע די (ס) — love; love affair, romance
|| שפּילן אַ ליבע <מיט> — have a love affair (with), flirt
לי'בעטרונק דער (ען) — love potion
לי'בעטשקע די (ס) זע ליבישקע
לי'בעלע די (ס) — dragonfly
לי'בעפּעלע דאָס (ך) — mandrake, mandragora (fruit)
ליבער אַדוו זע ליבערשט
ליבעראַ'ל 1. אַדי — (polit., econ.) liberal
|| 2. דער (ן) — liberal
ליבערשט אַדוו — rather, preferably
|| ליבערשט האָב|ן*/וועל|ן* — prefer
לי'בערשטקייט די (ן) — preference
ליב קריג|ן וו (ליב געקראָגן) — develop a liking for, come to like or love
ליברע די (ס) — quire (of paper)
ליברעטאָ דער (ס) — libretto, book
ליבשאַפֿט די — love, fondness, affection
ליגאָטע די (ס) זע לגאָטע
ליגונים מצ — *hum.* lies, falsehoods
ליגן[1] דער (ס) — lie, falsehood, untruth
|| ליגן זאָג|ן, זאָג|ן אַ ליגן — lie, tell a lie
|| באַק|ן/האַק|ן ליגנס — lie through one's teeth
|| אָ'נ|בראָק|ן ליגנס — spread lies
|| וואַרפֿ|ן דאַט דעם ליגן אין פּנים [PONEM] — give (s.o.) the lie, contradict
ליג|ן[2] וו (איז געלעגן/געליגן) — lie; be buried; be located/situated; (cause, solution, etc.) reside in, consist of
|| ליגן דאַט אין בלוט — run in one's blood
|| אין דעם קאָנווערט ליגן זײַנע פּאַפּירן — his papers are in this envelope
|| דאָ ליגט — here lies
ליגנט די/דער (ן) זע ליגן[1]
ליגנער דער (ס) פֿעמ טע/קע — liar
לי'גנעריש אַדי/אַדוו — lying, deceitful

לי'גנער|ן וו (גע–ט) — lie, tell lies

ליגע די (ס) — league

ליגעמינגע די (ס) — food, dish (of food); medley, confusion

ליגשטול די (ן) — chaise longue, deck chair

ליד דאָס (ער) — song; poem; lied, art song

לידטעקסט דער (ן) — lyrics (of a song)

לידל דאָס (עך) ליד דימ — ditty, little song; refrain

לידער דער (ס) — leader

לי'דערקראַנץ דער (ן) — song cycle

לידקע די (ס) **זע ליטקע**

ליהודים [LAYEHUDIM] : זײַן* אומפּ ליהודים

|| ס'איז ליהודים — *Jew., hum.* there is great merriment/excitement

ליובאָווניק דער (עס) פֿעמ ...ניצע — lover; (theat.) juvenile/romantic lead

ליובטשע אינט — darling, my love

ליוביסטיק דער — bast

ליובע די (ס) — darling

ליו'בעדיק אַדי — *hum.* amorous

ליו'בעליו אינט — my love, darling

ליובע|ן וו (גע–ט) — caress, fondle

|| ליובען זיך — fondle one another, pet; make love

ליו'בעניו אינט [Ny] — my love, darling

ליובקע די (ס) — love affair

ליובקע|ן וו (גע–ט) — *iron.* fondle, pet

ליוואַק דער (עס) — *dial.* left-handed person, lefty

ליווער[1] דער (ס) — (techn.) siphon; lever

ליווער[2] דער **זע ליברע**

ליווערא'נט דער (ן) — contractor, purveyor; caterer

לי'ווער|ן וו (גע–ט) — supply *imperf.*

ליוורעע די (ס) — livery

ליוכטע די (ס) — stove pipe

ליוליו = ליו'לינקע = ליוליע אינט — lullaby

|| גיי|ן* ליוליו — go "beddy-bye"

ליו'ליע|ן וו (גע–ט) — lull, rock to sleep *imperf.*

ליולקע די (ס) [LyK] — (tobacco) pipe

|| אַ(ן אוי'ס)געריי'כערט|ע ליולקע — old hand, experienced person

ליו'לקע־ציביק דער (עס) [LyK] — chibouk, Turkish tobacco pipe with a long stem

ליוסטער[1] דער — gloss, luster

ליוסטער[2] דער (ס) **זע לוסטרע**

ליוסטראַציע די (ס) **זע לוסטראַציע**

ליוסטרי'ן דער — lustrine, glossy silk fabric

ליוסטרע די (ס) **זע לוסטרע**

ליוצערנע די — alfalfa

ליוק דער (עס) — ruse, snare

ליזשניק דער (עס) פֿעמ ...ניצע — *dial.* skier

ליזשעס מצ — *dial.* skis

ליחה די [LEYKhE] **זע לייכעץ**

ליחות דאָס [LEYKhES] **זע לייכעץ**

ליטאָגראַפֿיע די (ס) — lithograph; lithography

ליטאָגראַפֿיר|ן וו (–ט) — lithograph

ליטאַניע די (ס) [NY] — litany

ליטאָקע די (ס) — mill-race, flume

לי'טוואַטשקע די (ס) **זע ליטוויטשקע**

ליטוואַק דער (עס/...וואַ'קעס) — Jew from (historic) Lithuania, including present-day Belarus and Latvia; (stereotype) Jew holding Talmudic learning in high esteem, rational Jew indifferent to mystic fervor

|| פֿ״גל ליטע

לי'טוויטשקע די (ס) — Jewish woman from Lithuania

|| פֿ״גל ליטע

ליטווינער דער (–) פֿעמ ין — (non-Jewish) Lithuanian

ליטוויש אַדי — Lithuanian; relating to northeastern Yiddish

|| פֿ״גל ליטע

ליטורגיע די (ס) — liturgy

ליטײַ'ן דאָס **זע לאַטײַן**

ליטע (די) — Lithuania; *Jew.* northeastern region of Jewish settlement in Europe, including Lithuania, Belarus and Latvia

ליטער[1] דער (ס) — liter

ליטער[2] דער (ס) — pass, permit

ליטעראַ'ט דער (ן) — man of letters

ליטעראַטו'ר[1] די (ן) — literature, letters

ליטעראַטו'ר-[2]... — literary

ליטעראַריש אַדי — literary

ליטקע די (ס) — calf (of the leg); thigh, leg (of an animal)

ליטש דער (ן) — *dial.* snout

ליטשמאַן דער (עס) — counter, marker (in games)

לײַ־... — pertaining to loans, lending

|| לײַבאַנק — lending bank

לייב דער (ן) פֿעמ יכע/נטע — lion

לײַב[1] דאָס (ער) — (human) body; flesh, skin

|| מיט לײַב און לעבן — with all one's might

|| אָן אַ לײַב און לעבן — totally worthless

|| מיט לײַב און זעל — with body and soul

|| אַראָפּ|גיי|ן* פֿון לײַב, פֿאַרליר|ן לײַב — lose weight

לײַ'ב־[2]... — of the body, personal

לײַ'ב־אייגנטום דאָס — serfdom, servitude

לײַ'ב־גבאי דער (־גבאָים) [GABE - GABOIM] — bodyguard of a Hasidic rebbe

לײַ'בדאָקטער דער (...טוירים) — personal physician (to the king, etc.)

לײַבוואַך די (ן) — bodyguard (group)

לײַ'בוועכטער דער (ס) — bodyguard (individual)

ליי'ביכע די (ס) — lioness

לײַביק אַדי — corpulent

לײַבל דאָס (עך) — short jacket; men's undergarment; bodice; T-shirt

לײַבלעך אַדי — personal; related by blood

|| מײַן לײַבלעכ|ער ברודער — my full brother

|| מײַן לײַבלעכ|ער זון — my own son

|| לײַבלעך שוועסטערקי'נד — first cousin

לײַבמענטש דער (ן) — right-hand man, (personal) assistant

לײַב|ן וו (גע־ט) : לעב|ן און לײַב|ן — live life to the fullest

ליי'בנטע די (ס) — lioness

ליי'בנמויל דאָס — snapdragon

לײַ'בסערדאַק דער (עס) זע טלית־קטן

לײַ'ב־צודע'קל דאָס (עך) זע טלית־קטן

לײַ'בקאָליר דער — flesh-color

לײַבקנעכט דער (—) — serf

לײַ'בקנעכטשאַפֿט די — serfdom

לייג דער (עס) — *pop.* slap, blow

לייג|ן וו (גע־ט) — put, lay down, place; lay *trans.*; lay (eggs)

|| לייג|ן זיך — lie down, turn in; (hen) be laying; (storm) die down, subside

|| לייג|ן זיך שלאָפֿן — go to bed

|| פֿ״גל לייג|ן פֿירן

לײַג|ן וו (גע־ט) — lie, tell a lie

לייג|ן פֿיר|ן וו (לייגן געפֿי'רט) — escort (newly-weds) to the nuptial chamber

לייד = לײַד די (־/ן) — suffering, sorrow

|| אין לייד|ן און אין פֿרייד|ן — for better or for worse, in good times and bad

|| פֿ״גל לייד טאָן

לײַ'דאַצקע אַדוו — vilely, nastily

לײַ'דאַ'ק דער (עס) פֿעמ ...אַטשקע — scoundrel, villain

לייד טאָ|ן* וו-אומפּ (לייד געטאָ'ן) דאַט <אַז/וואָס> — *rev.* be sorry, regret (that)

ליידיק אַדי/אַדוו — empty; vacant, free, unoccupied; idle; blank

|| גיי|ן* ליידיק — loaf, be idle

|| שטיי|ן* ליידיק — be idle (of machines)

|| מיט ליידיקן — empty-handed

ליי'דיק־גייער דער (־/ס) פֿעמ ין/קע — idler, loafer; curious onlooker, rubberneck

ליידיק־גייערײַ' דאָס — idleness, loafing

ליי'דיקייט די — emptiness

לײַד|ן **1.** דאָס — suffering, misery

|| **2.** לײַד|ן וו (געליטן) — suffer, bear, stand, endure

|| לײַד|ן פֿון — be handicapped by

|| לײַד|ן אויף — suffer from

לײַ'דנשאַפֿט די (ן) — passion

לײַ'דנשאַפֿטלעך אַדי/אַדוו — passionate

ליידער = לײַדער אַדוו — alas, unfortunately

|| ליידער צום באַדוי'ערן — *pop.* alas, it is most unfortunate

לײַוואָרט דאָס (...ווערטער) — (ling.) loanword

לײַוונט די/דאָס (ן) — linen, canvas

לײַ'וונט.ן אַדי — (of) linen, canvas

לײַווע די (ס) — barge

לייז[1] די (ן) — vintage

לייז[2] די — liberation

|| אויף דער לייז — at liberty

לייז[3] דער (ן) — (cards) trick

לײַז מצ זע לויז[2]

לייזונג די (ען) — solution (of problem); (comm.) receipts, proceeds

לײַזיק אַדי — lousy

לײַזל דאָס (עך) דימ זע לויז[2]

לייז|ן וו (גע–ט) take in (receipts); solve (problem)

|| געב|ן* דאַט צו לייזן buy from, patronize

לייזעכץ דאָס (comm.) receipts, proceeds

לייזשגאָלד דאָס **זע לײשגאָלד**

לײַט דער (–/ן) adult/respectable person

|| זי/ער איז אַ לײַט he/she is a good person

|| מצ people, folks

|| בײַ לײַט(ן) among respectable people; among non-Jews (in a positive sense)

|| (מיט) לײַטן גלײַך as good as other people

|| שטעל|ן מיט לײַטן גלײַך emancipate, integrate, put on an equal footing

|| צו לײַטן (girl) of marriageable age

לײ'טאײַזן דער/דאָס (ס) soldering iron

לײ'ט־אַרטיקל דער (ען) editorial

לייטונג די management, direction

לײַ'טזעליק אַדי amiable, gracious, benign

לײַ'טזעליקייט די grace, favor; good will

לײַ'טזעליק|ן וו (גע–ט) favor, show favor to; take pity on, pardon

לײַטיש אַדי decent, respectable, proper; people's

|| זײַן* צו/אויף לײַטיש געלעכטער to be a public laughing stock

|| מאַכ|ן לײַטיש געלעכטער פֿון ridicule publicly

|| אַרײַ'נ|פֿאַל|ן אין לײַטישע מײַלער become the subject of gossip

לײַ'טישקייט די respectability, decency

לײ'טמאָטיוו דער (ן) leitmotif, dominant/recurring theme

לייט|ן וו (געלײ'ט) solder *imperf.*

לײַ'טן־גלײַכקייט די equality (of rights)

לייטעכץ דאָס solder

לייטענאַ'נט דער (ן) lieutenant

לייטער[1] דער (ס) ladder

לייטער[2] דער (ס) *Germ.* director

לײַ'טערבראַנד דער purgatory

לײַ'טערונג די purification

לײַ'טער|ן וו (גע–ט) purify, refine *imperf.*

|| לײַטער|ן זיך (weather, sky) clear (up) *imperf.*

לייטפּלאַם דער (ען) blow-torch

לייטש די (ן) **זע לייצע**

לײַכט אַדי/אַדוו easy; light

לײַכטאַרניע די [Ny] lantern; (navig.) lighthouse, beacon

לײַ'כט־באַבעלע דאָס (ך) fire-fly

לײַ'כטגלייביק אַדי gullible, credulous

לײַ'כטוואָגיק אַדי lightweight

לײַכטזין דער **זע לײַכטזיניקייט**

לײַ'כטזיניק אַדי/אַדוו reckless, frivolous, thoughtless

לײַ'כטזיניקייט די frivolity, levity

לײַ'כטטורעם דער (ס) (navig.) lighthouse

לייכטיק אַדי luminous; lucid

לײַכט|ן וו (געלײַ'כט/געלויכטן) shine, give light

|| לײַכטן זיך be alight

|| עס לײַכט זיך אין הויז there is light in the house

לײַ'כטנדיק אַדי luminous; radiant

לייכטער דער (ס) candlestick

לײַכטקייט די ease, facility

לייכע די **זע לייכעץ**

לייכעץ דאָס phlegm

לײַלעך דער/דאָס (ער) (bed)sheet

ליים די/דאָס clay

לײַם דער (ען) lime

ליימוואַרג דאָס crockery

ליימיק אַדי clayey, muddy

ליימל דאָס (עך) ceramic candlestick

ליימען[1] אַדי–עפּי earthen, clay; dull (color), grayish; clumsy

|| האָב|ן* ליימענע הענט be clumsy

ליימ|ען[2] וו (גע–ט) paralyze

ליימער דער (–/ס) plasterer

לײַן דער flax

לײַ'נזוימען דער flaxseed, linseed

לײ'נעוודיק אַדי readable, legible

לײַנען 1. אַדי (of) linen

|| 2. דאָס linen (fabric)

לײַנער דער (ס) (air, sea) liner

לײַ'נקלאַפּער דער (ס) scutcher, flax-stripper

לײַסט די (ן) lath; (strip of) molding; border, edge; (shoemaker's) last, shoe form

לייסטער דער (ס) roster, list, panel

לײַ|ען וו (געליגן/געלײַען) <דאַט> lend (to)
|| **לײַען** <בײַ> borrow (from)

לײ'ענ|ען וו (גע–ט) read
|| **אַ האַרב/שווער לײענען** difficulty, problem
|| **לײענען אַ קורס** (univ.) teach/give a course

לײ'ענער דער (–/ס) פֿעמ ין reader

לײ'ענערשאַפֿט די (ן) readership, readers

לײ'ען־צײכן דער (ס) bookmark

לײעק דער (עס) [Ly] **זע לײקע**

לײפֿער דער (ס) messenger
|| פֿ״גל **לאָפֿער; לויפֿער**

לײץ די (ן) **זע לײצע**

לײצע די (ס) rein

לײַק·ן אַדי (of) tanned leather

לײקע די (ס) [Ly] funnel

לײַקע די tanned hide

לײקעמיע די (ס) [Ly] leukemia

לײ'קענ|ען וו (גע–ט) <אַק/אַז/אײן> deny, disavow, disclaim
|| **לײקענען שטײן און בײן** deny categorically

לײשגאָלד דאָס mosaic gold (stannic sulfide); gold leaf

לײש|ן וו (גע–ט) gild (with gold leaf)

ליכווע די usury

ליכט **1.** די/דאָס light
|| **2.** דאָס/די (–) candle
|| **זוכ|ן מיט ליכט** search high and low, leave no stone unturned
|| **3.** דאָס (ער) heavenly body, luminary; traffic/signal light

ליכטביל דאָס (ער) slide (photo)

לי'כטבענטשן דאָס blessing recited by Jewish women when lighting candles on the eve of the Sabbath and certain holidays; the hour at which these candles are lit
|| **אַ מינו'ט פֿאַר ליכטבענטשן** at the last minute

ליכטיאָר דאָס (ן) [T-YO] light-year

ליכטיק **1.** אַדי/אַדוו bright, light; illustrious; giving joy
|| **אַ ליכטיק|ע נשמה** [NEShOME] a noble soul
|| **מאַכ|ן ליכטיק** turn on the light
|| **2.** די : **אין דער ליכטיק** in the light

לי'כטיק|ן (זיך) וו (גע–ט) lit. shine

ליכטל דאָס (עך) **ליכט 2.** דימ also drop at the tip of the nose, snot; suppository; icicle

לי'כטפּוצער דער (ס) (pair of) shears for trimming candle wicks

לי'כטציִער דער (–/ס) פֿעמ ין candlemaker; *fam.* snot-nose

ליכע די (ס) *dial.* stroke of bad luck

לילאַ אַדי–אינוו [LyA] violet, purple

לילאָווע אַדי [LyO] violet, purple

ליל־השימורים דער [LEYL-HAShIMU'RIM] **זע ליל־שימורים**

ליליע די (ס) lily

ליליפּו'ט דער (ן) midget, dwarf

לילית פּנ [LILES] Lilith, in Jewish legend queen of the demons, preying especially on newborn infants

ליל־שימורים דער [LEYL-ShIMU'RIM] *Jew.* holiday eve, *esp.* the first night of Passover

לימאָנאַ'ד דער (ן) **זע לימענאַד**

לימוד דער (ים) [LIMED - LIMUDIM] subject of study, discipline; instruction, teaching; lesson, course
|| מצ studies; classes

לימודיות מצ [LIMU'DIES] secular studies, *esp.* mathematics

לימודי־חול מצ [LIMUDE-KhO'YL] *Jew.* secular studies

לימודי־קודש מצ [LIMUDE-KO'YDESh] *Jew.* religious studies

לימענאַ'ד דער (ן) lemonade

לי'מענע די (ס) lemon

לי'מעריק דער (ס) limerick

לימפֿע די lymph

לינאָטי'פּ דער (ן) linotype

לינאָליי' דער (ען) [LEY] linoleum

לינאָלייען אַדי [LEY] (of) linoleum

לינגווי'סט דער (ן) פֿעמ ין linguist

לינגוויסטיק די linguistics

לינגוויסטיש אַדי/אַדוו linguistic

לינד אַדי/אַדוו gentle, mild, soft

לי'נדוואָרעם דער **זע לינדן־וואָרעם**

לינדז די (ן) lentil; lens

לי'נדנבוים דער (...ביימער) linden/lime tree

לינדן־וואָרעם דער (myth.) dragon

לינדע די (ס) lime-tree, linden

לי'נדער־... extenuating; palliative

לי'נדערונג די alleviation, mitigation

לי'נדער־מיטל דאָס (ען) palliative

לי'נדער|ן וו (גע–ט) relieve, soothe, alleviate; mitigate, moderate

לי'נדערנדיק אַדי soothing, calming; extenuating

לינז די (ן) **זע לינדז**

לינטשונג די (ען) lynching

לינטש|ן וו (גע–ט) lynch

לינטשעריי' דאָס (ען) lynching

ליניאַיע|ן וו (–ט) [Ny] **זע ליניע|ן**

ליניע די (ס) [Ny] line; ruler, straight-edge

ליניע|ן וו (גע–ט) [Ny] fade; molt

ליניר|ן וו (–ט) line, rule (paper)

לינע די (ס) cable, rope

לינעאַל אַדי linear, lineal

לינע|ן וו (גע–ט) **זע ליניע|ן**

לינק אַדי left; left-wing, leftist; illicit, adulterous

|| די לינק|ע זײַט wrong/reverse side (of garment), lining

|| אויף דער לינקער זײַט inside out, on the wrong side

לינקאַ'טש דער (עס) leftist, radical

לי'נקהאַנטיק אַדי left-handed

לינקס אַדוו (to the) left

לינק|ער דער־דעק leftist; Communist, Communist sympathizer

ליסט דער (ן) *dial.* certificate, form

|| **פֿ״גל ליסטע**

ליסטיק אַדי/אַדוו *lit.* artful, crafty, sly

ליסטע די (ס) list

ליסיטשקע די (ס) mushroom

לי'סינע די (ס) baldness, bald spot

ליסע אַדי bald

ליסעפּעדל דאָס (עך) *dial.* tricycle

לי'סעקאָפּ דער (...קעפּ) bald pate

ליסקע די (ס) **זע לושקע**

ליע... [Ly] **זע ווערטער מיט לע...**

ליִעק דער (עס) **זע לייקע**

ליפּ די (ן) lip

|| ברענג|ען פֿאַר/אויף די ליפּן utter

לי'פּאָווע אַדי **זע ליפּעווע**

לי'פּ(נד)יק אַדי (ling.) labial

לי'פּן־רייטל דאָס (עך) lipstick

ליפּע די (ס) linden/lime tree; log

לי'פּעווע = לי'פּענע אַדי (of) linden

ליפּעץ דער lime-blossom honey

ליפּקע אַדי **זע לעפּקע**

ליף דער (ן) bust, bodice; (strapless) brassiere

ליפֿט דער (ן) elevator

ליפֿטיאָ'ר דער (ן) פֿעמ שע [Ty] elevator operator

ליפֿטשיק דער (עס) brassiere; bust, bodice

ליפֿעראַ'נט דער (ן) **זע ליוועראַנט**

לי'פֿער|ן וו (גע–ט) **זע ליווערן**

ליציטאַטאָר דער (...אָ'רן) פֿעמ ...אָ'רשע auctioneer

ליציטאַ'נט דער (ן) bidder (at auction)

ליציטאַציע די (ס) auction

ליציטיר|ן וו (–ט) auction

ליציי' דער (ען) secondary school, high school

ליצן דער (ים) [LEYTSN - LEYTSONIM] jester, practical joker

ליצנות דאָס **זע לצנות**

ליצע'נץ די (ן) permit, license, *esp.* driver's license

ליק דער (עס/ן) alley

ליקווידאַציע די (ס) liquidation

ליקווידיר|ן וו (–ט) liquidate

ליקוי די (ים) [LIKE - LIKUIM] eclipse

ליקוי־חמה די (ס) [LIKE-KhA'ME] solar eclipse

ליקוי־לבֿנה די (ס) [LIKE–LEVO'NE] lunar eclipse

ליקע[1] די (ס) **זע לייקע**

ליקע[2] די phloem, bast; plant fiber used as a sponge

ליקע'ר דער (ן) liqueur

ליריק די lyric poetry

לי'ריקער דער (–/ס) פֿעמ ין lyric poet

ליריש אַדי/אַדוו lyric, lyrical

לירע[1] די (ס) lyre

לירע[2] די (ס) lira (former Italian/Israeli currency)

ליש דער (ן) thud; blow from a club

לישײַ[1] דער (ען/עס) lichen; skin fungus, psoriasis

לישען וו (גע–ט) make noise, make a racket; make a thud; strike a blow

לישקע[1] די (ס) *dial.* odd number

לישקע[2] די (ס) זע לושקע

לית דין ולית דיין פֿר [LES DI'N VELE'S DA'YEN] "there is neither law nor judge", (it's the) law of the jungle

לית מאַן דפּליג פֿר <אַז> [LES MAN DEPALEG] no one disputes (that)

לכּבֿוד פּרעפּ [LEKOVED] in honor of, on the occasion of

לכּל־ [LEKO'L] זע ווערטער מיט לכל־

לכּף־זכות אַדוו זע דן זײַן

לכּף־חובֿ אַדוו זע דן זײַן

לכּתּחילה אַדוו [LEKATKhILE] זע לכתּחילה

לכּתּחילהדיק אַדי [LEKATKhILEDIK] זע לכתּחילהדיק

לכּבֿוד דער (ן) [LIKhVO'YD] polite form of address at the start of a letter; (book, etc.) dedication

|| פֿ״גל לכּבֿוד

לכל־הדעות אַדוו [LEKhO'LADEYES] without a doubt

לכל־הפּחות אַדוו [LEKhO'LAPOKhES] at least

לכן אַדוו [LOKh(E')N] therefore, consequently

לכשירחיבֿ אַדוו [LIKhShEYARKhEV] when things get better, when things look up (financially)

לכתּחילה אַדוו [LEKhATKhILE] at first, originally, in principle

לכתּחילהדיק אַדי [LEKhATKhI'LEDIK] original, first

ללעג־ולקלס [LELA'AG-ULKE'LES] : מאַכן אַק ללעג־ולקלס pillory, mock s.o.

למאַי [LEMA'Y] .1 אַדוו why, to what purpose, how come

|| .2 קאָנ why; complaining that; since, seeing that

|| ער שרײַט למאַי מע צאָלט אים ניט he shouts, complaining that he is not being paid

|| למאַי נאָמ it is also the case with, let us look instead at

למד דער/די (ן) [LAMED] *lamed*, name of the letter ל

למד־וואָווניצע די (ס) [LAMEDVO'VNITSE] pious and charitable woman

למד־וואָווניק דער (עס) [LAMEDVOVNIK] *Jew.* one of the thirty-six Righteous Men

|| פֿ״גל ל״ו צדיקים

למדן דער (ים/לומדים) [LAMDN - LAMDONIM/LOMDIM] *Jew.* scholar, learned man, Talmudist

למדנות דאָס [LAMDONES] *Jew.* learning

למוד דער (ים) זע לימוד

למזל אַדוו [LEMAZL] with luck, in an auspicious moment *(in reference to a desired event/outcome)*

למטה־שיבער דער [LEMA'TE] *slang* cellar burglar

למך (דער) (ס) [LEMEKh] man of weak character, good-for-nothing, idiot

למעלה אַדוו [LEMAYLE] above, overhead

|| זײַן* למעלה פֿון exceed, surpass

|| דאָס איז למעלה פֿונעם שׂכל [SEYKhL] that is beyond comprehension

למען־האמת אַדוו [LEMA'N-HOE'MES] to be truthful, to tell the truth

למען־השם אַדוו [LEMANAShE'M] for God's sake, without fail; be sure to

|| זי דאַרף מיר למען־השם אָנקלינגען she absolutely has to call me

למען־ידעו אַדוו [LEMANYEYDU] as an example

למראית־עין אַדוו [LEMARES-A'YIN] to all appearances; for the sake of appearances

למשל אַדוו [LEMOShL] for example, for instance

לנוי אַדוו [LENO'Y] (merely) decorative

לסוף אַדוו [LESO'F] finally, at the end

לסירוגין אַדוו [LESE'YRUGN] alternately; intermittently

...־לעב dear

|| מאַ'מע־לעב mother dear

לע'בעדאַפּט(יק) אַדי/אַדוו animated, vivacious

לעביונג דער (ען) playboy, rake

לעביק אַדי viable

לע'ביקייט די viability, vitality

לעבל דאָס (עך) לאַבן דימ loaf

לעבלעך אַדי/אַדוו lukewarm, tepid

לע'במיידל דאָס (עך) call girl, prostitute

לעבן[1] .1 דאָס (ס) life

|| אויפֿן גאַנצן לעבן for life

|| אויף פּאָס לעבן during (s.o.'s) life

|| אויף לעבן און טויט (a matter of) life and death

|| בײַם לעבן alive, living; while alive

|| ביי/פֿאַר פּאָס לעבן — during s.o.'s lifetime; in all my/your/his/her etc. life

|| אַ לעבן לאַנג — (during) one's whole life

|| מאַכן אַ לעבן — *Amer.* make a living

|| פֿאַרדינ|ען זיך דאָס לעבן — earn a living

|| איי'נ|שטעל|ן (זיך) דאָס לעבן — risk one's life

|| אַרויס|גיי|ן* מיטן לעבן — survive, make it through alive

|| וויס|ן* פֿון אַ לעבן (אויף דער וועלט) — enjoy life

|| נעמ|ען זיך דאָס לעבן — take one's own life, commit suicide

|| ניט זיי|ן* זיכער מיטן לעבן — to be in grave danger

|| באַדאַרפֿ|ן* אַק אין לעבן אַריי'ן — need stg. desperately

|| גיי|ן* <דאַט> אין לעבן — be a matter of life and death (for s.o.)

|| ליב האָב|ן* אַק דאָס לעבן — adore

|| אָ'פּ|זאָג|ן דאַט דאָס לעבן — despair of s.o.'s life, give up hope for (ill person)

|| אַ לעבן אויף דיר/אײַך! — that's great! well done!

|| מײַן (זיס) לעבן! — my darling!

|| 2. לעבן וו (גע–ט) — live

|| לעבן מיט — *also* live with, have sexual relations with

|| בלייב|ן לעבן — survive, stay alive

|| לעבן פֿון האַנט צום מויל — live from hand to mouth

|| אי'ך זאָל אַזוי' לעבן! — upon my life!

|| לאַנג לע'בן זאָלסטו! לאַנג לע'בן זאָלט איר! — God bless you! a thousand thanks!

|| אַז מע וועט לעבן און געזו'נט זיין — if we live that long, God willing

|| פֿ״גל לעבן געבליבענער

לעבן[2] פּרעפּ — near, beside, by

לעבן[3] = לעבן דעם — *regular contraction*

|| לעבן = לעבן דער — *contraction possible only in certain dialects*

...־לעבן[4] — dear, dearest

|| ברו'דער־לעבן — brother dear

לעבן געבליב·ן אַדי — surviving

לע'בן געבלי'בענ|ער דער-דעק — survivor

לע'בנס־באַגלייטער דער (ס) פֿעמ ין — life-partner, mate

לע'בנס־געפֿערלעך אַדי — deadly, grave (illness); perilous

לע'בנס־הוצאה די [HETSOE] — cost of living

לע'בנס־וויכטיק אַדי — of vital importance, urgent

לע'בנסוועג דער (ן) — life, lifetime, life's journey

לע'בנסווערק דאָס (–) — life's work; outstanding work

לע'בן־סטאַנדאַרד דער — standard of living

לע'בנסיאָר דאָס (ן) [S-YO] — year (of one's life)

|| אין איר/זיי|ן צוואַ'נציקסטן לעבנסיאָר — in his/her twentieth year, at the age of twenty

לע'בנסלאַנג אַדי — lifelong

לע'בנסלענגלעך אַדי — lifelong, for life, in perpetuity

לע'בנס־מיטל מצ — food

לע'בנס־נייטיק אַדי — vital, essential

לע'בנס־פֿעיִק אַדי — viable

לע'בנס־פֿראַגע די (ס) — vital question, question of life or death

לע'בנספֿריידיק אַדי — vivacious, convivial

לע'בנ(ס)־שטייגער דער — customs, ways; way of life of a community

לע'בעדיק אַדי/אַדוו — alive, live, living; lively, brisk, spirited; merry; vivid

|| לעבעדיק|ער אינווענטאַ'ר — livestock

|| ווי לעבעדיק — lifelike (portrait, etc.)

לע'בעדיקייט די — vivacity, animation

לעבער די (ס) — liver

|| נעמ|ען דאַט די לעבער, נעמ|ען אַק ביי דער לעבער — touch s.o. to the quick

לע'בער־ים דער [YAM] — legendary frozen sea

לע'בערל דאָס (עך) לעבער דימ — (chicken, etc.) liver; birthmark

לעבקינד דאָס (ער) — jolly fellow, young reveler

לעבֿודת־הבורא אַדוו [LEAVOYDES-HABO'YRE] :

אוי'פֿ|שטיי|ן* לעבֿודת־הבורא — *Jew.* arise to go pray

לעגאַבע פֿאָנ לגבי

לעגאַ'ט דער (ן) פֿעמ ין [Ly] — legacy; legate, envoy

לעגאַטע די (ס) [Ly] זע לגאַטע

לעגאַ'ל אַדי/אַדוו [LyE] — legal

לעגאַציע די (ס) [Ly] — legation

לעגיאָ'ן דער (ען) [Ly] legion

לעגיטי'ם אַדי [Ly] legitimate

לעגיטימאַציע די (ס) [Ly] identification (card, etc.)

לעגיטימיר|ן וו (–ט) [Ly] legitimize; identify (s.o.)

|| לעגיטימירן זיך identify oneself

לעגיסלאַטאָר דער (...אָ'רן) פֿעמ ...אָ'רשע [Ly...Ly] legislator

לעגיסלאַטו'ר די (ן) [Ly...Ly] legislature

לעגיסלאַטי'וו אַדי [Ly...Ly] legislative

לעגיסלאַציע די (ס) [Ly...Ly] legislation

לעגיסליר|ן וו (–ט) [Ly] legislate

לעגירונג די (ען) [Ly] alloy

לעגיר|ן וו (–ט) [Ly] alloy (metals)

לעגענדאַ'ר(יש) אַדי [Ly] legendary

לעגענדע די (ס) [Ly] legend

לע'גערגעלט דאָס (ער) savings, (monetary) reserves

לע'גער|ן (זיך) וו (גע–ט) זע לאַגערן

לע'גער־סחורה די [SKhOYRE] shopworn merchandise

לעדאַשטשע דער (ס) [Ly] sluggard, lazy-bones

לע'דוויצע די (ס) [Ly] sirloin

לעדל דאָס (עך) לאָדן דימ eyelid; cover, hatch, lid; (camera) shutter

לעדן מצ זע לאָדן[1]

לע'דנדל דאָס (עך) לעדל דימ *also* eyelid

לעדער די/דאָס leather

|| שוועדיש לעדער suede

לע'דערל דאָס (עך) לעדער דימ leather strap

לע'דערן אַדי (of) leather

לעהאַוודל פֿאָנ להבֿדיל

לעהאָטע די (ס) [Ly] זע לגאָטע

לעהײַ' קאָנ זע עלעהיי

לעוואַדע די (ס) [Ly] (fenced) meadow; market/kitchen garden

לעוואַנטי'ן דער [Ly] levantine (silk)

לעוואָ'ניכע די Belarusian peasant dance

לעוואָנע פֿאָנ לבֿנה

לעווײַע פֿאָנ לוויה

לעווקויע די (ס) gillyflower

לעולם אַדוו [LEOYLEM] as a matter of fact, actually; normally; certainly

לעולם־ועד אַדוו [LEOYLEM-VO'ED] forever and ever

לעולם תּיקח פֿר [LEOYLEM TIKEKh] take what they give you, better than nothing

לעזאָזל [LAZOZL] : גיי|ן* לעזאָזל go to the devil

לעז|ן וו (געלעזן) read

לעזער דער (–) פֿעמ ין reader

לעזשאַנקע די (ס) [Ly] extension of a brick stove used as a bed

|| לעזשאַ'נקע־פּאָליטיקער cracker-barrel politician

|| פֿײַגל חכמי־הלעזשאַנקע

לעזשיק דער (עס) [Ly] *fam.* idler, lazybones

לעט דער (ן) פֿעמ ין Latvian

לעטאָקעס מצ *dial.* (canal) lock, floodgate

לעטאַרגיע די lethargy

לעטאַרגיש אַדי lethargic

לעטויוועס פֿאָנ לטובֿת

לעטיש אַדי/(דאָס) Latvian, Lettish

לעטלאַנד (דאָס) Latvia

לעטניק דער (עס) [Ly] summer jacket/coat; summer visitor

|| פֿײַגל גראַם־שטראַם

לעטנע אַדי/אַדוו [Ly] light, summery (clothing)

לעטשל דאָס (עך) דימ זע לאַטש

לעטשקע|ן וו (גע–ט) [Ly] treat with kid gloves

לעילא־ולעילאדיק אַדי [LEYLE-ULE'YLEDIK] excellent, exquisite

לעכאָ'לאַפּאָכעס פֿאָנ לכל־הפּחות

לעכל דאָס (עך) לאָך דימ aperture, opening, hole; eye (of needle); peephole; perforation, puncture; button-hole

לעכל|ען וו (גע–ט) perforate *imperf.*, punch

לעכלער דער (–/ס) פֿעמ ין punch

לע'כל־שלײַפֿער דער (–/ס) פֿעמ ין button-hole maker

לע'כעלע[1] דאָס (ך) smile, sneering laugh

לע'כעלע[2] דאָס (ך) דימ זע לעכל

לעכער מצ זע לאָך

לע'כער(ד)יק אַדי perforated; full of holes

לע'כערלעך אַדי/אַדוו ridiculous, laughable, derisory

לע'כער|ן וו (גע–ט) perforate, punch, *imperf.*

לעכ|ך דער (ן) leak

לעכצונג די (ען) yearning

לעכצ|ן וו (גע–ט) <נאָך> yearn, thirst, pine (for)

לעלע די (ס) [Ly...Ly...] pupa (of insect)

לעם פּרעפּ *dial.* near

|| לעם = לעבן דעם, לעבן דער *dialectal contraction*

לעמאָשל פֿאַנ למשל

לעמבערג = לע'מבעריק (דאָס) Lvov, Lviv, Lwów, Lemberg

לעמזשיק דער (עס) fool, naive person

לעמיש דער (ן) plowshare

לע'מישקע 1. די (ס) porridge

|| 2. דער/די (ס) milksop, naive person

לעמל דאָס (עך) לאָם דימ lamb

לעמער מצ זע לאָם[1]

לע'מערן אַדי (of) lamb, lamb's

לע'מעשקע די (ס) זע לעמישקע

לעמפּ מצ זע לאָמפּ

לעמפּל דאָס (עך) לאָמפּ דימ *also* light bulb, (vacuum) tube

לעמפּערט דער (ן) פּעמ יכע leopard

לען דער support (handrail, balustrade, etc.)

לענג די (ען) length; longitude; lap (of a race)

|| אין דער לענג lengthwise

|| לייג|ן זיך אין דער לענג און אין דער ברייט do one's utmost, make every effort

|| צוויי מעטער די לענג two meters in length

לענג־אױ'ס פּרעפּ along

לע'נגאַלקע די (ס) butter-pear

לענגטאָל דער (ן) small valley, dale

לענגלעך אַדי oblong, longish

לענגער 1. אַדי לאַנג קאָמפּ

|| 2. אַדי–עפּי extended, rather long

|| 3. אַדוו some time ago

לענד 1. די (ן) hip

|| פּ״גל רוק־און־לע'נד

|| 2. מצ loins *fig.*

|| אָ'נ|גורט|ן די לענדן gird one's loins; roll up one's sleeves

לענדל דאָס (עך) דימ זע לאַנד[1]

לענדלער דער (ס) פּעמ קע *Amer.* landlord

לענדער מצ זע לאַנד[1]

לענטע די (ס) [Ly] ribbon, tape

לענ|ען זיך וו (גע–ט) lean *imperf.*, support oneself; bend, stoop

לע'נקעטקע די (ס) zigzag

לענק|ען וו (גע–ט) steer, direct

לעסאָטע פֿאַנ לעת־עתה

לע'סטערונג די (ען) blasphemy

לע'סטער|ן וו (גע–ט) blaspheme; profane

לעסניק דער (עס) פּעמ ...ניצע [Ly] forest ranger

לעפּאַק דער (עס) guy, fellow

לע'פּטשיכע די (ס) [Ly] gossipy/vulgar/slovenly woman

לעפּיש אַדי/אַדוו clumsy, crude, awkward, sluggish

לעפּל דאָס (עך) earlobe

לעפּלעך אַדי/אַדוו זע לעבלעך

לעפּ|ן וו (גע–ט) [Ly] paste, stick (together) *trans.*, *imperf.*; shape, mold *imperf.*

לעפּקע אַדי [Ly] sticky

|| האָב|ן* לעפּקע פֿינגער have sticky fingers, be a thief

לעפֿל דער (–) spoon; spoonful

לע'פֿעלע דאָס (ך) לעפֿל דימ teaspoon; pit of the stomach

|| ציִ|ען אומפּ דאַט או'נטערן/ביים לע'פֿעלע *rev.* be faint with hunger

לעפֿץ די (ן) *lit.* lip

לעפֿצונג די (ען) estuary, (river) mouth

לעצגעלט דאָס going-away present

לעצט 1. אַדי–עפּי last, final

|| 2. אַדוו extremely

|| צו(ם) לעצט lastly, finally

|| 3. די : אויף דער (גוטער) לעצט finally, at the very end

|| פּ״גל לעצטער

לע'צטגילטיק אַדי final, definitive

לעצטגעלט דאָס זע לעצגעלט

לעצטלינג דער (ען) last-born child, latest arrival

לע'צטמאָדיש אַדי fashionable, chic, in the latest style

לעצטנס אַדוו lately, recently, of late

לעצט|ער דער-דעק wretch, scoundrel

|| אויס|זידל|ען ווי אַ לעצטן curse, denounce like the lowest of the low

לעק דער (–/ן) lick; drop, crumb, small quantity

|| אַ לעק אויפֿן באָדעם just a few drops (left)

|| (אַ) לעק און (אַ) שמעק trifle, something worthless

לעקאָווועד פֿאַנ לכּבֿוד

לעקטאָר דער (...אָ'רן) פֿעמ ...אָ'רין [Ly] lecturer; lecturer, (university) instructor

לעקטו'ר די [Ly] reading(s)

לעקטיק די (ס) [Ly] sedan chair

לעקיש דער (ן) *fam.* fool, simpleton

לעקיש בער דער *fam., hum.* big blockhead, oaf

לעקישעוואַטע אַדי/אַדוו foolish, sheepish

לעק|ן וו (גע–ט) lick *imperf.*; *vulg.* flatter

|| לעקן זיך צו to insinuate oneself into the good graces of

לעקסיקאָגראַ'ף דער (ן) [Ly] lexicographer

לעקסיקאָגראַפֿיע די [Ly] lexicography

לעקסיקאָ'ן דער (ען) [Ly] lexicon; biographical dictionary; manual, handbook

לעקסיש אַדי [Ly] lexical

לעקעך דער (ער/ן) sponge cake, (spiced) honeycake; diamond (shape), rhombus; diamond (cards)

לעקעך־און־בראָ'נפֿן דער (ס) reception (at which alcoholic drinks are served)

לע'קעכל דאָס (עך) דימ לעקעך cookie, tidbit; bait, inducement

|| ווײַז|ן דאַט אַ לעקעכל entice

לעקער דער (ס) tongue (of an animal); *pop.* tongue; *vulg.* lick-spittle

|| אַרוי'ס|ציִ|ען/ווײַז|ן <דאַט> אַ לעקער stick out one's tongue (at)

לעקערײַ' דאָס sweetmeat, dainty; flattery

לע'קערל דאָס (עך) lollipop

לעקציע די (ס) [Ly] lesson; lecture

|| מצ (צו מאַכן) homework

|| מאַכן די לעקציעס do one's homework

לער[1] אַדי empty

לער[2] די apprenticeship (period, status)

|| אויף דער לער apprenticed

לערגעלט דאָס tuition/apprenticeship fee

לעריונג דער (ען) apprentice

לערך אַדוו [LEEREKh] זע בערך

לע'רנבוך דאָס (...ביכער) textbook

לע'רנגעלט דאָס זע לערגעלט

לערנונג די (ען) apprenticeship (activity), instruction

לע'רניאָר דאָס (ן) [RN-YO] school year

לע'רניִנגל דאָס (עך) [RN-YI] apprentice

לערנ|ען וו (גע–ט) <אַק/מיט> study; teach (s.o.)

|| ווער האָט דיך געלערנט זינגען? who taught you to sing?

|| איך לערן ייִדיש I study/I teach Yiddish

|| קענ|ען* לערנען know the Talmud

|| לערנען זיך study, learn *imperf.*

לערנער דער (–/ס) *Jew.* Talmudic student

לערע די (ס) doctrine, teaching(s)

לע'רעַנ|ען וו (גע–ט) זע לערנען

לערער דער (–/ס) פֿעמ ין/קע master; teacher, schoolmaster

לערערײַ' דאָס teaching (profession)

לע'רערשאַפֿט די faculty, teaching profession

לערקייט די emptiness

לע'שאויטאָ דער (ס) fire engine

לעשגעלט דאָס payment given to a non-Jew to extinguish unneeded fires on the Sabbath

לעשטש דער (עס) [Ly] bream (fish)

לעשטשע|ן וו (גע–ט) זע לאַשטשען

לעש|ן וו (געלאָשן) extinguish *imperf.*; quench, slake

לעשניק דער (עס) פֿעמ ...ניצע [Ly] זע לעסניק

לעשע'ם פֿאַנ לשם

לעשער דער (ס) extinguisher

לע'שפּאַפּיר דאָס blotting paper

לעשפּלומפּ דער (ן) fire hydrant

לע'ש־קאָמאַנדע די (ס) fire brigade

לעששפּריץ דער (ן) fire extinguisher

לעתיד־לבֿוא אַדוו [LEOSED-LO'VE] *lit.* in/for the distant future; when the Messiah comes

לעת־עתּה אַדוו [LESATE] for the present, for the time being; hitherto, until now

לעת־עתּהדיק אַדי [LESA'TEDIK] provisional

לפּ״ג [LAPA'G] = לפּרט־גדול

לפּחות אַדוו [LEPOKhES] at least

לפֿנים אַדוו [LEPONEM] ostensibly; for the sake of appearances, as a formality

לפּ״ק [LAPA'K] = לפּרט־קטן

לפּרט־גדול אַדוו [LIPRAT-GO'DL] (the Jewish year) expressed with the thousands

לפּרט־קטן אַדוו [LIPRAT-KO'TN] (the Jewish year) expressed without the thousands

לפֿי־דעתּי אַדוו [LEFIDATI] in my opinion

לפֿי־ערך אַדוו [LEFIEREKh] relatively, comparatively; about, approximately

לפֿי־ערכדיק אַדי [LEFIE'REKhDIK] relative, comparative

לפֿי־שעה אַדוו [LEFIShO'] for the moment, temporarily

לפֿנים־משורת־הדין אַדוו [LIFNI'M-MIShURES-HADI'N] with indulgence

לץ דער (ים/לצנים) [LETS - LEYTSIM/LETSONIM] buffoon, clown; joker, wag; imp, demon

לצ|ן וו (גע־ט) [LETS] **זע** לצעווען

לצנות דאָס [LETSONES] mockery, joking, buffoonery

|| אָן לצנות all joking aside

לצני־הדור מצ [LETSONE-HADO'R] wits, humorists, jokers

לצנים מצ **זע** לץ

לצעווע|ן וו (גע־ט) <פֿון> [LE'TSEVE] clown, scoff (at)

לקוי די (ים) **זע** ליקוי

לקחענ|ען וו (גע־ט) [LAKKh·N] swipe, steal

לרובֿ אַדוו [LERO'V] in abundance, galore, aplenty

לרעה אַדוו <דאַט> [LEROE] detrimental (to), to the detriment (of)

|| (אויס)ניצ|ן לרעה abuse, misuse

לרצון [LEROTSN] : זײַן* <דאַט> לרצון be agreeable (to)

לשבֿח אַדי־אַטר <דאַט> [LIShVA'Kh] complimentary (to), to the credit of

לשון דאָס (ות) [LOShN - LEShOYNES] speech; language

|| אָן לשון speechless

|| געב|ן* לשון speak out

|| אַרויס מיט לשון! speak up!

לשון־הקודש דאָס [LOShN-HAKO'YDESh] **זע** לשון־קודש

לשון־הרע דאָס [LOShN-HO'RE] vilification, ill-natured gossip

|| רעד|ן לשון־הרע <אויף> speak ill of, malign

לשון־זכר [LOShN-ZO'KhER] **1.** אַדי־אַטר (gramm.) masculine

|| **2.** דאָס masculine (gender)

לשון־יחיד אַדי־אַטר/דאָס [LOShN-YO'KhED] (gramm.) singular

לשון־נקבֿה [LOShN-NEKE'YVE] **1.** אַדי־אַטר (gramm.) feminine

|| **2.** דאָס feminine (gender)

לשון־נקיה דאָס [LOShN-NEKI'E] euphemism, euphemistic language

לשון־סגי־נהור דאָס [LOShN-SEGINO'ER] antiphrasis, the use of a word or phrase in a sense opposite to its normal meaning

לשונ|ען וו (גע־ט) [LOSh·N] *slang* speak, talk

לשון־קודש [LOShN-KO'YDESh] **1.** (דאָס) "the language of holiness", traditional Hebrew; rabbinical Hebrew-Aramaic

|| **2.** אַדי in Hebrew; from Hebrew

לשון־רבים אַדי־אַטר/דאָס [LOShN-RA'BIM] (gramm.) plural

לשיטתו אַדוו [LEShITOSE] according to his conception/theory

לשם פּרעפּ [LEShE'M] for the sake of; by virtue of

לשמה אַדוו [LIShMO'] for its own sake; for the love of it; disinterestedly, unselfishly

לשם־שמים אַדוו [LEShE'M-ShOMA'IM] for the sake of Heaven, for the glory of God; idealistically

לשנה הבאה בירושלים פֿר [LEShONO HABO'(O) BIRUShOLAIM] "next year in Jerusalem", ritual phrase uttered on Yom Kippur and during the Passover seder

לשנה־טובֿה די (־ות) [LEShONE-TO'YVE] **זע** שנה־טובֿה

לשנה טובֿה תּכּתבֿו (ותחתמו) פֿר [LEShONE TOYVE TIKOSEYVU (VESEKhOSEYMU)] "may you be inscribed and sealed for a good year", wish exchanged among Jews from Rosh Hashanah to Yom Kippur

לתּורה לחופּה ולמעשׂים־טובֿים פֿר **זע** מגדל זײַן

לתּרבות־רעה אַדוו [LETARBES-RO'E] :

אַרויס|גיי|ן* לתּרבות־רעה *Jew.* to become depraved, abandon the precepts of Judaism

לתּשמיש אַדי־אַטר [LETAShMESh] utilitarian

מ

מ[1] דער/די [MEM] letter of the Yiddish alphabet; pronunciation [M]; final form ם (ShLOS-MEM); numerical value: 40

|| פֿ״גל שלאָס־מם

מ[2] = מעטער meter

מ׳[3] זע מען

מאַ[1] אינט so be it, it can't be helped

מאַ[2] די *Amer.* ma, mom

מאַבד זײַן* וו (מאַבד געווע׳ן) [MEABED] *lit.* ruin; waste

מאַבד־עצמו־לדעת זײַן* זיך וו (מאַבד־עצמו־לדעת געווע׳ן) [MEABED-A'TSME-LADA'AS] take one's own life, commit suicide

מאָביליזאַציע די (ס) mobilization

מאָביליזיר|ן (זיך) וו (–ט) mobilize *trans./intr.*

מאַבל פֿאָנ מבול

מאַגאַזי׳ן דער (ען) (department) store; magazine, journal; warehouse

מאַגאַזינע׳ר דער (ס) warehouse-keeper

מאַגאַרי׳טש דער זע מאָריטש

מאַגייפֿע פֿאָנ מגפֿה

מאַגיסטער דער (ס) פֿעמ ין holder of a Master's Degree

מאַגיסטראַ׳ט דער (ן) city hall

|| קאָפּ מוח מאַ׳גיסטראַט! [MOYEKh] *iron.* what a brain!

מאַגיסטראַ׳ל דער (ן) (traffic) artery, main road; main (pipe), sewer main

מאַגיע די magic

מאַגיק די זע מאַגיע

מאַ׳גיקער דער (ס) פֿעמ ין magician

מאַגיש אַדי magic(al)

מאַגל דער (ען) זע מאַנגל[2]

מאַ׳גלעווע|ן = מאַגל|ען וו (גע–ט) [Ly] זע מאַנגלען

מאָגן[1] דער (ס/מע׳גנער) דימ מע׳געלע stomach

|| אַ לויז|ער מאָגן diarrhea

|| האָב|ן* דעם מאָגן move one's bowels

מאָ׳גן–[2]... gastric

מאַגנאַ׳ט דער (ן) magnate

מאַגנאָליע די (ס) [LY] magnolia

מאַגנעזיע די [ZY] magnesia

מאַגנע׳ט דער (ן) magnet

מאַגנעטאָפֿאָ׳ן דער (ען) tape recorder

מאַגנעטיזיר|ן וו (–ט) magnetize

מאַגנעטיזם דער magnetism

מאַגנעטיש אַדי magnetic

מאָגער אַדי lean, thin, slender, slim

מאַד די (ן) young lady; (house)maid

|| פֿ״גל מויד

מאָד די (ן) maggot, worm

מאָדאַ׳ל אַדי (gramm., mus.) modal

מאַדאַ׳ם 1. די (ען) *iron.* great lady

|| 2. טיטל Madam, Mrs.

מאַדאָנע די (ס) Madonna

מאַדאַפּאַלאַ׳ם דער kind of heavy calico

מאָדוס דער (ן) (gramm.) mood, (mus.) mode

מאַדזגע די (ס) shapeless mass

מאַדזגע|ן וו (גע–ט) dabble *imperf.*

מאַדזגער דער (ס) פֿעמ קע dabbler

מאַדזשגע די (ס) זע מאַדזגע

מאַדזש(ג)ע|ן וו (גע–ט) זע מאַדזגען

מאַדיאַ׳ר דער (ן) [Dy] Magyar, Hungarian

מאדים[1] דער (ס) <אויף/אין> [MAYDEM] connoisseur (of), expert (in); ace, champion; sly fox, crafty person

מאדים[2] דער [MAYDEM] Mars (planet)

מאָדיסטקע די (ס) milliner *fem.*

מאָדיפֿיצירונג די (ען) modification

מאָדיפֿיציר|ן וו (–ט) modify, qualify

מאָדיש אַדי fashionable; stylish, elegant

מאָדליטווע די זע מאָליטווע

מאָדליע|ן זיך וו (גע–ט) זע מאָליען זיך

מאָ׳דניצע די (ס) milliner, dressmaker; fashionably-dressed woman

מאָדנע אַדי/אַדוו strange, odd, eccentric

מאָ׳דנעקייט 1. די oddity, strangeness

|| 2. די/דאָס (ן) quirk, eccentricity

מאָדע די (ס) style, fashion, vogue

|| אין דער מאָדע in style, fashionable

|| אַרוי׳ס פֿון דער מאָדע out of fashion

מאָדע׳ל דער (ן) [Ly] model, make, design, form

מאָדעלי׳סט דער (ן) פֿעמ קע creator, designer

מאָדעליר|ן וו (–ט) model

מאָדעלקע די (ס) [Ly] (female) model

מאָדערן אַדי modern; stylish, fashionable
מאָדערניזיר|ן וו (–ט) modernize; rationalize, streamline (industry, etc.)
מאַדרייגע פֿאָנ מדרגה
מאה די (–ות) [MEYE] one hundred; *iron.* money, dough
|| שוואַרצ|ע מאה semi-official reactionary and anti-Semitic league in tsarist Russia, responsible for many pogroms
מאַהאָ'ן דער mahogany
מאַהאָנען אַדי (of) mahogany
מאַהאַרי'טש = מאָהאַרי'טש דער זע מאָריטש
מאה־דעה די [MEYEDEYE] the Establishment, dominant class
מאָהילניק דער (עס) (Christian) cemetery
מאַהי'נעווע אַדי (of) mahogany
מאָהיקאַנער דער (–) Mohican
|| לעצט|ער מאָהיקאַנער last of one's kind/generation, etc.
מאָהרי'טש דער זע מאָריטש
מאַוזאָליי' דער (ען) [Ly] mausoleum
מאָווע די (ס) *Slav.* speech, idle talk
מאָווע|ן וו (גע–ט) *Slav.* speak, cajole
מאַוורִיע די *dial.* remnants that the tailor appropriates; occasional profit, windfall
מאוימדיק אַדי/אַדוו [M(E)U'YEMDIK] dreadful, horrible, gruesome
מאוס אַדי–אַטר [MOES] hateful, odious, disgusting
|| פֿ״גל מיאוס
מאָזאַיִק די (עס) mosaic
מאַזאָליע די (ס) callus, corn (on the foot)
מאַזורקע די (ס) mazurka
מאַזט די (ן) זע מאַסט[3]
מאַ'זלטאָוו פֿאָנ מזל־טובֿ
מאָזלען 1. מצ measles
|| 2. מאָזל|ען וו (גע–ט) have the measles
מאַ'זניצע די (ס) זע מאַזשניצע
מאַזעפּע די (ס) *pop.* slovenly person; *hum.* ugly person; brute
מאַזרִיע די *dial.* salad of cucumbers in vinegar
מאַזש די grease (lubricant)
מאַזשאָ'ר 1. דער (mus.) major key
|| 2. אַדי (mus.) major
מאַ'זשניצע די (ס) grease bucket
מאַזשע די זע מאַזש
מאַזשע|ן וו (גע–ט) זע מאַדזגען

מאַחורי־הפּרגוד אַדוו [MEAKhOYRE-HAPA'RGED] in an area (of knowledge) reserved for the initiated; from a confidential source
מאַט[1] אַדי dull, lackluster; opaque; feeble, weary
|| מאַט מאַכ|ן tarnish
מאַט[2] דער checkmate
|| געב|ן*/מאַכ|ן דאַט מאַט checkmate
מאָט[1] דער (ן) moth; mite
מאָט[2] דער (ן) hank, skein
מאָטאָ דער (ס) motto
מאַטאָנע פֿאָנ מתּנה
מאָטאָציקל דער (ען) motorcycle
מאָטאָציקלי'סט דער (ן) פֿעמ קע motorcyclist
מאָטאָ'ר דער (ן) motor, engine
מאָטאָריזיר|ן וו (–ט) motorize
מאָטאָרי'סט דער (ן) פֿעמ קע motorist
מאָטאָרשיף די (ן) motorboat
מאַטורע די certificate of graduation from a *gimnazye*, providing entry to a university
|| פֿ״גל גימנאַזיע
מאָטי'וו דער (ן) motive; motif, theme
מאָטיווירונג די (ען) motivation
מאָטיוויר|ן וו (–ט) motivate
מאָטי'ל דער (ן/עס) [Ly] *dial.* butterfly
מאַטינע' דער (ען) (cin., theat.) matinee
מאָטיע פּנ [Ty] : ניט ביי מאָטיען! not me! nothing doing!
מאָטיק דער (עס) skein, hank of yarn
מאַטיקע = מאָטיקע די (ס) hoe
מאַטי'קעווע|ן וו (–ט) hoe
מאָטל(י)ע די (ס) זע מאָטיל
מאַטל|ען וו (גע–ט) <אויף> gossip, backbite
מאַט|ן וו (געמאַ'ט) checkmate
מאַטניאַ' = מאַטניע די (ס) [Ny] hoard (of money), savings; cargo, load, freight
מאַטע[1] די (ס) mat
מאַטע[2] די (ס) (yerba) maté; receptacle for brewing maté
מאַ'טעווע אַדי matte, lackluster
מאַ'טעווע|ן וו (גע–ט) זע מאָטען
מאָטע'ל דער (ן) [Ly] motel
מאַטעמאַטיק די mathematics
מאַטעמאַ'טיקער דער (–/ס) פֿעמ ין mathematician
מאַטעמאַטיש אַדי/אַדוו mathematical
מאָטע|ן וו (גע–ט) wind (on a bobbin), roll into a ball *imperf.*

מאָטעק דער (עס/...טקעס) זע מאָטיק

מאָטער דער זע מי[1]

מאַ'טערדיק אַדי tiresome, arduous, strenuous

מאַטעריאַ'ל דער (ן) matériel; (building) material; fabric

מאַטעריאַליזם דער materialism

מאַטעריע די (ס) matter, substance; pus

מאַטעריע'ל אַדי/אַדוו material

מאַ'טערן וו (גע-ט) torment; harry, prey upon

|| מאַטערן זיך suffer; drudge, slave

מאַ'טערניש דאָס (ן) torment; hardship, drudgery

מאָ'טערקע די (ס) זע מוטערקע

מאַטקע די (ס) mother (*esp.* of animals); procuress, madam

מאַטקע באָסקע די (image/statue of) the Virgin Mary

מאַטראַ'ז דער (ן) זע מאַטראָס

מאַטראָנע די (ס) *pejor.* matron

מאַטראָ'ס דער (ן) sailor, seaman

מאַטראָסקע די (ס) sailor's jacket; sailor's uniform

מאַטראַ'ץ דער (ן) mattress

מאַטריאַ'ל דער (ן) זע מאַטעריאַל

מאַטריאַרכאַ'ט דער matriarchy

מאַטריע די זע מאַטעריע

מאַטרי'ץ דער (ן) זע מאַטריצע

מאַטריצי'רן וו (–ט) (typogr.) stereotype

מאַטריצע די (ס) (typogr.) type mold

מאַטרעון = מאָטרעון וו (גע-ט) *slang* ogle, leer (at), spy on

מאַטש 1. דער (ן) match, game

|| 2. אינט game! (at cards)

מאָטשינקע די (ס) soft-boiled egg

|| מאַכן אַ מאָטשינקע פֿון דאַט make mincemeat out of s.o.

מאָטשיק אַדי soft, squishy

מאָטשעוניק דער (ס) *dial.* urinal, toilet

מאַטשעיווקע די (ס) a kind of cap with a visor

מאַי דער (ען) זע מײַ

מאַיאָ'נטיק דער (...טקעס) feudal estate, manor

|| אַ מאַיאָנטיק (מיט געלט) a fortune

מאַיאָנע'ז דער mayonnaise

מאַיאָ'פּעס פֿאָנ מה־יפֿית

מאַיאָ'ר דער (ן) (milit.) major (rank)

מאַיאָריטע'ט די (ן) (numerical, political) majority

מאַי דקאָמרי רביצין פֿר "quoth the rabbi's wife" [MAY DEKOAMRE RE'BETSN]

|| ניט וויסן* מאַי דקאָמרי רביצין *hum.* know nothing, be clueless

מאַיים זײַן* וו (מאַיים געווע'ן) [MEAYEM] menace, intimidate, frighten

מאָיל דער זע מאָל[3]

מאַי'ס דער maize, corn

מאַיעסטע'ט די/דער (ן) majesty

מאַיעסטעטיש אַדי/אַדוו majestic, stately, imposing

מאַי קאָ משמע לן פֿר <נאָמ> [MAY KO MAShME LON] what can we learn from, what's the significance of

מאיר בעל־הנס־פּושקע די (ס) [MEYER BALANE'S] *Jew.* alms box in a synagogue or home

מאַך דער (ן) stroke, movement, swing, gesture

|| אַ מאַך טאָן* מיט wave, motion with

|| אַ מאַך טאָן* מיט דער האַנט איף consider as lost/negligible, dismiss

|| מיט איין מאַך with one wave of the hand

מאָך דער (ן) (botan.) moss

מאַכאָרקע די inferior tobacco, shag

מאַכט די (ן) power, might; regime, authority

|| די מאַכטן the powers that be

מאַ'כטאָרגאַנען מצ authorities

מאַ'כטהאָבער דער (ס) פֿעמ ין person in power

מאַ'כטהאַלטער דער (ס) פֿעמ ין person in power

מאַכטיק אַדי/אַדוו powerful, mighty, strong

מאכיל־טרפֿותניק דער (עס) [MAYKhL-TA'RFESNIK] person who serves/sells non-kosher food to unwitting customers

מאַכינאַציע די (ס) machination, plot, intrigue

מאַכינע די (ס) enormous/bulky object

מאכל דער/דאָס (ים) [MAYKhL - MAYKhOLIM] (kind of) food, dish; treat, something delicious

מאכלדיק אַדי [MA'YKhLDIK] flavorful, delicious

מאַכלויקעס פֿאָנ מחלוקת

מאַכליאַר דער (עס) פֿעמ (קע) peddler, street-hawker; smooth talker; cheat, swindler

מאַכמעדאַניש אַדי Mohammedan, Muslim

מאַכמעדאַנער דער (–) פֿעמ ין Muslim

מאַכן וו (גע-ט) make, do; manufacture; render, cause to become; force (s.o.) to; feel, be doing (well/badly); say, declare; be read/said (as), be pronounced (as)

|| וואָס מאַכסטו? how are you?

|| מאַכן גוט *fam.* get off easily

|| מאַכט ער he says

|| וואָס מאַכט דאָ? what is written here?

|| מאַכן מיט move about, swing, wag, wave

|| מאַכן אַק פֿאַר אַ/דעם/דער render, make s.o. (into), designate s.o. as

|| מע האָט אים געמאַכט פֿאַר אַ מענטש they made him into a decent/mature person

|| ווער האָט דיך געמאַכט פֿאַר אַ ראָש? who put you in charge?

|| מאַכן זיך *also* be in progress; (opportunity, circumstance) arise, present itself; pretend, feign, play the part

|| מאַכן זיך געפּגרט [GEPEYGERT] play the innocent

|| מאַכן זיך ניט ...נדיק pretend not to

|| מאַכן זיך פֿאַר pretend to be

|| מאַכן זיך אומפּ אַז happen (by chance) that

|| מאַכן זיך אומפּ דאַט צו *rev.* have the opportunity to

|| אויב ס'וועט זיך דיר מאַכן אים צו זען if you should happen to see him

מאַכעכץ דאָס tips; perquisites, perks

מאַכער דער (ס) פֿעמ קע *fam.* big shot; fixer, swindler

מאַכערײַקע די (ס) *hum., pejor.* contraption; intrigue, wire-pulling

מאָכקע אַדי mossy; downy

מאַכשאָווע פֿאָנ מחשבֿה

מאַכשייפֿע פֿאָנ מכשפֿה

מאָל[1] דאָס (–) time, instance

|| דרײַ מאָל פֿיר three times four

|| אַ מאָל sometimes, from time to time; formerly; sometime, some day (or another)

|| אַ מאָל איבער אַ מאָל by turns, alternately

|| אַ מאָל ..., אַ מאָל sometimes ..., sometimes ...

|| וואָס אַ מאָל קאָמפּ more and more ...

|| וואָס אַ מאָל שטאַרקער stronger and stronger, stronger each time

|| אַ סך מאָל [SAKh] many times, often, again and again

|| ווי' אַ מאָל it depends; it can go either way

|| ווידער אַ מאָל once again

|| אי'בער/אָ'בער אַ מאָל again and again

|| טייל מאָל sometimes

|| נאָך אַ מאָל again, one more time

|| איין מאָל once

|| איי'ן מאָל פֿאַר אַ'לע מאָל once and for all

|| (דאָס איז) איי'ן מאָל אַוועק! that's one down!

|| אַן אַנדער(ט)/אַנדערש(ט) מאָל some other time

|| שוין איין מאָל אַ ...! what a ...!; *iron.* some ...!

|| אַלע מאָל always

|| אָפֿט מאָל often, many times

|| ניט איין מאָל more than once

|| קיי'ן מאָל ... ניט never

|| קיין איין מאָל ניט never, not once

|| ניט אַ מאָל by any chance

|| דאָס איז ניט אַ מאָל דײַן מאַנטל? would this by any chance be your coat?

|| צו מאָל even; at times, occasionally

|| איך קען אים צו מאָל ניט I don't even know him

|| צום ערשטן/צווייטן מאָל for the first/second time

|| אויף/מיט אַ מאָל, אויף/מיט איין מאָל suddenly; all at once

מאָל[2] דער (ן) pier, seawall

מאָל[3] דער (ן) [Ly] moth

מאָלאָ'דזינעס מצ זע מאָלאָזיווע

מאָלאָדיע'ץ דער (עס) [Dy] fine fellow, good guy

|| מאָלאָדיעץ! well done! bravo!

מאָלאָ'זיווע די colostrum

מאָלאָטילקע די (ס) *Slav.* threshing machine

מאָלאָטשנע די (ס) *Slav.* dairy bar, cafeteria

מאָלאָקאָסאָ'ס דער (ן) *Slav.* callow youth

מאַלאָראָ'ס = מאַלאָרו'ס דער (ן) Ukrainian

מאַלאַריע די malaria

מאָלברעט די/דאָס (ער) easel

מאָלדאַוואַ'ן דער (עס) פֿעמ קע Moldavian

מאָ'לדעווע (די) Moldavia

מאַלדעוועשקע די (ס) crab louse

מאַלווע די (ס) (botan.) mallow

מאַלווע לילאַ אַדי–אינוו [LyA] mauve

מאַלויע|ן = מאָלויע|ן וו (–ט) זע מלויען

מאָלויצע|ן וו (גע–ט) זע מלויצען

מאָלו'סק דער (ן) [Ly] mollusk

מאַליאַרעס מצ זע מאַליער

מאַליאַרקע די זע מאַליעוואַניע

מאָליטווע די (ס) *Slav.* (Christian) prayer
|| לייענ|ען דאַט אַ מאָליטווע lecture, reprimand s.o.
מאַלײַ' דער (עס) corn-cake
מאַלײַזיע (די) [ZY] Malaysia
מאַלײַיש אַדי/(דאָס) Malayan, Malay
מאַלינאָווקע די (ס) raspberry wine; *dial.* warbler, robin
מאַ'ליניק דער (עס) raspberry bush
מאַ'לינע[1] די (ס) raspberry
מאַלינע[2] די (ס) *slang* hide-out; hiding-place built to shelter people from Nazi raids in the ghettos of World War II
מאַליעוואַניע די [Ny] *dial.* painting, image; painting job
מאַ'ליעווע|ן וו (גע-ט) paint
מאָליע|ן זיך וו (גע-ט) (of Christians) pray
מאַליער דער (ס/...ליאַ'רעס) (house) painter
מאָל|ן[1] וו (גע-ט/געמאָלן) paint, portray *imperf.*
|| עס קען געמאָלט זײַן it is possible
|| עס קען ניט געמאָ'לט זײַן it is impossible/unimaginable
|| מאָלן זיך imagine, fancy
מאָל|ן[2] וו (געמאָלן) grind, mill, *imperf.*
מאָלנאַ' דער mullah
מאַלע אַדוו *(before an interrogative word)* who cares, go figure, there's no telling
|| מאַלע וואָס ער זאָגט! who cares what he says? pay no attention to what he says!
מאַלעבאָנדע די (ס) זע באַלעבאָנדע
מאַלעוואַניע די (ס) [Ny] זע מאַליעוואַניע
מאָלעכץ דאָס grist
מאַ'לענע די (ס) [Ly] זע מאַלינע[1]
מאָלעקו'ל דער (ן) [Ly...Ly] molecule
מאַלע'ר דאָס (ן) [Ly] misfortune, calamity
מאָלער דער (ס) פֿעמ ין painter (artist)
מאָלערײַ' דאָס (ען) painting (art form)
מאָ'לעריש אַדי/אַדוו picturesque; vivid
מאַלפּיש אַדי simian
מאַלפּע די (ס) monkey, ape
מאַלץ דאָס malt
מאָלצײַט דער (ן) meal
מאַלצמילך די malted milk
מאַלצ|ן וו (גע-ט) malt
מאַ'לצנמילך די זע מאַלצמילך
מאַלקע פֿאָנ מלכּה
מאַמאָנט דער (ן) mammoth
מאַמאָ'שעס פֿאָנ ממשות
מאַמזע'ל די (ן) [Ly] young lady, miss
מאַמזער פֿאָנ ממזר
מאמין דער (ים) [MAYMEN - MAYMINIM] believer
מאַ'מינקע די (ס) *affect.* mommy
|| מאַמינקעס! good gracious!
מאַמיש אַדי/אַדוו motherly, maternal
מאַמע די (ס) (דאַט: מאַמע(ן); פּאָס: מאַמעס) mother, mama; *pop.* brandy bottle
מאָמעטליוו(אָט)ע אַדי *dial.* stammering, stuttering
מאַמעלו'ק דער (ן) [Ly] mameluke
מאַמעליגע די polenta, corn mush
מאַ'מעלעך אינט good heavens!
מאַ'מע-לשון דאָס [LOShN] mother tongue; *esp.* the Yiddish language
|| אויף מאַמע-לשון in Yiddish
מאַמען[1] דאַט זע מאַמע
מאַמע|ן[2] וו (גע-ט) mother; *iron.* continually call "mamma"
מאָמע'נט דער (ן) moment, instant; aspect, side, factor
מאָמענטאַ'ל אַדי/אַדוו instant, immediate
מאָמענטבילד דאָס (ער) (phot.) snapshot
מאַ'מעניו די [Ny] mommy
מאַמעש[1] דער cotton lining
מאַמעש[2] פֿאָנ ממש
מאַ'מעשאַפֿט די motherhood
מאַ'מעשי די (ס) mommy
מאַמקע די (ס) *dial.* wet nurse
מאמר דער (ים) [MAYMER - MAYMORIM] article, essay; long and tedious article; *Jew.* aphorism, quotation
מאמר־המוסגר דער [MAYMER–HAMU'SGER] parenthetical remark
מאַן 1. דער (מענער) man; husband
|| 2. דער (ען) husband
מאָן דער poppy; poppy seed; something tiny, little bit
|| ווי מאָן abundantly, in abundance
מאָנאָגראַ'ם די (ען) monogram
מאָנאָגראַפֿיע די (ס) monograph

מאָנאַוראַ'ל אַדי — monaural

מאַן־און־ווײַ'ב[1] מצ — married couple

מאַן־און־ווײַ'ב־[2]... — conjugal, marital

מאַן־און־ווײַ'ב־לעבן דאָס — married life, matrimony

מאַן־און־ווײַ'בשאַפֿט די — marriage, matrimony

מאָנאַט דער (...אַ'טן) — month

|| אין די הויכע מאָנאַטן — near full term in pregnancy

מאָנאָטאָ'ן אַדי — monotonous

מאָנאָטאָנקייט די — monotony

מאָ'נאַטלעך אַדי/אַדוו — monthly

מאָ'נאַטלעכע די — menstruation, period

|| האָבן* די מאָנאַטלעכע — have one's period, menstruate

מאָנאָטעיִזם דער (ען) — monotheism

מאַנאַטקעס מצ — belongings, effects, clothes

מאָנאַ'ך דער (ן) — monk

מאָנאָלאָ'ג דער (ן) — monologue, soliloquy

מאָנאַסטי'ר דער (ן) — monastery, convent

מאָנאָפּאָ'ל דער (ן) [Ly] — monopoly, *esp.* government alcohol monopoly; wine-shop, pub

מאָנאָפּאָלי(זי)ר|ן וו (–ט) — monopolize

מאָנאָפּאָלקע די (ס) [Ly] — wine-shop, pub; bottle of spirits

מאָנאָקל דער (ען) — monocle

מאָנאַ'רך דער (ן) — monarch

מאָנאַרכיניע די (ס) [Ny] — queen, monarch *fem.*

מאָנאַרכיע די (ס) — monarchy

מאָנאַרכיש אַדי — monarchical

מאָנאַרכע דער (ס) — lord

מאָנאַשקע די (ס) — nun

מאַנג פּרעפּ **זע מאַנק**

מאַנגאַ'ן דער — manganese

מאַנגל[1] דער <אין> — want/lack (of)

מאַנגל[2] דער (ען) — mangle (laundry implement)

מאַנגל|ען וו (גע–ט) — mangle (laundry) *imperf.*

מאַנדאַ'ט דער (ן) — mandate; credentials

מאַנדאָלי'ן די (ען) — mandolin

מאַן־דאָמר דער (ס) [MANDOMAR] — the author of these remarks; person in question; point of view, opinion

|| פֿאַראַ'ן אַ מאַן־דאָמר — some say

מאַנדאַרי'ן דער (ען) — mandarin

מאַנדל **.1** דער (ען) — almond; tonsil

|| **.2** מצ — *also* soup nuts, small dry pastries served with soup

|| פּ״גל מענדל[2]

מאָנדל דאָס (עך) — poppy-seed bun

מאַ'נדלבוים דער (...ביימער) — almond tree

מאָנדריש פּנ/(דער) (עס) — comic character in *Purim* plays; buffoon, clown

מאַנדרע דער (ס) — *pop., pejor.* husband

מאַנהויז דאָס (...הײַזער) — madhouse

מאָנומע'נט דער (ן) — monument

מאָנומענטאַ'ל אַדי — monumental

מאָנונג די (ען) — complaint, petition

מאַנוסקרי'פּט דער (ן) — manuscript

מאַנופֿאַקטו'ר די (ן) — manufacture; factory; textiles (industry)

מאַנזשע'ט דער (ן) — cuff

מאָנטאָג דער (ן) **זע מאָנטיק**

מאָנטאַ'זש דער (ן) — assembly

|| מאָנטאַזש־ליניע [NY] — assembly line

מאָנטיאָ'ר דער (ן) [Ty] — (techn.) fitter, assembler

מאַנטי'ל דער (ן) [Ly] — mantilla

מאַנטיע די (ס) [TY] — cloak; (judge's) robe, cassock

מאַנטיע|ן וו (גע–ט) [Ty] **זע מאַנטען**

מאָנטיק **.1** דער (ן) — Monday

|| יעדן/יעדער מאָנטיק און דאָ'נערשטיק — frequently

|| **.2** אַדוו — on Monday, Mondays

מאָ'נטיקדיק אַדי — Monday's

מאָנטיר|ן וו (–ט) — install; mount, assemble

מאַנטל דער (ען) — coat, overcoat; cloak

מאַנטע|ן = מאָנטע|ן וו (גע–ט) — beg; swindle *imperf.*

מאָנטשינק אַדי–עפּי — tiny, minute

מאַנטשע|ן = מאָנטשע|ן[1] וו (גע–ט) **זע מאַנטען**

מאָנטשע|ן[2] וו (גע–ט) — mix up, jumble

מאָנטשקע די — granulated sugar

מאַניאַ'ק דער (ן) [NY] — maniac

מאַנינק אַדי–עפּי — tiny, minuscule

מאַניע די (ס) <פֿאַר> [NY] — mania; passion (for), addiction (to)

מאַניע|ן וו (גע–ט) [Ny] — lure, seduce *imperf.*

מאַ'ניעניש דאָס (ן) [Ny] — lure

מאַניפּוליר|ן וו (–ט) — manipulate

מאַניפּאַרגע די (ס) — stratagem, plot

מאַניפּאַ'רגע־לשון דאָס [LOShN] — thieves' jargon

מאַניפֿע'סט דער (ן) — manifesto

מאַניפֿעסטאַציע די (ס) demonstration (political, etc.)
מאַניפֿעסטיר|ן וו (–ט) demonstrate (in the streets)
מאַניקו'ר דער (ן) manicure
מאַניקוריר|ן וו (–ט) manicure
מאַני'ר דער (ן) manner
|| מצ (good) manners
מאַנירלעך אַדי/אַדוו mannered, affected
מאַניש אַדי manic, obsessive
|| פֿ״גל מעניש; מענעריש
מאַנישקע די (ס) shirt-front
מאַנכ|ער 1. פּראָנ *Germ.* many people
|| 2. אַדי–עפּי several, some
מאַנסביל דער (ן) זע מאַנצביל
מאַנסו'ן דער (ען) monsoon
מאָנס זײַן* וו (מאָנס געווע'ן) [MEANES] violate (sexually), rape
מאַנסלײַט מצ זע מאַנספּאַרשוין; מאַנצביל
מאַ'נספּאַרשוין דער (ען/מאַנסלײַט) man (as opposed to woman)
מאַנע די farina
מאַנעווער דער (ס) (military) maneuver
מאַנעווריר|ן וו (–ט) maneuver *intr.*
מאַנעוורע די (ס) maneuver, stratagem, machination
מאַנע'זש דער (ן) riding-school, manege
מאָנעטע די (ס) *Slav.* coin
מאָ'נעלע דאָס (ך) poppy-seed cake; little bit, scrap
מאָנ|ען וו (גע–ט) <בײַ> call for, demand; demand one's due (from)
מאַ'נע־קאַשע די farina
מאַנעקע'ן דער (ען) mannequin
מאָנער דער (ס) plaintiff, dunner
מאָ'נעשעך אינט זע ממה־נפֿשך
מאָנפּאַ(נ)סיע' דאָס [SY] caramel, candy
מאָנץ דער (ן) dwarf; something minuscule
מאַנצביל דער (ן/מאַנסלײַט) man, male
מאַ'נצבילדיק אַדי זע מאַנצבילש
מאַנצבילש אַדי masculine, virile
מאַ'נצבילשקייט די masculinity, virility
מאַנצבל דער (ען) זע מאַנצביל
מאַנצל|ען = מאָנצל|ען וו (גע–ט) זע מאָנטען
מאַנק פּרעפּ *dial.* among
מאָנקאַלב דאָס (...קעלבער) mooncalf, freak

מאַנקאָליע די (ס) [LY] obsession, idée fixe
מאַנקע'ט דער (ן) זע מאַנזשעט
מאָ'נקעלבער מצ זע מאָנקאַלב
מאָ'נקעפּל דאָס (עך) poppy pod/head
מאַנשאַפֿט די (ן) team, crew
מאָס 1. די (ן) measure, extent, dimension; unit of measurement; measuring instrument; width, gauge, degree; criterion; (poetic) meter; moderation
|| 2. מצ proportions
|| איבער דער מאָס to excess, immoderate(ly)
|| אָן אַ מאָס immoderate, excessive
|| מיט אַ מאָס in moderation
|| צו דער מאָס to measure, to order; in the right size
|| ביז אַ געוויסער מאָס to a certain extent
|| אין אַ גרויסער מאָס largely
|| אין דער פֿולער מאָס fully, to the fullest
|| געמאַ'כט אויף מאָס made to measure, tailor-made
|| אי'בער|כאַפּ|ן די מאָס overdo, overreach oneself, exaggerate
|| אַראָ'פּ|נעמ|ען <דאַט> אַ מאָס take measurements (of)
|| האָב|ן* נײַן מאָס רייד be extremely talkative
|| נישט אין מײַן מאָס (געדאַ'כט) may it not happen to me!
מאַסאָווי'ק דער (עס) (in the former USSR) cheerleader at political meetings
מאַסאָווקע די (ס) (in the former USSR) mass-meeting; excursion, group picnic
מאַסאַ'זש דער (ן) massage
מאַסאַזשי'סט דער (ן) פֿעמ קע masseur, masseuse
מאַסאַזשיר|ן וו (–ט) massage, rub down
מאַסאָ'ן דער (ען) Freemason
מאָ'סגיביק = מאָ'סגעבנדיק אַדי authoritative, reliable (source)
מאַסט[1] דער (ן) mast
מאַסט[2] דער (ן) [Ty] suit (in cards)
מאַסט[3] די (ן) [Ty] salve, ointment
מאַסטבוים דער (...ביימער) mast
מאַסטי'ק(ע) די mastic (resin); gum arabic
מאָסט|ען וו (גע–ט) זע אײַנמאָסטיען
מאַסטערסקײַע די (ס) workshop
מאַסי'וו 1. אַדי/אַדוו solid, bulky, rugged, massive
|| 2. דער (ן) massif
מאָסיק אַדי moderate, measured

מאַסיר|ן[1] וו (–ט) — massage, rub down
מאַסיר|ן[2] (זיך) וו (–ט) — mass, assemble, gather together *trans./intr.*
מאַסירניק דער (עס) — informer, stool-pigeon
מאַ'סליאַנקע די זע **מאַסלינקע**
מאַסלינע די (ס) — olive
מאַ'סלינקע די — buttermilk
מאַ'סלעניצע די [Ly] — carnival week; Mardi Gras
מאַ'סמיטל דאָס (ען) — measure, step
מאַ'סן־... — mass
|| מאַסן־מעדיום [DY] — media, mass media
|| מאַסנמאָרד — massacre
מאַ'סניצע די (ס) — *dial.* churn
מאַסע 1. די (ס) — (phys.) mass; mass (lump, heap, volume, body)
|| אַ מאַסע — a lot of, a large quantity of
|| 2. די (מאַסן) — crowd, multitude; (polit.) rank and file, base
מאסף זײַן* וו (מאסף געווע'ן) [MEASEF] — gather, assemble, amass
מאסף־ממון זײַן* וו (מאסף־ממון געווע'ן) [MEASEF-MO'MEN] — amass a fortune
מאַסק[1] דער (ן) זע **מאַסט[2]**
מאַסק[2] די (ן) זע **מאַסט[3]**
מאַסקאָוויטערש דאָס זע **מאָסקעוויטעריש**
מאַסקאָ'ט דער (ן) — mascot
מאָסקאַ'ל דער (יעס) [Ly] — Russian (*esp.* soldier)
מאַסקאַראַ'ד דער (ן) — masquerade
מאָסקווי'טעריש דאָס זע **מאָסקעוויטעריש**
מאָסקווע (די) — Moscow
|| איין בחור/זכר אין מאָסקווע [BOKhER/ZOKhER] — *iron.* (he thinks he's) unique in the world
מאַסקולי'ן אַדי — (gramm.) masculine
מאַסקי'ט דער (ן) — mosquito
מאַסקיר|ן וו (–ט) — mask *imperf.*
מאַ'סקנבאַל דער (...בעלער) — masked ball
מאַסקע[1] אַדי — dense, thick
מאַסקע[2] די (ס) — mask
מאָסקעווי'טעריש דאָס — Russian (language)
מאַסקעם פֿאַנ **מסכּים**
מאַסשטאַב דער (ן) — scale (of measurement), standard
מאַפּאָלע פֿאַנ **מפּלה**
מאָפּס דער (ן) — pug (dog); simpleton
מאַפּע די (ס) — (geogr.) map

מאָצנע אַדי — solid, robust
מאַצע פֿאַנ **מצה**
מאָ'צעווע|ן וו (גע–ט) — strengthen, reinforce *imperf.*; baste *imperf.*
מאַצע|ן וו (גע–ט) — grope
מאָק דער — *pop.* idiot
מאַקאַבריש אַדי — gruesome, ghastly, macabre
מאַקאָהינע די (ס) — *dial.* kitchen pestle
מאַקאָווקע די (ס) זע **מאַקעווקע**
מאַקאַראַ' דער — *dial.* sewing thread
מאַקאַראָנדל דאָס (עך) זע **מאַקעראָנדל**
מאַקאַראָנען מצ — macaroni
מאַקאַרע'ל דער (ן) [Ly] — mackerel
מאַקוך דער זע **מאַקוכע**
מאַקוכע די (ס) — oil cake (cattle feed)
מאַקולאַטו'ר די — scrap paper, waste paper
מאַקיטרע די (ס) זע **מאַקרעטע**
מאַקליער דער (...ליאַ'רעס) — *Slav.* broker, trader
מאַקסימאַ'ל אַדי — maximal, maximum
מאַ'קסימום 1. אַדוו — at most
|| 2. דער (ס) — maximum, upper limit
|| אויס|ניצ|ן ביזן מאַקסימום — make the most of, utilize to the fullest
מאַקעדאָניע (די) [Ny] — Macedonia
מאַקעדאָניש אַדי — Macedonian
מאַ'קעווקע די (ס) — poppy pod/head
מאַקע'ט דער (ן) — scale model, mock-up
מאַ'קעטער דער (ס) זע **מאַקרעטע**
מאַקעראָנדל דאָס (עך) — (culin.) macaroon
מאַ'קערטע די (ס) זע **מאַקרעטע**
מאַקערע'ל דער (ן) זע **מאַקאַרעל**
מאַקראָ'ן דער זע **מאַקעראָנדל**
מאַ'קרעטע די (ס) — large pot, mixing-bowl, salad bowl
מאַראָדיר|ן וו (–ט) — maraud
מאַראָדירער דער (ס) — marauder
מאַראָ'זשענע די — ice cream
מאַראַטאָ'ן דער (ען) — marathon
מאָראַטאָריום דער (ס) — moratorium
מאָראָטשע|ן וו (גע–ט) — bother, bend s.o.'s ear
|| מאָראָטשען דאַט אַ קאָפּ — fill s.o.'s head with nonsense
מאָראַ'ל די — moral(s); morale
מאָראַליש אַדי — moral; (mus.) melancholy
|| מאָראַלישער ניגון [NIGN] — plaintive melody

מאָראַ'ל־פּאָליציי די vice squad

מאַראַ'ן דער (ען) Marrano, Jew forcibly converted to Christianity in Spain or Portugal, or one of his/her descendants, who remained secretly faithful to Judaism

מאָראָן דער (ען) *Amer.* moron

מאַראַניש אַדי Marrano, pertaining to the crypto-Jews of Spain and Portugal

מאָראָניש אַדי *Amer.* moronic, stupid

מאַראַ'נץ דער (ן) orange

מאַראָקאָ (דאָס) Morocco

מאַראָקאַניש אַדי Moroccan

מאַראָקאַנער דער (–) פֿעמ ין Moroccan

מאַראַקע די (ס) **זע מראַקע**

מאַראָקע|ן וו (גע–ט) **זע מראַקען**

מאָרג[1] דער (ן) morgue

מאָרג[2] די (ן) acre

מאַרגאַרי'ן דער margarine

מאַרגינאַ'ל אַדי marginal

מאַרגינעס דער (ן) *Slav.* (page) margin

מאָרגן[1] **.1** אַדוו tomorrow

|| אי'בער מאָרגן day after tomorrow

|| אויף מאָרגנ(ס) the next day

|| (אויף) צו מאָרגנס the next morning

|| **.2** דער (ס) tomorrow *fig.*, future

|| גוט־מאָ'רגן good morning, hello (used through mid-afternoon)

מאָ'רגן־[2]... (of the) morning; (of the) future

|| מאָרגנוואַך morning watch

מאָ'רגנדיק אַדי tomorrow's; future

מאָ'רגנרויט דער dawn, daybreak

מאָ'רגן־שטערן דער morning star

מאָ'רגעדיק אַדי **זע מאָרגנדיק**

מאַרגעריטקע די (ס) daisy

מאָרד[1] דער (ן) murder, assassination, homicide

...מאָרד[2] דער (ן) ...cide (killing)

|| קי'נדערמאָרד infanticide

מאָרד|ן וו (גע–ט/געמאָרדעט) murder *imperf.*

מאָרדע די (ס) *pop., pejor.* chin, mug, face; muzzle, snout

|| אָ'נרייב|ן דאַט אַ מאָרדע give s.o. a dressing-down

מאָרדעוואַניע די [Ny] calamity, plague

מאָ'רדעווע|ן וו (גע–ט) *dial.* kill, massacre

|| מאָרדעווען זיך *fam.* exert one's self to the limit

|| זיך טאָ|ן* אַ מאָרדעווע צו turn brusquely towards, rush upon

מאָ'רדעטשקע די (ס) cute little face

מאַרדער דער (ס) (zool.) marten

מאַ'רדערן אַדי (of) marten (coat, etc.)

מאַרודיע|ן וו (–ט) [Dy] dawdle, dilly-dally

מאַרודניק דער (עס) פֿעמ ...ניצע dawdler, slowpoke

מאַרודנע אַדי dawdling, slow, tedious

מאַרוויכער דער (ס) *pop.* thief; fence, dealer in stolen items

מאָרווע די (ס) *Slav.* mulberry tree

מאָרזש דער (ן) (zool.) walrus

מאַרט דער **זע מאַרץ**

מאָרטי'ר־האַרמאַט דער (ן) (milit.) mortar

מאַרטירער דער (–/ס) פֿעמ ין martyr

מאַרטי'רערשאַפֿט די martyrdom, suffering

מאַריאָנע'ט די (ן) דימ די מאַריאָנעטקע marionette, puppet

מאָרי'טש דער tip, gratuity; closing of a deal with a drink

מאַריכואַנע די marijuana

מאַריך זײַ|ן* וו (מאַריך געווע'ן) [MAYREKh] spin out, talk/write at excessive length

מאַריך־ימים(־ושנים) זײַ|ן* וו (מאַריך־ימים(־ושנים) געווע'ן) [MAYREKh-YO'MIM(-VEShO'NIM)] live a long time

מאַרינאַ'ד = מאַרינאַ'ט דער marinade

מאַרינאַרקע די (ס) (men's) jacket

מאַריני'ר|ן וו (–ט) marinate *trans., imperf.*

מאַרינער דער (ס) marine (soldier)

מאַרך דער brain, gray matter; (bone) marrow

|| (אַרוי'ס)צי|ען בײַ/פֿון דאַט דעם מאַרך פֿון די ביינער suck s.o. dry

מאַרכביין דער (ער) spinal column, backbone; marrowbone

מאַרל(י)ע די **זע מערלע**

מאָרמאָ'ן דער (ען) פֿעמ קע Mormon

מאָרמאָניש אַדי Mormon

מאַרמאַנסקע אַדי of the finest flour

|| מאַרמאַנסקע מעל pure (wheat) flour

מאַרמאָר = מאַרמל דער **זע מאַרמער**

מאַרמעלאַ'ד דער (ן) marmalade

מאַרמער דער marble

מאַ'רמערן אַדי (of) marble, marmoreal

מאַרנע אַדי *dial.* ugly, unsightly

|| ס'איז ביטער און מאַרנע things are going very badly

מאַרס (דער) Mars

מאַרסיש אַדי Martian

מאַרסעלי'ן דער marceline, thin silk fabric

מאַרסעליעזע די [LY] the Marseillaise

מאָרע די mohair

מאָ'רעווקע די (ס) ant

מאַרע'ל = מאָרע'ל דער (ן) apricot

מאָרע|ן וו (גע–ט) torment, mortify *imperf.*

|| מאָרען זיך mortify oneself

מאַרענע די (ס) moray eel

מאָרעשכוירע פֿאָנ מרה־שחורה

מאַרץ דער (ן) March (month)

מאַרצאָווע אַדי of March

מאַרצעפּאַ'ן דער (עס) marzipan; delicacy

|| עס|ן מאַרצעפּאַנעס eat delicacies

מאַרק[1] דער (מערק) market; market square

|| אַראָ'פּ פֿון מאַרק! Enough! We'll hear no more about it!

מאַרק[2] דער (ן) mark (currency)

מאַרקאָטנע אַדי bizarre, strange; touchy; sullen, woeful

מאַ'רקזיצער דער (ס) פֿעמ ין/קע stall-keeper, vendor (*esp.* of fruit) at market *(generally used in fem.)*; rude, vulgar man/woman

מאַרקי'ז דער (ן) פֿעמ ע marquis

מאַרקייִד דער (ן) פֿעמ ענע vendor at market; *(usu. fem.)* vulgar, foul-mouthed person

מאַרקיר|ן וו (–ט) mark; stamp, certify (document, etc.)

מאַרקע די (ס) (comm.) brand; (postage/revenue) stamp

מאַרש **1.** דער (ן) (milit., mus.) march

|| **2.** אינט let's go! march!; beat it! begone!

מאָרש דער דימ מע'רשעלע *vulg.* ass, arse

מאַרשאַ'ל דער (ן) (milit.) marshal; majordomo

מאָרשטשע|ן וו (גע–ט) crumple

מאָרשטשקע די (ס) crease, wrinkle

מאַרשיר|ן וו (–ט) march, walk in procession

|| מאַרשירן אויפֿן אָרט mark time

מאַ'רשעליק דער (...לקעס) jester (at a Jewish wedding); buffoon

מאַרשרו'ט דער (ן) route, itinerary

מאַשטאַ'ב דער (ן) scale (map), measure, order of magnitude

מאַשטש די (ן) זע מאַסט[3]

מאָשטשע|ן וו (גע–ט) *dial.* pave

|| מאָשטשען זיך find one's place

מאַשי'ן די (ען) machine, typewriter; automobile

|| אי'בער|שרײַב|ן/אָ'פּ|קלאַפּ|ן אויף דער מאַשין type

מאַשינאָווע אַדי machine-made

מאַשינביקס די (ן) machine gun

מאַשיני'סט דער (ן) machinist, mechanic; motorman, conductor; (theat.) stagehand

מאַשיניסטין די (ס) typist *fem.*

מאַשינעריע די (ס) machinery, mechanism

מאַשינקע די (ס) מאַשין דימ

|| פֿ״גל פּרימוס־מאַשינקע; שערמאַשינקע

מאַ'שליאַנקע די זע מאַסלינקע

מאַשעניק דער (עס) *Slav.* rogue, rascal

מאַשענסטווע די *Slav.* roguery

מאַשקאַרע די (ס) mask; person in disguise; pretense, sham

מאָשקע פּנ/(דער) humble Jew without status; Jew who is obsequious towards non-Jews

מבול דער (ען) [MABL] deluge, flood; downpour, torrent

מבולדיק אַדי [MA'BLDIK] torrential

מבול|ען וו (גע–ט) [MABL] pour *intr.* torrentially

מבֿאר זײַ|ן* וו (מבֿאר געווע'ן) [MEVAER] expound, explain

מבֿוהל אַדי–אַטר [MEVUEL] bewildered, perplexed

מבֿוזה אַדי–אַטר [MEVUZE] degraded, scorned

מבֿוזהדיק אַדי [MEVU'ZEDIK] degraded, hateful, dishonorable

מבֿויש אַדי–אַטר [MEVUYESh] humiliated, shameful

מבֿויש שטעל|ן וו (מבֿויש געשטע'לט) [MEVUYESh] humiliate

מבֿולבל ווער|ן וו (איז מבֿולבל געוואָרן) [MEVULBL] become confused/perplexed; lose one's composure, go to pieces

מבֿוסם = מבֿושׂם אַדי [MEVUSEM] drunk, tipsy

מבֿזה זײַ|ן* וו (מבֿזה געווע'ן) [MEVAZE] degrade, abuse

מבֿחין זײַ|ן* וו (מבֿחין געווע'ן) [MAFKhN] *lit.* distinguish, differentiate

מבֿטיח זײַ|ן* וו (מבֿטיח געווע'ן) [MAFTIEKh] assure, pledge, promise

מבֿטל זײַ|ן* וו (מבֿטל געווע'ן) <פֿון> [MEVATL] distract (from); annul, abrogate; disdain, belittle

מבֿטל מאַכ|ן וו (מבֿטל געמאַ'כט) [MEVATL] annul, abrogate; disparage, belittle

מבֿייש זײַ|ן* וו (מבֿייש געווע'ן) [MEVAYESh] shame, disgrace, humiliate

מבֿין דער (ים) פֿעמ טע <אויף> [MEYVN - MEVINIM] expert (in), connoisseur (of)

|| זייַן* אַ מבֿין אויף appreciate, have a feeling for

|| ביסט אַ מבֿין? do you understand?

מבֿין־בלשון אַדי–אַטר [MEYVN-BELO'ShN] *in-group* one who understands our language; sly, cunning

מבֿינות דאָס <אויף> [MEVINES] competence (in matters of); opinion, expert judgment

|| מבֿינות זאָגן <אויף> criticize, give one's (expert) opinion (on)

|| אויף פּאָס מבֿינות in the opinion/judgment of

מבֿין־כּל־דבֿר/דיבור אַדי–אַטר [MEYVN-KOL-DO'VER/DI'BER] *in-group* capable of understanding every word; sly, cunning

מבֿלבל זייַן* וו (מבֿלבל געווע'ן) [MEVALBL] *lit.* confuse, perplex

מבֿער־חמץ זייַן* וו (מבֿער־חמץ געווע'ן) [MEVAER-KhO'METS] *Jew.* perform the ritual of burning all remnants of leaven before Passover

|| פֿ״גל פּסח

מבֿקר דער (ים) [MEVAKER - MEVAKRIM] (literary) critic

מבֿקר־חולה זייַן* וו (מבֿקר־חולה געווע'ן) [MEVAKER-KhO'YLE] <אַק> visit (sick person/people)

מבֿשׂר(־בשׂורה) זייַן* וו (מבֿשׂר(־בשׂורה) געווע'ן) [MEVASER(-PSU'RE)] announce, proclaim

מג = מיליגראַ'ם mg. (milligram)

מגדל זייַן* וו (מגדל געווע'ן) [MEGADL] *lit.* bring up, raise (children)

|| מגדל זייַן לתּורה לחופּה ולמעשׂים־טובֿים [LETOYRE LEKhUPE ULEMAYSIM-TO'YVIM] succeed in raising a son to study Torah, marry and perform good deeds (wish expressed *esp.* after a circumcision)

מגולגל ווערן וו (איז מגולגל געוואָרן) אין [MEGULGL] turn into *intr.*, be transformed into; (soul) become reincarnated as; turn up (in an unlikely place)

מגושם [MEGUShEM] **1.** אַדי–אַטר/אַדוו crude, clumsy || **2.** דער (ס/ים) [- MEGUShOMIM] coarse/corpulent person

מגושמדיק אַדי/אַדוו [MEGU'ShEMDIK] uncouth, boorish; crass, materialistic

מגושמדיקייט די [MEGU'ShEMDIKEYT] coarseness, crassness, boorishness

מגזם זייַן* וו (מגזם געווע'ן) [MEGAZEM] exaggerate

מגיד דער (ים) [MAGED - MAGIDIM] *Jew.* (itinerant) preacher

מגידות דאָס [MAGIDES] *Jew.* calling/language of a preacher, preaching

מגידקע די (ס) [MA'GEDKE] preacher's wife; woman who preaches (to women)

מגידתטע די (ס) [MAGI'DESTE] *Jew.* woman who preaches (to women)

מגיה דער (ים) [MAGIE - MAGIIM] *Jew.* proofreader (of sacred texts)

מגיה זייַן* וו (מגיה געווע'ן) [MAGIE] *Jew.* correct the mistakes in a sacred text; (typogr.) proofread

מגייר זייַן* (זיך) וו (מגייר געווע'ן) [MEGAYER] convert to Judaism *trans./intr.*

מגילה די (–ות) [MEGILE] (parchment) scroll; *Jew.* any of the five biblical books read on certain holidays: Song of Songs, Ruth, Ecclesiastes, Lamentations, Esther; *esp.* The Book of Esther; *hum.* lengthy text/speech

מגילת־אסתּר [MEGILES-E'STER] (biblical) Book of Esther

מגין זייַן* וו (מגין געווע'ן) אויף [MEYGN] defend, protect

מגיפֿה די (–ות) זע **מגפֿה**

מגלה זייַן* וו (מגלה געווע'ן) [MEGALE] reveal, disclose, divulge

מגלה־סוד זייַן* וו (מגלה־סוד געווע'ן) [MEGALE-SO'D] reveal, disclose

מגן־דוד דער (ן) [MOGN-DO'VED] Star of David

מגע־ומשׂא די/דער (ס) <מיט> [MAGEMASE] dealings, relations, contacts

מגפֿה די (–ות) [MAGEYFE] epidemic, plague

מגרש זייַן* וו (מגרש געווע'ן) [MEGARESh] *lit.* banish

מדאורייתא אַדי–אַטר [MIDORAYSE] (commandment) prescribed by the Torah

מדבר די/דער (יות) זע **מידבר**

מדה די (–ות) זע **מידה**

מדובר דער (ס) [MEDUBER] parley, discussion, conversation; agreement, understanding

|| האָבן* אַ מדובר מיט speak privately/confidentially with

מדחה זייַן* וו (מדחה געווע'ן) [MATKhE] repel; postpone, adjourn

מדינה די (–ות) [MEDINE] country, land; province, region; state; (State of) Israel

מדינה־גייער דער (ס) [MEDI'NE] peddler; vagabond, beggar

מדינהשאַפֿט די [MEDI'NEShAFT] *(Israeli)* statehood

מדינת־ישׂראל (די) [MEDINES-YISRO'EL] State of Israel

מדעסקע־לדעסקע אַדוו [MEDESKE-LEDE'SKE] (read) from cover to cover

מדפיס = מדפּיס דער (ים) [MATPES/MATFES - MATPISIM/MATFISIM] printer, publisher

מדקדק דער (ים) [MEDAKDEK] pedant, strict/meticulous person; Hebraist, grammarian

מדקדק זײַן* וו (מדקדק געווע'ן) <אויף> [MEDAKDEK] be pedantic, be strict/meticulous (about)

מדרבנן אַדי–אַטר [MIDRABONEN] *Jew.* (commandment) prescribed by the oral Law

מדרגה די (–ות) [MADREYGE] level, degree, rank; quality; (math.) power (exponentiation)

|| אַראָפּ|גיי|ן* פֿון דער מדרגה lose one's standing

מדריך דער (ים) [MADREKh - MADRIKhIM] guide, mentor

מדריך זײַן* וו (מדריך געווע'ן) אַק [MADREKh] teach, guide, advise s.o.

מדרש דער (ים) [MEDRESh - MEDROShIM] *Midrash*, body of post-Talmudic biblical exegesis; a book of such exegesis; passage/legend from the Midrash

מהאַי־טעמא אַדוו [MEHA'Y-TA'YME] for this reason

מה־בכך אינט [MA'-BEKA'Kh] so what? what of it?

מה־דאָך קאָנ [MADEKh] if even, seeing that *(used in beginning an a fortiori argument)*

|| מה־דאָך פֿאַר אַ דערוואַ'קסענעם איז עס שווער – זאָל אַ קינד עס טאָן? it's hard enough for an adult, why impose it on a child?

מהדרדיק אַדי [MEHA'DERDIK] observant, alert

מהדר זײַן* וו (מהדר געווע'ן) [MEHADER] notice, observe; *Jew.* be strict in observance

מהדרין־מן־המהדרין מצ [MEHA'DRIN-MIN-HAMEHA'DRIN] strictly observant Jews; very exacting persons

מהודר דער [MEHUDER] something splendid

מהודרדיק אַדי [MEHU'DERDIK] exquisite, choice, splendid

מהומה די (–ות) [MEHUME] turmoil, riot, stampede, rush

|| אַ מהומה אויף אים! the devil take him!

מהומהניק דער (עס) פֿעמ ...ניצע [MEHU'MENIK] rioter

מהות דער (ן) [MEHU'S] essence, nature

מהותיק אַדי [MEHUSIK] intrinsic, essential

מה־טוב [MATO'YV] : (ס')איז מה־טוב it is all well and good; so much the better

מהיום והלאה אַדוו [MEHAYEM VOHOLE] from this day on, henceforth

מהיכא־תּיתי אינט [MEKh(E)TEYSE] agreed! why not? with pleasure!

מהיכא־תּיתידיק אַדי/אַדוו [MEKhTE'YSEDIK] unassuming, easy-going

מהיכא־תּיתיניק דער (עס) פֿעמ ...ניצע [MEKhTE'YSENIK] unassuming/easy-going person

מה־יעשׂהניק דער (עס) [MAYA'YSENIK] rogue, rascal; licentious fellow, rake

מה־יפֿית דער [MAYOFES] *Jew.* "how fair thou art", title of a Sabbath hymn

|| זינגג|ען מה־יפֿית *fig.* cringe, be servile

מה־יפֿיתניק דער (עס) [MAYO'FESNIK] servile person, *esp.* Jew showing servility towards non-Jews

מה־יקר פֿר [MA-YO'KER] how much (does it cost)?

מהירות דאָס [MEHIRES] nimbleness, speed

מהלך דער (ן) [MEHALEKh] distance, extent; (duration/length of a) journey; section, stage (of a route)

מהלך־רבֿ דער [MEHALEKh-RA'V] great distance

מהנה זײַן* וו (מהנה געווע'ן) אַק <מיט> [MEHANE] please, gratify s.o. (with); benefit s.o. (by)

מה־נשתּנה פֿר [MA-NIShTA'NE] "How is it different?", start of the four ritual questions asked at the Passover seder by the youngest child

|| חכם פֿון מה־נשתּנה [KhOKhEM] fool, simpleton

מהפך זײַן* וו (מהפך געווע'ן) [MEHAPEKh] *lit.* turn over/upside-down

מה פּשעי פֿר [MA PIShI] what did I do wrong?

מהרהר זײַן* וו (מהרהר געווע'ן) [MEHAR(H)ER] *lit.* meditate, reflect

מה־רעש אינט [MARA'Sh] so what? what is there to make a fuss about?

מה־רעשיקייט די [MARA'ShIKEYT] complacency, (excessive) self-assurance

מה־שמך פֿר [MA-ShME'KhO] *(sg., informal)* what is your name?

מה־שמכם פֿר [MA-ShME'YKhEM] *(polite/pl.)* what is/are your name(s)?

מו (דער) moo; mooing

מודה דער (ס) [MOYDE] confession, admission

|| פֿ"גל מודה זײַן

מודה־אַני דער [MOYDE-A'NI/-ANI'] *Jew.* first words of the prayer recited upon awakening; that prayer

מודה־ומתוודה זײַן* זיך וו (מודה־ומתוודה געווע'ן) [MOYDE-UMISVA'DE] confess in full, confess wholeheartedly

מודה זײַן* וו (מודה געווע'ן) [MOYDE] admit, acknowledge, concede, confess

|| מודה זײַן זיך <אין/אַז> confess (to), admit, confess (that)

מודיע זײַן* וו (מודיע געווע'ן) [MOYDIE/MEDIE] announce, inform, communicate
מודעה די (–ות) [MOYDOE/MEDOE] announcement
מוהל דער (ים) [MOYEL] *Jew.* circumciser
מוהלשאַפֿט די [MO'YELShAFT] *Jew.* function/role of the circumciser
מוותּר זײַן* וו (מוותּר געווע'ן) <אויף> [MEVATER] renounce, abandon, waive, relinquish
מוז[1] דער (ן) indispensable thing; obligation
|| זײַן* אַ מוז be absolutely necessary
מו'ז-[2]... obligatory; compulsive
|| מוז-לימוד [LIMED] compulsory subject
|| מוז-רייכערער compulsive smoker
מוזדינסט דאָס obligatory military service, conscription
מוזזאַך די obligation, necessity
מוזיי' דער (ען) museum
מוזיציר|ן וו (–ט) make music
מוזי'ק די music
מוזיקאַליש אַדי musical; musically gifted
מוזיקאַ'נט דער (ן) פֿעמ קע (itinerant) musician
מו'זיקער דער (ס) פֿעמ ין musician, composer
מוז|ן* וו (ער מוז; גע–ט) אינפֿ must, be obliged to, have to
|| איך מוז אַוועקגיין I have to leave
|| איר מוזט ניט ע'נטפֿערן you don't have to answer
|| ער מוז זײַן קראַנק he must be sick, he's undoubtedly ill
מוזע די (ס) muse, inspiration
מוזעום דער (ס) זע מוזיי
מוזשיצקע אַדי *Slav.* rustic, peasant's
מוזשי'ק דער (עס) peasant, farmer, muzhik
מוזש(ק)ע די *dial.* soup, bouillon
מוח דער (ות) [MOYEKh - MOYKhES] mind, brains
|| שאַרפֿ|ער מוח keen mind
|| טעמפּ|ער מוח dull mind
|| קע'ציש|ער מוח birdbrain, weak memory
|| ברעכ|ן זיך דעם מוח rack one's brains
|| צו'|לייג|ן מוח <צו> concentrate (on)
|| (אי'בער)צוואָג|ן דאַט דעם מוח brainwash
מוחזק אַדי–אַטר פֿאַר [MUKhZEK] *lit.* considered to be, reputed to be
|| ער איז מוחזק פֿאַר אַ געלע'רנטן he is considered to be a scholar
מוחל[1] דאָס (עך) מוח דימ [MO'Y(E)KhL/ME'Y(E)KhL] *iron.* small brain

מוחל[2] אינט [MOYKhL] *iron.* (thanks but) no, thanks! I'd rather not
|| פֿ״גל מוחל זײַן
מוחל זײַן* וו (מוחל געווע'ן) <אַק דאַט> [MOYKhL] forgive, pardon (s.o. for stg.); waive; condone
|| זײַ מיר מוחל דעם נאַרישן ענטפֿער forgive me for my foolish answer
|| מוחל זײַן אַק דאַט decline (an unwanted favor) from s.o.
|| איך בין דיר מוחל דעם מאָלצײַט I can do without your meal!; *(hum.)* never mind the meal!
|| זײַ(ט) (מיר/אונדז) מוחל excuse me/us, pardon me/us
|| זײַ(ט) מוחל אַק please, be so kind as to, pass me stg.
|| זײַ(ט) מוחל דאָס זאַלץ pass the salt please
מוח|ן זיך וו (גע–ט) [MOYEKh] reflect, ponder
מוח-צוואָג די [MO'YEKh] brainwashing
מוח-קנייטש דער (ן) [MO'YEKh] quibble; thinking, deliberation
מוחרם דער (ים) [MUKhREM - MUKhROMIM] *Jew.* excommunicated/ostracized person
מוט דער courage; mood, disposition
|| בײַ'ם מוט in high spirits, in a good mood
|| אין גוטן מוט amiably
|| אָ'נ|נעמ|ען זיך מיט מוט pluck up, screw up one's courage
|| צו'|געב|ן* מוט דאַט encourage s.o.
|| זײַן* דאַט צו מוט *rev.* be in the mood for
מוטאַציע די (ס) (biol.) mutation
מוטוויל דער arbitrariness
מו'טוויליק אַדי/אַדוו arbitrary
מו'טוויליק|ן וו (גע–ט) צו *lit.* have the nerve to
מו'טווילן דער זע מוטוויל
מוטיק אַדי courageous, brave, daring, bold
מו'טיקונג די encouragement
מו'טיקייט די *lit.* valor, bravery
מו'טיק|ן וו (גע–ט) encourage
מוטל-בספֿק אַדי–אַטר [MUTL-BESO'FEK] doubtful, unproven, debatable
מוטל זײַן* וו (מוטל געווע'ן) אויף be incumbent upon, be the duty of
מוטנע אַדי cloudy, muddy, turbid
מוטער[1] די (ס) mother
מו'טער-[2]... maternal; uterine
מו'טערטאָג דער Mother's Day

מו'טערטראַכט די (ן) — uterus, womb
מו'טעריש אַדי/אַדוו — maternal, motherly
מו'טערל דאָס (עך) **זע מוטערקע**
מו'טערלײַב דאָס — uterus, womb
מו'טערלעך אַדי/אַדוו — motherly, maternal
מו'טערמענטש : קיין מוטערמענטש — not a living soul; no man alive
מוטער נאַקעט אַדי — stark naked
מו'טער־פּערל דאָס **זע פּערל־מוטער**
מו'טער־צייכן דער (ס) — birthmark
מו'טערקע די (ס) — nut (for a bolt)
מו'טערשאַפֿט די — motherhood, maternity
מו'טערשייד די (ן) — vagina
מו'טערשיף די (ן) — mother ship, aircraft carrier
מו'טער־שליסל דער (ען) — wrench (tool)
מו'טערשפּראַך די (ן) — mother tongue, native language
מוטשניק דער (עס) פֿעמ ...ניצע/...ניטשקע — *Slav.* miller, flour merchant
מוטשען וו (גע–ט) — torment, torture
|| מוטשען זיך — suffer; toil, drudge
מוטשענינע די (ס) — suffering, toil, ordeal
מויד די (ן/מיידן) — maiden, young woman; maid, servant-girl
|| פֿאַרזע'סע|נע/אַלט|ע מויד — old maid, spinster
מוידע **פֿאָנ מודה**
מויז די (מײַז) דימ מײַזל — mouse
|| ווי אַ פֿאַרסמטע מויז [FARSAMTE] — madly, helter-skelter
מויכל **פֿאָנ מוחל**
מויל[1] דאָס (מײַלער) דימ מײַלכל — mouth; muzzle (of a gun); orifice
|| ניט קענ|ען* ע'פֿענען קיין מויל — remain silent; be at a loss for words
|| אָ'נ|נעמ|ען אַ מויל מיט וואַסער — keep one's mouth shut
|| אָ'פּ|וויש|ן דאָס מויל — not bat an eyelid
|| האַלטן ס'מויל — *vulg.* shut up, shut one's mouth
|| פֿאַרשטאָפּ|ן דאַט דאָס מויל — shut s.o. up, silence
|| ברענג|ען פֿאַרן מויל — (dare to) say
|| מיטן פֿולן מויל — (speak) clearly, frankly, without hesitation
|| רעד|ן מיט אַ האַלב מויל — hedge, hem and haw, beat about the bush
|| אַ מויל אויף שרויפֿן — gift of gab, garrulousness
|| פֿון דײַן/אײַער מויל אין גאָטס אוי'ערן — may what you say come to pass, God willing
|| פֿון מויל צו מויל — by word of mouth
|| מאַכ|ן פֿון מויל אַ כאַ'ליעווע — lie shamelessly
|| ע'פֿענ|ען אַ מויל אויף — berate, insult, swear at
|| האָב|ן* אַ פֿול מויל מיט זאַפּט <פֿון> — sing the praises of
|| אַרײַ'נ|נעמ|ען אַק אין מויל — spread (ill-natured) gossip about
|| אַרײַ'נ|פֿאַל|ן אין לײַ'טישע מײַלער — become the object of gossip
|| נעמ|ען אין מויל אַרײַ'ן — have a bite to eat
|| צעגיי'|ן* אין מויל — melt in one's mouth; be delicious
|| אָ'נ|שטעל|ן מויל און אוי'ערן <אויף> — pay close attention (to), prick up one's ears (at); stand gaping, agape (before)
|| אַרײַ'נ|לייג|ן דאַט אַ פֿינגער אין מויל — *iron.* explain stg. in detail to, spell out for
מויל[2] דער (–) **זע מאָל[3]**
מוי'ל[3]... — oral
|| מויל־חלל [KhOLEL] — oral cavity
מוי'לאייזל דער (ען) — mule
מוי'לבאַנד דער (...בענדער) **זע מוילשלאָס**
מוילוואָרף = מוילוווּרף דער (ן) — (zool.) mole
מויליק אַדי — oral
מוי'ל־מלאָכה די [MELOKhE] — humbug, puffery, hype; *pejor.* rhetoric
מוי'ל־ריח דער [REYEKh] — bad breath
מוילשלאָס דער (...שלעסער) — muzzle (for animal)
מויער[1] דער/די (ן) — (outside) wall; stone/brick building
מויער[2] דער (ן) **זע מורין**
מוי'ער|ן וו (גע–ט) — build (of stone or brick), lay bricks *imperf.*
מוי'ערער דער (–/ס) — mason, bricklayer
מוי'ערקעפּל דאָס (עך) **זע מייערקעפּל**
מוירע **פֿאָנ מורא**
מוכז דער [MUKA'Z] — bearer (of a document)
מוכאָמאָ'ר דער — *dial.* fly agaric, toadstool
מוכיח דער (ים) [MOYKhIEKh - MOYKhIKhIM] — preacher
מוכן־ומזומן אַדי–אַטר [MUKhN-UMZU'MEN] — all set

מוכס דער (ים) [MOYKhES - MOKhSIM] tax collector

מוכסן דער (ים) פֿעמ טע [MOKhSN - MOKhSONIM] tax collector; sharecropper, tenant farmer

מוכר דער (ים) [MOYKhER - MOKhRIM] seller, vendor

מוכר־ספֿרים דער (מוכרי־) [MOYKhER-SFO'RIM - MOKhRE-] *Jew.* bookseller, itinerant peddler of books and religious articles

מוכר־ספֿרימניק דער (עס) זע מוכר־ספֿרים

מולא'ט דער (ן) פֿעמ קע mulatto

מולד דער [MOYLED] crescent moon; new moon

מולט די זע מולטע

מו'לטוואָרעם דער (...ווערעם) (zool.) mole

מולט׳ן אַדי (of) dimity/bombazine (fabric)

מולטע די dimity, bombazine

מולטער די (ס/מילטער) trough; canoe, skiff

מו'לטער־בריאה די (–ות) [BRIE] shellfish, mollusk

מוליאַר דער (עס) זע מוליער

מוליאַרסקע אַדי of a mason/bricklayer; (of) masonry

מוליאַרקע די masonry

מוליד זײַן* וו (מוליד געווע'ן) [MOYLED] beget *fig.*

מו'לינעס מצ suds, lather

מוליע|ן וו (גע–ט) rub, press, irritate *imperf.*

מוליער דער (ס/מוליאַ'רעס) mason, bricklayer

מוליר|ן וו (–ט) deceive, dupe

מולך דער [MOYLEKh] Moloch; cruel deity

מולכ|ן וו (גע–ט) [MOYLEKh] smuggle

מולכער דער (–/ס) [MO'YLEKhER] smuggler

מום דער (ים) defect, deformity, blemish

מומחה דער (–ים) פֿעמ טע [MUMKhE - MUMKhIM] expert, specialist

מו'מינקע די (ס) מומע דימ *affect.* auntie

מומיע די (ס) mummy

מומיק אַדי (physically) handicapped

מומל|ען וו (גע–ט) mutter, complain

מומס דער mumps

מומע די (ס) (דאַט: מומע(ן)) aunt; procuress, madame

|| קאַלט|ע מומע aunt by marriage

|| מומע! (Oh) Miss/Lady!

מומען דאַט זע מומע

מומר דער (ים) [MUMER - MUMRIM] apostate

מונדי'ר דער (ן) uniform

|| קאַרטאָפֿל אין די מונדירן potatoes in their jackets/skins

מונדי'רט אַדי uniformed, in uniform

מונדשטוק = מונדשטיק דער (ן/עס) זע מושטוק

מונטער אַדי/אַדוו cheerful, hearty, in good spirits

מו'נטערונג די encouragement, stimulation

מו'נטער|ן וו (גע–ט) cheer up, encourage

מו'נטערקייט די liveliness; good humor, cheer

מוניציע די munitions; supplies

מוניציפּאַ'ל אַדי municipal

מונשטיק דער (ן/עס) זע מושטוק

מוסולמאַ'ן דער (...מע'נער) Muslim

מוסולמענער דער (–) פֿעמ ין Muslim; (in Nazi death camps) ill/weak prisoner destined for the gas chambers

מוסטער דער (ן) pattern, design; model, paradigm; specimen, sample

מו'סטערדיק אַדי exemplary

מו'סטערהאַפֿט אַדי זע מוסטערדיק

מו'סטערונג די (ען) sampling

מו'סטער|ן וו (גע–ט) choose as an example

מוסיף זײַן* וו (מוסיף געווע'ן) [MOYSEF] *lit.* add, append; raise (price, wages, etc.), increase

מוסיר|ן וו (–ט) sparkle, effervesce, fizz

מוסכם [MUSKEM] .1 אַדי–אַטר *lit.* agreed

|| .2 אינט OK, all right

מוסלי'ן דער muslin (fabric)

מוסלינען אַדי (of) muslin

מוסמך דער (ים) [MUSMEKh - MUSMOKhIM] man ordained as a rabbi

מוסף דער (ים) [MUSEF - MUSOFIM] supplementary morning prayer for the Sabbath and certain holidays

מוסקאַט דער (ן) זע מושקאַט

מוסקולע'ז אַדי [Ly] muscular

מוסקל[1] דער (ען) muscle

מו'סקל-[2]... muscular

מוסקע'ט דער (ן) musket

מוסר[1] דער [MUSER] edification, moralizing; reproof, reprimand; *Jew.* religious movement based on moral introspection, developed in Lithuania and Poland beginning in 1842

|| זאָג|ן <דאַט> מוסר moralize, edify

|| אַראָ'פּ|נעמ|ען זיך אַ מוסר <פֿון> draw a moral (from)

מוסר[2] דער (ים) [MOYSER - MOSRIM] זע מסור

|| פֿ״גל מוסר זײַן

מוסר־השׂכל דער (ען) [MUSER-HA'SKL] moral (of a story/fable), lesson

מוסר זײַן* וו (מוסר געווע'ן) [MOYSER] convey, communicate

מוסר־מודעה זײַן* וו (מוסר־מודעה געווע'ן) [MOYSER-MOYDO'E/-MEDO'E] declare openly, announce publicly, warn

מוסר|ן וו (גע–ט) [MUSER] reproach *imperf.*; chastise, scold, lecture

מוסרניק דער (עס) [MU'SERNIK] *Jew.* adherent of the *Musar* religious movement

|| פֿ״גל מוסר[1]

מוסר־נפֿשדיק אַדי [MOYSER-NE'FEShDIK] devoted; selfless

מוסר־נפֿש זײַן* זיך וו (מוסר־נפֿש געווע'ן) [MOYSER-NE'FESh] sacrifice one's life; devote/dedicate oneself

מוסר־ספֿר דער (ים) [MU'SER-SEYFER - -SFORIM] *Jew.* book of moral instruction, edifying book

מוסר־שטיבל דאָס (עך) [MU'SER] study house of the *Musar* movement

|| פֿ״גל מוסר[1]

מועד דער inveterate scoundrel

מועל־בשליחות זײַן* וו (מועל־בשליחות געווע'ן) [MOYEL-BIShLI'KhES] *lit.* betray one's mission

מוף דער זע מופֿטע

מופֿטי דער (ס) mufti

מופֿטע די (ס) (fur) muff

מופֿלג דער (ים) [MUFLEG - MUFLOGIM] preeminent or exceptional person; *Jew.* distinguished scholar

מופֿ|ן וו (גע–ט) *Amer.* move *trans./intr.* (change residence)

מופֿקע די (ס) זע מופֿטע

מופֿקר דער (ים) פֿעמ טע [MUFKER - MUFKORIM] libertine; unscrupulous person; reckless/daring person

מופֿקרדיק אַדי/אַדוו [MU'FKERDIK] licentious, promiscuous, unscrupulous

מופֿקרת די (ן) [MUFKERES] shameless woman

מופֿת דער/דאָס (ים) [MOYFES - MOFSIM] miracle, marvel, magical sign

מוצא־חן זײַן* וו (מוצא־חן געווע'ן) <בײַ> [MOYTSE-KhE'YN] *lit.* please, find favor (with)

מוצאי־... [MOTSE-] evening at the close of

|| מוצאי־שבת [ShA'BES] (at) the close of Sabbath, Saturday night

|| מוצאי־יום־טובֿ [YO'NTEF] (evening at the) close of a holiday

מוציא די (ס) [MOYTSE] piece of bread

|| פֿ״גל המוציא

מוציא־שם־רע זײַן* וו (מוציא־שם־רע געווע'ן) אויף [MOYTSE-ShE'MRA] slander, defame

מוציא־שנתו זײַן* וו (מוציא־שנתו געווע'ן)

ניט מוציא־שנתו זײַן : [MOYTSE-ShNO'SE] not live to the end of the year

מוצלח דער (ים) פֿעמ טע [MUTSLEKh - MUTSLOKhIM] successful person; lucky person

מוק די (ן) gnat; mosquito

מוקיר דער (ים) [MOYKER - MOYKIRIM] patron, admirer

מוק|ן וו (גע–ט) *dial.* keep quiet

מו'קנשמאַלץ די "gnat's fat", stg. rare or imaginary

מוקע|ן וו (גע–ט) moo, low

מוקער די *insult.* old woman

מוקצה אַדי–אַטר [MUKTSE] *Jew.* forbidden to be touched or carried on the Sabbath or holidays; *fig.* untouchable (thing)

מוקצה־מחמת־מיאוס אַדי–אַטר [MUKTSE-MAKhMES-MI'ES] repulsive, intolerable

מוקשה אַדי–אַטר [MUKShE] *lit.* difficult to understand

מורא די (ס) [MOYRE] fear, apprehension

|| זײַן* אומפּ אַ מורא <צו אינפֿ> be dangerous/frightening (to + *inf.*)

|| אָ'נ|וואַרפֿ|ן אַ מורא אויף terrify

|| פֿ״גל מורא האָבן

מוראדיק אַדי/אַדוו [MO'YREDIK] dreadful, frightful; formidable

מורא האָב|ן* וו (מורא געהאַ'ט) <פֿאַר> [MOYRE] be afraid (of), fear

|| מורא האָבן צו be afraid to

|| איך האָב מורא אַז I suspect that

מוראוודיק אַדי [MO'YREVDIK] timid, fearful

מוראנדיק אַדי [MO'YRENDIK] זע מוראדיק

מורא־נפֿשניק דער (עס) [MOYRE-NE'FEShNIK] terrifying man

מוראַשניק דער (עס) anthill

מו'ראַשקע = מוראַשקע די (ס) ant

מורגל אַדי–אַטר experienced

מורד דער (ים) [MOYRED - MORDIM] rebel, insurgent

|| פֿ״גל מורד זײַן

מורד־במלכות דער (מורדים־) [MOYRED-BEMA'LKhES - MORDIM-] rebel against the government

מורד זײַן* וו (מורד געווע'ן) [MOYRED] rebel, revolt

מורה־דרך דער (מורי־) [MOYRE-DE'REKh - MOYRE-] mentor, master

מורה־הוראה דער (ס) [MOYRE-HOYRO'E/MOYREROE] one competent to decide matters of rabbinical law, rabbi

מורה־מורנו דער (ס) [MOYRE-MOYRE'YNE] *Jew.* great scholar

מורז(ש)ע דער/די (ס) *fam.* slob

מוריד זײַן* וו (מוריד געווע'ן) <פֿון> [MOYRED] *lit.* lower, detract (from)

מורי ורבותי טיטל [MOYRAY VERABOYSAY] *Jew.* Gentlemen

מורי'ן דער (ען) פֿעמ צע Moor

מוריניש אַדי Moorish

מורלאָ' = מורלע דער/די *dial.* boor, bumpkin, low-bred individual

מורמל דער (ען) זע מערמל[1]

מורמל|ען וו (גע–ט) murmur, mumble, mutter

מורנו 1. טיטל [MOYREYNE] "our master", one of the honorary titles formerly conferred by Talmudic academies in Poland

|| 2. דער (ס) [MOYREYNE/MEREYNE] bearer of such a title; *iron.* very learned person

|| רירן דאָס דעם מורנו *iron.* offend, hurt the feelings of

מו'רעשקע די (ס) זע מוראַשקע

מורקע|ן וו (גע–ט) purr; grumble

מושבֿ דער [MOYShEV] residence, home; agricultural colony, settlement; *vulg.* pile of filth, filthy household

מושבֿ־זקנים דער (ס) [MOYShEV-SKE'YNIM] old-age home, retirement home

מושווה ווער|ן וו (איז מושווה געוואָרן) [MUShVE] reach an agreement/compromise; be reconciled

מושטאַרדע די mustard

מושטו'ק דער (עס) pipestem, cigar(ette)-holder; mouthpiece (instrument), bit (bridle)

מושטי'ר דער (ן) (milit.) drill

מושט(ר)יר|ן (זיך) וו (–ט) (milit.) drill *trans./intr.*

מושל[1] די (ען) seashell

מושל[2] דער (ים) [MOYShL - MOShLIM] ruler, sovereign

מושליי'ן דער זע מוסלין

מושלם דער (ים) [MUShLEM - MUShLOMIM] highly accomplished/distinguished man

מושלמת די (ן) [MUShLEMES] highly accomplished/distinguished woman

מו'שפּעדיק אַדי impressionable

מושקאַט דער (ן) nutmeg; muscatel (wine)

מו'שקאַטקויל די (ן) nutmeg

מושקע די (ס) bow tie; hem; woman's jacket; viewfinder, line of sight

מושקע'ט דער (ן) זע מוסקעט

מושׂג דער (ים) [MUSEG - MUSOGIM] concept

מושׂכּל ראשון דער [MUSKL RIShN] axiom, premise; gut reaction, intuition

מותּר אַדי–אַטר [MUTER] *Jew.* permitted, allowed (by religious law)

מותּר זײַן* וו (מותּר געווע'ן) זע מוותּר זײַן

|| פּ״גל מותּר

מותר 1. דער (ות/ותן) [MOYSER - MO'(Y)SRES(N)] rest, remainder

|| 2. מצ *also* luxury, excess

מזבח דער (ות) [MIZBEYEKh - MIZBEYKhES] (sacrificial) altar

מזג דער (ן) [MEZEG] character, nature, disposition

מזג־טובֿ דער [ME'ZEKTOV] good-natured/kind-hearted person

מזדמן זײַן* זיך וו (מזדמן געווע'ן) [MIZDAMEN] (occasion) happen, chance; (people) meet

מזהיר זײַן* וו (מזהיר געווע'ן) [MAZER] *lit.* warn, caution

מזווג זײַן* וו (מזווג געווע'ן) [MEZAVEG] pair *trans.*, couple, match

מזוזה די (–ות) [MEZUZE] *mezuzah*, small parchment roll on which certain verses of the Torah are inscribed, attached by observant Jews to their doorposts inside a small metal or wooden tube; similar tube worn as a locket

|| אַ קוש טאָ|ן* די מזוזה touch the *mezuzah* and then one's lips with one's fingers on entering or leaving; enter/leave

מזומן 1. [MEZUMEN] אַדוו in cash

|| 2. דאָס (ים) [- MEZUMONIM] cash, ready money

|| 3. מצ currency, cash

|| 4. דער *Jew.* group of three to nine men, who add a supplementary paragraph to the benediction said after meals

|| בענטש|ן מזומן say grace in such a company

מזונות מצ [MEZOYNES] *lit.* sustenance, nourishment; keep, maintenance, alimony; *Jew.* blessing said before eating certain grain-based foods

מזיק דער (ים) [MAZEK - MAZIKIM] devil, demon; mischievous child, scamp; ace, whiz

|| זײַ|ן* אַ מזיק אויף have a knack for, be a whiz at

מזיק זײַן* וו (מזיק געווע'ן) [MAZEK] hurt, injure

מזיק|ן וו (גע–ט) [MAZEK] hurt, injure *imperf.*; bruise; damage, destroy

מזכּה זײַן* וו (מזכּה געווע'ן) אַק מיט [MEZAKE] *lit.* favor s.o. with; *iron.* saddle s.o. with

מזכּיר זײַן* וו (מזכּיר געווע'ן) [MASKER] cite, mention

|| מזכּיר זײַן זיך <פֿאַר> appear (before) (a Hasidic rebbe)

מזכּיר־נשמות זײַן* וו (מזכּיר־נשמות געווע'ן) [MASKER-NEShO'MES] commemorate the dead at the synagogue or cemetery on certain dates

מזל [MAZL] .1 דאָס luck, good fortune

|| אויף מזל trying one's luck

|| אויף פּאָס מזל luckily for; as luck would have it

|| זאָל זײַן מיט מזל! good luck!

|| מיט מזל זאָלסטו/זאָלט איר לעבן! thanks! (in response to congratulations)

|| .2 דאָס (ות) [- MAZOLES] planet; sign of the zodiac, constellation; destiny, fate

מזל־ברכה די [MAZL-BRO'KhE] prosperity, success

מזל־ברכהדיק אַדי [MAZL-BRO'KhEDIK] prosperous, flourishing

מזלדיק אַדי [MA'ZLDIK] lucky, fortunate; auspicious, propitious

|| אין אַ מזלדיקער שעה! [ShO] good luck!; *iron.* not a moment too soon!

מזלזל זײַן* וו (מזלזל געווע'ן) [MEZALZL] cheapen; humiliate, snub; insult

מזל־טובֿ .1 דער (ן) [MA'ZLTOV] congratulations

|| אָפּ|געבן* <דאַט> מזל־טובֿ congratulate (s.o.)

|| .2 אינט congratulations!

מזלע דאָס (ך) [MA'ZELE] mascot, good-luck charm

מזמור דער (ים) זע מיזמור

מזנה זײַן* וו (מזנה געווע'ן) [MEZANE] fornicate, commit adultery; prostitute oneself

מזרז זײַן* וו (מזרז געווע'ן) [MEZAREZ] *lit.* urge, hurry s.o.; push, spur on

מזרח[1] דער זע מיזרח

מזרחי .1 דער/די [MIZROKhI] religious-Zionist movement founded in 1904

|| .2 דער (ם) adherent of religious Zionism

מח[1] דער (ות) זע מוח

מח[2] דער (עס) [MOKh] זע מחה

מחבל דער (ים) [MEKhABL - MEKhAB(O)LIM] devil, demon; vandal

מחבר דער (ים) פֿעמ טע [MEKhABER - MEKhABRIM] author, writer

מחבר זײַן* וו (מחבר געווע'ן) [MEKhABER] *lit.* write, compile

מחדש זײַן* וו (מחדש געווע'ן) [MEKhADESh] innovate

|| מחדש זײַן די לבֿנה [LEVONE] *Jew.* recite the blessing for the new moon

מחה דער (ס) פֿעמ טע [MOKhE] *pejor., insult.* Armenian

מחויבֿ אַדי–אַטר <צו> [MEKhUYEV] obliged, obligated

מחולק אַדי–אַטר [MEKhULEK] at odds, in disagreement

מחולקדיק אַדי [MEKhU'LEKDIK] dissident; divergent

מחוסר־לחם דער (מחוסרי־) [MEKhUSER-LE'KhEM - MEKhUSRE-] *lit.* pauper, needy man

מחוץ[1] פּרעפּ [MIKhU'TS/MEKhU'TS] outside (of), beyond

מחוץ־[2]... [MIKhU'TS/MEKhU'TS-] extra-

|| מחוץ־ע'רדיש extra-terrestrial

מחוץ־לדרך־הטבֿע אַדי–אַטר [MIKhU'TS/MEKhU'TS-LEDEREKh-HATE'VE] unusual; supernatural

מחוץ־למחנה אַדי–אַטר [MIKhU'TS/MEKhU'TS-LAMA'KhNE] excluded from/outside the group

|| שטעל|ן מחוץ־למחנה ostracize

מחוץ־למחנהדיק אַדי [MEKhUTSLAMA'KhNEDIK] banished, excluded, marginal

מחוצנע אַדי–עפּי [MIKhUTSNE/MEKhUTSNE] coming from outside

|| מחוצנע פֿלייש kosher meat brought from outside town (avoiding the local slaughtering tax)

|| מחוצנע|ר אַ'רבעטער non-union worker, scab

מחוצף דער (ים) פֿעמ טע [MEKhUTSEF - MEKhUTSOFIM] insolent/shameless person

מחוצף־פּנים דער (ער) [MEKhUTSEF-PO'NEM - -PE'NEMER] impudent, arrogant person

מחוקק דער (ים) [MEKhOYKEK - MEKhO'KEKIM] engraver (*esp.* on stone); legislator

מחוש דער (ן) זע מיחוש

מחותּן .1 דער (ים) [MEKhUTN - MEKhUTONIM] son- or daughter-in-law's father; relation by marriage *masc.*; *fam., iron.* pal, crony

|| וואָס פֿאַר אַ מחותּן בין איך דיר? what have I got to do with you?

|| 2. מצ in-laws, families of the bride and groom (at the wedding)

מחותּנישאַפֿט די [MEKhUTO'NEShAFT] connection/relation by marriage

מחותּנתטע די (ס) [MEKhUTE'NESTE] son- or daughter-in-law's mother; relation by marriage *fem.*

מחזור דער/דאָס (ים) [MAKhZER - MAKhZOYRIM] prayer book for the Jewish holidays

מחזיר־למוטבֿ זײַן* וו (מחזיר־למוטבֿ געווע'ן) [MAKhZER-LEMU'TEV] redeem, put back on the right path

מחזקות מצ [MAKhZOKES] relations, dealings; temporizing, evasions; nonsense

|| מאַכן מחזקות <מיט> delay, dilly-dally; make a big deal (out of)

מחזק זײַן* וו (מחזק געווע'ן) [MEKhAZEK] encourage, strengthen, invigorate

מחיה[1] די [MEKhAYE] pleasure, delight

|| אַ מחיה! wonderful! a pleasure!

|| זײַן* אַ מחיה be delightful

|| זײַן* אומפּ אַ מחיה צו be wonderful to

|| פֿ״גל מחיה זײַן

מחיה[2] די (-ות) [MIKhYE] nourishment; livelihood, keep

מחיהדיק אַדי/אַדוו [MEKhA'YEDIK] delicious, delightful, refreshing

מחיה זײַן* וו (מחיה געווע'ן) [MEKhAYE] refresh, delight

|| מחיה זײַן זיך <מיט> be delighted (to); be glad to meet (s.o.)

|| מחיה זײַן זיך וואָס be happy that

מחיה־מתים זײַן* וו (מחיה־מתים געווע'ן) resurrect, revive (the dead) [MEKhAYE-ME'YSIM]

מחיהניש דאָס [MEKhA'YENISh] pleasure, delight

מחיה־נפֿשות אַדוו [MEKhAYE-NEFO'ShES] delightfully

|| מחיה־נפֿשות! what a pleasure! wonderful!

מחיה־נפֿשותדיק אַדי [MEKhAYE-NEFO'ShESDIK] refreshing, delightful

מחייבֿ זײַן* וו (מחייבֿ געווע'ן) [MEKhAYEV] oblige, necessitate, pledge; find or pronounce guilty

|| דער שׂכל איז מחייבֿ [SEYKhL] it stands to reason

מחילה 1. די [MEKhILE] pardon, forgiveness

|| בעטן <אַק> מחילה *also* apologize (to)

|| 2. אינט excuse me! pardon the expression!

מחיצה די (-ות) [MEKhITSE] partition, separation

מחלה די (-ות) [MAKhLE] illness

מחלוקה די (-ות) [MAKhLOYKE] זע מחלוקת

מחלוקת דאָס (ן) [MAKhLOYKES] quarrel, dispute, feud

מחלוקתדיק אַדי [MAKhLO'YKESDIK] quarrelsome; controversial

מחלל־השם זײַן* וו (מחלל־השם געווע'ן) [MEKhALEL-HAShE'M] זע מחלל־שם זײַן

מחלל־זיווג דער (מחללי־זיווגים) [MEKhALEL-ZI'VEG - MEKhA'LELE-ZIVU'GIM] unfaithful spouse, adulterer

מחלל־זיווג זײַן* וו (מחלל־זיווג געווע'ן) [MEKhALEL-ZI'VEG] commit adultery

מחלל זײַן* וו (מחלל געווע'ן) [MEKhALEL] profane, violate

מחלל־שבת זײַן* וו (מחלל־שבת געווע'ן) [MEKhALEL-ShA'BES] *Jew.* violate/desecrate the Sabbath

מחלל־שם זײַן* וו (מחלל־שם געווע'ן) [MEKhALEL-ShE'M] *Jew.* blaspheme; (Jew) act so as to defame the good name of Jews

מחלק זײַן* וו (מחלק געווע'ן) [MEKhALEK] divide, distribute

מחמדאַניש אַדי [MAKhMEDANISh] Muslim, Mohammedan

מחמדאַנער דער (–) פֿעמ ין [MAKhMEDANER] Muslim, Mohammedan

מחמיר דער (ים) [MAKhMER - MAKhMIRIM] s.o. who favors a rigorous interpretation/application of the rules/laws

מחמיר זײַן* וו (מחמיר געווע'ן) [MAKhMER] be rigorous, construe the rules strictly

מחמיריש אַדי/אַדוו [MAKhMIRISh] rigorous; narrow-minded

מחמת [MAKhMES] 1. פּרעפּ because of, on account of, due to

|| 2. קאָנ because

מחנה די (-ות) [MAKhNE] group; host, multitude; pack, band, gang; camp *fig.*, side, faction

מחנך זײַן* וו (מחנך געווע'ן) [MEKhANEKh] educate; dedicate (a building), consecrate (a synagogue)

מחסר זײַן* וו (מחסר געווע'ן) [MEKhASER] *lit.* omit; lessen

|| מחסר זײַן אַק דאַט take stg. away from s.o.

מחק דער (ים/ן) [M(E)KhA'K] erasure; falsified account

|| מאַכן אַ מחק פֿון ruin, spoil

מחקר דער [MEKhKER] (intellectual) research, philosophy

מחריבֿ זײַן* וו (מחריבֿ געווע'ן) [MAKhREV] destroy, lay waste, devastate

מחרים זײַן* וו (מחרים געווע'ן) [MAKhREM] proscribe, banish; *Jew.* excommunicate

מחרף־ומגדף זײַן* וו (מחרף־ומגדף געווע'ן) [MEKhAREF-UMEGA'DEF] blaspheme; insult, curse

מחשבֿה די (–ות) [MAKhShOVE] thought, idea

מחשבֿה־זרה די (מחשבֿות־זרות) [MAKhShOVE-ZO'RE] evil thoughts, temptation, ulterior motive

מחשבֿותן אַדוו [MAKhShO'VESN] incidentally, by the way

מטבע די (ות) [MATBEYE] coin; money; *hum.* sum of money

מטה די (–ות) זע מיטה

מטה־מטה אַדוו [MATE-MO'TE] : גיי|ן*/פֿאַל|ן מטה־מטה go from bad to worse

מטהר זײַן* וו (מטהר געווע'ן) [METAER] *Jew.* purify, *esp.* wash a corpse before burial

מטופּל דער (ים) [METUPL - METUPOLIM] man with burdens, *esp.* man burdened with many children

מטורף [METUREF - METUROFIM] .1 דער (ים) פֿעמ טע madman, lunatic

|| .2 אַדי crazy, deranged, frantic

מטורפֿדיק אַדי/אַדוו [METU'REFDIK] frantic, frenzied

מטורפֿת די (ן) [METUREFES] madwoman

מטושטש אַדי/אַדוו [METUShTESh] vague, indistinct, diffuse

מטיבֿ זײַן* וו (מטיבֿ געווע'ן) <פֿאַר> [MEYTEV] *lit.* make amends (for)

|| מטיבֿ זײַן <מיט> be lenient (toward), treat (s.o.) well

מטיל־אימה זײַן* וו (מטיל־אימה געווע'ן) <אויף> [MATL-E'YME] *lit.* spread terror (among)

מטיף דער (ים) [MATEF - MATIFIM] orator, preacher

מטלטלים = מטלטלין מצ [META'LTELIM] personal effects, household goods

מטמא זײַן* וו (מטמא געווע'ן) [METAME] defile, make unclean; *hum.* corrupt

מטמון דער (ס/ים) [MATMEN - MATMOYNIM] treasure, hoard

מטמונ|ען וו (גע–ט) [MATMEN] hoard, stockpile *imperf.*

מטעים זײַן* וו (מטעים געווע'ן) [MATEM] emphasize, put stress on

מטעמים מצ [MATAMIM] delicacies, dainties, gourmet food

מטפּל זײַן* זיך וו (מטפּל געווע'ן) אַרו'ם/מיט [METAPL] busy or trouble oneself with

מטריח זײַן* וו (מטריח געווע'ן) [MATRIEKh] burden, trouble, impose upon

|| מטריח זײַן זיך און/צו take the trouble to; take the trouble to, be so kind as to

מי[1] די (ען) trouble, effort; labor, toil

|| נעמ|ען זיך די מי צו take the trouble to

|| מי און מאַ'טער(ניש) extraordinary efforts

מי[2] דער (ען) (mus.) the note E

מיאוס אַדי/אַדוו [MIES] ugly, hideous; odious, loathsome, hateful; obscene; shameful

|| מיאוס אָ'פּ|שנײַד|ן get the worst of it

מיאוס־ומאָוס אַדי–אַטר [MIES-UMO'ES] disgusting, repulsive

מיאוס־ומאָוס ווער|ן וו (איז מיאוס־ומאָוס געוואָרן) <דאַט> [MIES-UMO'ES] become tedious to, bore s.o. *perf.*; disgust (s.o.)

מיאוס|ן זיך וו (גע–ט) <פֿאַר/צו> [MIES] be disgusted (by), abhor, loathe

מיאוסניצע די (ס) [MI'ESNITSE] ugly woman

מיאוסניק דער (עס) [MI'ESNIK] ugly man

מיאוסקייט [MI'ESKEYT] .1 די ugliness

|| .2 די/דאָס (ן) repulsive thing/creature, horror; baseness, obscenity; ugly person

מיאַוקע|ן וו (גע–ט) meow

מיאַטע די mint

מיאַטע'זש דער (ן) *dial.* revolt, riot

מיאַטעזשניק דער (עס) *dial.* rebel, revolutionary

מיאַטע'ליצע די (ס) זע מעטעליצע

מיאַטקע די זע מיאַטע

מיאַטש דער (עס) דימ מיאַטשיק *Slav.* ball

מיאַטשע|ן וו (גע–ט) *Slav.* knead *imperf.*; rumple, crumple *imperf.*

מיאַכקע : מיאַכקע לבֿבֿות [LEVOVES] *Slav., hum.* sensitive souls

מיאש זײַן* וו (מיאש געווע'ן) [MEYAESh] disappoint, disillusion

|| מיאש זײַן זיך <אין> despair (of), give up hope (for), give up for lost

מיבם זײַן* וו (מיבם געווע'ן) [MEYABEM] *Jew.* marry the widow of a childless brother (levirate marriage); *hum.* steal, pilfer, pinch

מיגל דער nausea, disgust

מי'גלדיק אַדי nauseating, disgusting

מיגלעך אַדי זע מעגלעך

מי'גלעכקייט די (ן) זע מעגלעכקייט

מיגל|ען וו-אומפּ (גע–ט) דאַט <פֿון> *rev.* be nauseated or disgusted (by)

|| מיגלען זיך <פֿון/צו> feel disgust (for/at)

מיגעגע די/דער **זע** מעגעגע

מיד אַדי/אַדוו tired, weary

מידבר די/דער (יות) [MIDBER - MIDBORYES] desert, wilderness

מידברדיק אַדי [MI'DBERDIK] arid, desert-like; deserted

מידה די (–ות) [MIDE] habit, custom; character trait

|| גוט|ע מידה virtue, good trait

מידה־טובֿה די (מידות־טובֿות) [MIDE-TO'YVE] positive character trait, virtue

מידה כּנגד מידה פֿר [MIDE KENEGED MIDE] measure for measure, like for like

|| באַצאָל|ן מידה כּנגד מידה pay s.o. back in his own coin

מידה־מגונה די (מידות־מגונות) [MIDE-MEGU'NE] bad character trait, nasty habit

מידה־רעה די (מידות־רעות) [MIDE-RO'E] moral defect, bad character trait, vice

מיד־ליד אַדוו [MIYA'D-LEYA'D] directly, without formalities or intermediaries; from hand to hand

מי'דלינעס = מי'דלענעס מצ [Ly] suds, soapy water, lather

מי'דניצע די (ס) **זע** מעדניצע

מידער דער (ס) corset, girdle

מידקייט די fatigue, weariness

מידת־הדין דאָס [MIDES-HADI'N] severity, full rigor of the law

מידת־הרחמים דאָס [MIDES-HORA'KhMIM] mercy, indulgence

מיוחס דער (ים) [MEYUKhES - MEYUKhOSIM] man of illustrious descent/birth or *hum.* treated with great deference

מיוחסת די (ן) [MEYUKhESES] woman of illustrious descent/birth or *hum.* treated with great deference

מיוחסטע די (ס) [MEYUKhE'SESTE] **זע** מיוחסת

מיויקען וו (גע–ט) **זע** מיאָוקען

מיושבֿ אַדי–אַטר [MEYUShEV] sane

מיושבֿדיק אַדי/אַדוו [MEYU'ShEVDIK] measured, deliberate; wise, sensible

מיושבֿדיקייט די [MEYU'ShEVDIKEYT] dignity, seriousness; good judgment, mental balance

מיזאַנטראָפּ דער (ן) misanthrope

מיזאַנסצענע די (ס) (theat.) mise en scène, staging

מיזיוקל דאָס (עך) pacifier

מיזי'ניצע די (ס) **זע** מיזינקע

מיזיניק דער (עס) youngest son; little finger, pinky

מיזינקע די (ס) youngest daughter

מיזמור דער (ים) [MIZMER - MIZMOYRIM] psalm, hymn

|| ווי אַ מיזמור at one's fingertips; without a hitch, smoothly

מיזערנע אַדי puny, emaciated; wretched, insignificant

מיזרח[1] [MIZREKh] **.1** דער east; Orient; *Jew.* east, eastern wall of the synagogue towards which one turns during prayer

|| מיזרח צו eastward

|| דער ווײַט|ער מיזרח the Far East

|| דער מי'טעל|ער מיזרח the Middle East

|| דער נאָ'ענט|ער מיזרח the Near East

|| **.2** דער (ים) [- MIZROKhIM] *Jew.* wall fixture (often a picture of the Holy Land) indicating east so prayers can be said facing Jerusalem

מיזרח־[2]... [MI'ZREKh] eastern, oriental

מיזרחדיק אַדי [MI'ZREKhDIK] eastern; oriental

מיזרח־וואַנט די (־ווענט) [MI'ZREKh] *Jew.* eastern wall of a synagogue, along which are placed the seats of the notables of the community; *fig.* elite, persons of high status

מיזרעך **פֿאָנ** מיזרח

מיחד זײַן* זיך וו (מיחד געווע'ן) <מיט> [MEYAKhED] separate oneself, be alone (with)

מיחוש דער (ן) [MEYKhESh] pain, frailty, disease

מיחיה די (–ות) **זע** מחיה[2]

מיחס זײַן* זיך וו (מיחס געווע'ן) מיט [MEYAKhES] be descended from; be proud of one's descent from

מיט[1] די middle, center

|| אין דער מיט in the middle

|| פֿ״גל מיטן[1]

מיט[2] **.1** פּרעפּ with; by (route, vehicle, tool); (amount/quantity) of; with, containing, characterized by; and

|| מיט די טרעפּ by the stairs

|| מיט דער באַן by train

|| פּאַטש|ן מיט די הענט clap one's hands

|| בערג מיט באַנקנאָטן piles of banknotes

|| די מעשה מיט דער ציג [MAYSE] the story of the goat

|| מיט אַנאַ'נד(ער) together

|| מיט דעם וואָס in that, to the extent that

|| ער איז גערע'כט מיט דעם וואָס ער... he is right in that he ..., he is right to the extent that he ...

|| מיט ... צורי'ק ago

|| מיט אַ יאָר צורי'ק a year ago

|| לאָקשן מיט יויך noodle soup, soup with noodles

|| דער טאַטע מיט דער מאַמען father and mother

|| צוויי מיט אַ האַלבער שעה [ShO] two and a half hours

|| וואָס איז מיט דיר? what's the matter with you?

|| וואָס הערט זיך מיט אים? what's new with him?

|| 2. קוו with, accompanying

|| מי'ט|לויפֿ|ן <מיט> run (along with s.o.); follow (the party line)

...מי'ט[3] fellow, co...; companion/partner in

|| מי'טפּילאָט copilot

|| מי'טבירגער fellow citizen

מיטאָג[1] דער (ן) lunch, noonday meal, main meal of the day

|| פֿאַר/נאָך מיטאָג in the morning/afternoon

...מי'טאָג-[2] midday ...

מי'טאָגצײַט 1. די noon, lunchtime

|| 2. אַדוו at noon, in the middle of the day

|| צוועלף אַ זייגער מיטאָגצײַט (at) twelve (noon)

מי'טאָג־שעה די (ען) [ShO] noon hour; lunch time

מיטאָלאָגיע די (ס) mythology

מיט אַ מאָל אַדוו זע (מיט אַ) מאָל[1]

מיטאַמאָליק אַדי sudden

מיטאָס דער (ן) myth

מי'טאַרבעט די cooperation, collaboration

מי'ט|אַ'רבעט|ן וו (מי'טגעאַרבעט) <מיט> cooperate, collaborate (with)

מי'טאַרבעטער דער (ס) פֿעמ ין fellow worker, collaborator; contributor, writer (for a newspaper/journal)

מי'טבאַטײַט דער (ן) connotation

מי'טבאַטייליקט|ער דער-דעק participant

מי'ט|באַטיי'ליק|ן זיך וו (–ט) אין participate in

מי'ט|ברענג|ען וו (–גע–ט/מי'טגעבראַכט) bring along

מי'טגיבערל דאָס (עך) assignment, mission

מי'ט|גיי|ן* וו (איז מי'טגעגאַנגען) go along

|| מיטגיין מיט accompany s.o.

מיטגליד דער (ער) member (of association, etc.)

מי'טגליד־אָפּצאָל דער (ן) dues

מי'טגלידער דער (–) זע מיטגליד

מי'טגלידערשאַפֿט די membership (belonging to a group); membership (all the members of a group)

מי'טגלייביק|ער דער-דעק coreligionist

מיטגנבֿ דער (ים) [MI'TGANEF - MI'TGANOVIM] accomplice (in theft), fellow-thief

מי'טגעבויר·ן אַדי innate

מי'ט|געב|ן* וו (מי'טגעגעבן) give (s.o.) stg. to take along

מי'טגעפֿיל דאָס <מיט> sympathy, compassion (for); condolences

|| האָב|ן* מיטגעפֿיל <מיט> sympathize (with)

מיט דערמי'ט אַדוו זע (מיט) דערמיט

מיטה די (–ות) [MITE] *Jew.* stretcher for a corpse

מי'ט|האָב|ן* וו (מי'טגעהאַט) have on oneself/one's person; possess in common

מי'טהאַלטונג די conformity

מי'ט|האַלט|ן וו (מי'טגעהאַלטן) <מיט> keep up (with), be on a par (with); side (with), conform (with)

מיטהאַלטערײַ' דאָס *neol.* conformism, conformity

מי'טהאַפֿטיקייט די cohesion

מיטהילף די help, collaboration

מי'ט|העלפֿ|ן וו (מי'טגעהאָלפֿן) help, collaborate

מי'טהעלפֿער דער (ס) פֿעמ ין assistant, collaborator; accomplice

מיטוואָך 1. דער (ן) Wednesday

|| פּלוצעם אין אַ מיטוואָך, אין מיטן מיטוואָך out of the clear blue sky, suddenly, unexpectedly

|| אין אַ פּראָסטן מיטוואָך on an ordinary day

|| אַ פּראָסט|ער מיטוואָך an ordinary fellow

|| 2. אַדוו (on) Wednesday(s)

|| מאַכ|ן מיטוואָך שבת [ShABES] celebrate for no particular reason

מי'טוואָכדיק אַדי (of) Wednesday, Wednesday's

מי'טטיילונג די (ען) message, communication, announcement

מי'ט|טייל|ן וו (–גע–ט) announce, inform

מי'טטענצער דער (ס) פֿעמ ין (dancing) partner

מיטינג דער (ען) (*esp.* political) meeting, rally

מיטיש אַדי mythical

מיט·ל 1. אַדי–עפּי middle, medium, central; intermediate; average; moderate

|| אין די מי'טעלע יאָרן middle-aged

|| 2. דאָס (ען) means; remedy

|| אָ'נ|נעמ|ען מיטלען, טאָ|ן* מיטל — take measures/steps

מי'טל־אַלטער דער זע מיטל־עלטער

מי'טלווּקסיק אַדי — of average height

מי'טלוועג דער (ן) — middle course; middle of the road

מי'טלוויפּער דער (ס) פֿעמ ין — (polit.) fellow traveler

מי'טל־יאָריק אַדי — middle-aged

מיטלײַד = מיטלייד די <מיט> — compassion, pity (for/towards)

מי'טל־ייִדיש דאָס/אַדי — Middle Yiddish (1500-1700)

מי'ט|לײַד|ן וו (מי'טגעליטן) מיט — share the sorrows of

מי'טל־יעריק אַדי זע מיטל־יאָריק

מי'טל־לענדיש אַדי זע מיטלענדיש

מי'טלמאַן דער (מי'טללײַט) — person of moderate means; middleman

מי'טלמאָסיק אַדי — medium-sized; mediocre

מי'טלמאָסיקייט די — mediocrity

מי'טל־מעסיק אַדי זע מיטלמאָסיק

מיטלסט אַדי–עפּי — middle, central

מי'טל־עלטער דער — Middle Ages

מי'טל־עלטעריש אַדי — medieval

מיטל|ען זיך וו (גע–ט) — get by, manage, make ends meet

מי'טלענדיש אַדי — Mediterranean

|| דער מיטלענדיש|ער ים [YAM] — the Mediterranean (Sea)

מי'טלפּונקט דער (ן) — center, hub

מי'טלפֿוס דער — metatarsus, instep, arch (of the foot)

מי'טלקלאַס דער (ן) — middle class

מי'טלשול די (ן) — high school

מי'טלשטאָט די — downtown

מי'טלשטאַנד דער — middle-income group(s)

מי'טלשטוב די (ן) — living room

מי'ט|מאַכ|ן וו (–גע–ט) — experience, go through

מיטמענטש דער (ן) — fellow man

מי'טמעסטלעך אַדי — *neol.* commensurate

מיטן[1] דער (ס) — middle, center

|| אין מיטן <דאַט> — in the middle, in the midst (of)

|| אין מיטן דערינען — all at once, all of a sudden

מיטן[2] = מיט דעם — *regular contraction*

|| מיטן = מיט דער — *contraction possible only in certain dialects*

מי'טנדיק אַדי — central, intermediate

מיטניטען דער (ים) [MI'TNITN - MI'TNITONIM] — co-respondent, co-defendant

מיטניק דער (עס) פֿעמ ...ניטשקע — *dial.* tax-collector; miller, flour merchant

מי'ט|נעמ|ען וו (מי'טגענומען) — take along

מיטע די — customs, tolls; rent

מיטעלקע די (ס) — dust-broom

מיטע|ן וו (גע–ט) — flash

מיטענקע די (ס) — mitten

מי'ט|עס|ן וו (מי'טגעגעסן) <מיט> — eat with, share a meal (with)

מי'טערנאַכט די — midnight

מיטערע אַדי — *dial.* crazy, insane

מי'טפֿאַרברעכער דער (ס) פֿעמ ין — accomplice

מי'ט|פֿאָר|ן וו (איז מי'טגעפֿאָרן) <מיט> — accompany (in a vehicle), join on a trip

מי'טפֿאָרער דער (ס) פֿעמ ין — rider, passenger; traveling companion

מי'ט|פֿיל|ן וו (–גע–ט) דאַט — sympathize with

מי'ט|פֿיר|ן וו (–גע–ט) — carry along (with oneself)

מי'טצײַטיק = מי'טצײַטיש אַדי — contemporary

מי'טצײַטלער דער (ס) פֿעמ ין — contemporary

מי'טקאַמערניק דער (עס) פֿעמ ...ניצע — cellmate

מי'ט|קומ|ען וו (מי'טגעקומען) <מיט> — come along (with), accompany s.o.

מיטקיום דער [MI'TKIEM] — coexistence

מי'טקעמפֿער דער (ס) — comrade in arms, fellow-fighter

מי'ט|רײַס|ן וו (מי'טגעריסן) — carry away, transport *also fig.*

|| מיטרײַסן דעם עולם [OYLEM] — bring down the house

מי'טרעדאַקטאָר דער (ן) פֿעמ שע — co-editor, member of editorial staff

מיטשולד די — complicity

מי'טשולדיק|ער דער-דעק — accomplice

מי'ט|שטיי'ער|ן וו (–גע–ט) — contribute, bring in

מי'טשטימונג די (ען) — correspondence, agreement (with)

מי'ט|שיק|ן וו (–גע–ט) <מיט> — join to a shipment; send (by/with s.o.)

מי'ט|שלעפּ|ן וו (–גע–ט) — carry away; drag along

מי'טשלעפֿער דער (ס) פֿעמ ין — bedfellow

מי'טשמועסער דער (ס) פֿעמ ין — interlocutor

מיטשע|ן וו (גע–ט) — bellow

מי'טשפּילער דער (ס) פֿעמ ין — fellow player, playmate

מײַ דער (ען) — May; lilac

מײַאָוניק דער (עס) פֿעמ ...ניצע — summer guest

מײַאָווע אַדי — (of) May, May's

מײַאָווקע די (ס) — picnic, springtime excursion

מייאָר דער (ס) — *Amer.* mayor

מיִאש זײַן* וו (מיִאש געווע'ן) זע מיִאש זײַן

מײַבלום די (ען) — lily of the valley

מיִבם זײַן* וו (מיִבם געווע'ן) זע מיִבם זײַן

מיידל דאָס/די (עך) — girl, young woman

מיי'דלווײַז אַדוו — as a girl

מיי'דלניק דער (עס) — ladies' man, womanizer

מיידלש אַדי — girlish, of a girl, girl's

מיי'דלשאַפֿט די — girlishness; girlhood

מיידן מצ זע מויד

מײַד|ן וו (געמיטן/גע–ט) <פֿון> — avoid, shun

|| מײַדן זיך — to fail to meet, miss one another

מי־יודע אַדוו [MIDEYE] — who knows, who can tell, God (only) knows

|| מי־יודע וויפֿל — who knows how many

מײַוווקע די (ס) זע מײַאָווקע

מייוון פֿאָנ מבֿין

מייז מצ זע מויז

מײַזל דאָס (עך) דימ זע מויז

מײַ'זנלאָך די/דער (...לעכער) — mousehole

מיִחד זײַן* זיך וו (מיִחד געווע'ן) זע מיִחד זײַן זיך

מיִחס זײַן* זיך וו (מיִחס געווע'ן) זע מיִחס זײַן זיך

מײַטקעס מצ — panties, underpants

מײַיִק אַדי — (of) May, May's

מײַכל פֿאָנ מאכל

מײַל די (ן) — mile

מײַלכל דאָס (עך) מויל דימ — orifice

מײַ'לנצאָל די — mileage

מיילע פֿאָנ מילא

מײַלע פֿאָנ מעלה

מיילעך פֿאָנ מלך

מײַלער מצ זע מויל[1]

מײַלשטיין דער (ער) — milestone; important event, turning point

מיין[1] דער (ען) — intent(ion); meaning, sense

|| מיט אַ מיין — expressly, intentionally

מיין[2] אַדוו — more

מײַן פּאָס–אַדי — my; mine

מיינונג די (ען) — opinion, (point of) view; grade, mark (school)

|| בײַט|ן די מיינונג — change one's mind

|| זײַן* בײַ/מיט דער מיינונג <אַז> — be of the opinion (that)

מײַנט : פֿון מײַנט וועגן — for my sake; *iron.* as far as I'm concerned, for all I care

מײַניק אַדי — *(usu. nominalized)* (what is) mine; what interests/concerns me

|| איך דאָס מײַניקע וועל אוי'ספּירן — I will get/achieve what I want

מײַן־מײַן־מײַן אינט — here, bossy! (call to a cow)

מיינסט : צום מיינסטן — mostly; most often; at most

מײַנסט האַלבן אַדוו — *iron.* for my part, for all I care

מיינסטנס אַדוו — mostly; most of the time

מײַנסטער דער (ס) פֿעמ קע — master craftsman; foreman, overseer; mechanic, repairman

|| פֿ״גל מײַסטער

מיינעט זע מײַנט

מיינ|ען וו (גע–ט) אַק — have in mind, think of

|| מי'ך מיינט איר? — do you mean me?

|| ווי נישט אי'ם מיינט מען — as if it had nothing to do with him

|| מיינען <אַז> — mean, signify; think (that); imply, drive at

|| ווי מיינט איר? — what do you think?

|| איך מיי'ן אַזוי' — that's what I think, I think so

מײַנ|ער פֿראָנ — *fam.* my husband/wife

|| פֿ״גל מײַן

מייסד דער (ים) זע מיסד

מייסטל דאָס (עך) זע מייסל

מײַסטנס אַדוו זע מיינסטנס

מײַסטער דער (ס) פֿעמ ין — master craftsman; champion

|| פֿ״גל מײַנסטער

מײַ'סטערווערק דאָס (–) — masterpiece

מײַ'סטעריש אַדי/אַדוו — masterly

מייסטער|ן וו (גע–ט) זע מײַסטרעווען

מײַ'סטערשאַפֿט די — mastery; championship; workmanship

מײַ'סטרעווע|ן וו (גע–ט) — tinker (with) *imperf.*

|| מײַסטרעווען מיט — manipulate, arrange

מייסל = מײַסל דאָס (עך) — chisel

מײַסע פֿאָנ מעשה

מייער דער (ן) — carrot

מײַ'ערל דאָס (עך) דימ זע מויער[1]

מיי'ערקעפּל = מײַ'ערקעפּל דאָס (עך) — seashell

מײַיִק אַדי/אַדוו — painstaking

מײַקע די (ס) — undershirt, tee shirt

מייקעכץ דאָס — vomit

מיי'קענ|ען = מיי'קע|נען וו (גע–ט) — vomit, retch *imperf.*

מיירע די (ס) — piece of barely kneaded dough used to bake Passover matzos

|| אַ מיירע אַראָ'פּ, אַ מיירע אַרוי'ף — without a break

מײַרעוו פֿאָנ מערבֿ

מיישבֿ זײַן* זיך וו (מיישבֿ געווע'ן) זע מישבֿ זײַן זיך

מיך פּראָנ–אַק (נאָמ: איך) — me *(acc.)*

מיכע די (ס) — a dish of stale bread soaked in boiling water

מיכשול דער (ים) [MIKhShL - MIKhShOYLIM] — obstacle, stumbling-block, pitfall

מיכתּבֿ דער (ים) [MIKhTEV - MIKhTOVIM] — letter, missive

מיל די (ן) — mill

מילא אינט [MEYLE] — well, so be it; that's that, what a pity; in short

מילב די (ן) — mite, moth

מילביק אַדי — moth-eaten

מילגרוים דער (ען) — pomegranate

מילד אַדי/אַדוו — mild, gentle; moderate; clement; insipid, bland

|| מילד גערע'דט — to put it mildly

מי'לדער|ן וו (גע–ט) — soften; moderate; alleviate (pain)

מילה די [MILE] — *Jew.* circumcision; penis

מילטער מצ זע מולטער

מיליאָ'ן דער (ען) [LY] — million

מיליאָנטשיק דער (עס) [LY] — *fam.* millionaire

מיליאָניק אַדי [LY] — of a million, of millions

מיליאָנע'ר דער (ן) [LY] — millionaire

מיליאַ'ס דער (ן) [LY] — myriad, vast number; large number, lot, slew

מיליאַ'רד דער (ן) [LY] — billion, *(European)* milliard

מיליגראַ'ם דער (ען) — milligram

מילי־דבדיחותא מצ זע מילתא־דבדיחותא

מילי־דעלמא מצ [MILE-DEA'LME] — practical matters, worldly/everyday affairs

מיליו'טן־פּלאַסטער דער (ס) — dressing of balm of melilot (sweet clover)

מיליטאַנטיש אַדי — militant

מיליטאַריזם דער — militarism

מיליטע'ר[1] דאָס — army, troops *coll.*

מיליטע'ר־[2]... — military; pertaining to military service, draft

|| מיליטער־עלטער — draft age

|| מיליטער־אַמט — draft-board

מיליטע'ר־אָפּקלײַב דער — selective service

מיליטעריש אַדי — military; martial (*e.g.* music)

מיליטע'ר־לײַט מצ — the military, soldiers

מיליטע'ר־מײַדער דער (ס) — (milit.) draft dodger

מילי־מיליאָ'סן מצ [LY] — many millions, myriads

מילימעטער דער (ס) — millimeter

מילינטשע די (ס) זע מלינצע

מי'לינעס מצ זע מולינעס

מילינציע די (ס) זע מלינצע

מילי'ץ די (ן) — militia

מיליציאַ'נט = מיליציאָנע'ר דער (ן) — militiaman

מיליציע די (ס) זע מיליץ

מי'ליצע די (ס) — *dial.* crutch

מילך די — milk; milt

מילכאָמע פֿאָנ מלחמה

מילכגלאָז דאָס — frosted glass

מי'לכהערינג דער (–) — milter (fish)

מילכוועג דער — Milky Way

מילכיק אַדי — with/of milk; milky; *Jew.* dairy, not to be mixed with meat according to the dietary rules; *Jew.* (dish, etc.) used only for dairy foods

מילכיקס דאָס — dairy food

מי'לכיקער דער (ס) פֿעמ ין — milkman, dairyman

מילכיקערײַ' די (ען) — dairy, creamery

מילכל דאָס (עך) מיל דימ — pepper/coffee mill

מילכנע אַדי — *dial.* soft-roed, containing milt

מי'לכעדיק אַדי זע מילכיק

מילכערײַ' די (ען) — dairy

מילנער דער (–/ס) פֿעמ קע — miller

מילעך די זע מילך

מילץ די (ן) — spleen; milt

מילשטיין דער (ער) — millstone, grindstone

מילתא־דבדיחותא די (מילי־) [MILSE-DIBDI'KhESE - MILE-] jest, witticism
מים דאָס [MAYIM] water
מים־אַחרונים דאָס [MAYIM-AKhRO'YNIM] Jew. water for washing hands after a meal
מים־חיים דאָס [MAYIM-KhA'YIM] flowing water; hum. aqua vitae, liquor, brandy
מימיק די mimicry
מי'מיקער דער (ס) פֿעמ ין mime, mimic
מימיש אַדי mimic
מימל|ען וו (גע־ט) זע מומלען
מימעאָגראַפֿיר|ן וו (־ט) mimeograph
מימרא די (־ות) [MEMRE] (esp. Talmudic) aphorism; sentence, paragraph; gossip
מים־ראשונים דאָס [MAYIM-RIShO'YNIM] Jew. water for washing the hands before a meal
מים־שלנו דאָס [MAYIM-ShELO'NU] Jew. water that has remained in a vessel overnight, used to knead the dough for Passover matzos
מין[1] דער/דאָס (ים) kind, sort; sex; (gramm.) gender
|| אַזאַ' מין ...! what a ...!
מין[2] דער (ים) Jew. heretic, impious person
מינאָ'ר 1. דער (mus.) minor (key)
|| 2. אַדי (mus.) minor
מינאָריטע'ט די (ן) minority (party, group)
מינאָריע די (ס) simpering, smirking; wile, stratagem; manner, affectation
מינדלעך אַדי/אַדוו oral, verbal
מינדסט אַדי–עפּי least
|| מינדסט|ער פֿינגער little finger
מי'נדער... זע ווערטער מיט מינער...
מי'נדערהייט די (ן) minority (party, group)
מינהג דער (ים) [MINEG - MINHOGIM] custom, rite
מינהג־העולם דער [MINEG-HOO'YLEM] order of things, way of the world
מינו'ט די (ן) minute (time)
|| די' מינוט this very instant
|| אַ ליאַדע מינוט any minute now
|| צו דער מינוט in the nick of time
|| אויף דער (הייסער) מינוט on the spur of the moment; in the heat of the moment
|| פֿינף מינוט צו/פֿאַר אַכט five minutes before eight, 7:55
מינוטניק דער (עס) minute hand
מינוס 1. דער (ן) disadvantage, drawback; minus (sign)
|| 2. קאָנ minus, less, take away (subtraction)

מינחה (די) [MINKhE] Jew. Mincha, the afternoon prayer
מי'נטערן|ן וו (גע־ט) (try to) revive; stimulate
מי'נטערעכץ דאָס (ן) stimulant, tonic
מיני אַדי–עפּי–אינוו [MINE] kinds of, various
מיניאַטו'ר די (ן) [NY] miniature
מיניאָנע אַדי [Ny] iridescent, shimmering
מינימאַ'ל 1. אַדי small, trifling; minimal, least
|| 2. אַדוו least, as little as possible
מי'נימום 1. אַדוו at least
|| 2. דער (ס) minimum
מינימיזיר|ן וו (־ט) minimize, reduce as much as possible
מיניסטער דער (...טאָ'רן) פֿעמ ...טאָ'רשע (government) minister
מיניסטעריום דער (ס) (government) ministry
מי'ניעדיק אַדי [Ny] iridescent
מיניע|ן זיך וו (גע־ט) [Ny] shimmer, change color
מינירונג די mining, laying of mines
מיניר|ן וו (־ט) mine (lay mines), mine (excavate)
מינירשיף די (ן) minelayer (ship)
מינישקע די (ס) זע מאַנישקע
מינכן (דאָס) Munich
מינסטרעל דער (ן) minstrel
מינע[1] די (ס) mien, look, air
מינע[2] די (ס) (explosive) mine
מינעג פֿאָנ מינהג
מי'נעווע|ן וו (גע־ט) undermine imperf.
מי'נעזינגער דער (ס) פֿעמ ין minstrel
מינעןן זיך וו (גע־ט) זע מיניען זיך
מי'נעפֿעלד דאָס (ער) minefield
מינער אַדוו less
מינעראַ'ל[1] דער (ן) mineral; ore
מינעראַ'ל[2]־... mineral-...
|| מינעראַל־וואַסער mineral water
מינעראַלאָגיע די mineralogy
מי'נערדיק אַדי minor, secondary
מי'נערוויכטיק אַדי minor, secondary
מי'נערווערט די/דער זע מינערווערטיקייט
מי'נערווערטיק אַדי inferior, lesser
מי'נערווערטיקייט די inferiority
מי'נערונג די (ען) lessening, diminishing
מינערײַ' דאָס mining
מי'נער־יעריק אַדי minor, underage
מי'נער־יעריקייט די minority (age)
מי'נער־יעריק|ער דער־דעק minor (in age)

מי'נער|ן וו (גע–ט) <אַק> פֿון reduce, diminish, retract
מי'נערנדיק אַדי derogatory
מי'נערקייט די inferiority
מינץ 1. דאָס small change
|| 2. די (ן) mint
מינצל דאָס (עך) token (coin)
מינצ|ן וו (גע–ט) coin, mint; coin *imperf.* (word, expression)
|| פֿאַלש מינצן counterfeit
מי'נצעווע|ן וו (גע–ט) swap small objects
מינק דער (ען) mink
מינק·ן אַדי (of) mink
מי'ס|ברויכ|ן וו (–גע–ט) <מיט> *Germ. (usu. inf.)* abuse/misuse (stg.)
מיסד דער (ים) [MEYASED - MEYAZDIM] *lit.* founder
מיסד זײַן* וו (מיסד געווע'ן) [MEYASED] *lit.* found, establish
מיסחר דער (ים) [MISKhER - MISKhORIM] commerce, trade, business
מיסחר|ן וו (גע–ט) [MISKhER] do business
|| מיסחרן מיט trade in
מיסחר־קונסט די [MI'SKhER] commercial art
מיסט דאָס dung, manure; refuse, garbage
|| קינסטלעך מיסט chemical fertilizer
|| אין/אויפֿן מיסט in the trash can
|| ניט געוואַקסן אויף פֿאָס מיסט *hum.* too good for me/you/etc.
מי'סטאויטאָ דער (ס) garbage truck
מיסטאָמע פֿאָנ מסתמא
מי'סטאָפּפֿיר דער trash collection
מיסטגראָז דאָס weeds
מיסטוואַרף דער (ן) dump
מיסטיפֿיציר|ן וו (–ט) mystify
מיסטיציזם דער (ען) mysticism
מיסטיק[1] אַדי filthy, dirty
מיסטיק[2] די (עס) mysticism; mystique
מיסטיק|ן וו (גע–ט) fertilize *imperf.*
מי'סטיקער דער (ס) פֿעמ ין mystic (person)
מיסטיש אַדי mystical
מיסטלער דער (ס) garbageman
מיסטער טיטל *Amer.* Mister
מיסטעריע די (ס) mystery
מיסטעריע'ז אַדי/אַדוו mysterious
מי'סטקאַסטן דער (ס) trash/garbage can; *vulg.* mug, face
מי'סטקעסטל דאָס (עך) מי'סטקאַסטן דימ wastebasket

מיסיאָ'ן דער (ען) [SY] mission (institution); missionary work
מיסיאָנע'ר דער (ן) פֿעמ ין [SY] missionary
מיסיע די (ס) [SY] mission
מיסל דער (ען) missile
מיסעס 1. טיטל *Amer.* Mrs.
|| 2. די (ן) woman renting out rooms, landlady; wife
מיספּר דער (ים) [MISPER - MISPORIM] quorum; number, figure
מי'ספֿאַרשטייעניש = מי'ספֿאַרשטענדעניש די (ן) misunderstanding
מיע'דניצע די (ס) זע מעדניצע
מיעוט דער (ים) [MIET - MIUTIM] minority (party, group)
מיעך דער *Slav.* bellows
מי|ען זיך וו (גע–ט) strive, take pains, trouble oneself
|| מיִען זיך פֿאַר intercede on behalf of
מיענטע די mint
מיִעס פֿאָנ מיאוס
מיעסטעטשקע די (ס) *Slav.* small town, village
מיעץ זײַן* זיך וו (מיעץ געווע'ן) מיט [MEYAETS] take counsel with
מיעשאָנזשניק דער (עס) זע מעשאָנזשניק
מיעשטשאַנין דער (...נעס) (in tsarist Russia/Poland) (petty) bourgeois; (non-Jewish) town-dweller
מיף דער (ן) זע מיטאָס
מיץ די (ן) זע מיצל
מיצווה די (–ות) [MITSVE] *Jew.* commandment, precept; good deed
|| אַ מיצווה אויף אים! serves him right!
|| פֿאַרדינ|ען אַ מיצווה perform a good deed
מיצווה־טאַנץ דער [MI'TSVE] *Jew.* dance of the guests with the bride or groom
מיצל דאָס (עך/ען) cap
מיצקע[1] די (ס) (night)cap
מיצקע[2] : (אין) מיצקע דערינען *hum.* out of nowhere, all of a sudden
מיצר דער [MEYTSER] oppressor, persecutor
מיצרי דער (ם) Egyptian
מיצרים (דאָס) זע מצרים
מיצריש אַדי Egyptian
מיצרית די (מיצריות) [MITSRIS - MI'TSRIES] Egyptian *fem.*
מיק די (ן) זע מוק
מיקדש דער [MIGDESh] sanctuary; the Temple in Jerusalem

מיקווה די (מיקוואָות) [MIKVE - MIKVOES] *Jew.* pool for ritual immersion; bath house

|| פּראַווע|ן מיקוואָות *Jew.* (man) perform ablutions in order to achieve mystical purity

מיקויעך **פֿאָנ** מכּוח

מיקלאָמפּערשט אַדי/אַדוו *iron.* alleged, self-styled, for the sake of appearances

מיקלט דער (ים) [MIKLET - MIKLOTIM] refuge, asylum

מיקסטו'ר די (ן) (medicinal) mixture

מיקע די (ס) mica

מיקצת(־מן־המיקצת) דאָס [MIKTSES(-MINAMI'KTSES)] tiny part

מיקראָ'ב דער (ן) microbe, germ

מיקראָסקאָ'פּ דער (ן) microscope

מיקראָסקאָפּיש אַדי microscopic

מיקראָפֿאָ'ן דער (ען) microphone

מיקרה די [MIKRE] chance, accident

מיר[1] פּראָנ (אַק/דאַט: **אונדז**) we

מיר[2] פּראָנ–דאַט (נאָמ: **איך**) me *(dat.)*, to me

|| מי'ר־ניט די'ר־ניט without rhyme or reason; taking in (one's) stride

|| וואָ'ס מיר... (ווע'ן מיר...) what do I care about ...?

מיראָווי' דער (ען) (in Russia) justice of the peace

מיראַ'זש דער (ן) mirage

מירביק אַדי **זע** מערביק

מי־רגלים מצ [MEY-RAGLA'IM] urine

מירט די (ן) myrtle

מירטשעם אַדוו **זע** אם־ירצה־השם

מיריאַ'ד דער (ן) myriad

מי'רמל(שטיין) דער marble

מי'רמעלן אַדי (of) marble

מיר'ן = מיר װעלן; מיר האָבן

מירע די myrrh

מי'רצעשעם אַדוו **זע** אם־ירצה־השם

מי'ש־... hybrid

|| מישסיסטעם syncretic system

מי־שברך דער (ס) [MIShEBEYREKh] blessing for the person called up to read the Torah in the synagogue; panegyric; *iron.* curses, insulting words

מישבֿ זײַן* זיך וו (מישבֿ געווע'ן) [MEYAShEV] reflect, deliberate; consult, confer; have a discussion, exchange views; change (one's) mind, reconsider

|| מישבֿ זײַן זיך מיט *also* consult s.o., seek the advice of

|| מישבֿ זײַן זיך אַז decide that

מישונג די (ען) mixture, blend

מישוראַ' = מישורע די tinsel, sham or imitation jewelry

מישטיי'נס געזאָ'גט אינט the poor thing!; alas! so-called *(said in order to negate any claim to prestige)*

|| מישטיינס געזאָגט, וואָס קען איך טאָן? what can someone like me do?

|| דער מענטש, מישטיינס געזאָגט man, that sorry creature

|| ער איז מישטיינס געזאָגט אַ דאָקטער he is a doctor, if you can call him that

מישטריניק דער (עס) trestle; scaffolding

מישיאַ'ק דער *Slav.* arsenic

מישכּבֿ־זכר דער [MIShKEV-ZO'KhER] male homosexuality, sodomy

מישכּן דער (ס) [MIShKN] *bibl.* ark of the covenant (where Moses placed the tablets of the Law), sanctuary, shrine

מישלי **זע** משלי

מישלינג דער (ען) hybrid; half-breed

מיש־מאַ'ש דער (ן) medley, hodge-podge

מישמילך די milkshake

מישמר דער (ים) [MIShMER - MIShMORIM] guard duty, (night) watch; sleepless night dedicated to Talmudic study

מיש|ן וו (גע–ט) mix *trans.*, stir, blend *imperf.*; turn (pages)

|| מישן זיך get involved, interfere

|| מישן זיך אומפּ דאַט **אין קאָפּ** *rev.* feel lightheaded, dizzy

מישנה די (–ות) [MIShNE] *Mishnah*, first section of the Talmud, containing post-biblical laws and rabbinic commentary, dating from circa 200 CE; a passage from the *Mishnah*

|| פֿ״גל משניות

מישניש אַדי Mishnaic

|| פֿ״גל מישנה

מישענינע די (ס) medley, confusion

מישפּאָכע **פֿאָנ** משפּחה

מישפּט דער (ים) [MIShPET - MIShPOTIM] trial; judgment

מישפּט|ן וו (געמישפּט) [MIShPET] judge, try

|| מישפּטן זיך <מיט> be involved in a lawsuit (with)

מישקאַרע די (ס) mask *esp.* one used during *Purim*

מישקל דער (ים) [MIShKL - MIShKOLIM] meter, verse structure; (ling., gramm.) pattern

מיתּר זײַן* וו (מיתּר געווע'ן) [MEYATER] benefit, profit; set aside, allocate

מיתה די (–ות) [MISE] death, demise; capital punishment

|| אָ'נ|טאָ|ן* זיך אַ מיתה — commit suicide, kill oneself

מיתה־משונה[1] די [MISE-MEShU'NE] violent death

|| איי'נ|נעמ|ען אַ מיתה־משונה — *fam.* drop dead, die a violent/unnatural death

מיתה־משונה־[2]... [MISE-MEShU'NE] bizarre, horrible

|| מיתה־משונה־קאָליר — strange color

מכבי דער (ם) [MAKABI] Maccabee

מכבייער דער (–) [MAKABEYER] Maccabee, Maccabean

מכה די (–ות) [MAKE] plague, scourge; abscess, boil; *hum., fam. (only with indefinite article)* nothing

|| די צען מכות — the ten plagues of Egypt

|| אַ מכה — *also* not at all, in no way

|| אַ מכה!, מכות! — no way! nothing doing!

|| ווייך ווי צו'צולייגן צו אַ מכה — smooth, soothing, gentle

מכוח פרעפּ [MIKOYEKh] about, concerning

מכות־רצח [MAKES-RE'TSEKh] : שלאָ|גן מכות־רצח — beat mercilessly, thrash

מכחיש זײַן* וו (מכחיש געווע'ן) [MAKKhESh] *lit.* deny, recant

מכיר־טובֿה דער (מכירי־) [MAKER-TO'YVE - MAKIRE-] grateful person

מכּל־המינים פֿר [MIKO'L-HAMI'NIM] all sorts of things; of all kinds

מכּלומרשט אַדי/אַדוו [MIKLOYMERShT] זע כלומרשט

|| פֿ״גל מיקלאָמפּערשט

מכּל־טובֿ פֿר [MIKO'L-TU'V] lots of good things

מכּל־שכּן קאָנ [MIKOLShKN] all the more so

מכּמה פרעפּ [MIKAME] of many/various sorts of

מכּת־מדינה די [MAKES-MEDI'NE] widespread epidemic

מכבד זײַן* וו (מכבד געווע'ן) אַק <מיט> [MEKhABED] honor s.o. (with); treat s.o. (to), offer s.o. stg.; *iron.* let s.o. have it

|| מיט וואָס קען איך דיך מכבד זײַן? — what can I offer you?

מכביד זײַן* וו (מכביד געווע'ן) [MAKhBED] *lit.* encumber, burden

מכובד .1 אַדי [MEKhUBED] respected, prominent

|| .2 דער (ים) [- MEKhUBODIM] respected person; dignitary

מכוון זײַן* וו (מכוון געווע'ן) [MEKhAVN] *lit.* intend, have in mind; collect one's thoughts; direct, address (thought, etc.)

מכולה אַדי–אַטר [MEKhULE] spoiled, deteriorated; bankrupt, ruined

מכוער אַדי [MEKhOYER] ugly; *(iron.)* beautiful

מכוערת די (ן) [MEKhUERES] ugly woman; *(iron.)* beauty, doll

מכורעת די (ן) [MEKhURA'S] זע מכוערת

מכין זײַן* וו (מכין געווע'ן) [MEYKhN] *lit.* prepare

|| מכין זײַן זיך — *also euph.* go to stool

מכירה די (–ות) [MEKhIRE] sale (act of selling)

מכירת־חמץ די [MEKhIRES-KhO'METS] *Jew.* the symbolic sale of leaven to a non-Jew on the eve of Passover

מכירת־יוסף [MEKhIRES-YO'YSEF] *bibl.* the sale of Joseph into slavery by his brothers; play on this theme performed on *Purim*

מכניס־אורח דער (מכניסי־אורחים) פֿעמ טע [MAKhNES-O'YREKh - MAKhNISE-O'RKhIM] hospitable person; host; *Jew.* person who regularly invites the poor to his home, *esp.* on the Sabbath or religious holidays

מכניס־אורח זײַן* וו (מכניס־אורח געווע'ן) [MAKhNES-O'YREKh] offer hospitality to

מכניע זײַן* וו (מכניע געווע'ן) [MAKhNIE] humiliate

|| מכניע זײַן זיך — humble oneself

מכנסים מצ [MIKhNESAIM] trousers, pants; *Jew.* lower part of a shroud

מכס דער [MEKhES] tax, duty, customs

מכסן דער (ים) זע מוכסן

מכפּר זײַן* וו (מכפּר געווע'ן) <אויף> [MEKhAPER] forgive, absolve; atone (for)

מכריז־ומודיע זײַן* וו (מכריז־ומודיע געווע'ן) [MAKhREZ-UMOYDI'E] announce publicly

מכריז זײַן* וו (מכריז געווע'ן) [MAKhREZ] proclaim

מכריעדיק אַדי [MAKhRI'EDIK] decisive, conclusive

מכריע זײַן* וו (מכריע געווע'ן) [MAKhRIE] decide, settle; be decisive, tip the scales

מכשול דער (ים) זע מיכשול

מכשיל זײַן* וו (מכשיל געווע'ן) [MAKhShL] cause to stumble, lead into sin

מכשיר דער (ים) [MAKhShER - MAKhShIRIM] tool, utensil; appliance

מכשף דער (ים) פֿעמ טע [MEKhAShEF - MEKhAShFIM] sorcerer, wizard, magician

מכשפֿה די (–ות) [MAKhShEYFE] witch, sorceress

מכשפֿה־געיעג דאָס (ן) [MAKhShE'YFE] witch-hunt

מכתּבֿ דער (ים) **זע מיכתּבֿ**

מל זע מל זײַן

מלא[1] [MOLE] **.1** אַדי–אַטר *fam.* drunk, tipsy; *Jew.* full (month, *i.e. one with 30 days*); (Hebrew writing) plene, using letters to indicate vowels

|| **.2** די *Jew.* (*shortened name of*) the prayer for the dead

|| **פּ״גל אל־מלא־רחמים**

מלא[2]**־...** [MOLE-] full of (emotion/quality)

|| **מלא־טרוי'ער** full of sadness

מלא־גדולה אַדי–אַטר [MOLE-GEDU'LE] full of joy; bursting with pride

מלא־גזלן אַדי–אַטר <**אויף**> [MOLE-GA'ZLEN] *hum.* full of rage (toward)

מלא־וגדוש אַדי–אַטר <**מיט**> [MOLE-VEGO'DESh] chock-full (of), filled with knowledge (of)

מלא־חמה אַדי–אַטר <**אויף**> [MOLE-KhE'YME] furious (with)

מלא־חן אַדי–אַטר [MOLE-KhE'YN] charming, graceful

מלא־טעם אַדי–אַטר [MOLE-TA'M] delicious

מלאָטשע דער (ס) junior volunteer member of a Jewish burial society

מלאָיע|ן וו (גע–ט) **זע מלויען**

מלא־כעס אַדי–אַטר [MOLE-KA'AS] furious, incensed

מלאך דער (**מלאָכים**) [MALEKh - MALOKhIM] angel

|| **קאַלט|ער מלאך** indifferent person

|| **צעטראָ'גענ|ער מלאך** daydreamer

מלאך־דומה דער [MALEKh-DO'YME] angel that receives the dead in the next world

מלאָכה די (–ות) [MELOKhE] craft, trade; handicraft; handiwork

מלאך־המוות דער [MALEKhAMOVES] angel of death

מלאָכה|(נע)ן וו (גע–ט) [M(E)LOKhE] work; bungle, botch; falsify, tamper with; *vulg.* shit

מלאך־חבלה דער (**מלאַכי־**) [MALEKh-KhABO'LE - MALAKhE-] demon, angel from hell; criminal, murderer

מלאַכי־השרת מצ [MALAKhE-HAShO'RES] ministering angels

מלאָכים־כּתבֿ דער [MALO'KhIM-KSAV] *hum.* illegible handwriting

מלאָכים־שפּראַך די [MALO'KhIM] unintelligible speech/language

מלאָכיש אַדי [MALOKhISh] angelic

מלאָסנע אַדי nauseated, faint

|| **זײַן*** אומפּ **מלאָסנע** דאַט *rev.* feel faint/ill

מלאפּום דער (ס) **זע מלופּן**

מלא־קומתו אַדוו [MLOY-KOYMO'SE] **: זיך**

אויפֿ|שטעלן מלא־קומתו rise to one's full height

מלא־רציחה אַדי–אַטר <**אויף**> [MOLE-RETSI'KhE] furious (with), incensed (at), ready to kill (s.o.)

מלא־שׂימחה אַדי–אַטר <**מיט**> [MOLE-SI'MKhE] exultant, full of joy (at)

מלבוש דאָס/דער (**ים**) [MALBESh - MALBUShIM] garment

מלווה[1] דער (**–ים**) פּעמ **טע** [MALVE - MALVIM] money-lender

מלווה[2] דער (**–ים**) [MELAVE - MELAVIM] person in a funeral procession

מלווה זײַן* וו (**מלווה געווע'ן**) [MELAVE] accompany (a corpse to the cemetery)

מלווה־מלכּה די (ס) [MELAVE-MA'LKE] *Jew.* "ushering out the queen", evening meal marking the end of the Sabbath

מלויע|ן וו (**גע–ט**) <אַק> (**בײַם האַרצן**) nauseate

|| **מלויען** אומפּ אַק <**פֿון**> *rev.* feel squeamish about

מלויצע די (ס) *Slav.* flail

מלויצע|ן וו (**גע–ט**) *Slav.* thresh (grain)

מלוכה די (**–ות**) [MELUKhE] kingdom, empire; kingship; state, government

מלוכה־אוצר דער [MELU'KhE-OYTSER] (state) treasury

מלוכה־אַנשטאַלט דער (ן) [MELU'KhE] state institution

מלוכה־דינסט דאָס [MELU'KhE] civil service

מלוכה־מאַן דער (**־לײַט**) [MELU'KhE] statesman

מלוכה־קאַסע די [MELU'KhE] (state) treasury

מלוכה־ראָש דער (**ים**) [MELU'KhE] head of state

מלוכהשאַפֿט די [MELU'KhEShAFT] statehood, sovereignty

מלוכה־שול די (ן) [MELU'KhE] public school

מלוכיש אַדי [MELUKhISh] (of) state, national

מלומד דער (**ים**) [MELUMED - MELUMODIM] *Jew.* learned man

מלומדת די (ן) [MELUMEDES] *Jew.* learned woman

מלופּום דער (ס) **זע מלופּן**

מלופּן דער (ס) [MELUPM] diacritic of the letter וּ

מלופּן־וואָוו דער (ן) [MELU'PM] the letter וּ

מלופּן־קינד דאָס (ער) [MELU'PM] young child; tyro, babe in the woods; inept/helpless person

מל זײַן* וו (מל געווע'ן) [MAL] **זע מלע זײַן**

מלחמה[1] די (־ות) [MILKhOME] war
|| **מלחמה האַלטן|פֿירן** <מיט> wage war (on/against)

מלחמה־[2]**...** [MILKhO'ME] martial, warlike

מלחמה־אַקציעס מצ [MILKhO'ME] hostilities

מלחמה־האַלטונג די [MILKhO'ME] (art of) war, warfare

מלחמה־האַלטנדיק אַדי [MILKhO'ME] belligerent, warring

מלחמה־האַלטער דער (ס) [MILKhO'ME] belligerent

מלחמה־פֿירונג די **זע מלחמה־האַלטונג**

מלחמה־צינדער דער (־/ס) [MILKhO'ME] warmonger

מליאָווען וו (גע־ט) *dial.* faint away

מלינצע די (ס) crepe with sour cream

מליִען (זיך) וו (גע־ט) simmer *trans./intr.*

מליץ דער (ים) פֿעמ טע [MEYLETS - MELITSIM] advocate, defender; stylist in classical Hebrew; *Jew.* deceased relative who is thought to intercede in heaven for the living
|| **אַ גוטער מליץ זאָל ער זײַן** may he intercede for us in heaven

מליצה די (־ות) [MELITSE] pseudo-biblical style common in Hebrew literature in the 18th and 19th centuries; flowery language, affected style

מליצהדיק אַדי/אַדוו [MELI'TSEDIK] affected, pompous (language)

מליץ־יושר דער (ס) פֿעמ טע <פֿאַר> [MEYLETS-YO'YShER] advocate, defender, intercessor (on behalf of)

מלכּה די (־ות) [MALKE] queen

מלכּה־שבֿאָ די [MALKE-ShVO'] *bibl.* Queen of Sheba

מלך דער (ים) [MEYLEKh - MLOKhIM] king, ruler
|| מצ *also* Kings (book of the Bible)

מלך־אבֿיון [MEYLEKh-E'VYEN] : **מלך־אבֿיונס גיטער** nickname for an impoverished area in the Lublin region of Poland

מלך־בכּיפּה דער [MEYLEKh-BEKI'PE] despot, ruler with absolute power

מלך־גרײַפּלעך מצ [ME'YLEKh] semolina

מלכות [MALKhES] **.1** דאָס (ן) realm, kingdom; royalty; authorities, powers that be
|| **.2** דער/דאָס king

מלכות־ברויט דאָס [MA'LKhES] special holiday loaf

מלכותדיק אַדי/אַדוו [MA'LKhESDIK] royal

מלכות־שמים דאָס [MALKhES-ShOMA'IM] *Jew.* kingdom of heaven; divine power

מלך־חסד דער [MEYLEKh-KhE'SED] king lenient toward Jews

מלך־מלכי־המלכים דער [MEYLEKh-MALKhE-HAMLO'KhIM] *Jew.* God, King of kings

מלך־סאָביע'סקי/־סאָבע'צקע [MEYLEKh] **זע סאָבעצקע**

מלמד דער (ים) [MELAMED - MELAMDIM] *Jew.* teacher in a traditional school; tutor; *iron.* awkward/timid person

מלמדות דאָס [MELAMDES] *Jew.* teaching profession, teachership

מלמד־זכות זײַן* וו (מלמד־זכות געווע'ן) אויף [MELAMED-SKhU'S] plead in favor of, defend, justify

מלמד־חובֿה זײַן* וו (מלמד־חובֿה געווע'ן) אויף [MELAMED-KhO'YVE] accuse, testify against

מלמדיש אַדי/אַדוו [MELAMDISh] pertaining to traditional Jewish teachers; *iron.* impractical, awkward, foolish

מלמדקע די (ס) [MELA'METKE] wife of a traditional Jewish teacher; teacher for girls

מלן וו (גע־ט) [MAL] **זע מלע זײַן**

מלע זײַן* וו (מלע געווע'ן) [MALE] circumcise

מלעטשאַרניע די (ס) [Ny] *Slav.* dairy

מלען וו (גע־ט) [MALE] **זע מלע זײַן**

מלקהן וו (גע־ט) [MALKE] whip, chastise

מלקות מצ [MALKES] lashes; punishment (by whipping); symbolic flagellation on Yom Kippur eve

מלשינות דאָס [MALShINES] calumny, defamation; denunciation *(esp. to authorities)*

מלשינותדיק אַדי [MALShI'NESDIK] defamatory, slanderous

מלשין זײַן* וו (מלשין געווע'ן) אויף [MALShN] calumniate, slander, defame; denounce, inform (on)

מלתא־דבדיחותא די **זע מילתא־דבדיחותא**

ממ = מילימעטער mm. (millimeter)

מם דער/די (ען) [MEM] *mem*, name of the letter **מ**

ממה־נפֿשך אינט [(MI)MO'NE(F)ShEKh] one or the other, you can't have it both ways, make up your mind

ממון דער [MOMEN] money, sum

ממונה דער (–ים) <איבער> [MEMUNE - MEMUNIM] supervisor, custodian (of), person responsible (for)

ממון־קורח דער/דאָס [MOMEN-KO'YREKh] great wealth, huge fortune

ממזר דער (ים) פֿעמ טע [MAMZER - MAMZEYRIM] bastard; shrewd fellow, sly fox; *hum.* trifle, unimportant thing

ממזר־בילבול דער [MA'MZER-BILBL] accusation of ritual murder; hateful slander

ממזר־בן־הנידה דער [MAMZER-BEN-HANI'DE] *insult.* bastard, son of a bitch

ממזרוק דער (עס) [MAMZERU'K] *insult.* bastard; crook, swindler

ממזרײַ דאָס/די (ען) [MAMZERA'Y] prank, dirty trick; *slang* betrayal, act of informing on s.o.

ממזר(י)ש אַדי/אַדוו [MA'MZER(I)Sh] shrewd, cunning,

ממזרת די (ן) [MAMZERES] bastard *fem.*; cunning woman; *pejor.* bitch

ממילא אַדוו [MIMEYLE] as a matter of course; perforce, necessarily; as a result

ממילאדיק אַדי [MIME'YLEDIK] (self-)evident, automatic

ממית|ן וו (גע–ט) [MEYMES] beat, rough up; kill

ממלא זײַן* וו (ממלא געווע'ן) [MEMALE] complement, make complete; fulfill (obligation)

|| ממלא זײַן דאַט <פֿאַר> repay, reimburse (for)

ממלא־מקום דער (ס) פֿעמ טע [MEMALE-MO'KEM] replacement, substitute; successor

ממלא־מקום זײַן* וו (ממלא־מקום געווע'ן) אַק [MEMALE-MO'KEM] replace, fill the place of, succeed

ממליץ זײַן* וו (ממליץ געווע'ן) איף [MAMLETS] recommend, plead in favor of; defend, justify

ממעך זײַן* וו (ממעך געווע'ן) [MEMAEKh] *lit.* squeeze, crush

ממעמקים אַדוו [MIMAAMAKIM] from the bottom of the heart, from the depths

ממציא זײַן* וו (ממציא געווע'ן) [MAMTSE] invent; make (stg.) a habit; deduce, conclude

ממרא די (–ות) זע מימרא

ממש אַדוו [MAMESh] materially, physically; *emphatic* really, literally, truly

ממשדיק אַדי [MA'MEShDIK] *neol.* literal

ממשות דאָס [MAMOShES] reality, substance; weight, validity, importance

ממשותדיק אַדי [MAMO'ShESDIK] substantial, tangible, concrete

ממשיך זײַן* וו (ממשיך געווע'ן) [MAMShEKh] continue *trans.*, pursue further

ממשל דער (ים) [MEMAShL] fabulist, composer of fables

ממשלה די (–ות) [MEMShOLE] power, authority; regime, government, rule

ממתיק זײַן* וו (ממתיק געווע'ן) [MAMTEK] *lit.* sweeten, make pleasant, mitigate; explain, simplify

ממתקים מצ [MAMTAKIM] sweets, candy; *fam.* money, dough

מן[1] דער [MAN] manna

מן[2] פּרעפּ [MIN] **זע ווערטער מיט מן־ה...**

מנאף זײַן* וו (מנאף געווע'ן) [MENAEF] fornicate

מנגן דער (ים) [MENAGN] singer; musician

מנדב דער (ים) פֿעמ טע [MENADEV - MENADVIM] donor, contributor

מנדב זײַן* וו (מנדב געווע'ן) אַק [MENADEV] donate, contribute

מנדר זײַן* וו (מנדר געווע'ן) [MENADER] pledge, promise to donate

מנהג דער (ים) **זע מינהג**

מנהיג דער (ים) [MANEG - MANHIGIM] (*esp.* political/ideological) leader, guide

מנהיג־הדור דער (מנהיגי־) [MANEG-HADO'R - MANHIGE-] greatest political or spiritual leader of a generation

מנה־יפֿה די [MONE-YO'FE] generous portion; tidy sum

מנהל דער (ים) [MENA'(HE)L - MENALIM] director of studies in a yeshiva

|| **פֿ״גל ישיבֿה**

מן־המובחר אַדי–אַטר [MINAMU'FKhER] of the best quality

מן־הסתם אַדוו [MI(NA)STA'M] probably, no doubt

מן־הצד אַדי–אַטר/אַדוו [MINATSA'D] aloof, to one side; (from the) outside; from an indirect source

מן־השמים אַדי–אַטר/אַדוו [MINAShOMAIM] (coming) from Heaven; predestined, providential

מן־התורה אַדי–אַטר [MINATOYRE] *Jew.* from/according to biblical law

מנוּוול דער (ים) פֿעמ טע [MENUVL - MENUVOLIM] contemptible/ugly person, evildoer, blackguard

מנוּוולדיק אַדי/אַדוו [MENU'VLDIK] vile, base, ignoble

מנוחה די [MENUKhE] repose, calm, tranquility

מנוסע די (ס) זע מענוסע

מנורה די (–ות) [MENOYRE] *bibl.* menorah, seven-branched candlestick; Hanukkah lamp; candelabra

מנחה (די) זע מינחה

מנחם־אָבֿל זײַן* וו (מנחם־אָבֿל געווע'ן) [MENAKhEM-O'VL] pay a condolence call on

מנחם זײַן* וו (מנחם געווע'ן) [MENAKhEM] console, cheer up

מניה־וביה אַדוו [MENE'Y-UVE'Y/MENEYBE'Y] in the twinkling of an eye

|| ע'נטפֿער|ן מניה־וביה reply tit for tat

מנין דער (ים) [MINYEN - MINYONIM] *Jew.* quorum of ten adult men meeting in prayer, the minimum required for public worship; *Jew.* small prayer-house; group of ten people

מניעה די (–ות) [MENIE] obstacle, impediment, hindrance, difficulty

מנישקע[1] די (ס) *Slav.* nun

מנישקע[2] די (ס) *Slav.* cottage-cheese fritter

מנכּה זײַן* וו (מנכּה געווע'ן) [MENAKE] deduct, discount

מנצחדיק אַדי/אַדוו [MENATSE'YEKhDIK] victorious

מנצח זײַן* וו (מנצח געווע'ן) [MENATSEYEKh] vanquish, overcome

|| ניט מנצח צו זײַן invincible

מנקד זײַן* וו (מנקד געווע'ן) [MENAKED] add the vowel points to (Hebrew words or Yiddish words of Hebrew origin)

מנקר דער (ים) [MENAKER - MENAKRIM] *Jew.* person who removes the prohibited veins and fat from meat to make it kosher

מנשק זײַן* וו (מנשק געווע'ן) [MENAShEK] kiss

|| זאָל ער מיר מנשק זײַן! *vulg.* he can kiss my ass!

מס דער (ים) [MAS - MISIM] tax, duty, tribute

מסביר זײַן* וו (מסביר געווע'ן) [MASBER] explain, elucidate; interpret

מסדר זײַן* וו (מסדר געווע'ן) [MESADER] arrange, classify; celebrate (a ceremony)

מסדר־קידושין דער [MESADER-K(I)DU'ShN] *Jew.* person who performs the marriage ceremony

מסדר־קידושין זײַן* וו (מסדר־קידושין געווע'ן) [MESADER-K(I)DU'ShN] *Jew.* perform the marriage ceremony; marry, unite in matrimony

מסוגל אַדי–אַטר <צו> [MESUGL] capable (of), up to (doing); (jur.) entitled (to)

|| זײַן* מסוגל צו *also* lend itself to

מסוכּן אַדי/אַדוו [MESUK·N] dangerous; grave (illness), gravely ill (person); *fam.* terrific, tremendous

|| מסוכּן קראַנק gravely ill

|| מסוכּן פֿאַרליי'בט madly/head over heels in love

מסופק אַדי–אַטר [MESUPEK] doubtful, hesitant; skeptical

מסופקדיק אַדי [MESU'PEKDIK] dubious, questionable

מסור דער (מוסרים) [MOSER - MOSRIM] informer, denouncer

מסורה די (–ות) [MESOYRE] tradition; legend; *Masorah*, critical notes to the biblical text

מסחר דער (ים) זע מיסחר

מסיבה די (–ות) [MESIBE] friendly gathering, reception; circle, group

מסיג־גבֿול זײַן* וו (מסיג־גבֿול געווע'ן) [MASEG-GVU'L] *lit.* overstep, transgress

|| מסיג־גבֿול זײַן דאָט trespass onto the territory of; compete with

מסיח־דעת זײַן* וו (מסיח־דעת געווע'ן) פֿון [MESIEKh-DA'AS] turn one's thoughts away from

מסיים זײַן* וו (מסיים געווע'ן) [MESAYEM] complete, finish; *Jew.* complete the study of (a Talmudic tractate)

מסייע זײַן* וו (מסייע געווע'ן) [MESAYE] *lit.* help, aid

מסיכתא די (–ות) [MESIKhTE] זע מסכתא

מסירה די (–ות) [MESIRE] denunciation, act of informing on s.o.

מסירניק דער (עס) [MASIRNIK] זע מאַסירניק

מסירת־מודעה די [MESIRES-MOYDO'E] announcement, notification

מסירת־נפֿש דאָס [MESIRES-NE'FESh] devotion, self-sacrifice

|| גיי|ן* אויף מסירת־נפֿש risk one's life

מסירת־נפֿשדיק אַדי/אַדוו [MESIRES-NE'FEShDIK] devoted, self-sacrificing

מסית־ומדיח דער [MEYSES-UMEDI'EKh] inciter to sin, seducer

מסכּים [MASKEM] .1 אַדי–אַטר agreed, in agreement

|| .2 אינט OK! all right!

מסכּים זײַן* וו (מסכּים געווע'ן) <אויף> [MASKEM] agree (to); accept, consent (to)

|| מסכּים זײַן <מיט> be in agreement (with)

מסכתא די (–ות) [MESEKhTE] tractate (of the Talmud)

|| אַ גאַנצע מסכתא, אַ מסכתא פֿאַ'ר זיך *hum.* a long story, a story in itself

מסכת די (ן) [MASEKhES] זע מסכתא

מסלק זײַן* וו (מסלק געווע'ן) [MESALEK] settle, pay off (debt)

מספּיד דער (ים) [MASPED - MASPIDIM] funeral orator, person delivering the funeral eulogy

מספּיד זײַן* וו (מספּיד געווע'ן) <אַק> deliver a eulogy [MASPED]

מספּיק זײַן* וו (מספּיק געווע'ן) [MASPEK] *lit.* suffice

מסקנא די (–ות) [MASKONE] conclusion, inference

מסריח זײַן* וו (מסריח געווע'ן) [MASRIEKh] stink, smell

מסר|ן וו (גע–ט) <אַק/אויף> [MASER] denounce, inform (on), betray to the authorities

מסרס זײַן* וו (מסרס געווע'ן) [MESARES] castrate

מסתּמא אַדוו [MISTOME/MISTA'M(E)] probably, no doubt

מסתּפּק־במועט דער (מסתּפּקים־) [MISTAPEK-BEMU'ET - MISTAPKIM-] one who has modest needs

מע[1] פֿראָנ זע מען

מע[2] (דער) baa, bleat(ing)

מע[3] אינט so-so, could be better!

מעאַ'נדער|ן וו (–ט) meander

מעבל מצ/דאָס (–) furniture

מעבלירן וו (–ט) furnish (a house, etc.) *imperf.*

מע'בלפֿור די (ן) (moving) van

מע'בל־פֿירער דער (ס) (furniture) mover

מע'בלשטיק דאָס (ער) piece of furniture

מעבֿיר זײַן* וו (מעבֿיר געווע'ן) [MAYVER] depose, remove from office; *Jew.* go over, read (the weekly Torah portion)

|| מעבֿיר זײַן אויף induce (s.o.) to transgress

מעבֿיר־נחלה זײַן* וו (מעבֿיר־נחלה געווע'ן) [MAYVER-NA'KhLE] disinherit

מעבֿיר־סדרה זײַן* וו (מעבֿיר־סדרה געווע'ן) [MAYVER-SE'DRE] *Jew.* read the weekly Torah portion

מעבֿר־יבוק דער [MAYVER-YA'BEK] *Jew. Ford of Jabbok*, book of prayers for the dying and dead

מעבֿר־לים אַדוו [MEEYVER-LEYA'M] overseas, across the sea

מע'גע־... optional

|| מעגאָפּצאָל optional dues

מעגאַ... mega-

|| מעגאַטאָ'ן megaton

מעגאַזעם פֿאָנ מגזם

מעגאַפֿאָ'ן דער (ען) megaphone, loud-speaker

מעגײַער פֿאָנ מגייר

מעגילע פֿאָנ מגילה

מעגלעך אַדי possible

|| מעגלעך אַז it is possible that

מע'גלעכקייט די (ן) possibility

מעג|ן* וו (ער מעג; גע–ט) <אינפֿ> *(always affirmative)* may, have the right to

|| זי מעג שוין הערן שפּילן it's time for her to get married

|| דער קייסער מעג עס עסן it's worthy of the king's table

|| ער מעג ניט עלטער ווערן "may he forgo growing older", may he die right away

|| עס מעג דו'נערן און בליצן through thick and thin, come hell or high water

|| די וועלט מעג אי'בערגיין come what may, at all costs

|| עס מעג זײַן אַז it could be that ...

מעגן זײַן* וו (מעגן געווע'ן) [MEAGN] *Jew., lit.* desert one's wife

מעגע = מעגעגע די/דער (ס) simpleton, ninny, lout; stutterer, stammerer

מע'געלע דאָס (ך) מאָגן דימ2 *also* (culin.) stuffed chicken neck

מע'גענער מצ זע מאָגן[1]

מעד דער mead

מעדאַ'ל דער (ן) [Ly] medal

מעדאַליאָ'ן דער (ען) [LY] medallion

מעדיום [DY] .1 דער (ס) (communication) medium

|| .2 דער/די (ס) (spiritualist) medium

מעדינע פֿאָנ מדינה

מעדיצי'ן .1 די medicine (profession)

|| .2 די (ען) medication, drug, remedy

מעדיצי'ניש אַדי medical; medicinal; health...

מעדיקאַמע'נט דער (ן) medication

מע'דיקער דער (ס) פֿעמ ין doctor, medic

מע'דלי(ע)ווע|ן וו (גע–ט) delay, drag one's feet

מעדנים מצ [MAYDANIM] dainties, treats

מעדנימדיק אַדי [MAYDA'NIMDIK] delicious, luscious

מעדני־מלך מצ [MAYDANE-ME'YLEKh] dainties fit for a king

מעדני־מלכים מצ [MAYDANE-MLO'KhIM] זע מעדני־מלך

מע'דניצע די (ס) copper/brass basin

מעדפֿאַרזאָ'רג דער medicare

מעהאַלעך פֿאָנ מהלך

מעהומע פֿאָנ מהומה

מעוברת אַדי [M(E)UBERES] pregnant

מעוברת־קליידער מצ [M(E)UBE'RES] maternity clothes

מעוואַטל פֿאַנ מבֿטל

מעווע די (ס) seagull

מעוז־צור [MOO'YZ-TSUR] traditional Hanukkah hymn

|| פֿ״גל חנוכּה

מעור אחד אַדי–אַטר [MEO'YR EKhED] made of one piece (of leather/parchment)

מעורבֿ־עם־הבריות דער [MEUREV-IM(H)ABRI'ES] person who gets along with everyone

מעורר זײַן* וו (מעורר געווע'ן) [MEOYRER] awaken (spiritually), stir, rouse

מעות מצ [MOES] *pop.* money, dough

מעות־חיטים = מעות־חיטין מצ [MOES-KhI'TIM/KhI'TN] contributions for providing the poor with Passover necessities

מעזיניק דער (עס) זע מיזיניק

מעזשע די (ס) *dial.* boundary; (geogr.) crest, ridge

מעטאָ'ד דער (ן) method

מעטאָדאָלאָגיע די (ס) methodology

מעטאָדי'סט דער (ן) Methodist

מעטאָדיק די (עס) methodology; pedagogy, teaching methods

מעטאָדיש אַדי/אַדוו methodical

מעטאָדע די (ס) זע מעטאָד

מעטאַ'ל דער (ן) metal

מעטאַלגעלט דאָס specie, coins

מעטאַלורגיע די metallurgy

מעטאַ'ל·ן אַדי metallic

מעטאַמאָרפֿאָ'ז דער (ן) metamorphosis

מעטאַפֿאָ'ר דער (ן) metaphor

מעטאַפֿאָריש אַדי/אַדוו metaphorical

מעטאַפֿיזיק די metaphysics

מע'טיצע די *Slav.* sweepings, refuse

מעטלע די (ס) *Slav.* broom

מעטעאָ'ר דער (ן) meteor

מעטעאָראָלאָגיע די meteorology

מעטע'ליצע די (ס) snowstorm

מעטע|ן וו (גע–ט) *dial.* mark

מעטער דער (ס) meter; quintal (100 kilograms)

מעטקע די (ס) (typogr.) mark, sign

מעטראַנפּאַ'זש דער (ן) (typogr.) compositor, typesetter

מעטראָפּאָליע די (ס) [LY] metropolis

מע'טריקע די (ס) birth certificate

מעטרעסע די (ס) mistress, lover *fem.*

מעטשע'ט דער (ן) mosque

מעיאָר דער (ס) זע מייאָר

מעיד זײַן* וו (מעיד געווע'ן) <אויף> [MEYID] attest/testify (to)

מעיז־פּנים זײַן* וו (מעיז־פּנים געווע'ן) דאַט [MEYIZ-PO'NEM] fail to show respect for, dare contradict s.o.

מעיין זײַן* וו (מעיין געווע'ן) אין [MEAYEN] read, consult (book); consider (question)

מעיקרא אַדוו [MEIKORE] from the start

מעכּבֿ־הקריאה זײַן* וו (מעכּבֿ־הקריאה געווע'ן) [MEAKEV-HAKRI'E] stop the reading of the Torah in the synagogue (to call attention to a grievance)

מעכּבֿ זײַן* וו (מעכּבֿ געווע'ן) [MEAKEV] *lit.* hinder, impede

מעכּל זײַן* וו (מעכּל געווע'ן) [MEAKL] *lit.* digest

מעכאַבער פֿאַנ מחבר

מעכאַניזיר|ן וו (–ט) mechanize

מעכאַניזם דער (ען) mechanism

מעכאַניק 1. די mechanics (science)

|| 2. דער *dial.* mechanic

מעכאַ'ניקער דער (ס) פֿעמ ין mechanic

מעכאַניש אַדי/אַדוו mechanical; involuntary, automatic

מעכוייעוו פֿאַנ מחויבֿ

מעכטיק אַדי powerful, influential

מע'כטיק|ן זיך וו (גע–ט) צו dare, presume, take it upon oneself to

מעכײַע פֿאַנ מחיה

מעכילע פֿאַנ מחילה

מעל די/דאָס flour, meal

מעלאָדיע די (ס) [DY] melody, tune

מעלאָדיש אַדי/אַדוו melodious; melodic

מעלאָדראַמע די (ס) melodrama

מעלאָכע פֿאַנ מלאָכה

מעלאַמעד פֿאַנ מלמד

מעלאָ'ן דער (ען) melon

מעלאַנכאָליע די [LY] melancholy

מעלאַנכאָ'ליקער דער (–) gloomy, depressed person

מעלאַנכאָליש אַדי/אַדוו melancholy

מעלדונג די (ען) announcement, notice

מעלד|ן וו (געמאָלדן/גע–ט) announce, inform

|| מעלדן מלחמה דאַט [MILKhOME] declare war on

|| מעלדן זיך report, present oneself; answer (telephone)

מע'לדעווע|ן וו (גע–ט) **זע מעלדן**

מעלה די (–ות) [MAYLE] virtue, (good) quality; advantage, benefit

|| האַלט|ן זיך אין דער מעלה behave with dignity, keep up appearances

|| **פֿ״גל מעלה זײַן**

מעלה־גירה זײַן* וו (מעלה־גירה געווע'ן) [MAYLE-GE'YRE] **זע מעלה־גירהן**

מעלה־גירה|ן וו (–ט/גע–ט) [MAL(E)GEYRE] (animal) chew the cud, ruminate; repeat what has already been said

מעלה זײַן* וו (מעלה געווע'ן) [MAYLE] lift, elevate; augment, increase *trans.*

|| דאָס איז ניט מעלה און ניט מוריד [MOYRED] this changes nothing

מעלוכע **פֿאָנ מלוכה**

מעליגנע די (ס) whim, impulsive act

מעלים זײַן* וו (מעלים געווע'ן) [MAYLEM] hide, conceal (evidence, profit)

מעליסע די lemon balm

מעלם זײַן* וו (מעלם געווע'ן) **זע מעלים זײַן**

מעל·ן[1] אַדי–עפּי (of) flour

מעל|ן[2] וו (גע–ט) **זע מאָלן[1]**

מעלעץ דער [Ly] granulated sugar

מעלער[1] דער (–/ס) painter

מעלער[2] דער (–/ס) flour merchant

מע'לצוקער דער powdered/granulated sugar

מעלצ|ן וו (גע–ט) malt

מעלצער דער (–/ס) maltster; brewer

מעלצערײַ' די (ען) malt-house; brewery

מעלק די (ן) dairy

מעלקלײַ דער flour paste

מעלק|ן וו (געמאָלקן) milk *imperf.*; fleece, extort from s.o.

|| מעלקן זיך give milk, allow oneself to be milked

מע'לקעדיק אַדי dairy (animal)

|| מעלקעדיק|ע קו milch cow

מע'לקשעפּל דאָס (עך) milk pail

מעלתו טיטל [MAYLOSOY] His Excellency

מעמאָראַנדום דער (ס) memorandum

מעמאָריאַ'ל דער (ן) memorial; memorandum

מעמבראַ'ן די (ען) membrane

מעמד דער [MAYMED] situation, condition, circumstances; station (in life), social position; position, job; jumble, hodgepodge

|| **פֿ״גל מעמדות**

מעמדות מצ [MAYMODES] selections from scripture and rabbinic lore read after morning services; annual contribution of Hasidim for the maintenance of their rebbe

מעמואַרן מצ memoirs

מעמיק זײַן* וו (מעמיק געווע'ן) <אין> [MAYMEK] deepen (one's knowledge) (of), steep oneself (in)

מעמקים מצ [MAAMAKIM] depths

מען פּראָנ one, you, they, people (*also* **מע** before the verb; can also be contracted to מ')

|| מע(ן) זאָגט, מ'זאָגט they say, it is said

|| אַזוי' עפֿנט מען דאָס that's how you open it

|| מע(ן) עסט, מ'עסט people are eating

|| וואָס מאַכט מען? how's it going?

מענאַזשעריע די (ס) menagerie

מענאַרקע די (ס) (men's) jacket

מענאַשקע די (ס) mess kit

מענגע די crowd

מענדל[1] דאָס (עך) hook

|| מענדל און ווײַבל hook and eye

מענדל[2] דאָס group of about fifteen (similar things)

מענדעווושקע די (ס) crab-louse

מע'נדעלע דאָס (ך) דימ **זע מאַן**

מענה־לשון (דאָס) [MA'YNELOShN] *Jew.* name of a book of prayers said in a cemetery; eloquence; sharp tongue

מענוסע די (ס) beef organ meat

מענטאַליטע'ט די (ן) mentality

מענטאָר דער (ס) mentor

מענטליק : מאַכן <דאַט> אַ מענטליק stand on ceremony, make a fuss; *iron.* deign to agree, do s.o. a favor; pretend to be the benefactor (of)

|| מאַכן גאָט אַ מענטליק boast of one's piety

מענטע[1] די mint

מענטע[2] דער (ס) *slang* cop

מע'נטעלע דאָס (ך) מאַנטל דימ2 embroidered mantle covering the Torah scroll

מענטש 1. דער (ן) (אַק/דאַט: מענטש(ן); פּאָס: מענטשנס) man, human being; person; decent/responsible person; domestic, employee

|| מצ *also* people

|| דער מין מענטש human race, humanity

|| זײַן* אַ מענטש — behave appropriately, act one's age
|| ווער|ן אַ מענטש — settle down
|| ווי אַ מענטש — correctly, decently
|| ווער|ן/זײַן* אױ'ס מענטש — fall apart, go to pieces
|| 2. דאָס — *dial.* person *fem.*
מענטשהייט די — human race, humanity
מענטשיש אַדי — human; decent
מענטשלעך אַדי/אַדוו — humane, benevolent; decent
מע'נטשלעכקייט די — kindness, decency, humaneness
מענטשל|ען זיך וו (גע–ט) זע מענטשן זיך
מענטש|ן זיך וו (גע–ט) — pull oneself together, collect oneself; take heart
מע'נטשנמאָרד דער (ן) — homicide
מע'נטשנפֿײַנד דער (–) — misanthrope
מע'נטשנפֿרײַנד דער (–) — humanitarian, philanthropist
מע'נטשן־פֿרעסער דער (ס) פֿעמ קע — cannibal
מע'נטשנקינד דאָס (ער) — human being
מע'נטשנקראַפֿט די — manpower
מע'נטשנשאַפֿט די — manpower
מענטשע|ן וו (גע–ט) זע מוטשען
מעניו' דער (ען) [Ny] — menu
מעניני־דיומא אַדוו [MEINYONE-DEYO'YME] — on the subjects of the day
מעניש אַדי — masculine; broad-shouldered, strapping
מעניש זײַן* וו (מעניש געווע'ן) [MAYNESh] זע מענש זײַן
מענלעך אַדי — masculine; male
מענסטרואַציע די — menstruation
מענסטרויִר|ן וו (–ט) — menstruate
מענסקע אַדי — men's, for men
מע'נעלע און ווײַ'בעלע דאָס — hook and eye
מענער[1] מצ זע מאַן
מע'נער[2]־... — male
מע'נעריש אַדי/אַדוו — masculine, virile
מענערש אַדי — man's
מע'נערשאַפֿט די — men *coll.*
מע'נערשוואַך אַדי — (sexually) impotent
מע'נערשוואַכקייט די — (sexual) impotence
מענש זײַן* וו (מענש געווע'ן) [MEANESh] — punish
מעס פֿאָנ מת
מעסט די (ן) — grain measure (receptacle)
מעסטונג די (ען) — measuring; surveying
|| מצ — *also* dimensions, measure, size

מעסטל דאָס (עך) מעסט דימ — measure (receptacle)
|| פֿ״גל זאַלצמעסטל
מעסט|ן וו (געמאָסטן) — measure *trans., imperf.*; survey (land); traverse, cover an area *imperf.*
מעסטער דער (ס) — measure, scale
מעסיק אַדי/אַדוו — moderate; temperate (climate)
מע'סיקייט די — moderation; limitedness
מעסלע'ס פֿאָנ מעת־לעת
מעסע די (ס) — (church) mass
מעסער דער/דאָס (ס) — knife
|| אויף מעסערס — at daggers drawn
|| אַ מעסער אין רוקן — stab in the back
|| אויפֿן שפּיץ מעסער — a smattering of
מע'סערוואַרג דאָס — cutlery
מע'סערל דאָס (עך) מעסער דימ — pocket knife
מע'סערשטעך : אויף מעסערשטעך — at daggers drawn
מעצאָצע די (ס) — *iron.* bargain, windfall, marvel
מעציִע פֿאָנ מציאה
מעצענאַ'ט דער (ן) — patron
מעצעניר|ן וו (–ט) — patronize, subsidize
מעק דער — slap, rap
|| פֿ״גל מעקן
מעקאַנע פֿאָנ מקנא
מעקלער דער (ס) פֿעמ קע — broker
מעקלערײַ' דאָס — brokerage; broker's fee, commission
מע'קלער|ן וו (גע–ט) — work as a broker; act as a mediator
מעק|ן וו (גע–ט) — erase *imperf.*
מעקסיקאַניש אַדי — Mexican
מעקסיקאַנער דער (–) פֿעמ ין — Mexican
מע'קסיקע (די) — Mexico; Mexico City
מע'קעלע[2] דאָס (ך) מאָק דימ — fool, gullible person
מעקע|ן וו (גע–ט) — bleat
מע'קענע די — chaff
מעקער דער (ס) — eraser
מעקר|ן וו (גע–ט) [MAYKER] — turn everything upside down (while searching); castrate
מער[1] 1. אַדי–אינוו — more, additional
|| 2. אַדוו
|| מער ניט — no longer, no more
|| ניט מער (ווי) — merely, no more than
|| מער פֿאַר אַלץ — above all, more than anything else

|| נאָך מער what is more, in addition
|| צום מערסטן most; at most
|| פֿ״גל מערנישט
מער^{2} די/דער (ן) carrot
מער^{3} : וואָס איז דער מער? what's the matter?
|| וואָס איז דער מער מיט ...? what's the matter with, what's wrong with ...?
|| וואָס קען דאָ זײַן דער מער? what is the problem?
מערביק אַדי tender (meat); crumbly, crisp (cake, etc.)
מערבֿ^{1} דער [MAYREV] west; Occident
|| מערבֿ צו westward
מערבֿ-^{2}... [MA'YREV] western, occidental
מערבֿדיק אַדי [MA'YREVDIK] western, occidental
מע'רגעניק דער (עס) *dial.* skirt-chaser
מערדער דער (–/ס) murderer, assassin
מערדערײַ' די (ען) crime; cruelty, atrocity; massacre
מע'רדעריש אַדי/אַדוו murderous; cruel
מע'רדערלעך אַדי/אַדוו cruel, bloody; deadly
מערה די (–ות) [MEORE] cave; burial vault
מערהייט די (ן) majority (party, group); greater part
מער־ווײי'ניק(ער) אַדוו more or less, roughly
מערווערט דער surplus value
מערזאַוועץ דער (...ווצעס) *dial.* rascal, scoundrel
מערזשל דאָס (עך) זע מערזשער
מערזשער דער (ס) (kitchen, pharmacy) mortar
מע'רטראַפּיק אַדי polysyllabic
מע'רטש(יש)עם אַדוו זע אם־ירצה־השם
מעריבֿ (דער) [MAYREV] *Jew. Maariv*, the Jewish evening prayer
מערידאַלניק דער (עס) one who suffers from hemorrhoids
מערידיאַ'ן דער (ען) [DY] meridian
מערידן מצ hemorrhoids
מעריטאָריש אַדוו on its merits
מעריטורע די זע עמעריטור
מע'ריטשקע די (ס) זע מוראַשקע
מערין דער (עס) gelding
מע'רישקע די (ס) זע מוראַשקע
מערכה די (–ות) [MAROKhE] fate, destiny; (good) luck; situation, condition
|| אַ גוט|ע מערכה stroke of luck
|| אַ מערכה וואָס איך האָב זיך נישט פֿאַרשפּעטיקט! it's a good thing I wasn't late!

מערלע די [Ly] gauze
מערמל^{1} דער (ען) marmot
מערמל^{2} = מערמלשטיין דער זע מירמלשטיין
מער|ן^{1} וו (גע–ט) increase, multiply, reproduce
מערן^{2} (דאָס) Moravia
מערני(ש)ט 1. אַדוו only, solely
|| 2. קאָנ but
|| פֿ״גל מער^{1} (ניט)
מערסטנס אַדוו mostly, for the most part
מערסטע אַדי–אינוו most
מערעזשע די (ס) mending, darning; embroidery
מערעזשע|ן וו (–ט) mend, darn *imperf.*
מערער 1. אַדי–אינוו more
|| 2. אַדוו
מע'רערע אַדי–אינוו (a good) many, several
מערעשטשע|ן זיך וו (–ט) darken, become dim
מע'רעשקע די (ס) זע מוראַשקע
מערץ דער (ן) זע מאַרץ
מערצאָל די (ן) plural
מערק מצ זע מאַרק^{1}
מע'רקווירדיק = מע'רקווערדיק אַדי/אַדוו remarkable, notable, striking
מערקונג די *neol.* (psychol.) perception
מערקו'ר (דער) Mercury
מערקלעך אַדי visible, perceptible, observable
מערק|ן וו (גע–ט) perceive, notice, take note of, observe
מערשאָם = מערשוים דער meerschaum
מע'רשעלע דאָס (ך) דימ זע מאָרש
מערת־המכפּלה די [MEORES–HAMAKhPE'YLE] *bibl.* Cave of Machpelah, tomb of the Patriarchs and Matriarchs
מערת־פּרי'צים די [MEORES] den of thieves
מעש דאָס brass
מע'ש־אינסטרומענטן מצ (mus.) brass (instruments)
מעשאָנזשניק דער (עס) *Slav.* brass worker
מעשוגע פֿאָנ משוגע
מעשונע פֿאָנ משונה
מעשטע די (ס) slipper
מעשיט = מעשייט דער type of Hebrew letters used in most early Yiddish manuscripts and printed works
מעש·ן אַדי (of) brass
מעשׂה [MAYSE] 1. די (–יות) story, tale, anecdote; question, problem, matter; *pop.* thing, gizmo
|| די מעשׂה איז אַז it so happens that

|| אַ מעשה מיט — a story of; a matter of

|| נאָך דער מעשה — after the fact

|| וואָס איז די מעשה <מיט> ...? — what is the matter, what is wrong (with)

|| וואָס איז די מעשה וואָס/אַז ...? — what's with ...? what's the story behind the fact that ...?

|| ווי די מעשה איז — be that as it may

|| קיין מעשה ניט — not too bad, not bad at all

|| אַ שיינע מעשה! — here's a pretty state of affairs!

|| (ס'איז) יענע מעשה! — a strange story!

|| יענע מעשה — *vulg.* vagina

|| אַ מאָל איז געווע'ן אַ מעשה — once upon a time

|| געהע'רט/הערסט אַ מעשה! — did you ever hear such a thing!

|| אָ'נ|טאָ|ן* זיך אַ מעשה — *euph.* commit suicide

|| כאַפּ|ן בעת דער מעשה [BEYS] — catch in the act

|| פֿ״גל מעשים

|| **2.** קאָנ — like, as, in the manner of

|| מעשה גנבֿ [GANEF] — like a thief

|| מעשה סוחר [SOYKhER] — in a businesslike/responsible manner

|| (גאָר)ניט מעשה סוחר — irresponsibly

|| דאָס איז מעשה פּאַרך — that's a dirty trick

מעשה־אונן די [MAYSE-O'YNEN] masturbation, onanism

מעשה־ביכל דאָס (עך) [MA'YSE] storybook, book of legends/fairy-tales

מעשה־ביכלדיק אַדי [MA'YSE] fairy-tale

מעשה־בראשית די [MAYSE-BRE'YShES] *bibl.* creation of the world, the Creation; cosmogony; nature, cosmos; genesis

מעשהלע דאָס (ך) מעשה דימ [MA'YSELE] fairy tale

מעשה־נורא די (ס) [MAYSE-NO'YRE] extraordinary event, frightful story

מעשה־נסים [MAYSE-NI'SIM] **1.** אַדוו miraculously || **2.** די miracle; marvelous/improbable story

מעשה־סדום די (מעשי־) [MAYSE-SDO'M - MAYSE-] flagrant injustice, inhuman act

מעשה־רע די (מעשים־רעים) [MAYSERA' - MAYSIM-RO'IM] crime, misdeed, wrongdoing

מעשה־שבת די [MAYSE-ShA'BES] *fam.* twaddle, nonsense

מעשה־שהיה די (ס) [MAYSE-ShEHO'YE] true story, actual occurrence

מעשה־שטן אַדוו [MAYSE-SO'TN] as if out of spite, as if done deliberately; unfortunately, wouldn't you know it?

מעשה־תּלוי די [MAYSE-TO'LE] *pejor.* story of Jesus

מעשים מצ [MAYSIM] actions, acts, deeds

|| אַ'רבעט|ן מעשים — move heaven and earth, do everything possible; wear oneself out

|| אַ'רבעט|ן מעשים מיט — keep s.o. at it

|| עס טוען זיך מעשים — things are going on

מעשים אַשר לא יעשׂו מצ [MAYSIM AShER LOY YEOSU] extraordinary/outrageous deeds

מעשים־טובֿים מצ [MAYSIM-TO'YVIM] good deeds

מעשים־רעים מצ זע **מעשה־רע**

מעשים־תּעתּועים מצ [MAYSIM-TAATU'IM] crimes, atrocities, immoral/scandalous acts

מעשׂר דער (ות) [MAYSER - MAYSRES] tithe

מעשׂר|ן וו (גע־ט) [MAYSER] tithe

מעתּיק דער (ים) [MAYTEK - MATIKIM] translator; transcriber

מעתּיק זײַ|ן* וו (מעתּיק געווע'ן) [MAYTEK] translate; transcribe

מעת־לעת דער/דאָס (ן) [MESLE'S] a twenty-four hour period

|| פֿיר און צוואַנציק שעה אין/אַ מעת־לעת [ShO] — twenty-four hours a day, all day and all night

מפּה די (־ות) [MAPE] piece of cloth covering the the stand where the Torah scroll is unrolled; protective embroidered cloth wrapped around the Torah roll

מפּולת די (ן) [MAPOYLES] dilapidated building; slum

מפּילדיק אַדי [MA'PLDIK] abortive, failed

מפּיל זײַ|ן* וו (מפּיל געווע'ן) [MAPL] זע **מפּלען**

מפּילע דאָס (ך) [MA'PELE] runt, undersized man or boy

מפּיל־קינד דאָס (ער) [MA'PL] stillborn child, weakling

מפּלה די (־ות) [MAPOLE] defeat, failure, downfall; setback; rebuff, reversal

|| דערלאַנג|ען אַ מפּלה — inflict a defeat

מפּלהניק דער (עס) פֿעמ **...ניצע** [MAPO'LENIK] defeatist

מפּלונג די (ען) [MAPLUNG] miscarriage

מפּל|ען וו (גע־ט) [MAPL] miscarry, abort; (project) fail, fall through

מפֿולפּל דער (ים) [MEFULPL - MEFULPOLIM] subtle Talmudic mind

מפֿוניצע די (ס) [MEFU'NITSE] fastidious woman

מפֿונק דער (ים) [MEFUNEK - MEFUNOKIM] fastidious man, epicure; difficult or overly sensitive man

מפֿורסם .1 אַדי–אַטר [MEFURSEM] widely known || .2 דער (ים) [- MEFURSOMIM] celebrity, famous person

מפֿורסמת די (ן) [MEFURSEMES] famous woman

מפֿורש אַדי/אַדוו [MEFOYRESh] explicit

מפֿטיר דער (ס) [MAFTER] reading in the synagogue of the *Haftarah* (text from the prophets); person called upon to perform this reading

|| געב|ן* דאַט אַ מפֿטיר reprimand, give a good talking-to to

|| זיך (אײַ'נ)קויפֿ|ן מפֿטיר bring trouble on oneself

|| פֿ״גל הפֿטורה

מפֿייס זײַן* וו (מפֿייס געווע'ן) [MEFAYES] conciliate, appease, placate

מפֿליג זײַן* וו (מפֿליג געווע'ן) [MAFLEG] praise to the skies, exaggerate

מפֿלפּל זײַן* זיך וו (מפֿלפּל געווע'ן) [MEFALPL] *lit.* debate a fine point of Talmudic law; split hairs, dispute over details

מפֿסיק זײַן* וו (מפֿסיק געווע'ן) [MAFSEK] pause (*esp.* during a prayer)

מפֿצה זײַן* וו (מפֿצה געווע'ן) [MEFATSE] *lit.* flatter, cajole; conciliate, make amends

מפֿציר זײַן* וו (מפֿציר געווע'ן) [MAFTSER] *lit.* insist, urge upon

מפֿקיר זײַן* וו (מפֿקיר געווע'ן) [MAFKER] *lit.* abandon, leave to chance; renounce (goods), forsake, discard

|| מפֿקיר זײַן זיך sacrifice oneself

מפֿרנס זײַן* וו (מפֿרנס געווע'ן) [MEFARNES] support, feed (a family)

|| האָבן* אַק מפֿרנס צו זײַן have responsibility (for s.o.)

|| מפֿרנס זײַן זיך earn one's living

מפֿרסם זײַן* וו (מפֿרסם געווע'ן) [MEFARSEM] make public, divulge, publicize

מפֿרש דער (ים) [MEFAREsh - MEFORShIM] *Jew.* commentator, exegete

מפֿרש זײַן* וו (מפֿרש געווע'ן) [MEFAREsh] comment upon, interpret, *esp. Jew.* write a commentary on (a sacred text)

מפֿתּה זײַן* וו (מפֿתּה געווע'ן) [MEFATE] *lit.* seduce, debauch

מפֿתּח דער (ות) [MAFTEYEKh - MAFTEYKhES] index (of a book)

מצאַצע די (ס) זע מעצאַצע

מצבֿ דער [MATSEV] situation, condition

מצבֿה די (–ות) [MATSEYVE] tombstone

מצבֿה־אויפֿדעקונג די (ען) [MATSE'YVE] unveiling of a tombstone

מצד פּרעפּ [MITSA'D] on the part of

מצדי־צדדים אַדוו [MITSIDE-TSDO'DIM] from all sides

מצדיק זײַן* וו (מצדיק געווע'ן) [MATSDEK] *lit.* justify

מצה די (–ות) [MATSE] matzo, unleavened bread eaten during Passover; a piece of matzo

מצה־בעקער דער (–/ס) [MA'TSE] *also* idle, lazy

מצה־וואַסער [MA'TSE] : פֿאַרקויפֿ|ן זיך ווי מצה־וואַסער sell like hotcakes

מצה־מעל די/דאָס [MA'TSE] matzo-meal, flour made of ground matzos

מצה־קניידל דאָס (עך) [MA'TSE] matzo ball, dumpling made of matzo-meal

מצה־רעדל דאָס (עך) [MA'TSE] small toothed wheel used to perforate the matzos before baking

מצה־שמורה די [MATSE-ShMU'RE] matzos prepared for the Passover meal with particular care

מצו(ו)ה די זע מיצווה

מצורע דער (ים) [METSOYRE - METSOYROIM] leper

מציאה די (–ות) [METSIE] bargain; *iron.* gem, lucky find

|| אַ טײַ'ערע מציאה! big deal! is that all?

|| אַ מציאה פֿון אַ גנבֿ [GANEF] a great bargain

|| האַנדל|ען אַ מציאה get a bargain, make an excellent deal

מציאות דאָס [METSIES] reality, existence

מציל זײַן* וו (מציל געווע'ן) [MATSL] save, rescue; cure; protect

מציצה די [METSITSE] *Jew.* custom of sucking the blood of the prepuce at circumcision

מצליח זײַן* וו (מצליח געווע'ן) [MATSLIEKh] succeed, prosper; (God) grant success (to)

מצמצם זײַן* וו (מצמצם געווע'ן) [METSAMTSEM] limit, reduce, concentrate

|| מצמצם זײַן זיך restrict oneself

מצנפֿת די (ן) [MITSNEFES] turban, headdress; covering for the head of a corpse

מצער זײַן* וו (מצער געווע'ן) [METSAER] cause s.o. pain/hardship

|| מצער זײַן זיך grieve, worry

מצרי דער (ם) זע מיצרי

מצרים (דאָס) [MITSRAIM] Egypt

|| פֿיר|ן שטרוי קיין מצרים carry coals to Newcastle

מצרים־הונט דער (־הינט) [MITSRA'IM] dog that does not bark

מצרף זײַן* וו (מצרף געווע'ן) <צו> [METSAREF] include (in) *(a count/group)*; add up, total

|| מצרף זײַן צום מנין [MINYEN] *Jew.* include (s.o.) in the group of men required for public worship

מקבל דער (ים) [MEKABL] receiver of charity; person living on charity/public assistance

|| פ״גל מקבל זײַן

מקבל־באַהבֿה זײַן* וו (מקבל־באַהבֿה געווע'ן) [MEKABL-BEA'(H)AVE] *lit.* put up with, accept without complaint, be resigned to

מקבל זײַן* וו (מקבל געווע'ן) [MEKABL] receive (message, gift)

מקבל־נחת זײַן* וו (מקבל־נחת געווע'ן) [MEKABL-NA'KhES] *lit.* be delighted, exult

מקבל־פּנים זײַן* וו (מקבל־פּנים געווע'ן) [MEKABL-PO'NEM] welcome, receive

מקבל־קנין זײַן* וו (מקבל־קנין געווע'ן) [MEKABL-KI'NYEN] confirm a contract symbolically by having each of the parties hold the end of a handkerchief

מקבל־שבת זײַן* וו (מקבל־שבת געווע'ן) [MEKABL-ShA'BES] celebrate the arrival of the Sabbath on Friday evening

מקבר זײַן* וו (מקבר געווע'ן) [MEKABER] *Jew.* bury, inter

מקדים זײַן* זיך וו (מקדים געווע'ן) [MAKDEM] make the first move, hurry (up)

מקדיש זײַן* וו (מקדיש געווע'ן) [MAKDESh] consecrate, dedicate; autograph, furnish with a dedication

מקדש־השם זײַן* וו (מקדש־השם געווע'ן) [MEKADESh-HAShE'M] *Jew.* sanctify the name of God; die as a martyr for Judaism

מקדש זײַן* וו (מקדש געווע'ן) [MEKADESh] sanctify; take as one's wife according to Jewish law

|| מקדש זײַן די לבֿנה זע מחדש זײַן

מקובל דער (ים) [MEKUBL - MEKUBOLIM] *Jew.* cabalist, mystic

מקווה די (מקוואָות) זע מיקווה

מקוים ווער|ן וו (איז מקוים געוואָרן) [MEKUYEM] come true, materialize

מקום דער/דאָס (ות) [MOKEM - MEKOYMES] *iron.* place, town; (in Warsaw, Amsterdam, etc.) old town

|| מצ parts, regions

מקום־גייער דער (ס) [MO'KEM] peddler, hawker

מקום־מיקלט דער [MOKEM-MI'KLET] place of refuge, asylum, haven

מקום־מנוחה דער [MOKEM-MENU'KhE] place of rest, refuge

מקום־קדוש דער [MOKEM-KO'DESh] *Jew.* house of prayer

מקום־תּורה דער [MOKEM-TO'YRE] *Jew.* place of learning; town known as a center of Jewish learning

מקונן דער (ים) [MEKOYNEN - MEKO'NENIM] mourner; elegiac poet; *bibl.* the prophet Jeremiah (as author of the Book of Lamentations)

|| דערוי'ף קלאָגט דער מקונן there's the rub!

מקור דער (ים/ות) [MOKER/MEKO'R - MEKOYRIM/MEKOYRES] source, origin

מקורבֿ דער (ים) [MEKUREV - MEKUROVIM] intimate; member of the entourage (of a prominent person)

מקח דער (ים) [MEKEKh - MEKOKhIM] price, cost

מקח־וממכּר דער [MEKEKh-UME'MKER] buying and selling, commerce, trade

מקח־טעות דער [MEKEKh-TO'ES] bad bargain; error, mistake

מקטרג דער (ים) [MEKATREG - MEKATREYGIM] accuser; prosecuting angel, Satan

מקטרג זײַן* וו (מקטרג געווע'ן) <אויף> [MEKATREG] accuse, denigrate

מקיאַנ|ען = מקיא|(נע)ן וו (גע־ט) זע מייקענען

מקיים זײַן* וו (מקיים געווע'ן) [MEKAYEM] (jur.) carry out, execute; materialize, realize; grant, fulfill (wish, prayer); keep (a promise); maintain, support, sustain

מקיים־פּסק זײַן* וו (מקיים־פּסק געווע'ן) [MEKAYEM-PSA'K] <דאַט> carry out a sentence (on); *fam.* teach a lesson (to); *pop.* liquidate, kill (s.o.)

מקיל דער (ים) [MEYKL - MEKILIM] one who favors the lenient interpretation/application of the laws

|| פ״גל מקיל זײַן

מקילדיק אַדי/אַדוו [ME'YKLDIK] indulgent, lenient

מקיל זײַן* וו (מקיל געווע'ן) [MEYKL] be indulgent, interpret/apply the rules leniently

מקלט דער (ים) זע מיקלט

מקל|ען וו (גע־ט) <אַק> [MAKL] beat with a stick

מקמץ זײַן* וו (מקמץ געווע'ן) [MEKAMETS] economize, be stingy

מקנא זײַן* וו (מקנא געווע'ן) <דאַט> [MEKANE] envy, be jealous of

|| מקנא זײַן אַק דאַט begrudge s.o. stg.

מקפּיד דער (ים) [MAKPED - MAKPIDIM] meticulous/fastidious person; pedant

מקפּיד זײַן* וו (מקפּיד געווע'ן) <אויף> [MAKPED] be particular, fastidious (about), insist on accuracy (concerning)

מקף דער (ן) [MAKEF] hyphen

מקצר זײַן* וו (מקצר געווע'ן) [MEKATSER] be brief (in speaking or writing); abridge

|| מקצר זײַן דאַט די יאָרן make s.o.'s life miserable

מקצר־ימים זײַן* וו (מקצר־ימים געווע'ן) [MEKATSER-YO'MIM] דאַט make miserable, torment

מקצת(־מן־המקצת) דאָס זע מיקצת(־מן־המיקצת)

מקרבֿ זײַן* וו (מקרבֿ געווע'ן) [MEKAREV] befriend, take under one's wing

מקרה די זע מיקרה

מקריבֿ זײַן* וו (מקריבֿ געווע'ן) [MAKREV] sacrifice

מקשה־לילד די [MAKShE/MEKAShE-LE'YLED] woman in difficult labor, or who tends to have difficult childbirths

מקשן דער (ים) [MAKShN - MAKShONIM] questioner, one who likes to ask questions

מ״ר = מיסטער *Amer.* Mr.

מרא־דאַתרא דער [MORE-D(E)A'SRE] local rabbi/ rabbinic authority

מראה די (־ות) [MARE] looks, appearance; complexion, color of the face

מראה־מקום דער [MARE-MO'KEM] זע מראה־מקומות

מראה־מקומות דער [MARE-MEKO'YMES] note, annotation, bibliographic reference, index

מראַק דער (ן) זע מראַקע

מראַקע די (ס) drizzle, fog; gloom, darkness

מראַקען וו (גע־ט) drizzle

מרביץ־תּורה זײַן* וו (מרביץ־תּורה געווע'ן) [MARBETS-TO'YRE] teach the Torah in public; disseminate knowledge

מרגיש זײַן* וו (מרגיש געווע'ן) [MARGESh] *lit.* feel, perceive

מרגל דער (ים) [MERAGL] spy

מרדכי פּנ [MORTKhE] Mordechai, major figure in the Book of Esther

מרה־שחורה די [MOREShKhOYRE] melancholy, gloom, depression

מרה־שחורהדיק אַדי/אַדוו [MOREShKhO'YREDIK] melancholy, morose, depressed

מרה־שחורה|ן וו (־ט) [MOREShKhOYRE] brood, be melancholy

מרה־שחורהניק דער (עס) פֿעמ ...ניצע [MOREShKhO'YRENIK] pessimist, melancholy/depressed person

מרובע דער (ים) [MERUBE - MERUBOIM] square; (typogr.) square Hebrew characters

מרוויח זײַן* וו (מרוויח געווע'ן) [MARVIEKh] *lit.* gain, make a profit

מרוויחער דער (ס) זע מאַרוויכער

מרוח־אָשך דער [M(E)ROYEKh-O'ShEKh] man with crushed testicles, impotent man

מרוצה אַדי–אַטר [MERUTSE] in agreement; satisfied, well-disposed; accepted, agreed

מרוצה ווער|ן וו (איז מרוצה געוואָרן) [MERUTSE] come to an agreement

מרוק דער (עס) grumbler, grump, kill-joy

מרוקע|ן וו (גע–ט) grumble, grouse; purr; bellow

מרור דער [MORER] bitter herbs, such as horseradish, served at the Passover seder in memory of the sufferings of the Jews in Egypt

מרחיק זײַן* וו (מרחיק געווע'ן) [MARKhEK] *lit.* remove, keep away

מרחמדיק אַדי/אַדוו [MERA'KhEMDIK] merciful, charitable

מרחם זײַן* זיך וו (מרחם געווע'ן) <אויף> [MERAKhEM] take pity (on), feel sorry (for)

מרחץ[1] דאָס (ן/אָות) [MERKhETS - MERKhATSOES] public bath; steam bath, sauna

מרחץ[2] דאָס [MERKhETS/MARKhETS] *slang* (stolen) linen

מרחצער דער (–/ס) [ME'RKhETSER/MA'RKhETSER] *slang* thief who steals linen; thief who steals from travelers while they sleep

מרחק דער (ים) [MERKhEK - MERKhOKIM] distance

|| פֿ״גל מרחקים

מרחק זײַן* וו (מרחק געווע'ן) [MERAKhEK] *lit.* move away

מרחקים מצ [MERKhAKIM] distant lands

מרחשוון דער [MARKhEZhVN] זע חשוון

מרידה די (–ות) [MERIDE] revolt, insurrection

מריקע|ן וו (גע–ט) זע מרוקען

מרכּז דער [MERKEZ] center

מרמז זײַן* וו (מרמז געווע'ן) <אויף> [MERAMEZ] allude (to), hint (at)

מר״ס = מיסעס *Amer.* Mrs.

מרעיש־עולם זײַן* וו (מרעיש־עולם געווע'ן) [MAREShO'YLEM] create a sensation, make a great stir

מרשעת די (ן) [MARShA'S] wicked woman, shrew

מרת טיטל [MORES] *(only before a fem. first name)* Madam, Dame

משאל־עצה זײַן* זיך וו (משאל־עצה געווע'ן) <מיט> [MEShAEL-E'YTSE] seek advice (from)

משביע זײַן* וו (משביע געווע'ן) אַק [MAShBIE] conjure up (spirits); administer an oath to

משבת־לשבת אַדוו [MIShABES-LEShA'BES] once a week, every week

משגיח דער (ים) [MAZhGIEKh - MAZhGIKhIM] supervisor, inspector; inspector of Jewish dietary laws in restaurant kitchens, butcher shops or bakeries

משדך זײַן* וו (משדך געווע'ן) <מיט> [MEShADEKh] arrange the marriage of (with)
|| **משדך זײַן זיך** <מיט> become related by marriage, marry one's child into the family (of); become engaged (to)

משה פּנ [MOYShE] Moses; *slang* one of the common people, ignorant person; the common herd, hoi polloi

משה־גרוי'ס (דער) [MOYShE] presumptuous man, show-off

משה־זו'ך־מיך פּר [MOYShE] (he/it is) nowhere to be found

משה־מחויבֿ (דער) [MOYShE-MEKhU'YEV] *hum.* debtor, person under an obligation
|| **ניט זײַן* פֿאָס/דאַט משה־מחויבֿ** not be the servant of

משה־מחויבֿניק דער (עס) [MOYShE-MEKhU'YEVNIK] *hum.* protégé, one who owes his position to nepotism

משה־קאַפּױ'ער (דער) [MOYShE] one who does the opposite of what's needed, or of what's been asked

משה רבנו פּנ [MOYShE RABEYNE] Moses (Our Teacher)

משה־רבנוס קיִעלע דאָס (ך) [MOYShE-RABE'YNES] ladybug

משה־תּו (דער) [MOYShE-TO'V] **זע משה־תּחת**

משה־תּחת (דער) [MOYShE-TO'KhES] *slang* one of the common people, average Joe; (theat.) *slang* average viewer, unsophisticated audience

משוגע אַדי–אַטר [MEShUGE] crazy, insane
|| **משוגע אויף טויט** stark raving mad
|| **משוגע מאַכן** drive crazy, exasperate
|| **משוגע מאַכן זיך** play the fool, act crazy; play pranks
|| **פֿ״גל משוגען**

משוגעוואַטע אַדי/אַדוו [MEShUGEVATE] (as if) crazy

משוגעים מצ [MEShUGOIM] madmen, crazy people, lunatics

משוגעים־אַזיל דער (ן) [MEShUGO'IM] insane asylum

משוגעים־הויז דאָס (־הײַזער) [MEShUGO'IM] insane asylum, mental hospital; madhouse *fig.*

משוגעים־העמדל דאָס (עך) [MEShUGO'IM] straitjacket

משוגעים־שפּיטאָל דער (ן) [MEShUGO'IM] mental hospital

משוגע־לדבֿר־אחד אַדי–אַטר [MEShUGE-LEDOVER-E'KhED] monomaniacal, obsessed with an idea
|| **זײַן* משוגע־לדבֿר־אחד** have a one-track mind, be obsessed

משוגען אַדי–עפּי [MEShUG·N] crazy, mad, insane; mad, rabid (dog)
|| **פֿ״גל משוגע**

משוגענ|ער דער-דעק [MEShU'GENER] madman, crazy person, lunatic

משוגענערווײַז אַדוו [MEShU'GENERVAYZ] madly, like a madman

משוגעת דאָס (ן) [MEShUGA'S] madness, insanity
|| **אַרײַ'נ|פֿאַלן אין משוגעת** go crazy/berserk
|| **הינטיש משוגעת** rabies

משווה זײַן* וו (משווה געווע'ן) אַק [MAShVE] reconcile
|| **משווה זײַן דאַט** <פֿאַר> compensate s.o. (for)
|| **משווה זײַן זיך** come to an agreement

משולח דער (ים) [MEShULEKh - MEShULOKhIM] messenger, courier; delegate, emissary

משולחת דאָס (ן) [MEShULAKhES] **זע משלחת**

משום פּרעפּ [MIShU'M] by reason of, in view of

משומד דער (ים) [MEShUMED - MEShUMODIM] *Jew.* apostate, convert, baptized Jew; rascal, scoundrel; insolent person
|| **ער איז ערגער ווי אַ משומד** he is the lowest of the low

משומדסקע אַדי/אַדוו [MEShUMADSKE] cunning, sly; rude, insolent; low, foul; *Jew.* pertaining to an apostate

משומדתטע די (ס) [MEShUME'DESTE] Jewish woman who has been baptized, apostate

משונה אַדי–אַטר/אַדוו [MEShUNE] strange, odd

משונהדיק אַדי/אַדוו [MEShU'NEDIK] bizarre, weird, unnatural

משונהן אַדי–עפּי [MEShUNEN] **זע משונהדיק**

משועבד אַדי–אַטר <בײַ> [MEShUBED] enslaved (to), subjugated (by); in the service (of)

משופּע אַדי–אַטר/אַדוו [MEShUPE] sloping, inclined

משופּעדיק אַדי [MEShU'PEDIK] sloped, sloping; oblique

משופּרי־דשופּרי פּר [MEShUFRE-DEShU'FRE] first-class (merchandise)

משורר דער (ים) [MEShOYRER - MEShO'(Y)RERIM] choirboy in a synagogue; Hebrew poet

משחד זײַן* וו (משחד געווען) [MEShAKhED] bribe, corrupt

משחית דער (ים) [MAShKhES - MAShKhISIM] destroyer, exterminator; bungler; clever, sharp person; scamp, mischievous fellow

משטיינס געזאָ'גט אינט זע מישטיינס געזאָגט

משיח (דער) (ים) (אַק/דאַט: משיחן) [MEShIEKh - MEShIKhIM] *(functioning as a proper noun unless preceded by article and/or adj.)* the Messiah

|| משיחס צײַטן (you'd think it was the) messianic age

|| ביז משיח וועט קומען till the end of time

|| מע זאָל דערמאָנען משיחן! "we ought to have mentioned the Messiah!" *(used when s.o. whose name has been mentioned shows up unexpectedly)*

משיחיש אַדי [MEShIKhISh] messianic

משיחל דאָס (עך) משיח דימ [MEShI'EKhL] ladybug

משכּבֿ־זכר דער זע מישכּבֿ־זכר

משכּון דער (משכּנות) [MAShKN - MAShKONES] pawn, pledge

|| לע'בעדיק|ער משכּון hostage

משכּן דער (ס) זע מישכּן

משכּנות מצ זע משכּון

משכּנתּא די [MAShKANTE/MIShKANTE] hazing consisting of holding s.o. down while others beat him

משך דער [MEShEKh] duration, period

|| אין פּאָס משך during the time of

|| אין משך פֿון during

|| אויף אַ משך for a while

משל דער/דאָס (ים) [MOShL - MEShOLIM] fable, parable; example, illustration

|| אַ משל אויף אַ טאָרבע פּלעקער. אַ משל קאַבאַ'ק *hum.* inappropriate example; irrelevant remark

|| אַ משל! that's got nothing to do with it!

משלח זײַן* וו (משלח געווען) [MEShALEYEKh] *hum.* expel, dismiss, show the door

משלחת דאָס (ן) [MIShLAKhES] calamity, plague, misfortune

משלי [MIShLE] (Book of) Proverbs (in the Bible)

משלים זײַן* וו (משלים געווען) [MAShLEM] *lit.* complete; perfect

משליש זײַן* וו (משליש געווען) בײַ [MAShLESh] deposit with (a third person as security)

משל־כּחרס־הנישבר דער [MOShL-KEKhERES-HANI'ShBER] *hum.* bad or irrelevant example; irrelevant remark

משלם זײַן* וו (משלם געווען) <דאַט> [MEShALEM] *lit.* pay, remunerate

משלמ|ען וו (גע־ט) [MEShALEM] *(usually used in inf.) in-group* pay

משלנו אַדי־אַטר [MIShELONU] one of us

משמע [MAShME] **1.** קאָנ it follows that || **2.** די (ס) implication

משמעות [MAShMOES] **1.** אַדוו probably, very likely; supposedly

|| אַ משמעות רײַך לאַנד a country reputed to be wealthy

|| **2.** דאָס probability

משמעותדיקייט די [MAShMO'ESDIKEYT] probability (mathematics)

משמר דער (ים) זע מישמר

משמש דער (ים) [MEShAMESh - MEShAMShIM] domestic, servant; beadle, sexton

|| פֿ״גל משמש זײַן

משמש־המיטה זײַן* וו (משמש־המיטה געווען) [MEShAMESh-HAMI'TE] *lit.* have sexual relations

משמש זײַן* וו (משמש געווען) [MEShAMESh] serve (a master)

משנה די (־ות) זע מישנה

|| פֿ״גל משנה זײַן

משנה־בדיבורו זײַן* וו (משנה־בדיבורו געווען) [MEShANE-BEDIBU'RE] go back on one's word

משנה זײַן* וו (משנה געווען) [MEShANE] *lit.* change, modify; retract a promise, go back on one's word

משנה־שם זײַן* וו (משנה־שם געווען) דאַט [MEShANE-ShE'M] call by a new name

משניות דער/דאָס (ן) [MIShNAYES] complete edition of the six volumes of the *Mishnah*; text of the *Mishnah* without the *Gemara*; volume of the *Mishnah*

|| פֿ״גל גמרא; מישנה

משער זײַן* (זיך) וו (משער געווען) [MEShAER] surmise, suppose; estimate, calculate

|| מען איז משער it is understood

משפּחה די (־ות) [MIShPOKhE] family, kin

משפּחטע(רע) די (ס) [MIShPA'KhTE(RE)] *pejor.* family, brood

משפּט דער (ים) זע מישפּט

משפּיל זײַן* וו (משפּיל געווע'ן) [MAShPL] humiliate

משפּיעדיק אַדי [MAShPI'EDIK] influential

משפּיע זײַן* וו (משפּיע געווע'ן) <אויף> [MAShPIE] influence, have an effect (on)

משקה די (משקאָות) [MAShKE - MAShKOES] alcoholic beverage, liquor; *hum.* beverage, drink

|| שטעלן משקה offer a drink, pay for a round

משקולת : אויף משקולת [MIShKOYLES] shaky, in the balance

|| האַלטן זיך אויף משקולת hang by a thread

משקל דער (ים) זע מישקל

משקר זײַן* וו (משקר געווע'ן) [MEShAKER] lie

משרת דער/דאָס (ים) פֿעמ טע [MEShORES - MEShORSIM] domestic, servant; salesclerk

משרתיש אַדי/אַדוו [MEShORSISh] servile, menial

משׁשת־ימי־בראשית אַדוו [MIShEYShES-YEME'Y-BRE'YShES] since the Creation (of the world)

משתדל זײַן* זיך וו (משתדל געווע'ן) <פֿאַר> [MIShTADL] intervene (in favor of), intercede (on behalf of), lobby (for)

משתין זײַן* וו (משתין געווע'ן) [MAShTN] urinate

משתתף זײַן* זיך וו (משתתף געווע'ן) <אין> [MIShTATEF] take part (in), be associated (with)

משׂא די (משׂאָות) [MASE - MASOES] load, weight; burden *fig.*; cargo, freight

|| פֿ״גל מאַסע 1.

משׂא־אויטאָ דער (ס) [MA'SE] truck

משׂא־באַן די (ען) [MA'SE] freight train

משׂא־(ו)מתּן דער (ס) [MASEMATN] transaction, deal; commerce; *slang* burglary, thievery

משׂא־פּנים דער [MASEPONEM] partiality, favoritism

משׂא־פֿור די (ן) [MA'SE] van

משׂיג־גבֿול זײַן* וו (משׂיג־גבֿול געווע'ן) זע מסיג־גבֿול זײַן

משׂיג זײַן* וו (משׂיג געווע'ן) [MASEG] comprehend, grasp, conceive

משׂכּיל דער (ים) [MASKL - MASKILIM] follower of the *Haskalah*, the 19th century Jewish Enlightenment

|| פֿ״גל השׂכּלה

משׂכּיליש אַדי [MASKILISh] pertaining to the *Haskalah* or its followers

|| פֿ״גל השׂכּלה; משׂכּיל

משׂמח זײַן* וו (משׂמח געווע'ן) [MESAMEYEKh] make glad, amuse, entertain

|| משׂמח זײַן* זיך rejoice, make merry

מתּוך פּרעפּ [MITO'Kh] out of, because of, in

|| דינ|ען גאָט מתּוך אָ'רעמקייט adore God in poverty

מתּיר זײַן* וו (מתּיר געווע'ן) [MATER] *lit.* authorize, permit (*esp.* rabbinical decision)

מתּיר־נדר זײַן* וו (מתּיר־נדר געווע'ן) דאַט [MATER-NE'YDER] free s.o. from a vow

מתּן־בסתר דער [MATN-BESE'YSER] charity given in secret/anonymously; *hum.* bribe, hush-money; *pop.* low blow, kick in the private parts

מתּנה די (–ות) [MATONE] gift, present, donation

מתּן־תּורה (דער) [MATN-TO'YRE] God's revelation of the Torah to the Jews at Mt. Sinai

מתּנת־בשׂר־ודם די [MATNES-BOSER-VEDO'M] alms, human charity (as opposed to divine assistance)

מתּנת־יד די [MATNES-YA'D] gift made to the synagogue; *hum.* bribe; *hum.* blow, slap

מת דער/דאָס (ים) [MES - MEYSIM] dead body, corpse, cadaver; ghost

מתבודד זײַן* זיך וו (מתבודד געווע'ן) [MISBOYDED] isolate oneself

מתגבר זײַן* זיך וו (מתגבר געווע'ן) [MISGABER] prevail

|| מתגבר זײַן זיך איבער overcome, surmount

מתדבק זײַן* זיך וו (מתדבק געווע'ן) <אין> [MISDABEK] attain ecstasy; achieve spiritual union (with)

מתוודה זײַן* זיך וו (מתוודה געווע'ן) [MISVADE] admit, tell the whole truth; (relig.) confess

מתווכּח זײַן* זיך וו (מתווכּח געווע'ן) [MISVAKEYEKh] *lit.* argue, debate

מתושלח פּנ [MESUShELEKh] *bibl.* Methuselah

|| מתושלחס יאָרן a very great age; a very long life

מתחבר זײַן* זיך וו (מתחבר געווע'ן) [MISKhABER] make friends

מתחייבֿ זײַן* זיך וו (מתחייבֿ געווע'ן) [MISKhAYEV] undertake, commit/obligate oneself; do wrong, render oneself guilty

מתחיל זײַן* וו (מתחיל געווע'ן) [MASKhL] begin

מתחכּם זײַן* זיך וו (מתחכּם געווע'ן) [MISKhAKEM] rack one's brains, try to be the smartest

מתחנן זײַן* זיך וו (מתחנן געווע'ן) <פֿאַר> [MISKhANEN] implore, ask fervently (*esp.* for mercy)

מתחתן זײַן* זיך וו (מתחתן געווע'ן) <מיט> [MISKhATN] become related (to) by marriage; marry one's child into the family (of)

מתיאש זײַן* זיך וו (מתיאש געווע'ן) [MISYAESh] despair

מתיחד זײַן* זיך וו (מתיחד געווע'ן) <מיט> [MISYAKhED] isolate oneself, remain alone (with)

מתיחס זײַן* זיך וו (מתיחס געווע'ן) <צו> [MISYAKhES] be related (to) (an illustrious family); take pride in one's family tree

מתים־... [ME'YSIM] mortuary, of the dead; ghostly, spectral

מתים־שטיבל דאָס (עך) [ME'YSIM] morgue

מתיעץ זײַן* זיך וו (מתיעץ געווע'ן) <מיט> [MISYAETS] take counsel (with), seek advice (from)

מתיקות דאָס [MESIKES] sweetness, bliss

מתכוון זײַן* וו (מתכוון געווע'ן) [MISKhAVN] זע מכוון זײַן

|| מתכוון זײַן זיך צו intend; allude to

מתמיד דער (ים) [MASMED - MASMIDIM] industrious, zealous worker, diligent person; assiduous student (*esp.* of the Talmud)

מת־מיצווה דער (מתי־) [MES-MI'TSVE - MEYSE-] *Jew.* dead person whose burial is at the expense of the community

מת|ן וו (גע–ט) [MES] *vulg., hum.* croak, die; be dead

מתנגד דער (ים) [MISNAGED - MISNAGDIM] adversary, opponent; *esp.* orthodox Jew opposed to Hasidism

מתנגדות דאָס [MISNAGDES] opposition to Hasidism among orthodox Jews

מתנגדיש אַדי' [MISNAGDISh] adverse, opposing; *esp. Jew.* pertaining to the orthodox adversaries of Hasidism

מתנצל זײַן* זיך וו (מתנצל געווע'ן) <פֿאַר> [MISNATSL] justify oneself, present one's excuses (to)

מתעסק דער (ים) [MISASEK - MISASKIM] member of a volunteer Jewish burial society

מתעסק זײַן* זיך וו (מתעסק געווע'ן) <מיט> [MISASEK] *lit.* busy oneself (with); *Jew.* carry out the (burial) rites

מתפּלל זײַן* וו (מתפּלל געווע'ן) <צו> [MISPALEL] pray, say one's prayers, worship

מתקנא זײַן* זיך וו (מתקנא געווע'ן) <אין> [MISKANE] grow jealous (of); strive to equal (s.o.)

מתקן זײַן* וו (מתקן געווע'ן) [MESAKN] correct, repair, redress/right (a wrong); accomplish stg. good; enact (a law/ordinance); reform, remedy; *Jew.* give repose to (a soul in torment)

מתרה זײַן* וו (מתרה געווע'ן) [MASRE] *lit.* warn, alert, exhort

מתרחק זײַן* זיך וו (מתרחק געווע'ן) [MISRAKhEK] *lit.* distance oneself, stay away

מתרעם זײַן* זיך וו (מתרעם געווע'ן) [MISRAEM] <אויף> *lit.* complain (about), protest (against)

נ

נ[1] דער/די [NUN] letter of the Yiddish alphabet; pronounced [N]; written ן (LANGE(R) NUN) at the end of a word; numerical value: 50

נ׳[2] = נומער number, issue (periodical)

נאַ אינט (מצ: נאַט) here!

|| נאַ דיר/נאַט אײַך <אַק> here (in giving stg.)

|| נאַ דיר דעם טײַסטער here, take the wallet

|| נאַ דיר אָפּ אַק here, take back your (object)

|| נאַט אײַך אַוועק אַק here, keep (stg.) for yourself

|| נאַ דיר, נאַט אײַך well, really!

|| נאַ דיר אַ מעשׂה! [MAYSE] what a strange turn of events!

נאָ אינט זע נו

נאַאי'וו אַדי/אַדוו זע נאַיִוו

נאַבאָ'ר דער (ן) *dial.* (milit.) recruiting, recruitment; (typogr.) composition, type-setting

נאָב·ל אַדי noble, generous

נאַגאַ'ן דער (עס) automatic pistol (originally Nagant M1895)

נאַגוואַ'לד אַדוו violently, by force

|| שרײַ|ען נאַגוואַלד sound the alarm

נאַגײַקע די (ס) whip, knout

נאָגל דער (נעגל) דימ נע'געלע (finger/toe)nail, claw, talon; nail, spike

|| אויף די נעגל on tiptoe

|| קריכ|ן דאַט אונטער די נעגל kowtow, make obeisance

|| וויס|ן* אַלץ וואָס או'נטערן נאָגל know the most intimate secrets

|| בײַ דאַט אין די נעגל in the clutches of

נאַגלע אַדי *dial.* pressing, urgent

נאָג|ן וו (גע–ט) suck, gnaw; (feeling) haunt, nag

נאַגניאָטקע די (ס) [Ny] corn, callus

נאָגעד פֿאָנ נגיד

נאַגעוואַ'לד אַדוו זע נאַגוואַלד

נאָ'געניש דאָס/די nagging, gnawing *fig.*

נאָגער דער (ס) rodent

נאַגראַדע די (ס) *dial.* recompense, reward

נאַגראַפּקע די (ס) זע אַגראַפּקע

נאַדאָלוזשע|ן וו (–ט) זע נאַדעליזשען

נאַדזאָ'ר דער *Slav.* supervision

נאַדזשע|ן וו (גע–ט) *dial.* decoy, lure *imperf.*

נאַדיזנע די (ס) זע אָטיזדנע

נאַדי'ר דער nadir

נאָדל די (ען) דימ נע'דעלע needle

|| נאָר וואָס פֿון דער נאָדל, ערשט פֿון דער נאָדל brand new

נאָ'דלבוים דער (...ביימער) conifer, evergreen tree

נאָדלער דער (–/ס) hedgehog

נאָ'דל-קישעלע דאָס (ך) pincushion

נאַדן פֿאָנ נדן

נאַדעליזשע|ן וו (–ט) *dial.* compensate, indemnify

נאַדרוי'ף דער זע אַדרויף

נאַהאַלנע אַדי [Ly] *dial.* urgent, pressing

נאַהי'ט דער chickpea

נאַהײַקע די (ס) זע נאַגײַקע

נאָוואָבראַנ(י)עץ דער (...נצעס) [Ny] *dial.* recruit

נאָוואַטאָריש אַדי innovative, audacious

נאָוואָטנע אַדי completely new

נאָווי פֿאָנ נבֿיא

נאַוויגאַטאָר דער (...אָ'רן) פֿעמ ...אָ'רשע navigator

נאַוויגאַציע די navigation

נאַוויגיר|ן וו (–ט) navigate

נאָ'ווינע די זע נאָווענע

נאָוועלי'סט דער (ן) פֿעמ קע novelist, short story writer

נאָוועלע די (ס) [Ly] (lit.) short story, novella

נאָוועמבער דער (ס) November

נאָ'ווענע די novelty, something new

|| אין/פֿאַר אַ נאָווענע *gen. iron.* for a change

|| אַ/איין מאָל אין אַ נאָווענע once in a long while, rarely

נאָז[1] די (נעזער/נעז) דימ נעזל nose; snout, trunk

|| אַראָ'פּ|לאָז|ן די נאָז hang one's head, make a long face

|| מיט אַן אַראָ'פּגעלאָזטער נאָז crestfallen

|| אַרײַ'נ|גיי|ן* דאַט אין נאָז *fam.* leave a lasting impression on, touch a nerve

|| אוי'ס|שטעל|ן אַ נאָז אויף thumb one's nose at

|| אוי'ס|שטעל|ן נאָז און אוי'ערן pay close attention

|| בלײַב|ן מיט אַ נאָז be left holding the bag

|| דריי|ען מיט דער נאָז <אויף> act disgusted (by)
|| דערקענ|ען אין דער נאָז <בײַ> read on the face (of)
|| האָב|ן* פֿליגן/פֿליי אין (דער) נאָז be haughty, think oneself very special
|| פֿאַררײַס|ן די נאָז turn up one's nose
|| פֿיר|ן פֿאַר דער נאָז lead by the nose
|| קרימ|ען מיט דער נאָז <אויף> pout (at), turn up one's nose (at)
|| רײַס|ן זיך בײַ/פֿאַר די נעז(ער) be at each other's throats
|| רעד|ן אונטער דער נאָז mutter, mumble
|| (אויס|)שנײַצ|ן (זיך) די נאָז blow one's nose
|| אַ מענטש מיט אַ נאָז s.o. with a nose for things, intuitive/canny person

נאַ'ז־[2]... nasal
נאַזאַ'ד : השיבֿנו נאַזאַד [HAShIVEYNU] *hum.* about face! turn back!
נאַזאַ'ל אַדי nasal
נאָ'זהאָרן דער (ס) rhinoceros
נאָ'זטיכל דאָס (עך) handkerchief
נאַזיטשע|ן וו (–ט) זע נאַרײַען
נאָזלאָך די/דער (...לעכער) nostril
נאַזנאַטשע|ן וו (–ט) *Slav.* appoint, designate
נאַ'זנדיק אַדי/אַדוו (lying) on one's back, face up; backwards
נאַ'זנשווּם דער backstroke
נאַט[1] אינט זע נאַ
נאַט[2] דער large quantity, heap (of money)
נאָט די (נעט) seam; suture
נאָטאַ'ר דער (ן) פֿעמ שע notary public
נאַטו'ר די (ן) nature; character, temperament
נאַטו'ר־אויפֿהיט דער conservation
נאַטוראַליזירונג די naturalization (citizenship); application (to words of Semitic origin) of the general Yiddish orthographic norms
נאַטוראַליזיר|ן וו (–ט) naturalize (citizenship); spell (words of Semitic origin in Yiddish) according to the general norms of the language
|| נאַטוראַליזירן זיך become naturalized, become a citizen
נאַטו'ר־געטרײַ אַדי lifelike
נאַטו'ר־וויסנשאַפֿט די (ן) natural sciences
נאָטי'ץ די (ן) note, annotation; notice
|| מאַכ|ן נאָטיצן take notes
נאָטי'צביכל דאָס (עך) notebook
נאַטירלעך אַדי/אַדוו natural, unaffected; lifelike

נאָטן מצ sheet music, score
|| פֿ״גל נאָטע 2.
נאָ'טן־פּאַפּיר דאָס music paper
נאָ'טן־שליסל דער (ען) (mus.) clef
נאַטס (אײַך) אינט *dial.* here, take!
|| פֿ״גל נאַ
נאָטע 1. די (ס) (diplomatic) note
|| 2. די (נאָטן) (mus.) note
נאַטערעוואַטע אַדי stubborn, unruly
נאַטריום דער sodium
נאַטשאַלניק דער (עס) [Ly] (in Russia) chief, high official
|| נאַטשאַלניק סטאַנציע station-master
נאַטשאַלסטווע די [Ly] *sometimes hum.* authorities
|| אַ חשובֿ בײַ נאַטשאַלסטווע [KhOShEV] person with connections/access to the authorities
נאָטשל דאָס (עך) lollipop
נאַטשענע די (ס) beet leaves
נאַאי'וו אַדי/אַדוו naive
נאַאי'ווקייט די naiveté
נאָיע|ן וו (גע–ט) זע נויען
נאָך[1] אַדוו still, yet; already, as early as
|| ער וווינט נאָך דאָרט? does he still live there?
|| נאָך מיט צען יאָר צוריק האָט ער דאָרט געוווינט as early as ten years ago he lived there
|| מיר קענען זיך נאָך פֿון שול we've known each other ever since school
|| נאָך הײַנט even today, this very day
|| נאָך ווי! and how!
נאָך[2] פּרעפּ *(always unstressed)* for, in search of; concerning, about; according to; (name given) in memory of
|| איך קום נאָך דיר I'm coming to get you
|| זי גייט נאָך ברויט she's going (shopping) for bread
|| זי פֿרעגט נאָך דיר she's asking after you
|| נאָך מײַן מיינונג in my opinion
|| נאָך דאָס נאָך according to
|| נאָך דײַן בריוו נאָך according to your letter
|| זי הייסט גאָלדע נאָך דער באָבען she's called Golde after her grandmother
נאָך[3] 1. פּרעפּ *(often stressed)* after
|| ער קומט נאָ'ך דיר he arrives after you
|| נאָך אַנאַ'נד successively, one after another; without stop, unceasingly
|| 2. קוו after; behind; imitating, repeating

|| נאָ'כ|לויפֿ|ן run after, pursue; run behind; be eager to imitate

נאַכאַ'ל דער (ן) פֿעמ קע impudent person

נאַכאַלנע אַדי/אַדוו [Ly] *dial.* forward, brash, insolent

נאָך אַ מאָל אַדוו זע (נאָך אַ) מאָל[1]

נאָ'כאַמאָליק אַדי repeated

נאָך אַנאַ'נד אַדוו זע נאָך[3] 1. (אַנאַנד)

נאָכאַנאַנדיק אַדי continuous; successive

נאָכאַנאַ'נדיקייט די (ן) continuity; continuum; sequence

נאָ'כ|באָמקע|ן וו (-גע-ט) agree, chime in in agreement

נאָכברויז דער (ן) wake (boat, etc.)

נאָ'כגיביק אַדי malleable, flexible; accommodating; indulgent; docile, submissive

נאָ'כגיב־פּאָליטיק די appeasement (political policy)

נאָכגיי דער imitation, conformism; follow-up

נאָ'כ|גיי|ן* וו (איז נאָ'כגעגאַנגען) <אַק/דאַט> follow, trail, pursue (s.o.); imitate, take as a model; obey, follow; follow (stg.) through

נאָ'כגייער דער (ס) פֿעמ ין <נאָך> follower, disciple, admirer (of)

נאָ'כגעביק אַדי זע נאָכגיביק

נאָ'כ|געב|ן* וו (נאָ'כגעגעבן) <דאַט> yield (to); give in (to), let oneself be persuaded/tempted (by)

|| נאָכגעבן <דאַט> אַק grant/concede stg. (to s.o.)

|| נאָכגעבן זיך <מיט> smell (of), give off an odor (of)

נאָ'כגעדאַנק דער (ען) afterthought

נאָ'כגעלאָזט אַדי/אַדוו lax, slack; neglected

נאָ'כגעמאַכט אַדי artificial, imitation, counterfeit

נאָ'כגעמאַכטס דאָס (ן) replica, imitation

נאָ'כגעריכט(ס) דאָס (ן) dessert

נאָ'כגעשמאַק דער (ן) aftertaste

נאָכגראַדויִ'ר־... postgraduate

נאָ'כ|גריבל|ען וו (-גע-ט) over-analyze, be overly critical

נאָ'ך דעם אַדוו then, afterwards

נאָ'כדעמדיק אַדי subsequent

נאָ'כ|דערצייל|ן וו (-ט) repeat (a story/narrative one has heard)

נאָכדרוק דער (ן) reprint; reproduction

נאָ'כ|דרוק|ן וו (-גע-ט) reprint; reproduce (text published elsewhere)

נאָ'כ|הענג|ען וו (איז נאָ'כגעהאַנגען) dangle, hang *intr.*

נאָ'כהענגערל דאָס (עך) pendant

נאָך וואָ'ס אַדוו why, for what reason?; what's the good of it?

נאָכוואָרט דאָס (...ווערטער) postscript, afterword

נאָ'כוואַר(ע)מעס דער afternoon; (mid-day) snack

נאָ'כ|וואַרפֿ|ן וו (נאָ'כגעוואָרפֿן) דאַט throw at/after (s.o. who is moving away)

נאָכוווּקס דער offspring, issue; aftermath, regrowth

נאָ'כווייען מצ postnatal pains

נאָ'כווייעניש דאָס (ן) aftermath, repercussion

|| מצ sequellae, (painful) aftereffects

נאָכווירק דער (ן) aftermath, consequence

נאָ'כ|וויש|ן וו (-גע-ט) הינטער mop up after/remove all traces of (s.o.)

נאָ'כ|זאָג|ן וו (-גע-ט) repeat (another's words)

|| נאָכזאָגן דאַט repeat after, echo

|| נאָכזאָגן דאַט אַ שבֿח [ShVAKh] recall the merits of; say a eulogy for s.o.

נאָכזוך דער (techn.) (process of) scanning

נאָ'כזוכיק אַדי (techn.) (pertaining to) scanning

נאָ'כ|זוכ|ן וו (-גע-ט) search/look for, seek

נאָ'כ|זינג|ען וו (נאָ'כגעזונגען) imitate, reproduce (singing)

|| נאָכזינגען דאַט imitate/accompany the singing of

נאָ'כ|זע|ן* וו (נאָ'כגעזען) look into, check, verify

נאַכט[1] די (נעכט) night

|| אויף דער נאַכט in the evening

|| איבער נאַכט for the night; overnight

|| אַלע נאַכט nightly, every night

|| ביַי (דער) נאַכט at night

|| צו נאַכט(ס) at night

|| האַלב|ע נאַכט midnight

|| היַי'נטיק|ע נאַכט tonight, this evening

|| יעדער נאַכט nightly, every night/evening

|| פֿאַר נאַכט at dusk, in the late afternoon

|| אַ גוטע נאַכט good night

|| די בלינד|ע נאַכט *pejor.* Christmas

|| מאַכ|ן נאַכט go to bed

|| טויזנט און איין נאַכט incredible stories/things

|| ניט (אַ)קעגן נאַכט דערמאָ'נענדיק better not to speak of it, this could give you bad dreams

נאַ'כט-²... of the evening; nightly, nocturnal
|| נאַכטוועכטער night watchman
נאָ'כ|טאָ|ן* וו (נאָ'כגעטאָן) <דאַט> imitate, take as an example
נאָ'כ|טאַנצ|ן וו (–גע–ט) <דאַט> *pejor.* ape, imitate
נאַכטבלינד אַדי night-blind
נאַכטגיין דאָס evening lesson at a traditional Jewish primary school
נאַכטהעמד דאָס (ער) nightshirt, nightgown
נאָכטו דער (ען) imitation
נאַ'כטוואַנדלער דער (–/ס) sleepwalker
נאָ'כטויִק אַדי imitative
נאָ'כ|טו|ן וו (נאָ'כגעטון) זע נאָכטאָן
נאַכטטאָפּ דער (...טעפּ) chamber pot
נאַ'כטטישל דאָס (עך) nightstand, bedside table
נאַ'כטיגאַל די (ן) nightingale
נאָ'כ|טײַט|ן וו (נאָ'כגעטײַט) <דאַט> point (s.o.) out, point at s.o.
נאַכטיק אַדי nocturnal
נאַ'כטלאָקאַל דער (ן) nightclub
נאַ'כטלעגער דער/דאָס (ס) lodging for the night
נאַ'כטלעמפּל דאָס (עך) bedside lamp, night light
נאַכטמאָל דער dinner, supper
נאַכט|ן וו (גענאַ'כט) *lit.* spend the night
נאַ'כט־נע'כטלעך אַדי/אַדוו nightly
נאָכטעם דער (ען) [NOKhTAM] aftertaste
נאַ'כטעסן דאָס dinner, supper
נאַ'כטפֿויגל דער (...פֿייגל) nocturnal bird; *fam.* night owl; *hum.* thief/prostitute
נאַכטקלוב דער (ן) nightclub
נאַכטקראַץ דער *pop., hum.* feast, wedding
נאָ'כ|טראָג|ן וו (נאָ'כגעטראָגן) דאַט אַק follow s.o. while carrying stg. for him
|| נאָכטראָגן דאַט אַ שׂינאה [SINE] bear a grudge/ill will towards
נאָ'כ|טראַכט|ן וו (נאָ'כגעטראַכט) reflect, weigh the pros and cons
נאַכטשטול דער (ן) night commode
נאַ'כטשלײַכער דער (ס) prowler
נאָ'כ|יאָג|ן וו (–גע–ט) run after, pursue
נאָ'כ|לאָז|ן וו (–גע–ט) subside, abate; relax; yield, relent
|| נאָכלאָזן זיך let oneself go
|| נאָכלאָזן נאָך זיך leave behind

נאָ'כ|לויפֿ|ן וו (נאָ'כגעלאָפֿן) <אַק/דאַט> run after s.o.; follow blindly
נאַכליִע די (ס) slob
נאַ'כלעסיק = נאָ'כלעסיק אַדי/אַדוו negligent
נאָכמאַך דער (ן) imitation (object), counterfeit, forgery
נאָ'כמאַכונג די (ען) (act of) imitation/forgery; fake
נאָ'כ|מאַכ|ן וו (–גע–ט) imitate, copy; forge, counterfeit; impersonate, parody
נאָ'כ|מאַ'לפּעווע|ן וו (–גע–ט) דאַט mimic, ape, parrot
נאָ'כמיטאָג = נאָכמיטאָג דער (ן) afternoon
נאָך מיטאָג אַדוו זע (נאָך) מיטאָג[1]
נאָכמיטאָגדיק אַדי afternoon
נאָכמי'טאָג־פֿאָרשטעלונג די (ען) (theat., cin.) matinee
נאָכמלחמהדיק אַדי [NO'KhMILKhO'MEDIK] postwar
נאָ'כ|מעסט|ן וו (נאָ'כגעמאָסטן) <אַק> verify the measurements (of)
נאָכן = נאָך דעם *regular contraction*
|| נאָכן = נאָך דער *contraction possible only in certain dialects*
נאָ'כנאַמע = נאַכנאַמע די (ס) *Germ.* payment on delivery, COD
נאָ'כ|נעמ|ען וו (נאָ'כגענומען) be reimbursed, get a refund
נאַכסאָ'ל 1. אַדוו *dial.* why? what for?
|| 2. קאָנ because
|| זי שרײַט נאַכסאָל מע האָט עס צעבראָכן she is yelling because s.o. broke it
נאָ'כ|סלי'דעווע|ן וו (–גע–ט) אַק track
נאַכעס פֿאָנ נחת
נאָ'כעפֿעקט דער (ן) aftereffect
נאָכער = נאַכע'ר אַדוו then, afterwards
נאָ'כ|פּלוידער|ן וו (–גע–ט) repeat parrot-fashion
|| נאָכפּלוידערן דאַט repeat stupidly (what another has said)
נאָ'כ|פֿאָלג|ן וו (–גע–ט) אַק follow
נאָ'כפֿאָלגער דער (ס) successor; follower, partisan
נאָ'כפֿאָלגערשאַפֿט די following, followers
נאָ'כ|פֿאָר|ן וו (איז נאָ'כגעפֿאָרן) <אַק/דאַט> follow (s.o.) (in a vehicle)
נאָ'כפֿאָרער דער (ס) trailer
נאָ'כ|פֿאָרש|ן וו (–גע–ט) <אַק> investigate, do research (on)

נאָ'כ|פֿו'רעמ|ען וו (–גע–ט) <נאָך> pattern (after), model (upon)

נאָ'כפֿראַגע די זע נאָכפֿרעג

נאָכפֿרעג דער (comm.) demand

נאָ'כ|פֿרעג|ן זיך וו (–גע–ט) <ביי> inquire (from), check (with)

|| נאָכפֿרעגן זיך איף ask after, ask for news of; ask for s.o.; *rev.* be (very much) in demand

|| מע פֿרעגט זיך נאָך איף דעם בוך this is a book very much in demand

נאָכצאָל דער payment on delivery, COD

|| איף נאָכצאָל payable on delivery

נאָ'כ|ציילן|ן וו (–גע–ט) <אַק> verify the number (of), do a recount (of)

נאָ'כ|צי|ען וו (נאָ'כגעצויגן) נאָך march behind; (polit.) follow, support

נאָ'כקוויטל דאָס (עך) acknowledgment of debt, I.O.U.

נאָכקום דער progeny

נאָ'כקומיק אַדי amenable, agreeable, obliging

נאָ'כקומלינג דער (ען) offspring

נאָ'כ|קומ|ען וו (איז נאָ'כגעקומען) come after; honor (debt, promise)

|| נאָכקומען דאַט yield to, give satisfaction to

נאָ'כקומער דער (ס) פֿעמ ין successor

נאָ'כקומערשאַפֿט די succession, descendants

נאָ'כ|קוק|ן וו (–גע–ט) follow with one's eyes; watch, spy upon; review, examine, verify

נאָ'כ|קלער|ן וו (–גע–ט) reflect, deliberate

נאָ'כ|קריכ|ן וו (איז נאָ'כגעקראָכן) <אַק/דאַט> climb/crawl after; follow slavishly

נאָ'כ|קרימ|ען וו (–גע–ט) mimic, ape, parody

נאָ'כ|רעד|ן וו (–גע–ט) דאַט parrot the words of; imitate the manner of speech of

|| נאָכרעדן איף speak ill of

נאָ'כ|שטופּ|ן וו (–גע–ט) push from behind

נאָ'כ|שיק|ן וו (–גע–ט) <דאַט> send after, have followed; send (to s.o. who has left), forward (to)

נאָ'כשליסל דער (ען) skeleton key

נאָ'כ|שלעפּ|ן זיך וו (–גע–ט) <נאָך> trail (after)

נאָ'כשלעפּעניש דאָס (ן) *pejor.* retinue; aftermath

נאָ'כ|שפּיאָניר|ן וו (–ט) spy on, watch

נאָכשפּייַז די (ן) dessert

נאָ'כ|שפּיר|ן וו (–גע–ט) trail, shadow; track

נאָ'כשפּיר־סטאַנציע די (ס) (techn.) tracking station

נאָ'כ|שפּעט|ן וו (נאָ'כגעשפּעט) mock, mimic

נאָ'כ|שרייַב|ן וו (נאָ'כגעשריבן) copy (written text)

נאָ'כ|שרייַ|ען וו (נאָ'כגעשריגן/נאָ'כגעשריִען) דאַט shout at (s.o. who is moving away)

נאָכשריפֿט די (ן) postscript

נאָל די (ן) awl

נאַלאָ'ג דער (ן) *dial.* tax, duty

נאַליווקע די ratafia, liqueur

נאַליס(ט)ניק דער (עס) (culin.) crepe, pancake

נאַם די (ען) wet nurse

נאָמאַ'ד דער (ן) nomad

נאָמאַדיש אַדי nomadic

נאַמאָ'ל דער alluvium, silt, sediment

נאָמיך זע לאָמיך[1]

נאָמינאַ'ט דער (ן) nominee

נאָמינאַטי'וו דער (ן) (gramm.) nominative

נאָמינאַ'ל־ווערט די (ן) face value

נאָמיני'ר־וואַלן מצ primary (election)

נאָמינירונג די (ען) appointment; nomination

נאָמיניר|ן וו (–ט) appoint; nominate

נאָמינע'ל אַדי nominal

נאַמיעסטניק דער (עס) (in Russia) governor general, viceroy

נאָמיר זע לאָמיר

נאמן דער (ים) פֿעמ טע [NEMEN - NEMONIM] trustee

נאמנה די (–ות) [NEMONE] (non-Jewish) faith, denomination

נאמנות [NEMONES] .1 דאָס trusteeship

|| .2 מצ confidence, trust

|| איף נאמנות on trust, in good faith

|| גלייבן <דאַט> איף נאמנות take the word (of)

|| איף מייַנע נאמנות! I'm not joking!

נאמנותדיק אַדי [NEMO'NESDIK] sincere, bona fide

נאמנות־ראָט דער [NEMO'NES] Trusteeship Council

נאַמעטקע די (ס) (in Russia) white head-dress

נאָמען דער (נעמען/נע'מענער) name, first name; reputation

|| אָן אַ נאָמען nameless

|| זייַן* אַ נאָמען נאָך be named after

|| אַ נאָמען געבן|ן* דאַט, אַ נאָמען טאָ|ן* אַק name, give a name to

|| דייַטש|ער נאָמען family name, surname

|| חבֿר צום נאָמען [KhAVER] namesake

|| זייַן ליב|ער נאָמען the good Lord

|| אין נאָמען פֿון (speak) on behalf of, in the name of

|| אויפֿן נאָמען (פֿון) in the name of (designated person)

|| ביבליאָטעק אויפֿן נאָמען (פֿון) י. ל. פּרץ Y. L. Peretz Library, library in the name of Y. L. Peretz

נאָ'מענסטאָג דער (...טעג) name day; birthday

נאָמענקלאַטו'ר די (ן) nomenclature

נאָנט[1] אַדי/אַדוו (קאָמפּ נענטער) זע נאָענט[1] .1

נאָנט[2] דער זע נאָנטל

נאָנטל דאָס *dial.* confection made of honey with walnuts or poppy seeds

נאַנטשע|ן וו (גע–ט) זע ניאַנטשען

נאָניע די (ס) [Ny] *hum.* large or bulbous nose

נאָניק דער rosacea, acne

נאָנסט אַדי–עפּי זע נאָענטסט

נאָנע די (ס) nun

נאָנפּאַרע'ל דער [Ly] (typogr.) nonpareil, six-point type

נאַנקע[1] די (ס) [Ny...Ny] זע ניאַניע

נאַנקע[2] די nankeen (fabric)

נאַס אַדי wet, moist

נאָס דער (ן) sneeze

|| געבן*/טאָן* אַ נאָס sneeze (once) *perf.*

נאַסאָ'ס דער (ן) *Slav.* (water) pump

נאַסטאָיקע = נאַסטויקע די (ס) *Slav.* infusion, tisane, herbal tea; liqueur

נאַסטורציע די (ס) nasturtium

נאַסטיעזש [Ty] : אָפֿן נאַסטיעזש *dial.* wide open

נאַסיאַדע|ן זיך וו (–ט) <אויף> [Sy] *dial.* be insistent (with), importune

נאַסי(ע)דלע די (ס) [Sy] perch, roost

נאַסיעניע די [Sy...Ny] זע נאַסעניע

נאַסיעקע די [Sy] incision, notch

נאָסיק דער (...סקעס) toe (of a shoe)

נאַסלעך אַדי moist, damp

נאַסעניע די [Ny] *dial.* seed, grains

נאָסעק דער (...סקעס) זע נאָסיק

נאַסקאָ'ס אַדוו obliquely, diagonally, on an incline

נאַסקייט די wetness, moisture

נאָסקעס מצ זע נאָסיק

נאָענט[1] .1 אַדי/אַדוו (קאָמפּ נענטער/נאָענטער) <צו> near, close (to); familiar

|| .2 די nearness, proximity

|| אין דער נאָענט nearby

נאָענט[2] דער זע נאָנטל

נאָענטסט אַדי–עפּי נאָענט סופּ *also* following; next; next door, neighboring

|| די נאָענטסטע טעג in the coming days

נאָ'ענטקייט די nearness, closeness, proximity

נאָ'ענטשאַפֿט די (ן) affinity; kinship

נאַפּאַלם דער napalm

נאַפּאַסט דער misfortune, calamity

נאָפּל דער (ען) navel; teat, nipple

נאָפּל|ען וו (גע–ט) *Jew.* make an error in the kosher slaughter of

נאָ'פּלשנור דער (ן) umbilical cord

נאַפּרימע'ר אַדוו *Slav.* for example

נאַפּשיקלאַ'ד אַדוו *Slav.* for example

נאַפֿט דער crude oil, petroleum; kerosene

נאַ'פֿטלאָמפּ דער (ן) oil lamp

נאַ'פֿטפֿעלד דאָס (ער) oil field

נאַ'פֿטקוואַל דער (ן) oil well

נאַפֿקע די (ס) זע נפֿקא

נאַ'פֿקעמינע פֿאָנ נפֿקא־מינה

נאַצי דער (ס) פֿעמ כע Nazi

נאַציאָנאַ'ל אַדי national, people's, ethnic

נאַציאָנאַליזם דער nationalism

נאַציאָנאַליטע'ט די (ן) ethnic group, nationality

נאַציע די (ס) nation, ethnic group

נאַציש אַדי Nazi

נאָ'קאַוט דער (ן) knockout

נאָקטורן דער (ען) (mus.) nocturne

נאַקידקע די (ס) cape

נאַקלאַדנײַע די (ס) *Slav.* invoice, bill of lading

נאַקלאַדנע אַדי (metal) plated

נאַקן דער (ס) neck, nape

נאַ'קן־אָדער די/דער (ן) jugular vein

נאַקעט אַדי naked, nude, bare, denuded; *fig.* bald

נאַקרײַטשיק דער (עס) זע אַקרײַטשיק

נאַקשטאַ'לט פּרעפּ in the shape of, like

נאַר .1 דער (נאַראָנים) דימ נאַ'רעלע fool

|| אָ'פּגעריסענ|ער נאַר complete idiot

|| מאַכ|ן/שטעל|ן צו(ם) נאַר make a fool of

|| בלײַב|ן דער נאַר be the loser, be had

|| דער נאַר שטופּט אים he's showing his stupidity (by laughing, etc.)

|| .2 דער (ן) jester, fool

נאָר .1 אַדוו only, merely, just; then, just *(as a challenge, unstressed after an imperative)*

|| נאָ'ר וואָ'ס just now, a moment ago
|| ער איז נאָ'ר וואָ'ס אַוועק he just left
|| נאָר ניט anything/anyone but
|| ווי נאָ'ר once, as soon as
|| זאָ'ג נאָר just say it, say it then
|| ווי'ל נאָר you have only to wish it
|| וואַ'רט נאָר just wait
|| פּרוּ'וו נאָר just try it (if you dare)
|| 2. קאָנ but
|| נאָר וואָס except that
|| ניט נאָר ... נאָר not just ... but also
|| ער איז נישט נאָר אַ מאָלער, נאָר אויך אַ סקולפּטאָר he's not just a painter but also a sculptor

נאַראָ'ד דער *Slav.* (common) people

נאַראָדניק דער (עס) militant of the Russian populist movement of the 1870's

נאַראַטאָר דער (...אָ'רן) פֿעמ ...אָ'רשע (lit.) narrator

נאַ'ראָטשנע אַדוו *dial.* expressly, on purpose

נאַראַיע|ן וו (–ט) **זע** נאַרייַען

נאַראָנים מצ **זע** נאַר 1.

נאַראַ'פּ דער (ן) פֿעמ קע African, black man

נאַראַפּניק דער (עס) whip, (riding) crop

נאַראָקעם אַדוו **זע** נאַראָטשנע

נאַרד דער (ן) spikenard

נאָרד דער north

נאַ'רהאַפֿט(יק) אַדי *Germ.* nutritious, nourishing

נאָרוועגיע (די) Norway

נאָרוועגיש אַדי/דאָס Norwegian

נאָרוועגער דער (–) פֿעמ ין Norwegian

נאַרו'ל(יע) דער [Ly] *fam.* big fool

נאַרוס = נאַרו'ש דער four cards of one suit

נאַרטל|ען זיך וו (גע–ט) ski, go skiing

נאַרטלער דער (ס) פֿעמ ין skier

נאַרטלערײַ' דאָס skiing

נאַרטע די (ס) ski

נאַריאַ'ד דער (ן) written order; (milit.) fatigue duty

נאַרייַ' דער (ען) suggestion, proposal, offer

נאַרייַע|ן וו (–ט) suggest, propose, tender

נאַריש אַדי/אַדוו foolish, silly, stupid; insignificant, trivial
|| מאַכ|ן זיך נאַריש act foolishly; make oneself look ridiculous

נאַרישעוואַטע אַדי/אַדוו simple-minded, foolish, naive

נאַ'רישקייט 1. די foolishness, folly, stupidity
|| 2. די/דאָס (ן) piece of nonsense; gaffe, blunder; trifle
|| נאַרישקייטן! nonsense! fiddlesticks!

נאָרמאַ'ל אַדי/אַדוו normal, standard

נאָרמיר|ן וו (–ט) standardize, normalize

נאָרמע די (ס) norm, standard

נאַר|ן וו (גע–ט) fool, deceive *imperf.*
|| ניט נאַרן זיך פֿון get what one feared from
|| כ'האָב זיך פֿון אים ניט גענאַרט sure enough, he let me have it

נאַרע די (ס) plank bed

נאָרע די (ס) hole, den, lair

נאַ'רעלע (דאָס) *affect.* ninny, silly

נאָרע|ן (זיך) וו (גע–ט) dig, rummage

נאַרצי'ס דער (ן) narcissus
|| געל|ער נאַרציס daffodil

נאַרקאָטיזיר|ן וו (–ט) drug, dose, anesthetize

נאַרקאָטיק דער (ן) drug, narcotic

נאַרקאָ'טיקער דער (ס) פֿעמ ין drug addict

נאַרקאָטיש אַדי narcotic

נאַרקאָמאַ'ן דער (ען) drug addict

נאַרקאָמאַניע די [Ny] drug addiction

נאַש דער (ן) snack, sweets

נאַשבראַ'ט דער (עס) *pop.* buddy, pal, regular fellow

נאַשוואַרג דאָס candy, sweets, delicacies

נאַ־שטיכי' אַדוו *dial.* at daggers drawn

נאַשיווקע די (ס) *dial.* sewn-on piece; edging, trimming

נאַשייניק דער (עס) *dial.* (ornamental) collar (for an animal)

נאַשילניק דער (עס) [Ly] (harness) trace, collar strap; chin-band (of harness); strap

נאַש|ן וו (גע–ט) nibble, snack; eat sweets; pick, steal
|| נאַשן פֿון sample from (food dish); *hum.* benefit from, *esp.* learn from

נאַשעלניק דער (עס) **זע** נאַשילניק

נאָשעלע די (ס) rope-handle (of a bucket)

נאַשער דער (ס) פֿעמ קע/ין person with a sweet tooth

נאַשערײַ' דאָס (ען) tidbits, snacks, sweets, delicacies; gluttony

נאַשפּי'ץ אַדוו in tandem (horses)

נבול־פּה דער **זע** ניבול־פּה

נבל|ען וו (גע–ט) [NABL] make obscene remarks

נבֿהל־ונשתּומם ווער|ן וו (איז נבֿהל־ונשתּומם געוואָרן) **זע** ניבֿהל־ונשתּומם ווערן

נבֿואה די (–ות) [NEVUE] prophecy

נבֿזה דער (–ים) זע ניבֿזה

נבֿיא דער (ים) [NOVI - NEVIIM] prophet; *slang* leader of a gang of thieves

|| זײַן* אַ נבֿיא אַז foresee/predict that

|| מצ Prophets (second part of the Bible)

נבֿיאה די (–ות) [NEVIE] prophetess

נבֿיאהטע די (ס) [NEVI'ETE] prophetess

נבֿיאות דאָס [NEVIES] prophesying

נבֿיאות זאָג|ן וו (נבֿיאות געזאָ'גט) <אַז> [NEVIES] prophecize, predict (that)

נבֿיאים מצ זע נבֿיא

נבֿיאיש אַדי/אַדוו [NEVIISh] prophetic

נבֿל דער (ים) [NOVL - NEVOLIM] vile person

נבֿלה[1] די (–ות) [NEVOLE] infamy, abominable act

נבֿלה[2] די (–ות) [NEVEYLE] carcass, carrion

נבֿלהדיק אַדי/אַדוו [NEVO'LEDIK] abominable, infamous

נבֿלות־וטרפֿות מצ [NEVEYLES-UTRE'YFES] *Jew.* forbidden meats

נבֿרה דער (ים) זע ניבֿרה

נגזל דער (ים) זע ניגזל

נגזר ווער|ן וו (איז נגזר געוואָרן) זע ניגזר ווערן

נגיד דער (ים) [NOGED - NEGIDIM] wealthy man; great/powerful man

נגידה די (–ות) [NEGIDE] wealthy woman

נגידות דאָס [NEGIDES] wealth, riches

נגידיש אַדי/אַדוו [NEGIDISh] monied, opulent, of the rich

נגידישאַפֿט די [NEGI'DEShAFT] opulence, wealth

נגידיתטע די (ס) [NEGI'DESTE] wealthy woman

נגינה די [NEGINE] *Jew.* music, *esp.* singing

נגישות מצ [NEGIShES] persecutions, oppressions, vexations

נגלה די/דער זע ניגלה

נגמר אַדי–אַטר זע ניגמר

נגע [NEGE - NEGOIM] .1 די (ים) calamity, plague; blemish, skin lesion

|| .2 די/דער (ס) grouch, pest *fig.*

נגע|ן וו (גע–ט) [NEGE] vex, annoy, nag

נגע־צרעת די/דער [NEGE-TSORA'AS] leprotic lesion; plague, calamity; *fig.* bore, nuisance, annoying person

נדבֿה די (–ות) [NEDOVE] donation, contribution, alms

נדבֿן דער (ים) פֿעמ טע [NADVN - NADVONIM] philanthropist, generous donor

נדבֿנות דאָס [NADVONES] liberality, generosity

נדוניא די [NEDUNYE] dowry

נדחה אַדי–אַטר/די זע נידחה

נדיבֿ דער (ים) [NODEV - NEDIVIM] generous man, benefactor, philanthropist

נדן[1] דער (ס) [NADN] dowry

|| אָ'נ|געב|ן* אין נדן add to the bargain

נדן[2] דער (ען) [NEDA'N] זע נדן[1]

נדר דער (ים) [NEYDER - NEDORIM] vow, solemn promise

|| טאָ|ן* אַ נדר <אַז> vow (that)

|| פֿ״גל בלי־נדר

נהנה זײַן* וו (נהנה געווע'ן) <פֿון> [NE(E)NE] partake (of); profit (from), earn a living (by); enjoy, take pleasure (from)

נהפֿך ווער|ן וו (איז נהפֿך געוואָרן) [NEPEKh] be changed, be turned around

נהרג דער [NEREK] injury, wound, bruise

נהרג ווער|ן וו (איז נהרג געוואָרן) [NEREK] be hurt/injured

נהרג|ן וו (גע–ט) [NEREK] beat, hurt, injure

|| נהרגן זיך injure oneself

נו אינט go on! continue!; well, what's taking so long?; well, after all; come on!

|| נו שוין!, נו זשע! go ahead!

|| נו יאָ! but of course, yes indeed

|| פֿ״גל נו־נו

נואף דער (ים) פֿעמ טע [NOYEF] adulterer, fornicator, lecher

נואף זײַן* וו (נואף געווע'ן) [NOYEF] fornicate, commit adultery

נואפֿ|ן וו (גע–ט) [NO'YEF] fornicate, commit adultery

נוגע פּרעפּ [NEGEYE] concerning, in reference to

|| פֿ״גל נוגע זײַן

נוגע־בדבֿר [NEGEYE-BEDO'VER] .1 אַדי–אַטר concerned, interested

|| .2 דער (ס) interested party

נוגע־בכּבֿוד זײַן* וו (נוגע־בכּבֿוד געווע'ן) [NEGEYE-BEKO'VED] דאַט offend the honor of, insult

נוגע זײַן* וו (נוגע געווע'ן) אַק/צו [NEGEYE] concern, involve, refer to

נוגש דער (ים) [NOYGES - NOKSIM] oppressor

נוגש זײַן* וו (נוגש געווע'ן) [NOYGES] persecute, oppress, force

נודאָטע די tedium, boredom; nausea

נודזשע|ן וו (גע–ט) זע נודיען

נודיע|ן וו (גע–ט) [Dy] bore

|| נודיען אומפּ דאַט *rev.* be nauseated

נודנאָסט דאָס *dial.* nausea

נודניק דער (עס) פֿעמ ...ניצע bore, pest

נודנע אַדי/אַדוו — tedious, boring

נודע|ן וו (גע–ט) זע נודיען

נוהג דער [NOYEG] — wont, habit, usage; conduct

נוהג זײַן* זיך וו (נוהג געווע'ן) <צו> [NOYEG] — behave, conduct oneself; be wont to, tend to

נוהג־כּבֿוד זײַן* וו (נוהג־כּבֿוד געווע'ן) דאַט/אײן/מיט [NOYEG-KO'VED] — show respect for

נוזשל|ען וו (גע–ט) — dawdle, dilly-dally

נוזשניק דער (עס) — toilet, water-closet; *fam.* dunghill

נוח־לבריות [NOYEKh-LEBRI'ES] .1 אַדי–אַטר — affable

|| .2 דער — affable person

נוטה אַדי–אַטר צו [NOYTE] — inclined to, disposed to; near to, tending toward

נוטה זײַן* וו (נוטה געווע'ן) צו [NOYTE] — tend to, be inclined/tempted to

נוטה־למות [NOYTE-LO'MES] .1 אַדי — moribund, gravely ill

|| .2 דער (נוטים־) [- NOYTIM-] — critically ill/dying person

נוטריקון דער (ס) [NUTRIKN] — mystical technique by which the letters of a Hebrew word are interpreted as initials of other words (e.g. שדי is interpreted as שומר דירות ישׂראל [SHOYMER DIRES YISROEL], guardian of the dwellings of Israel)

|| פּ״גל שדי

נויג|ן וו (גע–ט) זע נייגן

נויט[1] די (ן) — need, want, destitution; hardship, adversity; emergency

|| אין נויט — needy

|| אין אַ נויט — in distress

|| פֿאַר נויט — if need be, in a pinch

|| איבער נויט — under duress

|| אָ'נ|טאָ|ן* זיך אַ נויט — force oneself

נוי'ט־[2]... — makeshift, improvised; urgent, emergency

נוי'ט־באַדערפֿטיק אַדי — needy, destitute

נוי'ט־ווענדיק אַדי — necessary

נויטזאַך די (ן) — makeshift

נויטיק אַדי/אַדוו זע נייטיק

נוי'טמיטל דאָס (ען) — expedient, stop-gap

נוי'ט־מצבֿ דער [MATSEV] — state of emergency

נוי'ט־עצה די (–ות) [EYTSE] — makeshift

נויטפֿאַל דער (ן) — emergency, exigency

נויטשווייס דער — cold sweat

|| אַ'רבעט|ן מיט נויטשווייס — work to exhaustion

נויע|ן וו (גע–ט) — gnaw at, afflict; grieve, make suffer; (feeling) haunt

נויקעם פֿאָנ נוקם

נויקעץ דער זע עוקץ

נול דער/די (ן) [Ly] — zero, nil, naught; nothingness; *pejor.* nonentity, nullity

נולד דער (ים) [NOYLED - NOLDIM] — native (of a place)

|| אַ פּאַריזער נולד — a native of Paris

נולד ווער|ן וו (איז נולד געוואָרן) [NOYLED] — *lit.* (idea, etc.) arise, originate

נולד־מהול דער [NOYLED-MO'EL] — "born circumcised", born lucky; person with innate gifts

נום דער (ען) — odd number

נומיק אַדי — odd (not even)

נומער דער (ן) — (telephone, etc.) number; issue (of a periodical)

נומעראַציע די — numeration, numbering

נומערי'רט אַדי — numbered; reserved (seat, etc.)

נומערירן וו (–ט) — number

נומעריש = נו'מעריש אַדי — numerical

נון דער/די (ען) [NUN] — *nun*, name of the letter נ

|| לאַנג|ע(ר) נון — final nun ן, form of the letter at the end of a word

נו־נו' אינט — you'll never guess, you'll never believe this!; it's very sad

נוס דער/די (ניס) דימ ניסל — nut

|| וועלטשענ|ע(ר) נוס — walnut

|| האַרט|ע(ר) נוס — hard question, tough nut to crack

נוסח דער (אָות) [NUSEKh - NUSKhOES] — version, variant; style; wording, formulation; *Jew.* rite, ritual

נוסח־אשכּנז דער [NUSEKh-A'ShKENAZ] — rite of prayer of German and some Eastern European Jews

נוסח־ספֿרד דער [NUSEKh-SFA'RD] — rite of prayer of some Eastern European Jews, inspired by the Sephardic liturgy

נו'סנבוים דער (...ביימער) — nut tree

נוסע דער (ים) [NESEYE - NOYSIM] — traveler

נוסעך פֿאָנ נוסח

נוץ די/דער (ן) — utility, use, benefit, profit

|| אָן אַ נוץ — useless

|| האָבן* אַ נוץ פֿון — gain/profit by

|| ברענג|ען אַ נוץ דאַט — be of use to, benefit

|| פּ״גל ניץ

נוציק אַדי — useful, helpful, profitable

נו'ציקייט די (ן) — usefulness, utility

נוצלעך אַדי זע ניצלעך

נוצן[1] דער (ס/–) זע נוץ

נוצ|ן[2] וו (גע–ט) זע ניצן

נוצרי דער (ם) [NOYTSRI] Christian; Nazarene, *esp.* Jesus of Nazareth

נוצריטע די (ס) [NO'YTSRITE] Christian woman

נוקם־ונוטר דער (ס) [NOYKEM-VENO'YTER] vengeful or vindictive person

נוקם זײַן* זיך וו (נוקם געווע'ן) <אין> [NOYKEM] take revenge (on)

|| נוקם זײַן זיך פֿאַר avenge (s.o.), take vengeance for (offense)

נוקע|ן וו (גע–ט) *hum.* insist (repeatedly saying the interjection נו)

נו'רעדיק אַדי snug; cuddly

נורע|ן וו (גע–ט) זע אײַננורען זיך

נורקע די (ס) dive

|| מאַכן אַ נורקע dive

נורקער דער (ס) פֿעמ קע diver

נושׂא דער (ים) [NOYSE - NOYSIM] זע נושׂאים

נושׂא־ונותן זײַן* וו (נושׂא־ונותן געווע'ן) [NOYSE-VENO'YSN] do business; discuss, debate

נושׂא־חן זײַן* וו (נושׂא־חן געווע'ן) <בײַ> [NOYSE-KhE'YN] find favor (with), please

נושׂאים מצ [NOYSIM] *Jew.* pallbearers

נושׂא־כּלים דער (נושׂאי־) [NOYSE-KE'YLIM - NOYSE-] armor bearer, squire; right hand man

נושׂא־פּנים זײַן* וו (נושׂא־פּנים געווע'ן) [NOYSE-PO'NEM] favor, treat with partiality

נושׂא־פּרות זײַן* וו (נושׂא־פּרות געווע'ן) [NOYSE-PE'YRES] bear fruit *fig.*

נותן דער (ים) פֿעמ טע [NOYSN - NOSNIM] giver, donor

נותנ|ען וו (גע–ט) [NOYS·N] *hum.* give, cough up

נזהר זײַן* וו (נזהר געווע'ן) זע ניזהר זײַן

נזוק ווער|ן וו (איז נזוק געוואָרן) זע ניזוק ווערן

נזיפֿה די (–ות) [NEZIFE] reproof, reprimand

נזיר דער (ים) פֿעמ טע [NOZER - NEZIRIM] hermit, recluse, ascetic; *bibl.* nazarite

נזירות דאָס [NEZIRES] asceticism

נח פּנ [NOYEKh] *bibl.* Noah

|| (שרײַב|ן) נח מיט זיבן גרײַזן (write making) many errors

נחות־דרגא דער (ס) [(NE)KhOS-DA'RGE] plebeian, person of low station/birth; lout, boor

נחות־דרגאדיק אַדי [(NE)KhOS-DA'RGEDIK] plebeian, lowly; underprivileged

נחזור לענינינו פֿר [NAKhZER LEINYONEYNU] let us return to our subject

נחלה די (נחלאָות) [NAKhLE - NAKhLOES] estate; plot (of land); inheritance

נחמה די (–ות) [NEKhOME] consolation, solace

נחסר דער [NEKhSER] shortage, deficiency (in accounts)

נחשבֿ זײַן* וו (נחשבֿ געווע'ן) פֿאַר/ווי [NEKhShEV] be considered as, pass for

נחש־הקדמוני דער [NOKhESh-HAKADMO'YNI] biblical serpent

נחת דאָס/דער [NAKhES] pleasure, satisfaction, delight

|| קלײַב|ן/שעפּ|ן נחת <פֿון> derive pleasure and pride (from)

|| נחת פֿון קינדער parental pride

נחת־רוח דער [NAKhES-RU'EKh] (spiritual) pleasure

נטיה די (–ות) [NETIE] inclination, tendency, penchant, trend

נטילת־ידים דאָס [NETILES-YEDA'IM] *Jew.* ritual washing of hands before meals

ני דער *dial.* dung, manure

נ״י[1] = ניו־יאָרק N.Y. (New York)

נ״י[2] זע נרו יאיר

ניאַווקע|ן וו (גע–ט) [Ny] meow, caterwaul; coo *fig.*

ניאוף דער [NIEF] debauchery, lechery; adultery

ניאַמקע|ן וו (גע–ט) <מיט> [Ny] click one's tongue

ניאַנטשע|ן וו (גע–ט) [Ny] nurse/coddle (baby)

ניאַניע די (ס) [Ny...Ny] (child's) nurse, governess, nanny

ניאָניע די (ס) [Ny...Ny] זע נאָניע

ניאַנקע די (ס) [Ny...Ny] זע ניאַניע

ניאָרע|ן (זיך) וו (גע–ט) [Ny] זע נאָרען זיך

ניבול־פּה דער [NIBLPE'] obscenity, foul language

ניבול־פּהיק אַדי [NIBLPEIK] obscene

ניבול־פּהניק דער (עס) פֿעמ ...ניצע [NIBLPENIK] foul-mouthed person

ני'ביטאָ אַדוו *dial.* allegedly, as if

ני־בע'־ני־מע'(־ני־קוקעריקו') אַדי–אַטר neither one thing or another, neither fish nor fowl; without rhyme or reason

ניבֿהל־ונשתּומם ווער|ן וו (איז ניבֿהל־ונשתּומם געוואָרן) [NIVL-VENIShTO'YMEM] be amazed/astounded

ניבֿזה דער (–ים) [NIVZE - NIVZIM] contemptible person

ניבֿזהדיק אַדי [NI'VZEDIK] despicable, contemptible

ניבֿרח דער (ים) [NIVREKh - NIVROKhIM] fugitive

ניגוד דער [NIGED] (astr.) opposition

ניגון דער (ים) דימ ניגונדל/ני'געלע [NIGN - NIGUNIM] tune, melody, chant

ניגונ|ען וו (גע–ט) [NIG·N] hum

ניגזל דער (ים) [NIGZL - NIGZOLIM] victim of a robbery; person deprived of rights/property

ניגזר ווער|ן וו (איז ניגזר געוואָרן) [NIGZER] (stg. evil/cruel) be decreed

ניגלה די/דער [NIGLE] something well known; *Jew.* body of sacred texts

ניגמר אַדי–אַטר [NIGMER] settled (affair)

ני'געלע דאָס (ך) ניגון דימ (mus.) light tune

נידה די (–ות) .1 [NIDE] *Jew.* woman during her monthly period of impurity; prescribed behavior during that period

|| .2 אַדי–אַטר impure during menstruation

נידחה .1 אַדי–אַטר [NITKhE] *Jew.* (fast) postponed so as not to fall on a Friday or Sabbath

|| .2 די (ס) postponed fast day

|| מאַכ|ן אַ נידחה postpone, put off

נידע די (ס) nit; wretch, verminous person

נידער .1 די low place; lowland

|| אין דער נידער underneath, below

|| .2 אינט <מיט> down with (s.o./stg.)

|| נידער מיטן פֿאַשיזם! down with Fascism!

ני'דערגעשלאָג·ן אַדי depressed, dispirited

ני'דערטרעכטיק אַדי/אַדוו base, mean, vile

ני'דעריק אַדי/אַדוו low; short/small (in stature); lowly, humble; soft (sound)

ני'דעריקייט די small stature; reasonableness (price); softness (sound)

ני'דעריקער אַדי–עפּי נידעריק קאָמפּ *also* inferior, subordinate

ני'דערלאַגע די (ס) *Germ.* defeat

ני'דערלאַנד דאָס (...לענדער) lowland(s)

ני'דערלאַנדן (מצ) Netherlands

ני'דערלענדיש אַדי of the Netherlands, Dutch

ני'דערלענדער מצ זע נידערלאַנד

ני'דער|ן וו (גע–ט) *lit.* go down, descend, decline, abate

ני'דערניש די (ן) (geogr.) depression, hollow

ניהיליזם דער nihilism

ניהילי'סט דער (ן) nihilist

ניואַ'נס דער (ן) [Ny] nuance, shade

ניוד דער (ן) [Ny] nude (in art)

ניוואָ' דער (ען) degree, level (of taste, achievement, etc.), standard

|| איף/פֿון אַ ניוואָ on a decent level, up to standard

ניוועטש זע ניוועץ

ניוועליר|ן וו (–ט) level

ניוועץ : גיי|ן* אין ניוועץ go to waste, be wasted

ני'וועצפֿעלד דאָס (ער) fallow/overgrown field; waste ground

ניוך דער [Ny] (sense of) smell, scent

ניוכע|ן וו (גע–ט) [Ny] sniff *imperf.*

ניו'נקעלע דאָס (ך) [Ny] innocent, babe in the woods; softy, sissy

ניזהר זײַ|ן* וו (ניזהר געווע'ן) [NIZER] be on guard, be careful

ניזוקדיק אַדי [NI'ZEKDIK] injurious

ניזוק ווער|ן וו (איז ניזוק געוואָרן) [NIZEK] *lit.* be hurt, be injured

ניזוקונג די (ען) [NI'ZEKUNG] *lit.* injury

ניזוק|ן וו (גע–ט) [NIZEK] hurt, injure; wreak havoc

ניחא אַדי–אַטר <דאַט> [NIKhE] agreeable (to)

|| זײַ|ן* ניחא דאַט please, suit

|| ס'איז מיר ניחא I'm willing, I accept

ניחום־אָבֿלים דער [NIKhEM-AVE'YLIM] (expression of) condolences

ניט[1] די (ן) זע ניטע[1]

ניט[2] דער (ן) [Ny] brown color (of crust of baked goods)

|| באַקומ|ען/כאַפּ|ן דעם ניט (bread) become brown

ניט[3] אַדוו not

|| שוין ניט, מער ניט no longer, no more

|| איז ניט! (let's) forget/drop it!

|| ווײַט ניט not by a long shot, in no way

|| ער איז ווײַט ניט גערע'כט he is greatly mistaken

|| ניט מער (ווי) only, no more than

|| ניט איי'ן מאָל more than once

|| וויפֿל עס זאָל ניט קאָסטן whatever it might cost, no matter what the cost,

|| וועמען דו זאָלסט ניט טרעפֿן whomever you meet, no matter whom you meet

|| ניט... ניט neither ... nor

|| ניט זי קען אי'ם, ניט ער קען זי' neither he nor she knows the other

|| ניט צו אינפֿ un/in...able

|| ניט צו פֿאַרשטיי'ן unintelligible, incomprehensible

|| ניט איינס, ניט צוויי... one, two, ... (a veiled form of counting people to avoid attracting the evil eye)

|| פ״גל ניט ווערן; נישט
ני'ט־[4]... non-, un...
|| ני'ט־באַקווע'ם uncomfortable
|| ני'ט־באַוואָ'פֿנט unarmed
|| ני'ט־רײ'כערער non-smoker
ניטאָ' 1. אַדי–אַטר (only with verb in present tense) absent, missing, gone away
|| ער איז ניטאָ he is away, he's not here
|| עס איז/זײַנען ניטאָ קיין there is/are no, there isn't/aren't any
|| קיינער איז ניטאָ there is no one here
|| ניטאָ פֿאַר וואָ'ס you're welcome, don't mention it
|| (ס'איז) ניטאָ וואָס צו זאָגן there's nothing to be said
|| שוין ניטאָ אויף דער וועלט gone from this world, deceased
|| ניטאָ אים! he's gone! he's disappeared!
|| 2. אינט all gone! no more left!; (he's/she's/they're) gone!
ניט־אַהי'ן־ניט־אַהע'ר דער impasse, deadlock, stalemate
ני'ט־אוי'סקומיק אַדי incompatible
ני'ט־אײַ'נגענעם אַדי/אַדוו unpleasant, disagreeable
ני'ט־אײַ'נזעעוודיק אַדי/אַדוו heartless
ני'ט־אײַ'נזעעריש אַדי unreasonable
ניטאָ'יִק אַדי non-existent
ני'ט־אמתדיק אַדי [-E'MESDIK] false
ני'ט־גו'ט : זײַן* וו–אומפּ דאַט ניט־גו'ט <פֿון> rev. be nauseated/disgusted by
|| עס איז מיר ניט־גוט פֿון קוקן אויף בלוט the sight of blood has turned my stomach
ניט־גו'ט|ער דער-דעק the Devil; demon, evil spirit, ghost
ניט־גו'טקייט די nausea
ני'ט־געבע'טענערהיי'ט אַדוו uninvited; spontaneously
ני'ט־געדאַ'ווענט אַדי–עפּי/אַדוו *Jew.* not having (yet) said one's prayers
ני'ט־געדאַ'כט אַדי unmentionable, taboo
|| ניט־געדאַכט זאָל עס ווערן! to hell with it!
ני'ט־געהי'ט אַדי/אַדוו careless, slap-dash
ני'ט־געזו'נט אַדי ailing; sick; unwholesome, unhealthy
ני'ט־געפֿרע'גטערהיי'ט אַדוו unasked, spontaneously
ני'ט־געראָ'ט דער (ן) *neol.* failure
ני'ט־געשטוי'ג·ן (ני'ט־געפֿלוי'ג·ן) אַדי false, untrue, absurd

ני'ט־געשמאַ'ק אַדי insipid; disagreeable, tiresome
ני'ט־דערבאַ'ק·ן אַדי incompletely baked (bread); *iron.* immature, callow
ני'ט־דערגאַ'נגען אַדי unfinished, incomplete, miscarried; immature; losing (candidate)
ני'ט־דערוואַ'קס·ן אַדי adolescent
ני'ט־דערזאָ'גונג די (ען) understatement, euphemism
ני'ט־דערזאָ'גט אַדי implied, implicit
ני'ט־דערזאָ'גנדיק אַדי guarded (statement), circumspect (language)
ני'ט־דערלאָ'זלעך אַדי inadmissible, intolerable
ני'ט־דערע'נדיקט אַדי incomplete, unfinished
ני'ט־דערקאָ'כט אַדי parboiled; undercooked
ני'ט־דערקע'נונג די non-recognition; mistaken identity
ני'ט־דעררע'דעניש דאָס (ן) misunderstanding, failure of communication
ני'ט־דערשפּײַ'זט אַדי undernourished, underfed
ני'ט־דערשפּײַ'זטקייט די malnutrition
ניט־הי' אַדוו elsewhere, far from here
ניט־הי'ג אַדי–עפּי from elsewhere, not from here; distant, foreign
ני'ט ווער|ן וו (איז ני'ט געוואָרן) disappear, vanish
ני'ט־זע'לט·ן אַדי/אַדוו frequent
ני'ט־ייִ'ד דער (ן) non-Jew
ני'ט־ייִ'דיש אַדי non-Jewish
ניטל דער (ען) Christmas
ני'ט־לאַ'נגסטיק אַדי recent
ני'טלבוים דער (...ביימער) Christmas tree
ני'טלדיק אַדי (of) Christmas
ניטן מצ mores; habits, quirks
ניטע[1] די (ס) [Ny] rivet
ניטע[2] אינט no! don't!
ניטען דער (ים) [NITN - NITONIM] (jur.) defendant, respondent (in a lawsuit)
ניט־פֿאַרגי'נער דער (ס) פֿעמ קע begrudger, envious person
ני'ט־פֿאַרגי'נערישקייט די begrudging nature, envy, spite
ני'ט־פֿאַרדײַ'ונג די indigestion
ניט שוין זשע זע (ניט) שוין (זשע)
ני'ט־שיי'ן אַדי/אַדוו ugly; unseemly
ני'טשעוואָ אינט *Slav.* no matter, never mind
נײַ 1. אַדי (דעם נײַעם) new; recent, modern
|| פֿון/אויף ס'נײַ afresh, anew, again
|| 2. אַדוו newly, recently

|| נײַ' געעפֿנט newly opened

נײַגאָלד דאָס gold plate

נייגונג די (ען) inclination, tendency

נייגיק אַדי צו prone to, inclined to, drawn to

נייג|ן (זיך) וו (גע–ט) incline, bow *imperf. trans./ intr.*

נײַ'־געבאַ'ק·ן אַדי fresh, newly hatched *fig.*; *pejor.* inexperienced, upstart

נײַ'־געבאָ'ר·ן = נײַ'־געבוי'ר·ן אַדי newborn

נײַ'־געקו'מענ|ער דער-דעק newcomer, recent immigrant

נײַגער דער curiosity, inquisitiveness

נײַ'געריק אַדי curious, inquisitive, eager

|| נײַגעריק צו anxious/eager to

נײַ'געריקייט די curiosity, inquisitiveness; eagerness, impatience

נײַוואָרט דאָס (...ווערטער) neologism

נײַ'וועלטיש אַדי modern

נײַ'זילבער דאָס silver plate

נייז|ן וו (גע–ט) fleece *fig.*, rob; swindle *imperf.*

ניי'טאָרין די (ס) seamstress, dressmaker

נייטונג די coercion, compulsion, force

נייטיק 1. אַדי necessary; required

|| נייטיק (ווי) אין לעבן, נייטיק ווי דאָס לעבן indispensable, vital

|| נייטיק מאַכ|ן necessitate, require

|| 2. אַדוו : דאַרפֿ|ן* נייטיק need urgently

ניי'טיקייט די (ן) need, necessity, urgency

ניי'טיק|ן זיך וו (גע–ט) אין need, be in need of, require

נייט|ן וו (גענייט) force, compel, oblige

נייטערין = ניי'טערקע די (ס) זע נייטאָרין

נייטראַ'ל אַדי neutral, neuter

נייטראַליזיר|ן וו (–ט) neutralize

נייטראַליטע'ט די neutrality

נייטראָ'ן דער (ען) neutron

נײַיאָר דער New Year's Day

|| ערבֿ נײַיאָר [EREV] New Year's Eve

נײַ'־ייִדיש דאָס/אַדי Modern Yiddish (since 1700)

נײַ'מאָדיש אַדי fashionable; *pejor.* modern, newfangled

נײַ'מאָדנע אַדי זע נײַמאָדיש

ניי'מאַשין די (ען) sewing machine

ניין 1. אינט no; not at all! by no means!

|| 2. דער (ען) no, nay, dissent

נײַן צוו nine

|| די נײַן טעג *Jew.* the first nine days of the month of *Av*, a period of abstinence in commemoration of the last battles of Jerusalem before the destruction of the Temple

ניי'נזאָגונג די (ען) (polit.) dissent, rejection

ניי'נזאָגער דער (ס) פֿעמ ין dissenter, objector

|| ניינזאָגער מתּוך געוויסן [MITO'Kh] conscientious objector

נײַנט אַדי–עפּי ninth

נײַנטל דאָס (עך) ninth (fraction)

נײַנע אַדוו (at) nine o'clock

נײַנציק צוו ninety

נײַנציקסט אַדי–עפּי ninetieth

נײַ'נציקער דער (ס) nonagenarian; 90% alcohol (180 proof)

|| אין די נײַנציקער nonagenarian, in one's nineties

|| די נײַנציקער יאָרן the nineties (decade)

נײַנצן צוו nineteen

נײַנצנט = נײַנצעט אַדי–עפּי nineteenth

נײַס דאָס : איבער (אָ) נײַס anew, from the beginning, again

|| פֿ״גל נײַעס

נײַסט אַדי–עפּי נײַ סופּ *also* latest, brand new, most recent

נײַ'סטמאָדיש אַדי up-to-date, in the latest fashion

ניי|ען וו (גע–ט) sew, stitch *imperf.*

נײַעס 1. דאָס/די (–) (piece of) news, news report

|| 2. דאָס (ן) novelty

נײַ'עס־אויסכאַפּ דער (ן) (journalistic) scoop

נײַ'עס־טיקער דער (ס) *neol.* teletype, news ticker

נײַ'עסל דאָס (עך) נײַעס דימ *also* news item

נײַ'עס־פֿילם דער (ען) [Ly] (cin.) newsreel

נײַערט 1. אַדוו only

|| 2. קאָנ but

נײַ'פּעלע דאָס (ך) זע נפֿלע

נײַ'צײַטיק = נײַ'צײַטיש אַדי modern

נײַקייט די newness, novelty, originality

נייראָטיש אַדי זע נעווראָטיש

ניכּר אַדי–אַטר [NIKER] noticeable, visible, evident

|| ניכּר אַז it's evident/clear that

ניכבד דער (ים) [NIKhBED - NIKhBODIM] respected person

ניכבדי־העיר מצ [NIKhBADE-HOI'R] town notables

ניכוועו|ן וו (גע–ט) זע ניכפֿהן

ניכטער אַדי/אַדוו sober; empty (stomach); realistic, objective, prosaic

|| אויפֿן ניכטערן מאָגן/האַרצן — fasting, on an empty stomach

ני'כטערן אַדי זע ניכטער

ניכיי' אַדוו [Ny] זע נעכיי'

ניכלאָיע די (ס) זע נאַכליִע

ניכלל אַדי–אַטר [NIKhLEL] — included

ניכנע דער (ים) [NIKhNE - NIKhNOIM] — meek/submissive person

|| זײַן* אַ ניכנע דאַט — grovel before

ני'כנעדיק אַדי/אַדוו — submissive, servile

ני'כנעקייט די — meekness, servility, docility

ניכפּה די [NIKhPE] — epilepsy; apoplexy; (fit of) rage

ניכפּהן וו (גע–ט) [NIKhPE] — *fam.* be in pain, suffer

|| ניכפּהן זיך — rage, fume, cuss

ניכפּהניק דער (עס) פֿעמ ...ניצע [NI'KhPENIK] — odd/temperamental person, lunatic; scoundrel

ניכשל ווער|ן וו (איז ניכשל געוואָרן) <אין/מיט> — blunder, stumble (over); yield to the temptation (of)

ניכתּבֿ דער (ים) [NIKhTEV - NIKhTOVIM] — registered person (in a census)

ניל(וס) דער — Nile

ניליע די — *dial.* rottenness

נילכּד ווער|ן וו (איז נילכּד געוואָרן) [NILKED] — be captured, be held prisoner

נימאס אַדי <דאַט> [NIMES] — tiresome, boring, disgusting (for)

|| ווער|ן נימאס <דאַט> — end up boring/tiring (s.o.); *rev.* be fed up (with), have had enough (of)

|| זײַן* נימאס דאַט — be despised by

נימאס־ומאָוס אַדי–אַטר <דאַט> [NIMES-UMO'ES] — very annoying, tiresome (for)

|| ווער|ן נימאס־ומאָוס <דאַט> — *rev.* be exasperated (by)

נימוס דער [NIMES] — custom, civility, politeness, etiquette

|| פּ״גל נעימות

נימוסדיק אַדי/אַדוו [NI'MESDIK] — civil, polite, courteous

נימוק דער (ים) [NIMEK - NIMUKIM] — *lit.* motive, reason

נימנו וגמרו פּר [NIMNU VEGOMRU] — it has been definitely decided

נימסר ווער|ן וו (איז נימסר געוואָרן) [NIMSER] — be denounced/arrested

נימער אַדוו : נימער ערגער — *hum.* so-so, tolerably well; let's hope it lasts

נימפֿע די (ס) — nymph

נימצא קאָן <אַז> [NIMTSE] — consequently, it follows (that)

נימשל דער (ים) [NIMShL - NIMShOLIM] — reality to which a fable applies, object of a parable

ניס מצ זע נוס

ניסטל דאָס (עך) זע ניסל[2]

ניסימדיק אַדי/אַדוו זע נסימדיק

ניסל[1] דאָס (עך) נוס דימ — nut

|| האָז־ן ניסל — hazelnut

|| ארץ־ישׂראל־ניסל [ER(E)TS-YISRO'EL] — peanut

ניסל[2] דאָס (עך) — nit

ניסן[1] דער [NISN] — *Nisan*, the seventh month in the Jewish year, corresponding to parts of March and April

ניס|ן[2] וו (גענאָסן) — sneeze *imperf.*

|| גענאָסן אויף/בײַ דעם אמת! [EMES] — (after a sneeze) bless you!; this sneeze is a sign that it was true!

ניסתּר 1. דער (ים) [NISTER - NISTORIM] — person going incognito; *Jew.* hermit, hidden holy man

|| 2. דער (ות) [- NISTORES] — *Jew.* cabalistic lore, secret wisdom

ניסתּרדיק אַדי [NI'STERDIK] — occult

ניעדאָימקעס מצ [Ny] — *dial.* arrears (in taxes)

ניעזאַקאָנע אַדי [Ny] — *Slav.* unlawful

ניעפּריטשקעם אינט [Ny] זע ניפּריטשקעם

ניפּ|ן וו (גע–ט) זע נעפּן

ניפּריטשקעם אינט — *Slav.* so to speak

ניפֿטר דער (ים) [NIFTER - NIFTORIM] — deceased person

ניפֿטר ווער|ן וו (איז ניפֿטר געוואָרן) [NIFTER] — die, depart this life

ניפֿלא אַדי–אַטר [NIFLE] — wonderful

ניפֿלאָות מצ [NIFLOES] — marvels, wonders

ניץ די/דער : צו ניץ קומען <דאַט> — be of use (to s.o.)

|| פּ״גל נוץ

ניץ־און־קריץ דער — wear and tear

ניצאָכן פֿאָנ נצחון

ניצגעלט דאָס — rental fee

ניצול־... [NITSL] — survival

ניצול־געצײַג דאָס [NI'TSL] — survival kit/gear

ניצול ווער|ן וו (איז ניצול געוואָרן) <פֿון> [NITSL] — survive; escape, be saved (from)

ניצוץ דער (ות) [NITSETS - NITSOYTSES] — spark *fig.*

ניצלעך אַדי — usable, serviceable; useful

ניצמח ווער|ן וו (איז ניצמח געוואָרן) [NITSMEKh] *lit.* sprout *fig.*, arise, begin

ניצ|ן וו (גע–ט) use, make use of

ני'צעווע|ן וו (גע–ט) turn (clothing) inside out *imperf.*

ניצרך דער (ים) [NITSREKh - NITSROKhIM] needy person

ניקאָטי'ן דער nicotine

ניקאָליי'עווסק|ער אַדי : ניקאָליי'עווסק|ער סאָלדאַ'ט Jewish soldier in the army of Tsar Nicholas I

ניקוד דער [NIKED] system of vowel signs used with the Hebrew alphabet

|| האַלב|ער ניקוד partial use of vowel signs

|| פֿול|ער ניקוד use of vowel signs in all cases

ניקל 1. דער nickel (metal)

|| 2. דער (ען) *Amer.* nickel (five cent piece)

ניקן מצ eccentricities, quirks; grimaces, tics

ני'קעלן אַדי (of) nickel

ניר די (ן) kidney

נירדף דער (ים) [NIRDEF - NIRDOFIM] persecuted person

ני'רנדיק אַדי kidney-shaped

נירקע די (ס) little den

נישאר דער [NIShER] remainder, balance; trace; survivor

נישאר־חייבֿ [NIShER-KhA'YEV] 1. אַדי–אַטר owed, due, debit

|| 2. דער balance (due)

נישט 1. אַדוו not

|| פֿ״גל ניט[3]

|| צו נישט מאַכ|ן annihilate, undo, frustrate

|| (צו) נישט ווער|ן come to nothing

|| 2. דער (ן) nonentity

נישטאָ' אַדי–אַטר זע ניטאָ

נישטיק אַדי banal, uninteresting; paltry, worthless; insignificant, negligible

ני'שטיקייט די insignificance, worthlessness, banality; futility

נישטל דאָס (עך) trifle; joker (cards); worthless card

נישטע די (ס) זע נישטל

ני'שטער|ן וו (גע–ט) search, rummage

ני'שטערנדיק אַדי searching; penetrating (look)

נישמע'ר קאָנ however, but

|| פֿ״גל ניט[3] (מער)

נישמת־חיים די [NIShMES-KhA'YIM] breath of life

נישע די (ס) niche, recess, alcove

נישקשה [NIShKOShE] 1. אַדי–אַטר acceptable, tolerable

|| נישקשה פֿון אַ ... a formidable ..., quite a ...

|| 2. אַדוו not bad; no problem

|| ער וועט נישקשה געפֿינען don't worry, he'll find it

|| עס וועט נישקשה קלעקן no problem, there will be enough

|| נישקשה! no matter! never mind!

נישקשהדיק אַדי/אַדוו [NIShKO'ShEDIK] considerable, sizable, pretty good

נישׂרף דער (ים) [NISREF - NISROFIM] person who has lost his property in a fire

ניתּבע דער (ים) [NITBE - NITBOIM] defendant (in a civil suit)

ניתבע דער (ים) [NISBE - NISBOIM] זע ניתּבע

נכבד דער (ים) זע ניכבד

נכלל אַדי–אַטר זע ניכלל

נכנע דער (ים) זע ניכנע

נכסים מצ [NEKhOSIM] estates, property

נכסי־צאן־ברזל מצ [NIKhSE-TSOYN-BA'RZL] wife's property that becomes the husband's upon marriage, inalienable property

נכפּה די זע ניכפּה

נכשל ווער|ן וו (איז נכשל געוואָרן) זע ניכשל ווערן

נכתּבֿ דער (ים) זע ניכתּבֿ

נלכּד ווער|ן וו (איז נלכּד געוואָרן) זע נילכּד ווערן

נ״מ = נאָך מיטאָג P.M. = after noon

נמאס אַדי–אַטר זע נימאס

נמנו־וגמרו פֿר זע נימנו־וגמרו

נמסר ווער|ן וו (איז נמסר געוואָרן) זע נימסר ווערן

נמצא קאָנ זע נימצא

נמשל דער (ים) זע נימשל

נו׳ = נו'מערן nos. (numbers, issues)

ננתקה [NENATKE] : רעד|ן אויף גאָט און אויף משיחן און אויף ננתקהן אויך [MEShI'EKhN] *hum.* speak ill of the whole world

נס דער (ים) [NES - NISIM] miracle

|| אַ נס וואָס fortunately, it's a good thing that

|| על־פּי נס [ALPI] by a miracle, miraculous(ly)

|| לעב|ן מיט נסים lead an insecure life; survive by a miracle

|| גאָטס נסים! incredible! amazing!

|| נסים מיט טשיפּקעס *hum.* tall tales

נסיון דער (ות) [NISOYEN - NISYOYNES] temptation, trial, test

|| ברענג|ען צו אַ נסיון expose to temptation

|| שטעל|ן פֿאַר אַ נסיון tempt

נסיונדיק אַדי [NISO'YENDIK] tempting

נסימדיק אַדי [NI'SIMDIK] miraculous

נסים־ונפֿלאָות מצ [NISIM-VENIFLO'ES] miracles and wonders

נסיעה די (–ות) [NESIE] (long) trip, journey, voyage

נסך דער [NESEKh] זע ייִן־נסך

נס־מן־השמים דער [NES-MINAShOMA'IM] miracle from heaven; *hum.* real miracle

נסתּלק ווער|ן וו (איז נסתּלק געוואָרן) [NISTALEK] *Jew.* die, depart (of a saintly person)

נסתּר דער (ים/ות) זע ניסתּר

נעאָ... neo...

|| נעאָקלאַסיש neoclassical

נעאָלאָגיזם דער (ען) neologism

נעבל דער (ען) זע נעפּל

נעבן פּרעפּ זע לעבן[2]

נע'בנזאַך די (ן) *Germ.* matter of secondary importance

נעבעך **1.** אינט the poor thing! alas! what a pity!

|| דאָס מיידל נעבעך the poor girl

|| **2.** דער (עס) wretch, unhappy/unfortunate person

נע'בעכדיק אַדי/אַדוו pitiful, miserable, pathetic

נע'בעכל דאָס (עך) wretch, pauper; sissy, softy, helpless person; *iron.* naive innocent

נעגאַטי'וו **1.** אַדי negative

|| **2.** דער (ן) negative

נעגל מצ זע נאָגל

נע'גל־וואַסער : אָ'פּ|גיס|ן נעגל־וואַסער *Jew.* perform ritual hand-washing upon arising in the morning

נעגליזשע' דער (ען) negligee

נע'גל־לאַקיר דער (ן) nail polish

נע'גל־שערל דאָס (עך) nail clippers

נע'געלע דאָס (ך) נאָגל דימ also clove; carnation

נעגער דער (ס) פֿעמ ין/טע Black, Negro

נע'גער(י)ש אַדי Black, Negro

נעדאָווע פֿאָנ נדבֿה

נעדיזנע די (ס) זע אָטיזדנע

נע'דעלע דאָס (ך) דימ זע נאָדל

נעוואָד דער (ן) *Slav.* fishing net

נעווירע די (ס) זע עבֿירה

נעווי'ליניק דער (עס) [Ly] *Slav.* bondman, slave

נע'וויקל = נע'וועקל דאָס (עך) novice, greenhorn; imp, little devil

נעוורא'ז דער (ן) neurosis

נעוורא'טיקער דער (ס) פֿעמ ין neurotic

נעוורא'טיש אַדי neurotic

נע־ונד [NAVENA'D] **1.** אַדי–אַטר wandering, homeless

|| **2.** דער (ן) *lit.* wandering, roaming

|| אויף נע־ונד wandering

נע־ונדיק אַדי [NAVENADIK] migrant

נע־ונדניק דער (עס) פֿעמ ...ניצע [NAVENADNIK] wanderer, vagabond, homeless person

נע־ונדעווע|ן וו (גע–ט) [NAVENA'DEVE] wander about, roam

נעז מצ זע נאָז[1]

נעזבוים דער (...ביימער) maple

נעזל דאָס (עך) נאָז דימ *also* nozzle, tip; (bottle) neck

נעזער מצ זע נאָז[1]

נעט[1] אַדי/אַדוו clear, precise, exact; elegant

|| פּאַס|ן נעט <דאַט> be an exact fit (for)

נעט[2] מצ זע נאָט

נעטאָ[1] אַדוו net (weight, etc.)

נע'טאָ־[2]... net

|| נעטאָוואָג net weight

נעילה די [NILE] closing service of Yom Kippur

|| קומ|ען נאָך נעילה arrive when it's all over

נעימות דאָס [NEIMES] pleasantness; civility, politeness

|| פֿ״גל נימוס

נעכאָמע פֿאָנ נחמה

נעכט מצ זע נאַכט[1]

נעכטיק אַדי yesterday's

|| זײַן* ווי אַ נעכטיק|ער be dispirited/confused

|| ניט קיין נעכטיק|ער not born yesterday

|| אַ נעכטיקער טאָג nothing doing, nothing of the kind; it's no use

נע'כטיק|ן וו (גע–ט) spend the night

|| ווי גענעכטיקט ניט געטאָ'גט perpetually wandering

נעכטן **1.** אַדוו yesterday

|| **2.** דער (ס) (recent) past

נעכײַ' אַדוו <וואָלט> would that, it would have been better if; if only!; I can't wait!

נעלם דער (ים) [NELM - NELOMIM] unregistered inhabitant

נעלם ווער|ן וו (איז נעלם געוואָרן) [NELM] disappear, vanish

נע'מ־... draft

|| נעמסיסטעם draft system, selective service

נעמונג די draft, conscription

נע'מונג־קאַרטל דאָס (עך) draft card

נעמלעך .1 אַדי same, identical

|| .2 אַדוו *Germ.* namely, to wit, that is to say

נעמ|ען[1] וו (גענומען) take *imperf.*; attract, interest, excite; marry; recruit, enlist, hire; last, take (time)

|| נעמען <בײַ> take/borrow (from); administer (oath) (to)

|| נעמען (זיך) אינפֿ begin to

|| נעמען און וו go ahead and ... *(often expresses an abrupt action)*

|| נעם און שיס! go ahead, shoot!

|| נו, נעמט מען און מע שלאָגט? so, you start hitting right away?

|| זי נעמט און קויפֿט she goes ahead and buys

|| נעמען זיך (couple) get married

|| נעמען זיך פֿון derive/originate (from); be the result of, be due to

|| נעמען זיך צו undertake, tackle; seize, take hold of; take up, choose as a trade, begin to work at

|| נעמען זיך בײַ/צו occur to, (stg.) be found (surprisingly) on/with, *rev.* obtain, get

|| פֿון וואַנעט נעמט זיך בײַ איר אַזאַ' געדאַ'נק? where did she get an idea like that?

|| ווי נעמט זיך צו אים געלט? how does he come to have money?

נעמען[2] מצ זע נאָמען

נע'מען־אויסרוף דער (ן) (milit.) roll-call

נע'מענער מצ זע נאָמען

נעמער דער (־/ס) פֿעמ ין welfare recipient

נע'ם־קאָלעגיע די (ס) [Ly] (milit.) draft board

נענועים מצ [NANUIM] motions made in shaking the palm-branch on *Sukkot*

|| פֿ״גל לולבֿ

נענטסט אַדי–עפּי זע נאָענטסט

נענטער אַדי קאָמפּ זע נאָענט[1]

נע'נטער|ן זיך וו (גע־ט) approach *imperf.*

נענש ווער|ן וו (איז נענש געוואָרן) [NENESh] be punished

נעס פֿאָנ נס

נעסט די (ן) nest

נע'סטיק|ן (זיך) וו (גע־ט) זע נעסטן

נעסטל[1] דאָס (עך) woodlouse, centipede

נעסטל[2] דער muslin

נעסטל[3] דאָס (עך) דימ זע נעסט

נעסט|ן וו (גענע'סט) nest, have one's nest

נעסיִע פֿאָנ נסיעה

נעסעסע'ר דער (ן) toiletry case

נעסקעס אינט *slang* no!; hush! shhh!

נעענטער אַדי נאָענט קאָמפּ זע נאָענט[1]

נעפּ[1] דער drop (of alcohol)

נעפּ[2] די NEP, New Economic Policy (in the USSR in the 1920's)

נעפּטו'ן (דער) Neptune

נעפּל דער (ען) fog, mist, haze

נע'פּלדיק אַדי hazy, foggy, vague

נעפּל|ען זיך וו (גע־ט) (weather, air) become foggy; appear/emerge indistinctly

נע'פּל־שלייער דער (ס) haze

נעפּ|ן וו (גע־ט) sip

נעפּריטשקאָם אינט זע ניפּריטשקעם

נעץ[1] די (ן) net (fishing, etc.); network, web, mesh; web; grid, screen

נעץ[2] די dampness, moisture, wetness

נעצבאָל דער volleyball

נע'צהײַטל דאָס (עך) retina

נעצ|ן וו (גע־ט) wet *imperf.*

|| נעצן אומפּ : עס נעצט there's a leak; *hum.* it's on fire, it's burning

נעצקע די blotter

נעצר(ד)יק אַדי [NE'TSER(D)IK] constipated

נעקאָמע פֿאָנ נקמה

נעקייווע פֿאָנ נקבֿה

נעקראָלאָ'ג דער (ן) obituary notice

נערוו דער (ן) nerve

|| שפּיל|ן אויף די נערוון get on one's nerves

נערוויר|ן וו (־ט) make nervous/edgy

נע'רוון־... nervous, neurological

|| נערוונקרענק neurological disease

|| נערוון־געוועב nervous system

נערווע'ז = נערוועיִש אַדי nervous, agitated, irritable, anxious

נערונג די (ען) nourishment, nutrition

נעריצך (דער) [NAARITSOKh] in Ashkenzi ritual, first word (and name) of the Sabbath prayer of sanctification

נעריק אַדי nutritious

נער|ן וו (גע־ט) nourish *imperf.*

נע'רעוודיק אַדי nutritious, nourishing

נעשאָמע פֿאָנ נשמה

נעשׂה־ונשמע פֿר [NAYSE-VENI'ShME] *bibl.* unconditional pledge of the Children of Israel to follow the Torah; agreed, it will be done

נפֿוח דער (ים) [NEFUEKh - NEFUKhIM] swelling, bulk; *vulg.* fart

נפֿטר דער (ים) זע ניפֿטר

נפֿיחה די (־ות) [NEFIKhE] flatulence, gas

נפֿילים מצ [NEFILIM] *bibl.* antediluvian giants

נפֿלא אַדי–אַטר זע ניפֿלא

נפֿלע דאָס (ך) [NE'YFELE] still-born child

|| פֿ״גל עופֿעלע

נפֿקא די (־ות) [NAFKE] *vulg.* whore, prostitute

נפֿקא־בית דאָס (ן) [NA'FKE-BAYIS] brothel

נפֿקא־מינה די (־ות) [NA'FKEMINE] difference

|| עס איז נישט קיין (שום) נפֿקא־מינה it's all the same

נפֿקאַניק דער (עס) [NA'FKENIK] *vulg.* womanizer, whoremonger

נפֿש דאָס/דער (ות) [NEFESh - NEFAShES/NEFOShES] soul, person; life, vital force; living thing; *fam.* individual, guy

|| קיין לע'בעדיק נפֿש not a living soul

|| אויף אַ נפֿש per person

נפֿש־אַחת אַדי–אַטר [NEFESh-A'KhES] very attached to one another

נצול־... זע ווערטער מיט ניצול־...

נצח דער [NETSEKh] eternity

נצחון דער (ות) [NITSOKhN - NITSKhOYNES] victory, triumph, conquest

|| אָ'פּ|האַלט|ן אַ נצחון triumph, emerge victorious

נצחונדיק אַדי/אַדוו [NITSO'KhNDIK] victorious, triumphant; triumphal

נצח־ישׂראל דער [NETSEKh-YISRO'EL] eternity of the Jewish people

נצחנות דאָס [NATSKhONES] disputatiousness, aggressiveness

נצחניש אַדי/אַדוו [NATSKhONISh] disputatious, aggressive

נצמח ווער|ן וו (איז נצמח געוואָרן) זע ניצמח ווערן

נצרך דער (ים) זע ניצרך

נ״ק = נאָך קרי'סטוסן AD, CE

נקבֿה די (־ות) [NEKEYVE] female; woman; strong and bold woman; *vulg.* broad, dame

נקבֿים מצ [NEKOVIM] nature's needs, call of nature

|| גיי|ן* אויף נקבֿים relieve oneself

נקבֿים־גדולים מצ [NEKOVIM-GDO'YLIM] bowel movement, stool

נקבֿים־קטנים מצ [NEKOVIM-KTA'NIM] urination

נקבֿיש אַדי [NEKEYVISh] female, feminine

נקודה די (־ות) [NEKUDE] one of the vowel signs used with the Hebrew alphabet

נקודים־וּבֿרודימדיק אַדי [NEKU'DIM-UVRU'DIMDIK] motley, of all colors; irregular, anomalous

נקי אַדי–אַטר [NOKE] broke, penniless

נקיות דאָס [NEKIES] *euph.* bowel movement

|| גיי|ן* אויף נקיות, האָב|ן*/פּראַווע|ן נקיות have a bowel movement, go to stool

נקיטת־חפֿץ דאָס [NEKITES-KhE'YFETS] *Jew.* oath taken while holding a sacred object in one's hand

נקי־כּפּימניק דער (עס) [NEKI'-KAPA'IMNIK] one whose hands are clean, honest/incorruptible person

נקמה די (־ות) <אין> [NEKOME] vengeance, revenge (on)

|| נקמה נעמ|ען פֿאַר avenge

|| דערלעב|ן/האָב|ן*/זע|ן* אַ נקמה be avenged

נקמה־דאַרשטיק אַדי [NEKO'ME-] vengeful

נקמה־זוכעריש אַדי [NEKO'ME-] vindictive, rancorous

נקמה־נעמער דער (־/ס) [NEKO'ME] avenger

נרדף דער (ים) זע נירדף

נרו יאיר פֿר [NEYRE YOER] "may his light shine", wish for long life added after mentioning s.o. in a letter

נר־נשמה דער [NEYRNEShOME] זע נשמה־ליכט

נר־תּמיד דער [NEYRTOMED] perpetual flame (in a synagogue); eternal light

נשאר דער זע נישאר

נשים מצ זע אישה

נשים־צדקניות מצ [NOShIM-TSITKO'NIES] *Jew.* pious women

נשמה די (־ות) [NEShOME] soul

|| אוי'ס|שפּיַי|ען די נשמה be famished, be starving

|| ציַ|ען די נשמה keep s.o. waiting

|| פּאַכ(ע)|ן מיט דער נשמה be at death's door

|| אָן אַ נשמה breathless

|| זיַין* אומפּ דאַט גוט/שלעכט אויף דער נשמה *rev.* be in a good/bad mood

|| זיַין* גאָט די נשמה שולדיק be as innocent as a new-born babe

|| ניט האָב|ן* קיין גראָשן בײַ דער נשמה be penniless

|| מײַן נשמה איז אויך ניט קײן ראָזשינקע I'm as good as anyone else

|| אַרויס|נעמ|ען (בײַ) דאַט די נשמה push s.o. to the limit

נשמה־יתירה די [NEShOME-YESE'YRE] the additional soul a Jew is said to possess on the Sabbath; joy/uplift of the Sabbath

נשמה־ליכט דאָס (–) [NEShO'ME] candle lit in memory of a dead person

נשמהניו אינט [NEShO'MENYU] my darling, my dear soul

נשמת־חיים די זע **נישמת־חיים**

נשתּומםדיק אַדי [NIShTO'YMEMDIK] astounding

נשתּומם ווער|ן וו (איז נשתּומם געוואָרן) [NIShTOYMEM] be astonished/astounded/amazed

נשתּנה ווער|ן וו (איז נשתּנה געוואָרן) [NIShTANE] change, be transformed

נשׂיא דער (ים) [NOSI - NESIIM] *bibl.* prince; *Jew.* head of the Great Sanhedrin; president of the State of Israel

נשׂיאת־פּנים דאָס [NESIES-PO'NEM] partiality, favoritism

נשׂרף דער (ים) זע **נישׂרף**

נתבע דער (ים) זע **ניתּבע**

נתבקש ווער|ן וו (איז נתבקש געוואָרן) [NISBAKESh] *lit., Jew.* (saintly person) be summoned to God, die

נתגדל ווער|ן וו (איז נתגדל געוואָרן) [NISGADL] be exalted/magnified; attain greatness

נתגלה ווער|ן וו (איז נתגלה געוואָרן) [NISGALE] be revealed

נתחדש ווער|ן וו (איז נתחדש געוואָרן) [NISKhADESh] be renewed/regenerated; be initiated

נתחמץ ווער|ן וו (איז נתחמץ געוואָרן) [NISKhAMETS] become contaminated (with leaven at Passover); (person) change for the worse, become corrupt

נתינה די (–ות) [NESINE] gift, donation; tax, levy; bribe, hush-money

נתנה־תּוקף דער זע **ונתנה־תּוקף**

נתנ|ען וו (גע–ט) [NAS·N] *hum.* give; deal (cards); *in-group* pay, buy off

נתעלה ווער|ן וו (איז נתעלה געוואָרן) [NISALE] rise to greatness, become powerful

נתעשר ווער|ן וו (איז נתעשר געוואָרן) [NISAShER] become rich

נתפּעל ווער|ן וו (איז נתפּעל געוואָרן) <פֿון> [NISPOEL] be impressed (by); become enthusiastic (about)

נתפּרסם ווער|ן וו (איז נתפּרסם געוואָרן) [NISPARSEM] (secret) leak out, become known; become famous

נתרבה ווער|ן וו (איז נתרבה געוואָרן) [NISRABE] multiply, increase

ס

ס¹ דער/די [SAMEKh] letter of the Yiddish alphabet; pronunciation [S]; numerical value: 60

ס² = סענט ¢, cent, centavo

ס'³ = עס

|| ס'גייט = עס גייט

ס'⁴ = דאָס

|| אויף ס'נײַ = אויף דאָס נײַ

ס'אַ = ס'איז אַ

|| ס'אַ ליגן = ס'איז אַ ליגן

סאַבאָטאַ'זש דער sabotage

סאַבאָטאַזשניק דער (עס) פֿעמ ...ניצע saboteur

סאַבאָטיר|ן וו (–ט) sabotage

סאָבאָ'ר דער (ן) (in Russia) cathedral

סאָבווײ די/דער (ס) *Amer.* subway

סאָביעסקי זע סאַבעצקע

סאַ'בליטאַש די (ן) briefcase, portfolio

סאַבליע די (ס) saber

סאַבעצקע: פֿון מלך סאַבעצקעס צײַטן [MEYLEKh] old as the hills, dating back to Methuselah

סאָבראַניע די (ס) [Ny] *Slav.* conference or organizational meeting

סאַברע די/דער (ס) Jew born and bred in Palestine/Israel

סאַגאַן דער (עס) cast-iron pot

סאַגע¹ די (ס) saga

סאַגע² די (ס) sago

סאָד דער (סעדער) דימ סעדל orchard

סאַדאָווניק דער פֿעמ ...ניצע orchardist, fruit seller

סאָדאַרניע די (ס) [Ny] soda fountain

סאַ'דזעווקע די (ס) זע סאַזשלקע

סאַדלע די lard, hog-fat

סאָדע די (ס) soda (beverage); soda (mineral); sodium bicarbonate

סאָ'דע־וואַסער דאָס soda water, sparkling water

סאָ'דעניק דער (עס) orchardist

סאָוויע די (ס) זע סוויווע

סאָוויע'ט דער (ן) זע סאָוועט

סאָוויעסט דאָס זע סאָוועסט

סאָווי'רט = סאָווכאָ'ז דער (ן) soviet collective farm

סאָווע די (ס) owl

סאָווע'ט דער (ן) soviet

סאָוועטיש אַדי Soviet

סאָווע'טן־... Soviet

|| סאָוועטן־מאַכט Soviet regime

סאָווע'טן־פֿאַרבאַנד דער Soviet Union

סאַוועגנע'ט דער (ן) hunting-watch, watch with a cover

סאָוועסט דאָס *dial.* moral conscience

סאָוס דער (ן) זע סאָס

סאַ'זשלקע די (ס) pond, pool; fish-pond

סאַזשע די soot

סאַזשען דער (–) (former) Russian length measure equivalent to 2.13 m or 2.82 m

סאָט דער (עס) honeycomb

סאַטורן (דער) Saturn

סאַטי'ן דער satin

סאַטינען אַדי (of) satin; satiny

סאַטי'ריקער דער (–/ס) satirist

סאַטיריש אַדי/אַדוו satiric

סאַטירע די (ס) satire

סאָטן דער (ס) *dial.* shadow

סאָטניע די (ס) [Ny] squadron of (one hundred) Cossacks

סאָטניק דער (עס) chief of a Cossack squadron

סאָטסקע דער (ס) (in Russia) rural police representative

סאַטעלי'ט דער (ן) satellite

סאַטראַ'פּ דער (ן) satrap

סאַי זע סײַ

סאַילקע די (ס) [Ly] זע סאַלקע

סאַך פֿאַנ סך

סאַכאַקל פֿאַנ סך־הכּל

סאַכאַרי'ן דער saccharin

סאַ'כאַרניצע די (ס) *dial.* sugar bowl

סאָכע די (ס) swing plow

סאַכרײַ' דער (עס) פֿעמ קע זע סחרײַ

סאָל דער (ן) [Ly] (mus.) sol

סאָלאָ [Ly] **1.** אַדוו solo

|| **2.** דער (ס) solo

סאָלאָווײ' דער (ען) (zool.) nightingale

סאָלאָווײטשיק דער (עס) זע סאָלאָווײ

סאַלאַ'ט דער (ן) salad; lettuce

סאַלאַמאַנדרע די (ס) (zool.) salamander

סאַלאַמי דער (ס) salami

סאָלאָמיאַנקע די (ס) *dial.* straw mat, doormat
סאַלאָ'ן דער (ען) parlor, salon
סאָלאַנקע די (ס) barrel, cask
סאַלאַפּ דער salep
סאָלדאַ'ט דער (ן) פֿעמ קע soldier
סאָלדאַטסקע אַדי soldierly, soldier-like; soldier's
סאַלדע די [Ly] (accounting) balance, remainder
סאַלהאָן דער (עס) tallow-rendering plant
סאַלו'ט דער (ן) [Ly] salute
סאַלוטיר|ן וו (–ט) [Ly] (milit.) salute
סאָלטיס דער (in Poland) village magistrate
סאַלטענאָסע די (ס) זע שאַלטענאָסע
סאָלי'ד אַדי solid (thing, idea, etc.); serious, trustworthy (person)
סאָלידאַריזיר|ן זיך וו (–ט) make common cause (with)
סאָלידאַריטע'ט די solidarity
סאָלידאַריש אַדי/אַדוו having solidarity
סאָלידנע אַדי זע סאָליד
סאַליוטיר|ן וו (–ט) זע סאַלוטירן
סאָליטע'ר דער (ן) tapeworm; solitaire (card game)
סאַליטרע די saltpeter
סאַליע די (ס) זע זאַל 2.
סאַליע'פּ דער (ן/עס) women's cape/cloak
סאָ'לניטשקע די (ס) [Ly] *dial.* saltshaker
סאָ'לניצע די (ס) [Ly] *dial.* salt container, saltcellar
סאַלעמיידושע|ן וו (–ט) זע שאַלעמויזן
סאַלץ דער elixir, tonic
סאַלקע די (ס) [Ly] garret, attic
סאַמאָגאָ'ן = סאַמאַהאָ'ן דער moonshine (alcohol), rotgut
סאַמאָוואָליעץ דער (...אָלצעס) strong-minded, willful person
סאַמאָוואַ'ר דער (ן) samovar
סאַמאָראָדנע אַדי–עפּי זע סאַמעראָדנע
סאַמו'ם דער (ען) simoom, sandstorm
סאַמע **1.** אַדי–אינוו very; true, genuine, real; pure, unmixed
|| פֿון סאַמע אָנהייב from the very start
|| אין סאַמע מיטן in the very middle, in the heart of
|| אין סאַמע צענטער right in the center
|| סאַמע פּוטער pure butter, nothing but butter
|| סאַמע מיידלעך nothing but girls
|| **2.** אַדוו the most *(superlative)*
|| דאָס סאַמע בעסטע the very best
|| דער סאַמע הויכער/העכסטער the (very) highest
|| דאָס סאַמע געדיכטע *also* the most interesting part
סאַמעוואָלעץ דער (...אָלצעס) זע סאַמאָוואָליעץ
סאַמעט דער velvet
סאַ'מעטיק אַדי velvety, soft
סאַ'מעט·ן אַדי (of) velvet
סאַמעראָדנע אַדי–עפּי *hum.* authentic, genuine
ס'אַן = ס'איז אַן
|| ס'אַן אומגליק = ס'איז אַן אומגליק
סאַנאָזע'נץ דער (ן) *dial.* pasture, grassland
סאַנאַטאָריע די (ס) sanatorium
סאַנגוויניש אַדי sanguine, ardent
סאָנד דער (עס) *dial.* law court, tribunal
סאַנדאַ'ל דער (ן) sandal
סאַ'נטאַ־קלאַוס פּנ *Amer.* Santa Claus
סאַניטאַציע די *Amer.* sanitary facilities
סאַניטאַ'ר דער (ן) פֿעמ קע nurse, orderly, medic; stretcher-bearer
סאַניטאַריום דער (ס) זע סאַנאַטאָריע
סאַניטאַריש אַדי sanitary; hygienic
סאָ'נישניק דער (עס) *dial.* sunflower
סאָנע'ט דער (ן) sonnet
סאַנצעלאָמעס אינט unfortunately, alas!
סאַנקט־... Saint, St.
סאַנקציאָניר|ן וו (–ט) sanction, approve
סאַנקציע די (ס) sanction
סאָס דער (ן) sauce, seasoning
סאָסולקע די (ס) icicle
סאָסנאָווע אַדי (of) pine; evergreen/coniferous (forest)
סאָסנע די (ס) pine
סאָפּ אינט on! forward! *(to oxen)*
סאַפּאָזשניק דער (עס) shoemaker
סאַפּיאָ'ר דער (ן) sapper, military engineer
סאַפּיזשאַנקע די (ס) butter-pear
סאַפּי'ר דער (ן) זע שאַפּיר
סאַפּע די (ס) hoe
סאָפּע די (ס) ladle
סאָ'פּעדיק אַדי out of breath, winded, panting

סאַ'פּעווע|ן וו (גע–ט) — hoe

סאַפּעזשאַנקע די (ס) זע סאַפּיזשאַנקע

סאַפּע|ן[1] וו (גע–ט) זע סאַפּעווען

סאַפּע|ן[2] = סאָפּע|ן וו (גע–ט) — pant, gasp

סאָפּקע די (ס) — salse, small mud volcano; hillock

סאָפּראַ'ן דער (ען) — soprano

סאַפֿיאַ'ן דער — morocco leather

סאַפֿיאַנען אַדי — (of) morocco leather

סאַפֿי'ר דער (ן) זע שאַפֿיר

סאָפֿע די (ס) דימ די סאָפֿקע — sofa

סאָציאַ'ל[1] אַדי — social

סאָציאַ'ל-[2]... — social

|| סאָציאַל-פֿאַרזיכערונג — social security

סאָציאָלאָ'ג דער (ן) פֿעמ ין — sociologist

סאָציאָלאָגיע די — sociology

סאָציאָלאָגיש אַדי — sociological

סאָציאַ'ל-אַרבעט די — social work

סאָציאַ'ל-אַרבעטער דער (ס) פֿעמ ין — social worker

סאָציאַ'ל-וויסנשאַפֿט די (ן) — social science

סאָציאַליזם דער — socialism

סאָציאַלי'סט דער (ן) פֿעמ קע — socialist

סאָציאַליסטיש אַדי — socialist

סאָצפֿאַרזאָ'רג דער — social aid

סאָצפֿאַרזיכער דער — social security

סאַק דער — light coat; (women's) jacket

סאָק דער (ן) — syrup; sap; fruit juice

סאַקאָטשע|ן וו (גע–ט) — *dial.* cackle

סאַקאָנע פֿאָנ סכּנה

סאַקוואָיאַ'זש דער (ן) — travel bag

סאַקווע די (ס) — feedbag

סאַקיק אַדי — juicy, succulent

סאַקסאָפֿאָ'ן דער (ען) — saxophone

סאַקסאַקן מצ — sheepskin with long wool

סאַראַ אַדי–אינוו — what (a) *(exclamatory)*

|| סאַראַ שיינקייט! — what beauty!

|| סאַראַ נאַראָנים! — what idiots!

|| סאַראַ גוט בוך! — what a good book!

סאַראָ'וועטקע די זע סראָוועטקע

סאַראַטע די (ס) זע צעראַטע

סאַראַן אַדי–אינוו — what (a) *(before words beginning with a vowel)*

|| פֿ״גל סאַראַ

סאַראַסאַדקע די (ס) — darning needle; packing-needle

סאַראַפֿאַ'ן דער (ען) — sleeveless women's dress (in Russia)

סאַראָקע = סאָראָקע די (ס) — magpie

סאַרג דער — *dial.* tramp, filthy person

סאַרגע|ן וו (גע–ט) — *dial.* dirty, mess up *imperf.*

סאַרדי'ן דער (ען) — sardine

סאַרדינקע די (ס) זע סאַרדין

סאַרווער דער (ס) פֿעמ ין — waiter

סאַ'רווער|ן וו (גע–ט) — wait on tables, act as maitre d'

סאַרזשע די — serge

סאָרט דער (ן) — sort, kind, type

סאָרטיר|ן וו (–ט) — sort *imperf.*

סאָ'רטעווע|ן וו (גע–ט) זע סאָרטירן

סאַריי' דער (ען) — shed, lean-to

סאַרנע[1] אַדי–אינוו — *dial.* what ...! *(pl., exclamatory)*

|| סאַרנע נאַראָנים! — what idiots!

סאַרנע[2] די (ס) — doe

סאָרעווע'ץ דער — kvass obtained by fermentation of bread

סאַרקאַזם דער — sarcasm

סאַרקאַסטיש אַדי/אַדוו — sarcastic

סבאָרנע די — (in Russia) camp for soldiers enrolled by force

סבאָרשטשיק דער (עס) — (in Russia) official in charge of taxes and enlistment among Jews

סבה די (–ות) זע סיבה

סבראָד דער זע זבראָד

סבֿיבֿה די (–ות) [SVIVE] — environment, surroundings; environs, neighborhood

סבֿלן דער (ים) פֿעמ טע [SAVLEN - SAVLONIM] — patient/tolerant person

סבֿלנות דאָס [SAVLONES] — patience, tolerance

סבֿלניש אַדי/אַדוו [SAVLONISh] — tolerant, patient, indulgent

סבֿרא די (–ות) [SVORE] — conjecture, hypothesis; opinion, point of view

|| (עס איז) אַ סבֿרא <אַז> — it is quite possible/likely that, probably

|| עס וואָלט געווע'ן אַ סבֿרא אַז — it might be a good idea to

|| אויף קיין סבֿרא נישט — from no perspective, in no way

|| אָ'נגענומען אין דער סבֿרא אַז — granted that, assuming that

סבֿראלע דאָס (ך) [SVO'RELE] — joke, witticism

סגאַל דער (ן) זע זגאַל

סגול דער (ען) [SEGL] Hebrew vowel sign ֶ, representing the vowel [E] after the consonant under which it is placed

סגולה די (–ות) [ZGULE] remedy, solution; characteristic, (good) feature

סגוף דער (ים) **זע** סיגוף

סגי־נהור דער פֿעמ טע [SAGENOER/SEGINOER] blind man

|| פֿ״גל לשון־סגי־נהור

סגי־נהורדיק אַדי/אַדוו [SAGENO'ERDIK/SEGINO'ERDIK] blind

סגל דער (ען) **זע** סגול

סגנון דער **זע** סיגנון

סגראַדנע אַדי **זע** זגראַדנע

סדאָנזשען וו (גע–ט) **זע** זדאָנזשען

סדום (דאָס) [SDOM] Sodom

סדום־בעטל דאָס (עך) [SDO'M] Procrustean bed, arbitrary standard to which one is forced to conform

סדור דער (ים) **זע** סידור

סדר[1] דער **.1** [SEYDER] order, sequence, arrangement

|| על־פּי סדר [ALPI] following in order

|| אין דע'ם סדר respectively

|| ווי דער סדר איז as per usual

|| צום סדר point of order!

|| **.2** דער (ים) [- SDORIM] seder, ceremonial meal on the first two nights of Passover; each of the six parts of the *Mishnah* (and of the Talmud)

סדר־[2]... [SE'YDER] ordinal

|| סדר־צאָל ordinal number

סדר־בעל־חובֿ דער [SEYDER-BALKhO'YV] meeting of creditors

סדרדיק אַדי [SE'YDERDIK] well-ordered, orderly

סדרה די (–ות) [SEDRE] each of the 54 sections of the Torah which are read in an annual cycle of one or two every Sabbath; series, sequence; *hum.* subject under discussion, problem

|| עס גייט אַ סדרה... everyone is talking about ..., the latest thing is ...

סדר־היום דער [SEYDER-HAYO'M] agenda, program

סדר־העולם דער [SEYDER-HOO'YLEM] order of things, way of the world

סדרן[1] וו (גע–ט) [SADER] order, arrange *imperf.*

סדרן[2] וו (גע–ט) [SEYDER] celebrate the festive meal on the first two nights of Passover

ס״ה = סך־הכּל (sum) total

סואוו... **זע ווערטער מיט** סוווו...

סוב... sub...

|| סובנאָרמאַ'ל subnormal, below normal

סובאָטניק דער (עס) member of a Russian Christian sect which observes the Sabbath on Saturday

סובאָרדינאַ'ט דער (ן) subordinate

סובווע'נץ די (ן) subsidy, grant

סובווערסי'וו אַדי subversive

סובטי'ל אַדי/אַדוו subtle

סוביע'קט דער (ן) subject (of an experiment); (gramm.) subject

סוביעקטי'וו אַדי subjective

סוביעקציע די (ס) obligation, burden

סובמאַרי'ן דער (ען) submarine

סובסטאַנטי'וו דער (ן) (gramm.) noun

סובסטאַ'נץ די (ן) substance

סובסטיטו'ט דער (ן) substitute, imitation

סובסטיטויר|ן וו (–ט) <אויף> replace (by), substitute (for)

סובסטיטוציע די (ס) substitution

סובסטראַ'ט דער (ן) substrate

סובסידיע די (ס) [DY] subsidy

סובסידיר|ן וו (–ט) subsidize

סובסקריפּציע די (ס) subscription

סו'בקאָמיסיע די (ס) [SY] subcommittee, subcommission

סוברעטין = סוברעטקע די (ס) (theat.) soubrette; light soprano

סובֿא דער **זע** זולל־וסובֿא

סובֿל זײַן* וו (סובֿל געווע'ן) [SOYVL] tolerate, endure

סוגיא די (–ות) [SUGYE] Talmudic question under study; current subject

סוגעסטי'וו אַדי suggestive

סוגעריר|ן וו (–ט) suggest

סוגר|ן וו (גע–ט) [SOYGER] *slang* close, lock

סוד[1] דער (ות) [SOD - SOYDES] secret; mystery

|| האַלט|ן סוד keep a/the secret

|| אַ סוד פֿאַר גאַנץ בראָד open secret

סוד[2] דער (ן) *dial.* tribunal, court

סודותדיק אַדי [SO'YDESDIK] mysterious

סודותדיקייט די [SO'YDESDIKEYT] secrecy, discretion

סודיאַ' דער (ס/ען) [Dy] *Slav.* judge

סודי־סודות מצ [SOYDE-SO'YDES] deep secrets

סודיע|ן וו (גע–ט) [Dy] *Slav.* judge

|| סודיע|ן זיך go to court, be involved in a lawsuit

סוד־סודותדיק אַדי [SO'D-SO'YDESDIK] top secret

סודע פֿאַנ סעודה

סודע|ן זיך וו (גע–ט) [SOYDE] whisper (to one another); assume an air of mystery

סוואָלאָטש דער (עס) *Slav., vulg.* swine, dirty dog

סוואָנד דער charcoal fumes; smoky atmosphere

סוואַ'סטיקע די (ס) swastika

ס'וואָר קאָנ to be sure, admittedly, it is true that

סוואַרבע די *Jew.* (the twenty-four books of the) Bible

|| פֿ״גל עשׂרים־וואַרבע

סוואָרע פֿאַנ סבֿרא

סוואָר(ע)ן דער (ס) coupling-bolt (of a coach)

סוויסקע אַדי *dial.* home-made, hand-crafted; domestic (animal)

סוּווענ'יר דער (ן) souvenir

סוּווערע'ן אַדי sovereign

סוּווערעניטע'ט די sovereignty

סוויווע פֿאַנ סבֿיבֿה

סוויטע[1] די (ס) retinue, cortege; (mus.) suite

סוויטע[2] די (ס) דימ די סוויטקע long peasant coat

סוויטשע|ן וו (גע–ט) : סוויטשען <דאָט> אין די אויגן say straight to (s.o.'s) face

|| פֿ״גל סווישטשען; צוויטשערן

סוויניאַ'ק דער (עס) = סוויניאַקע דער (ס) [Ny] *dial., fam.* swine, miser

סויענדזשאַרניעס מצ [Ny] *dial.* itch, rash, eczema

סויענדזשע|ן וו (גע–ט) *dial.* to itch

סויענצע|ן וו (גע–ט) זע שוויענטשען

סווישטש דער (ן) (piercing) whistling; idler, loafer; good-for-nothing (person)

סווישטשע|ן וו (גע–ט) whistle (strident sound)

|| פֿ״גל סוויטשען; צוויטשערן

סוועטער דער (ס) sweater; *Amer.* boss (*esp.* of a sweatshop) *pejor.*, exploiter

סוועטשאָפּ דער (ס/...שעפּער) *Amer.* sweatshop

סוזשע'ט דער (ן) (lit.) subject, theme

סוחר דער (ים) פֿעמ טע [SOYKhER - SOKhRIM] merchant, businessman; shrewd/scheming dealer

סוחריש אַדי/אַדוו [SOKhRISh] commercial; pertaining/appropriate to merchants; businesslike, effective

סוחרערײַ דאָס [SOKhRERA'Y] business, commerce

סוטאַנע די (ס) cassock

סוטה די (–ות) [SOYTE] woman suspected of infidelity; adulterous woman

סוטענער דער (ס) pimp, procurer

סויבל דער sable

סוי'בעלן אַדי (of) sable

סויווע די (ס) shroud

סויכער פֿאַנ סוחר

סוינע פֿאַנ שׂונא

סויע די soy (beans)

סוכּה די (–ות) [SUKE] *sukkah*, hut with a roof of branches, where meals are eaten during the *Sukkot* holiday

|| פֿ״גל סוכּות

סוכּה־שער די [SU'KE] imaginary object; illusion, will-o'-the-wisp

|| שיק|ן נאָך אַ סוכּה־שער send on a wild goose chase; leave in the lurch

|| גיי|ן* נאָך אַ סוכּה־שער be taken in, be fooled; go to a lot of trouble for nothing

סוכּות דער [SUKES] *Sukkot*, eight day Jewish holiday during which most meals are eaten in a booth or hut built for that purpose

סוכּותדיק אַדי [SU'KESDIK] pertaining to the holiday of *Sukkot*

סוכאָגאָרלע די *dial.* tubercular laryngitis

סוכאָזשילע די (ס) זע סוכעזשילע

סוכאָטניק דער (עס) פֿעמ ...ניצע consumptive, person affected with tuberculosis

סוכאָטע די consumption, tuberculosis, T.B.

סוכאַ'ר דער (עס) זע סוכער

סוכעזשילע די (ס) *dial.* tendon, sinew

סוכער דער (עס) biscuit, cracker; rusk, zwieback

סולטאַ'ן דער (ען) sultan

סולת דאָס [SOYLES] pure flour; the cream of the crop

סומאַטאָכע די (ס) uproar, hubbub, confusion

סומיר|ן וו (–ט) add up; summarize

סומך זײַ|ן* וו (סומך געווע'ן) <אויף> [SOYMEKh] base (on)

|| סומך זײַ|ן זיך אויף depend/rely on, leave it to

סומנע אַדי sad, mournful, gloomy

סומע די (ס) sum (of money)

סונעסקע די (ס) foot-rail (chair)

סוס דער (ים) *hum., affect.* noble steed

סוספּענדיר|ן וו (–ט) suspend (membership, punishment)

סופּאָנעס מצ traces of a horse collar

סופּלעמע'נט דער (ן) [Ly] supplement

סופּער... super...

סופּעראָקסי'ד דער (ן) peroxide

סופּערלאַטי'וו דער (ן) [Ly] (gramm.) superlative

סו'פּערמאַרק דער (...מערק) supermarket

סופּערסאָניש אַדי supersonic

סוף[1] דער (ן) [SOF] end, conclusion; result

|| אַ סוף! that's enough! stop it!

|| אָן אַ סוף endless, interminable

|| ביזן סוף to the end

|| מאַכ|ן אַ סוף <צו> finish off, stamp out

|| נעמ|ען אַ סוף אומפּ <צו> rev. come to an end

|| האָב|ן* אַ ביטערן/בייזן/וויסטן/שוואַרצן סוף end badly; end shamefully; meet with a rebuff, fail utterly; fam. be told off, be raked over the coals

|| געב|ן*/מאַכ|ן דאָס אַ וויסטן/שוואַרצן סוף fam. give s.o. a dressing down, rake s.o. over the coals

|| וואָס וועט זײַן דער סוף? where will this lead?

|| צום סוף in the end, finally; in effect, actually

סוף־...[2] [SO'F] final, terminal

|| סוף־סטאַדיע [DY] final stage

סוף־וואָך [SOF] .1 דער (ן) weekend

|| .2 אַדוו on the weekend; (on) weekends

סוף־חודש [SOFKhOYDESh] .1 דער end of the month

|| .2 אַדוו at the end of the month

סוף־יאָר [SOF] .1 דער end of the year

|| .2 אַדוו at the end of the year

סופֿי'ט דער (ן) ceiling

סופֿי'קס דער (ן) suffix

סוף־כּל־הדורות דער [SOF-KO'L-HADO'YRES] the end of time

סוף־כּל־סוף אַדוו [SOFKL-SO'F] finally, at last; in the long run, eventually; after all, in the last analysis

סוף־כּל־סופֿיק אַדי [SOFKL-SO'FIK] eventual, final

סופֿליאָ'ר דער (ן) פֿעמ שע (theat.) prompter

סופֿליר|ן וו (–ט) (theat.) to prompt

סוף־סטאַנציע די (ס) [SO'F] terminus, last stop

סופֿר דער (ים) [SOYFER - SOFRIM] Jew. scribe; copyist of sacred texts on parchment

סופֿראַזשיסטקע די (ס) suffragette

סופֿרות דאָס [SOFRES] Jew. profession of a scribe

סופֿריש אַדי [SOFRISh] of a scribe, scribal

סופֿר־סת״ם דער (סופֿרי־)

[SOYFER-STA'M - SOFRE-] Jew. copyist of the Torah and of parchment scrolls for phylacteries and mezuzot

|| פֿ״גל מזוזה; ספֿר־תּורה; תּפֿילין

סוק דער (עס) knot/burl (of a tree)

סוקאַטע אַדי זע סוקעוואַטע

סוקין סין דער Slav. son of a bitch

סוקיענקע די (ס) dial. woman's dress

סוקניע די (ס) [Ny] dress, gown; women's cape/cloak

סוקע די (ס) Slav. female dog

סוקעוואַטע אַדי knotty, gnarled

סוקצע'ס דער (ן) success

סוראָגאַ'ט דער (ן) surrogate, substitute

סור־בו'ר דער/אַדוו זע שור־בור

סורדו'ט דער (ן) overcoat

סורפּרי'ז דער (ן) surprise, unexpected thing

סורעאַליזם דער surrealism

סותר זײַן* וו (סותר געווע'ן) [SOYSER] contradict, run counter to, be incompatible with

|| סותר זײַן זיך contradict oneself

סחורה די (–ות) [SKhOYRE] merchandise, ware(s), goods; fabric, cloth

סחרן דער (עס) פֿעמ קע [SAKhRA'Y] petty trader, swindler

סחר|ן וו (גע–ט) [SAKhER] swindle

סט' = 'סט = האָסט/ווערסט

ס״ט = סאַנקט־, סיינט־ St., Saint

סטאַבי'ל אַדי stable, stationary

סטאַביליזיר|ן וו (–ט) stabilize

סטאַבילקייט די stability

סטאָבליע = סטאַבלע די (ס) [Ly] dial. step (staircase)

סטאָג דער (ן) זע סטויג

סטאַגנאַ'נט אַדי stagnant

סטאָדאָלע די (ס) stable, pen, stall; barn

סטאַדיאָ'ן דער [DY] stadium

סטאַדיע די (ס) [DY] stage, phase

סטאַדע די (ס) flock, herd

סטאַ'דעדיק אַדי/אַדוו gregarious, sheep-like

סטאַוו דער (ן) pond

סטאַווידלע די (ס) sluice, floodgate

סטאַווקע די (ס) stake (in game)

סטאַזש דער (ן) seniority (of service); craft, trade, experience

סטאַטו'ט דער (ן) (jur.) statute, charter; bylaw

סטאַטוס דער (ן) status, (social) position

סטאַטוסקוואָ' דער (ען) status quo

סטאַ'טוע די (ס) statue

סטאַטיסטיק די (עס) statistic; statistics

סטאַטי'סטיקער דער (ס) פֿעמ ין statistician

סטאַטיסטיש אַדי/אַדוו statistical

סטאַטיק[1] די statics; static (electricity)

סטאַטיק[2] 1. דער poise, calm, composure

|| 2. דער (עס) mannerly/well-behaved person

סטאַטיש אַדי/אַדוו static

סטאַט(עטש)נע אַדי/אַדוו stately, sedate, dignified, serious

סטאַטעק דער (עס) זע סטאַטיק[2]

סטאַ'טקעווע|ן זיך וו (גע–ט) settle down, be/become well-behaved

סטאָטשיק[1] דער (עס) stump; shoe-tree, last

סטאָטשיק[2] דער (עס) taper

סטאָי אינט זע סטוי

סטאַיע די (ס) זע סטײַע

סטאַיע|ן וו (גע–ט) זע סטײַען

סטאָיקע די (ס) זע סטויקע

סטאָ'יִקער דער (–/ס) פֿעמ ין stoic

סטאָיִש אַדי/אַדוו stoic

סטאַל אַדי זע סטאַלנע

סטאַלאָוואַניע די (ס) [Ny] girder

סטאָלב דער (עס) post, pillar

סטאָליאַר דער (...אַ'רעס) זע סטאָליער

סטאָליאַרניע די (ס) [Ny] carpenter's/cabinetmaker's workshop

סטאָליאַרסקע אַדי *dial.* pertaining to carpentry

סטאָליער דער (ס) carpenter, woodworker, cabinetmaker

סטאָליערײַ' דאָס carpentry/cabinetmaking

סטאַלנע אַדי/אַדוו sedate, poised

סטאַלקע = סטאָלקע די (ס) layer, streak

סטאַם פֿאָנ סתּם

סטאַן דער (עס) (in Russia) police district

סטאָן דער (ען) (fash.) waist; shirt, blouse

סטאַנאָוואָ'י = סטאַנאָווי' דער (עס) (in Russia) district police officer

סטאַנאָ'ק דער (עס) work-bench; machine tool, manned station in an assembly line

סטאַנגרעט דער (ן) coachman

סטאַנדאַ'רד דער (ן) standard, norm

סטאַנדאַרדיזיר|ן וו (–ט) standardize

סטאַניע די (ס) [Ny] stable; cart shed

סטאַניק דער (עס) brassiere; bodice

סטאַנציע די (ס) station; lodging, shelter

סטאַנצע די (סטאַנצן) stanza

סטאָס דער (ן) measure of firewood, roughly a cord, or 4 cubic meters; name of card game

סטאָפּ אינט stop!

סטאָפּניע די (ס) [Ny] *dial.* (stair)step

סטאָפּער דער (ס) chronometer, stopwatch

סטאַציאָניר|ן וו (–ט) station (troops)

סטאַציע די (ס) (observation, production) station

סטאַראָזימניק דער (עס) *Slav.* wise old man

סטאָראָזש דער (עס) זע סטראָזש

סטאַראַניע די (ס) [Ny] *dial.* endeavor, assiduity, effort

סטאַראָסטע דער (ס) (in Russia) starosta, village elder

סטאַרוך דער (עס) פֿעמ ...ו'כע old/elderly man

סטאַרט דער (ן) start, take-off

סטאַרטער דער (ס) (engine) starter

סטאַרטפּאַס דער (ן) (airport) runway

סטאַרטשע|ן וו (גע–ט) <איף> protrude, jut out; suffice (to, for)

סטאַריזנע די *dial.* old clothes, old furniture

סטאַרי'ן דער זע סטעאַרין

סטאַרע|ן זיך וו (גע–ט) apply oneself, try hard

סטאַרשי'נאַ' דער (ען) (in Russia) village mayor, leader

סטאַרשע אַדי *dial.* superior, head

סטאַשקע די (ס) peanut

סטאַ'שקעשמיר די peanut butter

סטואַרד דער (ן) steward

סטו'אַרדין = סטו'אַרדקע די (ס) stewardess

סטודיאָ דער (ס) [DY] (artist's) studio

סטודיע די (ס) [DY] (theat., cin.) studio

סטודע'נט דער (ן) פֿעמ קע (higher education) student

סטודע'נטנשאַפֿט די (ן) student body

סטודענטסקע אַדי (of a) student, student's

סטוי אינט halt! stop!

סטויג דער (ן) rick, pile, haystack

סטויפּ דער (ן) pole, post, stake; fool

|| וואַקס|ן אין סטויפּ grow without learning

סטויקע די (ס) (shop/tavern) counter; standing stool, support for an infant who cannot stand unassisted

סטוסאַ'ק דער (עס) blow, punch

סטופּניע די (ס) [Ny] heel (of sock)

סטופּע די (ס) mortar (vessel); ass, imbecile

סטו'קלקע די name of a card game

סטוקע|ן וו (גע–ט) knock, rap

סטיבון דער (עס) vegetable gone to seed; oaf, boob, ninny

סטיגאָטער דער (ס) opponent, adversary, enemy

סטידע די (ס) *dial.* beauty mark

סטיטשקע די (ס) quarrel, dispute

סטײַטש אינט what does it mean? how come?; how is that possible?; just think!

סטייַטשיק אַדי self-righteous

סטייַע די (ס) flock, swarm; (wolf) pack

סטייַע|ן וו (גע-ט) suffice, be enough

|| ס'וועט ניט סטייַען פֿאַר אַ'לעמען there won't be enough for everyone

|| ס'האָט געסטייַעט אויף אַכט טעג there was enough for eight days

|| ניט סטייַען *also* disappear

|| ניט סטייַען אונטער די הענט escape, vanish, slip away

סטיכיע די (ס) force of nature, elemental force; the elements; irrational/uncontrollable impulse

סטיכיש 1. אַדי elemental, resembling a force of nature

|| 2. אַדוו spontaneously, uncontrollably

סטיל דער (ן) [Ly] style

|| לויטן נייַעם סטיל (in Russia) according to the Gregorian calendar

סטיליסטיש 1. אַדי stylistic

|| 2. אַדוו from the point of view of style

סטי'לפֿיגור די (ן) [Ly] figure of speech

סטימו'ל דער (ן) [Ly] stimulus; stimulation, encouragement

סטימולאַ'נט דער (ן) [Ly] stimulant, tonic

סטימוליר|ן וו (–ט) stimulate

סטינקע די (ס) זע שטינקע

סטיס דער crisis

סטיסאַק דער (עס) זע סטוסאַק

סטיסק דער (עס) jam, crush

|| מצ *fam.* straining at stool

|| פֿ"גל סטוסאַק

סטיפּענדיאַ'ט דער (ן) פֿעמ ין [DY] scholarship/fellowship holder

סטיפּענדיע די (ס) [DY] (study/research) scholarship/fellowship

סטירדיש אַדי/אַדוו defiant, provocative; angry, incensed

סטירדעס דאָס defiance, contempt

|| גיי|ן* אויף סטירדעס קעגן defy

סטעאַרי'ן דער stearin

סטעאַרינען אַדי (of) stearin

סטעזשקע = סטעטשקע די (ס) זע סטעשקע

סטע'כעווע|ן וו (גע-ט) זע שטעכעווען

סטעליע די (ס) ceiling

סטעלמאַך דער (ן) [Ly] wheelwright

סטעלניק דער (עס) honeycomb

סטעלעוואַטע אַדי [Ly] *dial.* bent, hunch-backed

סטעמפּל דער (ען) זע שטעמפּל

סטע'מפּליעווע|ן וו (גע-ט) זע שטעמפּלען

סטעמפּע די (ס) זע סטופּע

סטע'מפּעווע|ן וו (גע-ט) sponge, moisten (fabric to be ironed)

סטענאָגראַפֿי'סט דער (ן) פֿעמ ין/קע stenographer

סטענאָגראַפֿיע די stenography

סטענאָגראַפֿיר|ן וו (–ט) take down in shorthand

סטענאָגראַפֿיש אַדי/אַדוו stenographic, in shorthand

סטענגע די (ס) ribbon

סטענדער דער (ס) זע שטענדער

סטענצל דער (ען) זע שטענצל

סטענקע|ן וו (גע-ט) *dial.* grumble

סטעפּ דער (עס/ן) steppe

סטע'פּעוניק דער (עס) פֿעמ ...ניצע inhabitant of the steppes

סטעפּקע די (ס) דימ זע סטופּע

סטערדיש אַדי/אַדוו זע סטירדיש

סטערווע די (ס) carrion, carcass

סטערטע די (ס) rick, pile, haystack

סטערי'ל אַדי sterile; aseptic

סטעריליזיר|ן וו (–ט) sterilize

סטערלעט דער (ן) [Ly] sterlet

סטערנ(י)ע די (ס) [Ny] stubble (in field)

סטערעאָטי'פּ דער (ן) stereotype

סטערעאָטי'פּ(יש) אַדי stereotypical

סטערעאָפֿאָניש אַדי stereophonic

סטעשקע די (ס) (foot)path, trail

סטרא־אַחרא די זע סיטרא־אַחרא

סטראַגאַן דער (עס) דימ סטראַגל street stall

סטראַגל דאָס (עך) דימ זע סטראַגאַן

סטראָגע אַדי/אַדוו *dial.* strict, severe, rigid

סטראַדע|ן זיך וו (גע-ט) exert/strain oneself

סטראָזש דער (סטרעזשער) פֿעמ קע janitor, super(intendent)

סטראַזשאַק דער (עס) *dial.* watchman; fireman

סטראַזשניק דער (עס) policeman; frontier guard

סטראַזשע די (ס) *dial.* watch, guard, patrol

סטראַטאָספֿע'ר די stratosphere

סטראַטאָספֿעריש אַדי stratospheric

סטראַטע'ג דער (ן) פֿעמ ין strategist

סטראַטעגיע די (ס) strategy

סטראַטעגיש אַדי/אַדוו strategic

סטראַטשע|ן וו (גע-ט) *dial.* waste, squander

סטראָי דער זע סטרוי

סטראַך דער (ן) *dial.* fright, dread, terror

סטראַכירונג די insurance

סטראַכיר|ן וו (–ט) insure *imperf.*

סטראַכי'ר־סטאַטיסטיקער דער (ס) פֿעמ ־ין actuary

סטראָ'ם־האַלאַווי' אַדוו headlong, precipitately

סטראַמפּליע די (ס) icicle

סטראָמקע די (ס) splinter, prickle

סטראָנגע די (ס) trout

סטראָסטינע די (ס) זע טראָשטשינע

סטראַפּטשע דער (ס) *hum.* advocate, defender

|| גאָטס סטראַפּטשע *pejor.* zealot; hypocrite

|| קהלס סטראַפּטשע [KOOLS] *pejor.* community activist, local politician

סטראַפּקעס מצ (archit.) dentil molding

סטראָפֿע די (ס) stanza

סטראָצל|ען זיך וו (גע–ט) smarten oneself up *imperf.*

סטראָקאַטש דער (עס) roan horse

סטראָקע די (ס/סטראָקן) (fash.) lace/cord piping

סטראַש דער (ן) scarecrow

סטראַשוניק דער (...נקעס) menace, threat

סטראַשידלע די (ס) scarecrow

סטראַשנע אַדי *dial., hum.* horrifying, awful

סטראַשע|ן וו (גע–ט) <מיט> threaten (with), intimidate

סטרוזש דער (ן/עס) פֿעמ קע זע סטראָזש

|| פֿ״גל סטרושקע

סטרוטשע די (ס) pod, husk

סטרוי דער *dial.* order, sequence; workmanship, style; attire, dress; line, queue

|| שטיי|ן* אין סטרוי stand in line

|| גיי|ן*/טרײַב|ן דורך סטרוי run/make run the gauntlet

סטרויע|ן וו (גע–ט) *dial.* build, construct, establish; adorn, arrange, trim; tune (instrument) *imperf.*

|| סטרויען זיך אויף have designs on

סטרויער דער (ס) tuner

סטרולקעס מצ [Ly] knuckle-bones, jacks (game)

סטרונע די (ס) (mus.) string; horsehair

|| גלײַך ווי אַ סטרונע straight as an arrow

סטרופּ דער (עס) scab (wound)

סטרופּעוואַטע אַדי covered with scars/pimples, pock-marked

סטרוקטו'ר די (ן) structure

סטרושקע די (ס) shavings (of planed wood)

סטרי דער (ען) spirit, genius; manner, arrangement

|| כאַפּ|ן דעם סטרי grasp, get it

סטרי'געווע|ן וו (גע–ט) baste, sew lightly *imperf.*

סטריהע די (ס) scythe; mattock

סטריזשאָן דער (עס) core (of an abscess)

סטרײַק דער (ן) זע שטרײַק

סטרײַק|ן וו (גע–ט) זע שטרײַקן

סטרײַקער דער (–/ס) פֿעמ קע זע שטרײַקער

סטריכע די (ס) thatched roof; eaves

סטרימקע אַדי tall and slim, svelte

סטרעזשער מצ זע סטראָזש

סטרעכע די (ס) זע סטריכע

סטרעלקע די (ס) railroad switch

סטרעמען דער (עס) stirrup

סטרעמעניע די (ס) [Ny] זע סטרעמען

סטרעמפּל דאָס (עך) icicle

סי דער (ען) (mus.) the note B

סיאַטקע די (ס) [Sy] זע סיטקע

סיאַמער אַדי–אינוו [SY] Siamese

סיאַרקע די [Sy] זע סירקע

סיבה די (–ות) [SIBE] cause, reason; mishap, incident

|| אַ סיבה אים אין פּנים! [PONEM] I hope he gets it good!

סיבהדיק אַדי [SI'BEDIK] causal

סיבותדיק אַדי [SI'BESDIK] זע סיבהדיק

סיבי'ר (דאָס) Siberia

סיביריאַ'ק דער (עס) פֿעמ ...אַטשקע Siberian; person exiled to Siberia; criminal, convict

סיבירניק דער (עס) person exiled to Siberia; criminal, convict

סיבירער אַדי–אינוו Siberian

סיג דער [SIOG] זע סיג־לתּורה

סיגאַרע'ט דער (ן) cigarette

סיגוף דער (ים) [SIGEF - SIGUFIM] mortification, penance

|| פּראַווע|ן סיגופֿים mortify the flesh

סיג־לתּורה דער [SIOG-LATO'YRE] *Jew.* supplementary rules intended to make it harder to violate the laws of the Torah; safeguard, legal barrier

סיגנאַטו'ר די (ן) signature; call-letters (radio)

סיגנאַ'ל דער (ן) signal

סיגנאַל(יז)יר|ן וו (–ט) signal, announce; provide with signs/signals

סיגנאַציע די (ס) זע אַסיגנאַציע

סיגנון דער [SIGNEN] style

סיגנע די (ס) signature; sign, mark

סיגנע'ט דער (ן) signet ring

סיגע די (ס) pretense, affectation

סידו'ן דער (עס) baby not yet able to walk

סידור דער (ים) [SIDER - SIDURIM] *Jew.* collection of essential prayers for the entire year, prayer book

סי'דעלע די (ס) perch, roost

סידעלקע די (ס) embroidery needle

סיוואַק דער (עס) gray horse

סיוווּכע די grain alcohol, rot-gut

סיוון דער [SIVN] *Sivan*, ninth month of the Jewish year, corresponding to parts of May and June

סיווע אַדי gray; hoary, gray-headed

סיום דער (ס) [SIEM] *Jew.* celebration when a new Torah roll or the collective study of a Talmudic tractate have been completed; graduation; celebration of the end of the school year

סיון דער זע סיוון

סיורטו'ק דער (עס) [Sy] זע סורדוט

סיטואַציע די (ס) situation

סי'טניצע די bread of sifted rye flour

סיטנע אַדי of sifted rye flour

סיטע|ן וו (גע–ט) wind on a reel *imperf.*

סיטקע די (ס) (fish)net, sieve; hairnet; string-bag for shopping; fine metal mesh/lattice; mantle (for a gas light)

סיטרא־אַחרא די [SITRE-A'KhRE] the Devil and the evil spirits, the spawn of hell

סיטש דער (ן) barn/screech owl

סיטשקע די chopped straw (fodder)

סיַי : סיַי ווי (סיַי) in any case
- || סיַי ווער anyone
- || סיַי וווּ anywhere
- || סיַי ווען (at) any time
- || סיַי ... סיַי both ... and; whether ... or

סיַידן = סיַידנס 1. קאָנ unless
- || 2. אַדוו סיַידן נאָר only, exclusively

סייכל פֿאָנ שׂכל

סיים דער Polish Parliament

סיינט־... *Amer.* St., Saint

סייסמאָגראַ'ף דער (ן) seismograph

סייף דער (ן) *Amer.* safe

סייפֿער פֿאָנ ספֿר

סיַיקע די (ס) white roll

סיכסוך דער (ים) [SIKhSEKh - SIKhSUKhIM] conflict, controversy, quarrel

סילאָ דער (ס) silo

סילאָגיזם דער (ען) syllogism

סילווע'סטער(־אָוונט) דער [Ly] New Year's Eve

סילוע'ט דער (ן) [Ly] silhouette

סילוק דער [SILEK] settlement/payment (of debt)

סילוקן וו (גע–ט) [SILEK] settle (debt, account)
- || סילוקן מיט settle with/pay off (creditors)

סיליאַרקע די (ס) saltcellar

סיל(י)ע|ן וו (גע–ט) [Ly] thread (needles, beads) *imperf.*

סילצע די (ס) snare

סימבאָ'ל דער (ן) symbol

סימבאָל(יז)יר|ן וו (–ט) symbolize

סימבאָליש אַדי/אַדוו symbolic

סימוליר|ן וו (–ט) simulate, feign

סי'מיניע = סימיע די [Ny] hemp seed

סימכע פֿאָנ שׂימחה

סימן דער (ים) [SIMEN - SIMONIM] sign, mark, indication, trace; mnemonic (device/formula); pledge/token (of a promise)
- || גוט|ער/בייז|ער סימן good/evil omen
- || אַ סימן (here is) the proof
- || אַ סימן <אויף> sign of
- || ווי אַ סימן פֿון as a token/pledge of
- || מצ *also Jew.* trachea and esophagus of an animal, which must be severed during ritual slaughter

סימן־דלות דער [SIMEN-DA'LES] sign of poverty

סימן־המין דער (סימני־) [SIMEN-HAMI'N - SIMONE-] characteristic, distinctive sign

סימן־טובֿ דער [SI'MENTOV] good omen

סימני־נערות מצ [SIMONE-NA'ARES] signs of puberty

סימן־מובֿהק דער [SIMEN-MU'VEK] distinguishing feature, characteristic

סים סאַט : דאַרפֿ|ן* אַק אויף סים סאַט כּפּרות [KAPORES] *hum.* have no need whatsoever of s.o./stg.
- || טויג|ן* אויף סים סאַט כּפּרות be utterly useless

סימעטריע די symmetry

סימעטריש אַדי/אַדוו symmetrical

סימפּאָזיום דער (ס) [ZY] colloquium, symposium

סימפּאַטיזיר|ן וו (–ט) <מיט> sympathize (with), be in favor (of)

סימפּאַטיע די (ס) <צו> [TY] sympathy (for)

סימפּאַ'טיקער דער (–/ס) פֿעמ ין sympathizer

סימפּאַטיש אַדי/אַדוו likable, agreeable, pleasant, nice

סימפּטאָ'ם דער (ען) symptom

סימפּטאָמאַטיש אַדי/אַדוו symptomatic

סימפֿאָניע די (ס) [NY] symphony; symphony orchestra

סימפֿאָניש אַדי symphonic

סינאַגאַגאַ'ל אַדי synagogal

סינאַגאָגע די (ס) (non-Orthodox) synagogue

סינאָ'ד דער (ן) synod

סינאָני'ם .1 אַדי synonymous

|| .2 דער (ען) synonym

סינדיקאַ'ט דער (ן) syndicate, union

סינדיקיר|ן וו (–ט) form an association, unionize

סינוס דער (ן) (anat.) sinus; (math.) sine

סינטאַקטיש אַדי/אַדוו syntactic

סינטאַקס דער syntax

סינטע'ז דער (ן) synthesis

סינטע(טי)זיר|ן וו (–ט) synthesize

סינטעטיש אַדי/אַדוו synthetic

סיני דער [SINAY] Mount Sinai; learned Talmudic scholar

סיניאַ'ק דער (עס) [Ny] זע סיניק

סינידיק אַדי [SI'NAYDIK] *Jew.* (liturgical melody) very old, ancestral

סיני־ניגון דער (ים) [SINAY-NI'GN - -NIGU'NIM] *Jew.* very old melody suitable for prayer or for Talmudic cantillation

סיניק דער (עס) black-and-blue mark, bruise

סינכראָ'ן אַדי synchronous

סינכראָניזיר|ן וו (–ט) synchronize

סינכראָנירונג די (ען) synchronization

סינכראָניר|ן וו (–ט) זע סינכראָניזיר|ן

סינע פֿאָנ שׂינאה

סינקאָפּיר|ן וו (–ט) syncopate

סינקע די [Ny] (laundry) bluing

סיסטע'ם די (ען) system

סיסטעמאַט(יז)יר|ן וו (–ט) systematize

סיסטעמאַטיש אַדי/אַדוו systematic

סיסטעמיר|ן וו (–ט) systematize

סיע'דעלע די (ס) [Sy] זע סידעלע

סיעניק דער (עס) [Sy] זע שעניק

סיעראַטשקע די [Sy] coarse gray cloth

סיערמיענגע די (ס) [Sy] זע סערמיגע

סיפּאַק דער (עס) extortionist, blackmailer

סיפּור דער (ים) [SIPER - SIPURIM] story, tale, narrative

סיפּור־המעשה דער [SIPER-HAMA'YSE] plot (of a novel, film, etc.)

סיפּקע אַדי *dial.* crumbly, crumbling

|| סיפּקע צרות [TSORES] *hum.* a heap of trouble

סיפֿא די [SEYFE] end, epilogue; last part of a paragraph of the *Mishnah*

|| פֿ״גל מישנה

סיפֿאָ'ן דער (ען/עס) siphon

סי'פֿיליס דער syphilis

סיץ דער זע ציץ[1]

סיצ·ן אַדי זע ציצן

סיק|ן וו (גע–ט) זע סעקן

סיקע|ן וו (גע–ט) (of a snake) hiss

סיראָדו'י דער very fresh milk

סיראָ'וועטקע די זע סראָוועטקע

סיראָפּ דער (ן) זע סירעפּ

סיריע (די) Syria

סיריער דער (–) פֿעמ ין Syrian

סיריש אַדי Syrian

סירכא די (–ות) [SIRKhE] *Jew.* imperfection on the lung of a slaughtered animal, rendering its flesh not kosher; disqualifying defect

סי'רניקל דאָס (עך) *dial.* match (combustible)

סירע אַדי זע שאַרע

סירענע די (ס) siren

סירעפּ דער (ן) syrup

סירקע די *dial.* sulfur

סיתרי־תּורה מצ [SISRE-TO'YRE] the mysteries of the Torah; *hum.* secrets, enigmas

סכּה די (–ות) זע סוכּה

סכּות דער זע סוכּות

סכּנה די (–ות) [SAKONE/SEKONE] danger, peril, risk

|| שטעל|ן אין (אַ) סכּנה endanger, menace, imperil, jeopardize

|| שטיי|ן* אין אַ סכּנה <צו/פֿון> be in danger of, run the risk of

סכּנהדיק אַדי/אַדוו [SAKO'NEDIK/SEKO'NEDIK] dangerous, perilous

סכּנות [SAKONES/SEKONES] .1 אַדי–אַטר dangerous, terrible

|| .2 אַדוו terribly, extremely

סכּנותדיק אַדי [S(E)KO'NESDIK] זע סכּנהדיק

סכּנת־נפֿשות דאָס [SAKONES-NEFO'ShES] mortal danger

|| מיט סכּנת־נפֿשות enormously, tremendously

סכּנת־נפֿשותדיק אַדי [SAKONES-NEFO'ShESDIK] critical, mortal (danger)

סך[1] [SAKh] : אַ סך much, a lot; many, a lot of

|| אַזאַ' סך so much, so many

|| זייער אַ סך — enormously, very much; very many, a lot of

|| אַ סך פֿריִער — much earlier

|| אַ סך אַ שע'נער|ע זאַך — something much more beautiful

|| ניט קיין סך — not much; not many

סך-[2]... [SA'Kh] — multi-

|| סך-שפּראַכיק — multilingual

סכאָלאַסטיש אַדי — scholastic

סך-הכּולל דער [SAKh-HAKO'YLEL] — total, sum

סך-הכּל [S(A)KhAKL] .1 דער (ען) — total, sum; balance

|| או'נטער|ציִ|ען דעם/אַ סך-הכּל — add up, total; draw up the balance, draw conclusions

|| מאַכ|ן אַ סך-הכּל פֿון — *also* botch, bungle; squander (money)

|| .2 אַדוו — all in all; all told, all things considered

סכוירע פֿאַנ סחורה

סכום דער (ען) — quantity, sum, number; (math.) set; *Jew.* communal tax

סכו'מען-טעאָריע די — set theory

סכיזאָפֿרעניע די [NY] — schizophrenia

סכירעס פֿאַנ שכירות

סכך דער [SKhAKh] — green branches (usually fir) used to cover the *sukkah*

|| פֿ״גל סוכּה

סכך-בוים דער (־ביימער) [SKhA'Kh] — conifer, fir-tree

סכסוך דער (ים) זע סיכסוך

סכעמאַטיש אַדי/אַדוו — schematic

סכעמע די (ס) — schema, diagram, blueprint

סלאַוו דער (ן) — Slav

סלאָוואַ'ק דער (ן) — Slovak

סלאָוואַקיי' (די) — Slovakia

סלאָוואַקיש אַדי — Slovak

סלאַוויזם דער (ען) — Slavic word used in Yiddish but not integrated into the language

סלאַוויש אַדי — Slavic

סלאָווע'ניע (די) [NY] — Slovenia

סלאָווענער דער (–) פֿעמ ין — Slovene

סלאָ'זשינעס מצ — lees of beer, dregs

סלאָי דער (עס) זע סלוי[1]; סלוי[2]

סלאָמבאָ'ן דער (עס) זע שלאַבאַן

סלאָנינע די — lard, bacon

סלוזשבע די — (in Russia) military service; *dial.* service, labor, chore

סלוזשע|ן וו (גע-ט) — *dial.* serve, labor; (dog) sit up and beg

סלוטשײַ דער (עס) — *dial.* occasion, occurrence

סלוי[1] דער (עס) — grain (of wood)

סלוי[2] דער (עס) דימ דער סלויִיק (עס) — jar

סלוך דער (ן/עס) — *dial.* rumor, gossip

סלופּ דער (עס) דימ דער סלופּיק — pole, post

סלופּיק דער (עס) סלופּ דימ — *also* column (of figures)

סלוק דער זע סילוק

סליאַד דער (ן/עס) זע סליד

סליאָטע די — slush, mud; bad weather

סליד דער (ן/עס) — track, footprint; indication, clue

|| קומ|ען אויפֿן סליד — find the trail, be on the scent

סליונע די זע סלינע

סליחה די (–ות) [SLIKhE] — one of the morning prayers recited before and during the High Holidays and fast days; book containing these prayers; *pop.* denunciation, informing

|| פֿ״גל ימים-נוראָים

סליחה-ומחילה [SLIKhE-UMEKhI'LE] : בעט|ן סליחה-ומחילה — humbly beg forgiveness

סליחהנ|ען וו (גע-ט) [SLIKh·N] — *pop.* denounce, inform on

סליחהנער דער (–/ס) [SLI'KhENER] — *pop.* informer

סליחות-צײַט [SLI'KhES] .1 די — last period of the month of *Elul* (when the morning service is preceded by prayers of repentance)

|| .2 אַדוו — during this period

|| פֿ״גל סליחה

סלימאַק דער (עס) זע שלימאַק

סלינ(י)ע|ן וו (גע-ט) — salivate, drool

סלינע די — saliva, spittle

|| די סלינע רינט אים פֿון מויל — his mouth is watering

סליעד דער (ן/עס) זע סליד

סליעדאָוואַטעל דער (עס) [Ly...ELy] — (in Russia) examining magistrate

סליעדסטווע די (ס) — *dial.* inquiry, investigation

סליע'דעווע|ן וו (גע-ט) — *dial.* investigate (s.o.), trace (s.o.)

סליעסאַרניע די (ס) [Ny] — *dial.* locksmith's shop

סליעפּאַק דער (עס) — *dial., pejor.* blind man

סלע־המחלוקת דער (ן) [SELE-HAMAKhLO'YKES] bone of contention

סלענג דער slang

סם דער (ען) [SAM] poison, venom

ס״ם דער [SAM/SAMEKh-ME'M] the Devil, Satan

סמאָדער דער (ס) זע **שמאָדער**

סמאַהע די froth/foam (on the lips), scum

סמאָטריטעל דער (עס) [Ly] *dial.* supervisor, overseer

סמאָ'טרינעס מצ *dial.* visit of the bridegroom to meet the bride

סמאָטרע די (ס) *dial.* (milit.) muster, review

סמאָ'טרעווע|ן וו (גע–ט) *dial.* inspect, review (troops)

סמאָטשיק דער (עס) pacifier

סמאָטשקע|ן וו (גע–ט) <מיט> suck; smack (lips)

סמאַך פֿאָנ **סמך**

סמאל פּנ [SAMOEL] the Devil; Samael, prince of the demons (in Jewish legend)

סמאָלאַרניע די (ס) [Ly...Ny] tar-works

סמאָליאַר דער (עס) זע **סמאָליער**

סמאָליאַרניע די (ס) [Ny] זע **סמאָלאַרניע**

סמאַ'לינע די (ס) smell of burning

סמאַליע|ן וו (גע–ט) singe, burn *imperf.*

סמאָליער דער (ס) producer of tar/pitch

סמאָלע די (ס) tar, pitch, resin

סמאָ'לעקאָפּ דער (...קעפּ) *hum., pejor.* shoemaker

סמאָק(טש)ע|ן וו (גע–ט) זע **סמאָטשקען**

סמאָראָ'ד(ז)ינע די (ס) *dial.* black currant

סמאַראַוואָ'ז דער (ן) זע **שמאַראַוואָז**

סמאָרע|ן וו (גע–ט) snort

סמאַרק = סמאָרק דער (עס) snot; snotty person, little snot

סמאַרקאַטע אַדי snotty, unclean

סמאַרקאַ'טש דער (עס) *pejor.* snotnose, urchin

סמאַרקעכץ דאָס snot

סמאַרקע|ן = סמאָרקע|ן וו (גע–ט) (nose) run; blow one's nose

סמבטיון דער [SAMBATYEN] *Jew.* *Sambation*, legendary impassable river beyond which the ten lost tribes of Israel supposedly dwell

סם־בלעטלעך מצ [SA'M] poison ivy/sumac

סם־המוות דער (ן) [SAM(-H)AMO'VES] deadly poison

סמוטנע אַדי sad, morose; lonely

|| **זײַן*** אומפּ דאַט **סמוטנע** *rev.* feel lonely

סמיאַטקע די (ס) *dial.* soft-boiled egg

סמיאַלע אַדי/אַדוו *dial.* bold

סמיטשיק דער (עס) **סמיק** דימ bow (of a stringed instrument)

|| **מיט אַ סמיטשיק אַריבער** with a hair more, just a little bit over

סמײַע די זע **סמאַהע**

סמייע|ן וו (גע–ט) dare, be bold

סמיכה די [SMIKhE] authorization to perform the functions of a rabbi

סמיכות דאָס [SMIKhES] authorization to perform the functions of a rabbi; relation, connection

סמיכות־הפּרשה די [SMIKhES-HAPA'RShE] (logical) connection

סמיק[1] דער (עס) דימ דער **סמיטשיק** bow (of stringed instrument)

|| **נעמ|ען צום/אויפֿן סמיק** reprimand

|| **גיי|ן* צום סמיק** to have a difficult time

סמיק[2] אַדי [SAMIK] toxic, poisonous

סמיקע|ן[1] וו (גע–ט) fiddle, play the violin

סמיקע|ן[2] וו (גע–ט) *dial.* (animal) be pregnant; *dial., pejor.* (woman) be pregnant

סמירנאָ אינט *from Russian* attention!

סמך[1] דער (ן) [S(E)MA'Kh] basis, ground, support

|| **אויפֿן סמך פֿון** by virtue of, on the basis of

|| **זײַן* דער סמך פֿאַר** underlie, support

סמך[2] דער/די (ן) [SAMEKh] *samekh*, name of the letter **ס**

סמעטאַנקע די cream

סמעטניק דער (עס) dunghill, garbage heap

סמעטע די (ס) estimate (esp. of taxes)

סמע'טענע די (sour) cream; *fig.* cream of the crop

|| **אַראָ'פּ|נעמ|ען די (גאַנצע) סמעטענע** skim off the best part

סמ|ען וו (גע–ט) [SAM] poison *imperf.*

סמערע|ן וו (גע–ט) *dial.* subdue, dominate

סמראָד דער *dial.* stench

סם־שוועמל דאָס (עך) [SA'M] poisonous mushroom

סנאָב דער (ן) snob

סנאָביש אַדי/אַדוו snobbish

סנאָסט דער (ן) *dial.* skeleton; puny person; set of millstones

סנאָפּ דער (עס) sheaf, bale

|| **סנאָפּ ליכט** beam of light

סנאָפּער דער (ס) *dial.* person who wears out his/her clothes quickly

סנדק דער [SANDEK] *Jew.* man holding the baby during circumcision

סנדקאָות דאָס [SANDEKOES] *Jew.* honorary role of *sandek*

|| פֿײגל סנדק

סנה דער [SNE] *bibl.* the Burning Bush

סנהדרין [SANEDR(I)N] .1 דער Sanhedrin

|| .2 מצ the members of the Sanhedrin

סנוק דער (ן) זע שנוק

סניגור דער (ס) [SANEYGER] *lit.* defense lawyer; *Jew.* defending angel

סע פּראָנ variant of עס[1], *esp.* before a verb beginning with a consonant cluster

|| סע שטייט געשריבן it is written

סעאַ'נס דער (ן) session, showing, séance

סעגמע'נט דער (ן) segment

סעגמענטי'ר|ן וו (–ט) segment

סעגרעגאַציאָני'סט דער (ן) פֿעמ קע segregationist

סעגרעגאַציע די segregation

סעגרעגירונג די (ען) (act of) segregating, segregation

סעגרעגי'ר|ן וו (–ט) segregate (races, sexes, etc.)

סעדל דאָס (עך) סאָד דימ *also* small park, green

סע'דעכע די (ס) market-woman, female fruit-seller; vulgar woman

סע'דעלע די (ס) זע סידעלע

סעדער[1] מצ זע סאָד

סעדער[2] דער (ס) פֿעמ קע orchard-keeper

סעודה די (–ות) [SUDE] feast, banquet, festive meal

|| רײַב|ן/פּוצ|ן אָ/די סעודה devour hungrily

סעודת־הבֿראה די [SUDES-HAVRO'E] *Jew.* first meal after a funeral, prepared by friends for mourners as a sign of sympathy

סעודת־מיצווה די [SUDES-MI'TSVE] *Jew.* banquet required on the occasion of religious events like circumcision, marriage, etc.

סעזאָ'ן[1] דער (ען) season

סעזאָ'ן[2]–... seasonal

סעטיען דער (ס) [Ty] cake of light dough, sponge-cake

סע'טענע די *dial.* parsnip

סעטשקע די זע סיטשקע

סעכער דער (עס) זע סוכער

סעלוואַס מצ (South America) virgin forest, jungle

סעליטרע די זע סאַליטרע

סעלעקטי'וו אַדי [Ly] selective

סעלעקציע די (ס) [Ly] selection; triage of prisoners in Nazi death-camps

סעלעריע די [Ly] celery

סע'לצער־וואַסער דאָס זע זעלצער־וואַסער

סעמי'ט דער (ן) Semite

סעמיטיש אַדי Semitic

סעמינאַ'ר דער (ן) seminar; seminary

סע'מעטשקע די (ס) sunflower seed

סעמעסטער דער (ס) semester

סעמער דער (ן) stall, stand

סע'מערניק דער (עס) פֿעמ ...ניצע market-man

סענאַ'ט דער (ן) senate

סענאַטאָר דער (...אָ'רן) פֿעמ ...אָ'רשע senator

סענדאַק דער (עס) giant pike-perch

סענדוויטש דער (ן) sandwich

סענדזשע דער (ס) *dial.* judge

סענט דער (ן) cent

סענטימע'נט דער (ן) sentiment

סענטימענטאַ'ל אַדי/אַדוו sentimental

סעני'ל אַדי senile

סענסאַציאָנע'ל אַדי sensational

סענסאַציע די (ס) sensation, emotion, excitement; sensational news

סענסוע'ל אַדי/אַדוו sensual

סענסיטי'וו אַדי sensitive

סענע די senna

סענעזע'נץ דער (ן) זע סאַנאַזענץ

סענץ דער (ן) (culin.) essence (*esp.* of tea)

סענק דער (עס) זע סוק

סענקעוואַטע אַדי זע סוקעוואַטע

סעסיע די (ס) [SY] session

סעפּאַראַ'ט(־אָפּדרוק) דער (ן) offprint, reprint

סע'פּטימע די (ס) (mus.) seventh

סעפּטעמבער דער (ס) September

סעפּעט דער (ן) זע שעפּעטל

סעצעסיע די (ס) [SY] secession

סע'קבעטל דאָס (עך) *fam.* cot, plank bed

סעקוועסטרי'ר|ן וו (–ט) sequester, confiscate

סעקונדאַ'נט דער (ן) second (in a duel)

סעקונדאַ'ר אַדי זע סעקונדער

סעקונדניק דער (עס) second hand (of a watch)

סעקונדע די (ס) (time; mus.) second

סעקונדע'ר אַדי secondary

סעקטאַנטיש אַדי/אַדוו sectarian

סעקטאָר דער (...אָ'רן) sector; party, camp

סעקטע די (ס) sect

סעק|ן וו (גע–ט) *pop., pejor.* be seated/lying down, sleep; *slang* be in jail; *vulg.* give birth to, deliver, lay (egg)

סעקס דער sex, sexuality

סעקסוע'ל אַדי sexual

סעקסטע די (ס) (mus.) sixth

סעקציע די (ס) section

סעקרע'ט דער (ן) secret

סעקרעטאַ'ר דער (ן) פֿעמ ין/שע secretary

סעקרעטאַריאַ'ט דער (ן) secretariat (position, department, offices)

סעקרעטאַריי' דאָס secretarial work

סעקרעטנע אַדי *dial.* secret

סער טיטל Sir

סעראָ'וואָטקע די זע סראָוועטקע

סעראַטע די (ס) זע צעראַטע

סערדאַק דער (עס) overcoat; bodice, corset

סערדוט = סערדעט דער (ן) זע סורדוט

סע'רדצע(ניו) אינט [Ny] זע סערצע(ניו)

סערוואַנטקע די (ס) dinner-wagon, tea-cart

סערווי'ז דער (ן) service (set of dishes)

סערוויר|ן וו (–ט) serve (food, drinks)

סערוועט דער/דאָס (ן) tablecloth

סערוועטקע די (ס) napkin

סערום דער (ס) serum

סערזשאַ'נט דער (ן) sergeant

סערטיפֿיציר|ן וו (–ט) זע צערטיפֿיצירן

סערטיפֿיקאַ'ט דער (ן) זע צערטיפֿיקאַט

סעריאָזנע אַדי *dial./hum.* serious

סעריע די (ס) series, sequence

סערמיאַגע = סערמיאַנקע די (ס) זע סערמיגע

סערמיגע = סערמיעגע = סערמ(י)ענגע די (ס) peasant's coat of coarse cloth/hide

סערנע די (ס) זע סאַרנע[2]

סערענאַדע די (ס) serenade

סערעפּ דער (ן) זע סירעפּ

סערפּ דער (ן/עס) sickle

סע'רצע(ניו) אינט [Ny] darling, dearest

ספּאַגעטי מצ spaghetti

ספּאַד דער (ן) slope, declivity; waterfall

ספּאָדיק[1] דער (עס) saucer

ספּאָדיק[2] דער (עס) men's high fur hat

|| גיי|ן* אין ספּאָדיק be in charge, wear the pants

|| דריי|ען <דאַט> אַ ספּאָדיק annoy, bother

ספּאָ'דניצע די (ס) petticoat

ספּאָדעק דער (עס) זע ספּאָדיק[1]; ספּאָדיק[2]

ספּאָדקע די (ס) זע ספּאָדיק[1]

ספּאַזמיר|ן וו (–ט) have spasms

ספּאַזמע די (ס) spasm

ספּאָטיקע|ן זיך וו (–ט) <אין> stumble (over)

ספּאָלאָשע|ן וו (–ט) frighten, startle

|| ספּאָלאָשען זיך dash off (*esp.* in fright)

ספּאַלניע די (ס) [Ny] *dial.* bedroom

ספּאָמניענטע|ן זיך וו (–ט) [Ny] *dial.* remember, recollect

ספּאָנטאַ'ן אַדי/אַדוו spontaneous

ספּאָסאָב דער (ן/עס) *dial.* means, way, ruse

ספּאָקאָינע = ספּאָקוינע אַדי/אַדוו *dial.* tranquil, calm, reassured

ספּאַקולן מצ זע שפּאַקולן

ספּאָר דער (ן) spore

ספּאָראַדיש אַדי/אַדוו sporadic

ספּאַרזשע די (ס) asparagus

ספּאָרט דער (ן) sport

ספּאָרטזאַל דער (ן) gymnasium

ספּאָרטלער דער (–/ס) פֿעמ קע sportsman, athlete

ספּאָ'רטלעריש אַדי/אַדוו sportsmanlike

ספּאָרטסמע'ן דער (ער) sportsman

ספּדן דער (ים) [SAPDN - SAPDONIM] funeral orator

ספּולקע די (ס) [Ly] זע שפּול

ספּור דער (ים) זע סיפּור

ספּידניאַק דער (עס) [Ny] lower millstone

ספּיזשאַרניע די (ס) [Ny] זע שפּייַזאַרניע

ספּילשליווע אַדי irascible

ספּינע די (ס) דימ די ספּינקע *dial.* back; back (of a chair)

ספּינקע[1] די (ס) דימ זע ספּינע

ספּינקע[2] די (ס) זע שפּאָנקע[1]

ספּיעשנע אַדי/אַדוו *dial.* urgent

ספּיצע די (ס) spoke (of a wheel)

ספּיקער דער (ס) פֿעמ ין presenter, announcer; Speaker (of the House of Commons/Representatives)

ספּיראַ'ל דער (ן) spiral

ספּיראַליש אַדי spiral

ספּירט דער alcohol; *fig.* impetuous person

ספּירטאָווקע די (ס) alcohol lamp/hot-plate

ספּירטנע אַדי/אַדוו זע ספּריטנע

ספּי'ריט(עס) דער זע ספּירט

ספּלאַוו דער (ן/עס) rafting

ספּל(י)עטניע די (ס) [Ny] *dial.* gossip

ספּעץ דער (ן) פֿעמ ין fam. specialist

ספּעציאַליזיר|ן זיך וו (–ט) specialize

ספּעציאַליטע'ט די (ן) specialty

ספּעציאַלי'סט דער (ן) פֿעמ קע specialist

ספּעציע'ל אַדי/אַדוו special, especially

ספּעציפֿיציר|ן וו (–ט) specify

ספּעציפֿיקאַציע די (ס) specification

ספּעציפֿיש אַדי/אַדוו specific

ספּעצקליידונג די work clothes, overalls

ספּעקולאַטי'וו אַדי/אַדוו [Ly] speculative

ספּעקולאַ'נט דער (ן) פֿעמ קע [Ly] speculator

ספּעקולאַציע די (ס) [Ly] speculation

ספּעקוליר|ן וו (–ט) speculate

ספּעקטאַקל דער (ען) spectacle; show

ספּעקטאַ'קלדיק אַדי spectacular

ספּעקטע די (ס) hothouse

ספּעקטער דער (ס) spectrum

ספּעקע די *dial.* torrid heat

ספּערמע די sperm

ספּראַווניק דער (עס) (in tsarist Russia) district police chief

ספּראַוונע אַדי *dial.* clever, skillful

ספּראַווע די (ס) *dial.* lawsuit

ספּראַוועטשנע אַדי current, market (price)

ספּראַווע|ן זיך וו (גע–ט) <מיט> manage, cope (with)

ספּראַווקע די (ס) *dial.* inquiry, investigation; certificate; attestation, affidavit

ספּראַנ(ד)זשקע די (ס) buckle

ספּרו(נ)זשינע די (ס) דימ די ספּרו(נ)זשינקע (techn.) spring

ספּריט דער *dial.* skill, agility

ספּריטנע אַדי/אַדוו lively, nimble, speedy

ספֿירה [SFIRE] (די) .1 daily count of the forty-nine days of the *Omer*, the period between Passover and *Shavuot*

|| ציילן ספֿירה perform this count

|| פֿ״גל עומר; שבֿועות

|| .2 די (–ות) in the *Kabbalah*, each of the ten spheres symbolizing the emanations of the divinity

ספֿעריש אַדי spherical

ספֿע'רן־... space..., cosmic

ספֿערע די (ס/ספֿערן) sphere; domain, milieu

|| די ספֿערן (outer) space; the celestial spheres

ספֿק [SOFEK - SFEYKES] דער (ות) .1 doubt; something uncertain

|| אָן (אַ) ספֿק without a doubt, doubtless

|| זײַן* אין ספֿק <צי> doubt (if/whether)

|| שטעל|ן אין ספֿק call into question

|| דאָס איז אַ גרויסער ספֿק that is very doubtful

|| .2 קאָנ ספֿק ... ספֿק perhaps ... perhaps

|| אַ ספֿק גרוי ספֿק שמוציק טיכל a handkerchief that might be either gray or dirty

ספֿקדיק אַדי [SO'FEKDIK] doubtful, questionable

ספֿק|ן וו (גע–ט) [SOFEK] doubt

|| ספֿקן אין question, be dubious (of)

ספֿק־ספֿקא דער [SFEKSFEYKE] very uncertain thing

ספֿקע|(נע)ן וו (גע–ט) [SFEYKE] זע ספֿקן

ספֿר דער/דאָס (ים) [SEYFER - SFORIM] *Jew.* religious book; *by extension* any important book

|| פֿ״גל ספֿר־תּורה

ספֿרא־רבא דער (ס) [SAFRE-RA'BE] talented scribe; great writer

ספֿרד (דאָס) [SFARD] *Jew.* Spain and Portugal in the Middle Ages

ספֿרדי דער (ם) [SFARDI] Sephardi, Jew from Spain or Portugal; Jew of Spanish/Portuguese descent in countries to which Sephardic Jews fled after their expulsion

ספֿרדיש אַדי [SFARDISh] Sephardic

ספֿר־הזכרונות דער [SEYFER-HAZIKhRO'YNES] book of records, chronicle

ספֿר־החתום דער [SEYFER-HAKhO'SEM] sealed book, impenetrable text

ספֿרים־חיצונים מצ [SFORIM-KhITSO'YNIM] (Biblical) Apocrypha; secular books, from the traditional Jewish point of view

ספֿר־פּראַ'(ל)ניק דער [SEYFER] *hum.* imaginary rabbinical treatise

|| עס שטייט אין ספֿר־פּראַלניק it's not the Gospel truth

ספֿר־תּורה די (–ות) [SEYFERTOYRE] Torah scroll

סציסק דער (עס) זע סטיסק

סצירקע די (ס) dish-cloth

סצענאַ'ר דער (ן) scenario

סצעני'סט דער (ן) פֿעמ קע (theat., cin.) stage hand

סצענע די (ס) scene

סצע'נע־אַרבעטער דער (–/ס) (theat. cin.) stage hand

סצע'נע־דירעקטאָר דער (...אָ'רן) (theat. cin.) stage manager

סצעפּטער דער (ס) זע סקעפּטער

סקאָב(ע)ל דער [Ly] clamp, cramp-iron

סקאַבקע די (ס) — splinter

סקאַבקע די (ס) — *dial.* parenthesis

סקאַדראָ'ן דער (ען) **זע עסקאַדראָן**

סקאָ'וואָראָדע די (ס) **זע סקאָווראָדע**

סקאַווויטשע|ן וו (–ט) — (dog) whine, yelp

סקאָ'ווער(ע)דע די (ס) **זע סקאָווראָדע**

סקאָווקע די (ס) **זע סקיפּקע**

סקאָ'ווראָדע די (ס) — frying pan

סקאַז דער (ן) — *dial.* defect, flaw, crack

סקאַזי'רט אַדי — *dial.* defective, damaged (merchandise)

סקאַזע די (ס) **זע סקאַז**

סקאַזקע די (ס) — (in tsarist Russia) census; *dial.* tale, legend

סקאַט דער (ן) **זע סקאַז**

סקאָט דער — *dial.* cattle, livestock

סקאָטאָבוינע די (ס) — *dial.* slaughterhouse

סקאַלי(ע)טשע|ן וו (–ט) **זע צעקאַליעטשען**

סקאַליק דער (עס) **זע שקאַליק**

סקאַלע[1] די (ס) — (measurement) scale

סקאַלע[2] די (ס) — cliff

סקאַלע|ן וו (גע–ט) — chip, splinter *imperf.*

סקאַלפּ דער (ן) — scalp

סקאַלפּיר|ן וו (–ט) — scalp

סקאַלפּע'ל דער (ן) [ELy] — scalpel

סקאַלקע די (ס) — splinter

סקאָמפּאַנייע|ן וו (–ט) — unite, bring together

|| סקאָמפּאַנייען זיך — team up, become associated with

סקאַנדאַ'ל דער (ן) — scandal, disgrace; scene, outburst

סקאַנדאַליזיר|ן וו (–ט) — scandalize

סקאַנדאַלי'סט דער (ן) פֿעמ קע — brawler, troublemaker

סקאַנדאַליע'ז אַדי/אַדוו — scandalous, outrageous

סקאַנדאַ'לעווע|ן וו (–ט) — make a scene

סקאַנדיר|ן וו (–ט) — scan (verse)

סקאַסיר|ן וו (–ט) **זע קאַסירן**

סקאָסנע אַדי/אַדוו — twisted, askew

סקאָצל קומט אינט — what a surprise! look who's here! welcome!

סקאַרב דער — *dial.* all one's worldly goods, clutter; *dial.* treasury

סקאַרבאָווע אַדי — banal, commonplace, trite; traditional; fiscal

|| סקאַרבאָווע|ער ניגון [NIGN] — traditional religious melody

סקאָרבו'ט דער — scurvy

סקאָ'רינקע די (ס) — crust (of bread)

סקאַרלאַטי'ן דער — scarlet fever

סקאַרמו'טש דער (עס) **זע שקאַרמוץ**

סקאָרע די (ס) — crust (of bread)

סקאָרפּיאָ'ן דער (ען) — scorpion

סקאַרפּע'ט דער (ן) **זע שקאַרפּעטקע**

סקוואָז סטרוי אַדוו : גיי|ן*/טרייַב|ן סקוואָז סטרוי — (in Russia) run/make run the gauntlet

סקווער דער (ן) — square, plaza

סקווערניאַק דער (עס) [Ny] — *dial.* miser

סקוטער דער (ס) — scooter

סקוטשנע אַדי — boring, monotonous

|| זייַן* אומפּ סקוטשנע דאַט <פֿון> — *rev.* be bored (by)

סקויט דער (ן) פֿעמ קע — scout, reconnaissance agent

סקויטסקע אַדי — (of a) scout

סקולפּטאָר דער (...אָ'רן) פֿעמ ...אָ'רשע [Ly] — sculptor

סקולפּטו'ר די (ן) [Ly] — sculpture

סקונק(ס) דער (ן) — skunk

סקי דער (–) — ski

סקיבע די (ס) — big piece/slice, chunk; crusty end (of a loaf)

סקידקע די (ס) — *dial.* reduction, discount

סקיווקע די (ס) **זע סקיפּקע**

סקיינע פֿאָנ זקנה

סקילה די [SKILE] — stoning

סקיִערייַ' דאָס — skiing

סקיפּקע די (ס) — knob (of cane), ferrule

סקיציק אַדי/אַדוו — sketchy, summary

סקיציר|ן וו (–ט) — sketch, outline

סקיצע די (ס) — sketch, outline

סקירדע די (ס) — (hay) stack

סקלאַד דער (ן) — warehouse, stockroom

סקלאַדניק דער (עס) — wholesaler, warehouseman

סקלאַדנע אַדי/אַדוו — *dial.* harmonious, coherent

סקלאַדקע די (ס) — *dial.* collection, group contribution; fold, pleat

סקליעפּ דער (ן/עס) — *dial.* cellar; warehouse; vault, crypt

סקליע'פּעווע|ן וו (גע–ט) — *Slav.* make a vault

סקליעפּעניע די (ס) [Ny] *Slav.* vault, arched roof

סקלעפּ דער (ן/עס) [Ly] זע סקליעפּ

סקלעראָ'ז דער [Ly] sclerosis

סקנער(ו'ק) דער (עס) *dial.* miser

סקעליע די (ס) זע סקאַלע[2]

סקעלע'ט דער (ן) [Ly] skeleton; carcass

סקעפּטיציזם דער skepticism

סקע'פּטיקער דער (–/ס) פֿעמ ין skeptic

סקעפּטיש אַדי skeptical

סקע'פּטישקייט די skepticism

סקעפּטער דער (ס) scepter

סקראָ'בע(ווע)|ן וו (גע–ט) זע שקראָבען

סקראָפֿל דער scrofula

סקרוך דער (עס) thrill, shudder, shiver

סקרוכע|ן וו (גע–ט) <דאַט> cause s.o. to shiver

סקרופּל דער (ען) scruple

סקריטשע|ן וו (גע–ט) <מיט> gnash

סקריניע די (ס) דימ די סקרינקע [Ny] *dial.* box, chest, pantry

סקרי'ע|ן וו (גע–ט) זע סקריטשען

סקריפּ דער (ן/עס) squeak, creak

סקריפּט דער (ן) scenario, script

סקריפּע|ן וו (גע–ט) squeak, creak, grate

סראָדע פּאָסט דער Mid-Lent

סראָ'וועטקע די whey

סראַטש דער *vulg.* shit; filth

סראַטשקע די *vulg.* diarrhea

סראָק דער (ן) *dial.* term, time allowed

ס'רובֿ אַדי/אַדוו זע רובֿ

סרחה די (–ות) [SROKhE] stench

סרחע|נען וו (גע–ט) [SARKhE] stink

סרחענער דער (–) [SA'RKhENER] smelly person; bad egg; *slang* (tobacco) pipe

סרייפֿע פֿאָנ שׂרפֿה

סריס דער (ים) [SORES - S(E)RISIM] eunuch

סרכא די (–ות) זע סירכא

סרסר דער (ים) [SARSER - SARSORIM] broker, middleman, intermediary

סרסר|ן וו (גע–ט) [SARSER] broker, mediate

סתימת־הגולל דאָס [STIMES-HAGO'YLEL] *Jew.* covering the grave at the end of a burial

סתירה די (–ות) [STIRE] contradiction, discrepancy

סתם [STAM] **1.** אַדי–אינוו *(before the indefinite article)* ordinary, any old

|| דאָס איז סתם אַ בוך it's an ordinary book

|| סתם אַ מענטש רעדט נישט קיין לאַטיי'ן an ordinary person doesn't speak Latin

|| ער קויפֿט ניט סתם ביכער he doesn't buy just any old books

|| **2.** אַדוו for no special reason; without paying attention; simply, merely

|| איך זאָג עס סתם אַזוי' I say this for no special reason/just like that

סתרי־תּורה מצ זע סיתרי־תּורה

ע

ע[1] דער/די [AYEN] letter of the Yiddish alphabet; usually pronounced [E]; numerical value: 70

ע[2] דער (ען) (the letter) E

ע[3] אינט come off it! certainly not!

עבור דער **זע** עיבור

ע'בנהאָלץ דאָס ebony (wood)

עבֿדות דאָס [AVDES] (mental) subjugation, slavish devotion

עבֿד־כּנעני דער [EVED-KNA'ANI] abject slave; fan, disciple, devotee

עבֿודה די [AVOYDE] worship, religious service

עבֿודה־זרה די (־ות) [AVOYDE-ZO'RE] idolatry; misplaced zeal

|| אוי'ס|דינ|ען אַלע עבֿודה־זרות *iron.* try out many different professions; flit from one ideology to another

עבֿודת־הבורא די [AVOYDES-HABO'YRE] *Jew.* prayer, religious service

עבֿודת־הקודש די [AVOYDES-HAKO'YDESh] *Jew.* prayer, religious service

עבֿודת־השם די [AVOYDES-HAShE'M] *Jew.* prayer, religious service

עבֿודת־פּרך די [AVOYDES-PE'REKh] hard labor, grueling work

עבֿירה די (־ות) [AVEYRE] sin, transgression; waste (of)

|| (עס איז) אַן עבֿירה דאָס געלט (it's) a waste of money

|| (עס איז) אַן עבֿירה די צײַט (it's) a waste of time

עבֿירת־שבֿועה די [AVEYRES-ShVU'E] perjury, false testimony

עבֿר דער [OVER] past

עבֿרדיק אַדי [O'VERDIK] (of the) past

עבֿרה די (־ות) **זע** עבֿירה

עבֿר־הירדן (דאָס) [EYVER-HAYA'RDN] Transjordan

עבֿר־זמן אַדי–אַטר [OVER-ZMA'N] outdated, outmoded

עבֿר־זמניק אַדי [OVERZMANIK] outdated, outmoded

עבֿרי .1 די [IVRE] reading of Hebrew (in traditional Jewish instruction)

|| האַרב|ע/האַרט|ע/שווער|ע עבֿרי abstruse language

|| הי'לצערנ|ע עבֿרי reading full of errors

|| געשלאָגן/שטומפּיק אויף דער עבֿרי weak in reading

|| .2 דער (ם) [IVRI] Hebrew (person)

עבֿרידיק אַדי [I'VREDIK] literate

עבֿרידיקייט די [I'VREDIKEYT] literacy

עבֿרי־טײַטש דאָס [I'VRE] archaic Yiddish used particularly in the translation of sacred texts

עבֿרית דאָס [IVRI'T] modern Israeli Hebrew

עבֿריתיזם דער (ען) [IVRITIZM] word/expression borrowed by Yiddish from modern Hebrew

עבֿריתיש אַדי [IVRITISh] modern Israeli Hebrew

עגאָטיזם דער egotism

עגאָיזם דער selfishness

עגאָי'סט דער (ן) פֿעמ קע selfish person

עגאָיסטיש אַדי/אַדוו egotistic, selfish

עגאַ'ל אַדי–אַטר equal

עגאָצענטריש אַדי/אַדוו egocentric, self-centered

עגבער דער (ס) **זע** עקבער

ע'גבער|ן וו (גע–ט) **זע** עקבערן

עגדיש = עגדעש דער (ן) **זע** עקדיש

עגול דער (ים) **זע** עיגול

עגונה די (־ות) [AGUNE] *Jew.* woman whose husband has disappeared and who cannot remarry; deserted wife

עגיפּטיש אַדי Egyptian

עגיפּטן (דאָס) Egypt

עגיפּטער דער (–) פֿעמ ין Egyptian (person)

עגל דער/דאָס [EYGL] *bibl.* golden calf

עגלה די (־ות) [AGOLE] *Jew.* hearse; (horse-drawn) wagon

עגל־הזהבֿ דער [EYGL-HAZO'HEV] *bibl.* golden calf; worship of money

עגלה־ערופֿה די [EGLE-ARU'FE] *bibl.* broken-necked heifer (expiatory sacrifice)

|| אַ קול (ווי) פֿון אַן עגלה־ערופֿה [KOL] grating voice

עגלות־שעכטער דער (–/ס) [AGO'LES] *slang* someone who steals things from vehicles

עגמת־נפֿש דאָס [AGMESNEFESh] grief, heartache, aggravation

עדה די (־ות) [EYDE] religious congregation, community; Jewish ethnic subgroup

עד־היום אַדוו [AD(H)AYEM] to this day, until now

עדוקאַציע די education

עדוקיר|ן וו (–ט) educate, raise

עדות[1] דער (–) [EYDES] witness

|| זײַן* אַן עדות <פֿון/אַז> attest/testify (to/ that)

|| פֿ״גל עדות זאָגן[1]; עדות־זאָגן[2]

עדות[2] מצ זע עדה

עדות־באַנק די [E'YDES] witness stand

עדות זאָג|ן[1] וו (עדות געזאָ'גט) [EYDES] testify, bear witness

עדות־זאָגן[2] דאָס [E'YDES] evidence, testimony

עדותטע די (ס) [E'YDESTE] female witness

עדות|ן זיך וו (גע–ט) מיט [EYDES] call upon to be a witness; invoke as evidence

עדותשאַפֿט די (ן) [E'YDESShAFT] testimony

עד־חרמה אַדוו [ATKhO'RME] to the point of annihilation, mercilessly

עדיטאָריאַ'ל דער (ן) editorial

עדיטאָריע'ל אַדי editorial

עדי'פּוס־קאָמפּלעקס דער Oedipus complex

עדי'קט דער (ן) edict, decree

עדי־ראיה מצ זע עד־ראיה

עד־כּאַן אַדוו [AD-KA'N] up to here, no further

עד־לבֿ־(ה)שמים אַדוו [ADLE'V-(HA)ShOMA'IM] to the very heavens

עד־לחיים אַדוו [AD-LEKhA'IM] for life; intensely; relentlessly, tooth and nail

עד־לחשבון אַדוו [AD-LEKhE'ZhBM] as partial payment

עד־לפּ״ק אַדוו [AD-LAPA'K] down to the slightest detail; to the last penny

עד־מאה־ועשׂרים(־שנה) פֿר [ADMEYE-VEE'SRIM(-ShO'NE)] to a hundred and twenty years (a wish for a long life)

עד־מאה־שנים פֿר [ADMEYE-ShO'NIM] to a hundred years (a wish for a long life)

עד־מתי פֿר [AD-MO'SAY] *lit.* how long

עד־סוף־כּל־הדורות אַדוו [ADSO'F-KOL(H)ADO'YRES] forever, to the last generation

ע'דערדיק אַדי irritating

ע'דער|ן וו (גע–ט) torture by hamstringing; annoy, harass, nag

עד־עתּה אַדוו [ADATE] until now, so far

עד־ראיה דער (עדי־) [EYD-RI'E - EYDE-] eyewitness

עדת־ישׂראל די [ADAS-YISRO'EL] the community of Israel, world Jewry

ע״ה זע עליה־השלום; עליהם־השלום; עליו־השלום

עהע' אינט aha! so!

עובר דער (ים) [UBER - UBORIM] embryo

עובֿדא די (–ות) זע עובֿדה

עובֿד־גילולים דער (עובֿדי־) [OYVED-GILU'LIM - OVDE] *pejor.* idolater, pagan

עובֿדה די (–ות) [UVDE] assignment, task, function

עובֿד־כּוכבֿים־ומזלות דער (עובֿדי־) [OYVED-KOYKhO'VIM-UMAZO'LES - OVDE] worshipper of the stars, pagan

עובֿר דער (ים) [OYVER - OYVRIM] *neol.* transgressor

עובֿר־בטל **1.** אַדי [OYVERBOT·L] senile || **2.** דער (ס) dotard

עובֿר זײַן* וו (עובֿר געווע'ן) <אויף> [OYVER] transgress, contravene, violate

עובֿר־לסוחר אַדי–אַטר [OYVER-LESO'YKhER] valid (money), legal currency

עובֿר־שבֿועה זײַן* וו (עובֿר־שבֿועה געווע'ן) [OYVER-ShVU'E] perjure oneself; break one's word

עובֿר־שבֿועהניק דער (עס) פֿעמ ...ניצע [OYVER-ShVU'ENIK] *neol.* perjurer

עוג־מלך־הבשן פּנ [O(Y)G-MEYLEKh-HABO'ShN] *bibl.* Og, king of Bashan

|| גרויס/שטאַרק ווי עוג־מלך־הבשן hugely tall/strong

עודף דער [OYDEF] excess, surplus; margin, slack

עודפֿדיק אַדי [O'YDEFDIK] excessive

עוואָלוציע די (ס) [Ly] evolution

עוואַנגעליע די (ס) Gospel, New Testament

עוואַקויִרונג די (ען) evacuation

עוואַקויִר|ן וו (–ט) evacuate

|| עוואַקויִר|ן זיך <פֿון/קיין> withdraw (from/ to)

עוולה די (–ות) [AVLE] wrong, injustice, grievance

|| האָסטו בײַ מיר אַן עוולה! tough luck! that's your problem!

עוון דער (ות) [OVN - AVOYNES] sin

עווענטוע'ל אַדי/אַדוו possible, potential

ע'וועניו די (ס) [NY] *Amer.* avenue

עוכר־ישׂראל דער [OYKhER-YISRO'EL] one whose dishonesty or impiety brings shame upon the Jewish people

עול דער/דאָס (ן) [OL] burden; duty, responsibility

|| זײַן* אַן עול *also* be oppressive

|| אַראָ'פּ|נעמ|ען אַן עול פֿון קאָפּ take a load off one's mind

עולה[1] דער (–ים) [OYLE - OYLIM] *Jew.* pilgrim to Jerusalem; Jewish immigrant to Palestine/ Israel

|| פֿ״גל עולה זײַן

עולה[2] די (־ות) [OYLE] *bibl.* burnt offering, sacrifice

עולה[3] די (־ות) [AVLE] **זע** עוולה

עולה זײַן* וו (עולה געווע'ן) [OYLE] *Jew.* make a pilgrimage to Jerusalem; immigrate to Palestine/Israel

|| פֿ״גל עולה־לתּורה זײַן; עולה־רגל זײַן

עולה־יפֿה זײַן* וו (עולה־יפֿה געווע'ן) [OYLE-YO'FE] (plan, undertaking) turn out well

עולה־לגדולה זײַן* וו (עולה־לגדולה געווע'ן) [OYLE-LIGDU'LE] attain a prominent position

עולה־לתּורה זײַן* וו (עולה־לתּורה געווע'ן) [OYLE-LATO'YRE] be called up for the reading of the Torah

עולה־רגל זײַן* וו (עולה־רגל געווע'ן) [OYLE-RE'GL] make a pilgrimage to Jerusalem on the holidays of Passover, *Shavuot* or *Sukkot*

|| פֿ״גל פּסח; שבֿועות; סוכּות

עולה־תּמימה די [OYLE-TMI'ME] *bibl.* sacrificial offering without blemish; *fig.* innocent victim

עולם[1] דער (ס) [OYLEM] public; audience, turnout; crowd

|| דער ברייט|ער עולם the public at large

עולם[2] דער (ות) [OYLEM - O'YLEMES/OYLOMES] world

|| מצ *also* the heavens, metaphysical spheres

|| איף עולמות for all eternity

|| פֿ״גל עולמות

עולם־גולם דער [OYLEM-GO'YLEM] *pejor.* the masses, hoi polloi; (theat.) audience

עולם־האמת דער [OYLEM-HOE'MES] *Jew.* "World of Truth", afterlife, the hereafter

עולם־הבא דער/די [OYLEM-HA'BE] the world to come, the afterlife

|| האָבן* עולם־הבא have a place in the world to come

|| זיך איי'נ|קויפֿן עולם־הבא earn one's place in heaven

עולם־הדמיון דער [OYLEM-HADI'MYEN] world of the imagination

עולם־הזה דער/די [OYLEM-HA'ZE] this world, as opposed to the afterlife; worldly/sensual pleasures

עולם־הזהדיק אַדי [OYLEM-HA'ZEDIK] sensual, voluptuous

עולם־הזהניק דער (עס) פֿעמ ...ניצע [OYLEM-HA'ZENIK] bon vivant, pleasure seeker

עולם־הנגינה דער [OYLEM-HANEGI'NE] (Kabbalah) heavenly world where music originates

עולם־הנשמות דער [OYLEM-HANEShO'MES] *Jew.* world of souls

עולם־העליון דער (עולמות־העליונים) [OYLEM-HOE'LYEN - O'YLEMES-HOELYO'YNIM] *Jew.* heaven, higher spiritual world

עולם־הפֿוך דער [OYLEM-HO'FEKh] topsy-turvy world; perverse world

עולם־השפֿל דער [OYLEM-HAShO'FL] lower, material world

עולם־השקר דער [OYLEM-HAShE'KER] world of falsehood, the material world

עולם־התּוהו דער [OYLEM-HATO'YE] world of chaos; *Jew.* world in which souls of the dead must wander until they atone for a misdeed, and earn their place in heaven

עולם־התּוהוניק דער (עס) [OYLEMATO'YENIK] wandering spirit

עולם־התּועה דער **זע** עולם־התּוהו

עולם־התּחתּון דער [OYLEM-HATA'KhTN] the world below, this world

עולם־ומלואו דער [OYLEM-UMLO'YE] the world and everything in it; huge amount

|| האַלטן אַן עולם־ומלואו פֿון think the world of

עולמות מצ [O'YLEMES] endowment (of a charitable fund)

|| לאָזן איף עולמות bequeath to a public charity

|| פֿ״גל עולם[2]

עולמות־(ה)עליונים מצ **זע** עולם־העליון

עולמות־פֿאָנד דער (ן) [O'YLEMES] endowment fund (for public charity)

עול־מלכות דער [OL-MA'LKhES] duties toward the state

עול־מלכות־שמים דער [OL-MALKhES-ShOMA'IM] *Jew.* duties toward the heavens, religious observance

עולם־עליון דער [OYLEM-ELYEN] **זע** עולם־העליון

עולם־קטן דער [OYLEM-KO'TN] microcosm

עולמש אַדי [OYLEMSh] worldly, urbane; public, people's; up-to-date; (Hasidic usage) non-Hasidic

עומר דער [OYMER] *Omer*, the 49-day period between Passover and *Shavuot*

|| פֿ״גל פּסח; שבֿועות

עון דער (ות) **זע** עוון

עונג דער [OYNEG] pleasure, enjoyment

עונג־שבת דער (ים) [OYNEG-ShA'BES - -ShABO'SIM] *Jew.* enjoyment of the Sabbath; recreational gathering in honor of the Sabbath

עונש דער (ים) [OYNESh - ONOShIM] punishment, penalty

עוסק־בצרכי־ציבור דער (עוסקים־) [OYSEK-BETSORKhE-TSI'BER - OSKIM] one who does volunteer community work

עוסק זײַן* וו (עוסק געווע'ן) אין [OYSEK] *lit.* occupy oneself with, engage in
|| עוסק זײַן זיך מיט devote oneself to

עוף דאָס (ות) [OF - OYFES] (culin.) fowl, chicken; bird
|| מצ poultry

עופֿל־גאָרטן דער (־גערטנער) [E'YFL] *neol.* day care center

עופֿלווײַז אַדוו [E'YFLVAYZ] *neol.* in (one's) infancy

עופֿלשאַפֿט די [E'YFLShAFT] *neol.* infancy

עופֿ:ן אַדי [OF·N] (of) fowl, poultry

עופֿעלע דאָס (ך) עוף דימ2 [E'YFELE] baby, infant

עוקץ דער <נאָמ> [OYKETS] little bit (of), touch (of)

עוקר־הרים דער [OYKER-HO'RIM] Talmudist who excels in *pilpul*
|| פֿ״גל פּילפּול

עוקר זײַן* וו (עוקר געווע'ן) <פֿון> [OYKER] *lit.* flee, run away (from); uproot, eradicate

עוקר־מן־השורש זײַן* וו (עוקר־מן־השורש געווע'ן) [OYKER-MIN-HAShO'YRESh] extirpate, destroy

עושר 1. דער (עשירים) [OYShER - AShIRIM] rich man
|| 2. דער : לעב|ן אין עושר און אין כּבֿוד [KOVED] live with honor and riches

עזאָזל [AZOZL] זע לעזאָזל

עזבֿון דער (ות) [IZOVN - IZVOYNES] legacy, heritage; unpublished works of a deceased author
|| פֿון עזבֿון posthumous (work)

עזות דאָס [AZES] insolence, effrontery, nerve

עזותדיק אַדי/אַדוו [A'ZESDIK] insolent, presumptuous

עזות־מחוצף־פּנים דער [AZES-MEKhUTSEF-PO'NEM] extremely insolent person

עזותניק דער (עס) פֿעמ ...ניצע [A'ZESNIK] insolent/impudent person

עזות־פּנים דער/דאָס (ער) [AZES-PO'NEM - -PE'NEMER] impudent/shameless person

עזותקייט די (ן) [A'ZESKEYT] impertinence, insolence; obscenities
|| מצ *euph.* private parts, testicles

עזר־כּנגדו דער [EYZER-KENE'GDE] helpmate, wife

עזרת־נשים דער (ס) [EZRES-NO'ShIM] women's section in a synagogue; *fig.* the fair sex

עט[1] אינט oh, so what! it's of no consequence!

עט[2]׳ זע וועט[2]

ע״ט זע עבֿרי־טײַטש

עטאַבליר|ן וו (־ט) establish, found

עטאַ'זש דער (ן) (archit.) floor, story

עטאַזשערקע די (ס) set of shelves

עטאַ'ט דער (ן) local/municipal tax; Jewish community tax; tenure

עטאַלאָ'ן דער (ען) standard, benchmark

עטאַ'פּ דער (ן) phase (of a process), leg (of a journey)
|| מיטן עטאַפּ in a procession of prisoners under escort

עטוואָס 1. אַדוו somewhat, slightly
|| 2. פּראָנ something

עטוי' דער (ען) case, kit

עטיו'ד דער (ן) [Ty] (art, mus.) étude, study

עטימאָלאָגיע די (ס) etymology

עטיק די ethics

עטיקע'ט דער (ן) label, tag; etiquette

עטיקעטל דאָס (עך) tag

עטיש אַדי ethical

עטל־בע'טל : שפּיל|ן אין עטל־בעטל play cat's cradle

ע'טלעך־... multi..., poly...
|| עטלעך־ראַסנדיק multiracial
|| עטלעך־שפּראַכיק multilingual, polyglot
|| עטלעך־ציליק multipurpose

ע'טלעכע(נע) 1. אַדי–אינוו several, some
|| עטלעכע און צוואַנציק twenty-odd, twenty plus
|| 2. פּראָנ some people

עטנאָלאָגיע די ethnology

ע'טעמ|ען וו (גע–ט) זע אָטעמען

עטער דער ether

עטרה די (–ות) [ATORE] "crown", band of gold/silver embroidery on the upper edge of a *tallit*
|| פֿ״גל טלית

עיבור(־חודש) דער [I'BER(-KhOYDESh)] leap month, intercalary month in the Jewish calendar

עיבור־יאָר דאָס (ן) [I'BER] leap year (in the Jewish calendar)

עיגול דער (ים) [IGL - IGULIM] *lit.* circle

עיון דער [IYEN] *lit.* attention, concentration

עיין דער/די (ס) זע עין

עיכּובֿ דער (ים) [IKEV - IKUVIM] hindrance, obstacle; inhibition

עילוי דער (ים) [ILE - ILUIM] young genius, child prodigy (*esp.* in Talmudic learning)

עילויִש אַדי [ILUISh] young and brilliant

עין דער/די (ס) [AYEN] *ayin*, the name of the letter ע

עין־הרע די/דער (ס) [EYN(H)ORE/AIN-HO'RE/] *Jew.* the evil eye, thought to inflict injury upon persons/things of conspicuous goodness or beauty

|| געבן* <דאַט> אַן עין־הרע injure by excessive praise (attracting the attention of the evil eye)

|| קיין עין־הרע (ניט)! [KEYNEYN(EH)ORE] knock on wood! may no evil eye hurt you!; not bad at all!

|| קיין שום עין־הרע [KAShU'M NEHO'RE] = קיין עין־הרע ניט

עינוי די (ים) [INE - INUIM] rack (instrument of torture)

|| נעמ|ען/ציִ|ען אויף דער עינוי stretch on the rack

|| מצ torment, affliction, torture

עינויים־קשים מצ [INUIM-KO'ShIM] severe torture

עינים מצ [EYNAIM] *hum., affect.* eyes, peepers

עיפּוש דער [IPESh] stench; epidemic

|| ווייַכ|ן ווי (פֿון) אַן/דעם עיפּוש avoid like the plague

עיקר[1] דער (ים) [IKER - IKRIM] principle, dogma; main thing

|| דער עיקר in particular, above all

עיקר־...[2] [I'KER] primary, essential, fundamental

|| עיקר־ציל main objective

עיקרדיק אַדי [I'KERDIK] essential, basic

עיקר־המעשה דער [IKER-HAMA'YSE] crux of the matter

עיקר־שכחתי 1. פֿר [IKER-ShOKhA'KhTI] I forgot the important part *(used before a post-script)*

|| 2. דער (ס) postscript

עיר־ואם(־בישׂראל) די [IR-VEE'YM(-BEISRO'EL)] Jewish community of major cultural/religious importance

עירובֿ דער (ים) [EYREV - EYRUVIM] *Jew.* wire border around a town to indicate its classification as a private area, which allows the carrying of objects on the Sabbath; personal object left on an open volume to indicate that one will resume studying it

עכּו״ם מצ [AKUM] heathens, idolaters

|| פֿ״גל עובֿד־כּוכבֿים־ומזלות

עך[1] אינט alas!; bah! pshaw!

עך[2] פּראָנ זע איך

עכאָ דער (ס) echo

עכבראָש דער (ים) [A'KhBEROSh] *affect.* rascal, scamp; thief, scoundrel

עכט אַדי/אַדוו authentic, genuine

עכטקייט די authenticity, purity

על דער (ן) (the letter) L

על־אחת־כּמה־וכּמה קאָנ [ALA'KhES-KA'ME-VEKA'ME] all the more so, a fortiori

עלאַסטיש אַדי/אַדוו elastic, flexible

עלאַ'סטישקייט די elasticity

עלאָקווע'נט אַדי eloquent

עלאָקווע'נץ די eloquence

על־דעת־עצמו אַדוו [ALDAAS-A'TSME] on one's own, according to one's own judgment

על־התּורה ועל־העבֿודה אַדוו [AL(H)ATOYRE VEAL(H)AAVOYDE] *Jew.* busy with study and prayer; occupied with intellectual work

עלווע אַדוו זע עלעווע

עלול אַדי–אַטר צו [OLEL] subject to, liable to

|| דער פּרייַז איז עלול צו שטייַגן the price is liable to rise

עלזאַס (דאָס) [Ly] Alsace

ע'לזאַסער אַדי–אינוו Alsatian

על־חטא דער [ALKhE'T] prayer of confession recited on Yom Kippur while beating one's chest

|| שלאָג|ן זיך על־חטא say that prayer; admit one's guilt, repent

ע'לטסט־געזעס'ן אַדי indigenous, native

עלטסט|ער דער־דעק אַלט סופּ *also* elder (of a tribe, etc.), traditional leader

עלטער[1] 1. אַדי אַלט קאָמפּ elder, older

|| אויף די עלטערע יאָרן in one's old age

|| וויס|ן* ווער עלטער איז know one's place

|| ווייַז|ן <דאַט> ווער עלטער איז show s.o. who's boss

|| 2. אַדי–עפּי of a certain age, no longer young, elderly

|| 3. דער (ס) age

|| 4. די old age

|| טיפ|ע עלטער very old age

|| אויף דער עלטער in one's old age

ע'לטער־...[2] great-...; old age, retirement

|| עלטער־זיידע great-grandfather

|| עלטער־מומע — great-aunt

|| עלטער־פּענסיע [SY] — old-age pension

ע'לטערונג די — aging

ע'לטערן[1] מצ — parents, father and mother

ע'לטער|ן[2] וו (גע–ט) — age *trans.*

|| עלטערן זיך — grow old

|| ער האָט זיך שטאַרק/זייער געעלטערט — he's showing his age

ע'לטערע מצ אַלט קאָמפּ <פֿון> — people older (than); seniors, elders

ע'לטער־ע'לטערן מצ — ancestors

ע'לטערשאַפֿט די — (fact of) being older

עליה די (–ות) [ALIE] — rise, ascension; call to the reading of the Torah in the synagogue; passage of the sacred texts read by one person called up; (wave of) immigration to Palestine/Israel

|| אַ פֿעט|ע עליה — call to read a passage from the sacred texts considered more important than others

|| געב|ן* דאָט אַן עליה — call s.o. up to the Torah reading; pay public homage to s.o.; *iron.* lay into, tell s.o. off

עליה־השלום פֿר [OLE(HA)ShOLEM] — *Jew.* may she rest in peace

עליהם־השלום פֿר [ALE'YEM-HAShO'LEM] — *Jew.* may they rest in peace

עליו־השלום פֿר [OLEVAShOLEM] — *Jew.* may he rest in peace

עליו־השנאָבל פֿר [OLEVAShNOBL] — *mockingly* may he rot in hell

|| פֿ״גל עליו־השלום

עלי'ט דער (ן) — elite

עליכם־ועל־בניכם פֿר [ALE'YKhEM-VEAL-BNE'YKhEM] — *hum.* greetings to you and your children (in response to *sholem-aleykhem*)

|| פֿ״גל שלום־עליכם

עליכם־שלום אינט [ALEYKhEM-ShO'LEM] — hello (in response to *sholem-aleykhem*)

|| פֿ״גל שלום־עליכם

עלילת־דם דער [ALILES-DA'M] — *Jew.* blood libel, accusation of ritual murder

|| פֿ״גל בלוט־בילבול

עלימינירונג די — elimination

עלימיניר|ן וו (–ט) — eliminate

עלינו (דער) [OLEYNU] — *Jew.* prayer said at the close of the service

|| אָ'נ|קומ|ען צו/נאָך עלינו — arrive too late

עליפּטיש אַדי — elliptical, oval

עלי'פּס דער (ן) — ellipse

עליק דער **זע** עלק

עליקסי'ר דער (ן) — elixir

על־כּל־פּנים אַדוו [ALK(O)LPONEM] — at any rate, in any case

על כּל צרה שלא תבֿוא פֿר [AL KOL TSORO ShELO'Y SOVOY] — just in case, in case of emergency

על־כּן אַדוו [ALKEYN/ALKN] — therefore, hence

|| איז על־כּן? — so what? what does that prove?

ע'לנבויגן דער (ס) — (anat.) elbow

עלנט 1. אַדי — lonely, forlorn, friendless; miserable

|| 2. די/דאָס — solitude, loneliness; distress, affliction

עלעגאַ'נט [Ly] 1. אַדי — elegant

|| 2. דער (ן) — dandy, fop

עלעגאַ'נץ די [Ly] — elegance

עלעגיע די (ס) [Ly] — elegy

עלעגיש אַדי [Ly] — elegiac

עלעהיי' קאָנ — as if, as though; for instance

ע'לעווע אַדוו — (at) eleven o'clock

עלעמע'נט דער (ן) [Ly] — element

עלעמענטאַ'ר אַדי/אַדוו [Ly] — elementary

עלעמענטאַ'ר־שול די (ן) [ELy] — elementary school

עלעף צוו **זע** עלף[1]

עלעפֿט אַדי–עפּי **זע** עלפֿט

עלעקטאָר דער (...אָ'רן) [Ly] — (presidential) elector

עלעקטראָ... [Ly] — electric-...

עלעקטראָמאָטאָ'ר דער (ן) [Ly] — electric motor

עלעקטראָ'ן דער (ען) [Ly] — electron

עלעקטראָניק די [Ly] — electronics

עלעקטראָניש אַדי/אַדוו [Ly] — electronic

עלעקטראָקוציע די (ס) [Ly] — electrocution

עלעקטראָשפּײַזונג די [Ly] — electric power supply

עלעקטריזיר|ן וו (–ט) [Ly] — electrify, stimulate, rouse

עלעקטרײַ' די (ען) [Ly] — *neol.* electric power plant

עלעקטריע די [Ly] — electricity

עלעקטריפֿיציר|ן וו (–ט) [Ly] — equip with electricity, electrify

עלעקטריציטע'ט די [Ly] electricity

עלע'קטריקער דער (–/ס) [Ly] electrician

עלעקטריר|ן וו (–ט) (איף טויט) [Ly] *neol.* electrocute

עלעקטריש אַדי [Ly] electric(al)

על־פּי פּרעפּ [ALPI] *(followed by a noun without an article)* according to

|| על־פּי לאָגיק according to logic

|| על־פּי נס [NES] miraculously

|| על־פּי רובֿ [ROV] mostly, most of the time

עלף¹ צוו eleven

עלף² דער (ן) elf

עלפֿאַנד דער (ן) **זע העלפֿאַנד**

עלפֿט אַדי–עפּי eleventh

עלפֿטל דאָס (עך) eleventh (fraction)

ע'לפֿנביין דער **זע העלפֿאַנדביין**

על־צד־היותר־טובֿ אַדוו [ALTSA'D-HAYO'YSER-TO(Y)V] in the best way possible

עלצט|ער דער-דעק **זע עלטסטער**

עלק דער (ן) (zool.) moose, elk

על־קידוש־השם אַדוו [ALKIDESh-HAShE'M] :

או'מ|קומ|ען על־קידוש־השם *Jew.* be martyred, die a martyr

עלק·ן אַדי (of) moose/elk hide

על־רגל־אַחת אַדוו [ALREGL-A'KhES] in no time; hastily, in a rush

עם¹ פּראָנ **זע אים**

עם² דער (ען) (the letter) M

עמאַ'ל דער (ן) [Ly] enamel

עמאַליר|ן וו (–ט) enamel

עמאַנציפּאַטאָר דער (...אָ'רן) emancipator

עמאַנציפּאַציע די emancipation

עמאַנציפּיר|ן וו (–ט) emancipate

עמאָציאָנע'ל אַדי/אַדוו emotional

עמאָציע די (ס) emotion

עמבאַרגאָ דער (ס) embargo

עמבאַרגיר|ן וו (–ט) embargo

עמבלע'ם די (ען) [Ly] emblem; badge

עמבריאָ'ן דער (ען) embryo

עם־האָרץ דער (עמי־הארצים) [AMORETS - AMERATSIM] ignorant person, person lacking education particularly in Jewish subjects

עם־הארצות דאָס [AMERATSES] ignorance; lack of Jewish culture

עם־הארציש אַדי/אַדוו [AMERATSISh] ignorant, boorish

עם־הספֿר דער/דאָס [AM-HASE'YFER] people of the Book, Jews

עמוד דער (ים) [OMED - AMUDIM] (typogr.) column, page; cantor's pulpit; synagogue lectern

עמוד־(ה)אש דער [AMED-(HO)E'YSh] *bibl.* pillar of fire which lit the way for the children of Israel in the desert

עמוד־הענן דער [AMED-HEO'NEN] *bibl.* pillar of cloud which showed the way for the children of Israel in the desert

עמונע **פֿאָנ אמונה**

עמוק אַדי–אַטר [OMEK] *lit.* deep, profound (text, problem)

עמיגראַ'נט דער (ן) פֿעמ קע emigrant

עמיגראַנטיש אַדי emigrant, of emigrants

עמיגראַציע די emigration

עמיגריר|ן וו (–ט) emigrate

עמי־הארצים מצ **זע עם־האָרץ**

עמיסיע די (ס) [SY] emission

עמיצ(ער) **זע עמעצער**

עם־ישׂראל דער/דאָס [AM-YISRO'EL] people of Israel

עמך דאָס [AMKhO] *Jew.* common people; *in-group* Jews (as opposed to Gentiles)

|| עמך? are you Jewish?

עמלק (דער) (ים) [AMOLEK - AMOLEYKIM] *bibl.* Amalek; anti-Semite; symbol of all that is the opposite of Judaism

עמעס **פֿאָנ אמת**

ע'מעצ(ער) פּראָנ (אַק/דאַט: עמעצן; פּאָס: עמעצנס) someone

עמער דער (ס) pail, bucket

|| עס רעגנט מיט עמערס it's raining cats and dogs

עמעריטו'ר די retirement

|| אין/אויף עמעריטור retired, in retirement

עמעריטי'רט אַדי retired, emeritus

עמעריטיר|ן (זיך) וו (–ט) retire *trans./intr.*

עמפּיריש אַדי/אַדוו empirical

עמפֿאַ'ז דער (ן) emphasis, stress

עמפֿאַטיש אַדי/אַדוו emphatic

עמפֿינדלעך אַדי/אַדוו *Germ.* sensitive, impressionable

עמקות דאָס [AMKES] profundity (of thought)

ען דער (ען) (the letter) N

ענג אַדי/אַדוו narrow, tight; restricted; cramped, crowded

|| אין וואַגאָ'ן איז ענג — the (train) car is packed
ע'נגהאַרציק אַדי/אַדוו — stingy, niggardly
ענגונג די (ען) — bottleneck (traffic)
ענגלאַנד (דאָס) — England
ענגליש אַדי/(דאָס) — English
|| ע'נגליש־שפּראַכיק — English-speaking
ע'נגלענדער דער (–) פֿעמ ין — Englishman
ע'נגעניש די — crush, press
ענגפּאַס דער (ן) — (geogr.) strait
ענגקייט די — tightness, narrowness
ע'נגקעפּיק אַדי/אַדוו — narrow-minded
ענגשאַפֿט די — narrowness, crowdedness; lack, shortage
ענד די (ן) — end
ענדאָקרינאַ'ל אַדי — endocrine
ע'נדגילטיק אַדי/אַדוו — final, definitive
ענדגליד דאָס/דער (ער) — limb, extremity
ענדונג די (ען) — (gramm.) ending
ענדיק דער (עס) **זע** אינדיק
ע'נדיק|ן וו (גע–ט) — finish, conclude; graduate
|| ענדיקן זיך — end *intr.*
ע'נדלאָז(יק) אַדי — endless, interminable
ענדלעך **1.** אַדי — finite
|| **2.** אַדוו — at last, finally
|| פֿ״גל ענלעך
ענדל|ען וו (גע–ט) דאַט — resemble
|| פֿ״גל ענדלעך; ענלעך
ענדע די (ס) **זע** ענד
ע'נדעלע דאָס (ך) ענד דימ2 — end (of a rope, etc.)
ענדער אַדוו **זע** ענדערשט
ע'נדערונג די (ען) — change, modification
ע'נדערלעך אַדי — changeable, variable
ע'נדער|ן (זיך) וו (גע–ט) — change *trans./intr.*
ענדערשט אַדוו — rather, preferably
ענדציל דער (ן) — ultimate goal, final purpose
ענוו דער (ים) פֿעמ טע [ONEV - ANOVIM] — meek/modest person
ענווה די [ANOVE] — *lit.* modesty, humility
ענוי די (ים) **זע** עינוי
ע'נטוועדער קאָנ **זע** ענטפֿער[2]
ענטוזיאַזם דער (ען) [ZY] — enthusiasm
ענטוזיאַ'סט דער (ן) פֿעמ קע [ZY] — enthusiast
ענטוזיאַסטיש אַדי/אַדוו [ZY] — enthusiastic
ענטל דאָס (עך) — duck
ענטפֿער[1] דער (ס) — answer, reply
ענטפֿער[2] קאָנ : ענטפֿער ... אָדער — either ... or
ע'נטפֿערדיק אַדי — corresponding
ע'נטפֿער|ן וו (גע–ט) <דאַט> — answer, respond (to)
|| ענטפֿערן <צו> — correspond (to)
|| ענטפֿערן פֿאַר — answer for; be accountable to
|| ענטפֿערן שולדיק/או'משולדיק — plead guilty/not guilty
ע'נטפֿערער דער (ס) — respondent (to a questionnaire, etc.); counterpart, equivalent
ע'נטפֿערקע די (ס) — *neol.* answering machine
עניו דער (ים) **זע** ענוו
עני־ואבֿיון דער (עניים־ואבֿיונים) [ONI-VEE'VYEN - ANIIM-VEEVYO'YNIM] — indigent, pauper
ענייוות דאָס [ANIVES] — modesty, humility
ענייוותדיק אַדי/אַדוו [ANI'VESDIK] — modest, humble
עניים־ואבֿיונים מצ **זע** עני־ואבֿיון
ענין דער/דאָס (ים) [INYEN - INYONIM] — matter, subject, issue
|| ניט צום ענין — beside the point
ענלעך אַדי/אַדוו — similar, alike
|| זייַן* ענלעך צו/אויף — resemble, look like
ע'נלעכקייט די (ן) — similarity, resemblance, parallel
ענעס דער — anise
ענערגיע די (ס) — energy
ענערגיש אַדי/אַדוו — energetic; bursting with energy; resolute, determined
ענפֿער דער (ס) **זע** ענטפֿער[1]
ע'נפֿער|ן וו (גע–ט) **זע** ענטפֿערן
ענציקלאָפּעדיע די (ס) [DY] — encyclopedia
ענצל : אויף ענצל — at retail
|| פֿ״גל איינצל־;... איינצלנער
ענק פּראָנ (נאָמ: עץ) — *dial.* you *(formal/plural, dat./acc.)*
|| פֿ״גל אייַך
ענקער פּאָס–אַדי — *dial.* your *(formal/plural)*
|| פֿ״גל אייַער[1]
עס[1] **1.** פּראָנ (אַק: עס; דאַט: אים) — it *(neuter pronoun)*
|| דאָס קינד וויל עסן, וויינט עס — the child wants to eat, so it's crying
|| **2.** פּאַרטיקל — *(expletive particle placed at the beginning of a phrase, esp. impersonal)* there; *particle indicating stress on the first constituent of the phrase*

|| עס וועט קומען אַ צײַט — there will come a time
|| עס איז קאַלט. עס רעגנט — it is cold, it is raining
|| ע'ר האָט עס צעבראָכן דאָס גלאָז! — he was the one who broke the glass!
|| אי'ם האָט מען עס גערופֿן — he was the one called
עס² דער (ן) — (the letter) S
עסאַרניע די (ס) [Ny] — diner, greasy spoon
עסט¹ די (ן) זע נעסט
'עסט² = דו וועסט
עסטאָניש אַדי/(דאָס) — Estonian
עסטאָנער דער (–) פֿעמ ין — Estonian
עסטיש¹ דער (ן) — dining table
עסטיש² אַדי — Estonian
עסטלאַנד (דאָס) — Estonia
עסטעטיק די — esthetics
עסטעטיש אַדי/אַדוו — esthetic
עסטראַדע די (ס) — platform, stand; cabaret stage
עסטרײַך (דאָס) — Austria
ע'סטרײַכיש אַדי — Austrian
ע'סטרײַכער דער (–) פֿעמ ין — Austrian
עסיי' דער/די (ען) — essay
עסייִ'סט דער (ן) פֿעמ קע — essayist
עסייִסטיק די — the essay (literary genre)
עסייִסטיש אַדי — essayist's, of an essayist; in the form of an essay
עסיק¹ דער — vinegar
|| אין עסיק און אין האָניק — dolled up, dressed to kill
עסיק² אַדי — corrosive; biting, sharp
ע'סיקפֿלייש דאָס — meat stewed in vinegar, sauerbraten
ע'סלעפֿל דער (–) — tablespoon
עסן 1. דאָס (ס) — food; meal
|| 2. עס|ן וו (געגעסן) — eat *imperf.*; have a meal
|| ניט וויס|ן* מיט וואָס מען עסט עס — not know the first thing about it
|| עס|ן זיך — fret, eat one's heart out
ע'סנוואַרג דאָס — food, foodstuffs
ע'סן־ליוועראַנט דער (ן) — caterer
ע'סעבעט דאָס (ן) זע הסבֿ־בעט
ע'סעוודיק אַדי — edible
ע'סעניש די/דאָס (ן) — squabble, quarrel
עסע'נץ די (ן) — essence; concentrated extract
|| פֿ״גל סענץ
ע'סעריק אַדי — acerbic, sharp; *dial.* edible

ע'סצימער דער/דאָס (ן) — dining room
עסק דער/דאָס (ים) [EYSEK - ASOKIM] — matter, issue, concern
|| פֿאַרשטיי'|ן* אַן עסק — have experience, be on top of things
|| שמו'עס|ן עסק — talk business
|| פֿאַרשטיי'סט אַן עסק? — get it? understand?
|| (ס'איז) ניט פּאָס עסק — (it's) no concern of mine/yours/etc.
|| אַן עסק האָב איך דערמי'ט! — that has nothing to do with me!
עסקאַדראָ'ן דער (ען) — squadron
עסקאַלאַטאָר דער (...אָ'רן) [Ly] — escalator
עסקאַלאַציע די (ס) [Ly] — escalation
עסקאָרטיר|ן וו (–ט) — escort
עסקימאָ'ס דער (ן) פֿעמ ין — Eskimo, Inuit
עסקימאָסיש אַדי/(דאָס) — Eskimo, Inuit
עסקן דער (ים) [ASKN - ASKONIM] — (political, organizational, etc.) activist, leader
עסק|ן זיך וו (גע–ט) [EYSEK] — be involved, occupy oneself
עסרעג פֿאָנ אתרוג
עסשטוב די (ן) — dining room
ע'ס־שטעקעלע דאָס (ך) — chopstick
ע״פּ = על־פּי [ALPI] — according to, per
עפּאָכע די (ס) — epoch
עפּאָ'כעדיק אַדי — epoch-making
עפּאָ'כע־מאַ'כנדיק אַדי — epoch-making
עפּאָלע'ט דער (ן) [Ly] — (milit.) epaulet
עפּאָס דער (ן) — epic (poem)
עפּאָפּעע די (ס) — (lit.) epic
עפּיגראַ'ם די (ען) — epigram
עפּידעמיע די (ס) — epidemic
עפּידעמיש אַדי — epidemic
עפּיזאָ'ד דער (ן) — episode
עפּיטאַ'ף דער (ן) — epitaph
עפּיטע'ט דער (ן) — epithet
עפּילאָ'ג דער (ן) — epilogue
עפּילע'פּטיקער דער (ס) פֿעמ ין [Ly] — epileptic
עפּילעפּסיע די [Ly...SY] — epilepsy
עפּיסקאָפּאַליש אַדי — Episcopalian
עפּיק די — epic poetry
עפּיקורעער דער (–) — epicure
ע'פּיקער דער (–/ס) — epic poet
עפּיש אַדי — epic
עפּל דער (–) — apple

עפּלווייַן דער — hard cider
עפּלזאַפֿט דער — apple juice
עפּל־צימעס דער (ן) — stewed apples, apple sauce
עפּלקוואַס דער — hard cider
עפּעס **1.** אַדוו — somewhat, a little; seemingly, apparently; for some (unexplained) reason; *(in questions)* then
|| ס'איז אים עפּעס בעסער — he's feeling a little better
|| זי איז עפּעס מיד — she seems tired
|| עפּעס ווילט זיך מיר ניט — for some reason I don't feel like it
|| פֿאַר וואָס עפּעס? — why, then? whatever for?
|| **2.** פּראָנ — something, anything; a faint air of
|| עפּעס וואָס = עפּעס
|| עפּעס פֿעלט — something is missing
|| עפּעס אַ — some sort of
|| עפּעס אַנדערש — something different; something else
|| אַבי'/ווי'/ווו' (נאָר) עפּעס — at the least little thing
|| טו מיר עפּעס! — just try and stop me! you don't scare me!
|| כ'מיין עפּעס! — you bet! I should think so!
עף דער (ן) — (the letter) F
עפֿטער(ס) אַדוו אָפֿט קאָמפּ — more often; quite often
ע'פֿן־... — opening, inaugural
|| עפֿן־רעדע — opening speech
|| פֿ״גל עפֿענען
ע'פֿנטלעך אַדי/אַדוו — public
ע'פֿנטלעכקייט די — public opinion, public
עפֿעמעריש אַדי — ephemeral
ע'פֿענונג די (ען) — opening (aperture, inauguration)
ע'פֿענ|ען (זיך) וו (גע–ט) — open *trans./intr.*
עפֿע'קט דער (ן) — effect
עפֿעקטי'וו **1.** אַדי/אַדוו — effective, efficient
|| **2.** דער (ן) — personnel, workforce
עפֿעקטיוויר|ן וו (–ט) — streamline, make (more) effective
עפֿעקטיווקייט די — effectiveness, efficiency
עפֿעקטיק אַדי — effective; forceful
עפֿרא־דאַרעא [AFRE-DEA'RE] : מאַכ|ן פֿון דאַט עפֿרא־דאַרעא — criticize severely, demolish
עפֿר־ואפֿר (דער) [OFER-VOE'YFER] — dust and ashes, (mere) mortal
עפּשער פּאָנ אפֿשר
עץ פּראָנ (אַק/דאַט: ענק) — *dial.* you *(formal/plural)*

|| פֿ״גל איר[1]
עצבֿות דאָס [ATSVES] — sadness, melancholy
עצבֿותדיק אַדי [A'TSVESDIK] — sad, gloomy, morose
עצה די (–ות) [EYTSE] — (piece of) advice
|| אַן עצה געב|ן* זיך <מיט> — cope (with), find a solution
|| האַלט|ן זיך אַן עצה <מיט>, פֿרעג|ן אַן עצה <ביי> — consult (with), seek advice (from)
עצה־געבער דער (ס) פֿעמ ין [E'YTSE] — adviser
עץ־הדעת דער [EYTS-HADA'AS] — *bibl.* tree of the knowledge of good and evil
עצה־האַלטונג די (ען) [E'YTSE] — consultation, deliberation
עץ־החיים דער [EYTS-HAKhA'IM] — *bibl.* tree of life
עצה|ן וו (גע–ט) <דאַט> צו [EYTSE] — advise (s.o.)
|| עצהן זיך מיט — consult with, ask advice from
עץ־חיים דער (ס) [EYTS-KhA'IM] — one of the two wooden rollers on which the Torah scroll is rolled
עצירות דאָס [ATSIRES] — constipation
עצל דער (ים) [OTSL - ATSEYLIM] — sluggard, lazy person
עצלות דאָס [ATSLES] — laziness
עצם[1] [ETSEM] **1.** אַדי–אינוו — as such, in itself
|| דער עצם צוגאַנג — the approach itself
|| די עצם סיסטעם — the system as such
|| דער עצם פֿאַקט — the very fact
|| **2.** דער — essence, substance; main thing
|| אין עצם — essentially
|| פֿ״גל עצמות
עצם[2]־... [E'TSEM] — fundamental, principal
|| די עצם־פֿראַגע — the essential question
עצמדיק אַדי [E'TSEMDIK] — essential, intrinsic
עצמות מצ [ATSOMES] — bones; (human) skeletal remains
|| ציַ|ען <דאַט> די עצמות — keep in suspense; exasperate, make impatient
|| היט|ן די עצמות — *hum.* look out for one's own skin
עק דער (ן) — tail; corner, angle; tip, extremity; end
|| אַן עק! — enough!
|| עק וועלט — (at) the end of the world
|| (ס'איז) עק וועלט! — it's something extraordinary!; that's it! it's all over!
|| אין אַלע עקן וועלט — in all four corners of the world
|| אָן אַן עק — endless(ly)

|| דערגיי'|ן* אַן עק <אין> get to the bottom (of); come to a conclusion

|| מאַכ|ן אַן עק <צו> finish up (with), put an end (to)

|| מאַכ|ן מיטן עק wag one's tail

|| נעמ|ען אומפּ אַן עק <צו> *rev.* finally end *intr.*

|| ווען וועט שוין נעמען אַן עק צו די היצן? when will the heatwave finally end?

|| ניט קענ|ען* אַ קאַץ דעם עק פֿאַרבינדן be totally incompetent

|| זיך שטרעק|ן נאָך די עקן struggle to make ends meet

עקאָלאָגיע די ecology

עקאָלאָגיש אַדי/אַדוו ecological

עקאָנאָ'ם דער (ען) steward (of an estate)

עקאָנאָמי'סט דער (ן) פֿעמ ין economist

עקאָנאָמיע די (ס) economy

עקאָנאָמיק די economics

עקאָנאָמיש אַדי/אַדוו economic(al)

ע'קבויער דער (ס) זע עקבער

עקבער דער (ס) drill

ע'קבער|ן וו (גע-ט) drill *imperf.*; bother, worry

עקדה די [AKEYDE] *Jew.* sacrifice, martyrdom; *bibl.* binding of Isaac

|| פֿ״גל עקדת־יצחק

עקדיש דער (ן) *lit.* scorpion

עקדת־יצחק [AKEYDES-YI'TSKhOK] *bibl.* the binding of Isaac as a sacrifice, imposed as a test of Abraham; popular play on this subject

עקוואַדאָ'ר (דאָס) Ecuador

עקוואַטאָר דער equator

עקוויוואַלע'נט [Ly] .1 אַדי equivalent

|| .2 דער (ן) equivalent

עקומעניש אַדי ecumenical

עקזאָטיק די exoticism

עקזאָטיש אַדי exotic

עקזאַלטיר|ן וו (-ט) [Ly] exalt, glorify

עקזאַמען דער (ס) examination, test

|| האַלט|ן עקזאַמען <אויף> take an examination (in)

|| אוי'ס|האַלט|ן עקזאַמען <אויף> pass an examination (in)

עקזאַמעניר|ן וו (-ט) examine

עקזאַ'קט אַדי/אַדוו exact

עקזים אַדוו *dial.* at full speed, on the double

עקזיסטיר|ן וו (-ט) זע עקסיסטירן

עקזיסטע'נץ די (ן) זע עקסיסטענץ

עקזעמפּלאַ'ר דער (ן) [Ly] copy (of stg. printed); specimen

עקזעקוטאָר דער (...אָ'רן) פֿעמ ...אָ'רשע (jur.) executor (of an estate); steward, overseer

עקזעקוטי'וו[1] .1 אַדי executive

|| .2 דער (ן) managerial staff

עקזעקוטי'וו-[2]... executive

|| עקזעקוטיוו־מאַכט executive power

עקזעקוטיווע די (ס) (executive) board

עקזעקוטיר|ן וו (-ט) execute, put to death

עקזעקוטירער דער (ס) executioner

עקזעקוציע די (ס) execution (putting to death); *dial.* act of violence/barbarity

עקידה די זע עקדה

עקיפּאַ'זש דער (ן) coach, carriage; crew, workforce

עקיפּיר|ן וו (-ט) equip

עקל[1] דער (ען) disgust, revulsion

עקל[2] דאָס (עך) דימ זע עק

עקלאָ'ג דער (ן) eclogue, pastoral poem

ע'קלדיק אַדי/אַדוו disgusting, revolting

ע'קלהאַפֿטיק אַדי/אַדוו disgusting, revolting

עקלי'פּס דער (ן) eclipse

עקל|ען וו (גע-ט) <דאַט> disgust, sicken

|| עקלען אומפּ <דאַט פֿון> *rev.* be disgusted (by)

עק|ן וו (גע-ט) put an end to, finish *imperf.*

|| עקן זיך end *intr.*; be in agony/death throes; not be able to stand it anymore (because of impatience, anger, etc.)

|| עס עקט זיך די וועלט it's the end of the world

עקס... ex-..., former

|| עקסמיניסטער former minister

עקסהיביציאָני'סט דער (ן) פֿעמ קע exhibitionist

עקסט אַדי–עפּי/אַדוו last, furthest; extreme, utmost

|| די עקסט|ע כאַטע the last cabin (in the row)

|| די עקסט רעכטע (members of) the far right

|| ס'איז עקסט וויכטיק it's extremely important

|| פֿון עקסטן פֿאַס of the best quality

עקסטאַ'ז דער (ן) ecstasy

עקסטאַטיש אַדי/אַדוו ecstatic

עקסטער אַדי–אינוו/אַדוו זע עקסטרע

עקסטערן דער (ען) (univ.) external candidate, unmatriculated student
עקסטערניק דער (עס) זע עקסטערן
עקסטקייט די (ן) extreme; extremity
עקסטראַוואַגאַ'נץ די (ן) extravagance; (theat.) extravaganza
עקסטראָווע'רט 1. דער (ן) extrovert
|| 2. אַדי extroverted, sociable
עקסטראַ'קט דער (ן) (chem.) extract
עקסטרע 1. אַדי–אינוו special, separate, supplementary
|| 2. אַדוו purposely, especially
עקסטרע'ם 1. אַדי extreme
|| 2. די/דער (ען) extreme
עקסטרעמקייט די extreme degree
עקסיסטיר|ן וו (–ט) exist
עקסיסטע'נץ די (ן) existence
עקסיסטענציאַליזם דער existentialism
עקסיסטענציע'ל אַדי existential
עקסל דאָס (עך) אָקס דימ steer, bullock
עקסמיטיר|ן וו (–ט) evict
עקסמיסיע די (ס) [SY] eviction
עקסעלע'נץ די (ן) [Ly] זע עקסצעלענץ
עקספאַטרייִרט|ער דער-דעק expatriate
עקספאַטרייִר|ן וו (–ט) expatriate
עקספאָנאַ'ט דער (ן) exhibited object/work
עקספאַנסיע די (ס) [SY] expansion
עקספאָ'רט דער (ן) export
עקספאָרטיר|ן וו (–ט) export
עקספלאָדיר|ן וו (–ט) explode *trans./intr.*
עקספלואַטאַציע די exploitation
עקספלואַטיר|ן וו (–ט) exploit
עקספעדיטאָר דער (...אָ'רן) sender; (comm.) shipping clerk
עקספעדיציע די (ס) expedition; shipping
עקספעדיר|ן וו (–ט) mail, ship
עקספע'רט דער (ן) פֿעמ ין <אויף/אין> expert, specialist (in/on)
עקספערימע'נט דער (ן) experiment
עקספערימענטאַ'ל אַדי/אַדוו experimental
עקספערימענטיר|ן וו (–ט) experiment
עקספראָ'מפט 1. אַדי/אַדוו impromptu
|| 2. דער (ן) improvisation
עקספראָפּריאַציע די (ס) expropriation, seizure
עקספראָפּרייִר|ן וו (–ט) dispossess; confiscate; expropriate

עקספרע'ס[1] דער (ן) express (train, etc.)
עקספרע'ס-[2]... express; special delivery
עקספרעסבריוו דער (–) special delivery letter
עקסצעלע'נץ די (ן) [Ly] Excellency
עקסצע'נטריקער דער (ס) פֿעמ ין eccentric, odd-ball
עקסצענטריש אַדי/אַדוו eccentric
עקסצע'נטרישקייט די (ן) eccentricity
עקסצערפּיר|ן וו (–ט) excerpt
עקסקאַוואַטאָר דער (...אָ'רן) excavator, power shovel
עקסקאָמוניקאַציע די (ס) excommunication
עקסקאָמוניקיר|ן וו (–ט) excommunicate
עקסקורסיע די (ס) [SY] excursion
עקסקלוסי'וו אַדי [Ly] exclusive
עקר דער (ים) [OKER - AKORIM] barren male; man without children
עקראַ'ן דער (ען) (movie, TV, etc.) screen
עקרה די (–ות) [AKORE] barren female; woman without children
עקרת־הבית די [AKERES-HABA'IS] *lit.* mistress of the house
עקשן דער (ים) פֿעמ טע [AKShN - AKShONIM] stubborn person
עקשנות דאָס [AKShONES] obstinacy, stubbornness; perseverance
עקשנותדיק אַדי/אַדוו [AKShO'NESDIK] stubborn, obstinate; persevering
עקשניש אַדי [AKShONISh] stubborn, obstinate
עקשנ|ען זיך וו (גע–ט) [AKSh·N] be stubborn/insistent *imperf.*
ער[1] 1. פּראָנ (אַק/דאַט: אים) he
|| 2. דער (ן) male
ער[2] דער (ן) (the letter) R
ער[3]... זע ווערטער מיט דער...
עראָטיק די eroticism
עראַטיש אַדי/אַדוו erratic
עראָטיש אַדי erotic
עראָפלאַ'ן דער (ען) airplane
ערבין די (ען) drone, male bee
ערבֿ[1] דער (ים) [OREV - ORVIM/AREYVIM] guarantor
|| פֿ״גל ערבֿ זײַן
ערבֿ[2] פּרעפּ [EREV] just before, the day before, on the eve of
ערבֿ-[3]... דער [EREV-] eve of
|| ערבֿ־שבת [ShA'BES] Friday evening, Sabbath eve

ערבֿות(־געלט) דאָס [O'RVES] bail; guarantee

ערבֿ זײַן* וו (ערבֿ געווע'ן) <פֿאַר> [OREV] guarantee, vouch (for)

ערבֿניק דער (עס) פֿעמ ...ניצע [O'REVNIK] hostage

ערבֿ־רבֿ דער [E'REVRAV] rabble, riffraff

ערגסט אַדי–עפּי שלעכט סופּ worst

ערגעץ אַדוו somewhere, anywhere

|| ערגעץ וווּ, אין ערגעץ somewhere, anywhere

|| אין ערגעץ ... ניט nowhere

|| ערגעץ אַ ... some ... or other

|| וווּ' ... ערגעץ wherever

|| וווּ עס ווױנט ערגעץ אַ מענטש wherever people live

ע'רגעצלאַנד (דאָס) fairyland

ערגער אַדי/אַדוו שלעכט קאָמפּ worse

|| ווער|ן אומפּ ערגער (situation) deteriorate

|| עס איז אים ערגער געוואָרן his condition became worse

ע'רגער|ן וו (גע–ט) irritate, exasperate

|| ערגער|ן זיך get angry; fret, worry

ע'רגערניש דאָס (ן) vexation

ערד די earth, land; soil, ground

|| גיי|ן* אין דר'ערד go to the devil, go to hell

|| האָב|ן* אין דר'ערד not give a damn about

|| ליג|ן אין דר'ערד be in a bad situation

|| קײַ|ען די ערד struggle, slave away

|| שמעק|ן צו דער ערד have one foot in the grave

|| אין דר'ערד (אַרײַ'ן) מיט ...! damn ...! to hell with ...!

ע'רדאַרבעט[1] די agriculture

ע'רדאַרבעט-[2]... agricultural

ע'רדאַרבעטער דער (ס) פֿעמ ין farmer, agricultural worker

ערדגליטש דער (ן) landslide

ע'רד־טרעטעניש דאָס (ן) crowd, crush

ערדיק אַדי earthy, muddy

ערדיש אַדי earth-colored; earthly; material, down-to-earth

ע'רדמעסטונג די surveying

ע'רדמעסטער דער (–/ס) surveyor

ערד·ן אַדי earthen

ע'רדעפּל דער (–) *dial.* potato

ע'רד־פּראָדוקטן מצ produce

ע'רד־פֿאַרמאָגער דער (ס) פֿעמ ין landowner

ע'רד־ציטערניש דאָס (ן) earthquake

ע'רדקוגל דער זע ערדקײַלעך

ע'רדקויל די זע ערדקײַלעך

ע'רדקײַלעך דער terrestrial globe

ע'רדשטיבל דאָס (עך) hut; foxhole

ערובֿ דער (ים) זע עירובֿ

ערווה די (–ת) [ERVE] sex organ, genitals; nudity, lewdness

ערטל דאָס (עך) דימ זע אָרט

ערטער מצ זע אָרט 2.

ע'רטערווײַז אַדוו in spots, here and there

עריות מצ [AROYES] *Jew.* forbidden sexual relations (incest, adultery)

ערך דער [EREKh] : אַן ערך approximately

|| אין דעם ערך roughly, in that range

|| אָן אַן ערך immeasurably

|| נאָכן ערך comparatively, proportionately

ערל דער (ים) פֿעמ טע [ORL - AREYLIM] *pejor., in-group* non-Jew

ערלעך אַדי/אַדוו honest; straightforward, frank; (religiously) observant

|| ערלעך האַלט|ן honor, treat respectfully

ע'רלעכקייט די honesty

ערמה די [ORME] cunning, deceit

ער|ן[1] וו (גע–ט) honor *imperf.*

ע'רן-[2]... honorary; honorable

|| ערנאַמט [RN-A] honorary position

ע'רנהאַפֿטיק אַדי/אַדוו honorable, scrupulous

ע'רנוואַך די (ן) honor guard

ע'רנוואָרט דאָס word of honor

|| אויף ערנוואָרט on parole

|| (אויף) מײַ'ן ערנוואָרט upon my word

ערנסט 1. אַדי/אַדוו serious, earnest

|| מיינ|ען אַק ערנסט be serious (about)

|| 2. דער seriousness, earnestness; something serious

ע'רנסטקייט די earnestness, seriousness

ערנצט אַדי/אַדוו זע ערנסט

ערע[1] די (ס) era

ערע[2] די honor

ערעוו פֿאַנ ערבֿ

ערעך פֿאַנ ערך

ע'ר(ע)פּאַרכט די reverence, veneration

ערשט 1. אַדי–עפּי first

|| צו(ם) ערשט, צום ערשטן at first

|| צום (אַלעם) ערשטן first of all

|| 2. אַדוו just now, just; only, not before (expression of time); later, still

|| כ'בין ערשט אָ'נגעקומען — I (only) just arrived
|| זי איז דאָ ערשט געווע'ן — she was just here
|| ערשט איצט רעדסטו? — you're only speaking up now?
|| ערשט רעכט/באמת [BEEMES] — more than ever
|| ער דאַרף ערשט קומען — he's expected later
|| 3. קאָנ — it turns out that, and yet (to my surprise)

ערשט־בע'סט אַדי–עפּי : דער
ערשט|ער־בעסט|ער — the first ... that comes along, any old ...
|| ער וועט נעמען די ערשטע־בעסטע פּרוי — he will marry the first woman who comes along
|| זי איז אַרײַ'ן אין ערשטן־בעסטן האָטע'ל — she went into any old hotel

ערשטיק אַדי — original; primary, fundamental; (math.) prime
ע'רשטיקייט די — primacy
ערשטלינג דער (עו) — firstborn; woman giving birth for the first time; primrose
ע'רשטמאָליק אַדי — initial, first-time; unprecedented, unparalleled
ערשטנס אַדוו — firstly, first of all
ע'רשטקלאַסיק אַדי/אַדוו — first-rate; admirable
ע'רשטראַנגיק אַדי — of utmost importance
עשאַפּאָ'ט דער (ן) — scaffold, gallows
עשירות דאָס (ן) [AShIRES] — wealth, opulence; assets, fortune

עשירים מצ זע עושר 1.
עשעלאָ'ן דער (ען) — (milit.) echelon; troop train/transport
עשפּער דער — afternoon snack
עשׂו [EYSEV] 1. פּנ — Esau; *hum.* non-Jews
|| 2. דער — brutal, ignorant character
עשׂרים־וארבע(ה) מצ [ESRIM-VEA'RBE/SVARBE] זע סוואַרבע
עשׂר־מכּות מצ [ESER-MA'KES] — *bibl.* the ten plagues of Egypt
|| דאָס בעסטע פֿון די עשׂר־מכּות — the lesser evil
עשׂרת־בני־המן מצ [ASERES-BNEY-HO'MEN] — *bibl.* the ten sons of Haman
|| ווי די עשׂרת־בני־המן — (recited) in one breath
|| פֿ"גל המן
עשׂרת־הדיברות מצ [ASERES-HADI'BRES] — the Ten Commandments
עשׂרת־השבֿטים מצ [ASERES-HAShVO'TIM] — the Ten (Lost) Tribes of Israel
עשׂרת־ימי־תּשובֿה מצ [ASERES-YEME'Y-TShU'VE] — the ten days of repentance from Rosh Hashanah to Yom Kippur
|| פֿ"גל יום־כּיפּור; ראָש־השנה
עתיד דער [OSED] — future
עתידיק אַדי [O'SEDIK] — future
עת־צרה די [EYS-TSO'RE] — time of trouble; emergency
עת־רצון דער/די [EYS-RO'TSN] — propitious time

פּ

פּ דער/די [PEY] letter of the Yiddish alphabet; pronounced [P]; numerical value: 80

פּא דער/די (ען) [PEY] *pe*, name of the letter פּ

פּאָגאָדזשע|ן זיך וו (–ט) **מיט** *Slav.* resign oneself to, adapt oneself to

פּאָגאָדנע אַדי *Slav.* (weather) serene, clear, pleasant

פּאַגאָדע די (ס) pagoda

פּאָגאָדע די weather

פּאָגאָטאָוויע די *Slav.* ambulance, emergency vehicle

פּאַגאַ'ן דער (ען) **זע פּאַגאַנער**

פּאַגאַניש אַדי pagan

פּאַגאָנע די (ס) epaulet, uniform braid

פּאָגאַנע אַדי abominable, execrable

פּאַגאַנער דער (ס) pagan

פּאָגוי'יִשקע אַדוו in a non-Jewish language

פּאָגזשעב דער *dial.* burial, interment, funeral

פּאַגינאַציע די pagination

פּאָגראָ'ם דער (ען) pogrom, riot

פּאָגראָמטשיק דער (עס) **זע פּאָגראָמשטשיק**

פּאָגראָמיר|ן וו (–ט) stage a pogrom against, sack/plunder (during a pogrom)

פּאָגראָמשטשיק דער (עס) פֿעמ **...שטשיצע** pogromist, rioter

פּאָגראַפּסקע אַדוו *Slav.* like a lord

פּאָד דער (ן) hearthstone; floor of an oven

פּאָדאָבנע אַדי *dial.* similar

פּאָדאַגרע די gout, podagra

פּאָדאָזרעווײַע|ן וו (–ט) <אין> *Slav.* suspect (of)

פּאָדאַ'ט דער (ן) **זע פּאָדאַטיק**

פּאָדאַטיק דער (...טקעס) *dial.* tax, duty

פּאָדאָליע (די) Podolia

פּאָדאַנסטווע די [Ny] *Slav.* subjection, subservience, dependency

פּאָדאַנע דער (ס) *Slav.* serf, slave

פּאָדאָנקעס מצ dregs, lees

פּאָדבאָקעם אַדוו akimbo, hands on hips

פּאָדוואָינע אַדי *dial.* double

|| **פּאָדוואָינ|ע שפּילקע** [Ly] hairpin

פּאָדוואַ'ל דער (ן) cellar, basement; wine cellar

פּאָדוויערקע די (ס) inn

פּאָדוי'ל דער (ן) plain at the foot of a mountain, piedmont

פּאָדושנע די *Slav.* head tax

פּאָדטיאַזשקעס מצ **זע פּיטיאַשקעס**

פּאָדיאָווקע די (ס) [Dy] jacket

פּאָדיום דער (ס) [DY] podium

פּאָדיעזניק דער (עס) [Dy] *Slav.* day laborer

פּאָ'דישקע די (ס) garter

|| מצ *also* garter-belt

פּאָדלאָ'ג דער (ן) *Slav.* fraud, fake

פּאַדלאָגע = פּאָ'דלאָגע די (ס) floor

פּאָדלאָסט דאָס (ן) *dial.* meanness, baseness, vile act

פּאָדליע'ץ דער (עס) vile man, scoundrel

פּאָ'דליקע די (ס) **זע פּאַדלאָגע**

פּאַדלע די (ס) carrion

פּאָדלע אַדי *dial.* base, dastardly, vile

פּאָ'דלעקע די (ס) **זע פּאַדלאָגע**

פּאָדמיאָטקע = פּאָדמעטקע די (ס) *Slav.* (shoe) sole

פּאָדנאָסיק דער (...סקעס) (replacement) sole

פּאָדסקראָביק דער (...בקעס) loaf made of dough scraped from the trough

פּאָ'דעליק דער lap

פּאַדע|ן וו (גע–ט) <אַרו'ם> fawn (over), fuss (over)

פּאָ'דעסקע די (ס) **זע פּאָדישקע**

פּאָדעשווע די (ס) (shoe) sole

פּאָדפּאָלקאָווניק דער (עס) lieutenant colonel

פּאָדפּאָרע די (ס) support, prop

פּאָ'דקאָווע די (ס) **זע פּאָטקעווע**

פּאָד קאָזיראָ'ק : שטיי|ן* פּאָד קאָזיראָק <פֿאַר> give a military salute; show submission (to)

פּאָדקופּ דער *Slav.* bribe

פּאָדקלאַדקע די (ס) (fash.) lining

פּאָ'דקעווע די (ס) **זע פּאָטקעווע**

פּאָדראַבינ(טש)יק דער (עס) young rabbinical assistant

פּאָדראָבנע אַדוו *Slav.* detailed

פּאָדר(י)אַ'ד דער (ן) public service contract; supply contract (for provisions, etc); enterprise, factory; matzo bakery; *hum.* hullabaloo, upheaval

פּאָדריאַ(ד)טשיק דער (עס) entrepreneur, contractor; purveyor, supplier (to government)

פּאָדרי'וו דער (ן) — *Slav.* harm, detriment, loss of earnings
פּאָדריוונע אַדי — *Slav.* detrimental, harmful
פּאָדרענטשנע אַדי — *Slav.* clever, skilled, talented
פּאָ'דשעווקע די (ס) זע פּאָטשעווקע
פּאָדשעניע די (ס) [Ny] — *dial.* antechamber, vestibule
פּאה די (–ות) [PEYE] — sidelock, lock at the temple grown long by orthodox Jewish boys and men
|| האָבן* אַק אין דער לינקער פּאה — not give a hoot about
פּאָהאַנע זע פּאָגאַנע
פּאָהיבעל דער — ruin, destruction
פּאהקעלע דאָס (ך) דימ [PE'YKELE] זע פּאה
פּאָוואָ'לינקע אַדוו — little by little, so you'd hardly notice
פּאָוואָליע 1. אַדי — slow
|| 2. אַדוו — slowly, cautiously
|| 3. אינט — easy! be careful!
פּאָוואָלנע אַדי זע פּאָוואָליע 1.
פּאָווטערנע אַדוו — *dial.* immediately afterward
פּאָוויאַט דער (ן) — (in Poland) district
פּאָוויאַלעט אַדי [Ly] — *Slav.* faded; withered
פּאָוויאַק דער — prison in the center of Warsaw (until 1944)
פּאָ'ווידלע די (ס) — (plum) jam
פּאָוויטקע די (ס) — shed, stable
פּאָווילי'אָן דער (ען) — pavilion; curtain, canopy
פּאָוויעטקע די (ס) זע פּאָוויטקע
פּאָוויעסטקע די (ס) — notification, notice; summons
פּאָווסטאַניע די (ס) [Ny] — rebellion, insurrection, *esp.* the Polish ones against the Russians in 1794, 1831 and 1863
פּאָווסטאַניעץ דער (...נצעס) [Ny] — rebel, *esp.* Pole fighting against Russian domination
פּאַווע די (ס) — peacock, peahen
פּאָוועטינע די — cobweb, spiderweb; gossamer
פּאַ'וועלע די (ס) — bride's trousseau
פּאָווערייַען וו (–ט) — *dial.* verify, check
פּאָווע'רענע דער (ס) — *Slav.* attorney, authorized representative
פּאַוזע די (ס) זע פּויזע
פּאָזאַמע'נט דער (ן) זע פּאָזומענט
פּאַזוואָליען וו (–ט) — *dial.* allow, permit
פּאַ'זוכע די (ס) — bosom
|| באַהאַלטן אין דער פּאַזוכע — keep close to one's chest
|| האָבן* אַ בייזע פּאַזוכע אויף — have a grudge against
פּאָזומע'נט דער (ן) — ornamental trimming (braid, lace, etc.)
פּאָזומענטירער דער (ס) פֿעמ קע — maker of ornamental trimming
פּאַזי'ט דער — banknote, paper money
פּאָזיטי'וו 1. אַדי/אַדוו — positive, affirmative
|| 2. דער (ן) — (phot.) positive
פּאַזיטל דאָס (עך) — banknote
פּאָזיטנע אַדי — of deposit
פּאָ'זיעמקע די (ס) [Zy] זע פּאָזעמקע
פּאָזיציע די (ס) — position; item, entry (in a catalog, account book, etc.)
פּאָזי'ר דער — pose, appearance
פּאָזירן וו (–ט) — pose *intr.*
פּאַזע פּרעפּ — along; next to, alongside
|| גיין* פּאַזע ווענט — hug the walls
|| פּאַזע לעבן — close by, right next to
פּאָזע די (ס) — posture, bearing; pose; affectation, pretension
פּאָ'זעווען זיך וו (גע–ט) — litigate, be at law
פּאָ'זעכע די (ס) זע פּאַזוכע
פּאָ'זעמקע די (ס) — wild strawberry
פּאַזש דער (ן) — page(boy)
פּאָזשאַ'לעווען וו (–ט) — *dial.* have pity on; grant, award
פּאָזשאָנדיק דער (...דקעס) זע פּאַראָנדיק
פּאָזשאַ'ר דער — *dial.* fire, conflagration
פּאָזשאַרניק דער (עס) — *dial.* fireman
פּאָזשאַרנע אַדי — *dial.* pertaining to fire; of firemen
|| פּאָזשאַרנע קאָמאַנדע — fire brigade
פּאָזשיווען זיך וו (–ט) <מיט> — earn a living; profit (from), thrive (on)
פּאָזשניע די (ס) [Ny] — meadow, grassland
פּאָ'זשעמקע די (ס) זע פּאָזעמקע
פּאַט[1] דער — impasse, stalemate
פּאַט[2] דער (ן) — (pocket) flap
פּאָטאַטשקע די (ס) — woman who consents to everything, yes-woman
פּאַטאָלאָגיש אַדי — pathological
פּאָטאָלאָ'ק דער (ן) — *dial.* ceiling
פּאָטאָמסטווע די — *Slav.* posterity, descendants
פּאַטאָס דער — emotion, fervor
פּאָטאָפּע די (ס) — marshland, swampland
פּאָטאָ'ק דער (עס) — *dial.* torrent, stream

פּאַטאָקע די זע פּאַטיקע

פּאָטאַ'קעווע|ן וו (–ט) consent to everything, acquiesce

פּאָטאַש דער potash

פּאָטווע'רדעווע|ן = פּאָטווערזשדעו|ן וו (–ט) *Slav.* confirm

פּאַטויפּעו|ן זיך וו (–ט) fit, have enough room

|| דאָס פּאַטויפּעט זיך אים ניט אין קאָפּ he can't get his head around it

פּאַטיאָ דער (ס) [TY] patio

פּאָטיאַפּעו|ן וו (–ט) [Ty] זע פּאָטשאַפּעו|ן

פּאַטי'ליטשניק דער (עס) blow to the nape of the neck

פּאַטי'ל(נ)יצע די (ס) [Ly] nape of the neck

|| קראַצ|ן זיך אין פּאַטילניצע hesitate, scratch one's head

פּאָטיעכע די (ס) [Ty] joke, trick, diversion

פּאַ'טיקע די molasses

פּאָטיקעו|ן זיך וו (–ט) זע ספּאָטיקעו|ן זיך

פּאַטלאַטע אַדי long haired, shaggy

פּאַטלע די (ס) lock/tuft (of hair)

פּאַטלעזשאַ'ן דער (עס) eggplant

פּאַטעטיש אַדי/אַדוו fiery, passionate

פּאַטעלניע די (ס) [LyNy] frying pan

פּאַטעמאַ'ן דער זע פּאַרטעמאַן

פּאַטע'נט דער (ן) patent; license

פּאַטענטיר|ן וו (–ט) patent

פּאָטע'נץ די (ן) power, force, capacity; (math.) power, exponent

פּאָטענציאַ'ל דער (ן) potential

פּאָטענציע'ל אַדי/אַדוו potential

פּאָטעפּאַלנאָסט דאָס [Ly] boldness, cheek, nerve; strange idea

פּאָטעפּאַלנע אַדי [Ly] audacious, rash

פּאַ'טעקע די זע פּאַטיקע

פּאָטער פּאָנ פּטור

פּאַ'טקעווע די (ס) horseshoe

|| מצ *hum.* diacritic marks indicating pronunciation of vowels in Hebrew

פּאָטראַווע די (ס) dish (food)

|| מצ delicacies

פּאַטראָ'ל דער (ן) [Ly] patrol

פּאַטראָליר|ן וו (–ט) patrol *intr.*

פּאַטראָ'ן[1] דער (ען) patron, sponsor, mentor; cartridge; (fash.) pattern, form

פּאַטראָ'ן[2] דער (עס/ען) *iron.* student at a Talmudic academy; impractical person

פּאַטראָנאַ'ט דער (ן) patronage, sponsorship; auspices

פּאַטראָניר|ן וו (–ט) subsidize, finance; sponsor

פּאַטראָנסקע אַדי typical of a Talmudic student; *iron.* clumsy

פּאַטראָנעסע די (ס) patroness

פּאַטרול דער (ן) [Ly] זע פּאַטראָל

פּאַטריאָ'ט דער (ן) פֿעמ קע/ין patriot

פּאַטריאָטיזם דער (ען) patriotism

פּאַטריאָטיש אַדי/אַדוו patriotic

פּאַטריאַ'רך דער (ן) patriarch

פּאַטריציער דער (ס) פֿעמ קע patrician

פּאַטרע'ט דער (ן) זע פּאָרטרעט

פּאַ'טרעכעס מצ old clothes, rags; entrails, guts

פּאַטש דער (פּעטש) דימ פּעטשל slap; pat, rap

|| געב|ן* דאַט אַ פּאַטש slap, smack

|| טאָ|ן* אַ פּאַטש אויף tap stg. with the palm of the hand

|| טאָ|ן* אַ פּאַטש מיט די הענט clap one's hands (signal, command)

|| אַ פּאַטש אין פּנים [PONEM] affront, a slap in the face

|| אַ פּאַטש פֿון זײַן ליבן נאָמען a punishment from on high

|| כאַפּ|ן פּעטש get slapped

|| פּאַס|ן ווי אַ פּאַטש צו אַ גוט־שבת [ShA'BES] be out of place/incongruous

פּאָטשאַטיק דער (...טקעס) beginning of business, first sale of the day

פּאָטשאָטנע אַדי *dial.* honorable, respectable

פּאָטשאָנג דער (עס) *Slav.* train

פּאָטשאָנטיק דער (...טקעס) זע פּאָטשאַטיק

פּאָטשאַפּעו|ן וו (–ט) *pop.* capture, snatch up; (take by) surprise

פּאַטשורע די (ס) *pop.* face, mug

פּאָטשט[1] די (ן) gossip, rumor; stage coach, mail coach, mail

פּאָ'טשט־[2]... זע פּאָסט־[3]...

פּאָטשטאָווע אַדי postal, of mail

פּאָטשטאַליאָ'ן דער (עס) mail carrier

פּאָ'טשינע די (ס) sidewalk

פּאָטשינקע די (ס) mending, repair

פּאַטש|ן וו (גע–ט) smack, slap

|| פּאַטשן מיט hit with

|| פּאַטשן (מיט) די הענט applaud *intr.*, clap

|| פּאַטשן <דאַט> בראַוואָ applaud (s.o.)

|| פּאַטשן זיך *also* be quick to resort to slapping

פּאָ'טשעוקע די (ס) (fash.) lining

פּאַ'טשענע די (ס) זע פּאַטשינע
פּאַטשער = פּאָטשער דער (עס) Lord's prayer
|| מצ Christian prayers; rosary
|| פֿ״גל פּאַטשערקע
פּאַטשעראָנע אַדי ground, made into powder
פּאַטשערײַ' דאָס applause
פּאַ'טשערקע די (ס) bead
|| מצ rosary; glass beads/trinkets
פּאַטשקו'ן דער (עס) dauber, slob, slovenly person; scribbler, hack writer
פּאַטשקע|ן וו (גע-ט) smear, dirty, paint badly
|| פּאַטשקען (מיט דער פֿעדער) scribble, scrawl
|| פּאַטשקען זיך <מיט> bother oneself/fuss (with), struggle unsuccessfully (with)
פּאַטשקענינע די scribble, scrawl, smear; (tiring) work, hard labor
פּאַיאַווע|ן זיך וו (-ט) זע יאַווען זיך
פּאַיאַ'ץ דער (ן) clown, buffoon
פּאַיאַ'צעווע|ן וו (-ט) clown around
פּאַיאָ'ק דער (עס) ration
פּאַ'ילע די (ס) gruel/beverage intended for livestock
פּאַ'ימעניק דער (עס) young Jew abducted/drafted and forced to serve for many years in the Russian army under Nicholas I (1825-1855)
פּאַ'ימקע די (in Russia) recruitment; capture, abduction
פּאַ'ימשטשיק דער (עס) (in Russia) kidnapper of young Jews for service in the army
|| פֿ״גל פּאַימעניק
פּאַיעזד דער (ן) *Slav.* train
פּאַיע|ן וו (גע-ט) זע פּויען
פּאַכאָזשע אַדי <אויף> *dial.* similar (to), resembling
פּאַכאָליק = פּאַ'כאָליק דער (...לקעס/ פּאַ'כליקעס) boy, fellow; young peasant, day laborer
פּאָכוואַלע די (ס) [Ly] *Slav.* praise, commendation
פּאַכווע די (ס) armpit
פּאַכט די (ן) lease of an estate, tenant farming; livestock farm
פּאַכטער דער (ס) פֿעמ קע tenant farmer, leaseholder
פּאַכי'ר = פּאָכי'ר דער (ן) זע פּוכיר; פּענכער
פּאַ'כליקעס מצ זע פּאַכאָליק
פּאַכעד פֿאָנ פּחד
פּאַכער דער זע פּוכיר; פּענכער

פּאָכער דער *vulg.* interment, burial
פּאַל דער [Ly] זע פּאַליע
פּאָל[1] דער (ן) floor (of a room); slat-bed; upper bench in a steam bath
פּאָל[2] דער (ן) [Ly] זע פּאָלוס
פּאָלאַגאַיע|ן זיך וו (-ט) *dial.* be customary/usual
פּאָלאַ'דעווע|ן וו (-ט) מיט come to an agreement with
פּאָלאָווינע : האַלב דײַטש פּאָלאָווינע רוסיש *hum.* (dressed) half German, half Russian
|| חצי־ייִדיש פּאָלאָווינע גוייִש [KhOTSI] *hum.* in a Judeo-Slavic pidgin
פּאָלאָווינעס מצ זע פּאַלעווינעס
פּאָלאָווע די זע פּלעווע
פּאָלאָזשע די packing up; packing-cloth, sacking
פּאָלאָזשעניע די (ס) [Ny] *dial.* situation, condition
פּאַלאַטע די (ס) hospital ward; tribunal, court of justice
פּאַלאַטקע די (ס) tent, pavilion; booth, stand (at a fair)
פּאַלאַנטי'ן דער (ען) fur collar
פּאָלאָנטשע|ן זיך וו (-ט) *dial.* team up, join forces
פּאָלאָניק דער (עס) skimmer; ladle
פּאָלאָנע'ז דער (ן) [Ly] polonaise (dance)
פּאָלאָנקע די (ס) ice-hole
|| פֿ״גל פּאָליאַנע
פּאָלאָפּ = פּאָלאָפּ דער (עס) ceiling
פּאַלאַץ דער (...אַ'צן) palace
פּאָלאַ'ר[1] אַדי [Ly] polar
פּאָלאַ'ר-[2]... [Ly] polar
|| פּאָלאַר־שטערן Polaris, north star
פּאַלגו'ץ דער זע פּאַלגע
פּאַלגע דער (ס) incompetent tailor
פּאַלובע די (ס) deck (boat)
פּאַלו'מעסיק דער (...סקעס) platter
פּאָלון דער זע פּיאָלון
פּאָלוס דער (ן) [Ly] pole (magnetic, etc.)
פּאָלוציע די (ס) [Ly] (med.) pollution
פּאַלטאָ' דער (ען) [Ly] זע פּאַלטן
פּאַלטן דער (ס) [Ly] overcoat
פּאָלי... poly..., multi...

|| פּאָליגאַמיע — polygamy

פּאָליאַטשקע די (ס) — Polish woman

פּאָליאַנע די (ס) — glade, (forest) clearing

פּאָליאַנקע די (ס) זע פּאָלאָנקע

|| פּ״גל פּאָליאַנע

פּאָליאָסקען זיך וו (–ט) זע פּליושקען זיך

פּאָליאַק דער (...אַ'קן) — Pole

פּאָליאָשקען זיך וו (–ט) זע פּליושקען זיך

פּאָליגראַ'ף דער (ן) — lie detector, polygraph

פּאָליגראַפּיר|ן וו (–ט) — subject to a lie-detector test

פּאָליובאָווניק דער (עס) פֿעמ ...ניצע — lover, sweetheart

פּאָליובע|ן וו (–ט) דאַט — please, suit; make a good impression on, catch the fancy of; agree with, do s.o. good

פּאָליווע די — (pottery) glaze; earthenware

פּאָלי'ווענע אַדי — glazed

פּאָליושקען זיך וו (–) זע פּליושקען זיך

פּאָליטו'ר די (ן) — polish, varnish (substance)

פּאָליטיטשנע אַדי/אַדוו — *dial.* artful, cunning; civil, polite

פּאָליטי'ק די (ן) — politics; policy

פּאָליטיקאַ'נט דער (ן) — politician; cunning man

פּאָלי'טיקע די — politics; politeness, good manners; astuteness, cunning

פּאָלי'טיקער דער (ס) — statesman, politician

פּאָליטיש אַדי — political

פּאָלי'טיש|ער דער-דעק — political prisoner

פּאָליטעיִזם דער — polytheism

פּאָליטע'כניקום דער (ס) — technical school, polytechnic

פּאָליטרו'ק דער (עס) — (in the USSR) political instructor

פּאַליטרע די (ס) — palette

פּאָלי'ן דער זע פּיאָלון

פּאָלי'ניצע די (ס) — round loaf; (baked) pudding

פּאָלי'ס דער (ן) — insurance policy

פּאָליסטראַנט דער (ן) — educated man

פּאַליע די (ס) — pole, stake

|| (אַרוי'פֿ)זעצן אויף דער פּאַליע — impale *imperf./perf.*

פּאָליעוואַניע די זע פּאָלעוואַניע

פּאָ'ליעווע|ן וו (גע–ט) — (animal) be in rut, mate

פּאַליע|ן וו (גע–ט) — be burning hot, become scorched

פּאָ'ליענע די (ס) — log

פּאָליציאַ'נט דער (ן) — policeman

פּאָליציי' די — police

פּאָליצייִש אַדי — police

פּאָליציי'־סטאַנציע די (ס) — police station, station house

פּאָליצייסקע אַדי — of police

פּאָליצייסקער דער — policeman

פּאָליציי'־שעה די (ען) [ShO] — curfew

פּאָליצי'סט דער (ן) זע פּאָליציאַנט

פּאָליציע די זע פּאָליציי

פּאָ'ליצע די (ס) — shelf

פּאָלי'ר דער (ן) — polish, finish (shine)

פּאָליר|ן וו (–ט) — polish, burnish *imperf.*

פּאָליש דער/דאָס (ן) — anteroom of a synagogue

פּאַלמע די (ס) [Ly] — palm tree

פּאַלמעס דער (ן) — autopsy

פּאַ'למעס|ן וו (גע–ט) — perform an autopsy on, make a post-mortem examination of; embalm

פּאָלנע אַדי — *iron.* perfect, complete

פּאָלנעמאָ'ץ דער (עס) — *Slav.* plenipotentiary

פּאָלע די (ס) — lap of a garment, coattail

|| רײַסן <דאַט> די פּאָלעס — press, urge

|| רײַסן אַ פּאָלע פֿון — wrong, cheat

פּאַלעאָליטיש אַדי [Ly] — paleolithic

פּאָלעוואַניע די [Ly...Ny] — *dial.* hunt, hunting

פּאָלעווינעס מצ — sawdust

פּאָ'לעווע|ן וו (גע–ט) זע פּאָלען

פּאָלעטרו'ן דער — *dial.* bindweed

פּאָלעמיזיר|ן וו (–ט) [Ly] — dispute, argue, engage in polemics

פּאָלעמיק די (עס) [Ly] — dispute, polemics, argument

פּאָלעמיש אַדי [Ly] — polemical

פּאָלע|ן וו (גע–ט) — weed, hoe *imperf.*

פּאַלעסטיניש אַדי [Ly] — Palestinian

פּאַלעסטינע (די) [Ly] — Palestine

פּאַלעסטינעץ דער (...נצעס) [Ly] — (in Russia, end of the 19th century) Jewish advocate of immigration to Palestine

פּאַלעסטינער דער (–) פֿעמ ־ין [Ly] Palestinian

פּאָלעפּ דער (עס) זע פּאָלאַפּ

פּאָלק דער (ן) regiment

פּאָלקאָווניק דער (עס) פֿעמ ...ניצע colonel

פּאַלקע די (ס) [Ly] stick, club

פּאָלקע[1] די (ס) drumstick (poultry); *pop.* calf (of the leg)

|| מאַכן פּאָלקעס run at full speed

פּאָלקע[2] די (ס) shelf; bench (in a steam bath)

פּאָלקע[3] די brush cut, crew cut

פּאָלקע[4] די (ס) [Ly] Polish woman; polka

פּאָמאַדע די (ס) pomade, ointment

פּאָמאָטשניק דער (עס) *dial.* aide, assistant

פּאָמאָ'סט דער *Slav.* (wooden) floor

פּאָמווע די (ס) frying pan

פּאַמוי'ניצע די (ס) waste water; slop pail

פּאַמויעס מצ waste water

פּאַמו'ניצע די (ס) זע פּאַמויניצע

פּאַ'מיאַטניק דער (עס) *dial.* monument

פּאַמיאָנטיק דער (...טקעס) *dial.* souvenir

פּאָמידאָ'ר דער (ן) tomato

פּאָ'מינעס מצ זע פּאַמויעס

פּאַמיענטעװן זיך וו (–ט) *dial.* remember, call to mind

פּאָמיעס מצ זע פּאַמויעס

פּאָמיעשטשיק דער (עס) landholder, country squire

פּאָמיעשטשעװ|ן וו (–ט) place, situate

פּאָמס דער crimson

פּאָמס·ן אַדי crimson colored

פּאָ'מעלע די poached plums

פּאָ'מעלע די (ס) hearth broom

פּאַמעלעך אַדי/אַדוו slow, lagging

|| פּאַמעלעך ווי דו גייסט/איר גייט watch your step

פּאַמע'לעכן אַדוו slowly

פּאָ'מעניצע די (ס) זע פּאַמויניצע

פּאָמעראַ'נץ דער (ן) orange

פּאָ'מעשאַף דער (ן/...שעפֿער) slop pail

פּאָמעשטשיק דער (עס) זע פּאָמיעשטשיק

פּאָמעשטשעװ|ן וו (–ט) זע פּאָמיעשטשעװן

פּאָ'מעשעפֿער מצ זע פּאָמעשאַף

פּאָמפּ דער דימ פּעמפּל *fam.* penis, dick

פּאָמפּאָנע די (ס) pompom

פּאַ'מפּושקע די (ס) pancake, fritter; *hum.* chubby face

פּאָמפּע[1] די pomp

פּאָמפּע[2] די (ס) (techn.) pump

פּאָמפּעדיקל דער (ען) (clock) pendulum

פּאָמפּעדיקל|ען וו (–ט) shuttle

פּאָ'מפּעװע|ן וו (גע–ט) pump

פּאָמפּע'ז אַדי/אַדוו pompous; mannered, affected

פּאָמפּעטשעניע די [Ny] זע פּאָפּעטשעניע

פּאָמפּע|ן וו (גע–ט) זע פּאָמפּעווען

פּאַ'מפּעשקע די (ס) זע פּאַמפּושקע

פּאַמפֿלע'ט דער (ן) [Ly] pamphlet, lampoon

פּאַמפֿלעטי'סט דער (ן) [Ly] lampoonist, satirist

פּאַן[1] דער (עס) **1.** Polish nobleman; master; lord

|| **2.** טיטל (in Poland) mister

פּאַן...[2] pan...

|| פּאַנאַפֿריקאַניש pan-African

פּאַנאָוויע אינט (in Poland) gentlemen!

פּאַנאַמע די (ס) panama (hat)

פּאַנאָראַמע די (ס) panorama

פּאַנדעמאָניום דער (ס) [NY] pandemonium

פּאַנדריק = פּאַנדרע פֿנ זע יאָשקע פּאַנדרע

פּאַנטאַלאָנעס מצ knee pants, knickers; trousers, pants

פּאַנטאָמימע די (ס) pantomime

פּאָנטאָ'ן דער (ען) pontoon

פּאַנטאָפֿל דער (–) slipper, loafer

|| זײַן* או'נטערן פּאַנטאָפֿל בײַ be henpecked by

פּאַנטאָ'פֿל־מאַן דער (־מענער) henpecked husband

פּאַנטאָ'פֿל־פּאָסט די grapevine, gossip

פּאַנטעאָ'ן דער (ען) pantheon

פּאַנטע'ר דער (ן) panther

פּאָנטש דער (ן) punch (drink)

פּאָנטשיק דער (...טשקעס) זע פּאָנטשקע

פּאַנטשער דער (ס) flat tire

פּאָנטשקע די (ס) sugar doughnut

פּאַני אינט (in Poland) madam!

פּאַניבראַ'ט : זײַן* פּאַניבראַט <מיט> be on very familiar terms (with), be buddy-buddy (with)

פּאַניבראַטסקע אַדי/אַדוו familiar, casual

פּאַני'טש דער (עס) (in Poland) young nobleman/lord

פּאַניע אינט [Ny] (in Poland) sir!

פּאַניעבראַטשטע מצ [Ny] buddies, pals

פּאַניענקע די (ס) [Ny] young lady
פּאַניק די (עס) panic; stampede
פּאַניש אַדי panicky, frantic
פּאָנס דער זע פּאָמס
פּאַנסיאָ'ן דער (ען) [SY] boarding-house; room and board
פּאַנסיאָנאַ'ט דער (ן) [SY] boarding school
פּאַנסיאָנע'ר דער (ן) פֿעמ קע [SY] boarder
פּאַנסקע אַדי lordly
|| פּאַנסקע כ(וו)אַראָבע hypochondria, imaginary illness
פּאַנע די (ס) (in Poland) lady; Madonna
פּאַ'נעווע|ן וו (גע–ט) live like a lord, live in grand style; reign supreme
פּאַנע'ל דער (ן) [Ly] *Amer.* panel; jury, committee; list of names
פּאַנעליי'ר דער (ן) paneling
פּאַנעליר|ן וו (–ט) panel; decorate with panels
פּאַ'נעלע דאָס (ך) young lady; pretty girl
פּאָנעם פֿאָנ פּנים
פּאָנץ[1] דער (ן) paunch, bulge
פּאָנץ[2] דער (ן) awl, punch (tool)
פּאַנצער[1] דער (ס) shield; armor; carapace, shell
פּאַ'נצער[2]־... armored
|| פּאַנצער־אויטאָ armored car
פּאַ'נצער|ן וו (גע–ט) armor-plate *imperf.*
פּאַ'נצערשיף די (ן) battleship
פּאַ'נקעווע|ן וו (גע–ט) [Ny] indulge, pamper
פּאָנש דער (ן) זע פּאָנטש
פּאַנשטשי(ז)נע די serfdom
פּאַס[1] דער (ן) דימ פּאַסיק stripe, line; ray (of light); stroke, dash; ribbon, band, strip; belt, girdle
|| רײַס|ן/שינד|ן אַ פּאַס fleece (client), overcharge
פּאַס[2] דער (פּעסער) passport, permit, pass
פּאַס[3] דער (ן) (mountain) pass
פּאַסאַ'זש דער (ן) passage
פּאַסאַזשי'ר דער (ן) passenger
|| בלינד|ער פּאַסאַזשיר stowaway
|| גרינג|ער/שווער|ער פּאַסאַזשיר easygoing/difficult person
פּאַסאַ'ט(ווינט) דער (ן) trade wind
פּאַסודע די *dial.* dishes
פּאַסוכע די זע פּאָסעכע
פּאָסט[1] די (ן) mail, post; letters, mail; post office
פּאָסט[2] דער fast, Lent
פּאָ'סט[3]־... postal
|| פּאָסט־באַאַמט|ער postal clerk
|| פּאָסטצוג mail train
פּאָסטאָ'י דער *Slav.* quartering (of soldiers)
פּאָסטאָיאַלעץ דער (...לצעס) *Slav.* lodger
פּאָסטאַמט דער (ן) post office
פּאָסטאַמע'נט דער (ן) pedestal, base
פּאָ'סט־אָנווייַזונג די (ען) money order
פּאַסטאָר דער (...אָ'רן) (relig.) pastor
פּאָסטגעלט דאָס postage
פּאַסטוך דער (ער) זע פּאַסטעך
פּאָסטו'ם אַדי posthumous
פּאַסטושקע די (ס) shepherdess
פּאָסטטויב די (ן) carrier pigeon
פּאָסטיוועץ דער (...ווצעס) basin, small tub
פּאָסטילניק דער (עס) [Ly] tanner
פּאַסטילקע די (ס) lozenge, pastille (medicinal)
פּאָ'סטליסטע די (ס) mailing list
פּאָ'סטמאַרקע די (ס) postage stamp
פּאָ'סטמײַסטער דער (ס) פֿעמ קע postmaster
פּאַסט|ן וו (געפּאַ'סט) זע פּאַסן[1]
פּאָסטן דער (ס) position, post
פּאָסטנע אַדי זע פּיסנע
פּאָ'סטנרעכט דאָס <אויף> tenure (at)
פּאָ'סטסטאַנציע די (ס) post office
פּאָסטסקרי'פּט דער (ן) postscript
פּאָסטסקריפּטום דער (ס) זע פּאָסטסקריפּט
פּאַסטע די (ס) (tooth, etc.) paste
פּאָ'סטעווקע די (ס) זע פּאָסטעמקע
פּאַסטעך דער (ער) פֿעמ (ער)ין shepherd
פּאָסטעלע די (ס) sandal
פּאָסטעמפּאָווע אַדי *Slav.* progressive (politics)
פּאָ'סטעמקע די (ס) mannerism, grimace; peculiarity, distinctive feature
|| מצ foibles, vagaries; whims, cravings *esp.* of a pregnant woman
פּאַ'סטערנאַק דער parsnip
פּאַ'סטערקע די (ס) woman's hat/hood
פּאָ'סטקאַרטל דאָס (עך) postcard
פּאַסטקע די (ס) trap
פּאַ'סטקעדיק אַדי treacherous
פּאָ'סטקעסטל דאָס (עך) mailbox; post-office box
פּאַסטראַמע די pastrami
פּאָסטראָמעק דער (...מקעס) זע פּאַסטראָניק
פּאָסטראָמקע די (ס) זע פּאַסטראָניק
פּאַסטראָניק דער (...נקעס) tether, leash, strap

פּאַסטרויקע די (ס) — building, structure
פּאָסטרעסטאַ'נט דער — general delivery
פּאָ'סטשטעמפּל דער (ען) — postmark
פּאַסיאַ'נס דער (ן) [SY] — solitaire (cards)
|| לייגן אַ פּאַסיאַנס — play solitaire
פּאַסי'וו .1 אַדי/אַדוו — passive
|| .2 דער (ן) — passive voice; liability, deficit
פּאַ'סיטשניק דער (עס) — apiarist, beekeeper
פּאַסילקע די (ס) — *dial.* parcel, package
פּאַ'סינקע די (ס) — beehive, apiary
פּאַסיע די (ס) [SY] — passion, rage
|| אַרײַ'נ|קומ|ען אין דער פּאַסיע — fly into a rage
פּאַסיק[1] אַדי — fitting; suitable; appropriate, at the right level; opportune
פּאַסיק[2] דער (עס) פּאַס דימ — belt; strip, stripe
פּאַ'סיקל דאָס (עך) פּאַסיק דימ — *also* hyphen, dash
פּאַ'סיקע די (ס) זע פּאַסינקע
פּאַ'סיקשפּיל די — a kind of game of chance
פּאַ'סיקשפּילער דער (-/ס) — gambler, cheater; profiteer
פּאַסירונג די (ען) — event, occurrence, news item
פּאַסירל דאָס (עך) — pass, permit
פּאַסיר|ן וו (-ט) <מיט> — happen (to), occur, befall
פּאַסי'ר־צעטל דער (ען) — pass, permit
פּאַסירשײַן דער (ען) — pass, permit
פּאַסכע די — (Greek) Orthodox Easter
פּאַסלאַניעץ דער (...נצעס) [Ny] — *Slav.* messenger
פּאַסלאַניק דער (עס) — *Slav.* envoy, ambassador
פּאַסלאַנצעס מצ זע פּאַסלאַניעץ
פּאָסלושנע אַדי — *dial.* obedient, submissive
פּאָסליעדנע אַדי — *dial.* last, latest; of inferior quality
פּאָסליעדקעס מצ — coarse meal
פּאַסמאַצקע די (ס) — *fam.* delicacy
פּאַסמאַ'קעווע|ן (זיך) וו (-ט) <מיט> — *fam.* relish, savor
פּאַסמע די (ס) — skein; series, row; strip, ribbon; lock (of hair)
פּאַס|ן[1] (זיך) וו (גע-ט) <צו/דאַט> — fit, suit; match, be suited/appropriate (to)
|| פּאַסן <דאַט/פֿאַר> — be becoming, be fitting to the position (of)
|| ניט פּאַסן אומפּ דאַט צו — *rev.* find it beneath one's dignity to
|| עס פּאַסט אים ניט צו אַ'רבעטן — he thinks work is beneath him
|| עס פּאַסט ניט — it's not becoming/seemly
|| עס פּאַסט ניט אַהע'ר — that has nothing to do with it
פּאַס|ן[2] וו (גע-ט) זע פּאַשן
פּאַ'סניצע די (ס) — (anat., fash.) waist
פּאָסנע אַדי זע פּיסנע
פּאַסעוויסקע די — *Slav.* meadow, pasture
פּאַ'סעווע|ן וו (גע-ט) — cross out, (cross)hatch; cut into strips *imperf.*; flog, flay
פּאָסעכע די — drought
פּאַסעמאַ'ן דער (עס) — braid, lace, ribbon
פּאַסע|ן וו (גע-ט) זע פּאַשען[1]
פּאָסעסאָר דער (ס) — lessee (of an estate), tenant farmer; landholder, property owner
פּאָסעסי'וו .1 דער (ן) — possessive case
|| .2 אַדי — (gramm.) possessive
פּאָסעסיע די (ס) [SY] — estate
|| מצ — land holdings
פּאַ'סעקע די (ס) זע פּאַסינקע
פּאַסער דער (ס) פֿעמ קע — fence, dealer in stolen goods
פּאַספּאָ'רט דער (ן) — passport
פּאַספּאַרטו' דער (ען) — mat (picture frame); pass, unlimited-use ticket
פּאָספּייע|ן וו (-ט) <צו> — *dial.* come in time, have enough time (to)
פּאַסקודזשע|ן [Dy] וו (-ט) = פּאַסקודיע|ן — *fam.* answer the call of nature, relieve oneself; do vile things; dirty, befoul *imperf.*
פּאַסקודניאַ'ק דער (עס) פֿעמ ...אַטשקע [Ny] — scoundrel, villain
פּאַסקודניק דער (עס) פֿעמ ...ניצע זע פּאַסקודניאַק
פּאַסקודנע אַדי — disgusting, revolting
|| ס'איז פּאַסקודנע! — what rotten luck! it's terrible!
פּאַסקודסטווע די (ס) — abomination, filth; *pejor.* bitch, slut
פּאַסקווי'ל דער (ן) זע פּאַשקעוויל
פּאַסקעוואַטע אַדי — striped
פּאַ'סקעלע דאָס (ך) פּאַסיק דימ2
פּאָעזיע די [ZY] — poetry
פּאָע'ט דער (ן) פֿעמ ין — poet
פּאָעטיק די — poetics
פּאָעטיש אַדי — poetic

פּאָעטעסע די (ס) poetess

פּאָעמע די (ס) long poem

|| דראַמאַ'טיש|ע פּאָעמע verse drama

פּאַפּ דער paste, pulp

פּאָפּ דער (ן) (Greek) Orthodox priest

פּאַפּאַ דער papa

פּאָפּאַדע|ן זיך וו (–ט) <אין> fall (into/on)

פּאַפּאַכע די (ס) round fur hat

פּאַפּאַס דער pasture, fodder

פּאַ'פּאָראָטניק דער (עס) *Slav.* fern

פּאָפּאַרע|ן וו (–ט) *dial.* scald, spray with boiling water

פּאַפּוגײַ' דער (ען) parrot

|| לאַ'נגעקיק|ער פּאַפּוגײַ parakeet

פּאַפּוגע די (ס) זע פּאַפּוגײַ

פּאַפּוטשע די (ס) Turkish slipper

פּאָפּולאַריזיר|ן וו (–ט) [Ly] popularize

פּאָפּולע'ר אַדי [Ly] popular, well-known, well-liked

פּאָפּולערקייט די [Ly] popularity

פּאַפּוסע די (ס) tattered old book

פּאָפּורי' דער (ען) (mus.) medley

פּאַפּושוי' דער (עס) זע פּאַפּשוי

פּאַפּי'ר דאָס (ן) paper; document, form

פּאַפּיראָ'ס דער (ן) cigarette

פּאַפּיראָסניק דער (עס) פֿעמ ...ניצע cigarette-maker

פּאַפּירגעלט דאָס paper money, bank note(s)

פּאַפּיר·ן אַדי paper, of paper

פּאַפּירקאָרב דער (...קערב) wastebasket

פּאַפּירקראָם די (ען) stationer, stationery (store)

פּאַפּי'ש דער (ן) cigar

פּאַפּל|ען וו (גע–ט) *fam.* eat, munch

פּאַפּלעקציע די (ס) [Ly] *fam.* stroke, apoplexy

פּאַפּע[1] די *baby talk* food; mush, baby food

פּאַפּע[2] דער (ס) (אַק/דאַט: פּאַפּן) daddy, papa

פּאָפּעטשעניע די [Ny] *Slav.* care, responsibility, supervision

פּאָפּעליאַטע אַדי (ashy) gray, ash-colored

פּאַ'פּעלניק דער (עס) זע פּידפּאַליק

פּאַפּע|ן וו (גע–ט) smoke, take a drag (on a cigarette)

פּאָ'פּעריק אַדוו across, transversely; athwart, in opposition

|| שטעל|ן זיך פּאָפּעריק stand athwart, block the way

|| דו מעגסט זיך שטעלן פּאָפּעריק try as you might, you might as well give up

פּאָפּערעטשקע די (ס) crossbar, crosspiece

פּאַפּקע די (ס) dossier, folder

פּאָפּקע די (ס) marionette, doll

פּאַפּקע|ן וו (גע–ט) זע פּאַפּען

פּאָפּראַווע|ן וו (–ט) mend, repair, improve

|| פּאָפּראַווען זיך recover, get over an illness

פּאָפּראַווקע די (ס) repair; convalescence, recuperation; correction

פּאַפּשוי' דער (עס) (ear of) corn

פּאַפּשוי'-שנייעלעך מצ corn flakes

פּאָפּ(ע)|ן וו (גע–ט/געפּאָפּן) *pejor.* sleep, snooze

פּאָץ דער (פּעץ) דימ פּעצל *fam.* penis, prick; idiot, schmuck

פּאַצאַפּע|ן וו (–ט) זע פּאָטשאַפּען

פּאַצו'ק דער (עס) rat

פּאַציאַפּע|ן וו (–ט) זע פּאָטשאַפּען

פּאַ'ציִנקע די *baby-talk* beddy-bye

פּאַציעכע די (ס) comfort, delight; fun, amusement

פּאַציע'נט דער (ן) פֿעמ קע patient

פּאַציער דער (עס) זע פּאַטשער

פּאַ'ציערקע די (ס) זע פּאַטשערקע

פּאַציפֿיזם דער pacifism

פּאַציפֿיק דער Pacific (Ocean)

פּאַציפֿיש אַדי pacific

פּאַק[1] דער (פּעק) דימ פּעקל pack, bale, bundle

פּאַ'ק-[2]... of packing/packaging

|| פּאַקלײַוונט packing cloth

|| פּאַקנאָדל packing needle

פּאַק[3] אַדוו then, thus, but, (even) so, instead

פּאָק דער (ן) pock, pimple

|| פֿ"גל פּאָקן

פּאָקאַ'ז דער *Slav.* show, exhibition

פּאָקאַזאַניע די (ס) [Ny] *Slav.* testimony, evidence

פּאָקאָי' דער (עס) *Slav.* chamber

פּאָקאָיאָווע די (ס) *Slav.* chambermaid

פּאַקאָסט דער (ן) *dial.* malicious deed, dirty trick

פּאָקאָסט דער (ן) varnish

פּאָקאָסטיר|ן וו (–ט) varnish *imperf.*

פּאַ'קאָסטניק דער (עס) *dial.* malicious man, bastard

פּאָקאָרנע אַדי *dial.* submissive, humble, obedient

פּאַקוטע די (ס) penance, contrition, mortification

פּאַקו'טעוו|ען וו (–ט) do penance, atone
פּאַקוליע די (ס) hemp
פּאַקונג די (ען) wrapping, packaging
פּאָקופּקע די (ס) *Slav.* purchase
פּאַקט[1] דער (ן) pact
פּאַקט[2] די (ן) **זע פּאַכט**
פּאַקטער דער (ס) **זע פּאַכטער**
פּאָקלאַזשע די *Slav.* cargo, load
פּאַקליע די **זע פּאַקוליע**
פּאַק|ן וו (גע–ט) pack, wrap *imperf.*; catch, get hold of
|| כ'קען אים ניט פּאַקן I can't get hold of him
|| פּאַקן זיך <מיט> pack one's things *imperf.*; binge (on), stuff oneself (with)
פּאָקן **1.** מצ pox, smallpox
|| שטעל|ן <דאַט> פּאָקן vaccinate against smallpox
|| **2.** פּאָק|ן וו (גע–ט) : פּאָקן און מאָזלען have chicken pox and measles; go through the diseases of childhood; *hum.* go through the difficulties of a new situation
פּאָ'קנדיק אַדי pockmarked
פּאַ'קן־טרעגער דער (–/ס) itinerant bookseller
פּאָ'קן־שטעלונג די (ען) vaccination
פּאָקע : פּאָקע וואַנעט/וואַנען *dial.* till, until
פּאַ'קעוו|ען וו (גע–ט) wrap, pack *imperf.*
פּאַקע'ט דער (ן) packet, package, parcel; folder, portfolio
פּאַקעל(י)ע די (ס) [Ly] **זע פּאַקוליע**
פּאָקער דער poker (card game)
פּאַ'קפּאַפּיר דאָס wrapping paper
פּאָקראַקע די (ס) good-for-nothing; sloven
פּאָקרוי' דער (fash.) cut, shape, fashion
פּאָ'קרישקע די (ס) lid, cover
|| פֿ"גל כאַטע פּאָקרישקע
פּאָקשיווע די (stinging) nettle
פּאר דער [PER] ornament; leader, personage; fine(-looking) man
|| פֿ"גל פּער[1]
פּאָר די/דאָס (–/ן) couple; (well-matched) pair; good catch, spouse
|| אַ פּאָר + מצ a pair of; a few, a couple of
|| אַ פּאָר שיך a pair of shoes
|| אַ פּאָר קאַרשן a few cherries
|| אַ פּאָר a few, two or three
|| איך האָב ניס; נעם אַ פּאָר I have some nuts, take a few
|| ניט זײַן* קיין פּאָר not go well together
|| ער איז מיט מוזי'ק ניט קיין פּאָר music is not his thing
|| ער האָט ניט צו זיך קיין פּאָר there's no one else like him
פּאַ'ראָביק דער (...בקעס) day laborer, farmhand
פּאַראַגראַ'ף דער (ן) paragraph; (legal) clause
פּאַראַ'ד דער (ן) parade, review; pomp, fanfare
פּאַראַדאָ'קס דער (ן) paradox
פּאַראַדאָקסאַ'ל אַדי/אַדוו paradoxical
פּאַראַ'ד־וואָגן דער (ס) float (in a parade)
פּאַראָדיע די (ס) [DY] parody
פּאַראָ'דיעלע דאָס (ך) **פּאַראָדיע** דימ [DY] spoof, hoax
פּאָראַדיק דער (...דקעס) **זע פּאָראָנדיק**
פּאַראַדיר|ן וו (–ט) parade, march *intr.*
|| פּאַראַדירן מיט flaunt
פּאַראָדיר|ן וו (–ט) parody
פּאַראַדנע אַדי/אַדוו gala, ceremonial; pompous
פּאָראָדע די (ס) *dial.* breed, species
פּאַראַוואַ'ן דער (ען) screen, partition
פּאַראָווי'ק דער (עס) boiler, steam engine
פּאַראָווע אַדי (of) steam
פּאַראַזי'ט דער (ן) parasite
פּאָראָך דער powder (explosive)
פּאַראַכאָ'ד דער (ן) steamer, steamboat; ocean liner
פּאַראָ'ל דער (ן) [Ly] password, watchword; promise
פּאַראַליז דער (ן) paralysis
פּאַראַליזיר|ן וו (–ט) paralyze
פּאַראַלי'טיקער דער (ס) paralytic, victim of paralysis
פּאַראַלע'ל [LyEL] **1.** אַדי/אַדוו parallel
|| **2.** דער (ן) parallel, analog
פּאַראַלע'ל־קרײַז דער (ן) [LyEL] line of latitude, parallel (geogr./celestial)
פּאַראָ'ם דער (ען) ferry(boat)
פּאַראָמשטשיק דער (עס) ferryman, boatman
פּאָראָנדיק דער (...דקעס) order, arrangement; regime, system; custom, practice
פּאַראָ'נדקעוו|ען וו (–ט) manage, command, call the shots
פּאַראַניע|ן זיך וו (–ט) [NY] hurry, hasten, come early
פּאַראַסאָ'ל דער (ן) [Ly] parasol, umbrella
פּאַ'ראָסטע די (ס) sail

פּאַראָסינע די זע פּאַרוסינע

פּאַראַפּיאַ'ל אַדי of the parish, parochial

פּאַראַפּיע די (ס) parish

פּאַראַפֿראַ'ז דער (ן) paraphrase

פּאַראַפֿראַזיר|ן וו (–ט) paraphrase

פּאַראַקי'ט דער (ן) *Amer.* parakeet

פּאַראַשו'ט דער (ן) parachute

פּאַראַשוטי'סט דער (ן) פֿעמ קע parachutist, paratrooper

פּאַראַשוטיר|ן וו (–ט) airdrop

|| פּאַראַשוטירן זיך parachute *intr.*, jump by parachute

פּאַראַשע די (ס) slop-bucket (in prison)

פּאַר־הדור דער [PER-HADO'R] leading light of his generation

פּאַרווײַז אַדוו in pairs, two by two

פּאַרוועניו' דער (ען) [Ny] parvenu, nouveau riche

פּאָרוטש(נ)יק דער (עס) (in Russia or Poland) lieutenant

פּאָרושעניע די (ס) [Ny] *Slav.* commission, errand, mission

פּאַרוסינע די sailcloth

פּאַרו'ק דער (ן) wig

פּאַרו'ק־מאַכער דער (ס) hairdresser, make-up artist

פּאָרוקע די (ס) *Slav.* guarantee, security deposit

פּאָרט דער (ן) (navig.) port, harbor

פּאָרטאָ דער mailing charge, postage

פּאָרטאַטי'וו אַדי portable

פּאָרטאַ'טש דער (עס) פֿעמ קע botcher, bungler

פּאָרטאַטשיש אַדי slapdash, sloppy; neglected, unkempt

פּאָרטאַ'טשעווע|ן וו (–ט) bungle, botch

פּאָרטאַ'ל דער (ן) portico, gallery

פּאָ'רט־אַרבעט(אָר)ער דער (ס) longshoreman, stevedore

פּאָ'רטוגאַל (דאָס) Portugal

פּאָרטוגאַליש אַדי/(דאָס) Portuguese

פּאָרטוגאַלער דער (–) פֿעמ ין Portuguese

פּאָרטוגעזיש אַדי/(דאָס) זע פּאָרטוגאַליש

פּאָרטווײַן דער port (wine)

פּאָרטטאַבאַ'ק דער tobacco pouch

פּאַרטיזאַ'ן דער (ער) פֿעמ קע זע פּאַרטיזאַנער

פּאַרטיזאַניש אַדי guerrilla, partisan

פּאַרטיזאַנער דער (–/ס) פֿעמ קע guerrilla, partisan

פּאַרטיזאַנקע די resistance army, guerrilla force

|| פֿ"גל פּאַרטיזאַן; פּאַרטיזאַנער

פּאַרטיטו'ר די (ן) (mus.) score

פּאַרטיי[1] די (ען) political party

פּאַרטיי־[2]... partisan, party-

|| פּאַרטיי־ליניע [Ny] party-line

פּאַרטייִש אַדי/אַדוו (pertaining to a) party; partial, partisan

פּאַרטייער דער (ס) פֿעמ ין member of a political party, party operative

פּאַרטיע די (ס) [TY] group (of people); lot (goods); (army) contingent; turn, round (of a game); (mus.) part

פּאַרטיע' דער (ען) [TY] porter, doorman

פּאָרטיער דער (ן) [TY] portiere, door curtain

פּאַרטיצי'פּ דער (ן) participle

פּאַרטיקל דער (ען) (gramm.) particle

פּאָרטמאָנע' דער (ען) wallet, purse

פּאַרטנער דער (ס) פֿעמ ין partner

פּאָרטסיגאַ'ר דער (ן) זע פּאָרטציגאַר

פּאָרטעמאַ'ן דער toilet, washroom

פּאַרטע'ר דער (ן) ground floor; orchestra (section of a theater)

פּאָרטער דער = פּאָ'רטערביר דאָס porter (beer)

פּאָרטפֿע'ל דער (ן) [Ly] portfolio, brief case

פּאָרטציגאַ'ר דער (ן) cigar/cigarette case

פּאָרטרע'ט דער (ן) portrait

פּאָרטרעטיר|ן וו (–ט) paint a portrait of

פּאָרטשטאָט די (...שטעט) port (city)

פּאָרטשיק דער (עס) hackney coachman

פּאַרטשעווע אַדי (fash.) brocaded, (of) brocade

פּאַריטע'ט די parity

פּאַריער דער (–) pariah, outcast

פּאַריי'ק דער (עס) זע פּאַרוק

פּאַרי'ר דער (ן) parry, dodge

פּאַריר|ן וו (–ט) parry, dodge

פּאַרך דער (עס) ringworm (of the scalp), mange, canker; *vulg.* skinflint, rat, bastard

פּאָרך דער זע פּאָרעך

פּאַרכאַטע אַדי זע פּאַרכעוואַטע

פּאַרכו'טש דער (עס) *vulg.* rat, bastard

פּאַרכל דאָס (עך) butterfly, moth

פּאַרכעוואַטע אַדי scurfy, mangy; *vulg.* filthy, wretched

פּאָרל דאָס (עך) פּאָר דימ (romantic) couple

|| זײַן* אַ פּאָרל <מיט> go steady (with)

פּאַרלאַמע'נט דער (ן) parliament

פּאַרלאַמענטאַ'ר(יש) אַדי parliamentary

פּאָרל|ען זיך וו (גע–ט) mate, copulate

פּאַרמעט דער (ן) — parchment

פּאַ'רמעט·ן אַדי — (of) parchment, parchment-like

פּאָר|ן וו (גע–ט) — match up, pair, couple

|| פּאָרן זיך — fit, be a match; mate, copulate

פּאָרנאָגראַפֿיע די — pornography

פּאַרנאָסע פֿאָנ פּרנסה

פּאַרנע אַדי — humid, sultry, sweltering

פּאָרסקע|ן וו (גע–ט) — snort

פּאַרע די (ס) — steam, vapor; *fig.* breath; *slang* pluck, courage

|| ניט אַרויס|לאָז|ן קיין פּאַרע — not breathe a word, keep mum

|| געבן*/דערלאַנג|ען פּאַרע — work vigorously

|| צי'טער|ן פֿאַר פּאָס פּאַרע — tremble before s.o.

פּאָרע די (ס) — pore

פּאַרעבאָ'ק דער זע פּאַראָביק

פּאָ'רעדיק אַדי — porous

פּאַרעוו אַדי זע פּאַרעווע

פּאַ'רעוויק דער (עס) — stewpot, sauce pan

פּאַ'רעווע אַדי — *Jew.* neither dairy nor meat (and compatible with either); *hum.* neutral, noncommittal; spineless, wishy-washy

|| פּאַרעווע כּלים [KEYLIM] — vessels not used for cooking either meat or milk

פּאָ'רעטשקע די (ס) — currant

פּאָרעך דער — dust

פּאַרע|ן וו (גע–ט) — give off steam, emit vapor; steam, cook by steaming

|| פּאַרען זיך — take a steam bath

|| פּאַרען אומפּ — (weather) be sultry

פּאָרע|ן זיך וו (גע–ט) <מיט> — occupy oneself (with), fuss (over)

פּאַרענטע'ז דער (ן) — parenthesis

פּאַרע'נטש = פּאָרענטש דער (ן) — railing, handrail, banister; chair back

פּאָ'רע־ציבעלע די (ס) — leek

פּאָרפּל|ען זיך וו (גע–ט) — tremble, quiver, thrash about

פּאָרפֿאָ'לק דאָס (ן/...פֿע'לקער) — married couple

פּאָרפֿאָלקבעט דאָס/די (ן) — double bed

פּאָרפֿאָלקשאַפֿט די — state of matrimony, married life

פּאַרפֿו'ם דער (ען) — perfume

פּאַרפֿומיר|ן וו (–ט) — perfume, scent

פּאָרפֿעלקער מצ זע פּאָרפֿאָלק

פּאָרציע די (ס) — portion, share

|| געבן* דאַט אַ פּאָרציע — tell s.o. off

|| כאַפּ|ן אַ פּאָרציע — be scolded, get raked over the coals

פּאַרצע די (ס) — mug, ugly face

פּאַרצע'ל דער (ן) [Ly] — (building) lot, plot

פּאָרצעלאַ'ן דאָס זע פּאָרצעלייַ

פּאָרצעלייַ' דאָס — china, porcelain

פּאָרצעלייַען אַדי — (of) porcelain

פּאַרצעליר|ן וו (–ט) — parcel out, divide up, apportion

פּאַ'רצערע די זע פּאַרצע

פּאַרק דער (ן) — park, public garden

פּאַרקאַן דער (...אַ'נעס) זע פּאַרקן[2]

פּאַרקו'ן דער (עס) — laggard, straggler, slowpoke

פּאַרקי'ר־... — parking

|| פּאַרקיר־משגיח [MAZhGIEKh] — parking attendant

פּאַרקיראָרט דאָס (פּאַרקי'רערטער) — parking spot/place

פּאַרקיר|ן וו (–ט) — park *trans./intr.*; be parked

פּאַרקירפּלאַץ דער (...פּלעצער) — parking lot

פּאַרק|ן[1] וו (גע–ט) זע פּאַרקירן

פּאַרקן[2] דער (ס/...קענעס) — fence

פּאַרקע[1] די (ס) — parka

פּאַרקע[2] די (ס) — (stage)coach

פּאַרקע'ט דער — parquetry, inlaid floor; orchestra, pit (seating area in a theater)

פּאָרקע|ן וו (גע–ט) — tinker, fiddle about (with)

|| פּאָרקען זיך <אין> — rummage (through), poke around (in)

פּאַ'רקענעס מצ זע פּאַרקן[2]

פּאַרשוי'ן דער (ען) — person, personage, individual; passenger, traveler; (theat., etc.) character; handsome man, beautiful woman; *fam.* guy, chap

|| קוק נאָר אָן דעם פּאַרשוין! — just look at this fellow!

פּאַרשווינטע די (ס) — *fam., pejor.* dame, broad

פּאַרשו'ק דער (עס) — good-for-nothing

פּאַרשטשיק דער (עס) — bath attendant

פּאַרשיווע אַדי — mangy, scabby; *fam.* disgusting, vile

|| אַ פּאַרשיווע קרענק — a nasty disease

פּאַרשיוועץ דער (...ווצעס) — scoundrel, bastard

פּאָרשקע|ן וו (גע–ט) זע פּאָרסקען

פּאַש דער (ן) דימ פּעשל — deck of cards

פּאַשאַ' דער (ס/ען) — pasha

פּאַשאָ'ל (וואָ'ן) אינט — out! scat!

פּאַשטעט' דער (ן) — meat pie

פּאָ'שלינע די (ס) — *Slav.* customs, tariff

פּאַס|ן וו (גע-ט) — pass, give up one's turn (in a game); shuffle (cards); *slang* fence, sell stolen goods

פּאַשע די (ס) — pasture; fodder, forage

פּאָשעט פֿאָנ פּשוט

פּאַשע|ן[1] וו (גע-ט) — pasture, tend (grazing animals)

|| פּאַשען זיך — graze, browse

פּאַשע|ן[2] וו (גע-ט) — pant, puff

|| דער אויוון פּאַשעט — the stove is giving off intense heat

פּאָשפּעט|ן וו (פּאָשפּע'ט) — squander, waste

|| פּאָשפּעטן זיך — make a fool of oneself, prove oneself inept

פּאַשק(ע)ווי'ל דער (ן) — lampoon, parody

פּגימה די (–ות) [PGIME] — scratch, notch, *esp.* in the blade of a ritual slaughterer, making it impure; defect, blemish; imperfection, shortcoming, (moral) stain

פּגימהדיק אַדי [PGI'MEDIK] — defective, imperfect; faulty, badly made

פּגירה די (–ות) [PGIRE] — death (of an animal); carcass, cadaver

פּגיריש אַדי — (animal) old, sick, at death's door

פּגם דער (ים) [PGAM - PGOMIM] — nick, dent; defect, flaw, imperfection

|| אָן אַ פּגם — flawless

פּגע דער/די (ים) [PEGE - PGOIM] — plague, misfortune; bore

|| אַ פּגע פֿון פּאַ'רן דאַוונען — an inveterate bore

פּגע|ן וו (גע-ט) [PEGE] — bore, annoy

פּגע־רע דער (פּגעים־רעים)

[PEGE-RA' - PGOIM-RO'IM] nuisance, snag; evil occurrence, mishap; bore, nagging person; devil, demon

פּגר דער (ים) [PEYGER - PGORIM] — carcass, dead animal; corpse, cadaver

פּגר|ן וו (גע-ט) [PEYGER] — (animal) die

פּדיון דער (ות) [PIDYEN - PIDYOYNES] — ransom, redemption; gift to a Hasidic rabbi after a meeting; revenue, amount realized on a sale

פּדיון־הבן דער [PIDYENABE'N] — *Jew.* symbolic redemption from a *cohen* of a first-born son at the age of 30 days (considered consecrated to God in memory of the Exodus)

|| פּ״גל כּהן

פּדיון־שבֿויים דער [PIDYEN-ShVU'IM] — ransoming of prisoners

פּה־אחד אַדוו [PE-E'KhED] — unanimously, in concert

פּה־אל־פּה אַדוו [PE-ELPE'] — personally, one-to-one

פּה־קדוש דער [PE-KO'DESh] — holy mouth (of a Hasidic rebbe)

פּובליטשנע אַדי/אַדוו — *Slav.* public

פּובליציסט' דער (ן) — commentator, columnist

פּובליציסטיק די — (political) journalism

פּובליקאַציע די (ס) — publication (thing published)

פּו'בליקום דער/דאָס (ס) — public, audience

פּובליקירונג די — publication (act of publishing)

פּובליקיר|ן וו (–ט) — publish, advertise, disseminate

פּובערטע'ט די — puberty

פּו'גאַלע די (ס) זע פּודעלע[2]

פּוגם זײַן* וו (פּוגם געווע'ן) [POYGEM] — chip, notch; damage, mar; spoil, disturb

פּוגע־בכּבֿוד זײַן* וו (פּוגע־בכּבֿוד געווע'ן)

[POYGEYE-BEKO'VED] דאַט — offend, snub, irk

פּוגע זײַן* וו (פּוגע געווע'ן) [POYGEYE] — *lit.* offend, injure (reputation, pride, etc.)

פּוד דער (ן) — pood, unit of weight (in tsarist Russia), equal to 40 Russian lbs (16.38 kg)

פּודזשע|ן וו (גע-ט) זע פּודיען

פּודינג דער (ען) — pudding

פּודיע|ן וו (גע-ט) [Dy] — *dial.* scare away *imperf.*

פּודל דער (ען) — poodle

פּודלע די (ס) — carton, (cardboard) box

פּודניק דער (עס) — one-pood weight

פּו'דעלע[1] דאָס (ך) דימ זע פּודלע

פּו'דעלע[2] די (ס) — scarecrow, bogeyman

|| מאַכ|ן פּודעלע פֿון — make fun of

פּודער דער (ס) — (face) powder

פּו'דער־געצייג דאָס — compact, make-up kit

פּו'דער|ן וו (גע-ט) — powder *imperf.*

פּו'דער־קישעלע דאָס (ך) — powder puff

פּוהאַטש דער (עס) — (screech) owl

פּוזאַטע אַדי — pot-bellied, paunchy

פּוזאַק דער (עס) — brat; chubby little man

פּוזי'ר דער (ן/עס) — *dial.* bladder; blister

פּוזע די (ס) — big belly, paunch

פּו'זשעלע די (ס) — whip handle

פּוטער די — butter

|| גיי|ן* מיט דער פּוטער אַראָ'פּ — go wrong, go amiss

|| ס'גייט איר מיט דער פּוטער אַראָ'פּ things are going badly for her

פּו'טער־בולקע די (ס) bun, brioche

פּו'טערברויט דאָס (ן) slice of bread and butter

פּו'טערמילך די buttermilk

פּו'טערניצע די (ס) butter dish

פּו'טערפֿאַס דער זע פּוטערפּאַס

פּו'טער־קוכן דער (ס/...כענעס) a sort of pound cake

פּוטש דער (ן) putsch, military coup

פּוי אינט pow! bang!

|| מאַכ|ן פּוי *pop.* fire (weapon)

פּויזע די (ס) pause

פּויז|ן וו (גע–ט) creep, crawl

פּוי'טאַליעס מצ *dial.* big feet

פּויטינע די זע פּאַוועטינע

פּוי'טיקע די (ס) זע פּותיקי

פּויל דער (ן) *lit.* Pole

פּויליש אַדי/(דאָס) Polish

פּוילן (דאָס) Poland

פּוילע־רוי'לע די (ס) snail

פּויע|ן וו (גע–ט) water, give drink to (animals) *imperf.*

פּויער דער (ים) פֿעמ טע דימ פּוי'ערל/פּײַ'ערל peasant, farmer; oaf, yokel, blockhead; jack (cards)

פּוי'ערימשאַפֿט די peasantry

פּוי'עריש אַדי peasant, rustic, folksy

פּויערש אַדי/אַדוו peasant-like; unsophisticated, coarse, boorish

|| פּויערש|ער קאָפּ simpleton

פּויפּס(ט) דער (ן) pope

פּויפּסטלעך אַדי papal; papist

פּויפּסיש אַדי papal

פּוי'פּסנשאַפֿט די (ן) papacy

פּויפּעריזאַציע די pauperization

פּויפּעריזיר|ן וו (–ט) pauperize, impoverish

פּויק די (ן) דימ פּײַקל drum

|| אָ'נ|רעד|ן זיך ווי אַ פּויק talk one's (own) head off

פּויק|ן וו (גע–ט) play the drum; drum

פּוי'קעלע דאָס (ך) chick, fledgling

פּוי'קשטעקל דאָס (עך) drumstick

פּויש דער (ן) bulge, swelling

פּוישט דער (ן) felt

|| מצ slippers

פּוישט·ן אַדי (of) felt

פּושיק אַדי bulging, chubby, puffy

פּוש|ן זיך וו (גע–ט) bulge out, puff up, swell

פּוך דער down, fluff, fuzz

פּוכאָווע אַדי *dial.* of down, downy

פּוכבלום די (ען) (botan.) catkin

פּוכיק אַדי fluffy, downy; soft; light, vaporous

פּוכי'ר דער (ן) blister; bladder

פּוכלע אַדי swollen; plump

פּוכ·ן אַדי downy, of goose down

פּוכניע|ן וו (גע–ט) [Ny] זע פּעכנען

פּוכקע אַדי soft; chubby

פּול דער dust

פּולאַפּ דער (עס) זע פּאָלאַפּ

פּולווער דער (ס) [Ly] gunpowder, powder (medicinal, etc.)

|| געב|ן* <דאַט> פּולווער צו שמעקן show (s.o.) what one is made of

|| ניט ווערט זײַן* קיין שישקע פּולווער be worthless, not be worth a plugged nickel

פּולוועריזאַטאָר דער (...אָ'רן) [Ly] sprayer, atomizer

פּולט דער (ן) desk for writing standing up

פּוליע|ן וו (גע–ט) dust *imperf.*

פּולכנע אַדי chubby

פּולס דער (ן) [Ly] pulse

פּולסיר|ן וו (–ט) [Ly] throb, pulsate, pulse

פּולע פֿאָנ פּעולה

פּולעמיאָ'ט דער (ן) *Slav.* machine gun

פּולפּי'ט דער (ן) pulpit

פּולק דער (ן) זע פּאָלק

פּולקאָווניק דער (עס) זע פּאָלקאָווניק

פּולקע[1] די (ס) [Ly] זע פּאָלקע[1]

פּולקע[2] די (ס) זע פּאָלקע[2]

פּומפּ דער (ן) זע פּלומפּ[2]

פּומפּ|ן וו (גע–ט) זע פּאָמפּעווען

פּונטש דער punch (drink)

פּוניע די (ס) [Ny] hayloft

פּונקט **1.** אַדוו exactly, precisely

|| פּונקט ווי just like

|| עס איז פּונקט צוויי it's 2 o'clock on the dot

|| פּונקט אויף צפֿון due north

|| פּונקט פֿאַרקע'רט! quite the contrary! just the opposite!

|| **2.** דער (ן) דימ פּינטל point, dot; item, clause

|| 3. אינט *iron.* as luck would have it; that's a good one! a likely story!

פונקטואַציע די punctuation

פונקטי'ר דער (ן) dotting, stippling; dotted line/area

פונקטיר|ן וו (–ט) punctuate, dot

פו'נקטן־חשבון דער (ות) [KhEZhBM - KhEZhBOYNES] score (in game)

פונש דער זע פונטש

פוסדערקע די (ס) food container

פוסט[1] 1. אַדי empty, hollow; idle, pointless; vacant; vain

|| פוסטע רייד/דיבורים idle talk, empty words

|| אַ פוסט|ע זאַך/כלי [KEYLE] blockhead, dummy

|| 2. די (ן) hollow, void

פוסט[2] דער (ן) felt boot

פוסט־און־פּאַ'ס אַדי–אַטר idle

|| פ״גל פוסטעפּאַסניק; פוסטעפּאַסעווען

פוסט(י)אַ'ק דער (עס) [Ty] זע פושטשאַק

פוסטי'לניק דער (עס) [Ly] זע פּאַסטילניק

פוסטינע די (ס) desert; wasteland

פו'סטעווע|ן וו (גע–ט) stand vacant, be uninhabited

פו'סטעניש די (ן) wasteland

פוסטעפּאַסניק דער (עס) פֿעמ ...ניצע idler, loafer

פוסטעפּאַסנע אַדי idle, unemployed

פוסטעפּאַ'סעווע|ן וו (גע–ט) idle away one's time, loaf

פו'סטערקע די (ס) זע פּאַסטערקע

פוסטפּלאַץ דער (...פּלעצער) vacant lot

פוסטקייט די hollowness, emptiness; futility

פוסטקע די (ס) deserted house; vacant area

פוסק דער (ים) [POYSEK - POSKIM] *Jew.* jurist

|| מצ decisive commentators on Jewish Law (from the 11th century on)

פוסק־אחרון דער [POYSEK-A'KhREN] final arbiter

פועל דער (ים) [POYEL - PO'YALIM] journeyman

פועל־יוצא דער (ס) [PO(Y)EL-YO'YTSE] consequence, result

פועלי־ציון מצ [POYLE-TSI'EN/PALETSIEN] Labor Zionists (movement)

פועל|ן וו (גע–ט) [POY(E)L] have one's way, prevail

|| פועלן <בײַ> convince, persuade, prevail (upon)

|| פועלן <בײַ...> <...זאָל ...> get (s.o.) to

|| פועלן בײַ זיך decide, make up one's mind

|| ניט קענ|ען* פועלן בײַ זיך be undecided, be unable to bring oneself to

|| בײַ מי'ר האָסטו/האָט איר געפּועלט you've talked me into it, you've convinced me

פופּטשיק דער (עס) little boy, youngster

פופּיק דער (עס/...פּקעס) navel, belly button; gizzard

פופּ(ק)ע די (ס) זע פּאָפּקע

פופּקעס מצ זע פּופּיק

פוף דער (ן) pouffe, cushion; puff/lungful of smoke; boasting, showing off

פו'פּלאָקס דער (ן) זע בופּלאָקס

פוץ[1] דער decoration; finery; show, ostentation

פוץ[2] אינט bang! thump! splash!

|| אַ פוץ טאָ|ן* throw, fling

פו'ץ[3]־... ornamental, decorative

פו'צמאַכערין = פו'צמאַכערקע די (ס) milliner

פוצ|ן[1] וו (גע–ט) clean, spruce up; brush (teeth); shine (shoes); adorn, dress up *imperf.*

|| פוצן זיך get dressed up *imperf.*, beautify oneself

|| פוצן זיך צו court, woo

פוצ|ן[2] וו (גע–ט) knock, tap, rap; gulp down; *pop.* trick, rip off; *slang* nab, snatch

פוצעכץ דאָס finery, ornament

פוצער[1] דער (ס) bootblack

פוצער[2] דער (ס) guzzler, glutton; thief

פוצערײַ' דאָס millinery

פו'צערקע די (ס) milliner; woman of fashion

פוק דער (עס) crack; snap, sound of cracking; bud, sheaf

פוקד־עקרות זײַן* וו (פוקד־עקרות געווע'ן) [POYKED-AKO'RES] *Jew.* cause a barren woman to conceive, by prayer and cabalistic means

פוקל דער (ען) bump

פו'קלדיק אַדי bumpy, lumpy; bulging

פוקלע אַדי convex, bulging

פוקע|ן וו (גע–ט) burst, pop *imperf.*

פור אַדי זע פורע

פוריטאַניש אַדי puritanical, Puritan

פוריטאַנער דער (–) פֿעמ ין Puritan

פורים דער *Purim*, the holiday celebrating the deliverance of the Persian Jews from the persecution of Haman, in the 5th century BCE

|| פֿ״גל אַחשוורוש; אסתּר; המן; מרדכי

פּו'רים־גרעט דאָס Purim pastry and refreshments

פּו'רימדיק אַדי of the festival of *Purim*

|| **פּורימדיק|ער פֿאַרדינער** person who subsists on menial jobs

פּורים־קטן דער [-KO'TN] *Jew.* "little *Purim*", the 14th of the first *Adar* in a leap year when *Purim* is observed in the following month *(Veadar)*

|| פֿ״גל ואָדר

פּו'רים־רבֿ דער [ROV] "*Purim* rabbi", improvisational comedian parodying rabbinical lessons and judgments

פּו'רים־שפּיל די (ן) play/farce on a biblical theme (the story of Esther, etc.) performed on *Purim*

פּו'רים־שפּילניק דער (עס) זע **פּורים־שפּילער**

פּו'רים־שפּילער דער (–/ס) *Jew.* actor in a *Purim* play; *pejor.* buffoon

פּוריי'סט דער (ן) פֿעמ קע purist

פּורע אַדי pure

פּו'רעטשקע די (ס) זע **פּאָרעטשקע**

פּורע|ן וו (גע–ט) זע **פּערען**

פּורעניות דאָס (ן) [PURONYES] misfortune, calamity

פּורפּור דער זע **פּורפּל**

פּורפּל דער crimson, purple; *fig.* redness, flush

פּו'רפּעלן אַדי crimson, purple; *fig.* flushed

פּורץ־גדר זײַן* וו (פּורץ־גדר געווע'ן) <איף> [POYRETS-GE'DER] infringe, transgress

פּורקע|ן וו (גע–ט) זע **פּאָרקען; פּערען**

פּורש־בשמו זײַן* וו (פּורש־בשמו געווע'ן) [POYRESh-BIShMO'Y] reveal the name (of)

פּורש־מן־הציבור דער [POYRESh-MINATSI'BER] one who separates himself from the community; Jew who rejects communal obligations

פּושט דער (ן) = **פּושטע** די (ס) זע **פּוסט**[2]

פּושטשאַ'ק דער (עס) empty-headed/incompetent person

פּושטשע די (ס) plain, steppe; virgin forest

פּושע־ישׂראל דער (פּושעי־) [POShE-YISRO'EL - POShE-] irreligious/sinful Jew

פּושקע די (ס) (tin) can, box; alms box, piggy bank

פּו'שקעגעלט דאָס alms

פּותּיקי די (פּותּיקות) [PO'YTIKE] *hum.* large fortune, treasure

פּותר זײַן* וו (פּותר געווע'ן) [POYSER] interpret, explain (dreams)

פּותר־חלום דער [POYSER-KhO'LEM] interpreter of dreams

|| **ניט וויס|ן* פֿון קיין פּותר און פֿון קיין חלום** not have the slightest idea, not have a clue

פּותר־חלום זײַן* וו (פּותר־חלום געווע'ן) <דאַט> [POYSER-KhO'LEM] interpret a/the dream (of)

פּזמון דער (ות/ים) זע **פּיזמון**

פּזרן דער (ים) פֿעמ טע [PAZREN - PAZRONIM] generous donor; spendthrift, squanderer, lavish/extravagant person

פּזרנות דאָס [PAZRONES] prodigality, waste, extravagance

פּזרניש אַדי [PAZRONISh] lavish, extravagant, prodigal

פּחד דער (ים) [PAKhED - PKhODIM] fear, terror; (psychol.) anxiety

|| **האָב|ן* פּחד** <פֿאַר> be afraid (of)

פּחדימדיק אַדי [PKhO'DIMDIK] distressing, alarming, frightening

פּחדיק אַדי [PA'KhEDIK] timid, timorous

פּחדליווע אַדי [PAKhEDLIVE] timorous

פּחדן דער (ים) פֿעמ טע [PAKhDN - PAKhDONIM] coward, timid person

פּחדנות דאָס [PAKhDONES] cowardice

פּחדניש אַדי/אַדוו [PAKhDONISh] cowardly

פּחותי־ערך מצ [PKhUSE-E'REKh] *lit.* people of humble circumstances

פּחיתות־הכּבֿוד דאָס [PKhISES-HAKO'VED] disrespect, insult, humiliation

פּחת דער [PKhAS] loss, waste

פּטום דער זע **פּיטום**

פּטור[1] [POTER] **.1** אַדי–אַטר <פֿון> even, quits; freed (from), rid (of); free, exempt

|| **פּטור פֿון מיצוות** [MITSVES] free of the obligations of Jewish law

|| **.2** אינט that's that! that's all!

|| **פּטור נו!** what a question!

|| **פּטור אַן עסק!** [EYSEK] that's over and done with! drop it!

פּטור[2] דער (ים) זע **פּיטור**

פּטור ווער|ן וו (איז פּטור געוואָרן) <פֿון> [POTER] free oneself (from) (burden/obligation)

|| **פּטור ווערן** אַק get rid of (bothersome person, etc.)

|| **פּטור ווערן מײַנער/דײַנער** get rid of me/you/etc.

פּטירה די (–ות) [PTIRE] death, demise

פּטר|ן וו (גע–ט) [PATER] spoil, ruin; waste, squander; settle (question, etc.); liquidate, execute (enemy, etc.)
|| **פּטרן צײַט** waste time
פּטרניש דאָס [PA'TERNISh] riddance, (act of) getting rid of stg.
פּיאַווקע די (ס) leech
פּיאַוקע די (ס) **זע פּיאַווקע**
פּיאַטאַ'ק דער (עס) **זע פּיטאַקל**
פּיאַטע די (ס) heel (of foot/sock); sole
|| **האָב|ן*** אַק אין דער לינקער **פּיאַטע** *fam.* not care about, hold in contempt
פּיאָלון דער (botan.) wormwood
פּיאָן[1] דער (ען) (chess) pawn
פּיאָן[2] דער (עס) plumb line
פּיאַנאָ אַדוו (mus.) piano, softly
פּיאַני'סט דער (ן) פֿעמ קע pianist
פּיאַ'ניצע[1] דער (ס) drunk(ard)
פּיאַ'ניצע[2] די (ס) bilberry, whortleberry
פּיאָני'ר דער (ן) פֿעמ קע pioneer
פּיאָניריש אַדי pioneering
פּיאַנסטווע די drunkenness
פּיאַנע[1] די (ס) piano
פּיאַנע[2] די (ס) whipped egg-whites
|| **פֿ״גל פּינע**
פּיאַ'נעווע|ן וו (גע–ט) hit the bottle, drink (to excess)
פּיאָנע'ר דער (ן) **זע פּיאָניר**
פּיאָס דער (ן) **זע פּיעס**
פּיִאַק דער (עס) drunk(ard)
פּיגמיי' דער (ען) pygmy
פּיגמע'נט דער (ן) pigment
פּידאַטיק דער (...טקעס) **זע פּידאַשיק**
פּידאַשיק דער (...שקעס) porch roof
פּידבאָקעם אַדוו **זע פּאָדבאָקעם**
פּידזשאַ'ק דער (ן) jacket
פּי'דזשעלע די (ס) **זע פּוזשעלע**
פּידיון דער (ות) **זע פּדיון**
פּידסוויניק דער (עס) *fam., dial.* little boy, tyke
פּידסטאַ'ו דער pedestal, base, support
פּידע די (ס) yoke (for carrying pails)
פּידע|ן וו (גע–ט) hurry, speed up the work
פּידפּאַליק דער (עס/...לקעס) flat loaf
פּידקאָווע די (ס) **זע פּאָטקעווע**
פּידריזע די (ס) iron band under a sleigh-skid

פּידרעך : ע'נטפֿער|ן **פּידרעך** *hum.* answer at cross purposes, be evasive
פּי'דרעכדיק אַדי *hum.* preposterous, topsy-turvy
פּיוט דער (ים) [PIET/PAYET - PIYUTIM] *Jew.* hymn, liturgical poem
פּיויקע די (ס) **זע פּיאַווקע**
פּיזמון דער (ים/ות) [PIZMEN - PIZMOYNIM/PIZMOYNES] liturgical poem with a refrain; *iron.* litany, stale/hackneyed story; tall tale, cock-and-bull story; tongue lashing
פּיזמע די (ס) *fam.* fabrication, tall tale
פּיזעם דער musk; muskrat; miraculous salve
|| **אײַ'נ|געב|ן*** דאַט **פּיזעם** goad, suggest an idea to
פּי'זעמען אַדי (of) muskrat fur
פּיזשאַמע די (ס) (pair of) pajamas
פּיזשיק דער (עס) brat
פּי'זשעלע די (ס) **זע פּוזשעלע**
פּיטאַקל דאָס (עך) five-kopeck coin
פּיטום דער [PITEM] protuberance on the blossom end of a citron
|| **פֿ״גל אתרוג**
פּיטור דער (ים) [PITER - PITURIM] *lit.* liberation, exemption
פּיטיאַשקעס מצ [Ty] *dial.* suspenders, braces
פּיטיו'ק דער (עס) [Ty] *fam.* kid, brat, urchin
פּיטעלקע די (ס) [Ly] buttonhole, button loop
פּיטשינק אַדי–עפּי **זע פּיצינק**
פּיטשיפּױ' .1 אינט big deal! so what?
|| .2 (דאָס) (folklore) god-forsaken place; (in Drancy Camp, 1941-1944) *euph.* deportation camps in eastern Europe
פּי'טשעווקע די (ס) detail, minutia, flourish
|| **מיט אַלע פּיטשעווקעס** to the smallest detail
פּיטשעמאַנטשיק אַדי–עפּי *fam.* minuscule, trifling, insignificant
פּיטשעריצע די (ס) **זע פּעטשעריצע**
פּיטש־פּאַטש אַדוו quick, in a jiffy
פּײַ דער (ען) share
פּיידע די (ס) *Amer.* pay, salary
פּײַדע די (ס) lump, chunk, clod
פּייזאַ'זש דער (ן) landscape, scenery
פּײַטן דער (ים) [PAYTN - PAYTONIM] *Jew.* religious poet of the Middle Ages
פּיים דער (ס) coin of little value
פּײַן די (ען) anguish, suffering
פּײַ'ניקונג די (ען) torture
פּײַ'ניק|ן וו (גע–ט) torture, torment
פּײַ'ניקער דער (ס) פֿעמ ין tormentor, torturer

פּײַנלעך אַדי/אַדוו (psychologically) painful, distressing

פּייסאַ'זש דער (ן) זע פּייזאַזש

פּייע פֿאָנ פּאה

פּייעם דער (ס) זע פּיים

פּײַ'ערטע די (ס) peasant woman

פּײַ'ערל דאָס (עך) דימ זע פּויער

פּײַקל דאָס (עך) פּויק דימ drum, tambourine

פּײַקל|ען וו (גע–ט) drum; play on a drum

פּײַקלער דער (ס) drummer, percussionist

פּײַ'קל־שטעקעלע דאָס (ך) drumstick

פּיירע פֿאָנ פּרי

פּײַשטשיק דער (עס) shareholder

פּיכטע די (ס) spruce

פּיל די (ן) pill

|| בי'טער|ע פּיל a bitter pill *fig.*, something difficult to accept

פּילאָווינעס מצ זע פּאַלעווינעס

פּילאָ'ט דער (ן) פֿעמ ין pilot (airplane, boat)

פּילאָטי'רט אַדי manned (aircraft)

פּילאָטיר|ן וו (–ט) <אַק/מיט> pilot

פּילאי־פּלאָים מצ [PILE-PLO'IM] marvels, wonders, amazing things

פּילגרי'ם דער (ען) פֿעמ קע (non-Jewish) pilgrim

פּילגרי'ם־נסיעה די (–ות) [NESIE] (non-Jewish) pilgrimage

פּילגש די (ים) זע פּלגש

פּי'לדער|ן וו (גע–ט) make a racket, be noisy

פּילוסו'ף דער (ים) *pejor.* positivist, rationalist

פּילי'ניצע די (ס) זע פּילעניצע

פּי'לינעס מצ sawdust

פּי'ל(נ)עווע|ן וו (גע–ט) [Ly] nurse, look after, take care of; pamper, coddle

פּי'לעניצע די (ס) wild strawberry

פּילפּול דער [PILPL] subtle argumentation over fine points of Jewish law; *iron.* sophistry, casuistry

פּילפּול|ען זיך וו (גע–ט) [PILPL] quibble, split hairs

פּילקע[1] די (ס) ball (for games, sports)

פּילקע[2] די (ס) dish cloth

פּילשטשיק דער (עס) sawyer, woodcutter

פּימס דער pumice

פּימס·ן אַדי (of) pumice

פּי'מסנהאָלץ דאָס gopher wood, resinous wood used in Noah's ark; *fig.* cream of the crop, the best quality

פּימפּער דער paper cone

|| מלאך פּימפּער [MALEKh] (folklore) an angel who drops candies on the Hebrew alphabet page when a child begins to study it

פּינגווי'ן דער (ען) penguin

פּינדיוריק דער (עס) [Dy] young child, brat; something ridiculously small

פּינד(י)ע די [Dy] *fam.* thin girl, flat-chested woman

פּינט דער (ן) pint

פּינטל דאָס (עך) פּונקט דימ period (punctuation mark); dot, point; wink

|| טרעפֿ|ן אין פּינטל hit the bull's eye; hit the nail on the head

פּינטל|ען וו (גע–ט) punctuate, add vowel signs to Hebrew words; blink *intr.*, wink

|| פּינטלען מיט blink *trans.*

|| פּינטלען מיט די אויגן wink, blink

פּי'נטל־קאָמע די (ס) semicolon

פּי'נטעלע דאָס (ך) פּינטל דימ dot, little dot

|| די שוואַרצע פּינטעלעך *fig.* letters, script *esp.* Hebrew

|| קענ|ען* זיך אין די שוואַרצע פּינטעלעך be educated, well informed; be learned in Judaism

|| דרײַ פּינטעלעך ellipsis, suspension points

|| דאָס פּינטעלע ייִד the essence of a Jew, intimate attachment to Judaism

פּינטשעוו : עס טאָגט שוין אין פּינטשעוו dawn is breaking

פּינע די (ס) foam, froth

פּינע|ן וו (גע–ט) foam, froth

פּינצע'ט דער (ן) pincers; tweezers

פּינקטלעך אַדי/אַדוו precise, exact, punctual

פּי'נקטלעכקייט די accuracy, punctuality

פּינקל|ען וו (גע–ט) *dial.* wink, blink

פּינקס דער (ים) [PINKES - PINKEYSIM/PINKOSIM] register, book of records; annals, chronicles, *esp.* of a Jewish organization or community

פּי'סאַצקע די parquet (flooring)

פּיסאַקע דער (ס) *pop.* scribbler; pencil pusher

פּיסאַ'ר דער (in Russia) clerk, secretary

פּיסטאָלע'ט דער (ן) [Ly] זע פּיסטויל

פּיסטאָ'ן דער (ען) (explosive) cap, primer, detonator; piston

פּיסטוי'ל דער (ן) pistol
פּיסטעמקע די (ס) זע **פּאָסטעמקע**
פּיסטע\|ן וו (גע–ט) זע **פּיעשטשען**
פּיסטרע אַדי multi-colored, colorful
פּיסנע אַדי meager; dry/stale (bread); poor, austere
פּיסק דער (עס) snout, (animal) mouth; *pejor.* face, grimace
|| **מאַכ\|ן פּיסקעס** make faces
|| **ע'פּענ\|ען אַ/דעם פּיסק** open one's big mouth
|| **ע'פּענ\|ען אַ פּיסק אויף** bawl out
|| **געב\|ן* אי'בערן פּיסק** punch in the mouth
|| **האָב\|ן* אַ גוטן פּיסק** have the gift of gab
|| **האַלט\|ן דעם פּיסק** hold one's tongue
פּיסקאַטע אַדי loudmouthed, foulmouthed
פּיסקאַ'טש דער (עס) *fam.* big mouth
פּיסקל דאָס (עך) **פּיסק** דימ *also fam.* muzzle, snout; narrow opening (in a container)
|| **געשליפֿ·ן פּיסקל** silver-tongue
|| **געב\|ן* עסן אין פּיסקל** hand-feed
|| **עס\|ן זיך פֿון די פּי'סקעלעך** behave like lovebirds
פּיסקליאַטע די (ס) דימ **...טקעלע** (newly hatched) chick; young child
פּיסקל\|ען זיך וו (גע–ט) pout, make a face
פּי'סק(עו)ע\|ן וו (גע–ט) gossip; yell, holler
פּיעדעסטאַל דער (ן) זע **פּעדעסטאַל**
פּיעטו'ך דער (עס) *Slav.* cock, rooster
פּיעטע'ט די veneration
פּיעכאָטנע אַדי זע **פּעכאָטנע**
פּיעכאָטע די זע **פּעכאָטע**
פּיעל(י)ע\|ן וו (גע–ט) זע **פּאָלען**
פּיען דער (יעס) [Ny] זע **פּניאַק**
פּיענטע די (ס) זע **פּיאַטע**
פּיענע די זע **פּינע**
פּיעס דער *dial.* dog
פּיעסטע\|ן וו (גע–ט) זע **פּיעשטשען**
פּיעסנ(י)ע די (ס) [Ny] *Slav.* song
פּיעסע די (ס) (theat.) play; (mus.) piece
פּיע'קעליק דער (עס) receptacle for hot coals in a stove; plank bed above the (tile) stove
פּיעשטשו'ך = **פּיעשטשו'ן** דער (עס) affectionate/cuddly person; person with affected manners; spoiled child
פּיעשטשע\|ן וו (גע–ט) spoil (a child)
|| **פּיעשטשען זיך** act capriciously, throw tantrums; pamper oneself

פּיעשיק דער (...שקעס) זע **פּעשקע**
פּיפּיטש דער (ן/עס) pip (bird disease)
|| **ווי אַ פּיפּיטש** in the wrong place at the wrong time, very inappropriate
|| **קריג\|ן דעם פּיפּיטש** have a fit, throw a tantrum
פּיפּס דער (ן) peep, squeak, tiny sound
|| **אַ פּיפּס טאָ\|ן*** peep, beep, make a sound
|| **ניט קיין פּיפּס טאָ\|ן*** not breathe a word, keep mum
פּיפּס\|ן וו (גע–ט) chirp; make a sound
פּיפּע'ט דער (ן) medicine dropper, pipette
פּיפּעטקע די (ס) זע **פּיפּעט**
פּיפּעץ דער (ן/עס) זע **פּיפּיטש**
פּיפּערנאָטער דער (ס) legendary monster, dragon; nonsense, balderdash
פּיפּקע[1] די (ס) (tobacco) pipe
פּיפּקע[2] די (ס) navel, bellybutton; wart; pimple; nipple
פּיפּקעוואַטע אַדי knobby, pimply
פּיפּקע\|ן וו (גע–ט) puff (on a pipe); *pejor.* <אַק> smoke
פּיף־פּאַף אינט bang-bang! (shooting)
פּיצוויניק דער (עס) זע **פּידסוויניק**
פּיצינק אַדי–עפּי tiny, minuscule
פּיצל דאָס (עך) small piece, crumb; a little bit (of)
|| **ער האָט ניט קיין פּיצל פֿאַרשטאַ'נד** he doesn't have a clue, he has no common sense
|| **אַ פּיצל קינד** tot, very small child
|| **אויף פּיצלעך** into little bits
פּיצל\|ען וו (גע–ט) crumble up *imperf.*, break into tiny pieces
פּיצע די (ס) pizza
פּיצעריצע די (ס) זע **פּעטשעריצע**
פּי'ץ־פּי'צלעך מצ tiny bits, particles
|| **אויף פּיץ־פּיצלעך** to smithereens
פּיק[1] דער (ן) spades (in cards)
פּיק[2] דער (ן) peck; fillip, flick
|| **אַ פּיק פֿיש** *fam.* a portion of fish
פּיק[3] : **פּיק קלוג** *fam.* very clever, crafty
פּי'קאָלאָ דער (ס) [Ly] piccolo; bell boy, porter
פּיקאַ'נט אַדי hot, spicy; sparkling, risqué
פּיקאַנטקייט די spiciness, attractiveness
פּיקדון דער (ס/ות) זע **פּקדון**

פּיקהאָלץ דער (ן) woodpecker

|| פֿ״גל שוטה בן־פּיקהאָלץ

פּיקוח־נפֿש דער [PIKUEKh-NE'FESh] saving of a (human) life; case of mortal danger, in which it is permitted to violate certain prohibitions in Jewish law

פּיקח דער (ים) פֿעמ טע [PIKEYEKh/PIKEKh - PIKKhIM] clever/wise man

פּיקחות דאָס [PIKKhES] shrewdness, perspicacity

פּיקחיש אַדי [PIKKhISh] astute, sharp

פּיקחית די (ן) [PIKKhES] wise and intelligent woman

פּיקיר|ן וו (–ט) <אַק> offend, snipe at

פּי'קלהויב די (ן) spiked helmet

פּיק|ן וו (גע–ט) peck, peck at; give a fillip/flick; *pop.* eat, peck at, nibble

|| מע דאַרף אים די צונג ניט פּיקן he's got the gift of gab

|| פּיקן זיך hatch *intr., imperf.*; sting, tingle; bud, burgeon

פּיקניק דער (ן) picnic

פּיקע[1] די (ס) pike, lance

פּיקע'[2] דער piqué (fabric)

פּיקע'ט דער (ן) picket(er); sentry, guard; stake, pole

פּיקעטיר|ן וו (–ט) picket

פּיקער דער (ס) *fam., hum.* baby/mouth to feed

|| מצ eaters, diners

פּיקפּוק דער (ים) [PIKPEK - PIKPUKIM] scruple

פּירא'ג דער (ן) (meat) pie, tart

פּי'ראָזשקע די (ס) זע פּירעשקע

פּירא'ט דער (ן) pirate

פּירא'טעווע|ן וו (–ט) pirate, hijack *imperf.*

פּיראַטעריי' דאָס piracy

פּיראַמי'ד דער (ן) pyramid

פּיראַמידע די (ס) זע פּיראַמיד

פּירגע די (ס) *vulg.* pussy, twat

פּירוד־(ה)לבֿבֿות דער [PEYRED-(HA)L(E)VO'VES] *lit.* strife, discord

פּירוש דער (ים) [PEYRESh - PERUShIM] commentary, explanation

|| מאַכ|ן אַ (גאַנצן) פּירוש פֿון make a big deal out of

פּירוש־המילות דער [HAMI'LES] meaning of the words

פּירכע|ן וו (גע–ט) pant, gasp, choke

פּירסום דער [PIRSEM] publicity; renown, fame

|| געב|ן* פּירסום דאַט publicize

פּירסומניק דער (עס) פֿעמ ...ניצע [PI'RSEMNIK] public relations man

פּירעג דער (ן/עס) זע פּירא'ג

פּי'רעזשקע די (ס) זע פּירעשקע

פּירענעען מצ Pyrenees

פּי'רעשקע די (ס) small cake steeped in honey; pirozhki

פּירקי־אָבֿות [PIRKE-O'VES] *Jew.* “Ethics of the Fathers,” a regularly studied section of the *Mishnah* dealing with ethics

פּירקע|ן וו (גע–ט) זע פּאָרסקען

פּישטש דער (ן) sharp cry, chirp, squeal; whine

פּי'שטשעווקע די (ס) זע פּיטשעווקע

פּישטשע|ן וו (גע–ט) squeal, chirp, cheep

פּיש|ן וו (גע–ט) piss, urinate

|| פּישן מיט בוימל *fam.* display exaggerated piety

פּישעכץ דאָס piss, urine

פּישע־פּײשע די name of a card game

פּישער דער (ס) פֿעמ ין/קע pisser; youngster

פּיש־פּיש־פּיש אינט it's all an act! it's all window dressing!

|| אַ גאַנצ|ער פּיש־פּיש־פּיש *iron.* a big shot

פּי־תּמיד : חבֿרה פּי־תּמיד [KhEVRE PI-TO'MED] *hum.* group of drinking buddies

פּי־תּמידניק דער (עס) [PITO'MEDNIK] *hum.* boozer, bar-fly

פּיתום און רעמסס זע פּיתום־ורעמסס

פּיתום־ורעמסס פּר [PISEM-VERA'MSES] *bibl.* Pithom and Raamses, two cities build by the enslaved Hebrews in Egypt; imposing buildings; Herculean task; enormous thing

פּיתחון־פּה דער [PISKhN-PE'] pretext, grounds

|| געב|ן* <דאַט> אַ פּיתחון־פּה leave oneself open to criticism (from)

פּיתרון דער (ות) [PISREN - PISROYNES] interpretation (of a dream); solution (to an riddle/mystery)

|| ניט וויס|ן* פֿון קיין פּיתרון און פֿון קיין חלום [KhOLEM] not have the slightest idea

פּיתרון־חלומות דער [PISREN-KhALO'YMES] interpretation of dreams

פּכי(נ)קע|ן וו (גע–ט) whimper, whine, snivel; squeak

פּכע אינט tsk-tsk!

פּלא די (פּלאָים) [PE(Y)LE - PLOIM] wonder, marvel

|| פּלא! wow! that's amazing!

פּלאָג די (ן) plague; calamity, affliction, torment; tiresome person

פּלאַגיאַ'ט דער (ן) plagiarism

פּלאַגיאַטאָר דער (...אָ'רן) plagiarist

פּלאַגיִי'ר|ן וו (–ט) plagiarize

פּלאָג|ן וו (גע–ט) torment, harass, afflict

|| פּלאָגן זיך drudge, slave away; suffer

פּלאָד דער (ן) **זע פּליד**

פּלאָדזשע|ן וו (גע–ט) **זע פּלאָדיען**

פּלאָדיע|ן (זיך) וו (גע–ט) [Dy] propagate/breed (prolifically) *trans./intr.*; churn out (articles, songs, etc.)

פּלאדיק אַדי [PE'(Y)LEDIK] prodigious, spectacular, astonishing

פּלאָדנע אַדי **זע פּלידנע**

פּלאָ'דע(ווע)|ן וו (גע–ט) **זע פּלאָדיען**

פּלא־והפּלא אַדי–אַטר [PE(Y)LE-VEHA'FLE] extremely wonderful, fabulous, tremendous

פּלאַווטשיק = פּלאַווניק דער (עס) float, bob(ber) (on a fishing line)

פּלאַווע|ן וו (גע–ט) bathe (horses)

פּלאַזמע די (blood) plasma

פּלאַזעם אַדוו flat on the ground, lying down

פּלאַזשע די (ס) [Ly] beach

פּלאָט דער (ן) **זע פּליט**[1]

פּלאַטאָ' דער (ען) [Ly] (geogr.) plateau

פּלאַטאָ'ן דער (ען) [Ly] (milit.) platoon

פּלאָ'טוויצע די (ס) **זע פּלאָטקע**[1]

פּלאָטווע די (ס) rafter, beam

|| פֿ״גל פּלאָטקע[1]

פּלאַטי'ן דאָס [Ly] platinum

פּלאַטינע די [Ly] **זע פּלאַטין**

פּלאַטינען אַדי [Ly] (of) platinum

פּלאָ'טיצע די (ס) **זע פּלאָטקע**[1]

פּלאָטניק דער (עס) carpenter

פּלאַטע די (ס) plate, slab; (phonograph) record, (computer) disk

פּלאַטפֿאָרמע די (ס) [Ly] platform; freight wagon

פּלאַטפֿוס דער (...פֿיס) [Ly] **זע פּלאַטשפֿוס**

פּלאָטקע[1] די (ס) (small fish) roach, gudgeon

פּלאָטקע[2] די (ס) [Ly] **זע פּליאָטקע**

פּלאַטשיק אַדי flat, shallow; superficial, banal

|| מאַכ|ן פּלאַטשיק flatten

|| פּלאַטשיק קעפּל idiot

פּלאַ'טשיקייט די (ן) flatness, platitude

פּלאָטשענקע די printed calico

פּלאַטשפֿוס דער (...פֿיס) flat foot

פּלאָימדיק אַדי [PLO'IMDIK] astonishing, wonderful

פּלאי־פּלאָים מצ **זע פּילאי־פּלאָים**

פּלאַכטע די (ס) sheet, coarse cloth, tarpaulin

|| פֿ״גל פּלאַכע

פּלאַכע די (ס) log; chunk, large piece; flake/clump of snow

|| פֿ״גל פּלאַכטע

פּלאָכע אַדי mediocre, poor, sorry; docile, accommodating

פּלאָמבי'ר דער (ן) blackberry

פּלאָמבי'ר|ן וו (–ט) seal (with a lead seal), fill (a tooth)

פּלאָמבע די (ס) lead/metal seal; (dental) filling

|| לייג|ן <דאַט> אַ פּלאָמבע fill a tooth (of)

|| לייג|ן אַ פּלאָמבע אויף affix a (leaden) seal to

פּלאַן 1. דער (פּלענער) plan; idea

|| זײַן* אַ פּלאַן be a good idea, be advisable

|| 2. דער (ען/פּלענער) design, blueprint, map; schedule, timetable

|| ערשט|ער פּלאַן foreground

|| לעצט|ער פּלאַן background

פּלאַ'נדעקע די (ס) tarpaulin, awning

פּלאַנט דער (ן) railroad track

פּלאַנטאַציע די (ס) plantation

פּלאַ'נטעווע|ן וו (גע–ט) flatten, (make) level; pave (road)

פּלאָנטע|ן וו (גע–ט) **זע פּלאָנטערן**

פּלאָנטענינע די **זע פּלאָנטערניש**

פּלאַנטער דער (ס) plumb-line

פּלאָנטער דער (ס) tangle, jumble; complication, puzzle

פּלאָ'נטער|ן וו (גע–ט) tangle, confuse, get tangled/confused

|| פּלאָנטערן מיט דער צונג mumble, stammer

|| פּלאָנטערן מיט די פֿיס stagger, stumble

|| פּלאָנטערן זיך אונטער די פֿיס <בײַ> be underfoot, be in the way (of)

פּלאָ'נטערניש דאָס (ן) tangle, confusion, muddle

פּלאַני'ר־... planning

|| פּלאַניר־קאָמיסיע [SY] planning commission

פּלאַניר|ן וו (–ט) plan, design; glide, soar

פּלאַנכען = פּלאַ'נכענ|ען וו (גע–ט) bawl, weep, wail

פּלאַ'נמײַסטער דער (ס) surveyor

פּלאַ'נמעסיק אַדי methodical, well-planned

פּלאַ'נעווע|ן וו (גע–ט) plan *imperf.*; conspire, plot

|| פּלאַנעווען צו plan/intend to

פּלאַנע'ט דער (ן) planet

פּלאַנעטאַריש אַדי planetary

פּלאַנ|ען וו (גע–ט) <צו> plan (to)

פּלאַנער דער (ס) glider

פּלאַ'נער|ן וו (גע–ט) glide, fly (in a glider)

פּלאַנקע די (ס) board, plank, slat

פּלאַנקען דער (ס) paling, fence

|| זײַן* איבער יענער זײַט פּלאַנקען be off limits

פּלאַסט דער (ן) layer, stratum

פּלאַסטינקע די (ס) (phonograph) record

פּלאַסטיק דער (ן) plastic

פּלאַ'סטיק·ן אַדי (of) plastic

פּלאַסטיש אַדי plastic; flexible

פּלאַ'סטמאַסע די (ס) plastic

פּלאַסטניק דער (עס) זע פּלאַסטינקע

פּלאַסטעלי'ן דער modeling clay

פּלאַסטער דער (ס) זע פֿלאַסטער

פּלאָסטער דער (ס) poultry fat

פּלאַפּל|ען וו (גע–ט) chatter, babble, jabber

פּלאַפּלערײַ' דאָס chatter, babble; gibberish

פּלאַץ[1] דער (פּלעצער) דים פּלעצל place, position; room, space; seat; city square, plaza; job; lot, site

פּלאַץ[2] דער/די (ן) explosion, burst; break, rupture; split, crack

|| קריג|ן אַ פּלאַץ *fam.* blow up *fig.*, fly into a rage

פּלאַ'צהאַלטער דער (ס) governor general

פּלאַצי'ר דער (ן) location, position

פּלאַצירונג די (ען) (act of) locating, positioning

פּלאַציר|ן וו (–ט) locate, position

פּלאַצ|ן וו (גע–ט) explode, blow up *intr.*; crack, split; burst; break *intr.*

|| פּלאַצן פֿון געלעכטער split one's sides with laughter

|| פּלאַצן פֿאַר קינאה [KINE] burst with envy

|| דער פֿראָסט האָט געפּלאַצט the cold spell has broken/ended

פּלאַצענטע די (ס) placenta

פּלאַ'צרעגן דער (ס) pelting rain, downpour

פּלאַקאַ'ט דער (ן) bill, poster, placard

פּלאַקיר|ן וו (–ט) <מיט> plate (metals) (with)

פּלאַקסיווע אַדי *Slav.* weeping, whining; rainy

פּלאָש דער (ן) gust, squall

פּלאַשטש דער (ן) cloak, cape

פּלאָשטשע|ן וו (גע–ט) make a double seam

פּלאָשע|ן וו (גע–ט) flutter, flap in the wind

פּלג־גוף דער [PLAGGU'F] "half-body", bachelor, widower

פּלגש די (ים) [PILEGESh - PILAKShIM] concubine, mistress

פּלוג דער (ן) plowshare

פּלוגתּא די (–ות) [PLUKTE] dispute, controversy, difference of opinion

פּלוגתּאדיק אַדי [PLU'KTEDIK] controversial

פּלו'דערן מצ slacks, trousers

פּלוט דער (ן) פֿעמ יכע scatterbrain; chatterbox; cheater, wheeler-dealer

פּלוטאָ'ן (דער) Pluto

פּלוטיש אַדי/אַדוו scatterbrained; mischievous

פּלוטעוואַטע אַדי/אַדוו scatterbrained; mischievous

פּלו'טע(ווע)|ן וו (גע–ט) act in an imprudent/frivolous manner; swindle, cheat

פּלוי'דער־וואַסער : אײַ'נ|נעמ|ען פּלוידער־וואַסער talk a blue streak

פּלוי'דערזאַק דער (...זעק) windbag, chatterbox, babbler

פּלוידערײַ' דאָס (ען) chatter, chit-chat; rigamarole, nonsense

פּלוי'דער|ן וו (גע–ט) gab, chatter, babble

פּלויט דער (ן) fence

|| לע'בעדיק|ער פּלויט hedge

פּלוימע די (ס) tribe, band

פּלוין דער (ען) זע פּליין[1]

פּלויקע[1] די (ס) curling iron

פּלויקע[2] די (ס) [Ly] זע פּלעווקע

פּלויש דער chatter, banter

פּלויש|ן וו (גע–ט) gab, banter, exchange pleasantries

פּלומפּ[1] אַדי awkward, clumsy

פּלומפּ[2] דער (ן) pump

פּלומפּל|ען וו (גע–ט) *pop.* do in, knock off, kill

פּלומפּ(ע)|ן וו (גע–ט) pump

פּלונטש דער (ן) shower, cloudburst; splash

פּלוני(־בן־פּלוני) פּר [PLO'YNE(-BEN-PLO'YNE)] (Mr.) So-and-So

פּלונית(־בת־פּלונית) פּר [PLO'YNES(-BAS-PLO'YNES)] (Mrs.) So-and-So

פּלוניתטע די (ס) [PLO'YNESTE] *hum.* better half, wife

|| מײַן פּלוניתטע the wife, my better half

פּלוס [Ly] **.1** דער plus sign; asset; advantage

|| **.2** קאָנ plus

פּלוסקוואַמפּערפֿע'קט דער [Ly] pluperfect

פּלו'צהאַ'לבן אַדוו *gen. hum.* suddenly

פּלוצלינג = פּלוצעם אַדוו suddenly, abruptly, unexpectedly

פּלו'צלינגדיק = פּלו'צעמדיק אַדי sudden, abrupt, unexpected

פּלו'צערן מצ cucumbers, melons

פּלוראַ'ל אַדי/דער [Ly...L] plural

פּלוראַליטע'ט די (ן) [LyU] plurality

פּליאַגע די (ס) unfortunate, poor person; good-for-nothing

פּליאה די (־ות) [PLIE] amazement; something surprising/inexplicable

פּליאהדיק אַדי/אַדוו [PLI'EDIK] surprising, startling, inexplicable

פּליאַזדרע די (ס) (female) blockhead, sluggard

פּליאַזש דער (ן) זע פּלאַזשע

פּליאַ'טניצע די (ס) gossip, slanderer *fem.*

פּליאַטקע די (ס) (bit of) gossip, lie, slander

פּליאַ'טקעווע|ן וו (גע–ט) gossip, slander

פּליאַ'טקעניק דער (עס) פֿעמ ...ניצע gossip, slanderer

פּליאַטקערײַ' די gossip, slander

פּליאַכע די (ס) זע פּלאַכע

פּליאַמע די (ס) spot, stain

פּליאַנטער דער (ס) זע פּלאַנטער

פּליג|ן וו (גע–ט) plow

פּליד דער (ן) brood, breed, litter

פּלידנע אַדי fruitful, fecund, fertile

פּליוך דער (ן) shower, downpour; splash, gush; slap, smack

פּליוכע|ן וו (גע–ט) pour, gush; rain cats and dogs; splash

פּליו'כרעגן דער (ס) torrential rain, downpour

פּליוסקע|ן וו (גע–ט) זע פּליושקען

פּליוש דער plush (fabric)

פּליושטש דער ivy

פּליוש·ן אַדי (of) plush

פּליושק דער (ן) splash; downpour

פּליושקע|ן וו (גע–ט) splash *trans.*

|| פּליושקען זיך splash *intr.*; wade, paddle about

פּליט[1] דער (ן) raft

פּליט[2] דער (ים) [POLET - PLEYTIM] refugee

פּליטה די (־ות) [PLEYTE] refugee *fem.*; *hum.* flight, escape

|| מאַכ|ן פּליטה flee, run away; escape one's creditors, go bankrupt

פּליטה־מאַכער דער (ס) פֿעמ קע [PLE'YTE] escapee, runaway

פּליטניק דער (עס) raftsman

פּליטע די (ס) stove, griddle, hotplate

|| פֿ״גל פּלאַטע

פּליטקע אַדי shallow

|| פֿ״גל פּלאַטע; פּליטע

פּליטש דער (ן) slice (*esp.* of bread)

פּליין[1] דער (ען) plain (terrain); (math.) plane

פּליין[2] אַדי *Amer.* plain, clear, simple

פּלייציק אַדי broad-shouldered, stocky

פּלייצע די (ס) shoulder; back

|| אוי'ס|דריי|ען זיך מיט דער פּלייצע צו turn one's back on

|| נעמ|ען די פֿיס אויף די פּלייצעס flee, take to one's heels

|| קוועטש|ן מיט די פּלייצעס shrug one's shoulders

|| או'נטער|שטעל|ן אַ פּלייצע lend a hand, assist

פּלייצקע די (ס) פּלייצע דימ *also* back of a garment

פּליך דער (ן/עס) baldness, bald spot; tonsure

פּליכעוואַטע אַדי bald, balding

פּלימע'ניצע די (ס) niece

פּלימעניק דער (עס) nephew

פּלינדז דער (ן) grated potatoes browned on top

פּלי'נדער|ן וו (גע–ט) pillage *imperf.*, ransack

פּלינט(וס) דער (archit.) plinth

פּליס דער velveteen

פּליס·ן אַדי (of) velveteen

פּליעוו(ק)ע די (ס) **זע פּלעווקע**

פּליעטשע|ן וו (גע–ט) fast-talk

פּליעסק דער (ן) clap, act of clapping; splash, lapping (of water)

פּליעסקע|ן וו (גע–ט) splash, (water) lap; clap

|| פּליעסקען מיט די הענט applaud

|| פֿ״גל פּליושקען

פּליעסקערײַ' די applause; splashing, lapping

פּלישתּי דער (ם) [PLIShTI] Philistine

פּלישתּיש אַדי [PLIShTISh] Philistine

פּלעביי' דער (ען) [Ly] plebeian

פּלעביסצי'ט דער (ן) [Ly] plebiscite

פּלעד דער (ן) (traveling) cloak/throw

פּלעווע די [Ly] chaff

פּלעווקע די (ס) [Ly] (milk) skin, scum; film, membrane

פּלעווורי'ט דער (ן) [Ly] pleurisy

פּלעט דער/די (ן) lottery/raffle ticket; raffle, lottery

|| אַ פּלעט אויף שבת [ShABES] *Jew.* ticket indicating where a poor man can get his Sabbath meal

פּלעטווע די (ס) [Ly] web (on the feet of water birds)

פּלע'טוועדיק אַדי [Ly] web-footed

פּלעטל דאָס (עך) thin layer, sliver; sign, plaque

פּלעט|ן[1] וו (געפּלע'ט) raffle

פּלעט|ן[2] וו (געפּלע'ט) iron, press; smash, crack, crush

|| פּלעטן דעם מוח [MOYEKh] bash (s.o.'s) head in

פּלעטשע|ן וו (גע–ט) **זע פּליעטשען**

פּלעיאַדע די (ס) [Ly] pleiad

פּלען דער [Ly] captivity

|| נעמ|ען אין פּלען take prisoner

פּלענאַ'ר אַדי [Ly] plenary

פּלענום דער (ס) [Ly] plenary session, general assembly

פּלעניק דער (עס) [Ly] prisoner of war, captive

פּלענער מצ **זע פּלאַן**

פּלעף דער (ן) puzzle

פּלעפּיק אַדי **זע פּלעפֿנדיק**

פּלעפֿ|ן וו (גע–ט) nonplus, dumbfound, stump; puzzle, intrigue

פּלע'פֿנדיק אַדי stunning, amazing; puzzling, intriguing

פּלעצל[1] דאָס (עך) flat roll/cake; round cracker

|| פּלעצל (האָניק) honeycomb

|| חבֿרה פּלעצל [KhEVRE] *hum.* band of street urchins

פּלעצל[2] דאָס (עך) פּלאַץ דימ *also* the Marais, Jewish quarter in Paris

פּלעצער מצ **זע פּלאַץ[1]**

פּלע'קסיגלאָז דאָס [Ly] plexiglas

פּלפּול דער **זע פּילפּול**

פּלשתּי דער (ם) **זע פּלישתּי**

פּמליה־של־מעלה די [PAMALYE-ShEL-MA'YLE] *Jew.* God and his ministering angels

פּנוי דער (ים) [PONE - PNUIM] *lit.* unmarried man

פּנויה די (–ות) [PNUYE] *lit.* unmarried woman

פּני מצ [PNEY] the elite, leading citizens

פּניאַק דער (עס) [Ny] (tree) trunk; stump

פּניה די (–ות) [PNIE] ulterior motive, design; bias

|| אָן פּניות disinterested; unbiased

פּני־העיר מצ [PNEY-HOI'R] the local elite, the notables of the town/city

פּניותדיק אַדי/אַדוו [PNI'ESDIK] biased

פּנים[1] דאָס (ער) [PONEM - PE'NEMER] דימ פּנימל [PE'NEML] face, countenance; appearance, look; presentability, respectability

|| פֿ״גל אַ פּנים

|| קרום פּנים frown

|| פֿינצטער פּנים scowl

|| אַראָ'פּ פֿון פּנים haggard, emaciated

|| אַראָ'פּ|גיי|ן* פֿון פּנים lose weight

|| האָב|ן* אַ פּנים look good, turn out well

|| האָב|ן* אַ פּנים בײַ לײַט(ן) be respectable

|| האָב|ן* (אַלע/ביידע) איי'ן פּנים look alike, resemble each other

|| האָב|ן* אַ פּנים פֿון look like, suggest

|| שוואַרצ|ן זיך דאָס פּנים lose face, humiliate oneself

|| שטיי|ן* מיטן פּנים צו face

|| קוק|ן דאַט אין פּנים face, look into s.o.'s face

|| גלײַך אין פּנים אַרײַ'ן overtly, frankly, straight to one's face
|| עס האָט ניט קײן פּנים it's unbecoming; it doesn't make any sense
פּנים-2... [PO'NEM] facial
פּנים3 דער [PNIM] *Jew.* main text itself (without commentaries)
פּנים־אל־פּנים אַדי–אַטר/אַדוו [PONEM-EL-PO'NEM] face-to-face, personally
|| שטעל|ן פּנים־אל־פּנים <מיט> confront s.o. (with)
פּנים־חדשות דאָס [PONEM-KhADO'ShES] newcomer, fresh face
פּנימיות דאָס [PNI'MIES] inwardness, spirituality
פּנימיותדיק אַדי [PNI'MIESDIK] introspective, spiritual
פּנעוומאַטיש אַדי pneumatic
פּנעוומאָניע די (ס) [NY] pneumonia
פּנקס דער (ים) זע פּינקס
פּ״ס = פּאָסטסקרי'פּט(ום) P.S.
פּסאַרניע די (ס) [Ny] kennel
פּסול1 דער (ן) [PSUL] blemish; imperfection
|| אָן אַ פּסול unimpeachable, beyond reproach
פּסול2 אַדי [POS·L] invalid, unsuitable; *Jew.* improper for the fulfillment of a religious requirement
|| פּסול מאַכ|ן declare unfit for religious use
פּסול־לעדות אַדי–אַטר [PO'SL-LE(E)'YDES] *Jew.* (jur.) unfit to be a witness
פּסולת דאָס [PSOYLES] scrap(s), shreds, chaff; slops, offal, waste; refuse, rubbish
פּסוק דער (ים) [POSEK - PSUKIM] *Jew.* verse (scripture); quote, quotation
|| ווי אין פּסוק שטייט *hum.* properly, by the book
|| ניט לאָז|ן קומען צום פּסוק prevent s.o. from doing/expressing stg.
|| לערנ|ען פּסוק study scripture (*esp.* the Prophets and the Hagiographa)
|| זאָג|ן דאָט אַ פּסוק מיט אַ שטעקן lay down the law to, reason with using an implied threat
פּסח דער [PEYSEKh] Passover
|| ס'איז נאָך ווײַט צו פּסח we're not out of the woods yet
פּסחאָווקע די [PEYSEKhOVKE] Passover brandy
פּסח(ד)יק אַדי [PE'YSEKh(D)IK] pertaining to or fit for Passover
פּסיכאָאַנאַלי'ז דער psychoanalysis
פּסיכאָאַנאַלי'טיקער דער (ס) פֿעמ ין psychoanalyst
פּסיכאָ'ז דער (ן) psychosis
פּסיכאָלאָ'ג דער (ן) פֿעמ ין psychologist
פּסיכאָלאָגיע די (ס) psychology
פּסיכאָלאָגיש אַדי psychological
פּסיכיאַטער דער (ס) פֿעמ שע psychiatrist
פּסיכיאַטריע די psychiatry
פּסיכיק די (עס) mental life; psyche
פּסיכיש אַדי/אַדוו mental, psychic; psychological
פּסיכעדעליש אַדי psychedelic
פּסלות דאָס [PASLES] dishonesty; offense, misdemeanor
פּסלנות דאָס [PASLONES] immorality; vileness, villainy
פּסל|ען וו (גע–ט) [PASL] declare unfit, invalidate, reject
|| פּסלען אַ קאַץ cut off the tail of a cat (to protect against evil spirits)
|| פּסלען אַ קינד protect a child from the evil eye (by rubbing his/her face with urine)
פּסל־פּנים דאָס [PE'SL-PONEM] *slang* lovely face
פּסעוודאָ... pseudo-...
|| פּסע'ודאָווי'סנשאַפֿט pseudoscience
פּסעוודאָני'ם דער (ען) pseudonym, pen name
פּסעכע די זע פּאָסעכע
פּסק דער (ן/ים) [PSAK - PSOKIM] judgment, verdict, ruling; finding, outcome; punishment, scolding
|| געב|ן* דאַט אַ פּסק scold, tell off
|| האָב|ן*/כאַפּ|ן אַ מיאוסן פּסק [MI'ESN] get chewed out/told off; end badly
פּסק־געלט דאָס [PSA'K] fee (to a Rabbi) for deciding a case
פּסק־דין דער (ים) [PSAKDI'N] judgment, verdict
פּסק־וואָרט דאָס (־ווערטער) [PSA'K] censure; reprimand, reproof
|| אַרוי'ס|געב|ן* אַ פּסק־וואָרט קעגן censure, condemn
פּסקענונג די (ען) [PA'SKENUNG] ruling, decision
פּסקען|ען = פּסקע|נען וו (גע–ט) [PASK·N/PASKE] decide, judge, rule
פּע דער (ען) (the letter) P
פּעבל דאָס rabble, mob
פּעדאַגאָ'ג דער (ן) פֿעמ ין educator, pedagogue
פּעדאַגאָגיק די pedagogy; science of education
פּעדאַגאָגיש אַדי/אַדוו pedagogic, educational
פּעדאַ'ל דער (ן) pedal

פעדאַ'נט דער (ן) פֿעמ קע pedant; fastidious person
פעדאַנטיש אַדי/אַדוו pedantic; meticulous, fastidious
פעדאַ'נטישקייט די (ן) pedantry; meticulousness, obsessiveness
פעדאַנטעריע די pedantry
פעדל|ען וו (גע–ט) peddle
פעדלער דער (ס) פֿעמ קע peddler, door-to-door salesman
פעדעסטאַ'ל דער (ן) pedestal
פעוונע אַדי/אַדוו sure, certain
|| נעמ|ען אויף פעוונע fool, pull s.o.'s leg
פעולה די (–ות) [PULE] effect, result, upshot; effectiveness, success; usefulness
|| וואָס איז די פעולה <פֿון> what's the use (of)
|| טאָ|ן* אַ פעולה make progress
פעולהדיק אַדי [PU'LEDIK] effective
פעזע די (ס) peso
פעטי'וו דער (ן) inner tube
פעטי'ט דער (typogr.) 7.5 point type
פעטיטע די (ס) *slang* petition (to a court)
פעטיציאָניר|ן וו (–ט) petition
פעטיציע די (ס) petition
פעטליע די (ס) loop, noose; leash
|| מיט דער פעטליע אויפֿן האַלדז on the brink of disaster
פעטעך דער blockhead, jerk
פעטעלקע די (ס) [Ly] זע פיטעלקע
פעטראָ'ל דער oil, petroleum
פע'טרישקע די (ס) parsley
|| איז ניט ווערט קיין פעטרישקע isn't worth a red cent
|| הפֿקר פעטרישקע [HEFKER] anything goes
פעטש מצ זע פאַטש
פעטשאַ' די זע פעצע
פעטשאַ'ט דער seal, signet
פעטשאַטעק דער (...טקעס) זע פּאַטשאַטיק
פעטשײַ' דער/די זע פעצע
פעטשל דאָס (עך) פֿאַטש דימ pat
|| אַ פעטשל טאָ|ן* <דאַט> pat
פע'טשעלע דאָס (ך) פֿאַטש דימ2 pat, light tap
פעטשעריצע די (ס) mushroom
פע'טשערע די (ס) stove, oven, hearth
|| ער מעג בײַ אים הייצן די פעטשערע(ס) he is fit to polish his shoes

פעיאָראַטי'וו אַדי pejorative
פעך דאָס/דער resin; pitch
|| גיס|ן/שיט|ן פעך און שוועבל <אויף> fulminate, rail (against)
|| פעך שוואַרץ pitch black
|| צי|ען זיך ווי (פֿון) פעך go on and on, seem interminable
פעכאָטנע אַדי of/pertaining to infantry; *hum.* on foot
פעכאָטע די infantry, rank and file
פעכבלענד דער pitchblende
פעכיק אַדי tarry, sticky
פעכנע|ן וו (גע–ט) swell *intr.*, become swollen from starvation
|| פעכנען אויפֿן פּיסק be starving to death
פעל די raw silk
פעליקאַ'ן דער (עס/ען) pelican
פעל·ן אַדי (of) raw silk
פע'לע(ווע)|ן וו (גע–ט) זע פּאָלען
פע'לענע די (ס) lap of a garment
פעלערינע די (ס) [Ly] pelerine, cape
פעלץ דער (ן) pelt; fur coat; skin (on milk)
|| רײַס|ן (זיך) דעם פעלץ *hum.* strain oneself
|| אי'בערקער|ן דעם פעלץ *hum.* change sides, convert to another religion
פעמפּיק דער (עס) squat, chubby person; *fam.* little kid
פעמפּל דאָס (עך) *fam.* (child's) penis, weenie
פען די (ען/עס) quill feather; pen (writing implement)
|| ניט קריג|ן קיין אײַ'נגעטונקענע פען פֿון receive no word from, not hear from
|| האַלט|ן אַ פען אין דער האַנט be skilled at writing
|| נעמ|ען זיך פֿאַר דער פען take up one's pen
|| אַ מענטש מיט אַ פען a good writer, someone with something to say
פענאַ'ל דער (ן) pen(cil) case
פענדזיע [Zy] : מאַכ|ן פענדזיע פֿון ridicule, make fun of
פענדזל דער (ען) (paint) brush
פענדזל|ען וו (גע–ט) paint *imperf.*
פענדזע זע פענדזיע
פענטאַק דער (עס) *fam.* beggar
פענטיוך דער (עס) [Ty] blockhead, jerk
פענטע די (ס) hobble, fetter
פענטע|ן[1] וו (גע–ט) hobble, fetter, chain

פענטע|ן² וו (גע–ט) — *fam.* beg
פעני דער (ס) — *Amer.* penny, cent
פעניאָ'ק דער (עס) [Ny] **זע פניאַק**
פעניס דער (ן) — penis
פעניע די (ס) [Ny] **זע פניאַק**
פעניצילי'ן דער — penicillin
פענכער דער (ס) — bladder
פענסיאָניר|ן וו (–ט) אַק [SY] — give a pension to; retire *trans.* (with a pension), pension off
|| פענסיאָנירן זיך — retire *intr.*
פענסיאָנע'ר דער (ן) פֿעמ **שע** [SY] — pensioner, retiree
פענסיע די (ס) [SY] — pension (retirement fund); salary; boarding school
|| אויף פענסיע — retired, in retirement
|| אַרוי'ס|גיי|ן* אויף פענסיע — retire *intr.*
פע'נסיע־נעמער דער (ס) פֿעמ **ין** [SY] — pensioner, retiree
פענסנע' די/מצ — pince-nez
פענע די (ן/ס) **זע פען**
פענעץ דער (ער/ן) — slice (of bread), section, segment
פענצאַק = פענצעק דער — pearl barley; gruel; *fam.* fatty
פענקע די (ס) — quill of a feather; hemp stem
פענקע|ן וו (גע–ט) — burst, crack, split
פעסט די — plague, pestilence; miasma; *fig.* creep, pest
פעסטל דער (ען) — pistil
פעסטע|ן וו (גע–ט) — spoil, indulge, pamper
|| פעסטען זיך — indulge oneself
פעסימיזם דער — pessimism
פעסימי'סט דער (ן) פֿעמ **קע** — pessimist
פעסער מצ **זע פאַס²**
פע'פלניצע די (ס) — *Slav.* ashtray
פעפקע דער (ס) — fool
פעפֿער דער (ס) פֿעמ **קע** — sleepyhead, lazybones
פעץ מצ **זע פאַץ**
פעצל דאָס (עך) דימ **זע פאַץ**
פעצע' דער/די — jellied calves' feet
פע'צענע די — big piece, large slice; lump of mud; coarse, vulgar woman
פעצקע די (ס) — *fam.* (child's) penis, weenie
פעק מצ **זע פאַק¹**
פעקאַ'ן דער (ען) — pecan
פעקאַרניע די (ס) [Ny] — bakery

פעקל דאָס (עך) **פאַק** דימ — package, bundle, parcel; wad; *fig.* burden, troubles, cares
|| ליג|ן אין פעקל — be in a fix, be in a pickle
|| נעם ס'פעקל! — get lost! beat it!
פע'קל־מאַכער דער (ס) — smuggler
פעקל|ען וו (גע–ט) — smuggle
פע'קלפאָסט די — parcel post
פע'קלפֿלייש דאָס — corned beef
פע'קעליק דער (עס) **זע פיעקעליק**
פעקער דער (–/ס) — packer
פער¹ דער (ן/–) — peer (nobleman)
|| מצ — elite, leading citizens
|| פֿ״גל **פאַר**
פער² פרעפ — per, via
|| פער לופֿטפאָסט — by airmail
פעראָ'ן דער (ען) — station platform
פערדולע דער (ס) — quack, charlatan
פערווע אַדי — prime, top notch
פע'רוועסקע די (ס) — cow calving for the first time
פערווע'רס אַדי — perverse
פערזאָ'ן די (ען) — person
|| מצ — (theat.) cast of characters
פערזאָניק אַדי — (gramm.) personal
פערזענלעך אַדי/אַדוו — personal
פערזע'נלעכקייט די (ן) — personality
פעריאָ'ד דער (ן) — period, term
פעריאָדיזיר|ן וו (–ט) — divide into periods
פעריאָדיק די — periodicals
פעריאָדיש אַדי — periodic
פעריגיי' דער (ען) — perigee
פערילע די — sarsaparilla
פעריסטע אַדי — striped
פעריסקאָ'פ דער (ן) — periscope
פעריפֿעריע די (ס) — periphery, outskirts
פעריפֿעריש אַדי — peripheral
פעריפֿראַסטיש אַדי — periphrastic; (gramm.) compound (verb)
פערישקע די (ס) **זע פֿערשקע**
פערל דער (–) — pearl
|| פערל שיטן זיך פֿון זײַן מויל — he speaks eloquently
פע'רלגרויפן מצ — (pearl) barley
פע'רלגריץ די — (pearl) barley

פּע'רלדיק אַדי/אַדוו — fine, pure; iridescent, nacreous; (speech/writing) very clear; pearly, pearl-shaped

פּע'רלהון די (...הינער) — guinea fowl

פּע'רל־מוטער דאָס — mother-of-pearl

פּע'רל־מוטער·ן אַדי — (of) mother-of-pearl

פּערל|ען וו (גע–ט) — shimmer, glisten; (words) flow eloquently

|| עס פּערלט פֿון איר מויל — she speaks eloquently

פּערמאַנע'נט 1. אַדי — permanent

|| 2. דער (ן) — permanent (hair treatment)

פּערסאָנאַ'ל דער — staff, personnel

פּערסאָניפֿיציר|ן וו (–ט) — personify

פּערסאָנע'ל אַדי — personal

פּערסיע (די) [SY] — Persia

פּערסיק דער (עס) — peach

פּערסיש אַדי/(דאָס) — Persian

פּערסער דער (–) פֿעמ ין — Persian

פּערספּעקטי'וו די (ן) — perspective

פּערעבאַ'ר דער — *Slav.* overpayment

פּערעבע'נדעווע|ן וו (–ט) — be fussy, difficult to please

פּערעדניע די (ס) [Ny] — *Slav.* antechamber, front room

פּערעמ(י)עשטשע|ן (זיך) וו (–ט) — *Slav.* move, relocate *trans./intr.*

פּערע|ן וו (גע–ט) — push forward, press on; harass, bother

פּע'רענע די (ס) — featherbed, comforter; feather mattress

פּערעס(י)אַדקע די (ס) [Sy] — *Slav.* change (of train/carriage)

פּערעסי'פּ דער (ן) — quay, wharf, pier; dam, dike

פּערעקופּקע די — *Slav.* monopolizing, cornering (a market)

פּערעקופּשטשיק דער (עס) — *Slav.* monopolist, hoarder, speculator

פּערפּענדיקולאַ'ר 1. אַדי [Ly] — perpendicular

|| 2. דער (ן) — perpendicular

פּערפֿומע די (ס) זע פּאַרפֿום

פּערפֿע'קט אַדי/אַדוו — perfect

פּערקל דער — percale, muslin

פּעשל דאָס (עך) פּאַש דימ — pack, deck (of cards)

פּעשקע די (ס) — pawn (chess piece)

פּקדון דער (ס/ות) [PIKODN - PIKDOYNES] — deposit, something held in trust

פּקוח־נפֿש דער זע פּיקוח־נפֿש

פּקח דער (ים) זע פּיקח

פּקחות דאָס זע פּיקחות

פּקחית די (ן) זע פּיקחית

פּקיד דער (ים) [POKED - PKIDIM] — commissioner, superintendent; official, functionary

פּרא דער (פּראָים) [PERE - PROIM] — savage, barbarian, wild man

פּראָ[1] אַדוו — pro

פּראָ[2]... — pro...

|| פּראָסאָוועטיש — pro-Soviet

פּרא־אָדם דער (ס) [PEREODEM] — savage, wildman; imbecile

פּראָביר|ן וו (–ט) — test, assay (metals, etc.); rehearse

|| פֿ״גל פּרובירן; פּרוּוון

פּראָבלע'ם די (ען) [Ly] — problem

פּראָבלעמאַטיק די (עס) [Ly] — set of problems

פּראָבלעמאַטיש אַדי [Ly] — problematic, questionable

פּראָבע די (ס) — test, tryout, assay; trial, ordeal; hallmark (certifying purity of gold, etc.); probation; (theat.) rehearsal

|| אויף פּראָבע — as a test, on trial

|| מאַכ|ן פּראָבע — (theat.) rehearse

פּראָבקע[1] די (ס) זע פּראָפּקע

פּראָבקע[2] די (ס) — specimen, sample

פּראָגנאָ'ז דער (ן) — forecast, prediction, prognosis

פּראָגנאָזיר|ן וו (–ט) — predict, forecast, prognosticate

פּראַגנע|ן וו (גע–ט) צו — *dial.* long for, thirst after

פּראָגראַ'ם די (ען) — program, schedule, curriculum

פּראָגראַמיר|ן וו (–ט) — program, plan

פּראָגרע'ס דער — progress

פּראָגרעסי'וו אַדי/אַדוו — pertaining to progress; progressive

פּראָגרעסיר|ן וו (–ט) — progress, make progress

פּראָדוצי'ר־מיטל דאָס (ען) — means of production

פּראָדוציר|ן וו (–ט) — produce, turn out

פּראָדוצירער דער (ס) פֿעמ ין — producer

פּראָדוצע'נט דער (ן) פֿעמ ין — producer

פּראָדו'קט דער (ן) — product; crop

|| מצ — *also* produce

פּראָדוקטי'וו אַדי — productive; fertile, prolific

פּראָדוקטיוויקייט די — productivity

פּראָדוקציע די (ס) — production, output

פּראַוואָזשי'טעלסטווע די [Ly] residence permit: right to live outside the Pale of Settlement, granted to certain categories of Jews in tsarist Russia

|| פּ״גל תּחום־המושבֿ

פּראַוואָסלאַוונע אַדי (relig.) (Greek/Russian) Orthodox

פּראָוואָצירן װ (–ט) provoke

פּראָוואָקאַטאָר דער (...אָ'רן) פּעמ ...אָ'רשע provocateur, mole (informant)

פּראָוואָרנע אַדי *dial.* quick, nimble, agile

פּראַוודע אַדװ truly; admittedly

פּראָוויאַ'נט דער provisions, supplies; reserves

פּראַ'װידלע די (ס) rule, principle; (shoemaker's) last

פּראָוויזאָר דער (ס) פּעמ ין pharmacist

פּראָוויזאָריש אַדי/אַדװ provisional

פּראָוויזיע די [ZY] provisions, supplies; proviso, stipulation

פּראַװי'טעלסטווע די [Ly] *Slav.* government

פּראַ'װילע די זע פּראַווידלע

פּראָווי'נץ די (ן) province

פּראָווינציאַ'ל דער (ן) provincial

פּראָווינציע'ל אַדי provincial

פּראָווינצער דער (–) פּעמ ין provincial

פּראַווע די (ס) right, title, prerogative

פּראַווען װ (גע–ט) celebrate; practice, observe; conduct, carry out, engage in; plaster, roughcast (wall)

|| פּראַוען זיך <צו> present an entreaty (to a Hasidic leader)

|| פּראַוען (זיך) מיט give instructions to

פּראָזאַ'יקער דער (ס) פּעמ ין prose writer

פּראָזאַיִש אַדי/אַדװ prosaic

פּראַזדניק דער (עס) *Slav.* holiday, festival

פּראַ'זדנעווען װ (גע–ט) *dial.* celebrate; take a vacation day

פּראָזווישקע די (ס) *Slav.* family name, surname

פּראָזע די prose

פּראָשבע די (ס) petition, administrative request

פּראָזשע די (ס) thread, yarn

פּראַזשען װ (גע–ט) fry *trans.*

פּראַ'זשעניצע די (ס) זע פּרעזשעניצע

פּראָזשעקטאָר דער (...אָ'רן) זע פּראָיעקטאָר

פּראַזשקע די (ס) buckle

פּראָטאָטי'פּ דער (ן) prototype

פּראָטאָפּלאַזמע די protoplasm

פּראָטאָקאָ'ל דער (ן) minutes, record, official report; protocol, etiquette

פּראָטאָקאָלירן װ (–ט) <אַק> take the minutes (of)

פּראָטאָקאָליש אַדי/אַדװ verbatim, literal

פּראָטיוונע אַדי repugnant

פּראָטיווען װ (–ט) <דאַט> cavil, quibble; pick a quarrel (with), argue (with)

פּראָטע'ז דער (ן) prosthesis

פּראָטעזע די (ס) זע פּראָטעז

פּראָטעזשירן װ (–ט) protect, back, sponsor

פּראָטעי'ן דער (ען) protein

פּראַטען װ (גע–ט) hide, conceal

פּראָטע'סט דער (ן) protest; *jur.* (formal) protest, objection

פּראָטעסטאַ'נט דער (ן) פּעמ ין Protestant

פּראָטעסטאַנטיש אַדי Protestant

פּראָטעסטירן װ (–ט) protest

פּראָטעקטאָר דער (...אָ'רן) פּעמ ...אָ'רשע protector

פּראָטעקטאָראַ'ט דער (ן) protectorate

פּראָטעקציע די (ס) protection, patronage; recommendation; influence, pull

פּראַטש דער (ן) mallet, sledgehammer; beater (for laundry), washing beetle

פּראַטשקאַרניע די (ס) [Ny] *dial.* laundry room

פּראַטשקע די (ס) *dial.* laundress, washerwoman

פּראַטשקעס מצ separation, divorce

|| אַוועקגיין* אין פּראַטשקעס divorce, separate

פּראָיע'קט דער (ן) project, plan, draft

פּראָיעקטאָר דער (...אָ'רן) projector, spotlight, searchlight

פּראָיעקטי'ל דער (ן) projectile

פּראָיעקטירן װ (–ט) (geom., phys., psychol.) project; premeditate, plan

פּראָך דער זע פּאָרעך

פּראַכוויע די (ס) *dial.* diocese, bishopric

פּראַכט די magnificence, beauty, splendor

פּראַכטיק אַדי/אַדװ splendid, magnificent, sumptuous

פּראַכטפֿול אַדי splendid, magnificent

פּראַל דער (ן) impact, crash; thrust, onslaught

|| אַ פּראַל טאָן* <מיט> slam, shove; clatter, fall with a crash

|| פּראַל אָפֿן wide open

פּראָל דער (ן) boast

פּראָלאָ'ג דער (ן) prologue

פראָלאָנגיר|ן װ (–ט) — prolong (a delay), defer, put off

פראַליש דער — fury, rage

פראַל|ן[1] װ (גע–ט) — fall with a crash; make noise

פראַל|ן[2] װ (גע–ט) זע פראַלען

פראַל|ן זיך װ (גע–ט) — boast

פראַלניע די (ס) [Ny] — *dial.* laundry

פראַלניק דער (עס) — washing beetle, beater (for laundry)

|| פֿ״גל ספֿר־פראַלניק

פראָלעטאַריאַ'ט דער (ן) [Ly] — proletariat

פראָלעטאַריער דער (ס) פֿעמ ין [Ly] — proletarian

פראָלעטאַריש אַדי [Ly] — proletarian

פראַלע|ן װ (גע–ט) — beat laundry

פראַלקע די (ס) — distaff

פראָם דער (ען) — ferry

פראָמאַך דער — *Slav.* failure, mistake, blunder

|| ער איז נישט קיין פראָמאַך — he's good with his hands, he's handy

פראָמילניק דער (עס) [Ly] — broker, agent

פראָמינע'נט אַדי — prominent

פראָמיסקויִטע'ט די — promiscuity

פראָנאָ'ם דער (ען) — pronoun

פראַניע|ן װ (גע–ט) [Ny] זע פראַנעווען

פראַניק דער (עס) זע פראַלניק

פראַ'נעווע|ן װ (גע–ט) — beat laundry *imperf.*

פראָסאָדיע די [DY] — prosody

פראָסט 1. אַדי — common, ordinary; uncultured, lowly; coarse, crude; plebeian, of the masses

|| 2. אַדוו — simply; without ceremony

|| פֿ״גל פראָסטע איז מאָסטע; פראָסט־פּשוט

פראָסטאַ'ט דער (ן) — prostate

פראָסטאַצקע אַדי/אַדוו — churlish, coarse, common

פראָסטאַ'ק דער (עס) פֿעמ ...אַטשקע — churl, hick; boor, lout

פראָסטיטוטקע די (ס) — prostitute

פראָסטיטויִר|ן װ (–ט) — prostitute

פראָסטיטוציע די — prostitution

פראָסטע איז מאָסטע = פראָסטע זמאָסטע אַדוו — quite simply; bluntly, without beating about the bush

פראָסט־פּשוט אַדי/אַדוו [PO'ShET] — utterly simple; literal (meaning)

פראָסטקייט די — vulgarity, crudeness

פראַ'סליצע די (ס) — distaff

פראָסלער דער (ס) — harvester, picker (of farm produce)

פראָסע די — millet

פראָספּע'קט דער (ן) — prospectus, brochure, pamphlet; panorama, prospect, view

פראָספּעקטי'וו אַדי — prospective, future

פראָספּעריטע'ט די — prosperity

פראָפּאַגאַנדיר|ן װ (–ט) — propagandize

פראָפּאַגאַנדע די — propaganda

פראָפּאָזיציע די (ס) — proposition (in logic)

פראָפּאָניר|ן װ (–ט) — propose

פראָפּאָ'רץ די (ן) זע פּראָפּאָרציע

פראָפּאָרציאָנע'ל 1. אַדי — proportional

|| 2. אַדוו <צו> — in proportion (to)

פראָפּאָרציע די (ס) — proportion, ratio

פראַ'פּאָרשטשיק דער (עס) — (milit., in Russia) ensign

פראָפּינאַציע די — (in tsarist Russia) liquor license

פראָפּן דער (ס) — cork, plug, stopper

פראָ'פּן־ציִער דער (ס) — corkscrew

פראָפּעלער דער (ס) [Ly] — propeller

פראָפּקע די (ס) — cork, plug, stopper

פראָפֿאַ'ן אַדי — profane

פראָפֿי'ט דער (ן) — profit

פראָפֿיטיר|ן װ (–ט) — profit, profiteer

פראָפֿי'ל דער (ן) [Ly] — profile

פראָפֿילאַקטיש אַדי — prophylactic

פראָפֿעסאָר דער (...אָ'רן) פֿעמ ...אָ'רשע — professor

פראָפֿעסאָ'רנשאַפֿט די — faculty

פראָפֿעסו'ר די (ן) — professorship; (academic) chair

פראָפֿעסיאָנאַ'ל דער (ן) [SY] — professional

פראָפֿעסיאָנע'ל אַדי/אַדוו [SY] — professional

פראָפֿעסיע די (ס) [SY] — profession, occupation

|| פֿרײַ|ע פּראָפֿעסיע — liberal profession

פראָפֿפֿאַראײַ'ן דער (ען) — trade union

פראַצע די — labor, toil

פראָצע די (ס) — slingshot, catapult

פראָצעדו'ר די (ן) — procedure; proceedings

פראַ'צעווע|ן װ (גע–ט) — labor, toil

פראָצע'נט 1. דער (ן) — percentage point; percentage; (interest) rate; commission

|| פֿינף פּראָצענט — five percent

|| 2. דער/דאָס (ער) — (finan.) interest

|| פּראָצענט אויף פּראָצענט — compound interest

פראָצע'נטיקייט די (ן) — rate of interest

פראָצע'נטניק דער (עס) usurer

פראָצע'ס דער (ן) process; trial, lawsuit, case

פראָצעסיע די (ס) [SY] procession

פראָצעסיר|ן וו (–ט) process

|| פראָצעסירן זיך litigate *intr.*, be at law

פראָקאַ'ט : געב|ן*/נעמ|ען אויף פראָקאַט *fam.* rent, hire

פראָקוראַטאָר דער (...אָ'רן) (Roman) procurator; guardian, trustee

|| פֿ״גל פראָקוראָר

פראָקוראַטו'ר די district attorney's office; prosecution

פראָקוראָ'ר דער (ן) prosecutor, district attorney; stern/sharp critic

פראָקורירונג די (act of) prosecution

פראָקוריר|ן וו (–ט) prosecute

פראַקטיציזם דער practicality, efficacy

פראַקטיציר|ן וו (–ט) practice (profession); practice doing (stg.), train oneself (to)

פראַקטיק די practice (as opposed to theory), experience; activity; work experience, expertise

|| אין דער פראַקטיק in practice

|| פֿ״גל פראַקטיקע

פראַקטיקאַ'נט דער (ן) trainee

פראַקטיקיר|ן וו (–ט) זע פראַקטיצירן

פראַ'קטיקע די experience, training, practice; clientele (of a doctor/lawyer)

|| פֿ״גל פראַקטיק

פראַקטיש אַדי/אַדוו practical, pragmatic

פראָקלאַמאַציע די (ס) (political) pamphlet; proclamation

פראָקלאַמיר|ן וו (–ט) proclaim; declare

פראַקעס מצ stuffed cabbage leaves

פראָשווע די (ס) (fash.) insertion (of lace, etc.)

פראָשיק דער (פראָשקעס) powder; *esp.* medicine

|| מי'לכפראָשיק powdered milk

|| איי'ער־פראָשיק powdered eggs

פראַ'שעווע|ן וו (גע–ט) hoe

פראָשע|ן וו (גע–ט) sprinkle, dust

פראָשעניע די (ס) [Ny] petition, administrative request

פראַשפּאָרט דער passport

פראָשקעס מצ זע פראָשיק

פרדס דער (ים) [PARDES - PARDEYSIM] orchard; paradise (place of mystical knowledge)

פרה־אַדומה די [PORE-ADU'ME] red heifer, sacrifice whose ashes were used in preparing the water of purification in biblical times; *hum.* naive fool, simpleton

פרואוו... זע ווערטער מיט פרווו...

פרוביר|ן וו (–ט) try, test

|| פרובירן <פֿון> taste, sample

פרובירקע די (ס) test tube

פרוד־הלבֿבֿות דער זע פירוד־הלבֿבֿות

פרוד(זש)ע|ן וו (גע–ט) steam clean (clothing) *imperf.*

פרווו[1] 1. דער (ן) attempt, try, endeavor

|| אַ פרווו טאָ|ן* <צו> try (to); try one's hand (at), give (stg.) a try

|| 2. די (ן) test, trial; assay (of metal)

|| שטעל|ן צו דער פרווו put to the test

פרו'וו־[2]... experimental, trial, tentative

|| פרווובאַלאָן trial balloon

פרוווּנג די (ען) ordeal; trial, test

פרוּוול דאָס (עך) sample, specimen

פרווו|ן וו (גע–ט) <אינפֿ> try, attempt

|| פרוּוון <אַק> tempt, put to the test

|| אַנו' פרווו(ט) נאָר! just try it! I dare you!

פרוּוופֿאַל דער (ן) test case

פרו'וופּליער דער (ס) test pilot

פרוּווּשטיין דער (ער) touchstone; *fig.* criterion

פרוזדור דער (ס) [PROYZDER] antechamber

פרוזשינע די (ס) זע ספרונזשינע

פרוטה די (–ות) [PRUTE] small coin, penny

|| ניט האָב|ן* קיין פרוטה ביי דער נשמה not have a cent to one's name [NEShOME]

פרוטיע די (ס) דימ די פרוטקע [Ty] rush, reed, twig

|| מצ kindling

פרוכנע די wood decomposed into powder

פרוכת דער (ן) [POROYKhES] curtain over the ark holding the Torah scrolls in a synagogue; in the Temple, the curtain before the Holy of Holies

פרוש[1] דער (ים) זע פירוש

פרוש[2] דער (ים) [PORESh - PRUShIM] *Jew.* recluse who devotes all his time to the study of sacred books; man living apart from his wife for religious reasons

פרושי דער (ם) Pharisee

פרות מצ זע פרי

פרחה־נשמתו ווער|ן וו (איז פרחה־נשמתו געוואָרן) [PORKhE-NIShMO'SE] be scared to death

פרט דער (ים) [PRAT - PROTIM] detail; regard, aspect (of a question); date expressed in Hebrew letters

|| אין פרט פֿון with respect to, as regards

|| אין דעם פרט in this regard, in this respect

פרט־גדול דער [PRATGODL] date expressed in Hebrew letters including the thousands, (e.g., ה׳תשס״ב for 5762)

פרטימדיק [PRO'TIMDIK] detailed

פרטית זע השגחה־פרטית

פרט־נאָמען דער (־נעמען) [PRA'T] proper name

פרט־פֿאַל דער (ן) [PRA'T] special case

פרט־קטן דער [PRATKOTN] date expressed in Hebrew letters without the thousands, (e.g., תשס״ב for [5]762)

פרי די (פּרות) [PEYRE - PEYRES] fruit

פּריאָם דער (in Russia) draft (into the army)

פּריאַניק דער (עס) זע פּראַלניק

פּריאָריטעט די (ן) priority

פּריבאַווען וו (–ט) *Slav.* add, augment

פּריבאַווקע די (ס) *Slav.* addition, increase, supplement

פּריבלודנע אַדי stray

פּריגאָוואָר דער (ן) *Slav.* verdict, sentence

פּריוואַט[1] אַדי/אַדוו private; confidential

פּריוואַט[2]־... private

|| פּריוואַט־אייגנס private property

פּריוויטשקע די (ס) *Slav.* habit; custom

פּריווילעגיע די (ס) [Ly] privilege

פּריווילעגירט אַדי [Ly] privileged

פּריוט דער (ן) *Slav.* refuge, shelter, sanctuary

פּריז דער (ן) prize, award

פּריזאַנט דער topaz

פּריזבע די (ס) earthen bench affixed to the exterior wall of a house

פּריזיוו דער (in tsarist Russia; *hum.* modern) military conscription; conscription

פּריזיוונִיק דער (עס) draftee, conscript

פּריזמע די (ס) prism

פּריטוכלע אַדי זע טוכלע

פּריטוליע די (ס) *dial.* shelter, refuge

פּריטוליען וו (–ט) *dial.* shelter, give refuge to; clasp to one's breast, hug

פּריטנע אַדי זע ספּריטנע

פּריטעלקע די (ס) lintel

פּריטראַווע די (ס) *Slav.* bait

פּריטשאַכנען וו (–ט) *slang* die, kick the bucket

פּריטשמעליען וו (–ט) stun, daze, overwhelm

פּריטשעפּע די (ס) hoist/windlass (of a well); annoyance, hassle; pest, nuisance, quarrelsome person

פּריידיק[1] דער (עס/...דקעס) forequarter of a steer

פּריידיק[2] די (ן) sermon

פּרײדיקן וו (גע–ט) preach

פּרײדיקער דער (–/ס) פֿעמ ין preacher

פּריידקעס מצ זע פּריידיק[1]

פּרײַז דער (ן) price; award

פּרײַזן וו (גע–ט) appraise, value; praise, speak very highly of

פּרײַז־נאָטירונג די (ען) quotation (of a price)

פּרײַז־נפֿאַל דער (ן) slump (in value/price)

פּרײַזקוראַנט דער (ן) price list

פּרײַך דער (ן) wheeze, gasp

פּרײַכן וו (גע–ט) pant, gasp; breathe with difficulty

פּרײַס דער (ן) Prussian; cockroach

פּרײַסיש אַדי Prussian

פּרײַסן (דאָס) Prussia

פּרייען וו (גע–ט) זע פּריִען

פּריירי די (ס) זע פּרעריע

פּריכאָד דער (ן) *Slav.* income, revenue

פּרילישען וו (–ט) stun, daze

פּרימאַ אַדי–אַטר first-rate, choice

פּרימאַ־אַפּריליס דער April Fool's Day; April fool

פּרימאַדאָנע די (ס) prima donna, leading lady

|| זײַן* אַ ריכטיקע פּרימאַדאָנע act like a real prima donna

פּרימאַט דער (ן) primacy, preeminence

פּרימאַנקע די (ס) *dial.* bait, lure

פּרימאַר־... primary (election, education, etc.)

|| פּרימאַר־וואַלן primary election

פּרימאַ־שבפּרימאַ אַדי–אַטר [ShEBEPRI'MA] absolutely top of the line

פּרימוס דער (ן) Primus (kerosene) stove

פּרימוס־מאַשינקע די (ס) זע פּרימוס

פּרימיטיוו אַדי primitive

פּרימל דער (ען) primrose

פּרימעטע די (ס) sign, mark

|| מצ physical description

פּרימער דער (ן) *Slav.* example

|| פֿ״גל נאָפּרימער

פּרינץ דער (ן) prince

פּרינציפּ דער (ן) principle

|| אָן פּרינציפּן unscrupulous

פּרינציפּאַ'ל דער (ן) (school) principal; proprietor, manager

פּרינציפּיע'ל 1. אַדי principled, based on principle

|| 2. אַדוו on principle

פּרינצעסין די (ס) princess

פּריסאַדעס מצ rows of trees along both sides of a walk

פּריסווי'ע(ווע)|ן וו (–ט) *Slav.* appropriate to oneself, take over

פּריסוטסטווע די (ס) (milit., in Russia) recruiting office, draft board

פּריסטאַוו דער (עס) (in tsarist Russia) regional police superintendent

פּריסטאַווּשטשיק דער (עס) *Slav.* purveyor

פּריסטער דער (ס) פֿעמ ין priest

פּריסטרויקע די (ס) (archit.) annex, wing

פּריסיאַזשנע אַדי [Sy] *Slav.* sworn

פּרי'סינקע די (ס) squatting movement in a Russian dance

פּריסיק דער embers, live coals

פּריסנע אַדי fresh, sweet (water)

פּריעה די [PRIE] *Jew.* removal of the foreskin after circumcision

פּריִע|ן וו (גע–ט) perspire, sweat; stew; give off steam/smoke; chafe, irk

|| פּריִען אומפּ אַק *rev.* itch

פּריפּאַ'נעווע|ן וו (–ט) hobble (an animal)

פּריפּאַ'ס דער (ן) *Slav.* supply, provision(s)

פּריפּאַרקע די (ס) cataplasm

פּריפּלוע די (butch.) brisket; rolled beef, roulade

פּרי'פּעטשיק דער (עס) a kind of cooking stove; hearth, fireplace

פּריפּראַווע די (ס) seasoning, condiment

פּריץ דער (ים) [PORETS - PRITSIM] nobleman, landowner, magnate

|| זײַן* אַ פּריץ do exactly as one pleases

|| זײַן* אַ פּריץ (בײַ זיך) put on airs

פּריצה די (–ות) [PRITSE] זע פּריצטע

פּריצות דאָס [PRITSES] libertinism, debauchery, licentiousness; rank of nobility

פּריצותדיק אַדי/אַדוו [PRI'TSESDIK] profligate, debauched

פּריצטע די (ס) [PRITSTE] wife of a landowner; noblewoman, aristocratic lady; very elegant woman

|| פֿ״גל פּריץ

פּריציש אַדי/אַדוו noble, aristocratic, magnificent

|| פּריציש הויז manor

פּרי'צעווע|ן וו (גע–ט) swagger, lord it

פּריקאַ'ז דער (ן) *dial.* order, command

פּריקאַזטשיק דער (עס) זע פּריקאַשטשיק

פּריקאַ'זעווע|ן וו (–ט) *dial.* command, direct

פּריקאַשטשיק דער (עס) (merchant's) clerk; steward/overseer of an estate

פּריקוסקע : טרינקע|ן פּריקוסקע drink tea while keeping a piece of sugar on one's tongue

פּריקלאַ'ד דער (ן) accessory; supplement; butt (of a gun)

פּריקרע אַדי disagreeable, unpleasant, embarrassing, awkward

פּרי'קרעקייט די awkwardness, unpleasantness; embarrassment, uneasiness

פּרישה די [PRIShE] *lit.* separation, departure; discord

פּרישווע די (ס) upper (of a shoe)

פּרישות דאָס [PRIShES] life of a hermit

פּרישטש דער (עס) דימ דער פּרישטשיק pimple, pustule

פּרישטשעוואַטע אַדי pimply

פּרישע|ן וו (גע–ט) drizzle

פּרכת דער (ן) זע פּרוכת

פּרנס דער (ים) [PARNES - PARNEYSIM/PARNOSIM] elected member of the Jewish community council

פּרנסה די (–ות) [PARNOSE] (means of) subsistence; livelihood, (source of) income

|| האָב|ן* פּרנסה make a living; have a job/occupation

|| אויס|שלאָג|ן זיך דאָס ביסל פּרנסה manage to make ends meet

|| זײַן* געשלאָגן אין פּרנסה be penniless

פּרנסה־געבער דער (–/ס) פֿעמ ין [PARNO'SE] breadwinner

פּרנס־חודש דער [PARNES-KhO'YDESh] *Jew.* president of the community counsel (for a month or more)

פּרעגל|ען וו (גע–ט) fry *trans.*; cook down (jam), simmer (in sugar/honey)

|| פּרעגלען זיך fry *intr.*; *fig.* be in a rage

|| פּרעגלען זיך פֿאַר נחת [NAKhES] be beside oneself for joy

פּרעדיקאַ'ט דער (ן) predicate

פּרע'דיק|ן וו (גע–ט) זע פּריידיקן

פּרעדסיעדאַטעל דער (עס) [Sy...Ly] (in Russia) chairman

פּרעה (דער) (ס) (אַק/דאַט: פּרעהן) [PARE] Pharaoh

פּרעהיסטאָריע די prehistory

פּרעהיסטאָריש אַדי prehistoric
פּרעון דער [PIROEN] payment, settlement (of a debt); due date (of a debt, etc.)
פּרעזידיום דער (ס) [DY] (Soviet) Presidium; board, governing body
פּרעזידע'נט דער (ן) פֿעמ ין president
פּרעזידענטיש אַדי presidential
פּרעזידענטשאַפֿט די (ן) presidency
פּרעזע'נט דער (ן) present, gift
פּרעזענטאַבל אַדי presentable
פּרעזענטירונג די (ען) presentation
פּרעזענטיר|ן וו (–ט) present (show); pose (question); introduce (s.o.); announce (candidacy); give (gift)
פּרעזעס דער (in Poland) chairman (meeting/association)
פּרעזערוואַטי'וו דער (ן) preservative (for foods); antiseptic; prophylactic
פּרעזערוויר|ן וו (–ט) preserve
פּרע'זשעניצע די (ס) scrambled eggs; omelet
|| מאַכ|ן פֿון דאַט אַ פּרעזשעניצע beat s.o. to a pulp
פּרעטענדיר|ן וו (–ט) אַז claim/pretend that
|| פּרעטענדיר|ן אויף aspire to, lay claim to
|| פּרעטענדיר|ן צו aim at, strive to
פּרעטענדע'נט דער (ן) claimant, (royal) pretender
פּרעטענזיע די (ס) [ZY] reproach; demand, claim
|| האָב|ן* פּרעטענזיעס <צו> blame, reproach
|| האָב|ן* פּרעטענזיעס אויף lay claim to
|| פֿ״גל פּרעטענציע
פּרעטענציע די (ס) pretense, pretension; presumption, conceit
|| פֿ״גל פּרעטענזיע
פּרעטענציע'ז אַדי pretentious, presumptuous, full of oneself
פּרעכטיק אַדי splendid, magnificent, sumptuous
פּרעל אַדי [Ly] putrid, rotten
פּרעלו'ד דער (ן) [Ly] prelude
פּרעלימינאַ'ר אַדי preliminary
פּרעלעגע'נט דער (ן) פֿעמ ין [Ly] lecturer
פּרעמיע די (ס) prize, award; bonus, premium
פּרעמיער = פּרעמיע'ר דער (ן) פֿעמ שע premier, prime minister
פּרע'מיער־מיניסטער דער (...טאָ'רן) prime minister
פּרעמיערע די (ס) (theat.) premiere, opening night

פּרעמירט|ער דער-דעק recipient (of an award, etc.)
פּרעמיר|ן וו (–ט) reward, award; bestow an award on
פּרענומעראַ'נט דער (ן) subscriber (to a forthcoming book)
פּרענומעריר|ן זיך וו (–ט) <אויף> subscribe (to a forthcoming book)
פּרענט דער (ן/עס) rod, pole, stake; (metal) bar
פּרענטל דאָס (עך) פּרענט דימ also knitting needle; piece of bread
פּרענטשע די (ס) זע פּאַרענטש
פּרעס דער (ן) (flat)iron; press, printing press
פּרע'סאײַזן דער (ס) (flat)iron
פּרעסברעט די (ער) ironing board
פּרעסטי'זש דער prestige
פּרעסיר|ן וו (–ט) forsake, abandon, desert
פּרעסל דאָס (עך) pressing iron, (flat)iron
פּרעסלעך מצ charcoal briquettes
פּרעס|ן וו (גע–ט) press; iron *imperf.*; juice, squeeze; put pressure on
פּרעסע די (ס) press (media)
פּרעסער דער (–/ס) פֿעמ קע presser, ironer (of clothes)
פּרעפּאָזיציע די (ס) preposition
פּרעפּאַראַ'ט דער (ן) compound, chemical preparation; patent medicine
פּרעפּל|ען וו (גע–ט) babble; mumble, mutter
פּרעפֿאַבריצי'רט אַדי prefabricated
פּרעפֿי'קס דער (ן) prefix
פּרעפֿעראַ'נס דער preferans (card game)
פּרעפֿערע'נץ די (ן) preference
פּרעצי'ז אַדי precise, exact
פּרעציזיר|ן וו (–ט) make (more) precise, specify (more) fully
פּרעציזקייט די precision, thoroughness; accuracy
פּרעצעדע'נט דער (ן) precedent
|| אָן אַ פּרעצעדענט unprecedented
פּרעצעדענטיק אַדי precedent-setting
פּרעריע די (ס) prairie, plain
פּרצוף דער (ים) [PARTSEF - PARTSUFIM] face; *pejor.* mug, kisser
פּרצוף־פּנים דער (ער)
[PARTSEF-PO'NEM - -PE'NEMER] physiognomy; countenance, appearance
פּרק דער (ים) [PEYREK - PROKIM] chapter; chapter in the *Mishnah*
|| זאָג|ן פּרק study the "Ethics of the Fathers"

|| פֿ״גל פּירקי־אָבֿות

פּרקי־אָבֿות זע פּירקי־אָבֿות

פּרשה די (־יות) [PARShE - PARShES] affair (stunning event, complicated situation); *Jew.* section of the Pentateuch; *Jew.* each of the 54 sections of the Pentateuch, one or two of which are read every Sabbath

|| די פּרשה נאָמ — the ... affair, the history of ...

פּשאָנקע די (ס) זע פּשעניטשקע

פּשאַקרעוו 1. דער (עס) — *vulg.* bastard, son of a bitch

|| 2. אינט — for God's sake! damn it!

פּשוט [POShET] 1. אַדי — plain, simple, ordinary

|| 2. אַדוו — simply; quite simply

|| פֿ״גל פּראָסט־פּשוט

פּשוטו־כּמשמעו אַדוו [PShUTE-KEMAShMO'E] literally

פּשוט־פּאָ'לקיש אַדי [POShET] popular, unpretentious, folksy

פּשוט־פּאָ'לקישקייט די [POShET] unpretentiousness, folksiness

פּשט דער (ים/ן) [PShAT - PShOTIM] literal meaning; sense, meaning; literal interpretation

|| לערנ|ען פּשט פֿון — interpret, deduce from

|| פֿ״גל פּשט־פּשוט

פּשטות דאָס [PAShTES] simplicity

פּשטל דאָס (עך) [PShETL] subtle/hair-splitting argument; ingenious explanation, casuistry

פּשטלדיק אַדי [PShE'TLDIK] subtle; hair-splitting, specious

פּשטל|ען זיך וו (גע־ט) [PShETL] stretch a point, amuse oneself by quibbling

פּשטן דער (ים) [PAShTN - PAShTONIM] simple/modest person; literalist, champion of literal interpretation

פּשט־פּשוט אַדי־אַטר [PShAT-PO'ShET] literal

פּשיאַטשעל דער (עס) — friend, pal

פּשיטא קאָנ [PShITE] זע אַפּשיטא

פּשיק אינט — shoo! (to cats/mice)

פּשיקאָנע|ן זיך וו (־ט) <אויב> — *dial.* ascertain, check (whether)

פּשעדניע די (ס) [Ny] זע פּערעדניע

פּשע'ניטשקע די (ס) — (culin.) ear of corn

פּשעפּוסטקע די (ס) — *Slav.* permit to pass

פּשעקופּקע די (ס) — *Slav.* street vendor *fem.* of produce; supplier *fem.*

פּשר דער (ים) [PEShER - PShORIM] compromise, arrangement

פּשרה די (־ות) [PShORE] compromise

|| גיי|ן* אויף פּשרות — compromise, make concessions

פּשרות דאָס [PAShRES] mediation

פּשרן דער (ים) פֿעמ טע [PAShREN - PAShRONIM] conciliator, one who effects a compromise; mediator

פּשרנות דאָס [PAShRONES] (spirit of) conciliation; mediation

פּשרניש אַדי [PAShRONISh] conciliatory

פּתאָים מצ זע פּתי

פּתוח [PSUEKh] : מאַכ|ן אַ פּתוח — *slang* breaking in/down a door

פּתח דער (ן) [PASEKh] the Hebrew vowel sign ַ, signifying the vowel [A] after the consonant under which it appears; Yiddish diacritical mark

|| פּתח שין שאַ! — quiet! mum's the word!

|| פֿ״גל פּתח־אַלף

פּתח־אַלף דער/די [PA'SEKh-ALEF] name of the letter אַ

פּתחון־פּה דער זע פּיתחון־פּה

פּתח־חרטה דער [PESEKh-KhARO'TE] opportunity to retract/back out

פּתי דער (פּתאָים) [PESI - PSOIM] fool

פּתיחה די [PSIKhE] *slang* opening; *slang* hole, keyhole

|| פֿ״גל פּתיחת־הארון

פּתיחהנ|ען = פּתיחה|נען וו (גע־ט) [PSIKh·N/PSIKhE] *slang* open, unlock

פּתיחת־הארון די/דאָס [PSIKhES-HOO'RN] *Jew.* (honor of) opening of the holy ark in the synagogue during services

פּת־לחם דער [PASLE'KhEM] *lit.* piece of bread

פּתרון זע פּיתרון

פֿ

פֿ[1] דער/די [FEY] letter of the Yiddish alphabet; pronounced [F]; written ף (LANGE[R] FEY) at the end of a word; numerical value (same as פּ): 80

פֿ[2] = פֿונט lb(s)

פֿ׳[3] = פֿרײַנד Mr.

פֿאָ דער/די (ען) [FEY] *fe*, name of the letter פֿ

|| לאַנג|ע(ר) פֿאָ the letter ף

|| די דרײַ פֿאָען (allusion to the words פֿורמאַנעס, פֿישערס, and פֿלײשערס) the physically strong men of the marketplace, the manual laborers (in traditional Ashkenazi society)

פֿאַ דער (ען) (mus.) the note F

פֿאָביע די (ס) phobia

פֿאַבל די (ען) fable

פֿאַבריציר|ן וו (–ט) make, manufacture, fabricate

פֿאַברי'ק די (ן) factory, plant

פֿאַבריקאַ'ט דער (ן) manufactured product

פֿאַבריקאַ'נט דער (ן) manufacturer, maker

פֿאַבריקאַציע די manufacture, manufacturing

פֿאַ'בריקע די (ס) **זע** פֿאַבריק

פֿאַגאָ'ט דער (ן) bassoon

פֿאָדעם דער (פֿעדעם/פֿע'דעמער) דימ פֿע'דעמל thread, string; filament; fiber; *pop.* money, dough

פֿאָדער[1] אַדי–אַטר **זע** פֿאָדעריק

פֿאָ'דער[2]... fore..., front...

|| פֿאָדערטיר front door

פֿאָ'דערבאָרט דער (ן) bow (of a ship)

פֿאָ'דערגרונט דער (ן) foreground

פֿאָ'דערהויז דאָס (...הײַזער) entry, vestibule

פֿאָ'דערונג די (ען) requirement; claim, demand

פֿאָדערחלק דער (ים) [FO'DERKhEYLEK - ...KhALOKIM] (butch.) forequarters

פֿאָ'דעריק אַדי : ניט פֿאָדעריק mediocre, inferior

פֿאָ'דער|ן וו (גע–ט) demand, claim; require, necessitate

|| פֿאָדערן זיך אומפּ נאָמ *rev.* be required, be called for

|| עס פֿאָדערט זיך seeking, we are looking for (job offer)

פֿאָדערשט אַדי–עפּי front, forward

פֿאָ'דערשטוב די (...שטיבער) anteroom, vestibule

פֿאַונע די fauna

פֿאַזאַ'ן דער (ען) pheasant

פֿאַזע די (ס) phase, stage

פֿאָטאָגעניש אַדי photogenic

פֿאָטאָגראַ'ף דער (ן) פֿעמ ין photographer

פֿאָטאָגראַפֿטשיק דער (עס) **זע** פֿאָטאָגראַף

פֿאָטאָגראַפֿיע די (ס) photography; photograph

פֿאָטאָגראַפֿיר|ן וו (–ט) photograph, take a picture of

|| פֿאָטאָגראַפֿירן זיך have one's picture taken

פֿאַטאַ'ל אַדי fatal, fateful

פֿאַטאַ־מאָרגאַ'נאַ די (ס) mirage, vision, illusion

פֿאָטע'ל דער (ן) [Ly] armchair, easy chair

פֿאָטער דער (ס) father

פֿאָ'טעריש אַדי/אַדוו fatherly, paternal

פֿאָ'טערל דאָס (עך) *hum./pejor.* priest

פֿאָ'טערלאַנד דאָס (...לענדער) homeland, mother-country, fatherland

פֿאָ'טערלעך אַדי/אַדוו fatherly, paternal

פֿאָ'טערשאַפֿט די paternity, fatherhood

פֿאָ'טערשטול די (ן) easy chair, armchair

פֿאַטשײלע די (ס) shawl, kerchief; handkerchief

פֿאַיאַ'נץ דער crockery

פֿאַיאַנצ·ן אַדי (of) crockery

פֿאָיע' דער (ען) lobby, foyer

פֿאַך[1] דער (ן) specialty, occupation, profession; shelf

|| לויטן פֿאַך אַ ... a ... by profession

פֿאַ'ך[2]-... professional

|| פֿאַכזשורנאַל trade journal

|| פֿאַכאויסדרוק technical term

פֿאַכלײַט מצ **זע** פֿאַכמאַן

פֿאַכל|ען וו (גע–ט) **זע** פֿעכלען

פֿאַכמאַן דער (פֿאַכלײַט) expert, specialist, professional

פֿאַ'כמעניש אַדי/אַדוו professional

פֿאָכ(ע)|ן וו (גע–ט) <מיט> fan, wave, brandish

|| פֿאָכען מיט דער האַנט wave one's hand

|| פֿאָכען מיט דער נשמה [NEShOME] be at death's door

|| פּאָכען זיך — fan oneself

פּאָכער דער (ס) — fan

פֿאַ'כקענער דער (–/ס) פֿעמ ין — professional, specialist, expert

פֿאַכשול די (ן) — trade school, vocational school

פֿאַל דער (ן) — fall, drop; case, contingency; (gramm.) case

|| אויף יעדן פֿאַל — in any case, anyhow

|| אויף/פֿאַר קיין פֿאַל ניט — by no means, on no account

|| אין בעסטן/ערגסטן פֿאַל — at best/worst

|| ווי דער פֿאַל איז — as the case may be

פֿאַלב[1] אַדי — flabby

פֿאַלב[2] דער/די (ן) דימ פֿעלבל — fold, pleat; gather (in fabric)

פֿאַלב|ן וו (גע–ט) — (fash.) fold, pleat, gather

פֿאָלגלעך אַדוו — *Germ.* consequently, therefore

פֿאָלגן **1.** דאָס — obedience

|| **2.** פֿאָלג|ן וו (גע–ט) <דאַט/אַק> — obey

|| פֿאָלגן דאַט/אַק — follow the advice of s.o.

|| ניט פֿאָלגן <דאַט/אַק> — disobey, defy (s.o.); give the lie to (prediction); (child) be naughty

|| פֿאָלג מיך אַ גאַנג! — that's a long way to go! it's no mean task!

פֿאָלגנדיק אַדי–עפּי — *Germ.* following

פֿאָלגע די (ס) — silvering (on a mirror); foil, tinfoil

פֿאָ'לגעוודיק אַדי/אַדוו — obedient, docile

פֿאָ'לגעוודיקייט די — obedience, docility

פֿאָ'לגערשאַפֿט די (ן) — retinue

פֿאַלגרוב דער/די (...גריבער) — pitfall, trap

פֿאַלד דער/די (ן) **זע** פֿאַלב[2]

פֿאַ'לדעווע|ן וו (גע–ט) **זע** פֿאַלבן

פֿאָלוואַרק דער (עס) [Ly] — farm, ranch

פֿאַלטש אַדי/אַדוו **זע** פֿאַלש

פֿאָליאַ'נט דער (ן) — folio volume

פֿאַליע די (ס) — wave, billow

פֿאַליע|ן זיך וו (גע–ט) — (water) undulate, make waves

פּאַ'ליקע די — epilepsy

פּאַ'ליק|ער דער-דעק — epileptic

פּאַלירטשיק דער (עס) — dumpling

פֿאַל|ן וו (איז געפֿאַלן) — fall, drop *intr.*; (prices) decline

|| פֿאַלן אויף — (calamity) befall, strike; *rev.* occur to

|| פֿאַלן אונטער — succumb to

|| לאָז|ן פֿאַלן אַ וואָרט — let a remark slip out

|| פֿאַלן פֿון די פֿיס — be falling off one's feet

|| פֿאַלן דאַט שווער — prove difficult for s.o.

פֿאַלס : יעדן פֿאַלס **זע** (אויף יעדן) פֿאַל

פֿאַלסיפֿיציר|ן וו (–ט) [Ly] — falsify; forge, counterfeit

פֿאַלסיפֿיקאַ'ט דער (ן) [Ly] — forgery, fake, counterfeit

פֿאַלץ דער (ן) — fold

פֿאַ'לצ(עווע)|ן וו (גע–ט) — fold (paper, etc.)

פֿאַלצע'ט דער (ן) [Ly] — falsetto

פֿאַלק דער (ן) — hawk

פֿאָלק[1] דאָס (פֿעלקער) — nation, people, ethnic group, folk

|| דאָס (פּראָסט|ע) פֿאָלק — the common people; the lowly

פֿאָ'לק-[2]... **זע** פֿאָלקס-...

פֿאָלקיזם דער — populism; ideology of the *Folkspartey* party

|| פֿ״גל פֿאָלקספּאַרטיי

פֿאָלקי'סט דער (ן) — populist; member of the *Folkspartey* party

|| פֿ״גל פֿאָלקספּאַרטיי

פֿאָלקיש אַדי/אַדוו — popular, of the common people; folksy; ethnic

פֿאָלקלאָ'ר דער — folklore

פֿאָלקלאָרי'סט דער (ן) פֿעמ קע — folklorist

פֿאָלקלאָריסטיק די — (study of) folklore

פֿאָלקליד דאָס (ער) **זע** פֿאָלקסליד

פֿאָ'לקס-... — popular, people's; public; folk(loric)

|| פֿאָלקסשרײַבער — popular writer

|| פֿאָלקסגעזונט — public health

|| פֿאָלקסשאַפֿונג — folk creation

פֿאָ'לקסטימלעך אַדי/אַדוו — of/for the common people; folksy

פֿאָ'לקסטימלעכקייט די — quality of being of/for the common people; folksiness

פֿאָלקסליד דאָס (ער) — folksong

פֿאָ'לקס-מעשׂה די (–יות) [MAYSE] — folktale

פֿאָ'לקספּאַרטיי די — populist party; People's Party, party supporting Yiddish and Jewish communal autonomy, founded in Russia in 1906, influential in Poland and the Baltic States until the Second World War

פֿאָ'לקסציילונג די (ען) — census

פֿאָלקשול די (ן) — public/elementary school

פֿאָלקשפּראַך די (ן) — vernacular, popular speech

פֿאַלש אַדי/אַדוו — false, wrong, fake, sham, hypocritical

פֿאַ'לשגעדראַנג דאָס (ען) — *neol.* fallacy

פֿאַ'לשגעמי'נצט אַדי — counterfeit (money)

פֿאַ'לשירעם דער (ס) — parachute

פֿאַ'לשמינצונג די — counterfeiting

פֿאַ'לשמינצער דער (–/ס) — counterfeiter

פֿאַ'לשעווע|ן וו (גע–ט) — cheat, falsify; botch one's work; sing/play off-key

פֿאַלשקייט די (ן) — falsity, falseness; hypocrisy, duplicity, imposture

פֿאַמיליאַ'נט דער (ן) [LY] — member of the family, kin

פֿאַמיליע די (ס) [LY] — family; family/last name, surname

פֿאַמי'ליע־נאָמען דער (־נעמען) [LY] — family/last name, surname

פֿאַמיליע'ר אַדי [LY] — familiar

פֿאַן די (ען) דימ פֿענדל — (frying) pan; saucepan, casserole (utensil)

פֿאָן[1] די (ען/פֿענער) דימ פֿענדל — flag, banner

|| גאָ'לדענ|ע פֿאָן — aristocracy, nobility, upper crust

פֿאָן[2] דער (ען) — backdrop (theater scenery); background

פֿאַנאַבעריע די (ס) זע פּײַנע־בריה

פֿאָנאָגראַ'ף דער (ן) — phonograph

פֿאַנאַטיזם דער — fanaticism

פֿאַנאַ'טיקער דער (ס) פֿעמ ין — fanatic, zealot

פֿאַנאַטיש אַדי/אַדוו — fanatical

פֿאַנאַנדער קוו זע פֿונאַנדער

פֿאָנאַ'ר דער (ן) — lantern, beacon, headlight

פֿאַנג דער — catch, capture

פֿאַ'נגאָרעם דער (ס) — tentacle

פֿאַנג|ען וו (געפֿאַנגען) — catch, capture, take prisoner

פֿאָנד דער (ן) — fund

פֿאַנט דער (ן) — pledge, deposit, surety (*esp.* in a game)

פֿאַנטאַזיאָ'ר דער (ן) פֿעמ קע [ZY] — dreamer, visionary

פֿאַנטאַזיאָריש אַדי [ZY] — visionary

פֿאַנטאַזיע די (ס) [ZY] — imagination, fancy, fantasy

פֿאַנטאַ'זיעדיק אַדי [ZY] — imaginative

פֿאַנטאַזיר|ן וו (–ט) — imagine, fantasize; (day)dream

פֿאַנטאָ'ם דער (ען) — phantom

פֿאָנטאַ'ן דער (ען) — fountain

פֿאַנטאַ'סט דער (ן) זע פֿאַנטאַזיאָר

פֿאַנטאַסטיק די — *neol.* fantasy (literary genre)

|| ווי'סנשאַפֿטלעכ|ע פֿאַנטאַסטיק — science fiction

פֿאַנטאַסטיש אַדי — fantastic, fabulous

פֿאָניע (דער) [Ny] — *hum., pejor.* Russian; the Russians; the government in tsarist Russia

|| פֿאָניע גנבֿ/קוואַס [GANEV] — *pejor., insult.* the Russians; the government in tsarist Russia

פֿאַני'ר דער (ן) — veneer

פֿאַניר|ן וו (–ט) — veneer

פֿאָנע די (ס) — banner, standard, pennant

פֿאָנעטיק די — phonetics

פֿאָנעטיש אַדי/אַדוו — phonetic

פֿאָנע'ם דער (ען) — phoneme

פֿאָ'נען־טרעגער דער (–/ס) — standard-bearer

פֿאָ'נענמאַסט דער (ן) — flagstaff, flagpole

פֿאָ'נענשטאָף דער — bunting

פֿאָנפֿאַטע אַדי — nasal, twangy

פֿאָנפֿאַ'טש דער (עס) — person with a nasal/twangy voice

פֿאַנפֿאַ'ר דער (ן) — fanfare

פֿאַנפֿאַראָנקע די (ס) — coquettish and frivolous young woman

פֿאָנפֿעוואַטע 1. אַדי — nasal, twangy (speech)

|| 2. אַדוו — (speaking) nasally, with a twang

פֿאָנפֿע|ן וו (גע–ט) — speak nasally or with a twang

פֿאַ'נקוכן דער (ס) זע פּײַנקוכן

פֿאַס די/דאָס/דער (פֿעסער) דימ פֿעסל — barrel, cask

|| רעד|ן (ווי) פֿון אַ פּוסטן פֿאַס — speak with a sepulchral voice; talk through one's hat, talk nonsense

|| ניט רעד|ן פֿון אַ הוילן פֿאַס — know what one is talking about

פֿאַסאַ'ד דער (ן) — facade

פֿאַסאָליע די (ס) — bean, kidney-bean

|| גרינ|ע פֿאַסאָליע — green bean

פֿאַסאָ'ן דער (ען) — fashion, style, type; proper behavior

|| האַלטן פֿאַסאָן keep up appearances

פֿאַסטן וו (געפֿאַ'סט) fast

פֿאַסטריגע די (ס) basting stitch; basting thread

פֿאַסטרי'געווע|ן וו (–ט) baste *imperf.*

פֿאָסי'ל דער (ן) fossil

פֿאַס|ן וו (גע–ט) *Germ.* adopt, accept (resolution, motion, etc.)

פֿאָספֿאָר דער phosphorus

פֿאַסציניר|ן וו (–ט) fascinate

פֿאַסקע די (ס) פֿאַס דימ *also* churn

פֿאַעטאָ'ן דער (ען) phaeton (carriage)

פֿאַציאַט(ק)ע די (ס) *dial.* garret, attic room

פֿאַצע'ט דער (ן) dandy, fop

פֿאַקולטע'ט דער (ן) [Ly] faculty (university division)

פֿאָקוס דער (ן) focus, focal point; (magician's) trick, sleight of hand

פֿאָ'קוסניק דער (עס) juggler, magician

פֿאַקט דער (ן) fact

פֿאַקטאַזיע די [ZY] *neol.* science fiction

פֿאַקטאָר[1] דער (...אָ'רן) factor, cause; (math.) factor

פֿאַקטאָר[2] דער (ס/פֿאַקטוירים) **זע פֿאַקטער**

פֿאַקטו'ר די (ן) (comm.) invoice; texture

פֿאַקטיש **.1** אַדי actual, real

|| **.2** אַדוו in fact, as a matter of fact, actually

פֿאַ'קטנדיק אַדי factual

פֿאַקטער דער (ס/פֿאַקטוירים) agent, broker, jobber

פֿאַ'קטרעווע|ן וו (גע–ט) broker, act as an agent

פֿאַקי'ר דער (ן) fakir

פֿאַקל דער (ען) torch

פֿאַ'קלצוג דער (ן) torchlight procession

פֿאָק·ן אַדי (of) seal (fur), sealskin

פֿאָקסאַ'ל דער (ן) **זע וואָקזאַל**

פֿאָקסטראָ'ט דער (ן) fox trot

פֿאַקסי'מילע די (ס) [Ly] facsimile

פֿאָקע די (ס) *zool.* seal

פֿאָ'קעלע = פֿאָ'קער(לע) דער *pejor., insult.* father

פֿאַר[1] **.1** אַדוו for, in favor of

|| זײַן* פֿאַר <דאַט> favor, be for (s.o./stg.)

|| **.2** פּרעפּ *a) (unaccented)* for (the purpose/benefit of); as; in exchange for; in place of; than *(comparative)*; in front of, facing; from/out of (joy, grief, etc.); (grasp) by; during (the duration/life/activity of); *b) (stressed)* before (in time); ahead of, preceding

|| דאָס איז פֿאַר זײַן ווײַב *a)* that is for his wife

|| נעמ|ען פֿאַר אַ ווײַב take as a wife

|| אַ בוך פֿאַר צען דאָלאַר a book for 10 dollars

|| באַצאָל|ן פֿאַר יענעם pay for s.o. else

|| זי איז גרעסער פֿאַר אים she is bigger/taller than he is

|| שטיי|ן* פֿאַר דעם ריכטער stand before the judge

|| וויינ|ען פֿאַר פֿרייד cry for joy

|| אָ'נ|כאַפּ|ן פֿאַרן קאָלנער grab by the collar

|| פֿאַר מײַן גאַנץ לעבן my whole life (long), for my whole life

|| פֿאַר מײַנע צײַטן ever since I've been/worked/lived there

|| פֿאַ'ר דער מלחמה [MILKhOME] *b)* before the war

|| דער אָפֿיציי'ר גייט פֿאַ'ר די זעלנער the officer marches ahead of the soldiers

|| פֿאַ'ר זיך apart, independent(ly)

פֿאַ'ר...[2] pre...

|| פֿאַרמלחמהדיק [FA'RMILKhO'MEDIK] pre-war

פֿאַר...[3] *inseparable verbal prefix serving to: a)* create or emphasize transitive verbs; *b)* express removal, disappearance; *c)* express degradation, a negative effect

|| פֿאַרשלע'פֿער|ן *a)* put to sleep, lull

|| פֿאַרשלײַ'דער|ן *b)* fling away

|| פֿאַרזעג|ן *c)* saw crookedly, ruin by sawing

פֿאָר[1] דער (ן) short trip, ride

פֿאָר[2] דער lead (in a game)

|| נעמ|ען פֿאָר take the lead

|| געב|ן* פֿאָר give a handicap

פֿאָ'ר...[3] preliminary

|| פֿאָ'רשמועסן preliminary conversations

פֿאָ'ר-...[4] travel

|| פֿאָראַגענט travel agent

פֿאָר[5] קוו *meaning:* pre-, pro-, fore-

פֿאַראַבּיונ|ען וו (–ט) [FAREVYEN] pauperize

פֿאַראָבֿלט אַדי [FAROVLT] in mourning

פֿאָ'ר-אַגענטור די (ן) travel agency

פֿאַראַווירט אַדי [FARAVERT] fetid, putrid, stinking

פֿאַראומגליקט אַדי — ruined, driven to ruin
פֿאַראו'מווערדיק|ן וו (–ט) — desecrate, profane
פֿאַראומערט אַדי — sad, gloomy, despondent
פֿאַראו'מער|ן וו (–ט) — sadden, distress
פֿאַראו'מרייניק|ן וו (–ט) — pollute, contaminate, defile
פֿאַראו'רזאַכ|ן וו (–ט) — *Germ.* cause, bring about, give rise to
פֿאָ'ראורטייל דער (ן) **זע** פֿאָראורטל
פֿאַראו'רטייל|ן וו (–ט) **זע** פֿאַראורטלען
פֿאָ'ראורטל דער (ען) — prejudice, bias
|| האָבן* אַ פֿאָראורטל — be prejudiced/biased
פֿאַראורטל|ען וו (–ט) — condemn, sentence
פֿאַראַיאָריק אַדי — last year's
פֿאַר אַ יאָרן אַדוו **זע** יאָר
פֿאַראיבל דער (ען) <אויף> — resentment, grudge (against)
|| האָבן* פֿאַראיבל <אויף> — have/hold a grudge (against), take offense (at)
|| האָב/האָט קיין פֿאַראיבל ניט — I beg your pardon, no offense
פֿאַראי'בעריק|ן וו (–ט) — put aside, lay by
פֿאַראיי'ביק|ן וו (–ט) — perpetuate, immortalize
פֿאַראיי'גענ|ען וו (–ט) — adapt
|| פֿאַראייגענען (זיך) — appropriate
פֿאַראיידל|ען וו (–ט) — refine (manners, language, etc.)
פֿאַראיילעצט אַדי — soiled with grease; rancid, rank
פֿאַראיי'ן דער (ען) — union, association, society
|| פּראָפֿעסיאָנעל|ער פֿאַראיין [SY] — trade union
פֿאַר איין וועגס אַדוו **זע** וועג[1]
פֿאַראיי'ניקונג די (ען) — union, association; unification
פֿאַראיי'ניקטע נאַציעס מצ — United Nations
פֿאַראיי'ניקטע שטאַטן מצ — United States
פֿאַראיי'ניק|ן וו (–ט) — unite *trans.*, combine; unify
פֿאַר איינס אַדוו **זע** (פֿאַר) איינס .3
פֿאַראיי'נפֿאַכ|ן וו (–ט) — simplify
פֿאַראינטערעסיר|ן וו (–ט) — interest, be of interest to
|| פֿאַראינטערעסירן זיך <מיט> — take an interest (in) *perf.*
פֿאַראינטריגיר|ן וו (–ט) — intrigue *trans.*, arouse the curiosity of
פֿאַראי'נעווייניק|ן וו (–ט) — internalize

פֿאַראַיעריק אַדי **זע** פֿאַראַיאָריק
פֿאַראיקע|ן זיך וו (–ט) **זע** פֿאַרהיקען זיך
פֿאַראיר|ן וו (–ט) — *Germ.* lead astray
פֿאַראַכטונג די — contempt, scorn, disdain
פֿאַראַכטטאָגיק אַדי — last week's
פֿאַראַכטטאָגן אַדוו — a week ago
פֿאַראַכטטאָ'געדיק אַדי **זע** פֿאַראַכטטאָגיק
פֿאַראַכטיק אַדי/אַדוו — contemptuous, scornful, disdainful
פֿאַראַכטלעך אַדי/אַדוו — contemptible; disdainful, scornful
פֿאַראַכט|ן וו (פֿאַראַ'כט) — scorn, despise
פֿאַראמת|ן וו (–ט) אַק [FAREMES] — validate; make come true
פֿאַראַ'ן : (עס איז/זײַנען) פֿאַראַן — there is/are
|| געלט איז פֿאַראַן = עס איז פֿאַראַן געלט — there is money
|| פֿאַראַן מענטשן וואָס טראַכטן אַזוי' — there are people who think like that
פֿאַראַ'נטוואָרטונג די **זע** פֿאַראַנטוואָרטלעכקייט
פֿאַראַ'נטוואָרטלעך אַדי/אַדוו — responsible
פֿאַראַ'נטוואָרטלעכקייט די (ן) — responsibility
פֿאַראַניק אַדי–אַטר — *lit.* existent, present
פֿאַראַנען אַדי — existent, available
|| (עס איז/זײַנען) פֿאַראַנען — there is/are
פֿאַראַ'נענקייט די — existence, presence
פֿאַראַ'נקער|ן וו (–ט) — anchor
פֿאַראַ'קער|ן וו (–ט) — till, plow from end to end
פֿאַראַ'רבעט|ן וו (פֿאַראַרבעט) — elaborate; *pejor.* soil, dirty
פֿאַראָ'רדענונג די (ען) — decree, ordinance
|| פֿאַראָרדענונג (דורכן געריי'כט) — injunction
פֿאַראָ'רדענ|ען וו (–ט) — decree, order, enact
|| פֿאַראָרדענען דורכן געריי'כט — issue an injunction
פֿאַראָרעמט אַדי — impoverished, destitute
פֿאַראָ'רעמ|ען וו (–ט) — impoverish, make poor
פֿאַראַרע'נדעווע|ן וו (–ט) — rent/lease (out)
פֿאַרב די (ן) — color, tint; paint, dye
פֿאָ'רבאַדינג דער (ען) — precondition, stipulation
פֿאַרבאַד·ן אַדי : פֿאַרבאַדן אין חובֿות [KhOYVES] — deep in debt, crippled with debts
פֿאַרבאַהאַלט·ן אַדי — hidden, concealed; latent
פֿאַרבאָ'ט דער (ן) — ban, prohibition
פֿאַרבאָט·ן **.1** אַדי — forbidden, prohibited
|| **.2** פֿאַרבאָט|ן וו (פֿאַרבאָטן) <צו> — forbid, prohibit

פֿאַרבאַלאַקע|ן וו (–ט) waste time chattering

|| פֿאַרבאַלאַקען זיך get bogged down in chattering

פֿאַרבאַ'לעווע|ן וו (–ט) squander on pleasures/parties

פֿאַרבאַלעמוטשע|ן וו (–ט) button-hole, importunate, talk s.o.'s ear off

|| פֿאַרבאַלעמוטשען זיך get confused/muddled

פֿאַרבאַ'נד דער (ן) association, union, federation

|| פֿאַרבאַנד פֿון סאָוועט'טישע סאָציאַלי'סטישע רעפּובליקן Union of Soviet Socialist Republics

פֿאַרבאַנדאַזשיר|ן וו (–ט) bandage/dress *perf.* (wound)

פֿאַרבאַ'קט = פֿאַרבאַק·ן אַדי dried, hardened

פֿאַרבאָרג·ן[1] .1 אַדי concealed, hidden, latent

|| .2 פֿאַרבאָרג|ן וו (פֿאַרבאָרגן) conceal, hide *perf.*

פֿאַרבאָרג|ן[2] זיך וו (–ט) go into debt, run up debts

פֿאַרבאָ'רגעניש דאָס (ן) hiding place

פֿאַרבאַריקאַדיר|ן וו (–ט) barricade *perf.*

פֿאַרבוי|ען וו (–ט) cover/surround with construction

פֿאַרבוכ|ן וו (–ט) book, register, inscribe

פֿאַרבו'נד דער (ן) connection, tie

פֿאַרבונד·ן אַדי connected

|| זײַן* פֿאַרבונדן <מיט> be connected (with); be related/connected (to); involve, be involved (with)

פֿאַרביט|ן[1] וו (פֿאַרבאָטן) **זע** פֿאַרבאָטן 2.

פֿאַרביט·ן[2] אַדי פֿאַרבײַטן פּאַרט (of a person) changed, out of sorts; exchanged, switched

פֿאַרבי'טער|ן וו (–ט) make (s.o.'s life) miserable; embitter, fill with bitterness; exacerbate, aggravate

פֿאַרבײַ' .1 אַדי–אַטר past, gone, over; dying, at death's door

|| איך בין פֿאַרבײַ! I'm done for!

|| .2 קוו *meaning: a)* (movement) past; *b)* close by, very near

|| פֿאַרבײַ'|טראָג|ן *a)* carry past

|| פֿאַרבײַ'|פֿיר|ן פֿאַר/בײַ *b)* lead close to

פֿאַרבײַגאַנג דער (ען) (act of) walking past, passage

פֿאַרבײַ'|גיי|ן* וו (איז פֿאַרבײַ'געגאַנגען) pass (on foot); (time) elapse

|| פֿאַרבײַגיין פֿאַר/אַק pass by/near

פֿאַרבײַ'גייענדיק .1 אַדי temporary, momentary, ephemeral

|| .2 אַדוו in passing, incidentally

פֿאַרבײַ'גייער דער (–/ס) פֿעמ ין passer-by

פֿאַרבייג|ן (זיך) וו (פֿאַרבויגן) curve *trans./intr. perf.*; bend; neglect (obligation)

|| פֿאַרבייגן דעם כּבֿוד [KOVED] swallow one's pride

|| פֿאַרבייגן זיך *also* bow (down), make a bow

פֿאַרבײַזט אַדי/אַדוו scowling, ill-tempered

פֿאַרבײַ'ט[1] דער (ן) replacement, substitution

פֿאַרבײַ'ט-[2]... substitute

|| פֿאַרבײַט-לערער substitute teacher

פֿאַרבײַטיק אַדי *neol.* provisional, delegated (power)

פֿאַרבײַטלעך אַדי replaceable

פֿאַרבײַט|ן וו (פֿאַרביטן) replace, substitute; supplant, supersede; confuse, mix up, mistake

|| פֿאַרבײַטן זיך alternate, take turns

|| פֿאַרבײַטן זיך מיט *(with pl. subject)* exchange, interchange

פֿאַרבײַטער דער (ס) פֿעמ ין replacement, substitute

פֿאַרבײַיק אַדי transitory

פֿאַרבײַ'|לאָז|ן וו (–גע–ט) let pass

פֿאַרבײַ'|לויפֿ|ן וו (איז פֿאַרבײַ'געלאָפֿן) run past

פֿאַרביינערט אַדי ossified

פֿאַרבײַסן .1 דאָס (ס) dessert; snack, bit, morsel

|| .2 פֿאַרבײַס|ן וו (פֿאַרביסן) eat a snack, nibble

|| פֿאַרבײַסן מיט accompany (alcoholic drink) with

|| פֿאַרבײַסן די ציין/ליפּן clench one's teeth; bite one's tongue *fig.*, not say what one wishes to say

פֿאַרבײַסעכץ דאָס (ן/ער) **זע** פֿאַרבײַסן 1.

פֿאַרבײַ'|פֿאָר|ן וו (איז פֿאַרבײַ'געפֿאָרן) <אַק/פֿאַר/לעבן> drive past; go past without noticing, miss

פֿאַרבײַפֿלי דער (ען) flight past (bird, plane, etc.)

פֿאַרבײַ'|פֿלי|ען וו (איז פֿאַרבײַ'געפֿלויגן) <אַק/פֿאַר/בײַ> fly past; pass rapidly by without noticing, miss

פֿאַרבײַשאָס דער (ן) *neol.* miss, bad shot

פֿאַרבײַ'|שיס|ן וו (פֿאַרבײַ'געשאָסן) miss (in shooting)

פֿאָרבילד דאָס (ער) model, example; preview

פֿאַרבי'ליק(ער)|ן וו (–ט) — make cheaper, cheapen; devalue

פֿאַרבי'נד דער — (milit.) liaison

פֿאַרבינדונג די (ען) — tie, link, bond; connection, contact; (chem.) compound

|| אַדווערביאַל|ע פֿאַרבינדונג — adverbial phrase

|| שטיי|ן* אין פֿאַרבינדונג <מיט> — be in contact (with)

|| שטעל|ן זיך אין פֿאַרבינדונג מיט — get in touch with

פֿאַרבינדלער דער (–/ס) פֿעמ ין — liaison officer

פֿאַרבינד|ן וו (פֿאַרבונדן) — tie, bind, link, join; bandage, dress (wound); connect, relate; combine, associate *trans.*

|| פֿאַרבינד|ן זיך <מיט> — get in touch (with)

פֿאַרבי'נדעט|ער דער-דעק — *Germ.* (polit.) ally

פֿאַרבי'נטעווע|ן וו (–ט) — bind up, wrap (up)

פֿאַרביס·ן אַדי — stubborn, relentless; implacable

פֿאַרביק אַדי — colorful

פֿאַרבלאָז אַדי — *Germ.* colorless; pale, bloodless

פֿאַרבלאָז|ן וו (פֿאַרבלאָזן) — (wind) blow away, scatter

פֿאַרבלאָ'טיק|ן וו (–ט) — muddy, cover with mud (shoes, etc.)

פֿאַרבלאָנדזשעט אַדי — lost, led astray

פֿאַרבלאָנדזשעט ווער|ן וו (איז פֿאַר־בלאָנדזשעט געוואָרן) זע פֿאַרבלאָנדזשען

פֿאַרבלאָנדזשע|ן וו (–ט) — lose one's way, go astray; *hum.* show up where one has no business being

|| ווי האָסטו פֿאַרבלאָנדזשעט אַהע'ר? — what are you doing here?

פֿאַרבלאָנקע|ן וו (–ט) זע פֿאַרבלאָנדזשען

פֿאַרבלאָקיר|ן וו (–ט) — block *perf.*

פֿאַרבלו'טיק|ן וו (–ט) — bloody, stain (clothes, etc.) with blood

פֿאַרבלוי|ען וו (–ט) — make/color blue

פֿאַרבלײַביק אַדי — permanent

פֿאַרבלײַב|ן וו (איז פֿאַרבליבן) — remain, stay

פֿאַרבלי|ִען וו (–ט) — fade, wither

פֿאַרבלי'פּט אַדי — stunned

פֿאַרבלענדונג די (ען) — infatuation, delusion

פֿאַרבלענד|ן וו (–ט) — blind, dazzle *perf.*; delude, mislead

פֿאַרבלע'נדעניש דאָס (ן) — illusion, delusion

פֿאַרב|ן וו (גע–ט/געפֿאַרבן) — dye, stain, paint, color *imperf.*

|| פֿאַרב|ן זיך — apply makeup

פֿאַרבעטונג די (ען) — invitation

פֿאַרבעט|ן[1] וו (פֿאַרבעטן) <אויף> — invite (to)

פֿאַרבעט|ן[2] וו (פֿאַרבע'ט) — make (a bed)

פֿאַרבע'נקט אַדי — nostalgic, yearning

פֿאַרבענק|ען זיך וו (–ט) <נאָך> — long (for), be homesick (for), miss

פֿאַרבע'נקעניש דאָס (ן) — longing

פֿאַרבע'סערונג די (ען) — improvement

פֿאַרבע'סער|ן (זיך) וו (–ט) — improve *trans./intr.*; correct

פֿאַרבער דער (–/ס) פֿעמ קע — dyer; (house)painter

פֿאַרבערײַ' דאָס/די — dyer's trade

פֿאַרבראָניר|ן וו (–ט) — armor, reinforce; reserve (seats); (finan.) freeze, block (funds, hiring, etc.)

פֿאַרבראַקירונג די — rejection, refusal (of merchandise)

פֿאַרבראַקיר|ן וו (–ט) — discard; reject, disapprove of

פֿאַרבראָק|ן וו (–ט) אַק מיט — add small bits of (into a dish)

פֿאַרבראָקעכץ דאָס — diced vegetables for adding to soup

פֿאַרברודזשע|ן = פֿאַרברו'דיק|ן וו (–ט) — soil, (make) dirty

פֿאַרברויכ|ן וו (–ט) — use up, consume

פֿאַרברוינ|ען וו (–ט) — brown *trans.*

פֿאַרברי'דערונג די (ען) — brotherhood, fraternal union

פֿאַרברי'דער|ן וו (–ט) — unite like brothers

פֿאַרברײ'טער|ן וו (–ט) — widen *trans.*, broaden; expand, enlarge; amplify

פֿאַרברי|ִען וו (–ט) — scald, boil, soak in boiling water; brew (tea)

פֿאַרברע'ך דער (ן) — crime, offense

פֿאַרברעכיק אַדי — *neol.* criminal

פֿאַרברע'כיקייט די — *neol.* crime rate

פֿאַרברעכ|ן[1] דאָס (ס) — crime, criminal offense

פֿאַרברעכ|ן[2] וו (פֿאַרבראָכן) : פֿאַרברעכן די הענט — wring one's hands

|| פֿאַרברעכ|ן זיך — (voice) break, crack

פֿאַרברעכער דער (–/ס) פֿעמ ין/קע — criminal

פֿאַרברעכערײַ' דאָס — *neol.* crime (in general), criminality

פֿאַרברע'כעריש אַדי/אַדוו — criminal

פֿאַרברע'כערישקייט די — criminality; criminal nature/character

פֿאַרברעמ|ען וו (–ט) — border, hem, trim

פֿאַרברע'נג־... — recreational, social

פֿאַרברענג|ען וו (–ט/פֿאַרבראַ'כט) — spend/pass (time); amuse oneself; spend (money)

|| גוט פֿאַרברענגען — enjoy oneself, have a good time

|| פֿאַרברענגען מיט — spend time with, enjoy the company of

|| גיי|ן* פֿאַרברענגען <מיט> — go out (with), take out (on a date)

פֿאָ'ר|ברענג|ען וו (–גע–ט/פֿאָ'רגעבראַכט) — advance (claims, etc.), bring forth (arguments, etc.)

פֿאַרברענגענס דער (ן) — friendly gathering

פֿאַרברענונג די — burning, combustion; cremation, incineration

פֿאַרברע'נט אַדי — burned; ardent, zealous; *hum.* incorrigible

|| זײַן* פֿאַרברענט נאָך — be eager for

פֿאַרברע'נט ווער|ן וו (איז פֿאַרברע'נט געוואָרן) — burn down, be reduced to ashes

פֿאַרברענ|ען וו (–ט) — burn *trans.*; scorch; cremate, incinerate

|| פֿאַרברענען אויף אַש — reduce to ashes

פֿאַרגאַ'ווער|ן וו (–ט) — drool on, soil with saliva

פֿאַרגאַז|ן וו (–ט) — gas (poison, kill)

פֿאַרגאַל|ן וו (–ט) — embitter

פֿאַרגאַ'לקעווע|ן וו (–ט) — blackball

פֿאַרגאַנגען אַדי פֿאַרגיין פּאַרט — past, bygone, last; (sun) set

|| פֿאַרגאַנגענ|ע צײַט — (gramm.) past tense

פֿאַרגאַ'נגענהייט די — (the) past

פֿאַרגאַנצ|ן וו (–ט) — complete, perfect

פֿאַרגאָס·ן אַדי פֿאַרגיסן פּאַרט — spilled; inundated

פֿאַרגאַפּיע|ן זיך וו (–ט) — *hum.* stare vacantly

פֿאַרגאָפּלונג די (ען) — bifurcation

פֿאַרגאַפֿונג די — amazement

פֿאַרגאַ'פֿט אַדי/אַדוו — amazed, lost in contemplation

פֿאַרגאַפֿ|ן זיך וו (–ט) — be amazed

פֿאַרגאַרטל|ען זיך וו (–ט) — gird, buckle up

פֿאַרגאָרעט אַדי — intoxicated/asphyxiated (by fumes); *fig.* besotted, benumbed

פֿאַרגוואַ'לדיקונג די (ען) — rape; violation

פֿאַרגוואַ'לדיק|ן וו (–ט) — rape, violate

פֿאַרגופֿ|ן וו (–ט) — personify, embody

פֿאַרגיביק אַדי — indulgent, forgiving

פֿאַרגי'טיקונג די (ען) <פֿאַר> — compensation/indemnification (for); recompense/amends (for)

פֿאַרגי'טיק|ן וו (–ט) <דאַט> — compensate, repay; recompense, make amends to

|| פֿאַרגיטיקן פֿאַר — pay compensation/reparations for

פֿאַרגייִק אַדי — passing, fleeting, ephemeral

פֿאַרגיי'|ן* וו (מיר/זיי פֿאַרגייען; איז פֿאַרגאַנגען) — (time) pass, elapse; (sun) set; (pain) go away; die, pass away; penetrate (as far as)

|| פֿאַרגיין אין — fall into (state)

|| פֿאַרגיין אַזוי' ווײַט אַז — reach the point that/where

|| פֿאַרגיין אין טראָגן — become pregnant

|| פֿאַרגיין דאַט דעם וועג — get in the way of

|| פֿאַרגיין זיך — (singer) jump to a higher pitch; lose one's breath; have a coughing fit

|| פֿאַרגיין זיך אין טרערן — burst into tears

פֿאָ'ר|גיי|ן* וו (איז פֿאָ'רגעגאַנגען) — happen, take place

פֿאָ'רגייער דער (ס) — forerunner, predecessor, precursor

פֿאַרגי'כערונג די (ען) — acceleration, speed-up

פֿאַרגי'כער|ן וו (–ט) — accelerate, speed up *trans.*

פֿאַרגילט|ן וו (פֿאַרגי'לט) — gild

|| פ״גל פֿאַרגעלטן

פֿאַרגינ|ען וו (פֿאַרגונען) <דאַט> — not begrudge/envy

|| פֿאַרגינען דאַט אַק — not be jealous of s.o. for having

|| איך פֿאַרגין דיר פֿון גאַנצן האַרצן — I couldn't be happier for you

|| פֿאַרגינען זיך אַק/צו — indulge oneself (in), allow oneself (to); let oneself be tempted by

|| ניט פֿאַרגינען דאַט <אַק> — begrudge s.o., envy s.o. (for); be unable to tolerate the fact that s.o. is enjoying (stg.)

|| ניט פֿאַרגינען זיך צו — be too stingy to, deny oneself the pleasure of

|| ניט קענ|ען* זיך פֿאַרגינען — be unable to afford

פֿאַרגינער דער (–/ס) פֿעמ קע — well-wisher

פֿאַרגיס|ן וו (פֿאַרגאָסן) — spill; shed (blood, tears); seal, block off (by pouring stg. over)

|| פֿאַרגיסן אַ לאָך מיט פּעך — patch a hole with melted pitch

פֿאַרגיפֿטונג די (ען) — poisoning

פֿאַרגי'פֿטיק|ן וו (–ט) — poison

פֿאַרגיפֿט|ן וו (פֿאַרגי'פֿט(עט)) זע פֿאַרגיפֿטיקן

פֿאַרגלאָ'צט אַדי fixed/inexpressive (look, eyes)

|| מיט פֿאַרגלאָצטע אויגן also hum. starry-eyed

פֿאַרגלאָצ|ן וו (–ט) : פֿאַרגלאָצן די אויגן iron. raise one's eyes to the heavens

פֿאַרגלוסט|ן זיך וו-אומפּ (פֿאַרגלו'סט) <דאַט> נאָמ rev. feel the desire to, have a sudden whim to

|| עס האָט זיך אים פֿאַרגלוסט אַ טרונק בראָנפֿן he suddenly felt like having a shot of whiskey

פֿאַרגלושע|ן וו (–ט) stun, deafen, daze

|| פֿאַרגלושען די אוי'ערן דאַט shatter the eardrums of *fig.*, deafen

פֿאַרגליווערט ווער|ן וו (איז פֿאַרגליווערט געוואָרן) harden *intr.*, congeal, jell, curdle

פֿאַרגלי'ווער|ן וו (–ט) congeal, curdle *trans.*

|| פֿאַרגליווערן זיך jell, set

פֿאַרגלײ'בט אַדי convinced, fanatic

|| זײַן* פֿאַרגלייבט אין have blind faith in

פֿאַרגלייבטקייט די fanaticism, blind faith

פֿאַרגלייב|ן וו (–ט) entrust, confide (secret)

|| פֿאַרגלייבן זיך אין trust/believe blindly in

פֿאַרגלייז|ן וו (–ט) : פֿאַרגלייזן די אויגן have one's eyes glaze over

|| פֿאַרגלייזן די אויגן אויף stare at, fix one's eyes on

פֿאַרגלײַ'ך דער (ן) comparison, parallel

|| אין פֿאַרגלײַך מיט in comparison with, compared to

|| אָן אַ פֿאַרגלײַך incomparable, without parallel

פֿאַרגלײַכונג די (ען) compromise, agreement

פֿאַרגלײַכיק אַדי comparative

|| פֿאַרגלײַכיק|ע ליטעראַטו'ר comparative literature

פֿאַרגלײַכלעך אַדי comparable

פֿאַרגלײַכ|ן וו (–ט/פֿאַרגליכן) <מיט> compare (to/with) *trans.*; trim, even off

|| ניט צו פֿאַרגלײַכן incomparable

|| פֿאַרגלײַכן זיך find a compromise, come to an agreement

פֿאַרגלײַכער דער (–/ס) mediator

פֿאַרגלעזערט אַדי glassy (stare)

פֿאַרגלעט|ן וו (פֿאַרגלע'ט) smooth over (flaw, differences), iron out (difficulties)

פֿאַרגנבֿע|נען זיך וו (–ט) אין [FARGANVE] steal/sneak into

פֿאַרגע'ב דער (ן) assignment, task

|| פֿ״גל פֿאַרגעבן

פֿאַרגעבונג די forgiveness, pardon

פֿאַרגעב|ן* וו (פֿאַרגי'ב, פֿאַרגי'סט, פֿאַרגי'ט, פֿאַרגיבן, פֿאַרגי'ט, פֿאַרגיבן; פֿאַרגעבן) assign (task, lesson); forgive, pardon; season, flavor

פֿאַרגעדי'כטער|ן וו (–ט) thicken *trans.*

פֿאַרגעדענק|ען וו (–ט) memorize; remember *perf.*

פֿאָ'ר־געזונט דער (ן) Godspeed, farewell

פֿאַרגע'טערונג די adoration, veneration

פֿאַרגע'טער|ן וו (–ט) adore, idolize, venerate

פֿאַרגע'לט אַדי yellowed

|| פֿ״גל פֿאַרגעלטן

פֿאָרגעלט דאָס fare

פֿאַרגעלט|ן וו (פֿאַרגע'לט) recompense, reward

פֿאַרגענגלעך אַדי passing, ephemeral

פֿאַרגעניגיק אַדי pleasurable

פֿאַרגעניגן דאָס/דער (ס) pleasure, joy, delight

פֿאַרגעסונג די oblivion

פֿאַרגע'ס־מיך־ניט דער זע פֿאַרגעסנישטל

פֿאַרגעס|ן וו (פֿאַרגעסן) <אַק/אין> forget

|| פֿאַרגעסן צו forget to

|| פֿאַרגעסן זיך forget oneself, get lost in a reverie; neglect one's duties

|| פֿאַרגעסן אין זיך not think about oneself

פֿאַרגע'סני(ש)טל דאָס (עך) forget-me-not

פֿאַרגע'סעניש דאָס oblivion, forgetfulness

פֿאָ'רגעענג דאָס (ען) *neol.* traffic jam

פֿאָ'רגעפֿיל דאָס (ן) premonition, foreboding

פֿאָ'רגעשריט·ן אַדי *Germ.* progressive, avant-garde; advanced (technology, etc.)

פֿאַרגראָב|ן וו (פֿאַרגראָבן) bury

פֿאַרגרוז(נ)עט ווער|ן וו (איז פֿאַרגרוז(נ)עט געוואָרן) get bogged down

פֿאַרגרויז(ע)|ן וו (–ט) bar, block (road); barricade

פֿאַרגרו'נטיק|ן וו (–ט) support, bolster (argument)

פֿאַרגריזנעט ווער|ן וו זע פֿאַרגרוזנעט ווערן

פֿאַרגרײַ'זט אַדי incorrect, full of errors

פֿאַרגרײַז|ן וו (–ט) write/pronounce incorrectly

פֿאַרגרייט|ן וו (פֿאַרגריי'ט) prepare, equip oneself with in advance

פֿאַרגרימיר|ן וו (–ט) <פֿאַר> make up (s.o.'s face) (as) *perf.*

פֿאַרגרי'נגערונג די (ען) facilitation; relief

פֿאַרגרי'נגער|ן וו (–ט) facilitate, lighten, ease; relieve, alleviate

פֿאַרגרינ|ען וו (–ט) turn green; be covered with a patina

פֿאַרגרע'בט אַדי coarse, rude, ignorant

פֿאַרגרע'בט ווער|ן וו (איז פֿאַרגרע'בט געוואָרן) lose one's refinement, become coarsened; forget one's Jewish education

פֿאַרגרע'בער|ן וו (–ט) thicken (line, wall, etc.)

פֿאַרגרעסער דער (ס) (phot.) enlargement

פֿאַרגרע'סער־גלאָז דאָס (־גלעזער) loupe, magnifying glass

פֿאַרגרע'סערונג די (ען) enlargement; augmentation, increase

פֿאַרגרע'סער|ן וו (–ט) enlarge, increase *trans.*; augment; exaggerate

|| פֿאַרגרעסערן זיך grow bigger, increase *intr.*

פֿאַרגרע'סערער דער (ס) enlarger

פֿאַרדאגהט אַדי [FARDAYGET] worried, preoccupied

פֿאַרדאַ'כט דער (ן) *Germ.* suspicion

פֿאַרדאַמ|ען וו (–ט) condemn, denounce

פֿאַרדאַנקען : האָב|ן* צו פֿאַרדאַנקען דאַט אַק have s.o. to thank for stg.

|| דאָס גליק האָב איך דיר צו פֿאַרדאַנקען I have you to thank for this good fortune

פֿאַרדאַ'רב דער (ן) vice

פֿאַרדאַרבונג די (ען) corruption

פֿאַרדאַרב|ן וו (פֿאַרדאָרבן) corrupt, spoil; destroy

|| פֿאַרדאַרבן זיך דעם מאָגן have indigestion

פֿאַרדאָרב·ן אַדי corrupt, depraved

פֿאַרדאָ'רבנקייט די corruption, depravity

פֿאַרדאַ'רט אַדי withered, dried out

פֿאַרדאַ'רט ווער|ן וו (איז פֿאַרדאַ'רט געוואָרן) wither, fade, dry up; waste away

פֿאַרדאַר|ן וו (–ט) זע פֿאַרדאַרט ווערן

פֿאַרדבֿקעט אַדי [FARDVEYKET] (relig.) ecstatic, absorbed in pious thoughts

פֿאַרדבֿק|ן זיך וו (–ט) [FARDVEYKE] (relig.) be absorbed in pious thoughts, fall into ecstasy

פֿאַרדול|ן וו (–ט) stun, daze

פֿאַרדומפּ·ן אַדי dull, muffled (sounds); foul (air); rancid, musty (odor); stagnant (water)

פֿאַרדייונג = פֿאַרדײַונג די digestion

פֿאַרדיי|ען = פֿאַרדײַ|ען וו (–ט) digest

פֿאַרדינג|ען וו (פֿאַרדונגען) rent (out), lease (as lessor)

פֿאַרדי'נסט דאָס (ן) gain, profit, earnings; merit, praiseworthy action

|| האָב|ן* (גרויסע) פֿאַרדינסטן <פֿאַר> have rendered great services (to)

פֿאַרדינסטל דאָס (עך) פֿאַרדינסט דימ *also* odd job

פֿאַרדינ|ען וו (–ט) earn; deserve, merit

|| פֿאַרדינען זיך אַק merit, be worthy of

פֿאַרדינער דער (–/ס) פֿעמ ין good earner, one who makes a lot of money

פֿאַרדעכטיק אַדי/אַדוו *Germ.* suspicious

פֿאַרדע'כטיק|ן וו (–ט) אַק <אין> *Germ.* suspect s.o. (of)

פֿאַרדע'כטעווע|ן וו (–ט) seal hermetically

פֿאַ'רדעמדיק אַדי–עפּי prior, preceding

פֿאַרדענק|ען וו (–ט) דאַט <אַק> blame s.o. (for stg.)

פֿאַרדע'קט אַדי/אַדוו פֿאַרדעקן פּאַרט secret, cryptic (language)

|| רעד|ן פֿאַרדעקט speak cryptically, drop hints in speaking

פֿאַרדעק|ן וו (–ט) cover *perf.*; conceal, hide; close one's eyes to

פֿאַר דערפֿאַ'ר אַדוו זע דערפֿאַר

פֿאַרדערצײַטיק אַדי premature, untimely

פֿאַרדראָ'טעווע|ן וו (–ט) fasten with wire

פֿאַרדראָ'ס דער (ן) <אויף> resentment, animosity (toward); annoyance

|| האָב|ן* אַ פֿאַרדראָס אויף bear resentment toward, be annoyed at

|| עס איז אַ פֿאַרדראָס <אַז> it's a pity (that)

פֿאַרדראָסיק אַדי unfortunate, deplorable; irksome, annoying

פֿאַרדראַקע|ן וו (–ט) dirty, soil, spot

פֿאַרדרו'ס דער (ן) זע פֿאַרדראָס

פֿאַרדריי'ט אַדי twisted; complicated, knotty; preoccupied

פֿאַרדריי|ען וו (–ט) turn *trans. perf.*; turn off (faucet, etc.), turn down; twist, tangle; garble, distort

|| פֿאַרדרייען דעם קאָפּ turn one's head away

|| פֿאַרדרייען דאַט דעם קאָפּ confuse, drive crazy

|| פֿאַרדרייען זיך make a turn, turn a corner; become entangled

פֿאַרדריי'עניש דאָס (ן) tangle, complication; source of trouble

פֿאַרדרייער דער (–/ס) פֿעמ קע nuisance, pest *fig.*; schemer

פֿאַרדריסלעך אַדי irritating, annoying; vexed, annoyed, irked

פֿאַרדריס|ן וו-אומפּ (פֿאַרדראָסן) <דאַט/אַק> *rev.* be annoyed/peeved

|| עס פֿאַרדריסט מיר/מיך I'm annoyed/upset

|| זאָל דיר/דיך ניט פֿאַרדריסן if you don't mind, if you have no objection

|| פֿאַרדריסן דאַט אַז/וואָס *rev.* regret that; find it irritating that

|| עס פֿאַרדריסט מיר אַז איך קען ניט קומען I regret that I can't come

|| עס פֿאַרדריסט איר וואָס דו לאַכסט she's annoyed that you're laughing

|| פֿאַרדריסן דאַט אויף *rev.* be annoyed at, bear a grudge toward

|| עס פֿאַרדריסט מיר אויף אים I'm annoyed at him

פֿאַרדריפּעו|ן וו (–ט) spatter (with mud), soil

פֿאַרדריק|ן וו (–ט) hold tightly (in one's hand)

פֿאַרהאַוועט אַדי preoccupied, busy, bustling

פֿאַרהאַטיע|ן וו (–ט) [Ty] dam up

פֿאַרהאַלושעו|ן וו (–ט) זע פֿאַרגלושען

פֿאַרהאַ'לט דער (ן) tie-up, traffic jam

פֿאַרהאַלטונג די detention; constipation

פֿאַרהאַלט|ן וו (פֿאַרהאַלטן) detain, delay, tie up; stop, arrest; constipate

|| פֿאַרהאַלטן זיך linger, be delayed

|| פֿאַרהאַלטן זיך <מיט> behave (towards)

|| פֿאַרהאַלטן זיך צו position oneself with respect to (issue, etc.)

פֿאָ'ר|האַלט|ן וו (פֿאָ'רגעהאַלטן) reprove, reproach

פֿאַרהאַ'מעווע|ן וו (–ט) brake *perf.*, stop; stanch (bleeding)

פֿאַרהאַ'מער|ן וו (–ט) nail down, hammer shut

פֿאַרהאַ'ן זע פֿאַראַן

פֿאָרהאַנג דער (ען) curtain, drape

פֿאַרהאַ'נדלונגען מצ negotiations, dealings

פֿאַרהאַנדל|ען וו (–ט) sell *perf.*

|| פֿאַרהאַנדלען <וועגן> negotiate (about)

פֿאָרהאַנט די (...הענט) lead, advantage (in a game)

|| האָבן* פֿאָרהאַנט <אַנטקעגן> be winning (against), have the lead (over)

|| האָבן*/זײַן* פֿאָרהאַנט have the lead, be first (in cards)

פֿאַרהאַ'סט אַדי hated, detested

פֿאַרהאָפֿ|ן וו (–ט) אַז hope that

פֿאַרהאַ'ק דער (ן) snag, impasse

פֿאַרהאַקונג די (ען) deadlock, impasse

פֿאַרהאַק|ן וו (–ט) slam/bolt (door); snag, tear

|| פֿאַרהאַקן זיך <בײַ> get jammed, stall *intr.*; (negotiations, etc.) reach an impasse (on), become deadlocked (at); be baffled (by)

|| פֿאַרהאַקן זיך <אין> get snagged (on)

|| פֿאַרהאַקן דאַט דעם קאָפּ *fam.* rattle s.o.'s brain with talking

פֿאַרהאַ'רטעוועט אַדי hardened, tempered (metal); hardy, sturdy; callous

פֿאַרהאַ'רטעוועט ווער|ן וו (איז פֿאַרהאַ'רטעוועט געוואָרן) harden *intr.*; become stronger; become hardened/callous

פֿאַרהאַ'רטעווע|ן וו (–ט) harden *trans.*; temper (metal)

פֿאַרהאַ'רעוועט אַדי hard-earned; overworked, worn out by toil

פֿאָרהויז דאָס (...הײַזער) vestibule

פֿאָרהויט די foreskin

פֿאַרהויכ|ן וו (–ט) fog up (with one's breath)

פֿאַרהויל|ן וו (פֿאַרהוילן) conceal, cover up

פֿאַרהולטײַ'עווע|ן וו (–ט) squander in debauchery

פֿאַרהוליע|ן וו (–ט) squander by living it up

פֿאַרהונגערט אַדי starving, famished

פֿאַרהו'נגער|ן וו (–ט) starve *intr.*, suffer from hunger

פֿאַרהוסט|ן זיך וו (פֿאַרהו'סט) have a coughing fit

פֿאַרהוקע|ן וו (–ט) treat like a dog

פֿאַרהי'ט־... preventative

פֿאַרהיטונג די prevention, prophylaxis

פֿאַרהי'ט־מיטל דאָס (–/ען) preventative, precaution

פֿאַרהיט|ן וו (פֿאַרהי'ט) prevent, avert; preserve, protect

|| פֿאַרהיטן זיך פֿון protect oneself from

פֿאַרהי'טנדיק אַדי preventive

פֿאַרהייב|ן וו (פֿאַרהויבן) tuck up (dress), raise

פֿאָ'רהײַזער מצ זע פֿאָרהויז

פֿאַרהיי'ליק|ן וו (–ט) venerate, sanctify

פֿאַרהייל|ן זיך וו (–ט) (wound) heal *intr. perf.*

פֿאַרהיי'מיש|ן וו (–ט) domesticate

פֿאַרהײַ'נטיק|ן וו (–ט) modernize, bring up to date

פֿאַרהײַע|ן זיך וו (–ט) tarry, overstay

פֿאַרהייראַט אַדי *Germ.* married

פֿאַרהילכ|ן וו (–ט) resound, echo; drown out (with sound)

פֿאַרהיל|ן וו (–ט) veil, envelop *perf.*

פֿאַרהיקע|ן זיך וו (–ט) stutter, have a fit of stammering

פֿאַרהלושע|ן וו (–ט) זע פֿאַרגלושען

פֿאָרהנחה די (–ות) [FO'RHANOKhE] premise

פֿאַרהע'כערונג די (ען) rise, elevation

פֿאַרהע'לטעניש דאָס (ן) ratio, proportion; relation

פֿאַרהע'לטענישמעסיק אַדי/אַדוו relative; proportional

פֿאַרהענג|ען וו (פֿאַרהאָנגען) cover (with a curtain); suspend (right, punishment etc.)

פֿאַרהעקל|ען וו (–ט) fasten *perf.*, close with hook and eye

פֿאַרהע'קער|ן וו (–ט) sell (at retail) *perf.*

פֿאַרהע'ר דער (ן) interrogation, hearing, audition; examination

|| נעמ|ען אויפֿן פֿאַרהער subject to interrogation/questioning

פֿאַרהע'רלעכ|ן וו (–ט) revere, glorify

פֿאַרהער|ן וו (–ט) examine, question, audition; mishear, fail to catch

|| פֿאַרהערן זיך confront one another

|| פֿאַרהערן זיך מיט דאַט <אין> vie with s.o. (with respect to)

פֿאַרהערער דער (–/ס) פֿעמ ין examiner; investigator

פֿאַרהרוזניעט ווער|ן וו (איז פֿאַרהרוזניעט געוואָרן) [Ny] זע פֿאַרגרוזנעט ווערן

פֿאַרוואָגלט אַדי פֿאַרוואָגלען פֿאַרט far from home, homeless, wandering

פֿאַרוואָגלט ווער|ן וו (איז פֿאַרוואָגלט געוואָרן) turn up (in an unexpected place); wander far from home

פֿאַרוואָגל|ען וו (–ט) arrive (during/at the end of one's wandering); (sleep) fail to come, be elusive

פֿאַרוואו... זע ווערטער מיט פֿאַרווו...

פֿאָרוואורף דער (ן) זע פֿאָרווורף

פֿאַרוואַכ|ן וו (–ט) place under guard

פֿאַרוואַ'לגער|ן זיך וו (–ט) (object) get lost (in a mess); turn up (in an unexpected place)

פֿאַרוואַלטונג די (ען) management, administration; board of directors

פֿאַרוואַלט|ן וו (פֿאַרוואַ'לט) מיט administer, manage

פֿאַרוואַלטער דער (ס) פֿעמ ין manager; steward

פֿאַרוואַ'לטערשאַפֿט די management, managerial class

פֿאַרוואָלקנט אַדי cloudy, overcast

פֿאַרוואָ'לקענ|ען זיך וו (–ט) cloud over

פֿאַרוואַנדלונג די (ען) transformation, metamorphosis

פֿאַרוואַנדלעך אַדי convertible, mutable

פֿאַרוואַנדל|ען וו (–ט) <אין> transform/convert (into)

פֿאַר וואָס אַדוו why

|| פֿאַר וואָס און פֿאַר וועןǃ why, what for?

פֿאַרוואָ'ס דער (ן) reason, cause; *lit.* question, query

|| אָן אַ פֿאַרוואָס און אָן אַ פֿאַרוועןǃ for no reason, arbitrarily

פֿאַרוואַ'סער|ן וו (–ט) water down, dilute *fig.*, weaken

פֿאַרוואַקסן ווער|ן וו (איז פֿאַרוואַקסן געוואָרן) become overgrown (with weeds); (wound) close up, heal over

פֿאַר וואָר אַדוו *lit.* indeed, verily

פֿאָרוואַרג דאָס conveyances, vehicles *coll.*

פֿאָרוואָרט דאָס (...ווערטער) foreword, preface

פֿאַרוואָ'רלאָז|ן = פֿאַרוואָ'רלייז|ן וו (–ט) neglect, abandon

פֿאָרוואָרף דער (ן) reproof, reproach, accusation

פֿאַרוואַרפֿ|ן וו (פֿאַרוואָרפֿן) misplace, mislay; carry off (far from home); reject, cast aside; throw/build (bridge); set (trap)

|| פֿאַרוואַרפֿן אַק מיט pelt with

|| פֿאַרוואַרפֿן אין turn *trans.* into

|| פֿאַרוואַרפֿן דעם קאָפּ turn one's head away

|| פֿאַרוואַרפֿן אַ פֿוס איבער אַ פֿוס cross one's legs

|| פֿאַרוואַרפֿן מיטן קאָפּ, פֿאַרוואַרפֿן מיט הענט און פֿיס categorically reject

|| פֿאַרוואַרפֿן אַ וואָרט פֿאַר put in a word for

פֿאַרוואָרפֿ.ן אַדי פֿאַרוואָרפֿן פֿאַרט faraway, secluded (place); castaway, shipwrecked; encumbered, overloaded

|| פֿאַרוואָרפֿן מיט אַרבעט overloaded with work

|| פֿ״גל פֿאַרוואָרפֿן ווערן

פֿאָ'ר|וואַרפֿ|ן וו (פֿאָ'רגעוואָרפֿן) reproach

פֿאַרוואָרפֿן ווער|ן וו (איז פֿאַרוואָרפֿן געוואָרן) end up, be carried off (to a remote place); be bereaved (of one's children)

|| פֿאַרוואָרפֿן ווערן אין/פֿאַר be turned into

פֿאַרוואַ'רפֿערין די (ס) *lit.* woman who has lost a child

פֿאַרוואָרצל|ען וו (–ט) take root

פֿאַרוואַש·ן 1. אַדי : פֿאַרוואַשן פּנים [PONEM] shameless person

|| 2. פֿאַרוואַש|ן וו (פֿאַרוואַשן) wash (off)

פֿאַרוווּ'נדיק|ן וו (–ט) injure, wound

פֿאַרוווּנדלעך אַדי <דורך> vulnerable (to)

פֿאַרוווּנד|ן וו (פֿאַרוווּ'נד(ע)ט) injure, wound

פֿאַרוווּ'נדערונג די astonishment, surprise

פֿאַרוווּ'נדער|ן וו (–ט) astonish, surprise

פֿאָרוווּרף דער (ן) reproach, accusation, charge

פֿאַרוויאַנעט ווער|ן וו (איז פֿאַרוויאַנעט געוואָרן) wilt, fade, wither

פֿאַרוויאַנע|ן וו (–ט) זע פֿאַרוויאַנעט ווערן

פֿאַרוויג|ן וו (–ט) lull/rock to sleep *perf.*

פֿאַרווײַבערט אַדי effeminate

פֿאַרווײ'כער|ן וו (–ט) soften, temper, tone down

פֿאַרווײַ'ל־... pleasure

|| פֿאַרווײַלשיף pleasure boat

פֿאַרווײַלונג די (ען) pastime, entertainment, amusement

פֿאַרווײַל|ן וו (–ט) entertain, amuse, divert

|| פֿאַרווײַלן די צײַט pass the time

|| פֿאַרווײַלן זיך be delayed, tarry

פֿאַרוויי'נט אַדי tearful, bathed in tears

פֿאַרוויינ|ען וו (–ט) : פֿאַרוויינען דאַט אַ קאָפּ tire s.o. out with tears/complaints

פֿאַרווײַס|ן וו (–ט) (culin.) add milk/cream/beaten egg

פֿאַרווייע|ן וו (–ט) (wind) bury (under sand/snow); *lit.* pass like the wind

פֿאַרווי'לדעוועט אַדי barbaric, having reverted to savagery

פֿאַרוויסטונג די devastation

פֿאַרוויסט|ן וו (פֿאַרווי'סט) lay waste, devastate, ravage

פֿאַרוויקלט אַדי wrapped, enveloped; involved, complicated

פֿאַרוויקל|ען וו (–ט) envelope; roll/wrap up; entangle, embroil, complicate; implicate

|| פֿאַרוויקלען זיך become complicated; compromise oneself

פֿאַרווי'קלעניש דאָס (ן) entanglement, complication, imbroglio

פֿאַרווי'רט אַדי *Germ.* troubled, disconcerted, bewildered

פֿאַרווירצ|ן וו (–ט) spice

פֿאַרווי'רקלעכ|ן וו (–ט) accomplish, bring about

פֿאַרווי'שט אַדי פֿאַרווישן פּאַרט fuzzy, blurred

פֿאַרוויש|ן וו (–ט) blur, efface, wipe away

פֿאָ'רוועג דער (ן) traffic lane, roadway

פֿאַרוועט|ן זיך וו (פֿאַרווע'ט) <מיט> make a bet (with)

פֿאַרוועלוול|ען וו (–ט) make cheaper; devalue

פֿאַרוועל|ן* זיך וו-אומפּ (עס פֿאַרווי'לט זיך; פֿאַרוואָ'לט) <דאַט> *rev.* suddenly feel the urge to

|| איר האָט זיך פֿאַרוואָלט (צו) שפּילן she felt like playing

פֿאַרווע'לעניש דאָס (ן) caprice, passing fancy

פֿאַרוועלק|ן וו (–ט) fade, wither *intr.*

פֿאַרווע'ן דער זע פֿאַרוואָס

פֿאַרווענד|ן וו (–ט) utilize, use, employ; interchange/switch (by mistake), invert

פֿאַרווע'ר דער (ן) <אויף/צו> prohibition (of), ban (on), injunction

פֿאַרווע'רט אַדי prohibited, off-limits

פֿאָ'רווערטער מצ זע פֿאָרוואָרט

פֿאַרווערטערט אַדי wordy, verbose

פֿאַרווער|ן וו (–ט) forbid, prohibit, ban

פֿאָרוי'ס 1. אַדוו forward, onward; before(hand), in advance

|| אויף/אין פֿאָרויס before(hand), in advance

|| גיי|ן* פֿאָרויס progress, move forward/ahead; lead the way, take the lead

|| האַלט|ן מיט איין טראָט פֿאָרויס <פֿון> be one step ahead (of)

|| 2. קוו *meaning:* forward, pre-, fore-

|| פֿאָרוי'ס|שטופּ|ן push forward

פֿאָרוי'ס|באַשטימ|ען וו (–ט) arrange/decide beforehand; predetermine

פֿאָרויסגאַנג דער advance, progress, advancement

פֿאָרוי'ס|גיי|ן* וו (איז פֿאָרוי'סגעגאַנגען) lead, go in front

פֿאָרוי'סגייער דער (–/ס) פֿעמ ין precursor, forerunner

פֿאָרוי'סגעזע·ן אַדי foreseen, anticipated; prospective

פֿאָרוי'סגענומען אַדי preconceived (idea, etc.)

פֿאָרויסזאָג דער (ן) prediction, forecast

פֿאָרויס|זאָג|ן וו (–גע–ט) predict, forecast, foretell

פֿאָרויס|זע|ן* וו (פֿאָרויסגעזען) foresee, anticipate

|| פֿאָרויסזען זיך be predictable, be expected

פֿאָרויסזעעוודיק אַדי having foresight

פֿאָרויס|טרייַב|ן וו (פֿאָרויסגעטריבן) propel

פֿאָרויסיק אַדי–עפּי at the head, in front; avant-garde, advanced; preconceived; early, beforehand; preliminary

פֿאָרויס|פֿאַבריציר|ן וו (–ט) prefabricate

פֿאָרום דער (ס) forum

פֿאַרזאָג|ן וו (–ט) אַק <דאַט> order, direct (s.o.) to; warn, put on guard; forbid (to)

|| פֿאַרזאָגן אַ צענטן <צו> be careful not to stg. again

פֿאָ'ר|זאָג|ן וו (–גע–ט) <דאַט> read aloud (for the benefit of); predict

פֿאַרזאַלצ|ן וו (–ט) salt (to preserve)

פֿאַרזאַמלונג די (ען) meeting, assembly, gathering

פֿאַרזאַמל|ען וו (–ט) assemble, meet, convene, gather

פֿאַרזאַמ|ען וו (–ט) miss, arrive too late for

|| שטאַרבן פֿאַרזאַמט מען ניט no one is late for his own funeral

|| פֿאַרזאַמען זיך be delayed, stay too long

פֿאַרזאַץ דער (ן) flyleaf

פֿאַרזאָ'רג[1] דער welfare

|| לעבן פֿון פֿאַרזאָרג be on welfare

פֿאַרזאָ'רג-[2]... welfare

|| פֿאַרזאָרג־אָפּטייל welfare department

|| פֿאַרזאָרג־מלוכה [MELUKhE] welfare state

פֿאַרזאָרגונג די supply; room and board

פֿאַרזאָ'רגט אַדי פּאַרט פֿאַרזאָרגן preoccupied; worried, apprehensive

פֿאַרזאָרג|ן וו (–ט) meet the needs of; take care of, provide for

|| פֿאַרזאָרגן מיט furnish with; supply/stock with

פֿאַרזאָרגער דער (–/ס) פֿעמ ין provider, breadwinner

פֿאַרזבֿל|ען וו (–ט) [FARZEVL] *pop.* get (s.o.) into big trouble

פֿאַרזוימ|ען וו (–ט) זע פֿאַרזאַמען; פֿאַרזיימען

פֿאַרזויערט אַדי sour; sullen, embittered

פֿאַרזויפֿ|ן וו (–ט) squander on drink

פֿאַרזו'ך דער (ן) *Germ.* try, attempt

|| פּ״גל פֿאַרזוכן

פֿאַרזוכ|ן וו (–ט) <אַק> taste, try

|| פֿאַרזוכן (דעם טעם פֿון) [TAM] experience, get to know what (stg.) is like

|| פֿאַרזוכן פֿון sample

פֿאַרזומפּיקט אַדי muddy, boggy, marshy

פֿאַרזונקען אַדי פּאַרט פֿאַרזינקען זיך absorbed, engrossed, rapt

פֿאַרזונקען ווער|ן וו (איז פֿאַרזונקען געוואָרן) sink (to the bottom), bog down

פֿאַרזופּ|ן וו (–ט) <אַק> מיט drink, gulp down (to take away a bad taste)

פֿאַרזיגל|ען וו (–ט) seal, affix one's seal to, stamp

פֿאַרזיד|ן וו (פֿאַרזאָטן) begin to boil, bring to a boil

פֿאַרזיי' דער (ען) sowing

פֿאַרזייג|ן וו (–ט) quiet an infant by suckling

פֿאַרזיימ|ען וו (–ט) seam, hem *perf.*

פֿאַרזיי|ען וו (–ט) sow *perf.*, seed (a field)

פֿאַר זיך אַדוו זע פֿאַר[1] .2 (זיך)

פֿאַ'רזיכדיק אַדי independent

פֿאַ'רזיכדיקייט די independence

פֿאַ'רזיכטיק .1 אַדי/אַדוו careful, cautious

|| .2 אינט watch it! (be) careful!

פֿאַרזיכיק אַדי self-interested, self-absorbed

פֿאַ'רזיכניק דער Talmudic student studying on his own

פֿאַרזי'כערונג די (ען) assertion, declaration; assurance, promise; insurance

פֿאַרזי'כער|ן וו (–ט) assure, promise; assert, affirm; insure

פֿאָ'ר|זינג|ען וו (פֿאָ'רגעזונגען) <דאַט> sing (in front of s.o.)

פֿאַרזי'נדיק|ן וו (–ט) : ניט צו פֿאַרזינדיקן not too bad, one can't complain

|| פֿאַרזינדיקן זיך commit a sin, transgress

|| מיט וואָס האָב איך זיך פֿאַרזינדיקט? what did I do wrong?

פֿאַרזינק|ען זיך וו (פֿאַרזונקען) immerse oneself, become engrossed (in reading, etc.)

פֿאַרזיס|ן וו (–ט) sweeten; make more pleasant, soften

פֿאָרזיץ דער chairmanship, chair

פֿאַרזיצ|ן וו (איז פֿאַרזעסן) (woman) remain single beyond the conventional age of marriage, become a spinster

|| פֿאַרזיצן זיך sit for a long time, (visitor) stay for a long time

פֿאָ'רזיצער דער (–/ס) פֿעמ ין chair(man)

פֿאַרזע' דער (ען) oversight, slip

פֿאַרזע'|ן* 1. וו (מיר/זיי פֿאַרזעען; פֿאַרזע'ן) — neglect, overlook
|| פֿאַרזען מיט — furnish, provide with
|| 2. דער/דאָס (ס) — omission, oversight
פֿאָ'ר|זען* וו (פֿאָ'רגעזען) — *Germ.* foresee, predict
פֿאַרזעס·ן אַדי פֿאַרזיצן פּאַרט — (unmarried woman) getting on in years, old (maid)
פֿאַרזעסן ווער|ן וו (איז פֿאַרזעסן געוואָרן) — remain an old maid
פֿאַרזע'עניש דאָס (ן) — monster, freak, horror
פֿאָ'רזעצונג די (ען) — *Germ.* continuation
|| אין פֿאָרזעצונגען — in serial form, serialized
פֿאַרזעצ|ן וו (–ט) — plant; pawn, mortgage; put in prison
פֿאָ'ר|זעצן וו (–גע–ט) — *Germ.* continue, proceed with
פֿאַרזשאַווערט אַדי — rusty, rusted
|| פֿאַרזשאַווערט ווער|ן — rust *intr.*
פֿאַרזשמורע|ן וו (–ט) : פֿאַרזשמורען די אויגן — squint, half-close the eyes
פֿאַרזשעך דער (ער) — peach
פֿאַרזשערע|ן וו (–ט) — *dial.* devour, gulp down
פֿאַרחובֿ(ע)ט אַדי [FARKhO'YFT/FARKhOYVET] — indebted, deep in debt
פֿאַרחושט אַדי [FARKhU'ShT] — pensive, dreamy, distracted
פֿאַרחושכט אַדי [FARKhOYShEKhT] — gloomy, depressed, dejected
פֿאַרחזיר|ן וו (–ט) [FARKhAZER] — dirty, soil
פֿאַרחידוש|ן וו (–ט) [FARKhIDESh] — amaze, astonish, surprise
|| פֿאַרחידושן זיך — be surprised/amazed
פֿאַרחיה(ש)ט אַדי [FARKhAYE(Sh)T] — brutalized, bestial
פֿאַרחלומט אַדי [FARKhOLEMT] — dreamy
פֿאַרחלשט אַדי [FARKhALEShT] — unconscious, in a faint; enfeebled, weakened
פֿאַרחתמע|נען וו (–ט) [FARKhASME] — seal
פֿאָרט[1] דער (ן) — fort, fortress
פֿאָרט[2] אַדוו — nevertheless, after all, in spite of everything, all the same
|| פֿאָרט אַ קענער! — he's an expert, after all!
פֿאַרטאָ'ג דער (ן) — dawn, daybreak
פֿאַר טאָג(ס) אַדוו זע (פֿאַר) טאָג
פֿאַרטאַ'כלעווע|ן וו (–ט) זע פֿאַרתּכלעווען
פֿאַרטאַמלט אַדי — astounded, giddy
פֿאַרטאַ'מעווע|ן וו (–ט) זע פֿאַרהאַמעווען

פֿאַרטאָ'ן 1. אַדי (פֿאַרטאָ'נענ|ער) — absorbed, engrossed, busy; preoccupied
|| 2. פֿאַרטאָ'|ן* וו (פֿאַרטו', פֿאַרטו'סט, פֿאַרטו'ט, פֿאַרטוען; פֿאַרטאָ'ן; פֿאַרטו'ענדיק) — invest, devote, dedicate; lend (money)
|| פֿאַרטאָן זיך <אין> — become engrossed/immersed (in)
פֿאַרטאָפּל|ען (זיך) וו (–ט) — double *trans./intr.*
פֿאַרטאָרעט אַדי זע פֿאַרטרודט
פֿאַרטאַרעראַ'מט אַדי — busy, preoccupied
פֿאַרטוי'ב-מיטל דאָס (ען) — narcotic, analgesic
פֿאַרטויב|ן וו (–ט) — deafen, daze, stun; drug, anesthetize; muffle (noise)
פֿאַרטויבעכץ דאָס (ן) — drug, dope
פֿאַרטויבער דער (ס) — (automobile) muffler
פֿאַרטויטשע|ן וו (–ט) — *dial.* humiliate, crush
פֿאַרטויש|ן וו (–ט) — exchange, mistake (one thing for another)
פֿאַרטומל|ען וו (–ט) — confuse, bewilder, upset
פֿאַרטונקלונג די (ען) — blackout; darkening
פֿאַרטונקל|ען וו (–ט) אַק — darken, obscure, eclipse; offend, give umbrage to; black out
פֿאַרטוש(יר)|ן וו (–ט) — blur, veil, tone down; eclipse, overshadow
פֿאַרטוש(ק)|ען וו (–ט) — extinguish, smother (fire)
פֿאַרטיוקע|ן וו (–ט) [Ty] — stun, daze; bully
פֿאַרטײַ' דער (ען) — hideout
פֿאַרטייב|ן וו (–ט) זע פֿאַרטויבן
פֿאַרטיי'דיק־... — defensive
פֿאַרטיי'דיקונג די (ען) — defense; examination, (thesis) defense
פֿאַרטיי'דיק|ן וו (–ט) אַק — defend; plead for
פֿאַרטיי'דיקעריש אַדי — defensive
פֿאַרטײַטשונג די (ען) — interpretation; translation, *esp.* from Hebrew into Yiddish
פֿאַרטײַטש|ן וו (–ט) — interpret; translate, *esp.* from Hebrew into Yiddish
פֿאַרטײַטשער דער (–/ס) פֿעמ ין — interpreter, commentator; translator
פֿאַרטיילונג די (ען) — distribution
פֿאַרטייל|ן וו (–ט) — distribute; skip, leave s.o. out (during a distribution)
פֿאַרטײַע|ן וו (–ט) — hide, conceal
פֿאַרטי'ליקונג די — annihilation, extermination, destruction
פֿאַרטי'ליק|ן וו (–ט) — decimate, annihilate, exterminate, destroy
פֿאַרטי'נקעווע|ן וו (–ט) — plaster over

פֿאַרטיפֿונג די (ען) depression; recess, hollow

פֿאַרטי'פֿט אַדי engrossed, absorbed

פֿאָרטיפֿיציר|ן וו (–ט) (archit.) fortify

פֿאָרטיפֿיקאַציע די (ס) fortification

פֿאַרטיפֿ|ן זיך וו (–ט) <אין> become engrossed (in), think deeply (about)

פֿאַרטי'פֿער|ן וו (–ט) deepen (knowledge, etc.); excavate, make deeper

פֿאַרטיק 1. אַדי ready, finished; ready-made; ripe

|| ער איז אַ פֿאַרטיקער אָרעמאַ'ן he's a complete pauper, he's just about destitute

|| פֿאַרטיק מאַכ|ן prepare

|| **2.** אַדי–אַטר through, finished

|| פֿאַרטיק ווער|ן/זײַ|ן* <מיט> get through (with)

|| כ'בין פֿאַרטיק I'm done/finished

|| כ'בין נאָך מיט דיר ניט פֿאַרטיק! I haven't finished with you yet!

פֿאַרטישיק דער (עס) fly (on trousers)

פֿאַרטל דער/דאָס (עך) contrivance, scheme, trick

פֿאַרטעך דער/דאָס (ער) apron

פֿאַרטע'מפּט אַדי dull, dulled; obtuse, stupid

פֿאָרטעפּיאַ'ן דער (ען) grand piano

פֿאַרטערפּנעט אַדי torpid, numbed

פֿאַרטפֿל|ען וו (–ט) [FARTOFL] relegate (to an inferior position), consider to be of lesser importance

פֿאָרטקע די (ס) small gate; small window, *esp.* built into a larger one; skylight; porthole

פֿאָרטראָג דער (ן) *Germ.* lecture, (conference) paper

פֿאַרטראָגונג די (med.) tolerance

פֿאַרטראָג·ן 1. אַדי absent-minded, distracted; busy, preoccupied

|| **2. פֿאַרטראָג|ן** וו (פֿאַרטראָגן) bear, stand, tolerate; carry away

|| ניט צו פֿאַרטראָגן intolerable

פֿאַרטראַ'כט אַדי **פֿאַרטראַכטן** פּאַרט pensive, absent-minded

פֿאַרטראַכט|ן וו (פֿאַרטראַ'כט) think up, conceive

|| פֿאַרטראַכטן זיך be lost in thought; reflect

|| פֿאַרטראַכטן זיך וועגן ponder

פֿאַרטרודט אַדי [FARTORET] very busy; harried, preoccupied

פֿאַרטרוילעך אַדי/אַדוו secret, confidential; trustworthy

פֿאַרטרוי'מט אַדי lost in thought, dreamy

פֿאַרטרוי|ען וו (–ט) <דאַט> confide/entrust (to)

|| פֿאַרטרויען דאַט זיך confide (in)

פֿאַרטרויערט אַדי sad, distressed

פֿאַרטרונקען אַדי **פֿאַרטרינקען** פּאַרט inundated, flooded, submerged

פֿאַרטרײַב|ן וו (פֿאַרטריבן) drive off/away, expel, dispossess; pass (time)

פֿאַרטרייסלט ווער|ן וו (איז פֿאַרטרייסלט געוואָרן) tremble, be overcome by fear

פֿאַרטרייסל|ען וו (–ט) <דאַט> (body part) begin to tremble

|| די הענט האָבן מיר פֿאַרטרייסלט my hands began to shake

|| פֿאַרטרייסלען אַן אויג get stg. in one's eye

פֿאַרטריי'נק דער (ען) chaser, drink (to wash down food); (after dinner) liqueur

פֿאַרטרינק|ען וו (פֿאַרטרונקען) spend/waste money on drink; flood, inundate

|| פֿאַרטרינקען <מיט> drink after eating

|| פֿאַרטרינקען די צרות [TSORES] drown one's sorrows in drink

|| פֿאַרטרינקען זיך become mired (in mud, sand, etc.)

פֿאַרטריי'פֿט אַדי stained, spotted (*esp.* with candle wax)

פֿאַרטריקנט אַדי dry, dried (out), arid; stale

פֿאַרטרעטונג די (ען) representation (by a proxy, etc.); replacement, substitution

פֿאַרטרעט|ן וו (פֿאַרטראָטן) substitute; represent, act in the name of; trample, tread down on

פֿאַרטרעטער דער (–/ס) פֿעמ ין substitute; representative, deputy; proxy

פֿאַרטרעטשטים די (ען) proxy vote

פֿאַרטרענק|ען וו (–ט/פֿאַרטראָנקען) flood, inundate

פֿאַרטרע'רט אַדי tearful, in tears

פֿאַרטרע'רט ווער|ן וו (איז פֿאַרטרע'רט געוואָרן) (eyes) well up with tears

פֿאַרטשאַדעט אַדי stupefied/asphyxiated (by gaseous fumes); *fig.* dazed, bewildered, benumbed

פֿאַרטשוואָ'קעווע|ן וו (–ט) nail *perf.*

פֿאַרטשעפּע|ן וו (–ט) hook, catch, snag; provoke, pick a fight with

|| פֿאַרטשעפּען זיך <אין> get entangled (in); stumble (on), trip (over); get snagged/caught (on)

|| פֿאַרטשעפּען זיך <מיט> pick a quarrel (with)

פֿאַריאָ'גט אַדי **פֿאַריאָגן** פּאַרט very busy, rushed

פֿאַריאָג|ן וו (–ט) drive/chase away, expel

פֿאַריאָ'כט אַדי enslaved, conquered

פֿאַריאַכמערט אַדי excited, overheated

פֿאַריאָמערט אַדי lamenting, wailing

פֿאַריבל דער (ען) זע פֿאַראיבל

פֿאַריבער = פֿאָריבער אַדי–אַטר gone away, past

פֿאַריושע|ן זיך וו (–ט) fly into a rage

פֿאַרייִאושט אַדי [FARYIEShT] despairing, desperate

פֿאַריי'דיש|ן וו (–ט) give a Jewish character/form to; make more Jewish, Judaize

פֿאַריין דער (ען) זע פֿאַראיין

פֿאַריי'נגער|ן וו (–ט) rejuvenate

פֿאַרינ(טש)יק דער (עס) trickster, rogue, cheat

פֿאַריענטשע|ן וו (–ט) tire (s.o.) with one's tales of woe

פֿאָריק אַדי–עפּי *dial.* preceding, previous; last (month, year, etc.)

פֿאַריתומט אַדי [FARYOSEMT] orphaned; deserted, desolate

פֿאַרכּוסעט אַדי [FARKOYSET] tipsy, intoxicated

פֿאַרכּישופֿט אַדי פֿאַרכּישופֿן פּאַרט [FARKIShEFT] spellbound, enchanted

פֿאַרכּישופֿ|ן וו (–ט) [FARKIShEF] enchant, bewitch, charm

פֿאַרכּעסט אַדי [FARKAAST] angry, incensed

פֿאַרכאַפּונג די (ען) seizure, capture; hijacking (of a plane)

פֿאַרכאַ'פּט ווערן וו (איז פֿאַרכאַ'פּט געוואָרן) (in curses) die, croak, go to the devil

|| פֿ"גל פֿאַרכאַפּן

פֿאַרכאַפּ|ן וו (–ט) seize, capture; usurp, encroach, appropriate; captivate, fascinate; forestall, anticipate

|| פֿאַרכאַפּן זיך catch/stop oneself just in time

|| פֿאַרכאַפּן בײַ צײַטנס act before it's too late; nip in the bud

|| פֿאַרכאַפּן דעם אָטעם wind, make breathless; take s.o.'s breath away

|| פֿאַרכאַפּן אומפּ דאַט דעם אָטעם *rev.* be left speechless

פֿאַרכאַ'פּנדיק אַדי/אַדוו fascinating

פֿאַרכאַ'פּעניש דאָס (in curses) death, disappearance, plague

פֿאַרכאַפּער דער (ס/–) ravisher, kidnapper; usurper; conqueror

פֿאַרכאַ'פּעריש אַדי/אַדוו invasive, aggressive, despoiling

פֿאָרכט די awe, dread

פֿאָרכטיק אַדי/אַדוו dread, fearful; pious, God-fearing

פֿאָרכטצום אַדי זע פֿאָרכצום

פֿאַרכליאַבע|ן זיך = פֿאַרכליאַפּטשע|ן וו (–ט) <אין> *hum.* be smitten (with)

פֿאַרכליאַפּע|ן וו (–ט) spatter, splash *trans.*

פֿאַרכלינִיע|ן זיך וו (–ט) <מיט> [Ny] gag (on), choke (while drinking/coughing, etc.); drool (over), go into raptures (over)

פֿאַרכליסנע|ן זיך = פֿאַרכלישטשע|ן וו (–ט) זע פֿאַרכלינִיען זיך

פֿאַרכמאַרעט אַדי cloudy; somber, gloomy

פֿאַרכמורעט אַדי sullen, glum; overcast, cloudy

פֿאָרכצום אַדי *obs.* pious, God-fearing

פֿאַרכראַקע|ן וו (–ט) cover with spittle

פֿאַרכריפּ(נ)עט אַדי hoarse, raspy

פֿאַרלאָב|ן זיך וו (–ט) *Germ.* become engaged to be married

פֿאַרלאַ'ג דער (ן) publishing house, publisher

פֿאַרלאָ'ג דער (ן) *dial.* news-stand

פֿאַרלאָד|ן וו (פֿאַרלאָדן) spend money on lawsuits

פֿאַרלאָזלעך אַדי reliable, trustworthy; authoritative

פֿאַרלאָז·ן .1 אַדי neglected, desolate, abandoned, forlorn

|| .2 פֿאַרלאָז|ן וו (–ט/פֿאַרלאָזן) leave *trans.*, quit, forsake, abandon; neglect

|| פֿאַרלאָזן זיך אַק let grow (beard, hair)

|| פֿאַרלאָזן זיך <אויף> rely/count (on)

|| פֿאַרלאָ'ז(ט) זיך אַז rest assured that

פֿאַרלאַטע|ן וו (–ט) patch *perf.*

פֿאַרלאַ'כט אַדי ridiculed, scoffed at

פֿאַרלאַ'נג דער (ען) request, demand; desire, wish

פֿאַרלאַנג|ען וו (–ט) demand, require, order, ask for; desire

פֿאַרלאָפֿ·ן אַדי פֿאַרלויפֿן פּאַרט fogged up, clouded, filmy

|| פֿאַרלאָפֿן מיט בלוט bloodshot

פֿאַרלאָפֿן ווערן וו (איז פֿאַרלאָפֿן געוואָרן) <מיט> become covered/coated (with)

|| פֿאַרלאָפֿן ווערן מיט טרערן (eyes) become filled with tears

פֿאַרלאָר·ן אַדי זע פֿאַרלוירן

פֿאַרלאָש·ן אַדי extinguished

פֿאַרלויב|ן וו (–ט) commend, sing the praises of

פֿאַרלוימדונג די (ען) *Germ.* calumny, defamation

פֿאַרלוי'ף דער — course (of time), unfolding (of events)
|| אין פֿאַרלויף פֿון — during, in the course of
פֿאָ'רלויפֿיק 1. אַדי — *Germ.* temporary, provisional
|| 2. אַדוו — for the moment
פֿאַרלויפֿ|ן וו (איז פֿאַרלאָפֿן) ביז/אין/קיין — come running up to, run as far as
|| פֿאַרלויפֿן <דאַט> דעם וועג — head (s.o.) off, beat (s.o.) to it
|| פֿאַרלויפֿן זיך <מיט> — happen (to)
פֿאַרלוי'פֿעניש דאָס (ן) — event, episode, occurrence
פֿאָ'רלויפֿער דער (ס) פֿעמ ין — forerunner, precursor
פֿאַרלויר·ן אַדי/אַדוו — lost; disoriented, flustered
|| פֿאַרלוירענע אייער — poached eggs
פֿאַרלוירן גיי|ן* וו (איז פֿאַרלוירן געגאַנגען) — (object, animal) get lost
פֿאַרלו'סט דער (ן) — loss
פֿאַרלושע|ן וו (–ט) זע פֿאַרגלושען
פֿאַרליאַפּע|ן וו (–ט) — bespatter, besmear
|| פֿאַרליאַפּען זיך <אין> — become infatuated (with)
פֿאַרלי'בט אַדי <אין> — in love (with), enamored (of)
פֿאַרליבט|ער דער-דעק — lover, suitor
פֿאַרליב|ן זיך וו (–ט) <אין> — fall in love (with)
פֿאַרלי'ט·ן אַדי — patient, long-suffering
פֿאַרלי'טנקייט די — patience, endurance
פֿאַרלײַב|ן וו (–ט) — personify, embody
פֿאָרלייג דער (ן) — proposal, suggestion
פֿאַרלייג|ן וו (–ט) — mislay, misplace; clog, block up, stop up; set (trap); cross (arms, legs); establish, found
|| פֿאַרלייגן מיט — encumber/burden with
|| פֿאַרלייגן מיטן קאָפּ — die, kick the bucket
|| פֿאַרלייגן זיך אויף — go in for, try one's hand at; set one's heart on; put pressure on
פֿאָ'ר|לייג|ן וו (–גע–ט) — propose, suggest
פֿאָ'רליידי די (ס) — *Amer.* forelady
פֿאַרלײַד|ן וו (פֿאַרליטן) — bear, stand, tolerate
|| ער קען דאָס ניט פֿאַרלײַדן — he can't stand/tolerate that
פֿאַרלײַזיקט אַדי — lousy, covered with lice
פֿאָרלײַט מצ זע פֿאָרמאַן

פֿאַרלייט|ן וו (פֿאַרליי'ט) — solder *perf.*
פֿאַרלײַ'כטערונג די (ען) — relief
פֿאַרלײַ'כטער|ן וו (–ט) — facilitate; lighten, relieve
פֿאַרלײַ|ען וו (פֿאַרליִען) — lend, loan
פֿאַרליי'ענ|ען זיך וו (–ט) — be absorbed in reading
פֿאָ'ר|ליי'ענ|ען וו (–גע–ט) אַק <דאַט> — give a reading of, read aloud (to s.o.)
פֿאַרליי'קענ|ען וו (–ט) — deny, contradict; disclaim, disown, renounce; conceal (assets, profits)
|| ניט צו פֿאַרלייקענען — undeniable, indisputable
פֿאַרליר|ן וו (פֿאַרלוירן/פֿאַרלאָרן) — lose
|| פֿאַרלירן זיך — lose one's bearings, become disoriented; panic, go off the deep end
פֿאַרלעב|ן וו (–ט) — spend/use up (one's money), squander (fortune)
פֿאַרלעג·ן אַדי — spoiled from lying around, old (goods); stale; long-standing (debt); remote (place)
פֿאַרלע'גנהייט די (ן) — embarrassment, perplexity, dilemma
|| שטעל|ן אין אַ פֿאַרלעגנהייט — embarrass
פֿאַרלעגער דער (ס) פֿעמ ין — publisher
פֿאַרלעגערט אַדי — old, stale, having lain around for a long time
פֿאַרלעגערײַ' דאָס — publishing
פֿאָ'רלעזונג די (ען) — *Germ.* lecture, reading
פֿאַרלע'נגערונג די (ען) — extension, prolongation; lengthening
פֿאַרלע'נגער|ן וו (–ט) — prolong; lengthen, extend *trans.*
פֿאַרלע'נגער־שנור דער (ן) — (elec.) extension cord
פֿאַרלענד|ן וו (–ט) — destroy, annihilate, ravage
פֿאַרלע'נדדיק אַדי — destructive; scathing, virulent, incendiary
פֿאַרלעסלעך אַדי זע פֿאַרלאָזלעך
פֿאַרלעצט אַדי–עפּי — next to last
פֿאַרלעצ|ן וו (–ט) — *Germ.* injure, hurt; violate, transgress, break (the law)
פֿאַרלע'קט אַדי — *fam.* intoxicated, tipsy
פֿאַרלעש|ן וו (פֿאַרלאָשן) — extinguish, put out (fire), turn off (light)
פֿאַרם די (ען) — farm
פֿאָרם די (ען) זע פֿאָרמע; פֿאָרעם

פֿאַרמאָ'ג דער (ן) — property, holdings, assets, fortune
פֿאַרמאָג|ן(*) וו (ער פֿאַרמאָ'ג(ט); -ט) — own, possess
|| פֿאַרמאָגן צו קויפֿן — have enough money to buy
פֿאַרמאָגער דער (ס) פֿעמ ין — owner
פֿאַרמאָ'גערשאַפֿט די — *neol.* ownership
פֿאָרמאַ'ט דער (ן) — format, size
פֿאָרמאַטי'וו אַדי — (ling.) formative
פֿאַרמאַטערט אַדי — tired, weary
פֿאַרמאַ'טער|ן וו (-ט) — tire (out), exhaust
פֿאַרמאַכ|ן וו (-ט) — close, shut (down)
|| פֿאַרמאַכן אין — enclose in
פֿאָרמאַ'ל אַדי — formal, pertaining to form
פֿאָרמאַליטע'ט די (ן) — formality
פֿאַרמאַ'ליעווע|ן וו (-ט) — cover, coat (with paint)
פֿאָרמאַן דער (פֿאָרלײַט) — *Amer.* foreman
פֿאַרמאַניע|ן וו (-ט) [Ny] — lure (into a trap) *perf.*
פֿאַרמאַסקיר|ן וו (-ט) — mask *perf.*, disguise
פֿאָרמאַציע די (ס) — formation (thing formed)
פֿאַרמאַצע'ווט דער (ן) פֿעמ ין — pharmacist
פֿאַרמאַצעווטיק די — (profession of) pharmacy
פֿאַרמאַצעווטיש אַדי — pharmaceutical
פֿאַרמאָצעווע|ן וו (-ט) — strengthen, reinforce, consolidate
פֿאַרמאַראָטשע|ן וו (-ט) — confuse, stupefy
פֿאַרמאָרעט אַדי — emaciated, worn out
פֿאַרמוח|ן זיך וו (-ט) [FARMOYEKh] — be absorbed (in thought)
פֿאַרמוטשע|ן וו (-ט) (אויף טויט) — torture to death; harass, torment, plague
פֿאַרמוי'ער|ן וו (-ט) — wall up
פֿאָרמולאַ'ר דער (ן) [Ly] — form
פֿאָרמולירונג די (ען) — formulation, wording
פֿאָרמוליר|ן וו (-ט) — formulate, express
פֿאָ'רמולע די (ס) זע פֿאָרמל
פֿאַרמו'רז(ש)ע(ווע)|ן וו (-ט) — dirty, soil
פֿאַרמושבֿט אַדי [FARMOYShEFT] — *fam.* dirtied, soiled
פֿאַרמיאוס|ן וו (-ט) [FARMIES] — disfigure, make repugnant; discredit
פֿאַרמיגע די (ס) — *dial.* niche, recess
פֿאַרמיד|ן וו (-ט) — tire *trans.*
פֿאַר מיטאָג אַדוו זע (פֿאַר) מיטאָג[1]
פֿאָ'רמיטאָג דער (ן) — morning, forenoon
פֿאָ'רמיטל דאָס (ען) — means of transport, vehicle
פֿאַרמיטלונג די — mediation

פֿאַרמיטלט אַדי — indirect
פֿאַרמיטל|ען וו (-ט) — mediate, intervene, act as an intermediary
פֿאַרמיטלער דער (-/ס) פֿעמ ין — mediator, intermediary, go-between; middleman
פֿאַרמײַד|ן וו (פֿאַרמיטן) — avoid, prevent
|| פֿאַרמײַדן אַק פֿון — refuse s.o. stg.
פֿאַרמײַער דער — clasp, hook, closure
פֿאַרמי'לדער|ן וו (-ט) — make milder, moderate; commute (sentence)
פֿאַרמי'נערונג די (ען) — reduction, diminution
פֿאַרמי'נער|ן וו (-ט) — diminish *trans. perf.*, reduce
|| פֿאַרמינערן זיך — decline, lessen *intr.*
פֿאַרמיסחרונג די [FARMI'SKhERUNG] — commercialization
פֿאַרמיסחרט אַדי [FARMISKhERT] — commercialized
פֿאַרמי'סטיק|ן וו (-ט) — litter *trans.*
פֿאָרמירונג די (ען) — (act of) formation
פֿאָרמיר|ן וו (-ט) — form, fashion, model
פֿאַרמיש|ן וו (-ט) — mix *perf.*; confound (two things), confuse; compromise, implicate s.o.
פֿאַרמישעכץ דאָס (ן) — mixture, concoction
פֿאַרמישפּטונג די (ען) [FARMI'ShPETUNG] — conviction, condemnation
פֿאַרמישפּט|ן וו (פֿאַרמישפּט) [FARMIShPET] — convict; condemn (project, etc.)
|| פֿאַרמישפּטן אויף — sentence (s.o.) to
|| פֿאַרמישפּטן צום טויט — sentence to death
פֿאָרמל די (ען) — formula
פֿאַרמסר|ן וו (-ט) [FARMASER] — inform on, denounce
פֿאָרמע די (ס) — (gramm., techn.) form
|| פֿ"גל פֿאָרעם; פֿורעם
פֿאַרמע'ג דער (ן) — property, assets, fortune
פֿאַרמעגלעך אַדי — wealthy, well-to-do, well-off
פֿאַרמעגן דאָס (ס) — estate, property, wealth, fortune
פֿאַרמעגנס : אַ פֿאַרמעגנס — a vast sum, a fortune
|| אַ פֿאַרמעגנס וויפֿל... — it's amazing how much ...
פֿאָרמע'ל אַדי/אַדוו — formal, in due form; formal, ceremonial (attire)
פֿאַרמעליקט אַדי — covered with flour
פֿאַרמע'סט דער (ן) — challenge; (sports) competition, match, contest
פֿאַרמעסט|ן זיך וו (פֿאַרמאָסטן) — compete, vie
|| פֿאַרמעסטן זיך אויף — set as one's goal
|| פֿאַרמעסטן זיך צו — undertake to

|| פֿאַרמעסטן זיך קעגן — take on, challenge, pit oneself against

פֿאַרמעק|ן וו (–ט) — efface, obliterate *perf.*

פֿאַרמער דער (ס) פֿעמ קע — farmer

פֿאַרמערונג די — multiplication, growth in numbers; (biol.) reproduction

פֿאַרמערײַ' דאָס — farming

פֿאַרמער|ן וו (–ט) — augment, increase, multiply *trans. perf.*

|| פֿאַרמערן זיך — (biol.) breed, reproduce; increase in number, proliferate, multiply *intr.*

פֿאַרמערעזשע|ן וו (–ט) — darn *perf.*, stitch up

פֿאַרמרה־שחורהט אַדי [FARMOREShKhOYRET] — gloomy, melancholy, morose

פֿאַרמרוקעט אַדי — gruff, surly

פֿאַרמשכּונ|ען וו (–ט) [FARMAShK·N] — pawn, mortgage

פֿאַרמשפּט|ן וו (פֿאַרמשפּט) זע פֿאַרמישפּטן

פֿאַרן = פֿאַר דעם — *regular contraction*

|| פֿאַרן = פֿאַר דער — *contraction possible only in certain dialects*

פֿאָר|ן וו (איז געפֿאָרן) — travel, voyage; drive, ride *intr.*, go (by vehicle, ship)

|| פֿאָרן אויף אַ וועלאָסיפּע'ד — ride on a bicycle

|| פֿאָר(ט) געזו'נט! — bon voyage! have a good trip!

|| פֿאָרן קיין פּאַרי'ז — travel to Paris

|| פֿאָרן רײַ'טנדיק — ride/travel on horseback

פֿאַרנאָגל|ען וו (–ט) — nail (up) *perf.*

פֿאַרנאַדזע|ן וו (–ט) זע פֿאַרנאַדיען

פֿאַרנאַדיע|ן וו (–ט) [Dy] — lure, entice, trap *perf.*

|| פֿאַרנאַדיען זיך <אין> — worm one's way in(to), sneak in(to)

פֿאַרנאָטיר|ן וו (–ט) — jot down, note

פֿאַר נאַכט אַדוו זע (פֿאַר) נאַכט[1]

פֿאַרנאַ'כט דער (ן) — dusk, evening

פֿאַרנאַכטלעך אַדוו — toward evening

פֿאַרנאַ'כלעסיק|ן וו (–ט) — *Germ.* neglect

פֿאַרנאַ'נט אַדי — known, recognized; notorious, infamous; disreputable

פֿאַרנאַראָווע|ן זיך וו (–ט) <אין> — set one's mind (on), persist (in); sneak (into)

פֿאַרנאַ'רט אַדי פֿאַרנאַרן פּאַרט — misled, deceived

|| פֿאַרנאַרט אין זיך אַליי'ן — vain, egotistical

פֿאַרנאַרישט אַדי — mistaken, wrongly convinced; stupid, foolish

פֿאַרנאַר|ן וו (–ט) — seduce, entice (by deception)

פֿאַרנאַרעכץ דאָס (ן) — bait, decoy, lure

פֿאַרנאַש|ן וו (–ט) — spend on delicacies, squander

פֿאַ'רנהײַט : גראַד פֿאַרנהײַט — degree(s) Fahrenheit

פֿאַרנודזשע|ן = פֿאַרנודיע|ן וו [Dy] (–ט) — bore to death

פֿאַרנומען אַדי פֿאַרנעמען פּאַרט — occupied, busy

|| פֿאַרנומען מיט זיך — egocentric, self-centered

פֿאָרנט 1. אַדוו — in front, ahead, before

|| פֿון פֿאָרנט = פֿאָרנט

|| האַלטן פֿון פֿאָרנט — be just at the beginning

|| דאַוונ|ען פֿון פֿאָרנט — *Jew.* recite the first prayers of the morning service

|| 2. דער (ן) — forepart, front

פֿאָ'רנטיק אַדי–עפּי — front

פֿאַרני'טעווע|ן[1] וו (–ט) [Ny] — rivet, fasten

פֿאַרני'טעווע|ן[2] וו (–ט) [Ny] — brown *trans.* (in baking)

פֿאַרנײַ'ג דער (ן) — bow, obeisance

פֿאַרנייג|ן (זיך) וו (–ט) — bow, dip *trans./intr.*

|| פֿאַרנייגן זיך — *also* make an obeisance, bow/curtsy

פֿאַרניינונג די (ען) — negation

פֿאַרניינ|ען וו (–ט) — negate, deny

פֿאַרניי|ען וו (–ט) — sew (up) (tear, wound); sew on

פֿאַרניכט|ן וו (פֿאַרני'כט) — annihilate, destroy

פֿאַרני'ץ דער — consumption, use

פֿאַרניצ|ן וו (–ט) — consume, use (up); expend, drain (energy, reserves, etc.)

פֿאַרנע'ם דער (ען) — bulk, volume, size; scope; extent, range; something big/important; important person

פֿאָרנעם אַדי — *Germ.* prominent

פֿאַרנעמונג די — occupation (of territory)

פֿאַרנעמיק אַדי — bulky, voluminous, sizable

פֿאַרנעמ|ען וו (פֿאַרנומען) — occupy; hear, listen to; perceive, grasp; seize, detain, requisition

|| פֿאַרנעמען זיך — turn *intr.* (right/left)

|| פֿאַרנעמען זיך אין אַ זײַט — turn aside, deviate

|| פֿאַרנעמ(ט) זיך! — beat it!

|| פֿאַרנעמען זיך מיט — engage in, be busy with, take care of

|| פֿאַרנעמען זיך (צו) — attempt, undertake

|| פֿאַרנעמען די אויגן — attract attention

|| פֿאַרנעמען אַק בײַם האַרצן — break s.o.'s heart

|| פֿאַרנעמען דאַט דעם אָטעם — take s.o.'s breath away

פֿאָ'רנעמ|ען זיך וו (פֿאָ'רגענומען) <אַק/צו> — undertake (to), take it upon oneself (to)

פֿאַרנעפּלט אַדי — foggy, hazy; cloudy; nebulous

פֿאַרנעפּל|ען וו (–ט) cloud over, befog; muddle, obscure

פֿאַרנעצ|ן וו (–ט) wet, sprinkle

פֿאַרס דער (ן) farce

פֿאַרסאַזשעט אַדי covered with soot, sooty

פֿאַרסאָפּעט אַדי breathless, out of breath, panting

פֿאַרסאָפּע|ן זיך וו (–ט) get winded, be out of breath

פֿאַרסאַרגעט אַדי *dial.* filthy (clothing)

פֿאַרסאָרע|ן וו (–ט) : פֿאַרסאָרען דאַט אַן אויג throw dust in s.o.'s eyes

פֿאַרסטאַמפּע|ן וו (–ט) *dial.* bar, block (way)

פֿאַרסטענאָגראַפֿיר|ן וו (–ט) take down in shorthand

פֿאַרסטראַכיר|ן וו (–ט) insure *perf.*, underwrite

פֿאַרסטרופּע|ן וו (–ט) (wound) heal over, form a scar

פֿאַרסטרי'געווע|ן וו (–ט) baste (in sewing) *perf.*

פֿאַרסטרײַק|ן וו (–ט) זע פֿאַרשטרײַקן

פֿאָ'רסיגנאַל דער (ן) traffic light; green light, go-ahead

פֿאָרסיר|ן וו (–ט) force (issue), precipitate a crisis/solution; strain (voice)

פֿאַרסך־הכּלונג די (ען) [FARS(A)KhAKLUNG] summation, recapitulation

פֿאַרסך־הכּל|ען וו (–ט) [FARS(A)KhAKL] sum up, summarize, recapitulate

פֿאַרסלינ(י)ע|ן זיך וו (–ט) [Ny] drool

פֿאַרסמאַליע|ן וו (–ט) singe, scorch *trans.*

פֿאַרסמאַרקעט אַדי smeared with snot

פֿאַרסמונג די (ען) [FARSAMUNG] poisoning

פֿאַרסמ|ען וו (–ט) [FARSA'M] poison

פֿאַרסע די haughtiness

פֿאַרסקאַבע|ן זיך וו (–ט) <אַק> get a splinter (in)

פֿאַריפּושט אַדי [FARIPEShT] stinking

פֿאָרעכץ דאָס (ער) *hum.* painful voyage; *Jew.* gathering of the pious who have traveled far to the town where a Hasidic master teaches

פֿאָרע'ל די (ן) trout

פֿאַרעלטערט אַדי out-of-date, old-fashioned

פֿאָרעם די (פֿאָרמען) form, shape
|| פּ״גל פֿאָרמע; פֿורעם

פֿאַרע'נגט אַדי פֿאַרענגען פּאַרט in distress/trouble
|| פֿאַרענגט אין געלט hard up for money, in need

פֿאַרענג|ען וו (–ט) narrow, shrink, tighten (up)

פֿאַרע'נדיקונג די completion

פֿאַרע'נדיק|ן וו (–ט) finish *trans.*, complete
|| פֿאַרענדיקן זיך end *intr.*, come to an end

פֿאַרע'נדערונג די (ען) change, modification

פֿאַרענדערט אַדי פֿאַרענדערן פּאַרט changed, altered; *(only in predicate)* different

פֿאַרע'נדער|ן וו (–ט) change, modify

פֿאַרענטפֿער דער (ן) excuse, justification; solution (to a problem)

פֿאַרע'נטפֿערונג די (ען) זע פֿאַרענטפֿער

פֿאַרע'נטפֿערלעך אַדי solvable

פֿאַרע'נטפֿער|ן וו (–ט) resolve, settle; justify, excuse, defend; satisfy/fulfill (requirements, conditions)
|| פֿאַרענטפֿערן זיך justify/defend oneself, make excuses

פֿאַרענפֿער דער (ן) זע פֿאַרענטפֿער

פֿאַרע'נפֿער|ן וו (–ט) זע פֿאַרענטפֿערן

פֿאַרעס־ן 1. אַדי sullen, morose
|| 2. פֿאַרעס|ן וו (פֿאַרעסן) gnaw at, fret *trans.*, bother
|| פֿאַרעסן זיך worry oneself sick

פֿאַרעסקט אַדי [FAREYSEKT] *iron.* terribly busy

פֿאַרע'פֿנטלעכ|ן וו (–ט) publish

פֿאַרעקשנט אַדי [FARAKShNT] stubborn, dogged

פֿאַרעקשנ|ען זיך וו (–ט) [FARAKSh·N] be(come) stubborn

פֿאָרער דער (ס) פֿעמ ין traveler, rider

פֿאַרע'רגערונג די (ען) worsening

פֿאַרע'רגער|ן וו (–ט) worsen *trans.*, aggravate, exacerbate
|| פֿאַרערגערן זיך get worse, deteriorate

פֿאַרערונג די respect, admiration, esteem

פֿאַרער|ן וו (–ט) respect, admire, honor, revere

פֿאַרערער דער (–/ס) פֿעמ ין admirer

פֿאַרפּאַטש|ן וו (–ט) *fam.* squander
|| פֿאַרפּאַטשן דאַט דאָס פּנים [PONEM] denounce s.o. to his face/publicly

פֿאַרפּאַטשקע|ן וו (–ט) dirty, soil

פֿאַרפּאַכט|ן וו (פֿאַרפּאַ'כט) rent out, lease

פֿאַרפּאַליעט אַדי flushed, reddened (face)

פֿאַרפּאַמע'לעכ|ן וו (–ט) slow *trans./intr.*
|| פֿאַרפּאַמעלעכן זיך slow down *intr.*

פֿאַרפּאַ'נצער|ן וו (–ט) armor-plate *perf.*; *fig.* protect

פֿאָרפּאָסט דער (ן) outpost

פֿאַרפּאַס|ן וו (–ט) miss (occasion); botch (work); fail; pass (cards)

פֿאַרפּאַסקודיע|ן וו (–ט) [Dy] pollute, soil, befoul

פֿאַרפּאַפּ|ן וו (–ט) smear with paste/glue

פֿאַרפּאַק(עווע)|ן וו (–ט) pack up

|| פֿאַרפּאַקן זיך pack one's bags

פֿאַרפּאָראָשעט אַדי covered with dust/powdery snow

פֿאַרפּאַרטאַ'טשעווע|ן וו (–ט) bungle, make a mess of

פֿאַרפּאָרעט אַדי busy, active

פֿאַרפּאַרע|ן וו (–ט) boil (water); steep (tea)

פֿאַרפּוטע|ן וו (–ט) entangle, jumble

פֿאַרפּוליעט אַדי dust-covered

פֿאַרפּו'ץ דער ornament, finery

פֿאַרפּוצ|ן וו (–ט) adorn, decorate

פֿאַרפּיש|ן וו (–ט) *pop.* piss on, wet (by urinating)

פֿאַרפּלאָמביר|ן וו (–ט) seal *perf.* (with metal)

פֿאָרפּלאַן דער (...פּלענער) timetable, itinerary

פֿאַרפּלאָנטע|ן וו (–ט) זע פֿאַרפּלאָנטערן

פֿאַרפּלאָ'נטערונג די (ען) entanglement, imbroglio

פֿאַרפּלאָ'נטער|ן וו (–ט) (en)snare, entangle; muddle, confuse

|| פֿאַרפּלאָנטערן זיך <אין> become tangled up (in), get mixed up (in)

פֿאַרפּלו'טע(ווע)|ן וו (–ט) cheat, defraud, put off with empty promises, confuse

|| פֿאַרפּלוטע(ווע)ן זיך get confused

פֿאַרפּלוי'דער|ן זיך וו (–ט) talk too much; babble incessantly

פֿאַרפּליאַמע|ן וו (–ט) spot, stain *perf.*

פֿאָ'רפּלענער מצ זע פֿאָרפּלאַן

פֿאַרפּסח דער [FARPEYSEKh] spring (season); *Jew.* period dedicated to preparing for Passover

פֿאַרפּע'סטיקונג די pollution, contamination

פֿאַרפּע'סטיק|ן וו (–ט) pollute; infect

פֿאַרפּעסט|ן וו (פֿאַרפּע'סט(עט)) infect

פֿאַרפּראַווע|ן וו (–ט) season, flavor

פֿאַרפּראָטאָקאָליר|ן וו (–ט) book (arrested person); record in writing

פֿאַרפּראַ'כטיק|ן וו (–ט) glorify

פֿאַרפּראָ'פּט אַדי filled, overcrowded; stoppered (bottle)

פֿאַרפּראַ'צעוועט אַדי earned by hard work

פֿאַרפּראָשע|ן וו (–ט) cover with dust

|| פֿאַרפּראָשען זיך אַן אויג get dust in one's eye

פֿאַרפּרעס|ן וו (–ט) iron, smooth; press, compress

פֿאַרפּשוטערונג די (ען) [FARPO'ShETERUNG] simplification

פֿאַרפּשוטער|ן וו (–ט) [FARPO'ShETER] simplify

פֿאָרפֿאַל דער (ן) *Germ.* occurrence, event, incident

פֿאַרפֿאַ'לב דער blight

פֿאַרפֿאַלב|ן וו (–ט) wither, fade *intr.*, become blighted

פֿאַרפֿאָלגונג די (ען) persecution

פֿאַרפֿאָלג|ן וו (–ט) persecute

פֿאַרפֿאַל·ן **1.** אַדי lost, mislaid; hopeless, doomed

|| פֿאַרפֿאַלן ווער|ן get lost, disappear

|| ניט פֿאַרפֿאַלן ווער|ן pull through, manage; still be of use, not be totally worthless

|| מיט געלט ווערט מען אין ערגעץ ניט פֿאַרפֿאַלן with money you can manage anywhere

|| **2.** אינט it's no use! there's nothing to be done!

פֿאַרפֿאַסט|ן (זיך) וו (פֿאַרפֿאַ'סט) *Jew.* eat the last meal before a fast

|| פֿ״גל פֿאַרפֿאַסן

פֿאַרפֿאַס|ן וו (–ט) compose, write

|| פֿ״גל פֿאַרפֿאַסטן

פֿאַרפֿאַסער דער (–/ס) author

פֿאַרפֿאַ'ר[1] דער (ן) *fam.* blow, cuff, smack

פֿאַרפֿאַר[2] דער ceramic, porcelain

פֿאַרפֿאָר|ן וו (איז פֿאַרפֿאָרן) (vehicle) pull up, come to a halt; stop off, stay over; go astray; *hum.* dip into (s.o.'s pocket), poke into (s.o. else's business); (time) pass

|| פֿאַרפֿאָרן אין אַ קרעטשמע stop at an inn

|| פֿאַרפֿאָרן דאַט אין באַק slap s.o.'s cheek

פֿאַרפֿוי'לט אַדי rotten, putrid, decayed

פֿאַרפֿוי'לט ווער|ן וו (איז פֿאַרפֿוי'לט געוואָרן) decay, rot *perf.*, decompose

פֿאַר פֿו'ל אַדוו fully, completely; in profusion

פֿאַרפֿול|ן וו (–ט) fill, complete

פֿאַרפֿו'לקומ|ען וו (–ט) complete, perfect

פֿאַרפֿו'נדעוועט אַדי פֿאַרפֿונדעווען פּאַרט vested (interest)

פֿאַרפֿו'נדעווע|ן וו (–ט) found, establish/implant firmly

פֿאַרפֿורקע די (ס) porcelain plate

פֿאַרפֿו'ש(ער)|ן וו (–ט) botch, bungle

פֿאַרפֿײַנטן זיך וו (פֿאַרפֿײַ'נט) become enemies

פֿאַרפֿײַ'נער|ן וו (–ט) improve, refine

פֿאַרפֿיל|ן וו (–ט) זע פֿאַרפֿולן

פֿאַרפֿי'נצטערונג די (ען) blackout

פֿאַרפֿינצטערט ווער|ן וו (איז פֿאַרפֿינצטערט געוואָרן) be miserable, lead a dog's life

‖ פֿאַרפֿינצטערט בין איך געוואָרן! woe is me!

פֿאַרפֿי'נצטער|ן וו (–ט) black out, darken; make (life) miserable

פֿאַרפֿיקסיר|ן וו (–ט) note, preserve (in writing)

פֿאַרפֿירונג די (ען) seduction

פֿאַרפֿי'רט אַדי פֿאַרפֿירן פּאַרט misled, misguided

פֿאַרפֿי'ר־ליכטל דאָס (עך) will o' the wisp

פֿאַרפֿיר|ן וו (–ט) lead, bring (to a specific place); mislead, lead on, lead astray; seduce, corrupt; launch (hostilities); strike up (conversation, friendship); establish, put in place

‖ פֿאַרפֿירן אַ פּראָצע'ס קעגן bring a lawsuit against

‖ פֿאַרפֿירן וועלטן/מעשים [MAYSIM] get into mischief, be up to no good

פֿאַרפֿירער דער (–/ס) פֿעמ ין seducer, corrupter

פֿאַרפֿי'רעריש אַדי/אַדוו misleading, deceptive, questionable; seductive, enticing; treacherous

פֿאַרפֿל מצ *farfel*, noodles in the form of little squares

פֿאַרפֿלאָכט·ן אַדי braided, linked; intricate

פֿאַרפֿלאַ'כ(ער)|ן וו (–ט) trivialize

פֿאַרפֿלאַ'מט אַדי flushed, reddened (face)

פֿאַרפֿלאַנצ|ן וו (–ט) plant *perf.*; implant

פֿאַרפֿלאַ'סטער|ן וו (–ט) tape up, cover with adhesive bandage

פֿאַרפֿלוכ|ן וו (–ט) *Germ.* curse, damn

פֿאַרפֿלייצונג די (ען) flood, inundation

פֿאַרפֿלייצ|ן וו (–ט) flood, inundate; infest

פֿאַרפֿליכטונג די (ען) obligation, commitment

פֿאַרפֿליכט|ן וו (פֿאַרפֿלי'כט) obligate, oblige

‖ פֿאַרפֿליכטן זיך commit oneself

פֿאַרפֿליס|ן וו (איז פֿאַרפֿלאָסן) flow by *fig.*

פֿאַרפֿלי|ען וו (איז פֿאַרפֿלויגן) fly away; (time) fly by, pass quickly

פֿאַרפֿלעכט|ן וו (פֿאַרפֿלאָכטן) braid *perf.*; interlace

פֿאָרפֿל|ען וו (גע–ט) *dial.* tremble, become agitated

פֿאַרפֿלעק|ן וו (–ט) spot, stain *perf.*

פֿאַרפֿעטס|ן וו (–ט) stain with grease

פֿאַרפֿעלונג די (ען) absence (from class, etc.)

פֿאַרפֿעל|ן וו (–ט) miss, fail to notice; be absent from; *rev.* run short of

‖ פֿאַרפֿעלן צו fail to

פֿאַ'רפֿעלע דאָס (ך) פֿאַרפֿל דימ *also* a curl of hair (on a fur); shag (on fabric)

פֿאַרפֿעלער דער (–/ס) פֿעמ ין absentee

פֿאַרפֿעלערײַ' דאָס absenteeism

פֿאַרפֿע'סטיקונג די (ען) stronghold, bastion; consolidation, reinforcement

פֿאַרפֿע'סטיק|ן וו (–ט) fasten, fix; strengthen, reinforce, consolidate

פֿאַרפֿרויר·ן אַדי frozen

פֿאַרפֿרוירן ווער|ן וו (איז פֿאַרפֿרוירן געוואָרן) freeze, congeal *intr. perf.*; freeze to death

פֿאַרפֿרו'מט אַדי (unquestioningly) devout

פֿאַר פֿרי אַדוו זע (פֿאַר) פֿרי 2.

פֿאַרפֿרי'צײַטיק אַדי/אַדוו *neol.* precocious

פֿאַרפֿריר|ן וו (פֿאַרפֿרוירן/פֿאַרפֿראָרן) freeze, congeal *trans. perf.*

פֿאַרפֿרע'מדט אַדי estranged, alienated

פֿאָרץ דער (פֿערץ) דימ פֿע'רצעלע *vulg.* fart

פֿאַרצאָ'גט אַדי despondent, disheartened

פֿאַרצאַ'ם דער (ען) roadblock

פֿאַרצאַמונג די (ען) fence, enclosure

פֿאַרצאַמ|ען וו (–ט) fence in; bar (route)

פֿאַרצאַפּלט ווער|ן וו (איז פֿאַרצאַפּלט געוואָרן) be startled; tremble, be terror-stricken

פֿאַרצאַפּ|ן וו (–ט) : פֿאַרצאַפּן דאַט דאָס בלוט torment/harass s.o.

פֿאָרצוג דער (ן) *Germ.* advantage; preference

פֿאַרצוויטע|ן וו (–ט) fade, wither, yellow

פֿאַרצווײַ'גט אַדי divided into many branches, ramified; *fig.* (action, knowledge, etc.) diversified, extensive, many-sided

פֿאַרצווייפֿלונג די despair, desperation

פֿאַרצווייפֿלט אַדי/אַדוו despondent, desperate

פֿאַרצוי'בער|ן וו (–ט) bewitch; enchant, charm

פֿאַרצויג·ן אַדי פֿאַרציִען פּאַרט covered, veiled; (name, word) in an affectionate diminutive; healed, closed up (wound); spoiled, pampered (child)

פֿאַרצוימ|ען וו (–ט) זע פֿאַרצאַמען

פֿאַרצוקונג די — *lit.* prey

פֿאַרצו'קט אַדי — captivated, enraptured; ornate (writing)

|| פֿ״גל פֿאַרצוקן

פֿאַרצוק|ן וו (–ט) — devour; tear to shreds

פֿאַרצוקערט אַדי פֿאַרצוקערן פּאַרט — crystallized (jam, preserves)

פֿאַרצו'קער|ן וו (–ט) — sugar; candy; *fig.* sell off quickly/advantageously

|| פֿאַרצוקערן זיך — (jam, preserves) crystallize

פֿאַרצחקע|(נע)ן וו (–ט) אַק [FARTSAKhKE] — *slang* lose stg. by gambling, gamble away

פֿאַרציטער דער (ן) — shudder, thrill

פֿאַרציטערט ווער|ן וו (איז פֿאַרציטערט געוואָרן) — be struck with terror, tremble with fear

פֿאַרצײַטיק = פֿאַרצײַטיש אַדי — antique, ancient; former

פֿאַר צײַטנ(ס) אַדוו זע צײַט[1] 1.

פֿאַרציי'כעניש דאָס (ן) — record, notes

פֿאַרציי'כענ|ען וו (–ט) — note, jot down, record

פֿאַרצייל|ן וו (–ט) — *dial.* recount, narrate, tell

פֿאַרצײַ|ען וו (–ט) — *Germ.* excuse, pardon

פֿאַרציל דער (ן) — destination

פֿאַ'רצימער דער (ן) — hall, foyer, vestibule

פֿאַרצינדונג די (ען) — inflammation

פֿאַרצינ|ען וו (–ט) — tin

פֿאַרציִ|ען וו (פֿאַרצויגן) — tighten; draw (curtains); knit (brows); protract, draw out, delay; drawl; call by a nickname; inhale (in smoking)

|| פֿאַרציִען זיך <מיט> — be covered/coated (with); go on for a long time, drag on; (wound) heal, close up; stretch out

פֿאַרציר|ן וו (–ט) — embellish, adorn

פֿאַרצי'רעווע|ן וו (–ט) — darn *perf.*

פֿאַרצ|ן וו (גע–ט/געפֿאָרצן) — *vulg.* fart

פֿאָרצע־דראַנע אַדוו — *dial., hum.* at the crack of dawn

פֿאַרצערטלט אַדי — molly-coddled, pampered

פֿאַרצער|ן וו (–ט) — devour

פֿאַרצע'רעווע|ן וו (–ט) זע פֿאַרצירעווען

פֿאַרצרהט אַדי [FARTSORET] — troubled, afflicted

פֿאַרקאָווע|ן וו (–ט) — shoe (horse); put in irons; (cold/ice) congeal *trans.*, freeze together

|| פֿאַרקאָוועט (מיט אײַז) — frozen shut (window, etc.)

פֿאַרקאַ'טעווע|ן וו (–ט) (צום טויט) — flog to death

פֿאַרקאַטשע|ן וו (–ט) — roll up (sleeves), tuck/turn up

פֿאַרקאָ'כט אַדי <אין> — keen (on); infatuated (with)

פֿאַרקאָכ|ן וו (–ט) — cook *perf.*; cook up, concoct

|| פֿאַרקאָכן זיך <אין> — become a fan (of), become infatuated (with)

פֿאַרקאָלאָטשע|ן וו (–ט) — mix, stir; complicate, confuse

פֿאַרקאָלטנט אַדי — shaggy; tangled, matted, unkempt

פֿאַרקאַלייעט אַדי — frozen, chilled, numb with cold

פֿאַרקאַלעקאָטשע|ן וו (–ט) אַק — confuse with a barrage of words

פֿאַרקאַ'ם דער (ען) — hairdo

פֿאַרקאַמ|ען וו (–ט) — comb *perf.*, comb back

|| פֿאַרקאַמען זיך — comb one's hair

פֿאַרקאָפּטשעט אַדי — blackened with smoke

פֿאַרקאָפּע|ן וו (–ט) <מיט> — spatter (with)

פֿאַרקאַק|ן וו (–ט) — *vulg.* shit on, soil with excrement

פֿאַרקאָרטשעט אַדי — wrinkled, shriveled up

פֿאַרקאַ'רליק|ן וו (–ט) — stunt (growth)

פֿאַרקאָ'רקעווע|ן וו (–ט) — cork, seal (bottle) with a cork

פֿאַרקאַ'שער|ן וו (–ט) זע פֿאַרקאַטשען

פֿאַרקוואַטש(ק)|ען וו (–ט) — soil, dirty, besmear

פֿאַרקוואַפּע|ן זיך וו (–ט) אויף — crave; set one's heart on

פֿאַרקווא'רט אַדי — stunted, withered, parched

פֿאַרקוועטש|ן וו (–ט) — clench, tighten, crush

פֿאַרקוטשערובעט אַדי — rumpled, crumpled; botched

פֿאַרקוי'טיק|ן וו (–ט) — soil, dirty, stain

פֿאַרקויל|ן וו (–ט) — convert to charcoal, carbonize

פֿאַרקוי'ף דער (ן) — sale; sales *coll.*

פֿאַרקויפֿלעך אַדי — negotiable; venal, corrupt

פֿאַרקוי'ף־מאַשין די (ען) — vending machine

פֿאַרקויפֿ|ן וו (–ט) — sell

|| פֿאַרקויפֿן זיך (פֿאַר געלט) — prostitute oneself

פֿאַרקויפֿער דער (–/ס) פֿעמ ין/קע — seller, salesperson

פֿאַ'ר|קומ|ען וו (איז פֿאַ'רגעקומען) — take place, occur

|| פֿאָרקומען דאַט — appear/seem to (s.o.)

פֿאָ'רקומעניש דאָס (ן) — bizarre occurrence

פֿאַרקוק|ן וו (–ט) overlook, lose sight of; close one's eyes to

|| פֿאַרקוקן זיך let one's mind wander

|| פֿאַרקוקן זיך אויף stare at; model oneself on

פֿאַרקי'טעווע|ן וו (–ט) plug/fasten with putty

פֿאַרקייטל|ען וו (–ט) <אַק> fasten (door, etc.) with a chain

פֿאַרקײַכ|ן זיך וו (–ט) choke *intr.* with a fit (of sobbing, coughing, laughing, etc.)

פֿאַרקײַ'לעכ(יק)|ן וו (–ט) round (off), make round

פֿאַרקײַקל|ען זיך וו (–ט) (rolling object) get lost, roll off; end up (somewhere)

פֿאַרקילונג די (ען) (head)cold, chill

פֿאַרקיל|ן וו (–ט) cool (down), chill; jell, congeal

|| פֿאַרקילן זיך catch cold

פֿאַרקיסנעט אַדי bleary, rheumy (eyes)

פֿאַרקי'רעווע|ן וו (–ט) זע פֿאַרקערעווען

פֿאַרקירצונג די (ען) abbreviation, shortening; abridgement

פֿאַרקירצ|ן וו (–ט) shorten *perf.*; abbreviate, abridge

פֿאַרקלאָ'גט אַדי פֿאַרקלאָגן פּאַרט in tears, disconsolate

פֿאַרקלאָג|ן וו (–ט) accuse, denounce

|| פֿאַרקלאָגן אין גערי'כט bring an action against (in law)

|| פֿאַרקלאָגן די טעג/יאָרן gripe, complain about one's lot

פֿאַרקלאַפּ|ן וו (–ט) nail shut, board up

|| פֿאַרקלאַפּן דאַט דעם קאָפּ rattle s.o.'s brain with talking

פֿאַרקליאַ(ק)נעט אַדי stiff, arthritic

פֿאַרקלײַב|ן זיך וו (פֿאַרקליבן) אין seclude oneself in, withdraw into; set oneself up in

פֿאַרקליידונג די (ען) disguise

פֿאַרקלייד|ן וו (–ט) <פֿאַר> disguise (as)

פֿאַרקליי|ען וו (–ט) paste up; stop up

פֿאַרקלינג|ען וו (פֿאַרקלונגען) resound, resonate; drown out with noise; fill with sound

|| פֿאַרקלינגען די אוי'ערן deafen

|| פֿאַרקלינגען די וועלט be famous

פֿאַרקלי'נעווע|ן וו (–ט) steady/secure with a wedge

פֿאַרקלע'מט אַדי depressed, grieving

פֿאַרקלעמ|ען וו (–ט) grip (as in a vise), press, oppress

|| פֿאַרקלעמען אומפּ אַק בײַם האַרצן <פֿון> *rev.* be sad at heart (because of)

פֿאַרקלע'נערונג די (ען) decrease, reduction; diminution

פֿאַרקלע'נער|ן וו (–ט) reduce, make smaller

|| פֿאַרקלענערן זיך decrease, shrink *intr.*

פֿאַרקלעפּ|ן וו (–ט) glue shut

פֿאַרקלעק|ן וו (–ט) blot (with ink)

פֿאַרקלע'ר דער (ן) design, project, scheme

פֿאַרקלע'רט אַדי פֿאַרקלערן פּאַרט thoughtful, pensive, absorbed

פֿאַרקלער|ן וו (–ט) conceive, design, contrive

|| פֿאַרקלערן זיך reflect, become lost in thought

פֿאַרקנאַ'קט אַדי *pop.* intoxicated, tipsy

פֿאַרקנייטש|ן וו (–ט) wrinkle (face, nose, etc.), knit (brows); fold, dog-ear (page corner); neglect (obligation)

|| פֿאַרקנייטשן אַ דאַוונען skip a prayer

פֿאַרקניפּונג די (ען) tie, linkage

פֿאַרקניפּ|ן וו (–ט) tie/knot together; connect

פֿאַרקנסונג די (ען) [FARKNASUNG] engagement, betrothal

פֿאַרקנסט אַדי [FARKNA'ST] engaged, betrothed

פֿאַרקנס|ן וו (–ט) [FARKNA'S] betroth

פֿאַרקנעט|ן וו (פֿאַרקנאָטן) mix (while making dough); knead *perf.*

פֿאַרקנע'כטיק|ן וו (–ט) enslave

פֿאַרקנעכט|ן וו (פֿאַרקנע'כט) זע פֿאַרקנעכטיקן

פֿאַרקנעפּל|ען וו (–ט) button

פֿאַרקעמ|ען וו (–ט) זע פֿאַרקאַמען

פֿאַרקע'ר דער (automobile, etc.) traffic; relations, dealings, (social/sexual) intercourse

פֿאַרקע'רט 1. אַדי opposite, contrary, reverse; wrong (way)

|| 2. אַדוו on the contrary; vice versa; inversely

|| טאָמער פֿאַרקערט? and if it's the other way around?

פֿאַרקער|ן וו (–ט) turn, turn over; sweep out *perf.*

|| פֿאַרקערן מיט/צווישן be in contact with, frequent

|| פֿאַרקערן זיך אין turn into, become

|| פֿ"גל פֿאַרקערעווען

פֿאַרקע'רעווע|ן וו (–ט) cause to change direction

|| פֿאַרקערעווען זיך turn (left/right)

|| פֿאַרקערעווען זיך אין אַ זײַט move aside

פֿאַרקע'רפּערונג די (ען) embodiment, personification

פֿאַרקע'רפּער|ן וו (–ט) embody, personify

פֿאַרקראָכ·ן אַדי פֿאַרקריכן פּאַרט lousy, infested with lice

פֿאַרקריג|ן זיך וו (–ט) fall out, quarrel

פֿאַרקריכ|ן וו (איז פֿאַרקראָכן) <אין> *hum.* crawl in(to), hide (in), seek refuge (in); get stuck/bogged down (in)

פֿאַרקרי'ם דער (ען) distortion

פֿאַרקרימונג די (ען) deformation, distortion

פֿאַרקרי'מט אַדי פֿאַרקרימען פּאַרט contorted (face), wry, crooked (smile)

פֿאַרקרימ|ען וו (–ט) deform, distort, twist; misrepresent

|| פֿאַרקרימען זיך make a (sour) face, grimace

פֿאַרקרי'סטיק|ן וו (–ט) Christianize

פֿאַרקריפּל|ען וו (–ט) cripple, disable

פֿאַרקריצ|ן וו (–ט) grind, grit

|| פֿאַרקריצן מיט די ציין gnash one's teeth

פֿאַרקרע'מפּעווע|ן וו (–ט) reinforce, consolidate, strengthen

פֿאַרקרענק|ען וו (–ט) use up (assets) because of illness; fall ill

פֿאַררא'ט דער treason, treachery

פֿאַרראַט|ן וו (פֿאַרראַטן) betray, deceive

פֿאַרראַמ|ען וו (–ט) mislay, put in disarray

פֿאַררא'סט(עט) אַדי rusty, rusted

פֿאַרראָשטשינ|ען וו (–ט) leaven, cause to ferment

פֿאַררויטל|ען זיך וו (–ט) זע פֿאַררייטלען זיך

פֿאַררוי'כער|ן וו (–ט) זע פֿאַררייכערן

פֿאַררונדיקט אַדי well-phrased

פֿאַררו'ף דער (ן) <אויף> reference, allusion (to)

פֿאַררופֿ·ן .1 אַדי well-known; infamous, of ill repute

|| .2 פֿאַררופֿ|ן וו (פֿאַררופֿן) call together, convoke

|| פֿאַררופֿן זיך אויף refer to, cite, allude to; quote, invoke the name of

פֿאַררו'קט אַדי פֿאַררוקן פּאַרט blurred (photo)

|| פֿ״גל פֿאַרריקט

פֿאַררוק|ן וו (–ט) move by pushing; put/stick in

|| פֿאַררוקן אַ/דעם טשאָלנט put the food for the Sabbath in the warm oven on Friday

|| פֿאַררוקן די טיר slide the bolt(s)

|| פֿאַררוקן זיך <אין> go hide (in)

פֿאַררוקער דער (ס) bolt

פֿאַרריגל|ען וו (–ט) bolt, bar

פֿאַררייזנעט ווער|ן וו (איז פֿאַררייזנעט געוואָרן) זע פֿאַרגרוזנעט ווערן

פֿאַררײַב|ן וו (פֿאַרריבן) play down, smooth over, straighten out; fix (ticket, etc.) by bribery

פֿאַררייד|ן וו (פֿאַררע'דט) זע פֿאַררעדן

פֿאַררייטלט אַדי flushed (complexion)

פֿאַררייטל|ען זיך וו (–ט) blush, turn red *perf.*

פֿאַררייכערט אַדי פֿאַררייכערן פּאַרט smoky

פֿאַררײ'כער|ן וו (–ט) fill with smoke; blacken with smoke; light (cigarette, pipe)

פֿאַררײ'סטער|ן וו (–ט) list, make a list of, put on a list

פֿאַררײַס|ן וו (פֿאַרריסן) raise/toss (one's head) abruptly

|| פֿאַררײַסן די נאָז turn up one's nose, look down on

|| פֿאַררײַסן זיך fall out, quarrel

פֿאַררייש|ן וו (–ט) add fried onions to

פֿאַרריכטונג די (ען) emendation, correction (of a text)

פֿאַרריכט|ן וו (פֿאַררי'כט/פֿאַרראָכטן) repair, fix, mend; correct (stg.)

|| ניט צו פֿאַרריכטן irreparable

|| פֿאַרריכטן זיך get well, recuperate, convalesce

פֿאַררינגל|ען וו (–ט) put in parentheses

פֿאַרריס·ן[1] אַדי פֿאַררײַסן פּאַרט haughty, snooty, arrogant

|| פֿאַרריסן (בײַ זיך) vain, conceited, smug

פֿאַרריס|ן[2] וו (–ט) dirty, soil (with soot), smudge

פֿאַררי'סנקייט די haughtiness, arrogance

פֿאַררי'קט אַדי crazy, deranged

פֿאַרריקל דאָס (עך) זע פֿאַררוקער

פֿאַררעגנט ווער|ן וו (איז פֿאַררעגנט געוואָרן) get soaked in the rain

פֿאַררעד|ן וו (–ט) overwhelm with talk; smooth over (mistake) with words; ward off with a magical formula

|| פֿאַררעדן דאָס די ציינ(ער) distract s.o.

|| פֿאַררעדן זיך talk too long; digress; blunder (in speaking)

פֿאָ'ררעדע די (ס) foreword, preface

פֿאַררעטער דער (–/ס) פֿעמ ין traitor

פֿאַררע'טעריש אַדי/אַדוו traitorous, treacherous

פֿאַררע'כן־קאָנטע די (ס) charge account

פֿאַררע'כענ|ען וו (–ט) ווי/פֿאַר/צווישן consider as, rank among

|| פֿאַררעכענען דאַט charge to (the account of)

|| פֿאַררעכענען זיך miscalculate

פֿאַרשאַט|ן וו (פֿאַרשאַ'ט) <דאַט> harm *perf.*, be bad for (the health of)

פֿאַרשאָ'טענ|ען וו (–ט) cast a shadow over, sadden; overshadow, eclipse *fig.*

פֿאַרשאַ'כער|ן וו (–ט) unload, palm off

פֿאַרשאָלט·ן אַדי accursed, cursed, damned

פֿאַרשאָ'ס דער (ן) *neol.* miss (in shooting)

פֿאַרשאַפֿ|ן וו (–ט/פֿאַרשאַפֿן) obtain, furnish, procure; cause/give (grief, joy, etc.)

פֿאַרשאַ'רט אַדי wanton; cheeky; shrewd; mischievous

|| פֿ״גל פֿאַרשאַרן

פֿאַרשאַרלאַטאַ'נעווע|ן וו (–ט) squander in debauchery

פֿאַרשאַר|ן וו (–ט) <מיט> bury, cover (with)

פֿאַרשאַרפֿ|ן וו (–ט) sharpen, exacerbate, intensify, aggravate

פֿאַרשאַרצ|ן וו (–ט) tuck up, turn up

|| פֿאַרשאַרצן די ליפּן pout

פֿאָ'רשגעביט דער (ן) area of research

פֿאַרשוואונד·ן אַדי זע פֿאַרשוווּנדן

פֿאַרשוואַ'רצט ווער|ן וו (איז פֿאַרשוואַ'רצט געוואָרן) live through hard times, go through the mill

פֿאַרשוואַרצ|ן וו (–ט) blacken

|| פֿאַרשוואַרצן דאַט דאָס פּנים [PONEM] shame s.o.

|| פֿאַרשוואַרצן זיך דאָס פּנים bring shame on oneself

|| פֿאַרשוואַרצן דאַט די יאָרן make life miserable for

פֿאַרשוווּנד·ן אַדי disappeared, vanished

פֿאַרשוווּנדן ווער|ן וו (איז פֿאַרשוווּנדן געוואָרן) disappear

פֿאַרשוויג·ן אַדי פֿאַרשווײַגן פּאַרט kept secret; unsaid; implied, implicit; taciturn, reticent

פֿאַרשווײַג|ן וו (פֿאַרשוויגן) keep silent about, pass over in silence; swallow (insult), put up with (offense)

פֿאַרשווימ|ען וו (איז פֿאַרשווּומען) arrive (by sailing/swimming); *fig.* go away, pass, disappear

פֿאַרשווינדונג די disappearance

פֿאַרשווינדל|ען 1. וו (–ט) embezzle, squander through fraud

|| 2. פֿאַרשווינדל|ען וו-אומפּ (–ט) דאַט *rev.* become dizzy, have vertigo

|| פֿאַרשווינדלען דאַט פֿון *rev.* be staggered by

פֿאַרשווינד|ן וו (איז פֿאַרשוווּנדן) זע פֿאַרשוווּנדן ווערן

פֿאַרשווי'צט אַדי perspiring, sweaty

פֿאַרשוועכ|ן וו (–ט) dishonor, desecrate, profane

פֿאַרשווע'נגערונג די (ען) conception (pregnancy)

פֿאַרשווע'נגער|ן וו (–ט) conceive, become pregnant

פֿאַרשווענד|ן וו (–ט) waste, squander

פֿאַרשווע'נדעריש אַדי/אַדוו extravagant

פֿאַרשווענק|ען וו (–ט/פֿאַרשוואָנקען) flood, inundate; (current) carry away; rinse off

פֿאַרשווערונג די (ען) conspiracy

פֿאַרשווער|ן וו (פֿאַרשווירן) conjure

|| פֿאַרשווערן זיך conspire, plot

|| פֿאַרשווערן זיך ניט צו אינפֿ promise/swear never (again) to

פֿאַרשווערער דער (ס) פֿעמ ין plotter, conspirator

פֿאַרשווע'רער|ן וו (–ט) make more difficult; aggravate

פֿאַרשו'לדיק|ן זיך וו (–ט) do wrong, commit an offense; become indebted

|| פֿאַרשולדיקן זיך אַנטקעגן offend, act wrongly toward; incur a debt from

פֿאָרשונג די (ען) research, investigation, inquiry

פֿאָרשוס דער *Germ.* advance, down payment

פֿאָרשט דער (ן) beam, board, plank

פֿאָרשטאָט די (...שטעט) suburb

פֿאַרשטאָ'טיקונג די urbanization

פֿאָ'רשטאָטיש אַדי suburban

פֿאַרשטאָכ·ן אַדי פֿאַרשטעכן זיך פּאַרט : פֿאַרשטאָכענע אויגן cheek, impudence

פֿאַרשטאַ'נד דער understanding, intelligence, judgment

פֿאַרשטאַנדיק אַדי/אַדוו reasonable, sensible, judicious

פֿאַרשטאַנען ווער|ן וו (איז פֿאַרשטאַנען געוואָרן) be understood, (message) get through

פֿאַרשטאָפּונג די (med.) obstruction, blockage; constipation

פֿאַרשטאָ'פּט אַדי פֿאַרשטאָפּן פּאַרט dense, dull-witted

|| פֿאַרשטאָפּט|ער קאָפּ blockhead

פֿאַרשטאָפּ|ן וו (–ט) stop up, block, clog (up); constipate

פֿאַרשטאָקט אַדי hardened; headstrong, obstinate

פֿאַרשטאָרב·ן אַדי deceased, dead

|| זײַן פֿאַרשטאָרבענ|ער זיידע his late grandfather

פֿאַרשטאַ'רט אַדי stiff; frozen stiff

פֿאַרשטאַרקונג די (ען) reinforcement, strengthening

פֿאַרשטאַרק|ן וו (–ט) strengthen, reinforce, fortify; intensify, amplify

פֿאַרשטאַרקער דער (ס) amplifier

פֿאַרשטוי'בט אַדי dusty

פֿאַרשטויסונג די (ען) (psychol.) repression

פֿאַרשטויס|ן וו (פֿאַרשטויסן) repudiate, reject; banish, expel; (psychol.) repress

פֿאַרשטו'מט ווער|ן וו (איז פֿאַרשטו'מט געוואָרן) fall silent, break off speaking; be struck dumb; be at a loss for words

|| ווער(ט) פֿאַרשטומט! shut up! hold your tongue!

פֿאַרשטומ|ען וו (–ט) be silent; be speechless; (noise) cease

פֿאַרשטונקען אַדי stinking, foul-smelling

פֿאַרשטופּ|ן וו (–ט) push aside, relegate

|| פֿ״גל פֿאַרשטאָפּן

פֿאַרשטיי'ט־זיך דער (ער) *neol.* truism, tautology

פֿאַרשטייִק אַדי understanding, perspicacious

פֿאַרשטיי'|ן* וו (מיר/זיי פֿאַרשטייען; פֿאַרשטאַנען) understand, comprehend, grasp, realize

|| פֿאַרשטיין אַז *also* grant that

|| געב|ן* צו פֿאַרשטיין <דאַט> explain (to), make it clear (to)

|| פֿאַרשטייט זיך of course, naturally, to be sure

|| ניט צו פֿאַרשטיין incomprehensible

|| פֿאַרשטיין זיך אויף be well-versed in, be a connoisseur of

|| פֿאַרשטייסטו מיך, פֿאַרשטייט איר מיך you see, if you see what I mean

פֿאָ'ר|שטיי|ן* וו (איז פֿאָ'רגעשטאַנען) <דאַט> be in store (for); be imminent, loom

|| גרויסע שווע'ריקייטן שטייען אונדז פֿאָר great difficulties await us

פֿאַרשטיינ|ען וו (–ט) stone (to death)

פֿאַרשטיי'נער|ן וו (–ט) petrify

פֿאָ'רשטייענדיק אַדי imminent, impending

פֿאָ'רשטייער דער (–/ס) פֿעמ ין representative, agent, delegate

פֿאַרשטײַפֿ|ן וו (–ט) stiffen, tighten

פֿאַרשטי'לט אַדי muted (sound); secretly, on the sly

פֿאַרשטי'ל(ער)|ן וו (–ט) subdue, tone down

פֿאַרשטי'פֿטעווע|ן וו (–ט) fasten with pins

פֿאַרשטיפֿ|ן וו (–ט) sin, err; perpetrate

פֿאַרשטיקונג די (psychol.) repression, suppression

פֿאַרשטי'קט אַדי stuffy, stifling; choked (back), suppressed, restrained

פֿאַרשטיק|ן וו (–ט) muffle, choke off; (psychol.) repress, suppress

פֿאַרשט|ן וו (געפֿאָ'רשט) זע פֿאָרשן

פֿאַרשטעג דער (ן) (highway) lane

פֿאַרשטעט מצ זע פֿאָרשטאָט

פֿאַרשטעכ|ן זיך וו (פֿאַרשטאָכן) <אַק> get a splinter (in)

פֿאַרשטע'כעווע|ן וו (–ט) barter, exchange *perf.*

פֿאַרשטעלונג די (ען) (act of) obstruction; disguise; (astr.) occultation

פֿאָ'רשטעלונג די (ען) performance, presentation; concept, conception

פֿאַרשטעל|ן וו (–ט) block, obstruct, bar; disguise; hide, screen, eclipse

|| פֿאַרשטעלן זיך <פֿאַר> disguise oneself (as)

|| פֿאַרשטעלן זיך פֿאַר impersonate, pass oneself off as

פֿאָ'ר|שטעל|ן וו (–גע–ט) present, introduce (s.o.); perform; represent, typify

|| פֿאָרשטעלן מיט זיך אַק make up, constitute, represent, symbolize

|| פֿאָרשטעלן זיך imagine

|| פֿאָרשטעלן זיך <דאַט/פֿאַר> introduce oneself (to s.o.)

|| פֿאָרשטעלן זיך דאַט be present in the mind of

|| ניט פֿאָרצושטעלן זיך unimaginable, inconceivable

פֿאַרשטענדיק אַדי/אַדוו זע פֿאַרשטאַנדיק

פֿאַרשטע'נדיק|ן זיך וו (–ט) come to an understanding, agree; communicate *intr.*, get in touch

פֿאַרשטענדלעך 1. אַדי intelligible

|| 2. אַדוו naturally, of course

פֿאַרשטע'נדעניש דאָס comprehension, insight; agreement, understanding

פֿאַרשטעקל דאָס (עך) plug, stopper; stop-gap

פֿאַרשטעק|ן וו (–ט) stop/plug up; relegate, set aside; hide, conceal

פֿאַרשטע'ר דער (ן) *neol.* violation (rights)

פֿאַרשטערונג די (ען) disruption; frustration, thwarting

פֿאַרשטער|ן וו (–ט) disturb, interfere with, spoil (happiness); thwart, frustrate

פֿאַרשטערער דער (ס) פֿעמ קע spoilsport; thwarter

פֿאַרשטרײַכ|ן וו (–ט/פֿאַרשטראָכן) strike/cross out, cancel

פֿאַרשטרײַק|ן וו (–ט) go on strike

פֿאַרשטריכלט אַדי (word) marked with a double apostrophe indicating an abbreviation, acronym or number, e.g. פּ״גל, ד״ר, ק״ך, רש״י

פֿאַרשטשאָבע|ן וו (–ט) stitch up clumsily

פֿאַרשטשעמע|ן וו (–ט) clench, tighten *perf.*

פֿאַרשיד·ן אַדי זע פֿאַרשיידן

פֿאַרשיט|ן וו (פֿאַרשאָטן/פֿאַרשי'ט) cover/fill (with snow, earth, etc.); spill/spread (dry matter); *fig.* compromise, implicate

|| פֿאַרשיטן מיט פֿראַגעס overwhelm with questions

פֿאַרשייד·ן אַדי diverse, varied, miscellaneous; different, unusual

|| פֿאַרשיידנס miscellaneous items, other business (on an agenda); sundry expenses

פֿאַרשיי'דנאַרטיק אַדי/אַדוו [DN-A] varied, diverse, many-sided

פֿאַרשיי'דנדיק אַדי diverse, various

פֿאַרשיי'דן־מיניק אַדי diverse, mixed, varied

פֿאַרשיי'דן־מיניקייט די diversity

פֿאַרשיי'דן־פֿאַרביק אַדי multicolored

פֿאַרשיי'דנקייט די variety, diversity; difference

פֿאַרשיי'דנערליי' אַדי–אינוו various kinds of

פֿאַרשײַ'ט אַדי mischievous; insolent, saucy; shameless, wanton; provocative

פֿאַרשיינ|ען וו (–ט) embellish, beautify

פֿאַרשײַנ|ען וו (–ט) illuminate, bathe with light

|| פֿאַרשײַנען די אויגן dazzle, delight

פֿאַרשיכּור|ן וו (–ט) [FARShIKER] intoxicate; spend/waste (money) on drink

פֿאַרשילטונג די *neol.* denunciation, condemnation

פֿאַרשילט|ן וו (פֿאַרשאָלטן) damn, curse *perf.*

פֿאַרשימלט אַדי moldy

פֿאַרשיס|ן זיך וו (פֿאַרשאָסן) miss (a target)

פֿאַרשיפֿריר|ן וו (–ט) encode

פֿאַרשיקונג די (ען) banishment, exile

פֿאַרשיקט|ער דער-דעק exile; deportee

פֿאַרשיק|ן וו (–ט) exile, banish

פֿאָרשלאָג דער (ן) motion (parliamentary); suggestion, proposal, offer

פֿאַרשלאָג·ן .1 אַדי rancid, smelly

|| .2 פֿאַרשלאָג|ן וו (פֿאַרשלאָגן) nail up; interrupt

|| פֿאַרשלאָגן אין נאָז reek

|| פֿאַרשלאָגן דעם אַפּעטי'ט kill one's desire/appetite

|| פֿאַרשלאָגן זיך (אין אַ ווינקל) go hide in a corner

פֿאָ'ר|שלאָג|ן וו (פֿאָ'רגעשלאָגן) propose, suggest

פֿאַרשלאָס·ן אַדי פֿאַרשליסן פּאַרט locked; uncommunicative, reserved (person)

פֿאַרשלאַ'פֿט אַדי ill, stricken

פֿאַרשלאַ'פֿט ווער|ן וו (איז פֿאַרשלאַ'פֿט געוואָרן) fall ill

פֿאַרשלאָפֿ·ן .1 אַדי sleepy, drowsy, lethargic

|| .2 פֿאַרשלאָפֿ|ן וו (פֿאַרשלאָפֿן) oversleep; miss (by oversleeping), sleep through

פֿאַרשלו'מפּער|ן וו (–ט) muddy, soil with mud

פֿאַרשליי'ער|ן וו (–ט) veil *perf.*; marry off (one's daughter); unload, pass off (merchandise); deceive, dupe

פֿאַרשלינג|ען וו (פֿאַרשלונגען) devour, swallow, engulf

פֿאַרשליס|ן וו (פֿאַרשלאָסן) lock (door, etc.); lock up

|| פֿאַרשליסן דעם וועג פֿאַר bar the way for

|| פֿאַרשליסן זיך become withdrawn; lock oneself in

פֿאַרשלעסל|ען וו (–ט) zip (up)

פֿאַרשלע'פּט אַדי פֿאַרשלעפּן פּאַרט chronic (illness); drawn-out, prolonged, protracted (affair)

|| פֿאַרשלעפּטע|ע קרענק *also hum.* wag, joker, funny fellow; old fox, swindler

פֿאַרשלעפּ|ן וו (–ט) drag (far) away; prolong, delay, protract

|| פֿאַרשלעפּן זיך drag on for a long time

פֿאַרשלעפּערט אַדי פֿאַרשלעפּערן פּאַרט sleepy, torpid

פֿאַרשלע'פּ(ער)|ן וו (–ט) lull to sleep

פֿאַרשמאָ'דער|ן וו (–ט) dirty, soil

פֿאַרשמאַ'כט אַדי faint, weakened; languishing; prone, prostrate

פֿאַרשמאָלצ·ן = **פֿאַרשמאָ'לצעוועט** אַדי greasy
|| פּ"גל **פֿאַרשמעלצן**

פֿאַרשמו'עס|ן זיך וו (–ט) get lost in conversation, babble on

פֿאַרשמוצ(יק)|ן וו (–ט) dirty, soil

פֿאַרשמט אַדי <פֿאַר> [FARShE'MT] renowned (as/for)

פֿאַרשמײַס|ן וו (פֿאַרשמיסן) (צום טויט) beat/whip to death

פֿאַרשמײַעט אַדי extremely busy, bustling

פֿאַרשמיר|ן וו (–ט) (be)smear, dirty; cover with paint

פֿאַרשמע'ל(ער)|ן וו (–ט) shrink *trans.*, make narrower
|| **פֿאַרשמע'ל(ער)|ן זיך** shrink *intr.*, get narrower

פֿאַרשמעלצ|ן וו (פֿאַרשמאָלצן) dirty, soil; (culin.) add fat
|| **פֿאַרשמעלצן** <אין> melt *trans.* (into), incorporate (into)

פֿאַרשמעק|ן וו (–ט) fill with fragrance, perfume; (odor) permeate *trans.*, smell good
|| **פֿאַרשמעקן** דאַט tempt, attract s.o.

פֿאָרש|ן וו (גע–ט) do research, investigate, study *imperf.*; explore; inquire

פֿאַרשנאַל|ן וו (–ט) buckle (belt)

פֿאַרשנאָשקעט אַדי *hum.* tipsy, intoxicated

פֿאַרשנו'רעווע|ן וו (–ט) lace up *perf.*; tie up with cord

פֿאַרשניי' דער (ען) snowdrift

פֿאַרשנײַד|ן וו (פֿאַרשניטן) exterminate, destroy; cut across; castrate
|| **פֿאַרשנײַדן אַ בונד** make a solemn covenant

פֿאַרשניי|ען וו (–ט) cover with snow, snow under

פֿאַרשניצ|ן וו (–ט) sharpen (pencil); cut to a point (stake, etc.)

פֿאַרשניר|ן וו (–ט) זע **פֿאַרשנורעווען**

פֿאַרשנע'לער|ן וו (–ט) accelerate, speed up

פֿאַרשע'דיק|ן וו (–ט) impair, damage

פֿאַרשעלט|ן וו (פֿאַרשאָלטן) זע **פֿאַרשילטן**

פֿאַרשעמ|ען וו (–ט) אַק shame, dishonor, humiliate
|| **פֿאַרשעמען זיך** feel ashamed/embarrassed, blush with shame

פֿאַרשע'נער|ן וו (–ט) beautify, embellish *trans.*

פֿאַרשענק|ען וו (פֿאַרשאָנקען/–ט) give away

פֿאָרשער דער (–/ס) פֿעמ ין researcher, scholar, scientist

פֿאַרשער|ן וו (–ט/פֿאַרשאָרן) trim (beard); cut across (hair), cut by mistake

פֿאַרשפּאָט|ן וו (פֿאַרשפּאָ'ט) זע **פֿאַרשפּעטן**

פֿאַרשפּאַלט|ן זיך וו (פֿאַרשפּאָלטן) crack slightly

פֿאַרשפּאַרונג די confinement

פֿאַרשפּאַר|ן וו (–ט) bar, block (route, door); imprison, confine

פֿאַרשפּאָר|ן וו (–ט) save, spare *perf.*
|| **פֿאַרשפּאָרן** <אַק דאַט> save (s.o. from stg.)
|| **איך פֿאַרשפּאָר דיר אַ גאַנג** I'm saving you a trip
|| **פֿאַרשפּאָרן צו** spare oneself the need to, not have to
|| **זי וואָלט פֿאַרשפּאָרט צו אַ'רבעטן** she wouldn't have to work any more

פֿאַרשפּו'נטעווע|ן וו (–ט) bung/stop up

פֿאַרשפּיג·ן אַדי covered with spit; *fig.* despised by all

פֿאָרשפּײַז די (ן) appetizer, hors d'oeuvre

פֿאָרשפּיל די/דאָס (ן) prelude; *Jew.* dance party in honor of the bride the Saturday night before the wedding

פֿאַרשפּיליע|ן וו (–ט) button, pin

פֿאַרשפּיל|ן וו (–ט) lose (game, bet), forfeit (rights); distract, amuse (a child)
|| **פֿאַרשפּילן זיך** <ביז> lose oneself in playing, drag out a game (until)

פֿאַרשפּינ|ען וו (–ט/פֿאַרשפּונען) weave *perf.*; catch in one's web

פֿאַרשפּי'צט אַדי sharp, pointed; clever, subtle, sly

פֿאַרשפּעטיקט אַדי late, tardy, belated; overdue

פֿאַרשפּע'טיק|ן וו (–ט) <אַק> be late (for), miss (train, etc.)
|| **פֿאַרשפּעטיקן צו/אויף** arrive late at/for
|| **פֿאַרשפּעטיקן אַק/אויף** arrive with a delay of, come (period of time) late
|| **פֿאַרשפּעטיקן זיך** be late

פֿאַרשפּעט|ן וו (פֿאַרשפּע'ט) mock, deride, ridicule

פֿאַרשפּרײַזל|ען וו (–ט) (דאַט דאָס מויל) gag *trans.*

פֿאַרשפּריי'ט .1 אַדי widespread, widely known, prevalent
|| .2 דער (ן) distribution, diffusion

פֿאַרשפּרייטונג די (ען) spread, distribution, propagation

פֿאַרשפּרייט|ן וו (פֿאַרשפּריי'ט) distribute, propagate *trans.*, make known; extend, spread, stretch

פֿאַרשפּריצ|ן וו (–ט) splash, splatter

פֿאַרשפּרעכ|ן וו (פֿאַרשפּראָכן) conjure by incantation; *Germ.* promise

פֿאַרשפֿלט אַדי [FARShOFLT] humiliated, abashed

פֿאַרשקלאַפֿ|ן וו (–ט) enslave

פֿאָרשקע|ן וו (גע–ט) snort

פֿאַרשרויפֿ|ן וו (–ט) screw tight *perf.*

פֿאָרשריט דער (ן) *Germ.* progress

פֿאַרשריי'ב דער (ן) entry (in a book), note

פֿאַרשרייַבונג די (ען) (act of) registration

פֿאַרשרייַב|ן וו (פֿאַרשריבן) take note of, write down; register, enroll *trans.*; prescribe (medicine)

|| פֿאַרשרייַבן זיך enroll *intr.*, put down one's name

|| ניט צום פֿאַרשרייַבן off the record, unofficially

פֿאַרשריי|ען וו (פֿאַרשריגן/פֿאַרשריִען) discredit, run down; deafen; overwhelm with cries; cast an evil eye on

פֿאָרשריפֿט דער (ן) handwriting model; *Germ.* prescription, rule, directive

פֿאַרשרצ|ן וו (–ט) [FARShERETS] infest

פֿאַרשׂרפֿע|ן וו (–ט) [FARSARFE] (sun) desiccate, broil; scorch *trans.*

פֿאַרתּכלעווע|ן וו (–ט) [FARTA'KhLEVE] squander

פֿאַשיזם דער fascism

פֿאַשינע די (ס) bundle of sticks, fascine

פֿאַשי'סט דער (ן) פֿעמ קע fascist

פֿאַשיסטיש אַדי fascist, fascistic

פֿאָשקע די caracul, astrakhan

פֿ״גל = פֿאַרגלייַכן cf.

פֿוגע[1] די (ס) (mus.) fugue

פֿוגע[2] די (ס) (techn.) joint, assembly, fit

פֿוטבאָל דער soccer; (American) football

פֿוטבאָלי'סט דער (ן) פֿעמ קע soccer/football player

פֿוטליאַ'ר דער (ן) (instrument) case

פֿוטער דער (ס) fur; fur coat/jacket/lining

פֿו'טערוואַרג דאָס furs

פֿו'טערן אַדי (of) fur

פֿו'טערפֿאַס די/דער (ן) case, covering

פֿוטראַ'ל דער (ן) זע פֿוטליאַר

פֿוטרינע די (window/door) frame

פֿוטרעוואַניע די [Ny] (fash.) lining

פֿו'טרעווע|ן וו (גע–ט) (fash.) line; panel (with wood)

פֿוטש אינט gone! ruined! forget it!

פֿוי אינט phooey!

פֿויגל[1] דער (פֿייגל/ען) דימ פֿיי'געלע bird; clever/sly fellow, wag; one ruble coin

|| בליי'ענ|ער פֿויגל slowpoke

|| פֿרייַ|ער פֿויגל s.o. free as a bird, person without responsibilities

|| זייַן* יענער פֿויגל be an odd character

פֿויגל[2] דער spiral cake eaten at Rosh Hashanah

|| פֿ״גל ראָש־השנה

פֿוי'גלבליק דער (ן) <אויף> bird's-eye view (of)

פֿוי'גלדיק אַדי/אַדוו : ניט פֿויגלדיק not so good, so-so

פֿוי'גלוועג דער : מיטן פֿויגלוועג as the crow flies

פֿוי'גלמילך (די) ambrosia *fig.*, rare/delicious thing; something unobtainable

|| האָבן* פֿון פֿויגלמילך be in clover, have everything one could wish for

פֿוי'גלקאַרש די (ן) wild cherry

פֿויגלש אַדי bird's, of bird(s), avian

פֿוי'גלשפּראַך די *hum.* affected/exotic speech

פֿויל **1.** אַדי lazy, sluggish, indolent; putrid, rotten; worthless/weird (words, attitude)

|| פֿויל|ער וויץ hackneyed joke

|| פֿוילע שטיק dirty tricks

|| **2.** אַדוו idly, lazily

פֿוילונג די decay, rot, putrefaction

פֿויליאַ'ק דער (עס) פֿעמ ...אַטשקע idler, lazybones; (zool.) sloth

פֿויליאַ'קעווע|ן וו (–ט) laze (around), idle, do nothing

פֿויל|ן וו (גע–ט) rot, putrefy *imperf.*

|| פֿוילן זיך <צו> be too lazy (to)

|| ניט פֿוילן זיך spare no effort

פֿוי'לעניש דאָס rot; laziness, sloth

פֿוי'לענצער דער (–/ס) *Germ.* sluggard, lazybones

פֿוי'לעצ|ן וו (גע–ט) be lazy, idle, lounge about

פֿוילער דער (ס) פֿעמ קע lazy person, sluggard, idler

פֿוילקייט די laziness, indolence

פֿויסט די (ן) fist

|| לאַכן אין די פֿויסטן laugh up one's sleeve

פֿויער אַדוו *dial.* earlier, sooner

|| צו פֿויער = פֿויער

פֿוירהאַנג דער (ען) זע פֿאָרהאַנג

פֿוכל|ען וו (גע–ט) squander, waste, dissipate

פֿול אַדי <מיט> full (of), rife (with); fully booked

|| ער איז או'מעטום פֿול you run into him everywhere

|| פֿ״גל אַ פֿולע

פֿו'לבאַרעכטיקונג די possession of all civil rights, full citizenship

פֿו'לבלוטיק אַדי full-blooded, vigorous, robust

|| פֿולבלוטיק לעבן full/vigorous life

פֿולבלעך אַדי rather full; plump, chubby, buxom

פֿו'לוואַרעק = פֿו'לווערעק דער (...רקעס) [Ly] זע פֿאָלוואַרק

פֿו'ליאָריק אַדי [L-YO] of age, adult

פֿו'ליעריק אַדי [L-YE] זע פֿוליאָריק

פֿולמאַכט די (ן) full authorization; power of attorney, authorization; (legal) retainer

פֿו'למאַכטגעלט דאָס (ער) (legal) retainer

פֿולע זע אַ פֿולע

פֿולקום אַדי entire, complete, perfect

פֿו'לקומקייט די fullness, completeness, perfection

פֿולקייט די abundance; plumpness, stoutness

פֿו'לרעכטיק אַדי enjoying full rights

פֿו'לשטענדיק 1. אַדי entire, complete; real, genuine, proper; thorough, comprehensive, exhaustive

|| 2. אַדוו totally, utterly, thoroughly

פֿון 1. פּרעפּ of, from; out of (material); by (agent/cause); *(after a comparative)* than

|| פֿון ... אָן since, starting on, as of

|| פֿון איצט אָן (און ווײַטער) from now on

|| פֿון וועגן דאַט for the sake of, on behalf of; by reason of, because of

|| פֿון זיך אַליי'ן of one's/its own accord

|| 2. פּרעפּ + אַרט = פֿון דעם; פֿון דער

|| פֿון גאָרטן = פֿון דעם גאָרטן

|| פֿון שול = פֿון דער שול

פֿונאויבנאַראָ'פּ דער condescension

פֿונאוי'בנדיק אַדי/אַדוו superficial

פֿונאַנדער קוו *meaning:* separation, dispersal

|| פֿונאַ'נדער|רוק|ן push apart

|| פֿונאַנדער... זיך *(with verbs expressing feelings)* start to (suddenly, intensely)

|| פֿונאַ'נדער|זיפֿץ|ן זיך sigh deeply

פֿונאַ'נדער|אַ'רבעט|ן וו (פֿונאַ'נדערגעאַרבעט) elaborate

פֿונאַ'נדערבוי דער development

פֿונאַ'נדער|בוי|ען וו (–גע–ט) develop, construct

פֿונאַ'נדער|בלאָז|ן וו (פֿונאַ'נדערגעבלאָזן) stir up, exacerbate; *fig.* exaggerate

פֿונאַ'נדער|גיי|ן* זיך וו (איז פֿונאַ'נדערגעגאַנגען) separate/disperse *intr.*; diverge

|| פֿונאַנדערגיין זיך <מיט> (married couple, etc.) separate; differ (from), not be of the same opinion (as)

פֿונאַ'נדערגעגאַנגען אַדי separated (spouse, couple)

פֿונאַ'נדער|זאָג|ן וו (–גע–ט) explain, go into particulars; circulate (orders)

פֿונאַ'נדערלאָזונג די (ען) dissolution (of an assembly)

פֿונאַ'נדער|לאָז|ן וו (–גע–ט) dissolve *trans.*; disperse, disband, dismiss

|| פֿונאַנדערלאָזן זיך disperse *intr.*, break up, scatter

פֿונאַ'נדער|לויפֿ|ן זיך וו (איז פֿונאַ'נדערגעלאָפֿן) scatter *intr.*, run off

פֿונאַ'נדער|ע'פֿענ|ען וו (–גע–ט) open wide

פֿונאַ'נדער|פּלאָ'נטער|ן וו (–גע–ט) unravel, disentangle

פֿונאַ'נדער|פֿאַל|ן (זיך) וו (איז פֿונאַ'נדערגעפֿאַלן) fall in ruins, crumble; subdivide *intr.*, break down

פֿונאַ'נדער|פֿרעג|ן זיך וו (–גע–ט) inquire, ask around

פֿונאַ'נדער|קלײַב|ן וו (פֿונאַ'נדערגעקליבן) analyze

|| פֿונאַנדערקלײַבן זיך <אין> find one's bearings (in), figure out, make sense (of)

פֿונאַ'נדער|רײַס|ן וו (פֿונאַ'נדערגעריסן) open with difficulty; tear open

פֿונאַ'נדערשטעל דער (ן) deployment

פֿונאַ'נדער|שטעל|ן וו (–גע–ט) deploy

פֿונאַ'נדער|שייד|ן וו (–גע–ט) distinguish, differentiate

פֿונאַ'נדער|שיפֿריר|ן וו (–ט) decode, decipher

פֿונאַ'נדער|שרײַב|ן זיך וו (פֿונאַ'נדערגעשריבן) (parties to a contract) sign/draw up (contract); write at great length, expatiate

פֿו'נבאָ'רטנדיק אַדי — off-shore (wind, etc.)

פֿונדאַמע'נט דער (ן) — foundation; base, basis, groundwork

פֿונדאַמענטאַ'ל אַדי — fundamental

פֿון דאָס נײַ אַדוו זע נײַ 1.

פֿונדאַציע די (ס) — foundation (organization, fund)

פֿונדוש דער — charitable fund

פֿו'נדעווע|ן וו (גע–ט) <אַק דאַט> — treat (s.o.) (to)

פֿונדע'סטוועגן = פֿון דעסט וועגן קאָנ — nevertheless, however, yet

פֿון דער ווײַטנס אַדוו זע ווײַט[1] 3.

פֿון דערפֿו'ן אַדוו זע דערפֿון

פֿונדרוי'סנדיק אַדי — external

פֿון וואַנעט זע (פֿון) וואַנעט

פֿונט דער/דאָס (ן) — pound (weight, currency)

פֿונעם = פֿון דעם — *regular contraction*

|| פֿונעם = פֿון דער — *contraction possible only in certain dialects*

פֿו'נצענטריש אַדי — centrifugal

פֿונק דער (ען) — spark

|| פֿונק נײַ — brand new

פֿונקציאָנאַ'ר דער (ן) פֿעמ שע — functionary, official

פֿונקציאָני'ר דער (ן) — *neol.* performance, functioning

פֿונקציאָני'ר|ן וו (–ט) — function, work *intr.*

פֿונקציע די (ס) — function

פֿוס 1. דער (פֿיס) דימ פֿיסל — leg; foot; paw

|| צו פֿוס — on foot

|| גיי|ן* צו פֿוס — walk, go on foot; *fig.* count for little

|| עס גייט ניט צו פֿוס — it's no small matter

|| אויף איין פֿוס — hastily, without preparation

|| אויף הי'נערשע פֿיס — shaky, precarious

|| אוי'ס|ציִ|ען די פֿיס — stretch one's legs; *fig., fam.* die

|| מאַכ|ן פֿיס — decamp, run away

|| נעמ|ען די פֿיס אויף די פּלייצעס — take to one's heels

|| קריג|ן קאַלטע פֿיס — get cold feet

|| שטעל|ן פֿיס — stride forward

|| שטיי|ן* אויף די איי'גענע פֿיס — stand on one's own feet, be self-supporting

|| שטעל|ן אויף די פֿיס — make self-supporting; put s.o. back on his feet

|| פֿאַל|ן פֿון די פֿיס — be dead tired, fall off one's feet

|| פֿאַל|ן דאַט צו די פֿיס — fall at the feet of, implore

|| וואַרפֿ|ן פֿון די פֿיס — knock down

|| וועל|ן* וויסן/זען פֿון וואַנען די פֿיס וואַקסן — *pop.* want to learn the secret

|| 2. דער (–) — foot (length)

פֿוסבאָל דער — soccer

פֿו'סבענקל דאָס (עך) — footstool

פֿו'סגייער דער (–/ס) פֿעמ ין — pedestrian

פֿוסדרוק דער (ן) — trail, spoor; footprint

פֿו'ס־טרי'ט אַדוו : נאָ'כ|גיי|ן* דאַט פֿוס־טריט — follow s.o. step by step

פֿו'סנאָגל דער (...נעגל) — toenail

פֿוסנאָגע די — jellied calves' feet

פֿו'סנאָטע די (ס) — footnote

פֿוסנס : צו פֿוסנס זע צופֿוסנס

פֿו'סנעגל מצ זע פֿוסנאָגל

פֿוספּונקט דער — nadir

פֿוסרינג דער (ען) — anklet

פֿופֿציק צוו — fifty

פֿופֿציקסט אַדי–עפּי — fiftieth

פֿו'פֿציקער 1. דער (–/ס) — person in his/her fifties; fifty (dollar, ruble etc.) bill

|| 2. אַדי–אינוו : די פֿופֿציקער יאָרן — the fifties (decade)

|| אין די פֿופֿציקער — in one's fifties

פֿופֿצן צוו — fifteen

פֿופֿצנט = פֿופֿצעט אַדי–עפּי — fifteenth

פֿוקס דער (ן) פֿעמ יכע דימ פֿיקסל — fox

פֿוקס·ן אַדי — (of) fox (fur)

פֿו'קסנלאָך די/דער (...לעכער) — foxhole

פֿור די (ן) — wagon, cart, vehicle

|| זײַ|ן* אויף איין פֿור <מיט> — be in the same boat (as)

פֿוראַזשקע די (ס) — forage cap

פֿוראָ'ר דער : מאַכ|ן פֿוראָר — be all the rage

פֿורגאָ'ן־אויטאָ דער (ס) — station wagon

פֿורטקע די (ס) זע פֿאָרטקע

פֿוריע די (ס) — haughtiness, airs, pretension; shrew, termagant; (myth.) Fury

|| מאַכ|ן פֿוריעס — put on airs

פֿורכט די זע פֿאָרכט

פֿורמאַן דער (עס/פֿורלײַט) — coachman, driver, teamster

פֿו'רמאַנקע די — fare (paid to the coachman)

פֿורעם דער (ס) — mold, form, model

פֿו'רעמונג די (ען) — formation, shaping

פֿו'רעמ|ען וו (גע–ט) — form, shape, fashion
|| פֿורעמען זיך — take shape *imperf.*
פֿושער דער (ס) — bungler, botcher
פֿו'שער|ן וו (גע–ט) — botch, bungle *imperf.*
פֿי דאָס/מצ זע פֿיך
פֿיאָ'ל[1] דער (ן) — vial
פֿיאָ'ל[2] דער (ן) — whistle, (reed) pipe
פֿיאָלע'ט אַדי [Ly] זע וויאָלעט
פֿיאַלקע די (ס) — (botan.) violet
פֿיאָלקע די (ס) זע פֿיאָל[2]
פֿיאַקער דער (ס) — fiacre, (horse-drawn) carriage
פֿיאָרד דער (ן) — fjord
פֿיבער דער/דאָס — fever; delirium
פֿי'בערדיק אַדי/אַדוו — feverish
פֿי'בער|ן וו (גע–ט) — be feverish/excited
פֿיברע די (ס) — fiber, strand
פֿיגו'ר די (ן) — outline, silhouette; (geom.) figure; image, effigy; (chess) piece
פֿיגוראַטי'וו אַדי — figurative (sense); representational, figurative (art)
פֿיגורי'ר|ן וו (–ט) — figure *intr.*, appear
פֿידל דער/די (ען) — violin, fiddle
|| ערשט|ע(ר) פֿידל — *also* leader, first fiddle *fig.*
|| צווייט|ע(ר) פֿידל — *also* side-kick, second fiddle *fig.*
פֿי'דל|ען וו (גע–ט) — fiddle, play the violin
|| איז ני'ט געפֿידלט! — well, that's too bad!
פֿידלער דער (ס) פֿעמ ין — violinist, fiddler
פֿי'דל־שליסל דער (ען) — treble clef
פֿידלתי זע לא פֿידלתי
פֿיו אינט — phew!; well!
פֿיזיאָלאָגיע די [ZY] — physiology
פֿיזיאָנאָמיע די (ס) [ZY] — physiognomy
פֿיזי'ק די — physics
פֿיזיקאַליש אַדי — physical (law, phenomenon, etc.)
פֿי'זיקער דער (ס) פֿעמ ין — physicist
פֿיזיש אַדי/אַדוו — physical, corporeal, material
פֿיזקולטו'ר די [Ly] — physical culture/education
פֿי'טער|ן וו (גע–ט) — feed *trans.* (animals, children, etc.)
|| פֿיטערן זיך — feed *intr.*, graze, pasture
פֿיטרינע די (ס) זע פֿוטרינע
פֿיטש נאַס אַדי — sopping wet
פֿיי דער (ען) — (gray) squirrel

פֿײַג די (ן) — fig
|| ווײַזן אַ פֿײַג — thumb one's nose
|| האָבן*/קריגן אַ פֿײַג — have/get nothing
פֿייגל מצ זע פֿויגל[1]
פֿייגלש אַדי זע פֿויגלש
פֿײַ'גנבוים דער (...ביימער) — fig tree
פֿײַ'גנבלאַט דער (...בלעטער) — fig leaf; *fig.* inadequate mask, fig leaf *fig.*
פֿיי'געלע דאָס (ך) פֿויגל דימ — *also* check(mark); *Amer., pop.* homosexual, gay man
|| לייג|ן זיך פֿייגעלעך אין בוזעם — delude oneself, build castles in the air
פֿײַכט אַדי — moist, damp, humid
פֿײַכטקייט די — moisture, dampness, humidity
פֿײַל[1] די (ן) — arrow
|| פֿײַל אויס/פֿון בויגן — swift as an arrow
פֿײַל[2] די (ן) — file (tool)
פֿײַל־און־בוי'גן דער (ס) — bow-and-arrow
פֿײַלכל[1] דאָס (עך) — (botan.) violet
פֿײַלכל[2] דאָס (עך) דימ זע פֿײַל[1]; פֿײַל[2]
פֿײַל|ן וו (גע–ט) — file *imperf.*
פֿײַ'לן־בויגן דער (ס) — bow (archery)
פֿײַ'לן־בויגער דער (ס) פֿעמ ין — archer
פֿײַ'לן־בויגערײַ' **1.** דאָס — *neol.* archery
|| **2.** די (ען) — archery range
פֿײַ'לנטאַש די (ן) — quiver
פֿײַלעכץ דאָס — filings
פֿײַן **1.** אַדי — good, pleasant, nice, fine; delicate, distinguished
|| **2.** אַדוו — well, nicely
פֿײַנברויט דאָס — sweet puff pastry
פֿײַנגאָלד דאָס — fine/pure gold
פֿײַנד דער (–) — enemy, foe, adversary
פֿײַנדלעך אַדי/אַדוו — hostile
פֿײַ'נדלעכקייט די (ן) — hostility
פֿײַנדשאַפֿט די — enmity, hatred
פֿײַנט דער (–) זע פֿײַנד
פֿײַנט האָבן* וו (פֿײַנט געהאַ'ט) — detest, hate, abhor
|| פֿײַנט האָבן צו אינפֿ — hate to ...
פֿײַנט קריג|ן וו (פֿײַנט געקראָגן/געקריגן) — take a dislike to
פֿײַנטשאַפֿט די (ן) — hate, hatred, aversion
פֿײַנע־בריה די (–ות) [BE'RYE] — member of the upper crust, big shot

פֿײַ'נפֿיליק אַדי — perceptive, sensitive
פֿײַ'נקאָכן דער (ס) זע פֿײַנקוכן
פֿײַ'נקוכן דער (ס) — omelet
פֿײַ'נקייט די (ן) — refinement, subtlety; kind deed, favor
פֿײַ'נשמעקער דער (-/ס) פֿעמ ין — gourmet; esthete
פֿייע די (ס) זע פֿעע
פֿייען אַדי — (of) gray squirrel (fur)
פֿײַער דער/דאָס (ן) — fire, conflagration; ardor, passion
|| דורך פֿײַער און (דורך) וואַסער — come hell or high water, through thick and thin
|| רעד|ן פֿאַר פֿײַער און פֿאַר וואַסער — talk a blue streak
|| טויג|ן* אויפֿן פֿײַער — be good for nothing, be useless
|| קריכ|ן אין פֿײַער — play with fire, ask for trouble
|| זײַן* אַ פֿײַער — have a fiery/passionate temperament
|| קאַלט|ער פֿײַער — sparklers *coll.*
|| פֿײַער און פֿלאַם — all fired up
|| אַ פֿײַער זוכט אים/זי! — the devil take him/her!
פֿײַ'ער־אָפּפֿער דער (ס) — *bibl.* burnt offering
פֿײַ'ער־אָפּשטעל דער (ן) — cease-fire
פֿײַ'ער־געווער דאָס — firearms
פֿײַ'ער־געצײַג דאָס (ן) — tinderbox
פֿײַ'ערדיק אַדי/אַדוו — ardent, torrid; fiery, spirited; stinging; (very) spicy; lively, sparkling (personality)
פֿײַ'ערווערק מצ — fireworks
פֿײַ'ערווערקל דאָס (עך) — firecracker
פֿײַ'ערונג די (ען) — celebration
פֿײַ'ערטאָפּ דער (...טעפּ) — brazier
פֿײַ'ערטרעפּ די (-/ן) — fire escape
פֿײַ'ערל דאָס (עך) פֿײַער דימ — *also* small flame; glimmer
פֿײַ'ערלעך אַדי/אַדוו — solemn, ceremonial
פֿײַ'ערלעכקייט די (ן) — solemnity, pomp
פֿײַ'ער־לעשער דער (-/ס) — firefighter
פֿײַ'ער|ן[1] וו (גע-ט) — fulminate, rant
פֿײַ'ער|ן[2] וו (גע-ט) — celebrate (holiday)
פֿײַ'ערפֿאַן די (ען) — censer
פֿײַ'ער־קאַסע די (ס) — safe (vault)
פֿײַ'ערקע די (ס) — chafing-dish

פֿײַ'ערשטיין דער (ער) — flint
פֿײַף דער (ן) — whistle, whistling
פֿײַפֿיאָ'ל דער (ן) [Fl] — flute
פֿײַפֿל דאָס (עך) — whistle (instrument); (reed) pipe
פֿײַפֿ|ן וו (גע-ט/געפֿיפֿן) — whistle
|| פֿײַפֿן אויף — be contemptuous of, not give a damn about
פֿײַ'פֿעלעך מצ — mandrake
פֿײַפֿער דער (ס) — whistler, piper; whistle (instrument); *slang* train; *pop.* gonorrhea
פֿײַפֿקע די (ס) — blowtorch
פֿײַקע די (ס) — pipe (for smoking)
פֿיך דאָס — cattle, livestock
פֿי'כגעלאַף דאָס (ן) — stampede
פֿיכל|ען וו (גע-ט) זע פֿעכלען
פֿיל[1] 1. אַדי–אינוו — much, many
|| אַזוי' פֿיל — so much/many, as much/many
|| אַזוי' פֿיל און אַזוי' פֿיל — such and such a quantity (of)
|| ווי פֿיל — how much, how many
|| אַזוי' פֿיל ווי — as much/many as, no less than
|| אויף אַזוי' פֿיל ווי/וויפֿל — to the extent that
|| צו פֿיל — too much/many
|| 2. אַדוו — much, a lot
|| אַזוי' פֿיל — so much
|| אויף אַזוי' פֿיל — to such a degree
|| צו פֿיל — overly, too
פֿי'ל־[2]... — multi-, poly-
פֿילאָזאָ'ף דער (ן) זע פֿילאָסאָף
פֿילאַטעלי'סט דער (ן) פֿעמ קע — philatelist, stamp collector
פֿילאַטעליסטיק די — philately, stamp collecting
פֿילאָלאָ'ג דער (ן) פֿעמ ין — philologist
פֿילאָלאָגיע די — philology
פֿילאָלאָגיש אַדי — philological
פֿילאַנטראָ'פּ דער (ן) פֿעמ ין — philanthropist
פֿילאַנטראָפּיע די — philanthropy
פֿילאָסאָ'ף דער (ן) פֿעמ ין — philosopher
פֿילאָסאָפֿיע די (ס) — philosophy
פֿילאָסאָפֿיר|ן וו (-ט) — philosophize
פֿילאָסאָפֿיש אַדי/אַדוו — philosophical
פֿי'לבאַדײַטיק/פֿי'לבאַטײַטיק אַדי — having multiple meanings, ambiguous
פֿילבאַר אַדי — *Germ.* sensitive

פֿי'ל־געטערײַ דאָס polytheism
פֿילהאַרמאָניע די (ס) [NY] philharmonic orchestra/society; concert hall
פֿי'ל־ווײַבערײַ דאָס polygamy
פֿיל־ווײי'ניק = פֿיל־ווי'נציק אַדוו more or less
פֿי'לוועריק דער (...רקעס) **זע פֿאָלוואַרק**
פֿילונג[1] די (ען) filling; sealing, blockage
פֿילונג[2] די (ען) *lit.* feeling, sensation, perception
פֿי'ל־זאָגעוודיק אַדי significant, suggestive
פֿי'לזײַטיק אַדי/אַדוו multifaceted, versatile; many-sided; well-rounded, comprehensive (knowledge)
פֿי'לטײַטשיק אַדי having multiple meanings, ambiguous
פֿי'לטייליק אַדי composite, having many parts
פֿילטער דער (ס) filter
פֿי'לטראַפּיק אַדי polysyllabic
פֿילטריר|ן (זיך) וו (–ט) filter *trans./intr.*
פֿיליאַ'ל דער (ן) [LY] branch (office, store, etc.)
פֿי'ליאָריק אַדי [L-YO] perennial, hardy (plant)
פֿיליבוסטער דער (ס) *Amer.* filibuster
פֿיליבו'סטער|ן וו (–ט) *Amer.* filibuster
פֿיליזשאַנקע די (ס) *Slav.* cup
פֿילײַ'כט אַדוו *Germ.* perhaps
פֿיליסטער דער (ס) philistine, boor; petty bourgeois
פֿיליער דער (ס) fishmonger; fisherman
פֿי'ליערוואַרג דאָס seafood
פֿיליק אַדי sensitive (capable of sensation)
פֿילם דער (ען) [Ly] film
פֿי'למאָליק אַדי repeated, reiterated
פֿי'ל־מיניק אַדי diverse, of great variety
פֿי'ל־מיניקייט די diversity
פֿילמיר|ן וו (–ט) [Ly] film
פֿילמירקע די (ס) [Ly] *neol.* movie camera
פֿי'ל־מענערײַ דאָס polyandry
פֿיל|ן[1] וו (גע–ט) fill, cram *imperf.*
פֿיל|ן[2] וו (גע–ט) feel *trans.*, sense, experience
|| פֿילן זיך feel *intr.*
|| איך פֿיל זיך נישט גוט I don't feel well
|| לאָזן פֿילן exert (pressure, influence, etc.)
פֿילע' דער (ען) [Ly] filet

פֿי'לעוודיק אַדי sensitive
פֿילעכץ דאָס stuffing, filling
פֿילעק דער (ן) polygon
פֿי'לפֿאַכ(יק) אַדי multiple, manifold, various
פֿי'לפֿאַרביק אַדי colorful, multi-colored
פֿי'לפֿעדער די (ס) fountain pen
פֿילץ דאָס felt (cloth)
פֿי'לצאָליק אַדי numerous
פֿילציק אַדי resembling felt, felted
פֿילצ·ן אַדי (of) felt
פֿינאַ'ל דער (mus.) finale; end, closing
פֿינאַ'נץ־... fiscal ..., financial ...
פֿינאַנצי'סט דער (ן) financier
פֿינאַנציע'ל אַדי financial
פֿינאַנציר|ן וו (–ט) finance
פֿינאַ'נץ־מיניסטער דער (...טאָרן) Minister of Finance, Secretary of the Treasury
פֿינאַנצן מצ finances
פֿינאַנצערײַ' דאָס *neol.* (the world of) finance
פֿינגער דער (–) finger; toe
|| גרויס|ער/לאַנג|ער פֿינגער middle finger
|| גראָב|ער פֿינגער thumb; big toe
|| דריי|ען מיטן גראָבן פֿינגער quibble, split hairs
|| אוי'ס|זויג|ן פֿון פֿינגער concoct, invent (story)
|| ניט אַרײַ'נ|טאָ|ן* קיין פֿינגער אין קאַלט וואַסער, ניט אַ קלאַפּ טאָן אַ פֿינגער אָן אַ פֿינגער not lift a finger, not make the slightest effort
|| אַרײַ'נ|לייג|ן דאַט אַ פֿינגער אין מויל spell out for s.o., draw s.o. a picture
|| קיין פֿינגער אין מויל דאַרף מען אים ניט אַרײַ'נלייגן he wasn't born yesterday
|| אַ בינטל פֿינגער *hum.* slap, blow with a fist
|| געבן* <דאַט> איבער די פֿינגער rap the knuckles (of)
|| קוק|ן דורך די פֿינגער <אויף> turn a blind eye (to), wink (at), condone
|| קוק|ן דאַט אויף די פֿינגער keep a watchful eye on
|| קענ|ען* אויף די פֿינגער have at one's fingertips
|| (גיי|ן*) אויף די שפּיץ פֿינגער (walk on) tip-toe
|| שנײַד|ן זיך די פֿינגער scrape by, live on very little (food/money)

|| האָב|ן* לאַנגע/קלע'פּיקע פֿינגער — have sticky fingers, be given to stealing

|| האָב|ן* שי'טערע פֿינגער — be a spendthrift

|| טײַטל|ען מיט די פֿינגער אויף — point/wag one's finger at

|| לעק|ן די פֿינגער פֿון — be delighted with, lick one's fingers over

|| אָ'פּ|דרוק|ן דאַט די פֿינגער — fingerprint

פֿי'נגערדרוק דער (ן) — fingerprint

פֿי'נגערהוט דער (...היט) — thimble

פֿי'נגערוט דער (ן) זע פֿינגערהוט

פֿי'נגערל דאָס (עך) פֿינגער דימ — *also* ring

פֿי'נגער|ן וו (גע–ט) — touch, palpate *imperf.*; drum (one's fingers) on

פֿי'נגערשוך דער (...שיך) — beach shoe

פֿינטע די (ס) — feint

פֿיניש אַדי/(דאָס) — Finnish

פֿינלאַנד (דאָס) — Finland

פֿי'נלענדער דער (–) פֿעמ ין — Finn

פֿינסטער אַדי/אַדוו זע פֿינצטער

פֿי'נעווע אַדוו — (at) five o'clock

פֿינ(ע)ף צוו — five

פֿינפֿט אַדי–עפּי — fifth

|| פֿינפֿט האַלבן — four and a half

פֿינפֿטל דאָס (עך) — fifth (fraction); five (playing card); *hum.* slap in the face, smack

פֿי'נפֿיאָר־פּלאַן דער (־פּלענער) — five-year plan

פֿי'נפֿעלע דאָס (ך) — five-cent coin, nickel

פֿינפֿעק דער (ן) — pentagon

פֿינפֿער דער (ס) — fiver, bill/coin worth five monetary units

פֿינצטער **1.** אַדי — dark, obscure; sinister, somber; ignorant

|| זײַן* אומפּ פֿינצטער דאַט — *rev.* be unhappy

|| עס איז מיר געוואָרן פֿינצטער פֿאַר די אויגן — *fam.* I thought I was going to pass out

|| **2.** אַדוו — lugubriously, mournfully

|| **3.** די — dark(ness), gloom

|| אין דער פֿינצטער — in the dark

פֿי'נצטערלינג דער (ען) — obscurantist

פֿי'נצטער|ן וו (גע–ט) — suffer, endure hardship

פֿי'נצטערניש דאָס — darkness, obscurity

פֿינקל דער — sparkle, glitter

פֿי'נקלדיק אַדי — sparkling

פֿינקל|ען וו (גע–ט) — sparkle, glitter

פֿיס מצ זע פֿוס 1.

פֿיסהאַרמאָניע די (ס) [NY] — harmonium, reed organ

פֿיסטאַשקע די (ס) — pistachio; peanut

פֿיסטל[1] די (ען) — fistula

פֿיסטל[2] די (ען) — falsetto

פֿי'ס־טרי'ט אַדוו זע פֿוס־טריט

פֿיסל דאָס (עך) פֿוס דימ — *also* leg (of a table, chair, etc.)

|| או'נטער|שטעל|ן דאַט אַ פֿיסל — trip s.o. up

|| מאַכ|ן דאַט אַ פֿיסל — *fam.* introduce s.o.

|| (שטיי|ן*) אויף הי'נערשע פֿיסלעך — (be) rickety, unsteady

פֿיסנאָגע = פֿיסנאָהע = פֿיסנאָיע די (ס) — *dial.* leg (of a ruminant)

|| פֿ״גל פֿוסנאָגע

פֿיסקאַ'ל דער (ן) — *Slav.* spy, secret agent; snitch, informer

פֿיפֿט אַדי–עפּי — fifth

פֿיפֿטל דאָס (עך) — fifth (fraction)

פֿיפֿיק אַדי — sly, artful, cunning, shrewd

פֿיצוכט די — *Germ.* livestock rearing

פֿיצקע|ן וו (גע–ט) — thrash, flog *imperf.*

פֿיקטי'וו אַדי — fictitious, imaginary

פֿיקס און פֿאַרטיק אַדי–אַטר — all set to go; done to perfection

פֿיקסאַטו'ר די — hair cream/gel, mustache wax

פֿיקסיר|ן וו (–ט) — fix (make firm), establish, stabilize; stare (at)

פֿיקסל דאָס (עך) דימ זע פֿוקס

פֿיקס|ן וו (גע–ט) — *Amer.* fix, mend, repair

פֿיקציע די (ס) — fiction, fabrication

פֿיר[1] דער (ן) — practice, custom, usage; stroke (of a brush, etc.); gesture of passing the hand over stg.

פֿיר[2] צוו — four

|| אויף אַלע פֿיר — on all fours

פֿיר[3] קוו — *meaning:* pre-, pro, fore-

|| פֿ״גל אַפֿער

פֿיראַנקע די (ס) — curtain

פֿי'ר|ברענג|ען וו (–גע–ט/פֿי'רגעבראַכט) — propose, bring forward, advance

|| פֿירברענגען פֿאַר די ליפּן — utter, pronounce

פֿי'ר|גיי|ן* וו (איז פֿי'רגעגאַנגען) — happen, take place

פֿי'רגייער דער (ס) פֿעמ ין — forerunner, predecessor

פֿי'ר|געב|ן* וו (פֿי'רגעגעבן) — propose

פֿי'רגעריכט(ס) דאָס (ן) — appetizer, hors d'oeuvre

פֿי'רגריזל דאָס (עך) — model of handwriting; salutation (in a letter)

פֿי'ר|האָב|ן* וו (פֿי'רגעהאַט) מיט — have a bone to pick with; have an adulterous relationship with

פֿי'ר|האַלט|ן וו (פֿי'רגעהאַלטן) — reproach, scold

פֿירהאַנג דער (ען) דימ פֿי'רהענגל — curtain, drape

פֿי'רהאַנקע די (ס) — curtain

פֿירהויז דאָס (...הײַזער) — antechamber, vestibule, hall

פֿי'רהענגל דאָס (עך) דימ זע פֿירהאַנג

פֿירוואָרט דאָס (...ווערטער) — preface, foreword

פֿירוואָרף דער (ן) — reproach, reproof

פֿירונג די (ען) — conduct, behavior, custom

|| מצ — mores, customs

פֿי'ר|זאָג|ן וו (–גע–ט) — utter, pronounce (lies, absurdities)

|| פֿירזאָגן <דאַט> — say/read/whisper (for the benefit of)

פֿי'רזאָגערין = פֿי'רזאָגערקע די (ס) — learned woman who reads prayers aloud in the synagogue for other women to follow

פֿי'רטרעפּ מצ — front steps (of a building)

פֿירלייג דער (ן) — proposal, offer, suggestion

פֿי'ר|לייג|ן וו (–גע–ט) — propose, suggest

פֿי'ר|ליי'ענ|ען וו (–גע–ט) אַק <דאַט> — read aloud (to)

פֿירמע די (ס) — firm, concern; (comm.) brand, label

|| אונטער דער פֿירמע פֿון — under the auspices of

פֿי'רמעבלאַנק דער (ען) — (sheet of) letterhead stationery

פֿיר|ן[1] וו (גע–ט) — lead, guide; direct, administer; take (s.o.) for a walk; drive (vehicle), pilot (boat, plane); transport, carry; preside over, chair

|| פֿירן די ביכער — keep the books, act as bookkeeper

|| פֿירן מיט — manage, be at the head of

|| פֿירן מיט דער האַנט איבער — run/pass one's hand over

|| פֿירן צו — lead to, result in

|| פֿירן פֿאַר דער נאָז — lead (around) by the nose, wrap around one's finger

|| פֿירן אַ ליבע — carry on a love affair

|| פֿירן מלחמה <קעגן> — wage war [MILKhOME] (against)

|| פֿירן זיך — conduct oneself, behave, act

|| פֿירן זיך לויט — act according to, go by, conform to

|| פֿירן זיך אומפּ — be the custom

|| עס פֿירט זיך ניט אַזוי' — that isn't done, it's bad form

פֿירן[2] : אין פֿירן — by fours; in four, in quarters

|| געבויג·ן אין פֿירן — bent (over)

פֿי'רנדיק אַדי — leading, dominant, foremost

פֿירנעם דער (ען) — undertaking, enterprise

פֿי'רנעמונג די (ען) זע פֿירנעם

פֿי'ר|נעמ|ען וו (פֿי'רגענומען) — undertake

|| פֿירנעמען זיך <אַק/צו> — decide/resolve (to), make (stg.) one's goal

פֿי'רנעמער דער (ס) פֿעמ ין — entrepreneur

פֿי'רנעמעריש אַדי — enterprising, entrepreneurial

פֿירע אַדוו — (at) four o'clock

פֿירעכץ דאָס (ן) — (odd) custom/behavior

פֿירעס דאָס זע פֿירהויז

פֿירעק דער (ן) — quadrilateral

פֿי'רעק(עכ)יק אַדי — quadrangular, quadrilateral

פֿירער דער (–/ס) פֿעמ ין — leader; guide

פֿי'רער־ביכל דאָס (עך) — guidebook

פֿי'רערשאַפֿט די — management, direction; leadership, ruling class

פֿי'רפֿאַדעם דער (...פֿעדעם) — clue, lead, trail

פֿי'רפֿאַכיק אַדי — quadruple, fourfold

פֿי'רפֿיסיק אַדי — four-footed (animal, furniture)

פֿי'רפֿעדעם מצ זע פֿירפֿאָדעם

פֿי'רקאַנטיק אַדי — four-cornered, quadrangular

פֿירקום דער — incidence, (statistical) frequency; (ling.) occurrence

פֿי'ר|קומ|ען וו (איז פֿי'רגעקומען) — take place, occur, happen; (case) arise

פֿירקען|ן וו (גע–ט) זע פֿאָרשקען

פֿירשאַפֿט די — (missile, etc.) guidance

פֿירשט דער (ן) פֿעמ ין — duke, prince

פֿי'רשטנטום דאָס (ען) זע פֿירשטנשאַפֿט

פֿי'רשטנשאַפֿט די (ן) — duchy, principality

פֿי'רשפּרעכער דער (–/ס) פֿעמ ין — spokesman; defender, advocate; interpreter

|| זײַן* אַ/דער פֿירשפּרעכער פֿאַר — plead on behalf of

פֿי'ר|שרײַב|ן וו (פֿי'רגעשריבן) — prescribe

פֿירשריפֿט די (ן) — model of handwriting; rule, directive

פֿיש דער (–) — fish

|| גיי|ן* כאַפּן פֿיש — go fishing

|| כאַפּן די פֿיש פֿאַר דער נעץ — put the cart before the horse
|| פּוסטע פֿיש — a kind of potato soup
פֿישביין דער (ער) — whalebone; stay (in a corset, etc.)
פֿישגרייץ די — a kind of potato soup
פֿישטראָן דער — cod-liver oil
פֿישייך די — fish broth/jelly
פֿישן 1. מצ — fish dishes/varieties
|| 2. פֿיש|ן וו (גע–ט) — fish
פֿישער דער (–/ס) פֿעמ קע — fisherman
פֿישעריי' 1. דאָס — fishing (occupation)
|| 2. די (ען) — fishery
פֿישפֿאַנג דער — (sport) fishing
פֿי'ש־קאַרטאָפֿל מצ — a kind of potato soup
פֿלאָדן דער (ס) דימ פֿלעדל — fruit layer cake
פֿלאָט[1] דער (ן) — navy, fleet
פֿלאָ'ט־[2]... — naval
פֿלאַ'טערדיק אַדי — uneasy, anxious; inconstant, irresolute, wavering
פֿלאַ'טערל דאָס (עך) — butterfly
פֿלאַ'טער|ן וו (גע–ט) — flutter, beat (wings); wave, flutter (in the wind); tremble, quiver; *fig.* be anxious/uneasy
פֿלאַ'טערקאָפּ דער (...קעפּ) — scatterbrain
פֿלאַך 1. אַדי/אַדוו — flat; shallow; superficial, banal
|| 2. די (ן) — plane, level
|| אויף איין פֿלאַך מיט — at the same level as
פֿלאָכט דער (ן) — fool, blockhead
פֿלאַכלאַנד דאָס — plain, lowland
פֿלאַכע די (ס) זע פּלאַכע
פֿלאַכצוואַנג די (ען) — flat-nose pliers
פֿלאַם דער (ען) דימ פֿלעמל — flame, blaze
|| פֿ״גל פֿלעם
פֿלאָם די (ען) זע פֿלוים
פֿלאַמיק אַדי/אַדוו — flaming, burning; ardent, passionate
פֿלאַמ|ען וו (גע–ט) — blaze, burn *intr.*; beam, (face) blush; (emotion) be fervent
פֿלאַ'מען־וואַרפֿער דער (ס) — flamethrower
פֿלאַ'מפּלעצל דאָס (עך) — griddle cake; *fig., fam.* high-spirited girl
פֿלאַ'ם־פֿײַ'ער : זײַן* פֿלאַם־פֿײַער פֿאַר — be burning with enthusiasm for
פֿלאַ'ם־פֿײַ'ערדיק אַדי/אַדוו — ardent, fiery

פֿלאָ'נדערקע די (ס) — flounder
פֿלאַנע'ל דער [ELy] — flannel
פֿלאַנעל·ן אַדי [ELy] — (of) flannel
פֿלאַנץ די (ן) — (botan.) plant
פֿלאַנצ|ן וו (גע–ט) — plant
פֿלאַנק דער (ען) — flank, side
|| מצ — flank (of beef)
פֿלאַסטער דער (ס) — (adhesive) bandage, (court) plaster
פֿלאַ'סטער|ן וו (גע–ט) — pave *imperf.*
פֿלאָ'ספּעדער די (ן) זע פֿלוספּעדער
פֿלאַקאָ'ן דער (ען) — flask, flagon
פֿלאָקן דער (ס/פֿלעקער) דימ פֿלעקל — post, stake, pole; club; blockhead, simpleton
פֿלאָ'קן־שיסער דער (–/ס) פֿעמ קע — braggart, boaster
פֿלאַקס דער (ן) — flax
פֿלאַקס·ן אַדי — (of) flax, flaxen; flax-colored, grayish yellow
פֿלאַקער דער (ס) — flare; flame
פֿלאַ'קער|ן וו (גע–ט) — blaze, flare (up), flame
פֿלאָרע די (ס) — flora
פֿלאַש די (פֿלעשער/ן) דימ פֿלעשל — bottle
פֿלואָרידי'ר|ן וו (–ט) [Ly] — fluoridate
פֿלואָרעסצי'רנדיק אַדי [Ly] — fluorescent
פֿלואָרעסצי'רקע די (ס) [Ly] — fluorescent lamp/bulb
פֿלוג : אין פֿלוג — at first glance, on the face of it
פֿלו'גבלעטל דאָס (עך) — leaflet, flier
פֿלוי די/דער (פֿליי) — flea
|| האָב|ן* פֿליי אין דער נאָז — be pretentious; have a bee in one's bonnet
פֿלוים די (ען) דימ פֿלײַמל — plum
|| געטרי'קנט|ע פֿלוים — prune
פֿלוי'מעניויך די — plums in syrup; stewed plums
פֿלויער דער (ס) — *dial.* (reed) pipe
פֿלוך דער (ן) — curse
פֿלוכ|ן וו (גע–ט) — curse
פֿלוס דער (ן) — current (of water); flow
פֿלו'ספּעדער די (ן) — (fish) fin
פֿלוק זע פֿלוג
פֿלוקטויִרונג די (ען) — fluctuation

פֿלוקטויִר|ן וו (–ט) — fluctuate

פֿלי דער (ען) — flight (bird/plane)

פֿליאַדער דער (ס) פֿעמ קע — playboy, partier; scatterbrain

פֿליאַ'דערדיק אַדי — fickle, frivolous, scatter-brained

פֿליאַדרע די (ס) — grain, vein (wood, stone)

פֿליאַ'דרעווע|ן וו (גע–ט) — worm a secret out of; chat up, sweet-talk

פֿליאָנדרע די (ס) — slattern, slovenly woman; slut

|| פֿ״גל פֿלאָנדערקע

פֿליאַסק דער (ן) — slap

פֿליאַסקעדריגע דער/די (ס) — religious zealot; loafer, good-for-nothing; slob

פֿליאַסקע|ן וו (גע–ט) — slap; daub, whitewash

פֿליאַקע דער (ס) — *pejor.* Polak, Polish nobleman

|| פֿ״גל פֿליאַקעס

פֿליאַקעס מצ — tripe, intestines

|| פֿ״גל פֿליאַקע

פֿלי'בלעטל דאָס (עך) — leaflet, flier

פֿליג די (ן) — fly

|| אַ פֿליג אויף דער וואַנט — the most insignificant of creatures

|| ניט טשעפּע|ן קיין פֿליג אויף דער וואַנט — not hurt a fly

|| כאַפּ|ן פֿליגן — stand open-mouthed, gape

|| האָב|ן* פֿליגן אין דער נאָז — be pretentious; have a bee in one's bonnet

|| מאַכ|ן פֿון אַ פֿליג אַ העלפֿאַנד — make a mountain out of a molehill

פֿליגל דער (ען/–) — wing

|| אָ'פּ|האַק|ן דאַט די פֿליגל — clip the wings of; discourage s.o.

|| גראָב|ער פֿליגל — rude person

פֿלי'געלע[1] דאָס (ך) דימ זע **פֿליג**

פֿלי'געלע[2] דאָס (ך) דימ זע **פֿליגל**

פֿלי'געציַיג דאָס — plane, aircraft

פֿליוואַרג דאָס — planes, aircraft *coll.*

פֿלי'טערל דאָס (עך) — spangle

|| מצ — tinsel

פֿלי'טער|ן וו (גע–ט) — sparkle, scintillate

פֿליטש נאַס אַדי זע **פּיטש נאַס**

פֿליי מצ זע **פֿלוי**

פֿלייט די (ן) — flute

פֿלייטוך דער — lint; wretch, grubby person

פֿליַימל דאָס (עך) דימ זע **פֿלוים**

פֿליַיס דער — zeal, industry

|| מיט פֿליַיס — on purpose, by design

פֿליַיסיק אַדי/אַדוו — industrious, diligent, zealous

פֿליַיסן[1]: אויף צו פֿליַיסן זע (אויף) **צופֿליַיסנס**

פֿליַיס|ן[2] זיך וו (גע–ט) <צו> — try hard (to), endeavor (to)

פֿלייץ[1] דער (ן) — torrent, flow, outpouring, flood

פֿליי'ץ־[2]... — tidal

|| פֿלייצקראַפֿט — tidal energy

פֿליי'צכוואַליע די (ס) — tsunami

פֿלייצ|ן וו (גע–ט) — flow, pour, gush, surge

פֿליי'צפּאַפּיר דאָס (ן) — blotting paper

פֿליַיק אַדי — *lit.* fleeting, evanescent

פֿלייש דאָס (ן) — meat; flesh

|| דאָס גראָב|ע פֿלייש — buttocks

|| שטיק פֿלייש מיט צוויי אויגן — blockhead, stupid person

פֿליישבאַנק די (...בענק) — butcher's stall

|| לאָז|ן אויף דער פֿליישבאַנק — *fig.* spoil, ruin, undermine

פֿליישיק אַדי — meaty, plump, fleshy; *Jew.* (food) made of/with meat, to be kept separate from dairy food; *Jew.* (dishes, pots, etc.) reserved for foods made with meat

|| ניט פֿליישיק ניט מילכיק — neither fish nor fowl

|| מאַכ|ן זיך פֿליישיק — eat meat dishes; *fig.* make a killing; *vulg.* have sexual relations

פֿליישיקס דאָס — meat dishes

פֿליישער דער (–/ס) פֿעמ קע — butcher

פֿליכט די (ן) — duty, obligation

פֿליכטלינג דער (ען) — *Germ.* refugee

פֿלי'מער|ן וו (גע–ט) — sparkle, scintillate

פֿלינק אַדי/אַדוו — quick, agile, nimble

פֿלינקייט די — dexterity, nimbleness

פֿליס דער — flow

|| פֿ״גל פֿליסאַק

פֿליסאַק דער (עס) — raftsman; boor, lout

פֿלי'סטער|ן וו (גע–ט) — *Germ.* whisper, murmur

פֿליסיק אַדי/אַדוו — liquid, fluid; fluent, flowing

פֿלי'סיקייט די (ן) fluid, liquid; fluidity
פֿליס|ן וו (איז געפֿלאָסן) flow, run; (time) pass
פֿלי'ספֿעדער די (ן) זע פֿלוספֿעדער
פֿלי'עוודיק אַדי flying, winged
פֿלי|ען וו (איז געפֿלויגן) fly, soar; hasten, go fast
פֿלי'ער דער (ס) פֿעמ ין flier, aviator, pilot; aeronaut
פֿלי'ערזיץ דער (ן) cockpit
פֿלי'עריי' דאָס aviation (profession)
פֿלי'ער־קאַבינע די (ס) cockpit
פֿליפֿלאַץ דער (...פֿלעצער) airport, airfield
פֿליציל דער (ן) (flight) destination
פֿליק דער (ן) *pop.* punch
פֿליקאָפּ דער (...קעפּ) clever person; manipulator, schemer
פֿליק|ן וו (גע־ט) pluck *imperf.*; pull (out)
|| פֿליקן פֿע'דערן pluck the down from feathers
פֿליקעפּ מצ זע פֿליקאָפּ
פֿלי'קערין = פֿלי'קערקע די (ס) plucker *fem.*; woman who removes the down from feathers
פֿלירט דער (ן) flirtation
פֿלי'רטעווע|ן וו (גע־ט) flirt
פֿלישלאַנג די/דער (ען) kite
פֿלעג הוו (פֿלעג, פֿלעגסט, פֿלעג(ט), פֿלעגן, פֿלעגט, פֿלעגן) *auxiliary verb of the frequentative form of the past tense, followed by an infinitive:* used to, was/were wont to
|| ער פֿלעג(ט) זאָגן he used to say, he was in the habit of saying
פֿלעגמאַ'טיקער דער phlegmatic person
פֿלעגמאַטיש אַדי/אַדוו [Ly] phlegmatic
פֿלעג|ן וו (גע־ט) *Germ.* look after (sick person)
|| פֿ״גל פֿלעג
פֿלעדל דאָס (עך) דימ זע פֿלאָדן
פֿלע'דערוויש דער (ן) feather duster, whisk
פֿלע'דערמויז די (...מײַז) bat
פֿלעכטוואַרג דאָס wicker
פֿלעכטל דאָס (עך) decorative braid/twist of dough
פֿלעכט|ן וו (געפֿלאָכטן) twist, braid, twine
פֿלעם דער (ען) smack, resounding blow

פֿלעמיש אַדי/(דאָס) Flemish
פֿלעמל דאָס (עך) דימ זע פֿלאַם
פֿלעמל|ען וו (גע־ט) (flame) flicker
פֿלעק דער (ן) blot, spot, taint
|| אָן אַ פֿלעק immaculate, unblemished
פֿלע'קטיפֿוס דער typhus
פֿלעקיק אַדי spotted, speckled, dotted
פֿלעקל דאָס (עך) פֿלאָקן דימ post, stake; pin, peg
פֿלע'קל־דאָקטער דער (־דאָקטוירים) quack
פֿלע'קלשריפֿט די cuneiform writing
פֿלעק|ן וו (גע־ט) stain *imperf.*, spot; speckle
פֿלעקער מצ זע פֿלאָקן
פֿלעשל דאָס (עך) פֿלאַש דימ *also* baby bottle
פֿלעשל|ען וו (גע־ט) bottle *imperf.*
פֿלעשער מצ זע פֿלאַש
פֿ״מ = פֿאַר מיטאָג A.M.
פֿ״נ = פֿאַראיי'ניקטע נאַציעס UN
פֿסס״ר = פֿאַרבאַ'נד סאָווע'טישע סאָציאַלי'סטישע רעפּובליקן USSR
פֿע אינט ugh! phooey!
פֿעאָדאַ'ל אַדי feudal
פֿעאָדאַליזם דער feudalism
פֿעאיק אַדי זע פֿעיִק
פֿע'ברואַר דער (ן) February
פֿעדעם מצ זע פֿאָדעם
פֿע'דעמדיק אַדי fibrous, stringy; threadlike
פֿע'דעמל דאָס (עך) דימ זע פֿאָדעם
פֿע'דעמער מצ זע פֿאָדעם
פֿעדער **1.** די (ן) feather; plume; (watch)spring
|| אין די פֿעדערן in clover, at the height of glory
|| אַרײַ'נ|גיי|ן* אין די פֿעדערן make good, get rich/powerful
|| צו'|לייג|ן דאַט אַ פֿעדער צו דער נאָז await s.o.'s death
|| **2.** די (ס) quill, pen
פֿעדעראַ'ל אַדי federal
פֿעדעראַציע די (ס) federation
פֿע'דערגראָז דאָס (ן) fern
פֿע'דערדיק אַדי elastic, springy
פֿע'דערדיקייט די elasticity
פֿע'דערהויז דאָס (...הײַזער) זע פֿאָדערהויז

פֿע'דעריק אַדי זע פֿעדערדיק

פֿע'דער|ן[1] וו (גע–ט) — be elastic

פֿע'דער|ן[2] זיך וו (גע–ט) — rise early/earlier; make the first move

פֿעדערשט אַדי–עפּי זע פֿאָדערשט

פֿעט אַדי — fatty, oily; greasy; fat, stout; lucrative (venture, profits)

|| פֿעט|ער ביסן — choice morsel

|| פֿעט|ער וויץ — dirty joke

|| פֿעט מאַכ|ן דאַט די גריץ/יויך — *iron.* make s.o. rich

|| פֿעט װער|ן — put on weight

פֿעטזײַט די — bacon

פֿע'טיק|ן וו (גע–ט) — fertilize (soil)

פֿע'טלײַביק אַדי — fat, corpulent

פֿעטס דאָס (ן) — fat, grease; shortening

פֿעטער דער (ס) — uncle

|| פֿעטער שניאור [ShNEYER] — Jack Frost

|| פֿעטער! — mister! sir! hey!

|| פֿעטער, מע קען אײַך! — you're not fooling anyone!

פֿעיִק אַדי — capable, talented

|| פֿעיִק אויף אַלץ/אַלעם — capable of (doing) everything

פֿע'יִקייט די (ן) — competence, aptitude, ability, talent

פֿעכט|ן (זיך) וו (געפֿאָכטן) — fence

פֿעכטער דער (–/ס) פֿעמ ין — swordsman; fencer

פֿעכטערײַ' דאָס — fencing

פֿע'כלדיק אַדי — shining, gleaming

פֿעכל|ען וו (גע–ט) — shine *intr.*, gleam

פֿעכער דער (ס) — fan

פֿע'כער|ן וו (גע–ט) — fan

פֿעל די (ן) — hide, skin, pelt

|| אַ נײַע פֿעל איז אויף אים אױ'סגעוואַקסן — he's his old self again

פֿעלבל דאָס (עך) דימ זע פֿאַלב[2]

פֿעלבל|ען וו (גע–ט) — fold

פֿעלד דאָס (ער) — field; domain; square (of a chess/checker board); *Jew.* cemetery

|| מעסט|ן פֿעלד זע פֿעלדמעסטן

פֿע'לדאַרבעט די — agriculture; agricultural labor

פֿע'לדבעטל דאָס (עך) — camp bed, cot

פֿע'לד־גזלן דער (ים) [GAZLEN - GAZLONIM] — highwayman

פֿע'לדגעריכט דאָס (ן) — court martial

פֿע'לדוואַרמעס דאָס — barbecue, cookout, picnic

פֿעלדז דער (ן) — boulder, rock

פֿעלדזיק אַדי — stony, rocky

פֿע'לדזנראַנד דער (ן) — ledge

פֿע'לדטרומייט דער (ן) — bugle

פֿע'לדטרומייטער דער (–/ס) — bugler

פֿעלדל|ען וו (גע–ט) זע פֿעלבלען

פֿע'לדמאַרשאַל דער (...אַ'לן) — field marshal

פֿע'לדמעסטן דאָס — superstitious custom of surrounding a Jewish grave with cotton thread, supposedly giving the thread magical powers

פֿע'לדמעסטערין די (ס) — *Jew.* woman paid to carry out a superstitious rite at the cemetery

|| פֿ״גל פֿעלדמעסטן

פֿעלדפֿלאַש די (...פֿלעשער) — canteen, water bottle

פֿע'לדפֿעב(ע)ל דער (ס/ען) — *Germ.* staff sergeant

פֿעלדשער דער (ס) [Ly] — (unlicensed) medical practitioner; public health officer

פֿעלטשונג די (ען) — apostasy; treachery, treason

פֿעלטש|ן וו (גע–ט) — (mus.) play/sing off-key

|| פֿעלטשן אין — betray

|| פֿ״גל פֿעלשן

פֿעלטשער[1] דער (ס) פֿעמ ין — apostate, renegade

פֿעלטשער[2] דער (ס) זע פֿעלדשער

פֿעליעטאָ'ן דער (ען) [LY] — feature article, light/popular column, feuilleton

פֿעליעטאָני'סט דער (ן) פֿעמ קע — popular columnist, feuilletonist

פֿעליק[1] אַדי — complete, entire, full

פֿעליק[2] אַדי — payable, due

|| פֿעליק װער|ן — fall due

פֿע'ליקייט די (ן) — deficiency, lack

|| דורך פֿעליקייט — by default

פֿעל·ן[1] אַדי — (of) skin/hide/fur

פֿעל|ן[2] וו (גע–ט) <דאַט/בײַ> — (thing) be lacking; (person) be absent/missing; *rev.* lack, be short of, want, need

|| עס פֿעלט מיר צײַט — I don't have enough time

|| וואָס פֿעלט אים? — what is he complaining about?

|| מער פֿעלט מיר ניט! — that's all I need! that would be the last straw!

|| דאָ'ס האָט מיר געפֿעלט! just my luck!
|| פֿעלן זיך pass away, depart this life
פֿע'לנדיק אַדי–עפּי missing, lacking, absent
פֿעלער דער (ן) error, mistake, blunder; flaw, defect, imperfection; (med.) ailment, disease
פֿע'לערדיק אַדי faulty, defective, flawed
פֿעלפּ דער plush
פֿעלפּ·ן אַדי (of) plush
פֿעלקער מצ זע פֿאָלק[1]
פֿע'לקער־ליגע די League of Nations
פֿע'לקערמאָרד דער (ן) genocide
פֿע'לקערשאַפֿט די (ן) nation, nationality, people
פֿעלשונג די (ען) falsification, forgery, sham
פֿעלש|ן וו (גע–ט) falsify, forge, counterfeit
|| פֿ״גל פֿעלטשן
פֿעלשער דער (ס) falsifier, forger, counterfeiter
פֿעמיני'ן אַדי feminine
פֿענאָמע'ן דער (ען) phenomenon
פֿענדל[1] דאָס (עך) פֿאָן דימ pennant
פֿענדל[2] דאָס (עך) פֿאַן דימ saucepan, pot
פֿענסטער דער/דאָס (–) זע פֿענצטער
פֿענער מצ זע פֿאָן[1]
פֿענצטער דער/דאָס (–) window
|| די הויכע פֿענצטער high society, upper crust; the powers that be
פֿע'נצטערברעט די (ער) window sill
פֿעסט אַדי/אַדוו firm, strong; fixed, solid, steady; resolute, tenacious
פֿעסטונג די/דאָס (ען) fortress, fort
פֿעסטיוואַ'ל דער (ן) festival
פֿע'סטיק|ן וו (גע–ט) affirm, assert; strengthen *imperf.*
פֿעסטקייט די firmness, solidity, strength; determination, resolution
פֿע'סטשטעלונג די (ען) affirmation, assertion, statement
פֿע'סט|שטעל|ן וו (–גע–ט) ascertain, establish
פֿעסל דאָס (עך) פֿאַס דימ keg, cask
פֿעסער מצ זע פֿאַס
פֿעספּער דער *dial.* light meal, snack
פֿעסקע די (ס) fez, tarboosh
פֿעע די (ס) fairy
פֿע'ענלאַנד דאָס fairyland
פֿעפֿער דער pepper
|| ווו דער שוואַרצער פֿעפֿער וואַקסט at the ends of the earth
|| געבן|* דאָט פֿעפֿער (צו שמעקן) give s.o. a hard time
פֿע'פֿערדיק אַדי peppery, sharp, biting; salacious
פֿע'פֿערזיכטיק אַדי *hum.* jealous (*distortion of* אייפֿערזיכטיק)
פֿע'פֿערל דאָס (עך) peppercorn; pimento; mole, beauty spot
פֿע'פֿערמינץ דאָס peppermint
פֿע'פֿער|ן וו (גע–ט) pepper
פֿע'פֿערניצע די (ס) pepper shaker
פֿע'פֿער־קוכן דער (ס) gingerbread
פֿעצ|ן וו (גע–ט) *slang* stab (to death)
פֿערד[1] דאָס (–) horse; *fig.* fool, imbecile
|| אויף אַ פֿערד on horseback
|| זײַן|* אויפֿן פֿערד *hum.* be riding high
|| פֿערדס פֿוס פֿאָ'דקעווטעס אַן איי'ניקל, פֿערדס (פֿוס) בײַטשס שטע'קעלע אַ געשוועסטערקי'נד *hum.* distant relative
פֿערד[2] אַדי–עפּי זע פֿערט
פֿערד־און־וואָ'גן (דער) horse and buggy/cart
פֿערדאַ'טש = פֿערדאַ'ק דער (עס) *pejor.* horse; big fool
פֿערדבין די (ען) hornet
פֿערדיונג דער (ען) [D-YU] groom, stable-boy
פֿערדיש אַדי horse's, equine
|| פֿערדישע ציינער buck teeth
פֿערדל דאָס (עך) פֿערד דימ *also* hobby, hobby-horse
פֿע'רדנקראַפֿט די (–) horsepower
פֿע'רדפֿאַרמעסט דער (ן) horse race
|| מצ horse racing
פֿערדקראַפֿט די (–) זע פֿערדנקראַפֿט
פֿערז דער (ן) verse, line of poetry; stanza
פֿערט אַדי–עפּי fourth
|| פֿערט האַלבן three and a half
פֿערטל דאָס (עך) quarter, one-fourth
פֿערטליאָריק אַדי [TL-YO] quarterly
פֿערטליאָ'ר־שריפֿט די (ן) [TL-YO] quarterly (publication)
פֿערטל|ען וו (גע–ט) tear apart *imperf.*; quarter, cut in four
פֿע'רטעלע דאָס (ך) coin worth 25 kopecks/cents, quarter
פֿערטקע די (ס) זע פֿאָרטקע
פֿע'ריס־ראָד די (־רעדער) Ferris wheel

פֿעריען מצ *Germ.* vacation

פֿע'רישקע די (ס) זע פֿערשקע

פֿערמע די (ס) farm

פֿערפֿל מצ זע פֿאַרפֿל

פֿערץ מצ זע פֿאָרץ

פֿערציק צוו forty

פֿערציקסט אַדי–עפּי fortieth

פֿע'רציקער .1 דער (–/ס) forty-groschen coin; man in his forties

‖ .2 אַדי–אינוו : די פֿערציקער יאָרן the forties (decade)

‖ אין די פֿערציקער quadragenarian, in one's forties

פֿערצן צוו fourteen

פֿערצנט = פֿערצעט אַדי–עפּי fourteenth

פֿע'רצעלע דאָס (ך) דימ זע פֿאָרץ

פֿערש(ע)ל דער זע פֿעלדשער

פֿערשקע די (ס) peach

פֿצון [FOTSN] : פֿון פֿצון־זײַט *hum.* sideways, askance (*distortion of* צפֿון)

‖ קוקן קיין פֿצון־זײַט be cross-eyed

פֿ״ק = פֿאַר קרי'סטוסן B.C.

פֿר׳ = פֿרוי Mrs., Ms.

פֿראַגמע'נט דער (ן) fragment; extract (from a written work)

פֿראַגמענטאַריש אַדי fragmentary

פֿראַגן מצ *Germ.* (political, etc.) issues

‖ פֿ״גל פֿראַגע

פֿראַגע די (ס) question; issue, problem

‖ ס'איז נאָך אַ פֿראַגע (אויב) it is far from certain (that)

‖ עס איז גאָר קיין פֿראַגע ניט there's no question about it, it's absolutely certain

‖ עס קומט ניט אין פֿראַגע it is out of the question

‖ (איר'ך מיר) אַ פֿראַגע! what a silly question!

פֿראַ'גע־צייכן דער (ס) זע פֿרעגצייכן

פֿראַזע די (ס) phrase; idiom

פֿראַטיר|ן וו (–ט) rub (down), scuff, polish

פֿראַטערנאַ'ל אַדי fraternal

פֿראַכט דער freight, cargo

פֿראַכטער דער *dial.* purchasing agent, shipper

פֿראַכטשיף די (ן) freighter, cargo vessel, merchantman

פֿראַמוגע די (ס) (archit.) niche

פֿראַנדז די (פֿרענדז/ן) דימ פֿרענדזל fringe

פֿראַנט דער (ן) dandy, fop; elegant young man

פֿראָנט דער (ן) (milit., polit.) front; façade, front (of a building)

פֿראַ'נטעווע|ן וו (גע–ט) play the dandy, pose, posture

פֿראַנצוי'ז דער (ן) פֿעמ ין/קע דימ פֿראַנצייזל Frenchman

‖ פֿאַרן אַלטן פֿראַנצויז in days of yore

פֿראַנצייז (דאָס) French (language)

פֿראַנצייזיש אַדי/(דאָס) French

‖ פֿראַנציי'זיש־שפּראַכיק Francophone

פֿראַנצייזל דאָס (עך) דימ זע פֿראַנצויז

פֿראַנצן מצ syphilis, venereal disease

פֿראַנצעוואַטע אַדי *pop.* syphilitic; *vulg.* done for, damned

‖ פֿראַנצעוואַט|ע מויל filthy mouth

פֿראַנק דער (ען) franc

פֿראַנקאָ אַדוו prepaid, post-paid

פֿראַנק־און־פֿריי' אַדי/אַדוו free as a bird, without restraint

פֿראַנקיר|ן וו (–ט) prepay (postage)

פֿראַנקרײַך (דאָס) France

‖ ווי גאָט אין פֿראַנקרײַך in clover, living the life of Riley

פֿראָסט דער (פֿרעסט) דימ פֿרעסטל frost, freezing weather

‖ מצ extreme cold

‖ דער פֿראָסט נעמט freezing weather settles in

‖ דער פֿראָסט ברענט it's bitterly cold

פֿראָסטבלום די (ען) fern frost, ice crystals (on windows)

פֿראָסטיק אַדי frosty, cold; frosted over

פֿראַסק דער (ן) smack, slap

פֿראַסקע|ן וו (גע–ט) slap *imperf.*

פֿראַק דער (ן) dress coat, tailcoat, tails

פֿראַקעס מצ זע פֿראַקעס

פֿראַקציאָנע'ל אַדי divisive, factional

פֿראַקציע די (ס) faction, wing (of a party); caucus

פֿראָש די/דער (פֿרעש) frog

פֿרוי .1 די (ען) דימ די פֿרויקע woman; wife; lady

‖ .2 טיטל Mrs.

פֿרוייִש אַדי/אַדוו womanly, feminine

פֿרוי'ישקייט די femininity

פֿרוי'ען־... women's, feminine; for women

פֿרוי'ען־האַנדל דער pimping, white slavery

פֿרוי'ען־הענדלער דער (–/ס) pimp

פֿרוי'ענטײַטש דער זע װײַבערטײַטש

פֿרוי'ען־טשעפּער דער (ס) — masher, man who accosts women

פֿרוי'ענצימער דער (ס) — *gen. iron.* female, woman

פֿרוי'ענצימעריש אַדי — *gen. iron.* women's, feminine

פֿרוי'ען־קאַלטקייט די — frigidity (in women)

פֿרוי'ענשאַפֿט די — womanhood

פֿרוכט די (ן) — fruit; fruits (of one's labors), results

|| ברענג|ען/געבן|* פֿרוכט — bear fruit

|| שנײַד|ן די פֿרוכט — reap the fruit(s) *fig.*

פֿרוכטאָווע אַדי — *dial.* (of) fruit

פֿרוכטאײַז דאָס — sherbet, sorbet

פֿרוכטבאַר אַדי — *Germ.* fruitful; fertile, prolific, fecund

פֿרוכטבוים דער (...ביימער) — fruit tree

פֿרו'כטגאָרטן דער (...גערטנער) — orchard

פֿרוכטיק אַדי — fruitful; fertile, fecund

פֿרו'כטלאָזיק אַדי/אַדוו — sterile, unproductive

פֿרו'כפּערדיק אַדי — fertile, prolific

פֿרו'כפּערדיקייט די — fertility, fecundity

פֿרו'כפּערונג און מערונג די — procreation

פֿרו'כפּער|ן וו (גע־ט) : פֿרוכפּערן (און מער|ן) זיך — reproduce, multiply, increase

פֿרו'כפּערקייט די זע פֿרוכפּערדיקייט

פֿרום אַדי/אַדוו (קאָמפּ פֿרימער) — pious, devout; observant

|| גוט און פֿרום, פֿרום און גוט — honest, virtuous

פֿרומאַ'ק דער (עס) — religious zealot, sanctimonious hypocrite

פֿרומאַקיש אַדי/אַדוו — sanctimonious

פֿרומקייט די — piety, devoutness, godliness

פֿרוסטרירונג די (ען) — (psychol.) (act of) frustration

פֿרוסטרי'רט אַדי — (psychol.) frustrated

פֿרוסטרירטקייט די — (psychol.) frustration (state)

פֿרוסטריר|ן וו (־ט) — (psychol.) frustrate

פֿרי 1. אַדי–עפּי — precocious, premature; youthful (work); beginning, (of the) morning

|| 2. אַדוו — early

|| פֿאַר פֿרי — at dawn

|| 3. די : אין דער פֿרי — in the morning

פֿריאיק אַדי זע פֿריִיק

פֿריגי'ד אַדי — frigid (woman)

פֿריד דער — *lit.* peace

|| פֿריד אויף — may ... rest in peace

פֿרידזשידע'ר דער (ן) — *Amer.* refrigerator

פֿרידלעך אַדי/אַדוו — peaceful, peaceable, amicable

פֿרידן דער — peace

פֿריזו'ר די (ן) — hairdo, coiffure

פֿריזירער דער (־/ס) פֿעמ ין — hairdresser

פֿריזירערײַ' די (ען) — hair salon, beauty parlor

פֿרײַ 1. אַדי/אַדוו — free; at liberty; free (of charge); vacant; single, unmarried; cheerful (expression, spirit); free-thinking, non-observant (Jew)

|| פֿרײַ פֿון — free of, exempt from; clear of

|| פֿרײַ|ער טאָג — day off

|| פֿרײַ לאָז|ן זע פֿרײַלאָזן

|| 2. די — liberty

|| אויף דער פֿרײַ — at liberty, in freedom

|| איך זאָל אַזוי' האָבן די פֿרײַ — *slang* it's the God's honest truth!

|| פֿ״גל פֿרײַער

פֿרײַ'גיביק אַדי/אַדוו — generous

פֿרייד די (ן) — joy, delight

|| אין פֿריידן — happily; in better/happier times

פֿריידיק אַדי/אַדוו — joyful, joyous; happy, cheerful

פֿרײַ'דענקער דער (־/ס) פֿעמ ין — freethinker

פֿריי'ד־פֿאַרשטערער דער (־/ס) פֿעמ קע — killjoy

פֿרײַהייט די (ן) — freedom, liberty

פֿרײַ'הייט־אָפּנעם דער — loss of freedom

פֿרײַ'הייטלעך אַדי/אַדוו — free; libertarian, anarchic

פֿרײַ'וויליק אַדי/אַדוו — voluntary, of one's own free will

פֿרײַ'זאָגונג די (ען) — acquittal

פֿרײַ'|זאָג|ן וו (־גע־ט) — *(not used in the present or imperative)* acquit

פֿרײַטאָג = פֿרײַטיק 1. דער (ן) — Friday

|| 2. אַדוו — (on) Friday(s)

|| פֿרײַטיק צו נאַכטס — Friday evening

פֿרײַ'טיקדיק אַדי — (of) Friday, Friday's

פֿרײַטיק־צו־נאַ'כטס דער (ן) — Friday evening, the start of the Sabbath

פֿרײַ'|לאָז|ן וו (־גע־ט/פֿרײַ'געלאָזן) — release, set free, liberate

פֿרײַלײדיק אַדי — single, unmarried

פֿרײַלײ'דיקייט די — bachelorhood, unmarried state

פֿרײַלײ'דיק|ער דער־דעק — bachelor

פֿרײַלין 1. די (ס) — miss, young lady

|| 2. טיטל — Miss

פֿריילעך אַדי/אַדוו — cheerful, gay, merry, joyful

|| ס'איז פֿריילעך — *iron.* what a mess!; there's no shortage of problems

פֿריילעכס דאָס (ן) — cheerful traditional tune; merry dance

פֿריי'לעכקייט די — cheerfulness, gaiety, joy

פֿריי'מויערער דער (–/ס) זע **פֿרייִמײַער**

פֿריי'מײַער דער (ס) — freemason

פֿרײַנד 1. דער (–) פֿעמ ין — friend

|| **2.** טיטל — Mr., Mrs., Miss, Ms.

|| ליבע פֿרײַנד — (addressing an audience) Ladies and Gentlemen

|| פֿ״גל **פֿרײַנט**

פֿרײַנדינע די (ס) — friend *fem.*, girlfriend

|| פֿ״גל **פֿרײַנד** 1.

פֿרײַנדלעך אַדי/אַדוו — friendly, amiable, kind, affable

פֿרײַ'נדלעכקייט די — friendliness, kindness

פֿרײַנדשאַפֿט די (ן) — friendship

|| שליס|ן פֿרײַנדשאַפֿט — make friends

פֿרײַנט דער (–) — relative, kin

|| פֿ״גל **פֿרײַנד**

פֿרײַנטלעך : שטיקלעך פֿרײַנטלעך — distant relatives

|| פֿ״גל **פֿרײַנדלעך**

פֿריי|ען וו (גע–ט) <אַק> — delight, make glad; please

|| עס פֿרייט מיך זייער — I'm delighted; *iron.* a fat lot of good that does me

|| פֿרייען זיך <מיט> — be glad, rejoice; be delighted (by); celebrate with (a friend), greet warmly

פֿרײַער דער (ס) — *slang* dupe, sucker, patsy

פֿרײַפּלאַץ דער — *neol.* clearance, leeway, room to maneuver

פֿריי־פֿירנעמערײַ' דאָס — free enterprise

פֿרײַצײַט די — leisure, free time

פֿריִיק אַדי — early

פֿרײַקייט די (ן) — freedom, independence; ease, facility

פֿרײַשאַפֿט די <צו> — liberty (to)

|| פּאָע'טיש|ע פֿרײַשאַפֿט — poetic license

פֿרײַשטאָט די (...שטעט) — free city

פֿרײַשטראָז דער (ן) — freeway

פֿריי'|שפּרעכ|ן וו (פֿריי'געשפּראָכן) — *Germ. (not used in the present or imperative)* acquit

פֿרילינג דער (ען) — spring

פֿרי'לינגדיק אַדי — spring, springlike

פֿרי'לינגצײַט 1. די — springtime

|| **2.** אַדוו — in the spring

פֿרימאָרגן דער (ס) — morning

פֿרימער אַדי/אַדוו קאָמפּ זע **פֿרום**

פֿרינטער אַדוו זע **פֿריִער**

פֿריִער אַדוו — earlier, sooner; in advance, beforehand; formerly; at first; first (of all)

|| פֿריִער אָדער שפּעטער — sooner or later

|| אויף צו פֿריִער = פֿריִער

|| ... ניט פֿריִער ביז ... ניט — don't ... before you've *(+ past participle)*

|| רעד ניט פֿריִער ביז דו האָסט ניט געטראַ'כט — think before you speak

פֿרי'ִערדיק אַדי–עפּי — earlier, previous, former

פֿריִערט אַדוו זע **פֿריִער**

פֿרי'ִערטאויס אַדוו — in advance, beforehand

פֿריץ דער (ן) — novice; chump, sucker

פֿריצאַק דער (עס) — *dial.* young scatter-brain

פֿרי'צײַטיק אַדי/אַדוו — premature, untimely

פֿרי'צעווע|ן וו (גע–ט) — gull, dupe

פֿרי'ר אַדוו זע **פֿריִער**

פֿריריק אַדי — frigid, freezing

פֿרי'ריקייט די — frigidity

פֿריר|ן וו (געפֿרוירן/געפֿראָרן) — freeze *intr.*

פֿרירער דער (ס) — freezer

פֿרירפּונקט דער (ן) — freezing point

פֿרי'רקאַסטן דער (ס) — refrigerator

פֿריש אַדי/אַדוו — fresh; recent, new; brisk, lively

|| פֿריש (און) געזונ'נט און משוגע [MEShUGE] — *hum.* totally nuts

פֿרי'ש־געבאַק·ן אַדי — fresh-baked; *fig.* newly-minted, fresh (out of school, etc.)

פֿרישטיק דער (ן) — breakfast

פֿרי'שטיק|ן וו (גע–ט) — eat breakfast

פֿרל׳ = פֿרײַלין — Miss

פֿרעבעלי'טשקע = פֿרעבעליסטין די (ס) — kindergarten/pre-school teacher *fem.*

פֿרעג[1] דער (ן) — question, query

פֿרע'ג־[2]... — interrogative

פֿרעגאַ'ט דער (ן) — frigate

פֿרע'גבויגן דער (ס) — questionnaire

פֿרעג|ן וו (גע–ט) <אַק/בײַ> — ask, inquire (of); pose (question)

|| פֿרעגן זיך — (question) arise

|| פֿרעגן זיך בײַ — ask, consult

|| פֿרעג מיך עפּעס גרינגערס — you've got me there

|| איך פֿרעג ניט נאָך אים — I'm not interested in his opinion, I don't need his permission

|| וואָ'ס פֿרעגסטו! what a silly question!

|| פֿרע'ג בעסער ניט! don't ask, you don't want to know

פֿרעגער דער (ס) פֿעמ קע inquisitive person

פֿרע'געריש אַדי/אַדוו inquisitive, curious

פֿרע'גפּראָגראַם די (ען) quiz show

פֿרע'גצייכן דער (ס) question mark

פֿרעך אַדי/אַדוו *Germ.* impudent, insolent, fresh

פֿרעמד 1. אַדי s.o. else's; foreign, alien; strange, unfamiliar

|| 2. די *lit.* foreign land

|| אין דער פֿרעמד abroad, far from home; at s.o. else's house, among strangers

פֿרעמדוואָרט דאָס (...ווערטער) loan word

פֿרעמדלעך אַדי strange, unrecognizable

פֿרע'מדן־לעגיאָן דער (ען) [Ly] Foreign Legion

פֿרעמדס : אין דער פֿרעמדס זע (אין דער) פֿרעמד 2.

פֿרעמד|ער דער-דעק stranger, foreigner

פֿרע'מדצייכן דער (ס) quotation mark

פֿרעמדשאַפֿט די *neol.* (psychol.) alienation

פֿרענדז מצ זע פֿראַנדז

פֿרענדזל דאָס (עך) דימ זע פֿראַנדז

פֿרענק דער (ען) Sephardic Jew (in Ottoman Turkey)

פֿרעס דער *fam.* grub, food

|| האַלט האָבן* דעם פֿרעס be a hearty eater

פֿרעסאַרניע די (ס) [Ny] cheap restaurant, greasy spoon; big feed, spread, banquet

פֿרעסט מצ זע פֿראָסט

פֿרעסטל דאָס (עך) פֿראָסט דימ chill, nip (in the air)

פֿרע'סטלדיק אַדי chilly, nippy

פֿרעס|ן וו (געפֿרעסן) gorge oneself, eat voraciously

פֿרעסער דער (–/ס) פֿעמ קע glutton, voracious eater; maw, mouth

|| אומזיסט|ער פֿרעסער sponger, freeloader

פֿרעסעריי' דאָס (ען) gluttony; big feed, spread, banquet

פֿרעקווע'נץ די (ן) (elec., radio) frequency

פֿרעש מצ זע פֿראָש

פֿ״ש = פֿאַראיי'ניקטע שטאַטן U.S.

פֿש״אַ = פֿאַראיי'ניקטע שטאַטן פֿון אַמע'ריקע USA

צ

צ דער/די [TSADEK] letter of the Yiddish alphabet; pronunciation [TS]; written ץ (LANGE[R] TSADEK) at the end of a word; numerical value: 90

|| פֿ״גל צדיק[2]

צאַד פֿאָנ צד

צאַדעק פֿאָנ צדיק

צאינה־וראינה די [TSENERENE] a Yiddish translation of the Pentateuch, enriched with legends and commentaries, traditionally read chiefly by women (first known edition: 1622)

צאָל[1] די (ן) number

|| גאַנצ|ע צאָל integer, whole number

|| אָן אַ צאָל countless, innumerable

צאָל[2] דער customs duty, tariff, toll

צאָל[3] דער (ן) inch (measure)

צאָלאַמט דער (ן) customs house

צאָלבאַנק די (...בענק) shop/store counter

צאָלוואָרט דאָס (...ווערטער) numeral

צאָלונג די (ען) payment, settlement

צאָלטאָג דער (...טעג) payday

צאָ'לטאַריף דער (ן) customs duties, tariff

צאָ'ליווקע די (ס) plank/board one inch in thickness

צאָליק אַדי numerical

צאָל|ן וו (גע–ט) pay *imperf.*

צאָלנע די (ס) *dial.* dinghy, skiff

צאָ'לפֿעיִק אַדי solvent, creditworthy

צאָלפֿרייַ אַדי duty-free

צאָלרייַך אַדי numerous

צאַם = צאָם דער/די (ען) fence, enclosure; *dial.* tombstone

|| פֿ״גל צוים

צאַמונג די (ען) restraint, constraint

צאַמ|ען וו (גע–ט) tame, curb, restrain *imperf.*

צאָן[1] דער (ציין/ציינער) (anat., techn.) tooth

|| לאַכ|ן מיט ציינער grin

|| קלעק|ן אויף אַ צאָן be hardly enough

|| שרייַ|ען אויף די ציין *hum.* shriek in pain

|| ברעכ|ן (זיך) די ציין <אויף> have trouble pronouncing

|| (אַווע'ק)לייג|ן די ציין אויף דער פּאָ'ליצע suffer from hunger, have nothing to eat

|| ציינער שנייַדן זיך (בייַ) דאַט *rev.* teethe

|| בייַם קינד שנייַדן זיך ציין the child is teething

|| קלאַפּ|ן אומפּ (בייַ) דאַט אַ צאָן אין/אָן אַ צאָן *rev.* (s.o.'s teeth) chatter

|| עס האָט מיר געקלאַפּט אַ צאָן אָן אַ צאָן my teeth were chattering

|| שאַרפֿ|ן (זיך) די ציינער <אויף> have designs (on)

|| ער האָט אויף דעם די ציין אויי'פֿגעגעסן he's an old hand at it

צאָ'ן[2]־... זע ציין[2]־...

צאַנק דער (ען) flicker

צאן־קדשים מצ [TSOYN-KODO'ShIM] often humorous appellation for young Jewish children, or the Jewish people as a whole

צאַנקען[1] דער (ס) ingot, pig, (metal) bar

צאַנק|ען[2] וו (גע–ט) (flame) flicker, waver

צאַנקעריי' דאָס/די (ען) *Germ.* squabble, bickering, tiff

צאַפּ דער (עס) דימ צאַ'פּיקל billy goat

צאָפּ דער (צעפּ) דימ צעפּל braid, tress; tendon, sinew

|| (זיצ|ן/פֿאַרזיצ|ן) ביז אין גרויען צאָפּ remain an old maid

צאַ'פּיקל דאָס (עך) דימ זע צאַפּ

צאַפּל דער (ען) start, jerk

|| אַ צאַפּל טאָ|ן* start, wince

צאַפּ־לאַ'פּ אַדוו זע כאַפּ־לאַפּ

צאַ'פּלדיק אַדי squirming, wriggly; fresh, live

צאַפּל|ען (זיך) וו (גע–ט) squirm, fidget, wriggle

צאַפּן[1] דער (ס) דימ צעפּל plug, bung, tap; (techn.) tenon

|| פֿון רעכטן צאַפּן from the horse's mouth, from the very source

צאַפּ|ן[2] וו (גע–ט) draw (liquid), tap *imperf.*

|| צאַפּן בלוט בייַ bleed *trans.*

צאַפּ·ן[3] אַדי of a billy goat

צאַ'פּן־בערדל דאָס (עך) goatee

צאַ'פּן־לאַגער דער (ס) (techn.) bearing

צאַפּן פֿאָנ צפֿון

צאָץ פּנ : רב צאָץ [REB] *iron.* the most holy Rabbi What's-his-name

|| צאָץ ברב צאָץ [BEREB] *iron.* descendant of the prestigious Rabbi What's-his-name

צאַצע = צאַצקע די (ס) knick-knack, toy; ornament; *iron.* real gem

צאַ'צקעדיק אַדי/אַדוו richly adorned, exquisite; flashy, slick

צאַצקעוואַטע אַדי *iron.* ornate, ornamented

צאַצקע|(נע)ן זיך וו (גע-ט) מיט play/have fun with; fuss over, take pride in, delight in; wait on (s.o.) hand and foot

צאַקיק אַדי serrated, indented; jagged, chipped; zigzag

צאַקן דער (ס) notch, chip

צאַר דער (ן) tsar

צאַראַ'ן דער (עס) Wallachian peasant

צאַראַפּע|ן וו (-ט) scratch, scrape

צאַרגע די (ס) hoop; frame, framework

צאַרט אַדי/אַדוו gentle, tender, dainty, delicate

צאַ'רטפּיליק אַדי sensitive, tender

צאַרטקייט די gentleness, tenderness

צאַריש אַדי tsarist

צאָרן דער anger, rage, fury

צאָ'רנדיק אַדי/אַדוו furious, angry, wrathful

צאַרסקע אַדי tsarist, imperial

צאָרע פֿאָנ **צרה**

צאָ'רענ|ען וו (גע-ט) **זע** **צערענען**

צבור דער (ס) **זע** **ציבור**

צב״ש = צום בײַשפּיל e.g.

צבֿויאַ'ק דער (עס) **זע** **צבֿועק**

צבֿועטשע|ן וו (-ט) [TSVU(Y)ATShE] be hypocritical

צבֿועטשקע די (ס) [TSVU(Y)ATShKE] religious zealot *fem.*; hypocrite *fem.*

צבֿועצטווע די [TSVU(Y)ATSTVE] hypocrisy

צבֿועק דער (עס) [TSVU(Y)A'K] religious zealot *masc.*; hypocrite *masc.*

צבֿועקיש אַדי/אַדוו [TSVU(Y)AKISh] hypocritical

צבֿיעות דאָס [TSVIES] hypocrisy, two-facedness; artfulness, guile

צבֿיעותדיק אַדי/אַדוו [TSVI'ESDIK] hypocritical

צד דער (צדדים) [TSAD - TSDODIM] party, faction (in a dispute); side (of a family)

|| פֿון דער מוטערס צד maternal, on the maternal side

|| כּלהס צד [KALES] the bride's family (at the wedding)

|| האָב|ן* אַ צד אין טיש have an advocate among those making a decision

|| שטעל|ן זיך אויף פּאָס צד take the side of

צדדימדיק אַדי/אַדוו [TSDO'DIMDIK] biased, partisan

צדה־לדרך די [TSEYDE-LADE'REKh] food for a trip, provisions

צד־השווה דער [TSAD-HAShO'VE] common ground, trait in common

צדוק־הדין דער **זע** **צידוק־הדין**

צדוקי דער (ם) Sadducee

צדיק[1] דער (ים) [TSADEK - TSADIKIM] *Jew.* righteous/saintly man; Hasidic rabbi; *slang* snitch, informer

|| צדיק אין פּעלץ hypocrite, religious zealot

צדיק[2] דער/די (ן) [TSADEK] *tsade*, name of the letter **צ**

|| לאַנג|ע(ר) צדיק final *tsade*, name of the letter **ץ**

צדיק־גמור דער (צדיקים־גמורים) [TSADEK-GO'MER - TSADIKIM-GMU'RIM] *Jew.* man of perfect saintliness

צדיק־תּמים דער (צדיקים־תּמימים) [TSADEK-TO'MEM - TSADIKIM-TMI'MIM] *Jew.* man of perfect saintliness

צד־פּאַפּיר דאָס (ן) [TSAD] (jur.) (legal) brief

צדק דער [TSEDEK] *lit.* justice, fairness

צדקה[1] די [TSDOKE] charity, alms

|| געב|ן* צדקה give to charity

צדקה־[2]... [TSDO'KE] charitable

צדקה־גדולה די [TSDOKE-GDO'YLE] central charitable organization

צדקהלע דאָס (ך) [TSDO'KELE] alms box

צדקות דאָס **זע** **צידקות**

צדקנית די (ן/צדקניות) [TSITKONES - TSITKONYES] *Jew.* compassionate, pious woman

צדקת די (ן) [TSEDEYKES] *Jew.* compassionate, pious woman

צדקתטע די (ס) [TSEDE'YKESTE] **זע** **צדקת**

צד־שכּנגד(ו) דער [TSAD-ShEKENE'GED/-ShEKENE'GDE] opposing party, opponent

צו[1] אַדוו *(before an adj.)* too, excessively; apiece, each; at (the rate of)

|| צו פֿיל too much

|| וואָס צו' איז אי'בעריק every excess is reprehensible

|| נעמ|ען צו גלעזלעך have a shot/drink each

|| טייל|ן צו רענדלעך hand out one coin per person

|| ביכער צו צען דאָלאַר books at 10 dollars each

|| צו דרײַ — three by three, three at a time

צו² .1 פּרעפּ — to; for, in order to, to (+ *inf.*); *(after verb of motion)* towards, to (s.o.'s) house; at (the age of); on the occasion of, at (time); besides, in addition to

|| עפּעס צו טאָן — something to do
|| גיין* צו אַ דאָקטער — go to a doctor
|| פֿאָרן צו פּאַרי'ז — travel toward Paris
|| צו יעדער צײַט — at any time
|| צו אַכט יאָר — at the age of 8
|| צו די' אַלע זאַכן — on top of all that
|| צו דאַט אין — *possessive expression*
|| אַרײַ'נ|לייג|ן צו מיר אין קע'שענע — put in my pocket
|| .2 קװ — *meaning: a)* in addition; *b)* approaching; *c)* accompanying; *d)* closing
|| צו'|בראָט|ן — *a)* roast a bit longer
|| צו'|שטופּ|ן — *b)* push against
|| צו'|פֿײַפֿ|ן — *c)* whistle along
|| צו'|טראַסק|ען — *d)* slam shut
|| פֿ״גל צע²...
|| .3 אַדי–אַטר — closed, shut

צו³ קאָנ זע צי²

צואה¹ די [TSOYE] — excrement

צואה² די (–ות) [TSAVOE] זע צוואה

צואו... זע װערטער מיט צװו...

צו־ און אָפּ־פֿלייץ דער — tide(s), flood tide and ebb tide

|| פֿ״גל אָפּפֿלייץ; צופֿלייץ

צו'|איי'גענ|ען װ (–גע–ט) — appropriate

צואײַל דער (ן) — speed-up

צו'|אײַל|ן װ (–גע–ט) — urge on, expedite

|| צואײַלן (זיך) — hasten, speed up *trans./intr.*

צו'|אַ'רבעט|ן װ (צו'געאַרבעט) — do additional work, work a little longer; make/knit some more

צו'|באָמקע|ן װ (–גע–ט) — hum along; express one's agreement

צו'באָמקער דער (ס) — yes man

צו'|באַ'סעװע|ן װ (–גע–ט) — express one's agreement

צו'|באַק|ן װ (צו'געבאַקן/–גע–ט) — bake a little more; bake too much

צובוי דער (ען) — annex (building)

צובונד דער (ן) — attachment, affection

צו'|בייג|ן װ (צו'געבויגן) <צו> — tilt (toward), bend closer (to)

צו'|בײַל|ן װ (–גע–ט) — clench (fist)

צובײַס דער — appetizer; hors-d'œuvre

צו'|בײַס|ן .1 װ (צו'געביסן) — have a bite (along with a drink)

|| .2 דאָס (ס) — breakfast; snack

צו'|בינד|ן װ (צו'געבונדן) — attach (one thing to another) *perf.*; tie (up), bind

|| צובינדן זיך צו — take to, become attached to

צו ביסלעך אַדװ זע ביסל

צו'|בעט|ן װ (צו'געבעט) — make the bed

צובער דער (ס) זע צעבער

צו'|ברוינ|ען װ (–גע–ט) — brown (meat, etc.), toast (bread)

צו'ברוינער דער (ס) — toaster

צו'|ברענג|ען װ (–גע–ט/צו'געבראַכט) — bring *perf.*; spend (time)

צו'|ברענ|ען װ (–גע–ט) — burn, scorch (food, in cooking)

|| צוברענען זיך — stick (to the pan/pot in cooking)

צוג דער (ן) — train; draft (wind); procession; stroke (of a pen); move (in a game)

צוגאָב¹ דער (ן) — addition; supplement, accessory

צו'גאָב־²... — additional; supplementary; accessory

צו'גאָבל דאָס (עך) צוגאָב דימ — addendum, codicil, rider (on a bill)

צו'גאָבלעך אַדי — additional, supplementary

צוגאַנג דער (ען) — approach, attitude

|| פֿאָרױ'סיק|ער צוגאַנג — bias, preconception

צו גאַסט אַדװ זע גאַסט

צו'|גאַרטל|ען װ (–גע–ט) — attach with a belt

|| צוגאַרטלען זיך — *also* fasten one's belt

צוגװינט דער (ן) — draft, air current

צו'|גזל|ען װ (–גע–ט) <בײַ> [GAZL] — steal (from)

צו'|גיי|ן* װ (איז צו'געגאַנגען) — go, occur, take place

|| צוגיין גלאַטיק — go smoothly

|| צוגיין <צו> — approach, come near (to), go up (to); drop in (on), go see (s.o.); broach (subject)

צו'|גיס|ן װ (צו'געגאָסן) — pour in, add (liquid)

צוגלופֿט די (ן) — draft, air current

צו'|גלי'דער|ן (זיך) װ (–גע–ט) <צו> — *neol.* affiliate *trans./intr.* (with)

צו גלײַך אַדװ זע (צו) גלײַך .2

צו'|גלײַכ|ן װ (צו'געגליכן/–גע–ט) — liken, compare

צו'|גלעט|ן װ (צו'געגלעט) — smooth, stroke

צו'|גנבֿע|נען וו (–גע–ט) <בײַ> [GANVE] steal *perf.*

|| צוגנבֿענען זיך <צו> approach stealthily

צו'געאײַלט אַדי precipitous, hasty

צו'געבונד·ן אַדי attached, loyal, affectionate

צו'געבונדנקייט די attachment, affection, faithfulness

צו'|געב|ן* וו (צו'געגעבן) add; admit, confess

|| צוגעבן קראַפֿט strengthen, restore (s.o.'s) strength

צו'געבעכץ דאָס (ן) additive

צו'געברענט אַדי burnt, overdone (foods)

צו'געגעס·ן אַדי צועסן פּאַרט wearisome, tiresome, fatiguing

צו'געדאַרט אַדי dried up, withered, emaciated

צו'געדולט אַדי driven crazy/mad

צו'געדעמפּטס דאָס meat stew

צו'געהער דאָס accessories (clothing, etc.); spices; belongings, effects

צו'געהעריקייט די (ן) appurtenance, accessory; belonging, membership

צו'|געהער|ן וו (–ט) <צו> belong (to), be part (of)

צו'געוואַקסן ווער|ן וו (איז צו'געוואַקסן געוואָרן) become attached, fuse

צו'|געווינ|ען וו (–ט) זע צוגעוווינען

צו'געוווינִיק אַדי habit-forming

צו'|געוויינ|ען וו (–ט) habituate, accustom

|| צוגעוויינען זיך <צו> get used to *perf.*

צו'געזאָטן ווער|ן וו (איז צו'געזאָטן געוואָרן) become deeply attached; stick fast, become fused

צו'געטאָן ווער|ן וו (איז צו'געטאָן געוואָרן) become attached (to s.o./stg.)

צו'געטראַכט אַדי צוטראַכטן פּאַרט contrived, artificial

|| אַפֿריִער צוגעטראַכט preconceived

צו'געלאָזט = צו'געלאָז·ן אַדי צולאָזן פּאַרט affable, approachable

צו'געלעגערט אַדי stale, out-of-date; rusty, out of practice (voice)

צו'גענגלעך אַדי accessible

צו'געפּאַסט אַדי fit, suitable

צו'געקאָוועט אַדי–אַטר <צו> nailed down, immobilized, fixed (to)

צו'געקאָכט אַדי–אַטר צו wild/crazy about, attached to

צו'געשטאַנען אַדי צושטיין פּאַרט fitted, aligned

צו'געשלאָג·ן אַדי צושלאָגן פּאַרט somewhat rancid/rotten; crazy, mad

צו'געשפּיצט אַדי pointed, sharp

צו'גרייטונג די (ען) preparation(s)

צו'|גרייט|ן וו (צו'געגרייט) prepare

צו'|גרעפּט|ן וו (צו'געגרעפּט) <צו> *Amer.* graft (onto) *perf.*

צודאַט דער (ן) accessory, *(esp. in pl.)* (sewing) notions

צו'|דושע|ן וו (–גע–ט) muffle (sound)

צו'|דינ|ען וו (–גע–ט) <דאַט> be of service (to)

|| צודינען בײַ be instrumental in, contribute to

צו'|דעמפּ|ן וו (–גע–ט) stew

צודעק דער (ן) blanket, bedspread; cover, mantle, veil *fig.*

צו'|דעק|ן וו (–גע–ט) cover; veil *fig.*

צודערהאַנטיק אַדי within reach, handy; available

צודערזאַכיק אַדי *neol.* pertinent

צודערזאַ'כיקייט די *neol.* pertinence

צו דערצו' אַדוו זע דערצו

צו'|דראָ'טעווע|ן וו (–גע–ט) attach (with wire)

צו'|דריי|ען וו (–גע–ט) close (faucet)

צו'דרינגלעך אַדי/אַדוו insistent, annoying

צו'|דריק|ן וו (–גע–ט) squeeze, press *perf.*

צו'|האַלט|ן וו (צו'געהאַלטן) hold (firmly) *perf.*; hold back

|| האַלט מיר צו אַ ווײַלע דאָס בוך hold this book for me for a moment

|| צוהאַלטן זיך <בײַ/פֿאַר> hold on/cling (to)

צו'|האַ'מער|ן וו (–גע–ט) close, nail shut

צוהאַנג דער (ען) *neol.* appendix (to a book, etc.)

צו'|האַק|ן וו (–גע–ט) nail down/shut; slam shut

צו'|הו'בלעווע|ן וו (–גע–ט) smooth with a plane

צו'|הו'נגער|ן וו (–גע–ט) suffer occasionally from hunger

צו'|הוסט|ן וו (צו'געהוסט) cough a little, have a slight cough

צו'|הינק|ען וו (האָט/איז צו'געהונקען) limp a little; limp closer

צו'|העלפֿ|ן וו (צו'געהאָלפֿן) <דאַט> aid, assist

צו'|הענג|ען וו (צו'געהאַנגען) add (as an appendix)

צוהעפֿט דער (ן) attachment, complementary item

צו'|העפֿט|ן וו (צו'געהאָפֿטן) attach, affix

צו'|העקל|ען וו (–גע–ט) button, fasten (with hook and eye)

צו'|הער|ן זיך וו (–גע–ט) <צו> listen (attentively)

צו'הערער דער (ס) פֿעמ ין — listener
צו'הערערשאַפֿט די (ן) — audience, listeners
צוואָג די (ן) — hair-washing
צוואָ'גוואַסער דאָס — shampoo
צוואָג|ן וו (געצוואָגן) — shampoo, wash and comb (hair)
|| צוואָגן אַק — *fig.* dress down, give a talking to
צוואה די (צוואָות) [TSAVOE] — will, testament
צוואַל(י)אָ'ם־צוואַל(י)אָ'ם אַדוו זע שוואַלאָם
צוואַ'לעווע|ן וו (גע–ט) — seethe, boil *intr.*
צוואַנג[1] די (ען) דימ צווענגל — pliers, tongs
צוואַנג[2] דער — pressure, coercion
צוואַ'נגאַרבעט די — forced labor
צוואַנגדינסט דאָס — conscription, (military) draft
צוואַנגיאַק די/דער (ן/עס) — straitjacket
צוואַניאַק דער (עס) [Ny] — smart aleck, wise guy
צוואַנציק = צוואָנציק צוו — twenty
צוואַנציקסט = צוואָנציקסט אַדי–עפּי — twentieth (ordinal number)
צוואַ'נציקער 1. דער (–/ס) — coin/bill worth twenty (monetary units)
|| 2. אַדי–אינוו : די צוואַנציקער יאָרן — the twenties
צוואָק דער (צוועקעס) זע טשוואָק
צ'וואָר = צוואָר קאָנ זע ס'וואָר
צוואָרעך דער — cottage cheese
צוּוואַקס דער (ן) — increase
צו'|וואַקס|ן וו (איז צו'געוואַקסן) — grow *intr.*; increase
צו'|וואַרט|ן וו (צו'געוואַרט) — wait a bit
צו'|וואַ'רעמ|ען וו (–גע–ט) — reheat (dish)
צו'|וואַרפֿ|ן וו (צו'געוואָרפֿן) <דאַט> — throw (disdainfully) (to); add (condescendingly)
צוּווּקס דער (ן) — growth, increase
צו'|וויג|ן וו (–גע–ט) — rock to sleep
צו'|ווײַז|ן וו (צו'געוויזן) <דאַט> — show (to), point out (to); teach (s.o.)
צוּווינטש דער (ן) — wish, good wishes
צו'|ווי'נטש(עווע)|ן וו (–גע–ט) <דאַט> — wish happiness (to), wish luck (to)
צו'|ווינק|ען וו (צו'געוווּנקען) <דאַט> — wink, beckon (to)
צו וויסן טאָ|ן* וו (צו וויסן געטאָ'ן) זע וויסן .2
צו'|ווירצ|ן וו (–גע–ט) — spice, season
צו וועגן ברענג|ען וו זע וועגן[2]
צו'|ווענד|ן וו (–גע–ט/צו'געוואָנדן) <צו> — direct/guide (towards)

צוויט דער — flowers in bloom; bloom, flowering
צוויטע|ן וו (גע–ט) — bloom, flower
צוויטש דער (ן) — twitter, cheep
צווי'טשע(ר)|ן וו (גע–ט) — (birds) twitter, sing
|| פֿ״גל סוויטשען, סווישטשען
צוויי[1] צוו — two
|| איינס־צוויי, איינס און צוויי — quickly, one-two-three
|| איינס פֿון די צוויי — one or the other
|| זײַן* ווי אַ'נדערע צוויי — be friends, be constant companions
|| פֿ״גל צווייען
צוויי'[2]–... — bi..., two..., double...
צוויי'־אינטערוואַ'ליק אַדי — double-spaced
צוויי'באָרטיק אַדי — double-breasted
צווײַג די/דער (ן) — branch, bough
צווײַגל דאָס (עך) צווײַג דימ — twig
צווײַ'גמעסער דאָס (ס) — billhook
צוויי'דײַטיק אַדי — ambiguous, equivocal
צוויי'וואָכיק = צוויי'־וואָ'כנדיק אַדי — biweekly, every two weeks
צוויי'זײַטיק אַדי — two-faced; two-sided, bilateral
צווייט אַדי–עפּי — second; another
|| אויפֿן צווייטן טאָג — (on) the next day
|| אַ צווייט מאָל — another time
|| די צווייטע וואָך — next week
|| דער צווייט|ער — *also* the next/following; the latter
|| איינס דאָס צווייט|ע — each other
צוויי'טײַטשיק אַדי/אַדוו — ambiguous, equivocal; (word) with a double meaning
צוויי'טײַטשיקייט די (ן) — ambiguity; double entendre
צווייטיק אַדי — secondary; (chem.) binary
צווייטל דאָס (עך) — deuce (cards)
צווייטלינג דער (ען) — double, doppelganger
צווייטנס אַדוו — secondly, in the second place
צוויי'טראַנגיק אַדי — secondary, second-rate
צוויי'־יאָריק אַדי — two-year-old, two years of age; biennial, every two years
צווייִק אַדי — double, dual
צווייע אַדוו — (at) two o'clock
צווייען : אין צווייען — à deux, as a pair; in two
|| אויף צווייען — in two shares
|| פֿאַר צווייען — for two people
צוויי'ענדיק אַדי — double, dual
צווייער דער (ס) — coin/bill worth two (monetary units)

צוויי׳ערלײ אַדי–אינוו of two kinds
צוויי׳־פּאַרטיי׳יש אַדי bipartisan; two-party
צוויי׳פּינטל דאָס (עך) (gramm.) colon
צוויי׳־פּנימדיק אַדי/אַדוו [PO'NEMDIK/PE'NEMDIK] two-faced, hypocritical
צוויי׳־פּנימדיקייט די [PO'NEMDIKEYT/PE'NEMDIKEYT] duplicity
צוויי׳פֿיסיק אַדי two-legged
צווייפֿל דער (ען) doubt
צווייפֿל|ען וו (גע–ט) <אין> have doubts (about)
צוויי׳רייִק אַדי double-breasted
צוויי׳שפּראַכיק אַדי bilingual
צוויי׳שפּראַכיקייט די bilingualism
צווילינג דער (ען) pair of twins
צווי׳לינג־ברודער דער (־ברידער) twin brother
צווי׳לינג־שוועסטער די (–) twin sister
צווינג|ען וו (געצוווּנגען) force, compel
צווינטער דער (ס) (non-Jewish) cemetery
צוויק[1] דער (עס) beet
צוויק[2] : האַלט|ן אין צוויק keep in check, restrain, control
צוויק[3] דער (ן) זע צוויקל
צוויק[4] דער (ן) pinch, twinge
צוויק[5] דער (עס) capon, chicken
צוויקל דאָס (עך) gusset, gore
צוויקער דער (ס) pincers, tweezers
|| מצ *also* pince-nez
צווישן[1] 1. פּרעפּ between, among
|| צווישן אונדז among us, in our midst
|| צווישן אונדז געררע׳דט between you and me, confidentially
|| 2. אַדוו : אין צווישן meanwhile
|| 3. דער (ס) interval
צווי׳שנ[2]... inter...; intermediate
|| צווי׳שנסטאַדיע [DY] intermediate stage
|| צווי׳שנאָקעאַניש interoceanic
צווישנאמונהדיק אַדי [TSVI'ShNEMU'NEDIK] interfaith
צווי׳שנבאַציִונג די (ען) interrelation
צווי׳שנדיק אַדי intermediate
צווי׳שנדל דאָס (עך) link, connection
צווי׳שנדעק דער (ן) steerage, between decks
צווי׳שנוואַנט די (...ווענט) partition (wall)
צווי׳שנווייַ׳ליק אַדי intervening (time)

צווי׳שנצייַט די interim, interval
צווי׳שנראַ׳סנדיק אַדי interracial
צווי׳שנרוף דער (ן) jibe, (heckler's) outburst
צווי׳שנרופֿער דער (ס) פֿעמ קע heckler
צווי׳שנשטאָטיש אַדי intercity, long-distance
צווי׳שנשייד דער (ן) partition, separation, distinction
צווישנשייַכות דאָס [TSVI'ShNShAYKhES] interrelation
צווי׳שנשפּיל די (ן) interlude
צוועל די (ן) tablecloth, napkin, cover
צווע׳לעווע אַדוו twelve o'clock
צוועלעף צוו twelve
צוועל(ע)פֿט אַדי–עפּי twelfth (ordinal numeral)
צווענגל דאָס (עך) צוואַנג דימ pliers, pincers
צוועק דער (ן) aim, purpose, object
|| מיטן צוועק צו with a view to, with the intention of
צווע׳קמעסיק אַדי/אַדוו expedient, opportune
צוועקעס מצ זע צוואָק, טשוואָק
צווערג דער (ן) dwarf, gnome
צוזאָג דער (ן) promise, pledge
צו׳|זאָגן וו (–גע–ט) promise, pledge
צו׳זאָגנדיק אַדי promising
צו׳|זאַלצן וו (–גע–ט) salt; add salt
צוזאַמען[1] 1. אַדוו together, simultaneously
|| 2. דער (ס) gathering, get-together
|| 3. קוו co(n)..., together
|| פֿ״גל צונויף
צוזאַ׳מענ[2]... זע ווערטער מיט צונויפֿ...
צוזאַ׳מענאַרבעט די collaboration, cooperation, teamwork
צוזאַ׳מענ|אַ׳רבעטן וו (צוזאַ׳מענגעאַרבעט) collaborate, cooperate
צוזאַ׳מענגעבויט אַדי attached (building)
צוזאַ׳מענהאַנג דער (ען) connection, respect; coherence, consistency; context
|| אין דע׳ם צוזאַמענהאַנג in this connection
צוזאַ׳מענטרעף דער (ן) meeting, gathering, reunion
צוזאַ׳מענלעבן דאָס coexistence, cohabitation
צוזאַ׳מענפֿאַל דער (ן) coincidence
צוזאַ׳מענפֿאָר דער (ן) convention, congress
צוזאַ׳מענשטויס דער (ן) collision, clash, confrontation
צו׳|זוכן וו (–גע–ט) <דאַט> match (to/with), find (stg. suitable) (for)
צוזונג דער (ען) chorus, refrain

צו'זייגערונג די *neol.* timing, scheduling

צו'|זיי'גער|ן וו (–גע–ט) *neol.* synchronize, schedule

צו'|זײַטל|ען זיך וו (–גע–ט) <צו> edge up (to)

צוזינג דער (ען) זע צוזונג

צו'|זינג|ען וו (צו'געזונגען) sing along, sing (while doing stg.)

צו'|זע|ן* וו (צו'געזען) אַק witness, look on

|| שווײַ'גנדיק צוזען tolerate, put up with without protest

|| צוזען אַז/ווי see that/how

|| ער האָט אַלץ צוגעזען he saw everything

|| זי קען ניט צוזען ווי מע שלאָגט אַ קינד she cannot stand to see someone beat a child

|| צוזען דאַט look after, take good care of

צו'זעער דער (ס) פֿעמ ין/קע spectator; *esp. fem.*. nurse, caretaker

צוזעץ דער (ן) addition, supplement

צו'|זעצ|ן וו (–גע–ט) add/attach (to)

|| צוזעצן זיך sit down for a moment

|| צוזעצן זיך צו sit down next to

צו'|זשמורע|ן וו (–גע–ט) narrow (one's eyes), squint

צו'|חנפֿע|נען זיך וו (–גע–ט) צו [KhANFE] cajole, ingratiate oneself with flattery

צו'|חתמע|נען וו (–גע–ט) [KhASME] seal, close

|| צוחתמענען זיך add one's signature

צו'|טאָ|ן* וו (צו'געטאָן) <צו> close (eyes, ears); add/attach (to); adapt (to)

|| צוטאָן (מיט) אַן אויג manage to get to sleep

צו'|טאָפּטשע|ן וו (–גע–ט) tamp down (with one's feet)

צו'|טוליע|ן וו (–גע–ט) hug, cuddle

|| צוטוליען זיך צו snuggle up to

צו'|טופּע|ן וו (–גע–ט) tap one's foot in accompaniment

צו'טיילונג די (ען) (milit., econ.) allocation; appropriation, funds

צו'|טייל|ן וו (–גע–ט) <דאַט/צו> award, grant (to s.o.); allocate (to stg.)

צו'|טראָג|ן וו (צו'געטראָגן) אַק bring stg. (to s.o.); carry stg. (somewhere); contribute, add to

|| צוטראָגן צו carry (near) to

צוטראַכט דער (ן) invention, fabrication

צו'|טראַכט|ן וו (צו'געטראַכט) devise, come up with

צוטרוי דער <צו> trust, confidence (in)

צוטריט דער access (to)

צו'טריטלעך אַדי accessible

צו'|טרײַב|ן וו (צו'געטריבן) <צו/ביז> drive (animals) (toward), push (up to); drive on, spur

צו'|טרינק|ען וו (צו'געטרונקען) <צו> drink as accompaniment (to)

|| צוטרינקען בראָנפֿן צו פֿיש drink some liquor with one's fish

|| צוטרינקען דאַט drink to the health of

צו'|טריפֿ|ן וו (–גע–ט) attach (a candle) to stg. by melting drops from the bottom

צו'|טרי'קענ|ען וו (–גע–ט) dry up, roast (nuts, etc.)

צו'|טרעט|ן וו (האָט/איז צו'געטראָטן) <צו> step/come near, approach; tackle/undertake (task, subject)

צו'|טרעפֿ|ן וו (צו'געטראָפֿן) <דאַט> be right on target (for), satisfy; hit the nail on the head

צו'|טשעפּע|ן וו (–גע–ט) attach, fasten

|| צוטשעפּען זיך צו latch onto, stick to; bother, importune; pick on, take it out on

צו'טשעפּעניש דאָס (ן) nuisance, pest

צו'|יאָג|ן וו (–גע–ט) <צו> drive/push (to)

|| צויאָגן זיך hurry up, rush *intr.*

צויבער דער magic, charm, enchantment

צוי'בער|ן וו (גע–ט) conjure, practice magic; charm, be fascinating

צויג די (ן/צײַג) דימ צײַגל bitch, female dog

צויט דער/די (ן) tuft (hair); fringe

צויטיק אַדי bushy, shaggy; hairy; fringed, frayed

צוים די/דער (ען) דימ צײַמל bridle

|| פֿ"גל צאַם

צוימ|ען וו (גע–ט) זע צאַמען

צו כּלומרשט אַדוו זע כּלומרשט

צו'|כאַפּ|ן וו (–גע–ט) <בײַ> snatch away (from s.o.)

|| צוכאַפּן זיך צו throw oneself at (stg. attractive), take eagerly to

צוכט די (ן) tidy woman

צולאָג דער (ן) addition, supplement; enclosure in a mailing

|| פֿאַר אַ צולאָג in addition, to boot, moreover

צולאָז דער (ן) admission, permission to enter

צו'|לאָז|ן וו (–גע–ט) admit, permit; allow to approach

|| צולאָזן וואָלוול let go at a low price

צו'|לאַ'טכענ|ען וו (–גע–ט) זע צולקחענען

צו'|לאַטע|ן וו (–גע–ט) patch, mend

צו'|לאָנטשע|ן וו (–גע–ט) join to, connect to

|| צולאָנטשען זיך צו — cajole, ingratiate oneself with flattery to; attach oneself to

צו'|לאַפּן וו (–גע–ט) — steal, snatch *perf.*

צולהכעיס דער (ן) [TSELOKhES/TSULEHAKhES] — spite, malice; something done deliberately/out of spite

|| אויף צולהכעיס = אויף צו להכעיס — deliberately, out of spite

צולהכעיסדיק אַדי/אַדוו [TSELO'KhESDIK/TSULEHA'KhESDIK] — spiteful; defiant, provocative

צולהכעיסניק דער (ס) פֿעמ ...ניצע [TSELO'KhESNIK/TSULEHA'KhESNIK] — spiteful person, gainsayer

צו'|לויפֿן וו (איז צו'געלאָפֿן) <צו> — run up (to)

צו'|ליא'מעווען וו (–גע–ט) — hem *perf.*

צוליב = צולי'ב פּרעפּ — because of; with a view toward, for the sake of; out of regard for

|| פֿ״גל (טאָן צו) ליב

צוליבזאַך די (ן) — favor, service

צו ליב טאָ|ן* וו (צו ליב געטאָ'ן) זע (טאָן צו) ליב

צו'ליבן = צוליב דעם

צו'|לייג|ן וו (–גע–ט) <צו> — add (to); apply (poultice, etc.) (to); lose (invested money)

|| צולייגן אַ האַנט/פֿלייצע — give/lend a hand

|| צולייגן צו די אַקטן — file away

|| צולייגן צום געשע'פֿט — be out of pocket, lose money (in a business matter)

|| צולייגן זיך — lie down for a while, take a nap

צו'|לייט|ן וו (צו'געלייט) — solder, braze *perf.*

צו'|לײַכט|ן וו (צו'געלויכטן) דאַט — give light to

צו'|ליי'ענ|ען וו (–גע–ט) <וועגן> — read up (on)

צו'|לענ|ען וו (–גע–ט) — close without locking (door, window)

|| צולענען זיך — lie down, take a nap

צו לעצט אַדוו זע (צו) לעצט 2.

צו'|לערנ|ען וו (–גע–ט) — teach, train

|| צולערנען זיך — complete one's training/apprenticeship

צו'|לקחענ|ען וו (–גע–ט) [LAKKh·N] — pinch, swipe *perf.*

צום = צו דעם — *regular contraction*

|| צום = צו דער — *contraction possible only in certain dialects*

|| צום ...סטן — ...est, most ...ly

|| צום בעסטן — best, as well as possible

|| צום שענסטן — most beautifully

צו'|מאַכ|ן וו (–גע–ט) — close; make in addition

|| צומאַכן צו — adjust/adapt to; complete, round out

צו מאָל אַדוו זע מאָל[1]

צומאָליק אַדי — intermittent

צו מאָרגנס אַדוו זע מאָרגן[1] 1.

צום־גדליה דער [TSOMGEDALYE] — fast day, one day after Rosh Hashanah, in memory of the deportation of the Jews by Nebuchadnezzar following the death of the governor Gedaliah

|| פֿ״גל ראָש־השנה

צו'מגעצאָלטס דאָס (ן) — fringe benefit

צו'|מוי'ער|ן וו (–גע–ט) — wall up; build onto, add (to a building)

צומח דער [TSOYMEYEKh] — plant kingdom

צומיש דער (ן) — admixture; trace, hint, nuance

צו'|מיש|ן וו (–גע–ט) — mix in

צום לעצט אַדוו זע (צום) לעצט 2.

צום מיינסטן אַדוו זע מיינסט

צו'|מעסט|ן וו (צו'געמאָסטן) — make to measure; try on (clothing)

|| צומעסטן זיך — size one another up, square off

צום ערשטן אַדוו זע ערשט

צו'מצענטריש אַדי/אַדוו — centripetal

צון = צו — *before vowels*

|| צון אונדז = צו אונדז

צו'|נאָגל|ען וו (–גע–ט) — nail (one thing to another)

צו נאַכטס אַדוו זע נאַכט[1]

צו'נאָמען דער (צו'נעמען) — nickname; surname, last name

צונג די (ען/צינגער) דימ צינגל — (anat.) tongue

|| געשלי'פֿענ|ע צונג — silver tongue, eloquence

|| האָב|ן* אַ גלאַטע צונג, אַ צונג אויף רעדער — have the gift of gab

|| בייז|ע צונג — malicious gossip

|| שטומ|ע צונג — unable to express oneself; poor defenseless animal

|| געב|ן* צונג — squeal, reveal secrets

|| דריי|ען מיט דער צונג — speak evasively, beat around the bush

|| שלעפּ|ן פֿאַר דער צונג — get s.o. to talk, pump s.o.

|| אַרויס|שטעל|ן אַ צונג — stick out one's tongue

|| פּלאָ'נטער|ן מיט דער צונג — stammer; equivocate, respond confusedly

|| ברעכן זיך די צונג <אויף> have difficulty in pronouncing

|| שטיין* אויף צונג *slang* be on the lookout

צונוי'ף **.1** קוו (coming/bringing) together

|| **.2** דער (ן) consortium

צונוי'פֿ|בינד|ן וו (צונוי'פֿגעבונדן) bind together, tie up

צונוי'פֿ|בעטל|ען וו (–גע–ט) collect by begging

צונוי'פֿ|ברעכ|ן וו (צונוי'פֿגעבראָכן) collapse

צונוי'פֿ|ברענג|ען וו (–גע–ט/צונוי'פֿגעבראַכט) assemble, bring together, convene

צונויפֿגאָס דער (ן) merger

צונוי'פֿ|גיי|ן* זיך וו (איז צונוי'פֿגעגאַנגען) <מיט> converge (with), meet (with); become connected (to), make friends (with)

צונוי'פֿ|גיס|ן וו (צונוי'פֿגעגאָסן) mix (liquids), pour together; fuse, merge

|| צונויפֿגיסן זיך *also* (streams) meet/unite

צונוי'פֿ|גלי'דער|ן וו (–גע–ט) stitch together *fig.*, consolidate

צונוי'פֿ|גלײַכ|ן וו (צונוי'פֿגעגליכן/–גע–ט) equate, consider equivalent

צונוי'פֿגעהאָפֿט·ן אַדי compound (word)

צונוי'פֿגעזעצט אַדי composite, complex

צונוי'פֿגעלאַף דאָס (ן) gathering, crowd

צונוי'פֿגעקוטשעבו'רעט אַדי *dial.* curled up, shriveled

צונוי'פֿגעקנורעט אַדי balled up, curled up

צונוי'פֿגעשטעלט אַדי compound, composite

צונוי'פֿ|דריי|ען וו (–גע–ט) twist together

צונוי'פֿ|דריק|ן וו (–גע–ט) compress, press together

צונוי'פֿ|דרעטל|ען וו (–גע–ט) staple together *perf.*

צונוי'פֿהאַלט דער cohesion

צונוי'פֿהעפֿט דער (ן) compound word

צונוי'פֿ|העפֿט|ן וו (צונוי'פֿגעהאָפֿטן) combine, connect; fasten, staple together; compound (grammatical forms)

צונוי'פֿ|וואַקס|ן (זיך) וו (איז צונוי'פֿגעוואָקסן/צונוי'פֿגעוואַקסן) <מיט> fuse (to), grow together

צונוי'פֿ|וויקל|ען (זיך) וו (–גע–ט) roll up, wind *trans./intr.*

צונוי'פֿ|זאַמל|ען (זיך) וו (–גע–ט) assemble, gather, rally *trans./intr.*

צונוי'פֿ|זוכ|ן וו (–גע–ט) gather, collect (by searching)

צונוי'פֿ|זעצ|ן וו (–גע–ט) seat together; put together, combine, compose

צונוי'פֿ|חבֿר|ן זיך וו (–גע–ט) <מיט> [KhAVER] become friends (with)

צונוי'פֿ|טערכע|ן וו (–גע–ט) (fash.) piece together, throw together

צונוי'פֿ|טראָג|ן וו (צונוי'פֿגעטראָגן) collect (scattered objects)

צונוי'פֿטראַף דער (ן) coincidence

צונוי'פֿ|טרײַב|ן וו (צונוי'פֿגעטריבן) round up (herd, etc.)

צונוי'פֿטרעף דער (ן) encounter; appointment

צונוי'פֿ|טרעפֿ|ן זיך וו (צונוי'פֿגעטראָפֿן) meet (each other); coincide

צונוי'פֿ|טשעפּע|ן וו (–גע–ט) attach/link (several things together); join/combine artificially

צונוי'פֿ|לויפֿ|ן זיך וו (איז צונוי'פֿגעלאָפֿן) come running, throng

צונוי'פֿלייג־בעטל דאָס (עך) folding bed

צונוי'פֿ|לייג|ן וו (–גע–ט) fold (paper, fabric, folding furniture); arrange, classify; put together, add; pool (resources)

|| צונויפֿלייגן זיך fold *intr.*, be flexible; go in together, chip in; join forces

צונוי'פֿ|לייט|ן וו (צונוי'פֿגעלייט) solder together

צונוי'פֿ|לעב|ן זיך וו (–גע–ט) <מיט> get used (to), adjust (to one another)

צונוי'פֿ|מאַכ|ן וו (–גע–ט) collect/raise (sum of money)

צונוי'פֿ|מיש|ן וו (–גע–ט) mix (up), blend

צונוי'פֿ|ני'טעווע|ן וו (–גע–ט) [Ny] rivet together

צונוי'פֿ|ניי|ען וו (–גע–ט) sew together, stitch together

צונוי'פֿנעם דער (ען) compilation; pick-up, collecting

צונוי'פֿ|נעמ|ען וו (צונוי'פֿגענומען) gather together, unite, compile

צונוי'פֿ|סטרי'געווע|ן וו (–גע–ט) (fash.) tack, baste; *fig.* assemble provisionally

צונוי'פֿ|סקאָמפּאַני'ע|ן זיך וו (–גע–ט) <מיט> associate (with), take up/fall in (with)

צונוי'פֿ|פּאַס|ן וו (–גע–ט) match (up), adjust, make compatible

צונוי'פֿ|פּאָר|ן וו (–גע–ט) pair up *trans.*; match

צונוי'פֿ|פּויק|ן וו (–גע–ט) drum up

צונוי'פֿ|פּלאָ'נטער|ן וו (–גע–ט) entangle, twist, mix up; confuse (ideas)

צונוי'פֿ|פּרעס|ן וו (–גע–ט) press together (lips, etc.)

צונוי'פֿ|פֿאַל|ן (זיך) וו (איז צונוי'פֿגעפֿאַלן) coincide; collapse

צונוי'פֿפֿאָר דער (ן) convention, congress

צונויפֿ|פֿאָר|ן זיך וו (איז צונויפֿגעפֿאָרן) convene *intr.*, travel to the same spot

צונויפֿ|פֿיר|ן וו (–גע–ט) bring together

|| צונויפֿפֿירן אַ וואַנט מיט אַ וואַנט reconcile opposites, achieve the impossible

צונויפֿ|פֿלי|ען זיך וו (איז צונויפֿגעפֿלויגן) (birds, insects) flock together, swarm

צונויפֿ|פֿלעכט|ן וו (צונויפֿגעפֿלאָכטן) intertwine, interweave; join (hands)

צונויפֿצי דער (ען) (gramm.) contraction

צונויפֿ|צי|ען וו (צונויפֿגעצויגן) contract (muscles, words), constrict

צונויפֿ|קאָווע|ן וו (–גע–ט) weld, forge together

צונויפֿ|קאָכ|ן זיך וו (–גע–ט) *dial.* (milk) curdle

צונויפֿ|קאָמפּאַנייע|ן זיך = צונויפֿ|קאָמפּאַניִע|ן וו (–גע–ט) זע צונויפֿסקאָמפּאַניִען זיך

צונויפֿ|קאָרטשע|ן זיך וו (–גע–ט) curl up, huddle together

צונויפֿ|קוועטש|ן וו (–גע–ט) compress, squeeze together

צונויפֿ|קויפֿ|ן וו (–גע–ט) buy up (a commodity), corner (a market)

צונויפֿקום דער (ען) gathering, meeting

צונויפֿ|קומ|ען זיך וו (איז צונויפֿגעקומען) meet, convene *intr.*; converge, come together

צונויפֿ|קלאַ'מער|ן וו (–גע–ט) brace, attach with a brace; put in parentheses/braces

צונויפֿ|קלײַב|ן (זיך) וו (צונויפֿגעקליבן) assemble *trans./intr.*, gather together

צונויפֿ|קלעפּ|ן וו (–גע–ט) glue together

צונויפֿ|קנוי'דער|ן זיך וו (–גע–ט) become creased/wrinkled

צונויפֿ|קנייטש|ן וו (–גע–ט) fold, crease; furrow (brow); crumple (into a ball)

צונויפֿ|קניפּ|ן וו (–גע–ט) tie/knot together

צונויפֿ|קנעפּל|ען וו (–גע–ט) button up

צונויפֿ|קער|ן וו (–גע–ט) sweep together

צונויפֿ|קראַצ|ן וו (–גע–ט) scrape together (sum of money)

צונויפֿ|רופֿ|ן וו (צונויפֿגערופֿן) call together, convene *trans.*

צונויפֿ|רוק|ן וו (–גע–ט) move closer; draw (curtain)

צונויפֿ|רייד|ן זיך וו זע צונויפֿרעדן זיך

צונויפֿרעד דער collusion

צונויפֿ|רעד|ן זיך וו (–גע–ט) get in touch; agree (on a course of action); make oneself understood

צונויפֿ|רע'כענ|ען וו (–גע–ט) add up, total

צונויפֿ|שאַר|ן וו (–גע–ט) slide/drag together *trans.*; rake up

צונויפֿ|שווייס|ן וו (–גע–ט) weld/solder together

צונויפֿשטויס דער (ן) collision; clash, skirmish

צונויפֿ|שטויס|ן זיך וו (צונויפֿגעשטויסן) <מיט> collide (with), crash (into); run afoul (of), clash (with)

צונויפֿ|שטופּ|ן וו (–גע–ט) press together, squeeze (into)

צונויפֿ|שטו'קעווע|ן וו (–גע–ט) piece together

צונויפֿשטעל דער (ן) composition, assemblage

צונויפֿ|שטעל|ן וו (–גע–ט) compose, assemble, put together; constitute, form

|| צונויפֿשטעלן זיך פֿון consist of

צונויפֿ|שלאָג|ן וו (צונויפֿגעשלאָגן) join together, nail together; scrape together (sum of money)

צונויפֿ|שליס|ן וו (צונויפֿגעשלאָסן) interlock

צונויפֿ|שלעפּ|ן וו (–גע–ט) drag together

צונויפֿשמעלץ דער (ן) fusion; mixture (ideas, images, etc.)

צונויפֿ|שמעלצ|ן וו (צונויפֿגעשמאָלצן) melt together; fuse

|| צונויפֿשמעלצן זיך merge, unite *intr.*

צונויפֿ|שנו'רעווע|ן וו (–גע–ט) lace up *perf.*

צונויפֿ|שפּאַנ|ען וו (–גע–ט) harness together

צונויפֿ|שפּיליע|ן וו (–גע–ט) button up; pin together

צונויפֿ|שרויפֿ|ן וו (–גע–ט) screw together

צונויפֿ|שרײַב|ן זיך וו (צונויפֿגעשריבן) get in touch (by letter), correspond

צו נויץ אַדוו זע נויץ

צו'|נורע|ן וו (–גע–ט) clasp against oneself

|| צונורען זיך צו cuddle/snuggle up to

צונטער דער (ס) tinder

|| צונטער רויט fire red

צו'|ני'טעווע|ן וו (–גע–ט) [Ny] rivet

צו'|נייג|ן וו (–גע–ט) <צו> close without bolting; incline/lean (toward); cause s.o. to be inclined (toward)

צו'|נייז|ן זיך וו (–גע–ט) *neol.* appropriate, arrogate

צו'|נייט|ן וו (צו'גענייט) urge, spur, incite

צו'|ניי|ען וו (–גע–ט) sew on; re-sew

צו נײַץ אַדוו זע נײַץ

צוני'שט־מאַכונג די (ען) annihilation, undoing

צו נישט מאַכן וו (צו נישט געמאַ'כט) זע נישט 1.

צו'|נעטן זיך וו (צו'גענעטן) <צו> draw closer, edge up (to)

צו'|נעמ|ען[1] וו (צו'גענומען) <בײַ> remove from, take *perf.* from; deprive (s.o.) of; gain (weight); take away; hire, recruit

|| צונעמען <אין> admit (to) (establishment), allow in

|| צונעמען <פֿון> accept (from)

|| צונעמען פֿאַר זיך appropriate

|| צונעמען צו דער וואָג gain weight

צו'נעמען[2] מצ זע צונאָמען

צו'נעמעניש דאָס (ן) nickname

צו'|סטרי'געווע|ן וו (–גע–ט) tack, baste to

צו'|סמאַליע|ן וו (–גע–ט) brown/sear (food) a little

צו'|עס|ן וו (צו'געגעסן) אַק <צו> eat as a side dish (with), accompany (dish) with

|| צועסן זיך <דאַט> become boring/tedious (for)

צו'|ע'רדיק|ן וו (–גע–ט) (elec.) ground; immobilize, ground (plane)

צו ערשט אַדוו זע ערשט

צופּ דער (ן) tug, twinge, pang; *fam.* shove, nudge

צו'|פּאַטש|ן וו (–גע–ט) <דאַט> clap along (to music); applaud (s.o.)

צו'פּאַסונג די (ען) adaptation, adjustment

צו'פּאַסיק אַדי adaptable

צו'פּאַסלער דער (–/ס) פֿעמ ין opportunist, chameleon *fig.*

צופּאַסלערײַ' דאָס/די opportunism

צו'|פּאַס|ן (זיך) וו (–גע–ט) adapt, adjust *trans./intr.*

|| צופּאַסן זיך צו *also* suit, match *intr.*; conform to

|| צופּאַסן מוזי'ק צו set to music

צו'פּאַסעוודיקייט די adaptability

צו'|פּויזע|ן וו (–גע–ט) <צו> crawl/creep (to/toward)

צו'|פּוצ|ן וו (–גע–ט) trim, embellish

צו'|פּי'לעווע|ן וו (–גע–ט) [Ly] look after, tend (patient)

צופּלינע די (ס) (small) whip

צו'|פּליעסקע|ן וו (–גע–ט) clap along (with music)

צו'|פּלעטש|ן וו (–גע–ט) זע צעפּלעטשן

צופּ|ן וו (גע–ט) pluck, pick, tug *imperf.*; *pop.* throw (stone)

צופּסקענונג די (ען) [TSU'PASKENUNG] award, judgment

צו'|פּסקענ|ען וו (–גע–ט) [PASK·N] (jur.) award, mete out

|| צופּסקענען דאַט judge in favor of (s.o.)

צו'|פּראַווע|ן וו (–גע–ט) season, flavor

צופֿאַל דער (ן) accident, chance; coincidence

|| על־פּי צופֿאַל [ALPI] by chance/accident

צו'|פֿאַל|ן וו (איז צו'געפֿאַלן) (night) fall; (eyes) close

|| צופֿאַלן דאַט fall due; fall to the lot of, *rev.* end up with

|| צופֿאַלן צו throw oneself at; (clothing) fit (s.o.) like a glove

צופֿאָר דער (ן) access road/path

צופֿאַרב דער (ן) tint, dye

צו'פֿאַרבאַן די (ען) shuttle, commuter train

צו'|פֿאַרב|ן וו (–גע–ט/צו'געפֿאָרבן) dye, tint, tinge

צו'|פֿאַרדינ|ען וו (–ט) earn money occasionally; earn extra income

צו'|פֿאָר|ן וו (איז צו'געפֿאָרן) <צו> drive (to s.o.'s house); drive up (to)

|| צופֿאָרן אין/קיין take a short trip to

צו'פֿאָרער דער (ס) פֿעמ ין commuter

צופֿאָרערײַ' דאָס commute

צו'|פֿויל|ן זיך וו (–גע–ט) <צו> feel too lazy (to)

צו פֿוס אַדוו זע (צו) פֿוס 1.

צופֿוסנ(ס) 1. אַדוו <פֿון> at the foot (of)

|| 2. דער foot (of bed, mountain)

צו'|פֿײַל|ן וו (–גע–ט) file *perf.*

צו'|פֿײַפֿ|ן וו (–גע–ט) whistle along, whistle (while doing stg.)

צו פֿיל אַדי/אַדוו זע צו[1] (פֿיל)

צופֿיר דער supply, shipment, transportation

צו'פֿיר־ליניע די (ס) [NY] supply-line

צו'|פֿיר|ן וו (–גע–ט) transport, convey

|| צופֿירן <צו> lead (to), accompany (as far as)

צופֿלאָס = צופֿלוס דער (flood) tide; influx

צופֿלי דער (ען) access (by air); (air) approach

צופֿלײַסן אַדוו זע (אויף) צופֿלײַסנס

צופֿלײַ'סנדיק אַדי feigned, fake

צופֿלײַסנס דער make-believe

|| אויף צופֿלײַסנס intentionally, on purpose; in jest; as a pretense, misleadingly

צופֿלייץ דער (ן) (rising) tide, flood tide

|| פֿ״גל צו־ און אָפּ־פֿלייץ

צו'|פֿליס|ן וו (איז צו'געפֿלאָסן) flow in, rush in

צו'|פֿלי|ען וו (איז צו'געפֿלויגן) <צו> fly (to/toward), approach by air

צו'פֿעליק 1. אַדי fortuitous, accidental; incidental

|| 2. אַדוו by chance, by accident; incidentally

צו'|פֿע'סטיק|ן וו (–גע–ט) fasten, strap, attach

צופֿרי'ד·ן אַדי/אַדוו <פֿון/מיט> content, pleased, satisfied, glad

|| צופֿרידן שטעל|ן satisfy, gratify

צופֿרי'דנקייט די satisfaction, contentment; good humor/mood

|| צופֿרידנקייט פֿון/מיט זיך אַליי'ן complacency, self-satisfaction

צופֿרי'דן־שטעלונג די satisfaction, gratification

צופֿרי'דנשטעליק אַדי/אַדוו satisfactory

צופֿרי'דנ|שטעל|ן וו (–גע–ט) זע צופֿרידן

צו'|פֿרײַ'ער|ן וו (–גע–ט) *slang* steal, swipe

צופֿריִ'ק אַדי/אַדוו *neol.* premature, untimely

צופֿריִ'ער אַדוו זע פֿריִער

צו'|פֿריר|ן וו (צו'געפֿרוירן) צו freeze to

צו'|פֿריש|ן וו (–גע–ט) freshen up (colors, etc.); toast (bread)

צוצאָל דער (ן) surcharge, additional payment

צו'|צאָל|ן וו (–גע–ט) pay in addition; award a bonus

|| מע זאָל דאַט (אַפֿילו) צוצאָלן [AFILE] not at any price

צוצי דער (ען) attraction, appeal

צו'צי|ונג די (ען) attraction

|| צוציִונג צום געריכט arraignment

צו'|צייל|ן וו (–גע–ט) <דאַט> count out (parsimoniously) (to); charge (s.o.) a sum of money

צו'ציִיק אַדי appealing; attractive

צו'צי־כּוח דער [KOYEKh] power of attraction, *esp.* gravitation

צו'|צי|ען וו (צו'געצויגן) attract, lure

|| צוציִען צום גערי'כט arraign

צו'ציִענדיק אַדי זע צוציִיק

צוציק דער (עס) kid, youngster

צוק דער (ן) start, jump; tic, twitch; ornament (calligraphy)

צו'|קאָוו|ען וו (–גע–ט) rivet, fasten *perf.*; weld, seal

צו'|קאַטשע|ן וו (–גע–ט) <צו> roll *trans.* (to); roll up (sleeve, etc.)

צו'|קאָכ|ן וו (–גע–ט) boil a little more

|| צוקאָכן זיך צו become infatuated with

צו'|קאַמ|ען וו (–גע–ט) comb *perf.*, do s.o.'s hair

צוקאָפּנ(ס) 1. אַדוו <פֿון/דאַט> at the head (of s.o.'s bed), at the bedside (of)

|| דיר צוקאָפּנס at your bedside

|| 2. דער the head of a bed

צו'|קאָ'רקעווע|ן וו (–גע–ט) cork up (bottle)

צו'|קוועטש|ן וו (–גע–ט) squash, compress *perf.*

|| צוקוועטשן צו דער וואַנט pin down

צו'|קויפֿ|ן וו (–גע–ט) buy more, buy to round out

צוקום דער (ען) arrival (of additional forces, etc.); accretion, increase

צו'|קומ|ען וו (איז צו'געקומען) <צו> approach, come near; reach, attain; be added (to); happen, occur

|| צוקומען דאַט *rev.* gain, acquire, get

|| וואָס קומט דיר צו דערפֿו'ן? what do you get out of it?

|| עס קומט אים צו אַ שטיק געזו'נט it does him a world of good

צו'קומעניש דאָס (ן) accident, mishap, setback; profit

צוקונפֿט די future, posterity

צו'קונפֿטיק אַדי future, forthcoming

צו'קונפֿט־מוזיק די utopian vision, dreams

צו'|קוק|ן (זיך) וו (–גע–ט) <צו> watch, observe; pay attention (to)

צו'קוקער דער (ס) פֿעמ ין observer, spectator; onlooker, bystander

צו'|קייטל|ען וו (–גע–ט) shackle, chain (up)

צו'|קײַקל|ען וו (–גע–ט) <צו> roll *trans.* (to)

|| צוקײַקלען זיך צו roll up to

צו'|קיל|ן זיך וו (–גע–ט) catch a (slight) cold

צו'|קלאָג|ן וו (–גע–ט) lodge a complaint against

צו'|קלאַפּ|ן וו (–גע–ט) nail, fasten; snap shut; conclude (business deal)

|| צוקלאַפּן <צו> beat time (to the rhythm of)

|| צוקלאַפּן מיט די גלעזלעך clink glasses, toast

צו'|קלײַב|ן וו (צו'געקליבן) neaten, tidy up; pick out (tune on an instrument)

|| צוקלײַבן אַק צו/דאַט match/fit (to)

צו'|קליי|ען וו (–גע–ט) glue *perf.*

צו'|קלינג|ען וו (צו'געקלונגען) accompany with ringing sounds

צו'|קלעמ|ען וו (–גע–ט) pinch, get stg. caught

צו'|קלעפּ|ן וו (–גע–ט) glue *perf.*

|| צוקלעפּן זיך — stick *intr.*, get stuck
צוקלער דער (ן) — invention
צו'|קלער|ן וו (–גע–ט) — invent, come up with (for a specific purpose)
צוק|ן וו (גע–ט) — (muscle) twitch; write with flourishes
|| צוקן מיט — shrug (shoulders), wrinkle (nose)
צו'|קנאָ'פּקעווע|ן וו (–גע–ט) — tack on; close the snaps of
צו'|קנאַק|ן וו (–גע–ט) <צו> — accompany (stg.) with finger snapping/tongue clucking
צו'קנדיק אַדי — adorned with flourishes (writing)
צו'|קניפּ|ן וו (–גע–ט) — tie, knot *perf.*
צו'|קנעל|ן וו (–גע–ט) — work a little more (with a student); teach (in addition to another occupation)
צו'|קנעפּל|ען וו (–גע–ט) — button (up)
צו'|קעמ|ען וו (–גע–ט) **זע צוקאַמען**
צו'קענישן מצ — flourishes in writing
צוקער דער — sugar; diabetes
צו'קער־באָבע די (ס) — butter/navy bean
|| לי'כטיקע צוקער־באָבע! — my darling! my sweet pea!
צו'קער־בוריק דער (עס) — sugar beet
צו'קער־בעקער דער (–/ס) פֿעמ ין — pastry chef
צו'קער־געבעקס דאָס (ן) — pastry, cake
צו'קערדיק אַדי — (of) sugar; sugary, sweet
צו'קערוואַרג דאָס — sweets, candy, confectionery
צו'קערל דאָס (עך) — piece of candy
צו'קער־לעקעך דער (ער) — sponge cake
צו'קער־מאַנדל דער (ען) — praline, candied almond
צו'קערן[1] **.1** אַדי — (of) sugar
|| **.2** צו'קער|ן וו (גע–ט) — sugar, sweeten *imperf.*
צו'|קער|ן[2] וו (–גע–ט) — sweep up
|| צוקערן זיך צו — turn to/toward
צו'|קער|ן[3] זיך וו (–ט) צו — be related to
צוקערניע די (ס) [Ny] — candy store/factory
צו'קערניצע די (ס) — sugar bowl
צוקערניק דער (עס) — confectioner, candy-maker
צו'קער־קאַנדל דער **זע קאַנדל־צוקער**
צוקערקע די (ס) — piece of candy
צו'קער־קראַנק|ער דער-דעק — diabetic
צו'קערקרענק די — diabetes
צו'קעררראָר דער — sugar cane
צו'קערשויטן מצ — sweet peas

צו'קערשטריקל דאָס — string used to tie up a sugar-loaf
צו'|קריג|ן וו (צו'געקראָגן) — acquire, receive in addition
|| צוקריגן זיך צו — get at, make one's way to
צו'|קריכ|ן וו (איז צו'געקראָכן) <צו> — crawl up (to)
צו'|קרעכצ|ן וו (–גע–ט) — groan, punctuate/accompany with one's moans
צו'|קרענק|ען וו (–גע–ט) — be sick often
צו'|ראַ'בעווע|ן וו (–גע–ט) <ביי> — steal (from)
צו'|ראַמ|ען וו (–גע–ט) <אַק> — clean house; tidy up
צורבֿא־דרבנן דער [TSURVE-DERABO'NEN] — *Jew.* great scholar
צורה די (–ות) דימ די **צורקע** [TSURE] — *affect./pejor.* face
|| אַ לי'כטיק|ע צורה — a radiant face
|| אַ פּאַסקודנ|ע צורה — an ugly mug
צורהקע די (ס) **זע צורקע**
צו רו אַדוו **זע (צו) רו**
צו'|רופֿ|ן וו (צו'גערופֿן) <צו> — call, call over, hail
צו'|רוק|ן וו (–גע–ט) <צו> — move *trans.* closer (to), push/shove (toward)
|| צורוקן זיך <צו> — edge up (to), draw (near to)
צו'|ריגל|ען וו (–גע–ט) — bolt (shut)
צו'|רייד|ן וו (צו'גערעדט) **זע צורעדן**
צו'|רייט|ן וו (האָט/איז צו'געריטן) <צו> — ride up (to) (on a horse)
צו'|רייש|ן וו (–גע–ט) — (culin.) sauté; season with sautéed onions
צו'|ריכט|ן וו (צו'געריכט) — prepare; season, flavor
צו'|רי'כטעווע|ן וו (–גע–ט) **זע צוריכטן**
צו'|רינגל|ען וו (–גע–ט) — link, connect
צורי'ק **.1** אַדוו — back; returning; in return; once again; backwards, in reverse
|| אויף צוריק — back; backwards, starting at the end
|| צוריק צו (צו) — back
|| מיט ... צוריק — (time) ago; (distance) behind, back
|| פֿ״גל צוריק גערעדט/געשמועסט; צוריק וועגס
|| **.2** קוו — re-; back, backward
|| פֿ״גל קריק

צורי'ק|באַקומ|ען וו (צורי'קבאַקומען) recover *trans.*, retrieve

צורי'ק|בלײַב|ן וו (איז צורי'קגעבליבן) stay/remain behind

צורי'קבליק דער (ן) <אויף> retrospective examination (of)

צורי'ק|בעט|ן וו (צורי'קגעבעטן) ask for the return of

צורי'ק|ברענג|ען וו (–גע–ט/ צורי'קגעבראַכט) bring back; restore, reestablish

צורי'ק|גיי|ן* וו (איז צורי'קגעגאַנגען) turn back; return, go back; retrace one's steps; go back, trace its origins; (food) repeat, cause belching

|| צוריקגיין צו resume (work); revert to; get back to, come back to

צורי'ק|געב|ן* וו (צורי'קגעגעבן) give back, return

צורי'קגעהאַלט·ן אַדי צוריקהאַלטן פּאַרט reticent, aloof, restrained

צורי'קגעהאַלטנקייט די reserve, restraint

צורי'קגעצויג·ן אַדי צוריקציִען פּאַרט retired; withdrawn, self-absorbed

צורי'ק גערע'דט אַדוו on the other hand, upon reflection

צורי'קגעשטאַנען אַדי half-witted; underdeveloped; backward

צורי'ק געשמועסט אַדוו זע צוריק גערעדט

צורי'קגעשריגענ|ער דער-דעק (folklore) deceased person brought back to life through cries or *shofar* blasts

|| פֿ״גל שופֿר

צורי'ק|דריי|ען וו (–גע–ט) turn back *trans.*; go back on one's word

צורי'ק|האַלט|ן וו (צורי'קגעהאַלטן) restrain, hold back

|| צוריקהאַלטן זיך *also* refrain

צורי'ק|וואַרפֿ|ן וו (צורי'קגעוואָרפֿן) throw back; reflect (light)

צורי'ק|ווײַז|ן וו (צורי'קגעוויזן) reject, turn down

צורי'ק|ווײַכ|ן וו (–גע–ט) flinch, recoil

צורי'קווירקונג די (ען) reaction, repercussion

צורי'ק וועגס אַדוו on the way back

צורי'ק|טראָג|ן וו (צורי'קגעטראָגן) bring back, carry back, return *trans.*

צורי'קטראָט = צוריקטריט דער (ן) retreat, withdrawal

צורי'ק|טרײַב|ן וו (צורי'קגעטריבן) drive/push back

צורי'ק|טרעט|ן וו (צורי'קגעטראָטן) retreat

צורי'ק|כאַפּ|ן וו (–גע–ט) take back (stg. said/given)

|| צוריקכאַפּן זיך change one's mind at the last minute

צורי'ק|לויפֿ|ן וו (איז צורי'קגעלאָפֿן) run back

צורי'ק|לייג|ן וו (–גע–ט) put (stg.) back in its place; lay down again

צורי'ק|נעמ|ען וו (צורי'קגענומען) take back (stg. said/given)

צורי'ק|ע'נטפֿער|ן וו (–גע–ט) reply, retort

צורי'ק|פֿאַל|ן וו (איז צורי'קגעפֿאַלן) fall back; relapse

צורי'ק|פֿאָר|ן וו (איז צורי'קגעפֿאָרן) go back (by vehicle), travel back

צורי'ק|פֿיר|ן וו (–גע–ט) drive back, take/lead back (by vehicle)

|| צוריקפֿירן ביז/צו trace back to the time of

צורי'ק|פֿלי|ען וו (איז צורי'קגעפֿלויגן) fly back

צוריקצאָל דער (ן) rebate, repayment

צורי'ק|צאָל|ן וו (–גע–ט) repay, pay back; pay back in kind *fig.*

צוריק צו וועגס אַדוו on the way back

צוריקצי דער (ען) retreat, pullback; retraction, disavowal; withdrawal (funds); retirement

צורי'קציִונג די retirement

|| אין צוריקציִונג retired

צורי'ק|ציִ|ען וו (צורי'קגעצויגן) pull back, withdraw (troops, proposal, hand); retract

|| צוריקציִען זיך <פֿון> (beat a) retreat (from); leave, withdraw *intr.* (from); go into retirement, retire (from); go back on one's word

צורי'ק|קומ|ען וו (איז צורי'קגעקומען) come back, return

צורי'ק|קוק|ן וו (–גע–ט) look back

צוריקקער דער (ן) return; restitution

צורי'ק|קער|ן וו (–גע–ט) give back, return *trans.*

|| צוריקקערן זיך return *intr.*, come back

צורי'ק|קריג|ן וו (צורי'קגעקראָגן/ צורי'קגעקריגן) recover, retrieve, get back

צורי'ק|קריכ|ן וו (איז צורי'קגעקראָכן) crawl back

צוריקרוף דער (ן) recall (ambassador, troops); revocation

צורי'ק|רופֿ|ן וו (צורי'קגערופֿן) call back (return a telephone call, request s.o.'s return); revoke

צורי'ק|שווימ|ען וו (איז צורי'קגעשווומען) swim back, (boat) return

צוריי'ק|שטויס|ן וו (צוריי'קגעשטויסן) push back, repel

צוריי'ק|שטופּ|ן וו (–גע–ט) push back, keep at a distance

צוריי'ק|שטיי|ן* וו (איז צוריי'קגעשטאַנען) remain behind

צוריי'ק|שטעל|ן וו (–גע–ט) put (stg.) back in its place; restore, redress

צוריי'ק|שטראַל|ן וו (–גע–ט) reflect (light)

צוריי'ק|שיק|ן וו (–גע–ט) send back, return

צוריקשלאָג דער retaliation, reprisal

צוריי'ק|שלאָג|ן וו (צוריי'קגעשלאָגן) strike back, retaliate; (milit.) push/beat back, repel

צוריי'ק|שלעפּ|ן וו (–גע–ט) drag back with great difficulty

צוריי'ק|שפּרינג|ען וו (איז צוריי'קגעשפּרונגען) bounce back, rebound; jump back

צוריי'ק|שריי|ען וו (צוריי'קגעשריגן) (folklore) bring back to life through cries or *shofar* blasts

|| פֿ״גל שופֿר

צוריר דער (ן) touch

צו'|ריר|ן זיך וו (–גע–ט) come near

|| צורירן זיך צו touch, graze

צורך דער [TSOYREKh] : טאָ|ן* דעם צורך. גיי|ן* אויף צורך obey the call of nature

צו'רעדונג די prompting; promotion, advertisement

צו'|רעד|ן וו (–גע–ט) coax, persuade

צו'רעדער דער (ס) פֿעמ ין promoter; smooth talker, huckster

צו רעכט מאַכ|ן וו (צו רעכט געמאַ'כט) זע רעכט

צו'|רע'כענ|ען וו (–גע–ט) <דאַט> attribute (to), impute (to)

|| צורעכענען <צו> include; (math.) add (to)

צורקע די (ס) צורה דימ cute little face

צורר דער (ים) [TSOYRER - TSO'(Y)RERIM] enemy, oppressor

צורר־היהודים דער [TSOYRER-HAYEHU'DIM] enemy of the Jews, anti-Semite

צורת־אות [TSURES-O'S] : ניט קענ|ען* קיין צורת־אות not know to read nor write

צורת־מטבע [TSURES-MATBE'YE] : ניט קענ|ען* קיין צורת־מטבע be a stranger to monetary matters

צו'|שאַנצ|ן וו (–גע–ט) אַק דאַט furnish s.o. with stg., foist stg. off on s.o.

צו'|שאָקל|ען וו (–גע–ט) nod in agreement

צו'|שאַר|ן וו (–גע–ט) <צו> rake up (to)

|| צושאַרן אַק דאַט furnish s.o. with stg., foist stg. off on s.o.

|| צושאַרן <מיט> cover (with)

|| צושאַרן זיך <צו> furtively come near (to); ingratiate oneself (with), woo

צו'|שאַרפּ|ן וו (–גע–ט) sharpen (a little)

צו'|שדכנ|ען וו (–גע–ט) אַק דאַט [ShADKh·N] propose s.o. in marriage to; (middleman) recommend stg./s.o. to s.o.

|| צושדכנען זיך צו court, woo

צו'|שוויַיג|ן וו (צו'געשוויגן) keep mum, not say a word

צו'|שווייס|ן וו (–גע–ט) weld

צו'|שווימ|ען וו (איז צו'געשוווּמען) <צו> (boat, swimmer) approach

צו'|שווער|ן וו (צו'געשוווירן) promise by oath, swear

צו'שויער דער (ס) *Germ.* spectator

צושטאַנד דער (ן) state, situation

|| פֿ״גל שטאַנד

צו שטאַנד אַדוו זע (צו) שטאַנד

צו'|שטאָפּ|ן וו (–גע–ט) stop up

צו'|שטופּ|ן וו (–גע–ט) <צו> push (toward), press (against)

|| צושטופּן זיך <צו> elbow one's way (up to)

צו'|שטו'קעווע|ן וו (–גע–ט) (fash.) add (a piece)

צו'שטייִק אַדי insistent, importunate

צו'|שטיי|ן* וו (איז צו'געשטאַנען) <צו> join (cause, group); fit, be suitable (for); importune, urge upon; mark time *fig.*; (boat) come alongside

צושטײַער = צו'שטײַער דער (ס) contribution, donation

|| פֿ״גל (צו) שטײַער

צושטים דער (ען) agreement, assent

צו'שטימונג די (ען) approval, consent

צו'|שטימ|ען וו (–גע–ט) <צו> consent (to), approve

צו'|שטיק|ן וו (–גע–ט) stifle, repress

צו'|שטעכ|ן וו (צו'געשטאָכן) pin, stitch up

צושטעל דער (ן) supply; delivery

צו'שטעלונג די (ען) זע צושטעל

צו'|שטעל|ן וו (–גע–ט) <דאַט> set to cook; provide, supply; deliver (to); add; present/submit (project, etc.) (to)

|| צושטעלן זיך appear (in court), obey a summons

|| צושטעלן זיך צו take (test), run (for election)

צו'שטעלער דער (ס) פֿעמ קע provider, supplier; delivery person; initiator (of a project); *esp. fem.* merchant who resells market goods to households

צו'|שטעפּ|ן וו (–גע–ט) stitch on (*esp.* by machine); quilt

צו'|שטעק|ן זיך וו (–גע–ט) צו touch lightly, graze

צו'|שטערצל|ען וו (–גע–ט) put a cap on

צושטראָם דער (ען) influx

צו'|שטריקל|ען וו (–גע–ט) tether *perf.*

צו'|שטשעפּע|ן וו (–גע–ט) צו graft onto

צו'|שיט|ן וו (צו'געשאָטן) pour additional (salt, sugar, etc.)

צו'|שיפֿ|ן זיך וו (–גע–ט) <צו> (boat) land, reach shore; sail up (to)

צו'שיפֿשטעל די (ן) *neol.* landing stage

צו'|שיק|ן וו (–גע–ט) send *perf.*

צו'|שי'קעווע|ן וו (–גע–ט) prepare, arrange

צו'שיקערין די (ס) placement agent *fem.* for domestic help

צו'|שלאָג|ן וו (צו'געשלאָגן) <צו> nail (on/to); close (a deal)

|| צושלאָגן זיך צו fight one's way to; reach (position)

צו'|שליס|ן וו (צו'געשלאָסן) lock, close (with a key)

צו'|שלעפּ|ן וו (–גע–ט) <צו> drag/pull (toward/up to)

|| צושלעפּן זיך <צו> drag oneself (as far as), turn up (at)

צו'|שמיד|ן וו (–גע–ט) weld, rivet *perf.*; stop in one's tracks, captivate

צו'|שמייכל|ען וו (–גע–ט) <דאַט> accompany (words/actions) with a smile; agree obsequiously (with s.o.)

|| צושמייכלען זיך צו flatter, fawn on

צו'|שמיר|ן וו (–גע–ט) retouch (paint/plaster)

צושמעלץ דער seasoning, flavoring; supplement

|| אַ צושמעלץ צו דער פּרנסה [PARNOSE] income on the side, icing on the cake

צו'|שמעלצ|ן וו (צו'געשמאָלצן) fuse, melt on; attach (a candle, etc.) to stg. by melting the bottom; season (food)

צו'|שנאָל|ן וו (–גע–ט) buckle (belt), fasten

צו'|שנו'רעווע|ן וו (–גע–ט) lace up *perf.*

צושניט דער cut (of a garment)

צו'|שנײַד|ן וו (צו'געשניטן) cut out (pieces for sewing)

צו'שנײַדער דער (–/ס) פֿעמ קע (fash.) cutter

צו'|שער|ן וו (צו'געשוירן/צו'געשאָרן) cut/clip (*esp.* hair) with scissors

צו'|שפּאַנ|ען וו (–גע–ט) <צו> advance (toward), stride/walk (up to); harness (to)

צו'|שפּאַר|ן וו (–גע–ט) shut tight, bar, barricade; rest/lean (on, against)

|| צושפּאַרן צו דער וואַנט get s.o. with their back to the wall, leave s.o. with no alternative

|| צושפּאַרן זיך <צו> *also* lie down far a nap; press *intr.* (against), cling (to s.o.)

צושפּײַז די (ן) (culin.) side dish

צושפּיל דער (ן) (mus.) accompaniment

צו'|שפּי'ליע(ווע)|ן וו (–גע–ט) <צו> button (up) *perf.*; pin (to/on) *perf.*, staple

צו'|שפּיל|ן וו (–גע–ט) <דאַט> (mus.) accompany (s.o.); (luck, circumstances) be favorable (for)

צו'|שפּי'ל(ק)ע(ווע)|ן וו (–גע–ט) [Ly] pin *perf.*, staple

צו'|שפּיצ|ן וו (–גע–ט) make more pointed/sharper; sharpen (sense); bring to a head

|| צושפּיצן זיך become (more) pointed; come to a head

צו'|שפּרינג|ען וו (איז צו'געשפּרונגען) <צו> jump/leap (toward), come jumping (to)

צו'|שרויפֿ|ן וו (–גע–ט) <צו> screw *perf.* (to/on)

צו'|שרײַב|ן וו (צו'געשריבן) add (by writing)

|| צושרײַבן <דאַט> attribute (to), ascribe (to)

|| צושרײַבן <צו> add (to stg. written)

|| צושרײַבן זיך (in Russia and the USSR) make one's residence known (to the police)

צו'|שרײַ|ען וו (צו'געשריִען/צו'געשריגן) <דאַט> call/shout out (to)

צושריפֿט די (ן) postscript; afterword; addendum (text)

צחקן דער (ים) [TSAKhKN - TSAKhKONIM] *slang* gambler

צחקע|ן וו (גע–ט) [TSAKhKE/TSKhOKE] *slang* gamble

צי[1] דער (ען) pull, stretch; twitch, shrug; (muscle) strain; (pen) stroke; inhalation; puff (on a pipe, etc.)

|| מיט איי'ן צי with one stroke

|| אַ צי טאָ|ן* אַק pull (on), give a tug

|| אַ צי טאָ|ן* אַק פֿאַר/בײַ pull s.o. by

|| אַ צי טאָ|ן* <פֿון> take a puff (on)

צי[2] קאָנ *(interrogative particle)* is/are? do/does?; whether, if; or

|| צי ווייסטו? — do you know?

|| זי פֿרעגט צי מיר קומען — she's asking if we are coming

|| שוין צי שפּעטער? — now or later?

|| צי ... צי — whether ... or; either ... or

|| מע זעט ניט צי ער לאַכט, צי ער וויינט — one cannot tell if he's laughing or crying

|| צי ער וויל צי ער וויל ניט — whether he wishes it or not

|| צי ער, צי זי — either he or she

ציאונג די (ען) זע **ציִונג**

צי'איַיזן דער/דאָס (ס) — drawplate, wire drawing plate

ציאַנאָטי'פּ דער (ן) — blueprint, cyanotype

ציאַנאָטיפּיר|ן וו (–ט) — blueprint, make a blueprint

ציאָנגע די (ס) — *dial.* salmon

ציאַנקאַלי דער — potassium cyanide

ציבוך דער (עס) זע **ציביק**

ציבולניק דער (עס) פֿעמ ...ניצע — onion dealer; small onions stewed with honey

ציבור דער (ס) [TSIBER] — public, community

ציביך דער (עס) זע **ציביק**

ציביק דער (עס) — Turkish pipe; pipe stem

צי'בלקע דאָס (ס) דימ זע **ציבעלע**

ציבעך דער (עס) זע **ציביק**

צי'בעכעס מצ — onion stalks, chives

צי'בעלע די (ס) דימ **צי'בלקע(לע)** — onion; bulb

|| בי'טער|ע ציבעלע — *fig.* spoil-sport, killjoy

|| ניט ווערט זיַין* קיין ציבעלע — not worth a red cent

צי'בעלע־טרערן מצ — crocodile tears

ציבעק דער (עס) זע **ציביק**

ציבער דער (ס) זע **צובער**

ציברינע די (ס) — beam that is part of the wall of a well

ציג די (ן) — goat

|| עס איז ניט קיין ציג — it won't run away

ציגאַ'ן דער זע **ציגיַינער**

ציגאַ'ר דער (ן) — cigar

ציגאַרל דאָס (עך) — cigarette

ציגאַרע'ט דער (ן) — cigarette

ציגאַרשפּיץ דער (ן) — cigar(ette) holder

ציגיַינער דער (–) פֿעמ קע — Gypsy, Rom

ציגיי'נעריש אַדי/אַדוו — Gypsy, Romani

ציגיי'נערל דאָס (עך) **ציגיַינער** דימ — *also* pocketknife with a wooden handle

ציגיַיער דער (ס) — *dial.* cigarette

ציגיעלנע די (ס) זע **ציגעלניע**

ציגל דער (–) — brick; checker, (game) piece, chess pawn

ציגל|ען זיך וו (גע–ט) זע **ציקלען**[3] **זיך**

ציג·ן אַדי — goat's, (of) goat

צי'גנבאָק דער (...בעק) — billy goat

צי'גן־בערדל דאָס (עך) — goatee

ציגעלניע די (ס) [Ny] — brickyard

ציגעלניק דער (עס) — brickmaker

צידה־לדרך די זע **צדה־לדרך**

צידוק־הדין דער [TSIDEK-HADI'N] — *Jew.* prayer proclaiming the righteousness of divine judgment, said upon entering a cemetery; acceptance of one's destiny

צידקות דאָס [TSITKES] — piety, virtue, saintliness

ציהונדער : **נעמ|ען אויפֿן ציהונדער** — cross-examine

צי־הע'רסטו אינט — form of address to one's spouse among some orthodox Jews

|| פֿאָס צי־הערסטו — my/your/... wife/husband

ציוואָן דער (עס) — *Slav.* steward (of an estate)

ציווי'ל .1 אַדי — civilian, non-military

|| .2 דער — civilian dress

ציווילדינסט דאָס — civil service

ציוויליזאַציע די (ס) — civilization

ציוויליזיר|ן וו (–ט) — civilize

ציווילי'סט דער (ן) פֿעמ קע — civilian

ציווי'ל־מאָנער דער (–/ס) — plaintiff

ציווילנע אַדי זע **ציוויל** .1

ציווילשטאַנד דער — marital status

ציווילשיץ דער — civil defense

ציווקע די (ס) זע **ציפּקע**

ציון[1] (דאָס) [TSIEN] — Zion

ציון[2] דער (ים) [TSIEN - TSIUNIM] — *Jew.* cemetery; tomb of a Hasidic rabbi

ציִונג די (ען) — (lottery) drawing; (grammatical, etc.) relation(ship)

ציוניזם דער [TSIENIZM] — Zionism

ציוניסט דער (ן) פֿעמ קע [TSIENI'ST] — Zionist

ציוניסטיש אַדי [TSIENISTISh] — Zionist

ציור דער (ים) [TSIER - TSIURIM] — picture, drawing, painting

ציזיק דער (עס) זע **טשיזשליק**

ציזמעס מצ זע **טשיזמעס**

ציזעליר|ן וו (–ט) — chisel

צי׳ט[1] דער dial. even number

צי׳ט[2] דער זע ציִ׳ך[1]

צי׳ט[3] אינט hush! shhh!

ציטאַדע׳ל דער (ן) [Ly] citadel

ציטאַ׳ט דער (ן) quotation

ציטי׳ר|ן וו (–ט) quote, cite

צי׳ט·ן אַדי זע ציצן

ציטער דער (ס) shiver, start, quiver

|| אַ ציטער טאָ|ן* tremble, give a start

צי׳טערבוים דער (...ביימער) quaking aspen

צי׳טער(ד)יק אַדי/אַדוו tremulous, quivering; anxious, apprehensive; devoted (father, mother, attitude); overprotected (child)

צי׳טער|ן וו (גע–ט) tremble, shiver, quiver, vibrate

|| ציטערן איבער be anxious about

|| ציטערן ווי אַ פֿיש אין וואַסער tremble with fear (like every creature, however innocent, before divine judgment)

צי׳טער־נאָדל די (ען) brooch, ornamented clasp

צי׳טערניש דאָס (ן) trembling, shivering; fear, fright

צי׳טער־שפּילקע די (ס) [Ly] brooch, ornamented clasp

ציטרי׳ן דער (ען) lemon

צײַג דאָס material, cloth, fabric

צײַג·ן[1] אַדי (of) cloth/fabric

צײַג|ן[2] וו (גע–ט) dial. show, indicate

צײַ׳געניש דאָס (ן) certificate, diploma

צײַ׳גער|ן וו (גע–ט) זע צעגערן זיך

צײַט[1] .1 די (ן) time; gramm. tense; epoch, age, era; moment, occasion

|| מיט דער צײַט eventually, in the course of events

|| פֿאַ׳ר דער צײַט prematurely, too soon

|| פֿאַר צײַטן formerly, in olden days

|| פֿאַר פּאָס צײַט in my/your/... day

|| צו דער צײַט on time; in the nick of time

|| אין דע׳ר צײַט at the same time, at that time; on that date

|| ביז אַ צײַט until a given moment

|| אויף דער צײַט expectant (mother)

|| פֿ״גל בײַ צײַטנס

|| פֿון צײַט צו צײַט from time to time, occasionally

|| די גאַנצע צײַט all along, the whole time; from the start

|| פֿרײַ|ע צײַט leisure, free time

|| צײַט פֿון יאָר season

|| (ס׳איז) צײַט צו (it is) time to

|| אוי׳ס|זײַן* די צײַט escape, sneak off

|| האָב|ן* צײַט not be in a hurry

|| האָב|ן* צײַט <אויף> have the time (to)

|| הײַ׳נטיקע צײַטן nowadays, these days

|| היט|ן די צײַט keep time (at a competition, etc.)

|| פּטר|ן/צעטרײַב|ן די צײַט [PATER] waste time

|| פֿאַרטרײַב|ן די צײַט pass the time, kill time

|| נעמ|ען זיך צײַט take one's time

|| אַ (שטיק) צײַט for a while

|| די רעכט|ע/רי׳כטיק|ע צײַט the right time

|| ס׳איז די העכסטע צײַט צו it is high time to

|| קיין צײַט ניט האָב|ן* be in a hurry

|| האָב/האָט צײַט! hold your horses! not so fast!

|| (ס׳איז) שוין לאַנג צײַט געווע׳ן it's about time, it's high time

|| די צײַט שטייט נישט time flies, it's getting late

|| האָב|ן* די צײַט menstruate

|| קריג|ן די צײַט begin menstruating

|| .2 קאָנ since

צײַ׳ט־[2]... temporal, time-...; seasonal, temporary

צײַ׳טאָפּשניט דער (ן) period of time

צײַטוואָרט דאָס (...ווערטער) (gramm.) verb

צײַ׳טווײַליק אַדי/אַדוו temporary, provisional

צײַטונג די (ען) newspaper, periodical

צײַ׳טונג־ייִנגל דאָס (עך) newsboy

צײַ׳טונג(ס)מאַן דער (צײַ׳טונג(ס)לײַט) journalist

צײַ׳טונג־פּאַפּיר דאָס newsprint

צײַ׳טונג־פֿאַרקויפֿער דער (ס) פֿעמ קע newsdealer

צײַ׳טונג־שרײַבער דער (–/ס) journalist

צײַטיק אַדי ripe, mature; timely, opportune

|| צײַטיק ווייך soft, ripe, juicy (fruit)

|| צײַטיק ווער|ן ripen, mature

צײַ׳טיקונג די puberty, maturation

צײַ׳טיקייט די maturity, ripeness

צײַ׳טיק|ן זיך וו (גע–ט) mature

צײַטל דאָס (עך) צײַט דימ short period of time

צײַטלעך אַדי/אַדוו timely, opportune; temporary

צײַ׳טנווײַז אַדוו at times

צײַ׳טעדיק אַדי temporal

צײַטפּלאַן דער (...פּלענער) schedule, timetable

צײַ'טפֿאַרברענג דער (ען) pastime, amusement

צײַ'טפֿאַרטרײַב דער (ן) pastime, diversion

צײַ'טפֿראַגע די (ס) question of the day

צײַ'ט־רעכענונג די era, chronological system

צײַטשריפֿט די (ן) periodical, magazine

צייכן[1] דער (ס) sign, indication; mark, (school) grade

צייכן[2] מצ jacks (game)

ציי'כן־זעער דער (־/ס) seer, soothsayer

ציי'כענונג די (ען) design, drawing, sketch

ציי'כענ|ען וו (גע־ט) draw; depict; mark; sign

ציי'כענער דער (ס) פֿעמ ין draftsman

צייכענערײַ' דאָס drafting, draftsmanship

צייל = צײַל די (ן) row (of objects); line (text)

ציילונג די (ען) numbering, count

צייליק אַדי (math.) countable, discrete

צייל|ן וו (גע־ט) count, number; encompass, contain, consist of (quantity)

|| דער קלאַס ציילט צען קינדער the class consists of ten children

|| צייל|ן זיך צווישן be considered one of, figure among

|| קיין צוויי ניט קענ|ען* ציילן be (childishly) naive/stupid

ציי'לעוודיק אַדי זע צייליק

ציי'לעניש דאָס (ן) counting rhyme

ציילער דער (ס) counter, meter; numerator (fraction)

צײַמל דאָס (עך) צוים דימ bridle, curb, bit; muzzle

ציין[1] מצ זע צאָן[1]

...־ציי'ן[2] dental

ציי'נבערשטל דאָס (עך) toothbrush

ציי'נדאָקטער דער (...דאָקטוירים) פֿעמ שע dentist

ציי'נדאָקטערײַ' דאָס dentistry

ציינדל דאָס (עך) צאָן דימ *also* cog

|| ציינדל קנאָבל clove of garlic

ציי'נדלדיק אַדי toothed, jagged

ציינדל|ען וו (גע־ט) indent *imperf.*

ציי'נדרעטל דאָס (עך) dental brace

ציי'נווייטיק דער (ן) toothache

ציינער מצ זע צאָן[1]

ציי'נפּודער = ציי'נפּראָשיק דער dental powder

ציינפֿליש דאָס gum(s)

ציינראָד דאָס (...רעדער) cogwheel, sprocket

|| מצ gear

ציי'נשטעכער דער (ס) toothpick

צײַיק אַדי *neol.* stretchy, elastic

צײַ'קלדיק אַדי (dog/wolf) pregnant

צײַקל|ען זיך וו (גע־ט) (dog/wolf) pup, whelp

ציית זײַן* וו (ציית געווע'ן) <דאַט> [TSAYES] obey

צי'־כּוח דער (ות) [KOYEKh - KOYKhES] power of attraction, pull; lure, appeal

ציך די (ן) (blanket/quilt) cover

ציכטיק אַדי/אַדוו clean, tidy, neat

ציכל דאָס (עך) ציך דימ pillowcase, blanket/quilt cover

ציל דער (ן) aim, objective, goal; target; destination; (comm.) term, time

|| מיט דע'ם ציל to this end

|| שטעל|ן זיך פֿאַר אַ ציל take as a goal

|| טרעפֿ|ן אין ציל hit the mark/target

צי'לאַפּל דאָס (ען) *neol.* bull's-eye

צי'לאַרבעט די work for a flat rate

צי'לבאַוווּסטזיניק אַדי/אַדוו determined, goal-oriented

צילברעט די (ער) target

צי'לגעווענדט אַדי purposeful, resolute

צי'לוויסיק אַדי/אַדוו determined, resolute

צי'לינדער דער (ס) cylinder; top hat; lamp chimney

צי'ליע(ווע)|ן וו (גע־ט) זע סיליען

צי'ל(עווע)|ן וו (גע־ט) <צו> aim (to)

|| ציל(עווע)|ן (זיך) אויף/אין take aim (at), target

צילע|ן וו (גע־ט) זע סיליען

צילענדער דער (ס) זע צילינדער

צי'לערל דאָס (עך) (gun)sight

צילפּונקט דער (ן) זע צילפּינטל

צי'לפּינטל דאָס (עך) bull's-eye

צילקע[1] די (ס) [Ly] *dial.* puttee

צילקע[2] די [Ly] : ווילד|ע צילקע playful young girl

צימבאַלי'סט דער (ן) cimbalom player

צימבל דער (ען) hammer(ed) dulcimer, cimbalom

|| נעמ|ען אויפֿן צימבל grill (interrogation); take to task, scold sharply

צימבל|ען וו (גע–ט) <אין> — play the cimbalom, strike the cymbals; make a racket, play boisterous music; thrash, beat

צימבלער דער (–/ס) פֿעמ ין — cimbalom player

צימבריק דער זע צימרינג

צימוקים מצ — raisins

צימעס דער (ן) — *tsimmes*, sweet dish *usu.* based on stewed fruit/vegetables

|| מאַכ|ן אַ צימעס פֿון — make a fuss over

צימער דער/דאָס (ן) — room, chamber

צי'מער־דעקאָראַטאָר דער (...אָ'רן) פֿעמ ...אָ'רשע — interior decorator

צי'מערינג דער זע צימרינג

צימצום דער [TSIMTSEM] — frugality, austerity, want; brevity, conciseness

צימצומדיק אַדי/אַדוו [TSI'MTSEMDIK] — frugal, austere; concise

צימרינג דער — cinnamon

צין דאָס — tin

|| ענגליש צין — pewter

צינאָבער דער זע צינויבער

צינאָווקע די (ס) — *dial.* mat, doormat

צינגל דאָס (עך) צונג דימ — *also* trigger; uvula; (shoe) tongue; pointer, needle (of a scale, etc.); clapper (bell)

צי'נגלדיק אַדי — uvular

צינגער מצ זע צונג

צינד אַדוו זע אַצינד

צי'נדבאָמבע די (ס) — incendiary bomb

צינדונג די — ignition

צינדז דער (ן) — toll, tax; tribute (payment)

|| מצ — interest

צי'נדזנקורס דער (ן) — rate of interest

צינדזער דער (ס) — tax collector, tollkeeper

צינדיק אַדי — *neol.* volatile, temperamental

צינדלאָך דער/די (...לעכער) — touch hole (gun)

צי'נדל(האָלץ) דאָס — sandalwood

צינד|ן וו (געצונדן) — light, kindle *imperf.*

צי'נדנדיק אַדי — incendiary

צינדער[1] דער (ס) — (bomb) fuse, detonator

צינדער[2] אַדוו זע אַצינדער

צי'נדפֿלעשל דאָס (עך) — Molotov cocktail

צינויבער דער — cinnabar; vermilion

צינור דער (ות) [TSINER - TSINOYRES] — channel *fig.*, connection

ציניזם דער — cynicism

צי'ניקער דער (ס) פֿעמ ין — cynic

ציניש אַדי/אַדוו — cynical

צינע די (ס) זע צענע[2]

צי'נעווע|ן וו (גע–ט) זע צענעווען

צי'נע(ר)ן אַדי — (of) tin

צינק דאָס — zinc

צינק·ן אַדי — (of) zinc

צי'נקע(ווע)|ן וו (גע–ט) — coat with zinc, zinc-plate

צינקער דער (–/ס) — zinc worker

צינש דער (ן) זע צינדז

ציסטערנע די (ס) — cistern, reservoir

צי'עוודיק אַדי — stretchable, ductile

צי'עוודיקייט די — stretchability, ductility

ציעמיעניעס מצ [Ny] — *dial.* parietal bones

ציעמנע אַדי זע טעמנע

ציִ|ען וו (געצויגן) — pull, tug; raise, breed; move, advance, pass *intr.*; trace/draw (line); last, go on, continue

|| ציִען אומפּ אַק <צו> — *rev.* be drawn (to), have a mind (to)

|| עס ציט אים צו קונסט — he is artistically inclined

|| ציִען זיך <איבער> — stretch *intr.*, extend; continue, last; spread (over), have as its range

|| ציִען זיך צו — gravitate toward

|| ציִען מיט דער נאָז — sniff, snivel

|| ציִען אַק/פֿון — puff on

|| ציִען אומפּ <דאַט> ביַי/אין — *rev.* experience pangs in

|| ציִען די ווערטער — draw out one's words, drawl

|| ציִען ליכט — dip candles

|| ער וועט שוין לאַנג ניט ציִען — he won't live much longer

צי'עניש דאָס (ן) — yen, yearning

ציִער דער (ס) פֿעמ קע — breeder, cultivator

ציערפּליווע אַדי זע טערפּעליווע

ציערפּ|ען וו (גע–ט) זע טערפּען[1]

ציעשליער דער (ס) זע טעסלער

ציעשע|ן וו (גע–ט) זע טיעשען

ציפּ דער (עס) — flail (threshing)

ציפּיק דער (עס) זע טשעפּיק

ציפּלינע די (ס) זע צופּלינע

ציפּ־ציפּ אינט זע טשיפּ־טשיפּ

ציפּצעניזע די (ס) — dough bird ornament for festive *challah*

צי'פּקעווע|ן וו (גע–ט) — tiptoe

ציפּקעס מצ — toe tips

|| זיצן ציפּקעס — squat, crouch

ציפּרע'ס דער (ן) — cypress

צי'פֿויגל דער (...פֿייגל) — decoy

ציפֿער דער/די (–) — (math.) figure, numeral; number, sum; monogram

צי'פֿערבלאַט דער (...בלעטער) — dial, face (clock); *slang* face, mug

ציפּקע די (ס) — spool, reel

ציפֿרע די (ס) — coat of arms; monogram, initials

ציץ[1] דער — calico, chintz

ציץ[2] דער (ן) **זע ציצע**

ציצה די (–ות/ציצית) [TSITSE] — one of the four tassels on the prayer shawl or undergarment worn by Orthodox Jews

|| מצ — *also* the ritual undergarment itself

|| פֿ״גל **טלית; טלית־קטן**

ציצה־/ציצות־כּנפֿות דאָס (ן) [TSI'TSE(S)-KANFES] — *fam.* small *tallit*, ritual undergarment of Orthodox Jews

|| פֿ״גל **טלית־קטן**

ציצית מצ **זע ציצה**

ציצ·ן אַדי — (of) calico/chintz

ציצע די (ס) דימ **ציצל**/די **ציצקע** — nipple, teat

צי'צעראָ דער — cicero, pica, 12-point type

ציקאַ'ד דער (ן) = **ציקאַדע** די (ס) — cicada

ציקאַווע אַדי **זע טשיקאַווע**

ציקאָריע די — chicory

ציקו'טן־פּלאַסטער דער (ס) — hemlock plaster

ציקל דער (ען) — cycle

ציקלאָטראָ'ן דער (ען) — cyclotron

ציקלאָ'ן דער (ען) — cyclone

ציקלינע די (ס) — plane (tool)

ציקל|ען[1] וו (גע–ט) — cycle, go bicycling

ציקל|ען[2] זיך וו (גע–ט) — sing in a highly ornamented style

ציקל|ען[3] זיך וו (גע–ט) — (goat) give birth to kids

צי'קעלע דאָס (ך) — kid (young goat)

ציק|ען זיך וו (גע–ט) — sell off *intr.* slowly/with difficulty

ציקראַפֿט די — traction, tension

ציר[1] דער (ן) — ornament

ציר־[2]... — ornamental

ציראַטע די (ס) **זע צעראַטע**

צירה די (–ות) **זע צירי**

צירולניע די (ס) [LyNy] — barbershop

צירולניק דער (עס) [Ly] — barber

צירונג דאָס (ען) — jewelry, ornament, finery; treasure *fig.*, (object of) pride

צירוף דער (ים) [TSEYREF - TSEYRUFIM] — combination; *Jew.* cabalistic combination of letters and names in Hebrew

צירי די (ס) [TSEYRE] — Hebrew vowel sign ◌ֵ, denoting the diphthong [EY] (in Ashkenazic pronunciation) after the consonant under which it appears

צירלעך אַדי/אַדוו — elegant, adorned

צירלעך־מאַנירלעך אַדי/אַדוו — formal, well brought-up, courteous; *iron.* affected, pretentious

צירל|ען וו (גע–ט) — chirp, trill, twitter

ציר|ן וו (גע–ט) — adorn *imperf.*

צירע די (ס) — darned/mended spot

צי'רעווע|ן וו (גע–ט) — darn, mend *imperf.*

צירק דער (ן) — circus

צירקולאַציע די (ס) [Ly] — circulation

צירקולאַ'ר דער (ן) [Ly] — circular (letter, newsletter, etc.)

צירקוליר|ן וו (–ט) — circulate

צירקוס דער **זע צירק**

צירקל דער (ען) — compass, pair of compasses; circle; police station

צירקל|ען וו (גע–ט) — draw/measure *imperf.* with a pair of compasses; design/shape with precision *imperf.*

צירקע די (ס) **זע סצירקע**

ציש|ן[1] וו (גע–ט) **זע צישען**

צישן[2] פּרעפּ **זע צווישן**[1] 1.

צישע|ן וו (גע–ט) — hiss, sizzle

צישפּײַז די — bait

צלאָפּ דער (עס) — zealot; clumsy oaf; untidy/slovenly person

צלם דער (ים) [TSEYLEM - TSLOMIM] — cross, crucifix; clubs (cards)

|| ניט קענ|ען* קיין צלם פֿון קיין אַלף [ALEF] — be illiterate

צלם־אלהים/אלוקים דער [TSEYLEM-ELOYHI'M/ELOYKI'M] — "image of God", that which elevates man above animals; typical appearance of a pious Jew

צלמוות דער [TSALMOVES] — *bibl.* place of darkness and death

צלם־טרעגער דער (ס) [TSE'YLEM] — crusader

צלמל דאָס (עך) [TSE'YLEML] cross (mark, ornament worn by s.o.)

צלמניק דער (עס) פֿעמ ...ניצע [TSE'YLEMNIK] Christian fanatic, bigot

צלמ|ען זיך וו (גע–ט) [TSEYLEM] cross oneself, make the sign of the cross

צלמער דער (–) [TSE'YLEMER] kreutzer (obsolete German/Austrian coin)

צלם־קאָפּ דער (־קעפּ) [TSE'YLEM] schemer, crafty person; *Jew.* heretic

צמ = צענטימעטער cm.

צמאָק דער (ן) click (of tongue), smack (of lips)

צמאָקע|ן וו (גע–ט) <מיט> click (tongue), smack (lips)
|| פֿ"גל סמאָטשקען

צמוקים מצ זע צימוקים

צמחים מצ [TS(E)MOKhIM] plants, vegetation

צמינטער = צמענטער דער (ס) זע צווינטער

צמר־גפֿן דער [TSEMER-GE'FN] cotton

צנא־דמלא־סיפֿרא דער [TSANE-DIMLE'-SI'FRE] *lit.* great scholar

צנאָטע די (ס) *dial.* pretense, affectation, mannerism; *pop.* goody two shoes

צנא־מלא־ספֿרא דער [TSANE-MO'LE-SA'FRE] זע צנא־דמלא־סיפֿרא

צנועה די (–ות) [TSNUE] chaste/modest woman; *Jew.* pious and reserved woman

צניעות דאָס [TSNIES] modesty, virtue, piety
|| (סעקסועל) צניעות chastity

צניעותדיק אַדי [TSNI'ESDIK] virtuous, modest, pious; chaste

צניף דער (ן) small boy; beginner, novice

צניפּיש אַדי/אַדוו callow, inexperienced

צנע די [TSENE] (economic) austerity

צע... *inseparable verbal prefix expressing a)* separation, disintegration *b)* intensification
|| צענעמ|ען *a)* dismantle, take apart
|| צעוואַ'רעמ|ען *b)* warm up, arouse
|| צע... זיך *(with verbs expressing emotion)* start to (suddenly and intensely)
|| צעקלאָג|ן זיך burst out wailing

צעאיי'טער|ן זיך וו (–ט) start to suppurate

צעאַ'מפּער|ן זיך וו (–ט) (start to) quarrel

צעאַ'קער|ן וו (–ט) plow up (from one end to the other)

צעאַשער דער (ס) incinerator

צעבאַ'לעווע|ן וו (–ט) spoil (a child)

צעבאָמביר|ן וו (–ט) destroy by bombing

צעבאָרשט|ן וו (צעבאָ'רשטן) tousle

צעבויאַ'נעווע|ן זיך וו (–ט) fly into a rage

צעבויטע|ן וו (–ט) shake up, stir up (liquids)

צעבוי'קער|ן וו (–ט) lay into, beat up; dent, batter

צעבו'נטעוועט אַדי rebellious, mutinous

צעבו'נטעווע|ן זיך וו (–ט) revolt, rebel, mutiny

צעבוצקע|ן זיך וו (–ט) <מיט> bump into (s.o.); fight/quarrel (with)

צעבו'שעווע|ן זיך וו (–ט) fly into a rage

צעבטל|ען וו (–ט) [TSEBATL] waste, squander

צעבייג|ן וו (צעבויגן) bend *perf.*, twist, fold

צעביי'זער|ן וו (–ט) irritate, anger, exasperate
|| צעבייזערן זיך <אויף> get angry (at), fly into a rage (at)

צעבײַט|ן וו (צעביטן) change *perf.* (money)
|| צעבײַטן זיך אויף קליינגעלט waste one's talent

צעבײַל|ן וו (–ט) bruise *perf.*, cover with bruises

צעבײַס|ן וו (צעביסן) bite into in several places; bite in two, rend (with teeth)

צעביל|ן זיך וו (–ט/צעבולן) start barking

צעבינד|ן וו (צעבונדן) untie, loosen

צעבלאָז|ן וו (צעבלאָזן) fan (flames); scatter by blowing; exaggerate (story)

צעבלו'טיק|ן וו (–ט) wound slightly, graze, bloody

צעבלי'ט אַדי in bloom

צעבליִ|ען זיך וו (–ט) flourish, blossom forth

צעבליצ|ן זיך וו (–ט) (lightning) (start to) flash

צעבער דער (ס) tub, basin
|| רע'גענ|ען מיט צעבערס (rain) pour, rain cats and dogs

צעבערקע|ן וו (–ט) *dial.* arouse, spur on; perturb, shake up

צעבראָכ־ן אַדי broken; dead tired; devastated
|| אַ צעבראָכן האַרץ a broken heart

צעבראָ'כנקייט די despondency, dejection

צעבראָק|ן וו (–ט) crumble up

צעברוי'זט אַדי furious

צעברעכ|ן וו (צעבראָכן) break, smash; fracture

צעברענ|ען זיך וו (–ט) catch fire, blaze up

צעברעקל|ען וו (–ט) crumble (up), break to pieces

צעגאַוויאַגע|ן וו (–ט) disfigure, distort

צעגאַנגען ווער|ן וו (איז צעגאַנגען געוואָרן) melt, thaw *intr.*; dissolve

צעגאָס־ן אַדי צעגיסן פּאַרט puffy

צעגאָסן ווערן וו (איז צעגאָסן געוואָרן) melt *intr.*

צעגאָפּלונג די (ען) bifurcation

צעגאָפּל|ען וו (–ט) spread (legs), straddle

|| צעגאָפּלען זיך bifurcate, split; branch out/into

צעגאַרטל|ען זיך וו (–ט) unfasten one's belt; open one's purse

צעגוואַ'לדעווע|ן זיך וו (–ט) start shouting/yelling

צעגיב; צעגיבן; צעגיט וו זע צעגעבן

צעגייונג די (ען) melting; divergence

צעגיי'|ן* (זיך) וו (מיר/זיי צעגייען; איז צעגאַנגען) melt, thaw *intr.*; dissolve *intr.*

|| לאָזן צעגיין melt, thaw *trans.*; dissolve *trans.*

|| צעגיין זיך (group) disperse, scatter *intr.*; (couple) separate, part; diverge, differ

|| צעגיין זיך די פּיס stretch one's legs

צעגיסונג די (phys.) diffusion

צעגיסט וו זע צעגיסן; צעגעבן

צעגיס|ן וו (צעגאָסן) pour out, spill *trans.*; pour into smaller containers

|| צעגיסן זיך overflow *intr.*

צעגלי'דער|ן וו (–ט) analyze, dissect, break down *trans.*

צעגלי'ט אַדי red-hot, incandescent

צעגלי|ען וו (–ט) make (metal) white-hot

|| צעגליִען זיך catch fire *fig.*

צעגנבֿע|נען וו (–ט) [TSEGANVE] steal (from several people), swipe (everything)

צעגעב|ן* וו (צעגי'ב, צעגי'סט, צעגי'ט, צעגיבן; צעגעבן) distribute, dispense; farm out, subcontract (work)

צעגעס־ן אַדי corroded, eaten away

צע'גער|ן זיך וו (גע–ט) *dial.* waver, hesitate

צע'גערניש דאָס (ן) *dial.* hesitation

צעגראַבל|ען וו (–ט) scratch all over; claw/scratch to shreds; turn over (with rake, etc.)

צעגראָב|ן וו (צעגראָבן) dig up, dig from one end to the other

צעגראַטשע|ן וו (–ט) *dial.* scratch all over

צעגראַמיר|ן וו (–ט) devastate; pillage, plunder

צעגריזשע|ן וו (–ט) gnaw *perf.*, eat away, corrode; crumble, break apart *trans.*

צעגרי'נט אַדי verdant

צעגרע'נעצ|ן וו (–ט) delimit

צעדו'לט אַדי dazed, flabbergasted

צעדו'נער|ן זיך וו (–ט) start to thunder

צעדמונג די [TSEDAMUNG] *neol.* assault and battery

צעדמ|ען וו (–ט) [TSEDA'M] wound, bloody

צע'דערבוים דער (...ביימער) cedar (tree)

צעדראָבע|ן וו (–ט) mince, cut into small pieces; crumble (up)

צעדראַפּע|ן וו (–ט) scratch *perf.*

צעדרוזגע|ן וו (–ט) dash (to pieces), smash

צעדרויבל|ען וו (–ט) זע צעדראָבען

צעדרומשקע|ן וו (–ט) *dial.* disturb, afflict

צעדריבל|ען = צעדריוול|ען וו (–ט) disentangle (threads); fray, unravel; wear out, wear thin

|| פֿ״גל צעדראָבען

צעדריי'ט אַדי perturbed, disturbed; distorted

צעדריי|ען וו (–ט) distort, twist; disturb, afflict

צעדריק|ן וו (–ט) crush

צעדרעכע|ן זיך וו (–ט) *dial., fam.* wake up *intr.*

צעדרשענ|ען זיך וו (–ט) [TSEDARSh·N] *iron.* start to hold forth, launch into a long discourse

צעהאָדערט אַדי זע צעקאָדערט

צעהאַווקע|ן זיך וו (–ט) start barking

צעהאַלב|ן וו (–ט) halve, divide in half

צעהאַק|ן וו (–ט) cut/chop *perf.* (wood); mince *perf.*; cut up, break into pieces

צעהוידע|ן וו (–ט) swing *trans.*, push (swing)

|| צעהוידען די גלעקער ring the bells at full tilt

צעהוליע|ן זיך וו (–ט) live it up; run wild, riot

צעהוסט|ן זיך וו (צעהו'סט) have a coughing fit

צעהילכ|ן זיך וו (–ט) resound, resonate

צעהיצ|ן וו (–ט) warm up (audience); excite

|| צעהיצן זיך get excited, become heated

צעהעל|ן זיך וו (–ט) light up; start shining

צעהענג|ען וו (צעהאַנגען/צעהאָנגען) hang all over

צעהעצק|ען זיך וו (–ט) get carried away, go wild

צעהרגע|נען וו (–ט) [TSEHARGE] *fam.* beat up; spoil, botch

צעוואַ'לגער|ן וו (–ט) demolish; roll out (dough); scatter *trans.*

צעוואַליע|ן וו (–ט) pull down, demolish

צעוואַקל|ען וו (–ט) shake, rattle

צעוואַקס|ן זיך וו (איז/האָט צעוואַקסן/צעוואָקסן) grow bigger, develop

|| צעוואַקסן זיך אין turn into, take on the proportions of

צעוואַ'רעמ|ען וו (–ט) warm up (audience); arouse, revive

|| צעוואַרעמען זיך warm up *intr.*, become heated

צעוואַרפֿ|ן וו (צעוואָרפֿן) scatter *trans.*, put in disorder; unfold; demolish, pull down (building)

|| צעוואַרפֿן זיך (eczema) break out; get angry; scatter *intr.*

|| צעוואַרפֿן זיך מיט געלט throw money around, be a big spender

צעוואָרפֿ·ן אַדי scattered, dispersed; distracted, absent-minded; extravagant, wasteful

צעוואָ'רפֿנקייט די dispersal, scatteredness

צעווי'גט אַדי swaying, swinging

צעוויג|ן וו (–ט) set swinging/swaying

|| צעוויגן זיך take heart, perk up; *Jew.* surrender oneself to the swaying that generally accompanies prayer or Talmudic learning

צעווייטיקט אַדי distressed, sick at heart; painful, sore

צעווייכ|ן וו (–ט) soften

צעוויינ|ען זיך וו (–ט) break into tears

צעווייע|ן וו (–ט) (wind) disperse, dissipate

צעווייק|ן וו (–ט) soak, saturate

צעווי'לדעוועט אַדי wild, overexcited

צעווי'לדעווע|ן וו (–ט) overexcite, drive crazy

|| צעווילדעווען זיך rage, go wild

צעוויקל|ען וו (–ט) unwind, unroll, unfurl; deploy

צעווירע|ן וו (–ט) rule (paper), make lines *perf.*

צעווירק|ן זיך וו (–ט) (medicine, etc.) take effect

צעווישן פּרעפּ **זע צווישן**[1] .1

צעוועג|ן וו (צעווויגן) weigh out

צעווע'טערונג די *neol.* weathering

צעוועק|ן וו (–ט) arouse, stimulate

צעווערטל|ען זיך וו (–ט) quarrel, exchange (angry) words

צעווע'רטלעניש דאָס (ן) quarrel, altercation

צעווערעמט אַדי worm-eaten

צעוותּרנ|ען זיך וו (–ט) [TSEVATREN] have a fit of generosity

צעזונגען אַדי singing enthusiastically

צעזידל|ען זיך וו (–ט) start cursing/swearing, spew abuse

צעזיי'ט און צעשפּריי'ט אַדי widely scattered *(e.g. in several countries)*

צעזיי|ען וו (–ט) scatter, disperse, disseminate

צעזינג|ען זיך וו (צעזונגען) burst into song

צעזיפֿצ|ן זיך וו (–ט) heave sighs

צעזעג|ן וו (–ט) saw into pieces

צעזע'גענ|ען זיך וו (–ט) <מיט> say farewell (to), take leave (of)

צעזע'צט ווער|ן וו (איז צעזע'צט געוואָרן) burst, crack; not be able to take it anymore

צעזע'צטערהייט אַדוו to the bursting point

|| עסן צעזעצטערהייט eat until one is ready to burst

|| רעד/שרײַ צעזעצטערהייט! talk/yell until you're red in the face

צעזעצ|ן וו (–ט) seat, show each to their seat; break, smash

|| צעזעצן זיך (each) take one's seat

צעזע'צעניש : דאַט אויף צעזעצעניש in order to enrage s.o.

צעזשאַרע|ן זיך וו (–ט) begin to flame, blaze up

צעחו'שט אַדי/אַדוו [TSEKhU'ShT] absent-minded, stunned

צעטאָטשעט אַדי dilapidated

צעטאַנצ|ן זיך וו (–ט) start dancing with gusto

צעטאָפּטשע|ן וו (–ט) trample, squash

צעטאָר(ק)ע|ן וו (–ט) shake about, pull about, perturb

צעטומל|ען וו (–ט) disconcert, stun

|| צעטומלען זיך *also* start horsing around

צעטיילונג די (ען) division, distribution, allocation

צעטייל|ן וו (–ט) divide, separate; distribute

|| צעטיילן אויף divide/split into; divide by

|| צעטיילן זיך אַק/מיט divide among one another

צעטל דער/דאָס (ען/עך) note, slip; pay-slip, bill, receipt; tag, label; (election) slate

|| מאַכ|ן אַ צעטל פֿון make a list of, enumerate

צעטע'כער|ן וו (–ט) **זע צעטערכען**

צעטענה|ן זיך וו (–ט) [TSETAYNE] lay out one's reasoning, launch into a lively debate

צעטעפּ(ע)|ן וו (–ט) **זע צעטריפּען**

צעטערכע|ן וו (–ט) botch *perf.*, make a mess of; get rid of, sell off

צעטראָג·ן .1 אַדי upset, overwhelmed; distracted, absent-minded

|| .2 צעטראָג|ן (זיך) וו (צעטראָגן) spread, propagate, scatter *trans./intr.*; distribute; rob, loot

צעטראָ'גנקייט די turmoil, confusion; distraction, absent-mindedness

צעטראַטעווע|ן וו (–ט) trample, crush *perf.*; waste, squander

צעטראַסקע|ן וו (–ט) break, smash to pieces

צעטרײַב|ן וו (צעטריבן) disperse, drive away; dispel (clouds, etc.)

צעטריי'בער|ן וו (–ט) cut/tear to pieces, slaughter

צעטרײַטלט אַדי *fam.* distraught, absent-minded

צעטרייסלונג די (ען) shock; concussion

צעטרייסל|ען וו (–ט) shake up; rattle, overwhelm

צעטריסקעט ווער|ן וו (איז צעטריסקעט געוואָרן) become cracked/chapped

צעטריפּע|ן וו (–ט) fray, tease into threads; wear out, wear thin

צעטרעט|ן וו (צעטראָטן) trample, crush under foot

צעטרענ|ען וו (–ט) unstitch, take apart

צעטרענצל|ען וו (–ט) waste, squander

צעטרעסע|ן וו (–ט) **זע** צעטרייסלען

צעטרעשטשע|ן וו (–ט) crackle, crack; shatter, smash to pieces

צעטשאַ'כמער|ן וו (–ט) *pop.* mess up

|| צעטשאַכמערן זיך come to blows

צעיאָג|ן וו (–ט) disperse, drive off

צעיאַ'טער|ן זיך = צעיאַטרע|ן זיך וו (–ט) **זע** צעאייטערן זיך

צעיאַכמע(ר)ט אַדי excited, upset

צעיאַ'כמע(ר)|ן זיך וו (–ט) get excited/upset; fly into a rage, rant and rave

צעיאָ'מער|ן זיך וו (–ט) start lamenting bitterly

צעיויר·ן אַדי swollen/risen through fermentation; puffed up

צעיוכע|ן וו (–ט) **זע** צעיושען

צעיושעט אַדי wild, unruly

צעיושע|ן וו (–ט) infuriate; *dial.* wound

|| צעיושען זיך go wild, be hopping mad

צעכעס|ן וו (–ט) [TSEKAAS] anger, infuriate

צעך דער (ן/עס) guild; good company, lively group; drinking binge, carousal; (work)shop

|| רעד|ן (פֿון) צעך talk shop

צעכאַפּ|ן וו (–ט) snatch up (merchandise)

צעכליפּע|ן זיך וו (–ט) burst into sobs

צעכראַסטעט אַדי disheveled, unbuttoned (at the chest)

צעל די (ן) cell

צעלאָזונג די (ען) (chem.) solution

צעלאָ'זט אַדי **זע** צעלאָזן 1.

צעלאָזלעך אַדי (chem.) soluble

צעלאָז·ן **1.** אַדי spoiled (child); dissolute, loose

|| **2.** צעלאָז|ן וו (–ט/צעלאָזן) melt, thaw *trans.*; dissolve (parliament), dismiss (group); let loose (hair); give free rein; spoil (child)

|| צעלאָזן זיך melt/thaw, dissolve *intr.*; scatter, disperse *intr.*; let loose, let oneself go (to excess); bud

צעלאָ'זנקייט די debauchery, dissoluteness

צעלאַכ|ן זיך וו (–ט) burst out laughing

צעלאָמ|ען וו (–ט) cripple; damage

צעלאמר|ן זיך וו (–ט) [TSELEYMER] *hum., pejor.* go off on a talking spree

צעלאָפֿאַ'ן דער cellophane

צעלאָפֿאַנען אַדי (of) cellophane

צעלויפֿ|ן זיך וו (איז צעלאָפֿן) scatter/disperse *intr.* (by running), run away

צעלולאָ'יד דער celluloid

צעלולאָי'ד·ן אַדי (of) celluloid

צעלומ|ען וו (–ט) **זע** צעלאָמען

צעלופּע|ן וו (–ט) damage by scratching/peeling

צעלזיוס : גראַד צעלזיוס [Ly] degrees Celsius

צעליאַ'רעמ|ען זיך וו (–ט) start hollering/yelling

צעליי'גבעטל דאָס (עך) folding bed

צעלייגונג די decomposition, analysis; scanning

צעלייג|ן וו (–ט) group, arrange; spread/lay out; make (a fire); decompose *trans.*, analyze; dismantle, destroy, tear down

|| צעלייגן זיך *also* stretch out *intr.*, make oneself comfortable

|| צעלייגן זיך אויף break down into

|| צעלייגן אויף טע'לערלעך explain in detail

צעלייגער דער (ס) פֿעמ קע *iron., fam.* hotshot

צעלייגשטראַל דער (ן) scanning beam

צעלייט|ן וו (צעליי'ט) unsolder

צעלײַ|ען וו (צעליגן/צעליִען) distribute (money) as loans

צעלניק דער [Ly] (sewing) notions

צע'לניקער דער (ס) [Ly] notions seller

צעלע'כער|ן וו (–ט) pierce, perforate

|| צעלעכערן זיך become full of holes

צעלע'כצט אַדי leaky, damaged, unusable; hoarse

צעלע'ך דער virgin soil

צעלקעס מצ large-grained pearl barley

צעמאַכן וו (–ט) undo, untie, loosen; take apart, destroy

צעמאָלן וו (צעמאָלן) grind up *perf.*

צעמומ|ען וו (–ט) mutilate

צעמורזש|ן וו (–ט) **זע צעמורשטן**

צעמורשט|ן וו (צעמו'רשט) pound *perf.*, smash, crush

צעמזיק|ן וו (–ט) [TSEMA'ZEK] batter, wound

צעמיאַטשע|ן וו (–ט) knead *perf.*

צעמיירעט אַדי *dial., fam.* excited, agitated

צעמי'נצעווע|ן וו (–ט) convert into small change

צעמישונג די confusion

צעמי'שט אַדי disturbed, disconcerted; mixed up, muddled, confused

צעמיש|ן וו (–ט) confuse, mix up; confound, distract, bewilder

צעמי'שעניש דאָס (ן) confusion, bewilderment; mish-mash, muddle, mess

צעממית|ן וו (–ט) [TSEMEYMES] batter, manhandle

צעמע'נט דער cement

צעמענטיר|ן וו (–ט) cement

צעמענט·ן אַדי (of) cement

צעמעסט|ן וו (צעמאָסטן) measure off, divide

צעמערונג די proliferation

צעמעריצע די **זע שמעריצע**

צעמער|ן (זיך) וו (–ט) multiply, proliferate *trans./intr.*

צעמערשט|ן וו (צעמע'רשט) **זע צעמורשטן**

צען צוו ten

צענדלינג = **צענדליק** דער (ער) (group of) ten

|| **צוויי צענדלינג** score

|| **ער איז אַריי'ן אין זעקסטן צענדליק** he is in his 50's

צענהרג|ן וו (–ט) [TSENEREK] bruise, maim

צענזאָר דער (...אָ'רן) פֿעמ ...אָ'רשע censor

צענזוס דער (ן) census

צענזו'ר די (ן) censorship

צענזוריר|ן וו (–ט) censor

צענט אַדי–עפּי tenth (ordinal number)

|| **פֿאַרזאָג|ן אַ צענטן** be careful not to do stg. again

|| **צענט האַלבן** nine and a half

צענטיגראַ'ד דער (ן) centigrade, Celsius

צענטימעטער דער (ס) centimeter; tailor's tape measure

צע'נטיק|ן וו (גע–ט) decimate

צענטל דאָס (עך) tenth (fraction); ten (at cards)

צענטנער דער (–) *bibl.* talent (unit of weight/money); half of a quintal, 50 kg

צענטער דער (ס) center

צע'נטער|ן וו (גע–ט) **זע צענטרירן**

צענטראַ'ל אַדי central

צענטראַ'ל־הייצונג די central heating

צענטראַליזיר|ן וו (–ט) centralize

צענטראַלע די (ס) (power) station; (telephone) exchange; headquarters

צענטריפֿוגאַ'ל אַדי centrifugal

צענטריר|ן וו (–ט) center

צעניס|ן זיך וו (צענאָסן) start sneezing, have a sneezing fit

צעניץ **זע סענע**

צעני'שטיק|ן וו (–ט) thwart, foil

צענישט|ן וו (צעני'שט) annihilate; thwart; squander, waste

צעני'שטער|ן = **צענישטשע|ן** וו (–ט) **זע צענישטן**

צענע[1] אַדוו (at) ten o'clock

צענע[2] די (ס) price

צע'נעווע|ן וו (גע–ט) *dial.* assess, estimate

צע'נעלע דאָס (ך) dime, ten cent coin

צענעמ|ען וו (צענומען) take apart, dismantle, dismember, undo; move/touch deeply

|| **צענעמען די הענט** open one's arms

צענעס **זע סענע**

צענער 1. דער (–/ס) coin/bill for ten units

|| **2. צענער** מצ tens

|| **3.** אַדי–אינוו : **די צענער יאָרן** the 10's, second decade of a century

צע'נער־יאָרן מצ *neol.* teens, adolescence

צע'נערל דאָס (עך) coin/bill for ten units

צע'נערליי אַדי–אינוו of ten kinds

צע'נערלינג דער (ען/ער) *neol.* teenager, adolescent

צעסאָרטיר|ן וו (–ט) sort *perf.*

צעסאָ'רטעווע|ן וו (–ט) **זע צעסאָרטירן**

צעסאַרקע די (ס) honeydew (melon)

צעסיטע|ן וו (–ט) *dial.* untwist

צעסיל(י)ע|ן וו (–ט) unthread, unstring

צעסלער דער (ס) **זע טעסלער**

צעספּוזשע|ן וו (–ט) frighten away, spook

|| **צעספּוזשען זיך** (horse) bolt, run off

צעענצלונג די (ען) breakdown (of figures), itemization

צעענצל|ען וו (–ט) break down (figures), itemize

צעעס|ן וו (צעגעסן) corrode, eat away

צעע'פֿענ|ען וו (–ט) open wide; unfold, unroll

צעפּ[1] דער (עס) זע ציפּ

צעפּ[2] מצ זע צאָפּ

צעפּאַטל|ען וו (–ט) tousle, dishevel

צעפּאַטש|ן וו (–ט) slap *perf.*

|| צעפּאַטשן זיך start to clap/applaud

|| צעפּאַטשן זיך <מיט> fight

צעפּאַשקע|ן וו (–ט) spoil *perf.*, soil, damage

צעפּאָלאָכעט אַדי זע צעפּאָלאָשעט

צעפּאָלאָשעט אַדי wild with fright; spooked, bolting (horse)

צעפּאָלאָשע|ן זיך וו (–ט) take fright, be startled/spooked; (horse) bolt, run off

צעפּאַ'סעווע|ן וו (–ט) cut into strips; lacerate with a whip

צעפּאָ'קט אַדי pockmarked

צעפּאַק|ן וו (–ט) unpack *perf.*, undo

צעפּאַרעט אַדי sweaty

צעפּאַרע|ן וו (–ט) vaporize; warm up with steam

צעפּודזשע|ן וו (–ט) זע צעספּוזשען

צעפּודל|ען וו (–ט) זע צעפּאַטלען

צעפּויק|ן וו (–ט) spread *trans.* (rumor), shout from the rooftops

צעפּוכאַ' די זע טשעפּוכאַ

צעפּוקעט ווער|ן וו (איז צעפּוקעט געוואָרן) *fam.* burst *intr.*

צעפּו'קעניש : דאָס אויף צעפּוקעניש *fam.* out of spite, to the chagrin of

|| די שׂונאים אויף צעפּוקעניש [SONIM] to spite one's enemies

צעפּטער דער (ס) זע סקעפּטער

צעפּטער|ן וו (–ט) [TSEPATER] botch, waste

צעפּײַניקט אַדי tormented, tortured

צעפּי'לדער|ן זיך וו (–ט) start making a racket

צעפּיעשטשע|ן וו (–ט) זע צעפּעסטען

צעפּיצל|ען וו (–ט) break/cut up into small pieces

צעפּיק|ן וו (–ט) peck apart

צעפּל[1] דאָס (עך) צאָפּ דימ braid

צעפּל[2] דאָס (עך) צאַפּן דימ suppository

צעפּלאַטש|ן וו (–ט) זע צעפּלעטשן

צעפּלאָ'נטער|ן וו (–ט) jumble, tangle

צעפּלאַ'צט ווער|ן וו (איז צעפּלאַ'צט געוואָרן) explode, burst *intr.*

צעפּלאָשעט אַדי disheveled, windblown (hair, coattails, etc.)

|| פּ״גל צעפּאָלאָשעט

צעפּלוי'דער|ן וו (–ט) disclose, spread (news)

|| צעפּלוידערן זיך settle down to chat

צעפּלינג דער (ען) hair ribbon (for braids)

צעפּלעט|ן וו (צעפּלע'ט) smash *perf.*

צעפּלעטש|ן וו (–ט) flatten

צעפּעלי'ן דער (ען) dirigible, zeppelin

צעפּע'נעצ|ן וו (–ט) slice

צעפּעסטע|ן וו (–ט) spoil (child)

צעפּעק דער (עס) זע טשעפּיק

צעפּעקל|ען זיך וו (–ט) open one's baggage, unpack

צע'פּציכע די (ס) זע טשעפּטשיכע

צעפּראַל|ן וו (–ט) open wide

צעפּראָשע|ן וו (–ט) pulverize

צעפּרטלונג די (ען) [TSEPRATLUNG] *neol.* break-down (of figures)

צעפּרטל|ען וו (–ט) [TSEPRATL] *neol.* break down (figures), itemize

צעפּריִעט אַדי sweaty; chafed (by sweat)

צעפֿאָכ(ע)|ן וו (–ט) fan (a fire)

צעפֿאַ'ל דער breakdown, disintegration, fragmentation

צעפֿאַל·ן אַדי broken-down, dilapidated, in ruins

צעפֿאַל|ן (זיך) וו (איז צעפֿאַלן) fall apart, crumble, go to rack and ruin

|| צעפֿאַלן (זיך) אויף שטיקער fall to pieces

צעפֿאַ'לנקייט די decadence; ruinous state, dilapidation

צעפֿאָר·ן אַדי צעפֿאָרן זיך פֿאַרט disorganized, confused; worn out

צעפֿאָר|ן זיך וו (איז צעפֿאָרן) disperse, drive off in all directions

צעפֿוילונג די decay, deterioration

צעפֿוי'לט אַדי rotten; in decline

צעפֿיבערט אַדי delirious, feverish

צעפֿײַל|ן וו (–ט) file away/down

צעפֿײַ'ער|ן זיך וו (–ט) grow impassioned; lose one's temper, rant and rage

צעפֿײַפֿ|ן זיך וו (–ט) break into whistling

צעפֿינקל|ען זיך וו (–ט) start sparkling/twinkling

צעפֿירונג די (ען) (chem.) solution

צעפֿיר|ן וו (–ט) deliver, distribute; dilute, dissolve; thin, stretch, water down

|| צעפֿירן (זיך/מיט) די הענט open/spread one's arms; act, show what one is capable of; *fam.* start slugging

צעפֿירער דער (ס) solvent

צעפֿלאַטערט אַדי fluttering; agitated, throbbing; in tatters, tattered

צעפֿלאָכט·ן אַדי/אַדוו צעפֿלעכטן פּאַרט taken aback, disconcerted

צעפֿלאַ'מט אַדי/אַדוו burning, ablaze; flushed, blushing; enthusiastic, excited; (animal) in heat, in rut

צעפֿלאַמטקייט די enthusiasm, keenness; (animal) heat, rut

צעפֿלאַמ|ען זיך וו (–ט) blaze, burst into flames; flare up *fig.*

צעפֿלאָס·ן אַדי צעפֿליסן (זיך) פּאַרט melted; vague, blurry; undone, disarrayed (hair)

צעפֿלאַ'קער|ן זיך וו (–ט) flare up

צעפֿלויג·ן אַדי צעפֿליִען (זיך) פּאַרט distracted, absentminded

צעפֿלייצונג די (phys.) diffusion, expansion

צעפֿלייצ|ן זיך וו (–ט) diffuse, spread

צעפֿליס|ן (זיך) וו (איז צעפֿלאָסן) melt away *intr.*; (liquid) flow away, spread; become limp

צעפֿליִ|ען (זיך) וו (איז צעפֿלויגן) fly off in different directions

צעפֿליק|ן וו (–ט) rip, tear, tatter

צעפֿלעכט|ן וו (צעפֿלאָכטן) untwist, undo; disturb, upset; waste, squander

צעפֿערטל|ען וו (–ט) cut in quarters; tear apart, dismember

צעפֿראַסק|ען וו (–ט) *fam.* slap *perf.*

צעפֿראָר·ן/צעפֿרויר·ן אַדי frozen

צעפֿריילעכט אַדי joyous, mirthful

צעפֿרעס|ן וו (צעפֿרעסן) corrode, eat away

צעצאָל|ן זיך וו (–ט) pay off all one's debts; settle one's accounts

צעצאַמ|ען וו (–ט) fence in

צעצוויטעט אַדי in full bloom

צעצווייַ'ג דער (ן) tree-like growth/structure; ramification

צעצווייַגונג די (ען) ramification, splitting into branches

צעצווייַג|ן זיך וו (–ט) diverge, branch out; develop

צעצווייונג די (ען) splitting, bifurcation

צעצוויי|ען וו (–ט) split, splinter, bifurcate

צעצויג·ן אַדי צעציִען פּאַרט tense, drawn; drawn out, stretched; too long (duration), interminable

צעצו'קער|ן וו (–ט) snap up, buy/consume eagerly; sell off quickly/advantageously

צעצינד|ן וו (צעצונדן) ignite, kindle, stir up

צעציִ'עוודיק אַדי stretchable

צעציִ|ען וו (צעצויגן) draw out, stretch, lengthen *trans.*

צעקאָדערט אַדי ragged, in rags

צעקאַ'טעוו|ען וו (–ט) flog, whip

צעקאָ'כט אַדי צעקאָכן פּאַרט enraged, infuriated

צעקאָכ|ן וו (–ט) boil well; overboil

|| צעקאָכן זיך get excited, fly into a rage

צעקאָלאָטשע|ן וו (–ט) זע צעקלויצען

צעקאַליעטשע|ן וו (–ט) bruise, wound, mutilate

צעקאַמ|ען וו (–ט) comb out, disentangle (with a comb); make a part (in hair)

צעקאַק|ן וו (–ט) *vulg.* spoil, waste, screw up *trans.*

צעקאַרב|ן וו (–ט) notch *perf.*, nick

צעקאַרדאַשע|ן וו (–ט) cut to pieces; wound, bloody

צעקאָ'שמע(ר)|ן וו (–ט) tousle, dishevel

צעקודלעט אַדי tousled, shaggy (hair, beard)

צעקוואַטשעט אַדי soggy, softened

צעקוואַשע|ן וו (–ט) bloody

צעקוויטשע|ן זיך וו (–ט) (start to) shriek

צעקוועטש|ן וו (–ט) crush, squash

צעקוש|ן וו (–ט) cover with kisses

|| צעקושן זיך <מיט> kiss each other; give (s.o.) a kiss

צעקייַל|ן וו (–ט) beat up, bruise

צעקייַ|ען = צעקייַען וו (–ט) chew well *perf.*; *fig.* understand, take in, assimilate; *hum.* get, catch on to

|| צעקייַען אַק <דאַט> spoon-feed stg. (to)

צעקלאָג|ן זיך וו (–ט) burst into tears, start moaning

צעקלאַפּ|ן וו (–ט) hit, hurt; break into pieces; grind up; beat, defeat

|| צעקלאַפּן זיך hurt oneself, get bruised

|| צעקלאַפּן זיך <מיט/אין/אָן> bang/bump (into)

צעקלויצ|ן וו (–ט) stir vigorously

צעקלייַב|ן וו (צעקליבן) sort out *perf.*

צעקלייע|ן וו (–ט) unglue, detach; *fig.* tire out, wear out

צעקלינג|ען וו (צעקלונגען) announce, trumpet
|| צעקלינגען זיך start ringing
צעקליצ|ן וו (–ט) זע צעקלויצען
צעקלע'מט אַדי distressed, dejected, rueful
צעקלעפּ|ן וו (–ט) cover with posters
צעקנאָ'דער|ן וו (–ט) זע צעקנוידערן
צעקנאַק|ן וו (–ט) crack, crush; *pop.* spend, blow (money)
|| אַ האַרט|ע(ר) נוס צו צעקנאַקן a hard nut to crack
צעקנוי'דער|ן וו (–ט) crumple, crease
צעקנייטש|ן וו (–ט) crease *perf.*, wrinkle, crumple
צעקניל|ן וו (–ט) *dial.* wrinkle, crease, crumple
צעקניפּ|ן וו (–ט) untie, unknot
צעקנעפּל|ען וו (–ט) unbutton
צעקעמ|ען וו (–ט) זע צעקאַמען
צעקראָכ·ן אַדי צעקריכן (זיך) פּאַרט worn out, gone to pieces; slovenly; weak, meek, soft-hearted
צעקראַצ|ן וו (–ט) scratch *perf.*, score
צעקריג|ן זיך וו (–ט) begin to quarrel; have a falling out
צעקריטיקיר|ן וו (–ט) criticize sharply
צעקריי|ען זיך וו (–ט) (rooster) start crowing
צעקריכ|ן (זיך) וו (איז צעקראָכן) go to pieces, disintegrate
|| צעקריכן זיך disperse *intr.* slowly/furtively
צעקרימ|ען וו (–ט) distort, deform
צעקריצ|ן וו (–ט) זע צעקראַצן
צעקרישל|ען = צעקרישע|ן וו (–ט) crumble (up), break to pieces
|| צעקרישלען זיך crumble away, fall part
צעקרעל|ן וו (–ט) scratch *perf.* (to the point of bleeding)
צער דער [TSAR] grief, sorrow; anxiety, worry; pity
|| צום צער unfortunately
|| איר זאָלט מער פֿון קיין צער ניט וויסן may you be spared further sorrow (statement of condolence)
|| אַז דער צער פֿון טראָגן איז יאָ אַזוי' גרויס if one is already making the effort
צעראַביר|ן וו (–ט) זע צעראַבעווען
צעראַ'בעווע|ן וו (–ט) plunder, sack
צעראַט·ן אַדי (of) oilcloth
צעראַטע די (ס) oilcloth

צעראַצ|ן וו (–ט) זע צעקראַצן
צעראָצ|ן זיך וו (–ט) *fam.* (nose) start to run
|| צעראָצן זיך אויף *vulg.* let loose at, tear into
צער־בעלי־חיים דער [TSAR-BALEKhAIM] compassion for living things; *euph.* invalid, cripple
|| צער־בעלי־חיים־געזעלשאַפֿט Society for the Prevention of Cruelty to Animals
צער־גידול־בנים דער [TSAR-GIDL-BO'NIM] trials of bringing up children
צערו'דערונג די agitation, distress
צערו'דער|ן וו (–ט) upset, rattle, disturb
צערויב|ן וו (–ט) זע צעראַבעווען
צערויש|ן זיך וו (–ט) start to rustle
צערונג די food, victuals
צערונען ווער|ן וו (איז צערונען געוואָרן) dissipate *intr.*, fade away
צערונצל|ען וו (–ט) wrinkle, crisscross with wrinkles
צערוקטיש דער (ן) extension table
צערוק|ן וו (–ט) spread out, push apart
צערטיפֿיציר|ן וו (–ט) certify
צערטיפֿיקאַ'ט דער (ן) certificate; permit to enter Palestine issued by the British authorities starting in 1925 to Jewish candidates for immigration (via the Zionist Organization)
צע'רטל־... affectionate
|| צערטל־דימינוטיוו diminutive of endearment
|| צערטל־נאָמען pet name
צערטלעך אַדי/אַדוו tender, affectionate
צע'רטלעכקייט די tenderness, affection
צערטל|ען וו (גע–ט) caress, cuddle
צעריב·ן אַדי צערײַבן פּאַרט grated, ground, shredded
צע'ריווקע די (ס) darning, mending
צעריטשע|ן זיך וו (–ט) start to bellow/roar
צערײַב|ן וו (צעריבן) grate *perf.*, grind up; waste (time); smooth over (bad impression), cover up (scandal)
צערייד|ן זיך וו (צערע'דט) זע צערעדן זיך
צערײַסונג די *neol.* abrogation (of a treaty)
צערײַס|ן וו (צעריסן) tear up *perf.*; sever (connection); abrogate (treaty); *(as exaggeration)* kill with one's own hands
|| צערײַסן זיך *also* go to no end of trouble, bend over backwards
|| עס גייט ניט, כאָטש צערײַס זיך! it won't work no matter what you do
צערייצ|ן וו (–ט) provoke, stir up, exasperate

צערינונג די dissolution, dissipation
צערי'נעוועט אַדי *dial.* destroyed, ruined
צערינ|ען זיך וו (איז צערונען) dissipate *intr.*, fade away, disappear
צעריס·ן אַדי torn, ripped; ragged, tattered; at loggerheads, not on good terms
|| צעריסן און צעשליס·ן in rags and tatters
צערי'סנקייט די disunity, discord, rift
צעריִ|ען וו (–ט) rummage through, turn upside down
צעריפּעט אַדי shrill, jarring
צעריר|ן וו (–ט) shake up, stir up
צער|ן וו (גע–ט) feed, nourish; spend (money) on food
|| צערן זיך be nourished; be on a diet
צערע[1] די (ס) complexion
צערע[2] די (ס) זע צירע
צערעד|ן זיך וו (–ט) launch into a long speech/conversation
צע'רעוו|ען[1] וו (גע–ט) זע צירעווען
צערעוו|ען[2] זיך וו (–ט) begin to howl/roar; burst into sobs
צערע'כענ|ען זיך וו (–ט) settle accounts (with s.o.)
צערעמאָניע די (ס) [NY] ceremony
|| מצ *also* fuss, airs
צערעמאָניע|ן זיך וו (–ט) <מיט> [NY] stand on ceremony, make a fuss (over)
צע'רענ|ען וו (גע–ט) <אויף> be furious (with)
צערעפּעט אַדי disheveled; unbecoming, ungainly
צערעפּטל|ען וו (–ט) slice
צערקווע די (ס) Greek/Russian Orthodox church
צערקל דער (ען) זע צירקל
צעשאָב|ן וו (צעשאָבן) grate *perf.*, slice thinly
צעשאָט·ן אַדי scattered; spaced/spread out; inattentive, flighty; broken down, in pieces
צעשאָקל|ען וו (–ט) shake, rock
|| צעשאָקלען זיך start to sway/swing
צעשאַר|ן וו (–ט) scatter, spread (with a rake, etc.)
צעשאַשטשע|ן וו (–ט) *dial.* waste, squander
צעשוווּמען אַדי צעשווימען (זיך) פּאַרט blurred, vague
צעשווימ|ען (זיך) וו (איז צעשוווּמען) swim apart, swim away from each other; become blurred
צעשויבערט אַדי disheveled, tousled
צעשוי'בער|ן וו (–ט) dishevel
צעשוי'מט אַדי foaming

צעשטאַפּל|ען וו (–ט) arrange at (vertical) intervals
צעשטאַרב|ן וו (איז צעשטאָרבן) (group) die out
צעשטאָרקעט אַדי sullen
צעשטויב|ן וו (–ט) pulverize, reduce to dust; disperse
צעשטויס|ן וו (צעשטויסן) pound, crush
צעשטופּ|ן וו (–ט) push apart, separate
צעשטו'רעמ|ען זיך וו (–ט) let loose, fly into a rage
צעשטיפֿ|ן זיך וו (–ט) celebrate, have a blast
צעשטיקל|ען וו (–ט) shred, cut into small pieces
צעשטעכ|ן וו (צעשטאָכן) riddle with cuts, stab all over
|| צעשטעכן זיך get stung/scratched
צעשטע'ל דער (ן) arrangement; (page) layout
צעשטעלונג די deployment
צעשטעל|ן וו (–ט) arrange; (milit.) station, deploy
|| צעשטעלן זיך אין אַ ריי line up *intr.*
צעשטעק|ן וו (–ט) stick here and there; invest/lend (money) widely
צעשטערונג די (ען) destruction
צעשטערכע|ן וו (–ט) weaken, undermine
|| צעשטערכען זיך argue, quarrel
צעשטער|ן וו (–ט) destroy, demolish; upset (order), disrupt (plan)
צעשטערנט אַדי starry, star studded
צעשטע'רעריש אַדי/אַדוו destructive; disruptive
צעשטראַ'לט אַדי radiant
צעשטרודל|ען וו (–ט) *dial., fam.* confuse, disturb
צעשטריי'ט אַדי/אַדוו *Germ.* distracted, absent-minded
צעשטריי|ען וו (–ט) *dial.* disperse, spread; *Germ.* distract, divert
צעשטרעק|ן וו (–ט) extend, stretch out
צעשיט|ן (זיך) וו (צעשאָטן/צעשי'ט) scatter (dry materials) *trans./intr.*, strew
|| צעשיטן זיך *also* crumble *intr.*, turn to dust
צעשי'טער|ן וו (–ט) thin out, make less dense
צעשיידונג די (ען) separation, parting
צעשייד|ן (זיך) וו (–ט) separate *trans./intr.*, part; dissociate, divide
צעשײַנ|ען זיך וו (–ט) light up, start shining
צעשי'כט אַדי זע צעשיכטלט
צעשיכטונג די (ען) stratification
צעשיכטלט אַדי stratified

צעשיכט|ן וו (צעשי'כט) stratify; stagger, space

צעשיס|ן וו (צעשאָסן) shoot up (*esp.* group); shoot to pieces

צעשיק|ן וו (–ט) send/mail out (to multiple recipients)

צעשלאָג.ן **1.** אַדי *fam.* crazy, confused

|| **2.** צעשלאָג|ן וו (צעשלאָגן) hit/bash *perf.*, bruise; smash; beat (eggs); defeat, rout

|| צעשלאָגן <דאַט> די געדאַנקען distract (s.o.)

|| צעשלאָגן זיך bang (head, elbow, etc. against stg.); come to blows

צעשליס.ן אַדי זע צעריסן

צעשלעפּ|ן וו (–ט) tear apart; pillage, sack

צעשמאַלצן ווער|ן וו (איז צעשמאָלצן געוואָרן) melt *intr.*

צעשמועס|ן זיך וו (–ט) launch into a long discussion

צעשמייכל|ען זיך וו (–ט) break into a big grin

צעשמײַס|ן וו (צעשמיסן) whip *perf.*

צעשמיצ|ן וו (–ט) scatter

צעשמיר|ן וו (–ט) smear, spread; go on and on about

צעשמע'טער|ן וו (–ט) smash, shatter

צעשמעלצ|ן וו (צעשמאָלצן) melt *perf.*, smelt

|| צעשמעלצן זיך melt *intr.*

צעשנו'רעווע|ן וו (–ט) unlace

צעשנײַד|ן וו (צעשניטן) <אויף> cut (into) *perf.*, divide up (into)

|| צעשנײַדן זיך cut oneself

צעשע'דיק|ן וו (–ט) damage *perf.*, wreck, ruin

צעשענק|ען וו (צעשאָנקען/–ט) give out as gifts

צעשערבל|ען וו (–ט) reduce (pottery) to shards

צעשער|ן וו (צעשוירן/צעשאָרן) cut (up) with scissors

צעשפּאַלט|ן וו (צעשפּאָלטן) split *trans. perf.*, crack

צעשפּאַר|ן וו (–ט) push open/apart; open wide

צעשפּיליע|ן וו (–ט) unbutton, unfasten

צעשפּיל|ן זיך וו (–ט) (colors, sounds) radiate, (imagination, feelings) run wild; start acting up

צעשפּלי'טער|ן וו (–ט) split into pieces, shatter

צעשפּרונגען ווער|ן וו (איז צעשפּרונגען געוואָרן) *fam.* explode, burst, fly off the handle

צעשפּרײַז|ן וו (–ט) spread/open wide

צעשפּרייטונג די extension, expansion; diffusion; dispersion, diaspora

צעשפּרייט|ן וו (צעשפּריי'ט) spread; spread (limbs); disseminate, propagate; disperse

|| צעשפּרייטן זיך וועגן dwell on (at length)

צעשפּרינג|ען וו (איז צעשפּרונגען) burst, explode

צעשפּרי'נגעניש : דאַט אויף צעשפּרינגעניש to spite s.o., to s.o.'s chagrin

צעשפּריצ|ן וו (–ט) spray

צעשפּרענקל|ען וו (–ט) scatter

צעשראָק.ן אַדי frightened

צעשרויפּ|ן וו (–ט) unscrew, take apart; upset, confuse

צעשרײַב|ן זיך וו (צעשריבן) write non-stop; (all parties together) draw up a contract; sign

צעשרײַ|ען זיך וו (צעשריגן/צעשריִען) start shouting; scold, tell (s.o.) off <אויף>

צעשׂרפֿעט אַדי [TSESARFET] burning *fig.*, aglow

צפֿון[1] דער [TSOFN] north, the North

|| צפֿון צו northward

|| דער עקסט|ער/ווײַטסט|ער צפֿון the Far North

צפֿון-[2]... [TSO'FN] northern

צפֿונדיק אַדי [TSO'FNDIK] northern

צפֿון-ליכט דאָס [TSO'FN] northern lights, aurora borealis

צפֿון-מיזרח דער [TSOFN-MI'ZREKh] northeast

צפֿון-מיזרחדיק אַדי [TSOFN-MI'ZREKhDIK] northeastern

צפֿון-מערבֿ דער [TSOFN-MA'YREV] northwest

צפֿון-מערבֿדיק אַדי [TSOFN-MA'YREVDIK] northwestern

צרה די (–ות) [TSORE] hardship, affliction, calamity; good-for-nothing

|| מצ troubles; misery, suffering

|| דאָס איז די צרה there's the rub, that's the problem

|| געהאַקטע/געברענטע צרות *fam.* huge problems

|| אויף צרות unfortunately for me/you/...

|| זײַן* אויף צרות be hard up, have a hard time

|| צו אַלע צרות on top of it all, to add insult to injury

|| קוים מיט צרות with great difficulty

|| אָנ|טאָן* דאַט צרות give some one a hard time

צרהדיק אַדי [TSO'REDIK] lamentable, miserable, wretched

צרוף דער (ים) זע צירוף

צרות-צרורות מצ [TSORES-TSRU'RES] great misfortunes

צרכי-ציבור מצ [TSORKhE-TSI'BER] needs/interests of the community

צרכי־רבים מצ [TSORKhE-RA'BIM] needs/interests of the public

צרעת די [TSORAAS] leprosy; plague, calamity

צרת־רבים די [TSORES-RA'BIM] collective misfortune

ק

ק דער/די [KUF] letter of the Yiddish alphabet; pronounced [K]; numerical value: 100

קאַ[1] דער (ען) (the letter) K

קאַ'[2] אַרט זע קיין[1]

קאָ... co-

|| קאָפּילאָ'ט co-pilot

קאָאַליציע די (ס) coalition

קאַאַס פֿאָנ כעס

קאָאָפּטיר|ן וו (–ט) co-opt

קאָאָפּעראַטי'וו 1. אַדי cooperative

|| 2. דער (ן) cooperative

קאָאָפּעראַציע די cooperation

קאָאָפּעריר|ן וו (–ט) cooperate

קאָאָרדינאַ'ט דער (ן) (math., geogr.) coordinate

קאָאָרדינאַציע די (ס) coordination

קאָאָרדיניר|ן וו (–ט) coordinate

קאַבאָלע פֿאָנ קבלה

קאַבאַ'ן דער (עס) (wild) boar

קאַבאַ'ק[1] דער (ן) squash, pumpkin

קאַבאַ'ק[2] דער (עס) tavern, diner, greasy spoon

קאַבאַרע' דער (ען) זע קאַבאַרעט

קאַבאַרע'ט דער (ן) cabaret, nightclub

קאָבורע די (ס) holster

קאָבזאַ'ר דער (ן) balalaika player

קאָבילע די (ס) mare

קאַבינע די (ס) cabin

קאַבינע'ט דער (ן) study, office; (government) cabinet

קאַבל דער (ען) cable (structural, electrical)

קאַבלאָגראַ'ם די (ען) cable, telegram

קאַבל|ען וו (גע–ט) wire, telegraph

קאַבציע די (ס) זע קאַפּציע

קאַבקע די (ס) זע קאַפּקע

קאָברעץ דער (ן) carpet; lap robe

קאַגאַנ(י)עץ דער [Ny] זע קאַנעץ

קאָד דער (ן) code (encrypted)

קאַדאָכעס פֿאָנ קדחת

קאַדויטשע|ן וו (–ט) shake; beat, thrash

קאַדושקע די (ס) קאַדקע דימ (water) tub; churn

קאַדיניע דער (ס) [Ny] pot-bellied man; roly-poly toy

קאַדיק[1] דער (עס) devil, demon

קאַדיק[2] דער (עס) conifer (tree/branch)

קאָדיר|ן וו (–ט) (en)code

קאָדע די (ס) fat tail (of sheep); (mus.) coda

קאַדע'ט דער (ן) (milit.) cadet; *slang* procurer, pimp

קאַדע'נץ די (ן) term of office; (mus.) cadence

קאַדעפּ דער (עס) vat, (water) tank

קאָדעקס דער (ן) (jur.) (legal) code

קאַדער דער (ס) core group, managerial staff

קאָדער דער (ס) tatter, rag

קאָ'דער|ן וו (גע–ט) tear to shreds *imperf.*

קאַדקע די (ס) vat, (water) tank

קאַדרי'ל דער (ן) quadrille (dance)

קאַו... זע ווערטער מיט קוי...

קאַובוי דער (ס) cowboy

קאָוואַדלע די (ס) anvil

קאָוואַל = קאָוואַ'ל דער (עס) דימ דער

קאָוואַלטשיק [Ly] blacksmith

קאַוואַלי'ר דער (ן) beau, suitor, escort; (male) dance partner

קאַוואַלערי'סט דער (ן) [Ly] (milit.) cavalryman

קאַוואַלעריע די [Ly] cavalry

קאַוואַלעריש אַדי/אַדוו [Ly] gallant, chivalrous

קאַוואָ'ן דער זע קאַווענע

קאַוואָנע פֿאָנ כוונה

קאַוויאַר דער caviar

קאַוויאָ'ר דער (ן) carpet, rug

קאַוויאַרניע די (ס) [Ny] coffeehouse, café

קאַוויר|ן וו (–ט) <פֿאַר> guarantee, vouch (for)

|| קאַווירן אַז assure that, guarantee that

קאַוון דער (ס) זע קאַווענע

קאָװנע (די) Kovno, Kaunas

קאַווע די coffee

קאָוועד פֿאָנ כבוד

קאָוועל דער (עס) [Ly] זע קאָוואַל

קאָווע|ן וו (גע–ט) forge, hammer (metal) *imperf.*; shoe (horse)

|| קאָוועןאין קייטן put in irons, shackle

קאַווענטשע|ן זיך וו (–ט) <מיט> struggle (with), wear oneself out (doing stg.)

קאַ'וועניק דער (עס) coffee pot

קאַ'ווענע די (ס) watermelon

קאַווציע די (ס) זע קויציע

קאַווקאַ'ז דער — Caucasus

קאַווקאַזיש אַדי — Caucasian

קאַזאַטשאָ'ק דער זע קאָזאַצקע[2]

קאַזאַ'טשינע די (ס) — *dial.* story, tale

קאָזאַטשקע די (ס) — Cossack woman

קאַזאַלע די (ס) — *dial.* tale, legend; tall tale, gossip

קאָזאַצקע[1] = קאָזאַצקע אַדי — Cossack

|| קאָזאַצקע|ר יושר [YOYShER] — iniquity, arbitrary justice

קאָזאַצקע[2] = קאָזאַצקע די (ס) — popular Jewish dance of Cossack origin

קאָזאַק[1] דער (...אַ'קן) — Cossack

|| אַ יי'דענע אַ קאָזאַק — domineering/enterprising Jewish woman

|| שטרוי'ענ|ער קאָזאַק — braggart

|| גאָטס קאָזאַק — *hum.* critic of other people's morals

|| העלפֿ|ן/שאַט|ן ווי אַ קאָזאַק אַן עין־הרע [EYNORE] — have no effect

|| פֿ״גל קאָזאַצקע[2]

קאָזאַק[2] דער (עס) — prison

קאָזאַק־הניגזל דער [HANIGZL] — *hum.* powerful person claiming to have been wronged as a justification for his abuses

קאָזאַקיש אַדי — Cossack

קאַזאַרמע די (ס) — barracks

קאַזויסטיק די — casuistry

קאָזיאָ'ל דער (עס) [Zy] — billy goat

קאַזיאָנע אַדי [Zy] — of the governmental/fiscal authorities; administrative; *pejor.* banal, conventional

|| קאַזיאָנע|ר רבֿ [ROV] — (in tsarist Russia) state appointed official rabbi

|| אויף קאַזיאָנע קעסט — paid for by s.o. else, at the taxpayers' expense; in the clink/cooler, imprisoned

קאַזידלע די (ס) — censer

קאָזיר דער (עס) זע קאָזער

קאָזיראָ'ק דער (עס) — visor

|| פֿ״גל פּאָד קאָזיראָק

קאָזלע די (ס) — scaffold, sawhorse; coachman's seat

קאָ'זלענע אַדי — of a billy goat

קאַזנאַ' (די) — (in Russia) treasury, exchequer; the government

קאַזנאַטשיי' דער (עס) — *Slav.* treasurer

קאַזנאַטשייסטווע די (ס) — *Slav.* treasury, exchequer

קאָזע די (ס) — goat; prison; cheater (at games)

קאַזעמאַ'ט דער (ן) — bunker; cell, prison

קאָזער דער (ס) — trump; trump card

קאָזשוך דער (עס) — pelisse, fur-lined coat

קאָ'זשלקע די (ס) זע קאָזשעליק

קאָ'זשעליק דער (...לקעס) — somersault

קאַט דער (ן) — executioner, hangman

קאָט דער (עס) — tomcat

קאָטאַ אינט — *(to a cat)* scat! shoo!

קאַטאָוועס דער/דאָס (ן) — joke

|| אויף קאַטאָוועס — in jest, for fun

|| ניט אויף קאַטאָוועס — seriously, in earnest

|| אָן קאַטאָוועס — no joke, seriously

|| טרײַב|ן קאַטאָוועס <מיט> — poke fun (at), pull (s.o.'s) leg

קאַטאָ'וועסדיק אַדי — funny, facetious

קאַטאָ'וועס־טרײַבער דער (–/ס) — (practical) joker

קאַטאָ'וועסל דאָס (עך) — pleasantry, bon mot

קאַטאַלאָ'ג דער (ן) — catalog

קאַטאַלאָגיר|ן וו (–ט) — catalog *imperf.*

קאַטאָלי'ק דער (ן) — Catholic

קאַטאַסטראָפֿאַ'ל אַדי — catastrophic

קאַטאַסטראָפֿע די (ס) — catastrophe, disaster

קאַטאַפֿאַ'לק דער (ן) — catafalque, bier

קאַטאָ'ק דער — *dial.* skating rink

קאַטאַ'ר דער (ן) זע קאַטער[1]

קאַטאַראַ'קט דער (ן) — cataract (eye)

קאַ'טאָרגע די — forced labor, penal colony

|| אויף קאַטאָרגע — to hard labor

קאַטאָרזשאַ'ן דער (עס) פֿעמ קע זע קאַטאָרזשניק

קאַ'טאָרזשניק דער (עס) — convict (sentenced to hard labor)

קאַ'טאָרזשנע אַדי — hard/penal (labor)

קאַטאָרי = קאַטאָרע פּאַרטיקל — *hum.* pardon my saying so *(combined with a relative pronoun, suggests exaggerated praise)*

|| אַ מענטש קאַטאָרי וועלכער — *hum.* someone really, really ...!

|| אַ חתן וואָס קאַטאָרע [KhOSN] — quite the fiancé!

קאַטוי'ל דער (ן) פֿעמ ין — Catholic

קאַטויליציזם דער — Catholicism

קאַטויליש אַדי — Catholic

קאַטוי'ך = קאָטוי'ך דער (עס/ן) — space set up under an oven to house chickens in winter; chicken coop, henhouse

קאַטושקע די (ס) — bobbin, spool

קאַטײַע|ן זיך וו (–ט) — drive *intr.*, take a drive (in a car, sleigh, etc.)

קאַ'טינקע די (ס) — *affect.* pussycat, sweetie, honey

קאָטיק דער (עס) — sea otter

קאָ'טיק·ן אַדי — (of) otter fur

קאָטלאָוואַ'ן דער (ען) — *Slav.* digging, excavation

קאָטליער דער (ס/...ליאַ'רעס) — boilermaker, coppersmith

קאָטלע'ט דער (ן) [Ly] — chop, cutlet; hamburger

קאַטעגאָריע די (ס) — category

קאַטעגאָריש אַדי/אַדוו — categorical

קאַטעדראַ'ל דער (ן) — cathedral

קאַטעדרע די (ס) — cathedral; university chair

קאַ'טעוויניק דער (עס) — jester, joker

קאַ'טעווע|ן וו (גע–ט) — lash, flog, whip

קאַטע'ט דער (ן) — leg/side (of a triangle)

קאַטער[1] דער (ס) — (head) cold, catarrh

קאַטער[2] דער (ס) — launch (ship's boat), cutter

קאָטער דער (ס) — tomcat

|| הערן אַק ווי דעם קאָטער — pay no attention to (s.o.), ignore (s.o.)

|| מאַכן אַ קאָטער אויס — mock, make fun of

קאַטערוכע די (ס) — cap, hat

קאַטערינקע די (ס) — barrel organ; old car, jalopy

קאַטערינשטשיק דער (עס) — organ grinder

קאָ'טער|ן וו (גע–ט) — bother, bug

קאָטש די (ן) — (stage)coach

קאַטשאַלאַ'פּ דער (עס) זע קאַטשעלאַפּ

קאַטשאַ'ן דער (עס) זע קאַטשן[2]

קאָ'טשובע די (ס) זע קאָטשערע

קאָטשומע'נט דער (ן) זע קוטשעמענט

קאַטשײַע|ן זיך וו (–ט) זע קאַטײַען זיך

קאַ'טשלקע די (ס) — rolling pin; (front/back) beam (of a loom)

קאַטש·ן[1] אַדי — (of) duck, duck's

קאָטשן[2] דער (קאַ'טשענעס) — stalk, core, cob; ear of corn; *fam.* blockhead, moron; bad actor/singer, ham *fig.*

קאָטשעגאַ'ר דער (ן) — *Slav.* stoker

קאַטשעלאַ'פּ דער (עס) — bungler, good-for-nothing; *pejor.* Hasidic Jew

קאַטשע|ן וו (גע–ט) — roll *trans.*; roll out (dough) *imperf.*

|| קאַטשען זיך — roll *intr.*, wallow

|| קאַטשען זיך פֿאַר געלעכטער — roll on the floor laughing

קאַ'טשענעס מצ זע קאַטשן[2]

קאַטשער דער (ס) — drake

קאָ'טשערע די (ס) — poker, rod

|| קאָטשערעס מיט לאָ'פּעטעס — chicken scratch, illegible handwriting

קאַטשק·ן אַדי — (of) duck, duck's

קאַטשקע די (ס) — duck

|| לאָזן/מאַכן קאַטשקעס (אויפֿן וואַסער) — skip stones (on water)

קאַטשקעוואַטע אַדוו : גיי|ן* קאַטשקעוואַטע — waddle

קאַ'טשקעמילך די — legendary balm/delicacy

קאַיאַ'ף דער (ן) — *pejor.* phony; actor jealous of others' success

קאַיאָ'ר דער (ן) — dawn, daybreak

קאַיו'ט די (ן) — (ship's) cabin, stateroom

קאַיוטע די (ס) זע קאַיוט

קאַיע|ן וו (גע–ט) — (flame) flicker

קאָך דער — agitation, turmoil, commotion; *Germ.* cook

קאָכאַנ(טש)יק דער (עס) — sweetheart; lover

קאָכאַנקע די (ס) — mistress, lover

קאָכבוך דאָס (...ביכער) — cookbook

קאָכזאַלץ די/דאָס — coarse/cooking salt, kosher salt

קאָכיק אַדי/אַדוו — boiling; fervent, ardent; overflowing with activity, effervescent; tempestuous

קאַ'כיקע|ן וו (–ט) — cough, have a choking cough

קאַכל די (–/ען) — ceramic tile

קאַכליאָווע אַדי — *dial.* tiled

קאָכליע די (ס) זע קאַכל

קאָכליע די (ס) — cooking spoon, dipper

קאָכלע די (ס) זע קאַכל

קאָ'כלעפֿל דער (–) — cooking spoon, dipper; *fig., iron.* big shot; meddler, busybody

קאָכ|ן וו (גע–ט) — cook *trans.*, prepare food; boil *trans., imperf.*; boil *intr.*, be boiling

|| קאָכן <מיט> — be in turmoil (over)

|| קאָכן זיך — cook *intr.*, be on the stove; be excited; be in a rage, fume

|| די אַרבעט קאָכט — the work is in full swing

קאָ'כעדיק אַדי — boiling hot

קאַ'כעלן אַדי — (of) (ceramic) tile, tiled

קאָכע|ן זיך וו (גע-ט) <אין> — *hum.* be in love (with), be infatuated (with)

קאָ'כעניש דאָס — agitation, excitement, tumult

קאַל דער — (animal) droppings, dung

קאָל פֿאָנ קול

קאָלאַבאָראַטאָר דער (...אָ'רן) פֿעמ ...אָ'רשע — collaborator (with the enemy)

קאָלאַבאָראַציע די — collaboration (with the enemy)

קאָלאַבאָריר|ן וו (–ט) — collaborate (with the enemy)

קאָלאָדאַ'טש דער (עס) — kitchen knife

קאָלאַ'זש דער (ן) — collage

קאַלאַטויקע די (ס) — churn; churn staff

קאָלאָטניע די [Ny] — malicious gossip; (cause of) discord

קאָלאָט(ש)ע|ן וו (–ט) — mix, shake, stir; chat, shoot the breeze

קאַלאַמאַשקע די (ס) — wagon with benches

קאַלאַמבו'ר דער (ן) — pun

קאַלאַמיעכע די — *dial.* food cooked to mush

קאַלאָמע'ל דער — calomel

קאַלאַנטער דער — (med.) quarantine

קאָלאָניאַ'ל אַדי [NY] — colonial

קאָלאָניאַ'ל-האַנדל דער [NY] — grocery business/store

קאָלאָניזאַטאָר דער (...אָ'רן) — colonizer

קאָלאָניזאַטאָריש אַדי — colonizing

קאָלאָניזאַציע די — colonization

קאָלאָניזיר|ן וו (–ט) — colonize

|| קאָלאָניזירן זיך — settle (farmland)

קאָלאָני'סט דער (ן) פֿעמ קע — settler (in farming community), colonist

קאָלאָניע די (ס) [NY] — colony

קאָלאָנע די (ס) — column

קאָלאָנע'ל דער (ן) — colonel

קאָלאָסאַ'ל אַדי — colossal

קאַלאָפֿאָניע די [Ny] זע קאַנפֿאָליע

קאַלאַפֿיאָ'ר דער (ן) זע קאַליפֿיאָר

קאָלאַציאָניר|ן וו (–ט) — compare, contrast

קאָלאַציע די (ס) [Ly] — *dial.* evening meal, supper

קאַלאַקאָטקע די (ס) זע קאַלעקאָטקע

קאַלאַקאָטשע|ן וו (–ט) זע קאַלעקאָטשען

קאָלאָראָווע אַדי — *Slav.* multicolored

קאָלאָראַטו'ר די — vocal ornament

|| זינג|ען קאָלאָראַטור — sing in a highly ornamented style

קאָלאָרי'ט דער (ן) — nuance, tone; local color

קאַלאָריע די (ס) [Ly] — calorie

קאַלאָריפֿע'ר דער (ן) [Ly] — radiator

קאַלאָ'ש דער (ן) — galosh, rubber overshoe

קאַלאָשע די (ס) — trouser leg, pant leg

קאַלב דאָס (קעלבער) דימ קעלבל — calf

קאָלבאַ'ס = קאָ'לבאַס דער — (non-kosher) sausage; *hum.* non-observant Jew who eats prohibited foods

|| פֿ״גל כּשר

קאָלבאַסניק דער (עס) פֿעמ ...ניצע — sausage maker/vendor; Jew who eats prohibited food, non-believer

קאַ'לבנפֿלייש דאָס — veal

קאָלבע[1] די (ס) [Ly] — (firearm) butt, stock

קאָלבע[2] די (ס) — (chem.) test-tube

קאָלדאַ'ן דער זע קאָלדן

קאָלדוניע די (ס) [Ny] — witch, sorceress

קאָלדן דער — *dial.* paunch, potbelly

קאָ'לד(ע)רע די (ס) דימ קאָ'לדרעכל — blanket, bedcover

|| (געשטעפּט|ע) קאָלדרע — quilted comforter

קאָלהאַמינים פֿאָנ כּל-המינים

קאָלווי'רט דער (ן) — kolkhoz, collective farm

קאָ'לוועראָט דער (ן) — tollgate; windlass, capstan; swirl, whirlpool

קאַלוזשע די (ס) — pool, puddle

קאַלויצע|ן וו (–ט) זע קלויצען

קאָלומבוס פּנ — (Christopher) Columbus

|| קאָלומבוסעס מדינה [MEDINE] — America

|| לעבן זאָל קאָלומבוס! — long live America!

|| אַ קלאָג צו קאָלומבוסן! — America be damned!

קאָלומני'סט דער (ן) — columnist

קאַלומנע די (ס) (newspaper) column

קאַלופּען וו (–ט) pick, scratch, scoop out

|| קאַלופּען זיך dilly-dally, dawdle

קאַלזמאַ'ן פֿאַנ כּל־זמן

קאַלט אַדי/אַדוו (קאָמפּ קעלטער) cold

|| האָבן* קאַלט און וואַרעם go through hard times

|| קאַלט מאַכן *also* bump off, kill

קאַ'לטבלוטיק אַדי/אַדוו coldblooded, callous; nonchalant, indifferent

קאַלטו'ן דער (עס) זע קאָלטן

קאָלטן דער (ס/...טענעס) elflock, tangled plait of hair; *hum.* lock/tuft of hair; *dial.* burdock burr thrown in s.o.'s hair for fun

קאָלטענעוואַטע אַדי with tangled hair, suffering from elflocks; bushy/matted (hair/beard)

קאַלטקייט די coldness

קאַליאַ'ס = קאָליאַ'ס דער (ן) calash, open carriage

קאַליאַסקע די (ס/...קן) זע קאָליאַס

קאַליאַקען וו (–ט) chatter, babble

קאַליבער דער (ס) caliber

קאַליגראַפֿיע די calligraphy, penmanship

קאַליוזשע די (ס) זע קאַלוזשע

קאַליום דער potassium

קאַליטקע די (ס) small door, low gate

קאַליטשען וו (–ט) זע קאַליעטשען

קאַליידאָסקאָ'פּ דער (ן) [Ly] kaleidoscope

קאָלייע די (ס) (cart-)rut, wheel-track; railroad track; turn (in a game)

קאָלייען וו (–ט) *dial.* freeze, be cold

קאָלייקע די (ס) band, group; local train, tramway

קאַ'לינע די (ס) (botan.) guelder rose, Viburnum opulus

קאַליע אַדי–אַטר damaged, spoiled

|| קאַליע ווערן spoil *intr.*, go bad; break down, fail

|| קאַליע מאַכן damage, spoil *trans.*, ruin; botch, mess up; frustrate, thwart

|| קאַליע אויגן weak/sickly eyes *(exceptional attributive usage)*

קאָליע[1] די (ס) rut, wheel-track; *dial.* local train

|| פֿ״גל קאָלייע; קאָלייקע

קאָליע[2] די (ס) case, bundle, packet

קאָליע[3] די (ס) necklace

קאַ'ליעדיק אַדי spoiled, broken down, ruined

קאַ'ליע־ווערעוודיק אַדי perishable

קאַליעטשען וו (–ט) maim *imperf.*, mutilate; deform, distort

קאָליעלע די biting cold

קאָליענדע די (ס) זע קאַלענדע

קאַליע'נד(ר)עווען וו (–ט) זע קאַלענדרעווען

קאַ'ליעקע דער/די (ס) זע קאַליקע

קאַלי'ף, קאַליפֿאַ'ט זע כאַליף, כאַליפֿאַט

קאַליפֿאָניע די [NY] זע קאַנפֿאָליע

קאַליפֿיאָ'ר דער (ן) cauliflower

קאַ'ליקע דער/די (ס) cripple; clumsy person

|| מאַכן פֿאַר אַ קאַליקע cripple, disable

קאָלי'ר דער (ן) color; suit (cards); complexion

|| אָן קאָליר colorless

קאָליראָווע אַדי זע קאָלאָראָווע

קאָלי'רט אַדי colored

קאָליריק אַדי colorful; picturesque

קאָלי'רן־בלינד אַדי color-blind

קאָלי'רנדיק אַדי multi-colored

קאָלירפֿול אַדי colorful; picturesque

קאָלי'ש דער gruel, thin potato soup

קאַלך דער calcium; lime

|| ניט־געלאָ'שענ|ער קאַלך quicklime

קאַ'לכאויוון דער (ס) lime kiln

קאַלכן וו (גע–ט) whitewash *imperf.*

קאַלכשטיין דער limestone

קאָלנער דער (ס/קעלנער) collar

קאַלע פֿאַנ כּלה

קאָלעגין די (ס) [Ly] colleague *fem.*

קאָלעגיע די (ס) [Ly] committee, board; jury

קאָלעגע דער (ס) [Ly] colleague *masc.*

קאָלעדזש דער (ן) *Amer.* college, university

קאָלעזשאַנקע די (ס) [Ly] female friend/companion

קאַ'לעזשע די (ס) [Ly] זע קאַלוזשע

קאַלעך דער זע קאַלך

קאַלעמוטנע אַדי — gloomy, dejected

|| זײַן* דאַט קאַלעמוטנע אויפֿן האַרצן — *rev.* feel sad, have a heavy heart

|| פֿ״גל מוטנע

קאַלענדאַ'ר דער (ן) [Ly] — calendar

קאַלענדע די (ס) [Ly] — Christmas carol/present

קאַלע'נד(ר)עווע|ן וו (–ט) [Ly] — go from door to door (seeking New Year's gifts); run from one person/place to the next; beg, go begging

קאַלע'ס = קאָלע'ס דער (ן) זע קאַליאַס

קאַלעקאָטקע = קאָלעקאָטקע די (ס) — rattle; *fig.* windbag, chatterbox; restless/agitated gang

קאַלעקאָטשע|ן וו (–ט) — rattle *trans.*; jabber, chatter; move about (restlessly)

|| קאַלעקאָטשען זיך — rattle *intr.*, clatter, bang into each other

קאַלעקטאָר דער (...אָ'רן) [Ly] — collector, taxman; lottery ticket-seller

קאַלעקטי'וו [Ly] .1 אַדי — collective

|| .2 דער (ן) — personnel, staff; cooperative enterprise; group, team; pool, grouping

קאַלעקטיווי(זי)ר|ן וו (–ט) — collectivize

קאַלעקציע די (ס) [Ly] — collection

קאָ'לערל דאָס (עך) [Ly...L] — bobbin/spool

קאָ'לערליי פֿאָנ כלערליי

קאָ'לער|ן וו (גע–ט) [Ly] זע קוילערן

קאַלפּאַק = קאָלפּיק דער (עס) — fur hat

קאַלציום דער [Ly] — calcium

קאַלקולאַציע די (ס) [Ly...Ly] — calculation, count, reckoning; estimate; plan, design

קאַ'לקולוס דער [Ly...Ly] — (math.) calculus

קאַלקע די (ס) [Ly] — carbon paper; (ling.) calque, loan translation

קאָלקע די (ס) — eyelet; cardboard cigarette holder

קאַם[1] דער (ען) דימ קעמל — comb; cockscomb; (mountain) crest, ridge

קאַם[2] = קאָם[1] אַדוו זע קוים

קאָם[2] דער זע קאָמע[2]

קאָמאָ'ד דער (ן) — dresser, chest of drawers

קאָמאַטאָ'ז אַדי — comatose

|| קאָמאַטאָז|ער מצבֿ [MATSEV] — coma

קאָמאַנדי'ר דער (ן) פֿעמ שע — commander

קאָמאַנדירונג די (ען) — assignment, mission

קאָמאַנדיר|ן וו (–ט) — (milit.) be in command

קאָמאַנדע די (ס) — command, order; management, leadership; crew, team; bunch, gang

קאָמאַ'נדעווע|ן וו (–ט) — act up, be noisy/disorderly; be bossy, give orders

קאָ'מאָנוועלט די — (British) Commonwealth

קאָמאָנס דער — House of Commons

קאָמאַ'ר דער (ן) — mosquito

קאָמאַ'רינסקע די — name of a Russian folk song/dance

קאָמאָרניק דער (עס) — lodger, (sub)tenant; bailiff; surveyor

קאָמאָרע די (ס) — *dial.* room

קאָמאַ'ש[1] דער (ן) — low boot; gaiter

קאָמאַ'ש[2] דער — red fustian cloth

קאָמאַשניק דער (עס) — cobbler, gaiter maker

קאָמבאַטאַ'נט דער (ן) — combatant

קאָמבינאַציע די (ס) — combination; overalls; scheme, trick

קאָמביניר|ן וו (–ט) — combine

קאָ'מבעלע די (ס) — flatfish, flounder

קאַ'מגאַר(ן) דער זע קאַנגאַרן .1

קאָמונאַ'ל אַדי — communal, collective

קאָמונאַ'ר דער (ן) — Communard, member of the Paris Commune of 1871

קאָמוניזם דער — Communism

קאָמוני'סט דער (ן) פֿעמ קע — Communist

קאָמוניסטיש אַדי — Communist

קאָמוניקאַ'ט דער (ן) — communiqué

קאָמוניקאַציע די — communication; transportation

קאָמוניקאַ'ציע־מיטל דאָס (ען) — means of transportation/communication

קאָמוניקי'ר־מיטל דאָס (ען) — means of communication

קאָמוניקיר|ן זיך וו (–ט) <מיט> — communicate (with), get in touch (with)

קאָמונע די (ס) — commune, community; (historical) the Paris Commune

קאַמופֿלאַ'זש דער [Ly] — camouflage

קאַמופֿליר|ן וו (–ט) — camouflage

קאַמזוי'ל דער (ן) — vest, waistcoat

קאָמיוגי'סט דער (ן) פֿעמ קע — (in the USSR) member of the Communist Youth

קאָמיוואָיאַזשאָ'ר דער (ן) — traveling salesman

קאָמיזוי'ל דער (ן) זע קאַמזויל

קאָמיזם דער — comical aspect (of a situation, etc.)

קאָמיטע'ט דער (ן) — (voluntary/honorary) committee
קאָמילן־טיי דער/די — chamomile tea
קאָמי'ן דער (ען) — fireplace
קאָ'מינאַר דער (עס) — chimney sweep
קאָמינגזימס דער (ן) — mantelpiece
קאָמיניק דער (עס) זע קאָמין
|| פּ״גל קאָמעניק
קאָמיסאַ'ר דער (ן) פֿעמ שע — commissioner, (in the USSR) commissar
קאָמיסאַריאַ'ט דער (ן) — commissariat, (police) precinct/station
קאָמיסיאָנע'ר דער (ן) פֿעמ שע [SY] — agent, broker
קאָמיסיע די (ס) [SY] — commission (fee, committee)
קאָ'מיקער דער (–/ס) פֿעמ ין — comic, comedian; clown, buffoon
קאָמי'ש דער (ן) — (botan.) rush
קאָמיש אַדי/אַדוו — comical, funny
|| זײַן* קאָמיש <דאַט> — *rev.* be amused (by)
קאָ'מישברויט דאָס זע קומיסברויט
קאַמליעט דער — camlet, fine wool
קאַ'מליעט.ן אַדי — (of) camlet
קאַמלעט דער זע קאַמליעט
קאָמסאָמאָ'ל דער (ן) — (in the USSR) Communist youth organization
קאָמע[1] די (ס) — comma; decimal mark
קאָמע[2] די (ס) — clump, chunk; lump, clod
קאָמעדיאַ'נט דער (ן) פֿעמ קע [DY] — buffoon, jester, strolling entertainer
קאָמעדיאַנטסקע אַדי [DY] — buffoonish, clownish
קאָמעדיאַנטשיק דער (עס) [DY] — buffoon, clown
קאָמעדיע די (ס) [DY] — comedy
קאָמעזעלקע די (ס) זע קאַמזויל
קאָמע'ט דער (ן) — comet
קאָמ|ען וו (גע–ט) — comb *imperf.*
קאָמענדאַטו'ר די זע קאָמענדאַנטור
קאָמענדאַ'נט דער (ן) פֿעמ קע — commander, (police/concentration camp) commandant
קאָמענדאַנטו'ר די — headquarters (place, administration)
קאָמענטאַטאָר דער (...אָ'רן) פֿעמ ...אָ'רשע — commentator
קאָמענטאַ'ר דער (ן) — commentary
קאָמענטיר|ן וו (–ט) — comment
קאָ'מעניצע די (ס) — brick/stone building
קאָ'מעניק דער (עס) פֿעמ ...ניצע — (sub)tenant

|| פּ״גל קאָמיניק
קאַמער די (ן) דימ קע'מערל — room; (prison) cell
קאַמעראַ'ד דער (ן) פֿעמ ין — *Germ.* comrade
קאַ'מער־דינער דער (–/ס) — valet
קאַ'מערטאָן דער (...טענער) — tuning fork
קאַ'מערטוך דאָס — cambric
קאַמערינע : גיי|ן*/זיצ|ן קאַמערינע — (tenant) move in/occupy
קאַ'מער־מוזיק די — chamber music
קאָמערסאַ'נט דער (ן) פֿעמ קע — businessman, merchant/dealer
קאָמע'רץ[1] דער — commerce, trade
קאָמע'רץ[2]־... — business, commercial
|| קאָמערצשול — business school, commercial courses
קאָמערציע'ל אַדי — commercial
קאַמער־קאַ'מער(־הויז) : שפּיל|ן אין קאַמער־קאַמער־הויז — play hide and seek
קאָמפּאָזיטאָר דער (...אָ'רן) פֿעמ ...אָ'רשע — composer
קאָמפּאָזיציע די (ס) — (mus., lit.) composition
קאָמפּאָ'ט דער (ן) — compote, stewed fruit
קאָמפּאַניאָ'ן דער (ען) פֿעמ שע [NY] — companion
קאָמפּאַנײַע|ן וו (–ט) זע קאָמפּאַנירן זיך
קאָמפּאַניע די (ס) [NY] — campaign
קאָמפּאַניע די (ס) [NY] — group of people, company
קאָמפּאַ'ניעווע|ן וו (–ט) [NY] — campaign
קאָמפּאַניר|ן זיך וו (–ט) <מיט> — associate (with)
קאָמפּאָניר|ן וו (–ט) — (mus.) compose
קאָמפּאַס דער (ן) — compass
קאָמפּאַ'קט אַדי — compact
קאָמפּאַראַטי'וו דער (ן) — (gramm.) comparative
קאָמפּולסי'וו אַדי [Ly] — (psychol.) compulsive
קאַמפּוס דער (ן) — campus
קאָמפּיוטער דער (ס) — computer
קאָמפּיי'ן דער (ען) זע קאָמפּאַניע
קאָמפּילאַציע די (ס) [Ly] — compilation
קאָמפּלאָ'ט דער (ן) [Ly] — plot, conspiracy
קאָמפּלימע'נט דער (ן) — compliment, praise
קאָמפּליצי'רט אַדי — complicated, complex
קאָמפּליציר|ן וו (–ט) — complicate
קאָמפּליקאַציע די (ס) — complication
קאָמפּלע'ט דער (ן) [Ly] — complete set
קאָמפּלע'קס [Ly] .1 אַדי — complex, composite

|| 2. דער (ן) complex
קאָמפּעטע'נט אַדי competent
קאָמפּענסאַציע די (ס) compensation
קאָמפּענסיר|ן וו (–ט) <פֿאַר> compensate, make up (for)
קאָמפּראָמי'ס דער (ן) compromise, accommodation
|| ניט גיי|ן* אויף קיין קאָמפּראָמיסן be intransigent
קאָמפּראָמעטאַציע די (ס) compromise of principle, disgrace
קאָמפּראָמעטיר|ן וו (–ט) compromise *trans.*, disgrace, discredit
קאָמפּרימיר|ן וו (–ט) compress
קאָמפּרע'ס דער (ן) dressing, compress
קאַמף דער (ן) fight, struggle; combat, (military) action
קאַ'מפֿאַקציע די (ס) (military) action, combat
קאָמפֿאָ'רט דער comfort
קאַ'מפֿלוסטיק אַדי combative
קאַמפֿער דער camphor
קאַמפֿפּונקט דער (ן) issue at stake
קאַמפֿפּלאַץ דער (...פּלעצער) battleground, battlefield
קאַם־קאַ'ם אַדוו זע קוים־קוים
קאַן די (ען) דימ קענדל (water) can
קאָן דער (ען/קענער) round/circle (dance); match, round (of a game); stake (game), bet
|| שטיי|ן* אין קאָן be at stake
|| שטעל|ן אין קאָן bet, put at risk
|| טאַנצ|ן אין קאָן do a circle dance
קאָנאָוואַ'ל דער (עס/ן) veterinarian, horse doctor; quack
קאַנאַווע די (ס) ditch; gutter, sewer
קאַנאַ'ט דער (ן) heavy rope, cable
קאָנאָטאַציע די (ס) connotation
קאַנאַ'ל דער (ן) canal; channel; sewer
קאַנאַליזאַציע די sewer system
קאַנאַליע די crook, scoundrel; pest, nuisance
קאַנאָ'ן[1] דער (ען) (lit., mus.) canon
קאַנאָ'ן[2] דער (ען) cannon, artillery piece
קאַנאָנע די (ס) זע קאַנאָן[2]
קאַנאָפּליעס = קאָנאָפּליעס מצ hemp
קאַנאַפּע די (ס) couch, sofa
קאַנאַפּקע די (ס) קאַנאַפּע דימ *also* canapé
קאַנאַריק דער (עס) canary

קאַ'נגאַרן 1. דער worsted
|| 2. קאַ'נגאַר·ן אַדי (of) worsted
קאָנגרעגאַציע די (ס) (Christian or non-orthodox Jewish) congregation
קאָנגרע'ס דער (ן) congress
קאָנגרעסדייַטש דאָס highly Germanized Yiddish used during Zionist congresses and meetings in the early years of the 20th century
קאָנגרעסמאַן דער (קאָנגרעסלייַט) U.S. congressman
קאָנגרע'ס־פּוילן (דאָס) Congress Poland, kingdom created and attached to the Russian Empire by the Congress of Vienna in 1815
קאָנדוקטאָר דער (...אָ'רן) פֿעמ ...אָ'רשע (train, etc.) conductor
קאַנדידאַ'ט דער (ן) פֿעמ קע candidate
קאַנדידאַטו'ר די (ן) candidacy
קאַנדידיר|ן וו (–ט) <אויף> (candidate) run (for)
קאָנדיטער דער (ס) confectioner
קאָנדיטערייַ' די (ען) confectionery, candy store
קאָנדיציע די (ס) condition, stipulation; job, employment
קאַ'נדל־צוקער דער rock candy
קאַנדעלאַבער דער (ס) [Ly] chandelier
קאָנדענסיר|ן וו (–ט) condense
קאַנו' דער (ען) canoe
קאָנוואַלעסציר|ן וו (–ט) [Ly] convalesce
קאָנוואַלעסצע'נט דער (ן) פֿעמ קע [Ly] convalescent
קאָנוואַלעסצע'נץ די [Ly] convalescence
קאָנוווי' דער (ען) convoy
קאָנוווי·ר|ן וו (–ט) convoy, escort
קאָנוווּלסיע די (ס) [LySY] convulsion
קאָנווייער דער (ס) conveyor belt
קאַנווע די (ס) canvas; backdrop *fig.*
קאָנווע'נט דער (ן) meeting, assembly; convent
קאָנווענירן וו (–ט) <דאַט> suit (s.o.), be just the thing (for s.o.)
קאָנווע'נץ די (ן) agreement, understanding
קאָנווענציאָנע'ל אַדי conventional
קאָנווע'קס אַדי convex
קאָנווע'רב דער (ן) separable verbal prefix
קאָנווע'רט דער (ן) envelope; book jacket
קאָנווערטירלעך אַדי convertible
קאָנווערטיר|ן וו (–ט) adapt, convert
|| קאָנווערטיר|ן זיך (sofa, etc.) be convertible

קאָנווערטירקע די (ס) convertible (car)

קאַנויקע|ן וו (–ט) (animal) squeal; whimper, whine

קאָנוס דער (ן) cone

קאָ'נוסדיק אַדי conical

קאַנורע די (ס) דימ קאַנו'ריקל den, lair, burrow

קאָ'נזשילעס מצ very tough, stringy meat

קאַנט 1. דער/די (ן) edge, rim, border; (document) margin

|| 2. דער (ן) region, territory

קאָנטאַמיניר|ן וו (–ט) contaminate

קאַנטאָ'ן דער (ען) canton

קאַנטאָני'סט דער (ן) (in Russia during the reign of Tsar Nicholas I (1825-1855)) young Jewish boy conscripted for years of harsh training in preparation for a long period of military service

קאָנטאַ'קט דער (ן) contact; (elec.) outlet, socket

קאָנטאַקטיר|ן וו (–ט) contact

קאָנטאַקטלינדז די (ן) contact lens

קאַנטאָ'ר[1] די/דער (ן) office

קאַנטאָר[2] דער (ס) cantor in a synagogue, *esp.* non-Orthodox

קאַנטאָרקע די (ס) desk, writing table

קאַנטאָרשטשיק דער (עס) office worker; banker, exchange broker

קאָנטו'ר דער (ן) contour, outline

קאָנטוריש אַדי/אַדוו sketchy, schematic

קאָנטינגע'נט דער (ן) portion, consignment, shipment

קאָנטינויִטע'ט די continuity

קאַנטינע די (ס) mess hall, military store; shop; flask, canteen

קאָנטינע'נט דער (ן) continent, mainland

קאַנטיק אַדי/אַדוו angular, sharp-cornered

|| קאַנטיק|ער קלאַמער (typogr.) square bracket

קאַנטיק אַדי/אַדוו זע קענטיק

קאַנטיש אַדי regional

קאָנטלע'ט דער (ן) [Ly] זע קאָטלעט

קאָנטע די (ס) (bank) account

|| אויף קאָנטע on credit

קאָ'נטע־אויסצוג דער (ן) (financial) statement

קאַ'נטעווע|ן וו (גע–ט) square (off), trim; cut at a right angle; edge, hem

קאָנטע'(נ)ט אַדי content, satisfied

קאָ'נטעניק דער (עס) זע קווענטעניק

קאָנטע'סט דער (ן) *Amer.* contest

קאָנטע'קסט דער (ן) context

קאַנטער = קאָנטער[1] דער (ס) steelyard; spring scale/balance

קאָ'נטער[2]... counter...

|| קאָ'נטעראָפֿענסיווע counteroffensive

קאָ'נטעררעוואָלוציע די (ס) [Ly] counterrevolution

קאָנטראַבאַ'נד דער contraband, smuggled goods

קאָנטראַבאַנדטשיק דער (עס) זע קאָנטראַבאַנדיסט

קאָנטראַבאַנדי'סט דער (ן) smuggler

קאָנטראַבאַנדע די זע קאָנטראַבאַנד

קאָנטראַבאַ'ס דער (ן) double bass

קאָנטראַהע'נט דער (ן) contracting party

קאָנטראָווערסיאַ'ל אַדי [SY] controversial, debatable

קאָנטראָ'ל דער (ן) [Ly] check, control; controls

קאָנטראָלברעט די (ער) [Ly] control panel, dashboard

קאָנטראָליאָ'ר דער (ן) comptroller, inspector

קאָנטראָלירלעך אַדי verifiable

קאָנטראָליר|ן וו (–ט) check, verify, control

קאָנטראָלירקע די (ס) checklist

קאָנטראַ'סט דער (ן) contrast

קאָנטראַסטיר|ן וו (–ט) contrast *intr./trans.*

קאָנטראַפּו'נקט דער counterpoint

קאָנטראַ'קט דער (ן) contract

קאָנטראַקטאָר דער (...אָ'רן) contractor

קאָנטריבוציע די (ס) tribute, contribution; tax

קאָנטרע די (ס) *Amer.* country(side)

|| אין קאָנטרע in the country

קאַנטשאַפֿט די (ן) acquaintanceship

|| שליס|ן קאַנטשאַפֿט <מיט> get acquainted (with)

קאַנטשטיין דער (ער) curb

קאַנטשיק דער (עס) small whip (for discipline)

קאַנטשע|ן וו (גע–ט) *dial.* finish (*esp.* one's studies)

קאַניאַ'ק = קאָניאַ'ק דער (עס) [Ny] *fam.* forte; hobby

קאָניאַק דער (ן) [Ny] cognac

קאַניבאַ'ל דער (ן) cannibal

קאָניוגאַציע די (ס) [NY] (gramm.) conjugation

קאָניוגיר|ן וו (–ט) [NY] (gramm.) conjugate

קאָניוך דער (עס) [Ny] stableman, groom; horse dealer

קאָניונקטו'ר די (ן) [NY] — situation, set of circumstances
קאָניונקטי'וו דער [NY] — subjunctive
קאָניונקציע די (ס) [NY] — (gramm.) conjunction
קאָניושנע די (ס) [Ny] — *dial.* stable
קאָניטשינע די זע קאָנישינע
קאָניע די (ס) [Ny] — (zool.) kite
קאַניפֿאָליע די זע קאַנפֿאָליע
קאַניץ דער זע קאַנעץ
קאַני'קולעס מצ [Ly] — *dial.* vacation, school holidays
קאָניש אַדי — conical
קאָנישינע די — (botan.) *coll.* clover
קאָנסאָ'ל דער (ן) — console
קאָנסאָלידיר|ן וו (–ט) — consolidate
קאָנסאָנאַ'נט דער (ן) — consonant
קאָנסול דער (ן) — consul
קאָנסולאַ'ט דער (ן) — consulate
קאָנסולטאַ'נט דער (ן) פֿעמ ין — consultant
קאָנסולטאַציע די (ס) — consultation (with a specialist)
קאָנסומיר|ן וו (–ט) — consume
קאָנסומע'נט דער (ן) — consumer
קאָנסומפּציע די — consumption, use
קאָנסטאַטירונג די (ען) — statement, assertion
קאָנסטאַטיר|ן וו (–ט) — state, assert
קאָנסטאַ'נט 1. אַדי — constant
|| 2. דער (ן) — constant
קאָנסטיטואַנטע די (ס) — constituent assembly
קאָנסטיטויר|ן וו (–ט) — constitute, set up
קאָנסטיטוציאָנע'ל אַדי — constitutional
קאָנסטיטוציע די (ס) — constitution
קאָנסטערנאַציע די — consternation
קאָנסטרויר|ן וו (–ט) — construct
קאָנסטרוקציע די (ס) — construction
קאָנסיליום דער — consultation (among doctors)
קאָנסיסטאָריע די (ס) — *esp. Jew.* the Central Consistory of the Jews of France, the official religious organization of French Jewry
קאָנסעקווע'נט אַדי — consistent, logical, coherent
קאָנסעקווע'נץ די (ן) — consequence; consistency
קאָנסערוואַטאָר דער (...אָ'רן) — (polit.) conservative
קאָנסערוואַטאָריע די (ס) — conservatory
קאָנסערוואַטי'וו אַדי — (polit.) conservative
קאָנסערווירונג די — conservation

קאָנסערווי'רט אַדי — preserved, canned
קאָנסערוויר|ן וו (–ט) — conserve; can, preserve (food)
קאָנסערוון מצ — canned goods
|| פֿי'ש־קאָנסערוון — canned fish
קאָנספּיראַטי'וו אַדי/אַדוו — secret, clandestine
קאָנספּיראַציע די (ס) — conspiracy
קאָנספּיריר|ן וו (–ט) — conspire
קאָנספּע'קט דער (ן) — summary, synopsis, overview
קאַנע די (ס) — enema; enema syringe
|| מאַכ|ן/פֿאַררוק|ן דאַט אַ קאַנע — *also* swindle/deceive s.o.
קאַנעוואָ'י דער (ען) זע קאָנוווי
קאַנעוואַ'ל דער (עס) זע קאָנאָוואַל
קאָנ|ען* וו (ער קאָן; גע–ט) זע קענען
קאַנעץ דער (ן) — night light
קאַנפֿאָליע די — rosin
קאָנפֿאָרמיסטיש אַדי — conformist
קאָנפֿידענציע'ל אַדי — confidential
קאָנפֿיסקאַציע די (ס) — confiscation, seizure
קאָנפֿיסקיר|ן וו (–ט) — confiscate, seize
קאָנפֿירמאַציע די (ס) — (relig.) confirmation
קאָנפֿלי'קט דער (ן) — conflict
|| קומ|ען אין קאָנפֿליקט — come into conflict
קאָנפֿעדעראַ'ט דער (ן) — member of a confederation in Poland (14-18th centuries)
|| פֿ״גל קאָנפֿעדעראַציע
קאָנפֿעדעראַטקע די (ס) — (in Poland) four-pointed hat worn by partisans of the Bar Confederation (18th century)
קאָנפֿעדעראַציע די (ס) — confederation; *esp.* league of aristocratic rebels in Poland (14th-18th centuries), conspiracy
קאָנפֿע'ט דער (ן) זע קאָנפֿעקט
קאָנפֿעסיע די (ס) [SY] — (relig.) confession
קאָנפֿע'קט דער (ן) — candy, sweet
קאָנפֿעקטו'ר די — sweets, candy
קאָנפֿער דער זע קאַמפֿער
קאָנפֿערע'נץ די (ן) — congress, conference
קאָנפֿראָנטיר|ן וו (–ט) — confront
קאַנצלער דער (ס) פֿעמ ין [Ly] — chancellor
קאַנצעלאַריע די (ס) [Ly] — administrative office
קאָנצענטראַציע די — concentration

קאָנצענטראַ'ציע־לאַגער דער (ן) — concentration camp

קאָנצענטריר|ן (זיך) וו (–ט) — concentrate, focus *trans./intr.*

קאָנצענטריש אַדי — concentric

קאָנצעסיע די (ס) [SY] — franchise, charter, permit

קאָנצע'פּט דער (ן) — draft, outline, sketch; concept

קאָנצע'רט דער (ן) — (mus.) concert; poetry reading; concerto

|| געב|ן*/מאַכ|ן קאָנצערט — perform

קאָנצערטינע די (ס) — concertina

קאָנצע'רט־מײַסטער דער (ס) — concertmaster

קאָנקאַ'וו אַדי — concave

קאָנקוריר|ן וו (–ט) <מיט> — compete (with), rival

קאָנקו'רס דער (ן) — contest, competition

קאָנקורע'נט דער (ן) פֿעמ קע — competitor, rival

קאָנקורע'נץ די (ן) — competition, rivalry

קאָנקע די (ס) — horse-drawn tram

קאָנקרע'ט אַדי/אַדוו — concrete, definite, tangible

קאָסאָוואָראָטקע די (ס) — shirt whose collar buttons up the side

קאַסאַציע די — repeal, annulment

קאָסאַ'ק דער (עס) — (punctuation) slash

קאָסאָקע אַדי/אַדוו — cross-eyed, squinty

קאַסטאָר דער — beaver cloth, fabric made of beaver fur and wool

קאַסטאָר·ן אַדי — (of) beaver cloth

קאַסטאָרקע די — castor oil

קאָסטבאַר אַדי — *Germ.* costly, expensive

קאַסטיאַ'ל דער (ן) [Ty] **זע** קאָשטשאָל

קאַסטיאָ'ר דער (ן/עס) [Ty] — *Slav.* pyre; campfire, bonfire

קאָסטיו'ם דער (ען) [Ty] — suit; costume

קאָסטיק אַדי — costly, expensive

קאַסטן דער (ס/...טנעס) דימ קעסטל — box, case; crate; chest, trunk; set of teeth; coffin, casket

|| געריי'רט אויפֿן (גאַנצן) קאַסטן — (completely) cracked, crazy

קאָסטן **1.** מצ — cost, expense

|| **2.** קאָסט|ן וו (געקאָ'סט) — cost

|| לאָז|ן זיך קאָסטן — splurge, spend a lot

קאַסטע די (ס) — caste

קאַסטע'ט דער (ן) — brass knuckles, club

קאָ'סטענעס מצ **זע** קאַסטן

קאָסטפּרײַז דער (ן) — cost price

קאַסטרוי' = קאָסטרוי' דער — gauntlet (punishment)

|| גיי|ן*/טרײַב|ן קאַסטרוי — run/make run the gauntlet

קאַסטריר|ן וו (–ט) — castrate

קאָסטרע די — *Slav.* plant fiber, bast

קאַסינאָ דער (ס) — casino

קאָ'סינוס דער (ן) — cosine

קאָסינקע די (ס) — shawl

קאָסיע|ן וו (גע–ט) [Sy] **זע** קאָשען

קאַסי'ר דער (ן) פֿעמ **שע** — cashier, teller, treasurer

קאַסירונג די (ען) — repeal, annulment

קאַסיר|ן וו (–ט) — cash; foreclose (mortgage); abrogate, annul, cancel

קאַסירער דער (ס) **זע** קאַסיר

קאָסמאָנוי'ט דער (ן) פֿעמ ין — astronaut

קאָסמאָנויטיק די — astronautics

קאָסמאָס דער — cosmos; (outer) space

קאָ'סמאָסניק דער (עס) — astronaut

קאָ'סמאָסשיף די (ן) — spaceship

קאָסמאָפּאָלי'ט דער (ן) — cosmopolitan

קאָסמאָפּאָליטיש אַדי — cosmopolitan

קאָסמיש אַדי — cosmic, space

קאָסמעטיק די — make-up, cosmetics

קאָסמע'טיקער דער (ס) פֿעמ ין — beautician

קאָסמעטיש אַדי — cosmetic

קאַסע די (ס) — box office, ticket window; till, cash-box; take, proceeds; treasury; (typogr.) (upper/lower) case

|| (אײַ'זערנ|ע/פֿײַ'ער־) קאַסע — strongbox, safe

קאָסע[1] אַדי/אַדוו — slanted, oblique; sloping

|| קוק|ן קאָסע — squint

קאָסע[2] די (ס) — scythe

קאָסע[3] די — tendon, ligament

קאָסע|ן וו (גע–ט) **זע** קאָשען

קאַסעניר|ן וו (–ט) — (buyer) beat down the price

קאַסע־קאַסאָ'עס מצ — vast funds (of)

קאַסקע די (ס) — helmet

קאָסקע[1] די (ס) — die, one of a pair of dice; lump (of sugar)

קאָסקע[2] די דימ **זע** קאָסע[3]

קאָסקע|ן וו (גע–ט) **זע** קאָשקען

קאָעדוקאַציע[1] די — coeducation

קאָעדוקאַ'ציע־[2]... — coeducational

קאַפּ[1] דער (ן) — (geogr.) cape

קאַפּ^{2} דער (ן) דימ 2קאַ'פּעלע/קאַ'פּעטשקע drop, little bit

קאַפּ'^{3} = קאַפּיטל(ען) chap., abbreviation of "chapter"

קאָפּ דער (קעפּ) דימ קעפּל head; (wheel) hub

|| אי'בערן קאָפּ aplenty, in abundance; up to one's neck

|| אָן אַ קאָפּ distraught, overwhelmed

|| מיט קאָפּ attentively; judiciously, wisely

|| מיטן קאָפּ אַראָ'פּ upside down, topsy-turvy

|| קאָפּ אויף קאָפּ, קעפּ אויף קעפּ crowded with people

|| פּוי'ערש|ער קאָפּ pigheaded/dull-witted person

|| האָב|ן* אַ קאָפּ אויף די פּלייצעס, האָב|ן* אַ קאָפּ פֿון אַ מיניסטער have a good head on one's shoulders, be very smart

|| אַרו'מ|גיי|ן* אָן אַ קאָפּ be at wits' end

|| ברעכ|ן זיך דעם קאָפּ rack one's brains

|| גיי|ן* מיטן קאָפּ דורך דער וואַנט attempt the impossible

|| שלאָג|ן זיך קאָפּ אין וואַנט attempt the impossible

|| דריי|ען דאַט אַ קאָפּ bother s.o., annoy s.o.

|| האַלט|ן קאָפּ remember

|| פּיק|ן דאַט דעם קאָפּ pester s.o.

|| פֿאַרדריי|ען דאַט דעם קאָפּ confuse, drive s.o. crazy

|| צו'|לייג|ן קאָפּ <צו> pay attention (to)

|| (רע'כענ|ען) אויפֿן קאָפּ (calculate) in one's head

|| מאַכ|ן מיט אַ קאָפּ קירצער *hum.* bump off, chop s.o.'s head off

|| זאָל ער זיך שלאָגן קאָפּ אין וואַנט! to hell with him!

|| קאָפּ צי שלאַק heads or tails

|| דער קאָפּ דרייט זיך דאַט *rev.* feel dizzy

|| קאָפּ מוח מאַ'גיסטראַט! [MOYEKh] *iron.* what a genius!

|| פֿ״גל צוקאָפּנס

קאַפּאָ דער (ס) kapo, Nazi concentration camp prisoner appointed as an overseer by the camp authorities

קאַפּאַבל = קאַפּאַוול אַדי–אַטר <אויף> capable (of) (stg. surprising/shocking)

|| קאַפּאַבל צו אינפֿ apt to, capable of

קאַפּאָטע די (ס) kaftan, long coat traditionally worn by observant Jewish men

|| קוי'לע|(נע)ן דאַט די קאַפּאָטע *iron.* upset, deeply offend s.o.

|| אַ גוטן טאָג מיט דער קאַפּאָטע *hum.* so long all! farewell, friends!

קאַפּאַ'ל אַדי–אַטר זע קאַפּאַבל

קאַ'פּאַליוש דער (ן) זע קאַפּעליוש

קאַפּאָ'ן דער soup based on stale bread

קאַפּאַציטע'ט די (ן) capacity; eminent person, big shot

קאָ'פּאַרבעט די intellectual work, mental activity

קאַפּאַרניק דער (עס) crafty person; crook, swindler; rogue, scoundrel

קאַפּאָרע פֿאָנ כפּרה

קאָפּגעלט דאָס head tax

קאָ'פּ־דאַרעניש דאָס worry, bother, concern

|| האָב|ן* קאָפּ־דאַרעניש <פֿון> worry (about)

קאָ'פּ־דרייעניש דאָס (ן) worry, problem, headache *fig.*

קאַפּהאָן דער (...הענער) capon

קאָ'פּווייטאָג = קאָ'פּווייטיק דער (ן) headache, migraine; trouble, problem, worry

קאַפּו'ט אַדי–אַטר ruined, kaput

|| גיי|ן*/ווער|ן קאַפּוט get ruined, go to pieces

קאַפּוי'ל דער (ן) זע קאַפּול

קאַפּויער **1.** אַדי–אַטר/אַדוו opposite, contrary; upside down, backwards, the wrong way

|| משה קאַפּויער [MOYShE] contrary person, pain in the neck

|| **2.** קוו upside down, backward; in the air, up; rising

|| קאַפּוי'ער|שווימ|ען rise to the surface, emerge

קאַפּוי'ערדיק אַדי contrary, opposite, contradictory

קאַפּוי'ער|קומ|ען וו (איז קאַפּוי'ערגעקומען) pop up, appear (unexpectedly)

|| קאַפּויערקומען דאַט come to meet (s.o.); occur (to)

קאַפּוי'ער|שטעל|ן וו (–גע–ט) reverse, overturn

|| קאַפּויערשטעלן זיך turn upside down *intr.*; stand/rise up

|| די האָר שטעלן זיך קאַפּויער one's hair stands on end

קאַפּוי'ר זע קאַפּויער

קאַפּו'ל דער (עס) [Ly] cobbler's last

קאַפּוליער אַדי זע (קאַפּוליער) אָנצוהערעניש

קאַפּוסטע די cabbage; cabbage soup

קאַפּוצע די (ס) woman's cap/hat
קאַפּטור דער (עס) זע קאַפּטער
קאַפּטער דער (ס) hood, cowl; lampshade
|| דריי|ען <דאַט> דעם קאַפּטער bother s.o., annoy s.o.
קאָפּטשאָנקע די (ס) smoked fish (*esp.* herring)
קאָפּטשע|ן וו (גע–ט) give off smoke; smoke (meat/fish); *hum.* smoke like a chimney
קאָ'פּטשערל דאָס (עך) small kerosene lamp
קאָפּידרעך אַדי–אַטר/אַדוו backwards, askew, topsy-turvy
קאָפּיט דער (עס) זע קאָפּעטע
קאַפּיטאַ'ל דער (ן) capital (money)
|| שלאָג|ן קאַפּיטאַל פֿון take advantage of, turn to good account
קאַפּיטאַליזם דער capitalism
קאַפּיטאַלי'סט דער (ן) פֿעמ קע capitalist
קאַפּיטאַליסטיש אַדי capitalist
קאַפּיטאַלנע אַדי major, important
קאַפּיטאַ'ן דער (ען) captain
קאַפּיטולירונג די (ען) capitulation, surrender
קאַפּיטולי'ר|ן וו (–ט) surrender *intr.*, capitulate
קאַפּיטל דאָס/דער (עך/ען) chapter
|| אָ'נ|הייב|ן אַ נײַ קאַפּיטל turn over a new leaf
קאָ'פּיטע די (ס) זע קאָפּעטע
קאָ'פּיטשקע דאָס (ס) זע קאָפּעטשקע
קאַפּיי'עטשניק דער (עס) *dial.* miser, tightwad
קאַפּײַע|ן זיך וו (–ט) rummage around
קאַפּילאַריע די (ס) [Ly] capillary
קאַפּילע די (ס) זע קאַפּול
קאָפּיע די (ס) copy (of an original); (phot.) print
קאָפּיע|ן וו (גע–ט) זע קאָפּען[1]; קאָפּען[2]
קאָ'פּיצע די (ס) (hay)stack; heap, pile
קאָ'פּיקע די (ס) זע קאָפּעקע
קאָפּיר|ן וו (–ט) copy
קאָפּירקע די (ס) photocopier
קאַפּישאָ'ן דער (ען) hood, cowl
קאַפּל דאָס (עך) yarmulke, skullcap worn by observant Jewish men
קאַפּליצע די (ס) (Christian) chapel
קאָפּמענטש דער (ן) *fam.* intellectual; *iron.* egghead
קאָ'פּנבערשטל דאָס (עך) hair brush
קאָ'פּנורקע די (ס) dive, plunge

קאָ'פּנטיכל דאָס (עך) kerchief, shawl
קאָפּנע די (ס) sheaf, heap
קאָ'פּן־שורה די (–ות) [ShURE] headline
קאָ'פּנשפּרונג דער (ען) (swimming) dive
קאַפּסל דאָס (עך) capsule
קאַפּע די (ס) bedspread, comforter; fireplace hood/mantelpiece
קאָפּע דער (ס) kick
קאָ'פּעטע די (ס) זע קאָפּאָטע
קאָ'פּעטע די (ס) hoof; cobbler's last
קאָ'פּעטשקע דאָס (ס) קאַפּ דימ tiny bit, drop
קאַפּע'ל די (ן) [Ly] chapel
קאַ'פּעלאַטש דער (ן) black, wide-brimmed men's hat
קאַ'פּעליוש דער (ן) men's hat, fedora; dressy ladies' hat
קאַ'פּעליוש־מאַכער דער (ס) hatmaker
|| אוי'ס קאַפּעליוש־מאַכער *hum.* retired, out of business
קאַ'פּעליטש דער (ן) זע קאַפּעליוש
קאַפּעליע די (ס) band, (small) group of musicians
קאַפּע'ל־מײַ(נ)סטער דער (ס) [Ly] bandleader, choirmaster
קאַפּעלע[1] די (ס) [Ly] זע קאַפּעל
קאַ'פּעלע[2] דאָס (ך) קאַפּ דימ2 tiny bit, drop
קאַ'פּעלע[3] דאָס (ך) דימ זע קאַפּל
קאַפּע|ן וו (גע–ט) drip, trickle
קאָפּע|ן[1] וו (גע–ט) kick
קאָפּע|ן[2] וו (גע–ט) dig (out), excavate; dig up, unearth *imperf.*
קאָ'פּעקל דאָס (עך) tadpole
קאָ'פּעקע די (ס) kopeck, one hundredth of a Russian ruble
קאָפּער דער dill
קאָפּערטע די (ס) watchcase; *dial.* envelope
קאַפּציע די (ס) sock
קאַפּ־קאַ'פּ אַדוו drop by drop, bit by bit
קאַפּקע די (ס) toe/tip (of a shoe)
קאָפּקע די (ס) headdress, woman's cap
קאַפּראַ'ל דער (ן) corporal
קאַפּרי'ז דער (ן) whim, caprice
|| פֿראַווע|ן קאַפּריזן be impulsive, follow one's whims
קאַפּריזיק = קאַפּריזנע אַדי capricious, temperamental

קאַפּרי'ז(נ)עווע|ן וו (–ט) throw a tantrum

קאָ'פּשווינדל דער vertigo

קאָ'פּשטײַער דער head tax

קאָפּשטיק דאָס (–) *hum.* smart aleck, wise guy; schemer, wheeler-dealer; ingenious idea; (dirty) trick

קאַפּשיק דער (עס) tobacco pouch

קאָפּ־שלאָ'ק : שפּיל|ן אין קאָפּ־שלאַק toss heads or tails

קאַפּטאַ'ן דער (עס) זע קאַפּטן

קאַפּטל = קאָפּטל דאָס (עך) קאַפּטן דימ undershirt; jacket

קאַפּטן דער (ס/...טענעס) דימ קאַפּטל kaftan, the long overcoat traditionally worn by observant Jewish men

קאָפּטע די (ס) זע קאַפּטל

קאָפּיינע די (ס) café, tavern

קאַפּל דער (ען) = קאַפּליע די (ס) זע קאַכל

קאַפֿע' דער (ען) café, coffee house

קאַפֿעטעריע די (ס) cafeteria

קאַפֿעי'ן דער caffeine

קאָפּער דער (ן) זע קופּערט

קאַץ די (קעץ) דימ קעצל cat

|| קויפֿ|ן אַ קאַץ אין (אַ) זאַק buy a pig in a poke

|| אַרויס|לאָז|ן די קאַץ פֿון זאַק let the cat out of the bag, spill the beans

|| ווי קומט די קאַץ אי'בערן וואַסער? how can this be done? easier said than done!

|| הער|ן אַק ווי די קאַץ disobey, pay no attention to

|| ניט קענ|ען* אַ קאַץ דעם עק פֿאַרבינדן be good for nothing

|| ווי צוויי קעץ (אין איין זאַק) like cats and dogs

קאָץ דער/די (ן) blanket, lap robe

קאַצאַווייקע די (ס) זע קוצעווייקע

קאַצאַ'פּ דער (עס) פֿעמ קע *pejor.* Russian

קאָציע|ן זיך וו (גע–ט) give birth to kittens

קאַציקל|ען וו (–ט) tickle, titillate

קאַ'צמעלאָך דער *fam.* filth, dirt; numskull

קאַצ·ן אַדי (of) cat, cat's

קאָצ|ן וו (גע–ט) *dial.* vomit, throw up

קאַ'צן־יאָמער דער (ס) caterwauling; cacophony; whining; hangover

|| מאַכ|ן דאַט אַ קאַצן־יאָמער have a row with, blow up at

קאַ'צן־מוזיק די caterwauling; cacophony; grating music; uproar

|| מאַכ|ן דאַט אַ קאַצן־מוזיק heckle

קאַ'צן־מוח דער (ות) [MOYEKh - MOYKhES] scatterbrain, airhead

קאַ'צנשפּרונג דער short distance, stone's throw

קאַצעווייקע די (ס) זע קוצעווייקע

קאַצע'ט דער (ן) Nazi concentration camp

קאַצעטלער דער (ס) פֿעמ ין concentration camp inmate/survivor

קאַצעטניק דער (עס) זע קאַצעטלער

קאַצעלאַ'פּ דער (עס) cat catcher

קאַצעפּיניק דער (עס) *dial.* butcher

קאַצעפּיַע די (ס) *dial.* butcher shop

קאַקאַאָ דער cocoa

קאָקאַי'ן דער cocaine

קאָ'קאָסנוס דער (...ניס) coconut

קאָקאַרדע די (ס) cockade, rosette

קאָקאָשעס מצ popcorn

קאָקו'ל דער זע קוקיל

קאָ'קוסנוס דער (...ניס) זע קאָקאָסנוס

קאַקטוס דער (ן) cactus

קאָקטייל דער (ס) cocktail

קאָ'קלהוסט = קאָקליוש דער whooping cough

קאַק|ן וו (גע–ט) shit

קאָקס[1] דער coke (charcoal)

קאָקס[2] דער (ן) דימ קעקסל chignon, bun (hairstyle)

קאָקע'ט דער (ן) flirt

קאָקעטיר|ן וו (–ט) flirt

|| קאָקעטירן מיט *also* show off *trans.*

קאָקעטיש אַדי/אַדוו flirtatious, coquettish

קאָקעטעריע די flirtation, coquetry

קאָקעטקע די (ס) coquette

קאַקעמײַקע די (ס) *hum.* thingamajig, doohickey

קאַקער דער (ס) *vulg.* shitter, shithead; coward

קאַקערוזע די (ס) זע קוקורוזע

קאַר אַדי זע קאַרע[1]

קאַראָ דער diamonds (cards)

קאָראָבייניק דער (עס) זע קאַראַבעלניק

קאָראַבל דער (ס) *dial.* ship, vessel

קאַראַבעלניק = קאָראָבעלניק דער (עס) [Ly] peddler

קאַראַבעלניקערײַ' דאָס [Ly] peddling, hawking

קאַראַבקע די (ס) *dial.* box; community tax, *esp.* on kosher meat

קאַראַבקע|ן זיך וו (–ט) **זע** קאַראַפּקען זיך

קאַראַהאָ'ד דער (ן) (circle) dance, circle (of people)

קאַראַוואַ'ן דער (ען) caravan

קאַראַווע אַדי soiled, dirty

קאַראַ'ל דער (ן) guard (squad); guardhouse

|| שרייַ|ען קאַראַ'ול cry for help

קאַראַ'ט דער (ן) carat

קאַראַ'ט דער (ן) **זע** קאַרעטע

קאַראַיִביש אַדי Caribbean

קאַראַיִמער דער (–) Karaite, member of a Jewish sect founded in the 8th century which accepts the laws of Moses only (rejecting the Talmud and rabbinic teachings)

קאַראַ'ל דער (ן) coral

קאָראָמיסל = קאָראָ'מיסל דער (ען) shoulder yoke (for carrying water buckets, etc.)

קאָראָמיסלע = קאָראָ'מעסלע די (ס) **זע** קאָראָמיסל

קאַראַ'נט אַדי solvent

|| פֿ״גל קראַנט[2]

קאַראַנטי'ן דער (ען) quarantine

קאַראַנטיניר|ן וו (–ט) quarantine

קאַראַנטנע אַדי **זע** קאַראַנט; קראַנט[2]

קאָראָנע די (ס) (dental) crown, (solar) corona

קאָראָנקע די (ס) lace

קאַראָסעריע די (ס) (automobile) body

קאַראַפּו'ז דער (ן) plump person, chubby child

קאַראַפּקע|ן זיך וו (–ט) climb; make one's way with great effort

קאַראַ'ף דער (ן) carafe

קאַראַפֿי'ן דער (ען) small decanter

קאַראַפֿינקע = קאַראַפֿקע די (ס) **זע** קאַראַפֿי'ן

קאַראַקו'ל דער caracul, Persian lamb

קאַראַקול·ן אַדי (of) caracul/Persian lamb

קאַרב[1] דער (ן) notch, groove

|| טרעפֿ|ן אין קאַרב (אַרײַ'ן) hit the nail on the head

קאַרב[2] דער (ן) דימ קערבל *fam.* ruble

קאָרב דער (קערב/קערבער) דימ קערבל basket

קאַרבאָוואַנעץ דער (...נצעס) *fam., hum.* ruble

קאַרבאָ'ל דער carbolic acid

קאַרבאָ'ן = קאַרבאָ'נ(ע)ץ דער (עס) *fam., hum.* ruble

קאַרבוינים = קאַרבוינעס מצ *fam., hum.* rubles

קאַרבוראַטאָר דער (...אָ'רן) carburetor

קאַרבירל דאָס (עך) (hair) curler; curling iron

קאַרביר|ן וו (–ט) curl (hair)

קאַרב|ן וו (גע–ט) score, notch, nick

קאָרבן **פֿאָנ** קרבן

קאַרבע די (ס) crank, handle

קאַרבעוואַטע אַדי notched, grooved

קאַרג **.1** אַדי stingy, miserly; scanty; scant; not enough of *(in questions anticipating affirmative answers)*

|| אַ קאַרג|ע וואָך almost a week

|| קאַרג ברויט האָסטו? don't you have enough bread?

|| **.2** אַדוו little, barely; not enough

קאַרג|ן וו (גע–ט) be stingy with, skimp on

|| ניט קאַרגן lavish, be extravagant with

קאַרג|ער דער-דעק stingy person, miser

קאַרגקייט = קאַרגשאַפֿט די stinginess, miserliness

קאָרדאָ'ן[1] דער (ען) cordon; boundary, border, limit; barrier

קאָרדאָ'ן[2] (דער) former name of Western Galicia

קאָרדאָנער **.1** אַדי–אינוו of western Galicia

|| **.2** דער (–) Jew of western Galicia or of the Austro-Hungarian Empire as a whole

קאַרדופֿל דער (ס) dwarf, gnome

קאַרדינאַ'ל **.1** אַדי cardinal

|| **.2** דער (ן) cardinal

קאָרומפּיר|ן וו (–ט) corrupt

קאַרוסע'ל די (ן) [Ly] merry-go-round, carousel

קאָרו'פּט אַדי corrupt

קאָרופּציע די corruption

קאָרזש דער (עס) דימ דער קאָרזשיק (dry) cake, cookie

קאָ'ר־חזן דער (ים) [KhAZN - KhAZONIM] cantor of a modern synagogue who sings accompanied by a choir

קאַרט די (ן) **זע** קאַרטע

קאָרט[1] די (ן) דימ קערטל playing card

|| אוי'פֿ|דעק|ן די קאָרטן lay one's cards on the table

|| וואַרפֿ|ן/לייג|ן קאָרטן tell fortunes, read s.o.'s cards

|| (אַלץ) וואָ'ס אין דער קאָרט every possible evil

קאָרט[2] דער cotton cloth of low quality

קאַרטאַווע|ן וו (–ט) speak gutturally (*esp.* the sound [R])

קאַרטאָטע'ק די (ן) file

קאַרטאָ'ן דער (ען) cardboard; cardboard box

קאַרטאָנען אַדי (of) cardboard

קאַרטאָפֿל דער/די (–) potato

קאַרטאָפֿליע די (ס) **זע** קאַרטאָפֿל

קאַרטאָ'פֿל־קאַשע די mashed potatoes

קאַרטאָ'פֿל־קוועטשער דער (ס) potato masher

קאַרטאָ'פֿל־שיילער דער (ס) potato peeler

קאַרטו'ז דער (ן) cap

קאָרטיאָזשניק דער (עס) [Ty] card player, gambler

קאַרטינע די (ס) picture, scene

קאַרטל דאָס (עך) קאַרטע דימ card (postal, calling, etc.)

קאָרט·ן אַדי (of) coarse cotton cloth

קאָ'רטן־וואַרפֿער דער (ס) פֿעמ קע fortune-teller

קאָ'רטנטיש דער (ן) card table

קאָ'רטן־שטיבל דאָס (עך) house of cards

קאַרטע די (ס) דימ קאַרטל map, chart; (post)card

קאַרטע'ל דער (ן) [Ly] cartel

קאַרטע|ן וו־אומפּ (גע–ט) אַק <צו> worry, bother; seem tempting to s.o. (to)

קאָרטש[1] דער (עס) (tree) stump

קאָרטש[2] דער (עס) cramp; wrinkle

קאָ'רטשעווע|ן וו (גע–ט) uproot *imperf.*

קאָרטשע|ן וו (גע–ט) twist *trans.*

|| קאָרטשען זיך squirm, writhe in pain, grimace

קאָריגיר|ן וו (–ט) correct

קאָרידאָ'ר דער (ן) hallway, corridor

קאָ'ריטע די (ס) **זע** קאָרעטע

קאָרי'ן דער (עס) *dial.* cottage, shack

קאַריערי'סט דער (ן) פֿעמ קע careerist

קאַריערע די (ס) career

קאָריפֿיי' דער (ען) leader (movement, school of thought), leading performer (ballet, etc.)

קאָריי'ק אַדוו/קוו **זע** צוריק

קאָריק דער (קאָרקעס) cork (material); cork, stopper; (elec.) fuse; heel (of a shoe)

|| דריי|ען זיך אויפֿן קאָריק show off, strut; dither, procrastinate

קאַריקאַטו'ר די (ן) caricature; cartoon

קאַריקיר|ן וו (–ט) caricature

קאָרישטש דער *dial.* profit, advantage

|| גיי|ן* אין קאָרישטש be advantageous/profitable

קאָרכיש אַדי/אַדוו choral, of a synagogue choir; (pray) with choral accompaniment

קאַרליק דער (עס) dwarf

קאַרמאָזין דער crimson, kermes (dye)

קאַרמאַנ(ש)טשיק דער (עס) pickpocket

קאַרמי'ן דער carmine

קאָרמע די feed, fodder

קאַרמעזין דער **זע** קאַרמאָזין

קאַרמעלקע די (ס) [Ly] caramel candy

קאָ'רמע|(נע)ן וו (גע–ט) feed *imperf.*, nurse

|| קאָרמענען מיט הבֿטחות [HAFTOKhES] pay with Monopoly money/with empty assurances

קאָ'רמעשטול די (ן) highchair

קאָרן **1.** דער rye

|| ווייַז|ן ווי טייַער קאָרן גילט show what one is made of

|| **2.** קאָר·ן אַדי (of) rye

קאַרנאַוואַ'ל דער (ן) carnival

קאַרנאָסע אַדי snub-nosed

קאַרנאַצל = קאַרנאַשל דאָס (עך) small sausage

קאָ'רנבלום די (ען) דימ קאָ'רנבלימל cornflower

קאַרני'ז דער (ן) cornice; curtain rod

קאַרני'ז־הובל דער (ען) molding plane (tool)

קאָ'רן־לעקעך דער (ער) gingerbread

קאָרסאַ'זש דער (ן) corsage

קאָרסע'ט דער (ן) corset

קאַרע[1] אַדי chestnut, brown, bay, glossy black

קאַרע[2] די (ס) *Slav.* punishment

קאָרע די (ס) bark

קאָרעגיר|ן וו (–ט) **זע** קאָריגירן

קאָרעוו **פֿאָנ** קרובֿ

קאָרעטאַ'ר דער (ן) **זע** קאָרידאָר

קאַרעטניק דער (עס) coach-maker

קאַ'רעטע די (ס) coach, carriage, chariot

קאָ'רעטע די (ס) (feeding) trough, tub

קאָרעיִש אַדי/(דאָס) Korean

קאַרע'ל דער (ן) זע קאָראַל; קרעל[2]

קאָרעלאַ'ט דער (ן) correlate, corresponding item

קאַרע|ן וו (גע-ט) *Slav.* punish

קאָרען דער (עס) *Slav.* root

קאָרענייע|ן = קאָרעניע|ן וו (-ט) shower with insults, curse

קאָ'רענע אַדי (of) bark

קאַרעס דער (ן) crucian carp

קאָרעספּאָנדיר|ן וו (-ט) correspond, exchange letters

קאָרעספּאָנדע'נט דער (ן) פֿעמ קע correspondent

קאָרעספּאָנדע'נץ די (ן) correspondence, letters

קאָרעע (די) Korea

קאָרעער דער (-) פֿעמ ין Korean

קאָרעץ דער (-/עס) דימ קערצל bushel (unit)

קאָרעק דער (קאָרקעס) זע קאָריק

קאָרע'קט אַדי/אַדוו correct

קאָרעקטאָר דער (...אָ'רן) פֿעמ ...אָ'רשע proofreader

קאָרעקטו'ר די (ן) (typogr.) proof; proofreading

|| ליי'ענ|ען קאָרעקטור <פֿון> proofread

קאָרעקטע די (ס) (typogr.) proof sheet

קאַרפּ דער (ן) carp

קאַרפּאַטווע די (ס) זע קוראָפּאַטווע

קאַרפּאַטן מצ Carpathian Mountains; Carpatho-Ukraine

קאַרפּאַטע אַדי hunchbacked, bent

קאָרפּאָל דער *dial.* turnip

קאָרפּאָראַטי'וו אַדי *Amer.* corporate

קאָרפּאָראַ'ל דער (ן) corporal

קאָרפּאָראַציע די (ס) corporation

קאָרפּוס דער (ן) (army, diplomatic, etc.) corps; corpus; block of buildings

קאָ'רפּוסל דאָס (עך) corpuscle

קאָ'רפּנקאָפּ דער (...קעפּ) big shot

קאַרפּע די (ס) (uprooted) tree stump

קאַרפֿי'ן דער (ען) carafe, pitcher

קאָרפֿירער אַדי–אינוו from Corfu

|| קאָרפֿירער אתרוג [ESREG] citron of Corfu; *fig.* thing/person of high quality

קאַרץ = קאָרץ דער (עס) זע קאָרעץ

קאַרצער דער (ס) dungeon, cell

קאַרק דער (עס/קערק) neck, nape

|| זיצ|ן/ליג|ן (ביי) דאַט אויפֿן קאַרק be a burden to

|| שטיי|ן* דאַט אי'בערן קאַרק urge (on), hound

|| געב|ן* דאַט אין קאַרק hit, strike; chase out

קאָרק·ן אַדי (of) cork

קאָ'רקן־צי·ער דער (ס) corkscrew

קאָ'רקעווע|ן וו (גע-ט) cork, plug *imperf.*

קאָרקעס מצ זע קאָריק

קאַרש די (ן) cherry

|| מאַכ|ן אַ קאַרש pout, purse one's lips

קאָרשול די (ן) Reform synagogue

קאָרשון דער (עס) (zool.) kite

קאָרשט פּאַרטיקל זע אָקערשט; אַקאָרשט

קאָשאַרן מצ barracks

קאָשאַרקע די (ס) *dial.* sentry-box

קאָשוליע די זע קושוליע

קאָשולקע די (ס) *dial.* shirt; gas mantle

קאַשטאַ'ן דער (עס/ען) זע קאַשטן

קאַשטאַ'נעווע אַדי chestnut (color)

קאַשטן דער (קאַשטאַנעס/קאַ'שטענעס) horse chestnut tree; chestnut/bay horse

|| פֿײַגל קעסט[2]; קעסטנבוים

קאָשטשאָל דער (עס) Catholic church (building)

קאָשיק דער (עס) basket; wicker table mat

קאָשמאַ'ר 1. דער (ן) nightmare

|| 2. אַדי–עפּי nightmarish

קאָשמאַריק = קאָשמאַריש אַדי nightmarish

קאַשמיר דער cashmere

קאַשניק דער (עס) cake of buckwheat/rice

קאָשניק דער (עס) ribbon

קאַשע[1] די (ס) porridge *esp.* of buckwheat; pulp; buckwheat; hodgepodge, mess

|| פֿאַרקאָכ|ן אַ קאַשע make a mess of things

|| ניט לאָז|ן זיך שפּײַען אין דער קאַשע not let oneself be pushed around

|| האָב|ן* וואַסער אויף קאַשע be dirt poor

קאַ'שע־[2]... pureed, puree of

|| קאַשע־בולבע mashed potatoes

קאָשע דער *baby talk* horsey

קאָשע|ן וו (גע-ט) mow *imperf.*

קאָשעניר|ן וו (-ט) זע קאַסעניר|ן

קאַשעפּאָניע = קאַשעפּעניע די [Ny] beans cooked with buckwheat/millet

קאָשער פֿאָנ כשר

קאַשקע די (ס) דימ זע קאַשע[1]

קאַשקע[1] די זע קאַסע[3]

קאַשקע[2] דער (ס) colt, foal

קאַשקע'ט דער (ן) cap

קאַשקע|ן וו (גע–ט) fondle, pet, pamper

קבוץ דער (ים) זע קיבוץ

קבלה [KABOLE] .1 די Kabbalah, Jewish mystical tradition

|| .2 די (–ות) practice/maxim transmitted by tradition; receipt

קבלן דער (ים) [KABLEN - KABLONIM] contractor; beneficiary, person receiving assistance

קבלת־פּנים דאָס/דער [KABOLES-PO'NEM] welcome, reception; *Jew.* gathering of guests at the house of the bridegroom before the wedding ceremony

קבלת־קנין דאָס/דער [KABOLES-KINYEN] *Jew.* confirmation of an agreement by the symbolic gesture of both parties grasping a kerchief

קבלת־שבת דאָס/דער [KABOLES-ShA'BES] "greeting of the Sabbath", Friday evening prayers beginning the Sabbath; Friday evening gathering celebrating the beginning of the Sabbath

קבצן דער (ים) פֿעמ טע [KAPTSN - KAPTSONIM] poor man

|| אַ קבצן אין זיבן פּאָלעס penniless pauper

קבצנות דאָס [KAPTSONES] poverty, indigence

קבצניש אַדי/אַדוו [KAPTSONISh] of a poor person, beggarly

קבצנסק(ע) אַדי [KAPTSA'NSK(E)] of a poor person, beggarly

קבצנ|ען וו (גע–ט) [KAPTS·N] go begging

קברן דער (ים) [KABREN - KABRONIM] gravedigger

קבֿ־הישר דער [KAV-HAYO'ShER] *Jew. The Just Measure,* 18th century moral treatise

קבֿוצה די (–ות) [KVUTSE] agricultural collective community in Palestine/Israel

|| פֿ"גל קיבוץ

קבֿורה די (–ות) [KVURE] burial

|| ברענג|ען צו קבֿורה bury

קבֿורת־חמור די [KVURES-KhA'MER] *Jew.* burial near the wall of the cemetery, a site considered degrading

קבֿורת־ישׂראל די [KVURES-YISRO'EL] זע קבֿר־ישׂראל

קבֿר דער/דאָס (ים) [KEYVER - KVORIM] grave, tomb

קבֿר־אָבֿות (דער) [KEYVER-O'VES] graves of parents/relatives

|| גיי|ן*/פֿאָר|ן/קומ|ען אויף קבֿר־אָבֿות visit the graves of deceased loved ones

קבֿרות דער (ן) [KVORES] *Jew.* cemetery

קבֿרות־בלעטלעך מצ [KVO'RES] *hum.* gray hair

קבֿרות־ייִד דער (ן) [KVO'RES] gravedigger

קבֿרות־מאַן דער (־לײַט) [KVO'RES] gravedigger

קבֿרותניק דער (עס) [KVO'RESNIK] gravedigger

קבֿרות־שטיבל דאָס (עך) [KVO'RES] cemetery building where the corpse is brought before burial or where the gravedigger resides

קבֿר־ישׂראל (דער) [KEYVER-YI'SROEL] burial in a Jewish cemetery

קג = קילאָגראַם kg.

קדוש[1] דער (ים) [KODESh - KDOYShIM] *Jew.* martyr, Jew killed for being Jewish; holy man, saint; *slang* sucker, victim

|| שפּרינג|ען קדוש <פֿאַר> bow and scrape, cringe (before)

|| מאַכ|ן פֿאַר אַ קדוש dupe, cheat; beat up, clobber; knock off, bump off

|| פֿ"גל קודש

קדוש[2] דער זע קידוש

קדושה די [KDUShE] *Jew.* sanctity, holiness; key moment in group prayer when God's holiness is exalted

קדוש־וטהור דער (קדושים־וטהורים) [KODESh-VETO'HER - KDOYShIM-UTEHO'YRIM] *Jew.* holy person, saintly martyr

קדושין מצ זע קידושין

קדחת דאָס [KADOKhES] (malarial) fever; *pop.* peanuts, next to nothing

|| מײַאָוו|ע קדחת hay fever

|| קדחת מיט כּשרן פּאָדעם, קדחת אין אַ קליין טע'פּעלע [KO'ShERN] nothing at all

|| האָב|ן* דאָס נײַן־יע'ריקע קדחת shake like a leaf

קדחת־רבֿיעית דאָס [KADOKhES-REVI'ES] quartan, fever occurring every fourth day

קדחת־שלישית דאָס [KADOKhES-ShLI'ShES] tertian, fever occurring every third day

קדיש [KADESh - KADEYShIM] .1 דער/דאָס (ים) *Jew. Kaddish,* mourning prayer recited primarily by a son/relative of the deceased during the year following death and on the subsequent anniversaries of the death

|| אָפּ|זאָג|ן אַ קדיש נאָך say farewell to, give up for lost

|| .2 דער (ים) person who recites this prayer, mourner; *fam.* son, male heir

קדישניק דער (עס) [KA'DEShNIK] person in mourning during the year of reciting *Kaddish*
|| פֿ״גל קדיש 2.

קדמון[1] דער [KADMEN] original/uncreated object/being; God
|| פֿ״גל קדמונים

קדמון־[2]... [KA'DMEN] proto-, original
|| קדמון־מענטשיש protohuman

קדמון־זינד די [KA'DMEN] original sin

קדמונים מצ [KADMOYNIM] ancient times; ancients, ancestors
|| פֿון קדמונים אָ'ן from time immemorial

קדמוניש אַדי [KADMOYNISh] ancient, primordial

קדר דער (ים) [KEYDER - KDORIM] Tatar; Tatar sorcerer, healer

קדשה די (־ות) [KDEYShE] prostitute

קדשי־קדשים דער [KODShE-KODO'ShIM] Holy of Holies

קהילה די (־ות) [KEHILE] community, *esp.* organized Jewish community

קהילה־צענטער דער (ס) [KEHI'LE] community center

קהילה־קדושה די [KEHILE-KDO'YShE] “holy community”, Jewish community of a given city; a city as the home of a Jewish community
|| אין דער קהילה־קדושה לובלי'ן among the Jews of Lublin, in Lublin

קהל (דאָס/דער) [KOOL] *Jew. (usually used without the definite article)* (members of a) community; community leadership; public
|| גאַנץ קהל the whole community
|| קהל האָט באַשלאָסן the community leaders have decided

קהל|ן זיך וו (גע–ט) [KOOL] *gen. iron..* dabble in communal affairs

קהלס־מאַן דער (־לײַט) [KO'OLS] *Jew.* member of the community council

קהלש אַדי [KOOLSh] public, communal
|| קהלש(ע) געלט(ער) public funds

קהלת [KOYHELES] Book of Ecclesiastes, read during the *Sukkot* holiday
|| פֿ״גל סוכות

קו[1] די (קי) דימ קי'עלע cow
|| בלי'נדע קו blind man’s bluff
|| אַ קו איז געפֿלויגן אי'בערן דאַך out of one’s mind, completely crazy
|| שלעפּ|ן די קו איפֿן בוידעם do things the hard way

קו[2] דער (ען) (the letter) Q

קוב דער (ן) cube

קובאַ (דאָס) Cuba

קובאַנער 1. אַדי–אינוו Cuban
|| 2. דער (–) פֿעמ ין Cuban

קובוץ דער (ן) Hebrew vowel sign ֻ, representing the vowel [U] after the consonant under which it is written

קוביק[1] דער (עס) cup, mug, goblet

קובי'ק־[2]... cubic
|| קוביק־מעטער cubic meter
|| קוביק־וואָרצל cube root

קוביר|ן וו (–ט) cube (raise to the third power)

קוביש אַדי cubic

קובל דער (ען) זע קיבל

קו'בעבע די cubeb, medicinal pepper
|| קובעבע מיט לאַקרעץ/קאַ'טשקעמילך/אי'נדיק־זאָמען tasteless dish; nonsense, twaddle

קובעל דער זע קיבל

קובֿע זײַן* וו (קובֿע געווע'ן) [KOYVEYE] *lit.* appoint, set (time/date)

קובֿר זײַן* וו (קובֿר געווע'ן) [KOYVER] bury

קוגל דער (ען) *kugel*, pudding made of noodles, apple or bread, eaten traditionally on the Sabbath at midday

קוגע די (ס) heap, pile

קוגעלניק דער (עס) [Ly] circular mold for baking a *kugel*
|| פֿ״גל קוגל

קודלאַטע אַדי shaggy, hairy

קודלע די (ס) tuft, shag, lock

קודלעוואַטע אַדי זע קודלאַטע

קודם אַדוו [KOYDEM] first (of all)

קודם־כּל אַדוו [KO'YDEM-KOL] first of all; above all

קודם־כּל־דבֿר אַדוו [KOYDEM-KOLDO'VER] *lit.* first and foremost

קודעלניע די (ס) [LyNy] distaff

קודש אַדי–אַטר [KOYDESh] holy, sacred; true
|| פֿ״גל קדוש[1]

קודשא־בריך־הוא (דער) [KUDShE-B(E)RIKhU'] the Holy One, blessed be He (God)

קו־המשווה דער [KAV-HAMA'ShVE] *lit.* equator

קוואָדער דער (ס) *Amer.* quarter, twenty-five cent coin

קוואַדראַ'ט[1] דער (ן) — square

קוואַדראַ'ט[2]-... — square

|| קוואַדראַט־מעטער — square meter

|| קוואַדראַט־וואָרצל — square root

קוואַדראַטטאַנץ דער (...טענץ) — square dance, quadrille

קוואַדראַטיש אַדי — square

קוואַדראַטנע אַדי זע קוואַדראַטיש

קוואַזי... — quasi-

קוואַטי'ר[1] דער (ן) — (door/window) frame; (window) shutter

קוואַטי'ר[2] די (ן) זע קוואַרטיר[1]

קוואַטירל דאָס (עך) — half pint

קוואָטע די (ס) — quota; share

קוואַטער דער (ס) — godfather; *Jew.* man who hands the child to be circumcised into the hands of others who will pass him on to the circumciser

קוואַ'טערין די (ס) — godmother; *Jew.* woman who takes the child to be circumcised from the hands of his mother in order to hand him to those who will pass him on to the circumciser

קוואַ'טערשאַפֿט די — function/status of being godfather/godmother

|| פֿ״גל קוואַטער; קוואַטערין

קוואַטש דער — soft, amorphous mass; milksop, weakling; poppycock, twaddle; performance/literature without value

קוואָטשע די (ס) זע קוואָטשקע

קוואַטשע|ן וו (גע-ט) — smear, scribble; chatter pointlessly

קוואָטשקע די — brood hen

קוואָטשקע|ן וו (גע-ט) זע קוואַטשען

קוואַל דער (ן) דימ קוועלכל — spring, source

קוואַליטאַטי'וו אַדי/אַדוו — qualitative

קוואַליטע'ט די (ן) — quality

קוואַליפֿיצי'רט אַדי — qualified

קוואַליפֿיצי'ר|ן וו (-ט) — qualify

קוואַליפֿיקאַציע די (ס) — qualification

קוואַליק אַדי — gushing, exuberant; genuine, authentic

קוואַל|ן וו (גע-ט) — well up, gush

קוואָלע אַדי — sickly, puny; hypersensitive

קוואַלפֿען די (ען) — fountain pen

קוואַ'לפֿעדער די (ס) — fountain pen

קוואַנטיטאַטי'וו אַדי/אַדוו — quantitative

קוואַנטיטע'ט די (ן) — quantity

קוואַנטיש אַדי — quantum

קוואַס דער (ן) — kvass, drink made by fermenting rye and barley or sour fruits

|| אַרײַ'נ|פֿאַל|ן/ליג|ן אין קוואַס — get into/be in a real fix

קוואַסט דער (ן) — pompom, tassel

קוואַסיע די [SY] — quassia

קוואַ'סניצע די (ס) — dish of fermented apples

|| פֿ״גל קוואַסניק

קוואַסניק דער (עס) פֿעמ ...ניצע — kvass maker

קוואַסעץ דער — sorrel; sorrel soup

קוואַפּע|ן זיך וו (גע-ט) <אויף> — be eager (for), have designs (on)

|| קוואַפּען זיך צו — intend to

קוואָקטשע|ן וו (גע-ט) — cluck, cackle

קוואָק(ל)ע די (ס) — brood hen

קוואַקע|ן וו (גע-ט) — croak, quack

קוואָקע|ן וו (גע-ט) זע קוואָקטשען

קוואַר אַדי — dry, parched; emaciated

קוואָרום דער (ס) — quorum

קוואָרט די/דאָס (ן/קווערט) — quart; metal water pitcher, *esp.* container with two handles for ritual washing of the hands

|| מאַכ|ן פֿון אַ וואָרט אַ קוואָרט — make a mountain out of a molehill

קוואַרטאַ'ל דער (ן) — neighborhood, (town) quarter

קוואַרטאַלנע דער (–) — neighborhood police officer

קוואַרטי'ר[1] די (ן) — (hotel) room, lodging, pied-à-terre

|| אויף מײַן קוואַרטיר — at my place/lodgings

קוואַרטי'ר[2] דער (ן) זע קוואַטירל

קוואַרטיראַ'נט דער (ן) פֿעמ קע — tenant, lodger

קוואַרטי'ר־מײַסטער דער (ס) — (milit.) quartermaster

קוואַרטל דער/דאָס (ען) — quarter (of a year/town)

קוואַ'רטלדיק אַדי — *neol.* quarterly

קוואַ'רטלניק דער (עס) — *neol.* quarterly (publication)

קוואַרטע די (ס) — (mus.) fourth

קוואַרטע'ט דער (ן) — quartet

קוואַר|ן וו (גע-ט) — dry/shrivel up, become emaciated

קוואַרץ דאָס — quartz

קוואַרצלאָמפּ דער (ן) — sunlamp

קוויט[1] אַדי–אַטר — quits, even

|| זײַן* קוויט <מיט> be quits (with); be equal/tied (with)

קוויט[2] דער (ן) receipt; quittance

קוויטאַנציע די (ס) quittance, receipt

קוויטיר|ן וו (–ט) issue a receipt for

קוויטל דאָס (עך) קוויט דימ quittance, receipt, voucher; bill of exchange, (bank) draft; lottery ticket; tag, label; note; (Hasidism) petition by a follower to his *rebbe*

|| מצ *also* (among some observant Jews) playing cards without depictions of people

|| אַ גוט קוויטל a good year (wish)

|| אַ שוואַרץ קוויטל a disastrous year (curse)

קווי'טעווע|ן וו (גע–ט) זע קוויטירן

קוויטעפּל דער (–) quince

קוויטש דער (ן) shriek, scream; *hum., fam.* pig, hog

קווי'טש(עד)יק אַדי shrill, strident

קוויטשע|ן וו (גע–ט) shriek, scream

קוויטשער דער (ס) screamer; *hum., fam.* pig, hog

קווייט דער (ן) flower, blossom

קווייטל|ען וו (גע–ט) bloom, flower; adorn with flowers or floral motifs

קווײַלע דער/די slowpoke, laggard

קווינט דער (ן) unit of weight equal to approximately two grams; particle, little bit

|| אויפֿן קווינט precisely, to the exact measure

|| מאַכן פֿון אַ קווינט אַ קוואָרט make a mountain out of a molehill

קווינטע די (ס) (mus.) fifth

קווינטעסע'נץ די quintessence

קוויק|ן זיך וו (גע–ט) <מיט> enjoy thoroughly, be delighted (with)

קוו״מ = קוואַדראַט־מעטער square meter

קוועטש דער stress, accent

קוועטש|ן וו (גע–ט) squeeze, pinch; press; stress/emphasize (syllable)

|| קוועטשן זיך force/exert oneself; speak reluctantly; equivocate, beat around the bush; strain (at stool)

קוועלכל דאָס (עך) דימ זע קוואַל

קוועל|ן[1] וו (געקוואָלן) <פֿון> beam (at), be delighted (with); soak up, swell *intr.*; well up, gush

קוועל|ן[2] וו (גע–ט) torment, torture, oppress

|| קוועלן זיך torment oneself; suffer

קוועלע די (קוועלן/ס) *Germ.* source (of information)

קווע'נטעניק דער (עס) (in Latin America) peddler selling on credit

קווענץ דער (cards) sequence, straight flush

קווע'נקלדיק אַדי/אַדוו hesitant, indecisive

קווענקל|ען זיך וו (גע–ט) waver, hesitate

קווע'נקלעניש דאָס (ן) hesitation, indecision

קוועסטיאָניר|ן וו (–ט) [TY] (call into) question, reassess

קווע'קזילבער דאָס mercury, quicksilver; *fig.* unpredictable/fickle person

קווע'קזילבערדיק אַדי mercurial/moody (temperament)

קווע'קזילבערן אַדי (of) mercury

קווער[1] : אין דער קווער across, crosswise, transversely

קווע'ר־[2]... transverse, cross

קווערט מצ זע קוואָרט

קווערטל דאָס (עך) קוואָרט דימ one-pint tin container/measuring cup

קווועריק אַדי transverse, crosswise

קווערשניט דער (ן) cross section; *fig.* outline, overview

קוזין = קוזי'ן דער (...י'נען) פֿעמ ...י'נ(ק)ע cousin

קוזניע די (ס) [Ny] smithy, forge

|| קאַלט|ע קוזניע *hum.* frigid woman

קוטאַס דער (ן) knitted belt ornamented with tassels at the ends; *vulg.* penis; fool

קוטיע די [Ty] dish of cereal with honey and raisins

קוטשמע די (ס) fur cap; disheveled mop of hair

קוטשע[1] די (ס) heap, pile; lump, clod; cowpat

קוטשע[2] די (ס) storage space under the stove for wood, saucepans, etc., also used for chickens being fattened

קוטשעבער דער *dial.* lottery

קוטשעמע'נט דער (ן) prison

קוטשער[1] דער (ס) coachman, postilion

קוטשער[2] דער (ן) (hair) curl, forelock

קוטשעראַבע|ן וו (–ט) mend, darn; botch, bungle

קוטשעראַווע אַדי curly-haired

קויבער דער (ס) דימ קײַ'בערל basket, hamper

קוי'דעם־קאָל פֿאָנ קודם־כּל

קוי'דערווײַלעך אַדוו by fits and starts

קוי'דערוועלש = קוידריש דאָס gibberish

קויזאַ'ל אַדי causal

קויט דאָס/דער — filth, dirt, mud; dung

קויטיק אַדי — dirty, muddy

קויטשוק דער — rubber

קוי'טשוק·ן אַדי — (of) rubber

קויל[1] די (ן) דימ קײַלכל — sphere, ball, globe; bullet, cannonball

|| עס נעמט אים קיין קויל ניט — he is sly as a fox, he always lands on his feet

קויל[2] דער/די (ן) — piece of coal

|| מצ — coal; hot coals

|| ווייכע קוילן — bituminous coal

|| האַרטע קוילן — anthracite coal

|| קוילן שוואַרץ — jet black (hair, eyes)

|| פֿאַרשרײַ'ב מיט אַ קויל אין קוימען/אויוון — *iron.* that's one for the record books!

קויליק אַדי — round, spherical

קוי'לן־ברענער דער (־/ס) — charcoal maker

קוי'לנגרוב די (ן/...גריבער) — coal mine

קוי'לן־גרעבער דער (־/ס) — coal miner

קוי'לן־וואַרפֿער דער (ס) — machine gun

קוי'לן־זײַערס דאָס — carbon dioxide

קוי'לנשטאָף דער — carbon

קוילעטש דער (ן) דימ קוי'לעטשל — *challah*, braided bread made with egg-rich dough, eaten on the Sabbath and holidays

קוי'לע|(נע)ן וו (גע־ט) — slaughter; *hum.* ruin

קוי'לער|ן (זיך) וו (גע־ט) — roll *trans./intr.*

קוים אַדוו — with great difficulty, barely, hardly; as soon as

|| קוים וואָס זי זעט — she is barely able to see

|| קוים זאָג איך אַ וואָרט, שרײַען אַלע — as soon as I utter a word, everyone begins to shout

קוימען דער (ס/עס) — chimney, smokestack

קוי'מענקער דער זע קוימען־קערער

קוי'מען־קערער דער (ס) — chimney sweep

קוים־קוי'ם אַדוו — just barely

|| איך בין קוים־קוים אַרױ'ס — I had a narrow escape/close call

קוינע פֿאָנ קונה

קויסע פֿאָנ כּוסע

קויעך פֿאָנ כּוח

קויפּ דער (ן) — hill, knoll; something extra (added for good measure)

קויף דער (ן) דימ קײַפֿל — tub, vat, barrel

קויפֿ|ן וו (גע־ט) — buy

קויציע די (ס) — security (deposit); bail

קויקל|ען וו (גע־ט) זע קײַקלען

קויקע די (ס) — berth

קויש דער (ן) דימ קיישל — basket

קוישבאָל דער — basketball

קוכאַרקע = קוכטע די (ס) זע קעכין

קוכן דער (ס) דימ קיכל — cake

קוכער דער (ס) פֿעמ קעכין — cook, chef

קול[1] דאָס (ער) [KOL - KELER] דימ קולכל [KELKhL] — voice

|| אויפֿן קול, אויף אַ קול — loudly

|| ניט מיט פּאָס קול — with a faltering/strained voice

|| פֿ״גל קולות

קול[2] דער (עס) [Ly] זע קוליע[1]

קולא די (־ות) [KULE] — flexible interpretation/application of rabbinic law

קולאַ'ק[1] דער (עס) זע קוליק

קולאַ'ק[2] דער (עס) — kulak (prosperous Russian peasant)

קולאָ'ק דער [KOLO'K] — *dial.* strident/shrill voice

קולבע די (ס) — purse, wallet

קולואַרי'סט דער (ן) — member of pressure group, lobbyist

קולואַרן מצ — lobby of a legislative building; corridors

קולואַ'רן־שתדלנימשאַפֿט די (ן) [ShTADLO'NIMShAFT] — lobby, pressure group

קולות מצ [KOYLES] — noise, racket, clamor

|| ווילדע/באַנו'מענע קולות — yelling, howling

|| מאַכן קולות — shout, scream; make a scene

|| פֿ״גל קול[1]; קולא

קולותדיק אַדי/אַדוו [KO'YLESDIK] — shouting, noisy

קולות־ובֿרקים מצ [KOYLES-UVRO'KIM] — *hum.* uproar, huge racket; bombastic speech

קולט דער (ן) [Ly] — cult, worship

קו'לטוסראַט דער [Ly] — (in regions where German was the official language) Jewish community council; member of this council

קולטו'ר[1] די (ן) [Ly] — culture

קולטו'ר־[2]... [Ly] — cultural

קולטורע'ל אַדי [Ly...L] — cultured, cultivated, refined; cultural

קולטורשפּראַך די (ן) [Ly] language of cultivated usage

קולטיווירן וו (–ט) [Ly] cultivate

קוליאַווע אַדי dial. lame, limping

קולינאַריש אַדי culinary

קולי'ס דער (ן) (theat.) wing

|| הינטער די קוליסן behind the scenes

קוליע[1] די (ס) sheaf, bunch; bundle, ball (yarn); snowball

קוליע[2] די (ס) crutch; stilt

קוליען[1] וו (גע–ט) hobble, limp

קוליען[2] (זיך) וו (גע–ט) roll *trans./intr.* on the ground

|| קוליען זיך *also* caper, do somersaults

קוליק דער (עס) fist

קולי־קולות מצ [KOYLE-KO'YLES] loud cries, shouting, racket

|| אויף קולי־קולות at the top of one's voice

קו'ליקל דאָס (עך) קוליק דימ *also* mitten

קולי'ש דער זע קאָליש

קולכל דאָס (עך) קול דימ [KELKhL] small/thin voice

קולמינירונג די (ען) [Ly] culmination

קולמינירן וו (–ט) [Ly] culminate *intr.*

קולמיני'ר־פּונקט דער (ן) [Ly] climax, acme, zenith

קול־נגינה דאָס [KOL-NEGI'NE] (good) singing voice

קולנע די (ס) heel (foot/sock)

קולעכל דאָס (עך) [KE'LEKhL] זע קולכל

קול־קורא דער (ס) [KOLKOYRE] proclamation; appeal, call

קולקע די (ס) [Ly] (little) ball

קום דער (עס) *dial.* pal, buddy *masc.*; godfather

קומאַ'טש דער red fustian cloth

קו'מיסברויט דאָס dry biscuit, hardtack

קוממיות [KOYMEMIES] : גיי|ן* קוממיות swagger

|| שטיי|ן* קוממיות stand upright

|| שטעל|ן זיך קוממיות *hum.* (horse) rear up

|| זאָג|ן קוממיות, שטעל|ן זיך קוממיות stop payments, go bankrupt

קומע די (ס) *dial.* buddy *fem.*, friend; godmother

קו'מעדיק אַדי–עפּי future; next, coming, subsequent

|| קומעדיקע צײַט (gramm.) future tense

קו'מעדיקייט די future, posterity

קומ|ען[1] וו (איז געקומען) come, arrive

|| קומען אויף (conversation) turn to

|| קומען נאָך succeed, follow

|| קומען נאָך דעם follow, ensue

|| נאָך דעם וועט קומען אַ באַנקע'ט a banquet will follow

|| קומען צו זיך come round, recover *intr.*, get well

|| קומען צו lead to, result in; reach/come to; attain/gain (wealth, power, etc.); be reduced to

|| קומען צו אַ באַשלו'ס come to a decision

|| קומען צו געלט come into money

|| קומען צו בע'טלברויט be reduced to begging

|| ווי קומט ... צו what does ... have to do with

|| ווי קומט ... אין what is ... doing in

|| ווי קומט אַ ליד אין אַ מאַטעמאַ'טיק־בוך? what is a poem doing in a math book?

|| ניט קומען צו have nothing in common with, not come close to (in quality)

|| קומען צו גיין/פֿאָרן/לויפֿן/... arrive/come (on foot, by car/train, running, etc.)

|| ווי קומסטו צו אינפֿ? how dare you ...?

|| ווי קומסטו צו נעמען מײַנע ביכער? how dare you take my books?

|| ווי קומט עס <אַז> how come? how is it that

|| זאָל קומען וואָס עס וויל זיך come what may

|| קומען אומפּ צו take place, come about; be a question of, be the time for

|| ווען עס קומט נאָר צו געלט, קומט צו אַ קריגערײַ' as soon as it's a question of money, a quarrel ensues

|| פּ״גל קומען[2]

קומ|ען[2] וו (גע–ט/איז געקומען) דאַט owe; be owed to; *rev.* deserve, merit, be entitled to

|| זי קומט מיר אַן ענטפֿער she owes me an answer

|| דאָס קומט איר she's entitled to this

|| אים קומט אַ מעדאַ'ל he deserves a medal

|| פֿאַר וואָס קומט עס מיר? what have I done to deserve it?

|| איך קום דיר אַ דאַנק I owe you my thanks

קו'מענדיק אַדי–עפּי next, following, subsequent; future; upcoming, looming

קומער דער — *lit.* pain, sorrow, grief
קונד דער (ן) פֿעמ ין — customer
קונדייסקע אַדי/אַדוו — impish, mischievous
קונדס דער (ים) [KUNDES - KUNDEYSIM] — prankster, jokester; brat, mischievous boy
קונדסערײַ די/דאָס (ען) [KUNDESERA'Y] — mischief, prank
קונדשאַפֿט די (ן) — clientele; *dial.* regular customer
קונה דער (–ים) פֿעמ טע [KOYNE - KOYNIM] — customer, buyer
קונה זײַן* וו (קונה געווע'ן) [KOYNE] — *lit.* acquire
קונה־שם זײַן* (זיך) וו (קונה־שם געווע'ן) [KOYNE-ShE'M] — acquire a reputation, win fame
קונטושל דאָס (עך) — coat with decorative braided fasteners
קונטרס דער (ים) [KUNTRES - KUNTREYSIM] — folded sheet of a book; pamphlet, brochure; *Jew.* commentary, *esp.* Rashi's
|| פּ״גל רשי
קוני־לעמל דער (עס) זע קונע־לעמל
קונסט[1] די (ן) — art, artistic creation
קו'נסט–[2]... — (of) art; imitation, synthetic, artificial
|| קונסטשול — art school
|| קונסטגומע — synthetic rubber
|| קונסטלעדער — imitation leather
קונסטווערק דאָס (–) — work of art
קונסטזײַד די/דאָס — rayon
קו'נסטזײַד־ן — (of) rayon
קונסטמיסט דאָס — synthetic fertilizer
קונע די (ס) — pillory, site at entrance of the synagogue where a person condemned by the community tribunal would suffer an insulting punishment; cell next to the synagogue where the community could lock up one of its members for a brief punishment; corner for punishing pupils
קונע־לע'מל דער (ס) — fool, sucker
קונץ די (ן) — feat, stunt; conjuring trick, illusion; trick, deceit; *hum.* exploit
|| מצ — trickery
|| ווײַזן קונצן — perform tricks
|| ווײַזן אַ קונץ און — carry off the stunt of ...
|| ווײַז אַ קונץ און קריג עס אָן געלט! — just try to get it for nothing!
|| מאַכן קונצן — *also* cheat; make a fuss, put on airs
|| מאַכן די קונץ — kick the bucket, die
|| אָן קונצן — without ceremony
|| מאַך ניט קיין קונצן — stop your playacting
|| אוי'ך מיר אַ קונץ! — *iron.* an amazing feat! big deal!
|| ס'איז ניט קיין קונץ — it's not rocket science; it's of no interest, it's no big deal
קונציק אַדי/אַדוו — clever, ingenious
קו'נצן־מאַכער דער (–/ס) פֿעמ ין — magician, prestidigitator; con artist, swindler
קונצן־מאַכערײַ' דאָס — trickery, flimflam; sleight of hand, prestidigitation
קונצשטיק דאָס (–) — feat; trick
קונקל־מו'נקל דער — *pop.* monkey-business, trickery
קוסט דער (ן/עס) — bush, shrub
קוסטאַ'ר דער (ן) — home craftsman
קוסטאַרניק דער — *dial.* underbrush
קופּאָ'ל דער (ן) — cupola, dome
קופּאַלניע די (ס) [LyNy] — *dial.* floating bathing shed docked at the water's edge
קופּאָ'ן דער (ען) — coupon
קופּטשע די (ס) — *dial.* bill of sale
קופּיע'ץ דער (קופּצעס) — *dial.* merchant
קופּלונג די (ען) — (techn.) coupling; clutch
קופּלע'ט דער (ן) [Ly] — couplet
קופּע[1] די (ס) — pile, heap; cowpat, droppings
קופּע'[2] דער (ען) — (train) compartment
קופּעץ דער זע קופּיעץ
קופּער דאָס — copper; small change, coins
קו'פּער־וואַסער דאָס — copper sulphate, blue vitriol
קו'פּערוואַרג דאָס — brassware, copper (cooking) utensils
קופּערטע די (ס) זע קאָפּערטע
קו'פּערן אַדי — (of) copper
קו'פּערצן וו (גע–ט) — taste of copper, have a coppery aftertaste
קו'פּערשטאָך דער (ן) — copper engraving
קו'פּערשמיד דער (ן) — coppersmith, brazier
קופּצעס מצ זע קופּיעץ
קופּקע[1] די (ס) קופּע דימ — *also* small group
קופּקע[2] די (ס) זע קאָפּקע
קוף דער/די (ן) [KUF] — *qoph*, name of the letter ק
קופֿײַקע די (ס) — short jacket
קופֿל דער (ען) — large cup, mug
קופֿליע די (ס) זע קופֿל

קופּליק דער (עס) זע קופּל

קופּער דער (ס) זע קופּערט

קופּערט דער (ן) trunk, chest

קוצו־של־יוד דער [KUTSE-ShELYU'D] iota *fig.*, minute detail

קוציבאַבע די game of blind man's bluff

קוצע[1] אַדי *dial.* short, stocky

קוצע[2] די (ס) *vulg.* lump of excrement; tail

קוצעווייקע די (ס) jacket; short pelisse; quilted jacket/coat; *iron.* old-fashioned outfit

קוצעלאַפּע אַדי *dial.* short-limbed, dwarf

קו'צעניו־מו'צעניו (דאָס) [Ny] *hum.* snuggling, fondling

|| זײַן* קוצעניו־מוצעניו מיט be lovey-dovey with

קוצפּינדריק דער (עס) shorty, shrimp

קוצפּײַקע די (ס) זע קוצעווייקע

קוק דער (ן) glimpse, look, glance; point of view, opinion

|| אַ קוק טאָ|ן*/געב|ן* אויף glance at; stare at

|| אויפֿן ערשטן קוק at first sight

|| כאַפּ|ן אַ קוק אַרײַ'ן peek in

קוקאַווקע די (ס) (zool.) cuckoo

קוקו אינט cuckoo (bird call)

קוקווייקע די (ס) זע קוקאַווקע

קו'קווינקל דער/דאָס (ען) point of view, perspective

קוקורוזע די corn, maize

קוקי'ל דער *dial.* corncockle

קוקל דער (ען) דימ2 קי'קעלע round loaf (bread)

קוקלע די (ס) *dial.* doll

קוק|ן וו (גע–ט) <אויף> look (at), glance (at)

|| קוקן אויף *also* imitate, follow; look out on (street, courtyard, etc.)

|| ניט קוקן אויף disregard, shut one's eyes to

|| ניט קו'קנדיק/געקו'קט אויף despite, in spite of

|| ניט געקו'קט דערוי'ף nevertheless, however

|| קוקן קרום אויף frown upon, disapprove of

|| קוקן און וו (do stg.) at a glance, on sight

|| ער קוקט און זעצט איבער he translates on sight

|| קו'קנדיק אויף in view of, considering; out of consideration for

|| אויף מיר/דיר/... קוקנדיק taking me/you/... as an example; following my/your/... example

|| אויף דע'ם קוקנדיק on that basis, on the strength of that

קוקע דע לאָכע די *dial., hum.* kinetoscope, peep show

קו'קעלע דאָס (ך) קוק דימ2 peek

קוקער דער (ס) (phot.) viewer (device)

|| מצ *hum.* peepers, baby blues; specs, glasses

|| אָנ|שטעל|ן אַ פּאָר קוקערס look surprised

קוקעריקו' אינט cock-a-doodle-do

קוקעריקע|ן וו (–ט) (rooster) crow

קו'קערל דאָס (עך) קוקער דימ peephole; embrasure, crenel

קור די (ן) course of treatment

קוראַ'זש דער zeal, courage, boldness; commotion, bustle

קוראַזשי'רט אַדי courageous, bold

קוראַזשיר|ן וו (–ט) encourage

קוראַטאָר דער (...אָ'רן) פֿעמ ...אָ'רשע (museum) curator; trustee

קוראַלאַ'פּניטשקע = קוראַלאַ'פּניצע די (ס) female supplier of poultry and eggs to the home; short-legged woman

קוראָלאַפּניק דער (עס) poultry dealer/thief; short-legged man

קוראַ'נט[1] אַדי זע קאַראַנט; קראַנט[2]

קוראַ'נט[2] דער (ן) chime

קוראָפּאַט(וו)ע די (ס) partridge

קוראָפּאַטקע די (ס) זע קוראָפּאַטווע

קוראַציע די (ס) treatment, cure

קוראָרט דער/דאָס (קו'רערטער) spa, (health) resort

קורגאַ'ן דער (ען) burial mound

קורווע די (ס) *vulg.* whore, prostitute

קורח פּנ [KOYREKh] *bibl.* Korah

|| רײַך ווי קורח rich as Croesus

|| קורחס אוצרות [OYTSRES] immense wealth

קורטקע די (ס) short jacket

קורטש דער זע קאָרטש[2]

קורטשוקל דאָס (עך) chick, nestling

קורטשענטע די (ס) pullet, young hen

קוריאָ'ז דער (ן) curiosity (thing); rare object

קורי'ן דער (עס) זע קאָרין

קוריער דער (...ע'רן) courier

קו'ריערצוג דער (ן) express train

קוריר|ן וו (–ט) treat, nurse/tend

קורלאַ'פּניטשקע = קורלאַ'פּניצע די (ס) זע קוראָלאַפּניטשקע

קורנאָסע אַדי זע קאַרנאָסע

קורניק דער (עס) פֿעמ ...ניטשקע — poultry merchant

קו'רניקל דאָס (עך) — small oil lamp

קורס דער (ן) — course (of study); exchange rate

קורסי'וו 1. דער — italics

|| מײַן קורסיוו — italics/emphasis added (editor's note)

|| 2. אַדי/אַדוו — italic, in italic letters

קורסיסטקע די (ס) — (in Russia) female student

קורסיר|ן וו (–ט) — travel back and forth, (taxi) cruise; (information) circulate; have currency

קורעדו'פּ דער זע קאַרדופּל

קו'רעווניק דער (עס) — fornicator, womanizer

קורע זײַן* (זיך) וו (קורע געווע'ן) [KOYREYE] — *Jew.* rend one's garment as a sign of mourning

קורע־כּדג זײַן* וו (קורע־כּדג געווע'ן) — tear to pieces, make mincemeat out of [KOYREYE-KEDA'G]

קורעלאַפּניטשקע די (ס) זע קוראָלאַפּניטשקע

קורע|ן וו (גע–ט) — smoke (tobacco)

|| קורען זיך — burn poorly, give off smoke

קו'רערטער מצ זע קוראָרט

קורץ אַדי/אַדוו (קאָמפּ קירצער) — brief; short

|| אין קורצן — briefly, in a few words

|| קורץ און גוט, קורץ פֿון דער זאַך/מעשׂה — in a nutshell, to make a long story short [MAYSE]

|| קורץ און שאַרף — concise(ly), short and sweet

|| קורץ גערע'דט — to be brief

|| כאַפּן קורץ — fall short

קו'רציזיכטיק = קו'רצזעיִק אַדי — myopic, near-sighted, shortsighted

קו'רץ־טערמיניק אַדי — short-term

קו'רצ־יאָריק אַדי — short-lived

קו'רץ־כוואַליעדיק אַדי — short-wave

קו'רץ־פֿרײַטיק דער — the Friday preceding the winter solstice

קורצקעס מצ — shorts, short pants

קורצשלוס דער (ן) — short circuit

קוש דער (ן) — kiss

|| אַ קוש געבן* <דאַט>, אַ קוש טאָ|ן* <אַק> — kiss, give (s.o.) a kiss

קושוואָך די (ן) — honeymoon; first week after the wedding

קושוליע די — German measles, rubella; scarlet fever

קוש|ן וו (גע–ט) <אין> — kiss (on), give a kiss

קושעטקע די (ס) — couch, sofa

קו'שעניש דאָס/די — exchange of kisses among several people

קטגור דער (ס) זע קטיגור

קטורת מצ [KTOYRES] — incense; *Jew.* passage on the incense for the Temple read each morning at the beginning of prayers

קטיגור דער (ס) [KATEYGER] — *lit.* accuser; *Jew.* prosecuting angel

קטלא־קניא דער [KATLEKANYE] — insignificant person, nobody

|| ער איז נישט קיין קטלא־קניא — he's not just anybody

קטלן דער (ים) [KATLEN - KATLONIM] — slaughterer; *Jew.* man who has outlived several wives

קטלנית די [KATLANES/KATLONES] — *Jew.* woman prohibited from remarrying after being widowed three times

קטן דער (ים) [KOTN - KTANIM] — *Jew.* minor child less than thirteen years old

קטניות מצ זע קיטניות

קטרוג דער זע קיטרוג

קי' מצ זע קו[1]

קיאה די [KEYE] — vomit

קיאַנקע די (ס) זע קיענקע

קיאָ'סק דער (ן) — newsstand

קיבוץ 1. דער (ים) [KIBETS - KIBUTSIM] — group, community

|| 2. [KIBUTS/KIBU'TS] — kibbutz, collective farm in Israel

קיבוץ־גליות דער [KIBETS-GO'LYES] — ingathering of the Jews of the diaspora to the land of Israel; Jews of different origins encountering one another

קיבוצניק דער (עס) — member of a kibbutz

קיבל דער (ען/עס) — pail, basin; slop bucket

קיבע די (ס) — *dial.* burdock head; annoying person, tag-along

קיבעץ דער — mockery, raillery; kibitzing, interference in s.o. else's game

קיבעצאַרניע די (ס) [Ny] — meeting of mockers/banterers; café/bar where one engages in raillery; sarcastic conversation

קי'בעצ|ן וו (גע–ט) — banter, exchange gossip; tease; kibitz, interfere in s.o. else's game

קי'בעצער דער (ס) פֿעמ קע — teaser, mocker; kibitzer, spectator who interferes in the game; busybody

קיבערנעטיק די — cybernetics

קידוש דער [KIDESh] — *kiddush*, proclamation of the holiness of the Sabbath or of a holiday, recited with the blessing over the wine at the family table; communal celebration with wine and food in a synagogue after morning prayers on the Sabbath

|| מאַכ|ן קידוש — recite the *kiddush* and the blessing over wine

|| שטעל|ן קידוש — prepare the Sabbath refreshments

|| ניט טויג|ן* ניט צו קידוש ניט צו הבֿדלה [HAVDOLE] — be a boor of a husband who's a poor provider as well

קידוש־השם דער [KIDESh-HAShE'M] — martyrdom, death for being a Jew

|| אומ|קומ|ען אויף קידוש־השם — to die as a martyr for the Jewish faith, be killed for being a Jew

|| גיי|ן* אויף קידוש־השם — risk one's life for one's Jewish beliefs

קידושין מצ [KDUShN] — *Jew.* marriage ceremony

|| געב|ן* דאַט קידושין — marry, officiate at the marriage of

קידושינדיק אַדי [KDU'ShNDIK] — legitimate (child)

קידושין־פֿינגערל דאָס (עך) [KDU'ShN] — wedding ring

קידוש־לבֿנה דער [KIDESh-LEVO'NE] — *Jew.* blessing of the new moon

קידוש־לבֿנה־אותיות מצ [KIDEShLEVO'NE-OYSYES] — (typogr.) large type letters

קידוש־מאַכער דער (ס) [KI'DESh] — *hum.* husband; *hum.* drinker, drunk

קי'דנעפּונג די (ען) — *Amer.* kidnapping

קי'דנעפּ|ן וו (גע-ט) — *Amer.* kidnap

קי'דנעפּער דער (ס) פֿעמ קע — *Amer.* kidnapper

קידער־ווי'דער 1. אַדי–אַטר — at odds, at loggerheads

|| 2. דער (ס) — dispute, quarrel

קיווער דער (ס) — (military) helmet

קיום דער [KIEM] — existence; survival

|| האָב|ן* אַ קיום — last, endure

קיזיק דער — dried cow dung shaped into bricks (for fuel)

קיזל דער זע קיזלשטיין

קי'זלשטיין דער (ער) — flint

קיז רוי אַדי — entirely raw

קיזשיק דער (עס) — colt, foal

קיט דער — putty

קיטײַ' 1. דער — nankeen; taffeta

|| 2. (דאָס) — Cathay, China

קיטל דער (ען) — *Jew.* long white linen coat worn by men on solemn holidays and also serving as a shroud; cassock, chasuble

קיטניות מצ [KI'TNIES] — *lit.* legumes, vegetables that Ashkenazi Jews abstain from during Passover; trifles

|| פֿ״גל פּסח

|| אַ מין קיטניות — a strange sort of thing

|| אַ'לערלײ מיני־קיטניות [MINE-] — all sorts of things

קי'טניצע די (ס) — fourth stomach of a ruminant

קי'טעווע|ן וו (גע-ט) — (attach with) putty *imperf.*

קיטקע די (ס) — braided egg-rich bread eaten on the Sabbath and on holidays; braided dough ornament on a bun

קיטרוג דער [KITREG] — *lit.* accusation

קיטש[1] אינט זע שאַ־קיטש 2.

קיטש[2] — *baby talk* kitty-cat

קיטשע די (ס) זע קוטשע[2]

קײַ־און־שפּײַ' (דאָס) — *pop.* all bones and no meat; poor diet, bad food; next to nothing

קײ'בערל דאָס (עך) דימ זע קויבער

קײַ'גומי = קײַ'גומע די — chewing gum

קייגן פּרעפּ זע קעגן[1]

קייווער פֿאָנ קבֿר

קייזער דער זע קייסער

קיי'זערקע די (ס) — kaiser roll

קיי'זערשניט דער (ן) — Caesarean (section)

קייט די (ן) — chain

|| מצ — fetters, shackles

|| אויף אַ/דער קייט — chained, in chains

|| גאָ'לדענ|ע קייט — illustrious lineage, glorious history

קײַ'טאַביק דער — chewing tobacco

קיי'טל|ען זיך וו (גע-ט) — be connected/linked, follow one another (in a series)

קיי'טלשטאָך דער (...שטעך) — chain stitch

קײַכהוסט = קײַכהיס דער — whooping cough

קײַכ|ן וו (גע-ט) — gasp, pant, choke

|| קײַכ|ן פֿאַר געלעכטער — split one's sides with laughter, be in stitches

קײַכער דער (ס) — *fam.* mouth, maw

|| מאַך צו' דעם קײַכער! — shut your trap!

קײַלונג די — non-kosher slaughtering

קײַלכל דאָס (עך) דימ זע קויל[1]

קײַלן וו (גע–ט) — slaughter an animal (in a non-kosher way), cut up (carcass); *fig.* beat up

קײלע פֿאָנ כּלי

קיי'לעטשל דאָס (עך) דימ זע קוילעטש

קײַלעך דער (ער) — sphere, globe; circle, ring

קײַ'לעכ(ד)יק אַדי — round; circular

|| קײַלעכדיק|ע יתומה [YESOYME] — girl orphaned of both parents

קײַלער דער (ס) — non-kosher slaughterer; killer, butcher *fig.*

קײַמא־לן דער (ען) [KA'YMELON] — truism, established fact

|| אַ קײַמא־לן פֿון — not less than, a total of

קיין[1] אַרט [KA/KEYN/KIN] — no, none; *(in negative sentences)* any, a

|| קיין זאַך ... ניט — nothing at all

|| קיין שום — no ... at all, not the least bit of

|| דאָס איז ניט קיין בוך — this is not a book

|| ער האָט ניט קיין געלט — he does not have any money

|| דו ביסט ניט קיין דאָקטער — you are no doctor

|| קיין מענטש ווייס עס ניט — no one knows it

|| ער קען ניט קיין ענגליש — he knows no English

קיין[2] פּרעפּ — *(before a place name)* to, towards, (bound) for

קײַן זע קיין

קיין מאָל אַדוו זע (קיין) מאָל[1]

קיין סך זע סך[1]

קיין עין־הרע זע עין־הרע

קיינעם פּראָנ–דאַט/אַק זע קיינער

קיי'נעמסלאַנד (דאָס) — no man's land

קיי'נערליי אַדי–אינוו — no kind of

קיינער ... ניט פּראָנ (אַק/דאַט: קיינעם; פּאָס: קיינעמס) — nobody, no one

|| דאָס אַרט קיינעם ניט — no one cares about that

קייסאָרים מצ זע קייסער

קייסעך דער — Easter

קייסער דער (קייסאָרים/קיסרים) — emperor

קייסערינ(י)ע די (ס) [Ny] — empress

קיי'סעריש = קיי'סערלעך אַדי — imperial

קײַ|ען = קײַע|ן וו (גע–ט) — chew *imperf.*, masticate

|| וואָס צו קײַען — something to eat

קײַער דער (ס) — jaw

קײַפּל דאָס (עך) דימ זע קויף

קײַק דער (ס) — *Amer., insult.* kike, yid; skinflint, cheapskate

קײַקל דאָס (עך) — ball; marble

קײַקל|ען (זיך) וו (גע–ט) — roll *trans./intr.*

קייִש אַדי — cow's, bovine

קײשל דאָס (עך) קויש דימ — small basket

קיך די (ן) — kitchen; stove

קיכל דאָס (עך) קוכן דימ — cookie, biscuit; *dial.* cake

קיכל|ען וו (גע–ט) זע קעכלען

קיל[1] אַדי/אַדוו — cool, chilly; aloof, reserved

קיל[2] דער (ן) — keel

קילאָ דער (ס) — kilo(gram)

קילאָגראַ'ם דער (ען) — kilogram

קילאָמעטער דער (ס) — kilometer

קילבלעך אַדי/אַדוו — rather cool/chilly

קיליעם דער (עס) — rug, carpet

קיל|ן וו (גע–ט) — cool *trans., imperf.*

|| קילן זיך — calm down

קילע די (ס) — *pop.* hernia, rupture

קילעוואַטע אַדי — *pop.* herniated; *hum.* nippy, chilly

קילער דער (ס) — cooler, refrigerator; (automobile) radiator

קילערי'ב די (ן) — kohlrabi

קילקול דער (ים) [KILKL - KILKULIM] — deterioration, degradation

קילקייט די — coolness; reserve, detachment

קילקע די (ס) [Ly] — pilchard, variety of herring

קילריבל דאָס (עך) זע קילעריב

קי'לשטיבל דאָס (עך) — morgue

קימאַ'ט פֿאָנ כּמעט

קימל דער — caraway

קי'מער|ן וו (גע–ט) — bother, worry *trans.*, concern

|| קימערן זיך — worry *intr.*, be upset

קי'מערניש דאָס — concern, worry, grief

קימפּעט די — childbirth, childbed, labor

|| ליגן אין קימפּעט — be in labor; *hum.* feel puzzled/at a loss

|| בײַ אים ליגן די הענט אין קימפּעט — he's a lazybones

קי'מפּעטאָרין די (ס) — woman in childbirth

קי'מפּעט־בריוול דאָס (עך) — *Jew.* amulet hung over the bed of a woman in labor

קי'מפּעט־פּאַלאַטע די (ס) — maternity ward

קי'מפּעטקינד דאָס (ער) — newborn infant

קין[1] דער — kindling

קין[2] דער (ען) — chin, jaw

קין[3] פּנ [KAYIN] — Cain

קינאָ דער (ס) — movie theater

קי'נאָבילד דאָס (ער) — movie, film

קינאה די (–ות) [KINE] — jealousy, envy

קינאה־שׂינאה די [KINE-SI'NE] — rivalry, animosity

קי'נבאַק די (ן) — jaw

קינד דאָס (ער) — child

|| גיי|ן* צו קינד — be in labor, give birth

|| אײַ'נ|רעד|ן דאַט אַ קינד אין בויך — delude, take for a ride

|| אָ'נ|רופֿ|ן דאָס קינד בײַם נאָמען — call a spade a spade, not mince words

|| קינד אין וויג — babe in arms, infant

|| ייִדיש קינד — *also* Jewish woman

קינד־און־קיי'ט מצ — kith and kin, everyone

קי'נדהיטן דאָס — babysitting

קי'נדהיטער דער (–/ס) פֿעמ ין — babysitter

קינדהייט די — childhood

קינדווײַז אַדוו — in childhood, as a child

|| קינדווײַז פֿלעג איך דאָס ליב האָבן — as a child I used to love that

|| פֿון קינדווײַז אָן/אויף — since childhood

קי'נדיק|ן וו (גע–ט) — give notice, dismiss, let go

קינדיש אַדי/אַדוו — childish, puerile

קי'נדכאַפּונג די (ען) — kidnapping (of a minor)

קי'נדכאַפּער דער (–/ס) פֿעמ קע — abductor of children

קינדל[1] דאָס (עך) קין דימ — piece of kindling; match

קינדל[2] דאָס דימ זע קינד

קינדל|ען (זיך) וו (גע–ט) — have children

קי'נדל־קאָנטראָל דער [L...Ly] — birth control

קינדסקינדער מצ — descendants, posterity

קי'נדער־... — children's, juvenile

קי'נדער־גאָרטן דער (־גערטנער) — kindergarten

קי'נדערהיים די (ען) — orphanage, children's home, nursery

קי'נדער־טשעפּער דער (ס) — child molester

קי'נדער־יאָרן מצ — childhood

קינדערײַ' דאָס (ען) — childishness, nonsense

קי'נדעריש אַדי/אַדוו — childish, juvenile

קי'נדערלידל דאָס (עך) — nursery rhyme

קי'נדערלעך מצ קינד דימ — children, little ones

|| קינדערלעך! — *affect.* hey gang/guys!

קי'נדער־פּאַראַליז דער — polio, infantile paralysis

קי'נדער־צימער דער (ן) — children's room, nursery

קי'נדער־קאָלאָניע די (ס) [NY] — summer camp

קינדערש אַדי — child's, children's

קי'נדערשפּיל די (ן) — children's game; child's play, trifle

קינדשאַפֿט די — childhood

קינה די (–ות) [KINE] — lament on the destruction of Jerusalem or on another catastrophe in Jewish history; collection of such laments

|| מצ — *esp.* Lamentations of Jeremiah recited during the Fast of *Tisha B'Av*

|| פֿ״גל תּישעה־באָבֿ

קינזשאַ'ל דער (ן) — dagger

קיניג דער (ן) — king

קי'ניג־וואַסער דאָס — aqua regia, mixture of hydrochloric and nitric acids

קי'ניגין די (ס) — queen

קי'ניגל דאָס (עך) — rabbit

קיניגלעך אַדי/אַדוו — royal

קי'ניג|ן וו (גע–ט) <איבער> — reign/rule (over), be king (of)

קי'ניגרײַך דאָס (ן) — kingdom

קינסטלעך אַדי/אַדוו — artificial, man-made

קינסטלער דער (–/ס) פֿעמ ין — artist

קי'נסטלעריש אַדי/אַדוו — artistic

קינע פֿאָנ קינאה

קי'נעלע דאָס (ך) קין דימ2 — piece of kindling, small twig; match

קינפֿטיק אַדי — *Germ.* future, forthcoming

קינצלעך אַדי/אַדוו — ingenious, clever; excellent, superb

|| פֿ״גל קינסטלעך

קי'נצלעכקייט די — ingeniousness (of a project/thing, etc.)

קינצל|ען וו (גע–ט) polish, put finishing touches to *imperf.*

קי'סליצע די (ס) apple prepared in a sour juice; *fig.* sourpuss, embittered person

קיסנע|ן וו (גע–ט) *dial.* weep, whine

קיסעליצע די prune jelly

קיסר דער (ים) [KEYSER - KEYSORIM] **זע** קייסער

קיסרות דאָס [KEYSORES] (polit.) empire

קיסרײַם מצ **זע** קייסער

קי'עלע דאָס (ך) קו דימ *also* ladybug/ladybird

קיִעם **פֿאַנ** קיום

קיִען אַדי **זע** קיִיש

קיענקע די (ס) washboard; beetle (for beating linens)

קיפּאַרי'ס דער (ן) cypress

קיפּיאַטאָ'ק דער *dial.* boiling water

קיפּל|ען וו (גע–ט) <אויף> find fault (with), speak ill (of); annoy, pester

קי'פּלער דער (–/ס) פֿעמ ין gossip; overly critical/contrary person

קיפּראָס (דער) Cyprus

קיפּ|ן וו (גע–ט) *slang* thrash, slug

קיצבֿה די [KITSVE] handout, financial assistance, welfare

קיצבֿה־רייסטער דער (ס) [KI'TSVE] welfare roll

קיצור דער (ים) [KITSER - KITSURIM] abstract, summary, précis

|| אַ קיצור in short, in a word

קיצור־הדבֿר פֿר [KITSER-HADO'VER] in short, to make a long story short

קיצור־ימים דער [KITSER-YO'MIM] brevity (of the existence of stg./s.o.), premature end

קיצור־ימימדיק אַדי [KITSER-YO'MIMDIK] short-lived, brief

קיצל דער (ען) tickle

קי'צלדיק אַדי ticklish; sensitive, delicate (problem); shady, unsavory (affair)

קיצל|ען וו (גע–ט) tickle, titillate

קיץ־קיץ־קיץ אינט here, kitty, kitty, kitty!

קי'קעלע דאָס (ך) קוקל דימ2 cake with blueberry filling

קירבעס דער (ן) pumpkin, winter squash

קירבֿות דאָס/די [KIRVES] kinship, (family) relationship; affinity

קיר״ה [KIRE] .1 דער emperor of Austria, *esp.* Franz Josef I

|| .2 (דאָס) Austro-Hungarian empire

קיר״ה־דײַטש דער (ן) [KI'RE] *pejor.* Austrian

קירזשנער דער (–/ס) פֿעמ קע furrier; cap maker, maker of (fur) hats

קירזשנערײַ' דאָס profession of furrier/cap maker

קירך די (ן) church (*esp.* protestant)

קירכלעך אַדי (of the) church, ecclesiastical

קי'רעווע|ן וו (גע–ט) **זע** קערעווען

קירץ די grievance; wrong, injustice

|| אָ'נ|נעמ|ען זיך פּאָס קירץ stand up for, take s.o.'s side

קירצונג די (ען) abbreviation; abridgement; abridged version

קירציע די (ס) paddle of a waterwheel

קירצלעך אַדוו soon, shortly

קירצ|ן וו (גע–ט) shorten, abridge *imperf.*

קירצער אַדי קורץ קאָמפּ

קירקע די (ס) pickaxe

קי'רקעניק דער (עס) *dial.* annoying/irritating person

קישוי־אבֿר דער [KIShE-E'YVER] erection (penis)

קישל דאָס (עך) קישן דימ cushion, bolster; wad (cotton, wool, etc.)

קישמיש דער seedless grapes/raisins

קישן דער (–/ס) דימ קישל pillow, cushion

קישניע|ן וו (גע–ט) [Ny] : **קישניען פֿאַר געלעכטער** split one's sides laughing

קי'שעלע דאָס (ך) קישן דימ2 *also* padding, shoulder pad; pad (ink, make-up remover, etc.); pouch, bag (under eye)

קישע|ן וו (גע–ט) teem, swarm

קישעף **פֿאַנ** כּישוף

קיש־קיש־קיש אינט *exclamation for shooing chickens*

קישקע די (ס) intestine, gut; hose (watering, etc.)

|| מצ guts, entrails

|| בלינד|ע קישקע appendix

|| גראָב|ע קישקע large intestine

|| דינ|ע קישקע small intestine

|| גראָד|ע קישקע rectum

|| דאַר|ע קישקע sausage

|| ייִ'דיש|ע קישקע *hum.* Jewish soul, Jewish heart

|| אָ'נ|לייג|ן/אָ'נ|שטאָפּ|ן די קישקע fill one's stomach, stuff oneself

|| אַ קישקע אָן אַ דנאָ an insatiable appetite

קי'שקעגעלט דאָס money saved through self-deprivation

קי'שקע־מעקלער דער troublemaker

קל דער (ים) [KAL] libertine

קלאָ די (ען) זע טלאָ

קלאָג די (ן) lament, wailing; woe, misfortune

|| גיי|ן* אין קלאָג wear mourning

|| אַ קלאָג! damn!

|| אַ קלאָג צו woe to

|| אַ קלאָג צו די יאָרן! sad times! what a life!

|| אַ קלאָג צו אים! damn him!

קלאָגליד דאָס (ער) dirge, elegy, lament

קלאָ'גמוטער די (ס) (professional) mourner *fem.*; crybaby, whiner

|| וויינ|ען ווי אַ קלאָגמוטער cry one's eyes out

קלאָג|ן וו (גע-ט) wail, lament, moan

|| קלאָגן זיך <אויף/איבער ... פֿאַר> complain (about ...) (to)

קלאָ'געדיק אַדי lamentable, pitiful, miserable

קלאָגער דער (-/ס) פֿעמ ין person in mourning; whiner, sniveler; complainant

קלאָ'גערין די (ס) *also* (professional) mourner *fem.*

|| פֿ״גל קלאָגער

קלאָגפּונקט דער (ן) charge, count (in an indictment)

קלאַדאַווקע די (ס) *dial.* pantry, storeroom

קלאַדקע די (ס) זע קלאַטקע

קלאַוויאַטו'ר די (ן) keyboard

קלאַווי'ר דער (ן) piano

קלאַווי'ש דער (ן) (piano/typewriter) key

קלאַון דער (ען) clown

קלאָזע'ט דער (ן) bathroom, toilet

קלאָזעטברעט די (ער) toilet seat

קלאָזע'ט־פּאַפּיר דאָס toilet paper

קלאָטניע די (ס) [Ny] quarrel, brawl

קלאָטניק דער (עס) פֿעמ ...ניצע quarrelsome person

קלאַטקע די (ס) footbridge; boardwalk

|| פֿ״גל קליאַטקע

קלאָטשע די זע קליאָטשע

קלאָטשקעוואַטע אַדי tufted, tousled

קלאַל פֿאָנ כלל

קלאָלע פֿאָנ קללה

קלאָמב דער (עס) זע קלומבע

קלאַמער דער (ן) דימ קלע'מערל bracket, brace, parenthesis; clasp, clip

|| קאַ'נטיקע קלאַמערן square brackets, []

|| ווי'נקלדיקע קלאַמערן angle brackets, <>

|| צווישן קלאַמערן in parentheses

|| פֿ״גל קליאַמרע

קלאַ'מער|ן זיך וו (גע-ט) <אין> cling (to), clasp

קלאָמפּערשט אַדוו זע כּלומרשט

קלאַמרע די (ס) זע קליאַמרע

קלאַן דער (ען) clan

קלאַנג דער (ען) sound; rumor

קלאַ'נג־באַוואָרנט אַדי soundproof

קלאָ'ניצע די (ס) rung, peg

קלאַס דער (ן) class, grade

|| מצ hopscotch

קלאַסיפֿיציר|ן וו (-ט) class, classify

קלאַסיפֿיקאַציע די (ס) classification

קלאַ'סיקער דער (-/ס) פֿעמ ין classical author

קלאַסיר|ן וו (-ט) class

קלאַסיש אַדי/אַדוו classic, classical

קלאַ'סנקאַמף דער (ן) class struggle

קלאַ'סצימער דאָס/דער (ן) classroom, schoolroom

קלאַפּ דער (קלעפּ) דימ קלעפּל blow, wallop; shock, percussion

|| אַ קלאַפּ טאָ|ן* מיט strike with; slam (door, etc.)

|| קריג|ן קלעפּ get beaten up

|| מיט איין קלאַפּ in one fell swoop

קלאַפּאַ'ט = קלאָפּאָ'ט דער (ן) hassle, trouble, worry

קלאָפּאָטשע|ן זיך וו (-ט) struggle, go to great lengths

קלאַפּ|ן וו (גע-ט) <אין> strike, tap *imperf.*, knock (on); throb, (heart) beat; function, work well

|| קלאַפּן אין פּויק beat the drum

|| קלאַפּן אין שו'ל אַרײַ'ן knock on shutters to summon the faithful to synagogue for prayer

|| קלאַפּן אַ דעפּע'ש send a telegram

|| קלאַפּן מיטן למד [LAMED] lie, fast-talk

|| עס קלאַפּט אים אַ צאָן אין/אָן אַ צאָן his teeth are chattering

קלאַפּ|ן וו (גע–ט) זע קלאַפּן

קלאָפּס דער (ן) meat loaf, meatball

קלאַפּסעדרע די (ס) placard posted in the street

קלאַפּע די (ס) זע קליאַפּע

קלאַ'פּעניש דאָס din, racket; heart palpitations

קלאַפּער דער (ס) rattle; *fam.* card player

קלאַ'פּער־געציַיג דאָס gear, paraphernalia

קלאַפּעריַי' דאָס din, uproar

קלאַ'פּער|ן וו (גע–ט) clatter, rattle

קלאַ'פּערשלאַנג די (ען) rattlesnake

קלאַפּשלאָס דער (...שלעסער) spring-bolt lock

קלאַפּטער דער (–) fathom; cord (of wood)

|| לייג|ן קלאַפּטער swim the crawl

קלאַ'פּטערהאָלץ דאָס firewood

קלאַ'פּטערשווים דער crawl (swim stroke)

קלאָץ דער (קלעצער) דימ קלעצל (wooden) beam, joist; block, log; *fam.* blockhead, clumsy oaf; stocks, pillory

|| פֿאַרלייג|ן דאַט אַ קלאָץ perplex, stump s.o.

קלאָ'ץ־קשיא די (–ות) [KAShE] stupid question; trick question, puzzler

קלאָ'ץ־רעטעניש דאָס (ן) perplexing puzzle

קלאָר אַדי/אַדוו (קאָמפּ קלאָרער/קלערער) clear, distinct; obvious; pure; clean (clothing, etc.); unblemished, clear (color); sane, lucid

|| קלאָר אין versed in, connoisseur of

|| קלאָר (ווי דער טאָג) obvious, clear as day

|| קלאָר מאַכ|ן explain, clarify

קלאָ'רמאַכונג די (ען) explanation, clarification

קלאָר|ן (זיך) וו (גע–ט) gleam, shine; appear bright/white; clear up, brighten *imperf.*

|| פּ״גל קלערן[2]

קלאַרנע'ט דער (ן) clarinet

קלאָרקייט די clarity; sanity, lucidity

קלאָ'רריידיק אַדי articulate; lucid, cogent (text)

קלאָש דער (ן) זע קליאָש

קלוב[1] דער (ן) club

|| הינטערשטאָ'טיש|ער קלוב country club

קלוב[2] דער (עס) hip; thigh

קלוביניק דער (עס) *dial.* strawberry

קלובע די (ס) vise

קלוג אַדי/אַדוו (קאָמפּ קליגער) smart, intelligent; clever, sharp; wise, judicious

קלוגיטשק אַדי–עפּי *esp. pejor./iron.* crafty, wily

קלוגשאַפֿט די intelligence, wisdom, common sense

קל־וחומר [KALVEKhOYMER] .1 אַדוו all the more so

|| .2 דער (ס) a fortiori argument, inference

קלוטניע די (ס) [Ny] זע קלאָטניע

קלוטשווי'ט דער (עס) זע קליוטש(ע)וויט

קלוי די (ען) זע טלאָ

קלייב|ן וו (געקליבן) זע קלײַבן

קלויז די (ן) דימ קלײַזל small synagogue whose worshippers often belong to the same occupational/social group; house of study

קלויזניק דער (עס) *Jew.* (young) man who devotes all his time to sacred studies in the synagogue; *pejor.* idler, good-for-nothing, indigent

קלויזנער דער (ס) זע קלויזניק

קלוימערשט פֿאָנ כלומרשט

קלויסטער דער (ס) church (*esp.* Catholic)

קלוי'סטער־טורעם דער (ס) steeple

קלוי'סטעריש אַדי church, ecclesiastical

קלויסקע די (ס) זע קליסקע

קלויצע|ן וו (גע–ט) stir vigorously *imperf.*

קלומביק דער (...בקעס) bobbin, spool

קלומבע די (ס) *dial.* flowerbed

קלומבקעס מצ זע קלומביק

קלומיק דער (עס) זע טלומיק

קלומפּ דער (ן) heap, pile, clump; copse, grove

קלומפּע די (ס) wooden shoe; *pejor.* Lithuanian

קלונג דער (ען) ring (sound); telephone call; stroke, peal (sound)

|| געב|ן* <דאַט> אַ קלונג make a phone call (to), call up

|| אַ קלונג אין די ציין a punch in the mouth

קלות דאָס [KALES] frivolity, superficiality, irresponsibility

קלותדיק אַדי [KA'LESDIK] irresponsible, imprudent

קלות־דעת דאָס [KALES-DA'AS] frivolity, thoughtlessness

קלות־ראָש דאָס [KALES-RO'Sh] frivolity, thoughtlessness

קליאָווע|ן וו (גע–ט) glimmer, glow faintly

קליאַטקע די (ס) cage

קליאָטש·ן אַדי (of) oakum/tow

קליאַטשע די (ס) mare

קליאָטשע די tow, oakum

קליאַמקע די (ס) doorknob, (door/window) handle

|| קהלש|ע קליאַמקע [KOOLShE] *hum.* community official, public servant

קליאַמרע די (ס) clasp

|| פֿ״גל קלאַמער

קליאָן דער (ען/עס) maple

קליאַנטשע|ן זיך = קליאַניע|ן וו (גע–ט) בײַ [Ny] beg, plead, humble oneself before

קליאַפּע די (ס) lapel/flap (of a garment); (hinged) drop-leaf (of a table/desk)

קליאַק דער *dial.* bungler, loser

קליאָק דער marrow

|| אַרױ׳ס|ציִ|ען בײַ דאַט דעם קליאָק פֿון די ביינער exhaust, wear s.o. out

קליאַקסע די (ס) (ink) blot

קליאָש דער (ן) glass serving bowl; bell-shaped ladies' gown; flared part of a garment

קליאָ׳שהויזן מצ flared pants, bell-bottoms

קליגל|ען זיך וו (גע–ט) act clever, split hairs

קליג|ן זיך וו (גע–ט) rack one's brains; see who's the smarter one

קליגער אַדי/אַדװ קאָמפּ זע קלוג

קלי׳געריש אַדי/אַדװ shrewd, wily

קלי׳גער|ן זיך וו (גע–ט) זע קליגלען זיך

קליוו(ע) אַדי *slang* beautiful; good; plentiful

קליוטש(ע)וווי׳ט דער (עס) (in Russia) low-level police officer

קליוטשקע די (ס) windlass/winch of a well; (wooden) hook

קליוסקע די (ס) זע קליסקע

קליי דער (ען) glue, paste

|| ציִ|ען דעם קליי פֿון די ביינער <בײַ> be exhausting (for), exploit (s.o.)

קלײַב|ן וו (געקליבן) choose *imperf.*; select; gather, collect *imperf.*; make a collection of; pick (fruit, etc.) *imperf.*

|| קלײַבן זיך assemble *intr.*, come together; be of two minds

|| קלײַבן זיך (צו) אינפֿ intend to; be just about to, be going to

|| קלײַבן זיך אין/קיין get ready to leave for

|| קלײַבן זיך אין וועג אַרײַ׳ן be about to leave

קלייד דאָס (ער) garment, *esp.* dress

|| מצ clothes, outfit

|| ניט זײַן* קיין פּאָר קליידער be incompatible

קליידונג די clothing, attire

קליידל דאָס (עך) קלייד דימ skirt; petticoat; light dress

קלייד|ן וו (גע–ט) clothe, dress *imperf.*

|| קליידן <דאַט> (clothes) fit, suit, look good (on)

קליי׳דערבאַרשט די (...בערשט) clothes-brush

קליי׳דערשאַנק די/דער (...שענק) armoire, wardrobe

קליי׳דער־שאַפֿע די (ס) armoire, wardrobe

קלײַזל דאָס (עך) קלויז דימ *Jew.* oratory, chapel; clique, coterie

קלײַ׳זלדיק אַדי parochial, partisan

קלייט די (ן) shop, store; storehouse, warehouse

קלייטל דאָס (עך) קלייט דימ small shop, stockroom

קלייטניק דער (עס) shopkeeper, merchant

קלייִק אַדי gluey, viscous

קליין[1] אַדי (קאָמפּ קלענער) small, little; very young; *hum.* the total opposite of

|| ער איז אַ קליינער חכם [KhOKhEM] he's no great genius

|| ער איז ניט קיין קליינער נאַר he's a big fool

קליי׳ן[2]־... petty, small

|| קליין־אינדוסטריע light industry

קליינאַד דער (ן) זע קליינאָט

קליי׳נאַזיע (די) [ZY] Asia Minor

קליינאָט דער (...אָ׳טן) gem, piece of jewelry

קליי׳נבירגער דער (–/ס) petty bourgeois, member of the lower middle class

קליי׳נגעווער דאָס small arms

קליינגעלט דאָס (small) change

|| מאַכ|ן צו קליינגעלט belittle, scoff at

קליי'נהאַנדל דער retail

קליי'נהאַנטיק אַדי lower-case (letter)

קליי'נהענדלער דער (–/ס) retailer

קליינוואַרג דאָס youngsters, children; small fry

קליי'נוווּקסיק אַדי rather small (person/animal)

קליינווײַז אַדוו as a child

|| פֿון קליינווײַז אָן/אויף from a very young age

קליינטשי(נ)ק = קליינינק אַדי–עפּי tiny, minuscule

קליי'ניקייט די (ן) trifle, insignificant matter; easy question

|| אַ קלייניקייט! *iron.* that's quite stg.!

|| איי'ן קלייניקייט! amazing! *(feigned admiration)*

קליינלעך אַדי/אַדוו petty, cheap

קליי'נלעכקייט די pettiness, meanness

קליי'נמוטיק אַדי/אַדוו cowardly

קליי'נערהייט אַדוו as a child, in childhood

קליינקונסט די (theat.) variety show

קליי'ן־קע'פּלדיק אַדי/אַדוו narrow-minded

קליי'נשטעטל דאָס (עך) small town, (provincial) backwater

קליי'ן־שטע'טלדיק אַדי provincial *pejor.*

קליי'ן־ש״ס דער [ShAS] *hum.* deck of cards, cards

קלײַען מצ (botan., culin.) bran; freckles

קלײַ'ענדיק אַדי freckled

קלײַ'ענווייץ דער whole wheat

קלײַ'ענווייצ־ן אַדי (of) whole wheat, whole grain

קלימאַט = קלימאַ'ט דער (...אַ'טן) climate

קלימאַ'קס דער (ן) climax, culmination

קלי'מפּערלידל דאָס (עך) (advertising) jingle

קלי'מפּער|ן וו (גע–ט) clink *intr.*, clatter, jingle; make a racket

|| קלימפּערן מיט jingle, clink *trans.*

קלין דער (ען/עס) wedge; (fash.) gusset

קלינג דער/די (ען) blade (knife, etc.)

קלינגוואָרט דאָס (...ווערטער) slogan

קלינגל|ען וו (גע–ט) tinkle, jingle

קלי'נגעוודיק אַדי/אַדוו sonorous, resounding

קלינג|ען וו (געקלונגען) sound *intr.*, ring, resound

|| קלינגען <דאַט/צו> phone, call (s.o.) up

|| קלינגען אין/מיט sound *trans.*, ring

קלינגערס מצ *fam.* cash, dough

קלינג־קלאַנג אינט ding-dong

קלינינע די (ס) maple

קליניק די (עס) clinic; infirmary

קליניש אַדי clinical

קליסטי'ר דער (ן) enema

קליסקע די (ס) (culin.) small square/round pasta

|| מצ *also* gnocchi

קליעטקע די (ס) **זע** קליאַטקע

קליע'נט דער (ן) פֿעמ ין [LI] client, customer

קליעפּקע די (ס) **זע** קלעפּקע

קליעשטש דער (עס/ן) (zool.) tick; pincers; *fig.* pest, nuisance

קליפּ־און־קלאָ'ר אַדי/אַדוו clear-cut

קליפּה די (–ות) [KLIPE] shrew, scold; *Jew.* evil spirit, demon

קליפּהניצע די (ס) [KLI'PENITSE] shrew, fury

קלי'פּערלעך מצ : מיט אַלע קליפּערלעך down to the last detail

קלי'פּערצײַג דאָס **זע** קלאַפּער־געצײַג

קליפּט דער *slang* coat

קליקע די (ס) clique

קלישע די (ס) (typogr.) engraving plate

קללה די (–ות) [KLOLE] curse, oath

|| שילט|ן מיט טויטע קללות swear like a trooper, heap with abuse

קללה|ן וו (גע–ט) [KLOLE] swear nonstop

קללות־וחרמות מצ [KLOLES-UKhRO'MES] curses and maledictions

קללות־נימרצות מצ [KLOLES-NIMRO'TSES] vehement curses

קלסתּר־פּנים דער [KLASTER-PO'NEM] facial features, physiognomy

קלעב|ן וו (גע–ט) **זע** קלעפּן

קלעווער דער clover

קלעזמער דער (–/ס/...מאָ'רים) **זע** כּלי־זמר

קלע'טער|ן וו (גע–ט) <אויף> climb, clamber; scale, ascend

קלע'טערניק דער (עס) climber, mountaineer

קלע'טער־פּאָדעם דער tendril

קלעם די vise; tight situation, distress, predicament

|| זײַן* אין אַ קלעם be in dire straits, be in a tight spot

קלעמהעפֿט די (ן) binder (three ring, etc.)

קלעמ|ען וו (גע–ט) pinch, squeeze, oppress; aggrieve, distress

|| דאָס האַרץ קלעמט אים *rev.* he has a heavy heart

|| טאָ|ן* <דאַט> אַ קלעם אין האַרצן tug at (s.o.'s) heartstrings

|| קלעמען זיך suffer, feel heavy-hearted

|| פּ״גל אײַנקלעמען; פֿאַרקלעמען

קלע'מעניש דאָס (ן) (emotional) pang, twinge; grief, anguish

קלע'מערל דאָס (עך) קלאַמער דימ *also* paper clip, fastener

קלעמפּע די (ס) nag, worn out horse; old shrew

קלען דער (ען) זע קליאָן

קלענער אַדי קליין קאָמפּ *also* lesser, of less importance

קלעפּ מצ זע קלאַפּ

קלעפּאַליך דאָס all-purpose glue

קלעפּבאַנד די adhesive tape

קלע'פּבאַנדאַזשל דאָס (עך) adhesive bandage

קלעפּבילד דאָס (ער) decal, transfer

קלעפּיק אַדי sticky, adhesive; contagious

קלעפּל דאָס (עך) קלאַפּ דימ pat, tap; (door) knocker; clapper (bell)

קלעפּל|ען וו (גע–ט) <אין> tap, pat (on)

קלעפּ|ן וו (גע–ט) stick *trans./intr. imperf.*; paste, glue; mold, fashion (an object) *imperf.*

|| קלעפּן זיך stick *intr., imperf.*, adhere; (words, etc.) be coherent

|| קלעפּן אין/צו be attracted to, cling to

קלעפּסידרע די (ס) clepsydra, water clock

|| פּ״גל קלאַפּסעדרע

קלע'פּעדיק אַדי sticky, adhesive

קלעפּעכץ דאָס (ן) adhesive, glue

קלע'פּערל דאָס (עך) (door) knocker; rattle

קלע'פּצעטל דער (ען) sticker, label

קלע'פּ־צעלאָפֿאַן דער adhesive cellophane tape

קלעפּקע די (ס) [Ly] (barrel) stave

|| עס פֿעלט אים אַ קלעפּקע (אין קאָפּ) he's got a screw loose

קלעצל דאָס (עך) קלאָץ דימ block (of wood); sugar cube; die, one of a pair of dice; spool, bobbin; hub (wheel)

קלעצער מצ זע קלאָץ

קלעק דער (ן) (ink) spot, blot; nuisance, bore

|| שפּײַ|ען קלעק אויף *fam.* denigrate, vilify

|| אוי'ס|שפּײַ|ען (אַ) קלעק be disgusted/fed up

קלעק|ן וו (גע–ט) suffice (in quantity); stain, soil *imperf.*

|| ס'וועט קלעקן פֿאַר אַ'לעמען there'll be enough for everyone

קלעקער דער (ס) blotter; desk pad

קלע'קפּאַפּיר דאָס blotting paper

קלער[1] דער (ן) reflection, thinking; scruple, qualm; question, discussion, debate

|| וואָס איז דאָ דער קלער? what's the problem?

קלער[2] דער clergy

קלערונג די (ען) train of thought

קלעריקאַ'ל אַדי clerical, of clergy

קלע'ריקער דער (ס) cleric, clergyman

קלער|ן[1] וו (גע–ט) <אַק> contemplate, think (over)

|| קלערן אַז consider/think that

|| קלערן וועגן ponder, ruminate on, think about

|| קלערן (צו) אינפֿ consider/contemplate ...ing

|| קלערן צי wonder whether

קלער|ן[2] וו (גע–ט) purify, clarify

|| קלערן זיך זע קלאָרן זיך

קלע'רעניש דאָס/די reflection, hesitation

קלערער אַדי קאָמפּ זע קלאָר

קלעשטש דער (עס) [Ly] זע קליעשטש

קלפּה די (–ות) זע קליפּה

קלפּי די (ס) [KALPE] זע קלפֿי

קלפֿי די (ס) [KALFE] ballot box

קלקול דער (ים) זע קילקול

קל־שבקלים דער [KAL-ShEBEKA'LIM] sinner, debauchee

קמ = קילאָמעטער km., kilometer

קמיע די (ות) [KAMEYE] amulet, charm

קמיצה די [KMITSE] ring finger

קמץ דער (ן) [KOMETS] the vowel sign ָ, representing the vowel [O] after the consonant under which it appears; Yiddish diacritical mark

|| פֿ"גל קמץ־אַלף

קמץ־אַלף דער/די [KO'METS-ALEF] the letter אָ

|| קמץ־אַלף – אָ rudimentary knowledge

קמץ־בערדל דאָס (עך) [KO'METS] Vandyke beard

קמצן דער (ים) פֿעמ טע [KAMTSN - KAMTSONIM] miser, stingy person

|| זײַן* אַ קמצן אויף be stingy with, skimp on

קמצנות דאָס [KAMTSONES] stinginess, miserliness

קמצניוק דער (עס) [KAMTSENYU'K] tightwad, skinflint

קמצניש אַדי/אַדוו [KAMTSONISh] parsimonious, stingy

קמצנ|ען וו (גע־ט) [KAMTS·N] show stinginess, be stingy

ק"ן צוו [KAN] one hundred fifty

קנאָבל דער דימ קנע'בעלע (head of) garlic

קנאָ'דערדיק אַדי rumpled, creased

קנאָ'דער|ן וו (גע־ט) rumple, crease *imperf.*

קנאה די (־ות) זע קינאה

קנאות דאָס [KANOES] fervor, zeal; fanaticism

קנאי דער (ם) [KANOI] Zealot (1st century); fanatic

קנאיש אַדי/אַדוו [KANOISh] zealous; fanatical

קנאָך דער (ן) bone

קנאָכן דער (ס) זע קנאָך

קנאַל דער (ן) bang, crack, snap (sound)

קנאָל דער (ן) tuber

קנאַל|ן וו (גע־ט) resound, bang, snap

קנאָספּ דער (ן) bud

קנאַפּ 1. אַדי scant, meager, insufficient; almost, not quite

|| קנאַפּע פֿאַרדינסטן meager earnings

|| אַ קנאַפּ|ע טרייסט cold comfort

|| אַ קנאַפּ|ער אויפֿטו not much of an accomplishment

|| אַ קנאַפּ|ע וואָך nearly a week

|| 2. אַדוו barely, (very) little

|| דאָס אינטערעסי'רט אים קנאַפּ that doesn't interest him much

|| קנאַפּ וואָס very little, nothing much

קנאָפּ דער (קנעפּ) דימ קנעפּל (fash.) button; Adam's apple

קנאָפּלאָך די/דער (...לעכער) buttonhole

קנאַפּקייט די scarcity, lack

קנאָפּקע די (ס) thumbtack; snap fastener; push button

קנאַפּל דער (־/־ען) (shoe) heel

קנאַק דער (ן) bang, snap, click; *slang* shot (drink); *hum.* splendor, magnificence, glamor

|| אַ קנאַק טאָן* <מיט> make a clicking sound; slam, make a sharp noise (with)

|| מיטן (גאַנצן) קנאַק with great fanfare; with whatever it takes

קנאַקל דאָס (עך) snap (of the fingers)

קנאַקל|ען וו (גע־ט) crackle, rumble

קנאַק|ן וו (גע־ט) crack *intr.*, bang, crackle; (bird) trill; chatter; *fam.* reel off, let loose (stream of abuse); crack (nuts); crush (lice); *pop.* drink, booze, imbibe

קנאַ'קניסל דאָס (עך) nutcracker

|| (און) רוף מיך קנאַקניסל! say whatever you want! I don't care!

קנאַ'קעדיק אַדי crackling, crisp; brand new; magnificent, splendid; bombastic, high-sounding

קנאַקער דער (ס) *hum.* ace, hotshot, whiz; big shot

קנאַ'ק־פֿײַערל דאָס (עך) firecracker

קנוט דער (ן) knout, whip

קנו'טעווע|ן וו (גע־ט) whip, flog

קנויט דער/די (ן) דימ קנייטל wick

קנויל דער (ן) דימ קנײַלכל bunch, ball, skein; cloud/plume (of smoke)

קנויליק אַדי rolled up in a ball; tangled

קנויל|ן וו (גע־ט) roll into a ball; roll up, wind

|| קנויל|ן זיך (smoke) swirl

קנוניא די (־ות) [KNUNYE] conspiracy (to swindle); hoax

קנופּ דער (ן/קניפּ) דימ קניפּל knot; (railroad) junction, (highway) interchange, hub *fig.*

|| אַ קנופּ מיט אַ שלייף well-crafted agreement; maneuvering, wheeling and dealing

קנופּבוים דער (...ביימער) elm

קנופּיק אַדי crucial, decisive

קנופּיע פֿאָנ כּנופּיא

קנור דער (ן) grumbler, killjoy

קנורע|ן וו (גע־ט) growl, grumble

קני דער/די (־/־ען/עס) knee

|| שטיי|ן* אויף די קני — kneel, be in a kneeling position

|| שטעל|ן זיך אויף די קני — kneel down, assume a kneeling position

קניאַז דער (ן) [Ny] — (in Russia, Poland) prince

קניה די (־ות) [KNIE] — purchase, acquisition

קניהע די (ס) — third stomach of a ruminant

קניידל דאָס (עך) — (culin.) dumpling, matzo ball; *slang* bullet

קנייטל דאָס (עך) קנויט דימ — *also* gauze pad, dressing

|| לייג|ן קנייטלעך — (folklore) make wicks for ritual candles out of threads used in measuring graves

|| (צו׳)לייג|ן <דאַט> אַ קנייטל — *fig.* add an accusation (against s.o.), make things worse for

קניי׳טל(עך)־לייגערין די (ס) — woman who makes wicks for ritual candles

|| פֿ״גל קנייטל

קנייטש דער (ן) — fold, crease; wrinkle; nuance

קנייטשל דאָס (עך) קנייטש דימ — *fig.* subtlety, crafty trick; folder

קנייטש|ן וו (גע־ט) — fold, crease *imperf.*

|| קנייטשן זיך — *also* wriggle; hesitate, equivocate

קנײַלכל דאָס (עך) קנויל דימ — small ball

|| אַ קנײַלכל אין האַלדז — a lump in the throat

קנײַפּיע די (ס) — tavern, pub, bar

קנײַפּ|ן וו (גע־ט/געקניפּן) — pinch *imperf.*

|| אַ קנײַפּ טאָ|ן* <אין> — pinch *perf.*

|| קנײַפּן פֿון — pinch off bits of

קנײַפּע די (ס) זע קנײַפּיע

קנײַפּער דער (ס) — bug; cheapskate; pocketknife, penknife; tweezers, pincers

קנין דער (ים) [KINYEN - KINYONIM] — acquisition, purchase; (spiritual) heritage

קניִע די (ס) זע קני

קניִ|ען וו (גע־ט) <צו/פֿאַר> — kneel (before)

קניפּ[1] דער (ן) — pinch, nip

|| אַ קניפּ טאָ|ן* <אַק>, אַ קניפּ געב|ן* <דאַט> — pinch, nip *perf.*

|| געב|ן* דאַט אַ קניפּ אין בעקל — pinch s.o.'s cheek affectionately; *hum.* congratulate, give s.o. a pat on the back

|| עס קומט אים אַ קניפּ אין בעקל — *iron.* he deserves a thank-you note!

קניפּ[2] מצ זע קנופּ

קניפּיק[1] אַדי — coherent

קניפּיק[2] דער (עס) — small knife, penknife; mouth gag

קניפּל[1] דאָס (עך) קנופּ דימ — knot; bundle; savings, nest egg; clique

|| ציִ|ען קניפּלעך — draw lots (using a knotted handkerchief)

קניפּל[2] דאָס (עך) דימ זע קניפּ

קניפּל־בקניפּל אַדי–אַטר <מיט> [BEKNI'PL] — hand in glove, intimate (with)

קני׳פּלדיק אַדי — knotty; thorny (problem)

קניפּ|ן וו (גע־ט) — knot *imperf.*, tie up

|| פֿ״גל קנײַפּן

קניפּער דער (ס) זע קניפּיק[2]

קניקס דער (ן) — bow, curtsey

קניש דער (עס) — knish, a bun filled with meat, potatoes, buckwheat cheese, fruit, etc., and served hot

קנס דער (ים) [KNAS - KNOSIM] — fine, penalty

קנס־מאָל דער (ן) [KNA'S] — *Jew.* engagement party

קנס|ן וו (גע־ט) [KANSE] — fine, impose a penalty

קנסענ|ען וו (גע־ט) [KANS·N] זע קנסן

קנע׳בעלע דאָס (ך) דימ זע קנאָבל

קנעטיק אַדי — pliable, malleable, plastic

קנעט|ן וו (געקנע׳ט(ן)/געקנאָטן) — knead *imperf.*, shape, mold

קנעכט דער (–) — slave

קנעכטיש אַדי/אַדוו — servile

קנעכטשאַפֿט די — slavery, servitude

קנעכל דאָס (עך) — (anat.) ankle; knuckle

קנעלונג די — position of teacher in the traditional Jewish system, teachership

|| בלײַב|ן אָן אַ קנעלונג — *hum.* lose one's livelihood/influence

קנעל|ן וו (גע־ט) <מיט> — teach, tutor, cram/study (with); *hum.* expound at length (to)

קנעפּ מצ זע קנאָפּ

קנעפּל דאָס (עך) קנאָפּ דימ — button; *pop., pejor.* official, cop; friend, pal

|| אָ׳נ|נעמ|ען/האַלט|ן בײַם קנעפּל — buttonhole s.o., talk on and on

|| צו׳|ניי|ען די לעצטע קנעפּלעך <צו> — put the finishing touches (to)

קנעפּל־בקנעפּל אַדי–אַטר [BEKNE'PL] זע קניפּל־בקניפּל

קסאַוויאַ׳ד פֿאָנ כּתבֿ־יד

קסיאָנדז דער (עס) [Sy] (in Poland) priest, clergyman

קסילאָפֿאָ'ן דער (ען) xylophone

קסענאָפֿאָביע די xenophobia

קסעראָגראַפֿיע די xerography

קסעראָקאָפּיע די (ס) photocopy

קעבעבע די זע קובעבע

קעגל דער (typogr.) body (of a piece of type)

|| פֿ״גל קעגליע

קעגליע די (ס) (bowling) pin

קע'גליעשפּיל די (ן) bowling

קעגן[1] פּרעפּ against; toward; contrary to; across from; nearly (time), at about; approximately, about (period of time); compared to; about, as regards

|| קעגן אָוונט towards evening

|| קעגן דרײַ שעה [ShO] about three hours

|| קעגן איר איז ער אַ ריז compared to her, he is a giant

|| ער באַשטיי'ט קעגן צוויי he's worth two of them

|| קעגן וואָס זאָגסטו עס? what are you getting at?

|| פֿ״גל אַנטקעגן; קעגן איבער

קע'גנ[2]... counter..., anti...

|| קע'גנווינט headwind

|| קע'גנגעזע'צלעך illegal

קעגן איבער 1. אַדוו opposite, across (the street, etc.)

|| 2. פּרעפּ facing, across from

קעגנאיבערדיק אַדי opposite, facing, on the other side

קעגנאַנאַ'נד דער (ן) [GN-A] opposition, contrast

|| פֿ״גל (קעגן) אַנאַנדער

קעגנאַנאַנדיק אַדי/אַדוו [GN-A] reciprocal

קעגנאַנאַ'נדיקייט די [GN-A] reciprocity

קע'גנוואָג די (ן) counterweight, balance

קע'גנוואַרט די *Germ.* (the) present, current period

קע'גנווירקונג די (ען) countereffect; resistance, opposition

קע'גנ|ווירק|ן וו (–גע–ט) oppose, thwart

קע'גנזאַץ דער (ן) *Germ.* opposite, antithesis; paradox, contradiction

קע'גנזײַטיק אַדי/אַדוו reciprocal, mutual

קע'גנזײַטיקייט די reciprocity

קע'גנזעצלעך אַדי *Germ.* opposite, contradictory

קעגנחתימה די (–ות) [KE'GNKhSIME] countersignature, initials

קע'גנ|חתמענ|ען וו (–גע–ט) [KhASME] countersign, initial

קע'גנטייל : אין קעגנטייל *Germ.* on the contrary

קע'גנמיטל דאָס (ען) antidote, countermeasure

קעגנער דער (–/ס) פֿעמ ין adversary, opponent, rival

קע'גנעריש אַדי hostile, antagonistic; adverse, unfavorable (judgment, opinion, etc.)

קע'גנפֿאַל (דער) : אין קעגנפֿאַל *Germ.* otherwise

קע'גנשטאַנד דער (ן) *Germ.* thing, object; subject, academic discipline

קע'גנשטעל דער (ן) opposition, resistance

קע'גנ|שטעל|ן זיך וו (–גע–ט) <דאַט> oppose, resist

קע'גענער דער (ס) פֿעמ ין זע קעגנער

קעדיי' פֿאָנ כּדי

קעדײַ' פֿאָנ כּדאַי

קעהילע פֿאָנ קהילה

קעז דער (ן) cheese

קעזל דאָס (עך) קעז דימ *also* pudding made of grated potatoes or crumbs of unleavened bread

קע'זקוכן דער (ס) cheesecake

קע'זקיכל דאָס (עך) זע קעזקוכן

קעטע די (ס) bobbin of yarn

קעטשאָפּ דער *Amer.* ketchup

קעטשל דאָס (עך) קאָטש דימ horse-drawn ambulance/hearse

קעטשקע|ן וו (גע–ט) זע קאָשקען

קעך די (ן) זע קיך

קעכין די (ס) female cook

קעכל|ען וו (גע–ט) pamper, spoil

קעכנע די (ס) זע קעכין

קעכער דער (ס) זע קוכער

קעל די (ן) (anat.) throat

|| לינק|ע קעל windpipe

|| ס'איז מיר אַרײַ'ן אין דער לינקער קעל it went down the way

קעלבאַס דער זע קאָלבאַס

קעלביק אַדי (cow) pregnant, with calf

|| קעלביק מאַכ|ן talk too much, run off at the mouth

קעלבל דאָס (עך) דימ זע קאַלב

קעלב|ן זיך וו (גע–ט) calve

קעלבער מצ זע קאַלב

קע'לבעריש = קע'לבערן אַדי calf('s), (of) veal; *fig.* silly, foolish, hangdog (look)

קע'לבערנס דאָס veal

קעלט די (ן) cold, chill; cold spell

|| מצ cold weather

|| ס'איז אַ קעלט it's freezing outside

קעלטיש אַדי Celtic

קעלטער[1] אַדי קאָמפּ זע קאַלט

קעלטער[2] דער (ס) wine-press; grain silo; cold cellar, icebox

קע'לטערער דער (ס) refrigerator

קע'לישיק דער (...שקעס) small glass, tumbler

קעלן (דאָס) Cologne

קעלניע[1] די (ס) [LyNy] coachman's seat

קעלניע[2] די (ס) [LyNy] trowel

קע'לניע־שטיבל דאָס (עך) [LyNy] (driver's/conductor's) cab

קע'לניש(וואַסער) דאָס cologne, eau de Cologne

קעלנער[1] דער (–/ס) waiter

קעלנער[2] מצ זע קאָלנער

קע'לנערין די (ס) waitress

קע'לנערל דאָס (עך) קאָלנער דימ *also* detachable collar

קע'לנערקע = קע'לנערשע די (ס) זע קעלנערין

קעלער דער (ס/ן) cellar, basement

קע'לערשטוב די (...שטיבער/ן) basement, basement apartment

קע'לעשעק דער (...שקעס) זע קעלישיק

קע'מיר = קענען מיר

קעמל[1] דער/דאָס (ען) camel

קעמל[2] דאָס (עך) קאַם דימ comb

קעמ|ען וו (גע–ט) זע קאַמען

קע'מערל דאָס (עך) קאַמער דימ small bedroom; pantry; (biol.) cell; cell (of a political movement)

קעמפּ דער (ן) *Amer.* summer camp

קעמפּע די (ס) islet

קעמפּ|ן וו (גע–ט) struggle, fight *intr.*

קעמפּער דער (ס) פֿעמ ין fighter; activist

קע'מפּעריש אַדי/אַדוו militant, pugnacious

קענגורו' דער (ען) kangaroo

קענדל דאָס (עך) קאַן דימ ladle, small container for water, *esp.* for ritual handwashing

קענט דער (ן) trace, track

|| נאָ'כ|גיי|ן* פּאָס קענט track, follow s.o.'s trail

קענטיק אַדי/אַדוו apparent, visible; marked, pronounced

קענטלעך אַדי familiar, known

|| דער נאָמען איז מיר קענטלעך that name sounds familiar to me

קע'נטעלע דאָס (ך) קאַנט דימ (fash.) hem

קע'נטעניש דאָס (ן) knowledge, mastery; lore

|| נעמ|ען צו קענטעניש take note of

|| געב|ן* <דאַט> צו קענטעניש serve (s.o.) notice of

קענטשאַפּט די (ן) זע קאַנטשאַפּט; קענטעניש

קעניג דער (ן) זע קיניג

קענ|ען* וו (ער קען; גע–ט) <אַק/אינפֿ> be able to; know how to; know (language, subject, lesson); be familiar with, know (person, place, artistic work, etc.)

|| עס קען זײַן אַז it is possible that

|| עס קען ניט זײַן it's impossible, it can't be

|| איך קען אים ניט און איך ווייס אים ניט I don't know him from Adam

|| קענען זיך know each other

|| קענען זיך אויף be well versed in

|| איך קען זיך אויף אים he can't fool me, I've got his number

קענער[1] דער (–/ס) פֿעמ ין/קע <אויף> expert (in), connoisseur (of)

קענער[2] מצ זע קאַן

קע'נצייכן דער (ס) distinctive trait; sign of recognition

קעסאָקע אַדי/אַדוו זע קאַסאָקע

קעסט[1] מצ room and board, keep (of s.o.); *Jew.* room and board for a young couple provided by the bride's parents for an agreed upon period of time to enable the son-in-law to continue his traditional studies

|| געב|ן* קעסט provide room and board

|| זײַן*/זיצ|ן אויף קעסט, עס|ן קעסט receive room and board (*esp.* from one's in-laws)

|| האָב|ן* קעסט בײַ have room and board with

|| איידעם אויף קעסט *pejor.* parasite, freeloader

|| אַראָ'פּ|גיי|ן* פֿון קעסט stop receiving room and board (*esp.* from one's in-laws)

|| אויף קאַזיאָנע קעסט [Zy] at the taxpayers' expense; in prison

קעסט[2] די (ן) chestnut

|| קעסט ברוין maroon

קע'סטיק|ן וו (גע–ט) *lit.* admonish, castigate

קעסטל דאָס (עך) קאַסטן דימ box; check (pattern), square (checkers, etc.)

קע'סטלדיק אַדי checked, checkered

קעסטלעך אַדי *lit.* precious; exquisite, splendid

קעסטל|ען וו (גע–ט) mark into squares, checker *imperf.* (paper, fabric)

קע'סטל־רעטעניש דאָס (ן) crossword puzzle

קע'סטלשפּיל די/דאָס (ן) זע קעסטל־רעטעניש

קע'סטמוטער די (ס) foster mother, guardian *fem.*

קע'סטנבוים דער (...ביימער) chestnut tree

קעסטניק דער (עס) boarder; dependent; *pejor.* freeloader

קע'סט־עלטערן מצ foster parents

קע'סטפֿאָטער דער (ס) foster father, guardian *masc.*

קעסטקינד דאָס (ער) ward, charge

קעסיידער פֿאָנ כסדר

קעסל דער (ען) pot, saucepan; kettle; boiler

קע'סלגרוב דער/די (...גריבער) whirlpool, eddy

קעסלער דער (–/ס) boilermaker

קע'סלפּויק די (ן) (mus.) kettledrum

קעפּ מצ זע קאָפּ

קעפּל דאָס (עך) קאָפּ דימ *also* head (pin, cabbage, etc.); headline, heading (newspaper)

קעפּ|ן וו (גע–ט) behead, decapitate; execute, put to death

קעפּסווײַב דאָס (ער) concubine

קעפּקע די (ס) visored cap

קעץ מצ זע קאַץ

קעציש אַדי cat's, feline

קעצל דאָס (עך) קאַץ דימ (zool.) kitten

קע'צלדיק אַדי (cat) pregnant, with kittens

קעצל|ען זיך וו (גע–ט) have kittens

קעצ·ן אַדי cat's, feline; (of) catskin

|| קעצענער מוח זע (קעצישער) מוח

קע'צעלע דאָס (ך) קאַץ דימ *also affect.* (my) dear, darling, sweetheart; (botan.) catkin

|| ווע'רבע־קעצעלעך pussy willows

קעק אַדי : קע'קערע לײַט worthier people

קעקוואָק דער cakewalk (dance)

קעקסל דאָס (עך) קאָקס דימ chignon, bun

קע'קעצ|ן וו (גע–ט) stammer

קער[1] דער (ן) turn, movement

|| טאָ|ן*/געב|ן* זיך אַ קער move *intr.*, turn (around)

|| קער און ווענד vicissitudes, developments, twists and turns

קער[2] די (ן) זע קערן[1]

קעראַמיק די ceramics

קעראָסי'ן דער kerosene

קעראָשים מצ זע קערעש

קערב מצ זע קאָרב

קערבל[1] דאָס (עך) קאַרב דימ ruble

קערבל[2] דאָס (עך) קאָרב דימ small basket

קערבער מצ זע קאָרב

קערברייט די (ן) latitude, leeway

קערה די (–ות) [KAARE/KAYRE] *Jew.* seder plate, platter holding the symbolic dishes of the Passover meal; plate for contributions put at the entrance of the synagogue on the eve of Yom Kippur

קערוויש די (ן) baker's oven brush

קערוניק דער (...נקעס) turn, about-face, half-turn

קערטל דאָס קאָרט דימ : מאַכ|ן אַ קערטל play (a game of) cards

קעריע|ן וו (גע–ט) *slang* booze, drink

קערל דאָס (עך) קערן דימ grain, kernel; (fruit) pit, stone

קערמע די (ס) helm, rudder

קע'רמעשל דאָס (עך) party, celebration

קערן[1] דער (ס/ער) דימ קע'רנדל/קערל grain, kernel; *fig.* essence, gist; core, nucleus

קער|ן[2] וו (גע–ט) turn *trans.*; turn over, stir; sweep *imperf.*

|| קערן זיך turn *intr.*

קער|ן*[3] וו (ער קער; גע–ט) <צו> belong (to); be relevant (to); be part (of)

|| דאָס קער נישט אַהע'ר that's got nothing to do with this

קער|ן*[4] הוו (ער קער; גע–ט) may/might well

|| ער קער זײַן מיד he must be tired, he is probably tired

|| קערן צו אינפֿ should, ought to

|| ווי עס קע'ר צו זײַן properly, as it should be

קע'רנדיק אַדי vigorous; direct/pointed (language, style)

|| ער רעדט אַ קערנדיק ייִדיש — he speaks a good Yiddish

קע'רניצע די (ס) זע קרעניצע

קע'רנלאַנד דאָס — mainland

קע'רעווונג די — steering, control (vehicle)

קע'רעווע|ן וו (גע–ט) <אַק/מיט> — steer, direct (vehicle, projectile)

קע'רעווער דער (ס) — steering wheel, handlebars

קערעכץ דאָס — sweepings

קערער דער (ס) פֿעמ קע — janitor, maintenance person

קערעש דער (קעראָשים) — *slang* drunkard

קערפּונקט דער (ן) — turning point

קערפּער דער (ס) — body

|| פֿעסט|ער קערפּער — solid

קע'רפּערל דאָס (עך) קערפּער דימ — corpuscle

קע'רפּערלעך אַדי/אַדוו — corporal, bodily

קע'רפּערשאַפֿט די (ן) — (administrative/deliberative) body

קערץ דער זע קאָרעץ

קערצל דאָס (עך) דימ זע קאָרעץ

קערצער אַדי זע קירצער

קערק מצ זע קאַרק

קערקער דער (ס) — jail, prison (cell)

קעשעניק דער — pickpocket

קע'שענע די (ס) — pocket; *fig.* wallet

קע'שענע־גנבֿ דער (ים) [GANEF - GANOVIM] — pickpocket

קפּדן דער (ים) פֿעמ טע <אויף> [KAPDN - KAPDONIM] — fussy/meticulous person, stickler (regarding)

קפּדנות דאָס [KAPDONES] — meticulousness, thoroughness, rigor

קפּדניש אַדי [KAPDONISh] — meticulous, nit-picking

קפֿיצת־הדרך דער [KFITSES-HADEREKh] — supernatural ability to transport oneself instantly to a distant place

|| האָב|ן* קפֿיצת־הדרך — *hum.* have seven-league boots

קפֿריסין [KAFRISN] **1.** (דאָס) — Cyprus

|| **2.** אַדי־אַטר — of high quality, select

קפֿרי'סינדיק אַדי/אַדוו [KAFRI'SNDIK] — excellent, perfect

קץ דער [KETS] — *Jew.* end of the exile, coming of the Messiah; end, ending

קצבֿ דער (ים) פֿעמ טע [KATSEV - KATSOVIM] — butcher

קצבֿה די זע קיצבֿה

קצבֿות דאָס [KATSOVES] — butcher's trade

קצבֿיש אַדי [KATSOVISh] — butcher's

קצור דער (ים) זע קיצור

קצין דער (ים) [KOTSN - KTSINIM] — magnate, nobleman; leader, notable; rich man

קצינה די (–ות) [KTSINE] — noblewoman, wife of a magnate

ק״ק [KAK] = קהילה־קדושה

קקיון־דיונה דער (ס) [KIKOYEN-DEYO'YNE] — something ephemeral

ק״קעלע־קהל (דאָס) [KE'KELE-KO'OL] — *iron.* the community, the community leaders

|| גאַנץ ק״קעלע־קהל — everything that matters; everybody

קראָ די (ען) — crow

קראַב דער (ן) — crab

קראַגן = קראָגן[1] דער (ס) — collar

קראָגן[2] דער (ס) — neck/gullet of a fowl

קראַ'געלע דאָס (ד) קראַגן דימ2 — collar, removable collar

קראַוואַ'ט דער (ן) — necktie, cravat

קראָוויאַזש דער (עס) — *dial.* dairy farmer

קראָוויאַנקע די — *dial.* vaccine

קראַזש דער (עס) — *dial.* block of wood

קראָט דער (ן/קרעט) — (zool.) mole

קראָ'טבערגל דאָס (עך) — molehill

קראַטע די (ס/קראַטן) — bar (over a window), grate

קראַ'טענע אַדי — *dial.* checked, checkered; grated/barred (window)

קראַטער דער (ס) — crater

קראַי דער (ם) [KROI] זע קאַראַימער

קראַך דער (ן) — bang, clang, crash; catastrophe; (market) crash, financial meltdown

קראָכמאַל דער — starch; sizing

קראָכמאַליע|ן וו (גע–ט) — starch *imperf.*

קראָכמאַלנע די [Ly] — starch factory

קראָכמל דער זע קראָכמאַל

קראַכ|ן וו (גע–ט) — make a racket; go bankrupt, (market) collapse; (plane) crash

קראָליק דער (עס) — *dial.* rabbit

קראָם די (ען) דימ קרעמל — shop, store

קראַמאָלע די — sedition, mutiny; subversive literature

קראַמפּ = קראַמף דער (ן) — cramp, spasm

קראַן דער (ען) — tap, faucet; crane, hoist

קראַנט[1] דער (ן) — tap, faucet

קראַנט² = קראַנטנע אַדי valid, acceptable; profitable; saleable

|| פֿ״גל קאַראַנט

קראַנטער אַדי/אַדוו קראַנט קאָמפּ *also* preferable/ preferably

|| (עס איז) קראַנטער it is better/preferable

קראַנטקייט די acceptability, validity

קראָ'ניקע די (ס) chronicle, annals

קראָ'ניקער דער (–/ס) chronicler

קראַנץ דער (ן/קרענץ) דימ קרענצל wreath, garland; string (pearls), rope (onions); cycle (poems)

קראַנק אַדי sick, ill

|| ניט זײַן* קראַנק צו אינפֿ *sarcastic* have the means to, be quite capable of

|| ער איז ניט קראַנק דאָס צו טאָן it wouldn't kill him to do that

|| קראַנק ווער|ן fall ill, get sick

קראַנקייט די (ן) disease, sickness

קראַ'נקן־אַלקער דער (ס) [Ly] infirmary; sick-room

קראַ'נקן־קאַסע די (ס) health insurance fund

קראַ'נקן־שוועסטער די (–) nurse

קראַנקן־שוועסטערײַ' דאָס nursing (profession)

קראַנק|ער דער-דעק sick person, patient

קראַסאַ'וויצע די (ס) beautiful woman

קראַסאַוועץ דער (...ווצעס) good-looking youth, handsome man

קראַסטרוי' דער זע קאַסטרוי

קראָע די זע קראָ

קראַפּ דער (ן) דימ קרעפּל filled dumpling

קראָפּ¹ דער dill; fennel

קראָפּ² דער crop (of a bird)

קראָפּי'ווניצע די rash, hives

קראָפּיע|ן וו (גע–ט) *dial.* drip, trickle

קראַפּיר|ן וו (–ט) *fam.* kick the bucket, die

קראָפּ|ן וו (גע–ט) fatten (poultry)

קראָ'פּעווע די (stinging) nettle

|| אָ'פּ|ברי|ען זיך מיט קראָפּעווע be stung by nettles

קראַפֿט די (ן/קרעפֿטן) power, force, strength; *hum.* (theat.) talent (person)

|| אין קראַפֿט in force

קראַפֿטיק אַדי vigorous, powerful

קראַ'פֿטסטאַנציע די (ס) power station

קראַץ דער (ן) scratch, scrape

קראַצבאַרשט די (ן/...בערשט) scrub brush

קראַצבאָרשט דער diced herring

קראַצ|ן וו (גע–ט) scratch, scrape *imperf.*

|| קראַצן זיך <פֿון> *also* tarry, procrastinate; *pop.* be made uncomfortable (by)

|| האָב|ן* זיך צו קראַצן *pop.* be in a tough spot

קראָק דער (ן) crotch, fly

קראָקאָדי'ל דער (ן) crocodile

קראָקווע די (ס) rafter, beam

קראָקע (די) Cracow

|| זע|ן* קראָקע מיט לע'מבעריק/לעמבערג see stars (after a blow); feel like one's mouth is on fire (from mustard, etc.)

קראַקע|ן וו (גע–ט) caw, croak

קראַ'שיצע די זע גראַשיצע

קרבן דער/דאָס (ות) [KORBN - KORBONES] sacrifice, offering; victim; *slang* sucker, dupe

|| זײַ|ן*/ווער|ן אַ קרבן פֿון be plagued by, fall prey to, succumb to

|| פֿאַל|ן אַ קרבן be a victim, succumb

|| ברענג|ען אַ קרבן make a sacrifice

|| ברענג|ען אַק (פֿאַר) אַ קרבן sacrifice (stg./ s.o.)

|| ברענג|ען קרבנות <דאַט> make sacrifices; offer as a sacrifice (to)

קרבן־אַקט דער (ן) [KO'RBN] (self-)immolation

קרבנות־גרייט אַדי [KORBO'NES] selfless, self-sacrificing

קרבן־מינחה דער (ס) [KORBN-MI'NKhE] *Jew.* women's prayerbook containing prayers written in or translated into Yiddish

קרבֿות דאָס/די [KIRVES/KREYVES] זע קירבֿות

קרואים מצ [KRUIM] *lit.* invited guests

קרובֿ [KOREV] .1 אַדוו : קרובֿ (צו) *(before numbers)* nearly, approximately

|| .2 דער (ים) [- KROYVIM] relative *masc.*, kinsman

|| ר' קרובֿ! [REB] *fam.* friend! sir!

קרובֿה די (–ות) [KROYVE] relative *fem.*, kinswoman

קרובֿהטע די (ס) [KRO'YVETE] זע קרובֿה

קרובֿיש אַדי [KROYVISh] related

קרובֿישאַפֿט די [KRO'YVIShAFT] kinship, (family) relationship

קרובֿ־למלכות דער (קרובֿים־) [KOREV-LEMA'LKhES - KROYVIM-] s.o. close to the powers that be

קרובֿ־למקח אַדי–אַטר [KOREV-LEME'KEKh] near its conclusion; at an affordable price

קרוג דער (ן/קריג) דימ קריגל — pitcher, jug

קרוזשאָ'ק דער — *dial.* (political) circle, club

קרו'זשעווע די (ס) — lace

קרוטקע די (ס) — braided dough ornament on a loaf/bun

קרוטשאָ'ק[1] דער (עס) **זע** קרוטשיק[1]

קרוטשאָ'ק[2] דער (עס) **זע** קרוטשיק[2]

קרוטשיק[1] דער (עס) — half-pint flask/container

קרוטשיק[2] דער (עס) דימ קרוק — small hook; *fig.* trick, trap

קרוטשעל דער (עס) — *dial.* schemer, cheat(er)

קרוטשע|ן וו (גע–ט) — scheme, cheat

קרושקע די (ס) — turnip; cheating, trick

קרויז דער (ן) דימ קרייַזל — curl (of smoke); lock of hair

קרויז|ן וו (גע–ט) **זע** קרייַזלען

קרויט דאָס/די — cabbage

|| זוי'ער(|ע) קרויט — sauerkraut

|| געווי'קלט(|ע) קרויט — stuffed cabbage

|| אַ הייפּטל/קעפּל קרויט — a (head of) cabbage

קרוין די (ען) דימ קריינדל דימ2 קרוי'נעלע — crown; treetop; crowning achievement, height; *(after possessive)* pride and joy; *(with a vocative)* darling, dear

|| מײַן קרוין — my darling, my precious

|| מאַמע קרוין — mother dearest

קרוי'נבלעטל דאָס (עך) — petal

קרוינווערק דאָס (–) — masterpiece, crowning achievement

קרוינונג די (ען) **זע** קריינונג

קרוינ|ען וו (גע–ט) **זע** קריינען

קרוינפּרינץ דער (ן) — crown prince

קרוינשטאָט די (...שטעט) — capital (city)

קרוי'סטע|(נע)ן (זיך) וו (גע–ט) — *dial.* move *intr.*, change one's residence

קרוכלע אַדי — crisp, brittle

קרוכ(ק)ע אַדי **זע** קרוכלע

קרוליק דער (עס) **זע** קראָליק

קרום **1.** אַדי (קאָמפּ קרימער) — curved; crooked, bent; lame, deformed; unreasonable, wrong (idea); dishonest

|| קרומ|ער קאָפּ — person with a strange way of looking at things

|| אַ קרום וואָרט — an unkind word

|| אַ קרומ|ע מינע — a wry expression, scowl

|| **2.** אַדוו — askew, lopsidedly

|| קוק|ן קרום <אויף> — frown (upon), look askance (at)

|| **3.** די : אין דער קרום — crosswise

קרו'מבאַניץ דער (ן) — abuse

קרו'מגעדראַנג דאָס (ען) — fallacy

קרומלעך **1.** אַדי — twisted, tortuous; curved, hooked

|| **2.** אַדוו — askance

קרומע די (ס) — curve (line)

קרומ|ער דער-דעק — cripple, lame person

קרוע־בלו'ע אַדוו — in rags and tatters

קרופּ דער — croup

קרופּניק דער (עס) — barley soup

קרופּנע אַדי — *dial.* large, big; coarse

קרופּעניק דער (עס) פֿעמ ...ניצע — operator of a hand mill (for grinding grain)

קרוציפֿי'קס דער (ן) — crucifix

קרוק דער (עס) דימ קרוטשיק — hook, crook

קריאת־התורה די [KRIES-HATO'YRE] — public reading of the Torah scroll in a synagogue

קריאת־שמע די [KRIShME] — prayer professing faith in Jewish monotheism, said as part of morning and evening services and before bed

|| ליי'ענ|ען קריאת־שמע — recite this prayer

|| פֿ״גל שמע־ישׂראל

קריאת־שמע־לייענען דאָס (ס) [KRI'ShME] — *Jew.* ceremony in the home of a male newborn on the eve of his circumcision, with prayers recited by local schoolchildren

קריג[1] **1.** די (ן) — quarrel, dispute

|| **2.** דער/די (ן) — war

קריג[2] מצ **זע** קרוג

קריגל דאָס (עך) דימ קרוג — *also* cruet (for oil in the Temple)

קריג|ן[1] וו (געקראָגן/געקריגן) — get, receive, obtain; find (job, s.o. for a job); catch (illness), have (heart attack, etc.)

|| קריגן מיט — get hit with (stick, etc.)

|| קריגן געשלאָגן — receive blows, get beaten

|| קריגן באַצאָ'לט — get paid

|| צו קריגן — available, for sale

קריג|ן[2] וו (גע–ט) <אויף> — *lit.* wage war (against); contradict

|| קריגן זיך — quarrel, squabble

קרי'גס־... — war, martial

קרי'גסגעזעץ דאָס — martial law

קרי'גסגעריכט דאָס (ן) — court-martial

קריגסמאַן דער (קריגסלײַט) warrior

קרי'גסצושטאַנד דער state of war

קרי'געניש דאָס (ן) quarreling, squabbling

קריגער דער (ס) פֿעמ ין warrior

קריגערײַ' דאָס (ען) quarrel, dispute; discord

קרי'געריש אַדי belligerent, warlike; aggressive, pugnacious

קרי'גצושטאַנד דער state of war

קריגשיף די (ן) warship

קריוואַ'לניצע די (ס) runner (sled)

קריוודע די (ס) <אַנטקעגן> wrong (against), injustice (toward); grievance

|| אָ'נ|נעמ|ען זיך פּאָס קריוודע stick up for

קריוודע|ן וו (גע–ט) wrong

קריזיס דער (ן) crisis

קריזש דער (עס) lower back; loins

|| דורע|ן דאַט אַ קריזש bother s.o., get on s.o.'s nerves

קריזשיק דער (עס) cutting board, pastry board

קריטי'ק די (ן) criticism, critique

קריטיקיר|ן וו (–ט) criticize

קרי'טיקע די זע קריטיק

קרי'טיקער דער (ס) פֿעמ ין critic

קריטיש אַדי critical; crucial

קריטעריע די (ס) criterion

קרייד די/דאָס chalk

קרײַדל דאָס (עך) piece of chalk; crayon, pastel

קרײַז[1] דער (ן) circle; county, district

|| פֿאַרכּישופֿט|ער קרײַז [FARKIShEFT] vicious circle

|| מצ circles, milieux

קרײַ'ז–[2]... circular; county, district

|| קרײַז־באַוועגונג circular motion

|| קרײַזגעריכט district court

קרײַזזעג די (ן) circular saw

קרײַזל[1] דאָס (עך) קרויז דימ *also* ripple; (fash.) ruffle, frill

קרײַזל[2] דאָס (עך) קרײַז דימ (political, cultural, etc.) association/club

קרײַזל|ען וו (גע–ט) curl (hair)

|| קרײַזלען זיך curl up *intr.*, (hair) curl; (smoke) swirl

קרײַ'זלפּוס דער זע גרײַשלפּוס

קרײַז|ן וו (גע–ט) circulate, go round in circles

קרײַ'ז־שטאָט די (־שטעט) county seat, regional capital

קרײַטיש אַדי difficult, tricky, peculiar

קרײַטל דאָס (עך) זע קרײַדל

קרײַטעכץ דאָס (ער) aromatic/medicinal herb

קרײַטשיק דער (עס) זע אַקרײַטשיק

קריינדל דאָס (עך) קרוין דימ *also* (dental) crown; ruff, frill; funnel

קריינונג די (ען) coronation

קריינ|ען וו (גע–ט) crown

קרייס דער (ן) cruise

קרייסיר|ן וו (–ט) go on a cruise; (ship) cruise

קרייסער דער (ס) cruiser

קריי|ען = קרייע|ן וו (גע–ט) (rooster) crow

קרײַעץ דער (עס) זע אַקרײַטשיק

קרייץ דער (ן) cross

|| רויט|ער קרייץ Red Cross

|| פּ״גל קריזש

קרייצבאַנד די (...בענדער) figure-eight bandage; newspaper wrapper

קרייצביין דער sacrum

קרייצונג די (ען) crossing, intersection

קריי'ציקונג די (ען) crucifixion

קריי'ציק|ן וו (גע–ט) crucify

קרייצ|ן (זיך) וו (גע–ט) cross *trans./intr.*

קרייצער דער (ס) זע קרייסער

קרײַצער דער (ס) kreutzer

קרייצפּונקט דער (ן) crossing, intersection, focal point

קרייצפֿאָר דער (ן) crusade

קריי'צפֿאַרהער דער (ן) cross-examination

קריי'צפֿאָרער דער (ס) crusader

קרייצצוג דער (ן) crusade

קרייצקריג דער (ן) crusade

קרײַקע די (ס) selvage, border strip (of cloth)

קרי'כגיכקייט די slow motion

|| מיט קריכגיכקייט in slow motion

קריכיק אַדי (zool., botan.) creeping

קריכלאָך די/דער (...לעכער) manhole

קרי'כלקע די (ס) *neol.* monkey bars, jungle gym

קריכ|ן וו (איז געקראָכן) creep, crawl; climb; dawdle, lag behind; (watch) be slow; *fam.* slip in/out *intr.*; meddle

|| קריכן אין penetrate, go/get into

|| קריכן צו *vulg.* come to for sex

|| קריכן אויף גלײַכע ווענט act desperately; use far-fetched arguments, talk nonsense

|| קריכן דאַט פֿון האַלדז *rev.* be fed up with

|| קריכן דאַט אויפֿן קאָפּ — scoff at s.o.'s authority

קריכער דער (ס) פֿעמ קע — bootlicker, sycophant; slowpoke, laggard

קרי'כעריש אַדי/אַדוו — servile, obsequious

קרים[1] .1 דער (ען) — twist

|| .2 די : אין דער קרים — aslant, obliquely

קרים[2] (דער) — Crimea

קרימינאַ'ל[1] דער (ן) — prison

קרימינאַ'ל־[2]... — criminal

|| קרימינאַל־געריכט — criminal court

|| קרימינאַל־קאָדעקס — penal code

קרימינאַלניק דער (עס) — criminal, convict

קרימינאַ'ל־ראָמאַן דער (ען) — detective novel

קרימינע'ל אַדי — criminal

קרימעטאַרטע די — cream of tartar

קרימ|ען וו (גע–ט) — twist, deform *imperf.*

|| ניט קרימען דאַט אַ האָר — not touch a hair on s.o.'s head

|| קרימען זיך — make faces; scowl, grimace

|| קרימען זיך אויף — frown upon, disdain

קרי'מפּעליץ דער זע קרעמפּעלעץ

קרינאָלינע = קרינעלינע די (ס) — crinoline, hoop skirt

קריסט דער (ן) פֿעמ ין — Christian

קריסטאַ'ל דער (ן) — (chem.) crystal

קריסטאַליזיר|ן וו (–ט) — crystallize; *fig.* substantiate, make a reality

קריסטוס פּנ — Christ

קרי'סטיקונג די (ען) — christening, baptism

קרי'סטיק|ן וו (גע–ט) — christen, baptize

קריסטלעך אַדי — Christian

קרי'סטלעכקייט די — Christianity; state of being Christian

קריסטל|ען זיך וו (גע–ט) : ווי עס קריסטלט זיך אַזוי' ייִדלט זיך — Jews are no different from everyone else

קרי'סטנטום דאָס — Christendom; Christianity

קרי'סטנשאַפֿט די — Christendom

קריסיליע די (ס) — steel (for striking sparks with flint)

קריסקע די (ס) — *dial.* (fash.) frill, ruffle

קריִע די (ס) — (ice) floe

קריעה די [KRIE] — *Jew.* custom of tearing clothes as a sign of mourning for a close relative

|| רײַס|ן קריעה — tear one's clothes in mourning; *fam.* toil, slave away

קריעת־ים־סוף (דער) [KRIES-YA'MSUF] — the miraculous parting of the Red Sea during the exodus of the Jews from Egypt; tall order, extremely difficult task

|| אָ'נ|קומ|ען ווי/מיט קריעת־ים־סוף — require enormous effort

קריפּל דער (ען) — cripple, invalid

קריץ דער (ן) — gnashing, grinding; scratch, scrape

קריצבילד דאָס (ער) — engraving

קריצ|ן וו (גע–ט) — engrave *imperf.*; (teeth) gnash *intr.*

|| קריצן מיט — grind, gnash *trans.*

קריק[1] .1 קוו — re-

|| קרי'ק|אַקטיוויר|ן — reactivate

|| .2 אַדוו זע צוריק .1

קרי'ק־[2]... — re-; back; return

|| קרי'קפֿורעמונג — (ling.) back formation

קרי'קאָ'נלאָדלעך אַדי — rechargeable

קרי'קבאַקום דער (ען) — retrieval

קרי'קבילעט דער (ן) [Ly] — round-trip ticket

קריקבליק דער (ן) — retrospect

קרי'קגעבונג די (ען) — return, restitution

קרי'ק|געב|ן* וו (קרי'קגעגעבן) — return *trans.*, give back

קרי'קדערלאַנג דער (ען) — retaliation, reprisal

קרי'קווירקיק אַדי — retroactive

קריקפּאָסט די — return mail

קרי'ק|פֿאַרוואַנדל|ען וו (–ט) — reconvert

קריקפֿלייץ דער (ן) — feedback, repercussions

קריקצאָל דער (ן) — refund, reimbursement

קרי'ק|צאָל|ן וו (–גע–ט) — refund, reimburse

קרי'קציִיִק אַדי — retractable

קריקקום דער (ען) — return, reentry

קרירה די (–ות) [KRIRE] — bitter cold

קרירהדיק אַדי [KRI'REDIK] — frigid, icy cold

קריש דער (ן) דימ קרישל/די קרישקע — crumb

קרישטאָ'ל דער — cut glass, crystal

קרישטאָ'ל־ן אַדי — (of) cut glass, crystal

קרי'שלדיק אַדי — crumbly, brittle

קרישל|ען (זיך) וו (גע–ט) — crumble *trans./intr.*, *imperf.*

|| קרישלען זיך — *also* be brittle

קרישמע די זע קריאת־שמע

קרישע|ן וו (גע–ט) זע קרישלען

קרישקע די (ס) קריש דימ crumb

קרן דער/דאָס [KERN] capital, principal; investment, cost; saleable item; good catch (for marriage)

|| פּאַרן קרן at cost

|| או'נטערן קרן at a loss

קרן־היסוד דער [KERN-HAYESO'D] Palestine Foundation Fund, Zionist reconstruction fund for Palestine established in 1920

קרן־פֿאָנד דער (ן) [KE'RN] revolving fund

קרן־קימת דער [KERN-KAYE'MES] community reserve fund

|| פֿ״גל קרן־קימת לישׂראל

קרן־קימת לישׂראל דער [KERN-KAYE'MES LEYISROEL] Jewish National Fund, Zionist fund for purchasing land in Palestine, founded in 1901

קרעדאָ דער (ס) credo

קרעדי'ט דער (ן) credit

קרעדיטאָר דער (...אָ'רן) פֿעמ ...אָ'רשע creditor

קרעדיטיר|ן וו (–ט) (finan.) credit

קרעדע'נץ די (ן) credenza, buffet

קרעט דער (ן/–) זע קראָט

קרעטשמאַ'ר דער (עס) זע קרעטשמער

קרעטשמע די (ס) tavern, inn

קרעטשמער דער (ס) פֿעמ קע innkeeper

קרעטשעם דער זע קרעטשמע

קרעכץ דער (ן) groan, moan

קרעכצ(ע)|ן וו (גע–ט) groan, moan, whine

קרעל[1] דער (ן) claw; scratch

קרעל[2] די (ן) bead (glass, etc.); piece of coral

קרעל[3] דער (ן) *slang* loaf of bread

קרעל|ן[1] וו (גע–ט) scratch *imperf.*

|| קרעלן אומפּ דאַט אין האַלדז *rev.* have a frog in one's throat

קרעל|ן[2] וו (גע–ט) bubble up, gush, foam

קרעם דער/די (ען) cream; whipped cream

קרעמאַטאָריע די (ס) crematorium

קרעמירונג די (ען) cremation

קרעמיר|ן וו (–ט) cremate

קרעמל[1] דאָס (עך) קראָם דימ small shop, booth; *hum./pejor.* den, place of shady business

קרעמל[2] דער [Ly] Kremlin

קרעמען דער (ס/עס) flint

קרעמער דער (ס) פֿעמ קע shopkeeper, merchant

קרעמערײַ' דאָס small business

קרעמפּי'רט אַדי ill at ease, uncomfortable

קרעמפּיר|ן זיך וו (–ט) be ill at ease, be uncomfortable

קרעמפּל|ען וו (גע–ט) felt, make cloth by pounding

קרע'מפּעווע|ן וו (גע–ט) fasten, tighten, brace

קרע'מפּעלעץ דער tie, fastening

קרענגעלניע די (ס) [LyNy] *dial.* bowling alley

קרע'ניצע די (ס) spring, well

קרענץ מצ זע קראַנץ

קרענצל דאָס (עך) קראַנץ דימ *also* small group, gathering

קרענק די (–/ען) sickness, disease

|| אַ קרענק *pop.* nothing at all, zilch

|| פֿאַרשלעפּט|ע קרענק chronic illness; *hum.* jokester, wiseguy; nasty person, pest

|| וויס|ן*/קענ|ען*/פֿאַרשטיי|ן* אַ קרענק be abysmally ignorant, not know/understand a thing

|| כאָטש גיב אים אַ קרענק he's stubborn as a mule, his mind's made up

קרע'נקאורלויב דער sick leave

קרענקונג די heartache, grief

קרענקיק אַדי pathological

קרענקלעך אַדי/אַדוו pathological, morbid; sickly

קרענק|ען וו (גע–ט) be sick; ail, lie ill (for a period of time); grieve *trans.*, mortify

|| קרענקען זיך agonize, worry oneself sick

קרע'סטינצע די (ס) *dial.* estate, property

קרעסלע די (ס) *dial.* armchair

קרעפּ דער crêpe (fabric)

קרעפּאָסט דער (ן) *dial.* fortress

קרעפּינקע די (ס) lock of fake hair; spot, speck; bit of dough

קרעפּיר|ן וו (–ט) זע קראַפּירן

קרעפּך דער (ן) זע קרעפּל

קרעפּל דאָס (עך) קראָפּ דימ meat-filled dumpling eaten *esp.* on *Purim*, the seventh day of *Sukkot*, and on the eve of Yom Kippur; cheese dumpling eaten on *Shavuot*

|| קרעפּלעך זאָלסטו (ניט) עסן! go to hell!

|| פֿ״גל פּורים; סוכּות; יום־כּיפּור; שבֿועות

קרע'פּלפֿלייש דאָס chopped meat

|| מאַכ|ן קרעפּלפֿלייש פֿון make mincemeat out of

|| אוי'ס|קומ|ען ווי מיט קרעפּלפֿלייש have just enough

קרעפּס דער (ן) crab; *Germ.* cancer

קרעפּקע אַדי/אַדוו sturdy, solid, firm; stocky; strong (alcohol)

קרעפּטיק אַדי/אַדוו strong, vigorous, energetic

קרע'פּטיק|ן וו (גע–ט) strengthen, invigorate

קרעפּטן מצ זע קראַפּט

קרעץ מצ/די pimple, rash; mange, scabies; leprous lesion

קרעציק אַדי mangy; leprous; rough

קרעק|ן זיך וו (גע–ט) <מיט> retch, choke (on)

קרע'קענע די cow's colostrum

קרעשטשע|ן וו (גע–ט) *dial.* baptize

|| קרעשטשען זיך convert, get baptized; cross oneself

קרקע די (ות) [KARKE - KARKOES] ground, land; *Jew.* burial ground; cemetery lot

קרקע־בתולה די [KARKE-PSU'LE] virgin soil

קרשים מצ [KROShIM] boards placed at the bottom of a grave

קשאָנדז דער (עס) זע קסיאָנדז

קשאַק דער (עס) shrub

קשה אַדי–אַטר [KOShE] puzzling, difficult to understand

|| זײַן* דאַט קשה puzzle, perplex, *rev.* find incomprehensible

קשוי־אבר דער זע קישוי־אבר

קשיא די (–ות) [KAShE] question, problem

|| אַ קשיא אויף אַ מעשׂה [MAYSE] anything can happen; who can tell? you never know!

|| בלײַבט אַ קשיא the question remains open

|| די פֿיר קשיות the four ritual questions asked by the youngest child at the Passover seder

קשר דער (ים) [KEShER - KShORIM] *Jew.* knot formed by the straps of phylacteries; *fig.* tie, link, connection

ר

ר[1] דער/די [REYSh] letter of the Yiddish alphabet; pronounced [R]; numerical value: 200

ר׳[2] = רב [REB]

ר׳[3] = ער

|| ר׳האָט = ער האָט

ראָב דער (ן) raven; rook; crow

ראַבאַ'ט דער (ן) discount, rebate

ראָבאָ'ט דער (ן) robot

ראַבאַטקראָם די (ען) discount store

ראַבאָניש פּאָנ רבניש

ראַבאַרבער דער rhubarb

ראַבויסיי פּאָנ רבותי

ראַביי דער (ס) *Amer.* non-Orthodox rabbi

ראַבינאַ'ט דער (ן) rabbinate (in a modern city)

ראַ'בינע די (ס) rowan tree; fruit of this tree

ראַבינער דער (ס) פֿעמ טע/שע non-Orthodox rabbi

ראַבינעריי' דאָס non-Orthodox rabbinate

ראַבי'נעריש אַדי (non-Orthodox) rabbinical

ראַביר|ן וו (–ט) pillage *imperf.*, rob

ראַבליע די (ס) זע גראַבליע

ראַבע אַדי spotted, speckled

ראַ'בעווען וו (גע–ט) engage in pillage, rob *imperf.*

ראַבעטינע אַדי speckled, freckled

ראָג דער (ן) street corner, intersection

|| אויף מילע גאַס ראָג סמאָטשע גאַס on the corner of Mila St. and Smocza St. (in Warsaw)

ראַגאָווקע די (ס) cap with earflaps; triangular shawl

ראַגאָזשע די (ס) mat (of straw, etc.)

ראַגאַטקע די (ס) city gate; barrier; slingshot

ראָגאַל דער (עס) horn-shaped loaf, croissant

ראָגזשע די (ס) זע ראָגאָזשע

ראַ'געווקע די (ס) זע ראַגאָווקע

ראַ'גענע די (ס) vicious woman, shrew

ראַד דער (ן) זע ראָנד

ראָד די/דאָס (רעדער) דימ רעדל wheel; circle; round dance

|| אַ פֿינפֿט(ע) ראָד צום וואָגן stg. redundant, unnecessary; fifth wheel, s.o. useless/in the way

|| גיי|ן* אויף רעדער (town, group) be in the grip of great excitement

ראַדאַר דער (...אַ'רן) radar

ראָ'דביקסל דאָס (עך) axle box, grease box; slingshot

ראָ'ד|ברעכן וו (ראָ'דגעבראָכן) torture, break on the wheel

ראַדזיווולקע = ראַדז(ש)עווולקע די (ס) light loose-fitting coat

ראַדיאָ דער (ס) [DY] radio

ראַדיאָאַקטי'וו אַדי [DY] radioactive

ראַדיאַטאָר דער (...טאָ'רן) [DY] radiator

ראַדיאָ'ר|ן וו (–ט) send (a message) by radio

ראַדיום דער [DY] radium

ראַדיוס דער (ן) [DY] (math.) radius

ראַדיקאַ'ל **1.** אַדי/אַדוו radical

|| **2.** דער (ן) (polit., math., chem.) radical

ראַדי'ר דער (ן) etching

ראַדיר|ן וו (–ט) etch

ראָדיש דער (עס) apple baked in a sweet pastry

ראַדניק דער (עס) *Slav.* town councilor

ראַ'דעווע|ן זיך וו (גע–ט) אויף pursue, aspire to

ראַ'דעווע|ן וו (גע–ט) coast

ראַ'דעניצע די (ס) market woman

ראָ'דפֿעלגן דער (wheel) rim

ראָ'דשפּייכן דער spoke (wheel)

ראה די (–ות) זע ריאה

ראַהאָטשע|ן = ראָהאָטשע|ן וו (–ט) tickle, make s.o. laugh; giggle

ראָוו[1] דער (ן/עס) ditch

ראָוו[2] פּאָנ רבֿ

ראָווער דער (...ע'רן) bicycle

ראָוי אַדי–אַטר <צו> [ROE] worthy (of), qualified (for); eligible

ראָוידיקייט די [RO'EDIKEYT] eligibility

ראָוי־לבֿרכה אַדי–אַטר [ROE-LIVRO'KhE] *Jew.* fit for pronouncing a blessing on it; (young woman) marriageable

ראָוי־להוראה אַדי–אַטר [ROE-LEHOYRO'E] qualified to decide questions of Jewish law, fit for the rabbinate

ראָז אַדי זע ראָזע

ראַזבאַ'לעווע|ן וו (–ט) *Slav.* spoil (child)

ראַזבוי' דער *Slav.* (armed) robbery

ראַזבוי'ניק דער (עס) *Slav.* highwayman, bandit

ראָזגע די (ס) *Slav.* rod, switch

ראָזדרעכ(נ)ע|ן וו (–ט) *Slav.* waken *trans.*

ראַזורע די (ס) barber shop, beauty parlor
ראָזיק אַדי rose, rosy
ראַזי'ר־מעסער דאָס (ס) razor
ראַזי'ר־מעסערל דאָס (עך) razor blade
ראַזיר|ן (זיך) וו (–ט) shave *trans./intr. imperf.*
ראָזלעך אַדי pinkish
|| ראָזלעך־לילאַ [La] mauve
ראַזמאַ'ך דער *Slav.* momentum, impetus; span, extent
ראָזמאַרי'ן דער rosemary
ראָזע אַדי pink; reddish
ראָזעוואָלקע די (ס) זע ראַדזיווולקע
ראַ'זעווע = ראָ'זעווע[1] אַדי (of) rye (bread); brown (bread)
|| ראַזעווע סחורה [SKhOYRE] staple goods
ראָ'זעווע[2] אַדי זע ראָזע
ראָזרוך דער (ן) *Slav.* tumult, uproar; panic; rush, stampede
ראַזרוכע די (ס) זע ראָזרוך
ראָ'זשינקע די (ס) raisin
ראָזשיק דער (עס) (paper) cone; baby's bottle; horn-shaped cake; crusty end (bread)
ראַזשעווולקע די (ס) זע ראַדזיווולקע
ראַט = ראָט דער (ן) council, board
ראָטאָנדע די (ס) loose woman's coat, rounded and fur-lined
ראָטאָר דער (...אָ'רן) rotor
ראָ'טגעבער דער (–/ס) adviser, counselor
ראָטהויז דאָס town hall
ראַטוניק דער (...נקעס) rescue
|| געבן* ראַטוניק <דאַט> save (s.o.), come to the aid (of)
ראַטזאַם אַדי *Germ.* expedient, recommended
ראַטיפֿיציר|ן וו (–ט) ratify
ראַטי'ר־... rescue
ראַטירונג די rescue; salvage
ראַטיר|ן וו (–ט) come to the aid of; rescue, save
ראָטיר|ן וו (–ט) rotate *trans.*; work shifts, alternate (roles)
|| ראָטירן זיך spin, rotate *intr.*
ראַטירער דער (ס) פֿעמ ין rescuer, lifeguard
ראַטירפּאַס דער (ן) life preserver
ראַטיררינג דער (ען) life preserver
ראַטי'רשיפֿל דאָס (עך) lifeboat
ראַטמאַן = ראָטמאַן דער (...מענער/לײַט) city councilman
ראָ'טמײַסטער דער (ס) captain (milit. rank)

ראָט|ן וו (געראָטן) advise; *dial.* guess
ראַ'טן־... Soviet, of the Soviets
ראַ'טן־פֿאַרבאַנד דער Soviet Union
ראַטע די (ס) part payment, installment, premium
ראָטע די (ס) (milit.) company
ראַ'טעווע|ן וו (גע–ט) save, rescue
ראָטעס דאָס זע ראָטהויז
ראַ'טעסווײַז אַדי/אַדוו in installments
ראַטשקאָם אַדוו זע ראַקעם
ראַ'טשקע(ווע)|ן זיך וו (גע–ט) creep, crawl
ראָי[1] דער (עס) זע רוי[2]
ראָי[2] דער זע ראָוו
ראָיאַ'ל דער [Ly] grand piano
ראַיאָ'ן דער (ען) region, district, sector
ראַיאָניק אַדי regional
ראיה די [RIE] eyesight, vision
|| האָב|ן* אַ קורצע/ני'דעריקע ראיה be nearsighted
|| האָב|ן* אַ ווײַטע ראיה be farsighted; *fig.* have foresight, be able to foresee
ראַיה די (–ות) [RAYE] piece of evidence, proof, sound argument
|| ס'איז נישט קיין ראַיה אַז there's no proof that
|| נעמ|ען זיך אַ ראַיה <פֿון> follow the example (of)
ראַיה־לדבֿר די [RAYE-LEDO'VER] proof (of what's been said)
ראַיע'ל אַדי reliable; respectable, honest
ראָיע|ן זיך וו (גע–ט) זע ריִען; רויען[3] זיך
ראָך דער (עס/ן) rook (chess)
ראַכי'ט דער rickets
ראַכי'טיקער דער (–/ס) person afflicted with rickets
ראַכיטיש אַדי rachitic
ראָכיר|ן וו (–ט) castle (chess)
ראַכמאָנעס פֿאָנ רחמנות
ראָ'כמײַסטער = ראַ'כמיסטער דער (ס) bookkeeper; s.o. good with numbers
ראַכע די *lit.* vengeance
ראָל[1] די (ן) [Ly] זע ראָלע
ראָל[2] דער change of horses; stage-coach
ראָליע די (ס) זע פּוילע־רוילע; ראָלע
ראָל|ן וו (גע–ט) turn, roll *trans.*; wind up; round off; travel with changes of horses
|| ראָלן זיך roll *intr.*, revolve

ראַלע די (ס) — harrow

ראָלע די (ס) [Ly] — role

|| שפּילן אַ ראָלע — *also* pretend, put on an act

|| ניט שפּילן קיין ראָלע <בײַ> — be of no importance (to s.o.)

|| ס'שפּילט ניט קיין ראָלע צי — it doesn't matter whether

ראָלע'ט דער (ן) זע רולעט

ראַלע|ן וו (גע-ט) — harrow

ראָלע|ן וו (גע-ט) [Ly] — (theat.) have a role, perform

ראָלקע די (ס) [Ly] — roll (of money); spool, bobbin; pulley

ראַם = ראָם¹ די (ען) דימ רעמל — frame; chassis; bed base/frame

|| אין די ראַמען פֿון — within the framework of

ראָם² דער (ען) — rum

ראָמאַ'ן דער (ען) — novel; romance, love-affair

ראָמאַנטיק די — romanticism; romantic charm

ראָמאַ'נטיקער דער (ס) פֿעמ ין — romantic

ראָמאַנטיש אַדי/אַדוו — romantic

ראָמאַני'סט דער (ן) פֿעמ קע — novelist

ראָמאַניש אַדי — (ling.; archit.) Romance

ראָמאַ'נס דער (ן) — love affair; romance (novel, film, etc.)

ראָמאַנסיר|ן וו (-ט) — flirt, have a love affair

ראַמאַשקע = ראָמאַשקע די — camomile

ראָמב דער (ן) — diamond (shape), rhombus

ראַמ|ען וו (גע-ט) — clean (house) *imperf.*

ראַ'מערין די (ס) — cleaning woman

ראַמפּע די (ס) — ramp; footlights

ראַמש דער (ן/עס) — junk, odds and ends

ראַ'משפּאַרקויף דער (ן) — rummage sale, charity bazaar

ראַן די (ען) זע רײַן¹

ראַנג דער (ען) — rank, degree of importance

ראַנגל|ען זיך וו (גע-ט) — struggle; wrestle, fight

ראַנגלער דער (ס) — wrestler

ראַנגלערײַ' דאָס — wrestling

ראַנגע די (ס) זע ראַנג

ראַנד¹ דער (ן) — edge, border, rim, margin

ראַ'נד-²... — marginal

ראָנד דער (ן) — row, line, queue; *Slav.* government, management

ראַנדאַ'ר דער (עס) פֿעמ קע זע רענדאַר

ראָ'נדז(ש)ע(ווע)|ן וו (גע-ט) — *Slav.* direct, govern; think one is in charge; be agitated, fool around

ראַנדעוווּ' דער (ען) — rendezvous

ראַנדקע די (ס) — date

ראַ'נדקעווע|ן זיך וו (גע-ט) <מיט> — date (s.o.), make a date (with)

ראַנטש דער (ן) — *Amer.* ranch

ראַניע|ן וו (גע-ט) [Ny] — wound

ראַניעץ דער (ן/ראַנצעס) [Ny] — *Slav.* knapsack, satchel

ראַ'ניעצקע אַדוו [Ny] — in the wee hours, at dawn

ראַניר|ן וו (-ט) זע ראַניען

ראַנע די (ס) — *Slav.* wound, injury

ראַנע'ט דער (ן) — reinette, (variety of) apple

ראַנע|ן וו (גע-ט) זע ראַניען

ראַ'נעצקע אַדוו זע ראַניעצקע

ראַסאָווע אַדי זע ראַסעווע

ראָסט דער — rust

ראָסטיק אַדי — rusty

ראָסט|ן וו (געראָ'סט) זע ראַסן

ראָסט|ן וו (געראָ'סט) — rust *intr.*

ראַסטשאָ'טעווע|ן וו (-ט) — pay off, settle

ראַסיי' = ראָסיי' (דאָס) — Russia

ראַסכאָ'ד דער (ן) — *Slav.* expense

ראָסל דער (ען) — meat broth; beet vinegar; brine

|| לאָז|ן/ליג|ן אין ראָסל — land s.o./be be in a tough spot

ראָ'סלפֿלייש דאָס — pot roast

ראַס|ן וו (גע-ט) — rest, take a break

ראַ'סנדיק אַדי — racial

ראַסע¹ די (ס) — race

ראַסע² די (ס) — lime pit

ראַ'סע-³... — racial

ראָסע די — dew

ראַ'סעווע אַדי — racial, of race

ראַספּאָלאָשע|ן זיך וו (-ט) — *Slav.* take fright, start *intr.*, jump

ראַספּאָר דער — tear, rent; (fash.) slit; fly (pants)

ראַספּאַשעט ווער|ן וו (איז ראַספּאַשעט געוואָרן) — *Slav.* crack/split *intr.*

ראַסקאָלניק דער (עס) — dissident, schismatic

ראַסקאָפּ(ק)ע די (ס) — *Slav.* excavation

ראָסקאָש דער — *Slav.* luxury, pomp

ראָסקאָשנע אַדי/אַדוו — luxurious, sumptuous

ראָסקאָ'שעווע|ן זיך וו (-ט) — live in luxury

ראַפּאָ'רט דער (ן) — report, account

ראַפּאָרטיר|ן וו (–ט) — report

ראָפּוכע די (ס) — toad

ראַפּטעם אַדוו — suddenly, abruptly

ראַפּניק דער (עס) זע **נאַראַפּניק**

ראָפּע די — rheum, mucus of the eyelid; slobber, froth (on lips); brine

ראַפֿינאַ'ד דער — refined sugar

ראַפֿיני'רט אַדי — refined

ראַפֿיניר|ן וו (–ט) — refine

ראַפֿינעריע די (ס) — refinery

ראַ'פֿע(רע) די (ס) — *dial.* rim

ראַץ[1] דער (ן) — rat

ראַץ[2] דער (ן) — scrape, scratch, nick

ראָץ דער — snot, mucus

ראַציאָנאַליזאַציע די (ס) — rationalization

ראַציאָנאַליזיר|ן וו (–ט) — rationalize

ראַציאָנאַליזם דער — rationalism

ראַציאָניר|ן וו (–ט) — ration

ראַציאָנע'ל אַדי/אַדוו — rational

ראַציע[1] די (ס) — ration; reason, argument, point of view

ראַציע[2] די (ס) — kite; rocket

ראַציק אַדי — rough, coarse

ראָ'צלעפֿל דער — *fam., pejor.* little snot, brat

ראַצ|ן וו (גע–ט) — scrape; scratch, scuff *imperf.*

ראַצעמאָר·ן אַדי — (of) mohair

ראַצעמאָרע די — mohair

ראָצער דער (ס) — *fam.* brat

ראַק **1.** דער — Cancer (constellation)
|| **2.** דער (עס) — crayfish; lobster; crab
|| **3.** דער (ן) — cancer

ראָק דער (רעק) דימ **רעקל** — suit coat, jacket

ראַקאָווינע די (ס) — (sea) shell

ראַקאָם אַדוו זע **ראַקעם**

ראָקיטע די (ס) — wicker

ראַקיק אַדי — cancerous

ראַקל דאָס (עך) **ראַק** דימ — shrimp

ראַקע'ט דער (ן) — rocket

ראַקעטעריי' **1.** דאָס — rocketry
|| **2.** די (ען) — rocket range

ראַקעטקע די (ס) — racket (tennis, etc.)

ראַקעם אַדוו — face down, on all fours

ראַר **1.** אַדי — rare, exceptional, precious
|| **2.** דער (ן) — rarity, exceptional person/thing

ראָר דער — reed, cane; sugarcane

ראָ'רצוקער דער — cane sugar

ראַש[1] אַדי/אַדוו זע **ראַשיק**

ראַש[2] פֿאָנ **רעש**

ראָש דער (ים) — chief, head

ראָש־בית־דין דער (**ראָשי־**) [ROSh-BE'Z(D)N - ROShE-] — head of a rabbinic court

ראָ'ש־גוי דער — *slang* rookie policeman

ראָש־הגולה דער (**ראָשי־**) [ROShHAGO'YLE - ROShE-] — exilarch, leader of the Jews in exile (*esp.* in Mesopotamia/Babylonia, 3rd to 13th centuries)

ראָש־המדברים דער (**ראָשי־**) [ROSh-HAM(E)DA'BRIM - ROShE-] — leader, spokesperson

ראָש־הקהל דער (**ראָשי־**) [ROShAKOOL - ROShEKOOL] — leader of the Jewish community

ראָש־השנה דער [ROShEShONE] — Rosh Hashana, Jewish New Year

ראשו־ורובו אַדוו [RO'YShE-VERU'BE] — wholeheartedly, heart and soul

ראשון דער [RIShN] — congregant called up to the reading of the first passage in the Torah corresponding to the Sabbath or holiday; that passage
|| **געב|ן*** דאָט **ראשון** — designate s.o. to do this reading

ראשונים מצ [RIShOYNIM] — ancestors, predecessors, pioneers

ראָש־וראשון דער [ROSh-VERI'ShN] — undisputed leader

ראָש־חודש דער [ROShKhOYDESh] — *Jew.* semi-holiday of one or two days at the start of each lunar month
|| **בענטש|ן ראָש־חודש** — recite the blessing for the new month on the Sabbath preceding the new moon
|| **ווען עס וועט זײַן דרײַ טעג ראָש־חודש** — when pigs fly, never

ראָש־חודש־רע'טעכל דאָס (עך) [ROShKhO'YDESh] — red radish

ראָ'שטשינע די — leaven, fermented dough

ראָ'שטשינע|ן וו (גע–ט) — leaven, allow (dough) to rise

ראָשי־... מצ **זע ווערטער מיט ראָש־...**

ראָשי־פּרקים מצ [ROShEPROKIM] — outline, draft; preliminary conditions (of a contract)

ראַשיק אַדי/אַדוו — hasty, fast; noisy, tumultuous

ראָש־ישיבֿה דער (**ראָשי־ישיבֿות**) [ROShYEShIVE - ROSh(E-)YEShI'VES] — head of a yeshiva

ראָשי־תּיבֿות דער (ן) [ROShETEYVES] — initials, abbreviation

ראשית אַדוו [REYShES] — firstly, to begin with

ראשית־חכמה אַדוו [RE'YShES-KhOKhME] *hum.* first of all

ראשית־כּל אַדוו [RE'YShES-KOL] first of all, in the first place

ראש־עירון דער (ס) [REShEYRN] mayor

ראַשפּײַל די (ן) rasp, coarse file

ראַשקע די (ס) wooden pail/tub

רב טיטל [REB] *Jew.* Mister, traditional title used before a man's first name, abbreviated ר׳

|| פ״גל (ר׳) ייִד; (ר׳) קרובֿ .2; רבֿ

רבונו־דעלמא(־כּולא) אינט [RIBO'YNE-DEALME(-KU'LE)] good God! good gracious!

רבונו־של־עולם דער [REBO'YNE-ShELOYLEM] *Jew.* God Almighty

רבותי אינט [RABOYSAY] gentlemen!

רבותים אינט [RABOYSIM] **זע** רבותי

רבי [REBE] .1 טיטל Rabbi! Teacher! *(in addressing one's teacher, a Rabbi, or a Hasidic rebbe)*; Rabbi *(preceding the first name of a Rabbi of antiquity)*

|| .2 דער (ס/ים) [- RABEIM] (אַק/דאַט: רבין; פּאָס: רבינס) [REBN; REBNS] Hasidic rabbi; teacher, *esp.* in a traditional Jewish school

רבי־געלט דאָס [RE'BE] tuition fee in a traditional Jewish school; price of experience

|| באַצאָלן רבי־געלט pay dearly for a lesson

|| ס'האָט מיר געקאָ'סט רבי־געלט it cost me dearly to learn it

רבייִש אַדי [RABEISh] of a Hasidic rabbi

רבילע דאָס (ך) דימ [RE'BELE] **זע** רבי

רבים דער (ס) [RABIM] group, community; majority; public; (gramm.) plural

רבין אַק/דאַט **זע** רבי

רבינו טיטל **זע** רבנו

רביניו דער [RE'BENYU] dear rabbi *(affectionate form, esp. in Hasidic songs)*

רבי־ניסלעך מצ [RE'BE] peanuts

רבינס פּאָס **זע** רבי

רביסטווע דאָס (ס) [REBISTVE] position/function of Hasidic rabbi

רביצין די (ס) [RE'BETSN] rabbi's wife; *Jew.* educated woman, teacher for girls; *hum.* learned woman; pious/charitable woman

|| פ״גל רבי

רביש אַדי [REBISh/RABEISh] **זע** רבייִש

רבישאַפֿט די/דאָס [RE'BEShAFT] position/function of Hasidic rabbi

רבנו טיטל [RABEYNU] our teacher

רבנות דאָס [RABONES] rabbinate, office of a rabbi

|| זיצ|ן אויף רבנות hold the position of a rabbi

רבנים מצ **זע** רבֿ

רבניש אַדי [RABONISh] rabbinical, rabbi's

רבנן־קדיש דער [RABO'NENKADESh] prayer recited (*esp.* by mourners) after a Talmud lesson at the synagogue, adding a request for the well-being of the teachers of the Law and their disciples

|| אָ'פּ|זאָג|ן רבנן־קדיש נאָך abandon all hope for

רבש״ע = רבונו־של־עולם

רבֿ דער (רבנים) [ROV - RABONIM] דימ רבֿל [REVL] Orthodox rabbi; *pop.* crime boss

|| הער|ן ווי דעם רבֿ pay no attention to

|| שלעפּ|ן אַק צום רבֿ haul s.o. before the rabbi to demand justice

|| מיר וועלן ניט גיין צום רבֿ let's not fight about it, we'll work it out

רבֿ־הכּולל דער [RAV-HAKO'YLEL] chief rabbi of several communities

רבֿותא די [REVUSE] source of amazement; advantage *(esp. in interrogative/negative clauses)*

|| ס'איז ניט קיין רבֿותא <אַז> it is not surprising (that)

|| וואָס איז די רבֿותא? what's so surprising?; where is the advantage?

רבֿיעי דער [REVII] congregant in a synagogue called to read the fourth passage of the Torah corresponding to a Sabbath or holiday; that passage

|| געבן|ן* דאַט רבֿיעי designate s.o. for this reading

רבֿקה פּנ [RIVKE/RIFKE] Rebecca (wife of the Patriarch Isaac)

רגזן דער (ים) פֿעמ טע [RAGZN - RAGZONIM] short-tempered person

רגיל דער (ים) [ROGL - REGILIM] experienced man

רגילדיק אַדי [RO'GLDIK] customary

רגילות דאָס (ן) [REGILES] habit; routine

רגילותדיק אַדי [REGI'LESDIK] habitual

רגל דער (ים) [REGL - REGOLIM] *Jew.* each of three principal holidays when, in antiquity, one went to Jerusalem (Passover, *Shavuot*, *Sukkot*)

|| פ״גל סוכּות; פּסח; שבֿועות

רגלים מצ [RAGLAIM] *hum.* (big) feet, legs

|| פ״גל רגל

רגע די (ס) [REGE] moment, instant, second

|| אויף אַ רגע for a minute/moment

|| אויף דער רגע immediately, on the spot; for the moment

רגעדיק אַדי/אַדוו [RE'GEDIK] momentary, passing
רגע־כּמימרא [REGE-KEMI'MRE] **1.** אַדוו in no time at all
|| **2.** די brief moment
רגעלע דאָס (ך) דימ [RE'GELE] **זע רגע**
|| **פֿ״גל רעגעלע**
רדיפֿה די (–ות) [REDIFE] persecution
|| מצ <אויף> persecution (against), acts of violence (toward)
רו די rest, tranquility
|| לאָז|ן צו רו leave alone
|| לאָז(ט) צו רו! *also* never mind! forget it!
|| אין פּאָס רו at home; in eternal rest, dead
|| גיי אין דײַן רו אַרײַ'ן! go home!; begone!
רואה־ואינו־נראה דער [ROYE-VEEYNE-NI'RE] invisible man
רואה־חשבון דער (רואי־/ס) [ROYE-KhE'ZhBM - ROYE-] auditor, certified public accountant
רואי... **זע ווערטער מיט** רוי...
רובאַשקע די (ס) *Slav.* shirt
רובי'ן דער (ען) ruby
רובל דער (–) ruble
רו'בלדיק אַדי worth a ruble
רובל־כּסף דער (–) [KE'SEF] silver ruble
רובע די (ס) **זע הרובע**
רובריק די (ן) column (newspaper, statistical table, etc.)
רובריקיר|ן וו (–ט) classify, list by category
רובֿ דאָס [ROV] majority, greater part
|| ס'רובֿ most (of)
|| על־פּי רובֿ [ALPI] generally, for the most part
רובֿ־מנין־ורובֿ־בנין דער [ROV-MI'NYEN-VEROV-BI'NYEN] overwhelming majority, greatest part
רוגז דער [ROYGES] wrath, anger; estrangement
רוגזה די [RUGZE] harshness, anger
רוגזהדיק אַדי/אַדוו [RU'GZEDIK] angry, gruff
רודימענטאַ'ר אַדי rudimentary
רודיש דער (עס) **זע ראָדיש**
רודל|ען וו (גע–ט) row, paddle
|| רודלען זיך move around
רודניע די (ס) [Ny] foundry, blast furnace
רודע די (ס) ore
|| **פֿ״גל גרודע**
רודעוואַטע אַדי **זע גרודעוואַטע**
רו'דעווע|ן וו (גע–ט) shake *intr.*; knock about, roam; bustle about

|| רודעווען אומפּ זיך be in a stir
רודער דער (ס) oar, paddle; helm, tiller
רו'דער|ן וו (גע–ט) row, paddle; make noise, cause disorder
|| רודערן אומפּ זיך be astir/bustling
רו'דערשיפֿל דאָס (עך) rowboat
רודף דער (ים) [ROYDEF - RODFIM] persecutor
רודף זײַן* וו (רודף געווע'ן) [ROYDEF] **זע** רודפֿן
רודפֿי־... מצ **זע ווערטער מיט** רודף־...
רודף־כּבֿוד דער (רודפֿי־) [ROYDEF-KO'VED - RODFE-] vain person, person eager for honors
רודפֿ|ן וו (גע–ט) [ROYDEF] persecute
רודף־שלום דער (רודפֿי־) [ROYDEF-ShO'LEM - RODFE-] peacemaker, conciliator
רודף־שלומניק דער (עס) [ROYDEF-ShO'LEMNIK] *hum.* conciliator, mediator
רווח דער (ים) [REVEKh - REVOKhIM] profit, gain
|| ברענג|ען רווח <דאַט> be profitable (for)
|| מצ *also* interest (on a loan)
רווחדיק אַדי [RE'VEKhDIK] profitable, fruitful
רווחימדיק אַדי [REVO'KhIMDIK] **זע רווחדיק**
רוח דער (ות) [RUEKh - RUKhES] ghost, phantom; devil, demon; *lit.* spirit
|| צו אַל(ד)ע (שוואַרצע) רוחות! to the devil!
|| כאַפּט אַק דער רוח! the devil take ...!, to hell with ...!
|| אַ רוח אין ...! *pop.* damn ...!
|| ווי דער רוח דעם מלמד [MELAMED] on the double, quickly
|| דער רוח האָט מיך געטראָגן/געשטויסן I don't know what got into me
רוח־הקודש דער [RUEKh-HAKO'YDESh] holy spirit; (prophetic/artistic) inspiration
רוח־חיים דער [RUEKh-KhA'IM] breath of life
רוחיש אַדי/אַדוו [RUKhISh] diabolical
רוחניות דאָס [RU'KhNIES] spirituality
רוחניותדיק אַדי/אַדוו [RU'KhNIESDIK] spiritual
רוח־שטות דער [RUEKh-ShTU'S] momentary madness, preposterous idea
רוט די (ריטער) דימ ריטל rod, switch
רוטי'ן די (ען) routine
רוטע די (ס) route, itinerary
רוטעניש אַדי/(דאָס) Ruthenian, Ukrainian
רוטענער דער (–) פֿעמ ין Ruthenian, Ukrainian
רוי[1] אַדי raw; green, unripe; crude; harsh, coarse
רוי[2] דער (עס) swarm

רויב[1] דאָס prey, plunder; robbery, pillage

רוי'ב[2]־... of prey, predatory

רוי'באָנפֿאַל דער (ן) stick-up, armed assault

רויב|ן וו (גע–ט) <בײַ> rob, pillage *imperf.*, kidnap

רויבער דער (ס) פֿעמ קע robber, bandit

רויבערײַ' די (ען) robbery, crime

רויג דער (ן) spawn, roe

|| אָ'פּ|לייג|ן רויג lay eggs, spawn

רוי'גענ|ען וו (גע–ט) (fish) spawn *imperf.*

רוידעפֿן **פֿאָנ** רודפֿן

רויוואַרג דאָס raw material

רויז די (ן) rose; rose-bush; erysipelas

|| מצ *also* sunflower seeds

רוי'זנקראַנץ דער rosary

רויט[1] אַדי red; ruddy

|| רויט ווער|ן blush, be embarrassed

|| רויטע ייִ'דעלעך *hum.* the Ten Lost Tribes

רויט[2] דאָס hearts (cards)

רויטאַרמייער דער (–) soldier of the Red Army

רוי'טהעלדזל דאָס (עך) robin

רויטלעך אַדי reddish

רוי'טלעך־ברוין אַדי chestnut-brown

רויטל|ען זיך וו (גע–ט) **זע** רייטלען זיך

רויטס דאָס **זע** רויט[2]

רויך דער (ן/עס) דימ רייכל smoke

|| אַװע'ק|גיי|ן* מיטן רויך go up in smoke

|| לאָז|ן אַ רויך אין די אויגן pull the wool over s.o.'s eyes

|| עס גייט אַ רויך *hum.* things are in full swing; there's trouble brewing!

רויכוואַרג דאָס furs, hides and skins

רוי'כוואַרגער דער (–/ס) fur trader

רויכיק[1] אַדי smoky; hazy

רויכיק[2] אַדי hairy, bristly

רוי'כער|ן וו (גע–ט) **זע** רייכערן

רוי'כשלייער דער (ס) smokescreen

רוים[1] דער (ען) space, room

רוים[2] (דאָס) Rome

רוי'־מאַטעריאַל דער (ן) raw material

רוימיק אַדי extensive, vast

רוימיש אַדי Roman

רוי'מיש־קאַטוי'ליש אַדי Roman Catholic

רוימ|ען[1] וו (גע–ט) whisper (a secret in the ear) *imperf.*

רוימ|ען[2] וו (גע–ט) **זע** ראַמען

רוימער דער (–) פֿעמ ין Roman

רויִ'ן די/דער (ען) ruin(s); decline

רויִניר|ן וו (–ט) ruin

רויע|ן[1] וו (גע–ט) **זע** רײַען

רויע|ן[2] וו (גע–ט) howl, wail; whimper, whine

רויע|ן[3] זיך וו (גע–ט) swarm, teem

רויערד די virgin land

רויערהיי'ט אַדוו (while still) raw, in a raw state

רויפּע די (ס) (zool.; techn.) caterpillar

רויִק אַדי/אַדוו calm, peaceful; reassured, serene

|| זײַ רויִק keep calm

רויקייט די rawness; crudeness, roughness

רויִקייט די calm, ease; composure

רויר דער **זע** ראָר

רוישט דער underbrush; shrubbery, thicket

רוישטאָף דער (ן) raw material

רויש|ן וו (גע–ט) make noise; rustle, murmur

רוישעם **פֿאָנ** רושם

רו״כּ = רו״ך = רו״כ = רובל־כּסף

רולע'ט דער (ן) דימ די רולעטקע [Ly] roulette; (window) blind

רום דער glory, fame

רומאַק דער (עס) punch, blow

רומיאַניק דער camomile

רומל דער flush (in poker); heap of items sold in large quantities

|| עס פֿעלט אים צום רומל, ער דאַרף עס צום רומל *iron.* that's all he needs to make him happy

|| עס פּאַסט אים צום רומל *hum.* it suits him

|| פֿ״גל רומל־ספֿרים

רו'מל־ספֿרים = רו'מ״ל־ספֿרים מצ [SFORIM] *Jew.* treatises for Torah scholars; prayer/study books in large circulation

רומעניע (די) [NY] Romania

רומעניש אַדי/(דאָס) Romanian

רומענער דער פֿעמ ין Romanian

רומפּל דער entertainment shortly after the wedding

רומפּל|ען וו (גע–ט) make a grating noise; play (stringed instrument) badly

רונג דער (ען) large ring; link

רונד אַדי round; rounded, shapely

|| רונד אַרו'ם all around

רונדיק אַדי round

רונדע די (ס) round (voting, sport)

רונצל דער/דאָס (ען/עך) wrinkle, fold

רונצל|ען וו (גע–ט) wrinkle, crease

רו'נצלשטאָף דער seersucker, puckered material

רו'נצלשטאָפּ·ן אַדי (of) seersucker

רוס[1] דער (ן) פֿעמ ין/קע Russian

רוס[2] דאָס soot

רוסאַלקע די (ס) naiad, nymph

רוסיק אַדי sooty

רוסיש אַדי/(דאָס) Russian

רוסלאַנד (דאָס) Russia

רו'סלענדיש אַדי of Russia, Russian

רועה־זונות דער (רועי־) [ROYE-ZO'YNES - ROYE-] pimp, procurer

רועך פֿאַנ רוח

רו|ען וו (גע–ט) rest, repose; call a halt, pitch camp

רופּע|ן וו (גע–ט) bother, disturb, badger

|| רופּען אומפּ אַק *rev.* be anxious

|| עס רופּעט מיך it troubles me

רוף דער (ן) call (cry, exhortation, summons); reputation

רופֿא דער (ים) [ROYFE - ROYFIM] old-time physician (without formal training); bonesetter

רופֿאטע די (ס) [RO'YFETE] healer *fem.*; healer's wife

רופֿ|ן וו (גערופֿן) call out; exhort, urge

|| רופֿן <צו/אויף> summon (to)

|| רופֿן נאָמ name, call

|| רופֿן זיך נאָמ be called, answer to the name of

רוצח דער (ים) פֿעמ טע [RETSEYEKh - ROTSKhIM] murderer, killer; cruel person

רוצחיש אַדי/אַדוו [ROTSKhISh] murderous, vicious, cruel

רו'צימער דער/דאָס (ן) parlor

רוק דער (ן) push, shove; shift, development

רוק־און־לע'נד : ברעכן רוק־און־לענד break (some)one's back, (get) beat up

רוקבעט די/דאָס (ן) folding bed

רו'קווירע די (ס) slide rule

רוקזאַק דער (...זעק) knapsack, backpack

רוקן[1] דער (ס) back, spine

|| בייגן/ברעכן דעם רוקן work oneself to exhaustion

רוק|ן[2] וו (גע–ט) move, slide *trans., imperf.*, push; put into the oven

|| רוקן זיך slide, move (over) *intr.*, progress; *fam.* be nosy

|| רוקן זיך פֿון אָרט make headway

רו'קנביין[1] דער (ער) backbone, spine

|| זײַן* אָן אַ רוקנביין lack backbone

רו'קנביין[2]-... spinal, vertebral

רו'קנמאַרך דער spinal cord

רוקע די (ס) mouth of an oven/furnace

רוקער דער (ס) bolt, latch

רורע די (ס) דימ די רורקע pipe, tube

רושט די furnace grate

רושטאָוואַניע די (ס) [Ny] זע רישטאָוואַניע

רושם דער (ס) [ROYShEM] impression

|| מאַכן אַ רושם אויף impress

|| מאַכן דעם רושם אַז give the impression that

|| ניט מאַכן קיין רושם flop, fall flat

רושמדיק אַדי [RO'YShEMDIK] impressive

רות [RUS] Ruth, book of the Bible read on *Shavuot*

|| פֿ"גל שבֿועות

רזין־דרזין מצ [ROZN-DERO'ZN] arcana, (cabalistic) mysteries

רחבֿות דאָס [RAKhVES] ease, comfort; spaciousness

רחבֿותדיק אַדי/אַדוו [RA'KhVESDIK] comfortable, spacious

רחום (דער) [RAKhEM] God of mercy

רחום־וחנון דער [RAKhEM-VEKhA'NEN] merciful and forgiving God

רחל פּנ [ROKhL] Rachel (wife of the patriarch Jacob)

רחמים (דאָס) [RAKhMIM] mercy

|| בעטן רחמים <בײַ> beg for mercy; plead, implore

|| מיט רחמים *also* without being too strict; *hum.* gently, mildly

|| מע דאַרף האָבן רחמים it will take a miracle

רחמן דער (ים) [RAKhMEN - RAKhMONIM] merciful person

רחמנא־יצילנו אינט [RAKhMONE-YETSILE'YNU] זע רחמנא־לצלן

רחמנא־לצלן אינט [RAKhMONE-LITSLA'N] God help us!

רחמנות דאָס/דער [RAKhMONES] pity, mercy, compassion

|| זײַן* אומפּ אַ (גאַטס) רחמנות אויף דאַט *rev.* be deserving of pity

|| ס'איז אונדז אַ רחמנות אויף אים we feel sorry for him

|| אַ רחמנות צו קוקן it is pitiful to look at

|| אַ ביטער(ער) רחמנות — it is heart-rending
|| פֿ״גל רחמנות האָבן; רחמנות קריגן

רחמנותדיק אַדי/אַדוו [RAKhMO'NESDIK] compassionate

רחמנות האָב|ן* וו (רחמנות געהאַ'ט) [RAKhMONES] <אויף> pity, feel sorry (for)

רחמנותל דאָס (עך) [RAKhMO'NESL] object of pity, poor innocent

רחמנות־פּנים דאָס (ער) [RAKhMO'NES-PONEM - -PENEMER] pitiful look, disconsolate manner; air of innocence; *iron.* choir boy, goody-goody

רחמנות קריג|ן וו (רחמנות געקראָגן/געקריגן) [RAKhMONES] <אויף> take pity (on)

רחמנים־בני־רחמנים מצ [RAKhMO'NIM-BNEY-RAKhMO'NIM] merciful descendants of the merciful (attribute stemming from the Jewish tradition)

רח״ש דער [REKhA'Sh/RAKhA'Sh] fees of the rabbi, cantor, and sexton (at a wedding, etc.); matchmaker's fee
|| פֿ״גל רבֿ; חזן; שמש

ריאַבינע די (ס) **זע** ראַבינע

ריאַד דער (ן) *Slav.* row, line; market, row of shops

ריאַדאָווי' דער *Slav.* private (soldier)

ריאה די (–ות) [REYE] (butch.) lung
|| פֿ״גל ראיה; ראַיה; רייקע

ריאהקע די (ס) [REYKE] **זע** רייקע

ריב דער (ן) turnip

רי'באײַזן דער (ס) grater

ריבית די [RIBES] interest (on a loan)

ריבן דער (ס) **זע** ריב

ריגל דער (ען/–) bolt

רי'געווע|ן וו (גע–ט) **זע** סטריגעווען

רידזע|ן וו (גע–ט) **זע** גריזשען

רידיק(י)ו'ל דער (ן) **זע** רעטיקיול

רידל דער (ען) shovel, spade

רידל|ען וו (גע–ט) shovel, dig with a spade

ריוו דער (ן) דימ ריוושאַק ditch, channel, gutter

ריוואַליזיר|ן וו (–ט) rival

ריווח דער (ים) [REYVEKh - REVOKhIM] **זע** רווח

ריוושאַק = ריוושיק דער (עס) ריוו דימ small ditch

ריוויערע די Côte d'Azur, Riviera

ריז[1] דער (ן) giant

ריז[2] דער (ן) ream (of paper)

ריזיק אַדי gigantic, enormous

ריזיקאַליש אַדי/אַדוו risky, hazardous

ריזיקאַ'נט דער (ן) פֿעמ קע daredevil, risk-taker

ריזיקאַנטיש אַדי/אַדוו foolhardy, reckless

ריזיקיר|ן וו (–ט) take risks
|| ריזיקירן מיט risk, put on the line

רי'זיקע די (ס) risk, gamble; contraband
|| אויף מײַ'ן ריזיקע at my own risk
|| גיי|ן* אויף ריזיקע take risks
|| שרײַב|ן אויף ריזיקע take a chance on writing

ריזל|ען וו (גע–ט) trickle, gurgle

רי'זנדיק = רי'זעדיק אַדי **זע** ריזיק

ריזע|ן וו (גע–ט) **זע** גריזשען

ריזשע אַדי redhaired

ריח דער (ות) [REYEKh - REYKhES] odor, aroma, smell

ריח־ניחוח דער [REYEKh-NIKhO'YEKh] pleasant odor

ריטוא'ל דער (ן) ritual

ריטוס דער (ן) rite

ריטוע'ל אַדי ritual

ריטל דאָס (עך) רוט דימ twig

ריטמיש אַדי/אַדוו rhythmic

ריטעם דער (ס/ריטמען) rhythm, cadence

ריטער[1] דער (ס) knight

ריטער[2] מצ **זע** רוט

רי'טעריש אַדי/אַדוו chivalrous; gallant

רי'טערישקייט די chivalry, gallantry

רי'טער־ראָמאַן דער (ען) courtly romance (novel)

ריטערש אַדי/אַדוו **זע** ריטעריש

רי'טערשאַפֿט די knighthood; chivalry

ריטש דער (ן) scratch; scar

ריטש|ן זיך וו (גע–ט) crawl, creep (with difficulty)

ריטשע|ן וו (גע–ט) bellow, roar
|| פֿ״גל ריצן

ריטשער דער (ס) zipper

ריטשקע די (ס) stream, brook

ריי די (ען) row; queue, line; sequence; turn
|| נאָך דער ריי (נאָך) by turns

רײַב[1] דער *pop.* punch in the mouth

רײַ'ב־[2]... fricative

רײַבאַך = רײַבאַק דער grated potato casserole/*kugel*

רײַבברויט דאָס breadcrumbs

רײַבונג די (ען) friction, rubbing
|| מצ (social) friction, discord, disagreement

רײַביק אַדי fricative; rough

רײַב|ן וו (געריבן) rub; grate, scrape; massage; devour, wolf down; *vulg.* screw *imperf.*, have sex with; *pop.* thrash, beat up

|| רײַבן זיך *also* brush against; *hum.* gain experience; *vulg.* masturbate

|| רײַבן זיך צווישן mingle with, rub elbows with

|| רײַבן זיך דעם שטערן scratch one's head, be perplexed

|| רײַבן אַ/די סעודה [SUDE] binge, stuff oneself

רײַבעכץ דאָס powder, paste; scrapings; breadcrumbs

|| פֿ״גל רײַבאַך

רײַבקלאַנג דער (ען) fricative (consonant)

רייגער דער (ס) זע רעגער

רייד מצ talk, speech, words

|| גלאַטע רייד sweet talk

|| האַרבע רייד strong language, sharp words

|| קומ|ען צו רייד come up (in discussion)

|| זײַן* אַ רייד וועגן be a question of

|| אַרײַ'נ|פֿאַל|ן <דאַט> אין די רייד interrupt (s.o.)

|| זי'נדיק|ן מיט די רייד offend the Heavens by complaining too much

|| נײַן מאָס רייד! what a talker!

רייד|ן וו (גערע'דט) זע רעדן

ריי'דעלעך מצ רייד דימ *iron., pejor.* hypocritical/spiteful remarks

ריידער דער (ס) זע רעדער[1]

רײַז דער/די rice

רײַז|ן וו (גע–ט) travel

רײַ'זנדער דער (–/ס) traveler, passenger

רײַזע די (ס) trip, voyage

רײַ'טוואָגן דער (ס/...וועגן) chariot

רײַ'טוועגל דאָס (עך) רײַטוואָגן דימ small narrow cart; scooter

רײַ'טוועגן מצ זע רײַטוואָגן

רייטוזן מצ jodhpurs, horseman's breeches

רייטל דאָס lipstick

רייטל|ען זיך וו (גע–ט) blush *imperf.*

רײַט|ן וו (האָט/איז געריטן) <אויף> ride (animal), sit astride (on); be on top *fig.*

רײַ'טנדיק אַדי/אַדוו on horseback

|| זעצ|ן זיך רײַטנדיק אויף mount, sit astride on

רײַטער דער (–/ס) פֿעמ ין/קע horseback rider

רײַ'טערקע די (ס) horsewoman; strong/firm woman

רײַ'טשטעג דער (ן) bridlepath

רײַך אַדי/אַדוו rich, wealthy; opulent, lavish

|| (כ')מיין רײַך thank goodness, I'm pleased

רײַכטום דאָס (...טימער) *Germ.* riches, opulence

רייכל דאָס (עך) דימ זע רויך

ריי'כענ|ען וו (גע–ט) זע רייכערן

ריי'כער|ן וו (גע–ט) smoke *trans./intr.*; burn incense; fumigate *imperf.*

|| רייכערן זיך smoke *intr.*

|| ניט רייכערן no smoking

רײַכקייט די wealth

רײַם דער (ען) *Germ.* rhyme

ריין אַדי/אַדוו clean, neat; blank (paper); clear (sky); pure; honest, innocent; net (profit)

|| אויף ריין as a fair copy

רײַן[1] די (ען) pan, saucepan

רײַן[2] דער Rhine

ריי'נבלוטיק אַדי thoroughbred, purebred

ריי'נהאַרציק אַדי sincere, heartfelt

ריי'נ|וואַש|ן וו (ריי'נגעוואַשן) *(not used in present tense)* absolve, clear, exculpate

ריינטלעך אַדי clean, neat

ריי'נטלעכקייט די cleanliness

ריי'ניקונג די (ען) cleaning; purge; sanitation; purification

ריי'ניקייט די (ן) Torah scroll

ריי'ניק|ן וו (גע–ט) clean; purify, purge

|| כעמיש ריייניקן dry clean

רײַניש דער (–) former Austrian coin

ריינקייט די cleanliness, purity

רייסטער דער (ס) roster, register, list

רײַסיק אַדי/אַדוו piercing, heart-rending; gaudy, garish; striking, flagrant

רײַסיש אַדי/(דאָס) Belarusian

רײַסן[1] (דאָס) Belarus

רײַס|ן[2] וו (געריסן) tear, rip *imperf.*; pull out, pluck *imperf.*; pick (fruit, etc.) *imperf.*

|| רײַסן דאַט hurt, ache

|| רײַסן זיך quarrel, argue; struggle; scream, bawl

|| רײַסן זיך צו go to great lengths to; crave, yearn for

|| רײַסן זיך אין אַן אָ'פֿענער טיר state the obvious, belabor the point

|| רײַסן אומפּ דאַט אין *rev.* have a pain in

רײַ'סעניש דאָס (ן) dispute, quarrel; pang, sharp pain

רײַ'סענער אַדי–אינוו Belarusian

רײַסצאָן דער (...צײן/...צײנער) canine tooth

רײַע פֿאָנ ראיה

רײַע|ן וו (גע–ט) זע נאַרײַען

רײענט דער (ן) notary public

רײער דער זע באַקרײער; רער

רײף די/דער (ן) hoop, circle; (wheel) rim, tire

רײַף אַדי ripe, mature

רײַפֿ|ן וו (גע–ט) ripen *intr.*

רײַ'פֿערקע די (ס) intermediary *fem.*, go-between

רײץ דער (ן) appeal, charm

רײצונג די (ען) excitement; irritation, annoyance

רײצ|ן וו (גע–ט) provoke *imperf.*, stir up; tempt; irritate (s.o.)

|| רײצן זיך מיט tease (s.o.)

רײ'צנדיק אַדי/אַדוו charming, attractive; irritating; provocative

רײַצע דער (ס) municipal councilman

רײקע די (ס) (butch.) lungs, heart, and liver

רײש|ן וו (גע–ט) fry, brown (*esp.* onions); season with browned onions

רײשעכץ דאָס chopped fried/browned onions

רײשעס פֿאָנ ראשית

ריכטונג די (ען) direction, way; turn (of events); (polit.) movement, tendency, line

ריכטיק אַדי/אַדוו correct; proper, suitable

|| איצט איז די ריכטיקע צײַט it's now or never

|| דער ריכטיק|ער שליסל the right key

רי'כטיקײט די correctness, truth

רי'כטליניע די (ס) [NY] guideline

ריכט|ן וו (געריכט) direct, lead; observe, celebrate (ceremony) *imperf.*

|| ריכטן זיך אויף expect, anticipate

|| ריכטן זיך (אין קימפּעט) be expecting a baby

|| ריכטן זיך צו get ready to

רי'כטעווע|ן וו (גע–ט) operate (device); steer, direct; adjust, regulate

ריכטער דער (ס) פֿעמ ין judge

רילע די (ס) snout

|| פֿאַרמאַ'ך דײַן רילע! shut your big mouth!

רילצע די (ס) neck (of a bottle)

רים דער debris, rubbish

רימעט דער (ן) זע רימען[1] 2.

רימען[1] 1. אַדי (of) leather

|| 2. דער (ס) (leather) belt; strap

רימ|ען[2] וו (גע–ט) praise

|| רימ|ען זיך brag

רימער דער (–/ס) harness maker, saddler

רימפּל|ען וו (גע–ט) זע גרימפּלען

רין דער (ען) leak

|| פֿ"גל רינווע

רינאַ'ל דער (ן) זע אורינאַל

רינג דער (ען) ring; link (of a chain); club, circle (association); ring (boxing)

רינגונג די (ען) whorl, spiral

רי'נגלהעפֿט די/דער (ן) ring binder

רי'נגלטויב די (ן) wood pigeon

רינגל|ען זיך וו (גע–ט) form whorls; circle *intr.*

רינגלער דער (ס) head of a group/section (in the USSR)

רי'נגפֿינגער דער (–) ring finger

רינד דאָס (ער) head of cattle

|| מצ cattle

|| קײן קינד, קײן רינד alone in the world

רי'נדעווע די (ס) זע רינווע

רי'נדערן אַדי (of) beef

רי'נדערנס דאָס beef

רינווע די (ס) groove, furrow; gutter

רינע[1] די (ס) זע רינווע

רינע[2] די זע (אויף דער) עינוי

רינעכץ דאָס seepage; leakage; infiltration (in soil, etc.)

רינ|ען וו (איז גערונען) run, leak, trickle

|| פֿ"גל גערונען ווערן

רינשטאָק דער (ן) gutter, sewer

ריס[1] דער (ן) tear, rip, rupture; yank, jerk, violent pull; start, jump

|| אַ ריס אין האַרצן heartbreak

ריס[2] דער (ן) זע ריז[2]

ריסאָוואַניע די [Ny] *Slav.* drawing (art)

ריסוניק דער (...נקעס) *Slav.* drawing, sketch

ריסוק־אבֿרים דער [RISEK-E'YVRIM] torture, torment; exhaustion

ריסטאָקראַ'ט דער (ן) *pop., iron.* aristocrat

ריסיאָווע אַדי [Sy] light-haired, fair

רי'סעווע|ן וו (גע–ט) draw, sketch

ריסקאַל דער spade, pick

ריִ|ען וו (גע–ט) (animal) dig, forage

|| ריִען זיך אין settle comfortably into; rummage

ריפּ די (ן) rib

|| דערלאַנג|ען <דאַט> אין דער זי'בעטער ריפּ touch a nerve, cut to the quick

רי'פּלקע די (ס) rebec, three-stringed violin

ריפּס דער rep, ribbed fabric

ריפּס·ן אַדי of ribbed fabric

ריפּע|ן וו (גע–ט) pull, haul; scrape, squeak, play (violin) badly

|| ריפּען זיך go out frequently, stay out (late)

רי'פּקוכן דער *dial.* rickets

רי'פּקעלע די (ס) *dial.* mushroom

ריף דער (ן) reef

ריפּטל דאָס (עך) **זע** רעפּטל

ריץ דער (ן) scratch; scar; *fam.* touch of madness

|| פּ״גל ריץ רויט

ריצ|ן וו (גע–ט) scratch

רי'צנאייל דער castor oil

ריצער דער (ס) **זע** ריטער[1]

ריץ רויט אַדי blood-red

ריק דער (ים) [REYK] *lit.* idler, good-for-nothing; rascal

ריקוד דער (ים) [RIKED - RIKUDIM] Hasidic dance

ריקע די (ס) stream, brook; river

ריר דער (ן) touch, contact; gesture, movement

|| אַ ריר טאָ|ן* touch; move *trans.*

|| אַ ריר טאָ|ן* זיך (פֿון אָרט) budge, stir *intr.*

ריריק אַדי mobile, animated, expressive

רירן|ן וו (גע–ט) touch *imperf.*; move *trans.*; move (emotionally), stir

|| רירן זיך be in motion, move *intr.*

|| רירן זיך (פֿון אָרט) budge, stir *intr.*; advance, make headway

|| רירן מיט move (part of one's body)

רי'רנדיק אַדי/אַדוו touching, moving

רי'רעוודיק אַדי agile, nimble; vivacious, lively

ריש דער/די (ן) [REYSh] *resh*, name of the letter ר

רישטאָוואַניע די (ס) [Ny] scaffold(ing); gantry

רישעות דאָס [RIShES] nastiness, malice, cruelty; slander

|| רעד|ן רישעות slander, cast aspersions

רישעותדיק אַדי/אַדוו [RI'ShESDIK] cruel, malicious

ר״ך [RAKh] = רובל־כּסף

רכילות דאָס (ן) [REKhILES] slander; malicious gossip

|| טרייַב|ן רכילות slander, spread gossip

רכילותניק דער (עס) פֿעמ ...ניצע [REKhI'LESNIK] slanderer, gossip

ר״ל = רחמנא־לצלן

רמאָות דאָס [RAMOES] deception, deceit, fraud

רמאַי דער (רמאָים) [RAMAY - RAMOIM] swindler, impostor

רמאָיִש אַדי/אַדוו [RAMOISh] fraudulent

רמז דער (ים) <אויף> [REMEZ - REMOZIM] allusion (to), hint; indication, sign

רמח אבֿרים מצ [RAMA'Kh EYVRIM] the 248 organs of the human body (according to the Talmud)

|| מיט אַלע רמח אבֿרים with body and soul

רסוק־אבֿרים דער **זע** ריסוק־אבֿרים

רע דער (ען) (mus.) D (note)

רעאַגיר|ן וו (–ט) <אויף> react (to)

רעאַ'ל אַדי real

רעאַ'ל־גימנאַזיע די (ס) science-oriented high school, *esp.* the one in Vilna/Vilnius (1918-1939), where the studies were conducted in Yiddish

רעאַליזיר|ן וו (–ט) make concrete, make a reality

רעאַליזם דער realism

רעאַליטע'ט די (ן) reality

רעאַלי'סט דער (ן) פֿעמ קע realist

רעאַליסטיש אַדי/אַדוו realistic

רעאַלשול די (ן) technical high school

רעאַקטאָר דער (...אָ'רן) reactor

רעאַקטי'וו דער (ן) (chem.) reagent; *neol.* jet plane

רעאַקציאָנע'ר **1.** אַדי reactionary

|| **2.** דער (ן) פֿעמ קע reactionary

רעאַקציע די (ס) reaction

רעאָרגאַניזיר|ן וו (–ט) reorganize

רעבוס דער (ן) rebus

רעבע **פֿאָנ** רבי

רעבע'ל דער (ן) פֿעמ ין rebel

רעבעליר|ן וו (–ט) rebel

רעבעליש אַדי/אַדוו rebellious, defiant, unruly

רעגולאַמי'ן דער (ען) [Ly] regulations, statutes

רעגולאַציע די [Ly] regulations, norms

רעגולירונג די regulation, adjustment

רעגולי'רט אַדי regulated; adjusted, controlled

רעגוליר|ן וו (–ט) set, adjust; regulate

רעגולע'ר אַדי/אַדוו [Ly] regular

רעגולערקייט די (ן) [Ly] regularity

רעגונג די (ען) stimulation, excitement

רעגיאָנאַ'ל אַדי regional

רעגימע'נט דער (ן) regiment

רעגימענטיר|ן וו (–ט) regiment, subject to military discipline

רעגיסטער דער (ס) register, list

רעגיסטראַטאָר דער (ס) file, dossier

רעגיסטראַציע די (ס) registration

רעגיסטראַ'ר דער (ן) פֿעמ שע registrar

רעגיסטרירונג די (ען) זע רעגיסטראַציע

רעגיסטריר|ן (זיך) וו (–ט) register, enroll *trans./intr.*

רעגירונג די (ען) government

רעגיר|ן וו (–ט) <מיט> govern, rule

רעגעל דער (ען) *Germ.* rule, norm

רעגלאַמע'נט דער (ן) regulations, statutes

רעגלאַמענטיר|ן וו (–ט) regulate; discipline, organize

רע'גלמעסיק אַדי/אַדוו regular

רעג|ן[1] וו (גע–ט) stimulate *imperf.*, stir up

|| רעגן זיך become agitated

רעגן[2] דער (ס) rain; rainfall

רע'גן־בויגן דער (ס) rainbow

רע'גן־בויגנדיק אַדי iridescent

רע'גנדיק[1] אַדי rainy

רע'גנדיק[2] אַדי/אַדוו stimulating, exciting

רע'גנדל דאָס (עך) רעגן דימ drizzle, shower

רע'גן־מאַנטל דער (ען) raincoat

רע'גנפֿריר דער glaze/black ice

רעגע פֿאָנ רגע

רע'געלע דאָס (ך) רעגן דימ זע רעגנדל

|| פֿ״גל רגעלע

רעגע'נט דער (ן) פֿעמ ין regent

רעגענטשאַפֿט די (ן) regency

רע'גענ|ען וו (גע–ט) rain

רעגענעריר|ן וו (–ט) regenerate

רעגער דער (ס) heron

רעדאַגיר|ן וו (–ט) זע רעדאַקטירן

רעדאַקטאָר דער (...אָ'רן) פֿעמ ...אָ'רשע editor

רעדאַקטיר|ן וו (–ט) manage (periodical); edit (for publication); revise, alter (text)

רעדאַקציאָנע'ל אַדי editorial

רעדאַקציע די (ס) editorial board; editorial staff/office; editors; act of editing/revising

|| אונטער דער רעדאַקציע פֿון edited by

רעדוציר|ן וו (–ט) <אויף> reduce (by/to)

רעדוקציע די (ס) reduction

רעדיסקע די (ס) red radish

רעדיפֿע פֿאָנ רדיפֿה

רעדל דאָס (עך) ראָד דימ *also* steering wheel; dial (telephone, etc.); small group, gathering; *fig.* fortune, luck

|| די דרייען פֿון רעדל vicissitudes of fortune

|| דריי|ען דאָס רעדל run things successfully

|| אי'בער|דריי|ען דאָס רעדל switch roles

|| דאָס רעדל דרייט זיך business is good

|| דאָס רעדל האָט זיך אי'בערגעדרייט the tide has turned

|| פֿיר|ן דאָס רעדל call the shots

רע'דלברעט די (ער) skateboard

רע'דלעכווייַז אַדוו in small groups

רעדל|ען וו (גע–ט) dial (telephone); perforate (matzo) with an sharp-toothed wheel

|| פֿ״גל מצה

|| רעדלען זיך go roller skating/skateboarding

רעדלער דער (–/ס) worker who perforates matzo

|| פֿ״גל מצה

רעדלערייַ' 1. דאָס roller-skating (sport)

|| 2. די (ען) roller-skating rink

רע'דל־פֿירער דער (–/ס) פֿעמ קע leader, ringleader

רע'דלשוך דער (...שיך) roller skate

רע'ד־לשון דאָס [LOShN] spoken language

רע'דלשיך מצ זע רעדלשוך

רעד|ן וו (גע–ט) speak, talk; chat, converse

|| רעדן אויף talk about; speak ill of, badmouth

|| רעדן אַנטקעגן <דאַט> contradict (s.o.)

|| רעדן דאַט אַק/מיט propose s.o. as a spouse for

|| ער רעדט דיר (מיט) אַ דאָקטער he is matching you up with a doctor

|| ווער רעדט נאָך especially, above all, let alone

|| קיין ברויט איז נישטאָ, ווער רעדט נאָך פֿלייש there is no bread, let alone meat

|| רעדן פֿאַ'ר זיך be obvious, speak for itself

|| עס רע'דט זיך אַזוי' that's easy to say, it's just words

|| וואָס רעדסטו?, וואָס רעדט איר? no kidding!; you must be joking!

|| פֿ״גל גערעדט

רע'דנסאַרט די (ן) *Germ.* proverb, saying

רעדנע די canvas, coarse cloth

רעדנער דער (–/ס) פֿעמ ין orator, speaker
רעדע די (ס) speech, lecture
|| **האַלט|ן אַ רעדע** make a speech, give a talk
רע'דעוודיק אַדי eloquent, with the gift of gab; talkative
רעדעכץ דאָס (ן) idle talk; *pejor.* manner of speaking
רע'דעניש דאָס (ן) local dialect
רעדער[1] דער (ס) פֿעמ ין (fast, loud, etc.) talker; speaker (of a language)
|| **פֿראַנצײ'זיש־רעדער** French-speaker
רעדער[2] מצ זע **ראָד**
רעדערײַ' דאָס (ען) chitchat, small talk
רע'דער|ן וו (גע–ט) break on the wheel
רע'דערשטול די (ן) wheelchair
רע'דערשפּור די/דער (ן) wheel track, rut
רעדקאָלעגיע די (ס) [Ly] editorial board; publishing company
רעה די (–ות) [ROE] harm, damage, disservice
|| **וועל|ן*** פּאָס **רעה** wish s.o. ill
רעהאַביליטיר|ן וו (–ט) rehabilitate
רעוואָלווער דער (ס/...ע'רן) [Ly] revolver
רעוואָלוציאָניר|ן וו (–ט) [Ly] revolutionize
רעוואָלוציאָנע'ר [Ly] **.1** אַדי revolutionary
|| **.2** דער (ן) פֿעמ קע revolutionary
רעוואָלוציע די (ס) [Ly] revolution, upheaval
רעוואָ'לט דער (ן) [Ly] revolt, rebellion
רעוואָלטיר|ן וו (–ט) [Ly] revolt, rebel
רעוואַנשיר|ן זיך וו (–ט) not be outdone, return the favor
רעווידיר|ן וו (–ט) revise; review; carry out a search
|| **רעווידירן די ביכער** audit
רעוויזאָ'ר דער (ן) פֿעמ שע inspector, examiner
רעוויזיאָניזם דער [ZY] Revisionism, *esp.* ideology of the Revisionist Zionist party founded in 1925
רעוויזיע די (ס) [ZY] review; inspection; revision; (investigative) search
רעווי'ר דער (ן) precinct, district
רעוומאַטיזם דער rheumatism
רעוומאַטיש אַדי rheumatic
רעוועך פֿאָנ **רווח**
רעוועלאַציע די (ס) [Ly] revelation, disclosure
רעווע|ן וו (גע–ט) bellow, howl, roar
רעווערא'נס דער (ן) reverence, curtsey
רע'ווערענד טיטל *Amer.* Reverend

רעווערענדע די (ס) woman's cape
רעזאָלוציע די (ס) [Ly] resolution (of an assembly)
רעזאָנאַטאָר דער (...אָ'רן) (phys.) resonator; soundboard
רעזאָנאַ'נץ די (ן) resonance
רעזולטאַ'ט דער (ן) [Ly] result
|| **אין רעזולטאַט פֿון** as a result of
רעזומיר|ן וו (–ט) summarize, sum up
רעזומי'ר־רעדע די (ס) summation
רעזומע' דער (ען) summary, résumé
רעזיגנאַציע די (ס) resignation
רעזיגנירונג די (ען) resignation (from a job, etc.)
רעזיגניר|ן וו (–ט) resign
רעזידע'נץ די (ן) official residence; capital (city)
רעזי'ן דער (ען) resin
רעזיסטאַ'נס דער the Resistance (in France 1940-1944)
רע'זניע = רע'זניצע די (ס) [Ny] *Slav.* abattoir, slaughterhouse
רעזעדע די (ס) (botan.) reseda, mignonette
רעזע'רוו דער (ן) reserve, stock
רעזערוואַ'ט דער (ן) nature reserve; private (hunting) preserve; refuge
רעזערוואַציע די (ס) reservation, booking
רעזערוואַ'ר דער (ן) reservoir
רעזערוויר|ן וו (–ט) reserve
רעזשי' די (ען) (theat.) direction; (movie, radio, TV) production
רעזשי'ם דער (ען) regime, regimen
רעזשיסאָ'ר דער (ן) פֿעמ שע theatrical director, producer, filmmaker
רעזשיסיר|ן וו (–ט) (theat.) direct; (film, radio, TV) produce
רעזשיסע'ר דער (ן) זע **רעזשיסאָר**
רעטאָנדע די (ס) זע **ראָטאָנדע**
רעטאָרטע די (ס/...טן) retort (flask)
רעטאָריק די rhetoric
רעטאָ'ריקער דער (–/ס) פֿעמ ין rhetorician
רעטאָריש אַדי rhetorical
רעטונג די rescue, salvation
רעטושיר|ן וו (–ט) retouch
רעטיקיו'ל דער (ן) handbag
רעטעך דער (ער) radish
רע'טעניש דאָס (ן) enigma, mystery; riddle, puzzle
|| **פֿרעג|ן אַ רעטעניש** pose a riddle
|| **טרעפֿ|ן דאָס רעטעניש** solve the riddle, guess the answer

רע'טענישדיק אַדי/אַדוו puzzling, enigmatic

רע'טענישפֿול אַדי/אַדוו זע רעטענישדיק

רעטער דער (ס) פֿעמ ין savior, rescuer

רעטראָאַקטי'וו אַדי/אַדוו retroactive

רעטראָספּע'קט : אין רעטראָספּעקט in retrospect

רעטראָראַקע'ט דער (ן) retrorocket

רעטריבוציע די retribution, reward/punishment

רע'טשאַניק דער זע רעטשיטשניק

רעטשיטאַטי'וו דער (ן) recitative

רע'טשי(ט)שניק דער (עס) buckwheat pudding

רעטשנ·ן אַדי (of) buckwheat

|| רעטשענ|ע קאַשע kasha, porridge of buckwheat groats

רע'טשעניק דער זע רעטשיטשניק

רעטשקע די buckwheat

רעיון דער (ות) [RAYEN - RAYOYNES] thought, idea

|| טראַכט|ן רעיונות be deep in thought

רעיענט דער (ן) זע רייענט

רעיתו פּר [RAYOSE] *(in letters)* his wife

רעיתי פּר [RAYOSI] *(in letters)* my wife

רעכט **.1** אַדי right (side); good, correct, proper; veritable; considerable, significant; full (bloom etc.); (polit.) right-wing

|| עפּעס רעכטס something substantial

|| אין דער רעכטער צײַט at the right time

|| אַ רעכט|ער נאַר a real idiot

|| אַ רעכט ביסל a considerable amount

|| אין רעכטן מיטן in the very middle

|| **.2** אַדוו well, correctly; quite, truly, thoroughly

|| ס'איז רעכט it's all right

|| רעכט זײַן* בײַ דאָט נאָמ/צו *rev.* able to accept, find it normal to

|| בײַ אים איז רעכט ניט צו שלאָפֿן going without sleep is OK with him

|| רעכט אויף אים! serves him right!

|| צו רעכט מאַכ|ן fix, repair; *hum.* mistreat, beat up; polish off (bottle of wine, etc.), finish off (food item)

|| **.3** דאָס (–) right; due

|| מיט רעכט properly, deservedly

|| האָב|ן* אַ/דאָס רעכט צו have the right to

|| האָב|ן* אַ רעכט אויף be entitled to

|| האָב|ן* רעכט be in the right; be right

|| טאָ|ן* דאָט פּאָס רעכט give s.o. a proper burial

|| טאָ|ן* דעם ווײַב איר רעכט (husband) perform his conjugal duties

רע'כטגלייביק אַדי (relig.) orthodox

רע'כטהאַנטיק אַדי right-handed

רע'כטלאָזיק אַדי/אַדוו without rights

רעכטלעך אַדי/אַדוו legal, judicial

רעכטס אַדוו right(ward), towards the right

רע'כטפֿאַרטיק אַדי/אַדוו righteous, upright, honest

רע'כטפֿאַרטיק|ן וו (גע–ט) justify, vindicate

רע'כטצײַטיק אַדי/אַדוו opportune

רע'כטשאַפֿנקייט די integrity, probity

רעכילעס פֿאָנ רכילות

רע'כן־ביינדלעך מצ abacus

רע'כן־מאַשין די (ען) דימ קע calculator

רע'כן־מײַסטער דער (ס) arithmetician

רע'כענונג די (ען) calculation; bill, invoice

|| אָ'פּ|געב|ן* זיך אַ רעכענונג <פֿון> think (stg.) through, become aware (of)

רע'כענ|ען וו (גע–ט) count, estimate, calculate *imperf.*; reckon, think, consider; charge, bill

|| רעכענען צו intend/plan to

|| רעכענען דאַט charge s.o. (price)

|| רעכענען אויף count on, rely on

|| רעכענען פֿאַר consider as

|| רעכענען זיך count *intr.*, be taken into account

|| רעכענען זיך מיט reckon with, take into account; demand an explanation from

|| רעכענען זיך פֿאַר be considered as

רע'כענער דער (ס) calculator, computer

רעלאַטי'וו אַדי/אַדוו [Ly] relative

רעלאַטיוויטע'ט די [Ly] relativity

רעליגיע די (ס) religion

רעליגיע'ז אַדי/אַדוו religious

רעליע'ף דער [LY] (sculpture) relief

רעליקוויע די (ס) relic

רעלס דער (ן) [Ly] rail

|| אַראָ'פּ|(פֿאָר)|ן פֿון די רעלסן go off the rails

|| אַראָ'פּ|לאָז|ן פֿון די רעלסן derail *trans.*

רע'לסן־נאָגל דער (־נעגל) [RELy...] (railroad) spike

רעלע' דער (ען) [Ly] (elec.) relay

רעם די (ען) זע ראַם

רעמאַטעס דער rheumatism

רעמאָ'נט דער (ן) renovation, repair

רעמאָנטיר|ן וו (–ט) renovate, repair

רעמי' דער (ען) draw, tie

רעמיאַניק דער זע רומיאַניק

רעמל דאָס (עך) דימ זע ראַם

רע'מניצע די (ס) — *Amer.* remnant (of cloth)

רעמען דער (ס) זע רימען[1] 2.

רעמע'סלעניק דער (עס) [Ly] — *Slav.* artisan, craftsman

רעמע'סלענע אַדי [Ly] — *Slav.* artisanal, craft

רענאַ'ל דער (ן) זע אורינאַל

רענדאַ'ר דער (ן/עס) פֿעמ קע — lessee, tenant farmer, person leasing an inn/mill/etc.

רענדל דאָס (עך) — ducat; gold coin

|| אַ רענדל אַרױ'ף אַ רענדל אַראָ'פּ — we'll settle on a price

|| (בײַ אים איז) אַ רענדל אַ װאָרט — he is sparing with words

|| (אױ'ס|)בײַט|ן דאָס רענדל — (Jew) convert *intr.*

רענטגען[1] דער (ס) — X-ray picture, radiography

רע'נטגען[2]-... — X-ray; radiological

רע'נטגען־שטראַלן מצ — X-rays

רענטלעך אַדי זע רײנטלעך

רענטע די (ס) — annuity, pension

רעניפּע'ר דער (ן) — reindeer

רענעגאַ'ט דער (ן) — renegade

רענע'ט דער (ן) זע ראַנעט

רענעסאַ'נס דער — Renaissance

רענעסאַנסיש אַדי — (of the) Renaissance

רענצל דאָס (עך) — satchel, bag

רעסאָנדנע אַדי/אַדװ — *Slav.* sensible, reasonable

רעסאָ'ר דער (ן) — (vehicle) spring, shock absorber

רעסו'רס דער (ן) — resource

רעסטאַװראַציע די — repair; (historical, polit.) restoration

רעסטאַװרירן װו (–ט) — restore, repair

רעסטאָראַטאָר דער (...אָ'רן) פֿעמ ...אָ'רשע — restaurateur, innkeeper

רעסטאָראַ'ן דער (ען) — restaurant

רעסטאָראַציע די (ס) — restaurant

רעסל דאָס (עך) זע רעשל

רעספּע'קט דער — respect

|| מיט רעספּעקט — respectfully

|| מיט רעספּעקט צו מעלדן — with all due respect

רעספּעקטאַבל אַדי — respectable, honorable

רעספּעקטיר|ן װו (–ט) — respect

רעסקרי'פּט דער (ן) — rescript, (Roman) formal decree

רעפּאַטרײִר|ן װו (–ט) — repatriate

רעפּאַק דער — rapeseed

רעפּאַראַטו'ר די (ן) — repair (of object/machine)

|| אונטער רעפּאַראַטור — under repair

רעפּאַראַציע די (ס) — repair

|| מצ — (war) reparations/indemnity

רעפּאָ'רט דער (ן) — report, account

רעפּאָרטאַ'זש דער (ן) — reporting

רעפּאָרטיר|ן װו (–ט) <װעגן> — (journalist) report (on); give an account (of)

רעפּאָרטע'ר דער (ן) פֿעמ שע — reporter

רעפּאַריר|ן װו (–ט) — repair

רעפּובלי'ק די (ן) — republic

רעפּובליקאַניש אַדי — republican

רעפּובליקאַנער דער (–) פֿעמ ין — Republican

רעפּוטאַציע די (ס) — reputation

רעפּטיליע די (ס) [LY] — reptile

רעפּליק די (עס) — (theat.) line, cue; replica

רעפּעטיטאָר דער (...אָ'רן) פֿעמ ...אָ'רשע — tutor, coach

רעפּעטיציע די (ס) — (theat.) rehearsal

רעפּעטיר|ן װו (–ט) — (theat.) rehearse

רעפּערטואַ'ר דער (ן) — (theat.) repertoire

רעפּראָדוציר|ן װו (–ט) — reproduce

רעפּראָדוקציע די (ס) — reproduction

רעפּרעזענטאַטי'װ אַדי — representative

רעפּרעזענטאַ'נט דער (ן) פֿעמ ין — *Amer.* representative (in the U.S. congress), congressman

רעפּרעזענטיר|ן װו (–ט) — represent

רעפּרעסיע די (ס) [SY] — suppression; retaliation

רעפֿאָ'רם די (ען) זע רעפֿאָרעם

רעפֿאָרמאַטאָר דער (...אָ'רן) — reformer

רעפֿאָרמאַציע די — (relig.) Reformation

רעפֿאָרמי'רט אַדי — Reformed

רעפֿאָרמיר|ן (זיך) װו (–ט) — reform, change *trans./intr.*

רעפֿאָרעם די (...רמען) — reform, amendment

רעפֿאָ'רעם־ייִדישקײט די/דאָס — Reform Judaism

רעפֿוע פֿאָנ רפֿואה

רעפֿטל דאָס (עך) — slice (bread); crusty end of a loaf

רעפֿלעקטאָר דער (...אָ'רן) [Ly] — reflector

רעפֿלעקטיר|ן װו (–ט) [Ly] — reflect

רעפֿלע'קס דער (ן) [Ly] — reflex

רעפֿלעקסי'װ אַדי — (gramm.) reflexive

רעפֿעראַ'ט דער (ן) lecture, paper, presentation

רעפֿערי'ר|ן וו (–ט) <אַק/וועגן> report (on), give an account (of); present a paper (on), give a lecture (on)

רעפֿערענדום דער (ס) referendum

רעפֿערע'נט דער (ן) פֿעמ ין lecturer, speaker

רעפֿערע'נץ די (ן) (professional) reference

רעפֿרע'ן דער (ען) refrain

רעצידי'וו דער (ן) (med.) relapse, recurrence

רעצידיווי'סט דער (ן) פֿעמ קע recidivist, repeat offender

רעציטאַטאָר דער (...אָ'רן) פֿעמ ...אָ'רשע reciter (of poems)

רעציטאַציע די (ס) recital (of poem)

רעציטי'ר|ן וו (–ט) recite (poem etc.)

רעצייעך פֿאָנ רוצח

רעצענזיע די (ס) [ZY] review, critique

רעצענזי'ר|ן וו (–ט) write a review of, criticize

רעצענזע'נט דער (ן) פֿעמ ין reviewer, critic

רעצע'פּט דער (ן) (med.) prescription; drug, pharmaceutical preparation; recipe

רעק מצ זע ראָק

רעקאָגנאָסצי'ר|ן וו (–ט) (milit.) reconnoiter

רעקאָמענדאַציע די (ס) recommendation

רעקאָמענדי'ר|ן וו (–ט) recommend

רעקאָנוואַלעסצע'נץ די (ן) convalescence

רעקאָנסטרויִ'ר|ן וו (–ט) reconstruct

רעקאָנסטרוקציאָני'סט דער (ן) פֿעמ קע *Jew.* Reconstructionist

רעקאָנסטרוקציע די (ס) reconstruction

רעקאָנעסאַ'נס דער (ן) (milit.) reconnaissance

רעקאָ'רד דער (ן) record (achievement); *Amer.* track record, personal history

|| שלאָג|ן (אַ) רעקאָרד break a record

רעקאָרדי'ר|ן וו (–ט) record (performance, etc.)

רעקאָרדירקע די (ס) (tape) recorder

רעקוויזי'ט דער (theat.) properties, props

רעקוויזיציע די (ס) requisition

רעקוויזי'ר|ן וו (–ט) requisition

רעקוויעם דער requiem

רעקטאָר דער (...אָ'רן) פֿעמ ...אָ'רשע rector

רעקל דאָס (עך) דימ ראָק jacket, short coat; *dial.* skirt

רעקלאַמי'ר|ן וו (–ט) <אַק> advertise

רעקלאַמע די (ס) advertisement, publicity

רעקלאַמערײַ' דאָס advertising (profession, sector)

רעקרו'ט דער (ן) recruit, conscript

|| אין (די) רעקרוטן in military service

רעקרוטי'ר|ן וו (–ט) recruit

רער די/דער (ן) pipe, tube; branch (of a chandelier)

|| פֿ״גל באַקרייַער

רע'רנדיק אַדי tubular; (chandelier, etc.) with many branches

רע'רן־ליניע די (ס) [NY] pipeline

רע'רן־שלאָסער דער (ס) plumber

רעש דער [RASh] noise, tumult, commotion

רעשאָטקע די (ס) grate, grating

רעשט דער/די/דאָס דימ רעשטל/די רעשטקע rest, remainder, remnant; (small) change

|| געב|ן* רעשט make change

|| ניט שולדיק בלײַב|ן דאָט קיין רעשט respond in kind, give tit for tat

|| אים קומט נאָך אַ רעשט (צו צאָלן)! and he thinks he's got something coming to him!

רעשטל דאָס (עך) רעשט דימ remnant, vestige

|| מצ odds and ends

|| אַ רעשטל צו די צרות [TSORES] the last straw

רעשטע די זע רעשט

רע'שטעווע|ן וו (גע–ט) put up laths

רעשטקע די (ס) רעשט דימ remnant, vestige

רעשינקע די (ס) fruit cake shared after the circumcision ceremony

רעשיק אַדי/אַדוו [RAShIK] noisy, tumultuous

רעשל דאָס (עך) marble (toy)

רעש|ן וו (גע–ט) [RASh] make noise

|| רעשן זיך make a fuss

רע'שעטע די (ס) sieve; reverse side of a coin

רע'שעטע־אָ'דלער : שפּיל|ן אין רעשעטע־אָדלער toss heads or tails

רעשע|ן וו (גע–ט) *Slav.* decide

רעשעניע די (ס) [Ny] *Slav.* decision

רעשקע די reverse side of a coin

רפֿואה די (–ות) [REFUE] remedy, medicine; cure, healing

|| קאַלט|ע רפֿואה ineffective remedy

|| נישטאָ' אויף קיין רפֿואה not to be had at any cost

רפֿואהדיק אַדי [REFU'EDIK] medicinal, therapeutic

רפֿואה־שלמה די [REFUE-ShLE'YME] complete recovery

|| ווינטש|ן דאָט אַ רפֿואה־שלמה wish s.o. a speedy recovery

רצון דער [ROTSN] will, desire

רצועה די (–ות) [RETSUE] *Jew.* leather strap of the phylacteries

רצחן דער (ים) פֿעמ טע [RATSKhN - RATSKhONIM] murderer; cruel person

רצחנות דאָס [RATSKhONES] murder; cruelty

רצחע|(נע)ן וו (גע–ט) [RATSKhE] murder *imperf.*

רציחה די (–ות) [RETSIKhE] outrage, murder; fury, ferocity

רציחהדיק אַדי/אַדוו [RETSI'KhEDIK] violent, furious, murderous

רציחה־שׂרפֿענער דער [RETSI'KhE-SA'RFENER] *slang* arsonist

רציחיש אַדי/אַדוו [RETSIKhISh] זע רציחהדיק

רק אַדוו [RAK] constantly, ceaselessly

|| רק ער עסט he keeps on eating

רשות דער (ן) [RESHU'S] authority, permission; domain, jurisdiction; possession

|| האָבן* אין רשות possess; have at one's disposal

|| נעמ|ען אין רשות take possession of

|| געב|ן* דאַט רשות <צו> authorize/empower s.o. (to)

|| נעמ|ען זיך רשות <צו> take the liberty (to); take one's leave

|| אין רשות פֿון at the disposal of

רשות־היחיד דער [REShU'S-HAYO'KhED] private domain; *Jew.* space within which the movement of objects is permitted on the Sabbath

רשות־הרבים דער [REShU'S-HORA'BIM] public domain; *Jew.* space within which one is not permitted to carry objects on the Sabbath

רשי = רש״י פּנ [RAShE] Rashi, Rabbi Shlomo Yitzhaki, Bible and Talmud commentator (Troyes, 11th century); his commentary

|| מאַכט רשי as Rashi says

|| וויס|ן* וואָס רשי מאַכט know what's going on

רשי־כּתב דער [RA'ShEKSAV] Hebrew type font used in the printing of Rabbinic commentaries, including those of Rashi

רשימה די (–ות) [REShIME] list, register

רשע דער (ים) פֿעמ טע [ROShE - REShOIM] criminal, villain; wicked/malicious person

רשעות דאָס זע רישעות

רשעטע די (ס) [ROShEYTE/RO'ShETE] wicked woman

רשע־מרושע דער (ס) [ROShE-MERU'ShE] extremely wicked man

רשעת די (ן) [REShA'S] wicked/malicious woman

ר״ת זע ראָשי־תּיבֿות

ש

ש דער/די [ShIN] letter of the Yiddish alphabet; pronounced [Sh]; numerical value: 300

שאַ[1] אינט (מצ: שאַט/שאַטס) shhh! quiet! keep your voice down!

|| שאַ שאַ! there, there!

|| זאָל זײַן שאַ! (everyone be) quiet!

|| פֿ״גל שאַ־שטיל

שאַ[2] דער זע שאַג

שאָ פֿאָנ שעה

שאָ'באײַזן דער/דאָס (ס) scraping iron, (boot) scraper

שאַבאַש דער gratuity given to wedding musicians; receptacle for such a gratuity

שאַבאַשניק דער (עס) large Sabbath candelabra; corner of the oven for keeping food warm

שאַביי'סע־נאַכט(ס) אַדוו זע שבת 1. (צו נאַכטס)

שאַבלאָ'ן דער (ען) stencil; cliché, platitude

שאַבלאָניק אַדי/אַדוו trite, stereotyped

שאַבליע די (ס) זע סאַבליע

שאָ'במעסער דער/דאָס (ס) scraping knife, peeler

שאָב|ן וו (געשאָבן) scrape, peel *imperf.*

שאָבעכץ דאָס scrapings, peelings

שאַבעס פֿאָנ שבת

שאַבער דער (ס) crowbar, jimmy

שאַ'בער|ן וו (גע–ט) *slang* burglarize, break into *imperf.*; steal *imperf.*

שאַ'בער־קאָכער דער *slang* locksmith who makes tools for burglars

שאַ'ברעווע|ן וו (גע–ט) זע שאַבערן

שאַג דער (ן) half-kopeck

שאַגראַ'ן = שאַגרע'ן דער shagreen

שאָד דער regrettable/unfortunate thing

|| אַ שאָד! a pity! too bad!; what a shame!

|| אַ שאָד נאָמ it's a shame to waste/spoil stg.

|| אַ שאָד די צײַט it's a waste of time

|| עס איז אַ שאָד צו it's a shame to

|| זײַן* דאַט אַ שאָד *rev.* regret

שאָדן 1. דער (ס/שאָדונעס) harm, loss; damage

|| גיי|ן* אין שאָדן (animal) do damage, graze in s.o. else's pasture

|| האָבן* שאָדן suffer losses

|| קומ|ען צו שאָדן come to grief, fail

|| אָן פֿאַס שאָדן without doing any harm to s.o.

|| אָן דײַן שאָדן אויף מיר געזאָ'גט I'd like to have what you have -- without depriving you of it

|| 2. שאָד|ן וו (גע–ט) זע שאַטן

שאָ'דנווינקל דער (ען) bungler; mischief maker, little devil

שאָ'דנפֿרייד די schadenfreude, malicious pleasure

שאָוויניזם דער chauvinism

שאַוועד דער yellow flag, wild iris

שאַוראָ' דער kidskin

שאַוראָנען אַדי (of) kidskin

שאול־תּחתּיה דער/די [ShO(Y)L-TAKhTI'E] the netherworld, hell

שאַט אינט זע שאַ[1]

שאָט : אַ שאָט טאָ|ן* pour out *trans.* all at once

|| אַ שאָט טאָ|ן* זיך pour forth, come out in quantity

|| פֿ״גל שיטן

שאַטײַע|ן זיך וו (–ט) stagger, totter; stroll, saunter

שאַטינקע די (ס) woman with chestnut hair

שאַטירונג די (ען) hue, shade

שאָטיש אַדי Scottish

שאַטכן פֿאָנ שדכן

שאָטלאַנד (דאָס) Scotland

שאָ'טלענדיש אַדי Scottish

שאַט|ן וו (געשאַ'ט) <דאַט> harm, hurt, injure

|| עס האָט אים גאָרניט געשאַט he's none the worse for it

|| עס קען ניט שאַטן <צו> it can't hurt (to)

שאָטן דער (ס) shadow, shade

|| אין שאָטן in the shade, in shadow

|| שטעל|ן אַק אין שאָטן eclipse *fig.*, overshadow

שאָ'טנבילד דאָס (ער) silhouette

|| מצ shadow play

שאָ'טנדיק אַדי shady

שאָ'טן־ווײַזער דער (ס) gnomen, sundial pointer

שאַטס אינט זע שאַ[1]

שאַטע'ן אַדי–אַטר chestnut (hair color)

שאָ'טענ|ען וו (גע–ט) shade, throw a shadow; be outlined/silhouetted in shadow; shade *imperf.* (drawing, etc.)

שאַטקע די (ס) זע סיטקע

שאַ'טקעוויצע די (ס) cabbage shredder, vegetable chopper

שאַ'טקעווע|ן וו (גע–ט) chop, shred (*esp.* cabbage)

שאַיע'ט דער serge

שאַך[1] .1 דער (ן) Shah

|| .2 אינט (chess) check!

|| האַלט|ן אין שאַך keep in check

שאַך[2] = שאָך דער (ן) chess

שאַכברעט = שאָכברעט די (ער) chessboard

שאַכטיאָ'ר דער (ן) [Ty] miner

שאַכטל דאָס (עך/ען) small box

שאַכטע די (ס) mine, shaft

שאַכמאַט דער chess

|| מאַכ|ן דאַט שאַכמאַט checkmate s.o.

שאַכמאַטי'סט דער (ן) פֿעמ קע chess player

שאָכן פֿאָנ שכן

שאַכער דער smooth talker, swindler, cheater

שאַכער־מאַ'כער (דער) shady dealings

שאַ'כער|ן וו (גע–ט) barter, swap; cheat

שאַ'כפֿיגור די (ן) chess piece

שאַכרײַ דער (עס) second-hand clothes dealer; cheat, swindler

שאַכרײַע|ן וו (–ט) barter; cheat, swindle

שאַ'כרעווע|ן וו (גע–ט) זע שאַכרײַען

שאַל די/דער (ן) דימ שאַלכל/דער שאַליק shawl; scarf

שאָל די (ן) דימ שע'ל(ע)כל shell; peel, rind; balance pan; bowl, cup

שאַלאַטן מצ lettuce

שאַלאַ'טן־שמש דער [ShAMES] town messenger; *iron.* jack-of-all-trades, factotum

|| וואָס ביסטו מיר דאָ פֿאַר אַ שאַלאַטן־שמש? mind your own business!

שאַלאַמוי'ז דער (ן) זע שאַלעמויז

שאַלאָפּײַ' דער (עס) idler, good-for-nothing

שאַלאַ'ש דער (ן) big tent, pavilion

שאַ'לדערגעלט דאָס זע שוידערגעלט

שאלה די (–ות) [ShAYLE] question; *Jew.* question regarding religious law, *esp.* concerning ritual purity; slaughtered animal presenting a question of ritual purity

|| פֿרעג|ן אַ שאלה consult the rabbi

|| פּסקענ|ען שאלות [PASK·N] resolve rabbinical questions

|| אַ שאלה! of course! what a question!

שאַלוויע די (botan.) sage

שאלות־ותּשובֿות די [ShAYLES-(U)TShU'VES] *Jew. responsa*, body of opinions of a rabbinical authority on questions of religious law

שאלות־נשים מצ זע שאלת־נשים

שאַלטיק דער (עס) idler, rake, scoundrel

שאַ'לט|ן־(און־)וואַ'לט|ן וו-אינפֿ lay down the law

שאַ'לטעווע|ן וו (גע–ט) rule unilaterally, be a despot

|| שאַלטעווע|ן זיך מיט treat like a servant; treat (too) familiarly

שאַלטענאָסע די (ס) crêpe stuffed with cheese

שאַליווקע די (ס) thin board

שאַליעוואַניע די [Ly...Ny] wainscotting

שאַ'ליעווע|ן וו (גע–ט) [Ly] panel, line with boards

שאַליק דער (עס) דימ זע שאַל

שאַלכל דאָס (עך) דימ זע שאַל

שאַל|ן וו (גע–ט) resound, sound, resonate; exult, crow

|| שאַל|ן אין sound (trumpet, etc.)

שאַלעוואַניע די זע שאַליעוואַניע

שאָלעכץ די/דאָס (ן/ער) rind, pod, shell; (egg)shell; peel

שאָלעם פֿאָנ שלום

שאָלעם־אַליי'כעם פֿאָנ שלום־עליכם

שאַלעמוי'ז דער (ן) thingamajig, whatsit, trifle; crank, oddball

שאַלעמויז|ן וו (–ט) mumble, stutter; recite monotonously

שאַלעמוי(ד)ז(ש)ען וו (–ט) זע שאַלעמויזן

שאַלעף דער non-Jewish boy/youth

שאַלעשודעס דער (ן) זע שלש־סעודות

שאַלקאָוויצע די זע שאָלקעוויצע

שאַ'לקהאַפּטיק אַדי/אַדוו wicked; sly, crafty

שאַלקע די (ס) [Ly] זע סאַלקע

שאָלקעוויצע די blackberry

שאלת־נשים די (שאלות־) [ShAYLES-NO'ShIM] *Jew.* question concerning menstrual purity

שאלת־תּשובֿה די [ShAYLES-TShU'VE] consultation by a rabbi with a higher rabbinical authority

שאַם = שאָם דער (ען) זע שוים

שאַ'מעווע אַדי saffron, orange-colored

שאַמפּאַניער דער [NY] champagne

שאַמפּו' דער (ען) shampoo

שאַמפּונירן וו (–ט) — shampoo
שאַמקען וו (גע–ט) — eat noisily
שאַנאָוואַניע די [Ny] — *Slav.* respect, consideration
|| שאַנאָוואַניע! — *hum.* my respects!
שאַנד די — shame; disgrace, disrepute; private parts
|| ווערן צו שאַנד (און צו שפּאָט) — be humiliated, be put to shame; dishonor oneself
|| זײַן* צו שאַנד (און צו שפּאָט) — be the object of humiliation
|| צו שאַנד מאַכן — put to shame
שאַנד און שמאַך אינט — *lit.* shame and disgrace!
שאַנדגליד דער (ער) — penis
|| מצ — private parts
שאַנדהויז דאָס (...הײַזער) — brothel
שאַנדסלופּ דער (עס) — pillory
|| שטעלן צום שאַנדסלופּ — pillory
שאַנדע די **זע** שאַנד
שאַנדער־באַ'נדער אינט **זע** שאַנדרע־באַנדרע
שאַנדפֿלעק דער (ן) — stain, blemish, stigma
שאַנדקלאָץ דער (...קלעצער) — pillory
שאַנדרע־באַ'נדרע אינט — guttersnipes!
שאַנהייט די **זע** שאָנקייט
שאַנטאַזשי'סט דער (ן) פֿעמ קע — blackmailer
שאַנטאַזשירן וו (–ט) — blackmail, extort
שאַנס דער (ן) — chance, opportunity; likelihood, probability; coincidence, accident
שאַנעוואַניע די **זע** שאַנאָוואַניע
שאַ'נעווען וו (גע–ט) — respect; spare, treat gently, take good care of
שאַנץ דער (ן) — trench, ditch; entrenchment, fortification
שאַנק די/דער (שענק) דימ שענקל — closet, wardrobe
שאָנקייט די — (personal) beauty
שאָס דער (ן) — shot; detonation, explosion; *fam.* blow, slap
|| מיט איין שאָס — all at once
שאָסוועג דער (ן) — trajectory
שאַסטאָקאָ'ל דער (ן) — *dial.* palisade
שאָסטיק דער (עס) — six-fingered person
שאָסטע די (ס) — *dial.* pole, mast
שאַסטען וו (גע–ט) <מיט> — be a spendthrift, waste, squander
שאַסי' דער (ען) — chassis
שאָסיי' דער (ען) — paved road; highway, freeway
שאָסקע די (ס) — *dial.* coachman's seat
שאַפּ דער (שעפּער) — *Amer.* (work)shop, *esp.* in garment industry

שאָפּ דער (ן) — raccoon
שאָפּ·ן אַדי — (of) raccoon (fur)
שאָ'פּנפּעלץ דער (ן) — raccoon coat
שאָפּע די (ס) — shed, barn
שאַ'פּקעווען וו (גע–ט) **זע** טשאַפּקעווען
שאַף דער/דאָס (ן/שעפֿער) דימ שעפֿל — bucket, tub
|| פּ״גל שאַפֿע
שאָף די/דער (–) — sheep
שאַפֿאָ'ט דער (ן) **זע** עשאַפֿאָט
שאַפֿאַרעס מצ **זע** שאַפֿער 1.
שאַפֿונג די (ען) — creation, invention, production; work (of art, etc.)
שאַפֿי'ר דער (ן) — sapphire
שאָפֿי'ר־ליצענץ די (ן) — driver's license
שאַפֿיר·ן אַדי — (of) sapphire
שאָפֿירן וו (–ט) — drive (car)
שאַפֿן וו (געשאַפֿן) — create, produce; procure; raise (money); order, have delivered
|| שאַפֿן (זיך) אַ דירה [DIRE] — find an apartment
|| שאַפֿן געלט — raise money
|| שאַפֿן זיך מיט — deal with, handle; give orders to, boss around
|| ניט האָבן* צו שאַפֿן — not be in charge, have no responsibilities
שאָפֿ·ן אַדי — (of) sheep
שאָ'פֿנפֿלייש דאָס — mutton
שאַפֿע די (ס) דימ די שאַפֿקע — cupboard, sideboard, closet
שאַפֿעכץ דאָס (ן) — errand, commission
שאַפֿער **1.** דער (ס/שאַפֿאַרעס) — creator; agent, manager; records keeper of a lumbering operation
|| **2.** דער (ס) פֿעמ ין — creator, author, composer
שאָפֿע'ר דער (ן) פֿעמ שע — chauffeur, driver
שאַ'פֿעריש אַדי/אַדוו — creative, inventive, productive
שאַפֿקע די (ס) שאַפֿע דימ — *also* compartment, pigeon-hole
שאַץ דער — rating, valuation; *Germ.* treasure
|| אָן אַ שאַץ — priceless, inestimable
שאַצגעלט דאָס — *Jew.* part of the dowry given by the groom to his fellow-students or to the needy
שאַצונג די (ען) — evaluation, appraisal, estimate
שאַציק אַדי — estimated, approximate
שאַ'צמײַ(נ)סטער דער (ס) — *Germ.* treasurer, Finance Minister
שאַצן וו (גע–ט) — evaluate, estimate, appraise

|| פֿ״גל שעצן

שאַ'צקאַמער די (ן) — treasury

שאָק[1] דער (ן) — shock, jolt

שאָק[2] דער/דאָס (–) — threescore, sixty

|| ס'איז שוין אַ שאָק מיט יאָרן — it's been ages

שאַקאַ'ל דער (ן) — jackal

שאָקאָלאַ'ד דער (ן) — chocolate

שאָקאָלאַד·ן אַדי — (of) chocolate

שאָקאָלאַדקע די (ס) — (piece of) chocolate, chocolate candy

שאַ־קי'טש 1. אַדי–אַטר/אַדוו — very quiet, without a word

|| 2. אינט — shh! keep quiet!

שאָקיר|ן וו (–ט) — shock, scandalize

שאָקל דער (ען) — nod; shake

שאָקל|ען וו (גע–ט) — shake *trans., imperf.*

|| שאָקלען מיטן קאָפּ (אויף יאָ/ניין) — nod/shake one's head (to say yes/no)

|| שאָקלען זיך — shake *intr.*, sway; (earth) tremble

|| זיך שאָקלען דאַט אַ צאָן — *rev.* have a loose tooth

שאָ'קלעניש דאָס — shaking, rocking, swaying

שאָ'קעלע דאָס (ך) — log (wood); lout, blockhead

שאַקע|ן וו (גע–ט) — say "shh!"

שאַר די (עס/ן) — band, troop, horde

שאַראַבאַ'ן דער (עס) — charabanc, open wagon with benches

שאַראַ'ד דער (ן) — charade

שאַראַוואַרעס מצ — baggy trousers

שאַ'ראײַזן דער/דאָס (ס) — poker, fire iron

שאַרבן דער (ס) דימ שערבל — cranium, skull; potsherd, broken pottery

|| צעבראָ'כענ|ער שאַרבן — wreck, decrepit person

שאַ'רבן־קעסטל דאָס (עך) — cranium, braincase

שאָרבע|ן וו (גע–ט) — drink/eat noisily

שאַר־בשׂר דער [ShEYR-BO'SER] — blood relative, kinsman

שאַרזש דער (ן) — caricature, comical exaggeration

שאַרזשיר|ן וו (–ט) — overdo, exaggerate, caricature

שאַריי' דער (ען) — dawn, daybreak

שאַרייע|ן = שאַריִע|ן וו-אומפּ (–ט) : (אויף טאָג) — dawn

שאַר־ירקות = שאָר־ירקות מצ [ShA'RYEROKES/ShO'RYEROKES] — *hum.* trifles, trinkets, odds and ends

שאַרית־הפּליטה די [ShEYRES-HAPLE'YTE] — remnants, survivors, *esp.* Jews surviving the Holocaust

שאָרך דער (ן) — rustle

שאָרכ(ע)|ן וו (גע–ט) — rustle

שאַרלאַטאַ'ן דער (ען) פֿעמ קע — charlatan, impostor; libertine

שאַרלאַטאַנסטווע די — charlatanism, quackery; debauchery

שאַרלאַטאַנסקע אַדי — bogus, charlatanic; licentious, immoral

שאַרלאַטאַ'נעווע|ן וו (גע–ט) — lead an immoral life

שאַרלאַך = שאַרלעך (רויט) אַדי — scarlet

שאַרם דער — charm, attractiveness

שאַרמאַנקע די (ס) — barrel organ

שאַר|ן וו (גע–ט) <אָק/מיט> — push/drag across a surface, rake *imperf.*; stir (ember)

|| שאַרן אויף — put all the responsibility on

|| שאַרן זיך — shuffle *intr.*, drag one's feet, trudge; move over

|| שאַרן זיך צו — *also* court, woo

שאָרניק דער (עס) — *dial.* saddler, harness maker

שאַרני'ר דער (ן) — joint, hinge

שאָרסטיק אַדי — coarse, rough, stubbly

שאָרס(ט)קע אַדי זע שאָרסטיק

שאַרע אַדי — gray

שאַרע־גאָדז(ש)י'נע די — *Slav.* dusk, twilight

שאָרעך דער זע שאָרך

שאַרער דער (ס) — poker, fire-iron

שאַרפּע|ן וו (גע–ט) — tug s.o. by the sleeve, pull s.o. about

שאַרף[1] 1. אַדי/אַדוו — keen, acute; sharp; piercing (pain); spicy, peppery; keen, penetrating (sense, intelligence, etc.); lively, intense; fervent; abrupt; brusque, vehement; clear-cut, defined; fiery, spirited; important, substantial

|| 2. די (ן) — edge, blade

שאַרף[2] די (ן) — scarf, sash

שאַרפֿזין דער — acuteness, penetration

שאַ'רפֿזיניק אַדי/אַדוו — clever, witty, ingenious

שאַרפֿ|ן וו (גע–ט) — sharpen, whet *imperf.*

שאַ'רפֿצילער דער (ס) — sniper, sharpshooter

שאַרפֿקייט די — acuity; sharpness, keenness; pungency; intensity; severity, mordancy; distinctness

שאַרפֿשטיין דער (ער) — whetstone, grindstone

שאָרשטיק דאָס — gold disk worn on a chain

שאָרש|ן וו (גע–ט) זע שורשען

שאַ'־שטי'ל .1 אַדי–אַטר/אַדוו — calm, quiet, silent

|| .2 אינט — be quiet!

שאַשקע די (ס) — *Slav.* saber

־שב... [ShEBE/ShEBA] — to the highest degree; exceptional, the most ... of all

|| פרימאַ שבפרימאַ — excellent, top-notch

|| גאָרנישט־שבגאָרנישט — nothing whatsoever; worthless person, good-for-nothing

|| גנבֿ־שבגנבֿים [GANEV-ShEBAGANO'VIM] — biggest thief of them all

|| שמעלקע־שבשמעלקע [Ly] — very chummy, closest of buddies

שבוש דער (ים) זע שיבוש

שב״ס [ShABES] דער זע שאַבאַש

שבר|ן וו (גע–ט) [ShABER] זע שאַבערן

שבת [ShABES] .1 אַדוו — (on) Saturday(s); (on) the Sabbath

|| שבת צו נאַכט(ס) — Saturday evening

|| פֿ״גל שבתע־נאַכט(ס)

|| .2 דער (ים) [- ShABOSIM] — Saturday; Sabbath

|| האַלט|ן שבת — celebrate/spend the Sabbath (somewhere)

|| מאַכ|ן שבת — prepare the Sabbath celebration

|| מאַכ|ן שבת פֿאַ'ר זיך — go it alone, be aloof

|| מאַך שבת דערפֿו'ן/דערמי'ט! — that's of no importance!

|| מאַכ|ן אַ שטאָך/שניט אין שבת אַריי'ן — work too close to the time when the Sabbath begins

|| גוט־שבת, אַ גוטן שבת! — good Sabbath!; *(said on Friday evening)* good evening; *(said Saturday)* hello

|| גוט־שבת! — *also* well, look who's here!; not a moment too soon!

|| פֿאַר וואָס? פֿאַר שבת! — stop asking why!

שבת־אויפּס דאָס [ShA'BES] — *Jew.* fruit/candy that children are given on the Sabbath

שבת־בראשית דער [ShABES-BRE'YShES] — the Sabbath on which the first section of Genesis is read

|| פֿ״גל בראשית; סדרה

שבת־גוי דער (ים) פֿעמ ע [ShA'BES] — non-Jew engaged to perform chores forbidden to Jews on the Sabbath, *esp.* lighting a fire

שבתדיק אַדי/אַדוו [ShA'BESDIK] — of the Sabbath; festive

שבת־הגדול דער [ShABES-HAGO'DL] — Sabbath preceding Passover

|| שבת־הגדול און קו'רץ־פֿרײַטיק — *hum.* ill-matched couple

שבת־זו'נטיק דער (ן) [ShABES] — weekend

שבת־חזון דער [ShABES-KhAZO'N] — the Sabbath preceding the fast on the 9th of *Av*

|| פֿ״גל תישעה־באָבֿ

שבת־יום־טובֿדיק אַדי/אַדוו [ShABESYO'NTEVDIK] — festive; solemn; joyous, jubilant

שבת־ליכט דאָס (–) [ShA'BES] — *Jew. (generally pl.)* candles lit and blessed on the eve of the Sabbath

שבת־מבֿרכים דער [ShABES-MEVO'RKhIM] — *Jew.* last Sabbath before the new moon, when a prayer for the coming month is said

שבת־נחמו דער [ShABES-NA'KhMU] — Sabbath following the fast of the 9th of Av

|| פֿ״גל תישעה־באָבֿ

שבתניק דער (עס) [ShA'BESNIK/ShABAShNIK] זע שאַבאַשניק

שבתע־נאַכט(ס) [ShABE'YSE] .1 אַדוו — (on) Saturday evening

|| .2 דער (ן) — Saturday evening, after the end of the Sabbath

שבת־צו־נאַכט(ס) זע שבתע־נאַכט(ס)

שבת־קודש דער [ShABES-KO'YDESh] — the holy Sabbath

שבת־שובֿה דער [ShABES-ShU'VE] — Sabbath before Yom Kippur, Sabbath of Repentance

שבת־שטעך/־שטעפּ מצ [ShA'BES] — large stitches made in a hurry

|| מאַכ|ן שבת־שטעך — botch, bungle

שבת־שירה דער [ShABES-ShI'RE] — Sabbath on which the canticle sung by Moses after the crossing of the Red Sea is read

שבת־תשובֿה דער [ShABES-TShU'VE] זע שבת־שובֿה

שבֿאָ : די מלכה שבֿאָ [MALKE ShVO] — *bibl.* the queen of Sheba

שבֿועה די (–ות) [ShVUE] — oath

|| היי'ליק|ע שבֿועה — solemn/sacred oath

|| פֿאַלש|ע שבֿועה — perjury

|| געב|ן* אַ שבֿועה — take an oath, swear

|| די (בו'נדיש|ע) שבֿועה — hymn of the Bund

|| פֿ״גל בונד[2]

|| די שבֿועה פֿון פּועלי־ציון [POYLE-TSI'EN] — hymn of the Labor Zionists

שבֿועות דער [ShVUES] — *Shavuot*, holiday celebrated seven weeks after Passover to commemorate the revelation of the Torah at Mt. Sinai, feast of first fruits

שבֿועותדיק אַדי [ShVU'ESDIK] pertaining to *Shavuot*

שבֿועי־שבֿועות מצ [ShVUE-ShVU'ES] solemn oaths

שבֿח דער (ים) [ShVAKh - ShVOKhIM] praise; compliment

|| מצ *Jew.* accounts of the deeds and miracles of holy men

|| אָ'פּ|געב|ן* צו/דאַט אַ שבֿח sing the praises of

|| נאָ'כ|זאָג|ן דאַט אַ שבֿח commend, mention the good qualities of

|| דערציילן פּאָס שבֿחים extol the virtues of

שבֿט[1] דער [ShVAT] *Shevat*, the fifth month in the Jewish calendar, corresponding to parts of January and February

|| פֿ״גל חמישה־עשׂר־בשבֿט

שבֿט[2] דער (ים) [ShEYVET - ShVOTIM] tribe

|| די צוועלף שבֿטים the twelve tribes of Israel

שבֿט־מוסר דער [ShEYVET-MU'SER] *Jew.* "rod of chastisement", moral treatise of the 18th century

שבֿיה די [ShIVYE] imprisonment, captivity

שבֿיהניק דער (עס) [ShI'VYENIK] prisoner

שבֿיעי דער [ShVII] congregant called up to the reading of the seventh passage of the weekly Torah portion on a Sabbath or holiday; that passage

|| געב|ן* דאַט שבֿיעי designate s.o. for that reading

שבֿע־ברכות [ShEVE-BRO'KhES] מצ .1 series of seven blessings recited at the end of each meal in the presence of a newly married couple during the first week after the wedding; that first week

|| .2 דער (ן) reception given by the newlyweds on the first Friday evening after their wedding

שבֿעה די זע שיבֿעה

שבֿעה־עשׂר־בתּמוז דער [ShIVOSER-BETA'MEZ] *Jew.* fast on the 17th of *Tammuz* in commemoration of the siege of Jerusalem by the Babylonians

שבֿע־חכמות מצ [ShEVE-KhO'KhMES] the seven principal arts in medieval universities; secular sciences, non-Jewish knowledge; the whole of knowledge

שבֿעים מצ זע שיבֿעים

שבֿר דער [ShEVER] rupture, hernia

שבֿרות־הלבֿ דאָס זע שיבֿרות־הלבֿ

שבֿריי־... זע ווערטער מיט שיבֿריי־...

שבֿרים מצ [ShVORIM] *Jew. shofar* call composed of three discontinuous tones

|| פֿ״גל שופֿר

שגיאה די (–ות) [ShGIE] error, mistake

שגעון דער (ען/ות)
[ShIGOEN - ShIGONEN/ShIGOYNES] insanity, madness; mania, obsession; caprice, whim

שגץ דער [ShEYGETS] זע שייגעץ

שד דער (ים) [ShED - ShEYDIM] devil, demon; ghost, spirit

שדי [ShADAY] *Jew.* one of the names of God, seen on the *mezuzah*

|| פֿ״גל מזוזה

שדיכע די (ס) [ShE'DEKhE] female demon, she-devil, succubus

שדים־... [ShE'YDIM] haunted, bewitched

שדים־טאַנץ דער [ShE'YDIM] dance of the demons; pandemonium

שדימלעך מצ זע שדל

שדיש אַדי/אַדוו [ShEDISh] diabolical; ghostly, sinister, spooky

שדכן דער (ים) פּעמ טע [ShATKhN - ShATKhONIM]
matchmaker, marriage broker

שדכנות דאָס [ShATKhONES] matchmaking; matchmaker's fee

שדכנ|ען וו (גע–ט) [ShATKh·N] try to arrange a match

|| שדכנען זיך צו court, woo, propose marriage to

שדל דאָס (שדימלעך) [ShEDL - ShE'YDIMLEKh]
goblin, imp

שד״ר דער [ShADA'R] *Jew.* collector of funds for religious institutions

שדרה[1] די (–ות) [ShEDRE] spine, spinal column

שדרה־[2]... [ShE'DRE] spinal

שדרהדיק אַדי [ShE'DREDIK] vertebrate

שהחיינו דער [ShEKhEYONU] *Jew.* blessing recited on each major holiday, to celebrate a joyous occasion, or before the first taste of a fruit in a new season

שהיות מצ [ShIES] delays

|| מאַכ|ן שהיות stall, delay *intr.*, dawdle

שהי־פּהי [ShIE-PI'E] : אָ'פּ|קומ|ען מיט שהי־פּהי
live on very little, live from hand to mouth

|| אָ'פּ|פּטר|ן מיט שהי־פּהי [PATER] get rid of s.o. by some pretext

שהי־פּהי־בודזשע'ט דער (ן) [ShIEPI'E] austerity budget

שהכל דער (ען) [Sh(EH)AKL] *Jew.* blessing over various foods and drink (except wine); liquor, alcohol

|| מאַכ|ן אַ שהכל have a drink (liquor)

שוא די/דער (ס/ען) זע שוואָ

שוואַקס דער זע שוואַקס

שואל־עצה זײַן* זיך וו (שואל־עצה געווע'ן) <מיט> [ShOYEL-E'YTSE] consult, seek the advice (of)

שוב דער (ן) זע שופּ

שו'ב(יצ)ע די (ס) winter coat, fur coat

שו'בעניק דער (עס) זע שיבעניק

שוגג דער [ShOYGEG] someone who has committed a sin/crime unintentionally

שוגגדיק אַדי/אַדוו [ShO'YGEGDIK] involuntary, unintentional

שוגג־טייטונג די (ען) [ShO'YGEG] involuntary manslaughter

שודאַק דער (עס) *dial.* passenger (in a coach)

שוה־... זע ווערטער מיט שווה־...

שווא די (ס) [ShEYVE] זע שוואָ

שוואָ דער (ען) Hebrew vowel sign ְ, designating the unstressed vowel [E], or the absence of a vowel, after the consonant under which it is placed

שוואָב דער (עס) Swabian; *insult.* German

שוואָגער דער (ס) brother-in-law

שוואונג דער (ען) זע שווונג

שווא־ושקר דער [ShAVEShEKER] falsehood, bald-faced lie

שוואַך אַדי/אַדוו weak, faint, feeble

שוואַ'כינק|ער דער־דעק weakling

שוואַכלינג דער (ען) weakling; wimp, sissy

שוואַ'כמוטיק אַדי/אַדוו cowardly, spineless

שוואַכקייט די (ן) <צו> weakness, feebleness; penchant, weakness (for)

שוואַ'כקעפּיק אַדי feeble-minded

שוואַלאָם אַדוו at a gallop

שוואַלב די (ן) דימ שוועלבל (zool.) swallow

שוואַליאָם אַדוו זע שוואַלאָם

שוואַלניע די (ס) [LyNy] *Slav.* sewing workshop

שוואם דער (ען) זע שוואָם

שוואָם דער/די (ען) דימ שוועמל mushroom; sponge

שוואַן דער (ען) swan

שוואַנגער אַדי pregnant

שוואַ'נגער|ן וו (גע־ט) be pregnant

שוואַ'נגערשאַפֿט די (ן) pregnancy

שוואַ'נעליד דאָס swan-song

שוואַנץ דער (שווענץ) דימ שווענצל *pop.* tail; *vulg.* penis, prick; *vulg.* stupid bastard

שוואַנצעוואַטע אַדי/אַדוו *vulg.* damn stupid

שוואַרבע די זע סוואַרבע

שוואָרעם דער (ס) swarm

שוואַרץ 1. אַדי black

|| שרײַב|ן אויף שוואַרץ write a rough draft (of)

|| אַ'רבעט|ן אויף שוואַרץ work off the books

|| 2. דאָס spade (cards)

|| 3. די *slang* night

שוואַ'רצאַפּל = שוואַרצאַפּל דאָס (ען) pupil (eye)

שוואַ'רצאַרבעט די unskilled labor

שוואַ'רץ־אַרבעטאָרער דער (ס) (unskilled) laborer

שוואַ'רצאַרבעטער דער (־/ס) זע שוואַרץ־אַרבעטאָרער

שוואַרצוע די (ס) *dial.* mooring

שוואַ'רצזעער דער (־/ס) pessimist

שוואַרץ־חנעוודיק אַדי [KhE'YNEVDIK] dark and handsome/beautiful

|| זי איז אַ שוואַרץ־חנעוודיקע she's a beautiful brunette

שוואַ'רץ־טומאה (דאָס) [TUME] *pejor., hum.* Belaïa Tserkov (town in Ukraine)

שוואַרץ־יאָ'ר דער *fig.* devil

|| צום שוואַרץ־יאָר to the devil, to hell

|| פֿ״גל (צו אַל די שוואַרצע) יאָר

שוואַרץ־מאהדיק אַדי [ME'YEDIK] reactionary, anti-Semitic

|| פֿ״גל (שוואַרצע) מאה

שוואַרץ־מאהניק דער (עס) [ME'YENIK] reactionary, anti-Semite

|| פֿ״גל (שוואַרצע) מאה

שוואַרצ|ן וו (גע־ט) blacken *imperf.*; smuggle, steal across

|| שוואַרצן די/דעם גרענעץ cross the border illegally

|| שוואַרצן (זיך) be silhouetted

|| שוואַרצן זיך דאָס פּנים [PONEM] humiliate oneself

שוואַרצ|ער[1] דער־דעק Black, Negro, African-American

שוואַרצער[2] דער (־/ס) bootlegger, smuggler

שוואַרצערד די (in Russia) chernozem, black soil

שוואַרצקונסט די black magic; prestidigitation

שוואַ'רצקינצלער דער (־/ס) sorcerer; conjurer, magician; *pop.* thief

שוואַ'רצקינצלערײַ דאָס magic; magician's trade; conjuring trick

שוואַ'רץ־שבת דער [ShABES] witches' sabbath, orgy, disorder; *Jew.* Sabbath marked by a calamity occurring on that day or during the preceding week

|| מאַכ|ן <דאַט> שוואַרץ־שבת affront publicly, make a scene (involving)
שווה־בשווה אַדי–אַטר [ShOVE-BEShO'VE] on good terms
שווה־כּסף דער [ShO'VE-KESEF] object of value
|| צאָל|ן שווה־כּסף pay in kind
שווה־לכל־נפֿש אַדי–אַטר [ShOVE-LEKhO'L-NE'FESh] accommodating, approachable, easy-going
שווה־פּרוטה אַדי–אַטר [ShOVE-PRU'TE] of little worth, not worth a dime
שוואַקס דער shoe polish
שווילטאָג דער *pejor., iron.* excessive opulence, ostentatious luxury
שווים דער (ען) mushroom
שווום דער (ען) swim, dip, bathing; swimming stroke
שווונג דער (ען) gusto, zest; sway, swing, oscillation
שווונגראָד די/דאָס (...רעדער) (techn.) flywheel
שוווּע פֿאַנ שבֿועה
שוויבל|ען און גריבל|ען וו (גע–ט) מיט swarm, teem, abound with
שוויגער די (ס) mother-in-law
שוויזשיק דער (עס) *slang* boy, kid
שווײַג : מאַכ|ן אַ שווײַג <וועגן> keep mum (about), keep (stg.) to oneself
שווײַג|ן וו (געשוויגן) be still, keep silent, say nothing
|| שווײַגן דאַט not reply to s.o.
|| איך וועל <דאַט> ניט שווײַגן I won't stand for it
שווײַ'גנדיק אַדי/אַדוו silent, tacit
שווײַגנס דאָס (–) silence, muteness
שווײַ'געוודיק אַדי reserved, taciturn
שווייגער = שווײַגער[1] דער (ס) פֿעמ ין/קע dairyman; dairy farmer
שווײַגער[2] דער (ס) פֿעמ קע reserved/taciturn person
שווײַן דער (ען) *pejor.* swine, bastard
שווײַנערײַ' דאָס/די nastiness, obscenity; dirty trick
שווייס דער (ן) sweat, perspiration
|| אָ'פּ|גיי|ן* מיט שווייס sweat blood
שוויי'סברענער דער (ס) blowtorch
שווייס|ן וו (גע–ט) weld *imperf.*
שווייץ די Switzerland
שווייצאַ'ר דער (ן) doorman, gatekeeper
שווייצאַריע (די) זע שווייץ
שווייצער 1. אַדי–אינוו Swiss
|| 2. דער (–) פֿעמ ין Swiss
שווי'מבאַסיין דער (ען) swimming pool
שווי'מהײַטל דאָס (עך) web (of web-footed bird)
שווימיק אַדי buoyant
שווימ|ען וו (איז געשווומען) swim; float *intr.*
|| לאָז|ן שווימען float *trans.*, set afloat
שווימערײַ' 1. די (ען) swimming pool
|| 2. דאָס swimming
שווי'מערל דאָס (עך) (fisherman's) float
שווימקעס מצ swimming trunks, bathing suit
שווינג|ען וו (גע–ט/געשווונגען) shake, swing, brandish
שווינדזוכט די tuberculosis, consumption
שווי'נדזיכטיק אַדי tubercular
שווינדל דער (ען) swindle, fraud, racket; hoax, deception; vertigo, dizziness
שווי'נדלדיק אַדי/אַדוו staggering, stupefying; vertiginous, dizzying
שווי'נדלטרעפּ די (ן) spiral staircase
שווינדל|ען וו (גע–ט) cheat *intr.*, swindle
|| שווינדלען אומפּ דאַט (אין קאָפּ)/(פֿאַר די אויגן) *rev.* be lightheaded; be seized with vertigo
שווינדלער דער (ס) פֿעמ קע swindler, cheat
שווי'נדלעריש אַדי/אַדוו fraudulent; swindling, crooked
שווינטוך דער (עס) slob, filthy pig
שווינסקע אַדי piggish, hoggish; messed up, botched
שווינקע(ס) די mumps
שוויענטע די (ס) (Christian) holiday
שוויענטעם דוכעם אַדוו *fam., hum.* through the intercession of the Holy Spirit
|| לעב|ן שוויענטעם דוכעם live on next to nothing
שוויענטשע|ן וו (גע–ט) (Christianity) consecrate, sanctify, bless, baptize
שוויפּטש דער (ן) זע סווישטש
שוויץ די (ן) זע שוויצבאָד
שוויצבאָד די (...בעדער) steam bath, Turkish bath, sauna
שוויצ|ן וו (גע–ט) sweat, perspire
|| געב|ן* (אויף) צו שוויצן administer a sudorific
שוויצער דער (ס) פֿעמ קע restless person; braggart, show-off; dandy, fop
שווירטוס דער windlass/winch of a well
שווישטשע|ן וו (גע–ט) זע סווישטשען

שוועבל דער sulfur

שוועב|ן וו (גע–ט) hover, soar; float (in the air); *fig.* glide, walk with a light step

שווע'בעלע דאָס (ך) match (combustible); *fig.* irascible person

שוועבשפּרייט די (ן) flying carpet

שווע'גערין די (ס) sister-in-law

שוועד דער (ן) פֿעמ ין Swede

שוועדיש אַדי Swedish

שוועדן (דאָס) Sweden

שוועך : מאַכ|ן אַ שוועך have a drink

שוועכ|ן וו (גע–ט) drink, bend one's elbow

שוועל די/דער (ן) doorstep, threshold

|| אויף דער שוועל <פֿון> on the threshold (of), very close (to)

|| ניט אַרי'בער|לאָז|ן איבער דער שוועל not allow into one's house

|| ניט אַרי'בער|טרעט|ן פּאָס שוועל never set foot in s.o.'s house

|| אָ'פּ|שלאָג|ן/אָ'פּ|קלאַפּ|ן דאַט די שוועלן besiege s.o. with solicitations

|| פֿ״גל שפּאַל

שוועלבל דאָס (עך) דימ זע שוואַלב

שוועמל דאָס (עך) שוואָם דימ mushroom

שווע'נגער|ן וו (גע–ט) be pregnant

שווע'נגערקלייד דאָס (ער) maternity dress

שווענטע די (ס) זע שוויענטע

שווענץ מצ זע שוואַנץ

שווענצל דאָס (עך) דימ זע שוואַנץ

שווענצעריי' דאָס foolishness, stupidity

שווענק דער (ען) rinsing

שווענקעכץ דאָס (ן) rinse (agent); gargle, mouthwash

שווענק|ען וו (גע–ט/געשוואָנקען) rinse *imperf.*; gargle

שוועסטער די (–) sister; nurse

שוועסטעריי' דאָס nursing profession

שווע'סטערן־זון דער (־זין) nephew

שווע'סטערן־טאָכטער די (־טעכטער) niece

שוועסטערקי'נד דאָס (ער) cousin

שווע'סטערשאַפֿט די sisterhood, state of being (like) sisters

שווער[1] אַדי/אַדוו heavy; hard, difficult; serious, grave (illness)

|| שווער אויפֿן אויער hard of hearing

|| שווער מאַכ|ן דאַט דאָס האַרץ discourage s.o., cause s.o. grief

|| אָ'נ|קומ|ען שווער <דאַט> be difficult (for s.o.)

|| זײַ|ן* דאַט שווער צו *rev.* find it hard to

שווער[2] דער (ן) father-in-law

שווער־און־שווי'גער מצ in-laws

שווע'רבערעכיק אַדי stubborn, tough

שווערד די (ן) sword

שווע'ריקייט די (ן) difficulty, obstacle

שווע'רלײַביק אַדי corpulent

שווע'רמוטיק אַדי/אַדוו despondent, downcast

שווער|ן וו (געשווירן/געשוואָרן) swear, promise

|| שווער|ן זיך take an oath, swear solemnly/profusely

|| שווער|ן בײַ swear on/by

|| שווער|ן בײַ באָרד און פּאות [PEYES] swear to high heaven

|| איך וואָלט געמע'גט שווערן I could have sworn

|| איך וואָלט ניט געוואָ'לט שווערן אַז I've got a sneaking suspicion that

שווערפּונקט דער (ן) center of gravity

שווערקייט די (ן) weight, heaviness

שווערקראַפֿט די (phys.) gravity, gravitation

שוחד דער [ShOYKhED] bribe; corruption

|| געב|ן* שוחד <דאַט> pay a bribe (to)

|| נעמ|ען שוחד take bribes

שוחט דער (ים) [ShOYKhET - ShOKhTIM] *Jew.* ritual slaughterer of livestock/poultry

|| מער שוחטים ווי הינער the supply exceeds the demand; too many people involved in this affair

שוחטות דאָס [ShOKhTES] *Jew.* profession of a ritual slaughterer

שוחטיש אַדי [ShOKhTISh] *Jew.* of a ritual slaughterer

שוחטקע די (ס) [ShO'YKhETKE] wife of a ritual slaughterer

שוט דער (עס) *dial.* jester, joker

שוטה דער (–ים) [ShOYTE - ShOYTIM] fool, simpleton

שוטה בן־פּיקהאָלץ (דער) [ShOYTE BEN] complete idiot

שוטהוואַטע אַדי/אַדוו [ShOYTEVATE] stupid

שוטע אַדי hornless

שוטעף פֿאָנ שותּף

שוטר דער (ים) [ShOYTER - ShOTRIM] police officer, watchman

שויב די (ן) דימ שײַבל (window) pane

שוי'בווישער דער (ס) windshield wiper

disheveled mop of hair — שויבער דער (ס)

dishevel, muss *imperf.* — שוי'בער|ן וו (גע–ט)

shudder, shiver; horror — שוידער דער (ס)

amount deducted from every bet at a gaming house for overhead and drinks — שוי'דערגעלט דאָס

horrible, frightful — שוי'דערלעך אַדי

shudder, shiver, tremble — שוי'דער|ן וו (גע–ט)

shovel, dustpan — שויוול דאָס (ען) דימ שײַ'וועלע

pod, shell, husk — שויט[1] דער/די (ן)

שויט[2] דער (ן) **זע שייטל**

foam, froth, scum — שוים דער (ען)

mosaic gold (stannic sulfide), tinsel — שוימגאָלד דאָס

foam rubber — שוי'מגומע די

(of) foam rubber — שוי'מגומען אַדי

sparkling wine — שוימווײַן דער (ען)

foaming; frothy — שוימיק אַדי

skim *trans. imperf.*; foam; lather — שוימ|ען וו (גע–ט)

already; at once; since, as far back as; finally, at last; at the same time, while we're at it; then, so, therefore; certainly — שוין אַדוו

- || ער וווינט דאָ שוין צען יאָר — he's been living here for ten years
- || שוין מאָנטיק האָב איך עס געוווּ'סט — I've known it since Monday
- || ווען קומט ער שוין? — when will he finally arrive?
- || אַז דו קומסט, ברענג שוין דאָס בוך — when you come, bring the book while you're at it
- || אַז דו' טוסט גאָרנישט, וואָס קען אי'ך שוין טאָן? — if you don't do anything, then what can I do?
- || מע וועט שוין זען — we'll see about that
- || שוין ניט — no longer
- || זי וווינט שוין ניט דאָ — she no longer lives here
- || שוין! — that's it!
- || און שוין — (and) that's all
- || (ניט) שוין זשע...? — is it possible that ...?
- || ניט שוין זשע וועט איר אַווע'קפֿאָרן? — is it really true that you will be leaving?

take good care of; treat with consideration/respect — שוינ|ען וו (גע–ט)

lap; *fig.* bosom, heart; *lit.* womb — שויס דער/די (ן)

- || האַלט|ן אויף דער שויס — hold/dandle on one's knees

lap dog — שוי'סהינטל דאָס (עך)

Germ. shop window — שוי'פֿענצטער דאָס/דער (–)

Germ. (theat.) play, performance — שוישפּיל די (ן)

Germ. actor — שוי'שפּילער דער (–/ס) פֿעמ ין

shoe — שוך דער (שיך) דימ שיכל

- || ווו דער שוך קוועטשט — where the shoe pinches

shoelace — שו'כבענדל דאָס (עך)

footwear — שוכוואַרג דאָס

shoehorn — שו'כלעפֿל דער (–)

shoe *imperf.*, provide with shoes — שוכ|ן וו (גע–ט)

deceased person — שוכן־עפֿר דער (שוכני־) [ShOYKhN-O'FER - ShOKhNEY-]

school; synagogue — שול[1] די (ן)

- || ווײַ'בערש|ע שול — women's section in a synagogue
- || די קאַלט|ע שול — the great synagogue

school, scholastic — ...שו'ל-[2]

fault, guilt, responsibility; debt — שולד די (ן)

- || אַרוי'פֿ|וואַרפֿ|ן די שולד אויף — put the blame on
- || נעמ|ען אויף זיך די שולד — take the blame
- || (ס'איז) פּאָס שולד — it's my/your/etc. fault

indictment (text) — שולדאַקט דער (ן)

(court) dock — שולדבאַנק די (...בענק)

guilty — שולדיק אַדי/אַדוו

- || גאָט די נשמה שולדיק [NEShOME] — innocent as a new-born child
- || זײַן* שולדיק <אין> — be responsible (for), be to blame (for)
- || זײַן* שולדיק <דאַט> — owe (money, thing) (to)
- || בלײַב|ן שולדיק <דאַט> — remain in debt (to)
- || ניט בלײַב|ן שולדיק קיין ענטפֿער — not be at a loss for an answer
- || געפֿינ|ען פֿאַר שולדיק — convict, find guilty

guilt; duty, obligation — שו'לדיקייט די (ן)

neol. (evidence, documents) incriminate — שו'לדיק|ן וו (גע–ט)

culprit, guilty party; person responsible/accountable — שו'לדיק|ער דער-דעק

neol. incriminatory — שו'לדשאַפֿיק אַדי

school system — שו'לוועזן דאָס (ס)

training, apprenticeship — שולונג די (ען)

lectern for reading the Torah in a synagogue — שולחן דער (ס) [ShULKhN]

שולחן־ערוך דער [ShULKhN-O'REKh] *Shulchan Aruch*, "prepared table", code containing the body of Jewish laws (published in 1550-1559); *hum.* complex and detailed set of rules

שולט זײַן* וו (שולט געווע'ן) [ShOYLET] (power, influence) affect, be in effect

שוליער דער (ס) זע שולער

שול|ן וו (גע–ט) school, train *imperf.*

שולע[1] די (ס) school

שולע[2] די (tree) sap

שולער דער (ס) [Ly] faker, cheat, deceiver

שו'לעריש אַדי [Ly] deceptive; rigged, loaded

שולפּעלד דאָס (ער) campus

שו'לקלאַפּער דער (–/ס) *Jew.* beadle who knocks on the shutters at dawn to call the faithful to prayer

שו'לרופער דער (–/ס) זע שולקלאַפּער

שום[1] : אָן אַ שום without any, devoid of all

|| קיין שום not any, no ... whatever

שום[2] דער *dial.* noise, racket; rustle, hum

|| אַ שום אין קאָפּ bats in the belfry

שומו שמים אינט [ShOYMU ShOMAIM] good heavens!

שומע זײַן* וו (שומע געווע'ן) [ShOYMEYE] *in-group* hear, listen

שומע|ן וו (גע–ט) *dial.* make a noise; murmur, buzz, hum

שומר דער (ים) פֿעמ טע [ShOYMER - ShOMRIM] guard, sentry; *Jew.* guardian, chaperon

שומר־ומציל זײַן* וו (שומר־ומציל געווע'ן) [ShOYMER-UMA'TSL] protect and save

|| גאָט זאָל אונדז שומר־ומציל זײַן! Heaven help us!

שומר־חינם דער [ShOYMER-KhI'NEM] unpaid guardian/depositary to whom valuables are entrusted

שומרטע די (ס) [ShO'YMERTE] chaperon *fem.*

שומר־ישׂראל דער [ShOYMER-YISRO'EL] "guardian of Israel", God

שומר־מיצוות דער (שומרי־) [ShOYMER-MI'TSVES - ShOMRE-] observant Jew

שומר־שבת דער (שומרי־) [ShOYMER-ShA'BES - ShOMRE-] Jew who observes the Sabbath

שומר־שׂכר דער [ShOYMER-SO'KhER] paid guardian/ depositary to whom valuables are entrusted

שונד דער literature/theater/art of inferior quality

שו'נד־ליטעראַטור די trashy literature

שוסטער דער (ס) פֿעמ קע shoemaker, bootmaker; *fam.* clumsy person, bungler

שו'סטערגאָס די : אַרײַ'נ|גיי|ן* אין (דער) שוסטערגאָס become popular among common people, lose its exclusive quality

שוסטערו'ק דער (עס) *pejor.* shoemaker, cobbler

שוסטערײַ' דאָס shoemaking

שו'סטער|ן וו (גע–ט) work as a shoemaker

שוסטערש אַדי shoemaker's, of shoemaking

שוסטשאַק דער (עס) *pejor.* cobbler

שופּ די (ן) (fish) scale, flake

|| מצ *also* dandruff

שופּ|ן[1] זיך וו (גע–ט) flake off *intr.*

שופּ|ן[2] וו (גע–ט) push, shift

|| שופּן זיך progress, move forward (in a crowd, in the water)

שופֿט[1] דער (ים) [ShOYFET - ShOFTIM] judge

|| מצ (bible) (Book of) Judges

שופֿט[2] דער (ן) rascal, scoundrel

שופֿך־דם זײַן* וו (שופֿך־דם געווע'ן) [ShOYFEKh-DA'M] shed blood, kill

|| שופֿך־דם זײַן דאַט offend, humiliate in public

שופֿך־דמים זײַן* וו (שופֿך־דמים געווע'ן) [ShOYFEKh-DO'MIM] זע שופֿך־דם זײַן

שופֿל דער (ען) shovel; scoop

שופֿלאָד דער/דאָס (ן/...לעדער) דימ שו'פֿלעדל drawer

שופֿלע די (ס) זע שופֿל

שו'פֿלעדל דאָס (עך) דימ זע שופֿלאָד

שו'פֿלעדער מצ זע שופֿלאָד

שופֿל|ען וו (גע–ט) shovel

שופֿר דער (ות) [ShOYFER - ShOYFRES] *shofar*, ram's horn blown in the synagogue on Rosh Hashanah and Yom Kippur

|| בלאָז|ן שופֿר blow the *shofar*

|| פֿ״גל ראָש־השנה

שופֿר־של־משיח דער [ShO'YFER-ShELMEShI'EKh] *Jew.* legendary *shofar* that will announce the coming of the Messiah

שוץ[1] די (ן) protection

שו'ץ-[2]... זע שיץ-[2]...

שו'צגראָבן דער (ס) (milit.) trench

שור־בו'ר .1 דער odds and ends, hodgepodge

|| .2 אַדוו pell-mell, helter-skelter

|| מאַכ|ן שור־בור do any which way, botch

שורה די (–ות) [ShURE] line (of writing); row, queue

|| או'נטערשטע|ע שורה result, bottom line

|| אין דער או'נטערשטער שורה when all is said and done

|| די צוועלף שורות Jew. divorce decree

שור־הבר דער [ShORABO'R] Jew. the legendary giant ox whose flesh will be eaten by the righteous in paradise

שורה־גריזל דאָס [ShU'RE] model Yiddish sentence given to girls to copy to teach them how to write

שור־הניסקל דער [ShORANISKL] : אַ קול/פּיסקל

ווי דער שור־הניסקל [KOL] a thundering voice

שורום־בו'רום אַדוו זע שור־בור 2.

שורותווייַז אַדוו [ShU'RESVAYZ] by rows; line by line

שורק דער [ShUREK] Hebrew vowel sign ֻ, representing the vowel [U] after the consonant it is placed under; the letter וּ

שורקע דער (ס) rascal, scoundrel

שורש דער (שרשים) [ShOYRESh - ShEROShIM] (gramm.) root; source, origin

שורשע|ן וו (גע–ט) rustle, swish

שו־שו־שו אינט kitchy-koo! *(exclamation in making a baby laugh)*

שושן־הבירה (די) [ShUShN-HABI'RE] *bibl.* Susa, capital of the Persian Empire

שושן־פּורים דער [ShU'ShN] the day following *Purim*, celebrated as a half-holiday in certain towns

שושקע|ן וו (גע–ט) whisper

|| שושקען זיך exchange whispers, tell each other secrets

|| מע רעדט און מע רעדט און מע שושקעט זיך we thought we understood each other; we're beating around the bush

שותף דער (ים) פֿעמ טע [ShUTEF - ShUTFIM] partner, associate; accomplice

|| זײַן* אַ שותף מיט be the partner/associate of

|| זײַן* אַ שותף צו participate in, be associated with

שותּפֿות דאָס (ן) [ShUTFES] partnership

שותּפֿותדיק אַדי [ShU'TFESDIK] common, shared, mutual

שותּפֿיש אַדי [ShUTFISh] common, shared, mutual

שותּפֿישאַפֿט די [ShU'TFIShAFT] communality (of interests, etc.)

שותק דער (ים) [ShOYSEK - ShOSKIM] person who refrains from speaking

שחור דער (ים) פֿעמ טע [ShOKhER - ShKhOYRIM] *Amer., pejor., in-group* Black, Negro; *slang* policeman

שחט|ן וו (געשחטן) זע שעכטן

שחיטה די (–ות) [ShKhITE] slaughter (livestock, poultry), *esp.* Jewish ritual slaughter; massacre

שחרית דער (ים) [ShAKhRES - ShAKhREYSIM] *Jew.* morning prayers

שטאַב דער (ן) general staff; headquarters

|| פֿ"גל שטאַבע

שטאַ'באײַזן דאָס iron bar

שטאַבליע די (ס) זע שטאַפּל

שטאַבע די (ס) bar, rod

שטאַט[1] דער (ן) state (member of a federation, e.g., Brazil, the U.S.); *Germ.* sovereign State

|| די פֿאַראיי'ניקטע שטאַטן the United States

שטאַט[2] דער pomp

|| פֿיר|ן (אַ גרויסן) שטאַט live in high style

|| האַלט|ן שטאַט keep up appearances

שטאַט[3] דער *Slav.* personnel, staff

|| אַרײַ'נ|נעמ|ען אין שטאַט hire (farmhand); appoint to a permanent post

שטאָט[1] .1 די (שטעט) דימ שטעטל city, town; *(without article)* municipal/community authorities

|| גאַנץ שטאָט everyone that matters in town; the whole town

|| הינטער דער שטאָט on the outskirts of the city

|| 2. די : אַ שטאָט (אין שול/מיזרח) [MIZREKh] seat rented in a synagogue

שטאָט[2] פּרעפּ זע אַנשטאָט; שטאָטס

שטאָ'טאויסצי דער *neol.* urban sprawl

שטאָ'ט־אַנטוויקל דער *neol.* urban development

שטאָ'טבאַנײַ דער *neol.* urban renewal

שטאָ'ט־בעל־הבית דער (־בעלי־בתּים) [BAL(E)BOS - BAL(E)BATIM] burgher, townsman; *Jew.* community notable

שטאָ'טגאָרטן דער (...גערטנער) park, public garden

שטאַ'ט־דעפּאַרטעמענט דער *Amer.* State Department

שטאָטטייל דער (ן) (city) district, quarter

שטאַטי'וו דער (ן) support, prop

שטאָ'ט־יועץ דער (ים) [YOYETS] city council member

שטאַטיש אַדי (of the) state

שטאָטיש אַדי urban, city, municipal, metropolitan

שטאָ'ט־משוגענ|ער דער-דעק [MEShU'GENER] village idiot

שטאַטנע אַדי/אַדוו stately, majestic

|| פֿ"גל סטאַטעטשנע

שטאָטס פּרעפּ — instead of
שטאָטסמאַן דער (...מענער) — statesman
שטאָ'ט־סעקרעטאַ'ר דער (ן) — *Amer.* Secretary of State
שטאָטפּלאַץ דער (...פּלעצער) — town square
שטאָ'ט־פּאַרזאָרגער דער (–/ס) — *often iron.* community leader/notable
שטאָטראָט דער (ן) — city council
שטאָטשאַפֿט די (ן) — township, municipality
שטאָך **1.** דער (ן) — prick (wound, sensation), sting; stab, jab; insinuation; jibe, sarcastic remark
|| אַ שטאָך טאָ|ן* — prick, stab *perf.*; cut to the quick
|| אַ שטאָך אין האַרצ(ן) — pang (of grief)
|| **2.** דער (שטעך) — (fash.) stitch
|| אָן אַ שטאָך אַרבעט — without a stitch of work
|| שבתדיקע שטעך [ShA'BESDIKE] זע שבת־שטעך
שטאָכוואָרט דאָס (...ווערטער) זע שטעכווערטל
שטאַכע'ט דער (ן) — picket (fence), post
|| מצ — palisade, railing
שטאַ'כער|ן וו (גע–ט) — bargain, haggle
שטאַל די/דער (ן) דימ שטעלכל — stable, stall; *fig.* hovel
שטאָל דאָס — steel
שטאָ'ל־און־אײַ'זן אַדוו — solidly, strongly; firmly, unconditionally
שטאָ'לוואַטע די — steel wool
שטאַלט דער (ן) — shape, form, appearance
שטאַלטיק אַדי — stately, well-built (personal appearance)
שטאַלטנע אַדי זע שטאַלטיק
שטאָל·ן **1.** אַדי — (of) steel
|| **2.** שטאָ'ל(עווע)|ן וו (גע–ט) — reinforce, harden
שטאָ'לפּער|ן וו (גע–ט) זע שטאָמפּערן
שטאָלץ[1] **1.** אַדי/אַדוו — proud, haughty
|| שטאָלץ מיט — proud of (stg./s.o.)
|| **2.** דער — pride
שטאָלץ[2] דער (ן) — stilt
שטאָלציר|ן וו (–ט) <מיט> — take pride (in), exult (in)
שטאָ'לצנדיק אַדי — stilted, stiff
שטאָלקאַרץ דער (ן) זע שטורקאַץ
שטאָלקע די (ס) — steel nib (pen)

שטאַם דער (ען) — trunk, stem; race, tribe, lineage
שטאַמבוים דער (...ביימער) — pedigree, family tree
שטאַמגאַסט דער (...געסט) — regular customer (at a café, etc.); hoodlum
שטאַמל|ען וו (גע–ט) (מיט דער צונג) — stutter, stammer
שטאַמלער דער (ס) פֿעמ ין — stutterer
שטאַמ|ען וו (גע–ט) פֿון — be descended from; come from
שטאַמפּ דער (ן) — pestle (mortar); die, punch
שטאַ'מפּ(עווע)|ן וו (גע–ט) — stamp, shape with a die; pound, crush; stutter, babble
שטאָ'מפּער|ן וו (גע–ט) — stumble, stagger forward
שטאַ'מפֿאָטער דער (ס) — ancestor
שטאָן דער — waist (size)
שטאַנג דער/די (ען) דימ שטענגל — beam, bar, pole
|| אונטער די פֿיר שטאַנגען — under the wedding canopy
שטאַנד דער (ן) — social position, standing; state, condition, milieu
|| זײַ|ן* אין שטאַנד צו — be in a position to
|| ניט אין שטאַנד צו — unable to, incapable of
|| צו שטאַנד קומ|ען — come about, take place
|| צו שטאַנד ברענג|ען — bring about, cause
שטאַ'נדהאַפֿטיק אַדי/אַדוו — stable, constant; firm, solid
שטאַנדפּונקט דער (ן) — point of view, standpoint
שטאָנע די זע השתּנה
שטאָנע|ן[1] וו (גע–ט) — groan
שטאָנע|ן[2] וו (גע–ט) — *dial.* urinate
שטאַפּל דער/די (ען) — step, rung; degree, level; stage, phase
שטאַפּלונג די (ען) — (ling.) comparison (of adjectives)
שטאָפּ|ן וו (גע–ט) <מיט> — cram, stuff (with food); fill *imperf.*
שטאָפּסל דאָס (עך) — cigarette butt
|| מצ — stubble, chaff
שטאָפּקע די (ס) — stopper, cork
שטאָף[1] דער (ן) — matter, substance; material, fabric
שטאָף[2] דער (ן) — measure of volume in Russia, equal to 1.54 liters, 1.63 quarts; bottle; ladle, scoop
שטאַפֿי'ר דער (ן) — trousseau
שטאָפֿ·ן אַדי — (of) cloth
שטאַפֿע'ט דער (ן) — messenger, courier, herald

שטאָציק אַדי abrupt, steep, precipitous

שטאָק[1] דער (–) floor, story, level

שטאָק[2] דער (ן) *lit.* stick, cane; (tree) stump

|| איבער שטאָק און (איבער) שטיין cross country, over hill and dale; in headlong flight; facing many obstacles

|| פֿ״גל שטעקן[1]

שטאָק[3] אַדוו *(before certain adjectives and nouns)* completely, totally

|| שטאָק פֿינצטער pitch black

|| שטאָק טויב stone deaf

|| ס'איז שטאָק נאַכט it's darkest night

שטאָקאײַל די (ן) tawny owl

שטאָקע'ט דער (ן) זע שטאַכעט

שטאַר אַדי/אַדוו immobile, stiff, rigid; expressionless, fixed (stare)

שטאַר דער/די (ן) (med.) cataract

|| פֿ״גל שטאַרע

שטאַרב : מאַכ|ן אַ שטאַרב *hum.* kick the bucket

שטאַרביק אַדי mortal

שטאַ'רביקייט די death rate

שטאַרב|ן וו (איז געשטאָרבן) die

|| שטאַרבן (פֿון) die (of), succumb (to)

|| שטאַרבן מיט אַ גרינגן טויט die without suffering

|| ניט שטאַרבן מיטן אײַ'גענעם טויט, שטאַרבן ניט מיט זײַן טויט die a violent death

|| שטאַרבן נאָך be dying for

שטאָרך דער (ן) *Germ.* stork

שטאָרכע|ן וו (גע–ט) זע שטורכען

שטאַר|ן וו (גע–ט) <אויף> stare fixedly (at)

שטאָרע די (ס) window shade, blind

שטאָרעם דער (ס) strong wind, gust

שטאָרץ די (ן) זע שטערצל

שטאָרץ דער (ן) edge, side, ridge

שטאָרצאָם אַדוו זע שטאָרצעם

שטאַ'רצבאַלקן דער (ס) *neol.* cantilever

שטאַרציק אַדי projecting, jutting

שטאָרצל דאָס (עך) stub, butt, stump

שטאַרצ|ן וו (גע–ט) project, jut out

שטאָרצעם אַדוו upright, on end; firmly

|| שטעל|ן זיך שטאָרצעם resist, struggle

שטאַרק אַדי/אַדוו strong; solid, robust; powerful, potent

שטאַרקייט די (ן) strength, intensity, solidity

שטאַרק|ן וו (גע–ט) strengthen, fortify; reassure, invigorate

|| שטאַרקן זיך <קעגן> pull oneself together, brace oneself (to face)

שטאַ'רקעכץ דאָס (ן) pick-me-up, tonic

שטאָרקע|ן וו (גע–ט) זע שטורכען

שטאַ'רק|ער דער-דעק strong man

שטוב[1] די (שטיבער) .1 דימ שטיבל house, dwelling

|| אין שטוב at home, indoors

|| מע טאָר אים ניט אַרײַ'נלאָזן אין קיין ייִ'דישער שטוב he's not to be associated with

|| .2 די (ן/שטיבער) room, chamber

|| שטוב און אַלקער/קאַמער, אַ שטוב מיט אַן אַלקער/קאַמער next door

שטו'ב-[2]... indoor

שטו'בזאַכן מצ household goods

שטו'בזיצער דער (ס) פֿעמ ין homebody, stay-at-home

שטוביק אַדי domestic; indoor; cozy, comfortable; tame

שטו'ביקונג די domestication

שטו'ביק|ן וו (גע–ט) domesticate, tame

שטו'ביק|ער דער-דעק resident, occupant, member of a household

שטובמענטש דער (ן) resident, occupant, member of a household

שטו'בפֿירערין די (ס) housekeeper

שטודיום דער/דאָס (ס) [DY] study, studies, degree course

שטודיע די (ס) [DY] investigation, study (of a subject)

שטודיר|ן וו (–ט) study (a subject); be a student, study (at a college/university); examine, inspect

שטוטי'ץ דער (ן) kit, case (of tools, etc.)

שטוטשקע די (ס) small piece (of cloth), scrap

|| פֿ״גל שטוטשקעלע; שטוקע

שטו'טשקעלע דאָס (ך) דימ שטוקע trick, scheme

שטויב דער/דאָס (ן) דימ שטײַבל dust; pollen; pinch/dash (of); (radioactive) fallout

שטוי'בזויגער דער (ס) *Germ.* vacuum cleaner

שטויביק אַדי dusty, powdery

שטוי'במאַשין די (ען) vacuum cleaner

שטויב|ן וו (גע–ט) dust, vacuum *imperf.*

|| שטויבן זיך be covered with dust; wallow in dust

שטוי'בפּאָדעם דער (...פּעדעם) (botan.) stamen

שטוי'בשופּל דער/די (ען) dustpan

שטוי'בשײַוועלע דאָס (ך) dustpan

שטוינונג די astonishment

שטוינ|ען וו (גע–ט) be astonished, be flabbergasted

שטוי'נענדיק אַדי astonishing

שטויס[1] דער (ן) push, bump; stimulus, inducement

|| אַ שטויס טאָ|ן* thrust, push (back)

שטויס[2] דער (ן) stack, pile

שטויסל דאָס (ען) **זע שטייסל**

שטויס|ן וו (געשטויסן) push; butt; incite, stimulate; pound, grind *imperf.*

|| שטויסן זיך butt one another

|| שטויסן זיך <אַז> suspect, surmise (that)

שטוי'סעניש דאָס pushing and shoving

שטויסער דער (ס) thruster, engine

שטויסקראַפֿט די (techn.) thrust

שטול **.1** די/דער (ן) chair, seat

|| **.2** די (ן) armchair

|| **פֿ״גל וועבשטול**

שטולגאַנג דער stool, bowel movement

|| האָב|ן* שטולגאַנג have a bowel movement

שטולפֿן מצ false cuffs

שטום אַדי/אַדוו mute, speechless

שטומאַק דער (עס) *pejor.* mute, dummy

שטומורע די (ס) *pejor.* taciturn person

שטו'ם־לשון דאָס [LOShN] sign language

|| (רעד|ן) אויף שטום־לשון (communicate) by signs

שטומ|ען וו (גע–ט) *lit.* be silent/speechless

שטומ|ער דער-דעק mute person

שטומפּ[1] אַדי **זע שטומפּיק**

שטומפּ[2] דער (ן) stump, stub; pitfall, snare; *slang* insult, injury, dirty trick; *slang* dupe, sucker

שטומפּיק אַדי/אַדוו dull, blunt; obtuse

|| שטומפּיק אויף not very well versed in

שטונד(ע) די (שטונדן) *Germ.* hour; private lesson

שטונק דער *vulg.* filthy person, dirty dog

שטופּ דער (ן) push, shove; impetus, boost

|| אַ שטופּ טאָ|ן* push *perf.*, jostle

שטו'פּוועגל דאָס (עך) pushcart

שטופּל דער (ען) small perforation, small hollow; pockmark; toothed wheel used to perforate matzo; (fash.) cutting wheel

|| **פֿ״גל מצה**

שטופּל|ען וו (גע–ט) pit, riddle with pockmarks; (fash.) mark with a wheel

שטופּ|ן וו (גע–ט) shove, push (forward) *imperf.*; jostle, bump into; *vulg.* have sex with

|| שטופּן זיך scramble *intr.*, jostle; push ahead, make one's way

|| שטופּן דאַט אַק אין פּנים [PONEM] stick stg. right under s.o.'s nose

שטו'פּעניש דאָס congestion, crush, jostling

שטו'פּ־שעה די (ען) [ShO] rush hour

שטו'פֿנווײַז אַדי/אַדוו *Germ.* in stages, gradual

שטופֿע די (ס) *Germ.* degree, level, rank; stage, phase

שטוקאַטו'ר די stucco

שטוקאַטו'רע(ווע)|ן וו (גע–ט) roughcast, stucco

שטוקע די (ס) trick, ruse, scheme; about-face; *fam.* queer fellow, odd fish; (chess) piece

שטו'קעווע|ן וו (גע–ט) patch *imperf.*, piece together

שטורך דער (ן) nudge, jab

|| אַ שטורך טאָ|ן* <דאַט> jab, elbow, nudge

שטורכע|ן וו (גע–ט) poke, nudge, elbow

|| שטורכען זיך jostle *intr.*, push and shove

שטורמאַק דער (עס) old dotard

שטורמיש אַדי/אַדוו violent, raging; stormy, tempestuous; noisy

שטורעם דער (ס) storm, tempest; assault, charge

|| (אײַ'נ)נעמ|ען מיט שטורעם storm, take by force

שטו'רעמדיק אַדי stormy, tempestuous; boisterous, noisy

שטו'רעמווינט דער (ן) hurricane, tempest, gale

שטו'רעמ|ען וו (גע–ט) rant, fume; assault, storm; rage

שטו'רעם־פֿייגל דער (־פֿייגל/ען) storm petrel

שטורקאַ'ץ דער (ן) torch

שטורקע|ן וו (גע–ט) **זע שטורכען**

שטות דער/דאָס (ים) [ShTUS] foolishness, stupidity; trifle

|| מצ absurdity, nonsense

שטותיק אַדי [ShTUSIK] ridiculous, absurd

שטותערײַ דאָס (ען) [ShTUSERA'Y] folly, nonsense, inanity; bagatelle, trifle, childishness

שטח דער (ים) [ShETEKh - ShTOKhIM] area, surface; region, zone; domain, territory

שטיא די (ס) [ShATYE] fool, idiot

שטיבל דאָס (עך) **שטוב** דימ *also* small Hasidic house of prayer

שטיבלע'ט דער (ן) [Ly] **זע שטיוועלעט**

שטיבער מצ זע שטוב[1]

שטיברע די (ס) prop, support

שטי'ברעווע|ן וו (גע–ט) prop up *imperf.*

שטיגלעץ דער (ן) זע טשיזשליק

שטיגן מצ steps, flight of stairs

שטידל דאָס (עך/ען) *lit.* doorpost; lintel

שטיוואַל(י)עס מצ [Ly] large boots

שטיוול דער (–) boot

|| לינק|ער שטיוול unsaleable article; inept person

שטיוו(ע)לע'ט דער (ן) [Ly] half-boot, ankle boot

שטייבל = שטייַבל דאָס (עך) שטויב דימ dust particle

שטייַג די (ן) cage

שטייַ'גבעטל דאָס (עך) crib

שטייַגל דאָס (עך) שטייַג דימ birdcage

שטייַג|ן וו (איז געשטיגן) rise, ascend, climb (social ladder); go up (in price)

שטייגער דער (ס) manner, way, style; usage, custom; kind of; (social) status; (gramm.) mood; traditional Jewish melody, liturgical mode

|| אויף אַ שטייגער on the right path

|| ווי דער שטייגער איז as is usual/customary

|| ווי פּאָס שטייגער איז as is my/your/etc. custom

|| אַ שטייגער for example

|| אַ שטייגער ווי as if

|| דער שטייגער לעבן lifestyle

שטייַגער דער (ס) carriage step, running board

שטיי'געריש אַדי customary; of everyday life; (novel, etc.) of manners

שטיי'געררעכט דאָס common law

שטייַגראָד די/דאָס (...רעדער) balance wheel (clock)

שטייִק אַדי stagnant

שטייַל אַדי *Germ.* steep, abrupt, precipitous

שטיילאָמפּ דער (ן) floor lamp

שטיין[1] דער (ער) stone, rock; outdated/unsaleable item; domino (tile)

|| אַ שטיין אין וועג stumbling block

|| לייג|ן דאַט שטיינער אין וועג put obstacles in the way of

|| לייג|ן דאַט שטיינער אויפֿן האַרצן discourage s.o.

|| עס איז מיר אַראָ'פּ אַ שטיין פֿון האַרצן that's a relief, that's a load off my mind

|| גיס|ן ווי אויף אַ שטיין drink (like a fish), knock back

|| פֿון אַ שטיין די/דאָס ווייכע *fam.* not much, very little

|| שטיין רייַך immensely rich

שטיי|ן*[2] וו (מיר/זיי שטייען; איז געשטאַנען) stand; (penis) be erect; (vehicle, mechanism) be stopped, not move; be written

|| שטיין אין be engaged in (business, etc.)

|| שטיין פֿאַר face, be confronted with

|| שטיין אַנטקעגן face, stand opposite

|| שטיין דערבייַ' stand by, witness

|| בלייַב|ן שטיין halt *intr.*, stop moving; stand still

|| ווי ער/זי/עס שטייט און גייט (just) as he/she/it is

שטיין־און־ביי'ן : לייַ'קענ|ען שטיין־און־ביין deny outright/vehemently

שטיינבאָק דער ibex; Capricorn

שטיינדל דאָס (עך) שטיין דימ *also* pebble; pit, stone (fruit)

שטיי'נדלדיק אַדי pebbly

שטיינזאַלץ די/דאָס rock salt

שטיינס געזאָ'גט אינט זע מישטיינס געזאָגט

שטיי'נערדיק אַדי stony, rocky

שטיינערייַ' די (ען) quarry

שטיי'נעריק אַדי זע שטיינערדיק

שטיי'נערן אַדי (of) stone

שטיי'נקוילן מצ coal

שטיי'נשנייַדער דער (–/ס) stone carver; diamond cutter

שטייסל דאָס (ען) mortar (grinder)

|| דאָס איי'בערשט|ע פֿון שטייסל pestle; *fig., iron.* the cream of the crop

שטיי'ע(נ)דיק אַדי/אַדוו standing; upright, vertical; stopped, standing still; stagnant

שטייַער דער (ן) tax, duty

|| געב|ן* <דאַט> צו שטייַער contribute (to), chip in (for)

שטייַ'ערדיק אַדי taxable

שטייַ'ער־מאָנער דער (–/ס) tax collector

שטייַ'ער|ן[1] וו (גע–ט) pilot, steer (boat)

שטייַ'ער|ן[2] זיך וו (גע–ט) struggle, do battle

שטייַ'ער־פֿאַרהאַלט דער tax withholding

שטייַ'ער־צאָלער דער (–/ס) taxpayer

שטייַ'ערקלאַס דער (ן) tax bracket

שטײַף אַדי/אַדוו — stiff, rigid, taut; firm; inflexible; prim, staid, affected
שטײַפֿן זיך וו (גע–ט) — bristle, stiffen
שטײַפֿקייט די — stiffness, rigidity
|| אַ שטײַפֿקייט אין רוקן — back strain
שטיכל דאָס (עך) — engraving (on metal); chisel, graver
שטיל[1] .1 אַדי/אַדוו — silent, quiet; soft (voice, sound); tacit, discreet; humble, meek
|| רעדן שטיל — whisper
|| .2 די — silence, calm
|| אין דער שטיל — quietly, silently
שטיל[2] די/דער (ן) — handle
שטי'לינקערהיי'ט אַדוו — quietly, discreetly, secretly
שטי'ללעבן דאָס (ס) — still life
שטיל|ן וו (גע–ט) — still, calm, appease; quench, satisfy
שטילנע אַדי/אַדוו [Ly] — tightly sealed
שטילע'ט דער (ן) [Ly] — dagger; stiletto
שטי'לערהיי'ט אַדוו — quietly, silently, softly; secretly
שטילקייט די — silence, calm
שטי'לשווײַגן דאָס — silence
|| אַ מינו'ט שטי'לשווײַגן — a moment of silence
שטילשטאַנד דער (ן) — standstill, suspension
שטים[1] די (ען) — voice; vote
|| אָ'פּ|געבן* די שטים — vote, cast one's ballot
|| שטים אויף יאָ/ניין — vote for/against
שטי'ם[2]־... — vocal; electoral
שטי'מבודקע די (ס) — voting booth
שטימבייג דער (ן) — intonation, inflection
שטי'מבענדער מצ — vocal cords
שטימונג די (ען) — mood, spirits; atmosphere, ambiance
שטי'מונגספֿול אַדי/אַדוו — full of spirit/emotion
שטימורע די (ס) זע שטומורע
שטימיק אַדי — (ling.) voiced
שטימע די (ס) זע שטים[1]
שטימ|ען וו (גע–ט) — vote; be correct, be OK; agree, match, go together
|| שטימען פֿאַר — vote for
|| שטימען פֿאַר די סאָציאַליסטן — vote socialist
|| שטימען מיט — correspond to, agree with; be compatible with
שטימפּ דער זע שטומפּ[2]

שטי'מצעטל דער/דאָס (ען/עך) — ballot
שטי'מקאַסטן דער (ס) דימ שטי'מקעסטל — ballot box
שטימרעכט דאָס — suffrage, right to vote
שטינקע די (ס) — smelt
שטינקעכץ דאָס — stench, smelly thing
שטינק|ען וו (געשטונקען) — stink
|| שטינקען מיט — smell of
שטינקפּאָס די/דאָס (...פּעסער) — smelly person
שטיפּעליאַווע אַדי זע שעפּעליאַווע
שטי'ף־... — step-...
|| שטיפֿמאַמע — stepmother
שטיפֿט דער (ן) — pin, nail; (pencil) lead
שטיפֿטל דאָס (עך) שטיפֿט דימ — pencil; tack
שטיפֿ|ן וו (גע–ט) — fool around, make mischief; have fun, frolic
שטיפּע'ט דער (ן) זע שטאַפּעט
שטיפֿער דער (ס) פֿעמ קע — mischievous child, scamp
שטיפֿערײַ' דאָס (ען) — mischief, pranks, childish behavior; frolic, playing
שטי'פֿעריש אַדי/אַדוו — mischievous, impish; playful
שטיפֿקינד דאָס (ער) — stepchild; unloved child; *hum.* rascal, brat
שטיץ דער (ן) — support; grant, subsidy
שטיציק אַדי — supportive
שטיצ|ן וו (גע–ט) — support, uphold; fund, subsidize; promote, encourage
|| שטיצן זיך אויף — rest on, be based on; count on
שטיצע די (ס) — support, aid
שטיצער דער (ס) פֿעמ ין — donor, patron; defender, advocate
שטיק[1] דאָס/די (ער) — piece; (theat., mus.) play; item (merchandise); odd character
|| אויפֿן שטיק — piece by piece, piecework
|| זײַן* אַ שטיק נאָמ — be a bit (of a)
|| שטיק נאַר! — you idiot!
|| רײַס|ן שטיקער <פֿון> — harass, badger, torment; fleece (customer)
|| רײַס|ן פֿון זיך שטיקער — rue, regret, kick oneself
|| צערײַס|ן אויף שטיקער — rip to shreds
|| צערײַס|ן זיך אויף שטיקער — do one's utmost
שטיק[2] דער (עס) זע שטיקע
שטיק[3] מצ — tricks, pranks; machinations, schemes; caprices, whims

|| מאַכ|ן שטיק — be capricious; be up to one's tricks

|| מאַך ניט קיין שטיק! — stop clowning around!

שטי'קאַרבעטער דער (ס) פֿעמ ין — piece worker

שטיקיק אַדי — stifling, suffocating

שטיקל[1] דאָס (עך) שטיק דימ — small piece, bit; cake (soap); head (cattle)

|| אַ שטיקל נאָמ — a bit of a ..., an amateur ...; something of a, sort of a; rough (idea), preliminary (plan)

|| ער איז אַ שטיקל דאָקטער — he has some knowledge of medicine

|| עס איז אַ שטיקל גליק — thank goodness, it's a good thing

|| שטיקל ברויט — *also* livelihood

|| שטיקל אַרבעט — order, work to be done; piece of work being executed or recently finished

|| אויף שטיקלעך — in/to pieces

שטיקל[2] דאָס (עך) — trick, joke, prank

שטי'קלעכווײַז אַדוו — piece by piece

שטיק|ן[1] (זיך) וו (גע-ט) — choke, suffocate *trans./intr. imperf.*

שטיק|ן[2] וו (גע-ט) — embroider *imperf.*

שטיקע די (ס) — bayonet

שטי'קעדיק אַדי — stuffy, suffocating

שטיקעכץ דאָס — embroidery

שטי'קעניש דאָס — crowd/crush (of people); suffocating heat

שטיקשטאָף דער — nitrogen

שטי'ק-שטי'קלעך : אויף שטיק-שטיקלעך — in bits and pieces, in shreds

שטירדעס דאָס **זע** סטירדעס

שטירניק דער (עס) — raftsman

שטי'רע|(נע)ן וו (גע-ט) <אויף> — stare

שטעג דער (ן) — path, trail

שטעט מצ **זע** שטאָט[1]

שטעטל דאָס (עך) שטאָט דימ — small town; *shtetl*, small town in eastern Europe with a Jewish community; that community

|| באַשטיי|ן* פֿאָס שטעטל — hold one's own, cope; get along without anyone's help

|| אין שטעטל — *also* in our milieu, among us

|| וואָס הערט זיך אין שטעטל? — what's new in the neighborhood?

|| אַ נײַס אין שטעטל! — as if we didn't already know that!

|| פֿון איין שטעטל — of the same stock; intimately related/connected

שטע'טלדיק אַדי — of the town; provincial, small-town

שטעטלש אַדי — of the town

שטעך[1] דער — barter, exchange

שטעך[2] מצ **זע** שטאָך 2.

שטע'כבעטל דאָס (עך) — bed of nails

שטעכדראָט דער (ן) **זע** שטעכלדראָט

שטע'כווערטל דאָס (עך) — cutting remark, barb

שטעכיק אַדי/אַדוו — barbed, thorny, prickly; stinging, prickling; acerbic, caustic

שטעכל דאָס (עך) — (biol.) prickle, thorn

שטע'כלדיק אַדי — thorny, prickly

שטע'כלדראָט דער/דאָס (ן) — barbed wire

שטע'כל-חזיר דער (ים) [KhAZER - KhAZEYRIM] — porcupine

שטעכלער דער (ס) — hedgehog

שטע'כלקע די (ס) — prickle, thorn; awn, barb

שטע'כמעסער דער/דאָס (ס) — dagger

שטעכ|ן וו (געשטאָכן) — sting, prick *imperf.*; throb, (pain) shoot; stab; engrave

|| שטעכן אומפּ דאַט אין — *rev.* have a pain in

שטע'כעדיק אַדי/אַדוו **זע** שטעכיק

שטע'כעווע|ן וו (גע-ט) — barter, exchange

שטעכעליר|ן וו (-ט) — needle, pester

שטע'כעניש דאָס — shooting pain

שטעל[1] די (ן) — stall (in a market), newspaper kiosk; passage (in a book)

|| אויף דער שטעל — at once, right away

|| פּ״גל שטעלע

שטעל[2] דער (ן) — attitude, carriage, air

שטע'ל-באַטיילונג די — *neol.* political patronage, favoritism, nepotism

שטעלונג די (ען) <וועגן/צו/בנוגע [BENEGEYE]> — stand, (political, etc.) position, attitude (regarding)

|| אָ'נ|נעמ|ען אַ שטעלונג — take a stand

שטעלכל[1] דאָס (עך) שטאַל דימ — shed, shelter

שטעלכל[2] דאָס (עך) שטעל דימ — stall, stand (at a market)

שטעלמאַך דער (ן) [Ly] **זע** סטעלמאַך

שטעל|ן וו (גע-ט) — put, place *imperf.*; set/position (rigid objects) vertically; stage (play); pose (question), set (condition); pickle (vegetables); try out (voice/instrument); (typogr.) do page layout; offer (drinks)

|| שטעלן דאַט פּאָקן — vaccinate

|| שטעלן אויף — bet/stake (stg.) on; count on

|| שטעלן אויף זיך — be sure of oneself, have self-confidence

|| שטעלן זיך — rise, stand up, get up; present oneself, appear; go bankrupt; show off, boast; (penis) become erect; (hot/cold weather) set in; (tears) well up

|| שטעלן זיך פֿאַר/קעגן — take a position for/against

שטעלניק דער (עס) — merchant, shopkeeper

שטעלע די (ס) — position, place, job

|| האַלב|ע שטעלע — part-time job

שטעלער דער (–/ס) — high roller, daredevil; compositor, typesetter

שטע'ל־פֿאַרטרעטער דער (–/ס) פֿעמ ין — replacement, substitute

שטע'ל־צעגעבונג די — *neol.* nepotism, favoritism, patronage

שטעמפּל דער (ען) — stamp (tool), seal; imprint (seal)

שטעמפּל|ען וו (גע–ט) — stamp *imperf.*

|| שטעמפּלען אַק ווי/פֿאַר — brand s.o. as

שטע'מפּל־קישעלע דאָס (ך) — ink-pad

שטענגל דאָס (עך) שטאַנג דימ — *also* (botan.) stem, stalk

שטענדיק **1.** אַדי — regular, permanent, constant, ongoing

|| **2.** אַדוו — always, continually

|| אויף שטענדיק — forever

שטענדער דער (ס) — lectern, reading stand

שטענצל דער (ען) — stencil

שטעפּל דאָס (עך) — stitch

שטעפּ|ן וו (גע–ט) — (fash.) stitch, *esp.* by machine; quilt

שטעפּסל דער/דאָס (ען) — (elec.) socket, outlet; stopper, plug

שטעפּער דער (–/ס) פֿעמ קע — cutter and stitcher of shoe-leather

שטעקל דאָס (עך) שטעקן דימ — rod, stick; cane, walking stick

שטעקלאַטש דער (ן) — slipper

שטע'קליַיד דער (ן) — *pejor.* 19th century Jewish type, living on speculation and sporadic income

שטעקן[1] דער (ס/...קענעס) דימ שטעקל — stick, staff, club; cane, walking stick

שטעק|ן[2] וו (גע–ט) — stick *imperf.*, place, plant, stick/plug in; (stg.) be located/hidden (somewhere); be planted/stuck in

|| שטעקן אין — be deep in, be absorbed by; be overwhelmed by; be inherent in

|| בליַיב|ן שטעקן — get stuck

|| האָב|ן* צו שטעקן אין — to be involved/implicated in, be at the bottom of

|| שטעקן זיך — meddle, interfere

|| שטעק(ט) זיך ניט — mind your own business

|| דאָ מוז עפּעס שטעקן — there's something going on

שטע'קן געבליב·ן אַדי — stuck, stranded

שטע'קענעס מצ זע שטעקן[1]

שטעקשוך דער (...שיך) — slipper

שטער[1] דער (ן) — hindrance, obstacle; inconvenience, unpleasantness; disadvantage, drawback

שטער[2] דער (ן) — sturgeon

שטערבלעך **1.** אַדי — mortal

|| **2.** אַדוו — fatally

שטע'רבלעכקייט די — mortality

שטערונג די (ען) — interference, disruption

שטערן[1] דער (ס) — (anat.) forehead, brow

|| הויכ|ער/טיפֿ|ער שטערן — high forehead

|| קו'פּערנ|ער שטערן — brazen-faced/shameless person

שטערן[2] דער (–) — star

|| פֿאַ'לנדיק|ער שטערן — shooting star

שטער|ן[3] וו (גע–ט) <דאַט> — hinder, impede, disturb, interrupt

|| שטערן דאַט צו — prevent s.o. from

שטע'רנבאַנד דער (...בענדער) — headband; tiara, diadem

שטע'רנדיק אַדי — starry

שטע'רנדל דאָס (עך) שטערן דימ — *also* asterisk

שטע'רן־זעער דער (ס) פֿעמ ין — stargazer, astrologer

שטע'רן־זעעריַי דאָס — astrology, stargazing

שטע'רן־חלל דער (ס) [KhOLEL] — sinus

שטע'רן־טיכל דאָס (עך) — traditional Jewish women's head covering

שטע'רן־פֿליִער דער (ס) — astronaut

שטע'רן־פֿליִעריַי דאָס — astronautics

שטע'רן־קוקער דער (ס) פֿעמ ין — dreamer

שטע'רנשיס דער — aetites, stone believed to prevent spontaneous abortions

שטערער דער (ס) פּעמ קע — nuisance, spoil-sport
שטע'רעריש אַדי/אַדוו — disruptive, disturbing
שטערצל דאָס (עך) — (pot) cover, lid
|| **אוי'נטערן שטערצל** — in secret, in one's heart of hearts
|| **אַ טאָפּ מיט אַ שטערצל** — a well-matched couple
שטע'רצעלע דאָס (ך) **שטערצל** דימ — cap
שטר דער (ים/ות) [ShTAR - ShTORIM/ShTORES] — deed, (notarized) document; (banker's) draft, bill (of exchange); receipt
שטראָז דער (ן) — (paved) road; turnpike, toll road
שטראָך דער (ן) — dash, line, stroke (of the pen)
שטראַל דער (ן) — ray, beam (of light)
שטראַלונג די (ען) — radiation, radiance
שטראַל|ן וו (גע-ט) — beam, radiate
שטראַ'לנדיק אַדי — beaming, radiant; dazzling
שטראַם זע **גראַם־שטראַם**
שטראָם[1] דער (ען) — stream, current (water, electricity); *fig.* wave, flood, tide; trend, tendency
|| **גיי|ן*/שווימ|ען מיטן שטראָם** — follow the trend, go with the flow
|| **גיי|ן*/שווימ|ען קעגן שטראָם** — swim against the tide
שטראָם[2] דער (ען) — scar
שטראָם־אַראָ'פּ אַדוו — downstream
שטראָם־אַרוי'ף אַדוו — upstream
שטראָ'מבעקן דער (ס) — river basin
שטראָמיק אַדי — torrential
שטראָ'מליניע די (ס) [NY] — *neol.* streamlining
שטראָ'מליניק אַדי — *neol.* streamlined
שטראָמ|ען וו (גע-ט) — flow, stream
שטראָמקע די (ס) זע **סטראָמקע**
שטראָמקרײַז דער (ן) — (elec.) circuit
שטראָמשוועל די (ן) — (geogr.) rapids
שטראַנד דער (ן) — beach, seashore
שטראַנד|ן וו (גע-ט) — (ship) beach, run aground
שטראַף דער (ן) — fine
שטראָף[1] די (ן) — penalty, punishment; reprimand; fine; sentence (punishment)
שטראָ'ף[2]־... — penal; punitive
שטראָ'פּאַרבעט די — (sentence of) hard labor
שטראָפּהויז דאָס (...הײַזער) — penitentiary
שטראַפּיר|ן וו (-ט) — fine, impose a fine
שטראָפּ|ן וו (גע-ט) — punish, penalize; chastise, reprove
שטראָפּקוויט דער (ן) — (parking) ticket

שטראָפּרייד מצ — reproof, reprimand
שטרודל דער (ען) — strudel, fruit-filled cake
שטרוי 1. דער (ען) — (wisp of) straw
|| **2.** די — straw *coll.*, hay, thatch
|| **קײַ|ען שטרוי** — talk but say nothing; be stupid
|| **גיב אים שטרוי צו קײַען** — he's a complete idiot
שטרוייזאַק דער (...זעק) — straw mattress
שטרויכל דער (ען) — bump (in the road)
שטרוי'כלדיק אַדי — bumpy, uneven (road, etc.)
שטרויכלונג די (ען) — temptation, pitfall
שטרויכל|ען וו (גע-ט) — tempt, incite to sin
שטרוי'כלשטיין דער (ער) — stumbling block
שטרויס דער (ן) — ostrich
שטרוי'ספֿויגל דער (...פֿייגל) זע **שטרויס**
שטרוי'עלע דאָס (ך) — stalk of straw
שטרוי'ע(ר)ן אַדי — (of) straw, thatched; fake, illusory
|| **שטרויענ|ער קאָזאַק** — paper tiger, coward
שטר־חובֿ דער (ות) [ShTARKhO'YV] — promissory note
שטר־חצי־זכר דער [ShTAR-KhOTSIZO'KhER] — *Jew.* document by which a daughter acquires the right of inheritance
שטרײַט דער (ן) — conflict, struggle, combat
שטרײַט|ן וו (געשטריי'ט/געשטריטן) — dispute, quarrel, struggle
שטרײַכ|ן[1] וו (געשטראָכן/געשטריכן) — cross out *imperf.*; sketch, paint; tan (leather), dye (skins)
|| **שטרײַכן זיך מיט/אין** — glory in, pride oneself on
שטרײַכ|ן[2] **זיך** וו (גע-ט) <צו/אַרו'ם> — strive (to); look for (stg.), court, run after (s.o.); (horse) move forward with difficulty
שטרײַכער דער (-/ס) — furrier, tanner
שטרײַמל דאָס (עך/ען) — round hat edged with fur, worn by orthodox Jews on the Sabbath and holidays
שטרײַף דער (ן) — stripe, strip; braid (trimming)
שטרײַק דער (ן) — strike, work stoppage
|| **שטרײַק פֿאַ'ר זיך** — wildcat strike
שטרײַ'קברעכער דער (-/ס) פּעמ ין — strikebreaker, scab
שטרײַק|ן וו (גע-ט) — (go out on) strike, be on strike
שטרײַקער דער (-/ס) פּעמ קע — striker
שטריך דער (ן) — stroke, line, dash; characteristic trait, facial feature

|| גוט|ער שטריך feature, positive quality

|| שלעכט|ער שטריך defect, negative quality

שטריכיר|ן וו (–ט) crosshatch

שטריכל|ען וו (גע–ט) ornament with lines, hatch

שטרימפּ = שטרימף מצ socks, stockings

שטריצל דאָס (עך) currant cake

שטריק דער/די (–) rope, cord

שטרי'קדרייער דער (ס) rope maker

שטריקוואַרג דאָס knitwear

שטרי'קטענצער דער (–/ס) פֿעמ קע tightrope walker

שטריקל דאָס (עך) שטריק דימ string; leash

|| אויף אַ שטריקל on a leash

|| אי'בער|ציִ|ען דאָס שטריקל push things too far

שטרי'קל־דרייער דער (–/ס) זע שטריקדרייער

שטרי'קלייטער דער (ס) rope ladder

שטריק|ן וו (גע–ט) knit *imperf.*

שטריקערײַ' דאָס knitting (activity, industry)

שטר־מכירה דער [ShTAR-MEKhI'RE] bill of sale

שטרעבונג די (ען) <צו> aspiration (to), striving (for), pursuit (of)

שטרעב|ן וו (גע–ט) aspire, have ambitions

|| שטרעבן צו endeavor to, strive to, try to obtain

שטרעמונג די (ען) leanings (political, etc.), direction, orientation

שטרענג אַדי/אַדוו severe, rigorous, strict

שטרעק|ן וו (גע–ט) stretch out (body part), extend

|| שטרעקן דעם האַלדז/דאָס לעבן פֿאַר be ready to give one's life for

|| שטרעקן זיך stretch out *intr.*; make an effort to attain

שטרעקע די (ס) distance, stretch, space

שטר־קבלה דער [ShTAR-KABO'LE] receipt

שטשאָבע|ן וו (גע–ט) sew coarsely

שטשאָגעל דער (ס/ן) dandy, fop

שטשאָדרען דער (ס) *Slav.* generous man, spendthrift

שטשאַוו(יי') דער sorrel

שטשאַוויע = שטשאַוועל דער זע שטשאַוויי

שטשאָט דער (ן/עס) *Slav.* account; abacus

שטשאָך דער (עס) bed-wetter

שטשאָכע|ן וו (גע–ט) *fam.* wet the bed

שטשאַפּע די (ס) log (wood)

שטשאָקע די (ס) *Slav.* cheekbone

שטשאָר דער (שטשערעס) זע שטשור

שטשופּלע אַדי thin, slender, delicate

שטשופּע|ן וו (גע–ט) זע שטשיפּען

שטשור דער (עס) rat

שטשיזליק דער (עס) זע טשיזשליק

שטשילנע אַדי/אַדוו [Ly] זע שטילנע

שטשימע|ן וו (גע–ט) זע שטשעמען

שטשיפּיאָר דער scallion, chive

שטשיפּי'לאָווע אַדי/אַדוו זע שעפּעליאָווע

שטשיפּל|ען וו (גע–ט) tease, titillate

שטשיפּע|ן וו (גע–ט) pinch, nip, pluck; browse, graze; nibble (at)

שטשיפּצע די (ס) pincer

שטשיפּקעס מצ meatballs; pastry crumbs

|| פֿײַגל ציפּקעס

שטשיריק דער (עס) זע טשיריק; סצירקע

שטשירע אַדי *Slav.* genuine, true, authentic

שטשירע|ן וו (גע–ט) מיט די ציין show/bare one's teeth; gnash one's teeth

שטשירעץ דער = שטשירקע די זע סצירקע

שטשעדראָ'ן דער (עס) זע שטשאָדרען

שטשעטינע די (ס) (hog) bristles

שטשע'לניצע די (ס) [Ly] (milit.) rifle range

שטשעמע|ן וו (גע–ט) clench, grip *imperf.*

שטשעפּ דער (ן) graft (plant, tree)

שטשעפּע|ן וו (גע–ט) graft (plants)

שטשעפּקע די (ס) graft, scion

שטשערב דער (עס/ן) notch, nick

שטשערבאַטע אַדי jagged, chipped; notched

שטשערביק אַדי jagged, chipped; serrated

שטשערווע די (ס) זע סטערווע

שטשערעס מצ זע שטשאָר

שיבוש דער (ים) [ShIBESh - ShIBUShIM] trifle, pittance

שיב|ן[1] וו (גע–ט) push, shove; put in the oven; stuff oneself, overeat

שיבן[2] מצ dandruff

שי'בעניק דער (עס) פֿעמ ...ניצע scoundrel, rogue, ruffian

שיבער[1] דער (–/ס) ovenman; baker's shovel/peel; glutton; slide bolt

שיבער[2] דער (ס) splinter

שי'בער|ן זיך וו (גע–ט) scratch oneself

שיבֿעה די [ShIVE] *Jew.* the seven days of mourning after the burial of a close relative

|| זיצ|ן שיבֿעה <נאָך> observe the seven days of mourning (for)

|| זיצ|ן שיבֿעה נאָך *fig.* resign oneself to the loss of

שיבֿעה־טובֿי־העיר מצ [ShIVE-TU'VE-HOI'R] town/community notables

שיבֿעה־ימים מצ [ShIVE-YA'MIM] the seven seas, *fig.* the four corners of the earth

שיבֿעה־מדורי־גיהנום מצ [ShIVE-MEDU'RE-G(EH)E'NEM] seven circles of hell; every imaginable torment

שיבֿעים מצ [ShIVIM] (age of) seventy

שיבֿרות־(ה)לבֿ דאָס [ShIVRES-(HA)LE'V] heartache, grief

שיבֿרי־כּלי די (ס) [ShIVRE-KE'YLE] old/broken thing, old furniture; wreck, shambles

שיבֿרי־לוחות מצ [ShIVRE-LU'KhES] fragments of the tablets of the Law broken by Moses

שיבֿת־ציון די [ShIVES-TSI'EN] return of the Jews to Zion

שיגעון דער (ען/ות) **זע** שגעון

שידוך דער (ים) [ShIDEKh - ShIDUKhIM] match, engagement; offer of marriage, proposed match

|| טאָ|ן* אַ שידוך conclude a marriage deal

|| רעד|ן דאַט אַ שידוך propose a match to

|| אָ'פּ|לאָז|ן דעם שידוך turn down a suggested match; break an engagement

|| גלײַכ|ער שידוך suitable match, union between equals

|| שטיי|ן* אין שידוכים be marriageable

שיהי־פּיהי **זע** שהי־פּהי

שיווע **פֿאַנ** שיבֿעה

שיווער דער (ס) **זע** שיבֿער[2]

שי'ווער־טאָוול דער (ען) blackboard, (writing) slate

שי'ווערשטיין דער slate (stone)

שיטה די (־ות) [ShITE] doctrine, school of thought; system, method

שיטיק אַדי *neol.* powdered

שיט|ן וו (געשאָטן/געשי'ט) pour, strew, spread (dry material) *trans. imperf.*

|| שיטן מיט spread, lavish

|| שיטן זיך (dry material) pour out *intr.*; (beard) sprout; crumble

|| עס שיט אַ שניי it's snowing hard

שיטנע אַדי **זע** סיטנע

שיטער אַדי/אַדוו thin, sparse, scattered; fluid, liquid, clear, rarefied; soft-boiled (egg)

שי'טערטייג דאָס batter

שי'טער|ן זיך וו (גע–ט) become sparse/scarce

שײַב די (ן) polishing disk; (techn.) washer, valve, coupling

שײַבל[1] דאָס (עך) שויב דימ *also* lens (glasses)

שײַבל[2] דאָס (עך) שײַב דימ (techn.) washer, valve, coupling

שייגאַ'ץ דער lout, impudent fellow

שייגעץ דער (שקצים) [- ShKOTSIM] *pejor.* non-Jewish boy; brat, insolent young man; naughty child; person who dares to speak his mind to those in power

|| זײַן* אַ שייגעץ be insolent/naughty

|| ווער וועט זײַן דער שייגעץ? who will take the first step? who will have the nerve?

שיי'געצדיק = שייגעצעוואַטע אַדי/אַדוו impudent; disobedient

שייד די/דער (ן) sheath, holster, case

שיי'דוואַסער דאָס nitric acid, aqua fortis

שיידוועג דער (ן) crossroads, fork in the road

|| אויפֿן/אויף אַ שיידוועג at a crossroads *fig.*, at a decisive moment

שיידל[1] דאָס (עך) שייד דימ instrument case

שיידל[2] דאָס (ען/עך) skull, cranium

שייד|ן זיך וו (גע–ט) <מיט> part *intr.* (from)

שײַ'וועלע דאָס (ך) דימ **זע** שיוול

שײַט דער/דאָס (ן) log, chunk of wood

שייטל דאָס (ען/עך) *Jew.* (married) woman's wig; *Germ.* part (in hair)

שײַטל דאָס (עך) שײַט דימ piece of wood

|| ניט קענ|ען* (צעהאַקן) קיין שײַטל עבֿרי [IVRE] not know how to read Hebrew letters

שײַטער דער (ס) pyre, bonfire; campfire

שײַ'טער־הויפֿן דער (ס) campfire; (burning at the) stake

שייך אַדי–אַטר <צו> [ShAYEKh] relevant, applicable (to)

|| שייך צו אײַער בריוו in reference to your letter

|| וואָס שייך דאַט as for

|| זײַן* שייך צו pertain to, relate to, concern

|| ניט שייך irrelevant, having no bearing on the matter

|| וואָס איז שייך? so? so what?; what's the difference?

|| וואָס איז שייך רײַך?, שייך צו זאָגן רײַך? you call that rich? there's rich and rich

|| ווי שייך? how so?

שייכדיק אַדי [ShA'YEKhDIK] relevant, pertinent; concerned, involved

שײַכות דאָס (ן) [ShAYKhES] relation, connection

|| האָבן* (אַ) שײַכות צו — concern, be relevant to

שײַכות־סיסטעם די (ען) [ShA'YKhES] — frame of reference

שייל|ן וו (גע–ט) — peel *trans. imperf.*, skin

|| שיילן זיך — peel *intr.*; flake off

שײַלע פֿאָנ שאלה

שיים אַדוו זע שוין

שיימע די (ס/שמות) [- ShEYMES] — detached leaf from a Jewish sacred book; *hum.* wastepaper

שיין **1.** אַדי/אַדוו (קאָמפּ שענער) — beautiful, pretty, handsome; respectable, considerable

|| **2.** אַדוו — *also* good, well

שײַן[1] די — light, brightness, shine, sparkle

|| לײַ'כטיק|ע שײַן — light of day

|| דערזע'|ן* די לײַ'כטיקע שײַן — see the light of day

שײַן[2] דער (ען) — certificate

שײַנבילד דאָס (ער) — (photographic) slide

שײַנדל דאָס (עך) — ornament, knick-knack; jewel *fig.*, thing/person that is s.o.'s pride and joy

שײַ'נדלינג דער (ען) — ornament, gem

שיינהייט די (ן) — beauty, beautiful woman

שײַ'נטורעם דער (ס) — lighthouse

שײַ'נסיגנאַל דער (ן) — beacon, (lighted) buoy; distress flare

שיינע־מורנו דער [MERE'YNE] — *iron.* illustrious scholar, great man

שײַנ|ען וו (גע–ט) — shine, glow; beam

|| שײַנען דאַט — *Germ.* seem/appear to s.o.

|| ווי עס שײַנט — *Germ.* as it seems, as it appears

שיינקייט די (ן) — beauty (quality)

שײַ'נראַקעט דער (ן) — illuminating flare; distress flare

שײַס|ן וו (געשיסן/גע–ט) — *vulg.* shit

שײַ'עוודיק אַדי — ill at ease, self-conscious

שײַ|ען זיך = שײַע|ן זיך וו (גע–ט) <צו> — hesitate (to), not dare (to), be reluctant (to)

שײַער דער (ן) — barn

שײַ'ער|ן וו (גע–ט) — polish *imperf.*, scour, scrub

שײַקע די (ס) — gang, band

שיירה די (–ות) [ShAYORE] — caravan (travelers)

שיכּור [ShIKER] **1.** אַדי — drunk, intoxicated

|| **2.** דער (ים) פֿעמ טע [- ShIKURIM] — drunkard

שיכּור לוט אַדי–אַטר [ShIKER LOT] — dead drunk

שיכּור|ן וו (גע–ט) [ShIKER] — drink (habitually), get drunk

שיכּורניק דער (עס) פֿעמ ...ניצע [ShIKORNIK] — drunkard, boozer

שיכּורערהייט אַדוו [ShI'KERERHE'YT] — while drunk

שיכחה די [ShIKKhE] — forgetfulness, memory loss

שיכרות דאָס [ShIKRES] — intoxication; (habitual) drunkenness

שיך מצ זע שוך

שיכאַלעס מצ [Ly] — big shoes

שיכבֿת־זרע די [ShIKhVES-ZE'RE] — emitted sperm, ejaculate

שיכט דער (ן) — layer, stratum; social class; (night, etc.) shift

שיכטיק אַדי — stratified

שיכטע די (ס) זע שיכט

שיכל דאָס (עך) שוך דימ — small shoe; woman's shoe

|| אוי'ס|טאָ|ן* די קי'נדערשע שיכלעך — mature, come of age, spread one's wings

שי'כפּוצער דער (–/ס) — bootblack, shoeshiner

שיל די (ן) — synagogue

|| פֿ״גל שול[1]

שי'לגע(ר)לעך מצ — (culin.) small square/round pastries

שילד דער/די (ן) — sign, signboard; shield

שילדדריז די — thyroid (gland)

שילדל דאָס (עך) שילד דימ — plaque (with inscription)

שי'לדערונג די (ען) — description

שי'לדער|ן וו (גע–ט) — describe, depict, portray *imperf.*

שילדקראָט דער (ן) — turtle, tortoise

שילדקרויט = שילדקרעט דער (ן) זע שילדקראָט

שילויע דער (ס) זע שיליוע

שילט|ן וו (געשאָלטן) — curse *trans.*, damn

|| שילטן (זיך) — swear, curse *intr.*

|| שילטן אַק מיט טויטע קללות [KLOLES] — curse vehemently

שיליוע דער (ס) — scamp, rogue, good-for-nothing

שי'לינגער דער — farthing, small/worthless coin

|| ניט האָבן* קיין צעבראָ'כענעם שילינגער — not have a cent to one's name

|| מע קען אים ווי אַ בייזן שילינגער — notorious, known to one and all

שי'לעווקע די (ס) זע שאַליווקע

שילער דער (ס) פֿעמ ין — pupil, student, schoolboy

שילשול דער [ShILShL] diarrhea
שימל[1] דער mold, mildew
שימל[2] דער (ען) white horse
שימל|ען וו (גע–ט) grow moldy *imperf.*
שימער דער luster, sheen
שימעריצע די **זע** שעמעריצע
שימעריר|ן וו (–ט) shimmer, glisten, sparkle
שי'מער|ן וו (גע–ט) **זע** שימערירן
שימפּאַנזע די (ס) chimpanzee
שין דער/די (ען) *shin*, name of the letter ש
שינביין דער (ער) shinbone, tibia
שינדל די (ען) (constr.) shingle
שינדלער דער (–/ס) shingle maker; roofer
שינד|ן וו (געשונדן) skin, flay; whip, flog
|| שינדן <דאַט> די הויט/פֿעל skin, flay; fleece, swindle
שינדער דער (–/ס) skinner, butcher; fleecer, exploiter; butcher *fig.*, cruel man
שינוי די (ים) [ShINE - ShINUIM] alteration, modification, change
שינטעז = שינטעסט דער *euph.* devil; thug, hooligan
שיני דער (ס) *Amer.* sheeny, kike
שיניאָ'ן דער (ען) [Ny] chignon
שינע די (ס) (wheel) rim; iron bar; rail
שינע'ל דער (ן) [Ly] greatcoat, military coat
שינקע די (ס) ham
שי'ס־געניטונג די (ען) target practice
שי'סטורעמל דאָס (עך) turret
שיסל די (ען) bowl, dish; salad bowl; basin
|| (קהלש|ע) שיסל [KO'OLShE] *hum.* the public trough
שיסלאָך די/דער (...לעכער) turret hole, embrasure
שיס|ן וו (געשאָסן) shoot; detonate; gun down
|| שיסן אויף/אין shoot at
|| שיסן מיט shoot (bullets, arrows, etc.)
שי'סעלעך־דע'קעלעך מצ little secrets
שיסער דער (ס) shooter, marksman
שיסערײַ' **1.** דאָס (ען) shooting
|| **2.** די (ען) firing range
שי'סעריש אַדי trigger-happy
שי'ספּלאַץ דער (...פּלעצער) firing range
שיעבוד־גלויות דער [ShIBED-GO'LYES] *Jew.* yoke of exile, the suffering of Jews in the diaspora
שיעור דער (ים) [ShIER - ShIURIM] limit, measure; *Jew.* Talmudic lesson

|| אָן אַ שיעור without limit; innumerable, tremendous amount (of)
|| אָן אַ שיעור אַרבעט too much work to finish
|| צרות אָן אַ שיעור [TSORES] endless troubles
|| וויפֿל איז דער שיעור? how much longer?; isn't that enough?
|| פֿ״גל שיִער (ניט)
שיִער (ניט) אַדוו [ShI(E)R] almost, nearly; would-be, so-called
|| ער איז שיִער או'מגעקומען he nearly died
|| איך האָב עס שיִער ניט געזאָ'גט I almost said it
|| שיִער ניט פֿאַרגעסן postscript
|| שיִער ניט אַ שרײַבער a so-called writer
שיפּוע דער (ים) [ShIPUE - ShIPUIM] slope, declivity
שיפּיליאַווע אַדי/אַדוו **זע** שעפּעליאַווע
שיפּע די spade (cards)
|| פֿ״גל שיפּע זיבעלע
שי'פּעדיק אַדי hissing, sibilant (sound)
שיפּע זי'בעלע דאָס (ך) weakling, runt; insignificant person
|| ער איז נישט קיין שיפּע זיבעלע he's a somebody
שיפּעטי'לניק דער (עס) [Ly] scoundrel, rascal
שיפּעליאַווע אַדי/אַדוו **זע** שעפּעליאַווע
שיפּ|ן וו (גע–ט) (snake) hiss
|| שיפּען אומפּ דאַט אין די אוי'ערן *rev.* have a ringing in one's ears
שיף[1] די (ן) ship, boat, vessel
|| אויף דער שיף on board (ship), aboard
שיף[2] אַדי/אַדוו oblique, diagonal, slanting
שי'ף־[3]... ship's, nautical, naval
שיפֿבויערײַ' **1.** דאָס shipbuilding
|| **2.** די (ען) shipyard
שי'פֿבעטל דאָס (עך) berth (on a ship)
שיפֿבראָך דער shipwreck
|| לײַד|ן שיפֿבראָך be shipwrecked
שי'פֿבראָכיק|ער דער-דעק castaway
שי'פֿברודער דער (...ברידער) shipmate, *esp.* fellow emigrant
שי'פֿזשורנאַל דער (ן) ship's log
שיפֿחה די (–ות) [ShIFKhE] *lit.* maidservant, slave
שיפֿיק אַדי navigable
שיפֿל דאָס (עך) שיף דימ small boat, dinghy
שי'פֿלאָדער דער (ס) longshoreman, dockworker

שיפּלות דאָס [ShIFLES] (sense of) inferiority, humility

שיפּלות־קאָמפּלעקס דער [ShI'FLES-...Ly] inferiority complex

שיפֿל|ען זיך וו (גע-ט) (person) go sailing; go boating

שיפֿ|ן זיך וו (גע-ט) (person) go sailing

שיפֿסלײַט מצ ship's crew, sailors

שיפֿער[1] דער (ס) code, cipher

שיפֿער[2] דער (-/ס) sailor, seaman

שיפֿערײַ דאָס navigation; shipping, maritime transport

שי'פֿפֿאַרטקע די (ס) hatch, hatchway; porthole

שי'פֿקאַסיר דער (ן) purser

שי'פֿקאַרטע די (ס) boat ticket

שיפֿרי'רט אַדי/אַדוו encoded, in cipher

שיפֿריר|ן וו (-ט) encode, encipher

שי'פֿשוועסטער די (-) female shipmate, *esp.* fellow female emigrant

שיץ[1] דער (ן) protection

שי'ץ-[2]... protective, defensive

שיצבלעך דאָס (ן) fender, bumper

שיצבריוו דער (-) safe-conduct, pass

שיצוואַל דער (ן) rampart, levee, dike

שי'צמיטל דאָס (ען) protective measure/device

שיצ|ן וו (גע-ט) protect *imperf.*, defend

שיצפּאַס דער (ן) seat belt, safety belt

שיצפּלאַץ דער (...פּלעצער) shelter, refuge

שיק דער elegance

שיקאַניר|ן וו (-ט) harass, vex

שיקאַנע די (ס) harassment, vexation

שיקול־הדעת דער [ShIKL-HADA'S] careful consideration

שיקונג די (ען) consignment, shipment

שיקזאַל דער *Germ.* fate, destiny

שי'קייִנגל דאָס/דער (עך) errand boy

שי'קלדיק אַדי cross-eyed, squint-eyed

שיקל|ען וו (גע-ט) squint, look cross-eyed; double-cross

שיק|ן[1] וו (גע-ט) send

|| שיקן זיך (איינער דעם אַ'נדערן) exchange (letters, etc.)

|| שיקן נאָך send for

שיק|ן[2] זיך וו (גע-ט) be proper/respectable; be plausible/likely

שיקסל דאָס (עך) דימ **זע שיקסע**

שי'קסלקע די (ס) **שיקסע** דימ pretty non-Jewish girl

שיקסע די (ס) דימ **שיקסל/שי'קסלקע** *often pejor.* non-Jewish girl; peasant girl

שי'קסעניק דער (עס) womanizer, skirt-chaser

שי'קעווע|ן זיך וו (גע-ט) make preparations

שיקע|ן וו (גע-ט) **זע שאַקען**

שיקער **פֿאָנ שיכּור**

שיר[1] דער (ים) poem, *esp.* one in Hebrew

שיר[2] אַדוו **זע שיִער (ניט)**

שירה די (-ות) [ShIRE] *Jew.* hymn, song of praise

|| זאָג|ן שירה sing the praises of God

שיר־המעלות דער (ן) [(H)AMA'YLES] each of the Psalms 120 to 134; *Jew.* piece of paper with the text of Psalm 121 meant to dispel evil spirits during childbirth; *hum.* denunciation, informing (on s.o.); *hum.* wastepaper

שיר־השירים [(H)AShI'RIM] Song of Songs *(traditionally read during Passover)*

|| פֿ״גל פּסח

שיריים מצ [ShIRAIM] remnants, remains, leftovers (food); *Jew.* bits of food that a Hasidic rabbi has blessed and tasted, which the faithful share, considering it a blessing

|| טייל|ן שיריים *also hum.* spread the good word

|| כאַפּ|ן שיריים <בײַ> rush to seize the leftovers of the rabbi's meal; be no more than a second-rate follower (of)

שירמע די (ס) screen, partition

שירעם דער (ס) umbrella; visor

שירץ דער (ן) **זע שערצל**

שישי דער congregant called up in a synagogue to read the sixth passage from the Torah on a Sabbath or holiday; that passage

|| געב|ן* דאַט שישי designate s.o. for that reading

שישים מצ (age of) sixty years

שישקע די (ס) (pine) cone; knob, lump, bump

|| (גרויס|ע/הויכ|ע) שישקע big shot

|| ניט ווערט זײַן* אַ שישקע פּולווער not be worth a damn

שישקעוואַטע אַדי knobby, lumpy

שכור דער (ים) **זע שיכּור**

שכחה די **זע שיכחה**

שכרות דאָס **זע שיכּרות**

שכבֿת־זרע די **זע שיכבֿת־זרע**

שכונה די (-ות) [ShKhUNE] neighborhood, vicinity, quarter

שכיבֿ־מרע דער [ShKhI'VMERA] gravely ill person

שכיח אַדי–אַטר [ShKhIEKh] habitual, customary, frequent

שכיטע פֿאָנ שחיטה

שכינע פֿאָנ שכנה

שכינה די [ShKhINE] *Jew.* glory of God, the Divine Presence

שכן דער (ים) פֿעמ טע [ShOKhN - ShKhEYNIM] neighbor; tenant, resident

שכנה די (–ות) [ShKhEYNE] neighbor *fem.*

שכנות דאָס [ShKhEYNES] vicinity, neighborhood

|| אין שכנות <מיט> in proximity (to), next door (to)

שכנותדיק אַדי [ShKhE'YNESDIK] neighboring, adjacent, nearby

שכניש אַדי [ShKhEYNISh] neighboring, adjacent; neighborly

שכנישאַפֿט די (ן) [ShKhE'YNIShAFT] neighborhood, vicinity

שכר דער [ShEYKhER] *lit.* beer

שלאַבאַ'ן דער (ען) tollgate; customs/duty barrier at city wall

שלאַבאַ'נט דער (ן) זע שלאַבאַן

שלאַבוים דער זע שלאַבאַן

שלאַביזיר|ן וו (–ט) read haltingly, sound out

שלאַ'בעריק אַדי/אַדוו weak, loose, insubstantial

שלאַברע אַדי זע שלאַבעריק

שלאָג 1. דער (שלעג) blow, knock, hit

|| 2. דער (ן) beating, throbbing, pulse; sound, stroke (clock)

שלאָ'גאָדער דער (anat.) radial artery; pulse

שלאָ'ג־אינסטרומענט דער (ן) percussion instrument

שלאָגוואָרט דאָס (...ווערטער) slogan

שלאָגיק אַדי/אַדוו striking, vivid

שלאָגל(ו)יט דער/דאָס solder

שלאָגלער דער (ס) פֿעמ ין Stakhanovite, extremely productive worker

|| מצ shock troops

שלאָג|ן וו (געשלאָגן) beat *trans./intr.*; hit, strike; mint, strike (coins); (clock) strike, sound; drive in *imperf.*, nail; spurt, emanate

|| שלאָגן אַק מיט strike s.o. with, afflict s.o. with

|| שלאָגן אומפּ פֿון דאַט <מיט> *rev.* reek, stink (of)

|| עס שלאָגט פֿון דאָרטן מיט מיסט that place reeks of manure

שלאָ'גנדיק אַדי striking

שלאַגער דער (ס) (theat., cin., mus.) hit, success

שלאָגשמאַנט דער whipped cream

שלא־כּדרך־הטבֿע אַדי–אַטר [ShELO'Y-KEDE'REKh-HATE'VE] unusual, supernatural

שלאַכט די (ן) battle, combat

שלאַכטהויז דאָס (...הײַזער) slaughterhouse

שלאַכטל דאָס (עך) שלאַכט דימ *neol.* (milit.) skirmish

שלאַכטמאַן דער (שלאַכטלײַט) warrior, combatant

שלאַכט|ן וו (געשלאַ'כט) slaughter, butcher, kill

שלאַכטפֿעלד דאָס (ער) battlefield

שלאַכטשיץ דער (עס) [Ly] זע שליאַכטשיץ

שלאָכ|ן וו (גע–ט) זע שלוכצן

שלאַכעטנע אַדי [Ly] *Slav.* noble, aristocratic; fitting for a Polish nobleman

שלאָכצ|ן וו (גע–ט) זע שלוכצן

שלאַנג די/דער (ען/שלענג) דימ שלענגל snake, serpent; *fig.* traitor, unfaithful woman

|| פּאַפּי'רענ|ע שלאַנג kite

שלאַנגיק = שלאַנגיש אַדי/אַדוו venomous, wicked

שלאַ'נדרעווע|ן וו (גע–ט) [Ly] זע שליאָנדערן

שלאַנק אַדי slim, svelte

שלאָס[1] דער (שלעסער) דימ שלעסל lock, bolt, padlock; dovetail (joint)

|| האַלט|ן אויף/הינטער זיבן שלעסער guard jealously

שלאָס[2] דער (שלעסער) castle

|| שלעסער אין דער לופֿטן castles in the air

שלאָ'ס־מם דער/די (ען) [MEM] final *mem*, name of the letter ם (final form of מ)

שלאָסער דער (ס) locksmith

שלאָסערײַ' 1. דאָס locksmith's trade

|| 2. די (ען) locksmith's shop

שלאַפּע|ן = שלאָפּע|ן וו (גע–ט) [Ly] זע שליאַפּען

שלאַף אַדי sick, unwell; feeble, sluggish, limp

שלאָף דער sleep

|| האַרט|ער שלאָף deep sleep

|| רעד|ן פֿון שלאָף talk in one's sleep

|| דער שלאָף נעמט ניט אַק *rev.* be unable to sleep

שלאָ'פֿאַלקער דער (ס) [Ly] bedroom, (sleeping) alcove

שלאָפֿבאַנק די (...בענק) bunk, (wooden) bed

שלאָ'פֿהײַזקע די (ס) bungalow

שלאָפֿהעמד דאָס (ער) nightshirt, nightgown

שלאָ'פֿוואַגאָן דער (ען) sleeping car

שלאָפֿטראַנק = שלאָפֿטרונק דער (ען) sleeping draught, soporific

שלאָפֿלאָז אַדי sleepless (night); sleepless, insomniac

שלאָ'פֿלאָזיקייט די insomnia

שלאָ'פֿמיטל דאָס (ען) sedative, soporific

שלאָ'פֿמיצל דאָס (עך/ען) nightcap (garment)

שלאָפֿן וו (האָט/איז געשלאָפֿן) sleep

|| שלאָפֿן מיט sleep with

|| לייג|ן זיך שלאָפֿן go to bed, go to sleep

|| לייג|ן שלאָפֿן אַק put s.o. to bed

|| ניט שלאָפֿן קיין נעכט lose sleep over stg.

שלאָ'פֿעדיק אַדי asleep, sleeping

שלאָ'פֿעלע = שלאָ'פֿעניו [Ny] דאָס שלאָף דימ beddy-bye

שלאָ'פֿצימער דער/דאָס (ן) bedroom

שלאַפֿקייט די (ן) illness, disease; weakness, feebleness

שלאָפֿראָק דער (...רעק) dressing gown, (bath)robe

שלאַק דער/דאָס (שלעק) דימ שלעקל (med.) stroke, apoplexy; calamity, disaster; pest, nuisance (person); removable roof (of a *sukkah*); dovecote, pigeon house; tails (reverse side of a coin); (techn.) clinker, slag

|| אַ שלאַק פֿון זײַן ליבן נאָמען crashing bore, pain in the neck

|| פֿ״גל סוכה; שליאַק

שלאַקס דער (ן) cloudburst

שלאַקסיק אַדי heavy (rain)

שלאַ'קסרעגן דער (ס) cloudburst, downpour

שלאַ'קריריק אַדי paralyzed, paralytic

שלאָרע די (ס) [Ly] **זע** שליורע

שלווה די [ShALVE] serenity, tranquility

שלווהדיק אַדי [ShA'LVEDIK] serene, peaceful, tranquil

שלוזע די (ס) **זע** שליוז

שלוחים מצ **זע** שליח

שלוי אַדי sly, crafty

שלוכט די (ן) ravine, gorge

שלוכצ|ן וו (גע-ט) sob

שלום דער [ShOLEM] peace

|| (אָ'פּ|)געב|ן* שלום extend a welcome to; shake hands

|| ע'נטפֿער|ן שלום return a greeting

|| ווער|ן/שליס|ן שלום make peace, become reconciled

|| זײַ|ן* שלום (מיט) be friends (with), be on good terms (with)

|| אַרײַ'נ|לייג|ן זיך אין שלום mediate

|| שלום מאַכ|ן מיט resign oneself to, get used to, acquiesce to

|| שלום מאַכ|ן צווישן reconcile

|| פֿ״גל שלום־עליכם

שלומאַק דער (עס) *pejor.* (in Poland during the 1920's and 1930's) activist in the orthodox Jewish movement; religious zealot

שלום־בית דער/דאָס [ShOLEM-BA'IS] domestic tranquility; harmony

שלום־ושלווה דער [ShOLEM-VEShA'LVE] peace and quiet

שלום־זכר דער (ס) [ShOLEM-ZO'KhER] *Jew.* party given by the parents of a male child on the first Friday after birth

שלומיאל דער (ס) [ShLUMIEL] incompetent person, fool; unlucky person

שלום־עליכם [ShOLEM-ALE'YKhEM] **1.** אינט hello!

|| **2.** דער : געב|ן*/אָ'פּ|שטעק|ן שלום־עליכם shake hands, greet

|| געב|ן* אַ ברייטן שלום־עליכם greet/welcome warmly

|| אָ'פּ|נעמ|ען שלום־עליכם (new arrival) go greet the local rabbi/notable/etc.

שלומער דער *lit.* slumber

שלו'מער|ן וו (גע-ט) *lit.* doze, slumber

שלומפּער דער (ס) [Ly] muddied edge of a garment; person wearing dirty clothes; sloppy housekeeper, slob

שלו'מפּערדיק אַדי [Ly] badly dressed, dowdy

שלו'מפּערל פּנ [LyU] Cinderella

שלונג **1.** די (ען) gullet, esophagus

|| **2.** דער (ען) swallow, mouthful

שלונד דער (ן) crevasse

|| פֿ״גל שלונג 1.

שלוס דער (ן) end; (logical) conclusion

שלוק דער (ן) — gulp, swallow

שלו'קעכצ|ן וו (גע–ט) **זע שלוקערצן**

שלוקערץ דער (ן) — hiccup

שלו'קערצ|ן וו (גע–ט) — hiccup

שלורע די (ס) [Ly] **זע שליורע**

שלוש־... **זע ווערטער מיט שלש־...**

שלושים מצ [ShLOYShIM] — *Jew.* thirty day period of mourning after a death; (age of) thirty years

שלח־מנות דער/דאָס [Sh(A)LAKhMONES] — gifts (*esp.* sweets and drinks) sent to the homes of family, friends and neighbors on *Purim*; *hum.* malicious gossip

|| פֿ״גל פּורים

שלחן דער **זע שולחן**

שליאַטפּײַל די (ן) — smooth file

שליאַיע|ן זיך וו (גע–ט) **זע שלײַען[2] זיך**

שליאַך דער (ן) — dirt road, country road

שליאָך דער (עס) — slovenly woman

שליאַכאָטע די **זע סליאָטע**

שליאַ'כטהובל דער (ען) — smoothing plane

שליאַכטיטש דער (עס) **זע שליאַכטשיץ**

שליאַכטע די — Polish nobility, szlachta

שליאַכטשיץ דער (עס) — Polish nobleman/gentleman

שליאַכעצקע אַדי **זע שלאַכעטנע**

שליאַמע די (ס) — fox skin/fur

שליאָנדער דער — slovenly person

שליאָנדערײַ' די/דאָס — carelessness, negligence

שליאָ'נדער|ן וו (גע–ט) — ramble, roam, wander

שליאָ'נדרעווע|ן וו (גע–ט) **זע שליאָנדערן**

שליאַפּע די (ס) — hat

שליאַפּע|ן = שליאָפּען וו (גע–ט) — trudge, wade

שליאַפֿראַק דער (ן) **זע שלאָפֿראָק**

שליאַק דער (ן) — (fash., decoration) border; (tailor's) tape measure

שליאַרע די (ס) דימ די שליאַרקע — (fash.) ruffle, flounce

של־יד דער (ן) [ShEL-YA'D] — *Jew.* phylactery worn on the arm

שלידער דער (ס) — blinker, blinder

שליוב דער — *Slav.* (non-Jewish) marriage ceremony

שליוז דער (ן) — lock, sluice

שליוכאָטע די **זע סליאָטע**

שליוכע די (ס) — *Slav., vulg.* whore

שליומפּער דער (ס) **זע שלומפּער**

שליופּקע די (ס) — launch, boat

שליורע די (ס) — slipper; trifle, worthless thing

שליח דער (ים/שלוחים) [ShELIEKh - ShLIKhIM/ShLUKhIM] — messenger, envoy

שליחות דאָס (ן) [ShLIKhES] — mission, assignment, responsibility

שליח־מיוחד דער (שליחים־מיוחדים) [ShELIEKh–MEYU'KhED - ShLIKhIM–MEYUKhO'DIM] — special messenger

שליח־מיצווה דער (שליחי־) [ShELIEKh–MI'TSVE - ShLIKhE–] — *Jew.* person on his way to accomplish a good deed and thus supposedly protected from all danger

שליח־ציבור דער (שליחי־) [ShELIEKh–TSI'BER - ShLIKhE–] — *Jew.* cantor who leads in collective prayer; *fig.* community spokesman

שליטה די (–ות) [ShLITE] — power, domination, influence

|| האָב|ן* שליטה אויף — exercise one's hold over, dominate

שליטוועג(ס) דער (ן) — path for sleighs/sledges

|| אַ גוטן שליטוועגס! — have a good trip!; *iron.* good riddance!

שליטל דאָס (עך) דימ **זע שליטן**

שליטל|ען זיך וו (גע–ט) — travel by sleigh, go sledding

שליטן דער (ס/שלי'טענעס) דימ **שליטל** — sled, sleigh, sledge

שלייגיש אַדי/אַדוו **זע שלעגיש**

שלײַדער די (ס) — sling, slingshot

שלײַ'דער|ן וו (גע–ט) — fling, hurl

|| שלײַדערן זיך — *also* tremble violently

שלײַכ|ן (זיך) וו (גע–ט) — sneak, slink

שליים דער (ען) — mucus; slime, sludge

שליימדריז די — pituitary gland

שליימזופּ די — pearl barley soup

שליימיק אַדי — viscous, slimy

שלײַס|ן וו (געשליסן) : שלײַסן פּע'דערן — pluck the down from feathers

שלײַ'סערין = שלײַ'סערקע די (ס) — woman who removes down from feathers

שלייע די (ס) [Ly] — rein, bridle

שלײַען[1] דער (ס) — tench (fish)

שלײַע|ן[2] זיך וו (גע–ט) [Ly] — lag behind, wander

שלייער דער (ס) veil
|| שלאָפֿן אין שלייער be a bit slow on the uptake
|| ניט געפֿעלן דאַט אין שלייער *hum.* not be to the liking of
שליי'ערל דאָס (עך) caterpillar, larva
שלייער|ן וו (גע-ט) veil *imperf.*, envelop
|| ער ווייס ניט ווער עס האָט אים געשלייערט he doesn't understand a thing
שלייף[1] די (ן) (anat.) temple
שלייף[2] דער (ן) noose, loop, bow
|| מאַכן אַ קנופּ מיט אַ שלייף leave oneself an out
שלייפֿ|ן וו (גע-ט) trim (buttonhole) with piping
שלײַפֿ|ן וו (געשליפֿן/גע-ט) polish *imperf.*; sharpen *imperf.*
שלײַפֿשטיין דער (ער) whetstone
שלייקעס מצ [Ly] suspenders
שלילה די (-ות) [ShLILE] *lit.* negation, denial
שלים אַדי *Germ.* bad
שלימאַזאָלים מצ זע שלימזל
שלימאַק דער (עס) *dial.* snail
שלימות דאָס זע שלמות
שלימזל [ShLIMAZL] 1. דער (ען/שלימאַזאָלים) unlucky person; incompetent person, loser
|| 2. דאָס bad luck, misfortune
|| צום שלימזל unfortunately
|| צו פּאָס שלימזל unfortunately for s.o.
שלימזלדיק אַדי/אַדוו [ShLIMA'ZLDIK] unlucky, unfortunate, unsuccessful
שלימזלניק דער (עס) פֿעמ ...ניצע [ShLIMEZALNIK] זע שלימזל 1.
שלימטזל דער זע שלימזל
שלימעזאַרניק דער (עס) פֿעמ ...ניצע זע שלימזל 1.
שלי'ם-שלימזל [ShLIMAZL] 1. דער (ען) very unlucky person
|| 2. דאָס worst possible luck
שלי'נג-און-שלאַ'נג אַדי-אַטר/אַדוו idle, at loose ends
שלינגל דאָס (עך) pluck/offal of lamb/kid
שלינגל|ען זיך וו (גע-ט) זע שלענגלען זיך
שלינג|ען וו (געשלונגען) swallow *imperf.*, engulf
|| שלינגען די ווערטער swallow one's words
|| שלינגען פּאָס ווערטער drink in s.o.'s words
|| שלינגען מיט די אויגן devour with one's eyes
שלינגער דער (ס) פֿעמ קע glutton
שלי'נגעריש אַדי/אַדוו voracious
שליסאַרניע די (ס) [Ny] *Slav.* locksmith's shop
שליסאַרעס מצ זע שליסער
שליסברעט די (ער) switchboard
שליסונג די (ען) conclusion, end, completion; (techn.) joint
שליסל[1] דער (-/ען) key; clef; index (table); (formerly in Poland) fiefdom
|| פֿראַנצײ'זיש|ער שליסל monkey wrench
|| פּוסט|ער שליסל skeleton/master key
שלי'סל-[2]... key, decisive
|| שליסל-פּאָזיציע key position
שלי'סלגעלט דאָס key money
שלי'סלטאָן דער (...טענער) (mus.) keynote
שלי'סללאָך די/דער (...לעכער) keyhole
שליסלער דער (-) jailer, turnkey
שלי'סלשטיין דער (ער) keystone
שליס|ן וו (געשלאָסן) close *trans.*, lock; conclude (agreement, etc.), establish (relations)
|| שליסן זיך close *intr.*; come to an end; fit together *intr.*
|| שליסן אין קייטן shackle, put in irons
שלי'סעלע דאָס (ך) שליסל דימ (house, car, etc.) key
שליסער דער (...סאַ'רעס) זע שלאָסער; שליסלער
שלי'סצעטל דער/דאָס (ען/עך) memorandum, contract
שליפּיעס מצ *pop.* eyes, peepers
שליף דער (ן) facet; polish, luster; refinement
שליפּע די (ס) epaulet
שליפּקע די (ס) (belt) buckle
שליץ דער (ן) (fash.) slit
שליש[1] דער (ים) [ShOLEShｰShLIShIM] (jur.) third party, arbitrator, mediator
שליש[2] דער strong brandy
שלישות דאָס [ShLIShES] valuable/money deposited with a third party; arbitratorship
שלישות-געלט דאָס [ShLI'ShES] money deposited with a arbitrator

שלישי דער congregant called up in a synagogue to read the third portion from the Torah on Sabbath or holiday; that passage

|| געבן* דאַט שלישי designate s.o. for that reading

שלל דער <מיט> [ShLAL] a tremendous amount (of), a lot (of)

שלמה המלך פּנ [ShLOYME HAMEYLEKh] King Solomon

שלמות דאָס [ShLEYMES] perfection, completion

שלמותדיק אַדי/אַדוו [ShLE'YMESDIK] perfect, faultless

שלעג מצ זע שלאָג 1.

שלעגיש אַדי/אַדוו fortuitous, perfunctory, cursory

שלעגער דער (–/ס) brawler, violent man

שלע'געריש אַדי/אַדוו aggressive, combative

שלעכט 1. אַדי (קאָמפּ ערגער; סופּ ערגסט) bad; malicious, cruel, evil

|| 2. אַדוו badly, wrongly

|| זײַן* אומפּ שלעכט דאַט go badly for s.o.; *rev.* feel unwell

|| ווער|ן אומפּ שלעכט דאַט *rev.* feel faint/nauseated

|| עס איז שלעכט things are not going well

שלע'כטהאַרציק אַדי wicked, heartless

שלע'כטיקייט די (ן) adversity; malicious act

שלעכטס דאָס (ן) hurt, harm; evil; misfortune; wrongdoing

|| אַ שלעכטס a wicked person

|| טאָ|ן* דאַט שלעכטס wrong, mistreat s.o.

שלעכטסקייט די maliciousness

שלעכטקייט די wickedness, badness; mediocrity; misfortune, misery; nausea

שלענג מצ זע שלאַנג

שלענגל דאָס (עך) דימ זע שלאַנג

שלע'נגלדיק אַדי sinuous, winding

שלענגל|ען זיך וו (גע–ט) twist/wind *intr.*, meander

שלע'נדערל דאָס (עך) bindweed, morning glory

שלע'נדער|ן זיך וו (גע–ט) meander

שלע'נדערקע די (ס) idle/lazy woman, gossip

שלעסל דאָס (עך) שלאָס דימ *also* zipper

|| אי'בערגעדרייט שלעסל fickle person; *hum.* deranged person

שלעסער מצ זע שלאָס[1]; שלאָס[2]

שלעפּ[1] די (ן) (fash.) train

שלעפּ[2] דער (ן) yank (toward oneself)

|| אַ שלעפּ טאָ|ן* jerk

שלע'פּאויטאָ דער (ס) tow truck

שלעפּורע דער (ס) tramp, bum

שלע'פּ־חיה די (–ות) [KhAYE] beast of burden, draft animal

שלעפּ|ן וו (גע–ט) pull, drag, tow; lug around

|| שלעפּן מיט די פֿיס walk unsteadily

|| שלעפּן זיך trudge, move slowly

|| עס שלעפּט זיך we make do

|| דאָס שטיקל ברויט שלעפּט זיך we have just enough to live on

שלעפּנעץ די (ן) dredge, trawling net

שלעפּע די (ס) זע שלעפּ[1]

שלעפּעטראַנ(ט)ע דער (ס) *hum.* ragamuffin, tramp

שלע'פּעניש דאָס plodding walk, difficult trip; administrative red tape

שלעפּער דער (–/ס) פֿעמ קע vagabond, tramp

שלעפּערײַ' דאָס vagrancy

שלעפּקראַפֿט די (phys.) tractive force; (techn.) drag, friction

שלעפֿיק אַדי *neol.* soporific

שלעפֿער דער (–/ס) פֿעמ ין lazybones, s.o. who likes to sleep

שלע'פֿעריק אַדי/אַדוו sleepy, drowsy

שלע'פֿער|ן וו-אומפּ (גע–ט) אַק *rev.* be sleepy

|| עס שלעפֿערט מיך I want to go to sleep

|| שלעפֿערן זיך דאַט *rev.* want to sleep

שלעפֿפּיל די (ן) sleeping pill

שלעק מצ זע שלאַק

שלעקל דאָס (עך) דימ זע שלאַק

של־ראָש דער (ן) [ShELRO'Sh] *Jew.* phylactery worn on the forehead

שלשול דער זע שילשול

שלשים מצ זע שלושים

שלשלת די (ן) [ShALShELES] name of one of the musical accents used in the reading of the Torah; trill, flourish; zigzag

|| אויס'געדרייט ווי אַ שלשלת zigzagging, winding

|| אויס'|דריי|ען דאַט אַ שלשלת tweak the ear of

שלש־סעודות דער/דאָס (ן) [ShALEShUDES] *Jew.* third ritual meal of the Sabbath, before the end of the day

שלש־רגלים מצ [ShOLESh-REGO'LIM] the three principal Jewish holidays, Passover, *Shavuot* and *Sukkot*, which the Torah urges be spent in Jerusalem

|| פֿ״גל פּסח; שבֿועות; סוכּות

שם [ShEM] .1 דער reputation, renown

|| האָבן* אַ שם פֿאַר have a reputation as

|| .2 דער (ות) [- ShEYMES] *Jew.* God's name (written/spoken); cabalistic/magical formula

|| פֿ״גל שמה; שמות

...שמ *prefix that precedes or replaces the initial letter of a word, creating (often nonce) forms expressing disdain*

|| עסן־שמע'סן who cares about eating?

|| געלט־שמע'לט money, who gives a damn about it?

|| שמאָליטי'ק *iron.* politics

שמאַגלע אַדי/אַדוו quick, lively

שמאָדער דער (ס) *fam.* grime, filth; dirty and slovenly person

שמאַטניק דער (עס) rag dealer

שמאַטע די (ס) דימ די שמאַטקע rag; *fig.* wimp

|| מצ tatters; *pejor.* clothes

שמאַ'טעדיק אַדי ragged, tattered; of poor quality

שמאַטעוואַטע אַדי shabby, pitiful

שמאַטקע די (ס) דימ זע שמאַטע

שמאַך זע שאַנד און שמאַך

שמאָך דער (ן) grin; condescending smile; rictus

שמאַכט די languor

שמאַכטיק אַדי listless

שמאַכטן וו (געשמאַ'כט) languish, waste away

שמאָכטע די (ס) trinket, trifle

שמאָכטעלײַ' דער (ען) trifle, trifling matter

שמאַכן וו (גע־ט) זע שמאַכטן

שמאָכ(ע)ן וו (גע־ט) smile, beam; sneer, snigger; snort, sniff; grumble, grouse

שמאָל אַדי/אַדוו (קאָמפּ שמעלער) narrow

|| האַלטן שמאָל be in a dangerous condition

|| עס האַלט שמאָל מיט אים he's in a bad way

שמאָ'ל־אָפּשטאַנדיק אַדי narrow-gauge

שמאַלץ דאָס/די (culin.) (animal) fat, *esp.* goose fat

שמאַלצאָווניק דער (עס) (in Poland during Nazi occupation) blackmailer, Pole who extorts money from Jews by threatening to betray them

שמאַלצגרוב דער/די (...גריבער) :

|| אַרײַ'נ|פֿאַל|ן אין אַ שמאַלצגרוב strike it rich

שמאַ'לצהערינג דער (ען/–) fatty/schmaltz herring

שמאַלציק אַדי fatty, greasy

שמאָ'לקעפּיק אַדי narrow-minded

שמאַנדאַק דער (עס) *vulg.* stupid bastard, prick

שמאַנט דער sweet cream

שמאַנצעס מצ trinkets, trifles; nonsense

שמאָצקע|ן וו (גע־ט) זע סמאָטשקען

שמאָק דער (שמעק) דימ שמעקל *vulg.* prick, penis; fool, jackass

שמאָקצע|ן וו (גע־ט) זע סמאָטשקען

שמאַראַ'גד דער (ן) זע שמאָראַק

שמאַראַגד־ן אַדי (of) emerald; emerald-colored

שמאַראַוואָ'ז דער (ן) wagon greaser; filthy person

שמאַראָווידלע די *Slav.* (automobile/wagon) grease

שמאָראַ'ק דער (ן) emerald

שמאָרגלעכץ דאָס nasal mucus, snot

שמאָר|ן וו (גע־ט) stew, braise

שמאָרע|ן וו (גע־ט) snort, sniff

שמאַרץ דער (ן) pain, suffering

שמאַרצ|ן וו (גע־ט) hurt *intr.*, ache, sting

שם־גנאַי דער [ShEM-GNA'Y] (insulting) nickname

שמד די [ShMAD] conversion to Christianity; baptism (of a Jew); *Jew.* apostasy

|| נאָ'כ|געב|ן* דאָס די שמד give in to all the whims of, spoil

שם־דבֿר דער (ס) [ShE'MDOVER] renowned thing/person

|| אַ שם־דבֿר פֿאַר byword/synonym for

שמדילניק דער (עס) פֿעמ ...ניצע [ShMADILyNIK] rascal, swindler; cunning person, sly fox; little scamp

שמד|ן (זיך) וו (גע־ט) [ShMAD] convert to Christianity *trans./intr.*

שמד(על)ניק דער (עס) פֿעמ ...ניצע [ShMAD(EL)NIK] זע שמדילניק

שמד־קאָפּ דער (־קעפּ) [ShMA'D] זע שמדילניק

שמד־שטיק דאָס (–) [ShMA'D] dirty trick; whim

|| לאָז אָפּ מיט דײַנע שמד־שטיק! stop your foolishness!

שמה די (–ות) [ShEYME] זע שיימע

שם־הוויה דער [ShEM-HAVA'YE] *Jew.* tetragrammaton, the ineffable name of God

שם־המפֿורש דער [ShEM-HAMFO'YRESh] *Jew.* the ineffable name of God, thought to confer magical powers to whoever knows how to say it

שמוגל דער contraband, smuggling

שמוגלאַרעס מצ זע שמוגלער

שמוגל|ען וו (גע-ט) smuggle; pass on secretly

שמוגלער דער (ס/...לאַ'רעס) פֿעמ קע smuggler, bootlegger

שמוטשקע די (ס) דימ זע שמוע

שמוײגער דער (ס) good-for-nothing, fool

שמויס = שמויש דער (ן) lambskin; *fam.* fool

שמויש·ן אַדי (of) lambskin

שמוכט דער/די (ן) smell, odor

שמוכט|ן וו (געשמו'כט) <מיט> stink (of)

שמוכל|ען וו (גע-ט) זע שמוגלען

שמוכ(ע)|ן וו (גע-ט) זע שמאָכען

שמונה־עשׂרה די [ShIMENESRE/ShMOYNE-E'SRE] *Jew.* the eighteen benedictions said in the three daily prayers

|| שטיל|ע שמונה־עשׂרה silent prayer, mental recitation of these blessings

|| שטיי|ן* שמונה־עשׂרה mentally say one's prayers

|| אויס|גיי|ן* שמונה־עשׂרה take three steps back at the end of this prayer

שמונים מצ [ShMOYNIM] (age of) eighty

שמונצ|ן וו (גע-ט) *vulg.* screw, have sex with

שמוס דער (ן) זע שמועס[1]

שמוס|ן וו (גע-ט) זע שמועסן

שמוע די (ס) דימ שמוטשקע *vulg.* pussy, vulva

שמועה די (-ות) [ShMUE] rumor, piece of news

שמועס[1] דער (ן) conversation, discussion, chat

שמו'עס-[2]... conversational

שמו'עסדיק אַדי informal, colloquial (word, style, etc.)

שמו'עסל|ען וו (גע-ט) exchange pleasantries, chit-chat

שמו'עס|ן וו (גע-ט) converse, chat, discuss

|| ווער שמועסט (נאָך) especially, in particular

|| מע שמועסט אַז they say that, there's talk that

|| אַז מע שמועסט אַ נאָמ as everyone knows, he/she's a

שמו'עסשפּראַך די spoken/colloquial language, vernacular

שמוץ דאָס dirt, filth

שמוציק אַדי/אַדוו dirty, filthy

שמוצ|ן וו (גע-ט) soil, dirty *imperf.*, be dirty

שמו'צער|ן וו (גע-ט) <מיט> chirp; make a sound as a sign of skepticism/denial

שמוקלער דער (ס) פֿעמ קע lacemaker

שמוקלערײַ' דאָס lace-making

שמוראַ'ק דער (ן) זע שמאָראַק

שמורה־מצה די [ShMU'RE-MATSE] *Jew.* Passover matzo made under the strictest supervision, starting with the harvest of the grain

שמורהניק דער (עס) [ShMU'RENIK] Jew who eats only matzo prepared under strict supervision on Passover

|| פֿ"גל פּסח; שמורה־מצה

שמות [ShMOYS] Exodus (Old Testament)

|| פֿ"גל שײמע

שם־טובֿ דער [ShEMTOV] good name, prestige

שמיאַל(נ)ע אַדי/אַדוו *Slav.* daring, audacious

שמיד דער (ן) blacksmith

שמי'דאײַזן דאָס wrought iron

שמידיק אַדי malleable

שמידיש אַדי of a forge, of a blacksmith

שמיד|ן וו (גע-ט) forge *imperf.*, hammer (metal); shoe (horse)

|| שמידן אין קייטן shackle, put in irons

שמי'דעוודיק אַדי זע שמידיק

שמידער דער (ס) פֿעמ קע blacksmith

שמידערײַ' די (ען) smithy, forge

שמיטה די (-ות) [ShMITE] *Jew.* year of leaving land fallow and remitting debts observed every seven years

|| איין מאָל אין אַ שמיטה once in a blue moon

שמיטה־יאָר דאָס (ן) [ShMI'TE] sabbatical year

שמײַדיק אַדי/אַדוו agile, alert, spry

שמיי־דריי' = שמײַ־דרײַ' דער thingamajig, gizmo

|| אין איין שמיי־דריי *hum.* in the blink of an eye

שמייכל דער/דאָס (ען) smile

שמייכל|ען וו (גע-ט) smile; *Germ.* flatter

שמייליק = שמײַליק אַדי *iron.* holy, sacred; very devout, sanctimonious; noble, (person) of consequence/quality

שמײַס|ן וו (געשמיסן) whip *imperf.*, flog

שמײַסער דער (-/ס) coachman, driver; masseur/beater (in a bathhouse); pimp, procurer

שמײַע די זע סמאַהע

שמײַע|ן וו (גע-ט) bustle, be very busy

שמײַ'עניש דאָס bustle, feverish activity

שמים־פּנימל דאָס (עך) [ShOMA'IM-PENEML] prude; sanctimonious hypocrite

שמינדריק דער (עס) trifle, knick-knack

|| פֿ״גל שמענדריק

שמיני־עצרת דער [ShMINATSERES] eighth day of *Sukkot*

|| פֿ״גל סוכּות

שמינית־שבשמינית דאָס [ShMI'NIS-ShEBEShMI'NIS] tiny fraction

שמינקע די (ס) makeup; rouge

שמינקעו|ן זיך וו (גע-ט) make oneself up *imperf.*, put on powder

שמיעה די [ShMIE] sense of hearing

שמיעטניק דער (עס) **זע** סמעטניק

שמיץ דער (-) דימ שמיצל/דער שמיציק lash, stroke of a whip; smidgen

|| מצ *also* hiding, spanking

|| אַ שמיץ טאָ|ן* <מיט> throw, hurl

|| מיט אַ שמיצ(ל)/שמיציק (אַריבער) and just little bit more; extra, spare

שמיצ|ן וו (גע-ט) whip, beat

|| שמיצן זיך thrash about, be agitated

שמיר דער (ן) smear, stain; *fam.* slap in the face

|| פֿ״גל שמירן

שמיראייל דער grease, lubricating oil

שמי'רגעווע|ן וו (גע-ט) daub, smear

שמירה די (-ות) [ShMIRE] guard, watch; amulet, talisman

|| שמירה שטיי|ן* stand guard, keep watch

שמירונג די lubrication

שמיר|ן וו (גע-ט) coat/smear *imperf.*, paint (wall); grease, lubricate; spread (butter, etc.); *pejor.* scribble, daub; *fig.* bribe, grease s.o.'s palm

|| ווי געשמירט smoothly, without a hitch

שמירעכץ דאָס (ן) lubricant, grease

שמירער דער (-/ס) פֿעמ קע dauber, scribbler

שמירקעז דער (ן) cream cheese

שמנה־עשרה די **זע** שמונה־עשרה

שמן־זית דער [ShEMEN-ZA'IS] olive oil

שמן־זיתדיק אַדי/אַדוו [ShEMENZA'ISDIK] unctuous

שמע די (ס) [ShEYME] **זע** שיימע

|| פֿ״גל שמע־ישׂראל

שמעגעגע די/דער **זע** מעגעגע

שמעטניק דער (עס) **זע** סמעטניק

שמע'טערלינג דער (ען) butterfly

שמע'טער|ן וו (גע-ט) smash *imperf.*, shatter

שמע־ישׂראל פֿר [ShMA-YISRO'EL] "Hear, O Israel, (the Lord is our God, the Lord is one)", key phrase in Jewish monotheism

|| שמע־ישׂראל! my God! *(exclamation of horror)*; help!

|| אין איין שמע־ישׂראל in no time at all

שמעלער אַדי/אַדוו קאָמפּ **זע** שמאָל

שמעלץ דאָס scrap

שמע'לצאַריווון דער (ס) smelter, foundry

שמע'לצבאָמבע די (ס) fusion bomb, hydrogen bomb

שמעלצטאָפּ דער (...טעפּ) crucible, melting pot

שמעלצל דאָס (עך) (reason for) pride, pride and joy

שמעלצ|ן וו (געשמאָלצן) melt *trans. imperf.*; (culin.) season (food) with fat

|| שמעלצן זיך melt *intr.*

|| שמעלצן זיך אין delight in, take pride in

שמע'לצעוודיק אַדי meltable

שמעלצעכץ דאָס dish prepared in animal fat

שמעלצשפּראַך די (ן) fusion language

שמעלקע דער (ס) <מיט> [Ly] *iron.* intimate (of), bosom buddy (of); *iron.* prominent person

שמע'לקע־שבשמע'לקע [Ly...-ShEBE...Ly] : זײַן*

שמעלקע־שבשמעלקע מיט be thick as thieves with

שמ|ען וו (גע-ט) <מיט> [ShEM] be famous (for)

|| שמען פֿאַר be famous as; have a reputation as

שמענדערהאָ'ץ דער (עס) fool, dope

שמענדריק דער (עס) fool, ridiculous person, social climber; Jew ashamed of his Jewishness

שמעק[1] דער (ן) (act of) sniffing, sniff; pinch, a little bit

|| אַ שמעק טאָ|ן* sniff

|| גיב מיר אַ שמעק let me have a whiff

|| שמעק טאַביק pinch of snuff

|| ניט ווערט זײַן* קיין שמעק טאַביק/פּולווער not be worth a damn

שמעק[2] מצ **זע** שמאָק

שמע'קטאַביק דער snuff

שמעקל דאָס (עך) דימ **זע** שמאָק

שמעק|ן וו (גע-ט) smell *intr.* (good/bad); smell *trans. imperf.*, sniff; take snuff

|| שמעקן דאַט please, be to s.o.'s taste, taste good to

|| שמעקן מיט — smell/stink of

|| שמעקן אומפּ מיט — *rev.* be imminent, seem likely; imply, involve

|| עס שמעקט מיט שבת [ShABES] — it already feels like the Sabbath

|| עס שמעקט מיט קלעפּ — you can sense a fight brewing

|| עס שמעקט מיט טורמע — one could go to prison for that

שמע'קעדיק אַדי — fragrant, aromatic

שמעקעכץ דאָס — perfume, scent

שמעקער דער — *pop., hum.* nose, beak, schnozzle; *fam.* intuition

שמערגל דאָס — emery

שמערל דאָס (עך) — loach (fish)

שמערץ דער (ן) **זע שמאַרץ**

שמערצ|ן וו (גע–ט) **זע שמאַרצן**

שמץ דער [ShEMETS] — particle, trace, hint

|| ניט קיין שמץ — not (even) a trace of

שמץ־פּסול דער [ShEMETS-PSU'L] — blemish, dishonor

שם־רע דער [ShEMRA] — bad reputation

|| קריגן אַ שם־רע — fall into disrepute

שמשון הגיבור פּנ [ShIMShN HAGIBER] — *bibl.* Samson

שמש דער (ים) [ShAMES - ShAMOSIM] — beadle, sexton (synagogue); usher in a community institution (rabbinic court, etc.); rabbi's personal assistant; the extra candle used to light the Hanukah candles; (in the *tsitsit*) the longer thread wound around the others between two knots

|| **פֿ״גל חנוכּה־לאָמפּ; ציצה**

שמשות דאָס [ShAMOSES] — position of beadle/usher of a community

|| **פֿ״גל שמש**

שמשטע די (ס) [ShA'MESTE] — wife of the beadle; female attendant in the women's section of a synagogue

שנאָבל דער (ען) דימ **שנע'בעלע** — beak, bill, snout; prow

שנאַ'טער|ן וו (גע–ט) — quack, honk, squawk

שנאַל דער/די (ן) **זע שנאָל**^{1}

שנאָל^1 דער/די (ן) — buckle

שנאָל^2 דער (ן) **זע שנעל**^{2}

שנאָל|ן וו (גע–ט) **זע שנעלן**

שנאַפּ|ן וו (גע–ט) — sniff around, spy

שנאַפּס דער (ן) דימ **שנעפּסל** — spirits, liquor, brandy; glass/shot of alcoholic drink

|| מאַכן אַ שנאַפּס — have a drink

שנאַפּס|ן וו (גע–ט) — tipple, hit the bottle

שנאַפּער דער (ס) — (med.) lancet

שנאַר דער (ן) — scar

שנאָרזאַק דער (...זעק) — *pop.* beggar

שנאָריירים מצ — *pejor.* beggars, paupers

|| **פֿ״גל שנאָרער**

שנאָרכ(צ)|ן וו (גע–ט) — snore, snort

שנאָר(ע)|ן וו (גע–ט) — beg, go begging

שנאָרער דער (-/ס/...ריי'רים) פֿעמ **קע** — beggar, panhandler

שנאַשקע|ן וו (גע–ט) **זע שניאַשקען**

שנדר|ן וו (גע–ט) [ShNODER] — make a public promise (of a contribution to a synagogue)

שנה־טובֿה די (–ות) [ShONE-TO'YVE] — *Jew.* New Year's card

שנוי די (ים) **זע שינוי**

שנויץ דער (ן) — charred end of a wick; (pair of) shears for trimming candle wicks; snout, muzzle

שנוי'צן־פּרעסער דער (–/ס) — *Jew., hum.* unbeliever, ungodly person

שנו'פּטיכל דאָס (עך) — handkerchief

שנוק דער (ן) — snout, muzzle, (elephant's) trunk

שנור^1 דער/די (ן/שניר) דימ **שנירל** — cord, string, lace

שנור^2 די (ן/שניר) — daughter-in-law

שנוראָוואַדלע די (ס) **זע שנורעוואַדלע**

שנורעוואַדלע די (ס) — shoe lace

שנו'רעווע|ן וו (גע–ט) — lace (shoes, etc.) *imperf.*

שני דער [ShEYNI] — congregant called up in a synagogue to read the second portion of the Torah on a Sabbath or holiday; that passage

|| געבן* דאָס שני — designate s.o. to read that passage

שניאור [ShNEYER] : **דער פֿעטער שניאור** — Jack Frost

שניאַשקע|ן וו (גע–ט) [Ny] — *fam.* hit the bottle, tipple

שני־בשלישי דער [ShEYNI-BEShLI'ShI] **זע שני־שבשלישי**

שנידל|ען וו (גע–ט) **זע זידלען**

שניט דער (ן) — cut, incision; slit, notch; harvest, crop; fashion, style; shortcut; model, style, (fash.) cut; edge (of a book page)

|| פֿון איין שניט — of the same kind

|| כאַפּ|ן דעם שניט — get the idea, catch on

שני'טמוסטער דער (ס) — (fash.) pattern

שני'ט־סוחר דער (ים) [SOYKhER - SOKhRIM] — dry goods merchant, fabric dealer

שני'ט־סחורה די (–ות) [SKhOYRE] dry goods, fabric
שניטער דער (ס) פֿעמ קע harvester, reaper
שניטפֿעלד דאָס (ער) field of stubble
שניטצײַט די harvest time
שניטקע די (ס) sandwich
שניטקראָם די (ען) dry goods store, fabric shop
שניי דער (ען) snow
|| פֿאַראַיאָ'ריק|ער שניי something of no importance
|| אַר|ן אַק ווי דער פֿאַראַיאָ'ריקער שניי be of no concern whatever
שניי'דאײַזן דער/דאָס screw plate
שנײַדברעט די (ער) cutting board
שנײַדוועג דער (ן) crossroads, intersection
שנײַדורע דער (ס) *pejor.* tailor
שנײַדיק אַדי/אַדוו sharp, incisive, cutting
שנײַד|ן וו (געשניטן) cut; reap, harvest; reduce, shorten; *pop.* whip, slash, thrash
|| שנײַדן אומפּ hurt, pain
|| שנײַדן זיך *also* take shape, stand out
|| שנײַדן זיך אויף aspire to become; have the makings of
|| ער שנײַדט זיך אויף אַ שרײַבער he is a budding writer
|| ציינער שנײַדן זיך אים he is teething
שניי'דעניש דאָס stomach cramps, colic
שנײַדער דער (–/ס) פֿעמ קע/ין tailor
|| הי'נקעדיק|ער שנײַדער incompetent tailor/worker; pariah, outcast
שנײַדערו'ק דער (עס) *pejor.* tailor
שנײַדערײַ' 1. די (ען) tailor shop
|| 2. דאָס tailoring (profession)
שניי'דערקע די (ס) dressmaker, seamstress
שנײַדעריש אַדי of a tailor
שנײַדפּונקט דער (ן) intersection
שנײַדצאָן דער (...ציין) incisor
שנייהאָז דער (ן) arctic hare
שניי ווײַס אַדי snow white
שנייִיק אַדי snowy; snow-covered; white (as snow)
שניי'עלע דאָס (ך) snowflake
שנייען 1. אַדי (of) snow
|| 2. שניי|ען וו (גע–ט) snow
שנייער זע שניאור
שנײַצ|ן וו (גע–ט) trim the wick of (candle)
|| שנײַצן די נאָז blow one's nose
שנײַצער דער (ס) (pair of) shears for trimming candle wicks
שנײַ'צשערל דאָס (עך) (pair of) shears for trimming candle wicks
שנייקויל די (ן) snowball
שניי'שטורעם דער (ס) snowstorm, blizzard
שני־למלך דער [ShEYNE-LEME'YLEKh] king's minister, viceroy
שני'פּישאָק (דאָס) name of a suburb of Vilna/Vilnius used as a symbol of provincialism
שניפּ|ן וו (גע–ט) pilfer *imperf.*, swipe, steal
שניפּס דער (ן) tie, necktie
שניפּער דער (–/ס) thief, pilferer
שניצל 1. דער (ען) escalope, slice of meat
|| 2. דאָס (עך) small piece (paper, etc.)
שניצ|ן וו (גע–ט) carve, whittle *imperf.*
שניצער דער (–/ס) pencil sharpener; wood carver
שניצערײַ' דאָס (ען) wood carving
שניר מצ זע שנור[1]; שנור[2]
שנירל דאָס (עך) שנור דימ string, cord, lace; necklace, strand (of pearls); trickle
שני'רלײַבל דאָס (עך) corset
שני־שבשלישי דער [ShEYNI-ShEBEShLI'ShI] second cousin; *hum.* distant relative
שנית אַדוו [ShEYNES] secondly, in the second place
שנע'בעלע דאָס (ך) דימ זע שנאָבל
שנעל[1] אַדי/אַדוו fast, rapid
שנעל[2] דער (ן) flick, fillip
שנעל|ן וו (גע–ט) flick, fillip
שנעלצוג דער (ן) express train
שנעפּסל דאָס (עך) שנאַפּס דימ shot of liquor
|| מאַכ|ן אַ שנעפּסל drink a shot (of liquor)
שנעק דער (ן/עס) snail; worm gear; *fig.* urchin, rascal, scamp
שנעקטרעפּ די (–) spiral staircase
שנ״פּ = שיִער ניט פֿאַרגעסן P.S.
שס = ש״ס דער [ShAS] the Talmud
|| פּ״גל קליין־ש״ס
שעבס דער (ן) *Jew.* member of the Sabbatai Zevi sect (17th century)
שע'דיק|ן וו (גע–ט) hurt/injure *imperf.*, be harmful; *fam.* bash up, disable
שעדלעך אַדי harmful, hurtful, detrimental
שעדעווער דער (ס) masterpiece
שעה די (ען) [ShO] hour
|| אין אַ גוטער/מזלדיקער שעה! [MA'ZLDIKER] good luck!; *also* congratulations!

|| די שעה זאָל ניט זײַן — may it never come to pass!
|| אין אַ פֿרײַער שעה — in one's free time
|| שעהען לאַנג — for hours (on end)
שעהדיק אַדי [ShO'EDIK] — hourly
|| צוויי־שעהדיק — two hours long
שעהענווײַז אַדוו [ShO'ENVAYZ] — for hours (on end); hourly, every hour; at certain times
שעהען־ווײַזער דער (ס) [ShO'EN] — hour hand
שעהען־פּלאַן דער (־פּלענער) [ShO'EN] — timetable, schedule
שעוויאָ'ט דער — cheviot (wool/fabric)
שעוויאָט·ן אַדי — (of) cheviot
שעוועליו'ר די (עס) — (head of) hair
שעוועליורע די (ס) **זע** שעוועליור
שעזלאָ'נג דער (ען) — chaise-longue, deckchair
שעטנז דער [ShATNEZ] — cloth of combined linen and wool fibers, which Orthodox Jews are not allowed to wear; undesirable person; something defective, flaw; bad combination, mismatch
שע'טקעווע|ן וו (גע–ט) **זע** שאַטקעווען
שעטשקע די **זע** סיטשקע
שעך דאָס — (fash.) tinsel
שעכטהויז דאָס (...הײַזער) — slaughterhouse, abattoir
שעכטל דאָס (עך) — *slang* chick, broad, dame
|| פֿ״גל שאַכטל
שעכט|ן וו (געשאָכטן) — slaughter, kill (particularly animals and in accordance with the Jewish rules for slaughter)
שעכטע די (ס) **זע** שיכט
שעל דער — diamond (cards)
שעלאַ'ק דער (ן) — shellac
שעלאַקיר|ן וו (–ט) — shellac, lacquer
שעלט|ן וו (געשאָלטן) **זע** שילטן
שעלכל דאָס (עך) **זע** שעלעכל
שעלם דער **זע** שעלמאַק
שעלמאַק דער (עס) — scoundrel, rogue
שעלמיש אַדי — roguish, impish
שעלמע דער (ס) **זע** שעלמאַק
שע'לעכל דאָס (עך) שאָל דימ — cup; saucer
שעלקעס מצ [Ly] — suspenders
שעם פֿאַנ שם
שע'מהיטל דאָס — (feeling of) shame

|| אויס|טאָ|ן* דאָס שעמהיטל — lose all sense of shame
שע'מע(וו)דיק אַדי/אַדוו — shy, reserved
שע'מעלע דאָס — Jewish folk dance
שעמ|ען זיך וו (גע–ט) — be shy
|| שעמען זיך <מיט> — be ashamed (of)
|| מעגסט זיך שעמען — you ought to be ashamed of yourself
|| שעם זיך אין דײַן ווײַטן האַלדז אַרײַ'ן! — shame on you! have you no shame?
|| ניט האָב|ן* מיט וואָס זיך צו שעמען — have nothing to be ashamed of
שעמעריצע די — hellebore
שעמעריר|ן וו (–ט) **זע** שימערירן
שע'מערניק דער (עס) **זע** סעמערניק
שעמראַנע אַדי — *slang* belonging to the underworld
שענדונג די (ען) — rape; profanation, defilement
שענדלעך אַדי/אַדוו — dishonorable, shameful; scandalous, disgraceful
שענד|ן וו (גע–ט) — dishonor, defile; rape, violate
שעניק דער (עס) — straw mattress
שענסט אַדי–עפּי שיין סופּ — most beautiful
|| דאָס שענסט|ע און בעסט|ע — the cream of the crop
|| מיטן שענסטן כּבֿוד [KOVED] — with the greatest pleasure
שענער אַדי/אַדוו שיין קאָמפּ — more beautiful, prettier
|| אַ שענערן (פֿון אים) לייגט מען אין דר'ערד — he looks more dead than alive
שענק[1] די/דער (ען) — bar, pub, tavern
שענק[2] מצ **זע** שאַנק
שענקבריוו דער (–) — *neol.* grant, subsidy; grant document
שענקל[1] דאָס (עך) שאַנק דימ — locker, cabinet
שענקל[2] דאָס (עך) דימ **זע** שענק[1]
שענקל[3] דער (ען) — (anat.) calf, shank; (butch.) thigh, leg
שענק|ען וו (געשאָנקען/גע–ט) — donate, make a present of; forgive, pardon; sell/serve liquor
שענקער דער (ס) פֿעמ קע — tavern keeper
שע'נקעריניק דער (עס) — cheat, cardsharp
שעסנאָסטקע די (ס) — (in Belarus) former measure of capacity of about 16 pecks (40 liters)
שעפּ די (ן) — dipper, scoop
שעפּטש דער (ן) — whisper, murmur
שעפּטשע|ן וו (גע–ט) — whisper, murmur
שע'פּלעפּל דער (–) — ladle

שעפּ|ן וו (גע–ט) draw (water, etc.) *imperf.*, scoop up

|| שעפּן פֿון draw on

|| שעפּן לופֿט breathe, draw breath; enjoy the fresh air

שעפּס דער (ן) sheep

שעפּס·ן אַדי (of) sheep; (of) sheepskin

שעפּסנס דאָס mutton

שע'פּעטל דאָס (עך) briefcase, portfolio; suitcase, satchel

שעפּעליאַווע אַדי/אַדוו lisping

שעפּעליאַווע|ן וו (–ט) lisp

שעפּער מצ **זע** שאָפּ

שעף דער (ן) chief, boss

שעפֿל דאָס (עך) שאַף דימ bucket, pail; bushel (measure)

שע'פֿעלע[1] דאָס (ך) שאָף דימ lamb

שע'פֿעלע[2] דאָס (ך) דימ2 **זע** שעפֿל

שעפֿער[1] דער (–/ס) פֿעמ ין shepherd

שעפֿער[2] דער (–/ס) פֿעמ ין creator, author

שעפֿער[3] מצ **זע** שאָף

שע'פֿעריש אַדי/אַדוו **זע** שאַפֿעריש

שעצ|ן וו (גע–ט) esteem, value, like

|| שעצן גרינג scorn, make light of

שעצקע די **זע** סיטשקע

שער[1] די (ן) (pair of) scissors, shears

שער[2] דער (ן) lively Jewish dance

שער[3] דער [ShAR] **זע** שער־בלאַט

שער־און־אײַזן מצ *fam.* tailors; artisans, manual laborers, the masses

שערבל דאָס (עך) שאַרבן דימ potsherd; small item of pottery

|| מצ *Jew.* clay shards customarily placed on the eyelids of the deceased

שער־בלאַט דער (־בלעטער) [ShA'R] title page

שערגעו|ן וו (גע–ט) spout, gush, spurt

שער־הרחמים דאָס [ShAR-HORA'KhMIM] **זע** שערי־ רחמים

שערייווע|ן וו (–ט) drag one's feet/slippers

שעריף דער (ן) *Amer.* sheriff

שערי־רחמים מצ [ShARE-RA'KhMIM] *Jew.* "gates of mercy", metaphor for divine mercy; *euph., iron.* prison

שערי־תּפֿילה מצ [ShARE-TFI'LE] *Jew.* "gates of prayer", metaphor for the reception of prayer

שערל[1] דאָס (עך) שער דימ (pair of) scissors

שערל[2] דער **זע** שעל

שע'רמאַשינקע די (ס) hair clipper

שער|ן וו (געשוירן/געשאָרן) cut *imperf.* (with scissors), clip

שערסקע אַדי **זע** שאָרסטיק

שערענגע די (ס) line, row

שערער דער (–/ס) פֿעמ קע barber, hairdresser

שערערײַ' די (ען) barber shop, beauty salon

שערצל דאָס (עך) apron

שעשקע די (ס) *dial.* skunk

שעת־הדחק די [ShAS-HATKhA'K] time of need, difficult time

שעת־הכּושר די [ShAS-HAKO'YShER] opportunity, propitious moment

שפּאָג דער club (cards)

שפּאַגאַ'ט דער cord, string

שפּאָגל נײַ אַדי brand new

שפּאַגע די (ס) sword; (zool.) swordfish

שפּאָדל דער (ען) spade, shovel

שפּאָדלע די (ס) **זע** שפּאָדל

שפּאָט דער derision, mockery

|| שפּאָט ביליק dirt cheap

|| זײַן*/ווער|ן צו שפּאָט be/become a laughing stock

שפּאַטל דער (ען) spatula

שפּאָט|ן וו (געשפּאָ'ט) **זע** שפּעטן

שפּאַכטל דער (ען) **זע** שפּאַטל

שפּאַכליאָווקע די (constr.) spackle, plaster

שפּא'כליעווע|ן וו (גע–ט) spackle, fill (cracks)

שפּאַכליער דער (עס) **זע** שפּײַכלער

שפּאַל דער (עס/ן) railroad tie

שפּאָל דער (ן) (wooden) spike, tack

|| פֿ״גל שפּול

שפּאַלט דער (ן) דימ שפּעלטל crack, split; (fash.) slit, vent; crevasse, ravine; (typogr.) column (of print)

שפּא'לטבאָמבע די (ס) fission bomb, atom bomb

שפּאַלטונג די (ען) split, division, rift; fission

שפּאַלט|ן וו (געשפּאָלטן) split, crack; fission; divide, separate

|| שפּאַלטן האָר split hairs, quibble

שפּא'לטעוודיק אַדי fissionable; splittable, friable

שפּא'לטעריש אַדי divisive

שפּאַלי'ר דער (ן) (strip of) wallpaper, wall hanging; *neol.* lane (traffic)

|| פֿיר־שפּאַלי'ריק|ער שטראָז four-lane highway

שפּאַליר|ן וו (–ט) hang wallpaper/tapestries

שפּאַלע די (ס) זע שפּאַל

שפּאַן דער (–/ען) span; step, stride; *fig.* duration, timespan; harness; *dial.* pail, bucket

|| אין שפּאַן in harness *fig.*, on duty

|| גיי|ן* אין שפּאַן enlist, enroll; kowtow, grovel

שפּאָן דער (שפּענער) דימ שפּענדל chip; shavings

שפּאַ'נאָדער די/דער (ן) tendon

שפּאַנבעט די/דאָס (ן) hammock

שפּאָנגע די (ס) זע שפּאָנקע[1]

שפּאָנדרע די sirloin

שפּאַנונג די (ען) tension, suspense

שפּאַניע (די) [NY] Spain

|| פֿ״גל שפּאַניער[2]

שפּאַניער[1] דער (–) פֿעמ ין [NY] Spaniard

שפּאַניער[2] דער [NY] brocade

שפּאַניש אַדי/(דאָס) Spanish

שפּאַנ|ען וו (גע–ט) walk; stride; harness *imperf.*; stretch *trans. imperf.*, tense, strain

שפּאַ'נענדיק אַדי/אַדוו exciting, suspenseful (narrative)

שפּאַ'נציריק דער (עס) children's overalls

שפּאַנצער דער (ס) jacket; undershirt

שפּאָנקע[1] די (ס) cufflink, collar button

שפּאָנקע[2] די (ס) kind of cherry

שפּאַס דער (ן) joke, jest

|| אָן אַ שפּאַס seriously, no kidding

|| אין אַ שפּאַס as a joke

שפּאַסיק אַדי/אַדוו humorous, funny, amusing

שפּאַ'סמאַכער דער (–/ס) entertainer, jester, clown

שפּאַס|ן וו (גע–ט) joke, jest

שפּאַסער דער (–/ס) joker, clown

שפּאַץ דער (ן) זע שפּײַץ

שפּאַצי'ר דער (ן) walk, stroll, excursion

שפּאַציר|ן[1] וו (–ט) walk, stroll, hike

|| גיי|ן* שפּאַצירן go for a walk, take a walk

|| פֿאָר|ן שפּאַצירן go for a drive

שפּאַציר|ן[2] וו (–ט) (typogr.) space

שפּאַצירנס : גיי|ן* שפּאַצירנס זע (גיין) שפּאַצירן

שפּאַצירער דער (ס) פֿעמ ין hiker

שפּאַק דער (עס) roan horse

שפּאַקול|ן מצ glasses, spectacles

שפּאַקטי'וו דער (ן) telescope, binoculars; magnifying glass, watchmaker's loupe

שפּאַ'קליעווע|ן וו (גע–ט) זע שפּאַכליעווען

שפּאַקע דער (ס) זע שפּאַק

שפּאָר[1] אַדי considerable, significant (amount)

|| אַ שפּאָר ביסל quite a lot of

שפּאָר[2] דער (ן) spur, goad

שפּאַ'רבאַלקן דער (ס) cantilever, supporting bracket; girder, frame

שפּאָרבאַנק די (...בענק) savings bank

שפּאַרבער דער (ס) sparrow hawk, kestrel

שפּאַרגאַלן מצ waste paper, scrap paper

שפּאַרגאַלקע די (ס) *slang* cheat sheet

שפּאַרגל דער asparagus

שפּאָרגע אַדוו gross weight

שפּאַרונע די (ס) דימ די שפּאַרונקע crack, gap; crevice

שפּאָרזאַם אַדי/אַדוו *Germ.* thrifty, frugal

שפּאַר|ן וו (גע–ט) push *trans.*, press; rise, reach (toward); gush (out)

|| שפּאַרן זיך push forward; argue, debate

|| שפּאַרן זיך אַז insist that

שפּאָר|ן וו (גע–ט) save *imperf.*, economize

שפּאַרע די (ס) crack, crevice

שפּאָרע די (ס) prop, support

שפּאָ'רעוודיק אַדי/אַדוו thrifty; economical, practical

שפּאָ'רעוודיקייט די thrift, efficiency

שפּאַ'רעניש דאָס (ן) crowd, jostling; dispute, altercation

שפּאָרער דער (–/ס) saver, economizer

שפּאָ'רקאַסע די (ס) savings bank

שפּוג דער זע שפּאָג

שפּול די (ן) דימ די שפּולקע [Ly] reel, spool, bobbin

שפּונט דער (ן) stopper, cork

|| ביזן שפּונט to the last drop

שפּוע דער (ים) זע שיפּוע

שפּור די/דער (ן) track, footprint; vestige

|| זײַן* אויף דער שפּור פֿון be on the trail of

שפּיאָן דער (ען) פֿעמ קע spy

שפּיאָנאַ'זש דער espionage

שפּיאָניר|ן וו (–ט) spy

שפּיגינאַ'ר דער turpentine

שפּיגל דער (ען) mirror; model, example; (liquid, sea) level, surface

|| קרומ|ער שפּיגל distorting mirror

|| שפּיגל ריין — spick-and-span, immaculate

שפּי'גלבילד דאָס (ער) — reflection, image

שפּי'גלוואַנט די — eastern wall of a synagogue along which stand the seats of the community notables; place(s) of honor

שפּי'גל־לעדער די/דאָס — hard leather from a horse's rump

שפּיגל|ען זיך וו (גע־ט) <אין> — gaze at one's reflection (in); look at (s.o./stg.) with delight/pride

שפּיז די/דער (ן) — spear, lance; javelin

שפּיזאַרניע די (ס) [Ny] **זע** שפּײַזאַרניע

שפּיזגלאָז דאָס — antimony

שפּיזל דאָס (עך) שפּיז דימ — knitting needle; skewer, spit; dart

שפּיזל|ען וו (גע־ט) — knit *imperf.*

שפּי'זנשפּיץ דער (ן) — spearhead *fig.*, leading/driving force

שפּיזשאַרניע = שפּיזשאַרקע די (ס) [Ny] **זע** שפּײַזאַרניע

שפּיטאָ'ל דער/דאָס (ן/שפּיטעלער) — hospital

שפּײַ דער (ען) — spit

|| געבן* אַ שפּײַ אויף — give up on

|| פֿ״גל קיי־און־שפּײַ

שפּײַז די (ן) — food

שפּײַזאַרניע די (ס) [Ny] — pantry, larder

שפּײַזונג די — nourishment, feeding; supply

שפּײַזיק אַדי — nutritious, nourishing

שפּײַזלינג דער (ען) — dependent

שפּײַ'זמיטלען מצ — victuals, provisions

שפּײַז|ן וו (גע־ט) — feed, nourish, provide for

שפּײַזער דער (ס) פֿעמ ין — provider, breadwinner

שפּײַ'זקאַרטע די (ס) — menu, bill of fare

שפּײַזקראָם די (ען) — grocery

שפּײַ'זקרעמער דער (ס) פֿעמ קע — grocer

שפּײַזרער די (ן) — esophagus

שפּײַכלער דער (ס) — granary, grain elevator, warehouse

שפּײַ'סענאַכט(ס) אַדוו **זע** שבת (צו נאַכטס)

שפּײַעכץ דאָס (ן/ער) — saliva, spittle

|| האַלטן זיך מיט כּשרן/ני'כטערן שפּײַעכץ [KO'ShERN] — hang by a thread

שפּיִע|ן וו (גע־ט) — spy on

שפּײַ|ען וו (געשפּיגן) — spit *imperf.*

שפּײַער דער (ס) — *pop.* pistol

שפּײַץ דער (ן) — (typogr.) space

שפּײַצ|ן וו (גע־ט) — (typogr.) space

שפּײַקע די (ס) **זע** שפּאָנקע[1]

שפּײַ'קעסטל דאָס (עך) — spittoon, cuspidor

שפּיל די/דאָס (ן) — game; round, match; (theat.) performance, show; *pop.* vulva

שפּי'לבעטל דאָס (עך) — playpen

שפּילוואַרג דאָס — toys

שפּי'ל־חבֿר דער (ים) [KhAVER - KhAVEYRIM] — playmate

שפּילטער דער (ס) — splinter, sliver

שפּי'לטערדיק אַדי — brittle, fragile

שפּיליטע'ר דער (ן) — (purchasing) agent, expediter, shipping agent

שפּילכל דאָס (עך) שפּיל דימ — plaything, toy; trifle

שפּילמאַן דער (...מענער) — minstrel, troubadour

שפּיל|ן וו (גע־ט) — play; (wine) fizz, sparkle

|| שפּילן <דאַט> — (odds, cards) be favorable for/to

|| שפּילן אין — play (game)

|| שפּילן (אויף) — (mus.) play (instrument)

|| שפּילן זיך — play *intr.*, amuse oneself

|| שפּילן זיך מיט — trifle with

|| זי מעג שוין הערן שפּילן — it's high time she got married

|| שפּילן טעאַטער — act in the theater; put on an act

שפּי'לעוודיק אַדי/אַדוו — playful, lighthearted

שפּי'לעכל דאָס (עך) **זע** שפּילכל

שפּילער דער (ס) פֿעמ ין — player; gambler

שפּילערײַ' דאָס (ען) — game, amusement; child's play *fig.*, easy task

שפּילפּלאַץ דער (...פּלעצער) — playground

שפּי'לפֿויגל דער (...פֿייגל) — songbird

שפּילצײַג דאָס/מצ — plaything(s), toy(s)

שפּי'לקאַסטן דער (ס) — jukebox

שפּילקע די (ס) [Ly] — pin

|| זיצן (ווי) אויף שפּילקעס — be on tenterhooks, be unable to sit still

|| זוכן אַ שפּילקע אין אַ וואָגן היי — look for a needle in a haystack

|| האָבן* שפּילקעס אין הינטן — be impatient

|| אַ שפּילקע ניט דו'רכצוּוואַרפֿן — jam-packed

שפּין די/דער (ען) — spider

שפּינאַ'ט דער — spinach

שפּינבעכץ דאָס זע שפּינוועבס

שפּי'נגעוועב דאָס זע שפּינוועבס

שפּינדל דאָס (ען) spindle

שפּינוועבס דאָס spiderweb, cobweb

שפּינ|ען וו (גע–ט/געשפּונען) spin (fibers into thread); weave *fig.*, imagine

שפּינערײַ' די (ען) spinning mill

שפּינראָד די (...רעדער) spinning wheel

שפּי'נשפּולקע די (ס) [Ly] spinning wheel

שפּיסל דאָס (עך) זע שפּיזל

שפּיץ דער/די (ן) tip, point; prong, tine; peak, summit, pinnacle; climax; upshot, outcome; truth of the matter; cigarette holder

|| אויפֿן שפּיץ מעסער a tiny bit, very little

|| שפּיץ פֿינגער fingertip; tiptoe

|| אויף די שפּיץ פֿינגער on tiptoe

|| שטיי|ן* אין (דער) שפּיץ פֿון head, be in charge of

|| פֿ״גל שפּיצן

שפּיצאָסטע אַדי pointed

שפּיצהאַק די (...העק) pickaxe

שפּיציע די (ס) spoke (wheel)

שפּיציק אַדי pointed, peaked; sharp-witted, subtle

שפּיצל[1] דאָס (עך) practical joke, prank, trick

|| אָ'פּ|טאָ|ן* דאַט אַ שפּיצל play a trick on s.o.

שפּיצל[2] דער (ען) stool pigeon, informer; secret agent, spy

שפּיצלינג דער (ען) prankster, practical joker

שפּיצן מצ lace

שפּי'צנאָמען דער (...נעמען) nickname

שפּי'ץ־קאָנפֿערענץ די (ן) summit conference

שפּי'צעדיק = שפּי'צעכ(ד)יק זע שפּיציק

שפּיצרוט די (ן) whip, riding crop

שפּי'קעווע|ן וו (גע–ט) stuff, fill *imperf.*

שפּירהונט דער (...הינט) bloodhound

שפּירונג די (ען) sensation, feeling

שפּירט דער זע ספּירט

שפּירטנע אַדי/אַדוו זע ספּריטנע

שפּיריטעס דער זע ספּירט

שפּיר|ן וו (גע–ט) feel, sense, perceive

שפּי'רעוודיק אַדי/אַדוו sensitive, vulnerable

שפּירעט דער זע ספּירט

שפּליטער דער (ס) זע שפּילטער

שפּעהע די (ס) tenon, crosspiece; strut, (ceiling) brace

שפּעט 1. אַדי late, tardy

|| 2. אַדוו belatedly, late in life

שפּע'טזומער דער Indian summer

שפּעטיק אַדי/אַדוו late

שפּעט|ן וו (געשפּע'ט) <פֿון> mock, scoff (at), make fun (of)

שפּעטנע אַדי ugly; insignificant, commonplace; shabby

שפּעטסטנס אַדוו at the latest

שפּעטער[1] 1. אַדי שפּעט קאָמפּ later, subsequent

|| 2. אַדוו afterwards, later

|| שפּעטער מיט אַ שעה [ShO] an hour later

|| ניט שפּעטער ווי at the latest, no later than

שפּעטער[2] דער (–/ס) scoffer, mocker

שפּע'טערדיק אַדי–עפּי later, subsequent

שפּעטפֿרוכט די late fruit

שפּע'טשמייכלע דאָס (ך) sneer, smirk

שפּעלטל דאָס (עך) שפּאַלט דימ *also* slot; loophole

שפּענדל דאָס (עך) שפּאָן דימ *also* chip, splinter; shim (under furniture)

|| אַרוי'ס|וואַרפֿ|ן אויף צוויי/דרײַ שפּענדלעך throw out as useless

שפּענטע די (ס) זע שפּונט

שפּענער מצ זע שפּאָן

שפּענצער דער (ס) זע שפּאַנצער

שפּעציאַ'ל דער (ן) delicacy, treat

|| מאַכ|ן אַ גאַנצן שפּעציאַל פֿון make a big fuss about

שפּעצערײַ'־געוועלב דאָס (ן) grocery

שפּעק דער bacon

שפּעקולאַ'נט דער (ן) [Ly] זע ספּעקולאַנט

שפּעקולי'ר|ן וו (–ט) זע ספּעקולירן

שפּער דער (ן) mainspring (clock)

שפּערל דער (ען) sparrow

שפּראָט דער (ן) sprat

שפּראַך[1] די (ן) language, speech

שפּראַ'ך־[2]... linguistic

שפּראָך דער (ן) magic formula, incantation

שפּראַ'ך־וויסנשאַפֿט די linguistics

שפּראַכיק אַדי linguistic, (of) language

שפּראַ'כן־קענער דער (–/ס) פֿעמ ין polyglot

שפּראָנטשקע די (ס) buckle, clip

שפּראָץ דער (ן) sprout, (off)shoot; slingshot

|| שפּראָץ (אויף) טאָג daybreak

שפּראָצונג די (ען) germination, budding; shoot, sprout

שפּראָצל דאָס (עך) שפּראָץ דימ *also* sapling

שפּראָצ|ן (זיך) וו (גע–ט) sprout, germinate *intr.*; *fig.* commence, be born

שפּראָ'צנדיק אַדי budding; *fig.* nascent, emerging

שפּרו'דלדיק אַדי/אַדוו spouting, gushing; ebullient, exuberant

שפּרודל|ען וו (גע–ט) well up, gush; bubble up, boil over

שפּרוך דער (ן) זע שפּראַך

שפּרונג דער (ען) jump, leap, plunge

שפּרו'נגענווייַז אַדוו by leaps and bounds

שפּרונזשינע די (ס) זע ספּרונזשינע

שפּריי דער chaff, straw *coll.*

שפּרייַז[1] דער (ן) step, stride; interval, gap

שפּרייַז[2] די/דער (ן) wooden bar

שפּרייַ'זהעלצל דאָס (עך) gag, choke pear

שפּרייַזל דאָס (עך) שפּרייַז דימ gag, muzzle

שפּרייַז|ן וו (גע–ט) stride, pace; move forward with dignity

שפּרייטונג די (ען) *neol.* (geographic) distribution

שפּרייט|ן (זיך) וו (געשפּריי'ט) spread (out) *trans./intr. imperf.*

שפּריי|ען וו (גע–ט) drizzle

שפּריי'רעגן דער (ס) drizzle

שפּריך דער (ן) spoke (wheel)

שפּריכוואָרט דאָס (...ווערטער) proverb

שפּריכע די (ס) זע שפּריך

שפּרינגברעט די (ער) springboard

שפּרינגל|ען וו (גע–ט) skip, hop

שפּרי'נגלקע די (ס) springboard, diving board

שפּרינג|ען וו (איז געשפּרונגען) jump, bound; dive

שפּרינגער דער (ס) grasshopper; (chess) knight

שפּרינגשנור דער (ן) jump rope

שפּרינקל דאָס (עך) זע שפּרענקל

שפּריץ דער (ן) spurt, squirt, splatter; shower; syringe

|| מאַכ|ן זיך אַ שפּריץ take a shower

שפּריצברעט די (ער) dashboard

שפּריצל|ען וו (גע–ט) sputter, splutter

שפּריצ|ן וו (גע–ט) <אויף> spurt, squirt *intr.*; sprinkle, spray, splash *imperf.*

|| שפּריצן מיט spray, spatter

שפּריצעכץ דאָס (ן) spray

שפּריצער דער (ס) watering can; syringe; shower-head; fire hose nozzle; vaporizer

שפּרענקל|ען וו (גע–ט) אַק <אויף> sprinkle stg. (on)

שפּרענקל דאָס (עך) blot, small stain; dot, spot, patch; splatter; speck (dust)

שפּרע'נקעלע דאָס (ך) שפּרענקל דימ : אָן אַ שפּרענקעלע spotless, immaculate

|| ניט לאָז|ן פֿאַלן קיין שפּרענקעלע אויף not allow the slightest criticism of

שפֿוך־חמתך (דער) [ShFOYKh-KhAMO'SKhO/ShFOYKhAMOSKhE] verses recited on the night of Passover, invoking divine anger against the enemies of the Jews

|| אויס|לאָז|ן דעם גאַנצן שפֿוך־חמתך צו give free rein to one's anger against

שפֿחה די (–ות) זע שיפֿחה

שפֿיכות־דמים דאָס [ShFIKhES-DO'MIM] bloodshed; slight, humiliation; annoyance, aggravation

שפֿל אַדי/אַדוו [ShOF·L] lowly, humble; despicable; depressed, discouraged

|| עס איז שפֿל it's going badly

שפֿלות דאָס זע שיפֿלות

שפֿע די (ס) [ShEFE] abundance, prosperity

שפֿעדיק אַדי [ShE'FEDIK] abundant; prolific, productive

שצ... זע ווערטער מיט שטש...

שקאָדע די (ס) *Slav.* harm, injury, wrong

שקאַטולקע די (ס) box

שקאַליק דער (עס) small flat-sided bottle, flask of brandy

שקאָלע די (ס) non-Jewish school

שקאָנטי'סט דער (ן) discount banker

שקאָנטיר|ן וו (–ט) (finan.) trade at a discount

שקאַפּע די (ס) mare; nag, old worn-out horse

שקאַף דער (עס) *Slav.* wardrobe, armoire

שקאָץ דער (שקצים) [- ShKOTSIM] insolent fellow, prankster

|| פּ"גל שייגעץ; שקצימלעך

שקאָציש אַדי/אַדוו cheeky, saucy, insolent

שקאָ'צעווע|ן וו (גע–ט) frolic, romp, play tricks

שקאַרלאַטי'ן דער זע סקאַרלאַטין

שקאַרמו'ץ = שקאַרמיץ דער (ן) paper bag

שקאַ'רפּעטקע די (ס) sock, anklet

שקול־הדעת דער זע שיקול־הדעת

שקורע די (ס) (animal) skin; despicable person

|| אַלט|ע שקורע old hag

שקיוו דער (ן) pulley, sheave

שקיעה די (–ות) [ShKIE] sunset; twilight *fig.*, decline

שקיפּער דער (ס) skipper, captain

שקל דער (ים) [ShEKL - ShKOLIM] shekel; Zionist membership card

שקלאַוו דער (ן) זע שקלאַף

שקלאַ־וטריא די (ס) [ShAKLE-VETA'RYE] discussion, deliberation

שקלאַף דער (ן) פֿעמ ין slave

שקלאַפֿיש אַדי/אַדוו slavish, servile

שקלאַפֿ|ן וו (גע–ט) work like a slave, slave away

שקלאַ'פֿן־טרײַבער דער (–/ס) פֿעמ קע slave driver

שקלאַפֿערײַ' דאָס slavery, servitude

שקל(ים)־געלט דאָס [ShE'KL/ShKO'LIM] money contributed to the synagogue on *Purim*; membership dues of an association; membership dues in the Zionist movement

|| פֿ״גל פּורים

שקע'טעלע דאָס (ך) little box, casket

שקצימ(לעך) מצ [ShKO'TSIM(LEKh)] long thin meatballs/pancakes

|| שקצים מיט מאָן small pastries with poppy seeds and honey

|| פֿ״גל שייגעץ; שקאָץ

שקר דער (ים) [ShEKER - ShKORIM] lie, falsehood

|| שקר און/מיט שלימזל [ShLIMAZL] a couple of scoundrels; birds of a feather

שקראַב דער (עס) old worn-out shoe; *fig.* decrepit old man

שקראַ'בעדיק אַדי decrepit, sickly

שקראַב|ן וו (גע–ט) scrape, scour

שקראַנד(ל)ע די : אַלט|ע שקראַנדלע *pop.* old man/woman

שקראָפֿ(ו)ל דער scrofula

שקר־וכזב אַדי–אַטר [ShE'KER-VEKO'ZEV] pure fabrication, absolutely false

שקרות־מאַכער דער (ס) [ShA'KRES] cheat, schemer, swindler

שקרן דער (ים) פֿעמ טע [ShAKREN - ShAKRONIM] liar

שראַגע די (ס) clothespin; peg, hook

|| פֿ״גל שרגא

שראָט דער זע שרויט

שראָל דער (ן) clod (of earth)

שראַם דער (ען) scar, scratch

שראַנק[1] דער (שרענק) closet, cupboard

שראַנק[2] דער זע שראַנקען

שראַנקען דער tollgate, tollhouse

שראַפּנע'ל דער (ן) [Ly] shrapnel

שרגא [ShRAGE] : אױ'ס|נעמ|ען/האָב|ן* שרגא have one card of each suit, have a bad hand; have no assets

שרובשטיק דער (ן) זע שרויפֿשטיק

שרויט דער (buck)shot

שרויף דער/די (ן) דימ שרײַפֿל screw, bolt

שרויפֿ|ן וו (גע–ט) screw *imperf.*

שרוי'פֿן־ציִער דער (ס) screwdriver

שרויפֿשטיק דאָס (ן) vise, clamp

שרונט דער (ן) part (hair); gap, space

שריט דער (–) step, pace; measure, means

|| אויף שריט און טריט at every turn, at every step of the way

|| אָ'נ|נעמ|ען שריט take steps, make arrangements

שרײַ דער (ען) shout, exclamation

שרײַבאַ'ר דער (עס) *pejor.* scribbler, hack writer

שרײַ'בגעצײַג דאָס writing instruments

שרײַבו'ן דער (עס) *pejor.* scribbler, hack writer

שרײַבונג די (ען) spelling, orthography

שרײַבטיש דער (ן) desk, writing table

שרײַ'במאַשין די (ען) typewriter

שרײַ'במאַשיניסטקע די (ס) typist *fem.*

שרײַב|ן וו (געשריבן) write

שרײַבעכץ דאָס (ן/ער) *gen. pejor.* writing, written work

שרײַבער דער (–/ס) פֿעמ ין writer, author; scribe; secretary, clerk; registrar, recorder; tutor assigned to teach writing

|| פֿ״גל וואָלדשרײַבער

שרײַבערײַ' דאָס writer's craft

שרײַ'בעריש אַדי of a writer, writer's

שרײַ'בפֿענדל דאָס (עך) pen

שרײַבצײַג דאָס/מצ זע שרײַבגעצײַג

שרײַ'בשפּראַך די (ן) written language; literary language

שרייטל דאָס (עך) דימ שרויט pellet; (lead) shot

שריי'טל־געלעגער דאָס (ס) ball bearing (assembly)

שריי'טלפֿען די (ען) ballpoint pen

שרײַיִק אַדי/אַדוו shrill, loud, piercing; gaudy; flagrant, blatant

שרײַ|ען וו (געשריגן/געשריִען) shout, scream

|| שרײַען אויף yell at

שרײַער דער (–/ס) פֿעמ קע loudmouth; (zool.) howler monkey; rattle, noise maker

שרײַ'עריש אַדי/אַדוו noisy, vociferous

שרײַפּל דאָס (עך) שרויף דימ — small screw
|| עס פֿעלט אים אַ שרײַפּל (אין קאָפּ) — he has a screw loose
שרימפּ דער (ן) — *Amer.* shrimp
שרינט דער (ן) **זע** שרונט
שריפֿט .1 דער (ן) — (typogr.) font, type
|| .2 די (ן) — handwriting; piece of writing
|| מצ — writings, works
|| אַלע שריפֿטן — complete works
|| הייליקע שריפֿטן — holy writ, sacred writings
שרי'פֿטגיסער דער (ס) — type-founder
שרי'פֿטזעצער דער (–/ס) — typesetter
שריפֿטיק אַדי — literate
שרי'פֿטיקייט די — literacy
שריפֿטלעך אַדי/אַדוו — written, in writing
|| שריפֿטלעכ|ע אַרבעט — composition, writing assignment
שרי'פֿטשטעלער דער (–/ס) — writer, author
שרעג אַדי/אַדוו — slanting, oblique
שרעטל דאָס (עך) — goblin, gnome, dwarf
שרע'טעווע|ן וו (גע–ט) — crush, rough-grind
שרענגע די (ס) **זע** שערענגע
שרענק מצ **זע** שראַנק[1]
שרענקל דאָס (עך) **זע** שענקל[1]
שרעק דער/די (ן) — fear, terror
|| אָנ|וואַרפֿ|ן אַ שרעק אויף — intimidate, terrify
|| (אוי) אַ שרעק! — how awful! that's terrible!
שרעקבילד דאָס (ער) — *Germ.* bugbear, bug-a-boo
שרעקלעך אַדי/אַדוו — terrible, terrifying, awful
שרעק|ן וו (געשראָקן) — frighten *imperf.*
|| שרעקן זיך <פֿאַר> — be afraid (of), fear

שרע'קע(וו)דיק אַדי/אַדוו — fearful, timid
שרע'קעניש דאָס (ן) — fear, fright, terror
שרע'קפֿויגל דער (ען) — scarecrow
שרפּ״ט (אַלפֿים) [ShARPA'T (ALOFIM)] **זע** תּרפּ״ט (אַלפֿים)
שרץ דער (ים) [ShERETS - ShROTSIM] — reptile, worm, crawling animal; *fig.* filthy person
שרצים־טרײַבער דער (ס) [ShRO'TSIM] — exterminator
שרשים מצ **זע** שורש
ששי דער **זע** שישי
ששים מצ **זע** שישים
ששת־ימי־בראשית דער/מצ [ShEYShES-YEME'Y-B(E)RE'YShES] — the six days of creation
|| פֿון/זינט ששת־ימי־בראשית — since the beginning of time
שתּדלן דער (ים) פֿעמ טע [ShTADLEN - ShTADLONIM] — intercessor, mediator
|| מצ — *also* lobbyists
שתּדלנות דאָס (ן) [ShTADLONES] — intercession, mediation
שתּדלנימשאַפֿט די (ן) [ShTADLO'NIMShAFT] — lobby, lobbyists
שתּדלנ|ען (זיך) וו (גע–ט) <פֿאַר> [ShTADLEN] — intercede/plead (on behalf of)
שתּחיה פֿר [ShETIKhYE] — *(after mentioning a woman)* long may she live!
שתּיה די [ShTIE] — drinking, drinking habit
שתּיקה די [ShTIKE] — silence
שתּן דער [ShETEN] — urine, piss
שתּקן דער (ים) [ShATKN - ShATKONIM] — reserved/taciturn person
שתּיה|(נע)ן וו (גע–ט) [ShASYE] — drink, tipple
שתי־וערבֿ דער [ShESI-VOE'REV] — cross

שׂ

שׂ דער/די [SIN] letter of the Yiddish alphabet; pronounced [S]; numerical value: 300 (same as ס)

שׂונא דער (ים) [SOYNE - SONIM] enemy, foe, adversary, opponent

|| ווער|ן אַ שׂונא דאַט turn against s.o.

|| מײַנע שׂונאים! may it happen to my enemies (said when mentioning a misfortune)

|| משוגע, מײַנע שׂונאים! [MEShUGE] (that person) is crazy, God help us!

שׂונא־ישׂראל דער (שׂונאי־) [SOYNE-YISRO'EL - SOYNE-] anti-Semite

|| שׂונאי־ישׂראל! may it happen to the anti-Semites (said when mentioning a misfortune)

שׂונא־ציון דער (שׂונאי־) [SOYNE-TSI'EN - SOYNE-] **זע** שׂונא־ישׂראל

שׂטן דער [SOTN] devil, demon

|| דער שׂטן Satan

שׂטן־(ה)מקטרג דער [SOTN-(HA)MEKA'TREG] Satan the accuser (charged with reporting to the Heavenly court the errors of humans, *esp.* of the Jews); accuser, informer

שׂיחה די (–ות) [SIKhE] talk, *esp.* informal talk given by a Hasidic rebbe

שׂיחות־חולין מצ [SIKhES-KhU'LIN] talk on worldly matters, everyday conversation (of a religious scholar, great writer, etc.)

|| ניט וויס|ן*/פֿאַרמאָגן פּאָס שׂיחות־חולין be a pygmy (in spiritual matters) compared to

שׂימחה די (–ות) [SIMKhE] joy, gaiety, mirth; party

|| וואָס איז די שׂימחה? what's so funny!

|| אויף שׂימחות! (may we always meet) on joyous occasions!

שׂימחה־וששׂון די [SIMKhE-VESO'SN] **זע** ששׂון־ושׂימחה

שׂימחת־תּורה דער [SIMKhES-TO'YRE] *Simchat Torah*, the Jewish holiday celebrating the completion of the year's cycle of reading the Torah

שׂימחת־תּורה־עפּעלע דאָס (ך) [SIMKhES-TO'YRE] apple decorating the stick of a *Simchat Torah* flag

|| אַ פּנים ווי אַ שׂימחת־תּורה־עפּעלע [PONEM] a sweet little face

|| פֿ״גל שׂימחת־תּורה־פֿאָן

שׂימחת־תּורה־פֿאָן די (ען) [SIMKhES-TO'YRE] small flag carried by children on *Simchat Torah*

|| פֿ״גל שׂימחת־תּורה

שׂין דער/די (ען) [SIN] *sin*, name of the letter שׂ

שׂינאה די (–ות) [SINE] hatred, hostility

|| וואַרפֿ|ן אַ שׂינאה אויף take a sudden dislike to

|| טראָג|ן אַ שׂינאה <אויף> bear a grudge (against)

שׂינאת־חינם די [SINES-KhI'NEM] baseless hatred

שׂינאת־ישׂראל די [SINES-YISRO'EL] anti-Semitism

שׂכירות מצ/דאָס [SKhIRES] salary, pay, wages

שׂכיר־יום דער [SKhIR-YO'M] day laborer

שׂכל דער [SEYKhL] reason, understanding; intelligence, brains; common sense; underlying principle, rationale, logic

|| על־פּי שׂכל [ALPI] logically, according to reason

|| מיטן שׂכל intellectually

|| לייג|ן זיך אויפֿן שׂכל be plausible, stand to reason

|| ניט לייג|ן זיך אויפֿן שׂכל seem unlikely

|| פֿאַל|ן אויפֿן שׂכל <אַז> *rev.* occur (to s.o.) that

|| פֿאַל|ן אויפֿן שׂכל צו have the idea to

|| קומ|ען צום שׂכל come to one's senses, see the light

|| לערנ|ען אַק/דאַט שׂכל teach (s.o.) a thing or two

|| (זיך) לערנ|ען שׂכל wise up, become more intelligent

|| ניט זײַן* קיין שׂכל not be a good idea

|| וואָס איז דער שׂכל? what's the point? what for?

|| לויט מײַן נאַ'רישן שׂכל in my humble opinion

|| באַקומ|ען קי'נדערשן שׂכל enter one's dotage, become senile

שׂכלדיק אַדי/אַדוו [SE'YKhLDIK] prudent, reasonable

שׂכלדיקייט די [SE'YKhLDIKEYT] prudence, reasonableness

שׂכל־הישר דער [SEYKhL-HAYO'ShER] common sense, wisdom

שׂכל|ען זיך וו (גע–ט) [SEYKhL] rack one's brains

שׂכר דער (ן) [SKhAR] reward, recompense

שׂכר־בטלה דער [SKhAR-BATO'LE] compensation for lost time

שׂכר־הליכה דער [SKhAR-HALI'KhE] reward for travel to perform a good deed; compensation for travel expenses

שׂכר־ועונש דער [SKhAR-VEO'YNESh] reward or punishment after death, divine justice

שׂכר־טירחה דער [SKhAR-TI'RKhE] compensation for trouble s.o. has taken

שׂכר־לימוד דער [SKhAR-LI'MED] tuition (fee)

שׂכר־מלאָכה דער [SKhAR-MELO'KhE] wages, salary, compensation for work

שׂמח־בחלקו דער [SOMEYEKh-BEKhE'LKE] one who is satisfied with his lot

שׂמחה די (־ות) זע שׂימחה

שׂנאה די (־ות) זע שׂינאה

שׂעיר־לעזאָזל דער (ען) [SOER-LAZO'ZL] scapegoat

שׂר דער (ים) [SAR - SORIM] prince, lord; dignitary, high official; *Jew.* guardian angel (of an individual or nation)

שׂרה פּנ [SORE] Sarah, wife of the patriarch Abraham

שׂר־המשקים דער [SAR-HAMA'ShKIM] cup-bearer

שׂריד דער (ים) [SORED - SRIDIM] relic, remnant

שׂריד־ופּליט דער [SORED-UPO'LET] vestige, remnant; *(in negative sentences)* (not even) a trace

שׂרף דער (ים) [SOREF - SROFIM] seraph, one of the angels surrounding the throne of God

שׂרפֿה די (־ות) [SREYFE] fire, blaze, conflagration

שׂרפֿה־מעלדער דער (ס) [SRE'YFE] fire-alarm

שׂרפֿעדיק אַדי [SA'RFEDIK] blazing, scorching; scathing (remark), withering (glance)

שׂרפֿע|(נע)ן וו (גע־ט) [SARFE] (sun) broil, burn; burn, blaze *fig.*

שׂררה דער (־ות/־ים) [SRORE - SRORES/SRORIM] lord; dignitary, high official

שׂררהטע די (ס) [SRO'RETE] noblewoman

ששׂון־ושׂימחה דער [SOSN-VESI'MKhE] joy and jubilation

|| עס איז ששׂון־ושׂימחה rejoicing is at its height

ת

ת דער/די [TOF] letter of the Yiddish alphabet; pronounced [T]; numeric value: 400

תּאווה די (–ות) [TAYVE] desire, passion; lust

תּאווהדיק אַדי/אַדוו [TA'YVEDIK] passionate, voluptuous, lustful

תּבֿה די (–ות) [TEYVE] (Noah's) ark

תּבֿואה די (–ות) [TVUE] grain, cereal

תּבֿיעה די (–ות) [TVIE] demand, claim (against s.o.)

תּג דער (ין) [TAG - TAGN] ornamental calligraphic stroke on a letter

|| מצ minutiae

תּגינדיק אַדי/אַדוו [TA'GNDIK] minute, detailed

תּהום דער (ען) [THOM] abyss, precipice

תּהומיק אַדי [THOMIK] precipitous

תּהילים דער [TILIM] biblical Book of Psalms

|| קאַפּיטל תּהילים psalm

|| זאָג|ן/רײַב|ן/האַק|ן/בראָק|ן תּהילים say or recite psalms (spiritedly, collectively)

תּהילים־זאָגער דער (–/ס) [TI'LIM] *Jew.* member of a pious society devoted to the daily recital of psalms; individual paid to recite psalms as prayers for the health of a person who is ill or for the salvation of a soul

תּהילימל דאָס (עך) [TI'LEML] *Jew.* book of Psalms in small format for use in daily recitation

תהלים דער **זע** תּהילים

תּובֿע דער (ים) [TOYVEYE - TOYVIM] (jur.) claimant, plaintiff

תּוגר דער [TOYGER] Turk; *(by extension)* Turkey

תּוהו־ובֿוהו דער [TOYEVOYE/TOYU-VOVO'YU] chaos

תּוו דער/די (ן) [TOF] *tav*, name of the letter ת

תּוך[1] דער [TOKh] core, essence, substance

|| אין תּוך (אַרײַ'ן/גענומען) in essence, in substance, basically, essentially

תּוך־[2]... [TO'Kh] basic, substantive

|| תּוך־זאַך substantive matter

תּוכחה די (–ות) [TO'YKhEKhE] biblical passage listing the punishments Israel would incur in disobeying the divine will; list of curses; series of calamities

|| אוי'ס|לאָז|ן די (גאַנצע) תּוכחה צו heap curses on

|| די גאַנצע תּוכחה האָט זיך אוי'סגעגאָסן אויף אים all the calamities of the world were heaped on his head

תּוכיק אַדי [TOKhIK] essential, basic, fundamental; inherent, intrinsic

תּוך־כּדי־דיבור אַדוו [TOKh-KEDEYDI'BER] straightaway, at once, instantly

תּוכן דער (ס/ים) [TOYKhN] contents; table of contents

תּוך־פֿאָרשונג די [TO'Kh] basic research

תּופֿס זײַן* וו (תּופֿס געווע'ן) [TOYFES] grasp, apprehend, take in

תּורה .1 די [TOYRE] Torah, Jewish law and doctrine; the Pentateuch, Five Books of Moses; rabbinic literature; traditional Jewish studies; *Jew.* knowledge, erudition

|| .2 די (–ות) thoughts/teachings/parables of a Hasidic master; doctrine, theory; *iron.* skill, art

|| שיט|ן מיט תּורה spout one's knowledge in all directions

|| אַ גרויסע תּורה! *iron.* some achievement, big deal!

תּורה־כּולה (די) [TOYRE-KU'LE] *hum.* the entire Torah; the sum of all knowledge

תּורה־שבכתבֿ די [TOYRE-ShEBIKSA'V] text of the Pentateuch, the written biblical Law

תּורה־שבעל־פּה די [TOYRE-ShEBALPE'] Talmudic law, the Talmud

תּורת־לאָ'קשן די [TOYRES] *hum., iron.* (bogus) knowledge, philosophy, eternal verity

תּורת־משה די [TOYRES-MO'YShE] Law of Moses; *fig.* gospel, absolute truth

תּושבֿ דער (ים) [TOYShEV - TOYSh(O)VIM] resident, inhabitant

תחבולה די (–ות) [TAKhBULE] remedy, means, expedient, ruse

תּחום דער (ען/ים) [TKhUM] zone, territory, pale; limit; domain (of competence), subject

|| פֿ״גל תּחום־המושבֿ

תּחום־המושבֿ דער [TKhUM-HAMO'YShEV] Pale of Settlement, area in which Jews were permitted to live in tsarist Russia

תּחום־שבת דער (ן) [TKhUM-ShA'BES] a distance of 2,000 ells, which observant Jews must not exceed on the Sabbath when walking out of town

תּחיה פֿר [TIKhYE] **זע** שתּחיה

תּחילת אַדוו [TKhILES] at first, originally, initially

|| תּחילת זומער/ווינטער at the beginning of summer/winter

תחילתדיק אַדי [TKhI'LESDIK] original, initial, primitive

תחינה די (–ות) [TKhINE] petition, prayer; prayer in Yiddish, used primarily by women; a book containing such prayers

תחית־המתים דער [TKhIES-HAME'YSIM] resurrection of the dead

|| אוי'פֿ|שטיי|ן* תחית־המתים be resurrected, revive, rise from the dead

|| דאָ'ס געשע'פֿט וועט שוין קיין תחית־המתים ניט אויפֿשטיין this business is dead and buried

תחנון דער [TAKhNUN] *Jew.* supplicatory parts of the morning and afternoon weekday prayers

|| פֿאַל|ן תחנון say/recite these prayers

תחנונים מצ [TAKhNUNIM] entreaties, supplications

|| בעט|ן אַק תחנונים implore, entreat

תחתונים מצ [TAKhTOYNIM] *hum.* trousers; (men's) underpants

תחת דער (ער) [TOKhES - TE'KhESER] *vulg.* ass, buttocks, back-side

|| קוש|ן דאָט אין תחת kiss (s.o.'s) ass

|| קוש מיר אין תחת! Kiss my ass! You can go to hell!

|| עס טויג צום תחת it's good for nothing

תחת־לעקער דער (–/ס) [TO'KhES] ass-kisser

תיבֿה די (–ות) זע **תבֿה**

תיחיה פֿר [TIKhYE] זע **שתחיה**

תיכּף[1] אַדוו [TEYKEF] at once, immediately, in no time

תיכּף־[2]... [TE'YKEF] instant

|| תיכּף־קאַווע instant coffee

תיכּפֿדיק אַדי/אַדוו [TE'YKEFDIK] immediate

תיכּף־ומיד אַדוו [TEYKEF-UMIYA'D] immediately, directly, forthwith

תימחה דער (ס) [TIMKhE] *often pejor.* Armenian

תימן (דאָס) [TEYMEN] Yemen

תינוקות־של־בית־רבן מצ [TINO'YKES-ShEL-BEYSRA'BON] schoolboys (in a traditional cheder)

תיפֿלה די (–ות) [TIFLE] *pejor.* church

תיקו 1. פֿר [TEYKU/TEYKE] let it stand (about an open question), the question is moot

|| 2. דער unanswerable question, riddle without a solution

תיקודיק אַדי [TE'YKEDIK] inconclusive, moot

תיקון דער (ים) [TIKN - TIKUNIM] improvement, redress; (Kabbalah) salvation of a soul in torment by the prayers of the living; *hum.* brandy

|| געב|ן* אַ תיקון דאָט free s.o. from purgatory, do justice to the memory/works of s.o.

|| קריג|ן/געפֿינ|ען אַ תיקון find one's place (in eternity, history, etc.)

|| טרינק|ען תיקון raise one's glass in the synagogue on the anniversary of a death

תיקון־טעות דער (ן) [TIKN-TO'ES] correction of a mistake; erratum, errata

תירוץ דער (ים) [TERETS - TERUTSIM] pretext, justification; answer to a difficult question, *esp.* in Talmudic study

|| תירוץ פֿאַר דער באָבען/די בענטשליכט/דעם קאָטער implausible excuse

תישעה־באָבֿ דער [TI'ShEBOV] *Jew.* the ninth day of *Av*, a Jewish day of fasting and mourning in commemoration of the destruction of the first and second Temples in Jerusalem; mood of sadness and desolation

תישעה־נײַנציק [TI'ShE] זע **טישאַנצע**

תישרי דער [TIShRE] *Tishrei*, first month of the Jewish calendar, coinciding with parts of September and October

תכלית דער (ים) [TAKhLES - TAKhLEYSIM] practical purpose; result; serious business

|| רעד|ן תכלית talk business, get to the point

|| קומ|ען צו אַ תכלית attain, reach one's goal

|| מאַכ|ן אַ תכלית פֿון *iron.* botch, spoil, ruin

|| וואָס איז דער תכלית? where does this lead?

|| ס'איז ניט קיין תכלית this leads nowhere

תכליתדיק אַדי/אַדוו [TA'KhLESDIK] expedient, practical, effective

תכלית־שינאה [TAKhLES-SI'NE] : פֿײַנט האָב|ן* תכלית־שינאה detest, loathe from the bottom of one's heart

תכלת דאָס [TKhEYLES] *lit.* sky-blue, azure; *Jew.* in biblical days, blue wool thread woven into the fringes of the *tallit*

|| פֿ״גל טלית

תכסיסי־מלחמה מצ [TAKhSISE-MILKhO'ME] art of war

תכריכים מצ [TAKhRIKhIM] *Jew.* shrouds

תכריכים־שטעך מצ [TAKhRI'KhIM] *pejor.* basting stitches

תכשיט 1. דער (ין) [TAKhShET - TAKhShITN] jewel

|| 2. דער (ים) [- TAKhShITIM] *iron.* child prodigy, exemplary young man

תל דער [TEL] pile of rubble, ruin, disaster

|| מאַכ|ן אַ תל פֿון ruin, play havoc with

|| ווער|ן אַ תל be ruined

|| ווער|ן אומפּ אַ תּל פֿון — *rev.* be ruined; *rev.* decay, decline, degenerate

תּל־אַבֿיבֿ = תּל־אָבֿיבֿ (דאָס) [TELAVI'V] Tel Aviv

תּלוי[1] אַדי–אַטר אָן/אין [TOLE] dependent on

|| עס איז תּלוי אָן אים — it depends on him

תּלוי[2] דער [TOLE] *pejor.* the Crucified One, Jesus

|| אַרוי'פֿ|שלעפּ|ן אויף זיך דעם תּלוי — wear too much jewelry

תּליה די (–ות) [TLIE] gallows; (death by) hanging

תּליה־הומאָר דער [TLI'E] gallows humor

תּלין דער (ים) [TALYEN - TALYONIM] hangman

תּלמוד דער [TALMUD] Talmud

תּלמוד־בבֿלי דער [TALMUD-BA'VLI] the Babylonian Talmud

תּלמודיסט דער (ן) [TALMUDI'ST] (usu. non-Jewish) Talmudist

תּלמוד־ירושלמי דער [TALMUD-YERUShA'LMI] the Jerusalem Talmud

תּלמודיש אַדי [TALMUDISh] Talmudic

תּלמוד־תּורה די (–ות) [TALMETOYRE] (traditionally) tuition-free elementary school maintained by the community for poor children; (currently) supplementary Jewish education

תּלמיד דער (ים) [TALMED - TALMIDIM] student *masc.*, pupil, disciple

תּלמידה די (–ות) [TALMIDE] student *fem.*, pupil, disciple

תּלמיד־חכם דער (תּלמידי־חכמים) [TALMED-KhO'KhEM - TALMI'DE-KhAKhOMIM] *Jew.* learned man, scholar

תּלמיד־מובֿהק דער [TALMED-MU'VHEK] distinguished disciple

תּל־עולם דער [TEL-O'YLEM] utter ruin

|| מאַכ|ן אַ תּל־עולם פֿון — ruin forever

תּם דער (ען) [TAM] naive person, simpleton

תּמוז דער [TAMEZ] *Tammuz*, tenth month of the Jewish calendar, coinciding with parts of June and July

|| ס'איז תּמוז! — *hum.* are you crazy?

תּם־ונישלם פֿר [TAM-VENI'ShLEM] completed and done (formula at the end of a book)

תּמונת־אות [TMUNES-O'S] : ניט קענ|ען* קיין תּמונת־אות — be totally illiterate

תּמיד אַדוו [TOMED] always, invariably

|| אַ גוטן תּמיד! — *hum.* all the best!

תּמיכה די [TMIKhE] (economic) support

תּמימות דאָס [TMIMES] naïveté, artlessness

תּמימותדיק אַדי/אַדוו [TMI'MESDIK] naive, artless

תּמעוואַטע אַדי [TAMEVATE] foolish, half-witted

|| מאַכ|ן זיך תּמעוואַטע — pretend to be ignorant/uncomprehending

תּמע|ן וו (גע–ט) [TAME] be perplexed

תּמצית דער/דאָס (ים) [TAMTSES - TAMTSEYSIM] gist, essence, epitome; precis

תּמציתדיק אַדי [TA'MTSESDIK] concise, succinct, terse

תּנא דער (תּנאָים) [TANE - TANOIM] *Jew.* one of the rabbis of the first two centuries CE, whose teachings are included in the *Mishnah*

|| פֿ״גל משנה; תּנאַי; תּנאָים

תּנא־באַ'רטיק דער [TANE] blockhead, fool

תּנא־ברא דער (ס) [TANEBARE] sage of the Oral Law not mentioned in the *Mishnah* but named in the *Gemara*; *iron.* smart aleck, simpleton

|| פֿ״גל משנה; גמרא

תּנאַי דער (תּנאָים) [TNAY - TNOIM] condition, provision

|| מצ — terms (of a contract)

|| מיטן תּנאַי (אַז) — provided (that), on the condition (that)

|| אױ'ס|נעמ|ען אַ תּנאַי — stipulate

|| באַפֿריי|ען אויף תּנאַי — parole

|| פֿ״גל תּנא; תּנאָים

תּנאָים [TNOIM] **1.** מצ *Jew.* engagement contract

|| שרייב|ן תּנאָים — sign the engagement contract, where the marriage conditions are stipulated

|| אָ'פּ|שיק|ן די תּנאָים — break one's engagement

|| **2.** דער (ס) — engagement meal/party

|| פֿ״גל תּנא; תּנאַי

תּנאַי־פֿריי [TNA'Y] **1.** אַדי *neol.* on parole

|| **2.** די — parole, probation

תּנאַי־קודם־למעשה דער [TNAY-KO'YDEM-LEMA'YSE] precondition

|| האָב|ן* אַק פֿאַר אַ תּנאַי־קודם־למעשה — presuppose

תּנועה די (–ות) [TNUE] motion, gesture; caprice, idiosyncrasy; (Hebrew gramm.) vowel, vowel sign

תּנך = תּנ״ך דער (ן) [TENA'Kh/TANA'Kh] *Jew.* Bible (initials of תּורה, נבֿיאים, כּתובֿים)

תּנכיש אַדי [TANAKhISh/TENAKhISh] *Jew.* biblical

תּענוג דער (ים) [TAYNEG - TAYNUGIM] pleasure, delight, thrill, gusto

תּענוגדיק אַדי [TA'YNEGDIK] pleasurable, delightful

תּענית דער (ים) [TONES - TANEYSIM] fast

|| פּראַוועןן/פֿאַסט|ן תּעניתים — fast on a regular basis

|| ניט פֿאַסט|ן קיין תּעניתים — *hum.* not deprive one's self

תענית־ציבור דער [TANES-TSI'BER] exceptional collective communal fast-day

תּפֿוס אַדי–אַטר [TOFES] imprisoned
|| איי'נ|זעצ|ן תּפֿוס imprison, throw in jail

תּפֿוצות(־ישׂראל) מצ [TFUTSES(-YISRO'EL)] the Jewish diaspora, Jewish communities throughout the world

תּפֿיל דער (ין) זע תּפֿילין

תּפֿילה די (–ות) [TFILE] (relig.) prayer
|| תּפֿילה טאָ|ן* pray, say one's prayers

תּפֿילין מצ [TFILN] *Jew.* *tefillin*, phylacteries
|| לייג|ן תּפֿילין put on phylacteries, pray while wearing phylacteries

תּפֿילין־זעקל דאָס (עך) [TFI'LN] small bag, *usu.* of embroidered velvet, for carrying and protecting phylacteries

תּפֿילת־הדרך די [TFILES-HADE'REKh] *Jew.* prayer said before setting out on a journey

תּפֿיסה די (–ות) [TFISE] prison, jail; imprisonment, confinement; perception, comprehension, grasp
|| איי'נ|זעצ|ן אין תּפֿיסה imprison

תּפֿיסה־בטוח דער (ים) [TFI'SE-BETUEKh - -BETUKhIM] *neol.* trusty, privileged prisoner

תּפֿיסהניק דער (עס) [TFI'SENIK] jailbird, convict

תּפֿיסה־פֿאַרוואַלטער דער (ס) [TFI'SE] prison warden

תּפֿסן דער (ים) [TAFSN - TAFSONIM] jailer

תּפֿסע|(נע)ן וו (גע–ט) [TAFSE] capture, arrest

ת״ק צוו [TAK] five hundred

תּקומה די [TKUME] survival, endurance; hope of recovery
|| האָב|ן* אַ תּקומה persevere, recover

תּקומהדיק אַדי [TKU'MEDIK] *neol.* persistent, enduring

תּקון דער (ים) זע תּיקון

תּקופֿה די (–ות) [TKUFE] age, epoch, era; season; solstice, equinox

תּקיעה די (–ות) [TKIE] *Jew.* blowing of the *shofar* (with a simple tone)
|| פֿ״גל שופֿר

תּקיעה־גדולה די [TKIE-GDO'YLE] *Jew.* prolonged blowing of the *shofar*
|| פֿ״גל שופֿר

תּקיעת־כּף דער (ן) [TKIES-KA'F] handshake signifying an agreement
|| געב|ן* אַ תּקיעת־כּף promise solemnly

תּקיף [TAKEF] .1 אַדי–אַטר powerful, influential
|| .2 דער (ים) [- T(A)KIFIM] powerful/influential person

תּקיפֿות דאָס [TKIFES] (political/social) influence/power; self-confidence, authority

תּקיפֿותדיק אַדי/אַדוו [TKI'FESDIK] authoritarian, highhanded, imperious

תּקיפֿשאַפֿט די [TA'KEFShAFT] the Establishment

תּקנה די (–ות) [TAKONE] remedy, solution; norm, precept
|| מצ regulation, rule, statute

תּקער דער [TAKER] five-hundred (ruble, etc.) note

תּרבות דאָס [TARBES] manners, politeness, decorum
|| האָב|ן* תּרבות פֿאַר treat with respect

תּרגום דער [TARGEM] *Jew.* translation of the Bible into Aramaic, *Targum*; Aramaic; unintelligible speech

תּרגומיש אַדי [TARGUMISh] Targumic, Judeo-Aramaic

תּרגום־לשון דאָס [TA'RGEM-LOShN] *hum.* gibberish, unintelligible language; Aramaic
|| ס'איז תּרגום־לשון it's Greek to me

תּרועה די (–ות) [TRUE] *Jew.* trilled blowing of the *shofar*
|| פֿ״גל שופֿר

תּרופֿה די (–ות) [TRUFE] remedy

תּרוץ דער (ים) זע תּירוץ

תּרח דער [TEREKh] : אַלט|ער תּרח old fool *masc.*

תּרחטע די [TE'REKhTE] : אַלט|ע תּרחטע old fool *fem.*

תּרי״ג מיצוות מצ [TARYA'G MITSVES] the 613 commandments of Jewish law

תּרעומות מצ [TARUMES] complaints, reproaches, protests
|| האָב|ן* תּרעומות צו criticize, protest against

תּרפּ״ט (אַלפֿים) צוו [TARPA'T (ALOFIM)] six hundred eighty-nine (thousand), great quantity, thousands and thousands of

תּשבורת דאָס/די [TIShBOYRES] (arithmetic) fractions

תּשבחות מצ [TIShBOKhES] praises, hymns

תּשובֿה די (–ות) [TShUVE] answer, reply; repentance, penitence; penance, atonement
|| תּשובֿה טאָ|ן* repent, do penance

תּשוקה די (–ות) <צו> [TShUKE] passion (for), passionate desire (for), lust

תּשליך דער [TAShLEKh] *Jew.* rite performed on Rosh Hashanah when pockets are shaken out near a flowing stream to symbolize the casting out of sins

|| פֿ״גל ראָש־השנה

תּשמיש(־המיטה) דער [TAShMESh(-HAMI'TE)] sexual intercourse

|| פֿ״גל לתּשמיש

תּשמישי־קדושה מצ [TAShMIShE-KDU'ShE] *Jew.* ritual objects *(mezuzah, shofar, etc.)*

|| פֿ״גל מזוזה; שופֿר

תּשעה־באָבֿ דער זע תּישעה־באָבֿ

תּשרי דער זע תּישרי

תּשר״ק דער [TAShRA'K] Hebrew alphabet in reverse order; code for writing or speaking by systematically changing/replacing the letters

|| תּשר״ק־לשון [LOShN] code language

תּתחדש אינט [TISKhADESh] wear it in good health!

ת

ת דער/די [SOF] letter of the Yiddish alphabet; pronounced [S]; numerical value: 400 (same as תּ); *(normally not used at the beginning of a word)*

תוו דער/די [SOF] *thav*, name of the letter ת